中国
社会治安综合治理
年鉴

2010

中国长安出版社

图书在版编目（CIP）数据

中国社会治安综合治理年鉴．2010 / 中央社会治安综合治理委员会办公室编．—北京：中国长安出版社，2011.5
ISBN 978-7-5107-0400-0

Ⅰ．①中… Ⅱ．①中… Ⅲ．①治安管理－中国－2010－年鉴 Ⅳ．①D631.4-54

中国版本图书馆CIP数据核字(2011)第100644号

责任编辑：叶晓蕾

中国社会治安综合治理年鉴（2010）
中央社会治安综合治理委员会办公室 编

出版：中国长安出版社
社址：北京市东城区北池子大街14号（100006）
网址：http://www.ccapress.com
邮箱：ccapress@yahoo.com.cn
发行：中国长安出版社
电话：(010)85099937 85099938 85099939
印刷：三河市紫恒印装有限公司
开本：787mm×1092mm 16开
印张：57.5 插页：70页
字数：1600千字
版本：2011年11月第1版 2011年11月第1次印刷
广告经营许可证号：京东工商广字第0366号

书号：ISBN 978-7-5107-0400-0
定价：180.00 元

2010 年 6 月 18 日至 19 日，全国社会治安综合治理工作会议在成都召开。中共中央政治局常委、中央政法委书记、中央综治委主任周永康出席会议并讲话。中共中央政治局委员、中央政法委副书记、中央综治委副主任王乐泉作了会议总结。全国人大常委会副委员长、中央综治委副主任李建国，最高人民法院院长、中央综治委副主任王胜俊出席会议。国务委员、中央政法委副书记、中央综治委副主任孟建柱主持会议。

2010年5月3日，全国综治维稳工作电视电话会议在北京召开，研究部署学校、幼儿园安全工作。中共中央政治局常委、中央政法委书记、中央综治委主任周永康出席会议并讲话。王乐泉、刘云山、刘延东、李建国、孟建柱、王胜俊、曹建明同志出席，中央政法委委员、中央综治委委员、中央和国家机关有关部门负责同志在主会场参加。

2010 年 12 月 7 日，全国社会管理创新综合试点工作推进会在北京召开。中共中央政治局委员、中央政法委副书记、中央综治委副主任王乐泉出席会议并讲话。中央综治委副主任、中央政法委秘书长周本顺，中央综治委副主任、中央政法委副秘书长、中央综治办主任陈冀平分别主持了会议。中央政法委副秘书长王其江、鲍绍坤，35 个全国社会管理创新综合试点市、县（市、区）党委、政府主要负责人及所在省区市政法委、综治办负责人出席会议。

2010 年 5 月 25 日至 26 日，全国省（区、市）综治办主任座谈会在深圳召开。中共中央政治局委员、中央政法委副书记、中央综治委副主任王乐泉出席会议并讲话。中共中央政治局委员、广东省委书记汪洋出席会议并致辞。中央综治委副主任、中央政法委副秘书长、中央综治办主任陈冀平对下一阶段综治重点工作进行部署。中央国家机关有关负责同志，全国各省（区、市）以及新疆生产建设兵团综治办主任参加了会议。

2010 年 1 月 26 日，中央综治委召开电视电话会议，专题部署全国社会治安重点地区排查整治工作。国务委员、中央综治委副主任孟建柱出席会议并讲话。中央综治委副主任、中央政法委副秘书长、中央综治办主任陈冀平主持会议。

2010 年 11 月 8 日至 9 日，中央综治办和公安部在苏州召开全国部分省（区、市）社会治安重点地区排查整治工作座谈会。中央综治委副主任、中央政法委副秘书长、中央综治办主任陈冀平和公安部副部长黄明出席座谈会并讲话。

2010年9月13日，全国刑释解教人员安置帮教工作会议在青岛召开。中共中央政治局委员、中央政法委副书记、中央综治委副主任王乐泉出席会议并讲话，中央综治委副主任、最高人民法院院长王胜俊主持会议。

2010年2月8日，中央综治委预防青少年违法犯罪工作领导小组全体会议在北京举行。全国人大常委会副委员长兼秘书长、中央综治委副主任、中央综治委预防青少年违法犯罪工作领导小组组长李建国，中央综治委副主任、中央综治办主任、中央综治委预防青少年违法犯罪工作领导小组副组长陈冀平出席会议并讲话。

2010年4月2日，华东六省一市上海世博会安保协作会议在上海召开。中央综治委副主任、中央政法委副秘书长、中央综治办主任陈冀平出席会议并讲话。会上，华东六省一市的有关领导共同签署了《上海世博会环沪“护城河”工程工作协议》。

2010年9月7日，环粤五省一区综治部门亚运安保协作会议在广州召开。中央综治委副主任、中央政法委副秘书长、中央综治办主任陈冀平主持会议。广东省委常委、政法委书记、省综治委主任梁伟发致辞。会上，环粤五省一区的有关领导签署了《广州亚运会安保协作协议》。

（摄影：刘军纳　万　云）

前　言

2010年是三项重点工作（社会矛盾化解、社会管理创新、公正廉洁执法）的推进年，也是综治工作在社会建设和社会管理大格局中得到整体提升的一年。在党中央、国务院的高度重视和正确领导下，社会治安综合治理各级各部门认真贯彻落实党的十七大和十七届五中全会精神，深入实践科学发展观，按照全国政法工作电视电话会议和全国综治工作会议的要求，以深入推进社会矛盾化解和社会管理创新为主线，以解决重点地区突出治安问题为突破口，以加强基层基础建设、创新体制机制为保障，狠抓各项工作措施落实，社会治安综合治理工作取得了新发展。

适应党和国家工作大局对综治工作的新要求，中央综治委紧紧围绕大局谋划工作。深入推进矛盾纠纷排查调处工作，制定下发了《关于切实做好矛盾纠纷大排查大调解工作的意见》，会同最高人民法院等16部门调研、起草《关于深入推进矛盾纠纷大调解工作的指导意见》。召开专题电视电话会议，成立专项工作组织领导机构，部署和推进在全国范围内开展社会治安重点地区排查整治工作。针对发生在学校、幼儿园的治安案事件，部署加强学校幼儿园及周边安全防范工作。召开全国社会治安综合治理工作会议和全国社会管理创新综合试点工作推进会，专题研究部署深入开展社会矛盾化解和社会管理创新工作，研究起草试点地区创新社会管理工作的指导意见，推进全国35个综合试点地区的社会管理创新工作。召开了全国省（区、市）综治办主任座谈会，研究部署全面推进乡镇（街道）综治工作中心建设和基层平安创建，整合资源和力量，进一步夯实综治基础工作。组织召开上海、广东周边省市综治部门世博安保和亚运会安保协作会议，落实“环沪护城河”和“环粤护城河”工程各项安保措施，加强社会面控制，确保了上海世博会和广州亚运会顺利举办。

按照中央综治委统一部署，各地各有关部门高度重视，进一步加强组织领导，全力推动各项工作任务的落实。稳步推进“大调解”工作体系建设，积极完善社会稳定风险评估机制。全力推动社会治安重点地区排查整治工作，进一步健全完善社会治安防控体系，加强学校幼儿园及周边安全防范工作。加强社会管理创新工作的组织领导，推进纳入各地经济和社会发展第十二个五年规划，层层开展综合试点，积极推动社会管理理念、体制机制、政策法规的创新。进一步深化综治基层基础建设，乡镇（街道）综治工作中心、社区（村）综治工作站和乡镇（街道）综治委、办建设得到进一步加强。中央综治委各成员单位认真贯彻中央综治委部署，积极参与社会矛盾化解和社会管理创新，认真落实综治工作联系点制度，积极参与社会治安综合治理工作，结合部门职能加强调研和指导，推动综治措施落实。社会治安综合治理各项专门工作也取得新进展，在专项调查摸底行动的基础上开展了全国青少年重点群体教育帮助和预防犯罪试点工作；贯彻落实中办转发的《关于进一步加强刑满释放解除劳教人员安置帮教工作的意见》，加大刑释解教人员安置帮教工作力度；召开高速铁路护路联防工作会议，部署包括青藏线、大秦线等在内的重点路段的护路联防工作；加强对流动人口和出租房屋的服务管理工作；部署深化“打黑除恶”、打击拐卖妇女儿童犯罪、打击网络赌博等专项行动。

本卷《中国社会治安综合治理年鉴》突出年度特点和工作重点，收载了2010年全国社会治安综合治理工作的主要内容，比较全面地反映了中央及各省（区、市）开展社会治安综合治理工作的情况。在编写过程中，得到了中央综治委各成员单位和各地党委政法委、综治委（办）的大力支持，在此谨表诚挚谢意！

2011年6月

《中国社会治安综合治理年鉴》
编辑部编辑人员

《中国社会治安综合治理年鉴》
编辑部特约编辑

目　录

六、重点地区排查整治工作

七、社会治安综合治理宣传工作

八、预防青少年违法犯罪工作

山西省

内蒙古自治区

辽宁省

吉林省

黑龙江省

上海市

江苏省

浙江省

湖南省

广东省

广西壮族自治区

海南省

重庆市

四川省

贵州省

云南省

宁夏回族自治区

新疆维吾尔自治区

新疆生产建设兵团

一、2010年全国社会治安综合治理工作概况

2010年全国社会治安综合治理工作概况

一、深入开展矛盾纠纷排查化解工作

(一)各部门排查化解矛盾纠纷工作力度明显加大。年初,中央综治办先后召开全国部分省市综治办主任座谈会和中央有关部门座谈会征求意见,研究制定《关于切实做好矛盾纠纷大排查大调解工作的意见》(综治办[2010]63号)。全国总工会、最高人民法院、最高人民检察院、公安部、司法部、卫生部、人力资源和社会保障部、住房和城乡建设部、铁道部等部门结合各自职责,制定出台相关文件,部署本部门、本系统的矛盾纠纷排查调处工作。中央政法委、中央综治办会同最高人民法院、最高人民检察院、公安部等有关部门,共同研究起草《关于深入推进矛盾纠纷大调解工作的指导意见》,拟由16部委办联合下发。根据中央领导同志有关批示精神,中央综治办会同中纪委、中组部在黑龙江省伊春市召开座谈会,研究当前农村的社会矛盾问题和化解对策建议。

(二)积极推行社会稳定风险评估。中央综治办将建立社会稳定风险评估制度正式纳入综治考核,推动各地区、各部门从源头上预防和化解矛盾纠纷。截至目前,全国大部分省(区、市)出台了相关意见或办法。河北、浙江等地加大工作力度,对经评估存在风险和隐患的项目予以暂缓或停止实施。贵州省铜仁市在重点工程建设中创造了"风险评估与防范化解联动、建设与调解并进、发展与稳定统筹"的工作经验。海南省将全省108个重点建设项目按矛盾纠纷的轻重缓急划分为不同层级,认真进行风险评估,有效减少了群体性事件的发生。辽宁、河南、湖北、新疆等地通过实行社会稳定风险评估,从解决民生问题入手,出台多项惠民措施,从源头上预防了矛盾纠纷的发生。

(三)突出抓好排查预警。江苏、福建等地建立了省、市、县、乡、村五级定期滚动排查、行业系统联动排查工作制度,动态掌握矛盾纠纷情况。江西、山西、黑龙江、宁夏、新疆生产建设兵团等地层层建立台账管理制度,对排查出来的矛盾纠纷登记造册、分类管理,逐级逐月按时上报,重大矛盾纠纷信息及时上报。陕西、山东一些地方建立排查信息档案,推出"日排查"、"零报告"模式,及时发现、掌握各类矛盾纠纷和不稳定因素。湖南、海南、甘肃等地在农村地区推行"干部工作日志",要求领导干部坐班接访,认真记录群众来信来访情况,同时,主动深入群众,倾听群众呼声,解决群众实际困难。青海、西藏等地以"平安寺院"建设为载体,组织开展"信息采录大会战",对寺院进行全方位排查,掌握基础信息。

(四)狠抓工作机制创新。山东、甘肃深入推进矛盾纠纷排查调处规范化建设,并分别将2010年确定为"保稳定促和谐惠民生矛盾纠纷排查化解年"、"重大社会矛盾积案化解年"。陕西、重庆建立了首问责任制和定期交办等制度,推动解决了一大批复杂矛盾纠纷和重大信访案件;天津、吉林、黑龙江、江西、海南、重庆、宁夏等地建立领导干部接访和领导包案制度,落实领导联系点制度,协调指导重大矛盾纠纷的调处化解。河北、江苏、湖南、广东、四川、云南等地对重大疑难复杂矛盾纠纷和突出问题实行"一个问题、一名领导、一个

小组、一个方案、一个期限”调处责任制，集中化解了近年来积累的大量矛盾纠纷。北京、天津、上海、安徽、福建、湖北、海南、重庆、云南、贵州、青海等地建立严格的矛盾纠纷排查调处责任倒查和挂牌督办制度，对矛盾纠纷排查不及时、化解不到位并造成严重后果的单位和个人进行责任追究，实施“一票否决”。

（五）稳步推进“大调解”工作体系建设。黑龙江、安徽、湖南等地推广建立县、乡两级矛盾纠纷排查调处中心和行业性、专业性人民调解组织，明确专门人员集中办公。北京、吉林、江苏、安徽、江西、山东、湖南、海南、四川等地结合实际，建立了交通事故、医患纠纷等各类专门调解组织；福建、湖北等地充分发挥工青妇等社会群团组织的纽带作用，积极做好劳动争议调处、维权服务等工作。山西、河北、江苏、浙江、福建、湖南、广东、四川、甘肃等地出台关于深化“三调联动”、“诉调对接”等工作机制的实施意见，指导基层和部门按照“调解优先、全面调解、司法支持”的原则，强化人民调解、行政调解和司法调解的衔接配合。

二、社会治安重点地区排查整治取得阶段性成效

（一）多措并举，全力推动排查整治工作取得新成效。一是工作部署和组织领导到位。年初，中央综治委召开电视电话会议，部署在全国范围内开展社会治安重点地区排查整治工作。按照会议要求，公安部下发方案，组织开展为期半年的集中排查整治社会治安重点地区专项行动。民政部、住房和城乡建设部结合部门职能，分别部署开展了专项整治行动，加大对“城中村”、“城乡结合部”等治安复杂地区的整治改造力度。中央综治委社会治安重点地区排查整治工作领导小组及办公室通过召开专题会议、编发简报、制定下发考核验收办法和暗访督导等形式，指导各地各部门推动排查整治工作向纵深发展。二是排查细致，重点地区和突出治安问题掌控到位。截至2010年12月底，各地共排查出治安重点地区45533个（其中，县级1708个，乡镇级9746个，村级18923个，矿山、码头、市场等其他类型重点地区15156个），已整治好31549个。山东省派出排查整治工作组6100余个，排查发现治安重点地区1890个，从中破获各类刑事案件1.2万余起。河南省制定出台《社会治安重点地区排查整治工作制度》，确定3410个治安重点地区进行集中整治。三是专项打击和整治措施到位。北京市4月份部署开展打击卖淫嫖娼专项行动第一战役以来，打掉一批卖淫嫖娼、赌博团伙，查处一批违规经营娱乐场所，抓获一批违法犯罪嫌疑人。天津市进一步加大整治力度，全面清查歌舞娱乐、洗浴按摩、批发市场等重点行业。上海市按照世博安保社会面防控工作要求，部署开展打击扒窃拎包、“黄赌毒”、电信诈骗、盗窃破坏电力设施和“医托”、“菜霸”等多个专项行动，成效显著。重庆市开展打黑除恶、侦破命案会战、缉枪治爆、禁毒、扫黄、扫赌和校园及周边环境整治等7个专项行动。目前，各地各部门共对4749个治安重点地区进行通报警示，对7972个地区进行挂牌整治。同时，公安部专门下发通知，将天津、河北、内蒙古等18个省（区、市）的30个县（市、区）作为涉爆涉枪问题重点地区予以挂牌督办，对60个县（市、区、旗）予以通报警示。

（二）强化机制建设，社会治安防控体系进一步健全完善。北京市在治安形势复杂的农村地区探索推行“村庄社区化”管理模式，通过趋同管理、改建先行、整合建站、推动群众自治等多项措施，有效提升城乡结合部社会管理水平。安徽省制定基层单位治安防控工作考核办法，推动落实各项治安防控措施。重庆市加强武装巡逻守卡和便衣查控，全面提高街面“见警率”，积极发展平安志愿者等群防群治力量。河北、内蒙古、吉林、黑龙江、山东、四川、宁夏、新疆等省（区）建立排查整治情况通报、台账备案管理、联席会议、综合整治挂销号等制度，不断完善排查整治工作长效机制。江西省建成覆盖全省城乡的社会治安视频监控“天网工程”，发现可疑问题2.3万余个，提供破案线索1.1万余条，破获各类案件5000余起。广东省以社区警务为依托，构建以“社区防控网”、“路面巡逻防控网”、“企事业单位防控网”、“视频监控防控网”四位一体、四网联动的网络化整体防控布局。甘肃省研究制定《全省城镇社会治安视频监控2011至2013年建设方案》，全面推广视频监控系统建设。

（三）学校幼儿园及周边安全防范工作全面加强。5月3日全国综治维稳工作电视电话会议后，中央综治办发出《关于深入贯彻全国综治维稳工作电视电话会议精神进一步加强学校及周边治安综合治理工作的通知》。教育部、公安部、中央综治办先后两次召开电视电话会议部署防范工作。北京市全面落实校园及周边安保措施，查处校园周边违法经营场所300余家，组织7种类型群防群治力量实施校园"高峰勤务"防控机制，新配备校园保安690余名和各类安全防护设备。江西省制定出台《学校、幼儿园及周边地区治安综合治理工作规程（试行）》，进一步规范校园周边秩序。北京、陕西、福建、山东等地在全省（市）范围内组织开展了为期2个月的校园安全工作大检查。重庆市创新警务机制，专设驻校（幼儿园）警察和专职保安。目前，全国绝大多数学校幼儿园落实了人防、物防、技防等各项安全防范措施。

（四）明查暗访工作力度进一步加大。中央综治办与公安部牵头，会同中纪委、中组部、教育部、司法部、文化部、国家工商总局等部门，组织了三批次暗访督查活动，对除拉萨、乌鲁木齐外所有直辖市、省会城市和计划单列市进行了暗访检查，对湖北省武汉市、广东省广州市等6个城市进行了"回头访"，并及时反馈意见，督促地方进行整改。天津、河北、山西、辽宁、黑龙江、河南、湖北、湖南、海南、重庆、四川、贵州、宁夏等地都周密部署暗访督查工作，有力推动了排查整治各项工作措施的落实。在2010年全国群众安全感调查中，加大电话随机调查样本量，确保数据更为准确。据统计，广大人民群众对社会治安的满意率为86.24%，比2009年略有上升。

三、积极推进社会管理创新工作

（一）社会管理创新试点工作稳步推进。中央综治办下发《关于认真学习贯彻全国社会治安综合治理工作会议精神的通知》，要求各省（区、市）层层开展社会管理创新试点工作。在各地推荐基础上，中央政法委、中央综治办确定35个市（地）、县（市、区）作为全国社会管理创新综合试点单位，并召开了全国社会管理创新综合试点工作推进会。江苏南通、安徽合肥、河南新郑、山东泰安、内蒙古鄂尔多斯、江西丰城等试点城市纷纷结合实际，召开会议，研究制定贯彻落实意见和具体方案，确定社会管理创新项目，积极组织开展试点工作。各部门也结合综治联系点工作积极推进社会管理创新试点工作。团中央、中央综治办联合下发通知，在全国确定了16个城市，分别对闲散青少年、有不良行为或严重不良行为的青少年等五类重点群体开展试点，并在南昌市召开了全国重点青少年群体教育帮助和预防犯罪试点工作推进会。国家人口计生委、中央综治办、财政部、人力资源和社会保障部共同出台指导意见，召开试点城市推进会，在全国49个城市推进流动人口计生服务均等化。

（二）深化部署，加大管理理念、体制机制、政策法规创新力度。一是在创新社会管理理念上取得新突破。北京、天津、上海、江苏、安徽、河南、湖北、广东等地先后召开高规格的社会管理创新推进大会，提出以人为本、服务优先、统筹协调、依法管理等一系列新的社会管理理念，变政府包揽一切为多元主体管理，变部门多头管理为综合治理，变强制管控为主动服务，变防范性管理为建设性管理。二是在创新体制机制上取得新突破。山西、内蒙古、黑龙江、福建、山东、湖南、广西、四川、贵州、云南等地对社会管理创新工作实行了领导分工制和项目负责制，将社会管理重点项目列入本地"十二五"规划，初步建立了社会管理组织指挥、协调调度、考核奖惩等多种机制。三是在创新方法手段上取得新突破。山西、江苏、江西、河南、湖南、甘肃、青海、宁夏等地以政府主导、综治牵头、部门参与为目标，以公安"大平台"为依托，以基层基础工作为支撑，普遍形成了全面覆盖、动态跟踪、高效灵敏的社会管理信息网络。广东省积极推动在大中城市建设一批未成年人特殊（工读）学校、安康医院和刑释解教人员回归社会过渡性安置基地，强化了有关教育、治疗和服务管理工作。四是在创新政策法规配套体系上取得新突破。各地逐步强化依法按政策进行社会管理的理念，推进完善社会管理的相关法律、规章、政策，规范社会管理行为。北京、天津、江苏、安徽等地充分发挥人大和政府的主导作用，制定、修改和完善各类社会管理法规政策，协调社会关系，加强社会管理。

（三）重点群体服务管理得到加强。一是排查力度不断加大。中央综治办会同公安部、最高人民检察院等有关部门启动了为期半年的全国看守所安全大检查专项行动。公安部会同中央综治办、民政部、财政部、卫生部、中国残疾人联合会，联合部署开展为期3个月的肇事肇祸精神病人排查行动，进一步摸清了底数。同时，各地公安机关、司法行政机关和共青团组织积极适应动态化社会管理的要求，以流动人口、刑释解教人员、社会闲散人员和“问题”青少年为重点，加大排查力度，了解掌握情况。二是管理力度不断加大。司法部牵头在全国范围内建立了刑释解教人员安置帮教信息管理系统，建立了监所与基层帮教组织信息沟通机制。天津市公安机关下发了加强高危人群管控工作意见，开展了万名重点青少年帮扶教育工作。广东省依托“大情报”平台，将社会热点问题通过“事件关键词”布控在大平台上，实现了涉稳重点人员与“大情报”平台所有数据库自动碰撞、实时预警。江西、山东、海南、重庆、甘肃等地加强了对刑释解教人员的必接必送、有效安置工作，对一年内即将刑满释放、解除劳教人员全部纳入当地劳动技能培训规划。上海、湖北、广东等地开展实有人口、实有房屋管理“两实全覆盖”工作，建立健全了“以房管人、查人知住”的人口管理工作机制。江苏、浙江等地对出租房屋实行“委托式”、“旅店式”管理，取得了很好的效果。三是服务力度不断加大。中央综治委预防办联合最高人民法院、最高人民检察院、公安部、司法部等出台《关于进一步建立和完善办理未成年人刑事案件配套工作体系的若干意见》，推动各级法院、检察院、公安机关、司法行政机关进一步加强在办理未成年人刑事案件中的衔接和配合。全国妇联会同中组部、中央综治办等部门在安徽省合肥市召开全国农村流动留守儿童关爱帮扶工作座谈会，专题研究留守儿童权益保护和社会救助问题。人力资源和社会保障部在全国27个城市开展统筹城乡就业工作试点，为流动人口开展以“进城务工，帮你解难”为主题的“春风行动”。中央综治办联合教育部、公安部、司法部、民政部、团中央、全国妇联等12个部门制定下发了《2010年重点青少年群体教育帮助工作方案》，对社会闲散青少年、有不良行为和严重不良行为未成年人等五个重点青少年群体全面开展教育服务和关爱帮扶。教育部、人口计生委、民政部积极采取措施，分别在进城务工人员子女接受义务教育、流动人口计划生育服务工作、流浪乞讨人员救助服务等方面加大工作力度，取得很大成效。

四、进一步深化综治基层基础建设

（一）基层综治委、办建设得到进一步加强。各省（区、市）认真贯彻落实中办发[2009]14号文件精神，着力加强综治基层基础建设。全国各地乡镇（街道）普遍建立了综治委、办，机构进一步规范，力量进一步加强，权威性进一步提高。天津、辽宁、江西、湖北、湖南、重庆、云南、甘肃等地在所有乡镇配齐配强了综治办专职副主任，配备了4至7名综治专干，云南省综治办还为各县（市）综治办配备了工作专用车。安徽省委、省政府作出明确规定，乡镇（街道）维稳综治办是乡镇（街道）党（工）委、政府（办事处）的工作部门，是维护社会治安和社会稳定的责任主体，必须作为编制序列内常设机构，配齐配强工作力量。全省1527个乡镇（街道）全部建立了维稳综治办。上海市明确将乡镇（街道）综治办纳入行政序列，为各县、区综治办增加编制102个。贵州省着力加强基层综治组织和队伍建设，全部恢复了前一轮机构改革中被撤销的乡镇综治办，全省1559个乡镇（街道）都配备了综治办专职副主任和2至3名专职干部，给予专门工作津贴。吉林、广西、海南等地出台意见，对综治机构软硬件建设、工作制度、保障机制等提出了规范化要求。

（二）乡镇（街道）综治工作中心和村级综治工作站建设得到进一步加强。全国大部分省（区、市）普遍建立了乡镇（街道）综治工作中心并推进规范化建设。广东省全面推进基层综治信访维稳中心建设，至2010年底，全省全部建好了121个县级综治信访维稳中心、1603个镇级（含19个农场和管理区）综治信访维稳中心、31362个村居综治信访维稳工作站和2375个规模企业工作站。江苏省出台关于进一步加强乡镇（街道）政法综治工作中心规范化建设的意见，全省所有乡镇（街道）全部建立了政法综治工作中心，21752个村（社区）全部建立了综治工作站，每个村配备1名驻村民警和4名以上专职保安。青海省全面推进乡镇（街道）综治维稳工作中心和村（社区）综治维稳工作站的规范化建设，全省399个乡镇（街道）和4525个村（社区）全部建立了综治维稳工作中心（工作站）。江西、湖北、广西、贵州、云南、陕西等地从多方面、多渠道入手，不断加强了乡镇(街道)综治工作中心经费保障。

(三)群防群治力量得到进一步壮大。江西省多渠道解决群防群治经费,全省专职治安巡防队员已扩充到3.2万人,保安队员4万余人,其他群防群治队员16.4万余人。上海市在世博会期间组建了85万人的治安志愿者队伍,在社会面防控方面发挥了重要作用。亚运会期间,广东省广州市组织动员专门力量、社会义务力量共80多万人参与亚运治安工作,做到定人定岗、全面覆盖,确保了亚运会安全顺利。

五、各地区各部门工作合力进一步加大

(一)联系点制度进一步得到落实。中央综治委各成员单位紧紧围绕三项重点工作,充分发挥职能作用,进一步增强做好社会治安综合治理工作、维护社会稳定的责任意识,切实加强综治联系点工作,积极推进综治基层基础建设和平安创建,各部门齐抓共管的良好局面进一步形成。2010年,39个中央综治委成员单位认真落实联系点工作方案,曹建明、吴爱英、盛光祖、柳斌杰、吴定富、王其江、鲍绍坤、徐海斌、甄砚、郭允冲、尹力、苏宁、李盛霖、谢旭人、王德学、杜金富等16位中央综治委委员深入联系点调研和指导,有力推动了所联系地区的社会治安综合治理工作。

(二)部门职责任务落实成效显著。中央综治委预防青少年违法犯罪工作领导小组组织开展了全国青少年重点群体调查摸底行动,形成了《我国重点青少年群体排查摸底专项行动数据分析及对策建议报告》并得到中央领导同志肯定,有力推动了各地各有关部门采取有针对性的教育帮助措施。中办发[2010]5号文件下发后,中央综治委刑释解教人员安置帮教工作领导小组协调相关成员单位,对重点地区刑释解教人员安置帮教过渡性安置基地进行立项,并联合制定下发了实施方案。9月中旬,在山东省青岛市召开了全国刑释解教人员安置帮教工作会议,对下一步工作作出部署和安排。中央综治委铁路护路联防工作领导小组在河南省洛阳市召开高速铁路护路联防工作会议,在内蒙古自治区举办座谈会,总结交流各地铁路护路经验,部署包括青藏线、大秦线等在内的重点路段的护路工作。中央综治委流动人口治安管理工作领导小组结合全国第六次人口普查,加强对流动人口的登记、办证服务、管理工作,加强对出租房屋的管理,有效消除了一批社会隐患。中央综治委学校及周边治安综合治理工作领导小组扎实推进"平安校园"建设,在维护中小学校和幼儿园安全方面做了大量工作。中央综治办相继与有关部门部署开展"打黑除恶"、打击拐卖妇女儿童犯罪、打击网络赌博等专项行动,与公安部等单位加强油气田及输油气管道、"三电"设施保护,组织对重点区域有关设施安全检查,协调地方组建专职群防群治队伍,取得明显成效。

(三)综治考评和责任制落实力度进一步加大。各级党委政府通过发挥综治工作考评的作用,加大责任制落实,对检查中发现的问题视情采取限期整改、警示、一票否决和责任查究等措施。湖南省充分利用民调结果对全省128个县、市、区进行排队,严格实行黄牌警告和"一票否决"制度,有力增强了综治考评效力,各级综治办的地位和权威性有了较大提升。福建、江西、贵州按照一票否决权制和综治领导责任查究规定,对有关领导干部进行了责任查究。山西、湖北、陕西、甘肃进一步健全完善省综治委成员单位履行职责情况考评制度,建立了党政领导干部抓综治工作的实绩档案和综合治理责任体系。

(四)全力加强上海世博会、广州亚运会安保工作。中央综治办下发《关于进一步加强社会治安综合治理确保上海世博会安全顺利举办的意见》,就"平安世博"提出具体要求。同时,组织召开了华东六省一市综治部门世博安保协作会议,签订安保协作协议书,落实"环沪护城河工程"各项措施,确保了上海世博会安全顺利举办。中央综治办还先后两次在广州市召开广州亚运会环粤"护城河"工作协调会议,组织环粤六省(区)综治部门签订了广州亚运会安保协作协议书,以面保点,确保广州亚运会、亚残运会安全顺利举办。

六、综治宣传工作取得明显成效

(一)加强集中性宣传。根据全国社会治安综合治理工作要点,配合全国社会治安综合治理工作会议、社会治安重点地区排查整治工作会议、全国社会管理创新综合试点工作推进会等重要会议、活动开展集中宣传,及时传达中央关于综治工作的决策和部署。此外,还围绕"平安世博"、"平安亚运"组织开展宣传,积极开展社会治安综合治理宣传月和综治优秀新闻作品评选活动。

（二）注重基层典型宣传报道。为进一步提升综治工作和平安建设的影响力，多次组织中央主要媒体和网络媒体及法制日报等政法媒体深入基层采访报道，先后对广东综治维稳信访中心建设、四川“大调解”及社会管理创新、重庆一体化“大综治”格局等经验进行了深入报道，宣传推广了乡村调解主任敖大焕、综治协管员王绍精等综治典型的先进事迹。

（三）加强阵地宣传。与中央电视台社会与法频道共同策划了2010年系列宣传活动，组织法制日报开展“深入推进三项重点工作年度大巡礼”系列报道活动。同时，充分发挥《长安》杂志、《综治年鉴》、中国长安出版社、中国平安网等宣传主阵地作用，积极提供宣传素材，指导编辑出版工作，取得良好宣传效果。

二、2010 年全国社会治安综合治理工作要点

2010 年全国社会治安综合治理工作要点

2010 年全国社会治安综合治理工作的主要任务是，坚持以邓小平理论和“三个代表”重要思想为指导，深入贯彻落实科学发展观，全面贯彻落实党的十七大、十七届四中全会和中央经济工作会议、全国政法工作电视电话会议精神，狠抓社会治安综合治理基层基础建设，大力推进社会矛盾化解、社会管理创新、公正廉洁执法，深化平安建设，确保国家安全和社会治安大局稳定，为保持经济平稳较快发展创造和谐稳定的社会环境。

一、全面加强社会治安综合治理基层组织建设，推广建立乡镇、街道综治工作中心

抓住全党贯彻落实十七届四中全会精神、全面加强党的基层组织建设的契机，紧紧依靠党的基层组织，通过抓党建带动社会治安综合治理基层组织建设。认真落实《中共中央办公厅、国务院办公厅转发〈中央社会治安综合治理委员会关于进一步加强社会治安综合治理基层基础建设的若干意见〉的通知》（中办发[2009]14 号）精神，狠抓乡镇、街道综治委（办）建设，乡镇、街道综治办要专设，专职干部要配齐配强。在全国乡镇、街道建立综治工作中心，发挥乡镇、街道综治委（办）牵头组织协调的作用，整合力量、整合资源，完善工作机制，落实相关工作制度，真正在基层形成维护社会治安和社会稳定的合力。

有效整合驻村（社区）警务室、治保会、调委会、治安巡防队等资源和力量，加强村（社区）社会治安综合治理组织建设。按照属地管理和谁主管谁负责的原则，在不同所有制经济组织实行企业治安法人代表责任制，加强民营企业和新经济组织、新社会组织社会治安综合治理工作力量建设。

结合实际，推动各地积极有序发展保安员、治安巡防队、人民调解员、治安中心户长、治安信息员、治安楼栋长、综治协管员、平安建设志愿者等多种形式的群防群治队伍，加强组织管理和教育培训，落实保障措施。

二、广泛开展社会矛盾排查化解工作，积极构建大排查、大调解工作格局

加强社会治安综合治理信息平台建设，完善信息采集、报送等工作制度，逐级明确信息报送内容和程序，严格落实信息报送责任。建立健全社会稳定风险评估和社情民意调查机制，把社会稳定风险评估纳入社会治安综合治理考评体系。

进一步巩固和发展矛盾纠纷排查化解工作网络，强化综治委（办）在排查化解矛盾纠纷工作中组织领导和综合协调的职能。加强重点行业和领域矛盾纠纷排查调处工作，大力发展专业调解组织。坚持调解优先，推动有关部门主动排查、主动化解、联调联动，构建大调解工作格局。加强调解员队伍培训工作。

认真总结经验，推广先进典型，召开全国矛盾纠纷排查化解工作现场会，进一步推动矛盾纠纷大排查、大调解工作。

三、大力推进社会管理创新，切实做好社会治安管理重点工作

抓好《中共中央办公厅、国务院办公厅转发〈中央社会治安综合治理委员会关于进一步加强刑满释放解除劳教人员安置帮教工作的意见〉的

通知》(中办发[2010]5号)的贯彻落实,努力提高监所教育改造质量,建立衔接机制,落实安置政策,进一步规范集教育、培训、救助为一体的过渡性安置基地建设,发动社会力量加强对刑释解教人员的教育、管理和帮扶,落实帮教、帮扶责任。适时召开工作会议,总结推广工作经验。

推动流动人口服务和管理体制创新,探索“以证管人、以房管人、以业管人”的服务管理新模式。维护流动人口合法权益,推动流动人口基本公共服务均等化,促进流动人口尽快融入当地社会。积极稳妥地推进户籍管理制度改革,逐步解决长期在城市就业、居住农民工的落户问题。进一步加强以出租房屋为重点的流动人口落脚点管理,提高管理效能,减少治安和安全隐患。加强对生活无着的流浪乞讨人员的救助和管理,着力做好流浪未成年人救助保护工作。充分发挥流动人员中党员、团员的先锋模范作用。

开展好重点青少年群体排查摸底专项行动。继续组织实施“青少年违法犯罪社区预防计划”,开展“未成年人零犯罪社区”和“为了明天工程示范县市”创建活动。继续抓好整治互联网低俗之风、手机上网和短信以及“黑网吧”的专项治理等工作。

加强和改进交通、消防安全管理和食品药品、公共卫生、安全生产及特种设备监管,落实企业主体责任和政府监管责任,加大对违法违规建设、生产、经营和违法犯罪行为的查处力度。加强对网络虚拟社会的建设管理,综合运用法律、行政、经济、技术手段,明确电信运营企业、用户的法律责任,加大对网上违法行为和违法信息的打击整治力度。

发挥社会治安综合治理优势和作用,加强社会面巡防管控,确保上海世博会和广州亚运会、亚残运会安全顺利举办。

四、着力排查整治社会治安重点地区,维护国家安全和社会治安大局稳定

部署开展以城乡结合部、“城中村”为重点的社会治安重点地区排查整治专项行动,确定一批重点地区,加强源头治理,完善长效机制,落实工作责任,实行警示和挂牌督办,集中力量进行整治,限期改变面貌。

严格排查管控重点高危人员,建立重点高危人员信息库,逐一建立台账,明确管控责任,落实教育和防范措施,加强并规范监外执行和社区矫正工作。

严密防范和严厉打击“藏独”、“三股势力”的渗透破坏活动。加强隐蔽战线斗争和国家安全人民防线建设。加强防范控制和严厉打击“法轮功”等邪教组织的违法犯罪活动。妥善处理涉及少数民族的矛盾纠纷,严密防范和严厉打击敌对势力利用宗教、文化进行政治渗透和利用民族宗教问题制造事端。

依法严厉打击严重刑事犯罪活动。统一执法思想,完善长效机制,深入推进打黑除恶专项斗争。依法严厉打击严重暴力犯罪和多发性侵财犯罪,以及非法集资、非法发行证券、走私、传销等经济领域的违法犯罪活动。加强文化市场综合执法,深入开展“扫黄打非”、打击拐卖妇女儿童和禁毒、禁赌、禁娼等专项行动。组织开展学校及周边治安秩序和安全生产专项整治行动,坚决取缔和清理整顿学校及周边非法经营的各种娱乐场所及互联网上网服务营业场所、违规经营的摊点及出租房屋、违章建筑,集中整顿学校周边交通秩序。

五、切实强化社会治安防范工作,努力推进科技防范建设

大力推进警务进村、进社区,组织专职治安巡防队、保安人员和群防群治队伍开展形式多样的看家护院、邻里守望等活动,努力减少入室盗窃、入室抢劫等可防性案件的发生,提高动态环境下预防和控制违法犯罪的能力。

大力推进科技防范建设,推动各地把科技防范纳入城乡经济社会发展规划,在公共复杂场所、商业金融集中区、广场、车站、码头等人员密集场所、重点要害部位、案件多发区域及省、市、县级治安卡口、城市出入口、重点交通道路口等,按照有关标准规范建立治安动态视频监控系统。推动建立以家庭、社区和社会单位为主体的区域报警联网系统。在农村地区推广普及各种形式的技防措施。推广实施“平安互助网”和“多级联防报警网”等工程。

进一步加强铁路治安综合治理和沿线护路联防工作,研究探索适应高速铁路、客运专线的护路联防工作模式。继续加强电力电信广播电视设施、油气田和输油气管道防护工作。

深入开展平安乡村、平安社区、平安市场、平安企业、平安校园、平安医院、平安军港(机场、阵地、边防)、平安景区、平安寺庙、平安家庭、无邪教乡镇(街道、社区)等系列创建活动。发挥各级综治委成员单位职能作用,加强对系列创建的统筹协调、综合指导。

六、有效落实社会治安综合治理责任制,健全完善实绩档案和五部委联席会议等工作制度

健全部门责任制和目标管理责任制,发挥各级综治委成员单位职能作用,落实综治委例会、综治委成员单位联系点以及述职、情况通报等制度,加强综治委专门工作领导小组及办公室建设,进一步健全完善齐抓共管机制。

加强督查指导,健全完善社会治安综合治理考核标准和程序,探索运用信息化手段推动工作。建立并完善社会治安综合治理工作实绩档案制度,健全完善综治、纪检、组织、人事、监察等五部委联席会议制度,完善警示、诫勉谈话、黄牌警告、一票否决等具体办法和程序,严格兑现奖惩措施。

七、大力加强宣传和培训工作,推进社会治安综合治理理论研究

大力宣传推广基层经验和先进典型,突出宣传社会矛盾化解、社会管理创新、公正廉洁执法和抓基层、打基础方面的基层经验和先进典型。组织开展以平安建设为主题的社会治安综合治理宣传月活动。充分发挥长安杂志、法制日报、中国长安出版社和中国平安网宣传主阵地的作用。积极推动和指导各地开办政法综治网,建立网上舆情研判制度。协助中央电视台办好社会与法频道,继续开展平安中国集中宣传活动。编好、用好《中国社会治安综合治理年鉴》。组织开展社会治安综合治理优秀新闻作品评选、平安建设征文和书画大赛等活动。

健全完善教育和培训制度,加大基层社会治安综合治理干部培训力度。指导召开2010年度全国大中城市社会治安综合治理理论研讨会。

三、中央社会治安综合治理委员会文件

中央社会治安综合治理委员会关于印发周永康同志批示和《关于对各地社会治安综合治理工作检查的情况报告》的通知

(2010年1月29日)

各省、自治区、直辖市社会治安综合治理委员会,新疆生产建设兵团社会治安综合治理委员会,中央社会治安综合治理委员会各成员单位:

周永康同志1月22日在《关于对各地社会治安综合治理工作检查的情况报告》(综治办[2010]10号)上批示:经过对各地检查督导,有力推动了综治各项工作部署的落实,今年要围绕三项重点工作,继续大力加强基层基础工作,全面落实对重点人群的管理和服务,在创新社会管理上取得新的成效。现将《关于对各地社会治安综合治理工作检查的情况报告》印发给你们,请认真贯彻落实周永康同志批示(略)精神,结合本地、本部门工作实际,切实抓好2010年社会治安综合治理各项工作的落实。

关于对各地社会治安综合治理工作检查的情况报告

2009年11月,中央综治办会同中央综治委各成员单位及有关部门,组成14个检查组,对28个省(区、市)的社会治安综合治理工作进行了检查。

总的看,2009年,在党中央、国务院和中央综治委的领导下,各地以科学发展观为指导,认真贯彻落实中办、国办转发中央综治委《关于进一步加强社会治安综合治理基层基础建设的若干意见》(中办发[2009]14号)(以下称中办发14号文件),积极应对国际金融危机对我国社会稳定产生的不利影响,紧紧围绕"保增长、保民生、保稳定"的总要求,全面加强综治基层基础建设和平安创建,着力完善社会治安防控体系,全力化解社会矛盾纠纷,加强社会服务管理,综治工作取得了显著成效,为确保国家安全和社会大局稳定,保持经济平稳发展和迎接新中国成立60周年做出了突出贡献。现将检查情况报告如下：

一、各地工作的基本情况

（一）综治基层基础建设力度空前加大。一是各地党政领导高度重视，认真调研，及时部署中办发14号文件的贯彻落实。刘淇、张高丽、俞正声、汪洋、薄熙来等省（区、市）党政主要领导同志专门做出批示，要求认真贯彻文件精神，扎扎实实把综治基层基础工作抓好抓实。浙江、河南、山西、西藏、山东、江苏、陕西、云南等党政主要领导同志亲自出席会议，对贯彻落实文件精神提出明确要求。湖北、湖南、江西、辽宁、广西、贵州、甘肃、宁夏等地党政分管领导带队到基层进行实地调研，研究解决实际困难。河北、安徽、青海、海南等地分别决定在全省开展社会治安综合治理基层基础建设年活动。四川、内蒙古、吉林、黑龙江、福建等地以培训班形式对基层党政领导和有关干部进行了专题辅导培训。各地或以党委、政府的名义或以两办的名义出台了文件，提出了明确的实施意见。二是坚持围绕中心、服务大局，健全机构、增强权威，整合资源、注重实效，规范运作、分类指导的原则，结合本地实际，全面推动乡镇（街道）综治委、办和综治工作中心建设。江西、湖北、上海、重庆等地在乡镇（街道）单独设立综治办，所有的乡镇配齐配强了综治办专职副主任，配备了4至7名综治专干。江苏省乡镇（街道）政法综治工作中心有工作人员1万余人，每个乡镇（街道）达7人以上。天津、山东、安徽、广东、浙江等地乡镇（街道）全部建立了综治工作中心，经费列入县、乡两级财政预算。绝大多数乡镇（街道）综治工作中心整合了有关部门力量，统筹三大调解资源，形成了大综治大调解的新格局。同时，将中心工作重心下移，工作网络向村居和企事业单位延伸，加强村居工作站、治保会、调委会等基层组织建设。三是提升层次，扩大范围，多层面平安创建活动取得新的进展。全国24个省（区、市）部署开展新一轮平安建设工作，不断扩大创建范围，提升创建层次，广泛开展平安县（市、区）、平安乡镇（街道）、平安村（社区）、平安医院、平安景区等系列创建活动。福建省深入开展军地共建“平安福建”活动，河北省对全省38个成员单位联系点平安创建工作实行定期考评，促进了各具特色的平安创建活动水平的提高。

（二）社会治安重点地区排查整治扎实深入。围绕应对国际金融危机影响和国庆60周年安保工作，各地开展了不稳定因素大排查、大整治活动，许多地方党委政府主要领导就重点治乱工作专门作出批示。各级综治委、办和相关单位、行业（系统）分级部署推动，集中滚动摸排，逐一落实整治措施，层层督促检查，对涉及跨部门、跨行政区划的重大问题和隐患进行挂牌督办。特别是公安部拟挂牌整治一批治安乱点后，各地一方面加强对重点地区的督促整改工作，组织督查组逐一进行检查督导；另一方面举一反三，全面加大社会治安排查整治工作力度，着力解决治安突出问题。上海市开展“迎世博、保平安”打击整治攻坚战和22个专项行动；浙江省组织开展打击整治“两抢”犯罪、打黑除恶、打击假发票、传销等违法犯罪；广东省整治工作由各重点地区党政一把手负总责，并对措施不力、效果不明显的县（市、区）实行“一票否决”；四川省开展打击涉枪涉爆、制毒贩毒等19个专项行动；甘肃、青海等地开展了为期半年的“社会治安集中整治”行动以及打黑除恶、打击制贩枪支、禁毒人民战争等一系列专项行动。

（三）矛盾纠纷大调解机制建设进一步加强。各地把排查调处矛盾纠纷作为社会治安综合治理的首要基础工作，着力提高对矛盾纠纷特别是重大群体性矛盾纠纷的预警防范能力和化解处置能力，全面加强基层调解组织建设，建立健全人民调解、行政调解、司法调解相结合的大调解对接机制，最大限度地把矛盾解决在基层、解决在萌芽状态。江苏、上海等地进一步建立、完善由乡镇（街道）综治办牵头，司法所为平台的基层大调解工作格局。福建、山东等地推广建立“党政领导、综治负责、司法引导、多元衔接、合力调处、共促和谐”的多元化纠纷解决机制。河北省研究部署深化“三位一体”调解体系建设，加强行政调解工作，大力推进执法质量提升。四川省出台《关于构建“大调解”工作体系有效化解社会矛盾纠纷的意见》，建立健全省、市、县、乡、村五级调解组织网络。河南省下发《关于建立人民调解、司法调解、行政调解三调联动机制的意见》。江西、山东、山西、辽宁等地健全矛盾纠纷排查调处工作机构，做深做实做细矛盾纠纷排查调处工作。

（四）社会治安防控体系进一步完善。一是

加强人防建设，群防群治力量进一步壮大。各地大力发展专业保安、治安信息员、综治协管员、治安中心户长、家庭治安联系人等群防群治工作队伍，并按照专群比例发展治安巡防队伍，重点加强城乡结合部、流动人口聚居区和高发案地区的巡防力量，组织开展群众性义务巡防“红袖标工程”建设。上海市结合世博会安保工作，组建百万名“平安建设志愿者”。云南省发挥民间综治维稳志愿者协会的作用，充分调动了社会各界和群众参与综治工作的积极性。黑龙江省明确要求强化专业保安和群防群治队伍，警保力量比例要达到1:2。湖北、陕西、贵州等省积极推广建立治安中心户长，四川、山东等省大力组建综治维稳信息员队伍，畅通情报信息渠道。国庆安保期间，全国各地组织近350万名平安志愿者在社会治安一线开展治安管理和服务工作，确保了全国治安秩序稳定。二是技防、物防水平逐年提高。江西省在全省实施治安防控“天网”工程，视频监控延伸到乡镇、社区和内部单位。江苏、山东、河南等省对公安派出所监控报警中心进行升级改造，对城镇主要路口、重要路段和公共复杂场所的监控点进行补充完善。天津市实施社区技防“进门入户”工程，为全市社区免费安装电子对讲门。河北省开展了社会治安科技防范示范县活动，全省21个示范县技防建设取得显著成效。吉林省采取传统广播喇叭与现代科技网通技术相结合的形式，在全省农村实施了“平安之声”万村联防互助网工程，大力推进农村技防建设。甘肃省在制定实施社会治安防控体系建设的第三个三年规划中，把提高技防水平作为重点突破，大力推进了技防建设。

（五）流动人口为重点的社会服务管理工作进一步加强。各地深入开展重点人群排查摸底工作，建立重点人群管理电子台账，组织实施“关爱行动”，不断创新刑释解教人员安置帮教、闲散青少年教育管理等工作模式。扎实开展重点青少年群体排查摸底专项行动，有针对性地抓好闲散青少年、流浪未成年人、服刑在教人员未成年子女的教育、管理和服务工作。深入排查违法犯罪高危群体和重点人员，严密管控工作，重点抓好了城中村及城镇周边聚居的常住人员和社会闲散人员的建档管理服务工作。着重做好流动人口和出租房屋基础信息的调查登记、动态掌握和综合分析，规范和加强社区（村）流动人口和出租房屋服务站建设，加强流动人口服务管理信息化建设。湖南省出台《流动人口服务和管理规定》，推进流动人口服务工作社会化，在乡镇（街道）和社区建立流动人口服务中心（站）2600多个。上海市广泛建立“以房找人”和“查人知房”双向互联体系，做到实有人口、实有房屋全覆盖管理。江苏省依托互联网、电子政务网和移动采集设备，把流动人口信息采集录入工作分解到各用人单位。浙江、广西等地将流动人口治安管理由部门工作提升为政府行为，设立专门管理机构和专职工作人员。

（六）领导责任制得到进一步落实。2009年，大多数省（区、市）制定了社会治安综合治理委员会工作制度，进一步健全落实了领导责任查究、一票否决和实绩档案等制度。各地通过加大明察暗访力度，规范综治检查考评工作，严格兑现奖惩措施，确保综治责任落实。许多地方在考核党政领导干部抓综治工作的能力和实绩时都把考核结果作为干部任免奖惩的重要依据。河南、湖北等省加大了平安建设奖惩制度，对工作优秀的予以重奖，对出现严重问题的，严格实行一票否决，更加完善了党政领导干部“一岗双责”责任制。

二、主要问题和工作建议

检查情况表明，2009年各地综治和平安建设工作取得了显著成效，但还存在一些问题和薄弱环节。一些基层党政领导对社会治安综合治理工作重要性、紧迫性的认识还有待于进一步提高，说起来重要，干起来次要，忙起来不要的情况还时有发生；一些地方落实中办发14号文件的措施还不够有力，社会治安综合治理基层基础薄弱的状况还未得到根本改变；一些地方对涉及体制、机制及经费保障等重点难点问题还没有拿出切实解决的办法，基层综治机构虚设及专兼职工作人员待遇不落实等突出问题还没有得到很好解决；一些地方和部门还没有建立完善矛盾纠纷排查调处、预警和风险评估等工作机制，县、乡、村三级调解网络结合不够紧密，部门齐抓共管的合力还没有充分形成；一些综治干部业务能力、理论水平还亟待提高，对实践当中遇到的新情况、新问题缺乏深入的研究和有效的解决办法等。针对上述情况，结合各地反映的意见，提出如下建议：

（一）继续把中办发14号文件的贯彻落实作

为今后一个时期最主要的任务，切实抓紧抓好抓出成效。一是要切实加强乡镇（街道）综治委（办）和综治工作中心建设，健全完善各项运行机制。继续加大分类指导和督促检查力度，在乡镇（街道）综治委（办）和综治工作中心建设特别是工作运行机制建设上出真招、实招，增强乡镇（街道）综治委（办）的权威性和综治工作中心的整合力。二是进一步抓好矛盾纠纷排查调处。强化基层综治委（办）牵头排查化解矛盾纠纷职能，依托乡镇综治工作中心平台，加强矛盾纠纷排查调处工作经常化、规范化、制度化建设，努力把矛盾纠纷化解在基层、化解在萌芽状态。三是进一步加强以县（市、区）为单位、人防物防技防相结合的治安防控体系建设，加强群防群治队伍建设，健全专群结合、警民联防的治安防控网络。推动各地把技术防范纳入城乡规划和建设，在城乡逐步建设适宜的技防设施。同时，继续采取有力措施，全面部署社会治安重点地区排查整治专项行动，督促各地视具体情况适时确定一批社会治安重点地区进行挂牌督办，限期改变面貌。四是进一步加大综治工作宣传、培训力度，努力提高基层综治干部素质。大力宣传推广基层经验和先进典型，广泛动员人民群众参与平安建设，营造共建平安、共享平安的浓厚氛围。通过举办不同层次、不同类别的研讨班、学习班和东、中、西部跨地区互检互查、学习观摩，切实提高综治干部队伍的政治、理论素质和业务能力。

（二）继续加大对重点人群的教育、服务和管理，深入推进社会管理创新。尽快下发《关于进一步加强刑满释放解除劳教人员安置帮教工作的意见》，发动全社会力量，着力做好刑释解教人员安置帮教工作。进一步加强流动人口的服务和管理工作，加快流动人口管理服务工作专门机构建设，确保人员、经费保障到位。深入实施“为了明天工程”，扎实开展对重点青少年群体的排查摸底工作，对流浪、闲散青少年有针对性地落实就学、就业培训措施。对吸毒人员、容易肇事惹祸的精神病人、违法犯罪的艾滋病患者、“法轮功”人员等高危人群加强教育和管控。

（三）充分发挥部门的职能作用，进一步形成工作合力。完善社会治安综合治理体制机制，细化综治责任制具体实施程序，建立更加公平科学、简便易行的考核评价体系；进一步明确各部门在加强综治基层基础建设中的职责任务，充分发挥各部门、各单位齐抓共管的优势，不断增强社会治安综合治理工作合力；进一步健全完善综治委成员单位述职、联系点、综治委委员巡视等制度，加强综治委专门工作领导小组及办公室建设，提高各成员单位参与社会治安综合治理的积极性和主动性。

（四）继续推进体制改革，加大中央层面机构整合力度。各地反映，目前，乡镇（街道）已普遍建立了综治工作中心，职能整合较为完善。但从总体上看基层还存在人员少、力量弱的问题。各地建议要进一步加大中央层面相关机构整合力度，调整和充实综治工作职能，进一步提高工作效率，切实扭转因中央层面部署社会治安和社会稳定工作的部门分散、职能交叉而造成的基层任务过重、疲于应付的局面。

中央政法委员会　中央社会治安综合治理委员会关于印发《全国社会管理创新综合试点名单》的通知

（2010年10月18日）

各省、自治区、直辖市党委政法委、综治委，新疆生产建设兵团党委政法委、综治委，中央社会治安综合治理委员会各成员单位：

为深入贯彻落实全国社会治安综合治理工作会议精神，抓好社会管理创新综合试点工作，努力形成与社会主义市场经济相适应的社会管理体系，6月23日，中央综治办下发了《关于认真学习贯彻全国社会治安综合治理工作会议精神的通知》（综治办[2010]129号），要求各省（区、市）在确定本省（区、市）社会管理创新试点的基础上，选择2—3个综合试点市、县（市、区）上报中央综治办，中央政法委、中央综治委将从中选择确定一批市、县（市、区）作为全国社会管理创新综合试点。各省（区、市）对此高度重视，召开常委会或全省综治工作会议、综治委全会进行研究部署，积极组织申报。经对各地申报材料进行认真梳理，与各地沟通协商并征求中央综治委各成员单位意见，报中央领导同志批准，中央政法委、中央综治委筛选确定北京市东城区等35个市、县（市、区）作为全国社会管理创新综合试点市、县（市、区）。

希望各试点市、县（市、区）党委、政府高度重视社会建设和社会管理工作，切实加强对社会管理创新综合试点工作的组织领导，加大投入保障，纳入国民经济和社会发展“十二五”规划，进一步解放思想，先行先试，从源头上、基础上切实破解影响社会和谐稳定的体制性、机制性、保障性难题，从整体上推进社会管理理念、政策法规体系、体制机制和方法手段创新，率先形成与社会主义市场经济体制相适应的社会管理体系，为全国社会管理创新工作作出示范、创出经验。

全国社会管理创新综合试点名单

北京市

东城区、朝阳区

天津市

滨海新区

河北省

石家庄市

山西省

太原市

内蒙古自治区

鄂尔多斯市

辽宁省

沈阳市

吉林省

延边朝鲜族自治州延吉市

黑龙江省

大兴安岭地区

上海市

长宁区

江苏省

南通市

浙江省
宁波市、绍兴市诸暨市
安徽省
合肥市
福建省
泉州市晋江市
江西省
宜春市丰城市
山东省
泰安市
河南省
三门峡市、郑州市新郑市
湖北省
宜昌市
湖南省
长沙市
广东省
深圳市
广西壮族自治区
崇左市凭祥市
海南省
琼海市
重庆市
大渡口区
四川省
德阳市
贵州省
贵阳市
云南省
楚雄彝族自治州楚雄市
西藏自治区
林芝地区
陕西省
西安市
甘肃省
嘉峪关市
青海省
海西蒙古族藏族自治州格尔木市
宁夏回族自治区
银川市灵武市
新疆维吾尔自治区
乌鲁木齐市天山区
新疆生产建设兵团
农六师共青团农场

四、中央社会治安综合治理委员会的重要会议

（一）全国综治维稳工作电视电话会议

中央社会治安综合治理委员会关于印发《周永康同志在全国综治维稳工作电视电话会议上的讲话》的通知

（2010年5月3日）

各省、自治区、直辖市社会治安综合治理委员会，新疆生产建设兵团社会治安综合治理委员会，中央社会治安综合治理委员会各成员单位：

现将《周永康同志在全国综治维稳工作电视电话会议上的讲话》印发给你们，请结合实际，认真贯彻落实。

周永康同志在全国综治维稳工作电视电话会议上的讲话

（2010年5月3日）

这次会议是经中央批准召开的一次重要会议，主要是专题研究部署加强学校、幼儿园安全工作。刚才，公安部、教育部和福建省、江苏省负责同志分别作了发言，通报了近期发生的影响学校、幼儿园安全的5起恶性案件，分析了原因，对下一步维护学校、幼儿园安全提出了工作措施，讲得都很好，我都赞成，希望结合各自实际，认真抓好落实。下面，我讲三点意见。

一、提高思想认识，切实肩负起维护学校、幼儿园安全的政治责任

今年以来，各地区各部门按照中央要求，认真做好维护稳定的各项工作，确保了重点地区、重点时段社会大局稳定，确保了重大活动安全顺利进行。全国社会大局总体上是稳定的。

同时，也要看到，社会稳定工作面临的形势依然严峻复杂。最近一个多月来，福建南平、广西北海、广东湛江、江苏泰州、山东潍坊接连发生了5起针对小学生、幼儿园儿童和老师的恶性案件，造成严重后果，给受害者家庭带来极大痛苦，严重破坏学校教育教学秩序，社会影响极其恶劣。对此，胡锦涛总书记、温家宝总理等中央领导同志多次作出重要指示，强调此类案件社会危害极大，必须高度重视，依法严肃处理犯罪分子，精心治疗受伤人员，切实加强学校、幼儿园安全防范，严防类似案件再次发生。有关地区和部门认真贯彻落实中央领导同志指示精神，迅速采取了措施，加强学校、幼儿园安全工作。

这类案件的连续发生，教训是深刻的，究其原因，一是我国正处于社会转型时期，因发展中存在的不平衡、不协调、不可持续问题和地区差距、城乡差距、部分社会成员收入分配差距拉大引发的社会矛盾多样多发，有的人心态失衡、心理脆弱，一旦受到挫折或遇到刺激，容易采取报复社会的极端行为。比如福建南平、江苏泰州、山东潍坊发生的3起恶性案件中，凶手或因下岗失业、生活困难，或因婚恋受挫、家人嫌弃而杀人发泄。二是一些地方和部门对社会矛盾的复杂性和可能造成的严重后果缺乏清醒认识，群众意识、忧患意识、危机处理意识不强，没有真正担负起维护社会稳定、维护学校、幼儿园安全的第一责任。有的对本地区本部门本单位存在的矛盾和问题底数不清、情况不明，对已经发现的苗头性、倾向性问题没有及时采取有效措施加以解决，一些有暴力倾向和精神疾患的人员长期失管失控。三是面对“四个深刻变化”和工业化、信息化、城镇化、市场化、国际化的深入发展，社会管理的理念、机制、方法、手段明显不相适应，存在不少薄弱环节，一些学校、幼儿园对自身安全基本上处于不设防状态，内部安全管理比较松弛。四是维护社会稳定、维护学校、幼儿园安全的许多工作措施没有真正落实到基层。这些年，中央和地方对社会矛盾排查调处、高危人员管理控制、校园周边治安管理、校园内部安全防范出台了不少制度措施，但不少地方和单位没有认真贯彻落实。

社会安全最重要的是人身安全，最让人牵挂揪心的是孩子安全。现在的少年儿童绝大多数都是独生子女，每个孩子的安全都牵动着几代人、众多家庭。我们党的一切努力就是为了使全国人民过上安定幸福的生活。如果不能坚决地、迅速地遏制此类案件，连最需要呵护的孩子的生命安全都得不到保障，那就可能酿成严重的社会问题。各地区各部门必须深刻领会中央领导同志重要指示精神，充分认识加强学校、幼儿园安全的极端重要性和现实紧迫性，切实肩负起维护学校、幼儿园安全的政治责任，以硬措施落实硬任务。

二、加大工作力度，切实维护学校、幼儿园安全

维护学校、幼儿园安全，是全社会的共同责任，需要各有关方面共同努力、齐抓共管，采取综合措施，做到远近结合、标本兼治。

第一，深入排查化解矛盾纠纷。及时排查化解矛盾纠纷是预防个人极端暴力事件，确保学校、幼儿园安全的前提。各地区各部门各单位要按照中央关于深入推进社会矛盾化解的部署和要求，组织广大干部深入基层特别是困难人群多、矛盾问题多、工作难度大的地方，同乡镇村组、街道社区、工矿企业、机关学校一起，深入开展矛盾纠纷大排查活动。在深入排查企业改制、征地拆迁、上学就医、环境保护、城市管理等领域群体性矛盾的同时，要高度重视排查因失业生活困难、家庭纠纷等引发的个体性矛盾，做到底数清、情况明。对排查出的各类矛盾纠纷，综治部门要及时汇总分析，报告党委和政府。各级党委和政府及有关部门要区分轻重缓急，着眼于解决问题，及时作出工作部署。要按照“属地管理、分级负责”和“谁主管、谁负责”的原则，依法按政策妥善化解，防止矛盾激化。对生活确有困难的要积极帮助解决，对有思想情绪的要注意教育疏导，对诉求合理合法的要尽快解决到位，对诉求不符合法律和政策规定的要耐心做好解释工作。从根本上讲，则是要坚持以人为本、科学发展，更加重视以保障和改善民生为重点的社会建设，坚持科学民主依法决策，建立社会稳定风险评估机制，防止在决策审批等前端环节引发社会矛盾。

第二，严格排查管控高危人员。预防个人极端暴力事件，关键是加强对高危人员的排查管控。近期发生的5起恶性案件中，犯罪分子都不在专门机关视线之内，这说明对高危人员的排查管控工作还存在不少漏洞。要通过更深入的排查，做更细致的工作，特别要深入到社区、村组、家庭、出租房屋，及时准确掌握社情民意，真正把各种高危人员都纳入视线之内，坚决消除盲点。会后，各地区各部门各单位要立即开展拉网式排查，建立分类管理机制，逐一落实工作措施，并实行动态管理。公安、民政、卫生等部门和基层单位要切实负起责任，该救助的救助，该疏导的疏导，该治疗的治疗，该稳控的稳控，该依法处理的依法处理，决不能漏管失控，决不能任其滋事。对生活压力大、有心理障碍的，要组织专业人员进行心理干预，组织其家庭成员、亲朋好友耐心做工作，疏导理顺情绪，化解心理危机，引导他们培养健康心态。各级党组织和工会、共青团、妇联等群众组织要发挥思想政治工作优势，有针对性地做好思想教育工作。

第三，充分发挥部门职能作用。各地要迅速组织有关部门开展对学校、幼儿园及周边治安秩序的专项整治行动，进行全面深入彻底的安全检查，逐一落实各项安全防范措施，及时有效堵塞漏洞、消除隐患。公安机关要加强对学校、幼儿园及周边的治安巡逻，特别是在学生上学、放学和幼儿到园、离园等重点时段和周边治安情况复杂的重点部位，增加巡逻力量，加大巡逻力度，有条件的地方可以实行校车制度；要落实派出所的属地责任，在治安情况复杂、问题较多的学校、幼儿园，设立专门的警务室或治安岗亭，及时处置发生的各种治安问题。要依法从重从快打击侵害学前儿童和师生安全的违法犯罪活动，对发生的案件，公安机关要加大办案力度，做到快侦快破；检察院、法院要提前介入，做到依法快捕、快诉、快审、快判，震慑犯罪、安定人心。教育行政部门要加强对学校和幼儿园内部安全管理工作的组织协调、监督检查，及时发现问题、通报情况、督促整改，并帮助解决安全管理工作中的实际困难。

第四，加强内部安全管理。学校、幼儿园要牢固树立“安全第一、预防为主”的理念，切实加强安全管理工作。各学校、幼儿园都要制定突发事件应急预案，确保一旦出现紧急情况能迅速有效处置。要严格落实校长、园长安全管理责任，建立健全门卫、值班、巡逻、安全检查等各项安全管理制度。要充实学校、幼儿园安全保卫力量，加强教育培训管理，提高保卫人员的素质和能力。要加强技防建设，尽可能创造条件安装视频监控、周界报警系统等，提高技术防范水平。特别是要严格门卫查验和内部巡查，坚决防止社会闲散人员及不法分子进入学校、幼儿园制造事端。要加强安全教育培训，推进安全防范知识进课堂，组织应急演练，增强师生的安全防范意识和自我保护能力，提高教职员工保护学生、幼儿园儿童安全的水平。

第五，正确引导社会舆论。个人极端暴力事件发生后，宣传部门要及时与政法部门沟通，既要指导案发地及时准确发布权威信息，主动引导舆论，又要加强对新闻媒体的管理，防止产生诱发效应，防止造成社会恐慌。要切实加强对互联网、手机短信的监管，对恶意炒作、造谣生事、借机煽动攻击党和政府的，要落地查人，依法严肃处理。新闻媒体要注意疏导社会情绪，正确引导社会各界，全体社会成员、每个家庭都要肩负起维护社会稳定、维护学生儿童安全的责任。对境外发生的个人极端事件、社会骚乱事件、暴力恐怖事件，新闻报道也要注意掌握分寸、适度适量，防止渲染过度，在境内产生负面影响。

各地区各部门各单位要举一反三，采取有力措施，增强全社会的安全防范意识，强化安全防范工作。特别是对老人、妇女、儿童、残疾人等易受侵害人群，有关职能部门要会同所在街道社区、乡镇村组和单位、家庭以及工会、共青团、妇联等群众组织，引导他们增强自我保护意识，提高自我安全防范能力。对容易引发极端事件的人和事，一经发现要及时报告，积极主动开展工作。医院、养老院、福利院等易受侵害的单位，也要认真排查自身存在的安全隐患，有针对性地加强人防技防物防措施，特别是要加强保安力量，防止发生类似事件。相关行业主管部门要切实负起组织领导、督促检查指导责任，该设岗配人的要配人，该配装备的要配上，并给予必要的财力保障，确保有人管事、有钱办事，真正使安全防范工作得到落实和加强。公安机关等部门要加强对出租房屋、中小旅店、公共娱乐服务场所以及地下通道、施工工地等复杂部位的治安管理力度，及时消除各类治安隐患，严防发生各类案件、事件。要进一步加强社会面巡逻防范，切实提高见警率，增强人民群众安全感。上海世博会刚刚开幕，安保工作时间长、任务重，有关地方和部门要以防范个人极端事件、大规模群体性事件、暴力恐怖事件和拥挤踩踏事故为重点，坚持不懈地抓紧抓好安保工作，真正做到善始善终，确保实现平安世博目标。

三、立即行动起来，狠抓各项工作落实

明天是“五一”假期后开学的第一天。各地会后要立即行动起来，组织干部深入到每一所学校和幼儿园，传达落实会议精神，现场部署检查指导工作，认真查找安全隐患，凡是今天能够落实的事项、解决的问题，决不过夜；一时难以解决的问题，要定出时间表，限期解决，切实做好防范工作，争取不发案、少发案，坚决杜绝发生重大恶性案件。

第一，加强组织领导。各级党委和政府要认真贯彻落实科学发展观，正确处理改革发展稳定的关系，把维护学校、幼儿园安全作为一项重大的政治任务，切实承担起第一责任。党政一把手要负总责、亲自抓，分管领导要具体抓、深入抓，认真梳理分析本地区影响学校、幼儿园安全与社会和谐稳定的突出问题，及时部署，协调解决，落实推进平安建设的各项保障措施。

第二，强化督导检查。要建立经常性的监督检查机制，组织人员深入基层，深入学校、幼儿园，明查暗访，督促指导，狠抓落实。要及时发现问题、堵塞漏洞、改进工作，及时发现好的典型、总结经验、加以推广。对安全隐患多、治安状况差、群众反映强烈的地区和单位，上级部门要挂牌督办、挂账整治，限期解决问题，限期改变面貌。

第三，严格责任查究。责任不落实，一切都落空。要把维护学校、幼儿园安全的责任落实到领导，落实到部门，落实到学校、幼儿园，落实到岗位，落实到人头，以每一个环节、每一个岗位、每一个细节的安全，确保学校、幼儿园及周边的安全稳定。对于工作不重视、组织不得力、保障不到位，导致发生学校、幼儿园重大恶性案件和安全事故的，要追究相关领导的责任；对于学校、幼儿园内部安全管理责任不落实、措施不到位的，要追究校长、园长和当地教育行政部门的责任；对于学校、幼儿园周边治安秩序长期混乱、刑事治安案件频发的，要追究辖区民警、派出所所长和公安分县局领导的责任。对于领导重视、工作扎实、防控得力，零发案、秩序好，有效预防和制止极端事件的，要给予表彰奖励。

第四，夯实基层基础。要针对基层基础建设中存在的薄弱环节，加强基层党政组织建设特别是学校领导班子建设、公安机关社区警务建设、群防群治队伍建设、学校、幼儿园及周边治安防控体系建设，形成源头预防治理有效、内部安全管理有力、外围治安防控严密的工作格局，切实把学校、幼儿园安全工作基层夯实、基础打牢，从根本上维护学校、幼儿园的长治久安。工会、共青团、妇联等群众组织要充分发挥自身优势，积极参加维护学校、幼儿园安全工作。

第五，勇于改革创新。学校、幼儿园安全管理是社会管理的重要组成部分。要针对当前影响学校、幼儿园安全稳定的突出问题，加快建立与新形势下学校、幼儿园安全工作相适应的体制机制，不断提高安全管理能力和水平。比如，如何把校园安全的专业化管理和社会化管理有机结合起来，如何把专门工作与群防群治更好地结合起来，如何通过统一配备校车等措施确保学生上学放学安全，如何进一步完善有关部门的协调联动机制和应急处置机制，等等，都要深入调查研究，积极采取措施。

同志们，我们一定要认真落实中央决策部署，通过雷厉风行、扎实有效的工作，营造平安和谐的社会环境，让孩子们放心，让家长放心，让全社会放心！

（二）全国社会治安综合治理工作会议

中央社会治安综合治理委员会 关于印发《周永康、王乐泉同志在全国社会治安综合治理工作会议上的讲话》的通知

（2010 年 7 月 15 日）

各省、自治区、直辖市社会治安综合治理委员会，新疆生产建设兵团社会治安综合治理委员会，中央社会治安综合治理委员会各成员单位：

经党中央批准，2010 年 6 月 18 日至 19 日，全国社会治安综合治理工作会议在四川省成都市召开。现将中央政治局常委、中央政法委书记、中央综治委主任周永康，中央政治局委员、中央政法委副书记、中央综治委副主任王乐泉在会议上的讲话印发给你们，请结合实际情况，认真贯彻落实。

周永康同志在全国社会治安综合治理工作会议上的讲话

（2010 年 6 月 19 日）

这次全国社会治安综合治理工作会议是经中央批准召开的一次重要会议。会议的主要任务是，深入贯彻落实党的十七大和十七届三中、四中全会精神，贯彻落实中央关于加强社会建设、创新社会管理的决策部署，总结交流经验，分析当前形势，研究部署做好新形势下社会治安综合治理工作。两天来，大家听取了四川省负责同志的介绍，观看了专题片，考察了成都市、德阳市，看到了四川汶川地震灾区发生的翻天覆地变化，进一步加深了对社会主义制度优越性的认识；看到了四川统筹城乡发展的好形势，受到了一次深入贯彻落实科学发展观的生动教育；看到了四川在推进社会矛盾化解、社会管理创新、公正廉洁执法特别是构建"大调解"工作体系方面取得的可喜成绩、积累的宝贵经验，深化了对深入推进三项重点工作的认识。会议期间，北京市等 9 个地方负责同志分别介绍了经验，中央有关部门负责同志作了发言，讲得都很好。大家一致认为，这次会议是一次考察学习四川经验做法的现场会，是一次各地区各部门深入推进三项重点工作的交流会，是一次加强新形势下社会治安综合治理工作的部署会。这次会议开法有新意、安排很紧凑、考察感受多、交流收获大，开得很成功。

加强社会建设、创新社会管理是维护社会和

谐稳定的源头性、根本性、基础性工作。社会治安问题与社会矛盾紧密相联,社会治安综合治理说到底是对社会矛盾的综合治理,是社会建设和社会管理的重要内容。面对经济社会形势的深刻变化,必须把社会治安综合治理工作摆到社会建设的整体格局中来谋划,放到三项重点工作的总体部署中来考虑,特别要通过深入推进社会管理创新,推动社会治安综合治理工作不断取得新发展。

下面,我讲几点意见。

一、深入分析、准确把握我国发展的阶段性特征在社会建设和社会管理领域的具体表现,切实增强加强社会建设、创新社会管理的责任感紧迫感

今年以来,各地区各部门认真贯彻落实中央的决策部署,以深入推进三项重点工作为载体,全面加强政法维稳和社会治安综合治理工作,确保了北京、新疆、西藏等重点地区的社会稳定,确保了“六四”等敏感期的平稳度过,确保了青海玉树抗震救灾工作有效有序开展,确保了上海世博会顺利开幕开园、总体运行良好。当前,全国社会大局是稳定的,总的形势是好的。但是,影响社会稳定的因素仍然大量存在。1 至 5 月,全国刑事案件立案数同比上升 7.6%。一些地方接连发生伤害小学生和幼儿园儿童的恶性案件。

这些案件事件的连续发生,是我国发展的阶段性特征在社会建设和社会管理领域的集中反映,同时也暴露出社会建设和社会管理方面存在的一些深层次问题。胡锦涛总书记在党的十七大报告中,从 8 个方面深刻阐述了我国发展的阶段性特征。其中,涉及社会建设和社会管理的有关问题,有的已经得到解决,有的正在解决,有的还来不及解决,有的短时间内难以解决。具体来说,突出表现在以下几个方面:

从经济社会发展看,一些国家和地区的发展历程表明,经济社会加快发展、快速走向现代化的时期,往往也是经济容易失调、社会容易失序、人们心理容易失衡、社会矛盾急剧增多的时期。应当看到,经过新中国成立 60 多年来的建设发展特别是 30 多年的改革开放,我国经济实力、综合国力大大增强,人民生活总体上达到小康水平,国际地位和国际影响显著上升。同时,发展中存在的不平衡、不协调、不可持续问题比较突出,地区之间、城乡之间的发展差距以及部分社会成员之间的收入分配差距不断拉大,由此引发了大量社会矛盾。这些矛盾大多集中在国有企业改制、农村土地征用、城镇房屋拆迁、涉法涉诉等领域,现在因劳资纠纷、医患纠纷、环境污染、城市公共服务管理等问题引发的社会矛盾也明显增多,历史遗留问题与改革发展中的问题交织在一起,社会矛盾的关联性、敏感性、对抗性明显增强。客观地说,我国用 30 多年时间走完了西方发达国家上百年时间才走完的发展历程,西方国家在不同时期渐次出现的许多矛盾和问题必然会在我国相对集中的时间里表现出来。这就要求我们在加快经济发展的同时,必须下更大的决心、采取更加有效的措施,妥善化解各种社会矛盾。

从社会结构变动看,随着经济体制由计划经济向社会主义市场经济、社会结构由封闭向开放的历史性转变,整个社会的开放性、流动性大大增强,新经济组织、新社会组织快速发展,越来越多的“单位人”变成“社会人”,境外来华人员和境外非政府组织进入我国活动的越来越多。目前,我国有 2 亿多流动人口、4 亿多网民、7 亿多手机用户,登记或没有登记的各种社会组织达数百万个,在我国活动的境外非政府组织有 4400 多个,每年入出境外国人 4000 多万人次。这么庞大的人流、物流、资金流、信息流,在世界上是罕见的。对流动人口、“两新组织”、境外非政府组织、新兴媒体的管理,我们面临许多从未遇到的新情况新问题。最近发生的一些重大案件事件中,行为人大多不属于公安机关列管的重点人员,暴露出社会管理存在不少薄弱环节。这就要求我们必须主动适应工业化、城镇化、信息化、市场化、国际化深入发展的新形势,主动适应经济体制深刻变革、社会结构深刻变动、利益格局深刻调整、思想观念深刻变化的新要求,积极推动社会管理理念思路、体制机制和方法手段创新,探索建立与社会主义市场经济体制相适应,与开放、动态、信息化的社会环境相适应的社会管理体系。

从人民群众需求看,随着经济社会发展、民主法制建设进程加快,人民群众在物质文化生活上有许多新要求新期待,呈现多层次、多方面、多样性的趋势。但是,由于我国仍处于并将长期处于社会主义初级阶段,人民日益增长的物质文化需要同落后的社会生产之间的矛盾仍然是社会主要矛盾，部分群众生产生活仍然比较困难，教育、就业、医疗卫生、社会保障等许多民生问题还没有得到很好解决。同时，贫富差距拉大趋势还没有根本扭转，一些消极腐败现象仍在滋生蔓延，加上对群众的思想教育、人文关怀、心理疏导等工作跟不上，一些人心理失衡，对社会的不满情绪潜滋暗长。特别是面对激烈的竞争、生活的压力和一些困难挫折，有的人不堪重负而自寻短见或以极端手段报复社会。这就要求我们必须把发展成果更多地运用到改善民生上，下大气力解决群众生产生活中存在的实际困难和问题，同时，要更有针对性地加强对群众特别是重点人群的教育引导，着力培育理性平和、自尊自信、积极向上的社会心态。

从世界格局变化看，（略）

从我们自身工作看，近年来，各级党委、政府对维护社会稳定的重视程度不断提高，但在一些地方和部门，对经济建设“一手硬”、对社会建设和社会管理“一手软”的问题仍然比较突出，主要表现在：一是思想重视不够。有的没有牢固树立科学发展观和正确政绩观，把社会建设作为软任务，有的甚至认为抓社会建设和社会管理多了，会影响和阻碍经济发展。作决策、上项目时，对人民群众的现实利益和长远利益重视不够，对可能带来的社会稳定风险考虑不多。二是责任落实不到位。对加强社会建设、创新社会管理、维护社会稳定，有的只是停留在会议、文件和一般性号召上，没有作为硬任务落实到行动上。三是投入不足。无论是在领导精力上还是在人力、财力、物力上，对社会建设和社会管理的投入都明显不足。四是能力不适应。有的不出事不重视，出了事就捂、推、拖，致使小事拖大、大事拖炸；有的对突发事件惊慌失措、应对失当，不敢承担责任，不敢果断决策，以致错失处置良机；有的对网络舆情不敏感，不善于运用新兴媒体引导舆论、争取主动。

早在1993年，邓小平同志就深刻指出：“过去我们讲先发展起来。现在看，发展起来以后的问题不比不发展时少。”江泽民同志指出：“由于经济的快速发展，改革的不断深化，必然涉及各方面的利益调整和思想观念的转变，不可避免地会出现各种新情况、新问题、新矛盾。”胡锦涛总书记指出：“我们在推进改革开放和社会主义现代化建设中所肩负任务的艰巨性和繁重性世所罕见，我们在改革发展稳定中所面临矛盾和问题的规模和复杂性世所罕见，我们在前进中所面对的困难和风险也世所罕见。”正是基于对我国发展阶段性特征的科学判断、准确把握，以胡锦涛同志为总书记的党中央提出了科学发展观、构建社会主义和谐社会等重大战略思想。加强社会建设、创新社会管理，是深入贯彻落实科学发展观的基本要求，是构建社会主义和谐社会的基本任务。从一定意义上讲，社会建设水平的高低、社会管理能力的强弱，是衡量和检验我们党执政能力、执政水平的一个重要标志。

回顾我们党走过的89年历程，回顾新中国成立以来的60多年历程，我们在前进道路上从来都不是一帆风顺的，我们的事业从来都是在不断发现问题、不断解决问题中取得进步的。作为共产党人，我们要有这样的决心和信心，要有这样的能力和水平，切实把社会建设和社会管理搞上去，推动科学发展、促进社会和谐，使中国特色社会主义道路越走越宽广。各地区各部门要从全局和战略的高度，准确把握我国发展的阶段性特征在社会建设和社会管理领域的具体表现，深刻认识社会建设和社会管理面临形势的严峻性、复杂性，深刻认识加强社会建设、创新社会管理的重要性、紧迫性，始终坚持党的领导，充分发挥社会主义制度的优势，加强社会建设，创新社会管理，维护好重要战略机遇期社会稳定。

二、大力推广社会管理创新的好经验好做法，努力在解决影响社会和谐稳定的关键问题上取得新进展

近年来，各地区各部门认真贯彻落实党的十七大精神，按照构建社会主义和谐社会的要求，大力加强社会建设，积极创新社会管理，探索了不少好经验好做法。当前和今后一个时期，要深入贯彻落实科学发展观，紧紧围绕维护重要战略机遇期社会稳定的总目标，牢牢把握最大限度地激发社会创造活力、最大限度地增加和谐因素、最大限度地减少不和谐因素的总要求，及时总结推广社会建设和社会管理方面的好经验好做法，推动社会建设和社会管理在以下9个方面取得新进展，进一步夯实社会和谐稳定的思想基础、工作基础、法治基础、群众基础。

第一,把社会建设摆到更加重要的位置。毫无疑义,发展是第一要务。我们只有继续加快发展,不断增强经济实力,才有解决其他一切问题的物质基础,但仅有经济发展是远远不够的,必须努力实现经济、政治、文化、社会协调发展。我们可喜地看到,不少领导同志和地方越来越重视社会建设,把保障和改善民生作为全部工作的出发点和落脚点,着力解决就业、住房、教育、医疗卫生、收入分配、社会保障等突出民生问题,取得了很好效果;加快经济发展方式转变,不再把追求国内生产总值的增速作为第一目标,而是努力实现速度与结构、质量、效益相统一,实现经济发展与社会全面进步相统一;统筹城乡协调发展,不再把工作重心只放在城市建设上,而是致力于加快推进城乡一体化进程和社会主义新农村建设,努力把公共服务延伸到广大农村和农民身上,努力让城乡广大群众共享改革发展的成果,等等。实践证明,这些做法都是消除不和谐不稳定因素的源头性、根本性工作,是更加积极主动、更加长远的维护社会和谐稳定工作。我们必须深刻认识到,我们党的奋斗目标就是要让全体人民过上幸福生活,实现全体人民共同富裕是社会主义的本质要求。没有共同富裕就没有社会和谐稳定,就没有政权的巩固。现在社会矛盾这么多,如果我们不重视民生疾苦,不重视社会建设,一味追求国内生产总值的增长,最终将导致严重的社会危机,发展也难以为继。各地区各部门要按照党的十七大的要求,自觉把加强社会建设、创新社会管理作为深入贯彻落实科学发展观的重要内容,作为执政为民的关键环节,作为构建社会主义和谐社会的战略举措,摆到更加突出的位置,以更大的决心、更实的举措、更多的投入,解决民生问题,加强社会管理。有中国共产党的坚强领导,有我国社会主义制度能够集中力量办大事的政治优势,有改革开放30多年奠定的坚实基础,只要我们心往一处想、劲往一处使,就一定能够把社会建设搞上去,实现经济社会协调发展。

第二,把化解社会矛盾作为加强社会管理的重要基础性工作。我国当前的社会矛盾主要是因利益诉求引起的人民内部矛盾,绝大多数是可以通过教育、协商等办法,采取经济、法律等手段解决的。各地区各部门在实践中探索了许多预防和化解社会矛盾的好办法。比如,建立社会稳定风险评估机制,从源头上预防和减少社会矛盾的发生;组织干部下基层,开展矛盾纠纷"大排查"、"大调处";组织专项工作小组,研究解决国有企业改制、农村土地征用、城镇房屋拆迁、涉法涉诉、部分军队退役人员等方面的政策问题;开展"信访积案化解年"、集中清理执行积案活动,集中解决久拖不决的积案;构建人民调解、行政调解、司法调解相互衔接的"大调解"工作体系,及时有效化解矛盾纠纷;把调解优先原则贯穿到执法办案工作中,努力实现案结、事了、人和;加强法律法规建设,为化解社会矛盾提供制度保障,等等。可以说,如果不是近年来狠抓矛盾纠纷排查调处,动员全党全社会力量化解矛盾纠纷,就不可能有今天这样社会大局总体稳定的局面。各地区各部门要毫不动摇地坚持这些行之有效的经验做法,进一步加深对我国国情社情的认识,加深对当前社会矛盾性质特点的认识,加深对自身职责任务的认识,坚持不懈地抓紧抓好社会矛盾化解工作。特别要把社会稳定风险评估机制建设好,把干部下基层摸排矛盾、就地化解矛盾组织好,把党委、政府主导的"大调解"工作体系完善好,把劳资纠纷、医患纠纷、环境污染、安全生产、食品药品安全、知识产权、交通事故等领域的行业性、专业性调解组织建立健全起来,努力在第一时间、第一地点低成本、高效率地化解矛盾纠纷,努力做到"小事不出村(社区),大事不出镇(街道),矛盾不上交",不断巩固和发展社会和谐稳定的良好局面。

第三,把以人为本、服务为先贯穿于社会管理工作中。社会管理说到底是对人的管理。我国人口众多,管理难度很大。搞好人口管理工作,不仅要做到底数清、情况明,而且要做到分类管、服务好。在流动人口管理中,一些地方探索实行了以居住登记和居住证为核心的"一证通"制度,把享有子女教育、技能培训、社会保险、申领驾驶证等公共服务融入到"一证通"中,让流动人口享受到了实实在在的服务;一些地方建立刑释解教人员的必送必接和有效安置机制,帮助刑释解教人员解决就业和生活困难,让他们顺利回归社会,过上正常人生活;一些地方把少年犯、老年犯、过失犯中的轻微违法犯罪人员放到社区，依靠基层组织和家庭对他们进行教育改造，减少了重新违法犯罪；一些地方把流浪青少年、轻微违法青少年送到少年儿童保护中心或者专门的学校进行教育、接受职业技术培训，对未成年的初犯、偶犯注销违法犯罪记录，最大限度地减少了社会对抗；一些地方把容易肇事肇祸的精神病人送到安康医院进行治疗，减少了现实危害，等等。各地区各部门要认真总结运用这些经验做法，积极顺应社会发展进步的大趋势，按照以人为本、服务为先的要求，全面梳理社会管理工作中存在的突出问题，更新管理理念，改变管理方式，实现由防范控制型管理向服务型管理的转变，真正把管理就是服务的理念更好地体现到社会管理工作中，全面提升服务管理水平。对由种种因素造成的困难人群，要坚决纠正歧视的态度和做法，真正把他们作为最需要关怀的人来对待，努力使他们感受到党和政府的温暖，感受到社会的温暖，更好地融入社会。要把城镇的公共服务延伸到流动人口身上，让他们切身感受到所在城镇就是自己的家，自己就是城镇的主人。要结合积极稳妥地推进城镇化建设，以促进农民工融入城镇为重点，加快推进户籍管理制度改革，放宽中小城市和小城镇落户条件，并探索逐步放宽大城市落户条件，建立城乡统一的户口登记管理制度。

第四，把社会管理和公共服务延伸到新经济组织和新社会组织。对“两新组织”的管理服务是当前社会管理面临的一个新的重大课题。针对一些“两新组织”游离于党和政府管理之外的情况，各地区各部门正在探索管理服务的新路子。不少地方、部门的同志认识到，新经济组织同国有企业一样，都是社会主义市场经济主体，既依法享有权益，也必须承担相应义务和责任，社会管理服务应当打破所有制界限；劳动者是国家的主人，一切管理服务都要着眼于维护他们的合法权益。这些认识对做好“两新组织”的管理服务具有重要意义。为此，一些地方、部门积极推动在新经济组织中建立党团组织、工会组织，加强法制教育培训，加强对贯彻《劳动法》、《劳动合同法》等法律法规的检查，加强对劳动者的人文关怀，等等。同时，加强对新社会组织的登记管理和日常监管，既发挥其积极作用，又坚决遏制一些新社会组织非法活动，对情节严重、影响恶劣的坚决予以取缔，等等。各地区各部门要继续深化对“两新组织”的认识，加强对“两新组织”管理服务规律特点的研究，探索新形势下党和政府对“两新组织”管理服务的体制机制、方法手段，真正把社会管理和公共服务延伸到“两新组织”，促进“两新组织”健康发展，发挥好“两新组织”在推动中国特色社会主义事业发展中的积极作用。

第五，把对虚拟社会与对现实社会的管理统筹起来抓。随着互联网、手机等新兴媒体的迅猛发展，虚拟社会与现实社会更加紧密地联系在一起，在极大地方便人们生产生活的同时，也对维护国家安全和社会稳定带来巨大挑战。为此，中央建立了网络信息管理工作机制，各地区各有关部门一手抓建设、一手抓管理，建立网络警察队伍，加强对网络的日常巡查；加强网络阵地建设，提高网络监测、预警、侦查、控制、处置能力；建立专兼职结合的网络评论员队伍，加强对网络舆论的引导，等等。通过这些创造性探索，我们对虚拟社会的管理正在由不适应向逐步适应转变，由被动应对向有效利用转变。同时，我们必须清醒地认识到，网络世界情况十分复杂。境内外敌对势力网上煽动策划指挥、网下开展行动是当前需要高度警惕的一个突出问题。各地区各部门要从巩固党的执政地位、维护国家安全、维护社会稳定的高度，统筹网上网下两个阵地，把虚拟社会与现实社会作为一个整体来考虑，加大依法管理力度，健全网络管理法律法规，提升网络攻防技术能力，完善网络综合防控体系，加强网络舆论引导，不断提高对虚拟社会的管理水平。

第六，把基层基础建设作为整个社会管理的根基。近年来，党中央、国务院高度重视基层基础建设，中央办公厅、国务院办公厅转发了《中央社会治安综合治理委员会关于进一步加强社会治安综合治理基层基础建设的若干意见》（中办发[2009]14号）；各地区各部门认真贯彻落实，采取一系列切实有效措施，加大基层基础建设力度，加强基层党政组织和群众自治组织建设，特别是加强社区组织建设，深入实施城乡社区警务战略，努力把社区建设成为社会管理服务新平台；加大对基层的投入，充实力量，增加经费，改善装备；深入推进基层平安创建活动，加强群防群治队伍建设。

有的地方整合综治办、信访办、维稳办、人民法庭、公安派出所、司法所等基层单位的力量，建立了综治信访维稳中心；有的探索建立了人往基层走、钱往基层用的体制机制，树立了政法综治维稳力量乐意在基层、扎根在基层的导向，等等。通过这些措施，基层基础工作得到了加强，但基层基础工作总体上比较薄弱的状况还没有根本改变。当前社会管理方面存在的许多问题，也大多与基层基础工作不落实、不到位有关。各地区各部门要牢固树立固本强基的思想，建立健全长效工作机制，把领导精力、注意力更多地放到基层，把人力、财力、物力更多地投到基层，努力在夯实基层组织、壮大基层力量、整合基层资源、强化基础工作等方面取得新的更大进展，为社会管理创新奠定坚实基础。

第七，把继承和创新群众工作作为加强社会管理的重要法宝。群众工作是我们党的传家宝，密切联系群众是我们党的最大政治优势，对化解社会矛盾、创新社会管理、维护社会稳定具有重要现实意义。但是，在我们党长期执政、在发展社会主义市场经济的条件下，一些领导干部对群众工作放松了、生疏了，交通工具发达了，深入基层深入群众的时候却少了；信息手段先进了，了解群众的真实想法却难了，有的甚至根本不知道群众在做什么、想什么、盼什么。针对这种情况，近年来，一些地方、部门结合开展深入学习实践科学发展观活动，加强群众观念和群众路线再教育，努力使广大干部增进同群众的感情，增强为群众服务的自觉性；加强群众工作方法的培训，努力使广大干部学会与群众打交道、交朋友；建立社情民意调查、收集、分析机制，加强对群众心理的研究、群众情绪的疏导，努力为群众顺气鼓劲；设立群众工作部、群众工作站、群众工作室，建立群众服务中心、信访接待中心、矛盾调解中心，开通畅通社情民意、解决群众诉求的“绿色通道”；开展机关干部下基层、“大接访”、“大走访”等活动，就地及时解决群众关心的实际问题和困难，等等。实践证明，这些做法密切了党群干群关系，减少了社会矛盾。在新的历史条件下，只有与时俱进地做好群众工作，才能有效进行社会管理创新；丢掉群众工作这一好传统，就谈不上社会管理创新。各地区各部门要继承和发扬群众工作的优良传统，积极探索新形势下动员组织群众参与社会管理创新的新思路新办法，特别要深入基层、深入群众，了解社情民意，与工作生活遇到困难的家庭和人员结对子、交朋友，帮助解决实际问题，帮助理顺情绪、化解矛盾，真正扑下身子面对面地做好群众工作，以实际行动赢得群众的信任拥护，把社会管理创新建立在坚实的群众基础之上。

第八，把信息化建设作为社会管理的有效手段。加强信息化建设，是新形势下提升社会管理效能的必由之路。近年来，各地区各部门从信息化建设入手，建立信息管理系统，构建社会管理信息化平台；加强对人、地、物、事、组织等基础信息的采集，大力推广视频监控设施建设，努力实现实时更新、动态管理；有效整合各地区各部门的各类信息，努力实现互联互通、共建共享；加强对各类信息的综合、分析、研判，不断提升信息的时效性和实用性，强化信息服务实战功能；大力推行网上受理、网上审批，努力为人民群众提供方便、快捷、优质、高效的服务，等等。所有这些，对于创新社会管理手段，提升社会管理效能，发挥了重要作用。各地区各部门要认真总结这些成功经验，进一步适应社会信息化快速发展的新形势，尽快形成全面覆盖、动态跟踪、联通共享、功能齐全的社会管理综合信息系统，特别要把流动人口、境外来华人员、社会闲散青少年、精神疾患人员、吸毒人员、刑释解教人员、社区矫正对象纳入社会管理综合信息系统，强化实战应用、综合应用，进一步提升社会管理信息化水平，进一步提升社会管理效能和服务质量。

第九，把依法治国基本方略落实到社会管理的各领域、全过程。依法治国是加强社会管理、实现国家长治久安的根本途径。改革开放以来，我国社会主义民主法制建设取得了巨大成就，着力构建形成中国特色社会主义法律体系，国家经济、政治、文化、社会生活的各个领域基本做到了有法可依。各地区各部门在社会管理中越来越重视依法决策，越来越重视依法保障人民群众的合法权益，越来越重视依法组织人民群众参与社会管理；通过开展社会主义法治理念教育，“三个至上”、“四个在心中”的要求逐步深入人心，越来越多的执法人员能够坚持理性、平和、文明、规范执法；越来越多的社会成员能够自觉遵守法律，严格依法办事。当前，广大人民群众的权利意识越来越强，对社会公平正义的追求越来越高。各地区各部门要全面落实依法治国基本方略,进一步加强对宪法法律的宣传教育,大力弘扬法治精神,更加注重运用法律手段加强和改进社会管理,更加注重依法规范管理行为特别是执法司法行为,加快建设社会主义法治国家。国家公务员特别是各级领导干部要带头学法守法,带头维护宪法法律的权威。要紧紧围绕加强社会建设和社会管理创新亟需的基础性法律法规,深入开展调查研究,及时提出立法建议,积极推动有关法律法规的出台。要教育广大群众特别是年轻一代学法、知法、守法,引导他们依法理性表达个人诉求、正确运用法律武器维护自身合法权益。对妨碍社会管理、危害社会和谐稳定的违法犯罪活动,一定要严格依法处理。

三、切实加强组织领导,为加强社会建设、创新社会管理提供有力保障

各地区各部门要把加强社会建设、创新社会管理作为深入贯彻落实科学发展观、构建社会主义和谐社会的重要任务,切实加强组织领导,加快构建党委领导、政府负责、社会协同、公众参与的社会建设和社会管理新格局,为加强社会建设、创新社会管理提供有力保障。

第一,要坚持一把手负总责、亲自抓。检验各地区各部门执政能力高低、执行力强弱,不仅要看发展抓得怎么样,而且要看稳定抓得怎么样。加强社会建设、创新社会管理、维护社会稳定,是各级党委、政府的责任,首先是党政一把手的责任。实践证明,凡是社会建设和社会管理搞得好的地方,都是党政一把手高度重视、亲自抓。各地区各部门特别是党政主要负责同志一定要自觉把加强社会建设、创新社会管理摆到更加重要的位置,用抓经济发展的劲头抓社会建设,经常听取社会建设和社会管理工作情况汇报,深入分析形势,认真研究规律特点,明确方向重点,协调解决遇到的困难和问题。同时,要把加强社会建设、创新社会管理作为社会治安综合治理目标管理和领导班子、领导干部任期考核的重要内容,细化考核项目、标准,加大督导检查力度,并把加强社会建设、创新社会管理的成效与业绩评定、职务晋升、奖励惩处挂钩,最大限度地激发广大干部加强社会建设、创新社会管理的积极性、主动性、创造性。

第二,要把创新社会管理的思路变成规划和项目。创新社会管理的思路如果不落实到规划和项目上,没有约束性指标,就容易落空。各地区各部门要抓住国家和地方制定"十二五"规划的契机,在深入研究论证的基础上,找准社会管理服务方面存在哪些薄弱环节,明确社会管理服务方面需要抓什么事情、上什么项目,将其纳入经济社会发展总体规划,纳入本地区本部门的整体工作部署。要重点围绕城市社区和农村基层基础建设、社会稳定风险评估机制建设、"大调解"工作体系建设、社会治安重点地区整治改造、流动人口服务管理、安康医院建设、"两新组织"管理服务、互联网建设管理等,确定一批项目,早立项、早建设、早见效。同时,要把这些规划和项目进一步分解细化,明确目标责任,严格考核奖惩,确保逐一落实到每一个单位、个人。

第三,要抓好社会管理创新的综合试点。目前,在社会管理创新的各个方面、各个环节,各地区各部门都有不少好经验好做法,但从整体上系统地研究推动社会管理创新还不够。这次会议结束后,各省、自治区、直辖市都要选择确定几个不同类型、社会管理基础比较好的市、县,进行社会管理创新综合试点,努力使这些市、县率先形成与社会主义市场经济体制相适应的社会管理体系。中央政法委、中央综治委、中央维护稳定工作领导小组要从中选择一批有代表性的市、县,作为中央层面直接抓的综合试点市、县,充分发挥其从整体上创新社会管理的示范作用。明年上半年,要在综合试点工作搞得比较好的市、县召开现场会,总结推广综合试点工作经验做法。

第四,要加大对社会管理的投入。各地区各部门要把对社会管理的重视支持落实到实际行动上,切实加大人财物的投入,确保有人干事、有钱办事。一方面,要根据社会管理创新的实际需要,充实基层政法、综治、信访、民政、维稳等单位的力量,加大经费、装备保障力度,充分发挥好他们在社会管理创新中的骨干作用。另一方面,要按照社会化、职业化、规范化的要求,积极探索发展社会主义市场经济和全方位对外开放条件下动员组织社会各界和广大人民群众参与社会管理的新模式,真正形成社会管理人人参与、人人共享的良好局面。特别要加快组建专业社工队伍、志愿者队伍，健全社会管理服务网络，扩大社会管理服务的覆盖面，提升社会管理服务的社会化水平。要大力发展信息员、保安员、协管员、巡防队等多种形式的群防群治力量，把社会管理建立在广泛的群众基础之上。

第五，要加强社会管理创新的长效机制建设。在创新社会管理中，体制机制建设带有根本性。各地区各部门要充分尊重基层首创精神，善于发现、总结、提炼基层在社会管理创新中涌现出来的好经验好做法，及时上升为制度规范，形成长效机制。同时，要着眼于破解影响社会管理创新的体制性障碍、机制性束缚、保障性困扰，以改革创新精神，集中力量攻坚克难，积极探索一套与社会主义市场经济体制相适应的社会管理体系。当前，要健全社会管理的组织领导机制和地区、部门协作配合机制，特别是社会治安综合治理各成员单位既要履行好自身职责，又要加强协作配合，形成对社会管理齐抓共管的合力。要健全社会管理工作责任制和督促检查机制、考核奖惩机制，确保社会管理的各项部署和措施落到实处。

第六，要为创新社会管理营造良好的舆论环境。现在媒体越来越成为影响社会生活和人们思想的重要因素，越来越成为我们党治国理政的重要资源和重要手段。各地区各部门要充分认识媒体在社会管理创新中的积极作用，进一步转变思想观念，提高新形势下同媒体打交道的能力，善于通过媒体推动社会管理创新，加大政务公开力度，主动接受媒体监督，及时正确引导舆论，努力掌握话语权、主动权。对于媒体反映的问题，要高度重视，认真核查，依纪依法严肃处理，决不护短。同时，要坚持及时准确、公开透明、有序开放、有效管理、正确引导的原则，进一步完善敏感案件、突发事件新闻报道管理和应急工作机制，真正在敏感案件、突发事件的新闻报道上把好关、把好度，确保新闻报道有利于疏导群众情绪、消除不良影响，有利于维护法律尊严、维护党和政府的良好形象，努力实现舆论监督效果与法律效果、社会效果、政治效果的有机统一，为创新社会管理、维护社会稳定营造良好的舆论氛围。

同志们，加强社会建设，创新社会管理，任务艰巨，责任重大，党和人民寄予厚望。让我们更加紧密地团结在以胡锦涛同志为总书记的党中央周围，锐意进取，扎实工作，积极探索一条符合中国国情、体现时代特征、与社会主义市场经济体制相适应的社会建设和社会管理之路，为夺取全面建设小康社会新胜利、开创中国特色社会主义事业新局面作出新贡献！

王乐泉同志在全国社会治安综合治理工作会议结束时的讲话

（2010 年 6 月 19 日）

刚才，永康同志作了重要讲话，从党和国家工作大局的高度，深入分析了我国经济社会发展阶段性特征在社会建设和社会管理领域的具体表现，深刻阐述了新形势下加强社会建设、创新社会管理的重要意义，系统总结了近年来各地区各部门加强社会建设、创新社会管理的基本经验，对新形势下进一步加强社会建设、创新社会管理作出了全面部署，提出了具体要求。永康同志的重要讲话，总揽全局、立意高远、内涵丰富，具有很强的思想性、理论性、针对性，明确回答了事关社会建设和社会管理方向性、全局性、战略性的重大理论和实践问题，对于我们更好地适应新形势新要求，进一步加强社会建设、创新社会管理，把社会治安综合治理工作提升到新水平，维护好重要战略机遇期社会稳定，具有重大指导意义。各地区各部门一定要认真学习领会永康同志的重要讲话精神，坚决贯彻落实到社会建设和社会管理各项工作中去。

下面，我就贯彻落实这次会议特别是永康同志的重要讲话精神，提四点要求：

第一，要传达学习好这次会议精神。这次会议是新形势下加强社会建设、创新社会管理的一次十分重要的会议。各地区各部门负责同志回去后，要及时向党委（党组）主要负责同志原原本本地汇报这次会议特别是永康同志的重要讲话精神，并建议党委（党组）召开会议，对贯彻落实这次会议精神进行专题研究部署，真正把加强社会建设、创新社会管理纳入第一责任，纳入党委（党组）的重要日程，纳入经济社会发展规划，纳入各地区各部门的总体部署，为加强社会建设、创新社会管理提供组织保证。同时，要采取切实有效的形式，把这次会议精神层层传达贯彻到基层每一个单位、个人，切实把大家的思想统一到这次会议精神上来，把力量凝聚到实现这次会议提出的各项任务上来。

第二，要研究把握好社会建设和社会管理的规律特点。社会建设和社会管理是一个崭新的课题。各地区各部门要按照永康同志的要求，切实加强对社会建设和社会管理规律特点的研究，特别要结合本地区本部门的实际，深入分析我国经济社会发展阶段性特征，深入分析本地区本部门社会建设和社会管理面临的形势，认真找准本地区本部门社会建设和社会管理工作中存在的薄弱环节，认真找准本地区本部门社会建设和社会管理工作重点、难点，积极推动社会建设和社会管理理念、思路、体制、机制、方法、手段创新，全面提升本地区本部门社会建设和社会管理工作水平。

第三，要总结推广好社会建设和社会管理方面的好经验好做法。永康同志在讲话中系统总结了近年来各地区各部门在社会建设和社会管理中探索积累的基本经验和一系列具体经验，为各地区各部门进一步加强社会建设、创新社会管理提供了行动指南。对于这些基本经验和具体经验，各地区各部门一定要结合本地区本部门的实际，采取多种方式、多种手段，大力宣传、学习、推广，真正使这些基本经验和具体经验在本地区本部门开花结果。同时，要鼓励、支持基层在社会建设和社会管理工作中大胆探索、积极创新，并善于发现、总结、推广基层创造的好经验好做法，及时上升为制度，形成深入推进社会建设和社会管理创新的长效机制，以此推动社会建设和社会管理不断取得突破性进展。

第四，要加快构建好齐抓共管的社会建设和社会管理格局。加强社会建设、创新社会管理是一项复杂的系统工程，需要各地区各部门加强协作、形成合力。各地区各部门一定要按照永康同志的要求，建立健全加强社会建设、创新社会管理的组织领导机制和地区、部门协作配合机制，特别是社会治安综合治理委员会成员单位既要各负其责，又要密切配合，推动形成党委领导、政府负责、社会协同、公众参与的社会建设和社会管理格局，把社会建设和社会管理提高到新水平。

中央社会治安综合治理委员会
关于印发《王秦丰等同志在全国社会治安综合治理工作会议上的发言摘要》的通知

（2010年7月15日）

各省、自治区、直辖市社会治安综合治理委员会，新疆生产建设兵团社会治安综合治理委员会，中央社会治安综合治理委员会各成员单位：

现将中央组织部副部长王秦丰，最高人民法

院副院长南英，中央综治委委员、公安部副部长张新枫，中央综治委委员、司法部部长吴爱英，中央综治委委员、卫生部副部长尹力，中央综治委委员、团中央书记处第一书记陆昊同志在6月19日全国社会治安综合治理工作会议上的发言摘要印发给你们，请结合实际，认真学习贯彻。

王秦丰同志的发言(摘要)

一、加强基层党组织建设，夯实社会治安综合治理工作的组织基础

党的基层组织是党在社会基层组织中的战斗堡垒，在基层综治组织中起着核心作用，是维护社会和谐稳定的组织基础。各级党委组织部门始终把加强基层党组织建设作为组织工作的重中之重，坚持不懈地抓紧抓实抓好。一是不断健全和优化基层党组织设置，努力实现党的组织和党的工作全覆盖。积极探索在项目工地、农村专业合作组织、商务楼宇和居民楼院等新建、改建党组织；加大在非公有制经济组织和社会组织中组建党组织的力度；加强流动人口聚居地、城乡结合部、城中村、社会治安情况复杂的村(居)党组织建设，做到哪里情况复杂、矛盾突出，哪里就有党组织作用的发挥。同时，带动基层政权组织、自治组织、群团组织和群防群治组织建设，形成化解矛盾、促进和谐的合力。二是加强基层党组织领导班子建设，选好配强带头人。按照守信念、讲奉献、有本领、重品行的要求，拓宽选人视野，改进选拔方式，选好配强基层党组织书记。把"治乱"和"治瘫"结合起来，对软弱涣散、不起作用的党组织，采取切实措施进行整顿。三是进一步抓好民族地区党的基层组织建设，重点抓好领导班子建设，认真做好发展党员工作，加大村级组织活动场所、远程教育网络等基础设施建设投入，努力把民族地区基层党组织建设成为推动发展、促进和谐、反对分裂、维护稳定的坚强战斗堡垒。

二、加强党员队伍建设，发挥广大党员在促进社会和谐稳定中的重要作用

各级党委组织部门认真抓好党员教育、管理和服务工作，认真落实基层党员教育培训规划，把社会管理、平安建设和维护稳定作为重要培训内容，提高基层党员干部运用法律政策的能力和处理突发事件的能力，不断增强做群众工作的本领。继续加强流动党员管理服务工作，发挥"12371"党员咨询服务电话的功能，建立健全以流入地为主、流出地配合的流动党员双向共管机制。进一步健全和完善党员干部进村入户、包村联户、记民情日记等制度，广泛开展"党员承诺"、"结对帮扶"、"设岗定责"、"党员义务巡逻"等活动，搭建党员干部维护社会和谐稳定的平台，带动群众参与群防群治工作。

三、深入开展创先争优活动，引导激励基层党组织和党员在促进社会和谐稳定中争创先进模范

各地各单位紧紧围绕创先争优活动的总体要求，紧贴本地本单位中心工作和实际情况，精心设计活动载体，确定具体争创主题，强调基层党组织和党员要做促进社会和谐稳定的先进模范，及时了解群众思想动态，有针对性地做好引导工作；积极践行社会主义核心价值体系，推动形成良好社会风气；主动排查矛盾纠纷，做好化解工作；在重大突发事件面前，立场坚定、旗帜鲜明，坚决捍卫国家和人民利益。有的农村基层党组织围绕带头遵纪守法，弘扬新风正气，积极化解矛盾纠纷，搞好平安创建；有的城市社区党组织以"增强凝聚力，构建新社区"为主题，积极推进"三有一化"建设，努力建设文明和谐社区。许多县市区在社情比较复杂、矛盾比较多的地方，推动基层党组织和党员开展创建和谐村、和谐社区承诺，以党组织和党员的先进模范行动，带动人民群众积极投身平安创建，促进社会和谐稳定。

四、充分发挥党委组织部门职能作用，密切配合有关部门落实社会治安综合治理领导责任制

抓好社会治安综合治理工作，重心在基层，关键在领导。各级党委组织部门认真贯彻中央要求和各级党委部署，采取有力措施，强化各级领导班子和领导干部建设社会主义和谐社会的第一责任,把抓好社会治安综合治理工作的责任落到实处。坚持将地方各级领导班子和领导干部抓社会治安综合治理的情况纳入实绩考核,把考核结果作为领导班子综合评价和领导干部任免奖惩的重要依据。同时,我部还围绕平安世博这一目标,切实抓好社会治安综合治理工作联系点——上海市黄浦区的工作,坚持每月与黄浦区联系一次,了解社会治安综合治理工作动态;要求黄浦区每季度上报一次社会治安综合治理工作情况;派出专人,对黄浦区抓好社会治安综合治理工作进行面对面指导。通过联系上海市黄浦区,示范和引导各级党委组织部门认真履行作为社会治安综合治理成员单位的职责。

南英同志的发言(摘要)

一、高度重视调查研究和制度建设

最高人民法院按照中央的部署,于2008年牵头完成了诉讼与非诉讼相衔接的矛盾纠纷解决机制的司法改革专题研究。同年9月就建立健全多元纠纷解决机制问题向中央政法委作了专题报告,提出了此项改革工作分三步走的方案,得到了中央政法委的批复同意。在改革方案的基础上,经中央政法委批准同意,最高人民法院于2009年出台了《关于建立健全诉讼与非诉讼相衔接的矛盾纠纷解决机制的若干意见》。2009年初完成了人民法院贯彻"调解优先"原则工作情况的专题调研,同年7月,召开人民法院调解工作经验交流会,就推动构建诉讼与非诉讼相衔接的矛盾纠纷解决机制作了全面部署。

二、认真贯彻"调解优先、调判结合"工作原则,全面推进司法调解工作

2008年最高人民法院明确提出"调解优先、调判结合"工作原则。2009年7月在黑龙江召开全国法院第一次调解工作经验交流会议。会议以来,全国法院牢固树立"调解优先"理念,不断增强调解意识,积极创新调解机制,大力提高调解能力,全面推动"大调解"工作体系建设,成效显著。在审判工作中全面推行全员、全程、全面调解,把调解贯穿于立案、审判、执行的整个诉讼环节,把调解、和解的手段适用于民事案件、刑事附带民事案件、行政案件;把调解工作积极向诉讼之前延伸,引导当事人尽可能在起诉前通过人民调解、行政调解、行业调解等方式解决矛盾;向后延伸到涉诉信访等领域,实现司法调解与其他调解的对接。

三、"大调解"工作体系建设取得显著进展

一是调解组织体系不断健全。2009年,最高人民法院成立了调解工作领导小组,全面加强法院调解工作的指导工作。各地也普遍建立健全了调解工作组织体系。二是联动协调机制不断完善。人民法院充分利用自身的资源支持其他调解组织开展工作,许多基层法院和人民法庭设立人民调解工作室或者人民调解窗口,为其他组织调处纠纷提供支持。有的人民法院在处理纠纷任务较重的派出所、交警队、妇联、工会等单位设立巡回调解点。多数法院建立了以人大代表、政协委员、基层干部、人民陪审员、离退休干部以及社会各界人士组成的特邀调解员、调解志愿者人才网络库,加强与人民调解、行政调解组织网络的对接,逐步形成资源共享、力量共用、良性互动的"大调解"工作体系。三是各方合作全面加强。许多地方通过联席会议、联络员等机制,不断加强法院与人民调解、行政调解以及其他调解组织的联系,实现了人民调解、行政调解及其他社会组织之间的资源共享和良好的工作交流,充分发挥各类调解组织的协调机制作用。四是司法保障机制更加规范。最高人民法院去年专门就诉外调解和诉讼程序相衔接问题进行了研究,并起草了司法解释稿,为充分发挥非诉调解组织的作用提供更加有效的司法保障和支持。

四、依法支持和监督仲裁、公证工作,实现司法、仲裁和公证制度的互动合作

2007年,最高人民法院发布了《关于适用〈中华人民共和国仲裁法〉若干问题的解释》,进一步加强了对仲裁工作的支持力度。近几年,全国商事仲裁、农村承包土地仲裁等仲裁机构受理的案件明显增长,仲裁在解决社会纠纷方面的作用得到进一步的发挥。2008年,最高人民法院发布了《关于当事人对具有强制执行效力的公证债权文书的内容有争议提起诉讼人民法院是否受理问题的批复》,进一步明确相关债权文书的强制执行效力,支持当事人通过公证方式来解决纠纷。

为进一步加强诉讼与非诉讼相衔接的矛盾纠纷解决机制建设,我们建议:一是进一步加强党委的领导。推动诉讼与非诉讼相衔接的矛盾纠纷解决机制建设关键是党的领导。在当前全国各地诉讼与非诉讼相衔接的矛盾纠纷解决机制建设取得初步成效,积累了一定经验的情况下,建议把此项工作全面纳入中央社会治安综合治理工作全局统筹考虑和安排,在全国统一推进。二是进一步完善法律法规。按照诉讼与非诉讼相衔接的矛盾纠纷解决机制改革工作方案,在总结现有工作经验的基础上,出台全面、系统的规范性文件,统一指导全国工作。加快立法和修法工作,尽快制定出台人民调解法等相关法律,并对民事诉讼法调解部分的规定进行相应的修改。三是进一步加强队伍建设和经费保障。建议加大对中西部调解力量和经费保障严重不足地区的支持力度,给予政策上的倾斜,不断壮大基层化解社会纠纷的队伍力量。对于地方财政紧张的落后地区,建议由中央财政给予专项资金支持,解决好调解人员待遇不高、调解工作经费不足的问题。

张新枫同志的发言(摘要)

一、持续开展重点地区大排查工作,坚决消除盲区、不留死角

各级公安机关按照中央综治委《关于进一步加强社会治安重点地区排查整治工作的若干意见》要求,在去年整治93个公安部挂牌、266个省(自治区、直辖市)挂牌治安重点地区的基础上,积极会同有关部门,以外来人员聚集区、“城中村”、城乡结合部、贸易物流集中区及案件多发易发区域为重点,全方位摸排、梳理社会治安重点地区和突出治安问题,排查确定了一批治安问题突出的重点县市、街道、乡镇。4月份以来,针对接连发生的一系列严重侵害小学生和幼儿园儿童的恶性案件,各地公安机关以学校、幼儿园及周边治安隐患为重点,全面开展排查整治工作,有力维护了校园及周边的治安秩序。

二、深入开展打击整治行动,做到问题不解决、力度不放松

对排查出来的治安重点地区和突出治安问题,各级公安机关因地制宜地组织开展了打黑除恶、命案侦破、打击“两抢一盗”、打击拐卖儿童妇女、打击电信诈骗、打击网络赌博、治爆缉枪、整治网络淫秽色情等一系列专项行动,始终保持对涉黑涉恶犯罪、严重暴力犯罪、多发性侵财犯罪和涉黄涉赌违法犯罪活动的高压态势和凌厉攻势,攻克了一批命案、积案,抓获了一批在逃犯罪嫌疑人,有效地震慑了犯罪。同时,进一步加强对城乡结合部、“城中村”、公共复杂场所和出租房屋的清理整顿,加强对枪支弹药、爆炸、剧毒等危险物品的管理,认真解决人民群众反映强烈的突出治安问题,有效扭转了一些重点地区的治安混乱面貌。北京、广东、江苏等地公安机关还进一步加大对娱乐场所的清查整治力度,依法关闭取缔了一批涉及“黄赌毒”问题的娱乐场所。

三、进一步严密治安防控体系,着力提高动态环境下对社会治安的管控能力

各级公安机关将进一步推进由街面防控网、社区防控网、单位内部防控网、视频监控网、区域警务协作网和“虚拟社会”防控网等“六张网”组成的社会治安防控体系建设。充分发挥信息科技手段的支撑作用,打好信息战、科技战,积极推进公安“大情报”系统建设与应用。

四、积极推进社会管理创新,切实解决影响社

会稳定的源头性、基础性、根本性问题

各级公安机关进一步加强实有人口管理、矛盾纠纷排查化解、社会组织监管、网络社会防控等工作。在实有人口管理方面，广东等地公安机关推行居住证“一证通”制度，把“以证管人、以房管人、以业管人”有机结合起来，建立了一个动态、高效、集约的流动人口综合管理服务体系；上海、湖北、云南等地公安机关对实有人口和实有房屋实行“全覆盖”管理；江苏、浙江等地对出租房屋实行“委托式”、“旅店式”管理等，初步实现了流动人口管理有序、服务到位的目标。在矛盾纠纷排查化解方面，各地公安机关深入开展“大走访”爱民实践活动，创造了“警民恳谈”、“万警进社区”等一系列好做法，积极参与“大调解”工作体系建设，大力推行公调对接模式，集中排查化解了一大批矛盾纠纷。在社会组织管理方面，各地公安机关坚持培育发展与监督管理并重，进一步加强与民政、外事、安全、工商、税务等部门的协作配合，建立健全社会组织常态监管机制。在网络社会管理方面，各地公安机关按照“积极引导、依法管理、整体管控、确保安全”的方针，把网络社会和现实社会作为一个整体来把握，积极探索网络社会综合管控机制，努力提高网上发现、控制、处置的能力。

吴爱英同志的发言（摘要）

一、进一步做好人民调解工作，推进社会矛盾化解

今年以来，各级司法行政机关进一步加强人民调解工作，深入推进社会矛盾化解。一是做好矛盾纠纷排查工作。广泛开展经常性矛盾纠纷排查工作，积极参与党委、政府组织的矛盾纠纷排查摸底工作，努力做到矛盾纠纷早发现、早调处、早解决。二是做好矛盾纠纷化解工作。各地组织开展了“人民调解百日会战”、“人民调解进万家”、“春风化雨促和谐”、“争当化解矛盾能手”等专项活动，有效化解了大量婚姻、家庭、邻里、房屋宅基地、生产经营等常见性、多发性矛盾纠纷。三是开展人民调解化解矛盾纠纷专项攻坚活动。集中时间、集中力量，着力解决当前比较突出、群众反映比较强烈的热点、难点纠纷和多年积累的、长期未得到有效解决的矛盾纠纷。四是围绕重大活动和重大任务开展矛盾纠纷预防化解工作。围绕做好上海世博会、广州亚运会安保和维护学校幼儿园安全稳定，以及应对青海玉树特大地震灾害等工作，制定下发了《关于做好人民调解工作 为抗震救灾和灾后重建创造和谐稳定社会环境的通知》、《关于认真贯彻全国综治维稳工作电视电话会议精神，切实做好维护学校、幼儿园安全工作的通知》等文件，对加强人民调解等工作作出安排。五是大力加强行业性、专业性矛盾纠纷排查化解。适应经济社会发展的需要，司法部与人力资源和社会保障部、全国总工会制定了《关于加强劳动人事争议调解工作的意见》，与卫生部、国家保监会制定了《关于加强医疗纠纷人民调解工作的意见》，与公安部、中国保监会制定了《关于推行人民调解委员会调解道路交通事故民事损害赔偿工作的通知》等，对加强医疗纠纷、劳动争议、道路交通事故等行业性、专业性矛盾纠纷排查化解作出部署。六是积极推进人民调解立法工作。《人民调解法》草案已经国务院第110次常务会议审议并原则通过，将于6月22日提请全国人大常委会审议。

下一步，要着力做好以下几个方面工作：一是更加注重人民调解组织建设，着重加强企（事）业单位人民调解组织建设，积极建立行业性、专业性人民调解组织。二是更加注重队伍建设，加强教育培训，优化队伍结构，提高队伍素质。三是更加注重矛盾纠纷排查调处工作，广泛开展经常性的矛盾纠纷排查化解活动，深入开展“人民调解化解矛盾专项攻坚活动”。四是更加注重行业性、专业性矛盾纠纷调解，积极开展征地拆迁、劳动争议、教育医疗、环境保护、交通事故等领域纠纷的调解，努力化解经济社会发展中出现的新型矛盾纠纷。五是更加注重提高人民调解质量,不断提高人民调解的社会公信力。六是更加注重创新人民调解的工作思路、工作方法和工作机制,完善人民调解与行政调解、司法调解的衔接配合机制,充分发挥人民调解在社会矛盾纠纷调解工作体系中的基础作用。七是更加注重保障能力建设,落实人民调解工作经费、人民调解委员会补助经费、人民调解员补贴经费,解决好人民调解委员会的办公场所和设施等实际问题。

二、进一步加强社区矫正工作,推进社会管理创新

去年以来,各地认真贯彻落实全国社区矫正工作会议精神和"两院两部"《关于在全国试行社区矫正工作的意见》,取得明显成效。一是加快推进全面试行社区矫正工作。目前,全国共有30个省(区、市)和新疆生产建设兵团的17981个乡镇(街道)开展了社区矫正工作。二是加强教育矫正。深入开展思想教育、法制教育、社会公德教育,组织公益劳动,加强心理矫治,努力提高教育矫正效果。三是加强监督管理。严格依法执行社区服刑人员报到、会客、请销假、迁居、政治权利行使限制等管控措施,健全完善日常考核与司法奖惩的衔接机制,有效防止脱管、漏管。四是加强帮困扶助。加强与有关部门协调配合,加大就业培训、技能培训力度,帮助社区服刑人员解决实际困难和问题。五是加强规范化建设。各地按照《司法行政机关社区矫正工作暂行办法》,健全完善社区矫正工作领导体制和工作机制,完善日常管理制度,进一步规范了社区矫正工作。六是加强工作机构和队伍建设。目前,有21个省(区、市)司法厅(局)成立了社区矫正工作处,有些地市、县区司法行政机关也成立了工作机构,增加了编制,增加了人员;各地建立了以司法所工作人员为主、社会工作者和社会志愿者积极协助的专群结合的社区矫正工作队伍。

下一步,要在以下方面下功夫:一是积极推进全面试行社区矫正工作。在条件具备的地方,积极扩大试行范围,力争在全辖区全面推开。二是进一步提高矫正质量。加强对社区服刑人员的教育矫正、监督管理和帮困扶助,努力预防和减少重新违法犯罪。三是大力加强组织队伍建设。建立健全社区矫正工作机构,建立专群结合的社区矫正工作队伍,充实司法所力量,确保有专人从事社区矫正工作;加强教育培训,不断提高队伍综合素质和能力。四是大力推进制度化、规范化、法制化建设。建立健全社区服刑人员接收、管理、考核、奖惩、解除矫正等制度,促进社区矫正规范运行。五是大力提高经费保障水平。争取有关部门支持,探索建立社区矫正工作经费全额保障制度,逐步建立工作经费动态增长机制。

尹力同志的发言(摘要)

一、新形势下卫生领域社会治安综合治理工作任务十分艰巨

近年来,医疗卫生事业快速发展。2009年,我国医疗卫生机构91万余家,医疗卫生人员784万人,全国年门诊诊疗人次近55亿,住院人数超过1.3亿。随着深化医药卫生体制改革不断推进,医疗保障制度不断完善,群众医疗服务需求不断满足,全国门诊和住院服务量每年都大幅度增加,看病难看病贵问题正在得到缓解。但同时,卫生领域也还存在着一系列的问题和困难。面对卫生领域出现的新情况、新问题、新挑战,我们一方面要大力推进深化医药卫生体制改革,坚持公共医疗卫生的公益性质,实现保基本、强基层、建机制的改革目标,建立基本医疗卫生制度,确保人人享有基本医疗卫生服务。另一方面要把这项工作纳入到社会治安综合治理工作中去,调动各方面积极性,通过构建平安医院、加强重性精神病管理等措施,化解医患矛盾,解决医疗纠纷,减少精神病患者肇事肇祸,维护社会稳定。

二、紧密结合医改,大力推进卫生领域社会治安综合治理工作

一是大力开展平安医院创建活动。3年来,

各省区市都把平安医院创建活动作为平安建设的重要内容，纳入当地社会治安综合治理工作，成立了创建活动领导小组，加强医院安全综合管理，提高医疗服务质量，确保患者安全；建立医疗机构治安防控体系，健全医警协作机制，严厉打击医闹、医托和号贩子，维护医疗秩序正常有序；改善医疗执业和群众就医环境，不断提高患者就医满意度，促进医患关系和谐。许多地方公安部门在医院设立警务室或联系点，加强医院社会治安工作，促进平安医院建设。二是大力推动医疗纠纷人民调解工作。卫生部、司法部、保监会制定了医疗纠纷人民调解和医疗责任保险的有关政策，指导各地建立第三方调解平台，公平、公正地妥善处理医疗纠纷。三是大力开展重性精神病人管理工作。在医改中，实施国家重大公共卫生专项，在全国200个区县支持精神病医院下基层，17.3万名病人接受了免费病情评估，4.5万名贫困高危险病人接受了免费门诊治疗，1万余名病情突变病人接受了免费应急处置，7000余名贫困高危险病人接受了免费住院治疗。目前，所有重性精神病人管理纳入国家基本公共卫生服务，要求城市社区卫生服务中心和农村乡镇卫生院为病人建立健康档案，派人定期访视指导康复，全国已为90万名重性精神病人建立了健康档案。

三、突出重点，协调配合，努力做好卫生领域社会治安综合治理工作

一是深化医药卫生体制改革，切实化解卫生领域内影响社会稳定的突出矛盾和问题。加快推进城镇职工、城镇居民基本医疗保险制度和新型农村合作医疗制度以及城乡居民医疗救助制度建设，让广大人民群众能够看得起病，实现病有所医，减少因病致贫、返贫等社会问题。加快医疗卫生服务体系建设，推进公共卫生服务均等化，提高服务能力和服务质量，改善就医环境和服务态度，使人民群众少得病，为人民群众看好病、服好务，减少医疗纠纷，维护社会稳定。二是继续开展平安医院创建活动，最大限度地减少医疗纠纷和群体性事件。健全医疗机构内部安全保卫体系，进一步加强医院场所的治安管理，确保医疗机构秩序井然、环境安全。加强对容易引发医疗纠纷问题的排查，做到早发现、早处理，不留问题死角，认真对待患者投诉，完善医疗纠纷应急处置机制。认真总结和推广医疗纠纷人民调解做法，构建卫生领域人民调解、行政调解、司法调解的大格局；不断完善医疗责任保险，依法保障医患双方权益。同时，严厉打击扰乱医疗秩序的“医闹”等违法犯罪行为。三是提高重性精神病人治疗率，减少肇事肇祸对社会造成的危害。今明两年，全国将改扩建550家精神专科医院和综合医院精神科，提高对重性精神病人的救治能力，改善就医环境，全面加强精神疾病的预防、治疗和康复工作。加强城市社区卫生服务中心和农村乡镇卫生院建设，把重性精神病人管理纳入到基本公共卫生服务项目中，做好登记和随访工作，与公安、民政等基层政府部门密切配合，分工负责，切实落实病人管理。会同有关部门研究解决重性精神病人医疗费用和精神专科医院的经费保障问题。研究建立社会支持和心理卫生服务体系，探索缓解人们的压力和防范心理行为问题的办法。四是做好舆论宣传引导，营造良好的社会氛围。对医疗卫生工作的宣传报道，坚持弘扬主旋律，多做正面报道。对于恶意炒作、造谣生事，借机攻击党和政府的，要依法严肃查处。五是切实加强组织领导，形成工作合力。要把卫生专业管理和社会管理有机地结合起来，积极探索新办法，抓好责任落实，勇于改革创新。各级卫生部门在党委、政府的统一领导下，会同有关部门开展工作，各司其职，各负其责，沟通信息，加强协作，相互支持，形成齐抓共管的工作机制，把卫生领域社会治安综合治理工作做实做好，为维护社会和谐稳定作出贡献。

陆昊同志的发言(摘要)

一、当前我国重点青少年群体的基本情况

去年11月,在中央综治办的领导下,共青团中央会同最高人民法院、最高人民检察院、教育部、公安部、民政部、司法部、人力资源和社会保障部等部委,以社区和村为基本统计单位,通过乡镇、街道、学校等基层组织逐级排查、逐级上报的方式,开展"重点青少年群体排查摸底专项行动",力争摸清6至25岁闲散青少年等五类重点青少年群体的底数。截止6月初,工作基本结束。

二、切实加强重点青少年群体教育帮助工作

排查摸底专项行动的完成初步摸清了重点青少年群体的底数,我们将在此基础上与有关部委共同深入研究青少年犯罪问题背后的成因及数量关系,深入研究青少年思想意识形成的规律,努力把握青少年从健康心理状态到不良心理状态,再到犯罪心理状态思想意识转变的关键点,抓住其行为演变的关键环节,根据各个重点青少年群体权益保护和犯罪预防的基本状况,有针对性地采取教育、管理、服务措施。

(一)对于闲散青少年群体,要力争解决其失学失业问题,有条件的地区探索解决联系管理和教育帮扶问题。一是采取有效措施防止义务教育阶段学生失学或流失。初中以下学历的闲散青少年共423.2万人,占该群体总数的25.26%,这表明义务教育阶段仍有一定数量的学生失学或流失,成为闲散青少年。二是建立未升学初中毕业学生跟踪教育管理工作机制。初中毕业未升学的闲散青少年既没有学上,也不到法定就业年龄,容易因不良文化和不良交往的影响而演变成有不良行为青少年。要加强部门之间的沟通,构建学校、社区、教育管理、劳动培训等部门紧密衔接的信息共享机制。三是加强对闲散青少年的公益性职业技能培训,大力开展职业培训、职业介绍、信息咨询等服务,提高就业技能,拓展就业渠道。四是构建以社区为依托的信息管理网络。闲散青少年是一个处于动态变化之中的群体,及时掌握情况是做好教育管理工作的前提和基础。五是在有条件的地方探索加强对闲散青少年的联系管理和教育帮扶,努力帮助他们摆脱不良心理,树立克服困难、积极健康的生活态度。

(二)对于有不良行为或严重不良行为的青少年群体,重点在于做好犯罪预防工作。我们要在这次专项行动的基础上,与有关部门紧密合作,努力研究有不良行为或严重不良行为青少年的群体特征和心理特征,深入分析从正常行为到不良行为、严重不良行为以至犯罪的行为演化过程,找准不良行为的产生过程和控制方式。积极推动形成齐抓共管的工作机制。公安、司法和工商、城管等执法部门掌握的大量有不良行为、严重不良行为青少年的信息,可通过各级预防青少年违法犯罪工作领导小组办公室的工作机制实现共享;法院、检察院等部门掌握着大量帮教"问题青少年"的专业方法和工作经验,建议针对犯罪高危群体的心理特点和行为特征,有针对性地向此类青少年提供心理疏导、法律援助等预防工作,提高实效性。要充分支持基层派出所、乡镇综治工作中心、各类社区青少年活动中心等基层单位开展工作,发挥他们与青少年联系紧密的优势,注重发挥感情、友谊、信任等因素的作用,有针对性地开展帮教和服务。

(三)对于流浪乞讨青少年、服刑在教人员未成年子女群体和农村留守儿童,要准确掌握他们的普遍性利益诉求,切实做好关爱和帮扶工作。要高度关注特殊生存环境带给他们的困难和问题,加大社会关爱和救助力度,使他们不因家庭的原因走上犯罪道路。对流浪乞讨青少年要着力解决其家庭回归、就学就业和职业培训等问题,促使他们重新回归稳定的社会系统或社会组织当中。要广泛动员各种社会组织面向服刑在教人员未成年子女开展生活救助和心理干预,引导他们克服自卑心理,形成积极健康的生活态度;针对农村留守儿童因亲情缺失和监护不力产生的各种问题,要充分发挥农村基层组织和社会力量的作用。当前,各级团组织在全国统一开展了“共青团关爱农民工子女志愿服务行动”,广大团员青年、青年志愿者与农村留守儿童和进城务工农民工子女建立长期结对帮扶关系,深入开展学业辅导、亲情陪伴、自护教育、爱心捐赠等形式多样、切实有效的志愿服务活动,努力为他们的健康成长贡献一点力量。

(三)全国社会管理创新综合试点推进会

中央政法委员会　中央社会治安综合治理委员会 关于印发《王乐泉同志在全国社会管理创新综合试点工作推进会上的讲话》的通知

(2010 年 12 月 10 日)

各省、自治区、直辖市党委政法委、综治委,新疆生产建设兵团党委政法委、综治委,中央社会治安综合治理委员会各成员单位;各全国社会管理创新综合试点市、县(市、区)党委、政府,党委政法委,综治委:

为深入贯彻落实党的十七届五中全会精神,进一步落实全国社会治安综合治理工作会议部署,12 月 7 日,中央政法委、中央综治委在北京市召开全国社会管理创新综合试点工作推进会,研究部署加快推进社会管理创新综合试点工作。中央政治局委员、中央政法委副书记、中央综治委副主任王乐泉同志出席会议并讲话。现将王乐泉同志讲话印发给你们,请结合实际,认真贯彻落实。

王乐泉同志在全国社会管理创新综合试点工作推进会上的讲话

(2010 年 12 月 7 日)

这次会议是经永康同志批准召开的一次重要会议,主要任务是学习贯彻党的十七届五中全会精神,进一步落实全国社会治安综合治理工作会议部署,研究如何加快推进社会管理创新综合试点工作,充分发挥从整体上创新社会管理的示范作用,切实提高社会管理工作水平。刚才,10 个全国社会管理创新综合试点市、县(市、区)分别介绍了工作进展情况和下一步的打算,讲得都很好。

下面,我讲几点意见。

一、提高认识，进一步增强深入推进社会管理创新的责任感和紧迫感

加强社会管理创新，是深入推进三项重点工作的重要内容，事关经济社会协调发展，事关社会和谐稳定，事关人民群众切身利益。今年以来，各地、各有关部门认真贯彻全国政法工作会议、全国社会治安综合治理工作会议精神，以改革创新为动力，以解决突出治安问题为突破口，以创新体制机制为保障，积极推进社会管理创新工作，取得了明显成效。一是各级党政领导高度重视、大力推进。各地专门召开省委常委会或全省综治工作会议、综治委全会、社会管理创新工作推进会等进行研究部署，许多地方成立党政领导亲自挂帅的社会管理创新工作领导小组，扎实有力地推进社会管理创新工作。二是深入调查研究，明确了思路和方法。各地深入开展调查研究，制定了加强社会建设、创新社会管理的实施意见或方案。北京市出台《社会服务管理创新行动方案》，重点围绕社会保障体系、社会组织服务管理、互联网等新媒体管理创新等 6 个方面、34 项重点工作，提出了具体措施和要求。天津、河南等地把各项社会管理创新工作任务逐一分解落实到相关部门、单位，明确责任。各省（区、市）及综合试点地方的政法委、综治办会同发改委等部门进行深入调研，广泛听取意见建议，提出了一批社会管理项目，积极争取纳入“十二五”规划立项建设。有的地方举办社会管理创新工作论坛、研讨会，集思广益，破解难题。三是层层开展了试点。从中央政法委、中央综治委到各省（区、市）、地市、县（市、区），层层开展社会管理创新综合试点，有的召开试点工作会议，下发试点工作实施方案或指导意见，加强对试点工作的指导，及时总结经验、培育典型，推动了试点工作有序进行。四是积极推进体制机制创新。各地抓住社会管理的主要环节和瓶颈制约，围绕服务民生、社会矛盾纠纷化解、特殊人群服务管理、社会治安重点地区排查整治、综治基层基础建设、“两新组织”服务管理、互联网管理等工作，积极探索建立新的管理体制和运行机制，社会管理创新的制度化、科学化、规范化建设取得进展。

在肯定成绩的同时，要清醒看到，各地社会管理创新总体上还处于起步阶段，存在着进展不平衡的问题。有的地方还没有把社会建设、社会管理放到与经济建设同等重要的位置来抓，经济建设与社会建设“一条腿长、一条腿短”的问题比较突出；有的地方没有设计出整体的规划或方案，系统推进工作不够；有的地方缺乏大胆创新精神，工作起色不大、亮点不多；特别是个别进行综合试点的地方存在畏难情绪和等待观望思想，工作进度慢，局面尚未打开，等等。我们要高度重视、切实解决这些问题。

我们即将跨入“十二五”经济社会发展新时期，既面临重大战略机遇，又面对各种风险和挑战。经济社会发展中存在的不平衡、不协调、不可持续问题仍然比较突出，地区之间、城乡之间的发展差距以及部分社会成员之间的收入分配差距还在拉大，社会矛盾特别是各种“两难”问题凸显。当前，由各种社会矛盾引发的群体性事件多样多发，新旧矛盾交织叠加，历史遗留问题与改革发展中产生的新问题相互影响，群体性事件的关联性、敏感性、对抗性明显增强，预防和处置难度加大，稍有不慎，极易被境内外敌对势力插手利用，制造新的事端。这些矛盾和问题，也从一个侧面暴露出社会管理中存在的薄弱环节，对加强和创新社会管理提出了新的更高的要求。各地、各有关部门要从深入贯彻落实科学发展观、构建社会主义和谐社会的战略高度，从实现“十二五”经济社会发展规划和全面建设小康社会宏伟目标的战略高度，从提高党的执政能力、巩固党的执政地位的战略高度，深刻认识新形势下推进社会管理创新的重要性，进一步增强责任感和紧迫感，强化各项工作措施，确保社会管理创新特别是综合试点工作取得实实在在的效果，不断把社会建设和社会管理提高到新水平。

二、抓住重点，大胆探索，推动社会管理创新综合试点工作取得新突破、新进展

社会管理创新综合试点直接关系工作全局，必须抓住关键、突出重点，精心组织、科学谋划，既要紧密结合当地实际，因地制宜开展工作，又要解放思想、甘冒风险，大胆地试、大胆地闯，敢于和善于破解各种难题，力争早日建成与社会主义市场经济体制相适应的社会管理体系。

一要坚持高起点谋划、高标准推进。从一定意义上讲，社会管理就是生产力、吸引力、竞争力。科学、高效的社会管理，不仅能够创造稳定的社会环境，而且能够创造良好的发展环境。这也正是通过社会管理创新综合试点，全面提升社会管理效能的重大意义之所在。因此，进行社会管理创新综合试点，必须坚持高起点谋划、高标准推进，既不能是各个单项经验的简单集合，更不能是以往做法的重新包装，要以开拓创新、争创一流的气魄，善于吸收国外的先进管理经验，认真借鉴国内的领先创新成果，从本地实际出发，设计出目标更高、理念更新、措施更实、力度更大、效益更好的综合试点方案，同时，以更严的要求、更高的标准扎实推进、务求实效，为实现高水平的社会建设和社会管理奠定坚实基础。

二要创新社会管理的理念和思路。社会管理，说到底是对人的管理。创新社会管理，首先必须创新管理理念和思路，理念不改变、思路不转换，创新难以实现。面对开放、动态、信息化条件下社会环境的发展变化，我们的一些管理理念和思路已明显不适应，特别是重防范管控、轻服务管理，重行政手段运用、轻综合施策管理，重事后处置、轻事前预防等传统管理理念，大大制约了社会管理水平的提高。我们要积极顺应社会发展进步的大趋势，按照以人为本、服务为先的要求，进一步更新管理理念和思路，实现由防范、控制型管理向人性化、服务型管理转变，由单一运用行政手段管理向综合运用法律、政策、经济、行政、教育等手段管理转变，由事后处置、被动应付向事前预防、主动掌控转变，既保持社会安定有序，又激发社会创造活力。要牢固树立管理就是服务的理念，真正把以农民工为主体的流动人口、社会闲散青少年、刑释解教人员、社区矫正对象、容易肇事肇祸精神病人、吸毒人员等人群作为最需要关怀的对象，做到在管理中体现服务、在服务中延伸管理，使他们切身感受到党和政府的温暖，感受到社会的温暖，更好地融入社会。

三要充分运用信息化手段提升社会管理效能。当前，社会管理要素日趋增多、难度不断增大，单靠传统手段已难以实施科学有效的社会管理，必须大力推进信息化建设，尽快形成全面覆盖、动态跟踪、联通共享、功能齐全的社会管理综合信息系统。要从人、地、物、事、组织等基本要素入手，把信息流与业务流有机结合起来，加快构建全方位、全天候、立体化的社会治安动态防控网络，真正把各类重点人员、重点问题、重点区域管好；要以信息化为平台，积极推行“以证管人、以房管人、以业管人”有机结合的管理新方式，不断提高流动人口服务和管理水平；要有效整合各地区、各部门的各类信息，努力实现互联互通、共建共享；要加强对各类信息的综合、分析、研判，不断提升信息为实战服务的功能；要大力推行网上受理、网上审批，主动为人民群众提供方便、快捷、优质、高效的服务。

四要加强系统研究、整体设计。社会管理创新综合试点，一定要在“综合”上做文章、在“整体”上下功夫。要坚持重点突破与整体推进相结合，既抓住社会管理创新中的一个个重点问题，集中力量、攻坚克难，取得一项项成功经验，又注意加强对社会管理创新的系统研究、整体设计，善于把一个个单项经验集成为体系，实现社会管理创新的系统化、整体化、规范化、科学化。目前，各地在推进社会管理创新中都取得了一些成功的经验，现在最重要的，就是要把这些“点”上的经验加以总结、提炼、推广，形成“面”上的做法，真正使社会管理创新综合试点由点到面、由分到合，全面推进、整体发展，发挥应有的示范和引领作用。

五要抓紧落实一批社会管理创新项目。各地在推进社会管理创新综合试点中，要根据工作中存在的薄弱环节，梳理出急需解决的突出问题，研究提出一批社会管理创新项目，重点将城市社区和农村基层政法综治组织建设、乡镇街道综治工作中心建设、社会稳定风险评估机制建设、“大调解”工作体系建设、社会治安重点地区整治改造、社会治安防控体系建设、流动人口服务管理、社区矫正对象帮教管理、刑释解教人员过渡性安置基地建设、工读学校建设、肇事肇祸精神病人收治中心建设、“两新组织”管理服务、互联网建设管理、政法综治信息化建设等纳入“十二五”规划，通过规划变计划、计划变项目，为从整体上推进社会管理创新提供坚实保障。

三、加强领导，落实责任，确保社会管理创新综合试点工作顺利推进

抓好社会管理创新综合试点工作，时间紧、任务重。各级党委、政府要切实担负起领导责任，加强组织协调，精心安排部署，充分调动各方面的力量，形成加快推进社会管理创新的强大合力，确保取得圆满成效。

第一，要加强组织领导。社会管理创新综合试点工作是一项复杂的系统工程，要进一步加强组织领导，建立党委政府领导、综治部门牵头、职能部门负责、相关部门配合、社会协同、公众参与的工作机制，为试点工作顺利进行提供有力保障。党政一把手要着眼全局，统筹谋划，用抓经济建设的劲头抓综合试点工作，经常听取进展情况汇报，深入一线调查研究，分析形势，把握规律，明确方向，帮助协调解决遇到的困难和问题。要成立综合试点工作领导小组，配备专门力量，落实工作经费，提出目标任务，制定周密方案，全力组织实施。

第二，要形成工作合力。承担综合试点任务的单位和部门，要按照目标任务，细化项目推进的"时间表"和"路径图"，积极主动抓好工作落实。相关部门要各司其职、各负其责，密切配合责任单位和牵头部门做好工作。领导小组要定期召开联席会议，协调解决工作中出现的困难和问题。各级党委政法委、综治委作为党委政府推进社会管理创新工作的参谋助手，要充分利用综治体制机制优势，加强组织协调，把各部门的职能作用发挥好，把社会各方面的力量和资源组织运用好，形成推进社会管理创新综合试点工作的强大合力。

第三，要强化督促检查。各地要把社会管理创新综合试点工作的各项任务分解细化，逐一落实到单位、部门和人头，完善项目管理责任，确保层层有人抓、事事有人管。要加强对综合试点工作的分类指导和督促检查，定期不定期对试点地区工作开展情况进行督导，尤其要帮助后进地区查找突出问题，制定并严格落实整改措施。要及时发现、总结、推广基层的好经验、好做法，培育树立先进典型，推动面上工作。要加大考核评价力度，把试点工作成效作为领导班子、领导干部任期考核的重要内容，确保目标任务落到实处。

第四，要广泛发动群众。人民群众的参与和支持，是推动社会管理创新的强大力量。要始终把维护好、实现好、发展好人民群众的根本利益，作为社会管理创新的出发点和落脚点，自觉坚持党的群众路线，进一步加强群众工作，充分发挥人民群众的积极性、主动性、创造性，运用群众工作的强大优势破解综合试点中遇到的各种难题。要积极探索新形势下组织动员人民群众参与社会管理创新综合试点的新思路、新办法，加快组建专业社工队伍、志愿者队伍，大力发展信息员、保安员、协管员、巡防队等多种形式的群防群治力量，真正把社会管理创新建立在广泛的群众基础之上，形成社会管理人人参与、人人共享的生动局面。

最后要强调的是，这次承担全国社会管理创新综合试点任务的35个市和县(市、区)，本身具备很好的基础条件，经过努力，一定能早日破题，在全国率先建立与社会主义市场经济体制相适应的社会管理体系。希望各个试点单位进一步坚定信心，勇担责任，敢为人先，大胆探索，坚持出真招、求实效，尽快推出成熟配套的经验，不仅有力推动本地社会管理创新，而且对全国起到示范引领作用，切实履行好光荣的使命。

同志们，加强社会建设，创新社会管理，任务艰巨，责任重大。让我们更加紧密地团结在以胡锦涛同志为总书记的党中央周围，勇于创新、锐意进取、扎实工作，积极探索一条符合中国国情、体现时代特征、与社会主义市场经济体制相适应的社会管理之路，为促进"十二五"时期经济社会又好又快发展作出新贡献！

中央社会治安综合治理委员会办公室关于印发《陈冀平同志在全国社会管理创新综合试点工作推进会上的讲话》的通知

（2010年12月21日）

各省、自治区、直辖市社会治安综合治理委员会办公室，新疆生产建设兵团社会治安综合治理委员会办公室，中央社会治安综合治理委员会各成员单位：

2010年12月7日，中央综治委召开全国社会管理创新综合试点工作推进会。中央综治委副主任、中央综治办主任陈冀平同志到会并讲话。现将陈冀平同志在全国社会管理创新综合试点工作推进会上的讲话《发挥综合治理优势　推进社会管理创新》印发给你们，请结合实际，认真贯彻落实。

发挥综合治理优势　推进社会管理创新

——陈冀平同志在全国社会管理创新综合试点工作推进会上的讲话

（2010年12月7日）

一、社会管理创新是综治工作的重要任务

一般地说，社会管理，是指以维系社会秩序为核心，通过政府主导、多方参与，规范社会行为、协调社会关系、促进社会认同、秉持社会公正、解决社会问题、化解社会矛盾、维护社会治安和社会稳定、应对社会风险，为人类社会生存和发展创造既有秩序又有活力的基础运行条件和社会环境、促进社会和谐的活动。

管理，是社会治安综合治理的一个重要环节。早在1991年中共中央、国务院《关于加强社会治安综合治理的决定》，提出社会治安综合治理的工作范围主要包括“打击、防范、教育、管理、建设、改造”六个方面，把“管理”作为社会治安综合治理的一个重要环节，强调：“加强各方面的行政管理工作，是堵塞犯罪空隙，减少社会治安问题，建立良好社会秩序的重要手段。”社会管理主要是对人的管理，社会治安综合治理的一些重点工作，如流动人口服务管理、刑释解教人员安置帮教、预防青少年违法犯罪以及治安防控体系建设等，主要都是管理工作。

2005年部署在全国开展的平安建设，更加强调加强社会管理。中办、国办转发的中央政法委、中央综治委《关于深入开展平安建设的意见》，把化解社会矛盾、加强社会管理作为平安建设的重要内容和主要措施，对创新社会管理作了基本勾画，明确提出要扎实推进农村和城市社区建设和管理，切实加强对各类社团和新经济组织的管理，整合社会管理和社会服务资源，形成社会管理和社会服务的合力，探索新形势下流动人口等重点群体的教育、管理和服务工作，坚持以人为本，依法管理，依法行政，在继承以往行之有效管理办法的同时，不断探索适应新形势的管理办法和工作机制，努力提高管理工作成效，切实尊重和维护广大人民群众的合法权益和合理要求，使广大人民群众积极支持和参与管理活动。

多年来，政法综治部门认真贯彻《决定》和《意见》精神，在深入开展平安建设、扎实推进综治工作中，立足源头治理、预防为主，围绕社会管理的重点人群、重点地区和影响社会和谐稳定的突出问题，做了大量卓有成效的工作，推进社会管理不断创新。因此，加强社会管理是社会治安综合治理的重要任务。在今年6月全国社会治安综合治理工作会议上周永康同志强调指出，社会治安问题与社会矛盾紧密相联，社会治安综合治理说到底是对社会矛盾的综合治理，是社会建设和社会管理的重要内容。

全国政法工作电视电话会议提出了深入推进社会矛盾化解、社会管理创新、公正廉洁执法三项重点工作。三项重点工作，既是当前和今后一个时期政法综治维稳工作的重中之重，更是事关党和国家事业发展全局、需要各级党委和政府组织各方面力量共同解决好的重大问题。社会管理创新，是三项重点工作的核心，是解决影响社会和谐稳定的源头性、根本性、基础性工作，是推动政法综治工作前进的动力。周永康同志在全国社会治安综合治理工作会议上已就搞好社会管理创新工作做了系统的阐述，提出了明确的要求。综治工作必须要充分发挥自身的优势，大力推进社会管理创新，同时又要通过社会管理创新，使社会治安综合治理和平安建设更加深入地发展。

党的十七大把加快推进以改善民生为重点的社会建设作为全党的一项重要任务，把完善社会管理，维护社会安定团结放在社会建设突出重要位置，明确将加强社会治安综合治理，深入开展平安创建活动，作为完善社会管理的重要内容，强调“健全党委领导、政府负责、社会协同、公众参与的社会管理格局，健全基层社会管理体制”。党的十七届五中全会又将注重和加强社会建设、创新社会管理，做好群众工作、维护群众权益作为重要内容，进一步强调加强社会管理法制、体制、能力建设，完善社会管理格局，切实维护社会和谐稳定。这都为综治工作提出了新的明确的要求。

要解决好社会治安综合治理面临的新情况、新问题，也需要抓好社会管理创新。随着工业化、城镇化、市场化、信息化和国际化深入发展，人流、物流、资金流、信息流、意识流大大加快，社会治安管理的动态性、开放性、流动性大大增强，管理的方法、手段也不相适应，工作存在不少盲区和空白点；由于发展中存在的不平衡、不协调、不可持续问题比较突出，地区之间、城乡之间的发展差距以及部分社会成员之间的收入分配不断拉大，由此引发的征地拆迁、劳资、医患、交通、环境污染、物业服务管理等各种社会矛盾纠纷大量涌现；人们的竞争意识、民主意识、政治参与意识和维护自身权益意识明显增强，价值观念趋向多元化，群众的利益诉求呈现多层次、多方面、多样性的趋势，对完善公共服务体系、实现基本公共服务均等化、促进社会公平正义提出了更高的要求，而现代公民意识尤其是法制意识还有待确立，社会心态日趋复杂，新经济组织、新社会组织快速发展，流动人口以及境外来华人员日益增多，信息技术的迅猛发展和广泛运用，对社会治安综合治理提出了新的挑战。

我分析当前社会治安综合治理主要存在以下突出问题：一是思想认识上仍然存在重视不够的问题，一些地区和部门在实际工作中，单纯注重GDP增长，对加强社会建设和社会管理重视不够，解决社会特殊群体的民生问题力度不大，落实社会治安综合治理措施不到位，以致引发影响社会治安和社会稳定的重大恶性刑事案件和个人极端案事件；二是在工作理念上，以人为本、服务为先的科学理念还没有牢固树立，服务与管理割裂、脱节，重管理轻服务、重运动式管理轻长效机制建设的现象仍然比较突出，对流动人口、社会闲散青少年等特殊群体的服务管理工作存在薄弱环节，管理者与管理对象不能形成良性互动，公众和社会组织参与社会管理的积极作用尚未得到充分发挥，管理效果难以实现最大化；三是对源头预防、前端治理重视不够，社会稳定风险评估机制没有建立健全，群众利益诉求表达渠道不够畅通，矛盾纠纷排查化解不够及时有效；四是基层基础工作总体上仍较薄弱，基层力量分散、信息和资源不能有效整合，对影响社会治安和社会稳定的重点人群、重点地区等往往底数不清、情况不明、信息不灵，服务管理存在盲区、漏洞；五是一些领导干部和政法干警的素质能力不适应，不会做、不善做新形势下的群众工作，应对处理突发事件和复杂问题的水平不高，对互联网和“两新组织”管理引导的办法和手段欠缺；六是法制化建设滞后，有关社会管理法律法规不健全、不完善，依法治理、依法管理不够，存在执法队伍法治理念不强、执法行为不规范等突出问题。因此，社会治安综合治理必须把社会管理创新作为重要任务，要按照周永康同志的要求把社会治安综合治理工作摆到社会建设的整体格局中来谋划，放到三项重点工作的总体部署中来考虑，要通过深入推进社会管理创新，推动社会治安综合治理工作不断取得新发展。

二、扎实推进社会管理创新重点工作

为贯彻全国社会治安综合治理工作会议精神，中央政法委、中央综治委确定了35个市、县（市、区）作为全国社会管理创新综合试点，并按照周永康同志讲话精神，研究提出了《全国社会管理创新综合试点指导意见》，细化社会管理创新的主要内容。下面，我就贯彻周永康同志的要求，结合《全国社会管理创新综合试点指导意见》的内容，谈几点体会，仅供参考。

（一）以理念创新带动体制机制和方法措施的创新

理念是行动的先导。加强和创新社会管理，就是要在科学发展观的指导下，实现理念创新，进而带动体制机制和方法措施的创新，核心是体现以人为本。各地在前一阶段的工作中，也结合实际提出了和谐为上、群众为本、服务为先、创先为要、基层为重、以人为本、预防为主、平等服务、依法治理等社会管理创新理念的各种表述，并以此指导各地的社会管理创新工作。创新社会管理，最根本的是要牢固树立“以人为本”的理念。以人为本是科学发展观的本质要求和核心思想，也是社会管理创新必须始终坚持的根本原则。

创新社会管理，要把实现好、维护好、发展好最广大人民群众的根本利益始终作为出发点和落脚点。要从更好地服务群众入手，主动到基层了解群众的诉求，真心帮助群众解决困难，切实保障群众合法权益，只有这样才能受到群众的拥护，社会管理创新才能真正贯彻以人为本理念，取得实实在在的效果。

创新社会管理，要求政府转变职能，更加注重公共服务和社会管理，要求职能部门和管理人员切实转变观念和思路，克服以管理者自居的特权意识，逐步实现由控制型管理方式向服务型管理方式转变。各级党政领导和行政管理人员要注意防止在思想认识上重经济建设轻社会建设，管理主体上重行政部门轻社会参与，管理方式上重管理控制轻协调商量，管理环节上重事后处理轻源头预防，管理手段上重行政命令轻法律道德手段等倾向。

创新社会管理，必须在社会管理中更加注重人文关怀，坚持管理与服务相结合，寓管理于服务之中，在完善服务中提高管理效能，在加强管理中提高服务水平。各地在这方面都有不少探索，比如在流动人口管理中强调“人性化管理、亲情化服务、市民化待遇”，以居住证等“一证通”的方式进行管理，赋予居住证提供用工信息、转接劳动保险关系、计划生育情况登记、帮助子女就近入学等服务功能，大大调动了流动人员办居住证的积极性，达到了“以证管人”的目的，能准确掌握辖区内流动人口底数情况等，减少了社会管理的盲区。又如，对刑释解教人员的安置帮教，抓住如何使刑释解教人员享受公民待遇，使他们感到社会的温暖，达到减少重新违法犯罪的目的。这些首先都是解决好理念问题，都体现了以人为本、服务为先，才能取得良好的管理效果。

创新社会管理，要求政法综治部门认真践行社会主义法治理念，切实维护社会公平正义，维护人民群众的合法权益。政法综治部门要通过认真履行维护社会公平正义的职责，做到公正文明廉洁执法，严格规范执法行为，平和执法，热情服务，帮助群众消除因各种不公正待遇而产生的心理积怨，化解涉法涉诉案件，保持公众社会心态的平衡，从而维护社会大局的稳定，促进社会和谐。

创新社会管理，贵在创新，重在管理。只要实践需要、现实可行、群众满意的，就要大胆地去试，积极开拓创新，不仅要在社会管理的人财物保障上破解难题，而且要勇于突破体制机制的束缚，实现社会管理领域全覆盖，推进公共服务均等化，全力减少和消除社会管理的盲区，实现“管得到、管得住、管得好”。

（二）发挥综治优势，完善社会管理工作格局

党的十七大明确提出要建立健全“党委领导，政府负责，社会协同，公众参与”的社会管理工作格局。多年来，综治工作在党委政府的统一领导下，坚持协调各成员单位齐抓共管、调动全社会力量共同参与，形成的工作体制、机制与中央提出的社会管理格局是完全一致的。因此，创新社会管理要充分发挥综治优势，进一步完善社会管理工作格局。

1. 更加注重发挥党委总揽全局、协调各方的领导核心作用，加强对社会建设和社会管理创新的组织领导。党的领导是我们的政治优势，是社会管理创新的根本保证。社会管理创新工作不仅在人、财、物的保障方面要加强，而且在社会管理的体制机制和政策法规方面要有所突破，这些没有党委、政府的重视与支持，没有党委的统揽协调、组织领导是难以推进的。因此，党委要把领导社会管理工作放在党委工作突出重要的位置，纳入经济社会发展总体规划和全局工作中，列入重要议事日程，经常听取社会建设和社会管理方面的汇报，深入分析形势，认真研究规律特点，明确方向重点，协调解决遇到的困难和问题，加大经费投入，健全长效保障机制。

2. 更加注重发挥政府主导作用，落实各部门职责。社会管理是各级政府及其职能部门的重要职责，综合性、政策性强，涉及政府各个职能部门，这些部门在提供社会公共服务产品、创新社会管理上都承担着很重要的职责，是社会管理的责任主体。一要各负其责。对于属于一个部门的事务，要明确其职能和责任。二要互相配合。对需要多个部门密切协作、多个环节紧密衔接的事务，要明确牵头部门和协助部门，明确各自的职责任务，加强协作配合。三要落实问责。建立健全政府问责和责任追究制，对管理缺位、越位、错位，不作为、乱作为等问题，要建立一整套对相关部门和责任人追究责任的制度和办法。

3. 更加注重发挥各类社会组织的积极作用，实现社会协同管理。社会管理要在党委政府的统一领导下，实现政府调控机制与社会协调机制的互联、政府行政管理职能与群众自治功能的互补、政府管理力量与社会调节力量互动。一些地方探索建立群众性自治组织和社会中介组织，引入竞争机制，将政府承担的部分社会管理职能通过购买服务的方式转变为社会组织来承担，发挥各类行业性、专业性社会组织和社会团体提供服务、反映诉求、规范行为的作用，实现社会协同管理和服务。

4. 更加注重引导公民依法理性有序参与社会管理。一要发动群众。社会管理的关键在于公众参与，要探索公民参与社会管理的机制和途径，为公民参与创造条件，广泛宣传教育和发动组织群众，调动群众自我管理、自我服务的积极性。二要畅通表达利益的渠道。加强政府与群众的沟通联系，实现群众自我管理服务与政府组织管理服务的良性互动。通过政府购买公益性岗位等多种方式，建立一支专群结合的社会管理工作者队伍，加强专职社会工作者队伍和综治协管员、治安志愿者队伍建设，发挥社区“五老”人员和党团员等参与社会管理的作用，在群众和政府组织之间架起一道桥梁。三要建立完善激励机制。按照责、权、利相一致的原则，完善社会管理工作领导、组织、保障、奖励、问责等工作机制，使它常态、长效。

5. 更加注重发挥各级综治委（办）的组织协调作用，完善全社会齐抓共管格局。各级党委政法委和综治委（办）作为党委政府管理社会治安、维护社会稳定的职能部门，要为党委、政府在社会管理中当好参谋、做好助手，找准推进社会管理创新的角色与定位，在党委政府的领导下主动承担起组织、协调、推进社会管理的职责。各级综治委（办）要进一步强化职责，加强统筹规划、组织协调，把党和政府抓社会管理的新思路、新政策、新方法转化为各地各部门加强社会管理的具体行动和举措。要结合各部门各单位实际，认真研究，精心谋划，周密设计，明确各成员单位和相关部门社会管理的职责任务，推动各部门各单位充分发挥职能作用，自觉承担起在社会管理创新工作中的职责任务，积极推进社会管理创新工作。进一步健全综治委（办）工作制度，加强各专门工作领导小组及办公室建设，整合各方面力量和资源，密切配合，形成合力，建立任务明确、责任到位、协调有效、运转顺畅的工作机制，共同推动社会管理创新

工作。依托社会治安综合治理责任制考核平台，加大对各地各部门推进社会管理的考核力度，确保社会管理各项工作措施落到实处、取得实效。

（三）以信息化为社会管理创新的重要手段

信息化建设是提升社会管理效能的必由之路，是实现动态条件下社会管理的有效手段，也是加强社会管理的重要基础工作。创新社会管理要适应社会信息化的发展趋势，更加注重运用信息化手段加强社会管理。

1. 解决当前社会管理中各项工作底数不清、情况不明、信息不灵的问题。要完善各种社会管理基础信息的采集、共享机制，认真做好经常性排查、专项排查、定期排查和滚动排查工作，摸清底数，掌握情况，及时准确掌握社会矛盾纠纷、社会管理服务的重点人群和社会治安重点地区及突出问题等基础信息，加强动态分析和综合研判。要把排查作为联系群众、做群众工作的重要方式，作为替群众排忧解难、为民办实事的过程，深入了解社情民意，掌握群众的困难和需求，有针对性地采取服务管理的措施。

2. 解决各类社会管理信息来源渠道多头、资源浪费、信息不实等问题。要从基层开始，逐步整合政法等有关部门的信息平台和数据资源，建设全面覆盖、动态跟踪、联通共享、功能齐全的社会管理综合信息系统。要建立一支相对稳定的社会管理信息员队伍，在一线提供最基础的实时信息，为上级管理部门决策提供可靠的依据，防止信息多头采集、重复采集，既浪费人力物力，又无法搞清底数，基层单位疲于应付各种信息上报，上级部门之间数字经常打架。不少地方社会管理信息化建设和信息共享都探索出了一些好经验好做法。

3. 注重运用信息化手段。以管理手段的信息化来应对当前人、财、物的大流动，利用互联网的发展，实现网上管理、网上防控、网上审批、网上办案、网上服务、网上引导一体化，提高社会管理水平和覆盖面。依靠信息化、科技化手段强化治安防范，加强技术防范基础设施建设，健全社会治安防控体系，推动各地把科技防范纳入城乡经济社会发展“十二五”规划，按照有关标准建立市、县、镇、村四级联网的视频监控系统，扩大技防设施的覆盖面。在城镇地区推动建立以家庭、社区和社会单位为主体的区域报警联网系统。在农村地区推广普及各种形式的成本低、效果好的简易实用技防措施，重点推广实施“平安互助网”和“多级联防报警网”等工程，提高治安防控效能。

（四）以协调利益关系、化解社会矛盾为着力点

1. 建立和完善党委政府主导的维护群众权益机制。一要坚持源头治理，更加注重保障和改善民生问题，着力解决就业、教育、医疗、住房和社会保障、社会救助等关系群众切身利益的问题。二要建立健全科学的利益协调机制，正确处理最广大人民的根本利益、现阶段群众的共同利益、不同群体的特殊利益和群众个体的特定利益之间的关系，统筹兼顾各方面群众的关切。三要健全社情民意调查机制，畅通群众诉求表达渠道，用群众工作统揽信访工作。抓好开门接访工作，对上门反映诉求的群众一定要耐心听取情况，对合理的诉求要全力帮助解决，对不合理的诉求要做好解释说理工作。要完善领导干部接防、下访等制度，真心倾听群众呼声，真情解决合理诉求，有效维护群众合法权益。

2. 建立和完善矛盾纠纷大调解工作机制。一是重在党政主导，党委政府及有关部门主要领导直接抓，统筹协调解决重大复杂矛盾纠纷。二是重在建立平台。在党委政府的领导下，政法综治部门组织协调，整合各方面的力量，建立调处化解矛盾纠纷的综合平台，发挥县级矛盾纠纷调处中心，特别是乡镇（街道）综治工作中心整合力量和资源，“一站式”化解矛盾纠纷的作用，做到“统一受理、集中梳理、归口管理、依法处理、限期办理”。三是重在加强衔接配合。加强人民调解、行政调解、司法调解和其他矛盾纠纷解决方式的衔接配合，充分运用教育、疏导、说理、协商等方式化解矛盾纠纷，努力把矛盾纠纷解决在基层、化解在萌芽状态。四要突出重点。深入贯彻人民调解法，加强调解队伍建设，推进征地拆迁、劳动争议、医疗纠纷、交通事故和环境污染等行业性、专业性调解组织建设，化解重点领域和多发性的矛盾纠纷。五要落实责任。建立健全工作制度，对属于本单位受理的矛盾纠纷实行首问责任，确定责任领导和责任人，跟踪问题解决全过程。对不属于本单位受理的矛盾纠纷，要先受理，再转报同级大调解工作平台处理，并跟踪了解进展情况，及时反

馈当事人。

3. 建立和完善社会稳定风险评估机制。关键是如何畅通群众意见和诉求表达渠道，尽可能充分反映大多数群众的真实意见。要着眼源头预防、源头治理，在重点领域、重点行业建立健全社会稳定风险评估机制，将社会稳定风险评估作为重大决策、项目、事项出台实施的前置程序和必备条件，建立严格评估程序，对其合法性、合理性、可行性、安全性以及对社会稳定带来的负面影响做出评估，并研究制定相应的预案和对策。要充分发挥乡镇(街道)综治工作中心和村(居)综治工作站(室)联系群众、畅通群众诉求渠道的平台作用，推行对涉及群众切身利益的重大决策和重大项目工程社会公示、听证等制度，充分听取广大群众和社会各方意见，尊重民意，维护民权。要严格责任追究。对应当进行社会稳定风险评估而没有组织评估，或不积极运用评估结论，失职渎职、弄虚作假，引发不稳定问题或重大群体性事件的，严肃追究有关领导和相关人员的责任。一些地方推进由各级政法综治、维稳督导，组织、发改、公安等部门前置审查，决策制定单位和工程、活动组织单位部门具体实施，在重大项目和活动实施前开展社会稳定风险评估，按照社会稳定风险评估履职倒查办法要求，动态倒查工作责任，推进应评尽评，有效预防了群体性事件的发生。

(五)以社会治安重点地区排查整治为突破口

社会治安重点地区整治问题，人民群众和社会各界十分关注。城中村、城乡结合部等重点地区，往往治安混乱，管理不到位、服务缺失，环境脏乱差，基础工作薄弱，基层组织软弱涣散，群众意见很大。将重点地区排查整治作为突破口，综合采取管理、服务、建设等措施，可使广大群众较快见到社会管理创新带来的实效。一要加强排查，摸清情况。建立经常性排查和专项集中排查相结合的排查制度，加大明察暗访的力度，既要通过走访发现问题，善于从群众反映中了解信息，更要运用暗访等手段掌握真实情况。二要采取措施，对症整治。对发现的治安突出问题和治安重点地区，要查清问题产生的原因、查清工作的薄弱环节、查清责任部门和单位，及时研究整治办法，采取挂牌督办、领导包点、通报警示等方式，限期改变面貌，防止问题蔓延、最终酿成大的事件。三要巩固成果，建立长效机制。加强督导检查，确保整治地区及治安突出问题不反复，要研究建立健全集排查、打击、防范、建设、服务、管理等于一体的长效工作机制。

今年年初部署的全国社会治安重点地区排查整治行动，取得了明显成效，社会各界反响良好。推进社会管理创新，要继续抓住重点地区排查整治不放松，坚持滚动排查、滚动整治，动态分析、综合整治，根据排查出的治安混乱地区和突出治安问题，有针对性地部署开展重点整治行动，完善社会治安防控体系，使重点地区排查整治工作常态化。继续强化党政领导责任，密切各有关部门的协作配合，形成重点整治合力。特别要加大学校幼儿园安全保卫工作力度，做好医院、福利院等重点场所的安全防范，加强铁路、输油气管道、输电线路、水源地等重点管线和部位的看护巡防工作。

(六)下力气抓好重点群体的服务管理

1. 流动人口服务管理。一要重点推动实有人口管理。抓住全国第六次人口普查契机，全面掌握户籍人口、人户分离及流动人口底数等情况，加快推进城乡一体化建设，实现公共服务均等化。二要抓好以出租房屋为主的流动人口落脚点管理，掌握流动人口动态和趋向，重点做好“无业可就、居无定所、无正当生活来源”的流动人口管理工作。三要强化服务措施。以社区为依托，构建流动人口服务管理平台，推行居住证等“一证通”服务管理措施，建设外来人口管理公寓，实行“以证管人、以房管人、以业管人”的服务管理新模式。加强流动人口协管员队伍的建设和管理，提高服务管理能力和水平。四要建立健全流动人口流入地与流出地双向管理协作机制，落实配套政策措施，促进人口规范有序流动。五要加快推进户籍管理制度改革，探索放宽落户条件，建立城乡统一的户口登记管理制度。六要加强农村留守老人妇女的服务管理，落实有关帮扶措施，维护其合法权益。

2. 重点青少年群体服务管理。2009年，中央综治委预防青少年违法犯罪工作领导小组联合多部门开展了各类重点青少年群体的调查摸底行动，基本搞清了底数，关键是要在这个基础上针对不同类型的青少年群体制定相应的政策，有针对性地进行教育、管理、服务，特别是要推动乡镇（街道）和社区（村居）对辖区内的重点青少年落实具体措施。一要抓好试点工作。今年8月，中央综治办、中央综治委预防青少年违法犯罪工作领导小组和团中央联合确定了全国15个城市作为重点青少年群体教育帮助和预防犯罪工作试点。各地各部门要切实抓好试点工作，进一步创新重点青少年群体服务管理工作。二要注重分类管理。加强对社会闲散青少年、流浪乞讨未成年人、服刑在教人员未成年子女、农村留守儿童的服务管理及有严重不良行为和违法犯罪行为青少年的帮教管理，要分类采取措施。重点是从源头上解决辍学生、流失生问题，防止未成年人流散社会。要把有严重不良行为的未成年人的教育管理作为重中之重，通过建立专门（工读）学校来有效地预防他们走上违法犯罪的道路。继续完善流浪乞讨少年儿童保护中心建设，加强对流浪乞讨儿童的救助管理。

3. 刑释解教人员和社区矫正对象服务管理。2010年，中办国办转发了《中央综治委关于进一步加强刑释解教人员安置帮教工作的意见》。要抓住重点环节，进一步推动这项工作创新发展。一要继续完善党委、政府领导，综治委指导协调，司法行政部门为主，公安、民政、人力资源和社会保障、工商行政管理等部门各司其职、密切配合、齐抓共管的安置帮教工作格局。二要把安置帮教延伸至监所，提高教育改造质量，加强职业技能培训，帮助服刑在教人员掌握出监所后就业谋生的一技之长。三要加强衔接配合，落实刑释解教人员出监所必接必送制度，使其感受到社会的关怀和温暖。四要落实刑释解教人员的公民待遇，防止社会歧视，做到不抛弃、不放弃、不嫌弃、给出路。五要因地制宜，探索完善多种形式的过渡性安置基地建设，重点解决无家可归、无业可就、无生活来源的刑释解教人员的出路等问题，为其顺利融入社会创造条件。六要建立健全社区矫正制度，加强对监外执行罪犯的教育矫治及监督管理，提高矫正效果，减少社会对抗，预防和减少重新违法犯罪。

4. 易肇事肇祸精神病人服务管理。由于社会结构的调整，社会竞争加剧，生活压力加大，一些人心态失衡，易产生心理问题和精神疾患。从公安部、卫生部等部门开展的精神病人排查摸底行动来看，各类精神病人数量呈急剧上升的态势，由此引发的个人极端行为也在增加，社会各界十分关注。一要突出预防。要在全社会普及心理健康教育，加强心理咨询和心理服务，有效预防和减少精神疾患的发生。加强对心态失衡、性格偏执对象的心理疏导工作，防范个人极端事件的发生。二要突出排查。在开展精神病人排查摸底的基础上，对曾经肇事肇祸和可能肇事肇祸的精神病人全面采集信息，建立重性精神病人管理治疗信息库，并逐人制定救治、服务、管理措施。三要突出治疗、管控。建立完善精神卫生防治体系，政府要加大精神卫生机构和医护人员经费保障力度，逐步增加对肇事肇祸精神病人收治管理工作的财政投入，逐步推广在大中城市通过新建或改建已有设施的办法，建设一所精神病医院，对曾经肇事肇祸和有严重肇事肇祸倾向，家庭又无力承担医疗费用的精神病人由政府免费收治。

此外，要加强对吸毒人员的排查登记和管控，落实强制隔离戒毒措施，全面推进社区戒毒和社区康复，创建“无毒社区”；强化对“法轮功”等邪教人员的教育转化工作，加强“法轮功”等邪教组织、有害气功的防范控制；加强境外来华人员服务管理，制定完善有关工作意见和办法。

（七）努力破解“两新组织”和互联网虚拟社会的管理难题

1. 加强对新社会组织的培育引导。当前，成立社会组织的门槛要求较高，审批程序相对复杂，使一些社会组织未经审批就自由开展活动，脱离社会的有效监管，处于失序、失控状态。为此，要制定完善政策法规，适当简化程序，积极培育发展新社会组织，充分发挥社会组织参与社会管理的积极作用，弥补社会管理力量的不足，同时也要加强监督管理，防止其被一些别有用心的人，特别是敌对势力所利用。一要以法人地位明确、治理结构完善、筹资渠道稳定、制约机制健全、管理运行规范、社会责任落实为标准，积极促进各类新社会组织的成熟发展。二要突出各类中介和服务型社会组织建设，构建其与政府管理部门、民办社工机构的联动机制。三要实施社会工作岗位职业资格聘任制，引导新社会组织管理人员参与社会管理工作，承担社会义务。四要积极搭建平台，促进新社会组织与政府管理部门的广泛交流与合作。

2. 加强对新经济组织的管理引导。关键是要维护新经济组织职工的合法权益，不断提高新经济组织对社会责任的认识。一要在各类综合市场、商务大厦、商业街（区）等经营型新经济组织（区域）中大力推进党团、工会、妇联等组织建设。二要依托这些组织，积极开展“综治进企业”、“平安市场”、“平安企业”创建等活动，组建治保、调解组织和群防群治队伍，加强治安防范，调解各类矛盾纠纷，平衡劳资双方利益。三要充分发挥行业协会等中介组织的桥梁纽带作用，巩固强化生产型新经济组织管理。按照“属地管理”原则的要求，吸收一定规模的新经济组织参加到地方综治委成员单位中，同时将综治组织延伸到新经济组织之中。四要贯彻落实《劳动法》，建立企业职工维权机制。五要落实企业法人维护企业安全稳定和参与社会建设的责任，完善内部安全防范措施，积极推动经济组织参与辖区社会治安综合治理。

3. 加大对互联网虚拟社会的管理引导。重点是如何把虚拟社会作为现实社会来管理，做到虚拟社会现实化管理，统筹做好网上网下管理，最大限度地减少其负面影响。一要健全网上动态管理机制，建立虚拟人口、虚拟社区、网上重点人信息库，积极构建虚拟社会防控网络。建立网络宣传队伍和网络评论员队伍，不断强化主导力量，通过网上互动和网下走访，主动加强与网络管理员、论坛版主、博主、QQ 群主等联系，掌握网上舆论的主动权，扬长避短，为我所用。二要加强教育引导、多形式地与新型媒体沟通，建立健全舆论引导应急响应机制，建立新闻发言人制度，积极引导舆情，减少负面报道，避免恶意炒作。三要完善网上舆情监测研判机制、重大案件事件快速反应机制，依法打击网络违法犯罪活动。

（八）以加强基层组织建设为重点

社会管理创新的重点应放在各项管理措施在基层的落实上。一要加强基层党组织、政权组织和村委会、城市居委会等群众自治组织建设。建立健全以党组织为核心，基层政府行政管理与基层群众自治相结合的基层社会管理格局。二要进一步规范和加强基层政法组织建设。加强基层派出所、司法所、法庭建设，重点推动建立完善县、乡、村三级社会管理创新工作机制，规范基层行政执法管理部门参与社会管理工作的程序，建立相应的目标管理责任制，落实人员、职责、培训、保障等，充分发挥政法基层组织在基层社会管理工作中的重要作用。三要提高社区、村居组织管理辖区的能力，建立完善网格化社会服务管理模式，把人、地、物、事、组织等要素全部纳入网格进行管理，科学划分管理单元网格，科学配备社会服务管理力量，实现管理精细化。

为加强对基层社会管理的组织协调，必须抓好乡镇（街道）综治组织建设。要在如何增强综治委、办的权威性上下功夫，使其充分发挥应有的作用。要通过完善和规范乡镇（街道）综治工作中心建设，整合力量、整合资源，形成合力。要完善工作运行机制，完善联调、联防、联治、联创、联勤和联动等工作机制，发挥其精干高效服务群众的平台作用。要坚持工作重心下沉，端口前移，抓住加强和改进社区居民委员会建设的契机，深入推进村、居、企业、学校综治工作站（室）建设，把综治工作触角延伸到社会管理的最末端。

继续深化平安乡村、平安社区、平安边界、平安医院、平安景区、平安寺庙、平安家庭等各种形式的基层平安创建活动，推动有关部门研究制定深化行业、系统平安建设标准，重点建立健全平安县（市、区）测评体系。

（九）以加强法制化建设为支撑

社会管理要实现有效、高效、长效，必须走依法管理的道路，贯彻依法治国基本方略，逐步把社会管理各项事务纳入法制轨道。一要加强社会管理领域的立法工作，解决有法可依的问题。制定或修改完善有关法律法规，构建多层次、协调配合、功能互补的社会管理法律体系，为创新社会管理提供法制保障。二要严格执法。严格执行社会管理方面的法律法规，围绕社会管理的重点领域、重点项目、重点对象，实施人性化平和执法，做到严格执法与重点服务、精品服务、同步服务相结合。特别是要破解城管执法等难题，如何做到完善法律法规、实施依法管理、严格文明执法，既维护公共利益、保护群众合法权益，又维护执法形象、保护执法人员人身安全。三要厘清行政管理与司法的界限，防止因行政管理缺位、越位等引发的矛盾纠纷统统涌入司法解决的渠道。

(四)全国省级综治办主任座谈会

中央社会治安综合治理委员会关于印发《王乐泉同志在全国省级综治办主任座谈会上的讲话》的通知

(2010年5月27日)

各省、自治区、直辖市社会治安综合治理委员会,新疆生产建设兵团社会治安综合治理委员会,中央社会治安综合治理委员会各成员单位:

现将中央政治局委员、中央政法委副书记、中央综治委副主任王乐泉在全国省级综治办主任座谈会上的讲话印发给你们,请结合实际,认真贯彻落实。

王乐泉同志在全国省级综治办主任座谈会上的讲话

(2010年5月26日)

很高兴参加这次全国省级综治办主任座谈会,这也是我到中央政法委工作以来,第一次与全国各省(区、市)综治办主任们见面。这次会议,是经永康同志批准召开的,是深入贯彻中共中央办公厅、国务院办公厅转发《中央政法委、中央维护稳定工作领导小组关于深入推进社会矛盾化解、社会管理创新、公正廉洁执法的意见》(中办发[2009]46号)和中共中央办公厅、国务院办公厅转发《中央社会治安综合治理委员会关于进一步加强社会治安综合治理基层基础建设的若干意见》(中办发[2009]14号)文件精神,深入推进三项重点工作,推进基层社会管理创新的经验交流会。昨天上午,广东省及深圳市介绍了加强乡镇、街道综治信访维稳中心建设,深入推进社会管理创新的经验,昨天下午和今天上午,大家就进一步规范乡镇、街道综治工作中心职能,完善中心运行机制进行了深入研讨交流,冀平同志对加强综治工作中心建设,积极推进社会管理创新及下一阶段综治重点工作进行了部署。下面,我谈几点意见,与大家交流探讨。

一、社会治安综合治理是伴随中国特色社会主义伟大实践产生并不断发展的时代创举

社会治安综合治理是改革开放以来我们党积极适应形势发展变化、认真总结社会治安工作经验作出的重要决策,是被实践证明了的实现国家长治久安的治本之策,是中国特色社会主义伟大实践的时代创举，符合中国特色社会主义的基本要求和社会主义初级阶段的基本国情。

1991年，党中央、国务院和全国人大常委会作出加强社会治安综合治理的决定以来，社会治安综合治理工作不断丰富发展，形成了党的领导的政治优势，各部门、各单位齐抓共管的整体优势，手段、方法的综合优势，组织协调的机制优势，基层群防群治的网络优势和综治领导责任制、“一票否决权制”等的责任优势。全国各级综治部门和广大综治干部紧紧依靠党委、政府的领导，围绕中心、服务大局，发挥优势、统筹协调、扎实工作，在维护社会大局稳定、推动经济又好又快发展、促进社会和谐中做出了突出贡献，特别是在北京奥运会、建国60周年庆典、上海世博会等重大活动安全保卫和应对国际金融危机冲击、应对重大自然灾害事故中，社会治安综合治理的体制机制发挥了不可替代的作用。这些成绩的取得，与今天在座各位的辛勤努力是分不开的。借此机会，我代表永康同志，代表中央政法委、中央综治委向大家，并通过大家向长期奋战在综治战线的全体同志表示衷心的感谢和诚挚的慰问！

社会治安综合治理的根本任务是维护党的执政地位，维护国家安全，维护人民群众合法权益，确保社会大局稳定，促进经济发展和社会和谐。在政治建设、经济建设、文化建设、社会建设四位一体的中国特色社会主义事业格局中，社会治安综合治理是以民生为主的社会建设的重要内容。多年来，社会治安综合治理始终坚持从中国国情和各地实际出发，立足国家经济社会发展大局，紧密联系形势和任务需要，不断调整工作思路和工作方法，与时俱进，创新发展，显示了强大的生机和活力。尤其是中央作出落实科学发展观、构建社会主义和谐社会的战略决策后，中央综治委在深入调研的基础上，作出了深入开展平安建设的决定，进一步拓宽了社会治安综合治理工作的领域，丰富了内容，提升了层次和水平。平安建设作为新形势下加强社会治安综合治理工作、维护社会治安稳定的新举措，顺应了广大人民群众的新期盼，体现了中央关于科学发展、执政为民、构建和谐社会的新要求，开辟了社会治安综合治理的新境界。

党中央、国务院对社会治安综合治理工作历来高度重视。1991年，作出《关于加强社会治安综合治理的决定》，2001年，又制定下发了《关于进一步加强社会治安综合治理的意见》。中央政治局常委会多次研究解决社会治安综合治理工作中的重大问题，中央办公厅、国务院办公厅转发了中央综治委关于深化矛盾纠纷排查调处、加强治安防范、深入开展平安建设等一系列文件。仅2009年，中央政治局常委会就两次专题研究综治工作，中办、国办就加强社会治安综合治理基层基础建设、加强刑释解教人员安置帮教工作分别转发了中央综治委文件。在2009年5月召开的全国社会治安综合治理表彰大会上，胡锦涛、温家宝、习近平、周永康等中央领导同志亲切接见了基层综治工作先进代表，对社会治安综合治理工作给予了充分肯定。在去年年底的全国政法工作电视电话会议上，中央在深刻把握我国发展的阶段性特征，认真总结党的执政规律、社会主义建设规律和政法综治维稳工作实践经验的基础上，作出深入推进社会矛盾化解、社会管理创新、公正廉洁执法三项重点工作的战略决策。三项重点工作与社会治安综合治理工作密切相关，特别是推进社会矛盾化解和社会管理创新一直是社会治安综合治理重中之重的工作任务。一方面充分体现了综治工作在党和国家工作大局、尤其是维护社会和谐稳定全局工作中的重要地位和作用，另一方面，也给综治工作在重要战略机遇期的创新发展提供了新机遇、新动力，提出了新要求。同志们作为综治工作的具体组织者、实践者，使命光荣、责任重大，要进一步增强责任心和紧迫感，全力维护社会和谐稳定。

二、以改革创新精神，积极应对新要求新挑战

当前，我国经济发展，社会进步，人民群众安居乐业，社会治安综合治理工作面临的形势总体是好的。但是，必须清醒地认识到，人民内部矛盾凸显、刑事犯罪高发、对敌斗争复杂的基本态势短期内不会改变，社会治安综合治理面临的形势仍然十分严峻，综治工作挑战、机遇并存。深入推进三项重点工作，解决影响社会和谐稳定的源头性、根本性、基础性问题，是当前和今后一个时期综治工作的首要任务，各级党委、政府和各级综治部门要认真贯彻落实，并以此为契机，找准切入点，抓住着力点，狠抓综治各项措施的落实，积极应对新要求新挑战，切实提高三个方面的能力。

一要应对社会矛盾日益复杂，化解难度加大的挑战，不断提高社会矛盾化解能力。随着我国信息化、城镇化、市场化、国际化深入发展，各种社会矛盾集中显现，并呈现出利益主体多元化、诉求复杂化、表现激烈化、相互关联化等特征，加之境内外敌对势力的挑拨煽动、渗透破坏，及非传统安全因素的影响，统筹协调利益关系的要求更高，矛盾纠纷处理难度加大。特别是一些重大群体性事件，参与人数多、成分复杂、方式激烈，阻断交通、围堵党政机关等过激行为时有发生，有的甚至进行打砸抢烧，严重影响社会稳定。面对新形势，如何进一步深化大排查、大调解工作机制，真正做到从源头上治理预防，从苗头中发现问题，从根本上化解矛盾，从舆情上有效引导，需要我们认真研究探索。各级党委、政府要牢固树立以人为本、关注民生、科学发展、预防为主、源头治理的理念，坚持科学决策、民主决策、依法决策，建立健全社会稳定风险评估机制，在重大项目建设、重大决策出台前充分听取群众的意见，预防和减少因决策不当引发社会矛盾。要深入开展矛盾纠纷“大排查”，善于抓早、抓小、抓苗头，做到对矛盾纠纷早发现、早报告、早控制、早解决。要进一步完善和深化人民调解、行政调解、司法调解相衔接的矛盾纠纷“大调解”工作体系，切实提高化解复杂矛盾纠纷的能力。

二要应对社会管理薄弱环节增多、社会管理滞后经济发展的挑战，不断提高社会管理创新的能力。近年来，随着改革开放的不断深入，社会的开放性、流动性大大增强，人流、物流、资金流、信息流加快，新兴的社会组织和社会活动方式明显增加，大量的“单位人”变成“社会人”，特别是互联网等新兴媒体的飞速发展，使社会管理的广度、深度和难度明显加大，整个社会管理的体制机制和方式方法不适应现实社会管理的需要，管理缺位、错位、不到位的问题比较突出。如何创新社会管理体制机制，是各级党委、政府和各部门，也是社会治安综合治理工作共同面临的重大课题。各级综治部门要切实增强紧迫感和责任感，真正当好党委政府的参谋助手，组织协调有关部门，积极推动社会管理创新。要创新社会管理理念，坚持以人为本、服务为先、预防为主、依法管理。要创新社会管理举措，寓管理于服务之中，加强流动人口、社会闲散人员、精神病人、吸毒人员和刑释解教人员等重点人群的管理服务；加强互联网、新兴社会组织和新兴经济组织的管理，建立常态化管控机制，掌握动态，落实管控责任和服务措施。要按照中央综治委的部署，进一步加强治安重点地区排查整治力度，重点加强城乡结合部、城中村以及中小旅馆、出租房屋的排查整治，彻底改变这些地方管理薄弱、服务缺失的状况，特别是针对近期中小学校、幼儿园恶性刑事案件频发的情况，加大学校、幼儿园及周边治安整治力度，落实安全保卫措施，并坚持整治与建设并重，着力加强长效机制建设，巩固整治成果，防止反弹。近期，各地各部门都要组织开展一次社会管理薄弱环节和漏洞的大排查，针对突出问题及时研究落实长效措施，要善补“未亡之牢”。这次学校、幼儿园事件发生后，各地迅速研究建立学校、幼儿园警务新体制和勤务新机制，落实一校一警，建立校园安保队伍，政府拨出专款列入财政预算用于校园安保，这笔钱花得值。要全面推进综治工作信息化建设，建立覆盖各级综治办和成员单位、信息互通共享的工作平台，提高社会管理的信息化、科学化水平。

三要应对社会治安突发性、偶发性事件增多，可防、可控难度加大的挑战，不断提高社会治安防控能力。近年来，随着社会转型社会心态的变化，一些社会弱势群体在遭遇失业困境和生活困难的压力之下，容易产生消极、失望等不满情绪，特别是受各种复杂因素的影响，一些人从“不平”转向“不满”，从“失望”演变为“绝望”，一旦遇到偶然因素的刺激，就可能采取极端方式报复社会、加害无辜，防不胜防，危害很大。同时，社会不满情绪在特定区域、特殊群体中的堆积、发酵，极易产生传导效应和连锁反应，一件小事处理不当、不及时就可能诱发重大突发案事件，甚至引发群体性事件。因此，要着力排查解决特殊群体和弱势群体的民生问题，加强心理疏导，防止他们的不满情绪向社会转嫁和宣泄。要大力加强基层防控能力，大力推进以科技防范为支撑的社会治安防控体系建设，充分利用现代科学技术，完善快速反应机制，有效预防和处置突发事件。

三、勇于担当，不辱使命，不断推进社会治安综合治理工作深入开展

推动综治工作在中国特色社会主义事业发展

的历史进程中不断前进，各级综治部门责任重大，使命光荣。各级综治办主任和有关部门负责同志要勇于担当，不辱使命，认真贯彻落实党的十七大、十七届四中全会精神，树立科学发展的理念，深入分析当前世情、国情、党情深刻变化的情况下，做好综治工作的规律和特点，坚持以科学的理论指导综治工作，以科学的制度保障综治工作，以科学的方法推进综治工作，夯实综治工作基础，以对党对人民高度负责的精神开创综治工作新局面。当前，必须注重在以下几方面下功夫：

（一）要在积极争取党委、政府重视、支持上下功夫。党的领导是社会治安综合治理的政治优势。党委、政府赋予综治部门组织协调、检查督导的职能，各级综治委、办是党委、政府的参谋和助手，要发挥好统揽协调的作用，靠自身工作赢得党委、政府的重视、支持。要及时向党委、政府主要领导汇报工作，在重点难点问题的解决上，积极争取党委、政府的支持。同时，要紧紧围绕大局，根据党委、政府工作的重点，及时调整工作思路和部署，主动为党委、政府分忧。当前，维护社会稳定任务十分繁重，但是，各级综治办普遍人员少，特别是在西部地区，这个问题尤为突出，这既需要加强各级综治委、办的自身建设，也离不开各级党委、政府的高度重视，加强组织领导，帮助综治部门解决工作中的困难和问题，在工作保障上予以更大的关心支持。

（二）要在发动各部门齐抓共管上下功夫。社会治安综合治理贵在“综合”，重在“治理”，齐抓共管是“综合”的具体体现，也是综合治理工作的基本组织方法、工作方法。多年来，中央和各地综治委在实际工作中探索实行了目标管理责任制、综治委例会、五部委联席会议、综治委专门小组及办公室制度、综治委成员单位联系点以及述职、情况通报等制度，推动了各部门落实责任、齐抓共管，取得良好效果。当前，在深入推进三项重点工作实践中，各级综治委、办的组织协调任务进一步增大，特别是一些突发事件和重大问题，需要综治办能在短时间内协调有关部门共同研究解决、妥善处置。各级综治委、办要进一步加强和完善制度，找准存在的问题和薄弱环节，有针对性研究办法措施，全力推进各部门齐抓共管。对各专门工作领导小组及办公室，要加强指导，充实力量，确保工作经常性开展。对各成员单位，要明确职责，加强组织协调，努力发挥更大作用，积极主动开展工作。

（三）要在加强综治基层基础建设上下功夫。基层基础工作是推进社会治安综合治理工作顺利开展的重要环节，是当前的薄弱环节和难点、重点。近年来，一些重大群体性事件的发生，以及近期发生的多起针对学校、幼儿园的暴力犯罪事件，有多方面的原因需要我们深刻反思。但是，基层组织涣散、基础工作薄弱是重要原因之一。矛盾纠纷的排查调处不力、不到位，流动人口特别是刑释解教人员、社会闲散青少年、精神病人等重点人员管理缺失和不到位。各级综治委、办要抓住党中央高度重视综治基层基础建设的有利契机，突出重点，求真务实，切实抓好综治基层基础各项工作措施的落实。一是搭建好综治工作中心这一基层工作平台。中办发 14 号文件明确要求各地积极整合力量，整合资源，按照“党委、政府领导，综治委（办）协调，各部门参与”的运作模式，建立基层综治工作平台。这是基层社会管理体制机制的创新，不仅使乡镇街道党委、政府维护基层稳定有了工作抓手，各个部门也有了开展工作、协作配合的平台。广东省建立综治信访维稳工作中心，深圳市建立大综管格局，以及各地普遍建立综治工作中心，强化基层基础工作都取得了很好的效果。同时，各地在建设综治工作中心中，要注意加强综治委、办建设，配齐配强力量，增强其权威，充分发挥其牵头组织协调作用。要规范综治工作中心运行机制，在“联”字上下功夫，真正形成治安联防、矛盾联调、工作联动、问题联治、平安联创的整体合力。二是要坚持重心下移，推动综治工作向社区（村）延伸。要大力加强社区（村）“两委班子”建设，选好配强社区（村）党支部书记和主任，增强社区（村）的凝聚力和战斗力。要加强社工队伍建设，规范拓宽社区功能，使社区承担起矛盾化解、社会管理、社会治安工作，确保各项工作在基层落实，真正解决发现不了、管控不住的问题。要加强社区（村）综治工作站建设，整合力量，规范运行。三是在决策部署、工作指导和人力、物力、财力上进一步向基层倾斜，做大做强做实基层，使基层有能力、有条件发挥第一道防线作用。要提高基层综治工作队伍的政治、生活待遇，特别是建立有利于基层优秀工作者脱颖而出的选人用人机制，使基层同志看到出路和希望。要进一步加强对基层特别是西部欠发达地区综治干部的教育培训，切实提高政治业务素质。

（四）要在发动群众群防群治上下功夫。“打防结合、预防为主，专群结合、依靠群众”是做好综治工作的基本原则和重要法宝，广大人民群众是社会治安综合治理工作的主力军和坚强后盾。解决社会治安问题，单靠政法等专门机关孤军作战是难以奏效的，必须充分发挥党的群众路线的政治优势，相信群众、依靠群众、服务群众、发动群众，才能真正构筑维护社会治安和社会稳定的铜墙铁壁。近年来，各地在发动群众上进行了积极探索，建立了治安巡防队、保安队、护村队、护厂队、治安信息员、综治协管员、平安志愿者、治安中心户长等多种形式的群防群治力量，建立了综治工作协会、平安和谐理事会等群防群治组织，探索了社情民意调查机制等新形势下发动群众、依靠群众的好办法，取得良好效果。北京奥运会和60周年国庆安保工作，离不开广大人民群众的广泛参与和大力支持。各级综治部门要认真研究新形势下群众工作的新特点、新变化，积极探索组织群众、宣传群众、依靠群众、服务群众的新方法，完善群防群治的组织形式和保障机制，切实做好依靠群众搞好社会治安的工作。

（五）要在推动责任落实上下功夫。责任制是综治工作各项措施落到实处的重要保证。要进一步完善社会治安综合治理目标管理责任制、领导责任制和“一票否决权制”，推动各级各部门落实综合治理责任。要把领导干部抓综治工作实绩纳入领导干部政绩考核和提拔任用干部的重要内容，推动各地党政领导切实承担起维护稳定的第一责任，推动各有关部门领导落实一岗双责。综治部门和组织部门要密切配合，研究建立党政领导干部综治工作实绩档案运用的具体办法和细则。要进一步完善社会治安综合治理考评体系，加强分类指导，增强考核标准和考核办法的科学性、操作性，真正发挥考评工作的激励推动作用。要加强督导检查，总结推广好的典型和经验，及时发现问题、解决问题，推动各项部署在基层的落实。

同志们，党中央、国务院对社会治安综合治理工作高度重视，广大人民群众对社会治安综合治理工作寄予厚望，希望全国广大综治战线的同志们一定要常怀忧国之心，恪尽为民之责，不辱使命，不负重托，锐意进取，扎实工作，深入推进三项重点工作，狠抓社会治安综合治理各项措施的落实，努力开创社会治安综合治理工作新局面！

中央社会治安综合治理委员会办公室关于印发《全国省（区、市）综治办主任深圳座谈会纪要》的通知

（2010年6月13日）

各省、自治区、直辖市社会治安综合治理委员会办公室，新疆生产建设兵团社会治安综合治理委员会办公室，中央社会治安综合治理委员会各成员单位：

5月25日至26日，中央综治办在广东省深圳市召开全国省（区、市）综治办主任座谈会。现将《全国省（区、市）综治办主任深圳座谈会纪要》印发你们，请结合实际，认真贯彻落实。

全国省(区、市)综治办主任深圳座谈会纪要

2010年5月25日至26日,中央综治办在广东省深圳市召开全国省(区、市)综治办主任座谈会,深入贯彻落实中办发[2009]46号、14号文件精神,研究部署全面推进乡镇(街道)综治工作中心建设,进一步夯实综治基层基础,落实三项重点工作。会议听取了广东省及深圳市关于加强乡镇(街道)综治信访维稳中心建设的经验介绍,研究讨论了《关于推进乡镇(街道)综治工作中心规范化建设的指导意见(稿)》。王乐泉同志出席会议并讲话,汪洋同志到会致辞,陈冀平同志主持会议,并对下一阶段综治重点工作提出要求。中央综治委五个专门工作领导小组办公室负责同志,中央纪委(监察部)、中央组织部、中央维稳办、最高人民法院、最高人民检察院、公安部、民政部、司法部、国家信访局等中央国家机关有关负责同志,全国各省、自治区、直辖市和新疆生产建设兵团综治办主任参加了会议。纪要如下:

会议指出,中办发[2009]14号、46号文件都对建设基层社会治安综合治理工作平台提出明确要求,各地要把乡镇(街道)综治工作中心建设作为推进三项重点工作、加强综治基层基础建设、维护社会和谐稳定的重要抓手,全面推进。会议认为,制定出台《关于推进乡镇(街道)综治工作中心规范化建设的指导意见》,对综治工作中心的组织设置、主要任务、工作制度等进行规范,以更好地发挥其作用,非常必要,希望尽快下发执行。乡镇(街道)综治工作中心不是一个新机构,而是一个有效整合基层各方力量和资源的工作平台,要以维护广大人民群众的切身利益,为群众排忧解难为目标,使其成为社会矛盾纠纷的"感知器"、"化解器"。要加强乡镇(街道)综治委、办建设,增强权威,充分发挥其在工作中心中的牵头组织协调作用,不能以综治工作中心取代综治委、办。要规范综治工作中心运行机制,在"联"字上下功夫,真正形成治安联防、矛盾联调、工作联动、问题联治、平安联创的整体合力。要坚持上下联动、重心下移,大力加强县级综治委、办和工作平台建设,推动县级有关部门督促所属基层单位支持参与乡镇(街道)综治工作中心的工作,推动综治工作向社区(村)延伸对接,加强企事业单位和社区(村)综治工作站建设,确保各项工作在基层落实。要认真研究新形势下群众工作的新特点、新变化,积极探索组织群众、宣传群众、依靠群众、服务群众的新方法,完善群防群治的组织形式和保障机制。

会议认为,当前社会治安综合治理工作势头很好,面临新的发展机遇。各级综治部门要抓住机遇,突出重点,以深入推进三项重点工作为契机,狠抓综治各项措施的落实。会议提出,要在近期召开全国综治工作会议,对各项重点工作进一步作出部署:一是切实规范和加强综治工作中心建设,夯实综治基层基础。乡镇(街道)综治工作中心作用的有效发挥,是三项重点工作在基层落实的重要保证;同时,通过三项重点工作在基层的实践,进一步促进综治工作中心和综治基层基础建设。二是深入开展矛盾纠纷排查调处工作。进一步深化大排查、大调解工作机制,真正做到从源头上治理预防,从苗头中发现问题,从根本上化解矛盾,从舆情上有效引导。三是深入推进社会管理创新,切实做到管得到、管得住、管得好。创新社会管理理念和方法手段,坚持以人为本、服务为先、预防为主、统筹协调、依法管理。四是大力推进以科技防范为支撑的社会治安防控体系建设。积极应对社会治安和社会稳定突发性、偶发性事件增多,可防、可控难度加大的挑战,不断提高防控水平。

会议强调,各级综治委、办作为党委、政府的参谋和助手,要围绕做好三项重点工作,进一步发挥统揽协调作用,及时向党委、政府主要领导汇报工作,紧紧围绕大局,根据党委、政府工作的重点,及时调整工作思路和部署,主动为党委、政府分忧。各级党委、政府要加强组织领导,高度重视基层综治工作中心建设,帮助解决综治工作中的困难和问题,在工作保障上予以更大的关心支持,确保综治各项工作的落实,维护社会和谐稳定。

（五）华东六省一市综治部门世博安保协作会议

中央社会治安综合治理委员会办公室关于印发《陈冀平同志在华东六省一市综治部门世博安保协作会议上的讲话》的通知

（2010 年 4 月 8 日）

各省、自治区、直辖市社会治安综合治理委员会办公室，新疆生产建设兵团社会治安综合治理委员会办公室，中央社会治安综合治理委员会各成员单位：

2010 年 4 月 2 日，中央综治办在上海市召开华东六省一市综治部门世博安保协作会议，进一步完善华东六省一市综治部门世博安保协作工作机制，推动落实环沪“护城河”工程各项措施。中央综治委副主任、中央政法委副秘书长、中央综治办主任陈冀平出席会议并讲话。现将陈冀平同志的讲话印发给你们，请结合实际认真贯彻落实。

陈冀平同志在华东六省一市综治部门世博安保协作会议上的讲话

（2010 年 4 月 2 日）

在上海世博会还有 28 天开幕、世博安保工作还有 13 天正式启动的关键时刻，中央综治办在上海市召开华东六省一市综治部门世博安保协作会议，主要目的是深入贯彻落实胡锦涛总书记等中央领导同志关于平安世博工作的重要指示和中办、国办《关于切实做好上海世博会期间有关工作的通知》精神，进一步完善华东六省一市综治部门世博安保协作工作机制，交流工作进展情况，查找存在的突出问题，推动落实环沪“护城河”工程各项措施，确保平安世博目标的实现。刚才，上海市通报了世博安保工作总体情况和需要华东六省一市加强协作、共同推进的重点工作。江苏、浙江、安徽、福建、江西、山东省综治委负责同志分别就环沪“护城河”工程落实情况和下步工作安排作了发言，并与上海市共同签订了华东六省一市综治部门世博安保协作协议。会议开得很好，达到了预期目的。下面，我讲三点意见。

一、充分认识做好环沪“护城河”工程的重要意义，切实增强工作责任感和紧迫感

第一，上海世博会事关国家形象和社会稳定

全局。上海世博会由国家主办、上海市承办，是我国继成功举办奥运会之后的又一重大国际盛事，举国关心，举世瞩目，办好上海世博会的重要性不亚于奥运会。办好上海世博会，不仅是上海市的责任，也是全国上下的共同责任。中央对举办上海世博会高度重视。胡锦涛总书记明确提出了“一个目标”、“三个展示”和“六个确保”的重要指示，周永康、孟建柱等中央领导同志多次对世博安保工作提出明确要求，中共中央办公厅、国务院办公厅专门下发了《关于切实做好上海世博会期间有关工作的通知》。完成中央提出的目标要求，任务非常艰巨，政法综治部门负有不可推卸的责任。确保世博平安，关键在于上海本身的社会管理工作要到位，抓好专群结合，群防群治，化解各类社会矛盾，严防个人极端事件发生。同时，也离不开华东地区政法综治部门的积极配合和大力支持。华东六省一市人缘相亲、地缘相近、经济相融、文化相通，联系广泛而密切。因此，华东六省一市政法综治部门一定要增强政治意识、大局意识和责任意识，从党和国家整体利益的高度出发，始终绷紧安全稳定这根弦，全力以赴抓好环沪“护城河”工程。

第二，上海世博会成功举办面临着诸多安全风险。举办一届成功、精彩、难忘的世博会，首要前提是安全。回顾历史，奥运会、世博会这样的大型国际活动，往往成为各种敌对势力破坏捣乱的重要平台。与北京奥运会相比，上海世博会时间跨度更长、参观人数更多、重大活动频率更高，安保工作形势更加复杂。上海世博会期间，由于人流物流急剧增加，各类侵财类治安案件、“黄赌毒”等违法犯罪活动可能多发，刑释解教人员、易肇事肇祸精神病人等重点人员更加难以管控，其中个别人可能以极端行为方式制造事端、报复社会，治安局势更加复杂。随着城市发展，上海越来越依赖外来资源，37%的电力、80%的食品依靠外来供给，水、电、气基础设施点多线长面广，如果防范措施不到位，很容易遭到破坏。此外，因天气、交通、消防等原因引发公共安全事故的危害性也在增大。华东六省一市政法综治部门对世博会安保工作面临挑战的严峻性和复杂性，一定要保持清醒认识和正确估价，加强协作，积极应对，共同构筑起维护世博平安的坚强防线。

第三，上海世博会是加强政法综治工作的重大机遇。北京奥运会的经验启示我们，奥运会、世博会这样重大的活动，一方面对政法综治工作是重大挑战，另一方面由于党政领导高度重视，社会各界通力合作，人民群众大力支持，也为推动政法综治工作发展提供了良好契机。在世博安保工作中，必须要有高眼界、高起点、高标准，在实践中多积累、多思考、多总结、多创造，既确保当前的世博平安，又保障“后世博”的长治久安。去年以来，上海市借举办世博之机，强力推进街镇综治工作中心建设，现在全市街镇综治工作中心大部分已经建成，绝大多数街镇综治办形成了“1正5副”的领导格局，由街镇党委副书记兼任综治办主任，行政分管领导、公安派出所、司法所、信访办负责人分别兼任综治办副主任，另设1名专职副主任主持日常工作，平安世博的基层基础工作更加扎实，为今后的长治久安打下了很好的基础。华东六省一市政法综治部门要抓住世博机遇，趁势而上，努力解决影响社会和谐稳定的源头性、根本性、基础性问题，推动政法综治工作再上新的台阶。

二、全面落实环沪“护城河”工程各项措施，扎扎实实做好各项重点工作

一是“两个排查”要落实。开展排查调处矛盾纠纷、排查整治治安混乱地区和突出治安问题活动，是确保世博平安的基础性工程。把各种矛盾纠纷化解控制在当地，就是对世博安保工作的最大支持。当前，要把排查化解矛盾纠纷特别是涉沪群体性矛盾作为重要任务来抓，充分动员各方面力量，充分依托大调解工作体系，把矛盾纠纷消除在基层和萌芽状态，防止矛盾激化扩散。要切实解决信访突出问题，特别要重视解决重信重访问题，认真落实涉沪矛盾相关人员的属地稳控措施。同时，要积极配合上海世博会举办，深入开展社会治安重点地区排查整治工作，以城乡结合部、“城中村”为重点，不断净化社会治安环境。江浙沪三地接壤地区要加强治安联防联控，适时开展边界地区联合整治行动。

二是社会管理要落实。重点人群的教育、服务和管理工作，是世博安保工作的重点和难点。只有服务好管理好重点人群，世博安保工作才会掌握主动权，这是北京奥运会和国庆60周年安保工作形成的宝贵经验。要组织开展重点人群的滚动排查和属地教育管理工作。要督促职能部门加强“法轮功”人员、刑释解教人员的教育管理。要加强易肇事肇祸精神病人的管理,协调落实相关属地监护措施,建立在沪肇祸精神病人托管、出院、接回工作机制。要协助做好在沪流浪乞讨人员的接收、接回工作,妥善就地安置工作,防止其再次进沪流浪乞讨。要切实加强对爆炸物品、剧毒物品、放射源、传染病病原体以及管制刀具等危险物品的管理,从严控制、从严监管,落实生产、销售、运输、使用、保管和销毁各环节的安保措施,防止危险物品非法流入社会,带入上海,落入违法分子手中。要组织公安、工商、体育、民航等部门,加强对低空慢速小目标的摸底排查,掌握种类、底数、经营单位、使用单位或使用人等情况,严格落实管理责任,防止在禁飞区域和时限内升空入沪。

三是入沪输电气管线及无名通道管控要落实。水、电、气等重要管线是上海世博会正常运转的“生命线”,这些“生命线”绝大多数经过华东各省入沪。要加强对向上海供电、供油、供气等重要设施和管道的安全保卫工作,将其纳入重点保护目标范围,落实安全防范措施,开展看护巡查和打击整治活动,严防因袭击破坏输电气管线造成世博会运转瘫痪。要积极做好入沪无名通道的管控工作,组织群防群治力量,根据上海世博会不同的安保等级,落实相应的管控工作措施,防止各类危险物品、可疑车、船和人员通过陆路无名道口和水路支流河口进入上海。

三、加强组织领导,严格落实责任,确保环沪“护城河”工程取得实效

一要加强组织领导。前段时间,中央综治办下发了《关于进一步加强社会治安综合治理确保上海世博会安全顺利举办的意见》,参会同志要结合“意见”的贯彻,把今天的会议精神一并向党委政府作汇报,积极争取党委政府和主要领导的重视和支持。政法综治部门的主要领导要真正把世博安保工作放在心上、抓在手上,深入基层和一线,靠前指挥,亲自动员部署、亲自督促检查、亲自协调解决问题,确保各项工作措施落到实处。政法综治部门要发挥综合协调的优势,以落实领导责任制为抓手,把责任分解落实到每个单位、每个部门、每个人;把世博安保工作纳入年度综治考核内容,督促指导各地共同做好世博安保工作;一旦发生问题,要严格实施一票否决权和责任查究,依法依纪严肃追究有关党政领导的责任。

二要健全协作机制。要充分利用协作平台,畅通基础信息定期交流、重大信息限时通报、紧急信息即时告知的交流渠道,实现信息互通、资源共享、成果共用。按照省市际协调、区域性合作、部门间对接的要求,建立分层、分级的联席会议制度、专题会议制度、综治热线制度、治安形势通报制度、联合整治行动制度,密切世博安保协作。华东六省一市综治办要落实主要负责同志参加世博安保工作综治协作联席会议,明确1名联络员专门联系,同时,指导督促信访、公安、安监、司法行政、民政、卫生等部门对口加强专业型协作,环沪边界的市、县(市、区)综治部门加强紧密型协作。上海市政法综治部门要加强与周边六省的沟通联系,及时交流工作情况,主动协调解决工作困难。

三要提高执法水平。上海世博会时间跨度长、临时性管制措施多,不但安保工作任务异常繁重,而且对执法工作标准的要求也更高。如果执法方式、执法行为不严格、不规范、不公平、不细致,很容易成为舆论热点,甚至引起民怨民愤。要把以人为本的理念贯穿世博安保工作始终,抓紧完善世博安保执法规范,提高执法规范的统一性、明确性、操作性,加强演练,在执法中一以贯之,以一流的执法水平确保上海世博会的成功举办。同时,要做到科学用警,尽可能帮助干警解决生活实际困难,确保他们全身心地投入到安保工作中去。

四要加强群防群治工作。确保世博安全,最根本的还是依靠和发动群众。要坚持党委领导、群防群治、专群结合、以专带群,加强社会动员,认真落实安保工作责任。要组织好“和谐上海、平安世博”主题宣传活动,增加群众对平安世博的了解,增强群众的安全意识,赢得群众对世博各项工作的理解和支持。要发动机关公务员、社会团体成员和广大群众加入平安志愿者队伍,完善平安志愿者队伍的使用管理保障机制,有效提高各类群防群治队伍的组织化程度,切实把群众的满腔热情化为服务世博的实际行动。

五、中央社会治安综合治理委员会办公室文件

中央社会治安综合治理委员会办公室关于印发《中央社会治安综合治理委员会办公室关于进一步加强社会治安综合治理确保上海世博会安全顺利举办的意见》的通知

（2010年2月11日）

各省、自治区、直辖市社会治安综合治理委员会办公室，新疆生产建设兵团社会治安综合治理委员会办公室，中央社会治安综合治理委员会各成员单位：

现将《中央社会治安综合治理委员会办公室关于进一步加强社会治安综合治理确保上海世博会安全顺利举办的意见》印发给你们，请结合实际情况，认真贯彻落实。

中央社会治安综合治理委员会办公室关于进一步加强社会治安综合治理确保上海世博会安全顺利举办的意见

上海世博会将于2010年5月1日至10月31日举办，这是我国首次举办的综合类世界博览会，持续时间长、参加人数多、等级规格高、辐射面广，安全保卫工作至关重要。为落实中央提出的“大事不出，小事也不出”的要求，根据国务院办公厅下发的《上海世博会“环沪护城河”工作意见》，现就进一步加强社会治安综合治理，确保上海世博会安全顺利举办提出如下意见。

一、加强矛盾纠纷排查化解

积极开展矛盾纠纷的排查工作，掌握可能影响社会稳定和世博会顺利举办的各类不安定因素，对可能引发群体性事件的苗头性、倾向性问题，做好教育疏导和化解工作，努力把矛盾和问题化解在当地，化解在萌芽状态。重点强化各类涉沪矛盾的排查和化解工作，进一步建立信息共享、情况交流机制，及时将各类涉沪矛盾情况和动态发展通报上海有关部门。

二、加强重点人员的排查和属地管控

加强重点人员的滚动排查和属地管控工作。一旦发现漏管失控或可能已经入沪的，要及时将有关情况通报上海有关部门，并组织力量接回。

三、加强长三角地区治安联动

浙江、江苏等上海周边地区，要适时组织开展治安混乱地区的排查整治，严厉打击各类违法犯罪活动，加强各类治安复杂场所的管理，加大"黄赌毒"等社会丑恶现象的打击整治工作力度，维护良好的社会治安环境。江浙沪三地接壤地区的公安、综治部门要建立治安防控协作机制，加强情报互通和工作联动，提高打击整治工作成效。要指导省市交界地区相邻的区(县市)、街道(乡镇)，建立区域性、紧密型对口联动机制。明确召集人，明确联系方式，定期召开联席会议，沟通工作情况，研究防控措施，协调相关事宜，统筹工作安排，实现联防联动。

四、加强易肇事肇祸精神病患者的管控和流浪乞讨人员的安置工作

各省市综治部门要协调组织公安、民政、卫生等部门，加强对易肇事肇祸精神病患者的基础排查、风险评估、医疗救治，落实属地监护措施，并及时收治肇祸精神病患者，防止其进沪滋事。要掌握易肇事肇祸精神病患者的动态情况，对于就医或其他原因进入上海的，要落实监护人责任，强化监护措施。上海要建立对在沪肇祸外省市精神病患者的临时托管机制，流出地省市要在临时托管期限内，组织力量接回原籍收治。

要协调各地民政部门配合上海建立在沪流浪乞讨人员的接收(接回)机制，做好流浪乞讨人员的接收(接回)工作。对于接收(接回)的流浪乞讨人员，各地要做好就地安置工作，帮助解决其实际困难或采取就地救助措施，防止其再次进入上海实施流浪乞讨。

五、加强进沪无名道口和河道的联防联控工作

江苏、浙江两省要积极配合上海市，加强对进沪无名道口和河道的联防联控工作。要发动与上海交界的县市综治部门，按照有关管控工作方案和措施要求，组织力量协助上海落实无名道口、河道联防联控措施，加强对进沪车、船、人、物品的安全检查等工作。要加强相关政策措施的日常宣传教育，取得群众的理解和支持。特别是在上海世博会一级、二级安全保卫期间，要组织当地的群防群治力量协助上海做好进出无名道口车船的登记核验、劝阻引导、应急处置等工作，确保无名道口和河道的管控工作不留漏洞。

六、加强低空慢速小目标的排查管控

江苏、浙江、安徽等地综治部门要组织公安、工商、体育、民航等部门，加强对低空慢速小目标的摸底排查，掌握种类、底数、经营单位、使用单位或使用人等基本情况。严格落实管理责任，逐一向使用单位或使用人告知有关管理规定并签订禁飞承诺书。要加强社会宣传和教育引导工作，动员广大群众自觉遵守并积极举报，坚决防止在禁飞区域和时限内升空。在世博会开闭幕式、高峰论坛、中国馆日四项重要活动期间，以世博园区为中心，半径200公里范围内，禁止一切低空慢速小目标升空飞行。其他时间需要进行飞行的，需事先向主管机关报备。

七、加强组织领导

各省市综治委、办要明确一名领导分管此项工作，明确各有关职能部门的职责分工，组织、督促各有关职能部门抓好落实。要建立与上海的联络机制，定期沟通有关情况信息。浙江、江苏、安徽、江西、福建、山东以及上海等华东六省一市，要进一步建立完善联动工作机制，强化工作协作。

中央社会治安综合治理委员会办公室 国家工商行政管理总局 关于做好将查处取缔无照经营纳入社会治安综合治理目标考评工作的意见

（2010年3月15日）

各省、自治区、直辖市社会治安综合治理委员会办公室、工商行政管理局，新疆生产建设兵团社会治安综合治理委员会办公室：

为了深入推进查处取缔无照经营工作，进一步规范市场秩序、促进社会稳定，中央社会治安综合治理委员会同意将查处取缔无照经营工作纳入社会治安综合治理目标考核范围。现就做好相关工作提出以下意见：

一、统一思想，充分认识将查处取缔无照经营工作纳入社会治安综合治理的重要意义

2003年《无照经营查处取缔办法》颁布实施以来，各地在坚持依法查处取缔的同时，注意引导合法经营，不断加大监管执法力度，取得了阶段性成果，对于维护市场经济秩序和社会稳定发挥了重要作用。但是，一些地方的无照经营仍屡禁不止，有的已成为损害人民群众利益、扰乱市场经济秩序、威胁社会和谐稳定的突出隐患。

查处取缔无照经营工作涉及多个社会管理领域，各地区、各有关部门要从深入贯彻落实科学发展观和构建社会主义和谐社会的高度，本着服务地方经济发展、维护群众根本利益的要求，充分认识查处取缔无照经营工作的重要性和紧迫性，认真做好查处取缔无照经营工作。

将查处取缔无照经营工作纳入社会治安综合治理目标考核范围，有利于进一步加强各级党委、政府的重视、支持和领导；可以充分发挥综治工作的“牵头抓总、协调指导、齐抓共管”的制度优势；可以充分发挥各部门的职能作用，加强部门间密切配合，推进查处取缔无照经营、引导合法经营工作，推进查处取缔无照经营长效机制的建立。

二、坚持区别对待、分类处理，依法开展无照经营查处取缔工作

开展查处取缔工作必须坚持依法行政、区别对待、分类处理的原则：

对危害人体健康、存在重大安全隐患、威胁公共利益和安全、破坏环境资源的无照经营行为，要坚决依法查处取缔，绝不姑息，对涉及刑事违法犯罪的要移交公安机关严肃处理。

对社会弱势群体从事个体经营、无严重社会危害的无照经营行为，要加强教育，积极引导其办证办照。

对于法律法规和政策规定免于登记的经营活动，如农民在集贸市场或者地方人民政府指定区域内销售自产农副产品等不作为无照经营行为查处。

要坚持标本兼治、着力治本，充分发挥地方政府和有关部门的职能作用，积极为经营者创造合法的经营条件，加强市场建设和准入引导及服务，推动市场主体稳定发展。

三、在各级党委政府统一领导下，建立联席会议制度，对无照经营行为实行齐抓共管、综合治理

一是要坚持在各级党委、政府统一领导下，推进建立查处取缔无照经营工作联席会议制度。联席会议由党委政府领导，综治办、工商局以及公安、财政、文化、卫生、国土、建设、人力资源与社会保障、农业、环保、质检、食品药品监管等有关市场审批、登记、建设、管理部门参加，办公室设在工商局。联席会议的主要任务是，根据有关法律法规和政策，制定本地区查处取缔无照经营工作具体政策、制度和机制，明确目标责任、细化分工，建立定期会商制度和相关单位之间信息沟通、工作衔接机制。

二是制定科学的责任考核体系。中央综治办、工商总局将会同有关部门共同制定考核目标、量化具体指标、细化责任分工。各地要通过落实责任考核体系，增强责任意识、大局意识和服务意识。

三是要建立健全激励约束机制。根据考核结果，对查处取缔无照经营工作整体进展、成效、问题、部门责任落实情况及下一步工作重点等做出科学评估和通报，并作为考核政府全面工作的一项重要依据。对于因无照经营而发生重大事件，造成严重后果、影响重大的，追究相关领导责任。通过严格的督办检查和目标考核机制，将查处取缔无照经营工作真正落到实处。

四是为保证联席会议制度常态化、有效性，各级工商行政管理部门要积极争取地方党委政府的有力支持，在当地综治办的统一组织协调下，充分发挥职能作用，密切与各有关部门的协作，做好联络、服务工作，特别是在人员、经费等方面予以适当的保障。

各地方可以根据上述意见制定具体的落实措施。

中央社会治安综合治理委员会办公室关于印发《全国看守所安全管理大检查专项活动方案》的通知

（2010 年 3 月 31 日）

各省、自治区、直辖市社会治安综合治理委员会办公室，新疆生产建设兵团社会治安综合治理委员会办公室：

2010 年 3 月 12 日，中央社会治安综合治理委员会办公室、公安部、最高人民法院、最高人民检察院、司法部、国家发展和改革委员会、财政部、住房和城乡建设部、卫生部联合印发了《关于综合治理看守所安全管理工作的意见》（综治办[2010]34 号，以下简称《意见》），决定将看守所安全管理工作纳入社会治安综合治理。这是新形势下加强看守所工作的重大举措，对于提升看守所工作水平，发挥看守所工作在维护社会稳定和构建社会主义和谐社会中的重要作用，具有重要意义。为推动《意见》精神的贯彻落实，中央综治办决定在全国看守所开展安全管理大检查专项活动，集中排查、解决看守所工作存在的突出问题，建立健全看守所领导重视机制、规范执法机制、科学管理机制、队伍建设机制和基础保障机制，形成各部门齐抓共管的良好工作格局。现将《全国看守所安全管理大检查专项活动方案》印发给你们，请结合本地实际，认真贯彻执行。

全国看守所安全管理大检查专项活动方案

为了深入推动《关于综合治理看守所安全管理工作的意见》精神的贯彻落实，解决看守所工作中存在的一些突出问题，中央九部委决定自2010年4月至9月，在全国看守所开展安全管理大检查专项活动。

一、工作目标

（一）形成齐抓共管局面。各级党政领导、公安机关、人民检察院和其他有关部门领导要深刻认识看守所安全管理工作对于维护社会和谐稳定大局的重要意义，自觉站在政权建设的高度，关心和重视看守所工作，积极解决影响和制约看守所工作发展的突出问题，形成党委领导、全面统筹、各方联动、齐抓共建的工作局面，形成加强和改进公安监管工作的整体合力。

（二）落实安全防范措施。加强民警安全意识警示教育，规范管理执法行为，严格落实法律法规和各项规章制度，及时消除安全隐患，坚决防范和打击牢头狱霸现象，坚决杜绝重大恶性事故，最大限度地减少一般事故的发生。

（三）加强民警队伍建设。进一步推动《公安部关于进一步加强和改进公安监管工作的意见》（公通字[2009]36号）的贯彻落实，强化教育培训，切实解决看守所警力不足、队伍结构不合理和职级偏低等问题，激发看守所民警职业荣誉感和工作责任感，提高监管执法能力和水平。

（四）完善监督机制。进一步健全和完善人民检察院法律监督，全面推动看守所主要执法信息和监控与驻所检察室联网工作，畅通在押人员约见驻所检察官、在监室内设置检察信箱等救济渠道，强化公安机关内部监督，广泛开展社会监督，充分保障在押人员合法权益。

（五）强化基础保障。督促《财政部公安部关于进一步加强看守所经费保障工作的通知》（财行[2009]132号）、《公安部卫生部关于切实加强和改进公安监管场所医疗卫生工作的通知》（公通字[2009]60号）的贯彻落实，保证看守所各项经费和医疗卫生措施落实到位，解决监控、囚车、电网等基本装备问题。

（六）健全长效机制。在治理突出问题的基础上，建立健全看守所领导重视机制、规范执法机制、科学管理机制、队伍建设机制和基础保障机制，促进看守所工作良性发展。

二、工作重点

重点检查看守所落实法律法规和各项规章制度、防范和打击牢头狱霸、保障在押人员合法权益、组织在押人员生产劳动、在押人员财物管理、预防处置突发事件等内部管理工作情况，检查人民检察院驻所检察室履行法律监督职责情况，检查各级党委、政府以及相关部门领导对看守所工作的重视情况，检查看守所警力配备、警务装备和经费保障等情况。

三、实施步骤

专项活动从4月20日开始，到9月30日结束，分四个阶段实施。

（一）部署阶段（4月20日至30日）。各省、自治区、直辖市综治办要根据《意见》要求，牵头召集九部门召开协调会进行具体部署，使各部门充分认识开展安全管理大检查专项活动的重要意义，明确专项检查活动的指导思想、工作目标和具体要求，并会同九部门一起向党委、政府书面汇报，争取支持，切实增强领导重视程度。

（二）检查阶段（5月1日至7月31日）。各级公安机关、人民检察院、人民法院、司法行政部门以及其他相关部门要围绕工作重点和目标进行检查。公安机关、人民检察院在检查中要发挥主力军作用，重点检查看守所内部管理和驻所检察室法律监督工作，检查公安部分别与财政部、卫生部联合下发的文件精神的贯彻落实情况，看守所警力配备、警务装备和经费保障情况等。

（三）整改阶段（8月1日至31日）。中央综治办、公安部、最高人民检察院、最高人民法院、司法部以及相关部门抽调人员组成联合检查组，分别赴各地检查专项活动开展情况。对于检查中发现的问题，各地要召开联席会议，逐部门落实整改措施,限期整改。同时注重长效机制建设,查摆、整改和建章立制有机结合,边查边改,边改边建,巩固专项活动成果。

(四)总结阶段(9月1日至30日)。9月10日前,各省级综治办、公安机关、人民检察院要对本地区专项活动开展情况以及取得的成效、存在的问题进行全面总结,并报全国看守所安全管理大检查专项活动办公室。九部委将对专项活动进行总结,并就下步工作作出部署。

四、工作措施和要求

(一)加强领导,精心组织。各级综治办、公安机关、人民检察院和其他部门要切实加强对专项活动的领导,确定专人主抓此项工作并负责部门之间的协调,建立起良性工作运行机制。中央综治办在公安部监所管理局设立全国看守所安全管理大检查专项活动办公室,监所管理局局长赵春光担任办公室主任,各部门局级领导担任办公室成员。各地要成立相应的工作机构,制定实施方案,做到目标、任务、分工、措施、责任明确。

(二)落实责任,密切协作。各级综治办是开展这次专项活动的牵头部门,各级公安机关和人民检察院是主要实施单位,其他单位为支持配合单位。要按照《关于综合治理看守所安全管理工作的意见》中各部门职责要求,采取联席会议、工作会商、检查指导等多种方式,解决看守所突出的机制性和保障性问题,加强联系沟通和协作配合,做到各司其职、各尽其责,保证人员到位、措施到位、保障到位,形成工作合力,共同落实好专项活动的各项任务。各级综治办、公安机关、人民检察院对检查出的问题,要认真进行剖析和梳理,明确哪些问题由公安机关、检察机关自身改进,哪些问题需要党委、政府解决,哪些需要相关部门解决,研究提出整改意见,向党委、政府汇报,协调各部门予以解决。

(三)强化督导,注重实效。各级综治办、公安机关和人民检察院要切实加强对基层单位开展专项活动的工作指导和监督检查,全面督促落实专项活动各阶段工作要求,坚决防止搞形式主义。要认真了解和及时掌握专项活动开展情况,及时发现和协调解决专项行动中出现的一些重大、复杂和疑难问题,及时总结和推广工作经验。专项活动期间,各地要做好信息上报和情况通报工作,每月5日前向全国看守所安全大检查专项活动办公室报送上月活动进展情况,重大情况和重大问题要随时报告。

(四)舆论先行,营造声势。各级专项活动办公室要安排专人负责联系新闻媒体,协调组织,充分利用报纸、电视台、电台、网络等媒体开展宣传工作。活动开展初期,应当组织一次成规模的宣传,利用各地主流媒体宣传看守所工作对于维护社会和谐稳定的重要性以及纳入社会治安综合治理的重要意义;活动开展过程中,要不间断地采取点面结合的方式宣传专项活动取得的成效。各级公安监管部门要建立网络评论员队伍,一方面进行正面宣传,另一方面应对负面评论,形成良好的舆论声势。

中央社会治安综合治理委员会办公室关于印发《关于切实做好矛盾纠纷大排查大调解工作的意见》的通知

(2010年4月19日)

各省、自治区、直辖市社会治安综合治理委员会办公室,新疆生产建设兵团社会治安综合治理委员会办公室,中央社会治安综合治理委员会各成员单位:

为进一步贯彻落实全国政法工作电视电话会议部署的三项重点工作，推动矛盾纠纷大排查大调解工作深入开展，在各地各有关部门广泛开展调查研究并提出进一步深化工作意见建议的基础上，中央综治办制定了《关于切实做好矛盾纠纷大排查大调解工作的意见》，现印发你们，请结合实际，认真贯彻落实。

关于切实做好矛盾纠纷大排查大调解工作的意见

根据中共中央、国务院《关于进一步加强社会治安综合治理的意见》（中发［2001］14 号）提出的“建立健全矛盾纠纷排查调处工作机制，把这项工作纳入经常化、规范化轨道”的要求，为深入贯彻中共中央办公厅、国务院办公厅转发《中央政法委员会、中央维护稳定工作领导小组关于深入推进社会矛盾化解、社会管理创新、公正廉洁执法的意见》（中办发［2009］46 号）精神，落实三项重点工作，建立和完善矛盾纠纷排查调处工作机制和制度，有效解决当前工作中存在的突出问题和薄弱环节，切实做好矛盾纠纷大排查大调解工作，全力维护社会和谐稳定，现提出以下意见：

一、进一步明确指导思想和基本原则

排查调处矛盾纠纷作为加强社会治安综合治理、维护人民群众根本利益、促进社会和谐稳定的重要基础工作，必须坚持以邓小平理论和“三个代表”重要思想为指导，深入贯彻落实科学发展观，坚持以人为本、服务群众、关注民生，切实加强社会管理，全力维护社会和谐稳定，促进经济社会又好又快发展。要坚持预防为主、源头治理，预警在前、调解优先，立足抓早、抓小、抓苗头；坚持党政主导、部门协作配合，整合资源和力量；坚持重在基层、依靠群众，按照“属地管理”、“谁主管，谁负责”的原则，以县（市、区）、乡镇（街道）为重点，从群众最关注的问题入手，深入开展矛盾纠纷大排查大调解工作，努力使纠纷早解决、矛盾不上交，把各类矛盾纠纷解决在基层、解决在萌芽状态。

二、认真抓好源头预防和排查预警工作

积极推动完善社会稳定风险评估制度。市、县、乡镇矛盾纠纷排查调处工作组织领导部门，要积极推动地方重大决策、重大工程项目的社会稳定风险评估工作，推动各部门注重源头治理，督促有关方面组织好公开听证、公示（公告）等，充分听取群众意见，防止和减少因决策失误引发矛盾纠纷。各级综治部门要把社会稳定风险评估纳入社会治安综合治理考评体系，制定客观、公正的考评标准和实施细则，推动科学民主依法决策，着力从源头上预防和减少矛盾纠纷的发生。

各级综治委及其办公室要认真组织推动各地各部门开展矛盾纠纷的大排查工作，以机关、团体、企事业单位、社区（村组）为主进行日常排查活动，以党政主管部门为主开展行业、系统的排查，重点是矛盾纠纷多发的领域、行业和群体。乡镇（街道）每半月、县（市、区）每月组织开展一次集中排查；针对特定地区或特定领域带倾向性的矛盾纠纷及时开展专项排查；在临近重大活动、重要节庆日、社会敏感期，集中力量组织开展重点排查。依靠群防群治力量，发挥各方积极性，建立信息员队伍，使排查工作制度化、长效化。通过工作例会、干部下访、深入基层调查研究、群众评议会、网络舆情、公布联系电话、发放宣传册、设立矛盾纠纷排查提示栏等方式，畅通社情民意渠道，全面掌握本地区、本部门、本单位群众身边的婚姻家庭、邻里等常见性、多发性民间纠纷，群众关心的热点、难点问题，涉及民生类、经济社会发展类、历史遗留类的矛盾纠纷，以及容易引发“民转刑”案件和重大群体性事件或集体上访的矛盾纠纷。

进一步完善台账管理、报告制度。各级综治委及其办公室对排查出来的矛盾纠纷要逐级认真登记造册，建立台账。确定专人负责矛盾纠纷排查调处情况信息报送工作，对中央或省（区、市）综治委统一部署或指定的信息情况要按时报送；乡镇（街道）把排查出来的所有矛盾纠纷按时报

送党委、政府及县级综治部门，县级以上综治部门把本级协调解决或需要上级协调解决的矛盾纠纷报告本级党委政府和上级综治部门。对重大矛盾纠纷的信息要及时报告，市、县、乡三级实行“零报告”制度。

进一步完善受理分流、首问责任、挂牌督办、领导干部包案制度。各级综治委及其办公室对本级排查出来的矛盾纠纷和下级上报需要协调化解的矛盾纠纷，要及时进行汇总、梳理，区分矛盾纠纷的类别和性质，明确办理责任主体，提出调处建议，做好受理反馈，通过发出通知书等形式，将调处的责任落实到具体部门（单位）和责任人。严格落实首问责任制，当事人首次找到调解工作窗口或矛盾纠纷调解一旦落实到某一责任主体，责任人或单位不得推诿敷衍、拒绝受理，要登记在案，及时了解情况，制订工作方案，明确答复口径，组织协调有关部门妥善解决问题，并跟踪到底。市、县、乡三级对重大矛盾纠纷和可能引发群体性事件的重大问题，要实行挂牌督办，落实责任领导、责任人、调处单位、调处方案和调处时限，依法调处，防止反复，一包到底。

进一步完善信息共享、分析研判制度。要积极探索建立矛盾纠纷信息平台系统，努力实现工作部署、统计信息、预警预防、排查登记、调处流转等程序的联网联动、规范管理。各级排查调处组织领导部门要加强信息沟通和综合研判，切实做到“底数清、情况明”，采取召开工作例会、情况通报会商等方式，及时通报、交流受理的矛盾纠纷及调处工作情况，特别是检查了解矛盾纠纷调处的跟踪反馈情况，准确把握本地矛盾纠纷态势，防止已化解的矛盾纠纷出现反复，及时总结工作规律，找出薄弱环节，研究提出从源头上化解矛盾纠纷、防止新的矛盾纠纷产生的意见建议，提出不同阶段的工作重点和对策意见，提交党委政府研究决策。

三、深入推进大调解工作体系建设

进一步完善县、乡大调解运行工作机制。由综治部门统筹协调，县（市、区）整合政法、综治、信访和有关行政职能部门及工会、共青团、妇联组织的调解资源和力量，建立矛盾纠纷联排联调的大调解工作平台。通过工作平台，督促有关部门重点做好需行政调解和司法调解的矛盾纠纷调处工作，做好重大复杂矛盾纠纷的联调工作；组织检查、督导各部门、各单位、驻地大型企业及乡镇（街道）的矛盾纠纷排查调处工作。乡镇（街道）矛盾纠纷排查调处工作由综治部门组织协调，通过综治工作中心进行，村（社区）、企（事）业单位依托综治工作室或人民调解组织重点做好民间纠纷的调处工作。通过工作平台，加强县、乡、村之间的沟通联系，形成上下贯通、条块结合的调处联动工作格局，形成排查调处组织领导和行政管理部门与司法部门在调解、执行等工作环节中的联动机制。对矛盾纠纷做到统一受理、集中梳理、归口管理、依法处理、限期办理，落实登记、交办、承办、销案各个衔接环节，进行检查督办和提出责任追究建议。

利用工作平台，推动建立健全医患纠纷、劳动争议、征地拆迁、环境污染、交通事故、消费者权益保护、物业管理等矛盾纠纷相对集中、多发领域的专业调解组织，吸收人民调解组织、专家咨询委员会等第三方参与调处，积极引导中介组织、行业协会等社会力量参与调处工作，并制定相关意见或办法，提高专业调解的权威性和公信力，促进纠纷和解，降低群众维护合法权益成本。

进一步完善人民调解、行政调解、司法调解联调联动的衔接机制。在人民调解组织调处常见性、多发性传统民间纠纷的基础上，积极推动在司法、行政职能部门设立人民调解工作室。按照调解优先的原则，首选人民调解的方式方法，通过教育疏导，使群众在平等协商基础上自愿达成协议，解决矛盾纠纷。对属于行政管理职权的事项，人民调解组织要发挥工作优势，及时参与疏导化解，各相关行政职能部门积极主动介入调解工作，充分履行行政职能，做到优势互补，形成合力。用人民调解方式未能解决的矛盾纠纷，引导通过行政复议、仲裁或协调有关部门开展专业调解活动进行调解；对随时有可能激化或造成严重后果的矛盾纠纷，应立即采取必要措施进行缓解或疏导，并及时向党委、政府和有关部门报告。

对当地人民调解组织调解不成功，可能进入诉讼程序的矛盾纠纷，推动人民法院（庭）按照“调判结合，调解优先”原则，做好司法调解工作。教育引导当事人到驻法院（庭）人民调解工作室调解，或由法官出面调解，调解不成功的，再由人民法院(庭)依法立案审理;重点推动一般民事案件、轻微刑事案件的调解工作,联合有关部门,制定诉前、诉中、诉后调解的工作程序,大力推进巡回调解、邀请调解、委托调解、联合调解等多种调解工作方式。检察机关在依法履行法律监督职能的同时,建立依托"大调解"工作体系化解社会矛盾纠纷的工作机制。对轻微刑事案件,依照法律规定,探索建立运用和解方式解决问题的机制,明确开展调解或促进刑事和解的条件、范围和程序,努力形成犯罪嫌疑人、被告人与被害方之间宽容谅解的氛围,使被害方因犯罪所受到的伤害降至最低。对经人民调解、行政调解达成协议,自愿申请确认效力的,人民法院应依法及时审查,对符合法律规定的,依法予以确认和支持,探索完善调解协议的司法确认程序,实现各种调解效力的有效衔接。

四、切实加强组织领导,严格落实工作责任制

要把矛盾纠纷排查调处工作纳入党政"一把手"工程,综治委及其办公室要充分发挥工作体制机制优势,积极争取党委政府的大力支持,推动落实"一岗双责"制度,把化解矛盾纠纷的责任分解落实到各级党政领导班子成员身上。党政主要领导对可能影响本地区社会稳定的重大矛盾和突出问题,要亲自过问,亲自动手包案解决,定期分析研究,及时解决工作中遇到的困难和问题。推动落实专门办公场所和设施,充实各级矛盾纠纷排查调处工作力量,把矛盾纠纷排查调处工作经费列入财政预算。推动各地建立矛盾纠纷化解救助制度,采取政府、社会或民间互助等方式,落实困难群体生活保障,促进矛盾纠纷的妥善化解。各行政管理部门要结合本部门职能,研究制定做好大排查大调解工作的具体指导意见,认真落实行政主管责任,充分运用调解的办法处理行政纠纷和与行政管理相关的民事纠纷,着力解决影响社会和谐稳定的突出矛盾纠纷。

加大排查调处组织网络和队伍建设力度。在村组(社区)、企(事)业单位建立以驻地民警、基层干部等为骨干的专兼职排查力量,充分发挥综治特派员、综治协管员、综治信息员、治安中心户长、治安志愿者及老干部、老党员、老模范、老教师、老军人等各种群防群治队伍的作用。加强村(社区)、企(事)业单位人民调解委员会建设,发展壮大专职调解员、特邀调解员、调解志愿者队伍;发挥律师、法律援助工作者和专家学者参与调解工作的作用。通过举办专题培训班、研讨班,组织"以案代训"、"观摩调解"等活动,利用网络教育,加强调解队伍的岗位培训及日常管理,落实各级各部门培训责任,规范针对各种调解工作人员的培训内容,提高调解人员的综合素质和业务能力。

加大督查考评和责任奖惩力度。各级综治委及其办公室具体负责矛盾纠纷排查调处工作的组织、协调、检查、督导、跟踪督办工作,加强对县(市、区)、乡镇(街道)矛盾纠纷排查调处工作平台的协调指导。督促各部门各单位认真落实部门和单位责任制,加大责任书执行力度,把构建大排查大调解工作体系作为社会治安综合治理考评的重要内容,加强检查督导,严格落实责任奖惩。对矛盾纠纷排查及时,调处得力的要表彰奖励;对领导不重视,排查不深入,调处不力,或对排查发现的重大矛盾纠纷和问题隐瞒不报,在源头上制造矛盾纠纷,推诿扯皮,导致发生严重危害社会治安和社会稳定重大矛盾纠纷的地方、单位要予以通报批评、警示直至一票否决。特别是要在乡镇(街道)建立并实施重大群体性事件或矛盾纠纷责任倒查追究制度,查明原因,严肃追究有关责任人的责任。

加大宣传教育力度。各级综治委及其办公室要积极与有关新闻单位建立联系,有计划地确定各个工作阶段的宣传重点,关注舆情,正确把握舆论导向,切实加大矛盾纠纷排查调处工作宣传力度。要深入开展社会主义法制宣传教育,提高人民群众遵纪守法的自觉性和依法维权的意识,宣传调解工作的作用和效果,引导群众自觉把调解作为解决矛盾纠纷的首要选择,积极推动排查调处工作体系建设;让群众了解掌握矛盾纠纷排查调处工作规范,广泛动员人民群众支持、参与矛盾纠纷排查调处,发挥新闻媒体关注民生、疏导民意、舆论监督的桥梁作用来化解矛盾纠纷,在全社会营造开展矛盾纠纷排查调处的良好氛围。

中央社会治安综合治理委员会办公室关于印发《陈冀平同志在江苏省深入推进社会稳定风险评估工作会议上的讲话》的通知

(2010 年 4 月 21 日)

各省、自治区、直辖市社会治安综合治理委员会办公室,新疆生产建设兵团社会治安综合治理委员会办公室,中央社会治安综合治理委员会各成员单位:

4 月 7 日,江苏省召开深入推进社会稳定风险评估工作会议,中央综治委副主任、中央政法委副秘书长、中央综治办主任陈冀平出席会议并讲话。现将陈冀平同志的讲话印发给你们,请结合实际抓好贯彻落实。

陈冀平同志在江苏省深入推进社会稳定风险评估工作会议上的讲话

(2010 年 4 月 7 日　根据录音整理)

开展社会稳定风险评估,是当前一项非常重要的工作。如何做好这项工作,各地、各有关部门这些年一直在探索,我们也一直在进行这方面的调研。江苏省这方面工作起步较早,开展得很有成效。刚才几位同志的发言对我启发很大,稍后祥国同志还要做具体的工作部署,我就简要地讲几点意见。

一、开展社会稳定风险评估工作,是矛盾纠纷排查调处工作的深化和发展

2000 年,中央综治委针对当时矛盾纠纷高发、群体性事件和“民转刑”案件大幅度上升的形势,及时召开电视电话会议,部署各地加强矛盾纠纷排查调处工作。会后,中办、国办转发了中央综治委《关于进一步加强矛盾纠纷排查调处工作的意见》,要求各地广泛深入开展矛盾纠纷排查调处工作。江苏省在这项工作中创造了很多好做法、好经验,特别是注重整合力量、整合资源,积极构建“大调解”的工作格局,并一直把“大调解”工作作为“平安江苏”建设的一项重要工作来抓,有力维护了社会和谐稳定,有力推进了全省改革发展,为广大人民群众创造了非常好的社会环境。近几年江苏省没有发生在全国造成重大影响的事件,综治工作始终在全国名列前茅。社会稳定风险评估工作,江苏省已经抓了三年,是全国最早开展社会稳定风险评估的地区之一,不少地方对推行社会稳定风险评估工作进行了有益的探索和尝试,已经取得了初步成效,积累了不少好的做法经验,无论从理念上、工作措施上还是效果上都是在全国领先的。江苏省的经验做法,对全国矛盾纠纷排查调处工作起到了非常好的推动作用。在这里，我代表中央政法委、中央综治委，对大家的辛勤工作表示衷心的感谢。

开展社会稳定风险评估工作，充分体现了“预防为主”的方针，是矛盾纠纷排查调处工作的深化和发展，是从源头上预防和减少矛盾纠纷发生，重在治本的一项重要措施，是根据新时期社会稳定面临的新情况采取的一项新举措，是新时期社会治安综合治理工作的重要内容。各级党委、政府和综治部门要高度重视，按照“属地管理、分级负责”和“谁主管谁负责”的原则，加强分类指导，及时总结推广，全面提升社会稳定风险评估水平。

二、开展社会稳定风险评估工作，关键在于维护广大人民群众的根本利益

胡锦涛总书记在党的十七届四中全会和2007年全国政法工作会议上都强调，社会稳定风险评估关键要从根本上来维护广大人民群众的切身利益。如果不是从人民群众的切身利益上考虑，不是从这方面入手，我们的评估工作就难以取得实效。刚才的发言讲得非常好，其中几点做法值得充分肯定。一是要充分听取群众意见。风险评估必须建立在充分听取群众意见的基础上，只靠专家或只靠职能部门是不行的，如果只靠职能部门评估，难免流于形式，没有一家是通不过的。公开公示就是听取群众的声音，只要群众有意见，或者绝大多数群众有意见的，就要停止这项工作或者延缓办理。不能漠视更不能无视群众的意见。现在相当一部分群体性事件，其发生的根本原因就是对群众利益的漠视。二是要把教育、疏导与风险评估结合起来。有些工作可能要暂时损害群众当前的利益，但长远看还是符合群众利益的；有些依法办理的事情，暂时得不到群众的理解和支持。所以要加强教育和疏导，让群众从长远利益来看这项工作，风险评估的过程，其实也是一个说服、劝说、教育和疏导的过程，一定要在教育和疏导上狠下功夫。三是要明确工作职责。社会稳定风险评估工作不是哪一个部门的工作，而是各级党委和政府的工作，是必须由党委和政府直接抓在手上的工作。对于涉及民生的重大决策，各级党政主要领导都要亲自听取群众意见，认真研究论证，统筹考虑，科学决策。只靠各级党委政法委书记来抓风险评估是不行的。当然，各级党委政法委书记必须牢牢掌握社情民意，了解群众意见，掌握不稳定因素，掌握不稳定的隐患在什么地方，及时向党委和政府报告，组织协调有关部门去解决问题，这是自身职责所在。四是要带着对群众的深厚感情来做好社会稳定风险评估工作。推进社会稳定风险评估工作不能唯上，眼光要向下，通过大量细致入微的调查研究，及时倾听群众呼声，认真了解群众的困难，这样才能确保评估效果。

三、开展社会稳定风险评估工作，必须走法制化、规范化道路

开展社会稳定风险评估工作，没有法律支撑是不行的。我在调研时，也一直在思考，风险评估的主体到底是谁，哪些事项需要评估，评估要经过哪些程序，评估的依据和标准是什么，发生问题如何问责等一系列问题。这些问题都需要在实践中进一步规范。其中，有两方面工作需要大家认真思考并抓好落实。一是怎样科学考评各地、各有关部门的社会稳定风险评估工作，如何在出现重大问题后实施问责查究。二是社会稳定风险评估工作结束后，还要继续密切关注广大群众对重大决策和项目的意见。这就需要充分发挥各地综治组织和工作网络的作用，发动各地综治信息员、协管员等切实做好群众工作，密切关注人民群众对重大决策的意见和建议。要建立考评查究制度，对社会稳定风险评估工作进展快、效果好的地方和部门，要予以表彰奖励；对给改革发展稳定大局造成严重影响的，要坚决实施社会治安综合治理一票否决，严肃追究决策相关人员的责任。目前，江苏省在这方面已经做得很好。希望江苏省继续发扬敢为人先的精神，不断解放思想，开拓创新，进一步完善规范社会稳定风险评估工作，让其走上法制化、规范化轨道，为全国各地全面推进这项工作提供成功经验。

中央社会治安综合治理委员会办公室关于印发《陈冀平同志在河北省“全国平安建设先进县(市、区)”负责同志座谈会上的讲话》的通知

(2010年5月4日)

各省、自治区、直辖市社会治安综合治理委员会办公室,新疆生产建设兵团社会治安综合治理委员会办公室,中央社会治安综合治理委员会各成员单位:

现将陈冀平同志在河北省“全国平安建设先进县(市、区)”负责同志座谈会上的讲话印发给你们,请结合实际,认真贯彻落实。

陈冀平同志在河北省“全国平安建设先进县(市、区)”负责同志座谈会上的讲话

(2010年4月23日　根据录音整理)

河北省召开“全国平安建设先进县(市、区)”负责同志座谈会,非常必要,充分体现了省委、省政府对平安建设的高度重视。同时,通过这个会推动全省平安建设的做法也很好,参加会议的全国平安建设先进县(市、区)是河北省平安建设的榜样,平安建设要深化,全国平安建设先进县(市、区)的工作首先要深化,要在全省起表率作用。如何推动全国的平安建设进一步深化,特别是如何在推进“三项重点工作”中发挥平安建设的作用,中央综治委也需要首先了解一下全国平安建设先进县(市、区)有什么打算,这也是我来参加这个座谈会的主要目的。

河北省政法、综治工作在全国一直处于前列,创造了很多好的经验。如在全国乃至世界上闻名的河北环京地区与北京密切配合,共同做好首都重大国事活动安保工作的“护城河工程”经验;人民调解、行政调解、司法调解“三位一体”化解矛盾纠纷的大调解工作经验等,都在很大程度上促进了综治工作的深入开展。“护城河工程”在2008年奥运会安全保卫、国庆60周年庆典安全保卫,以及其他在北京举办的重大活动安全保卫工作中都发挥了很大作用。今年上海举办世博会、广州举办亚运会,也都要构筑环沪、环穗“护城河”,今年4月份,中央综治办专门请河北省综治办前去上海介绍了有关经验。河北“三位一体”大调解工作经验,特别是用人民调解的方式和办法,来解决行政争议和涉法涉诉信访问题,中央综治委多次在全国进行了推广。这些经验,河北的全国平安建设先进县(市、区)是主要创造者,中央综治委、综治办希望你们继续创造更好的经验在全国进行推广。昨天下午,我听了肃宁县平安建设情况汇报,实地考察了张家村综治工作

站，今天上午又听了石家庄、秦皇岛市和9个县（市、区）的发言，党政领导的高度重视、工作网络的健全、责任制的落实、部门的密切配合以及扎实的基层基础工作、具体有效的工作措施都给我留下了深刻印象，感到很受启发。下面，我就当前重点工作讲几点意见：

一、通过抓基层打基础，着力推动"三项重点工作"措施落实

深入推进社会矛盾化解、社会管理创新、公正廉洁执法，是中央确定的当前和今后一个时期政法、综治、维稳工作的重要内容，其中有很多方面涉及社会治安综合治理基层基础工作。综治基层基础工作做好了，"三项重点工作"的很多措施也就能够得到落实。目前，各级党委、政府都非常重视基层基础工作，基层基础建设取得明显成效，综治工作取得了新进步。但是，客观分析综治工作现状，有两个不能估计过高：一是对各部门齐抓共管的工作形势不能估计过高，二是对基层基础建设水平不能估计过高。2009年，中央政治局常委会专门研究加强综治基层基础建设的意见，中办下发[2009]14号文件，充分表明党中央和胡锦涛总书记对综治工作，特别是综治基层基础建设的高度重视。

综治基层基础工作关键是县，重点是乡镇（街道）。中央重点强调了加强乡镇（街道）综治委（办）和综治工作中心建设，要求综治工作中心按照"党委、政府领导，综治委（办）协调，各部门参与"的模式进行运作，也就是政法、综治、维稳工作要在党委、政府的统一领导下，在综治部门强有力的组织协调下，各个部门充分发挥各自职能作用，最大限度动员广大人民群众积极参与。根据中央的要求，现在各地都已经建立了乡镇（街道）综治工作中心，但从运行情况看，还存在着规范化程度不高、整合力量不够的问题。乡镇（街道）党委、政府要按照"属地管理"的原则，把在辖区的各个部门和所有企事业单位、驻军等，无论是哪一个行政级别，都整合到综治工作中心来，共同开展综治工作，形成治安联防、矛盾联调、工作联动、问题联治、平安联创的整体合力。

要进一步完善综治工作中心职能。排查化解矛盾纠纷是中心的一个重要职能，但不能只等群众上门反映问题，找上门来反映的矛盾纠纷大都已经激化或已经尖锐了，解决起来难度就很大，我们的工作目标应该是群众不上门、问题就能够解决。因此，综治工作中心要组织相关部门主动走出去，深入群众，排查调处矛盾纠纷，排查整治治安重点地区和突出治安问题，排查管控重点人口，把综治工作中心建成群众反映诉求、沟通群众与党委、政府联系的重要渠道，建成了解社情民意，有效整合各部门力量，做好矛盾纠纷排查调处和流动人口服务管理、刑释解教人员安置帮教、吸毒人员帮教、闲散青少年管理和重点地区、突出治安问题排查整治等社会管理的综合性工作平台。比如，河南洛阳就把110报警信息中不需要警察来解决的问题全部拿到综治工作中心去解决。目前，河北的综治工作中心、工作站建设取得了不小的成绩，希望再把这项工作进一步加以规范，继续为其他地区做出示范。

二、从源头上、苗头上做好预防和减少矛盾纠纷工作

随着改革过程中利益格局的调整，矛盾纠纷大量涌现，需要及时化解，但重要的是要预防和减少矛盾纠纷。对此，各级各部门要引起高度重视，采取有效措施减少矛盾纠纷的增量。一是要从源头上预防矛盾纠纷。做好社会稳定风险评估工作是从源头上预防矛盾纠纷的有效手段。社会稳定风险评估，简单讲就是在重大项目建设、重大决策出台前充分听取群众的意见。如果多数人同意，那么由多数人去做少数人的工作；如果群众意见比较多，而且不同意的人占多数，这个事就要缓一缓。要认真分析群众不同意的理由、原因，如果是群众只看到眼前利益，没有看到长远利益，可以通过做工作的办法解决；如果群众的意见有道理，就要按群众的意见办。甘肃陇南事件，就是由于市委没有及时听取群众意见引发的，教训十分深刻。相反，江苏南通市就非常注意听取群众意见，南通市在乡镇综治工作中心专门建立了出台有关政策的公开、公示机制，市委凡重大的决策出台前，都由中心召开一个公告会，提前向社会公示，听取群众意见后，再做出相应的决定，有效避免了不稳定事件的发生。因此，各级党委、政府和有关部门把听取群众意见的机制建好了，社会稳定风险评估工作也就基本做好了。二是要从苗头上化解矛盾纠纷。抓好苗头化解，是防止矛盾激化，降低消极影响和损失的有效手段。做到这一点，主要是对矛盾纠纷要早发现、早报告，以便尽早化解。现在工作中的突出问题是，对矛盾纠纷苗头性信息不掌握，很多地方综治工作中心虽然建立起来了，但是工作人员都坐在屋子里办公，没有主动深入到群众中了解社情民意，坐等群众上门，矛盾纠纷永远少不了。我们推广的“枫桥经验”最重要的一条就是“小事不出村、大事不出乡镇、矛盾不上交。”做到这一点，就必须抓早、抓小、抓苗头，就要动员大量干部群众及时排查掌握矛盾纠纷苗头、信息，及时开展调处、化解工作，这样才能保证矛盾纠纷在县以下全都得到解决，才能把预防和减少矛盾纠纷工作做好。三是要注意通过人民调解化解矛盾纠纷。人民调解工作有着植根群众之中，发现问题及时，群众易于接受等诸多优势，因此，出现了矛盾纠纷，首先要考虑用人民调解这个办法来解决。无论是民间纠纷、司法纠纷，还是行政纠纷，都要充分发挥人民调解的优势，通过人民调解的办法，通过人民调解与司法调解、行政调解相结合的办法去解决。

三、着眼于管得到、管得住，深入推进社会管理创新

社会管理之所以需要创新，是因为改革开放以来，人、财、物大流动，一些“单位人”变成了“社会人”，加之互联网等新型信息传播媒体的出现，社会信息传播速度加快，导致传统的社会管理方式、方法已不适用。基于这一现实，按照科学发展观确定的“以人为本”的理念，把服务和管理紧密结合起来，通过服务来加强管理，这就是社会管理创新。当前，社会管理中最大的问题是管理缺位和管理不到位，其主要原因是底数不清。首先，要掌握情况，摸清管理对象的底数。比如，在许多地方，主管部门不清楚到底有多少流动人口，有多少刑释解教人员，有多少社区矫正人员，有多少闲散青少年，在这种情况下，谈社会管理就是无的放矢。其次，是整合管理力量。社会管理工作不是哪一个部门能单独做好的，需要其他相关部门来配合。这次行政机构改革中推行大部门制，就是基于这一现实作出的重大决策。要深入研究，形成责任清晰、衔接配合顺畅的齐抓共管机制，这是社会管理创新需要解决的重点问题。第三，要充分发挥基层组织的作用。基层组织对本辖区内的人、事、物最为熟悉，也最具有服务管理的方便条件。昨天，我看了肃宁县开展10户联防的情况，每10户都有一个牵头人，每个家庭是什么情况、有什么问题，牵头人应该是比较清楚的。社会管理工作真正能做到这个程度，我相信就不会出现管不到、管不住的问题了。

四、通过综合整治和长效机制建设，扎实开展社会治安重点地区排查整治工作

治安重点地区排查整治是今年中央综治委部署的一项重要工作，是加强社会管理的重要内容，重点是排查整治“城中村”、城乡结合部和刑事、治安案件多发的地区。这项工作得到了群众，特别是黑恶势力横行的地方群众的热烈欢迎，所以必须抓好。开展重点地区排查整治，首先要深入排查，深入分析造成当地治安混乱的原因，在此基础上，因地制宜，分类施治，从源头上、根本上解决问题。比如“城中村”的管理问题就十分突出，村子已经城市化了，但还是农村化的管理。深圳就有很多“城中村”，楼房盖得很漂亮，但楼和楼之间距离都是一米左右，失火了，消防车都进不去。北京在整治“城中村”时采取了一个新办法，就是把一些治安混乱的“城中村”全部夷为平地，重新规划，重新建设。当然，这也面临很多困难，如资金问题、拆迁问题等。但是，无论面临什么困难，无论采取什么办法，把治安混乱的地方认认真真地从源头上、根本上整治好，是必须要做好的一项工作。最近，中央派了一些工作组正在对直辖市等大城市进行暗访，查找治安混乱地区，下一步将对省会市进行暗访。各省也要分头、分级进行暗访，找出问题，下功夫解决好。

五、通过发动群众、部门联创，深化平安建设

平安是群众的期盼，在全国部署开展平安建设以来，得到了全国各地广大人民群众的热烈拥护，这也充分表明在群众中蕴藏平安创建的巨大积极性，人民群众是平安建设的重要力量。目前，各级党委、政府发动群众的力度都很大，群众参与的积极性很高，从中央到地方也组织开展了系列化的创建活动，如创建平安医院、平安市场、平安校园等，基本形成了党委领导、政府推动、群众参与、部门联创，积小安为大安的工作格局。可以说，各级各部门对平安建设的思路都很清楚，措施也都非常有效，关键还是要抓好落实。全国在基层平安建设上不可能有一个统一模式、统一办法，各地要根据当地的实际情况，怎么有效就怎么抓，创造出更多的好经验，充分激发平安创建活动的生机与活力。今年，中央综治办准备对基层，特别是乡镇、街道开展平安建设情况进行一次大规模的调研和总结，推出一批好典型，也准备召开经验交流会，请乡镇（街道）综治委（办）的同志参加，以经验交流的形式对参会的同志进行培训。希望河北省各地市，特别是获得全国平安建设先进县（市、区）称号的地方能够为全国基层平安建设创造更多可资借鉴的好经验。

中央社会治安综合治理委员会办公室关于印发《陈冀平同志在天津市社会管理创新推动大会上的讲话》的通知

（2010 年 5 月 5 日）

各省、自治区、直辖市社会治安综合治理委员办公室，新疆生产建设兵团社会治安综合治理委员会办公室，中央社会治安综合治理委员会各成员单位：

现将陈冀平同志在天津市社会管理创新推动大会上的讲话印发给你们，请结合实际，认真贯彻落实。

陈冀平同志在天津市社会管理创新推动大会上的讲话

（2010 年 4 月 29 日　根据录音整理）

今天，天津市在这里隆重召开社会管理创新推动大会，进一步部署推动全市社会管理创新工作，意义十分重大。刚才，兴国同志亲自作部署，一会儿高丽同志还要作动员，各区县各部门的党政主要领导同志出席会议，这充分体现了天津市委、市政府对社会管理创新工作的高度重视，也标志着天津市社会管理创新工作已经站在了一个新的历史起点上。我相信，开好今天这个大会，对于天津市巩固社会管理创新成果，加快创新步伐，推动创新工作在新的起点上实现新的突破，必将产生重大而深远的影响。

近年来，在党中央、国务院坚强领导下，天津市委、市政府坚持以科学发展观统领全局，按照胡锦涛总书记对天津工作提出的总体要求和“四个着力”的工作任务，牢固树立“发展是第一要务，稳定是第一责任”的思想，一手抓科学发展，一手抓和谐稳定，全市经济社会全面发展，滨海新区开发开放不断加快，城市面貌焕然一新，人民生活水平显著提高，取得了令人瞩目的成绩。天津市委、市政府高度重视政法工作，维护社会稳定、社会治安综合治理、防范邪教、涉法涉诉信访、集中清理执行积案、创建执法业绩档案等各项工作都走在了全国前列，创造了许多成功经验。特别是天津市着力加强和完善社会管理，因地制宜，积极探索，大胆创新，社会管理的科学化水平不断提升。3月20日，永康同志专门做出批示，对此予以充分肯定。我们一定要按照永康同志指示精神，把好的经验和做法认真总结归纳，充分借鉴示范。

下面，我讲三点意见。

一、正确认识我国社会发展的新趋势新特点，深刻领会社会管理创新的重大意义

当前，我国正处于经济转轨、社会转型的重要时期，工业化、城镇化、市场化、信息化和国际化深入发展，人流、物流、资金流、信息流、意识流大大加快，经济社会发展的阶段性特征日益明显。随着经济结构的调整和人们价值观念趋向多元化，社会组织大幅度增加，各种社会矛盾大量涌现，人们的民主意识、政治参与意识和维护自身权益意识明显增强，而现代公民意识尤其是法制意识还有待确立，社会心态日趋复杂。同时，随着信息技术的迅猛发展和广泛运用，我们已经进入互联网时代，虚拟社会与现实社会的联系越来越紧密，所产生的舆论影响力、社会组织动员能力越来越强，也给社会管理带来一系列新挑战。在这一时期，原有的社会管理理念、机制、方法已经不能完全适应经济社会发展的客观要求。社会管理工作滞后和弱化，已经成为影响经济社会协调发展、危及社会和谐稳定的重要因素。从管理理念看，以人为本的科学理念还没有牢固树立，服务与管理割裂、脱节，重管理轻服务、重运动式管理轻长效化管理现象仍然比较突出，管理者与管理对象不能形成良性互动，管理效果难以实现最大化。从管理机制看，基层社会管理组织和队伍薄弱，多头管理，力量分散，资源和力量不能充分整合，各项工作任务难以落到实处，对社会组织的服务管理机制还不完善，社会管理存在缺位、越位、不到位问题。从管理效果看，对影响社会治安稳定的高危流动人口、刑释解教重点人员、闲散青少年群体、易肇事肇祸精神病人等重点人员，以及社会治安重点地区和突出治安问题等往往底数不清、情况不明、反应不灵，难以及时准确地发现掌握、打击整治和有针对性地提供服务管理措施。从管理能力看，执法队伍法治观念不强，在依法管理、依法行政，文明、理性、公正执法上容易出现偏差，严重影响执法队伍形象，严重影响党和政府执政公信力。从管理手段看，社会管理的信息化建设起步晚、起点低，还难以适应信息化社会环境对社会管理提出的新挑战。因此，积极推进社会管理创新，是适应新时期我国社会发展新趋势、新特点的迫切需要。

党中央高度重视社会管理创新工作。党的十六届四中全会从加强党的执政能力建设、构建社会主义和谐社会的战略高度，提出了“加强社会建设和管理，推进社会管理体制创新”的明确要求。党的十七大从深入贯彻落实科学发展观着眼，强调“健全党委领导、政府负责、社会协同、公众参与的社会管理格局，健全基层社会管理体制”。可以说，积极推进社会管理创新，是贯彻落实科学发展观、构建社会主义和谐社会的必然要求。

在去年的全国政法工作电视电话会议上，中央深刻把握我国发展的阶段性特征，认真总结政法综治维稳工作的经验教训，提出深入推进社会矛盾化解、社会管理创新、公正廉洁执法三项重点工作。三项重点工作，既是当前和今后一个时期政法、综治、维稳工作的重中之重，更是事关党和国家事业发展全局、需要各级党委和政府组织各方面力量共同解决好的重大问题。社会管理创新，是三项重点工作的核心，是解决影响社会和谐稳定的源头性、根本性、基础性工作，是推动政法综治工作前进的动力。永康同志在全国政法工作会议上强调指出，“深入推进社会管理创新，是各级党委和政府及有关部门的共同任务。各级党委和政府不仅要有原则要求，更要作出规划、定出目标，细化措施、务求突破”。这些重要精神和指示要求，为我们加强社会管理创新指明了方向。

我们要充分认清社会管理面临的严峻形势，深刻领会中央推动社会管理创新的重大意义，进一步增强政治责任感和工作紧迫感，真正把社会管理创新作为全面贯彻中央精神、有力应对现实挑战的重要举措，放到巩固党的执政地位、保障社会长治久安、维护社会和谐稳定的大局中统筹考虑，认真研究，扎实开展，深入推进，积极探索一条符合中国国情、具有中国特色的社会管理之路，为构建和谐社会打下坚实基础。

二、抓住关键环节，全力推动社会管理创新

推进社会管理创新，必须紧紧抓住社会管理的关键环节，在切实解决社会管理中的重点难点问题上下功夫。总体上要把握好六个字,那就是“管得到、管得住”,不留空白盲区,注重管理效果。

一要树立“以人为本”的社会管理理念。以人为本是科学发展观的本质和核心,也是社会管理创新必须始终坚持的根本原则。胡锦涛总书记讲过:“要从根本上维护人民群众的切身利益”。要坚持以人为本,服务为先,在完善服务中提高管理效能,在加强管理中提高服务水平。创新社会管理体制机制和手段方法,要从更好地服务群众入手,了解群众疾苦,倾听群众呼声,解决群众诉求,努力实现好、维护好、发展好最广大人民群众的根本利益。以社会稳定的风险评估为例,我认为主体应该是人民群众,一定要看群众愿意不愿意,群众高兴不高兴,而不仅仅是由专家、部门来做这个评估。

二要形成社会管理整体合力。社会管理是一个系统工程,推进社会管理创新,必须充分发挥党委、政府的领导作用,调动各方积极性,建立完善齐抓共管的工作机制。发挥好政法综治部门的牵头协调作用,各部门各司其职,通力合作,形成解决社会管理突出问题的整体合力。当前要以推广建立乡镇街道综治工作中心为契机,着力解决基层社会管理力量分散的问题,将社会管理职能部门的基层力量尽可能多地纳入综治工作中心,完善中心多方协调联动的工作机制和工作制度,整合基层资源和力量,实行“一站式”、“一条龙”的服务管理,促进条块结合,力量整合,职能融合,确保社会管理各项措施落到实处。解决好政府的调控机制和社会的协调机制如何互联,政府的行政功能和社会的自治功能如何互补,政府的管理力量和社会的群防群治力量如何互动。这些问题从根本上讲,还是要充分依靠群众、发动群众,整合全社会的力量。所以要通过加强对群众的服务,来促进我们的社会管理,使之更加到位、更加有效。

三要夯实社会管理基层基础。在社会主义市场经济条件下,大量的社会管理事务回到了基层和社区,广大群众对政府服务管理的期待和要求也大幅度提高。因此,社会管理创新的重点在基层,难点也在基层。要切实加强基层组织和队伍建设,不断推动基层基础工作的标准化、规范化建设,把社会管理的触角向乡镇街道以及社区、村、企事业单位等末端延伸。要确保基层工作有人抓、有人管,有能力抓、有能力管。要留得住人、办得成事,不能只给基层下任务、签责任书,不解决实际困难。天津现在搞的乡镇街道综治信访服务中心非常好,通过这个平台,党委政府有了抓手,各个部门有了互相配合、互相协作的平台。去年在讨论加强综治基层基础建设的文件的时候,中央政治局常委充分肯定了这一模式,认为达到了整合资源、整合力量的目的。要充分发挥群众的主体作用,切实加强对群防群治队伍的组织管理,不断拓宽新形势下群防群治工作新方法、新措施,积极有序发展多种形式的群防群治队伍,广泛动员各方面力量参与社会管理,从群众最关心的问题做起,从防范最薄弱的地方抓起,深入细致地解决好一人一事和一家一户的具体困难和问题,使群防群治工作真正顺应民意、化解民忧、确保民安。

四要抓好社会管理的重点工作。当前要突出抓好流动人口服务管理、刑释解教人员安置帮教、闲散青少年教育管理、治安混乱地区排查整治以及互联网虚拟社会的管理等工作。要按照“公平对待、服务至上、合理引导、完善管理”原则,把流动人口服务管理纳入当地经济社会发展规划,探索“以证管人、以房管人、以业管人”的流动人口服务管理新模式,落实流动人口的亲情化服务、人性化管理、市民化待遇。建立完善衔接机制,落实安置政策,切实做好刑释解教人员的安置帮教工作,促进他们更好地融入社会。这项工作的关键就在于一个“情”字,要以情感人,给予他们充分的尊重和正常的公民待遇。以城中村、城乡结合部为重点,整治先行、服务到位、管理落实,解决好社会治安重点地区综合治理问题。要综合运用法律、行政、经济、技术等手段,加强对互联网虚拟社会的建设和管理,最大限度地发挥网络的积极作用,最大限度地遏制网络的消极影响。要积极探索对新经济组织、新社会组织和各种非政府组织分类管理的有效办法,加强引导,完善服务,建立部门联动和日常监管机制,确保其依法、有序开展活动,充分发动社会组织参与社会管理,分担社会管理职责。

三、狠抓落实,确保社会管理创新取得实效

推动社会管理创新,关键是抓好落实。这次大会为天津市社会管理创新工作确立了新的目标任务,要紧紧抓住“落实”这个核心环节,强化责任,狠抓落实,确保取得实效。

一是领导带头上抓落实。各级党政和主要领导要进一步加强对社会管理创新的组织领导，将社会管理创新作为“一把手”工程，纳入经济和社会发展的总体规划，与经济建设同安排、同部署、同检查。要亲力亲为，亲自研究部署重要事项，亲自协调解决存在的困难和问题，真抓实干，不出成效，决不罢休，切实担负起第一责任。

二是强化责任上抓落实。要制定社会管理创新工作长期规划，细化分解工作任务，明确目标责任考核，确保把任务分解到部门、落实到岗位、量化到个人，以责任促落实，做到层层分解目标责任，人人有指标、事事有人干，形成一级抓一级、层层抓落实的工作格局。

三是支持保障上抓落实。要根据本地区经济社会发展状况和实际工作需要，切实加大社会管理创新的保障力度。政法综治部门作为社会管理的主力军，要在机构设置、人员编制、物质待遇、经费保障上给予倾斜，保证社会管理创新工作顺利推进，确保有人管事、有钱办事。

四是督查考核上抓落实。要将社会管理创新作为社会治安综合治理责任制和综治考评的重要内容，严格考核，落实奖惩。要综合运用多种督查手段，对社会管理创新工作落实全程监督，及时发现和解决工作中存在的问题。

中央社会治安综合治理委员会办公室
关于深入贯彻全国综治维稳工作电视电话会议精神
进一步加强学校及周边治安综合治理工作的通知

（2010年5月12日）

各省、自治区、直辖市社会治安综合治理委员会办公室、学校及周边治安综合治理工作领导小组，新疆生产建设兵团社会治安综合治理委员会办公室、学校及周边治安综合治理工作领导小组：

近期，一些地方接连发生暴力伤害中小学生、幼儿园儿童的恶性案件，反映出当前学校及周边治安综合治理工作中还存在一些突出问题和薄弱环节。各级综治办和学校及周边治安综合治理工作领导小组要深入贯彻落实5月3日全国综治维稳工作电视电话会议精神，认真总结经验和教训，采取更加坚决有力的措施，进一步健全完善学校及周边治安综合治理工作机制，切实维护学校及周边的安全稳定。现就做好相关工作通知如下。

一、加强领导，落实责任

各级各类学校要按照辖区、规模分别纳入县、乡两级综治委。县、乡两级综治委要立即对辖区内所有学校、幼儿园、青少年校外活动场所、福利院、敬老院等单位（包括未取得办学许可证的民办学校、幼儿园）治安工作进行督查指导。各级综治办和学校及周边治安综合治理工作领导小组要定期分析研判学校及周边治安形势，研究工作中存在的问题，及时向当地党委和政府汇报，提出工作意见和建议，并跟踪落实办理情况。各级教育行政部门要认真履行学校及周边治安综合治理工作领导小组办公室的职责任务，充实成员单位，增加工作人员，加强组织协调，不仅要抓好高校及周边的社会治安，也要把维护中小学、幼儿园和青少年校外活动场所安全作为重要工作内容，纳入重要议事日程。要按照“谁主管、谁负责”的原则，把维护学校、幼儿园、青少年校外活动场所安全的责任一项一项地落实到部门（单位），一项一项地落实到责任人。各级学校及周边治安综合治理工作领导小组办公室要抓紧制定对各成员单位的考核办法，推动落实工作责任。对于工作不力，导致发生重大恶性案件和安全事故的县（市、区）和乡镇（街道），坚决实施社会治安综合治理“一票否决”，并进行责任倒查，严肃追究有关领导和责任人的党纪、政纪和法律责任。

二、抓好排查，消除隐患

各级综治办和学校及周边治安综合治理工作领导小组要牵头组织协调，推动各有关部门和基层单位把排查工作放到突出位置来抓，全方位、多层次、逐地逐校地进行拉网式排查，切实把学校、幼儿园、青少年校外活动场所及周边各种不安全、不稳定的隐患和问题排查清楚。各级综治办和学校及周边治安综合治理工作领导小组要通过深入排查社会矛盾，掌握不稳定因素，特别是有可能危及社会治安的苗头和线索。要协调有关部门深入了解社情，针对有困难的群体做好扶贫济困、教育疏导和服务管理工作。对群众反映突出的问题，要依法按政策妥善化解，防止矛盾积累、激化。要认真排查治安和安全隐患，采取得力措施，尽快加以整治。对于排查发现的问题，要逐一登记建档，建立分类管理机制，分解任务，落实责任，逐一落实到有关部门，落实到有关基层单位和责任人。

三、认真整治，严密防范

坚持“边排查、边整治”和“滚动排查、滚动整治”的原则，在深入排查基础上，有针对性地加大整治力度，严密防范措施。一是由各级公安机关牵头负责，会同有关部门，集中组织开展学校及周边治安专项整治行动，严厉打击侵害师生、儿童生命财产安全的违法犯罪行为，坚决取缔和清理整顿学校及周边非法经营的各种文化娱乐场所、违规经营的摊点以及出租房屋、违章建筑等，加强危爆物品、剧毒化学品和管制刀具管理，严防流入校园，大力整治学校、幼儿园周边的交通秩序。二是由各级综治部门牵头负责，会同有关部门，加强学校及周边社会治安防控体系建设，强化人防、物防、技防措施，确保实时防控、全面覆盖、不留死角。各级公安机关要加大学校、幼儿园、青少年校外活动场所及周边巡逻防控力度，在治安情况复杂、问题较多的学校设立警务室或治安岗亭，及时处置发生的各种治安问题。要大力推进学校及周边科技防范工作，立即着手在学校、幼儿园及周边安装视频监控、周界报警系统，并接入公安机关监控平台进行实时监控，经济困难地区也要结合本地实际，尽可能创造条件，制定规划，提升学校及周边科技防范水平。要高度重视农村地区学校、幼儿园的安全防范工作，加大投入，完善安全防护设施。各级综治部门要发动社会力量开展群防群治，推动警校联合、警民联合，充分发挥工会、共青团、妇联等群众组织的优势，组织广大党员干部、离退休人员、治安积极分子、平安建设志愿者等群防群治队伍，积极参与涉校矛盾纠纷的排查调处工作和学校及周边安全防范工作，形成源头预防治理有效、内部安全管理有力、外围治安防控严密的工作格局。三是由各级教育部门牵头负责，会同有关部门，加强校园内部安全管理，落实学校校长、幼儿园园长内部安全保卫工作第一责任，健全并落实安全教育、内部保卫工作制度，充实经过培训的专职保安人员，制定突发事件应急预案，推动有条件的地方实行校车制度，立即组织开展学校及周边安全大检查，及时整改不安全隐患，严格落实各项工作措施，坚决防止发生火灾、建筑物倒塌、拥挤踩踏、食物中毒等安全事故。各级教育部门要会同有关部门切实加强民办学校、幼儿园的安全管理，严格审批程序，明确监管责任，对于不具备基本办学条件、存在安全隐患、未取得办学许可证的民办学校、幼儿园，该整改的整改，该关闭的关闭。要帮助民办学校、幼儿园完善并落实各项安全管理措施，及时消除各种安全隐患。

四、强化督查，抓好落实

各级综治办和学校及周边治安综合治理工作领导小组近期要立即组织力量进行督导检查，采取全面督查、随机抽查、明察暗访和重点检查等多种形式，掌握工作落实情况，协调解决问题。对重点地区、重点单位和突出问题要督查到底，层层挂牌督办、挂账整治，派出强有力的工作组进驻乱点、蹲点整治，做到局面不改则人员不撤、工作不停，坚决防止推诿扯皮、敷衍塞责。中央综治委学校及周边治安综合治理工作领导小组将组织督导检查组，深入重点地区、重点单位进行督查，重点督查各地党委和政府是否重视，各有关部门工作是否有序开展并取得实效，学校及周边治安防控体系是否完善，学校、幼儿园安全保卫人员是否到位、安全设施是否齐全、内部安全保卫制度是否落实等，督查结果将作为年度学校及周边治安综合治理工作考核、社会治安重点地区排查整治工作考核的重要依据。

五、完善机制，齐抓共管

加强学校及周边治安综合治理，维护学校及周边安全稳定，既是一项长期艰巨的政治任务，也是全社会的共同责任。这项工作必须立足当前、着眼长远,标本兼治、综合治理,才能取得实实在在的成效。各级学校及周边治安综合治理工作领导小组和办公室要认真总结经验教训,进一步健全完善工作机制,细化目标管理责任制度,落实例会制度、情况通报制度,认真抓好组织、协调、督查和考核等工作,及时与各有关部门会商和处理涉及学校、幼儿园安全稳定的突出问题;进一步健全完善学校安全教育机制,建立法制副校长、治安联络员制度,建立学校老师联系学生家长制度,加强法制宣传教育、安全教育、青少年自护教育,提高广大师生的法律意识、安全意识和自我保护能力,努力形成家庭、学校、社会"三位一体"的安全教育机制;进一步健全完善舆论引导工作机制,一旦发生学校及周边重大案(事)件,要适时准确发布消息,主动引导舆论,防止渲染炒作,防止产生负面影响和诱发效应;要注重发现总结各地经验,把一些有效措施及时固化为长效机制予以普及推广,推动各有关部门共同维护好学校及周边的治安秩序。各级综治、教育、公安、司法、文化、工业信息化、住房城乡建设、新闻出版、工商行政管理和共青团等部门,要按照中央综治委印发的《各有关部门在学校及周边治安综合治理工作中的职责任务》(综治委[2002]17号)精神,把学校及周边治安综合治理工作,特别是当前开展的专项整治行动,纳入本系统、本单位工作中,充分发挥职能作用,加强协作配合,做到齐抓共管、步调一致、行动迅速、效果明显。要继续广泛深入开展"平安校园"建设,加大宣传工作力度,形成全社会共同关心维护学校安全的浓厚氛围。

中央社会治安综合治理委员会办公室关于印发《2010年省、自治区、直辖市社会治安综合治理工作考核评比实施细则》的通知

(2010年7月1日)

各省、自治区、直辖市社会治安综合治理委员会办公室,新疆生产建设兵团社会治安综合治理委员会办公室,中央社会治安综合治理委员会各成员单位:

在广泛征求各地和相关部门意见的基础上,我们对《2010年省、自治区、直辖市社会治安综合治理工作考核评比实施细则》进行了修改,现印发给你们,请认真贯彻落实。

2010年省、自治区、直辖市社会治安综合治理工作考核评比实施细则

一、群众安全感(15分)

根据国家统计局年度抽样调查(电话随机调查、入户抽样调查)结果打分。

二、严打整治工作(19分、减分项目15分)

1. 打黑除恶,2分;打击"两抢一盗",2分;侦破杀人爆炸等重大恶性案件,打击毒品违法犯罪,

反偷渡,公共消防安全,均为1分;打击赌博(网络赌博、出境赌博、六合彩赌博)违法犯罪,看守所安全管理工作,打击盗窃破坏“三电”,油气田及输油气管道安全保护工作,每项最高减1分(均由公安部打分)。

2. 反邪教工作,1分(由中央610办打分);打击传销,1分(由国家工商总局打分);核查纠正监外执行罪犯脱管漏管工作,1分(由最高人民检察院和中央综治办共同打分);“扫黄打非”工作,1分(由新闻出版总署打分)。

3. 打击拐卖妇女儿童犯罪专项行动,最高减2分(由国务院反拐联席会议办公室打分);解决人民法院执行难工作,最高减2分(由最高人民法院和中央综治办共同打分)。

打击无照经营专项行动(由国家工商总局打分)、打击走私犯罪专项行动(由海关总署打分)、打击假发票专项行动(由国家税务总局打分)、非法卫星电视接收设施整治工作(由国家广电总局打分)、国家安全人民防线工作(由国家安全部打分)、安全生产工作(由国家安监总局打分)、食品生产安全工作(由国家质监总局打分),每项最高减1分。

4. 社会治安重点地区排查整治工作(7分)

由中央综治委社会治安重点地区排查整治工作领导小组办公室根据《全国社会治安重点地区排查整治工作考核验收办法》打分。

三、矛盾纠纷排查调处工作(10分、减分项目5分)

1. 各级党委政府高度重视,建立健全矛盾纠纷排查调处机制,完善“大调解”工作格局,1分;省、市、县、乡四级综治办加强对矛盾纠纷排查调处工作的组织实施、协调指导,1分;层层建立工作台账,1分;逐级落实工作报告制度,1分。

2. 机关、团体、企事业单位建立健全矛盾纠纷排查调处组织,做好与职能相关的矛盾纠纷排查调处工作,积极参与“大调解”工作,1分。

3. 积极开展以重点、集中、日常相结合的矛盾纠纷排查工作,1分;综合运用多种手段和方法,落实首问责任、挂牌督办等制度,及时妥善解决各类矛盾纠纷,1分。

4. 部署开展社会稳定风险评估工作,1分(由中央维稳办打分)。

5. 涉法涉诉信访工作,2分(由中央政法委涉法涉诉办打分)。

6. 发生后果严重、影响重大的群体性事件和重大刑事案件,最高减5分。

四、综治基层基础建设(16分)

1. 配齐配强省、市、县三级综治办主任、副主任,2分;省级综治办机构健全,1分;

2. 加强乡镇(街道)综治委、综治办建设,综治办主任由党(工)委副书记担任,1分;配齐配强专职副主任和专职干部,2分。

3. 普遍建立乡镇(街道)综治工作中心,健全完善协调联动的工作运行机制,2分。

4. 加强村(社区)、企事业单位、“两新组织”综治组织建设,1分;加强群防群治队伍建设,有效开展群防群治工作,1分。

5. 加强基层综治工作经费保障,县、乡两级综治工作经费纳入财政预算,1分。

6. 省、市、县三级综治委加强对综治基层基础建设的组织领导、督促检查,推动工作、取得实效,1分。

7. 省、市两级定期组织开展综治干部培训,基层综治干部普遍轮训,1分。

8. 加强社会治安防控体系建设,加大城市和农村基层技防投入,1分。

9. 基层平安创建活动形式多样,成效明显,2分。

五、社会管理工作(20分、减分项目2分)

1. 流动人口服务管理工作,4分(由中央综治委流动人口治安管理工作领导小组办公室打分)。

2. 刑释解教人员安置帮教工作,4分(由中央综治委刑释解教人员安置帮教工作领导小组办公室打分)。

3. 预防青少年违法犯罪工作,4分(由中央综治委预防青少年违法犯罪工作领导小组办公室打分)。

4. 铁路护路联防工作,2分(由中央综治委铁路护路联防工作领导小组办公室打分)。

5. 学校及周边治安综合治理工作,4分(由中央综治委学校及周边治安综合治理工作领导小组办公室打分)。

6. “平安家庭”创建工作,1分(由全国妇联打分)。

7."平安医院"创建工作,1分(由卫生部打分)。

8."平安文化市场"创建工作,最高减1分(由文化部打分)。

9."平安边界"创建工作,最高减1分(由民政部打分)。

六、综治工作领导责任制(10分)

1. 省(区、市)党委、政府主要领导亲自抓综治工作情况,最高1分。

2. 省(区、市)党委、政府主要领导与地(市)党委、政府领导签订责任书,1分。

3. 各级党委、政府将综治工作纳入党政领导干部的政绩考核内容,1分;建立综治实绩档案,1分;组织部门在提拔考核干部时,书面征求综治部门的意见,1分;人事部门在办理干部评先、受奖、晋级时,书面征求综治部门意见,1分。

4. 建立成员单位述职、联系点、联席会议等制度并签订责任书,1分;建立完善成员单位齐抓共管工作机制,有效解决影响社会治安的难点热点问题,1分。

5. 建立并落实综治检查督导制度,1分;有效落实一票否决权和责任查究制度,1分。

七、综治工作创新(5分)

1. 年度综治工作检查结果,2分(由中央综治委检查组分四档打分,分别为2分、1.5分、1分、0.5分)。

2. 积极探索、有效推动综治工作创新,成效显著,2分(由中央综治办和各省级综治办共同打分)。

3. 取得的成绩和典型经验在全国产生重大影响,1分(分两档,由中央宣传部门作为重大典型推广的,1分;由中央综治委、办推广的,最高0.8分)。

八、综治宣传工作(5分)

机构人员、经费落实,利用主流媒体宣传效果,建立长效宣传机制,综治宣传月及信息报送,新闻作品评选,每项均为1分(由中央政法委宣传教育指导室打分)。

注:凡参加考评打分的各专门工作小组、综治委成员单位、有关部门,都要分别制定年度具体的考核实施细则,以正式文件形式印发各地。

中央社会治安综合治理委员会办公室关于印发《陈冀平同志在北京市社会管理创新推进大会上的讲话》的通知

(2010年7月30日)

各省、自治区、直辖市社会治安综合治理委员会办公室,新疆生产建设兵团社会治安综合治理委员会办公室,中央社会治安综合治理委员会各成员单位:

为深入贯彻落实全国社会治安综合治理工作会议精神,7月21日,北京市召开全市社会管理创新推进大会。中央综治委副主任、中央政法委副秘书长、中央综治办主任陈冀平出席会议并讲话。现将陈冀平同志的讲话印发给你们,请结合实际情况,认真贯彻落实。

陈冀平同志在北京市社会管理创新推进大会上的讲话

（2010年7月21日）

中央召开全国社会治安综合治理工作会议后，北京市迅速召开市委常委会和综治委全会及时传达贯彻，制定了细致的社会服务管理创新行动方案，今天又召开全市大会进行全面部署。这说明北京市委、市政府贯彻落实中央的决策部署思想重视认识高、态度坚决行动快、周密部署措施实。

多年来，北京市委、市政府始终坚持以科学发展观统领经济社会发展全局，认真贯彻落实中央决策部署，把社会治安综合治理作为重中之重常抓不懈，思路清晰、基础扎实、措施有力、成效显著，各项工作走在了全国前列，创造了许多成功经验和做法。特别是在社会建设和管理方面，主动适应新形势、新要求，不断创新完善综治工作新体制，开展了许多有益的实践和探索。如，总结固化奥运、国庆安保成功经验，形成了社会面防控新体制和社会力量动员新机制；率先成立市委社会工委，形成了社会建设和社会管理统筹协调新机制；全面加强社区建设，强化对流动人口等各类重点人群、“两新”组织、虚拟社会的管理，在管理理念、机制、模式等方面实现了创新和突破，等等，为维护首都持续和谐稳定做出了突出贡献。特别是近期，研究制定了“社会服务管理创新行动方案”，系统提出了加快推进社会服务管理创新的一系列重大举措，为全国提供了很好的借鉴和示范。

刚才，安顺同志关于贯彻落实全国综治会议精神的报告、梁伟同志关于加快推进社会服务管理创新行动方案的报告以及区县、部门的发言，充分体现了北京市对加强社会建设、创新社会管理工作的态度、决心和行动。一会儿，刘淇同志还要作重要讲话。下面，我先讲三点意见：

第一，要坚决贯彻中央决策部署，把社会建设和社会管理作为当前和今后一个时期政法综治工作的重中之重。这次全国社会治安综合治理工作会议，是深入贯彻落实党的十七大，部署加强社会建设、创新社会管理工作的一次十分重要的会议，对于做好新形势下社会治安综合治理工作具有极为重大和深远的意义。特别是周永康同志的重要讲话，从党和国家工作大局的高度，深入分析了我国经济社会发展阶段性特征在社会建设和社会管理领域的具体表现，深刻阐述了新形势下加强社会建设、创新社会管理的重要意义，系统总结了近年来各地区各部门加强社会建设、创新社会管理的基本经验，对新形势下进一步加强社会建设、创新社会管理作出了全面部署，提出了具体要求。永康同志的重要讲话，明确回答了事关社会建设和社会管理方向性、全局性、战略性的重大理论和实践问题，对于我们更好地适应新形势新要求，进一步加强社会建设、创新社会管理，把社会治安综合治理工作提升到新水平，维护好重要战略机遇期社会稳定，具有重大指导意义。

北京作为首都，维护社会稳定的任务异常艰巨，在社会建设和社会管理方面面临的挑战更巨大、任务更繁重、要求更迫切。希望北京市各级各部门坚决贯彻中央决策部署，深刻领会永康同志重要讲话精神，站在改革发展稳定全局的高度，紧密结合首都实际，把社会建设和社会管理各项工作抓紧、抓细、抓实，抓出新成效。按照建设“繁荣、文明、和谐、宜居”首善之区的要求，把加强社会建设、创新社会管理摆到与经济建设同等重要的位置，作为贯彻落实科学发展观、构建社会主义和谐社会的重要任务，作为当前和今后一个时期政法综治工作的重中之重，纳入党委重要议事日程，纳入经济社会发展规划，纳入各地区各部门的总体部署。要努力把全市广大干部群众的思想认识统一到中央决策部署上来，把各方面的力量凝聚到加强社会建设、创新社会管理的任务措施上来，把首都意识、首都标准体现到加快推进社会服务管理创新的实际工作上来，全面加强社会建设，努力构建社会管理新格局，积极探索符合中国国情、体现时代特征、具有首都特色的社会管理新模式。

第二，要深入把握重点和关键环节，推动首都社会建设和社会管理工作取得突破性进展。永康同志讲话强调从9个关键问题上取得新进展。希望大家准确把握社会建设和社会管理的关键环节，着力提高服务管理水平，加大工作创新力度，努力在解决重点难点问题上实现新突破。具体讲，一是要加强领导，建立完善齐抓共管的工作格局。要把加强社会建设、创新社会管理工作作为一把手工程，主要领导负总责、亲自抓。要充分发挥综治体制机制的优势，把加强社会建设、创新社会管理作为综治工作目标管理的重要内容，细化考核项目标准，激发广大干部的积极性、主动性和创造性。要充分利用北京市率先建立的社会建设工作组织领导体系，统筹协调各级各部门加强协作、齐抓共管，形成推进社会服务管理创新的整体合力。二是要深入研究，努力把握社会建设和社会管理的特点规律。在解决“管得到、管得住”上下功夫，积极推动社会建设和社会管理方面的理念思路、体制机制、方法手段创新，全面提升工作水平。三是要以人为本，始终坚持服务为先的工作理念。真正把管理就是服务的理念更好地体现在社会管理工作中。要以群众满意为标准，实现服务更到位、管理更有序、社会更和谐，使社会管理创新的成果惠及最广大人民群众。四是要强化基础，打牢社会建设和社会管理的根基。把领导的精力和注意力更多地放到基层，把人力、物力、财力更多地投到基层，努力在夯实基层组织、壮大基层力量、整合基层资源、强化基础工作上下功夫，为社会管理创新奠定坚实基础。

第三，要按照“创造经验、作出表率”的要求，争当加强社会建设、创新社会管理的排头兵。年初，永康同志在视察北京工作时特别强调，希望北京市在推进三项重点工作上“为全国创造经验、为各地作出表率”，这是对首都社会建设和社会管理工作提出的新的更高的要求。从客观上看，北京市在社会建设和社会管理方面，具有很好的条件和基础：一是北京作为首都，历来有争创一流的意识、传统和作风。二是北京市在社会建设和社会管理方面做了大量工作，取得了显著成效，具有良好的基础；三是近年来北京市经济社会飞速发展，有条件、有能力在社会建设和社会管理方面做更多的事情、创更好的经验；四是北京市加快推进社会管理创新行动方案方向明确、措施具体，特别是建立网格化社会管理模式、推行村庄社区化管理模式、开展社会管理创新综合试点等新举措，符合中央推进社会建设和社会管理的要求，适应新时期社会管理的趋势，中央综治办将给予高度关注和大力支持。希望北京市以更大的决心、更高的标准、更大的力度，扎实推进社会建设和社会管理工作。要切实加大投入，确保社会管理创新各项措施真正落到实处，使首都社会建设和社会管理工作始终走在全国前列，为全国社会管理创新树立标杆、提供示范。

我相信，在中央和北京市委、市政府的坚强领导下，首都社会建设和社会管理工作一定能够在新的起点上实现新的突破，把首都建设成安全、稳定、和谐首善之区的目标一定能够实现！

六、重点地区排查整治工作

中央社会治安综合治理委员会
关于印发《关于进一步加强社会治安重点地区排查整治工作的若干意见》的通知

(2010 年 1 月 6 日)

各省、自治区、直辖市社会治安综合治理委员会,新疆生产建设兵团社会治安综合治理委员会,中央社会治安综合治理委员会各成员单位:

中央社会治安综合治理委员会《关于进一步加强社会治安重点地区排查整治工作的若干意见》已经中央领导同志批准,现印发给你们,请结合实际情况,认真贯彻落实。

关于进一步加强社会治安重点地区
排查整治工作的若干意见

为贯彻落实中共中央办公厅、国务院办公厅转发《中央政法委员会、中央维护稳定工作领导小组关于深入推进社会矛盾化解、社会管理创新、公正廉洁执法的意见》(中办发[2009]46 号)和全国政法工作电视电话会议精神,现就进一步加强社会治安重点地区排查整治,提出以下工作意见。

一、充分认识进一步加强社会治安重点地区排查整治工作的重要性和必要性

加强社会治安重点地区排查整治,是推进社会治安综合治理、深化平安建设的重要措施,是维护社会和谐稳定和广大人民群众根本利益的一项重要工作。近年来,各级党委、政府和各有关部门深入贯彻落实科学发展观,大力开展平安建设,认真落实社会治安综合治理工作措施,加大社会治安排查整治工作力度,维护了社会治安大局的总体稳定,人民群众安全感普遍增强。但是,少数地方特别是一些城乡结合部、"城中村"等地方基层组织软弱涣散,基础工作薄弱,社会管理不力,公共服务缺失,综合治理措施不落实,致使黑恶势力犯罪、严重暴力犯罪和多发性侵财犯罪居高不下,黄赌毒等社会丑恶现象屡禁不止,社会治安秩序混乱,社会治安问题十分突出,有的地方重大交通、消防事故和安全生产事故频发,公共安全隐患突出，严重危害人民群众生命财产安全；有的地方涉众性矛盾纠纷增多，非正常上访问题突出，群体性事件时有发生，影响了局部地区的社会稳定。这些突出问题如不及时予以解决，将严重影响社会秩序和安全稳定，严重影响广大人民群众安居乐业。各级党委、政府和有关部门要引起高度重视，从保障国家长治久安、巩固党的执政地位的高度，从维护改革发展稳定大局、维护广大人民群众根本利益的高度，充分认识新形势下开展社会治安重点地区排查整治工作的重要性和紧迫性，增强政治意识、大局意识、责任意识和忧患意识，切实把思想认识统一到中央的决策部署上来，采取坚决有力措施，尽快扭转一些地区社会治安混乱的局面，切实解决广大人民群众最现实、最关心、最直接的利益问题，为全面建设小康社会、构建社会主义和谐社会创造良好的社会治安环境。

当前，开展社会治安重点地区排查整治工作，重点针对各地城乡结合部、“城中村”和治安复杂的村（居）、街巷以及高发案地区。整治工作要坚持立足当前、着眼长远、标本兼治、综合治理，力争通过重点地区排查整治，有效加强基层政权组织和管理力量建设，有效消除各类治安和安全隐患，有效落实常态化管理制度，有效完善长效工作机制，确保排查整治取得明显成效，努力使这些地方成为经济发展、秩序良好、环境优美、安全和谐的地方。

二、广泛深入、扎实细致开展排查

各地要采取切实措施和有效形式，大力开展对社会治安重点地区的大排查，通过组织公安、文化、工商、安监等相关部门，定期不定期地进行明察暗访，了解和掌握治安混乱地区和突出治安问题，查找社会治安综合治理工作中的薄弱环节；通过组织召开政法部门、人大代表、政协委员和社会各界群众等参加的座谈会、情况通报会、征求意见会，广泛听取社会各方面意见和群众反映；通过发布通告、设置举报电话、信箱、建立奖励制度等，组织发动群众检举揭发违法犯罪行为，举报治安混乱地区和突出治安问题。按照乡镇（街道）不漏村（居）、村（居）不漏户的要求，逐村（居）逐户进行地毯式排查，真正把问题底数摸清、摸全、摸透，并认真核实情况，逐一进行登记造册和备案，实行动态排查控制。坚持滚动排查、滚动整治，边排查、边整治。对排查出的情况和问题认真进行梳理分析，查找原因，提出工作对策，按照相关职能部门的职责任务，落实牵头单位和责任人，逐级制定整治方案，逐一落实整治措施，限期解决。

三、组织开展“严打”和集中整治行动

对排查出的社会治安混乱的重点地区、部位、场所，要根据问题产生的原因，明确责任单位或部门，明确协作单位或部门，明确整改时限，集中时间、集中力量，开展“严打”和集中整治行动。要从源头上清除滋生违法犯罪的因素，严厉打击境内外敌对势力和敌对分子的渗透破坏活动；严厉打击“法轮功”等邪教组织或利用宗教名义进行的非法活动；严厉打击严重影响群众安全感的杀人、爆炸等严重暴力犯罪和抢劫、抢夺、盗窃等多发性侵财犯罪；严厉打击黑恶势力犯罪，深挖保护伞；严厉打击黄赌毒等违法犯罪，净化社会环境。加大破积案、打流窜、摧团伙、追逃犯、端窝点工作力度，依法严惩一批严重违法犯罪分子。同时，认真贯彻宽严相济的刑事司法政策，按照“两减少、两扩大”（对初犯、偶犯、未成年犯、老年犯中一些罪行轻微的人员，依法减少判刑、扩大非罪处理；非判刑不可的，依法减少监禁刑、扩大适用非监禁刑和缓刑）的原则，多做教育、感化、挽救工作。

四、健全和完善社会治安防控体系

坚持打防结合、预防为主的方针，针对“严打”整治斗争中暴露出来的突出问题，解剖典型案件，发现规律性问题，有针对性地采取加强管理和防范的措施。强化社会面巡防管控，大力实施社区警务战略，逐步建立与新型社区管理体制相适应的警务工作机制，实现动态环境下对社会治安的有效控制。组织充足的警力和群防群治队伍，围绕案件高发的重点部位、场所、路段和城乡结合部，开展街头路面巡查、盘查，提高打击现行犯罪能力。大力推进科技防范工作，在大中城市、县城和有条件的乡镇（街道）以及重点单位、要害部位推广以电子视频监控、防盗报警为主的技术防范，在农村推广使用经济适用、防范效果好的物防和技防设施，督促社会治安重点地区和单位落实人防、物防、技防措施。

五、加强服务和管理工作

坚持以人为本的理念，切实加强和完善社会服务与管理，着力解决和改善民生问题，从源头上化解社会矛盾，从根本上减少诱发违法犯罪、影响社会稳定的因素。要高度重视城乡结合部、“城中村”等治安混乱地区的经济发展、基础建设、环境整治和规划调整，完善社会公共服务，维护群众合法权益，解决群众特别是困难群众的实际问题，在短期内改变脏乱差的现状，创造环境优美、服务优良的局面。通过做好劳动保障、子女教育和社会保险等工作，维护流动人口合法权益，加强流动人口服务管理工作，探索“以证管人、以房管人、以业管人”的流动人口服务管理新模式，引导出租人员和租住人员依法办理房屋租赁、税务登记和暂住手续，推进出租屋及其租住人员信息的采集、录入和反馈等管理信息化工作。对闲散青少年、流浪未成年人、农村留守儿童、服刑在教人员的未成年子女等要摸清底数，了解他们的情况和困难，有针对性地做好教育、管理和服务、救助工作。充分调动社会各方面力量做好刑释解教人员帮教安置工作，落实衔接措施，加强社区矫正工作，健全社区服刑人员管理帮教机制，加强教育、管理和帮扶，加强对吸毒人员的戒毒、帮教，最大限度地预防和减少重新违法犯罪。对有现实危害和暴力恐怖倾向的高危人群，建立常态化的管控机制，严格落实管控责任。加强互联网、手机短信中有害信息管理，坚持法律手段、行政手段、经济手段、技术手段并用，构建网上网下结合的网络虚拟社会防控网。

六、加强基层组织建设，确保工作措施落实

在排查整治工作中，要充分发挥基层党政组织作用，把治乱与治“瘫”有机结合起来，建立健全基层党政组织、群众自治组织，加强村（居）委会、治保会、调委会等群众自治组织建设。要划分责任区，实现网格化管理，做到工作全面覆盖，构建打防管控结合和人防、物防、技防结合的治安防控体系。要建立长效工作机制，巩固整治成果，防止出现反复。对软弱涣散、不能发挥应有作用的基层党政组织及其领导班子，党委组织部门和民政部门要查明原因，分清责任，及时予以调整、充实，特别要选好配强基层组织带头人。加强基层综治机构、公安派出所、人民法庭、司法所、社区警务室和国家安全人民防线建设，在人力、物力、财力上向基层倾斜，确保有人干事、有钱办事、有能力解决问题，充分发挥其在排查整治工作中的骨干作用。要加快推广建立乡镇（街道）综治工作中心，整合资源、整合力量，统筹协调开展排查整治工作。要加强机关、事业单位、企业等内保组织和保卫工作队伍建设，健全机构，落实专职保卫人员，配齐配强人员和装备，确保发挥作用。

七、加强群防群治队伍建设，发动和依靠广大群众支持、参与排查整治工作

按照社会化、市场化、职业化、规范化的总体思路和责权利相结合的原则，不断拓宽新形势下群防群治工作的新路子，充分发挥广大干部和党员、团员的模范带头作用，广泛动员社会各方面力量和人民群众参与排查整治工作。积极有序发展壮大平安志愿者、保安员、治安中心户长、治安楼栋长、治安巡防员、治安信息员、综治协管员等多种形式的群防群治队伍，加强管理、教育和培训，不断提高群防群治人员的素质和履行职责能力。通过政府财政补贴、群众自愿筹集等各种渠道解决群防群治队伍的经费，确保能够正常、有效地开展工作。

八、深入做好宣传工作，营造排查整治的良好舆论氛围

各级党委、政府要加强对舆论宣传工作的领导和协调，各级政法综治部门要与宣传部门通力合作，重点宣传开展排查整治工作的重大意义和有关政策，宣传排查整治斗争的重要战果和典型经验，宣传党和政府坚持不懈地搞好排查整治工作的坚强决心，倡导见义勇为，增强群众参与排查整治工作的自觉性和积极性，动员群众检举、揭发和指证犯罪，打一场全社会围剿犯罪分子、排查整治社会治安重点地区的人民战争，营造排查整治的浓厚社会氛围。

九、严格督导检查，加大责任制落实力度

各地、各部门要加强排查整治工作的督导检查，确保取得实效。特别是对情况复杂、经反复整治问题仍得不到解决、效果仍不明显的，要由党委、政府主要领导和有关部门主要负责同志亲自包点督办，同时派出工作组驻点督导，做到局面不改、人员不撤、工作不停。对问题严重、群众反映突出的地方，各级综治委和公安部门要采取挂牌整治等有效措施，切实加大督导推进力度。对拟挂牌整治的重点地区，先通过沟通提出警示，督促落实排查整治措施，警示后排查整治效果仍不明显的，由综治委进行挂牌整治。对已挂牌的重点地区要跟踪督办，加强指导，直至摘牌。

要严格实行社会治安重点地区排查整治工作责任制，特别是责任查究制。对于治安长期混乱，排查工作不深入、不细致、不彻底，整治措施不力、效果不好，突出治安问题没有及时解决、治安混乱局面没有明显改观的地方，以及弄虚作假、敷衍塞责的地方、单位及部门，要给予警示，问题严重的由综治委实施一票否决。要按照党政领导干部问责制的有关规定，严肃追究责任。

十、加强组织领导，真正形成齐抓共管的工作格局

各级党委、政府要高度重视排查整治工作，切实加强组织领导。党政主要领导要认真履行第一责任，亲自动手，深入实际，全面部署开展排查整治工作，扎扎实实抓紧抓好、抓出成效。分管政法和社会治安综合治理工作的领导作为直接责任人，要积极协调各有关方面，明确分工，落实责任，推动形成齐抓共管的工作局面。要坚持党委、政府统一领导，社会治安综合治理委员会牵头组织，纪委、组织、宣传、防范和处理邪教、法院、检察院、教育、工业和信息化、公安、国家安全、监察、民政、司法行政、财政、人力资源和社会保障、国土资源、住房和城乡建设、交通运输、铁道、文化、人民银行、工商行政管理、质量监督检验检疫、广播影视、新闻出版、安全生产监督管理、旅游、军队保卫等相关部门和工会、共青团、妇联组织共同参与。各级社会治安综合治理委员会及其办公室作为排查整治工作的牵头部门，要加强组织协调和检查督导，广泛发动各成员单位和社会各方面力量参与排查整治工作。各级公安机关作为排查整治工作的主力军，要充分发挥职能作用和熟悉辖区治安状况等工作优势，积极主动地开展排查整治工作。各有关部门要按照“谁主管谁负责”的原则，各司其职、各负其责，密切配合、通力协作，形成齐抓共管的工作合力，共同推动排查整治工作深入开展。各级政府及其财政部门要建立健全排查整治工作经费保障机制，保证排查整治工作顺利开展。

为加强对排查整治工作的组织领导，中央综治委成立社会治安重点地区排查整治工作领导小组，领导小组下设办公室（简称中央重点地区整治办）。办公室设在中央综治办，负责统筹组织部署、协调督促排查整治工作，研究健全完善长效工作机制。中央综治委将研究制定《全国社会治安重点地区排查整治工作考核验收办法》，派出联合督导组对全部重点地区进行督导检查，并纳入社会治安综合治理年度考核。对考核不合格的，取消所在省、自治区、直辖市当年综治评优资格。

地方各级综治委也要成立相应的排查整治工作领导小组和办公室，加强对这项工作的组织领导。

中央社会治安综合治理委员会关于印发《孟建柱同志在全国社会治安重点地区排查整治工作电视电话会议上的讲话》的通知

（2010年2月20日）

各省、自治区、直辖市社会治安综合治理委员会，新疆生产建设兵团社会治安综合治理委员会，中央社会治安综合治理委员会各成员单位：

2010年1月26日，中央社会治安综合治理委员会召开全国社会治安重点地区排查整治工作电视电话会议。国务委员、中央政法委副书记、中央综治委副主任孟建柱同志在会上作了重要讲话。现将孟建柱同志的讲话印发给你们，请结合实际，认真贯彻落实。

孟建柱同志在全国社会治安重点地区排查整治工作电视电话会议上的讲话

（2010年1月26日）

为深入贯彻落实中央办公厅、国务院办公厅转发《中央政法委员会、中央维护稳定工作领导小组关于深入推进社会矛盾化解、社会管理创新、公正廉洁执法的意见》和全国政法工作电视电话会议精神，经中央批准，中央综治委召开这次电视电话会议，就进一步加强社会治安重点地区排查整治工作进行专题部署。刚才，中组部、公安部、民政部、司法部、住房和城乡建设部的负责同志分别作了发言，讲得都很好，希望各地、各有关部门抓好贯彻落实。从大家的发言中，我们形成了一条重要共识，只要我们充分发挥党的政治优势和社会主义制度的体制优势，坚持党委统一领导，各部门密切配合、通力协作，紧紧依靠广大人民群众，把这三个方面的力量有机结合起来，就能形成强大的工作合力，集中力量办好大事。这也是北京奥运会和新中国成立60周年大庆积累下来的一条基本经验。开展社会治安重点地区排查整治工作，必须进一步坚持这一基本经验，充分发挥我们党的政治优势和社会主义制度的体制优势，整合各方面资源，调动各方面力量，着力形成整体工作合力。下面，我讲四点意见：

一、充分认识开展排查整治工作的重要性、紧迫性，切实增强做好这项工作的责任感和紧迫感

近年来，中央综治委多次部署开展社会治安排查整治行动，集中整治了一大批治安混乱地区和突出治安问题，有效扭转了一些地方社会治安混乱的面貌，有力维护了社会治安大局稳定。北京奥运会和新中国成立60周年大庆期间，全国社会大局保持稳定，社会治安排查整治工作发挥了重要作用。但是，必须清醒地看到，当前我国正处于经济转轨、社会转型时期，我国社会正从传统农业社会向现代工业社会、从封闭半封闭向全方位对外开放转变，原有的社会管理体制机制和手段方法已经不能完全适应经济社会发展的客观要求。特别是随着工业化、城镇化的加快推进，一些地方城乡结合部、"城中村"成为社会管理的薄弱地带，有的甚至成为"真空地带"，不仅政府有关部门工作人员进不去，就连公安政法干警也进不去，成为各种不稳定、不安定因素的集中地和输出源头。这些地方流动人口、重点人群、社会闲杂人员大量聚集，人口数量规模不断膨胀，基础设施不完善，公共服务不到位，生活环境脏乱差，有的甚至形成了以地域、民族、宗教、收入差别等为标志的不同人群聚居区，管理难度加大。如果我们不痛下决心、从根本上解决这些问题，而任其长期存在甚至发展蔓延下去，势必贻害无穷，不仅会严重影响一个地方的社会稳定，严重影响人民群众的安全感，而且会危及党的执政基础，危及全国社会大局稳定。

各地区、各部门一定要从政治的、全局的、战略的高度，充分认识开展社会治安重点地区排查整治工作的重要性、紧迫性，切实增强政治意识、大局意识和忧患意识，增强政治责任感和工作紧迫感，迅速把思想和行动统一到中央精神上来，按照中办、国办转发的《意见》要求，把社会治安重点地区排查整治工作作为维护社会稳定的一项重要举措，扎扎实实地组织好、开展好。要以城乡结合部、"城中村"为重点，集中力量、集中时间，深入开展社会治安重点地区大排查、大整治。要坚持立足当前、着眼长远，标本兼治、综合治理，尽快形成党委领导、政府负责、社会协同、群众参与的排查整治工作格局，努力实现基层政权组织和管理力量建设充实加强、各类治安和安全隐患有效根治、常态化管理制度建立健全、长效工作机制逐步完善的工作目标。

二、坚持不懈地开展大排查、大整治，推动重点地区排查整治工作制度化、规范化

对社会治安重点地区集中开展排查整治，既是迅速扭转重点地区社会治安混乱面貌的有效手段，也是多年来社会治安综合治理工作的成功经验。各地区、各部门要统筹谋划、突出重点，标本兼治、分步实施，迅速形成社会治安重点地区大排查、大整治的强大声势。

第一，要全方位深入开展大排查活动。各地要根据本地实际，在春节、“两会”期间组织力量深入城乡社区，以乡镇、街道为单位，开展深入细致的大排查活动。对容易发生治安问题的城乡结合部、“城中村”等重点地区，容易为犯罪分子藏身落脚的中小旅馆、出租房屋等重点部位，容易发生公共安全事故的交通运输、消防和食品药品等重点行业，容易滋生“黄赌毒”等丑恶现象的歌舞娱乐、洗浴按摩等重点场所，容易滋生黑恶势力的批发市场、物流运输、建筑工程、征地拆迁、矿产开发等重点领域，容易造成现实危害的刑释解教人员、吸毒人员等重点人群，以及案件多发高发的地方，要全方位进行摸排调查，不留死角、不留空白。要充分发挥政法委、综治委、维稳办、信访部门与人民群众联系紧密、熟悉辖区治安状况的优势，全面了解、及时掌握治安乱点的第一手材料。要广泛听取人大代表、政协委员和广大人民群众、社会各界的意见、建议，切实把本地治安乱点的基本情况摸准摸透，做到心中有数。

第二，要集中开展大整治活动。要在深入开展排查的基础上，认真研究、精心谋划，充分准备、周密部署，由党委、政府分管领导牵头，制定符合本地实际的整治方案，落实相关单位和责任人，明确整治责任，提出整治要求，落实整治措施。要加强对整治工作的督导检查，对经反复整治、但效果仍不明显的，要迅速查明原因，组织强有力的工作组进驻乱点蹲点整治，做到局面不改、工作不停、人员不撤。对治安问题严重、群众反映强烈的地方，首先要提出警示，督促其落实排查整治措施，警示后效果仍不明显的，由省级综治委进行挂牌整治。中央综治办要积极会同有关部门，对各地排查整治情况进行明察暗访、督促检查，必要时由中央综治委挂牌督办。

第三，要适时组织开展专项打击整治行动。要坚持什么治安问题突出就重点整治什么治安问题、哪类犯罪活动严重就重点打击哪类犯罪，特别是对一些普遍存在的突出治安问题和违法犯罪活动，要有针对性地组织开展时效性强、见效快的专项打击整治行动。要坚持严打方针不动摇，把开展社会治安重点地区排查整治工作与深化社会治安“冬季行动”、打黑除恶等专项斗争有机地结合起来，严厉打击、严密防范危害一方、欺压百姓的黑恶势力犯罪，严厉打击、严密防范严重影响人民群众生命财产安全的严重暴力犯罪、“两抢一盗”等多发性侵财犯罪、社会舆论反映强烈的拐卖儿童妇女犯罪和“黄赌毒”等违法犯罪活动。要坚持不懈地破积案、打流窜、追逃犯、摧团伙、端窝点，形成对违法犯罪活动的强大震慑态势。

第四，要积极探索建立长效机制。要及时总结推广基层在排查整治工作中创造的好经验、好做法，并把这些好经验、好做法上升为长期发挥作用的制度规范。要坚持边排查、边整治、边建设，进一步明确部门职责，完善工作措施，健全工作机制。要结合排查整治工作，建立经常性的滚动排查、各部门信息共享、联合执法、经费保障等工作机制，着力推进排查整治工作制度化、规范化，实现排查整治工作经常化、常态化，不断巩固整治成果，防止出现反复。

三、切实加强对社会治安重点地区的治理，努力从源头上解决问题

社会治安重点地区特别是城乡结合部、“城中村”，往往是经济发展落后、服务管理缺失、整体规划容易忽视的地方。要确保这些地区整治工作到位，必须坚持标本兼治、综合施策，抓源头、抓根本、抓基础。要着眼建设、规划先行，因势利导、堵疏结合，以平安建设为载体，进一步创新管理手段，夯实管理基础，提升服务水平，努力消除产生治安乱点和突出治安问题的土壤和条件，从源头上解决问题。

第一，要从统筹城乡一体化发展入手，着力加快规划建设改造步伐。城乡结合部、“城中村”等重点地区的存在，集中反映了经济社会发展不平衡、城乡发展不平衡等问题。要立足这些地区的长远发展，把排查整治与建设改造有机结合起来，把集中整治城乡结合部、“城中村”等重点地区放到城乡一体化发展的大格局中，纳入本地经济社会发展的总体规划中，统筹考虑，整体规划。要突出工作重点，把建设改造的重点放在完善基础设施、抓好环境整治、提供公共服务、促进经济发展上。要强化社区服务工作，把医疗、卫生、计生、社保、教育、法律服务、社会救助等各项公共服务延伸进社区，力争把这些地方建设成为经济发展、环境优美、安全和谐的新型社区，建设成为管理有序、服务完善、文明祥和的社会生活共同体。在进行建设改造时，要注意畅通政府与群众的沟通渠道，充分听取群众意见建议，妥善回应群众诉求，坚决避免一拆了之的粗放方式，防止诱发新的矛盾纠纷。

第二，要从改善民生、保障民生入手，充分调动广大群众参与排查整治工作的积极性。要把改善民生、保障民生作为排查整治工作的重要落脚点，促进国家、集体和个人利益的有机融合，让广大群众看见美好前景、得到实际利益，共享排查整治成果。要充分发挥农村集体经济组织和农民的主体作用，积极探索集体土地利用、拆迁安置补偿的新办法，形成符合本地实际、具有不同特色的改造整治工作新模式，让农民成为改造整治的最大受益群体。要深入了解流动人员的反映和诉求，及时掌握流动人员的动态和流向，按照公平对待、服务至上、合理引导、完善管理的原则，大力推动流动人员服务管理体制机制创新，逐步实现“以证管人、以房管人、以业管人”，切实解决流动人员就业、居住、就医、子女就学等方面存在的实际困难。

第三，要从提高服务管理效能入手，充分运用信息化手段改进服务管理工作。在当前情况下，无论是提升服务还是强化管理，都离不开信息化手段。要充分运用信息化手段加强和改进服务管理工作，着力提升服务管理水平。对无业人员、生活困难人员以及不在学、无职业等重点青少年，要全面摸清底数，给予更多的人文关怀；对刑释解教人员，要充分调动社会各方面力量，进一步完善衔接机制，落实安置政策和帮教措施，有效预防和减少重新违法犯罪；对吸毒人员，要通过社区戒毒、强制隔离等多种措施，帮助其戒除毒瘾，做好教育、管控和挽救工作；对容易肇事肇祸的精神病患者，要多方筹集资金，给予必要的治疗和帮扶。

第四，要从强化基层基础工作入手，进一步加强基层政权建设。对社会治安重点地区进行排查整治，既是一个集中整治突出治安问题、促进重点地区和谐稳定的过程，也是一个健全基层管理组织、加强基层政权建设的过程。要把“治乱”和“治瘫”、“治软”结合起来，及时发现和调整充实软弱涣散、不起作用的基层党政组织和领导班子。要坚持重心下移，大力加强基层政权建设，通过狠抓基层党的建设全面带动基层综治组织建设，重点是要抓好乡镇、街道综治委、综治办建设。要加强基层政法维稳力量建设，着力打牢维护稳定的第一道防线。要推广建立乡镇、街道综治工作中心，整合社区、农村警务室和治保会、调委会、治安巡防队等基层力量，建立集社会治安、维护稳定、社会管理、服务群众于一体的工作平台，努力形成基层维护稳定的整体合力。

第五，要从提高动态管控能力入手，进一步建立健全社会治安防控体系。要坚持“打防结合、预防为主，专群结合、依靠群众”的方针，进一步推进社会治安防控体系建设。要在积极依靠政法维稳专门力量、充分发挥职能作用的同时，大力发展保安员、治安巡防队、治安信息员、综治协管员、平安建设志愿者等群防群治力量，广泛组织开展看楼护院、邻里守望、联户联防等多种形式的群防群治活动。要深化网格化巡防模式，根据城市社区、农村、企事业单位等不同情况，按照权责明确、任务均衡、全面覆盖、便于管理的原则，科学规划巡防网格，明确巡防力量及其责任，落实巡防管控措施，把防控触角向社区、单位内部延伸，向“城中村”、城乡结合部、行政区域交界处拓展，着力构建点线面结合、人防物防技防结合、打防管控结合、网上网下结合的社会治安动态防控网络。在大中城市、县城和有条件的乡镇（街道）以及重点单位、要害部位，要全面推广以电子视频监控、防盗报警为主的技术防范措施；在农村，要大力推广使用经济适用、防范效果好的物防和技防设施。

四、切实加强组织领导，进一步明确任务、落实责任

社会治安重点地区排查整治是一项复杂的系统工程，涉及方方面面。各级党委、政府要高度重视，加强领导，精心组织，切实抓好研究部署、督促落实。各有关部门要在党委、政府的统一领导下，各司其职、各负其责，密切配合、通力协作，积极构建齐抓共管的工作格局,形成强大的工作合力。建议纪检部门要严肃查处在排查整治工作中发现的干部违法违纪行为,对被实施一票否决地方的领导干部,要严格按照有关规定进行责任查究。组织部门要加强基层党组织建设,对排查出的软弱涣散、不能发挥应有作用的基层党组织,要及时进行整顿。宣传部门要加强舆论宣传工作,大力宣传排查整治工作中涌现出来的先进集体和先进个人,努力营造浓厚的社会氛围。公安机关要严厉打击各类刑事犯罪活动,切实加强治安管理,及时解决重点地区存在的突出治安问题。国家安全机关要加强国家安全人民防线建设,严密防范、严厉打击影响国家安全的各类违法犯罪活动。民政部门要加强社区、村民自治工作,对排查出的"重点村"、"难点村"集中组织整改,并做好社会救助工作。司法部门要加强司法所建设,积极参与社会治安重点地区排查活动,着力化解各类矛盾纠纷,切实做好刑释解教人员安置帮教工作。住房和城乡建设部门要积极推动各地将社会治安重点地区建设改造、社会治安防控体系建设纳入城乡建设整体规划。文化部门要加强对社会治安重点地区特别是城乡结合部、"城中村"文化娱乐场所的监督管理。工商行政管理部门要加强市场秩序监管,大力整治无照经营等违法经营活动。安监部门要加强对存在公共生产安全隐患地区的排查整治。共青团组织要加强对不在学、无职业青少年、流浪儿童、服刑在教人员未成年子女等重点青少年群体的帮助、教育、服务和管理。各级综治办要加强组织协调和检查督导,广泛发动各成员单位和社会各方面力量参与排查整治工作。

要确保排查整治工作取得实效,关键是抓好责任落实。要严格落实工作责任制,充分发挥社会治安综合治理领导责任制和目标管理责任制的作用,进一步明确领导、部门、单位、个人的责任。要将领导干部抓排查整治工作的成效记入实绩档案,作为任免奖惩的重要依据。要严格实行责任查究,对被中央综治委挂牌整治的地方,要坚决实施"一票否决",并按照领导干部问责制有关规定追究责任。中央综治委将研究制定《全国社会治安重点地区排查整治工作考核验收办法》,将排查整治工作纳入社会治安综合治理年度考核范围,考核不合格的,要取消所在省、自治区、直辖市当年综治评优资格。

同志们,开展社会治安重点地区排查整治工作,责任重大、任务艰巨。希望各地区、各部门按照中央的统一部署和要求,迅速行动起来,扎扎实实地抓好社会治安重点地区排查整治各项工作措施的落实,为促进经济平稳较快发展、维护社会和谐稳定做出新的更大的贡献!

中央社会治安综合治理委员会关于印发《欧阳淞等同志在全国社会治安重点地区排查整治工作电视电话会议上的发言摘要》的通知

(2010年2月24日)

各省、自治区、直辖市社会治安综合治理委员会,新疆生产建设兵团社会治安综合治理委员会,中央社会治安综合治理委员会各成员单位:

2010年1月26日,中央社会治安综合治理委员会召开全国社会治安重点地区排查整治工作电视电话会议,中央综治委委员、中央组织部副部长欧阳淞,公安部副部长张新枫,民政部副部长孙绍骋,司法部副部长郝赤勇,住房和城乡建设部副部长郭允冲在会上作了发言。现将欧阳淞等同志发言摘要印发给你们,请结合实际,认真学习贯彻。

欧阳淞同志的发言(摘要)

一、结合开展第三批深入学习实践科学发展观活动,进一步加强基层基础建设,夯实排查整治工作的组织基础

各地要结合第三批学习实践活动的整改落实工作,深入开展创先争优活动,继续按照“领导班子好、干部队伍好、工作机制好、小康建设业绩好、农民群众反映好”的要求,大力开展“五个好”村党组织、“五个好”乡镇党委和农村基层组织建设先进县(市)三级联创活动;以“有人管事、有钱办事、有场所议事,推进城市基层党建区域化”这“三有一化”为重点扎实推进城市街道社区党组织建设。要结合这次在全国开展的社会治安重点地区排查整治工作,把“治乱”和“治瘫”结合起来,对排查出的治安重点地区软弱涣散、不起作用的党组织,要采取切实措施进行整顿,特别是要选好配强这些地区乡村和街道社区领导班子,限期改变部分基层党组织软弱涣散的面貌。要从薄弱环节入手,继续着力抓好在非公有制经济组织和社会组织中建立党组织工作,继续抓好在流动人口集中的地区建立党组织工作,实现党的工作和党的组织全社会覆盖。通过卓有成效的基层党组织建设,带动基层政权组织和治保会、调解会等群众自治组织和群防群治组织建设,形成工作合力,共同抓整治、保稳定、促和谐。

二、在排查整治工作中,充分发挥党员干部的先锋模范作用和骨干带头作用

各级党组织要着力增强基层党员干部抓社会治安综合治理工作的意识和本领,把维护社会稳定、深化平安建设作为开展大规模党员教育培训的重要内容,加强法律、政策法规、群众工作等方面的培训力度,提高基层党员干部的政策水平和依法办事能力,特别是提高处理土地承包流转、集体资产处置、征地拆迁等新时期矛盾纠纷的能力。要强化党员干部宗旨意识,始终把群众利益放在第一位,情系群众、身入基层,着力解决和改善民生问题,从源头上化解社会矛盾。要组织党员、干部进村入户,察实情、察隐情,及时发现和报告容易引起矛盾的苗头性问题,多做说服教育、示范引导等方面的工作,把问题解决在萌芽状态,避免酿成大规模群体性事件。要围绕维护社会稳定、开展排查整治工作完善“党员承诺制”,开展“设岗定责”、“党员义务巡逻队”等活动,团结和带动群众支持、参与排查整治工作。要加强流动党员管理服务工作,以搞好服务为切入点,调动他们参与排查整治、维护和谐稳定的积极性,发挥他们在流动人口管理服务中的先锋模范作用。

三、各级党委组织部门要充分发挥职能作用,配合有关部门抓好社会治安综合治理领导责任制的落实

各级党委组织部门要把参与社会治安综合治理和平安建设工作作为组织工作围绕中心、服务大局的一个重要方面,认真落实《关于党委组织部门在参与社会治安综合治理工作中进一步发挥好职能作用的意见》(中组发[2003]25号)和《关于充分发挥党委组织部门职能作用大力促进平安建设的通知》(组电字[2006]13号)要求,把组织部门参与社会治安综合治理和平安建设的职责具体化。要严格实行社会治安重点地区排查整治工作责任制,不断强化领导干部当一任领导、保一方平安的责任意识。要抓领导、领导抓,继续坚持将地方各级领导班子和领导干部抓社会治安综合治理和推进平安建设的能力和实绩,列为考核党政领导班子和领导干部的重要内容,把考核结果作为领导班子综合评价和领导干部任免奖惩的重要依据,增强综治工作实绩档案制度的权威性、实效性。对那些抓社会治安综合治理和开展平安建设工作不到位,辖区治安混乱的地方,上级党委组织部门要及时对相关领导班子进行考核,及时提出调整加强的意见。

张新枫同志的发言(摘要)

一、要始终坚持"严打"方针不动摇,坚决把刑事犯罪的嚣张气焰打下去

要坚持以打开路,始终将打击的锋芒对准严重威胁群众安全感的街头"两抢"、入室盗窃、电信诈骗等多发性侵财犯罪,对准社会影响恶劣的黑恶势力犯罪和涉枪涉爆、拐卖儿童妇女等严重刑事犯罪,对准群众反映强烈的"黄赌毒"违法犯罪。一要以打击系列犯罪、团伙犯罪和流窜犯罪为重点,进一步强化情报导侦和线索经营,着力推进"跨区域办案协作平台"和"落地侦查机制"建设,推动发案地和犯罪人员流出地密切协作、有效联动,全力开展破案攻坚。二要以打拐、追逃为重点,实施重大案件挂牌督办,进一步加大对重点人贩子的督捕力度,加强"打拐"DNA数据清理和采集比对工作,组织重点拐出地和拐入地联手深化打拐专项斗争。三要进一步深化打黑除恶专项斗争,深入开展线索摸排、查证,加强案件督办,强化证据收集固定,深挖"关系网"和"保护伞",彻底根除危害一方的社会毒瘤。四要深入梳理摸排涉枪涉爆线索,坚持顺线追踪、深挖细查、一追到底,最大限度地摧毁制贩枪爆窝点和网络。五要坚持"打团伙、摧网络、抓毒枭、缴毒品",深入推进禁毒人民战争,进一步加强对毒品问题突出地区和涉毒娱乐场所的重点整治,落实对吸毒人员的排查、管控、挽救措施,切实扭转重点地区毒品泛滥的局面,最大限度地遏制毒品的社会危害。当前,特别是要紧紧抓住春节期间逃犯可能回家过年的有利战机,进一步落实缉捕责任,强化查控措施,力争抓获一批在逃人员特别是常年流窜在外的地域性职业犯罪分子,最大限度地消除一批社会隐患,坚决遏制重点地区犯罪的高发势头,坚决打掉犯罪分子的嚣张气焰。

二、要深入开展大排查大整治活动,尽快扭转重点地区治安混乱的状况

要紧密结合重点地区治安实际,准确把握违法犯罪活动的规律特点,有针对性地组织开展专项打击整治行动,落实管理、防范措施,及时消除各类不稳定因素和不安全隐患。一要结合户口整顿,加强对高危人群的滚动排查,有针对性地落实管控措施,防止其漏管失控。特别是职业犯罪分子原籍地和流入地公安机关,要加强对外流和流入高危人员的动态掌控,及时发现犯罪线索,依法打击处理。二要结合阵地控制,对出租房屋、中小旅店、闲置厂房、留宿洗浴等违法犯罪人员易于落脚的部位、场所,对废品收购站点、二手手机市场、二手车市场、典当行等可能用于销赃的渠道,深入开展排查整治,全面落实管控措施,严防存在"灯下黑"的现象。三要结合社会面治安巡控,进一步强化对案件高发、防范薄弱、隐患突出部位和时段的巡逻控制,强化对可疑人员、物品和车辆的盘查力度,有效震慑现行犯罪,进一步增强群众安全感。上海、广州及其周边地区公安机关要从世博安保和亚运安保的实际出发,对可能影响世博安全、亚运安全的治安乱点和突出治安问题,反复进行滚动排查、滚动整治,着力净化社会治安环境,坚决杜绝各类不安全隐患。

三、要进一步严密社会治安防控体系,切实提高动态管控能力

要紧密结合排查整治工作,着眼长远建设,加快推进以指挥中心为龙头,以公安专业化打防控力量为骨干,以群防群治力量为补充,以信息化手段为支撑,以人、地、物、事、组织等治安要素管控为重点,由街面防控网、社区防控网、单位内部防控网、视频监控网、区域警务协作网和"虚拟社会"防控网组成的社会治安防控体系建设,努力实现对动态社会的全天候、全方位、无缝隙、立体化覆盖。要积极争取党委、政府和有关部门的重视和支持,着力推动各地把社会治安防控体系纳入本地经济社会发展总体规划,在政策上、经费上、人力上给予必要的保障。要高度重视现代科技手段在社会管理中的运用,大力推动建设全面覆盖城区繁华街区、大型广场、车站码头等人员密集场所、重点要害部位、案件多发区域和进出城区主要通道的视频监控网络,充分发挥监控设施在警示威慑、发现预警和服务实战等方面的特殊功能。要进一步整合各类社会资源,发展壮大群防群治队伍,组织治保会、联防队员、保安员、治安志愿者等群防群治力量,积极开展看楼护院、邻里守望、联户联防等多种形式的群防群治活动,努力构筑社会平安稳定的"铜墙铁壁"。

四、要切实加强对排查整治工作的组织领导,狠抓各项工作措施的落实

各级公安机关特别是领导同志要高度重视排查整治工作,切实加强对这项工作的组织领导。一把手要亲自挂帅负责,亲自动员部署,亲自组织指挥,亲自督导检查。要注意科学谋划、统筹安排,突出重点、稳打稳扎,分阶段、有节奏、有步骤地推进排查整治工作向纵深发展。对存在突出治安问题的,要由省级公安机关予以挂牌整治;对在全国有影响,特别是跨省的犯罪输出地,公安部将选择50个县、市、区予以挂牌整治。对确定的社会治安重点地区,要加大督导检查力度,组织专门力量进行整治,并严格落实考核奖惩措施。对排查整治工作扎实、成效显著的,要大张旗鼓地予以表彰奖励;对工作不深入、不细致、不扎实、不见成效的,存在治安乱点没有发现甚至谎报瞒报的,要坚决追究领导责任。要在党委、政府的领导下,按照综治部门的统一部署和要求,进一步加强与有关部门的协调配合,齐心协力、齐抓共管,争取通过这次排查整治,从根本上解决一些重点地区治安混乱的问题,并建立起排查整治重点地区和突出治安问题的常态化工作机制。

孙绍骋同志的发言(摘要)

一、加强"城中村"、"城郊村"的社区建设,营造和谐稳定的社会环境

要及时在"城郊村"、"城中村"等地方,健全以基层党组织为核心的社区组织体系,加强居委会及其下属委员会的组织建设,在选举好居委会班子的同时,引导群众选配好人民调解委员会、治安保卫委员会工作骨干,为社区社会治安综合治理工作奠定坚实的组织基础。要充分发挥各类群团组织和社会组织在社区管理中的积极作用,大力培育服务性、公益性、互助性社区社会组织,发挥其提供服务、反映诉求、规范行为的作用。要指导社区组织配合有关部门加强和改进对流动人口的服务管理、对非公有制经济组织和新社会组织的管理、对出租房屋的安全管理等工作,不能有游离于管理之外的"自由人"和组织。要落实好社会治安综合治理责任制,加强对吸毒人员、刑释解教人员以及流浪儿童、服刑人员的未成年子女、农村留守儿童的管理、监督和教育,最大限度地增加和谐因素。要拓宽社情民意表达渠道,健全社会舆情汇集和分析机制,完善矛盾纠纷排查调处工作制度,建立社区党组织和居民自治组织主导的群众维权机制,引导居民群众以理性合法的形式表达利益诉求,维护自身合法权益。要积极发挥志愿者在社区社会治安综合治理工作中的重要作用,大力培育社区治安志愿者队伍,提高居民群众参与社会治安综合治理的积极性,努力形成社区社会治安人人参与的良好局面。

二、加大村务公开和民主管理"难点村"治理力度,加强农村社会治安综合治理

要在扎实推进村务公开和民主管理面上工作的同时,全面推进"难点村"专项治理工作。对社会治安差的"难点村",要认真查找当前群众反映强烈、并可能引发社会治安隐患的突出问题,有针对性地开展督查工作。要重点对农村的土地征收征用及补偿、村干部任期和离任审计、集体资产处置、村级债务化解等问题进行督查,为农村社会稳定创造条件。要会同综治、公安、司法部门加大防范、打击力度,防止宗族、家族、黑恶势力干预农村公共事务和社会治安。同时,要进一步深化村务公开和民主管理工作,探索新形势下农民利益诉求、矛盾调处和权益维护的新机制,把各种社会矛盾化解在基层,消灭在萌芽状态。

三、做好村委会换届选举工作,维护农村社会稳定

要继续贯彻落实好《中共中央办公厅国务院办公厅关于加强和改进村委会选举工作的通知》

(中办发[2009]20号),在做好村委会选举面上工作的同时,重点做好村委会选举"难点村"、"重点村"的排查登记和矛盾化解工作。要注重通过新闻媒体,大力宣传党的十七大和十七届三中、四中全会精神,宣传村委会选举的政策法规,宣传选举中涌现的好经验好做法,形成正面引导的强大声势,努力形成和谐、依法选举的良好局面。要会同有关部门,加大对选举工作人员违法违纪行为的查处力度,坚决查处贿选行为,坚决打击黑恶势力介入村委会选举等违法违纪行为,为村委会选举营造良好的社会氛围。

此外,各级民政部门要继续会同有关部门做好界限敏感地段基本情况摸底调查工作,及时处理好边界纠纷,继续开展平安边界创建活动,保持边界地区的社会稳定。

郝赤勇同志的发言(摘要)

一、积极参与社会治安重点地区大排查,着力化解各类矛盾纠纷

各级司法行政机关要按照中央综治委[2010]5号文件的安排部署,积极参加社会治安重点地区大排查。要深入城乡基层,对容易发生治安问题的城乡结合部、"城中村"、治安复杂的村居、街巷以及高发案地区等,认真组织开展矛盾纠纷大排查。对一般矛盾纠纷,要及时就地调解;对重大疑难复杂矛盾纠纷,要组织力量集中化解;对影响地区稳定的突出问题和群众关注的难点、热点问题,以及有可能转化为刑事案件,通过单一的调解手段难以得到有效控制和化解的疑难矛盾纠纷,要在稳定事态的基础上,及时向党委政府和有关部门报告,引导当事人通过合理合法的渠道加以解决,避免出现严重后果。对因拖欠农民工工资、劳动争议、山林土地、征地拆迁、医疗纠纷、道路交通事故民事损害赔偿等引发的矛盾纠纷,要积极开展人民调解化解矛盾纠纷专项攻坚活动,集中力量化解一批矛盾纠纷。要加强与相关部门的衔接配合,共同做好化解工作。要加强专业性、行业性人民调解组织建设,提高化解矛盾纠纷工作水平。通过大排查,不仅对各种矛盾纠纷底数清,对刑释解教人员、社区服刑人员、强制隔离戒毒人员、戒毒康复人员情况,服刑在教人员子女情况,以及非正常上访和各种治安隐患等情况,都要底数清、情况明,对司法行政机关管理范围内的要登记造册,明确整治方案和整治措施。对不属于管理职责内的可能引发社会治安问题的线索,要及时向党委政府和有关部门报告。

二、加强社区服刑人员监管,防止脱管失控

认真贯彻宽严相济刑事政策,按照最高人民法院、最高人民检察院、公安部、司法部联合召开的全国社区矫正工作会议精神和"两院两部"《关于在全国试行社区矫正工作的意见》要求,建立完善党委、政府领导下的社会监督、管理、教育矫正工作机制,全面落实非监禁刑罚执行任务。坚持和完善判决、决定前的评估、衔接、档案移交制度,逐一制定矫正方案,建立动态管理数据库。加强对社区服刑人员的教育、管理和帮扶,开展思想教育、社会公德教育和法治教育,开展心理矫治,采取分类型、分阶段、分级别的矫正措施,提高矫正工作的针对性、实效性。严格监管措施,严格请销假、报告、汇报、奖惩制度,对有违法犯罪、现实危害和暴力倾向的,要进一步加大监管力度,情节严重的要依法按程序收监管理。

三、加强刑释解教人员安置帮教工作,防止重新违法犯罪

要充分调动社会各方面力量做好安置帮教工作,建立衔接机制,落实安置政策。今年上半年,要统一开展对服刑在教人员清除"三假"行动,由监狱、劳教所等提供服刑在教人员基本信息,各级司法行政机关核实修正地址,司法所进村入户查实后反馈,今后所有监所将与服刑在教人员户籍地或居住地的帮教组织建立信息互动沟通机制。建立和完善必接必控制度,服刑在教人员刑释解教时由司法所组织将其接回,与公安派出所、基层组织分工负责，分类建立帮教制度，落实管控帮教措施，以免刑释解教人员直接流入社会，成为社会管理盲区。对外出务工刑释解教人员，要建立“两头包”、“双列管”制度。加强安置工作，切实解决刑释解教人员在就业就学、生产生活等方面的实际困难。

四、整合司法行政系统资源力量，为排查整治工作提供及时高效的法律服务

各级司法行政机关要组织引导律师、公证员、司法鉴定人员、基层法律服务工作者发挥职能优势，积极为排查整治工作服务。要积极为党委政府、有关部门、人民调解组织等化解社会矛盾纠纷提供法律服务，当好法律顾问；为有困难的当事人提供法律援助，引导群众依法表达利益诉求；为久拖不决的矛盾纠纷当事人提供司法鉴定等服务，促进案结事了；为重点地区、单位、场所的整治，创新社会管理制度提供法律咨询服务。要大力开展法制宣传，为排查整治工作营造浓厚的法治氛围。

五、加强组织领导，确保各项任务落到实处

各级司法行政机关要建立排查整治工作领导小组，制定排查整治工作方案，细化各项工作措施，突出工作重点，按计划、分阶段组织实施。要建立健全指导、督办、信息上报反馈等各项工作制度，加强对排查整治工作的指导。要大力加强司法所建设，推进司法所规范化建设，确保司法所人员到位、基础设施建设到位、经费保障到位、政法专项资金补贴到位，充分发挥司法所在排查整治工作中的职能作用。要积极参加社会治安综合治理，及时研究、认真解决排查整治工作中遇到的新情况、新问题。

郭允冲同志的发言（摘要）

一、积极实施“城中村”和城乡结合部的规划建设

各地要把城乡结合部和“城中村”的整治作为城乡规划建设的重要内容，将这些地区纳入城市总体规划，作为城市不可分割的一部分，按照城市的标准，统一规划编制，统一实施建设，统一规划管理。统筹规划城市建成区与“城中村”、城乡结合部基础设施和公共服务设施，完善这些地区的道路交通、给水、排水、电力、通讯、燃气、供热、垃圾收集等基础设施系统。要增加这些地区的社区服务设施，满足本地人口和外来人口的服务需求。针对实际问题建设自然灾害防治设施，完善消防设施，全面消除公共安全隐患，保障居民的基本安全。

二、大力加强出租房屋管理

一是加快推进立法工作。修订《城市房地产管理法》，明确房屋租赁合同登记备案的法律效力；商公安部尽快出台《房屋租赁管理办法》，规范和完善房屋租赁登记备案制度，明确房屋租赁登记备案范围扩大到集体土地上房屋。积极落实出租房屋管理措施，组织做好《办法》出台后的学习、宣传和贯彻落实工作。二是健全部门协管机制。配合有关部门，组织开展流动人口和出租房屋登记摸底工作。逐步建立流动人口管理相关部门间的信息共享机制，进一步健全“以房管人”的管理新模式。总结和推广北京、上海、深圳等地的流动人口管理经验，鼓励地方探索建立流动人口的管理机制。三是加强租赁市场管理。加强信息化管理，充分利用信息化管理手段来实现“以房管人”。强化房屋租赁登记备案管理，积极落实出租房屋管理措施，加强对集体土地上房屋租赁行为的管理。

三、不断规范城镇房屋拆迁

一是尽快出台《征收条例》。配合国务院法制办对《国有土地上房屋征收与补偿条例（草案）》进行研究论证、修改完善，力争尽早公布实施，从根本上预防和减少拆迁矛盾纠纷的发生。二是规范拆迁行为。《征收条例》出台前，要认真落实拆迁管理规范化各项要求，推行拆迁公示、听证、许可和投诉处理、行政裁决、行政追究等制度，推进“阳光操作”，加强对县级以下拆迁工作的指导，提高基层拆迁管理水平。三是加强拆迁行为监管。坚决查处拆迁中违法违规行为，严肃查处拆迁中存在的程序不合法、行为不规范、补偿不合理、安置不落实、协议不履行和野蛮拆迁等问题，维护群众合法权益，减少拆迁信访矛盾纠纷的发生。四是推进拆迁积案化解工作。特别是对重复上访、缠访闹访等问题，要认真调查研究，制定相关措施，做到"案结事了"。

四、努力推进数字化城市管理模式

在全国地级城市广泛推广应用数字化城市管理模式，指导各地充分利用数字化城市管理系统平台，将流动人口管理、出租房屋管理等纳入部件管理系统，优化整合现有人员、设备、信息等资源，建立沟通快捷、分工明确、责任到位、反应快速、处理及时、运转高效的监督管理机制，重点对流动人口密集区、社会治安重点区开展日常巡查和数据采集工作，建立完整和准确的基础数据库，推动排查整治工作有序、高效开展。

中央社会治安综合治理委员会办公室关于印发《中央综治委社会治安重点地区排查整治工作领导小组办公室第一次会议纪要》的通知

（2010年3月9日）

各省、自治区、直辖市社会治安综合治理委员会办公室，新疆生产建设兵团社会治安综合治理委员会办公室，中央社会治安综合治理委员会各成员单位：

2010年2月24日，中央综治委召开社会治安重点地区排查整治工作领导小组办公室第一次会议，研究部署深入推进社会治安重点地区排查整治工作的各项措施。现将会议纪要印发给你们，请结合实际情况，认真贯彻落实。

中央综治委社会治安重点地区排查整治工作领导小组办公室第一次会议纪要

2010年2月24日，中央综治委召开社会治安重点地区排查整治工作领导小组办公室第一次会议，讨论打击整治、社会管理、综合协调三个工作组下步工作方案，通报各地、各有关部门工作进展情况，研究部署深入推进排查整治工作的各项措施。中央综治委副主任、中央政法委副秘书长、中央综治办主任、中央综治委社会治安重点地区排查整治工作领导小组副组长兼办公室主任陈冀平主持会议并对下步工作提出要求。

会议指出，全国社会治安重点地区排查整治工作电视电话会议后，各地、各有关部门按照会议部署和孟建柱同志讲话要求，结合自身实际，狠抓贯彻落实，排查整治工作开局良好，进展顺利。目前，已有25个省、自治区、直辖市召开专门会议，对排查整治工作进行动员部署，有19个省、自治区、直辖市以综治委名义下发实施方案或工作意见。同时，各地都逐级成立由党委、政府分管领导任组长的领导小组和办公室。工作中，各地积极采取有效措施，不断加大工作力度，有力推动工作进展。黑龙江、辽宁等省派出联合工作组，对全省开展暗访检查。河南省下发通知，部署各地全面摸排社会治安重点地区，查找薄弱环节，省公安厅派出9个工作组赴各地开展明察暗访。河北省召开省直部门调度会，协调指导省直部门制定参加重点地区排查整治的具体工作意见，研究制定全省实施方案和考核办法。同时，全省已在深入摸排的基础上确定一批重点地区，将由省综治委挂牌督办。

会议认为，当前全国排查整治工作正处于部署启动的关键阶段，仍面临着许多亟待解决的难点和问题，一是各地工作进展不平衡、不深入，工作部署主要停留在开会、发文阶段；二是个别地方党政领导思想上有顾虑，缺乏正确的政绩观，不愿或不敢正视本地存在的突出治安问题；三是当前许多地方社会管理基础工作薄弱，综合治理措施不落实，致使排查整治工作难以有效开展；四是宣传工作有待进一步加强。

会议强调，加强社会治安重点地区排查整治，是完成三项重点工作的重要切入点和着力点，是推进社会治安综合治理、深化平安建设的重要举措，是维护社会和谐稳定和广大人民群众根本利益的重要工作。各地、各有关部门要高度重视，充分认识排查整治工作的长期性、艰巨性和复杂性，进一步增强责任感和紧迫感，充分发挥职能作用，形成齐抓共管的工作合力，采取务实措施，切实把排查整治工作抓紧抓实，抓出成效。

会议要求，近期要重点抓好以下几方面工作。一要坚持“条块结合”原则，推动各地、各有关部门全面深入开展排查。各地要突出重点，采取硬措施，对城乡结合部、“城中村”以及矿区、油区等治安状况复杂地区进行地毯式排查，尽快明确并上报本地社会治安重点地区。办公室各成员单位，特别是交通、铁路、文化、住房和城乡建设、国土资源、工商管理等部门要充分发挥职能作用，认真抓好排查工作，及时确定一批本系统、本行业社会治安重点地区。各地、各有关部门要加大明察暗访力度，充分发挥群众举报和媒体舆论监督作用。办公室要整合各有关部门力量，结合群众举报和媒体反映情况，筛选一批社会治安重点地区线索，于3月份组织开展明察暗访，督促推动各地深入排查，不留死角。二要在排查基础上，认真梳理分析社会治安重点地区存在的突出问题和深层次原因。要坚持“标本兼治、综合治理”的方针，从源头上有针对性地提出解决问题的各项措施，从推动社会管理创新入手，提出解决问题的有效办法。三要严格落实排查整治责任。各级党委、政府要切实承担领导责任，各级综治部门要充分发挥牵头作用，各有关部门要各司其职，密切配合，严格落实排查整治工作的各项部署和要求。各省（区、市）综治委要对本地社会治安重点地区挂牌督办，限期改变面貌。办公室要结合各地上报、各部门反馈和明察暗访情况，于4月下旬公布一批社会治安重点地区，通报各地进行警示，问题严重的由中央综治委挂牌整治。对党委政府不重视、排查不彻底、整治不力的地区，要在综治年度考核中予以扣分。四要进一步加大宣传力度。办公室要加强与中央各新闻媒体单位的沟通，制定宣传报道方案，从为群众排忧解难、震慑犯罪的角度，正面宣传排查整治工作的重大意义和各项部署，积极调动广大人民群众参与排查整治工作的积极性，营造排查整治的浓厚社会氛围。五要抓好组织协调和分类指导，确保排查整治工作全面推进、取得实效。办公室要推动各地、各有关部门因地制宜开展排查整治工作，加强资源整合和分类指导，明确工作目标和步骤，重点抓好重点地区的排查、重点人员的管控和重点问题的解决，深入开展“严打”和集中整治行动，出台加强社会治安防控体系建设、加强服务和管理工作、加强基层组织建设等工作的具体落实措施。近期，办公室要尽快明确社会治安重点地区的标准和范围，制定2010年全国社会治安重点地区排查整治工作实施方案和考核验收办法。

中央政法委副秘书长王其江、公安部副部长张新枫、黄明出席会议并讲话。中央组织部、中央综治办、最高人民法院、最高人民检察院、公安部、民政部、司法部、住房和城乡建设部、国家工商总局等部门有关司局负责同志参加了会议。

中央社会治安综合治理委员会关于印发《孟建柱同志在中央综治委社会治安重点地区排查整治工作领导小组全体会议上的讲话》的通知

（2010年4月19日）

各省、自治区、直辖市社会治安综合治理委员会，新疆生产建设兵团社会治安综合治理委员会，中央社会治安综合治理委员会各成员单位：

2010年3月31日，国家禁毒委员会、全国打黑除恶专项斗争协调小组、中央综治委社会治安重点地区排查整治工作领导小组和流动人口治安管理工作领导小组联合召开会议，国务委员、中央政法委副书记、中央综治委副主任孟建柱在会上作了重要讲话。现将孟建柱同志的讲话印发给你们，请结合实际，认真贯彻落实。

孟建柱同志在中央综治委社会治安重点地区排查整治工作领导小组全体会议上的讲话

（2010年3月31日）

刚才，国家禁毒委员会办公室、全国打黑除恶专项斗争协调小组办公室、中央综治委流动人口治安管理工作领导小组办公室和社会治安重点地区排查整治工作领导小组办公室的负责同志分别汇报了四项工作的进展情况和下步工作意见，各部门围绕下步重点工作进行了讨论。大家讲得都很好，提出的意见和建议也很有针对性，我都赞成。希望各部门按照这次会议的部署，紧密结合本部门工作实际，扎扎实实地抓好禁毒、打黑除恶、流动人口治安管理等各项重点工作的落实，进一步深化社会治安重点地区排查整治工作，确保各项工作整体推进、取得实效。下面，我讲三点意见：

一、准确把握当前社会治安形势，进一步增强做好四项工作的责任感和紧迫感

去年以来，在党中央、国务院的正确领导下，在中央综治委的组织协调下，各地区、各有关部门密切配合，牢牢把握"保增长、保民生、保稳定"的总要求，紧紧围绕新中国成立60周年大庆安保工作这条主线，精心组织、周密部署，深入组织开展打黑除恶、禁毒人民战争等一系列社会治安整治行动，集中排查整治社会治安突出问题和治安乱点，全面实施流动人口治安管理以及社会面从严管理措施，不断加强和改进社会管理服务工作，有效应对国际金融危机给社会稳定带来的影响和冲击，有力地维护了全国社会大局的稳定，确保了60周年大庆活动的安全，确保了今年"两节"和全国"两会"的安全。打黑除恶专项斗争继续深化，沉重打击了黑恶势力的嚣张气焰，受到了中央领导同志的充分肯定和人民群众的拥护。禁毒人民战争深入推进，毒品犯罪猖獗的势头得到有效遏制，对吸毒人员的戒治、挽救、管控工作也取得了新的进展。流动人口服务管理工作全面加强，各有关方面密切配合，千方百计采取措施，促进农村富余劳动力转移就业，着力解决流动人口在保险保障、子女就学、计划生育、拖欠工资等方面存在的实际问题，积极提供法律援助和法律服务，同时强化了流动人口治安管理和出租房屋、中小旅馆管理，加强了对流动人口违法犯罪活动的防范控制。一些地方积极稳妥地实施户籍制度改革，实行居住证制度，不断探索流动人口服务管理新路子。社会治安重点地区排查整治工作开局良好，各地区、各部门精心组织、周密部署，深入开展摸排调查，认真落实打击整治措施，各项工作进展顺利。所有这些，都为进一步深化社会治安重点地区排查整治工作奠定了坚实基础。

但是，必须清醒地看到，当前我国正处在经济转轨、社会转型的重要时期，发展快、矛盾多，刑事犯罪高发、对敌斗争复杂、人民内部矛盾多发的基本特征没有改变，影响社会和谐稳定的一些源头性、基础性问题大量存在。去年，我国刑事犯罪案件立案超过500万起。当前黑恶势力滋生发展的土壤和条件仍然存在，无论是经济发达地区还是不发达地区都打掉了一批黑恶势力。黑恶犯罪不仅涉足经济领域，不择手段攫取经济利益，壮大自身实力，破坏市场经济秩序，而且加紧向政治领域渗透，拉拢腐蚀党政干部，谋取政治光环，侵蚀基层政权；不仅靠暴力手段宣示淫威，称霸一方，而且与“黄、赌、毒、枪”等其他违法犯罪活动逐步合流，带动了刑事犯罪升级，危害程度大。毒品犯罪尽管有所遏制，但形势依然严峻，西南“金三角”、西北“金新月”毒品加紧向我境内渗透，国内制贩毒、毒品滥用和非列管易制毒化学品流失等问题仍很突出，滋生、诱发毒品违法犯罪的消极因素不少，特别是青少年吸毒和强制隔离戒毒人员复吸率高的问题仍未得到有效解决。流动人口违法犯罪问题仍然突出，特别是在东南沿海一些经济发达地区，流动人口违法犯罪所占比例一直居高不下，一些外来人口聚居的“城中村”、城乡结合部等重点地区治安隐患尤为突出。可以说，黑恶势力犯罪、毒品犯罪、流动人口违法犯罪等都是当前影响社会治安稳定的突出问题，也是我们在深入推进三项重点工作中亟待破解的难题。目前，社会治安重点地区排查整治工作正处于深入推进的关键阶段，各地工作进展还不平衡，有的思想上存在顾虑，有的工作仅停留在部署阶段，有的基层基础工作薄弱、综合治理措施不落实，各项工作都需要进一步加强。各地区、各部门一定要充分认识当前社会治安形势的严峻性、复杂性，充分认识开展社会治安重点地区排查整治工作的紧迫性，进一步增强政治责任感和工作紧迫感，按照中央的统一部署和要求，以深化社会治安重点地区排查整治工作为契机，进一步推动打黑除恶专项斗争、禁毒人民战争和流动人口治安管理工作向纵深发展，下好先手棋，打好主动仗，努力在深化社会治安重点地区排查整治工作上取得新成效，在推进三项重点工作、破解社会治安难题上取得新进展。

二、坚持一手抓打击整治、一手抓长效机制建设，全面推进各项重点工作的落实

解决社会治安突出问题，既要立足当前，有针对性地采取打防管控措施，进行集中打击整治，又要着眼长远，创新思路理念，健全完善长效工作机制，坚持“两手抓”，做到标本兼治、综合治理，从根本上解决问题。各部门要进一步突出重点、强化措施，扎扎实实地把各项重点工作抓紧抓好，确保取得实效。

一要进一步深化打黑除恶专项斗争。要始终坚持严打方针不动摇，按照“打早打小、露头就打、除恶务尽”的要求，毫不放松地抓好打黑除恶专项斗争，始终保持对黑恶势力犯罪的高压态势。要积极适应我国经济社会发展的新形势，根据黑恶势力犯罪的规律特点，进一步调整打击重点，重点是要打击那些盘踞在管理薄弱、高利润行业或领域内，侵蚀国家资源、垄断行业经营的黑恶势力，盘踞在娱乐场所、操纵“黄赌毒’”活动的黑恶势力，操纵基层选举、把持基层政权的黑恶势力，以及“地下出警”、非法讨债等新型黑恶势力。对黑恶势力问题严重、群众举报线索较多、社会各界普遍关注的重点地区，要有针对性地组织开展集中打击整治行动，坚决把黑恶势力犯罪的嚣张气焰打下去，坚决防止其滋生蔓延。

二要进一步深化禁毒人民战争。要根据当前毒品犯罪形势，在全国范围内集中组织开展禁毒严打整治行动，进一步加大戒毒管控、堵截打击、重点整治、宣传教育等各项工作力度，不断推进禁毒人民战争向纵深发展，有效扭转重点地区毒品严重局面。要以提高发现管控率、戒断巩固率和降低漏管失控率为重点，全面开展对吸毒人员的排查登记和动态管控，进一步强化戒毒工作。要以云南、广西、广东、福建、新疆、吉林等地为重点，进一步加大毒品查缉堵截力度，特别要加大对物流、快递、报关等渠道的管控力度，切实提高监管水平，最大限度地斩断毒品流通渠道，遏制境外毒品入境内流。要针对外流贩毒和外国人入境贩毒严重地区、大中城市一些零星贩毒窝点，容易涉毒的歌舞娱乐场所、宾馆酒店、出租房屋，以及网上制贩毒等突出问题，深入开展集中整治行动。要进一步强化易制毒化学品管制，加强禁毒预防宣传教育，推进国际禁毒合作，努力营造全民禁毒的大环境。

三要进一步深化流动人口服务管理工作。要紧紧围绕推进城镇化和统筹城乡一体化发展的要求，按照"公平对待、服务至上、合理引导、完善管理"的方针，进一步深化流动人口服务管理工作。要积极采取措施，为流动人口就业、子女就学、医疗保险、权益保护等方面提供便利高效的服务。当前，要抓紧研究中小城市和城镇户口迁移政策，积极稳妥地推进户籍管理制度改革。要进一步强化对流动人口的管理，结合社会治安重点地区排查整治工作，对"城中村"、城乡结合部等管理薄弱、服务缺失、隐患突出的流动人口聚居区，对中小旅馆、出租房屋、娱乐场所等流动人口容易落脚、犯罪分子容易藏身、治安问题比较集中的场所、部位，对刑释解教人员、精神病人等高危人员和重点青少年群体，全面开展摸底排查，加强调查研究，逐一落实整治管控、帮教帮扶措施，切实做好违法犯罪预防控制工作。

四要进一步建立健全长效工作机制。近年来，各地区、各部门在社会治安工作中探索创造了一系列好经验、好做法，要善于总结、归纳、提炼，使其形成长态化的制度、机制。既要坚持和发展党的领导、齐抓共管、综合治理、群防群治等体制和制度优势，又要积极采取措施，在创新工作机制上下功夫。要继续坚持重大案件、重点地区挂牌督办制度，对摸排出来的重大黑恶势力犯罪、毒品犯罪线索和排查出来的治安重点地区，要实施挂牌督办、一督到底，什么时候案件侦破了、什么时候治安面貌改变了，什么时候予以摘牌。要加强打黑除恶工作长效机制建设，积极推动建立打黑除恶工作责任制，完善政法各部门、纪检监察部门办案协作机制，健全执法监督机制。当前，特别要抓住司法体制改革这一契机，认真研究解决那些制约打黑除恶工作的法律难题，从实体上、程序上不断完善法律法规。要进一步深化戒毒改革措施，健全吸毒人员滚动摸排、动态管控机制，完善戒治、康复、管控的有机衔接机制，建立务实有效的国际禁毒合作机制。要借鉴一些地方设立流动人口服务站的办法，积极推行"一站式"服务管理模式，推动流动人口服务管理社会化。要充分借助信息化科技手段，进一步推动社会管理创新，健全完善社会治安防控体系，提高对动态环境下社会治安的管控能力。要坚持一手抓当前，一手抓长远，逐步推进各项重点工作，切实维护社会治安稳定。

三、加强组织领导、强化协作配合，形成各方面齐抓共管的整体合力

北京奥运会和新中国成立 60 周年大庆安保工作的一条基本经验，就是充分发挥我们党的政治优势和社会主义的制度优势，集中力量办大事。深化社会治安重点地区排查整治工作，同样离不开这一条，必须坚持党委统一领导，各部门密切配合、通力协作，紧紧依靠广大人民群众，着力形成党委领导、政府负责、社会协同、群众参与的大格局。

一要进一步加强组织领导。要积极争取各级党委、政府的领导和支持。各级党委、政府要高度重视社会治安重点地区排查整治工作，切实加强对这项工作的组织领导，认真分析本地社会治安存在的突出问题，精心研究从根本上解决治安突出问题的思路对策，积极帮助解决工作中遇到的困难和问题。中央综治办要加强组织协调，充分发挥四个办公室的作用，把社会治安重点地区排查整治工作与打黑除恶、禁毒、流动人口治安管理等重点工作有机地结合起来，统筹谋划、整体推进。

二要进一步强化协作配合。各有关部门要在党委、政府的领导下，在四个办公室的协调下，各司其职、各负其责，密切配合、通力协作，积极构建各方面齐抓共管的工作格局，形成整体工作合力。

政法各部门要充分发挥职能作用，严密防范、严厉打击各类违法犯罪活动，切实加强治安管控，及时解决重点地区存在的突出治安问题。特别是对重大黑恶势力犯罪案件，公检法要统一执法思想，加强信息沟通和协作配合。其他部门要紧紧围绕中央综治委的部署，紧密结合自身职责，综合运用政治、经济、法律、文化、教育、宣传等多种管理手段，扎扎实实地抓好各项工作措施的落实。

三要进一步组织发动群众。警力有限，民力无穷。要始终坚持"打防结合、预防为主，专群结合、依靠群众"的方针，深入宣传群众、组织群众、发动群众，调动广大人民群众参与排查整治工作的积极性，打好人民战争。要进一步强化社会管理服务工作，努力在医疗、卫生、计生、社保、教育、法律、救助等方面为群众提供更多更好的服务，让人民群众得到看得见、摸得着的实际利益。要高度重视群众的意见建议，及时听取群众呼声，妥善回应群众关切，着力解决群众反映的切身利益问题，维护群众的合法权益。要大力加强基层组织建设，特别要加强城乡社区建设，进一步整合各种社会资源，充分依托基层党政组织、行业管理组织、群众自治组织，发展多种形式的群防群治队伍，群策群力、群防群治、综合治理，不断拓展社会治安工作社会化的新路子。

四要进一步强化督导检查和责任落实。中央综治委要加大对排查整治工作的督导检查、通报警示和挂牌整治力度，在组织好第一批明察暗访工作的基础上，对部分省会市、副省级市进行明察暗访。对治安重点地区，要进行通报、提出警示；问题严重的，要予以挂牌整治，并跟踪督办问效。要严格落实社会治安综合治理领导责任制和目标管理责任制，把领导干部抓排查整治的成效与其工作实绩、任免奖惩挂钩。要充分发挥"一票否决"的刚性作用，对被中央综治委挂牌整治不见成效、社会治安混乱状况不能扭转而实施"一票否决"的地方，要严格实行责任查究，对领导干部进行问责。要加强分类指导，尽快下发《全国社会治安重点地区排查整治工作考核验收办法》，指导各地、各部门因地制宜地做好排查整治工作。

希望各部门按照这次会议的部署和要求，在前段工作的基础上，进一步加大工作力度，强化工作措施，落实工作责任，加强督导检查，全面推进打黑除恶、禁毒、流动人口治安管理等重点工作，不断深化社会治安重点地区排查整治工作，确保取得新的明显成效。

中央社会治安综合治理委员会办公室关于印发《陈冀平、张新枫、黄明同志在中央综治委社会治安重点地区排查整治工作领导小组全体会议上的发言摘要》的通知

（2010年4月19日）

各省、自治区、直辖市社会治安综合治理委员会办公室，新疆生产建设兵团社会治安综合治理委员会办公室，中央社会治安综合治理委员会各成员单位：

2010年3月31日，国家禁毒委员会、全国打黑除恶专项斗争协调小组、中央综治委社会治安重点地区排查整治工作领导小组和流动人口治安管理工作领导小组联合召开会议，中央综治委副主任、中央政法委副秘书长、中央综治办主任、中央综治委社会治安重点地区排查整治工作领导小组副组长兼办公室主任陈冀平，国家禁毒委员会副主任兼办公室主任、全国打黑除恶专项斗争协

调小组办公室主任、公安部副部长张新枫，中央综治委流动人口治安管理工作领导小组副组长、公安部副部长黄明分别在会上就有关工作作了发言。现将陈冀平、张新枫、黄明同志发言摘要印发给你们，请结合实际，认真贯彻落实。

陈冀平同志关于全国社会治安重点地区排查整治工作进展情况和下步安排的发言(摘要)

一、全国社会治安重点地区排查整治工作有序推进，并取得初步成效

(一)精心组织，周密部署。目前，全国31个省(区、市)和新疆生产建设兵团都已召开专门会议，对本地社会治安重点地区排查整治工作进行部署。25个省(区、市)以综治委名义出台实施方案或工作意见，制定考核验收办法，加强指导和推动。各地逐级成立由党委、政府分管领导为组长的领导小组和办公室，统筹协调，抓好落实。2月24日，中央综治委社会治安重点地区整治办召开会议，总结各地、各有关部门排查整治工作情况，研究部署深入推进排查整治的各项措施。中央综治委社会治安重点地区整治办建立排查整治工作月报告制度，全面掌握各地工作进展情况，及时编发工作专报和动态，起草《全国社会治安重点地区排查整治工作考核验收办法》，加强对各地工作的协调、指导和推动。

(二)深入摸排，不留死角。各地、各有关部门坚持"属地管理、条块结合"，深入开展摸底排查。一是开展滚动排查。各地共组织综治、公安、司法、民政、文化、卫生、城建等部门成立4.4万个工作组，深入城乡结合部、"城中村"等治安问题突出的地方进行滚动排查。新疆自治区加大对"三股势力"、非法宗教活动等突出治安问题的排查力度，确定重点地区1463个，已整治完毕326个。山东省共走访单位2.4万个、群众20.6万户，收集各类线索6万余条，排查发现重点地区715个。安徽省对黑恶势力犯罪严重等19类社会治安重点地区逐个开展排查，确定重点地区441个。中央有关部门也积极部署本系统、本行业进行排查。国家禁毒办下发通知，部署各地深入排查毒品危害重点地区，进行挂牌整治。全国"打黑办"根据群众举报，部署各地及时核查重要线索，加大督办力度，推动各地全力排查整治黑恶势力违法犯罪。各级民政部门充分发挥职能作用，共排查出村务公开和民主管理"难点村"11382个。二是加强宣传发动。各地、各有关部门充分利用广播、电视、报刊、网络等新闻媒体，广泛动员社会各界和广大群众参与排查整治工作。目前，共发布排查整治通告272万余份，召开座谈会、征求意见会6.7万余次，接受群众举报3.6万余件，从中破获各类刑事案件1.8万余起，抓获犯罪嫌疑人1.9万余名。北京、湖南等省(市)拍摄制作专题片，及时反映城乡结合部、"城中村"治安状况，揭示存在的突出治安问题及其成因，有效推动排查整治工作。黑龙江省建立综治部门与新闻单位联席会议制度，对全省治安重点地区和重点人群的宣传教育覆盖面达94%。三是开展暗访检查。河北、黑龙江、辽宁、河南、广西、新疆等省(区)派出联合工作组，对本地社会治安重点地区开展暗访检查，发现并确定一批重点整治地区。中央综治委社会治安重点地区整治办制定全国社会治安重点地区暗访工作方案，确定第一批暗访对象，将于近期开展暗访工作。

(三)打击和整治工作并举。各地、各有关部门认真分析治安重点地区产生的深层次原因，建立台账，因情施策，强力组织开展打击和整治工作。各地现已整治各类治安重点地区7496个，在排查整治中破获杀人、爆炸、两抢一盗、黄赌毒等刑事案件7.2万余起，抓获犯罪嫌疑人8.4万余名，打掉黑恶势力375个。一是坚持重点整治。在前期排查基础上，天津市对和平区劝业场街津门工地等300个第一批重点地区开展集中整治。重庆市对渝中区菜园坝等100个市级重点地区开展整治。甘肃省对兰州市城关区东部市场等148个治安乱点进行集中整治。上海市全面加强娱乐场所治安整治力度，从中查处“黄赌毒”案件1204起、违法犯罪嫌疑人2856名。江苏省常州市强力整治156个老旧小区，重拳打击“搬霸”等违法犯罪活动，同时，及时调整老旧小区城市建设规划，加强治安防控体系建设，完善社会管理服务措施。二是通报警示。目前，各地共对2237个治安重点地区进行通报警示。河南省对郑州市金水区等5个排查工作不深入、存在突出治安问题的县(市、区)进行警示，限期1个月整治，并对近期发生重大刑事案件的驻马店市泌阳县实行重点管理，追究有关领导责任。湖南省对郴州市临武县等16个重点县(市、区)存在的非法制贩爆炸物等突出治安问题下发预警通知书。广西区综治委对南宁市宾阳县等10个县(市、区)存在的网络诈骗、涉枪、传销等突出治安问题进行通报警示。三是挂牌整治。目前，各地已确定2634个治安重点地区进行挂牌整治。北京市确定150个市级挂账重点整治地区，并通过新闻媒体对外公布。河北省对晋州市等第一批29个社会治安重点地区挂牌督办，逐一指出存在的问题，落实责任单位，明确完成时限和验收标准。四川省公安厅对成都市武侯区双楠片区等30个治安复杂地区和突出治安问题进行挂牌整治。四是督导检查。各地组织联合督导组，深入治安重点地区，加强指导，严格检查，确保排查整治工作取得实效。北京市组织多个工作组深入各区县流动人口聚居区，调研指导排查整治工作。河南省召开重点地区排查整治督查工作会议，抽调精干力量成立6个督查组，制定方案，强化培训，保证督查的质量和效果。贵州省公安厅派出9个工作组，对各地公安机关排查整治工作进行阶段性检查考核。

(四)健全长效机制。各地、各有关部门在排查整治中坚持源头治理、综合施策，推动排查整治工作常态化、规范化、制度化。青海省采取“抓排查、促研判”、“抓严打、促整治”、“抓防范、促管控”、“抓服务、促管理”、“抓基层、促落实”、“抓宣传、促发动”等措施，建立健全各项社会治安综合治理工作制度。湖南省制定《对社会治安重点地区实行警示和挂牌整治的暂行规定》，明确通报警示、挂牌整治措施的适用对象、整治要求和验收标准。河北、黑龙江、吉林、内蒙古、山东、四川、新疆等省(区)建立排查整治情况通报、典型报告、台账备案管理、联席会议、跟踪督查、综合整治挂销号和领导包片联系等制度，为排查整治工作提供了有力的制度保障。

二、下步工作建议

一是继续加大排查的范围和力度。进一步推动各有关部门充分发挥职能作用，积极部署本系统、本行业开展排查整治工作，及时确定一批社会治安重点地区。进一步推动各地、各有关部门充分发挥群众举报和媒体舆论监督作用，继续加大明察暗访力度。中央综治委社会治安重点地区整治办在组织好第一批明察暗访工作基础上，将认真总结经验，在年内对部分省会市和副省级城市继续进行明察暗访。

二是指导各地、各有关部门在排查基础上，认真梳理分析社会治安重点地区存在的突出问题和深层次原因，从源头上有针对性地提出解决问题的各项措施，从推动社会管理创新入手，提出解决问题的有效办法。

三是严格落实排查整治责任。进一步推动各级党委、政府切实承担领导责任，各级综治部门进一步加大组织协调力度，各级公安机关充分发挥主力军作用，各有关部门各司其职，密切配合，严格落实社会治安重点地区排查整治工作的各项部署和要求。进一步推动各省(区、市)综治委加大督导检查、通报警示和挂牌整治力度。中央综治办将结合各地上报、各部门反馈和明察暗访情况，公布一批社会治安重点地区，通报各地进行警示，并组织联合工作组进行督导检查，问题严重的将提请中央综治委挂牌整治。对党委政府不重视、排查不彻底、整治不力、治安问题突出的地区，将予以一票否决和责任追究。

四是加大宣传力度。进一步加强与中央各新闻媒体单位的沟通，制定宣传报道方案，从为群众排忧解难、震慑犯罪的角度，宣传社会治安重点地区排查整治工作的重大意义和各项部署，积极调动广大人民群众参与排查整治工作的积极性，营造浓厚的社会氛围。

五是抓好组织协调和分类指导，确保社会治安重点地区排查整治工作全面推进、取得实效。尽快下发《全国社会治安重点地区排查整治工作考核验收办法》，指导各地、各有关部门因地制宜开展工作，加强资源整合，明确工作目标和步骤，重点抓好重点地区的排查、重点人员的管控和重点问题的解决，深入开展"严打"和集中整治行动，出台加强社会治安防控体系建设、加强重点人群服务和管理、加强基层组织建设等工作的具体措施。

张新枫同志关于禁毒人民战争进展情况和下步安排的发言(摘要)

2009年是禁毒人民战争的深入推进之年。各地区、各有关部门按照建柱同志在国家禁毒委员会全体会议上的讲话部署，深入贯彻实施《禁毒法》，全力推进禁毒人民战争，组织开展了破案攻坚、堵源截流、重点整治、"天目"铲毒、娱乐场所治理、易制毒化学品宣传整治、吸毒人员排查管控、防范新型毒品宣传等一系列行动。总的看，禁毒人民战争发展态势良好，有力地遏制了毒品犯罪猖獗的势头，改变了一些地方毒品危害严重的状况，为保增长、保民生、保稳定和国庆60周年安全保卫工作作出了积极贡献。

当前，我国禁毒形势总体稳定，并呈现持续好转的发展势头。但全球毒品持续泛滥，对我国的影响不断加大；国内滋生、诱发毒品违法犯罪的消极因素仍然不少，禁毒形势不容乐观。一是"金三角"毒品对我渗透加剧。二是"金新月"毒品向我走私升级。国际贩毒集团在利用航空渠道、人体藏毒、小规模向我渗透的同时，利用集装箱藏运、开辟海上通道、大宗走私增多。三是国内制贩毒活动仍较活跃。制造冰毒、氯胺酮活动从东南部地区加快向内地发展，去年有28个省份发现制毒活动，共打掉制毒厂点331个，同比增加70%。非洲、亚洲、美洲等外籍人员在华贩毒增多。四是新发现吸毒人数持续增加，毒品滥用规模依然较大。截至今年2月，全国共发现登记吸毒人员136.5万名，其中滥用海洛因99.1万人，占72.7%，滥用合成毒品32.9万人。由于采用吸毒人员动态管控机制，发现吸毒人员力度明显加大，去年一年新发现海洛因滥用人员9.7万名，绝大多数是滥用多年未被发现的"老"吸毒人员。五是非列管化学品流失问题突出。随着制毒活动对原料、配剂需求不断增多，防范易制毒化学品流失的压力越来越大。特别是在列管化学品监管力度不断加大的情况下，不法分子越来越多地寻求非列管化学品，作为普通用药的麻黄碱类复方制剂流失突出，仅四川"4·08"一案就查明流失100多吨，涉及21个省份64家企业。毒品问题是社会消极因素的综合反映，是危害社会治安的源头问题，是影响社会和谐稳定的一大隐患；凡是毒品问题严重的地方，大多治安形势恶化，刑事犯罪高发，群众缺少安全感。

动员全社会力量，打禁毒人民战争，是胡锦涛总书记为从根本上解决我国毒品问题作出的重大决策，是具有中国特色行之有效的禁毒工作基本经验，是推动我国禁毒斗争深入开展的有效载体。为了进一步扩大禁毒人民战争成果，为上海世博会、广州亚运会顺利举办创造良好的社会治安环境，国家禁毒办建议，按照全国政法工作会议关于抓住影响社会和谐稳定的源头性、根本性、基础性问题，深入推进社会矛盾化解、社会管理创新、公正廉洁执法三项重点工作和全国社会治安重点地区排查整治工作会议部署，在全国集中开展禁毒严打整治，全面加大戒毒管控、堵截打击、重点整治、宣传教育、禁毒管理力度，全力推动禁毒人民战争向纵深发展，坚决遏制毒品来源、毒品危害和新吸毒人员滋生，努力实现禁毒形势持续好转，确保社会治安大局持续稳定。

第一，坚持以人为本，进一步戒治、管控、挽救吸毒人员。建议公安部、司法部、卫生部、民政部、人力资源和社会保障部等把戒治、管控、挽救吸毒人员作为推进社会矛盾化解、社会管理创新的重要内容，以提高发现管控率、戒断巩固率、降低漏管失控率为重点，进一步深化戒毒改革措施，遏制毒品社会危害。充分利用公安机关全面启用大情报系统的有利契机，在全国组织开展吸毒人员排查登记和动态管控行动，尽可能多地把吸毒人员发现出来、录入系统，纳入各类戒治、康复环节，特别是充分发挥吸毒人员动态管控拓展应用平台的实战功能，实现吸毒人员动态管控信息系统与旅店业、暂住人口、民航交通、出入境、出租房屋等更多信息系统的联通比对，进一步提高对吸毒人员特别是流动吸毒人员的发现、控制能力，使尚未完成戒毒脱瘾巩固的吸毒人员不脱离社会管控，压缩其从事违法活动的空间，引导和促使其主动接受戒毒、康复和帮教，萎缩毒品消费市场；同时，尽快出台《戒毒条例》、《吸毒成瘾认定办法》、《强制隔离戒毒诊断评估办法》，加强药物维持治疗与社区戒毒、社区康复工作的衔接，充分发挥强制隔离戒毒、社区戒毒和社区康复、戒毒康复场所、社区药物维持治疗的作用，扩大戒治康复规模。

第二，坚持严打方针，进一步遏制毒品来源。建议海关总署、铁道部、交通运输部、公安部、安全部、民航局、邮政局、林业局、人民银行、解放军等结合边境管控、安全检查，在云南、广西、广东、福建、新疆、吉林等地进一步加大查缉毒品工作力度，特别是强化对物流、快递、报关以及发出入境邀请公司的规范管理，解决利用物流等渠道走私毒品和易制毒化学品的问题。进一步保持对制贩毒集团、网络、毒枭的严打高压态势，严厉打击制毒犯罪、涉恐、涉黑、涉恶、涉枪毒品犯罪、涉毒洗钱犯罪，通缉抓捕一批向我贩毒的境外大毒枭和国内在逃毒贩。

第三，坚持重点整治，进一步减轻毒品危害。建议把毒品问题严重地区纳入社会治安排查整治范围，按照中央综治委部署，加大对吸贩毒严重地区、外流贩毒严重地区、零星贩毒窝点、涉毒高危外籍人员聚居区的综合整治力度，尽快改变毒品危害严重的状况；进一步抓好重点地区禁种铲毒工作，开展“天目—10”遥感监测铲毒行动和飞机航测、人工踏查，确保非法种植问题不反弹；同时，建议公安部、文化部、工商总局继续抓好对歌舞娱乐、洗浴桑拿、宾馆酒店等公共服务场所涉毒问题的治理工作；加强对网上涉毒违法犯罪的打击整治，加大落地查控力度，清理网上制贩毒和非法买卖易制毒化学品信息；围绕“平安世博”、“平安亚运”目标，借鉴北京奥运会、国庆60周年安保工作经验，组织开展区域性禁毒整治行动，防止因涉毒问题引发治安热点问题。

第四，坚持预防为本，进一步增强全民拒毒意识。建议中宣部、教育部、文化部、国新办、广电总局、出版总署、公安部、司法部、卫生部、民政部、工商总局、法制办、总工会、团中央、全国妇联等以青少年、高危人群和防范合成毒品为重点，制定实施《关于深化全民禁毒宣传教育工作的指导意见》，突出抓好青少年毒品预防教育，利用网络、手机等新兴媒体广泛宣传合成毒品危害；深入毒品问题严重地区和复杂场所开展禁毒宣传，防范社会闲散人员、外出务工人员、娱乐场所从业人员沾染毒品；围绕“依法禁毒、构建和谐”主题，开展好国际禁毒日期间宣传活动。

第五，坚持从严管理，进一步防范易制毒化学品流失。建议商务部、公安部、海关总署、安监总局、工商总局、药监局、卫生部、农业部等以提高易制毒化学品管理能力、发现打击能力、企业自律能力为重点，突出抓好麻黄碱及复方制剂、羟亚胺、醋酸酐等重点化学品，严格落实对麻黄碱类复方制剂生产、经销、运输环节的管理措施，跟踪核实销售流向，严禁挂靠、租借资质和现金交易等行为；继续深入化工企业、市场开展宣传，强化企业自律和自我防范；积极推进信息员、行业协会、信用等级等新的管理办法，加快建设使用信息系统，提高管理效率和水平。

第六，坚持国际合作，进一步减少境外毒源危害。建议外交部、商务部、公安部、海关总署等进一步加强与缅甸、老挝中央政府禁毒合作，积极推进禁种除源战略，抓紧建设短期内能让烟农受惠、缅老政府广泛认可的替代种植和替代产业示范项目，继续开展卫星遥感监测和踏查，进一步巩固该地区罂粟禁种成果；务实推进上海合作组织禁毒合作,启动三级合作机制,推动解决“金新月”地区毒品问题;加强与周边及南美、非洲、中亚等国家在情报交流、执法办案、易制毒化学品核查、援助培训等方面的合作,联合打击跨境毒品犯罪,服务国内禁毒人民战争。

张新枫同志关于全国打黑除恶专项斗争进展情况和下步安排的发言(摘要)

一、2009 年全国打黑除恶专项斗争力度不减,成效明显

2009 年,各地、各部门认真贯彻落实建柱同志在“7·7”全国电视电话会议上的重要讲话和中央政法委的指导意见,精心组织,周密部署,确保专项斗争力度不减,深入推进。通过开展打黑除恶专项斗争,有效遏制了黑恶势力的发展蔓延,有力带动了各项社会治安整治工作,促进了社会治安大局持续稳定。

二、黑恶势力犯罪的总体形势

当前我国黑恶犯罪仍处于活跃期。主要表现在五个方面:

第一,分布范围广,涉足领域多,滋生发展快。从各地实践看,都有判决黑社会性质组织的成功案例,都打掉了一批恶势力。他们从插手民事纠纷、暴力讨债,到垄断市场经营,甚至干扰国家重点工程,把黑手伸向建筑、采矿、能源等行业。只要有利可图,就插手涉足。同时,黑恶势力滋生快、发展快,再生能力强,“割韭菜”现象十分明显。

第二,集多种犯罪于一身,严重影响群众安全感。黑恶势力主要靠暴力、威胁手段树立淫威,具有组织性和公开性,涉及杀人、伤害、寻衅滋事、敲诈勒索、聚众斗殴、强迫交易、非法拘禁等多种犯罪,破坏力远远超过普通刑事犯罪。同时,与“黄赌毒枪”合流的趋势明显,带动犯罪升级。特别是近几年,黑恶势力插手群体性事件,影响一方稳定的事件屡有发生,应该高度重视。

第三,经济实力快速增长,严重破坏经济建设。黑恶势力的经济实力呈“滚雪球”式发展,打掉的涉黑组织,有的资产超过千万,甚至超过亿元。他们攫取经济利益的手法多种多样,放水洗钱,控制招投标,大肆进行非法竞争、暴力垄断等违法犯罪活动,不放过任何聚敛财产的机会,对经济发展的破坏越来越严重,有的甚至能够决定一个地方一些商品的市场价格,需要高度警惕。

第四,加紧向政治领域渗透,侵蚀党的执政基础。三种现象需高度重视:一是拉拢腐蚀党政干部特别是政法干部的现象比较突出。二是农村基层政权成为黑恶势力侵蚀的重点,黑恶势力靠恶名,凭拳头,操纵村官选举的情况不容忽视。三是打着发展经济、慈善捐款等旗号,千方百计谋求人大代表、政协委员等资格。

第五,不断转型,对抗打击能力越来越强。组织形式从帮帮派派向公司化、企业化等合法形式转变,组织头目“幕后化”特征明显;犯罪手法从打打杀杀向“软暴力”转变,出现了“地下出警帮”、讨债公司等新型黑恶势力;犯罪地域从在本地为非作恶向跨区域甚至跨境发展。

应当清醒看到,在经济转轨、社会转型的特殊时期,黑恶势力滋生发展的土壤和条件仍然存在。市场经济的高速发展产生大量利益空间,与之配套的法律制度不健全,社会管理有漏洞,容易滋生黑恶势力。少数党政干部腐化堕落成为黑恶势力保护伞,助长了其滋生蔓延。同时,在思想认识、法律武器、专业力量、长效机制等方面存在的问题,也制约着打黑除恶工作的深入开展。

三、下步工作意见

下步总体思路是:紧紧围绕“平安世博”、“平安亚运”重点工作,坚持严打方针不动摇,打早打小、露头就打,强化领导、突出重点,加强专业队伍建设和情报信息等基础工作，完善法律武器，健全以工作责任制、领导协调机制、办案协作机制和执法监督机制为主要内容的长效工作机制，不断提高打黑除恶的能力水平。2010年，主要抓好以下工作：

第一，继续对专项斗争做出有力部署。根据此次会议的意见，商中政委发文对今年打黑除恶工作进行部署。

第二，进一步突出打击重点。在重点打击盘踞在管理薄弱、高利润行业或领域，侵蚀国家资源、垄断行业经营的黑恶势力的同时，还要重点打击操控娱乐场所、从事黄赌毒活动以及操纵农村选举、把持基层政权、欺压百姓的黑恶势力，并突出打击"地下出警帮"、职业讨债公司等新型黑恶势力。

第三，继续深入发动群众，高度重视线索核查工作。结合中央综治委部署的社会治安重点地区排查整治工作，深入排查黑恶势力犯罪重点地区，开展重点整治。公布举报信箱、举报电话，鼓励群众揭发检举。对举报较多、问题集中的地方重点排查、暗访调查，对核查不力的地方派工作组督导推动。完善实名反馈、跟踪督办等核查工作制度，确保群众举报件件有回音。

第四，抓好重大案件的侦办、督导、协调工作。紧盯协调小组重点关注涉黑案件，及时派员督导。坚持对重大涉黑案件实行最高检、公安部联合挂牌督办。对2009年以前挂牌督办尚未办结的案件，派工作组赴实地阅卷、督办。对认识分歧大、疑难复杂的涉黑案件，商请最高法、最高检共同督导、研究。

第五，注重打黑除恶工作长远发展。把党委统一领导的各级打黑除恶领导协调机构常态化，形成工作制度。推动建立打黑除恶工作责任制，完善政法各部门、纪检监察部门办案协作机制。狠抓涉黑案件通报制度的贯彻落实，健全执法监督工作机制。大力加强专业队伍建设，推动地市公安机关成立打黑除恶专业队。在中央司法体制和机制改革中，推动打黑除恶相关法律的完善。

黄明同志关于流动人口服务管理工作进展情况和下步安排的发言（摘要）

一、关于去年以来开展流动人口服务管理工作的情况

2009年，各地区、各部门紧紧围绕中央"保增长、保民生、保稳定"的总要求，按照中央综治委的统一部署，不断加强和改进流动人口服务管理工作，为积极应对国际金融危机、促进经济社会发展、维护社会和谐稳定作出了新贡献。

一是坚持多策并举，在促进农村富余劳动力转移就业方面取得新成效。人力资源社会保障部组织开展了"春风行动"，先后为1250万名农村进城务工人员提供了免费职业介绍服务；农业部认定了216家全国农产品加工创业基地和6个"农民创业示范园"，促进了农民就地就近转移就业；全国妇联组织开展了"百城联动、春风送岗位行动"，为流动妇女提供就业岗位33.25万个；共青团中央会同有关部门开展了"青春建功新农村就业创业培训项目"和进城青年农民工"订单式"技能培训项目。各有关部门继续推进农村劳动力转移培训计划、技能就业计划、阳光工程、星火计划、进城务工青年发展计划、青工技能振兴计划、蓝色证书、温暖工程和妇女科技直通车等项目，共培训农民工3000余万人。

二是坚持以人为本，在为流动人口提供社会服务方面取得新提高。去年，全国参加工伤保险的农民工达5470万人，同比增加967万人；参加医疗保险的农民工达4275万人，增加9万人；参加企业职工基本养老保险的农民工达3540万人，增加528万人。各地按照相对就近入学的原则，统筹安排农民工子女在公办学校就读，目前农民工子女免费在公办小学、初中就读率分别达到77%、80%。人口计生部门组织开展了以“关怀关爱农民工”为主题的“三下乡”活动；民政部门不断改进流浪乞讨人员救助服务，全年共救助150万人次；各地妇联积极依托家庭教育指导服务阵地，向留守流动儿童父母及监护人宣传家庭教育科学知识，目前全国已建立留守儿童托管中心6500余所，发动315万人担任了“代理家长”；各地工会积极推动在农民工流入地建立社区工会、项目工会、市场工会，全国农民工工会会员已达7200余万人。广东等地还以立法形式推行“居住证”制度，实行居住管理、公共服务和社会保障等功能“一证通”，逐步实现流动人口与当地居民享有同等待遇和权利，增强了流动人口的归属感。

三是坚持公平对待，在维护流动人口合法权益方面取得新进展。人力资源社会保障部、住房城乡建设部、公安部、国家工商总局、全国总工会等部门密切配合，相继组织开展了农民工工资支付专项检查、清理整顿人力资源市场秩序和整治非法用工、打击违法犯罪等专项行动，共立案查处职业介绍违法案件1.3万件，为159万名农民工追回被拖欠工资和赔偿金26亿元；人力资源社会保障部、全国总工会、中国企业联合会继续推进劳动合同制三年行动计划，集中开展了以推动农民工签订劳动合同为重点的“春暖行动”；农业部探索完善了乡村调解、县市仲裁、司法保障的土地承包纠纷仲裁制度；司法部组织开展了以“改善农民进城就业环境，维护流动人口合法权益”为主题的普法宣传活动。

四是坚持多管齐下，在流动人口治安管理服务方面取得新突破。针对国际金融危机带来的冲击，公安部部署全国公安机关以深入开展“大走访”爱民实践活动为契机，集中排查化解了一大批企业破产倒闭、农民工下岗失业引起的劳资纠纷，并采取多种方式向农民工传送温暖；为给60周年大庆创造良好的社会治安环境，在全国集中组织开展了社会治安整治行动，对电信诈骗、收赃销赃、入室盗窃、非法制贩枪支和爆炸物品等职业犯罪严重的29个县市进行了挂牌整治，并进一步强化了对“城中村”、城乡结合部等重点地区、重点部位的治安管理，新登记暂住人口5300万人，列管高危人员18万人。各地公安机关把管理服务有机地融合在一起，积极探索流动人口服务管理新举措。北京、江苏、浙江等地大力推动流动人口信息社会化采集，提高了暂住人口的登记办证率；上海结合世博安保工作，实行了实有人口和实有房屋的全覆盖管理；天津、福建等地大力推行流动人口“一站式”服务管理模式，提升了服务水平；不少地方还探索建立了出租房屋旅店式、公寓式管理模式，健全了“以房管人”机制。

二、关于下步深化流动人口服务管理工作的初步意见

下步工作总的要求是，以科学发展观为指导，认真贯彻落实党的十七大和十七届三中、四中全会精神，按照推进城镇化和统筹城乡一体化发展的要求，坚持“公平对待、服务至上、合理引导、完善管理”的方针，紧紧围绕推进三项重点工作，进一步创新思路、完善机制、破解难题，努力在提升流动人口服务管理水平上取得新突破。重点抓好五项工作：

一是进一步巩固和扩大流动人口就业。加强就业信息收集和发布工作，积极为农民工免费提供职业介绍服务，稳定和增加劳动密集型产业、服务业、中小企业就业岗位；鼓励返乡农民工创办乡镇企业、工商企业和发展现代农业；深入实施“党员创业就业技能培训”工程，大力开展“青年就业创业见习基地”和青年农民工“订单式”技能培训，全力以赴保民生。

二是进一步优化流动人口服务措施。继续推进基本公共服务均等化，不断满足在城市稳定就业和居住的流动人口对教育、医疗、住房等方面公共服务的需要；进一步推动各地建立健全政府主导、部门参与、各负其责的农村留守儿童关爱体系。认真贯彻中央关于进一步放宽中小城市、小城镇落户条件的指示要求，积极稳妥地推进户籍制度改革，促进符合条件的流动人口在城镇落户。

三是进一步做好流动人口权益保障工作。深入贯彻落实《城镇企业职工基本养老保险关系转移接续暂行办法》，扩大农民工参加养老保险覆盖面；继续推进大中城市商贸、餐饮、住宿、家庭服务等行业农民工二期“平安计划”；组织开展“小企业劳动合同制度实施覆盖行动计划”；建立健全企业工资支付监控制度和工资保证金制度，研究用法律手段遏制恶意拖欠农民工工资行为。

四是进一步推进流动人口服务管理信息化建设。抓紧研究全国流动人口服务管理信息系统的总体框架,制定相关标准规范;在流动人口数量较多的省市,建立适应信息社会化采集共享的服务管理信息系统;稳步推进全国党员信息库建设,建立完善刑释解教人员和重点青少年群体管理信息系统和监测系统。

五是进一步创新流动人口服务管理机制。在认真总结广东、浙江等地实行"居住证"一证通制度和上海实有人口、实有房屋"双实"管理模式的基础上,研究制定《房屋租赁管理办法》,全面建立"以房管人、以证管人、以业管人"的流动人口服务管理新机制,着力破解流动人口服务管理难题,进一步提升流动人口服务管理水平。今年5月底,公安部将在广东召开社会管理创新工作座谈会,把建立流动人口服务管理新机制作为社会管理创新的一项重要内容进行部署。同时,紧密结合社会治安重点地区排查整治工作和上海世博会、广州亚运会安保工作,积极依托信息化手段和专群结合优势,进一步健全完善社会治安防控体系,有效遏制流动人口违法犯罪问题,切实提高动态环境下驾驭社会治安局势的主动权。

中央社会治安综合治理委员会关于印发《王乐泉同志在中央综治委社会治安重点地区排查整治工作领导小组第四次全体会议上的讲话》的通知

(2010年9月1日)

各省、自治区、直辖市社会治安综合治理委员会,新疆生产建设兵团社会治安综合治理委员会,中央社会治安综合治理委员会各成员单位:

2010年8月31日,中央综治委社会治安重点地区排查整治工作领导小组召开第四次全体会议,中央政治局委员、中央政法委副书记、中央综治委副主任王乐泉在会上作了重要讲话。现将王乐泉同志的讲话印发给你们,请结合实际,认真贯彻落实。

王乐泉同志在中央综治委社会治安重点地区排查整治工作领导小组第四次全体会议上的讲话

(2010年8月31日)

这次会议是根据周永康同志的指示精神召开的。刚才,暗访组的同志汇报了暗访检查情况,陈冀平同志代表办公室汇报了全国社会治安重点地区排查整治工作进展情况和下步工作意见,各成员单位负责同志提出了很好的意见和建议,我都赞成。希望各地区、各部门按照这次会议部署,进一步加大工作力度，推动排查整治工作不断取得新成效。下面，我讲三点意见。

一、充分认识社会治安重点地区排查整治工作的长期性、艰巨性，进一步增强政治责任感和工作紧迫感

今年1月全国社会治安重点地区排查整治工作开展以来，在地方各级党委、政府的高度重视和坚强领导下，各地区、各部门从实际出发，以城乡结合部、“城中村”等治安重点地区为重点，全面排查突出治安问题，深入开展严打整治行动，加强社会治安防控体系建设，完善社会管理服务，取得了阶段性成效，整治了一大批突出治安问题，解决了一大批人民群众最现实、最关心、最直接的利益问题，为维护社会稳定、促进经济发展创造了良好的社会治安环境。

同时，我们必须清醒地认识到，社会治安重点地区排查整治工作是一项长期艰巨的任务。目前，排查整治工作正处于攻坚阶段。一方面，一些地方的突出治安问题还没有得到有效解决。从暗访情况看，有的地方黑恶势力仍很猖獗，“两抢一盗”犯罪活动突出，“黄赌毒”等社会丑恶现象屡禁不止，特别是有的“城中村”、城乡结合部等治安重点地区普遍存在治安防控体系不健全、基层组织软弱涣散、社会管理服务不到位等问题。另一方面，排查整治工作本身还存在不少问题。有的地方、部门没有树立正确政绩观，不愿暴露自身存在的问题；有的地方存在一两个部门“单打独斗”的现象，齐抓共管的工作局面尚未形成；有的地方只重视见效快的打击工作，没有从加强社会建设、创新社会管理的高度提出解决突出治安问题的根本性措施。

排查整治社会治安重点地区和突出治安问题，是社会治安综合治理的重要内容，是加强社会建设、创新社会管理的重要举措。各地区、各部门要充分认识排查整治工作的长期性、艰巨性，切实增强责任感、紧迫感，认真总结前一阶段排查整治工作的经验、做法，针对存在的突出问题，进一步完善工作方案、细化工作措施、落实工作责任，切实解决影响社会和谐稳定的突出治安问题。同时，立足当前、着眼长远，积极推动各项治本措施的落实，努力实现长治久安。

二、加大综合治理力度，坚决改变社会治安重点地区的面貌

各地区、各部门要认真贯彻落实周永康同志在全国社会治安综合治理工作会议上的重要讲话精神，以更高的认识、更实的举措、更大的投入，深入开展“大排查、大整治”活动，全面加强社会建设，不断创新社会管理，促进社会和谐稳定。

第一，要进一步把底数和症结搞清楚。把治安重点地区和突出治安问题无一遗漏地排查出来，是排查整治工作取得实效的前提和基础。各地区、各部门一定要坚持高标准、严要求，敢于正视问题，主动揭露矛盾，坚决排除各种干扰，切实把影响社会治安的突出问题和症结摸准查清。要重点排查黑恶势力、涉枪涉爆、拐卖妇女儿童、“两抢一盗”、“黄赌毒”等违法犯罪活动突出的重点地区，城乡结合部、“城中村”等社会管理薄弱、服务缺失、治安混乱的重点地区，制假售假、非法经营、公共安全隐患突出的重点地区，基层组织软弱涣散、社会矛盾和问题比较多的重点地区。工作中，各地区、各部门主要负责同志要亲自带队，深入基层，认真听取广大群众的意见和建议。要注意发现亟待解决的重点、难点问题，注意发现地区性、倾向性问题，全面分析把握社会治安形势。要对前期排查工作进行“回头看”，把遗漏的地区和问题全部找出来，逐一登记造册，制定方案，抓紧整治。

第二，要进一步把打击整治行动做到位。对黑恶势力、“两抢一盗”、“黄赌毒”等突出治安问题，各级政法机关要采取“零容忍”的态度，及时组织开展集中打击行动，切实将严打精神体现到侦查破案、批捕起诉、审判执行等各个环节。要全面加强各级打击有组织犯罪专业队伍建设，着力提高打击有组织犯罪专业化水平，不断提高对黑恶势力的发现、打击和防范能力。要大力加强社会面巡逻防范，及时打击街头“两抢一盗”犯罪活动，不断增强群众安全感。要全面整治歌舞娱乐、洗浴按摩等重点场所，让“黄赌毒”等社会丑恶现象无处藏身。对其他突出治安问题，也要有针对性采取措施。同时，各地区、各部门要把集中打击与经常性打击、打击与整治有机结合起来，不断巩固、扩大排查整治工作成果。要继续坚持领导包点督办、工作组驻点整治等有效办法，区别不同类型的治安重点地区和突出治安问题，有针对性地制定整治方案，落实整治责任，确保整治实效。对于中央综治委暗访发现的治安重点地区和突出治安问题，特别是多次整治仍未好转的，各地区、各部门要加强调查研究，认真总结经验教训，不断创新思路方法，尽快找出解决问题的有效措施。下一步，要继续加快尚未完成整治工作的治安重点地区的整治进程，同时建立排查整治工作长效机制，确保已经整治好的1.7万余个治安重点地区不反弹。

第三，要进一步把社会管理措施跟上去。排查是基础，整治是手段，完善管理是治本之策。各地区、各部门要坚持标本兼治，认真剖析深层次原因，从体制机制上提出加强社会建设、创新社会管理的有效措施，从源头上消除产生治安乱点和突出治安问题的土壤和条件。一要妥善化解各类社会矛盾。要认真听取群众的意见和呼声，建立社会稳定风险评估机制，真正做到科学依法民主决策。对征地拆迁等方面的矛盾，要坚决避免一拆了之、激化矛盾、酿成事件。要充分发挥人民调解、行政调解、司法调解的作用，加强教育和疏导，切实把矛盾和问题解决在萌芽状态，化解在初始阶段。二要大力推进社会治安防控体系建设。各地区、各部门要结合实际，加大投入，综合运用人防、物防、技防措施，加大对重点地区、部位、场所的防范控制力度。特别要针对各级各类学校陆续开学的情况，重点加强校园及周边安全保卫工作，按照"源头预防治理有效、内部安全管理有力、外围治安防控严密"的标准，严格落实各项措施，坚决杜绝发生涉及校园安全的重大恶性案件。三要着力夯实基层基础。要全面加强治安重点地区基层政权和基层组织建设，在人力、物力、财力上向基层倾斜。要及时调整充实软弱涣散的基层党政组织，选好配强基层带头人。要全面落实村务公开和民主管理工作各项措施，确保农村社会稳定。四要加强重点地区和人群的管理服务。要进一步加快城乡一体化建设进程，加大城乡结合部、"城中村"等治安重点地区规划建设力度，统筹推进基础设施建设、环境整治、公共服务、社会保障等各项措施的落实。要切实把长期违法缠访闹访人员、易肇事肇祸精神病人、情绪和行为偏激人员等逐一排查出来，落实管控措施。要大力加强流动人口、刑释解教人员、吸毒人员等重点人群的服务管理，最大限度预防其从事违法犯罪活动。

三、加强组织领导，落实责任，推动排查整治工作的深入开展

第一，要加强组织部署。各地党委、政府要结合本地社会治安形势和排查整治工作遇到的新情况新问题，深化组织部署，明确新的目标和工作要求，尤其要注意调动基层组织和单位开展排查整治工作的积极性，确保排查整治工作各项措施落实到最基层。各级排查整治领导小组和办事机构要充分发挥统筹协调和指导推动作用，定期召开会议，加强调查研究和典型引导，建立健全长效机制，推动排查整治工作健康有序开展。

第二，要加强协调配合。各级排查整治工作领导小组成员单位既要各司其职、各负其责，找准本单位参与排查整治工作的切入点和着力点，又要密切配合、通力协作，不断增强排查整治工作合力。尤其是中央综治委排查整治工作领导小组各成员单位要充分发挥职能作用，制定本行业、本系统排查整治工作方案，明确具体目标和要求，不断加强对下级部门排查整治工作的指导和推动，及时确定一批本行业、本系统的治安重点地区和突出治安问题，合力整治。

第三，要加强督导检查。中央综治委要继续总结经验，突出重点，扩大明察暗访范围，及时发现各地存在的问题和不足，严格督促其落实整治措施。要结合前期暗访情况，梳理一批问题严重的治安重点地区和突出治安问题，挂牌整治。领导小组各成员单位要继续支持明察暗访工作，并对本行业、本系统排查整治工作定期进行明察暗访和督导检查。地方各级排查整治领导小组和办事机构也要对本地工作情况开展巡回督导。

第四，要加强宣传发动。各地区、各部门要把宣传发动贯彻排查整治工作始终，采取多种形式进行宣传，使广大人民群众知晓排查整治工作的重要意义、主要目标和相关要求，动员广大群众积极参与、配合排查整治工作，打一场全社会共同参与的排查整治人民战争。

中央社会治安综合治理委员会办公室关于印发《全国社会治安重点地区排查整治工作考核验收办法》的通知

（2010年6月13日）

各省、自治区、直辖市社会治安综合治理委员会办公室，新疆生产建设兵团社会治安综合治理委员会办公室，中央社会治安综合治理委员会各成员单位：

现将《全国社会治安重点地区排查整治工作考核验收办法》印发给你们，请结合实际，认真贯彻落实。

全国社会治安重点地区排查整治工作考核验收办法

为加强对各地社会治安重点地区排查整治工作的考核，确保实现排查整治工作目标，根据中央综治委《关于进一步加强社会治安重点地区排查整治工作的若干意见》（综治委[2010]5号）和全国社会治安重点地区排查整治工作电视电话会议精神，特制定本办法。

一、考核验收标准

（一）排查整治工作组织发动（12分）

1. 省、市、县党委和政府高度重视，逐级召开专门会议，层层进行动员部署的，得1分。

2. 省、市、县逐级成立党委和政府分管领导负责，相关部门参加的社会治安重点地区排查整治工作领导小组，下设办公室的，得1分。

3. 省、市、县逐级制定下发社会治安重点地区排查整治工作实施方案的，得1分。

4. 省、市、县各级社会治安重点地区排查整治工作领导小组及办公室能够定期召开会议，认真研究解决问题，及时统计上报排查整治信息的，得1分。

5. 省、市、县各级社会治安重点地区排查整治工作领导小组各成员单位能够对本系统、本行业排查整治工作作出专门部署，建立定期排查整治工作机制的，得1分。

6. 省、市、县各级社会治安重点地区排查整治工作领导小组各成员单位密切配合、通力合作，真正形成工作合力，没有因不认真履行职责、不积极配合、互相推诿、工作不力造成不良后果的，得1分。

7. 省、市、县各级社会治安重点地区排查整治工作领导小组制定并落实督导检查、挂牌督办和考核验收办法等相关规定的，得3分。

8. 各地社会治安重点地区党政主要领导和相关部门主要负责同志对排查整治工作组织领导有力，亲自安排部署、跟踪指导，派出工作组驻点督导的，得1分。

9. 省、市、县各级排查整治工作经费得到有效落实，保障有力的，得2分。

（二）排查工作开展情况（15分）

1. 省、市、县开通多种群众举报渠道，建立群众举报奖励制度，落实群众举报奖励经费，群众举报线索多,发动效果好的,最高得2分。

2. 省、市、县高度重视排查工作,建立健全排查工作机制的,最高得3分。

3. 定期组织辖区内机关、团体、企事业单位、厂矿、学校和群众自治组织,对治安混乱地区、部位、场所和突出治安问题、安全隐患进行全面梳理和集中排查,排查工作力度大、排查情况真实全面的,最高得5分。

4. 对于排查出的治安混乱地区和突出治安问题,全部登记造册,逐一制定整治方案、落实牵头部门、责任单位和责任人,逐一明确整治目标、措施和期限的,最高得5分。

5. 排查整治中因工作不力,没有排查出或故意隐瞒社会治安重点地区,被中央综治委社会治安重点地区排查整治工作领导小组办公室明察暗访或群众举报发现,经查证属实的,警示一次,扣1分;挂牌督办一次,扣2分。此项累计最高扣10分。

(三)整治工作开展情况(28分)

1. 针对排查出的社会治安重点地区、部位、场所、突出治安问题,整治措施扎实具体,针对性、操作性强,并得到有效落实的,最高得5分。

2. 着眼长远建设,在加强社会治安重点地区基层党政组织建设和社会治安防控体系建设方面,有具体措施和行动,积极有效整合各种社会资源,组织开展形式多样的宣传教育活动,广泛动员广大人民群众,发展壮大群防群治队伍,营造全社会共同参与的良好社会舆论氛围,取得良好效果的,最高得5分。

3. 加强实有人口调查登记,对吸毒人员、监外执行人员、刑释解教人员、有前科劣迹人员、治安危险分子以及社会闲散人员,切实掌握底数,密切衔接配合,落实管控、教育、帮扶措施,效果好的,最高得5分。

4. 加大对"城中村"、城乡结合部、中小旅馆、出租房屋、娱乐服务场所、网吧、废旧金属收购站点、典当行、建筑工地、厂区矿区、车站码头等不法分子易于藏身落脚和销窝赃的场所、部位管理力度,有效压缩违法犯罪空间,力度大,效果好的,最高得5分。

5. 建立健全社会稳定风险评估机制,完善落实矛盾纠纷排查化解机制,努力把矛盾纠纷化解在基层,消除在萌芽状态,效果好的,最高得5分。

6. 及时向中央综治委社会治安重点地区排查整治工作领导小组办公室报送工作信息和工作情况,包括挂牌整治具体名单、阶段性工作总结及其他综合性文件材料,最高得3分。

(四)排查整治工作效果(45分)

1. 由中央综治办会同国家统计局,针对各省、自治区、直辖市社会治安重点地区进行抽样调查,根据抽样调查结果打分。全国排名位于前二十名的,最高得10分,以0.5分为准依次递减;其余不得分。

2. 社会治安重点地区排查整治工作进展顺利,没有形成社会关注的热点、焦点问题,没有发生恶性治安案件、刑事案件,没有造成恶劣影响的地区,最高得5分;工作不力,被上级通报限期整改,或者群众和媒体反映强烈,没有得到有效治理的,出现一次,扣2分。

3. 排查整治工作经验、做法被中央级新闻媒体宣传报道、被中央综治委社会治安重点地区排查整治工作领导小组办公室向全国推广的,每次加0.2分;得到中央领导同志批示肯定的,每次加2分。此项累计最高加10分。

4. 各省、自治区、直辖市社会治安重点地区存在的突出问题较整治前得到有效解决,社会治安环境明显改观,验收合格率达到90%以上的,最高得15分。验收合格标准如下:

(1)经中央综治委社会治安重点地区排查整治工作领导小组或省、自治区、直辖市调查了解,社会治安重点地区三分之二以上群众反映良好,公众安全感明显提高的;

(2)因涉娼涉赌、涉枪涉爆、涉油涉气、制假贩假、诈骗、两抢一盗、拐卖妇女儿童、组织强迫妇女卖淫等各类违法犯罪活动突出被挂牌的地区,破获案件数、抓获违法犯罪分子数较整治前相比,稳中有升,并建立本地职业犯罪高危人员信息库的;

(3)因黑恶势力违法犯罪活动突出被挂牌的地区,没有出现以下情况的,主要包括:不主动摸排打击黑恶势力,对上级交办案件、线索久拖不办,被上级查实打掉的;对公安部和省级公安机关挂牌督办案件办理工作进展缓慢,经济基础未摧毁,"保护伞"线索未深挖的;对全国"打黑办"督办、转办的群众举报线索核查工作不深入,上报结果查否，又被上级公安机关查实的，或久拖不查，无正当理由超过核查时限的；对相关政法部门不能严格贯彻落实中央政法委《关于建立办理黑社会性质组织犯罪案件通报制度的工作意见》各项要求的；对未按要求逐级成立打黑除恶领导小组及办公室，或虽成立，但人员不到位，作用未充分发挥的；对因领导不重视、工作不主动，导致黑恶势力做大成势，造成严重后果，不进行责任倒查的；

（4）在制毒贩毒、“两抢一盗”、诈骗、传销、涉枪、拐卖妇女儿童等违法犯罪活动中，被外省市抓获的社会治安重点地区外流违法犯罪人员数较整治前明显下降的；社会治安重点地区职业犯罪群体在本地实施电话、手机短信、网络诈骗等远程非接触性犯罪明显减少的；

（5）车站、码头、集贸市场等治安复杂场所“两抢一盗”发案较整治前明显下降，群众反映安全感增强的；出租房屋和中小旅馆等治安复杂场所管理到位，流动人口底数清、情况明、信息灵的；

（6）因拐卖妇女儿童违法犯罪活动突出被挂牌的地区，反拐工作列入当地党委政府重要日程，反拐联席会议制度得到加强，《中国反对拐卖妇女儿童行动计划》得到全面贯彻，宣传、预防、打击、救助、康复等反拐综合治理措施得到有效落实，反拐经费、人员等得到充分保障，如实立案、快速查找、摸排采血等打拐机制运转良好，拐卖妇女儿童犯罪得到有效遏制的；

（7）因“城中村”、城乡结合部等管理薄弱、服务缺失、治安混乱，环境脏乱差、违章建筑密集、安全隐患突出、无证无照经营严重等问题被挂牌的地区，当地党委和政府已制定科学可行的整改规划，并纳入党委和政府重要日程贯彻实施，基础设施、配套政策健全完善，治安面貌改观，人民群众生活环境明显好转的；

（8）因重大交通、火灾事故和其他治安灾害事故频发等问题被挂牌的地区，事故发生数、死亡和受伤人数以及财产损失数较整治前明显下降的；

（9）因当地党政组织涣散、社会治安综合治理措施落实不到位，党群关系、干群关系紧张，非正常上访、群体性事件、民转刑案件等问题突出被挂牌的地区，当地党政组织力量得到加强，领导班子坚强有力，各项综合治理措施落实到位，工作水平明显提升，党群、干群关系融洽，未发生非正常上访和群体性事件的；

（10）因对刑释解教人员、社区矫正人员、吸毒人员、可能引发刑事案件的民间纠纷当事人、对社会不满可能铤而走险人员、肇事肇祸精神病人和有劣迹前科人员等管控不力被挂牌的地区，对上述人员逐一落实教育帮扶和稳控措施，未因管控不力引发案件的；

（11）因其他问题被挂牌的地区，该问题得到有效解决的。

5. 建立健全经常性的滚动排查、信息共享、联合执法、综合整治、协作联动等工作机制，排查整治工作制度化、规范化、常态化的，最高得10分。

6. 省、自治区、直辖市排查上报的社会治安重点地区中，通报的已整改数所占比例在全国排名中位于前二十名的，最高得5分，以0.25分为准依次递减；其余不得分。

7. 对各省、自治区、直辖市通报的已整改的社会治安重点地区，经中央综治委社会治安重点地区排查整治工作领导小组考核验收不合格的，每次扣5分。

二、考核验收工作步骤

（一）每年一月，由中央综治委社会治安重点地区排查整治工作领导小组办公室，对各省、自治区、直辖市上一年度排查整治工作总体情况进行百分制考核。考核结果换算成一定分值，纳入省、自治区、直辖市社会治安综合治理年度考核内容。

（二）中央综治委社会治安重点地区排查整治工作领导小组办公室负责组织督导检查组，根据各地整治工作进展情况，对中央综治委提出警示、黄牌警告、挂牌督办、一票否决的地区进行验收，对省级以下确定的重点地区进行抽查验收。

（三）省、市、县三级综治委要层层进行考核。省级综治委要根据整治工作进展情况，对本地区范围内全部重点地区进行考核验收。

（四）对排查整治工作中弄虚作假、徇私舞弊的，一经发现，严肃处理，最高扣除全部得分，并通报全国批评，取消所在省、自治区、直辖市当年综治评优资格。

七、社会治安综合治理宣传工作

2010年政法综治宣传工作要点

2010年全国政法综治宣传工作的主要任务是:坚持以邓小平理论和"三个代表"重要思想为指导,深入贯彻落实科学发展观,认真贯彻落实党的十七大、十七届四中全会精神和全国政法工作电视电话会议精神,紧紧围绕政法综治战线深入推进社会矛盾化解、社会管理创新、公正廉洁执法三项重点工作,突出重点,科学谋划,统筹兼顾地搞好政法综治宣传工作,为推动三项重点工作深入开展和政法综治工作全面发展进步,营造良好的舆论环境。

一、重点宣传内容

(一)大力宣传各地各部门贯彻落实全国政法工作电视电话会议精神,深入推进社会矛盾化解、社会管理创新、公正廉洁执法三项重点工作的举措和进展。宣传各级党委和政府采取有力措施,完善体制机制,加大工作投入,加强督促检查,深入推进社会矛盾化解、社会管理创新、公正廉洁执法,提高维护社会和谐稳定工作水平的举措和成效;宣传各级政法、综治和维稳部门充分发挥职能作用,密切配合,形成合力,把深入推进社会矛盾化解、社会管理创新、公正廉洁执法的各项部署和要求落到实处,维护社会和谐稳定的做法和经验。

(二)大力宣传各地各部门深入推进社会矛盾化解,建立健全依法有序表达诉求、及时有效解决问题机制的有效做法和经验。宣传各地各部门建立社会稳定风险评估和社情民意调查机制,依法解决涉及群众切身利益的问题的成功经验;宣传各地各部门完善人民调解、行政调解、司法调解三位一体的大调解工作体系的情况;宣传各级政法机关把调解优先原则贯穿于执法办案中,实现案结事了的好做法、好经验;宣传各地整合基层政法维稳力量,形成综治工作平台,实现"小事不出村、大事不出乡、矛盾不上交"的经验和做法。

(三)大力宣传各地各部门深入推进社会管理创新,完善与社会主义市场经济体制相适应的社会管理体系的有效做法和经验。宣传各地建立流动人口服务管理新模式,提升服务管理水平的做法和经验;宣传各地各部门加强对刑释解教人员、社会闲散青少年、吸毒人员等特殊人群的服务管理的做法和经验;宣传开展社会治安重点地区排查整治工作的进展和成效。

(四)大力宣传各地各部门深入推进公正廉洁执法,提高政法机关的执法公信力的做法和成效。宣传各地各部门组织开展中国特色社会主义理论体系、社会主义法治理念、职业道德、纪律作风教育培训的情况;宣传推广各级政法机关抓住群众反映强烈的突出问题,在细化执法标准、严密执法程序、强化执法管理上取得的新进步;宣传各级政法机关加强党的建设,在永葆政法队伍先进性上取得的新进步。

(五)大力宣传各地各部门狠抓社会治安综合治理基层基础建设,大力推进三项重点工作,深化平安建设,确保国家安全和社会治安大局稳定的措施和经验。宣传各地各部门加强社会治安综合治理基层基础建设的做法和经验;宣传各地各部门开展社会矛盾排查化解工作,积极构建大排查、大调解工作格局的经验和成效;宣传各地各部门推进社会管理创新，切实做好社会治安管理重点工作的措施和做法；宣传各地各部门强化社会治安防范工作，推进科技防范建设的经验和做法；宣传各地各部门落实社会治安综合治理责任制，健全完善实绩档案和五部委联席会议等工作制度的做法和成效。

（六）大力宣传司法体制和工作机制改革取得的工作进展和成效，宣传解决影响政法工作体制性、机制性、保障性障碍上取得的进展和突破，及时宣传报道今年陆续出台的各项改革举措，为顺利推进司法体制和工作机制改革、建设公正高效权威的社会主义司法制度营造良好的舆论氛围和社会环境。

（七）大力宣传社会主义法治理念，用社会主义法治理念占领舆论阵地，有效抵御法治领域中错误观点的影响，为建设中国特色社会主义法治国家营造良好的舆论氛围。真正使社会主义法治理念进乡村、进社区、进学校、进企业、进单位，在全社会营造学习、树立社会主义法治理念的浓厚氛围。

（八）大力宣传政法机关着力解决涉法涉诉信访源头性、根本性、基础性的问题，消化解决涉法涉诉信访案件和执行积案的做法和成效。

二、抓好几项重点工作

（一）召开全国政法综治宣传工作会议。于今年适当时候召开全国政法综治宣传工作会议，总结近年来政法综治宣传工作取得的成绩，分析当前政法综治宣传工作面临的新形势、新挑战，就加强和改进政法综治宣传和舆论引导工作做出部署。

（二）集中宣传深化司法体制和工作机制改革取得的工作进展和成效。充分利用“两会”召开前夕和“两会”期间一段时间，集中宣传深化司法体制和工作机制改革取得的重大工作进展，使广大人民群众充分感受深化司法体制和工作机制改革取得的实效，切实增进对政法工作的理解和支持，为建设公正高效权威的社会主义司法制度营造良好的舆论氛围。

（三）组织开展以平安建设为主题的社会治安综合治理宣传月活动。各地紧密结合实际，以平安建设为主题，制定社会治安综合治理宣传月活动工作方案，明确工作重点和要求，采取群众喜闻乐见的形式，扩大宣传声势和效果，提高社会各界和人民群众对综治工作和平安建设的知晓率。

（四）做好上海世博会、广州亚运会安保宣传工作，为两项重大活动成功举办营造良好的舆论氛围。争取中央宣传主管部门的支持与配合，协调中央各大媒体开展宣传，适时组织记者深入实地采访，挖掘典型经验，调动政法干警工作热情和人民群众参与两项重大活动安保工作的积极性。

（五）组织开展2009年度全国社会治安综合治理优秀新闻作品评选活动。通过自下而上评选活动，推动政法综治宣传工作的开展，调动广大新闻工作者参与政法综治宣传工作的主动性和积极性。

（六）切实做好政法综治重大活动、重要会议的宣传报道工作。做好中央新疆工作座谈会、全国政法工作会议、全国社会治安综合治理工作会议、中央政法委员会全体会议、中央综治委全体会议、中央政法委员会专题学习等新闻宣传报道工作。

（七）组织召开中央综治成员单位消防宣传工作通气会。于今年3月份，组织召开综治成员单位消防宣传工作通气会，通报当前火灾形势和一年来开展社会化消防宣传工作的情况，研究推动各部门各单位贯彻落实消防法中规定的消防宣传职责，发挥职能作用，形成消防宣传工作全社会齐抓共管的工作局面的措施。

（八）切实发挥政法综治宣传主渠道作用，进一步调动宣传资源，形成宣传合力，增强宣传效果。加强对法制日报社、长安杂志社、中国长安出版社的指导，充分发挥其政法综治宣传主渠道作用。协助中央电视台社会与法频道，做好政法综治宣传，组织拍摄平安建设公益广告，进一步扩大“平安中国”的品牌效应。办好中国平安网，推动、促进省级政法综治网站建设和管理，切实加强网络阵地建设、队伍建设、制度建设，进一步扩大网络宣传覆盖面，不断增强宣传效果。

（九）推动建立政法宣传舆论工作联席会议制度，提高舆论引导能力。推动建立省、市级政法宣传舆论工作联席会议制度，完善网上涉法舆情研判工作机制，围绕各种倾向性、苗头性问题，着力加强专题性、综合性涉法舆情的深度分析，并做好舆论引导工作。继续办好《互联网涉法信息专报》，为领导决策提供参考。建立健全网上综合防控体系，加大网上巡查力度，积极应对和坚决遏制网上对司法个案、群体性事件和重大敏感事件的炒作，加强对司法个案、群体性事件和重大敏感事件的舆论引导。

（十）加快推进政法综治工作手机信息系统建设，进一步延伸扩大政法综治宣传和舆论引导工作的触角。依托现有《法制日报》手机报比较成熟的信息系统，进一步与中国移动通信部门合作，加快推进政法综治工作手机信息系统建设。各地要积极配合建设全国政法综治工作手机信息系统，紧密结合当地实际，主动与当地移动通信部门联系沟通，以求得支持和协助，并在实际工作中充分利用政法综治手机信息系统开展政法综治宣传和舆论引导。

（十一）加强政法综治文化建设，拓宽政法综治宣传工作渠道，丰富宣传形式、内容。推动政法综治工作的理论研究，组织开展政法综治工作的文化宣传。与中央政法各部门密切配合，联系、协助电影制片厂、电视剧制作公司，拍摄反映政法综治工作方面的电影、电视剧，扩大宣传工作的社会效果，树立政法综治文化品牌。

中共中央政法委员会
关于开展以《平安中国》为主题
以“三项重点工作”为主要内容的
系列宣传活动的通知

（2010 年 6 月 13 日）

各省、自治区、直辖市党委政法委员会、新疆生产建设兵团党委政法委员会：

根据《2010 年全国政法综治宣传工作要点》和《三项重点工作宣传工作方案》的要求，中央政法委、中央综治办将继续与中央电视台社会与法频道合作，开展以《平安中国》为主题的集中宣传活动。今年的集中宣传活动将紧紧围绕“社会矛盾化解、社会管理创新、公正廉洁执法”三项重点工作，大力宣传各地、各部门在开展“三项重点工作”中采取的新举措、取得的新成效。同时，协助中央电视台财经频道办好《有法大家帮》栏目，整合社会各方资源，以电视荧屏为平台，与观众展开互动，推动社会矛盾纠纷化解。为开展好以“三项重点工作”为主要内容的宣传工作，中央政法委于 6 月 11 日召开了“三项重点工作”宣传协调会，部署了相关工作，现就有关工作通知如下：

一、与中央电视台社会与法频道合作，继续开展《平安中国》集中宣传活动

活动紧紧围绕“社会矛盾化解、社会管理创新、公正廉洁执法”三项重点工作开展宣传。主题宣传拟设三档主体节目：

（一）周播访谈节目—《平安中国·书记访谈》。访谈对象是有关省（区、市）的省（区、市）委书记，内容侧重于各地在化解社会矛盾和社会管理创新方面的做法和经验，节目强调思想性和认识高度，从社会热点话题入手，力求反映各地的特色工作和实际成效。希望各地积极动员省（区、市）的主要领导接受采访。节目拟在当地录制。

（二）日播系列专题节目—《平安中国·平安故事》。该系列节目将选取全国各省（区、市）在“社会矛盾化解、社会管理创新、公正廉洁执法”工作中最典型或最有特色的一个事例进行专题报道。节目力求以真实的故事吸引人，以细致的情感温暖人，在故事化展示中透射出以人为本的理念，给人以启示和思考。系列节目由各地政法委、综治办支持配合，提供典型事例和相关素材，由中央电视台《平安中国》节目组采访制作，每期 25 分钟。

（三）年底推出特别节目—《平安中国·专题晚会》。特别节目旨在对今年全国推进“三项重点工作”进行一次全面梳理，充分展示各地“三项重点工作”中的亮点和成果，鼓舞队伍士气、增强群众信心。为突出《平安中国》宣传活动的权威性、影响力和政治高度，特别节目将以中央政法委、中央综治委、中央电视台的名义联合举办，届时将邀请中央领导同志及中央政法委、中央综治委领导同志出席。

2010《平安中国》主题宣传活动操作拟在6月份启动，7月份播出相关宣传片，7月至9月集中制作节目，国庆后陆续播出。

二、与中央电视台财经频道合作，协助办好《有法大家帮》栏目

《有法大家帮》是中央电视台财经频道成立后推出的一档周末法律咨询节目。每期节目时长80分钟。每期节目围绕一个主题，精选典型案例，邀请知名律师举案说法、以案析理。通过多种渠道与观众互动，用浅显易懂的语言为观众答疑解惑，以群众喜闻乐见的形式进行法制宣传。

今年《有法大家帮》节目拟在中央政法委、中央综治办等部门的指导下，举办一次全国性的法律援助活动，搭建起一个“普法、援助、调解”三结合的法律咨询服务平台。动员政法干部、律师、人民调解员等联合起来，为身处矛盾纠纷中的群众进行法律咨询和辅导；对生活贫困又面临法律困境的群众提供法律援助，及时将矛盾纠纷化解在基层，化解在萌芽状态。

本次活动将由全国百家律师事务所的千名律师和各地优秀的政法综治干部、调解员一同坐镇，集中围绕“婚姻家庭”、“财产分割”、“房屋买卖”、“子女抚养”、“劳动者权益”等方面的矛盾纠纷开展咨询与帮助。同时，还将宣传一批优秀政法综治干部、律师、调解员以及社会团体。通过介绍他们的先进事迹和工作方法，为政法战线、司法领域树立榜样。

《有法大家帮》节目活动拟于2010年8月27日启动，历时100天，于2010年12月4日“法制宣传日”结束，共制作16期节目。希望各地积极协助并提供宣传报道线索。

三、有关工作要求

中央领导同志、中央政法委领导同志高度重视此次集中宣传活动，中共中央政治局常委、中央政法委书记周永康亲自听取了相关活动的汇报，要求协助电视台组织好，落实好，争取最佳的宣传效果。各地一定要认真贯彻落实中央领导同志的指示精神，按照6月11日召开的“三项重点工作”宣传协调会上的部署要求，积极协助节目组策划好、组织好本地的宣传活动，并整合各种宣传资源，进一步扩大宣传面，增强宣传效果；要确定专人负责，加强与节目组的联系沟通，积极提供节目线索和宣传素材，力争将节目制作成站位高、立意深、亮点多、指导性强、群众爱看的精品，真正起到促进工作、宣传典型、发动群众的作用。在为节目组提供食宿、交通等方面保障的同时，要积极协调当地宣传、广电等有关部门在人力、物力及技术方面给予大力支持。各地集中宣传工作的进展情况请及时报中央政法委宣传教育指导室。

中共中央政法委员会办公室关于贯彻落实周永康同志重要讲话精神加快推进政法综治宣传手机信息系统建设的通知

(2010年12月8日)

各省、自治区、直辖市党委政法委、社会治安综合治理委员会办公室,新疆生产建设兵团党委政法委、社会治安综合治理委员会办公室:

近年来,中央领导同志和中央政法委高度重视互联网、手机等新兴媒体的发展变化,要求充分利用互联网、手机媒体传播主流信息,正确引导舆论。2010年8月13日,中共中央政治局常委、中央政法委书记周永康同志到《法制日报》社视察工作,并主持召开了政法宣传工作座谈会。周永康同志强调:"传播力决定影响力,要统筹各种资源,既建设好、运用好传统媒体,又建设好、运用好新兴媒体,构建功能互补、覆盖广泛、导向正确、便捷高效的传播体系"。

当前,手机等新兴媒体,已经成为政法综治宣传工作和政法意识形态领域对敌斗争的重要载体和阵地。为此,尽快建立起政法综治宣传手机信息系统,利用其覆盖广、传播快、受众易于接受的优势,强化政法综治宣传和舆论引导工作已经刻不容缓。

2007年,《法制日报》与中国移动合作推出手机报以来,在传播主流信息、正确引导舆论、提供法律服务等方面发挥了积极作用。今年以来,中央政法委高度重视手机媒体建设,在下发的《2010年政法综治宣传工作要点》(政法[2010]8号)中,明确提出依托现有《法制日报》手机报比较成熟的信息系统,进一步与中国移动通信部门合作,加快推进政法综治宣传手机信息系统建设。有关领导同志几次作出批示,要求在推广《法制日报》手机报工作中"抓好试点,逐步推开"。按照这一要求,经过有关方面共同努力,在提高《法制日报》手机报内容质量、扩大覆盖面方面做了一些工作,取得了一些成效。但是,也存在着一些问题:主要是有些地方仍没有认识到手机媒体在维护社会稳定和正确引导舆论方面所发挥的重要作用,没有认识到手机媒体已经成为意识形态领域对敌斗争的前沿阵地,工作主动性不够强,工作力度不够大,致使推广手机报的工作进展比较缓慢。

为加快推进以《法制日报》手机报为平台的政法综治宣传手机系统建设,特通知如下:

一、切实提高认识,加强组织领导

各地要认真学习领会周永康同志在政法宣传工作座谈会上的讲话精神,从维护社会和谐稳定,巩固政法意识形态领域阵地的高度;从加强政法综治宣传工作,增强政法战线传播能力的高度,高度重视政法综治宣传手机信息系统建设,主要领导同志要亲自过问,提出要求,狠抓落实。各地要指定专人负责此项工作,组织政法、综治及相关政法部门积极参与,加快推进政法综治宣传手机信息系统建设。同时,要给予必要的经费保障,确保工作顺利开展。

二、加强组织协调,努力扩大覆盖面

中央政法委和《法制日报》社已与中国移动通信集团公司多次沟通,并得到了中国移动通信集团公司的大力支持,各地也要主动加强与当地移动通信部门的沟通联系,结合当地实际,制定周密的工作方案和实施细则,加快推进各项工作。要树立大宣传、全覆盖的观念,积极协调各级政法综治部门,动员广大政法干警和综治工作人员及群防群治队伍,加入到政法综治宣传手机信息系统之中,努力扩大宣传覆盖面。

三、整合信息资源,确保信息畅通

为确保政法综治权威信息及时发布和法治动态资讯准确

高效,《法制日报》手机报将紧紧依托中央政法委、中央综治办和各地政法综治部门,整合政法综治系统报刊、网站等资源,进行全方位宣传报道。各地要结合实际,积极提供有价值的新闻稿件,以增强手机媒体信息的权威性、针对性和吸引力。

四、加强督查考核,确保工作落实

为加快推进以《法制日报》手机报为平台的政法综治宣传手机信息系统建设,确保各项工作落实,中央政法委、中央综治办将把各地推进政法综治宣传手机信息系统建设工作纳入年度工作考核,奖优罚劣,确保此项工作取得实效。

五、严格审批制度,确保导向正确

各地要制定严格的信息报送、发布审批制度,要确定专人负责,严格审核把关,确保信息安全和舆论导向正确。

相关工作推进情况请及时报中央政法委宣传教育指导室。

中共中央政法委员会办公室
关于充分利用《法制日报·社区版》
做好基层政法综治宣传工作的通知

（2010 年 11 月 29 日）

各省、自治区、直辖市党委政法委,社会治安综合治理委员会办公室;新疆生产建设兵团党委政法委,社会治安综合治理委员会办公室:

2010 年 8 月 13 日,中共中央政治局常委、中央政法委书记周永康视察《法制日报》,并主持召开政法宣传工作座谈会,周永康同志强调:要坚持党的群众路线、发扬实事求是的优良作风,把宣传干警、教育干警与宣传群众、教育群众有机结合起来,多用群众身边的事实、典型说话,多用群众易于接受的方式、语言说话,不断增强政法宣传工作的亲和力、吸引力、感染力。为贯彻落实周永康同志的重要讲话精神,进一步推动基层政法综治工作,推动社会治安综合治理各项工作措施在基层落实,经中央领导同志批准,中央政法委决定,由《法制日报》社创办一张以基层政法综治工作为主要报道领域,贴近基层、贴近群众的报纸《法制日报·社区版》。

《法制日报·社区版》将于明年 1 月创刊,这是全国第一份面向基层的政法综治类报纸。为了充分利用好这个平台,使之成为沟通政法综治工作、联系群众的桥梁和纽带,并通过《法制日报·社区版》,将政法综治宣传工作覆盖到乡村社区,现就有关问题通知如下:

一、充分认识办好《法制日报·社区版》对推动基层政法综治工作的重要意义,把协助办好这张报纸当成各级政法综治部门自己的一项重要责任,认真抓好落实。

二、在基层政法综治队伍中组建一支通讯员队伍,积极踊跃为《法制日报·社区版》提供稿件和信息。通讯员以市(县)、乡镇(街道)综治一线同志为主,每个省、自治区、直辖市发展 50－100 名左右。

三、为使《法制日报·社区版》进一步"贴近基层、贴近群众",请各地各推荐 5－10 个政法综治工作开展比较好的地区(含县级),作为《法制日报·社区版》的新闻联系点。

四、为扩大《法制日报·社区版》的影响力和覆盖面,请各地协助做好《法制日报·社区版》的组织订阅工作。主要订阅范围为各级特别是乡镇(街道)综治办公室;各综治成员单位;各农村村民委员会、城市社区居民委员会及所属综治工作站;各企业事业单位、社会团体中的综治治保和人民调解组织等。要将《法制日报·社区版》在基层阅报栏上公开张贴,供广大村(居)民阅读。

五、法制日报社应主动加强同各地政法综治部门的联系，切实把《法制日报·社区版》办成“反映和指导基层政法综治工作”，“贴近基层、贴近群众”的报纸。

附件：《法制日报·社区版》通讯员管理办法

附件：

《法制日报·社区版》通讯员管理办法

为扩大稿件来源和信息渠道，拓宽报道领域，使报道更加贴近实际、贴近生活、贴近群众，特制定本办法。

第一条 《法制日报·社区版》（以下简称《社区版》）通讯员是《社区版》编辑部聘任的新闻通讯员，负责撰写新闻稿件、提供新闻线索、协助开展品牌推广，以及完成编辑部交办的其它有关工作。

第二条 《社区版》通讯员应为具有公务员或企事业单位、社会团体正式工作人员身份，主要从事政法、综治、宣传、保卫、法律、人民调解等相关工作的人员。

第三条 《社区版》通讯员必须坚持党的四项基本原则，作风正派，热爱法制新闻报道，有一定的写作能力和社会活动能力，能够完成通讯员的职责任务。

第四条 聘任《社区版》通讯员须履行如下手续：被推荐人填写登记表（可从《法制网》下载）；地市级以上政法委或综治办审核推荐；《社区版》编辑部核准备案，并在《法制网》向社会公布。

第五条 《社区版》通讯员由编辑部和负责审核推荐的政法或综治部门共同管理。

第六条 《社区版》通讯员应按照编辑部各阶段的报道重点和报道要求，及时提供本地区、本部门的报道线索、新闻信息和新闻稿件，严格遵守新闻宣传纪律和相关管理规定，不得以通讯员的名义从事职责以外的其它活动。

第七条 《社区版》通讯员原则上只限于在本单位、本部门、本系统或本行业履行职责。

第八条 《社区版》通讯员采写新闻稿件，必须坚持正确的政治方向，真实、准确；采写重要稿件、批评稿件须经所在单位审查核准。

第九条 《社区版》通讯员发至编辑部的稿件，未被采用一般不予退稿；投稿满一个月未被采用的，可向其它新闻单位投稿。

第十条 《社区版》通讯员采写的稿件一经见报，报社按规定发放稿酬。

第十一条 《社区版》通讯员采写的稿件参加优秀稿件评选，其中特别优秀的稿件还可参加全国好新闻评选。编辑部不定期举办优秀稿件和优秀通讯员评比活动，对评选出来的优秀稿件予以奖励，对优秀通讯员进行表彰。

第十二条 《社区版》建立新闻联系点制度。《社区版》将在新闻资源和工作条件较好的地方建立新闻联系点，作为报社采编人员的实践基地。对联系点的稿件，《社区版》将优先采用。

第十三条 为了提高通讯员队伍的业务水平，《社区版》编辑部将采用各种形式，对通讯员进行业务培训。

第十四条 对于有违规行为或撰写有问题报道的通讯员，编辑部视情节轻重给予批评教育，直至取消其通讯员资格；对严重违法违纪者，提请其所在单位或当地司法机关严肃处理。

因通讯员个人不当行为给他人造成损害的，通讯员个人应当承担法律责任。

第十五条 本办法自2011年1月1日起施行。

中央社会治安综合治理委员会办公室关于开展2009年度全国社会治安综合治理优秀新闻作品评选活动的通知

（2010年2月1日）

各省、自治区、直辖市社会治安综合治理委员会办公室、新疆生产建设兵团社会治安综合治理委员会办公室、中央社会治安综合治理委员会各成员单位，中央有关新闻单位：

按照《全国社会治安综合治理工作要点》的要求，中央社会治安综合治理委员会将继续开展社会治安综合治理优秀新闻作品评选活动。2009年度全国社会治安综合治理优秀新闻作品征集工作即将开始，请严格按照"2009年度全国社会治安综合治理优秀新闻作品评选办法"有关规定，切实加强领导，严格把关，认真组织好初评工作。

附件：1. 2009年度全国社会治安综合治理优秀新闻作品评选办法

2. 2009年度全国社会治安综合治理优秀新闻作品评选参评作品数额分配方案

3. 全国社会治安综合治理优秀新闻作品推荐目录（略）

4. 全国社会治安综合治理优秀新闻作品推荐表（略）

5. 摄影作品推荐表（略）

附件1：

2009年度全国社会治安综合治理优秀新闻作品评选办法

一、评奖宗旨

全国社会治安综合治理优秀新闻作品评选活动，旨在反映各地政法综治战线取得的新成绩，引导媒体和新闻宣传工作者弘扬主旋律，为促进社会和谐稳定营造良好的舆论氛围，不断推动社会治安综合治理和平安建设的深入开展。

二、参评资格

参评作品必须是有全国统一刊号的报刊，经国家正式批准的广播电台、电视台，经国务院新闻办公室批准的由新闻宣传主管部门和新闻单位主办的具有登载新闻业务资质的新闻网站及各地政法、综治部门网站（不含网络版、电子版），原创并在年度内首次刊播的新闻作品。

三、评选项目和基本要求

全国社会治安综合治理优秀新闻作品评选设五大类14个评选项目。

（一）报刊作品参评项目（简称报刊）：

1. 消息：以简要文字迅速报道新闻事实的新闻作品。每篇字数限制在1000字以内。

2. 评论：对社会关注的新闻事件、热点话题、社会现象等进行事实分析和说理的新闻作品。包括社论、评论员文章、署名时评等，不包括杂文和系列评论。每篇字数限制在2000字以内。

3. 通讯：用多种表现手法对新闻人物、事件等进行深入报道的新闻作品。包括深度报道、解释性报道、调查性报道、新闻特写、新闻综述等。每篇字数限制在4000字以内。

4. 系列、连续和组合报道：系列报道是指围绕某一主题或已经发生的新闻事件所做的多角度、多侧面、多层次、多方式报道；连续报道是指围绕正在发生的新闻事件连续刊发的"跟踪式"报道；组合报道是指围绕同一主题、现象、人物、事件在同期同一版块内刊发的不同体裁的多篇报道。本评选项目不包括系列评论、系列文章和专栏的系列作品。平均单篇作品字数限制在2000字以内。

刊播时间跨年度的系列报道和连续报道以结束作品刊播年度为准。参评的系列、连续报道要求报送开头、中间、结尾部分各1篇代表作；组合报道选择不超过3件代表作。

（二）广播电台（简称广播）、电视台（简称电视）作品参评项目：

1. 消息：定义同报刊类项目。每条时长限制在4分钟以内。

2. 评论：定义同报刊类项目。包括以评论为主的述评性节目。每条时长限制在15分钟以内。

3. 新闻专题：从不同角度报道、分析同一新闻事件、新闻人物、社会现象的广播电视新闻作品。包括深度报道、解释性报道、调查性报道、新闻特写、新闻综述等。每件作品时长限制在45分钟以内。

4. 系列、连续和组合报道：定义同报刊类项目。平均单件作品时长限制在8分钟以内。

5. 新闻访谈节目：主持人与嘉宾就公众关注的新闻人物、新闻事件和热点话题进行讨论的谈话节目和新闻人物访谈节目，要求主持人与嘉宾现场交流谈话占整个节目时长不少于2/3。节目时长限制在1小时以内。

6. 新闻现场直播：与重大新闻事件的发生和发展同步播出，集现场报道、背景介绍与事态分析等于一体的新闻节目。要求必须以自采新闻现场音像信号为直播主体，采用音像资料的时长不超过整个节目时长的1/3。不包括纪念会、报告会、文艺演出、工程庆典、剪彩仪式、活动开幕式和以演播室直播谈话等为主体的节目。

（三）网络新闻作品参评项目（简称网络）：

1. 新闻评论：新闻网站首发的原创评论。字数限制在2000字以内。

2. 新闻专题：用图片、文字、音视频、Flash等多媒体手段和多种新闻体裁，从不同角度全面报道同一新闻事件或同一新闻主题的作品，页面层次结构不少于两层。

3. 新闻访谈：主持人与嘉宾就公众关注的新闻人物、新闻事件或热点话题进行讨论的在线访谈作品，主持人与嘉宾现场交流谈话内容不少于作品2/3。

（四）新闻摄影（简称摄影）：

报刊和新闻网站首发的新闻摄影作品。

（五）参评作品的署名：

1. 参评作品的作者均以刊播时的姓名、人数、排序为准。

2. 系列、连续和组合报道以代表作刊播时的姓名、人数、顺序为准。刊播时署名超过3人或未署名的作品视为"集体"署名。参评作品的编辑必须是该作品的一位责任编辑。

3. 广播、电视新闻访谈、新闻现场直播主创人员署主编、编导、主持人等姓名；网络专题主创人员署策划组织人员和主要责任编辑等人员姓名，超过6人的署"集体"。

四、评选标准

（一）总标准

1、参评作品应与2009年社会治安综合治理和平安建设的各项工作有关。

2. 参评作品应符合宪法和法律，符合党和国家的方针政策，坚持正确的舆论导向。

3. 参评作品内容真实，报道及时，主题鲜明，特色突出，语言生动，制作精良，感染力强，为人民群众所喜闻乐见。

4 在全部获奖名额中，报刊类超长作品不得超过2个；广播、电视、网络超长作品每类不得超过1个。

（二）各项评选标准

1. 消息要求时效性强，语言文字简明扼要，表述准确，逻辑清晰，有完整的新闻要素。

2. 评论要求观点鲜明，论点正确，论据准确，分析深刻，论述精辟，论证有力。网络评论要求具有鲜明的网络特色。

3. 通讯要求主题鲜明，材料典型，事实准确，结构合理，语言生动，描写有细节，评议、刻画到位，感染力强。

4. 报纸、广播、电视的系列、连续和组合报道要求主题鲜明,结构完整,报道全面,有深度。

5. 新闻摄影作品要求现场抓拍,表现力强,图像清晰,标题准确,文字说明新闻要素完整,文字简洁。

6. 广播电视新闻专题要求主题鲜明,材料典型,事实准确,结构合理,语言(声音、画面)生动,有细节,有深度,音响、画面运用得当,有感染力。

7. 广播、电视、网络新闻访谈要求选题恰当,时效性强;嘉宾有代表性、权威性;谈话主题集中,脉络清晰,结构完整;语言简洁生动流畅准确;主持人提问、转承自然得当,对现场节奏把握适度;背景资料运用得当。

8. 广播、电视新闻现场直播要求选题重要,策划周密,迅速准确地采集与传播新闻现场信息,导播调度合理,主持应变机敏,音质画面清晰。

9. 网络专题要求主题得当,特色鲜明;容量大、采集广、更新快;交互性强、表现形式多样;页面结构清晰、逻辑分明、布局合理,页面设计新颖美观,富有特色,达到内容与形式完美统一。

五、设奖数额

设奖数额为参评作品总数的25%,一等奖、二等奖和三等奖的比例为1:2:4。

六、报送要求

(一)各推荐单位报送参评作品中,须填写1份《全国社会治安综合治理优秀作品推荐目录》(附件3),同一项目2件以上参评作品,按照初评结果顺序填写。推荐参评作品数额不得超过"附件2"规定的分配数额,如有违反,评选办公室将按《推荐目录》的顺序撤下排在后面的超额作品。

(二)参评作品文字材料的打印件及复印件均用A4复印纸。

1. 每件参评作品须报送文字材料(具体套数见后),装订顺序为1份推荐表(附件4)和1份作品文字稿(报刊类作品要求是剪报的清晰复印件;广播、电视类作品请报送完整文字稿;网络评论作品要求是当前页面的打印件、专题作品要求是首页及3件代表作的打印件、访谈作品要求是在线访谈全部页面的打印件;摄影类作品用摄影作品推荐表(附件5)。广播、电视类文字稿用WORD格式,标题字体用14号黑体加粗,居中;小标题为12号宋体加粗,居中;正文字体为12号宋体。推荐表内填报文字为12号宋体。

2. 系列报道和连续报道须在开始、中间、结尾三部分中各选1篇代表作;组合报道选择不超过3件代表作,并附1000字以内报道内容简介,完整的作品目录和刊期。

3. 外文和少数民族语言文字媒体参评作品,按原文适用《评选办法》有关项目的字数、时长规定。每套文字材料须在原文稿后附1份完整准确的中文译稿。

(三)格式标准

各推荐单位均须报送1套刻录在光盘上的电子文本,包括推荐目录、各个项目作品推荐表、广播电视作品完整文字稿,各省、自治区、直辖市综治办,新疆生产建设兵团综治办还须将组织初评工作的情况同时刻录到该光盘上。

1. 报刊类:报15套文字材料,参评作品须报送1份完整样报。

2. 广播、电视类:报10套文字材料,并将原版播出作品复制为适用于DVD机播放的光盘,每张盘只录1件参评作品。

广播电视类评论、专题、系列(连续、组合)报道原作有片头、片尾的,须把片头、片尾完整刻录在光盘上。

3. 网络类:报5套文字材料,每件参评作品须报送1张能够离线浏览参评作品网上页面的光盘。评论要求为参评作品所在网页;专题要求含所在网站或频道的页面、专题首页和3件代表作的网页;新闻访谈要求含在线访谈全部内容的网页(视频作品须附视频数据)。

4. 摄影类:须报3套文字材料,参评作品须发表原件1份,原片洗印件1份(一律为8英寸,用硬卡纸装裱,规格见附件5),并将原片刻录成光盘一并上报,每张照片不能低于1.5M,同一推荐单位参评的所有摄影作品可刻录在1张光盘上。

(四)寄送要求

1. 所有参评作品材料请用特快专递邮寄,以免延误或丢失。

2. 报送时间为2010年4月10日至4月30日。以邮戳为准,逾期不报视为自动弃权。

3. 寄送地址(略)

七、评选程序

1. 各省(区、市)综治办、中央综治委各成员单位和中央有关新闻单位负责进行社会治安综合治理优秀新闻作品的初评,并按“附件2”规定的分配数额,将入选作品报送全国社会治安综合治理优秀新闻作品评选办公室。

2. 全国社会治安综合治理优秀新闻作品评选办公室聘请有关专家组成复评专家组,分5个小组进行评选,即报刊组、广播组、电视组、网络组和摄影组。

3. 全国社会治安综合治理优秀新闻作品定评委员会评委由中央社会治安综合治理委员会办公室聘请有关领导、专家担任。复评专家将评出的候选篇目交定评委员会,由定评委员会评委审评后确定获奖作品。

4. 全国社会治安综合治理优秀新闻作品评选办公室正式公布获奖结果,并向获奖者颁发证书和奖金。

5. 中央社会治安综合治理委员会享有获奖作品的使用权,评选办法解释权归中央社会治安综合治理委员会办公室。

附件2:

2009年度全国社会治安综合治理优秀新闻作品评选参评作品数额分配方案

报刊、广播、电视三类每类至少各报送1件消息,最多各报送1件系列(连续、组合)报道,如不报送消息,则名额作废。网络作品至少报送1件评论,否则名额作废。

各省(区、市)及新疆生产建设兵团综治办力求多推荐本地媒体刊(播)的作品,推荐的参评作品中,中央媒体刊(播)作品的数量不能超过参评总量的1/4。

一、中央综治委成员单位各推荐作品篇(件):

报刊3　广播2　电视2　网络2　摄影2

二、各省、自治区、直辖市及新疆生产建设兵团综治办各推荐作品篇(件):

报刊5　广播2　电视2　网络2　摄影2

三、人民日报、新华社、法制日报、长安杂志各推荐作品篇(件):

报刊4　网络3　摄影4

四、光明日报、经济日报、人民法院报、检察日报、人民公安报各推荐作品篇(件):

报刊3　网络3　摄影3

五、解放军报、科技日报、中国日报、工人日报、农民日报、中国青年报、中国妇女报、中国新闻社各推荐作品篇(件):

报刊2　网络2　摄影2

六、中央人民广播电台推荐作品篇(件):

广播4　网络3

七、中国国际广播电台推荐作品篇(件):

广播2　网络2

八、中央电视台推荐作品篇(件):

电视4　网络3

附件3:全国社会治安综合治理优秀新闻作品推荐目录(略)

附件4:全国社会治安综合治理优秀新闻作品推荐表(略)

附件5:摄影作品推荐表(略)

中央社会治安综合治理委员会办公室关于通报2009年度全国社会治安综合治理优秀新闻作品评选情况的通知

（2010年7月8日）

各省、自治区、直辖市社会治安综合治理委员会办公室，新疆生产建设兵团社会治安综合治理委员会办公室，中央综治委各成员单位，中央新闻单位：

2009年度全国社会治安综合治理优秀新闻作品评选工作顺利完成。现将有关情况通报你们，请结合实际总结经验，进一步做好政法综治宣传工作。

2009年度全国社会治安综合治理优秀新闻作品评选情况

一、评选工作的基本情况

2010年1月，中央社会治安综合治理委员会办公室下发《关于开展2009年度全国社会治安综合治理优秀新闻作品评选活动的通知》后，各地各部门和中央综治委成员单位及中央新闻单位按照《通知》要求，精心组织评选工作，推荐了一大批参评作品。据统计，此次评选活动共收到全国31个省、自治区、直辖市和新疆生产建设兵团，19家中央综治委成员单位和有关部门及中央新闻单位报送的参评作品450件，其中，报刊作品199件，电视作品81件，广播作品65件，摄影作品57件，网络作品48件。

为确保评选活动高质量、高标准、高效率，切实做到严格公平公正，评选办公室邀请了长期从事政法综治宣传和新闻传播工作的学者和专家，组成复评专家组，对参选作品进行认真评选。经复评专家组充分讨论和投票决定，将评出的候选作品交定评委员会，经定评委员会评委评定，共评选出143件优秀新闻作品。其中，报刊64件，电视作品28件，广播作品23件，摄影作品16件，网络作品12件。

据统计，本届评选活动中，浙江省政法委报送的作品获奖最多，有7件；新华社、上海市政法委报送的作品有6件获奖；首都综治办、江苏省政法委报送的作品有5件获奖；最高人民检察院、法制日报社、人民法院报社、重庆市政法委、广东、广西自治区、新疆自治区综治办报送的作品有4件获奖。根据各地各部门和新闻单位组织评选工作和参评作品获奖情况，评委会提出，授予新华社、浙江省政法委、上海市政法委、首都综治办、江苏省政法委、重庆市政法委、广东省综治办、广西自治区综治办、新疆自治区综治办、河北省综治办、四川省综治办、安徽省综治办等12个单位组织奖。

二、评选工作和参评作品特点

（一）从评选组织工作看，各地、各有关部门高度重视，切实把做好综治好新闻评选活动作为宣传社会治安综合治理、深化平安建设的重要措施，按照“严格把关、确保质量”的要求，精心组织实施，狠抓措施落实，认真做好政法综治优秀新闻作品评选和推荐工作。

北京、河南、浙江、广东、重庆、贵州、新疆等地成立了由综治办、党委宣传部、新闻工作者协会和主要新闻单位的负责同志、专家组成的评委会，设置了专门的评选办公室，制定具体方案，进一步明确了作品内容、评选范围、方法步骤和工作要求；上海、江苏、山东、四川、安徽、黑龙江、辽宁等地积极与宣传部门、新闻单位联系沟通，立足基层，紧密围绕社会治安综合治理和平安创建工作的亮点，全面收集反映当地特色的综治优秀新闻作品，确保了参评作品的质量；河北、湖北、江西、福建、广西等地把评选活动作为深化平安建设宣传、推动平安建设工作的一项重要内容，将评选活动纳入社会治安综合治理工作年度考核范畴，有力促进了评选工作的有序开展。同时，中央综治委各成员单位和有关部门及中央新闻单位亦高度重视评选工作，将初评工作纳入重要工作日程，确定专人严格筛选，认真填报推荐意见，严格按时间要求选送作品。

（二）从参评及获奖作品看，此次综治优秀新闻作品紧紧围绕平安建设和政法综治中心工作，坚持正确的舆论导向，切实做到了主题突出、内容丰富、形式多样、体裁广泛，总体质量较往年有了一定的提高。

一是捕捉政法综治工作新亮点，弘扬平安建设主旋律，做到主题突出，内容丰富。参评作品能紧紧围绕2009年政法综治和平安建设工作，从不同角度生动反映各地各部门贯彻落实中央和地方党委关于加强综治和平安建设的决策部署情况以及工作成效。电视作品《守护平安》是为了配合四年一度的全国社会治安综合治理工作表彰会而特别制作的节目，同时也是2009年《平安中国》项目正式启动的开篇之作。此节目紧密围绕"如何化解基层矛盾"和"如何解决人口流动带来的治安难题"这两个核心议题，邀请了中央社会治安综合治理委员会办公室主任陈冀平以及山东、江苏、陕西、上海、天津等地的领导及基层民意代表，就解决办法进行现场讨论，献计献策，来自基层的中心户长、流动人口代表、老乡警察、民间调解高手等嘉宾带来的故事和经验让现场观众深受感动。反映预防青少年违法犯罪的《为太原市率先在全国29个省会城市建立"未成年人犯罪前科消灭制度"喝彩》、反映专项整治工作的《打击手机涉黄，甘肃在行动》、反映流动人口管理工作的《中山流动人员享受同等国民待遇》、反映化解社会矛盾和创新社会管理的《无锡在全国率先立法出台刑事被害人特困救助条例》等广播作品，全面宣传了社会治安综合治理各项工作的丰硕成果。在摄影作品中，既有反映基层群防群治工作的《百间楼警务室的"吉祥三宝"》，又有反映矛盾纠纷排查调处工作的《成功调解房屋买卖合同纠纷案》、《大调解："冤家"握手言和记》。网络专题《深入贯彻落实全国政法工作会议精神》，对深入推进社会矛盾化解、社会管理创新、公正廉洁执法三项重点工作进行了深度解读，将各地学习贯彻落实会议精神的进展动态消息、省级政法委书记的访谈和法制网记者采写的大量反映三项重点工作的典型经验报道集纳整合，全面、翔实地反映了政法综治领域掀起贯彻落实全国政法工作会议精神的新高潮。

二是注重挖掘身边人、身边事，报道视角始终投向基层，突出以人为本，典型带路。许多作品深入生活，深入群众，关注基层，关注民生。全国各地选送的81件电视作品中，直接报道基层单位工作经验、基层人物先进事迹的占九成以上，其中反映人性化执法的共有35件。《为了松赞林寺的安宁》选择了迪庆藏区一个服务和管理特殊群体的基层派出所作为切入点，反映了尼旺宗派出所民警亲情化的服务和柔性化的执法，见证了和睦融洽的僧警关系；《婆婆、媳妇和大姑》把一个家庭中三个女人间的纠纷搬上了荧屏，记者跟踪拍摄长达一个多月，以大量的现场调解实况、生动的生活细节宣传了基层人民调解员在维护基层稳定，促进社会和谐方面所发挥的重要作用。报刊作品《基层民警刘祖明》以暗访调查、当面出题、临时突访等形式，站在局外第三方立场，对刘祖明进行全方位考量，还原了一名基层民警分万家忧、解万家愁、连万家心的先进人物形象；《宣武84个社区有了法律服务所》反映宣武区司法局在社区建立法律服务所，为社区群众提供无偿法律咨询、维权调解，免费或者低价的法律援助、诉讼代理等服务，践行"司法为民"的新思维、新亮点。广播作品《中山流动人员享受同等国民待遇》反映中山市加快户籍制度改革，积极探索积分制管理，解决外来务工人员入户、入学的问题，让流动人口享受到实实在在的服务。摄影作品《大墙内的特殊团聚》，报道了为做好一名杀人犯的思想工作，监狱民警将犯人的改造生活拍成短片，送到家中给他的亲人观看，并动员老母亲和幼子到监狱，通过亲情感化使犯人重新建立对生活的信心，彰显了监狱的人性化管理。

三是创新新闻报道形式，可读性可看性明显增强，作品特色突出，制作精良。许多作品注重现场报道，编排新颖，语言生动，感染力强，力求达到新闻与艺术的统一，为人民群众所喜闻乐见。电视作品《“直击斑马线”特别报道》集合现场报道、新闻背景与链接、演播室分析、评论员短评等多种形态，组织北京、上海、广东等二十多家地方电视台、央视欧洲和北美记者站及五家网络媒体参与，形成国内、外“斑马线文明”主题的整体、纵深报道。节目中既有记者在斑马线的现场体验，又有拍摄到斑马线上车辆与行人抢行、行人违章的细节，还有群众关心的热点话题的深度讨论，对斑马线上的各类不文明事件和现场进行了大规模、集中的梳理和观察报道，呼吁全社会关注交通文明，具有很强的时代意义和社会意义。广播作品《“打黑除恶”先进事迹系列报道》详实记录了10名“打黑除恶”专项行动的先进人物和群体，穿插有一线记者与现场的连线，节目形式灵活、音响丰富、交互感强，多角度、全方位地展现了英雄们背后的艰辛故事。网络作品《六名基层公安局长把脉警民关系难点痛点》，以访谈的形式，通过与六名县级公安局长的对话，回答了“当前构建和谐警民关系最大的障碍是什么”“您眼中的和谐警民关系是什么样”“怎样才能构建和谐的警民关系”等网民普遍关心的问题。访谈的内容既平实可信，又亮点频频，同时，页面结构清晰、逻辑分明、布局合理，页面设计新颖美观，富有特色，有很强的可读性和感染力。

三、存在的主要问题

一是个别地方和单位评选组织工作不力。个别地区和单位对评选工作不够重视，初评工作流于形式。主要表现在：报送的作品没有推荐意见或填写推荐意见不认真，有的没盖章，个别地方没有上报初评总结，有的没有报送推荐作品目录的电子版，甚至出现了报送的作品与推荐目录不符的现象，有的广播电视作品没有文字稿，光盘无法审听、审看，有的网络专题作品没有首页及3件代表作的打印件，有的摄影作品没有报送照片的电子版，个别地方只报送了电视作品，报刊、广播、摄影、网络作品都没有报送，有的甚至没有经过初评，直接将各地市选送的作品上报，给复评工作增加了难度。

二是部分作品在深入挖掘社会治安综合治理工作内涵，表现社会治安综合治理工作发展方面仍有欠缺。相当一部分作品反映问题粗浅，重大体裁作品量少质差，与一年来社会综合治理工作取得的成绩不成比例，不能在新闻作品中完全展现综治工作的发展，显得比较零散。部分报刊作品缺少对政法综治工作深层次的思考，就事说事，就工作说工作，缺少贴近生活、贴近基层、直面热点、内涵深刻的精品。电视作品中，没有一件四川的灾后重建、新疆7·5事件后维护民族团结的先进事迹等全国关注的重大事件；广播作品虽有重大事件、重要题材的报道，但作品过于宏观，不能找准报道的切入点，报道没有深度；有的摄影作品表现形式陈旧，言“群防群治”必是老人戴着红袖标巡逻的画面。

三是地方主流媒体作品数量偏少。在评选过程中，我们发现，各地虽然能够按照要求，限制了刊播在中央媒体上作品的推荐数量，大部分都推荐了市级媒体的稿件，有的甚至是县级媒体的稿件，几乎没有省级主流媒体刊播的作品，暴露了地方在初评阶段省级主流媒体报送渠道不畅的问题。

希望有关部门和单位对上述问题给予重视，在今后的工作中加以改进。

附件：2009年度全国社会治安综合治理优秀新闻作品

附件：

2009年度全国社会治安综合治理优秀新闻作品

报刊类(64件)				
体裁	题　目	作　者	刊播单位	推荐单位
特等奖(2件)				
评论	全力做好新中国 成立六十周年大庆安保工作 维护国家安全和社会稳定	赵海啸　要建春	长安杂志	长安杂志社
评论	加强基层基础建设 维护社会和谐稳定	裴智勇	人民日报	人民日报社
一等奖(10件)				
通讯	构建"一站式"矛盾纠纷化解格局	孙　妍　潘科峰	人民公安报	人民公安报社
通讯	市场机制用得活综合治理赢得多 临沂创新机制促社会和谐稳定纪实	吴　怡　余东明	法制日报	法制日报社
消息	落实宽严相济刑事政策增强量刑 公开性和透明度—— 量刑规范化试点今起全国开展	王银胜　杜中杰	人民法院报	人民法院报社
通讯	"平安江苏"的数字解读	赵海啸　陈劲松 陈　旭　王志高	长安杂志	长安杂志社
系列报道	手机网络扫黄	隋笑飞　邹　伟 璩　静　刘菊花	新华社	新华社
通讯	为了更好地履职	吴　兢 宋　伟 裴智勇	人民日报	人民日报社
通讯	认准"代理员"　不再"找大官"	柴春元　吴晓杰 徐盈雁　杨莉洁	检察日报	河北省综治办
系列报道	大调解的"广安模式"	曾　燕　麻蓉生 鞠天敬　文治华	四川法制报社	四川省综治办

续表

报刊类(64件)				
体裁	题　目	作　者	刊播单位	推荐单位
一等奖(10件)				
系列报道	基层民警刘祖明	集体创作	常州晚报	江苏省政法委
通讯	933名和事佬就地化解矛盾纠纷	陈东升　马岳君	法制日报	浙江省政法委
二等奖(15件)				
通讯	平安大喇叭能顶一支联防队	贾宝元　任东杰	法制日报	法制日报社
组合报道	"老病残"背后的法与情	马守敏 赵　刚　聂敏宁	人民法院报	人民法院报社
通讯	高墙里的"阳光四重奏"	肖　荣　周泽春 吴申申　张　瑞	检察日报	最高人民检察院
通讯	刑事和解:社会能否理解	王宁江 张　蕾　李　斌	北京晚报	最高人民检察院
评论	愿红头文件不再"雷人"	王比学　白　龙	人民日报	人民日报社
通讯	谁来监管危险的"真空"	孙志敏 丁秀玲　宋传波	威海晚报	山东省综治办
通讯	传承亮剑精神—— 解读六十六团应急民兵维稳情结	张玉娟 王绪东　罗　辉	伊犁垦区报	新疆生产建设兵团综治办
通讯	200余天"全线出击" 打造平安和谐城市	刘春帼 刘　洋　余　虎	重庆日报	重庆市政法委
通讯	新机制催生"和谐路"	吴亚鹏　宋仁磊	贵阳日报	贵州省政法委
通讯	入狱第一天——新华社记者对话 杭州"5·7"飙车案	余靖静　方益波	新华社	浙江省政法委

续表

报刊类(64件)				
体裁	题　目	作　者	刊播单位	推荐单位
二等奖(15件)				
通讯	垃圾堆里找出一吨现场物证	赵　芳　刘青霞	乌鲁木齐晚报	新疆自治区综治办
消息	让生活更具有安全感	郭　金 王学军　李树德	今晚报	天津市综治办
消息	一个“针眼”穿起十几条维稳线	缪毅容　简工博	解放日报	上海市政法委
系列报道	大学生结梯救人	集体创作	楚天都市报	湖北省政法委
系列报道	东方市“感城事件”	赵　红　梁振君	海南日报	海南省综治办
三等奖(37)				
通讯	金融危机下的司法应变	张米扬 杨维汉　崔清新	新华社	最高人民法院
通讯	本次争议没有定论	张明军　王一帆 余华梁　钱晓虎	解放军报	解放军报社
评论	打击“黄牛” 眼睛不能只盯利益链条的末端	刘文宁　琳　琳	工人日报	工人日报社
消息	5300余名刑释人员带着证书走	吴　怡　李光明	法制日报	法制日报社
通讯	小镇试验“小政府大社会”	孙艳敏　李英华	检察日报	检察日报社
通讯	让百姓微笑　保大地平安	何春中	中国青年报	中国青年报社
通讯	宝贝回家： 一股不可忽略的反拐力量	史玉根　王春霞	中国妇女报	中国妇女报社
通讯	“大走访”爱民实践活动 见证警民鱼水情深	马立群　许跃芝	经济日报	经济日报社
通讯	办理一次案件　服务一次民生	袁　祥　胡　坡	光明日报	最高人民检察院

续表

报刊类(64件)				
体裁	题　目	作　者	刊播单位	推荐单位
三等奖(37件)				
通讯	几个不一样—— 福州市鼓楼区综治工作拾零	要建春　姜　楠	长安杂志	长安杂志社
消息	集中清理“骨头案” 推动破解“执行难”	谢　良 陈　菲　杨维汉	新华社	新华社
消息	同心禁毒10年终摘帽	陈永峰 张　靖　铁志平	新消息报	宁夏自治区 综治办
评论	增强推动发展和促进长治久安的 责任感	唐大山	西藏日报	西藏自治区 综治办
通讯	半夜遇见三头牛	段君伟 姚广强　王建芳	河南法制报	河南省综治办
通讯	宣武84个社区有了法律服务所	巩　峥 陈　虹　何晓红	北京日报	首都综治办
通讯	撑起“护农”伞 农民笑开颜	王雪梅　宋海英 王英杰　文天心	黑龙江日报	黑龙江省 政法委
通讯	福鼎模式求索医疗纠纷调处新路	李向娟　李　珂	福建日报	福建省政法委
通讯	沈阳信访大厅　集中办公解民忧	何　勇	人民日报	辽宁省综治办
消息	判有定法调无常规	孟银凤　田建平	山西日报	山西省政法委
通讯	11亿元赌球案背后的“网赌江湖”	郭茂英 李忠运　贾瑞君 李　明　扈炳刚	大众日报	山东省综治办
通讯	学校里有了警务特派员	马文清　曲　直	西部法制报	陕西省综治办
通讯	从毒雾缭绕到朗朗乾坤	石代学　张剑强	甘肃法制报	甘肃省综治办

续表

报刊类(64件)				
体裁	题　目	作　者	刊播单位	推荐单位
三等奖(37件)				
通讯	全国首创“治安承包”陷入窘境	王新宇　许忠德	安徽法制报	安徽省综治办
通讯	构建共赢的沟通平台	曹永学	河北法制报	河北省综治办
通讯	围绕难点热点探索司法对策	罗华山 李云超　金　晶	贵州日报	贵州省政法委
通讯	厅长问计“平安村”	王立新 张　辉　赵联洗	吉林日报	吉林省综治办
通讯	“万比零”是怎样演绎出来的	李光华　徐　荣 陈冠军　李灿辉	湖南日报	湖南省综治办
系列报道	叫嚣:撞死人大不了赔钱	骆丽华　漆卫国 何　杰　钟　勇 冯　斐　刘　稳	湛江晚报	广东省综治办
连续报道	西湖野导恶势力倾向决不容忍	刑志军 顾　乡　刘兆亮 严　峰　何　欣	都市快报	浙江省政法委
通讯	新航驿站,让浪子找到回家路	刘松明　宋宁华	新民晚报	上海市政法委
通讯	“公调对接”为了案结事了	高子民　杨占鹏	赤峰日报	内蒙古自治区综治办
通讯	元钱的效用	徐宝祥　杨连武 杨品福　杨　宏	云南日报	云南省综治办
通讯	一岗挑起两个“第一”	李　萍　罗　侠	广西日报	广西自治区综治办
消息	76万条短信连起大墙内外	孙启明　刘　莉	今晚报	天津市综治办
消息	省信访局大楼迁来“行政复议处”	常　鑫　黄　辉	法制日报	江西省综治办
通讯	讨薪之变	叶　伟	江南都市报	江西省综治办

续表

报刊类(64 件)				
体裁	题　目	作　者	刊播单位	推荐单位
三等奖(37 件)				
通讯	市民于葆林街头勇斗劫匪牺牲	谷岳飞　裴　睿	扬子晚报	江苏省政法委
电视类(28 件)				
体裁	题　目	作　者	刊播单位	推荐单位
一等奖(3 件)				
系列报道	“宝贝回家”系列报道	武　伟 曹　岩　刘美佳 宋小勇　李雪荣	中央电视台	中央电视台研究所
新闻访谈	守护平安	刘云茹　孙寒梅 谭　婕　郭　洁	中央电视台	广电总局
专题	血泪悲歌——重特大交通事故警示录	张丽华　姜元超	北京电视台	首都综治办
二等奖(8 件)				
现场直播	“直击斑马线”特别报道	王　蓉　吴　菂 蔡　蕊　陶　郎 冯建平　李　宇	中央电视台	中央电视台研究所
系列报道	岁末消防大督察:忧大于喜	崔丽鑫 王　兵　宋小勇	中央电视台	公安部消防局
系列报道	医托诈骗行径大起底	集体创作	湖南电视台	湖南省综治办
专题	老难题的新解法	沈华刚	中央电视台	浙江省政法委
专题	爱在危急时刻	侯　朴　王灵杰 尹　斌　王　强	乌鲁木齐电视台	新疆自治区综治办
专题	婆婆、媳妇和大姑	贺璟岚	SMG 新闻综合频道	上海市政法委
专题	为了松赞林寺的安宁	张　虎　李　扬	云南电视台	云南省综治办

续表

电视类(28 件)				
体裁	题 目	作 者	刊播单位	推荐单位
二等奖(8 件)				
系列报道	6·10 全国特大贩婴案	范 莉 张 青 邱 惠 佟占军	湖北省 广电总台	湖北省政法委
三等奖(17 件)				
专题	一级防控	杨燕怡 金海英 白 敏	中央电视台	广电总局
专题	严打假冒军牌	刘庆生 尹若亮 王兆兵	中央电视台	解放军总政治部
专题	“虚假注册,中介获罪”第一案	杨 广	武汉电视台	最高人民检察院
消息	开学第一课:安全进校园 关爱生命每一天	唐雁楠 张晓瑜	中国教育 电视台	教育部
专题	大山深处的法制宣传员	张泉惠 孔 峥 王 斌 蔡国忠	宁夏广电总台 公共频道	宁夏自治区 综治办
专题	走访解忧暖民心	杨 柳 薛 蝉 洪常江 华 宝	西宁电视台	青海省综治办
系列报道	青藏铁路上的护路卫士	骆志善 邵国庆 陈 君	西藏电视台	西藏自治区 综治办
系列报道	护农在行动	王培亮 岳 枫 崔 柳 侯晓铃	黑龙江电视台	黑龙江省政法委
专题	128 人投案自首的背后	瞿贵祥 初兴远	中央电视台	辽宁省综治办
系列报道	迷“网”的羔羊	董 谦 韩 璐 张 翔	山东电视台	山东省综治办
专题	盗猎	王文川 王成荣 刘新荣	中央电视台	新疆生产建设 兵团综治办
消息	安徽:查处“酒驾”毫不手软	尹广富 张星辰 孙耀文	安徽电视台	安徽省综治办

续表

电视类(28 件)				
体裁	题　目	作　者	刊播单位	推荐单位
三等奖(17 件)				
评论	从番禺垃圾焚烧风波 看公民意识的峨崛起	集体创作	南方电视台	广东省综治办
消息	彝族“德古”调解纠纷能手	刘婕妤　丁海洲	乐山电视台	四川省综治办
专题	喧嚣中的暗涌	翟巧玲 戴璐璐　陈献凡	海南 广播电视总台	海南省综治办
专题	校园周边“捕鼠”记	黄碧英 柏文文　温泉涛	柳州 广播电视中心	广西自治区 综治办
专题	心灵的救赎	肖　麟 黄　培　郑立波 李　俊　朱　冰	江西电视台	江西省综治办
广播类(23 件)				
体裁	题　目	作　者	刊播单位	推荐单位
一等奖(2 件)				
消息	81 岁维吾尔族老人搭起“避风港”	杨　超　胡志坚	中央人民 广播电台	中央人民 广播电台
专题	河北首创“联合接访服务中心”	刘　军　付亚飞 刘文彪　邓媲娜	河北人民 广播电台	河北省综治办
二等奖(7 件)				
系列 报道	检察官的榜样——陈海宏	金宝宣　晏东方 张春梅　胡艳萍	周口人民 广播电台	河南省综治办
专题	责任之辩	兰　洁　张天潇 摆卫军　王岑煊	陕西人民 广播电台	陕西省综治办
系列 报道	中山流动人员享受同等国民待遇	林小军　冉祥隆	中山广播 电视台	广东省综治办

续表

广播类(23 件)				
体裁	题　目	作　者	刊播单位	推荐单位
二等奖(7 件)				
专题	惊心动魄的 24 小时“暗战”	陈伟文　雷子明 吕呈力　许　琦	温州市 广播电视总台	浙江省政法委
专题	10.17 杀人越狱案第一现场	常俊青 翟丽华　李庆文	内蒙古电台	内蒙古自治区 综治办
专题	张明宝酒后驾车案引发禁酒风暴	李　江　覃　川	南京人民 广播电台	江苏省政法委
消息	无锡在全国率先立法 出台刑事被害人特困救助条例	高　爽　华晓青	江苏人民 广播电台	江苏省政法委
三等奖(14 件)				
系列 报道	北京交通 60 年　60 位交警的故事	集体创作	中央人民 广播电台	中央人民 广播电台
专题	让消防通道道道通	姚　博　王建维	北京人民 广播电台	首都综治办
消息	为太原市率先在全国 29 个省会 城市建立“未成年人犯罪前科 消灭制度”喝彩	王晓华　张玉清 张海燕　李　琳	太原人民 广播电台	山西省政法委
系列 报道	“打黑除恶”先进事迹系列报道	盛　利　周露晗	重庆广播 新闻频率	重庆市政法委
消息	打击手机涉黄,甘肃在行动	柳小明　土成格	甘肃人民 广播电台	甘肃省综治办
访谈	良心的证明	左　明 杨　虹　韦　英	贵州人民 广播电台	贵州省政法委
专题	十一年的较量	集体创作	佛山电台	广东省综治办
访谈	三封“高墙”内来信 引出的真情故事	赵　勇 张　琎　求红高	嵊州市 广播电视总台	浙江省政法委

续表

广播类(23件)				
体裁	题　目	作　者	刊播单位	推荐单位
三等奖(14件)				
专题	献身使命的忠诚卫士	集体创作	新疆人民广播电台	新疆自治区综治办
消息	弄管会,打造平安弄堂	臧明华　马尊伊	上海市人民广播电台	上海市政法委
专题	一位志愿者的罪与罚	吴　勇	北京人民广播电台	首都综治办
专题	亲情,融化坚冰	国　玲　李文刚	天津人民广播电台	天津市综治办
专题	宝贝回家	商越洋 张文汇　秦　爽	吉林人民广播电台	吉林省综治办
消息	我市开展2010年冬季严打整治专项行动	喇思敏　李庆德	西宁广播电台	青海省综治办
摄影类(16件)				
体裁	题　目	作　者	刊播单位	推荐单位
一等奖(2件)				
摄影	大墙内的特殊团聚	俞晓东　李友龙	安徽法制报	安徽省综治办
摄影	为了祖国的生日	张　耀	道路交通管理	首都综治办
二等奖(4件)				
摄影	10名被拐儿童扑进父母怀抱	莫　云	法治快报	广西自治区综治办
摄影	特警直升机上海公开亮相	陈　飞	新华社	新华社
摄影	百间楼警务室的"吉祥三宝"	丁钟文　周尔博	平安时报	浙江省政法委
摄影	案例编成小品法官木偶演绎	蔡文原	闽南日报	福建省政法委
三等奖(10件)				
摄影	降服火龙	甘侠义　雷　键	重庆晨报	重庆市政法委

续表

摄影类(16件)				
体裁	题　目	作　者	刊播单位	推荐单位
三等奖(14件)				
摄影	北京启动二级巡逻防控方案	李　文	新华社	新华社
摄影	给聋哑矫正对象配上专职手语老师	王应举　王志高	今日信息报	江苏省政法委
摄影	开学第一天	王　湧	上海法治报	上海市政法委
摄影	爱	周振全	工人日报	铁道部
摄影	成功调解房屋买卖合同纠纷案	祁云奎　潘　峰	人民法院报	人民法院报社
摄影	进村开庭	王新杰	法制日报	河南省综治办
摄影	新疆首支水难救援队亮相	张　运	人民公安报	新疆自治区综治办
摄影	大调解:"冤家"握手言和记	张启富	广安日报	四川省综治办
摄影	100个流动警务室亮相中心城区	李江林	长江商报	湖北省政法委
网络类(12件)				
体裁	题　目	作　者	刊播单位	推荐单位
一等奖(1件)				
评论	破解上访"越闹越有"怪圈	吴定平　王甘武	新华网	新华社
二等奖(3件)				
访谈	全国高级人民法院院长系列访谈	刘　红 张　卉　肖　红 申　宁　贺迎春	人民网	最高人民法院
专题	深入贯彻落实全国政法工作会议精神	秦　静　郑剑峰	法制网	法制日报社
专题	和谐上海　平安世博	沈　洁 叶珊珊　孙枫洁	上海政法综治网	上海市政法委
三等奖(8件)				
专题	庭审进行时	张　兰　程　冲	央视网	中央电视台

续表

网络类(12 件)				
体裁	题　目	作　者	刊播单位	推荐单位
三等奖(8 件)				
专题	钓鱼执法事件频发谁之耻	王　旭 冯　琴　施燕燕	正义网	检察日报社
评论	“三个至上” 是对司法人民性的积极认同	崔真平　李晓梅	中国法院网	人民法院报社
访谈	“开胸验肺”的失与痛	马　烨　胡燕哲 向　菲　夏恩博	中国广播网	中央人民 广播电台
访谈	本网专访:六名基层公安局长 把脉警民关系难点痛点	熊红祥 袁　韵　张学伟	新华网	新华社
专题	2009 感动黑龙江政法人物	刘　华　高长利 李逢时张东君	东北网	黑龙江省政法委
专题	重庆掀起打黑除恶风暴	集体创作	华龙网	重庆市政法委
评论	打击人贩子同时须严惩收买者	杨子江　梁凯昌	广西新闻网	广西自治区 综治办

八、预防青少年违法犯罪工作

2010年预防青少年违法犯罪工作概况

中央综治委预防领导小组各成员单位按照2010年领导小组全体会议部署，全面贯彻落实中央深入推进社会管理创新的各项要求，以“为了明天——预防青少年违法犯罪工程”为统揽，扎实推进重点青少年群体教育、服务和管理创新，抓住影响青少年成长和发展的关键环节深入开展教育引导和预防工作，着力解决影响青少年违法犯罪的突出问题，狠抓预防工作基层基础建设，推动预防犯罪工作取得了新的发展。

一、进一步加强对重点青少年群体的教育、管理和服务，切实解决成长发展过程中的实际问题

（一）深入推进重点青少年群体排查摸底工作，建立重点青少年群体信息监测服务管理系统

中央综治委预防领导小组、中央综治办联合最高法、最高检、教育部、公安部、民政部、司法部、人力资源和社会保障部、团中央等部委深入推进重点青少年群体排查摸底工作，基本掌握了全国6至25岁的闲散青少年等五类重点青少年群体的底数，组织专业力量开展统计分析，并结合重点区域、重点群体中的重点问题进行了后续的调查研究，提出了有针对性的对策建议，形成《重点青少年群体排查摸底专项行动数据分析及对策建议报告》。中央对《报告》反映的情况予以高度重视，习近平、周永康、刘云山、刘延东、王乐泉等中央领导同志作出了重要批示，王乐泉同志听取了专题工作汇报。《报告》简本已印发各省预防办参考使用。同时，中央综治委预防办还积极整合信息汇总制度和排查摸底工作的组织架构，探索建立重点青少年群体信息监测服务管理系统，目前该系统已经开发完毕，即将在基层进行试点使用。

（二）开展全国重点青少年群体教育帮助和预防犯罪试点工作

8月，中央综治办、中央综治委预防办联合下发了《关于开展重点青少年群体教育帮助和预防犯罪工作试点的通知》，确定了北京市海淀区等16个试点城市（城区），分别对闲散青少年、有不良行为或严重不良行为的青少年、服刑在教人员未成年子女、农村留守儿童和流浪乞讨青少年等五类群体开展试点，其中山东省泰安市对五类重点青少年群体进行全面试点。10月，中央综治委预防领导小组、中央综治办、团中央在南昌市联合举行了全国重点青少年群体教育帮助和预防犯罪试点工作推进会，对各地推进试点工作进行了全面部署，提出了明确的工作要求。教育部、最高法、最高检、公安部、民政部、司法部等中央部委和部分省市综治办、预防办、团委的有关负责同志在会上进行了经验交流。中央综治委预防办还联合相关部委针对试点工作设立了专门的工作领导小组和专家顾问组，建立了联系点制度和督导检查制度，对试点工作的深入推进进行全程督促和指导。

（三）加强闲散青少年的社区教育和管理工作

最高检组织力量对闲散未成年人犯罪等问题进行了调查分析，并提出工作意见和建议。民政部指导各社区居民委员会调查掌握本社区闲散青少年的具体情况，将他们纳入社区日常管理、教育

和服务范围。同时，充分发挥社区党组织和党员的先锋模范作用，带领青少年参加社区健康向上的文体活动和各项公益事业。

（四）加强对有不良行为或严重不良行为青少年的帮教和矫治工作

教育部召开中国工读教育诞生五十五周年研讨会，就当前工读教育的现状、未来发展等问题进行研讨，并研究制定了《关于进一步加强教育和矫治有严重不良行为未成年人的专门学校建设的若干意见》。公安部结合"大走访"爱民实践活动，组织民警开展入户调查，认真排摸有不良行为或严重不良行为青少年，并建立了"一对一"的帮扶机制，对有违法犯罪倾向的未成年人进行动态跟踪管理，实时监控。司法部根据未成年人的特点，坚持分别管理、分别教育，采取适合未成年人特点的监管方法和矫正措施，努力矫正其不良心理和行为，同时依法开展职业技能培训和就业指导、中介等服务。

（五）加强农村留守儿童权益保护工作

教育部联合公安部、民政部、司法部、团中央、全国妇联、关工委等部委继续开展"共享蓝天——全国关爱农村留守儿童行动"，筹备开展农村留守儿童关爱服务体系建设试点工作。公安部针对农村留守儿童开展了排查和登记造册工作，截至目前已登记12个省（自治区、直辖市）的836.3余万人。全国妇联联合教育部召开留守儿童关爱服务体系交流研讨会，总结交流地方及有关部门开展留守儿童工作的经验和做法，推动关爱服务阵地建设，实施家庭教育系列活动，制作了留守儿童家庭教育宣传册。保监会推动保险业和保险公司充分发挥保险的社会管理功能，针对农村留守儿童的特点开发了"合家欢"、"幸福家庭"等家庭组合型产品，通过学校进行大力推广。

（六）加强流浪乞讨青少年社会救助和管理工作

民政部全面推动流浪未成年人救护保护体系"十一五"项目建设，召开流浪未成年人救助保护体系规划建设现场经验交流会，深入开展县级流浪未成年人救助保护中心建设，投资3000万元支持40个重点县（市）和大中城市重点社区建设流浪未成年人救助保护中心和全天候救助保护中心。此外，还印发了《关于协助上海做好世博会期间救助管理工作的通知》和《关于协助做好广州亚运会期间救助管理工作的通知》，召开会议专门研究部署流浪乞讨人员救助管理和流浪未成年人救助保护工作，有效缓解了上海、广州救助管理工作压力。下发《关于做好炎热气候救助管理服务的紧急通知》和《关于做好今冬明春救助管理工作的通知》，要求各级民政部门和救助管理机构积极开展"夏季送清凉"和"寒冬送暖"等街头主动救助活动，及时救助街头流浪乞讨青少年，2010年救助保护流浪乞讨青少年约30万人。公安部联合民政部等部委继续开展街头组织儿童乞讨和强迫未成年人违法犯罪整治行动。

（七）加强服刑在教人员未成年子女和艾滋病致孤儿童的生活救助和帮扶工作

司法部积极落实服刑在教人员未成年子女救助和教育工作，组织监所开展排查活动，将因父母服刑而无人管教的未成年子女情况反馈至基层司法所，分类进行建档立卡，提供寄养、培训和联系就业等服务，为近2000名无监护人的服刑在教人员未成年子女落实了帮教措施。民政部以推进孤儿保障制度建设为主线，继续实施"十一五儿童福利机构建设蓝天计划"和"残疾孤儿手术康复明天计划"，投资666万元资助9个艾滋病预防重点省（区）的受艾滋病影响儿童保障工作，并引入专业社会工作者等方式进一步保障受艾滋病影响儿童各项权益。全国妇联推进"中国温暖'12·1'爱心基金——中国移动关爱行动"实施，覆盖全国15个省300多个县，救助受艾滋病影响儿童10000余名。团中央、银监会、关工委等部委也开展了相关的宣传教育活动。

（八）加强对新成长劳动力的就业帮扶工作

人力资源和社会保障部联合财政部等部委下发了《关于进一步实施特别职业培训计划的通知》，以企业吸纳农民工培训、劳动预备制培训和创业培训为重点，进一步加大资金投入力度，扩大培训规模，全年全国参加政府补贴性职业培训的农村"两后生"约130万人，登记求职高校毕业生技能培训57万人。住房城乡建设部组织实施了农村劳动力转移培训阳光工作，安排了10万人的培训计划。团中央出台了《关于全面推进农村青年创业小额贷款工作的指导意见》，向29.6万名农村青年发放小额贷款131.8亿元，向5.9万名城市青年发放小额贷款40.76亿元；培训进城务工青年和农村“两后生”等共252.4万人，上岗103.5万人，争取培训经费2.03亿元；全团建立青年就业创业见习基地3.7万个，超过37万名青年到岗见习，近14万名青年被见习基地正式聘用。银监会与团中央联合下发了《关于合力推进“送金融知识下乡”活动的指导意见》，开展金融知识培训14875期，培训农村青年76.09万人。

二、进一步净化青少年成长的社会文化环境，努力减少诱发青少年违法犯罪的不良因素

（一）加强互联网和手机媒体管理，净化网络环境

从2009年12月开始，工业和信息化部、公安部、文化部、工商总局、广电总局、新闻出版总署等九部门组织开展了打击互联网和手机媒体传播淫秽色情信息专项行动，联合下发了《关于印发〈进一步深入整治互联网和手机媒体淫秽色情及低俗信息工作方案〉的通知》，以抓源头、打基础、切断利益链为重点，全面清查互联网和手机网站，深入查办大案要案，认真落实网站开办者和域名实名注册登记制度，严格规范手机代收费、服务器层层转租、广告推广、第三方支付等经营行为，不断完善搜索引擎、宽带网络接入、手机网站内容管理等互联网和手机媒体安全管理制度，切实推进网站备案、内容拨测、上网日志留存、手机WAP网站有害信息发现过滤等系统建设。按照全面清理、落实整改、健全机制等三个工作阶段，确定了83项具体任务并认真抓好落实。最高法和最高检还及时出台了相关司法解释。期间，共清查互联网和手机网站178.5万个，完成域名信息真实性核验422.4万个，关闭或屏蔽境内外涉黄网站6万多个，先后发布4批网络文化产品或网站黑名单，查办互联网和手机媒体传播淫秽色情信息案件2197起，处罚相关涉案人员4965人。目前，传播淫秽色情信息的网站明显减少，互联网和手机媒体上的低俗信息明显减少，涉及互联网和手机媒体传播淫秽色情信息的群众举报明显减少，不良信息源头治理得到进一步加强，网站备案率和新增网站备案信息准确率均已达到90%以上，网络环境得到明显净化。

（二）大力净化校园及周边环境，强化校园安全防范

教育部印发了关于中小学幼儿园安全工作的一系列预警通知和指导性意见，组织召开了全国中小学安全工作经验交流会和一系列安全工作会议，举办了第15个全国中小学生安全教育日活动和我国第二个防灾减灾日主题教育活动，完成了中小学安全教育片《春夏秋冬话安全》——冬季篇和春季篇的制作审片工作，与国家森林防火指挥部联合向安徽、福建、江西等11个省份提供了10000套《虎威威森林防火知识挂图》。最高检下发了《关于切实贯彻落实全国综治维稳工作电视电话会议精神严厉打击侵害学前儿童及师生安全刑事犯罪活动的紧急通知》，要求各级检察机关采取有效措施维护学校、幼儿园安全稳定。公安部联合中央综治办、教育部下发了《关于进一步加强学校幼儿园安全防范工作建立健全长效工作机制的意见》，成立了工作专班集中开展校园安全保卫工作，及时制止扬言制造“校园血案”的事件苗头713起，处置精神病人欲在校园周边肇事肇祸2845起，化解因涉校矛盾纠纷引发的不稳定事端2863起，各地共排查校园及周边安全隐患39万余起，涉校涉园重点人员28万余名。住房城乡建设部印发了《关于进一步做好全国中小学校舍安全工程有关工作的通知》，对部分地区的实施情况进行了督查；组织编制了《中小学校舍抗震加固图集》和《全国中小学校舍抗震鉴定与加固示例》，为校舍安全工程提供技术支持。团中央下发了《关于组织动员团员青年积极参与维护校园安全工作的通知》和《关于切实加强青少年宫等团属青少年活动场所安全管理的通知》，督促各级团组织进一步加强青少年宫等团属青少年活动场所的安全教育和安全检查。全国妇联下发《关于深入贯彻全国综治维稳工作电视电话会议精神的通知》，指导各地高度重视、采取有效措施，认真做好所属托幼园所和儿童活动中心的安全保卫工作。保监会为在校学生设计开发了“校园方责任保险”，积极化解各类在校学生安全事故风险。

（三）开展文化市场集中整治行动

公安部以落实网吧实名制为抓手，大力加强网吧安全监管，建立市、县、派出所三级联动管理机制，将网吧日常巡查监管与社区警务工作有效结合。文化部印发了《关于加大对网吧接纳未成

年人违法行为处罚力度的通知》、《关于查处违法动漫产品的通知》等文件，召开全国推进网吧连锁工作现场经验交流会，部署净化社会文化环境、动漫市场整治等专项行动，全年全国文化行政部门和文化市场综合执法机构共出动执法人员814.5万人次，立案调查案件6万余件，办结案件5.1万件，警告经营单位12.1万家次，没收违法所得186.81万元，停业整顿1.24万家。工商总局深入开展“扫黄打非”工作，前三季度共立案查处非法销售、传播非法出版物案件127件，查处非法卫星地面接收设施3652套。新闻出版总署大力净化出版物市场环境，截至10月底共查缴淫秽色情出版物85万余件，查缴盗版教材教辅读物267万余件，查办侵权盗版出版物案件8628起。全国妇联联合教育部、工信部等部委开展了净化社会文化环境家庭护卫行动。

(四)以预防青少年违法犯罪重点工作为抓手，协调相关部委开展专项整治和督察

公安部联合有关部委，针对教唆、诱骗、组织、强迫未成年人违法犯罪的各类不法活动开展了专项整治工作，共立案1117起，破获1059起。公安部开展了打击网络赌博、网络诈骗等专项行动，受理网络违法犯罪案件8387起，抓获各类违法犯罪嫌疑人4万余名。民政部下发了《关于进一步做好反对拐卖妇女儿童和预防青少年违法犯罪有关工作的通知》，配合公安部门做好被拐卖妇女儿童救助保护工作，并联合有关部委举办了拐卖妇女儿童救助保护研讨培训班。文化部出台了《网络游戏管理暂行办法》，推广网络游戏适龄提示工程，联合教育部、工业和信息化部、公安部、团中央等部门共同出台了《“网络游戏未成年人家长监护工程”实施方案》，先后发布了第八批、第九批违法违规网络游戏运营单位及其网络游戏产品，部署集中查处行动。工商总局联合相关部委印发了《关于对以戒除网瘾为名侵害未成年人合法权益的教育培训机构进行排查整治的通知》，出动检查执法人员12.3万人次，对2.6万户教育培训机构进行了督促检查。工商总局联合公安部对传销活动开展集中整治，捣毁取缔传销窝点8753个，教育遣散传销人员16.5万余人，并组织拍摄了打击传销电影《黑梦》。全国妇联、公安部等部委联合下发了《关于在查禁卖淫嫖娼等违法犯罪活动中加强对卖淫妇女教育挽救工作的通知》、《关于建立来历不明疑似被拐卖妇女儿童和被解救妇女儿童信息通报机制的通知》，配合做好对一般卖淫妇女的教育挽救工作，以及对拐卖妇女儿童犯罪的综合治理工作。

三、进一步完善未成年人司法制度，积极营造有利于青少年权益维护和犯罪预防的法律政策环境

9月，团中央联合最高法、最高检、公安部、司法部等部委出台了《关于进一步建立和完善办理未成年人刑事案件配套工作体系的若干意见》，推动各级法院、检察院、公安机关、司法行政机关进一步加强在办理未成年人刑事案件中的衔接和配合。《意见》明确了办理未成年人刑事案件专门机构的建设要求；促进了未成年人刑事司法制度的系统化和独立化，对当前基层司法创新成果进行了较为系统的总结和吸收，提高了法律的可操作性；为涉罪未成年人合法权益的维护提供了明确的司法保障；促进了未成年人刑事案件社会调查工作的制度化和规范化，明确了社会调查应由司法行政机关社区矫正工作部门负责；强调了司法机关要把教育、矫治工作贯穿于办理未成年人刑事案件始终。《意见》的出台有利于贯彻落实预防法和未保法，有利于贯彻落实“教育、感化、挽救”的方针和“宽严相济”的刑事政策，有利于推动我国未成年人司法制度的建设与完善。

四、进一步落实重点工作项目，推动预防青少年违法犯罪常项活动的不断深化

(一)广泛开展思想品德和法制宣传教育

教育部起草了《教育部关于新形势下进一步加强和改进中小学德育工作的意见》，对青少年的德育工作提出了明确要求，针对重点青少年群体的教育管理工作作出了明确规定；筹备召开中小学德育工作经验交流会和中小学心理健康教育工作经验交流会，着手制定中小学校园应激和危机事件心理干预指导性文件；继续开展中小学弘扬和培育民族精神月活动，联合中央电视台制作了以“我的梦中国梦”为主题的电视节目《开学第一课》；联合国家禁毒办开展了优秀毒品预防教育教学案例的评选展示活动。最高检指导各级检察机关广泛开展进社区、进学校、进农村等活动，推动检察官兼任法制副校长，加强对青少年群体

的法制宣传教育。公安部举办了我国首部针对青少年的新型毒品警示教育电影——《明天》首映式,设计开发了以新型毒品预防知识为主的折页和挂图,联合中央电视台推出禁毒讲座"青春迷航",会同有关部委在青年学生中开展了毒品预防专题教育,发挥明星在青少年群体中的影响力,通过一系列公益广告传播禁毒理念。司法部结合"法律六进"活动,大力推进中小学法制教育进课堂工作,下发了《关于进一步加强学校及周边治安综合治理法制宣传教育工作的通知》,联合团中央等部委举办了"第七届全国青少年网上普法知识大赛"、"全国青少年法律知识竞赛"、"12·4"全国青少年法制宣传周等活动,以"五五"普法总结验收为契机,对各地普法情况进行了检查;动员广大律师、公证员和基层法律服务人员开展青少年法律咨询和法律服务。广电总局围绕预防青少年违法犯罪工作的热点话题和案例积极开展宣传报道,起到了有效的预防和警示作用。全国妇联组织家庭教育讲师团专家赴新疆开展青少年普法知识宣讲,帮助其建立家长学校,为民族地区妇联开展家庭教育和预防青少年违法犯罪工作提供支持。关工委动员400余万"五老"人士,组建20余万个"关爱工作团"进入学校、企业、社区、少管所、监狱等地宣传与青少年有关的案例和法律法规,并联合有关部委举办了"关爱明天,普法先行"活动。

(二)全面推进"共青团与人大代表、政协委员面对面"活动和12355青少年服务台建设

团中央在全国"两会"前开展"共青团与全国人大代表、全国政协委员面对面"活动,与21位全国人大代表、全国政协委员围绕"互联网与青少年健康成长"的主题进行了深入交流,全部省级团委、全国355个地市级团委和部分县级团委在各级"两会"前开展了活动,各省级团委在本级"两会"期间提出提案、建议99件,其中关于"互联网与青少年健康成长"的60件。今年以来,团中央加强了调研指导和工作培训,各地探索了开展"倾听日"活动、建立"青少年权益使者"队伍、依托街道(社区)人大代表工作站开展工作等方式,拓展了解青少年普遍性利益诉求的渠道。此外,还制定发布了"面对面"活动规范化流程,指导各地完善了有关制度安排并探索借助基层人大、政协的工作创新开展工作。团中央组织开展了12355青少年服务台基本情况摸底调查,继续抓好12355统计软件开发工作,逐步实现对全国各地12355相关数据的动态收集和分析。

(三)发布青少年假期安全自护提示

1月和7月,团中央联合中央综治办督导室、公安部宣传局先后发布了"2010年寒假、暑假青少年自我保护提示",中央电视台新闻联播等重要栏目和媒体进行了专题报道,取得了良好的宣传和社会效果。同时,积极创新发布自护教育的形式和载体,配套制作了《中国少年报》"平安暑假"专刊,开办了中国青少年自护网,发布了"假期青少年自我保护提示"的文字版、漫画版、语音版、动画版、游戏版,推动发布活动与"关爱农民工未成年子女志愿行动"紧密结合。各地团组织按照统一部署,利用假期开展了形式多样的自护教育活动,形成了良好的宣传声势和工作氛围。

五、进一步夯实基层工作基础,为各项工作措施在基层的贯彻落实提供保障

(一)加强制度建设

最高法依托河南省高级人民法院成立了中国法学会审判理论研究会少年审判专业委员会,出台了《关于进一步加强少年法庭工作的意见》,推动少年法庭逐步实现规范化和制度化建设;启动了《关于审理未成年人民事案件若干规定》的起草工作,积极推动未成年人司法制度的改革工作。最高检立足基层实践积极创新完善未成年人检察工作机制,完善了逮捕必要性证明制度和社会调查制度,加强了未成年人刑事案件审查逮捕阶段律师介入工作,进一步发展了合适成年人参与讯问制度和未成年人轻罪记录封存(消灭)制度。民政部大力推进流浪未成年人救助保护立法准备工作,形成了《流浪未成年人救助保护条例(草案稿)》。司法部下发了《关于深化"法律援助便民服务"主题活动,积极推进三项重点工作的意见》,指导各地加强对包括重点青少年群体在内的特殊人群的教育帮助和法律援助工作。

(二)强化协作机制

中央综治委预防办积极完善预防青少年违法犯罪工作协作机制,推动各职能单位相互配合,形成合力。一是探索建立全国重点青少年群体信息管理系统和数据库,吸收研究机构和高校的专业

人才参与信息的收集和统计，确保各项数据的真实、准确和有效应用。二是以落实中央综治委预防办信息汇总制度为抓手，探索建立与成员单位之间的定期信息报送和工作督导制度。三是加强了对各省（自治区、直辖市）预防青少年违法犯罪工作的检查、监督和考核，推动各地在抓重点群体、抓重点问题、抓基层基础上下功夫。

（三）完善基层保障

教育部启动了全国中小学校长校园安全管理国家级远程专题培训，对全国县（市、区）级教育行政部门主管安全工作的局长、中小学校长、幼儿园园长以及相关培训机构的教师进行了培训；举办了中部十省安全教育与安全管理国家级专题培训，对中部十省的1.8万名教师进行专题培训；完成了对10万名中小学班主任的培训工作；要求各地教育行政部门和各级各类学校进一步加强毒品预防教育师资力量的培养，切实保证毒品预防教育在教学课时、教学材料和师资力量等方面的落实。人力资源和社会保障部联合民政部举行社会工作者职业水平考试，举办了社会工作师实践能力培养高级研修班。全国共有2620人通过社会工作师职业水平考试，5324人通过助理社会工作师职业水平考试，50名社会工作师参加高级研修班。民政部大力推进社会工作人才队伍建设试点实践和试点示范创建活动。全国妇联制定了我国儿童社会工作发展五年规划，举办了妇联系统儿童社会工作研修班和中日合作心理援助人才骨干培训项目，创建了全国网上家长学校总校，为各地开展家庭教育工作提供政策指导；推动12338妇女维权热线在县级妇联开通，截至2010年年底，基本实现了全覆盖。关工委组建了由31万余名“五老”人士参加的网吧义务监督员队伍，对劝阻未成年人进入网吧起到了积极的作用。

（四）开展重点课题交流与调研

最高法举行了中澳人权技术合作项目回访座谈会、中美少年司法制度研讨会和中国少年司法年度论坛——少年司法理论与实践研讨会等理论研讨活动。最高检坚持对未成年人犯罪形势进行定期分析研判，对未检工作量进行了调研，对未检专门机构的设置进行了论证，并通过编写未检工作专刊的形式促进各地未检工作经验的交流。团中央围绕青少年普遍性权益问题开展了“我国儿童青少年精神卫生状况”调研，以及各省级团委参与的“新生代农民工的社会融入”调研成果评比；联合中国青少年研究中心、中国预防青少年犯罪研究会等机构，围绕青少年网络伤害、青少年吸食新型毒品、新生代农民工权益维护和犯罪预防等课题开展专题调研；针对山东平度等地的开展重点青少年群体教育帮助和预防犯罪工作的经验做法进行了实地挖掘和推广。全国妇联针对陕西农村儿童安全、部分地区儿童信教现象、“独二代”子女成长状况和农民工子女入托等典型问题进行了专项研究。

中央社会治安综合治理委员会关于印发《李建国同志在中央综治委预防青少年违法犯罪工作领导小组2010年全体会议上的讲话》的通知

（2010年2月11日）

各省、自治区、直辖市社会治安综合治理委员会，新疆生产建设兵团社会治安综合治理委员会，中央社会治安综合治理委员会各成员单位：

2010年2月8日，中央综治委预防青少年违法犯罪工作领导小组召开2010年全体会议。全国人大常委会副委员长、中央综治委副主任、中央综治委预防青少年违法犯罪工作领导小组组长李建国在会上作了重要讲话。现将李建国同志的讲话印发给你们,请结合实际,认真贯彻落实。

李建国同志在中央综治委预防青少年违法犯罪工作领导小组2010年全体会议上的讲话

(2010年2月8日)

今天我们召开2010年中央综治委预防青少年违法犯罪工作领导小组全体会议,主要任务是贯彻落实党的十七大和十七届三中、四中全会精神,落实全国政法工作电视电话会议的重要部署,总结过去一年的工作,部署今年的工作。

2009年是新世纪以来我国经济发展最为困难的一年,也是维护社会稳定任务极其繁重的一年。在以胡锦涛同志为总书记的党中央坚强领导下,全党和全国各族人民团结一致,共克时艰,有效应对国际金融危机的严重冲击,妥善处理影响社会稳定的重点和敏感问题,隆重庆祝新中国成立60周年,实现了经济社会又好又快发展,中国特色社会主义经受住了新的考验,显示出蓬勃生机和强大生命力。

过去的一年,在中央综治委的领导下,在各部门、各单位的共同努力下,预防青少年违法犯罪工作取得了新进展。一是认真贯彻进一步加强社会治安综合治理基层基础建设的各项要求,按照"对影响社会治安和社会稳定的基本情况、基本数据和基本信息,必须底数清、情况明"的要求,启动实施重点青少年群体排查摸底专项行动,这项工作将为今后一个时期有针对性地开展预防工作打下重要基础。二是积极落实中央关于进一步净化社会文化环境的重要部署,各成员单位切实履行职责,加大综合施治工作力度,依法开展整治互联网和手机媒体低俗之风专项行动,青少年成长的社会文化环境得到改善。三是努力推动未成年人保护法和预防未成年人犯罪法配套法规规章的制定完善,举办了预防未成年人犯罪法颁布十周年座谈会,11个省(区、市)已经完成了未成年人保护法地方性法规的修订工作。四是着眼社会关注的重点难点问题深入开展调查研究和专项督察,围绕未成年人司法改革、改进专门(工读)学校教育、未成年人沉迷网络、青少年吸食新型毒品等问题开展专题调研,围绕中小学安全教育和权益保护、流浪未成年人救助保护设施规划建设、文化市场管理等开展专项督察。

根据最高人民法院和最高人民检察院提供的数据,2009年全国法院审判未成年人罪犯占刑事罪犯比例下降12.70%,全国检察机关批准逮捕未成年犯罪嫌疑人下降13.85%,青少年罪犯和未成年人罪犯占刑事犯罪的比重已连续三年持续下降。总的来看,经过各有关方面的共同努力,2009年预防青少年违法犯罪工作的各项部署都得到了较好的落实,取得了明显的成效。

刚才,陈冀平同志就2010年预防青少年违法犯罪工作讲了很重要的意见,汪鸿雁同志代表领导小组办公室汇报了去年的工作和今年的打算,领导小组各成员单位负责同志也发表了很好的意见,我都赞成。下面,我就2010年工作再谈三点意见。

第一,认清形势,进一步增强做好预防青少年违法犯罪工作的责任感和使命感

在充分肯定预防青少年违法犯罪工作所取得成绩的同时,我们也要清醒地看到这项工作所面临的严峻形势。最高人民法院和上海、重庆等地方法院基于未成年人犯罪案件审理情况的研究表明，青少年违法犯罪上升态势虽然有所减缓，但总量仍然居高不下；在最近一个时期内不仅难以出现明显的下降，在某个时期、某些方面和某些地区还可能上升。预防青少年违法犯罪不仅仅是一般的社会问题或青少年健康成长的问题，也是直接关系社会稳定和政权巩固的重大问题，必须进一步提高对预防青少年犯罪工作极端重要性的认识。

我们还要看到当前我国社会管理方面出现许多新情况、新问题，还存在不少薄弱环节，面临前所未有的严峻挑战，重点解决好流动人口服务管理、特殊人群帮教管理、社会治安重点地区综合治理和网络虚拟社会建设管理等方面问题的任务繁重。这些问题反映到预防青少年违法犯罪工作上，也带来了一些新的苗头性问题，特别是部分地区外来流动青少年和留守儿童违法犯罪问题值得我们高度重视。

胡锦涛总书记在中央经济工作会议上指出，当前我国继续处在经济社会发展的重要战略机遇期和社会矛盾凸显期，保持经济平稳较快发展、维护社会和谐稳定任务繁重。去年年底，中央下发文件，要求深入推进社会矛盾化解、社会管理创新、公正廉洁执法，着力解决影响社会和谐稳定的源头性、根本性、基础性问题，全面提高维护社会和谐稳定的工作水平。全国政法工作电视电话会议对此做出了明确部署。这都为做好新形势下的预防青少年违法犯罪工作指明了方向，对于我们做好今年的预防青少年违法犯罪工作具有重要的指导意义。因此，我们要认清形势，坚持以人为本，增强责任感和使命感，努力在新的起点上把预防青少年违法犯罪各项工作做得更好。

第二，突出重点，扎实做好今年的预防青少年违法犯罪工作

如同抓其他工作一样，预防青少年违法犯罪工作，也要坚持整体推进，突出重点。结合深入推进社会管理创新的各项要求，我强调如下四个重点：

（一）加强对重点青少年群体的教育、管理和服务。继续深入推进“重点青少年群体排查摸底专项行动”，努力做到“底数清，情况明”。一方面要努力摸清各类重点青少年群体的基础数据，另一方面要着力研究和把握各类重点青少年的群体性特征和不同年龄阶段的行为特征，认真分析各类青少年群体违法犯罪的特点和原因，特别是社会原因；还要就重点区域、重点群体中的重点问题，开展深入细致的调查研究。

对于不在学、无职业等社会闲散青少年，要切实摸清分布区域及其心态，努力建立闲散青少年群体流动和行为变化的信息渠道，在此基础上采取强化监护、学习辅导和就业培训等措施，改变“失学、失业、失管”的闲散状态。对于有不良行为或严重不良行为的青少年，要研究不良行为的产生根源和控制方式，深入分析从正常行为到不良行为、严重不良行为以至犯罪的行为演化过程，在关键的阶段有效介入；不适宜在普通学校学习的，由专门学校或者专门的少年儿童保护中心进行教育；同时大力推进大中城市专门（工读）学校建设，把工读学校办成教育、矫治、挽救严重不良行为未成年人的重要阵地。对于服刑在教人员未成年子女、农村留守儿童和流浪乞讨青少年等弱势群体，要加大社会关爱和救助力度，多掌握他们的情况，尽量解决其就学、职业培训问题，提高教育、服务、救助和管理工作的水平，减少他们出现违法犯罪行为的机会。要高度重视和积极解决高校毕业生的就业和创业问题，加强未就业高校毕业生群体的教育、管理和就业帮扶工作。

（二）优化净化未成年人网络空间。要以净化互联网、手机媒体为重点，综合运用教育、法律、行政和技术等多种手段，深入推进网络、网吧、荧屏声频视频净化工作。继续保持对互联网、手机传播淫秽色情有害信息依法打击的高压态势，加大整治互联网和手机媒体低俗之风专项行动力度，加强网站监管，依法查处违规视频网站。加大网吧整治监管力度，坚决取缔“黑网吧”和变相经营网吧，进一步形成齐抓共管、措施有力的工作格局，把当前的各项专项行动的成果转化为长期有效科学管理的制度成果。

要监督有关企业特别是运营商落实保护青少年身心健康的社会责任，坚决斩断不法利益链条，加大为传播淫秽色情视频网站提供广告、链接、代收费等服务的单位和企业的打击整治力度。大力开发科学有效的青少年网络防沉迷系统，大力推广绿色过滤软件，努力实现舆论引导与监管防范相结合，网上监控与网下管理联动，行业管理与属地管理配合，推进新媒体健康发展。

要继续关注未成年人沉迷网络问题，通过具有普遍意义的大样本研究，力争说清楚“网瘾”问题背后的成因及数量关系，特别是“网瘾”形成过程中重要的思想意识关键点和行为演变的关键环节，从预防犯罪和权益保护的角度，提出对策建议。

（三）营造有利于青少年权益维护和犯罪预防的法律政策环境。推进未成年人保护法和预防未成年人犯罪法的实施，需要有一系列法规、规章、司法解释和有关政策来配套。督促各地和有关方面抓紧制定配套法规规章，是推动法律深入实施的重要任务。目前不少地方还没有制定配套法规。各级预防工作机构要深入开展法律实施状况调研，重点了解执法实践中存在的突出问题，特别是具体法律条文的可操作性方面存在哪些问题。全面了解各地地方性法规出台的具体情况，特别是深入了解暂未出台地方性法规的实际考虑，分析普遍性原因并提出建议。积极协调各成员单位和有关部门在各自职责范围内制定和修订配套规章、司法解释和有关政策。

（四）夯实预防青少年犯罪工作基层基础。预防青少年违法犯罪工作的重点对象和重点部位都在基层。要注重加强各级预防青少年违法犯罪工作组织建设，切实解决市、县和基层预防机构力量薄弱的问题，强化乡镇（街道）政法综治工作中心、村级综治办的预防青少年违法犯罪工作职能，逐步建立健全省、市、县（市、区）、乡镇（街道）、村（社区）五级预防工作网络。完善预防青少年违法犯罪工作机制，发挥中央、省、市、县四级预防青少年违法犯罪工作领导小组及其办公室的作用，加强成员单位之间的联系与合作，形成既能充分发挥各自比较优势、又能形成整体合力的工作格局。加强基层预防青少年违法犯罪工作保障，努力为基层提供更多的政策支持，提供更多的资源，提供更多的培训机会，延伸公共服务，创造更好的环境。同时要重视加强基层专兼职队伍建设，聘请和培训专职青少年事务社会工作者参与工作，建立包括“五老”（老干部、老战士、老专家、老教师、老模范）和志愿者在内的辅助工作队伍，促进预防青少年违法犯罪工作在基层的整体活跃。

第三，统一认识，形成合力，不断推进预防青少年违法犯罪工作

预防青少年违法犯罪工作是一项系统工程，事关国家前途、民族命运，事关人民利益、社会和谐，必须进一步统一认识，立足预防，满怀爱心，齐抓共管。

要统筹协调、形成合力。预防青少年违法犯罪工作涉及部门多、牵涉领域广、工作任务重，各相关部门要加强情况沟通和工作协作配合，针对涉及多个部门的突出问题开展联合行动，明确牵头单位，形成部门合力，协调配合解决问题。各级社会治安综合治理委员会要积极协调相关部门和社会各方面参与预防青少年违法犯罪工作，为预防工作创造条件。各级预防领导小组要加强调查研究和督促检查，及时总结推广典型经验，认真落实预防青少年违法犯罪各项措施，推动工作开展。各级预防领导小组成员单位要明确职责任务，把这项工作纳入本部门工作的总体安排，切实加强对本系统基层单位预防青少年违法犯罪工作的指导和检查督促。

要求真务实、真抓实干。要通过法律政策的推动抓好落实，针对青少年违法犯罪的新情况和新问题，配合有关部门对执行情况进行检查、监督和评估。通过深化项目化运作抓好落实，把预防青少年违法犯罪工作任务进行认真分解，着力抓好每个项目的设计、实施、管理和评估。通过监督考评抓好落实，进一步完善预防工作的量化考评体系，把工作措施的落实情况和成效作为重要的考核指标，明确奖惩制度，加强监督考评。

要与时俱进、开拓创新。要把预防青少年违法犯罪工作纳入国家和地方经济社会发展规划，从全局和战略的高度来认识和把握，不断更新预防工作观念。深入总结基层工作的成功经验，科学判断青少年违法犯罪的变化趋势，积极推动理论研讨和政策研究，不断探索预防青少年违法犯罪工作的内在规律，构建符合我国实际的预防青少年违法犯罪工作理论体系。综合运用行政、法律、经济等多种手段，探索运用互联网、手机等新的工作载体，采取志愿服务、聘用社工、与其他社会组织合作等新办法，积极创新工作方式。

同志们，认真落实推进社会管理创新的各项要求，全面提高预防青少年违法犯罪工作的水平，要求我们要更加自觉地把预防青少年违法犯罪工作放到社会治安综合治理事业整体格局中去谋划，放到维护社会稳定、促进社会和谐的目标中去推进，放到依法治国、建设社会主义法治国家的背景中去开拓。让我们紧密团结在以胡锦涛同志为总书记的党中央周围，高举中国特色社会主义伟大旗帜，以邓小平理论和"三个代表"重要思想为指导，深入贯彻落实科学发展观，坚持以人为本，以更加强烈的人文关怀精神、更加务实的工作作风，努力推进预防青少年违法犯罪工作的新发展。

中央社会治安综合治理委员会办公室关于印发《陈冀平同志在中央综治委预防青少年违法犯罪工作领导小组2010年全体会议上的讲话》的通知

（2010年3月10日）

各省、自治区、直辖市社会治安综合治理委员会办公室，新疆生产建设兵团社会治安综合治理委员会办公室，中央社会治安综合治理委员会各成员单位：

2010年2月8日，中央综治委预防青少年违法犯罪工作领导小组召开2010年全体会议。中央综治委副主任、中央综治办主任、中央综治委预防青少年违法犯罪工作领导小组副组长陈冀平同志出席会议并讲话。现将陈冀平同志的讲话印发给你们，请结合实际情况，认真贯彻落实。

陈冀平同志在中央综治委预防青少年违法犯罪工作领导小组2010年全体会议上的讲话

刚才，汪鸿雁同志代表中央综治委预防青少年违法犯罪工作领导小组办公室对2009年的工作进行了总结，对2010年的工作要点做了说明，各成员单位负责同志结合本部门的工作实际，谈了很好的意见和建议，我都赞成。过去一年来，在各级党委、政府的领导下，各部门结合自身职能，互相配合，齐抓共管，充分体现了中国特色社会主义制度的优越性，使得预防青少年违法犯罪这一人民群众高度关注的民生问题能够得到比较好的解决。共青团中央切实发挥预防工作领导小组办公室的职能作用，把预防青少年违法犯罪作为一项重要工作进行部署，协调相关部门推进重点青少年群体排查摸底专项行动，了解掌握重点青少年群体状况，明确工作重点，夯实工作基础，推动各项工作措施落实，取得明显成效。在此，我代表中央综治办对各部门表示感谢！

当前，我国正处于经济社会发展的重要战略机遇期和社会矛盾凸显期，社会治安综合治理工作面临的形势仍然十分严峻，各种不确定因素增多，维护社会稳定的任务十分繁重。我们要按照李建国同志的讲话精神和本次会议的要求，各负其责，通力合作，切实推进预防青少年违法犯罪各项工作措施的全面落实。下面，我讲几点意见。

一、抓住契机，切实转变工作理念

刚刚结束的全国政法工作电视电话会议将社会管理创新列为三项重点工作之一，而预防青少年违法犯罪、加强对青少年的教育和管理是社会管理的重点。这就要求我们必须把加强青少年教育管理工作作为探索和实践社会管理创新的重要方面和突破口，切实转变工作理念。工作中，我们要努力克服过去那种搞管理以管理者自居，搞教育以教育者自居的弱点，坚决贯彻落实科学发展观，以人为本，从人民群众的切身利益出发解决问题，通过服务来改进工作措施，通过服务来加强管理，实现工作理念和方法的创新。社会治安综合治理、预防青少年违法犯罪是党委、政府的责任。目前，各级党委、政府越来越高度重视这项工作，应该说这是我们工作最大的契机，各级综治委办和预防办要切实抓住这个契机，进一步转变工作理念和工作方法，在各级党政领导下，充分发挥组织协调作用，推动各个部门围绕自身职能各负其责，齐抓共管，共同推动问题的解决。

二、着眼长远，认真搞好宣传教育

预防青少年违法犯罪重在预防，关键在教育。众所周知，在瓮安事件、“7·5”事件等重大恶性事件中，冲在前面打砸抢烧的大多是年轻人。这就要求我们要认真汲取教训，反思我们的宣传教育工作，分析掌握青少年在想什么，有什么困难和问题，如果不了解他们的困难和问题，单纯的宣传、单纯的教育，都不会取得好的教育效果。因此，希望各个部门要针对新情况和新问题加强调查研究，齐心协力把青少年教育问题抓实抓好。要继续贯彻《中共中央国务院关于进一步加强和改进未成年人思想道德建设的若干意见》，深入探索新形势下特别是信息社会条件下加强青少年思想道德建设的新途径、新规律，根据青少年不同阶段的身心特点和实际情况狠抓养成教育、基本道德和文明修养。要加大对《未成年人保护法》、《预防未成年人犯罪法》的宣传教育力度，探索生动活泼、易于被青少年接受的法制教育方式，通过编写符合青少年特点的法制读物，采用以案说法和网络、动漫等形式，提高法制教育的宣传效果。要继续推广社区青少年法律学校、中小学校兼职法制副校长等经验，努力增强教育的针对性和实效性。要加强对工读学校的研究，将加强工读学校工作的有关规定具体化、规范化，进一步推动我国工读教育的发展。

三、明确重点，着力解决突出问题

做好重点青少年群体的预防工作，是预防和减少青少年违法犯罪的重中之重，可以有效降低青少年犯罪率，使预防青少年违法犯罪工作取得实效。去年，我们专门启动了重点青少年群体排查摸底行动，初步建立起了一套重点青少年群体的排查摸底制度。当前，一方面要切实摸清流浪儿童、留守儿童、闲散青少年以及失学辍学儿童的底数，采用信息化手段建立起资料库并进行有效研究分析。另一方面要在排查摸底的基础上，针对各个群体的不同特点，制定出相应的政策，有效落实救助、管理、服务等各项工作措施，充分体现预防青少年违法犯罪工作的预见性、科学性、创造性。比如：随着信息社会的不断发展，互联网、手机等新技术既为青少年的学习、工作和生活带来了便利，也带来一系列问题和挑战。针对当前网络涉黄、手机涉黄等社会高度关注、影响青少年健康成长的突出问题，预防办要协调相关部门，认真研究有关问题，继续坚持不懈地开展“扫黄”“打非”、查处不良网吧、打击淫秽网站、净化荧屏声屏以及“青少年维权岗在行动”等整治工作，有效净化青少年健康成长的社会环境。再比如：新生代农民工问题，他们一方面不能被城市接受，不能很好地融入城市，另一方面又极力排斥离开了多年的农村生活，这种现实生活和心理欲望的落差，非常容易出问题。所以，一定要针对这个群体的不同特点，制定出有针对性的政策措施，防止他们走上违法犯罪的道路。

四、科学设计，努力做好督查考评

督促检查和科学考评是综治工作的重要手段，为各部门利用社会治安综合治理体制机制优势，整合各方资源，实施社会联动提供了平台和抓手。为推动全国预防青少年违法犯罪工作的深入开展，促进基层各项工作措施的全面落实，中央综治委预防青少年违法犯罪工作领导小组自2004

年开始对各省的预防青少年违法犯罪工作进行考核，起到了以评促建、鼓励先进、激励创新、警示落后的作用，取得了明显成效，各地、各部门参与考评的积极性和主动性得到了充分调动。下一步，我们要立足实际更加科学地做好督促检查，更加科学地做好考核评比。当前，各地都很重视考评工作，关键是要实现以评促建，以评促改。考评的目的不是单纯为了扣分和简单的一票否决，而是通过考评找差距、找问题，把工作措施落实好，实现对工作的改进和加强。同时，要注重加大督促检查的力度，尤其是加大综合性检查和暗访工作的力度，切实建立起规范的检查程序和办法。希望各级预防办在认真总结以往考核工作经验的基础上对考核办法进行进一步的修订，进一步增强考核的科学性、可操作性，进一步加强对重点工作的指导和督查力度，推动2010年预防青少年违法犯罪工作取得新的更大的成绩。

中央社会治安综合治理委员会办公室关于印发《陈冀平同志在全国重点青少年群体教育帮助和预防犯罪试点工作推进会上的讲话》的通知

（2010年11月16日）

各省、自治区、直辖市社会治安综合治理委员会办公室，新疆生产建设兵团社会治安综合治理委员会办公室，中央社会治安综合治理委员会各成员单位：

2010年10月28日，中央综治委预防青少年违法犯罪工作领导小组、中央综治办、共青团中央在江西省南昌市联合召开了全国重点青少年群体教育帮助和预防犯罪试点工作推进会。中央综治委副主任、中央政法委副秘书长、中央综治办主任陈冀平同志出席会议并讲话。现将陈冀平同志的讲话印发给你们，请结合实际情况，认真贯彻落实。

陈冀平同志在全国重点青少年群体教育帮助和预防犯罪试点工作推进会上的讲话

（2010年10月28日　根据录音整理）

今天，我们在这里召开全国重点青少年群体教育帮助和预防犯罪试点工作推进会，研究加强重点青少年群体服务管理创新工作的有效途径，部署开展试点工作，进一步推动重点青少年群体教育帮助和预防犯罪工作。今天上午，试点城市和所在省（区、市）代表介绍了工作情况，提出了下一步工作打算；刚才，6个部委的同志分别作了发言，汪鸿雁同志代表中央综治委预防办总结了重点青少年群体教育帮助和预防犯罪工作取得的成绩，对推进试点工作进行了部署，我都赞成。

刚刚闭幕的党的十七届五中全会明确要求，全党必须增强全心全意为人民服务的宗旨意识、大局意识和责任意识，坚持科学发展，注重以人为本，着力保障和改善民生。指出要注重和加强社会建设，创新社会管理，做好群众工作，维护群众权益，促进社会和谐稳定。

加强社会建设、创新社会管理，重点是创新和加强对人的服务管理，特别是对各类社会群体的服务管理。作为社会群体的重要组成部分，青少年具有十分特殊的地位。他们是祖国未来的建设者，是中国特色社会主义事业的接班人，也是我国社会主义现代化建设事业兴旺发达、后继有人的根本保障。在他们健康成长的背后，有无数双眼睛在关注，有无数个家庭在关切。所以，做好重点青少年群体教育帮助和预防犯罪工作，保护青少年的健康成长既是我们政法、综治和青少年维权工作的应有之义，更是加强社会建设、创新社会管理的重要方面。因此，我们必须进一步加大对“为了明天—预防青少年违法犯罪工程”的宣传力度，强化工作措施，营造一个有利于青少年健康成长的良好环境，增强做好预防青少年违法犯罪工作的信心。某种意义上说，这项工作做好了，就是贯彻落实科学发展观，以人为本，为人民群众办好事、办实事；就是贯彻落实党的十七届五中全会精神的具体体现。

做好重点青少年群体教育帮助和预防犯罪试点工作也是贯彻落实全国综治工作会议精神的具体体现。在今年全国社会治安综合治理工作会议上，周永康同志作了重要讲话，从党和国家工作大局的高度，深入分析了我国经济社会发展阶段性特征在社会建设和社会管理领域的具体表现，深刻阐述了新形势下加强社会建设、创新社会管理的重要意义，对新形势下进一步推进三项重点工作，尤其是加强社会建设、创新社会管理作出了全面部署，对包括加强重点青少年群体教育帮助在内的社会管理创新工作提出了具体要求。希望各地各有关部门认真贯彻落实全国综治工作会议精神，切实加强对闲散青少年等重点青少年群体的教育帮助和服务管理工作，维护青少年合法权益，推进社会管理创新，维护社会和谐稳定。

开展试点、以点带面、示范推动，是巩固排查摸底成果，总结推广经验，整体推进重点青少年群体教育帮助和预防犯罪工作的有效方法。中央综治委、中央政法委近日部署开展了全国社会管理创新综合试点工作，要求把重点青少年群体教育帮助作为试点的重要内容之一。中央综治办、团中央、中央综治委预防青少年违法犯罪工作领导小组也制定下发了重点青少年群体教育帮助和预防犯罪工作试点方案。当前，关键就是狠抓落实、细化深化试点工作，大胆创新，重点突破，确保工作取得实效。

下面，我就深入开展试点、推动重点青少年群体教育帮助和预防犯罪工作讲几点意见。

一、要切实加强领导，形成整体合力

当前，各地党委、政府，特别是党中央、国务院对预防青少年违法犯罪工作相当重视。前不久，按照有关领导同志的指示，根据对全国重点青少年群体排查摸底的情况，中央综治委预防办起草了《我国重点青少年群体排查摸底专项行动数据分析和对策建议报告》，得到了中央领导同志的高度重视。习近平、周永康、王乐泉、刘云山、刘延东等中央领导同志作了重要批示，对重点青少年群体教育帮助和预防犯罪工作提出了明确的要求，王乐泉同志还专题听取相关部委对这项工作的汇报并作了重要指示。希望各地区各部门要充分认识做好新形势下重点青少年群体教育帮助和预防犯罪工作的重要意义，切实加强组织领导，认真抓好试点方案的组织实施，为重点青少年群体教育帮助和预防犯罪工作的深入开展提供有力保障。

一是要把这项工作放到党委、政府的全局工作中去谋划、去推进。试点工作能否真正抓出实效，关键看当地党政领导是否真正重视。因此，各试点城市要努力争取党政领导支持，把重点青少年群体教育帮助和预防犯罪试点工作与社会管理创新试点工作统筹推进，放到落实三项重点工作、推进社会管理创新的整体格局中去谋划。要认真学习贯彻党的十七届五中全会精神，抓住各地各部门制定实施“十二五”国民经济和社会发展规划的契机，把教育帮助和预防犯罪工作的重点、难点细化、量化为具体项目，力争纳入“十二五”规划，实施立项管理和项目化运作。各试点城市作为教育帮助和预防犯罪工作的先行者和探索者，要坚持党政一把手负总责、亲自抓，经常过问试点工作情况，认真研究规律特点，明确方向重点，协调解决遇到的困难和问题，在工作力量、工作环境、经费保障等方面给予支持，保证试点工作顺利推进，确保有人管事、有钱办事。

二是要加强各部门的协同配合，切实做到各部门各司其职、齐抓共管。重点青少年群体教育帮助和预防犯罪工作是一项综合性的系统工程，涉及许多政府部门的行政管理工作，这就需要各部门加强工作研究，在闲散青少年信息管理、就业帮扶、不良行为青少年跟踪帮教、城市流浪未成年人和农村留守儿童生活救助等多个方面加大投入和保障力度，提升管理服务工作的成效；明确各部门在教育帮助和预防犯罪工作中的职责任务，通过各部门充分发挥职能作用，加强协作配合，齐心协力推动工作的深入开展；各级综治部门要发挥好牵头协调作用，推动各个部门围绕自身职能各负其责，形成各部门整体合力，共同推动问题的解决；要把重点青少年群体教育帮助和预防犯罪试点纳入社会管理创新综合试点工作的范畴来整体推进、统筹协调。

三是要注重激发基层活力，最大限度地引导群众支持和社会参与。在社会主义市场经济条件下，大量的社会管理事务回到了基层和社区，重点青少年群体的教育帮助和预防犯罪工作也是如此。比如，我们去年启动的重点青少年群体排查摸底专项行动，就是以社区、村为基本单位，充分发挥了城乡社区、居委会、村委会、公安派出所、司法所、民政所等基层组织或行业部门的作用，调动了基层治保主任、派出所民警、计生干部、团支部书记、妇代会主任、关工委主任等各种工作力量才使这项工作成功顺利地完成。因此，现在我们开展试点工作，也不能单纯依赖党委政府包揽一切，更不能设想由今天到会的我们几个部门包打天下，必须充分激发、调动各种社会组织、专职社会工作者、志愿者和“五老”等各界人士的参与意识，发挥他们不可替代的协同、配合作用。可以说，社会组织的参与面越广，各界人士的参与力度越大，我们的试点工作就会越有活力，越有成效。

二、要转变工作理念，创新工作方式

以人为本是科学发展观的本质和核心，是社会管理创新必须始终坚持的根本原则，也是做好新形势下重点青少年群体教育帮助和预防犯罪工作的关键。重点青少年群体教育帮助和预防犯罪作为探索和实践社会管理创新的重要方面和突破口，更需要切实转变观念，勇于突破、敢为人先，以理念的创新带动工作体制机制、政策体系和方法手段的创新，逐步建立长效工作机制，促进重点青少年群体教育帮助和预防犯罪工作法制化、规范化、制度化建设。

要牢固树立以人为本、服务为先的理念，努力克服过去那种搞管理以管理者自居，搞教育以教育者自居的弱点。要清楚地认识到，重点青少年群体也是困难群体，关心重点青少年群体也就是关心人民群众的生活和发展，也就是贯彻群众路线、做好群众工作。因此，要从人民群众特别是青少年群体的切身利益出发考虑和解决问题，从更好地服务青少年入手，通过服务来改进工作措施，通过服务来加强管理，寓管理于服务之中，实现工作理念和方法的创新。

要探索建立社会管理组织和青少年之间形式多样、规范有序、畅通高效的诉求表达渠道，及时了解青少年需求，倾听青少年呼声，解决青少年最关心的热点、难点问题，尊重青少年的主体地位，以实际行动赢得青少年的信任，引导他们以积极主动的心态接受教育、管理和服务。

要积极探索青少年法律法规的创新，加大青少年立法和司法保护的力度。在继续做好《未成年人保护法》、《预防未成年人犯罪法》和《关于进一步建立和完善办理未成年人刑事案件配套工作体系的意见》宣传贯彻的基础上，进一步加强对工读（专门）学校建设的研究，争取早日下发政策、文件，把工读（专门）学校建设纳入“十二五”规划。要大力推广基层工作经验，在试点城市推广“少年法庭”、社会调查、留守儿童之家、阳光课堂、中途宿舍、司法促进会等工作方式和平台建设，把工作措施落到实处。

三、要夯实基层基础，提高服务重点青少年群体的能力和水平

基层基础工作薄弱是政法综治工作的瓶颈所在，也是影响和制约重点青少年群体教育帮助和开展预防犯罪工作的重要因素。我们开展试点工作，不是搞运动，也不是搞活动。要真正做好试点工作，就必须始终注重加强基层基础工作，确保把试点工作的重点放在基层,把各项措施落到基层。

各级综治部门要与各级预防青少年违法犯罪工作机构配合,进一步加强预防工作机构的设置和人员队伍建设;各地区各部门要把精力和注意力更多地放到基层,把人力、物力、财力更多地投到基层,合理设置试点工作机构,建好建强基层队伍,努力在夯实基层组织、壮大基层力量、整合基层资源、强化基础工作上下功夫,推动形成"常联系、常培训、常排摸、常调处、常激励"的工作态势,为教育帮助和预防犯罪工作在基层的开展奠定坚实基础;要充分发挥基层综治工作中心的机制优势和重要作用,把重点青少年群体的教育帮助和预防犯罪工作作为乡镇(街道)综治工作中心和村(社区)综治工作站的重要职责,整合资源力量,加强工作联动,确保教育帮助和预防犯罪工作在基层有人管、有人干、能干好;各地要以乡镇(街道)综治工作中心为主阵地,合理搭建试点工作平台,拓宽工作渠道,为广大人民群众及社会各方面力量积极参与重点青少年群体的教育帮助和预防犯罪工作提供必要条件;要针对重点青少年群体总量巨大、相关数据变化较快的情况,切实加强信息化工作的力度,尽快建立起覆盖试点工作各个部门、各个环节,纵向贯通、横向融合、互联互通的信息管理系统,在进一步排查摸底的基础上,把重点青少年的年龄、性格、家庭情况、生活学习情况等相关基础数据以及工作目标、措施手段、部门职责任务等全部纳入信息管理系统,实现对试点工作的动态观测和实时调控。

四、要狠抓工作落实,确保试点工作成效

一是强化责任、落实分工。各试点城市要紧密结合当地实际制定详细的试点工作计划和操作方案,各试点所在省(区、市)要制定具体的督导检查计划,细化分解工作任务,明确目标责任和考核细则,确保把任务分解到部门、落实到岗位、量化到个人,以责任促落实,做到层层分解目标责任,形成一级抓一级、层层抓落实的工作格局。

二是分类指导、推广经验。要从各试点城市的实际出发,因地制宜,针对不同地域、不同方向、不同类型的群体,实事求是的摸清具体情况,采取项目化管理的方式,拿出有针对性的措施,探索有实效性的方法,充分发挥专家顾问组成员的作用,加强分类指导和沟通交流,确保实际工作效果。要通过召开座谈会、经验交流会、现场会和组织宣传采访报道等有效形式,及时总结交流试点工作经验,及时发现和研究解决工作中的问题和薄弱环节,广泛宣传推广试点工作中的好经验、好做法、好典型,以点带面,带动全局。

三是加强督查、严格考核。督导检查和科学考评是综治工作的重要手段,为各部门利用社会治安综合治理体制机制优势,整合各方资源,实施社会联动提供了平台和抓手。要继续发挥这一手段的作用,把重点青少年群体教育帮助和预防犯罪工作作为预防工作考核的重要内容,纳入社会治安综合治理责任制和综治考评体系之中,以评促建、鼓励先进、激励创新、警示落后,充分调动各地各部门的积极性和主动性。要注重加大督促检查的力度,科学运用明查暗访等多种督查手段,对试点工作的落实进行全程监督,及时发现和解决工作中存在的问题。

中央社会治安综合治理委员会办公室关于印发《陈冀平同志在中国青少年犯罪研究会第六次全国会员代表大会上的讲话》的通知

(2010 年 11 月　日)

各省、自治区、直辖市社会治安综合治理委员会办公室,新疆生产建设兵团社会治安综合治理委员会办公室,中央社会治安综合治理委员会各成员单位:

2010 年 10 月 11 日,中国青少年犯罪研究会在北京召开第六次全国会员代表大会。中央综治委副主任、中央政法委副秘书长、中央综治办主任陈冀平同志出席会议并讲话。现将陈冀平同志的讲话印发给你们,请结合实际情况,认真贯彻落实。

陈冀平同志在中国青少年犯罪研究会第六次全国会员代表大会上的讲话

(2010 年 10 月 11 日　根据录音整理)

值此中国青少年犯罪研究会第六次全国会员代表大会召开之际,我代表中央政法委、中央综治委对会议的召开表示热烈的祝贺!向广大青少年犯罪研究工作者致以亲切的问候!

中国青少年犯罪研究会是由全国各地从事青少年犯罪研究的专家学者、实务工作者以及有关单位组成的全国性学术团体。根据形势发展的需要,研究会在 2004 年由中国社会科学院转为共青团中央主管。六年来,在团中央书记处的正确领导下,研究会在加强自身建设、组织开展学术研究和实践活动、积极参与法制宣传教育、扩大学术交流和合作等方面取得了一定的成绩,为加强青少年立法、完善少年司法制度、预防青少年违法犯罪、保护青少年合法权益、促进社会治安综合治理与和谐社会建设作出了应有的贡献。

当前,我国正处于经济社会快速发展时期,社会矛盾碰头叠加,社会治安形势严峻复杂,存在多种容易诱发青少年违法犯罪的不良因素。虽然青少年犯罪的上升幅度得到遏制,但是总数还在增加,形势不容乐观。前一阶段,共青团中央、中央综治委预防青少年违法犯罪工作领导小组办公室对重点青少年群体进行调查摸底,掌握了闲散青少年、有不良行为或严重不良行为的青少年、农村留守儿童、服刑在教人员未成年子女和流浪青少年的基本情况,为预防青少年违法犯罪工作奠定了良好的基础。预防青少年违法犯罪是实现亿万家庭最大希望和切身利益的民心工程,是确保中国特色社会主义事业后继有人的希望工程。我们必须以对党和国家负责、对人民负责、对子孙后代负责的精神，进一步增强责任感和使命感，深入扎实地做好这项工作。

做好预防青少年违法犯罪工作离不开理论研究。理论是实践的先导，理论搞不透，实践就走不远。对青少年违法犯罪问题进行深入研究，可以探索青少年违法犯罪的规律，寻求预防、控制和减少青少年违法犯罪的对策，使预防青少年违法犯罪工作更具科学性、实效性和预见性。广大青少年犯罪研究工作者要自觉肩负起时代赋予的光荣职责，进一步解放思想，实事求是，与时俱进，开拓创新，多出研究成果，多出学术精品，为预防青少年违法犯罪工作提供重要的理论支持和决策参考，为繁荣青少年犯罪研究贡献自己的智慧和力量。

第一，希望青少年犯罪研究工作者切实增强大局意识，为预防青少年违法犯罪工作提供理论指导。广大青少年犯罪研究工作者要把学术研究和党政工作大局紧密结合起来，围绕社会矛盾化解、社会管理创新、公正廉洁执法三大任务，围绕青少年违法犯罪工作中带有全局性、根本性、战略性的问题，确定主攻方向，制订研究规划，通过开展调查研究、举办学术研讨会、组织专题论坛等多种方式，充分发挥不同学科、不同领域、不同专业的研究人员和实务工作者的人力智力优势，开展联合攻关，争取形成一批有影响、有价值、有创新的理论和实践研究成果，努力使青少年犯罪研究成为预防青少年违法犯罪工作的重要参谋和得力助手，为有关部门制定政策提供理论支撑和决策参考。

第二，希望青少年犯罪研究工作者不断开拓创新，在重点青少年群体研究和服务上取得突破。创新是国家和民族兴旺发达的不竭源泉，也是推动青少年犯罪研究不断深入的强大动力。加强社会建设、创新社会管理，是维护社会和谐稳定的源头性、根本性、基础性工作。当前，搞好重点青少年群体的教育、管理和服务是社会管理创新的一项重要内容。广大青少年犯罪研究工作者要围绕这一主题，充分发挥群体优势和个体优势，结合各自的专长，广泛借鉴各学科的最新研究成果，深入研究青少年思想意识形成的规律和青少年犯罪的规律，对闲散青少年、有不良行为或严重不良行为的青少年、流浪乞讨青少年、服刑在教人员未成年子女和农村留守儿童等重点青少年群体开展专题研究，努力把握青少年心理状态转变的关键环节，切实抓住其行为演变的关键点，针对他们面临的主要困难和问题，争取在教育、管理和服务等方面提出富有建设性的对策与建议。

第三，希望青少年犯罪研究工作者加强调查研究，牢固树立扎实务实的良好学风。“没有调查就没有发言权。”广大青少年犯罪研究工作者要走出书斋，深入基层，深入实际，深入广大青少年，围绕上网沉迷青少年的教育引导、未就业高校毕业生群体管理帮扶、构建中国特色少年司法制度等预防青少年违法犯罪工作中的重点、难点和热点问题开展专题调研，摸清底数，提出真知灼见，创造学术精品。要以严肃、认真、负责的态度改进调查方法，注重运用信息技术，规范使用统计方法，科学利用统计分析软件，提高调查研究的客观性、准确性和科学性。

中国青少年犯罪研究会作为广大青少年犯罪研究工作者的研究之家，要大力加强自身建设，切实提高服务能力，充分发挥专家学者的积极性和创造性，为他们开展理论研究和学术交流搭建平台，努力培养造就一批综合素质高、研究能力强的研究人员和实务工作者。中央综治委预防青少年违法犯罪工作领导小组有关成员单位要为专家学者开展调查研究提供力所能及的支持。

同志们，青少年犯罪研究工作责任重大，使命光荣，广大青少年犯罪研究工作者任重而道远。我们要紧密地团结在以胡锦涛同志为总书记的党中央周围，高举中国特色社会主义伟大旗帜，坚持以邓小平理论和“三个代表”重要思想为指导，深入贯彻落实科学发展观，全面贯彻落实党的十七大、十七届三中、四中全会和全国政法工作会议、全国综治工作会议精神，努力进取，扎实奋斗，为促进青少年健康成长、构建社会主义和谐社会作出新的更大的贡献。

九、铁路护路联防工作

2010年铁路护路联防工作概况

2010年，全国铁路护路联防工作在中央综治委的正确领导下，在各级地方党委、政府的大力支持下，在各有关部门、社会各界的积极参与下，各级护路联防组织认真贯彻落实党的十七届五中全会精神，紧密围绕三项重点工作，以确保上海世博会、广州亚运会安全保卫工作为重点，认真研究部署高速铁路护路联防工作，全面做好青藏铁路、大秦铁路护路联防工作，继续加强涉路矛盾纠纷排查化解，深入开展铁路重点区段和突出治安问题排查整治，进一步做好队伍建设、护路宣传、经费管理等基础工作。2010年全国铁路发生危及行车安全案件较2009年减少77起，下降38%；路外伤亡事故发生数和死亡人数较2009年分别减少了295起和212人，分别下降11.37%和11.78%。全国铁路未发生暴力恐怖事件、恶性刑事治安案件和因治安问题引发的较大行车事故和治安灾害事故；各类危及行车安全案事件明显下降，压减路外伤亡事故效果明显，确保了铁路运输安全持续稳定。

一、认真研究部署，做好高速铁路和新建铁路护路联防工作

2010年，我国铁路现代化建设加快推进，特别是高速铁路建设和运营成绩斐然，郑（州）西（安）、福（州）厦（门）、成（都）灌（都江堰）、沪宁、沪杭等高速铁路相继建成通车，截至2010年底，我国投入运营的高速铁路里程已达8358公里，在建高速铁路1.7万公里，运营和在建里程均位居世界第一。高速铁路的快速发展，对缓解紧张的运输矛盾，有效提高全国铁路网整体效能，加速我国铁路现代化进程，促进经济社会又好又快发展具有重要意义，做好高速铁路护路联防工作任务艰巨，责任重大。今年以来，全国各级铁路护路联防组织以高度负责的精神，充分发挥职能作用，及时根据当地高速铁路建设的规划和进展情况，及早谋划、提前介入，实现了“高速铁路建到哪里，护路联防工作就跟到哪里，平安创建活动就开展到哪里”的目标。6月22日，中央护路办在河南省洛阳市组织召开了“全国高速铁路护路联防工作现场会”，现场交流学习了河南、陕西两省护路联防组织及西安、郑州铁路公安局做好郑（州）西（安）客运专线护路联防和安全保卫工作的经验和做法，向大会提交并审议了《关于进一步加强高速铁路护路联防工作的意见》（征求意见稿），对进一步做好高速铁路护路联防工作进行全面部署和要求。今年以来，针对高速铁路封闭管理、治安环境复杂、沿线群众安全意识淡薄等特点，各有关部门、各级护路联防组织深入调查研究，建立健全各项工作机制，在加强护路巡防力度、保障群众权益、协调化解矛盾、落实护路责任、爱路护路宣传教育、依法打击破坏活动、加强群防群治上狠下功夫。公安部治安局会同铁道部公安局联合下发了《关于加强铁路工程建设治安管理切实维护铁路施工安全的通知》（公治[2010]59号），就加强新建铁路施工现场及周边的治安管理工作提出要求，从加强路地协作、严厉打击盗窃铁路器材违法犯罪活动、严格施工安全管理、深入开展平安铁路创建活动等四个方面作出具体部署。北京市为切实抓好新建铁路护路联防工作，由首都护路办组织各成员单位、施工部门、沿线乡镇召开了"新建高速铁路护路联防工作会议",从加强新建高速铁路治安防范基层基础建设、严厉打击整治各类涉及新建高速铁路违法犯罪活动、强化施工单位内部安全保卫和加强新建高速铁路护路联防工作领导组织等四个方面进行部署,并形成出台了《关于进一步加强新建高速铁路护路联防工作的意见》(首综委护路委[2010]6 号),对加强北京市新建高速铁路护路联防工作提出具体意见和要求。广东省人民政府专门针对高速铁路的特点,制定下发了《关于维护高速铁路运营安全的通告》(粤府[2010]59 号),并在亚运会前期召开了"全省深入宣传贯彻省政府通告暨创建亚运平安铁路通道工作会议"。同时,省综治委还制定下发了《关于印发〈广东省综治委铁路护路联防工作领导小组成员单位职责任务〉、〈对新建铁路提前介入开展护路联防工作制度〉和〈广东省综治委铁路护路联防工作领导小组成员工作联系点制度〉的通知》(粤综治委[2010]29 号),加强了对铁路护路联防工作的组织领导,明确了各成员单位职责分工,对提早开展新建铁路护路联防工作提出了具体要求。宁夏自治区为确保太(原)中(卫)银(川)铁路建设顺利进行及通车后的安全畅通,由自治区政府下发了《自治区人民政府关于确保太中银铁路宁夏境内运输安全畅通的通告》(宁政发[2010]107 号)。同时,自治区综治办、公安厅、工商行政管理局、教育厅、农牧厅和宗教事务局联合共同制定出台了《关于加强太中银铁路沿线治安防范工作的意见》(宁综治办[2010]20 号),对加强铁路沿线治安综合治理和治安防范工作,提出了六项工作措施和四项具体要求。河南省针对郑西高铁专门制定了《高铁护路队员管理工作规范》和《高铁护路队员勤务规范》,建立完善了高铁护路队员招聘辞退、教育培训、检查督导、勤务管理和考核奖惩等工作制度。通过每季度对线路案件、队员勤务、队伍违纪等情况的考核评比和奖惩,有效提高了护路队伍的工作积极性和战斗力。2010 年以来,河南省护路办还在部分护路大队试行安装了 GPS 定位系统,对队员的勤务工作实行动态管理,对岗位部署进行科学调配,大幅提高了护路队伍的整体效能。四川省今年开通的成都至都江堰客运专线,是"5.12"汶川大地震后在党中央关心下建设的一条重要铁路干线,这条铁路的施工建设与开通运营备受党中央及社会各界的关注。省护路办提前介入开展各项工作,组织相关部门对成灌客运专线沿线涉路矛盾纠纷、治安情况、安全隐患开展集中排查活动。针对排查出的问题,四川省省委常委、政法委书记、省综治委铁路护路联防工作领导小组组长王怀臣同志批示要求"对问题比较突出的地方,请维稳办、综治办把情况告知当地政府,妥善处理。"省委政法委副书记、省铁路护路联防工作领导小组副组长、省护路办主任王萍同志主持召开成灌客运专线护路联防工作专题会议,就客运专线护路联防工作纳入综治工作和平安建设,落实承包责任和各项工作措施进行了专题部署。海南省为确保东环铁路施工建设和开通运营顺利进行,省综治委决定自 2010 年 6 月至 2011 年 6 月,开展为期一年的铁路护路联防专项整治工作。海南省省委常委、政法委书记、综治委主任肖若海同志提出了"确保安全生产 100%,确保涉路矛盾纠纷化解 100%"的要求。省委宣传部专门下发《关于加强铁路护路联防宣传的通知》(琼宣发[2010]29 号),要求各级党委宣传部门、新闻单位全力做好铁路护路联防和爱路护路宣传教育工作。安徽省专门召开"新建铁路治安综合治理和刑事打击防范专项工作会议",要求新建铁路沿线各级党委、政府和有关部门要按照"属地管理"的原则,在抓早提前上下功夫,建立健全新建铁路安全稳定工作责任制,进一步明确沿线基层党政领导抓铁路护路联防工作的责任,把保一线平安同保一方平安有机结合起来,扎实推进新建铁路护路联防各项工作措施的落实。

二、深入做好涉路矛盾纠纷排查化解工作

2010 年,全国共发生群体性拦车断道事件 7 起,同比上年度下降 50%,也是历年来发生数最少的一年。全国各级护路联防组织牢固树立群众路线的工作理念,以维护人民群众利益为出发点,深入开展涉路矛盾纠纷排查化解工作,不断完善信息共享、矛盾联调的排查化解工作机制,形成了涉路矛盾纠纷排查化解工作的经常化、制度化和规范化。特别在新建铁路开通前、重大活动、重要节日以及社会敏感时期临近前,各级护路联防组织在日常排查化解基础上,提前介入、提早动手,

集中力量在铁路沿线开展重点排查。对排查出的矛盾纠纷,确定牵头处置责任单位、责任人和解决时限,努力把各类涉路矛盾纠纷解决在基层,化解在萌芽状态。今年以来,全国护路联防系统共排查化解涉路矛盾纠纷6321件,有效维护了铁路沿线的治安稳定。山西省护路联防系统开展了一个月时间的以"集中排查涉路矛盾纠纷、涉路治安隐患和督查护路联防责任制"为主要内容的徒步巡线月活动。省市两级护路组织人员累计巡线3400公里,共排查出各类涉路矛盾纠纷217起,妥善调处解决17起;排查各类治安隐患339处,同步整改72处。广西自治区针对新线建设过程中涉路矛盾纠纷多、调处难度大的现实,地方党委、政府积极与建设施工方协作配合,共同做好铁路建设过程中的维稳工作,形成了对涉路矛盾纠纷"联排、联调、联控、联稳"的工作机制,确保了施工建设顺利进行,维护了铁路沿线治安稳定。自治区党委常委、政法委书记温卡华同志对此作出专门批示,要求在其他工作领域宣传推广这一经验做法。四川省在广泛调研和细致排查的基础上,由省维稳办和综治办联合下发文件,向省辖的成都、达州、乐山、凉山、遂宁等17个市(州)人民政府通报了各自管内的重大涉路矛盾纠纷、铁路安全隐患和突出治安问题,要求及时组织相关部门研究制定可行方案,采取有力措施,消除涉路矛盾纠纷和危及铁路安全的隐患及治安问题。

三、切实做好铁路重点区段和突出治安问题排查整治工作

为贯彻落实中央综治委《关于进一步加强社会治安重点地区排查整治工作的若干意见》(综治委[2010]5号)通知要求,进一步加强铁路重点区段和突出治安问题排查整治工作,中央护路办在《2010年全国铁路护路联防工作要点》中明确要求,各省(区、市)护路办要在深入排查的基础上,梳理出一批治安混乱的铁路区段和突出治安问题,及时组织协调有关方面进行集中整治,并落实挂牌督办制度;对治安秩序不好、群众反映强烈的火车站地区,要迅速进行整顿,尽快改变面貌。各省(区、市)护路办及全国大中城市火车站地区管理委员会加强排查整治工作的组织领导,周密制定工作方案,会同各有关部门细致排查,全面整治,取得了明显成效。据统计,2010年全国护路联防组织在日常工作和专项整治中,及时排查发现治安问题、设备丢损、地质灾害等各类行车安全隐患2776个,有效地预防了安全事故、治安案件的发生。甘肃省开展了为期半年的铁路沿线重点区段治安整治活动,集中对铁路突出治安问题、沿线治安环境、涉路矛盾纠纷、铁路交通事故等进行了专项排查和整治。特别针对天(水)兰(州)线危行案件频发、路外事故增多的情况,省护路办组织动员路地各级干部、沿线群众、公安干警千余人次,在天兰线开展了一个月的专项整治活动,期间破获刑事案件42起,查处治安案件355起。辽宁省针对境内支线铁路封闭状况差,行人上道较多,路外伤亡事故多发的现状,在全省铁路支线开展了压减路外伤亡事故专项整治行动,并对支线铁路护路联防工作提出了"组织落实到位、队伍落实到位、责任落实到位、资金落实到位、路地联防到位、重点对象措施到位"的"六到位"工作要求。专项整治行动开展以来,全省路外伤亡事故同比下降27%,死亡人数同比下降28%,取得了显著成效。广西自治区开展了为期两个月的铁路道口专项整治行动,通过专项整治基本实现了"有人看守道口和监护道口安全可控,管理规范;非法设置道口和非法设置人行过道问题明显减少;道口事故及其他路外交通事故明显下降;铁路沿线人民群众法制观念和爱路护路意识明显增强"的既定目标。湖北省为进一步净化全省铁路沿线社会治安、工作和自然环境,确保铁路运输安全畅通,经省人民政府批准,在全省开展了4个月的"铁路沿线安全环境专项整治行动",并由省护路办与铁路部、湖北省铁路建设领导小组办公室联合下发专门文件,对专项行动进行部署。同时,省护路办会同武汉铁路局对全省12个市(州)铁路沿线安全环境突出问题进行了全面细致的排查,共排查各类问题和隐患1251个,省护路办立即向有关市(州)下发通报,要求对排查出的问题和隐患迅速整治,切实解决问题。贵州省护路办组织铁路沿线市(州)、县护路联防组织和铁路局有关部门联合召开了"治理贵州省境内铁路沿线乱耕滥种路地协调会"。要求路地双方紧密配合,充分发挥综治协调优势,形成齐抓共管、齐抓共治、人人负责、环环相扣的工作格局,彻底扭转铁路沿线乱耕滥种的现象。福建省护路办、省公安厅治安总队和铁路公安处联合开展了清理整治福厦铁路沿线废旧金属收购站点专项行动，加强对铁路沿线废旧金属收购站点的管理，对铁路安全保护区内设立的非法废旧金属收购站点予以取缔，对拆卸、偷盗和非法收购铁路器材的违法犯罪活动进行严厉打击，确保了福厦铁路施工建设、联调联试和开通运营顺利进行。

四、圆满完成重大活动、敏感时期铁路安全保卫工作

一是认真做世博会和亚运会期间铁路护路联防工作。2010年，我国成功举办了上海世博会和广州亚运会，再一次向世界人民展示了中国改革开放和经济社会建设的伟大成就。为全面做好世博会和亚运会期间铁路护路联防工作，保障铁路运输安全畅通，中央护路办把做好世博会、亚运会铁路护路联防工作作为今年的一项重点工作来抓。一段时间以来，上海火车站地区外来两怀(怀抱婴儿、怀孕)妇女参与偷窃、贩两票(火车票、假发票)、贩黄、拉客等现象难以根除，严重破坏公共秩序，影响世博会形象。中央护路办向中央综治办提交了《关于请中央综治办协调做好上海火车站地区外地重点人员接返和监管工作的报告》(综治委铁护办[2010]7号)，有关领导同志高度重视，4月19日中央综治办即专门向河南、湖南、新疆等省(自治区)下发了《关于妥善处理上海市火车站地区滞留“两怀妇女”有关问题的通知》(综治办[2010]61号)，要求相关省、自治区做好滞留上海火车站地区“两怀妇女”的接返、管控工作，确保世博会期间火车站地区良好的治安秩序。上海火车站地区管理委员会和上海市护路办，积极协作，会同各有关部门在世博会期间圆满完成了各项护路安保工作任务。亚运会召开前期，中央护路办下发了《关于做好广州亚运会期间铁路护路联防工作的通知》(综治委铁护办[2010]12号)，并组织环粤六省区召开了“广州亚运会铁路护路联防工作协作会”，指导广东省护路办学习借鉴北京市、山东省、上海市做好奥运会、全运会和世博会铁路护路联防工作的经验和做法，协调环粤六省区签订了《广州亚运会铁路护路联防工作协作协议书》，对亚运会期间加强工作信息交流、加强矛盾纠纷联调、加强重点人员管控、加强流浪乞讨人员清理、加强进粤铁路通道管控、加强线路治安联防联控、加强舆情掌控引导等方面的协作内容和形式提出具体要求。

二是加强社会敏感期的铁路护路联防工作指导。2010年3月29日，俄罗斯首都莫斯科地铁站接连发生两起恐怖爆炸袭击，造成严重人员伤亡，中央护路办立即下发了《关于做好当前形势下铁路护路联防工作的通知》(综治委铁护办[2010]6号)，要求全国各级护路联防组织认清当前反恐维稳的严峻形势，时刻保持高度警惕，切实加强护路联防各项工作，严防恐怖暴力活动发生，做好应对各类突发事件的准备。中央护路办于3月14日至16日和7月1日至9日分别派工作组前往青海、西藏和新疆三省区，深入青藏铁路、南疆铁路等重点区段和重要目标，对做好敏感时期铁路护路联防工作进行实地督导检查和指导。青海、西藏、新疆三省区护路联防组织以高度的责任感和使命感，严格落实各项工作要求和措施，军、警、民各部门团结协作，共同圆满完成了敏感时期青藏铁路、南疆铁路护路联防工作，确保了铁路沿线政治和社会治安稳定。

五、稳步推进“平安铁路示范市、县”创建活动

2010年，全国“平安铁路示范市、县”创建活动继续深入开展，各省(区、市)护路联防组织以平安创建活动为平台，不断加强自身基础建设，提高了对铁路沿线治安的研判和掌控能力，基本实现“以一线平安促一方平安”的目标。在2009年创建活动的基础上，各地继续积极探索，创新工作理念和措施，稳步推进创建规划，已经创建了一批具有创新性、先进性、代表性的平安铁路示范市、县，推动了铁路护路联防工作向前发展。截至2010年底，全国已有云南、贵州、湖南、江西、天津、宁夏、河南等12个省(区、市)创建命名省级“平安铁路示范市(县、区)”268个。吉林省在去年5月份顺利解决了护路联防收费问题，至此，全国31个省(区、市)护路联防经费实现了全部有来源、全部有保障。7月29日，吉林省召开了解决护路联防经费问题后的首次全省护路联防工作会议，中央护路办致贺信并派员出席会议，省委政法委副书记、综治办主任、护路办主任姜德志同志就加强护路联防基层基础建设，深入开展平安创建活动进行全面动员和部署。江苏省扬州市围绕

“平安扬州”建设的总体目标,加强各级党委、政府对护路联防工作的组织领导,各有关部门协作配合,通过将铁路治安防控纳入社会治安大防控体系、将涉路矛盾纠纷排查化解纳入大调解机制、将护路联防日常工作纳入综治基层基础建设的“三个纳入”,不断提升平安铁路创建活动的水平和实效。中央电视台对扬州市加强沿线中小学生爱路护路教育,提升自防自护能力的做法还进行了专题报道。大秦护路办将确保大秦铁路安全畅通作为一把手工程,确立了打造“大秦重载铁路平安示范放心线”的品牌战略,全力开展“平安线、平安派出所、平安警务区、平安岗”的创建活动,制定出台了《创建大秦铁路平安示范放心线奖惩办法》、《创建大秦铁路平安示范放心线评比竞赛办法》、《创建大秦铁路平安示范放心线派出所领导干部、民警考核办法》,确保了创建活动的规范性、长效性和可操作性。2010 年,大秦铁路共破获涉路刑事案件 10 起,破获盗窃煤炭案件 4 起,办理行政治安案件 151 起;沿线各级护路联防组织共举办各种专题宣传活动 40 余次,制作宣传展板、宣传牌 6000 余块,签订安全协议 1026 份,发放各类宣传资料 20 余万份,受教育群众 40 余万人,确保了大秦铁路年内运量突破 4 亿吨任务的圆满完成。

六、进一步加强铁路护路联防队伍建设

今年以来,全国各级护路联防系统在健全规章制度,规范教育培训,加强后勤保障,提高队伍整体素质上下功夫,专(兼)职护路联防队伍总体稳定,在维护线路治安稳定、处置突发事件、排险除患等方面发挥了不可替代的作用。截至 2010 年底,全国各省(区、市)共有专职护路联防干部、工作人员 3590 人,专职护路联防队员 26828 人,民兵 3673 人,兼职(志愿者)护路队员 151500 人。为贯彻落实全国社会治安综合治理工作会议和全国高速铁路护路联防工作现场会议精神,提高护路联防干部的政治业务素质,中央护路办于 9 月份在内蒙古呼和浩特市举办了“全国铁路护路联防干部培训班”,这是继 2009 年举办“全国护路办主任培训班”之后,专门对各省(区、市)护路办主任、宣传干部和财务主管举办的集中培训。中央护路办副主任胡增印同志就当前社会治安综合治理工作面临的形势和任务,结合铁路护路联防工作实际情况为学员亲自授课。培训班安排了护路联防经费管理使用、爱路护路宣传教育工作、加强护路联防基层基础建设、当好铁路护路联防办公室主任、发挥铁道护路联防刊物宣传主渠道作用等培训内容,课程安排和内容受到参训学员一致好评。据统计,今年以来全国各级护路联防组织采取多种形式对护路联防干部、专(兼)职护路队员和护路民兵进行培训 2426 次,参加培训人员达 85033 人次。青海省在全省专职护路队伍中开展了“抓教育、强素质、抓作风、强队伍,推进铁路护路联防队伍正规化建设”专项活动。力争通过 3 个月的专项活动,全面提高护路队伍的整体素质,努力打造一只思想、作风、工作过硬的队伍,全力推进全省铁路护路联防队伍正规化建设。内蒙古自治区为进一步加强铁路护路民兵队伍建设,全面提升民兵队伍整体素质,制定了《全区创建标准化铁路护路民兵分队规划及实施方案》,对民兵队伍标准化建设进行了为期三年的创建规划。湖南省为进一步发挥义务护路队伍的积极作用,宣传和表彰他们在维护铁路运输安全中的先进事迹,在全省范围内开展了评选表彰“十佳”有奖义务护路责任户活动,并在《中国平安网》和《铁道护路联防》刊物上陆续刊载了部分先进事迹,收到了良好的宣传效果。

七、深入开展爱路护路宣传教育

今年以来,全国各级护路联防组织在地方党委、政府的支持下,坚持专门工作与群众路线相结合,不断创新宣传渠道和方法,深入铁路沿线开展形式多样的爱路护路宣传教育,特别宣传了高速铁路安全常识和自我保护知识,提高了沿线群众的法制意识和爱路护路意识,营造了良好的社会氛围和舆论氛围。2010 年全国各级护路联防系统以各种形式开展爱路护路宣传活动 2650 余场,制作影视公益广告 300 条,深入中小学校 3 万余所,制作、发放爱路护路宣传品近 3 千万件,受教育群众达 4 千万余人。为广泛宣传中国铁路事业的发展历程,展现我国高速铁路取得的成就,进一步提高广大少年儿童的安全意识,营造全社会关心铁路发展、维护铁路安全的良好氛围,全国铁道团委与中少在线网站联合,于 4 月至 7 月举办了“高铁杯”全国少年儿童绘画大赛。大赛专门开设了高铁知识专题网站,邀请小朋友访问网页、了解高铁知识、参与绘画大赛。通过少年儿童的亲身观察和感受,用稚嫩的双手勾画、宣传中国高速铁路的发展成就,增强"知路·爱路·护路"情结和自我保护能力,促进少年儿童健康成长。6月23日,全国铁道团委"跨入高铁时代,共享平安生活"为主题的路外安全宣传活动汇报演出暨颁奖典礼在北京举行,铁道部、教育部、全国少工委等相关部门的领导同志出席活动,并为在"中国少年儿童铁路平安行动"中获得先进的代表颁奖。湖南省在4月份由省综治委铁路护路联防工作领导小组、省教育厅和团省委联合,在全省铁路沿线组织开展了"我承诺·我护路"宣传教育月活动,并举行了隆重的活动启动仪式。活动期间共举行千人以上大型宣传活动98场次,与学生、家长共签《护路承诺书》60万份,印发宣传册(本)30余万册,中小学生办黑板报、手抄报70万期(张),为中小学生举办安全常识和法制科1万余堂(次)。黑龙江省根据季节特点,组织综治、护路、农委、农垦、公安、交通等有关部门,有针对性地开展了"爱路护路春季安全专项整治活动",对行人、牲畜上道,铁路道口及沿线交通秩序,铁路保护区内环境等重点问题进行集中专项整治,并开展多种形式的宣传教育活动,提高沿线群众的安全意识和爱路护路意识。天津市结合护路联防工作实际,创新护路模式,动员全市铁路沿线15个区县8106名平安天津志愿者,在"两会"、上海世博会、达沃斯论坛、广州亚运会等重点时期共同参与铁路护路联防。据统计,平安志愿者参与爱路护路宣传活动期间共发放宣传品59万余份,张贴标语1.3万余条,劝阻行人上道、穿越线路230余人。平安志愿者参与铁路护路联防工作,不仅有效补充了护路联防力量的不足,而且充实了志愿者的社会活动,形成了具有天津特色的群众性义务护路新模式,收到了良好的效果。浙江省紧密结合"平安世博"工作目标,开展了"警民联手,共筑世博安全线"为主题的路外安全宣传活动和铁路沿线治安专项整治活动。活动期间,全省各级护路联防组织举办铁路安全常识宣讲292场次,播放宣传教育片106场次,张贴宣传标语、挂图、横幅2700余幅,发放宣传材料67890份。特别是对全省铁路沿线确定的91个机动车户、56个耕牛养殖户、45名精神病患者和158个废旧金属收购站点在实行"户籍式"重点管理的基础上,开展了"一对一、面对面"的回访宣传,逐一重新签订了安全协议。

八、组织编写《全国铁路护路联防工作大事记》

从1989年贵州省创造性地开展护路联防工作开始,铁路护路联防事业已经发展走过了20个年头,为认真总结经验和规律,系统回顾发展历程和规律,进一步推动护路联防工作健康、长远发展,去年2月份,中央护路办决定征集资料,组织编写《全国铁路护路联防工作大事记》。各省(区、市)积极响应和支持大事记编写工作,一个月的时间编委会收到文字资料48万字,图片资料500余幅,为编写工作提供了大量珍贵素材。编写工作开始以来,中央护路办先后四次下发专门通知,对编写工作提出具体要求和调整安排,并召开编委会成员会议,安排部署下一步编写工作。截至目前,大事记编写已完成三次统稿和修改工作,计划于2011年完成大事记的编印工作。

九、积极探索,创新护路联防工作思路和工作措施

在今年的工作中,各省(区、市)护路联防组织积极探索,在创新工作理念和措施上下功夫,在解决护路联防工作重点难点问题上下功夫,为铁路护路联防事业长远发展进行了有益尝试,提供了宝贵经验。山东省为适应高铁时代面临的新形势和新任务,提升护路联防工作的文化内涵和队伍的凝聚力,在全省启动了铁路护路文化建设。省护路办在深入调研的基础上形成了文化建设纲要草稿,并邀请相关领导和专家教授先后五次进行修订,最终形成出台了《山东省铁路护路文化建设纲要》。《纲要》包括文化理念篇、行为篇、形象篇、执行篇等四章61条,详细阐述了护路联防的工作目标、工作理念和价值观念,体现了坚持发扬传统与勇于创新相结合、外塑形象与内强素质相结合、齐鲁文化与时代精神相结合、保障当前与长治久安相结合的建设原则。重庆市在9月9日以创新的形式召开了全市"铁路护路联防工作现场会",会议分为现场会和培训会两个不同地点会区,期间与会代表统一乘坐由成都铁路局提供的两节专用车厢进行会场转移。在途经渝怀铁路时,由列车当时途径区段所属区、县(自治县)护路办主任、铁路派出所所长、工务段段长分别介绍该路段基本情况及护路联防工作情况，与会代表共同交流护路工作心得体会。云南省为及时有效排查化解涉路矛盾纠纷，排查整治重大安全隐患，推动护路联防工作创新，确保铁路运输安全和维护沿线治安稳定，由省综治委铁护组制定下发了《云南省铁路护路联防工作涉路矛盾纠纷排查调处办法》、《云南省铁路护路联防工作涉路重大安全隐患排查整治以案定补办法》和《云南省铁路护路联防工作创新实效以奖代补暂行办法》，通过完善制度和规定促进工作的不断创新。

回顾2010年，全国铁路护路联防工作进步明显、成效显著，但面对新形势和新任务，仍然存在一定的薄弱环节和问题，要下大力气予以改进和改善，如护路联防组织机构需进一步完善加强，基层基础工作要进一步夯实，涉路矛盾纠纷排查化解工作要做深、做细，护路联防队伍和经费管理要进一步规范和严格，工作主动性、创新性要进一步发挥等。下一步，各级护路联防组织要进一步提高思想政治、业务水平，在提高理论联系实际、发挥主观能动性上下功夫；要进一步健全完善护路联防工作体制和机制，在提高护路联防干部队伍整体素质上下功夫；要进一步夯实各项基层基础工作，在提高护路联防工作规范性、稳定性、实效性上下功夫；要进一步做好新建铁路护路联防工作，在保障铁路施工建设、开通运营顺利进行上下功夫；要进一步加强各项工作做深、做细、做实，在责任制和工作措施落实上下功夫，推动全国铁路护路联防工作再上新台阶。

2010年全国铁路护路联防工作要点

2010年全国铁路护路联防工作的主要任务是：按照全国政法工作会议部署和中央综治委的要求，大力推进涉路矛盾化解、护路工作创新和专职队伍管理工作，全面加强铁路护路联防基层基础建设，健全完善铁路沿线治安防控机制，深化“平安铁路示范市、县”创建活动，确保铁路治安持续稳定，铁路运输安全畅通。

一、大力推进涉路矛盾纠纷排查化解工作

各级铁路护路组织要紧密结合经济社会发展实际和铁路建设快速发展的新形势，认真分析研究涉路矛盾纠纷产生的原因，反思工作中存在的问题，坚持以人为本，从源头上预防和减少涉路矛盾纠纷。在新建、改建铁路的地方，所在省（区、市）护路办要在深入调查研究基础上，向地方综治委和有关铁路局反映可能由此产生的矛盾纠纷，提出预防和化解的建议，并将此情况报中央护路办备案。各级铁路护路组织要积极协调有关方面，认真开展涉路矛盾纠纷排查化解工作，加强路地双方的联系、沟通，尽可能把矛盾化解在初始阶段。中央护路办决定把涉路矛盾纠纷排查化解工作情况作为年度铁路护路联防工作考核的重点内容，并适时召开涉路矛盾化解工作经验交流会。

二、积极探索高速铁路、客运专线的护路联防工作

发展高速铁路、客运专线是当前和今后一个时期铁路建设的重点，各级铁路护路联防组织要以高度负责的精神，充分发挥职能作用，认真做好各项保障和服务工作。要根据当地高速铁路、客运专线建设的规划、进展情况，提前介入、及早谋划，高速铁路、客运专线建到哪里，护路联防工作就跟到哪里，平安创建活动就开展到哪里。要针对高速铁路、客运专线封闭管理的特点，选择适当的护路执勤模式，建立相应工作机制，并深入研究由于封闭管理产生的新情况、新问题，在保障群众权益、协调化解矛盾、落实护路责任、加大爱路护路宣传教育力度、依法打击破坏活动、加强群防群治上狠下功夫。中央护路办将在总结各地经验的基础上，提出加强高速铁路、客运专线护路联防工作意见。

三、做好有关上海世博会和广州亚运会人员、物资运输的护路安保工作

今年，我国上海和广州将分别举办“2010年上海世博会”和“第16届亚洲运动会”。届时将有国内外大批官员、运动员、记者等参会并到各地参观，还会有大批物资经由铁路运输。各相关省区市，特别是上海、广东两地护路联防组织，要高度重视“两会”期间的护路安全保卫工作，与公安机关等部门密切配合，提早动手，采取措施，加大宣传、整治、巡线、看护等工作力度，坚决杜绝因治安问题引发的行车重大事故，确保涉会人员和物资运输安全。

四、严格管理和科学使用铁路护路联防专职队伍

要根据铁路治安形势的发展变化，调整铁路护路联防专职队伍的布局，加强重点路段、关键部位的看护力量。严格按照《全国铁路护路联防专职队伍管理工作暂行规定》，进一步落实各项管理工作，确保按条件招聘、按要求培训、按规定使用、按标准保障。中央护路办适时对各省（区、市）铁路护路联防专职队伍员额、培训、使用、保障等方面的情况进行检查。

五、进一步完善铁路沿线治安防控体系

要从反恐怖的新角度，重新思考和健全完善铁路沿线治安防控体系。在治安情况复杂的铁路区段和隧道、桥梁、编组站等重点部位，要全面布建视频监控系统和扎实有效的技防、物防设施，增派专职护路力量，加强巡逻守护。各级铁路护路组织要会同铁道、公安、军队、武警等有关方面，建立铁路沿线重大治安动态预警机制，建立情报信息共享平台，加强铁路治安形势的分析评估，落实铁路沿线地区重点高危人员的控制措施，制定铁路区段反恐怖袭击应急预案，对专职、兼职护路队伍进行形势教育和业务培训，组织实战演练。特别是青藏铁路、兰新铁路和南疆铁路等重点线路，尤其要提高警惕性，加强戒备，严防发生问题。

六、继续抓好重点地区和突出问题的集中整治

各省（区、市）护路办要在深入排查的基础上，梳理出一批治安混乱的铁路区段和突出治安问题，及时组织协调有关方面进行集中整治，并落实挂牌督办制度。对治安秩序不好、群众反映强烈的火车站地区，要迅速进行整顿，尽快改变面貌。继续配合有关方面，做好压减铁路路外伤亡事故、整顿铁路沿线废旧物资回收站点等方面的工作。

七、全面加强铁路护路联防基层基础建设

2010年“平安铁路示范市、县”创建活动，要以加强铁路护路联防基层基础建设为重点，全面推进各项工作措施的落实。要按照中央综治委的要求和铁路护路联防工作的有关规定，进一步加强铁路护路联防基层组织建设，确保铁路护路联防工作在县、乡、村各级都有人抓、有人管、能落实、见成效。进一步加强铁路护路联防基础工作，理顺综治委领导、各有关方面齐抓共管的工作体系；完善领导责任制为核心、各有关责任制成龙配套的责任体系；加强铁路护路联防经费管理，健全工作保障体系。

中央社会治安综合治理委员会
铁路护路联防工作领导小组会议纪要

2010年1月27日，中央社会治安综合治理委员会铁路护路联防工作领导小组召开全体会议。会议听取了办公室关于2009年铁路护路联防工作的汇报，分析研究了面临的形势和护路联防工作存在的突出问题，审议了《2010年全国铁路护路联防工作要点（稿）》，提出了下一步工作要求。纪要如下：

2009年，在各级社会治安综合治理委员会的领导下，全国各级铁路护路联防组织认真贯彻落实党的十七届四中全会精神，积极协调推动有关部门和铁路沿线基层组织，以确保新中国成立60周年大庆安全为重点，深入开展“平安铁路示范市、县”创建活动，大力加强涉路矛盾纠纷排查调处工作，着力整治突出的治安问题，狠抓护路联防基层基础建设，进一步提高了铁路沿线的治安防控能力，全国铁路实现了“四个没有发生”、“三个下降”，即：没有发生暴力恐怖事件、没有发生影响稳定的政治事件、没有发生恶性刑事治安案件、没有发生因治安问题引发的重大行车事故和治安灾害事故；各类治安案件明显下降、危及行车安全案（事）件和路外伤亡事故大幅下降。特别是新疆乌鲁木齐“7·5”事件发生后，面对国内外敌对势力恐怖袭击铁路的威胁，各级铁路护路联防组织高度警惕，积极应对，确保了新疆、西藏及其他藏区铁路治安的持续稳定，确保了全国铁路运输的安全畅通。

会议认为，在铁路治安形势严峻、不安定因素大量增多、列车提速后安全要求不断提高的情况下，能取得这样的成绩很不容易。各级铁路护路联防组织恪尽职守，积极努力，战胜了许多困难，做了大量艰苦细致的工作，精神可嘉，功不可没。实践证明，铁路护路联防是综合治理铁路治安问题的有效形式，是铁路安全畅通的重要保障，离开了各级综治委的领导和支持，离开了各级护路联防组织的精心呵护，铁路的建设、发展就寸步难行。

会议指出，当前，我国铁路建设进入快速发展时期，今明两年，在建高速铁路20多条，1万多公里，征地、拆迁的规模比较大，完成任务的要求比较急，铁路全封闭后产生的问题比较多。反映到铁路护路联防工作上：一是涉铁矛盾纠纷会大量出现，处理不当就会出现影响铁路治安和行车安全的问题，甚至引发极端行为，导致拦车断道、破坏铁路的事件。二是铁路建设过程中，由于治安责任不落实、工作衔接不及时等原因，涉铁刑事案件、治安案件在一个时期中会呈现多发的趋势。三是由于新建铁路设施特别是重要部位贵金属较多，如果防护不得力，盗割通讯线路、拆盗铁路器材的犯罪会大量增多。此外，敌对势力在铁道线上制造恐怖事件的意向越来越明显，确保安全畅通的责任和压力加大。铁路护路联防工作压力增大，任务艰巨。

会议要求，今后一个时期的铁路护路联防工作，要进一步发挥社会治安综合治理的优势，在依靠党委政府权威推动工作上狠下功夫，在协调各部门齐抓共管上狠下功夫，在动员铁路沿线基层组织和广大人民群众共同参与上狠下功夫，紧紧围绕确保铁路安全畅通这个核心任务，认真抓好各项工作措施的落实。要提前介入，早做工作，把在建铁路沿线的社会治安综合治理工作纳入到护路联防工作体系中，纳入“平安铁路示范市、县”创建工作中，明确目标任务，落实工作责任。深入做好铁路沿线矛盾纠纷排查化解工作，特别要高度关注新线建设中出现的问题，及时协调路地双方采取有力措施，尽可能多地把不稳定因素消灭在萌芽状态。要根据高速铁路的特点，创新护路联防工作，把精力更多地用在铁路沿线地区、花在组织发动及教育管理群众上来。特别要加强铁路沿线重点人口管理，落实对中小学生的爱路护路宣传教育工作。要进一步完善铁路沿线治安防控体系，建立治安信息共享平台，制定反恐怖应急预案，特别是青藏铁路和南疆铁路等重点线路，尤其要提高警惕，加强戒备，严防发生问题。抓紧梳理治安重点区段和突出治安问题，按照中央综治委的要求，及时开展重点整治，各级护路办要落实挂牌督办制度。要进一步开展创建“平安铁路示范市、县”活动，夯实基层基础，保障各项措施的落实。

会议原则同意《2010年全国铁路护路联防工作要点（稿）》，要求进一步修改后下发执行。

十、刑释解教人员安置帮教工作

2010年刑释解教人员安置帮教工作概况

2010年,对刑满释放、解除劳教人员的安置帮教工作,认真贯彻落实中央文件精神和全国刑释解教人员安置帮教工作会议精神,以提高教育改造质量,加强监所与基层帮教组织信息沟通,开展服刑在教人员职业技能培训,强化刑释解教时的衔接,创新就业管理服务为重点,加强组织领导,完善工作机制,制定出台安置政策,改进和加强刑释解教人员社会管理,为维护社会稳定做出新贡献。

一、认真贯彻落实中央关于进一步加强刑释解教人员安置帮教工作精神

为了贯彻落实中央关于进一步加强刑释解教人员安置帮教工作精神,中央各有关部门、各地积极制定具体措施,贯彻落实取得初步成效。

(一)中央各有关部门采取有力措施贯彻落实

中央综治委刑释解教人员安置帮教领导小组召开会议,专门研究落实中央精神的具体措施。领导小组组长、司法部部长吴爱英同志亲自传达中央领导就加强刑释解教人员安置帮教工作的指示、批示,并就贯彻落实进一步改进和加强刑释解教人员的社会管理工作进行部署。领导小组副组长、中央综治办主任陈冀平同志从进一步认清安置帮教工作面临的形势、进一步明确做好新形势下安置帮教工作的重点、进一步发挥综治体制机制优势加强组织领导三个方面做了重要讲话。领导小组副组长、司法部副部长郝赤勇,领导小组成员、人力资源和社会保障部副部长张小建,国家工商行政管理总局副局长钟攸平,共青团中央书记处书记汪鸿雁以及办公室成员、联络员等参加会议。中央综治委刑释解教人员安置帮教领导小组办公室11个成员单位认真研究,反复修改,多次征求意见,下发贯彻落实中央精神实施方案。中央综治委召开全国刑释解教人员安置帮教工作会议,深入贯彻落实科学发展观,总结安置帮教工作的经验,部署新形势下全面加强安置帮教工作的任务,创新对刑释解教人员的社会管理。中共中央政治局委员、中央政法委副书记、中央综治委副主任王乐泉出席会议并讲话。中央综治委副主任、最高人民法院院长王胜俊主持会议并讲话。中央综治委刑释解教人员安置帮教工作领导小组组长、司法部部长吴爱英作了工作报告。公安部等9个安置帮教办公室成员单位发言,北京市等19个省、区、市和新疆生产建设兵团综治委刑释解教人员安置帮教工作领导小组作了经验发言,天津市等13个省、区、市综治委刑释解教人员安置帮教工作领导小组作了书面交流。

司法部召开全国监狱劳教教育改造工作会议,下发通知对坚持"首要标准",全面提高教育改造质量进行部署。要求各监所加强思想教育,爱国主义教育、法制教育、道德教育、中华民族优秀传统文化教育,消除罪犯劳教人员违法犯罪意识。加强文化教育,扫盲教育,学历教育,提高罪犯劳教人员文化素质。加强职业技术教育,根据罪犯劳教人员在监所内劳动的岗位技能要求和刑释解教后的就业需要,组织开展岗位技术培训和职业技能培训,提高罪犯劳教人员回归社会后的就业能力。加强出入监(所)教育,对入监(所)罪犯劳教人员集中开展入监(所)教育,引导他们尽快适应监所生活;对即将刑满释放的罪犯集中开展出监(所)教育,使他们做好重新回归社会的思想和心理准备。提高心理矫治工作水平,开展心理健康教育和心理咨询,加强心理危机干预,解决罪犯劳教人员的心理问题,提高心理矫治效果。公安部下发相关文件,要求各级公安机关进一步健全衔接配合工作机制,公安派出所、责任区民警要第一时间与刑释解教人员见面,积极会同司法所、村(居)委会,建立帮教小组,落实帮教措施。人力资源和社会保障部下发相关文件要求各地适当放宽对刑释解教人员中就业困难人员的认定标准,将无家可归、无业可就、无亲可投的"三无人员"和就业困难的刑释解教人员,纳入就业困难人员范围,协调落实税费减免、社保补贴、岗位补贴、公益岗位补贴等各项就业扶持政策,帮助其尽快实现就业。大力开展职业培训,提升刑释解教人员和服刑在教人员的就业能力,帮助刑释解教人员和服刑在教人员掌握一技之长,努力做到培训一人,就业一人。组织实施就业援助等活动,为就业困难的刑释解教人员提供重点的就业服务和就业援助。加强社会保险政策的宣传,做好刑释解教人员社会保险经办管理服务工作,做好农村籍刑释解教人员的养老保险工作,维护刑释解教人员社会保险权益。财政部、国家税务总局联合下发《关于支持和促进就业有关税收政策的通知》(财税[2010]84 号),明确"持《就业失业登记证》人员从事个体经营的,在 3 年内按每户每年 8000 元为限额依次扣减其当年实际应缴纳的营业税、城市维护建设税、教育费附加和个人所得税。""对商贸企业、服务型企业、劳动就业服务企业中的加工型企业和街道社区具有加工性质的小型企业实体,在新增加的岗位中,当年新招用持《就业失业登记证》人员,与其签订 1 年以上期限劳动合同并依法缴纳社会保险费的,在 3 年内按实际用人数予以定额依次扣减营业税、城市维护建设税、教育费附加和企业所得税优惠。定额标准为每人每年 4000 元,可上下浮动 20%,由各省、区、市人民政府根据本地区实际情况在此幅度内确定具体标准。"民政部要求各地对本地籍刑释解教人员予以临时救济,给予最低生活保障或采取临时救助措施。国家工商总局印发《关于深入开展社会治安综合治理和精神文明建设工作的通知》(工商个字[2010]62 号),明确将"刑释解教人员新登记为个体工商户户数"、"私营企业新招用刑释解教人员数"纳入专门的统计表中,掌握情况,推动企业吸收接纳刑释解教人员就业。团中央发挥"青少年维权岗"的作用,鼓励基层维权岗和创建单位面向刑释解教人员开展针对性和实效性强的教育帮助,推动安置帮教工作在基层的深入开展。全国妇联开展"关注服务妇女民生,促进社会和谐稳定"主题活动,有 20 个省妇联将安置帮教工作作为推进妇联基层维权工作的重要内容。在社区(村)层面开展"五清五帮",做到刑事解教人员底数清,重点开展困难帮扶。

(二)各地采取有力措施贯彻落实

各地党委、政府对贯彻落实中央精神高度重视,许多省(区、市)领导对贯彻落实中央精神做出重要指示、批示;加强领导小组力量,省委省政府主管领导亲自担任组长,充实办公室成员单位,吸收发改委、建设厅、卫生厅、省高法、省检察院等部门参加领导小组及办公室工作。组织召开全省(市)刑释解教人员安置帮教工作会议,省(市)委政法委领导出席会议并对做好下一步工作提出要求,制定下发落实中央精神的实施办法或细则。

二、加强职业技能培训

黑龙江成立"育新职业技能培训中心",面向全省各监狱服刑人员开展多种实用技能培训活动和国家级职业技术技能资格(初级和中级)鉴定工作,组织 2000 多名服刑人员参加由省监狱局统一组织的 16 个工种的职业资格考核鉴定,获证率达到 90% 以上。吉林省未成年犯管教所举行"情系回归、就业帮扶"出监教育活动,司法厅为即将出监的服刑人员捐献 400 册爱心书籍,3 名刑释解教人员典型、3 名刑释解教人员帮教典型现场进行了现身说法的演讲,省就业局领导做了刑释解教人员就业政策和就业形势报告,现场举行了就业帮扶、现场对接活动,有 54 名服刑人员与来自全省九个市州 22 家过渡性安置就业基地当场签订了用工意向性协议书。浙江省金华监狱联系嵊州市司法局,组织嵊州市品汇箱包有限责任公司深入监狱招收刑释解教人员,两个月内即将出狱的 42 名服刑人员签订了就业意向书。湖南省星城监狱积极开展出监教育,加强职业技术培训、创业就业指导和职业介绍，累计培训2.6万人。其中，获得国家培训合格证2万人，获得国家职业资格和等级鉴定证6000人。建立现场招聘、网上招聘、过渡安置与个别推荐相结合的模式，与4家社会职业介绍机构和100多家签协用工企业建立长期稳定的合作关系。海南海口监狱　引进SYB创业培训，培训33名即将释解人员，为期10天的培训由国际劳工组织培训和认证的专业讲师负责，互动式教学使学员完全置身在模拟创业10个步骤当中。培训通俗易懂，真实感强、可操作性强。宁夏监狱局文化厅联合开展先进文化进监所活动，教育厅将未成年犯纳入9年制义务教育范畴，人力资源和社会保障厅积极开展服刑在教人员职业技术培训，举办了5期SIYB创业就业培训班和3期包括车工、电工、电焊工等项目的实用技能培训班，开办了计算机培训、服装裁剪制作、美容美发电大中专班。银川市人民政府将服刑人员职业技能培训工作纳入政府再就业培训计划。银川监狱召开了服刑人员就业推介招聘洽谈会，51家企业与424人次签订了用工协议意向书，服刑人员参加全国高等教育自学考试通过率达到53%。

三、进一步加强衔接

北京市积极推进区县阳光中途之家建设，用2年的时间，在全市每个区县都建立一个集教育、培训、救助和临时安置为一体的过渡性教育培训基地——“阳光中途之家”。每15名刑释解教人员配备1名社工，为其提供人性化、个性化的服务与管理。贵州省在余庆县召开安置帮教工作基地建设现场会，并现场为余庆龙溪镇勇顺汽车运输有限责任公司举行省安置帮教基地授牌仪式。余庆县勇顺汽车运输有限责任公司先后安置刑释解教人员70余人，无一人重新违法犯罪，为维护社会稳定做出了贡献。甘肃按照“多点分散”的原则，选择认定2-3个企业作为过渡性安置实体，探索建设政府主导集管理、教育、培训为一体的刑释解教人员过渡性安置基地。江西省制定出台衔接安置经费保障意见，村（居）委会从监所每接回1名刑释解教人员，按照市内每人300元、省内每人500元、省外每人1000元的标准给予工作经费补助。企业每安置一名刑释解教人员，县级财政补助工作经费1万元。

四、做好刑释解教人员的服务管理工作

天津市东丽、塘沽、和平、南开、西青等区县党委、政府连续6个月对本地籍刑释解教人员予以临时救济，给予最低生活保障或采取临时救助措施。大港区建立首站救助制度，在刑满释放、解除劳教人员回归社会第1个月，给予800或1000元不等的首月财政专款救助。

五、加强对刑释解教人员的教育帮扶

河南省内黄县司法局运用“12345”机制推进安置帮教工作，“1”即一封信：向全县5年内刑释解教人员每人发出1封信，让他们感受到党和政府的关心，使他们重新树立信心。“2”即两种作用：一是充分履行好职能作用，实实在在地为回归社会人员办实事，解决他们生活中的实际困难。二是充分发挥相关部门、回归社会人员单位等方面的帮教作用，形成相互衔接、齐抓共管的帮教社会化工作体系。“3”即遵循“三心”原则：在帮教中坚持做到全心安置，真心帮教，爱心感化，推动帮教工作顺利进行。“4”即“四个一”宗旨：一片真诚，绝不歧视；一片爱心，感化教育；一人三帮，定人定向；一帮到底，保证效果。“5”即采取“五到位”帮教措施：通报到位，在接到刑释解教通知后，及时通知到所有帮教责任人；登记到位，对每一个刑释解教人员逐一登记造册，建立微机档案；协调到位，及时协助有关部门办理各种手续，解决其回归社会后的生活困难；帮教到位，采用“三帮一”帮教体制，实施包教育、包管理、包转化的“三包”责任；回访到位，定期对刑释解教人员逐一回访谈心，及时了解他们的思想动态，掌握帮教主动权。吉林省吉林市龙潭区司法局组织司法局安置帮教科和部分街道司法所工作人员到吉林江城监狱开展帮教活动，向服刑人员介绍了龙潭区近年来经济建设和社会发展情况，以及龙潭区司法局开展的安置帮教工作，让他们了解了区政府积极为他们解决就业问题建立过渡性安置就业基地情况，希望服刑人员认真改造，学好本领，为回归社会做好准备。街道司法所所长给3名“释解”人员发放了联系卡，便于他们出监后遇到困难与政府联系。区司法局同吉林江城监狱签订了联合帮教协议，并给40名服刑人员发放了价值500元生活慰问品，帮助“释解”人员树立生活信心，同时也为他们回归社会后的衔接管理工作打下基础。

陕西省汉中市新华书店、汉中市图书馆、陕西省索平律师事务所、汉中市爱心义工协会与汉中监狱举行了社会帮教协议签字仪式并进行捐赠活动。汉中市11个县(区)司法局与陕西省汉中监狱、陕西省汉江监狱、汉中劳教所举行了刑释解教人员帮教协议签字仪式。

中央社会治安综合治理委员会关于印发《王乐泉同志在全国刑释解教人员安置帮教工作会议上的讲话》的通知

(2010年9月19日)

各省、自治区、直辖市社会治安综合治理委员会,新疆生产建设兵团社会治安综合治理委员会,中央社会治安综合治理委员会各成员单位:

现将中共中央政治局委员、中央政法委副书记、中央综治委副主任王乐泉同志在全国刑释解教人员安置帮教工作会议上的讲话印发你们,请结合实际,认真贯彻落实。

王乐泉同志在全国刑释解教人员安置帮教工作会议上的讲话

(2010年9月13日)

这次会议是经永康同志批准召开的一次重要会议。主要任务是深入贯彻落实全国政法工作电视电话会议、全国社会治安综合治理工作会议和中办发[2010]5号文件精神,总结经验,分析形势,研究部署做好新形势下刑释解教人员安置帮教工作。今天上午,吴爱英同志代表领导小组总结了近年来安置帮教工作取得的成绩和经验,对下一步工作进行了部署;7个省、市分别介绍了经验。刚才,9个部门又分别作了发言,我都赞成。

对刑释解教人员进行安置帮教,是我们党和国家的一项重要政策。党中央、国务院历来高度重视安置帮教工作,中央政治局常委会进行了专题研究,中央办公厅、国务院办公厅转发了中央综治委《关于进一步加强刑满释放解除劳教人员安置帮教工作的意见》(中办发[2010]5号),为做好新形势下安置帮教工作提供了机遇、创造了条件。在各级党委、政府的高度重视和各地、各有关部门的大力支持、共同努力下,全国安置帮教工作体制机制进一步完善、办法途径进一步拓宽、衔接管控更加严密、帮教质量显著提高,刑释解教人员重新违法犯罪率始终保持在较低水平,有力维护了社会和谐稳定。安置帮教工作成绩的取得,凝聚着全国安置帮教工作战线全体同志的心血和汗水。在此,我代表永康同志,代表中央政法委、中央综治委,向大家表示亲切的问候、致以崇高的敬意!

下面，我就做好新形势下安置帮教工作谈四点意见。

一、充分认识做好新形势下安置帮教工作的重要意义，进一步增强政治责任感和工作紧迫感

做好刑释解教人员安置帮教工作，是预防和减少重新违法犯罪，维护社会治安和社会稳定的重要措施。多年工作实践证明，绝大多数服刑在教人员是能够改造好的，绝大多数刑释解教人员是能够顺利回归社会的。但是必须看到，我国正处于经济转轨、社会转型时期，安置帮教工作面临许多新情况、新问题。认真做好新形势下安置帮教工作，任务艰巨、形势紧迫、责任重大。

第一，有效履行党的执政使命，要求我们全力做好新形势下安置帮教工作。我们党的奋斗目标是要让全体人民过上幸福生活，实现全体人民共同富裕是社会主义的本质要求。刑释解教人员受过法律的制裁和处罚，从回到社会的那一天起，如何帮助他们尽快融入社会，像普通公民一样过上正常生活，是各级党委政府、各有关部门和社会各界的共同责任。历史上，我们成功改造过日本战犯、国民党战犯，市场经济条件下，我们应该也有能力、信心把这些误入歧途、走过弯路的人改造成社会的有用成员。当前，安置帮教工作遇到这样那样的困难，但是我们党的性质、社会主义的本质，要求我们必须做好刑释解教人员安置帮教工作；实现经济社会科学发展、全面构建社会主义和谐社会，也要求我们必须将这部分人转化过来，融入社会。一定意义上讲，没有包括刑释解教人员在内全体人民的共同富裕，构建社会主义和谐社会、全面建设小康社会的效果就会打折扣，我们党的性质、社会主义的本质也难以真正体现。

第二，切实维护社会和谐稳定，要求我们进一步做好新形势下安置帮教工作。世情、国情、社情的新变化，对维护社会和谐稳定提出了严峻挑战。一个突出问题，是刑释解教人员总量比较大，有相当一部分改造效果不明显的人对社会、对政法机关、对党和政府存在对立情绪。如果不把这部分人教育改造好，在回归社会后能享受公民的合法权益，过上正常人的生活，他们就很容易再次走上违法犯罪的道路，成为社会和谐稳定的破坏因素。如何适应和谐社会建设的需要，进一步做好刑释解教人员安置帮教工作，最大限度地化消极因素为积极因素，化破坏因素为建设因素，是新形势下各级党委政府、各有关部门需要共同破解的难题。

第三，确保刑释解教人员顺利回归社会，要求我们进一步做好新形势下安置帮教工作。尽最大努力使刑释解教人员回归社会、成为建设者，是我们教育改造和安置帮教工作的目的。由于曾经受到法律制裁，不少刑释解教人员自卑心理严重，不愿与社会沟通；由于长期处于监所封闭环境，对迅速变化的社会形势难以适应，挫败感、无助心理强烈；不少人由于文化水平低，缺乏必要劳动技能，很难在竞争激烈的社会中扎根立足，更难以过上现代文明生活。与大多数刑释解教人员自卑、无助、期盼、彷徨心理同时存在的问题，还有社会上一些人对他们存在严重歧视心理、偏见行为，一定程度上影响了他们顺利回归和融入社会。必须把刑释解教人员作为最需要关怀、最需要帮助的特殊群体来对待。对那些无家可归、无业可就、无亲可投、生活困难的刑释解教人员，要给予他们在就业、就医、食宿、养老等方面必要的扶持、帮助，努力使他们感受到党和政府的温暖，感受到社会各方面的关怀、期望，为更好地融入社会奠定必须的感情基础、社会条件。

第四，安置帮教工作本身存在的问题，要求我们进一步做好新形势下安置帮教工作。安置帮教是一项崇高的事业。社会进步和形势变化，对安置帮教工作提出了更高要求。与形势和任务发展变化比，我们在理念思路、方法措施、体制机制方面，还存在不少不适应的地方。一些地方党政主要领导，甚至一些政法综治部门的负责同志对安置帮教工作重要性认识不足，对中央制定的相关政策措施落实不彻底、有力，安置帮教工作机制不健全、完善，全社会齐抓共管的合力没有真正形成。特别是一些地方基层基础工作薄弱，安置帮教组织不健全，工作队伍能力不强，服务管理手段滞后，底数不清，情况不明的问题还没有得到很好解决。安置帮教工作存在的这些深层次问题，要求我们必须采取有力措施，创新思路、创新手段，攻坚克难，不断提升安置帮教工作的整体水平。

二、进一步树立科学理念，努力探索新时期安置帮教工作新路子

做好新形势下安置帮教工作，机遇多，挑战大。我们不仅要在创新体制机制、解决安置帮教工作的深层次问题上下功夫，更要在创新思路理念、解决影响安置帮教工作创新发展的思想认识问题上求突破，努力探索安置帮教工作的新路子，形成与社会主义市场经济体制相适应、与开放、动态、信息化社会环境相适应的安置帮教工作新格局。

第一，坚持以人为本、服务为先。这是做好新时期安置帮教工作的关键。安置帮教工作的主体是各级党委政府、各有关部门和社会各界，对象和客体是刑释解教人员。安置帮教工作取得成效，必须按照科学发展观和以人为本的要求，把最大限度地激发、调动刑释解教人员回归社会的积极性、主动性置于更加突出的位置。既在解决制度性问题、加大帮扶力度上求突破，又在加强人文关怀、注重心理疏导上下功夫，努力实现工作方式由防范、控制型管理向人性化、服务型管理转变。既发挥职能部门、专业人士作用，又发挥群众工作和思想政治工作优势，从情理入手，以理服人，以情感人，帮助刑释解教人员理顺情绪、化解心结。既注意正面教育疏导，又千方百计帮助解决生活、工作、创业实际困难，引导他们重塑自尊自信、理性平和、积极向上的健康心态。既落实公民身份待遇问题，又从技能培训、就业安置、社会保障、子女教育、创业扶助等方面解决影响刑释解教人员顺利融入社会的问题，加快他们回归社会的进程。

第二，坚持党委政府主导、职能部门认真履责。这是做好新时期安置帮教工作的根本。加强社会建设，创新社会管理，党委政府是第一责任人。安置帮教工作难度大、敏感性强，只有党委政府牢牢抓在手上，才能掌握工作主动权，才能确保工作正确方向。各级党委政府必须从政治和全局的高度，充分发挥安置帮教工作的核心主导作用；安置帮教领导小组及办公室、各成员单位必须克服畏难情绪，主动作为，履责到位，毫不含糊地承担起做好安置帮教工作的政治责任，努力实现对刑释解教人员管得到、管得住、服务好。当前，要特别抓住中办发5号文件制定下发的机遇，抓紧制定好贯彻落实的具体意见，扎扎实实地把安置帮教工作提高到新水平。

第三，坚持社会参与、齐抓共管。这是做好新时期安置帮教工作的必然要求。安置帮教工作是一项复杂的系统工程，不可能由党委政府包打天下，一揽到底，必须充分激发、调动社会组织、各界人士的参与意识，发挥他们的协同配合作用，形成齐抓共管的格局。可以说，社会协同、公众参与的力度和深度，是衡量安置帮教工作成效的重要标准。必须进一步加大安置帮教资源的整合力度，积极引导民营企业、社会组织、社会志愿者队伍等各方面资源和力量参与安置帮教工作全过程，充分发挥社会资源在服刑在教人员教育改造、刑释解教人员跟踪帮扶中的专业优势。同时，要制定有利于促进民营企业、新经济组织等加大对刑释解教人员就业吸纳的政策，共同参与过渡性安置基地建设，切实提高改造、衔接、安置、帮教各个环节的效能。

三、总结推广成功经验，切实解决安置帮教工作中的重点难点问题

近年来，各地、各有关部门从实际出发，大胆探索，推陈出新，创造了许多安置帮教工作的好经验、好做法。但是也要看到，一些影响和制约安置帮教工作的问题还没有得到很好解决，一些新情况、新问题还不断涌现。这就要求我们在深入总结各地经验的基础上，不断深化，归纳提升，从中寻找突破重点、化解难点的有效途径和办法，带动安置帮教工作整体水平的提高。

第一，落实首要标准，为预防和减少重新违法犯罪奠定坚实基础。监狱、劳教所、看守所是服刑在教人员接受教育改造的第一道关口。周永康同志明确提出，要把刑释解教人员重新违法犯罪率作为衡量监管工作的首要标准，这对我们提出了更高要求。近年来，针对有的监所工作中管理封闭、信息闭塞，重劳动改造、轻技能培训，大墙内教育改造与社会需求脱节，服刑在教人员刑释解教后难以适应社会等问题，一些地方监管部门积极探索提升教育改造质量的有效办法。比如，有的构建服刑在教人员科学分类体系，有效解决分押、分管和分教问题，增强教育改造的针对性；有的把监所教育改造与社会帮教有机结合，加强监所与单位、社区、家庭协同配合，积极引入社会帮教资源，建立监所和社会资源共享、双向互动、齐抓共管的帮教机制；有的大力推行监所技能培训与社会需求的有效对接，在服刑在教人员刑释解教前集中统一培训，增强刑释解教人员的就业竞争力；有的建立劳动力招聘市场和用工企业与监所间的信息沟通机制，及时通报社会招聘信息、在监所内组织企业用工招聘会、根据企业用工需求开展“订单式”培训等，提高刑释解教人员的求职成功率；有的建立健全教育改造质量评估体系，对评估内容、项目设置和定性定量标准进行细化，为采取后续安置帮教措施提供准确参考，等等。各地、各有关部门要坚决贯彻落实首要标准，以服刑在教人员回归社会为目标，创新执行刑罚理念和服刑在教人员教育改造模式，努力提高改造质量，切实增强服刑在教人员刑释解教后的社会适应能力。

第二，强化必接措施，最大限度减少刑释解教人员流散在社会上。衔接是安置帮教的前提。由于监所和安置帮教机构衔接机制还不完善，部分刑释解教人员出监所后直接进入社会，成为社会管理的盲区。这些人员不少具有明显的违法犯罪倾向，或者是“三假”、“三无”人员。针对这一问题，有的采取在监所和安置帮教部门之间建立紧密联系机制，制定落实严格的衔接程序和办法，从制度上保证出监所人员全部有人接、有人管；有的按照分类管理的原则，对重点帮教对象落实有司法行政、公安、乡镇（街道）政府（办事处）等行政力量参与的必接措施，对一般帮教对象也要求家庭、单位、社区出面接回，确保全部纳入视线，不留死角和空白；有的由省市两级财政共同出资，明确安置帮教工作人员经费补助标准和发放办法，最大限度地调动安置帮教人员积极性，等等。从刑释解教人员角度看，“有人接”体现了政府、社会和家庭的温暖，有利于其顺利融入社会；从加强社会管理角度出发，“有人接”可以迅速落实安置、帮教和管控措施，有利于实现对不稳定因素的有效控制。各地、各有关部门要积极争取党委政府的支持，下大决心解决必接措施所需的经费、人员等保障问题，理顺司法行政、公安和乡镇（街道）政府（办事处）之间的关系，确保刑释解教人员安置帮教工作无缝衔接、管控到位。

第三，提高服务水平，创造刑释解教人员融入社会的有利条件。制定更为完善合理的安置帮扶政策，不断提高帮助服务水平，是刑释解教人员顺利回归社会的重要条件。针对当前刑释解教人员融入社会遇到的难题，有的地方和部门加大政策扶持力度，把刑释解教人员纳入就业整体规划，列为就业困难群体，给予必要政策支持；有的对年老体弱、生活困难的刑释解教人员落实最低生活保障制度和社会保障待遇，做到应保尽保，丧失劳动能力且符合“五保”条件的纳入“五保”范围，切实解决他们的生活、生存困难；有的鼓励、扶持刑释解教人员从事个体经营并给予相应税收、管理费等政策优惠，引导和帮助刑释解教人员通过多种形式实现就业；有的加大政策安置力度，在绿化、社区服务等公益性岗位上进行扶持性安置，解决了部分竞争能力弱刑释解教人员的就业难题；有的大力建设阳光中途之家、就业指导中心等政府主导的过渡性安置帮教实体、基地，为特殊困难刑释解教人员提供心理辅导、技能培训和住宿安排，成为他们适应和回归社会前的“缓冲地带”，等等。各地、各有关部门要进一步确立社会化、市场化、多元化的安置思路，在用好、用活现有安置帮扶政策的基础上，最大限度地拓宽安置渠道，提高安置能力，多渠道地解决好刑释解教人员的生活就业问题。

第四，加强信息化建设，提高服务管理的现代化水平。加强信息化建设，是新形势下提升安置帮教工作水平的重要途径。由于历史原因，全国安置帮教工作信息化建设滞后、水平低，地区、部门之间各自为战，管理资源不能有效整合，安置帮教工作处于被动、应对状态。为尽快改变这种状况，有的地方积极争取党委政府和有关部门支持，建立起覆盖安置帮教各个部门、各个环节，纵向贯通、横向融合、互联互通的信息管理系统；有的加强刑释解教人员信息库与各类信息库的比对碰撞，及时发现刑释解教人员特别是重点帮教对象信息，准确掌握流动刑释解教人员的活动轨迹和异常情况，实现对刑释解教人员的动态化、常态化、规范化管控；有的强化外出务工刑释解教人员流出地和流入地的沟通协调，做到“双列管、两头包”，共同落实好服务管理措施，等等。各地、各有关部门要主动适应信息社会的要求，将信息化建设作为提升帮教工作水平的重要抓手，进一步加大投入，有效促进多部门的信息互换、资源共享、工作互动，全面提高安置帮教工作的科技化、信息化水平。

四、进一步加强组织领导，推动安置帮教工作的深入开展

做好安置帮教工作是各级党委政府的责任，

必须纳入"一把手"工程。各级党委政府要深刻认识做好新形势下安置帮教工作的特殊重要性、紧迫性,进一步强化组织领导,落实保障措施,发挥综合治理优势,推动安置帮教工作科学发展、整体推进。

第一,把安置帮教工作纳入社会管理创新的整体格局。安置帮教工作是社会管理创新的重要内容。加强社会建设、创新社会管理是"十二五"规划的重点、亮点。各地、各有关部门要抓住中央和各地研究制定"十二五"规划的历史机遇,超前研究提出安置帮教工作的规划和项目,比如,刑释解教人员无缝对接信息系统建设、过渡性安置基地、劳动职业技能培训、心理辅导设施以及帮扶救助政策措施等,全力纳入国家及地方"十二五"国民经济和社会发展规划,为安置帮教工作提供人力、物力、财力和政策保障。同时,要抓紧总结一批安置帮教工作的好经验、好典型,纳入全国社会管理创新综合试点范围,在全国推广,取得更大成效。

第二,加强基层基础建设。基层基础工作薄弱是影响和制约安置帮教工作开展的重要因素。各地、各有关部门要进一步强化固本强基思想,把工作重点特别是人、财、物保障等进一步向基层安置帮教工作倾斜,合理设置工作机构,建好建强队伍。当前,尤其要探索社会组织、社会工作者、志愿者参与工作、发挥作用的新形式,进一步加强乡镇(街道)司法所、公安派出所、综治办建设,深入推进城乡社区建设,落实、强化安置帮教工作职能。要把安置帮教作为乡镇(街道)综治工作中心和村(社区)综治工作站的重要职责,整合资源力量,加强工作联动,确保安置帮教工作在基层有人管、有人干、能干好。

第三,形成齐抓共管的工作格局。各级党委、政府要靠前指挥,统筹谋划;安置帮教工作领导小组及办公室要加强组织协调,集中力量解决安置帮教工作的重点问题;司法行政机关是刑释解教人员安置帮教工作的职能部门,要发挥主力军作用,在改造、衔接、管理、帮扶各环节全方位履行好职责任务;综治部门要加强组织协调、督促和考核、究责等工作,为安置帮教工作创造良好的条件;公安部门要提高服务管理水平,严格落实对重点刑释解教人员的管控措施;人力资源和社会保障、民政、财政、税务、银行部门要营造政策条件,融通帮扶资源,做好培训、就业和社会保障工作,鼓励、引导刑释解教人员回归社会;共青团、妇联要调动社会资源和力量,共同帮助解决刑释解教人员思想、工作和生活上的困难和问题。

第四,严格落实综合治理责任制。各级综治部门要将安置帮教工作纳入社会治安综合治理和平安建设考评内容,纳入党政领导干部综治实绩档案,工作成效与激励约束紧密挂钩。要适当扩大一些重点工作在考评中的权重,督促地方党委、政府解决衔接难等安置帮教工作中的突出问题。要加大责任落实和追究工作力度,对发生因工作措施不落实导致刑释解教人员重新违法犯罪或其它严重后果的,要逐环节进行责任倒查,严格追究责任。

同志们,做好新形势下安置帮教工作,任务艰巨,使命光荣,让我们更加紧密地团结在以胡锦涛同志为总书记的党中央周围,认真落实中央深入推进社会管理创新的部署,振奋精神,开拓创新,努力开创安置帮教工作新局面,为维护社会和谐稳定做出新的更大的贡献!

刑释解教人员安置帮教工作经验

一、山东建立四级帮教组织7万余个

山东省已建立市、县、乡、村四级帮教组织7万余个,专兼职工作人员18万余人,帮教志愿者队伍10万余人,构筑了纵到底、横到边的社会化帮教工作网络体系。山东各级司法行政机关深入监所开展"一帮一"、"多帮一"活动,使服刑在教人员切身感受到政府和社会关爱，促使其安心改造。山东还积极拓宽安置就业渠道，从政府创办的公益性岗位中，拿出一部分岗位优先安置刑释解教人员；通过基地安置，全省县、乡两级过渡性安置基地3年累计安置“三无”人员8912人；通过企业安置，引导私营企业吸收接纳刑释解教人员，近3年来共安置3963人；通过原单位安置，去年各级安置帮教组织协调、动员刑释解教人员原工作单位接纳安置1545名；通过回乡务农安置，近3年来全省为3.6万名农村籍刑释解教人员及时落实了责任田。

二、青岛建立安置帮教一体化工作新机制

青岛探索建立起“大墙内外资源共享，监所社会双向互动”的教育改造安置帮教一体化工作新机制，实现了“出来有人接，接回有人管，就业有人扶，困难有人助”的工作目标。

青岛大力推行“三必知”、“四必问”工作法，确保对刑释解教人员的基本情况必知，思想状况必知，生活状态必知；就业去向必问，生活来源必问，老人孩子必问，婚姻家庭变故必问，并组织劳动保障、工商、民政等部门主动对接，把目前符合低保条件的592名刑释解教人员全部纳入最低生活保障范围。

青岛建立了“以生产技能培训为基础，以社会用工需求为导向，以社会资源入监所培训为主体，以回归社会后培训为辅助，自愿参加与强制学习相结合”的劳动技能培训模式。目前，监所与社会共开办机械、养殖等55个专业，619个培训班次，已有1.3万余人获得各类学历证书和职业资格认证。

三、北京全部安置有就业愿望能力刑释解教人员

北京市多渠道对刑释解教人员开展就业培训与安置工作，充分利用零就业劳动政策，70%通过社区公益性岗位实现托底就业，20%安置在过渡性就业基地，10%协助办理执照、实现自谋职业，使有就业愿望和能力的人员100%得到安置。

北京按照“完善基础、抓住重点、强化措施、注重结果”的思路，全力做好安置帮教工作，实现了无漏管、无脱管、无重新犯罪、无影响安全稳定事件的“四无”工作目标。

北京深入开展刑释解教人员生存状况普查与调研，对51名“三无”刑释解教人员，一出监所即给每人发放1000元至2000元不等的临时性生活救助金；开展疾病、贫困刑释解教人员的关爱行动，为生活困难的刑释解教人员每人提供400元至5000元不等的救助款。

同时实施专群结合、专兼结合的“3+N”的工作模式。“3”即在街乡司法所建立司法助理员、抽调监狱劳教干警、社会工作者三支专业专职力量，“N”即若干名由社区工作者、社区居民和刑释解教人员家属等志愿者组成的群众兼职力量，共同做好安置帮教工作。

四、湖南星城监狱做好出监教育培训

湖南省星城监狱积极开展职业技术培训、创业就业指导和职业介绍，至今已累计培训服刑人员2.6万余人，其中，获得国家培训合格证约2万人，获得国家职业资格和等级鉴定证6000余人。

近年来，星城监狱健全机构，配强人员，成立了培训部、鉴定所、3个出监教育监区、4个教研室以及专门行使就业指导和职业介绍职能的回归指导科。引进社会教育资源，加强与社会高职院校合作，开办了焊工、电工、计算机软件等14个专业。

在此基础上，星城监狱力推就业安置服务，与4家社会职介机构和100多家用工企业建立长期稳定的合作关系，形成了现场招聘、网上招聘、过渡安置与个别推荐四轨并行的工作模式。2003年以来，星城监狱共举办狱内招聘会28场，提供就业岗位2.1万个，预录超过6000人。通过刑释人员过渡性安置企业，过渡安置“三无”和有特殊困难的刑释人员177人。

五、四川成都温江区建立三级安置帮教组织网络

四川省成都市温江区共有刑释解教人员381人，帮教率达100%，安置率为98%，未发现重新违法犯罪现象。温江区连续三年被评为全省刑释解教人员安置帮教工作先进单位。

温江区建立健全了三级安置帮教组织网络，全区10个镇街依托司法所建立10个帮教工作站，111个村（社区）建立帮教小组，形成了一支有公安、司法行政干警、机关干部、村（社区）委员和人民调解员1380余人参与的工作队伍。

在安置帮教中，温江区做到包教育、包管控、包解困、包扶持；将刑释解教人员的就业和社会保障工作纳入整个社会就业和社会保障计划中。在安置对象思想波动时、遇到难题时，帮教人员必须及时找其谈心，给予精神鼓励；当刑释解教人员刚安置时、有违法趋向时、有劣迹被确定为重点对象时，帮教人员必须到其家庭走访，及时解决问题。

六、河北大力加强过渡性安置基地建设

河北省要求把建设过渡性安置基地作为民生工程，加大经费保障力度，用3年时间，每市至少建立1个过渡性安置实体或培训中心，并逐步在有条件的县（市、区）建立1个过渡性安置基地。

河北省以促进刑释解教人员与社会和谐为目标，以过渡性安置基地建设为抓手，大力解决刑释解教人员尤其是“三无”人员的就业和生活问题，不仅有效减少了重新违法犯罪，而且培养了一批和谐社会的建设者。创新模式，拓宽过渡性安置基地建设渠道。依托政府建基地，把基地建设经费列入同级财政预算，加大政府财政投入；依托监狱劳教单位建基地，利用监狱劳教场所创建了以河北元升职业培训学校为代表的一批安置基地，培训即将出监解教人员的劳动技能；依托社会力量建基地，北戴河宝顺建筑公司、昌黎安丰钢铁公司等620个企业创建的基地或实体已成规模。

七、吉林大力推进安置帮教信息化建设

近年来，吉林省在实践教育改造安置帮教一体化模式的基础上，实现了安置帮教信息化，创新了管理方式，提升了管理效能，全面提高了安置帮教工作整体水平。

在强力推进安置帮教信息化建设工作中，吉林重点抓好三个环节：完善功能；增设了照片录入、社区矫正人员补录、未衔接人员上报，建立省市两级刑释解教人员详细信息数据库等功能，为衔接、帮教和公安机关网络追逃、大要案排查等工作提供了电子影像资料，大幅度提高了信息的利用率。加强培训，4年来，参训人员达3700余人次，同时，强化五个突出：突出实时在线指导、技术创新、技术交流、技术储备和服务意识。

为形成安置帮教信息化建设合力，吉林省还成立了以省综治办为领导的工作协调机构，落实各部门建立基本信息沟通机制和完善刑释解教人员衔接工作的职责。省监狱局、劳教局、省公安厅监所管理总队细化了各自任务，保证了100%的录入率和100%的准确率。监狱、劳教等部门还通过信息平台延伸安置帮教工作，增强了改造效果。

八、黑龙江强化服刑在教人员技能培训

黑龙江省以加强出监技能培训为切入点，瞄准市场需求定方向，工作前移抓培训，实现了监狱教育改造与刑释人员回归社会就业相结合，为开展好全省安置帮教工作奠定了坚实基础。

黑龙江在省级层面重点加强培训中心建设，于2006年12月成立了黑龙江省育新职业技能培训中心，4年多来累计培训监狱服刑人员7500余人，其中7140人获得了不同级别的职业资格证书。

黑龙江在出监技能培训方法上做好“活”字文章，培训内容实行差别化；把就业市场需求与服刑人员的就业意向结合起来，做到经济社会发展需要什么就重点培训什么，服刑人员期望学习什么就重点传授什么。培训手段实行多样化；各监狱购买一些实用性较强的职业技术培训光盘，每周为服刑人员播放。培训师资实行专业化；选拔了一批具有技术职称和实践技术专长的民警担任出监技术教员，发挥“传、帮、教”的积极作用。

九、安徽走访安置帮教对象9.64万人次

安徽省司法厅部署开展了为期全省司法所“进万村大服务”活动，期间走访安置帮教对象9.64万人次，落实责任田2.23万人，落实低保5037人，开展结对帮扶5.2万人次，组织技能培训2.46万人次。

安徽省大力推进基地建设和职业培训，将刑释解教人员技能培训纳入省人力资源和社会保障部门培训范围；目前，全省已建立刑释解教人员职业培训基地113个，通过扶持刑释解教人员自已创业、社会企业吸纳就业等方式建立过渡性安置基地290个，安置941名“三无”人员。大力推进就业帮扶和服务；各地安置帮教机构与人力资源和社会保障、工商等部门配合，共同实施“就业援助百日帮扶活动”、“春风行动”，给刑释解教人员发放《就业失业登记证》，凭证在全省范围享受小额贷款、税费减免等就业扶持政策。

组织全省近5000名基层司法行政工作人员和2万名志愿者，开展了全省刑释解教人员安置帮教专项攻坚活动，帮扶外出流动安置帮教对象7942

人。

十、江西创新思路破解安置帮教难题

江西对村(居)委会从监所接回的刑释解教人员,在出监所半年内,按照当地城乡最低生活保障标准发放生活补助费;对无家可归、无亲可投的刑释解教人员,以县为单位,依托一家有条件的企业建立过渡性安置帮教基地,解决其就业和生活安置问题。

启动刑释解教人员数据库建设,将涉及安置帮教工作的所有部门、工作环节都纳入了信息化管理渠道,实现了出监所评估、衔接管理、安置帮教等工作网上"对接"。为破解人员衔接难题,建立了监所与社会对接机制,服刑在教人员出监所前1个月,监所将其改造质量等信息以及安置帮教工作建议,发至其户籍所在的县级安置帮教部门。

为破解就业扶助难题,积极组织技能培训并拓宽就业渠道,为扶持刑释解教人员自主创业,已累计发放小额担保贷款4.3亿元。为破解社会保障难题,将符合社会保障条件的刑释解教人员,都纳入社会保障体系,其中有1174名刑释解教人员纳入了低保范围。

十一、河南全力做好刑释解教人员信息核查

河南认真组织推广使用安置帮教管理软件,向各省辖市分发刑释解教人员信息4万余人,向全国30个省区及新疆生产建设兵团发送信息4千余人,为做好刑释解教人员安置帮教工作条件。以刑释解教人员信息化建设和信息核查工作为基本平台和主要抓手,大力推进社会管理创新,大力加强新形势下教育改造与安置帮教工作的衔接。

举办全省服刑在教人员基本信息核查技术培训班;积极运行探索安置帮教管理软件,全面运行了刑释解教人员信息管理系统(网络版)。为加强信息录入核查工作的衔接配合,河南省安置帮教工作领导小组下发了《开展服刑在教人员基本信息核查的通知》;省综治办、公安厅、司法厅联合下发了《关于做好服刑在教人员基本信息核查工作的通知》,对全省信息录入核查工作进行了全面安排部署。

十二、重庆乡镇普设安置帮教工作站

重庆市全面加强安置帮教工作,共建市级和区县级的帮教安置工作领导小组41个,乡镇(街道)安置帮教工作领导小组994个,村(居)安置帮教工作小组9088个,各乡镇(街道)普遍设立了安置帮教工作站,积极开展思想教育,法律咨询、引导就业就学等方式具体帮教,努力采取原单位安置、落实责任田、社会救济(临时性救助)等方式进行了安置。涌现出许多回报社会的好典型。九龙坡区刑释人员刘某,创办了东奇机械配件有限公司,尽可能地招聘刑释解教人员为企业员工,8年来先后安置刑释解教人员200余人,现仍有28名刑释解教人员在岗。

十三、江苏每个乡镇建立帮教志愿者队伍

江苏落实"帮教科学化、安置多元化、管理信息化、职责规范化"的要求,在全省6662名司法所工作人员中,明确了1300多人专门从事安置帮教工作,并按照每50名刑释解教人员配备1名专业社工的标准,在乡镇(街道)普遍建立了安置帮教社工队伍和社会帮教志愿者队伍,突出加强对重新违法犯罪风险较高人员的帮教工作。为了提升工作人员能力素质,定期不定期地举办安置帮教社工、志愿者培训班,近三年来累计培训了1600余人次。努力构建党委政府领导,综治委指导协调,司法行政部门为主,各部门密切配合,社会力量广泛参与、社会舆论普遍支持的安置帮教工作格局,切实把安置帮教工作纳入"平安江苏"建设的重要内容,强化对各地各部门的考核奖惩,极大地提升了安置帮教工作的整体合力。

十四、上海确保世博平安顺利

上海制定安保工作方案,市与区县签订安保责任书,并对刑释解教人员基本情况开展每月滚动排查,重点查清"三无"、"三假"、下落不明和人户分离人员,以及存在的突出矛盾与问题等情况,挖掘出直接针对世博会的安全隐患。将可能影响到世博安全的人员按照"四个一",即一人一表、一人一组、一人一策、一人一档和"五清",即基本情况清、突出问题清、言行动态清、帮教小组清、方法措施清,制定防范方案。努力实现"世博园区和周边地区不发生刑释解教人员重新违法犯罪,不发生刑释解教人员参与上访、闹访和群体性事件,世博会期间社会面不发生刑释解教人员重大恶性刑事案件,不发生刑释解教人员参与影响社会稳定的重大群体性事件"等"四个不发生"的工作目标。

十五、宁夏服刑人员自考通过率过半

宁夏刑释解教人员监狱、劳教所与文化部门

联合开展先进文化进监所活动，区教育厅将未成年犯纳入九年制义务教育范畴，与人力资源和社会保障部门联合开展服刑在教人员职业技术培训，仅去年就举办了5期创业就业培训班和3期包括车工、电工、电焊工等项目的实用技能培训班，目前服刑人员参加全国高等教育自学考试通过率达到53%。不断完善刑释解教人员就业和自主创业政策，依托当地企业在全区建立过渡性安置基地76个，建立"创业就业示范基地"10家。监狱劳教系统召开了两次刑释解教人员就业推介招聘洽谈会，424名服刑人员与企业签订了就业用工意向书。

十六、新疆兵团农八师落实安置帮教工作责任制

新疆生产建设兵团农八师落实领导责任制和"一票否决权制"，采取有力措施，切实加强刑释解教人员安置帮教工作。

农八师石河子市司法局通过深入调研，探索性地实行了安置帮教风险评估报告制度：各级帮教组织对安置帮教对象的服刑改造情况、家庭状况、就业可行性等各方面进行全面详细的摸查，确定动态风险等级；对有就业能力的重点帮扶，促其尽快融入社会，对就业能力差且重新犯罪危险系数高的，帮教小组、综治委、派出所等部门加强管理和预防。建立相应的组织领导机构，成立安置帮教领导小组38个，配备专、兼职工作人员187名，连队建立了1169个干群结合的帮教小组，形成了师市、团场、连队三级安置帮教工作网络。采取内外结合、共同帮教，加强衔接、接茬帮教，量才施用、妥善安置，建章立制、规范工作等多种形式开展安置帮教工作，并坚持"三不"、"四个一样"即"不嫌弃、不歧视、不纠缠旧罪过"、"政治上一样对待、经济上一样支持、工作上一样信任、生活上一样关心"。

十一、学校及周边治安综合治理工作

2010 年学校及周边治安综合治理工作概况

2010 年，面对严峻的校园安全形势，学校及周边治安综治工作领导小组化压力为动力，充分发挥工作联动机制优势，在党中央、国务院的正确领导下，按照中央综治委的部署要求，紧紧围绕落实党的十七大、十七届四中全会和全国政法工作电视电话会议、全国教育工作会议精神，着力推进校园及周边治安综治工作基层基础建设、着力推进矛盾隐患排查化解和机制创新、着力防范和打击危害师生的违法犯罪活动、着力解决影响学校安全稳定的突出问题，保持了学校持续稳定，为社会稳定作出了积极贡献。主要工作总结如下：

一、加强工作部署，推动工作全面深入开展

2 月 10 日，学校及周边治安综合治理工作领导小组召开了 2010 年第一次全体会议，审议通过了 2010 年全国学校及周边治安综合治理工作要点和 2009 年工作考核情况，明确了全年工作的指导思想和任务目标，对全年工作进行了部署。4 月 30 日、5 月 12 日，为遏制校园暴力伤害事件的发生，中央综治委学校及周边治安综合治理工作领导小组两次召开会议部署校园安全治理工作，分别下发《关于进一步加强学校及周边治安综合治理工作防止发生校园及周边恶性案件的紧急通知》和《关于深入贯彻落实全国综治维稳工作电视电话会议进一步加强学校及周边治安综合治理工作的通知》，要求各地学校及周边治安综合治理工作领导小组迅速行动，立即采取有效安全防范措施，全面加强中小学、幼儿园校园周边治安防控，确保学校安全稳定。4 月 12 日，为落实中央世博会期间稳定工作的部署和要求，在上海召开在沪直属高校世博会期间稳定工作座谈会，传达中办发电[2010]6 号和中央维稳领导小组第 28 号会议纪要精神，通报境内外敌对势力针对世博会进行干扰破坏活动的动向，部署世博会期间上海高校安保维稳工作。10 月 29 日，为落实中央对亚运会期间稳定工作的部署和要求，在广州召开部分省（区）教工委和高校维稳办主任会议，传达贯彻落实中央有关精神，部署做好广州亚运会亚残运会期间高校安保和维护稳定工作。

二、夯实基础建设，着力健全完善校园安全防控体系

在中央综治办的指导协调下，学校及周边治安综治领导小组各成员单位按照年初制定的《工作要点》的任务分工，把加强安全防范作为维护学校及周边治安安全的重要环节，加大协调力度，推进机制创新，切实夯实校园及周边治安安全工作的基础。

（一）抓好前瞻性研判工作，提高工作主动性

教育部维护高校稳定工作领导小组坚持和完善"月研判"工作机制，建立维稳工作台账，每月一次书面研判报告，两月一次部内研判会；建立部（教育部）、省（各地教育工作部门）、校（直属高校）"月研判"工作三级联动机制，要求各地和直属高校定期报送研判信息。加强信息通报预警工作，对影响高校稳定的内幕性、行动性、倾向性、苗头性信息实时向各地和直属高校进行通报预警。2010 年共编发 100 期《维护高校稳定工作情况通报》和 25 期《高校安全稳定信息专报》。

各地学校及周边治安综合治理工作领导小组

也加强了分析研判机制建设。天津市、福建省、广东省、辽宁省、海南、河南学校及周边治安综合治理工作领导小组均建立了信息报送和研判会议制度，定期进行安全形势分析和会商、通报，研究解决突出难点问题。山东省在进行大量调研的基础上形成了《山东省高等学校安全稳定状况调查报告》和《影响山东省高校安全稳定的主要问题及对策研究》，为掌握高校学生的涉稳思想动态提供了详细资料。

（二）创新思路，构建严密的校园安全防控体系

教育部进一步推动落实《中共教育部党组关于建立健全高校稳定工作体系的意见》（教党［2009］16号），推动各地教育部门和高校落实维稳机构、人员和经费，完善维稳工作制度和运行机制。严格落实维稳工作党政一把手“双组长负责制”，强化组织协调，整合力量和资源，不断提升基层基础规范化建设水平。修订了教育系统社会安全类突发事件应急处置预案，完善了高校社会治安类突发事件管理机制。

各地学校及周边治安综合治理工作领导小组认真落实《关于进一步加强社会治安综合治理基层基础建设的若干意见》（中办发［2009］14号）精神，从机构设置，体系建设上探索创新，做好学校及周边治安综治工作。湖北省随州市、恩施州教育局专门设立安全科，配备专职人员，狠抓中小学、幼儿园安全及学校周边治理工作。广东省教育厅联合公安、司法等12个部门制定印发《广东省教育系统安全稳定工作防控体系实施方案》，建立了由地级市政府、县（区）政府、乡（镇）政府、综治委学校及周边治安综合治理领导小组成员单位及各类学校（含幼儿园）组成的教育系统安全稳定五级梯级防控体系，形成了政府牵头，齐抓共管、密切配合的协作和防范机制。青海、甘肃、内蒙古、湖北、天津、山东、辽宁、吉林、黑龙江、安徽等地按照中央综治办的要求，结合本地实际分别制定了《教育系统社会稳定风险评估机制实施意见》，从源头上预防、减少了教育系统的社会稳定风险，进一步健全了校园安全防控体系。

（三）加强学校及周边治安综治工作队伍建设。

教育部启动了维护高校稳定队伍全员培训工作，把维稳队伍培训纳入国家教育行政学院干部培训年度计划。对各地教育部门和直属高校维稳队伍按照工作岗位分类进行培训，指导各地教育部门对学校稳定工作队伍进行分层培训。6月，邀请北京大学等高校保卫工作负责人召开高校校园安全保卫工作专题座谈会。8月、9月在兰州和重庆举办各地教育部门和直属高校维稳小组负责人、维稳办负责人两期培训班，培训学员200余人。

各地各校普遍加强了学校安全保卫工作队伍建设，全面推进学校安全保卫工作人员的配备及培训工作。学校安全保卫工作队伍在人数和业务能力得到很大提高。目前，全国中小学幼儿园已按规定配齐了专职保安员，新增专职保安员41万名。上海市各高校师生建立了5000人的高教系统平安志愿者服务队。广东、甘肃等省提出要在5年内对全省中小学校长、幼儿园园长和校内管理人员轮训一遍的培训目标。天津地教育部门联合公安机关对中小学、幼儿园在岗专职保安人员进行专门业务培训。辽宁省对全省1000多名安全管理干部和中小学校长、幼儿园园长进行了校园安全工作远程培训。

（四）推进校园安全防控基础建设。

积极推进各地学校校园安全技防设施建设，构建现代化的校园安全防控体系。加强校园安全管理与视频监控系统（或校园110指挥系统）建设，把人防、物防、技防有机结合起来，完善学校及周边治安防控体系。教育部“高校校园安全管理与应急指挥系统”已接入30所直属高校监控中心的图像，实现了双向音视频即时同步传输、校园现场图像实时监看、录像检索和应急指挥对讲等功能。天津市制定了《关于全市中小学和幼儿园配备专职保安和安装视频安防监控系统的实施方案》和《中小学校和幼儿园安全防范技术规范》，全市中小学幼儿园共计投入技防建设资金近1个亿，新增安装摄像头9698个。

三、集中开展排查整治，着力防范和打击危害师生的违法犯罪活动

针对今年发生多起校园暴力伤害事件，各地学校及周边治安综合治理领导小组以排查整治学校及周边矛盾纠纷和安全隐患为重点，着力防范和打击危害师生的违法犯罪活动。普遍对校园周边环境整治情况、校园内外交通秩序、重点高危人员

摸排和管控措施、校舍质量安全、报警监控设施、应急预案制定和演练情况、上放学领导带班执勤情况、消防设施、食品卫生制度落实情况等进行了全面排查，并对排查出的隐患和问题，按照“属地管理、条块结合”、“谁主管、谁负责”的原则，进行登记建档，落实责任单位和责任人，限期整改。2010年全国公安机关共破获侵害师生人身财产权利的刑事案件1.2万余起，治安案件2.5万余起。全国文化部门共出动执法人员664万人次，责令经营单位改正11万家次，受理举报3.9万件，立案5万件，办理结案4.2万件，警告经营单位9.2万家次。新闻出版总署把净化社会文化环境作为“扫黄打非”工作的重点，大力扫除淫秽色情等文化垃圾，共关闭涉黄网站6万多个，关闭未备案网站3000多个，查处互联网和手机媒体传播淫秽色情信息案件2197起。全国工商行政管理机关共出动检查执法人员12.3万人次，对2.6万户教育培训机构进行了督促检查。

各地学校及周边治安综治部门认真落实领导小组部署和要求，集中开展专项整治行动，突出解决涉及师生利益的问题，特别是，可能引发群体性事件的突出矛盾和问题，取得显著成效。江苏省共排查出各类隐患12260余处，及时处置可能影响校园安全稳定的事端苗头90余起，收缴校园管制刀具2180余把，清理整治违法违规音像、书刊点8350余家，收缴不健康音像制品37780余盘、出版物129660余册；清理无证经营服务场所和流动占道经营摊点27890余个。黑龙江省清除校园周边违法建筑97处，整改校园重大安全隐患2581个。山东省排查各类学校、幼儿园4.4万余个，排查重点人员20826名，查破涉校案件327起，查处涉案人员400人。天津市共取缔学校周边网吧101家、电子游戏厅17家。福建省共整改校舍安全隐患18220处，落实整改资金8333万元。河北省清理整顿校园周边出租房21500余间。海南省排查校车500多辆次，校园周边新设置交通标志、设施2740处，查扣、处罚黑出租、非法学生接送车377辆。辽宁省教育厅配合公安、交通部门大力整治校园周边交通秩序，组织开展了教育系统道路交通安全集中整治“百日行动”。通过全面排查，集中整治，解决化解了一大批影响学校安全稳定的安全隐患，维护了校园周边良好的治安秩序。

四、深化平安校园建设，营造校园安全稳定的良好氛围

安全文明校园创建活动是建设和谐校园的重要举措，是营造良好育人环境的重要工程，也是学校及周边治安综合治理工作的重要内容。各地学校紧紧围绕安全文明校园创建活动，在学校及周边治安综合治理领导小组的指导协调下，联合公安、消防、司法、共青团、卫生等部门，不断深化安全文明校园创建工作，将开展安全文明校园创建活动，有效地与思想政治教育、法制教育、安全教育、自救自护知识教育、禁毒教育、反邪教警示教育等活动有机结合起来，充实创建活动内涵，形成合力，相互促进，共同保障学校的安全稳定，提高了创建活动实效。

（一）安全文明校园创建活动更加制度化

各地在安全文明校园活动创建中不断总结经验，探索创新，确保学校的长治久安。江苏省通过构建平安校园创建的保障体系、责任体系、目标体系，突出学校安全管理的制度化、规范化、常态化，促进学校由平安向长安迈进，2010年全省中小学幼儿园和高校平安校园创建率分别达到学校总数的10%和40%。黑龙江省有182所学校获得“省级安全和谐校园”称号。辽宁省教育厅深化安全文明校园创建工作，联合公安厅、地震局、消防局分别开展了“全省交通安全宣传教育示范学校”、“防震减灾科普示范学校”、“消防安全教育示范学校”创建活动，评选出50所高校为“全省平安校园”，62所中小学为“全省和谐校园”。广东省启动了未来三年评选千所省级安全文明校园和百所高校治安综合治理先进学校的创建计划。海南省制定了《关于深入开展安全文明校园建设工作的意见》。

（二）安全教育日常规范化

各级教育行政部门和学校充分发挥课堂主渠道作用，采取编写学生安全知识手册、将安全教育课列入教育教学计划，开展“平安年级”、“平安班级”、“平安宿舍”等创建活动，设立“安全教育日”、“安全教育周”、“防灾减灾日”，等教育日，开展“交通安全进校园”、“关爱生命、安全出行”等多种教育活动，把学生的安全教育融入于学生的日常教育教学活动中，将安全教育日常化规范化。上海市免费向小学和幼儿园发放假期安全知识手册28万册，编制了《上海市大学生安全教育优秀材料汇编》、《上海市大学生安全教育读本》，进一步规范了学生安全教育。为检验各学校开展安全知识教育和逃生演练的实际效果，上海市教委联合公安、消防和气象等部门举行了共有19.6万名学生参与的首届中小学生安全知识网上竞赛。黑龙江省将学生的安全教育纳入教学计划，并将每年9月份第二周周五定为全省中小学安全疏散训练日。青海省开展“千名民警进千校”法制宣讲活动，成效显著。天津市印发了《关于进一步做好兼职法治副校长选聘、管理工作的意见》，选派优秀干警为中小学配齐了兼职副校长，为高校配齐了法治辅导员，全市学校都做到了法制教育大纲、教材、课时、师资四落实。

（三）安全教育内容更加全面化

各地教育部门和学校高度重视防范和抵御宗教组织、邪教组织、非法组织和不良社会风气对学校的渗透破坏工作。教育部制定渗透信息核查制度，建立了相应的数据库，对各种渗透组织做到了“底数清，情况明”。先后召开4次专题会议，下发、转发4个文件、8份通报，部署学校反邪教工作。持续编发《大学生思想政治教育工作简报》，联合工商总局发放反传销警示教育光盘《黑梦》300盘，推广高校在党团活动、学生工作、校园文化等领域中教育引导学生远离宗教、邪教等非法组织的工作方法和途径。内蒙古制定印发了《关于进一步做好校园防范和处理邪教工作的通知》、《关于进一步加强反邪教警示教育工作的通知》召开了教育系统反邪教警示教育经验交流会，向高校发放了1000余本《反邪教警示教育读本》。广东省教育厅针对当前禁毒斗争的新形势，在惠州市举办了全省中小学毒品预防教育师资培训班，有效提高了教师开展毒品预防教育的工作水平和能力，“6.26国际禁毒日”前夕，又与省禁毒委联合开展了“手拉手拒绝毒品、心连心造福社会”——全省万所学校百万师生“小手拉大手，禁毒建和谐”主题活动，带动禁毒宣传教育从学校向社区、向家庭辐射，构筑了防范毒品的严密体系。

五、加强督导检查，着力发挥综合治理平台维护学校安全稳定的作用

为确保学校及周边治安综合治理工作取得实效，学校及周边治安综合治理工作领导小组深入研究学校及周边治安综合治理工作面临的新情况、新问题，积极探索应对措施和改革举措。进一步加强对各地学校及周边治安综合治理工作的督导检查，5月以来，为贯彻落实中央领导同志关于学校安全工作的重要指示和全国综治维稳工作电视电话会议及中央综治办、教育部、公安部“4·29”、“5·12”、“8·6”紧急视频会议精神，教育部会同中央综治办、公安部等部门分别于5月中旬和8月下旬对天津、内蒙古、黑龙江、江苏、江西、山东、河南、湖南、贵州、甘肃、河北、安徽、山东、广西、陕西等15个省（自治区、直辖市）的校园安全防范工作进行了督导检查。6月，会同中央综治委、公安部、司法部、文化部、工信部、住建部、新闻出版总署、工商总局、团中央等部门组成三支督查小组，分赴重庆、辽宁、安徽、海南、四川、云南六省对学校及周边治安综合治理工作的开展状况展开督导检查。11月，会同公安等部门赴广东、广西等地对学校消防安全情况开展专项检查。

各级学校及周边治安综合治理工作领导小组在各级党委和政府的领导下，紧急动员部署，组织开展了多种形式的明查暗访，深入排查摸底，消除校园安全隐患，完善校园安全管理制度，健全校园防范措施，治理校园周边环境，打响了一场强化校园安全工作的攻坚战，校园安全防范工作得到有效加强。北京等21个省（区、市）成立专门督察组230个，由各部门领导带队，分赴300余个市（地、州）、县2100余所大、中、小学和幼儿园进行检查督导，下发整改通知书1800余份，对检查发现的一些突出问题现场督办、限时解决。吉林省由省综治办、教育厅、公安厅负责同志分别带队，通过混合编组的方式组成暗访组，采用不打招呼、不用陪同的方式对全省9个市（州）及长白山管委会的校园安全管理工作进行了暗访。福建省教育厅联合省消防总队开展校园消防安全专项督导。广西、广东、海南、陕西、吉林、江西、江苏、山东、河南、安徽、四川、云南等省（自治区）还对遭受自然灾害地区的学校幼儿园的卫生防疫、教学设施和食品安全等进行了督导检查。安徽建立“安全隐患督办单制度”，今年共向有关学校和教育局发出安全隐患督办通知书42份。黑龙江各地都成立了排查整治工作领导小组，建立领导包保责任制度，开展矛盾纠纷大排查活动。海南省、河南、辽宁分别制定印发了《海南省学校安全稳定责任制和责任追究暂行规定》、《河南省人民政府教育督导团关于建立校园安全督导检查长效机制的通知》、《全省加强学校、幼儿园周边安全工作专项检查督导方案》，进一步明确了领导责任制、责任查究制和目标管理责任制。通过督导检查进一步提高了各地对学校及周边治安综合治理工作的重视程度，有力推动了整改措施的落实，加快了学校各项安全基础设施建设的步伐。

2010年全国学校及周边治安综合治理工作要点

2010年全国学校及周边治安综合治理工作的思路是：全面贯彻落实党中央、国务院的社会治安综合治理工作部署，着力推进学校及周边治安综合治理基层基础建设，着力推进矛盾化解和工作机制创新，着力打击危害师生的违法犯罪活动，着力发挥综合治理工作平台维护学校安全稳定的作用，为教育事业在新起点上科学发展创造良好的校园及周边环境。

一、加强基层基础建设，深化矛盾纠纷排查化解工作

探索建立以校为单位的综治工作联动机制。认真落实《关于进一步加强社会治安综合治理基层基础建设的若干意见》（中办发[2009]14号）精神，探索在高校建立所在地综治成员部门参加的校园治安综合治理工作机构，推广中小学设立学校及周边治安联系点和联络员的做法，推动形成以校为单位的综治工作联动机制，内外协作、以点带面，把学校及周边综治工作落到实处。

发挥基层综治部门开展学校及周边综治工作的作用。在乡镇、街道综治中心的工作中强化学校及周边综治任务，探索总结综治中心在解决辖区涉校矛盾纠纷、维护学校安全稳定方面的做法和经验。

加强学校及周边治安综合治理工作队伍培训。推动各成员部门在本系统队伍培训中纳入学校及周边综治工作内容，举办各级学校及周边综治办主任培训班，制订高校保卫工作队伍建设的意见，努力提高基层工作队伍的思想政治素质和业务水平。加强中小学安全教育资源库建设，开展中小学校长及教师安全专题培训。充分发挥高校党团组织、辅导员、班主任和学生骨干的作用，深入周边社区开展治安防控知识宣传，参与校园和周边治安联防工作。

建立各级学校及周边综治办形势研判联动机制。上下联动组织开展影响学校安全稳定的矛盾和问题排查，把综治机构统一排查和成员部门分领域排查，学校内部排查和校园周边排查结合起来，坚持经常性排查与定期排查、重点排查与普遍排查、互联网上排查与网下排查，加强各级学校及周边综治办逐级建立台账，逐级跟踪督办的工作，加强对解决师生切身利益问题、校外人员利益诉求聚集干扰学校秩序问题等的协调处置工作。

二、整治学校及周边治安秩序，构筑综合防控体系

开展学校及周边治安重点地区排查整治。把解决城乡结合部学校周边、“校中村”等治安难点问题，纳入中央综治委部署开展以城乡结合部、“城中村”为重点的社会治安重点地区排查整治专项行动中，逐级落实整治重点，集中力量进行整治，限期改变面貌。

以防范群体性事件为重点打击违法犯罪活动。坚持打击侵害师生特别是少数民族师生和涉校的各种刑事犯罪活动，及时处置学生校内外自杀、交通事故等非正常死亡可能引发群体性事件的案件。工商行政管理部门坚决打击涉校传销特别是针对高校毕业生群体的传销组织和活动。加强对面向学生的互联网等新兴媒体的管理，坚决封堵、删除蛊惑、煽动学生的有害信息。

加强各项整治学校及周边治安秩序的专项工作。进一步加大维护学校及周边治安、交通秩序工作力度，针对学校及周边存在的突出治安问题，及时组织开展专项整治行动，严厉打击侵害师生人身财产安全的违法犯罪活动；进一步完善校园周边交通标志、标线及各类安全设施，大力整治学校周边交通秩序。在春、秋季开学组织学校安全大检查，做好校园内部治安环境整治工作。严格校园周边商业网点、摊点管理，加大对无证（照）经营的查处力度，取缔干扰学校秩序的非法经营活动。加强清理非法出版物，坚决查缴以未成年人为销售对象的有害印刷品和音像制品，封堵和查缴政治性非法出版物，扫除淫秽色情等文化垃圾。加强校园周边文化市场综合执法力度，清理整顿学校及周边非法经营的各种文化娱乐场所，继续抓好学校周边"黑网吧"等专项治理工作，加强对校园周边网吧违规接纳未成年人的监管，加大对含有宣传淫秽、色情、暴力、赌博等内容的违法网络游戏打击力度。加强对规划拟建的中小学以及其他社区青少年活动场所用地使用性质的规划控制，对中小学及社区青少年活动场所周边用地使用情况进行监督检查，对校园周边违章建筑清查整治，加强对中小学校舍工程建设质量安全监督管理。查处各种非法宗教活动、"法轮功"邪教组织对学校的渗透破坏活动。加强学校与有关部门的联系，及时反映学校及周边存在的突出问题，促进整治工作取得实效。

大力推进警校共建工作，总结探索在高校设立公安警务室（工作站）的做法，推动维护高校安全稳定的警校联动机制建设。在中小学建立辖区派出所治安联络员制度，把各中小学及周边治安纳入辖区派出所日常工作统筹。加强对学校内部治安保卫工作的检查指导，督促学校建立校园安全责任制，健全内部保卫机构，充实保卫人员，完善门卫、值班、巡逻等各项安全管理制度，提高学校自防自护能力。

加强校园及周边治安防范信息化建设。制订高校校园安全技防建设标准，推动高校校园安全视频监控系统和应急指挥中心建设。推动各地在建设城市治安电子防控系统过程中，把学校周边纳入"城市监控报警工程"的重点建设范围，全面提升学校周边的治安防控能力。推广把中小学周边治安技防系统纳入各地基层综治维稳中心统一管理和协调指挥的做法。构建中小学火灾隐患信息互通平台和联合监管机制，督导各地强化火灾隐患治理。深入推进重点青少年群体排查摸底工作，建立重点青少年群体信息监测系统。

发挥学校及周边治安综合治理优势和作用，集中排查化解影响学校安全稳定的矛盾纠纷和问题，及时妥善处置涉校群体性事端，维护上海世博会和广州亚运会期间学校安全稳定。

三、深化平安校园建设，广泛开展宣传教育和应急演练

推进平安（安全文明）校园创建工作，将创建工作与深入推进未成年人思想道德建设和大学生思想政治教育工作结合起来，与构建维护学校安全稳定大工作格局结合起来，进一步充实创建内涵、丰富创建形式、提高创建实效。召开高校平安建设工作经验交流会，推动平安创建活动持续发展。

以综治工作为平台打造维护学校安全维稳大格局。发挥各成员部门优势，支持和参与学校法制教育、反分裂斗争教育、反邪教警示教育、"扫黄打非"教育、公共安全教育、形势政策教育。组织开展"扫黄打非"宣传教育进学校活动，引导学生自觉抵制、远离非法出版物和各类文化垃圾。举办第15个中小学安全教育日活动，开发适合学生使用的安全教育课视频资源和中小学校长、教师适用的安全管理和安全教育资源包。结合"法律六进"活动的开展，继续组织开展青少年网络普法知识大赛、青少年法制宣传周等活动，切实加强青少年法制宣传教育。积极探索通过网络、手机报等新媒体开展自护教育活动的新途径。继续坚持向中小学校选派优秀公安民警担任学校法制副校长或法制辅导员，提高"法制副校长"、"法制辅导员"的工作水平，积极推进"警校共育"活动。开展各级学校及周边治安综治领导小组成员单位对口联系学校的试点，指导学校综治工作，为学校的平安建设创造条件。

认真抓好各级各类学校应急演练。保证每学期至少进行一次应急演练，防险避灾、防爆炸、防疫病爆发、防群体性事件等演练，不断提高师生的安全防范意识和应急逃生能力，贯彻实施《突发事件应对法》，不断完善和修订各类突发公共事件应急预案，切实做好应急管理保障工作。

四、加强各级领导小组和办公室建设，进一步健全完善齐抓共管机制

开展各级领导小组和办公室建设情况检查。会同中央综治办对各级领导小组和办公室建设、教育部门牵头统筹、成员部门发挥作用情况进行督导检查，解决影响深化齐抓共管机制的突出问题。推动健全和落实工作责任制，完善成员部门参与办公室工作的考核办法。对组织协调作用发挥好的省市学校及周边治安综合治理工作办公室进行表彰。

进一步完善学校及周边治安综合治理考核。规范考核标准和程序，修订量化考评指标体系，将稳定形势研判、风险评估、师生满意度调查等要素纳入考核，增强考核工作的实效性。建立并完善学校及周边治安综合治理工作实绩档案制度，围绕师生安全需求推进工作，探索利用信息化手段推动工作，通过中国大学生在线校园网络通讯社进行工作满意度调查。

加强工作督办和情况通报工作。及时预警提示影响学校安全稳定的突出问题，督办整改师生反映和群众举报的治安乱点和安全隐患，通报交流各地领导小组和办公室工作情况，加强教育部门、学校和各有关部门之间信息沟通。

促进工作研究和经验交流。继续把学校及周边治安综合治理工作纳入教育部哲学社会科学重大课题研究，组织工作论坛，加强工作交流。学习借鉴地方社会治安综合治理工作经验，提高学校及周边治安综合治理工作科学化水平。组织各地办公室参加社会治安综合治理优秀新闻作品评选、平安建设征文等活动。

中央综治委学校及周边治安综合治理工作领导小组关于进一步加强学校及周边治安综合治理工作防止发生校园及周边恶性案件的紧急通知

（2010年4月30日）

各省、自治区、直辖市和新疆生产建设兵团综治委学校及周边治安综合治理工作领导小组：

近期，学校及周边安全事故、治安刑事案件多发，引起社会高度关注。福建南平、广西合浦、广东雷州、江苏泰兴等地先后发生暴力伤害小学生、幼儿园儿童的恶性刑事案件，犯罪嫌疑人丧心病狂，暴力伤及无辜，手段极为残忍，砍死、砍伤师生数量多，给学生家庭带来无尽痛苦，严重破坏学校教育教学秩序，社会影响极其恶劣。有的中小学还发生校园重大安全事故，造成学生群死群伤。北京、四川、安徽等地个别高校先后发生学生杀害同学的恶性刑事案件，造成一定影响。

中央领导同志对此高度重视，要求加大工作力度，切实采取有效措施加强校园安全管理和防范工作。各地学校及周边治安综治部门要高度重视，认真贯彻落实中央领导同志的重要指示精神，立即行动起来，专门开会研究部署，吸取教训，举一反三，采取果断措施，全面加强大中小学、幼儿园安全防范工作，集中清理整治学校及周边治安隐患，为保证师生生命安全，维护学校安全稳定和上海世博会安全顺利举办，创造良好的校园及周边环境。现将有关工作紧急通知如下：

一是立即落实中小学、幼儿园安全防范措施。各级学校及周边治安综治部门要立即研究部署中小学、幼儿园安全防范措施，对尚未配备校园专职安保人员的学校和幼儿园，要统筹协调安排，抓紧配备。要求各中小学、幼儿园严格校园门卫制度，上课时间实行校园封闭管理，社会无关人员不得进入校园。小学生和幼儿园儿童上学期间，要组织教师迅速将学生安排在校内，坚决防止学生在校门口排队等候入校等现象发生。学校老师要加强与学生家长的联系，做好学生安全教育和安全提示工作。

二是切实加强中小学、幼儿园校园周边治安防控。各级学校及周边治安综治部门要积极协调地方公安部门落实校园特别管护区规定，加强中小学、幼儿园校园周边治安防控，加强对学校周边治安巡逻和秩序维护，在学生上下学期间，要有专门的警力疏导交通，维护秩序，及时化解和处置治安问题和事端。对学校周边社区存在的精神病人、有暴力倾向和经常缠访、闹访人员等特殊人群、高危人员进行日常梳理排查，及时掌握情况，会同街道、社区落实稳控措施，防止其走极端危害学校和社会。

三是全面深入排查整治校园安全隐患和学校周边突出的治安问题。各级学校及周边治安综治部门要组织大中小学校、幼儿园全面排查校园安全隐患和管理工作中的漏洞及薄弱环节，发现问题，学校能解决的，要立即整改；学校不能解决的，要及时报告地方党委政府统筹研究，协调解决。要紧密结合社会治安重点地区排查整治工作，集中开展学校周边突出治安问题大排查活动，重点排查因教学改革、后勤服务、征地拆迁、工资待遇等引发的矛盾纠纷，对排查发现的突出治安问题要逐一建档造册，明确责任，挂牌整改。

四是严厉查处和坚决打击威胁师生生命财产安全、干扰影响校园正常教育教学秩序的违法犯罪行为。各级学校及周边治安综治部门要会商、协调各级公安、司法机关加大对涉校违法犯罪分子的打击力度，从重从快处理涉校治安、刑事案件，保持对涉校违法犯罪活动的高压态势。建立突发事件警校联动机制，发生涉校治安、刑事案件，要第一时间出警、第一时间处置，及时控制现场，防止次生危害，防止事态蔓延扩大，影响学校和社会稳定。要积极协调各地网络主管部门、宣传部门加强对网络和媒体的管理，适度报道涉校恶性治安、刑事案件，防止对有极端暴力倾向、有报复社会心理的高危人群形成社会心理暗示而效仿，防止恶意炒作引发社会恐慌情绪。

五是大力加强高校学生法制教育、安全教育和心理健康教育。要在高校普遍开展法制教育，充分发挥高校公共基础课、法学专业课以及相关法制教育专题讲座、论坛等作用，增强学生守法自律意识，减少学生违法犯罪行为的发生。要密切学校和政法部门的联系，组织协调政法部门到学校开展专题法制讲座，以典型案例开展警示教育，充分发挥青少年学生校外活动场所和各类法制教育基地的作用，努力形成家庭、学校、社会“三位一体”的教育管理机制。要开展大学生安全教育和应急自救知识教育，增强学生自我保护意识和能力。加强大学生心理健康教育，对有心理问题的学生及时进行危机干预和心理疏导，帮助学生解决思想问题、心理问题和实际问题，防止学生情绪积压、心理扭曲走向极端。

六是建立和完善校园安全综合防控体系和长效工作机制。学校安全关系千家万户，涉及人民群众切身利益。各级学校及周边治安综治部门要充分发挥综治平台在维护学校安全稳定工作中的优势和作用，在地方党委和政府的领导下，协调各方力量加强学校安全综合防控体系建设，落实校园安全保障措施。要协调地方财政加大对校园安防设施设备和人力物力的投入力度，协调地方公安部门在校园及周边治安复杂地区设立治安岗亭，在学校集中的治安重点地区设立警务室，在各中小学、幼儿园安装监控报警设备，在所有中小学配齐法制副校长和治安联络员。要建立健全学校安全管理制度，落实安全工作责任制和责任追究制，对因工作不落实、责任不到位，造成严重后果的，严肃追究责任人的责任。

请各地学校及周边治安综治部门结合实际，抓紧安排部署，落实各项要求，并将工作情况报中央综治委学校及周边治安综合治理工作领导小组办公室。领导小组办公室将对工作落实情况开展专项督查，并把工作情况列入年终考核。

当前，各地教育部门要严格落实“五一”、“六一”等节日和世博会期间安全稳定工作24小时值班制度，做好信息报送工作，发生重大情况和问题，及时报告地方党委和政府，同时报教育部。

教育部办公厅关于切实加强中小学幼儿园安全防范工作的紧急通知

（2010 年 4 月 29 日）

各省、自治区、直辖市教育厅（教委），新疆生产建设兵团教育局：

4 月 28 日，一名歹徒混进广东省湛江雷州市雷城第一小学，持刀砍伤 1 名教师和 16 名学生。4 月 29 日，江苏省泰兴市泰兴镇一名歹徒持刀冲入泰兴镇中心幼儿园，砍伤 28 名幼儿、2 名教师和 1 名保安。

针对当前我国社会治安形势严峻，一些人心怀不满伤害学校幼儿园师生报复社会的案件有所增多的情况，教育部三令五申，并于 4 月 16 日召开了全国中小学安全工作视频会议，提出了明确的工作要求。4 月 29 日公安部也召开了全国公安机关进一步加强学校安全工作视频会议，对加强学校安全防范工作进行了部署。为贯彻落实以上两次会议精神，切实加强中小学幼儿园安全防范工作，确保师生的安全，现提出如下工作要求：

一、各地教育行政部门要速将上述两起事件通报到本行政区域内所有中小学校、幼儿园，使学校和学生都从这些事故中充分吸取教训，引起高度重视，迅速采取有效措施，防止此类事故的再次发生。

二、切实加强中小学幼儿园门卫防范工作。各地要抓紧部署贯彻落实全国中小学安全工作视频会精神，切实加强学校门卫防范工作，严格落实外来人员准入登记制度，了解陌生人进校的意图和动机，防止无业人员、精神病患者、来历不明人员进入校内，发现异常情况，要迅速采取措施予以处置。

三、配合公安机关迅速落实校园安全防范各项工作。按照全国公安机关进一步加强学校安全工作视频会议要求，各地公安机关已经部署开展针对校园安全隐患的拉网式排查，并采取了加强学校及其周边的治安巡逻、在治安情况复杂学校门口设立警务室、安装监控报警设备和加强学校安全教育等措施。各地要密切配合当地公安机关全力做好校园安全防范、校园及其周边治安秩序整治、矛盾纠纷化解、重点人群管控和严厉打击侵害师生安全的违法犯罪活动等方面的工作，切实健全中小学安全防控体系。

四、进一步加强“五一”节和上海世博会期间的安全工作。各地教育行政部门和学校要切实树立“安全第一，预防为主”的理念，加大节日和世博会期间中小学安全工作的领导力度，制定专门应急预案，严格执行值班和信息通报制度，妥善处置与师生切身利益的有关问题，落实安全工作责任制和责任追究制，切实维护中小学校安全稳定。

请各地于 4 月 30 日 12 点前将贯彻落实情况报教育部。

中央社会治安综合治理委员会关于印发《李建国同志在中央综治委学校及周边治安综合治理工作领导小组2010年第一次全体会议上的讲话》的通知

（2010年3月2日）

各省、自治区、直辖市社会治安综合治理委员会，新疆生产建设兵团社会治安综合治理委员会，中央社会治安综合治理委员会各成员单位：

2010年2月10日，中央综治委学校及周边治安综合治理工作领导小组召开2010年第一次全体会议。全国人大常委会副委员长、中央综治委副主任李建国同志在会上作了重要讲话。现将《李建国同志在中央综治委学校及周边治安综合治理工作领导小组2010年第一次全体会议上的讲话》印发给你们，请结合实际，认真贯彻落实。

李建国同志在中央综治委学校及周边治安综合治理工作领导小组2010年第一次全体会议上的讲话

（2010年2月10日）

今天，我们在这里召开中央综治委学校及周边治安综治工作领导小组全体会议，总结2009年工作，研究部署当前和今后一个时期的工作，很有必要。会议宣读了陈冀平同志的讲话，李卫红同志、张新枫同志及领导小组其他同志介绍了有关工作情况和今年的打算，提出了很好的意见建议，我都赞成。

2009年是新世纪以来我国经济发展最为困难的一年，改革发展稳定的任务十分繁重。面对严峻复杂的形势，各级学校及周边治安综治部门紧紧依靠党委、政府的领导，充分发挥综治的大平台作用，深入排查化解学校及周边的矛盾纠纷，大力整治治安乱点和突出治安问题，坚决抵御敌对势力渗透破坏活动，切实加强基层基础建设，特别是在应对重大突发事件和国庆安保等重大任务中，采取“硬措施”落实“硬责任”，狠抓各项工作措施的落实，学校及周边治安综治工作取得了显著成绩，为保增长保民生保稳定做出了积极贡献。在此，我代表中央综治委，向各地区各有关部门和战斗在学校及周边治安综治工作第一线的干部群众，表示亲切的慰问和衷心的感谢！

下面，讲三点意见，与同志们一起交流。

一、认真学习贯彻中央精神，增强做好学校及周边治安综合治理工作的责任感和使命感

中央一直高度重视社会治安综合治理工作。去年以来，胡锦涛总书记先后3次主持召开中央政治局常委会议，听取有关情况汇报，做出一系列重要指示。他深刻指出，当前，我国经济体制深刻变革、社会结构深刻变动、利益格局深刻调整、思想观念深刻变化，各类矛盾和风险有所增多，加之境内外敌对势力加紧干扰破坏，维护社会稳定任务十分繁重。胡锦涛总书记在党的十七届四中全会和中央经济工作会议上都强调要进一步维护社会稳定，“加强社会治安综合治理，完善社会治安防控体系，深入开展平安创建活动，依法打击各种刑事犯罪活动，不断增强人民群众安全感。”周永康同志在全国政法工作电视电话会议明确提出，“紧紧抓住影响社会和谐稳定的源头性、根本性、基础性问题，深入推进社会矛盾化解、社会管理创新、公正廉洁执法三项重点工作”，“大力加强社会治安综合治理，全面构建社会治安防控体系，确保国家安全和社会稳定。”经中央同意，中办、国办先后转发了中央综治委《关于进一步加强社会治安综合治理基层基础建设的若干意见》，以及中央政法委、中央维护稳定领导小组《关于深入推进社会矛盾化解、社会管理创新、公正廉洁执法的意见》等文件。中央对社会治安综合治理提出的一系列新要求、新举措、新任务，为做好学校及周边治安综治工作进一步指明了努力方向。我们一定要深刻领会中央领导同志的重要指示精神，认真贯彻落实中央的一系列重大决策部署，切实把社会治安综合治理工作作为一项重要的政治任务抓紧抓好。

学校及周边的平安是十分重要的民生问题，关系着学生的安全和家长的期望，关系教育事业发展最基本的环境问题，也关系到党和政府的形象。当前，学校及周边治安综合治理工作依然十分艰巨而繁重。社会上的不稳定因素，教育事业发展改革面临的新情况新问题，都有可能反映到学校及周边治安中来。各地区各有关部门要站在全局的高度，深化对学校及周边治安综治工作重要性的认识，更加自觉地把这项工作放到维护重要战略机遇期社会稳定的大目标中去谋划，放到社会治安综合治理的重要位置去推进，确保国家安全、社会稳定和人民安居乐业。

二、深刻总结好经验、好做法，不断提高学校及周边治安综合治理工作的科学化水平

这些年来，社会治安综合治理形成了加强党的领导的政治优势，各部门、各单位齐抓共管的优势，综合运用多种手段和方法的整体优势，工作网络的优势，专群结合、依靠群众的优势。这些好经验、好做法都是符合学校及周边治安综治工作实际的。我们要坚持并不断总结、发展、完善，继续推动理念思路、体制机制和方法手段的创新，以适应新形势、新任务、新挑战的要求，不断提高学校及周边治安综治工作的科学化水平。

第一，要加强党的领导。各地党委、政府要统筹抓好发展这个硬道理与稳定这个硬任务，及时分析和把握影响学校及周边治安的因素，研究部署重点工作，协调解决遇到的困难和问题。各部门、各单位要主动向党委、政府领导汇报工作情况，争取加大支持和保障力度。要严格实行领导责任制，强化责任承诺，改进考核工作，特别是要强化省级学校及周边综治部门对成员单位的考核，保障学校及周边治安综治工作的各项措施落到实处。

第二，要强化齐抓共管。坚持“属地管理”、“谁主管谁负责”的原则，把各自的职责尽到位，把承担的任务落实好。同时，进一步明确各有关部门的职责任务，健全完善协作配合的工作机制，加强信息沟通，共同研究解决影响学校安全稳定的重点难点问题。各级学校及周边综治办要充分发挥参谋助手、组织协调、桥梁纽带、督促落实的作用。

第三，要创新手段方法。牢固树立预防为主的理念，把集中整治与经常性管理结合起来，把经常性的工作做扎实。继续深入推进矛盾纠纷排查化解工作，深入开展平安校园建设，推进科技防范建设，抓好应急演练，努力做到对学校及周边的治安问题和不稳定因素早发现、早报告、早控制、早解决。把学校周边治安复杂地区纳入排查整治社会治安重点地区的范围，以侵害师生生命财产安全的刑事犯罪活动、扰乱学校及周边正常秩序的非法经营活动为重点，全方位开展排查和整治。进一步把学校及周边综治工作的领域和内容向既解决传统治安问题又注重应对非传统安全威胁和

“虚拟社会”管理拓展。

第四，要健全工作网络。抓住加强社会治安综合治理基层基础建设的有利契机，努力在理顺体制、完善机制、壮大力量、落实保障等方面取得新的进展。继续落实学校及周边治安综治工作的专用办公场所、专职工作人员、专项工作经费。乡镇(街道)综治办要把辖区内的学校纳入进来。积极研究警校共建问题，探索在高校设立公安警务室，在中小学建立辖区派出所治安联络员制度。

第五，要深化教育引导。深入贯彻中央关于加强大学生思想政治教育和未成年人思想道德建设的决策部署，深入开展民族团结教育活动，大力宣传普及公共安全和应急防护知识，进一步加强对青少年学生的法制教育。深入推进文明上网活动，加强网络道德建设，引导青少年学生自觉抵制有害信息和低俗之风。各有关部门要结合工作职责，深入学校开展宣传教育活动。

三、紧紧围绕三项重点工作，抓实抓好2010年学校及周边治安综合治理工作

2010年是实施“十一五”规划的最后一年，也是国家中长期教育改革和发展规划纲要实施的第一年。关于2010年学校及周边综治工作，这次会议审议的工作要点已经做出了全面安排，希望各地各有关部门结合实际，认真贯彻落实。这里，围绕社会矛盾化解、社会管理创新、公正廉洁执法这三项重点工作，我再强调几点。

一是深入排查化解涉校矛盾纠纷。要建立学校及周边的重大事项稳定风险评估机制，严格依法办事，防止在决策、审批等环节因工作不当产生矛盾。深入开展矛盾纠纷排查，对排查出来的问题应逐一登记造册，逐一落实化解措施。对学校和师生反映强烈的突出问题，要挂牌督办，重要问题要实行领导包案。健全应急处置机制，坚决把各类突发事件处置在第一时间和第一现场。

二是积极推进涉校管理创新。要进一步加强校园及周边流动人口管理，减少治安和安全隐患。组织开展学校及周边治安秩序专项整治行动，坚决取缔和清理整顿学校及周边非法经营的各种文化娱乐场所、违规经营的摊点以及出租房屋、违章建筑等，集中整顿学校周边的交通秩序。深入研究网络新媒体条件下维护学校安全稳定的途径和办法，兴利除弊，构建网上网下相结合的防控体系。坚决防范、有效抵御利用宗教、非政府组织等对各级各类学校特别是高校进行的渗透破坏活动。

三是切实加强学校及周边治安综治工作干部的培训。中央领导同志对这项工作做出了重要批示。我们要高度重视，加强对学校及周边治安综治工作干部的培训，下大气力抓好集中轮训和岗位培训，帮助他们提高工作能力和水平。

同志们，学校及周边治安综合治理关系子孙后代健康成长，关系亿万家庭的幸福安宁。我们应该为此尽职尽责，尽心尽力，多办实事，抓出实效。新春佳节就要到了。借此机会，祝同志们在新的一年里工作顺利、身体健康、阖家幸福！

教育部部长袁贵仁
在全国综治维稳工作电视电话会议上的发言

(2010年5月3日)

最近一个多月来，接连发生多起校园恶性案件，社会危害极大，影响十分恶劣。胡锦涛总书记、温家宝总理等中央领导同志多次作出重要批示。今天，中央召开电视电话会议，永康同志亲自出席并将发表重要讲话，充分体现了党中央国务院对校园安全的高度重视和对学生儿童的亲切关怀。各级教育部门和各级各类学校要紧急动员，迅速行动，切实加强校园安全防范，坚决防止类似案件再次发生。

一、必须高度重视，把维护校园安全作为当前和今后一个时期一项重大政治任务

孩子是家庭的希望、祖国的未来。校园安全关系学生儿童健康成长，关系人民群众切身利益，关系社会和谐稳定。维护校园安全，是全社会的共同责任，是教育部门和学校义不容辞的职责。各级教育部门和各级各类学校都要从保护学生生命安全、促进教育事业科学发展、构建社会主义和谐社会的高度，充分认识维护校园安全的极端重要性和现实紧迫性，把维护校园安全作为当前和今后一个时期一项重大政治任务，切实抓紧抓实抓好。

在各级党委政府高度重视和有关部门大力支持下，校园安全总体良好。但是，近期发生的恶性案件警示我们，当前，社会治安情况复杂，不少地方维护学校及周边治安的联动机制和制度措施还不落实，一些学校内部安全管理松弛，校园安全形势严峻复杂。各级教育部门和各级各类学校要把思想认识统一到中央对校园安全的形势分析和工作部署上来，进一步增强政治意识、责任意识和忧患意识，切实担负起维护校园安全的政治责任，全力维护校园安全稳定。

二、迅速采取综合措施，切实加强校园内部安全管理

学校校长和幼儿园园长是校内安全管理第一责任人。要牢固树立“安全第一，预防为主”的理念，把安全工作放在更加重要、特别突出的位置，进一步完善制度，健全机制，明确责任，狠抓落实，切实加强校园安全管理工作。一要加强人防，坚决防止不法分子进入校园制造事端。健全学校保卫组织，充实校园保卫力量，配备必要的防护装备。全面加强校门保卫、校内巡逻和安全检查。严格执行学校内部安全管理工作制度，严格外来人员出入登记制度，严格学生外出请假销假制度，完善低年级学生上下学接送交接办法。二要加强技防，确保重点时段和重点部位的安全。要在校园和学生宿舍楼的出入口、围墙周界、学校门卫室等重点部位安装监控和报警设备。切实加强学生上下学、寄宿制学校夜间等重点时段的安全监控和保卫。对存在安全隐患的校门、围墙、教室和宿舍门窗进行加固。三要加强教育培训，大力提升师生安全意识和自护能力。要通过多种途径、采取多种方式，加强对学生的安全教育，特别是加强学生应对歹徒伤害、勒索、绑架的安全教育。加强对教职员工的安全技能培训，提高危急时刻保护学生儿童的能力。

三、不断加大工作力度，全面维护校园安全稳定

各级教育部门要切实履行维护校园安全稳定的管理职责，远近结合，标本兼治，在组织协调、监督检查、解决困难和狠抓落实等方面加大工作力度。一要加强组织协调。加强对学校安全工作的指导，全面掌握学校安全工作状况，指导学校制定应急预案和各项管理规章制度。主动加强与有关部门的协调配合，积极推动建立“党委政府领导、教育公安互动、学校社会联动”的工作机制。二要强化监督检查。制定学校安全工作考核目标，将其纳入教育督导评估体系。开展经常性的安全检查和督导，督促学校落实各项安全措施。严格责任追究制度，对因机制不健全、工作不落实、责任不到位，造成严重后果的，严肃追究责任。三要解决实际困难。协调地方财政加大对校园安全防范设施设备和人力物力的投入力度，为学校配备专职保安人员，在中小学和幼儿园安装监控报警设备。协调公安部门在校园周边治安复杂地区设立警务室或治安岗亭，完善中小学兼职法制副校长和治安联络员制度。协调综治部门开展综合治理，净化大中小学和幼儿园周边环境。积极探索符合我国国情的校车制度和管理模式。四要狠抓工作落实。建立健全校园安全责任制，把安全管理的目标和责任落实到每一所学校、每一个工作环节、每一名工作人员，建立起“纵向到底、横向到边”的校园安全管理体系，确保责任到位、措施到位、奖惩到位。加快建立与新形势下校园安全工作相适应的体制机制，整体提高校园安全管理能力和水平。

四、立即行动起来，坚决防止校园恶性案件再次发生

维护校园安全，既特别重要，又十分急迫。各级教育部门和各级各类学校要立即行动起来，在今天会议之后，全力抓好以下几项工作：一是各级各类学校要立即加强安全防范工作。查找学校安全隐患，落实整改措施，凡是能解决的，抓紧解决；

一时不能解决的,尽快报告上级教育主管部门和地方党委政府。加强门卫工作,暂时没有专职门卫的,马上组织教职工、退休人员顶岗值守。迅速组织校内安全巡逻,在重点部位、重点时段增加巡逻力量、加大巡逻力度。二是各县(区)教育部门要立即开展拉网式排查。组织领导干部深入每一所学校和幼儿园,传达落实会议精神,现场部署工作,落实安全防范措施,及时发现问题、堵塞漏洞。三是各省(区、市)教育部门要立即组织督查指导。领导班子成员要带队深入基层,深入学校,重点对治安状况复杂地区、工作条件薄弱学校进行督查指导。对安全隐患多、治安秩序差、群众反映强烈的地区和学校,要挂牌督办,挂账整治,限期解决问题和改变面貌。四是教育部立即成立专门工作小组开展专项整治行动。深入动员,全面部署,编发工作快报,反映工作进展,推广典型经验,组织国家教育督导团开展校园安全专项督导,明查暗访,狠抓落实,确保把中央的部署和要求落到实处。努力为广大学生儿童营造一个安全的学习生活环境,使他们平安、健康、幸福地成长。

教育部部长袁贵仁
在中小学安全工作视频会上的讲话

(2010 年 4 月 16 日)

4 月 14 日,青海玉树发生 7.1 级强烈地震,给当地人民群众生命财产造成严重损失。灾区学生的安全牵动着全国人民的心。教育部正在按照中央统一部署,有的在前方,有的在后方,全力参加抗震救灾工作。全国教育系统要紧急行动,按照中央要求,全力帮助支持青海玉树抗震救灾。

党中央、国务院高度重视中小学校安全工作,关心中小学生的安全。最近一段时间,针对连续发生的中小学生伤害事件,中央领导多次作出重要指示,要求加强中小学校和学校周边治安治理工作。今天,我们召开中小学安全工作视频会,就是要贯彻落实中央领导同志重要指示精神,部署中小学安全教育和防范工作,确保广大中小学生包括中等职业学校学生和幼儿园幼儿的安全。近期,公安部还要牵头部署中小学校及周边治安管理工作,教育部门要积极参与配合,共同做好中小学安全工作。

刚才,北京、陕西、福建、辽宁、山西教育部门负责同志分别介绍了中小学安全工作的做法经验和下一步的打算,希望各地结合实际认真学习借鉴。下面我讲几点意见。

一、努力把握当前中小学安全工作的形势特点,切实增强工作责任感和紧迫感

近年来,在党中央、国务院的领导下,各地教育部门把中小学安全工作摆在非常突出的位置,按照“积极预防、依法管理、社会参与、各负其责”的工作方针,联合公安等部门,完善政策措施,建立制度机制,强化安全管理,加强安全教育,开展安全培训,中小学安全工作取得明显成效。据统计,2007 年至 2009 年各类校内外安全事故导致中小学生死亡的数字(不含汶川地震)分别比上年下降了 13.67%、21.69% 和 29.7%。我代表教育部对长期以来为中小学安全作出贡献的同志们表示衷心感谢!

在这里,我想特别强调一点,中小学生的安全不能仅用统计数字来说明,生命无价,每一个孩子都是唯一的,都是不可替代的,都是不可弥补的。中小学安全怎么重视都不过分,中小学安全工作任何麻痹松懈都不能容忍。我们必须清醒地看到,中小学安全工作面临的形势依然严峻。特别是最近一段时间,一些地方连续发生恶性案件和安全事故,严重危害中小学生安全,令人十分震惊，十分痛心。

一类发生在学校周边。3 月 23 日，福建省南平市实验小学校门前发生了一名歹徒砍杀无辜小学生，造成 8 死 5 伤的恶性事件。4 月 12 日，广西合浦县西场镇西场小学附近又发生了一起精神病患者持刀砍杀路人，造成小学生 1 死 2 伤的事件。

一类发生在学校内部。3 月 11 日，福建省福州市马尾区金砂小学一个宣传栏混凝土雨盖倒塌，造成学生 5 死 2 伤。3 月 22 日，新疆乌鲁木齐市八一中学附属小学发生踩踏，造成学生 1 死 2 伤。4 月 9 日，广东省汕尾市甲东中学一名学生因与同学发生纠纷，用硫酸泼向同学，造成 18 名学生受伤。

一类发生在活动之中。1 月 15 日，海南省文昌市孔子中学擅自组织学生参加电影摄制活动，造成多名学生落水，其中 1 名死亡，2 名失踪。

此外，在浙江天台、广西梧州等地还发生在校外学生因玩水、骑摩托造成的伤亡事故，等等。

上述事件发生的原因是多方面的：

一方面社会治安情况复杂，一些不法分子往往把中小学生作为其发泄不满、报复社会、引起关注的对象；地震、雷击、台风、洪涝、泥石流、雨雪冰冻等自然灾害和各种污染事故时有发生，威胁着中小学师生的生命安全；一些地方道路、交通等社会基础设施还不完善，有的学校办学条件还比较差，离"学校成为最坚固、最安全的公共设施"的目标还相差甚远；受社会不良风气的影响，个别中小学生的思想道德和心理健康状况存在问题，容易采用极端方式处理同学之间的纠纷，造成伤害。

另一方面，一些地方教育部门和学校安全意识比较淡薄，管理不到位，责任不落实，安全教育不深入，没有有效避免本来可以避免的安全事故的发生。

孩子是家庭的希望，学生是国家的未来，中小学安全工作涉及亿万家庭，关系整个社会的和谐稳定。做好中小学校安全工作，确保广大师生安全是教育的头等大事。各级教育部门和广大中小学务必充分认识做好中小学安全工作的极端重要性，进一步增强学校安全工作的紧迫感和责任感，牢固树立"以人为本，安全第一"的思想，警钟长鸣，常抓不懈，确保中小学生安全，让家长放心，让社会满意。

二、抓住中小学安全教育重要环节，切实落实各项防范措施

要开展更为有效的学校安全教育。各地教育部门和学校要依据《中小学公共安全教育指导纲要》，结合当地实际，创造性地开展多种行之有效的安全教育，做到安全常识人人皆知。

一要通过课程教学开展安全教育。结合不同学段的国家课程方案，充分利用地方课程和校本课程，对学生进行集中的安全教育。许多学校结合当地实际开设的安全教育课，生动活泼，寓教于乐，受到学生欢迎。

二要通过专题活动开展安全教育。组织学生观看安全教育片、举办安全主题班会、开展安全知识讲座。有的学校利用典型事故案例，开展生动形象的安全教育。有的地方把中小学安全教育日活动拓展为安全教育周、安全教育月，集中开展安全专题教育。有的地方和学校还加强学生应对绑架、勒索、伤害等方面的安全教育，重视对学生开展心理疏导和教育，切实防范校园暴力。

三要通过实践演练开展安全教育。每一所学校都要有各类突发安全事件的应急预案，并按照预案进行演练，使学生熟悉疏散路线，掌握基本自救自护技能，养成良好安全行为习惯，主动遵守各项安全行为规范。要让学生明白，学生时代多掌握一点安全知识，人生道路就多一份安全保障。平时多参加一次安全演练，危难时刻就多一份生的希望。

四要通过日常活动加强安全教育。在学生上下课、出操等上下楼梯活动中，尤其在教学楼进行教学活动和晚自习时，学校要合理安排学生疏散时间和楼道上下顺序，同时安排人员在关键位置巡查引导，避免学生拥挤，做到"有序上下楼，文明伴我行"。

五要利用多种资源加强安全教育。近年来，教育部向各地提供了中小学安全工作手册、《春夏秋冬话安全》、专题片、光盘、图书、挂图等教育资源，各地各校要充分利用好这些资源。各种社会安全教育资源和校外活动场所都要成为对学生进行安全教育的基地。

要采取更为有效的安全防范措施。各地教育部门和学校要按照《中小学幼儿园安全管理办法》，采取人防、物防、技防等多种有效措施，使之常态化、制度化。

一是加强人防。教育部门要申请专项经费或在公用经费中列支资金，为学校配备必要的保安人员。学校要加强门卫工作，切实加强学生上下学时校门口等重点部位的安全保卫，在明确学生到校时间的前提下，值班教师要及早到位，让学生随到随进。要切实落实低年级学生上下学接送的交接制度，严格学生外出登记请销假制度，不得将晚离校的学生交给无关人员。农村寄宿制学校要加强夜间值班和巡逻。

二是加强物防。在学校建设中，要特别突出校舍安全性能。学校要完善上下楼通道、楼梯、照明设备设施；依据规定在教室、食堂、宿舍配齐必要消防设施设备。在楼梯显著位置安装上楼、下楼或紧急疏散指示牌；并要建立设施检查检修制度。许多学校还主动与家长、社区、村镇联系，在学生上下学必经水域等容易出现危险的地方设置警示标识。

三是加强技防。要善于发挥技术设施在威慑不法分子犯罪、保障广大师生安全、维护校园正常秩序方面的作用。积极争取条件，在学校门口和重点部位安装视频监控和入侵报警设施，防患于未然。目前，一些城市的中小学安装了技防设施，不断提高重点部位视频覆盖率。有的中小学安装了电子巡更设备、周界报警设备并与属地公安机关进行联网。有的区县教育行政部门还安装了监控指挥平台。

要开展一次全面排查整治行动。各地教育部门要迅速行动，集中开展一次中小学包括幼儿园、中等职业学校安全工作的全面排查整治行动。重点检查学校贯彻《中小学幼儿园安全管理办法》情况，学校是否与公安机关形成联防联控机制，学校安全工作责任是否落实，学校门卫制度是否健全，安全设施是否完善，安全教育是否有效开展。要加强对城乡结合部和周边环境复杂学校的安全隐患排查工作。在全面排查过程中，各地要针对学校安全工作存在的突出问题，根据学校安全事故发生的特点和规律，边排查，边整治，及时报告请求有关部门采取有效措施防范。

春夏季节是学校组织开展户外活动的高峰期，也是校舍倒塌、中小学生溺水、交通安全事故和山洪、泥石流、台风、雷击等自然灾害多发期，各地教育部门和学校要早安排、早部署、早落实，加强对各类大型集体活动的监管和组织，加强对可能发生自然灾害的监控，有效减少和避免事故的发生。还要切实做好食堂、食品及饮水卫生工作，预防食物中毒和传染病。

三、完善中小学安全工作长效机制，营造学生平安健康成长良好环境

中小学安全工作涉及面广，情况复杂，必须在当地党委、政府的统一领导下，有关部门各负其责，密切协作，综合治理。教育部门要主动加强与公安、安监、建设、卫生、工商等部门配合，依据《义务教育法》和《中小学幼儿园安全管理办法》，健全完善联席会议制度，定期研究安全形势，共同部署开展中小学安全工作，确保任务到位，组织到位，责任到位，措施到位，处罚到位。

各地教育部门要加强对中小学校的指导和管理，全面掌握学校安全工作情况，帮助学校制订应急预案和各项管理规章制度，严格实行中小学校长安全管理责任制。要制定学校安全工作考核目标，将其纳入教育督导评估体系和学校工作奖惩制度，并开展经常性的安全检查和督导。要积极配合公安机关，采取有力措施，清理整顿学校及周边的治安乱点，坚决取缔“黑出租”、“黑校车”、“黑网吧”。要加强对校车的管理，做好对校车的保养、检查，坚决不租用不具备相关条件的车辆接送学生，严禁超载。要完善交通标志及各类安全设施，维护校园周边良好交通秩序。有的地方教育部门和公安机关开展的“警教共育、建设平安和谐校园”活动，建立“党委政府推动，公安、教育互动，学校、社会联动”工作机制的经验，应大力推广。有的地方公安机关在辖区内中小学设立校园警务室，配合学校法制副校长开展校园安全教育工作，配合学校做好校园内部安全保卫工作，在重点时间、重点区域开展巡查，及时处置突发事件，维护校园及周边地区社会治安的做法，应大力推广。

中小学校要建立健全校内安全管理工作的各项规章制度和安全应急机制，将安全教育制度化、常态化，特别要注重紧急疏散演练。要加强与家长、社区的联系与沟通，共同做好中小学生的安全管理工作，营造全社会都来关心爱护中小学生的良好环境。

切实保障广大中小学生的平安健康成长，是

全社会的共同任务，更是广大教育工作者义不容辞的职责。我们要以对党和人民高度负责的精神，以认真、认真、再认真的工作态度，以细致、细致、再细致的工作作风，切实将中小学安全工作做深、做细、做实，为广大中小学生营造一个安全的学习、生活环境，使他们平安、健康、幸福地成长。

广东省切实加强高校安全稳定工作为“平安亚运”营造良好的社会环境

一、广东省高校“平安亚运”安保工作情况

2009年下半年以来，在中央、省委省政府和教育部的正确领导下，广东省高校以“迎接亚运会，创造新生活”为主题，以全面提高校园安全管理水平为目标，以增强广大师生安全意识为主要内容，开展了亚运安保和校园安全稳定各项筹备工作。

（一）加强领导，指导高校做好校园安全稳定工作。2009年下半年以来，多次召开会议，先后制定印发了“平安亚运”、“防控体系实施方案”、应对敏感事件和信息安全方面的工作通知。各高校认真开展隐患排查，实行“天天巡查、一周一报、月月通报”的工作制度，开展了“校外整治”、“校外巡逻”、“内部安保”、“安全意识”、“矛盾化解”等安全防范工作。

（二）切实加强广大师生安全意识教育，校园学生非正常死亡与去年同期相比明显下降。进一步加强校园安全宣传教育，使安全和防灾减灾知识进校园、进课堂、进学生头脑。集中开展了“安全教育周”、“安全教育月”、“综治宣传月”和“安全生产月”等宣传教育活动，通过专题讲座、知识竞赛、观看录像、发放手册、印制报刊等形式，进一步提高了广大师生的安全防范意识。

（三）排查化解影响学校稳定的矛盾和问题，依法妥善处置可能发生不稳定事端。加大排查化解力度，研究制定了突发事件和群体性事端应对措施和防范预案。梳理政策规章制度，规范办学秩序，整改违规招生、虚假承诺文凭等问题。各高校领导深入基层，妥善解决师生的合理诉求和实际困难，普遍开展了防火灾、防爆炸、防食物中毒为主要内容的演练活动。

（四）加大整治校园周边环境工作力度。集中开展学校及周边治安秩序专项整治行动，深入排查化解学校及周边安全和治安问题，配合有关部门切实加强学校及周边文化、娱乐、商业经营活动管理，坚决取缔干扰学校正常教学、生活秩序的经营性娱乐活动场所，严厉打击各种侵害师生的刑事犯罪活动。

（五）严密防范国内外“法轮功”邪教、其他邪教和有害气功组织对校园的渗透破坏。切实加强国家安全教育和防范工作，开展了“法轮功”等邪教组织、非法宗教以及境外其他非法组织对高校渗透情况的排查调研工作。加强对教育教学活动和社团活动的监管，特别加强对校园网、报告会、讲座、论坛、研讨会等活动的管理。2010年9月，举办了“反邪教、促和谐、迎亚运”展览，高校14000多名师生参观，教育效果良好。

（六）切实加强思想领域领导和管理。切实增强社会和校园安全稳定工作的政治意识、政权意识、责任意识，大力推进社会主义核心价值观教育，切实加强思想文化阵地管理。

二、加强领导，确保安保措施落到实处

广东省委教育工委、教育厅认真学习借鉴北京奥运会、上海世博会高校安全稳定工作经验，进一步加强领导，采取积极有效措施，确保广州亚运会、亚残运会各项安全维稳任务落到实处。

一是提高思想认识，切实负起领导责任。要求全省高校从讲政治、讲大局、讲稳定的战略高度，把确保“平安亚运”工作摆上更加突出的位置，纳入学校工作的重要议事日程，科学谋划和组织实施学校安全维稳工作，将工作措施分解落实到部门、落实到基层、落实到岗位、落实到人员，完善领导联系院（系）制度，坚持工作重心下移、关

口前移，深入一线了解情况，督促检查。

二是加强校园网管理，坚持正确舆论导向。切实加强对学校所属网络的管理工作，建立健全校园网络管理工作机制体制，落实领导职责，明确管理责任，加强网络舆情研判，加强正面教育和引导，为广州亚运会、亚残运会营造良好宣传舆论氛围。

三是进一步完善长效机制，不断提高校园安全维稳工作的科学化水平。建立健全校园安全维稳工作的领导管理体制、联动协调机制、督导检查机制、队伍建设机制和条件保障机制。积极主动与综治、公安、工商、文化等单位沟通，科学制定安全维稳工作方案和应急突发事件处置工作预案，切实加强校园安全保卫队伍和安全设施建设，组织开展安全培训和应急演练。

四是加强校园安全维稳值班工作，积极排查解决校园矛盾和问题。切实加强校园安全值班工作，督促落实值班制度，建立校园安全维稳信息报告制度，进一步完善校园问题排查和消解反馈工作机制，切实把问题矛盾解决在萌芽状态。进一步做好校园重点区域、重点部位、重点团体、重点人群的安全警卫和巡逻，充分发挥校园安全联动工作机制作用，防止别有用心的人在校园进行煽动和破坏活动。

十二、流动人口治安管理工作

2010年流动人口服务和管理工作概况

2010年，在党中央、国务院和中央综治委的领导下，各地各部门认真贯彻党的十七届三中、四中全会和全国社会治安综合治理工作会议精神，坚持"公平对待、搞好服务、合理引导、完善管理"的方针，以加强社会建设、创新管理体制机制为抓手，扎实推进各项服务管理措施，着力解决突出问题，探索建立长效机制，流动人口服务和管理工作取得了新进展。

一、流动人口服务工作取得新成效

各地各部门积极推进基本公共服务均等化，统筹考虑在城市就业居住的流动人口对公共服务的需要，认真落实服务措施。一是保障农民工子女平等接受义务教育。各地进一步完善以流入地为主和以公办中小学为主的政策，对符合接收条件的农民工子女，就近安排在公办学校就读，免除学杂费和借读费。中央财政安排奖励资金，用于接收农民工子女的城市学校补充公用经费和改善办学条件。目前，全国农民工子女在公办小学、初中学校就读的约占80%。二是做好留守流动儿童和青少年权益保护工作。各地继续深化共享蓝天关爱行动，推广关爱服务阵地建设模式，全国已建立留守儿童托管中心2.4万余所，组织发动158万余人担任"代理家长"。共青团中央下发了《关于开展"共青团关爱农民工子女志愿服务行动"的通知》，按照"青年志愿者小组（或团队）+农民工子女+接力"的项目实施模式，重点组织青年志愿者小组（或团队）与农民工子女建立结对关系，集中开展学业辅导、亲情陪伴、感受城市、自护教育、爱心捐赠等方面的志愿服务活动。目前，全国青年志愿者（团队）与城市务工青年子女建立长期结对119万余对，累计募集爱心捐款3089万余元，爱心捐物价值1930余万元，筹集项目资金2348万余元。各级团组织还加强"12355"青少年服务台的建设，近200个城市开通了"12355"热线。三是做好流动党员的服务和管理工作。中组部深入推动落实《2009－2013全国党员教育培训工作规划》，广泛开设党员"流动课堂"送教上门，提高流动党员的党性修养和技术技能；指导各级组织部门组织广大流动党员参与创先争优活动，带动广大流动人口为所在地和家乡建功立业；积极构建流出地与流入地党组织密切配合、有机衔接的流动党员管理机制，严格执行流动党员活动证制度，对流动党员实行动态服务管理；进一步健全流动党员服务工作机制，通过走访慰问流动党员、帮扶困难流动党员等多种方式，为流动党员解决实际问题。广西安排专项资金设立创业就业基金，支持流动党员创业。辽宁、湖北设立"返乡党员创业绿色通道"、"流动党员就业服务窗口"等，为流动党员返乡创业提供服务。浙江省宁波市出台了流动党员就业帮扶、结对帮扶、设立流动党员困难救助金等关爱服务十项措施，并在流动党员集中的社区（村）、项目工地、商务楼宇、集贸市场建立流动党员党组织。四是加强流动团组织建设和服务流动青年工作。共青团中央下发了《关于集中力量推进外出务工青年群体团建工作的通知》，指导协调重点流出地、流入地团委共同做好驻外团工委工作。截至10月底，务工青年重点流出省份共建立了60个省级驻外团工委、269个地市级驻外团工委和695个县级驻外团工委。各地驻外团工委共建立基层团组织1万余个,联系35岁以下流动青年459万余人、流动团员48万余人;已累计在非公有制经济组织中新建团组织9.6万余个,在新社会组织中新建团组织1万余个。五是做好流动妇女权益保护工作。全国妇联、全国总工会组织开展为期五年的"心系女性——依法维权、关爱女性"系列宣教活动,免费发放70余万册维权关爱手册;通过社区大讲堂、专家义诊等形式,把法律知识、维权方法和健康知识送到广大流动妇女身边;推进"流动妇女平安之家"、妇女维权站(点)创建和妇女维权热线开通工作,目前,全国2800余个县级妇联可以通过热线提供维权服务,"12338"热线全部开通。六是做好流动人口计划生育服务工作。国家人口计生委制定了《全国流动人口计划生育区域"一盘棋"工作方案》和泛长、泛珠、环渤海及西北四大区域的实施方案,召开专题会议,全面启动四大区域流动人口服务管理区域协作;建立流动人口计划生育便民维权工作制度,组织开展流动人口计划生育"关怀关爱"活动,为流动人口送去计划生育、优生优育、生殖健康免费服务。七是积极做好流浪乞讨人员救助服务。民政部召开了全国流浪未成年人救助保护体系规划建设现场经验交流会,下发了《关于做好炎热气候救助管理服务的紧急通知》和《关于做好今冬明春救助管理工作的通知》,积极开展"夏季送清凉"和"寒冬送暖"等街头主动救助活动;青海玉树地震发生后,下发了《关于做好青海玉树地震治愈伤员返乡工作的通知》,确保治愈伤员在救助管理机构停留期间和返乡途中身体健康;上海世博会、广州亚运会期间,分别下发了《关于协助上海做好世博会期间救助管理工作的通知》和《关于协助做好广州亚运会期间救助管理工作的通知》,构建全国"大救助"格局;投入部本级福利彩票公益金3000万元,支持40个重点县(市)和大中城市重点社区建设流浪未成年人救助保护中心和全天候救助保护中心。八是探索建立居住证制度。广东、上海、浙江、重庆等省市探索建立了居住证制度,将就业、租房、教育、计生等多种服务管理手段纳入居住证功能,尽可能地让在城市工作生活的流动人口分享城市化带来的成果,使他们逐步享有当地居民在社会保障、就业创业、子女义务教育等方面的权益,方便他们在居住地工作生活和参与社会事务管理。九是积极稳妥地推进符合条件的农业转移人口在中小城市和城镇落户。根据中央关于户籍管理制度改革的决策部署,公安部成立户籍管理制度改革研究专班,深入开展调查研究,部署26个省区公安机关,对4.5万名居住生活在48个县级市市区和建制镇、48个地级市市区的暂住人口居住年限、就业状况、落户意愿等情况进行抽样调查,对落户趋势进行测算;多次召开座谈会,广泛听取意见、建议,研究提出了户籍管理制度改革意见并报国务院。各地也陆续出台户籍改革政策措施,引导流动人口就近就地向中小城市和小城镇转移。十是积极为流动人口平安顺利出行提供方便。铁道部部署开展了"平安铁路"行动,会同公安部开展了以打击票贩子为重点的"蓝盾"行动,抓获票贩子1.2万余人。交通部深入推进"平安港口"、"平安车站"、"和谐交通"创建工作,长江一线、渤海湾、琼州海峡等地交通港航单位针对流动人口水路转换出行特点,积极创新服务模式,优化联程运输方式,有效解决了流动务工人员出行难的问题。春运期间,铁路、交通、公安、工会等部门共同制定完善运输计划,组织开展了农民工平安返乡行动,安全输运4亿余人。

二、流动人口就业工作取得新进步

各地紧紧抓住党中央、国务院应对国际金融危机采取一揽子经济刺激计划拉动经济企稳回升的有利时机,以做好就业服务工作为重点,进一步巩固和扩大流动人口就业。一是积极为进城务工人员提供就业服务。1至4月,人力资源社会保障部等部门组织开展了以"进城务工,帮您解难"为主题的"春风行动",帮助农村劳动者通过异地流动就业、就地就近转移和返乡创业等渠道实现转移就业。人力资源社会保障部在全国27个城市开展统筹城乡就业工作试点,整合劳动力和人才市场,建立统一开放、竞争有序的人力资源市场。各级公共就业服务机构大力推行农民工培训、就业、维权"三位一体"的工作模式,对登记求职的农民工免费提供政策咨询、就业信息、职业介绍和职业指导等就业服务。农业部加强农业职业技能鉴定工作,修订了农情测报员等11项国家(行业)职业标准,开展了2010年全国职业院校农业技能大赛，引导发展农产品加工业和休闲农业，加强农民创业扶持力度。全国妇联组织开展了“春风送岗位行动”，共为流动妇女提供就业岗位31万余个，帮助近10万余名流动妇女就业。共青团中央会同有关部门开展了“青春建功新农村就业创业培训项目”和进城青年农民工“订单式”技能培训项目，共培训农民工87.88万余人。全国总工会举办了“民营企业招聘周”活动，将农民工作为招聘重点对象，积极扶持农民工自主创业，为农民工提供工会小额贷款服务。二是深化农民工职业技能培训。中央财政加大了对就业专项资金和阳光工程补助资金等方面的支持力度。各有关部门继续推动农村劳动力转移培训计划、特别职业培训计划、阳光工程、星火计划、进城务工青年发展计划、青工技能振兴计划、蓝色证书、温暖工程和妇女科技直通车等一系列农民工培训项目。人力资源社会保障部会同发展改革委、财政部共同实施了特别职业培训计划，将企业新吸纳农民工培训、农村“两后生”（初、高中毕业未能继续升学的毕业生）劳动预备制培训和创业培训作为重点，努力提高培训质量和效果。住房城乡建设部继续开展建筑业农民工技能培训示范工程工作，对建筑企业在岗农民工和准备进入建筑企业就业的农村劳动者进行培训和鉴定，全年共安排培训150余万人。全国妇联组织实施了联合国妇女发展基金家政培训项目，开展了全国家庭服务职业风采大赛。全国总工会发挥工会“农民工技能培训基地”、“职工就业培训基地”、“女职工培训示范基地”的作用，积极开展订单式培训、定向式培训，实现培训与就业一体化运作。全年共培训农民工70余万人，安排51万余名农民工就业。三是支持乡镇企业、个体私营企业吸纳农村劳动力。各地大力发展县域经济和乡镇企业，积极承接劳动密集型产业由东部向中西部转移，使1.58亿农村劳动力实现了就地非农转移。各级工商部门积极促进个体、私营等非公有制经济发展，鼓励私营企业吸纳更多的流动人口就业。截至11月底，全国个体工商户、私营企业分别达到3406.5万户和818.9万户，在个体私营企业就业的人数达1.62亿。2010年前三季度，全国工商系统共引导、支持54.29万名下岗失业人员在个体私营领域实现就业再就业，其中持《再就业优惠证》申办个体工商户的5.57万人，享受地方再就业优惠政策的3.96万人；落实国家和地方再就业优惠政策，免收工商管理行政性收费近600余万元。四是依靠流动党员回乡创业带动就业。各级党委组织部门深入贯彻中央组织部《关于认真贯彻落实党的十七届三中全会精神切实做好当前流动党员管理服务工作的通知》要求，着力加强对流动党员的服务工作，进一步激发了流动党员带头创业、带领就业的积极性。

三、流动人口权益保护工作不断深化

各地各部门着力解决工资支付、职业安全、劳动合同签订等突出问题，依法保护流动人口的合法权益。一是严厉打击拐卖妇女儿童犯罪活动。各地各部门认真落实国家反拐行动计划，齐抓共管、综合治理的反拐工作格局初步形成。在“打拐”专项行动中，各地公安机关相继侦破大批拐卖流动妇女儿童的案件，初步遏制了拐卖流动妇女儿童犯罪高发的势头。同时，各地公安机关充分利用“三八”、“六一”等节日开展反拐宣传工作，提高了流动妇女儿童的防拐意识，有效预防了拐卖流动妇女儿童案件的发生。二是进一步解决农民工工资拖欠问题。人力资源社会保障部、住房城乡建设部、公安部、全国总工会等部门联合开展了农民工工资支付专项检查行动，为149.5万余名农民工追回被拖欠的工资和赔偿金29.7亿元。目前，全国31个省（区、市）全部建立了工资保证金制度。人民银行利用征信系统和银行卡，对有关行业和企业发放农民工工资情况进行了监控。工商部门将企业拖欠农民工工资行为列入不诚信记录，加强了重点监管。三是继续清理整顿人力资源市场秩序。2至4月，人力资源社会保障部、公安部、国家工商总局联合部署开展了全国清理整顿人力资源市场秩序专项行动，各地共检查职业介绍机构和用人单位10.7万户，查处职业介绍违法案件1.2万余起，发出责令改正通知书4377件，责令退赔求职费用413.8万元，取缔非法中介4132户。四是强化农民工劳动安全监察。人力资源社会保障部、国家安监总局联合制定了《关于加强农民工安全生产培训工作的意见》，重点推进煤矿、危险化学品、烟花爆竹、建筑施工、交通运输等高危行业农民工安全培训，开展了安全百日督查专项行动。人力资源社会保障部、国家安监总局、全国总工会等部门依法查处了湖南谭家山立井煤矿"1.5"火灾事故等11起涉及农民工的特别重大伤亡事故和严重职业危害事件，组织开展了对深圳市张家界籍农民工尘肺病、甘肃古浪县返乡农民工群发尘肺病的调查。住房城乡建设部在全国建筑工地开展了"千万农民工同上一堂课"安全培训活动。人力资源社会保障部、公安部、全国总工会等部门还联合开展了"整治非法用工、打击违法犯罪专项行动"。五是加强农民工劳动合同管理。人力资源社会保障部、全国总工会、中国企业联合会继续开展农民工劳动合同签订"春暖行动"，组织开展小企业劳动合同制度实施专项行动。人力资源社会保障部、全国总工会等部门还联合下发了《关于深入推进集体合同制度实施"彩虹计划"的通知》，以非公有制企业为重点，开展覆盖农民工的工资集体协商和女职工权益保护专项集体合同工作；对未建工会的小企业，通过签订区域性、行业性集体合同，努力提高合同签订覆盖率。同时，带动农民工参加社会保险的比例明显增长，劳动合同短期化现象明显下降，就业稳定性普遍提高。六是解决农民工保险保障问题。人力资源社会保障部大力实施"平安计划"二期，积极推进以商贸、餐饮、住宿等行业为重点的农民工参加工伤保险。截至2010年10月底，全国参加工伤保险的农民工达6178万人，比上年末增加10.6%；参加医疗保险的农民工达4606万人，比上年末增加6.3%；参加企业职工基本养老保险的农民工达3159万人，比上年末增加19.3%。黑龙江省政府出台《关于进一步加强企业安全生产工作的实施意见》，规定从2010年10月起在煤矿、非煤矿山、危险化学品和烟花爆竹等高危行业全面推行安全生产责任保险和风险抵押金制度。福建省财政厅、省安监局、煤矿安全监察局和保监局联合下发《关于加强安全生产风险抵押金制度的执行和引入安全生产责任保险的通知》，要求企业全员实名制参保安全生产责任险。保监会积极指导各保险公司开发了一系列保障适度、灵活简便、适应性强的保险产品，继续推进农民工集中的建筑、矿产采掘等高危行业，以及商贸、餐饮、住宿等服务行业参加意外伤害保险和责任保险，从产品设计、承保、理赔和防灾防损等各个环节为农民工提供便捷、高效、规范和诚信的保险服务；进一步扩大农村小额人身保险的覆盖面，有效缓解了农民工的后顾之忧。阳光保险开发了新产业工人意外伤害保险，允许残疾保额高于身故保额，打破了对残疾保额的约束。中国人保将农民工小额保险项目覆盖到全国最主要的农民工输出地和输入地，截至目前，共为60.5万农民工提供了小额保险保障。七是积极发挥工会组织在维护农民工合法权益方面的作用。各级工会组织大力推广"一次入会、持证转接、全国通用、进出登记"的工会会员会籍管理制度，全年共新发展农民工工会会员500余万人。目前，全国农民工工会会员已达8515余万人。全国总工会组织开展了针对农民工及其子女的送温暖活动和金秋助学活动，为困难农民工提供生活帮扶、医疗救助、法律援助等服务，实现跨区域异地维权，不断改善农民工生活条件；积极推荐优秀农民工代表担任各级人大代表、政协委员，提高农民工在劳动模范评选表彰中的比例。截至2010年底，全国有95名农民工被评为全国劳模，有206名农民工荣获全国"五一"劳动奖章。八是开展法律宣传、法律服务和法律援助。司法部组织开展了以"改善农民进城就业环境，维护流动人口合法权益"为主题的普法宣传活动，新创办流动人口法制夜校3.1万余所，编写60余万册法制宣传手册，使850余万人次的流动人口受到法制教育；结合开展"中国特色社会主义法律工作者"主题实践活动，把流动人口特别是农民工法律服务工作作为实践活动的重要内容；组织2500余个律师服务团，深入建筑工地和劳务市场开展法律咨询，为110余万农民工提供了法律咨询；积极开展"法律援助便民服务"主题活动，大力推行十项便民措施，努力方便农民工申请和获得法律援助，进一步扩大了农民工法律援助覆盖面，提高了农民工法律援助工作的质量和效率，为农民工办理了23万余件法律援助案件，提供了137万余人次法律咨询，切实维护了农民工的合法权益；推行强制执行公证制度，为10余万农民工追缴了工资。全国妇联以"三八"妇女维权周为载体，面向流动妇女组织了法制宣传活动，开展了"平安家庭"创建和以"亿万妇女学法律，家庭平安促和谐"为主题的妇女法律服务进社区活动。深入推进"中国妇女法律援助行动"的实施，为权益受到侵害的女性农民工提供法律援助。全国总工会充分利用工会法律援助中心、职工帮扶服务中心和工会法律援助律师团，加大对农民工的普法宣传力度，全年共为农民工免费发放普法宣传材料2900余万册，组织开展法律咨询讲座15万余场次。各级工商行政管理机关广泛宣传《禁止传销条例》、《直销管理条例》的有关知识，提高流动人口识别、防范、抵制传销的意识和能力，严厉打击诱骗流动人口参与传销的行为。九是加强农民工劳动争议调处工作。各级劳动争议仲裁机构、人民法院开展农民工劳动争议案件"绿色通道"，畅通农民工利益诉求渠道，对涉及农民工的劳动争议案件，坚持"快立、快审、快执行"的原则，进一步简化了程序，提高了效率。

四、流动人口治安管理进一步加强

6月，公安部在广东召开了全国公安机关社会管理创新工作座谈会，重点研究部署了流动人口服务管理创新工作，要求各地坚持以人为本、公平对待，把"以证管人"、"以房管人"、"以业管人"等多种服务管理手段有机结合起来，积极探索流动人口服务管理新办法。做到管理与服务相统一，努力让流动人口分享城市化带来的成果，逐步融入城市生活，在城市生活中找到自己的精神家园。各地公安机关按照公安部部署，积极改进工作方式，创新管理模式，不断提高流动人口服务管理工作水平。一是加强和改进流动人口登记工作。各地公安机关立足于延伸触角、拓宽渠道，加强流动人口登记、办证、信息更正和核销等工作。江苏、浙江等地公安机关积极探索流动人口信息社会化采集，把信息采集录入工作分解到各用人单位以及社区、物业、中介、出租房主、学校等机构，狠抓责任落实，流动人口信息的采集率、录入率和鲜活度明显提高。北京、福建、广东、河南、湖北等地公安机关在2、3月份流动人口求职高峰期，开展了流动人口依法办证宣传月活动，组织民警带领协管员深入到建筑工地、企业、集贸市场，采取统一登记、集中办证、集中发放的方法，方便流动人口登记办证。二是创新出租房屋管理模式。各地公安机关按照"以房管人"的要求，将出租房屋管理作为流动人口管理的主要抓手，积极探索创新管理模式。江苏无锡、苏州对出租房主无法履行治安责任的出租房屋实行"委托式"管理，由出租房主与村（居）委会、物业公司签订委托管理协议，并交纳一定费用，由村（居）委会、物业公司开展相关管理工作。浙江杭州和宁波、福建晋江在"城中村"探索建立出租房屋"旅店式"管理，由出租房主设立登记簿，对流动人口实行"来即登记、走即注销"。广东深圳对俗称"十元店"的中小出租房屋全部实行"旅业式"管理，统一安装人口信息采集终端。上海、河南、湖北等省、市探索建立了"实有人口、实有房屋全覆盖"机制，对出租房屋实现编码管理，一屋一码，对登记录入的流动人口和出租房屋信息逐条进行清理核对，确保登记录入的出租房屋信息与实地房屋一致、登记录入的居住人员信息与实际居住人一致、登记录入的居住人信息与登记录入的房屋信息一致。北京大兴探索建立了城乡结合部、"城中村"等出租房屋集中的流动人口聚居区"村庄社区化"管理模式，通过筑围墙、安街门、把路口、设岗亭等措施，对自然村落实行相对独立封闭、井然有序的社区化管理，村内出租房屋一律统一挂牌招租，遵照村规民约租赁给合法经营、务工的流动人口。三是强化对流动人口高危人员的管控。在加强信息登记采集的基础上，各地突出对流动人口高危人员的发现管理，有针对性地落实管控措施。北京、吉林、上海、浙江、福建、广东等地通过案件办理、群众反映、阵地控制、秘密力量提供线索等手段，按照对国家安全、社会治安有无潜在危害及其程度大小，将流动人口划分为管控、掌握、了解三个层次，把其中的管控层人员列为高危人员进行重点管理。北京、辽宁、吉林、上海、江苏、浙江、广东、河南、湖北等地结合警务综合信息系统建设，整合暂住人口、出租房屋、旅馆业、违法犯罪人员、在逃人员、监管在押人员、涉毒人员等各类人口信息系统，实现各类人口信息之间以及与案件、车辆等信息系统之间的关联互访、碰撞比对，从中发现并列管了一批高危人员。据统计，2010年，北京、辽宁、上海、江苏4省市公安机关通过系统比对，分别新列管流动人口高危人员2700、1800、7590和15680名；浙江省通过暂住人口信息系统与其他信息系统间的关联比对，直接破获刑事案件5000余起，查处治安案件2.3万余起，抓获上网逃犯800余人。四是深入开展重点整治和专项打击。按照公安部关于开展2010严打整治行动的统一部署，各地对流动人口聚居的城乡结合部、“城中村”和治安复杂的村居、街巷以及高发案地区集中开展了排查整治。据统计，各地公安机关会同综治部门排查确定县、乡、村三级重点地区2.3万个，对908个重点地区予以通报警示、挂牌整治；共清查出租房屋346万间，清查重点行业、场所、部位170余万处；查处治安案件52.7万起，破获刑事案件13.3万起，捣毁黑窝点3239个，摧毁犯罪团伙4955个，抓获各类犯罪嫌疑人16万名。此外，各地公安机关深入开展打击流动人口涉毒违法犯罪活动，据统计，1—10月，全国公安机关共抓获外流贩毒人员2.1万余名。铁路部门开展了以打击流窜犯罪为重点的“铁鹰”行动，破获盗抢旅客财物、盗窃铁路运输物资等案件5000余起，抓获流窜犯罪嫌疑人2000余人。

五、流动人口服务管理基础进一步加强

各地各部门不断完善相关政策、创新工作机制，落实经费和力量保障，有力推动了流动人口服务管理各项工作措施的落实。一是完善政策措施。公安部会同国家人口计生委、全国妇联下发了《关于建立来历不明疑似被拐妇女儿童信息通报核查机制的通知》、《关于建立来历不明疑似被拐妇女儿童和被解救妇女儿童信息通报机制的通知》，全面加大对留守流动妇女儿童的保护力度。人力资源社会保障部、财政部、全国总工会等部门积极开展《社会保险法》、《企业工资条例》、《劳务派遣规定》、《女职工劳动保护规定》、《民主管理条例》等涉及农民工切身利益的法律法规的制定和修订工作。人力资源社会保障部、财政部等部门提请国务院办公厅下发了《关于发展家庭服务业的指导意见》。教育部开展了“新生代农民工子女义务教育”课题研究，结合全国教育改革和发展规划纲要，对进城务工人员子女义务教育长期战略目标、发展任务、改革难点、保障措施进行了研究规划。住房城乡建设部下发了《关于加快发展公共租赁住房的指导意见》，推动了农民工住房条件的改善；积极推进房屋租赁立法工作，组织开展了“完善住房供应体系，规范发展住房租赁市场”、“房地产租赁市场研究”等课题研究。国家人口计生委会同中央综治办、财政部、人力资源社会保障部下发了《创新流动人口服务管理体制改革推进流动人口基本公共服务均等化试点工作的指导意见》，联合召开了全国创新流动人口服务管理体制研讨会暨推进流动人口计划生育基本公共服务均等化试点工作启动会，在全国49个城市组织开展试点工作。组织开展了新生代农民工计划生育、流动人口计划生育基本公共服务均等化经费保障机制等课题研究。二是加强基层建设。全国妇联继续推进“平安家庭”创建工作，鼓励各地在社区(村)创建形式多样的妇女维权服务站(点)和“流动妇女平安之家”，开展社区心理咨询、矛盾调处、家庭暴力投诉和报警以及法律援助等妇女维权服务。北京、天津、江苏、福建、广东等地依托基层街道(乡镇)建立流动人口服务管理中心(站)，将公安、劳动、计生、建设、民政、工商、税务等有关部门涉及流动人口服务管理的职责委托给流动人口服务管理中心(站)统一行使，为流动人口在工作、学习、生活等方面提供了方便快捷的服务。北京市按照每500名暂住人口配备1名协管员的比例，配齐协管员队伍；由市、县、镇(乡)三级按比例分担协管员的工资和办公开支等费用，列入财政预算，专款专用。上海市组建了社区综合协管队伍，按照“万人就业项目”中协管类岗位，由市、区、街道三级财政解决工资待遇问题。目前，全国共有各类流动人口协管力量37万余人。三是推动信息化建设。领导小组办公室组织开展了全国流动人口服务管理信息系统总体方案和技术标准的编制工作。中央综治办、共青团中央联合有关部门开展“重点青少年群体排查摸底专项行动”，对6至25岁不在学、无职业的闲散青少年、有不良行为或严重不良行为的青少年、受救助的流浪乞讨青少年、服刑在教人员的未成年子女以及农村留守儿童进行排查摸底，在此基础上，建立了全国重点青少年群体管理信息系统。民政部开发完成了全国救助管理信息系统(二期)。农业部开展农村劳动力转移就业统计监测，针对经济形势变化对农民工就业带来的新情况、新问题，增加了监测次数，扩大了监测范围，为有关部门和领导决策提供了参考。国家人口计生委立足人口计生网络，在全国106个城市建立了流动人口动态监测点，开展全员流动人口统计信息工作，开放人口宏观管理与决策信息系统(PADIS)流动人口子系统乡级用户，组织研发了网络化协作新模块，实现了跨省避孕节育通报、一孩生育服务登记等日常业务的网络化协作。

总的看，2010年，在党中央、国务院和中央综治委的高度重视和正确领导下，经过各地各部门的共同努力，流动人口服务和管理工作取得了新进展。但是，与新形势新任务的要求相比，当前流动人口服务管理工作在管理理念、组织网络、制度体系、工作机制等上还不够适应。根本的问题，还是一些地方没有真正从战略和全局的高度来谋划和推进流动人口服务管理工作，在制定公共政策、建设公用设施等方面，缺乏统筹考虑长期在本地就业和居住的流动人口对公共服务的需要，惠及广大流动人口的城乡公共服务体系不健全、不完善。这些问题需要引起高度重视，并在2011年采取有效措施认真加以解决。

2010年流动人口服务和管理工作要点

2010年，各地各有关部门要深入贯彻党的十七大和十七届四中全会精神，认真落实科学发展观，紧紧围绕积极稳妥推进城镇化和统筹城乡发展的要求，坚持“公平对待、服务至上、合理引导、完善管理”的方针，深化流动人口服务和管理措施，推动建立和完善长效机制，促进流动人口同当地居民和睦相处，服务和推进社会主义和谐社会建设。

一、巩固和扩大流动人口就业

研究制定《人力资源市场条例》，推动形成城乡统一的人力资源市场，建立完善统筹城乡就业的相关制度和长效机制。继续加强对劳动密集型产业、服务业、中小企业的支持力度，促进企业发展，稳定和增加就业岗位。大力发展乡镇企业和县域经济，积极引导和主动承接产业梯度转移，鼓励返乡农民工创办乡镇企业、工商企业和发展现代农业。进一步加强县乡公共就业服务体系建设，完善公共就业服务制度，为农民工免费提供求职登记、就业信息、政策咨询、职业介绍服务。完善促进农村劳动力转移就业的政策和制度体系，加快建立全国农民工就业信息动态监测和发布制度。加强输出地和输入地的信息交流，继续推进政府主导、社会参与、产业化运作、市场化经营的农民工劳务经济。研究制定乡镇村劳动保障工作平台就业服务、职业培训和劳动维权“三位一体”服务规范。建立健全农民工返乡创业、异地创业、就地创业扶持政策，开展农民工创业绿色通道，积极为农民工创业提供项目开发、就业指导、小额贷款担保等服务。研究制定发展家庭服务业促进农民工就业的指导意见，不断推进家庭服务网络平台建设。继续推进农村社会事业发展，提高农村基础公共服务水平，推动农村劳动力就地就近转移。

落实农民工培训工作指导意见，充分发挥企业和职业技能培训学校的主渠道作用，整合培训资源，规范培训管理。落实基层党员教育培训工作规划，深入实施“党员创业就业技能培训”工程，认真抓好对农民工党员、城市下岗失业人员中党员的培训。研究制定“十二五”农民工职业技能培训规划。继续实施建筑业农民工技能培训示范工程。大力开展“青年就业创业见习基地”和青年农民工“订单式”技能培训。

二、优化流动人口服务措施

积极推进基本公共服务均等化，在编制城市发展规划、制定公共政策、建设公用设施等方面，统筹考虑在城市稳定就业和居住的流动人口对公共服务的需要。推进流动人口服务管理区域“一盘棋”，在泛长三角、泛珠三角、环渤海等区域加快促进流动人口服务管理一体化。

进一步完善以流入地和公办学校为主的政策，推动地方政府将进城务工人员随迁子女义务教育纳入公共教育体系，合理规划学校布局和发展。进一步推进流动人口较多、现有教育资源不足的城市扩充公办教育资源，不断提高进城务工人员随迁子女在公办学校就学的比例。加强农村寄宿制学校建设，推动各地建立健全政府主导、部门参与、各负其责的农村留守儿童关爱体系。继续开展和扩大实施“共享蓝天全国关爱农村留守流动儿童大行动”,加强对留守流动儿童家庭教育的指导和服务。

加强流动人口疫病预防和流动儿童卫生免疫工作。继续实施国家扩大免疫规划,加强对流动儿童常规免疫工作管理,重点推进15周岁以下人群补种乙肝疫苗项目。继续落实国家关于艾滋病、结核病免费治疗及血吸虫病、疟疾和包虫病救治政策。继续开展“全国农民工预防艾滋病宣传教育工程”,力争年底前农民工艾滋病基本知识知晓率达到85%以上。

认真落实改善农民工居住条件的有关政策,将在城市稳定就业和生活的农民工居住问题纳入城市住房建设规划,多渠道多形式改善农民工居住条件。有条件的地方要积极探索将有稳定职业和收入的农民工纳入城镇住房保障体系。

研究制定《关于建立健全流动党员双向共管机制的意见》,积极构建流入地为主、流出地配合的流动党员服务管理模式。推进“流动妇女平安之家”建设,为广大流动妇女提供法律咨询等服务。继续开展流动人口“关怀关爱”活动。深入开展“平安交通”、“平安港口”、“平安铁路”等活动,为流动人口出行创造良好便捷条件。

积极稳妥推进户籍管理制度改革,进一步放宽中小城市和城镇户口迁移政策,切实解决符合条件的流动人口在当地的落户问题。制定《居住证申领办法》,大力推行居住证制度,指导各地根据本地经济社会发展实际,不断扩展居住证持有人享有的公共服务内容。

三、深化流动人口权益保障工作

继续贯彻《劳动争议调解仲裁法》和《劳动人事争议仲裁办案规则》,注重企业内部调解、案外调解和基层人民调解组织调解,健全畅通“绿色通道”,对农民工劳动争议案件实行快立、快审、快结、快执行。指导和督促使用农民工较多的企业建立有农民工代表参加的劳动争议调解委员会。

充分发挥律师公证的职能作用,引导广大律师积极做好流动人口法律援助和法律服务。深化“法律援助便民服务”主题活动,加大流动人口法律援助工作力度,将流动人口作为法律援助的重点服务对象,拓展服务领域、创新服务方式、提高服务效果,探索做好流动人口法律援助工作的长效机制,切实维护他们的合法权益。充分发挥人民调解组织作用,大力推动人民调解与行政调解、司法调解衔接配合,最好限度地把矛盾纠纷化解在基层。

深入贯彻《城镇企业职工基本养老保险关系转移接续暂行办法》,扩大农民工参加养老保险覆盖面,统一规范办理养老保险关系转移接续手续。建立全国县级以上社会保险经办机构联系方式信息库和全国统一的基本养老保险参保缴费信息查询服务系统。抓紧修订《工伤保险条例》,继续推进以大中城市商贸、餐饮、住宿、家庭服务等服务行业为重点的农民工二期“平安计划”,力争年底前实现有较为稳定劳动关系的农民工全部参加工伤保险。加大农民工参加基本医疗保险的力度,将签订劳动合同并与企业建立稳定劳动关系的农民工纳入城镇职工基本医疗保险,做好农民工基本医疗保险关系接续、异地就医和费用结算服务等政策衔接工作。继续落实《失业保险条例》,保障符合条件的流动就业人员依法享有失业保险待遇。继续探索建立社会保险与商业保险有机结合、优势互补的流动人口保险保障体系。深入研究开发保障适度、保费低廉、缴费和服务便捷的保险产品,不断满足农民工意外、医疗、养老等方面的需求。

进一步完善劳动合同法规政策,抓紧制定《劳务派遣规定》。组织开展“小企业劳动合同制度实施覆盖行动计划”,深化“春暖行动”,不断提高农民工劳动合同签订率。积极做好农民工集中的劳务派遣人员加入工会工作,力争发展农民工会员500万人以上。

建立健全企业工资支付监控制度和工资保证金制度,将企业拖欠工资信息纳入人民银行征信系统。加快企业工资立法,研究用法律手段遏制恶意拖欠农民工工资行为。以工资集体协商为重点内容,以非公企业为重点对象,继续实施“彩虹计划”,在已建立工会的企业全面开展工资集体协商工作,对未建立工会且农民工比较集中的小企业开展区域性、行业性工资集体协商。继续开展农民工工资支付专项检查、人力资源市场秩序清理整治和整治非法用工打击违法犯罪专项行动。

依法保障流动就业人员的职业安全，制定《特种作业人员安全技术培训考核管理办法》，修订《安全生产培训管理办法》。继续推行高危行业企业主要负责人、安全管理人员、特种作业人员持证上岗制度。加强职业健康监管执法工作，开展粉尘和高毒物品职业危害整治专项行动。大力推行企业职业健康监督员制度，制定《职业危害事故调查处理办法》。继续做好《女职工劳动保护条例》的修订工作，坚决打击安排女农民工从事矿山井下等禁忌劳动范围、违反未成年人特殊劳动保护规定等违法行为。

深入贯彻《农村土地承包经营纠纷调解仲裁法》，依法设立农村土地承包仲裁委员会，建立健全乡村调解、县市仲裁、司法保障的农村土地承包经营纠纷调处体系。

继续推动制定《流浪未成年人救助保护条例》和修订《城市生活无着的流浪乞讨人员救助管理办法》工作，进一步准确界定救助对象和救助条件，拓展救助服务范围，引导社会力量有序参与社会救助工作。指导各地深入贯彻落实民政部会同有关部门印发的《关于进一步加强流浪乞讨人员救助管理和流浪未成年人救助保护工作的通知》，加大对操纵组织未成年人流浪乞讨行为的打击力度。

深入贯彻落实《流动人口计划生育工作条例》，完善"12356"阳光热线等渠道，深化流动人口计划生育便民维权工作。

四、推动流动人口服务管理社会化

积极推行流动人口"一站式"服务管理模式。提请党委、政府，在流动人口数量较多的乡镇（街道）、社区整合社会管理力量，设立流动人口服务管理站（中心、点），将劳动保障、计划生育、住房建设、民政、工商管理、税务等有关部门的相关职责任务依法委托给流动人口服务管理站（中心、点）行使，使其统一归口担负起流动人口暂住登记、暂住证办理、计划生育情况统计，提供劳动就业和房屋出租信息、代征代收有关税费、提供公共服务和投诉受理等工作。

大力加强暂住人口协管员队伍建设，完善协管员教育、培训、管理和考核等工作机制。抓住城市加强基层政权和推进社区建设的有利时机，充分挖掘和利用社会资源，依托乡（镇、街道）、村（居）委会等基层政权和基层群众自治组织，动员城乡治保组织、单位保卫组织、治安联防队、社区群众治安防范组织等各种群众性力量，共同参与流动人口服务和管理工作。

继续推进党员服务网络体系建设，力争年底前在县（市、区）建立党员服务中心，在乡镇、街道成立党员服务站，在村（社区）设立党员服务点；按照属地化管理原则，进一步加大流动青年团组织建设力度，形成流出地和流入地团组织相衔接的工作机制，充分发挥流动党员、流动团员、流动人口中先进分子以及有关行业协会的作用，促进流动人口自我管理、自我服务、自我提高。

坚持"谁用工、谁负责"的原则，指导、督促用工单位负责人和经营业主及时登记流动就业人员的相关情况。企事业单位要建立健全单位内部流动就业人员管理制度，做好本单位流动人口登记、证件发放、信息采集和教育培训等日常管理工作。

五、推进流动人口服务管理信息化建设

抓紧制定全国流动人口服务管理信息系统总体框架和相关标准规范。在流动人口数量较多的省、市建立适应信息社会化采集和共享的服务管理信息系统。加快研究建立暂住人口、旅馆业登记信息与流动党员、人力资源、计划生育等流动人口相关服务管理信息的联接共享机制和平台建设，实现流动人口和出租房屋基本信息与就业、计划生育等部门信息互通共享。

进一步加强流动人口信息采集工作，扩宽信息采集渠道，探索推进流动人口信息社会化采集工作。研究制定流动人口信息采集、录入、变更、传输等工作规范和信息考核办法，不断提高基层人员信息化意识和业务水平。

深入贯彻落实《关于在流动人口管理工作中做好流动党员信息采集和管理服务的通知》，继续抓好流动人口中党员信息的采集工作。稳步推进全国党员信息库建设，力争年底前在县（区）、街道（乡镇）两级党委建立流动党员信息库。

大力推进刑释解教人员和重点青少年群体排查摸底工作，建立和完善刑释解教人员和重点青少年群体管理信息系统和监测系统。

六、强化流动人口治安管理

以"底数清、情况明"为目标，对流动人口和出租房屋进行全面摸底排查，准确、及时掌握流动人口和出租房屋的基本情况和相关信息。加强对流动人口高危人员的重点管控，提高预防、发现和打击流动人口违法犯罪活动的能力。坚持“谁出租、谁负责”的原则，全面落实出租房主治安责任。制定出台《房屋租赁管理办法》，全面实行出租房屋登记备案制度，完善房屋租赁管理协作机制，健全“以房管人”工作机制。

结合社会治安重点地区排查整治以及上海世博会、广州亚运会和亚残运会的安全保卫工作，全面摸排、及时整治中小旅店、出租房屋、地下空间、集贸市场、文化娱乐场所等流动人口落脚藏身场所、部位存在的治安问题，对城郊结合部、“城中村”等环境卫生脏乱、违章建筑密集、安全隐患突出、违法犯罪活动高发的流动人口聚居区，认真开展专项整治，全力维护这些地区的治安稳定。

加强对流动人口违法犯罪活动规律特点的分析研判，提高打击的针对性、有效性。结合“打黑除恶”、打击“两抢一盗”专项行动和开展禁毒人民战争，以流动人口中涉黑涉恶以及带有明显区域特点和职业团伙犯罪为重点，依法严厉打击流动人口违法犯罪活动。完善流动人口违法犯罪活动协查通报制度，强化流出地与流入地警务协作责任，加大对跨区域犯罪和流窜犯罪的打击力度。

七、加强调查研究和宣传教育

针对流动人口特别是新生代农民工的新特点，进一步加强对人口流动与分布、社会管理、公共服务等方面问题的政策理论研究，推动将流动人口服务和管理纳入国家“十二五”发展规划。充分尊重和发扬基层的首创精神，及时总结、大力推广各地的经验做法，不断提高流动人口服务管理工作整体水平。进一步加强面向流动人口特别是其中闲散青少年、有不良行为或严重不良行为青少年的法制宣传教育，不断提高其法律素质和依法维护自身合法权益的能力。密切与各级宣传部门的联系沟通和新闻媒体的合作，大力宣传党和国家关于流动人口服务和管理工作的各项方针政策，宣传流动人口在改革开放和现代化进程中的突出贡献和先进典型，进一步营造全社会关心、支持、参与流动人口服务管理工作的良好氛围。

十三、中央社会治安综合治理委员会成员单位参与社会治安综合治理工作情况

中国人民政治协商会议全国委员会

2010年全国政协办公厅参与社会治安综合治理工作情况

全国政协领导高度重视社会治安综合治理工作,多次就做好政协委员提案、来信来访反映综治相关工作,做出重要批示提出要求。2010年,办公厅领导多次召集有关部门负责同志学习中央有关文件,要求各单位联系自身工作特点,认真贯彻落实中央综治委的工作部署,积极推动制度创新和工作创新,把协助做好综治工作,维护社会和谐稳定作为政协围绕中心、服务大局的一项重要任务抓好落实。

一、建睿智之言、献务实之策,促进社会和谐稳定

2010年,全国政协提案委员会办公室(全国政协办公厅一局)向有关部门交办政协委员提出的有关加强民主法制建设、深化行政管理体制改革、贯彻落实民族宗教政策等涉及社会治安综合治理工作的提案1100余件。其中,选择了修改土地管理法、修订城市房屋拆迁管理条例、完善行政复议法、制定精神卫生法、修改职业病防治法、制定社会救助法等提案作为重点提案跟踪办理,许多建议被有关部门采纳。关于妥善处理社会暴力事件、打击黑恶势力和拐卖妇女儿童犯罪、遏制企业恶意欠薪行为、打击电信诈骗、加大治理酒后驾车力度等提案,全国人大法工委、最高人民法院、公安部等经过认真研究,使提案建议在《刑法修正案(八)(草案)》及相关法规中得到充分体现。针对加强城市民族工作的提案,全国政协提案委员会办公室(全国政协办公厅一局)积极推动与有关部门开展调研,进行重点督办。国家民委结合调研报告中的有关建议,进一步加强少数民族流动人口服务管理,积极推动城市民族工作条例的修订。关于严厉打击"三农"职务犯罪的提案,最高人民检察院十分重视,进一步加大了查办和预防涉农职务犯罪工作力度。此外,还就做好新时期群众工作、转变政府职能、加强农村基层政权建设、做好上海世博会安全保卫工作等提出了意见和建议,对推动和改进相关工作发挥了积极作用,为相关部门制定长远规划和宏观决策提供了重要参考。

二、坚持把发扬民主、增进团结、协调关系、化解矛盾作为履行职能的重要着力点

2010年,全国政协办公厅联络局(信访局)共收到群众来信41549件;接待各级政协委员、统战人士和人民群众来访263批410人次;收到全国政协委员来信131件。发出信访交办函136件,其中,委员信件交办函93件,群众信件交办函43件。收到查报结果的回函71件,来信反映的问题得到解决和部分解决的40件。

在处理来信来访过程中,全国政协办公厅联

络局(信访局)发挥政协信访工作的优势,及时收集有关信息,准确快捷地向全国政协和办公厅领导及有关部门反映社情民意和资政信息,为科学决策、民主决策服务。编发《委员和群众给贾庆林主席来信情况》4期,《信访动态》6期。抓住政协信访工作的重点,以政协委员、统战人士的来信来访和直接涉及统战政协工作的来信来访为工作重点,积极反映和转交他们反映的问题,维护他们的合法权益,为委员履行职能提供有效的服务。同时加大督办力度,采取电话催办、发函督办等方式,有力地推动了信访问题的解决。深入贯彻落实科学发展观的要求,想群众之所想、急群众之所急,对于人民群众来信来访中反映的问题,凡是按政策和法律应该解决的,尽可能发函转交有关部门办理。同时采取有效措施,加大办信力度,使群众反映的许多问题得到了解决。在日常信访工作中,加强敏感信息报送工作,注意发现不安定因素并及时向国家信访局、公安机关、地方党政部门通报情况,共同做好社会稳定工作,避免了多起恶性和群体性事件,充分发挥了政协信访工作在维护社会稳定方面的作用。

三、高度重视社会治安综合治理,认真开展联系点调研工作

全国政协办公厅切实发挥在指导带动基层社会治安综合治理、开展平安建设活动中的作用。2010年10月18日,中央综治委委员、全国政协副秘书长蒋作君带领全国政协办公厅秘书局和全国政协社会和法制委员会办公室(全国政协办公厅五局)有关同志赴天津市南开区就社会治安综合治理情况进行调研。调研组听取了南开区社会治安综合治理工作整体计划和情况报告,实地考察了南开大学和南开区第一幼儿园,与基层社区代表进行座谈,并与南开区领导就各阶段综治工作的开展与部署交换了意见。南开区综治委于2010年2月、5月两次书面汇报社会治安综合治理工作情况,区委政法委书记、区综治委副主任带队来全国政协办公厅汇报工作。全国政协办公厅及时了解联系点的社会治安和社会稳定情况,掌握工作动态,为帮助联系点做好社会治安状况的评估打下坚实的基础。

全国政协办公厅通过多次赴联系点调研,与联系点建立起工作层面的联系,切实发挥作为中央综治委成员单位在指导、带动基层社会治安综合治理和平安创建活动中的作用。调研期间,经商定,选择天津市南开区水上公园街欣苑社区作为全国政协办公厅定点联系的基层单位,探索总结基层社区参与社会治安综合治理、开展平安建设的经验。

(一)牢固树立"大战略、大排查、大调解、大管理"的综治工作思路

一要确立社会稳定大战略。全国政协办公厅领导在调研中强调,南开区综治维稳工作一定要站在全局高度来谋划。党委政府要深刻认识并准确把握国内外形势新变化新特点,把握发展为第一要务、稳定是第一责任之间的内在联系,把维护社会稳定放在具有全局性、长远性的大战略高度,进一步加强维稳工作。

二要坚持风险隐患大排查。明确谁主管、谁负责,属地管理、分级负责的大排查原则,健全风险评估制度,对容易产生问题的领域重点防范,要做到情况明、底数清、信息灵;对可能产生的问题要有提前预警的意识,尽快化解业已累积的不稳定因素;对一些与群众利益相关的重要政策的出台、重大事项的决定、重大项目的上马,要进行社会稳定的风险评估,要公开透明,充分听取群众意见,把群众认可度作为社会稳定风险评估的主要内容,避免出现"政策一出台,风险跟着来";对已经产生的问题要抓小、抓早、抓苗头,做到管得早、管得住、管得好,避免矛盾扩大化。

三要坚持矛盾纠纷大调解。进一步完善机制,提高社会矛盾化解能力。要整合政法、综治、维稳、信访和有关行政职能部门及工会、共青团、妇女组织的调解资源和力量,做到有机结合,联排联调,横向无"壁垒";要完善人民调解、行政调解、司法调解衔接机制,做到无缝对接,联动联调,纵向无"梗阻"。逐步建立起群众求助"一条龙"服务,矛盾纠纷"一体化"调处,解决问题"一办到底"的大调解工作格局。

四要施行科学系统大管理。对综治系统,要更加完善区、街道、村(居)委会三级平台建设,更加注重综治队伍建设,更加积极地探索依法治理的新办法新方式,推动综合治理制度建设,形成长效机制。对社会管理,要推广志愿服务,扩大社会参与程度,推进社区的自治、自理;要加快数字化

城市管理建设,实现各职能部门对社会管理信息的共同利用;要加强对流动人口的管理,真正做到以证管人、以房管人、以业管人,不留死角。对社会建设,要以人为本,更加关注民生,加大投入,完善社会保障体系。

(二)进一步落实"重心下移、重点前移、重拳不移"的综治工作方法

一要重心下移,将基层作为开展综治工作的重点,以平安建设为抓手,进一步开展平安社区、平安单位、平安校园、平安家庭等系列创建活动,夯实平安建设基层基础工作,尽力将不稳定因素解决和消除在基层。

二要重点前移,综治工作要预防为主,抓小抓早。完善突发事件应急处置方案,全力推进矛盾纠纷排查化解工作的制度化、规范化。对于各种不稳定因素要及时采取有效措施进行妥善处理,从源头上减少不稳定因素。

三要重拳不移,对于黑恶势力犯罪等恶性事件,要依法"稳、准、狠"地予以坚决打击。

(三)进一步在"五抓"上下功夫

一是抓源头。要从源头上预防和减少社会矛盾的发生。在企业改制、征地拆迁、教育医疗、环境保护、安全生产、食品药品安全等容易引发社会矛盾的领域,建立社会稳定风险评估机制,严格依法办事,防止在决策、审批等前端环节因工作不当产生社会矛盾。

二是抓积案。对涉法涉诉信访案件、执行积案,要因案施策,多措并举,尽快消化掉。对大量尚未形成上访的矛盾问题,要尽快化解掉。

三是抓重点。对敏感时期要做预案严加防范,对重大活动要精心组织确保安全,对重点单位、重点地区、重点人群,要加强综治力量和工作力度。

四是抓机制。要健全党和政府主导的维护群众权益的机制,深入开展社会"大排查",完善人民调解、行政调解、司法调解三位一体的"大调解"工作体系,做到哪里有人群,哪里就有调解组织,哪里有矛盾,调解工作就做到哪里。

五是抓基层。社会矛盾化解的重心在基层。要依靠基层党政组织、行业管理组织、群众自治组织,整合政法、综治、维稳、信访等方面的力量,形成综合治理的大平台,努力做到第一时间解决第一现场发生的事。

(四)结合时情、区情,有针对性地做好社会治安综合治理工作

南开区辖区内大专院校、中小学校众多,校园安全任务较重。区委、区政府为保证校园及周边地区安全已采取了切实有力的措施,希望继续抓好落实,进一步重视和加强校园安全稳定工作,确保学校、幼儿园的安全。同时,要着重关注大学生心理健康,深入开展丰富多彩的心理健康教育活动,真正做到心理问题及早发现、及时预防、有效疏导。在普遍教育的同时,要特别关注少数有心理困扰、心理障碍和实际困难的学生,随时掌握他们的心理状况,及时给予科学的心理咨询和辅导,帮助他们摆脱障碍、克服困难,保持健康的心理素质,尽最大可能避免校园意外死亡事件的发生。

(五)要敢于创新,切实加强互联网等新媒体引导管理

要明确"事前防范、事中监管、事后处置"的管理思路,建立重大突发事件网络应急管理预案。加强相关部门的协调合作,提高利用网络引导社会舆论的能力和水平。

四、参与社会治安综合治理工作检查活动

2010 年 11 月 22 日至 27 日,全国政协办公厅社会和法制委员会办公室副主任(全国政协办公厅五局副局长)田占云参加了中央综治办组织的赴山西省社会治安综合治理工作情况督导检查,并任检查组组长。

中央纪委　监察部

2010年纪检监察机关参与社会治安综合治理工作情况

2010年,全国各级纪检监察机关认真贯彻落实中央关于综治工作的重大决策和部署,结合纪检监察工作职责,把配合和支持社会治安综合治理工作作为重要日常工作内容,把深入开展党风廉政建设和反腐败斗争与开展社会治安综合治理工作紧密结合起来,积极探索纪检监察机关在社会治安综合治理和平安建设领域发挥作用的有效途径,不断提高各级纪检监察机关在综治工作中发挥职能作用的能力和水平,进一步形成反腐倡廉与社会治安综合治理良性互动的局面,为加快转变经济发展方式、保持经济平稳较快发展、维护社会安定团结作出了应有的贡献。

一、认真贯彻落实中央综治工作的各项决策部署

中央纪委监察部领导高度重视社会治安综合治理工作,2010年,中央纪委副书记、监察部部长、中央综治委委员马馼同志15次就纪检监察机关参与综治工作方面作出批示。全国综治工作会议召开后,马馼同志专门听取了有关负责同志的参会情况汇报,并将周永康同志的重要讲话转请中央纪委分管信访工作的张惠新副书记学习研究。马馼同志还及时安排向中央纪委监察部综治工作联系点——黑龙江省佳木斯市传达了全国综治工作会议精神和周永康同志的重要讲话精神,督促并指导佳木斯市深入贯彻落实这次会议提出的各项部署。

为进一步发挥纪检监察机关在社会治安综合治理工作中的职能作用,按照中央综治委的要求,中央纪委监察部确立了佳木斯市作为马馼同志社会治安综合治理工作联系点之后,又于2009年要求全国各省(区、市)纪委监察厅(局)都建立了社会治安综合治理工作联系点。2010年,为深入推进纪检监察机关社会治安综合治理联系点工作,中央纪委监察部强化了四方面工作:一是2010年9月至11月,派员到天津、江苏、浙江、湖北四个省(市),就纪检监察机关开展综治联系点工作以及参与综治工作等方面进行了调研,了解了有关情况,推动了工作开展。二是2010年9月,中央纪委办公厅向全国各省(区、市)纪委监察厅(局)下发了《关于报送开展社会治安综合治理联系点工作专项情况报告的通知》(中纪办[2010]193号),要求全国各省(区、市)纪检监察机关报送2010年开展联系点工作的专项情况报告,全国31个省(区、市)纪委监察厅(局)均报来了专项报告。三是根据马馼同志批示要求,中央纪委办公厅向全国各省(区、市)纪委监察厅(局)印发了《关于2010年全国各省(区、市)纪检监察机关开展社会治安综合治理联系点工作情况的通报》(中纪办通报第3期),要求各省(区、市)纪检监察机关向中央纪委监察部汇报工作时,要将参与综治工作的情况纳入汇报内容。2011年1月13日,中央综治办向全国各省(区、市)综治办、中央综治委各成员单位转发了该通报(综治办[2011]6号)。四是2010年12月,根据马馼同志批示要求,中央纪委办公厅印发了《纪检监察信息》(经验交流第23期),向全国纪检监察系统推荐了江苏省纪委立足职能发挥作用积极参与社会治安综合治理工作的做法。

一年来,各级纪检监察机关深入贯彻落实《中央纪委监察部关于贯彻落实〈关于进一步加强中央社会治安综合治理委员会工作的意见〉的意见》的要求,认真履行社会治安综合治理成员单位职责,坚持把社会治安综合治理工作摆上重要议事日程,切实加强对社会治安综合治理工作的组织领导,结合纪检监察工作实际,认真部署综治工作,把保稳定、保平安这个“第一责任”放在重要位置。主要围绕落实五部委联席会议制度、实行工作报告制度、建立联系点工作制度、加大监督检查力度等四个方面，结合实际，认真组织做好与社会治安综合治理相关的工作。同时严格执行责任制，将责任落实到人，形成了一级抓一级，层层落实责任，出现问题层层追究的工作机制，为社会治安综合治理工作奠定了良好的组织基础，确保了社会治安综合治理工作有效开展。

二、发挥纪检监察职能作用，积极参与社会治安综合治理工作

（一）履行监督职能，加强对社会治安综合治理各项政策措施贯彻落实情况的监督检查

各级纪检监察机关把配合和支持社会治安综合治理工作作为重要工作内容，积极参加党委、政府和综治委组织的社会治安综合治理工作检查和联合督查，加强对社会治安综合治理方针、政策和工作部署执行情况的监督检查，纠正在深化平安建设中有令不行、有禁不止的行为，促进社会治安综合治理工作措施的落实。2010 年，各级纪检监察机关加大监督检查力度，重点就节能减排和环境保护、规范和节约用地、房地产市场调控等政策落实情况开展监督检查。在继续抓好汶川地震恢复重建监督检查的同时，开展对玉树强烈地震、舟曲特大山洪泥石流及部分地方严重旱灾、洪涝灾害救灾和灾后重建工作的监督检查，保证了灾后重建工作顺利推进。对中央关于西藏、新疆工作重大决策部署落实情况进行监督检查，有力维护了民族团结和社会稳定。

（二）坚决查处违纪违法案件，努力消除社会不稳定因素

查办违反党纪政纪的案件是纪检监察机关的基本职责，是惩治腐败的重要手段，也是推动社会治安综合治理工作的有效措施。各级纪检监察机关始终保持查办案件的工作力度，严肃惩处违纪违法行为，既加强了党风廉政建设，又减少了影响平安建设的不稳定因素。2010 年，全国纪检监察机关共立案 139621 件，结案 139482 件，给予党纪政纪处分 146517 人，其中涉嫌犯罪被移送司法机关处理 5373 人，立案、结案件数和党纪政纪处分人数同比都有所增长。深入开展治理商业贿赂专项工作，全国共查办商业贿赂案件 1.59 万件，涉案金额 42.66 亿元。扎实推进工程建设领域突出问题专项治理工作，全国共排查工程建设项目 36.7 万个，整改问题 15.87 万个，查办违纪违法案件 1.56 万件。深入开展“小金库”专项治理工作，全国党政机关和事业单位共清理出“小金库” 25738 个，涉及金额 127.86 亿元。

（三）做好信访举报工作，认真做好社会矛盾和纠纷化解

信访举报是群众反映问题和表达诉求的重要渠道，也是纪检监察机关及时化解社会矛盾和纠纷的重要途径。各级纪检监察机关始终把信访举报工作摆在重要位置，通过实行专项举报、网上举报、开展廉政访察、巡视监督、经济责任审计等办法，有效拓宽了群众诉求渠道，2010 年，共接受信访举报 1427186 件（次），解决了大量信访问题，化解了大量矛盾纠纷，维护了群众的合法权益，密切了党和政府同人民群众的血肉联系。各级纪检监察机关进一步深入贯彻落实中央纪委监察部印发的《关于纪检监察机关在预防和处置群体性事件中做好相关工作的意见》，定期组织领导干部接访和下访，倾听群众的反映和呼声，深入开展矛盾纠纷排查化解，督促各级领导班子和领导干部把以人为本、和谐发展的科学发展观首要原则坚持好，把稳定这一第一责任履行好，增强政治责任感和政治敏锐性，在预防和处置群体性事件中切实做好相关工作，维护改革发展稳定的大局。同时对信访工作中的失职、渎职行为，严格依照有关法律、行政法规的规定，追究有关责任人员的责任。

（四）开展纠风治理，及时纠正损害群众利益突出问题

各级纪检监察机关始终坚持以人为本、“群众利益无小事”的工作理念，坚持“标本兼治、纠建并举”的工作方针，以解决损害群众利益的突出问题为重点，认真开展专项治理，着力解决社会关注程度高、群众反映强烈的突出问题。2010 年，针对重大自然灾害较多和国家抗灾救灾及灾后重建投入增多的实际，强化对各类救灾救济、扶贫资金的监管，开展强农惠农资金专项清理和检查，进一步完善征地补偿机制，切实维护人民群众利益。加大打击制售假冒伪劣食品药品力度。全国 50% 以上的政府办基层医疗卫生机构实施了基本药物制度，药品价格有所下降。教育收费行为进一步规范。公路基本无“三乱”成果得到有效巩固。依法开展对安全生产法律法规执行情况

的监督检查，严肃查处生产安全责任事故。对社保基金、住房公积金的监管力度加大。民主评议政风行风工作进一步深化。

（五）严格责任追究，为综治工作责任制落实提供纪律保障

为严肃社会治安综合治理工作纪律，督促各级党政机关、企事业单位及其党员干部，特别是领导干部依纪依法履行职责，保证社会治安综合治理领导责任制的落实，各级纪检监察机关依据《关于实行党政领导干部问责的暂行规定》、《关于实行社会治安综合治理领导责任制的若干规定》，以及社会治安综合治理实行"一票否决"制度的有关规定，积极配合有关部门，加大对发生严重危害社会稳定重大问题的地方实施领导责任查究和"一票否决"的力度。通过责任追究增强了各级党政领导干部履行职责的责任感和自觉性，也提高了党政领导干部抓社会治安综合治理工作和平安建设的意识。

三、深入开展社会治安综合治理联系点工作

根据中央综治委的建议，中央纪委监察部确定黑龙江省佳木斯市为社会治安综合治理联系点并保持三年不变。马馼同志高度重视社会治安综合治理联系点工作，2009 年专程到佳木斯市开展调研，对佳木斯市的综治工作提出"标本兼治、夯实基础、创新手段"要求。在此基础上，2010 年，马馼同志进一步对深入开展综治联系点工作提出了明确要求，中央纪委监察部在原来有效工作的基础上，着重开展了四方面工作：

（一）听取佳木斯市委主要领导同志的综治工作汇报

2010 年 3 月，马馼同志专门听取了佳木斯市委主要领导同志关于佳木斯市的综治工作和全市经济社会发展情况汇报。马馼同志在充分肯定佳木斯综治工作取得成绩的同时，提出三点希望和要求：一是佳木斯市地处中俄边界，战略地位重要，要增强全市干部的政治意识和责任意识。要结合实际，做好经济社会发展工作，理清发展思路，深入贯彻落实科学发展观，注重转变经济发展方式。要通过经济发展方式的转变来破解经济发展中的难题，坚持科学发展、绿色发展，严格执行国家的土地政策，规范各项工程建设。二是要明确责任，完善机制，切实形成推进社会治安综合治理的整体合力。佳木斯市的各级党委、政府要始终认真贯彻落实胡锦涛总书记关于发展是第一要务、稳定是第一责任的指示精神，高度重视社会治安综合治理工作，确保有一支精干的队伍，明确工作职责，完善体制机制。各级领导干部特别是在基层工作的领导干部要切实负起责任，依法办事，依法行政，努力做到把矛盾解决在基层和萌芽状态。要注意发挥群众自我管理的职能，积极总结推广"平安庭院"、"平安楼道"的新鲜经验。综治工作是一项综合性很强的工作，要注意从精神文明建设的角度来开展这项工作。要正视社会治安综合治理工作中出现的各种矛盾，对有一定普遍性的矛盾要着力解决，对重点地区要加强矛盾排查，对重点人群要加强管理。抓好综治工作各项制度的执行，切实提高人民群众的安全感和对社会治安的满意度。三是要把加强反腐倡廉工作与开展社会治安综合治理工作紧密结合起来。把实行党风廉政建设责任制与实行社会治安综合治理领导责任制结合起来，加强对社会治安综合治理方针、政策和工作部署执行情况的监督检查，推进依法行政，大力防止和纠正损害群众切身利益的问题。佳木斯市目前有一批重点工程项目在开工建设，要认真贯彻落实中央关于工程建设领域突出问题专项治理工作的各项部署，有效防范工程建设领域中腐败问题的发生，严禁领导干部插手工程建设，决不能出现腐败工程。

（二）高度关注涉及社会治安综合治理的一些重大情况的处理

2010 年 5 月，新华社《国内动态清样》反映了佳木斯市西林社区数十名群众跪求政府制止"突击拆迁"问题。另外，2010 年上半年以来，互联网上反映了佳木斯市所辖的富锦市土地纠纷引发大范围上访、同江市公安局副局长孙巍被人枪杀等问题。马馼同志高度关注，专门安排联络员向佳木斯市综治委主要负责同志了解情况，请他们高度重视，搞清情况，妥善处理，并提醒他们对各种原因引发的群体性事件要有高度的政治敏感性，及时处置，防止处置不及时或处置不当酿成恶性事件，特别是对校园、幼儿园暴力凶杀事件，一定要提高警惕。截至目前，佳木斯市"家乐福"项目拆迁引发西林社区群众上访的问题，已基本得到妥善解决，应动迁的 374 户中已有 370 户签署拆

迁协议，其余4户正在积极协商中；富锦市土地纠纷的问题，目前已完成16个村屯59758.6亩土地的实地落界和整体移交工作，其他村的移交工作正在有序进行；孙巍被人枪杀案正按司法程序进行处理，检察机关已对两名犯罪嫌疑人提起公诉，省委和市委对相关责任人进行了处理。

（三）赴佳木斯市开展调研，深入推进综治联系点工作

2010年7月，马馼同志派联络员赴佳木斯市开展调研，认真听取了佳木斯市在化解社会矛盾、解决突出问题上的做法，了解现存矛盾和工作中有何困难、问题，和佳木斯市的同志一起研究如何认真贯彻落实全国综治工作会议和周永康同志的重要讲话精神，进一步推进联系点的工作。一是结合佳木斯土地多、农村人口多、口岸城市多等特点，注意工作创新，切实解决实际问题。二是根据在伊春召开的全国部分省（区、市）综治办主任座谈会的精神，针对佳木斯农村地区社会矛盾及其对社会治安和稳定带来的影响进行专题调研。三是结合佳木斯的自身工作特点，深入研究纪检监察机关在社会治安综合治理工作如何充分发挥职能作用，争取探索出一些好的做法。四是充分发挥联系点的窗口和平台作用，建立健全联系点工作的沟通联系机制，2010年8月，佳木斯市综治委、市纪委出台了《佳木斯市综治委、纪检委与中纪委工作联系制度》。

（四）听取佳木斯市综治委主要负责同志关于全年综治工作情况汇报

2010年底，马馼同志派联络员听取了佳木斯市综治委主要负责同志关于佳木斯市全年综治工作的情况介绍，并批示同意了向佳木斯市有关负责同志的工作建议：一是要认真贯彻落实2010年底召开的中央政法工作会议精神，按照中央综治委和黑龙江省委省政府关于综治工作的总体部署，结合佳木斯的实际情况，认真谋划好2011年全市的综治工作。要借鉴国内和省内其他地方的有效做法，研究提出有佳木斯市特点的社会矛盾化解和社会管理创新的具体措施，探索一些切实解决实际问题的工作思路。二是要认真稳妥地做好有关涉及社会稳定事件的后续处理工作，不留隐患。三是请佳木斯市纪委认真研究借鉴江苏等地纪检监察机关的有效做法，结合实际，找准自身参与综治工作的切入点、联系点和结合点，积极探索在参与综治工作中进一步发挥职能作用的方法和途径。2011年初，佳木斯市综治委根据中央纪委监察部的指导意见，结合三项重点工作及“十项重点工程”，立足实际，认真研究制定了2011年全市综治工作目标。

中共中央纪委办公厅
关于2010年各省（区、市）纪检监察机关
开展社会治安综合治理联系点工作情况的通报

（2011年1月13日）

2010年，各省（区、市）纪检监察机关深入贯彻落实《中央纪委监察部关于贯彻落实〈关于进一步加强中央社会治安综合治理委员会工作的意见〉的意见》（中纪办发［2009］20号），认真履行综治委成员单位职责，积极开展社会治安综合治理联系点工作，深入联系点进行调查研究，及时了解联系点的社会治安和社会稳定情况，充分发挥纪检监察机关职能作用，指导联系点开展平安建设，促进了反腐倡廉建设与综治工作的良性互动，综治联系点工作取得了明显成效。

一、健全沟通联系机制，加强工作指导

绝大多数省（区、市）纪检监察机关明确了开

展综治联系点工作的分管领导、联络员和具体处室，与联系点党委、政府和纪委加强日常的沟通与协调，帮助联系点推进综治工作。江苏、湖北省建立定期沟通制度，丰富信息沟通形式，畅通信息沟通渠道，加快信息双向交流；福建省建立电话联系、书面联系和实地调研相结合的沟通机制；河南省制定省纪委监察厅与联系点共建制度，确立联系领导和联系人；西藏自治区成立工作组长期驻扎联系点；新疆、浙江、广西等省（区）安排干部以挂职、常驻等方式与联系点加强沟通。

不少省（区、市）纪检监察机关领导同志深入联系点进行调查研究，及时了解联系点的社会治安和社会稳定情况，帮助联系点协调解决当地综治工作中存在的突出问题，督促检查综治工作各项措施的落实情况。江西、湖北、辽宁、广西等省（区）纪委的主要负责同志亲赴联系点开展调查研究。宁夏回族自治区多次对联系点社会治安重点区域整治工作进行督导调研；重庆市、吉林省在年初制定联系点工作要点，对调研工作提前作了规划和安排；湖南省通过深入联系点调研，将维稳工作、服务民生等方面存在的突出问题分解为24个方面的具体问题，逐一督促落实。

二、发挥纪检监察职能，指导联系点深入开展综治工作

一是履行监督职能，促进综治工作各项政策措施的贯彻落实。黑龙江省围绕容易引发群体性事件的重点领域开展专项检查，将抓社会稳定工作作为党风廉政建设责任制检查考核的重要内容。四川省从“维稳意识认识到位、综治责任落实到位、综治经费保障到位”三方面加强督促指导，保障了联系点综治工作的顺利推进。

二是畅通信访渠道，及时化解平息社会矛盾。江苏省坚持把做好纪检监察信访举报工作作为推进综治工作的切入点。上海市结合世博会维稳工作要求，指导联系点对基层纪检监察系统存在的突出信访矛盾纠纷进行排查摸底和登记建档，落实处置化解责任。浙江省指导联系点制定《关于进一步加强做好纪检监察机关信访举报工作的通知》，进一步明确了实名举报工作中受理告知和调查反馈两个重点环节的要求，对疑难复杂信访问题和信访老户实行领导包案，建立矛盾纠纷化解个案台账。广西壮族自治区指导联系点推行信访导访和代理上访工作方法，由信访工作联络员对群众反映的热点、难点问题进行定期排查收集和代理上报，及时处理和解决矛盾，避免出现盲目上访和重复上访现象。

三是履行纠风职能，努力解决损害群众利益的突出问题。陕西省协助联系点制定《纠正行业不正之风重点工作安排意见》，指导联系点开展严打整治活动，对群众反映强烈的跨区域治安问题由省纪委牵头协调或直接督办。湖南省指导联系点成立纠风应急“110”，做到紧急问题1小时内到位、能当场解决的问题当场解决、不能当场解决的问题要在5个工作日内作出答复，最大程度地防止矛盾的累积。

四是履行查处职能，努力消除因违纪违法行为带来的社会不稳定因素。山东省指导联系点查处严重侵害群众切身利益的问题和引发群众强烈不满的党员干部失职渎职及其他违纪违法案件，先后查处涉及综治方面案件9起，处分党员干部8人。重庆市在参与打黑除恶专项斗争中，与司法机关紧密配合，查处了一批为黑恶势力充当“保护伞”的党政领导干部，推动打黑除恶斗争不断深入，保护了人民群众的生命财产安全，改善了当地的发展环境。

五是严格责任追究，为综治工作责任制的落实提供纪律保障。湖北省纪委联系点枣阳市对多次发生刑事案件和集体上访事件的熊集镇毛榨村实施了一票否决；江苏省纪委联系点无锡市南长区对综治平安建设工作绩效明显落后的南禅寺街道槐古桥社区实施了一票否决。

三、对联系点发生的影响社会稳定重大问题，帮助查找原因，督促指导整改

一些省（区、市）联系点发生重大治安或影响社会稳定的问题时，省纪委监察厅及时掌握情况，认真帮助查找原因，采取有力措施督促整改。江西省纪委联系点抚州市宜黄县发生拆迁自焚事件后，江西省纪委监察厅领导先后多次听取抚州市和宜黄县的相关情况汇报，帮助查找原因，并对做好事件的调查处理和善后工作提出了明确要求。抚州市纪委监察局和宜黄县纪委监察局分别牵头组织调查组，对事件经过进行详细调查，根据市、县两级调查结果，抚州市委对“9·10”拆迁事件负重要领导责任的宜黄县委书记、县长，对负主要领导责任的县委常委、副县长分别立案调查并免职；责成宜黄县纪委监察局对4名科级领导干部立案调查，对其中3名干部免职，对1名干部诫勉谈话。在及时查明事实真相、处理相关责任人并做好善后工作的基础上，事态得到控制，没有发生大规模群体性事件。

四、创新工作方式方法，探索参与综治工作的有效途径

各省(区、市)纪检监察机关注意发挥综治联系点的窗口和平台作用，不断创新参与综治工作的思路理念、体制机制和方式方法。江苏省积极拓展参与领域，扩大工作范围，注意找准反腐倡廉与综治工作的联系点和结合点，召开全省纪检监察机关参与综治工作座谈会，对进一步做好参与综治工作进行全面部署。甘肃省指导联系点制定《涉法涉诉案件专家会诊办法》，建立涉法涉诉案件"会诊"专家库，对近年来发生的赴省进京上访案件、上级交办涉法涉诉案件和不捕不诉、发回重审案件进行全面评查，对46件瑕疵案件进行整改，对4名瑕疵案件责任人进行组织处理。山东省对联系点的便民服务体系经验进行总结并在全省推广，确保把矛盾纠纷化解在基层，指导联系点创建"亲民公安"服务品牌，努力提高执法队伍建设水平和履职能力，使联系点公安局的群众上访数量由全市最多变为全市最少。湖北省通过建立"听汇报、问民情、访基层、查台账、找盲点、评亮点"的工作方式，全面了解联系点综治工作开展情况，并将工作中形成的新思路新经验及时反馈给联系点，转化为工作实效，同时将调研中收集的社情民意、基层工作状态、政策落实情况记入资料库，不仅用于综治工作，也为反腐倡廉工作提供参考。天津市指导联系点立足农业大区这一区情实际，以深化村务公开、促进农村和谐稳定为着眼点，大力推进基层民主政治建设，逐步建立健全以村党组织为领导核心、村民代表会议为权力中枢、村委会为执行机构的村民自治机制，为全区推进依法治区、维护农村长治久安提供了机制保障。新疆维吾尔自治区先后抽调56名同志到基层参与维稳工作，区内纪检监察机关成立多支维稳分队、宣讲分队，数千名纪检监察干部进乡村、进农户、进社区、进寺庙摸排情况，对群众进行宣传教育，严肃查处违反政治纪律案件，直接战斗在维稳一线。

五、加强联系点工作的制度化建设，推进建立综治工作长效机制

各省(区、市)纪检监察机关认真落实中央关于综治工作的各项部署，及时总结纪检监察机关参与综治工作的有效做法，建立健全参与综治工作的长效机制。江苏省制定《江苏省纪委监察厅关于进一步做好参与社会治安综合治理工作的意见》，要求省、市、县三级纪检监察机关分别选择一个县、乡、村作为综治工作共建联系点，并对联系点建设提出了具体的指导意见。山东省出台《关于加强对社会治安综合治理联系点工作指导的意见》，充分发挥联系点"理论研究、信息反馈、探索创新、示范引导"作用，指导联系点纪委监察局制定《关于纪检监察机关在社会治安综合治理工作中积极发挥职能作用的实施意见》、《市纪委委员联系基层社会治安综合治理工作制度》等11项制度，增加了联系点工作的规范性和可操作性。新疆维吾尔自治区指导联系点制定《处理信访突出问题及群体性事件的实施意见》，全力维护民族地区社会稳定。安徽省下发《关于纪检监察机关在参与社会治安综合治理中进一步发挥职能作用的通知》，全省各级纪检监察机关均明确了综治工作的分管领导和承办业务室，各省辖市均确定一个乡(镇)作为联系点。福建省指导联系点出台《关于组建维护稳定共建联动队伍、开展维护稳定共建联动活动的实施意见》，加强维稳队伍的网络建设。

同时，必须清醒看到，当前部分省(区、市)纪检监察机关综治联系点工作还存在一些突出问题，如少数地区对综治联系点工作认识不到位、重视程度不够，开展工作不够积极主动；有的联系点工作不够规范，确定的联系点不符合规定或变更频繁；有的满足于让联系点报送书面材料，实地调查研究不够，对联系点综治工作的指导力度不够；有的对于如何充分发挥纪检监察职能作用开展好联系点工作缺乏探索和创新。各省(区、市)纪检监察机关要高度重视这些问题，深入分析研究，切实采取有效措施加以解决。要从服务和保障改革发展稳定的大局出发，高度重视综治工作；要立足于发挥纪检监察职能，发挥联系点的窗口和平台作用，不断创新工作思路和方法，提高参与综治工作的能力和水平；要根据综治工作的总体要求，结合本地的实际情况,每年确定1—2项重点参与和推进的综治工作,切实抓出成效;各省(区、市)纪检监察机关向中央纪委监察部汇报工作时,要将参与综治工作的情况纳入汇报内容。

中共中央纪委办公厅
关于报送开展社会治安综合治理联系点
工作专项情况报告的通知

(2010年9月9日)

各省、自治区、直辖市纪委、监察厅(局),新疆生产建设兵团纪委、监察局:

为深入贯彻落实《中央纪委监察部关于贯彻落实〈关于进一步加强中央社会治安综合治理委员会工作的意见〉的意见》(中纪办发[2009]20号)的要求,进一步加强各省(区、市)和新疆生产建设兵团纪检监察机关社会治安综合治理联系点工作,积极推动纪检监察机关在社会治安综合治理工作中充分发挥职能作用,经中央纪委监察部领导同志批准,请于2010年9月30日前报送今年以来你单位开展社会治安综合治理联系点工作的专项情况报告。内容包括:开展联系点工作的具体情况,开展这项工作的有效做法,当前存在的问题以及下一步工作建议。书面材料径送中央纪委第三纪检监察室。近期,中央纪委三室将赴部分省(区、市)进行调研。

联系人:略

电话:略

江苏省纪检监察机关立足职能发挥作用
积极参与社会治安综合治理工作

近年来,江苏省各级纪检监察机关紧紧围绕党和国家中心工作,认真履行社会治安综合治理委员会成员单位职责,立足纪检监察职能,注意找准反腐倡廉建设与综治工作的联系点、结合点和切入点,积极参与综治工作,不断探索纪检监察机关在社会治安综合治理和平安建设领域发挥作用的有效途径,努力形成反腐倡廉建设与社会治安综合治理工作良性互动的局面,呈现出一些工作亮点。

一、增强履职意识,将纪检监察机关参与综治工作摆在重要位置

江苏各级纪检监察机关注重发挥职能作用,牢固树立"发展是第一要务、稳定是第一责任"的观念,以高度的政治敏锐性、强烈的工作责任感积极投身"平安江苏"建设。省纪委监察厅近期出台了《中共江苏省纪委、江苏省监察厅关于进一步做好参与社会治安综合治理工作的意见》,加强对全省纪检监察机关参与综治工作的具体指导。全省县级以上纪检监察机关普遍建立由分管领导任组长,信访、纠风、执法、党风等相关职能部门负责人为成员的参与综治工作领导小组,坚持主要领导挂帅、分管领导负责、职能部门主抓、联络员具体承办的工作机制。注重整合资源,以监督检查、专项治理、查办案件等方式为抓手，形成有效预防、发现、处置和化解不安全不稳定隐患的工作合力。有的地方将综合治理和平安创建工作纳入纪检监察工作总体部署，有的地方还直接参与矛盾纠纷化解。如，苏州市高新区通安镇等地发生群体性事件后，苏州市纪委书记率工作组进驻现场，直接参与矛盾化解和纠纷处理，市纪委抽调50余人组成9个督察组派驻事发地区所有乡镇、街道跟踪督查维稳情况，连续40多天向市委市政府报送《每日督查》，得到了省委领导的高度评价。

二、将信访举报工作作为纪检监察机关参与综治工作的切入点

江苏省纪检监察机关不仅将信访举报作为查办案件的重要线索来源，还将其视为群众利益诉求晴雨表和发现社会矛盾纠纷的重要渠道，把做好纪检监察信访举报工作作为推进综治工作的切入点，加强信访举报网络建设和舆情监测，拓宽信访渠道，定期排查各类积案、疑难访、缠访和重复访，及时发现不稳定因素并研究处理对策。如，扬州市纪委在乡镇（街道）、村（社区）挂牌设立民意采集点74个，统一配置民情采集箱，定期将事关群众切身利益的事情通过民情采集公告板进行公示，引导群众通过民情诉求表形式提出意见建议，并组织召开社情民意恳谈会，安排政府有关部门负责人与普通群众面对面交流协商，确保群众诉求及时传递给相关职能部门。每个乡镇、街道聘请50名民间评议员，在纪检监察机关指导下，对相关部门参与恳谈会、落实答复承诺、依法行政和办事服务等情况实施评议，并作为年度行风评议的重要依据，督促群众诉求落到实处。

三、拓展参与领域，扩大工作范围，找准反腐倡廉与综治工作的联系点和结合点

工作方式从侧重落实综治委"规定动作"，向自加压力、主动作为、积极融入综治工作大格局转变；工作领域从侧重排查化解矛盾纠纷，向政策保障、案件查办、纠风治乱、执法监察、民主监督、责任追究等全方位全过程延伸；参与成员从侧重信访部门单兵作战，向检查、纠风、执法、党风、效能监察等职能部门齐抓共管、协同作战拓展。如，南京市纪委构建信访接访平台、效能投诉平台、行风评议平台，推行干部下访制度，落实社会风险评估制度，完善监督检查责任追究制度，全方位多角度参与综治维稳工作。

最高人民法院

2010 年最高人民法院和地方各级人民法院参与社会治安综合治理工作情况

2010 年，最高人民法院和地方各级人民法院深入贯彻落实科学发展观和全国政法工作会议精神，全面推进人民法院审判执行等各项工作，坚持能动司法理念，充分发挥人民法院在加强社会建设、创新社会管理中的职能作用，积极参与并深入推进社会治安综合治理工作，切实维护人民群众合法权益，为维护好重要战略机遇期的社会和谐稳定提供了有力司法保障。2010 年，最高人民法院受理案件 1.2 万余件，审结 1 万余件，同比下降 6.99%、7.07%，审限内结案率为 98.31%。地方各级人民法院受理案件 1170 万余件，审结、执结 1099 万余件，同比上升 2.82%、4.31%，审限内结案率为 98.51%，结案标的额 15053.43 亿元。

一、严厉打击各类犯罪，维护群众生命财产安全

2010 年，各级人民法院认真贯彻落实宽严相济刑事政策，切实把握社会治安的总体状况和形势变化，能动发挥刑事审判职能作用，依法惩处各类刑事犯罪，维护群众生命财产安全。各级法院审结一审刑事案件 77 万余件，判处罪犯 100 万余人，同比分别上升 1.68% 和 0.98%。

依法严惩严重刑事犯罪，确保国家安全和人民群众安居乐业。加大危害国家安全犯罪的惩处力度，继续深入开展打黑除恶专项斗争，依法对重庆等地一批为非作歹、欺压残害群众的黑恶势力首犯及充当保护伞的官员予以严惩，依法严惩杀人、绑架、抢劫等严重影响群众安全感的暴力犯罪以及盗窃、抢夺、诈骗等多发性侵财犯罪，依法严惩伤害幼儿园儿童、中小学生和拐卖妇女儿童犯罪，有效遏制严重刑事犯罪上升势头，取得良好社会效果，各级法院审结上述案件 26.5 万余件，判处罪犯 37 万余人，同比分别下降 0.7% 和 1.24%，重刑率为 35.44%。最高人民法院制定《关于贯彻宽严相济刑事政策的若干意见》，会同有关部门制定《关于办理死刑案件审查判断证据若干问题的规定》和《关于办理刑事案件排除非法证据若干问题的规定》，严格掌握和统一死刑适用标准，对刑事案件尤其是死刑案件的证据审查判断作出严格规定，切实把好死刑案件的事实关、证据关、程序关、适用法律关，确保死刑只适用于极少数罪行极其严重的犯罪分子。

依法惩处危害社会秩序和经济秩序犯罪，维护社会和谐稳定和市场经济有序发展。积极配合“禁毒”斗争的深入开展，各级法院审结毒品犯罪案件 5.9 万余件，判处罪犯 6.6 万余人，同比分别上升 16.31% 和 18.13%，重刑率为 28.60%。积极参与集中整治网络赌博违法犯罪和打击互联网和手机媒体传播淫秽色情信息专项行动，最高人民法院会同有关部门制定关于办理网络赌博犯罪案件的司法解释，统一网络赌博犯罪的法律适用标准，各级法院审结聚众赌博、开设赌场案件 5924 件，判处罪犯 1.3 万余人，同比分别上升 40.05% 和 42.25%；最高人民法院会同有关部门制定办理利用互联网和手机制作、复制、出版、贩卖、传播淫秽电子信息犯罪的司法解释，有效打击淫秽电子信息犯罪，各级法院审结制作、复制、出版、贩卖、传播淫秽物品牟利案件和传播淫秽物品案件 1164 件，给予刑事处罚 1332 人。各级法院审结各类经济犯罪案件 3 万余件，同比上升 20.5%。严厉打击走私、贷款诈骗、票据诈骗、信用卡诈骗等严重扰乱国家经济监管秩序犯罪，特别是针对社会公众实施的非法吸收公众存款、集资诈骗、操纵证券、期货市场及组织、领导传销等严重影响社会稳定的涉众型经济犯罪，对其中犯罪数额特别巨大、犯罪情节特别恶劣、危害后果特别严重的，依法判处重刑。最高人民法院下发依法严惩制售假冒伪劣商品犯罪的通知，发布数件农资打假等典型案例，要求地方各级法院依法从严惩处生产、销售假药、有毒、有害食品等严重损害人民群众生命健康以及制售伪劣农药、兽药、化肥、种子等坑农害农的犯罪。

坚决惩治各类职务犯罪，挽回国家损失，回应群众关切。积极参与反腐败斗争，依法严惩贪污、贿赂、渎职犯罪，审结此类案件2.7万余件，判处罪犯2.8万余人，同比分别上升7.10%和9.25%。依法审结一批社会高度关注的贪污、受贿犯罪大案要案，如河南省政协原副主席孙善武受贿案，中共福建省委原常委、秘书长陈少勇受贿案，最高人民法院原副院长黄松有受贿、贪污案，全国人大常委会预算工作委员会原主任朱志刚受贿案等。依法惩治与黑恶势力犯罪、重大安全责任事故、制售伪劣食品药品相关联以及发生在社会保障、征地拆迁等领域严重损害群众利益、社会影响恶劣的国家工作人员职务犯罪，如犯有受贿、巨额财产来源不明、包庇、纵容黑社会性质组织、强奸等罪的重庆市公安局原副局长文强被依法严惩。对发生在经济社会建设重点领域、重点行业的严重商业贿赂犯罪，依法从严惩处。最高人民法院发布被告人吴冰受贿案等4件商业贿赂犯罪典型案例，推动治理商业贿赂专项行动顺利开展。各级法院加大对行贿犯罪的打击力度，如依法审结广受关注的国美电器有限公司法定代表人黄光裕内幕交易、非法经营、行贿案。

积极参与社会治安综合治理，净化社会环境。作为中央社会治安综合治理委员会成员单位，最高人民法院认真落实全国社会治安综合治理工作会议精神、中央有关领导的讲话精神和最高人民法院院长王胜俊同志在贯彻落实全国社会治安综合治理工作会议精神电视电话会议上的讲话要求，积极参与并及时指导地方各级法院参与社会治安综合治理，做好审判职能延伸，注重分化瓦解犯罪分子，减少社会对抗。对社会影响较大的典型案件，精心组织庭审活动，邀请人大代表、政协委员及群众代表旁听庭审，有条件的还进行庭审直播，扩大审判效果。适当组织集中宣判活动，有力震慑犯罪分子，增强人民群众的安全感和政法机关的执法公信力。积极参与“打黑除恶”、“打拐”等专项斗争，对其中有重大社会影响的案件，通过媒体进行集中报道，充分发挥舆论引导作用。就案件中发现的可能诱发犯罪的社会管理方面的问题，适时提出司法建议，促进有关部门改进、提升社会管理水平。进一步加强和规范减刑、假释工作，各级法院办理减刑52.4万余人，假释3.5万余人。认真做好对判处缓刑、管制、免予刑事处罚人员和刑满释放人员的跟踪帮教，推动上述人员安置帮教措施的落实。积极参与社区矫正的实践探索，充分发挥社区矫正在教育改造罪犯、预防重新犯罪方面的重要作用。支持和配合有关部门开展社会治安防控体系建设和基层平安创建活动，充分发挥人民法院在社会治安综合治理中的积极作用。

二、妥善处理与民生经济密切相关的案件，维护群众合法权益，保护诚信公平的社会环境

充分发挥民商事审判职能作用，妥善处理与民生经济密切相关的案件，及时圆满地解决大量民商事矛盾纠纷，消除变为违法犯罪案件的隐患，切实维护群众合法权益，促进经济社会又快又好发展，保护诚信公平的社会环境。2010年，各级法院审结民商事案件611万余件，诉讼标的额达9137亿余元，同比分别上升5.44%和下降0.74%。

积极应对影响国内经济社会又好又快发展的新情况、新问题。受国际金融危机和宏观经济环境变化的影响，一些企业的生存发展面临困境，大量合同纠纷及企业破产、强制清算等案件进入法院，法律问题与社会问题相互交织，各种利益冲突不断加剧。最高人民法院加强对新情况、新问题的调查研究，先后制定涉及金融期货、外商投资、劳动争议、旅游纠纷等领域的20个司法解释和43个指导性意见，指导地方各级法院依法审理借款合同、企业破产、公司清算、项目转让等纠纷案件，妥善解决企业职工安置、债权人保护等问题，为维护市场经济发展秩序、理顺市场竞争机制发挥了积极作用。制定为上海世博会、广州亚运会和亚残运会等重大活动提供司法保障的意见，指导地方法院妥善审理相关案件。及时就青海玉树强烈地震、甘肃舟曲特大泥石流等重大自然灾害引发的涉灾案件进行审判指导，为抗灾救灾和灾后恢复重建提供司法保障。按照国家深入实施西部大开发的战略部署，加强对西部法院的工作指导。地方各级法院结合各自工作实际出台相关文件，积极为当地经济社会发展和百姓生活提供司法保障。

依法审理与经济发展密切相关的民商事案件。着眼于为加快转变经济发展方式提供司法保障，最高人民法院制定《关于为加快经济发展方式转变提供司法保障和服务的若干意见》，对妥善审理相关案件提出要求。各级法院审结融资、证券、保险、票据、担保等金融纠纷案件57万余件，同比上升11.63%。根据促进经济结构调整的要求，更加注重促进现代产业体系发展完善，更加注重维护公平竞争的市场秩序，更加注重平等保护市场主体合法权益，各级法院审结合同类案件323万余件，同比上升2.71%。为妥善处理因产业结构调整导致部分企业退出市场引发的纠纷，审结破产案件3567件，与2009年基本持平，未结案件6690件，同比下降15.22%。最高人民法院积极探索建立环境公益诉讼制度，推动各级法院设立环保法庭，依法促进生态文明建设，各级法院审结环境污染损害赔偿等案件1.2万余件，同比上升2.83%。最高人民法院建立特邀科学技术咨询专家库，聘任两院院士、专家担任科学技术咨询专家，为知识产权审判提供智力支持；稳步推进知识产权审判庭试点工作，制定商标授权确权行政案件、境外作品著作权纠纷和网吧著作权纠纷等案件审判指导意见，调整知识产权民事案件级别管辖标准，统一法律适用尺度，为培育和发展战略性新兴产业提供司法保障。2010年，各级法院审结知识产权案件4.8万余件，同比上升32.96%。

依法审理涉及民生的各类案件。高度重视保护妇女、儿童、老年人的合法权益，促进家庭和睦。各级法院审结婚姻、家庭和继承纠纷案件142.8万余件，同比上升3.45%。最高人民法院制定加强妇女权益保护工作的司法文件，指导各级法院依靠各级党委领导和政府支持，积极做好涉诉妇女、儿童、老年人等特殊群体的司法救助工作，体现中国特色社会主义司法制度的人文关怀。依法保障人民群众的生命健康权和财产权，审结人身损害赔偿案件77.9万件，同比上升22.71%。高度关注群众对住房、就业等问题的关切，依法妥善审理房屋买卖、劳动争议等案件。依法保护劳动者合法权益，倡导构建和谐用工秩序，最高人民法院制定加强拖欠农民工工资纠纷案件审判工作的规范文件，各级法院审结劳动争议案件32.7万余件，同比上升3.26%。依法保障农民合法权益，维护农村和谐稳定，促进农业健康发展，审结各类涉农案件23.8万余件，同比上升3.02%。

加强涉外、涉台、涉港澳和海事审判工作。针对因国际金融危机导致的外资减少、外商投资企业纠纷和区际民商事纠纷数量持续上升的新形势，最高人民法院制定涉外、涉台、涉港澳民商事和海事审判的有关司法解释、指导意见。采取更加灵活的方式方便台港澳同胞参与诉讼，依法平等保护内地与外籍、台湾及港澳地区当事人的合法权益，维护公平交易投资环境。各级法院审结各类涉外民商事案件1.4万余件，涉台、涉港澳民商事案件1.2万余件。全国法院审结海事案件1万余件，有效规范航运市场秩序，保障我国海洋经济健康发展。

三、维护行政相对人和赔偿请求人的合法权益，推动社会管理行为依法有序实施

坚持“为大局服务，为人民司法”工作主题，积极开展各类行政案件的审判工作、非诉行政执行案件的审查工作和各类国家赔偿工作，切实维护行政相对人和赔偿请求人的合法权益，有效引导人民群众以理性、合法的方式表达利益诉求，促进国家机关依法行使职权，推动社会管理行为依法有序实施。2010年，各级法院审结行政案件12.9万余件，同比上升7.7%；审结国家赔偿案件1419件，其中决定赔偿的案件355件，赔偿金额为3764.1万余元。

依法审理行政诉讼案件。继续贯彻落实《关于依法保护行政诉讼当事人诉权的意见》，引导当事人依法合理行使诉权。最高人民法院发布《关于审理房屋登记案件若干问题的规定》等司法解释和指导性文件，对各级法院依法审理行政案件提供裁判依据和业务指导，各级法院通过行政审判活动，依法保护自然人、法人或者其他组织的合法权利，监督行政机关依法行政，审结资源类、劳动和社会保障类等一审行政案件5.7万余件，同比上升8.98%；审查非诉行政执行案件14.1万余件，同比上升3.12%。

切实做好国家赔偿工作。国家赔偿法的修改，既给人民法院国家赔偿工作提出了更高要求，也为完善国家赔偿制度、改进国家赔偿工作提供了重要机遇。各级法院切实转变国家赔偿工作的司法理念和审判方式，积极推动国家赔偿工作从消极办案、被动应对，向积极作为、能动司法转变；从孤立办案、关门决定，向弘扬司法的人民性、尊重社情民意的民主司法转变；从法院单打独斗、孤军作战，向争取动员各方力量支持国家赔偿工作的联动司法转变；从内部操作、会议决定，向公开运作、透明作业为主导的阳光司法转变；从因地制宜、摸索前进，向标准统一、行为适法的规范司法转变；从机械执法、单纯追求形式合法性，向形式和实质合法性相统一的公正司法转变；从就事论事、就案办案，向以人为本、案结事了为主要价值取向的和谐司法转变。

四、全力破解执行难题，积极落实当事人合法权益，确保社会管理机制良性运转

执行难问题是社会各方面矛盾的综合反映，各级法院进一步巩固集中清理执行积案活动成果，全力破解执行难题，大力加强执行工作制度化、规范化建设，积极落实当事人合法权益，防止当事人因实体权益长期落空产生仇视心理、实施极端行为，消减社会治安不稳定因素，确保社会管理机制良性运转。2010年，各级法院执结案件250.8万余件，同比上升2.54%，执行标的到位率73.82%，同比上升8.22%，占审执结各类案件总数的22.8%，标的额4781亿余元。

积极巩固集中清理执行积案活动成果。最高人民法院召开全国集中清理执行积案活动总结表彰大会，对集中清积活动进行总结，表彰先进集体和个人；组织开展创建“无执行积案先进法院”活动和委托执行案件专项清理活动，进一步巩固集中清理执行积案活动成果。各级法院切实加强对上述两项活动的组织领导，加强立审执协调配合，从各个环节预防和减少执行积案，经过细致排查，将2010年5月31日前受理的有财产可供执行的21768件委托执行积案纳入清理范围，截至2010年12月，共执结21673件。

健全完善执行工作长效机制。最高人民法院与中央19个部委联合发布文件，明确规定各成员单位的职责、执行联动机制的启动运行程序以及执行联动机制的组织机构，对形成党委领导、人大监督、政府支持、社会各界协作配合的执行工作新格局起到积极作用。积极参与国务院社会信用体系建设工作，为执行工作营造良好的制度环境。最高人民法院从执行领导与联动机制、执行激励与惩戒机制、执行财产查控处置与兑付机制等七个方面，全面部署构建执行工作长效机制。各级法院继续完善与有关部门的协作机制，努力提高执行工作的快速反应能力，及时处理执行线索和突发事件。大部分地方建立特困群体执行救助基金制度，构建基层协助执行工作网络和执行联络员工作网络。

加强执行工作规范建设。最高人民法院针对执行工作中存在的突出问题，制定有关规范性意见。进一步完善执行案件流程管理、分权制约、常规督查等工作制度。组织开发全国法院执行申诉信访数据库，进一步规范执行申诉信访案件的管理。坚持依法、文明执行，继续推广廉政监察员制度，自觉接受社会监督，切实纠正一些地方存在的违规执行等问题，规范执行活动，提升工作水平。

五、畅通民意表达渠道，保障当事人合法合理诉求，促进社会管理方法创新发展

坚持“以人为本、服务为先”的工作要求，创新方法、健全机制，大力建设立案信访窗口制度，集中清理涉诉信访积案，创新涉诉信访工作机制和审判监督纠错机制，畅通民意表达渠道，及时纠正司法错误，保障当事人合法合理诉求，促进社会管理方法创新发展，化解大量疑难、顽固社会矛盾。2010年，各级法院接待信访106.6万人次，同比减少21.43%；审结申诉、申请再审案件13万余件，同比上升4.31%，经审查决定再审2.6万余件，同比下降0.91%。

大力开展立案信访窗口制度建设。最高人民法院继续完善申诉立案大厅和人民来访接待室的硬件设施和安保措施，为人民群众表达诉求提供方便；探索实行合议庭从接谈、审查、立案到判后答疑全过程负责的信访接待新模式；分类登记、疏导，优先接待初访，及时分流越级访和重复访；对于上访数量较大的民事和行政类案件，实行预约接谈制度；指导各级法院打造立案信访品牌窗口，凸显能动司法、为民服务特色，强化并充实诉讼引导、诉前调解、判后答疑等窗口职能，取得了较好效果。

集中清理涉诉信访积案，创新涉诉信访工作机制。为落实中央政法委决定开展的“信访积案化解年”活动，全国法院扎实推进集中清理涉诉信访积案工作。最高人民法院派出12个合议庭和案件复查组，帮助信访问题比较突出的地方法院清理信访积案，通过办理重点案件促进全面工作；发布《人民法院涉诉信访案件终结办法》，规范涉诉信访案件终结程序，要求做好涉诉信访案件的排查、甄别、审查和矛盾化解工作；发布相关工作规定完善涉诉信访评估体系，督促审判、执行人员增强化解矛盾的意识；指导各级法院建立健全矛盾纠纷排查化解机制，坚持走群众路线，一手抓积案化解，一手抓审判质量，注重从源头上减少涉诉信访案件，形成有利于涉诉信访工作良性发展的长效机制，化解了一批疑难、顽固的矛盾纠纷。

妥善审处申诉、申请再审案件，创新审判监督纠错机制。坚持“依法纠错”理念，畅通受理渠道，实行繁简分流，确保程序公正，加强案件审查，对符合法定条件的申诉，依法提起再审；对申诉无理的，做好服判息诉工作。加强对重大刑事案件审判工作的监督指导，及时纠正冤假错案。加大对民事再审案件调解工作力度。各地法院成功调解了一大批纠纷持续时间长、牵涉问题多、社会影响大的复杂疑难再审案件。各级法院加快建立和完善平等保护、调判结合、依法改判、利益平衡、上下联动、提速增效、依法接受监督和效果延伸等八项审判监督纠错机制，不断提升自我纠错、防错的能力，防范和减少人为因素或制度缺失造成的司法不廉和司法不公。

六、深化司法体制改革，创新完善工作机制，提升与人民司法相关的社会管理工作水平

2010年，最高人民法院继续贯彻中央关于深化司法体制和工作机制改革的部署，大力推进《人民法院第三个五年改革纲要(2009－2013)》的落实，在以下几个方面取得明显进展。

深入推进矛盾纠纷解决机制改革与完善。根据最高人民法院2010年出台的《关于进一步贯彻“调解优先、调判结合”工作原则的若干意见》，各级法院着力加强人民法院调解工作，贯彻“调解优先、调判结合”的工作原则，将调解贯穿于立案、审判、执行、申诉、信访全过程，推动人民调解、行政调解、司法调解、执行和解等的协调配合，深入推进诉讼与非诉讼相衔接的矛盾纠纷解决机制的改革与完善，稳步构建“大调解”工作体系。在去年审结的一审民商事案件中，调解撤诉率达65.29%，同比上升3.31%。结合贯彻人民调解法，加强与人民调解在程序对接、效力确认、法律指导等方面的协调配合；同时，最高人民法院清理有关司法解释，适时起草适用人民调解法的司法解释，加强对地方各级法院正确贯彻实施人民调解法的指导。

大力加强审判制度改革和管理创新。最高人民法院正式成立审判管理办公室，对推动全国法院审判管理组织体系的建设有着重大意义；制定《关于加强人民法院审判管理工作的若干意见》，指导地方各级法院着力完善审判管理制度体系，切实加强审判质量管理、审判流程管理、审判运行态势分析等各项审判管理工作，提高审判管理效能。最高人民法院确立100个“司法公开示范法院”，总结推广各地法院推行“阳光司法”的经验做法，推进司法公开规范化；在全国开展“司法公开宣传月”活动，充分借助社会媒体，宣传人民法院工作，增强司法工作透明度。发布司法文件，对文书上网、庭审直播的范围和审核程序、庭审活动录音录像、上下级人民法院审判业务关系和发回重审程序等作出规定。进一步完善人民陪审员制度，拓宽参加审判活动的范围，人民陪审员全年参与审判案件91.2万余件，同比上升44.33%，有效发挥人民群众参与司法、监督司法的重要作用。

探索完善司法为民工作机制。各级法院扎实推进“人民法官为人民”主题实践活动，探索完善为民、利民、便民制度措施，在诉讼服务、调查取证、档案查询以及诉讼代理等方面为群众提供便利。完善司法救助制度，依法为当事人减缓免诉讼费9656.47万元，同比增加41.51%，为一些生活确有困难的刑事被害人、申请执行人等提供救助金。在相关案件较为集中的地区设立劳动争议、金融等专门合议庭或审判庭。设立假日法庭、晚间法庭等，充分照顾现役军人、外出务工人员等对时间有特殊要求的人员诉讼。推广远程立案、“一站式”服务等举措,积极探索网上预约立案、送达、庭审等方式。推行社区法官制度,法官直接进社区、进街道、进村庄、进企业、进学校,让司法服务贴近人民群众生活,及时有效化解社会矛盾纠纷。建立便民联系卡,让群众只要一个电话就能把呼声、诉求传递到法庭,法官能够在第一时间了解案件情况,架起了人民法院与人民群众的“连心桥”。

建立刑事被害人救助制度。2009 年 3 月 9 日,中央八部委《关于开展刑事被害人救助工作的若干意见》印发后,最高人民法院随即向全国法院下发通知,对法院系统如何贯彻落实《若干意见》作出具体部署,并在全国高级法院院长会议、刑事审判工作会议和全国高、中级法院贯彻落实宽严相济刑事政策培训班上,多次提出明确要求。在各地党委政法委领导、协调,相关部门支持、配合下,刑事被害人救助工作在全国范围内陆续开展了起来,已有超过半数的省份和一些地、市出台了贯彻实施意见,形成了一定的工作机制,解决了一批刑事被害人的实际困难,社会效果良好。总体上看,《若干意见》出台以来,刑事被害人救助工作取得了较为显著的进展。

全面试行量刑规范化制度。最高人民法院发布相关意见,从 2010 年 10 月 1 日起在全国部分中基层法院试行量刑规范化制度,统一量刑方法、步骤和 15 种常见犯罪的量刑标准。全国 120 多家试点法院共审理上述案件 4.5 万余件,量刑普遍均衡,上诉、抗诉、二审改判和发回重审率普遍下降,当庭认罪、调解撤诉、退赃退赔、当庭宣判和服判息诉率明显上升。

七、加强少年司法制度改革探索,全方位保护未成年人合法权益,推动社会治安的源头治理

做好未成年人保护工作是一项“功在当代、利在千秋”的系统工程,关乎祖国的未来和希望。全国法院认真贯彻落实未成年人保护法及相关司法解释和王胜俊院长关于“少年法庭工作只能加强,不能削弱”的指示要求,不断加强少年司法制度的改革与探索,积极推动少年法庭工作的规范发展,为未成年人提供全方位的司法保护,从源头上治理和预防社会治安隐患。

稳步推进少年法庭工作的规范化建设。2010 年,最高人民法院出台《关于进一步加强少年法庭工作的意见》,进一步强化了少年法庭的职能作用,推动了少年法庭工作的规范发展;进一步建立和完善公、检、法、司各部门在办理未成年人刑事案件时的协作联动工作机制,与最高人民检察院、公安部、司法部、团中央共同出台《关于进一步建立和完善办理未成年人刑事案件配套工作体系的若干意见》;完成《关于审理未成年人民事案件的若干意见(试行)》初稿修改工作,积极推进后续论证和修改完善,为该规范性意见的最终出台做好充分准备。

加强未成年人刑事案件特色审判和延伸工作。各级法院切实执行“教育、感化、挽救”的工作方针和“教育为主、惩罚为辅”的审判原则,进一步建立健全未成年人刑事案件审判制度和少年审判庭设置,努力完善适合未成年人生理特点和心理特征的案件审理和刑罚执行方式,探索和推行圆桌审判、社会调查报告、分案审理、心理干预、未成年人轻罪犯罪记录消灭(封存)等新举措,大力推进未成年罪犯的社区矫正工作,加强判后跟踪帮教,促使未成年罪犯及时得到教育矫治,使其无痕回归社会,避免其重新走上违法犯罪道路。整合社会资源开展延伸工作,努力实现“审判一件、教育一片”的良好效果。最高人民法院按期出版《中国少年司法》季刊,为少年司法工作者提供了经验交流、理论研讨的平台,为推动少年司法理论发展,深化少年司法改革创造了有利条件。继续推进未成年人案件综合审判庭试点工作,就扩大未成年人案件综合审判庭试点范围开展实质性论证工作,向中央、司改办报送相关请示报告。

全国法院在 2010 年社会治安综合治理工作中取得的成绩,是广大干警坚定信念、顾全大局、团结一致、开拓创新、拼搏奉献的结果。在 2011 年的社会治安综合治理工作中,全国法院要更加严格规范司法行为,稳步推进司法改革,着力提高司法水平,为维护社会公平正义,实现“十二五”时期经济社会发展良好开局提供有力的司法保障和服务。

最高人民检察院

2010年全国检察机关参与社会治安综合治理工作情况

2010年,全国各级检察机关积极参加平安创建活动,扎实推进社会矛盾化解、社会管理创新、公正廉洁执法三项重点工作,有效预防和打击各类刑事犯罪活动,及时化解社会矛盾,为实现社会和谐稳定作出了积极贡献。

一、坚持严厉打击严重刑事犯罪,着力化解因刑事犯罪引发的矛盾冲突,全力维护社会和谐稳定

(一)突出打击重点,维护社会稳定。2010年,全国检察机关依法严厉打击危害国家安全的犯罪,维护国家安全;严厉打击影响群众安全感的严重刑事犯罪、多发性侵财犯罪和"黄赌毒"等犯罪,维护社会治安秩序;积极参与对学校、幼儿园及周边治安秩序的专项整治,严厉打击侵害幼儿园儿童和学校师生生命安全的犯罪,维护校园及周边地区良好秩序,保障师生安全;从重从严打击严重职务犯罪,促进反腐倡廉建设。会同有关部门开展打黑除恶专项斗争和打击涉枪涉爆犯罪、扫黄打非和打击拐卖儿童妇女等专项行动,努力遏制严重刑事犯罪,增强人民群众安全感,维护上海世博会、广州亚运会等重大活动的安全。2010年共批准逮捕各类刑事犯罪嫌疑人916209人,同比减少2.6%;提起公诉1148409人,同比增加1.2%。

(二)依法维护市场经济秩序,服务经济平稳较快发展。充分发挥检察职能作用,加大打击破坏市场经济秩序、危害政府投资安全、危害能源资源和生态环境等犯罪的力度,深入推进治理商业贿赂和工程建设领域突出问题专项治理工作,国土资源领域腐败问题专项治理工作取得初步成效。2010年共批准逮捕破坏社会主义市场经济秩序犯罪嫌疑人37532人,提起公诉50775人,分别比上年增加4.6%和19.5%。加大打击非法集资、金融诈骗、传销等严重经济犯罪力度,督促行政执法机关依法移送涉嫌犯罪案件3448件,促进形成统一开放竞争有序的市场体系;积极参与打击侵犯知识产权和制售假冒伪劣商品专项行动,协同开展对产品制造集中地、商品集散地、侵权案件高发地的重点整治,起诉侵犯知识产权、制售伪劣商品等犯罪嫌疑人5642人,同比增加14.1%。

(三)注重结合办案化解社会矛盾,认真贯彻落实宽严相济刑事政策。深入贯彻宽严相济刑事政策,落实中央"两减少、两扩大"的要求,对涉嫌犯罪但无逮捕必要的,依法决定不批捕64195人,同比增加20.7%;对犯罪情节轻微、依照刑法规定不需要判处刑罚或者免除刑罚的,决定不起诉29898人,同比增加16.9%。积极推进刑事和解、检调对接机制建设,对民事申诉案件和轻微刑事案件,积极促成当事人达成和解。加强不批捕、不起诉、不抗诉等环节的释法说理工作,促进案结事了人和。

二、积极参与平安创建活动,深入推进社会管理创新

(一)认真落实检察环节综合治理的各项措施,积极参加由党委和政府统一领导开展的对社会治安重点地区的大排查、大整治活动。配合有关部门加强对城中村、城乡结合部等治安重点地区的排查整治,推动完善社会治安防控体系。结合执法办案工作,健全检察环节社会矛盾纠纷排查化解机制,定期对社会稳定形势进行分析、研判和排查,及时发现并会同有关部门依法妥善处置可能影响社会稳定的苗头性、倾向性问题,切实把不稳定因素消除在萌芽状态。同时,建立健全涉检信访风险评估预警机制,将刑释解教等特殊人群作为重点对象,对容易导致刑释解教等特殊人群涉检信访问题产生的可能性进行预测,科学制定处置预案,及时采取措施,有效防范和控制风险,最大限度地减少和防范新的涉检信访产生。坚持定期对刑释解教等特殊人群涉检信访动态情况进行分析研判,对典型涉检信访案件进行深入剖析,总结经验教训,找准执法思想、执法作风、执法行为方面存在的问题和原因,提出加强和改进工作的对策建议。

(二)积极开展法制宣传教育,预防和减少违法犯罪。充分发挥检察职能,积极参与各地平安创建活动,通过广泛开展进社区、进企业、进学校、进农村活动,加强法制宣传教育,预防和减少违法犯罪,促进社会和谐稳定。特别是积极开展对未成年人的法制宣传教育。主动走入学校、社区、农村和家庭,采取担任法制副校长、举办法制讲座、以案释法等形式加强对未成年人的法制宣传教育,增强未成年人遵纪守法意识,倡导良好生活习惯,使未成年人远离违法犯罪。完善适合未成年人身心特点的办案方式及制度,加强教育、感化、挽救,对涉嫌轻微犯罪的未成年人依法决定不批捕 13080 人、不起诉 3114 人,同比分别增加 10.1% 和 1.8%。依法打击利用互联网传播淫秽信息、实施赌博等犯罪,净化网络宣传环境。

(三)积极发挥检察建议作用,推动社会管理创新。结合执法办案工作,深入开展调查研究,积极向党委、政府和有关职能部门提出消除隐患、强化管理的对策建议,促进社会治安防控体系建设。与有关部门密切联系,加强协调配合工作,加强后续跟踪监督,确保检察建议落实到位,真正起到堵塞漏洞、促进相关部门提高社会管理水平的作用。

(四)积极参与应对重大突发事件、完成重大任务。青海玉树强烈地震、甘肃舟曲特大山洪泥石流等重大自然灾害发生后,检察机关积极救助受灾群众,依法打击影响灾区稳定、侵害受灾群众利益的刑事犯罪,注重预防和查办侵吞、挪用救灾款物等职务犯罪,全力保障抢险救灾和灾后恢复重建。上海、广东及周边地区检察机关建立联动机制,积极投入世博会和亚运会、亚残运会安保工作,会同有关部门在场馆和配套设施建设中同步开展职务犯罪预防,保障平安世博、平安亚运和廉洁办会。

三、全面强化对诉讼活动的法律监督,促进执法司法公正

制定实施《关于进一步加强对诉讼活动法律监督工作的意见》,着力解决执法司法中人民群众反映强烈的突出问题。

(一)强化刑事诉讼监督。坚持惩治犯罪与保障人权并重,重点加强对有案不立、刑讯逼供、违法取证、量刑畸轻畸重等问题的监督。一是加强立案监督。最高人民检察院会同公安部制定《关于刑事立案监督有关问题的规定》,进一步明确检察机关对刑事立案的监督职责及程序,建立公安机关与检察机关互相通报刑事案件情况等机制。对应当立案而不立案的,督促公安机关立案 31203 件;对不应当立案而立案的,督促撤案 10702 件。二是加强侦查监督。与有关部门联合出台《关于办理刑事案件排除非法证据若干问题的规定》和《关于办理死刑案件审查判断证据若干问题的规定》,并制定检察机关适用两个规定的指导意见,强化对侦查取证活动的监督,确保依法全面客观收集证据,有效提高办案质量。会同公安部制定《关于审查逮捕阶段讯问犯罪嫌疑人的规定》,完善检察机关听取犯罪嫌疑人申辩和律师意见、保障律师执业权利等机制。对侦查活动中的违法情况提出纠正意见 33836 件次。三是加强刑事审判监督。积极支持人民法院量刑规范化改革,起诉时依法提出量刑建议,促进量刑公开公正。加强对职务犯罪案件裁判的监督,建立一审判决两级检察院同步审查机制。对认为确有错误的刑事裁判提出抗诉 5425 件。

(二)强化刑罚执行和监管活动监督。会同司法行政机关深入开展全国监狱清查事故隐患、促进安全监管专项活动,重点排查解决"牢头狱霸"问题,对 87 名严重破坏监管秩序的在押罪犯依法追究刑事责任。推进与监管场所的监控联网,完善和落实收押检察、巡视检察等工作机制。加强对刑罚变更执行的监督,纠正减刑、假释、暂予监外执行不当 10813 人。开展保外就医专项检察活动,纠正不符合保外就医条件、程序或脱管漏管 555 人。加大清理久押不决案件力度,依法纠正超期羁押 525 人次。

(三)强化民事审判和行政诉讼监督。制定实施《关于加强和改进民事行政检察工作的决定》,坚持依法监督、居中监督等原则,对认为确有错误的民事行政裁判提出抗诉 12139 件。坚持抗诉与息诉并重,对认为裁判正确的

44021件申诉，耐心做好当事人的服判息诉工作。对涉及国家和社会公共利益的案件，督促起诉33183件，支持起诉21382件，防止侵害国有资产和公共利益。

（四）强化对司法工作人员渎职行为的监督。会同最高人民法院等部门制定《关于对司法工作人员在诉讼活动中的渎职行为加强法律监督的若干规定》，明确对司法工作人员徇私枉法等12种渎职行为，可以通过调查核实违法事实、提出纠正违法意见、建议更换办案人等措施进行监督。坚决惩治利用司法权贪赃枉法的行为，查办涉嫌犯罪的司法工作人员2721人。

四、坚持执法为民宗旨，维护人民群众权益

立足检察职能加强和改进群众工作，努力做到贴近群众、依靠群众、服务群众。

（一）拓展联系和服务群众的平台。加强接待窗口建设，推行民生服务热线和全国统一的12309举报电话，推行"一站式"受理接待中心和网上查询平台，进一步畅通群众控告申诉渠道。深入开展文明接待室创建活动，推广"融入群众、公正执法、情理兼容、促进和谐"的张章宝工作模式。推进检力下沉，延伸检察工作触角，在乡镇、社区探索建立派出检察室，开展巡回检察，就地受理群众诉求、提供法律服务、化解矛盾纠纷。

（二）依法惩治严重危害民生的犯罪。坚决打击"两抢一盗"、电信诈骗、制售有毒有害食品和伪劣农药、化肥、种子等侵害群众权益的犯罪，严肃查办征地拆迁、社会保障、劳动就业、医疗卫生、招生考试等民生领域的职务犯罪。贯彻尊重和保障人权的宪法原则，立案侦查涉嫌非法拘禁、报复陷害、破坏选举等侵权犯罪的国家机关工作人员524人。依法同步介入重特大事故调查，严肃查办火灾、矿难等事故背后涉嫌职务犯罪的国家工作人员1037人，最高人民检察院直接参与9起重特大事故调查。

（三）加强对特殊群体和困难群众的司法保护。高度重视涉军案件和涉港、涉澳、涉台、涉侨案件，健全沟通协作机制，切实维护国防、军队、武警部队利益和军人军属合法权益，维护香港同胞、澳门同胞、台湾同胞、归侨侨眷合法权益。坚决打击侵害残疾人和农村留守老人、妇女、儿童的犯罪，会同有关部门制定《关于依法惩治拐卖妇女儿童犯罪的意见》，起诉拐卖妇女儿童犯罪嫌疑人4422人。对拖欠农民工工资等案件，开展支持起诉工作。重视刑事被害人权利保护，推进刑事被害人救助工作，对6280名生活确有困难的被害人或其近亲属提供救助救济。

（四）依法妥善解决涉及群众利益的信访问题。完善控告申诉、涉检信访工作制度，开展带案下访、定期巡访、联合接访等活动，共办理群众信访439750件次。高度重视、妥善化解涉检信访积案3959件。最高人民检察院派出8个工作组赴16个省、自治区、直辖市进行了督查。认真贯彻修订后的国家赔偿法，制定《人民检察院国家赔偿工作规定》，依法自觉履行赔偿义务，加强对赔偿案件的法律监督，切实保障赔偿请求人的合法权益。

五、加强联系指导，认真做好综治联系点工作

9月，高检院党组书记、检察长曹建明同志亲自带队赴综治工作联系点山西省忻州市考察调研综治工作情况，并就检察机关如何贯彻落实全国综治工作会议精神，更好发挥检察职能作用，积极参与社会建设，推进社会管理创新进行了实地调研。调研过程中，曹建明同志对忻州市检察机关、山西省检察机关乃至全国检察机关，进一步发挥检察职能作用，参与社会建设，促进社会管理创新提出了三点要求和希望：要更加充分发挥执法办案在促进社会管理创新中的积极作用；要更加注重围绕加强社会建设、创新社会管理彦申检察职能；要更加积极参与社会建设、促进社会管理创新的方式方法和途径，为全国检察机关更好地参与社会治安综合治理工作，为经济社会又好又快发展和人民安居乐业创造良好的社会治安环境指明了方向，有力推动了检察机关社会治安综合治理工作的深入开展。

公 安 部

2010年公安机关参与社会治安综合治理工作情况

2010年，全国公安机关在党中央、国务院和地方各级党委、政府的领导下，以邓小平理论和“三个代表”重要思想为指导，深入贯彻落实科学发展观，深入贯彻落实党的十七大和党的十七届四中、五中全会精神，紧紧围绕“三项重点工作”，主动服务第一要务，忠实履行第一责任，为维护国家安全和社会稳定，促进经济社会发展、保障人民安居乐业作出了新的贡献。

一、深入组织开展“2010严打整治行动”，有力维护了社会治安大局稳定

公安部在深入分析全国社会治安形势的基础上，部署全国公安机关开展了“2010严打整治行动”，组织开展了一系列打击整治专项行动，侦破了一大批重大恶性案件，抓获了一大批犯罪分子，摧毁了一大批犯罪团伙，集中整治了一批治安乱点地区，有力维护了社会治安大局稳定。

（一）持续开展一系列严打整治专项斗争。

1. 强力推进全国打黑除恶专项斗争。各地公安机关根据公安部统一部署，坚持“打早打小、露头就打”方针，采取挂牌督办、异地用警、下打一级等有力措施，始终保持对黑恶势力犯罪的严打高压态势。各地把打击重点始终对准盘踞在娱乐场所、交通运输、建筑工程、矿产开采等重点领域垄断经营、破坏经济秩序的黑恶势力，成功打掉了一大批作恶多端、危害严重的重大黑恶势力。

2. 进一步深化侦破命案工作。各地紧紧围绕“破案数高、办案质量高、发案数低”的“两高一低”目标，严格落实以“一长双责”为核心的侦破命案工作机制，积极推进命案侦破全程质量控制，全力确保命案办案质量。全国全年故意杀人、故意伤害致死、爆炸、投放危险物质、放火、抢劫、强奸、绑架致人死亡等8类命案立案数同比下降7.1%；现行命案破案率达93.84%，同比提高0.02个百分点。各地先后破获了福建省泉州市李祥友李向明系列杀人案、内蒙古自治区乌海市爱心敬老院杀人案、广东省揭阳市“7·5”两名交警被枪杀案、湖南省长沙市芙蓉区国税局东屯渡分局办公楼爆炸案等一大批恶性命案和命案积案。

3. 继续大力开展治爆缉枪专项行动。2010年3月至12月，公安部在全国范围内组织开展了治爆缉枪专项行动，持续集中清理整治突出涉爆涉枪问题，取得明显战果。各地公安机关按照统一部署，全警动员、全力以赴，加强警种合作和区域协作，分阶段、有步骤地强化破案攻坚、追逃会战、网上治理、整治重点、枪支检查、集中收缴6大举措，全面加大对涉爆涉枪违法犯罪的打击、整治和管控力度，有力推动了专项行动的深入开展。公安部直接组织全国30个省（自治区、直辖市）公安机关成功侦破“6·8”特大网络非法制售买卖枪支案件。

4. 全力开展打击拐卖儿童妇女犯罪专项行动。为继续保持对拐卖儿童妇女犯罪的严打高压态势，公安部部署各地采取大要案件督办、公开悬赏通缉、强化摸排采血等一系列硬措施，强力推进打击拐卖儿童妇女犯罪专项行动，遏制了拐卖犯罪高发多发势头。

5. 大力开展打击淫秽色情违法犯罪活动专项行动。2010年6月至12月底，公安部部署在全国范围内组织开展了打击淫秽色情违法犯罪活动专项行动，取得明显成效，大中城市接报涉黄警情大幅下降，卖淫嫖娼违法犯罪活动得到有效遏制。同时，为进一步建立完善打击淫秽色情违法犯罪活动工作机制，加强源头治理，公安部会同人力资源和社会保障部、卫生部、全国妇联下发通知，部署各地在查禁卖淫嫖娼等违法犯罪活动中进一步加强对卖淫妇女的教育挽救工作，并召开会议，部署各地切实强化和规范对娱乐服务场所的日常治安管理。

6. 不断掀起打击电信诈骗犯罪专项行动新高潮。2010年6月18日，公安部召开电视电话会议，部署全国公安机关开展打击电信诈骗犯罪专项行动，严厉打击、严密防范电信诈骗犯罪活动，切实维护人民群众切身利益。按照公安部部署，各地公安机关不断创新打击方式方法，突出打窝点、打团伙、打平台、打账号，掀起了打击电信诈骗犯罪的新高潮。在公安部直接组织、指挥下，连续破获了“10·1·1”、“8·10”、“11·30”等3个特大跨境电信诈骗案件。

7. 深入开展重点地区排查整治行动。为认真贯彻落实中央综治委《关于进一步加强社会治安重点地区排查整治工作的若干意见》(综治委[2010]5号)，公安部自2010年6月起，部署在全国范围内开展了集中排查整治社会治安重点地区专项行动。各地公安机关在党委、政府领导下，按照公安部统一部署，迅速动员组织，深入排查，综合施策，创新管理，努力破解治安乱点整治难题，各地重点地区治安秩序明显好转。同时，积极推广了北京市大兴村庄社区化管理、江苏省苏州市红庄社区综合整治、广州火车站周边治安秩序整治等典型经验，加强治安防范，推动源头治理。

(二)积极参与整顿和规范市场经济秩序。全国公安机关积极会同有关部门，继续采取组织专项行动、开展区域集中整治等方式，狠抓经济犯罪大要案件侦办工作，严密防范、依法打击各类经济犯罪活动。

1. 开展打击发票犯罪“深入行动”。按照公安部关于深入打击整治发票犯罪专项行动的要求，全国公安机关加强警种和区域合作，连续发起“春雷”追逃会战、“端点”二号破案战役、全国“百日决战”和会战统一收网行动，形成对发票犯罪高强度、不间断的严打态势。

2. 以信用卡非法套现、骗领信用卡等突出犯罪为重点，严打银行卡犯罪。公安部部署开展了为期10个月的打击银行卡犯罪专项行动。全国公安机关与人民银行等有关部门密切配合，重拳打击非法套现、骗领信用卡后恶意透支等突出银行卡犯罪，通过查源头、铲窝点，彻底摧毁了一批银行卡犯罪团伙。

3. 严打侵犯知识产权和制售伪劣商品犯罪。按照2010年10月19日国务院关于打击侵犯知识产权和制售假冒伪劣商品犯罪专项行动的统一部署，公安部部署全国公安机关从11月到2011年3月开展“亮剑”专项行动，对6类侵犯知识产权和制售伪劣商品犯罪活动展开持续打击。

4. 继续保持对假币犯罪严打态势。公安部在认真总结打击假币犯罪“09行动”经验的基础上，紧紧抓住假币源头地区，继续深化打击假币犯罪工作，建立健全反假币长效机制。通过推动反假币工作向派出所延伸，推广反假币工作站、反假币专职联络员等措施，夯实反假币阵地控制、重点人员管理、线索摸排等基础工作。

5. 积极参与对传销违法犯罪活动的综合治理。公安机关继续立足“打早、打小”，整合警力资源，加大打击传销违法犯罪活动力度，取得显著成效。华东六省一市组织开展的“迎世博、禁传销”专项行动，共破案199起、挽回经济损失1900余万元；广东及周边6省区组织开展的“禁传销、保亚运”专项行动，共破案146起、挽回经济损失2900余万元。

(三)全力推动禁毒人民战争。全国公安机关认真贯彻落实国家禁毒委员会工作部署，深入实施《中华人民共和国禁毒法》，大力开展禁毒严打整治行动，全面加大堵截打击、戒毒管控、重点整治、禁毒宣传、禁毒管理、国际合作力度，全力推动禁毒人民战争向纵深发展，实现了“打击要有新突破、战果要有新增长、形势要有新好转”的目标。

1. 加大破案攻坚力度。各地公安机关不断强化多部门联动协作、多警种协同参战的缉毒执法工作机制，以遏制境外毒品渗透，打击国内制贩毒集团、网络、毒枭和种植毒品活动为重点，始终保持了对毒品犯罪的高压严打态势。

2. 推进社区戒毒康复工作。各级公安机关禁毒部门深入实施《禁毒法》，创新吸毒人员动态管控工作机制，探索戒毒康复场所建设管理经验，提高了吸毒人员的发现率、管控率和戒断巩固率。各地公安机关禁毒部门与卫生、司法、民政等相关部门大力推进社区戒毒和社区康复工作，进一步规范戒毒医疗机构建设，有效提高了对吸毒成瘾人员的管理与救治水平。各地继续稳步推进社区药物维持治疗工作，努力扩大了社区药物维持治疗覆盖面，全国药物维持治疗工作扩展到27个省（自治区、直辖市）588个区县的700个门诊及200多个延伸服药点。

3. 强化重点品种源头控制。禁毒部门联合有关部门加强对重点品种的源头监控，将麻黄碱复方制剂纳入药品安全专项整治内容，部署加强禁毒宣传和企业自律，对主要流失品种进行全面检查，进一步强化了易制毒化学品案件的侦查经营和来源倒查工作。针对不法分子利用互联网非法买卖易制毒化学品问题，公安部与工业和信息化部等有关部门在全国范围内组织开展了为期3个月的互联网涉毒信息整治行动，全面清理网上涉毒信息，严厉打击网上贩卖易制毒化学品和毒品犯罪活动，取得良好成效。

4. 广泛开展禁毒宣传教育。各地坚持经常性宣传与集中宣传相结合、传统毒品宣传与合成毒品宣传相结合、针对全民禁毒宣传教育与突出青少年禁毒宣传教育相结合，深化禁毒宣传教育工作，为禁毒人民战争创造了更为有利的社会环境。为遏制合成毒品在青少年群体中的滥用势头，各地、各部门进一步推进“不让毒品进校园”、“青少年远离毒品”等活动，中央媒体开展了合成毒品问题专家网络视频直播访谈，提高了公众特别是青少年对合成毒品危害的认识。

二、大力加强社会治安管理和防范控制，为上海世博会、广州亚运会等重大活动安全顺利举办创造了良好的社会治安环境

一年来，全国公安机关紧紧围绕上海世博会、广州亚运会等重大活动安保工作，牢固树立“盘棋”思想，坚持全警动员、全力以赴，坚持以面保点、整体防控，精心构筑外圈、内圈、核心圈“三道防线”，大力构建环沪“护城河”、环粤安保圈，严格落实各项安保措施。

（一）全面加强社会面治安管控工作。

1. 精心构筑世博安保环沪“护城河”。上海世博会期间，江苏、浙江、安徽、江西、山东、河南、湖北、福建等8省建立“环沪护城河”工作协调机制，坚持以面保点、整体防控，全面强化治爆缉枪、重点目标守护、阵地控制、社会面巡控和社会治安重点地区排查整治，构筑起了一道上海外围安全屏障。

2. 积极组织亚运安保环粤安保圈。广州亚运会亚残运会安保期间，广东及周边省区普遍建立公路、铁路、水上检查站，加强社会面治安查控。2010年9月中旬，环粤6省区公安机关联合开展了清查收缴危险物品统一行动。自10月15日起，广东等15个重点省（自治区、直辖市）大中城市公安机关与武警部队实施武装联勤巡逻，防范和打击现行违法犯罪。

（二）积极开展上海世博会、广州亚运会期间道路交通秩序整治行动。

1. 组织开展“迎世博、创文明、保平安”交通秩序专项整治活动。世博会前夕，公安部部署、指导环沪8省市公安交通管理部门强化入沪道路交通管控，科学引导交通流；同时，积极协调中央人民广播电台、交通广播协会设立“一路畅通看世博”栏目，及时向社会发布交通信息，确保了上海世博会期间环沪8省市道路交通安全形势平稳，上海市区和入沪道路交通畅通。

2. 组织开展“迎亚运、创文明、保平安”交通秩序整治行动。2010年6月7日，公安部印发《中华人民共和国公安部关于广州亚运会、亚残运会及其筹备期间临时入境机动车和驾驶人管理的通告》，并积极部署、指导环粤6省（自治区、直辖市）交警总队加强公路转场交通安保工作，确保了亚运会亚残运会期间，广东及周边地区交通安全形势总体平稳，赛区城市及入粤、入穗主要道路交通秩序良好，赛事交通与社会交通和谐运行，开（闭）幕式、运动员转场交通安全顺利。

（三）切实加强上海、广东主赛区社会面防控工作，维护核心外围良好治安秩序。

1. 认真做好世博园区暨大型活动安保工作。上海市公安机关密切会同军队、武警等有关部门，严格实施世博园区人员、物品和车辆的安检措施，逐层开展巡逻排查、安检抽查、票证查验等工作，组织开展对扒窃、拎包和倒卖、伪造世博会票证等违法犯罪活动的整治行动，有力维护了世博园区的正常秩序。同时，围绕各国国家馆日、开闭幕式、高峰论坛以及其他各类活动，分区域、分层次、分重点加强各项安保措施，确保了园区各项活动的安全有序。

2. 认真做好广州亚运会、亚残运会赛区安保工作。广州市公安机关密切会同武警等有关部门,坚持"安全第一、预防为主"的原则,建成了城市外围、市中心区、亚运场馆周边"三道防线"和路面巡逻防控、社区防控、企事业单位和重点目标防控以及视频监控"四张网络",实现了两个亚运"同样安全、同样精彩"的目标。

三、深入推进社会治安防控体系建设,公安机关驾驭动态社会治安局势的能力进一步提高

公安机关把健全完善社会治安防控体系、着力提高对动态社会的管控能力作为一项重要任务来抓,坚持"打防结合、预防为主,专群结合、依靠群众"的方针,按照全面设防、一体运作,有效防控、运转高效的要求,进一步构建和完善以公安指挥中心为龙头,以公安机关专业打防控力量为骨干,以群防群治力量为辅助,以警务信息平台为支撑,由六张防控网组成的点线面结合,人防物防技防结合、打防管控结合、网上网下结合的全方位、全天候、立体化的社会治安防控体系。

(一)全面推进"六张网"建设。各地大力加强街面防控网建设,最大限度地把警力摆上街面,切实强化社会面巡逻防控;大力加强社区防控网建设,深入实施社区和农村警务战略,全面提升社区防控水平;大力加强单位内部防控网建设,依法强化对单位内部治安保卫工作的监督、检查、指导,推动落实人防、物防、技防相结合的单位内部安全防范措施;大力加强视频监控网建设,积极布建覆盖城市主要道路、重要目标、重点单位、要害部位、治安复杂区域等部位的视频监控网络,充分发挥服务实战、震慑犯罪的作用;大力加强区域警务协作网建设,积极推动建立区域警务合作机制,全面提高区域、部门、警种之间整体联动、协同作战的能力和水平;大力加强"虚拟社会"防控网建设,建立网上网下一体化的治安管控机制,严密立体化治安防控工作格局。

(二)深入推动区域警务合作。在2010年6月公安部召开的全国公安机关社会管理创新工作座谈会上,国务委员、公安部部长孟建柱明确指出,要充分发挥我国政治优势,完善部门合作、区域警务合作、警种合作机制,形成社会管理整体合力,积极推动社会管理工作社会化。各地公安机关认真贯彻落实会议精神,在公安部的积极推动下,在党委、政府和上级公安机关的领导下,迅速沟通对接,先后建立了东北、环首都、西北、泛西南、苏浙皖沪、中部五省等6大区域警务合作机制,初步形成了与我国区域发展布局相协调、与经济社会发展相适应,区域合作、整体联动的警务合作格局。

(三)加强重点部位和薄弱环节的防控措施。针对一些地方接连发生犯罪分子侵害学生儿童和报复袭击执法人员等案件的情况,公安部部署全国公安机关迅速采取有力措施,全面强化学校、幼儿园和执法单位等治安防范,推进了重点部位防控体系建设,取得明显成效。

1. 全面加强学校幼儿园安全保卫。针对福建省南平市等地接连发生多起严重伤害小学生和幼儿个人极端事件的严峻形势,公安部连续召开7次会议做出紧急部署,提出了"打得犯罪分子不敢对孩子下手,防得犯罪分子不能对孩子下手"的要求。同时,立即成立校园安全保卫工作专班,指导督促各地采取超常措施,大力加强校园周边治安管控,推动落实校园内部防范措施,并会同中央综治办、教育部出台了关于建立健全校园安全工作长效机制的意见。各地及时查处制止一大批可能影响校园安全的苗头,有效遏制了此类案件接连发生的势头。

2. 切实加强法院安全保卫工作。2010年6月,湖南省永州市发生犯罪分子持枪报复杀害法院工作人员恶性案件后,公安部与最高人民法院联合下发紧急通知,部署各地采取有力措施加强人民法院安全保卫工作以来,全国公安机关和法院系统在党委、政府领导下,密切协作配合,采取有力措施,积极开展安全隐患排查整治工作,切实加强薄弱环节安全防范。工作中,各地公安机关与法院逐级建立健全联防联动机制,同时把法院作为治安保卫重点单位,合理调整勤务部署,加强法院周边治安巡逻,加大对可疑人员和车辆的盘查检查力度;深入开展涉法涉诉矛盾纠纷排查化解工作,特别是对不满法院裁判、有可能铤而走险和行凶报复的高危人员进行重点排查,并紧紧依靠基层组织做好稳控工作。

3. 进一步加强公交客运系统安全防范。针对江苏省无锡市、湖南省长沙市接连发生犯罪分子在单位班车和民航巴士上纵火恶性案件,2010年8月17日会同交通运输部、安全监管总局联合召开电视电话会，专题部署加强公交工具安全防范工作。按照统一部署，各地公安机关积极会同有关部门，大力开展了公交工具安全检查和防范工作。同时，各地普遍指导、督促公交企业在公交车上增配了必要的防护和应急装置。

4. 大力整治油气田及输油气管道生产治安秩序。各地公安机关认真贯彻落实全国油气田及输油气管道安全保护工作部际联席会议工作要求，密切会同有关部门和油气企业继续深入开展全国油气田及输油气管道安全保护工作，为维护国家能源安全和公共安全，促进经济社会发展，保障改善民生作出了新贡献，全国平安油区达到568个。

5. 积极开展电力电信广播电视设施安全保护工作。公安部会同中央综治办等有关部门在全国范围内继续深入推进电力电信广播电视设施（以下简称“三电”）安全保护工作，有力保障了全国“两会”、上海世博会、广州亚运会亚残运会等重大活动期间“三电”设施安全运行。经过严厉打击，全国盗窃破坏“三电”设施案件出现逐月下降的态势，2010年12月全国立案数比同年1月下降24%；电力、广电系统2010年立案数分别比2009年下降了8.5%、55%。

四、积极创新和加强公安行政管理工作，为经济社会发展提供了良好服务

全国公安机关紧紧围绕“三个最大限度”的总要求，积极应对社会经济发展过程中产生的新情况、新问题给公安机关社会管理工作带来的新挑战、新要求，进一步创新社会管理理念，完善社会管理机制，整合社会管理资源，改进社会管理方式，着力破解实有人口管理、矛盾纠纷化解、社会治安管控等管理难题，努力为全面建设小康社会创造安全稳定的社会环境、公平正义的法治环境、优质高效的服务环境。

（一）进一步加强和改进户籍管理工作。在各级党委、政府领导下，按照公安部统一部署，各地公安机关继续深入推进户籍管理制度改革，进一步加强和改进各项户籍管理服务措施，成效明显。按照国务院第六次全国人口普查领导小组统一部署，公安部于2010年5月份开始，组织全国公安机关开展了为期6个月的第六次全国人口普查户口整顿工作。此外，继续指导各地加大换发第二代居民身份证工作力度，截至2010年底，全国累计制发10.86亿张。

（二）进一步深化流动人口服务管理。公安部继续认真履行中央综治委流动人口治安管理工作领导小组办公室的职责，积极会同有关部门，在党中央、国务院和中央综治委的领导下，认真贯彻党的十七届三中、四中全会和全国社会治安综合治理工作会议精神，指导各地坚持“公平对待、搞好服务、合理引导、完善管理”的方针，以创新流动人口服务管理工作机制为抓手，在建立流动人口居住证制度、推行流动人口信息社会化采集、实行登记办证“一站式服务”、强化流动人口中高危人员的管控、加强和改进出租房屋管理、农民工维权等方面作了大量富有成效的探索，大力推广上海等地对实有人口、实有房屋“全覆盖”管理等经验做法，尽可能地让在城市工作生活的流动人口分享城市化带来的成果，使他们逐步享有当地居民在社会保障、就业创业、子女义务教育等方面的权益，方便他们在居住地工作生活和参与社会事务管理，受到社会各界和人民群众的普遍肯定。

（三）进一步加强消防安全管理。

1. 部署在全国开展为期三年的构筑社会消防安全“防火墙”工程。各地公安机关按照公安部统一部署，积极会同综治等有关部门，以全面提高社会单位检查消除火灾隐患、组织扑救初起火灾、组织人员疏散逃生、消防宣传教育培训“四个能力”，落实政府部门消防工作组织领导、部门监管、设施建设、检查考评“四项责任”，夯实农村社区消防工作组织建设、设施建设、群防群治、队伍建设“四项基础”，提高公安机关火灾隐患排查整治、执法规范化建设、消防宣传教育和社会管理创新“四个水平”为目标，积极构筑“防火墙”工程，得到了社会单位和广大群众的广泛认同。全国各省（自治区、直辖市）普遍以政府名义出台了构筑“防火墙”工程具体实施方案和指导意见，并召开现场会进行部署；天津、上海、浙江、河北、内蒙古、甘肃、广东等15个省（自治区、直辖市）将构筑“防火墙”工程写入地方性消防法规，纳入“十二五”消防事业发展规划，明确了各级政府、有关部门和社会单位构筑“防火墙”工程的责任。

2. 集中排查火灾隐患。公安部会同中央综治办和安全监管总局，自4月30日至10月30

日，部署在全国开展了以人员密集场所和高层、地下公共建筑为重点的建筑消防设施专项治理。据不完全统计，治理期间，各地共排查各类建筑18万余栋，发现火灾隐患34万余处，督促整改32万余处。

3. 开展消防专项检查。公安部会同中央综治办、发展改革委、民政部、财政部、住房城乡建设部、农业部联合开展贯彻《加强社会主义新农村建设消防工作的指导意见》专项检查，提出了"十二五"期间强化农村消防工作责任制落实、加强农村公共消防基础设施和多种形式消防队伍建设、深化农村地区火灾隐患整治工作和加强农村消防安全宣传培训工作的工作意见。

（四）进一步加强道路交通安全管理。

1. 积极推出便民服务措施。公安部修订了《机动车驾驶证申领和使用规定》，全面落实允许右下肢和双下肢残疾人驾驶汽车、允许异地申领摩托车驾驶证等10项便民服务措施。2010年，共有3379名右下肢和双下肢残疾人取得驾驶证。推出车辆管理所与机动车安全技术检验机构联网、全面推行交通事故民事损害赔偿纠纷调解制度等9条社会管理创新措施，截至2010年底，有1806家机动车安全技术检验机构实现与车管所联网，2226个县（市、区、旗）建立了道路交通事故损害赔偿人民调解工作机制，240个市（地、州、盟）交警支队开设了互联网、电话远程信息查询、业务受理服务，270个市（地、州、盟）设立了3735个社区交通管理服务站，229个市（地、州、盟）的1451个汽车品牌专卖店开展了代办机动车注册登记服务，186个市（地、州、盟）设立了1716个摩托车带牌销售点。此外，公安部还会同工业和信息化部推出新出厂轿车注册登记免检等5项便民措施，进一步提高了登记效率。

2. 持续开展突出交通违法行为整治。公安部先后部署开展了酒后驾驶违法行为整治、公路客运交通安全隐患排查整治、公路客运交通安全教育整治等一系列专项行动，整顿道路交通秩序、消除安全隐患，保持了道路交通安全形势总体平稳。2010年，全国共查处酒后驾驶违法行为63.1万起，机动车涉牌涉证违法行为为852.6万起；全国共发生涉及人员伤亡的道路交通事故22万起，造成6.5万人死亡，与2009年相比分别下降7.9%和3.7%。

3. 大力实施"文明交通行动计划"。公安部会同中央文明办联合部署在全国范围内实施为期三年的"文明交通行动计划"。各地以"关爱生命，文明出行"为主题，狠抓各项措施落实，政府主导、部门联动、综合治理、全民参与的工作格局初步形成，严重交通违法行为得到了有效遏制。2010年，全国因酒后驾驶、超速行驶、疲劳驾驶、违法停车等交通违法行为导致事故数分别同比下降25.4%、7.5%、2.3%和8.2%。此外，为进一步规范交通安全管理规范化，公安部组织编写了《交警系统执法细则》，修订了《机动车驾驶人管理工作规范》及4个配套标准。

（五）进一步加强边防和出入境管理。全国公安机关出入境管理和边防检查部门持续严厉打击出入境违法犯罪活动，深入分析偷渡活动新动向，切实加大反偷渡和查办妨害国（边）境管理犯罪案件工作力度，组织开展有针对性的专项打击和集中整治有效遏制了偷渡活动的发展蔓延。各地公安机关与海关、外事、旅游、交通运输等职能部门密切协作，建立情况互通、信息共享、协作追逃等合作机制，深挖了一批幕后"蛇头"和偷渡组织团伙。此外，各地公安机关继续加大对非法入境、非法居留、非法就业（以下简称"三非"）外国人的清理整治工作力度，有关重点地区"三非"外国人问题得到有效治理，"三非"外国人等涉外违法犯罪呈现下降趋势。

最高人民法院　最高人民检察院　公安部
关于严厉打击发票违法犯罪活动的通知

（2010年6月1日）

各省、自治区、直辖市高级人民法院，人民检察院，公安厅、局，新疆维吾尔自治区高级人民法院生产建设兵团分院，新疆生产建设兵团人民检察院、公安局：

近年来，各级公安机关、人民检察院、人民法院始终把严厉打击发票违法犯罪作为一项重要任务，依法查处了一批发票违法犯罪案件，打击处理了一批发票违法犯罪分子，为维护国家税收征管秩序，保证财政收入稳定增长作出了重要贡献。但是，受各方面因素的影响，当前发票违法犯罪形势仍然十分严峻，发案数量居高不下，作案手法日趋隐蔽，打击难度越来越大。为依法严厉打击发票违法犯罪，有效遏制发票违法犯罪活动蔓延，现就有关要求通知如下：

一、充分认识打击发票违法犯罪的重要性

发票违法犯罪不仅直接诱发各类涉税违法犯罪，危害国家税收管理秩序，造成税收和财政收入大量流失，而且为贪污、贿赂、洗钱、诈骗等其他违法犯罪提供便利条件，对党风廉政建设和国家经济安全构成严重威胁。严厉打击发票违法犯罪，事关国计民生，事关维护社会经济秩序大局，意义特别重大。各级公安机关、人民检察院、人民法院要深刻认识当前发票违法犯罪的严重危害性，切实把打击发票违法犯罪作为一项重要任务，始终摆在突出位置抓紧抓好。

二、加强协作配合，形成打击合力

在办理发票犯罪案件中，各级公安机关、人民检察院、人民法院要加强协调配合，及时沟通情况，形成打击合力，提高工作成效。公安机关要主动加强与检察机关的沟通，重大案件商请检察机关提前介入；对依法应当由公安机关补充侦查的，要根据检察机关的补充侦查提纲尽快补充侦查。检察机关对公安机关立案侦查的发票犯罪案件，要根据办案工作的需要适时介入，参加对重大案件的讨论，对案件的法律适用和证据的收集、固定等提出意见和建议。人民法院对于重大发票犯罪案件，要加强审理力量，依法快审快结。

发票犯罪案件由犯罪地的公安机关管辖。发票犯罪案件中的犯罪地，包括伪造地、非法制造地、出售地、购买地，也包括运输假发票的途经地。几个公安机关都有管辖权的，由最初受理的公安机关管辖。必要时，可以由主要犯罪地的公安机关管辖。如果由犯罪嫌疑人居住地的公安机关管辖更为适宜的，可以由犯罪嫌疑人居住地的公安机关管辖。发票犯罪案件中的犯罪嫌疑人居住地，包括犯罪嫌疑人经常居住地、户籍所在地，也包括其临时居住地。对管辖有争议或者情况特殊的，可以由共同的上级公安机关指定管辖。如需人民检察院、人民法院指定管辖的，公安机关要及时提出相关建议。经审查需要指定管辖的，人民检察院、人民法院要依法指定管辖。普通发票的真伪鉴定，参照国家税务总局《关于普通发票真伪鉴定问题的通知》（国税函［2008］948号）的规定执行。

三、充分运用法律武器，依法从严打击

各级公安机关、人民检察院、人民法院办理发票犯罪案件要坚持依法严惩的原则，杜绝以罚代刑、以拘代刑、重罪轻判或降格处理。公安机关对符合最高人民检察院、公安部《关于公安机关管辖的刑事案件立案追诉标准的规定（二）》规定的发票犯罪案件，要迅速立案侦查，全面查清犯罪事实；对有证据证明有犯罪事实，可能判处有期徒刑以上刑罚的犯罪嫌疑人，要尽快提请批准逮捕并抓紧侦办，及时移送审查起诉。对伪造、倒卖增值税专用发票、可抵扣税款发票和普通发票的行为，情节显著轻微，尚不构成犯罪的，由公安机关依法给予拘留、罚款等治安管理处罚；符合劳动教养条件的，依法给予劳动教养。

人民检察院对于公安机关提请批准逮捕、移送审查起诉的发票犯罪案件，符合批捕、起诉条件的，要依法尽快予以批捕、起诉；对于确实需要补充侦查的案件，要制作具体、详细的补充侦查提纲。人民法院对于发票犯罪要依法从严惩处，对于发票犯罪累犯、惯犯、涉案假发票数量巨大或者大量流入社会的犯罪分子，要坚决重判。上级人民法院要加强对下级人民法院审判工作的指导，保障依法及时正确审判发票犯罪案件。

要充分运用没收犯罪工具、追缴违法所得等措施，以及没收财产、罚金等财产刑，加大对犯罪分子的经济制裁力度，彻底剥夺犯罪分子非法获利和再次犯罪的资本。要注重铲除"买方市场"，从源头上遏制发票犯罪。对于购买、使用假发票实施逃避缴纳税款、骗税、行贿、洗钱、诈骗等行为，应当追究刑事责任的，要坚决依法追究。对于国家工作人员购买、使用假发票实施贪污、受贿、挪用公款等行为，应当追究刑事责任的，要依法从严惩处。

四、强化宣传力度，营造舆论声势

各级公安机关、人民检察院、人民法院要利用各种新闻媒体，采取多种形式，公开曝光一批典型案例，充分发挥刑罚的震慑力。要大力宣传有关法律和政策，让机关、团体、企事业单位和广大群众充分认识发票犯罪的实际危害，提高诚信纳税意识，自觉抵制假发票。公安机关要建立举报奖励制度，动员广大群众积极检举、揭发发票犯罪，形成严厉打击发票犯罪的强大舆论声势。

各地接此通知后，请迅速传达至各基层人民法院、人民检察院、公安机关，并认真贯彻执行。执行中遇到的重大问题，请分别报最高人民法院、最高人民检察院、公安部。

国家禁毒委员会办公室　中共中央宣传部　中央对外宣传办公室　中央社会治安综合治理委员会办公室　公安部　教育部　卫生部　民政部　司法部　人力资源和社会保障部　商务部　文化部　国家工商行政管理总局　国家广播电影电视总局　国家新闻出版总署　全国总工会　共青团中央　全国妇联　关于印发《关于深化全民禁毒宣传教育工作的指导意见》的通知

（2010年7月16日）

各省、自治区、直辖市和新疆生产建设兵团禁毒委员会办公室，党委宣传部、外宣办、综治办，公安厅（局）、教育厅（教委、教育局）、卫生厅（局）、民政厅（局）、司法厅（局）、人力资源社会保障厅（局）、商务

主管部门、文化厅(局)、工商行政管理局、广播电影电视局、新闻出版局,工会、团委、妇联:

为深入贯彻实施《中华人民共和国禁毒法》(以下简称《禁毒法》),推动国家机关、社会团体、企业事业单位以及其他组织积极履行禁毒宣传教育职责,进一步提高全民抵御毒品的能力和参与禁毒斗争的意识,不断推进禁毒人民战争向纵深发展,特制定《关于深化全民禁毒宣传教育工作的指导意见》,现印发给你们。请结合当地实际情况,切实抓好组织实施。

关于深化全民禁毒宣传教育工作的指导意见

为深入贯彻实施《禁毒法》,推动国家机关、社会团体、企业事业单位以及其他组织积极履行禁毒宣传教育职责,进一步提高全民抵御毒品的能力和参与禁毒斗争的意识,不断推进禁毒人民战争向纵深发展,现就深化全民禁毒宣传教育工作提出如下意见:

一、充分认识深化全民禁毒宣传教育工作的重要意义

(一)全民禁毒宣传教育工作取得明显成效。2005年开展禁毒人民战争以来,各地区、各有关部门坚持预防为主的禁毒方针,认真组织实施中共中央宣传部、国家禁毒委员会办公室(以下简称国家禁毒办)等11个部门联合制定的《全民禁毒教育实施意见》,广泛深入地开展禁毒宣传教育活动,取得了明显的阶段性成效,广大人民群众识毒、拒毒、防毒能力和参与禁毒的意识普遍增强,滥用海洛因等传统毒品人员新增率进一步降低,社会各界关注禁毒、积极参与禁毒人民战争的氛围更加浓厚,为预防和减少毒品违法犯罪活动、保护公民身心健康、促进社会和谐稳定作出了积极贡献,为进一步深化和加强全民禁毒宣传教育工作打下了坚实基础。

(二)禁毒宣传教育工作面临新的挑战和压力。随着禁毒斗争的不断深入和毒品形势的发展变化,禁毒宣传教育工作面临的外部环境和内在要求发生了深刻变化,特别是《禁毒法》的颁布实施,对进一步深化全民禁毒宣传教育工作,从根本上防范毒品问题发生、减少吸毒人员的增加,提出了新的更高要求。与面临的形势和挑战相比,禁毒宣传教育工作还存在一些不适应的问题,一些地方、部门重打击、轻防范,对禁毒宣传教育工作重视不够、投入不足;禁毒宣传教育领导体系、工作机制、工作队伍有待进一步增强,效果评估和竞争激励机制还不健全;禁毒宣传教育工作理念、方式、手段还不能完全适应快速变化的毒品形势,针对农村、流动人口以及合成毒品危害的宣传教育仍是薄弱环节,针对性、系统性、科学性、实效性有待进一步提高,这些问题需要采取有效措施尽快加以解决。

(三)深化全民禁毒宣传教育工作具有重要意义。认真贯彻实施《禁毒法》,不断深化全民禁毒宣传教育工作,对于增强全民禁毒意识,激发广大人民群众参与禁毒斗争的积极性、主动性、创造性,具有重要意义。各级党委、政府和禁毒领导机构要把全民禁毒宣传教育作为社会主义精神文明建设的重要内容,作为事关禁毒工作全局的一项重要战略任务,进一步建立健全政府统一领导,有关部门各负其责,社会广泛参与的禁毒宣传教育工作体制,切实将全民禁毒宣传教育纳入整个禁毒工作、政府和相关部门目标管理、社会治安综合治理考核范围统一部署、统一检查,落实禁毒宣传教育工作责任制和各项保障措施,在巩固已有成果的基础上,进一步深化和推进全民禁毒宣传教育工作。

二、明确深化全民禁毒宣传教育工作的指导思想、基本原则和任务目标

(四)深化全民禁毒宣传教育工作的指导思想:以邓小平理论和"三个代表"重要思想为指导,深入贯彻落实科学发展观,全面实施《禁毒法》,坚持以人为本、促进人的全面发展的理念,紧密结合禁毒工作实际,积极探索全民禁毒宣传教育规律,坚持长期、广泛地开展全民禁毒宣传教育活动,不断增强全民禁毒意识和自觉抵制毒品能力,推动国家机关、社会团体、企业事业单位以及其他组织履行禁毒宣传教育法定职责,形成“履行禁毒义务、参与禁毒斗争”的社会氛围,为进一步深化禁毒人民战争营造更加良好的社会环境。

(五)深化全民禁毒宣传教育工作的基本原则:坚持面向全民与突出重点人群相结合,将青少年、流动人口、毒品问题严重地区人员、有涉毒行为人员作为禁毒宣传教育的重点人群,进一步增强全民禁毒宣传教育工作的针对性;坚持禁毒宣传教育形式与效果相统一,将禁毒宣传教育与公民法制教育、道德教育、科普教育、健康教育、职业教育、预防艾滋病教育结合起来,贴近实际、贴近生活、贴近群众,进一步提高全民禁毒宣传教育工作的实效性;坚持禁毒宣传教育专业化和社会化资源相整合,注重发挥媒体优势,发展禁毒群众组织,凝聚民心,集聚力量,进一步提升禁毒宣传教育工作的社会化水平。

(六)深化全民禁毒宣传教育工作的主要任务:普及毒品预防知识,增强公民的禁毒意识,提高公民自觉抵制毒品的能力。深入开展禁毒法制教育,宣传《禁毒法》、《戒毒条例》及其他禁毒法律法规,介绍我国禁毒立场、方针和政策,使公民树立遵纪守法的观念,自觉做到不种毒、不制毒、不贩毒、不吸毒,关爱吸毒成瘾人员;深入开展毒品预防知识教育,以防范合成毒品危害为重点,广泛宣传毒品种类、特征和滥用危害,介绍个人和家庭防范毒品侵害的方法,使公民提高认知和抵御毒品的能力,养成积极、健康的生活方式;深入开展禁毒形势教育,介绍禁毒斗争历史和现状,宣传禁毒工作措施和成效,使公民进一步关心和支持禁毒工作,树立禁毒斗争必胜的信心;深入开展禁毒理念教育,倡导禁绝毒品、人人有责的社会责任意识,宣传禁毒志愿者的感人事迹,使公民增强与涉毒违法犯罪行为作斗争的积极性,自觉成为禁毒理念的传播者和实践者。

(七)深化全民禁毒宣传教育工作的主要目标:全民禁毒意识显著增强,新吸毒人员增加速度明显减缓,合成毒品滥用势头和其他毒品违法犯罪活动得到有效遏制;禁毒宣传教育基本覆盖全体公民,全部覆盖学校和看守所、拘留所、监狱、劳动教养管理所、强制隔离戒毒所、戒毒康复场所、自愿戒毒医疗机构、药物维持治疗门诊以及救助管理机构;禁毒宣传教育手段多样、内容丰富、保障有力,满足不同群众毒品认知需求,重点人群接受禁毒教育更加系统、深入;全民禁毒宣传教育专兼职工作队伍基本覆盖基层街道(乡镇),禁毒志愿者队伍规模和专业化水平明显提高;禁毒宣传教育效果评估和竞争激励机制更加科学完善,宣传教育投入逐步增加;全民禁毒宣传教育领导体制、工作机制进一步健全,群众满意度进一步提高,全社会参与禁毒氛围更加浓厚。

三、深入开展具有针对性、实效性的毒品预防教育活动

(八)进一步深化“不让毒品进校园”活动,全面推动禁毒教育进学校,帮助学生树立远离毒品、健康成长的观念。教育行政、禁毒、社会治安综合治理、共青团等部门、组织要充分发挥学校的主阵地作用,深入开展中小学生毒品预防专题教育,按照《中小学生毒品预防专题教育大纲》要求,分阶段开设禁毒课程,切实做到教学计划、教学材料、课时、师资“四到位”,巩固“学生不吸毒、校园无毒品”的成果;要积极推进在高等学校、中等职业学校和中小学的毒品预防教育工作,通过二至三年的努力,在每个省(自治区、直辖市)培育若干所毒品预防教育示范中等职业学校、中学和小学;教育行政部门要大力加强学校禁毒师资队伍建设,并将毒品预防教育实施情况纳入国家督学范畴,确保禁毒教学质量不断提高,各项禁毒教育措施落到实处。

要以防范合成毒品危害为重点,把预防毒品和药物成瘾知识与法制教育、心理健康教育有机结合起来,将其作为高等学校、中等职业学校和中小学德育的重要内容,纳入教学计划,同时完善生理卫生、生物、历史等相关课程的禁毒渗透教育,逐步建立全面系统的禁毒教育教学体系。

要加强对不同阶段学生心理特点和毒品认知能力的研究,丰富教学内容,开发教学资源,创新教学手段,不断增强禁毒教育的吸引力、感染力。要结合学生入学、入队、入团、成人宣誓、毕业典礼等活动,组织开展禁毒主题课外活动和社会实践,开展制作手抄报、模拟法庭、自护教育、参观戒毒所等禁毒教育活动。

要在重点地区建立由禁毒办牵头,由教育行政、公安、司法行政、卫生行政、社会治安综合治理、共青团、少先队等部门、组织和学校负责人、学生家长参加的禁毒教育联席会议制度，并通过选聘校外法制辅导员、开展“小手拉大手、大手护小手”、学生禁毒志愿者等活动，积极推动学校禁毒教育与家庭、社会禁毒教育有效衔接。

（九）进一步深化“社区青少年远离毒品”行动，全面推动禁毒教育进社区，提高社区禁毒宣传教育服务能力。共青团组织要继续深化“社区青少年远离毒品行动”，结合预防青少年违法犯罪工作，有针对性地面向社区闲散青少年和进城务工青年开展禁毒宣传教育；要依托青少年法律学校、青少年维权服务站、青少年维权服务岗、进城务工青年培训学校等阵地，组织重点青少年群体开展禁毒宣传教育及生活技能训练，为青少年健康成长创造良好环境。每个社区在每年寒暑假期间至少组织一次青少年禁毒教育活动。

社会治安综合治理、禁毒部门要结合“无毒社区”创建活动和社会治安重点地区排查整治工作，以社区为依托，针对毒品问题严重地区、城中村、城镇周边聚居常住人员、流动人员及下岗失业人员开展禁毒宣传教育，预防和减少涉毒违法犯罪行为发生。

民政、司法行政、教育行政、卫生行政、文化、公安、工会、共青团、妇联等部门、组织要指导基层组织将社区禁毒宣传教育纳入社区建设和管理，配合开展“无毒社区”创建和社区禁毒宣传教育工作；要组织禁毒宣传教育辅导员、社区志愿者、禁毒社会工作者和社区居民等力量，积极参与禁毒教育进社区活动，逐步壮大活跃在社区、热心禁毒教育和戒毒帮教的禁毒志愿者队伍。

城市街道办事处、居民委员会要加强社区禁毒宣传教育，落实禁毒防范措施，促进和谐社区建设；要依托社区服务中心（站）、宣传文化站、居民会议、市民学校、阅报栏、法制宣传橱窗等社区公共服务设施和社区戒毒（康复）工作网络，发放禁毒宣传教育资料，建立禁毒宣传教育园地，开设禁毒讲座和居民论坛，结合群众性主题文化教育活动和“致社区居民一封信”等活动，深入开展禁毒公益宣传。

（十）进一步深化“不让毒品进我家”活动，全面推动禁毒教育进家庭，完善家庭自我教育、自我防范功能。妇联组织要以“平安家庭”创建为依托，继续做好“无毒家庭”创建工作，深化“不让毒品进我家”活动，广泛开展面向家庭的禁毒教育，使毒品预防知识家喻户晓、深入人心。要进一步扩大“无毒家庭”覆盖面，积极引导家庭成员开展防范涉毒的自我教育、自我管理，推动父母对未成年子女进行毒品预防教育；要加强妇女禁毒协会和巾帼禁毒志愿者队伍建设，以单亲家庭、流动人口家庭、涉毒家庭和妇女为重点，会同社区民警、居（村）民委员会等基层工作力量，深入居民家庭开展有针对性的禁毒教育和帮教活动；要利用家长学校和家庭文明指导中心等阵地，组织禁毒志愿者、家长、戒毒专家和青少年参加禁毒讨论会和培训班，提高家庭防范毒品意识，帮助克服家人吸食毒品的危机和困难；要配合禁毒、邮政部门开展“毒品知识进万家活动”，力争通过三年努力，依托邮政投递网络和巾帼禁毒志愿者队伍将禁毒宣传教育资料送进每个家庭。

（十一）进一步深化“职工拒绝毒品‘零计划’行动”，全面推动禁毒教育进单位，帮助职工和个体劳动者认识和预防毒品危害。工会组织要继续深化“职工拒绝毒品‘零计划’行动”，利用健全的工会组织网络，引导国家机关、社会团体、企业事业单位以及其他组织加强面向本系统、本单位职工的禁毒宣传教育，广泛开展创建“无毒单位”活动。要将禁毒教育纳入全国职工素质建设工程，作为职工岗前培训、岗位培训的重要内容，实现禁毒宣传教育工作的经常化和制度化；要利用工人文化宫、工人俱乐部、职工书屋、职工之家、农民工业余学校及宣传橱窗、班组板报等工会文化设施网络，广泛开展为职工送图书、送电影、送法律、送文艺等多种形式的禁毒宣传教育活动；要以“千万农民工帮扶行动”为载体，结合就业培训、岗位援助、创业指导等措施，有针对性地在外来务工人员、下岗失业人员集中的地区、行业和企业开展禁毒宣传教育，提高广大职工特别是农民工和下岗失业群体抵制毒品的能力和自觉守法意识；要积极帮助吸毒职工戒断毒瘾、回归社会。

易制毒化学品生产、经营、运输和使用单位及化工市场要通过学习培训，增强职工特别是重点岗位主管人员的禁毒意识和责任意识，提高易制毒化学品行业自我约束能力和防范能力。

各类行业协会、商会要积极参与禁毒宣传教育工作。个体劳动者协会、私营企业协会要在广大会员特别是文化娱乐服务业、出租车业、物流和快递业等重点行业会员中，开展形式多样的禁毒宣传教育活动，继续深化创建“无毒基层协会”活动。

（十二）深入开展禁毒“流动课堂”活动，全面推动禁毒教育进场所，提高流动人口和戒毒人员抵御毒品能力。各级党委宣传、禁毒、公安、卫生行政、民政、司法行政、工商行政管理、工会、共青团、妇联等部门、组织要结合各自业务工作，深入开展面向无业人员和流动人口的禁毒宣传教育。要重点在公共场所推进禁毒“流动课堂”活动，广泛发动禁毒志愿者，采取流动宣传车、宣传小分队等形式，深入毒品问题严重地区以及繁华街区、交通枢纽、大型建筑工地等复杂场所，开展经常性的禁毒咨询和宣讲活动。

人力资源和社会保障部门要结合就业服务和就业援助工作，利用各级公共就业服务机构、劳动保障工作平台，面向无业人员开展经常性的禁毒知识宣传；要联合铁路、交通、民航等部门，在春节期间组织开展“春风行动”，向外出务工人员发放禁毒宣传品，开展多种形式的禁毒宣传。

铁路、交通、民航部门要将禁毒知识纳入对旅客宣传和职工培训内容。毒品问题比较严重的地区和边境口岸要设立户外禁毒公益广告牌；候车、候船、候机室要设置禁毒宣传专栏和宣传牌，摆放禁毒宣传教育资料；公共交通工具上要张贴禁毒标志，利用移动电视开展禁毒宣传；有影视广播播放条件的旅客集中场所要滚动播放禁毒宣传教育内容。

文化、工商行政管理、公安等部门要进一步加强对歌舞娱乐、宾馆酒店、洗浴桑拿等公共服务场所的禁毒管理，要求场所主动公开张贴和摆放禁毒宣传品，公布涉毒举报奖励办法，安装禁毒公益宣传软件，聘请媒体和公众监督员，每年组织经营业主、从业人员开展防范合成毒品禁毒承诺和教育培训活动，推动娱乐场所、旅店依法落实禁毒防范措施，预防毒品违法犯罪行为的发生。

公安、司法行政、卫生行政、民政部门要在看守所、拘留所、监狱、劳动教养管理所、强制隔离戒毒所、戒毒康复场所、自愿戒毒医疗机构、药物维持治疗门诊和救助管理机构等毒品受害者、毒品违法犯罪人员集中的特殊场所开展《禁毒法》、吸毒防治和预防艾滋病教育，鼓励戒毒成功人员结合个人经历开展同伴教育，对已染毒人员给予人文关怀，帮助他们认清摆脱毒品的途径，树立回归社会的信念。

（十三）依托社会主义新农村建设，推动禁毒教育进农村，提高农民禁毒法制观念。乡镇人民政府、村民委员会要立足农村有线广播、墙报宣传栏等宣传阵地，抓住农贸集市、节假日等有利时机，在人群集中地点开展群众喜闻乐见的禁毒宣传教育，帮助广大农民特别是返乡农民工识毒、防毒、拒毒，免受毒品侵害。乡镇和村广播室要定时播放禁毒教育内容；毒品问题严重地区要做到乡乡有禁毒音像宣传品、村村有宣传挂图、户户有宣传手册。

党委宣传、教育行政、公安、卫生行政、司法行政、农业、文化、广播电影电视、新闻出版、共青团等部门要结合文化科技卫生“三下乡”、“法律进乡村”活动和农家书屋、广播电视村村通、农村电影放映工程，开展禁毒宣传资料、禁毒文艺、禁毒电影进农村活动；要把毒品预防知识纳入农村党员和农民职业教育内容，借助农村党员干部现代远程教育网络和农村职业教育培训网络，面向农村开展禁毒教育。

禁毒、农业、林业、民政、公安等部门要指导基层组织、单位在可能种植毒品原植物地区，深入开展禁种宣传，增强群众禁种意识，防止罂粟种籽落地。

四、积极营造全社会广泛参与禁毒人民战争的舆论氛围

（十四）充分发挥大众传媒禁毒宣传的主渠道作用。大众传媒要承担开展公益性禁毒宣传教育的社会责任，普及毒品预防知识，传播禁毒观念，加大常态化禁毒宣传力度，定期发布禁毒公益广告。中央和地方主要报刊、广播、电视以及重点新闻网站要在相关栏目中充实有关禁毒宣传教育内容。各级党委宣传和新闻出版行政部门要加强对禁毒宣传工作的指导和督查。各地区、各有关部门要密切与各类媒体的合作，加强舆论引导，培养通讯员队伍，不断增强禁毒新闻宣传的实效性。国家禁毒办将会同有关部门定期组织开展全国报刊业禁毒好新闻评选活动。

（十五）把互联网、手机等新兴媒体作为禁毒宣传教育的重要阵地。各地区、各有关部门要开展形式多样的网上禁毒宣传教育，特别是利用网络新技术、新手段,通过博客、播客、微客、QQ、社交网站、网络游戏等青少年乐于接受的方式,重点加强对防范合成毒品危害的宣传教育。禁毒部门要协调工业和信息化部门强化通信服务商的禁毒宣传职责,通过手机媒体定期发布毒品预防知识和预警信息。

(十六)建立健全禁毒新闻发布制度。各省、自治区、直辖市禁毒领导机构要建立禁毒新闻发布制度,或者利用现有新闻发布平台定期发布禁毒新闻,组织出版禁毒年度报告,公开毒品违法犯罪行为举报奖励办法,增加禁毒工作的透明度。要注重培养新闻发布人才,主动设置新闻发布议题,及时发布当地毒品形势、禁毒工作措施和成效、重要案件和重大行动,切实增强新闻发布的及时性和权威性。

五、大力推进群众性禁毒公益实践活动

(十七)推进禁毒志愿服务工作持续健康发展。党委宣传、禁毒部门要会同精神文明建设指导委员会办公室加强对各类禁毒志愿服务活动的总体规划和协调指导。民政、工会、共青团、妇联等部门、组织要结合各自特点,进一步加强社区志愿者、职工、青年和巾帼禁毒志愿者队伍建设,推动义务性禁毒宣传教育队伍不断发展壮大;要建立健全禁毒志愿服务组织体系和工作机制,从禁毒工作需要和志愿者愿望出发设计服务项目,依托禁毒教育基地对志愿者进行禁毒知识和技能培训,跟踪掌握禁毒志愿者接受培训和参加服务情况,推动禁毒志愿服务经常化和规范化。共青团组织要将禁毒宣传教育纳入全国大中专学生志愿者暑期“三下乡”社会实践活动,调动青年学生参与禁毒社会实践活动的积极性。国家禁毒办将适时开通禁毒宣传教育志愿者注册管理系统和志愿服务信息平台。有条件的地区要组建禁毒社会工作者队伍,明确其禁毒宣传教育职责,对吸毒人员家庭要重点入户宣传。

(十八)动员社会组织参与禁毒公益实践活动。要注重发挥各类社会组织特别是公益慈善组织的作用,充分利用禁毒协会、禁毒基金会、关心下一代工作委员会、红十字会和学生社团的优势,开展禁毒志愿服务,争取社会各界公益捐助。

(十九)发挥禁毒先进人物、优秀民间禁毒组织的榜样作用。各地区、各有关部门要动员广大领导干部和社会知名人士带头参与禁毒志愿服务,大力发现、培养来自基层、贴近群众的先进典型,加大典型的宣传力度,使广大群众从先进典型的感人事迹和优秀品质中受到鼓舞、汲取力量。国家禁毒办将继续会同有关部门不定期评选表彰“全国十大民间禁毒人士”。

六、不断掀起“全民禁毒宣传月”集中宣传教育高潮

(二十)将每年6月作为“全民禁毒宣传月”。国家禁毒办要结合当年禁毒工作重点,参照联合国确定的主题,公布“全民禁毒宣传月”宣传主题。各地区、各有关部门要组织开展主题突出、特色鲜明、富有成效的集中宣传教育活动,掀起禁毒宣传高潮,使人民群众普遍受到一次禁毒教育。

(二十一)发挥媒体优势营造浓厚的禁毒舆论氛围。“全民禁毒宣传月”期间,各级党委宣传部门要指导、督促各类新闻媒体开辟禁毒专栏、专版、专题,制作播出高质量的禁毒新闻和专题节目,开展禁毒集中宣传;社区和学校宣传橱窗要推出禁毒宣传教育专栏;公共场所和公共交通工具要利用橱窗、广播、闭路电视和电子显示屏开展禁毒集中宣传和禁毒公益广告宣传。中宣部、公安部、国家广电总局、新闻出版总署、国家禁毒办继续组织开展中央主要新闻媒体集中采访报道活动。中央对外宣传办公室指导、协调中央各对外新闻单位、中央重点新闻网站宣传报道我国政府开展禁毒工作的措施和成效,并组织开展境外舆论引导工作。

(二十二)抓住有利时段开展禁毒集中宣传。各地区、各有关部门要抓住“6·1”《禁毒法》实施纪念日、“6·3”虎门销烟纪念日、“6·26”国际禁毒日以及“12·1”世界艾滋病日、“12·4”全国法制宣传日、“12·5”国际志愿者日等纪念日,有针对性地开展禁毒集中宣传。

七、切实做好全民禁毒宣传教育保障工作

(二十三)完善以政府投入为主、多渠道筹措资金的禁毒宣传教育经费保障机制。各级政府要把禁毒宣传教育经费作为禁毒经费组成部分列入财政预算,保障禁毒宣传教育工作需要,并随着社会经济发展逐步增加。各地禁毒领导机构要加强禁毒宣传教育经费管理,确保专款专用,提高资金使用效率。各有关部门要把禁毒宣传教育纳入本单位宣传教育整体规划，争取经费投入，禁毒领导机构应对禁毒委员会成员单位予以必要的经费支持。教育事业费要保障学校禁毒教育的必要支出。

（二十四）加强全民禁毒宣传教育领导机构建设。要完善分级负责、各司其职、齐抓共管的全民禁毒宣传教育领导体系。省、市、县禁毒领导机构内要设立禁毒宣传教育工作小组，由禁毒领导机构相关成员单位组成，重点研究解决重大和难点问题，组织落实重要活动。各级禁毒部门要会同党委宣传部门，加强对成员单位的协调指导，及时提供禁毒宣传教育资料。各相关成员单位要细化本部门禁毒宣传教育职责任务，各尽其责，相互配合，把禁毒宣传教育与业务工作紧密结合起来，纳入目标管理责任制，完善措施，扎实推进。

（二十五）加强全民禁毒宣传教育人才队伍和专兼职工作队伍建设。中央、省、市禁毒宣传教育领导机构要建立全民禁毒宣传教育咨询专家和培训师资资源库，研究禁毒宣传教育规律，编制禁毒宣传教育资料，开展禁毒宣传教育培训，逐步实现全国咨询专家与培训师资的资源共享。

各级禁毒宣传教育工作小组要建立全民禁毒宣传教育专门队伍，各街道、乡镇、学校、社区医疗机构和特殊场所内要指定专人负责禁毒宣传教育工作，形成一支专兼职结合、素质较高、人数众多、覆盖面广的禁毒宣传教育工作队伍。

禁毒部门要积极会同相关成员单位，把握禁毒宣传教育专职人员、禁毒师资、禁毒志愿者、禁毒教育辅导员等不同对象的需求，按照“国家禁毒办和各部门示范培训、省级重点培训、市级普遍培训”的方法，组织有关专家，依托高等院校、科研院所和社会培训机构，广泛开展培训工作，不断提高禁毒宣传教育队伍素质。国家禁毒办定期举办全国禁毒宣传教育骨干培训班和全国禁毒宣传教育精品项目评选活动，逐步推广专兼职工作队伍网络培训和远程教育。新闻出版总署继续做好新闻记者禁毒防艾宣传报道的教育培训工作。

教育行政部门和学校要重视禁毒教育兼职教师、法制副校长、校外法制辅导员、校外专家组等禁毒师资的建设，提高中小学班主任、高校辅导员开展毒品预防教育的能力。要把禁毒教育列入教师继续教育内容和教师校本培训计划，开展禁毒教学研究工作。要逐步建立各省、自治区、直辖市禁毒教师教育课程资源的共建共享机制，充分发挥“农村中小学现代远程教育工程”的应用效益和全国教师教育网络联盟的作用，力争通过三年的努力为每一位班主任和禁毒教育兼职教师提供一次禁毒培训。

（二十六）加强禁毒教育基地建设。各省、自治区、直辖市要建立一所大型禁毒教育基地，市、县要建立小型禁毒教育基地或园地，城市社区、农村行政村和中小学校要建立固定的禁毒宣传教育橱窗，形成因地制宜、规模适当的禁毒教育基地（园地）和阵地网络。要充分利用强制隔离戒毒场所、戒毒康复场所、自愿戒毒医疗机构以及图书馆、青少年法制教育基地、爱国主义教育基地、青少年宫、妇女儿童活动中心等场所，面向社会尤其是青少年开展禁毒教育。

（二十七）加强禁毒宣传教育资料建设。国家禁毒办将依托咨询专家组，统一规划、编写适应不同对象需要的禁毒教育材料，实现全国禁毒宣传教育资料共享。各地区、各有关部门要加大禁毒书籍、挂图、招贴画、折页、影视片、公益广告的编辑、出版力度，积极推出一批以青少年防范合成毒品危害为主题的优秀动漫和视听产品；指导各类青少年法律学校、市民学校、家长学校、农民工业余学校、职工学校和职业学校等有计划地组织、参与编写通俗易懂的禁毒简明教材。国家广电总局指导央视网梳理中央电视台年度禁毒视频资源，提供点播和下载服务。

（二十八）加强禁毒宣传教育效果评估。各级禁毒领导机构要以协调组织禁毒执法检查等形式，加强对当地禁毒宣传教育工作的督导检查，推动基层政府和相关部门禁毒宣传教育职责的落实；要积极借助统计部门、社科研究机构等第三方力量开展全民禁毒宣传教育社会效果评估，注重群众对禁毒宣传教育工作的评价，根据评估结果和变化情况，不断改进工作。各有关部门要按照各自职责分工负责本系统、本单位全民禁毒宣传教育工作的组织实施和监督检查。国家禁毒办将建立健全全民禁毒宣传教育工作考核评估制度，不定期对各地区、各有关部门工作落实情况和实效进行督促检查，保证禁毒宣传教育工作持续、健康、科学发展。

司 法 部

2010年司法行政系统参与社会治安综合治理工作情况

2010年，司法行政系统全面贯彻党的十七大和十七届四中、五中全会精神，深入贯彻落实科学发展观，紧紧围绕深入推进三项重点工作，全面推进司法所规范化建设，大力加强人民调解、安置帮教工作，积极参与社会治安综合治理工作，为加强社会建设、创新社会管理，维护社会和谐稳定作出贡献。

一、全面加强基层司法所建设

2010年的司法所建设工作以规范化建设为载体，以提高管理水平和履责能力为重点，加强建设，规范业务，活跃工作，充分发挥基层工作窗口和平台作用。

一是做好司法所办公用房建设推进工作。指导各地认真贯彻落实全国司法所建设工作会议精神，采取有力措施，继续推进司法所办公用房建设。中西部地区乡镇司法所国债项目投资已全部下达，共分六批下达国债项目近3万个。中西部地区共新建改建无房、危房司法所2.6万个。东部地区自筹资金，新建、改建司法所约7千个。9月，在陕西召集部分省（区、市）司法厅（局）、地（市）司法局基层工作管理部门的同志，就司法所建设进行座谈，了解司法所国债项目下达和建设情况，找出存在问题，讨论解决方法，提出具体要求，进一步增强了工作指导的针对性和实效性。

二是做好司法所建设检查和总结工作。6月底，司法部下发了《关于做好司法所建设情况自查和总结工作的通知》。指导各地7—8月份对司法所建设情况进行自查，写出报告。9月份以来，组成检查组先后对江西、陕西、黑龙江、北京、福建、天津、江苏等地的司法所规范化建设情况进行了检查，了解情况、总结经验、发现问题、加强督导，确保司法所建设工作健康有序进行。

三是做好司法所标识规范工作。为贯彻落实司法部《关于加强司法所规范化建设的意见》和《关于统一司法所标识的通知》精神，进一步督促各地落实司法所标识统一工作，下发了《关于开展司法所标识使用情况专项检查的通知》，要求各地组织开展自查，填报专项统计表并形成月报制度，对不合格的司法所尽快实施整改。目前全国标识使用规范的司法所占总数近80%。对先进司法所标识使用情况进行了重点审核。4月，下发了《关于全面审查已申报表彰项目的司法所标识使用情况的通知》，对2009年申报“全国模范司法所”或“全国先进司法所”表彰项目的单位，进行全面审查，要求各地报送司法所照片。

四是做好司法所建设宣传工作。通过《人民调解》杂志、《司法所工作专刊》、《基层工作简报》等媒介，认真总结和大力宣传各地开展司法所建设工作的先进经验做法，供各地参考借鉴，推动司法所建设工作深入发展。筹备编辑出版《司法所建设回顾》一书，收录关于司法所建设的重要文件、领导讲话，各地司法所建设情况、图片和规范性文件等，集中展示五年来司法所建设取得的明显成效。会同政治部、宣传司认真开展好对重庆市司法所长刘玉美同志先进事迹的宣传和表彰工作，取得良好反响。

二、人民调解工作成效显著

2010年，人民调解工作以化解矛盾纠纷为主线，大力加强组织队伍建设，认真贯彻《人民调解法》，充分发挥职能作用，努力推进社会矛盾化解。

一是部署开展“人民调解化解矛盾纠纷专项攻坚活动”。2010年2月，司法部下发《关于开展“人民调解化解矛盾纠专项攻坚活动”的意见》，在全国范围内部署开展人民调解化解矛盾纠纷专项攻坚活动，重点解决当前比较突出、群众反映比较强烈的热点、难点纠纷，多年积累的、长期未得到有效解决的矛盾纠纷，以及党委、政府交办的矛盾纠纷。及时制定《实施方案》，配发专项统计报表，指导地方认真开展工作。各地高度重视，认真组织实施，专项攻坚活动取得显著成果。活动期间，各级司法行政机关和人民调解组织共开展排查8万余次，排查各类纠纷400多万件。

二是大力开展矛盾纠纷预防排查化解。指导各地广泛开展经常性的矛盾纠纷预防、排查和化解工作，有效预防化解常见多发矛盾纠纷。在上海世博会、广州亚运会等重大活动、应对西南特大旱灾、青海玉树特大地震灾害等重大事件，维护学校、幼儿园安全稳定中，充分发挥职能作用，广泛开展"人民调解百日会战"、"人民调解进万村大服务"、"争当矛盾纠纷化解能手"等化解矛盾纠纷专项活动，有效预防和化解了一大批重点地区、重要节点的矛盾纠纷。全年人民调解组织共调解各类矛盾纠纷800多万件，调解成功率达96%。

三是加快行业性、专业性人民调解组织建设步伐。认真研究行业性、专业性人民调解组织建设的相关问题，及时给予地方全面指导，推动在道路交通、医疗教育、劳动争议、物业管理、环境保护及大型集贸市场、流动人口聚居区等行业或领域建立行业性、专业性人民调解组织。会同人力资源和社会保障部、全国总工会、卫生部、国家保监会、公安部等部门研究制定文件，对加强人民调解工作，建立行业性、专业性人民调解委员会，发展专业化、社会化人民调解员队伍，提出明确要求。全国共建各类行业性、专业性人民调解组织2万余个，行业性、专业性人民调解委员会建设取得初步成效。

四是推动人民调解立法圆满完成。认真总结人民调解工作经验，积极推动人民调解立法。根据全国人大常委会和国务院立法工作计划，2009年4月，将人民调解法草案送审稿报请国务院审议；2010年5月，国务院第110次常务会议讨论通过该草案，提请全国人大常委会审议；经过两次审议，8月28日，十一届全国人大常委会第十六次会议高票通过了《中华人民共和国人民调解法》。同日，国家主席胡锦涛签署第34号主席令，公布《人民调解法》。

五是积极学习宣传贯彻《人民调解法》。《人民调解法》审议通过当天，参加了全国人大常委会组织的新闻发布会。9月3日，及时印发《关于深入学习宣传贯彻〈中华人民共和国人民调解法〉的通知》，明确学习宣传贯彻《人民调解法》的指导思想、主要任务和基本要求。9月20日，召开了深入学习《人民调解法》座谈会，邀请部分司法厅(局)负责同志、司法所长、人民调解员代表和专家学者，深入学习领会《人民调解法》。10月25到11月5日，集中举办了两期共300人参加的学习贯彻人民调解法培训班，为各地培训师资骨干。组织了一期全国人民调解宣传报道骨干示范培训班。认真开展宣传报道工作。人民日报编发专刊介绍人民调解工作；中央电视台新闻频道制作播出了全国模范人民调解员敖大焕、李怀印的先进事迹；法制日报进行了系列专题报道。近期，还将组织中央电视台、中央人民广播电台、新华社等中央级媒体分赴部分省开展人民调解法专题宣传工作。为贯彻实施好人民调解法，研究制定人民调解法实施办法、人民调解文书格式、人民调解统计报表等配套规章制度。

三、安置帮教工作取得新的进展

2010年，对刑满释放、解除劳教人员的安置帮教工作，认真贯彻落实中央文件精神和全国刑释解教人员安置帮教工作会议精神，以提高教育改造质量、加强监所与基层帮教组织信息沟通、开展服刑在教人员职业技能培训、强化刑释解教时的衔接、创新就业管理服务为重点，加强组织领导，完善工作机制，制定出台安置政策，改进和加强刑释解教人员社会管理，为维护社会稳定做出新贡献。

一是认真贯彻落实中央关于进一步加强刑释解教人员安置帮教工作精神。为了贯彻落实中央关于进一步加强刑释解教人员安置帮教工作精神，中央各有关部门、各地积极制定具体措施，贯彻落实取得初步成效。中央综治委刑释解教人员安置帮教领导小组召开会议，专门研究落实中央精神的具体措施。领导小组组长、司法部部长吴爱英同志亲自传达中央领导就加强刑释解教人员安置帮教工作的指示、批示，并就贯彻落实进一步改进和加强刑释解教人员的社会管理工作进行部署。领导小组副组长、中央综治办主任陈冀平同志从进一步认清安置帮教工作面临的形势、进一步明确做好新形势下安置帮教工作的重点、进一步发挥综治体制机制优势加强组织领导三个方面做了重要讲话。领导小组副组长、司法部副部长郝赤勇，领导小组成员、人力资源和社会保障部副部长张小建，国家工商行政管理总局副局长钟攸平，共青团中央书记处书记汪鸿雁以及办公室成员、联络员等参加会议。中央综治委刑释解教人员安置帮教领导小组办公室11个成员单位认真研究，反复修改，多次征求意见，下发贯彻落实中央精神实施方案。中央综治委召开全国刑释解教人员安置帮教工作会议，深入贯彻落实科学发展观，总结安置帮教工作的经验，部署新形势下全面加强安置帮教工作的任务，创新对刑释解教人员的社会管理。中共中央政治局委员、中央政法委副书记、中央综治委副主任王乐泉出席会议并讲话。中央综治委副主任、最高人民法院院长王胜俊主持会议并讲话。中央综治委刑释解教人员安置帮教工作领导小组组长、司法部部长吴爱英作了工作报告。公安部等9个安置帮教办公室成员单位发言，北京市等19个省、区、市和新疆生产建设兵团综治委刑释解教人员安置帮教工作领导小组作了经验发言，天津市等13个省、区、市综治委刑释解教人员安置帮教工作领导小组作了书面交流。

司法部召开全国监狱劳教教育改造工作会议，下发通知对坚持“首要标准”，全面提高教育改造质量进行部署。要求各监所加强思想教育，爱国主义教育、法制教育、道德教育、中华民族优秀传统文化教育，消除罪犯劳教人员违法犯罪意识。加强文化教育，扫盲教育，学历教育，提高罪犯劳教人员文化素质。加强职业技术教育，根据罪犯劳教人员在监所内劳动的岗位技能要求和刑释解教后的就业需要，组织开展岗位技术培训和职业技能培训，提高罪犯劳教人员回归社会后的就业能力。加强出入监(所)教育，对入监(所)罪犯劳教人员集中开展入监(所)教育，引导他们尽快适应监所生活；对即将刑满释放的罪犯集中开展出监(所)教育，使他们做好重新回归社会的思想和心理准备。提高心理矫治工作水平，开展心理健康教育和心理咨询，加强心理危机干预，解决罪犯劳教人员的心理问题，提高心理矫治效果。公安部下发相关文件，要求各级公安机关进一步健全衔接配合工作机制，公安派出所、责任区民警要第一时间与刑释解教人员见面，积极会同司法所、村(居)委会，建立帮教小组，落实帮教措施。人力资源和社会保障部下发相关文件要求各地适当放宽对刑释解教人员中就业困难人员的认定标准，将无家可归、无业可就、无亲可投的“三无人员”和就业困难的刑释解教人员，纳入就业困难人员范围，协调落实税费减免、社保补贴、岗位补贴、公益岗位补贴等各项就业扶持政策，帮助其尽快实现就业。大力开展职业培训，提升刑释解教人员和服刑在教人员的就业能力，帮助刑释解教人员和服刑在教人员掌握一技之长，努力做到培训一人，就业一人。组织实施就业援助等活动，为就业困难的刑释解教人员提供重点的就业服务和就业援助。加强社会保险政策的宣传，做好刑释解教人员社会保险经办管理服务工作，做好农村籍刑释解教人员的养老保险工作，维护刑释解教人员社会保险权益。财政部、国家税务总局联合下发《关于支持和促进就业有关税收政策的通知》(财税[2010]84号)，明确“持《就业失业登记证》人员从事个体经营的，在3年内按每户每年8000元为限额依次扣减其当年实际应缴纳的营业税、城市维护建设税、教育费附加和个人所得税。”“对商贸企业、服务型企业、劳动就业服务企业中的加工型企业和街道社区具有加工性质的小型企业实体，在新增加的岗位中，当年新招用持《就业失业登记证》人员，与其签订1年以上期限劳动合同并依法缴纳社会保险费的，在3年内按实际用人数予以定额依次扣减营业税、城市维护建设税、教育费附加和企业所得税优惠。定额标准为每人每年4000元，可上下浮动20%，由各省、区、市人民政府根据本地区实际情况在此幅度内确定具体标准。”民政部要求各地对本地籍刑释解教人员予以临时救济，给予最低生活保障或采取临时救助措施。国家工商总局印发《关于深入开展社会治安综合治理和精神文明建设工作的通知》(工商个字[2010]62号)，明确将“刑释解教人员新登记为个体工商户户数”、“私营企业新招用刑释解教人员数”纳入专门的统计表中，掌握情况，推动企业吸收接纳刑释解教人员就业。团中央发挥“青少年维权岗”的作用，鼓励基层维权岗和创建单位面向刑释解教人员开展针对性和实效性强的教育帮助，推动安置帮教工作在基层的深入开展。全国妇联开展“关注服务妇女民生，促进社会和谐稳定”主题活动，有20个省妇联将安置帮教工作作为推进妇联基层维权工作的重要内容。在社区（村）层面开展“五清五帮”，做到刑事解教人员底数清，重点开展困难帮扶。

各地党委、政府对贯彻落实中央精神高度重视，许多省（区、市）领导对贯彻落实中央精神做出重要指示、批示；加强领导小组力量，省委省政府主管领导亲自担任组长，充实办公室成员单位，吸收发改委、建设厅、卫生厅、省高法、省检察院等部门参加领导小组及办公室工作。组织召开全省（市）刑释解教人员安置帮教工作会议，省（市）委政法委领导出席会议并对做好下一步工作提出要求，制定下发落实中央精神的实施办法或细则。

二是加强职业技能培训。黑龙江成立“育新职业技能培训中心”，面向全省各监狱服刑人员开展多种实用技能培训活动和国家级职业技术技能资格（初级和中级）鉴定工作，组织2000多名服刑人员参加由省监狱局统一组织的16个工种的职业资格考核鉴定，获证率达到90%以上。吉林省未成年犯管教所举行“情系回归、就业帮扶”出监教育活动，司法厅为即将出监的服刑人员捐献400册爱心书籍，3名刑释解教人员典型、3名刑释解教人员帮教典型现场进行了现身说法的演讲，省就业局领导做了刑释解教人员就业政策和就业形势报告，现场举行了就业帮扶、现场对接活动，有54名服刑人员与来自全省九个市州22家过渡性安置就业基地当场签订了用工意向性协议书。浙江省金华监狱联系嵊州市司法局，组织嵊州市品汇箱包有限责任公司深入监狱招收刑释解教人员，两个月内即将出狱的42名服刑人员签订了就业意向书。湖南省星城监狱积极开展出监教育，加强职业技术培训、创业就业指导和职业介绍，累计培训2.6万人。其中，获得国家培训合格证2万人，获得国家职业资格和等级鉴定证6000人。建立现场招聘、网上招聘、过渡安置与个别推荐相结合的模式，与4家社会职业介绍机构和100多家签协用工企业建立长期稳定的合作关系。海南海口监狱引进SYB创业培训，培训33名即将释解人员，为期10天的培训由国际劳工组织培训和认证的专业讲师负责，互动式教学使学员完全置身在模拟创业10个步骤当中。培训通俗易懂，真实感强、可操作性强。宁夏监狱局文化厅联合开展先进文化进监所活动，教育厅将未成年犯纳入9年制义务教育范畴，人力资源和社会保障厅积极开展服刑在教人员职业技术培训，举办了5期SIYB创业就业培训班和3期包括车工、电工、电焊工等项目的实用技能培训班，开办了计算机培训、服装裁剪制作、美容美发电大中专班。银川市人民政府将服刑人员职业技能培训工作纳入政府再就业培训计划。银川监狱召开了服刑人员就业推介招聘洽谈会，51家企业与424人次签订了用工协议意向书，服刑人员参加全国高等教育自学考试通过率达到53%。

三是进一步加强衔接。北京市积极推进区县阳光中途之家建设，用2年的时间，在全市每个区县都建立一个集教育、培训、救助和临时安置为一体的过渡性教育培训基地——“阳光中途之家”。每15名刑释解教人员配备1名社工，为其提供人性化、个性化的服务与管理。贵州省在余庆县召开安置帮教工作基地建设现场会，并现场为余庆龙溪镇勇顺汽车运输有限责任公司举行省安置帮教基地授牌仪式。余庆县勇顺汽车运输有限责任公司先后安置刑释解教人员70余人，无一人重新违法犯罪，为维护社会稳定做出了贡献。甘肃按照“多点分散”的原则，选择认定2－3个企业作为过渡性安置实体，探索建设政府主导集管理、教育、培训为一体的刑释解教人员过渡性安置基地。江西省制定出台衔接安置经费保障意见，村（居）委会从监所每接回1名刑释解教人员，按照市内每人300元、省内每人500元、省外每人1000元的标准给予工作经费补助。企业每安置一名刑释解教人员，县级财政补助工作经费1万元。

四是做好刑释解教人员的服务管理工作。天津市东丽、塘沽、和平、南开、西青等区县党委、政府连续6个月对本地籍刑释解教人员予以临时救济，给予最低生活保障或采取临时救助措施。大港区建立首站救助制度，在刑满释放、解除劳教人员回归社会第1个月，给予800或1000元不等的首月财政专款救助。

五是加强对刑释解教人员的教育帮扶。河南省内黄县司法局运用“12345”机制推进安置帮教工作，“1”即一封信：向全县5年内刑释解教人员每人发出1封信,让他们感受到党和政府的关心,使他们重新树立信心。"2"即两种作用:一是充分履行好职能作用,实实在在地为回归社会人员办实事,解决他们生活中的实际困难。二是充分发挥相关部门、回归社会人员单位等方面的帮教作用,形成相互衔接、齐抓共管的帮教社会化工作体系。"3"即遵循"三心"原则:在帮教中坚持做到全心安置,真心帮教,爱心感化,推动帮教工作顺利进行。"4"即"四个一"宗旨:一片真诚,绝不歧视;一片爱心,感化教育;一人三帮,定人定向;一帮到底,保证效果。"5"即采取"五到位"帮教措施:通报到位,在接到刑释解教通知后,及时通知到所有帮教责任人;登记到位,对每一个刑释解教人员逐一登记造册,建立微机档案;协调到位,及时协助有关部门办理各种手续,解决其回归社会后的生活困难;帮教到位,采用"三帮一"帮教体制,实施包教育、包管理、包转化的"三包"责任;回访到位,定期对刑释解教人员逐一回访谈心,及时了解他们的思想动态,掌握帮教主动权。吉林省吉林市龙潭区司法局组织司法局安置帮教科和部分街道司法所工作人员到吉林江城监狱开展帮教活动,向服刑人员介绍了龙潭区近年来经济建设和社会发展情况,以及龙潭区司法局开展的安置帮教工作,让他们了解了区政府积极为他们解决就业问题建立过渡性安置就业基地情况,希望服刑人员认真改造,学好本领,为回归社会做好准备。街道司法所所长给3名"释解"人员发放了联系卡,便于他们出监后遇到困难与政府联系。区司法局同吉林江城监狱签订了联合帮教协议,并给40名服刑人员发放了价值500元生活慰问品,帮助"释解"人员树立生活信心,同时也为他们回归社会后的衔接管理工作打下基础。陕西省汉中市新华书店、汉中市图书馆、陕西省索平律师事务所、汉中市爱心义工协会与汉中监狱举行了社会帮教协议签字仪式并进行捐赠活动。汉中市11个县(区)司法局与陕西省汉中监狱、陕西省汉江监狱、汉中劳教所举行了刑释解教人员帮教协议签字仪式。

民　政　部

2010 年民政部开展预防青少年违法犯罪工作情况

2010 年以来，民政部在中央综治委的统一领导下，认真配合团中央等兄弟部门，切实做好预防青少年违法犯罪各项工作，特别是按照《2010 年预防青少年违法犯罪工作任务分解》要求，重点从以下几个方面开展工作：

一、认真做好流浪未成年人救助保护工作

民政部积极采取措施，指导各级民政部门和救助管理机构推动"十一五"流浪未成年人救助保护体系规划项目的全面落实，做好上海世博会、广州亚运会期间流浪未成年人救助保工作，认真完成了流浪乞讨青少年排查摸底工作，推动流浪未成年人救助保护立法进程，流浪未成年人救助保护工作继续稳步推进。

（一）全面推动流浪未成年人救护保护体系"十一五"项目建设。在 2009 年项目督察的基础上组成联合督察组赴山西、吉林等 16 个省区市对 30 余个流浪未成年人救助保护中心项目建设情况进行实地调研，完成了救助专用车招标、样车验收工作。召开了流浪未成年人救助保护体系规划建设现场经验交流会，通报了"十一五"流浪未成年人救助保护体系规划项目建设进展情况，详细分析了项目建设中存在的问题，要求各地加强组织领导，完善规划设计和功能布局，严格控制建设质量和资金使用，切实加快项目建设进度。开展县级流浪未成年人救助保护中心建设，2010 年部本级福利彩票公益金用 3000 万元支持 40 个重点县（市）和大中城市重点社区建设流浪未成年人救助保护中心和全天候救助保护中心。

（二）做好上海世博会、广州亚运会期间流浪未成年人救助保护工作。为协助做好上海世博会、广州亚运会期间流浪乞讨人员救助管理和流浪未成年人救助保护工作，民政部分别印发了《关于协助上海做好世博会期间救助管理工作的通知》（民办函[2010]29 号）、《关于协助做好广州亚运会期间救助管理工作的通知》（民办函[2010]206 号），并召开会议专门研究部署流浪乞讨人员救助管理和流浪未成年人救助保护工作。各地民政部门认真落实有关要求，构建起全国"大救助"格局，积极派专人到上海、广州对口衔接跨省接送工作，有效缓解上海、广州救助管理工作压力，确保世博会、亚运会期间救助管理任务圆满完成。5 月 1 日至 10 月 31 日，上海市共救助各类流浪乞讨人员 18088 人次，其中未成年人占 11.4%。

（三）加强被拐卖妇女儿童救助保护工作。进一步落实《中国反对拐卖妇女儿童行动计划（2008－2012）》（简称《国家行动计划》）精神，下发《关于进一步做好反对拐卖妇女儿童和预防青少年违法犯罪有关工作的通知》（民函[2010]213 号），就有效预防未成年人犯罪、更好维护广大流浪未成年人和孤儿等困境儿童合法权益做出了全面部署。督促各地救助管理机构落实《国家行动计划》规定和要求，配合公安部门做好被拐卖妇女儿童救助保护工作，与全国人大法工委、公安部、全国妇联合作举办了三期拐卖妇女儿童救助保护研讨培训班，进一步提升了救助机构开展拐卖妇女儿童救助保护工作的能力和水平。

（四）认真完成流浪乞讨青少年排查摸底工作。认真贯彻落实中央综治委预防青少年违法犯罪工作领导小组《关于开展重点青少年群体排查摸底专项行动的通知》（综治办[2009]148 号）要求，完成了流浪乞讨青少年排查摸底工作，全面了解了我国流浪乞讨青少年救助工作现状，基本掌握了流浪乞讨青少年人员构成情况，摸清了青少年流浪乞讨的基本原因，掌握了流浪未成年人救助保护工作在基层的落实情况，为下一步制定政策提供了重要参考依据。

（五）加强流浪未成年人救助保护立法准备工作。通过召开立法研讨会，研究、讨论流浪未成年人救助保护工作开展以来存在的问题和现行法规的不足，明确了准确界定救助时限、救助保护要求、部门职责、救助保护机构定位等未来流浪未成年人救助保护法规需要重点解决的问题，并在充分调研和内部征求意见的基础上，形成了《流浪未成年人救助保护条例（草案稿）》，为争取列入国务院立法计划打下了良好基础。

二、进一步加强孤残儿童等困境儿童权益保障工作

紧紧围绕制定孤儿保障的意见，以推进孤儿保障制度建设为主线，继续实施“十一五儿童福利机构建设蓝天计划”和“残疾孤儿手术康复明天计划”，加强孤残儿童护理员职业技能建设，推动儿童福利机构专业化、规范化进程，儿童福利工作取得新成绩、新进展，促进了预防青少年犯罪工作的健康开展。

（一）建立健全孤儿保障制度。会同财政部深入调研，代国务院起草了《关于加强孤儿保障工作的意见》，并以国务院办公厅名义下发《国务院办公厅关于加强孤儿保障工作的意见》（国办发［2010］54号，以下简称《意见》），明确了孤儿安置的渠道，制定了建立孤儿基本生活保障制度、提高孤儿医疗康复保障水平、落实孤儿教育保障政策、扶持孤儿成年后就业、加强孤儿住房保障和服务等具体措施，提出进一步加强儿童福利机构设施建设和工作队伍建设，充分发挥儿童福利机构重要作用。《意见》对孤儿安置、基本生活、教育、医疗、就业、住房等方面政策措施作了全面安排和系统规范，是新中国第一个覆盖全国孤儿、具有制度安排性质和普惠福利意义的政策性文件。2010年，中央安排25亿元专项资金，用于补贴各地发放孤儿基本生活费，其中东、中、西部孤儿每月分别补贴180元、270元、360元。基本生活的切实保障和孤儿教育、医疗、住房及成年后就业等优待政策的落实，使他们接受良好教育，学有所教、病有所医、住有所居，较好地保障孤儿群体尤其是农村孤儿的健康成长，客观上减少了青少年违法犯罪的发生。

（二）进一步加强受艾滋病影响儿童保障工作。一是加强政策引导。要求各地民政部门落实受艾滋病影响儿童保障工作总体要求，指导各地深入了解受艾滋病影响儿童的现实困难和实际需求，制定有效措施。二是加大资金扶持。继续安排部级福利彩票公益金666万元，用于资助9个艾滋病预防重点省（区）受艾滋病影响儿童保障工作。通过健全安置指导中心，加大帮扶力度，引入专业社会工作者等方式进一步保障受艾滋病影响儿童各项权益。三是加深项目合作。继续深化与联合国儿童基金会的合作，扶持项目点探索有效模式。

（三）引导慈善力量帮扶违法犯罪青少年。与中国社会科学院法学所、海淀区法院等单位密切联系，共同研究预防青少年犯罪有关问题。试点引导慈善力量为海淀区服刑青少年（14岁－18岁）配备课桌等教学设施设备。

三、加大对生活困难的青少年救助力度

对生活困难的青少年给予必要救助，保障他们的基本生活，特别是保障他们受到应有的教育，是减少和避免贫困青少年违法犯罪的有效措施之一，也是社会救助工作的重要内容之一。

（一）将贫困青少年纳入城乡居民最低生活保障。截至2010年9月底，全国共有城市低保对象2289.6万人，其中，未成年人共有581.3万人（其中在校学生3451343人、其他未成年人2361511人）；有农村低保对象5086.6万人，其中未成年人661.4万人。今年1－9月份，全国累计发放城市低保金341.9亿元，平均每人每月实际领取164元；累计发放农村低保资金276.1亿元，月人均补助62元。

（二）对低保家庭中的青少年开展“分类施保”。考虑到贫困家庭中的青少年比成年人在营养、教育、心理等方面更加需要照顾，民政部门对低保家庭中的青少年采取了“分类施保”政策，对其给予重点照顾。主要有四种做法：一是按当地低保标准全额享受救助；二是在原享受低保救助金基础上，再根据当地低保标准增发10%－30%不等的救助金；三是在原享受低保救助金的基础上，每月再增发10元－50元不等的救助金；四是在核算收入时豁免一部分家庭收入，从而达到增发低保金的效果。

（三）将农村孤儿全部纳入五保供养。将无

生活来源、无劳动能力、无法定扶养义务人的农村孤儿纳入农村五保供养范围,在吃、穿、住、医、教方面给予他们生活照顾和物质帮助。截至2010年9月底,全国共有农村五保供养对象553.6万人,其中未成年人32.7万人。同时,继续推进农村五保供养服务设施建设,提高对五保对象,特别是未成年五保对象的集中供养服务水平,目前,全国集中供养五保供养对象174万人,其中未成年人7.4万人。各地将未成年五保对象作为重点对象进行供养,例如,广东出台了《广东省农村五保供养工作规定》,将未成年五保对象免费教育扩大到高中阶段。

(四)积极开展儿童重大疾病医疗救助试点工作。2010年6月,为帮助解决农村青少年等人群重大疾病医疗费用负担过重问题,卫生部、民政部联合下发了《关于开展提高农村儿童重大疾病医疗保障水平试点工作的意见》,明确提出对儿童所患急性淋巴细胞白血病和先天性心脏病两类重大疾病的6个病种,实行按病种付费,新农合补偿限定费用的70%,医疗救助对符合条件的患者再补偿20%。目前,试点工作正在进行中。

四、积极开展社区预防青少年违法犯罪工作

民政部从自身职能出发,在推进和谐社区建设的过程中把预防青少年违法犯罪、加强青少年教育列为推进工作的重要内容,发挥了社区建设在加强社会治安综合治理中的作用。

(一)加强政策、法律制定工作。2010年8月26日,经党中央、国务院同意,中共中央办公厅、国务院办公厅下发了《关于加强和改进城市社区居民委员会建设工作的意见》,(中办发[2010]27号),文件就如何加强和改进社区居民委员会建设工作提出了明确要求,把社区居民委员会协助基层人民政府或者它的派出机关做好未成年人权益保障作为自身重要职责,并要求各地积极推进和谐社区建设工作,将预防青少年违法犯罪工作作为和谐社区建设工作的重要方面加以推进。

(二)实施《"十一五"社区服务体系发展规划》和《"十一五"社区服务设施建设规划》,加强社区基础设施建设。在全国规划建设3000个综合性社区服务设施,将社区青少年教育场所和活动场地、社区家庭学校等纳入规划建设中,从而为推进社区预防青少年违法犯罪工作提供一定的物质保障。目前,全国有城镇社区服务设施16.3万个,各地利用社区内的各种服务设施,引导青少年积极开展各种形式的社区公益活动,丰富课外生活。

(三)指导社区组织在预防青少年违法犯罪工作中发挥引导、协助作用,加强社区青少年教育和管理。社区居民委员会基本掌握本社区无业在家的闲散青少年的具体情况,并把他们纳入社区日常管理、教育和服务范围,认真细致地做好流动人口中青少年的管理和治安防范工作。充分发挥社区党组织和党员的先锋模范作用,带领青少年,积极投身社区健康向上的文体活动和各项公益事业。积极发挥社区志愿者组织团结、联系青少年的纽带作用,组织开展形式多样的青少年社区志愿者活动,广泛联系和争取青少年参与,使青少年在共驻社区、共建社区、共享社区的亲身实践中,经受磨练,接受教育。

民政部关于进一步做好反对拐卖妇女儿童和预防青少年违法犯罪有关工作的通知

(2010年8月26日)

各省、自治区、直辖市民政厅(局)、各计划单列市民政局、新疆生产建设兵团民政局:

今年上半年,国务院反对拐卖妇女儿童工作部际联席会议召开第一次全体会议,总结了全国

"打拐"专项行动和落实国家反拐行动计划情况、研究部署了当前和今后一个时期的反拐工作。中央综治委预防青少年违法犯罪工作领导小组也印发了全年工作任务分解。民政部门作为国务院反对拐卖妇女儿童工作部际联席会议成员单位和中央综治委预防青少年违法犯罪工作成员单位,在此两项工作中承担着相关职责。为在此两项工作中进一步履行部门职责、配合有关部门行动、做好反对拐卖妇女儿童和预防青少年违法犯罪,现就有关工作通知如下:

一、做好流浪未成年人救助保护工作,积极维护流浪未成年人合法权益

一要加强流浪未成年人救助保护工作。各救助保护机构要继续贯彻落实《关于进一步加强街头流浪乞讨人员救助管理和流浪未成年人解救保护工作的通知》(民发[2009]102号)的要求,加强街头主动救助力度,积极发挥流动救助车、救助分站和社区救助咨询点的作用,有效预防、积极配合打击拐卖妇女儿童犯罪,及时解救、救助和妥善安置被拐卖妇女儿童,切实维护其合法权益。坚持"先解救,后救助"的原则,努力加强部门协作,形成流浪未成年人解救保护工作联动机制。配合公安机关做好被拐卖、拐骗、胁迫、诱骗、利用乞讨的残疾人、未成年人的调查、取证和解救工作。

二要强化流浪未成年人教育矫治工作。要进一步贯彻落实《关于加强流浪未成年人工作的意见》(民发[2006]11号)精神,强化流浪未成年人生活照料和教育管理,加强与教育、人力资源社会保障等部门的协调配合,根据未成年人的特点,合理安排生活起居和文体娱乐、教育培训等活动,创新流浪未成年人教育矫治方法,探索流浪未成年人教育矫治长效机制。

三要加快流浪未成年人救助保护设施建设。各地要严格按照"十一五"流浪未成年人救助保护体系规划要求,加强组织领导,落实配套措施,加快项目建设进展,确保工程质量,总结好的做法、经验,推动落实流浪未成年人救助保护体系规划建设,确保2010年底所有项目规划动工,2011年全部建成并投入使用。

四要引导社会力量参与流浪未成年人救助保护工作。各地要积极鼓励社会力量参与流浪未成年人救助保护工作,引导专业社会力量为流浪未成年人提供心理辅导、行为矫治、文化教育、技能培训等服务,加强对现有参与流浪未成年人救助保护工作的个人和社会力量的监督、指导和管理,切实保障流浪未成年人合法权益。

二、切实加强困境儿童福利工作,落实各项保障工作

一要深入落实孤儿保障工作。要进一步加强孤儿保障工作,确保孤儿基本生活费用的发放落到实处,进一步落实孤儿教育、医疗、就业、住房等各方面的保障政策,促进孤儿健康成长;加强对孤儿监护人家庭的监督、指导,定期巡访孤儿的养育质量和教育状况,及时解决孤儿家庭遇到的问题和困难,重视孤儿心理教育和抚慰,预防孤儿等困境少年儿童走上犯罪道路。

二要切实做好被解救儿童安置、抚养工作。各地福利机构要积极配合公安部门切实做好被解救后一时查找不到生父母和法定监护人的婴幼儿安置和养护工作,并积极配合相关部门做好未成年人数字档案信息采集工作。有关儿童福利机构要妥善安置和代养被解救的婴幼儿,为他们提供良好的养育护理条件和医疗、早期教育、康复训练等福利服务,保障这些孩子的权益,为其回归家庭和健康成长创造良好的条件。

三要加强受艾滋病影响儿童福利保障工作。要摸清受艾滋病影响儿童的底数和基本状况,将受艾滋病影响儿童纳入孤儿保障工作范围。加大对艾滋病预防重点地区的资金支持力度和工作指导力度,帮助其建立各级受艾滋病影响儿童安置指导中心,建立健全联系人制度,尽可能实现对每名受艾滋病影响儿童的帮扶和关爱。积极引导各类社会公益组织和慈善爱心人士关爱受艾滋病影响儿童,同时关注受艾滋病影响儿童的心理发展和性格健全,尽量"去标签化",促进其健康成长、融入社会。

四要拓展保障对象,探索有效帮扶模式。要进一步关注在事实上无人抚养的在押服刑人员未成年子女、打拐解救寻亲未果儿童、重残儿童、受家庭暴力侵害虐待儿童、贫困家庭子女等困境儿童群体,加强对这部分困境儿童生存状况和面临问题的研究,探索有效的帮扶模式,对其进行指导和帮助,促进其身心全面健康成长。

三、切实发挥社区组织作用，为维护儿童权益提供有效阵地

一要加强社区服务设施的建设、管理和利用。各地要在“十一五”社区服务设施建设的基础上，继续加大建设力度，同时要将这些设施管理好，利用好，将社区青少年教育、社区家庭教育等纳入其中，有效预防青少年违法犯罪。

二要进一步推进和谐社区建设。继续做好《关于进一步推进和谐社区建设工作的意见》（民发[2009]165号）贯彻落实工作。认真落实社会治安综合治理责任制，加强对吸毒人员、刑释解教人员以及流浪儿童、在押服刑人员未成年子女、农村留守儿童的管理、监督和教育，实现城乡社区的“无缝隙”管理。加强未成年人思想道德建设，利用社区资源为社区内中小学开展素质教育和社会实践活动提供方便，不断优化青少年成长环境。

三要指导社区居委会、社区民间组织和社区志愿者组织发挥作用。要发挥社区居委会优势，及时掌握社区中居民家庭情况和青少年情况，做到情况明、底数清。动员和利用社区社会工作者、社区志愿者、老教师、老干部、老模范、老党员、老战士等社区资源对青少年进行教育帮助。组织开展形式多样的青少年社区志愿者活动，广泛联系和争取青少年参与，并对青少年的不当行为及时进行批评和教育，使青少年在共驻社区、共建社区、共享社区的亲身实践中，经受磨练，接受教育。

各地民政部门要按照上述要求，认真履行民政部门在反对拐卖妇女儿童和青少年违法犯罪有关工作中的职责，积极配合有关部门，依法打击拐卖妇女儿童犯罪、有效预防未成年人犯罪，为更好维护广大流浪未成年人和孤儿等困境儿童合法权益做出积极贡献。

2010年民政部在社会治安重点地区排查整治、打黑除恶、流动人口治安管理、禁毒工作会议上的发言

一、关于流动人口治安管理工作

为贯彻落实胡锦涛总书记关于平安世博、和谐世博的指示精神，协助上海市做好世博会期间流浪乞讨人员救助管理工作，营造文明和谐的社会环境，我部将上海世博会期间救助管理工作列入2010年工作要点，下发了《关于协助上海做好世博会期间救助管理工作的通知》（民办函[2010]29号），并在上海市召开了由周边省份、城市和主要流出省（区、市）民政厅（局）参加的座谈会，对积极配合上海市做好世博会期间救助管理工作进行了部署。

我部要求各地民政部门本着群众利益高于一切的态度，全面实行关爱型救助服务。根据流浪乞讨等生活无着人员具体情况，实行分类救助。对流浪未成年人实行保护性救助，对流浪精神病人、危重病人及时救治，对无自理能力的流浪乞讨老年人、残疾人加强生活照料。要求组织专业社工开展流浪乞讨人员的心理疏导和行为矫治，帮助他们重树生活信心，积极回归社会。大力开展主动救助，要求各地民政部门和救助管理机构主动联合公安、城市管理等部门组成救助服务队，加大街头巡查、救助、劝返工作力度和密度，提高街头救助的主动性，实现街头救助经常化。上海世博会筹备和举办期间，要求各地定期组织开展专项集中救助行动。摸清街头生活无着人员活动规律、人员构成等情况，对其中的重点对象建立服务档案，组织社工、志愿者进行一对一的劝导、救助服务；并配合公安、城管等部门的夜查、巡逻工作，对露宿在街头、桥涵、公园等区域的流浪乞讨人员实施集中救助，防止其出现意外，甚至伤亡。将街头流浪乞讨人员的救助和管理纳入社会治安综合治理工作，对长期滞留重要公共场所的流浪乞讨人员进行集中救助和劝返，会同卫生部门对街头无人照料的危重病人、精神病人实施救治，配合有关部门依法打击治理各类强乞恶要、胁迫诱骗未成年人乞讨等违法犯罪行为，维护城市治安和社

会稳定。

同时，要求全国各地民政部门，尤其是主要流出地大力支持和配合上海市做好救助管理工作。要求各地协助上海做好受助人员跨省返乡工作，各地对上海提出的受助人员核查甄别请求，认真对待，随时办理，及时回复。对于需要跨省返乡的流浪未成年人、精神病人、老年人等受助人员，要求各地民政部门和救助管理机构迅速接回，尽量缩短在沪滞留时间，确保世博会期间上海市能够及时、有效疏散受助人员。世博会期间上海市不再承担跨省接送中转任务，需在上海中转返乡的受助人员改为在上海周边省市中转，确保受助人员不流入上海流浪乞讨。要求各地充分发挥城乡最低生活保障、城市"三无"供养、农村五保供养等长效保障机制作用，将符合条件的困难群众纳入社会保障范围。帮助返乡流浪乞讨人员解决生活生产困难，对生活不能自理和无人照料的返乡未成年人、老年人、残疾人、精神病人，根据具体情况安排日间照料和对口帮扶，防止其因照顾不周而再次外出流浪。

二、关于社会治安重点地区排查整治工作

积极参与并大力推进全国的平安边界建设工作，维护边界地区社会稳定。我国现有 6800 余条、总长约 49 万公里的省、县两级界线（未含港澳台），还有数万条、上百万公里的乡镇级界线，涉及到全国每一个省、县、乡镇和大部分村庄。一些界限敏感地段容易引发社会治安问题。经过各级党委政府的切实领导和各级综治、民政等部门的不断努力，全国依法管界和平安边界创建活动产生的良好社会效果已经初步显现：地方各级党政领导对平安边界建设工作重视程度不断提高；把问题解决在基层、解决在萌芽状态的工作目标正在逐步变成现实；新的、重大的边界纠纷事件逐年减少；各有关部门维护边界地区稳定的职责逐步清晰；通过平安边界建设这个桥梁纽带，边界地区经济交流协调、协作机制逐步建立。

[illegible]打黑除恶工作

[illegible]村"治理为突破口，以村务公开和民[illegible]内容，指导农村村委会选举，加强村[illegible]决影响农村发展稳定的突出问题。[illegible]发《村务公开和民主管理"难点[illegible]（2009－2011 年）》、《村务公开和民主管理"难点村"认定参考标准》等 9 个文件。对照认定参考标准，各地共排查出 11382 个"难点村"，占全国行政村总数的 1.89%。这些"难点村"大多表现为经济发展慢、民主管理弱、民生服务少、社会风气坏、社会治安差、矛盾纠纷多、村级运转困难。会同综治、公安、司法部门加大防范、打击力度，防止宗族、家族、黑恶势力干预农村公共事务和社会治安。

同时，进一步深化村务公开和民主管理工作，探索新形势下农民利益诉求、矛盾调处和权益维护的新机制，把各种社会矛盾化解在基层，消灭在萌芽状态。指导各地选好配强村"两委"班子，将政治素质好、工作能力强、热心为群众服务的村民选进村"两委"班子，增强村"两委"班子的凝聚力和战斗力，增强农民自我服务、自我管理、自我发展和矛盾自我调节的能力。会同有关部门，加大对选举工作人员违法违纪行为的查处力度，坚决查处贿选行为，打击黑恶势力介入村委会选举等违法违纪行为，为农村社会治安综合治理工作奠定良好基础。

四、关于禁毒工作

扎实做好救助管理站求助人员中涉毒人员的审查、移交及受助人员的宣传教育工作。加强机构内受助人员的日常管理，对求助人员进行甄别，一旦发现混迹于救助对象中有吸毒、贩毒劣迹的涉毒人员，及时联系相关部门处理。根据禁毒工作中出现的新情况和新问题，主动配合公安机关在救助管理机构内开展经常性的宣传教育工作，引导受助人员远离毒品、洁身自好。加强救助管理机构禁毒工作能力建设，各地救助管理机构积极参加有关部门举办的禁毒师资培训活动，在救助管理站内培养从事禁毒宣传教育工作的骨干，将禁毒宣传教育纳入救助管理站日常化管理。

同时，积极开展"和谐社区建设示范单位"创建活动，把社区禁毒工作作为和谐社区建设的重要内容。加强社区组织建设，强化社区职能，为社区禁毒工作搭建平台，建立健全社区党组织、社区居民委员会以及人民调解、治安保卫等下属委员会，为社区禁毒工作提供组织保障。

五、下一步工作打算

民政部将根据孟建柱国务委员的讲话精神和本次会议的要求，切实配合中央综治委等有关部门做好流动人口治安管理等相关工作,为推进社会和谐稳定做出积极贡献。

一是切实做好上海世博会期间的流浪乞讨人员救助管理工作,进一步规范流浪乞讨人员救助管理。以做好世博会期间救助管理工作为契机,深入研究新情况、新问题,不断完善救助管理制度。发挥基层组织、民间组织的作用,积极引导社会力量参与救助服务。协调有关部门认真研究解决长期滞留人员安置问题。

二是加大村务公开督查力度,全面推进村务公开民主管理"难点村"治理。深入贯彻中办、国办《关于加强和改进村民委员会选举工作的通知》,确保部分省村委会换届选举工作依法有序进行。全面推进"难点村"治理工作,针对民主选举、村务公开和民主管理等方面出现的损害农民群众利益的问题,逐步建立起与农村经济社会发展相适应的矛盾化解机制和社会管理机制,保障农民群众合法权益,积极预防和有效处置群体性事件。

三是扎实推进平安边界建设。会同综治等有关部门拟定本地区推进平安边界建设的方案和实施计划。协助有关部门制定推进平安边界建设的具体政策措施,为平安边界建设创造条件,共同筑牢平安边界建设平台,形成维护边界地区稳定的合力。总结推广各地开展平安边界创建活动的经验做法,会同综治、维稳、公安等部门制定平安边界考核标准,组织开展平安边界创建示范活动。

四是积极配合有关部门,切实做好禁毒工作。继续推进社区禁毒工作,进一步发挥社区居民自治组织直接面向居民,面向家庭的优势,组织、动员社区居民,尤其是社区志愿者积极参与社区禁毒工作。提升救助管理和服务能力,部署实施全国救助管理系统(二期)和指纹识别系统,强化对受助人员的甄别和跟踪管理,提高对求助人员、受助人员中的涉毒人员的发现能力,指导工作人员按照有关规定进行处置。

2010年民政部在中央综治委刑释解教人员安置帮教工作领导小组会议的发言

民政部认真贯彻落实《中共中央办公厅、国务院办公厅转发〈中央社会治安综合治理委员会关于进一步加强刑满释放解除劳教人员安置帮教工作的意见〉的通知》(中办发[2010]5号)精神,在中央综治委和刑释解教人员安置帮教工作领导小组的统一领导下,按照《实施方案》的部署,充分发挥职能作用,认真做好安置帮教有关工作。现将有关情况汇报如下:

一、健全社会救助体系,推进符合条件的刑释解教人员救助工作

在指导各地推进社会救助工作过程中,我部明确要求,社会救助政策是保障人民群众基本生存权益的制度安排,政策执行要一视同仁,尤其是要落实好帮教安置人员的救助政策,切实保障其基本生活,让他们感受到政府的关爱和社会的温暖,为帮教工作奠定基础。

民政部门对于家庭人均收入低于当地最低生活保障标准的刑释解教人员,给予城乡最低保障,及时纳入保障范围,落实保障待遇;对于"三无"(无生活来源、无劳动能力、无法定抚养义务人)刑释解教人员,经核实符合条件的,、纳入农村五保供养范畴或安排在社会福利机构、敬老院;对生活困难、但不符合最低生活保障条件、农村五保供养政策的个体困难刑释解教人员,根据有关规定,采取临时救助措施,给予必要帮扶;对符合医疗救助条件的患病的帮教安置人员,民政部门还给予必要医疗救助,资助其参加医疗保险或新农合,经医疗保险或新农合报销医疗费用后,民政部门再给予必要帮助。这些政策的实行,对保障刑释解教人员的基本生活起到了积极作用。在此基础上,配合劳动等部门,积极开展就业引导和指导,努力稳定他们的生活来源。

二、以城乡社区为平台,积极开展社区帮教工作

积极推进城乡和谐社区建设,把社区安置帮教工作作为和谐社区建设的重要内容。2008 年以来,民政部在全国开展了和谐社区建设,制定了和谐社区建设指导标准,其中把社区安置帮教工作作为重要的指标指导各地在创建中重点加以推进。经过两年的创建活动,全国有 188 个城区、253 个街道和 500 个社区成为示范单位,这些示范单位都是在和谐社区建设工作方面做出突出成绩的单位,也是社区安置帮教工作做得好的单位。

健全全社区组织,强化社区职能,为社区安置帮教工作搭建平台。建立健全社区党组织、社区居委会以及人民调解、治安保卫等下属委员会,为社区安置帮教工作提供组织保障。目前,多数社区都有一些政治素质高,工作能力强,群众信得过,热心社区工作的工作人员积极配合司法等部门开展社区安置帮教工作。加快推进新修订的《居民委员会组织法》和《村民委员会组织法》立法进程。我部在调查研究和广泛征求意见的基础上,对有关法律条文做了进一步的论证修改,明确规定村(居)民自治组织参与做好与社区安置帮教等方面负有重要职责。目前新修订的《村民委员会组织法》已全国人大立法程序;《居民委员会组织法》修订工作也已列为 2010 年国务院立法计划。

三、动员社会力量,为安置帮教工作营造良好环境

积极鼓励社会组织开展刑释解教人员安置帮教工作。近年来,我国社会组织得到快速发展,布局得到调整,结构不断优化,质量逐步提高,群众有序参与、有效覆盖城乡的社会组织体系基本形成。社会组织在经济、政治、文化、社会、教育、科技等各个领域发挥着积极的作用。截至 2010 年底,登记注册的社会组织总量接近 43. 5 万个。各级民政部门积极鼓励广大社会组织开展刑释解教人员安置帮教工作,利用其广泛的社会性,吸纳符合条件的刑释解教人员参与到各类社会活动中,为其重新融入社会营造良好环境。

推进城乡社区志愿服务活动,组织发动志愿人员参与社区安置帮教等工作。各地民政部门开展了城市社区志愿者注册登记工作,截至目前,注册志愿者人数已达到 600 多万人。社区志愿者在社区安置帮教工作中既减轻了政府部门的工作负担,又可以发挥志愿者与安置帮教对象的距离优势,组织、动员志愿者积极参与社区安置帮教工作,从而为社区安置帮教工作打下良好的社会基础。

下一步,民政部将继续按照中央综治委刑释解教人员安置帮教工作领导小组的部署,认真做好安置帮教工作,为促进社会和谐稳定做出积极贡献。

一是继续加强城乡社区在安置帮教工作中的平台作用。推进《加强和改进社区居民委员会建设的意见》出台,进一步推动社区居民委员会加强社区安置帮教工作,激励社区志愿者积极参与社区安置帮教工作。同时,进一步做好“十二五”社区服务设施项目的立项工作,以继续推动社区服务设施建设工作,为更好地开展社区安置帮教工作搭建平台。

二是加大对符合条件的刑释解教人员救助帮扶工作。建立低保标准科学测算和动态调整机制,进一步提高低保对象救助水平,使包括刑释解教人员在内的低保对象生活得到基本保障;积极配合有关部门开展就业帮扶活动,为刑释解教人员提供更多的就业服务;研究完善低保渐退政策,建立有效保障低保对象利益的就业促进机制;继续落实农村五保供养政策,将符合条件的刑释解教人员及时纳入五保供养范围,确保他们不因生活的困境再次违法犯罪。

文　化　部

2010 年文化部参与社会治安综合治理工作情况

2010 年，文化部按照《2010 年全国社会治安综合治理工作要点》及《2010 年全国学校及周边治安综合治理工作要点》的总体部署，积极推进文化市场综合执法改革，深入开展文化市场综合治理，分别组织了文化市场集中整治、整治互联网和手机媒体淫秽色情及低俗信息、集中查处违法卡拉 OK 歌曲、加强动漫市场监管等行动，进一步加大了对淫秽、色情及低俗网络游戏等违法文化产品的打击整治力度，有效整顿和规范了文化市场秩序，圆满完成了预防青少年违法犯罪、学校及周边文化市场治理等各项社会治安综合治理工作。

一、文化市场综合执法改革取得重大进展，为深化文化市场综合治理，推进文化市场平安建设提供坚实保障

2010 年是文化市场综合执法改革的攻坚之年。文化部文化市场司积极贯彻落实中宣发[2009]25 号文件和全国文化市场综合执法改革经验交流会议精神，全力推进综合执法改革。建立了综合执法改革月度统计制度、季度通报制度、信息简报制度，有力指导地方改革。年初召开会议，全面部署一年工作，年中对重点地区进行督查指导。配合中央编办印发《关于整合组建文化市场综合执法机构，加强文化市场综合执法人员编制管理的实施意见》，对综合执法改革中的机构编制人员等问题做出原则规定。

截至 2010 年底，北京、上海、重庆、浙江、广东、海南、山西、安徽、吉林、河北、河南、贵州等 12 个省（区、市）基本完成综合执法改革，山东、辽宁所有省辖市全部完成综合执法改革。除新疆、西藏和宁夏外，其他 28 个省均已制定印发关于加快推进全省改革的实施意见或工作方案。湖北、青海、福建等 25 个省（区、市）已成立或调整充实了省级文化市场管理工作领导小组。除新疆、西藏外，402 个地级市（含直辖市的区县）中，295 个组建了综合执法机构，占 73%，301 个组建了综合文化责任主体，占 75%；2592 个县（区）中，1622 个组建了综合执法机构，占 63%，1510 个组建了综合文化责任主体，占 58%。实践证明，实行综合执法的地区，文化市场监管力度不断加大，监管水平显著提升，市场面貌明显改观。

二、针对社会反映强烈的突出问题，组织开展专项整治行动，全面加强文化市场监管

2010 年初，文化部确定了创建平安文化市场，促进社会和谐稳定的工作思路。根据中央的统一部署和文化市场形势发展需要，联合中央外宣办、工业和信息化部等部门下发《关于印发〈关于加大整治手机淫秽色情和低俗信息力度的工作方案〉的通知》及《关于印发〈进一步深入整治互联网和手机媒体淫秽色情及低俗信息工作方案〉的通知》，下发了《关于查处违法卡拉 OK 歌曲的通知》、《关于查处违法动漫产品的通知》等文件，相继部署了净化社会文化环境、整治互联网低俗之风、整治网络淫秽色情、整治互联网和手机媒体淫秽色情及低俗信息、整治动漫市场等专项行动，并针对不同时期、不同阶段文化市场监管中存在的突出问题，相应开展治理整顿工作，加大了对各类违法违规文化经营行为的打击力度。

据统计，2010 年全国文化行政部门和文化市场综合执法机构共出动执法人员 8145206 人次；受理举报 47816 件，立案调查 60132 件，移交案件 2184 件，办结案件 51248 件；警告经营单位 120984 家次，罚款 14877.94 万元，没收违法所得 186.81 万元，停业整顿 1.24 万家。

三、部署开展“平安世博”、“平安亚运”文化市场专项保障行动，为上海世博会和广州亚运会的成功举办创造和谐稳定的社会文化环境

下发《关于开展“平安世博”文化市场专项保障行动的通知》，从4月1日至6月30日在全国范围内开展以“平安世博、精彩文化”为主题的专项保障行动，以确保世博期间文化市场不出现严重政治性问题、不发生重大安全事故。组织江浙沪三地及长三角地区16个主要城市文化行政部门和文化市场综合执法机构，共同签订《长三角地区文化市场综合执法区域协作工程（简称“长三角工程”）》合作框架协议，确定建立联席会议机制，加强信息通报、协调配合、联合执法，探索综合执法区域协作长效机制。

期间，文化部办公厅陆续下发《关于加强暑假期间文化市场监管工作的通知》、《关于开展2010年全国文化市场交叉执法检查工作的通知》，部署加强暑期文化市场监管，抽调部分省份综合执法机构负责人，组织开展交叉执法检查，抽查文化市场，评议执法案卷。派出11个督查组，对江苏、浙江、上海等11个省份开展“平安世博”文化市场专项保障行动及网吧、娱乐、演出、出版物等市场状况进行了明查暗访，对辽宁、内蒙古、广东、海南等8个省份进行了实地检查，有力推动了专项行动向纵深方向发展。督促指导广东省组织开展“平安亚运”文化市场专项保障行动，实施珠三角工程。

四、加强歌舞娱乐场所、电子游艺娱乐场所及网吧等互联网上网服务营业场所的整治力度，全面规范市场秩序

全国各级文化行政部门严格执行《娱乐场所管理条例》关于不得在学校周围设立歌舞娱乐场所、游艺娱乐场所的规定，实施娱乐场所设立听证制度。严禁歌舞娱乐场所接纳未成年人进入消费或接纳未成年人在场所内从事任何形式的经营性活动，严禁电子游戏游艺经营场所在法定节假日外接纳未成年人。对违反规定的，依照《娱乐场所管理条例》规定严肃处理。严格要求歌舞娱乐场所在入口处等显著位置悬挂未成年人禁入标志，电子游戏经营场所悬挂未成年人限入标志。积极配合公安部门严厉打击利用娱乐场所进行赌博、吸毒、贩毒及色情淫秽表演、营利性陪侍等违法违规活动。

2010年3月，文化部印发《关于加大对网吧接纳未成年人违法行为处罚力度的通知》，要求“对一次接纳3名以上（含3名）未成年人以及在规定的营业时间以外接纳未成年人，或由于接纳未成年人引发重大恶性案件的网吧，依法吊销《网络文化经营许可证》。对一次接纳2名以下未成年人的网吧，依法责令停业整顿30日；一年内2次接纳2名以下未成年人的网吧，依法吊销《网络文化经营许可证》。对连续3次（含3次）未按规定核对登记上网消费者有效身份证件的网吧，依法责令停业整顿30日”。4月至6月开展严格执法示范活动，形成对网吧接纳未成年人的强大威慑，基本实现在城市杜绝此类行为的目标，县以下农村地区网吧接纳未成年人的发生率也大幅降低。4月，文化部、中央文明办共同在辽宁省鞍山市召开全国推进网吧连锁工作现场经验交流会。会后，各地大力推进连锁工作，着力解决重点、难点和深层次问题，网吧市场秩序得到了有效规范。

五、推进网络文化市场技术监管体系建设，创新监管方式，充分利用技术手段封堵有害信息

完成全国网络文化市场计算机监管平台系统终验工作，将继续加强中央监管平台与省级监管平台互联互通工作，督促未建平台省份加快建设进度。正式启动2010年文化市场技术监管平台建设工作。

积极发挥全国网络文化市场计算机监管平台作用，利用技术手段加强对违法有害信息的封堵力度，取得显著效果。截至2010年第三季度，文化部网络文化市场计算机监管平台已与24个省级监管平台实现互联互通，可对全国8.1万余家网吧内的465万余台计算机终端实行即时动态监控。全国各级文化部门和综合执法机构已通过技术监管平台封堵各类非法游戏共约1.12亿余次，其中屏蔽非法游戏网站6663万余次，封堵非法网络游戏139万余次，阻截非法单机游戏42.6万余次。自平台使用以来，各级技术监管平台累计报警2.4亿余次，日均报警53万余次，有效阻止了非法网络游戏等通过网吧等互联网上网服务营业场所传播。

六、切实加强网络游戏内容管理，严厉打击整治互联网淫秽、色情和低俗信息

2010年文化部先后发布4批违法网络文化产品或网站黑名单，部署对违法网络文化产品及从事非法网络文化经营活动的网站进行重点查处。其中，包括“嗨嗨舞曲”、“疯狂DJ联盟”等87家未经批准擅自从事网络音乐经营或者提供含有色情淫秽及低俗内容的“粗口歌”下载、播放服务的非法网络音乐网站；154家未经批准擅自从事网络游戏经营或者提供含有赌博、低俗等内容的非法网络游戏网站；60家提供非法网络游戏“私服”“外挂”服务的网站；53家未按照规定进行国产网络游戏备案的网站。通告对117家未经批准擅自从事网络音乐经营活动的网站进行清理，对92家涉嫌存在违规经营活动的网络游戏企业发出限期整改通知书，并部署各地加强网络游戏市场推广管理，坚决制止利用低俗手段宣传推广网络游戏行为，责令北京、上海等地文化行政部门限期约谈有关企业负责人，督促立即采取整改措施消除不良社会影响。

文化部先后发布了第八批、第九批违法违规网络游戏运营单位及其网络游戏产品，部署集中查处进行格调低俗宣传以及宣扬低俗、赌博、暴力等内容的网络游戏产品，严厉打击运营非法网络游戏及非法运营网络游戏等违法行为。通报了涉嫌违法、违规的78家运营单位及其游戏产品，并要求各地文化行政部门和文化市场执法机构根据《通知》的要求进行调查和查处。根据群众举报及网络游戏内容审查备案中发现的问题，文化部共下发《经营性互联网文化活动监管通知书》159个，要求企业对经营活动中的违规行为进行整改。

七、查处一批大案要案，切实加强对文化市场重大案件的督查督办工作

2010年，文化部先后下发《文化市场查处通知》100份、《转办函》26份，直接督办了陕西国际文化交流基金会伪造文化部审批文件案、广东盗版音像制品包装窝点案等案件。各地先后查处了一批违法演出、娱乐、网络游戏、网络音乐以及出版物案件，其中河南省濮阳市文化广电新闻出版局查办的“河南南乐县仓颉陵庙会非法演出案”、浙江省宁波市文化市场行政执法总队查办的“宁波江东天汇网络服务有限公司未经著作权人许可复制发行其作品并提供娱乐场所点播系统案”、广东省广州市文化市场综合行政执法总队查办的“广州特大非法音像制品仓储案”、江苏省文化厅查办的“常熟市王佳豪未经许可擅自从事网络音乐经营活动案”、新疆维吾尔自治区乌鲁木齐市文化局查办的“高原私自架设服务器从事网络游戏运营活动案”、江苏省镇江市文化广电新闻出版局查办的“镇江市宏大建设集团有限公司损坏宗元粮仓遗址案”、上海市文化市场行政执法总队查办的“上海众源网络有限公司未按许可载明事项从事互联网视听节目服务案”、北京市文化市场行政执法总队查办的“假冒伪造《中国教育学刊》等刊物从事非法出版和诈骗活动案”、四川省成都市青羊区文化市场行政执法大队查办的“四川成都‘移动城堡网吧’违规接纳未成年人进入案”、云南省迪庆州文化市场行政执法支队查办的“利用手机下载传播淫秽色情信息等禁止内容案”被评为2010年全国文化市场十大案件。

文化部关于开展“平安世博”文化市场专项保障行动的通知

（2010年3月19日）

各省、自治区、直辖市文化厅（局），新疆生产建设兵团文化局，北京市、天津市、上海市、重庆市文化市场行政执法总队：

2010年中国上海世博会是继北京奥运会后

我国举办的又一个世界盛会。世博会延续时间长，参展国家和国际组织多，文艺演出活动多，旅游参观人员多，对文化市场监管工作提出了更高要求。胡锦涛总书记明确指出，“举办世博会，不仅是上海的大事，也是全国的大事；办好世博会，不仅是上海的责任，也是全国的责任”。为落实胡锦涛总书记的指示精神，创建平安文化市场，为办好一届“成功、精彩、难忘”的世博会营造良好社会文化环境，文化部决定自2010年4月1日至6月30日在全国范围内开展“平安世博”文化市场专项保障行动。现就有关事项通知如下：

一、指导思想

坚决贯彻落实党中央关于上海世博会安保工作的总体部署，以“平安世博、精彩文化”为主题，围绕维护社会政治稳定、促进未成年人身心健康、保护知识产权、维护国家文化安全等重点，集中解决突出问题，妥善处置突发事件，为上海世博会的成功举办营造良好社会文化环境。

二、工作目标

“平安世博”文化市场专项保障行动的总体目标是：通过实施专项保障行动，切实做到监管责任到位、监管措施到位、监管效果明显，确保文化市场不出现严重政治性问题、不发生重大安全事故、不形成社会关注热点，促进文化市场健康繁荣。

三、工作重点

1. 重点地区：上海及江苏、浙江等周边地区特别是长三角地区及其周边重点城市，北京、安徽、山东、陕西、云南等重点旅游省份，新疆、西藏、吉林、内蒙古、甘肃等边疆民族地区。

2. 重点领域：演出、娱乐、艺术品、音像、书报刊等市场及网吧等网络文化市场。

3. 重点时段：世博会开幕式、闭幕式及中国国家馆日等重大庆典活动及其前后时期。

四、工作任务

1. 严把准入关口

严格执行审批程序和审查标准，把好市场准入关。上海、北京、江苏、浙江等地尤其要加强对营业性演出节目和商业性美术展览的内容审查，防止含有禁止内容的节目或展品进入市场；各地对参加世博会展演的文艺演出节目或展品，要专门进行内容审查，严格把关。

2. 严查违法产品

世博会开幕前，各地特别是北京、上海、深圳、西安、兰州等地要集中清查音像店、书店、报刊亭及电子软件市场，清理大型歌舞娱乐场所卡拉OK曲库，严厉查处各类政治性非法出版物及其它含有禁止内容的文化产品。

世博会期间，各地尤其是北京、上海、杭州等地要加大对艺术品集中经营区域的监管力度，防止出现侵害民族风俗习惯、破坏社会公序良俗的艺术品及行为艺术；加强涉外营业性演出活动的现场监管，对宾馆、饭店、酒吧等场所的临时性演出活动定期进行巡查或抽查，防止表演含有禁止内容的节目及假唱、假演奏等违法行为。落实“扫黄打非”工作部署，深入整治互联网和手机媒体淫秽色情及低俗信息，严厉打击粗口歌、哈狗帮等违法网络音乐及色情低俗网络游戏。

3. 严打侵权盗版

配合“4·26”世界知识产权日及宣传周，组织保护知识产权法制宣传活动，统一开展侵权盗版出版物绿色销毁活动，提高公众知识产权保护意识。适时组织交叉检查和联合执法行动，加大对侵权盗版音像、书刊、网络游戏、网络音乐、动漫等产品的查处力度，坚决杜绝在合法经营场所存储、摆放及销售侵权盗版产品。

4. 严罚违规网吧

按照文化部要求，继续加大网吧市场监管力度，依法从严从重处罚违法接纳未成年人行为。充分发动网吧行业协会、业主及义务监督员，搜集整理辖区内黑网吧信息，统一提交工商部门及电信管理部门，督促相关部门坚决依法取缔黑网吧。

5. 严防重大事故

重点排查网吧、影剧院及歌舞、游艺娱乐等公众聚集文化经营场所，查找场所在经营管理、消防安全等方面存在的死角和漏洞，及时预防并排除苗头性、倾向性问题，防止发生重大安全责任事故或群体性事件。

五、工作要求

1. 加强组织领导。各地要认清形势，增强大局观念和责任意识，全力支持和保障世博会。要结合当地实际制定实施方案，通过举行启动仪式、组织法规培训、签订责任书等形式，广泛宣传动员，将“平安世博”的意义、目标、任务和要求落实到经营场所和单位。

2. 加强执法协作。各地尤其是上海、江苏、浙江等省市要以专项行动为契机，建立执法协作机制、信息通报机制、协调配合机制。由上海牵头，实施“长三角地区文化市场综合执法区域协作工程”(简称“长三角工程”)，在此基础上建立“长三角工程”的长效工作机制。加强区域执法协作，整合执法资源，形成监管合力，提高监管效能。

3. 加强信息通报。行政许可部门要将各项审批信息及时通报给执法机构，各地要及时上报执法数据和信息。重大案件必须在24小时内逐级上报，隐瞒或延误报送的，将给予通报批评。逐步完善快速反应机制、应急预警机制、安全防范机制，组织开展抽检或演练，查漏补缺。12318举报电话及各执法机构主要负责人移动通讯设备必须保持24小时畅通。

4. 加强督促检查。要通过明查暗访、交叉检查、联合执法等形式，加强对专项行动的督查指导。要将“平安世博”作为平安文化市场建设及2010年综合执法工作的重要内容，统一纳入年度考评体系，有针对性地开展督查工作。对行动进展顺利、市场秩序良好的地区，要给予表彰奖励；对秩序十分混乱、问题特别突出的地区要给予通报批评，专项重点督查，或者实施挂牌督办，直至问题妥善解决。文化部也将组织督查组赴重点地区督查，并挂牌整治一批重点地区，督办一批重大案件。

自2010年4月起，执法数据改为按月报送，请各省(区、市)于次月十日之前上报。请各省(区、市)于7月15日前将行动总结(江浙沪为阶段进展情况)报送我部文化市场司。根据工作需要，上海、江苏、浙江等三省市的“平安世博”文化市场专项行动延长至10月31日，请于11月15日前报送“长三角工程”总结报告。

文化部关于加大对网吧接纳未成年人违法行为处罚力度的通知

(2010年3月19日)

各省、自治区、直辖市文化厅(局)，新疆生产建设兵团文化局，北京市、天津市、上海市、重庆市文化市场行政执法总队：

近年来，各级文化行政部门和文化综合执法机构会同有关部门深入开展网吧规范和整治工作，使网吧经营秩序得到明显改善。但是，部分地区网吧仍然存在接纳未成年人等违法经营行为，严重危害未成年人身心健康，造成恶劣社会影响。为切实加强网吧监管，保护未成年人健康成长，根据《互联网上网服务营业场所管理条例》有关规定，文化部决定加大对网吧接纳未成年人违法行为的行政处罚力度，现就有关事项通知如下：

一、对一次接纳3名以上(含3名)未成年人以及在规定的营业时间以外接纳未成年人，或由于接纳未成年人引发重大恶性案件的网吧，依法吊销《网络文化经营许可证》。

二、对一次接纳2名以下未成年人的网吧，依法责令停业整顿30日；一年内2次接纳2名以下未成年人的网吧，依法吊销《网络文化经营许可证》。

三、对连续3次(含3次)未按规定核对登记上网消费者有效身份证件的网吧，依法责令停业整顿30日。

住房和城乡建设部

2010年住房城乡建设系统参与社会治安综合治理工作情况

2010年，住房和城乡建设部按照中央综治委统一部署，认真落实中央综治委各项工作部署，紧密结合工作实际，深入推进社会矛盾化解、社会管理创新和公正廉洁执法三项重点工作，深入开展平安建设。

一、不断推动流动人口服务管理创新

一是努力加强出租房屋管理。积极推进房屋租赁工作研究和立法工作，组织开展了"完善住房供应体系，规范发展住房租赁市场"、"房地产租赁市场研究"等课题研究，提出探索建立完善的住房租赁市场供应体系；不断完善房屋租赁法律制度体系，颁布实施了《房屋租赁管理办法》，起草了《房地产经纪管理办法》，在修订的《城市房地产管理法》草案中，对房屋租赁的政策导向、租赁登记备案、划拨土地上房屋出租等问题作出进一步规定；以建立出租房屋数据库为重点，加快推进流动人口综合管理信息系统建设，努力探索运用信息化手段实现"以房管人"，积极推广各地先进经验和做法，鼓励各地探索建立流动人口居住信息的管理机制，收到了良好成效。二是努力改善农民工居住条件。继续贯彻落实《关于改善农民工居住条件的指导意见》，积极探索多种形式、多种渠道改善进城务工人员住房条件，印发了《关于加快发展公共租赁住房的指导意见》，推动了农民工住房条件的改善。三是积极维护农民工合法权益。着力解决建设领域拖欠工程款和引发的拖欠农民工工资问题，对发现的拖欠工程款案件进行了实地核查和督办，维护了农民工合法权益；上海世博会期间，华东地区住房城乡建设部门严格督促有关单位贯彻落实《建设领域农民工工资支付管理暂行办法》，加强对企业农民工工资支付的监督管理，确保了社会稳定。四是不断提高农民工自身素质。与农业部等6部委联合组织实施农村劳动力转移培训阳光工程，进一步强化了住房城乡建设部门在开展村镇建筑工匠培训工作中的职能和作用；继续开展建筑业农民工技能培训示范工程工作，总结经验，完善政策，对建筑企业在岗农民工和准备进入建筑企业就业的农村劳动者进行培训和鉴定；组织指导各地做好生产操作人员职业技能培训与鉴定工作；组织开展建筑业农民工现状、问题及对策课题研究，提出完善农民工培训和权益保护的政策建议及长远制度安排。

二、深入推进城市房屋拆迁矛盾化解

将拆迁工作作为维护社会稳定的重要内容，摆在突出位置。一是按照国务院常务会精神，配合国务院法制办修改完善了《国有土地上房屋征收与补偿条例》，并以国务院令形式颁布实施。二是针对发生的多起拆迁致人死伤事件，代国务院办公厅起草了《关于进一步严格征地拆迁管理工作切实维护群众合法权益的紧急通知》，要求各地加大工作力度，坚决制止和纠正违法违规行为，下大力气化解拆迁矛盾纠纷，对反映有关地区突击强拆的案件进行了实地督办。三是认真处理群众来信来访。认真贯彻落实中央联席会议和国家信访局有关要求，及时办理群众来信，热情接待群众来访，妥善处置突发事件。2010年，部办理群众来信6220件，接待群众来访2481批次、7082人次，上访人次的总量比2009年下降了15.96%。

三、努力抓好世博会和广州亚运会安全维稳工作

为落实中央领导要求，在上海召开了华东六省一市世博信访维稳工作会议，对有关工作作出部署，对上海周边六省进行了现场督查。向华南六省区住房城乡建设部门下发通知，对确保广州亚运会安全稳定提出明确要求。对拆迁矛盾纠纷和不稳定因素进行全面排查梳理，要求各地加大工作力度，坚决制止和纠正违法违规行为，下大力气化解拆迁中的矛盾纠纷，维护社会稳定。开展市政公用设施安全隐患排查治理工作，督促各地加强供水、供气、供热、城市桥梁、隧道等重点要害部位的安全隐患排查工作，开展了防范恐怖袭击工作。加大了公园景区等人群密集场所的安全防范工作，普遍制定了相应的安保方案、突发事件应急预案和有效的防范措施。认真贯彻落实国务院安委会全国安全生产电视电话会议和全国建筑安全生产电视电话会议精神，深入推进“安全生产年”各项工作，严格执行安全生产制度，强化用工单位责任，加强施工现场管理，防止了各类事故发生。

四、切实加强预防青少年违法犯罪和学校及周边治安综合治理工作

一是严格实施规划管理。各地区住房城乡建设部门坚持在城乡规划建设中尽可能保障中小学校建设用地，加强了对规划拟建的中小学用地使用性质的规划控制，严格执行《中小学校建筑设计规范》、《城市一般中小学校规划面积定额》等标准，加大对中小学及社区青少年活动场所周边用地使用情况和建设工程的监督检查力度。二是加强质量安全监督。进一步加大对中小学校工程建设的监督检查力度，明确有关责任，确保工程质量，发现违反工程建设强制性标准的，责令纠正。配合有关部门做好学校及有关设施安全使用的检验、维修和更新工作。印发了《关于进一步做好全国中小学校舍安全工程有关工作的通知》，对部分地区中小学校舍安全工程实施情况进行了督察，组织编制《中小学校舍抗震加固图集》和《全国中小学校舍抗震鉴定与加固示例》，为校舍安全工程提供技术支持。三是贯彻落实《中小学幼儿园安全管理办法》，继续配合有关部门开展街头组织儿童乞讨和强迫未成年人犯罪的专项行动和集中整治兜售非法出版物和盗版制品行动，依法拆除违章建筑、取缔无照商贩、清理整顿环境卫生，整顿学校周边交通秩序，整顿查处违章占道行为，使学校及周边环境和秩序有了明显改善。

交通运输部

2010 年交通运输系统参与社会治安综合治理工作情况

2010 年,交通运输系统紧紧围绕党和国家工作大局,认真贯彻中央综治委加强综治工作的各项决策和部署,抓牢"保增长、保民生、保稳定"这条主线,不断推进交通运输行业的平安创建活动,切实加强行业维稳和社会治安综合治理工作,充分发挥交通运输行业在维护社会大局稳定和社会治安综合治理中的积极作用,全力维护了社会和行业和谐稳定,保障了交通运输安全畅通和各项工作目标的圆满完成。

一是领导高度重视,全面部署,狠抓落实。始终坚持一把手负总责,各部门齐抓共管,不断完善工作机制,切实把综治维稳工作纳入行业管理和交通建设发展中,对涉及交通运输行业的问题认真研判分析,有针对性地破解难题,创新工作方法,加强创新管理,积极稳妥处理好交通行业发展、改革与稳定的关系。6 月 29 日,李盛霖部长主持召开党组(扩大)会议,传达学习了全国综治工作会议精神和周永康同志重要讲话,全面客观地分析当前交通运输行业在社会治安形势和综合治理工作存在的问题,结合实际就进一步加强社会建设、创新社会管理、做好行业综治工作进行了专题研究。会议情况以《关于传达贯彻全国社会治安综合治理会议精神的报告》(交党发[2010]37 号)专报中央综治委。7 月 19 日,交通部又召开部机关综治成员及在京直属单位专题会议,李盛霖部长作重要讲话,全面部署了今后一个时期综治工作。

二是扎实做好新形势下的社会治安综合治理工作,切实维护行业和谐稳定。针对部分省市中巴车业主、集装箱卡车司机、出租车经营者因工资待遇、承包经营、出租车经营权等问题来京上访、集体罢运、堵塞城市和疏港道路,以及因工资福利、环境污染等原因引发的群体性事件,针对在交通基础设施建设中存在随意降低征地拆迁补偿标准、拖欠农民工工资等问题,以及税费、海事等事业单位改革所存在的不稳定因素,坚持以人为本、服务群众、关注民生的理念,积极配合地方政府及主管部门有效化解了矛盾,平息了事件。

三是加强沿海港口和长江等内河治安防控体系建设。继续落实两个治安防控体系建设指导意见,严打整治各种影响交通运输安全的违法犯罪活动。重点加强长途客运汽车站、重点水域、渡口渡船、校园等场所及周边治安秩序整治工作。全年破获涉港涉水刑事案件 3486 起,查处治安案件 6. 19 万起,水路交通线上抓获网上逃犯 954 名。

四是在急难险重任务中发挥交通运输保障作用。确保了抗震救灾物资运输和灾区道路畅通,全力做好上海世博会和广州亚运会公路水路安保工作,为世博会和亚运会的成功举办提供了安全、畅通、有序的交通保障。

五是认真开展综治成员单位联系点的检查指导工作。8 月 29 日,李盛霖部长带队专程到综治联系点湖北省孝感市调研,传达中央综治精神,检查指导综治维稳工作,并就加强社会管理创新、健全完善大调解、矛盾纠纷排查化解工作机制、深化"平安交通"创建等提出了要求,进一步推动湖北孝感市的综治工作。

2011 年,是"十二五"开局之年,也是交通运输发展方式转变和深化体制机制改革的关键时期,交通运输部将按照中央综治委的要求,继续保持高度的政治敏锐性,树立大局意识、忧患意识和责任意识,深入推进社会矛盾化解、社会管理创新、公正廉洁执法三项重点工作,强化维稳工作机制,树立群众利益至上意识,全面推进交通行业社会管理创新,深化"平安交通"建设,为纪念中国共产党成立 90 周年和实现"十二五"时期良好开局营造和谐稳定的社会环境。

把握形势　创新工作　落实责任
进一步加强交通运输系统社会治安综合治理工作

李盛霖

（2010年7月19日）

今天，我们召开部综治成员单位负责人会议，主要是学习贯彻全国社会治安综合治理工作会议精神，分析当前交通运输系统在社会治安形势和综合治理工作方面存在的问题，结合行业实际情况就进一步加强社会建设、创新社会管理，做好交通运输行业社会治安综合治理工作进行再部署，并提出一些具体工作要求。刚才利民组长传达了全国社会治安综合治理工作会议精神和永康同志的重要讲话精神，这次会议对于深入贯彻落实党的十七大和十七届三中、四中全会精神，贯彻中央关于加强社会建设、创新社会管理的决策部署，做好新形势下社会治安综合治理工作具有极为重大和深远意义。永康同志的重要讲话，从党和国家工作大局的高度，深入分析了我国经济社会发展阶段性特征在社会建设和社会管理领域的具体表现，深刻阐述了新形势下加强社会建设、创新社会管理的重要意义，系统总结了近年来全国在社会建设和社会管理中探索积累的基本经验，为各地区各部门在新形势下进一步加强社会建设、创新社会管理指明了方向，对促进我国经济社会科学发展和交通运输事业又好又快发展有着重要意义。

下面，我就交通运输行业贯彻这次会议谈两点意见：

一、充分认识交通运输行业所面临的社会治安严峻形势，进一步增强忧患意识、大局意识和服务意识，以高度的责任感和使命感做好交通运输行业社会治安综合治理工作

当前，全国形势总的是好的，社会大局是稳定的。但是，必须看到，进入新世纪新阶段，我国发展呈现一系列新的阶段性特征，社会处于人民内部矛盾凸显、刑事犯罪高发、对敌斗争复杂的时期，影响社会稳定的矛盾和问题仍然较多。交通运输行业作为公共服务性行业也不例外，由于涉及面广，社会关注度高，自身发展面临的新旧矛盾和问题交织在一起，因此影响稳定的因素也比较多，并且还在不断增加。2009年，交通运输部信访部门共受理群众来信来访3817件次，同比上升9.9%，各省区市交通运输部门共受理群众来信来访39816件次，同比上升4.82%，通过分析表明涉及成品油价税费改革和社会保障等方面问题的信访量呈上升趋势，涉及出租车行业的信访问题较为突出。目前，城市公交车司机待遇偏低，出租车行业市场管理不规范，社会矛盾突出，不稳定因素普遍存在。如今年3月初，河北承德市中巴车业主代表80多人为要求恢复其原有经营权的问题来部上访；4月1日，云南怒江交运集团公司部分挂靠车驾驶员因不满该公司的车辆承包经营方案，发生了124名挂靠车驾驶员集体罢运事件；近期，发生重庆万州区部分已转让指标的原出租车经营者进京上访事件。上半年，个别在京直属单位多次发生职工聚众到部机关上访。此外，港航系统群体性事件继续呈现多发态势，造成一定的社会影响。特别是上半年全国水上交通事故频发，安全生产形势不容乐观，水上安全存在的不稳定因素增多，由此引发的各种纠纷极易演变成群体性事件。近年来交通港航系统发生的群体性事件年均近300起，涉及参与人员万余人次，主要是由工资福利、拆迁补偿、企业改组改制、环境污染、劳资纠纷和交通安全事故等原因引发而产生的，这些事件的集中表现形式为聚众上访、请愿静坐、罢工停工以及聚众械斗和哄抢等。2010年上半年港航系统发生群体性事件143起，涉及人员4687人，其中50人以上的有24起，如今年4月22日，深圳蛇口港区发生集装箱拖车司机罢运事件，司机用拖车堵塞进港道路，事件持续两天，致使近4000辆拖车无法进港作业，拥堵路面长达6公里。6月1日，拖车司机因提出增加工资待遇的诉求被拒再次引发罢运事件，范围涉及西部港区和部分城市路面，并且出现砸毁车辆现象，事件时间持续三天，严重影响了港口的运输生产和社会的稳定。

对此，我们要引起高度重视，在新形势下，处理任何事情、作任何决策都要充分考虑可能引发的社会矛盾问题和可能出现的社会稳定问题。要从教育上入手，从体制上保证，积极化解矛盾，防止消极舆论引导，防止被敌对势力利用，要注重运用法律手段加强和改进社会管理，教育和引导人民群众依法理性表达诉求，把依法治国基本方略落实到社会管理的各领域、全过程。胡锦涛总书记在党的十七届四中全会和中央经济工作会议上都强调要进一步维护社会稳定，“加强社会治安综合治理，完善社会治安防控体系，深入开展平安创建活动，依法打击各种刑事犯罪活动，不断增强人民群众安全感”。我们交通运输系统各级管理部门尤其是领导干部，应坚持以邓小平理论和“三个代表”重要思想为指导，深入贯彻落实科学发展观，坚持以人为本、服务群众、关注民生的理念，紧紧依靠党委和政府，按照“属地管理”和“谁主管，谁负责”的原则，深入开展矛盾纠纷大排查，把排查调处矛盾纠纷作为加强社会治安综合治理、维护人民群众根本利益、促进社会和谐稳定的重要基础工作来做，坚持预防为主、源头治理，预警在前、调解优先，立足抓早、抓小、抓苗头；努力使纠纷早解决、矛盾不上交，把各类矛盾纠纷解决在基层、解决在萌芽状态。要从保障国家长治久安、巩固党的执政地位的高度，从维护改革发展稳定大局、维护广大人民群众根本利益的高度，充分认识新形势下的社会治安综合治理工作的重要性和紧迫性，切实把思想认识统一到中央的决策上来。按照中央的要求，不断完善社会治安综合治理领导责任制，增强领导责任制对社会治安综合治理的推动作用，以更有效的工作措施和更扎实的工作作风，保障各项工作措施落实到位，切实抓好平安交通建设工作，全力维护社会和行业的和谐稳定，为交通运输事业的科学发展营造良好的社会环境。

二、切实加强社会建设，创新社会管理方法，提升科学管理水平，完善综合治理机制，为国家和交通运输行业的发展提供安全保障

交通运输部作为中央社会治安综合治理委员会的成员单位，一直认真贯彻中央关于综治工作的重大决策和部署，按照党中央关于构建社会主义和谐社会的总体要求，不断增强责任感和使命感，始终坚持一把手负总责、亲自抓，加强领导，完善机制，创新方法，平稳推进各项改革，妥善处置各类突发事件，认真做好校园及周边安全保卫，打击处理各种影响交通运输安全生产的违法犯罪活动，扎扎实实做好新形势下的社会治安综合治理工作。围绕“保增长、保民生、保稳定”这条主线，认真践行“三个服务”的理念，切实维护社会和谐稳定，积极发挥了交通运输行业在社会治安综合治理中的职能作用。当前和今后一个时期，既是交通运输发展方式转变和深化体制机制改革的关键阶段，也是新旧矛盾和问题的凸显期，交通运输系统内部和服务社会方面还有很多不稳定因素和难以解决的遗留问题存在，维护行业稳定的难度在增大，社会治安综合治理的形势依然严峻，维护社会和谐稳定的任务依然十分繁重。因此我们要深入推进社会矛盾化解、社会管理创新、公正廉洁执法三项重点工作，尤其要把加强社会建设、创新社会管理放在全部工作更加重要、更加突出的位置来谋划和推进。加强社会建设、创新社会管理是维护社会和谐稳定的源头性、根本性、基础性工作，社会治安问题与社会矛盾紧密相联，社会治安综合治理说到底是对社会矛盾的综合治理，是社会建设和社会管理的重要内容。交通运输系统各部门各单位要加强对社会建设和社会管理规律特点的研究，探寻适合本部门本单位加强社会建设、创新社会管理的工作方法，从各自职能出发，细化工作措施，积极创新社会管理，建立常态化管控机制，各职能部门在制定行业政策和批复地方相关事项时，一定要从行业稳定的大局出发，慎重稳妥，考虑社会的承受能力，逐步推进行业相关改革发展工作，努力形成与社会主义市场经济体制相适应的社会管理体系。交通运输行业涉及社会治安稳定方面的事情比较多，目前要重点抓好以下几点工作：

一、千方百计把交通运输安全工作抓好，特别是水上安全工作抓好，同时采取有效措施并积极配合有关部门减少道路交通事故。

二、继续积极慎重地推进海事、税费和事业单位改革。抓好海事改革，积极稳妥平衡过渡；抓好税费改革，前阶段工作抓得不错，但不能掉以轻心；同时抓好事业单位的体制改革。

三、注意抓好出租汽车、公交车等敏感行业的稳定工作，加快行业管理的法制化和规范化进程。这些行业涉及的方面多，人数多，社会关联度高，不稳定因素也多，如果工作做不好，会很大程度的阻碍国家和地方的经济建设，影响社会发展。

四、进一步加强港航治安防控体系建设。认真抓好沿海港口和长江两个治安防控体系建设指导意见的落实，落实行业相关单位社会治安防控主体责任，健全群防群治网络，完善治安巡防体系建设。

五、进一步重视信访工作。处理好信访工作有利于矛盾的化解，有利于社会和谐稳定，要加强源头预防，有效解决事情，不断完善机制，更好地在维护行业稳定工作中发挥作用。

六、继续抓好湖北孝感市联系点工作。指导湖北孝感市学习贯彻全国社会治安综合治理工作会议的精神，做好加强社会建设、创新社会管理基础工作，深入开展平安建设。

直属机关党委要具体负责抓好机关和在京单位的稳定工作，发挥党组织和党员的模范带头作用，通过有效的思想政治工作，促进机关和在京单位的稳定工作。

同志们，加强社会建设，创新社会管理，任务艰巨，责任重大。希望各成员单位充分发挥参与社会治安综合治理的积极性，正确处理改革、发展和稳定的关系，抓住国家和地方制定“十二五”规划的有利时机，创新思路，开拓进取，扎实工作，深入推进平安交通建设，全面提升交通运输行业社会建设和社会管理工作水平，以此推动社会治安综合治理工作不断取得新的进步！

李盛霖同志在综治工作联系点湖北省孝感市调研时的讲话

（根据录音整理　2010年8月）

湖北省孝感市被明确为交通运输部综治联系点，我是2009年9月到孝感，是第一次来，那次留下了非常深刻的印象，时间不长，印象深刻，这次来是第二次，这次来的背景就是结合全国社会治安综合治理工作会议贯彻落实，进一步通过联系能够学到孝感市在社会治安综合治理方面的经验，同时借此机会对经济社会发展为交通运输提出一个新的要求，我们能够更多地了解。刚才，黄书记、朱书记从不同的角度、不同的层面介绍了情况，讲得非常细，既有经济社会的发展，又有交通运输的发展，也有综合治理的工作，谢书记作了介绍。我觉得湖北省孝感市在湖北省委、省政府的领导下，孝感市委、市政府领导500万干部群众按照中央的要求，在经济社会发展方面有了新的进展，刚才黄书记从全市的角度，朱书记是从孝感的一个县市来发言，从两个不同的角度充分看到了孝感市按照省委、省政府的要求正确决策、科学部署，组织了50万干部职工用一年的时间将工作又往前迈了一步，今年继续保持持续快速增长的趋势，应城市用充分的数据也反映了发展得速度，孝感、应城共同的特点是固定资产远高于财政收入,推动投资、消费、出口"三驾马车"前行,结合当前形势和发展趋势,今后发展更多的是消费和产业方面的发展,更多地依靠产业结构调整和优化升级而推动发展。

我深切感受到,在湖北省委、省政府的领导下,孝感市委、市政府、应城市委、市政府对交通运输的发展高度重视。交通运输既是经济社会发展得保证,也是经济社会发展本身的内容,也构成了经济社会增长发展速度的重要组成部分。孝感和应城的总体网络建设是比较好的,湖北省作为中部的中心,这个中心是枢纽的概念,枢纽的中心是网络,是交通网络,我在孝感和应城的交通网络。以公路来讲,应城市逐步加快主干道、省道建设,然后下面通乡、通村。在落实"三保"工作的同时,孝感总的社会治安综合治理成效突出。发展是硬道理,稳定是硬任务。在省委领导下各级党委扎实工作,确保了总的社会治安稳定。

在一把手亲自抓的同时,主管部门具体负责,形成网络,形成整体。湖北省委、省政府、孝感市委、市政府在这方面的工作都体现了领导关注。领导重视的同时,针对孝感历史情况有针对性地采取了一些措施。

刚才听了书记们的讲话,我觉得孝感这方面做得很到位。当"一把手"天天抓、事事都在抓时,那就说明机制不好。不可能"一把手"件件都抓,机制的调节作用是很重要的。各部门、社区、街道、农村、乡都要各负其责。作为基层政权,千针万线,只有把基础性工作抓好,市委书记、市长才能认认真真抓发展,才能有精力去抓大事。

另外,刑满释放解教人员重新犯罪率,从这个角度看,有一定的规律性。现在有的人"二进、三进、四进宫"很常见,要针对各个时期、不同的人有针对性地进行重点帮教、开导,并与重点打击相结合。还有城区重点部位、重点区域和重点单位整治和重点防控,整个城乡防控体系都在不断完善。

领导重视,措施得力,效果明显。应城市连续四届获得了全国社会治安综合治理先进集体,这个荣誉含金量高,也是来之不易的。今天上午针对群众的一个问卷调查,群众满意率为 89.7%,而且也所上升,说明了群众的满意度,10%的不满意是可以理解的。

我们这次来是学习,同时,我们想借此来调研的机会,一定把在湖北省委、省政府的领导下孝感在社会治安综合治理方面的经验,如实地向中央和有关方面报告,以使更多的地区学习借鉴到孝感市好的做法、经验。

关于总的社会治安综合治理下一步的工作,中央要求很具体,湖北省委、省政府的要求很明确,孝感在省委、省政府的领导下所获得的这些好的经验、好做法,在这个基础上更好地为全国社会治安综合治理工作进一步深入提供借鉴。中国的发展进入了一个新的阶段,中国的经济发展、社会发展都到了一个新的阶段,这个新阶段很重要的特点就是各种矛盾交织,新老矛盾同时存在,包括市场经济和计划经济的矛盾,包括每个人的思想、个人新老的思想的矛盾等等都在这个时期。在这种情况下,孝感市作为全国的一个地区,从经验做法,如何做好社会治安综合治理工作进行探索。我个人认为,不论多少矛盾,主体是内部矛盾。尽管主体是内部矛盾,有些时候这些内部矛盾非常激烈,而对这些非常激烈程度的矛盾有可能转化,而且处理不好就转化成刑事犯罪,国际上复杂的环境就有可能利用内部矛盾使它更为复杂、性质发生变化,所以我们一定要有一个非常清醒的头脑。政治上的矛盾有意识形态的,有经济制度上的、也有其他方面的,等等。在这样的情况下,我们如何利用一次好的经验和做法,提高理论层次。比如核心价值体系,这是意识形态的东西。我们现在特别强调两个文明一起抓。人们的思想对经济建设起着很大作用,意识形态领域不理顺,经济工作不好开展,即使搞成功了,也是不稳固的。另外,制定经济政策与意识形态领域是有关联的,经济政策越活,思想领域越乱,我切切实实感体会到,搞经济工作的人呢一定要用精神文明作为动力,使经济工作有一个正确的方向,经济工作为意识形态提供经济基础。

从大的格局来讲,交通运输从整个的经济社会发展上来看是经济社会发展重要前提。交通运输与社会稳定来看,也要成为社会治安的重点。我们正是在"十一五"和"十二五"交接的关键时期，全国交通运输按照中央要求非常重视地推进，我国交通运输的发展在世界都是有目共睹的，在这个基础上我们对“十二五”整个交通运输发展的方向按照中央的要求作出选择，总体高度要有一条主线，这条主线就是在现有的基础上发展转变，一定要从过去带有传统建设高度理论向现代建设高度理论发展，具体内容为五个方面，即：第一，整个主体；第二，现代物流；第三科学技术带头、信息化带头；第四，资源节约型、环境友好型；第五，应急机制和安全防范结合。

还有一条，就是安全也是社会治安综合治理的内容，要加强安全工作。

国家新闻出版总署

2010年新闻出版总署参与社会治安综合治理工作情况

2010年,新闻出版总署认真贯彻落实中央关于社会治安综合治理工作的各项部署和要求,高度重视,精心组织,周密部署,狠抓落实,切实在新闻出版、"扫黄打非"中做好加强社会建设、创新社会管理等工作,有力地促进了社会治安综合治理工作深入开展。

一、将加强社会建设、创新社会管理作为新闻出版工作的重要方面

(一)切实加强舆论引导。不断策划推出优秀图书、音像电子及网络出版物,进一步提升报刊报道的质量和影响力,充分发挥新闻出版载体在开展思想教育、体现人文关怀、加强心理疏导等方面的特殊优势。大力推动马克思主义经典作家和党的创新理论成果出版发行工作,《马克思恩格斯文集》、《列宁专题文集》发行突破2万套。中国共产党思想理论资源数据库与传播工程正式上线。出版阐述和研究中国特色社会主义理论和科学发展观的通俗理论读物1500多种。全力组织深入贯彻落实科学发展观、加快经济发展方式转变、应对国际金融危机冲击等重大主题和抗击南方特大干旱、玉树抗震救灾、舟曲特大泥石流地质灾害救助等重大事件的宣传报道、舆论引导工作。

(二)切实加强依法管理。加强报刊出版管理,健全全国新闻记者证统一核发、统一管理、统一上网查询工作机制,完善新闻报刊重大舆情监测、分析通报制度。完善网络出版审批、监管和案件查处督办机制。出台《关于促进出版物网络发行健康发展的通知》。著作权集体管理制度进一步落实,软件正版化工作取得突破性进展。版权交易服务平台建设取得重大进展,版权执法显著加强,版权国际应对积极主动,成效显著。

(三)切实加强公共服务。农家书屋工程建设全面提速,超额完成"十一五"时期目标任务。开展向全国青少年推荐百种优秀图书和百种优秀报刊活动,全民阅读活动形成新高潮。少数民族文字出版工程实施力度持续加大,文化惠及面越来越广。汶川地震灾区新闻出版系统恢复重建工作基本结束,玉树等灾区恢复重建工作稳步推进。新闻出版系统援疆援藏工作成效显著。

(四)切实加强矛盾化解。深入开展矛盾纠纷的排查调解工作,建立健全系统内对群众关注的热点、难点问题,以及存在激烈利益冲突、涉法涉诉或易引发群体事件等矛盾纠纷进行排查化解的机制。针对部分出版单位因转企改制出现的职工上访等情况,由中央各部门各单位出版社体制改革工作领导小组办公室及时受理,与相关出版单位主管部门和出版社领导沟通,指导其妥善解决实际问题,认真做好职工思想工作。针对一些印刷、复制和发行企业出现的劳资纠纷和有的出版物批发市场因搬迁产生的矛盾,部署各地新闻出版部门切实做好排查化解工作。与此同时,认真研究完善新闻出版单位转企改制过程中的相关保障性政策,优化转制工作操作流程,指导做好职工社会保障接续等工作。进一步加大治理党政部门报刊散滥和利用职权摊派发行、治理小报小刊、规范新闻采访秩序等专项工作的力度,联合相关部门继续深入开展治理教育乱收费和规范教辅出版发行工作,切实减轻基层和群众负担。完善对出版物特别是教材教辅及工具书的质量检查和管理机制,保障消费者的合法权益。

二、深入开展"扫黄打非"工作

紧紧围绕保护知识产权、办好上海世博会和广州亚运会亚残运会、为未成年人健康成长创造良好文化环境、维护社会政治稳定,开展"扫黄打非"工作。全国共收缴各类非法出版物4437.3万件,查处各类案件1.6万多起,查缴非法光盘生产线5条;关闭涉黄网站6万多个,删除文字、图片、视频等各类淫秽色情和低俗信息3.5亿条。

(一)大力扫除文化垃圾,重点打击互联网和手机淫秽色情信息。全国共收缴淫秽色情出版物98.1万件,查办淫秽色情出版物案件1669起。组织开展了打击互联网和手机淫秽色情信息专项行动,不良信息源头治理得到进一步加强,网络环境得到进一步净化。与此同时,对带有色情、暴力等内容的玄幻小说和内容粗俗、格调低下的网络歌曲进行了治理。

(二)有效遏制各类侵权盗版行为,做到反盗版天天有行动。全国共收缴侵权盗版出版物3734.6万件,其中盗版音像制品3061万件、盗版图书539.7万件、盗版电子出版物133.9万件。组织各省区市举行集中销毁活动,全国共销毁盗版和非法出版物3639万件。全年查办侵权盗版出版物案件10425起。特别是在迎世博、迎亚运专项行动中,严厉打击各类侵权盗版行为,市场和网络面貌明显改观。从10月份开始,按照国务院的统一部署,大力开展打击侵犯知识产权和制售假冒伪劣商品专项行动,集中查办了一批侵权盗版重点案件。

(三)严厉查处非法和违规报刊,维护新闻出版正常秩序。全国共收缴非法报刊392.7万份,查办假报刊、假新闻、假记者、假记者站案件371起。部署开展打击非法教育类期刊专项工作,重点查办了群众举报的18起案件。

(四)完善办案机制,不断加大查办"扫黄打非"案件力度。在打击互联网和手机淫秽色情信息专项行动中,广大群众积极参与、踊跃举报,仅全国"扫黄打非"办公室联合举报中心就受理群众举报17万条,向540名举报人兑现奖金55万元。此外,全国"扫黄打非"办公室还转办其他非法出版物举报信息1015件,各地据此查处重点案件171起;挂牌督办大案要案83起,其中79起已抓获犯罪嫌疑人,36起已审结。

(五)坚持平战结合,逐步健全"扫黄打非"长效工作机制。努力通过开展专项行动解决突出问题,通过加强日常监管解决面上问题。在开展的一系列专项行动中,集中时间、集中力量,严查文化市场、严控网上传播、严管源头渠道、严办大案要案,取得显著成效;在开展日常监管工作中,提高经常化和规范化管理水平,"护城河"、"珠峰"、"天山"、"南岭"四大"扫黄打非"联防协作工程全面启动运行,初步建立了联席会议制度和信息共享、联合封堵、案件协查、经费保障等机制。上海、江苏、浙江等地在上海世博会期间还建立起长三角"扫黄打非"联防协作机制。

三、认真指导综治联系点工作

新闻出版总署的综治联系点是山东省枣庄市。2010年3月15日至16日,中央综治委委员、新闻出版总署署长、国家版权局局长、全国"扫黄打非"工作小组副组长柳斌杰同志对枣庄市社会治安综合治理工作进行了调研。深入枣庄市薛城区张范镇综治工作中心、薛城公安分局张范派出所,以及市中区光明路街道综治办、司法所、综治工作中心和丁庄综治工作站等基层单位,进行了实地考察。与枣庄市交通、工商、文明办、文化执法、大中学校、企业等方面代表座谈,听取社会治安综合治理等方面的意见和建议,并专题听取了山东省社会治安综合治理暨平安山东建设、枣庄市社会治安综合治理暨平安枣庄建设、枣庄市"扫黄打非"和农家书屋工程建设等情况的汇报。7月5日,柳斌杰同志以中央综治委委员身份,专门向枣庄市委发出《致中共枣庄市委的一封信》,要求枣庄市认真学习、深入贯彻全国社会治安综合治理工作会议精神,并随信寄去了一些学习资料。10月12日,新闻出版总署向中央综治委报送了《关于新闻出版总署综治工作联系点山东省枣庄市综治工作情况的报告》,汇报枣庄市综治工作情况和好经验、好做法。在平时,注意加强与枣庄市的情况沟通。据了解,2010年枣庄市综治工作取得了新的明显成绩,社会治安良好。

柳斌杰同志在综治工作联系点山东省枣庄市调研时的讲话摘要

（2010 年 3 月 16 日）

在省委、省政府的正确领导下，山东综治部门认真贯彻中央各项相关部署和要求，全省社会治安状况一直较好。枣庄市各级党委、政府真正把社会治安综合治理工作当作事关民生的重大问题来抓，提供了有力的组织保障、制度保障和经费保障。枣庄市综治工作思路清晰、措施有力、重点突出，基层工作落实到位，社会治安持续良好，为保平安、保人民群众安居乐业作出了重要贡献。具体体现为：一是坚持加强领导、落实责任，维稳机制建设实现了新的突破；二是坚持打防结合、强化措施，优化经济社会环境工作取得了新的成效；三是坚持专群结合、突出重点，对复杂局势驾驭能力得到了新的提升；四是坚持重心下移、打牢基础，基层综治工作获得了新的发展；五是坚持与时俱进、开拓创新，平安建设创造了新的亮点。枣庄市创造性地开展了设立村级司法行政协理员、“治安双保”（保险到户、保安驻村）、民警包村等工作，把矛盾化解在基层，取得了明显的成效。

维护社会稳定是一项长期的战略任务。国家发展、社会进步、人民幸福都离不开稳定的社会治安环境，社会治安综合治理和平安建设不是临时性的措施，而是长期的战略任务。党中央、国务院高度重视社会治安综合治理工作，每年都作出重要的部署，提出重要的举措。我们要从服务党和国家工作大局、维护人民群众根本利益、保持国家长治久安的战略高度，进一步认识综治工作的重要意义，针对新形势、新情况、新问题，切实增强“四种意识”，不断开创社会治安综合治理工作新局面。一是忧患意识。当前国际国内形势日趋复杂，各种思潮呈现多元、多样、多变的趋势，各种文化和价值观相互交流、交融、交锋，社会治安综合治理工作在任何时候都不能放松。二是防范意识。近年各地发生的大规模群体事件中不少是由小事情引发的，做好综治工作，一定要时刻保持警惕，掌握主动权，打好主动仗，把问题解决在萌芽，防患于未然。三是责任意识。要增强责任感，把人民群众的民生问题作为工作的重中之重，把加强综治工作和维护社会稳定时时刻刻放在头脑里，认真抓好落实。四是创新意识。面对新的挑战，老的办法不足以满足工作要求，根本的解决办法是创新。要采取新思路、新技术、新办法，解决综治工作和平安建设面临的新问题。

枣庄市的综治工作和平安建设要站在新的起点上，争取实现新的跨越。

一是要把社会治安综合治理工作摆上更加重要的位置。通过加强组织领导、明确落实责任，加大资金投入、提供必要保障，实施部门联动、形成工作合力，强化督促检查、严格奖励惩处制度等，不断推进社会治安综合治理工作深入开展。

二是要狠抓社会治安综合治理重点任务的落实。要按照中央的统一部署，突出社会矛盾化解、社会管理创新、公正廉洁执法“三项重点工作”，努力确保社会大局持续和谐稳定、社会治安形势总体平稳、人民群众安居乐业。要着力排查调处矛盾纠纷，排查整治治安混乱地区、突出治安问题，着力加强预防刑满释放、解除劳教人员重新犯罪工作，着力开展法制宣传教育。要抓好、抓实社会治安综合治理基层基础建设，强化乡镇（街道）综治中心建设、基层综治组织建设、基层综治队伍建设。

三是要进一步提高社会治安综合治理工作水平。要坚持以科学理论、科学制度、科学方法来指导、推进社会治安综合治理工作开展，不断提高工作水平。要牢固树立以人为本的理念，更加注重运用疏导、调解的办法化解矛盾纠纷，维护好群众的根本利益；要加强和改进群众工作，最大限度地调动和激发一切积极因素，实行群防群治；要注重预防，对苗头性、倾向性问题努力做到早发现、早报告、早控制、早解决，能在基层解决的问题要就地解决；要充分发挥各成员单位的作用，搭建工作平台，整合力量和资源，构建齐抓共管的工作格局；要利用先进的技术装备和手段，提高技术防治水平。

四是要把新闻出版、“扫黄打非”工作与社会治安综合治理工作更加紧密地结合起来。各级新闻出版、“扫黄打非”部门要切实履行职责，紧紧围绕维护社会政治稳定、促进未成年人身心健康、保护知识产权，开展集中行动、组织专项治理、查办大案要案、加强日常监管，着力封堵违禁出版物，着力清除淫秽色情等文化垃圾，着力打击侵权盗版活动，进一步净化社会文化环境，为促进社会治安综合治理工作开展作出积极贡献。要继续将“扫黄打非”工作纳入各级社会治安综合治理年度检查、考核范围，并作为年度评先表彰的重要依据。要充分发挥保安员、治安巡防队、治安信息员、综治协管员、平安建设志愿者等群防群治队伍的作用，将“扫黄打非”工作的触角延伸到街道社区、乡镇村庄。通过加强相互配合和密切协作，使“扫黄打非”与社会治安综合治理工作相得益彰。

希望枣庄市继续巩固综治工作取得的成绩，充分发挥联系点在综治工作中的示范作用，更好地服务经济社会发展。

海关总署

2010年海关机构参与社会治安综合治理工作典型经验

——台州市规范企业进出口行为　推进反走私综合治理

台州市是我国民营经济和股份合作制的重要发祥地，与温州共同创造了浙江经济发展模式。它又是我国重要的制造业基地和外贸出口基地，拥有35个国家级产业基地，向209个国家和地区出口商品。2010年台州市实现生产总值2415亿元，外贸自营出口140亿美元。

2002年以来，台州市按照“政府领导、部门履责、企业自律、群众参与”的要求，按照全国打私办的工作部署，在浙江省政府打私办和杭州海关等上级机关的指导下，扎实开展规范企业进出口行为工作，取得了显著成效。至2010年底，全市进出口行为规范达标企业累计690家，占进出口额50万美元及以上企业数的29.77%；A类（含AA类）企业494家，占进出口额50万美元及以上企业数的21.31%。主要做法如下。

一、健康体检，自查自纠

规范企业进出口行为，是由各级打私办牵头组织实施的工作。试点初期，由于企业不了解规范进出口行为工作的内容，加上少数企业曾因违犯法律法规受过处罚，都担心开展规范进出口行为工作会自找麻烦、自讨苦吃。为消除企业的担忧，台州市各级打私办改变以往政府部门“找企业茬子、让企业畏惧、使企业服帖”的思维定势和管理方式，明确告诉企业开展此项工作的目的是为了帮助企业提高经济效益，而不是专门找企业茬子查处的指导思想。在工作中重在体现“守法便利、违法惩戒”的政策导向，把工作落脚点放在“促进企业提高上、服务企业发展上”。一是把规范工作视为“健康体检”。对检查中发现的违规问题，只要属于非主观故意且情节轻微，都允许在“健康体检”后由企业限期自纠自改。二是由企业自主开展规范工作。2002年开展试点时，打私办将有一定经营规模、管理基础相对较好、并愿意参加规范进出口行为工作的8家企业老总请到会议室学习文件，与他们讨论研究开展规范工作的意义和方法。这8家企业当年全部实现规范工作达标，试点首战告捷。

二、树立样板，典型示范

试点工作取得初步经验后，该市以飞跃集团公司和苏泊尔炊具有限公司为两大行业的规范工作样板，请他们给全市近百家企业现身说法，既谈“过去是在发展中规范，现在要在规范中发展”的认识，更讲规范什么、如何规范、规范后对企业有哪些益处，会后反响强烈。某集团公司曾因加工贸易账册设置未合海关要求受过处罚，2004年该公司老总亲自挂帅抓规范工作，制定完善各项内部管理制度，全面推行计算机管理，自行研发用于加贸业务的财务软件，内控管理水平明显跃升，被作为企业样板加以推广。

三、应知应会，实用可行

一是突出培训内容的针对性，着眼于应知、应会确定培训内容，多用案例开展教学，增强实用性和操作性；二是依据专业特点培训，先后组织水暖阀门、汽摩配件、轻工机电、鞋业、化工、工艺品、废五金等行业企业开展培训；三是以县或片区为单位，组织小规模培训；四是以现场交流方式，在规范工作开展的企业组织教学培训；五是在规范工作检查中，对企业相关人员进行面对面的宣讲。

四、建章立制，企业落实

一是根据不同企业生产经营情况和特点，指

导帮助规范工作企业建立完善岗位职责、合同评审、印章与票据、财务与仓库、产品品质、进出口业务、报关与报检、出口退税管理制度、单证议付、外汇核销、进出口业务单证与档案、加工贸易等十几项管理制度；二是市打私办和台州海关与规范工作达标企业逐家签订合作备忘录，明确规范达标企业建立落实反走私领导责任制，学习宣传相关法律法规政策，建立落实各项制度，严禁生产经营侵犯知识产权商品，防范进出口环节违法违规行为，依法诚信经营等6方面的责任与义务；三是通过落实检验检疫、国税、工商、外汇管理等相关部门的工作要求，促进企业守法自律、诚信经营。

五、行业自律，协会不缺

台州行业企业区域特点明显，市县两级打私办和市规范工作协调小组相关单位将行业企业的规范工作列为重点，主动与废五金、食品罐头、塑料橡胶、休闲用品、工艺美术等行业协会建立工作联系，会同各协会在行业企业开展规范进出口行为工作。水暖阀门制造是玉环县的一大支柱行业，从事加工贸易的企业众多，但产品单耗的管理核算，受到生产装备、技术工艺、作业流程、操作水平和定额管理等多种因素影响，不同企业铜料的单耗控制客观上有一定差异，主观上也存在管理操作不够规范的现象，是海关在管理中遇到的一个难题，也是企业希望解决的一个问题。2007年，市打私办和台州海关会同玉环县水暖阀门行业协会开展深入调研，多次召开座谈会听取企业意见建议，以领导对规范工作认识到位、内部管理制度健全、内控措施严密有效、铜料单耗核算科学的浙江世进水控股有限公司为管理样板，请该企业董事长消除过虑向同行介绍加强铜料单耗管理控制的方法和经验，经反复磋商确定了多数企业都能接受的更为合理而标准较高的单耗定额；同时还对该行业企业外发加工行为进行规范，有效促进了该行业加工贸易的发展。

六、六法并用，促进提高

在规范企业进出口行为工作中，台州海关总结运用了听、讲、看、谈、查、评“六字体检法”。即：听取企业负责人介绍基本情况和经营管理情况，了解企业管理层对开展规范工作和申报A类企业的认识与态度；向企业宣讲规范发展的意义、A类企业审评条件和要求，以及被评定A类后企业可享受的优惠措施；稽核组人员实地察看企业仓库、车间的生产管理状况，了解生产工艺、是否涉及知识产权保护等内容，验核企业内控制度落实执行情况；与企业相关管理人员、外贸业务和负责海关事务的人员座谈，解疑释惑，用案例提示企业防范可能出现的违规风险；对进出口单证、加工贸易和减免税设备账册进行核查验证，通过“健康体检”在薄弱环节上对症下药；逐项点评企业的十多项管理制度，指导企业朝管用实效方向完善、抓好落实。

七、两项结合，难题渐解

针对以往规范进出口行为工作和企业分类管理相割裂的缺陷，以及规范达标企业享受不到实质性通关便利优惠等问题，该市打私办和台州海关研究决定，从2007年起，将规范进出口行为与企业分类管理两项工作结合。“两个结合”的实施，收到了明显成效。一是规范工作达标企业经申报批准为A类企业后，不仅能得到通关便利优惠及由此带来的通关时间缩短、成本降低等益处，而且办理“属地报关、口岸验放”通关业务能明显提高出口退税速率，从事加工贸易的企业亦能实行保证金台账空转，食品罐头、水产冷冻企业又因查验率下降减少了贸易纠纷和不必要的经济损失等；如是“浙江省守法诚信示范企业”，还能享受杭州海关、浙江出入境检验检疫局和其他省级部门出台的优惠政策，所以企业参加规范工作的积极性由此大增。2006年年底A类15家，达标68家。2007年以来，该市规范达标企业和A类企业各新增622家和479家，分别为2006年底前累计数的9.1倍和31.9倍。2010年底，进出口有实绩企业3819家，USD50万以上企业2318家；二是由于注重建立健全规章制度，落实内控管理措施，使许多A类企业避免了过去在短期内降级的尴尬和违规的风险，也方便了海关后续监管。三是通过对目的相同、内容相似、要求相近的规范工作，实行宣传发动、培训指导、改进完善、考核评估工作同步开展、一并完成的举措，大大消减了政企人员的重复劳动，增进了工作效率和协同效果。

八、三个并重，均衡发展

该市先后提出“规范企业数量和工作质量并重，数量服从质量；抓重点行业与抓面上企业并重，着力破解难题”和“激励先进与督促后进并重，带好中间层次”的“三个并重”原则。一是要求企业主要负责人亲自抓规范工作，在组织达标检查验收时，请企业高管参加并听取反馈意见；二是对自愿参加规范工作的企业由县级打私办和外经贸部门进行筛选，以保证规范工作企业的制度和措施落实到位；三是在检查验收时发现不到位的，让企业整改完善或延期验收；四是职能部门规范达标和被评定为A类的重点企业建立专人联系制度，及时接受咨询，帮助解决问题；五是加强对规范达标和A类企业占比例较大的县(市、区)这两类企业的后续管理工作；六是加强县际间打私办的工作交流；七是加强规范工作巡查和考核验收的计划性、协调性，提高下基层进企业工作的效能。2007年以来，全市通过规范工作达标验收并被列入A类管理企业有479家，没有出现因走私违规降至C类企业。

九、四方协同，齐抓共管

自2005年以来，临海市将规范工作列入政府工作议事日程；2009年，路桥区政府率先把规范企业进出口行为工作列入对镇、街道的年度工作目标考核；2010年，椒江、温岭、玉环等区(县、市)政府也采取了同样的做法；温岭市还落实企业办理属地报关业务每票必奖措施；台州市出入境质量检验检疫局与地方政府、行业协会共建出口产品质量安全、检验监管示范区，同签工作合作备忘录，保护和促进我市特色产业持续健康发展。至2010年底，共培育出口工业品免验企业3家、出口工业品一类管理企业75家、“绿色通道”企业78家、直通放行企业841家。市国税局在出口退税时限承诺中主动添加自己未及时办理退税手续的责任。

国家人口和计划生育委员会

2010年国家人口计生委参与社会治安综合治理工作情况

2010年，国家人口计生委认真贯彻落实中央综治委有关会议精神，围绕中心，服务大局，落实科学发展观，坚持以人为本，切实履行中央综治委成员单位职责，结合人口计生工作实际，全面推进人口和计划生育依法行政，开展社会矛盾化解、加强社会管理创新、促进公正廉洁执法，为维护社会和谐稳定作出了积极贡献。

一、高度重视、认真部署依法行政和维稳工作

国家人口计生委把维护社会稳定作为第一责任，高度重视，加强领导，明确措施，认真安排部署社会治安综合治理工作。2010年年初，国家人口计生委各地印发《国家人口计生委办公厅关于坚持依法行政维护社会稳定的通知》，要求各级人口计生部门进一步增强政治意识、大局意识、忧患意识和责任意识，采取切实有效措施，维护社会和谐稳定。召开依法行政与利益导向机制建设领导小组会议，明确委机关各单位在依法行政工作中的职责分工，在全委形成依法行政合力。在全国“两会”、上海世博会、广州亚运会、十七届五中全会等重大活动和节庆期间，国家人口计生委都反复强调和部署维稳工作。2010年5月，中央社会治安综合治理电视电话会议后，立即印发了《关于加强安全防范工作进一步维护社会稳定的通知》，要求对计划生育技术服务机构等服务场所加强安全检查，同时加强对基层管理服务人员的安全教育培训。6月，中央创新社会管理工作会议后，立即召开委党组会议，传达周永康同志讲话精神，统一思想认识，提出创新社会管理的具体措施。

二、建立化解社会矛盾的长效工作机制

一是畅通监督渠道。国家人口计生委高度重视畅通群众诉求表达渠道，委机关和各级人口计生部门通过开通“12356”阳光计生服务热线、推行政（村）务公开、网络平台等形式为群众提供咨询、办事指南，听取群众的意见建议，受理投诉举报。二是深化信访工作长效机制。国家人口计生委修订《人口和计划生育信访工作规范化管理办法》，继续扩大信访规范化管理试点，加强对试点的指导，全国80%的县以上人口计生委建立了信访工作长效机制。加强信访信息的综合分析，认真筛选带有全局性、倾向性的问题，及时进行综合预测和反映。国家人口计生委将2010年确定为“全国人口计生信访积案处理年”，指导全系统本着“尊重历史、尊重事实、利于群众、利于稳定”的原则，依法按政策妥善处理信访问题，稳定了一批上访老户，使一批信访积案的处理取得实质性进展。三是建立预警监测机制。落实《媒体反映的人口和计划生育有关问题处置办法》，正确研判与人口计生工作有关的网络舆情，及时妥善处置，最大限度地减少不和谐因素。四是加大行政执法监督力度。加强对信访量大的地区的督导，坚持每年开展行政执法大检查，及时纠正基层执法中存在的问题。落实《人口和计划生育重大案件预防和责任追究规定》，强化个案监督和行政问责，严肃查处违法行政案件。

三、深入开展基层文明执法专项活动

自2010年4月开始，国家人口计生委用8个月的时间，在全系统部署开展基层文明执法专项活动，要求各级人口计生部门从群众最需要的地方做起，从群众最不满意的地方改起，规范行政执法行为，解决人民群众反映的突出问题，努力建设人民满意的政府部门。通过广泛深入开展普法宣传和教育培训，清理执法人员资格，有298人离岗学习、817人调离岗位、154人被清退，行政执法队伍进一步规范，业务素质和执法能力得到加强；废止规范性文件2225件，进一步健全行政执法责任制、行政执法过错责任追究制度等行政执法制度和文书；清理清退违规收费3246.6万元，查处违规施术821例，有420人因违法行政、执法不当等原因被追究责任。兑现拖欠的法定奖励费5956.3万元，保障了计划生育家庭的合法权益。专项活动的广泛开展，推进了人口计生部门行业作风建设，进一步密切了党群干群关系，促进了社会和谐稳定。

四、创新人口计生管理服务方式

人口计生工作关系到人民群众的切身利益。国家人口计生委在工作中强调更加注重利益导向、更加注重服务关怀、更加注重宣传倡导，创新服务管理方式。一是加大利益导向力度。全面实施农村计划生育家庭奖励扶助制度、计划生育家庭特别扶助制度、西部地区少生快富工程，引导群众自觉实行计划生育。在新疆南疆三地州实行计划生育特殊奖励政策，对于执行三孩生育政策、自愿少生子女的少数民族夫妻给予奖励，促进边疆稳定和民族团结。该政策实施效果很好，到2010年底已经有12.6万户计划生育家庭领取了奖励金。目前该政策已经扩面至新疆全区其他26个贫困县和边境县。二是完善流动人口管理服务新机制。会同中央综治办、财政部、人力资源和社会保障部等有关部门，在49个流动人口相对聚集的城市，启动了创新流动人口服务管理体制、推进流动人口计划生育基本公共服务均等化试点工作。建立流动人口全员统计和个案信息管理制度，人口计生系统国家和省两级数据库已收录流动人口信息1.2亿个。开展流动人口动态监测，把全国106个城市作为固定监测点，科学把握流动人口生存发展状况和服务管理需求，提高了对流动人口的服务和管理水平。三是改革基层服务管理机制。广泛开展诚信计生工作，积极推进人口计生基层群众自治。加强信息化建设，建立全员人口登记制度，积极协调公安部，建立信息共享和公共服务工作机制。

五、指导社会治安综合治理联系点工作

认真落实《中央综治委成员单位社会治安综合治理联系点工作制度》，加强与联系点甘肃省白银市综治委联系沟通，及时向中央综治委报送白银市半年工作情况和年度工作情况报告。安排有关人员，赴白银市进行综治工作调研。调研组听取了白银市政府、相关部门的工作汇报，实地察看了三项重点工作开展、平安校园创建、基层基础建设、流动人口服务管理、矛盾纠纷排查调处化解等工作。2010年白银市在推动社会矛盾纠纷排查化解，扎实开展重点整治工作，加强流动人口服务管理、刑释解教人员安置帮教、“虚拟社会”管理、特殊人群服务管理和社会组织管理，强化综治基层基础、加强综治队伍和网络建设等项工作，均取得积极进展。

中国保险监督管理委员会

2010年保险业参与社会治安综合治理工作情况

为深入贯彻落实中央关于加强社会建设、创新社会管理,进一步加强综治工作的决策精神,2010年,保监会要求保险业坚持以人为本、服务为先,密切结合行业实际,充分发挥保险的社会管理职能,积极参与加强和创新社会管理工作,取得了初步成效。

一、会党委高度重视,周密部署相关工作

中国保监会党委高度重视加强和创新社会管理工作,保监会党委书记、主席吴定富同志多次强调保险业要把参与加强社会建设、创新社会管理的工作放在突出位置,要求各单位切实加大人财物的投入,确保有人干事、有钱办事,工作任务落实到位。按照2010年全国社会治安综合治理工作会议精神,保监会下发了《关于保险业进一步参与加强社会建设创新社会管理的意见》,要求保险业深刻认识到我国正处在一个发展快、矛盾多的历史阶段,大量的社会矛盾呈现出利益主体多元化、诉求复杂化、表现激烈化、相互关联化等特征,社会管理难度增大,对统筹协调社会管理的要求越来越高。当前,保险业与经济社会各个方面的联系日益紧密,涉及保险业的矛盾纠纷也呈现多发势头。全行业必须进一步增强忧患意识,充分认识加强社会建设、创新社会管理是维护社会和谐稳定的源头性、根本性、基础性工作。下更大的决心,采取更加有效的措施,在做好保险行业自身和谐稳定工作的同时,充分发挥保险业在加强社会建设、创新社会管理中的职能作用,服务社会治安综合治理工作不断取得新进展。

二、深入推进保险业参与社会管理

一是服务经济社会发展全局。出口信用保险充分发挥在鼓励出口和投资、支持产业结构调整、推动贸易增长方式转变等方面的积极作用,提供风险保障金额9223.1亿元,同比增长68.8%,出口信用保险支持的出口额占我国一般贸易出口总额的22%。在青海玉树地震、黑龙江伊春空难、上海高层住宅火灾等重大灾害事故中,保险业积极履行赔付责任。在上海世博会、广州亚运会等重大事件中,保险业较好发挥风险保障功能,累计提供保险保障3000多亿元,保障人数近500万人次。

二是大力发展"三农"保险,促进农村平安。农业保险保持高速增长,承保覆盖面逐渐扩大,参保农户数量大幅度增长。2010年,我国农业保险共实现保费收入135.9亿元,共承保农作物及林木11.6亿亩,同比增长22.3%。参保农户共计1.4亿户次,同比增长5.2%。2010年农业保险赔款100.7亿元。农业保险受益农户1979.2万户次,同比增长8.6%。农村小额人身保险已在山西、陕西、湖北、重庆等19个省(区、市)开展试点,参保人数达600多万,覆盖面持续扩大。试点地区的农民可以方便地购买保费低、保障适度的意外保险、健康保险等产品,促进了农村地区的和谐。

三是积极参与社会保障体系建设,促进生活平安。深入贯彻落实医疗卫生体制改革精神,印发了有关指导意见,推动保险业参与建设多层次的社会保障体系。在江苏、河南、广东、天津等地积极代办社会医疗保障业务,节省了行政成本,提高了服务效率,方便了人民群众。多个地区的保险业积极开发与社会保险相衔接的商业保险产品,满足人民群众更高层次的健康保障需求。河南、广东等地研究探索开办新型农村合作医疗补充保险,缓解农村居民因病致贫、因病返贫的问题。宁波等地配合农村新型养老保险体系建设开展了农村补充养老保险等业务。江苏宜兴等地积极尝试代办新型农村医疗保障,取得了初步成效。

四是积极参与创建平安医院。北京、广东、山东、福建等地试点医疗责任险,并开展医患纠纷调解试点,促进了医疗事故纠纷的顺利解决。天津和宁波市构建了医疗责任保险和人民调解机制相结合的医疗纠纷化解体系,确立了共保模式和保本微利的经营原则。宁波市保险理赔范围从“医疗事故”扩展到“医疗纠纷”,包括医疗意外的适度人道主义补偿。天津市将保险事故追溯期延长至3年并设置了1年的延长报告期,降低了免赔额和免赔率。

五是深入参与平安校园建设。为进一步保障学校、幼儿园的安全,各地加大了对学生平安保险和校园方责任险的推广力度。如江苏省今年3月份从财政中安排专项资金,为全省193.22万在园幼儿、1000万名中小学生和176.74万在校大学生统一投保了校方责任保险。承保学生在校期间以及参加校际交流活动或实习活动期间的人身意外伤害和财产损失。保险赔款限额为每个学生30万元,省财政每年安排3800万元对保费进行全额补贴。为确保救助和理赔迅速及时,承保公司开通了“小额赔款绿色通道”、“常发案件服务通道”、“重大案件理赔通道”等三级通道,确立了恶性灾害事故处理原则、交叉案件处理方法和理赔预付赔款制度。对金额在5000元以内的案件免勘查即予赔付;5000元以上的赔偿根据金额等级,在1至7个工作日内支付赔款。

三、积极参与社会矛盾纠纷排查调处工作

各保监局加强了与当地综治部门的协调沟通,指导保险行业协会成立具有行业特色、专业性强的保险纠纷调解机构,完善制度机制,并及时加入当地“大调解”工作体系,努力在第一时间、第一地点化解保险矛盾纠纷。同时,加强与司法机关合作,推选业内专家参与涉及保险案件的司法调解。安徽省将马鞍山市作为首批道路交通事故损害赔偿纠纷人民调解试点,当地公安、司法部门在交警支队成立了道路交通事故人民调解委员会;宁波市也在交警部门设立了交通事故调解委员会,尝试建立以人民调解为主导的赔偿纠纷处理模式。保险业积极参与调解工作,及时提供当事人的保险情况及理赔意见,调解协议也可作为保险理赔的依据。试点以来,马鞍山市共受理各类道路交通事故损害赔偿纠纷355起,调解成功353起,调解成功率99.4%,按照调解协议累计进行保险赔偿375万元。宁波保险机构调解总件数为730件,调解成功件数620件,成功率为84.9%。苏州保险行业协会成立了人民调解委员会,全面启动了保险业社会大调解工作,在工作中逐步理顺了纠纷受理机制,完善了证据保全机制,强化了工作推进机制,保证了调解协议的权威性和执行力,为保险当事人提供专业、高效、人性化、低成本的调解服务,调解成功率近100%,有效防范和化解了保险业各种矛盾,维护了保险当事人利益,增进了社会和谐。

四、试点将保险业员工充实到基层维稳队伍

在保监会的指导下,大连市综治办和大连保监局按照联系点工作实施方案要求,选择了8个社区(村)作为保险参与综治示范点。大连保监局指导有关保险公司选择了8名素质高、能力强、有经验的保险从业人员担任社区保险综治专干,常驻社区,运用教育、调解或保险等方法,配合社区党组织做好综治工作。研究制定了保险综治专干工作职责和工作流程,接受群众监督。大连保监局领导和处室负责人先后9次赴示范点现场办公,并与综治办联合对社区专干、社区综治服务站和综治办负责人进行了培训。

2010年保险业开展流动人口服务管理工作情况

2010年,保险业深入贯彻党的十七大和十七届四中、五中全会精神,认真落实科学发展观,坚持“公平对待、搞好服务、合理引导、完善管理”的方针,进一步提高流动人口服务水平,充分发挥保险保障功能。

一、深刻认识当前形势,加强组织领导,进一步增强做好流动人口服务管理工作的责任感和紧迫感

流动人口服务管理工作政策性强、涉及面广,是一项系统工程。特别是在2010年经济发展的特殊形势下，流动人口服务管理工作面临严重挑战。为此，保监会党委将服务流动人口保险保障体系建设作为保险业进一步发挥社会管理功能的重要任务积极部署落实，加强组织引导。下发了《关于保险业进一步参与加强社会建设创新社会管理的意见》，要求各保险公司针对流动农民工特点，研究开发保障适度、通俗易懂、灵活简便的保险产品，加强对流动人口的保障。

二、注意合理引导，开办适合农民工特点的保险业务，切实保护流动人口合法权益

一是指导保险公司针对农民工的特点，研究开发了一系列适应性强的保险产品。如阳光保险开发了新产业工人意外伤害保险，把意外残疾列为单独的保险责任，并且允许残疾保额高于身故保额，打破了以前身故、残疾保障并在一起而且保额必须一样的约束，加大了意外残疾的保障力度。中国人保财险自2009年试点推广农民工小额保险项目以来，成效良好。2010年，该公司将试点机构从2009年的5家分公司扩展为重庆、广东、四川、浙江、湖北、江西和新疆共7家分公司，覆盖国内最主要的农民工输出地及输入地，截至目前，共为60.5万农民工提供了农民工小额保险保障。

二是继续推进农民工集中的建筑、矿产采掘等高危行业，以及商贸、餐饮、住宿等服务行业参加意外伤害保险和责任保险，保证流动就业人员的职业安全。督促保险公司完善保险条款，加大服务创新力度，从产品设计、承保、理赔和防灾防损等各个环节为广大农民工提供便捷、高效、规范和诚信的保险服务。福建省财政厅、省安监局、煤矿安全监察局、保监局联合下发《关于加强安全生产风险抵押金制度的执行和引入安全生产责任保险的通知》，要求企业全员实名制参保安全生产责任险，试行时间从2010年2月开始，为期两年。黑龙江省人民政府出台了《黑龙江省人民政府关于进一步加强企业安全生产工作的实施意见》，规定从2010年10月开始在煤矿、非煤矿山、危险化学品和烟花爆竹等高危行业全面推行安全生产责任保险和风险抵押金制度，鼓励引导公众聚集场所和生产、储存、运输、销售易燃易爆危险品的企业投保火灾公众责任保险。

三、坚持心系群众，努力解除农民工后顾之忧，着力稳定和促进流动人口就业

一是扩大农村小额人身保险的覆盖面，承担农民因自然灾害和意外事故造成的身故、残疾、医疗等责任，有效缓解进城务工农民的后顾之忧。产品核保理赔简便、保障适度，保费低廉，贴近农民需求，受到普遍欢迎。目前已在19个省区市稳步推进，参保人数超过600万。2010年以来，中国人寿与国务院扶贫办合作，进一步促进小额保险服务于农村贫困人群。

二是继续做好计划生育保险工作。保险业配合中宣部等十部委积极推动生育关怀行动，与中国计划生育协会合作，开发了一系列计划生育保险产品。保障范围涵盖普通意外伤害责任，针对计划生育手术的特定意外伤害责任，以及针对孕妇和新生儿疾病的保障责任。截至目前，计划生育保险已在22个省份208个市（地区）、998个县顺利开展。全国总参保人数达到797.7万人，其中计划生育手术保险参保45.7万人，独生子女保险参保249.2万人，其他险种参保502.8万人。28.5万人次获得意外及医疗赔付，累计赔付金额1.3亿元。

三是继续推动关爱农村留守儿童有关工作。保险业积极响应团中央开展"关爱农民工子女志愿服务行动"号召，组织团员青年参与有关工作。浙江保监局组织行业开展了"大手牵小手"关爱"小蒲公英"志愿服务行动，组建10支保险志愿服务小分队，与杭州市明珠实验学校三年级10个班级400余名学生进行结对服务，围绕"五个一"开展系列志愿服务活动，即：以"感受城市"为主题组织1次游览；以"学习辅导"为主题组织1个课外兴趣班；以"自护教育"为主题组织1次专题讲座；以"亲情陪护"为主题组织1次联谊活动；以"爱心捐赠"为主题合建1个保险图书馆。

五四前夕，山西保监局联合团省委、山西省青年志愿者协会、泰康人寿山西分公司开展了以"向农民工子女献爱心"为主题的捐款活动，用筹集的款项为在太原市并州路小学就读的50名农民工子女购买了书包、课外书、学习用品等，并现场送到孩子们手中。

中国保监会关于保险业进一步参与加强社会建设创新社会管理的意见

（2010年9月6日）

为深入贯彻落实中央关于加强社会建设、创新社会管理的决策精神，现就进一步发挥保险业在加强社会建设、创新社会管理中的功能作用，服务社会治安综合治理工作不断取得新进展，提出以下意见。

一、深刻认识保险业深入参与加强社会建设、创新社会管理的重要意义

近年来，保险业深入学习实践科学发展观，积极参与社会治安综合治理和平安建设，为维护社会和谐稳定做出了积极贡献。同时，我们必须看到，我国正处在一个发展快、矛盾多的历史阶段，国内因素和国际因素相互影响，地区间、城乡间经济社会发展水平差距较大，大量的社会矛盾呈现出利益主体多元化、诉求复杂化、表现激烈化、相互关联化等特征，社会管理难度增大，对统筹协调社会管理的要求越来越高。当前，保险业与经济社会各个方面的联系日益紧密，涉及保险业的矛盾纠纷也呈现多发势头。全行业必须进一步增强忧患意识，充分认识加强社会建设、创新社会管理是维护社会和谐稳定的源头性、根本性、基础性工作。要下更大的决心，采取更加有效的措施，在做好保险行业自身和谐稳定工作的同时，充分发挥保险业在加强社会建设、创新社会管理中的职能作用，服务社会治安综合治理工作不断取得新进展。

二、诚信规范经营，维护稳定大局

各单位要立足自身工作，充分发挥保险的经济补偿功能，进一步健全市场化的损失补偿机制，不断改进和加强保险服务。要通过保险业的服务，降低灾害、事故、疾病等给人民群众造成的影响，维护正常生产生活秩序，预防和减少社会矛盾纠纷。

一是对于因灾害、事故、疾病等造成被保险人损失，属于保险责任的，应及时从快按照合同约定足额赔付。合同条款的争议，应按有利于被保险人和受益人的解释来执行。

二是销售保险产品应主动说明责任范围和免责情形。理赔给付应规范准确、要求清晰、方便快捷。要密切关注客户的意见，妥善处理咨询和投诉。

三是对于造成重大人员伤亡和巨大财产损失的自然灾害、生产事故和社会事件等，应按照各级党委政府工作部署，启动应急响应机制，开设绿色通道，及时预先赔付，做好慰问安抚，帮助投保人和被保险人尽快恢复生产生活。

三、发展责任保险，积极参与社会管理

各单位要灵活运用差别费率和价格杠杆，培育投保人的安全防范意识，引导社会各方遵纪守法，提高全社会防控风险的能力和水平。要利用保险机制丰富社会管理手段，提高社会管理效率，减少不安定因素，减轻公共管理压力。

一是大力发展各类事关人民生产生活的责任保险。采取市场运作、政策引导、政府推动的方式，巩固校园责任保险和旅行社责任保险试点成果，加快发展火灾公众责任保险、医疗事故责任保险，努力扩大环境污染、安全生产、产品质量、高危行业等领域责任保险覆盖面。

二是进一步深入参与平安交通建设。建立和完善车险信息平台，把车险费率与交通事故、交通违法行为挂钩，促使驾驶人增强安全行车意识，养成良好驾驶习惯。积极推行城市交通事故快速处理机制。继续完善交强险制度，落实好救助基金管理办法。

三是加强风险管理。要发挥保险风险管理的

专业优势，加强与气象、卫生、防疫、安监等部门合作，做好风险的监测预警，强化和规范防灾防损工作，有效预防安全生产事故，降低灾害事故损失，提高全社会应对风险的能力。

四、加强重点领域的保险创新和服务

一是稳步推进涉农保险发展，维护农村稳定。积极稳妥拓展政策性农业保险区域覆盖范围和品种，鼓励开展有地方特色的农业保险试点。探索小额保险发展模式，稳步推进农村地区计划生育保险和失地农民保险。加强对农村基层干部的保险保障。稳步推进政策性农房保险。继续推动关爱农村留守儿童的有关工作。

二是大力推进健康养老保险发展，稳定人民群众的生活预期。深入贯彻落实新医改政策，积极参与多层次社会保障体系建设。在产品、数据、理赔等方面加强与社会保险衔接，努力满足人民群众“老有所养、病有所医”的需要。做好社会保险经营管理的经办工作，降低政府管理成本。

三是加强流动人口保险保障。针对流动农民工的特点，研究开发保障适度、通俗易懂、灵活简便的保险产品。逐步探索在农民工集中的建筑、矿产采掘等高危行业，以及商贸、餐饮、住宿等服务行业建立运用意外伤害保险和责任保险保障安全生产的新机制。

四是大力推进保险服务创新。鼓励在做好标准化、规范化服务的基础上，创新发展个性化和增值化保险服务。保险行业协会要制定出台保险服务行业性标准。各保监局要做好保险服务监督检查和总结分析工作。通过保险服务的改进提高，从源头上化解保险矛盾纠纷。

五、探索直接参与加强社会建设、创新社会管理的方式方法

一是积极参与“大调解”工作。各保监局要加强与当地社会治安综合治理委员会办公室及有关部门的协调沟通，指导保险行业协会成立具有行业特色、专业性强的保险纠纷调解机构，完善制度机制，并及时加入当地“大调解”工作体系，努力在第一时间、第一地点化解保险矛盾纠纷。要加强行政调解，及时解决问题。加强与司法机关合作，推选业内专家参与涉及保险案件的司法调解。

二是参与平安志愿者队伍建设。积极参与或专门组建专业志愿者队伍，探索通过综治专干等方式，参加城乡社会治安防控。开展多种形式的志愿者活动和社会公益活动，积极参与帮教帮扶，维护公共安全。

三是发展有利于社会管理创新的新业务。创新推进各种形式的治安保险，完善产品种类，提高保障水平，参与构建完善“防、打、保”相结合的社会治安防控体系。积极为公安、检察、法院、司法机关干警提供保险服务，做好保险保障。

六、加强组织领导，切实把各项工作落到实处

各单位要深刻认识加强社会建设和创新社会管理形势的重要性和复杂性，加强组织领导，扎实推进各项工作。

一是一把手要亲自抓、负总责。各单位主要负责同志要把参与加强社会建设、创新社会管理工作放在突出位置，经常听取汇报，协调解决困难和问题。要切实加大人财物的投入，确保有人干事、有钱办事。要明确目标责任，细化分工，严格考核，确保工作任务落实到单位和个人。

二是加强研究，及时总结。要深入研究加强社会建设和创新社会管理的规律，找准保险业参与社会建设和社会管理的工作重点、难点和薄弱环节，积极推动理念、体制、机制、方法和手段创新。要及时总结推广参与加强社会建设、创新社会管理的经验做法，形成规范性的制度，建立长效机制。

三是注重营造良好的舆论环境。各单位要努力提高与新闻媒体打交道的能力和水平，积极营造创平安、保稳定、促和谐的良好舆论氛围。对媒体反映的问题，要高度重视，认真处理，及时回复，切实发挥舆论监督作用。

大连市保险业选派社区综治专干的主要做法

2009年8月以来，大连保监局配合市综治办，在全国率先开展了保险业参与社区综治试点工作。目前，全市共有5家保险公司在12个试点社区派驻了综治专干，为加强基层综治工作发挥了积极作用。

为充分发挥保险业的专业优势、人员优势和网络优势，更深入地参与综治工作，大连市综治办和大连保监局选拔了多名素质高、能力强、经验丰富的保险从业人员，担任社区综治专干，常驻社区。其主要工作是协助社会综治管理服务站直接参与安全防范、矛盾排查、纠纷调解等工作。目前，向每个条件成熟社区派驻了综治专干1－2名。具体做法如下。

（一）周密策划，制度先行。一是积极争取地方党委政府的支持。大连保监局与市综治办联合印发了《关于保险业参与社区社会治安综合治理工作的实施方案》，明确了在保险从业人员中选拔综治专干参与社区综治工作。二是出台《保险业参与社区社会治安综合治理工作管理办法》，规定了社区保险综治工作的资格管理、机构设立、职责要求以及管理监督等内容，对保险业参与社区综治工作进行规范。

（二）沟通宣传，牵线搭桥。一是利用多种方式向大连市保险公司、综治各级组织宣传保险业参与社区综治工作的积极作用，建立了社区与保险公司的交流沟通平台。二是对有意愿参与社区综治工作的单位进行筛选，确定试点社区（村），并逐人审核保险综治专干，促使保险机构工作人员顺利入驻综治服务站。

（三）规范配置，制定标准。按照保险综治工作的目标要求，大连综治办为社区制作颁发了“社会治安综合治理管理服务站保险咨询服务点”牌匾，为每位保险综治专干颁发聘书，配备工作牌、工作手册与工作日志，明确工作要求。综治服务站提供了办公场所，配备了办公桌椅和其他便利条件。保险公司提供了电脑等办公设备。保监局统一制作室内外宣传展板，将保险综治专干纳入社区综治服务站人员展板，明确保险综治专干的5项工作职责与8条服务规范，公示监督投诉电话。

（四）加强指导，强化后援。一是召开培训会议，向综治服务站站长和保险综治专干介绍了保险综治工作的相关内容，并提出了要求。二是相关领导多次实地走访试点社区，了解保险综治专干工作开展情况，对保险社区综治专干进行现场辅导。三是组建了500余人的大连市保险业维护社会稳定志愿者队伍，为保险综治专干提供后援支持服务。

云南省保监局与人民法院合作建立调审互动的纠纷解决新模式

为更好地解决保险纠纷，切实维护被保险人利益，2010年，云南保监局与昆明市中级人民法院合作，建立了法院审判与保监局调解处理互动的保险纠纷解决模式。法院聘请云南保监局工作人员作为人民陪审员，参与涉及保险纠纷案件的审理及庭前调解；云南保监局设立保险合同纠纷调解中心,邀请法官参与保险合同纠纷的调解。

一、调审互动纠纷解决模式的现实意义

(一)最高人民法院倡导以调解的方式解决矛盾纠纷

2009年7月,最高人民法院公布了《关于建立健全诉讼与非诉讼相衔接的矛盾纠纷解决机制的若干意见》,提出充分发挥审判权的规范、引导和监督作用,完善诉讼与行政调处、人民调解、行业调解以及其他非诉讼纠纷解决方式之间的衔接机制,促进诉讼与仲裁、调解等非诉讼纠纷解决方式的协调配合。

(二)保险合同诉讼案件具有一定的特殊性

一是案件数量增长快,涉案标的小。以试点单位昆明市官渡区人民法院为例,该院2008年涉及保险纠纷的案件为300余件,2009年增长到700余件,诉讼标的一般在10万元以内。

二是案件具有较强的专业性。并且规范保险活动的文件以部门规章和规范性文件居多,业外人员不易全面理解掌握一些行业规则。由业内人员参与保险诉讼案件的审理和调解,有利于提高纠纷的非诉解决效率。

三是案件上诉比例较小。2009年,昆明市中院受理的保险纠纷二审案件为40余件,远远低于各基层法院审理的一审保险纠纷案件。其不仅反映出当事人对案件审理结果服气接受,还体现了当事人对案件事实认定及法律适用无较大争议的特点,表明此类案件具有较大的可调解性。

二、调审互动纠纷解决模式的做法

(一)法院聘请保监局工作人员作为人民陪审员参与庭审

人民法院通过法定程序聘请保监局工作人员担任人民陪审员,参与部分保险纠纷案件的审理工作。保监局参与庭审,既能够熟悉法院审理类似案件的标准和原则,有利于指导保险纠纷调解工作,提高调解成功率;又可以向法院提供保险业经营规则或行业惯例等方面的部门规章或规范性文件,提高案件审理的公正性。

(二)法院将符合要求的案件委托保监局进行调解

法院在收到起诉状或者口头起诉之后、正式立案之前,依职权或者经当事人申请后,委托保监局进行调解。法院在立案后,如果双方当事人同意,或者法院认为确有必要的,仍可以将案件委托保监局协助进行调解。调解结束后,保监局将调解结果告知人民法院。达成调解协议的,当事人可以申请撤诉、申请司法确认,或者由法院经过审查后制作调解书。

(三)邀请法官参与保监局组织的保险纠纷调解

经司法行政机关认可,保监局设立了保险纠纷调处中心,对被保险人向保险公司投诉或向保监局信访的保险纠纷,在保监局和法院的共同主持下,组织双方当事人进行调解。对于调解后达成的具有给付内容的协议,当事人可以按照《中华人民共和国公证法》的规定申请公证机关依法赋予强制执行效力。

三、调审互动模式的优势

(一)调解过程和结果更加公平公信

法院法官和保监局工作人员共同参与的调解方式,既能满足当事人对调解过程公平的要求,又能增强调解结果对当事人的公信力,切实维护保险当事人的合法权益。

(二)调审结果更趋合法合理

调解保险纠纷需要一定的专业知识,不仅要严格依据法律法规,还应当知晓各种行业规则和惯例,引导双方当事人积极达成调解协议。在调审互动模式下做出的判决或调解将法律原则与保险原理相结合,更能体现结果的合法合理性。

(三)调解结果执行力更强

按照最高人民法院《关于建立健全诉讼与非诉讼相衔接的矛盾纠纷解决机制的若干意见》的规定,经调解达成的具有民事合同性质的协议,经调解组织和调解员签字盖章后,当事人可以申请有管辖权的人民法院确认其效力。确认调解协议效力的决定送达双方当事人后发生法律效力,一方当事人拒绝履行的,另一方当事人可以依法申请人民法院强制执行。

安徽省、浙江省保险业积极参与交通事故损害赔偿纠纷调解工作

在当前我国机动车保有量快速上升,交通事故逐年增多的新形势下,交通事故损害赔偿纠纷调解工作日趋复杂。2009 年下半年,公安部、司法部在全国启动了道路交通事故损害赔偿纠纷人民调解试点,提出要发展和完善多方协作的人民调解机制,化解交通事故损害赔偿纠纷。安徽和浙江宁波保监局积极联合当地公安、司法部门,对保险业参与道路交通事故损害赔偿纠纷工作进行探索创新,取得初步成效。

安徽省将马鞍山市作为首批道路交通事故损害赔偿纠纷人民调解试点,当地公安、司法部门在交警支队成立了道路交通事故人民调解委员会;宁波市也在交警部门设立了交通事故调解委员会,尝试建立以人民调解为主导的赔偿纠纷处理模式。保险业积极参与调解工作,及时提供当事人的保险情况及理赔意见,调解协议也可作为保险理赔的依据。试点以来,马鞍山市共受理各类道路交通事故损害赔偿纠纷 355 起,调解成功 353 起,调解成功率 99.4%,按照调解协议累计进行保险赔偿 375 万元。浙江省宁波市保险机构参与人民调解工作调解总件数为 730 件,调解成功件数 620 件,成功率为 84.9%。保险业参与调解工作的主要做法如下:

(一)建立工作制度。安徽保监局与公安、司法等部门联合下发了《关于加强道路交通事故损害赔偿纠纷人民调解工作的意见》及相关配套文件,明确保险业参与调解工作的相关程序和规定,并共同制定统一格式的《调解申请书》、《人民调解协议书》和工作印章,规范日常管理。中国人保、太保和平安产险安徽省分公司安排专人进驻事故处理大队,与人民调解委员会在同一地点办公,为投保人和事故当事人提供事故责任认定、赔偿纠纷调解和保险理赔"一站式"服务。

宁波保监局制定出台了《宁波市财产保险机构配合交通事故人民调解工作实施办法(试行)》,建立了交通事故调解联络员制度,各财产保险机构指定核赔或医疗审核岗位的业务骨干,及时向交通事故调解委员会提供必要的保险专业技术支持;宁波市交通事故调解委员会指定若干人民调解员为联络员,负责与保险机构沟通联络。

(二)加强信息共享。安徽保险机构定期参与人民调解委员会的纠纷排查调处分析月度例会,分析纠纷特点,研究工作举措,加强与调解员沟通交流,获取事故现场、责任划分等第一手信息。在日常工作中,调解员可以通过保险机构驻点人员的信息化设备,方便地查询投保车辆出险、理赔等相关信息,便利调解工作开展。宁波市建立了公安、司法、保险三方联席会议制度,定期就道路交通事故损害纠纷调处、交强险实施等问题进行沟通,及时协商解决工作中出现的新情况、新问题。

(三)开展联动宣传。安徽省相关保险机构在积极参与试点工作的同时,多形式、多渠道地开展保险理赔知识宣传,通过人民调解委员会这个平台,使广大投保人和交通事故当事人理解保险理赔的基本原则,纠正不按保险合同盲目要求保险理赔的思想,减少因保险损害赔偿引发的纠纷。宁波保监局通过专题报道、小册子等形式,开展安全驾驶和保险知识宣传,提高公众风险防范意识,促进公众对保险的了解。

广东省深圳市保险业积极探索“和解为先”消费维权新机制　多方共管化解保险矛盾纠纷

为贯彻落实中央关于构建“大调解”工作体系的指导意见，切实保护保险消费者利益，维护行业稳定和社会和谐，深圳保险业于2009年初成立了“深圳保险业被保险人利益保护工作服务总站”，积极开展保险纠纷调解工作。服务总站运作一年多来，坚持“和解为先”的工作原则，积极探索保险纠纷调解方式和手段，营造和谐保险消费环境，提升保险行业诚信形象，真正达到了保险消费者满意、保险企业叫好、保险监管部门减压的多赢格局，成为了保险矛盾纠纷的一大“化解器”。

（一）理顺关系，齐抓共管，协同配合。一是保险监管部门加强组织领导。深圳市保险消费者权益服务总站作为深圳保监局构建的保险监管部门、保险企业、行业组织和社会力量“四位一体”的保护保险消费者权益立体网络的重要组成部分，受深圳保监局的统一领导。深圳保监局专门建立了保险纠纷转办和协调机制，以加强对服务总站工作的指导和监督。二是保险行业组织具体负责。深圳市保险同业公会积极发挥协调作用，具体牵头服务总站的建设和落实有关工作部署，实行一套人马、两块牌子的运作模式。三是保险公司积极参与。服务总站的建设是深圳保险业的“一把手”工程。深圳市保险同业公会专门设立了“保护保险消费者利益工作专业委员会”，由各保险公司主要负责人组成。同时，各保险公司均在内部设置了保护保险消费者利益专职部门，一方面从内部管理和运作机制上切实重视和加强保护保险消费者利益工作，另一方面与服务总站建立密切的沟通机制，协调开展保险纠纷调解工作。四是服务总站与深圳市市场监管管理局、市消协的协调制度，并接受其指导。市消协接到的所有涉及保险的投诉均交由服务总站，协调保险公司与消费者进行协商和解。

（二）建章立制，搭建平台，夯实工作基础。一是建章立制，确保有章可循、有据可依。根据行业开展消费者利益保护、保险纠纷调解实际，服务总站陆续出台了《保护保险消费者利益工作方案》、《投诉数据流转网络建设方案》、《建立消费者权益服务总站协议书》等基础性文件，制定了《保险消费者权益服务总站工作职责》、《保险消费者权益服务总站工作人员守则》、《保险消费者权益服务总站服务承诺》、《投诉事项处理暂行规定》、《网络建设与信息流转规则》、《保险消费者权益服务总站投诉处理流程》等规范性文件，完成了案件投诉事项的立案、受理、转办、催办、督办、回复和结案各个环节相应的表格及文书制作，确保了保险纠纷调解工作的规范、高效和顺畅。

二是建设投诉信息网络平台，跟踪案件督促办理。在建章立制的基础上，服务总站委托专业公司研发了“深圳保险业消费者投诉信息网络平台”。该平台由行业内、外两个信息系统组成。对外，建立服务信息系统，接受来人来信来电和转办、督办案件。对内，建立内部管理系统，对所有案件进行分类登记，建立台账，并通过投诉立案周报表、投诉结案周报表等方式，实时跟踪案件办理情况。同时，投诉信息网络平台还与深圳市市场监管管理局的“12315”系统对接，及时接受“12315”系统转办、督办案件，进一步拓宽了保险消费者的投诉渠道，增强了保险行业与市场监督管理局和市消委会的信息沟通。深圳市保险消费者权益服务总站的建设，真正实现了一个窗口服务群众、一个平台受理反馈、一个流程调节到底、一个机制考核落实的“四个一”的运作模式。

（三）积极构建“三道防线”，开展保险纠纷大调解。针对日益增多的保险纠纷投诉案件，深圳市保险消费者权益服务总站积极打造调解员调解、调解委员会调解、司法调解三级体系，形成保险纠纷调解的“三道防线”，使大多数保险矛盾纠纷在形成之际、激化之前就得到了妥善化解。

第一道防线是服务总站的调解员队伍。服务总站结合保险消费者权益保护工作的需要和工作人员专业化、职业化的要求，招聘了一些理论水平较高、工作责任心强、经验丰富的专业人才进入调解工作一线。同时，通过加强对服务总站工作人员的在职培训和引导自学等方式，促使其不断提高保险业务水平和纠纷调解技能。

第二道防线是保险合同纠纷调解委员会。为确保独立公正裁决保险合同纠纷，针对一些复杂案件，服务总站建立了保险合同纠纷裁决机制，通过外聘律师和业内法律、客服、理赔专家等方式，组建"保险合同纠纷调解委员会"。对于投诉人对被投诉保险公司反馈意见不予认可的案件，在确认当事人双方同意由服务总站主持调解的前提下，启动"调解委员会"工作程序：案件金额在5万元以内的，服务总站从专家库中随机抽取3名专家组成调解小组，由小组成员在3个工作日内给出书面处理意见；案件金额在5万元以上的，随机抽取5名专家组成调解小组，在5个工作日内给出书面处理意见。同时，配置小额保险合同纠纷案件处理权限。经产、寿险总经理峰会通过，由各会员单位对一定限额内的小额保险合同纠纷案件，授权"调解委员会"在征得投诉人同意的前提下进行裁决，相关保险公司必须无条件执行裁决结果。

第三道防线是司法调解。当前，保险行业和司法机关还未完全建立调处社会矛盾的衔接机制，服务总站就此开展了有益的探索。一是意识衔接。通过各种形式，主动与人民法院协调，使人民法院对保险行业纠纷调解过程有全面的了解，对行业调解协议给予充分的法律尊重。二是程序衔接。当保险纠纷无法通过行业调解解决时，服务总站积极引导当事人依照司法程序，以理性的方式表达自己的利益诉求。三是效力衔接。由于行业调解和司法调解的效力规定不一，服务总站与深圳市中级人民法院民二庭协商建立了联合调解机制，在征得当事人同意的情况下，今后法院受理的小额保险合同纠纷案件将全权委托服务总站先行予以调解或裁决。法院在处理相关类似保险合同纠纷案件时也将对照调解委员会的裁决标准。

江苏省苏州市加强保险业社会大调解工作

近年来，随着江苏省苏州市保险业规模的快速增长，保险消费者维权意识的日益提高，围绕保险合同产生的权责争议、销售误导等方面的纠纷呈现出不断攀升的趋势。2007年5月，苏州市保险行业协会成立了人民调解委员会。2010年，全面启动了保险业社会大调解工作，为保险当事人提供专业、高效、人性化、低成本的调解服务，有效防范和化解了保险业各种矛盾，维护了保险当事人利益，增进了社会和谐。

（一）一核多元，理顺纠纷受理机制。保险纠纷由于涉及合同签订、条款理解、理赔定损、金额争议等不同领域、范围和层次，有权受理的调解机构较多。如各类民事仲裁机构有权受理保险民事纠纷，市价格认证中心有权受理保险纠纷中的理赔金额争议，医疗责任纠纷调解委员会有权受理医疗保险纠纷等。鉴于处理保险纠纷的专业要求较高，苏州保险行业协会承担了牵头组织受理的职能，充分发挥人民调解委员会的核心作用，同时也尊重当事人自由选择调解方式和调解机构的意愿和权利，建立了"一核多元"的纠纷受理机制。机制建立以来，保险纠纷调解在受理程序、受理期限、执行效力、公正客观等方面都得到了有效提高。

（二）一柱多台，完善证据保全机制。建立了以保单信息查询系统为支柱，以车险信息平台、交通信息平台、消防共建信息平台等为支撑的证据采集保全机制。一是以保单信息查询系统为支柱，核实保单真假、期限，明确当事人产生的纠纷是否属于保险纠纷，属于保险纠纷的向消费者提供可供选择的纠纷受理机构和方式。二是以车险信息平台、消防共建信息平台、交通事故信息平台等为依托，着力解决产险纠纷中理赔时间过长、摩托车及农机交强险拒保、理赔金额及赔付项目争议等突出问题。三是以规范营销员流动管理平台建设为抓手，着力解决寿险纠纷中银保销售误导、保险公司扣留代理人资格证和展业证等突出问题。

（三）一专多精，建立调解权威机制。"一专"是指强调人民调解员的法律背景。苏州保险行业协会人民调解委员会9名委员中，有2名是专职律师，1名为原苏州市人大委员会主任，2名为区级人民法院院长。"多精"是要求调解员既精通保险，又熟悉法律、医疗、汽修等业务。29名调解员中有5名法律专业人士、6名医学工作者、4名汽车业资深人士，其他14名成员分别来自经济管理、财会、电子等不同领域。为保证调解过程顺利和调解协议权威，苏州保险业人民调解委员会实行学习例会制度，每月召开一次调解委员会议，每年以集中培训的方式组织全体调解人员参加学习的时间不少于十二个学习日，重点交流调解工作经验。

（四）一管多控，强化工作推进机制。建立了以苏州保险行业协会人民调解委员会为核心，多个相关政府职能部门共同参与的工作推进机制。当事人有自由选择争议处理方式的权利，但是一旦选定纠纷处理方式并达成调解协议，苏州保监分局将与其他政府部门共同保证调解决议的效力，特别是加强与公安司法机关联动，努力实现与司法调解的"无缝对接"，保证调解决议的权威性。目前，苏州保监分局已与公安局经侦支队、公安局交巡警大队、司法局、法院等部门建立起联席会议制度，加强信息共享，推动行政执法，切实保证调解协议的执行力。

浙江省宁波市保险业参与化解医患纠纷的主要做法

医患纠纷是长期困扰医疗机构的老大难问题。2010年，宁波市在研究建立医患纠纷预防和处置体系中，充分发挥商业保险的功能作用，构建了有效的医疗责任保险理赔处理机制，取得较好效果。

（一）构建了较为完整的保险服务制度体系。宁波保监局会同卫生、司法等部门，根据市政府印发的《宁波市医疗纠纷预防与处置暂行办法》，制定了《宁波市实施医疗责任保险的若干规定》和《关于全面推行医疗纠纷人民调解工作机制的通知》等配套文件，制定了《宁波市医疗责任险统保项目保险协议（范本）》和《医院医疗纠纷防范和处置预案（样本）》等配套协议范本和处置预案，建立了《宁波市医疗纠纷理赔服务相关工作制度》、《宁波市医疗纠纷人民调解相关工作制度》和《宁波市医疗责任保险理赔服务工作考核标准》等配套工作制度。

（二）建立了较为完善的医疗纠纷保险处理机制。一是确立了共保模式和保本微利的原则。人保、太保、大地、平安四家保险公司的宁波分公司组成共保体，所有在宁波的公立医疗机构均参保。统保项目以医疗责任保险为主，还包括财产险和火灾险等。根据约定，医责险当年如有节余，全部转入次年赔付准备金，而理赔处理机构的运作成本按医责险总额的固定比例提取。二是扩大了理赔范围并提高了理赔限额。宁波市医疗责任保险理赔范围从"医疗事故"扩展到"医疗纠纷"，包括医疗意外的适度人道主义补偿。三级甲等医院医疗纠纷个案和累计最高理赔额限额分别为100万元和500万元，完全可以满足医疗机构医疗纠纷赔偿的实际需要。三是建立起医疗纠纷理赔处理服务网络。全市建立了1个医疗纠纷理赔处理中心，5个分中心，配备专职人员26名，其中医学专业22名，占总人数的85%，并组建了医学和律师专家库，为医疗纠纷处置提供强有力的专业技术咨询服务。四是提供优质的理赔处理服务。建立了理赔处理服务的监督考核机制，制订了《宁波市医疗纠纷理赔处理服务考核标准》，对保险费用运作情况进行监督，对理赔服务情况进行考核，考核结果与次年保险费率挂钩。五是转变了赔付方式。变被动“报销”为主动“支付”。由理赔工作人员在处理纠纷时负责收集理赔的相关单证。医疗机构按协议、调解书和判决书向患方支付赔款。理赔处理机构在5个工作日内主动向医院支付赔款。

同时，宁波市还建立了医疗纠纷人民调解机制，共建立了9个专业调解委员会，覆盖了全市各区县。实践中，理赔处理机制和人民调解机制相结合，拓宽了纠纷解决渠道，增强了公信力，保证了医疗纠纷的有效解决。

国家安全生产监督管理总局

王德学同志赴综治工作联系点
贵州省安顺市调研指导工作

2010年9月16日，中央综治委委员、国家安全生产监督管理总局副局长王德学率队到综治工作联系点贵州省安顺市调研指导工作。在安顺期间，王德学同志听取了安顺市社会治安综合治理工作情况汇报，实地考察了街道办事处、“城中村”等综治工作点以及部分生产经营单位。

王德学同志充分肯定了安顺市为维护社会治安和社会稳定所采取的工作措施以及取得的工作成效，认为，在安顺市各级党委政府的高度重视下，安顺市社会治安综合治理和平安建设工作稳步推进，乡镇综治维稳工作中心、村、企业综治工作站等阵地建设深入推进，基层基础不断夯实；整合各警种和专职治安巡防队员的三级巡逻防控网有效建立，社会管控能力和水平明显提升；述职、定期考核、挂牌督查督办等制度逐步完善，各成员单位职能和责任进一步明确，群众安全感逐年提升，工作成效显著。同时，王德学同志指出，安顺市还存在着“两抢一盗”等刑事案件高发、社会矛盾纠纷和群体性事件多发、综治基层基础工作有待进一步加强等问题，要在以后的工作中切实加以解决。

针对下步工作，王德学同志提出要本着“生产安全、社会安定、人民安康”的宗旨，正确处理好改革、发展、稳定的关系，把矛盾纠纷排查调处作为维护社会和谐稳定和促进经济社会和谐发展的基础性和前沿性工作常抓不懈。当前要围绕社会矛盾化解、社会管理创新、公正廉洁执法三项重点工作，着重做好以下几点。一要认真贯彻落实好全国综治工作会议精神和中央领导同志关于综治工作的一列指示批示精神。二要突出抓好社会治安重点地区、重点单位、重点人群的防控工作，认真分析“两抢一盗”等刑案件的特点规律，分类指导，查找漏洞，不留死角。三进一步抓好综治基层基础工作，健全各级综治网络机构，配齐配足人员、装备，尤其要继续加强基层的综治维稳工作中心、综治工作站建设，强化制度管理，强化责任意识，增强实战能力。四要抓好社会矛盾纠纷排查化解工作，充分调动发挥街道、社区群防群治队伍的有效作用，全面排查掌握各类重点人员和重点矛盾纠纷情况，扎实细致地做好管控和化解工作。五要大力推进社会管理创新，着力建设以预防为主的防控体系长效机制，为全市经济又好又快展、更好更快发展创造和谐稳定的社会治安环境。

国家安监总局关于请将安全生产纳入社会治安综合治理工作大局进一步加强安全生产工作的意见

贵州省安顺市人民政府：

今年以来，你市认真贯彻落实党中央、国务院关于加强安全生工作的一系列决策、部署、指示精神和省委、省政府的部署要求，努力推进安全生产工作，取得了一定成效。但是，各类事故没有得有效遏制，重大事故时有发生。特别是你市普定县5月和10月继发生了两起煤矿重大事故。5月13日，猫洞乡远洋煤矿发生煤与瓦斯突出事故，造成21人死亡。10月27日，马场镇大坡煤发生透水事故，造成12人死亡，并且事故发生后，矿主隐瞒不报，矿主、管理人员逃逸，性质恶劣。

你市安全生产事故反弹，尤其是重大事故时有发生，暴露出一些地方、部门和单位对安全生产工作重视不够，安全生产方针、政策措施落实不得力，非法违法生产经营建设行为尚未得到有效遏制。为此，作为安全生产监管部门和你市社会治安综合治理联系单位，我们提出以下意见：

一是要将安全生产纳入社会治安综合治理工作大局，进一步加强安全生产工作。安全生产工作是社会管理的重要组成部分，综合治理工作的重要内容，党中央、国务院和中央综治委历来高度重视。你市要认真贯彻落实党的十七届五中全会、《国务院关于进一步加强企业安全生产工作的通知》（国发[2010]23号）、全国社会治安综合治理工作会议和全国煤矿瓦斯防治工作电视电话会议精神，将安全生产纳入社会治安综合治理工作大局，充分运用社会治安综合治理工作的体制机制，围绕社会治安综合治理“三项重点工作”和继续深入开展“安全生产年”活动的工作部署，切实解决影响本地区安全生产工作的突出问题，有效防范和坚决遏制重特大事故发生。

二是要加强对安全生产工作的组织领导，落实安全生产责任制，强化问责。要认真贯彻落实《国务院关于进一步加强企业安全生工作的通知》精神，认真剖析两起重大事故原因，深刻吸取事故教训，从建立责任体系、完善规章制度、强化监督管理、开展专项整治、深化安全教育、加大安全投入和强化责任追究等入手，切实加强对安全生产工作的组织领导，调整强化领导力量，加强监管执法工作，推动企业落实安全生产主体责任。

三是要深入开展严厉打击非法生产经营建设行为专项行动，进一步加强煤矿等重点行业（领域）的安全生产工作。要认真执行《国务院关于预防煤矿生产安全事故的特别规定》（国务院令第46号），认真贯彻落实国务院安委会关于集中开展严厉打击非法违法生产经营建设行为（以下简称“打非”）专项行动的部署和由国务院安委会办公室牵头、国家发展改革委等8部门联合召开的全国深入开展“打非”专项行动视频会议精神，深入排查、严厉打击煤矿等重点行业（领域）非法违法生产经营建设行为，发现一起，查处一起，打击一起，突出煤矿安全生产这个重中之重，切实抓好煤矿瓦斯等灾害防治，进一步加强对整合技改煤矿的安全监管，推动安全生产形势稳定好转。

国家安监总局贯彻落实全国社会治安综合治理工作会议精神　进一步推动全国安全生产工作情况

（2010年7月9日）

全国社会治安综合治理工作会议召开后，我局党组高度重视，党组书记、局长骆琳同志及时主持召开党组会议，认真传达学习全国社会治安综合治理工作会议精神，尤其是学习中央政治局常委、中央政法委书记、中央综治委主任周永康同志的重要讲话，并结合安全监管监察实际，提出了贯彻落实意见。

一、传达学习贯彻情况

总局党组同志在学习讨论中一致认为，周永康同志的重要讲话，从党和国家工作大局的高度，深入分析了我国经济社会发展阶段性特征在社会建设和社会管理领域的具体表现，深刻阐述了新形势下加强社会建设、创新社会管理的重要意义，系统总结了近年来各地区各部门加强社会建设、创新社会管理的基本经验，对新形势下进一步加强社会建设、创新社会管理做出了全面部署，提出了明确要求。周永康同志的重要讲话，明确回答了事关社会建设和社会管理方向性、全局性、战略性的重大理论和实践问题，对于我们更好地适应新形势新要求，进一步加强社会建设、创新社会管理，把社会治安综合治理工作提升到新水平，维护好重要战略机遇期社会稳定，具有重大指导意义。

总局党组同志在学习讨论中一致表示，要深入学习领会和全面贯彻落实这次会议特别是周永康同志重要讲话精神，切实增强加强社会建设、创新社会管理的责任感和紧迫感，把安全生产工作摆在加强社会建设、创新社会管理的整体格局中去谋划，放到"社会矛盾化解、社会管理创新、公正廉洁执法"三项重点工作的总体部署中去贯彻，尤其要通过深入推进社会管理创新，推动安全生产工作不断取得新发展。

骆琳同志在学习讨论中强调指出，全国社会治安综合治理工作会议特别是周永康同志的重要讲话精神，对全国社会治安综合治理工作有重要的指导意义，同时也对全国安全生产工作具有重要的指导意义。要深入学习领会周永康同志的重要讲话精神，全面贯彻落实会议各项部署，按照周永康同志讲话提出的加强社会建设9个方面的部署和6项工作要求，结合安全生产实际，采取有力措施推动安全生产工作再上新台阶。一是要把安全生产摆到与经济建设同等重要的地位。要贯彻落实科学发展观，牢固树立安全发展的理念，进一步推动安全生产工作，为实现社会和谐稳定提供安全保障。二是要把隐患排查治理作为加强安全生产重要的基础工作抓好。要加大隐患排查治理工作的力度，着力构建隐患排查治理长效机制，遏制重特大事故的发生。三是要把以人为本、服务为先贯穿安全生产工作中。科学发展观的核心是以人为本，安全生产就是坚持以人为本。要进一步增强责任感、使命感，切实把维护人民群众生命财产安全放在高于一切的位置，为党的安全生产事业尽心尽力、尽职尽责。四是要把安全生产工作延伸到新经济组织和新社会组织。要在新经济组织和新社会组织中加强安全生产法制教育培训，加强对贯彻安全生产法律法规的监督检查，探索新形势下对新经济组织和新社会组织安全生产监管监察的体制机制、方法手段。五是要把对虚拟社会与对实现社会的管理统筹起来抓。针对虚拟社会和现实社会紧密联系、互相影响的实际，营造安全生产舆论氛围，加强安全生产网络舆论引导。六是要把基层基础建设作为安全生产的重要工作抓好。要加强队伍建设，强基固本，努力在建好基层组织、充实基层力量、夯实基础工作等方面取得新进展，为安全生产监管监察奠定坚实的基础。七是要把继承和创新群众工作作为加强安全生产的重要法宝。群众参与是努力构建“党委领导、政府监管、行业管理、企业负责、社会监督、群众参与”的安全生产工作新格局的重要组成部分,要把安全生产建立在人民群众大力支持、共同参与和有效监督的基础上。八是要把信息化建设作为社会管理的有效手段。要大力加快“金安工程”建设,发挥信息化对推动安全生产的重要作用,进一步提升安全生产工作水平。九是要把依法治安基本方略落实到安全生产全领域、全过程。大力宣传“安全第一、预防为主、综合治理”的方针,把人民群众生命健康放在首位,更加注重运用法律手段加强和改进安全生产工作,建立健全安全生产法律法规。

骆琳同志指出,要推动各地区、各部门和各类生产经营单位把安全生产工作纳入重要日程,纳入经济社会发展总体布局,纳入领导干部和企业管理人员政绩业绩考核,督促生产经营单位落实安全生产主体责任,为加强安全生产管理提供有力保障。一要坚持一把手负总责、亲自抓。各地要切实加强组织领导,落实“一岗双责”,加强安全生产工作。二要结合制定“十二五”规划,确定一批安全生产科技规划项目,纳入经济社会发展总体规划和本地区本部门整体工作部署。三要抓好安全生产创新综合试点,及时总结基层行之有效的做法和经验,以点代面,充分发挥综合试点在安全生产中的示范作用。四要加大对安全生产的投入。各地区、各有关部门和企业要切实加大人财物的投入,加大经费、装备保障投入,提高安全生产的保障能力。五要加强安全生产的长效机制建设。六要为安全生产营造良好的舆论环境。

二、贯彻会议精神,推动安全生产工作

为深入贯彻落实全国社会治安综合治理工作会议特别是周永康同志的重要讲话精神,认真做好社会治安综合治理工作,努力将安全生产工作融入社会治安综合治理工作之中,进一步强化安全生产工作,推动安全生产形势稳定好转,国家安全监管总局党组会议研究提出以下贯彻落实意见:

(一)认真学习借鉴综治工作的先进经验,推动安全生产工作不断创新与发展。近年来,全国社会治安综合治理工作在实践中创造了许多先进经验和做法,如:树立坚决落实硬任务、主动服务第一要务的理念,强化社会面管控、集中整治重点地区,社会管理创新、公正廉洁执法,建立社会治安综合治理联系点制度、加强基层基础建设,开展社会治安综合治理考评、纳入地方政府政绩考核等,有力地推进了社会治安综合治理工作,为保增长、保民生、保稳定发挥了重要作用。全国安全监管监察系统将认真学习和借鉴全国综治工作的好经验好做法,不断加强和改进安全生产工作,推进安全生产格局、工作理念、工作方式、工作机制和工作方法的改革和创新,使安全生产工作适应国家经济和社会发展需要,为保增长、保民生、保稳定作出贡献。

(二)组织开展安全生产领域社会稳定风险评估工作。按照中央政法委办公室的要求,加快工作进度,研究制定《国家安全监管总局安全生产领域社会稳定风险评估办法》,尽快发布实施,指导安全监管监察系统全面开展安全生产领域社会稳定风险评估工作。

(三)组织开展事故查处、执法、隐患排查考核工作。学习借鉴社会治安综合治理的做法,研究制定《国家安全监管总局事故查处执法隐患排查工作考核办法》,指导各级安全监管监察机构加大事故查处、执法、隐患排查治理工作力度,推进安全生产形势的稳定好转。

(四)抓好平安创建,推进安全生产工作。按照会议要求,充分发挥安全监管监察在平安创建中的作用,大力开展基层安全生产平安创建活动,积极推动各地创建安全生产示范县、平安乡镇、平安社区、平安街村活动。同时,通过进一步开展安全创建活动,推动“平安矿山”、“平安企业”等创建活动的开展,推进全国安全生产工作的不断加强。

(五)认真做好社会治安综合治理考核中的安全生产考核工作。按照中央综治办的要求,安全监管总局建立了综合治理工作中安全生产考核办法,将结合“十二五”安全生产控制指标体系和目标绩效考核办法的研究,适应新形势、新情况、新特点的要求,进一步研究完善考核办法,加强年度考核,并向中央综治办报送各地安全生产考评情况,强化各级安全生产责任制落实,搞好全国安全生产工作。

（六）切实做好社会治安综合治理联系点工作。在2009年贵州省安顺市开展社会治安综合治理联系点工作的基础上，加强调查研究，认真总结经验，进一步完善联系点工作制度、工作方式和工作方法。一是加强与联系点的信息沟通，及时了解情况，有针对性地做好工作；二是安全监管总局领导同志赴贵州省检查安全生产工作时，一般安排去安顺市开展调查研究，加强指导，推进安顺市社会治安综合治理及安全生产工作取得新进展；三是安全监管总局各司局、各有关直属单位要对安顺市社会治安综合治理及安全生产工作方面给予支持。

国家安监总局办公厅关于印发《安全生产重大决策事项社会稳定风险评估办法》的通知

（2010年8月30日）

总局和煤矿安监局机关各司局、应急指挥中心：

为切实提高安全生产重大决策的科学性，从源头上预防和减少社会不稳定因素，根据中共中央办公厅、国务院办公厅有关通知要求，制定了《国家安全监管总局安全生产重大决策事项社会稳定风险评估办法》，已经2010年8月10日总局局长办公会议审议通过。现予以印发，请遵照执行。

安全生产重大决策事项社会稳定风险评估办法

一、总　则

（一）为深入贯彻落实科学发展观，树立安全发展理念，正确处理改革、发展、稳定的关系，切实增强决策的科学性，从源头上预防和减少不稳定因素，根据中共中央办公厅、国务院办公厅转发的《中央政法委员会、中央维护稳定工作领导小组关于深入推进社会矛盾化解、社会管理创新、公正廉洁执法的意见》的有关规定，结合安全生产工作实际，制定本办法。

（二）本办法所称安全生产重大决策事项（以下简称重大决策事项），是指国家安全监管总局和国家煤矿安监局机关各司局、应急指挥中心（以下统称机关司局）提出的事关人民群众切身利益，容易引发不稳定问题的有关安全生产工作的重大决策、重要经济政策、重大改革措施、重点工程建设项目等事项。

本办法所称社会稳定风险评估，是指在决定涉及人民群众切身利益的重大决策事项前，对可能引发影响社会稳定的群众集体上访、群体性事件或危及公共安全的情况进行的预评估活动。

（三）重大决策事项社会稳定风险评估应当遵循下列原则：

1. 以人为本、科学决策；
2. 属地管理、分级负责；
3. 实事求是、客观公正；
4. 谁实施、谁评估；
5. 谁主管、谁负责。

（四）重大决策事项提出前，有关机关司局应当对可能存在的影响社会稳定的因素进行评估，认真分析研究可能存在的不稳定因素和问题，科学评估风险程度及其可控范围，为科学决策提供依据。

（五）进行重大决策事项社会稳定风险评估，应当广泛开展社会调研，听取有关群众意见。必要时，应当召开专题论证会，听取专家学者及行政相对人的意见。

二、评估范围和内容

（六）重大决策事项社会稳定风险评估包括下列范围：

1. 停产整顿关闭重大决策；

2. 重要经济政策制订；

3. 安全生产重大改革；

4. 其他需要评估的事项。

（七）重大决策事项社会稳定风险评估包括下列内容：

1. 合法性评估；

2. 科学性评估；

3. 廉洁性评估；

4. 可行性评估；

5. 可控性评估。

（八）合法性评估主要评估下列事项：

1. 重大决策事项是否符合党的方针政策，是否与现行法律、法规、规章相抵触，是否符合党中央、国务院制定的规范性文件要求；

2. 重大决策事项所涉政策调整、利益调节的对象和范围是否界定准确，法律政策依据是否充分；

3. 决策过程是否符合有关程序。

（九）科学性评估主要评估下列事项：

1. 重大决策事项是否符合以人为本的科学发展观要求，是否符合安全发展的理念；

2. 重大决策事项是否符合安全生产近期和长远发展规划，是否考虑了地区的差别性、社会的稳定性、发展的持续性等因素，是否遵循公开、公平、公正原则；

3. 重大决策事项是否反映大多数群众的意愿，是否兼顾群众的现实利益和长远利益，是否兼顾各方面利益群体的不同诉求。

（十）廉洁性评估主要评估重大决策事项是否符合党中央、国务院有关廉洁从政的规定。

（十一）可行性评估主要评估下列事项：

1. 重大决策事项是否经过严密的可行性论证，是否征求了广大群众的意见，是否为绝大多数群众接受和支持；

2. 重大决策事项出台时机是否成熟，配套措施是否完善；

3. 实施方案是否周密、完善、具体、可操作性强。

（十二）可控性评估主要评估下列事项：

1. 重大决策事项的实施是否存在可能引发严重影响社会稳定的问题，实施过程中可能出现的较大问题；

2. 是否有应对可能出现的不稳定问题的措施和应急处置预案及其针对性、可行性等；

3. 是否有化解不稳定因素的对策措施及其针对性、可行性等。

三、评估程序

（十三）机关司局是安全评估的责任主体。重大决策事项提请总局分管领导审阅前，由承办的机关司局进行社会稳定风险评估。

涉及到多个司局、职能交叉而难以界定的，由分管领导同志指定一个司局牵头进行社会稳定风险评估。

属于国家投资管理部门另有要求的重点工程建设项目，其评估程序按照其要求执行。

（十四）一般评估适用于评估责任主体认为没有社会稳定风险或者风险较小，引发集体上访或者群体性事件可能性较小的重大决策事项的评估。

一般评估由评估责任主体根据有关规定，通过社会调研、征求意见、论证和社会公示等方式，对社会稳定风险进行预评估，提出重大决策事项社会稳定风险评估报告。

（十五）重点评估适用于评估责任主体认为社会稳定风险较大，引发集体上访或群体性事件可能性较大的重大决策事项的评估。

重点评估由评估责任主体成立专门的社会稳定风险评估小组，进行社会调研，广泛听取意见，组织有关单位和专家、学者进行论证，提出评估报告。

（十六）重大决策事项社会稳定风险评估应当遵循下列程序：

1. 确定评估内容。根据拟出台的重大决策事项可能存在较大社会稳定风险的情况，评估责任主体确定需要评估的重点事项。

2. 制定评估方案。根据评估内容制定详细的评估方案,包括明确指导思想、组织形式、工作目标、时间安排及具体要求等。

3. 组织进行评估。评估小组根据社会调研、征求意见、论证和社会公示过程中掌握的情况,对涉及到社会稳定工作的有关内容进行缜密分析、科学预测。

4. 编制评估报告。根据评估工作的全面汇总和分析论证,编制完成评估报告。

评估报告应当对重大决策事项社会稳定风险程度作出风险较大、风险较小或者无风险的评估结论,对重大决策事项的实施提出可以全部实施、部分实施、暂缓实施或者不实施的建议,对不稳定问题提出相应的对策措施和应急处置预案。

(十七)承办(或牵头)司局将重大决策事项及社会稳定风险评估报告报总局分管领导同志审阅、总局局长同意后,按规定提交总局党组会议或局长办公会议审议。经研究确认安全的,作出决策并组织实施。

(十八)重大决策事项社会稳定风险评估报告按照规定归档,并报中央维护稳定工作领导小组备案。

四、评估责任

(十九)因未进行社会稳定风险评估或者风险评估工作不力,致使重大决策事项决定后引发集体上访或者群体性事件,造成恶劣影响或者严重后果的,依照有关规定追究有关负责人和直接责任人员的责任。

国家质量监督检验检疫总局

2010年质检总局参与社会治安综合治理工作情况

2010年是“十一五”规划的最后一年，也是我国发生玉树大地震等自然灾害和举办上海世博会、广州亚运会等大型活动的一年，对质检部门参与社会治安综合治理工作提出了更高的要求。一年来，质检总局紧紧围绕提升质量安全水平、服务经济平稳较快发展这条主线，以开展质量提升活动为重要抓手，积极参与社会治安综合治理工作，充分发挥质检部门在开展质量平安建设、维护社会和谐稳定中的重要作用，在确保国门安全、从生产源头确保食品质量安全、打击侵犯知识产权和制售假冒伪劣产品违法行为等方面都取得了明显成效。

一、加强协调努力落实综治工作

按照2010年全国综治工作要点的部署要求，质检总局结合本部门实际情况，在年初进行了认真研究。前任中央综治委委员、质检总局原局长王勇同志和继任的中央综治委委员、质检总局局长支树平同志多次就质检总局及全国质检系统进一步参与综治工作做出批示和指示，并责成有关部门给予大力支持。按照总局领导指示，质检总局办公厅、质量管理司、产品质量监督司、执法督查司、食品生产监管司、进出口食品安全局、特种设备安全监察局、卫生司等有关司局就参与综治工作制定了具体措施，对有关工作做了认真安排并予以落实。办公厅作为中央综治委联络员部门，为此做了大量协调工作，并积极参与中央综治委组织的赴湖北省督导检查综治工作等有关活动。

二、加强监管力促社会和谐

根据中央综治委的安排，2010年质检总局主要通过加强对制售假冒伪劣产品违法行为的打击、加强食品生产安全监管、特种设备安全监管和口岸公共卫生监管等相关工作参与社会治安综合治理，取得了良好的成效。

一是切实加强对食品和乳制品的专项整治和日常监管。按照国务院关于食品安全整顿的工作部署，质检总局组织对蜜饯、大米、豇豆制品等35个问题产品的生产企业开展专项监督检查，对食品包装材料生产企业进行清理，会同相关部门对问题乳粉销毁工作进行监督，对23类3857批次食品开展国家监督抽查。严把进出口食品安全关，全面推进出口食品农产品质量安全示范区建设，27个省(区、市)建成示范区261个，全面清查出口食品备案生产企业，撤销1194家企业的注册备案资格。全年向217个国家和地区出口食品178万批，合格率达99.95%；从185个国家和地区进口食品57.1万批，不合格检出率达2.2%。认真做好供港澳食品和动植物产品的检验监管。对食品生产许可证进行严格审查，注销食品生产企业4036家。对乳制品认证、有机产品认证等获证企业开展专项监督检查。认真做好食品生产安全工作考核，研究制定《2009年度各省、自治区、直辖市社会治安综合治理工作考核评比实施细则食品生产安全工作细化方案》，组织各省、自治区、直辖市质监局对当地政府2009年度的食品生产安全工作进行认真考核，并根据考核情况综合打分，按时将考核打分情况函告中央综治办。

二是认真开展打击农资、建材、家电下乡等专项执法打假行动。对136个重点区域进行集中整治，立案查处质量违法案件15万起、涉案货值57.4亿元，移送公安机关处理122起。质检部门通过执法打假，有力地维护了农村经济秩序和社会和谐。

三是加强特种设备安全监管。为保障人民生命安全，质检总局组织开展特种设备“安全生产年”活动。开展起重机械和气瓶充装站专项治理，加强使用环节安全监察，全年发生各类特种设备事故270起，比上年下降19.4%，万台设备重大事故起数和死亡人数低于国务院安委会下达的控制指标。

四是严把国门安全，加强进出口商品检验监管。全面落实出口企业分类管理制度，加强对目录外进出口商品的监督抽查，对出口非洲、中东商品实施加严监管措施。共检出不合格进出口工业产品6.14万批、货值382.68亿美元，处理出口商品不合格案例1.29万起、货值5.19亿美元。

五是严密防控口岸疫情疫病，保障人民身体健康和生态安全。完善口岸检验检疫设施建设标准，推进口岸核心能力建设，提高口岸疫情疫病防控水平，共检疫查验出入境人员3.27亿人次，发现患有传染病症状2.2万人次、疑似病例8302例，确诊各种传染病6438例，发现核和辐射有害因子超标案例861起。加强进出境动植物疫病防控和疫情监测，推行进境植物种苗、水果等指定口岸建设，严格农产品检疫准入，实施风险分类监管，共截获各类动植物有害生物3431种33.9万次，同比分别增长9.4%和54%；其中检疫性有害生物225种2.6万次，同比分别增长27.1%和63.8%，有效维护了国家经济、农业生产和生态安全。

六是服务经济平稳较快发展。建立能源计量监督管理机制，开展能源管理体系认证试点，加大节能环保认证工作力度，加强高耗能特种设备节能工作，加强涉及节能减排产品的监督抽查和生产许可证管理。开展"推进诚信计量、建设和谐城乡"主题行动，对化肥等农资类定量包装商品、农资市场在用计量器具加强计量监督。新批准146件地理标志产品。继续推行绿色通道、直通放行制度，推进新亚欧大陆桥检验检疫机构合作，签发优惠原产地证书367.2万份，共获得进口国关税减免213亿美元。继续落实出口农产品、纺织品减免费政策，对新纳入检验检疫监管范围的357种商品延长过渡期。

三、忠于职守全力服务世博会亚运会安全保障工作

2010年5至10月和11月，我国先后举办了上海世博会和广州亚运会。保障世博会、亚运会安全，对于维护社会稳定和维护我国的国际形象至关重要。为此，质检部门特别是上海、广州两地的质检部门做出了积极贡献。

一是加强食品安全监管工作。上海检验检疫局在前期扎实推进世博会进口食品安全保障工作的基础上，突出做好口岸专包机及VVIP航空配餐保障工作，对世博期间进境船舶主要靠泊的吴淞口岸18家供船注册食品企业加强监管，努力践行世博保障的7×24小时工作承诺。世博会期间，该局共完成专机保障90余架次。共查验进口食品500余批，货值909万美元，截获的不合格食品，全部作销毁或退运处理。

为保障亚运会食品安全，广州市质监局在近年来食品安全保障体系的基础上，建立了系统的亚运会食品安全保障机制，并形成了多项具体细化的工作方案。建立食品安全监管系统，将全市市场流通的食品信息、生产商、零售商等相关信息集中在一起，已保存更新各类食品经营主体录入的电子台账数据430万条，涉及包装食品数量10万余种。执法人员可通过现场读取食品生产企业名称等条码信息，跟数据库信息进行初步比对，追溯食品来源，一旦发现问题，可通过系统对问题数据进行汇总分析，及时向各单位发布预警通知，实现了入市食品可追溯。在口岸，广东检验检疫系统全方位狠抓口岸食品安全监管，实现了口岸食物中毒事件"零发生"。突出抓好3个100%安全指标的落实，即辖区口岸食品生产经营单位100%取得卫生许可证、100%建立进货索证索票制度、100%建立进货台账验收制度。全面开展食品安全风险分析和隐患排查，推行量化分级管理制度，对风险程度较高的企业加大卫生监督频次和力度。建立日常监管电子档案，利用卫生检疫电子监管系统对食品生产经营单位实施电子监控。与企业签订食品安全承诺书，强化对企业的教育培训，增强其质量主体意识。制定亚运口岸食物中毒突发事件应急处置预案，强化应急演练，做好应急物资等各方面准备，防患于未然。

二是做好口岸卫生处理监督工作。上海世博会前，上海检验检疫局对各个空、海、陆口岸和熏蒸消毒中心卫生处理工作进行大检查，进一步提高口岸卫生处理技术水平和科学监管水平。同时，为更好地在世博期间加强口岸传染病排查，该局研发"国境口岸生物反恐和传染病检测现场快速侦测及排查辅助系统”，利用数据库自动检索可能发生的传染性疾病，提高口岸流行病调查工作效率，提升口岸卫生检疫防控能力。

为确保广州亚运会、亚残会顺利举办，防止突发公共卫生事件发生，针对当时东南亚蚊媒传染病高发的严峻形势，相关口岸出入境检验检疫机构采取了三项卫生检疫强化措施：强化口岸伊蚊监测。增加监测点，确保监测频次，加强病原体检测工作，主要包括伊蚊分布、种群构成、伊蚊幼虫指数和成蚊密度及带毒情况的监测。强化口岸蚊密度控制工作。广东、深圳、珠海、云南、广西等地检验检疫机构联动开展口岸灭蚊行动，组织开展口岸区域内蚊类孳生地控制工作，加强对入境交通工具特别是对来自登革热疫情的国家和地区的交通工具类监控。加强健康教育。在口岸通过多种形式宣传登革热、基孔肯雅热防治知识，提供国际旅行卫生保健服务，增强出入境人员、交通员工和口岸从业人员的自我防范意识。

三是完善危险品查验工作。高温天气使易燃易爆等化学品的危险程度更增，上海检验检疫局建立健全世博口岸化学安全保障和突发事件应急处理组织机构，编制相关宣传手册、培训教材，积极开展学习培训。为确保危险品查验工作有序进行，便于特殊货物的夜间运输，该局还在洋山口岸力推危险品检疫把关新举措，即通过港区查询系统及时获取进口危险品在港区的堆存信息，做到企业一旦申请提箱，检验检疫人员即可在收货人提箱之前到达堆存区，并实施相应的检疫查验和卫生除害处理工作。

国家广播电影电视总局

2010年广播电视系统参与社会治安综合治理工作情况

2010年,按照中央综合治理委员会的统一安排,广电总局高度重视、周密部署,精心组织中央人民广播电台、中央电视台、中国国际广播电台及全国各地广播电台、电视台加大工作力度,充分利用新闻、专题等多种节目形式,围绕平安建设、"打黑除恶"专项斗争、"为了明天"工程等重点工作,积极宣传社会治安综合治理工作的先进典型,组织制作、播放有益的影视节目,丰富人民群众的文化生活,及时报道各种整治活动、扫除社会丑恶现象和各种刑事犯罪等新闻,尤其是充分做好平安家庭创建工作的宣传报道工作,积极预防和有效化解涉及妇女儿童利益的社会矛盾,为构建和谐社会营造良好的舆论氛围。

一、积极报道平安建设活动

中央电台中国之声、经济之声推出了一批基层平安建设的经验和做法,播发了《全国社会治安综合治理工作会议召开 各地畅谈创新经验》、《创建"平安家庭" 一三三团万名妇女唱"主角"》、《平安亚运根本保障群众平安 安保人奉献汗水收获肯定》、《新疆兵团73团平安家庭积极发挥带头作用》、《婚姻法颁布60周年 宁夏家庭和谐状况总体良好》等消息。

2010年6月11日,中央电视台社会与法频道的大型主题宣传活动《平安中国》正式启动。2010年《平安中国》,紧紧围绕"社会矛盾化解、社会管理创新、公正廉洁执法"三项政法重点工作展开,特别是以"矛盾化解、管理创新"为重点,主要内容包括三个方面:一是《省委书记访谈录》;节目结合各地平安建设中的重点、热点和难点,就当地在社会管理创新方面的新做法和有效措施开展观察与对话,反映平安建设在新阶段的进展和成果。二是《平安故事》系列专题节目,面向全国32个省、市、自治区,每个省区做一期。节目通过平安建设中的典型事件,以故事化的方式展现各级政府在三项重点工作中的不懈努力和成果经验。三是"2010《平安中国》主题宣传月活动"特别节目,特别节目旨在对2010年三项重点工作的进展进行一次全面梳理,展示三项重点工作中的亮点与成果。

中国广播网、国家网络电视台发挥新媒体优势,积极宣传社会治安综合治理工作的先进典型,充分展示近年来我国农村平安建设和社会治安综合治理工作取得的突出成就。

二、积极报道妇女儿童权益保护工作

中央电台的《新闻和报纸摘要》、《全国新闻联播》、《新闻纵横》、《新闻背景》、《午间一小时》、《今日农村》、《法治进行时》、《国防时空》、《民族大家庭》对全国各地积极响应国家号召开展平安家庭创建活动进行了重点报道,并对与妇女儿童权益保护相关的其他重要活动和日子进行了集中宣传报道,通过对全国和各省市地方妇女儿童权益保护的宣传,形成了妇女儿童权益保护的高潮。播发了《胡锦涛总书记关心少年儿童和少先队工作纪事》、《刘延东:突出重点 推动妇女儿童事业全面发展》、《陈至立:进一步争取各界支持帮助更多贫困家庭弱视儿童》、《专家:解决残障儿童失学问题 法律保障需完善》、《安徽各中小学建立留守儿童档案 真情关爱留守儿童》、《网络调查称七成观众认为大多娱乐节目不适合儿童观看》、《2010年农村妇女乳腺癌检查已完成近25万人》等报道。

中央电视台综合频道及新闻频道播出妇女儿童方面的报道50余条,对"微笑母亲——农村妇女'两癌'普查普治救助项目"启动、全国妇女儿童工作协调机构联席会议在京召开、中直机关妇女干部发展论坛举行、陈至立看望福利院孤残儿童等重要事件进行了充分报道，并制作播出《新疆：医疗志愿者免费诊疗维吾尔族妇女》、《小额担保贷款 拉动妇女创业就业》、《陈至立：以妇女权益保障法执法检查为契机进一步推动男女平等基本国策的贯彻落实》、《流动育龄妇女可享流入地计生服务》、《北京计划新建扩建儿童医疗机构》、《舜耕中学用爱心帮扶留守儿童》、《儿童剧全国联盟项目启动 打造儿童剧市场产业链条》、《北京儿艺首创儿童剧全国联盟项目》等新闻，对妇女儿童工作的进展及现状进行了详尽的报道。

2010年，中国广播网、中国网络电视台和全国各地广播电台、电视台网站加强台网联动，刊发大量信息，大力宣传党和政府在保护妇女儿童权益等方面的采取的措施和取得的成绩。

三、积极报道消防安全工作

2010年，全国各地广播电视播出机构特别是中央三台从不同角度和侧面，运用多种报道形式，突出报道消防安全事关广大人民群众的根本利益，各级党委政府高度重视，采取各种措施以及我国的消防事业有了较大发展的良好局面。

中央电视台的重点新闻栏目《新闻联播》、《新闻30分》、《现在播报》、《晚间新闻》等栏目共播发了近百条相关新闻。如播发了《管好危险化学品 确保安全生产》、《安全连着千万家："宁伤感情，不出险情"》、《三个灭火器只有一个好 安全生产落实不能忽视》、《我国将全面推进中小学生消防安全教育》、《狠抓责任落实 全力确保消防安全》等消息。

中央电台播发了《长春举行消防夏令营 增强孩子消防意识 》、《火灾警报响起后》、《再谈安全："小问题"引发大事故》、《让市民买到合格的消防产品》等报道。

国家网络电视台、中国广播网充分发挥新媒体优势，大力开展消防宣传，全面提高公民消防安全意识和自救互救能力。

国家工商行政管理总局

2010 年工商系统参与社会治安综合治理工作情况

2010,全国工商系统坚决贯彻落实中央的决策部署,立足市场监管和行政执法职能,紧紧围绕科学发展主题和加快转变经济发展方式主线,认真履行第一责任,积极参与社会治安综合治理工作,为服务经济发展、维护社会稳定作出了新的贡献。

一、高度重视、统一部署、贯彻落实

国家工商总局党组每年在全国工商局长会议上都对社会治安综合治理工作进行部署。2010 年 3 月,总局印发了《关于深入开展社会治安综合治理和精神文明建设工作的通知》(工商个字[2010]62 号),进一步强化制度建设,细化工作内容,明确工作要求。全国工商行政管理机关在中央综治委领导下,牢牢把握工商行政管理与综合治理工作的结合点,从查处取缔黑网吧、扫黄打非、清除不良广告、打击传销等方面,尽职尽责开展工作。特别是在中央领导就“恶搞奖状”事件作出重要批示后,总局党组书记、局长周伯华同志立即作出指示:“请即部署在广东及全国落实好长春同志重要批示”。分管副局长钟攸平同志立即派人组成检查组赶赴广东开展专题检查和调研工作,并专门印发文件,部署于 7 月至 10 月在全国开展规范校园周边经营秩序和查处取缔黑网吧专项整治行动。

二、深入持续开展网吧专项整治,严厉打击黑网吧

各级工商行政管理机关严格按照《互联网上网服务营业场所管理条例》的规定,把好市场主体准入关,坚持“先证后照”。凡申请设立互联网上网服务营业场所的,均必须提交文化部门核发的《网络文化经营许可证》,并符合工商行政管理登记条件,方可核发营业执照。同时,根据职责分工,在当地党委、政府的领导下,积极会同文化、公安等部门坚决严厉查处取缔黑网吧,针对黑网吧由城市向农村和城乡结合部转移的情况,加强对农村市场的巡查,在农村中小学校、商店等群众聚集场所广泛张贴查处取缔黑网吧的举报电话,建立举报信箱,加大对农村黑网吧的查处取缔力度。2010 年专项行动期间,全国 2 7 个省(自治区、直辖市)工商系统共出动执法人员 95.9 万人次,检查网吧 20.2 万户次,查处违法经营 9962 户次,吊销营业执照 364 户,查处取缔黑网吧 2.2 万户,没收专门用于无照经营的电脑 1 2 万台,查处取缔农村黑网吧 1.4 万户,查处取缔学校周边黑网吧 1939 户,向司法机关移交案件 47 件。

三、扎实推进查处取缔无照经营工作深入开展

查处取缔无照经营,是规范市场经济秩序的一项重要工作,国家工商总局高度重视。周伯华局长、钟攸平副局长多次作出批示、指示,要求将这项工作抓实抓好。3 月,中央社会治安综合治理委员会办公室和国家工商行政管理总局联合印发了《关于做好将查处取缔无照经营纳入社会治安综合治理目标考评工作的意见》(综治办[2010]4 4 号),明确将查处取缔无照经营工作纳入社会治安综合治理目标考核范围,并提出了相关意见。7 月,中央社会治安综合治理委员会办公室在《2010 年省、自治区、直辖市社会治安综合治理工作考核评比实施细则》(综治办[2010]130 号)中对打击无照经营专项行动工作不力的,做出了具体规定,即酌情减分,最高减 1 分。为做好考评工作,经总局领导批准,总局先后在银川市和武汉市两次召开推动将查处取缔无照经营纳入社会治安综合治理工作座谈会,讨论、部署无照经营综合治理考评工作。会后,国家工商总局和中央综治办联合印发了《2010 年无照经营综合治理考评工作实施意见》(工商个字[2010]187号),对考评内容和标准从组织建设、制度建设、依法履职、人员经费保障、工作成效五个方面进行了细化,就自评申报和综合考评提出了具体工作要求。各地工商行政管理部门按照中央综治办、国家工商总局的要求,将查处取缔无照经营纳入综合治理目标考评体系作为推进查处取缔无照经营工作的有力抓手,积极争取各级党委、政府对查处取缔无照经营进一步的重视、支持和领导,充分发挥综治工作的"协调指导、齐抓共管"的制度优势,充分发挥各部门的职能作用,加强部门间密切配合,推进查处取缔无照经营长效机制的建立,积极开展工作,取得了一定成效。

四、加强校园周边环境整治

截止年底,全国工商系统检查学校周边市场主体77万户次,查处违法经营3.1万户,查处取缔学校周边无照经营2.4万户。

五、开展对以戒除网瘾为名侵害未成年人合法权益的教育培训机构进行排查整治专项行动

4月,国家工商总局与教育部、人力资源和社会保障部、公安部、民政部联合印发《关于对以戒除网瘾为名侵害未成年人合法权益的教育培训机构进行排查整治的通知》(工商个字[2010]77号),部署自4月至9月开展排查整治。

此次行动中,全国工商、教育、人力资源社会保障、公安、民政系统共出动检查执法人员8.3万人次,组织或参与联合检查9506次,对2.6万户教育培训机构进行了督促检查,对有违法行为的38户予以警告,22户予以责令改正,查处违法广告案件1件。通过排查整治,进一步加强对"戒除网瘾"等教育培训机构的登记和监督管理,规范机构行为。专项行动取得了较好效果,受到了群众好评。

六、对传销坚持高压严打,保持了对传销活动的强大震慑威力

截止年底,全国工商机关共查处传销案件1794件,取缔传销窝点1.7万个,教育遣散传销人员23.49万人。

总局还加大宣传教育力度,在中央电视台播发打击传销的公益广告,每年发送公益短信超过1亿条,组织拍摄了打击传销电影《黑梦》。

七、继续深入开展"扫黄打非"工作和手机媒体传播淫秽色情广告专项治理

截止年底,全国工商系统共检查各类出版物销售市场和店档30多万户,检查印刷、复制企业7万户,查处制售、传播非法出版物案件4700件,查缴非法出版物近60万件,查处非法卫星地面接收设施3600套。共监测18.8万家网站,查处非法性产品广告等案件937多件,责令停止发布非法广告2575条,328家非法链接的涉性广告网站被关闭。组织收缴含有不良字样的服装20余万件,得到了中央维稳办的高度肯定。

八、认真做好流动人口特别是农民工的创业带动就业工作

积极推动流动人口服务和管理体制创新,配合有关部门,探索"以证管人、以房管人、以业管人"的服务管理新模式,维护流动人口合法权益。积极主动为流动人口经商办企业提供快捷、便利服务,有效地推动了流动人口稳定就业,加快了流动人口融入流入地社会。截止年底,全国工商系统新登记的外地(非本县、市、区)人口申办的个体工商户50多万户,新登记的市场主体吸纳外地(非本县、市、区)人口就业130多万人。同时,按照有关文件的要求,积极做好刑释解教人员的安置帮教工作。

九、加大对综合试点地区的调研与指导

深入推进重庆大渡口区的查处取缔无照经营,校园周边经营秩序整治、12315行政执法体系进乡村、进社区等工作。为了助推大渡口区的经济社会协调发展,2010年工商总局印发了《关于做好重庆市大渡口区招商引资项目考察工作的通知》(工商个字[2010]78号),组织开展为大渡口区招商引资工作。

共青团中央

2010年共青团中央参与社会治安综合治理工作情况

2010年，共青团中央高举中国特色社会主义伟大旗帜，以邓小平理论和“三个代表”重要思想为指导，深入学习实践科学发展观，认真贯彻落实党的十七大和十七届四中、五中全会精神，按照全国综治工作会议和全国政法工作会议部署，结合自身工作实际和青少年的特点，认真履行职责，充分发挥中央综治委预防青少年违法犯罪工作领导小组办公室作用，积极参与全国社会治安综合治理工作，取得明显成效。

一、深入开展预防青少年违法犯罪工作

（一）深入推进重点青少年群体排查摸底工作

团中央联合中央综治办、最高人民法院、最高人民检察院、教育部、公安部、民政部、司法部、人力资源和社会保障部等部委深入推进重点青少年群体排查摸底工作，基本掌握了全国6至25岁的闲散青少年等5类重点青少年群体的底数，组织专业力量开展统计分析，并结合重点区域、重点群体中的重点问题进行了后续的调查研究，提出了有针对性的对策建议，形成《重点青少年群体排查摸底专项行动数据分析及对策建议报告》。中央对《报告》反映的情况予以高度重视，习近平、周永康、王乐泉、刘云山、刘延东等中央领导同志作出了重要批示，王乐泉同志听取了专题工作汇报。《报告》简本已印发各省参考使用。

（二）开展全国重点青少年群体教育帮助和预防犯罪试点工作

按照全国综治工作会议部署，2010年8月，团中央联合中央综治办下发《关于开展重点青少年群体教育帮助和预防犯罪工作试点的通知》，确定了北京市海淀区等16个试点城市（城区），分别对闲散青少年、有不良行为或严重不良行为的青少年、服刑在教人员未成年子女、农村留守儿童和流浪乞讨青少年等5类群体开展试点。其中，山东省泰安市对5类重点青少年群体进行全面试点。2010年10月，团中央联合中央综治办在江西省南昌市召开全国重点青少年群体教育帮助和预防犯罪试点工作推进会，对各地推进试点工作进行了全面部署，提出了明确的工作要求，并联合最高法、最高检、教育部、公安部、民政部、司法部等中央部委针对试点工作设立了专门的工作领导小组和专家顾问组，建立了联系点制度和督导检查制度，对试点工作的深入推进进行全程督促和指导。

（三）进一步完善未成年人司法制度和法律体系

团中央联合最高法、最高检、公安部、司法部等部委出台了《关于进一步建立和完善办理未成年人刑事案件配套工作体系的若干意见》，进一步贯彻落实了《未成年人保护法》、《预防未成年人犯罪法》和“宽严相济”的刑事政策，推动各级法院、检察院、公安机关、司法行政机关进一步加强在办理未成年人刑事案件中的衔接和配合，促进了未成年人刑事司法制度的系统化和独立化，为涉罪未成年人合法权益的维护提供了明确的司法保障，推动了我国未成年人司法制度的建设与完善。同时，团中央积极推动各地加快《未成年人保护法》、《预防未成年人犯罪法》等地方性法规修订制定工作，辽宁、浙江、江西、山东、河南、重庆、宁夏7个省（区、市）在2010年完成了未成年人保护法地方性法规修订工作，使完成修订工作的省份数量上升到18个。

（四）完善预防青少年违法犯罪工作领导小组办公室工作机制

着眼于预防青少年违法犯罪工作内部机制的不断完善，团中央在制度层面进行了大胆探索。

一是探索建立预防办议事协调、调查研究、舆情分析制度，进一步加强成员单位之间的联系与合作，形成既能充分发挥各自比较优势，又能形成整体合力的工作格局。二是以落实中央综治委预防办信息汇总制度为抓手，建立与成员单位之间的定期信息报送和工作督导制度，探索建立全国重点青少年群体信息管理系统和数据库，并吸收研究机构和高校专业人才参与信息的收集和统计，确保各类重要信息数据的真实准确和有效应用。三是在认真总结以往考核工作经验的基础上对考核办法进行修订，更加注重增强科学性和易操作性，更加注重发挥预防办的协调职能，更加注重加强对重点工作的指导和督察力度，确保考核公平合理。同时，推动各地在抓源头治理、抓过程控制、抓基层基础上下功夫，切实发挥考评工作的杠杆作用。

（五）开展重点课题调查研究

为深入了解预防青少年违法犯罪重点问题的现状，并提出对策，团中央针对我国儿童青少年精神卫生状况、新生代农民工的社会融入、青少年网络伤害、青少年吸食新型毒品、新生代农民工权益维护和犯罪预防等课题开展了专题调研，对山东平度等地开展重点青少年群体教育帮助和预防犯罪工作的经验做法进行了实地挖掘和推广，形成了调研报告，进一步强化了预防青少年违法犯罪工作的理论支撑。

二、切实加强引导和服务青年工作

（一）扎实推进分类引导青年工作。围绕当前青年普遍关注的重大理论和现实问题，分大学生、企业青年、进城务工青年、农村青年4类青年群体，在全国选取369个基层团组织，开展了为期1年的分类引导青年试点工作，发放调查问卷8万多份，访谈青年8000多人，梳理出4类青年群体思想意识中的40个突出思想症结及其背后的143条思考逻辑，运用各类青年群体习惯的思维方式和话语体系，初步提出具有不同侧重点、逻辑和语言风格的《四类青年群体思想引导大纲》。2010年7月，中央书记处专题听取了团中央就这项工作的汇报。之后，团中央认真学习贯彻中央书记处重要指示精神，进一步修改完善大纲，并制定了《关于在全团开展分类引导青年工作的实施意见》，对这项工作作出具体部署。

（二）引导广大青年积极践行社会主义核心价值体系。团中央深入开展“我与祖国共奋进”主题教育实践活动和群众性爱国主义教育活动，通过多种形式开展社会主义核心价值体系宣传教育，举办了“伴我成长的歌声”青春歌会，吸引1618万人次参与网络评选，115万青年在线收看网络直播，在青年中形成了广泛影响。贯彻落实全国加强和改进大学生思想政治教育工作座谈会和全国中等职业学校德育工作会议精神，深入推进青年马克思主义者培养工程，进一步强化大学生骨干培养的科学性、系统性、专业性，全国、省级、校级三级稳定的培养工作格局基本形成，年培养大学生骨干近20万人次。举办优秀中职毕业生报告会3万多场，特别是开展“我的青春故事”全国优秀中职毕业生报告团全国巡讲，大大激发了广大中职学生的学习热情和成才动力。

（三）深入研究、部署开展青少年民族团结教育工作。广泛开展民族地区青少年思想状况调研，在北京、西藏、四省藏区、新疆及其他民族地区开展大规模问卷调查和深度访谈，发放问卷1.5万卷，并召开民族地区地市团委书记座谈会，向中央反映了宗教影响青少年的渠道和路径等6个方面的问题。召开了共青团民族地区青少年工作研讨会，部署开展了全国大中学校“爱我中华”民族团结教育活动，指导各地用好《民族团结教育青年读本》、《民族团结十知道（小学生读本）》，向各族青少年宣传民族发展历史、讲述民族团结故事。

（四）全力做好促进青年就业创业工作。团中央把促进青年就业创业工作作为服务党政工作大局的重要切入点，作为提高青年素质、服务青年发展的重要载体，推动各项工作不断深化。一是推进青年创业小额贷款工作。团中央与中国农业银行联合出台《关于全面推进农村青年创业小额贷款工作的指导意见》，形成了标准化的工作流程和模式，共向29.6万名农村青年发放创业小额贷款131.8亿元，向5.9万名城市青年发放创业小额贷款40.76亿元。二是开展有劳动用工计划的青年就业技能培训。去年共争取培训经费2.03亿元，培训252.4万人次，上岗就业103.5万人。同时，支持和推动少数民族地区青年劳务输出，新疆等地团组织实现青年有序转移就业19.5万人。三是继续组织青年参加就业创业见习。全团已累积建立见习基地3.7万个,2010年有37万多名青年到岗见习,其中近14万名被正式聘用。四是深化推进大学生创业教育项目(KAB),逐步建立了校、省、全国三级创业教育项目运行机制,2010年全国有近千所高校参与,超过500所高校开设创业基础课程,近百所高校创设创业俱乐部,20余万名学生参加学习实践。

(五)组织青年积极参与抗击重大自然灾害工作。在青海玉树抗震救灾中,全团共募集资金1.03亿元和价值6982万元的物资,援建"抗震希望小学"22所,动员3800多名专业青年志愿者投身抗震救灾一线,救治、安置灾区群众7000多人次;在西南地区抗旱斗争中,各级团、队组织共募集抗旱资金2.1亿元,饮用水4.46万吨,组建9602支"共青团送水突击队",28万多名送水志愿者奔波在旱区一线;募集500万元资金支援舟曲。

三、扎实推进维护青少年权益工作

(一)全面推进"共青团与人大代表、政协委员面对面"活动和12355青少年服务台建设。团中央在全国"两会"前开展"共青团与全国人大代表、政协委员面对面"活动,与21位全国人大代表、全国政协委员围绕"互联网与青少年健康成长"的主题进行了深入交流,全部省级团委、全国355个地市级团委和部分县级团委在各级"两会"前开展了活动,各省级团委在本级"两会"期间提出提案、建议99件,其中关于"互联网与青少年健康成长"的60件。建立和完善了与全国人大、全国政协有关机构的工作联系与合作机制,12个省级团委联合人大、政协相关机构制定下发开展"面对面"活动的指导性文件。团中央组织开展了12355青少年服务台基本情况摸底调查,继续抓好12355统计软件开发工作,逐步实现对全国各地12355相关数据的动态收集和分析。

(二)深入开展青少年法制宣传教育。团中央与中央综治办、司法部、教育部等部委联合开展"2010年青少年法制教育宣传周"活动,针对重点青少年群体,根据不同年龄段、不同类别、不同地域青少年的特征和其行为、心理特点,各有侧重地分类开展法制宣传教育。开展了第七届全国青少年网上普法知识大赛,已有超过4000万人次的青少年网民参加了全国青少年网上普法知识大赛,参与组织举办的院校有1300余所,在社会上引起了积极反响。

(三)继续发布青少年假期安全自护提示。2010年1月和7月,团中央联合中央综治办、公安部先后发布了"2010年寒假、暑假青少年自我保护提示",中央电视台新闻联播等重要栏目和媒体进行了专题报道,取得了良好的宣传和社会效果。同时,积极创新发布自护教育的形式和载体,配套制作了《中国少年报》"平安暑假"专刊,开办了中国青少年自护网,发布了"假期青少年自我保护提示"的文字版、漫画版、语音版、动画版和游戏版,推动发布活动与"关爱农民工未成年子女志愿行动"紧密结合。各地团组织按照统一部署,利用假期开展了形式多样的自护教育活动,形成了良好的宣传声势和工作氛围。

(四)扎实开展关爱农民工子女志愿服务行动。团中央启动实施了"共青团关爱农民工子女志愿服务行动",围绕学业辅导、亲情陪伴、感受城市、自护教育、爱心捐赠等内容开展结对帮扶,努力解决农民工的实际困难和后顾之忧,让他们感受到党和政府的温暖,以此服务党政大局和社会急需。2010年,各级团组织、青年志愿者组织在全国2680多个县(市、区)结对农民工子女较集中的学校超过2.6万所,覆盖农民工子女超过450万人,筹集项目资金近3000万元。

中华全国总工会

2010 年全国工会组织参与社会治安综合治理工作情况

2010 年，全国总工会以科学发展观为统领，按照《2010 年全国社会治安综合治理工作要点》要求，在中央综治委统一部署和全总书记处的领导下，围绕党和国家工作大局，以维护职工合法权益、促进职工队伍和社会稳定为目标，组织开展了一系列与社会治安综合治理工作相关的维权维稳工作，取得了显著成效。

一、加大维权维稳工作力度，促进职工队伍和社会稳定

针对 2010 年部分地区劳动争议和职工群体性事件增多的现状，各级工会认真学习贯彻中央领导同志关于做好维护职工权益和维护职工队伍稳定工作的重要指示精神，把做好维稳和防范抵御工作作为重大政治任务来抓。全总先后召开了 12 省（区、市）工会参加的全国工会维稳工作调研座谈会和全总机关维稳工作研讨会，分析形势、提出对策，部署做好工会维稳和防范抵御工作。全总领导带队分赴各省对如何发挥企业工会作用、切实维护职工队伍稳定进行调研。2010 年 7 月，中华全国总工会印发了《关于进一步加强企业工会工作充分发挥企业工会作用的决定》（总工发[2010]39 号），对企业工会构建和谐劳动关系、维护职工权益的工作提出了具体要求。2010 年 5 月中旬，全总参加中央调查组对深圳富士康事件的调查，并关注事态发展，及时提出意见和建议。

各级工会以开展创建劳动关系和谐企业活动为抓手，充分发挥工会与政府联席会议、劳动关系三方协商机制的作用，深入基层特别是敏感地区、行业和劳动密集型企业，建立健全劳动关系矛盾预警机制，及时掌握可能引发职工群体性事件的不稳定因素，对带有倾向性、苗头性的问题，主动向党委和政府反映，提出对策与建议，并协助党政妥善处理职工群体性事件。密切关注舆情动态，畅通信息渠道，加强信息报送和舆论引导，掌握工作主动权。研判民间自发职工“维权”组织的性质和趋向，将其纳入工会维权体系中；针对敌对势力插手的非法“维权”组织，及时建议党政依法取缔；坚决防范和遏制境内外所谓“维权”组织插手我职工队伍的活动和工会事务。

着力推动解决涉及职工利益的突出问题，切实做好信访工作。2010 年 10 月，全总召开全国工会信访工作会议，全总副主席、书记处第一书记王玉普就做好工会信访工作、密切与职工群众的联系发表重要讲话，部署了新时期工会信访工作的任务。在上海世博会、广州亚运会期间，各级工会主动加强了与有关部门的沟通协调，加大排查力度，制定了信访接待工作预案；对可能的引发集体上访和群体性事件及时发现、及时报告、及时处理，对发生职工非正常上访和群体性事件就地接谈、就地稳控、就地劝返，推动解决了许多涉及职工切身利益和影响劳动关系稳定的事件和问题。

加强对综合治理联系点的指导。全总副主席、书记处书记张鸣起同志深入北京市东城区综合治理工作联系点进行实地调研，对东城区建立网格化城市管理模式以及形成区、街道、社区、工作网格“四级服务管理”平台给予了充分肯定；并对推动形成社会矛盾多元参与机制、实现政府行政管理与基层群众自治的有效衔接和良性互动提出了建议。

二、发挥工会的桥梁纽带作用，巩固党的阶级基础

工会是党联系职工群众的桥梁纽带，最大限度地把包括农民工、劳务派遣工在内的广大职工组织起来，团结在党的周围，是服务科学发展、服务职工群众，做好维权维稳工作的基础性工程。全总坚持“党建带动工建、工建服务党建”的原则,积极扩大工会组织覆盖面。在全总十五届四次执委会议和六次主席团会议上,王兆国同志提出要大力推动企业依法普遍建立工会组织、依法普遍开展工资集体协商。2011年1月,中华全国总工会制定了《2011—2013年推动企业普遍建立工会组织工作规划》(总工发[2011]3号)。开展了"广普查、深组建、全覆盖"集中建会行动。截至2010年9月底,全国工会会员达到2.39亿人,新增1361.3万人,工会覆盖率和职工入会率分别达到50.9%和74.7%。同时,积极开展区域性、行业性工会联合会聘用工会专职工作者由上级工会分级负担其工资的试点,聘用社会化专职工会工作者15973名。

普遍开展工资集体协商是工会工作的重要内容。通过开展企业工资集体协商,职工的利益诉求可以合法有序地得以反映与维护。为更好地做好企业工资集体协商工作,2011年1月,中华全国总工会制定了《2011—2013年深入推进工资集体协商工作规划》(总工发[2011]4号)。举办了4期全国工会协调劳动关系工作培训班和集体协商指导员培训班;以推动世界500强在华企业建立工资集体协商制度为突破口,推动各类企业建立健全职工工资协商共决机制、正常增长机制和支付保障机制。截至2010年9月底,共签订集体合同140.8万份,覆盖企业243.9万个,覆盖职工1.85亿人。这对构建和谐劳动关系、维护职工权益和职工队伍稳定发挥了重要作用。

三、深入开展法制宣传教育,不断提高广大职工的法制观念

深入开展法制宣传教育,提高职工群众自我维权意识,引导职工依法有序表达利益诉求是工会普法工作的出发点和落脚点。2010年,各级工会积极参与全国普法办组织开展的各种主题法制宣传教育活动,动员近百万职工参与全国百家网站"五五"普法法律知识竞赛活动。组织开展"六五"普法规划理论与实践研究征文活动,收到工会系统的论文1300余篇,并全部送交全国普法办。《社会保险法》通过后,全总普法办专门下发通知,要求各级工会普法部门统一思想、提高认识、精心组织,切实做好学习宣传贯彻工作,为《社会保险法》的实施营造良好的氛围。在"12·4"全国法制宣传日,全总联合北京市总工会共同举办"《社会保险法》大型宣传月活动"和"法律宣传普及进企业进社区行动"启动仪式;联合新疆自治区总工会在新疆阿克苏地区开展"送法到企业、进社区"活动,组织律师志愿者深入企业社区,与企业职工进行座谈,解答职工群众法律咨询,并向少数民族群众赠送了包含民族语言文字版本在内的3000余本法律书籍,受到少数民族职工的欢迎。

2010年是全国"五五"普法规划的验收之年。全总将做好工会系统"五五"普法规划的检查验收工作作为2010年的重点工作之一。一是制定了《工会系统"五五"普法检查验收计分标准》,印发了《全国工会系统"五五"普法检查验收工作方案》,指导部署各级工会开展"五五"普法检查验收工作;二是组织10个督察组,由各省工会分管领导带队对全国31个省(区、市)、150多个地市县和200多个企事业单位的普法工作进行了检查验收,推动各地互相交流学习普法经验和典型事例,促进了工会普法工作的整体提升;三是召开了全国工会"五五"普法经验交流会。全总副主席、书记处第一书记王玉普出席会议并讲话,全总副主席、书记处书记张鸣起对工会系统"五五"普法作了总结讲话,会议还表彰了1498个全国工会系统"五五"普法先进单位和1000名先进个人。工会普法工作的全面开展,对提高广大职工的法制观念和依法办事的自觉性起到了良好的规范作用。

四、开展困难职工帮扶和送温暖工作,保障和改善职工生活水平

2010年,为积极落实胡锦涛总书记关于劳模待遇的重要指示精神,全总配合有关部门就劳模待遇情况开展调研,起草了关于职工队伍稳定和劳模工作的报告,对劳模权益保障提出了意见和建议,并加强了对劳模的管理服务。在帮助职工就业方面,各级工会成功介绍188.9万名各类求职人员和帮扶8.5万名困难职工家庭大学生实现就业。2010年"两节"期间,各级工会筹集送温暖资金33.6亿元,走访企业16.9万个,慰问困难职工571万户,困难劳模12.3万户。在"金秋助学"活动中,各级工会筹集助学金8.9亿元,帮助65.6万名困难职工子女走进校门。全国已建立3457家县级以上工会困难职工帮扶中心和27830

个工会帮扶站点。组织动员广大职工和工会干部积极参与青海玉树地震、甘肃舟曲特大泥石流等抗震抗洪抢险救灾和对口援疆活动,全总先后共拨付抗震救灾专款和帮扶资金800万元,全总机关职工共捐款117万元。

加强对农民工维权帮扶是全总近年来的重点工作。2010年,全总与有关部门联合开展了农民工工作督察和工资支付情况专项检查。组织专门力量开展新生代农民工问题调研,推动解决农民工有关问题。积极建立和完善城际间维权协作机制,协调解决跨地区维权案件4274件,惠及农民工98921人。春运期间,各级工会积极协助铁路、交通运输部门,为农民工购买团体票、组织集体乘车,组织售票人员到农民工集中地售票,开展"点对点、门对门"运输,组织农民工专列、包车,帮助农民工有序返乡。两节期间共组织农民工专列239列(节),包专车3万多辆,为农民工购买团体票226.3万张,共帮助712.6万农民工平安返回家乡,并为农民工争取返乡经济补贴1.5亿元。

五、加强劳动法律监督工作,维护职工生命安全和身体健康

安全健康权益是职工最重要、最根本的权益,工会组织在促进企业安全生产、维护职工安全健康权益方面,肩负着重要责任。2010年,全总先后下发了关于贯彻落实《国务院办公厅关于继续深入开展"安全生产年"活动的通知》、《进一步加强尘肺病防治工作的通知》,指导各地和企业工会推广运用"工会参与职业病防治工作模式",督促企业落实安全生产和职业病防治责任主体,在开展职业危害治理和遏制重特大事故发生方面采取相应措施,维护职工的生命安全和身体健康,最大限度地减少职工伤亡。全总与卫生部、安监总局、人力资源和社会保障部联合开展了全国粉尘与高毒物品危害治理专项行动;派员参与了上海胶州路胶州教师公寓楼火灾、中平能化集团河南平禹煤电公司四矿瓦斯突出、黑龙江伊春"8·24"特别重大飞机坠毁等事故的调查处理。2010年,由全总牵头,联合国家安监总局等部门开展的"安康杯"竞赛活动,参赛企业达到28.5万家,职工8700万人,进一步强化了参赛企业和职工的安全生产意识。

对用人单位执行劳动法律法规的情况进行监督,是工会维护职工和工会权益的重要工作。2010年,全总继续与人力资源和社会保障部、公安部、民政部等九部委联合开展整治非法用工打击违法犯罪专项行动,对企业用工管理、社保缴费、工资拖欠、劳动安全等方面开展专项检查活动,共检查用人单位35.85万户,涉及劳动者1338万人,并向国务院汇报了检查中发现的突出问题,提出了相应的解决建议。工会劳动法律监督机构督促有关方面及时处理了138名四川农民工被长期拖欠劳动报酬事件和云南个旧工会干部合法权益遭受侵害事件,维护了职工和工会干部的合法权益。截至2010年9月底,工会劳动法律监督员达110余万人,工会劳动法律监督组织受理违法违规案件近9万件,自行处理的有6.7万件。工会劳动法律监督组织对大量劳动纠纷处理与合理解决,大大缓和了劳动关系方面存在的不稳定因素,在社会和谐稳定方面发挥了重要作用。

六、完善劳动争议调处和法律援助机制建设,切实维护职工权益

工会劳动争议预防调处工作和法律援助工作,在协调劳动争议、化解社会矛盾方面一直发挥着重要的基础性作用。2010年,全总加强了劳动争议预防调处机制建设,着力从根源上减少劳动争议的发生,把矛盾和争议化解在基层,解决在萌芽之中,促进社会和谐稳定。与人力资源和社会保障部、中企联和司法部联合组织对各地贯彻落实《关于加强劳动人事争议调解工作的意见》情况进行重点督查,工会率团对辽宁省的劳动争议处理工作进行了监督检查,形成了督查报告,上报中央办公厅。全总法律工作部开展的"工会参与劳动争议处理工作情况专题调研",掌握了全国各地工会处理劳动争议的基本情况;各级工会加大了参与劳动争议调解和仲裁工作的力度。截至2010年底,各级工会建立劳动争议调解组织533500个,有调解人员2014926人。其中:区域性行业性劳动争议调解组织14848个,有调解人员183391人;全国有11885个地方工会、产业工会和企业工会建立了劳动关系(争议)预警机制;共受理劳动争议393468件,调解成功率为44.6%;其中,区域性行业性劳动争议调解组织受理争议123542件,调解成功率为81.5%。全国工会系统取得劳动仲裁员资格的工会工作者5316人,其中

3517人被聘为劳动仲裁员；工会兼职劳动仲裁员参与办理劳动争议仲裁案件27754件，人年均办案7.9件。

采取多种形式对困难职工进行法律援助，是工会近些年来不断加强的一项工作，特别是加强了工会法律援助机构建设和扩大了法律援助的范围。截至2010年底，全国各级工会建立法律援助机构7634个，其中县级以上工会法律援助机构3128个，占41%；乡镇街道、工业园区、村联合工会及企业集团工会法律援助机构4506个，占59%；有法律援助工作人员23071人，工会法律援助志愿者28681人；受理职工和所属工会组织法律援助案件62233件，结案37237件，结案率60%；为职工当事人提供代书、法律咨询等非诉讼法律服务98055件。工会帮扶中心为职工提供法律援助87779人次。

全总与司法部、国家广电总局联合开展“共创和谐法律援助与困难职工同行”大型公益活动，向社会募集2100万元，设立了困难职工法律援助专项基金，大大提高了工会法律援助工作的影响力。

全总与司法部、全国律协共同开展了第三届“全国维护职工权益杰出律师”评选表彰活动，在前两届20名的基础上，又评选出10名“全国维护职工权益杰出律师”。这项工作的开展，正在吸引着越来越多的社会律师和法律工作者参与到维护职工权益的事业中来。

中华全国总工会
2010年维护农民工合法权益工作要点

（2010年3月8日）

2010年是实施“十一五”规划的最后一年。做好维护农民工合法权益工作，对保持经济社会较快发展，维护职工队伍和社会和谐稳定具有十分重要的意义。工会维护农民工合法权益工作的总体要求是：深入学习贯彻党的十七大和十七届三中、四中全会及中央经济工作会议精神，以邓小平理论和“三个代表”重要思想为指导，深入贯彻落实科学发展观，适应工业化、城镇化加速推进要求，继续提高农民工组织化程度，不断加大维护农民工合法权益工作力度，为促进企业发展和社会和谐作出更大贡献。

一、继续以农民工为重点发展会员

（一）认真贯彻党的十七届四中全会精神，以贯彻《中华全国总工会关于加强和改进工会自身建设的决定》为主线，坚持以党建带工建，工建服务党建，创新农民工组织形式和入会方式，通过源头入会、劳务市场入会、先入会再组织成建制劳务输出、加强劳务派遣工入会等一系列措施，努力推进工会组建和发展会员工作，全年预期发展农民工会员500万以上。**（基层组织建设部负责）**

（二）进一步落实“双措并举、二次覆盖”工作。继续加强区域性、行业性基层工会联合会建设，推进聘用社会化职业化工会工作者的幅度不断增长。加强乡镇（街道）、村（社区）工会组织建设，充分发挥基层工会联合会在组织农民工加入工会中的重要作用。**（基层组织建设部负责）**

（三）加强农民工会籍管理。适应农民工流动性大、职业身份变化快的特点，推广完善农民工“一次入会、持证接转、全国通用、进出登记”的工会会员会籍管理制度。健全城乡一体的农民工流动会员管理服务工作制度，督促返乡农民工及时将会籍转移到所在乡镇（街道）工会、村（社区）工会，保证农民工会员流动不流失，失业不失会籍。**（基层组织建设部负责）**

二、促进农民工就业和培训工作

（四）加强农民工就业服务。提供政策咨询、职业指导、职业介绍、小额贷款担保、跟踪扶持等服务。继续推动“千万农民工援助行动”、“困难职工家庭高校毕业生阳光就业行动”、“家政工程”的实施，协助政府做好就业再就业工作，促进农民工就业局势的基本稳定。加强输出地和输入地工会的信息交流，努力实现就业信息联网共享。推广农民工培训——就业——维权“三位一体”工作模式。继续与人力资源和社会保障部、全国工商联等单位联合举办“民营企业招聘周活动”，将农民工作为招聘的重点对象。继续推动农民工对外劳务输出，做好维权和相关服务工作。（**保障工作部牵头，各全国产业工会参加**）

（五）切实加强农民工就业培训。发挥全国工会“农民工技能培训基地”和全国工会“职工就业培训基地”、“女职工培训示范基地”的作用，帮助农民工特别是女性农民工提升技能水平。积极配合政府实施建筑业农民工技能培训示范工程，积极推动企业设立建筑工地农民工业余学校。推动落实企业组织农民工培训的资金补贴政策，支持企业开展岗位培训。实现培训与就业一体化运作，2010 年全国各级工会完成对 200 万城镇下岗失业人员和农民工转岗就业培训、自主创业培训和职业技能培训。围绕缓解就业结构性矛盾、提高就业稳定性和劳务派遣对农民工权益影响等问题开展调研。（**保障工作部牵头，宣教部、女职工部、各全国产业工会参加**）

（六）推动第三产业吸纳农民工就业。深入开展“家政服务工程”；大力推动餐饮住宿、商业贸易、旅游观光、文化体育、家庭服务、运输物流等第三产业吸纳农民工就业创业；参与制定发展家政服务业促进就业的政策法规；整合服务资源，改善信息对接服务，加强家政服务人员培训，鼓励农民工进城从事家政服务。（**保障工作部、财贸轻纺烟草工会负责**）

（七）积极扶持农民工自主创业。逐步规范工会创业培训、项目扶持、小额贷款、创业跟踪服务的运作体系，以创业带动就业。充分发挥工会小额贷款对农民工创业的扶助作用，以全总与银监会联合下发的《关于开展工会创业小额贷款试点工作的通知》为契机，加强与金融机构的协调，适当放宽农民工贷款条件，简化贷款手续，积极为农民工提供贷款服务。继续同财政部、人力资源和社会保障部、中国人民银行协调，争取将工会的贷款对象纳入小额担保贷款财政贴息范围，选择工会创业促就业工作成效突出、小额贷（借）款工作经验较为丰富、政府支持和贷款环境比较好的 10 个城市工会作为试点，按全总适当支持、地方工会配套的方式筹集担保资金，与当地商业银行联合开展小额贷款业务，发挥辐射带动作用，力争在 2010 年内使全国工会创业小额贷款总额取得新突破。（**保障工作部、经济技术部负责**）

（八）总结推广农民工培训和创业的典型经验。在进行工作考核的基础上，对全国工会“千万农民工援助行动”成绩显著的省市工会予以通报表扬，推动工会促进就业工作全面持续发展。（**保障工作部负责**）

三、维护农民工劳动权益

（九）推动规范用工。坚持推动贯彻实施《劳动合同法》及相关法律法规，积极指导农民工签订劳动合同，配合政府有关部门在建筑业、制造业、餐饮业、采掘业等农民工集中的企业推荐使用农民工简易劳动合同文本，重点提高小企业劳动合同签订率。规范企业经济性裁员。以中小劳动密集型企业、城乡结合部和乡镇企业为重点，继续配合有关部门开展整治非法用工打击违法犯罪专项行动，督促企业依法规范用工，严厉打击拐骗农民工、使用童工、强迫劳动、故意伤害等违法犯罪行为。积极参与《劳务派遣规定》、《女职工劳动保护规定（修订）》、《民主管理条例》等涉及农民工切身利益的法律法规的制定。贯彻落实《职工带薪年休假条例》。（**集体合同部牵头，法律工作部、各全国产业工会参加**）

（十）保障农民工工资按时足额支付。积极配合有关部门开展农民工工资支付情况专项检查，重点检查劳动密集型企业、外向型企业、建筑施工企业、民营中小企业工资支付情况，治理企业拖欠工资和欠薪逃匿等问题，确保农民工及时足额获得劳动报酬。完善工资支付保障机制，建立健全企业工资支付监控制度，组织职工监督企业工资支付情况，完善建筑施工企业工资支付保证金制度，督促企业依法足额支付工资，防止和及时解决因企业破产、关闭造成的大规模欠薪问题，维护社会稳定。积极参与制定《企业工资条例》。（**保障工作部牵头，法律工作部、集体合同部、各**

全国产业工会参加）

（十一）推进建立工资集体协商和集体合同制度。实施“彩虹计划”，以非公有制企业为重点，开展覆盖农民工的工资集体协商和女职工权益保护专项集体合同工作，通过开展区域性行业性工资集体协商，签订区域性行业性工资集体协议，保障包括农民工在内的广大中小企业职工参与工资分配和获取劳动报酬的权益。促进建立农民工工资正常增长机制，完善工资指导线、劳动力市场工资指导价位制度，推动农民工与企业其他职工同工同酬。（**集体合同部牵头，保障工作部、女职工部参加**）

（十二）保障农民工生命健康权益。加强农民工安全生产培训教育，继续推行高危行业农民工持证上岗制度。支持有条件的培训机构把农民工职业安全卫生培训与农村劳动力转移培训和职业技能培训结合起来。加强农民工职业病防治和职业健康保护，严格职业卫生监管执法，督促各地区深入开展粉尘与高毒物品危害治理专项行动。继续开展安全生产年活动。加大伤害农民工的事故查处力度，坚决遏制重特大安全事故，依法保障农民工职业卫生和生产安全。（**劳动保护部牵头，保障工作部、各全国产业工会参加**）

四、开展困难农民工帮扶救助

（十三）深入开展送温暖活动。元旦春节期间，继续开展全国工会送温暖活动。各地工会帮扶中心将符合困难职工建档条件的失业返乡农民工及时录入工会困难职工管理系统，为其提供生活救助、医疗救助、子女入学救助、就业援助、法律援助和政策咨询等服务，实施动态帮扶，帮助解决具体困难和突出问题，改善他们的生产生活条件，确保帮扶的针对性和实效性。各级工会要向春节期间坚守工作岗位的农民工开展走访慰问活动，送年货、送生活必需品、送图书、送文化，帮助农民工解决节日期间遇到的实际困难。继续开展金秋助学活动。（**保障工作部负责**）

（十四）继续开展农民工平安返乡活动。各级工会要积极协助铁路、交通运输部门，通过组织农民工专列、包车，为农民工购买团体票，组织集体乘车等多种方式，帮助农民工在元旦春节期间平安返回家乡。（**保障工作部牵头，铁路总工会、海员建设工会、民航工会参加**）

（十五）推动改善农民工居住条件。参与国家保障性住房安居工程协调小组工作，推动关于改善农民工居住条件指导意见的落实，多渠道提供农民工居住场所，改善农民工住房条件。推动建立农民工住房公积金制度，完善农民工提取使用住房公积金政策。继续推动建筑企业重点解决由简易工棚向适宜住宿的标准化宿舍转变。（**保障工作部牵头，各全国产业工会参加**）

五、开展农民工法律援助

（十六）加强农民工法律援助和法律服务工作。畅通农民工利益诉求渠道，开辟农民工劳动争议案件“绿色通道”，充分利用工会法律援助中心、职工帮扶服务中心和工会法律援助律师团等，免费为农民工提供法律服务，帮助他们依法处理因裁员、欠薪、断保等引发的劳动争议。进一步加强对农民工法律服务工作的指导，降低工会农民工法律援助门槛，建立健全法律援助服务网络，健全完善农民工法律援助案件异地协作制度，方便农民工及时获得法律服务。（**法律工作部负责**）

（十七）完善劳动争议调解仲裁机制。指导和督促使用农民工较多的企业建立有农民工代表参加的劳动争议调解组织。积极配合有关部门发挥劳动争议调解组织和劳动争议仲裁机构作用，依法简化程序、提高效率，对用人单位恶意欠薪等引发的争议快速裁决、先予执行。积极开展工会劳动法律监督，畅通农民工举报投诉渠道，反映农民工劳动权益方面存在的问题，协调解决农民工劳动权益问题。（**法律工作部负责**）

（十八）积极开展农民工普法教育。将农民工法制宣传教育工作纳入“六五”普法规划，加强农民工普法宣传教育，提高农民工法律素质和依法维权能力。（**法律工作部负责**）

（十九）切实维护女性农民工合法权益。深入宣传《劳动法》、《妇女权益保障法》、《未成年人保护法》、《禁止使用童工规定》等法律法规，提高女性农民工法律意识和依法自我保护的能力。做好《女职工劳动保护规定》的修订工作。配合有关部门坚决打击拐骗和使用童工，加强女职工劳动保护，查处安排女性农民工从事矿山井下等禁忌劳动、违反未成年工特殊劳动保护规定等违法行为。（**法律工作部、女职工部负责**）

六、保障农民工民主政治权利

（二十）维护农民工平等参加企业职工代表大会和参与企业民主管理的权利。企业工会代表大会和职工代表大会中要有一定比例的农民工代表，畅通农民工利益诉求渠道。注重在优秀农民工中发展党员，积极推荐优秀农民工代表担任各级人大代表、政协委员，提高农民工在劳动模范评选表彰中的比例。（**民主管理部牵头，经济技术部、各全国产业工会参加**）

（二十一）丰富农民工精神文化生活。加强“职工书屋”建设，结合农民工的特点，推进广播电视、乡镇社区文化站、电影放映、图书馆等重点文化惠民工程，广泛开展农民工精神文明建设和健身活动。大力开展农民工“二看一上”活动，使农民工方便地看报纸、看电视，有条件的能上网，不断满足农民工日益增长的精神文化需求。（**宣教部负责**）

七、推动农民工参加社会保险

（二十二）推进农民工参加医疗保险。推动将与企业建立稳定劳动关系的农民工纳入城镇职工基本医疗保险，其他农民工根据实际情况，纳入城镇职工基本医疗保险、新型农村合作医疗或城镇居民基本医疗保险。推动做好农民工基本医疗保险关系接续、异地就医和费用结算服务等工作。（**保障工作部负责**）

（二十三）推进农民工参加工伤保险。继续以大中城市为重点地区，以商贸、餐饮、住宿、文体娱乐等各类服务业就业的农民工为重点，实施“平安计划”二期工程，力争基本实现有相对稳定劳动关系的农民工全部参加工伤保险的目标。建立健全农民工参保档案，实行动态管理。（**保障工作部负责**）

（二十四）加大农民工失业保险扩面工作力度。以非公企业为重点，对符合享受失业保险待遇条件的，按规定及时支付一次性生活补助金。（**保障工作部负责**）

（二十五）推进农民工参加养老保险。加强宣传教育，引导农民工积极参加养老社会保险，帮助农民工做好养老金异地转移续保工作。（**保障工作部负责**）

八、切实加强农民工工作领导

（二十六）继续将农民工维权工作列为全会的重点工作，切实摆上重要工作日程，高度重视，加强领导，充实工作机构和人员，保证工作经费，制订工作规划。切实加强机制和制度建设，实施源头参与，积极反映农民工的工作生活情况和利益诉求，参与有关农民工政策的制定。加强信息交流，认真查找不足，总结推广典型经验，努力维护农民工合法权益，推进和谐社会建设。（**农民工工作各成员单位参加**）

（二十七）深入开展“共同约定行动”。以“稳员增效”、协商薪酬为重点，将农民工稳定工作放在更加突出的位置来抓，团结动员职工与企业同舟共济、共谋发展，形成互利共赢、共创和谐的利益共同体，推动经济社会又好又快发展。（**集体合同部牵头，经济技术部、各全国产业工会参加**）

（二十八）积极营造有利于农民工的舆论环境，大力宣传党和国家关于农民工工作的各项方针政策，宣传农民工对社会所做的重大贡献，宣传优秀农民工和农民工工作先进集体的典型事迹，引导用工单位强化责任意识，认真履行社会责任，进一步营造全社会关心、尊重和爱护农民工的良好社会氛围，提高农民工的社会政治地位和影响。（**宣教部牵头，农民工工作各成员单位参加**）

（二十九）加强调查研究。切实改变作风，贴近实际，深入农民工群体，从推进我国城镇化、工业化进程，构建城乡一体化的要求出发，研究解决维护农民工权益工作中所遇到的新情况新问题。特别是要加强新生代农民工问题的研究，围绕转移就业、职业培训、社会保险、权益维护、思想文化、党团活动、工会建设等方面的突出问题，提出解决问题的政策主张，为党和政府科学决策提供依据。（**中国工运研究所牵头，农民工工作各成员单位参加**）

中华全国总工会关于进一步加强企业工会工作充分发挥企业工会作用的决定

（2010 年 7 月 26 日　中华全国总工会第十五届执行委员会第四次全体会议通过）

中华全国总工会第十五届执行委员会第四次全体会议，认真学习贯彻党中央最近关于发展和谐劳动关系，加大工会维权力度，特别是加强企业工会工作的重要指示精神，全面分析企业工会工作实际，一致认为，企业工会是我国工会的重要组织基础和工作基础。随着改革开放的深化和社会主义市场经济的发展，我国的经济关系和劳动关系日趋复杂，企业工会面临着许多新情况和新挑战。各级工会必须进一步增强政治意识、大局意识、忧患意识、责任意识，认真贯彻“促进企业发展、维护职工权益”的企业工会工作原则，统一思想，增强信心，真抓实干，努力把企业工会建设成为职工信赖的职工之家。为此，就进一步加强企业工会工作、充分发挥企业工会作用作出如下决定。

一、进一步推动规范企业工会组织建设

（一）加大工会组建工作力度，推动企业普遍建立工会组织。以非公有制企业特别是外资企业、港澳台资企业、中小企业为重点领域，继续加大企业工会组建工作力度。深入推进“双措并举、二次覆盖”，建立区域性、行业性基层工会联合会，规范基层工会联合会建设。国有企业发挥示范带头作用，坚决依法纠正企业在改革改制中撤并工会组织、把工会工作机构合并到党群工作部或其他工作部门的错误做法。

（二）以农民工、劳务派遣工为主要对象，最大限度组织职工加入工会组织。切实提高已建会企业职工入会率，不得以务工时间、用工方式等附加条件限制职工入会。认真贯彻《中华全国总工会关于组织劳务派遣工加入工会的规定》，加强检查督促，务求工作落实。按照持证接转会籍关系的要求，加强会员会籍管理，逐步建立全国工会会员信息库。

（三）进一步规范建会程序，提高建会质量。切实转变建会方式，着力启发职工依法组织和参加工会的自觉性和主动性。规模企业健全工会组织网络，建立工会分会、工会小组和工会积极分子队伍，加强企业工会女职工组织建设。尊重会员主体地位，坚持会员（代表）大会制度和会员代表常任制，推行会务公开，不断提高企业工会的凝聚力。

二、选好配强企业工会主席

（四）企业工会主席产生必须履行民主选举程序。严格按照《企业工会主席产生办法》民主推荐工会主席候选人。制定企业工会主席民主选举办法，完善选举程序，落实有关工会主席任职条件和回避的规定，确保选出的工会主席能代表职工，能为职工说话办事，维护职工权益。依法推进所属职工在 200 人以上的企业工会配备专职主席。

（五）由上级工会聘用的乡镇（街道）工会、区域性、行业性基层工会联合会专职工会工作者，其工资由工会发放。加快上级工会分级负担工会工作者工资试点工作，2011 年全国乡镇（街道）工会、区域性、行业性基层工会联合会聘任工会工作者的工资由上级工会分级负担。

（六）加强对企业工会主席的培训和激励。各级工会特别是县级工会、乡镇（街道）工会要发挥优势，采取就地、就近、短期、专题等培训方式，不断提高企业工会主席的素质。企业工会主席新上岗半年内必须参加培训。落实会员评议职工之家制度，定期组织会员对企业工会主席进行满意度测评。对优秀工会工作者,依据规定评选先进。进一步建立和完善企业工会主席权益保护机制,依法保护其合法权益,支持他们履职尽责。对不能正确履行职责的工会主席,经企业工会委员会或者三分之一以上工会会员提议,报上级工会批准,可以临时召开会员(代表)大会,履行撤换或罢免企业工会主席程序。

三、全面推进平等协商签订集体合同工作

(七)着眼发展和谐劳动关系,推动所有企业普遍建立集体协商机制和集体合同制度。以非公有制企业、中小企业为重点,以劳动定额、工时工价制定为突破口,科学合理确定工资水平,全面推动建立工资集体协商共决机制、正常增长机制和支付保障机制,确保职工工资特别是生产一线职工工资收入水平随着企业效益增长和经济社会发展不断提高。积极推进签订女职工权益保护专项集体合同。

(八)企业工会要健全协商要约制度,对拒绝或变相拒绝要约等违法行为及时向上级工会报告或提请有关部门依法处理。集体协商应有生产一线职工代表参加,集体合同草案应提交职代会或全体职工讨论通过。企业工会可以邀请上级工会或聘请专家帮助开展集体协商,增强集体协商的实效性。帮助指导职工在平等自愿、协商一致的基础上签订劳动合同。监督集体合同和劳动合同的切实履行。

(九)推动小企业集中的地区开展区域性、行业性集体协商,不断创新集体协商的建制形式。积极推动将工资集体协商纳入地方经济社会发展总体规划,制定和实施职工工资集体协商条例等地方法规或政策规定,为开展工资集体协商提供有力保障。到2012年,基本实现已建工会企业建立集体合同制度。

四、坚持和完善企业职工民主管理制度

(十)推动各类企业特别是非公有制企业建立健全以职工代表大会为基本形式的民主管理制度,企业工会履行职工代表大会工作机构的职责。推行厂务公开,推动依法建立职工董事职工监事制度。

(十一)监督推动企业在制定、修改或决定直接涉及职工切身利益的规章制度或重大事项时,依法经职工代表大会或者全体职工讨论,提出方案和意见,与工会或职工代表平等协商确定。企业改革改制方案、职工裁减安置方案等必须提交职工代表大会或全体职工讨论通过。推进在县以下建立区域性、行业性职工代表大会制度。

(十二)畅通民主渠道,定期召开职工代表大会,督促企业开展经理接待日、劳资恳谈会、总经理信箱、信息公开、网上论坛等多种形式的民主管理工作,落实职工的知情权、参与权、监督权和选举权。

五、关心职工生产生活和精神文化需求

(十三)充分发挥工会大学校的作用,以社会主义核心价值体系建设为主线,实施职工素质建设工程。大力弘扬劳模精神和工人阶级伟大品格。推动加强企业文化、职工文化建设,组织开展职工喜闻乐见、丰富多彩的业余文化体育活动,不断满足职工日益增长的精神文化需求。

(十四)深入开展建设“职工之家”活动,企业工会干部要做职工贴心人。坚持把加强职工政治思想教育与解决职工实际困难结合起来。企业工会主席要与职工有深厚感情,建立工会主席与职工联系制度,密切联系职工群众,主动倾听职工的意愿和诉求,对职工做到知情、知心,做好困难职工帮扶工作,为职工办好事、办实事、解难事。促进企业改善管理,履行社会责任,加强对职工的人文关怀。建立健全劳动保护监督检查委员会,选聘好工会小组劳动保护检查员,深入开展“安康杯”竞赛活动,增强职工劳动安全意识,落实工会劳动保护责任。

(十五)注重加强青年职工特别是新生代农民工的心理疏导,开展互帮互助和心理咨询活动,帮助他们搞好自我管理、自我调适,舒缓心理压力,提高耐挫能力,营造良好的人际关系。

六、做好劳动争议调处和纠纷化解工作

(十六)建立健全企业劳动争议调解委员会,企业工会主席担任调解委员会主任。公正及时解决劳动争议,把劳动关系矛盾化解在企业。监督企业严格执行劳动法律法规,积极为职工提供法律服务,支持帮助职工进行劳动争议仲裁和诉讼。

(十七)及时掌握职工思想动态,关注网络舆情对职工思想的影响,引导职工依法、理性、有序表达利益诉求,防止经济诉求政治化,企业矛盾社会化。

（十八）对企业发生的集体劳动争议和群体性事件，企业工会应在第一时间深入职工群众了解情况，旗帜鲜明地代表职工反映诉求，同时向同级党委和上级工会报告。在党委政府统一领导和协调下，通过集体协商等方法，依法维护职工合法权益，防止矛盾激化。

七、加大企业工会经费保障力度

（十九）企业工会依法取得法人资格，单独设立工会经费账户。税务代收工会经费实行全额征收，保证企业工会经费足额到位。

（二十）小企业工会联合会在所属企业工会自愿的基础上，可以集中管理、分户使用企业工会经费。改制企业所欠的工会经费应列入债务偿还项目。

（二十一）实行上级工会对乡镇（街道）工会、区域性、行业性基层工会联合会经费留成或经费补贴，保障其必要的工作经费，发挥其重要的作用。

八、切实提高指导和服务企业工会工作水平

（二十二）各级工会要牢固树立抓基层、打基础的观念，始终把加强企业工会工作摆在重中之重的位置，进一步形成工作合力。坚持把企业工会是否具有活力、是否发挥作用，作为检查考核各级工会工作的重要标准。全总在表彰全国模范职工之家的同时，对企业工会工作成绩突出的省级工会给予奖励。

（二十三）坚持党建带动工建、工建服务党建。进一步推动把企业工会建设纳入党建工作规划和考核体系。推荐企业工会骨干加入党组织，推荐企业职工党员担任工会负责人。广泛开展创先争优活动，创新企业党工共建互促工作机制和活动载体。加强立法参与和政策制定工作，推动实施劳动合同法等相关法律，为开展工会工作争取更多的资源和手段。

（二十四）从改进工作作风入手，克服工会机关化、行政化现象，深入企业，贴近职工，加强调查研究，总结推广基层创造的工作经验。正确处理树立典型和整体推进的关系。坚持分类指导，对不同类型企业工会实施有针对性的指导服务。对一些政策性强、规范要求高、操作难度大的工作，上级工会要搞好典型示范，组织专门培训，加强具体指导。

（二十五）在企业工会遇到难以履行的维权职责时，上级工会要出面指导帮助解决或代行其维权职责，保护企业工会干部，提高维权工作实效。加强乡镇（街道）、村（社区）、工业园区工会工作。采取多种渠道，为乡镇（街道）工会、区域性、行业性基层工会联合会至少配备一名专职工会干部，充分发挥这一级工会直接指导服务企业工会的重要作用。

中国人民解放军总政治部

强化协作　主动作为
共同打造“千里平安青藏线”

——总后勤部青藏兵站部参加驻地平安创建活动的经验做法

总后勤部青藏兵站部主要担负进藏物资运输和西南边陲通信保障任务，部队点多线长面广，驻地有藏、回等10多个少数民族。近年来，他们以和谐稳定为主题，积极参加驻地平安创建活动，军警民合力打造“千里平安青藏线”，为促进民族团结、密切军政军民关系、维护部队和社会安全稳定作出了重要贡献，多次被评为“民族团结进步先进集体”、“拥政爱民模范单位”。

一、拓展工作思路，军民携手创平安

兵站部党委“一班人”通过深入学习党中央、中央军委和胡主席关于开展平安建设的重要指示，一致感到要适应西部开发新要求、应对民族分裂势力新挑战、履行稳边兴边新使命，必须创新工作思路，组织动员各方力量，有效整合军地资源，走共创平安、共建和谐、共同维稳的新路子。一是组织上形成合力。注重把各方力量拧成“一股绳”，主动协调青、藏两省（区）综治部门，成立青藏线平安工作领导小组，把平安创建活动作为军地共同的政治责任；注重把机关部门织成“一张网”，由地方综治、公安、国家安全、信访和部队战勤、军务、宣传、保卫等部门组成平安创建活动工作小组，协调解决遇到的实际问题；注重把基层末端连成“一条线”，在驻地街道、乡镇和部队团以上单位设立平安创建活动工作站，建立热线联系，确保第一时间了解掌握信息。二是工作上具体规范。创建形式上，组织开展平安仓库、平安医院、平安学校等活动，为军地共创平安提供有效抓手；活动内容上，围绕隐蔽斗争协作、互涉案件侦办、群体性事件防范和应急维稳处突等，努力形成军地“大协作、大联合、大预防”工作格局；制度保障上，建立军地联席会议、信息交流、协调会商和联合接访制度，确保情况早掌握、矛盾早化解、问题早解决。三是活动上持久经常。把平安创建活动与日常工作同步规划、同步部署、同步推进，保证有计划、有内容、有位置。在营区制作灯箱展板，在青藏线上悬挂横幅标语，利用“雪线荧屏”、“雪域网络”、“雪原广播”进行宣传，大力营造平安建设人人知晓、人人有责、人人参与的浓厚氛围。把平安创建活动与单位创先争优挂起钩来，有效调动各级参与平安创建活动的积极性。

二、强化协作配合，联防联治保平安

青藏线上汇集兰西拉国防通信光缆、格拉输油管线和青藏铁路线，是建边支边的“生命线”、振兴西南的“保障线”。兵站部注重把平安创建活动扩展到千里青藏线上，汇聚各方力量，构建军地一体、军民同心的立体防线，确保青藏线畅通无阻。一是防范渗透筑“盾牌”。坚持重要时期联防，每逢重大节日和重点敏感时期，军地派出联合工作组走村串乡，把驻地群众动员起来，把情况信息掌握起来，把重点人员管控起来，做到关口前移，防范在先。坚持重大事件联处，及时解决矛盾问题。2008年拉萨“3·14”事件发生后，少数不明真相群众在“藏独”势力煽动下要乘车到拉萨聚集，紧要关头兵站部派出40多个工作组与地方有关部门一道，深入一线耐心说服规劝，避免了重大群体性事件发生。坚持重大任务联动，军地双方密切配合、相互支援，确保重大行动无缝链接。2008年5月，奥运圣火在格尔木市传递，1400余名官兵与驻地公安、武警共同执行圣火护送任务,有力挫败了达赖集团捣乱破坏图谋。二是打击犯罪铸“利剑”。兵站部会同公安、武警组成巡线护路小分队,克服高山缺氧、气候多变等不利条件,不间断做好巡线护路工作,被群众亲切地誉为“青藏线上的平安使者”。2008 年 11 月,格拉输油管线唐南段接连发生打孔盗油事件,军地迅速行动,先后打掉盗窃团伙 3 个,抓获犯罪嫌疑人 11 名。三是应急处突当“拳头”。把应急处突力量建设纳入社会应急体系,军地组建 15 支共 500 多人的应急分队,完善应急预案,搞好装备保障,强化实战训练。2010 年 8 月,军地共同组织以“青藏铁路旅客紧急疏散”为背景的救援演习,观摩人员一致称赞:兵站部不愧为青藏线上一支靠得住、过得硬的“维稳尖兵”。

三、聚焦和谐共进,利民惠民促平安

兵站部驻守高原 57 年来,官兵换了一茬又一茬,但“把驻地当故乡,视人民为父母”的优良传统始终没有丢。近年来,他们自觉把平安创建活动与双拥共建结合起来,谱写了一曲曲拥政爱民的新乐章。一是积极参加驻地建设,使环境美起来。针对青藏沿线植被稀疏、自然环境恶劣的特点,与驻地群众携手再造秀美山川。先后投入 3 万多台次车辆和 60 多万个劳动日,参与西宁周边植树造林和格尔木“三江源”自然保护区、小干沟水库及西藏“一江两河”治理工作,在格尔木开垦荒山 6100 余亩,植树 300 余万株,有效改善了周边生态环境。二是积极开展扶贫帮困,让群众富起来。采取定点扶贫、对口扶贫、挂钩扶贫等形式,组成 30 多个扶贫小组,与青藏沿线 236 个村庄结成帮扶对子,帮助村民修筑“致富路”,送去“致富经”,建起“致富园”,还为特困户捐款 550 多万元。在官兵帮扶下,一些农民成为脱贫致富能手,有的村庄成了新农村建设“示范村”。三是积极参加抢险救灾,把家园建起来。青海玉树地震发生后,兵站部官兵千里驰援奔赴救灾一线,开展生死大营救,共接诊、收治伤员 8000 多人次,抢救危重伤员 27 人。进入 10 月以来,官兵们没有休整,又担负起灾后重建物资运输任务,为灾区重建美好家园贡献力量。

沈阳军区与东北三省全面推进军地平安建设“三联”工作

日前,沈阳军区与东北三省在长春市召开了加强军地平安建设“三联”工作推进会议。会议认真贯彻落实党中央和中央军委关于构建和谐社会、加强平安建设的一系列重要指示精神,继承和发扬“双拥”优良传统,积极适应新形势、新任务,紧紧围绕平安建设,确保部队稳定、边防稳定、社会稳定这一主题,军地合力开展“联合预防、联合治理、联合建设”工作,聚合力量资源,实施综合治理,强化依法管控,持续联动运行,共创平安和谐,促进了驻地经济平稳较快发展和部队安全稳定。会议回顾总结了开展平安建设“三联”工作取得的成绩,认真分析了军地安全稳定形势,对深入开展平安建设“三联”工作作出部署。

一、进一步提高开展平安建设“三联”工作重要性的认识

会议认为,开展平安建设“三联”工作,是科学发展观在军地安全管理领域的具体体现,是巩固党的执政地位的实际举措,是维护社会和谐稳定的现实需要,是有效履行我军使命任务的重要保证。沈阳军区和东北三省地处东北亚腹地,是大国利益博弈的交汇点,隐蔽战线斗争复杂,民族宗教问题敏感,“法轮功”活动猖獗,自然灾害和社会群体性事件时有发生,开展平安建设“三联”工作是形势所需、势在必行。

二、进一步加强军地协作,共同维护军地安全稳定

一是共同应对处置突发事件。军区部队和东

北三省各级党委政府密切配合，先后完成了大小兴安岭森林大火、大连新港输油管道爆炸起火和吉林、辽宁部分地区严重洪涝灾害等抢险救援任务，在共同应对处置突发事件中积累了丰富经验。二是共同保障重大活动和重要目标安全。军地齐心协力，圆满完成了奥足赛、国际服装节、汽博会等40多项重大活动，以及"勇士—2007"涉外军演、"和平使命—2009"中俄联合军演等20多项重大军事活动的安保任务。三是共同保持边境地区安全稳定。军地共同开展了政治安边、富民兴边、军事强边、外交睦边、科技控边的"五边"建设，党政军警民"五位一体"合力管边控边等活动，促进了边境地区的安全稳定和经济发展。四是共同维护国防和军事利益。开展平安建设"三联"工作以来，军地先后查处涉军违法犯罪案件多起，妥善处理部队和官兵涉法问题，有效维护了国防和军事利益。要继续联合对破坏国防战备工程、通信设施及占用军用土地等问题进行依法治理，定期排查整治营区周边安全环境，加大对涉军违法犯罪的打击力度。五是共同筑牢隐蔽斗争防线。针对东北地区敌情社情复杂、"四反"斗争形势严峻的实际，加强军地情报信息交流，广泛开展防间保密和敌情教育，共同查处隐蔽斗争专案和线索，加大网上涉军信息管控力度，有效防范境内外敌对势力渗透破坏。

三、进一步研究平安建设"三联"工作特点规律

会议听取了16集团军、吉林省、黑龙江省等8个军地单位开展平安建设"三联"工作的经验做法，认为平安建设"三联"工作取得成效，必须坚持用党中央、中央军委的重大战略部署统一思想，始终保持正确的方向；必须坚持服务于党的中心任务大局，确保平安建设"三联"工作向振兴经济、服务打赢聚焦；必须坚持军地携手、团结协作，保证平安建设"三联"工作形成合力、整体推进；必须坚持发动群众、依靠群众，不断为平安建设"三联"工作注入生机与活力；必须坚持完善制度、健全机制，以有效规范促进平安建设"三联"工作常态落实。

四、进一步推动平安建设"三联"工作深入发展

会议认为，开展"三联"工作，平安建设是主题，服务中心是根本，部队稳定是基础，联动融合是途径。针对涉及军地部门多、协调难度大、标准要求高等特点，要真正坚持以科学发展观为指导，不断增强工作实效，必须做到"五个坚持"：坚持以服务中心为根本任务，注重把服务驻地经济发展和部队战斗力建设作为根本目的，部队积极为地方经济社会发展贡献力量，地方主动为部队军事斗争准备提供保障；坚持以科学统筹为根本方法，把平安建设"三联"工作纳入"双拥"工作主渠道，整体谋划部署，坚持谁主管谁负责，发挥省军区系统桥梁纽带作用，建立协作机制，明确责任分工；坚持以军地联动为基本途径，加强团结协作，不断强化大局意识、尊重意识、服务意识，真正做到互相信任、互相理解、互相支持，实现思想统一、资源共享、工作合拍；坚持以群策群力为力量源泉，充分尊重群众主体地位和创造精神，坚持工作重心下移，有效整合资源，凝聚各方力量，形成人人创平安、保稳定、促和谐的生动局面；坚持以制度机制为可靠保障，认真抓好联席会议、信息共享、情况通报、请示报告、检查督导、奖惩激励6项制度机制的落实，做到人按职责干、事按制度办，促进平安建设"三联"工作有序运转、扎实推进。

总政治部转发《成都战区军地联防联治共建平安座谈会情况报告》

（2010年6月6日）

各军区、各军兵种、各总部、军事科学院、国防大学、国防科学技术大学、武警部队政治部：

现将《成都战区军地联防联治共建平安座谈会情况报告》转发你们，供借鉴。

开展平安建设是党中央作出的一项重大战略决策，是新形势下加强社会治安综合治理的新举措。实践证明，军队积极参加平安创建活动，有利于借助社会力量和资源保持部队自身安全稳定，同时为军队参加构建社会主义和谐社会提供了有效载体和抓手。各级要深入学习贯彻党中央、中央军委和胡主席有关指示要求，进一步深化对军队参加平安建设重大意义的认识牢固树立综合安全的观念，切实加强组织领导，积极探索新形势下军地共同维护部队和社会稳定的方法途径。要大力加强以防范重大安全问题为重点的综合治理，努力在密切军地隐蔽斗争协作、确保重大军事行动和重要军事目标安全、防范重大涉军群体性事件、加强网上斗争工作上深化拓展，确保不发生影响社会稳定大局的案件和问题。要充分发挥我军战斗队、工作队、宣传队的作用，协助地方深入推进社会矛盾化解、社会管理创新、公正廉洁执法三项重点工作，积极为促进社会和谐稳定作贡献。要注重总结开展"平安军港"、"平安机场"、"平安阵地"、"平安边防"、"平安营院"等系列创建活动的经验做法，建立健全军警民联防联治长效机制，使平安建设更加扎实有效。

附原电：

5月20日，成都军区与西南五省（市、区）在云南昆明召开军地联防联治共建平安座谈会，总政童世平副主任、中央综治办季勤巡视员和云南省委白恩培书记出席会议并讲话，成都军区各大单位副政委、保卫部门负责人和西南五省（市、区）政法委、综治委、公安厅（局）、国家安全厅（局）领导共70余人参会，军区政治部领导总结部署工作。会议认真传达贯彻全军防范重大安全问题集训精神，回顾总结5年来战区军地联防联治共建平安主要成绩和经验做法，深入分析当前联防联治共建平安形势，对进一步搞好军地联防联治共建平安作了部署，军地与会同志普遍反映，这次会议对于维护战区社会稳定、边防稳定、部队稳定具有积极促进作用。

一、充分认识开展军地联防联治共建平安的重要性必要性，切实增强参建参治的责任感和自觉性。与会人员认真学习胡主席关于加强平安建设和确保成都战区安全稳定的重要指示，紧密联系西南地区经济社会发展和部队军事斗争准备实际，深入分析了维护社会和部队稳定面临的严峻形势，从军地安全稳定的关联性、军地力量资源的互补性、维稳工作机制的多边性和维稳工作实践经验四个方面，进一步深化了对军地联防共建的重要性、必要性和紧迫性认识。军地双方一致感到，开展军地联防联治共建平安是维护社会和谐稳定的现实需要，是加强社会治安综合治理的基础工程，是做好军事斗争准备的重要保障，是防范重大安全问题的内在要求，是密切军政军民关系的有效途径。特别是西南地缘政治环境特殊，经济文化相对滞后，民族宗教问题敏感，边防斗争尖锐复杂，自然灾害和社会群体性事件多样频发，"黄赌毒私特"活动猖獗，搞好军地联防联治共建平安意义更加重大、作用更加突出。军地双方一致表示，要坚持用党中央、中央军委和胡主席关于加强平安建设的一系列重要指示要求统一思想，牢固树立综合安全观念，积极协调整合各种力量资源，从更大范围、更高层次上加强社会治安防控体系建设，不断提高防范重大安全问题和驾驭社会治安局势的能力，切实在军地联防联治共建平安中主动作为、积极有为。

二、认真总结梳理五年工作基本经验，不断加深对军地联防联治共建平安的规律性认识。会议听取了云南、贵州、四川、西藏、重庆五个省（市、区）近年工作情况介绍，交流了18个单位创建“平安边防”、“平安驻地”的经验做法，总结了2005年以来在维护国家安全、打击违法犯罪、处置突发事件、捍卫边防稳定、维护军人军属合法权益和国防利益、增进军政军民团结等方面取得的突出成绩，形成了丰富的经验启示。一是必须始终坚强领导、加强指导，坚持用党中央、中央军委和胡主席重要指示统一思想，保持军地联防共建的正确方向；二是必须突出维护稳定、服务打赢，确保各项工作向维稳着力、为打赢服务，真正集中力量，形成重点突破，实现整体跃升；三是必须着力完善制度、坚持经常，通过抓制度促规范、建机制促经常，保证军地联防共建健康发展、常态落实；四是必须深化军地协作、联防联治，形成工作整体合力，军地联防共建才大有可为、大有作为；五是必须广泛发动群众、群防群治，使联防共建触角拓展到各行业、延伸到最末端，始终保持强大的凝聚力、战斗力和创造力。军地双方一致认为，这些经验启示弥足珍贵，深刻揭示了军地联防共建的特点规律，对做好下一步军地联防共建工作具有重要的指导作用和借鉴意义，今后工作中要大力保持发扬、不断丰富发展。

三、着眼有效防范重大安全问题，进一步明确军地联防联治共建平安的主要任务。会议强调，当前和今后一个时期，战区军地联防联治共建平安工作，要认真贯彻党中央、中央军委和胡主席决策指示，贯彻全军防范重大安全问题集训精神，按照“军地协作、优势互补、联防联治”原则，以防范重大恶性事故、重大案件、重大涉外事件、严重危害社会安全稳定的涉军大规模群体性事件为重点，着力做好各个方面的工作。一是定期互通情报信息，军地及时交流驻地敌社情动向、重大案件和群体性事件等情况信息，及时掌握和分析研判内幕性、预警性、深层次情况信息，共同采取针对性对策。二是共同查办互涉案件，互涉案件军地统一组织侦办、统一研究定性，充分发挥整体作战效能，形成对犯罪的高压威慑态势。三是联合处置突发事件，按照统一指挥、密切协作、稳妥处置、降低影响的原则，军地共同应对和妥善处置突发事件，发生军地军民纠纷严格把握政策，稳妥慎重处理，防止事态扩大。四是合力管边控边建边，建立健全军地联合巡防体系，加大对敏感地区、争议地区、我控制薄弱地区的管控力度，有理有利有节处理边境涉外事务，坚决捍卫国家领土主权完整，坚决防范“藏独”分子内潜外逃，坚决打击跨境违法犯罪。五是协同保障重大行动和重要目标安全，部队组织重大演习、执行重大任务、举办重大活动，军地密切协调配合，共同做好安保工作，确保绝对安全。六是通力加强网络安全管控。强化网上涉军舆情监控，及时封堵、删除涉军敏感有害信息，网上涉军案件和线索军地及时互通信息，共同甄别查处，坚决果断打击。

四、大力加强组织指导，积极推动军地联防联治共建平安深入发展。会议认为，军地联防联治共建平安参与单位多，涉及范围广，组织协调难，必须进一步加强组织领导，理顺工作关系，完善制度机制，实现组织上向纵深推进、内容上向网络延伸、领域上向战时拓展、落实上向常态深化。一是要健全协周指导机制，由省军区系统统一牵头，各省、地州、市县成立联防共建领导小组，每半年至少召开一次联席会议、开展一次检查评比，每年总结上报开展联防共建情况，及时总结经验、解决问题，做到层层起作用、事事抓到位。二是要搞好军地协调配合，驻军单位要发挥模范带头作用，协作中要相互尊重、相互信任、相互支持，真正做到思想上齐心、资源上共享、工作上合拍。三是要发动群众搞好群防群治，切实把各方面的资源整合起来，把各层次的力量凝聚起来，努力在全社会形成人人创平安、保稳定、促和谐的浓厚氛围。四是要积极探索创新，及时研究解决防范暴力恐怖袭击、网上涉军舆情引导、打击网上窃密卖密犯罪、非战争军事行动军地协作等重大现实问题，不断推进军地联防共建在隐蔽斗争协作领域、在确保重大军事行动和重要军事目标安全领域、在防范涉军群体性事件领域、在网上斗争领域深化拓展，使军地联防共建军更有实效性、更富创造性。

中国人民武装警察部队

2010年武警部队参与社会治安综合治理工作情况

武警部队始终高度重视社会治安综合治理工作，把参与社会治安综合治理作为履行维护国家安全和社会稳定，保障人民群众安居乐业职责使命的重要实践活动，加强领导、健全机制、完善措施，积极配合地方各级党委、政府和公安机关及有关部门认真做好社会治安综合治理各项工作，为维护社会稳定、促进社会和谐作出了积极贡献。

一、切实加强组织领导

2010年，武警部队认真贯彻中央社会治安综合治理委员会有关指示精神，结合实际，认真研究部署贯彻落实措施。武警部队司令员王建平、政委许耀元多次组织召开专题会议，及时传达学习中央综治委有关会议和文件精神，并下发指示和通知，要求全部队结合任务实际，积极配合地方做好社会治安综合治理工作，促进当地平安建设，努力构建和谐社会。各部队坚决贯彻上级指示精神，按照地方党委政府的统一部署，加强组织领导，明确责任分工，制定具体措施，积极参与社会治安专项整治行动、社会面防控、社会管理创新和联系点平安建设等工作，稳妥高效处置各类突发事件，维护了当地社会稳定、促进了社会和谐发展。

二、积极参与治安整治行动

2010年，武警部队共动用兵力20余万人次，参与地方打黑除恶和社会治安突出问题专项整治等行动64次，配合公安机关抓获涉案人员872余人，有力打击了地方黑恶势力，及时消除了治安隐患，净化了社会环境。武警重庆总队继续配合当地公安机关参与打黑除恶专项斗争，累计出动兵力1.5万余人次，看守、押解涉案人员2830人。武警西藏总队参与江达县“猎狐”专项行动，抓捕涉案人员5名。武警四川总队协助公安机关成功捣毁非法制枪窝点1个、制毒窝点2个。武警部队参与社会治安整治行动受到了地方党委政府和人民群众的高度赞誉。

三、全力维护社会稳定

重大节日和敏感时期，在全国大中城市共145个巡逻区域，派出450个巡逻小组，加大对重要目标、要害部位、人员密集场所等周边区域的巡逻力度，及时慑止各种违法犯罪活动。各部队密切关注当地维稳形势，及时修订应急预案，指定应急力量，配强装备器材，落实战备值班，充分做好应对各类突发事件工作。2010年，武警部队成功处置群体性事件等各类突发事件2225起，成功处置等暴力恐怖事件35起、解救人质33名，参与捕歼行动104起，有效维护了社会大局稳定；动用兵力36万人次，参与西南地区旱灾、青海玉树地震、南方和东北松花江流域洪灾、江西唱凯大堤决口、甘肃舟曲特大山洪泥石流等重大抢险救援任务2220起，解救转移群众45万余人，抢救被压埋群众1227人，忠实履行了保护国家财产和人民群众生命财产安全的职责使命。

四、扎实开展群众工作

2010年，武警部队在遂行处突维稳任务中，充分发挥工作队、宣传队作用，既坚持严把政策、依法文明执勤，又坚持主动为群众做好事、办实事，通过采取警地、警民共建等多种形式，及时消除群众对立情绪，赢得了人民群众的理解、信任与支持，为地方党委政府彻底解决问题创造了有利条件。尤其是在遂行新疆、西藏及其他藏区维稳任务中，结合民族地区特点，配合地方有关部门利用板报、广播、标语等多种形式，大力宣传改革开放的伟大成就、党的民族宗教政策；通过捐资助学、帮扶贫困户、修路挖渠等方式，广泛开展爱民助民活动，把党和政府的温暖送到各族群众心中，增进了民族感情，密切了警政、警民关系。武警四川总队阿坝支队与阿坝州若尔盖县班佑村创新开展以"同心向党、同谋发展、同树新风、同创平安"为主题的警民共建活动，有力地促进了警民团结，武警阿坝支队被四川省委、省政府表彰为"四川省维护藏区稳定模范集体"，班佑村被党中央、国务院表彰为"全国民族团结先进集体"。

五、认真落实联系点制度

根据《中央社会治安综合治理委员会成员单位联系点工作制度》规定，武警部队及时研究制订联系点工作实施方案，建立健全工作机制。武警总部专门派出人员深入到江苏省泰州市联系点，进行调查研究和沟通协调，并面对面指导武警江苏总队泰州市支队做好联系点社会治安综合治理工作。武警泰州支队高度重视，主动向泰州市领导和综治委领导请示汇报工作，研究制定相关方案，采取得力措施，配合当地有关部门深入开展社会治安综合治理工作，建立健全了长效工作机制，有力促进了当地平安建设。

十四、2010年社会治安综合治理工作大事记

2010年社会治安综合治理工作大事记

▲1月7日和15日，全国“扫黄打非”工作小组先后召开2010年第一次全体成员会议和第23次全国“扫黄打非”工作电视电话会议，陈冀平同志出席会议并讲话。

▲1月26日，中央综治委召开全国社会治安重点地区排查整治工作电视电话会议，贯彻落实中办、国办转发《中央政法委员会、中央维护稳定工作领导小组关于深入推进社会矛盾化解、社会管理创新、公正廉洁执法的意见》和全国政法工作电视电话会议精神，对进一步加强社会治安重点地区排查整治工作进行动员部署，孟建柱同志出席会议并讲话，陈冀平同志主持会议。中央组织部、公安部、民政部、司法部、住房和城乡建设部负责同志就充分发挥部门职能作用、积极参与排查整治工作做了发言。中央综治委各成员单位有关负责同志，王其江同志参加会议。

▲1月27日，中央综治委铁路护路联防工作领导小组召开2010年第一次全体会议，陈冀平同志出席会议并讲话。

▲1月28日，中央综治办召开中央综治委成员单位联络员座谈会，对中央综治委成员单位联系点工作情况进行总结，对社会治安重点地区排查整治工作和综治考评工作进行部署，陈冀平同志出席并讲话，中央综治委5个专门工作领导小组办公室负责同志，中央综治委各成员单位联络员，参与考评的各部门负责同志参加会议。

▲2月8日，中央综治委预防青少年违法犯罪工作领导小组召开全体会议，全国人大副委员长、中央综治委副主任李建国及陈冀平同志出席会议并讲话。

▲2月9日，中央综治委刑释解教人员安置帮教工作领导小组召开会议，陈冀平同志出席并讲话。

▲2月10日，中央综治委学校及周边治安综合治理工作领导小组召开2010年第一次全体会议，陈冀平同志出席并讲话。

▲2月24日，中央综治委社会治安重点地区排查整治工作领导小组办公室召开第一次会议，研究部署社会治安重点地区排查整治工作。陈冀平同志主持会议并讲话，王其江同志、公安部副部长张新枫、黄明同志出席会议并讲话。

▲2月25日，中央综治办召开矛盾纠纷排查调解工作座谈会，研究讨论《关于进一步完善矛盾纠纷排查调处工作机制的若干意见（稿）》，陈冀平同志主持会议并讲话。

▲3月31日，国家禁毒委员会、全国打黑除恶专项斗争协调小组、中央综治委社会治安重点地区排查整治工作领导小组和流动人口治安管理工作领导小组联合召开会议，对禁毒、打黑除恶、社会治安重点地区排查整治、流动人口服务管理等工作进行研究部署，孟建柱同志主持会议并讲话，陈冀平同志出席会议并发言。

▲4月2日，中央综治办在上海召开华东六省一市综治部门世博安保协作会议，深入贯彻落实胡锦涛、周永康等中央领导同志重要指示和孟建柱同志有关批示以及中办、国办《关于切实做好上海世博会期间有关工作的通知》精神，进一步完善华东六省一市综治部门世博安保协作工作

机制，陈冀平同志主持会议并讲话。

▲5月1日，周永康同志主持召开会议，研究部署维护校园等重点部位安全工作，王乐泉同志出席，中央宣传部、中央维稳办、国务院办公厅、教育部、公安部、民政部、卫生部、国家信访局有关负责同志，周本顺、陈冀平同志参加。

▲5月3日，中央综治委召开全国综治维稳工作电视电话会议，深入贯彻落实党中央、国务院领导同志重要指示精神，研究部署加强学校、幼儿园安全工作，周永康同志出席会议并讲话，王乐泉、刘云山、刘延东、李建国、孟建柱、王胜俊、曹建明同志出席，中央政法委委员、中央综治委委员、中央和国家机关有关部门负责同志，王其江、鲍绍坤同志在主会场参加。各省（区、市）和新疆生产建设兵团，市（地、州）党委和政府分管综治维稳和教育工作的负责同志，综治委主任、副主任；各县（市、区）党委和政府主要负责同志、分管负责同志，综治委主任、副主任在分会场参加会议。

▲5月6日，中央综治委学校及周边治安综合治理工作领导小组办公室召开会议，研究部署贯彻落实全国综治维稳工作电视电话会议精神，进一步加强学校、幼儿园及周边安全工作，陈冀平同志出席会议并讲话。

▲5月10日，中央综治委召开加强精神疾患人员管理、服务和救治工作座谈会，陈冀平同志主持会议并讲话，公安部、卫生部、民政部有关负责同志参加。

▲5月25日至26日，中央综治办在广东省深圳市召开全国省（区、市）综治办主任座谈会，研究进一步加强和完善乡镇（街道）综治工作中心建设，对下一阶段重点工作进行部署。王乐泉同志出席会议并讲话，汪洋同志出席会议并致辞，陈冀平同志主持会议并讲话。各省（区、市）和新疆生产建设兵团综治办负责同志，中央综治委各专门工作领导小组办公室负责同志，中央纪委、中央组织部、中央维稳办、最高人民法院、最高人民检察院、公安部、民政部、司法部、国家信访局等有关部门负责同志，王其江同志参加。

▲5月27日，中央综治办在广东省广州市召开广州亚运会环粤“护城河”工作协调会议，研究建立广州亚运会安保社会面防控协作机制，正式启动环粤“护城河”工程。陈冀平同志出席会议并讲话，北京、河北、上海等省（市）综治办负责同志介绍了社会面防控及“护城河”工作经验，广东、福建、江西、湖南、广西、海南等省（区）综治办负责同志就切实做好环粤“护城河”工作发言。

▲6月18日至19日，全国社会治安综合治理工作会议在四川省成都市召开，深入贯彻落实党的十七大和十七届三中、四中全会精神，贯彻落实中央关于加强社会建设、创新社会管理的决策部署，总结交流经验，分析当前形势，研究部署做好新形势下社会治安综合治理工作。周永康同志出席会议并作重要讲话，王乐泉同志出席会议并作总结讲话，李建国、孟建柱、王胜俊、周本顺、陈冀平同志出席会议。四川、北京等10个地方介绍了加强基层基础建设、深入推进三项重点工作的经验。中央组织部、最高人民法院、公安部、司法部、卫生部、共青团中央有关负责同志作大会发言。会议代表到成都市、德阳市实地考察了当地统筹城乡发展、地震灾后重建和社会矛盾“大调解”等工作情况。中央综治委委员、联络员，中央和国家机关有关部委负责同志，各省、自治区、直辖市及新疆生产建设兵团综治委主任、政法委书记、综治办主任参加会议。

▲7月1日，王乐泉同志主持召开会议，研究加强对社会闲散青少年教育帮助问题，国家发展改革委、教育部、公安部、民政部、司法部、财政部、人力资源和社会保障部、共青团中央有关负责同志，周本顺、陈冀平、王其江同志及机关有关部门负责同志参加。

▲7月6日，王乐泉同志主持召开会议，研究社会治安重点地区排查整治工作，中央组织部、最高人民法院、最高人民检察院、国家发展改革委、教育部、公安部、民政部、司法部、财政部、人力资源和社会保障部、住房和城乡建设部、卫生部有关负责同志及陈冀平、鲍绍坤同志参加会议。

▲7月9日，中央综治办、公安部、共青团中央举办“2010年暑假青少年自我保护提示”发布仪式，陈冀平同志出席发布仪式。

▲7月18日至19日，中央综治办在黑龙江省伊春市召开全国部分省（区、市）综治办主任及刑释解教人员安置帮教工作领导小组办公室负责同志座谈会，研究落实中央领导同志有关批示精神，通过建立大调解机制、发挥综治平台作用排查

化解农村矛盾纠纷工作;研究解决当前刑释解教人员安置帮教工作突出问题,讨论《关于加强刑释解教人员过渡性安置基地建设的意见(稿)》,为召开全国刑释解教人员安置帮教工作会议做准备。陈冀平同志出席会议并讲话,司法部副部长郝赤勇同志出席。北京、吉林、黑龙江、江西、江苏、山东、浙江、河南、湖南、广东、新疆等省(区、市)综治办和安帮办有关负责同志参加座谈会。

▲8月6日,中央综治办、教育部、公安部联合召开紧急视频会议,部署进一步采取有力措施确保学校幼儿园安全,陈冀平同志出席会议并讲话。

▲8月20日,中央综治办召开矛盾纠纷大调解工作座谈会,研究修改《关于深入推进矛盾纠纷大调解工作的指导意见》(稿),最高人民法院、最高人民检察院、国务院法制办、公安部等15个部委有关部门负责同志参加会议。

▲8月30日,中央综治办在京召开全国部分省(市)综治办主任座谈会,就全国社会管理创新综合试点工作征求意见,研究2011年综治重点工作。陈冀平同志出席会议并讲话,北京、河北、吉林、上海、江西、河南、湖北等省(市)综治办主任参加会议。

▲9月7日,中央综治办在广州市召开环粤五省一区综治部门亚运安保协作会议,进一步健全完善环粤五省一区亚运安保社会面防控工作协作机制,签订广州亚运会环粤"护城河"工作协议。陈冀平同志出席会议并讲话。广东、福建、江西、湖南、广西、海南省(区)党委政法委书记、综治办主任参加会议。

▲9月13日至14日,中央综治委刑释解教人员安置帮教工作领导小组在山东省青岛市召开全国刑释解教人员安置帮教工作会议,研究部署做好新形势下刑释解教人员安置帮教工作。王乐泉同志出席会议并讲话,王胜俊、吴爱英、陈冀平同志出席会议。

▲10月15日,中央综治办召开全国部分省区综治办主任座谈会,研究讨论《2011年全国社会治安综合治理工作要点》(稿),陈冀平同志出席并讲话。

▲10月18日,中央政法委、中央综治委联合下发通知,确定北京市东城区等35个市、县(市、区)作为全国社会管理创新综合试点市、县(市、区)。

▲10月28日,中央综治办、共青团中央在江西省南昌市联合召开重点青少年群体教育帮助和预防犯罪试点工作会议,陈冀平同志出席会议并讲话。

▲10月29日,陈冀平同志赴江西省丰城市调研社会管理创新综合试点工作。

▲11月1日,中央综治办召开综治信息化建设座谈会,听取浙江省、广东深圳市、河北廊坊市、山东济宁市等地综治信息化建设情况介绍,观看相关软件系统演示。

▲11月2日,中央综治办召开会议,研究工读学校建设问题,教育部、公安部、国家发改委、财政部等部门相关司局负责同志参加会议。

▲11月3日,加强基层政法综治宣传工作座谈会在京召开,陈冀平同志出席并讲话,河北、北京、内蒙古等20个省、市、自治区党委政法委主管宣传副书记或综治办主任等参加会议。

▲11月8日至9日,中央综治办、公安部在江苏省苏州市、无锡市召开全国部分省(区、市)社会治安重点地区排查整治工作座谈会,总结前一阶段工作,研究部署下一步重点工作。陈冀平、黄明同志出席会议并讲话,中央纪委、中央组织部、公安部等18个部委有关部门负责同志,15个省(区、市)综治办、公安厅负责同志参加。

▲11月15日,中央综治办召开2010年全国社会治安综合治理工作督导检查动员会,对开展督导检查工作进行部署,陈冀平同志出席并讲话,综治委各成员单位有关同志参加。

▲11月22日,全国"扫黄打非"领导小组召开打击互联网和手机媒体淫秽色情信息专项行动表彰会,陈冀平同志出席会议。

▲11月28日至29日,全国妇联、教育部召开农村留守儿童关爱服务体系建设交流研讨会,陈冀平同志出席会议。

▲12月7日,中央政法委、中央综治委召开全国社会管理创新综合试点工作推进会,深入贯彻党的十七届五中全会精神,进一步落实全国综治工作会议部署,研究加快推进社会管理创新综合试点工作。王乐泉同志出席并讲话,周本顺、陈冀平、王其江、鲍绍坤同志出席。公安部、民政部、

国家工商总局、中央外宣办、共青团中央、中央综治办等部门负责同志围绕社会管理创新发言，北京市东城区等 10 个综合试点地区就本地社会管理创新工作发言。35 个全国社会管理创新综合试点市、县（市、区）党委或政府主要负责同志、政法委书记、综治办主任，试点所在省（区、市）政法委或综治办主要负责同志参加会议。

▲12 月 20 日，中央综治办召开省（区、市）综治办主任座谈会，深入学习贯彻全国政法工作会议和周永康同志讲话精神，研究部署做好 2011 年和今后一个时期的社会治安综合治理工作。陈冀平同志主持会议并讲话，中央综治委 5 个专门工作领导小组办公室、31 个省（区、市）和新疆生产建设兵团综治办有关负责同志参加。

北京市

2010年2月8日、中共中央政治局常委、中央政法委书记、中央综治委主任周永康，中共中央政治局委员、北京市委书记刘淇，国务委员、中央综治委副主任、公安部部长孟建柱，北京市委副书记、市长郭金龙视察北京市朝阳区平房地区综治维稳工作中心

2010年8月18日，中共中央政治局委员、中央政法委副书记、中央综治委副主任王乐泉到北京市朝阳区亚运村街道综治维稳工作中心调研社会管理创新工作

北京市委副书记、政法委书记、首都综治委主任王安顺到北京市大兴区西红门镇检查指导综治维稳工作中心建设工作

北京市召开推进首都群防群治工作、促进社会管理创新工作会议

北京市对黑车揽客等治安突出问题进行专项整治

北京市全力做好中小学、幼儿园安全防控工作

北京市顺义区

顺义区是“全国平安建设先进区”，群众安全感一直在全市名列前茅。立足“打造临空经济区、建设世界空港城”工作目标，坚持以保障和改善民生为重点，不断夯实综治基层基础工作，深入推进城乡发展一体化、经济发展多元化、社会管理精细化、党建工作科学化，正在逐步成为“国际枢纽空港、高端产业新城、和谐宜居家园”。

2010 年 9 月 3 日，区委书记张延昆，区委常委、政法委书记周颖博深入试点村调研村庄社区化工作

2010 年 7 月 14 日，周颖博同志与区委政法委副书记、区综治办主任王金广到旺泉街道调研社区综治维稳中心规范化建设

王金广同志在牛栏山镇平安建设中心检查指导工作

加强基层基础队伍建设。镇村两级专职巡防队、治安志愿者全部实名制登记造册，按照“四定”（定人、定岗、定时、定责）岗位责任制实施网格巡控

行政机关、企事业单位建立数字化监控网络。

农村安装现代化技防监控系统

坚持“科技手段为依托，安全需求为导向，市场运作为主体”的科技创安工作原则，不断完善全区三级六大体系技防网络，有效预防了各类案件的发生

加强校园及周边治安管理。积极发动治安志愿者，每天早中晚三个上学、放学时段加强巡逻，维护校园周边治安秩序

居民踊跃参加综治知识竞赛

表彰先进 弘扬正气

农村红领巾广播站宣传综治知识

徐滔给顺义群众防范支招

开展多种形式的综治宣传活动，提高广大群众的自我防范意识

民警骑车上路巡逻

专职巡防队员上街巡逻

志愿者在农村小巷巡逻

民警在重要地段巡逻防控

实施整体防控工程，有效整合各方面资源，建立起公安民警、专职巡防队员、治安志愿者等组成的社会面巡逻防控网，最大限度压缩违法犯罪空间，提高社会面防控能力

天津市

2010年7月15日，中共中央政治局委员、中央政法委副书记、中央综治委副主任王乐泉在天津市南开区视察基层综治工作

2010年4月29日，天津市社会管理创新推动会召开，中共中央政治局委员、市委书记张高丽，中央综治委副主任、中央政法委副秘书长、中央综治办主任陈冀平，市委副书记、市长黄兴国等领导出席会议并讲话

2010年4月29日，陈冀平同志视察天津市和平区体育馆街综治信访服务站

市委常委、政法委书记、市综治委主任散襄军在市高级人民法院诉讼服务大厅调研检查

市领导下基层走访群众

市领导为基层综治信访服务中心揭牌

基层综治信访服务站开展矛盾纠纷调解

天津市滨海新区

在党中央、国务院的亲切关怀下，在天津市委、市政府的坚强领导下，滨海新区以科学发展观为主题，以加快转变经济发展方式为主线，坚持站在高起点、抢占制高点、达到高水平，更加注重提高发展的质量和效益，争当贯彻落实科学发展观的排头兵。把加强社会建设，创新社会管理作为推动科学发展，促进社会和谐维护的基础性工作。主动适应经济体制、行政体制改革的新要求，大胆探索、勇于实践，走出了一条具有天津特色，在全国具有示范引领作用的社会管理创新之路，被确定为全国社会管理创新综合试点地区。

2010年7月14日，中共中央政治局委员、中央政法委副书记、中央综治委副主任王乐泉，中央综治委副主任、中央政法委秘书长周本顺到天津港视察

市委副书记、滨海新区区委书记何立峰，市委常委、政法委书记、市综治委主任散襄军视察滨海新区特警总队

2010年12月29日，散襄军同志到滨海新区调研检查

区长宗国英参加综治检查汇报会

召开外来建设者表彰大会

装备精良的滨海新区特警

滨海新区塘沽开展综治集中宣传活动现场

公安边检巡逻艇在海上巡逻

集中宣传日现场

河北省

2010年11月18日，省委副书记付志方出席“三项重点工作”会议

2010年4月1日，省委常委、政法委书记、省综治委副主任张越深入基层检查指导综治工作

2010年7月6日，省人大常委会副主任、省综治委副主任侯志奎出席全省综治工作会议

2010年10月9日，副省长、省综治委副主任宋恩华出席全省社会治安综合治理工作电视电话会议

2010年4月9日，省政协副主席、省综治委副主任田向利在基层调研综合治理和矛盾纠纷化解工作

2010年7月18日，省法院院长、省综治委副主任高勇召开会议研究综治工作

2010年9月28日，省检察院检察长、省综治委副主任张德利出席深入推进“三项重点工作”调度会

2010年6月8日，省委政法委常务副书记傅剑仁在邢台县调研指导综合治理和社会管理创新工作

2010年6月13日，省委政法委副书记、省综治办主任王会平在秦皇岛市抚宁县杜庄镇检查督导综合治理工作

河北省秦皇岛市

市委副书记、市综治委主任杨泰安检查指导乡镇综治维稳中心建设

市委常委、政法委书记、公安局局长陈庆恩到北戴河区检查指导工作

副市长刘成到中铁山桥集团有限公司检查安全生产工作

2010 年 7 月 7 日，秦皇岛市成立见义勇为工作协会，表彰见义勇为模范

2010 年 6 月 12 日，海港区治安志愿者协会启动首个“治安志愿者日”活动

市公安局组织巡特警加强反恐处突和社会面防控演练

武警市支队官兵在街面进行治安巡逻

山西省

2010年12月7日，省委副书记、省纪委书记、省综治委主任金道铭为山西省第二届十大法治人物颁奖

2010年7月26日，在全省综治工作会议上，山西省委副书记、省政协主席、省综治委主任薛延忠为先进集体颁奖

2010年9月22日，省委常委、政法委书记、省综治委副主任、省人大常委会副主任杜玉林在太原市进行国庆安保检查

2010年7月22日，山西省综治委召开行业性纠纷排查调处工作现场会

2010年8月12日，召开省综治委成员单位联络员工作会议

2010年12月16日，召开全省创新流动人口服务管理试点工作会议

山西省长治市

市委书记杜善学代表市委、市政府与各县（市、区）签订社会治安综合治理责任书

长治市位于山西省东南部，辖10县2区1市和1个高新技术开发区，总人口333万。近年来，全市牢固树立“发展是第一要务、稳定是第一责任”的理念，瞄准“创建全国最平安城市”目标，深入推进社会矛盾化解、社会管理创新、公正廉洁执法，加强综治基层基础建设，完善社会治安防控体系，维护了社会大局的稳定。连续11年被山西省表彰为“社会治安综合治理先进市”，连续两届被中央综治委表彰为“全国社会治安综合治理优秀地市”。

2005年、2009年，长治市先后两次被中央综治委评为全国社会治安综合治理优秀地市

市县乡村四级联动抓综治

加强基层调解，化解矛盾纠纷

提高素质强基层

综治宣传，家喻户晓

基层坚持综治例会制度，加强基层基础工作

全市开展缉毒斗争

内蒙古自治区

自治区党委常委、政法委书记、自治区综治委副主任邢云慰问基层武警官兵

自治区党委政法委副书记、自治区综治办主任陶建在基层调研

自治区综治办副主任刘国君在通辽市调研综治工作

自治区综治委成员单位联络员培训班开班

呼和浩特市赛罕区人民法院法官为群众答疑解惑

辽宁省

省委书记王珉、省长陈政高出席全省社会治安综合治理工作会议

省委常委、政法委书记、省综治委副主任李峰考察农村综治工作站

省委政法委副书记、省综治办主任王宝刚在基层检查工作

在全省综治信访维稳工作中心现场会期间，参会代表参观示范单位

省综治办领导在基层调研平安创建活动

辽宁省阜新市彰武县

彰武县隶属于辽宁省阜新市，全县辖24个乡镇，184个行政村，总面积3641平方公里，总人口42万人。近年来，彰武县县委、县政府以科学发展观为统领，积极推进社会管理创新，带领全县广大干部群众发奋图强，建设沈阳经济区“五带”之一的沈阜产业带上的唯一节点城市——沈彰新城，全力推进沈阳经济区“十群”之一的中国北方家具基地建设。社会治安综合治理工作取得了明显成效，2006年至2010年连续五年被评为“辽宁省平安县”，荣获2005—2008年度全省社会治安综合治理先进集体。

“十二五”期间，彰武县以富民强县为目标，以加快工业进程为主线，以建设“一城四业”为重点，坚定不移地实施工业强县、产业富县、城镇靓县、文化兴县、和谐安县五大战略，实现全县经济社会发展的新跨越，全力建设富裕、文明、和谐的新彰武。

县委、县政府召开社会治安综合治理总结表彰暨新一轮争创“省级平安县”活动动员部署大会

县委书记黄伟陪同辽宁省委政法委副书记、省综治办主任王宝刚检查指导基层综治工作

县委书记黄伟，县长刘玉学，县政协主席齐志强，县委副书记、县委政法委书记刘林看望政法综治先进工作者代表

刘林同志参加全县社会治安综合治理宣传月活动

刘林同志深入基层（村）参加相约和谐综治工作站座谈会

2006—2008年彰武县荣获辽宁省委、省政府授予的平安县杯

召开全县农村治安保险暨农村派出所参与道路交通管理工作会议

中国石油抚顺石化公司

——百年企业，世界品牌

中国石油抚顺石化公司是我国炼油工业的摇篮，是集“油化纤塑洗腊”为一体的大型石油化工联合企业。公司坚持以科学发展观为统领，认真贯彻落实《全市社会治安综合治理工作要点》和《抚顺市维护社会稳定和社会治安综合治理责任书》精神。以创建和谐稳定企业为目标，以推动全市争创全国综治工作优秀市为宗旨。全面落实综治领导责任制和目标管理责任制，高起点开展新一轮“争创”活动，全方位落实治安综合治理工作措施，力求工作有创新、有突破，努力推进企业经济和社会经济的快速发展。

2010年5月5日，公司召开治安综合治理工作会议，公司党委书记、综治委主任白连刚，市公安局副局长李舒境，公司综治办主任王浩，市文明办主任姜云峰，市公安局宣教处处长李永刚和石化分局局长高树斌参加会议

白连刚同志在春节期间到困难员工家中走访慰问，体现出公司“大家庭”的温暖和谐

为全面贯彻落实科学发展观，公司综治委召开专题会议研究部署综合治理新工作、新目标

公司及各直属单位开展“大干60天、深入整治安全隐患活动”，全力保障安全生产，维护和谐稳定

公司开展保卫干部、保安队员“爱岗敬业、忠于职守”主题教育活动

公司举办维稳保卫综治干部培训班

大力开展形式多样的法制宣传教育和创建平安活动

建设扎实有效、多措并举的治安防控体系

吉林省

中共中央政治局常委、中央书记处书记、国家副主席习近平视察绿园区服务民生维护稳定工作

2010年6月26日，中共中央政治局委员，中央政法委副书记、中央综治委副主任王乐泉在省委书记孙政才、省长王儒林陪同下视察绿园区民生局综治维稳中心

2010年11月4日，省委常委、政法委书记、省综治委主任李申学赴辽源市调研指导社会管理创新工作

2010年11月28日，省委政法委副书记、省综治办主任姜德志深入基层一线看望综治协管员

2010年7月17日，吉林公安边防总队与延边州委、州政府在和龙市隆重举行了“创建和龙爱民固边模范市”启动仪式

黑龙江省

2010年6月23日，中共中央政治局委员、中央政法委副书记、中央综治委副主任王乐泉在省委书记吉炳轩、省长栗战书陪同下，到基层考察调研“平安龙江”建设情况

2010年8月20日，国务委员、中央综治委副主任、公安部部长孟建柱在省委书记吉炳轩陪同下，到基层考察调研“平安龙江”建设情况

2010年8月20日，孟建柱同志在省委常委、政法委书记、省综治委主任黄建盛陪同下到基层考察调研

2010年5月14日，黄建盛同志在哈尔滨市对社会治安综合治理工作开展情况进行调研

2010年5月26日，召开全省构建“大调解”体系工作会议，黄建盛同志作讲话

2010年7月22日，黄建盛同志在佳木斯市调研期间，与一线公安民警亲切交谈

2010年8月9日，黄建盛同志在“全省社会治安综合治理工作电视电话会议”上，对全省社会治安综合治理工作进行部署

2010年11月16日，黄建盛同志在全省“大调解”工作体系建设哈尔滨现场会议上作讲话

上海市

2010 年 2 月 21 日，中共中央政治局委员、市委书记俞正声分别与黄浦区、市城乡建设交通委等 18 个区县和 19 家单位党政领导签署上海社会治安综合治理目标责任书

2010 年 2 月 21 日，俞正声同志接见综治优秀单位、先进集体和先进工作者

2010 年 2 月 21 日，上海市召开 2010 年上海平安建设暨世博安保社会面防控工作会议

2010 年 4 月 2 日，华东六省一市有关领导共同签署《上海世博会环沪“护城河”工程工作协议》

上海市金山区

金山区位于上海市西南，南临杭州湾，西与浙江省平湖市、嘉善县相邻。近年来，区委、区政府始终把综治工作和平安建设摆到重要议事日程，与经济发展和社会建设同研究、同部署、同推进 、同落实。2008 年、2009 年、2010 年金山区连续成功创建上海市平安城区，实现了“三连冠”；2010 年，全区 11 个街镇（工业区）成功创建上海市平安社区，实现了“满堂红”；在上海市公众安全感测评中人民群众满意度逐年上升，2010 年排名全市第一；不断加强和创新社会管理，社会治安综合治理考核排名全市第二；全区连续四年保持重要节点进京上访为零和涉法涉诉交办件为零的纪录，区委政法委多次荣获上海市政法系统化解信访矛盾工作先进集体荣誉称号。

中央综治委副主任、中央政法委副秘书长、中央综治办主任陈冀平视察金山区基层综治工作

金山区领导与创建上海市平安城区争先创优竞赛活动优胜单位领导合影

金山区召开动员大会，确保世博平安

金山区与浙江省嘉兴市签订世博安保“环沪护城河”工作协议

开展军警民联防，编织军地联防网

参观上海禁毒科普教育展示馆金山分馆

组织中学生、社会群众参观金山区见义勇为教育基地

上海石化平安志愿者开展治安防范巡查

江苏省

2010年11月，中共中央政治局常委、中央政法委书记、中央综治委主任周永康在江苏视察

中共中央政治局委员、中央政法委副书记、中央综治委副主任王乐泉在江苏考察基层综治工作

2010年4月，全省深入推进社会稳定风险评估工作会议在淮安召开，中央综治委副主任、中央政法委副秘书长、中央综治办主任陈冀平，省委常委、政法委书记、省综治委主任林祥国出席会议并讲话

省委常委、政法委书记、省综治委主任李小敏（时任副省长）考察常州市社会管理工作

省委政法委副书记、省综治委副主任、省综治办主任张新民在基层调研

全省各地大力推进基层综治组织规范化建设。图为常州市天宁区茶山街道政法综治服务中心

江苏中讯数码电子有限公司

神鹰天卫“平安E家”智能家居安防系统由江苏中讯数码电子有限公司研发，是利用物联网技术来实现入室盗窃防范以及紧急情况报警的新一代家庭技防产品。用户通过安装在家中的智能主机以及门磁、窗磁、红外等无线传感器，在布防状态下，可以在第一时间探测到各种类型的非法入侵行为，智能主机自动鸣响警笛进行威慑，同时自动拨打预先设置的亲情号码，向户主报告警情。如果在社区警务室或辖区派出所安装了接警平台，报警电话主机还可以将报警信息同时发送到接警平台上，以便于快速处理警情。该产品自2007年研发上市以来，通过几十万用户的使用，不断提炼优化，具有功能实用、安装简单、操作方便、性价比高等特点。拥有20余项专利，通过了泰尔实验室的入网认证及公安部的安防产品认证。

神鹰天卫“平安E家”报警电话的知名度不断提升，逐步从江苏推广到国内其他省市，浙江、安徽、河南、河北、天津、湖南、四川、贵州等省市纷纷启动“平安E家”报警电话的推广工作。

2010年11月9日，中央综治办在宜兴市召开“科技防范现场会”，中央综治委副主任、中央政法委副秘书长、中央综治办主任陈冀平视察“平安E家”技防产品

陈冀平同志在江苏中讯数码电子有限公司听取汇报

陈冀平同志题词“技防入户、平安万家”

江苏省委常委、政法委书记林祥国就“平安E家”的推广工作作重要指示

2009年4月23日，江苏省委政法委副书记、省综治办主任张新民到江苏中讯数码电子有限公司视察指导工作，听取技防产品汇报

无锡市委常委、宜兴市委书记蒋洪亮主持工作汇报会

宜兴市委副书记邵亚群汇报宜兴“平安E家”报警电话推广成果

江苏中讯数码电子有限公司代表汇报工作

浙江省

2010年6月30日，省委副书记、省综治委主任夏宝龙亲切接见全省社会治安综合治理先进集体和先进个人代表

2010年6月30日，以“推进社会管理创新，维护社会和谐稳定”为主题的全省社会治安综合治理工作会议在杭州市召开

2010年4月10日，在嘉兴市举行的世博会“环沪护城河”安保工作万人誓师大会上，市委书记陈德荣向世博平安志愿者总队负责人授旗

舟山市举办首届网格民情大比武活动，推动“网格化管理、组团式服务”工作深入开展

边防部队官兵积极宣传“平安渔场”创建活动，开展海事渔事矛盾纠纷调解

被拐卖的儿童“滔滔”被杭州市江干区公安民警成功解救

安徽省

省委书记张宝顺同来安徽检查指导工作的中央综治委副主任、中央政法委副秘书长、中央综治办主任陈冀平亲切交谈

陈冀平同志在合肥市第46中学调研校园安保工作时为学校题词

省委常委、政法委书记、省综治委主任徐立全在全省综治工作会议上向综治先进个人颁奖

2010年7月，徐立全同志赴庐江县冶山镇调研该镇加强流动人员管理情况

参加全省综治工作会议的代表赴合肥市庐阳区参观综治先进民企工作开展情况

2010年11月27日，合肥市隆重召开全国社会管理创新综合试点城市动员大会

省综治办工作人员检查肥西县综治工作资料台账

黄山市歙县县委政法委、县综治办领导深入山区农村了解农村治安情况

安徽省黄山市屯溪区

屯溪区为古徽州商业重镇，是黄山市政治、经济、文化中心。近年来，屯溪区以维护社会和谐稳定为目标，不断夯实综治维稳基层基础，完善治安防控体系，着力推进社会矛盾化解，深化各类平安创建，刑事发案连续6年保持下降，近4年来综治目标管理考核位于全市前列。2005年被授予“全省社会治安综合治理模范县（区）”称号，2007年被省委省政府命名为“平安县（区）”。

市委常委、政法委书记汪建设观看指导屯溪区“五五”普法依法治理工作成果展

区委常委、政法委书记周永健督查各学校“校讯通”安装情况

社区群众积极开展邻里守望老少互助活动，主动参与社区管理

开展万人签名拒绝邪教、崇尚科学活动

建立留守儿童爱心书屋，开展爱心妈妈结对帮扶活动

全国十大民间禁毒人士之一孙承佑，深入社区、农村宣传禁毒知识

青少年犯罪审判中注重关爱帮教，为迷途少年点亮回归明灯

安徽省黄山市黄山区

黄山区地处南方诸省入皖的要冲位置，境内拥有5A级景区黄山风景区和太平湖、芙蓉谷等5处4A级景区、30余处高品位景点，是集名山秀水为一体的休闲旅游区。近年来，该区紧紧围绕政法“三项重点工作”，以实施“638”工程为抓手，建立完善全覆盖、无盲区的“大化解”工作机制，全方位化解社会矛盾；强力推进平安“细胞工程”建设，激活最基层、最基础的综治元素，相继推出“平安景区”、“平安茶乡”、“平安农家乐”、“五老助平安”、“平安小康互助”等创建品牌，创新丰富了创建载体。该区先后被评为安徽省社会治安综合治理模范区、平安区，全区平安乡镇（街道）创建率达100%，群众安全感和对社会治安的满意率位居全省前列。

黄山市委常委、政法委书记汪建设在黄山区交通事故损害赔偿调解中心调研

黄山区区委书记陈明检查指导消防安全工作

黄山区区长徐立秋到谭家桥镇调研指导景区安全工作

黄山区委常委、政法委书记卢新龙到甘棠中心学校检查指导校园安全工作

黄山区司法所长入住安徽九成监狱管理分局孟湖监区，开展了集中学习锻炼和社会帮教活动

黄山区新明乡创新普法形式，打造“水上普法船”

黄山区甘棠中心学校在区消防中队开展消防安全教育实践活动

黄山区深入开展平安和谐景区创建工作，建立景区应急管理综治联动机制。图为石门峡景区在抢救受伤游客

安徽省六安市霍山县

近年来，霍山县委、县政府始终坚持“发展是第一要务，稳定是第一责任”的指导思想，以抓好社会治安综合治理工作为着力点，深入开展严打整治，有效化解矛盾纠纷，扎实推进“五五”普法，不断深化平安建设，社会治安综合治理工作卓有成效，于2009年捧回全国社会治安综合治理工作最高奖“长安杯”。

2010年，省委将霍山县确定为全省社会管理创新唯一试点县。县委、县政府在抓社会管理创新工作中，坚持以“长安杯”创建成果为基础，以“三个最大限度”为总要求，理清社会管理思路，整合社会管理资源，创新社会管理机制，提升社会管理水平，建立完善党委领导、政府负责、社会协同、公众参与的社会服务管理格局，努力形成霍山特色的社会服务管理体系，着力打造“平安、活力、诚信、和谐、魅力”新霍山，为实现“转型升级、和谐崛起、强县富民”目标创造更加和谐稳定的社会环境。

省委常委、政法委书记徐立全在霍山县检查指导社会管理创新工作

霍山县公安局构建和谐警民关系

霍山县大化坪镇大力推进社会管理创新工作

霍山县东西溪乡开展“干部群众面对面”活动

霍山县与儿街镇加强留守儿童暑期安全教育

霍山县落儿岭镇召开集镇拆迁风险评估听证会

霍山县漫水河镇开展领导干部带案下访活动

霍山县黑石渡镇召开平安社区建设座谈会

福建省

福建省举行2010年设区市党政领导综治责任书签订仪式

省委书记孙春兰出席全省社会治安综合治理工作会议并讲话

省委常委、纪委书记陈文清，省委常委、政法委书记徐谦调研指导综治平安建设

徐谦同志与中央综治办督导室主任胡增印等考察指导龙海市乡镇（街道）综治信访维稳中心建设

江西省

省委常委、政法委书记、省综治委主任舒晓琴网上接访解民忧

舒晓琴同志视察亚运安保环粤公安检查站建设

舒晓琴同志调研刑释解教人员安置帮教工作

舒晓琴同志调研综治基层基础工作

召开全省推进视频监控“天网”工程建设会

江西省国土资源厅

江西省国土资源厅党组十分重视社会治安综合治理工作，在上级的正确领导下，坚持做到“四个结合”常抓不懈——坚持党组亲自抓与部门具体抓相结合，坚持重点抓和经常抓相结合，坚持人防与技防相结合，坚持抓领域与抓系统相结合。此外，还坚持按照综治工作“条块”双重管理的要求，对厅系统的综治工作做到了组织领导到位、督促指导到位、检查考评到位，保证了全系统平安、和谐、稳定，为维护改革发展稳定的大局发挥了积极作用。2010年被评为江西省综合治理工作先进单位。

厅党组书记、厅长、厅综治领导小组组长胡宪在全省国土资源工作会上部署综治工作

胡宪同志接待群众来访

厅党副组书记、副厅长、厅综治领导小组副组长刘定明深入基层进行矛盾纠纷排查调处工作

厅纪检组长、综治领导小组副组长聂赣良在综治工作会议上讲话

召开全省国土资源系统综治工作会议暨综治干部培训班

2010年度先进单位在省国土资源系统综治工作总结表彰会上领奖

举办全省国土资源系统综治干部培训班

厅办公大楼视频监控室，保证了厅技防设施设备完善配套、性能良好

江西省国税局

江西省国税局自2003年列入江西省社会治安综合治理目标责任单位以来，认真贯彻落实中央和省综治委关于社会治安综合治理工作的部署，不断加强全省国税系统安全防范体系建设，社会治安综合治理工作取得了长足进步，省局机关2003—2010年连续8年获得全省社会治安综合治理目标管理先进单位、2007—2010年连续4年获得“平安单位”，2005—2010连续6年被评为“国家安全工作小组先进单位”。2009年，该局综治办主任被中央综治办、国家人力资源和社会保障部评为全国社会治安综合治理先进工作者并受到党和国家领导人接见。综治工作的顺利开展，有效地促进了税收各项工作。2010年，全省国税系统3个单位被评为“全国三八红旗集体”，3个单位被国家税务总局评为“全国税务系统先进集体”，省局机关等98个单位被评为“江西省第十二届文明单位”。

省局负责人与各地市及机关处室主要负责人分别签订综治责任书

加强综治宣传

开展综治培训

开展消防培训

开展“记功嘉奖”

开展安全检查

山东省

2010年9月，全国刑释解教人员安置帮教工作会议在青岛市召开，青岛市在会议上介绍了实施教育改造安置帮教一体化工程的经验做法

省委书记、省人大常委会主任姜异康亲切接见受到表彰的平安山东建设先进个人

省委副书记、省长姜大明亲切接见受到表彰的平安山东建设先进个人

省委副书记、省政协主席刘伟出席全省社会治安综合治理工作会议并讲话

省委常委、政法委书记、省综治委主任柏继民视察基层综治工作

山东省铁路护路联防办公室

2010年是山东省铁路大建设大发展、步入高铁时代的一年，也是全省护路联防工作全面改进加强的一年。全省各级护路联防组织紧紧围绕全省经济社会发展大局，发扬“一要实干、二要创新”的山东护路精神，以新建线路特别是高铁施工建设治安防控、涉路矛盾化解、护路模式创新为重点，全面落实铁路护路联防工作各项措施，确保了铁路沿线治安稳定和铁路运输安全畅通。在中央护路办年度检查考评中，山东铁路护路联防工作连续5年位居全国前列。

召开全省铁路护路联防工作会议

培训中心新设施

开展爱路护路宣传

护路队员巡查线路

组织演唱活动

山东省新泰市

新泰市平安协会建设得到上级领导的充分肯定和高度评价。2009年9月1日，中央综治委委员、团中央第一书记陆昊在新泰市平安协会调研

平安协会在新泰得到快速发展，截至目前，全市20个乡镇街道和电力、教育、卫生三个行业均建立了平安协会，796个村（社区）组建了分会，会员达到1.5万人，基本实现了各层面、宽领域的全方位覆盖。图为新泰市平安协会成立时的情景

平安协会由最初的为群众"看家护院"，逐步发展到参与矛盾化解、突发性事件处置、法制宣传教育、社会管理创新，走出了一条以人民群众为主体抓社会稳定的新路子，成为维护社会稳定的一支重要力量。图为泰安市召开推进社会管理创新暨平安协会建设经验交流会

新泰市依托平安协会创新社会管理的做法，引起了理论界的广泛关注，先后有50余名专家学者到新泰实地调研，中国政治学会、山东省政治学会先后两次召开平安协会建设理论研讨会。图为维护社会稳定促进社会发展暨新泰市平安协会建设理论研讨会现场

平安协会会员由社会各界有较高政治觉悟、法律政策水平和较强协调能力的人员组成，尤其是"三老"人员（老党员、老干部、老模范）成为各级平安协会的核心。他们采取"一案一策，一站式双联动"的办法，调处化解重大疑难纠纷和案件。图为新泰市平安协会会员在一起商讨矛盾纠纷调处情况

依托平安协会，进行广泛社会化动员和适度市场化运作，建设"天目工程"，市乡财政和平安协会投资1050万元，联通公司投资4700万元，在全市农村安装1200个电视摄像头，前端信号先与当地派出所分控中心相联，再与市应急指挥中心联网，实现市乡重点控制部位全面覆盖，治安情况实时监控。图为"天目工程"启动仪式

新泰市平安协会会员单位供电公司投资927万元，为全市912个行政村安装"平安灯"3万盏。"平安灯"使农村治安环境明显好转，极大地方便了老百姓的生产生活。图为禹村镇"平安协会"和沈西村对老百姓用上"平安灯"深表感谢

平安协会会员坚持依法、依情、依理和公开、公平、公正的原则，德法并举，沟通协商，柔性化解老百姓身边的矛盾纠纷。图为乡镇平安协会调处邻里纠纷时的情景

河南省

2010年7月13日至16日，全省召开各省辖市党委政法委书记、综治办主任和县（市、区）党委书记参加的社会治安综合治理工作会议

2011年1月10日，省委常委、政法委书记李新民在全省政法工作会议上为获得“河南省人民满意十佳政法单位”先进代表颁奖

2010年，10月16日，李新民同志在新郑市调研平安建设工作

省委政法委副书记、省综治办主任王建西为平安河南志愿者启动仪式揭牌

全省建立了9万多人的专职巡防治安队，图为郑州市巡防队员的工作情况

河南省三门峡市

三门峡市位于河南省西部，豫晋陕三省交界处，是随着万里黄河第一坝——三门峡大坝的建设而成立的新兴工业城市。近年来，三门峡市以争创全国综治“长安杯”为目标，积极创新群众工作新机制，加快实施科技防控体系建设，扎实推进社会管理创新，狠抓综治基层基础工作，全面落实社会治安综合治理各项措施，政法综治工作不断实现新的跨越。该市探索创新的“义马群众工作经验”、“渑池信访评估模式”、化解社会矛盾资金、信访代理制、周会审制、流动调解等做法，受到了胡锦涛、周永康等中央领导的充分肯定和批示推广；群众安全感和执法满意度连续位居河南省前列，连年被评为河南省平安建设工作先进省辖市，被河南省委、省政府授予首届“中原平安杯”；先后被中央综治委授予2001—2004、2005—2008年度全国综治优秀市；2010年10月被中央政法委、中央综治委确定为35个全国社会管理创新综合试点城市之一。

召开全国社会管理创新试点工作三门峡市动员大会暨启动仪式大会，中央综治委副主任、中央政法委副秘书长、中央综治办主任陈冀平出席并讲话

原市委书记李文慧在崖底街道调研平安建设工作

市长杨树平视察平安交通建设

市委常委、政法委书记郭绍伟深入灵宝市五龙村调研平安建设工作

投入8000万元建成的市级报警监控系统

举办平安建设集中宣传活动

警用直升机进行立体化打防控演练

政法干警深入田间地头化解矛盾

河南省洛阳市

洛阳是一座历史悠久、文化璀璨的历史名城，是“丝绸之路”的东方起点之一。现辖1市8县6区，以及1个国家级高新技术开发区和一个正厅级新区，总面积1.5万平方公里，总人口654万，经济总量在全国城市中排名位居前50名。近年来，洛阳市委、市政府确立了“福民强市”的总体奋斗目标，把加强平安建设、提高人民群众的安全感作为“福民”的重要途径，平安建设面临前所未有的良好机遇。市委政法委、市综治委乘势而上，顺势而为，组织动员社会各界、方方面面的力量，进一步强化平安建设领导责任，加强基层基础，实施社区警务战略和“技防全覆盖”工程，完善社会治安防控体系；深入推进“三项重点工作”，大力推行“三调联动”，强化行业专业调解组织建设，健全完善矛盾纠纷的排查化解工作机制；坚持凝聚工作合力，引导综治部门齐抓共管，不断创新工作举措，社会治安形势持续好转，群众安全感始终保持在95%以上，2009、2010年连续两年被评为全省“平安建设先进市”。

洛阳市委常委、政法委书记郭丛斌深入基层调研平安建设工作

栾川县委副书记、县长昝宏仓，县委常委、政法委书记杨海龙深入基层检查指导平安建设工作

杨海龙同志陪同市领导视察栾川县110大情报信息指挥中心

汝阳县人民法院院长胡博文对“法官村长”工作进行督察和调研

汝阳县平安志愿者深入社区开展工作

吉利区人民法院大力推行马锡五审判方式便民利民

洛阳石化协议解除劳动合同的职工二次就业后，组成的专职巡防队伍，担负着洛阳石化家属区的巡防工作，已经成为打造“零案社区”的一支有生力量

河南省舞钢市

舞钢市位于河南省中南部，是中国冶铁文化之都、中国优秀旅游城市、国家园林城市。2007年以来，全市累计投入2400万元建成了高标准的视频监控中心和监控平台163个，“平安大喇叭”、“平安互助网”等新型农村技防装置覆盖面和入户率分别达98%以上；全市13个乡镇（街道）全部高标准建立了“六位一体”的综治工作中心，各村（社区）建立了“五位一体”的综治工作站。同时，舞钢市坚持“日排查、周碰头”制度，实行“三调联动”等制度，有效化解矛盾纠纷。近年来，舞钢市全面贯彻落实科学发展观，紧紧围绕打造平安舞钢、构建和谐家园这一主线，不断加大平安创建工作力度，认真落实平安建设领导责任制，全面加强基层基础工作，严密构筑治安防控网络，深入推进“三项重点工作”，有力地维护了全市社会政治和治安大局的持续稳定。公众安全感指数连续三年保持在全省前30位，连续两年荣获河南省平安建设先进县（市、区），2010年度荣获全省平安建设工作“中原平安杯”，受到省委、省政府的表彰。

2010年5月，平顶山市在舞钢市召开平安建设暨信访稳定工作现场会，平顶山市委书记赵顷霖、河南省综治办副主任孙建国参加会议

平顶山市委常委、政法委书记李永胜在舞钢市枣林镇慰问基层工作同志

舞钢市委书记高永华到民营公司创建的监控中心调研

舞钢市各乡镇设立社会法庭，发挥作用明显。图为舞钢市市长白立凡为武功社会法庭揭牌

舞钢市实行日排查、周碰头、月考评、季分析制度，排查化解矛盾纠纷

各乡镇、街道高标准建设综治工作中心

河南省商丘市宁陵县

宁陵县位于河南省东部，辖9个乡、5个镇、364个行政村，总面积798平方公里，人口60万。近年来，宁陵县委、县政府坚持“科学发展是第一要务，平安稳定是第一责任”的方针，以开展“平安建设年”活动为载体，紧紧围绕平安建设、信访稳定、无邪教创建工作确保省先进，争创全国先进的“三大目标”，狠抓组织领导、严打整治、治安防范、矛盾纠纷排查调处、基层平安创建、法制宣传教育六大机制建设，形成了举全县之力、谋全民平安的大综治格局。宁陵县经济因平安而发展，社会因平安而和谐，人民群众实实在在地感受到了安全感和幸福感。2007年以来，公众安全感始终位居全省前列，2008—2010年连续3年荣获全省平安建设先进县，被授予“中原平安杯”。

在2011年1月11日全省政法工作会议上，省委常委、政法委书记李新民为宁陵县颁发“中原平安杯”

原县长李东升视察公安工作

县委常委、政法委书记赵志强检查平安村创建工作

县专职巡防大队街头巡逻

阳驿乡后陈村投资46万元建成了高标准的视频监控中心

湖北省

省委书记李鸿忠、省长王国生与市州和省直单位党政主要领导签订“湖北省2010年度市州和省直单位社会治安综合治理目标管理责任书”

省委副书记、省政协主席、省综治委主任杨松在宜昌市检查指导加强社会管理及其创新工作

省委常委、政法委书记吴永文在“6·12”见义勇为先进群体表彰大会上向烈士袁凡的父亲表示慰问和感谢

省综治委副主任、省委政法委副书记、省综治办主任鲁志宏调研指导农村综治基层基础工作

省综治委领导为“2009年度全省社会治安综合治理优胜单位”颁奖

湖北省铁路护路联防办公室

2010年，湖北省铁路护路联防工作紧密结合铁路发展与安全稳定的实际，主动服务上海世博会和广州亚运会，突出高速铁路护路联防，全面加强铁路护路联防基层基础建设，健全完善铁路沿线治安防控机制，进一步深化“平安铁路示范市县区”创建活动，确保了铁路治安持续稳定和运输安全畅通。铁路交通事故损失指数与去年同比分别下降5.4%和14.6%；涉铁刑事案件上升幅度低于全国平均水平80%；涉铁治安案件同比下降34%。

中央护路办检查组检查咸安区铁路沿线废旧金属收购点

副省长、省铁路护路联防工作领导小组组长段轮一部署2010年度铁路护路联防工作

省综治委副主任、省委政法委副书记、省综治办主任鲁志宏主持铁路护路联防工作会议

省综治办副主任、省铁路护路办主任黄仕明主持召开全省铁路护路办主任座谈会

黄仕明同志代表省综治办、省铁路护路办向基层综治工作联系点赠送办公用品

省护路办荣获2005—2008年度全国社会治安综合治理先进集体光荣称号

湖北省铁路护路联防办公室

铁路公安民警向沿线村民讲解铁路安全常识

护路小卫士深入到沿线村民家中开展安全宣传活动

铁路部门工作人员在铁路沿线中小学校开展生动活泼的爱路护路宣传活动

谷城车站铁路公安派出所在铁路道口为过往学生进行铁路安全常识宣传教育

“爱路护路，珍爱生命”活动走进大专院校

世博会期间邀请铁路公安专家进村入校宣讲爱路护路知识

省、市护路领导小组协调相关部门在京广线铁路桥拆除违章建筑

以每年三月宣传月为契机，开展铁路护路、爱路护路知识宣传

定期开展铁路护路知识户外宣传活动

京山车站铁路公安民警在农忙季节向村民发放铁路安全常识宣传资料

应城车站铁路公安派出所到铁路沿线学校举办铁路安全知识讲座

义务护路巡逻队在铁路沿线开展工作

铁路护路巡逻队正在开展护路巡逻

铁路沿线义务护路巡逻队整装待发

湖北省民政厅

省综治委委员、省民政厅厅长谢松保陪同省委常委、副省长张岱梨深入宜昌、荆州灾区，指导抢险救灾和治安稳定工作

谢松保同志在省广电总台节目现场接听群众热线，受理解决群众诉求

谢松保同志深入综治联系点麻城市面对面指导社会管理创新工作

湖北省信访局

省综治委委员、省委副秘书长、省信访局局长王永高接待来访群众

省信访局班子成员向省综治委检查组汇报机关 2010 年度综治工作情况

王永高同志在综治联系点广水市检查指导基层平安建设

湖南省

中共中央政治局常委、中央政法委书记、中央综治委主任周永康在省委书记周强等陪同下视察湖南基层矛盾调处工作

省委政法委副书记、省综治办主任林勇检查指导矛盾调处工作

省涉法涉诉联合接访中心领导接待上访群众

调解纠纷现场

广东省

中央综治办"环粤五省一区综治部门亚运安保协作会议"在广州市召开。中央综治委副主任、中央政法委副秘书长、中央综治办主任陈冀平出席会议并讲话

中共中央政治局委员、省委书记汪洋，省委副书记、省长黄华华，省人大常委会主任欧广源，省委常委、政法委书记、省综治委主任梁伟发等领导视察综治信访维稳中心

韶关市综治办在韶关学院举办"拒绝传销，净化校园"万人签名活动

深圳市流动人口和出租屋管理员清查登记租住人口

梅州市基层民警（法制副校长）为乡村小学的学生上安全教育课

广东省揭阳市

2010年，揭阳市社会治安综合治理工作以科学发展观为统领，坚持“打防结合、预防为主，专群结合、依靠群众”的方针，以深入开展“平安揭阳”创建活动为载体，强力推进以社会治安“十项整治”为重点的源头综合治理，重点推动“平安亚运”、综治信访维稳三级平台建设和综治维稳工作责任制落实，全面落实社会治安综合治理各项措施，以“大综治”推动揭阳经济社会“大发展”，确保全市社会治安保持良性循环状态。揭阳市连续6年被省综治委评为优秀市，综治信访维稳三级平台建设被省委政法委、省综治委评为一等奖。12月，中央政治局委员、省委书记汪洋莅揭调研时，赞扬“揭阳敢于鲜明地喊出‘力拔头筹’的口号，有‘舍我其谁’的气概，粤东地区非常需要这个劲头，希望你们保持这个劲头”、“揭阳现在的势头很好，每年都有新东西，每年都有新变化”。国务委员、中央综治委副主任、公安部部长孟建柱先后两次通令嘉奖揭阳市有功单位和人员。

省委常委、政法委书记、省综治委主任梁伟发在市委书记陈弘平、市长陈奕威陪同下，到基层调研综治信访维稳三级平台建设，肯定揭阳率先实行镇街中心专职副主任高配副科级的做法

全面推进法院系统诉前联调工作，市委常委、政法委书记周新全，市委政法委副书记、市综治办主任王开腾到榕城区调研检查诉前联调工作

周新全同志陪同省政法委秘书长朱穗生到基层调研

王开腾同志陪同省综治考核组下基层检查工作

亚运安保专项整治誓师大会

揭阳市榕城区荣获“全国平安建设先进区”授牌仪式

警车巡逻成为“平安揭阳”的一道亮丽风景

公安机关开展社会治安“十项整治”破门抓捕劫匪

广东省阳江市

阳江市地处我国广东省西南沿海，是全国刀剪之乡。近年来，全市各级党委、政府和综治部门坚决贯彻落实中央、省综治委的工作部署，紧紧围绕影响社会治安和社会稳定的突出问题，全面实施“排查化解矛盾，稳定社会；防控压减案件，惠及百姓”的工作思路，全力整治社会治安，把坚持严厉打击涉黑犯罪、压减多发性犯罪、压减命案作为重点，把建立完善社会治安防控体系、建立健全信访维稳大格局，加强综治长效机制建设摆在首要位置，坚持大力打击各种违法犯罪活动，及时处置矛盾纠纷和群体性事件，集中整治治安重点地区和突出的治安问题，取得了明显成效。2010年刑事发案大幅下降，3年没有发生重、特大恶性刑事案件；有效解决了群众关注的治安热点问题；大力扫除“黄赌毒”，社会治安环境进一步净化，突出的治安隐患得到有效化解；越级非正常上访逐年减少，解决信访突出问题成效显著。通过大力加强社会治安综合治理，实现了社会治安的根本好转，营造了人民群众安居乐业的社会环境。2010年，在全省综治信访维稳三级平台建设考核中获得一等奖；在2009至2010年度全省综治考核中获得优秀；在第七届中国城市品牌大会上，获得“平安城市”称号。

省委常委、政法委书记、省综治委主任梁伟发在市委副书记丘志勇等市领导陪同下检查基层综治工作

市委书记、市综治委主任林少春强调：各级党委一把手是综治维稳工作第一责任人

林少春同志慰问值勤民警

市委副书记、市长魏宏广在“阳联—2010”反恐维稳实兵演练活动中作指挥

市委常委、政法委书记、公安局局长郭少波检查镇综治信访维稳中心档案资料

市委政法委领导深入基层调解工作

广西壮族自治区

自治区党委常委、政法委书记、自治区综治委主任温卡华视察基层法院

温卡华同志视察基层派出所

南宁公安局开展“市民代表进警营”体验活动，局长廖洪涛向市民代表授旗

广西大力开展文明交通行动计划“百万网民”活动

广西壮族自治区铁路护路联防办公室

2010年，广西铁路护路联防工作全面落实自治区党委、政府关于平安广西建设的要求，紧紧围绕广西创建社会和谐稳定模范区的目标，按照“提高起点、突出重点、主攻难点、体现特点、培育亮点”思路抓好各项工作落实，深化“平安铁路示范市县”和“护路安全村”创建活动，全面开展“大排查、大接访、大调解、大防控”活动，有效排查化解涉路矛盾纠纷，不断强化基层基础，持续开展爱路护路宣传教育，大力整治治安和安全突出问题，取得显著成效，确保了全区铁路沿线治安持续稳定和运输安全畅通。在全国铁路护路联防工作年度考核中被评为优秀等级并名列前茅，自治区护路办荣立自治区平安建设三等功。

自治区党委常委、政法委书记、自治区综治委主任温卡华会见中央护路检查考核组

自治区副主席梁胜利在南宁铁路局党委书记莫忠陪同下，到南宁火车站检查指导铁路护路联防工作

自治区政府副秘书长郭文强，自治区党委政法委副书记、综治办主任刘耀龙等领导参观“广西铁路护路联防工作摄影、绘画、书法优秀作品展”

自治区综治办副主任刘发敏、南宁铁路局党委副书记张柳胜、自治区护路办主任龙因等领导现场指挥拆除非法私设道口

南宁铁路局局长张千里向“广西创建和谐稳定模范区新闻采访团”介绍“平安铁路示范区”创建工作情况

自治区综治委召开全区铁路护路联防工作会议，表彰2007—2009年度先进集体和先进工作者，部署推进围绕广西“两区一带”创建平安铁路示范市县活动和亚运安保工作

自治区综治委召开全区铁路护路联防组织整治道口专项行动会议

广西护路干部考察武广高铁护路工作情况

利用少数民族节日开展爱路护路宣传。图为在融水苗族自治县斗马节上开展护路宣传

广西壮族自治区钦州市

钦州市位于北部湾的顶端，是一座新兴的滨海城市，面积1.08万平方公里，人口370万，现辖两县四区。2010年，钦州市各级政法综治部门积极推进“三项重点工作”，广泛深入开展创建社会和谐稳定模范市活动，为经济社会发展营造一个平安和谐的环境，在第七届中国—东盟博览会上，钦州市被选为中国的“魅力之城”。

市委书记张晓钦、市长肖莺子到钦州港调研，听取群众对重大项目建设及征地拆迁工作的意见

2010年4月29日，张晓钦同志，市委常委、政法委书记寇兴广到钦北区检查综治维稳工作

2009年11月11日，自治区综治委在钦州市召开全区社会治安综合治理基层基础工作现场会，总结和推广钦州的经验

2010年5月份，市委、市政府部署开展“落实科学发展观千名干部下访回头看”活动，张晓钦同志在钦南区与群众座谈，了解社情民意

钦州市通过开展“警强、所美、班子好”活动，使政法综治部门的战斗力得到进一步提高，成为维护社会稳定的一支中坚力量

钦州市投资3700多万元的“天网”已初具规模，在社会管理创新方面发挥积极作用。图为市公安局110指挥中心正在运行中的电子视频监控系统

目前，钦州市61个镇（街道）已全部建立综治信访维稳中心。图为浦北县北通镇投资20多万元新建的综治楼

钦州市在2010年3月投资7000多万元，动工兴建市应急联动中心和市公安局处警中心，预计在2011年10月份可投入使用

2010年9月27日，钦州市举行综合应急救援支队成立暨5000万元进口消防车移交仪式，标志着该市社会管理创新迈上一个新台阶

2010年8月5日，在全区社会治安综合治理工作会议上，钦州市再次被自治区综治委命名为平安建设先进市，并在会上作经验介绍

广西壮族自治区岑溪市

2010年3月，召开全市政法综治信访工作会议，市委书记陈国禄、市长覃颂等主要市领导参加了会议。图为市委常委、政法委书记陈锦铿在会上作工作部署

积极开展市委书记大接访活动，认真听取群众诉求，积极化解社会矛盾纠纷，全力维护社会稳定，保障人民群众安居乐业。图为市长覃颂正在耐心接访群众

市领导以及政法委、信访局、民政局、人社局等有关部门的领导在市信访局约访二次入伍人员，就其诉求问题进行解答

积极开展法制宣传活动，加强法制教育，增加法制意识。图为辖区民警送法进校园，与学生开展面对面的法制宣传教育

积极开展创建安全文明小区活动，积“小安”为“大安”，全面提高社会治安综合治理的综合水平。图为岑溪市建设局积极创建安全文明小区

2010年10月，岑溪市由政府出资组建了一支130人的治安巡防队，积极开展治安巡逻防范工作，努力打造和谐稳定的治安环境，全力提升公众安全感

海南省

海南省召开社会治安综合治理工作现场会

召开中央社会治安综合治理检查督导暨汇报会

省委常委、政法委书记、省综治委主任肖若海视察海口市未成年人法制教育中心

肖若海同志在海口新港检查公安检查站建设工作情况

肖若海同志向获得优秀市县（区）的代表颁发奖牌

省综治委副主任、省综治办主任林捷在琼海阳江镇上科村等基层综治组织考察

召开工作会议，落实“三项重点工作”

召开安保工作会议，确保做好广州亚运会、残运会安保工作

重庆市

市委副书记张轩，市委常委、宣传部部长何事忠视察平安重庆建设成果展

市委常委、政法委书记、市综治委主任刘光磊接受新华网采访，谈一体化大综治工作

副市长刘学普视察交巡警平台

召开全市社会治安重点地区排查整治工作电视电话会议，刘光磊、刘学普同志及市委政法委常务副书记、市综治办主任陈焕奎出席会议

召开一体化大综治格局新闻通报会，刘光磊同志介绍工作情况

举办万名综治专干培训班，刘光磊同志在培训班上讲话

召开全市社会治安综合治理工作会议

四川省

2010年6月18日至19日，全国社会治安综合治理工作会议在成都召开，中共中央政治局常委、中央政法委书记、中央综治委主任周永康出席会议并讲话

省委书记刘奇葆慰问公安民警

2010年9月3日，省委、省政府召开全省完善大调解体系健全工作运行机制现场会议，省委常委、政法委书记、省综治委主任王怀臣出席并讲话

省委副书记、省长蒋巨峰，省委常委、常务副省长魏宏慰问武警官兵

省委常委、省总工会主席李登菊及王怀臣同志出席加强重点青少年群体教育帮助工作联席会并讲话

省委政法委副书记、省综治办主任王萍到成都火车站指导春运工作

大调解“四川模式”工作现场

藏区民警冒着雪巡逻检查稳定隐患

四川省什邡市

什邡市地处川西平原，是“三星堆”文化的核心地带、中国佛教禅宗第八代祖师马祖道一故里、首个“中国矿泉水之乡”和“中国雪茄之乡”，是国务院确定的“5·12”特大地震10大极重灾区之一。作为胡锦涛同志“三讲”教育和周永康同志农村“三个代表”学教活动联系点，什邡市委、市政府、市综治委一直以促进民生改善为根本，以维护社会和谐稳定为目标，不断深化矛盾纠纷“大调解”，大力推进社会管理创新，切实强化治安防控体系，有效推进平安建设。全市社会治安综合治理工作连续15年评为德阳市“优秀单位”，是德阳市唯一“模范单位”；2006年被省委、省政府首批命名为“省级平安市”；2009年被省综治委命名为“平安建设先进市”；辖区铁道线自2005年来连续5年被评为“省级平安铁道线”；被中央综治委、人力资源和社会保障部授予“2005至2008年度全国社会治安综合治理先进集体”荣誉称号。

中共中央政治局常委、中央政法委书记、中央综治委主任周永康视察什邡灾后综治（平安建设）工作

市委书记、市人大主任李成金，市委副书记、市长李卓，市人大党组书记、市人大副主任李长可组织部署反恐处突演练暨公捕公判工作

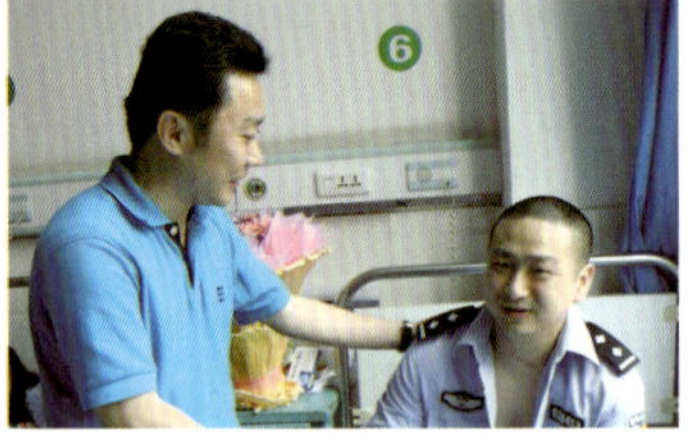

李卓同志看望、慰问受伤民警

市委常委、政法委书记、市综治委主任刘光乐，副市长、市综治委副主任、市公安局局长李刚安排部署“三电”设施安全保护工作会

刘光乐同志就平安建设工作进行专题讲授

市委、市政府召开信访稳定暨矛盾纠纷“大调解”工作会。李成金同志及分管领导出席会议并讲话

扎实、深入开展刑释解教人员安置帮教工作

扎实开展军地预防犯罪共建平安工作

由基干民兵、治安积极分子组成的“红袖标”巡逻队覆盖村（居）、企事业单位

开展校园法制宣传，努力预防和减少青少年违法犯罪

贵州省

2010年6月9日，中华见义勇为基金会理事长贾春旺为贵州省见义勇为先进人物颁奖

全省学校及周边治安综合治理现场会在凯里市召开

贵阳市流动人口协管员在南明区小碧乡小碧村采集流动人口信息

铜仁市召开重大工程项目社会风险评估专题论证会

清镇市社会矛盾调处化解中心成立

惠水县矛盾纠纷调处中心揭牌

西藏自治区

自治区党委副书记、自治区主席白玛赤林出席全区社会治安综合治理暨流动人口服务管理工作会议并作重要讲话

2010年10月26日，召开全区社会治安综合治理暨流动人口服务管理工作会议，自治区党委副书记、政法委书记、自治区综治委主任张裔炯出席会议并作总结讲话

时任自治区党委常委、政法委书记、自治区综治委主任王宾宜视察综治宣传月活动

与会代表参观街道、社区流动人口服务和管理工作

公安干警向广大人民群众发放宣传资料

广大市民深入各宣传点了解宣传知识、学习收集宣传资料

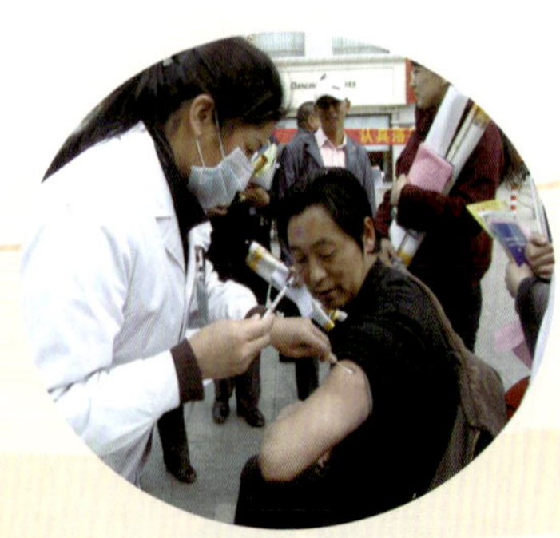

宣传活动期间，医务工作者免费为市民注射疫苗

陕西省

2010 年 12 月 23 日，陕西省召开平安建设大会，中央综治委副主任、中央政法委副秘书长、中央综治办主任陈冀平出席并讲话

省委书记、省人大常委会主任、省平安建设领导小组组长赵乐际出席全省平安建设大会并讲话

2010 年 12 月 23 日，以省委、省政府办公厅的名义召开陕西省平安建设大会

省委副书记、代省长、省平安建设领导小组第一副组长赵正永出席全省平安建设大会并讲话

省委副书记王侠出席全省平安建设大会并讲话

省委常委、政法委书记、省综治委主任、省平安建设领导小组副组长兼办公室主任宋洪武出席全省平安建设大会并讲话

甘肃省

2010年2月4日，中华见义勇为基金会春节慰问甘肃见义勇为人员座谈会在兰州市召开。中华见义勇为基金会常务副理事长李顺桃，省委常委、政法委书记、省综治委主任、省见义勇为基金会名誉理事长罗笑虎出席座谈会

2010年1月23日，罗笑虎同志亲切看望“铁心法官”崔正涛的妻子姜娅萍，并为她送去慰问金5万元

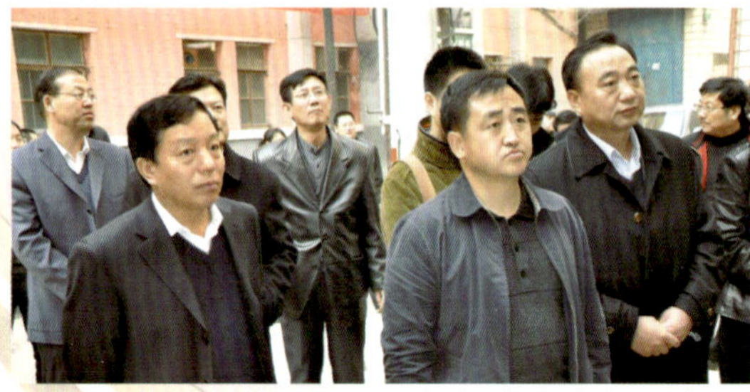

2010年11月25日，中央综治办督导室副主任窦朝晖在省委政法委秘书长、省综治办主任牛纪南的陪同下，对兰州市社会治安综合治理及平安建设工作进行督导检查

2010年2月4日，省委政法委、省综治办在兰州市东方红广场举办“迎新春、保平安”年画春联赠送活动，22万张以平安、和谐、喜气为主要内容的年画和新春楹联走进兰州百姓家庭

2010年5月6日至8日，罗笑虎同志在天水就贯彻落实全国、全省政法工作会议精神，加强校园及周边治安安全工作进行调研督导

2010年3月24日下午，甘肃省社区矫正工作领导小组在兰州市召开全省试行社区矫正工作动员部署电视电话会议，副省长、省社区矫正工作领导小组组长张晓兰出席会议并作动员讲话

2010年1月18日，召开全省政法工作会议，总结部署政法综治工作，表彰综治先进单位

2010年4月21日，全省刑释解教人员安置帮教工作会议在平凉市召开

青海省

2010年7月24日，省委书记、省人大常委会主任强卫向获得平安建设先进区县颁发奖状

省长、省综治委主任骆惠宁向获得平安建设先进个人颁发荣誉证书

省委常委、政法委书记、省综治委常务副主任李鹏新在基层调研指导政法综治维稳工作

2010年3月27日，省社会治安综合治理委员会召开全体（扩大）会议，安排部署全省综治工作

2010年9月7日，全省城区综治工作现场会在西宁和格尔木召开，会议代表聆听格尔木市石油社区工作人员讲解关于社区网格化管理

宁夏回族自治区

2010年9月，中共中央政治局常委、中央政法委书记、中央综治委主任周永康在自治区党委书记张毅、自治区主席王正伟等陪同下视察自治区政法综治工作

张毅同志莅临自治区党委政法委、自治区综治办检查指导工作

2010年6月，自治区党委副书记于革胜在自治区党委常委、政法委书记苏德良，自治区党委政法委常务副书记、自治区综治办主任冀晓军陪同下深入社区调研平安建设工作

基层政法综治干部深入农户积极开展矛盾纠纷排查调处工作

“中阿经贸论坛”期间，执勤民警向外籍人员提供优质服务

执勤民警坚守岗位确保校园及周边地区安全稳定

新疆维吾尔自治区

2010 年 8 月，自治区党委书记张春贤、人大常委会主任艾力更·伊明巴海、政协主席艾斯海提·克里木拜等自治区领导听取全国百名法学家百场报告会

2010 年 9 月，自治区召开“加强社会建设，创新社会管理工作会议”，自治区主席努尔·白克力出席会议并讲话

2010 年 11 月，自治区党委常委、纪检委书记、政法委书记、自治区综治委主任符强深入基层调研社区基层基础建设情况

2010 年 11 月，符强同志，自治区党委常委、乌昌党委书记、乌鲁木齐市委书记朱海伦看望特警官兵

2010 年 9 月，自治区召开做好少数民族群众到内地务工、经商服务管理工作会议，符强同志参加会议并讲话

2010 年 11 月，自治区党委副秘书长、政法委秘书长郭永辉在昌吉州检查政法、综治、维稳工作

2010 年 8 月，自治区党委政法委副秘书长、自治区综治办主任刘克勤深入乌鲁木齐大中专院校，检查调研学校治安防控体系建设情况

新疆生产建设兵团

2010年12月19日，兵团党委常委、副政委、政法委书记、见义勇为协会会长王继亮接见从北京归来的见义勇为好司机王建设

农七师综治办主任刘兆俊在农十四师皮山农场考察宗教场所及宗教人士管理工作

农一师阿拉尔市工会等组织为农民工送健康活动

农四师公安机关和综治部门开展流动人口清查工作

农七师中学综治办举办预防青少年违法犯罪展览

农八师审判机关组织青少年开展青少年模拟法庭，预防和减少青少年违法犯罪

建工师将公民法律知识读本送到建筑工地一线

农十二师公安机关开展流动人口清理清查工作

十五、地 方 篇

北 京 市

2010年社会治安综合治理工作概况

2010年,在中央和北京市委、市政府的坚强领导下,在中央各部门各单位和各省区市的大力支持下,首都综治系统认真贯彻落实中央和北京市委、市政府总体工作部署,坚持以加强基层基础建设为主线,深入推进三项重点工作和平安北京建设,全面落实社会治安综合治理各项措施,首都综治和安全稳定各项工作在平安奥运、平安国庆的基础上得到进一步加强,社会治安防控和维护稳定能力水平进一步提升,有效保障了首都持续安全稳定,为促进首都经济社会发展和建设世界城市创造了良好社会和城市环境。

一、全面深入推进三项重点工作

(一)大力推进社会矛盾多元调解体系建设。首都综治办组织协调北京市高级法院、北京市政府法制办、北京市司法局等单位开展了"大调解"专题调研,大力构建社会矛盾多元调解体系。一是制定工作意见。研究制定了《关于构建全市社会矛盾多元调解体系的意见》及其配套的加强人民调解、行政调解、司法调解的工作意见,并广泛征求了北京市27个部门和团体的意见。10月20日,市委常委会专题听取了构建社会矛盾多元调解体系的工作汇报,北京市委办公厅、市政府办公厅下发了《关于构建全市社会矛盾多元调解体系的意见》。二是推进人民调解进立案庭、进派出所。协调北京市高级法院、北京市公安局、北京市司法局等单位,分别召开了民调进立案庭、进派出所现场会,推动北京市各级人民法院立案庭、基层法庭设立人民调解室(窗口),在北京市346个户籍派出所建立了治安民间纠纷联合调解室,加强了人民调解与行政调解和司法调解的衔接。三是推行信访代理制。充分发挥综治体制机制优势,从解决民生问题入手,建立了走访群众机制,推行了信访代理制,加大了从源头上化解矛盾纠纷的力度。四是推动在行业行政管理领域建立调解组织。召集有关部门对在公共交通、医疗、建设、物业、消费、治安、劳动、交通事故等社会矛盾多发领域建立调解组织进行了深入研究,重点加强了建筑工程、商业消费等领域的人民调解工作。通过构建社会矛盾多元调解体系,进一步加大了矛盾纠纷的化解力度,为在第一时间、第一地点、低成本、高效率地化解矛盾纠纷,做到"小事不出社区村,大事不出街乡镇,矛盾不上交"打下了坚实的基础。

(二)推进社会管理创新工作取得明显进展。一是推广农村地区村庄社区化管理工作模式。首都综治系统通过试点实施村庄社区化管理,全力推进农村地区的社会管理创新,得到了周永康、刘淇、孟建柱、郭金龙、王安顺等领导同志的充分肯定。2010年8月11日,在总结试点成功经验的基础上,首都综治办、北京市公安局联合召开了全市村庄社区化管理工作推进会,制定了《关于在城乡结合部地区实施村庄社区化管理工作的意见》,推动各区县加强农村地区管理资源整合,实行村庄封闭式管理,逐步建立面向全体农村群众的公共服务体系。目前,北京市共有13个区县的668个村庄正在推行社区化管理,已完成社区化管理的村庄可防性案件立案数同比下降24%。二是推广城市管理综合行政执法工作模式。首都综治系统将城市管理的统筹协调纳入综治工作范畴,并作为综治维稳工作中心建设的重要内容,在全市街乡镇建立了公安、工商、城管、交管、消防、文化等部门参加的联合执法队伍和工作机制,推动基层联合执法工作实现经常化和常态化。三是推动区县全面启动"阳光中途之家"建设。按照中央要求,首都综治办协调市委办公厅、市政府办公厅转发了《首都综治委关于进一步加强刑满释放解除劳教人员安置帮教工作的实施意见》,并于2010年9月7日召开现场会,部署在北京市建设"阳光中途之家"工作,计划利用两年时间,在北京市各区县全部建成集社区服刑和刑释解教人员临时救助、居住安置、教育培训、技能培训和心理咨询等服务于一体的公益性机构。四是推动社会管理创新综合试点工作。针对东城、朝阳二个试点区,首都综治办联合北京市委社会工委对试点工作进行了部署,确定了责任领导和联系处室,加大了对试点区的指导力度,组织两个区确定了试点内容、时间安排和阶段性任务,积极协调有关部门加大经费投入,确保了试点工作的顺利进行。这种先试点、后推广的工作模式,保证了社会管理创新的各项工作既突出创新的综合性、又突出区县的特点,既注重总结方法手段、又注重理顺体制机制,既有创新的模式、又有创新的政策。

(三)深入开展社会治安重点地区排查整治工作。2010年,按照中央综治委的工作部署,首都综治办、市流管办组织协调各级各部门对社会治安重点地区和突出治安问题进行了持续不断的排查整治。一是建立组织领导体系。以首都综治委、办为主体,成立了由副市长刘敬民同志牵头的排查整治工作领导小组及办公室,制定了《关于进一步加强社会治安重点地区排查整治的工作意见》,组织北京市公安局等10余个主要职能部门制定了本系统排查整治工作方案。二是建立经常性工作机制。出台了《关于建立健全社会治安重点地区排查整治经常性工作机制的若干规定》,建立了工作例会制度、"日监测、周分析、月通报"制度、风险预警机制、举报奖励制度、督导检查制度、挂账销账制度,实现了对治安重点地区和突出治安秩序问题的滚动排查、滚动挂账、滚动整治、滚动销账。三是开展专项整治行动。以市级挂账的50个治安重点地区、50个高发案地区、50个流动人口重点村为重点,集中组织开展了打黑除恶、打击系列侵财犯罪、打击非法行医、街面环境秩序百日整治、交通秩序综合整治以及"脉冲"、"晨锋"、"平安街头"等各种专项整治行动,严厉打击各种违法犯罪活动,全面加强市容环境和城市秩序整治。通过集中整治,北京市街头刑事警情同比大幅下降,刑事发案和110刑事警情降至近六年新低,重点地区的城市秩序、交通秩序、市容环境明显改善。

(四)整合基层资源力量,形成维护稳定工作合力。一是推进街道乡镇综治维稳工作中心建设。按照市委常委会要求,首都综治办协调市委办公厅、市政府办公厅转发了《关于进一步整合基层维稳力量在全市街道乡镇组建综治维稳工作中心的意见》,研究制定了工作中心建设的标准,推动各区县加大建设力度,目前北京市324个街道(乡镇)已全部建立了综治维稳工作中心并进入实体性运作,初步形成了基层综治维稳工作一个领导负责、一个窗口接待、一套机制运行的工作格局。二是建立完善综治工作专项协调委员会。调整和建立了首都综治委领导下的10个综治工作专项协调委员会,由市委市政府9名常委和副市长兼任主任,专门负责重点行业、系统安全稳定工作的统筹协调,加强了重点行业系统内部综治工作及其突出问题的解决力度。三是创新发展首都群防群治工作。以群防勤务化、群治社会化、管理制度化、保障多元化为重点,探索建立了新时期人民群众参与社会管理的新机制,有效应对了经济社会发展对社会建设和管理、维护社会稳定工作带来的新要求、新挑战。周永康同志对此给予了高度评价:"北京市探索群防群治工作新模式,从单纯治安防范到参与社会矛盾化解、社会服务管理,取得了好的成效。"四是建立"以奖代补"保障机制。协调北京市财政局联合印发了《关于进一步加强首都社会治安综合治理工作经费保障的实施意见》,进一步明确了综治工作经费分级保障制度,建立了"以奖代补"机制,由市财政每年安排1500万元用于奖励综治年度考核位于前列的区县,重点补助基层综治工作经费。通过大力加强基层基础建设,首都综治工作在夯实基层组织、壮大基层力量、整合基层资源、强化基础工作等方面取得了突破性进展，为社会管理创新奠定了坚实的基础。

二、2010 年治安形势和群众安全感情况

（一）违法犯罪数量低位运行，破案数量创近十年新高

2010 年，北京市刑事案件立案数量与近年相比，低于 2005 年、2006 年和 2007 年，高于北京奥运、建国六十周年安保期间的 2008 年和 2009 年，立案数量保持常态。破案数量同比上升 11.7%，创 2001 年以来新高。

（二）群众安全感保持高位，社会治安状况得到社会各界的高度评价

据国家统计局北京调查总队发布数据，2010 年，北京市群众安全感指数为 92.7%，同比持平并继续保持在 90% 以上的高位区间。另据零点研究咨询集团 2010 年 9 月份发布的中国最安逸城市榜显示，北京因为“治安好”和“首都地位”等优势获选成为中国最安逸的城市。调查显示，因“治安好”而选择北京的人数达到 31.8%，远高于“首都地位”（占 18.2%）和“经济发达”（占 10.2%）的投选比例。

三、专门工作领导小组工作情况

（一）流动人口服务管理工作

1. 积极组织开展流动人口服务管理创新，流动人口管理工作水平进一步提升。总结推广大兴区“村庄社区化管理工作”模式，全力推进城乡结合部地区社会管理创新，进一步强化流动人口基层基础工作。总结推广石景山区“新居民互助服务站”模式，下发《关于推广新居民互助服务站建设，进一步提高流动人口服务管理水平的意见》，开展流动人口自我服务、自我管理的新型流管模式探索创新。积极探索创新出租房屋管理新模式，形成了网格管理、集中公寓、村企联管、集约经营、契约共治、互助自管六大创新模式，促进了流动人口服务管理工作水平的整体提升。

2. 积极组织开展流动人口聚居地区排查整治工作，新形势下社会管控能力进一步提升。大力开展城乡结合部市级挂账 50 个流动人口聚居村建设改造工作。综合运用规划、土地、财政等手段，通过统筹土地资源、土地储备开展一级开发等工作，在城市化建设进程中推进全村的整体拆除改造，变村庄为社区，彻底治理流动人口聚居村点。截至 2010 年底已有 16 个重点村完成了旧村搬迁工作。对区县级挂账整治的 45 个和街乡镇级挂账整治的 54 个流动人口聚居村点开展重点排查整治工作，建立滚动排查整治工作机制。通过排查整治工作，群众安全感不断上升，达到 92.7%。组织公安、建设、劳动、工商、卫生等相关职能部门开展出租房屋专项整治行动，先后查处各类违法乱纪人员 6529 人，取缔无照经营 230 家，纠正各类违法经营行为 459 件。

3. 积极组织开展为流动人口办实事工程，流动人口在京工作生活环境进一步优化。协调北京市各区县和相关部门研究推出 36 项为流动人口办实事项目并向社会公布。截至 2010 年底，36 项实事已全部办结，为流动人口提供了有效的服务保障，受到流动人口的广泛好评。

4. 积极组织开展流动人口管理信息化建设，以信息化手段服务现实工作水平进一步提高。截至 2010 年底系统平台主体建设项目已基本完成并投入实际应用。北京市近 4000 社区（村）流动人口基层服务站全部联通，实现流动人口和出租房屋基础信息直采直录，动态实时更新，形成了全市性的流动人口数据资源体系，实现了部门对流动人口数据的共享应用，提升了北京市流动人口服务管理工作信息化水平和社会管理、城市管理能力。建立了北京市流动人口数据监测分析中心，实时动态监测北京市流动人口和出租房屋总量变化情况，为北京市委市政府研究制定有关流动人口和出租房屋服务管理政策提供基础依据，指导区县积极开展流动人口总量调控、有序管理工作，同时为各部门研究开展流动人口服务管理工作提供数据信息支持。建立了流动人口基础信息动态多元化采集登记体系，通过多元化采集，各部门信息相互补充完善，准确率大幅度提升，数据质量得以提高。

5. 积极组织开展流动人口基础调查工作，基层基础工作进一步巩固。组织开展“百日核查”，提高基础数据质量。加强流动人口管理员队伍建设。2010 年以来，北京市各区县共新增流动人口管理员 5000 余人，截至 2010 年底北京市流动人口管理员队伍已达 1.5 万人。通过建立管理员教育培训制度、工作考核制度、管理规范制度等一系列制度，进一步加强了管理员队伍规范化建设。

6. 积极组织开展重大问题调查研究，有效推

进重点难点问题的进一步解决。组织开展居住证制度调研,出台相关调研报告报送市领导决策参考。组织开展少数民族流动人口服务管理工作调研,在此基础上,北京市委市政府下发了《关于进一步做好在京新疆少数民族群众服务管理工作的意见》。组织开展北京市流动人口若干重大问题研究。成立北京市流动人口若干重大问题研究课题组,全面开展课题研究工作,汇编成《北京流动人口问题研究》,为北京市流动人口服务管理工作做出了理论性研究和前瞻性研究。

(二)刑释解教人员安置帮教工作

1. 以人为本,注重从源头上预防和减少重新犯罪,社会效果日益显现。2010 年,北京市在册刑释解教人员总体稳定,没有发生重特大刑事案件或影响社会安全稳定事件。2010 年刑释解教人员重新犯罪率同比下降 34%。帮扶安置力度加大,效果明显,绝大部分刑释解教人员就业有门路,生活有着落,安置率超过 85%,已衔接人员帮教率超过 95%。

2. 立足长远,进一步健全制度体系,推动矫正帮教工作制度创新。出台了《北京市贯彻落实中办 5 号文件的实施意见》、《北京市司法局关于推进区县阳光中途之家建设的意见》、《北京市贯彻落实京办发[2010]16 号文件的实施方案》。为进一步提高北京市安置帮教工作质量、完善机制、探索创新奠定了坚实基础。

3. 基础建设力度加大,教育转化质量进一步提高。目前,北京市已形成一个纵到底、横到边、辐射到点,市、区(县)、街道(乡镇)、社区居委会(村委会)四级帮教网络,为进一步开展安置帮教工作提供了有力的组织保障。

(三)预防青少年违法犯罪工作

着力加强预防青少年违法犯罪基层基础工作。成立了首都综治委预防青少年违法犯罪工作领导小组,加强对预防青少年违法犯罪工作的统筹协调。建立了市、区、街道三级预防青少年违法犯罪工作体系,并不断加强制度建设,完善工作机制。全面深化重点青少年群体教育帮助和犯罪预防工作,开展了重点青少年群体排查摸底专项行动,及时更新和维护重点青少年群体数据库信息,加强重点青少年群体危险度评估,增强管控工作的针对性和实效性。全面深化重点青少年群体教育帮助和预防犯罪试点工作。确定了北京市海淀区为闲散青少年群体教育帮助和预防犯罪试点地区并切实做好试点工作,并向中央综治办、中央综治委预防领导小组办公室提交试点工作总结报告。实施社会体验、技能培训、志愿传递、我爱我家、重返校园、法宣普及、心心相印、成长鉴定“八大行动”。组织开展了“共青团与人大代表、政协委员面对面”活动,为引导青年的有序政治参与提供了载体。着力加强工读学校建设工作,注重改善和建设工读学校的办学条件和设施。2010 年度北京市工读学校没有流失学生,年度内也没有学生重新违法犯罪行为。

(四)铁路护路联防工作

1. 全力抓好铁路护路联防基层基础工作。紧密依托综治工作平台,着力加强了以完善铁路沿线乡镇(街道)、社区(村)铁路护路组织网络和工作网络建设,使区县、乡镇(街道)、社区(村)三级护路网络建设进一步得到了强化,形成了护路工作有人管,工作落实有人抓的良好态势。进一步健全和完善铁路护路联防工作管理和考核机制,着力推动铁路护路联防基础档案工作规范化,巩固提高铁路护路联防基层基础。

2. 认真做好铁路护路联防宣传工作。北京市各级护路组织采取多种形式加大了爱路护路宣传工作的频率,提高宣传工作的质量。深入开展了以“爱路护路、关爱生命”、“乘高铁、学经验、促和谐、保平安”活动、铁路护路宣传“进学校、进乡村、进社区、进企业、进家庭”活动等铁路护路宣传教育工作。2010 年,北京市各级铁路护路组织共开展各种护路宣传活动 72 场次,对千余所中小学校的学生进行了铁路安全常识教育,总计发放宣传品 10 万多份,签订安全《责任书》12000 余份,受教育群众达数十万人次。

3. 认真做好涉路矛盾纠纷排查化解工作。2010 年,北京市排查各类涉路矛盾苗头及隐患问题共计 20 类 87 件。按照一个问题、一套人马、一个方案、一抓到底的原则,认真做好调处化解的工作,将问题解决在基层,消灭在萌芽状态。

4. 认真做好铁路沿线及大站周边的治安环境整治工作。继续加强对铁路沿线及周边废旧物品收购站点的清理整治和日常监管力度。着力加强对铁路沿线存放危险物品重点处所的监管、习惯性治安问题整治和反恐防爆力度,确保了铁路沿线及车站周边治安秩序的持续稳定。

（五）学校及周边治安综合治理工作

1. 深化学校及周边治安综合治理工作体系与长效机制建设。成立了首都综治委学校及周边治安综合治理工作协调委员会及办公室，健全完善工作例会、形势会商、情况通报、专案协调和督导检查等各方面工作机制，推动中小学及高校、综治工作体系规范化建设。层层签订综治和安全稳定责任书，细化落实工作责任。

2. 全力做好中小学、幼儿园安全防控。成立学校及幼儿园安全工作领导小组和专项工作小组，统筹协调推进校园安全工作。先后4次召开北京市教育系统工作会议，研究制定《关于进一步加强全市中小学、幼儿园安全管理与防范工作的意见》与《安全防范工作标准》，部署指导各级各类学校做好校园安全保卫工作。北京市各级公安、教育部门、各区县迅速为各类中小学、幼儿园增配简易有效的物防器材，并开展了应急演练和人员培训。公安机关以上学、放学等时段为重点，全面实行"高峰勤务"机制，每日组织巡特警、治安、派出所等相关警种警力5800余人，巡逻车1500余辆加强巡逻防控。各学校严格校园门卫制度，并针对校园内部重点要害部位、疏散通道、师生宿舍等处，开展了安全检查4000余次，消除安全隐患122处。各区县组织治安巡防队、保安员、治安志愿者、流动人口协管员、治安保卫干部、人武专干等群防群治力量2万余人组成严密的防控网络。

3. 深入开展校园及周边治安综合治理。研究制定《关于进一步加强全市高校及周边治安综合治理创建平安和谐校园的意见》，巩固校园安全防范和周边综合治理工作成效，探索建立校园安全工作长效机制。工商、城管、文化执法等部门分别组织开展校园周边治安隐患大排查、大整治，对校园周边违规经营的歌舞厅、游艺厅、网吧以及非法餐饮、书刊、音像摊点，坚决依法整治或取缔；对黑车揽客、无照摊贩等治安突出问题，进一步加大查处力度，有效净化了校园周边治安环境。加大对校园周边流动人口、暂住人口和出租房屋、中小旅店、娱乐服务场所以及地下通道、施工工地等复杂部位的治安管理力度，消除各类安全隐患。北京市各级公安机关对各类涉及师生、儿童安全的案件，实行专案专人责任制，快侦快破；对校园周边流氓恶势力团伙，坚持露头就打，坚决防止发展蔓延。

中共北京市委办公厅　北京市人民政府办公厅
关于进一步整合基层维稳力量
在全市街道乡镇组建综治维稳中心的意见

（2010年5月12日）

为贯彻落实中央和市委、市政府关于加强社会治安综合治理基层基础建设和"平安北京"建设的各项工作部署和指示精神，深入推进社会矛盾化解、社会管理创新、公正廉洁执法三项重点工作，现就整合基层维稳力量，在全市各街道、乡镇组建综治维稳工作中心（简称"综治维稳中心"），统筹开展社会治安综合治理、矛盾纠纷排查化解、维护社会和谐稳定、协调社会服务管理等工作，构建统一指挥、运转高效的综治维稳工作格局，夯实维护首都安全稳定工作基础，提出以下工作意见。

一、充分认识当前整合基层维护稳定工作力量的重要意义

近年来，市委、市政府高度重视社会治安综合治理工作，各地区、各有关部门为应对人民内部矛盾凸显的形势，扎实工作，积极探索，创造了许多好经验好做法，为完成一系列重大安全保卫任务、维护首都安全稳定发挥了重要作用。随着首都经济社会的快速发展，基层维护稳定力量相对分散、统筹协调力度不够等基层基础建设薄弱的问题日渐突出，与当前形势任务和构建和谐社会首善之区的要求不相适应。整合基层各行政执法、司法部门和社会组织的资源力量，提高维护稳定和城市管理的能力水平，是当前首都综治工作的迫切需要。组建街道（乡镇）综治维稳中心，充分发挥综治体制机制优势，凝聚基层各方力量，构建基层党委政府排查化解矛盾纠纷、协调社会服务管理的工作平台，是社会管理工作方式方法的创新，也是落实中央深入推进社会矛盾化解、社会管理创新、公正廉洁执法三项重点工作的客观要求。各级党委、政府和各有关部门要从维护首都安全稳定，加强党的执政能力建设和基层政权建设的高度，牢固树立维护稳定是第一责任的意识，进一步提高思想认识，精心组织，切实抓好综治维稳中心组建工作，为首都长治久安提供坚强有力的基础保障。

二、综治维稳中心的领导体制和工作职能

综治维稳中心是在街道（乡镇）党委、政府和综治委的领导下，由综治办牵头组织协调，各有关部门协作联动，集矛盾化解、维护稳定、平安建设和城市综合执法为一体的工作平台。通过综治维稳中心建设，实现基层安全稳定工作由主要领导负总责，一个领导分管、一套体制机制统筹、在一个平台上运作、由一个窗口接待群众。

（一）组织领导体系

综治维稳中心主任由街道（乡镇）工（党）委专职副书记担任，负责中心全面工作；中心常务副主任可由行政副职担任，负责中心日常工作，发挥指挥协调和督导检查作用。派出所、司法所、工商所、城管分队、武装部、信访办、矛盾纠纷排查调处中心等行政执法、司法部门和社会管理部门的主要领导担任中心领导成员。

（二）工作职能

综治维稳中心统筹矛盾排查化解、城市综合执法、动态信息研判、基层平安创建四项工作。

矛盾排查调处工作依托矛盾纠纷排查调处中心，设群众接待窗口，统一受理群众来信来访和分办事项。受理群众来信来访等事项后，属人民调解范畴的，由司法所和人民调解委员会进行调解；属行政调解范畴的，由相应行政主管部门进行调解。调解未成功的，由当事人提起仲裁请求或诉讼后，由仲裁机构或法庭组织裁中调解或诉中调解。

城市综合执法工作依托城市综合管理指挥中心，指挥协调公安、工商、城管、文化、交通等有关部门及治安巡防队、治安志愿者、预备役民兵、流动人口管理员、安全稳定信息员等群防群治队伍力量和资源，根据地区维护稳定工作要求，组织开展联合执法、社会面防控等城市管理工作。

动态信息研判工作依托城市综合管理指挥中心，整合公安、工商、城管、司法、民政、法庭、交通、劳动、安全监管等部门及治安巡防队、治安志愿者、预备役民兵、流动人口管理员、安全稳定信息员等力量和资源，收集、汇总社会治安、人民内部矛盾纠纷、城市管理和安全稳定等动态信息，定期组织开展形势分析研判，为地区党委、政府维护稳定、城市管理提供重要参考依据。

基层平安创建工作依托综治办，流管、信访、维稳、反邪教等部门集中办公，开展各项基层平安创建活动、流动人口服务管理、社区（村）重点人管控、综治干部教育培训以及群防群治队伍组织发动等工作。

三、综治维稳中心的运行机制

综治维稳中心要建立矛盾联调、问题联治、平安联创、治安联防、工作联动等工作机制。

（一）矛盾联调。组织集中排查矛盾纠纷，按照分级负责、归口调处要求，落实责任单位、责任人，限期解决；对矛盾纠纷和群众来信来访，实行统一受理、统一分流、统一协调、统一督办、统一归档，协调司法所、法庭、有关行政管理部门，综合运用人民调解、司法调解、行政调解等方式进行疏导化解。

（二）问题联治。定期对辖区内影响社会治安、社会稳定、安全生产、城市秩序的突出问题组织摸排，统一组织开展专项整治。

（三）平安联创。指导、督促辖区有关部门和单位开展各项维护稳定、安全生产、综合治理、平安建设和城市管理工作，组织开展平安社区、平安农村、平安单位、平安学校、平安商（市）场等基层平安创建活动。

（四）治安联防。定期进行治安形势分析，及时发布治安预警预报；大力推进科技防范，建立健全专群结合的治安联防工作网络，组织开展多种形式的治安联防活动；指导督促企事业单位参与区域联防、协防工作，落实治安防控措施。

（五）工作联动。统一调配使用中心各组成部门和群防群治队伍力量，一旦发生影响稳定的群体性事件，在党委、政府统一领导下，组织协调有关部门依法予以妥善处置。

为落实以上五项工作机制，综治维稳中心要建立健全情况通报、联席会议、首问责任、考核奖惩、应急处置、责任追究等工作制度。

四、有关工作要求

（一）高度重视，加强领导。各级党委、政府和有关部门要提高思想认识，将街道（乡镇）综治维稳中心组建工作纳入本地区、本部门重要议事日程，结合地区特点和工作职能，迅速研究制定贯彻落实意见，切实加强组织领导，努力在理顺体制、完善机制、壮大力量、落实保障等方面实现新突破。

（二）精心组织，细致安排。综治维稳中心组建工作要按照“分步实施、逐步推进”的原则，有计划、分阶段有序推进。2010 年底前全部组建完成，并完善运行机制，规范工作流程。综治维稳中心运行机制要与社区建设有效衔接。各级信访、公安、司法、工商、城管、法院等各部门要按照全市统一部署，督促指导所属基层单位紧密配合地方党委、政府，积极支持和主动参与综治维稳中心各项建设工作，促使各类资源得到有效整合，形成维护地区和谐稳定的整体合力，确保综治维稳中心职能作用得以充分发挥。

（三）加大保障力度，完善软硬件设施建设。综治维稳中心要有固定的办公场所和办公设施，工作经费要列入同级财政预算，由街道（乡镇）综治办负责统一申报。各级党委、政府和有关部门要根据地区和系统实际工作需要，加大基层综治维稳中心物质保障力度，及时完善中心办公设施和条件。有条件的街道、乡镇要实行集中办公，条件不成熟的要逐步落实集中办公的要求。综治维稳中心组建完成后，对外统一挂牌，名称统一为“综治维稳工作中心”。

（四）广泛宣传发动，增强社会影响力。各区县、各街道（乡镇）要通过新闻媒体和贴近群众的宣传形式，大力加强基层综治维稳中心的宣传工作，使群众理解、支持街道（乡镇）综治维稳中心建设工作，引导群众有苦衷、有诉求、有纠纷找综治维稳中心，把综治维稳中心建设成为服务基层群众的文明窗口、化解矛盾的有效平台、维护社会和谐稳定的前沿阵地。

（五）强化检查考核，确保取得实效。各区县、各有关部门要加强对街道（乡镇）综治维稳中心建设情况的检查、指导，确保全市综治维稳中心建设工作按照全市统一部署有序开展。首都综治委要将综治维稳中心建设和运行情况，纳入各区县、各有关部门领导干部年度综治实绩档案和督查工作重要内容，会同市有关部门进行专项检查督办。

中共北京市委办公厅　北京市人民政府办公厅
关于构建社会矛盾多元调解体系的意见

（2010 年 12 月 13 日）

为推进社会矛盾化解、社会管理创新、公正廉洁执法三项重点工作，促进人民调解、行政调解、司法调解既充分发挥作用又相互协调配合，着力解决影响社会和谐稳定的源头性、根本性、基础性问题，深入推进“平安北京”建设，现就在全市构建社会矛盾多元调解体系提出以下意见。

一、构建社会矛盾多元调解体系的重要意义

当前，本市仍处于社会矛盾凸显期。社会矛盾明显增多，历史遗留问题与改革发展中的问题交织在一起，一些社会矛盾的敏感性、关联性、对抗性和破坏性增强，矛盾越来越明显地呈现出主体多元化、内容复杂化、规模群体化、类型多样化的趋势以及突发性、隐蔽性、反复性的特征，如果得不到及时妥善解决，势必对首都政治和社会稳定造成不利影响。同时，绝大多数社会矛盾是人民内部矛盾，是改革发展过程中出现的新问题，需要各级党委、政府不断深化改革、推进科学发展，更多地用教育疏导、解决实际问题的方法来化解。调解作为一种自愿的、非对抗式的矛盾纠纷化解方式，具有柔性、和谐、亲民的特点，兼有便捷、社会成本低的优势，符合我国传统的“和为贵”理念，具有易于被群众接受的优势，长期以来在化解社会矛盾、维护社会稳定中发挥了重要作用。

当前，首都已经进入了新的发展阶段。随着本市加快经济发展方式转变、城乡一体化建设等工作的推进，社会矛盾化解工作面临着许多新情况、新问题。进一步加强人民调解、行政调解、司法调解工作，构建与矛盾纠纷发展变化相适应的社会矛盾多元调解体系，从源头上预防和减少社会矛盾，确保首都政治大局的稳定，是各级党委、政府的一项重要任务，是有效化解社会矛盾、从长远解决社会问题的战略举措，对于切实维护首都社会和谐稳定、建设“平安北京”具有十分重要的现实作用和深远的历史意义。

二、构建社会矛盾多元调解体系的指导思想和工作目标

（一）指导思想

以邓小平理论和“三个代表”重要思想为指导，深入贯彻落实科学发展观，通过构建全市社会矛盾多元调解体系，充分发挥调解工作优势，使调解成为解决各种矛盾纠纷的优先选择，成为群众消除隔阂、解决争议的首选手段。科学对待矛盾化解工作，化解老矛盾有新思路，化解新矛盾有新机制，依照法律和政策，努力把各类矛盾纠纷真正解决在基层，化解在萌芽状态，为全市经济社会发展创造和谐、稳定、有序的社会环境。

（二）工作目标

形成党委政府统一领导，政法综治部门统筹协调，司法行政部门牵头，有关部门各司其职，相关社会组织以及其他社会力量广泛参与的调解工作体系。形成以人民调解为基础，各种调解相互衔接，纵向深入各区（县）、街道（乡镇）、社区（村）、楼门院（小组），横向覆盖各部门、各单位的调解组织网络。建立各种调解方式既充分发挥作用又相互衔接配合的矛盾调解工作机制，把各类社会矛盾纠纷解决在基层、化解在萌芽状态，实现全市民事诉讼案件、民转刑案件、群体上访和越级上访控增有降的工作目标。

三、全面构建社会矛盾多元调解体系的主要内容

（一）充分发挥人民调解基础作用，把大量矛盾纠纷预防化解在基层。充分发挥人民调解化解社会矛盾纠纷的第一道防线和维护首都安全稳定的基层基础作用，突出其在社会矛盾多元调解体系当中的前端性和基础性地位，使大量矛盾纠纷通过人民调解工作予以化解。加强人民调解工作的组织领导。各级党委、政府要将人民调解工作纳入议事日程，各区（县）、街道（乡镇）要建立由主管领导负责的人民调解工作统筹协调机制，负责指导、协调和组织辖区内人民调解工作。社区居民委员会、农村村民委员会等基层自治组织要充分发挥自身优势，主动发现和化解社会矛盾。各级司法行政部门和各级人民法院要加强对人民调解工作的指导，做到长期有规划、年度有计划、季度有考核，做好业务培训和督导检查。加强立体式组织网络建设。在完善区（县）、街道（乡镇）、社区（村）、楼门院（小组）四级纵向调解组织的基础上，大力加强矛盾突出的行业和地区调解组织建设，大力加强物业、医疗纠纷、劳动争议、交通损害赔偿等专业性调解组织建设。推进调解队伍的专业化、专职化和社会化。通过聘任等方式，加强专职人民调解员队伍建设，发展壮大兼职人民调解员队伍，特别是发挥老干部、老战士、老专家、老教师、老模范等“五老”和政法战线退休老同志的优势和作用，化解社会矛盾；安全稳定信息员在发现、收集、反映安全稳定有关信息的同时，要作为兼职调解员承担矛盾排查调解任务；在各区（县）、各街道（乡镇）和各行业建立专家信息库，邀请专家参与专业性纠纷调解和疑难复杂纠纷的处理。创新人民调解工作机制。建立健全矛盾纠纷排查、预警、预防工作机制，完善纠纷受理、调解、分流工作制度，建立人民调解综合考核评价体系。

（二）大力加强行政调解工作，建立矛盾排查化解齐抓共管格局。各级行政机关要切实做到行政调解与依法履职相结合，充分运用调解方法解决行政争议和与行政管理相关的民事纠纷。建立由市、区（县）政府负总责、政府法制部门牵头、各职能部门为主体的行政调解工作机制。各级政府部门要确定负责行政调解工作的主管领导，建立行政调解工作机制，明确由相应机构承担调解工作职责。行政纠纷较多的部门要设立专门场所，聘用专职人员从事调解工作。各级政府部门要结合工作实际，建立健全行政调解工作制度，规范行政调解程序，增强行政调解能力；要积极配合政府法制部门和其他行政复议机构做好行政复议调解、和解工作，及时履行行政复议调解、和解协议；要建立行政调解工作考核体系和问责制度，确保行政调解工作落到实处。公安、卫生、交通、建设、工商、人力资源和社会保障等有关部门要引入人民调解机制，建立调解工作体系。各级行政机关既要充分履行行政调解职责，依法解决矛盾纠纷，也要进一步加大行政执法力度，避免以调解代替执法。

（三）加强和改进司法调解工作，努力实现案结事了。人民法院要坚持"调解优先、调判结合"工作原则，总结调解工作经验，健全调解工作机制，建立全程、全员、全面的立体司法调解格局。在诉前，要通过立案劝导、诉讼费用减免等引导机制，引导当事人优先选择非诉方式化解纠纷；要建立有效的诉前调解工作机制，联合多种调解力量，努力将矛盾纠纷化解在诉前，尽量减少一般性民间纠纷大量直接涌入诉讼渠道。在诉中，要依法扩大调解案件范围，落实调解工作责任。在诉后，要着力规范执行和解，促进执行和解在执行工作中的应用，慎重使用强制措施；要严格推行递进式化解，认真落实判后答疑、责任倒查和信访听证等制度。同时，要建立简便的司法确认程序，对经人民调解、行政调解或者其他具有调解职能的组织调解达成的协议依法及时确认。要建立健全调解工作考评、能力培养等相关工作机制，明确调解工作责任，激发审判人员开展调解的积极性和主动性，不断提高做群众工作能力，确保调解工作取得实效。人民检察院要在依法履行法律监督职能的同时，建立社会矛盾纠纷调解工作机制，对轻微刑事案件，依照法律规定，明确刑事和解的条件、范围和程序，探索运用和解方式解决问题。

（四）充分调动社会力量参与社会矛盾化解工作，营造共同化解社会矛盾的良好氛围。各级工会、共青团、妇联等人民团体要在本系统内部成立调解组织，积极开展涉及职工、青少年和妇女等的矛盾纠纷调解工作。各级政府部门要充分发挥社会组织特别是各类行业协会的优势，引导、督促行业协会成立调解组织或咨询机构，积极扶持社会组织参与调解工作，并通过政府购买服务等形式，引导社会组织直接参与矛盾纠纷化解或为人民调解、行政调解、司法调解工作提供支持。

（五）建立人民调解、行政调解、司法调解有效衔接的工作机制。推动人民调解向法院诉前延伸，在人民法院立案大厅建立人民调解室，组建与实际需要相适应的调解队伍。推广"人民调解进派出所"工作经验，在矛盾多发的行政部门引入人民调解组织，协助调解行政领域矛盾纠纷。人民调解组织在调解过程中，可以邀请或委托行业协会等社会团体参与调解或提供调解建议，对于多次调解不成的矛盾纠纷，可以引导当事人通过行政调解解决，仍调解不成的要告知当事人通过仲裁、诉讼渠道解决。行政部门在行政调解过程中，可以根据具体情况委托人民调解组织或行业协会等社会组织协助调解矛盾纠纷。对于行政调解不成的，应当引导当事人通过行政复议或诉讼渠道解决。法院在司法调解或审判过程中，可以委托人民调解组织进行人民调解或委托行政机关进行行政调解。对于未经调解组织调解或者协调的矛盾纠纷，直接到法院起诉，法院认为有必要的，应积极引导当事人先行到相关调解组织进行调处。对于各类调解组织依法调解达成的调解协议，当事人要求确认其效力的，各级人民法院要建立快捷、便利的确认方式，依法、及时确认调解协议的法律效力。

四、加强构建社会矛盾多元调解体系工作的组织保障

（　）加强组织领导。构建首都社会矛盾多元调解体系，是市委、市政府有效应对当前社会矛盾多发形势作出的重大决策部署。各级党委、政府和各部门要高度重视，主要领导要亲自抓，把此项工作纳入本地区、本部门经济社会发展全局统筹考虑、同步推进。为强化全市构建社会矛盾多元调解工作体系的组织领导，要建立市委主管领导负责，相关部门、团体、组织参加的社会矛盾多元调解统筹协调机制，成立首都综治委社会矛盾多元调解工作协调委员会，由市司法局牵头负责日常工作。各区（县）参照市一级模式建立相应的统筹协调机制。各有关部门也要组建由主要负责人负总责、分管领导具体负责的调解工作组织领导机构，全面负责本部门社会矛盾调解工作的组织领导。全市各街道（乡镇）要依托综治维稳工作中心构建矛盾调解工作平台，对矛盾纠纷实行统一受理、集中梳理、归口管理、依法处理、限期办理，落实登记、交办、承办、销案各个环节衔接制度。

（二）落实经费保障。各级党委、政府要按照事权、财权统一的原则，为构建社会矛盾多元调解体系提供充分的保障。在分清渠道、分级负担的前提下，根据现行财政体制，按照部门预算管理的要求，将表彰、宣传、培训、指导、聘用专职调解员、调解案件补贴、困难人员救助等各级各类调解工作经费纳入同级财政预算；涉及企业等其他组织、个人责任的，企业及其他组织、个人要承担相关费用。财政部门要根据现行政策法规，积极落实社会矛盾化解救助资金，并配合有关部门，加强资金的整合优化、合理调整，不断提高资金的使用效益。

（三）加强信息化建设。各地区、各部门、各单位要加强信息综合，及时通报本单位发现、受理的矛盾纠纷及调解工作情况，交流调解经验，加强矛盾纠纷多元调解信息化建设，建立信息资料库，实时动态掌握矛盾纠纷的总体情况和个案进展情况，实现矛盾纠纷化解横向、纵向信息共享，以信息化带动规范化，提高调解工作效率。区（县）各有关部门要及时将矛盾纠纷排查调处情况报送同级综治委社会矛盾多元调解工作协调委员会办公室，首都综治委社会矛盾多元调解工作协调委员会办公室定期对信息报送情况进行汇总、分析和通报。

（四）加强业务培训。各级司法行政、法院、政府法制部门要加强对各类调解员的培训工作，制定培训计划，编制培训教材，通过举办专题培训班、研讨班，组织“以案代训”、“现场观摩”、网络教育等形式，加强调解员岗位培训，提高调解人员综合素质和业务能力。

（五）搞好宣传教育。各级司法行政部门要把构建社会矛盾多元调解体系宣传工作作为普法宣传的重要内容，制定专门工作计划，分步组织实施。要通过宣传，引导群众自觉把调解作为解决矛盾纠纷的首要选择，广泛动员人民群众支持、参与矛盾调解工作，营造“人人知调解、人人用调解”的社会氛围。各级党委、政府和各有关部门都要积极总结调解工作中的典型经验和做法，对解决社会矛盾工作突出的组织和个人要给予宣传和表彰。

（六）严格督查考评和责任奖惩。各级党委、政府和各有关部门要将构建社会矛盾多元调解体系工作作为年度考评的重要内容，严格落实奖惩措施。各级综治委要将构建社会矛盾多元调解体系工作作为社会治安综合治理考评的重要内容，将有关工作情况计入领导干部综治工作实绩档案。对调解工作突出的单位和个人要予以奖励，对由于领导不重视、措施不落实、调解不深入而造成信访数量大量上升、引发恶性刑事案件或者重大群体性事件的，要给予通报批评、警示直至“一票否决”。

村庄社区化管理

为深入推进社会管理创新，加强农村地区特别是城乡结合部地区社会建设和社会管理，维护农村地区社会稳定，为农村地区经济社会的又好又快发展提供安全稳定的社会环境。2010 年以来，首都综治委将城乡结合部地区管理作为建设世界城市和平安北京建设的一项重要工程，以推广实施村庄社区化管理为载体，全力推进农村地区社会管理创新，取得了明显成效。

一、开展村庄社区化管理的现实意义和实践探索

近年来，随着世界城市的建设步伐和城市化进程的加快，北京市城乡结合部地区人口大量涌入，加之社会管理和城市管理滞后，从而导致了环境脏乱差、基础设施不堪重负、私搭乱建问题突出、可防性治安事件多发、群众安全感下降等问题。城乡结合部地区的安全和稳定是首都安全稳定的基础，也决定着农村城市化进程的健康推进。2010年以来，北京市大兴区率先在流动人口较多的西红门镇16个村庄探索实行“村庄社区化管理”工作模式，通过实施社区化管理，实现了村庄刑事发案下降、矛盾纠纷下降、安全事故下降，群众安全感提升、群众满意度提升、群众生活水平提升的“三降、三升”目标，为农村地区特别是城乡结合部地区的社会建设和管理工作提供了一条可资借鉴的路径。

中央和市委市政府对这一做法高度重视，7月3日，中央政治局委员、市委书记刘淇、国务委员、公安部部长孟建柱、市委副书记、市长郭金龙等领导同志到大兴区就这项工作进行了专题调研，并给予了充分肯定；7月21日，刘淇同志在全市社会服务管理创新推进大会上明确要求，要“推广郊区村庄社区化管理经验，努力扩大社会服务管理的覆盖面”。8月11日，首都综治委在大兴区召开了“全市开展村庄社区化管理工作推进会”，及时总结推广试点经验，印发了《关于在城乡结合部地区实施村庄社区化管理工作的意见》，进一步明确了工作目标、任务、方法和步骤。

实践证明，在农村地区特别是城乡结合部地区实行社区化管理是把城市社区管理经验移植到农村，进一步提升农村文明程度，促进农村社会管理的有效措施，有利于进一步加强基层政权建设，提高村级管理水平；有利于党的领导和村民自治的有机结合，体现以人为本、服务群众的理念；有利于从目前被动管理向主动服务的转变，实现寓管理于服务之中；有利于进一步整合资源，增强村级服务管理功能。村庄社区化管理模式，是深入开展三项重点工作、推进社会管理创新的有力举措，是统筹城乡发展、加快城乡一体化建设的有益探索，完全符合农村实际、符合广大农民群众和流动人口的需求。

二、实施村庄社区化管理的基本模式

一是加强党的领导，体现村民自治。在村庄社区化管理的推进过程中，一方面积极发挥村党组织的作用，实现领导、指挥、策划、实施的全程介入。通过扎实细致的工作，做好各个环节的策划者、当好决策过程的主导者和实施过程的推动者。一方面充分尊重广大村民包括暂住的流动人口的民主权利，尊重民意，顺应民情，通过召开村民代表大会等有效形式广泛征求包括流动人口在内的群众意见，形成广大群众自觉自愿的共识，使村庄社区化管理措施在党的领导下具备广泛的群众基础，确保了各项措施有效实施。

二是实现资源整合，充实管理力量。整合机构建站，将社区警务站、流动人口和出租房屋服务站、民调室等有效整合，建立融合“三站一室”功能的村综治工作中心（站），由社区民警与村干部共同开展工作，有效承担“实有人口管理、安全防范、治安管理、情报信息搜集和服务群众”等职能，使之成为“打击违法犯罪、服务人民群众、严密村庄防控、化解矛盾纠纷”的前沿阵地。充实管理力量，按照实有人口2.5‰和流动人口5‰的比例，配齐配强巡防队和流动人口和出租房屋管理员队伍，明确职责任务，规范工作环节，切实发挥其辅警和群防群治作用。加强警力配置，有效指导社区维稳和治安防控工作。

三是加强基础建设，实施动态防控。坚持改建先行，通过“筑围墙、安街门、把路口、设岗亭”等措施，对原有开放的自然村落，实行相对独立封闭、井然有序的社区化管理。落实防范责任，出入口由专职巡防队负责值守，落实人员和车辆查证；胡同院落由村内治保分子负责守望；主要街巷防控由社区民警带领巡防队巡逻。加强实有人口和出租房管理，建立健全实有人口和出租房电子台账，对租房人和出租房实行专人管理，做到“来有登记、走有注销”。实施科技创安，根据村庄内街巷数量分布等情况，确定监控探头数量和点位，进行统一安装，建立镇、村两级监控平台，全天专人值守，提升防控水平。

四是加强对村庄社区居民的服务。建立面向实有人口的行政事务、社会保障、司法救助、医疗卫生等便民服务窗口，规范服务行为。增加社区文化、教育、体育设施和场所，发挥公共服务设施在村庄社区化建设中的作用。组织流动人口积极参与社区管理，在治安管理、计划生育、法律援助、劳动就业咨询、卫生医疗、子女上学等方面为流动人口提供与常住人口同质化服务。村综治中心、专职巡防队等群防群治组织适当吸收流动人口加入，逐步实现了流动人口自我教育、自我管理和自我服务。有条件的村庄还建立了来京人员党支部，创办流动人口服务培训中心，全方位满足流动人口提升素质的要求。定期组织村民和流动人口开展法律法规和安全防范教育，在流动人口中开展“争当荣誉村民”活动，增强了流动人口的归属感，培育了现代市民意识。

三、实现村庄社区化管理的可持续发展

一是加强领导，明确责任。全市推广村庄社区化管理工作在首都综治委统一领导下，首都综治办和市公安局等部门配合共同组织实施。各区县“一把手”作为辖区村庄社区化管理工作的第一责任人，坚持深入基层、靠前指挥，迅速组建了由区(县)委区(县)政府统一领导，综治办牵头，公安等部门参与的专项工作领导小组，逐项确定主责单位、主管领导、责任人和完成时限。

二是结合实际，稳步推进。各区县根据北京市统一部署和要求，认真开展调研，逐村踏勘，先后确定了本地区适合推广社区化管理的村庄，并逐一制定工作方案，迅速展开行动。截至8月底，全市共有13个区县已确定505个村庄拟实施社区化管理，共涉及户籍人口592732人、流动人口1335903人。计划在2010年底前实施社区化管理的村庄达到50%以上，力争在2011年底前，全市城乡结合部地区村庄全部实行社区化管理。

三是加大保障，做好服务。各级党委政府对村庄社区化管理工作给予了大力支持和人力、财力、物力等多方面保障，安排专门工作经费用于村庄社区化管理工作，将所需日常管理经费列入属地财政预算。海淀区安排一次性投入近2亿元用于全区文明村庄创建工作，并设立专项奖励资金。昌平区计划投入3亿元资金用于村庄社区化管理工作。

四是发挥职能，确保稳定。北京市各级综治部门在地方党委、政府的领导下，加强沟通协调，担当社会管理创新“第一推动人”，积极协调辖区各街乡党委政府相关职能部门，进一步健全了各部门分工负责的责任机制，完善统筹协调的社会管理新体制，积极推进社会治安防控体系建设。通过打防控各项措施的综合运用，确保了农村社区的治安秩序和社会稳定。

五是加强指导，营造氛围。北京市各级综治部门进一步加强了工作指导，建立了必要的工作统计制度、信息反馈制度，及时掌握工作进展情况，形成了有效工作机制。同时，通过报刊、电视、广播、互联网、宣传栏等多种形式，加大对村庄社区化管理工作的宣传力度，积极营造了良好的舆论氛围。

网格化社会服务管理模式

为深入贯彻落实中央和市委市政府有关社会管理创新的工作部署，首都综治办、北京市委社会工委、北京市社会建设办在总结继承“网格化城市管理”、“信访代理制”、“综合执法组”等工作模式的基础上，在北京市东城区推进网格化社会管理创新工作，取得初步成效。

一、主要内容

(一)基本理念。网格化社会服务管理模式，是针对当前社会安全稳定存在的薄弱环节和重点难点问题，充分运用网格理念和现代信息技术，以责任制为依托，以社会各类人的管理为重点，合理划分网格管理单元，综合考虑“地、物、事、组织”等因素，进行精细化管理的一种常态方式。

(二)总体目标。坚持“区委政府领导、街道牵头统管、各方履行职责、社区落地解决、网格无缝覆盖、信息联通共享”的原则，实现社会服务管理“责任化、综合化、精细化、信息化、实效化”，努力做到社会建设服务日益优化完善，社会治安秩序长期保持良好，社会和谐稳定有效化解矛盾，社会基础牢固群众幸福满意。

(三)框架体系。“三级平台”，即：东城区社会服务管理综合指挥中心、街道社会服务管理综合指挥分中心、社区社会服务管理综合工作站。“四级管理”，即：区级、街道级、社区级、网格级。“五项工作”，即：全面构建社会治安防控体系，提高治安防控能力；不断健全社会矛盾多元调解工作体系，落实信访代理制；深入推进综合执法机制，实现社会管理的综合执法；努力打造“服务到位、管理有力”的流动人口服务管理模式；积极探索社区服刑人员、刑释解教人员服务管理新路径。“六个系统”，即：以民生保障为基础的建设服务系统；以现代科技为依托的信息网络系统；以高效顺畅为目标的组织指挥系统；以预警防范为先手的维稳防控系统；以快速反应为特征的应急处置系统；以真实客观为标准的考核评价系统。

（四）网格划分。遵循四项原则，即：完整性，不突破一个社区的范围并与现有城管网格相匹配；便利性，与现有物业管理体制相结合；均衡性，每个网格内管理工作量大致均衡；差异性，特殊情况区别对待。一个社区一般划分为3－5个网格。

二、主要做法

一是健全组织领导体系。成立区委区政府试点工作领导小组，制定一系列工作方案，确定3个特色鲜明的街道开展试点，聘请11名社会管理领域专家学者全程指导。二是建立基础信息数据库。基本摸清各类管理对象的底数，建立以“人、地、物、情、事、组织”为核心的9大类64项基础信息数据库。三是完成网格划分。在全区17个街道、205个社区共划分社会管理网格588个，最多的和平里街道划分了78个，每个社区平均划分为3个网格。四是整合设立相关工作机构。成立区、街两级综合执法机制和街道社会服务管理分中心。五是明确网格社会服务管理的力量配置。通过“三下”（工作机构下设，工作力量下沉，工作重心下移），实现各项政策及人力、物力、财力向网格倾斜，夯实根基；通过“四把”（把警区建在社区，把支部建在网格，把协管人员集中整合，把群众参与规范提升），实现最基层社会服务管理能力的提升，强化基础；通过“五支力量”进网格（网格事务助理员、网格工作管理员、网格工作监督员、网格警员和网格党支部书记），实现网格社会服务管理力量配置的优化整合，做实网格。

三、工作体会

（一）网格化管理有利于促进工作理念由重整治向管理与服务并重的转变。当前，政府工作往往是重管理、轻服务。网格化社会服务管理新模式把加强社会管理作为先手棋，逐步探索应用于公共服务领域，寓管理于服务，以服务促管理，使社会更加稳定，群众更加满意。

（二）网格化管理有利于促进管理体制由分割向融合的转变。现行管理体制中，往往“条块”分割、“条条”掣肘，基层“看得见的解决不了，解决得了的看不见”。而在网格化社会服务管理新模式中，通过设立区、街两级综合执法机构，由各相关部门抽调专人参加，做到“四个统一”，即统一办公、统一执法、统一装备和统一考核，实现了“三个综合”，即法律法规的综合、执法手段的综合和执法力量的综合，使“条块结合、以块为主、属地管理”原则落到实处。

（三）网格化管理有利于促进从粗放式管理到精细化治理的转变。“上边千条线，下面一根针”，基层工作不堪重负。网格化社会服务管理新模式更加突出社区和网格的基础性作用，做实每一个网格，人、地、物、情、事、组织等因素更加细化，基层真正成为维护社会稳定的“屏障”和“第一道防线”。

（四）网格化管理有利于促进工作方式由运动式到常态化的转变。以往每逢重大节日或敏感期，各地各部门都广泛动员，集中时间，集中力量开展工作，工作呈现出匆忙性、突击性和间断性的特点。而在网格化社会服务管理新模式中，功夫下在了平时，将“运动式”、“突击式”、“滞后式”的整治模式转变成“前馈式”、“常态化”的管理服务模式。

（五）网格化管理有利于促进传统工作手段和流程向信息化、数字化、智能化转变。网格化社会服务管理新模式，以信息技术创新推进服务管理的业务创新，引入最先进的现代科技，最快速地传递信息指令，最便捷地反映问题的解决情况，最直观地发现决策执行过程中的不足，最有效地进行资源再配置，构建一个天上有云（云计算中心）、地上有格（社会管理网格）、中间有网（物联网）的新型社会服务管理信息化支撑体系。

首都综治委、办组成人员情况

主　任：王安顺　市委副书记、市委政法委书记
副主任：梁　伟　市委常委、市总工会主席
傅政华　市委常委、市公安局局长
刘敬民　副市长
池　强　市高级人民法院院长
慕　平　市人民检察院检察长
委　员：杨金永　中央直属机关工委副书记
邵旭军　中央国家机关工委副书记
高　翔　国务院机关事务管理局副局长
胡增印　中央综治办督导室主任
高　任　公安部治安管理局副局长
张朝生　中央宣传部办公厅副主任
陆春耕　解放军总政保卫部保卫和警卫局局长
李　伟　市委副秘书长、市委政法委常务副书记
段桂青　市委政法委副书记、市公安局党委副书记、副局长
刘大为　市委政法委副书记
李万钧　市委政法委副书记、首都综治办主任、市流管办主任
闫满成　市委政法委副书记、市委610办主任、市维稳办主任
史绍洁　市委组织部常务副部长
陈启刚　市委宣传部常务副部长
左铭飞　市编办副主任
杨小兵　市纪委委员、市监察局副局长
赵玉金　市委办公厅副主任
王　琛　市政府办公厅副主任
潘爱兵　市人大内务司法办副主任
刘汉湘　市政协社法委副主任
唐立军　市委教工委副书记
郝　霞　市委农工委委员
孙　力　市高级人民法院副院长
伦朝平　市人民检察院副检察长
陈光明　市发展改革委委员
杨旭明　市经济信息化委委员
李润华　市公安局副局长
张文英　市国家安全局党委委员、纪委书记
孟　钧　市民政局党委副书记、副局长
郑振远　市司法局党委副书记、副局长
杨慕彦　市财政局副局长
桂　生　市人力社保局副局长
刘　辉　市国土局党组副书记、副局长
孙　卫　市规划委委员
朱和平　市住房城乡建设委副主任
孟令华　市市政市容委副主任
刘　缙　市交通委党组副书记、副主任
魏忆京　市商务委委员
叶重辉　市文化局巡视员
郭积勇　市卫生局副局长
徐　捷　市人口计生委副主任
赵林华　市国资委党委副书记
刘宝忠　市地税局副巡视员
崔建立　市工商局副局长
李庆源　市质监局副巡视员
蔡淑敏　市安全监管局副局长
宋春华　市广电局副巡视员
赵广银　市新闻出版局副巡视员
巴爱民　市文物局巡视员
刁满庆　国家统计局北京调查总队副总队长
刘宝军　市园林绿化局党组副书记
安金明　市旅游局副局长
栗志纲　市金融局副局长
黄　杨　市民防局副局长
王荣梅　市政府法制办副主任
刘树丰　市信访办副主任
孙超美　市监狱管理局党委书记、局长

张兴荣　市劳教局局长
马惠民　市城市管理综合行政执法局副局长
赵安良　市文化市场行政执法总队总队长
宋建国　市公安交通管理局局长
赵子新　市消防局局长
原增锁　市总工会副主席
杨立宪　团市委副书记
李彦梅　市妇联副主席
王　巍　北京卫戍区政治部副主任
刘巨田　武警北京总队副总队长
陈江河　北京铁路局副局长
罗　青　北京保监局副局长
余锦丽　北京海关副关长

首都综治办(市流管办)内设机构

李万钧　市委政法委副书记、首都综治办(市流管办)主任
苗　林　首都综治办副主任、市流管办常务副主任
许继慧　首都综治办副主任

首都综治办(市流管办)下设六个处和一个中心:秘书处、联络处、区县指导处、基层基础建设处、指导协调处、调研处、北京市流动人口和出租房屋信息中心。

北京市各区、县综治委、办主任名单

地　区	综治委主任	综治办主任
东城区	刘云斋	刘宗琦
西城区	刘跃平	王　静
朝阳区	佟克克	战玉贵
海淀区	关成启	郭　森
丰台区	王苏维	姚建国
石景山区	岳德顺	刘道东
通州区	赵玉影	王金成
顺义区	周颖博	王金广
昌平区	陈秋生	贺德纯
大兴区	马武英	王福政
房山区	刘欣国	游来清
门头沟区	韩生辉	张伯谦
怀柔区	李树江	夏占利
平谷区	刘　军	李泉江
密云县	张玉鲲	田立文
延庆县	陈合安	袁和忠

有关单位:

王洪存　首都机场地区综治办主任
毛　军　西客站地区管委会综治办主任
王保福　天安门管委会综治处处长
王春练　亦庄经济技术开发区政法工作部部长

(撰稿人:卜志勇
审稿人:许继慧　胡增印)

天　津　市

2010 年社会治安综合治理工作概况

2010 年，在中央和市委的正确领导下，天津市社会治安综合治理工作认真贯彻党的十七大、十七届四中、五中全会和市委九届七次、八次、九次全会精神，认真落实胡锦涛总书记对天津工作提出的一系列重要要求，按照全国政法工作电视电话会议和全国社会治安综合治理工作会议的部署要求，以科学发展观为统领，以服务天津新发展、创造综治工作新业绩、满足人民群众新期待为目标，以推进三项重点工作为主线，以加强基层基础建设为保障，充分发挥社会治安综合治理组织体系和责任体系的优势，充分发挥各级综治委成员单位职能，充分发挥广大人民群众在平安天津建设中的主体作用，着力加强和创新社会管理，着力解决突出社会治安问题，着力维护社会大局稳定，为实现天津经济社会又好又快发展，保障了人民群众安居乐业作出了重要贡献。

一、进一步健全矛盾纠纷排查调处机制，积极预防化解社会矛盾

一是建立健全社会稳定风险评估机制。市维稳办、市发改委、市城乡建设和交通委员会联合制定出台了《天津市重点规划和建设项目社会稳定风险分析和评估实施细则》。积极做好改善民计民生、服务群众的工作，解决好群众的实际困难，对可能存在的社会稳定风险，严格落实工作措施，从源头上有效化解了各类不稳定问题。二是进一步完善了排查报告、调处稳控、应急处置、督查督办和考核奖惩等制度。全市各系统、各部门自下而上每月开展一次矛盾纠纷排查，逐级上报汇总；街道、乡镇日常每半月排查 1 次，敏感时期、重要节假日开展集中排查活动，形成了覆盖全市、上下贯通、条块结合、有效衔接、整体运行的工作机制，努力做到“小事不出村（社区），大事不出镇（街道），矛盾不上交”。三是以解决问题为核心，深入做好矛盾纠纷调处工作。对突出不稳定问题落实包案责任。对疑难不稳定问题，按照“一个问题、一套方案、一位领导、一个班子”的原则，分析问题症结，逐件落实维稳工作责任，逐件落实工作措施和工作进度。四是健全完善人民调解、司法调解、行政调解相结合的大调解工作体系。市综治委制定出台了《天津市加快构建基层大调解工作体系的实施意见》。全市共建立人民调解委员会 5710 个，其中村调委会 3788 个，居调委会 1313 个，乡镇调委会 138 个，街道调委会 106 个，企事业单位等其他类型调委会 262 个，共有调解员 43567 名，其中专职人民调解员 6938 名。大型商贸城和医患纠纷、劳动纠纷、物业管理纠纷、交通事故纠纷等区域性、行业性人民调解组织和调解工作取得突破性进展。全年共调解各类矛盾纠纷 66144 件，比 2009 年增长 5%，其中，调解成功 63287 件，调解成功率达 95.68%。全市各级人民法院全部建立诉前联合调解中心。刑事和解的矛盾纠纷解决机制稳步推进。2010 年全市通过诉前调解和诉调对接机制，使 20% 以上纠纷在诉讼前得到化解。

二、健全治安排查整治机制，着力解决突出治安问题

2010 年，全市针对社会治安重点地区，进一步建立健全经常性滚动排查、信息共享、综合整治、协调联动的工作机制，使排查整治工作制度化、规范化、常态化。全市共排查确定 465 个重点整治地区。一是对城乡结合部地区开展了全面排查整治。结合全市市容整治大干 300 天活动，对城乡结合部的“城中村”、“村中城”进行排查整治，共排查出“城中村”21 个，“村中城”142 个，全面摸排突出治安问题，逐一制定整治措施，初步实现了由“乱”到“治”。二是对重点工程、重大建设项目开展了全面排查。对涉及全市发展的125个重大项目、重点工程内部加强管理、外部清除隐患，提供了可靠的安全保障。三是对群众关注的热点问题开展了全面排查整治。将治理自行车被盗问题纳入2010年天津市20项“民心工程”，积极探索自行车安全管理长效机制。对17个城郊结合部加强基层政权建设，针对源头问题综合治理，环境秩序明显改善。对7条铁路、公路沿线加强专业防护和群防群治，治安滋扰问题明显减少。四是对中小学、幼儿园及周边开展拉网式大排查，重点加强校园安全防范，全面提升安全水平，确保师生安全。五是对38个繁华地区加强警防民防技防“三张网”建设，治安面貌明显改善。对发案较多的163个社区(村)开展平安社区行动，刑事案件下降69%。市综治委加强检查督导，抽调成员单位干部，对全市16个区县的治安重点地区、场所，运用多种形式进行实地暗访，并通过领导督办、定期通报、黄牌警告等办法，推进工作不断深化落实。通过新闻媒体公布重点整治部位和工作成效，加大排查整治的透明度和宣传力度，赢得社会各界和广大群众监督、支持、参与。年内全市465个重点整治地区全部按期完成了整治任务。

三、夯实基层基础，全面完成综治信访服务中心(站)建设

深入贯彻落实中央办公厅、国务院办公厅转发的《关于深入推进社会矛盾化解、社会管理创新、公正廉洁执法的意见》和《关于进一步加强社会治安综合治理基层基础建设的若干意见》，按照全市社会管理创新总体部署，全面推进街乡镇综治信访服务中心和社区(村)综治信访服务站建设。市委书记张高丽、市长黄兴国对综治信访服务中心建设高度重视，多次作出批示。市委常委、市委政法委书记、市综治委主任散襄军直接领导，深入全市各个区县，对综治信访服务中心(站)建设进行调研指导。全市进一步加大支持保障力度，市财政拨付专项资金1320万元用于街乡镇综治信访服务中心建设。各区县加大投入，确保工作顺利推进。截止2010年底，全市243个街乡镇和5028个社区(村)综治信访服务中心(站)全部建成，达到了有常设的工作人员、必备的办公条件、明确的职责任务、规范的运作程序、严格的考核奖惩的“五有”标准，建立起长效运行的工作机制。2010年4月29日、30日，中央综治委副主任、中央政法委副秘书长、中央综治办主任陈冀平分别为天津市和平区体育馆街和宝坻区郝各庄镇综治信访服务中心揭牌。2010年，全市综治信访服务中心(站)累计接待群众127508人次，解答咨询68754件，发现隐患4490件，解决求助56594件，调解矛盾纠纷37093件，90%以上的矛盾纠纷在基层得到解决。矛盾纠纷化解成功率提高了12.5%，平均每起调处化解周期缩短了1.5天。

四、坚持开展专项行动，保持对刑事犯罪高压态势

全市对各类刑事犯罪坚持“打小、打早、打苗头、露头就打”，深入开展打黑除恶、命案必破、打击“两抢一盗”、禁毒、禁赌等专项斗争。2010年，全市公安机关破获刑事案件同比上升3.6%，其中破“八类案件”(杀人、伤害、爆炸、放火、强奸、绑架、抢劫、劫持案件)5586起，破获盗窃案件18628起，破获抢劫案件2962起，破获抢夺案件725起。打掉犯罪团伙477个，打掉黑社会性质犯罪团伙3个。进一步加大对经济犯罪的打击力度。针对传销、集资诈骗、非法吸收公众存款等涉众型经济犯罪，以及合同诈骗、信用卡诈骗案件上升的趋势，组织开展专项打击行动，全市共破获经济犯罪案件5234起，挽回经济损失7.4亿元。工商行政管理部门与有关部门配合，取缔传销窝点353个，遣散传销人员4918人，解救受骗人员102人。全市深入开展“扫黄打非”，以查堵政治性非法出版物、整治互联网和手机网络淫秽色情信息、打击侵权盗版活动、查处非法和违规报刊四方面为着力点，加大工作力度，保持高压态势，强化日常监管。全年共查缴政治性非法出版物855件，侵权盗版出版物29万余件。4月22日，集中销毁43万余件非法盗版光盘、3万余册非法盗版图书、报刊、教辅读物。在互联网封堵删除淫秽色情等有害信息2.3万余条，破获网络传播淫秽色情信息案件12起。全市公安机关查处“黄赌毒”治安违法案件3122起，比2009年下降6.8%。其中赌博案件928起，下降6.4%；查处卖淫嫖娼和引诱容留介绍他人卖淫案件1064起，下降0.5%；查处毒品违法案件865起，同比上升6.4%；制作运输复制出售淫秽物品、传播淫秽信息案件265起，同比下降44.3%。2010年底对全市3800户居民问卷调查结果显示，人民群众对综治工作满意度为92.3%。

五、健全社会治安防控体系，提升整体防控水平

大力加强以"警防、民防、技防"为主体的社会治安防控网络。按照《天津市安全技术防范管理条例》、《天津市技术防范网络体系建设规划实施方案》，进一步加大了技防网建设的投入。本着"财政分级负担"和"谁受益谁出资"的原则，用于全市性和区域性公益事业由市、区县财政和政府有关部门出资建设，用于重点单位、要害部位及人民群众自身防范的技防设施由受益单位和受益人出资建设。全市财政资金累计投入15亿元用于技防设施建设。立项审批全市综合应急指挥与信息化平台建设项目。统一规划交通干线、繁华路段、易发案部位监控设施。2010年全市信息共享监控摄像头增至6000个。机动车号牌抓拍识别点位增至150处。社会面监控摄像头增至30余万个。深入开展基层平安创建活动。继续推进"平安社区(村)"、"平安产业园区"、"平安交通"、"平安网吧"、"平安校园"、"平安文化市场"等系列行动。深入实施了"社区防范工程"。全市每个社区结合实际制定针对性、操作性、实效性强的社区治安防范工作方案，明确要解决的主要问题、工作措施和完成时限，逐项抓好落实，有效提升了基层社区治安防范的能力和水平。年内，全市4447个社区(村)评为平安社区(村)，命名率83.65%。6430个企事业单位评为平安单位。47个社区、70个村、99个单位被授予平安示范称号。积极调动平安天津志愿者广泛参与社区、村、企事业单位平安建设。进一步理顺了平安天津志愿者组织体制。平安天津志愿者以城乡社区、基层企事业单位为基本阵地，以开展治安巡逻、分片守望、宣传咨询、化解纠纷、反映信息、查堵隐患、重点人帮控活动为基本内容。全市组织平安天津志愿者相继开展了"平安达沃斯"、"平安国庆"行动，有力维护了重大活动、重点时期全市安全稳定。

六、深入推进流动人口服务管理工作

进一步完善区县人口服务管理中心运行机制。全市20个区县(含开发区、保税区)人口服务管理中心建成投入使用。在街乡镇建立了流动人口服务管理站256个，在流动人口超过1000人的社区(村)和单位建立流动人口服务管理分站202个。实现了流动人口三级服务管理网络。制定出台了《天津市统一建立流动人口综合协管员队伍的实施意见》，实行每500名流动人口配备一名综合协管员，协助政府部门开展流动人口综合信息采集和服务管理工作。结合第六次全国人口普查，组织开展对全市流动人口和出租房屋全面摸底排查工作。全市共核查流动人口274万余人，新登记流动人口56.7万人，核查登记出租房屋16.9万户。公安、人力资源和社会保障、计生、卫生等部门开展了为期一个月的流动人口维权服务大检查。受理农民工投诉电话4518件。举办免费招聘会396场次，提供就业岗位20.77万个，免费培训农民工11.5万余人次。补签劳动合同1.92万余份，追讨拖欠的农民工工资6169.63万元。为144021名流动人员子女免费接种了疫苗，为13.5万余名流动人员子女提供中小学义务教育，全市10个救助站，共计救助1.4万人次。组织开展了对流动人口聚集的重点区域和治安复杂区域的排查整治，查破各类案件2841起，打击处理违法犯罪嫌疑人1186人，抓获网上在逃人员1577人。

七、深化刑释解教人员安置帮教工作

全市深入贯彻全国刑释解教人员安置帮教工作会议和中办发[2010]5号文件精神，按照"帮教社会化、就业市场化、管理信息化、工作职责规范化"的工作思路，制定了《天津市建立刑释解教人员安置帮教工作体系的实施意见》和《分工实施方案》。进一步建立完善各部门分工协作、密切配合的工作格局。以提高服刑在教人员教育改造质量为抓手，以监狱、劳教所、看守所与帮教组织衔接、防止脱管失控为重点，以出监所后的日常管理、帮扶解困、教育转化为核心，以防止重新违法犯罪为首要任务，实现刑释解教人员放出后有人接、接回来有人管，就业有人扶、创业有人帮、困难有人助的工作目标。进一步健全市、区县、街乡镇、村(居)四级安置帮教组织网络，配备专兼职工作人员17041人。依托各类企业建立安置帮教工作基地135个。全市登记五年内刑满释放和三年内解除劳教人员共计18737人，其中17144人得到妥善安置，安置率91.5%，帮教率100%，全部建档登记，列入帮教对象。重新违法犯罪141人，重新犯罪率0.75%。当年回归社会刑释解教人员4649人，安置率90.27%，重新违法犯罪率0.38%。

八、加强预防青少年违法犯罪工作

全市不断深化预防青少年违法犯罪思路办法，广泛动员社会各方面力量对青少年加强教育，完善管理，净化成长环境，促进健康成长。建立健全了预防青少年违法犯罪工作考核制度、联席会议制度和沟通交流制度。强化青少年法制教育，深入开展“优秀青少年维权岗”创建活动。创新未成年人权益保护工作机制，团市委、市高级人民法院联合制定《关于在未成年人审判中开展心理干预工作的通知》（津高法[2010]261号），选聘专业心理分析师，在全市涉未成年案件中开展心理干预工作。团市委、市预青办、市未保办联合制定了《关于开展天津市青少年自护教育“护蕾”行动的通知》（津团发[2010]62号）。加强对重点青少年群体帮助教育。利用12355青少年综合服务平台软件，搭建全市重点青少年群体动态信息管理系统。加强和改进工读学校建设，将市工读学校和市第二工读学校改建为天津市社会实践教育中心。

九、强化社会治安综合治理领导责任制

2010年，市委将“深入推进平安天津建设”纳入工作要点，市政府将开展平安建设纳入全市二十项民心工程。市委书记张高丽，市委副书记、市长黄兴国继续与各区县、系统党政一把手签定《社会治安综合治理目标责任书》。市委书记张高丽在市委九届七次、八次全会和全市社会管理创新推动会上对落实维护稳定责任，推进平安天津建设，深化社会管理创新提出重要要求。年内，市委书记张高丽、市长黄兴国对社会治安综合治理和维护稳定工作先后做出94次批示。各区县、各系统党政主要领导紧紧抓住发展第一要务，坚决履行稳定第一责任，层层签订目标责任书，狠抓综治各项措施的落实。2010年12月，市综治委组成检查组，代表市委、市政府对各区县落实社会治安综合治理目标责任书情况进行实地检查验收。按照中央五部委和中央综治委与中组部文件精神，以及市委、市政府“三个体系”建设要求，市综治委向市委组织部提供各区县《社会治安综合治理目标责任书》考核分数，将其作为领导班子和领导干部年度考核和综合评议重要指标。市委组织部据此测算出社会治安综合治理指数，结合通过民主测评、民意调查等途径，收集到的领导班子及领导干部在维护稳定、处理信访和突发事件等方面的表现，作为考核评价党政领导班子和领导干部绩效的重要依据。各级党委组织部门在对党政主要领导和分管治安工作的领导进行年度考核、届中届末考察时，把抓综合治理工作的能力和实绩列为干部考核的重要内容，并把考核结果作为向党委提出干部任免奖惩建议的重要依据，与晋职晋级和评先、受奖直接挂钩，纳入各级党政领导班子和党政领导干部的档案。各级人事部门在办理干部评先、受奖、晋级时书面征求市综治委的意见。2010年市人力资源和社会保障局对5个单位参加全国劳动模范评选书面征求市综治委意见。加大对发生影响稳定重大问题的地区和单位的责任查究和一票否决力度。2010年，全市对20个单位和部门行使了社会治安综合治理一票否决，对21个单位或法人代表发出社会治安综合治理警示通知书。

中共天津市委办公厅　天津市人民政府办公厅
关于深入推进社会矛盾化解、社会管理创新、公正廉洁执法
全力打好保持社会和谐稳定攻坚战的实施意见

（2010年4月10日）

为深入推进社会矛盾化解、社会管理创新、公正廉洁执法，全力打好保持社会和谐稳定攻坚战，根据《中共中央办公厅、国务院办公厅转发〈中央政法委员会、中央维护稳定工作领导小组关于深

入推进社会矛盾化解、社会管理创新、公正廉洁执法的意见）的通知》（中办发［2009］46 号）精神，结合我市实际，提出如下实施意见。

一、指导思想和工作目标

1. 指导思想。全面贯彻党的十七大和十七届四中全会精神，高举中国特色社会主义伟大旗帜，以邓小平理论和“三个代表”重要思想为指导，深入贯彻落实科学发展观，认真落实全国政法工作电视电话会议部署，按照胡锦涛总书记对天津工作“一个排头兵”、“两个走在全国前列”、“四个着力”和“五个下功夫、见成效”的重要要求，以服务天津科学发展、服务社会和谐稳定、服务人民群众新期待为主线，深入推进社会矛盾化解、社会管理创新、公正廉洁执法三项重点工作，着力解决影响社会和谐稳定的源头性、根本性、基础性问题，为加快构筑“三个高地”、全力打好“五个攻坚战”、实现科学发展和谐发展率先发展创造良好的社会政治环境。

2. 主要目标。紧密结合深入开展“解难题、促转变、上水平”活动，按照系统化、目标化、具体化的要求，建立全方位、动态化的维护社会和谐稳定工作机制，全面提升服务水平、推进平安天津建设、维护社会公平正义、加强基层基础建设，努力使社会和谐走在全国前列。

——社会和谐稳定局面进一步巩固。及时排查化解各类矛盾纠纷，切实解决影响稳定的突出问题，有效防范和依法打击敌对势力渗透破坏活动，坚决防止发生暴力恐怖事件、危害国家安全和社会稳定的重大政治事件、大规模群体事件。

——社会治安水平进一步提升。扎实推进平安天津建设，不断深化社会治安综合治理，治安防控体系更加完善，社会管理创新发展，有力打击各类严重刑事犯罪活动，切实解决突出治安问题，人民群众安全感进一步提高。

——体制机制进一步完善。各级党委、政府加强领导，政法维稳综治组织充分发挥职能作用，有关部门认真履行工作职责，形成科学规范、职责明确、配合协调、运行高效的维稳综治工作机制。

——基层基础建设进一步加强。夯实维护社会和谐稳定第一道防线，扎实推进基层党政组织、政法维稳综治组织、群众自治组织建设，健全工作体系，完善硬件设施，基层基础建设工作创全国一流水平。

——维护社会公平正义能力进一步提高。以社会主义法治理念指导执法实践，以人民满意为根本标准，有效解决制约公正廉洁执法的突出问题，执法能力、水平和公信力居全国前列。

二、主要任务和重点工作

（一）深入推进社会矛盾化解，最大限度地减少不和谐因素

3. 加强社会矛盾源头预防。认真落实《天津市重大事项社会稳定风险评估办法》，完善重大社会决策、重大工程项目社会稳定风险评估机制，完善公开听证制度，健全社情民意调查机制和利益相关方参与协商机制，建立健全执法办案风险评估预警机制，把社会稳定风险评估纳入社会治安综合治理考评体系。建立健全党委、政府主导的维护群众权益机制，完善惠民利民政策措施，积极推进社会救助体系建设，大力实施法治惠民工程，扩大基层法律援助覆盖范围，加强诉讼服务中心建设，深入开展“法律援助和司法救助便民服务”主题活动，积极为群众做好事、办实事、解难事。

4. 开展社会矛盾排查化解。坚持定期排查、集中排查、滚动排查和日常排查相结合，深入排查化解重点领域、重点工作和群众反映的突出问题，深入排查影响加快经济发展方式转变、企业生产经营、重大项目建设的不稳定因素，做到抓早抓小抓苗头，早预警、早介入、早解决。继续深入开展领导干部接访、下访、走访，畅通民意表达渠道，解决群众合理诉求。

5. 完善“大调解”工作体系。认真落实《关于构建多方联动的“大调解”工作体系，有效化解社会矛盾纠纷的实施意见》，形成依靠基层党政组织、行业管理组织、群众自治组织共同化解矛盾的工作格局。加强人民调解组织建设，总结推广建立医患纠纷调解中心、企业协解职工管理服务中心等经验做法，探索建立行业性、专业性人民调解组织，发展专业化、社会化人民调解员队伍，积极开展调解工作。各级行政机关要认真担负起调解职责，做好职权范围内矛盾纠纷的行政调解工作。各级政法部门要从政策、体制、机制上最大限度地把调解优先原则贯穿于执法办案中。积极推行民事案件审理全程调解，探索刑事自诉案件、其他轻微刑事案件、刑事附带民事案件、行政诉讼案件和因民间纠纷引起的一般治安案件运用和解方式解

决问题的新模式。

6. 做好涉法涉诉信访工作。深入开展"清积案、化新访、控非访"专项活动,集中化解久拖不决的信访积案,分类制定疏通"出口"的政策,研究落实解决方案和办理期限。认真落实信访首办负责制,加大接访解决力度,提升初信初访办结率。建立信访接待办理、转办交办、结果反馈和疑难重点案件网上查询系统,实现全市联网运行,全域覆盖,资源共享。

7. 整合基层维稳工作力量。加快乡镇(街道)综治工作中心标准化规范化建设,由党(工)委主要负责同志牵头,整合综治办、信访办、人民法庭、公安派出所、司法所等单位力量,形成基层维稳综治的大平台。将公安派出所、司法所、人民法庭建设纳入区县项目建设规划,落实标准化建设措施。加快村(社区)综治工作室建设,充分发挥平安志愿者等群众自治组织在维护社会和谐稳定中的作用,形成社会矛盾联调、治安问题联治、邪教活动联防、社会管理联抓、便民实事联办的联动工作机制,努力实现小事不出村(社区)、大事不出乡镇(街道)、矛盾不上交。

8. 健全突发事件应急处置机制。完善市、区县党委负总责,有关方面负责同志参加的处置重大突发事件联合指挥机制,做到联指、联勤、联防、联处。构建专群结合的维稳信息工作网络,努力实现预知、预警、预防。加强对各级党委、政府主要负责人和政法维稳综治部门负责人预防和处置突发事件工作的专题培训。完善符合实战要求的预案,依法明确各类突发事件的处置指挥权限、程序和现场处置原则、要求以及不同情形下武器警械使用的条件,提高对突发事件的预测预判、现场指挥、依法处置、舆论引导能力。

(二)深入推进社会管理创新,加快建立与社会主义市场经济体制相适应的社会管理体系

9. 积极探索服务经济社会又好又快发展的社会管理新机制。科学设置政法维稳综治机构,明确工作职责,进一步完善主动服务、能动司法、高效执法的措施,形成规范运行的机制。加大对危害经济发展犯罪活动的打击力度,重视预防和查办行政管理、企业改制、环境保护等领域的职务犯罪案件。加强民商事审判工作,完善执行联动机制,有效解决执行难问题。加强公证、律师等法律服务工作,搞好法制宣传教育,促进政府职能部门依法行政和企业依法经营。改革创新公安行政管理工作,制定和落实人才引进、消防监督和交通、出入境、户籍管理等方面的服务措施,积极营造良好发展环境。

10. 完善和落实服务"解难题、促转变、上水平"活动工作措施。加大服务保障力度,加强安全保卫工作,搞好治安环境整治,保持良好的生产经营和建设施工秩序。完善服务企业发展和重点工程建设绿色通道,公开办事程序,简化审批环节,缩短办理时限。深入基层和企业开展走访服务活动,认真听取意见,切实改进工作,对需要解决的问题,做到件件有回音,事事有着落。

11. 加强对流动人口的服务管理。要按照公平对待、服务至上、合理引导、完善管理的原则,把流动人口服务管理纳入经济社会发展规划,落实政策措施,解决流动人口就业、居住、就医、子女就学等问题。建立统一的流动人口综合服务管理信息系统,切实发挥区县人口服务管理中心作用,在流动人口集中的地区推广建立流动人口登记服务站;提供"一站式"服务。积极稳妥地推进户籍管理制度改革,健全"以证管人、以房管人、以业管人"的服务管理新模式。

12. 加强对特殊人群的帮教管理。扎实推进社区矫正工作,建立适应宽严相济刑事政策要求的社区矫正工作体系。完善刑释解教人员安置帮教工作规范性意见,建立监管场所与家庭、单位、社区帮教管理衔接机制,积极发展过渡性安置企业和就业帮扶基地,积极解决他们在就业、生活、家庭等方面的实际困难。加强对不在学无职业青少年、流浪乞讨青少年和服刑在教人员未成年子女的教育管理,解决其就学、就业和职业培训等问题。对有危害社会倾向和行为的高危人群逐人建立台账,建立常态化管控机制。

13. 加强对境外来华人员的服务管理。完善相关法规规章,依法规范管理服务工作。做好境外来华人员的入境签证、出入境边防检查、停留居留、住宿登记、租房购房备案审批、就业、就学以及外企驻华机构审批、外商来华投资管理等工作,形成权责明确、协调统一的境外来华人员管理服务联动机制。构建覆盖境外来华人员入境、居住、就业、就学、出境全过程和信息及时共享的动态管控体系。

14. 加强对社会治安重点地区的综合治理。

认真落实《天津市社会治安滚动排查整治工作制度》，形成市、区县、乡镇（街道）分级排查、三级治理长效机制。组织开展社会治安重点地区排查整治专项行动。把城中村、城乡结合部纳入当地经济社会发展规划，加快改造建设步伐，完善基础设施，搞好环境整治，扩大管理覆盖，延伸社会服务，做到管理无盲区、防控无死角、治安无乱点。

15. 加强对信息网络的建设管理。完善网络管理法规规章，明确电信运营企业和用户的法律责任。完善网络业务管理政策，优化网络应用结构，积极稳妥逐步实行网络实名制。加强对互联网运营单位、互联网服务场所的安全监管，构建网上网下结合的防控体系，及时封堵删除网上造谣、煽动等危害社会稳定的信息。建设与网络产业发展相适应的网络监控、侦查和舆论引导队伍。建立健全与新闻宣传部门沟通机制、政法维稳综治宣传舆论工作联席会议制度、网上舆情监测研判机制、重大案件事件快速反应机制、网上舆论引导机制，提高网上发现、侦查、控制和处置能务联动机制。构建覆盖境外来华人员入境、居住、就业、就学、出境全过程和信息及时共享的动态管控体系。

16. 加强对社会治安重点地区的综合治理。认真落实《天津市社会治安滚动排查整治工作制度》，形成市、区县、乡镇（街道）分级排查、三级治理长效机制。组织开展社会治安重点地区排查整治专项行动。把城中村、城乡结合部纳入当地经济社会发展规划，加快改造建设步伐，完善基础设施，搞好环境整治，扩大管理覆盖，延伸社会服务，做到管理无盲区、防控无死角、治安无乱点。

17. 加强对信息网络的建设管理。完善网络管理法规规章，明确电信运营企业和用户的法律责任。完善网络业务管理政策，优化网络应用结构，积极稳妥逐步实行网络实名制。加强对互联网运营单位、互联网服务场所的安全监管，构建网上网下结合的防控体系，及时封堵删除网上造谣、煽动等危害社会稳定的信息。建设与网络产业发展相适应的网络监控、侦查和舆论引导队伍。建立健全与新闻宣传部门沟通机制、政法维稳综治宣传舆论工作联席会议制度、网上舆情监测研判机制、重大案件事件快速反应机制、网上舆论引导机制，提高网上发现、侦查、控制和处置能力，提高对司法个案、突发事件的舆论引导能力。

18. 加强对社会组织的管理服务。全面掌握社会组织情况，建立健全管理社会组织的有效办法。完善境内组织分类管理制度，加强日常监管，教育引导其在法律允许和行政批准的范围内活动，依法清理各种所谓的“维权”组织，依法处理打着“维权”幌子从事渗透破坏的活动。严格境外组织准入制度，健全监管机制，坚持利用和防范并举，实行依法、有序、有效管理，坚决抑制和防范渗透破坏活动。

19. 深入开展平安天津建设。研究制定《深化平安天津建设的意见》，探索建立各具特色的平安建设模式。坚持主动进攻，严密防范、严厉打击境内外敌对势力和“法轮功”等邪教组织的捣乱破坏活动。完善情报、打击、防范、应急四位一体的反恐怖实战机制，深入推进反恐怖斗争。加大对黑恶势力犯罪、重大暴力犯罪、多发性侵财犯罪和涉众型经济犯罪的打击力度，继续组织开展打击防范盗窃自行车等专项行动。加强警防、民防、技防建设，深入实施社区防范工程，不断深化平安系列行动，广泛开展基层平安创建活动，完善机关、企业、学校、部队和社会团体参加的属地平安创建工作运行模式，全面提升基层平安建设水平。

（三）深入推进公正廉洁执法，切实提高执法公信力

20. 建立执法考评机制。把执法业绩档案作为加强执法监督管理的重要措施和有效载体，在各级政法机关全面实行，做到全员涵盖、全域覆盖。针对不同执法岗位制定具体实施细则，合理设置档案内容，科学设定考核标准，完善组织保障措施。以执法思想正不正、执法能力强不强、执法质量高不高、涉法涉诉信访多不多、法律效果社会效果政治效果好不好为主要内容，建立科学、简明、有效的执法考评指标体系。把执法业绩档案制度与执法考评指标体系、岗位责任目标管理结合起来，将考评结果作为晋职晋级、表彰奖励的重要依据，促进公正廉洁执法。

21. 推进执法规范化建设。制定工作规范，细化执法标准，严密执法程序，强化执法管理，做到既严格、公正、廉洁执法，又理性、平和、文明、规范执法。建立容易发生执法偏差、群众反映比较强烈的若干类案件的案例指导制度，并向社会公布，促进自由裁量权的正确行使。建立健全检察

机关对刑罚变更执行的同步监督制度，进一步规范对重大刑事罪犯减刑、假释、暂予监外执行的适用标准和程序，确保刑罚执行的严肃性、科学性。

22. 加强执法信息化建设。坚持整体规划，分步实施，逐步实现政法系统信息网络互联互通和信息资源共享。建立执法信息网上录入、执法流程网上管理、执法活动网上监督、执法质量网上考核的执法办案新机制，实现信息化办案和对政法干警执法办案的全程化、实时化、动态化管理监督。全面实施讯问和庭审全程录音录像，对执法窗口、监管场所实行实况监控，进一步提高执法质量。

23. 创新执法监督制约机制。加大党委政法委组织领导各政法单位评查案件和执法巡查、督查工作力度，建立案件评查规范化常态化机制，针对群众反映强烈的案件，组织专门力量搞好评查。建立健全警务、检务、审务、狱(所)务督察机制，加强对一线执法情况的巡查和关键岗位、重点环节违法违纪问题的专项督察。大力推进“阳光执法”，认真落实执法公开各项要求，完善人民陪审员和人民监督员制度，增强执法透明度和公信力。

24. 推进惩防腐败体系建设。围绕实现无干警违法犯罪和严重违纪的“零点”目标，认真落实防范廉政隐患“零点”方案，深入开展无违纪科所队(庭)创建活动。严格落实党风廉政建设责任制，抓住责任分解、考核、追究三个关键环节，坚持一岗双责，一级抓一级，层层抓落实。推进反腐倡廉制度创新，加强廉洁从政、廉洁执法教育，严肃整治损害群众利益的不正之风，加大查办违法违纪案件工作力度。

25. 组织开展执法教育培训。落实政治轮训制度，每年对政法干警特别是新任领导干部、新进干警进行中国特色社会主义理论体系、社会主义法治理念、职业道德、纪律作风教育培训。建立和落实区县政法各单位负责人集中轮训长效机制，提高推动科学发展、促进社会和谐的能力。建立和落实政法基层单位领导班子集中轮训制度，提高把握运用法律政策能力、群众工作能力、信息化实战应用能力、突发事件处置能力、舆论引导能力。深入推进政法干警招录培养体制改革，严把政法队伍“入口关”，以建立健全教育组织体系、内容体系、方法体系、保障体系为主要内容，构建执法教育培训工作体系，增强执法教育培训实效。

26. 深化体制机制改革。围绕优化司法职权配置、落实宽严相济刑事政策、改革律师管理制度、完善情报工作体制、充实重点地区政法力量、推进政法队伍建设、整合政法教育资源、完善政法经费保障等方面的重点内容，研究措施，理顺关系，确保各项改革平稳推进。

三、工作要求和保障措施

27. 加强组织领导。各级党委、政府要统一思想认识，切实增强责任感和紧迫感，将深入推进社会矛盾化解、社会管理创新、公正廉洁执法纳入本地区经济社会发展规划，组织各方面力量，着力解决工作中的体制性、机制性、保障性问题。各级政法维稳综治部门和有关单位要建立领导和工作机构，认真履行职责，切实发挥职能作用。

28. 落实工作责任。各级党委、政府和政法维稳综治部门及有关单位要紧密结合实际，对各项工作任务逐项细化分解，研究贯彻落实的具体措施，明确责任部门和责任人、工作目标和重点、保障措施和完成时限。

29. 搞好调查研究。要把调查研究贯穿于深入推进三项重点工作的全过程，主动适应新形势，研究新情况，解决新问题。要加强理论创新、实践创造，紧紧抓住关键问题，积极探索新思路新举措，突破难点、打造亮点、形成特点，不断提高工作成效。要坚持重心下移，认真研究在基层落实的有效方法和途径，全面提升基层基础建设水平。

30. 完善工作机制。要认真总结我市政法维稳综治工作中的成功经验和做法，形成制度规范，建立长效机制。要建立健全工作推进机制、协调配合机制、组织保障机制和督导考评机制，进一步理顺关系，明确职责，加强配合，确保落实。

31. 加强督促检查。要加大组织协调和指导推动力度，通过经验交流会、现场推动会等多种形式，总结推广先进典型，加强分类指导，认真解决存在的问题和薄弱环节。要把深入推进三项重点工作纳入党政领导班子和领导干部决策目标、执行责任和考核监督三个体系，作为绩效考核的重要内容，把考评结果作为评价领导班子和领导干部的重要依据。

32. 加大保障力度。要进一步充实基层政法维稳综治力量，制定和落实有利于稳定基层队伍的政治、经济待遇政策，完善制度体制机制，让优秀人才特别是有威信、有经验、有水平的政法维稳综治干部安心在基层一线工作。

中共天津市委办公厅　天津市人民政府办公厅关于深入推进天津市社会管理创新的指导意见

（2010 年 4 月 27 日）

为贯彻落实中央关于深入推进社会矛盾化解、社会管理创新、公正廉洁执法三项重点工作的部署，按照市委、市政府的要求，高标准、高质量推进社会管理工作，使我市社会管理创新走在全国前列，现提出以下意见。

一、指导思想和目标原则

1. 指导思想。全面贯彻党的十七大和十七届四中全会精神，高举中国特色社会主义伟大旗帜，以邓小平理论和"三个代表"重要思想为指导，深入贯彻落实科学发展观，认真落实全国政法工作电视电话会议部署，按照胡锦涛总书记对天津工作"一个排头兵"、"两个走在全国前列"、"四个着力"和"五个下功夫、见成效"的重要要求，紧紧围绕市委"一二三四五六"的奋斗目标和工作思路，加快构筑"三个高地"、全力打好"五个攻坚战"，以服务天津科学发展、服务社会和谐稳定、服务人民群众新期待为主线，有效整合资源，创新工作机制，形成整体合力，全面提升社会管理创新水平，为维护社会长治久安、保障人民安居乐业、进一步加快滨海新区开发开放、促进全市又好又快发展创造良好的社会环境。

2. 主要目标。按照科学化、规范化、法治化要求，努力实现社会管理的理念创新、体制机制创新、方法手段创新、基层基础工作创新和督查考核创新，建立起全方位、动态化社会管理工作体系，积极搭建社会管理服务新平台，打牢维护社会和谐稳定基础，营造良好社会氛围，使我市社会管理创新走在全国前列。

3. 工作原则。坚持以科学发展观为统领，围绕中心，服务大局，自觉把社会管理创新置于全市改革发展稳定大局，精心组织，扎实推进。坚持以人为本，服务群众，把人民群众满意作为社会管理创新的根本标准，寓管理于服务之中，落实为民便民惠民利民的政策措施，切实保障和改善民计民生。坚持理论创新，实践创造，总结经验，积极探索社会管理新模式新方法，更好地适应新形势新任务要求。坚持求真务实，注重实效，突出重点，打造亮点，抓好典型，整体推进，在高起点上全面提升社会管理创新水平。

二、主要任务和责任分工

4. 探索建立滨海新区社会管理新模式。围绕进一步加快滨海新区开发开放加强调查研究，不断完善社会管理创新的体制机制和主动服务、能动司法、高效执法的制度措施。加大对重大项目、重点工程的支持保障力度，加强和改进户籍、治安、交通、消防、出入境等方面管理，强化社会治安防控体系建设，完善应急联动指挥机制，全力打造平安新区、法治新区、和谐新区。（牵头单位：滨海新区区委、区政府。责任单位：市维稳领导小组成员单位，市综治委成员单位，市政法各部门。）

5. 完善社会稳定风险评估机制。认真落实《天津市重大事项社会稳定风险评估办法》，重点抓好制定落实重大社会决策和重大工程项目社会稳定风险评估实施细则，以容易引发矛盾的领域为重点，明确风险评估责任主体、评估内容、工作程序和具体要求，从源头上预防和应对可能产生的社会稳定风险，有效防范和化解社会矛盾。（牵头单位：市维稳办。责任单位：市政法各部门，市发展改革委，市国资委，市教委，市建设交通委，市农委，市规划局，市国土房管局，市环保局，市人力社保局，市水务局，市卫生局，市安全监管局，市食品药品监管局，市维稳领导小组成员单位，各区县。）

6. 构建多方联动的基层社会矛盾调解工作体系。重点抓好制定落实加强基层社会矛盾调解工作的实施意见，形成人民调解、行政调解、司法调解既充分发挥作用，又相互协调配合的工作体系，建立健全专业性调解组织，完善依靠基层党政组织、行业管理组织、群众自治组织共同及时有效化解社会矛盾的机制。（牵头单位：市司法局。责任单位：市综治办，市维稳办，市高级人民法院，市人民检察院，市公安局，市人力社保局，市信访联席会议成员单位，各区县。）

7. 建立信访工作五级接访下访工作新格局。重点抓好制定落实我市信访工作五级接访、五级下访实施意见，畅通市、区县、街乡镇、社区（村）、楼栋五级听取群众意见、解决群众合理诉求的渠道，真心实意办实事、解难题，维护群众合法权益。（牵头单位：市信访办。责任单位：市人大内务司法委，市政法各部门，市信访联席会议成员单位，各区县。）

8. 实施涉法涉诉信访案件终结制度。重点抓好制定落实建立涉法涉诉信访案件终结制度的实施意见，明确终结标准，规范终结程序，落实责任要求，切实做到诉求依法解决、解释疏导教育、责任查究落实、困难帮扶救助和复查复核工作"五个到位"，有效解决无理缠访、重复上访、终结不终等问题。（牵头单位：市委政法委。责任单位：市人大内务司法委，市政法各部门，市信访联席会议成员单位，各区县。）

9. 全面推进基层综治信访服务中心（站）建设。重点抓好制定落实街乡镇综治信访服务中心建设的实施意见，加快街乡镇综治信访服务中心标准化、规范化建设，推进社区（村）综治信访服务站建设，健全制度，落实人员，完善保障，有效整合综治、维稳、信访、司法等力量，形成综合治理的大平台。（牵头单位：市综治办。责任单位：市委组织部，市维稳办，市防范办，市信访办，市高级人民法院，市人民检察院，市公安局，市司法局，市民政局，各区县。）

10. 深化社区（村）服务管理工作。重点抓好制定落实创新社区（村）服务管理模式的实施意见，建立健全社区（村）服务管理组织，探索服务管理的有效形式和方法，积极保障和改善民计民生，组织开展平安社区（村）创建活动，营造和谐稳定的居住环境。（牵头单位：市综治办，市公安局，市司法局，市国土房管局，市卫生局，市人力社保局，市人口计生委，各区县。）

11. 创新流动人口服务管理工作。重点抓好制定落实流动人口服务管理工作的实施意见，把流动人口服务管理纳入经济社会发展规划，落实配套政策措施，建立包括指纹管理在内的流动人口服务管理信息系统，健全"以证管人、以房管人、以业管人"的服务管理新模式。（牵头单位：市公安局。责任单位：市综治办，市发展改革委，市法制办，市人口计生委，市教委，市财政局，市人力社保局，市国土房管局，市卫生局，市流动人口管理领导小组成员单位，各区县。）

12. 落实社区矫正和刑释解教人员帮教管理工作措施。重点抓好制定落实社区矫正和刑释解教人员帮教管理工作的实施意见，完善适应宽严相济刑事政策要求的社区矫正工作体系，健全监管场所与家庭、单位、社区帮教管理刑释解教人员的衔接机制和有效安置机制。（牵头单位：市司法局。责任单位：市综治办，市发展改革委，市高级人民法院，市人民检察院，市公安局，市民政局，市财政局，市人力社保局，市刑释解教人员安置帮教工作领导小组成员单位，各区县。）

13. 加强对境外来华人员的管理服务。重点抓好制定落实加强境外来华人员管理服务工作的实施意见，形成权责明确、协调统一的管理服务联动机制，构建覆盖境外来华人员入境、居住、就业、就学、出境全过程和信息及时共享的动态管控体系。（牵头单位：市公安局。责任单位：市综治办，市人大常委会法工委，市商务委，市教委，市外办，市国家安全局，市民政局，市司法局，市外宣办，市台办，市文化广播影视局，市旅游局，市宗教局，市人力社保局，市国土房管局，市卫生局，市国税局，市工商局，天津边检总站，各区县。）

14. 建立社会治安重点地区排查整治长效机制。重点抓好制定落实社会治安重点地区排查整治工作的实施意见，实行市、区县、街乡镇分级排查、三级整治，把城中村、城乡结合部作为排查整治的重点，纳入当地经济社会发展规划，加快改造建设步伐，健全基层组织，扩大管理覆盖，延伸社会服务，建立起集整治、管理、建设、服务为一体的常态工作机制。（牵头单位：市综治办。责任单位：市委组织部，市发展改革委，市教委，市财政局，市人力社保局，市环保局，市国土房管局，市高级人民法院，市人民检察院，市公安局，市司法局，市民政局，各区县。)

15. 推进社会治安防控体系建设。重点抓好制定落实社会治安动态防控体系建设的实施意见，有效整合社会资源，构建打防管控结合、警防民防技防结合、全方位立体化棋格型的动态治安防控体系。制定落实改进和创新保安工作的实施意见，加强管理，强化培训，提高素质。(牵头单位：市公安局。责任单位：市综治办，武警天津总队，市发展改革委，市建设交通委，市教委，市财政局，市国土房管局，市工商局，市人力社保局，市通信管理局，各区县。)

16. 加强信息网络建设管理。重点抓好制定落实信息网络建设管理工作的实施意见，加强对互联网运营单位、互联网服务场所的安全监管，建立健全与新闻宣传部门沟通机制、政法维稳综治宣传舆论工作联席会议制度、网上舆情监测研判机制、重大案件事件快速反应机制和网上舆论引导机制。(牵头单位：市委宣传部。责任单位：市委政法委，市维稳办，市防范办，市人大内务司法委，市法制办，市高级人民法院，市人民检察院，市通信管理局，市公安局，市国家安全局，市司法局，天津警备区，各区县。)

17. 健全社会组织管理服务体系。重点抓好制定落实加强社会组织管理服务工作的实施意见，完善境内组织分类管理制度，加强日常监管。建立由民政、业务主管单位和公安、国家安全等部门对敏感类社会组织管理的内部会商机制。严格境外组织准入制度，健全监管机制，做到依法、有序、有效管理。(牵头单位：市民政局。责任单位：市维稳办，市防范办，市公安局，市国家安全局，各区县。)

18. 全面提升城市交通安全管理水平。重点抓好制定落实创新交通安全管理模式的实施意见，深入开展交通安全宣传教育，强化道路交通管理，完善交通安全设施，加大执法力度，探索科学管理、规范管理、文明管理的方法途径，保持安全畅通的交通秩序。(牵头单位：市公安局。责任单位：市发展改革委，市市容园林委，市交通港口局，市财政局，市市政公路局，天津保监局，市农业机械服务中心，市文明办，各区县。)

19. 创新物业管理工作模式。重点抓好制定落实创新物业管理模式的实施意见，规范物业管理制度，创新行政监管手段和社会管理模式，强化对物业服务企业和物业项目的监管，建立长效保障机制、健全协调沟通机制，有效预防和化解物业管理纠纷，促进物业管理工作康发展。(牵头单位：市国土房管局。责任单位：市公安局，市司法局，市民政局，各区县。)

三、组织领导和工作要求

20. 强化责任落实。各级党委、政府要把社会管理创新纳入经济社会发展规划，切实加强组织领导，明确目标，细化措施，抓好落实，构建起党委领导、政府负责、社会协同、共同参与的社会管理新格局。

21. 搞好组织推动。各牵头单位的主要负责同志要对牵头项目的实施负总责，确定直接责任部门和责任人、工作重点和保障措施，加强组织协调，抓好牵头项目的落实。

22. 夯实基层基础。要坚持重心下移，把工作的着力点放在基层，在组织领导、工作队伍、制度规范、基础设施等方面，加强建设，完善保障，确保工作有人抓，各项要求在基层得到有效落实。

23. 严格工作考核。要将社会管理创新作为社会治安综合治理目标管理和各级领导班子、领导干部任期考核的重要内容，细化考核项目、标准和方法步骤，加大督导检查力度，推动工作不断深入。

24. 加强舆论宣传。要加强与新闻媒体的沟通联系，充分运用多种手段，广泛宣传社会管理创新的重要意义、工作进展和成效，动员社会各界和广大党员干部群众积极参与，形成良好的舆论氛围。

天津市社会治安综合治理委员会关于加强街乡镇综治信访服务中心和社区(村)综治信访服务站建设的实施意见

(2010 年 4 月 27 日)

市九次党代会以来,在市委、市政府坚强领导下,全市力加强社会治安综合治理基层基础工作,深入推进街乡镇综治工作中心和社区、村综治工作站建设,形成了集维护稳定、社会治安、社会管理于一体,协调联动、优势互补、服务大局、方便群众的工作平台,在基层平安建设中发挥了重要作用。为了更加适应新的形势,按照中央和市委关于进一步加强社会治安综合治理基层基础建设和深入推进社会矛盾化解、社会管理创新、公正廉洁执法三项重点工作的有关要求,现就进一步加强街乡镇、社区(村)综治信访服务中心(站)建设,提出如下实施意见。

一、指导思想、总体要求和工作目标

(一)指导思想。以邓小平理论和"三个代表"重要思想为指导,深入贯彻落实科学发展观,按照胡锦涛总书记对天津工作提出的"一个排头兵"、"两个走在全国前列"、"四个着力"的工作任务和"五个下功夫、见成效"的重要要求,以服务科学发展、服务社会稳定、服务人民群众为根本,以健全完善多方联动、高效运行、保障有力、全国一流的基层综治维稳工作新机制为重点,大力加强规范化、制度化建设,为更好地完成基层平安建设任务,筑牢坚实的组织基础和工作平台。

(二)总体要求。为了便于工作,更好地服务发展、关注民生、调处矛盾、维护稳定,决定将街乡镇综治工作中心和社区、村综治工作站统一更名为街乡镇、社区(村)综治信访服务中心(站)。新的设置在不单独增加人员编制、不大规模建设新的场所、不改变部门和人员隶属关系和职责的前提下,本着便民、务实、高效的原则,就现有人力、物力资源进行整合重组和改造提升,实现集约利用,规范运转。

(三)工作目标。全市街乡镇综治信访服务中心和社区(村)综治信访服务站建设,按照新的标准分三个阶段实施:2010 年上半年为规范建设阶段,2010 年下半年为机制运行阶段,2011 年功能效果达到"五联"、"四提升"的目标,即社会矛盾联调、治安问题联治、邪教活动联防、社会管理联抓、便民实事联办;社会矛盾纠纷化解率提升,突出治安问题解决率提升,平安社区、单位创建率提升,人民群众安全感和满意率提升。社会治安综合治理工作继续保持全国前列。

二、落实"五有措施"

(四)有常设的工作人员。街乡镇综治信访服务中心以综治办、信访办、司法所工作人员为主体,其他有关部门派员参加,日常集中办公应达到 8—12 名,主任由党(工)委分管副书记担任,副主任由综治办主任、信访办主任、司法所所长兼任。社区(村)综治信访服务站由两委班子成员、街乡镇驻(包)社区(村)干部和大学生"村官"组成,日常集中办公应达到 3—5 名,主任由社区(村)党支部书记或居(村)委会主任担任。

(五)有必备的办公条件。街乡镇综治信访服务中心办公用房面积应达到 150 平方米以上,并配备微机、通讯、车辆等办公设备。社区(村)综治信访服务站办公用房面积原则上达到 80 平方米以上,并配备微机、通讯等办公设备。工作人员、工作职责、工作流程、规章制度、监督电话统一公开上墙。进一步健全矛盾纠纷排查化解、重点地区排查整治、重点人员教育稳控、平安志愿者队伍管理等基础性台账，并实行计算机网络管理。

（六）有明确的职责任务。街乡镇综治信访服务中心和社区（村）综治信访服务站具有八项职责任务，即：矛盾纠纷排查化解、重点地区排查整治、社会治安防范控制、重点群体管理服务、公共安全维护管理、社区单位平安创建、平安志愿者组织管理和综合治理宣传发动。

（七）有规范的运作程序。街乡镇综治信访服务中心实行“一门受理，五步解决”的工作流程。“一门受理”：设置“受理服务总台”，对群众来信、来访、咨询事项，统一受理接待，统一分流处理。“五步解决”：第一步、现场解决，对简单的诉求事项，由“受理服务总台”现场答复解决；第二步、部门解决，对只涉及一个部门而现场答复解决不了的诉求事项，由专门部门对口解决；第三步、部门联合解决，对涉及多部门的诉求事项，由中心主任召集相关部门共同解决；第四步、协商上级解决，对跨地区或疑难复杂诉求事项，由中心报告上级领导和部门帮助协调解决；第五步、提交司法解决，对街乡镇处理不了的诉求事项，提交上级部门解决或司法解决。社区（村）综治信访服务站也要参照上述办法，简化程序，规范运行。

（八）有严格的考核奖惩。要实行目标管理责任制，按照工作流程进一步明确领导责任、部门责任、岗位责任，严格日常管理，加大检查监督考核力度。对工作成绩突出的，予以表彰和奖励。对责任不落实、工作不到位而引发群体性事件等重大问题的，要实行责任倒查、责任追究。要把工作考核和部门考核有机结合，将综治信访服务中心对成员单位和人员的考核结果，作为领导班子、领导干部及公务员年度考核的重要依据。要通过职责任务公开、办事流程公开、办理时限公开、工作纪律公开、监督方式公开，提高工作透明度，自觉接受群众监督。

三、工作要求和保障措施

（九）加强组织领导。各级党委、政府把加强基层综治信访服务中心（站）建设纳入经济社会发展规划，加强组织领导，按照阶段性工作要求统筹安排，分步实施，重点突破，整体推进，进一步理顺体制、完善机制、壮大力量、落实保障。各级党政主要领导要高度重视，亲自研究，协调解决建设中的困难问题。政法综治和有关部门要主动进位，发挥职能，密切配合，把基层维稳综治各项措施落到实处。

（十）加强制度建设。坚持落实工作例会、协调会办、督查督办、情况通报、首问责任、应急处置、台账资料、检查考核等日常工作制度，形成协作配合、精干高效、便民利民的良性运转机制。要不断总结经验，推广典型，查找问题，提高水平。

（十一）加强保障力度。进一步加大综治信访服务中心（站）建设和工作运行经费保障力度，纳入财政预算，并根据维护稳定形势要求和工作实际需要，建立健全定期增长机制。要搞好教育培训，制定落实有利于稳定基层干部队伍的政治、经济待遇政策，帮助他们解决工作和生活中的困难，创造拴心留人的工作环境，在提高能力的同时，激发他们做好工作的积极性、主动性和创造性。

天津市社会治安综合治理委员会关于社会治安重点地区排查整治长效机制建设的实施意见

（2010年4月27日）

对社会治安重点地区开展集中排查整治，是迅速改变重点地区治安混乱面貌的有效手段，也是多年来我市社会治安综合治理工作的成功经验。新形势下，要按照中央、市委的部署要求，把进一步开展社会治安重点地区排查整治，作为落实深入推进社会矛盾化解、社会管理创新、公正廉洁执法三项重点工作的重要内容和实际举措，不断推动排查整治工作制度化、规范化、常态化，进一步形成覆盖全市、上下贯通、条块结合、有效衔接、整体运行的工作机制。为此，特制定以下实施意见。

一、指导思想和工作目标

（一）指导思想。以邓小平理论和"三个代表"重要思想为指导，深入贯彻落实科学发展观，深入落实胡锦涛总书记对天津工作提出的"一个排头兵"、"两个走在全国前列"、"四个着力"的工作任务和"五个下功夫、见成效"的重要要求，紧紧围绕加快实施市委"一二三四五六"奋斗目标、工作思路和构筑"三个高地"、打好"五个攻坚战"的部署，以服务科学发展、服务和谐稳定、服务人民群众为出发点和落脚点，以城乡结合部、"城中村"等治安复杂、案件高发地区为重点，以党委领导、政府负责、社会协同、群众参与为工作格局，抓住源头性、根本性、基础性问题，深入开展社会治安重点地区大排查、大整治，大力推进社会管理创新，为经济社会发展和广大人民群众创造更加良好的社会治安环境。

（二）工作目标。通过排查整治，迅速改变社会治安重点地区治安面貌，做到管理无盲区、防控无死角、治安无乱点，努力实现基层政权组织稳固、社会管理服务覆盖、常态化管理制度落实、长效工作机制形成、各类安全隐患根治、经济发展速度提升、社会治安秩序良好、生活居住环境优美、广大人民群众满意的工作目标。

二、工作措施

（三）进一步加强突出治安问题排查。进一步健全完善纵向到底、横向到边、全域覆盖的工作网络，形成市、区县（系统）、街乡镇、居民区（村）四级排查工作机制。落实市综治委《社会治安滚动排查整治工作制度》，坚持属地管理、条块配合，持续进行滚动排查、滚动治理，强化排查整治的针对性、经常性、规范性，形成经常排查与集中排查相结合、区域性排查和行业性排查相结合，对突出治安问题的排查与排查治安混乱重点地区单位、排查各类重点人相结合的有效运行机制。

（四）进一步加强治安形势分析研判。结合排查工作，通过对政法常规统计、居民住户问卷、网上调查、人大政协提案、群众来信来访、新闻舆论反映、实地访查信息的定期汇总、综合分析、相互印证、及时反映，进一步健全治安信息收集网络，形成扎根于群众之中的扁平型信息反馈系统和预测预警机制。加强治安排查信息化建设，逐级建立基础台账，对重点地区、重点人员、突出问题等基本情况、数据和信息底数清、情况明，逐步实现计算机联网管理。

（五）进一步加强针对性打击整治。建立健全预警灵敏、精确打击、责任明确、整体作战的经常性严打工作机制。深入推进打黑除恶专项斗争，依法严厉打击严重暴力犯罪。严密防范、严厉打击群众反映强烈的抢劫、抢夺、盗窃等多发性侵财犯罪。继续深入开展盗窃自行车违法犯罪专项行动。完善分级治理的办法，根据工作难易程度，实行市、区县系统、街乡镇基层单位三级整治。以治安“乱”、“差”的地区单位及难点、热点问题为重点，逐级选定整治对象，逐级制定整治方案，逐一落实整治措施。做到突出问题、重点部位、责任单位、责任领导、责任人、工作任务、工作目标、整治措施、整治期限“九明确”。狠抓“排查、严打、整治、防控、教育、管理”等工作环节的衔接联动，因地制宜、综合施治，通过重点整治以点带面，实现由“乱”到“治”的目标。

（六）进一步加强社会管理服务。要坚持以人为本的科学发展观，着力加强和完善社会服务和社会管理。针对社会治安管理的重点人员、特殊行业、社会组织和互联网等，创新管理体制机制，实现管得好、管得住。严格排查管控重点高危人员，对“法轮功”等邪教人员、吸毒人员、刑释解教人员和社区闲散青少年、流动人口中的高危人员等重点人员集中进行排查摸底，统一要求、明确标准、整合资源，充分运用信息化手段，加强改进服务管理工作。建立重点高危人员信息库，逐人设立台账，明确管控责任，落实安置、教育、服务和防范措施，形成长效运行的重点群体排查管控机制。

（七）进一步加强群众宣传发动。要把改善民生、保障民生作为工作的重要落脚点，在治理治安环境的同时，完善基础设施，提供公共服务，促进经济发展，满足群众新期待，确保广大群众共享排查整治的成果。改进组织、宣传、发动的方式方法，不断探索多形式发动群众参与排查整治的有效渠道。增强工作公开化和透明化，采取定期通报、媒体公布、治安公示等多种渠道和办法，收集了解群众意见建议，扩大群众对治安工作的知情权、参与权和监督权。充分发挥广大干部和党员、团员的模范带头作用，发挥广大平安天津志愿者在内的人民群众主体作用，广泛动员各方面力量参与社会治安重点地区排查整治。

（八）进一步加强督导考评奖惩。加强对部署排查、集中整治、考核验收等各工作阶段过程管理，完善相关的配套办法和制度规定。各级综治委、办要会同有关部门加大督导检查力度，采取明查暗访等多种形式深入基层，掌握情况，发现问题。对重点、难点问题，落实综治委成员联系点制度，实行领导包片、挂牌督办、下派工作组等方式推进工作、督促整改、堵塞漏洞。把排查整治纳入社会治安综合治理目标责任书考核内容，加大考核验收力度，层层落实责任机制，督促各项措施落实。建立健全综合治理告知警示、黄牌警告、诫勉谈话等具体办法和程序，严格兑现奖惩措施，将实行综治一票否决的着力点前移，形成有效运行的责任查究体系。

三、工作保障

（九）强化组织领导。各级党委、政府要高度重视、统筹全局、加强领导、精心组织，把这项工作作为“民心工程”、为群众办实事的重要举措，切实抓紧抓好。把社会治安重点地区特别是城乡结合部、“城中村”纳入经济社会发展规划，从推进城乡一体化发展入手，统筹考虑，整体规划。落实市政府提出的“力争三年完成外环内城中村改造”的工作任务，结合市容环境综合整治，因地制宜地开展重点整治和专项治理，实现整治、管理、建设工作有机结合、同步推进。

（十）落实部门责任。各有关部门要在党委、政府统一领导下，各负其责，密切配合，形成合力。组织部门的工作重点是整顿软弱涣散、不起作用的基层党组织。公安部门要把严查、严打、严管结合起来，解决突出治安问题。民政部门要加强群众自治组织的监督管理和社会救助工作。司法部门要着力化解矛盾纠纷，做好重点人的安置帮教工作。城市建设和管理部门要积极推动重点地区的规划建设，整顿市容环境，加强城市管理。各级综治委、办要充分发挥牵头组织作用，积极谋划、统筹安排，有计划有步骤地推进重点整治工作。将整治工作与其他平安建设措施紧密结合、联动实施、相互促进，加强协调解决重点难点问题的力度，提高整治的水平和效果。加强对不同类型地区的分类指导，及时总结经验、推广典型，摸索建立各具特色的工作模式，不断推动排查整治工作深入开展。

（十一）夯实基层基础。要充分发挥基层党政组织作用，加强以基层党支部为核心的基层组织建设。加大街乡镇综治信访服务中心规范化建设力度，推广建立村居综治信访服务站，充分发挥综合治理平台作用，坚持重心下移，把工作全面向基层延伸。以警防、民防、技防“三张网”建设为基础，加快推进以公安专门力量为骨干，以群防群治力量为补充,以信息化手段为支撑,由街面防控网、单位内部防控网、视频监控网、区域警务协作网、“虚拟社会”防控网组成的社会治安防控体系建设。以新一轮平安天津建设为主线,大力推进多样化的基层平安系列创建活动,不断拓展创建领域、丰富创建内涵、创新创建方式、提高创建实效。

(十二)加大工作投入。各级政府要切实履行好市场经济体制下对社会治安实施有效管理的基本职责,在政策、经费、人力上给予必要保障。对社会治安所需经费要纳入年度财政预算,并随着每年财政收入的增加,按照一定比例加大资金投入。建立市、区县两级财政拨款与基层自筹、受益者出资相结合的经费保障机制。本着“取之于民、用之于民”和“合理适度、严格控制”的原则,采取财政补贴、受益单位出资和群众自愿筹集等办法,多渠道解决群防群治工作经费。

天津市维护稳定领导小组办公室
天津市发展和改革委员会
天津市城乡建设和交通委员会
关于重点建设项目社会稳定风险分析和评估实施细则

(2010年5月11日)

【目的与依据】为贯彻落实中共中央办公厅、国务院办公厅转发《中央政法委员会、中央维护稳定工作领导小组关于深入推进社会矛盾化解、社会管理创新、公正廉洁执法的意见》,加强源头预防和减少社会矛盾,维护全市社会大局和谐稳定,保障重点建设项目顺利实施,保障人民群众合法权益不受侵害,根据中共天津市委办公厅、天津市人民政府办公厅转发的《天津市重大事项社会稳定风险评估办法》,制定本细则。

1.【项目概念】重点建设项目是指与人民群众利益密切相关的工业、水利、能源、交通、城市建设等建设项目。

2.【评估概念】重点建设项目社会稳定风险分析和评估是指对拟建设项目可能影响相关利益方而引发群体性事件的潜在社会稳定风险进行分析、预测和评估,并提出相应的工作建议。评估费用可纳入项目建设成本。

3.【责任部门】项目建设单位是重点建设项目社会稳定风险分析和评估的责任部门。

4.【评估部门】责任部门委托的社会专业评估机构或组织建立的专项评估小组是开展社会稳定风险评估的实施部门。其成员应包括项目建设单位代表、行业专家、法律专家、与建设项目直接相关的群众代表等。

5.【评估部门职责】评估机构或专项评估小组应对重点项目社会稳定风险进行全面分析评估,出具稳定风险分析和评估报告,提出工作建议。

6.【评估重点】重点建设项目的社会稳定风险分析和评估重点是:

(1)道路、轨道交通、桥梁、隧道、高压电力设施等项目的选址、选线和项目建设;

(2)污水处理、垃圾焚烧以及涉及废水、废气、废渣排放等影响生态环境的工业、商业、水利、能源项目的选址和项目建设;

(3)农村土地征用、新农村建设等与人民群众利益密切相关事项的项目建设;

(4)城市房屋拆迁、住房保障等与人民群众利益密切相关事项的项目建设;

(5)其它应进行稳定风险评估的项目建设。

7.【评估内容】对重点建设项目进行社会稳

天津市各区、县综治委、办主任名单

地　区	综治委主任	综治办主任	地　区	综治委主任	综治办主任
和平区	冯绍宽	郭绍英	武清区	张　勇	刘善国
河东区	吕德林	赵洪岭	宝坻区	贾凤山	王立新
河西区	彭　三	马春和	蓟　县	张　杰	于大海
河北区	孙晓军	刘月明	静海县	张希峰	何燕生
南开区	韩宏范	卢东泉	宁河县	刘宝迎	田维明
红桥区	张泉芬	李卫东	滨海新区	李新建	谢志强
东丽区	刘金钟	王　义	滨海塘沽	冯宗英	安湛华
津南区	杨国法	袁新立	滨海汉沽	刘子立	邸国荣
西青区	董景川	辛培起	滨海大港	张传捷	孙建华
北辰区	郭连生	郭海洪			

（撰稿人：王　健　李长凯
审稿人：马广智　陈显辉）

河　北　省

2010年社会治安综合治理工作概况

2010年，在省委、省政府和中央综治委的正确领导下，河北省综治系统坚持围绕中心，服务大局，以责任制为龙头，以化解社会矛盾为基础，以创新社会管理为动力，以基层基础建设为保障，充分发挥综合治理体制机制优势，强力推进综治各项措施的落实，在维护社会和谐稳定，促进全省经济社会又好又快发展上发挥了重要作用。一年来，全省未发生有重大影响的群体性事件，未发生重大治安问题，未发生因敌对势力插手造成重大政治影响的事件，未发生危害学校、师生安全的重大案件，未发生进京和到世博会、亚运会驻地出丑闹事问题，进京非正常访大幅下降，群众安全感度进一步提升。

一、强力推进责任制落实，齐抓共管格局进一步巩固

一是明确工作责任。年初，在省综治委统一组织推动下，省、市、县、乡综治委分别与党政一把手和综治委成员单位主要负责同志签订了综治责任书，将综治责任落实到了各级党政一把手和部门主要负责同志身上。各级党委、政府特别是党政一把手抓综治工作的力度进一步加大，2010年11个设区市党政主要领导对推进三项重点工作和综治工作做出重要批示60条(次)。

二是严格督导考核。各级综治部门对各地、各部门落实综治工作责任情况进行了不间断的督导检查。去年第四季度，省综治办组织省综治委成员单位对各市、省综治委成员单位综治工作情况进行了全面考核，根据考核结果，建立了各市党委、政府主要领导、分管领导和省综治委成员单位综治工作实绩档案，报省委组织部备案，并将年度考核和建档结果分别向各市、省综治委各成员单位进行了通报。

三是严肃实施问责。各级综治委用足用好社会治安综合治理一票否决权制和一票否决警示制度，对发生影响社会稳定重大案件、事件和存在突出治安问题的地方严格问责。2010年，省综治委等五部门三次召开联席会议，对发生重大刑事案件的元氏县实施了一票否决，对存在重大社会治安隐患和突出问题的4个地方和单位实行了一票否决警示；市、县两级共对27个地方和单位实施了一票否决，对76个地方和单位实施了一票否决警示，对55名存在失职、渎职问题的相关责任人进行了查究。

二、强力推进社会矛盾化解，维护社会和谐的能力进一步增强

各级综治办进一步健全社会矛盾纠纷排查调处体系，增强预防和化解社会矛盾的能力。2010年全省共排查矛盾纠纷108066起，成功调处103474起，调处率达96%，有效维护了社会和谐稳定。

一是进一步健全了调解组织体系。所有市、县建立了矛盾纠纷排查调处工作领导小组及办公室，加强了对排调工作的领导。目前，全省各市、县(市、区)行政执法部门(含行政事业单位)共建成调委会、调解室6079个，其中市级514个、县级5565个，建成率分别为98.8%、97.7%。在市、县规模以上企业和较大的事业单位、行业协会及社会组织建立综治工作站5142个，进一步扩大了调解组织覆盖面。

二是组织开展了矛盾纠纷排查和预防工作。进一步完善了排调工作村(居)日排查、乡(镇)周调度、县(市、区)月汇总为主要内容的逐级排查上报制度。省排调办于第一、第三季度围绕确保“两节”、全国“两会”和国庆期间社会稳定，在全省部署开展了两次大规模集中排查行动，有效维护了重要时期社会稳定大局。

三是加大了重大矛盾纠纷化解力度。省排调办筛选了23件重大矛盾纠纷进行挂账督办,各级综治、排调部门以农村土地征用、城市房屋拆迁可能引发的矛盾纠纷作为重点,加大了涉众型矛盾纠纷排查化解力度,各级政法机关配合行政执法部门依法规范征地拆迁行为,排查化解了一大批重大矛盾纠纷,保证了重大建设项目顺利进行。

三、强力推进社会管理创新,社会管理水平进一步提高

一是加强组织领导。成立了由张越同志任组长、宋恩华同志为副组长,省委组织部等25个部门负责同志为成员的省社会管理工作领导小组,设立了办公室,与省综治办合署办公。各市、县(市、区)也根据本级实际层层成立了社会管理工作领导小组及办公室,完善工作制度,推动了各项工作措施落实。

二是强力推进试点工作。省综治办确定秦皇岛市为特殊人群服务管理和社会治安重点地区综合整治试点、承德市为刑释解教人员安置帮教和社区矫正工作试点,石家庄市、保定市、邯郸市及沧州肃宁县、承德市双滦区为社会管理创新综合试点。各试点单位积极行动,创造了一批有特色的好经验、好模式。石家庄市组建了市、县、乡三级应急处置队伍,建立了党政统一领导、相关部门协调联动的快速应急处置机制;承德市依托县(区)司法局、乡镇司法所,建立了社区矫正管理局和管理所;秦皇岛市完善了"以房管人、以证管人、以业管人"流动人口服务管理模式。唐山市充分发挥党的政治优势和多种资源优势,开展社会矛盾综合调控。沧州市肃宁县以农村基层党组织为核心,建立覆盖整个农村和广大农民的维稳组织、民主自治组织、经合组织、党组织。

三是深入开展社会治安重点地区和治安突出问题排查整治活动。对排查出的所有重点地区,全部实行分级挂牌督办,组织有关部门进行综合治理,年内共排查重点地区236个,整治率达100%;针对排查出的治安突出问题,组织开展了打击"黄赌毒"、涉枪涉爆、无照经营、两抢一盗、盗窃破坏"三电"、传销、假发票、私自制售使用卫星电视接收设施等一系列专项行动,均取得显著成效。

四是五个专门工作小组工作取得突破。进一步完善了流动人口服务管理组织网络、制度体系、工作格局和保障机制,全面提升了流动人口享有公共服务、保障合法权益、治安管理的水平。加强了刑释解教人员的衔接管理,建立了多层面的刑释解教人员过渡性安置(培训)基地,刑释解教人员帮扶政策和措施进一步落实,全省71498名刑释解教人员已有69264人纳入了帮教范围,63729人落实了安置措施,重新违法犯罪率控制在2%以内,没有发生刑释解教人员严重危害社会稳定、造成恶劣影响的重大案件。以"为了明天——预防青少年违法犯罪工程"为主要载体,深入开展青少年法制宣传教育,办理青少年维权案件,创建青少年维权岗开展维权行动,进一步净化了青少年生活、学习、工作环境,有力维护了广大青少年的合法权益。针对我国部分省市连续发生暴力侵害小学生、幼儿的问题,按照中央、省委部署,采取多项有效措施排查整治校园及周边治安隐患,成功防范各类涉校案件365起,有效维护了校园的安全稳定,杜绝了针对校园师生重大刑事案件的发生。以创建"平安铁路示范市县"活动为载体,大力开展爱路护路宣传教育、涉路矛盾纠纷排查调处和沿线治安隐患排查整治活动,有效维护了铁路安全畅通和沿线治安秩序持续稳定。

四、强力推进基层基础建设,综治工作根基进一步夯实

一是积极推进了基层综治维稳工作平台建设。省综治办出台了《进一步加强完善乡镇(街道)综治工作中心和村(居)综治工作站建设的意见》,在乡镇(街道)"三位一体"调解中心的基础上,扩展职能,整合公安、司法行政、基层法庭、民政、社保、信访、计生、妇联、团组织等各相关部门力量资源,建立综治工作中心,在农村、社区整合治保会、调委会、治安巡防队等基层自治组织力量,建立村(居)综治工作站,并统一了名称标识、工作职责和档案台账,提高了综治工作中心规范化建设水平。目前,全省各乡镇、街道全部建立了由党(工)委副书记任主任的综治工作中心,56000多个村、社区建立了综治工作站,覆盖率达到91.8%。

二是健全完善了社会治安防控体系。大力推进城乡一体化治安防控体系建设,推广了沧州市网格化治安防控体系建设经验,建立了市、县、乡、村四级社会治安防控网络。加大了对各种违法犯罪的打击力度,共破获刑事案件109422起,抓获犯罪嫌疑人59569人；强化了群防群治队伍建设，省综治委制定并由省“两办”转发了《关于进一步加强群防群治工作的意见》，完善了群防群治队伍的类别、运行和保障、奖惩等工作体系，群防群治队伍建设得到全面加强，全省群防群治组织达97868个，人员281.98万人，其中治安志愿者79万人，全部实行实名注册。强力推进《河北省社会治安科技防范五年（2006－2010）规划》的实施，普及监控报警设施和农村平安互助网，技防建设取得了长足进步。截至去年底，全省公共复杂场所、金融单位技防设施安装率分别达85%、100%，重点单位技防设施覆盖面和内部单位、城区学校的重要部位技防设施安装率达100%，城镇居民小区和农村重点区域技防设施安装率分别为75%和65%，农村平安互助网覆盖率达到95%，科技防范五年（2006－2010）规划目标在全省基本实现，全省可防性案件大幅下降，群众安全感调查结果显示，2010年群众安全感度为88.63%，比上年提高了4.8个百分点，是开展安全感调查8年以来最高的一年。

三是强力推动了基层平安创建活动的开展。充分发挥全国平安建设先进县的示范引领作用，4月份，省综治委在肃宁召开“全国平安建设先进县（市、区）”负责同志座谈会，总结交流全省先进县（市、区）工作经验，进一步明确当前和今后一个时期推进基层平安建设的工作重点和主要举措。各地以贯彻落实全省会议为契机，迅速行动，不断创新平安创建的形式，平安铁路示范县（市、区）、平安大道、平安医院、平安文化市场、平安家庭、平安学校、平安企业、平安乡镇、平安街道、平安社区等各种形式的平安创建活动在各地深入开展，全省平安建设覆盖面进一步扩大。截至去年底，全省平安县总数达130个，占县、市、区总数的70.7%，平安乡镇（街道）达1382个，占乡镇总数62.8%，平安村（居）达28623个，占村（居）总数62%，平安学校达12204所，占各类学校的62.4%。创建工作中，衡水市在乡镇、村和户开展了平安建设“星级创建”活动，通过乡乡“夺旗”，村村“争星”、户户创安的方式，积小安为大安，促进了全市农村持续和谐稳定，受到中央综治委和周永康、王乐泉同志及省委领导的充分肯定并在全国、全省推广；省妇联积极推进基层妇女维权站建设，充分调动广大妇女参加平安建设的积极性的做法受到全国妇联的肯定，全国妇联在我省召开了全国平安家庭创建推进会。

河北省重点地区排查整治情况

河北省按照中央综治委关于重点地区排查整治工作部署和要求，在无奥运安保和国庆安保等大事牵动的情况下，通过开展扎实有效地排查整治，确保了全省社会持续和谐稳定，为全省经济社会又好又快发展提供了良好的治安环境。2010年省级确定重点地区236个，整好率达100%。

一、坚决落实“四个到位”，强力组织推动排查整治

（一）组织领导到位。中央部署社会治安重点地区排查整治工作后，省委多次召开常委会、全省性会议部署排查整治工作，明确任务要求，特别是省委书记张云川、省长陈全国给予坚强有力的领导和支持，省委常委、常务副省长付志方，省委常委、省委政法委书记张越同志亲自部署调度，要求各级党政主要领导把重点地区排查整治作为民生工程，加大组织推动力度。各级党委、政府把重点地区排查整治纳入当地发展整体规划，省、市、县、乡镇层层成立了排查整治工作领导机构，分别由党政分管领导任正副组长，对重点地区排查整治工作亲自坐镇指挥，并逐级签订保证书。同时将排查整治情况与分包领导、分包单位奖惩和政绩进行捆绑，记入综治实绩档案。

（二）政策措施到位。省委、省政府出台《关于深入推进特殊人群服务管理和社会治安重点地区排查整治的意见》，明确规定时限，在所有城乡结合部、城中村等治安复杂区域和部位全面落实人防、物防、技防措施。同时,省委、省政府决定成立由25个省直部门主要领导为成员的河北省社会管理工作领导小组,下设办公室,与省综治办合署办公,把社会治安重点地区排查整治工作作为社会管理的重要内容,加强组织推动。

(三)经费保障到位。省、市、县都把重点地区排查整治经费纳入同级财政预算,加大经费投入力度。石家庄市投入上亿元在重点地区安装技防设施。2010年,全省投入到重点地区排查整治经费共达3.5亿元。

(四)刚性问责到位。省委要求各级党政一把手对重点地区排查整治负总责,主管领导负直接责任,对不能限期改变治安面貌的所在地党政领导,明确提出"拿着官帽作抵押、不摘牌子就摘帽子、出现问题的先撤职后调查"的刚性规定。同时,各级综治成员单位领导对所包的重点地区负连带责任,一并记入综治实绩档案。

二、紧紧扭住重点环节,坚决改变社会治安面貌

(一)深入排查,全面掌控底数。一是坚持集中排查与滚动排查相结合。在县、乡、村三级滚动排查的同时,省综治委先后组织开展了三轮重点地区集中排查活动,重点对黑恶势力、涉枪涉爆、"两抢一盗"、"黄赌毒"和城乡结合部、"城中村"等7类重点地区和10类突出治安问题展开地毯式排查,共派出工作组2.6万余个,发动干部群众220余万人,群众举报线索8219个,排查重点地区236个、突出治安问题1200多个。二是坚持各地排查与系统排查相结合。按照条块结合原则,在各地排查的同时,省综治成员单位充分发挥工作体系优势,定期访查本系统治安问题和隐患。省综治委建立了综治成员单位社会治安形势情况会商分析制度,每月由省综治委成员单位提供本系统和所包联系点重点地区排查情况,共发现治安隐患361起。三是坚持全面排查与重点排查相结合。全省既开展拉网式排查,又针对新形势下社会治安呈现的新特点,重点围绕群众反映强烈的问题、国家和省重大政治活动和重要节庆活动等重要时期、突出重点问题进行深入排查。仅在全国校园师生和儿童伤害案件频发期间,全省就排查中小学及幼儿园56万余所次,发现各种隐患13746处,排查管控重点人员15098名,化解矛盾纠纷2726起。

(二)集中整治攻坚,迅速扭转重点地区治安面貌。一是分级挂牌整治。对排查的所有重点地区,全部实行分级挂牌督办,一方面由所在地党政主要领导包片包点、坐镇督办,各级整治办领导分包治安乱点,加强调度督导,限期整改;另一方面,由综治成员单位领导带队进驻乱点整治,坚决做到局面不改、人员不撤、工作不停。2010年,省级挂牌的64个重点地区和市县级挂牌172个重点地区,全部按期改变面貌。二是组织集中攻坚行动。相继开展了校园周边、"黄赌毒"、涉枪涉爆等专项打击整治行动,省重点地区共破获各类刑事案件6050起,打掉犯罪团伙148个,抓获各类违法犯罪嫌疑人6852名;对存在问题的1340家娱乐服务场所予以警告,取缔违规经营的360家;发现和整改涉爆安全隐患536起,缴获炸药12.8吨、雷管3.9万余枚,抓获公安部集中督捕涉爆涉枪逃犯148名;采取向校园派驻专职保安、配备防护装备、安装视频监控设备、建立校园警务室等措施,成功防范各类涉校案件365起,侦破涉校案件353起,抓获违法犯罪嫌疑人224名。三是全面组织督导。为确保重点地区排查整治取得成效,省综治委多次派出检查组、暗访组进行"波浪式"督导,不断加大推动力度。同时,制定出台了《河北省重点地区排查整治工作考核验收办法》,组织各市对重点地区排查整治工作进行互查、自查,对验收达标的省挂牌重点地区摘牌,对未达标的地区实行一票否决警示。

三、紧紧围绕"四个结合",推动重点地区排查整治常态化

(一)重点地区排查整治与基层基础建设相结合。河北省始终把强基固本作为推动重点地区排查整治、扭转区域治安形势根本好转的突破口,不断完善乡镇(街道)综治中心和村(居)综治工作站服务管理功能,有力推动了重点地区排查整治。2010年,全省乡镇(街道)综治中心共排查治安隐患1.2万余个,及时把一大批治安隐患消除在基层。

(二)重点地区排查整治与推进社会管理创新相结合。河北省以排查整治重点地区治安面貌的好转为重点,全面推进社会管理创新。率先开展社会管理创新试点工作,总结了一批经验,示范引领全省社会管理创新。如肃宁县将"治乱"与"治软"相结合,推进农村维稳组织、基层民主组织、农村经合组织、基层党组织全覆盖。石家庄、保定、承德、秦皇岛等市还在整治重点地区突出问题的同时，探索了社会管理网格化模式和医患纠纷调处、社区人员矫正、流动人口服务管理等工作模式。

（三）重点地区排查整治与平安建设整体推进相结合。河北省把重点地区排查整治作为平安创建的重要内容，无论是开展基层平安建设还是落实平安建设联系点制度、无论是召开平安建设座谈会还是落实各项措施，都同研究、同部署、同检查。省综治委规定凡是重点地区限期不能改变治安面貌的，一律不得参评平安建设先进单位，以此延伸平安建设触角，加大重点整治力度。

（四）重点地区排查整治与长效机制建立相结合。为确保整治取得实效长效，河北省在排查整治中研究规律性的特点，建立了排查常态机制、研判预警机制、整治动态机制、检查考评机制，对容易出现反弹的重点地区，深入剖析基础性、根本性、源头性问题，建立措施，超前防范；对带有普遍性的治安问题，从体制机制上找原因，制定举措，完善机制，指导全省工作。

河北省深化“三位一体”矛盾纠纷排查调处工作体系建设情况

在中央和省委、省政府的正确领导下，河北省各级党委、政府和矛盾纠纷排查调处组织以落实三项重点工作为主线，以乡镇、街道综治工作中心和“三位一体”调解中心建设为抓手，认真落实中央综治办《关于切实做好矛盾纠纷大排查大调解工作的意见》，不断健全“三位一体”工作机制，增强化解矛盾纠纷能力，取得了明显成效，为维护全省社会稳定做出了重要贡献。

一、高度重视，加强组织领导

省委、省政府和省委政法委、省综治委高度重视矛盾纠纷排查化解工作。省政法委和省综治办多次召开全省性会议部署社会矛盾排查化解工作，要求各级主要领导切实肩负起第一责任人的责任，把社会矛盾排查化解工作作为民生工程，加大组织领导力度。省综治办就抓好中央综治办《关于切实做好矛盾纠纷大排查大调解工作的意见》的贯彻落实提出了具体要求。积极组织开展了矛盾纠纷排查调处工作调研，组织各市综治办主任赴浙江、江苏考察学习“枫桥经验”和“南通大调解经验”。各地各部门根据中央和省综治委工作部署，深入分析研究综治维稳工作面临的新形势、新任务，准确把握当前矛盾纠纷的特点规律，把深入推进排查化解社会矛盾工作纳入重要工作日程。各级党政主要领导、分管领导亲自动员部署，深入一线，组织各级各部门有效开展工作。各级各部门结合工作实际，认真制定工作方案，明确目标任务，落实工作措施、责任部门和责任人，加强组织协调和督导检查。省综治办进一步加大了问责力度，对因失职渎职，排查化解不及时，引发重大“民转刑”案件的 13 名相关责任人进行了责任查究，党纪处分 2 人，政纪处分 4 人，撤职 3 人，对 4 人进行了诫免谈话，促进了工作责任落实。

二、健全和完善“三位一体”调解工作机制，增强化解矛盾纠纷的能力

一是健全完善人民调解、行政调解、司法调解协调配合机制。确定了人民调解、行政调解、司法调解在调解程序、工作制度、协议效力的衔接、配合和协调机制。在解决社会矛盾纠纷中，按照先调解、后诉讼，在诉讼中先行调解的原则建立相关制度。将人民调解、行政调解和司法调解贯穿解决矛盾纠纷的全过程，引导当事人协商和解。建立了联席会议制度、联合排查调解制度、信息通报和工作交流制度，全力化解矛盾纠纷。

二是健全完善社会矛盾纠纷排查工作机制。坚持普遍排查与重点排查相结合、专门机关排查与发动群众排查相结合的工作原则，重点围绕征地拆迁、重大项目建设等与群众利益密切相关的热点问题，社情民意复杂地区、民转刑案件多发地、基层组织薄弱的村（居）、行政接边地区等重点区域，流动人口、水库移民等重点人员开展排查，及时发现苗头性、倾向性问题，纳入调解范围。

三是健全完善重大社会矛盾稳控工作机制。各级对排查出的对重大矛盾纠纷或群体性事件隐患，在开展化解工作的同时，第一时间报告党委政府和维稳办、排调办，协调各有关部门全力做好稳控工作。

四是健全完善重大社会矛盾纠纷联合调处机制。对排出的政策性强、涉及部门多、关系复杂的矛盾纠纷，由“三位一体”调解中心牵头组织相关部门共同进行调解，必要时采取公开听证等形式，坚决把该为群众解决的问题解决到位，把矛盾纠纷化解在基层。

五是健全完善任务分解挂牌督办工作机制。按照“分级负责，归口办理”的原则，对排查出的各类社会矛盾纠纷，由排调办、综治办共同研究确定化解、稳控的责任领导、责任单位、责任人和工作目标、完成任务时限，分解到具体单位和个人。一般性问题由乡镇（街道）领导包案解决，重大问题由市、县领导包案解决。同时省、市、县排调办通过研究、分析，筛选一些重大的矛盾纠纷实行挂牌督办，促进问题的有效化解。

六是健全完善情况报告分析研判会商工作机制。各级排调办根据排查工作情况，定期对辖区内矛盾纠纷情况、特点、规律进行分析并报党委政法委、综治委。遇有重大情况随时向同级党委、政府和上级主管部门报告，由有关部门解决。各级政法委、综治委对影响社会稳定的矛盾纠纷进行研判，每月召开联席会议，有针对性地制定解决问题的措施和方案。

七是健全完善矛盾纠纷排查调处信息管理工作机制。为有效提高排调工作的信息化水平，省排查办在廊坊市和香河县建立了集排调、预警、稳控、预防、防范等功能为一体的综治维稳社会管理服务信息系统试点，以此为载体整合基层等工作资源，提高基层化解矛盾纠纷的能力和水平。

八是健全完善重要时期各级干部下基层解决问题工作机制。省、市、县各级抽调广大机关干部深入基层，驻村入户了解社情民意和治安信息，摸排矛盾纠纷，组织发动广大群众开展排查化解各种不稳定因素、加强社会面治安防控、解决群众实际问题，有力维护了基层社会稳定。

九是健全完善检查督导问责追究工作机制。各级综治办、排调办建立了对重大矛盾纠纷排查、化解、稳控督导检查制度。采取明查推动、暗访促动的方法，及时发现和解决工作存在的问题，推动工作落实。省五部门制定了《关于河北省社会治安综合治理一票否决警示制度实施办法》，对工作责任不落实、措施不到位，影响社会稳定因素长期得不到解决的，因矛盾纠纷引发“民转刑”案件的，实行一票否决警示；把结果管理变成过程管理，使问题解决在事发之前。

三、大力加强机构建设，夯实化解社会矛盾的组织基础

一是大力加强各级排调办建设，提高化解社会矛盾的组织协调能力。省、市、县（市、区）、乡镇（街道）层层强化了排调办组织机构，设立专职领导，配备了专职工作人员，实现了排调工作的专职专管。二是突出抓好县、乡“三位一体”解调工作中心建设，搭建规范、高效的工作平台。对县乡两级“三位一体”调解中心的名称标识、工作职责和档案台账管理进行了统一和规范。调解中心建立了联席会议、工作信息统计报告、责任分解、联合调处和督办等项制度，发挥组织推动、受理分流、督促指导、联合调处四项职能，实现了排调工作的经常化和制度化。三是推动调解网络不断延伸，实现调解组织全覆盖。针对经济社会发展和经济结构调整，新型经济组织和社会组织不断涌现，积累、聚合了大量矛盾纠纷的实际，积极适应新情况，不断扩展调解网络的覆盖面，在行业特点明显的社团等新型社会组织和民营企业等新型经济组织设立人民调解委员会，行业特点不明显的由对口行政部门建立行业调解室，没有对口行政部门的纳入所在地的调解中心。通过将“社会人”纳入调解范围，将政府不宜调解的纠纷由新型组织调解，实现了行政调解与社会调解互动。

河北省推进科技防范建设情况

河北省认真贯彻落实《河北省社会治安科技防范五年(2006－2010)规划》,圆满完成了《五年规划》的各项目标,在全省初步构筑起了全方位、多层次、立体型的科技防范网络体系,提高了科技防范水平,为河北经济平稳较快发展和社会和谐稳定做出了重要贡献。

一、各级党委、政府高度重视,大力推进技防建设

(一)党政领导亲自抓。各地召开常委会或综治委会议,对进一步落实《五年规划》进行研究部署。很多地方党政一把手或亲自挂帅,或作出重要指示,推动技防建设。廊坊市市委书记赵世洪提出"打造'智能城市',借助科技手段提升城市管理水平",启动"平安廊坊动态监控指挥系统"建设。沧州市委书记郭华批示,"要进一步完善和深化治安防控体系建设,特别是技防建设要上新台阶"。

(二)开展"回头看"活动。各级为推进技防建设,确保《五年规划》目标顺利完成,普遍开展了"回头看"活动。在活动中,针对技防开展过程存在的不足,制定了相应的整改方案,抓紧谋划、抓紧进度、抓紧整改,确保了目标任务顺利完成。衡水市召开科技防范调度会,提出目标任务,落实完成时限。邢台、唐山分别召开全市技防建设现场会,观摩交流,强力推动技防建设开展。

(三)加大投入力度。各级政府、社会各界、广大群众加大投入力度,积极改善技防基础设施,政府主导、市场化运作的保障机制不断健全,为推进技防建设提供了强有力保障。2010 年全省投入 37 亿多元投入技防建设。石家庄市以争创"全国最平安省会"为目标,划拨 1.4 亿元经费用于社会面治安监控与报警三级联网系统工程建设,全市 24 个县(市)区公安分局全部完成视频监控中心的建设工作。衡水市武邑县积极运作,争取到国家海关总署 300 多万元的技防专项经费。

二、采取有力措施,推进技防建设深入开展

(一)突出重点目标建设。各地按照《五年规划》目标要求,把公共复杂场所、重点单位、重要部位、机动车辆等方面作为技防建设的重点,采取有针对性的措施,加快建设进程。全省金融系统单位科技防范覆盖率达到 100%,并全部与报警控制中心联网。为加强校园周边安全保卫工作,2010 年 4 月,省综治委组织 5 个由厅级领导带队的督导检查组,对全省 11 个设区市学校、幼儿园及周边安全保卫工作进行督导检查,有效维护了校园教学秩序和师生安全,全省近年来没有发生一起针对校园安全的恶性事件。

(二)扎实开展技防示范县活动。各级综治部门认真贯彻落实《全省开展科技防范示范县(市、区)创建活动实施方案》,把 21 个示范县、34 个重点县作为技防建设重点,明确目标和标准,推动技防示范县(市、区)提前完成《五年规划》的任务。各示范县(市、区)积极开展技防建设争先活动,辐射、带动、引领了全省技防建设整体水平的提高。截至 2010 年底,全省技防示范县共投资 9 亿元,安装监控摄像头总数达 24 万个,监控系统安装率 91%,高出全省平均水平 2 个百分点。

(三)大力推进平安互助网建设。各地以构建平安互助网为依托,推进科技防范向广大农村、企业、商店、学校等基层单位延伸,扩大了基层技防建设覆盖面。石家庄、秦皇岛、唐山市三市和邢台市威县、石家庄辛集市、廊坊三河市等八个示范县(市、区)农村平安互助网安装率达到 100%。各市在农村积极推广"气死贼"、红外线报警器等经济实用型技防设施,有效提高了农村技防水平。积极推进农村平安互助网村村通工程,将村民电话拓展互助安防、灾情报警求助、紧急医疗救助、广播等功能,形成"家家都有报警点,人人都是联防员"的技防网络互助格局,全省农村"平安互助网"覆盖率达到 98%,2010 年全市农村可防性案件同比下降9.65%。

（四）建立长效机制。2010年，各地在贯彻落实《五年规划》过程中，积极梳理好的做法，总结成功经验，并用文件形式固定下来，形成长效机制。秦皇岛市政府出台了《公共安全技术防范管理实施办法》，保定市制定了《派出所治安监控中心工作考核办法》、《派出所监控中心工作考核标准》，为技防建设奠定了基础。

三、《五年规划》各项目标任务圆满完成

一是重要目标技防建设成果显著。全省重要目标技防建设均圆满完成了《五年规划》所设定的各项目标。全省安装技防设施总数达到1031371个，其中监控摄像头587133个，报警设施444238个。截至目前，全省重点单位社会治安科技防范设施覆盖面达到100%，入网率达到83%，内部单位、城区学校的重要部位社会治安科技防范设施安装率达到100%。全省居民小区社会治安科技防范的覆盖面达到75%，公共复杂场所安装技防设施达到85%。区域社会治安科技防范报警服务中心普及率达到87%。

二是技防服务实战效用日益明显。全省主要目标技防建设均实现了与警务系统联网和信息联动，在提供破案线索、预防和惩处违法犯罪方面日益发挥着重要作用。2010年，全省共提供案件线索29931条，预防和控制案件总数1111102起，协助破获案件总数14407起，抓获犯罪嫌疑人25335。

三是城乡技防建设协调性、联动性、整体性不断增强。在省、市（县、区）、乡镇（街道、社区）建立三级监控报警中心，形成了以省信息中心为统领，市局监控中心为点，派出所、警务室监控中心为线，广大技防户为面，点、线、面相结合的技防网络，城乡技防建设实现了协调联动，全省技防建设实现了整体上水平。

中共河北省委办公厅　河北省人民政府办公厅 转发省社会治安综合治理委员会《关于进一步加强群防群治工作的意见》的通知

（2010年2月8日）

各市委、市人民政府，省直各部门，各人民团体：

省社会治安综合治理委员会《关于进一步加强群防群治工作的意见》已经省委、省政府领导同意，现转发给你们，请结合实际认真贯彻执行。

河北省社会治安综合治理委员会 关于进一步加强群防群治工作的意见

在各级党委、政府领导和专门机关指导下，充分依靠和发动群众预防和治理违法犯罪，是社会治安综合治理基础性工作，是实现社会长治久安的重要保证。人民群众在开展社会治安防范、排查调处矛盾纠纷、维护社会稳定中发挥着不可替代的作用。为深入贯彻落实中央和省委关于进一步加强新时期社会治安综合治理基层基础建设的要求,进一步规范和推进群防群治工作,使广大人民群众维护社会治安主体作用得到充分发挥,不断提高社会治安综合治理工作水平,努力创造和谐的社会环境,提出如下意见。

一、充分提高认识,进一步增强依靠群众开展社会治安综合治理的自觉性和主动性

(一)大力加强群防群治工作,是党的群众路线在社会治安综合治理工作中的集中体现。“一切为了群众、一切依靠群众,从群众中来、到群众中去”的群众路线,是我党长期革命和建设的经验总结,是各项事业取得胜利的根本保证。在建设中国特色社会主义的新形势下,党中央明确提出的“打防结合、预防为主,专群结合、依靠群众”的工作方针,既是党的群众路线在综治工作中的集中体现,也是社会治安管理工作的方向和指导思想。必须坚定不移地贯彻这一方针,在各级党委、政府的领导下,坚持专门工作与群众路线相结合,建立起全方位、多层次的社会治安防控体系,进一步筑牢综治、维稳工作基础,全面推进平安社会建设。

(二)大力加强群防群治工作,是确保社会长治久安的重要基础。人民群众是开展社会治安防范、维护社会稳定的主体。多年来,群防群治工作机制在完成各项重大安保任务、应对突发公共安全事件和局部自然灾害中得到进一步发展和完善,人民群众的主体作用进一步得到发挥。特别是在抗击“非典”、完成北京奥运会和国庆60周年安全保卫工作中,各级综治、公安部门在党委、政府的有力领导下,广泛动员人民群众投入到社会治安防范工作中,上百万社会治安志愿者活跃在全省各地,形成严密的治安防控网络,综治工作群众优势得到充分发挥,圆满完成了各项重大任务,创造了许多成功经验。要认真总结这些经验,使之固定下来,坚持下去,建立完善的社会治安防控体系,实现社会长治久安。

(三)大力加强群防群治工作,是综治工作面临的新形势新任务的必然要求。当前,由于国内外原因,我国社会治安工作面临着严峻挑战。随着改革开放不断深入和利益格局的调整,一些深层次的、新的社会矛盾大量出现,影响社会治安和社会稳定的问题增多,刑事犯罪特别是群众反映强烈的侵财犯罪、暴力犯罪突出。国内外敌对势力相互勾结,对我加紧渗透和破坏,利用一些刑事个案、安全生产事故和公共安全事件,通过互联网和新闻媒体进行炒作和煽动,在我国内引发严重暴力犯罪和重大群体性事件,维护社会治安和社会稳定的难度进一步加大。这就要求综治工作必须不断改进和完善,大力加强基层基础工作,特别是要解决好一些地方群众工作薄弱、群众参与度不高、防范效果差等问题,全面提升群防群治工作质量,有效防范和打击各种违法犯罪,为经济社会持续健康发展创造良好的社会治安环境。

二、牢牢把握新形势下群防群治工作的主要任务和目标

(四)加强群防群治工作的指导思想和工作目标。全面贯彻党的十七大和十七届三中、四中全会精神,以邓小平理论和“三个代表”重要思想为指导,深入贯彻落实科学发展观,紧紧围绕中央和省委关于加强社会治安综合治理基层基础建设的要求,充分发动人民群众,有效整合资源,进一步健全和完善群防群治工作机制,形成党委、政府领导,综治部门协调,专门机关指导,人民群众广泛参与的工作格局。实现全省刑事治安案件减少,治安问题和隐患减少,群体性事件减少,群众安全感和对社会治安满意度上升的目标。

(五)开展基层矛盾纠纷排查调处工作。要把排查、化解矛盾纠纷,预防、妥善处置群体性事件和重大突发事件作为群防群治工作重点,充分运用“三位一体”调解手段,大力发挥人民调解的基础性作用,坚持抓早、抓小、抓苗头,及时有效地排查化解各类矛盾纠纷和不稳定因素。要重点做好农村土地征用、土地流转、城市房屋拆迁、生产经营、劳资纠纷、损失赔偿、合同承包、救济待遇、人身伤害赔偿、事故赔偿和婚姻恋爱、抚养赡养、财产继承等多发性矛盾纠纷排查化解工作,维护群众合法权益,防止因矛盾纠纷激化引发群体性事件。

(六)开展社会治安防控工作。组织动员广大群众在农村、社区、公共复杂场所、重要部位、企事业单位内部开展治安巡逻,排查治安问题,举报违法犯罪线索,协助公安机关开展严打整治斗争。

配合有关部门对流动人口、社会闲散人员、流浪未成年人、刑释解教人员、吸毒人员、社区服刑人员、农村留守未成年人进行服务管理和教育稳控，有效预防和减少违法犯罪。

（七）开展基层平安创建工作。充分发挥人民群众的首创精神，积极推进基层平安单位创建活动。广泛开展平安创建重大意义和社会主义道德观、核心价值观教育，弘扬传统美德，树立新风尚、新观念。推进基层民主法制建设，完善村规民约，进一步强化群众自我教育、自我管理的能力，使广大群众自觉遵纪守法，远离违法犯罪，打牢平安创建的群众基础。要大力推进平安农村、平安社区、平安企业、平安学校、平安医院、平安铁路、平安旅游景区、平安边界、平安家庭等基层平安创建活动，不断扩大和提高平安建设整体水平。

（八）开展社会主义民主法制和见义勇为精神宣传教育。要充分利用广播电视、互联网、报纸等新闻媒体，采取群众喜闻乐见的形式，大力开展国家法律法规教育，进一步增强广大群众法律观念，提高群众遵守法律和自我保护意识。大力宣传《河北省社会治安综合治理条例》和《河北省奖励和保护见义勇为人员条例》，使群众充分认识到维护社会治安人人有责，崇尚见义勇为英雄行为，主动与违法犯罪作斗争。

三、进一步加强群防群治组织建设

（九）加强基层治保会、民调会建设。所有城镇社区居民委员会、农村村民委员会都要建立治保会和民调会。治保会、民调会主任由村（社区）党支部书记或村（居）委会主任担任，治保会、民调会组成人员要经村（居）民代表大会讨论通过。治保会主要职责是：对村（居）民开展遵纪守法教育，组织开展辖区治安防范，开展安全隐患检查并督促整改，协助公安机关制止违法犯罪和破获刑事案件，协助有关部门搞好辖区内社会治安重点人员的教育、管理和稳控。民调会主要职责是：开展民间纠纷排查，及时向乡镇（街道）党委、政府和有关部门反映群众意见和诉求，组织人民调解员对民间纠纷进行调解，配合行政执法部门和司法机关开展行政调解和司法调解。

（十）加强乡镇专职治安巡防队建设。由政府出资，公安机关指导，按照统一组织、统一招聘、统一着装、统一标志、统一培训的要求，在所有乡镇（街道）组建专职治安巡防队。乡镇（街道）治安巡防队主要职责是：在辖区内开展治安巡逻，盘查可疑人员；协助公安机关及时发现和抓获违法犯罪分子；配合公安机关开展治安问题和重点地区整治，维护公共场所、集贸市场、大型群众活动和集会治安秩序，处置各种突发公共安全事件。

（十一）加强保安员队伍建设。要深入贯彻国务院颁布的《保安服务管理条例》，规范和发展保安服务业。保安服务公司要严格按《条例》规定的标准招用保安人员，逐步扩大保安队伍。进一步加强规范化建设，不断提高保安服务水平。保安公司要建立健全保安服务管理制度、岗位责任制度和保安员管理制度，加强对保安员的教育培训，提高保安员职业道德水平、业务素质和责任意识。公安机关要切实加强监督管理，督促保安服务公司和保安从业单位依法开展保安服务。

（十二）加强企事业单位内保队伍建设。各级党政机关、企事业单位、学校要认真落实国务院《企事业单位内部治安保卫条例》，健全内部治安保卫专门机构和巡逻队、护厂（场）队、护校队等治安队伍，积极维护机关、单位、企业、院校正常工作、生产和教学秩序，保护公共财产安全；积极排查治安隐患，做好区域内的防火、防盗、防爆炸、防治安灾害事故工作，提高内部治安防范水平。

（十三）加强村、社区义务巡逻队和人民调解组织建设。要组织发动群众开展义务治安巡逻防范和矛盾纠纷调解工作。在农村，要以“十户联防”、“邻里守望”和实行治安承包责任制为主要形式，合理确定每个村民所应承担的责任和义务，组成义务巡防队，搞好治安巡逻防范。在城市，以楼院长和老党员、退休老干部、退休老工人为骨干，组成治安巡防队，配合物业管理单位搞好居民区治安巡逻防范。要高度重视商业门店密集的街区群防群治工作，组织从业人员成立义务巡防队，落实维护社会治安责任。要以“十户调解员”为基本形式，建立农村、社区矛盾纠纷调解员队伍，在人民调解委员会的组织指导下，开展矛盾纠纷排查调处工作。

（十四）加强治安志愿者队伍建设。要认真贯彻省综治委关于加强社会治安志愿者队伍建设的要求，组织动员热心公益事业的群众，按照不低于辖区人口1%的比例，建立治安志愿者队伍，义务维护社会治安，参与完成重大安全保卫任务。建设、城管、交通、工商行政等部门和有关企业、行业协会，要充分发动环卫工人、路政养护工人、出租车司机、公交车司乘人员、个体工商户、商场和写字楼保洁员等参加治安志愿者队伍，统一标志，明确职责，配合公安机关加强对社会面控制，及时防范和打击街头违法犯罪。

四、切实加强群防群治队伍管理

（十五）严格群防群治队伍人员选拔。要严格人员选拔招聘，选择政治思想好、责任心强、热心公益事业、身体健康的人员进入群防群治队伍。公安、司法行政机关要指导主管部门制定具体的选拔招聘标准和程序，对进入群防群治队伍的人员进行严格审查、考核，根据人员条件变化，定期对组织成员进行调整补充，确保群防群治队伍纯洁、健全。

（十六）加强群防群治队伍教育培训。各级综治部门、公安机关和群众自治组织要建立健全培训制度，制定培训计划，加强对群防群治队伍教育培训。要深入开展思想教育，增强群防群治人员政治素质和做好治安防范工作的责任感、荣誉感，培养爱岗敬业、无私奉献的精神。要搞好上岗培训，充分提高群防群治组织成员法律意识和调解矛盾纠纷、开展治安防范的业务技能。对专职巡防队员、企事业单位内保人员、义务巡防队员、物业公司自行招用保安员和治安志愿者培训每年不少于两次。保安公司保安员培训由保安服务公司负责，公安机关检查指导。

（十七）健全日常管理制度。各主管部门要建立健全管理制度，明确工作纪律、职责和标准，实行规范化管理，确保群防群治队伍充分履行职能。建立和完善考核奖惩制度，每半年对各类群防群治队伍履行职责情况进行一次考核，对做出突出贡献的，要及时进行表彰奖励；对不能认真履行职责、违反工作纪律的，要进行批评教育，情节严重的要及时予以辞退。建立工作统计和报告制度，各群防群治组织日常工作要实行台账式管理，完善工作资料档案，定期向主管部门报告工作情况。

五、完善群防群治工作运行和保障机制

（十八）健全基层矛盾纠纷排查调处工作机制。各市矛盾纠纷排查调处领导小组办公室和县、乡“三位一体”矛盾纠纷调解中心负责组织、指导基层群防群治组织开展矛盾纠纷排查调处工作。建立基层矛盾纠纷经常性排查制度，村（居）和各企事业单位每周组织开展一次矛盾纠纷排查；乡镇（街道）调解中心每半月对辖内排查情况组织一次检查督导，对村（居）难以调处的矛盾纠纷进行调处，并对排调情况进行汇总分析报县调解中心；县（市、区）调解中心每月对各乡镇（街道）排查调处情况组织一次检查督导，对重大疑难矛盾纠纷组织相关部门进行联合调处，并对排调情况进行汇总分析，报市排调办，做到小事不出村、大事不出乡、问题不上交。凡由县（市、区）、乡镇（街道）调解中心负责调处的矛盾纠纷，要逐一进行登记，确定责任单位、责任领导和责任人，限期完成调解。各级调解组织要定期对矛盾纠纷发生情况进行分析研判，就倾向性问题和重大问题及时向有关地方和单位发布预警性信息和工作建议。对调解成功的矛盾纠纷当事人要定期进行回访，巩固调解成果，防止出现反复。

（十九）健全基层治安防控工作机制。县级公安机关和公安派出所负责组织群防群治队伍开展治安防控和治安隐患排查整治。要制定治安巡逻防范工作方案，明确规定各治安防范组织巡逻防范责任区域，确定巡逻方式和密度，实现辖区间无缝隙衔接。公安机关要适时发布警情信息，指导群众做好重点时期、重点区域治安防范工作。由公安派出所组织群防群治力量，每周在管辖区内进行一次治安问题和安全隐患排查，对排查出的问题和隐患，公安派出所要记录在案，及时向有关部门和单位下达整治、整改通知书，并督促落实整治措施。每月要对基层治安防范情况进行一次总结评估，及时发现和纠正工作中的问题，增强防范效果。奖励举报违法犯罪线索人员，保护群众举报违法犯罪积极性。进一步加大对见义勇为人员救助和保护力度，关心见义勇为人员，积极帮助其解决生产生活中遇到的困难，形成人人勇于同违法犯罪作斗争的社会氛围。

（二十）健全基层群防群治队伍协调联动工作机制。要充分整合社会治安防控资源，建立由综治部门组织协调、公安部门管理指挥、各群防群治队伍密切配合、平战结合的治安防范工作运行机制。要加强各群防群治组织间信息沟通，及时通报治安防范工作情况，对倾向性、区域性影响治安和社会稳定的问题开展联合整治行动。遇有重要安保任务和重大公共安全事件时，由市、县级公安机关对辖区群防群治力量统一调度使用。要高度重视边界地区、城乡结合部治安防范工作，由县级综治部门协调、公安机关负责，建立县、乡边界地区和城乡结合部治安形势会商、联合整治和治安防控制度，增强治安防范效果。

（二十一）健全群防群治工作保障机制。要进一步加大群防群治工作保障力度，积极倡导和发展有偿治安服务，实现责权利最佳结合。按照“政府主导、市场运作”和“谁受益、谁出资”的原则，多渠道筹集群防群治工作经费。各级政府要将综治事业费、专职巡防队建设经费、见义勇为人员保护和奖励基金、举报违法犯罪奖励基金、人民调解员劳务补助费列入财政预算，及时拨付到位。乡镇（街道）要依法与其录用的专职治安巡防队员签订劳动合同，并依法为专职治安巡防队员办理社会保险手续，缴纳社会保险费用。

六、进一步加强群防群治工作组织领导

（二十二）各级党委、政府要高度重视群防群治工作。要把群防群治工作作为综治基层基础建设的重要内容，切实加强组织领导。要及时分析研究综治、维稳工作形势，对综治基层基础工作特别是群防群治工作作出部署，推动群防群治机制建设，解决工作中遇到的重大问题，落实各项保障措施。各级组织、民政部门要采取有力措施，加强村（居）党支部和“两新组织”中的党组织建设，加强村（居）委会、治保会、民调会等基层组织建设，为群防群治工作提供坚强的组织保证。要把各级党政主要领导抓群防群治工作实效作为落实综治、维稳责任的重要内容，记入党政领导干部综治实绩档案。

（二十三）切实加强群防群治工作组织指导。各级综治部门、公安机关要认真总结群防群治工作经验，研究新情况、解决新问题，切实加强工作指导的针对性和实效性。各级各部门、各人民团体、各行业组织要加强对本单位、本部门、本系统群防群治工作的指导，组织系统内干部职工积极参与社会治安防控工作。各级综治委成员单位要把群防群治工作作为基层联系点工作的重要内容，督导推动工作开展。要加大检查考核力度，督促群防群治工作措施落实。对工作不落实、组织不健全、防范效果差的地方和单位，要追究有关领导责任。

（二十四）大力表彰群防群治先进集体和先进个人。要广泛开展群防群治先进集体、先进个人评比表彰活动，大力宣扬先进事迹，充分激发人民群众参与社会治安防范工作的光荣感和责任感。把群防群治工作纳入综治先进评比表彰，由省综治委同省人力资源和社会保障厅统一组织实施，每四年评选表彰一次。评为群防群治先进集体的，授予“河北省社会治安综合治理先进集体”称号；评为先进个人的，授予“河北省社会治安综合治理先进工作者”称号，并享受市级劳动模范和先进工作者待遇。

（二十五）积极创新群防群治工作。各级各部门要按照社会化、市场化、职业化的思路，深入开展理论研究，积极探索新时期群防群治工作的新手段、新方式、新途径。要注重群防群治工作体制机制的创新和完善，提高组织宣传发动群众的能力，全面提升综治基层基础建设水平。

中共河北省委办公厅　河北省人民政府办公厅转发省委政法委、省综治委《关于深入推进特殊人群服务管理和社会治安重点地区排查整治工作的意见》的通知

（2010年5月20日）

各市委、市人民政府，省直各部门，各人民团体：

省委政法委、省综治委《关于深入推进特殊人群服务管理和社会治安重点地区排查整治工作的意见》已经省委、省政府领导同意，现转发给你们，请认真贯彻落实。

中共河北省委政法委员会　河北省社会治安综合治理委员会关于深入推进特殊人群服务管理和社会治安重点地区排查整治工作的意见

为贯彻落实中共中央办公厅、国务院办公厅转发《中央政法委员会、中央维护稳定工作领导小组关于深入推进社会矛盾化解、社会管理创新、公正廉洁执法的意见》的通知（中办发[2009]46号）和全国、全省政法工作电视电话会议精神，现就深入推进特殊人群服务管理和社会治安重点地区排查整治工作，提出如下意见。

一、加强对特殊人群的服务管理

（一）加强社区矫正工作

1. 建立在党委领导下，由司法行政部门牵头组织，人民法院、人民检察院、公安机关、国家安全机关密切配合，基层司法所具体实施，工会、共青团、妇联、关工委及个体劳动者协会、私营企业协会等社会团体和群众组织广泛参与的社区矫正工作领导体制和工作机制，健全接收、管理、考核、奖惩、解除矫正等内容的社区矫正评估体系，确保社区矫正工作有序推进。

2. 由司法行政机关牵头，人民法院、人民检察院、公安机关、国家安全机关配合，按照“两减少、两扩大”（对初犯、偶犯、未成年犯、老年犯中一些犯罪情节轻微的人员，依法减少判刑、扩大非罪处理；非判刑不可的，依法减少监禁刑、扩大适用非监禁刑和缓刑）的原则，全面试行社区矫正，将刑期较短、改造较好、社会危害性小的服刑人员全部纳入社区矫正，逐步健全完善各项工作制度。各监狱要认真做好假释工作，确保符合条件的罪犯及时纳入社区进行矫正。各县（市、区）、乡镇（街道）要认真做好审前社会调查，严格工作衔接和人员接收及档案移交，认真落实社区矫正帮教协议书制度，规范社区矫正工作。

3. 加强对社区服刑人员的教育矫治，开展思想教育、社会公德教育和法制教育，开展心理矫治，采取分类型、分阶段、分级别的矫正措施，提高矫正工作的针对性、实效性。加强对社区服刑人

员的监督管理，依法执行社区服刑人员报到、会客、请销假、迁居、政治权利行使限制等管控措施，避免发生脱管、漏管。

4. 2010 年，各级党委、政府要加强组织领导，司法行政部门积极协调人力资源和社会保障、民政、农业、共青团、妇联等部门，将符合最低生活保障条件的社区服刑人员纳入当地最低生活保障范围，为符合条件的农村籍社区服刑人员落实责任田。

（二）完善刑释解教人员安置帮教工作机制

5. 监管场所要全面提升教育改造质量，建立教育改造质量评估体系，对每一个服刑在教人员在教育改造过程各个环节的教育效果进行评估、建立档案。要在监管场所建立专业矫治队伍，对服刑在教人员进行心理健康教育、心理危机干预等心理矫治，促进服刑在教人员的教育改造。监管场所要加强职业技能培训，具有一定规模符合相关条件的监管场所可向省人力资源和社会保障厅申报建立国家职业技能鉴定机构，经技能鉴定合格的服刑在教人员，由人力资源和社会保障部门颁发相应的职业资格证书，为其回归社会创造条件。

6. 加强刑释解教人员衔接工作，建立监狱、劳教所、看守所与司法所和家庭、单位、社区的衔接机制，防止脱管、漏管、失控。对于有明显重新违法犯罪倾向的人员，在刑释解教前一个月，监管场所将其综合评估意见等材料分别送达在教人员户籍所在地或居住地的县级安帮办和公安机关。县级安帮办和公安机关通知当地司法所和公安派出所，由其制定管控和帮教措施；对“三无人员”（无家可归、无亲可投、无业可就）和姓名、身份、住址不明的，监管场所、基层党政组织、政法单位、群众自治组织要建立必接和有效安置机制；对于危害国家安全罪犯，在刑满释放前一个月，监管部门将其改造情况通报原侦查机关，并由当地公安机关对此类人员专门建档，列为重点人员，会同有关部门共同落实管控措施；对于一般帮教对象，在其刑满释放前一个月，监管场所将其情况材料送达在教人员户籍所在地或居住地的县级安帮办，由县级安帮办通知当地司法所，负责联系落实服刑在教人员家庭成员及所在村（社区）代表按期到监管场所接回，并签订帮扶协议，落实帮教措施。

7. 2010 年上半年，由省司法厅、省公安厅负责，在全省组织开展清除服刑在教人员假姓名、假身份、假住址“三假”行动，监狱、劳教所、看守所等负责提供服刑在教人员基本信息，会同基层司法行政机关和公安机关核实修正地址，查实反馈，健全监所与服刑在教人员户籍地或居住地的帮教组织信息互动沟通机制。

8. 财政、司法、民政、人力资源和社会保障、共青团、妇联等相关部门和团体要积极解决刑释解教人员就业、生活、家庭等方面的实际困难，采取政府投入、社会支持等方式，加大经费保障力度，在各市、县（市、区）建立过渡性安置基地，有条件的设区市逐步建立过渡性安置实体或培训中心。通过 3 年时间，每市至少建立 1 个过渡性安置实体或培训中心。

9. 提高服务和管理水平，人力资源和社会保障、财政、民政等部门要将符合条件的刑释解教人员列入就业困难人员范围，享受国家和地方的各种就业扶持政策、社会保障待遇和社会救济保障，做好就业指导服务，保障基本生活。工商、人力资源和社会保障部门在办理证照、人员培训等方面给予政策扶持，金融机构按照国家政策给予信贷支持。对符合条件的刑释解教人员，特别是未成年人，教育部门和相关部门应做好就学的有关工作。各级公安机关要全面系统地搜集涉及刑释解教人员的稳定和治安信息，及时掌握动向，坚决把刑释解教人员从事违法犯罪、甚至制造恶性群体性事件的预谋遏制在萌芽状态。各级党委、政府要落实工作经费，加强保障。乡镇（街道）党委、政府要承担起组织落实刑释解教人员安置帮教工作的责任，乡镇（街道）综治委、办要协助党委、政府通过综治工作中心平台和工作机制，加强指导协调力度。村（社区）党组织和司法所、公安派出所要建立把安置帮教成效与责任人工作实绩考核、晋级、晋职和奖惩挂钩。

（三）完善重点青少年群体和高危人群管控机制

10. 针对农村留守未成年人、流浪未成年人、服刑人员未成年子女、有严重不良倾向的未成年人等青少年群体，在各级党委、政府领导下，由综治部门牵头，依托人民法院、人民检察院、教育、公安、民政、司法行政、人力资源和社会保障、发展改革、财政、共青团等部门开展调查摸底，掌握情况，尽快解决其就学、就业培训问题。

11. 针对闲散青少年，有违法犯罪倾向或不良行为记录的青少年，要广泛开展形式多样的职业技术培训，教育、工商、民政、人力资源和社会保障及共青团、妇联等部门团体都要对照自身职能，充分发挥"河北省青年就业创业基金"的示范作用，推广省农村信用联社开展的"青年创业小额贷款项目"，指导帮助闲散青少年就业创业和就学，做到生活上扶贫，行为上扶正，精神上扶志，智力上扶学，就业上扶技。

12. 针对流浪乞讨青少年，各级政府及财政部门要加大支持力度，积极推动流浪儿童救助保护中心建设，对已建成并投入使用的保护中心要充分发挥作用，对流浪乞讨青少年开展心理矫正、法制宣传、技能培训等服务，为流浪乞讨青少年重新步入社会创造良好条件。没有建成的设区市，要加快建设，力争2010年底完成。要区分不同情况，由乡镇(街道)综治办协调有关部门做好其生活保障工作，对家庭无经济来源的，要纳入民政专项救助范围。进一步加大对拐骗、操控、教唆流浪乞讨青少年实施盗窃、扒窃、抢夺违法活动不法分子的打击力度，切实维护青少年合法权益。

13. 针对服刑在教人员未成年子女，各级党委、政府要高度重视，教育、民政、共青团、妇联、关工委要在社区、农村广泛开展多种形式的关爱服刑在教人员子女、结对子等系列活动，对于生活困难、符合社会特困救助的家庭，积极帮助申请社会救助，对于不符合社会救助的家庭，可采取发放奖学金、补助金、慰问金以及捐助等形式给予帮助，切实解决其家庭生活困难。

14. 针对农村留守儿童，学校要建立"家长联系簿"，畅通留守儿童、老师、务工家长的沟通渠道，加强对临时监护人的培训，强化家庭教育，积极引导监护人用正确的方法管束和教育农村留守儿童。共青团、妇联等组织要会同教育、公安、司法行政等部门加大宣传力度，对进城务工的农民工开展家庭教育指导服务，让家长以更多方式关心孩子的学习以及身心健康。进一步加快户籍制度改革，认真贯彻执行《中华人民共和国未成年人保护法》和《中华人民共和国义务教育法》，切实维护进城务工经商农民工子女能够随父母就地入学的权利。

15. 严格落实重点青少年和高危人群管控责任，对有违法犯罪行为和严重不良行为倾向或严重不良行为记录的青少年，不适宜在普通学校学习的，由专门学校或者专门的少年儿童保护中心进行教育；对有社会危害行为、依照有关规定经专门机构鉴定的精神病人，由卫生、民政、公安部门牵头，基层组织、家庭配合，落实治疗、管控措施；对违法犯罪的艾滋病病毒感染者、艾滋病患者，由公安、司法行政、卫生部门牵头，加强干预治疗和教育改造，防止危害社会；对已经转化的"法轮功"人员，落实好解脱政策，帮助他们解决就业、生活等方面的困难；对"法轮功"痴迷者，组织帮教力量进行攻坚，提高转化率；对有现实危害和暴力恐怖倾向的高危人群，建立常态化的管控机制。

(四)完善流动人口服务管理机制

16. 对流动人口，各级党委、政府要纳入当地经济社会发展规划，积极稳妥地推进城镇化建设。公安部门牵头，司法行政、民政、住房和城乡建设、人力资源和社会保障、教育、卫生等部门参加，按照公平对待、服务至上、合理引导、完善管理的要求，加快户籍管理制度改革，放宽中小城市和城镇落户条件，着力解决流动人口就业、居住、就医、子女就学等问题。

17. 坚持党委领导、政府负责、分类指导、稳步推进，逐步完善适合流动人口特点的社会保障制度，所有用人单位要及时为流动就业人员办理参加工伤保险手续；根据流动人口不同的就业状况和医疗需求，多渠道解决医疗保障问题。按照与现行城乡养老保险制度相衔接的原则，积极探索水平适当、覆盖广、可转移的流动人口养老保险办法，对在城镇稳定就业的流动人口，直接纳入城镇企业职工基本养老保险范围。

18. 加强流动人口权益保障，认真贯彻落实《中华人民共和国劳动合同法》，所有用人单位招用流动就业人员必须依法签订并履行劳动合同，建立权责明确的劳动关系。住房和城乡建设、人力资源和社会保障、教育、安全生产监管、卫生等部门要加强对用工单位的监督检查力度，解决流动人口劳动条件差、劳动安全和职业病防护无保障等问题，严肃查处违法用工行为。司法行政部门、律师协会要在农民工集中的社区和企业设立法律援助服务站和调解中心，积极为农民工就近提供法律援助和服务，化解矛盾纠纷，降低维权成本。

19. 探索“以证管人、以房管人、以业管人”的流动人口服务管理新模式，公安、住房和城乡建设、民政等部门要引导出租人员和租住人员依法办理房屋租赁、税务登记和暂住手续，推进出租屋及其租住人员信息采集、录入和反馈等管理信息化工作。由综治机构牵头，公安、民政、住房和城乡建设等部门要加强对中小旅馆、闲置厂房、地下空间、劳务市场、废品收购点和歌舞娱乐、洗浴休闲等流动人口容易落脚藏身场所、部位的清理检查，加强对“城中村”、城乡结合部等流动人口聚居区的综合整治，最大限度地减少治安隐患。同时，要按照谁主管谁负责、谁经营谁负责、谁出租谁负责、谁用人谁负责的原则，进一步落实用工单位、经营业主、出租房主在流动人口管理工作中的责任，督促其配合做好流动人员登记、信息采集和法制宣传教育等日常服务和管理工作。

20. 落实流入地和流出地双向责任，公安机关要强化对流动人口中高危人员的动态管控，努力消除治安管理盲点，最大限度地挤压违法犯罪空间。要以流动人口中的涉黑涉恶犯罪、带有明显区域特点和职业特点的团伙犯罪、流窜犯罪为重点，进一步加大打击力度。公安、国家安全部门要高度警惕境外敌对势力插手利用从事危害国家安全和社会稳定活动，坚决切断其勾连渠道，严厉打击违法犯罪活动。

21. 把流动人口服务和管理工作融入到党委领导、政府负责、社会协同、公众参与的社会管理格局中，创新流动人口服务管理体制机制，建立以社区为依托的流动人口服务和管理工作平台，在党委、政府统一领导下，把教育、民政、司法行政、住房和城乡建设、人力资源和社会保障、卫生、人口计生、环保、体育等部门的公共服务延伸到社区，覆盖到流动人口。要充分发挥基层党政组织和居委会、治保会、调委会等群众性组织的作用，真正把流动人口服务和管理工作任务、责任落实到基层。要积极支持、鼓励流动人口参与社区居民自治活动，促进流动人口自我服务、自我管理、自我提高。

（五）加强境外来华人员的服务管理工作

22. 完善境外来华人员管理服务联动机制，依法规范管理服务工作，公安、国家安全、民政、人力资源和社会保障、住房和城乡建设、商务、教育、工商等部门要做好境外来华人员入境签证、出入境边防检查、停留居留、住宿登记、租房购房备案审批、就业、就学以及外企驻华机构审批、境外非政府组织驻华机构审批、外商来华投资管理等工作，健全完善工作制度。构建覆盖境外来华人员入境、居留、就业、就学、出入境全过程和信息及时共享的动态管控体系，及时清理、遣返非法居留、非法就业的外国人。

二、全力推进社会治安重点地区排查整治

23. 建立健全排查机制，在党委、政府领导下，切实形成各级综治委、办牵头，组织、人民法院、人民检察院、教育、公安、民政、司法、财政、人力资源和社会保障、环保、住房和城乡建设、卫生等职能部门负责、社会各界和群众广泛参与的工作格局。各地各部门要对容易发生治安问题的“城中村”、城乡结合部、大型批发市场、繁华街巷以及公共复杂场所、流动人口聚集地等重点地区，容易发生公共安全事故的交通、消防、卫生、食品药品等重点行业全面深入排查，了解和掌握突出治安问题，切实把治安重点区域、部位、场所摸清、摸准、摸透。要通过组织召开人大代表、政协委员和社会各界群众参加的座谈会、情况通报会、征求意见会，广泛征求社会各界的意见和群众反映；通过发布通告、设置举报电话、建立奖励制度等形式，组织发动群众检举揭发违法犯罪行为，举报治安混乱地区和突出治安问题。各级综治办、排调办要认真核实情况，建立完善排查台账，逐一进行登记造册和备案，实行动态排查控制。要坚持经常性排查与重要时期排查相结合，省、市排调办要每半月将排查情况进行一次通报，促进工作落实。

24. 建立健全整治机制，按照“哪里治安混乱就整治哪里，什么治安问题突出就整治什么问题”的要求，对排查出的社会治安混乱的重点地区、部位、场所，公安部门牵头，教育、民政、人民法院、人民检察院、司法、人力资源和社会保障、环保、住房和城乡建设、卫生等部门参加，集中力量开展“严打”整治行动。要突出打击重点，从源头上清除滋生违法犯罪的因素，严厉打击境内外敌对势力和敌对分子的渗透破坏活动；严厉打击

"法轮功"等邪教组织或利用宗教名义进行的非法活动;严厉打击严重影响群众安全感的杀人、爆炸等严重暴力犯罪和抢劫、抢夺、盗窃等多发性侵财犯罪;严厉打击黑恶势力犯罪,深挖保护伞;严厉打击黄赌毒等违法犯罪,净化社会环境。加大破积案、打流窜、摧团伙、追逃犯、端窝点工作力度,依法严惩一批严重违法犯罪分子。

25. 充分发挥基层党政组织作用,进一步加强重点地区基层党组织、群众自治组织建设,固本强基,夯实基层基础。组织部门牵头,有关部门参加,要把治害、治乱与"治软"、"治瘫"有机结合起来,选好配强基层组织带头人,发挥专群结合优势,推动社会管理重心下移。发展改革、住房和城乡建设、人力资源和社会保障、环保、教育、卫生等部门要把社会治安重点地区特别是城中村、城乡结合部纳入当地经济社会发展规划,加快改造建设步伐,着力解决困难群体的就业、就医、子女就学等问题。

26. 积极有效整合多方资源、多种力量,构建打防控结合、人防物防技防结合的治安防控体系。建立完善滚动排查整治、部门联动联治的工作机制,形成基层维护社会治安和社会稳定的整体合力,确保实现排查整治工作的经常化、制度化和规范化。

三、加强组织领导,确保工作措施落实

27. 完善领导体制,加强对社会管理工作的领导。(1)省委、省政府成立社会管理工作领导小组,由分管政法工作的省委、省政府领导任组长、副组长,组织、公安、民政、人力资源和社会保障、工商等承担社会管理职能的部门负责同志为成员。省社会管理工作领导小组下设办公室(简称省社工办),与省综治办合署办公,借助综合治理工作的体制机制优势开展工作,其主要职责是:根据中央和省委关于加强社会管理的方针政策,加强社会管理工作的总体研究,有针对性地提出意见和建议;研究拟定全省社会管理工作的总体规划、推进方案并组织实施;组织协调相关部门加强社区建设、社会管理措施的落实;对各设区市加强社会管理工作落实情况进行指导和督促检查、考核。各市、县(市、区)也要分别成立相应的机构。(2)省综治委成立社会治安重点地区排查整治工作领导小组,领导小组下设办公室,办公室设在省综治办,负责统筹组织部署、协调督促排查整治工作,研究健全完善长效工作机制。各市、县(市、区)、乡镇(街道)综治委要成立相应的领导机构和办公室,抓紧制定工作方案,明确工作任务,落实工作措施、责任部门和责任人,加强组织协调和督导检查。

28. 强化党政主要领导在社会管理中第一责任人的责任,亲自动手,深入实际,全面部署社会管理工作,着力解决体制性、机制性、保障性问题。各级党委、政府和有关部门一定要把加强社会管理作为深入贯彻落实科学发展观、构建社会主义和谐社会的重要任务,纳入经济社会发展规划,加快构建党委领导、政府负责、社工办组织协调,各级政法、综治、维稳、信访、组织、民政、财政、交通运输、文化、人民银行、工商行政管理、武警、军队等部门和工会、共青团、妇联等组织齐抓共管,社会公众广泛参与的社会管理新格局,进一步完善与社会主义市场经济体制相适应的社会管理体系。坚持权责统一和条块结合、以块为主原则,理顺政府、社会、公民在社会管理中的关系,整合政府及部门、政法机关、人民团体、社会组织、基层自治组织等方面的管理资源,做到各社会管理主体各司其职、各尽其能。组织部门要牵头抓好"两新组织"党建工作,民政部门要牵头抓好社区建设及社团、行业协会等新社会组织的服务和管理,公安部门要在流动人口管理、打击违法犯罪等方面,强化职能,加强社会面的控制,共青团、妇联、教育等部门在青少年教育、预防违法犯罪等方面发挥牵头组织作用。司法行政部门要牵头抓好社区矫正和刑释解教人员等工作,其他部门、单位及社会组织、团体都要按照职能抓好社会服务和管理工作。

29. 加强社区建设,由党委、政府亲自抓,民政部门主抓。民政部门要设专门办事机构,增加人员,加强领导,由一名副职任主任,工作列入党政领导干部政绩考核。各地各部门要推进以城乡社区为主要载体的基层社会管理体制创新,整合基层社会管理资源,基本形成社区党组织、居民委员会、社区工作站、社区民间组织各司其职、紧密协同"四位一体"的基层社会管理体制。要加强党对社区工作的领导,健全完善以党组织为核心的社区组织体系,最大限度地延伸工作手臂,把社会和群众工作站建到社区,强化服务群众、组织群众、教育群众的实效性；加强社会工作者队伍建设，引导社会组织分类发展，壮大各类志愿服务组织，以增强社会发展活力和社会自我调节能力；加强社区警务室、综治工作室、调解中心等综治政法机构，积极开展治安防范、安置帮教、社区矫正、化解矛盾等工作，实现社会治安联合防控、矛盾纠纷联合调解、重点工作联勤联动、突出问题联合治理、基层平安联合创建。

30. 运用现代信息技术手段提升社会管理水平，由发展改革委牵头，以公安信息化建设为依托，制定社会公共管理信息平台建设的实施方案；建设统一互联的社会公共管理信息平台，纳入“数字城市”建设的大框架，尽快投入使用，提高管理水平。各级财政要给予必要的经费保障，将以科技防范为主要内容的信息化管理经费纳入各级财政预算。

31. 严格责任追究、严格兑现奖惩，切实把社会管理工作的责任落到实处，确保体系更加健全完善、基层基础水平得到有效提升、治安面貌得到有效改善。省综治委要研究制定《全省社会管理工作考核验收办法》，纳入2010年平安建设和社会治安综合治理目标责任制考核的重要内容，对考核不合格的取消所在地区或部门当年综治评优资格，并按照党政领导干部问责制的有关规定，严肃追究责任，问题严重的由省综治委等五部门给予综合治理一票否决警示，直至一票否决。

河北省综治委、办机构情况和负责人名单

省综治委主任：

（空）

省综治委副主任：

张　越　　省委常委、政法委书记
　　　　　省公安厅厅长

侯志奎　　省人大常委会副主任

宋恩华　　省政府副省长

田向利　　省政协副主席

高　勇　　省法院院长

张德利　　省检察院检察长

省综治办：

王会平　　省委政法委副书记
　　　　　省综治办主任

王奎连　　省综治办常务副主任

卢玉中　　省综治办副主任（正处）

毛力偶　　省排调办副主任（正处）

闫正国　　省综治办调研员

徐元锋　　省护路办常务副主任（正处）

张子君　　省见义勇为基金会秘书处处长（正处）

袁荣彪　　省综治办副主任

王汝志　　省综治办副调研员

邱立强　　省护路办副主任

目前，省综治办配备主任1名（正厅）、常务副主任1名（副厅），内设综治办、排调办、护路办、见义勇为基金会秘书处4个处室。

河北省各市、县(市、区)综治委、办主任名单

地　区	综治委主任	综治办主任
石家庄市	张铁力	刘志魁
长安区	陈会强	张现国
桥东区	金先录	王立珍
桥西区	张书凯	聂希文
新华区	王瑞征	任彦亭
裕华区	陈新位	张利刚
高新区	潘宗营	刘根柱
矿　区	王金柱	李锁云
鹿泉市	王顺才	田良生
井陉县	张永振	刘春林
平山县	焦习军	朱伟社
灵寿县	马国云	刘国良
行唐县	李法仓	王建军
新乐市	丁山林	李　捷
正定县	王　威	吴恒振
元氏县	吴晓云	周彦辉
赞皇县	陈印增	常文生
高邑县	张彦法	杜国权
栾城县	马立宁	胡振玉
赵　县	张清华	马庆朝
藁城市		赵增林
晋州市	靳德永	高自朝
辛集市	杨惠欣	傅胜连
无极县	刘金文	刘拴明
深泽县	曹夫坤	李志英
张家口市	李建举	李　密
桥东区	张怀宏	刘利军
桥西区	安振兴	
高新技术管理区	张　彪	王诚勇
宣化区	薛宝林	赵立新
下花园区	黄海明	赵　亮
宣化县	孙国民	赵丙忠
赤城县	郭先林	侯占军
怀来县	李玉清	郭　斌
涿鹿县	任　元	王化力
蔚　县	赵云峰	王　瑞
怀安县	王海滨	岳　虎
万全县	李奉楼	王永胜
阳原县	陈茂禾	李志斌
崇礼县	孟庆荣	郭建平
张北县	张启宝	张海霞
康保县	陈　录	张　文
沽源县	张志清	张海林
尚义县	史如江	刘世全
塞北管理区	乔亚平	常　云
察北管理区	王玉祥	高建军
承德市	张春明	季　刚
双桥区		顾　存
双滦区	刘海峰	张之东
营子区	王贵君	李晓静
承德县	盖玉堂	尹瑞臣
平泉县	董正国	闫九泉
兴隆县	马建权	
隆化县		丁万成
丰宁县	赵　林	张俊峰
围场县	刘科军	高秀明
宽城县	张品川	宁玉杰
滦平县	于　山	张　荣
秦皇岛市	杨泰安	王秀成
北戴河区	曹子玉	刘益深
海港区	张经华	兰春祥
山海关区	郭爱民	刘丽红
开发区	郑宝亮	赵延敏
昌黎县	刘建军	倪向前
抚宁县	柴志国	陈志仕
卢龙县	冯志永	朝学成
青龙县	李学民	杨国民
保定市	王晓栋	张敬东
南市区	韩桂林	李会忠

地　区	综治委主任	综治办主任
北市区	肖明旺（1—4月）	邵宇飞（1—5月） 谢永军（5—12月）
新市区	李　勇（1—11月） 侯印红（12月）	赵爱民
涿州市	李义海	詹雪骞
高碑店市	杨建军	闫锡成
定州市	周胜会	周立军
安国市	赵武卫	单　雷
徐水县	尤志敬	叶克安
定兴县	王崇泽	菅志强
容城县	马春英	李　成
安新县	林振英	陈全占
雄　县	姚小兵	周　贺
蠡　县	刘建立	张春辉
博野县	房振杰（1—10月） 史来顺（11—12月）	董金来
高阳县	贾红雨	王亚辉
清苑县	朱树根	王长福
满城县	康　社	王卫东
望都县	张美顺	吴树彬
唐　县	刘俊禹	门全国
顺平县	郑福群	苑江涛
曲阳县	刘同孝	高　峰
阜平县	贡希强	陈宝霞
涞源县	石志新	龙学军
易　县	傅　勤	宋桂荣
涞水县	杨宝昌	王亚辉
唐山市	许德茂	刘云生
丰润区	杨爱民	王国平
开平区	郑汉军	龚树礼
遵化市	张　国	雷　鸣
滦　县	于光辉	张耀敏
玉田县	徐瑞勇	王玉平
丰南区	高树春	孙继兴
路北区	刘殿勋	黄远才
路南区	房　香	徐淑丽
迁西县	白兴源	郭武芝
迁安市	杨春景	邹凌庭
滦南县	韦远东	张荣江

地　区	综治委主任	综治办主任
乐亭县	刘彩恩	任万安
唐海县	李可春	李全勃
古冶区	伦绍金	张志刚
芦台开发区	李世庄	冯会军
汉沽管理区	唐铁中	曹会武
曹妃甸工业区	韩建民	韩立山
海港开发区	周安海	赵书田
南堡开发区	周晓成	王俊志
高新技术产业园区	刘稳昌	袁跃进
廊坊市	郑广富	段上禾
三河市	周文臻	白瑞东
大厂县	王　海	
香河县	张显强	戴金奎
广阳区	孙晓晨	冯国林/王克彬
安次区	刘　波	陶连海/徐志贵
永清县	房　欣	李书润
固安县	李文学	邸宜鸥
霸州市	牛岳峰	李进良
文安县	吕三元	刘国勇
大城县	张万所	
沧州市	周爱民	李文平
任丘市	檀润城	李景瑜（2010年9月之前） 王彦民（2010年9月之后）
南皮县	常国发	王希云
肃宁县	张占山	张俊卿
黄骅市	王元波	孔令杰
河间市	贠广志	张建桥
吴桥县	刘献文	张万里
新华区	刘建华	王华涛
泊头市	王玉印（2010年9月之前） 罗永路（2010年9月之后）	许桂智
运河区	彭李军	刘国英
东光县	郭志良	杨孝林
青县	于世勇	王庆会
孟村县	王太增	阚万峰

地　区	综治委主任	综治办主任	地　区	综治委主任	综治办主任
沧县	张立堂	张庆云	新河县	刘海山	张献涛
海兴县	李玉增	张洪旺	广宗县	史志扬	段洪臣
盐山县	李玉波	高俊红	南宫市	李义和	王洪年
献县			威　县	曹明印	刘根彪
开发区	李宗兆	付万斌	临西县	张树旗	张振峰
渤海新区	董海龙	刘国兴	清河县	冯明跃	杨长泰
衡水市	杨胜忠	贾同淮	开发区	樊英俊	郭军魁
桃城区	董双仁	韩　强	大曹庄	赵庆洪	刘恒岭
冀州市	刘振月	刘新亮	**邯郸市**		张绍辉
枣强县	牛泽彬	贾广森	涉　县	马明亭	张献国
武邑县	丁振勇	姜　辉	武安市	王社印	王丑年
深州市	李广信	刘殿奎	峰峰矿区	张瑞生	王彦枢
武强县	刘丙申	窦月峰	邯山区	李书平	吴华丕
饶阳县	程雄宽	李艳香	复兴区	韩银成	仇　杰
安平县	崔跃东	赵爱兵	丛台区	陈　重	李利军
故城县	李增军	孙洪才	大名县	许殿芳	冯永芹
景　县	刘相廷	李和平	临漳县	李永贵	贺文武
阜城县	杜世起	李国宾	磁　县	孔令兵	郭书明
邢台市	柴冠景	徐涛明	魏　县	齐景海	王海涛
桥西区	刘保河	穆金海	成安县	张金桥	李振强
桥东区	景卫平	常黎青	广平县	冯文书	张智恩
邢台县	邢占军	刘爱民	馆陶县	赵瑞海	张河江
沙河市	谢继运	高晓刚	肥乡县	董保军	韩红卫
内丘县	张　彪	柳振洋	邯郸县	贾延明	袁进岭
临城县	刘　炳	王孟国	曲周县	申玉娥	李贵江
隆尧县	李现民	高庆章	永年县	曹玉学	李山林
任　县	耿　昉	孔宪岭	邱　县	刘玉江	朱保利
柏乡县	杨栓军	吕胜波	鸡泽县	李亚伟	贾立学
南和县	张红泽	赵喜英	马头工业城	刘志明	鑑志斌
宁晋县	孟胜君	宋　炜	高开区	张宝兴	孙志刚
巨鹿县	张晓东	张建峰			
平乡县	王明亮	赵贵爽			

（撰稿人：袁荣彪
审稿人：王会平　毕德国）

山　西　省

2010年社会治安综合治理工作概况

一、社会治安综合治理领导责任制和目标管理责任制工作

省委、省政府把社会治安综合治理工作作为各级党政的“一把手”工程来抓，坚持“三纳入”（把综治工作纳入各级党委政府任期目标，纳入经济和社会发展总体规划，纳入省委、省政府目标责任制考核）和“三同步”（综治工作与经济工作同部署、同检查、同考核），以“四个不发生”（不发生在全国有影响的重大治安案〈事〉件，不发生在全国有影响的重大群体性事件，不发生被境内外媒体炒作的敏感事件尤其是政治事件，不发生影响大的安全生产事故）为目标，在纵向上实行“五级责任制，立状定责、分层落实”，省、市、县、乡、村层层签订综治责任状，省委书记、省长与各市党政主要领导签订综治工作责任状，各级也对党政领导干部抓综治的任务目标、责任标准、考核奖惩等做出明确规定，进行细化量化，落实到各级各部门各单位的领导和具体人身上，做到了目标明确、责任到人、上下贯通、环环紧扣，一级抓一级，层层抓落实；在横向上实行“按岗定责、区别管理、分类落实”，明确各部门各单位领导干部“一岗双责”的综治责任，即一手抓分管工作，一手抓综治维稳。市、县、乡三级党委书记亲自担任综治委主任，并在每次省综治委全会上安排两个成员单位就参与综治工作情况进行述职。2010年，山西省委组织部对拟提拔的73名干部全部书面征求了省综治委意见，省人力资源和社会保障部门对评先评优的单位和个人，也主动征求综治部门意见。

省综治委坚持每年派出一个考核组，采取“一把尺子量到底”的办法，对全省各级各部门抓综治工作的情况进行严格考核，内容涉及公众安全感、部门齐抓共管、综治基层基础等14个大项97项具体工作，考核结果作为一项重要内容纳入省委组织部领导干部科学考评体系和全省年度目标责任制考核，与领导干部的晋职晋级挂钩。根据考核结果，对工作成绩突出的大张旗鼓地表彰奖励，每个综治优秀市奖励10万元；对工作一般的采取黄牌警告、末位警示、下发整改通知书、通报批评等形式进行督促整改；对认识不到位、措施不落实、发生重大问题的地方实行“一票否决”，并对主要领导和责任人进行责任查究。2010年全省各级综治委共对80多个部门和单位行使了“一票否决”权。2010年12月至2011年1月，省综治委组织年度考核组对全省2010年度社会治安综合治理工作进行了考核。

二、严打整治工作

按照孟建柱同志在山西考察调研时提出的“一个目标、五项要求”为总要求，从人民群众反映最强烈、最深恶痛绝的问题入手，坚持什么犯罪突出就打击什么犯罪、哪里治安问题严重就整治哪里的原则和“小专项策应大行动”、抓重点带全局的思路，结合实际，开展了一系列专项行动。一是坚持“打早打小、露头就打”、“黑恶必除、除恶务尽”的原则和“三个全部”的总要求，层层签订《涉黑涉恶线索核查工作责任书》，确保思想认识到位、打击取缔到位、协作配合到位、保障奖惩到位、舆论宣传到位，深入开展打黑除恶专项斗争。二是以“破现案、攻积案、提高办案质量”为重点，牢固树立命案必破理念，实行领导包案制和侦查破案责任人制度，深入开展侦破命案会战，全年现行命案破案率达95%以上，命案起诉率达100%。三是以街头“两抢”、入室盗窃、盗窃机动车、车匪路霸和盗窃车内财物犯罪为重点，深入开展打击多发性侵财犯罪专项行动，着力打团伙、打系列、打流窜，战果丰硕。四是全力侦破毒品大要案，集中开展打击歌舞娱乐场所、公路沿线以及特殊群体吸贩毒犯罪活动等专项行动，集中开展涉毒重点地区集中整治行动，同时加强易制毒化学品安全管理工作，有效防止了易制毒化学品流入非法渠道。五是按照中央部署，结合山西实际，深入开展了打击拐卖儿童妇女违法犯罪、“三电”违法犯罪、走私犯罪、假发票违法犯罪等专项行动，并开展了非法卫星电视接收设施整治、打击传销等专项工作，取得了积极的效果。

在社会治安防控体系建设工作中，省积极构建以街面整体防控为龙头，点线面结合、人防物防技防结合、打防管控结合、网上网下结合、专群结合的全方位、全天候、立体化的社会治安防控体系。一是实施技防设施扩容升级。2010 年全省新建以“天网工程”为主的治安视频监控 3 万多套，累计投资 5.6 亿元，使科技防控系统进一步向单位、社区、城乡结合部、商业网点等治安复杂场所延伸。农村“平安互助”工程继续稳步推进，覆盖率已达 80%。二是大力实施社区和农村警务战略。按公路沿线和治安复杂乡镇以 6－8 个行政村或 1 万常住人口划分一个警务区，设立警务室，派驻 1 名民警、配备 2 名以上协警。2010 年全省共建立社区警务室 2063 个，配备社区民警 2336 人，建立农村警务室 4868 个，配备驻村民警 4669 人。三是对警用装备进行更新换代。全省为基层民警配发了总价值达 1.59 亿元的信息化警用装备。各地为治安卡口、巡逻队配备了测爆仪、金属探测器、笔记本电脑、阻车装备等大批新装备，使治安防控能力大为增强。四是强化社会面巡逻控制。把有限的警力最大限度地摆在街面，投向治安复杂场所，全面加强专职巡防队建设，进一步清除了治安盲点，同时切实加强群防群治力量建设，强化网格化防控格局，大力发展保安员、治安巡防队、治安信息员、平安志愿者等群防群治力量，广泛组织开展看楼护院、邻里守望、十户联防等多种形式的群防群治活动。

深入开展社会治安重点地区排查整治工作。2010 年，按照中央综治委统一部署，层层召开会议、制定方案、明确目标、确定重点，并成立了领导小组和办公室，全面推开社会治安重点地区排查整治工作。排查坚持多管齐下、滚动排查的原则，组织干部群众深入城镇、乡村、居民小区、厂矿、交通沿线、集贸市场、公共复杂场所，进行深入细致的拉网式排查，找出找准治安重点地区和突出治安问题。整治坚持“五个结合”（整治与健全完善治安防控体系紧密结合，与强化社会管理紧密结合，与保障和改善民生紧密结合，与加强综治基层基础建设紧密结合，与落实综治责任制紧密结合），按照“属地管理”和“谁主管谁负责”的原则，突出矿山地区、城中村和城乡结合部、“矛盾突出村”以及学校及周边环境四个方面整治重点，以点带面，层层签定整治责任书，逐一鉴别研判、逐一分类施策，逐一明确责任单位、责任人、整治措施和整治时限，开展针对性强、操作性强的综合整治，同时采取暗访督查、现场督查、人大督查、部门督查等形式加强对整治工作的督导检查。对情况复杂、经反复整治仍未见明显成效的，采取包点督办、驻点督导的办法，做到局面不改、人员不撤、工作不停。2010 年，全省共对 360 个重点地区实行了挂牌督办或警示，其中省综治委对太原火车站等28 个重点地区实行了挂牌督办。验收根据“乱象消除、矛盾化解、治安良好，不再反弹、群众满意”的标准，在各市初验的基础上，由省综治委采取明察暗访、综合评估的办法组织复验，经验收，对省综治委挂牌督办的 28 个重点地区中的 23 个予以摘牌，对 5 个整治效果不好的继续挂牌，并实行一票否决警示。为了使排查整治工作经常化、长效化，山西省坚持“三个结合”（打击和防范结合、“条条”和“块块”结合、重点和一般结合），落实“五项措施”（加强治安防控体系建设、坚持治“乱”与治“软”一起抓、坚持治“乱”与治“穷”一起抓、加强社会管理创新、全面贯彻落实修订后的《山西省社会治安综合治理条例》），着力构建长效工作机制，主要是创新了流动人口管理机制，推行了治安复杂场所等级化管理，完善了社会治安预警信息体系，极大地加强了对各类矛盾和隐患的及时发现和处置能力。

三、社会矛盾化解工作

着力加强矛盾纠纷排查调解组织机构建设。在省市县乡村五级层层建立健全矛盾纠纷排查调处机构，截止 2010 年底，全省已累计建立各类调委会 38649 个，发展调解员 11 万余人。同时，在各乡镇（街道）全面建立综治工作中心，按照统一组织、统一协调、统一督促、统一指导的要求，以综治办为依托，由矛排办牵头，整合公安、司法、法庭等部门的力量，并吸纳劳动保障、计生、民政等职能部门参加，认真开展矛盾纠纷大排查、大调处活动。

着力加强"大调解"体系建设。一是狠抓人民调解、行政调解、司法调解、社会调解互相衔接、相辅相成的大调解体系建设，实行"属地管理、分级负责"和"谁主管谁负责"的矛盾纠纷排查调处制度。二是健全完善行业性、专业性调解组织，召开山西省行业调解现场会，出台关于加强全省行业性专业性矛盾纠纷调解工作的意见，明确在司法、社会保障、医疗卫生、教育、环保、煤炭、国土资源、城乡建设、公安交警、金融等12个行业和领域建立健全调解组织，并将工会、共青团、妇联等具有调解职能的社会团体和其他民间调解组织纳入"大调解"工作体系，实现了社会调解的全覆盖。截止2010年底，山西省已建立各级各类行业性、专业性调解组织260个。三是深入开展日常性矛盾纠纷排查化解工作。以乡镇(街道)为单位，组织各部门，采取日常排查、集中排查、重点排查和专项排查相结合的方式，对矛盾纠纷和不安全、不稳定因素进行全面排查，做到矛盾纠纷早发现、早预防；对排查出的矛盾纠纷和群众来信来访实行统一受理、归口办理和限期结案；对重大疑难或涉及两个以上部门、单位的矛盾纠纷，由综治工作中心直接调处或组织有关部门共同调处；同时将大调解工作经费、调解员工作补贴纳入财政预算统筹安排，全省实行了矛盾化解奖励机制，每调解一起矛盾纠纷，给予调解员30元到50元的奖励。

着力加强重大社会决策、重大工程项目社会稳定风险评估机制建设，按照"谁决策谁负责、谁审批谁负责"的原则，在企业改制、征地拆迁、教育医疗、环境保护、安全生产、食品药品等容易引发社会矛盾的重点领域实行社会稳定风险评估，明确规定凡是涉及人民群众切身利益的重大改革举措、重点工程项目都要经过社会稳定风险评估后才能实施；每一次重大事项的制定和出台都要通过合法性、合理性、可行性、安全性和可控性评估。

着力加强省市县三级社会治安预警信息体系建设。出台进一步加强社会稳定情况信息工作的意见以配套的综治信息工作考核通报制度和规范化建设意见，明确了信息的报送方式渠道、研判处理程序、评价等级区分、统计反馈程序以及信息员管理制度，对集体和个人实行积分制年度奖励。2010年，全省1.9万余名信息员共提供各类信息3万余条，其中包括300多条重要敏感信息，引起了省领导和有关部门的高度重视，实现了"主要敌情全覆盖，主要社情全掌握，主要危害全预警"的目标，王乐泉书记在山西视察时，对山西省的做法给予了充分肯定。

四、社会管理及其创新工作

深入开展流动人口服务管理工作。一是实现流动人口本地化管理，把流动人口纳入实有人口进行统筹考虑，积极推动流动人口公共服务本地化和均等化。二是实现流动人口服务化管理，出台关于创新乡镇(街道)流动人口服务管理工作的意见，推行"统一组织管理、统一信息采集、统一提供服务、统一考核评估"的流动人口服务管理工作机制。三是实现流动人口社会化管理，在流动人口数量较多的乡镇(街道)、村(社区)设立统一的流动人口服务管理机构，统一行使有关部门相关职责。四是实现流动人口信息化管理，建立完善流动人口基本信息录入平台，使流动人口信息化管理水平不断提高。

深入开展刑释解教人员安置帮教工作。建立"四查五必"制度，进一步加强了刑释解教人员安置帮教工作。"四查"即查"三假"人员的真实姓名、地址和身份，从源头上减少"三假"人员的数量；查刑释解教人员的未成年子女帮扶工作落实情况；查安置帮教工作人财物保障状况；查安置帮教责任制落实情况。"五必"制度，一是重点访和普遍访相结合，抓好"必访"；二是组织接和家属接相结合，抓好"必接"；三是静态管理和动态管理相结合，抓好"必知"；四是思想教育和解决实际困难相结合，抓好"必帮"；五是重点控制和防范打击相结合，抓好"必控"。此外，大力开展社区矫正工作，按照宽严相济原则，健全接收、管理、考核、奖励、解除矫正等相互衔接的配套制度，规范工作流程，同时建立专群结合的社区矫正工作队伍，广泛动员社会力量参与社区矫正工作，形成合力加大对社区服刑人员的教育矫正、监督管理和帮困扶助力度，促使其顺利回归和融入社会，防止重新违法犯罪。

深入开展预防青少年违法犯罪工作。紧紧围绕"维权"和"服务"两大主题，一是开展青少年群体排查摸底专项行动，深入分析重点青少年群体的特点、权益保护和预防违法犯罪工作的规律和特点，查找工作的薄弱环节。二是在全省社区逐步建立专业的青少年事务社工队伍，组建社区青少年志愿服务队。三是进一步完善“12355”青少年综合服务台，开通青少年法律咨询、心理问题解答、特长学习信息服务和青年就业指导四大板块。四是组织开展净化文化市场环境专项行动，开展了“未成年人零犯罪社区”和“为了明天工程示范县市创建活动”，努力营造有利于青少年健康成长的氛围。

深入开展铁路护路联防工作。以平安铁路“双示范”创建活动为载体，紧紧围绕“爱路护路、构建和谐”主题，组织开展以“集中排查涉路矛盾纠纷、集中排查涉路治安隐患和督查护路联防责任守护机制”为主要内容的涉路问题集中排查徒步巡线活动，严格按照一公里平安示范铁路线1000元、一个平安铁路示范县10000元的标准兑现了奖励政策。2010年全省实现了路外可控伤亡事故、危行案（事）件、重大治安（刑事）案件和群体性涉路上访和拦车断道为零的目标，全省有37个县（市、区）、1328公里线路达到“双示范”创建标准。

深入开展学校及周边治安综合治理工作。省按照中央“5.3”会议部署，一是打防结合，维护学校及周边治安秩序。着力打击侦破涉校案件，在所有中小学配备法制副校长，设立警务室（治安室），实行一校一警，组织民警、教师、社区干部、保安相结合的巡逻队，实行全天候巡逻防范。二是大力整治网吧等文化娱乐场所，净化周边文化环境。对学校周边200米范围内的全部搬迁，200米外的做出规划，压减数量，合理布局；严查重处违规网吧；同时加强网吧监控管理，实行实名上网、限时自动关机制度。三是整治校园周边商业摊点，美化周边卫生环境。工商、卫生、城管等部门加大对校园周边无证照经营和非法经营的商业店铺和违法经营流动商贩的清理整治力度，取缔、迁移校园门前通道及两侧50米内的占道摊点。2010年，全省没有发生在全国、全省有影响的涉校案件和事故。

深入开展社会管理创新综合试点工作。以太原市被确定为全国社会管理创新综合试点市为契机，层层开展试点工作，省综治委确定太原市、长治市、朔州市怀仁县为省级社会管理创新综合试点市（县），并要求每个市确定了一个县（市、区）为市级社会管理创新综合试点。同时，省综治委各专项工作领导组也分别确定了试点县，其中太原市清徐县、小店区等六县（区）被确定为全省流动人口服务管理工作试点县（区），临汾市被确定为预防青少年违法犯罪工作试点市，晋城高平市被确定为铁路护路联防试点市，太原市杏花岭区被确定为刑释解教安置帮教试点区，长治市襄垣县被确定为矛盾纠纷排查调处试点县。省综治委要求，各专项工作领导组和各市综治委要成立试点工作指导机构，制定试点工作方案，有力指导试点市和县（市、区）开展工作。

太原市作为全国社会管理创新综合试点市，成立了工作领导组，制定了《省城社会管理创新综合试点行动方案》，确定了社会管理十大重点创新项目：1. 构建和谐劳资关系，2. 规范发展房地产开发市场，3. 优化交通环境，4. 实施“天网”治安工程，5. 实施“双百”强基工程，6. 加强社会组织服务管理，7. 建立完善矛盾纠纷联调工作体系，8. 完善流动人口服务管理，9. 完善社会稳定风险评估机制，10. 统筹城乡社会保障。对于这十个项目，太原市实行了创新项目负责人制度，每个创新项目分别由分管市领导负责（共确定8位市领导），业务主管部门为牵头单位，相关部门为责任单位，形成阵容强大的创新团队。制定每个创新项目具体的实施办法，进一步细化落实工作任务，制定“时间表”和“路径图”，确保目标任务按期完成。这十个重点创新项目同时被列入《太原市国民经济和社会发展第十二个五年规划》。

五、综治基层基础工作

省认真贯彻落实中央政治局常委会关于进一步加强社会治安综合治理基层基础建设的重要指示和中办发14号文件精神，结合实际，积极采取措施，着力突破综治基层组织建设这一制约综治工作发展的瓶颈。一是健全综治工作机构。全省市、县、乡三级综治委主任由党委书记担任，按编配齐了专职综治办主任和工作人员；在全省1397个乡镇（街道）配齐配强了专职综治办主任，并按照1－3个编制，配备了综治专干。有的地方还在大学毕业生中招考了一定数量的全额事业编制人员，作为综治专干补充基层。二是完善综治工作中心运行机制。在乡镇（街道）全面建立综治工作中心，实行矛盾联调、治安联防、工作联管、问题联治、平安联创、突发事件联勤的“六联”工作机制，使乡镇综治工作实现机构由分到合、抓手由虚到实、力量由弱到强的转变。三是加强综治经费保障力度。省综治办和财政厅联合发文,在全省建立了乡镇(街道)社会治安综合治理工作经费保障机制,将乡镇(街道)综治经费按人均不低于1元的标准,列入财政预算予以保障,并要求随着地方经济的发展和财力的增加逐年适当增加。

扎实开展各种形式的基层平安创建活动。一是进一步加强"平安单位"创建。出台创建"平安单位"活动的实施办法,明确"平安单位"的标准和验收办法。各地结合实际,制定方案,深入开展"平安单位"创建活动。二是继续深入开展"平安矿山"创建。各地以严格实行矿山企业法人、实际控制人的治安责任制为龙头,因地制宜,积极创新工作办法,加强指导检查,深入开展综治进矿山创建活动,有力推动了综治各项措施在矿山的全面落实。三是组织开展"平安社区"创建。加强社区治安防范,着力解决社区综治机构办公场所、设备、人员及经费,做到了社区治安防范有人管事、有钱办事、有场所理事。同时,以创建学习型家庭、低碳家庭和开展家庭矛盾纠纷排查化解、防止家庭暴力为载体,深入开展"平安家庭"创建活动;以省际边界联检工作和化解边界资源争议纠纷为重点,深入开展"平安边界"创建活动;以构建和谐医患关系为目标,以化解医患纠纷为抓手,以打击扰乱医疗秩序违法犯罪行为为保障,深入开展"平安医院"创建活动。此外,还继续因地制宜地开展平安校园、平安交通、平安边界、平安文化市场等基层平安创建,通过形式多样的基层平安创建活动,使平安建设的覆盖面进一步扩大,积小安为大安的工作成效得到充分体现。

六、综治宣传教育工作

政法综治宣传工作始终坚持围绕中心、服务大局,与《法制日报》、中国平安网、《长安》等中央媒体以及《山西日报》、山西电视台、山西人民广播电台、《山西法制报》、《山西政法》等省内主流媒体密切合作,同时与省宣传部门、省政法各部门建立了经常性的工作机制,共同开展政法综治工作宣传报道,取得了良好的效果。

继续组织开展综治宣传月活动和形式多样的"平安三晋"建设宣传活动。宣传月活动以贯彻修订后的《山西省社会治安综合治理条例》,围绕"三项重点工作",促进全省转型发展、跨越发展为主题,形式丰富多样,做到了报纸有字、广播有声、网络有页、电视有影。同时继续组织社会治安综合治理优秀新闻作品评选活动,并有2件作品获全国社会治安综合治理优秀新闻作品奖(包括报刊类三等奖、广播类三等奖各一件)。

2010年7月28日至9月20日,由省委政法委主办、山西法制报承办、有中央部分驻晋媒体和省城各大主要媒体参与,开展了为期50天的"三晋政法基层行"采访活动。活动选择了有代表性的基层政法典型,抓住各地在推进"三项重点工作"方面的创新做法,报道反映基层政法综治工作成果的稿子300多篇,新闻照片200多幅。刊登"领导专访"30多期,还刊发了各市市委书记、市长对本市"三项重点工作"进行的点评以及市委政法委书记就开展"三项重点工作"发表的署名文章,为进一步推进"三项重点工作"营造了良好的舆论环境。

2010年,各地通过召开现场经验交流会、巡回播放电视教学片、举办培训班、开展综治知识测试、组织先进巡回报告团等形式对基层一线干部进行培训教育。10月中旬,由省综治办领导带队,各市综治办主任、省综治办主要处室负责人组成考察组,专程赴江苏、浙江两省,就综治工作和社会管理创新进行学习考察。12月中旬,省综治办组织了全省市、县(市、区)综治办主任培训班,省委政法委、省综治办和省国家安全厅的有关领导同志为学员做了讲解。

中共山西省委办公厅
转发《关于加强全省行业性专业性矛盾纠纷调解工作的意见》的通知

（2010年1月3日）

各市、县委，省委各部委，省直各委、办、厅、局党组（党委），各人民团体党组：

省矛盾纠纷排查调处工作领导组办公室拟定的《关于加强全省行业性专业性矛盾纠纷调解工作的意见》已经省委同意，现转发给你们，请结合实际认真贯彻落实。

省矛盾纠纷排查调处工作领导组办公室关于加强全省行业性专业性矛盾纠纷调解工作的意见

为认真贯彻落实全国政法工作会议、全国社会治安综合治理工作会议精神，深入推进社会矛盾化解、社会管理创新、公正廉洁执法三项重点工作，为全省转型发展、跨越发展创造良好社会环境，现就加强全省行业性专业性矛盾纠纷调解工作提出如下意见。

一、指导思想、基本原则和目标任务

（一）指导思想。

以邓小平理论和“三个代表”重要思想为指导，深入贯彻落实科学发展观，以化解社会矛盾纠纷为目标，以创新调解机制为动力，以健全调解制度为保障，建立党委政府统一领导、综治机构组织协调、部门行业各司其职、社会各界广泛参与的矛盾纠纷调解工作体系，形成依靠专业调解组织、行业调解组织、群众自治组织共同及时有效化解矛盾纠纷的工作格局。

（二）基本原则。

1. 调解优先原则。各部门各行业要把调解作为解决矛盾纠纷的主渠道和首选方法，特别是劳动争议、医患纠纷、食品药品安全、安全生产、环境污染、知识产权、交通事故等矛盾纠纷多发的行业和领域，要着眼于预防、疏导，立足抓早抓小抓苗头，把调解工作做在裁决、诉讼之前，确保矛盾纠纷早发现、早控制、早化解。

2. 谁主管、谁负责原则。按照“内部矛盾自己化解”的要求，严格实行部门、行业矛盾纠纷自查化解责任制，对部门、行业、单位内部的矛盾纠纷，由涉及矛盾纠纷的部门、行业、单位调解组织积极主动进行疏导、化解，严禁把矛盾推向社会。

3. 平等、自愿原则。以平等的态度对待当事人，充分尊重当事人表达意愿和诉求的权利，尊重当事人对调解方式方法的选择，不得利用行政权力控制、影响调解结果，不得强迫当事人接受调解方式和调解结果，要通过释法说理、心理疏导等引导当事人互谅互让，解决争议。

4. 依法、公正、高效原则。严格依照法律法规和相关政策公正、公平地处理矛盾纠纷，不得超越法律、法规、规章和政策规定，不得损害国家利益、社会公共利益和他人合法权益。注重法、理、情的有机统一，有效保护各方当事人的合法权益；

注重调解效率，快捷、简便、有效地解决各种矛盾纠纷。

（三）目标任务。

人民调解、行政调解、司法调解、社会调解衔接互动、资源共享，专业性行业性调解工作整体效能充分发挥，调解成功率明显提高，实现“三提高、三下降、三防止”的工作目标，即人民调解成功率提高、行政投诉案件调解率提高、民事诉讼案件调解率提高，民转刑案件下降、民事诉讼案件下降、涉法涉诉信访案件下降，防止发生重大矛盾纠纷、防止发生重大群体性事件、防止发生恶性民转刑案件。

二、建立专门机构，健全工作网络

省直各部门各行业系统要成立主要领导为组长，各有关单位负责人为成员的行业调解领导组，负责本部门、本行业矛盾纠纷调解工作的组织领导。规模大、矛盾纠纷集中的行业系统，要成立专门的行业性专业性调解组织，负责具体案件的调解工作；规模较小、条件一时不成熟的部门、行业，可依托相关处室成立调解办公室，增加或明确专人负责日常工作，并保证必要的工作条件。要选配或聘请文化素质高、具备一定法律专业知识、热心调解工作的同志担任调解员。今年年底前，卫生、教育、人力资源和社会保障、交通、矿产、煤炭、金融、工会、妇联等矛盾纠纷相对集中的省直部门、行业和领域要率先建立行业性专业性调解组织；明年上半年，省直其他有关部门也要把调解组织建立起来，并有效开展工作。

三、明确工作职责，发挥职能作用

建立健全专业性行业性调解组织，把司法调解、行政调解、人民调解、社会调解等调解手段和方法有效衔接并充分运用起来，是推进“社会矛盾社会化解”的有效举措。各相关部门要明确自己的工作职责，主动发挥职能作用，引导中介组织、行业协会等社会力量积极参与调处工作，提高专业调解的权威性和公信力，促进矛盾纠纷和解，降低群众维护合法权益的成本。

人民法院要发挥司法调解的重要作用，重点推动一般民事案件、轻微刑事案件的调解工作，把司法调解工作范围由诉前向诉中、诉后、执行延伸，由一审向二审、再审延伸，由民商事案件向行政案件、刑事自诉案件、刑事附带民事案件以及执行案件延伸，由案件处理向立案、执行、信访等环节延伸。建立健全法院与职能部门在调解、仲裁、执行等工作环节的联动机制，重点强化劝导分流、诉前立案调解等职能，主动吸纳行政职能部门、人民调解组织、商事调解组织、行业调解组织以及其他具有调解职能的组织和人员参与司法调解，积极引导涉诉纠纷通过驻法院（庭）调解室进行分流，提高调解解决纠纷的比重。经行政机关、人民调解组织、商事调解组织、行业调解组织以及其他具有调解职能的组织调解达成的具有民事合同性质的调解协议，经调解组织和调解员签字盖章后，人民法院要依法确认其法律效力。

司法机关要加强与法院的密切配合，推动人民调解委员会规范化建设和人民调解工作网络化建设，推动建立区域性、行业性人民调解组织，扩大专业调解的覆盖面。要建立并逐步扩大专业调解员队伍，作好分类指导，完善调解员队伍培训管理机制，推动人民调解组织机构、人员配备、程序效力的组织化、法制化进程，确保专业调解的权威性和公信力。

人力资源和社会保障部门要加强劳动人事争议调解工作，探索建立人力资源社会保障部门主导，人民调解组织和工会、企业及主管部门共同参与的处置突发性、集体性劳动人事争议案件应急调解机制。通过大调解工作平台的联动作用，推动乡（镇、街道）劳动争议调解组织建设，将调解重心向企业相对集中的村和社区延伸。要在企事业单位和其主管部门中建立劳动人事争议调解组织，把调解贯穿于人力资源和社会保障部门处理行政争议、解决与行政管理职能相关的民事纠纷全过程，做好劳动人事纠纷仲裁与诉讼衔接工作，并形成长效工作机制。

卫生部门要建立健全医疗纠纷解决机制，鼓励医患双方协商解决纠纷，逐步建立覆盖全省的专业化、职业化调解队伍，通过设立第三方专业鉴定机构，明确鉴定程序和标准，消除医疗鉴定和司法鉴定的冲突。卫生、司法与保险监管等部门要加强协作配合，在进一步规范省医调会的同时，逐步在各市县建立医疗纠纷专业调解分支机构，强化对医疗纠纷的调解，从源头上减少医患纠纷。

教育部门要建立健全行业矛盾纠纷排查调解机制，认真排查调解涉及学校师生安全的隐患和矛盾纠纷，排查调解各类大中小学校和幼儿园的就学矛盾，排查调解学校教职员工工资待遇等矛盾纠纷，排查调解学校与周边各类单位及人群的矛盾纠纷，及时有效化解矛盾。

环保部门要建立环保矛盾纠纷排查调处机制，广泛开展涉及环境问题的矛盾纠纷排查调解工作，做到早发现、早调处、早解决，避免重大环保事故和因环保问题引发的矛盾纠纷发生或激化。要加大环保重点企业、重点行业、重点区域的矛盾纠纷调解工作，根据不同矛盾特点，有针对性地开展行业调解，化解行业内部矛盾，确保行业和谐稳定。

煤炭部门要在全系统大力推进行业调解组织建设，在煤炭的采、运、储、销等各个环节建立行业调解组织，认真排查重大安全生产事故隐患，及时调处因安全生产事故引发的矛盾纠纷。要重点排查调处因煤矿改制引发的各类矛盾纠纷，提前、快速、高效地化解矛盾，避免发生重大群体性事件。

国土资源部门要完善土地纠纷解决办法，积极做好因土地、矿产资源引发的矛盾纠纷排查调处工作。在人民调解员队伍中选拔培训乡村土地纠纷调解员，就近受理和解决涉及农民、各种农业协会等群体的土地纠纷，做好农村土地承包、流转等纠纷仲裁与诉讼衔接工作。

建设部门要健全行业调解机制，建立日常工作联系网络和联络员制度，加快制定和完善行政复议调解程序性规定，会同城管、公安、工会等相关部门，依法重点调处因损害农民工权益或住房拆迁、建筑施工等引发的矛盾纠纷。

公安交警部门要会同人民调解组织和人民法院共同建立健全交通事故调解机制，制定和完善受理登记、纠纷化解、司法确认、协议执行、结果反馈等制度体系，积极促成当事人自愿和解。要加强与保险部门的衔接，使蒙受损害的当事人能及时得到赔偿。加强与有关部门的密切配合，强化对涉及道路交通的各类矛盾的排查化解，重点做好因交通堵塞、上访堵路、道路修建等引发的矛盾纠纷排查化解工作。

银监部门要在金融系统建立矛盾纠纷排查调处工作机制，完善安全网络评估体系，加大对各金融机构与社会公众之间、各金融机构之间以及各金融机构内部的各种矛盾纠纷的排查化解力度，将风险控制前移，及时消除隐患，堵塞漏洞，化解风险。

工会组织要发挥自身优势，积极参与大调解工作。明确工会参与处理劳动争议的范围和应当遵循的原则，形成工会参与处理劳动争议的规范程序，使其依法参与劳动争议协商、调解、仲裁工作，充分发挥工会组织在维护劳动者合法权益、协调劳动关系方面的作用。

妇联组织要重点预防侵犯妇女儿童合法权益事件，及时化解因家庭暴力、夫妻关系不和、邻里关系不睦等引发的矛盾纠纷。通过帮助申请和提供法律援助、自行救助和调解、与其他部门联合救助和调解等，参与人民法院和行政管理部门有关劳资纠纷、权益保护争议的调解、仲裁等工作，维护好妇女和未成年人的合法权益。

四、完善工作机制，规范工作运行

按照“部门负责、归口办理、规范运作、公正调处”的要求，规范行业调解，提高调解质量，促进纠纷和解。

一是建立排查机制。组织本部门、本行业内的基层单位每月开展一次矛盾纠纷和不稳定因素排查，定期把排查情况上报省直各部门和行业矛盾纠纷排查调处领导组办公室。省直各部门、各行业每月对本部门、本行业矛盾纠纷排查工作开展情况进一次通报。对排查出来的问题，按照行业调解的规则，及时将调处责任落实到相关单位和责任人，限时调解，力争把问题消除在内部、消除在基层、消除在萌芽状态。各部门、各系统要建立完善领导接待日制度，主要领导和班子成员轮流值班接待来访群众，面对面解决问题。

二是建立联席会议机制。各行业调解领导组定期召开行业调解工作例会，由相关部门、单位负责同志和行业调解办公室负责人参加，汇报工作情况，分析维稳形势，督办案件化解。对一些重大舆情、重要信息、疑难案件，由领导组及时召集相关部门负责同志和具体调解人员参加，进行分析研判和风险评估，提出解决办法，加大督促落实。

三是建立情况信息通报机制。对排查出来的情况信息，凡属本部门、本行业能够处理的，及时处置；需要其他行业调解部门和司法机关联合调处的，及时通报协调有关部门共同处置，直至问题解决。遇有重要信息、重大舆情，及时报告省矛盾纠纷排查调处工作领导组办公室。

四是建立衔接配合机制。各调解组织按照职责分工，认真做好矛盾纠纷调处工作。各专业性行业性调解组织之间,各专业性行业性调解组织与司法机关之间,要做到情况互通,资源共享,相互支持,密切配合。特别是对一些确需通过司法渠道解决的纠纷,要及时与司法机关沟通,提供相关资料,做好当事人情绪稳定工作。对法律关系复杂、人员众多、跨行业、跨部门、一时不能调解的复杂矛盾纠纷,要及时上报,提请省矛盾纠纷排查调处工作领导组办公室协调有关方面共同解决。

五、落实工作责任,确保取得实效

一要严格落实工作责任制。把行业调解工作纳入各部门、各行业工作全局,摆到重要位置,实行"一把手"负责制。对排查出的重大矛盾纠纷,主要领导要亲自动手包案解决,及时解决行业调解工作中遇到的困难和问题,在人员、经费、办公场所等方面给予必要的保障,确保行业调解组织有效开展工作。有条件的部门可适当给予调解员一定的工作补贴。

二要切实加大督促检查。各级综治委要加强对本辖区专业性行业性调解工作的组织指导和督促检查,省综治委将把行业调解工作纳入各部门、各系统社会治安综合治理工作考核范围,定期对各部门、各行业调解工作开展情况进行督促检查,年终进行总结评比。对行业调解工作开展较好的单位给予加分;对领导不重视、措施不落实、成效不明显的给予扣分;造成严重后果的,给予通报批评;影响特别恶劣、后果特别严重的,对其进行社会治安综合治理"一票否决",取消其评选各种综合性先进的资格。

三要加大培训和舆论宣传力度。各部门、各行业要切实加强系统内部的动员和宣传工作,通过多种方式宣传行业调解的重要意义,积极推动专业性行业性调解工作深入开展。要积极与有关新闻单位联系,有计划地确定各个工作阶段的宣传重点,切实加大对专业性行业性调解工作的宣传力度,在全社会营造行业调解工作的良好氛围。

山西省社会治安综合治理委员会关于综治信息中心规范化建设的意见

(2010年8月13日)

加强综治信息中心建设,建立社会稳定预警防控体系,是我省贯彻全国政法工作会议精神,深化社会矛盾化解,推进社会管理创新的重大举措,是新形势下发动群众参与社会治安综合治理的有效载体。经过全省上下的共同努力,目前,全省11个市综治信息中心已全部建立,县一级综治信息中心建设也基本到位。一年来,各级综治信息中心按照"主要社情全掌握、主要敌情全覆盖、主要危害全预警"的要求,依托遍布城乡的信息员队伍,广泛收集涉及社会稳定的情况信息,获取了一大批深层次、预警性、苗头性的情况信息,为维护全省的社会稳定发挥了重要作用。为了规范各级综治信息中心建设和运行,特提出如下意见。

一、综治信息中心机构建设

(一)市级综治信息中心可设在市综治办,也可设在市安全机关,信息中心主任一般由市综治办副主任兼任,常务副主任由矛排办主任兼任或安全机关选任。可向当地编办申请专门编制配备专职工作人员,或由综治办、安全机关工作人员兼职。

(二)县级信息中心设到矛排办,中心主任由矛排办主任兼任。

(三)乡镇信息工作,由乡镇综治中心承担。

二、综治信息中心职责任务

综治信息中心是在综治委领导下,组织社会力量和广大人民群众,广泛收集影响社会稳定信息的专门工作机构。主要任务是:收集可能影响社会稳定、国家安全、社会治安的苗头隐患情况,作出分析研判,提出工作建议,为党委、政府和有关部门提供预警性情报和决策依据,努力把影响稳定的苗头隐患消除在源头，把矛盾纠纷化解在基层。

具体任务如下：

1. 负责对信息的收集、登记、整理和分类。

2. 负责对信息的分析研判和对重要信息的呈报。

3. 建立信息员队伍，培训信息员。

4. 承办信息会商有关事宜。

5. 落实信息等级的评定和奖励。

三、综治信息中心工作制度

（一）信息报送制度

1. 基层信息员获得信息后，在第一时间向所在辖区的综治部门报告，或直接向省、市、县综治信息中心报告。

2. 市、县两级信息中心和乡镇综治中心要将收集到的信息及时上报同级综治办和上级综治信息中心，特别重要的信息即时上报，不得截留、瞒报。

（二）整理归档制度

1. 对收集到的所有信息都要登记、整理、分类、归档。

2. 归档要做到“五有”：①有登记册；②有信息受理卡；③有专门文件柜、档案盒；④有重要信息转办、督办记录；⑤有办理单位回复报告。

3. 对整理归档的有关资料进行严格管理。

（三）会商制度

每季召开一次有关部门参加的会商会议，重要敏感时期根据情况及时组织召开。通报社会稳定情况，分析一个时期社会稳定形势，提出预警建议，研究不稳定因素的处置应对措施。

（四）报告制度

1. 每月5日前要逐级上报上月信息收集报送及采用的统计情况。

2. 坚持每月上报不稳定因素和矛盾纠纷排查化解情况。

3. 建立要情专报制度，确保重要信息及时上报。

4. 年初要制定并上报年度信息工作要点；半年要上报工作小结；年终要上报工作总结。

（五）通报考核制度

省信息中心按照省综治办[2010]20号《关于建立综治信息报送情况通报考核制度的通知》的要求，每月对各市报送信息及工作情况进行通报，按照积分高低进行动态排队，年终按每月积分和排队情况进行成绩总评，考评结果纳入年度社会治安综合治理责任制考核范畴。各市也要制定具体通报考核办法。

（六）奖励制度

1. 省信息中心对收集到的信息分为ABCD四个等级，根据不同等级分别给予奖励并及时兑现奖金；特别重大的信息要给予重奖。

2. 省每年评选一次全省综治信息工作先进单位和先进个人，给予表彰奖励。

3. 各级都要对本级信息工作先进单位和个人进行奖励。

（七）研判制度

1. 每月对信息做综合分析，进行评估和预测，得出专业评价，并形成研判报告。

2. 重要敏感时期要随时进行研判。

（八）保密制度

1. 信息工作人员要严格遵循保密守则，强化保密意识。

2. 对各种文件、资料、记录等实行定密管理，不能私自复制、保存和销毁，确保信息资料安全。

3. 不得就信息工作有关内容随意接受新闻媒体采访，确需采访，需报请有关领导批准。

4. 对信息员个人资料严格保密。

5. 废弃材料要及时销毁。

6. 严格遵守其他保密规定。

四、综治信息中心自身建设

1. 有专门的办公场所和必要的信息处理、传输设备。

2. 有多种接收、报送信息的途径，信息中心联络方式向社会公布。

3. 省、市、县信息中心之间有专线沟通。

4. 与市、县直各单位有固定信息传输通道，可随时报送信息。

5. 掌握本辖区内信息员布建情况和联络方式，能与任何一名信息员取得联系。

6. 健全信息中心工作流程和相关规章制度。

创新“1+3机制” 构建和谐清徐

清徐县社会治安综合治理委员会

近年来，山西省清徐县坚持把正确处理好人民内部矛盾、积极有效化解各种社会矛盾纠纷作为紧迫而重大的任务，深入开展矛盾纠纷大排查大调处工作，逐步形成了矛盾纠纷排查调处“1+3”联调工作机制。“1”是“一把手负责制”，“3”是“解决问题机制、规范衔接机制和组织保障机制”。

一、做到了“一把手负责制”贯穿始终

坚持落实党政主要领导为第一责任人的要求，明确“一把手负责制”，即：县乡村三级、县直各部门一把手负总责，组织整合辖区或部门内的政治资源、经济资源、社会资源，通过联合调解的方式，解决矛盾纠纷，化解社会矛盾。

形成“县委书记大接访”长效机制。按照“一岗双责”的要求，县委书记、县长每月两次按期接访，每周保证有四天由县委常委、副县长轮流接访；在县直部门和乡镇层面，主要领导保证随时接访，班子成员轮流接访；在农村和基层站所，驻村工作队和包点领导保证随时接访。落实县领导包乡镇、包案工作制度，主要领导带案下访，到所包乡镇或分管部门接待来访群众，就近、及时处理各种矛盾纠纷。

建立县党政领导信访稳定周例会制度。每周一召开，由县委书记主持，各常委和分管副县长直接汇报，对能够解决的问题当场共同研究。摒弃了各乡镇、各部门负责人汇报时走过场做检讨的一贯做法，强化了包点包案县领导的责任意识，加大了问题的协调解决力度。

构建矛盾纠纷联调工作体系。充分发挥各级、各部门“一把手”作用，广泛组织动员各部门、各行业的力量，有效整合各种社会资源，形成了党政主导、条块结合、齐抓共管的工作格局。县委政法委牵头建立了“四长”联合调处工作制度，法、检、公、司各负其责，共同解决涉法涉诉矛盾纠纷。

二、建立了解决问题的机制

始终贯彻“案结事了、事要解决”的总要求，坚持调解优先原则，注重情、理、德、法、利有机结合，把调解工作贯穿于解决民间纠纷、处理行政争议和司法诉讼的全过程，抓住关键环节，依法、及时、有效地开展矛盾纠纷联调工作：

一是预防。全县范围内开展党员干部和上访群众结对子、交朋友活动。发挥“信访稳定预警防控体系”作用，全面收集涉及社会稳定、社会治安、矛盾纠纷方面的情报信息。严格落实24小时值班和领导带班制度，落实“信访信息日报告和重要信息即时报告”制度，目前全县情报预警信息员有248人，实现了村、社区、行政机关、企事业单位全覆盖。加强对执法单位的执法监督规范，促进依法办事，防止因执法问题引起矛盾纠纷。

二是排查。各乡镇（街道）、村（社区）、各部门每半个月进行一次集中排查，通过“乡不漏村、村不漏户、户不漏人”的拉网式排查摸底，切实做到底数清、情况明。坚持对重点村、重点人、重点事实行跟踪排查和动态排查，对可能引发赴市赴省赴京集体上访和非正常上访以及群体性事件的矛盾纠纷重点排查，及时发现新矛盾和新问题。

三是调解。落实分级排查调解机制，基层调解委员会负责调解本村本部门内的各类纠纷，调解不下的，交上级联调中心。建立人民调解、行政调解、社会团体调解和司法调解等工作规范，健全联合排查、综合研判和分流处理、分级化解机制，设立调解工作台账和信息管理平台。建立救助基金，对法律手段全部用尽后还不能解决问题的，通过救济、补偿，使其息诉罢访。

四是处置。坚持“属地营理、分级负责”、“谁主管、谁负责”等原则，重视初访问题一次性办结率，尽量一次性妥善处理，不留后遗症。首次接访的领导对案件解决的全过程一包到底，积极召开

专题听证会、协调会来解决问题。实行信访代理制，由信访代理员与信访人签订代理协议，进行约访、随访、陪访。开展“积案化解年”活动，解决疑难复杂信访问题，对于无理缠访的，采取《三级终结制度》进行终结。

五是惩戒。按照《信访条例》、晋公通[2008]107号文件等有关规定，对个别信访案件当事人过于强调困难，不讲政策，缠访、闹访的；对坚持滞留、非正常上访并造成重大影响的；对通过反复做工作仍一意孤行，造成非正常上访的，充分取证及时处理。

六是责任追究。完善了《清徐县信访工作责任追究办法》、《政法干警错案责任查究制度》，建立了《清徐县信访工作督查督办制度》，对工作不力、敷衍塞责、推诿扯皮的单位和个人，进行通报批评，因处理不及时而引发群体性事件和恶性事件的，追究相关单位和责任人员的责任。

三、建立了规范衔接的机制

把工作重点放在“六个调解”之间的衔接上，即人民调解、行政调解、行业调解、社团组织调解、民间调解、司法调解与司法裁判的对接，既建立了衔接联动的工作流程、效力确认等制度，又建立了规范性表格、文件等衔接流转程序；既充分发挥了各类调解组织的独特优势，又有效弥补了各类调解组织的自身局限；既规范了前一环节转下一环节时的承接程序和结果应用，又体现了前后环节之间，可以相互承接，调处结果可以相互传递。

一是实现了人民调解与治安行政（公安）调解联动衔接。对于不构成违反治安管理行为的，由其所在地或纠纷发生地人民调解组织进行调解；对较大的矛盾纠纷实行派出所和调解组织联合调解，村干部参与调解；对复杂、疑难并可能引发群体性事件的矛盾纠纷，申请矛盾纠纷联调中心或有关部门参与调处。

二是实现了人民调解与其它行政调解衔接。明确了联调中心受理纠纷、合理分流、限期调处、跟踪回访四步工作流程，对土地流转、交通事故，拆迁征地补偿等疑难复杂矛盾纠纷，先行归口调处；对归口办理单位调解确有困难或分工不明确的，协调相关部门联合调解。一般矛盾纠纷7天结案，大的矛盾纠纷15天调处结案，最长不超过一个月。

三是实现了人民调解与司法调解衔接。坚持将调解贯穿于诉讼、审判全过程，规范了“诉调衔接”（法院与人民调解委员会）、“检调衔接”（检察机关与人民调解委员会）的工作规范和程序，对诉前引导调解、拓展委托调解和协助调解、诉中调解、调后审理执行等各个步骤提出了明确要求，实现了公诉部门承办的轻微刑事案件所涉民事部分、控告申诉案件、民事行政抗诉案件与大调解机制的有效对接。

四是实现了行政调解与司法调解衔接。建立了受理纠纷、部门分类办理、案前调解、法院优先审执、联动息诉罢访五项工作制度，明确了行政职能部门、信访部门和法院互动联动的责任和义务。

五是实现了人民调解与信访衔接。信访部门可直接协调处理信访案件，或引导上访人员按照合法途径和规定程序表达诉求；征得当事人同意后，转交所在地人民调解委员会进行调解，人民调解委员会在规定的时间内组织双方进行调解，结果报县信访局。

四、建立了组织保障的机制

一是组织保障。成立县矛盾纠纷联调工作领导组，下设县涉法涉诉信访联调中心。在各乡（镇、街道）成立矛盾纠纷联调中心。乡（镇、街道）矛盾纠纷联调中心在乡（镇、街道）综治委的领导下开展工作，进一步整合社会各方资源，形成各方参与调解的新格局。目前，在司法部门指导下，全县10个乡镇（街道）调委会组织健全，192个行政村、4个社区全部建立了基层调委会，健全了调委会工作制度。

二是人员保障。县矛盾纠纷联调工作领导组组长由县委书记担任，副组长由县长、政法委书记和分管信访稳定工作的副县长担任。成员由县直相关部门、各乡镇（街道）主要负责人组成；县涉法涉诉信访联调中心主任由县委政法委书记担任，副主任由分管信访的政法委副书记担任，成员由信访局长、矛排办副主任、政法各部门分管信访工作的负责人组成。各乡（镇、街道）矛盾纠纷联调中心主任由乡（镇、街道）分管副书记担任，增设联调中心专职副主任一名，股级待遇，由县委组织部和县委政法委共同考察任用。成员由综治办、司法所、矛排办、信访工作人员及法官、干警组成。在无编制无职数的情况下，突破传统思路，设立了专职股级副主任，保证了全县矛盾排查联调工作正常开展。

三是资金保障。县财政保障县乡联调中心工作经费，每年拨付县联调中心工作经费5万元，各乡（镇、街道）联调中心年工作经费2万元。各部门保证包案下访干部有财力物力的支持。对群众合法合理并需一定数量资金才能解决的利益诉求，按照“谁主管、谁负责”的原则，财政、部门、乡村及社会各界多方筹集资金。2008年以来，协调落实相关利益人和社会资助资金200多万元，促进了一些疑难案件、历史遗留案件的妥善解决。

四是场地保障。加大场所建设力度，累计投入50余万元，完成了县涉法涉诉信访联调中心和10个乡镇（街道）综治（矛调）中心的建设，面积达到150平米以上，统一配备了相应的办公设施，按标准设立了调解室。全县各职能部门设置了专门信访接待室。从2010年开始，县财政两年投入2000万元，在全县实施村级组织场所建设工程，把每村必须有矛盾纠纷调解室列为一项内容，保证农村矛盾纠纷接待调处工作有效开展。

山西省综治委、办机构情况和负责人名单

一、山西省社会治安综合治理委员会

主　任：薛延忠（2010年10月前）

金道铭（2010年11月后）

副主任：杜玉林

杨安和

张建欣

谢玉久（2010年10月前）、

曾广超（2010年11月后）

二、山西省社会治安综合治理委员会办公室

主　任：高彦斌

副主任：李曾贵

下设督查指导处、综合协调处、山西省矛盾纠纷排查调处领导组办公室、宣传教育处、山西省综治委铁路护路领导小组办公室和山西政法宣传中心。

三、山西省社会治安综合治理委员会各专门工作领导小组

（1）山西省社会治安综合治理委员会流动人口治安管理工作领导小组，办公室设在省公安厅治安总队；

（2）山西省社会治安综合治理委员会预防青少年违法犯罪工作领导小组，办公室设在团省委权益部；

（3）山西省社会治安综合治理委员会学校及周边治安综合治理工作领导小组，办公室设在省教育厅高校后勤管理处；

（4）山西省社会治安综合治理委员会刑释解教人员安置帮教工作领导小组，办公室设在省司法厅基层指导处；

（5）山西省社会治安综合治理委员会矛盾纠纷排查调处工作领导小组，办公室设在省委政法委；

（6）山西省社会治安综合治理委员会铁路护路领导小组，办公室设在省委政法委；

（7）山西省社会治安综合治理委员会监外执行罪犯监督管理工作领导小组，办公室设在省检察院监所检察处。

山西省各市、县(市、区)综治委、办主任名单

地　区	综治委主任	综治办主任	地　区	综治委主任	综治办主任
太原市	申维辰(2010年8月前)	柳遂记	忻府区	王志刚	刘志峰
	陈川平(2010年9月后)	宫殿元	定襄县	刘婷芳	邢尚红
迎泽区	卫　国	张勇生	原平市	薛根生	郭新和
杏花岭区	魏　民	李彩霞(2010年7月前)	繁峙县	武先堂	崔连锁
			代　县	霍富荣	高云飞
		刘建汝(2010年7月后)	五台县	李永胜	刘俊奇
			宁武县	任宁虎	赵先元
万柏林区	赵伟东	侯永清	静乐县	杨存虎	姜俊昌
尖草坪区	陈河才	张世才	神池县	范波涛	葛　仪
小店区	张金旺	常增荣	五寨县	刘祁杰	刘佑民
晋源区	张新伟	李保全	岢岚县	陈义青	王新平
清徐县	车建华	侯淑艳	河曲县	王书东	李兴田
阳曲县	冯晋生	刘世亲	保德县	王继明	闫保祥
娄烦县	张秀武	段尚君	偏关县	任建华	周晓红
古交市	郭建发	王润宇	**吕梁市**	杜善学	刘保明
大同市	丰立祥	魏兴平	离石区	王彤宇	闫新明
城　区	雷雪峰	赵锦性	交城县	李志安	惠建明
矿　区	门开发	岳继斌	文水县	郭　宝	刘　杰
南郊区	张建平	仝　让	汾阳市	王志强	王卫东
新荣区	董志刚	赵志刚	孝义市	张旭光	文泰山
大同县	杨人毅	路喜财	交口县	郑明珠	
阳高县	曹世平	藏守刚	石楼县	李少杰	刘小平
天镇县	赵惠敏	张全升	中阳县	刘广龙	王殿平
浑源县	李根田	李善义	方山县	庞鹏峰	刘月亮
灵丘县	张小立	刘锦玉	柳林县	王　宁	张文江
广灵县	刘振国	邱贵福	临　县	刘永平	高志峰
左云县	王伟国	王　茂	兴　县	郭　颖	郭　平
朔州市	王茂设	张天金	岚　县	阎刚平	张宁平
朔城区	郭连厚	冀开宇	**晋中市**	李永宏	杜志平
平鲁区	李　俊	翟慧民	榆次区	孙光堂	王铁栋
右玉县	陈小洪	冯志远	太谷县	王建忠	张志刚
山阴县	侯　元	郭东申	左权县	王　兵	郝济明
怀仁县	牛志忠	张惠希	祁　县	段燕翔	王增耀
应　县	王守林	冯玉宝	平遥县	李非忠	赵士亮
忻州市	董洪运	闫中卿	介休市	秦太明	王家齐

地　区	综治委主任	综治办主任
灵石县	郭燕平	朱玉兴
寿阳县	黄耀春	张永刚
和顺县	侯文禄	潘立新
昔阳县	孟希雄	翟宏伟
榆社县	曹　煜	原晋宏
阳泉市	白　云	安少杰
城　区	李春泽	苏作光
矿　区	董仙桃	白铁明
郊　区	赵　峰	康永胜
平定县	马　骥	时彦廷
盂　县	吕昌政	王建平
长治市	田喜荣	吴永堂
城　区	孙刘琳	秦书平
郊　区	王辅刚	唐玲玲
长治县	裴少飞	宋富堂
潞城市	桂正平	李志强
屯留县	郭泽斌	常民立
长子县	张　圣	师建堂
壶关县	李全心	陈淑芳
平顺县	陈鹏飞	宋群胜
黎城县	崔建泰	王国胜
襄垣县	冯俊义	郭玉明
武乡县	周　涛	郑　丹
沁　县	田志明	卫晓冬
沁源县	李丁夫	邢　进
晋城市	张茂才	栗　强
城　区	张玉宏	崔新团
泽州县	崔守安	韩立会
高平市	谢克敏	冯　硕
阳城县	冯志亮	李红庆
陵川县	马四清	冀程鹏
沁水县	常国荣	程劲松
临汾市	谢　海	曹洪安
尧都区	薛愿兵	许养栋
侯马市	马　彪	刘　伟
霍州市	陈　纲	薛建国
襄汾县	张成梁	李　宏
曲沃县	杨治平	张海华
翼城县	李朝旗	聂俊峰
洪洞县	陈玉士	徐根管
浮山县	毛克明	卫文业
古　县	李　菲	赵　红
安泽县	任秀红	张玉生
汾西县	邓彩彪	杨润珍
蒲　县	乔建军	张记龙
隰　县	王天郎	王红建
大宁县	张越轶	李宁蒲
乡宁县	杨安虎	高泽林
吉　县	毛益明	强启家
永和县	郭行杰	靳永生
运城市	高卫东	李高潮
盐湖区	王志峰	王　捷
永济市	冯方汇	耿广林
河津市	杨勤荣	任学东
临猗县	胡　宝	丁守荣
万荣县	卫孺牛	李国斌
稷山县	乔登州	
新绛县	郑雁平	薛新奎
绛　县	张　冠	王政林
垣曲县	侯伟建	
闻喜县	裴良杰	吉俊红
夏　县	张秀武	赵芙蓉
平陆县	郭　宏	
芮城县	王正风	翟会峰

（撰稿人：李曾贵　张耀仁
审稿人：高彦斌　张恒斌）

内蒙古自治区

2010年社会治安综合治理工作概况

2010年,全区各地各部门认真贯彻中共中央办公厅、国务院办公厅转发《中央政法委员会、中央维护稳定工作领导小组关于深入推进社会矛盾化解、社会管理创新、公正廉洁执法的意见》和中央综治委《关于进一步加强社会治安综合治理基层基础建设的若干意见》精神,加强社会治安综合治理,积极推进三项重点工作,深入开展平安建设,为维护全区社会稳定,构筑祖国北疆安全稳定屏障,促进经济社会持续健康快速发展作出了重要贡献。全区社会治安形势总体平稳,1—12月,全区刑事案件立案107018起,同比上升14.5%,其中,八类主要案件立案9645起,同比下降9.2%。处置群体性事件903起,同比下降14.5%。

一、社会治安综合治理责任制进一步落实

各级党委、政府认真落实维护社会稳定第一责任,将社会治安综合治理和平安建设与经济社会发展同部署、同落实、同考核、同问责。自治区党委副书记、自治区主席、综治委主任巴特尔代表自治区党委、政府与各盟市委书记签订《2010年度盟市维护社会稳定和社会治安综合治理领导责任书》。自治区党委常委、政法委书记、综治委副主任邢云代表自治区党委、政府与自治区综治委委员签订《2010年度自治区综治委成员单位参与社会治安综合治理责任书》。坚持综治、纪检、组织、人事、监察五部门联席会议制度,认真填报、使用盟市综治委领导和自治区综治委成员单位负责同志抓社会治安综合治理实绩档案。自治区党委把维稳工作在干部实绩考核中的权重由6%提高到16.7%。

二、社会矛盾化解工作取得显著成效

年初,自治区党委、政府召开全区深入推进社会矛盾化解工作电视电话会议,胡春华书记作了重要讲话,提出了明确要求。会后,自治区迅速成立了任亚平副书记任组长的深入推进社会矛盾化解工作领导小组和由12位省级领导牵头的包联盟市工作组。胡春华书记、巴特尔主席等自治区领导多次深入盟市专题调研,指导和督查社会矛盾化解工作。自治区党委、政府下发《全区深入推进社会矛盾化解工作方案》,自治区共抽调17名省级领导、370名厅级干部和21320名基层干部深入基层,深入到问题所在地和当事人中间,调查了解情况,协调解决问题。6月2日,自治区党委办公厅、政府办公厅下发《关于建立和完善重大事项社会稳定风险评估机制的指导意见(试行)》。到12月底,全区共排查调处矛盾纠纷121460件,调处117576件,调处成功率96.8%。中央交办内蒙古自治区的565件信访案件,全部化解,化解率100%;自治区向下交办的2703件信访案件,化解2617件,化解率96.78%;盟市自行排查列入工作台账6731件信访案件,化解6463件,化解率96.42%。内蒙古自治区进京非正常上访连续4个月退出全国前10位,实现了年初确定的工作目标。全区各级财政累计投入解决信访问题资金40多亿元,惠及50多万群众。

三、社会管理创新工作稳步推进

自治区综治委成立了推进社会管理创新工作协调小组及办公室。自治区综治办向自治区财政厅、发改委、编制办和民政厅分别提出书面建议,要求将社会管理创新有关项目纳入自治区"十二五"规划。鄂尔多斯市被确定为全国社会管理创新综合试点地市。自治区党委政法委、自治区综治委确定呼和浩特市赛罕区、包头市青山区、呼伦贝尔市阿荣旗、兴安盟扎赉特旗、通辽市科尔沁区、赤峰市松山区、锡林郭勒盟东乌珠穆沁旗、乌兰察布市察右后旗、鄂尔多斯市东胜区、巴彦淖尔

市杭锦后旗、乌海市乌达区、阿拉善盟阿拉善左旗为自治区社会管理创新综合试点旗县(市区)。各盟市、自治区综治委各成员单位根据中央、自治区部署要求,积极探索社会管理创新模式。鄂尔多斯市推进社会管理创新,大力提升城市建设和管理水平。东胜区率先实施"数字东胜"工程建设,已累计投资4亿多元。组织实施的"管理创新工程"、"科技惠民工程"、"阳光政务工程"、"信息畅通工程"等已见到明显成效。锡林郭勒盟建立起了适合草原牧区特点的集社会管理、防范打击、服务群众等多种功能为一体的草原110社会治安防范体系。乌海市推进社会管理创新,重点打造"科技防控城市",构建"社会面技防网、科技强警网、单位内部技防网、社区居民技防网、非公有制企业和工业园区技防网"五张网,把戒毒人员安置救助帮扶、刑释解教人员安置帮教、社区矫正人员和社会闲散人员、流动人口服务管理、精神病患者和有心理障碍人员均纳入社会保障救助体系。自治区公安厅通过八个"加强"推进社会管理创新工作,即加强肇事肇祸精神病人的管控,加强娱乐场所治安管理,加强中小旅馆安全隐患的排查管理,加强废旧金属收购业管理工作,加强虚拟社会管理,加强消防安全管理,加强出入境规范管理,加强边境社会稳定管理。

四、综治基层基础建设和平安创建活动不断深入

各盟市、旗县(市区)认真落实中共中央办公厅、国务院办公厅转发《中央社会治安综合治理委员会关于进一步加强社会治安综合治理基层基础建设的若干意见》和内蒙古党委办公厅、政府办公厅转发《自治区社会治安综合治理委员会关于进一步加强社会治安综合治理基层基础建设的实施意见》,加快综治工作中心(站)等基层综治组织和服务平台建设。到12月底,全区苏木乡镇(街道)普遍建立综治工作中心(已建999个,应建997个),嘎查村(社区)建立综治工作站12052个,占应建数(13060个)的92%。全区各地各部门继续深化平安创建活动,不断巩固、扩大基层平安创建十大工程成果。7月23日,自治区综治委印发《关于扎实推进平安内蒙古建设的职责分工意见》,明确各地各部门职责,切实抓好目标任务的分解和各项措施的落实。一些盟市、旗县(市区)结合实际,建立平安协会,发挥新经济组织、新社会组织作用;组织实施"平安互助网"工程,广泛发动群众参与平安建设;规范平安志愿者队伍,充分调动社会各方面力量;组织开展平安苏木乡镇(街道)、平安嘎查村(社区)、平安家庭、平安市场、平安医院、平安工地、平安矿区、平安哨所等基层平安创建活动,推进基层平安建设向纵深发展。

五、综治专项工作有序开展

一是综合治理看守所安全管理工作。转发了中央综治办等九部门《关于综合治理看守所安全管理工作的意见》和《全国看守所安全管理大检查专项活动方案》,制定了《全区看守所安全管理大检查专项活动方案》。成立了自治区综合治理看守所安全管理工作领导小组,召开了自治区综合治理看守所安全管理工作联席会议。6月22日至7月11日,分别由三位厅级干部带队,组织联合督查组深入各盟市对综合治理看守所安全管理工作集中督导检查。二是将查处取缔无照经营纳入社会治安综合治理考评工作。自治区综治办、自治区工商局转发中央综治办、国家工商总局《关于做好将查处取缔无照经营纳入社会治安综合治理目标考评工作的意见》,要求将查处取缔无照经营工作纳入制度化、规范化轨道。自治区综治委成立全区查处取缔无照经营工作领导小组,建立联席会议制度。12月,自治区党委政法委、自治区综治委派出四个政法综治和维稳工作考核组,深入各盟市进行考核,将打击传销和取缔无照经营工作纳入其中。三是积极抓好学校、幼儿园及周边安全工作。自治区党政领导同志高度重视学校、幼儿园及周边安全工作,多次作出重要批示。5月1日,自治区党委书记、人大常委会主任胡春华在公安部《关于迅速贯彻胡锦涛总书记等中央领导同志重要批示精神全力维护校园安全的紧急通知》上批示:"请邢云、连辑、赵黎平同志阅。要认真贯彻好胡锦涛总书记批示,采取综合措施,严加防范。"5月3日,全国综治维稳工作电视电话会议后,自治区随即召开全区综治维稳工作电视电话会议。会议强调把贯彻全国全区综治维稳工作电视电话会议精神融入到自治区党委、政府维护社会稳定、推进平安内蒙古建设、构筑祖国北疆安全稳定屏障的战略目标和决策中,融入到深入开展社会矛盾化解、社会管理创新、公正廉洁执法三项重点工作中，融入到社会治安重点地区排查整治和校园及周边安全整治专项行动中。5月5日，自治区党委副书记、自治区主席、综治委主任巴特尔再次对落实全国全区综治维稳工作电视电话会议精神作出部署。要求党政一把手切实肩负起维护学校、幼儿园安全及社会和谐稳定的政治责任，迅速开展校园安全大检查，把工作要求和任务落实到部门，落实到学校、幼儿园，落实到具体岗位和人头，确保校园及周边的安全稳定。5月7日，自治区党委办公厅、政府办公厅转发《自治区社会治安综合治理委员会关于加强学校、幼儿园及周边安全工作的意见》。5至7月在全区组织开展了学校、幼儿园及周边地区治安秩序专项整治行动，取得明显成效。

六、政法综治宣传和培训活动形成长效机制

3月，以“贯彻四中全会精神，强化综治基层基础”为主题，认真开展综治宣传月活动。自治区综治委和党委宣传部联合下发《关于开展2010年社会治安综合治理宣传月活动的通知》。3月5日，内蒙古日报刊登自治区主席、综治委主任巴特尔同志的署名文章《强化综治基层基础　维护社会和谐稳定》。全区各地在宣传月期间发放传单265万余份，悬挂横幅16958幅，展出宣传板4987块，文艺演出100多场，出动宣传车辆820辆次，设立宣传咨询点743个，解答群众咨询15万余人(次)，直接受教育群众310多万人。九月份，按照自治区综治委、自治区党委宣传部的统一部署，组织开展了以“发挥首都‘护城河’作用，推进平安内蒙古建设”为主题的集中宣传活动。全区各地在宣传月期间，悬挂横幅标语12323幅，散发宣传材料95万多份，出动宣传车1238台次，解答群众咨询24998人，直接和间接受教育群众330多万人。举办综治培训考察活动。5月19日至29日，自治区综治委在北京市委政法委党校举办了自治区综治委成员单位联络员培训班。之后，组织学员赴山东、辽宁两省开展了社会矛盾化解和社会管理创新学习考察活动。12月26日至27日，自治区党委政法委、综治办在满洲里市召开全区政法综治宣传培训工作会议。

深入开展社会治安重点地区排查整治工作

2月1日，自治区综治委印发《内蒙古自治区社会治安重点地区排查整治工作方案》，明确了排查整治的重要意义、指导思想、目标任务、工作要求。2月25日，自治区综治办召开综治委有关成员单位和五个专项工作领导小组办公室负责人会议，对结合各专项工作开展社会治安重点地区排查整治工作作了安排部署。2月28日，成立了以自治区党委常委、政法委书记、综治委副主任邢云同志为组长的社会治安重点地区排查整治工作领导小组及办公室，办公室下设打击整治、社会管理、综合协调三个工作组。3月24日，自治区召开电视电话会议，就深入开展社会治安重点地区排查整治工作进行再动员再部署。邢云书记出席会议并讲话，自治区政协副主席、综治委副主任王长聚主持会议。自治区公安厅和呼和浩特市领导分别发言。4月2日，自治区综治办召开社会治安综合治理专项工作会议，研究部署社会治安重点地区排查整治、流动人口服务管理、刑释解教人员安置帮教工作。会议听取了自治区社会治安重点地区排查整治工作领导小组办公室打击整治、社会管理、综合协调三个工作组汇报，研究通过了《全区社会治安重点地区排查整治工作督查方案》。听取了自治区流动人口服务管理工作领导小组办公室和刑释解教人员安置帮教工作领导小组办公室工作汇报。4月16日至5月14日，分别由厅级干部带队，以自治区综治办和公安厅人员为主，排查整治领导小组有关成员单位派员参加，组成四个督查组深入全区十二个盟市开展社会治安重点地区排查整治督导检查。9月至11月，自治区综治办先后四次派出督查组，深入相关盟市进行重点督查，并就自治区综治委警示的57个社会治安重点部位(场所)和公安部通报的6个涉枪涉爆旗县(市区)进行专项督查。

各盟市积极开展工作。一是深入排查。呼和浩特市通过开展红、橙、蓝、绿四色“风暴行动”,排查出新城区火车站红旗街存在黑旅店管理问题,新城区豪沁营子地区城郊结合部外来人口较多、流动性大、难于管理问题,回民区新华西街存在黑网吧和旅店治安隐患问题,回民区大庆路仁富巷“两抢一盗”隐患较严重问题,玉泉区西菜园昭君路暂停人口治安案件多发问题,赛罕区大学路文化商城治安隐患突出问题,托克托县古城镇网吧、商业门脸存在打架斗殴、聚众赌博问题。呼伦贝尔市有针对性地加强对青少年、外来人口、刑释解教人员、弱势群体四个高危群体的排查,对金融行业和宾馆、旅店、洗浴中心、二手商品店、废旧物品收购等特种行业以及网吧等文化娱乐场所的排查,挤压犯罪空间。通辽市对重点部门、重点区域、重点问题,按照“谁主管、谁负责”和“属地管理”的原则,建立村级网络、片区网络、组户网络,逐级细化落实排查任务。赤峰市强化公益性安保队伍、治安信息员队伍、综治协管员队伍等群防群治队伍建设,深入推进社会治安重点地区排查工作。上半年,全区组织开展排查272628次,发现治安重点地区1612个。二是重点整治。自治区综治委、自治区社会治安重点地区排查整治工作领导小组《关于对全区57个社会治安重点部位(场所)进行警示的通知》下发后,各盟市和相关旗县(市区)高度重视,迅速召开专项工作会议,明确要求,强化责任,落实整治措施。呼和浩特市新城区针对红旗街、车站地区一些妇女街面拉客,公开介绍卖淫服务的问题,加大对这一地区小旅店的清查力度,通过建立旅馆业治保组织和治安耳目,发放民警告示牌等措施,进行综合整治。包头市土右旗针对美岱召镇美岱召村吸毒、贩毒严重,双龙镇双龙村、三道河村、壮丁营村赌博问题突出等情况,公安部门制定了《关于在重点地区开展重点整治的实施方案》,成立领导小组,局长任组长,将专项行动查办“黄、赌、毒”案件任务分解到各所队,开展专项治理。呼伦贝尔市海拉尔区从加强公安派出所基层基础工作入手,不断加大打击整治力度,有效地遏制了入室盗窃案件的发生。兴安盟乌兰浩特市严厉打击火车站和长途客运站周边的“黑旅店”和卖淫嫖娼现象,并对“黑旅店”责令停业整顿。通辽市科尔沁区对批发城盗窃、诈骗、利用游戏机赌博等突出问题进行重点打击和整治,并强化防范措施,在增派警力的基础上,对重点部位加装了视频监控设备。同时,开展了打击利用游戏机赌博的专项行动,关停了7家游戏厅,没收并集中销毁赌博用游戏机80余台。赤峰市松山区以长途汽车站为重点,加大对社会治安重点地区的整治力度,抽调专人成立了行动队,专门对车匪路霸、喊站拉客现象进行整治,构成犯罪的坚决予以打击。乌兰察布市丰镇市针对马桥街菜市场存在的突出治安问题,制定整改措施:成立由市政法委书记任组长的整治领导小组,由治安大队抽调2名民警进驻菜市场,组织公安、税务、工商、城管、办事处等部门召开联席会议,制定相关制度及具体管理措施,同时张贴标语,加大整治宣传力度;由治安大队牵头,抽调治安大队、旧城区派出所3名民警每天对菜市场进行巡逻查控;巡警队在街面日常巡逻的同时,重点对菜市场进行巡逻查控。鄂尔多斯市达拉特旗针对靴铺窑村、五股地村、三顷地村入室盗窃案多发的情况,加大打击力度,加强巡逻,有力地遏制了案件高发的态势。巴彦淖尔市磴口县针对巴彦高勒镇步行街酒后滋事、打架闹事案件频发的情况,按照抓源头、抓根本、抓基层和边检查、边整治、边建设的原则,因地制宜,制定《磴口县社会治安重点地区排查整治工作方案》,全面展开了专项整治工作。1至12月,全区共排查发现治安重点地区(部位、场所)3148个,已整治治安重点地区(部位、场所)2534个,正在整治治安重点地区(部位、场所)614个。警示65个(其中自治区警示57个、旗县警示8个)。挂牌整治55个(其中盟市挂牌整治40个,旗县挂牌整治15个)。

积极探索流动人口服务管理新途径新办法

各地各有关部门坚持公平对待、搞好服务、合理引导、完善管理的方针，多方面转变服务和管理方式，积极探索流动人口服务管理工作新途径新办法。

一是平等待人。流动人口和当地居民一样，没有高低贵贱之分，坚决纠正一切有损流动人口人格尊严和公民权利的歧视性做法。自治区统一进城务工农民和城里人的赔偿标准。呼和浩特市赛罕区将外来人员和流动人口视为“新赛罕人”，不排斥、不歧视，融管理、教育、服务于一体。

二是以房管人。充分发挥基层公安派出所和乡镇、街道办事处日常监管作用，有效规范房屋租赁行为和流动人口居住情况，掌握流动人口的落脚点。到2010年12月底，全区登记暂住人口1906491人，出租房屋311163户，签订治安责任书272643份。二连浩特市等地建立申报制度，要求出租房主到公安部门申报，由房主按旅店管理方式，对流动人口逐人逐项登记，人走注销，并及时将掌握情况反馈管区民警、暂住人口户管员或治保主任，管区民警随时进行检查核实。

三是以业控人。监督企业和用工单位加强管理，自觉抵制非法用工，不雇用无有效身份证明的外来人员，强调务工人员登记注册。满洲里市、二连浩特市对建筑工地实行封闭管理，责成用工单位全面掌握外来务工人员情况，并指定专人管理，实行集体住宿，统一作息时间。对废旧物品收购等特种行业及市场、饭店、歌舞厅等公共复杂场所从业人员，建立专门档案进行特殊管理。对外国人，入境后先到出入境管理部门办理“外国人入出境登记卡”，并凭有效证件到各旅店住宿，各旅店工作人员通过网络将住宿外籍流动人口情况及时向公安机关申报。

四是以证找人。对流动人口中无固定住所、无正当职业、无合法身份的“三无人员”，重点强调登记办证率，防止管理失控。自治区公安厅强调落实居住证管理制度，实行全区范围内居住证“一证通”。锡林郭勒盟一些地方对经商、务工等有固定居住场所、稳定收入、居住期限为3年以上的“暂住人口”，发给“居住证”，有效期限为3年，在有效期限内只验证、不收费；对从事劳务、探亲访友等年满16周岁、居住期限为30日以上短期暂住人口，发给“暂住证”；对投亲、上学等未满16周岁人员及年满70周岁以上、居住期限为30日以下的不办理居住证和暂住证，实行登记管理。

五是以人带人。满洲里市通过在流动人口中建立党团和工会、妇联等群众组织，使之在内部推举领导者和带头人，自己管理自己。二连浩特市还鼓励以外来经商人员集中场所、经商人口来源地为单位建立商会组织，以商会实现行业自律、规范商业运作及畅通依法维权途径。同时，鼓励优秀党员在商会内成立党支部，以党员促进从业规范。

六是以法护人。认真做好法制宣传和法律服务工作，使他们能够及时有效地获得法律服务和法律援助，自觉遵纪守法。各盟市、旗县（市区）经常利用广播、电视、报刊等媒介，采取张贴标语、横幅、制作板报、出动宣传车等形式，宣传中央、自治区加强流动人口服务管理工作的大政方针和法律法规，增强流动人口、出租房主知法、守法和依法维权意识。

七是以情感人。热情关心流动人口的工作生活，为他们提供更多更好的医疗卫生、计划生育、子女教育、劳动用工、社会保险、安全生产、治安环境等基本公共服务，使他们切实感受到党和政府的温暖。自治区人口计生委、发改委、公安厅、民政厅、财政厅、卫生厅、工商局、人事和社会保障厅、扶贫办九部门密切配合，为流动人口计生家庭制定多项惠民政策。2010年，自治区人口计生委单独设立流动人口服务管理处，自治区民政厅单独设立社会事务处，专司流动人口服务管理工作。自治区妇联开展“流动妇女平安之家”活动，热情关注留守儿童等。呼和浩特市政府近年指定十多所学校供流动人口子女就近上学，享受与本地居民同等待遇，解决他们的后顾之忧。

八是以户稳人。改革户籍管理制度，调整户口迁移政策，允许符合条件的流动人口在经常居住地落户，从而稳住流动人口，融入当地社会。包头市、赤峰市、乌兰察布市各级公安机关积极稳妥地推进户籍管理制度改革，以具有合法固定住所为基本落户条件，允许符合条件的流动人口在经常居住地落户。对于农民工中的优秀共产党员、劳动模范、先进工作者及其他方面有突出贡献者，优先准予落户。根据《呼和浩特市户籍管理办法》，获得房屋所有权证就可落户青城。

九是以数辖人。通过建立包括流动人口数据库、出租房屋数据库、用工单位数据库在内的流动人口综合管理数据信息系统，不断提升流动人口管辖效能和服务水平。通辽市深入开展“平安送万家”、“百日百警入万户、履责为民保平安”活动，构建“中心城区—街道—社区”三层简易电子数据图库，使动态实有人口信息与静态房屋地址信息有机结合。鄂尔多斯市全力构建“大流管”工程，构织区、镇、村三级流动人口数据信息管理“互通网”，实现对流动人口的一体化服务、人性化引导、数据化管理和平台化集散。

十是以教强人。定期和不定期地对流动人口进行政治、经济、科技、文化和相关业务培训，开展一些时事和文化教育活动，增强流动人口的政治思想素质和业务工作能力。巴彦淖尔市组织力量深入流动人口相对集中的矿山企业、建筑工地，开展法制教育，举办宣传培训班，发放《致流动人口的一封信》、《暂住人口管理须知》等宣传材料，受教育人数4万多人。

十一是以酬安人。按照社会主义各尽所能，按劳分配的原则，及时兑现流动人口务工的基本工资和劳动报酬，使流动人口在流入地和务工地能够安心工作、安心生活。全区各级法律援助部门、新闻单位积极为农民工追索劳动报酬。呼和浩特市相关部门积极解决农民工欠薪问题，受到社会好评。

十二是以奖促人。本着物质奖励和精神鼓励相结合的方针，对为当地经济发展、社会稳定做出突出成绩的流动人口给予相应的表彰奖励，以激发他们更加勤奋工作。各级综治委流动人口服务管理工作领导小组坚持每年表彰外来务工人员，对有突出贡献者给予重奖。

内蒙古党委办公厅　政府办公厅关于加强社会建设、创新社会管理工作的指导意见

（2010年12月31日）

加强社会建设、创新社会管理，是党中央关于推进社会矛盾化解、社会管理创新、公正廉洁执法三项重点工作的核心内容，是构筑祖国北疆安全稳定屏障的源头性、根本性、基础性工作，对于建设平安内蒙古，推动自治区经济社会又好又快发展，具有十分重要的意义。

一、深刻认识加强社会建设、创新社会管理工作面临的新形势

近年来，内蒙古自治区综合经济实力大幅提升，城乡居民收入较快增长，人民生活总体上达到小康水平。但发展的不平衡、不协调、不可持续问题日益显现，地区之间、城乡之间以及部分社会成员之间的收入分配差距不断扩大，由此引发了大

量的社会矛盾。随着经济体制深刻变革，社会结构深刻变动，社会的开放性、流动性大大增强，对流动人口、“两新”组织和境外非政府组织的管理面临前所未有的新情况新问题。随着经济社会发展和民主法制进程加快，人民群众的民主意识、政治参与意识和维权意识明显增强，加之社会存在的贫富分化和消极腐败现象，一些人心理失衡，对社会的不满情绪潜滋暗长。随着信息技术的迅猛发展和广泛运用，网络虚拟社会与现实社会的联系越来越紧密，所产生的舆论影响力不断增强，各种社会矛盾交织凸显。内蒙古自治区地处祖国北部边疆，是首都北京的“护城河”，也是敌对势力“西化”、“分化”的重点地区和反分裂斗争的前沿，各种敌对势力对我进行颠覆分裂破坏活动日趋活跃，构筑祖国北疆安全稳定屏障任务艰巨繁重。这些都使得社会建设和社会管理面临着新的情况和问题，对加强社会建设、创新社会管理工作提出了新的更高要求。各级党委、政府一定要下更大的决心，采取更加有效的措施，切实加强社会建设，创新社会管理，妥善解决好各种社会矛盾，全力维护全区的社会和谐稳定。

二、加强社会建设、创新社会管理工作的基本原则

坚持党政主导。必须把加强社会建设、创新社会管理工作作为深入贯彻落实科学发展观的重要内容，作为执政为民的关键环节，作为构建社会主义和谐社会的战略举措，坚持党政主导，着力构建党委领导、政府负责、社会协同、公众参与的社会建设和社会管理新格局。

坚持以人为本。必须把维护人民群众利益、增强人民群众安全感作为加强社会建设、创新社会管理的出发点和落脚点，最大限度地消除社会不满情绪、减少社会对抗行为，让人民群众在有序的社会参与中感到快捷、便利、文明、和谐。

坚持服务优先。必须牢固树立管理就是服务的理念，更新管理理念，改变管理方式，着力在管理中体现服务，在服务中强化管理，倡导亲情化服务、人性化管理，通过加强对社会、企业、基层和群众的服务，推动社会建设和社会管理创新。

坚持统筹协调。必须综合运用各种管理手段和管理力量，统筹协调各部门齐抓共管、形成合力，不断提升社会管理服务水平和人民群众满意度。

坚持预防为主。必须把防范工作放在更加突出的位置，从思想、体制、手段、基层基础、制度等方面入手，创新社会管理工作，着力解决根源性、体制性问题，变消极预防为积极预防。

坚持依法管理。必须全面落实依法治国基本方略，更加注重运用法律手段加强和改进社会管理，在社会管理中高度重视依法决策，高度重视依法保障人民群众合法权益，推动形成依法管理社会事务的格局。

坚持群众路线。必须继承和发扬群众工作的优良传统，紧紧依靠群众，广泛发动群众，积极组织群众，坚定不移地走群众路线，为群众参与社会建设和社会管理提供良好平台。

三、加强社会建设、创新社会管理工作的重点任务

（一）抓好流动人口的服务管理

坚持公平对待、搞好服务、合理引导、完善管理的原则，抓好流动人口服务管理。突出重点场所和关键部位，加大对流动人口聚居区的综合整治力度，严厉打击流动人口中的违法犯罪活动。落实用工单位、经营业主、出租房主在流动人口管理工作中的责任，落实流入地和流出地双向责任。建立以社区为依托的流动人口服务和管理工作平台，把工作延伸到社区。，着力解决流动人口就业、居住、就医、子女就学等问题。按照中央要求，结合我区实际，积极探索“平等待人、以房管人、以业控人、以证找人”等流动人口服务管理新模式，提升流动人口服务管理水平。

（二）抓好特殊人群的服务管理

一是完善刑释解教人员安置帮教工作机制。全面提升教育改造质量，建立监所、劳教所、看守所与司法所和家庭、单位、社区的衔接机制，健全监所与服刑在教人员户籍地或居住地的帮教组织信息互动沟通机制，防止脱管漏管失控；推进过渡性安置实体等建设，对就业困难人员落实扶持政策和社会保障待遇。二是加强对重点青少年群体和高危人群的管控。对闲散青少年，由综治部门牵头，各有关部门配合，开展排查摸底，尽快解决其就学、职业培训等问题；对流浪乞讨青少年，开展救助保护、心理矫正和法制宣传等服务，打击拐骗、操控、教唆流浪乞讨青少年违法犯罪活动；对服刑在教人员的未成年子女，开展结对帮扶等活动，解决其家庭生活困难；对农村牧区留守儿童，畅通与老师、务工家长的沟通渠道，引导监护人用正确的方法管束和教育；对有危害社会倾向和行为的精神病人、违法犯罪的艾滋病患者、吸毒人员、"法轮功"人员等高危人群，完善相关政策措施，加强治疗、教育、管理，决不能漏管失控。三是推进社区矫正工作。健全完善接收、管理、考核、奖惩、解除矫正等工作制度和社区矫正评估体系；认真落实社区矫正帮教协议书制度，规范社区矫正工作；加强对社区服刑人员的教育矫正和监督管理，避免发生脱管、漏管。

（三）抓好社会治安重点地区和部位的综合治理

坚持"打、防、控"并举的方针，切实加强社会治安综合治理。以容易发生治安问题地区和容易发生公共安全事故行业为重点，加大社会治安排查力度，摸清重点区域、部位、场所底数，建立排查台账，实行动态管理。进一步加大破积案、打流窜、摧团伙、追逃犯、端窝点工作力度，依法严惩违法犯罪分子。深入开展"城中村"、城乡结合部、建设工地、出租房屋、地下娱乐场所治安整治工作，明确牵头部门及协作部门的职责、任务和工作要求。认真落实排查整治工作责任制，视情况对有关责任单位进行通报、警示、挂牌。

（四）抓好网络虚拟社会管理

坚持建设和管理并重，综合运用法律、行政、经济、技术等手段，明确电信运营企业、用户的法律责任，促进互联网业加强行业自律。健全完善网络安全管理体制及网上重大事件应急协调机制，强化信息沟通，整合各方力量，及时消除管理盲区。加强网络阵地建设，提高网络监测、预警、侦查、控制、处置能力，及时发现、封堵、删除有害信息，全力封堵境外有害信息，阻断有害信息的源头和传播渠道。严密防范和有效打击网上违法犯罪活动。加强网上舆情引导，健全灵敏高效的信息反应机制，不断提高对虚拟社会的管理水平。

（五）抓好社会组织的服务管理

完善各类社会组织管理制度，加强对各类社会组织的服务管理。对境内社会组织，建立完善分类管理制度。民政、工商、税务等部门对新经济组织和新社会组织要坚持依法管理，严格准入条件，健全注册、登记、年检、财务审计等日常管理机制。对境外非政府组织，特别是宗教和基金类等背景复杂、政治意图明显的非政府组织，坚持利用和防范两手并举，健全日常监管机制，做到依法、有效管理，坚决抵制和防范其渗透破坏活动。

（六）抓好公共安全管理

加强安全生产工作，落实安全生产责任制。加大煤炭采掘、交通运输、建筑、烟花爆竹等行业安全检查力度，排除安全隐患，确保不发生重特大安全事故。加强对枪支弹药、危爆物品、有毒有害物品的管理。落实各项公共安全管理措施，强化公共安全的预防和控制措施，针对可能引发社会动荡、危害公共安全的自然灾害、重大传染病疫情、环境污染事件以及重大突发性事件、暴力恐怖事件，要制定完善应急预案，建立健全处置工作机制。

四、全面落实加强社会建设、创新社会管理工作措施

（一）加强源头治理

一是建立社会管理风险评估机制。各地区各部门在出台涉及社会建设和社会管理的重大政策措施和重大改革项目前，要评估是否符合国家法律法规和有关规定，是否符合各方面利益群体的合法诉求。对社会管理工作中出现的问题，要评估是否存在引发群体性事件的风险，是否存在重大公共安全隐患，是否可能引发其他不安定因素等。要按照属地管理和"谁主管、谁负责"、"谁主办、谁负责"、"谁审批、谁负责"的原则，认真落实社会管理风险评估责任制。

二是着力解决弱势群众的民生问题。各级党委、政府要全面贯彻落实科学发展观，统筹发展各项社会事业，切实安排好弱势群体的工作、生产和生活，千方百计帮助他们解决劳动就业、社会保障、子女入学等方面存在的实际困难。政法部门要充分履行职能，依法打击侵犯弱势群体合法权益的犯罪活动。有关部门要积极推进关爱帮扶工程，深入开展"结对帮扶"、"送温暖"、"大走访"等亲民爱民活动。

三是深入开展法制宣传教育。要有重点、分步骤地开展普法教育，积极引导群众依法行使民主权利，依法表达合理诉求，防范极端事件的发生；认真组织开展法律进企业、进社区、进学校、进工地、进家庭等活动，不断扩大法制宣传教育覆盖面。

四是健全完善相关法规规章。积极推进户籍管理、房屋出租、暂住人口管理等方面的地方立法。进一步健全危险物品、交通安全和网吧、旅馆、洗浴、娱乐等行业的管理规范。

（二）加强基层基础工作

一是认真做好嘎查村的管理工作。加强嘎查村组织建设，选好配强嘎查村党政班子，增强凝聚力和战斗力。组建嘎查村专业社工和志愿者队伍，健全服务网络，构建服务体系。创新嘎查村警务模式，加强警务力量，科学布警、合理用警，提高防范控制能力。

二是加快苏木乡镇政府职能转变。苏木乡镇政府要进一步强化社会服务职能，切实履行公共管理和服务职责，积极化解社会矛盾、维护社会和谐稳定。

三是加强城镇街道、居委会（社区）建设。城镇基层组织建设要合理设置、重心下移，创新工作方式和管理模式，加强辖区内社会事务管理，为辖区内的居民提供及时、有效、便捷的服务。

四是发挥苏木乡镇（街道）综治工作中心作用。进一步整合基层自治组织资源，健全完善基层社会管理工作机制，推动形成矛盾纠纷联合调解、基层平安联合创建、社会治安联合防控、重点工作联勤联动、突出问题联合治理、流动人口联合管理服务工作格局。

（三）加强社会管理队伍建设

坚持从严治警方针，加大监督管理力度，严肃查处各类违法违纪行为，加强政法队伍建设，不断提高执法能力和水平。深入开展执法大培训，提高一线政法干警的执法能力。针对人民群众意见大的执法问题和容易发生执法偏差的案件，细化执法标准，强化执法管理，及时纠正执法不规范、刑讯逼供、裁判不公等问题。加强城市社区和农村牧区社会管理队伍建设，按照有关要求，建好社工、保安辅警、流动人口协管员等队伍，落实配备比例，确保社会管理工作在基层有人干、有人管。扎实开展岗位练兵和业务培训，畅通队伍管理的“进口”和“出口”，不断提升社会管理队伍整体素质。

（四）综合运用各种管理手段

一是运用信息化手段推动社会管理便捷化。大力整合交通、民航、金融、工商、教育、民政、社会保障等社会信息资源，加快形成全面覆盖、联通共享、功能齐全的社会管理综合信息平台，积极推进网上受理、网上审批、网上办公，进一步简化审批手续，努力为社会和公众提供方便快捷、优质高效的服务。大力推行人口信息社会化采集工程，在城市社区、农村牧区、企事业单位建立流动人口信息采集点，全方位做好人口信息采集工作。建立健全信息员队伍，全面拓展信息采集、报送覆盖面。加强社会管理大平台建设，把社区矫正对象、刑释解教人员、社会闲散青少年、精神病患者等各类特殊群体全部纳入管理平台，适时更新，动态管理。有效整合用工信息、计划生育管理信息、流浪乞讨人员信息、房屋租赁信息、农民工培训就业信息等网络资源，实现资源共享。

二是运用网格化手段推动社会管理精细化。建立和完善社区网格化责任体系，把社会管理工作触角延伸到社区。根据辖区面积、居住人口状况、出租屋间数、工厂商铺数、治安情况、地理环境及管理难易度等因素，按照权责明确、任务均衡、全面覆盖、便于管理的原则，将社区划分为若干责任网格，实行“一格多员”（管理员、协管员、督导员、警员等）责任捆绑管理模式，落实责任，实行奖惩。

三是运用科技化手段推动社会管理高效化。加快社会 治安电子防控工程建设，使电子监控系统广泛应用于治 安、城管、打击非法营运和物流监控等多个方面，加强动 态防控，震慑违法犯罪。大力推广视频作战技能，充分发 挥视频探头在打击违法犯罪活动中的综合效用。

五、切实加强对社会建设和管理创新工作的组织领导

加强社会建设、创新社会管理，是各级党委、政府的 重要工作职责。各地区各部门要切实加强组织领导，落实工作责任，强化工作措施，为加强社会建设、创新社会管理提供有力保障。

（一）落实领导责任。各级党委、政府要把加强社会建设、创新社会管理列入重要议程，作为社会治安综合治理考核及领导班子、领导干部任期考核的重要内容。各地区各部门特别是党政主要负责同志要认真履行第一责任人的职责，经常听取社会建设和管理工作汇报，深入分析形势，明确方向重点,及时协调解决工作中的困难和问题。各级推进社会管理创新工作领导小组要把加强社会建设和社会管理的目标任务逐一细化分解,加强组织协调,督促检查,推动工作落实。各有关部门要加强协作、密切配合,形成对社会管理齐抓共管的工作合力。

(二)以项目建设推动工作开展。各地区各部门要以制定"十二五"规划为契机,在深入研究论证的基础上,把需要重点推进的社会建设和社会管理项目纳入本地区本部门发展规划。重点围绕城市社区和农村牧区基层基础建设、社会稳定风险评估机制建设、"大调解"工作体系建设、社会治安重点地区整治改造、流动人口服务管理、安康医疗建设、"两新"组织服务管理、互联网建设管理等,确定一批项目,加大项目建设和推进力度。要把规划和项目进一步分解细化,明确目标责任,严格考核奖惩,确保项目建设任务落实到单位和责任人。

(三)加大对社会建设和管理的投入。各地区各部门要按照中央有关政策和全国社会治安综合治理工作会议的要求,将社会建设和社会管理创新的经费纳入财政预算,切实保障基层政法、综治、信访、民政、维稳等单位的工作经费,提高装备保障水平。

(四)开展综合试点工作。自治区将根据各地经济社会发展状况、综治工作基础和平安建设成效,确定全区社会建设和社会管理创新综合试点地区。各盟市、旗县(市区)和自治区有关部门也要结合本地区本部门的实际,确定综合试点地区和单位,认真总结试点经验,整体推进社会建设和社会管理创新工作。

(五)着力营造良好的舆论环境。各地区各部门要深刻认识媒体在社会管理创新中的积极作用,进一步转变思想观念,提高新形势下与媒体打交道的能力,善于通过媒体推动社会管理创新,及时正确引导舆论,切实把好新闻报道关,为创新社会管理、维护社会稳定营造良好的舆论氛围。

内蒙古党委办公厅　政府办公厅印发《关于进一步深化爱民固边战略的意见》的通知

(2010 年 6 月 30 日)

各盟市委,盟行政公署、市人民政府,自治区各部、委、办、厅、局和各人民团体:

《关于进一步深化爱民固边战略的意见》已经自治区党委、政府同意,现印发给你们,请结合实际,认真贯彻落实。

关于进一步深化爱民固边战略的意见

2006 年以来,自治区公安边防部门着眼维护边境地区长治久安,以建设草原 110 为抓手,组织实施了以大走访爱民实践、创建爱民固边模范村、边防民警兼任村官、关爱困难儿童、维护外来务工人员合法权益为主要内容的爱民固边战略，积累了丰富经验，取得了明显成绩，作出了积极贡献。当前，内蒙古自治区正处在改革开放和现代化建设的关键时期，社会和谐稳定的任务更加繁重。为加强边疆地区社会和谐稳定工作，结合实际，现就进一步深化爱民固边战略提出如下意见。

一、充分认识深化爱民固边战略的重要意义

深化爱民固边战略，是维护自治区长治久安的重要举措，是保障人民群众安居乐业的有效途径，是加强边境地区基层基础工作的重要内容。内蒙古自治区有4200多公里边境线和3 6万多平方公里边境管理区，这些地区大多自然条件较差，经济社会发展相对滞后，民生问题比较突出，矛盾纠纷和群体性事件呈多发态势。同时，作为边疆民族地区，内蒙古自治区历来是境内外敌对势力实施“西化”、“分化”的重点地区，边境地区往往成为前沿阵地。基层政权建设和基层组织建设有待于进一步加强，等等。深入开展爱民固边系列活动，不仅有利于社会矛盾的化解、维护边境地区稳定，而且有利于进一步强化基层基础工作。各级党委、政府和有关部门一定要从推动科学发展、促进社会和谐、巩固执政基础的高度，充分认识新形势下深化爱民固边战略的重要意义，切实将其作为加强社会治安综合治理的重要内容，强化领导、完善措施、狠抓落实，确保各项工作任务真正落到实处、取得实效。

二、扎实推进爱民固边“五项工程”

（一）推进综治维稳工程，维护边境地区和谐稳定。要从构建边境地区安全稳定屏障出发，进一步深化草原110建设，着力打造党、政、军、警、民、企等多方面力量共同参与的社会治安综合治理多主体联动体系。有效整合边境地区嘎查村综治力量和草原110警务室，建立收集信息、化解矛盾、维护稳定、服务群众、宣传党和国家政策法规的综合性工作站，并发挥其在社会治安综合治理方面的独特作用。积极建立党委政府主导、职能部门参与的矛盾纠纷“大排查”、“大调处”工作机制，重点做好劳资纠纷、草场纠纷、土地纠纷、企业改制、复转军人安置等边境地区易发多发矛盾纠纷的排查调处工作，及时把矛盾纠纷和治安隐患解决在萌芽状态、化解在基层。

（二）推进民心工程，最大限度地凝聚民心。要把爱民固边战略作为边境地区各级党委、政府执政为民的重要载体，每年确定解决一批群众关注、反映强烈的合理诉求，以主动回应人民群众的新期待、新要求。充分发挥各部门单位和社会方方面面的作用，积极做好对困难儿童、孤寡老人、残疾人、贫困户、下岗职工、外来务工人员等弱势群体的救助帮扶工作，坚持经常，形成制度，让广大人民群众从中充分感受到党和政府的温暖，感受到社会的关怀，努力营造促和谐、保稳定的浓厚氛围。

（三）推进固本强基工程，强化基层基础工作。要广泛推广创建爱民固边模范嘎查村和边防民警兼任村官的经验做法，进一步扩大创建覆盖面，在巩固爱民固边模范嘎查村创建成果的基础上，积极开展创建模范边境旗市和苏木乡镇活动，推动边境地区平安建设深入发展；结合边境地区实际，自觉地将边境地区基层党建工作与深入开展创先争优活动结合起来，研究制定边防民警兼任村官工作规范，扩大边防民警兼任村官工作覆盖面，加强和促进基层组织建设，更好地发挥边境地区基层党组织的战斗堡垒作用。

（四）推进民族团结进步工程，形成和谐稳定的民族关系。要积极开展民族团结进步宣传活动，大力推动党的民族政策法规教育进牧区、进社区、进学校、进企业、进毡房，强化民族团结进步意识。大力实施兴边富民行动，不断改善人民群众特别是少数民族群众生产生活条件，增强各族群众拥护党的领导、维护民族团结、热爱祖国、建设家乡的自觉性和坚定性。严厉打击危害民族团结的各类违法犯罪活动，坚决粉碎一切形式的颠覆破坏活动，巩固各民族共同团结奋斗、共同繁荣发展的局面。

（五）推进边防部门建设工程，切实发挥其应有作用。边防派出所是实施爱民固边战略、维护边境地区和谐稳定的重要力量。各级党委、政府和公安机关要从边疆长治久安的大局出发，认真落实国家和自治区关于加强边防派出所建设的有关政策，把边防派出所建设成为具有综合性职能的战斗集体。积极推行边防支队主要领导进边境盟市公安局领导班子、边防大队长兼任边境旗市公安局副局长、边防派出所主要领导进边境苏木乡镇领导班子制度（不占职数），建立健全与当地经济社会发展和维稳形势相适应的领导管理机制,更好地发挥公安边防部门的职能作用。

三、进一步健全爱民固边工作保障机制

(一)党委、政府统一领导。各级党委、政府要把深化爱民固边战略作为维护社会稳定、确保一方平安的政治责任,切实摆上重要议事日程,纳入本地经济社会发展规划,统一谋划实施。要积极协调相关部门,认真研究解决爱民固边战略实施过程中遇到的问题和困难,确保爱民固边战略在基层有人抓、有人管、有人落实。

(二)公安边防主抓推动。各级公安边防部门要充分发挥实施爱民固边战略的主体作用,健全完善工作制度,加强成员单位的协调联络,经常提出工作建议和意见,为领导小组决策提供参考依据。要谋划好爱民固边工作计划和目标,制定具体措施和实施步骤,搞好督促检查,加强分类指导,及时总结经验,大力推广典型。

(三)有关部门积极参与。深化爱民固边战略需要各方面的大力支持和积极配合,形成工作合力。各有关部门要根据各自的职能职责,认真落实爱民固边"五项工程"相关工作任务。党委组织部门要把边防民警兼任村官工作纳入边境堡垒工程进行规范,加强对边防民警村官的党务、村务知识培训,提高履职能力;党委宣传部门要加大对爱民固边战略的宣传力度,营造良好的舆论氛围和工作环境;综治部门要继续把爱民固边战略纳入平安建设和社会治安综合治理,加大检查考评力度;边防委要将爱民固边战略纳入自治区边防建设"十二五"规划,加强与有关职能部门的协调配合,形成边境管理、日常管控、处理敏感问题的合力,增强维护边境稳定的能力;发展和改革部门要积极立项解决边防部门基础设施建设问题;民族工作部门要加大对爱民固边模范村创建地的帮扶指导,兴边富民行动资金和项目要向创建地倾斜;公安部门要积极推进边境地区打防控一体化警务机制建设,建立统一指挥、反应灵敏、协调有序、运转高效的预警应急机制;民政部门要加大边境地区扶贫帮困工作力度,建立健全困难儿童和弱势群体救济制度,保障困难群众基本的生产生活;财政部门要认真落实自治区财政厅、公安厅、公安边防总队下发的《关于贯彻落实财政部、公安部关于加强公安边防派出所工作站公安业务费管理有关问题的通知》(内财预[2008]920号)和自治区财政厅、公安厅《关于将草原110建设有关经费纳入财政预算的通知》(内财预[2005]389号)要求,采取实际步骤,切实实现边防部门公安业务经费保障标准化;农牧业管理部门要把爱民固边战略作为社会主义新农村新牧区建设的一项重要内容,统筹规划,整体推进;教育、科技、文化、卫生、共青团、妇联等部门要发挥各自职能作用,认真开展文化教育、科技卫生下乡、志愿服务等活动,努力实现爱民固边战略的社会化。

内蒙古党委办公厅　政府办公厅转发《自治区社会治安综合治理委员会关于加强学校、幼儿园及周边安全工作的意见》的通知

(2010年5月7日)

各盟市委,盟行政公署、市人民政府,自治区各部、委、办、厅、局和各人民团体:

《自治区社会治安综合治理委员会关于加强学校、幼儿园及周边安全工作的意见》已经自治区党委、政府同意,现转发给你们,请结合实际认真贯彻落实。

自治区社会治安综合治理委员会关于加强学校、幼儿园及周边安全工作的意见

最近一个多月来，福建南平、广西北海、广东湛江、江苏泰州、山东潍坊等地接连发生了几起针对小学生、幼儿园儿童和老师的恶性案件，造成严重后果，给受害者家庭带来极大痛苦，严重破坏学校教育教学秩序，社会影响极其恶劣。对此，胡锦涛总书记、温家宝总理等中央领导同志多次作出重要指示，强调此类案件社会危害极大，必须高度重视，切实加强学校、幼儿园安全防范，严防类似案件再次发生。中央社会治安综合治理委员会近日召开会议，认真部署相关工作。根据自治区党委、政府的工作要求，为认真贯彻落实中央领导同志重要指示和有关文件、会议精神，切实加强我区学校、幼儿园及周边安全工作，现提出如下意见。

一、充分认识加强学校、幼儿园及周边安全工作的重要意义

维护社会稳定，加强社会管理，促进公共安全，是各级党委、政府的重要职责。学校、幼儿园安全管理是社会管理的重要组成部分。社会安全最重要的是人身安全，最让人牵挂揪心的是孩子安全。维护学校、幼儿园安全，是全社会的共同责任，需要各有关方面共同努力、齐抓共管，采取综合措施，做到远近结合、标本兼治。内蒙古自治区作为边疆少数民族地区，加强学校、幼儿园及周边安全工作，对于维护学校正常教育教学秩序，确保师生生命安全，促进民族团结、边疆稳定和社会和谐具有十分重要的意义。全区各地各部门一定要认真贯彻落实中央领导同志重要指示和中央有关文件、会议精神，充分认识加强学校、幼儿园安全的极端重要性和现实紧迫性，切实肩负起维护学校、幼儿园安全的政治责任，迅速采取有效措施，加强学校、幼儿园及周边安全工作。

二、深入排查化解社会矛盾和民间纠纷

及时排查化解矛盾纠纷是预防个人极端暴力事件，确保学校、幼儿园安全的前提。各地各部门要按照中央、自治区关于深入推进社会矛盾化解的部署和要求，组织广大干部深入基层特别是困难人群多、矛盾问题多、工作难度大的地方，同乡镇村组、街道社区、工矿企业、机关学校一起，深入开展矛盾纠纷大排查活动。在深入排查企业改制、征地拆迁、上学就医、环境保护、城市管理等领域群体性矛盾的同时，要高度重视排查因失业生活困难、家庭纠纷等引发的个体性矛盾，做到底数清、情况明。对排查出的各类矛盾纠纷，综治部门要及时汇总分析，报告党委和政府。各级党委和政府及有关部门要区分轻重缓急，着眼于解决问题，及时作出工作部署。要按照“属地管理、分级负责”和“谁主管、谁负责”的原则，依法按政策妥善化解，防止矛盾激化。对生活确有困难的要积极帮助解决，对有思想情绪的要注意教育疏导，对诉求合理合法的要尽快解决到位，对诉求不符合法律和政策规定的要耐心做好解释工作。与此同时，要更加重视以保障和改善民生为重点的社会建设，坚持科学民主依法决策，建立社会稳定风险评估机制，防止在决策审批等前端环节引发社会矛盾。

三、结合社会治安重点地区排查整治工作开展校园及周边治安秩序专项整治行动

2010 年 5 至 7 月份，各地要结合当前正在进行的社会治安重点地区排查整治工作，集中开展学校、幼儿园及周边安全整治专项行动。各盟市、旗县(市、区)要适时组织开展拉网式大排查，把本地区社会治安重点地区、重点部位、重点场所、重点人群真正排查出来，逐一落实整治、教育、疏导、稳控措施。要加强对学校周边的网吧、歌舞厅、游戏厅和出租房屋、中小旅店及无照经营的小摊小贩的清理整治力度，为校园及周边安全稳定营造良好社会环境。公安等部门要加强对出租房屋、中小旅店、公共娱乐服务场所以及地下通道、施工工地等复杂部位的排查整治力度，及时消除各类治安隐患，严防发生各类案件、事件。要严格排查管控高危人员。深入到社区、村组、家庭、出

租房屋，及时准确掌握社情民意，真正把各种高危人员都纳入视线之内，坚决消除盲点。要切实把刑释解教人员、长期违法缠访闹访人员、容易肇事肇祸的精神病人、吸毒人员、“法轮功”人员、情绪和行为偏执人员、对社会极端不满人员等逐一排查清楚，建立分类管理机制，并实行动态管理。公安、民政、卫生等部门和基层单位要切实负起责任，该救助的救助，该疏导的疏导，该治疗的治疗，该稳控的稳控，该依法处理的依法处理，决不能漏管失控，决不能任其滋事。各级党组织和工会、共青团、妇联等群众组织要发挥思想政治工作优势，有针对性地做好思想教育工作。

各级综治委成员单位和相关部门要按照党委、政府和综治委的要求，各司其职，协同配合，形成对学校、幼儿园及周边安全工作的整治合力。公安机关要加强对学校、幼儿园及周边的治安巡逻，特别是在学生上学、放学和幼儿到园、离园等重点时段和周边治安情况复杂的重点部位，增加巡逻力量，加大巡逻力度，有条件的地方可以实行校车制度；要落实派出所的属地责任，在周边治安情况复杂、问题较多的学校、幼儿园，设立专门的警务室或治安岗亭，及时处置发生的各种治安问题。要依法从重从快打击侵害学前儿童和师生安全的违法犯罪活动，对发生的案件，公安机关要加大办案力度，做到快侦快破；检察院、法院要提前介入，做到依法快捕、快诉、快审、快判，震慑犯罪、安定人心。教育行政部门要加强对学校和幼儿园内部管理工作的组织协调、监督检查，及时发现问题、通报情况、督促整改，并帮助解决安全管理工作中的实际困难。相关行业主管部门要切实负起组织领导、督促检查指导责任，该设岗配人的要配人，该配备装备的要配备，并给予必要的财力保障，确保有人管事、有钱办事，真正使安全防范工作得到落实和加强。

四、加强学校、幼儿园内部安全管理

学校、幼儿园要牢固树立“安全第一、预防为主”的理念，切实加强安全管理工作。各学校、幼儿园都要制定突发事件应急预案，确保一旦出现紧急情况能迅速有效处置。要严格落实校长、园长安全管理责任，建立健全门卫、值班、巡逻、安全检查等各项安全管理制度。要充实学校、幼儿园安全保卫力量，加强教育培训管理，提高保卫人员的素质和能力。要加强技防建设，尽可能创造条件安装视频监控、周界报警系统等，提高技术防范水平。特别是要严格门卫查验和内部巡查，坚决防止社会闲散人员及不法分子进入学校、幼儿园制造事端。要加强安全教育培训，推进安全防范知识进课堂，组织应急演练，增强师生的安全防范意识和自我保护能力，提高教职工保护学生、幼儿园儿童安全的水平。

五、强化基层基础建设

加强学校、幼儿园及周边安全工作，旗县（市、区）、苏木乡镇（街道）、嘎查村（社区）和各类基层单位是重点、是关键。要针对基层基础建设中存在的薄弱环节，加强基层党政组织建设特别是学校领导班子建设、公安机关社区警务建设、群防群治队伍建设和学校、幼儿园及周边治安防控体系建设，形成源头预防治理有效、内部安全管理有力、外围治安防控严密的工作格局，切实把学校、幼儿园安金工作基层夯实、基础打牢，从根本上维护学校、幼儿园的长治久安。工会、共青团、妇联等群众组织要充分发挥自身优势，积极参加维护学校、幼儿园安全工作。各基层部门和单位都要通过扎实有效的工作，为学校、幼儿园营造平安和谐的社会环境，让孩子们舒心，让家长和全社会放心。

六、正确引导社会舆论

按照中央要求，一旦发生校团个人极端暴力事件，宣传部门要及时与政法部门沟通，既要指导案发地及时准确发布权威信息，主动引导舆论，又要加强对新闻媒体的管理，特别是时涉及学校、幼儿园的恶性案件，不滚动报道、不深度报道、不报道作案过程、不渲染炒作，防止产生诱发效应，防止造成社会恐慌。要切实加强对互联网、手机短信的监管，及时发现封堵删除有害信息，对恶意炒作、造谣生事、借机煽动攻击党和政府的，要落地查人，依法严肃处理。新闻媒体要注意疏导社会情绪，正确引导社会各界，全体社会成员、每个家庭都要肩负起维护社会稳定、维护学生儿童安全的责任。对境外发生的个人极端事件、社会骚乱事件、暴力恐怖事件，新闻报道也要注意掌握分寸、适度适量，防止渲染过度，在境内产生负面影响。

七、切实加强组织领导和落实责任

各级党委、政府要认真贯彻落实科学发展观，正确处理改革发展稳定的关系，把维护学校、幼儿园安全作为一项重大的政治任务，切实承担起第一责任。党政一把手要负总责、亲自抓，分管领导要具体抓、深入抓，认真梳理分析本地区影响学校、幼儿园安全与社会和谐稳定的突出问题。各地各部门要把维护学校、幼儿园安全的责任落实到领导，落实到部门，落实到学校、幼儿园，落实到岗位，落实到人头，以每一环节、岗位、细节的安全，确保学校、幼儿园及周边的安全。对于工作不重视、组织不得力、保障不到位，导致发生学校、幼儿园重大恶性案件和安全事故的，要追究相关领导的责任；对于学校、幼儿园内部安全管理责任不落实、措施不到位的，要追究校长、园长和当地教育行政部门的责任；对于学校、幼儿园周边治安秩序长期混乱、刑事治安案件频发的，要追究辖区民警、派出所所长和公安分（县）局领导的责任。各地各有关部门要建立经常性的监督检查机制，组织人员深入基层，深入学校、幼儿园，明查暗访，督促指导。要及时发现问题、堵塞漏洞、改进工作，总结经验，推广典型。要坚持把学校、幼儿园及周边安全工作纳入社会治安综合治理和平安建设考评内容，严格落实综治各项措施，深入开展平安校园创建活动。

内蒙古社会治安综合治理委员会印发《关于扎实推进平安内蒙古建设的职责分工意见》的通知

（2010年7月23日）

各盟市、旗县（市区）社会治安综合治理委员会，自治区社会治安综合治理委员会各成员单位，自治区维稳办、信访局、安监局：

现将《关于扎实推进平安内蒙古建设的职责分工意见》印发给你们，请结合实际认真贯彻落实。

关于扎实推进平安内蒙古建设的职责分工意见

为深入贯彻落实《内蒙古党委、政府关于扎实推进平安内蒙古建设的意见》（内党发［2009］14号），切实抓好目标任务的分解和各项措施的落实，为自治区经济社会又好又快发展、夺取全面建设小康社会的新胜利创造良好社会环境，现就扎实推进平安内蒙古建设提出以下职责分工意见。

一、积极预防、认真排查、有效化解社会矛盾

（一）建立社会稳定风险评估机制（主要负责部门：各级党委、政府办公部门，维稳办、综治办）

各级党委、政府要以企业改制、征地拆迁、涉农涉牧、教育医疗、涉法涉诉、安全生产、食品药品安全等容易引发社会矛盾的领域为重点，建立重大社会决策、重大工程项目社会稳定风险评估机制。

各级发改、交通、建设、国土资源、环保、教育、卫生、人事和劳动保障、民政、安监等有关职能部门在向党委、政府申报重大社会决策事项和重大工程项目时，必须同时附社会稳定风险评估报告。

各级维稳办、综治办要会同有关部门研究制定《关于建立重大事项社会稳定风险评估机制的指导意见》，将社会稳定风险评估工作纳入维护社会稳定和社会治安综合治理考评体系。党委、政府办公部门对有关方面上报重大社会决策和重大工程项目审批事项，未报送社会稳定风险评估报告的，不得提交党委常委会和政府常务会议研究审议。

（二）深入开展社会矛盾纠纷排查化解工作（主要负责部门：各级维稳办、综治办、信访局、法院、司法行政部门）

各级维稳办、综治办要坚持条块结合、以块为主的原则，深入开展社会矛盾纠纷排查化解工作。要把地区、系统、单位排查有机结合起来，加强对重点区域、重点群体、重点单位的排查，扩大排查覆盖面，不留盲点和死角。对排查出的矛盾纠纷和问题隐患，要逐一登记建档，归类梳理，逐件落实到责任单位和责任人。对重大复杂、疑难问题，要实行领导包案、挂牌督办，协调有关部门集中力量调处解决。要充分利用调解手段化解矛盾纠纷，同时要坚持依法按政策办事。充分利用综治工作中心（站）这个平台，进一步整合基层综治、维稳、调解、信访等方面的工作力量和社会资源，健全工作制度和工作程序，构建人民调解、司法调解、行政调解协调配合、联调联动的大调解工作格局。

各级司法行政部门要着力抓好苏木乡镇（街道）、嘎查村（居）调委会建设；推进人民调解员培训工作；加强与基层人民法院的协调联系，依法规范人民调解工作，搞好人民调解与民事诉讼的衔接；建立健全人民调解工作机制，对社会矛盾纠纷做到早发现、早调处、早解决。

各级人民法院要进一步加强对人民调解指导工作，突出抓好诉讼调解，努力提高诉讼调解率。建立完善各项工作制度，切实做好与人民调解、行政调解的有效衔接，加强诉讼调解工作的业务培训，把做好人民调解指导工作和诉讼调解工作作为人民法院工作考评内容之一。

各级信访部门要把信访隐患问题作为矛盾纠纷排查化解工作的重要内容，加大“事要解决”的力度，抓好指导协调和督促检查，依法维护群众合法权益。加强宣传教育，引导上访人员以理性方式反映利益诉求、依法解决矛盾纠纷。

二、深入开展“严打”斗争和治安整治行动

（一）严密防范和严厉打击敌对势力的渗透破坏活动（主要负责部门：各级安全、公安、防范部门）

安全部门要定期组织研判国家安全面临的形势，准确把握敌社情动态，严密防范和坚决打击各种敌对势力和敌对分子利用民族和宗教问题、人民内部矛盾、非政府组织、互联网等进行的渗透、破坏和颠覆活动。进一步加强侦察、调查工作，积极配合地方政府开展对各种不稳定因素的排查和处置工作，防止各种敌对势力借党和国家重大活动、党委政府换届、基层选举以及一些群众关心的社会热点、敏感问题制造事端，对可能发生的各种突发群体性事件做好配合处置工作。进一步加强国家安全机关和人民防线力量建设，构筑首都“护城河”和祖国北疆安全稳定屏障。

公安部门要针对境内外敌对势力的渗透破坏活动，切实加强情报信息搜集工作，严密防范境内外敌对势力插手基层选举和组织建设，插手“维权”活动，插手群体性事件。深入开展同“法轮功”等邪教组织的斗争，加强对邪教重点人的控制工作。对有涉恐嫌疑的“三股势力”人员、敌对分子、其他对社会不满的极端分子和境外恐怖组织成员及恐怖分子潜藏、融资、招募、发展组织成员等情况，加强调查，摸清底数，实施布控，坚决防止暴力恐怖事件的发生。

各级防范和处理邪教问题领导小组办公室要组织协调有关部门依法严厉打击“法轮功”等邪教组织的各种违法犯罪活动；有效处置其他邪教和有害气功组织问题；深入开展反邪教警示教育活动；坚定不移地开展教育转化工作；以苏木乡镇（街道）和嘎查村（社区）为重点，有效挤压“法轮功”等各种邪教和有害气功组织的生存空间。

（二）严厉打击各种严重刑事犯罪活动（主要负责部门：各级法院、检察院和公安部门）

各级党委、政府要把打黑除恶专项斗争纳入重要议事日程，落实领导和部门责任制，全力支持政法机关打击黑恶势力犯罪活动。各级综治委要发动社会各界和人民群众积极参与、大力支持，对重大案件挂牌督办，对打黑除恶工作不力的进行问责,对打黑先进集体和有功群众表彰奖励。

各级公安机关要结合实际,有针对性地组织开展严打斗争。依法严厉打击放火、爆炸、投毒、非法制贩爆炸物品、破坏交通通信电力设施等严重危害公共安全的犯罪,严厉打击故意杀人、故意伤害、绑架勒索、强奸等严重侵犯公民人身权利的犯罪,严厉打击抢劫、抢夺、盗窃、诈骗等多发性侵财犯罪,严厉打击生产销售伪劣产品、非法传销、非法集资等严重经济犯罪,严厉打击制贩毒品、聚众赌博以及组织、强迫、引诱、容留、介绍卖淫等严重腐化社会环境的犯罪。

各级法院、检察院要认真贯彻宽严相济的刑事司法政策,对严重刑事犯罪的首要分子、主犯、累犯依法从重惩处。对初犯、偶犯、未成年犯、老年犯中一些罪行轻微的人员,依法减少判刑、扩大非罪处理。非判刑不可的,依法减少监禁刑、扩大适用非监禁刑和缓刑,多做教育、感化、挽救工作。

(三)认真组织开展治安乱点和安全隐患排查整治行动(主要负责部门:各级综治、公安和工商部门)

各级综治委(办)要以苏木乡镇(街道)为单位,以公安机关为主力,认真组织开展排查整治治安乱点、突出治安问题和安全隐患行动。要对"法轮功"等邪教人员、社区矫正人员、吸毒人员、刑释解教人员和社区闲散青少年、流动人口中的高危人员等重点人员集中进行排查摸底,逐一落实教育和防范措施。要加强对领导机关、涉外机构、金融单位、电视台等重要敏感部位的排查,对宾馆、饭店、洗浴中心、夜总会、歌舞厅特别是出租房屋的清查,及时发现和排除治安隐患。要加强对交通运输、消防和卫生、食品药品等重点行业和领域的排查。对排查出的混乱地区和突出治安问题,全部登记造册,并按问题的性质和管辖权限,逐一落实牵头部门、责任单位和责任人,限期整改。对经反复整治效果不明显的,要组织强有力的工作组进驻乱点,蹲点整治。对长期解决不了的突出治安问题,党政领导和有关部门负责同志要亲自动手,包点督办。公安部门要积极配合有关部门,加大对盗窃、破坏油气田及输油气管道和铁路、交通、通信设施等违法犯罪活动的打击力度,有针对性地组织开展区域性的专项整治行动。

工商行政管理部门要加大对各类市场的监管力度,开展专项执法检查活动,严厉打击制售假冒伪劣商品和无证照生产经营的行为;严厉打击传销活动,广泛宣传打击传销活动的法律法规知识,增强广大群众识别传销、抵制传销的意识。严厉取缔黑网吧,对城乡社区校园周边、城乡结合部和农村地区的黑网吧,坚持露头就打,坚决取缔;配合有关部门加强对小歌厅、小发廊、出租屋等经营场所的监管,做好"扫黄打非"、禁毒、禁赌、反假币、反走私等工作,严厉查处非法销售、安装、使用卫星地面接收设施等行为;加强集市、庙会、商业网点、旅游景点、职业中介的监管,严厉打击强买强卖、欺行霸市、欺骗坑害农牧民的违法行为。

三、进一步加强首都"护城河"工程建设

(一)构筑环京"护城河"治安网络工程(主要负责部门:环京"护城河"的盟市党委、政府,公安、发改、财政、铁路、交通部门)

环京"护城河"盟市的党委、政府要以维护国家安全为己任,大力构筑祖国北疆安全稳定屏障,配合自治区实施好"护城河"治安网络工程。公安、发改、财政、交通、铁路等部门,要以进京铁路、公路为依托,以沿线车站、道路为基础,统筹规划布局治安防控网点,形成环京内网、中网、外网防控格局。环京内网各堵卡点要建立专门的治安检查站,配备专职巡逻民警巡查。环京中网、外网要结合本地防控体系,协调铁路、交通等部门,在车站、收费站、道班设立治安检查室,配备专兼职人员负责治安巡查。

(二)加强治安防控和信访劝返工作(主要负责部门:公安、信访部门)

公安机关要采取有效措施,切实加强进京车辆、人员的治安检查,严密防范和控制治安列管人员和非访重点人员进京滋事,严查严控非法携带、运输治安管制物品,重点检查无证车辆和无合法公民证件人员。环京一线治安检查站民警要24小时值班备勤,遇有重大节庆日和敏感期要及时启动环京二线、三线治安检查和信访劝返工作。各有关部门和重点盟市要在京设立信访工作组。

(三)加强边境地区治安管理(主要负责部门:综治、边防部门)

各级综治办要会同边防部门加强"草原110"建设,建立和完善"草原110"治安管理体制和机制,加大人、财、物保障力度,充分发挥军警民治安联防、联管、联控作用，严密防范敌对分子闯关入境和对边境地区的渗透破坏活动。加强对边境地区的巡查防控和对牧区流动人口的管理，加大对偷渡、走私、贩毒活动的打击力度，防范和打击盗抢牲畜、破坏草原生态、盗采矿产资源等违法犯罪活动。

四、切实做好公共安全防范和管理工作（主要负责部门：安监、质检、公安部门）

安全生产监督管理部门要对矿山、危险化学品、烟花爆竹、建筑施工和民爆器材等高危行业和领域加强安全生产监督管理，定期开展隐患排查整治。在高危行业推行安全生产风险抵押、作业场所定员管理等制度，积极为企业提供安全法律和政策咨询、技术指导、隐患整改、宣教培训、信息等方面的服务，指导企业建立重大危险源、重大事故隐患档案和应急预案，实施跟踪监督和动态监管。

质量监督检疫部门要会同相关部门，加强对液化气瓶、大型游乐设施和有关企业特种设备的安全监察，尽力减少或避免特种设备安全事故隐患。进一步完善特种设备安全监察动态监管体系，深入开展农村液化气瓶安全监察和乡镇企业特种设备安全监察专项整治工作。

公安部门要切实加强道路交通和消防管理，预防和减少重特大交通事故和火灾事故的发生。加强枪支弹药、爆炸物品、剧毒危险品和放射性物品治安管理，消除安全隐患。加强特种行业管理，加大对网吧、娱乐场所的整治和管理力度，落实管区治安民警的责任，坚决查处色情等非法网络，封堵有害信息，提高信息安全防护水平。

五、深化社会治安防控体系建设（主要负责部门：各级综治、公安、发改、建设部门）

各盟市要以旗县（市区）为单位，把社会治安防控体系建设纳入经济社会发展规划，下大力气解决好防控布点、防控力量、防控措施、经费投入等问题，着力构建点线面结合，人防、物防、技防措施落实的社会治安防控体系，最大限度挤压犯罪空间，提高社会整体防控效能。

综治部门要积极引导推进社会治安防控体系社会化建设，规范和加强保安服务公司、物业管理公司、治安联防队、综治特派员、综治专职社工、治安楼栋长、综治协管员、治安中心户长、家庭治安联系人、平安建设志愿者等多种形式的群防群治队伍，积极稳妥地推进治安保险、治安风险抵押、平安协会等社会化、市场化群防群治新模式，动员基层群众和社会力量积极参与社会治安综合治理。

公安部门要切实加强对单位保卫机构、治保会、保安公司等群防群治力量的业务指导。大力推广普及铁门、铁窗、铁柜、报警器等经济适用、防范效果好的物防设施。在集贸市场、商业网点等重点地区和部位以及存放枪支弹药、爆炸危险物品、剧毒、放射等物品的单位，指导、推广应用相关技防设施。加快电子报警和视频监控建设，不断扩大技术防范的覆盖面。

发改、建设部门要把技术防范措施纳入城乡建设规划和公共建设项目，加大社会治安防控体系信息化投入力度，加强对物业公司的规范管理，加强对市政公用设施的监督管理，提高城市综合防控能力。

六、加强社会服务和管理

（一）做好流动人口服务和管理工作（主要负责部门：流动人口服务管理工作领导小组及各成员单位）

各级流动人口服务管理工作领导小组及成员单位要结合各自职能，按照公平对待、搞好服务、合理引导、完善管理的方针，把流动人口服务管理纳入经济社会发展规划。要结合城镇化建设，积极稳妥地推进户籍管理改革，放宽中小城市落户条件，着力解决流动人口管理、居住、就医、子女就学等困难，积极落实平等待人、以房管人、以业控人、以证找人、以人带人、以法护人、以情感人、以户稳人、以数辖人、以教强人、以酬安人、以奖促人等措施和办法，不断提升流动人口服务管理水平。

各地计生、公安、司法、劳动、民政等相关职能部门要把流动人口纳入市民服务管理体系，寓管理于服务之中，积极开展就业指导、技能培训、计划生育、市容卫生、治安防范等方面的教育，不断提高他们的职业技能和综合素质。公安部门要按照“谁出租、谁负责”的原则，全面落实出租房屋备案和治安责任保证书制度。加强对出租房屋的治安检查，着力解决出租房屋漏管失控、藏污纳垢、重大安全隐患等突出问题，提高对出租房屋中制毒贩毒、制假贩假、窝赃分赃、卖淫嫖娼、设赌传销等各类违法犯罪活动的发现、打击和控制能力。会同工商、房管等有关部门，将房屋中介机构纳入管理范围，规范中介行为，落实经营人员治安责任。会同文化、劳动保障等有关部门，加强对建筑工地、废品收购站点、劳务市场、公共娱乐场所等流动人口容易聚集的场所、部位的日常检查，严肃查处违法经营行为，规范经营活动。适时组织开展对城乡结合部治安秩序混乱、违章建筑问题突出的流动人口聚居区的综合整治工作，减少治安隐患，维护社会秩序。

（二）做好刑释解教人员的安置帮教和社区矫正人员的教育管理工作（主要负责部门：刑释解教人员安置帮教工作领导小组及各成员单位）

加强对刑释解教人员的安置帮教工作。各级党委政府要认真落实《关于进一步加强刑满释放解除劳动教养人员安置帮教工作的若干意见》，把安置帮教工作纳入社会治安综合治理领导责任制内容，落实工作经费，创办安置基地，加强基础工作，加大舆论宣传力度。各监所要建立服刑在教人员基本信息沟通机制，建立健全监所教育改造质量评估体系，充分发挥社会、家庭帮教作用，促进教育改造工作。加强服刑在教人员的职业技能培训，做好出监所前安置帮教政策的宣传教育和与服刑在教人员原住地司法行政部门的衔接工作。司法所要设立安置帮教工作站，对辖区所有刑释解教人员分类落实帮扶措施，严格执行重点人员必接必控制度，实行“一助一”、“多助一”帮教责任制。对刑满释放的“危安犯”、没有改造好的“顽危犯”、“法轮功”刑释解教人员以及“三假”、“三无”人员要逐一与嘎查村（居）委会及家属签订责任书，落实监管措施。公安派出所对落户难的刑释解教人员，要建立过渡性的集体户口。在重要节点期对高危对象制定特别管控方案，落实责任人。司法、劳动、民政、工商、税务、教育、共青团等部门要着力解决好刑释解教人员的就业、就医、就学和生活问题，建立过渡性安置基地，落实社会保险政策。积极引导企业单位参与安置帮教工作，对吸纳刑释解教人员的企业给予补贴。大力发展志愿者队伍，组织志愿者参与帮教活动。

加强对社区矫正人员的教育管理。各级党委、政府要成立以综治委牵头，司法行政部门具体组织实施，法院、检察院、公安、民政、劳动等有关部门参加的社区矫正工作领导小组。建立健全部门分工负责、密切配合的良性工作机制。各级司法行政机关与各级公安机关要建立定期沟通制度，互通矫正工作信息。各级法院要确保社区矫正对象法律文书传递和移交及时流畅。民政部门要及时为符合条件的矫正对象落实低保、救济政策。劳动保障部门要适时为矫正对象提供就业技术帮助。财政部门要将社区矫正工作经费纳入预算。各苏木乡镇（街道）要建立相应的社区矫正工作机构，配齐配强工作人员，规范社区矫正工作。要根据矫正对象接受矫正时间、现实表现和重新犯罪可能大小的不同，分别实行重点留管、正常留管、宽松留管，提高教育矫正的针对性。要主动与相关职能部门联系，为符合条件的矫正对象落实承包田、低保、救助等政策，解决其就业、生活等困难。要坚持开展社会公益劳动，增强矫正对象的公德意识和社会责任感。要加强考核评价，适时调整矫正等级和内容、方式，做到以人为本、科学管理。

（三）做好青少年教育管理工作（主要负责部门：预防青少年违法犯罪工作领导小组及各成员单位）

各级党委、政府要高度重视青少年违法犯罪工作，加强组织领导，落实政策措施，解决预防工作中存在的重要问题。要在思想道德教育和法制宣传、净化社会文化环境、完善未成年人司法体系、预防阵地建设、重点群体救助、经费保障等方面予以大力支持和保障。各级综治委预防青少年违法犯罪工作领导小组及各成员单位，要制定目标、分解责任、建立信息机制，推动各项措施的落实。

各级教育行政部门要切实加强各类学校的法制教育工作，把法制教育、道德教育、安全教育和预防犯罪教育纳入课程计划，开展多种形式的法制教育实践活动。要认真做好对有不良行为学生的教育、转化工作，严禁义务教育阶段开除学生，严格控制中小学生流失。充分发挥学校预防青少年违法犯罪的重要作用。把预防在校生违法犯罪工作纳入学校综合评定重要指标，把对不良行为学生的教育、转化工作作为考核学校和教师工作业绩的重要指标。

对长期流浪社会的少年儿童、社会闲散青少

年、服刑在教人员的未成年人子女、离异和单亲的未成年人子女等特殊群体，综治基层组织要协调有关部门和社会力量，以"一帮一"或"多帮一"的形式，逐一落实帮教措施。民政部门要进一步加大对流浪儿童的救助、安置，防止少年儿童流落社会违法犯罪。劳动保障部门要落实相关政策优惠，加大对社会闲散青少年的职业技能培训。司法行政部门要加强对服刑在教人员未成年人子女的关爱和帮助。工会、共青团、妇联要对离异和单亲未成年人子女落实教育帮教措施。政法、文化、工商、电信、新闻出版等部门要为青少年健康成长创造良好社会环境。

七、大力推进社会治安综合治理基层组织建设（主要负责部门：各级综治、组织、编制部门）

各地要严格落实中央综治委、中央编制办《关于加强乡镇、街道社会治安综合治理基层组织建设的若干意见》（综治委[2003]20号）精神，切实加强苏木乡镇、街道综治委、办建设。尤其要配齐配强综治办专职主任、专职干部和相应工作人员，确保这项工作有人抓、有人管、有成效。合理调整充实苏木乡镇（街道）综治委成员单位，吸纳辖区内重要企事业单位、学校、驻军部队等参加综治委工作。

苏木乡镇（街道）综治办牵头，整合公安、司法行政、民政、社会保障、信访、人民法院等基层维护社会治安和社会稳定的资源和力量，建立综治工作中心。通过各有关部门集中办公，落实工作例会、首问责任、情况报告、分流督办、检查考核等工作制度，实现社会治安联合防控、矛盾纠纷联合调解、重点工作联勤联动、突出问题联合治理、基层平安联合创建。嘎查村（社区）党支部和嘎查村（居）委会要整合驻村警务室、治保会、调委会、治安巡防队等资源和力量，建立综治工作站（室），开展矛盾纠纷排查调处、治安防范、流动人口服务管理、刑释解教人员安置帮教、法制宣传教育、禁毒等工作。

加强苏木乡镇（街道）公安派出所、人民法庭、司法所等基层政法组织和嘎查村（居）委会、治保会、调委会等基层群众组织建设，切实加强单位、企业内部的治安防范和安全管理工作。按照属地管理和"谁主管、谁负责"的原则，加强民营企业和新经济组织、新社会组织（简称"两新组织"）社会治安综合治理工作力量建设，建立企业治安法人代表责任制，推动规模民营企业、"两新组织"设立内部治安防范管理机构，在规模较小的民营企业和"两新组织"设立综合治理联络员，进一步扩大社会治安综合治理工作覆盖面。

八、强化平安内蒙古建设的组织领导、责任落实、舆论宣传和经费保障（主要负责部门：各级党委、政府办公部门。组织、财政、宣传、综治部门）

各级党委、政府和各职能部门要从构建社会主义和谐社会的大局出发，切实加强对平安内蒙古建设的组织领导。各地区各部门各单位主要领导是社会治安综合治理和平安内蒙古建设的第一责任人，要亲自研究部署平安建设中的重要事项，亲自协调解决存在的困难和问题，切实担负起第一责任。

各级党委组织部门要把抓好社会治安综合治理和推进平安建设的实绩作为地方党政领导班子和领导干部年度考核的重要内容，并将考核结果作为干部选拔任用、晋职晋级、管理监督和奖励惩处的重要依据。各级综治部门要密切配合党委组织部门，认真落实有关文件精神，建立社会治安综合治理工作实绩档案。进一步完善和用好警示、诫勉谈话、黄牌警告、一票否决等具体办法和程序，严格责任追究。

各级财政部门要按照自治区的做法，将社会治安综合治理和平安建设经费纳入同级财政预算并逐年有所增加。对苏木乡镇（街道）和嘎查村（社区）的社会治安综合治理和平安建设经费，要给予适当补助。通过财政拨款、企事业单位出资和社会各界捐助等办法，多渠道、多途径解决群防群治资金。

各级宣传部门和新闻媒体要按照"形式多样，内容丰富，特点鲜明、生动活泼，效果显著"的原则，加大宣传力度，为平安内蒙古建设营造良好舆论氛围。

各级综治委（办）要充分发挥职能作用，加强对社会治安综合治理和平安建设工作的协调指导和督促检查，及时掌握情况，发现解决问题，总结推广经验，表彰奖励先进。

内蒙古自治区综治委、办机构情况和负责人名单

一、综治委

主　任:巴特尔　自治区党委副书记、自治区主席

副主任:邢　云　自治区党委常委、政法委书记

乌　兰　自治区党委常委、宣传部部长

柳　秀　自治区人大常委会副主任

连　辑　自治区副主席

王长聚　自治区政协副主席

二、综治办

内蒙古自治区综治办定编12人,其中,主任1名,由政法委副书记兼任(正厅级),副厅级专职副主任1名,内设盟市指导处和综合协调处。目前,现有干部7名,副厅级专职副主任1名,正处长2名,副处长1名,正处级干部2名,副处级干部1名。

综治办主任:陶　建　自治区党委政法委副书记

综治办副主任:刘国君　副厅级

综治办下设盟市指导处、综合协调处

内蒙古自治区各盟市、旗县(市、区)综治委、办主任名单

地　区	综治委主任	综治办主任
呼和浩特市	王　波	张鹏飞
新城区	刘　惠	柳雅林
赛罕区	康存耀	高艳霞
回民区	白　云	郑　英
玉泉区	田忠宝	李俊国
土左旗	王恒俊	孙　健
和林格尔县	刘文玉	王茂盛
武川县	王雪峰	张　河
清水河县	李　宏	刘　攀
托克托县	孙建国	董　享
包头市	呼尔查	董秉惠
昆都仑区	张玉伦	孟宪敏
达茂旗	哈　斯	查干朝鲁
九原区	雪　松	巨星慧
东河区	贺海钧	方　正
青山区	张建中	杨应运
土右旗	王　章	赵国华
固阳县	杨泽繁	苏海斌
石拐区	赵　君	申　倩
白云鄂博矿区	张　轩	樊　禄
呼伦贝尔市	罗志虎	罗吉舫
海拉尔区	张天喜	高伟民
满洲里市	杜学军	刘凤英
扎兰屯市	吕建伟	黄玉群
新巴尔虎左旗	潘金生	葛忠臣
阿荣旗	高　升	王宪荔
鄂温克族自治旗	白爱军	哈　斯
陈巴尔虎旗	侯言增	苗希雨
新巴尔虎右旗	韩　军	白春梅
莫力达瓦达斡尔族自治旗	孟智军	王成军
额尔古纳市	张宝泉	李　军
根河市	张凤喜	于维富

地　区	综治委主任	综治办主任
牙克石市	任宇江	盖向东
鄂伦春自治区旗	色音图	王　庆
兴安盟	邓月楼	阿云嘎
乌兰浩特市	白国才	宋慧峰
阿尔山市	朱成邦	张建国
科尔沁右翼前旗	陈延成	陈好斯
科尔沁右翼中旗	佟布林	斯琴吐
扎赉特旗	阿拉坦敖其尔	王慧安
突泉县	马焕龙	张　军
通辽市	傅铁钢	于文清
科尔沁区	韩宪军	张　力
奈曼旗	关文涛	刘　春
霍林郭勒市	徐　辉	付友玉
扎鲁特旗	席日巴拉	崔宝泉
开鲁县	张　华	赵春旺
科尔沁左翼中旗	宝凤山	郭法庭
库伦旗	宝音达来	玄玉坤
科尔沁左翼后旗	李艳荣	苏日格
赤峰市	王中和	张国力
敖汉旗	黄彦峰	王国清
巴林右旗	曹　熙	斯钦朝格图
林西县	王士华	宋国军
阿鲁科尔沁旗	敖日格勒	宝音达来
克什克腾旗	于伟东	王建民
宁城县	刘万虎	谭海龙
喀喇沁旗	于浩楠	胥鹏飞
巴林左旗	邱文博	石向东
翁牛特旗	汪国森	王振文
元宝山区	张子明	王世举
红山区	张　华	徐宝东
松山区	夏国华	杜文杰
锡林郭勒盟	张国华	韩巴图
锡林浩特市	闫宏光	徐远帆
二连浩特市	孟宪东	侯向东
东乌珠穆沁旗	贺希格布仁	闫启军
苏尼特左旗	白永春	张世斌
西乌珠穆沁旗	额尔登孟克	哈达巴特尔
苏尼特右旗	佈　仁	斯　钦
阿巴嘎旗	包·苏乙拉图	胡日查
多伦县	霍锦炳	张　君
正镶白旗	梁立军	包玉山
正蓝旗	田　永	特木尔
太仆寺旗	南中玉	范晓平
镶黄旗	宝日夫	额尔敦朝鲁
乌兰察布市	王学丰	岳文国
集宁区	李尚荣	陈德伟
丰镇市	刘治民	侯雪莉
凉城县	王晓平	梁芙俊
察哈尔右翼前旗	张　军	曹海涛
察哈尔右翼中旗	赵向红	郝贵虎
察哈尔右翼后旗	纪全富	秦栋才
商都县	贾　军	徐建源
化德县	霍建忠	王毅烨
兴和县	袁晓东	孙亚林
卓资县	常培忠	李银贵
四子王旗	利　民	田晓东
鄂尔多斯市	云光中	王建平
东胜区	蔺　建	王明英
鄂托克前旗	于新芳	吉日木图
准格尔旗	潘志峰	刘志伟
达拉特旗	吉格定	靳　敏
伊金霍洛旗	云卫东	霍春梅
乌审旗	牧　人	呼俊堂
杭锦旗	柳培林	徐良玉
鄂托克旗	尚志强	王四清
巴彦淖尔市	何永林	闫　峻
临河区	薛维林	屈明义
乌拉特前旗	王学君	李子华
乌拉特中旗	边保全	燕飞云
乌拉特后旗	李建军	常　英
杭锦后旗	额尔敦仓	华云锋
五原县	丁凤玲	韩　仿
磴口县	蔡明学	伊拉特
乌海市	侯凤岐	罗俊英

地　区	综治委主任	综治办主任	地　区	综治委主任	综治办主任
海勃湾区	全觉民	陈宝生	阿拉善左旗	魏巴依尔	张军生
乌达区	包　野	马建军	阿拉善右旗	刘晓东	范永鸿
海南区	苏　和	付志军	额济纳旗	陈万荣	杜金刚
阿拉善盟	鲍常青	段金桃			

（撰稿人：森吉德玛
审稿人：刘国君　李　炜）

辽　宁　省

2010年社会治安综合治理工作概况

2010年以来，辽宁省各级综治部门按照中央和省委部署，以深入推进社会矛盾化解、社会管理创新、公正廉洁执法三项重点工作为主线，以开展新一轮“争创全国综治工作先进省”活动为载体，以解决突出治安问题、加强社会服务管理为重点，以增强人民群众安全感为衡量标准，着力排查化解矛盾纠纷，全面落实治安防范措施，不断夯实综治基层基础建设，创新完善综治工作机制，有力地维护了全省社会的和谐稳定。

一、进一步完善矛盾纠纷排查调处工作机制，全力化解社会矛盾

2010年初，为深入推进社会矛盾化解工作，辽宁省综治委根据中办发[2009]46号文件和辽委办发[2010]8号文件精神，针对全省各类矛盾纠纷多发的实际，制定下发了矛盾纠纷排查化解工作实施方案，部署在全省开展矛盾纠纷排查化解专项行动。各级党委、政府和综治部门将这项工作纳入新一轮“争创”活动的重要内容，重点抓了三个环节：

一是建立完善矛盾纠纷排查化解体制机制。依托省、市、县(市、区)三级信访联席会议制度，普遍推广“一站式”化解矛盾的工作模式，在14个市的综治办增设矛盾纠纷排查调处指导办公室；积极整合基层综治、维稳、调解、信访等各方面力量资源，注重形成矛盾纠纷排查调处工作合力，在100个县(市、区)成立矛盾纠纷排查调处指导中心；在全省1574个乡镇(街道)全部设立了综治信访维稳工作中心，建立人民调解、行政调解、司法调解联调窗口，同时在115557个村(社区)建立了综治信访维稳工作站。各级党委、政府和综治部门普遍建立了矛盾纠纷排查情况报送制度、领导接待制度和听证制度、信息预报制度等各项工作制度。村(社区)、乡(镇、街)、县(市、区)、市逐级上报矛盾纠纷排查情况，并实行零报告制度。各地以综治委协调会、调度会为主要形式，充分发挥综治信访维稳工作中心的作用，着力构建“三调联动”的大调解工作格局，矛盾纠纷排查调处工作走向了经常化、制度化、规范化的良性发展轨道。

二是运用综合手段开展排查化解工作。各级综治部门紧密结合党委、政府开展的领导干部包案下访和信访部门开展的“信访效率年”活动，坚持定期排查与集中排查相结合，市每季度、县(市、区)每月、乡(镇、街道)以下等各基层单位调解中心每半个月召开一次社会矛盾纠纷排查调处联席会议，针对一个时期、一个阶段的突出矛盾纠纷问题，适时组织开展集中排查调处。通过加大对矛盾纠纷的排查调处力度，做到对各种影响社会和谐稳定的社会矛盾、民间纠纷、信访问题和突出治安问题早发现、早控制、早解决，推动矛盾纠纷排查调处工作规范化。

三是落实社会稳定风险评估机制。按照省委、省政府《关于建立信访稳定风险评估机制的指导意见(试行)》，全省14个市普遍建立了社会稳定风险评估机制，对涉及群众利益的重大决策事项和重大工程项目进行风险评估，从源头上预防和抵御社会稳定风险。各级综治部门将其纳入社会治安综合治理工作考评之中，加大了考核评比权重分值，从制度和机制上保障各级党委、政府科学决策、民主决策、依法决策，切实履行起维护社会稳定的第一责任。

二、深入开展排查整治治安重点地区和突出治安问题，社会治安防控能力明显增强

按照中央综治委的统一部署，辽宁省综治委制定了具体工作方案，召开了全省电视电话会议，及时安排以公安机关为骨干，深入开展社会治安重点地区排查整治专项行动。

一是强化领导，精心组织。省综治委领导高度重视社会治安重点地区排查整治工作，将此项工作摆上重要日程。省综治委领导在全国社会治安重点地区排查整治工作电视电话会议后，立即就贯彻落实中央部署，搞好社会治安重点地区排查整治工作提出具体工作意见。各级党委、政府高度重视此项工作，主要领导亲自组织召开各地区、各部门分管领导参加的工作会议，进行再动员、再安排、再部署。在深入动员、听取汇报、讨论研究的基础上，层层制定下发了社会治安重点地区排查整治工作实施方案，确保了排查整治工作高标准启动，高质量开展，做到了早准备、早谋划、早启动、早见效。

二是集中排查，摸清底数。各地以县（市、区）为单位，积极发挥政法、综治、维稳、信访等部门的工作优势，充分运用各级综治委成员单位的组织优势，对治安情况复杂的城乡结合部、外来人口聚集的"城中村"等重点地区；容易为犯罪分子藏身落脚的中小旅馆、出租房屋等重点部位；容易发生公共安全事故的交通运输、消防和食品医药安全等重点行业；容易滋生"黄赌毒"等丑恶现象的娱乐、休闲等复杂场所；容易产生现实危害的刑释解教人员、吸毒人员等高危重点人群等，进行全面摸排。各地采取乡镇不漏村（社区），村（社区）不漏户，户不漏人的原则，紧紧围绕重点地区、重点部位、重点行业、重点场所、重点领域和重点人群开展地毯式、全时空、全方位的摸底排查，确保排查工作横道边、纵到底、全覆盖、无遗漏，真正做到了底数清、情况明。

三是突出重点，多措并举。各地以命案治理为重点，促进突出治安问题的解决。从2004年开始，全省连续6年对命案高发的重点县（市、区）开展有针对性地专项治理。省综治委采取召开命案高发重点地区县（市、区）委书记调度会，派出命案专项整治督导检查组，对月发案超过3起的县（市、区）委书记下发命案督察通知书，责令其整改等强硬措施和办法，强化此项工作。经过不懈努力，全省命案数量从2003年的近2000起，连续下降到2010年的千起以下，年均下降10%以上。2010年，省综治办下发通报4次，对月发案数超过3起的县（市、区）下发《辽宁省命案问题突出地区督查通知书》46份，有效地遏制住了命案高发势头，预防和减少了命案的发生，命案专项治理取得了明显成效。省综治委对排查整治出的一批问题严重、群众反映突出的重点地区，实行挂牌整治，并组成工作组，深入一线跟踪督办和检查指导，本着立足当前、着眼长远、标本兼治原则，在坚持严打方针不放松的同时，不断加强各项长效机制建设，巩固排查整治工作成果。

四是抓住根本，治理源头。全省各级综治部门着眼于巩固治理成果，狠抓社会治安防控体系建设。全面推行人防、物防、技防"三位一体"的防范措施，发挥专群结合、群防群治工作优势，最大限度地调动广大人民群众参与社会治安防范的积极性、主动性和创造性，进一步建立和完善群防群治队伍的组织形式、工作机制和经费保障机制，加强和规范保安服务工作，进一步扩大了城市公益性岗位和志愿者队伍，积极有序地发展保安员、治安巡防队、治安信息员、综治协管员、治安中心户长、治安楼栋长、家庭治安联系人等队伍，确保群防群治工作有效开展。同时，大力推进农村治安保险工作按照社会化、市场化要求，增加保险品种，扩大投保面，增强广大农民群众规避治安风险的能力，不断拓宽新形势下群防群治的新路子。据不完全统计，2010年，全省公共复杂场所新增监控视频50万余个，累计投资达10多亿元。全省社会治安防控能力明显增强，最大限度地挤压了违法犯罪的空间。

三、大力加强校园及周边安全保卫工作，确保全省学校幼儿园的安全稳定

按照全国综治维稳工作电视电话会议部署，辽宁省各级党委、政府和相关部门迅速行动，认真贯彻落实全国会议精神，明确职责任务，采取超常举措，大力开展隐患排查和校园周边治安秩序集中整治，强化校园安全防范工作机制建设，校园安全保卫工作取得阶段性成果，确保了全省学校、幼儿园的安全稳定。省综治委先后召开了全省综治维稳工作会议，学校、幼儿园及周边安全工作专项检查督导培训工作会议，学校、幼儿园及周边安全工作调度会议等多个专项工作会议，对我省学校、幼儿园及周边安全工作进行全面动员部署、检查落实。省委成立了省级领导为组长、副组长，教育、公安、工商、民政、卫生、文化等14个部门主要领导为成员的工作领导小组，制定了具体工作方案。按照省委的统一要求和部署，各地均成立了学校、幼儿园及周边安全保卫工作领导小组和办公室，为校园安全保卫工作提供了强有力的组织保证。各级工作领导小组定期召开联席会议，分析形势，结合本地区实际，制定工作方案，出台工作措施，确保了学校、幼儿园及周边安全工作落到实处。

四、立足于预防和减少违法犯罪，社会服务与管理进一步加强

全省各级综治部门和成员单位紧紧抓住制约社会管理的难点问题，立足于预防和减少违法犯罪，积极探索新的工作途径，重点人群的社会服务与管理得到进一步加强。各地从流动人口最关心的子女入学、劳动保障、医疗救助等切身利益问题入手，进一步落实流动人口服务和管理的各项措施，组织开展了出租房屋和流动人口清理整顿专项行动。扎实开展刑释解教人员安置帮教工作，全省14个市、105个县（市、区）、1574个乡镇（街道）全部建立了由综治部门领导、司法行政机关牵头、成员单位相互配合的三级安置帮教机构，社区（村）普遍建立了安置帮教工作站（工作点），目前已有专职管理人员近500人、专兼职工作人员2万余人，安置帮教工作组织网络建设得到进一步加强，全省刑释解教人员重新违法犯罪率控制在3%以下。深入推进“为了明天——预防青少年违法犯罪工程”，有效建立了信息汇总机制，继续开展“为了明天工程——示范县（市、区）”创建工作，通过“未成年人零犯罪街道”、“青少年零犯罪社区”创建有效推动基层工作活跃。针对服刑未成年人开展帮教活动，全年累计慰问服刑未成年人300余人次，针对服刑在教人员未成年子女开展关爱活动，针对不良行为或严重不良行为青少年，以及公安不捕、检察不诉、法院不判的违法犯罪高危青少年群体开展帮教服务工作，运用社会化工作模式，募集资金数百万元，招募专职青少年社工近200人，在全省设置36个青少年社工工作站，有效实现了未成年人的犯罪预防。继续深化铁路护路联防工作，以“平安铁路示范市县”为平台，集中开展铁路沿线重点区段治安整治，深入开展涉铁矛盾纠纷排查化解工作，大力度加强专兼职义务护路队伍的巡线守护，基层基础工作得到进一步夯实，长效工作机制得到进一步完善，确保了铁路大动脉的安全畅通和铁路沿线治安秩序基本可控。2010年，实现了零伤亡，确保了铁路安全畅通。

五、深入开展系列平安创建活动，不断提升平安创建水平

2010年初，辽宁省综治委在省委、省政府与各市签订的《2010年维护社会稳定和社会治安综合治理工作责任书》中，以平安县（市、区）创建为重点，对各市基层平安创建提出了具体的目标要求。各级党委、政府和综治委成员单位，按照《关于开展新一轮“争创全国社会治安综合治理工作先进省”活动的实施方案》的要求，普遍结合本部门实际情况，制定了本地区、本部门开展平安创建活动的工作规划，进一步建立和完善了平安创建工作体系和工作机制，明确任务，落实责任。省妇联通过组织开展签订“平安责任书”、“赡养协议”、“十户联创”、“牵手帮扶”和“交通安全进家庭”“文明礼仪进家庭”“零家庭暴力社区”等群众喜闻乐见、广泛参与的创建活动，丰富了平安创建的内容，创新了平安创建形式，增强了平安创建实效。公安、卫生、民政、教育、文化、工商、铁路、人民银行、省军区等部门和单位，就本部门、本系统、本行业开展平安建设工作作出了专门部署，研究提出了具体措施，广泛开展了平安企业、平安医院、平安边界、平安校园、平安文化市场、平安铁路、平安金融和军地平安共建等活动，进一步拓展了平安建设的覆盖面，全面推动了平安建设的深入开展，提升了全省平安创建的整体水平。同时，省综治委各成员单位认真贯彻落实《辽宁省综治委成员单位联系点工作制度》，不断强化责任意识，把联系点工作作为本部门的一项重要任务，纳入本部门工作日程。充分发挥各部门在社会治安综合治理工作中的职能作用，深入基层指导对口单位开展平安建设，督促落实社会治安综合治理工作各项措施，围绕解决重点和难点问题，做了大量富有成效的工作。省综治委各成员单位的主要领导亲自深入联系点开展工作，与当地党委、政府共同研究工作，帮助对口联系点查找工作中存在的主要问题和薄弱环节，研究分析原因，共同制定改进工作的方案，帮助解决了平安建设中的实际困难和问题。各市、县（市、区）综治委也分别结合本地实际制定了对口联系点工作制度，有力地促进了新一轮“争创”活动的深入开展，极大地推动了平安创建活动向纵深发展。

六、全力推进基层基础建设，综治工作根基进一步夯实

辽宁省综治委先后组织召开了全省综治基层基础建设专题座谈会、工作协调会、推进会和现场会，全力推进基层基础建设，夯实综治工作根基。5月份，省综治委在丹东市召开了全省乡镇（街道）综治信访维稳工作中心建设现场会。8月份，省综治办在锦州召开了全省综治办主任座谈会，听取各地综治基层基础建设工作进展情况汇报，了解掌握存在的突出问题，更加有针对性地指导各地加强综治基层基础建设工作。省综治委还成立了基层基础建设督查指导工作领导小组，采取深入基层调查研究、现场办公和电话督促落实等办法，对各地基层基础建设工作进展情况进行督促检查。先后多次到基层进行调研，就本地区综治基层基础建设中存在的困难和问题，直接与当地党委、政府主要领导协商研究解决，进行现场办公。各地区也分别组织了综治基层基础建设工作专项督查组，深入基层，深入实际，督导检查工作落实情况。这些举措极大地推动了全省各地社会治安综合治理基层基础建设的步伐。按照中央、省委关于加强综治基层基础建设，推动社会管理创新的部署和全国妇联关于在村和社区普遍建立妇女儿童维权站的要求，省综治办和省妇联联合争取省发改委支持，投入专项资金数百万元，依托社区（村）建设民200个“妇女儿童维权服务暨社会治安综合治理示范工作站”。示范工作站实行统一工作职责，统　目标任务，统一管理规范，统一展板标志，统一考核标准，全部达到“六有”标准，按照“三个结合”“四个一活动”“五上门服务”和“五项工作机制”有序运行，健康发展。为进一步提高基层综治干部的理论水平和实际工作能力，9月份，省综治办采取与中国政法大学联合办班的形式，先后举办了三期全省基层综治干部培训班，对全省县（市、区）综治办主任和综治委成员单位联络员百余人进行了培训，省综治办领导亲自带队参加培训。通过培训，基层综治干部进一步加强了对新时期社会治安综合治理工作的目标任务、重要职责、工作方法的理解和把握，进一步坚定了做好新形势下综治工作的信心和决心。

七、狠抓领导责任制落实，各级党委、政府履行社会治安综合治理第一责任意识进一步增强

一是强化责任，切实加强对综治工作的组织领导。5月份，省委、省政府在沈阳召开了全省社会治安综合治理工作会议。省委、省政府主要领导，各市（沈铁、辽油）党委或政府主要领导、综治委主任、综治办主任，省综治委委员及联络员，各县（市、区）委主要领导，五个专门工作领导小组办公室专职副主任，基层平安示范单位代表等300余人参加了会议。王珉书记亲自出席会议并做了重要讲话，陈政高省长代表省委、省政府与各市委、市政府及省综治委各成员单位签订了《2010年维护社会稳定和社会治安综合治理责任书》。在省委、省政府的有力推动下，全省各级党委、政府不断健全和完善各项工作机制，切实加大对综治工作的组织领导力度。二是健全机制，切实履行综治工作职责。省综治委进一步健全完善了各级综治委会议制度、“五部委”联席会议制度、重大责任查究制、一票否决权制等综治委各项工作制度，严格将新一轮“争创”活动的成效列入各级领导干部政绩考核评价的重要内容，切实建立起党政领导干部抓综治工作的实绩档案。从年初开始，省综治委分片对全省县以上地区或单位落实社会治安综合治理领导责任制和新一轮“争创”活动目标的情况实行全年全程跟踪，面对面地开展督促、检查、指导。2010，省综治委向各市、县（市、区）发出《社会治安综合治理工作责任督查书》10份，取消了10个县的平安县评选资格，对4个县（市、区）提出了严重警告。这些制度和措施，极大地促进了各级党委、政府抓稳定、保平安的责任感。三是加大考核力度，切实增强维护社会稳定的科学性和前瞻性。各级综治部门把社情民意调查、社会稳定风险评估纳入社会治安综合治理工作考评之中，并加大考核评比权重分值，从制度和机制上保障各级党委、政府科学决策、民主决策、依法决策，切实履行起维护社会稳定的第一责任。各级党委、政府认真落实《关于建立信访稳定风险评估机制的指导意见（试行）》，结合实际制定了相应的风险评估机制，对涉及群众利益的重大决策事项和重大工程项目进行信访稳定风险评估，从源头上预防和抵御社会稳定风险。省综治委委托省统计局对全省 14 个市、100 个县（市、区）进行了安全感调查，省综治委及时将安全感调查结果通报各市委、市政府，并直接报送各市市委书记、市长，如实指出各市存在的突出问题，要求查明原因，检讨责任，有针对性地提出整改意见。

中共辽宁省委办公厅　省政府办公厅转发《省综治委关于进一步加强学校、幼儿园及周边安全管理工作长效机制建设的意见》的通知

（2010 年 1 月 5 日）

各市委、市人民政府，省委各部委，省直单位：

《省综治委关于进一点加强学校、幼儿园周边安全管理工作长效机制建设的意见》已经省委、省政府领导同志同意，现转发给你们，请结合实际认真贯彻落实。

省综治委关于进一步加强学校、幼儿园及周边安全管理工作长效机制建设的意见

（2010 年 10 月 28 日）

根据中央关于集中开展学校、幼儿园及周边（以下简称校园）治安秩序整治工作的统一部署，全省各级党委、政府高度重视，采取超强举措，狠抓校园安全秩序集中整治，取得了阶段性工作成果，校园治安秩序明显好转，人民群众尤其是广大家长的安全感和满意度明显上升，全省范围内未发生校园恶性伤害案件和重大事故。同时也要看到，校园安全管理工作是一项艰巨复杂的长期性任务，直接关系到社会的稳定和千家万户的安宁，必须引起高度重视，实现全社会齐抓共管，综合治理，常抓不懈。为推动校园安全管理工作机制不断创新，抓好长效机制建设，确保校园良好的治安环境，从根本上预防和杜绝校园重大恶性案件事故的发生，现提出以下意见。

一、切实加强组织领导，肩负起维护校园安全的政治责任

抓好校园安全管理工作，既是民生大事，也是民心工程，各级党委、政府要充分认识加强校园安全管理的极端重要性，本着对人民群众生命安全高度负责的精神，切实担负起维护校园安全稳定的政治责任。

1. 严格落实校园安全管理责任制。各级党委、政府要把校园安全管理工作作为重要政治任务来抓，切实建立起一把手负总责的工作机制。党政领导要亲自处理影响本地区校园安全与社会和谐稳定的突出问题，亲自协调解决制约校园安

全防范工作的财力、物力等难题。各级综治部门要把校园安全管理工作纳入社会治安综合治理考评体系，加强组织协调，细化实化考评指标，推动工作落实。各地区要严格落实校园安全工作联席会议制度。相关职能部门每季度要专题研究分析一次校园治安管理形势，对发现的问题和隐患，要制定切实可行的整改方案，组织相关部门狠抓落实。严格建立责任倒查和追究制度，对因领导决策和指挥协调出现重大失误，导致发生有重大社会影响的恶性案件或群体性事件的，要坚决追究主要领导责任，对相关地区和单位实行综合治理工作"一票否决"。

2. 认真抓好校园安全隐患的排查整改工作。各地区、各部门要对集中整治阶段本地区、本部门排查出的问题进行认真研究和梳理，特别对危旧校舍失修、消防设施不配套、缺乏技防监控设施、保安人员缺编等校园安全重大隐患，要逐条研究整改措施，逐个项目落实责任部门和责任人，采取挂牌督办、限期整改等方式抓好落实。公立中小学、幼儿园的安保经费和安全隐患整改经费由教育部门协调财政部门予以保障。经批准登记注册的民办中小学、幼儿园的安保经费和安全隐患整改经费由举办者出资解决。尚未批准登记注册的民办中小学、幼儿园以及各类课外班无法落实安保经费和安全隐患整改经费的，安全隐患经多次整改仍不达标的，要依法予以取缔并妥善安置学生和儿童。

3. 完善校园重大事件应急处理机制。各地区要层层建立校园重大突发事件处置领导小组，制定和完善各种突发事件处置预案，明确处置指挥权限、工作程序和职责分工，确保一旦发生紧急情况，应急指挥系统临危不乱，处置有序，最大限度地减少校园人员伤亡和财产损失。各学校、幼儿园要将安全教育纳入教学内容，每学期开展一次以上以学生自身防护等为主题的安全防范教育，每周利用课间操时间组织一次应急疏散演练活动。

4. 加大校园安全工作的各项保障力度。各级党委、政府要全面规划辖区内校园安全防范体系建设，将安全防范工作资金列入政府财政预算，妥善解决校园保安人员工资、装备等经费问题，确保各类学校、幼儿园按标准配备保安人员。对于消防、监控、危旧校舍改造等重大投资项目，要统筹规划，优先解决。经济欠发达地区也要突出重点，加快对农村中小学破旧校舍的维修改造进度，特别要集中财力抓好农村校舍维修、保安人员配备、技防设施建设等重点安全项目的落实，坚决杜绝因教学设施失修和管理失责造成校园群死群伤的恶性事故发生。

二、强化经常性管理和整治工作，确保校园治安秩序良性运转

校园安全管理工作由集中整治阶段转入常态化管理轨道后，各级党委、政府要克服麻痹大意思想和自满松懈情绪，防止校园安全管理工作前紧后松，大起大落。各职能部门要始终高度关注校园安全工作，保持集中整治阶段的成果，持续加大校园综合整治力度，总结探索常态化工作模式，确保校园治安秩序良性运转。

1. 持续保持学校、幼儿园周边治安防范态势。公安部门要持续保持学校、幼儿园周边巡逻时间和密度，坚持民警在学校上学放学、幼儿园接送孩子等重点时段和路段上岗执勤制度。在治安情况复杂的学校、幼儿园周边，要增设警务室或治安岗亭，有效震慑侵害学生人身安全和扰乱学校秩序的违法行为。继续保持对涉校违法犯罪活动的高压态势，加大涉校案件的侦办力度，严格落实办案责任制，确保校园秩序的安定和师生的生命财产安全。公安和交通部门要继续保持对学校、幼儿园周边交通秩序的整治力度，严格查处车辆超速、超载、乱停乱放和酒后驾驶等交通违法行为，最大限度地减少交通事故的发生，确保师生及家长的出行安全。

2. 进一步明确校园安全管理责任。按照"谁主管谁负责，谁开办谁负责"的原则，进一步明确各类管理主体的责任：对公立学校、幼儿园和已批准注册的教育机构，由教育部门统一管理，对校园安全负全责；对批准注册的各类民办培训机构和校外活动场所，教育部门要协同有关部门落实安全监管责任；对未登记注册的各类民办学校和幼儿园（所），综治部门要协同当地政府和有关部门落实安全监管责任；凡街道、乡镇以出租形式提供土地、校舍或利用私人房屋开办幼儿园（所）的，由综治部门协调当地政府和有关部门落实业主、房主的安全管理责任，对存在严重安全隐患，经多次整改仍未达标的，要依法予以取缔。

3. 继续加大校园安全隐患排查力度。各级综治部门要把校园治安隐患排查整改工作，作为维护校园安全稳定的“第一道防线”，按照“属事、属地、属人”的原则，牵头各职能部门和社会力量，搞好校园治安隐患和高危人群的排查、稳控，做好对各类社会矛盾的调解疏导，对刑释解教、缠访闹访、肇事肇祸精神病人，特别是性格偏执、对社会严重不满的人员要逐一登记备案，实行动态管理，确保各类矛盾纠纷得到及时有效化解，从源头上减少校园违法犯罪的诱因。

4. 定期开展校园治安秩序集中整治行动。综治部门要协调公安、工商、城建、行政执法、卫生、文化、新闻出版等政府职能部门，定期开展学校、幼儿园周边治安秩序的集中整治行动。重点整治学校、幼儿园门前车辆乱停乱放、游商游贩摆摊叫卖、工程建设噪音、售卖非法音像制品、销售劣质食品等问题，彻底清除学校、幼儿园周边露天市场、占道经营摊点以及违法经营网吧等治安乱点，保持安静有序的教学环境。交通部门要加强对农村校车的管理，严格驾驶员考核与车辆技术标准审定，坚决杜绝因管理失责造成的校车重大恶性事故发生。

三、抓好校园安全管理工作长效机制建设，不断探索和创新校园安全管理新办法

校园安全管理是社会管理的重要组成部分，各级党委、政府和有关部门要坚持标本兼治、重在治本的方针，抓好校园安全管理工作长效机制建设，针对新形势下影响校园安全稳定的突出问题，不断探索管理模式和管理手段的创新途径，确保校园长治久安。

1. 抓好校园安全防范体系的规划建设。教育部门和城建规划部门要不断开拓校园安全管理工作的视野和思路，强化源头预防、标本兼治的工作思路，把校园安全管理理念融入学校、、幼儿园长远发展规划之中，针对各地区经济状况不同、城乡特点不同、各类校舍园舍专业要求不同的实际，依据当地教育事业发展目标和学校、幼儿园建设改造规划，科学合理地制定各类学校、幼儿园安全防范设施标准，将技防系统、物防设施纳入新建、改造校园的建设规划之中，统一规划、统一建设、统一标准、统一验收，有计划有步骤地抓好学校、幼儿园新建和改造建设，逐渐提升校园安全防范的整体水平。

2. 不断创新和完善校园安全管理机制。针对新形势下校园安全管理出现的新情况新问题，探索管理手段和管理方式的创新，加大安全管理工作规范化、精细化水平。公安部门要针对城乡学校、幼儿园不同的治安防范需求，研究探索适合各类城乡学校、幼儿园的技防、物防设施建设标准，切实做到量力而行，注重实效，因地制宜。校园监控系统要确保24小时有人值班值守，并要与公安监控网络联网，实时监控，统一管理，及时维护，最大限度地发挥科技装备的使用效益。要针对校园保安队伍建设的实际需求，特别要考虑到城乡学校所处社会环境不同，治安和经济状况差异较大的特点，落实城乡学校、幼儿园保安人员的统配标准，按照《辽宁省人民政府办公厅转发省公安厅、省教育厅关于进一步加强学校及周边治安秩序整改意见的通知》（辽政办发［2007］49号）精神和规定标准配备保安人员，科学制定校园保安队伍选配、培训、装备的规范，确保保安队伍年龄、体能、技能、素质适合校园保卫工作需要，使校园保安队伍建设纳入正规化、规范化管理的轨道。公安和交通部门要针对学校、幼儿园周边交通管理的实际，针对不同地域、不同路段、不同学校的实际，制定交通管理的有关制度标准，对各类禁行、警示、限行交通标志，统一建设、统一管理，确保学校、幼儿园周边交通秩序的顺畅和安全。交通部门要研究农村中小学校车管理环节上存在的隐患和漏洞，探讨校车管理规范化的有效途径，确保农村中小学生的交通安全。

3. 加大对安全隐患的治理力度。针对当前民办学校安全设施比较薄弱、各类补习班管理比较混乱、大量农村民办幼儿园（所）无照经营等直接影响校园安全稳定的普遍性问题，教育、工商、卫生等部门要从完善管理机制入手，研究制定切实可行的整改措施，加大对安全隐患问题的整治力度，迅速抓好治理和整改工作。特别要针对农村大量无照幼儿园（所）长期经营的隐患问题，研究探讨切实可行的农村幼儿园管理办法，加大对农村学前教育的投入，对现有幼儿园（所）进行改造，同时在确保幼儿人身安全和基本办园条件的情况下，科学制定农村幼儿园（所）基本标准，对其实行等级管理，使农村幼儿园（所）纳入合法经营、有效监管的正常渠道，既确保幼儿园（所）安全管理措施得到落实，又满足农村低收入群体的需求。

辽宁省社会治安综合治理委员会关于印发《关于贯彻落实中央综治委[2010]5号文件精神　进一步加强社会治安重点地区排查整治工作的意见》的通知

（2010年1月30日）

各市（沈阳铁路局、辽河油田公司）综治委，省综治委各成员单位：

现将《关于贯彻落实中央综治委[2010]5号文件精神进一步加强社会治安重点地区排查整治工作的意见》印发给你们，请结合工作实际，认真抓好贯彻落实。

关于贯彻落实中央综治委[2010]5号文件精神进一步加强社会治安重点地区排查整治工作的意见

为深入贯彻落实党的十七大、十七届四中全会和中央经济工作、政法工作会议精神，贯彻落实中央综治委《关于进一步加强社会治安重点地区排查整治工作的若干意见》精神，巩固我省平安建设成果，为我省经济平稳较快发展和老工业基地全面振兴创造良好的社会治安环境，根据中央综治委的部署要求，省综治委决定，在全省开展社会治安重点地区排查整治工作。现提出以下意见。

一、认清形势，把握大局，充分认识进一步加强社会治安重点地区排查整治工作的重要性和紧迫性

维护社会稳定是社会治安综合治理工作的基本任务，加强社会治安重点地区排查整治，是推进社会治安综合治理、深化平安建设的重要措施，是维护社会和谐稳定和广大人民群众根本利益的一项重要工作。近年来，我省各级党委、政府和各有关部门深入贯彻落实科学发展观，大力开展平安建设，认真落实社会治安综合治理工作措施，加大社会治安排查整治工作力度，维护了社会治安大局的总体稳定，人民群众安全感普遍增强。但是，我省少数地方特别是一些农村和城市的城乡结合部、“城中村”、零散棚户区等，由于基层组织软弱涣散，基础工作薄弱，社会管理不力、服务缺失，综合治理措施不落实，社会治安问题仍十分突出，社会治安秩序混乱；我省在较好地落实了如实立案措施的前提下，刑事发案总量仍在高位运行，特别是“两抢一盗”等多发性侵财犯罪所占比重较大，一些地方仍然存在涉黑涉恶犯罪；非法传销、“六合彩”赌博、毒品犯罪、卖淫嫖娼等社会丑恶现象屡禁不止；有的地方重大交通、消防事故和安全生产事故频发，公共安全隐患突出，严重危害人民群众生命财产安全；有的地方涉众性矛盾纠纷增多，非正常上访问题突出，群体性事件时有发生，影响了局部地区的社会稳定。对此，社会各界和广大群众十分关切，各级党委、政府和有关部门要引起高度重视，从保障国家长治久安、巩固党的执政地位的高度，从维护改革发展稳定大局、维护广大人民群众根本利益的高度，充分认识新形势下开展社会治安重点地区排查整治工作的重要性和紧迫性，增强政治意识、大局意识、责任意识和忧患意识，切实把思想认识统一到中央和省委的决策上来，采取坚决有力的措施，尽快扭转一些地区社会治安混乱的局面，切实解决广大人民群众最现实、最关心、最直接的利益问题，为实现我省经济平稳较快发展，推动沿海经济战略，为构建和谐辽宁创造良好的社会治安环境。

二、突出重点，强化措施，全面推动社会治安重点地区排查整治工作的扎实开展

（一）明确目标任务，增强排查整治工作的针对性。开展社会治安重点地区排查整治工作是一项长期艰巨的工作任务，各级党委和政府要坚持立足当前、着眼长远、标本兼治、明确目标任务，坚持不懈、持之以恒地开展下去。今明两年，各地区、各部门要按照省委提出的开展新一轮"争创全国社会治安综合治理先进省"活动的工作要求，紧紧抓住影响社会和谐稳定的源头性、根本性、基础性问题，以实现"六个坚决防止"、"六个明显减少"和"三个领先"的总体目标，全面深化平安建设，集中时间、集中力量，迅速组织开展社会治安重点地区排查整治专项行动，排查摸清一批治安混乱地区和突出治安问题，有针对性她采取各项整治与建设措施，使群众反映强烈的治安乱点得到有效整治，限期改变面貌，消除治安和安全隐患，落实常态化管理制度。通过重点整治，明确目标责任，努力实现"五个不发生"和"一个显著增强"，即不发生有影响的政治事件和影响社会政治稳定的重大案（事）件，不发生暴力恐怖袭击事件，不发生大规模群体性事件，不发生重大恶性刑事案件、重大治安灾害事故和群死群伤事故，不发生重特大安全生产事故，人民群众安全感显著增强的工作目标。

（二）开展广泛深入、扎实细致地排查摸底工作。各地区、各部门要深入分析本地社会治安形势，以乡镇、街道为单位，组织辖区内的机关、团体、企事业单位、厂矿、学校和群众自治组织，认真排查治安乱点、突出治安问题，真正把治安混乱的区域、部位、场所查清楚，把影响群众安全感的突出治安问题查清楚，把导致治安状况混乱的原因查清楚。通过组织召开政法部门、人大代表、政协委员和社会各界群众等不同形式的座谈会、情况通报会、征求意见会，广泛听取社会各方面意见和群众反映；通过组织公安、文化、工商、安监等相关部门，定期不定期地进行明察暗访，了解和掌握治安混乱地区和突出治安问题，查找社会治安综合治理工作中的薄弱环节；通过发布通告、设置举报电话、信箱、建立奖励制度等，组织发动群众检举揭发违法犯罪行为，举报社会治安混乱地区和突出治安问题。要通过全省开展的矛盾纠纷化解年和千乡万村"讲平安、树新风、保稳定、促和谐"活动，组织广大党员干部深入基层、深入实际，通过走访群众、接待群众来访、召开群众代表会议和基层组织负责人会议等办法，逐村屯、逐社区、逐单位进行摸排梳理，确保镇（街）不漏村（社区）、村（社区）不漏户、户不漏人，逐村（社区）逐户进行地毯式排查，真正把问题底数摸清、摸全、摸透，并认真核实情况，逐一进行登记造册和备案，实行动态排查控制。坚持滚动排查、滚动整治，边排查、边整治。要对排查出的情况和问题进行梳理分析，查找原因，提出工作对策，按照相关职能部门的职责任务，落实牵头单位和责任人，逐级制定整治方案，逐一落实整治措施，限期解决。

（三）组织开展"严打"和集中整治专项行动，切实整治治安混乱地区和突出治安问题。一是要坚持"严打"方针，严厉打击各种严重刑事犯罪活动。要集中时间、集中精兵强将，加大破积案、打流窜、摧团伙、追逃犯、端窝点工作力度，严厉打击各种严重违法犯罪活动，依法严惩一批严重违法犯罪分子。特别是对危害一方、欺压百姓的黑恶势力犯罪，严重侵害群众生命财产安全的重大暴力犯罪，严重影响群众安全感的"两抢一盗"，等多发性侵财犯罪，以及社会舆论反映强烈的拐卖儿童妇女犯罪、毒品犯罪、传播网络淫秽色情犯罪和涉众型经济犯罪等，要及时查处、坚决打击。同时要认真贯彻宽严相济的刑事司法政策，对初犯、偶犯、未成年犯、老年犯和犯罪情节轻微、社会危害不大的，依法从轻或减轻处理，多做教育、感化、挽救工作，最大限度地增加和谐因素、最大限度地减少不和谐因素。二是要按照中央综治委的统一部署，对突出治安问题和治安乱点开展集中整治。要紧紧抓住容易发生治安问题的城乡结合部、"城市村"等重点地区，容易为犯罪分子藏身落脚的中小旅馆、出租房屋等重点部位，容易滋生。"黄赌毒"等丑恶现象的歌舞娱乐、洗浴按摩和发廊等重点场所，集中组织开展专项整治行动，对网上诈骗、电话诈骗等新型犯罪，要敏锐反应、依法严厉打击。特别是对命案高发、传销、"六合彩"等突出治安问题，要加大打击力度，切实取得明显成效。三是要建立"严打"和集中整治长效工作机制，形成有效的工作体制。对于排查出的治安混乱地区和突出治安问题，要全部登记造册，按照问题的性质和管辖权限，逐一分析研究，逐一制定整治方案，逐一落实责任单位和责任人。对群众反映强烈的区域、部位要挂牌督办、集中治理，限期改变面貌。对于情况复杂，经反复整治，问题仍得不到解决、效果仍不明显的，要查明原因，分清责任，组织强有力的工作组，包点督办，做到局面不改、人员不撤、工作不停，确保治安混乱地区面貌得到彻底改变，突出治安问题得到彻底解决。

三、加强和完善社会治安防控体系建设。筑牢社会治安和社会稳定基础

（一）以科技防范为牵动，构建基层社会治安防范体系。各地要坚持"打防结合，预防为主，专群结合，依靠群众"的方针，立足实际，坚持人防、物防、技防"三防并举"，进一步构建和完善社会治安防范体系。要切实把思想认识、工作重点、力量配置、经费投入、考核奖惩等转移到"预防为主"上来，努力实现标本兼治、综合治理。要针对"严打"整治斗争中暴露出来的突出问题，解剖典型案件，发现规律性问题，有针对性地采取加强管理和防范的措施，堵塞违法犯罪漏洞。要坚持专门工作与群众路线相结合，强化社会面巡防管控，坚持警力下沉，大力实施社区警务战略。以构建街面防控网为龙头，推进大中城市社会面巡逻的制度化、常态化，把防控触角进一步向社区、单位内部和"城中村"、城乡结合部、行政区域交界处延伸，着力构建点线面结合、人防物防技防结合、打防管控结合、网上网下结合的社会治安动态防控网络。要大力推进科技防范工作，省综治委与有关部门拟制定《辽宁省科技防控体系建设五年规划》。各市、县（市、区）也要结合实际，制定相应的科技防范工作规划。要在城市、街道、社区以及重点单位、要害部位推广以电子视频监控、防盗报警为主的技术防范，在农村推广使用经济适用、防范效果好的物防和技防设施，督促社会治安重点地区和单位落实人防、物防、技防措施，积极推进社会治安防控体系建设。

（二）加强社会服务和管理，着力从源头上化解社会矛盾。要坚持以人为本的理念，切实加强和完善社会服务与管理，着力解决和改善民生问题，保障人民群众最基本的生活生存条件，从根本上减少诱发违法犯罪、影响社会稳定的因素。要加快社会管理和服务工作的信息化建设，坚持动态管理，做到反应快、服务好、管控严。要着力强化对重点人口、重点物品、重点阵地的管理，坚决防止漏管失控。要加强流动人口服务管理工作，通过亲情化服务、人性化管理，做好其劳动保障、子女教育和社会保险等工作，让流动人口能享受当地市民的待遇，维护流动人口合法权益。要强化流动人口落脚点的管理，特别是加强出租屋清理管控工作，引导出租人和租住人员依法办理房屋租赁、税务登记和暂住手续，推进出租屋及其租住人员的信息采集、录入和反馈等管理信息化工作。要积极探索并逐步推进户籍制度改革，从根本上解决流动人口服务与管理问题。对闲散青少年、流浪未成年人、农村留守儿童、服刑在教人员的未成年子女等要通过开展摸底排查活动，摸清底数，建档立案，了解和掌握他们的情况和困难，有针对性地做好教育、管理和服务、救助工作。要认真贯彻落实中央办公厅、国务院办公厅转发《中央综治委关于加强刑释解教人员衔接管理工作的意见》精神，充分调动社会各方面力量做好刑释解教人员安置帮教工作，切实落实衔接措施，解决生活出路问题，加强教育管理和帮扶。切实做到对有现实危害和暴力恐怖动向的高危人员、有前科劣迹和报复社会动向的刑释解教人员、容易肇事肇祸的精神病人等，逐一纳入视线、掌握动态、落实管控责任。要严密管控枪支弹药、危爆物品、管制刀具等重点物品和娱乐场所、交易市场、旅馆业、网络服务场所等重点阵地，切实做到底数清、情况明，管得了、控得住。加强对吸毒人员的戒毒、帮教，最大限度地预防和减少重新违法犯罪。加强互联网、手机短信等有害信息管理，净化网络社会环境。

（三）加强基层组织建设，确保工作措施得到落实。要充分发挥基层党组织的战斗堡垒作用和基层政权组织的组织协调作用，治瘫治乱治软相结合，加强村（居）委会、治保会、调委会等群众自治组织建设，夯实维护社会稳定的第一道防线。对软弱涣散、不能发挥应有作用的领导班子，组织和民政部门要查明原因，分清责任，及时予以调整、充实，特别要选好配强基层组织带头人。加强基层综治机构、公安派出所、人民法庭、司法所、社区警务室和国家安全人民防线建设，严格落实中央和省委关于加强综治基层组织机构、人员编制和经费等有关要求，在人力、物力、财力上向基层倾斜，保障有人干事、有钱办事、有能力解决问题，充分发挥其在排查整治工作中的骨干作用。乡镇（街道）要尽快建立和完善由党（工）委副书记牵头，把政法、综治、维稳、信访等方面力量整合起来，形成综合治理大平台。要加快推广建立乡镇（街道）综治工作中心和村（社区）综治工作站，统筹协调开展排查整治工作。要加强各机关、事业单位、企业等内保组织和保卫工作队伍建设，健全机构，落实专职保卫人员，配强人员和装备，确保发挥作用。

（四）要加强群防群治队伍建设，依靠和发动广大群众支持、参与排查整治工作。要积极有序发展壮大平安志愿者、保安员、治安巡防员、综治维稳信息员、治安楼栋长、中心户长、综治协管员等多种形式的群防群治队伍，加强管理和教育，不断提高群防群治人员的素质。要通过政府财政补贴、群众自愿筹集等各种渠道解决群防群治队伍的经费，确保能够正常、有效地开展工作。要继续深化农村治安保险工作，增加保险品种，扩大投保面，按照社会化、市场化、职业化、规范化的总体思路和责权利相结合的原则，不断拓宽新形势下群防群治的工作路子。要充分发挥广大干部和党员、团员的模范带头作用，广泛动员社会各方面力量和人民群众参与排查整治工作，维护社会和谐稳定。

四、加强领导，落实责任，确保社会治安重点地区排查整治工作取得实效

（一）要加强组织领导，形成排查整治齐抓共管工作格局。各级党委、政府要高度重视排查整治工作，切实加强组织领导。党政主要领导要认真履行第一责任，亲自动手，深入实际，研究制定切实可行的具体工作方案，全面部署开展排查整治工作，扎扎实实抓紧抓好、抓出成效。分管政法、社会治安综合治理工作的领导作为直接责任人，要积极协调各有关方面，明确分工，落实责任，推动形成齐抓共管工作局面。要坚持党委、政府统一领导，综治委牵头，纪委、组织、宣传、防范和处理邪教、法院、检察院、教育、工业和信息化、公安、国家安全、监察、民政、司法行政、财政、人力资源和社会保障、国土资源、住房和城乡建设、交通运输、铁道、文化、人民银行、工商行政管理、质量监督检验检疫、广播影视、新闻出版、安全生产监督管理、旅游、军队保卫等相关部门和工会、共青团、妇联组织共同参与。各级社会治安综合治理委员会及其办公室作为排查整治工作的牵头部门，要加强组织协调和检查督导，广泛发动各成员单位和社会各方面力量参与排查整治工作。各级公安机关作为排查整治工作的主力军，要充分发挥职能作用和熟悉辖区状况等工作优势，积极主动地开展排查整治工作。各有关部门要各司其职、各负其责，密切配合、通力协作，形成齐抓共管工作合力，共同推动排查整治工作深入开展。各级政府及其财政部门要建立健全排查整治工作经费保障机制，保证专项行动顺利开展。

（二）严格督导检查，加强责任制的落实力度。各地、各部门要加强排查整治工作的督导检查，确保取得实效。特别是对情况复杂，经反复整治问题仍得不到解决、效果仍不明显的，要由党委、政府主要领导和有关部门主要负责同志亲自包点督办，同时，派出工作组驻点督导，做到局面不改，人员不撤、工作不停。对问题严重、群众反映突出的地方，各级综治委和公安部门要采取挂牌整治等有效措施，切实加大督导推进力度。对拟挂牌整治的重点地区，一个月后排查整治效果仍不明显的，由综治委进行挂牌整治。对已挂牌的重点地区要跟踪督办，加强指导，直至摘牌。要严格实行社会治安重点地区排查整治工作责任制特别是责任查究制。对于治安长期混乱，排查工作不深入、不细致、不彻底，整治措施不力、效果不好，突出治安问题没有及时解决、治安混乱局面没有明显改观的地方，以及弄虚作假、敷衍塞责的地方、单位及部门，要给予警示，问题严重的由综治委实施一票否决。要按照党政领导干部有关问责制的规定，严肃追究责任。

（三）深入做好宣传工作，营造排查整治的舆论攻势和良好氛围。各级党委、政府要加强对舆论宣传工作的领导和协调，各级政法综治部门要与宣传部门通力合作，重点宣传开展排查整治工作的重大意义和有关政策，宣传排查整治斗争的重要战果，宣传党和政府坚持不懈地搞好排查整治工作的坚强决心，倡导见义勇为，增强群众参与排查整治工作的自觉性和积极性，动员群众检举、揭发和指证犯罪，打一场全社会围剿犯罪分子、整治治安混乱地区的人民战争，营造排查整治的浓厚社会氛围。

为加强对排查整治工作的组织领导，省综治委成立社会治安重点地区排查整治工作领导小组，领导小组下设办公室（简称省重点地区整治办）。办公室设在省综治办，负责统筹组织部署、协调督促排查整治工作，研究健全完善长效工作机制。省综治委将研究制定《辽宁省社会治安重点地区排查整治工作方案》和《辽宁省社会治安重点地区排查整治专项行动考核验收办法》，派出联合督导组对全部重点地区进行督导检查，并纳入社会治安综合治理年度考核。对考核不合格的，取消所在市、县（市、区）当年社会治安综合治理领导责任制评优资格和平安县（市、区）评选资格。

各市、县（市、区）综治委也要相应成立排查整治工作领导小组和办公室，加强对这项工作的组织领导。

辽宁省社会治安综合治理委员会
关于深入开展“矛盾纠纷化解专项工作”实施方案

（2010 年 5 月 10 日）

为深入贯彻中共中央办公厅、国务院办公厅转发《中央政法委员会、中央维护稳定工作领导小组关于深入推进社会矛盾化解、社会管理创新、公正廉洁执法的意见》（中办发［2009］46 号）和辽委办发［2010］8 号文件精神，落实三项重点工作，有效化解社会矛盾，继续保持全省社会持续稳定，根据 2010 年全省综治工作要点要求，省综治委决定在全省开展“矛盾纠纷化解专项工作”。现制定如下实施方案：

一、指导思想

以邓小平理论和“三个代表”重要思想为指导，深入贯彻落实科学发展观，坚持以人为本、服务群众、关注民生、在各级党委政府的领导下，由综治部门组织协调，各有关部门广泛参与，充分发挥乡镇（街道）综治工作中心作用，全面排查和化解社会矛盾纠纷，进一步推进我省的平安建设，为构建和谐辽宁，实现我省经济社会又好又快发展创造和谐稳定的社会环境。

二、工作原则

开展“矛盾纠纷化解专项工作”是落实“三项重点工作”的重要举措，必须坚持以下工作原则：

（一）坚持“党委领导、政府主导”原则。要在党委领导和政府主导下，由各级综治部门组织协调，有效整合资源和力量发挥各职能部门的作用，密切配合，推动矛盾纠纷的排查化解工作扎实有效开展。

（二）坚持“调解优先”原则。要增强调解意识，坚持把调解作为化解矛盾纠纷的主要手段。

要做到预防工作走在前，把思想政治工作和政策法律宣传教育工作贯穿于解决矛盾纠纷的全过程，预防和化解矛盾纠纷。

（三）坚持“属地管理”原则。要按照条块结合、以块为主的要求，对发生在各市、县（市、区）范围内的矛盾纠纷，由当地党委、政府负责解决；对跨地区、跨部门、跨系统的，由上一级党委、政府或主管部门牵头，协调解决；对无主管上级的企事业单位，由所在地党委、政府牵头，有关部门会同有关企事业单位解决；涉及中央、省属单位，需要地方参与解决的，由当地党委、政府或者有关部门配合解决。

（四）坚持“边排查边化解”原则。对已发生的矛盾纠纷要切实做到及时排查，统一管理，归口分流，限期办理，真正做到排查一起，化解一起，巩固一起。

（五）坚持“重在基层、源头治理”原则。矛盾纠纷排查化解要以基层调解为重点，发挥基层组织调解纠纷作用，坚持抓早、抓小、抓苗头、抓源头，守住基层“第一道防线”，确保矛盾纠纷化解在基层，解决在萌芽状态。

三、工作内容

1. 当前群众反映强烈的经济类矛盾纠纷：因企业改制破产、土地征用和承包、城市拆迁、劳动争议、产权等引发的矛盾纠纷；

2. 当前群众反映强烈的民生类矛盾纠纷：因环境污染、交通事故、消费者权益、违规办学、医患纠纷、食品药品安全等引发的矛盾纠纷；

3. 历史遗留类矛盾纠纷：部分军队退役人员、军转企、各类退休人员及库区移民等利益群体在重大政策实施过程中出现的矛盾纠纷；

4. 民间类纠纷：因家庭、邻里、恋爱、婚姻、财产、物业管理等引发的矛盾纠纷；

5. 涉法涉诉案件引发的矛盾纠纷；

6. 容易引发影响学校、幼儿园园及周边安全的矛盾纠纷；

7. 可能引发重大群体性事件或集体上访事件的矛盾纠纷；

8. 容易引发“民转刑”案件的矛盾纠纷。

四、工作目标

1. 各级党政领导和主管部门责任感进一步增强，对各类矛盾纠纷底数清、情况明，本地区、本部门、本单位矛盾纠纷得到有效化解。

2. 不发生有重大影响的群体性事件，不发生来省进京群体访事件，不发生有影响的政治事件，不发生“民转刑”案件。

3. 民间矛盾纠纷调处率达到100%，调处成功率达到95%以上，实现矛盾纠纷总量下降。

4. 市、县（市、区）矛盾纠纷排查调处工作机构进一步健全，并切实发挥作用。

5. 人民调解、行政调解、司法调解机制进一步建立和完善，乡镇（街道）基层矛盾纠纷排查调处组织机构建设得到加强。

6. 基层组织化解矛盾纠纷的能力和主动性增强，各项工作措施落实到位。

五、具体步骤

1. 全面排查阶段（5月1日至6月30日）。各级综治委及其办公室要认真组织实施“矛盾纠纷化解专项工作”，要结合本地区实际情况，制定切实可行工作方案，迅速开展工作。要通过工作例会、干部下访、深入基层调查研究、群众评议会、网络舆情、公布联系电话、发放宣传册，设立矛盾纠纷排查提示栏等方式，畅通社情民意，全面掌握本地区、本部门、本单位矛盾纠纷情况。要以机关、团体、企事业单位、社区（村）为主组织进行日常排查活动，以党政主管部门为主开展行业、系统的排查，重点是矛盾纠纷多发的领域、行业和群体。乡镇（街道）每半月、县（市、区）每月组织开展一次集中排查；针对特定地区或特定领域带倾向性的矛盾纠纷及时开展专项排查；在重要节假日、社会敏感期、特别是上海世博会、广州亚运会期间，要集中力量组织开展重点排查。各级综治委及其办公室对排查出来的矛盾纠纷要逐级认真登记造册，建立台账，确定专人负责矛盾纠纷排查调处情况信息报告工作，对中央和省综治委统一部署或指定的信息情况要按时报送；乡镇（街道）把排查出来的所有矛盾纠纷按时报送党委、政府及县级综治部门，县级以上综治部门把本级协调解决或需要上级协调解决的矛盾纠纷报告本级党委政府和上级综治部门。对重大矛盾纠纷的信息要及时报告。市、县、乡镇（街道）三级实行“零报告”制度。

2. 全力化解阶段（7月1日至9月30日）。

各级综治委及其办公室对本级排查出来的矛

盾纠纷和下级上报需要协调化解的矛盾纠纷，要及时进行汇总、梳理，区分矛盾纠纷的类别和性质，明确办理责任主体，提出调处建议，做好受理反馈，通过发出通知书等形式，将调处的责任落实到具体部门（单位）和责任人。要严格落实首问责任制，当事人首次找到调解工作窗口或矛盾纠纷调解一旦落实到某一责任主体，责任人或单位不得推诿敷衍、拒绝受理，要登记在案，及时了解情况，制定工作方案，明确答复口径，组织协调有关部门妥善解决问题，并跟踪到底。县（市、区）、乡镇（街道）两级对重大矛盾纠纷和可能引发群体性事件的重大问题，要实行挂牌督办，落实责任领导、责任人、调处单位、调处方案和调处时限，依法调处，防止反复，一包到底，真正做到排查一处，化解一处，稳定一处。

3. 建章立制阶段（10月1日至11月10日）。

各地通过“矛盾纠纷化解专项工作”，要进一步完善大调解运行工作机制。在党委和政府统一领导下，由综治部门统筹协调，县（市、区）依托信访大厅设立人民调解、行政调解、司法调解的联调窗口，建立健全组织机构和工作机制；乡镇（街道）依托综治工作中心建立人民调解、行政调解、司法调解的联调工作机制，切实整合政法、综治、信访和有关行政部门及工会、共青团、妇联等组织的调解资源和力量，建立矛盾纠纷联动调解的大调解工作平台。村（社区）要加强人民调解组织建设，并牵头重点做好民间纠纷的调处工作。通过搭建工作平台，加强县（市、区）、乡镇（街道）、村（社区）之间的沟通联系，形成上下贯通、条块结合的调处联动工作格局，形成排查调处组织领导和行政管理部门与司法部门在调解、执行等工作环节中的联动机制。

要进一步健全和完善社会稳定风险评估制度。市、县（市、区）、乡镇（街道）矛盾纠纷排查调处工作组织领导部门，要积极推动地方重大决策、重大工程项目的社会稳定风险评估工作。从制度和机制上保障各级党委、政府科学决策、民生决策、依法决策。同时，要切实建立健全矛盾纠纷排查、报告、会商、归口调处、回访等制度，推动矛盾纠纷排查化解工作的经常化、制度化、规范化。

4. 总结验收阶段（11月16日至12月31日）。

各地区、各部门要认真总结这次开展“矛盾纠纷化解专项工作”的经验做法，固化有效的工作模式，不断创新矛盾纠纷排查化解工作的方式方法，并以这次“矛盾纠纷化解专项工作”为契机，进一步加强矛盾纠纷排查化解工作。各地要组成工作检查组，对本地区和部门、单位开展“矛盾纠纷化解专项工作”的情况进行检查验收，并形成总结报告。省综治委将于12月下旬对各地、各部门和单位开展“矛盾纠纷化解专项工作”情况进行检查验收，并将工作成效纳入综治年度考核重要内容。

六、工作要求

1. 精心组织，加强领导。开展“矛盾纠纷化解专项工作”是贯彻落实三项重点工作的重要举措，各级党委、政府要把这项工作纳入“一把手”工程，按照中办发[2010]46号和辽委办发[2010]8号文件要求，在人力、物力、财力上予以保障，切实加强组织领导。为推动这项工作深入开展，省成立“矛盾纠纷化解专项工作”领导小组，省委常委、政法委书记、省综治委副主任李峰任组长，省委副秘书长贾德茂、省政府副秘书长郭富春、省委政法委副书记、省综治办主任王宝刚任副组长，领导小组下设办公室，负责日常工作，王宝刚兼任办公室主任，各市、县（市、区）也要成立领导小组及办公室。

2. 加强部门协调，形成工作合力。要坚持党委、政府统一领导，在各级综治委的组织协调下，相关部门及时跟进配合，建立以块为主，县（市、区）为重点，部门、系统积极参与的“排查化解”工作格局。各级综治部门要把“矛盾纠纷化解专项工作”与中央综治委统一部署的重点地区排查整治工作结合起来，集中排查整治影响社会稳定的重大不稳定因素和突出治安问题。各部门要各负其责，严格落实各自承担的职责任务，形成工作合力。

3. 加大督查考评和责任奖惩力度。各地、各部门、各单位要认真落实领导责任制，把开展“矛盾纠纷化解专项工作”作为社会治安综合治理考评的重要内容，加强检查督导，严格落实责任奖惩。对矛盾纠纷排查及时，调处得力的要表彰奖励；对领导不重视，排查不深入，调处不力，或对排查发现的重大矛盾纠纷和问题隐瞒不报，在源头上制造矛盾纠纷，推诿扯皮，导致发生严重危害社会治安和社会稳定重大矛盾纠纷的地方、部门、单位要予以通报批评、警示直至一票否决。特别是要在县（市、区）、乡镇（街道）建立并实施重大群体性事件或矛盾纠纷责任倒查追究制度，查明原因，严肃追究有关责任人的责任。

4. 切实加强宣传教育工作。各级综治委及其办公室要积极与有关新闻单位建立联系，有计划地确定各个工作阶段的宣传重点，关注舆情，正确把握舆论导向，切实加大开展“矛盾纠纷化解专项工作”宣传力度。要深入开展社会主义法制宣传教育，提高人民群众遵纪守法的自觉性和依法维权的意识，宣传调解工作的作用和效果，引导群众自觉把调解作为解决矛盾纠纷的首要选择，积极推动排查调处工作体系建设。让群众了解掌握矛盾纠纷排查化解工作内容，广泛动员人民群众支持、参与矛盾纠纷排查化解工作，发挥新闻媒体关注民生、疏导民意、舆论监督的桥梁作用来化解矛盾纠纷，在全社会营造开展矛盾纠纷排查化解工作的良好氛围。

辽宁省社会治安综合治理委员会关于印发《关于开展社会管理创新综合试点工作的实施方案》的通知

（2010 年 8 月 23 日）

各市综治委，省综治委各成员单位：

现将省综治委制定的《关于开展社会管理创新综合试点工作的实施方案》发给你们，请结合各地实际，认真贯彻执行。

关于开展社会管理创新综合试点工作的实施方案

为贯彻落实中央和省委关于加强社会建设、创新社会管理综合试点工作部署和要求，积极推动我省社会管理创新综合试点区的试点工作，探索建立与社会主义市场经济体制相适应的社会管理体系，进一步提升我省社会管理创新水平，维护我省政治稳定和社会安定，推进我省社会治安综合治理科学发展，制定如下实施方案：

一、指导思想和工作目标

以邓小平理论和“三个代表”重要思想为指导，深入贯彻落实科学发展观，紧紧围绕构建和谐辽宁、加快全面振兴这个中心任务，深入分析我省社会建设和社会管理形势，准确把握当前我省维护安全稳定和社会治安综合治理工作中存在的薄弱环节和重点难点问题，紧紧抓住开展社会管理创新综合试点工作的契机，探索建立与综治维稳工作相适应的新理念、新思路、新体制、新机制，并在方法手段上取得新突破，全面加强社会建设、创新社会管理，提升社会建设工作水平，推进辽宁经济转型、社会转型、体制转型，努力实现科学发展、创新发展、和谐发展，为加快辽宁老工业基地全面振兴提供良好的社会环境。

二、综合试点工作内容

（一）建立网格化社会管理机制。按照“属人、属事、属地管理”的原则，依托城市管理网格，发挥各部门、各单位的职能作用，对网格所属重点人、地、物、事、组织建立基础电子台账和排查、调查、普查工作机制，由综治部门牵头，协调各有关单位和部门，建立社会管理综合信息系统，整合各种专群力量，明确网格内社会管理责任主体、责任人，专业力量、协管力量、志愿服务力量配置标准，形成全面覆盖、动态跟踪、联通共享、功能齐全的社会管理信息网络，对网格单元内的重点人、重点部位和重点单位、重点组织等实施精细化、信息化、实时化管理，使人、事、地、组织在管理中，管理在控制中，以工作手段的信息化应对社会的动态化、复杂化，提高社会管理水平。

（二）建立社会矛盾大调解工作机制。在党委政府统一领导下，由政法综治统筹协调，司法行政部门牵头，建立健全社会群众团体、中介机构、居民小区、村镇街道、厂矿等社会机构和社会基层力量广泛参与的社会矛盾反馈系统，构建矛盾纠纷情报信息网络及各类矛盾纠纷的信息收集、报送、分析制度，确保对涉及各类矛盾纠纷的信息反应灵敏、处置及时。坚持重大决策风险评估制度，对重大稳定隐患的苗头性、倾向性问题进行分析研判，及早预警，妥善化解。建立和完善乡镇（街道）综治信访维稳工作中心，充分发挥中心平台作用。夯实人民调解基层基础，切实发挥“第一道防线”作用，把矛盾纠纷解决在基层；加强道路交通、医患纠纷、国土资源等专门调解组织建设，建立行业协会及其他行业性自律组织设立的第三方的行业调解委员会，发挥其调解效能，形成矛盾排查化解齐抓共管格局；加强对易肇事肇祸精神病人的排查摸底，研究解决对其医治及管理方式；加强和改进司法调解工作，发挥其调解权威性、公信度，努力实现案结事了；健全人民调解、行政调解、司法调解有效衔接的大调解工作机制，满足社会主体多样化需求。

（三）建立社会治安防控网络建设机制。加强城市治安防范工作，提高城市治安管控能力，按照整体把握、系统建设、形成机制的思路，将社会治安防范设施建设纳入城市建设总体规划，实现与城市建设相同步。继续完善社会公益性岗位，扩大维护社会治安志愿者和平安志愿者队伍，大力发展规范化的保安服务业，落实群防群治措施。探索建立科技含量高，适应地区、单位、行业特点的报警和视频监控等技防设施。要加强农村治安防控网络体系建设，积极构筑“乡乡有组织、村村有队伍、户户有人看”的适合农村治安特点的治安防控网络；建立与社会主义新农村建设相适应的农村警务工作机制，加强农村各类治安队伍、治安中心户组织等建设，把警务工作的触角延伸到每家每户，建立适宜农村特点和经济适用的物防、技防设施；按照“政府指导、财政扶持、市场运作、群众自愿”的原则，全面推农村治安保险工作。

（四）建立村庄社区化管理机制。适应城乡统筹发展、城乡一体化的发展进程，仿照城市社区物业管理模式，在流动人口聚集、治安形势复杂、案件高发的自然村实行社区化管理，按照公共管理有序化、治安防范自治化、出租房屋规范化、流动人口常住化的标准建立健全公共服务体系，将生活在村庄的所有人员全部纳入服务管理视野，进一步改善村庄环境，降低刑事治安案件发案率，提高农村地区群众安全感和社会管理水平。

（五）建立重点地区动态排查整治和联合执法工作机制。定期对治安形势进行评估和报告，对刑事治安案件发案趋势和直接影响群众安全感的“两抢一盗”侵财类等可防性案件进行分析研判，建立对违法犯罪活动的常态预防打击机制，遏制刑事发案上升势头；定期排查确定刑事治安高发案重点地区，实行党委政府和公安机关双向挂牌督战，明确责任和整改时限，限期达标摘牌，抑制可防性案件发案势头；定期排查确定市级和县（市、区）级治安重点整治地区和整治工作重点，采取政府统一领导，综治牵头组织，按照条块结合、以块为主的原则，对辖区内各种违法行为和秩序类问题实施联合执法，彻底改变突击式、运动式管理和各自为政的体制机制弊端，最大限度优化和整合执法力量、执法资源，提高执法效率，增强执法效果，净化社会环境。

（六）建立新经济组织、新社会组织服务管理机制。加强对“两新组织”管理服务规律特点的研究，积极探索新形势下党和政府对“两新组织”服务管理的有效体制机制、手段方法。积极推动在“两新组织”中建立党团组织、工会组织，加强法制教育培训，加强对贯彻《劳动法》、《劳动合同法》等法律法规的检查，加强对劳动者的人文关怀。把社会管理和公共服务延伸到“两新组织”，促进“两新组织”健康发展。试行社区商户管理协会工作模式，在街道及社区成立商户管理协会，通过定期分析辖区“两新组织”动态，排查调解商户之间矛盾纠纷，组织开展安全检查，发动协会会员参与社区志愿服务，维护商户合法权益等形式履行职责，加强辖区新经济组织和新社会组织的服务管理。

（七）建立虚拟社会综合管理机制。要把虚拟社会与现实社会作为一个整体来考虑，加强虚拟社会的管理，统筹网上网下两个阵地，加大依法管理力度，健全网络管理法律法规，提升网络攻防技术能力，建立健全网上动态管理机制。有效整合网上网下资源，发挥网上网下整体作战优势，严厉打击各种网络违法犯罪活动，形成集打、防、控为一体的网络综合防控体系。建立网上舆情监测预警系统，加强网上快速反应能力，妥善处置各种突发事件，积极主动引导网络舆论，不断提高对虚拟社会的管理水平。

（八）建立社区服刑人员矫正、刑释解教人员安置帮教工作机制。建立刑释解教人员的必送必接和有效安置机制，以政府投入为主、社会支持为辅，建设集食宿、教育、培训、救助等多功能为一体的过渡性安置基地，承担社区服刑人员、刑释解教人员集中教育、公益劳动、技能培训、心理干预和“三无人员”临时安置等工作职能，帮助刑释解教人员解决就业和生活困难，让他们顺利回归社会，过上正常人生活。实施预防青少年违法犯罪“关护计划”。强化对社会闲散青少年的教育帮扶工作。建立对不在学、流浪未成年人、留守未成年人和服刑人员未成年子女的救助和帮扶工作制度，建立未成年人爱心救助金等司法保护制度。建立社区矫正管理体系，充分发挥各部门、各单位、社会团体和社区志愿者、社工的力量，帮助矫正对象，提高矫正帮教工作水平。

（九）建立流动人口服务管理工作机制。探索建立流动人口新型服务管理模式，把流动人口作为城市新居民，作为最需要关怀的人来对待，在流动人口集中地区建立新居民互助服务站，将流动人口视同常住人口“新居民”，实施同等服务、同样管理，在政策许可范围内满足流动人口生产、生活、就业、就医、就学等方面的实际需要，努力使他们感受到党和政府的温暖，感受到社会的温暖，更好地融入社会。特别要把城镇的公共服务延伸到流动人口身上，让他们切身感受到所在城镇就是自己的家，自己就是城镇的主人。要结合积极稳妥地推进城镇化建设，以促进农民工融入城镇为重点，加快推进户籍管理制度改革，放宽中小城市和城镇落户条件，并探索逐步放宽大城市落户条件，建立城乡统一的户口登记管理制度。要通过建立自己管理自己的模式，增强流动人口的“同城意识”和主人翁责任感，减轻政府管理压力，促进和谐社会建设。

（十）建立社会公共安全管理机制。加大交通、卫生、食品、防火、危险物品、高危行业等领域的安全管理工作，建立与之相适应的公共安全管理机制，完善各类安全生产许可证制度。定期开展隐患排查治理，加强技术管理、设备管理、劳动管理和现场管理，积极构建“政府统一领导、部门依法监管、单位全面负责、群众积极参与”的公共安全工作格局。进一步健全和完善公共安全生产事故责任追究制度，逐步把公共安全事故处理与责任追究纳入法治轨道。

三、综合试点工作时间步骤安排

综合试点工作分为研究部署、试点推进、总结提高和全面推广四个阶段。

1. 研究部署阶段（2010 年 8 月底前）。对综合试点工作进行研究部署、下达任务。试点各地区根据省综治委实施方案和综合试点任务，组建专门的组织领导体系和工作班子。

2. 试点推进阶段（2010 年 9 月至 2011 年 9 月）。各地区明确试点任务，部署试点工作，明确责任分工，全面开展试点工作，边推进边总结。

3. 总结提高阶段（2011 年 10 月至 2011 年 12 月）。各地区对综合试点工作情况和试点项目推进成果进行系统总结，以党委、政府名义向省综治委呈报试点工作报告。

4. 全面推广阶段（2012 年 1 月）。根据各试点地区具体情况，组织召开全省社会管理创新现场经验交流会，全面推广试点经验。形成工作意见推动全省社会管理创新深入开展，形成系统经验材料报送中央综治办。

四、有关工作要求

一是强化组织领导。综合试点地区党委、政

府要迅速领会和全面贯彻中央、省委决策精神，高度重视，切实加强组织领导，作为党委、政府主要领导重要议事日程，要把加强社会建设、创新社会管理工作作为一把手工程，主要领导负总责、亲自抓。要把综合试点工作作为新一轮“争创”活动的有力抓手，作为衡量、评价一个地区平安创建的重要指标，迅速研究确定领导挂帅的专门工作班子，统筹领导社会管理创新综合试点推进工作。

二是迅速研究制定试点工作方案。根据省综治委的实施方案，结合各地区实际，迅速研究制定社会管理创新综合试点工作方案，细化任务分工，提出具体工作目标，明确组织领导体系、具体责任部门，明确工作开展步骤和时间安排。积极引入社会管理领域专家学者，对试点工作实施实时指导和总结提炼。

三是加大考核力度。在今明两年社会治安综合治理工作考核中，将综合试点工作推进情况作为重要考核内容，作为对试点区领导班子、领导干部任期考核的重要内容，纳入全省综治工作考评体系和领导干部综治工作实绩档案。

四是加大投入力度。各级党委、政府要切实加大综合试点地区人力、物力、财力的投入，给予有力的支持，确保各项试点工作顺利开展、取得预期成效。

五是加强宣传引导。要通过报刊、电视、广播、互联网、宣传栏等多种形式，加大对社会管理创新综合试点工作的宣传力度，广泛动员各界和广大群众积极参与，形成人人参与社会管理创新、人人共享社会管理创新成果的良好氛围。

辽宁省综治委、办机构情况和负责人名单

副主任：李　峰　省委常委、政法委书记
许卫国　省委常委、副省长
王　琼　省人大常委会副主任
李文喜　省政协副主席
肖　声　省人民检察院检察长
王振华　省高级人民法院院长
王宝刚　省委政法委副书记

委　员：贾德茂　省委副秘书长
郭富春　省政府副秘书长
唐俊杰　省人大内务司法委员会副主任
刘大民　省纪委副书记
朱　锦　省委政法委副书记
陈　英　省委政法委副书记
王业卿　省委组织部副部长
周连科　省委宣传部副部长
蒋　欣　省直机关工委副书记
高戈平　省综治办副主任
杨文学　省综治办副主任
张家成　省司法厅厅长
庄　敏　省国家安全厅厅长
闫庆文　省公安厅副厅长
张耀军　省经委主任
姜作勇　省发改委主任
郑玉焯　省财政厅厅长
刘　铭　省人社厅厅长
徐铁楠　省民政厅厅长
张铁民　省交通厅厅长
商向东　省建设厅党组书记、副厅长
李铁民　省工商行政管理局局长
李秀君　省计生委主任
姜　潮　省卫生厅厅长
魏小鹏　省教育厅厅长
刘长江　省农委主任
李厚朴　省广播电视局局长
张玉文　省地税局副局长
郭兴文　省新闻出版局局长
张荣胜　省通信管理局局长
武虹剑　省旅游局局长
张恩礼　沈阳铁路局党委常委、政法委

	书记
宋兴国	中国人民银行沈阳分行行长
于宝国	省总工会副主席
田　野	团省委书记
史桂茹	省妇联主席
姜凤羽	辽宁日报社社长
黄传兴	省电力有限公司总经理
车进军	民航东北管理局局长
曲庆武	中国人民保险公司辽宁省分公司总经理
王海滨	沈阳军区政治部保卫部部长
贾春阳	省军区副参谋长
徐景泉	省武警总队副政委
田　力	省质量技术监督局副局长
张　晶	省统计局局长
梁　彦	省安全生产监督管理局副局长
张志南	大连海关关长
刘晓辉	沈阳海关关长

办公室主任：王宝刚(兼)

省社会治安综合治理委员会办公室与省委政法委机关合署办公，省综治办主任由省委政法委副书记王宝刚兼任，设副主任两名(副厅级)，下设两个处，为综合治理协调处、综合治理督察处，具体组成人员如下：

王宝刚	主　　任
高戈平	副 主 任
杨文学	副 主 任

辽宁省各市、县(市、区)综治委、办主任名单

地　区	综治委主任	综治办主任
沈阳市	苏宏章	董开德
和平区	肖　坤	徐　成
沈河区	魏春华	吴宪章
铁西区	彭俊和	白维国
大东区	陈世海	尹奉浩
皇姑区	张昕光	宋晓英
东陵区	李桂盛	王宗阳
于洪区	孙铁夫	高兴利
苏家屯区	李剑秋	靳景华
沈北新区	李英华	乔长江
新民市	孙长福	段成刚
辽中县	张东阳	李剑英
法库县	刘连恒	刘柏坤
康平县	尹　凛	李晓光
棋盘山开发区	高士范	张曹茂
大连市	里景瑞	吕东辉
中山区	何守林	艾　军
西岗区	滕贞甫	徐　鑫
沙河口区	蒋建平	于　强
甘井子区	王　戈	王　永
旅顺口区	段　炼	韩科军
金州新区	赵相友	姜庆志
普兰店市	王继晓	王国文
瓦房店市	于建秋	付经洲
庄河市	张黎明	赵旭奎
长海县	张俊之	王忠义
鞍山市	李宇光	周维成
海城市	杨振业	杜久龙
台安县	康明树	庞万东
岫岩县	张　岩	刘凤科
铁东区	潘新宇	马克尧
铁西区	朱卫红	张　颖
立山区	王泓宇	刘金英
千山区	迟永刚	刘　策
抚顺市	喻国伟	高长生
新抚区	刘　凯	吴成刚
望花区	周焕杰	余庆安
东洲区	徐　波	程光明
顺城区	赵雪松	曲家成
抚顺县	郑学伟	姜　涛
清原县	封福高	李左海
新宾县	于景森	张明涛

地　区	综治委主任	综治办主任
开发区	佟泽宾	张宝仪
本溪市	李景阳	朴庆贺
本溪县	李景玉	李　强
桓仁县	杜庆平	韩立仁
平山区	李少平	王学明
明山区	范大明	吴兴才
溪湖区	刘亚光	杨向宇
南芬区	于庆伟	王玉有
开发区	丁　勇	张　玉
丹东市	李树民	李公昌
东港市	李　臣	于志民
凤城市	董长允	李宝忠
宽甸县	耿玉礓	王作天
振兴区	杜　强	方　君
元宝区	于　辉	于　凯
振安区	葛文坤	吴　君
锦州市	徐大庆	李忠伟
黑山县	马仕林	郭　平
北镇市	李昭刚	王文洋
凌海市	王　刚	刘东宁
义　县	李清风	李晓光
凌河区	李宝山	张　隽
古塔区	孙相利	邓宝双
太和区	刘述人	赵艳萍
开发区	梁立满	苗雅丽
松山新区	余素绵	鲍永清
营口市	董建国	庄桂兰
大石桥市	赵永胜	胡远哲
盖州市	夏天成	王　平
站前区	董永安	白亚杰
西市区	郭彩学	王　军
老边区	王奎顺	韩庆林
开发区	曾凡忱	任怀军
阜新市	刘宝兴	蒋怀文
阜蒙县	海景春	张　颖
彰武县	张首山	王　占
海州区	王秋博	郑树新
太平区	吴天赋	张　勇
细河区	梁　凯	张殿荣
新邱区	米春年	白玉明
清河门区	毕诗英	王志全

地　区	综治委主任	综治办主任
经济技术开发区	王文新	陈崇峰
高新科技园区	钱志军	武玉珍
辽阳市	杨立宪	李津林
辽阳县	宿奎刚	刘宪安
灯塔市	苏　萍	孙　辉
白塔区	陈世民	尹　云
文圣区	王彦装	穆德林
宏伟区	朱东伦	孙成文
弓长岭区	穆伟成	张成军
太子河区	杨俊喜	刘　阳
铁岭市	宋彦麟	夏宝珍
铁岭县	魏　闻	尤经让
开原市	宋宝德	张春华
昌图县	王永利	张春青
西丰县	王　鹏	井维丰
调兵山市	王净雪	王志振
银州区	邱利民	谢永宏
清河区	银凤燕	刘淑杰
开发区	李中山	于振才
朝阳市	姚惠钧	李建威
北票市	刘敬华	宋有国
凌源市	丛日兴	杨　军
朝阳县	张志军	修树义
建平县	王国富	姚天祥
喀左县	谷永舫	许春才
双塔区	张义林	高文雅
龙城区	蒙占峰	吴淑丽
开发区	胡建华	潘　升
盘锦市	齐继慧	王永伟
盘山县	杨　昕	刘亚明
大洼县	孙　雨	徐东升
双台子区	张国军	李海军
兴隆台区	王德友	王　罡
葫芦岛市	崔枫林	叶树和
兴城市	孙志浩	赵友谊
绥中县	田树槐	王海军
建昌县	王春奇	于　昌
连山区	支剑锋	李宏明
龙港区	唐联众	肖九思
南票区	孟兆林	周文力

地　区	综治委主任	综治办主任	地　区	综治委主任	综治办主任
杨家杖子经济开发区	郑子清	田久余	沈阳铁路局	张恩礼	杜承祺
			辽河石油公司	黄　刚	汪忠德

（撰稿人：徐镇韬
审稿人：王宝刚　季勤）

吉 林 省

2010年社会治安综合治理工作概况

2010年，吉林省认真贯彻党中央、国务院、中央综治委各项部署，深入贯彻落实科学发展观，把社会治安综合治理和维护社会稳定纳入经济社会发展全局，加强改进群众工作，着力在社会矛盾化解、社会管理创新、平安吉林建设等重点工作上深入推进落实，切实解决影响社会稳定的源头性、基础性、根本性问题。特别是在遭受特大洪灾的情况下，保持了全省社会大局稳定，为加快吉林振兴、实现富民强省创造了良好的社会环境。刑事案件同比下降13.2%，其中一案多命案件同比减少55%；信访总量同比下降40.1%；群体性事件同比下降33.9%；交通、火灾、安全生产事故同比分别下降17.5%、6.87%和26.6%。

一、着力推进责任落实，切实加强组织领导

省委、省政府对综治维稳工作高度重视，反复强调要更加自觉、更加主动地落实稳定是硬任务、是第一责任的要求，把综治维稳工作摆上更加重要的位置。2010年3月16日，省委书记孙政才就加强社会治安综合治理工作做出重要批示。此后，孙政才书记和王儒林省长又多次就综治维稳工作做出指示、批示，要求以更加坚决的态度、更加有力的措施，抓好综治维稳各项工作，落实好第一责任。一是孙政才书记与市（州）委书记、省综治委成员单位主要负责同志签订综治维稳和平安建设工作责任状。建立了领导干部综治维稳工作实绩档案。把综治维稳工作能力和实绩作为党政领导干部选拔、任免、晋职晋级、管理监督和奖励惩处的重要依据。严格落实一票否决制度。二是从源头上解决影响稳定突出问题。把保障和改善民生作为维护稳定之本，把综治维稳和平安建设纳入民生实事，加大投入，如，全省先后投入信访救助资金5亿多元；补发历史拖欠的24.3亿元中小学教师工资，促进了社会和谐稳定。三是为综治维稳工作提供保障和支持。孙政才书记、王儒林省长和省委常委、政法委书记、省综治委主任李申学等领导同志，多次深入基层，就综治维稳工作进行调研、指导。为了加强基层基础建设，省委常委会决定，把乡镇（街道）综治机构纳入编制序列，提高综治维稳经费保障标准，进一步提高了基层维护社会稳定的能力。

二、着力推进基础建设，夯实综治维稳根基

省委、省政府把2010年作为全省综治维稳基层基础建设年，构建强有力的基层综治维稳工作体系。一是加强各级综治组织建设。推动综治维稳工作网络向基层末端延伸，设立乡镇（街道）社会治安综合治理机构，在村、社区建立综治维稳工作站。大幅提高全省社会治安综合治理经费保障标准，每年新增综治工作专项经费1500多万元。二是加强综治维稳工作平台建设。由过去的乡镇（街道）综治工作中心，完善为乡镇（街道）综治维稳工作中心，实行N+1工作模式，统一挂牌，统一职责，统一制度，统一档案台账，统筹解决处理基层涉稳方面的问题，努力实现小事不出村屯（社区），大事不出乡镇（街道）。三是深入开展基层平安建设。开展了22项基层平安创建活动，体现在群众生活中的各个环节，在全省形成了纵向到村屯、社区，横向到社会主要单元的纵横交织、全面覆盖的平安建设网络，创建了更多的无刑事案件和治安案件、无上访案件、无安全事故的社会单元，积局部平安为全局平安。四是全面加强惩防体系建设。坚持严厉打击各种犯罪活动，结合社会治安重点地区（部位）排查整治，对黑恶势力犯罪、杀人和爆炸等严重暴力犯罪以及抢劫、抢夺、盗窃等严重影响群众安全感的多发性侵财犯罪进行了集中打击。到2010年10月末，全省打掉涉黑涉恶犯罪团伙25个，抓获犯罪嫌疑人345

人,破获案件598起。加强视频监控系统建设,全省视频探头达到17万个。加强群防群治队伍建设,全省群防群治队伍达到27万人。根据吉林省边境线长、对敌斗争复杂的形势,加强在平安边境建设,建立了"党政军警民合力治边"机制和"边境110"机制,全省238个边境村屯连续4年实现刑事案件零发案。

三、着力推进源头治理,全力化解社会矛盾

把化解社会矛盾作为维护社会稳定的第一道防线,努力实现标本兼治。一是坚持科学民主依法决策。在2009年初省委、省政府下发文件部署全面实行社会稳定风险评估的基础上,2010年又建立了严格的考评制度,将社会稳定风险评估贯穿党委、政府及有关部门决策的全过程,凡是出台涉及群众利益的重大决策都要严格实行风险评估。2010年以来,全省通过风险评估停建缓建重大项目226个。2010年8月,辽源市拟将军分区办公楼移址改建,涉及居民拆迁700多户,经过风险评估发现,项目一旦实施,极易引发群体上访,市委、市政府与军分区协调后,果断决定停止该项目实施。二是全面建立社会矛盾纠纷多元解决机制。省委办公厅、省政府办公厅转发了省综治委、省法院、省司法厅、省政府法制局、省信访局《关于建立社会矛盾纠纷多元解决机制的意见》,深化了人民调解,形成以村屯(社区)调委会、综治协管员(人民调解员)队伍为基础、以乡镇(街道)综治办、司法所、综治维稳工作中心为骨干的人民调解工作体系。提升了行政调解,建立健全了劳资纠纷、医患纠纷、环境污染、食品药品安全、交通事故等领域的行业性、专业性调解组织。辽源市在公安分局建立"公调对接"机制,采取"警官+退休法官"的工作模式,对治安案件和轻微刑事案件进行调解,及时化解了很多矛盾纠纷,全市法院受理的民事案件和刑事案件分别下降10%和25%。创新了司法调解,全省各级法院普遍建立诉前调解室(中心),构建了诉前多元调解与诉讼有效衔接的社会矛盾纠纷化解机制。吉林市昌邑区法院开展庭前调解工作,诉讼外解决的纠纷占民商事纠纷的88%。三是建立信息研判和预警机制。及时搜集获取各种影响社会稳定的深层次、预警性情报信息,形成了条块结合、上下贯通的情报信息网络。坚持每月对社会稳定形势进行综合分析预测,组织协调有关方面及时防范和稳妥处置。

四、着力推进齐抓共管,形成综治工作合力

认真落实"谁主管、谁负责"的原则,推动职能部门对社会治安齐抓共管、综合治理。一是建立综治委成员单位联系点制度,52个省综治委成员单位联系52个县(市、区),指导当地党委、政府及综治部门抓好综治基层基础建设、社会治安防控体系建设。同时,探索发挥职能作用,创新社会管理的试点经验。二是牵头抓好基层平安创建活动,全省基层平安创建活动都由省直职能部门牵头主抓,相关部门配合,形成了工作合力。三是充分发挥五个专门领导小组办公室作用。集中开展学校及周边治安综合治理,全省没有发生有影响的校园安全案(事)件。全面推进安置帮教信息化建设,服刑在教人员信息核实率90%,核实成功率59%,双率均居全国第一。全省建立刑释解教人员过渡性安置基地126个,安置刑释解教人员1677人。加强完善铁路护路联防工作,健全了组织机构,开始征收铁路护路联防工作经费,全省已全面落实铁路护路联防责任。加强流动人口服务管理工作,年底前可在全省推行居住证制度。积极推进预防青少年违法犯罪工作,把预防青少年违法犯罪工作作为基层综治工作重要内容,贯彻到司法工作各个环节。白山市建立以"五老"人员、公安民警和帮教志愿者为主体的"绿色家园"工作机制,对社会上流浪、失学、留守、轻微劣迹青少年实施帮扶和教育,全市建立"绿色家园"69个,志愿者队伍3000多人,未成年犯罪下降30%。

五、着力推进工作创新,提升整体工作水平

积极适应形势发展的需要,探索建立与社会主义市场经济体制相适应的社会管理体系,变被动维稳为主动保稳,变胸中无数为心里有底。一是全面抓好社会管理创新综合试点工作。省委常委会就试点工作进行专题研究,确定了工作原则。由中央确定的延吉市和省委确定的辽源市、农安县试点工作全面展开,进展顺利。二是积极探索基层群众自治机制,建立综治协管员队伍。在农村,每个自然屯选聘1名综治协管员;在城市,每个社区从公益性岗位中推选出两位综治协管员。全省共聘用综治协管员37000人,主要负责矛盾调解、治安防范、信息报送、法制宣传、执法监督以及服务群众等工作，进一步完善了基层治理模式，实现了政府管理与群众自治相结合，用群众信赖的人，管群众身边的事，使“平时群众身边有人管事，出了问题有人及时报信”。培树了长春市双阳区综治协管员王绍精的先进典型，省委、省政府追授王绍精同志“模范共产党员”、“综治维稳标兵”荣誉称号，并在全省广泛开展学习活动，激励全省各级干部和人民群众更加深入地做好综治维稳工作。三是建立基层社会服务管理的新平台。在全省建立了“平安之声”万村联防互助网工程，实现了村屯全覆盖。依托“平安之声”万村联防互助网工程，开办了全省“平安之声”广播，在农村“四个文明”建设中发挥重要作用。四是加强对“两新”组织的服务管理。在外埠驻吉林商会中建立了综治维稳工作站，开展依法维权、矛盾化解，行业自律等工作，促进了外阜在吉企业的发展，提高了综治维稳工作保障和服务发展的能力。

中共吉林省委办公厅　吉林省人民政府办公厅转发省综治委、省法院、省司法厅、省信访局、省法制办《关于建立社会矛盾纠纷多元解决机制的意见（试行）》的通知

（2010 年 2 月 8 日）

各市、州党委和人民政府，长白山管委会，省委各部、委，省政府各厅、委和各直属机构，各人民团体：

为认真贯彻落实《中共中央办公厅、国务院办公厅转发〈中央社会治安综合治理委员会关于进一步加强社会治安综合治理基层基础建设的若干意见〉的通知》（中办发［2009］14 号）和《中共中央办公厅、国务院办公厅转发〈中央政法委员会、中央维护稳定工作领导小组关于深入推进社会矛盾化解、社会管理创新、公正廉政执法的意见〉的通知》（中办发［2009］46 号）文件精神，深入推进社会矛盾化解工作，经省委、省政府同意，现将省综治委、省法院、省司法厅、省信访局、省法制办《关于建立社会矛盾纠纷多元解决机制的意见（试行）》转发给你们，请结合实际，认真贯彻执行。深入推进社会矛盾化解，着力解决影响社会和谐稳定的源头性、根本性、基础性问题，关系改革发展稳定大局，关系党的执政地位巩固、国家长治久安、人民安居乐业。当前，我省以民生诉求为主尤其是涉及企业改制、征地拆迁、教育医疗、涉农利益、劳动争议、养老、供暖、涉法涉诉等方面的矛盾纠纷仍然较多，可能引发“民转刑”和规模群体访事件的不安定因素还大量存在，各种矛盾纠纷错综复杂、相互交织，给社会管理带来很多新问题，甚至影响到社会和谐稳定。因此，各级党委、政府和各部门（单位）要深入贯彻落实科学发展观，正确处理发展与稳定的关系，在加快发展的同时，切实抓好稳定这个硬任务，采取有力措施，认真做好社会矛盾化解工作。要立足于促进人民调解、行政调解和司法调解的有机结合，大力发展专业调解组织，充分发挥群团组织和其他社会组织、企事业单位调解力量的作用，构建人民调解、行政调解、司法调解互相衔接、配合联动，社会各界广泛参与的多元解决社会矛盾纠纷工作机制和“大调解”工作体系，把深入推进社会矛盾化解的各项工作措施落到实处，确保社会和谐稳定。

关于建立社会矛盾纠纷多元解决机制的意见(试行)

为认真贯彻落实中央关于加强社会治安综合治理、推进社会矛盾化解、构建社会主义和谐社会的有关文件和2009年12月全国政法工作会议精神,构建政法、综治、维稳、信访部门综合协调,有关部门、单位各司其职,社会各界广泛参与,人民调解、行政调解、司法调解相互协调配合的"大调解"工作体系,深入推进社会矛盾纠纷化解,促进我省和谐社会建设和经济社会又好又快发展,提出如下意见。

一、建立健全社会矛盾纠纷多元解决机制的主要目标、任务和工作原则

1. 主要目标:整合并充分发挥人民法院、行政机关、人民调解组织和其他社会组织、企事业单位以及其他各方面的力量,促进各种纠纷及时、便捷、灵活、高效地解决,为人民群众提供更多可供选择的纠纷解决方式,维护社会和谐稳定,促进经济社会又好又快发展。

2. 主要任务:建立人民调解、行政调解和司法调解既分工负责,又互相衔接、相互配合、相互补充,形成合力的长效工作机制,从源头上、根本上、基础上化解社会矛盾。

3. 工作原则:党委、政府主导,相关部门齐抓共管,社会各界积极参与,基层调解优先,依法有序进行。

二、加强人民调解

4. 进一步建立健全人民调解网络,发展壮大人民调解员队伍。进一步巩固和发展村(社区、居委会)人民调解组织;健全完善乡镇(街道)人民调解组织,加强企事业单位的调解组织建设;根据需要,积极稳妥地在集贸市场、旅游区、城乡结合部、流动人口聚集区、物业管理小区等特定区域或者工会、妇联、残联、消费者权益保护协会等群众团体设立区域性或行业性的人民调解组织;在涉及企业改制、征地拆迁、劳动争议、教育医疗、环境保护、安全生产、食品药品安全、知识产权、交通事故等领域建立调解组织,形成多层次、宽领域、全覆盖的人民调解工作网络。

5. 完善人民调解员选任、聘任和持证上岗制度,不断优化人民调解员队伍结构。建立人民调解组织和调解员数据库,引导当事人选择合适的调解组织或者调解员调处纠纷。

6. 认真贯彻人民调解"调防结合、以防为主"的工作方针,充分发挥人民调解的职能作用。健全矛盾纠纷排查和信息反馈制度,建立健全矛盾纠纷情报信息网络,完善信息收集、报送、分析制度;准确把握纠纷发生的规律和特点,做到因人预防、因地预防、因事预防、因时预防,逐步建立起预防纠纷的长效机制,努力把矛盾消灭在萌芽状态。

7. 进一步完善人民调解的方法和程序。创新调解方法,严格执行纠纷管辖、纠纷受理、调解的步骤、调解书的制作等程序规定,充分发挥人民调解的化解矛盾纠纷的"第一道防线"功能。

8. 人民调解组织调解案件时,在不违反法律、行政法规强制性规定的前提下,可以参考行业惯例、村规民约、社区公约和当地善良风俗等行为规范,引导当事人达成调解协议。

9. 经人民调解委员会调解达成的、有民事权利义务内容并由双方当事人签字或者盖章的调解协议,具有民事合同性质。当事人应当按照约定履行自己的义务,不得擅自变更或者解除调解协议。

三、加强行政调解

10. 各级人民政府要积极探索高效、便捷和成本低廉的防范、化解纠纷的机制,建立和完善纠纷调处制度,强化行政机关调处纠纷的功能和责任。

公安、人力资源和社会保障、建设、工商、卫生、国土、房产、环境保护、质量技术监督、农业、林业、水利、渔业等关系群众直接利益较多的行政机关应当明确解决纠纷的工作机构和人员,制定和完善纠纷解决程序,依法妥善处理与本机关行政管理职能相关的纠纷。

政府法制部门综合协调行政调解工作。

11. 当事人申请涉及行政调解的纠纷要实行“领访制”。由其所在村（社区）调解组织或信访部门引领，到事涉行政机关进行调解。事涉多个政府部门的，由一个主办部门商其他部门解决，意见不一致的，由综治办负责协调处理。行政机关应当履行职责，及时依法处理，不得推诿、敷衍、拖延。对不属于行政职权范围内的事项，行政机关应当及时告知当事人获得救济的权利和渠道，引导当事人通过适当途径解决。

要加强行政复议阶段的协调和解工作，促成当事人自行和解。行政机关对调解解决的纠纷，有民事权利义务内容的，应当制作书面调解协议。

12. 行政机关依法对民事纠纷进行调处后达成的有民事权利义务内容的调解协议或者做出的其他不属于可诉具体行政行为的处理，经双方当事人签字或者盖章后，具有民事合同性质。

四、加强仲裁调解

13. 各仲裁委员会应专门设立调解组织。没有仲裁协议的当事人申请仲裁委员会对民事纠纷进行调解的，由该仲裁委员会专门设立的调解组织按照公平中立的调解原则进行调解，调解达成的有民事权利义务内容的调解协议，经双方当事人签字或者盖章后，具有民事合同性质。

14. 依据《中华人民共和国劳动争议调解仲裁法》规定经调解组织调解达成的劳动争议调解协议，由双方当事人签名或者盖章，经调解员签名并加盖调解组织印章后生效，对双方当事人具有合同约束力，当事人应当履行。双方当事人可以不经仲裁程序，根据有关司法解释关于司法确认的规定直接向人民法院申请确认调解协议效力。人民法院不予确认的，当事人可以向劳动争议仲裁委员会申请仲裁。

五、加强诉讼调解

15. 要牢固树立诉讼调解是高质量审判、高效率审判、高效益审判的理念，增强调解的主动性，切实抓好全程、全域、全员的司法调解。

16. 要把调解工作贯穿于立案、审判、执行的各个环节，贯穿于一审、二审、再审、信访的全过程，充分利用一切调解机会，提高调解成功率。要注意确保各个诉讼环节之间的有机衔接，避免久调不决。

17. 要把调解案件范围从民事案件扩展到行政案件、刑事自诉案件、轻微刑事案件、刑事附带民事案件、国家赔偿案件。对刑事附带民事诉讼案件，人民法院应当按照民事调解的有关规定加大调解力度；对行政诉讼案件、刑事自诉案件及其他轻微刑事案件、国家赔偿案件，人民法院可以根据案件实际情况，参照民事调解的原则和程序，促成当事人和解，不断探索有助于和谐社会建设的多种结案方式，不断创新诉讼和解的方法和工作机制。要形成法院承办法官、庭、院领导的调解主体层级，充分调动一切有利于调解的力量形成调解合力。

六、建立健全人民调解、行政调解、司法调解衔接配合的社会矛盾纠纷解决机制

18. 各乡镇（街道）实行综治办、信访办、司法所集中办公联调联动。

（1）信访办统一受理后，进行现场调解，力争当场解决；（2）不能当场调解的，进入人民调解或行政调解程序，属于人民调解范畴的，由司法所组织调解；属于行政调解范畴的，由主管行政单位组织调解；（3）如调解不成，由综治办主任牵头会商调处；（4）仍然不能化解的，由综治委主任牵头联合调处。

19. 建立资源共享机制。基层人民调解组织要在基层人民法院和人民法庭设立人民调解工作室，基层行政机关可视情况，在人民法院设立行政调解室，基层人民法院和人民法庭应当为调解组织提供办公场所和必要的工作条件；基层人民法院和人民法庭应其他调解组织和当事人的要求，派人协助调解，也可以在处理纠纷比较多的派出所、交警队、妇联、工会、医院等单位设立巡回调解点；要坚持巡回审判和法官进社区、村屯的做法，具体指导调解组织的调解工作。对调解组织调解不成的纠纷，人民法院要及时立案，及时处理。

20. 完善诉讼活动中多方参与的调解机制。

（1）人民法院在原告起诉之后、正式立案之前，可以依职权或者经当事人申请后，交由行政机关、人民调解组织进行调解。

（2）经双方当事人同意，或者人民法院认为确有必要的，人民法院可以在立案后将民事案件委托行政机关、人民调解组织协助进行调解。调解结束后，有关机关或者调解组织应当将调解结果告知人民法院。达成调解协议的，当事人可以申请撤诉、申请司法确认，或者由人民法院经过审查后制作调解书。

21. 建立健全职能互补、互相配合协作机制。要充分发挥不同调解组织的职能互补作用，引导不同类型的案件由不同的调解组织解决；不同性质的调解组织之间、不同层级的调解组织之间要加强工作配合协作，形成分工合理、权责明确、配合默契、各扬所长的调解体系。

22. 完善非诉调解协议的效力保障机制。

对经人民调解组织（包括商事调解组织、行业调解组织或者其他具有调解职能的组织）、行政机关、仲裁调解组织调解达成的具有民事合同性质的协议，人民法院应当根据不同情况分别处理：

（1）当事人申请有管辖权的人民法院确认其效力的，人民法院应当依法审理，做出确认其效力或不予确认其效力的决定，并出具确认决定或不予确认决定书；需要执行的，人民法院应当依法及时执行。

（2）当事人依法申请并经公证机关依法赋予强制执行效力的具有合同效力和给付内容的调解协议，属于具有强制执行效力的公证文书。债务人不履行或者不适当履行具有强制执行效力的公证文书的，债权人可以依法向有管辖权的人民法院申请执行，人民法院应依法受理并执行。

（3）具有合同效力和给付内容的调解协议，债权人依法向有管辖权的基层人民法院申请支付令的；因支付拖欠劳动报酬、工伤医疗费、经济补偿或者赔偿金事项达成调解协议，用人单位在协议约定期限内不履行的；劳动者持调解协议书依法向人民法院申请支付令的；受理并按照督促程序处理。

23. 建立健全通报会商机制。

（1）建立信息通报制度。全省各级人民法院、司法行政机关、政府法制部门、信访部门及其他有关行政机关和调解组织要及时互相通报本单位发现、受理、调解纠纷的情况。对涉及调解协议案件，人民法院在审理终结后，应将生效的法律文书发送给调解该纠纷的调解组织，针对审理中发现的问题提出具体指导意见。

（2）建立定期联系制度。全省各级综治部门、人民法院、司法行政机关、政府法制部门、信访部门和其他有关行政机关，根据调解工作的需要，建立定期或不定期的联席会议制度，研判形势，通报工作情况，交流调解经验，解决工作中存在的问题。

24. 建立健全长效培训机制。各级综治部门要会同人民法院、司法行政机关、政府法制部门和其他有关行政机关，根据调解工作的需要，采取多种形式，实行分级负责，加强对调解人员的培训，不断提高调解员队伍的素质。

七、加强社会矛盾纠纷多元解决机制的组织领导

25. 全省要自上而下普遍建立由社会治安综合治理委员会牵头，人民法院、司法行政机关、政府法制部门、信访部门和其他有关行政机关共同参与配合的社会矛盾纠纷多元解决机制组织协调领导机构。下设办公室，办公室设在全省各级社会治安综合治理委员会办公室。人民法院、司法行政机关、政府法制部门、信访部门要确定负责此项工作的机构和人员。

26. 各级党委、政府要从加强基层政权和民主法制建设、提高党的执政能力的高度，加强社会矛盾纠纷多元解决机制建设，要列入当地社会治安综合治理目标管理体系进行考核。不断推进社会矛盾纠纷多元解决机制的组织建设、制度建设、业务建设，规范工作，提高效能。要建立报告制度，对基层没有调解成功的矛盾纠纷，要写出情况说明由基层综治部门汇总后，向上级综治部门报告。上级综治部门接到报告后，要落实化解责任，对有可能激化的矛盾纠纷，落实预警预防和稳控措施。要建立工作协调制度。在调节过程中遇到事涉部门之间发生意见分歧的，由当地综治部门牵头协调，统一认识，明确各部门责任，落实化解任务，防止矛盾激化。要实行问责制，对在矛盾纠纷调解工作中因严重不负责任，不及时调解，造成越级访、群体性事件及其他影响社会稳定等严重后果的，要依法依纪追究责任。

吉林省社会治安综合治理委员会关于印发《吉林省综治协管员管理办法(试行)》的通知

(2010年3月5日)

各市(州)、县(市、区)综治委、长白山管委会党群部,省综治委各成员单位:

现将《吉林省综治协管员管理办法(试行)》印发给你们,请结合实际,认真贯彻落实。

吉林省综治协管员管理办法(试行)

为贯彻落实中央办公厅、国务院办公厅转发的《中央社会治安综合治理委员会关于进一步加强社会治安综合治理基层基础建设的若干意见》(中办发[2009]14号)、中央办公厅、国务院办公厅转发的《中央政法委员会、中央维护稳定工作领导小组关于深入推进社会矛盾化解、社会管理创新、公正廉洁执法的意见》(中办发[2009]46号)、省委、省政府《关于深入推进平安吉林建设活动的意见》(吉发[2009]3号)和《吉林省社会治安综合治理条例》,深入推进社会矛盾化解、社会管理创新和平安吉林建设,省综治委决定,全省每个自然屯、社区都要设立1名综治协管员,做好本村屯、社区的治安防范、信息报送、矛盾调解、法制宣传及社会管理等项工作,为此,特制订本办法:

一、工作职责

(一)农村综治协管员主要职责

1. 做好治安防范工作。对本区域内发现的可疑人员及时认真盘查;发现犯罪嫌疑人时,及时报告村治保主任或当地派出所。本区域内发生治安、刑事案件时,组织群众保护现场,并及时向村治保主任或当地派出所报告;发生火灾等灾害事故时,组织群众积极扑救和报警。经常检查本区域内居民住宅安全防范情况,发现火灾、失窃等治安隐患,及时给予警示;解决不了的及时向村治保主任或派出所报告。

2. 做好信息报送工作。收集本区域内居民群众对各级党委、政府及有关部门关于民生问题的意见、批评和建议;每半月向村综治维稳工作站或乡镇综治维稳工作中心报送一次影响政治安定、社会稳定及各种突发性事件的各类信息;重要信息随时报告。

3. 做好矛盾化解工作。加强矛盾纠纷排查,全面掌握本村屯社会动态。对苗头性的矛盾纠纷,努力化解在萌芽状态。对已发生的各类矛盾纠纷,第一时间赶到现场,及时开展化解工作,努力做到早发现、早汇报、早控制、早化解。对化解不了及预见到可能发生的上访隐患和突发事件,要第一时间上报村综治维稳工作站或乡镇综治维稳工作中心。

4. 做好法制宣传工作。在当地党政组织的领导下,宣传与群众日常生活相关的法律法规,宣传《吉林省社会治安综合治理条例》。坚持以案析法,用生活中的案例教育居民群众知法、懂法、守法。对区域内生产生活中发生的涉及法律法规方面的问题,及时联系、协调有关部门和单位帮助解决。

(二)城区综治协管员主要职责

1. 做好情况收集工作。对本区域内常住人口、流动人口、特殊人群(留守老人、留守儿童、刑释解教人员、闲散青少年、精神病人、艾滋病患者、“法轮功”人员等)的基本信息以及房屋出租、商业店铺等情况信息进行收集,并登记造册,随时掌握变动情况,做到底数清,情况明。

2. 做好群众服务工作。在街道、社区党政组织的领导下,经常深入居民家中,征求对街道、社区工作的意见,了解和掌握群众的需求和呼声,及时向街道、社区党政组织反映情况。积极帮助群众解决生活中存在的问题,特别是涉及社会治安方面的问题。与居民建立相互联系的方式,随时为群众做好服务工作。

3. 做好治安防范、信息报送、矛盾化解、法制宣传等工作。配合街道派出所及社区民警做好治安隐患排查工作,加强重点时段和重要时期的巡逻巡视,发现可疑人员及时报告,协助公安机关处置治安案件或刑事案件。每半月向社区综治维稳工作站或街道综治维稳工作中心报送一次影响政治安定、社会稳定及各种突发性事件的各类信息,重要信息随时报告。加强矛盾纠纷排查,对苗头性的矛盾纠纷努力化解在萌芽状态,对已发生的各类矛盾纠纷,及时开展化解工作。对化解不了及预见到可能发生的上访隐患和突发事件,要第一时间上报社区综治维稳工作站或街道综治维稳工作中心。宣传与群众日常生活相关的法律法规,用生活中的案例教育居民群众知法、懂法、守法。

二、选聘标准

(一)拥护中国共产党的领导,拥护党的路线、方针、政策,具有基本的法律知识。

(二)具有较强的事业心和责任感,热爱社会治安和人民调解工作,乐于奉献,愿意为人民群众服务。

(三)人格高尚,遵纪守法,在群众中具有较高的威信。

(四)具有较强的化解矛盾纠纷的能力和实践经验。老教师、老党员、老干部及有调解实践工作经验的人员优先聘任。

(五)身体健康,精神饱满,能胜任本职工作。

(六)必须为本村屯、社区的常住村(居)民。

三、选聘办法

选聘工作由乡镇、街道负责具体组织实施。各村、社区以村(居)民小组为单位,通过“海选”,村级(社区)组织把关,乡镇、街道综治维稳工作中心审定,经培训合格后上岗工作。

本着有利于工作的原则,村治保主任可兼任本人居住村屯的综治协管员,其他工作人员不得兼任;社区工作人员、居民小组长根据需要可兼任本人居住社区的综治协管员。

综治协管员的聘任期一般为2—3年,聘任期满后可根据实际情况续聘、解聘或补聘。

四、培训制度

新选聘的综治协管员,必须经县(市、区)或乡镇、街道组织业务培训。凡未经培训或无故不参加培训的,不得上岗或予以解聘。各县(市、区)区或乡镇、街道要采取集中培训、以会代训、经验交流等方式,定期或不定期地组织综治协管员进行培训。

培训的内容主要包括:党和国家有关方针、政策;法律、法规、安全防范知识及信访工作条例;《治安管理处罚法》,民事纠纷的调解方法、巡逻的方法、现场保护的方法、发现犯罪嫌疑人及处置的技巧、自我保护的方法等应知应会的业务知识。

五、例会制度

村、社区综治维稳工作站,每半月召开一次工作例会,所辖区域内综治协管员必须参加例会,并汇报各种信息和综合情况。村、社区综治维稳工作站,通报全村、社区治安信息、信访信息及各类矛盾纠纷处理情况,便于综治协管员及时掌握全村、社区工作开展情况,相互配合,从而更好地开展工作。同时,每次例会都要根据实际情况相互交流工作经验,学习和传达上级文件精神和有关规定,用以指导工作。

六、考核制度

乡镇、街道综治办负责综治协管员的日常工作指导、监督、考核和管理,每半年对综治协管员进行一次考核。县(市、区)综治办要根据实际情况,对综治协管员工作情况,进行不定期抽查。年终对综治协管员全年工作情况进行综合评定,并核定补助金额。

七、保障制度

综治协管员的补助,由各县(市、区)根据实际确定标准(全面完成工作任务人员全额补助标准),由县(市、区)财政从年度综治工作经费中解决，并通过县（市、区）综治办拨付到乡镇、街道综治办发放。由村治保主任或社区工作人员、居民小组长兼任综治协管员的，应享受综治协管员补助待遇。

八、奖惩制度

（一）对工作认真负责，圆满完成本职工作任务的，特别是发现重大线索，破获重大案件或避免重大事故发生的，及时有效化解重大矛盾纠纷以及在预防和处置各类突发事件中做出突出贡献的，由县（市、区）或乡镇、街道政府给予特殊奖励。

（二）对考核总分低于合格标准的，不予发放补助；在聘期内，因工作调动或其他原因不能履行职责的，视工作具体情况确定补助标准；造成不良影响的，不予发给补助。

（三）对综治协管员有下列情形之一的，应当予以解聘：

1. 不履行职责，群众满意率低的；

2. 在化解矛盾纠纷过程中，由于处置不当，致使矛盾激化，造成集体访或越级访的；

3. 发现违法犯罪嫌疑人未及时制止或者报告，造成治安、刑事案件发生的；

4. 利用工作之便从事违法行为的；

5. 连续出现违规现象，经教育不改正的；

6. 其他不适合从事社会治安管理工作的。

（四）各县（市、区）综治办可根据本办法，结合实际制定综治协管员考核标准及奖惩办法。

吉林省社会治安综合治理委员会
关于印发省综治委成员单位联系点工作制度的通知

（2010 年 3 月 8 日）

各市（州）、县（市、区）综治委、长白山管委会党群部、省综治委各成员单位：

根据《中央综治委关于印发〈中央社会治安综合治理委员会成员单位联系点工作制度〉的通知》和省综治委 2010 年第一次全体会议精神，省综治委制定了《省综治委成员单位联系点工作制度》。省综治委成员单位要按照本制度要求，认真履行职责，制定工作规划，务求取得实效。联系点所在的市（州）、县（市、区）党委、政府和有关部门，要积极支持和配合省综治委成员单位开展联系点工作，接受检查和指导，提供必要的工作条件。所联系的县（市、区）综治委近期都要向负责联系的省综治委成员单位汇报一次工作，共同研究制定联系点建设的总体规划和具体意见，并配合省综治委成员单位抓好落实。

附件：省综合治委成员单位联系点安排表

省综治委成员单位联系点工作制度

根据中办、国办转发的《关于进一步加强社会治安综合治理基层基础建设的若干意见》（中办发［2009］14 号）、中办、国办转发的《中央政法委员会、中央维护稳定工作领导小组关于深入推进社会矛盾化解、社会管理创新、公正廉洁执法的意见》（中办发［2009］46 号）、《中央综治委关于印发〈中央社会治安综合治理委员会成员单位联系点工作制度〉》的通知》、省委、省政府《关于深入推进平安吉林建设活动的意见》(吉发[2009]3号)、《吉林省社会治安综合治理条例》和省综治委2010年第一次全体会议审议通过的《吉林省社会治安综合治理委员会工作制度》,特制定本工作制度。

一、建立联系点工作制度的目的

深入学习和实践科学发展观,围绕"保平安、建和谐、促发展"这个主题,进一步强化省综治委成员单位做好社会治安综合治理工作的责任意识,充分发挥各部门在社会治安综合治理工作中的职能作用,形成齐抓共管工作局面,有针对性地指导各地开展平安建设,切实提高全省社会治安综合治理工作水平,为加快实现吉林全面振兴创造和谐稳定的社会环境。

二、各成员单位建立联系点的主要职责任务

(一)及时了解联系点的社会治安和社会稳定情况,掌握工作动态,帮助联系点做好社会治安状况的评估,指导当地综治组织为党委、政府提供加强社会治安综合治理的决策依据。

(二)指导联系点深入推进社会矛盾化解,深入推进社会管理创新,深入推进平安吉林建设,抓好基层综治组织体系、矛盾化解工作体系、社会治安防控体系、平安创建工作体系、社会管理工作体系和组织领导责任体系建设。

(三)要联系一个县(市、区),重点联系一个乡镇或街道,所联系的乡镇或街道综治维稳机构健全,专职工作人员配齐配强,综治维稳工作中心进一步完善,有经费保障,有规章制度,有办公场所,有必要的办公条件,有技术防范措施(电子报警监控系统和"平安之声"工程等),所辖行政村(社区)有治保会、调委会和综治维稳工作站,自然屯和社区有综治协管员、无重大刑事案件和治安案件,无"民转刑"案件,无交通事故和火灾事故,无群体性冲突事件,无暴力恐怖事件,无公共安全事故,无危害边境稳定和国家安全的案(事)件,无越级上访,无聚众赌博活动,无邪教组织活动,并以乡(镇)带动整个县(市、区)的社会治安综合治理工作。同时,探索职能部门参与社会治安综合治理、开展平安建设工作的经验,并在全省推广。

(四)对联系点发生重大治安或影响社会稳定的问题,要帮助查找原因,督促指导整改。通过发挥部门职能作用,帮助联系点解决社会治安综合治理工作中存在的困难和问题。

三、工作方式及要求

(一)省综治委各成员单位结合部门职能,分别确定一个县(市、区)作为联系点,原则上三年不变,可与扶贫、新农村建设联系点结合。省综治委各成员单位综治工作联络员负责协调、联络联系点的社会治安综合治理工作,建立工作档案,并报省综治办备案。若联络员工作有变动,其接任人员继续履行联系点工作职责。

(二)省综治委各成员单位领导每年不少于两次到所联系的工作点进行工作检查和调查研究,及时了解和帮助基层解决工作中的困难和问题。联络员要经常深入联系点了解情况,采取巡查、督办等方式指导工作,提出有针对性的工作意见建议。同时,每半年将工作情况以书面形式报省综治办。

(三)联系点所在地党委、政府和综治委要定期向负责联系的省综治成员单位汇报社会治安综合治理工作情况,将有关文件、简报等及时报送联系单位。

(四)联系点所在地党委、政府及其有关部门要积极主动地配合省综治委成员单位在当地的工作,接受检查和指导,提供必要的工作条件,共同做好本地区的社会治安综合治理工作。

(五)联系点工作的有关事宜,由省综治成员单位联络员负责与省综治办联系落实。

(六)要注意总结联系点工作经验,并利用多种形式广泛进行宣传推广。

(七)省综治办要经常对省综治委各成员单位联系点工作情况进行检查和调度,并利用简报等形式反映和交流,每年对成员单位联系点工作的情况进行一次书面情况通报,并报省委、省政府有关领导和省综治委领导同志。

四、联系点工作评价

省综治委各成员单位要将联系点工作的情况,作为向省综治委述职的重要内容,年终向省综治委写出报告。开展联系点工作的情况和实际效果,将列入省综治委各成员单位考核评比的内容,并纳入省综治委各成员单位社会治安综合治理工作实绩档案。

五、本工作制度自下发之日起执行

中共吉林省委　吉林省人民政府关于追授王绍精同志“综治维稳标兵”荣誉称号的决定

（2010年9月17日）

王绍精，男，1945年2月出生，中共党员，生前系长春市双阳区鹿乡镇鹿乡村农民、社会治安综合治理协管员。2010年7月12日因病医治无效去世，享年65岁。

王绍精同志作为一名共产党员，在农村社会治安综合治理协管员的工作岗位上，认真履行矛盾调解、治安防范、信息报送、法制宣传等职责，积极服务民生、造福百姓，使他所在鹿乡村连续三年无上访案件，无刑事案件和治安案件，无赌博活动，无邪教组织活动，村风村貌整体改善，文明水平全面提升，成为远近闻名的平安村、文明村。王绍精同志为维护当地社会稳定，促进经济社会发展做出了突出贡献，赢得了各级党委、政府、社会各界和广大群众的充分肯定和高度赞扬，先后被评为“长春市基层党组织服务民生先进个人”、“长春市十佳人民调解员”、“双阳区优秀综治协管员”，2009年当选双阳区人大代表。

王绍精同志是创先争优活动中涌现出来的先进典型，是新时期共产党员的楷模，是综治维稳战线的一面旗帜，他的先进事迹，集中体现了新时期共产党员的人生观、价值观，体现了共产党员的崇高追求和高尚品格，具有鲜明的时代特征和积极的典型意义。为表彰先进，弘扬正气，推动全省创先争优活动扎实深入开展，省委、省政府决定追授王绍精同志“综治维稳标兵”荣誉称号，并在全省开展向王绍精同志学习活动。

向王绍精同志学习，要学习他对党忠诚、情系人民的政治本色，牢记使命，忠于党和人民的事业，积极为党委、政府排忧解难，全心全意为人民群众办好事、办实事；学习他勤于钻研、不断进取的敬业精神，认真研究工作中的新情况、新问题，知难而进、迎难而上，敢于战胜工作中的各种困难和挑战；学习他忘我工作、甘于奉献的优秀品质，立足本职、扎根基层，脚踏实地、埋头苦干，在平凡的工作岗位上做出不平凡的业绩；学习他鞠躬尽瘁、死而后已的高尚情操，不畏艰难，顽强拼搏，为党和人民的事业奋斗终生。

当前，我省正处在加快振兴发展的关键时期，深入宣传王绍精同志的先进事迹，大力弘扬王绍精同志的崇高精神，对于深入开展创先争优活动，教育引导全省广大党员干部强化宗旨意识、加强作风建设；对于加强社会治安综合治理，推进平安吉林建设，维护社会稳定和谐；对于激励全省干部群众解放思想、改革创新、转变方式、科学发展具有重要意义。各级党委、政府要把开展向王绍精同志学习活动作为深入贯彻落实科学发展观、扎实开展创先争优活动、维护社会稳定、建设和谐社会的一项重要举措，精心组织，全面推进我省经济建设、政治建设、文化建设、社会建设和党的建设。全省广大党员干部要广泛深入开展向王绍精同志学习活动，牢记全心全意为人民服务宗旨，权为民所用，情为民所系，利为民所谋，为科学发展、加快振兴、富民强省做出新的更大的贡献！

强化校园及周边治安综合治理　促进全省校园安全稳定

吉林省教育厅

一、加强领导，为校园安全稳定提供有力保证

省委、省政府对全省学校、幼儿园安全稳定工作高度重视。2009年以来，特别是南方部分省市发生校园恶性案（事）件以后，省委书记孙政才、省长王儒林多次对加强校园安全管理，确保校园安全稳定做出重要批示、指示，省委常委、政法委书记、省综治委主任李申学，省委常委、组织部长黄燕明和副省长陈晓光等领导同志多次对全省校园安全工作进行调度指导，协调解决工作中遇到的困难和问题。省综治委加大对校园安全稳定工作的领导力度，10多次召开校园安全稳定工作会议，对校园安全稳定工作给予具体指导和安排部署。5月3日，省综治委制定下发了《关于加强校园安全管理10条意见》，并在第一时间组织部分综治委成员单位，成立联合督查组，对校园安全管理及周边治安综合治理工作进行督导检查。省教育厅将《关于开展中小学校幼儿园安全工作专项督导检查的情况报告》上报教育部，得到了教育部的充分肯定。

二、通力协作，为校园安全稳定创造外部条件

（一）与相关部门“联检”。按照全国综治维稳工作电视电话会议精神和省领导指示，教育、公安、卫生、工商、文化等部门，成立6个联合督查组，分别由副厅长带队，对全省各市（州）和长白山管委会及20个县（市、区）的校园安全管理工作进行了督导检查，推动了工作深入开展。8月6日中央综治办、教育部、公安部紧急视频会议后，由省综治办、教育厅、公安厅相关负责同志分别带队，组成3个暗访组，对全省9个市（州）及长白山管委会校园安全管理工作进行了暗访，掌握了全省校园安全管理工作的基本情况，指导推动了校园安全管理工作。

（二）与成员单位“联防”。省教育厅会同省综治办、公安厅、司法厅等11个成员单位，联合下发了《关于深入开展平安校园创建活动的实施意见》，在全省学校、幼儿园全面启动平安校园创建活动。省综治办组织对全省各级各类学校、幼儿园及周边进行全面排查，分类梳理，建立台账，逐一落实责任单位和责任人。省公安厅认真贯彻落实公安部“八条措施”，加大对涉及学校师生案件的打击力度。派出所民警、交警、巡警、特警等治安力量，全面加强校园及周边治安巡逻，在学生上学、放学等重点时段增派巡逻力量。同时，充分发挥法制副校长作用，指导学校、幼儿园安装视频监控设施，组织开展管制刀具和危险物品的收缴，督促学校严格门卫管理，进一步增强了学校、幼儿园安全防范能力。省综治办、教育厅、公安厅联合下发了《关于进一步加强全省学校、幼儿园安全管理工作的意见》，明确了学校和幼儿园安全防范建设标准。省教育厅和公安厅还联合下发了《关于加强全省校园安全技术防范工作的通知》和《校园安全防范技术指南》，为全省校园技防建设进行专业性指导。与省民政厅、团省委、省红十字会等部门联合开展了“防灾减灾知识大赛”，提高了广大师生应对灾害的逃生自救、互救能力。与公安厅、团省委、省少工委四部门联合开展为期三个月的“吉林少年儿童平安行动”活动。与省公安厅交警总队和消防总队联合开展了“交通文明示范校”和“消防安全示范校”创建活动。

（三）与基层组织“联通”。在综治部门组织协调下，乡镇、街道、村屯、社区负责排查有侵害学生人身安全倾向的重点人员，包括精神病患者、曾遭受挫折打击导致心理压抑的人员、有刑事犯罪前科的人员等，分类落实责任。各级各类学校、幼儿园及时与基层组织沟通联系，掌握重点人情况，超前做好防范工作。

三、忠于职守，为校园安全稳定奠定良好基础

一是高度重视，超常摆位。教育厅党组将校园安全管理做为头等大事列入议事日程，下发了《关于进一步加强全省各级各类学校和幼儿园安全管理工作的紧急通知》，在近一个月的时间里，省教育厅连续3次召开党组会，专题研究部署学校安全工作。同时，加强对各市(州)教育行政部门的指挥调度，多次召开不同层面工作会议，安排部署安全管理工作。

二是突出重点，合力整治。省教育厅协调省公安厅、省文化厅、省工商局等部门深入学校、幼儿园对周边治安情况进行调查摸底，联合公安、工商、文化等多家成员单位开展了整治行动，学校周边治安秩序明显改观。在集中整治基础上，各成员单位也都根据自身职责，采取多部门联合行动和本部门专项行动等多种方式，对学校及周边的治安乱点进行整治。为防止学校及周边的治安乱点出现反复，对于难点问题采取划片、划区域包干负责的措施，定领导，定人员，定时间，定目标，一抓到底。

三是查改并行，规范监管。省教育厅下发了《关于切实做好学校安全工作的通知》，要求全省各级教育行政部门和各级各类学校、幼儿园再进行地毯式、拉网式、滚动式排查，彻底摸清影响校园安全的突出问题和安全隐患，并进行整改。组织9个督查组，由各位副厅长带队，对全省各市(州)水毁和过水校舍的重建、加固及安全措施落实情况进行了督导检查。与此同时，制定下发了《关于开展全省校园安全隐患集中排查整治行动的方案》，安排部署在全省各级各类学校开展为期45天的校园安全隐患集中排查整治行动。

四是敏感时期，超常举措。进入8月份以后，全国反日情绪高涨，诺贝尔和平奖再添波澜，高校维稳工作面临严峻考验。根据省委、省政府领导指示，省教育厅迅速进入临战状态，本着内紧外松的原则，分析研判全省高校维稳形势，研究部署工作。全省长、吉两地每所高校平均投入维稳工作人员100人以上，吉林大学、东北师范大学等学校投入人力均达300人以上。每逢敏感日，全省高校都要组织大型维稳工作演练，由主管安全稳定工作的校领导带队，学工、保卫、团委等部门以及各院系领导、辅导员全员参与，做好学生稳定工作，应对突发情况，保证了我省高校的持续稳定。

创新社会管理模式　全力保障民生　促进社会和谐稳定

长春市绿园区社会治安综合治理委员会办公室

近年来，绿园区委、区政府认真贯彻中央和省委关于“保发展、保民生、保稳定”的战略部署，积极构建了“区委统一领导，政府全力推进，各级党政组织分工负责，党员带头践行”的民生工作格局，探索出一条加强社会管理、维护社会稳定的新路。

一、健全服务民生网络，打牢社会稳定和谐基础

绿园区组建了全国首家党组织服务民生指导服务中心和民生工作局，二者合署办公，中心下设十四个分中心(党组织网络化建设、民事办理、困难群体救助、就业和创业、农民增收致富、健康促进、优生优育、群众文体活动、关爱老年人、关心下一代、志愿者行动、法律援助、农村环境卫生管理、流动人口管理指导服务中心)和“一厅”指为民办事大厅，“一市”指雷锋超市，主要职能是充分发挥各级党组织的统筹协调作用、广大党员的先锋模范作用和各类志愿者的示范带动作用，着力解决群众最关心、最直接、最现实、最迫切的民生问题，努力做到“哪里有群众呼声，哪里就有党组织回声;哪里有群众需求,哪里就有党组织服务”。完善党组织设置,从区委、区人大、区政府、区政协,到镇、街、开发区、区直各部门,一直到社区、村、楼栋、屯组和党员中心户,实现了纵向贯通;从党政机关、事业单位、自治组织,一直到“两新”组织和志愿者服务队伍,实现了横向覆盖,做到了凡是有人群的地方都有组织的存在,都会感受到党和政府的关怀和温暖。目前,全区共建立基层党组织531个,在382个楼栋和6个农村行业协会建立了党组织,“两新”组织建立党组织87个,应建组建率达到100%,为保稳定、促和谐提供了有力的组织保障。建设五级维稳平台,成立了区综治维稳工作中心,在11个镇、街、开发区成立了分中心,在75个村和社区成立了综治维稳工作站,在177个小区和屯成立了工作室,在楼栋和屯组设立了1516个党员中心户,实现了立体覆盖。加强队伍建设,配齐配强综治专职干部,为51个社区和24个村配备了综治协管员,明确职能任务,落实具体责任,促进了工作的规范化、制度化。全区开展“党员和志愿者跟踪帮扶特困户”活动,动员全区3000多名党员干部、人大代表、政协委员、企业家和志愿者,与2639名特困户结成长期跟踪帮扶对子,在低保救助的基础上,每年由党员和志愿者个人捐助300元,区财政匹配500元,并做到“五必到、五必助”(重大节日必到、生病住院必到、红白喜事必到、家庭变故必到、涉法问题必到,衣食不足必助、因困辍学必助、大病重病必助、高龄老人必助、突发事件必助)。为了救助因车祸、火灾、意外伤害等突发事件陷入生活困境的群众,按区财政和社会捐助1∶1比例,设立了专项救助基金,目前,基金总额已达30余万元,先后对35人救助。在雷锋超市,全区低保户和特困户每个月可凭优惠证购买100元的进价商品,特困户每年在享受低保户优惠政策的基础上,另外享受800元代金卡,用于购买生活必需品,每季度可到超市领取3件捐赠衣物,并为低保户和特困户提供免费购物班车。通过实实在在的帮扶,困难群体生活得到了保障,使百姓生活得更有质量、更有尊严。

二、畅通民情渠道,积极化解社会矛盾

全区推行民情恳谈日活动,将每季度的第一个工作日作为“民情恳谈日”,27名区级领导和197名中层领导,深入到全区24个村和51个社区召开民情恳谈会,面对面听取群众意见和建议。实行民意收集、整理、交办、处理、反馈“五步”工作法,由民生工作局对群众反映问题分级分类、协调督办、逐级解决,直至群众满意。目前,共开展7次525场民情恳谈,参加群众8500余人次,收集民情民意信息11375条,解决11182件,办结率达98.3%。创建平安网络QQ群,通过网络了解百姓需求,收集舆情信息,目前发展会员5000多户,为百姓搭建了一个集便民服务、法律咨询、邻里互助、安全防范提示、警情播报的服务平台,畅通了区、街道、社区与居民之间的交流渠道。拓展书记大接访,区委书记带头在全区公开了办公电话、住宅电话和手机号码,党代表、人大代表、政协委员在选区公布身份和电话号码,随时接待上访,主动下访约访,有效解决实际问题。同时,开通了区委书记“民生110”热线,在各村屯和社区选聘了201名民情信息员,设立227个民生信箱,及时搜集可能引发矛盾的苗头性、倾向性信息,做到早发现、早介入、早化解。依法依规,站在群众的利益上思考问题,依法行政、以理服人、以德感人、以情容人,充分发挥区级人民内部矛盾调处中心的大调解作用,有效化解社会矛盾。绿园区矛盾调处中心成立于2006年,主要职能是整合行政、司法、劳动仲裁、民调等各方面资源,为群众提供高效率、一站式解答和办理服务,方便上访群众。信访局长、中心主任同时兼任区长助理,政法委副书记,组织部副部长,纪检委副书记。实行区级领导大接访,将接访工作延伸到区级副职领导和区直部门、各镇街和开发区主要负责人,做到组织层层参与、领导人人接访,一个信访问题、一名领导、一套班子、一抓到底,全程负责,跟踪问效,直到结案息访,形成了上下联动的信访工作机制,信访总量连续三年下降。

三、实施社会稳定风险评估,源头上做好防范工作

从2008年开始,全区开始实施社会稳定风险评估化解机制,在全区重点工程、重大项目实施前,通过实地调研、走访群众、问卷调查、民意测验、召开座谈会、听证会等形式,了解评估对象的相关情况,准确掌握第一手资料,进行稳定风险评估,对可能出现的矛盾隐患提前做出预案,从而最大限度地预防和减少了严重影响社会稳定事件的发生。特别是区委常委会、政府常务会作重要决策时，邀请普通群众列席或旁听，让他们了解决策的全过程，让群众充分行使知情权、参与权和监督权。实践证明，实施社会稳定风险评估，确保了领导决策的科学化，有效维护了百姓利益和社会稳定。在围绕着西客站建设中，风险评估化解发挥了重要作用。共涉及西四环路、哈大铁路、一汽六中、省一建、景阳大路、西部新城区域等15项重点工程的拆迁工作，有证房屋4674户，无证房屋2623户，拆迁总面积达到153.7万平方米。由于超前工作，规避或化解了房屋拆迁补偿、四环路工程强制拆迁执行等多项风险，避免可能发生集体上访的事件，有效地维护了社会稳定。推行社区治安防范网格管理，把街道、社区按照楼栋划分为若干治安责任网格，每个网格中设立社区主任、治安管理员、综治协管员、包片干警、义务巡逻员等，明确责任，参与网格内社会治安管理。党(工)委班子成员、社区书记、治安管理员要层层签定稳定责任书，管理责任相互捆绑，形成街道、社区、网格三级责任网络全覆盖。建立镇街治安防范统一模式，即每个镇街要有一个治安防控预案、一个治安防范指挥联络本、一个治安状况防范图、一个治安联防大队、一个防范基础簿册、每年开展一次平安志愿者评比。由综治办、派出所联合组织治安防范联席会和治安情况通报，实行辖区企事业单位、物业小区的内保组织，重点场所、部位的专业警力，和居民区志愿者巡防队伍无缝衔接。把维护社会稳定工作纳入全区绩效评估工作目标责任制，与经济工作同部署、同落实、同考核、同奖惩，强化跟踪考核、定期总结表彰、落实群众测评。全区每年新增财力的80%都用于改善民生。2009年，全区累计投入资金2亿多元，用于重点民生工程。投入5000万元，改建党组织服务民生指导服务中心办公大楼；投入5000万元，新建改造22个村的农村社区服务用房；投入3500万元，新建区医院综合楼；投入760万元，率先实施农村环境卫生长效管理；投入400万元，配备社区警务用车。2010年，投入3997万元，化解信访积案；投入6000余万元，为全区40所学校配备80名专职保安，设立治安岗厅，安装红外线监控设施，维修加固校舍，有力保证了校园安全。

创新公安调解方式　探索公调对接机制
推动社会矛盾纠纷化解工作深入开展

辽源市公安局

2010年，辽源市公安局党委认真履行公安机关调解职能，积极研究建立多元化解社会矛盾纠纷工作运行机制，将调解工作“前置”，采取退休“民警+法官”等多种调解模式，对发生的纠纷、治安案件及轻微刑事案件及时介入调解，从“源头”上化解矛盾纠纷，确保了社会和谐稳定。

一、更新理念，把矛盾纠纷化解作为公安机关的一项重要基础工作

中央和公安部作出深入推进“三项重点工作”，完善“大调解”工作体系的部署后，特别是全省建立多元解决机制深入推进社会矛盾化解电视电话会议以来，辽源市公安局党委迅速组织全局上下认真学习领会上级文件精神，紧密联系实际，经过反复调研论证，市局班子达成一致共识，加强公安调解工作，既是推进完善“大调解”工作体系的需要，更是公安机关维护社会和谐稳定的一项重要基础工作，必须把调解矛盾纠纷作为公安机关的一项重要工作来抓。市局成立了由主要领导任组长，各有关部门主要负责人为成员的推进社会矛盾化解工作领导小组，将上级有关文件、领导讲话以及相关法律法规汇编成册下发，组织市局各部门和基层所队深入开展学习讨论。市局还多次召开基层民警座谈会,统一全局民警的思想,并联系实际开展学习研讨,使广大民警更新了执法理念。"调解也是执法"的理念在辽源市公安局已深入警心,广大民警普遍提高了对新形势下做好公安调解工作重要性、必要性和紧迫性的认识,开展调解工作的主动性和自觉性大大增强,为在全市推进公安调解工作奠定了坚实的思想基础。

二、创新方式,广泛运用社会资源参与矛盾纠纷化解工作

自2010年5月,按照市局党委的统一部署,市区各分局和所辖东丰、东辽两县公安局的乡镇派出所普遍设立了调解室。在市区分局,把有调解工作经验的退休老民警、老法官聘到公安调解室与在职民警一同开展调解工作,让他们在维护社会和谐稳定工作中发挥余热。这些具有多年调解经验的老民警、老法官被聘为调解员后,迅速进入工作状态,一批复杂矛盾纠纷很快得到解决。同时,在调解工作中,这些老同志言传身教,充分发挥"传帮带"作用,促进了民警的群众工作能力和调解水平不断提高。在县局,充分发挥综治协管员的信息员、调解员等"八大员"作用,在乡镇派出所的指导下,积极参与矛盾纠纷排查和化解工作。目前,两县已组织专(兼)职综治协管员3000余人,遍布各个村屯。市、县两级公安机关还积极为推进调解工作解决必要的经费。市局在经费十分紧缺的情况下,为分局聘请的调解员每人每月发放补助800元,并全额承担了调解员的服装和日常办公费用。东丰、东辽两县各投入经费200余万元,解决了综治协管员的服装、补助、奖励等费用。为推进公安调解工作提供了有力的经费保障。至此,全市公安机关初步形成了以公安民警为主体,以退休民警、法官及综治协管员为补充,多种社会力量广泛参与的公安调解工作新格局。

三、创新机制,建立健全矛盾纠纷化解工作规范

为确保调解工作在法律规定的范围内规范有序运行,市局先后制定了《辽源市公安局办理调解案件工作标准》、《辽源市公安局调解员管理暂行规定》等多个规范性文件,并会同检、法机关下发了《关于办理轻伤害案件的若干规定》,从制度层面为调解工作有效开展提供保障。一是明确公安调解范围。明确规定,除可由公安机关调处的治安案件外,对当事人到公安机关报案,要求调处的民间纠纷,或者在矛盾纠纷排查中发现的可能发生"民转刑"案件的民间纠纷等,应当予以调解;对因民间纠纷引起的轻伤害等轻微刑事案件,也可以调解处理。同时,为避免任意扩大调解案件范围,确保法律正确贯彻实施,还明确规定,对于雇凶伤人、结伙斗殴、寻衅滋事造成较严重后果,多次实施违反治安管理行为等,不适用调解处理。二是明确规定了调解工作程序。为把"调解优先"原则落到实处,真正将调解贯穿于执法办案始终,实现"案结事了",明确规定,对符合调解规定的行政、刑事案件必须经过调解程序,否则不能予以行政处罚或采取刑事强制措施。对受理的案件和纠纷必须报经领导审批,符合调解条件且适于民警调解的由民警调处;适于调解员调解的转交调解员调处。为确保调解工作的规范性、合法性,矛盾纠纷的调解和协议书的制作全部由调解员完成;治安案件、轻微刑事案件的调解由调解员协助民警完成,法律文书则由民警制作。依照这些规定,市局统一制定了"调解工作流程图",在每个调解室悬挂,使调解程序更为直观,便于操作。为充分调动民警和调解员的工作积极性,还规定对调解员和民警共同完成的调解案件,分别进行案件统计,纳入绩效考核范围,同时加大执法监督和考评力度,确保调解案件质量。三是建立了调解案件跟踪回访和信息通报反馈制度。对已经调处结束的复杂疑难纠纷和案件,采取电话咨询或上门走访等方式,及时了解掌握调解协议履行情况,听取当事人和群众对调解结果的意见和建议,及时掌握矛盾有无重新激化的可能。对未及时履行调解协议的,督促当事人履行协议;对矛盾纠纷有可能继续激化的,及时采取相应的防激化措施,确保做到案结事了。对排查或调解中发现的可能导致突发性事件、群体性上访等重大情况,要依托"大情报"系统,及时通报有关部门协调落实相应稳控措施。

四、积极探索,建立公调对接有效运行机制

为实现公安调解与人民调解、仲裁调解、司法调解的有效衔接,辽源市公安局结合实际建立了对接机制。一是建立公安调解与人民调解的对接机制。一方面，实行"驻所制"，由专职司法调解员进驻分局警务室和农村派出所，直接参与调处矛盾纠纷；另一方面，基层公安机关调解人员主动配合乡镇(街道)调解组织，共同调解涉警纠纷，实现了公安调解与司法调解的有效对接。二是建立公安调解与仲裁调解的对接机制。针对交通事故纠纷和案件较多、当事人要求高、调解工作难度较大的实际，在交警部门设立仲裁调解室。由调解室办案民警担任联络员。对于在调解室内未达成调解协议的交通事故纠纷和案件，根据当事人自愿，可以移送至设在交警部门的仲裁办公室进行仲裁调解。需要调解室提供证明资料或情况的，调解室及时将已查证的相关资料和笔录移送交警仲裁室。相互配合，做好社会矛盾纠纷化解工作。三是建立公安调解与司法调解的对接机制。公安机关对接受的符合调解条件的轻微刑事案件，可以自行调处，也可以告知当事人按照自诉程序到人民法院起诉；人民法院对已经受理的轻微刑事案件，因证据不足等原因，要求退回公安机关调查取证的，公安机关应当接受，对具备调解条件的，及时调处。

吉林省及各市、县(市、区)综治委、办主任名单

地　区	综治委主任	综治办主任
吉林省	李申学	姜德志
长春市	吴　兰	李继元
朝阳区	曹望庆	罗敏辉
宽城区	周　贺	许希伟
南关区	华　岳	李　木
绿园区	高庆福	王　民
二道区	杜　福	刘英柏
双阳区	王明德	王芙芗
九台市	肖志华	苗景林
榆树市	赵国军	张树林
德惠市	林英昌	李晓波
农安市	蔡　光	于洪文
吉林市	黎海滨	岳忠田
磐石市	袁龙奇	洪文娟
桦甸市	李洪信	王立民
舒兰市	尚　涛	杨　利
蛟河市	张恩波	刘春青
永吉县	陈　雁	刘东华
昌邑区	王国森	陶树君
船营区	李天林	王尚义
龙潭区	苏相侠	郑邦慧
丰满区	刘文彬	滕　华
延边州	高　杰	金江泉
延吉市	郭　毅	宋鹤山
珲春市	李承哲	张成业
图们市	李顺姬	金仁俊
敦化市	秦晓明	张　猛
龙井市	金龙振	周宪君
和龙市	郑俊浩	邹　辉
汪清县	潘延军	毕树贵
安图县	李柱哲	安学斌
四平市	田　野	段广华
公主岭	刘英杰	刘玉琢
双辽市	徐文超	王　栋
伊通县	孙立荣	刘中生
梨树县	陶永泉	高云玖
铁东区	郭　晶	生永红
铁西区	刘俊玲	袁继平
辽源市	刘殿民	贺诗俊
东丰县	宋建华	李文生
东辽县	陆振伟	何文艺
龙山区	崔守仁	唐　军
西安区	刘景山	张友伟
通化市	齐晓光	来庆龙
东昌区	张万杰	周庆涛
二道江区	姚万军	高鹏程
梅河口市	王立赫	李彦民
集安市	于文泉	杨大庆

地　区	综治委主任	综治办主任	地　区	综治委主任	综治办主任
辉南县	李伟山	王　韬	扶余县	宋耀伟	徐　波
柳河县	宋　强	刘其耀	前郭县	吴　波	耿志明
通化县	陈光	宋金成	宁江区	宋长青	邸彦辉
白山市	刘福军	孙嬉林	长岭县	孙汉章	刘明孚
浑江区	郭嘉兴	孙　梅	乾安县	高晓天	黄喜利
江源区	姜　波	赵怀军	**白城市**	裴　中	裴　中
抚松县	李朋忠	李新森	洮北区	王守臣	韩玉武
临江市	姜　泰	胡海利	镇赉县	刘金凤	梁宝山
长白县	崔龙男	卢成哲	洮南市	苏永新	苏永新
靖宇县	邓　燕	毛英良	大安市	刘云华	刘云华
松原市	吴兴宏	李明博	通榆县	仲伟刚	仲伟刚

（撰稿人:李春凯　韦晓宇
审稿人:姜德志　毕德国）

黑　龙　江　省

2010年社会治安综合治理工作概况

2010年,黑龙江省各级综治部门认真贯彻落实省委、省政府关于综治工作和"平安龙江"建设的一系列部署,围绕深入推进"八大经济区"、"十大工程"建设,充分发挥综治工作职能作用,有力地维护了全省社会和谐稳定。省委、省政府高度重视综治工作和"平安龙江"建设,进一步加大了领导力度,相继制定出台了一系列加强综治工作和"平安龙江"建设的意见措施。省委《关于进一步加强民生工作的决定》将社会治安综合治理和"平安龙江"建设列入"十大民生工程"之中,下发了《关于进一步推进和谐社区建设的意见》。省委书记吉炳轩、原省长栗战书与各市地党政主要领导签订了2010年度《社会治安综合治理目标责任状》,省委常委、政法委书记、省综治委主任黄建盛与47个省综治委成员单位逐一签订了目标责任状。在省委省政府正确领导和政法综治维稳等部门共同努力下,全省全年社会稳定,治安平稳。据国家统计局统计,2010年,全省公众安全感达到94.9%,同比上年提高0.5个百分点,连续4年保持上升趋势;"平安龙江"建设群众满意率、知晓率、参与率分别达到95.6%、86%、78.9%,均为历年最高。

一、矛盾纠纷排查化解工作深入开展,早期预警和源头治理能力进一步增强

(一)"大调解"工作体系进一步完善。2010年7月12日,省委办公厅、省政府办公厅《关于构建"大调解"工作体系 有效预防化解社会矛盾纠纷的意见》下发后,省里立即成立了"大调解"工作领导小组及办公室。各市县也相继成立了"大调解"工作领导机构。各地紧密结合实际,依托基层综治维稳中心(或司法所)设立"大调解"工作办公室,探索构建"一个平台、三调联动、多位一体"的大调解工作体系,逐步建成了覆盖城市街道、居委会,农村乡镇、村屯和各行业、部门的调解组织网络,健全完善了矛盾纠纷统一受理、集中梳理、共同处理等工作制度。积极推行在基层人民法院(法庭)设立人民调解窗口或调解室(调委会)的工作模式,建立完善了人民调解与诉讼工作有效配合的诉调衔接机制;积极推行人民调解与信访行政调解、治安行政调解、劳动争议仲裁调解、医患纠纷调解等相衔接的工作模式,建立完善了人民调解与行政调解的协作联动机制;积极推行司法调解向行政调解重点领域逐步延伸的工作模式,健全人民法院与行政机关间的工作联系制度,逐步建立完善了行政调解与司法调解衔接机制。各级综治、司法行政、信访、法院等部门各尽其责,齐抓共管,大调解工作整体合力不断增强。为推进工作落实,2010年省综治委先后组织了3次全省督导检查,并在11月份召开了全省"大调解"工作体系建设哈尔滨现场会议。目前,全省所有县(市、区)全部建立了调处中心,96.7%乡镇(街道)成立了调访办,93.6%的行政村建立了调解室。2010年全省一审民商事案件调解撤诉率达到82%,与上年同比增加了6个百分点。

(二)社会稳定风险评估工作扎实推进。认真落实省两办《关于建立社会稳定形势分析研判工作机制的意见》和《关于实施重大事项社会稳定风险评估的指导意见》。各级党委、政府切实加大了对社会稳定风险评估工作的推行力度,各地、各部门按照"谁决策,谁评估;谁评估,谁负责"的原则,不断完善工作机制,进一步明确风险评估的工作原则、领域范围、责任主体和工作程序,在制度上,把社会稳定风险评估逐步纳入社会治安综合治理考评体系,建立并强化了责任倒查及一票否决工作机制;在范围上,将风险评估向经济社会更多领域拓展,向基层县区、乡镇延伸。目前，全省13个市地全部制定实施了重大事项社会稳定风险评估工作意见或实施细则，此项工作在基层县(市)区也已经逐步展开。据统计，开展社会稳定风险评估工作以来，全省共评估重大项目361个，否决或暂缓实施49个。

(三)矛盾纠纷排查工作不断深化。各地充分发挥乡镇(街道)综治维稳中心和社区(村屯)综治维稳工作站平台作用，建立了经常性矛盾排查、信息采集及报送工作制度，逐步健全完善重点高危人员信息库，严格落实了调处管控各项措施，实现了对各类矛盾纠纷的提早发现、一线调处、就地化解。2010年，全省一般性矛盾纠纷化解率为94.6%，群体性矛盾纠纷化解率为54.8%。

二、严打整治强势不减，影响社会安全稳定的突出问题逐步得到解决

(一)严密防范和严厉打击各类违法犯罪和敌对势力颠覆破坏活动，确保了全省社会安全稳定。不断深化"打黑除恶"专项斗争，依法严厉打击各类严重暴力犯罪、多发性侵财犯罪，严厉打击非法集资等涉众型经济犯罪，加强了"扫黄打非"和禁娼、禁赌、禁毒工作。2010年，全省刑事案件立案同比减少12.4%，八类主要刑事案件立案同比减少10.5%。其中，放火、爆炸、杀人、绑架、抢劫案件立案同比分别减少了13.8%、37.5%、10.4%、10.7%和21.7%。

(二)进一步强化公共安全管理，有效预防和减少重特大公共安全事故的发生。采取有效措施，继续加大了对重点区域部位和重大敏感时期的火灾隐患排查整治工作，积极推进消防安全"防火墙"工程，有效预防了重特大火灾事故的发生。在组织开展全省道路运输企业安全生产百日专项整治行动成果的基础上，又会同有关部门开展了查处查扣报废、私自改装和非法营运车辆行动。2010年，全省交通事故死亡人数同比减少3.1%，火灾事故死亡人数、直接损失同比分别下降20.8%和18.8%。继续加大了高危行业安全生产、食品药品安全、铁路运输安全的监管力度，不断加强对枪支弹药、易燃易爆、剧毒和放射性等危爆物品的稽查管理，继续加大了对盗窃破坏"三电"、油气田、铁路设施等违法行为的打击防范力度，确保了重点行业领域部门的生产秩序和生产安全。

(三)认真开展社会治安重点地区排查整治等专项行动。按照中央综治委的统一部署，省综治委成立了整治工作领导小组及办公室，先后两次召开会议进行部署，研究制定工作方案，确定出重点整治地区并实行警示和挂牌督办。省综治办组织了两次由厅级干部带队的全省范围的专项督导检查和多次暗访督查。全省共排查出重点地区577个，已完成整治568个。

(四)切实加强了学校、幼儿园及周边安全保卫工作。2010年5月4日全国综治维稳工作电视电话会议召开后，省综治委立即召开了全省综治维稳工作电视电话会议，传达周永康同志的讲话精神，全面部署校园安全稳定工作。省综治办组织7个由厅级领导带队的督查组对全省学校、幼儿园安全工作进行督导检查。为迅速贯彻落实5月29、30日省委书记吉炳轩、原省长栗战书在省综治办工作报告上作出的重要批示，省综治办又先后作出三次部署和检查，促进了问题整改落实。全年全省未发生重特大校园安全事故。目前，全省已设置校园治安岗亭1.3万余个，配备保安9000余人。12月17日，《黑龙江省学校安全条例》经省人大常委会通过，并于2011年3月1日实施。

按照中央和省委的部署，省综治办还组织、协调司法行政、工商、住建、交通、铁路、省军区等相关部门，先后在全省开展了看守所安全管理大检查、维护部队和军人权益、建筑设施消防质量大检查、查处取缔无照经营行为、警用车辆治理、铁路护路联防等专项工作，均收到了良好的效果。

三、城乡治安防控体系建设进一步完善，人民群众安全感不断增强

全省各地认真落实省委、省政府"两办"《关于进一步推进安全技术防范建设的意见》，各级综治工作部门积极争取党委政府支持，将安全技术防范建设纳入城乡经济社会发展规划，实现项目化推进，技防投入力度进一步加大。逐步建立起了市、县(区)、镇(街)、村(居)四级联网的视频监控系统，推动城镇家庭、社区、社会单位为主体的报警联网系统建设，全省一级二级监控中心、监控点建设的质量和数量不断提升。据不完全统计，目前全省各级各类视频监控点总数已达15.8万多个。在加强技防建设的同时，各地不断普及完善农村“平安互助网”、“多级联防报警网”工程和多种形式的实用技防措施。进一步推进警务工作机制改革，推进警务进社区（村）工程，城镇社区警务室、农村警民联防区工作室建设进一步加强，公安下沉警力占总警力比重不断提高。

四、社会管理工作不断创新，综治工作服务保障社会建设的职能作用进一步增强

一是不断创新流动人口管理。省流动人口管理办公室下发了《关于进一步加强暂住人口出租房屋治安管理工作的意见》、《暂住人口服务管理便民利民十项措施》，流动人口管理工作进一步得到强化。哈尔滨市南岗区探索推行“网格化”社会管理模式，取得了良好效果，并逐步在全省推广。二是加强了刑释解教人员安置帮教工作。省综治委组织开展了对2009年度回归释解人员的集中走访排查，共排查释解人员1.4万余人，综合衔接率、综合安置率分别达到90%、85%。省综治办还承办了全国综治办主任刑释解教工作伊春座谈会议，黑龙江省在会上做了经验介绍。三是青少年违法犯罪预防工作不断强化。省综治委、省关工委联合印发了《关于发挥“五老”优势切实做好青少年教育关爱工作积极维护社会稳定和谐的意见》，青少年帮教工作制度保障能力进一步增强。四是加强了对肇事肇祸精神病患者的服务管理。认真落实了此类重点人员的排查、收治、救助、管控各项责任措施，全年全省未发生在全国有重特大影响的精神病患者肇祸肇事案件。五是加强了对互联网“虚拟社会”的监管和舆论引导。各级公安、国家安全、电信等部门密切协同，不断加强网络安全信息员队伍建设，进一步完善了网上舆情检测研判和快速应对机制。六是加强“两新组织”服务管理。坚持严格规范和积极服务相结合，全面落实社会治安法人代表责任制，加强了对新经济组织内部安全稳定工作，加强了对新社会组织的培养和监管，推动了综治工作向“两新组织”的延伸。

五、进一步强化了综治基层基础建设，基层一线工作能力不断提升

继续推进中办、国办转发的《中央社会治安综合治理委员会关于进一步加强社会治安综合治理基层基础建设的若干意见》的贯彻落实，省综治办研究制定了实施办法，以省“两办”文件印发全省执行。实施办法对全省县（区）、乡镇（街道）、社区（村）三级的综治组织建设、制度建设、办公条件等软硬件建设做出明确硬性规定。意见和实施办法下发后，基层综治委（办）作用进一步增强，工作机构、工作制度逐步健全、规范 专兼职基层群防群治队伍不断壮大。目前，全省93%的乡镇（街道）建立了综治（维稳）工作中心，87%的村（社区）建立了综治（维稳）工作站。

六、着力推进综治工作领导责任制落实，“平安龙江”创建活动不断深化

（一）综治委成员单位职能作用得到有效发挥。省综治委各成员单位和各专门工作领导小组积极参与“平安龙江”建设，认真落实社会治安综合治理各项工作措施，平安市场、平安医院、平安校园、平安边境等系统平安创建工作成效显著。截至目前，全省已有省级“平安市场”53处、省级“平安医院”12家、省级“安全和谐校园”242所，全省1202个新农村建设试点乡村的平安创建达标率接近100%。2010年底，省综治委对部分省综治委成员单位进行了《社会治安综合治理工作责任状》达标检查，通报表彰了20家成员单位及专项工作领导小组。

（二）综治工作责任制落实力度不断加大。2010年初，召开了省综治委、省纪检委、省委组织部、省监察厅、省人力资源和社会保障厅“五部门”联席会议，通报了2009年全省社会治安综合治理暨平安建设考评考核结果，对出现问题的8个县（区、市）分别给予取消平安县荣誉称号、黄牌警告、实施综治“一票否决”的处理。2010年底，省综治委组成8个检查组，对全省“平安县（市、区）”进行了申报考核和重点复查，确定新命名平安县（市、区、局）10个，对2010年出现重大问题的2个“平安区”取消了平安称号，对6个“平安县（市、区、局）”进行黄牌警告，对4个单位提出“一票否决”意见。截至目前，全省授予“平安市（地、系统）”9个，达总数60%，“平安县（市、区、局）”152个，达93.3%。

（三）综合治理和“平安龙江”建设宣传工作不断加强。省综治委与省委宣传部于2010年3月底联合开展了“平安龙江”建设宣传月活动。4月中旬，组织开展了2009年度全省社会治安综合治理优秀新闻作品评选活动，评选出各类获奖作品48件，并推荐11篇(条)参评全国社会治安综合治理优秀新闻作品评选。三季度，组织开展了“黑龙江省见义勇为英雄”评选工作，评选出13名2009年度“黑龙江省见义勇为英雄”，在全省政法工作会议上进行了表彰，省委书记吉炳轩出席会议并给先进个人颁奖。

(四)综治培训和调研工作扎实开展。省综治办集中组织了全省基层综治办主任和省综治委成员单位联络员培训班，各地也开展了相关培训工作。省综治办组织了全省综治工作理论专题调研文章评选活动，共评出一等论文12篇、二等论文30篇、三等论文50篇。

中共黑龙江省委办公厅
黑龙江省人民政府办公厅
印发《关于进一步推进安全技术防范建设的意见》的通知

(2010年6月18日)

各市(地)、县(市)委和人民政府(行署)，省委各部委，省直各单位：

经省委、省政府同意，现将《关于进一步推进安全技术防范建设的意见》印发给你们，请结合实际认真贯彻落实。

关于进一步推进安全技术防范建设的意见

为深入贯彻《中共黑龙江省委、黑龙江省人民政府关于今后五年深化“平安龙江”建设的若干意见》(黑发[2007]18号)和《中共黑龙江省委办公厅、黑龙江省人民政府办公厅关于印发〈黑龙江省安全技术防范建设三年规划〉的通知》(黑办发[2007]1号)精神，充分发挥安全技术防范在加强社会管理、社会治安综合治理、确保人民群众安居乐业、防范打击违法犯罪、强化社会管理和重大活动安全保卫等方面的重要作用。现就进一步推进全省安全技术防范建设提出如下意见。

一、指导思想和工作目标

(一)指导思想。

依托“平安龙江”建设和社会主义新农村建设，以完善社会治安防控体系为着力点，以保障国家和人民群众生命财产安全为出发点，组织动员全社会各方面力量，不断拓宽安全技术防范建设与应用的领域和范围，使安全技术防范工作在提升打防管控能力，打牢城乡社会治安防控基础，服务社会管理和经济发展，提高处置应急突发事件和预防、发现、制止、打击违法犯罪能力，保障人民群众安居乐业，促进社会和谐稳定等方面发挥新的作用。

(二)工作目标。

按照“政府领导、综治指导、公安主导、社会参与、统筹兼顾”的思路，在落实三年规划的基础上，强力推进全省城市监控与报警系统建设，不断扩大覆盖面，推进互联互通和资源共享，丰富技战法，提高管控水平，构建起适应经济社会发展需要的城市监控与报警系统；积极开展农村技防工作，加强对农村技防工作的组织领导，推广适合农村和农民治安需求的安全防范技术和产品，初步形成以农村派出所和警务室为依托，多部门、多警种联动，群众积极广泛参与的农村技防工作新格局。

1. 通过3年的时间，全面完成市、县公安局和派出所三级监控与报警平台建设；监控点在现有基础上翻3番，到2012年年底建成15万个与公安机关联网的监控报警点。

2. 市、县级监控报警控制中心2010年达标率70%以上，2011年达标率95%以上，2012年达标率100%。

3. 派出所级监控报警中心(室)2010年达标率50%以上，2011年达标率80%以上，2012年达标率100%。

4. 重要治安卡口安装率2010年达到30%以上，2011年达到60%以上，2012年达到90%以上。

5. 重点部位技防建设2010年完成本地方案设定的40%以上，2011年完成80%以上，2012年完成100%。

6. 积极做好农村技防建设的宣传发动工作，引导全社会广泛参与农村技防工作，推进有条件的农村安装使用技防设施。

二、重点工作任务

(一)监控报警平台建设。做到进一步完善市、县公安局和派出所三级监控报警中心(室)建设。监控中心要有完备的显示、管理、控制和存储设备，并能实现分级管理、优化存储、按需应用和联网调用。市、县公安局和派出所三级监控报警中心(室)的视频图像信息系统在纵向上互连互通，在横向上本级公安机关与同级社会视频监控资源互相兼容。

(二)治安卡口系统建设。在城市等重要出入口安装智能卡口系统，实现城市多门落锁，进行区域控制。通过智能卡口系统，完成对通过车辆的时间、地点、行驶速度、行驶方向以及车辆图像、号牌、车辆驾驶室前排司乘人员的面部特征信息、装载信息等进行有效抓拍；自动比对车牌信息，自动报警各类布控车辆，实现超速行车违法行为取证，根据不同权限对车辆通行记录的数据进行查询、检索、布控、比对，并且能对前端设备进行远程控制和管理；利用卡口车辆号牌识别系统提供的识别、比对、报警、处理功能，对捕获到的过往车辆信息所提供的各类线索，进行关联分析和综合应用，有条件的要通过警用GIS地理信息子系统实现快速定位和调度警力；对公路运行车辆的构成、流量分布、违法情况进行常年不间断自动记录，为交通规划、交通管理、道路养护提供重要的基础和数据。

(三)重点部位技防建设。党政机关重点要害部位，城区主要街道、城市主要路口、高速公路(收费站)出入口、机场、车站、码头、公园、游乐场、运动场、广场、校园、医院、大型停车场、旅游景点，危险物品生产经营使用单位，文化娱乐场所，金融营业网点，宾馆、旅店、典当行、汽车修理厂，加油站、加气站，社区、居民住宅小区，公交车、长途客运车、武装押运车的安全技术防范建设，要在原有的基础上进行完善和补充。不断提高安全技术防范设施的安装率和覆盖率，形成规模，确保满足实际防范需求。

(四)农村技防建设。根据农村地域和治安状况特点，结合推进社会主义新农村建设，积极开展农村安全技术防范建设及应用工作。利用有线、无线联网方式，采取视频监控系统、多户联防设备、简易报警系统等多种形式，推广使用经济适用、防范效果好的物防和技防设施，有效控制农村入室盗窃及盗窃农机具、电力设施和牛、羊等家畜案件，初步建成符合我省村实际的安全技术防范系统。

三、科学规划分步实施

(一)科学制定方案。各地要在深入调研的基础上，以实际需求为导向，以有效应用为核心，以技术建设与工作机制的同步协调为保障，制定切实可行的安全技术防范建设实施方案，并上报主管部门审核。力求将安全技术防范建设纳入本地城市建设、数字化城市管理系统建设、道路建设规划以及重点建设项目的总体规划。

(二)认真抓好实施。各市(地)、县(市、区)要统一安排、分步实施安全技术防范系统建设规划。对不同部位的安全技术防范建设监控点实行分层分类规划建设，科学确定监控密度和监控点，做到有效覆盖、合理布局，努力消除盲区。要最大限度地节约建设资金，建设中要注重资源整合，加强对已经建成的各行业安全技术防范资源的整合联网，特别是对关系国计民生部门和公共要害部位的监控资源，更要尽快实现资源的跨级、跨部门共享，使技防设施尽快形成规模效应，更好地为社会治安防控和社会管理服务。

（三）确保系统质量。要严格执行国家现行各类技术标准，严把建设质量关。对正在建设的系统，主管部门要靠前指导督促建设商按标准建设；对已经建成的系统，要委托法定检验部门进行检测，对达不到标准要求的要责令限期整改，质量不合格的坚决不予验收。要充分发挥已建技防设施的作用，通过强化系统应用推动安全技术防范建设，在确保重点要害部位安全、快速处置突发公共安全事件或重大群体性事件能力、侦查破案、精确打击各类犯罪活动、控制和震慑治安复杂地段违法犯罪、重大活动安全保卫、提高服务人民群众和管理社会能力上充分发挥作用。

四、完善保障机制

（一）加强组织领导。各级党委、政府和各有关部门要把安全技术防范建设摆上重要议事日程，加强领导，落实责任，强化保障，统筹协调，狠抓落实，形成“党政统一领导、综治督促指导、公安全力主抓、有关部门积极配合、社会各界共同参与”的齐抓共建工作格局。同时要建立健全相应的领导机构，抽调精干人员负责建设，保证专业人员到岗到位。要建立科学的工作流程和保障机制，及时研究解决安全技术防范建设工作中遇到的实际问题，确保各阶段安全技术防范建设任务的顺利完成。

（二）确保资金投入。通过政府投入、引导投资等多种措施，确保安全技术防范建设资金投入。各地政府要把应由同级政府承担的建设项目列入地方财政预算，并加大对属于政府事权范围的公共点位的投入，保障已建安全技术防范系统所需的租赁、运行和维护费用。林业、农垦、铁路等部门要按照国家关于“平安城市”建设和安全技术防范建设的有关规定安排建设专项资金。要坚持政府投入与社会投资并重的原则，积极利用社会资源，建立多渠道、多元化的投资机制。组织指导机关、团体、企业、事业单位抓好内部区域的安全技术防范系统建设，鼓励有条件的企事业单位积极履行社会责任，部分承担本单位周边区域安全技术防范系统建设任务。宣传引导群众特别是中小型经营户树立“花钱买平安”的理念，积极安装技防设施并广泛应用，提高自身防范能力。

（三）完善管理机制。着眼于完善社会公共安全防控体系，着力抓好安全技术防范系统规章制度建设，逐步建立起长效机制。明确监控人员、处置人员和设备维护人员的职责任务，建立健全值班、台账、保密等规章制度，严明工作纪律强化业务培训，使各级各类监控系统人员熟练掌握实用技能，真正实现人机结合，发挥实战效能。各类安全技术防范系统必须确保在举办重大活动、执行大型保卫任务及处置突发事件时，使各级有关部门能够调用现场视音频信息进行指挥和调度。各相关主管部门要实时掌握系统的运行状况，发现问题要及时报备并通知相关维护部门予以修复。承担建设任务的公共运营商要按照各级政府部门的要求，切实承担起应用、维护、保障的职责。

（四）严格考核奖惩。省综治办对安全技术防范建设实行目标管理，把安全技术防范建设列入社会治安综合治理年度考核体系，每年进行2次检查，年底对市（地）、县（市、区）完成指标情况进行综合考评，对没有完成任务指标的予以通报批评，安全技术防范建设不达标的单位不能被评为平安单位。2012年阶段性工作完成后，将以适当方式对全省各地先进单位和个人进行表彰奖励。

中共黑龙江省委办公厅
黑龙江省人民政府办公厅印发
《关于构建“大调解”工作体系　有效预防化解社会矛盾纠纷的意见》的通知

(2010 年 7 月 12 日)

各市(地)、县(市)委和人民政府(行署),省委各部委,省直各单位:

经省委、省政府同意,现将《关于构建“大调解”工作体系有效预防化解社会矛盾纠纷的意见》印发给你们,请结合实际认真贯彻落实。

关于构建“大调解”工作体系
有效预防化解社会矛盾纠纷的意见

当前,随着我省经济社会持续快速发展,社会关系和利益格局发生深刻变化,人民内部矛盾呈现出成因复杂、规模扩大、触点增多,敏感性、关联性、对抗性、破坏性增强等特点,维护社会和谐稳定的任务日益艰巨,形势日趋严峻。为进一步加大对矛盾纠纷的排查化解力度,构建人民调解、行政调解、司法调解相互衔接配合的“大调解”工作体系,有效预防和化解社会矛盾纠纷,切实维护全省社会和谐稳定,现提出如下意见。

一、总体要求

(一)基本原则。

1. 统一领导、综合协调。坚持党委、政府统一领导,各级综治部门参与协调指导,统筹解决工作中遇到的困难和问题。

2. 属地管理、分级负责。按照“属地管理、分级负责”的要求,条块联动,有机衔接,形成工作的整体合力。

3. 依法调解、公正高效。实施调解必须严格依据法律法规和相关政策,注重法、理、情的有机统一,努力提高调解的质量、效率和公信力。

4. 调解优先、尊重自愿。解决民间纠纷、处理行政争议和司法诉讼,在充分尊重当事人意愿的前提下,积极引导当事人选择调解的方式解决矛盾纠纷。

5. 加强教育、正确引导。将法制宣传、教育疏导贯穿于调解工作的全过程,引导广大群众通过正常渠道反映诉求,依法维护自身合法权益。

6. 定纷止争、促进和谐。畅通人民调解与司法裁判、行政裁决、信访工作对接渠道,综合运用各种手段有效化解矛盾纠纷,促进社会和谐稳定。

(二)工作目标。

1. 建成覆盖全省城乡和各级、各部门、各行业的调解组织网络,实现调解工作的全面覆盖。

2. 建立健全各类调解手段相互衔接、整体效能充分发挥的工作机制,确保调解工作职责明晰,规范有效。

3. 打造出高素质的专兼职调解队伍，通过教育培训、严格奖惩等措施，不断增强调解工作人员的事业心和责任感，提高工作能力水平。

4. 在全省营造“群众有事愿意调解、调解人员善于调解、解决问题注重调解”的浓厚氛围，基本实现“小纠纷不出村（社区）、大纠纷不出乡镇（街道）、疑难纠纷不出县（市、区）”，“民转刑”案件、民事诉讼案件、行政复议案件、信访案件下降，有效防止和减少重大群体性事件、恶性“民转刑”案件和集体到省进京上访案件发生。

二、主要任务

（三）继续深化人民调解工作。人民调解由各级司法行政部门牵头负责，主体为人民调解组织。人民调解组织要充分发挥维护稳定“第一道防线”的独特作用，围绕党委、政府关注的难点和人民群众关心的热点，及时排查化解各类矛盾纠纷。对于短时间内难以解决的矛盾纠纷，要做好预测分析，及时报告党委、政府和有关部门；对调解不成可能进入诉讼程序的，应当告知当事人处理途径；并积极向有关部门、法院（庭）提供调解情况；对随时可能激化或造成严重后果、影响社会稳定的矛盾纠纷，应及时向有关方面反映，并积极做好化解和疏导工作。

（四）不断创新行政调解工作。行政调解由各级政府负总责，信访部门牵头，政府法制部门配合，主体为政府行政部门（包括其他具有行政管理职权的组织）。政府行政部门要认真落实行政主管责任，充分运用调解方式处理行政纠纷和与行政管理相关的民事纠纷，积极吸纳相关职能部门，特别是人民调解组织参与调解，增强调解实效性，提高调解公信度，及时有效解决矛盾纠纷。对不愿进行行政调解或未达成调解协议的，行政部门要告知、引导当事人采取司法救济或其他合法途径解决问题，并做好与其他部门的情况沟通与反馈。

（五）积极加强司法调解工作。司法调解由各级法院负责。各级法院要按照省法院、省司法厅联合下发的《关于促进民事诉讼与人民调解工作衔接依法妥善化解民事纠纷意见》（黑高法[2009]123号）要求，加强人民调解与司法调解的衔接工作。对未经人民调解、行政调解的纠纷，应积极引导当事人先进行人民调解、行政调解。县级以下基层法院（庭）要设立人民调解窗口或办公室。要大力支持人民调解、行政调解工作，加强对人民调解和行政调解的指导。要进一步拓展调解工作范围，逐渐将调解工作从处理民事案件向处理行政案件、刑事自诉案件、刑事附带民事诉讼案件等延伸，从立案、审理、执行到信访等各环节，都要努力做好调解工作。大力推进巡回调解、邀请调解、委托调解，强化调解手段，最大限度发挥调解作用。各级检察机关也要充分发挥职能作用，积极做好司法调解工作。

（六）努力确保各类调解手段的衔接配合。各级综治部门要切实担负起组织协调和指导督促职责，推动“大调解”工作规范高效运行。各地各有关部门及各调解组织要按照职责分工，认真做好矛盾纠纷调处工作。对法律关系单一、一个职能部门能够解决的矛盾纠纷，由该职能部门负责解决；对法律关系复杂、涉及多个部门的矛盾纠纷，由最初受理的部门与相关部门协商解决，协商未果的，提请同级“大调解”工作领导小组办公室予以协调。对下级“大调解”工作领导小组办公室协调有困难的，可由上级“大调解”工作领导小组办公室指导解决或督促有关地方党委、政府协调解决。建立健全人民调解、行政调解与司法调解的协调联动机制、信息沟通机制和效力确认机制，充分运用调解手段化解矛盾纠纷。建立健全决策咨询、公开听证、领导接访、联合接访制度，支持和广泛吸纳中介组织、行业协会等社会力量参与调解，努力从源头上化解矛盾纠纷。积极引导和规范各种民间调解及其他调解手段，有效发挥其在化解矛盾纠纷中的积极作用。

三、工作措施

（七）建立健全领导机构。省委、省政府成立“大调解”工作领导小组，领导小组办公室设在省综治委，负责对全省“大调解”工作的协调指导、情况综合，及时掌握相关信息，组织有关部门对重大矛盾纠纷进行会商和分析，研究“大调解”工作体系建设面临的困难和问题，为领导小组决策提供依据。各市（地）、县（市、区）要参照省里的模式成立相应的领导小组和办公室，全面加强对“大调解”工作的组织领导。乡镇（街道）也要成立由党委书记（主任）担任组长，各有关部门负责人参加的“大调解”工作领导小组，并依托综治维稳中心、矛盾调处中心或司法所设立“大调解”工作办公室，根据乡镇(街道)规模等实际情况，配备一定数量的专兼职工作人员，人员在乡镇(街道)现有编制人员中调剂解决，或从“大调解”工作领导小组成员单位抽调，一个班子、一支队伍，实行合署办公，对矛盾纠纷统一受理、集中梳理、共同处理。村(社区)依托人民调解委员会建立调解室，调解室主任由人民调解委员会主任担任，并配备专兼职调解员。

(八)不断完善组织网络。建立健全纵向覆盖省、市(地)、县(市、区)、乡镇(街道)、村(社区)五级，横向渗透各区域、各行业以及社会管理各个方面的调解组织网络。机关、学校、企事业单位以及区域性组织、行业性组织，特别是人员比较集中和与人民群众生产生活联系密切的单位和机构，都要建立调解组织，切实发挥预防和化解社会矛盾纠纷的作用。加强“大调解”队伍建设，拓宽调解队伍来源渠道，广泛吸纳有调解工作经验、热心公益事业的人员包括老党员、老干部、老军人、老教师、老模范等担任调解员，加强对调解员队伍的教育培训工作，积极发展由党政主导、政府提供保障、覆盖基层和各行各业的调解员队伍。县(市、区)、乡镇(街道)要依托社会矛盾调处中心、“调访一体化”机构，由“大调解”领导小组统一领导，广泛吸纳有关部门、社会团体、行业组织参与，进一步拓展工作领域，延伸工作触角，强化工作职能。各地应继续巩固和完善在实践中形成的行之有效的“大调解”工作运行机制和模式。

(九)逐步强化保障措施。各级党委、政府要将“大调解”工作专项经费列入财政预算统筹安排，配齐配强调解人员和相关工作人员，落实专门办公场所和办公设备。要认真执行中央、省关于保障人民调解工作经费、人民调解委员会补助经费、人民调解员补贴经费的政策规定，解决基层调解组织、队伍、设施和待遇所需经费。

(十)深入开展宣传教育。深入开展社会主义法制宣传教育，增强全民遵纪守法的自觉性和依法维权的意识，引导人民群众自觉把调解作为解决矛盾纠纷的主要选择，加大宣传力度，营造推动“大调解”工作体系建设的良好氛围。

(十一)严格实施考核奖惩。把构建“大调解”工作体系作为社会治安综合治理考评的重要内容，加强检查督导，严格实施奖惩。对组织有力、调解有效的要表彰奖励；对领导不重视、工作不落实、调处不得力，导致发生严重危害社会稳定的重大矛盾纠纷的地方、单位要予以通报批评、挂牌警示直至一票否决。要建立并实施重大群体性事件或信访案件责任倒查制度，查明原因，严肃追究有关责任人的责任。

黑龙江省社会治安综合治理委员会
黑龙江省关心下一代工作委员会
关于发挥“五老”优势　切实做好青少年教育关爱工作
积极维护社会稳定和谐的意见

(2010 年 5 月 5 日)

多年来，在各级党委和政府的领导下，各级关工组织，密切与综治办等有关部门配合，充分发挥“五老”的优势，在教育关心青少年上做了大量卓有成效的工作，发挥了不可替代的作用，对建设“平安龙江”，维护社会和谐稳定是一项不可或缺的工作，得到各级党政领导的充分肯定，赢得社会各界广泛赞誉。为深入贯彻落实中共中央办公厅、国务院办公厅转发《中央政法委员会、中央维护稳定工作领导小组关于深入推进社会矛盾化解、社会管理创新、公正廉洁执法的意见》(中办发[2009]46号),在关心教育青少年上更好地发挥“五老”的政治、经验、威望、时空、亲情的优势,积极参与维护社会和谐稳定,深入推进“平安龙江”建设,为全省经济社会又好又快、更好更快发展创造稳定和谐的社会环境,提出如下意见:

一、要进一步组织动员“五老”对青少年进行法律常识教育

加强青少年法制宣传教育,是预防和减少犯罪,维护社会和谐稳定的治本举措。为此,各地关工组织要在综治办统一组织指导下,密切结合本地实际,认真贯彻《黑龙江省关于开展“关爱明天,普法先行”青少年普法教育活动实施方案》(黑关发[2010]8号文件)。要本着“自觉自愿、因人而异、发挥特长、量力而行”的原则,组织动员“五老”,特别是要发挥政法战线上离退休老同志和各中小学法制副校长的作用,运用青少年普法教育宣讲团,进行法律咨询、开展法律讲座、上好法制课以及采取模拟法庭、以案讲法等有效形式,有计划地向青少年进行法制宣传教育,使他们学法、知法、守法,积极参与开展创建平安校园、平安社区、平安村屯、平安家庭活动,进一步提高青少年法律意识,增强守法观念,努力维护社会和谐稳定。

二、要积极支持文化、工商等主管部门充分发挥“五老”义务网吧监督员作用

各地关工委要深入贯彻省文化厅、省关工委《关于组织“五老”义务网吧监督员参与网吧监督工作的意见》(黑文发[2009]192号),力争每个网吧都要有“五老”义务监督员,持证上岗,依法监督,积极配合文化、工商等职能部门,采取分组走访与部门联查相结合,不定期抽查与节假日集中检查相结合,引导劝说与举报治理相结合,巡查监督与说服教育相结合,坚持监督属地化、经常化、人性化、制度化,有效地控制未成年人进网吧。要按照文化等部门的要求组成监督小组,佩戴监督卡,配合有关部门的执法队伍定期或不定期地开展网吧监督,查验网吧营业执照,未成年人禁入标志、上网登记簿,查看标志、标牌、证照和制度是否上墙,查看上网人员信息登记是否准确,查看上网内容是否涉黄,查看室内和电脑是否清洁消毒,确保监督工作经常、有效。各级综治办、关工组织要积极协助文化、工商部门,以中办[2009]6号文件和中国关工委[2009]4号文件以及《互联网上服务管理条例》和《未成年人保护法》为主要教材,组织互联网专业人员讲解网络知识、法律监督知识,交流网吧监督经验,加强对“五老”义务监督员培训工作,不断改进监督方法,加大监督力度,提高监督水平。同时,要组织“五老”密切配合有关部门参与“打黄扫非”工作,清理整治不良网吧、不良文化书刊,整治学校周边环境,加强青少年文化阵地建设,大力在青少年中提倡健康上网,文明上网,提倡读好书、爱读书,努力为青少年健康成长营造良好的社会文化氛围。

三、要积极支持各级关工委组织农村青年开展“学科技、育新人、奔小康”活动

农村关心下一代工作既是一个重点,又是一个难点,做好农村关心下一代工作,对维护农村和谐稳定至关重要。各级关工组织要以培养新型农民,加快新农村建设为目标,组织动员农村“五老”围绕重点发展的主导产业,根据实际需要,组织青年农民参与绿色证书培训工程、新型农民创业培植工程、青年农民科技培训工程以及农村劳动力转移就业培训工程。组织更多的老科技工作者、老农业科技人员、有实践经验的老农民,有计划地讲解推广实用技术,参与“农扶110”、“农村科技服务站”、“农村家庭科技网站”活动,为青年农民提供科技咨询服务,特别要重视初中未考上高中、高中未考上大学的“两考”落榜生的培训工作,组织“五老”主动与他们结对子,开展传帮带活动,使他们学有一技之长,帮助他们脱贫致富,积极维护社会安定。同时,要组织农村青年积极参与农村文化建设,运用“农家书屋”、“文化大院”、“校外辅导站”等载体,广泛开展“老少同乐,共建和谐”活动,加强文化阵地建设,倡导文明健康的生活方式,努力增进农村的稳定与和谐,促进乡风文明建设。

四、要进一步加强弱势群体和特殊群体青少年的关爱帮教工作

各地要认真贯彻省综治委和省关工委联合下发的《关于组建关爱工作团的通知》(黑关发[2008]1号),组织动员“五老”积极配合社区专职社工,在对特殊群体和弱势群体青少年摸底排查的基础上,加强对存有严重劣迹行为和“两放”

青少年的管理、教育工作，主动与他们结成帮教对子，做好教育转化工作。要针对特殊群体和弱势群体青少年不同年龄段、不同情况、不同特点，因人制宜，经常沟通谈心，充分利用本地教育资源，大力开展社会主义核心价值体系主题教育，切实做好思想工作，引导他们养成良好的行为习惯，树立正确的世界观、人生观、价值观。要积极配合有关部门抓好关爱基地建设，做好特困生、辍学生、流失生、落榜生、家庭结构不健全的子女的关爱、教育、扶持和救助工作，要明确分工，落实责任，着力解决他们最直接、最现实的问题，努力为他们办实事，做好事，解难事，维护公平正义。要组织青少年开展丰富多彩的"老少同乐、共建和谐"活动，积极占领课余思想文化阵地，防止和减少违法犯罪行为，有效地维护社会和谐稳定。

五、要积极支持高校关工委组织"五老""为大学生做一件好事"活动。要进一步提高对做好高校关心下一代工作重要性的认识，增强责任感和使命感，推进高校关工组织、队伍建设。要积极支持高校关工委以开展"为大学生做一件好事"活动为载体，以加强社会主义核心价值体系教育为重点，因人制宜，从实际出发，充分发挥"五老"的特殊优势，在掌握实际情况的基础上有针对性地做好大学生的思想政治工作。同时要帮助大学生解决一些学习、生活、就业中的困难，并要充分发挥"五老"经验丰富、知识面广的优势，开展心理咨询和法律服务，帮助他们答疑解惑，化解心理矛盾，依法保护合法权益。要指导大学生开展丰富多彩的课余文化体育活动，活跃校园文化生活，促进校园和谐稳定。

各级综治办要牵头指导关工组织，加强协调沟通，交流信息，互相配合，总结推广典型经验，建立表彰奖励机制，对做出突出贡献的"五老"要给予表彰，进一步调动他们的积极性、主动性，为深化全省"平安龙江"建设，促进社会和谐稳定发挥余热，做出新的贡献。

共青团黑龙江省委员会
黑龙江省社会治安综合治理委员会办公室
黑龙江省公安厅　黑龙江省卫生厅
黑龙江省安全生产监督管理局
关于在"平安龙江"建设中组织开展
志愿服务工作的意见

（2010 年 5 月 10 日）

为贯彻落实中共中央办公厅、国务院办公厅《转发〈中央社会治安综合治理委员会关于进一步加强社会治安综合治理基层基础建设的若干意见〉的通知》（中办发[2009]14 号）和省委、省政府关于"平安龙江"建设的有关要求，在创新社会管理工作中，大力弘扬"自愿参与、人人能为、人人可为"的志愿服务理念，不断推进"平安龙江"建设深入发展，现就"平安龙江"建设中组织开展志愿者服务工作提出如下意见（简称平安志愿服务）。

一、指导思想

按照全省社会治安综合治理和"平安龙江"建设的总要求，在各级党委、政府统一领导下，全面落实科学发展观，坚持以人为本，贯彻"打防结合、预防为主，专群结合、依靠群众"的工作方针，发挥平安志愿者服务在基层社会管理工作中专群结合的优势，遵循"积极倡导、规范运作、完善机制、发挥作用”的基本原则,建立完善平安志愿者服务网络,广泛开展以平安建设基础性工作为重点的志愿服务活动,为推动“平安龙江”建设,维护全省社会稳定做出积极贡献。

二、工作目标

广泛组织和动员社会各界群众积极参与“平安龙江”志愿服务,建立平安志愿服务队伍的五级管理体制,实现组织体系网络化、志愿服务常态化;有计划、有重点地开展平安志愿者培训,规范志愿者队伍的日常管理,建立健全各项工作制度,推动平安志愿服务规范化、专业化;有效组织平安志愿者积极参与化解社会矛盾、维护社会治安、维护公共安全等社会性基础工作之中,真正形成“平安龙江”人人共建,平安成果人人共享的生动局面。

三、平安志愿服务内容

(一)主动化解社会矛盾纠纷。协助有关部门开展人民调解,化解矛盾纠纷,调解邻里纠纷、工农纠纷、职工纠纷等各种社会矛盾纠纷,减少社会不和谐因素,促进增加和谐因素。配合有关部门开展矛盾纠纷的排查、化解工作,收集身边各类不安定因素信息,宣传“三调联动”调解中心、“综治维稳”中心和调解委员会等社会矛盾纠纷调处的渠道,宣传信访政策和有关法律、法规。

(二)参加城乡社会治安防控。参加治安巡逻、守楼护院、邻里互望等社会化治安防范活动,参加排查治安问题,收集校园、企业周边及公共聚集场所、出租房屋、网吧等治安信息,预防和发现违法犯罪及制止不文明行为。开展安全防范知识宣传活动,向居(村)民提供咨询服务。收集社情民意,反映群众意见和要求。协助专门机构接受群众求助,为人民群众排忧解难。

(三)开展帮教、帮扶工作。协助相关部门做好预防青少年违法犯罪工作。协助相关部门做好刑释解教人员、违法劣迹人员及各类重点人员的帮教、转化工作。参与禁毒、防艾宣传教育工作,开展进企业、学校、社区、农村禁毒防艾宣传教育活动,充分发挥心理咨询、法律工作等专业志愿者的职业特点和技术专长,参与对吸毒人员的帮教和矫正工作。通过“一助一”、“多助一”长期结对等方式,有针对性地为农民工子女、城市低收入家庭子女、下岗职工、服刑人员未成年子女等各类困难群众和弱势群体提供生活料理、学习辅导、医疗保健、法律援助、信息咨询、心理疏导、文体娱乐等方面的志愿服务,协调帮助解决生活中的实际困难。

(四)维护消防安全。组织开展消防常识宣传,普及报火警、扑救初起火灾、火场逃生与自救等消防常识,教育群众牢固树立发生火灾后确保生命安全第一的理念。排查家庭消防隐患,提醒群众安全用火、用电、用油、用气,及时消除火灾隐患。配合公安消防部门组织群众开展实地消防灭火演练、疏散逃生演练。协助开展消防安全检查活动,督促所在单位认真落实消防安全各项制度,排查火灾事故隐患。

(五)维护交通运输安全。在交警指导下,协助维护道路交通秩序、劝阻交通安全违法违规行为。积极参与道路交通安全专项整治,协助排查交通安全隐患,提出整改措施及建议。组织开展交通安全宣传教育活动,帮助解决群众求助事项。及时报告道路上的交通、治安情况和其他重要情况。

(六)参与组织安全生产活动。宣传法律知识和安全防范知识,落实企业内部安全防范和安全生产措施。设立安全生产志愿监督岗,开展各种形式的安全生产活动,提高企业职工安全防范意识和技能,服务企业安全生产、安全运行。排查、发现各种安全隐患和问题,为企业安全生产提出合理化建议。

(七)根据实际需要积极参加其他平安志愿者服务。

四、组织管理

“平安龙江”志愿服务工作由省综治委统一领导各级团委和综治办具体组织实施,公安、司法、安监、信访、卫生等部门协助开展,按照“统一组织、分级负责、属地管理”的原则,建立省、市(地)、县(区)、乡镇(街道)、村(社区)五级组织体系。省“平安龙江”志愿服务工作领导小组,负责全省平安志愿服务工作的项目规划、统筹协调、人员培训、大型活动的组织实施、表彰奖励等工作。领导小组办公室设在团省委,负责“平安龙江”志愿服务日常工作;市(地)、县(区)、乡镇(街道)、村(社区)应成立相应组织机构,负责组织开展“平安龙江”志愿服务工作。各级综治办要充分发挥志愿者队伍的作用,综治委各成员单位要积极主动配合。

省级设平安志愿服务总队，各市（地）设大队，各县（区）设中队，各乡镇（街道）设分队，各村（社区）设小组，分别负责本辖区平安志愿服务工作的具体组织和实施。一些重要机关、重点学校、重要厂矿、大型商场、大型文化娱乐场所等单位可以成立中队，在本单位综治保卫机构领导下开展活动，并接受所属地区大队的指导。各大队的负责人应当是总队成员，各中队负责人应当是大队成员，各分队负责人应当是中队成员，各小组负责人应当是分队成员。

在全省集中开展平安志愿服务活动时，由总队负责统一部署，各大队、中队、分队、小组分级负责，接受总队的指导。根据活动和项目需要，大队、中队、分队在上级协调下可临时跨区域平行调度平安志愿者。各分队、各小组应坚持“任务分解到人、时段细化到点”的原则，并统一佩戴“平安龙江”志愿服务标识。

五、平安志愿者招募、培训

依据《中国注册志愿者管理办法》（中青发[2006]55 号）规定，按照“先建组织、后招募”和“先培训、后上岗”的要求，针对需求招募平安志愿者。

（一）招募条件

凡年满 18 周岁以上的中国公民，身体健康，热爱公益事业，具有奉献精神，具备与所参加的志愿服务项目及活动相适应的基本素质，遵纪守法，以自愿为原则，通过专项注册审核，可以成为平安志愿者。

（二）招募形式

一是根据实际工作需要，组织动员招募；二是通过电视、广播、报刊、网络、海报等形式，面向社会发布招募平安志愿者相关事宜。

（三）招募流程

申请人可直接到各级“平安龙江”志愿服务工作领导小组办公室或其指定的机构报名（或本单位的保卫部门）。负责接受报名的领导小组办公室或指定机构进行资料初审后，报上一级领导小组办公室审核，由各县（区）领导小组办公室进行志愿者资料登记，并将志愿者信息录入中国志愿者注册管理系统，同时根据志愿者意愿、特长等要素将其编入社会治安防控、重点人员帮扶、消防安全、交通安全、禁毒防艾、安全生产等志愿者队伍。各市（地）领导小组办公室负责辖区内志愿者的身份核查与档案管理工作。省领导小组办公室负责统筹全省平安志愿者工作，结合各单位实际情况，实施目标考核。

（四）培训内容

各级平安志愿者办公室负责对本级平安志愿者进行培训。培训内容包括：平安志愿服务宗旨、目标、任务；平安志愿服务涉及的相关法律；社会治安综合治理相关政策规定；生产安全、消防安全、交通安全等相关方面的政策规定；应急救援、心理干预、社会交流沟通等知识。对突发性、应急性的任务，有关部门可根据需要确定培训内容。

六、保障机制

（一）将平安志愿服务纳入社会建设总体规划。各级党委、政府应高度重视平安志愿服务工作，切实加强领导，将平安志愿服务纳入本地社会建设总体规划，纳入平安建设、综合治理考核内容，并帮助解决志愿服务中遇到的问题。各级平安志愿服务领导小组负责组织制定本辖区年度工作规划和规划落实。有关部门、企事业单位、团体要积极帮助、支持平安志愿者开展服务活动，加强对本单位志愿者的管理，提供工作便利条件。

（二）建立平安志愿服务经费保障机制。平安志愿服务工作经费来源，采取政府拨款，社会募集两种方式。平安志愿者招募、培训、表彰、奖励经费，参与平安志愿服务活动必需经费，平安志愿服务日常工作机构办公经费，按照分级承担的原则，纳入各级财政预算确保经费及时到位。各级“平安龙江”志愿服务工作领导小组办公室对经费统一管理、统筹安排，并建立严格财务管理制度，接受审计机关的监督和社会监督。

（三）建立平安志愿者的保护机制。各级平安志愿服务领导小组要协调有关部门对平安志愿者进行人身安全、治安防范的基本技能培训，提高自我保护意识和能力。对打击和报复平安志愿者的违法犯罪人员要及时、坚决地依法处理。对勇于同违法犯罪作斗争，预防、发现、制止重大刑事和治安案件，提供线索帮助公安机关破获重大刑事案件或见义勇为事迹突出、治安防范贡献显著的志愿者，依相关规定进行表彰和物质奖励。对平安志愿者因见义勇为行为负伤、致残或牺牲的，依法予以抚恤。

伊春市积极构建联合帮教双延伸体系加强刑释解教人员安置帮教工作

黑龙江省伊春市以贯彻落实中办发《关于进一步加强刑满释放解除劳动教养人员安置帮教工作的意见》为契机，加强地方与监狱之间的沟通、协调和配合，采取优势互补、服务前置、帮教前移延伸的方式，开展了社会帮教向监狱内延伸、监狱教育向社会延伸的联合帮教"双延伸"工作，实现了监所与社会的无缝对接，促进刑释解教人员顺利回归和融入社会。

一是建立常态帮教机制。首先，成立了联合帮教"双延伸"工作协调小组。各县区司法局和监狱均有专人负责协调和办理"双延伸"的日常工作。双方每半年召开一次联席会议，共同研究和解决监管改造和安置帮教工作中存在的突出问题。其次，加强刑释人员档案信息化管理，实行"一人一档"动态管理，定期排查更新刑释人员分布、就业及重新犯罪等信息，建立服刑人员档案，记录家庭情况、急需解决问题等等，做到底数清、情况明。第三，制定教育改造与安置帮教衔接联动工作考核办法，将刑释解教人员联合帮教工作纳入绩效考评，并在司法行政专网上实行动态管理。

二是建立帮扶培训机制。监狱与罪犯家庭、社会帮教组织联合签署帮教协议书，共同搭建帮教平台。定期排查长期无人会见、老人孩子无人照管、家庭婚姻关系危机等影响其教育改造的突出问题。通过谈话教育、启动监狱解困基金、联系社会各种救助活动等形式，帮助罪犯疏导情绪，解决实际困难和问题，确保其安心改造。通过监区、监狱、社会三个层面进行自主和联合办班，实现监狱生产技能培训与社会就业技能培训的有机结合。

三是建立信息沟通机制。罪犯入监后，司法局及时向狱方通告罪犯的基本情况、有无前科等。罪犯入狱中期，狱方负责将罪犯在监狱的改造情况反馈给司法局，司法局将罪犯所在地的情况以及罪犯的家庭等情况向狱方反馈，遇有重大情况的及时相互通告。罪犯出监前一个月，狱方对罪犯的改造表现、劳动技术能力、身体健康状况、心理特征等方面进行综合评估，并向司法局提供罪犯改造质量鉴定意见，提出做好安置帮教工作建议。罪犯出狱时，监狱提前通知地方，司法局将具体接回事宜反馈给监狱，并陪同其家属或社区（村组）干部，于罪犯出监日将其接回。罪犯出狱后，司法局每个月向监狱反馈刑释人员就业安置和遵纪守法等情况，每半年向监狱提供安置帮教工作情况。

七台河市加强社区专职治安员队伍建设切实增强人防力量

黑龙江省七台河市着力抓好社区专职治安员队伍建设，市委、市政府多次召开专题会议进行研究部署，并将此项工作纳入区县领导干部综治目标考核，逐级签定责任状。目前，全市每个社区至少配备了3至4名专职治安员。

一、抓住四个环节

一是把住入口以城市低保人员、企业下岗职工、复员军人为主要选聘对象，公开招录，平等竞争，择优聘用，重点从年龄、政治素质、身体状况、工作经历等方面进行严格审查，并与应聘人员签订劳动合同。目前，专职治安员队伍平均年龄24.3岁，复员军人占60%，党员占42%。二是明确职责。专职治安员队伍在区县、街镇综治办统一领导下和辖区公安派出所具体指导下开展工作，其主要职责是：在社区内开展治安巡逻，预防和制止各类违法犯罪活动；做好社区内重点部位、场所、商业网点、居民区的治安防范工作；做好刑事案件、治安案件及治安灾害事故先期处置和现场保护工作，积极抢救伤员和公私财物；接受社会报警求助，为群众提供便民服务；收集可能影响政治安定和社会稳定的各类信息，及时向有关部门反馈，并协助社区治保会和调解会开展工作；积极协助公安机关整治治安复杂场所，开展重点人口和出租房屋登记管理工作；积极协助开展法制宣传和治安防范教育，帮助居民提高法律意识和自我防范意识。三是搞好培训。由区县综治办组织，司法局、公安局、武装部等部门参与，对专职治安员进行岗前培训，重点培训综治工作常识、治安员管理规定、矛盾纠纷排查调处、盘查战术等知识技能。上岗后，主要以街镇为单位组织进一步培训。四是严格考核。采取区县、街镇、社区三级负责的模式进行日常管理。由区县统一制定专职治安员队伍管理办法，纳入平安街镇和平安社区考核内容，以抽查的方式加强监督，抽查结果作为对街镇和社区考核的重要依据；社区则严格执行周考核制和激励制约机制等基本工作制度。

二、加大保障力度

一是强化经费保障。采取“劳动出一点、民政出一点、公安出一点、区县出一点”的“四个一点”方式确保治安员工资收入，即：劳动部门将其列为公益岗位管理，民政部门将其列入低保范畴，区县公安机关从防范经费中拿出部分资金，其余工资由区县财政承担。二是强化装备保障。目前，各区县已累计出资120多万元，为专职治安员统一配备了装备警械。三是强化安全保障。为治安员办理人身意外伤害保险，对巡逻过程中制止违法犯罪受伤的，按照一事一议原则，给予相应赔付。

三、健全管理制度

一是治安巡逻。健全完善了每日轮班巡逻、责任分解、领导带班、巡逻记录、工作报告制度。社区做到“四有四掌握”，即有辖区治安巡逻路线图和详实具体的每日巡逻记录，掌握沿线社会单位和居民楼院的基本情况；有社区干部和社区民警定期带班，掌握专职治安员到岗情况和工作情况；有定期治安形势分析会，掌握重点防范地段和时段；有灵活有效的巡防方式，掌握重点地段和不同时段的工作要求。二是排查处置。将专职治安员纳入维稳信息员队伍，健全完善情报信息收集报送制度和调解处置制度。三是重点防范。在政治敏感期、重大节假日、重要会议及重大活动期间，对专职治安员队伍统一部署，加大重点地区和重要问题的治安防范力度。四是舆论宣传。采取召开会议、组织座谈以及社区公示栏、信息板、新闻媒体等方式，大张旗鼓地宣传专职治安员队伍成绩，赢得广大市民理解、配合、支持。

黑龙江省综治委、办机构情况和负责人名单

一、综治委

主　任：黄建盛　省委常委、政法委书记

二、综治办

主　任：戴志强　省委政法委常务副书记

副主任：石兰波　省委政法委副巡视员

孙仁柱

黑龙江省综治办主任1名，由政法委副书记兼任（正厅级），副厅级专职副主任1名，正处级副主任2名，内设综合处和指导处。

黑龙江省各市、县(市、区)综治委、办主任名单

地　区	综治委主任	综治办主任	地　区	综治委主任	综治办主任
哈尔滨市	王维绪	锡东升	克东县	王乃巨	曹　杰
道里区	郭冀平	武亦俏		董颖秋	
道外区	李志恒	王　琦	甘南县	王　洪	刘玉平
南岗区	丁　坚	黄明举		崔凤臣	
香坊区	黄玉生	董雁华	**牡丹江市**	赵金成	李怀宏
平房区	刘　忻	穆业忠	东安区	袁宝钢	张立群
松北区	丛科明	李　博	西安区	赵中三	刘国良
呼兰区	张万平	陈利民	爱民区	赵　清	吴艳明
阿城区	张立民	田宏阁	阳明区	姜英波	崔凤丽
五常市	裴　君	金耀辉	宁安市	程　鹏	刘海亭
双城市	乔树江	岳　斌	海林市	李伟林	王忠斌
尚志市	迟宝旭	孙凤祥	林口县	宫镇江	吴志军
巴彦县	王晓春	张志民	穆棱市	赵连钧	潘文华
宾　县	马旦曰	张立平	东宁县	孙永先	王芬军
依兰县	王春生	陈瑛男	绥芬河市	鄂忠齐	张冯起
延寿县	鲁志民	褚树斌	**佳木斯市**	屈振远	宋文峰
木兰县	张国文	高志军	东风区	孙景春	王海伦
通河县	赵　欣	闫振波	前进区	王恒勋	石明国
方正县	佟保刚	侯晓光	向阳区	孙格群	黄耀光
齐齐哈尔市	马占江	邓　力	郊　区	赫贵涛	田国才
龙沙区	郝明哲	高兴华	富锦市	刘　臣	王发祥
建华区	郑松岩	周春培	同江市	隋洪波	王桂春
铁锋区	魏钰峰	庞立翔	桦南县	于长海	孔令发
富拉尔基区	邹　浩	于佩扬	汤原县	王鹏飞	林喜军
昂昂溪区	王兆宪	赵宝江	桦川县	付慧华	杨旭文
梅里斯区	董晓海	张宪明	抚远县	王居堂	郭子峰
碾子山区	陈宏伟	刘景森	**大庆市**	阮殿龙	李秀斌
讷河市	杨志伟	董同杰	萨尔图区	姚　远	王晓春
龙江县	张朝礼	董　和	让胡路区	刘景新	潘殿生
拜泉县	姚　猛	周　方	龙凤区	张宝伟	康玉龙
	佟　凯		红岗区	于　宸	王淑杰
克山县	田小平	刘德余	大同区	王　玉	徐振民
依安县	张伟志	闫振峰	肇州县	王兴柱	魏　强
富裕县	高　洪	袁　平	肇源县	曹百胜	于明德
	王树声		林甸县	崔　莹	李维国
泰来县	刘品志	李炳成	杜蒙县	董　辉	王德章

地　区	综治委主任	综治办主任
高新区	李振国	何开林
鸡西市	徐和祥	孙景龙
密山市	王吉利	滕兆申
虎林市	杜吉君	王世纲
鸡东县	李树海	于守强
鸡冠区	冯立宏	隋　静
恒山区	俞景福	吴瑞星
滴道区	闫长青	郭俊秀
城子河区	朱宝志	张　媛
梨树区	张行斌	张万仁
麻山区	钱言考	孙振义
双鸭山市	王凤春	李晓明
尖山区	杨艾冰	程万勇
岭东区	李昌海	侯凯英
四方台区	贺大伟	程志东
宝山区	刘建伟	李　辉
集贤县	王　郁	齐卫东
友谊县	朱晓华	张东龙
宝清县	张　野	关　健
饶河县	蔡洪生	王树伟
伊春市	耿意志	单玉波
嘉荫县	黄志伟	朱世海
乌伊岭区	任洪利	王　欣
汤旺河区	冯玉胜	刘志振
新青区	刘国庆	孙长华
红星区	李万林	赵成林
上甘岭区	王晓东	任明强
五营区	王延文	
友好区	张恒芳	郭金良
	范庆华	
伊春区	孙　伟	詹廷汉
翠峦区	张云福	吕长海
乌马河区	李纯厚	阎振宇
	李　光	
美溪区	赵建军	柳玉荣
西林区	张更利	李玉成
金山屯区	杜　鹏	韩世君
南岔区	马仁祥	齐兴孝
带岭区	张跃文	王庆林
朗乡林业局	马新民	尹得林
双丰林业局	安　东	葛军明

地　区	综治委主任	综治办主任
桃山林业局	关　伟	范树森
铁力林业局	杨　林	崔伟国
铁力市	张　泱	庄玉信
七台河市	杜　军	姚　刚
勃利县	王义光	黄耀旭
桃山区	伊才波	黄忠义
新兴区	王　辉	范广义
茄子河区	宋国臣	李贵福
鹤岗市	杜荣家	邹奉玺
东山区	梁德贵	林　丽
工农区	杨国贤	贾亚东
兴山区	齐东亮	刘　彬
兴安区	孔令艳	杨世春
向阳区	王明海	常建国
南山区	张爱萍	李　琴
绥滨县	赵兴斌	谢志春
萝北县	王启德	王艳波
黑河市	战佩山	周英侠
五大连池市	范志国	吴晓光
	徐　飞	
北安市	张世华	赵　杰
逊克县	王喜军	李洪涛
爱辉区	陈洪生	刘学伟
嫩江县	于明海	丁　威
孙吴县	张崇义	郁帮华
绥化市	盛　威	吕东风
北林区	王振刚	佟振宇
安达市	冯伟权	李国峰
肇东市	张亚忠	张闽昆
海伦市	李元学	陆千程
望奎县	刘维权	程　前
兰西县	姚　民	杨宝国
青冈县	侯兴民	祖长秋
庆安县	刘凤岐	兰庆东
明水县	刘晓光	赵喜学
绥棱县	侯显志	邢彦文
大兴安岭地区	刘睦终	邢立平
漠河县	计　斌	王诺维
塔河县	郑怀玉	李恩阳
呼玛县	刘洪久	张新战
加格达奇区	董树范	李培超

地　区	综治委主任	综治办主任
	高文祥	
松岭区	王志军	刘德喜
新林区	王　涛	闫　林
呼中区	闫国荣	毛立祥
图强林业局	孙　海	吴月玲
阿木尔林业局	广　远	陶小川
十八站林业局	刘绍纯	桑　波
韩家园林业局	韩学勇	刘利民
加格达奇区林业局	李凤阁	张书生
黑龙江省农垦总局	隋凤富	张国祯
宝泉岭分局	刘炳东	郝文山
红兴隆分局	陆书富	李德彬
建三江分局	王金会	刘　博
	陶喜军	
牡丹江分局	赵广民	高福东
	于金友	
北安分局	王利仁	李　鸣
	许先珠	
九三分局	洪铁军	潘雨江
齐齐哈尔分局	郭仁政	闫　郃
	杜增杰	
绥化分局	武经宏	高孝安
哈尔滨分局	金奎祥	田振国
	贺天元	
黑龙江省森工总局	高金芳	吴英福

地　区	综治委主任	综治办主任
牡丹江林管局	关振武	薛四方
松花江林管局	高本瑛	
合江林管局	马万章	兰庆林
柴河林业局	仲昭君	刘宝宏
海林林业局	包国臣	徐振福
大海林林业局	闵　俊	仲伟良
穆棱林业局	娄洪喜	李连诚
八面通林业局	李德录	张秋生
东京城林业局	姜言杰	李克众
林口林业局	许少卿	谷庆伟
绥阳林业局	刘书宾	和荣军
山河屯林业局	王春杰	南海波
苇河林业局	李奎军	王金贵
亚布力林业局	王文超	鲍怀林
方正林业局	李忠敏	张幼海
兴隆林业局	任立权	王静波
绥棱林业局	邓士君	王　利
通北林业局	王清文	
沾河林业局	高关键	陈少明
桦南林业局	戴惠民	何春军
东方红林业局	张春峰	李　艳
	张　雷	
鹤立林业局	冯德胜	贺淑香
清河林业局	包淑华	李有和
双鸭山林业局	柳长华	姚树春
迎春林业局	王玮琦	梁湘宝
鹤北林业局	马德弟	张立辉

（撰稿人：孙忠民
审稿人：石兰波　田大忠）

上　海　市

2010 年社会治安综合治理工作概况

2010 年上海市社会治安综合治理工作，以邓小平理论、“三个代表”重要思想为指导，深入落实科学发展观。以平安世博为抓手，着力构建对重点“人、地、物、事、情、组织”的社会面防控机制，积极创新社会管理，有效化解矛盾纠纷，严格落实管控措施，刑事案件发案率同比两位数下降，人民群众安全感两位数上升，确保了上海世博会的成功、精彩、难忘。

一、打防结合，全面布控——有效维护了社会治安秩序

（一）组织开展了专项打击整治和安全防范行动。在全市范围启动了打击整治攻坚战，组织开展了 30 余个“平安世博”专项行动，深入推进“打黑除恶”、“治爆缉枪”等专项斗争。对金融、石油石化、电力、水务等涉及国计民生的单位和部位实施武警警戒守护，加强安全防范。在世博园区周边、重要目标周边以及景观道路、商业闹市、交通枢纽等重点区域，采取武装巡逻、设卡盘查、驻点或泊车守望等巡防手段确保安全。推动建立华东六省一市综治部门世博安保协作机制。

（二）组织开展了社会治安重点地区排查整治。成立了市排查整治工作领导小组及其办公室，将社会治安重点地区排查整治工作列为平安建设实事项目，重点推进。注重抓好滚动排查、重点整治、督导检查三个关键环节，落实了责任主体和整治方案，落实了集中整治和长效管理措施。全市共排查出社会治安重点地区 352 个（其中市级 25 个），将 40 个“城中村”分别纳入城市建设规划予以整体动迁、集中改造。闸北区组织开展“治安顽症治理三年行动”，嘉定、宝山、金山、青浦区和崇明县加强了环沪护城河建设，与江苏、浙江开展联合治安排查、整治。普陀区开展了对外国人的服务管理，成效明显。崇明县开展了青草沙上海饮用水源地清理整治。

（三）组织开展了重点物品、重点区域的全面监管。对可能危害社会治安或公共安全，以及特别重要不容受侵的重点物品实行严格管控措施。围绕爆炸、剧毒、放射性等 8 类危险品的生产、经营、运输、使用、储存、处置 6 个环节，明确管控责任和措施。世博会期间，对烟花爆竹、易制爆化学品、剧毒化学品实行实名登记购买和指定时间、线路、车辆、保安押运等措施。落实进沪超高压电网设施的巡护，严格实行超高压架空线下严禁施工作业，变电站周围、架空线下建筑物内严禁住人等措施。实行水箱（池）双人双锁等管理措施，确保楼宇水箱（池）、溢流、排空管口的安全。落实轨道交通、公交车辆、轮渡等公共交通工具安全防范措施，加强旅游车、校车、班车等特定公共交通工具安全防范管理。严格执行对危险性刀具的销售许可、购买实名登记等管控措施。

二、源头预防，调解优先——有效推动了社会矛盾的预防和化解

（一）完善了矛盾纠纷的源头预防和排查发现机制。注重畅通群众诉求表达渠道，规范利益协调、权益保障。全面推行重大事项社会稳定风险分析和评估机制，作为决策前的一项必经程序。健全落实了矛盾纠纷成因分析机制，从根本上、源头上杜绝矛盾纠纷发生的诱因，确保预测工作走在预防前，预防工作走在调解前，调解工作走在激化前。广泛开展“一般矛盾不出居村、疑难矛盾不出街镇、矛盾不上交”的“三不”活动，掌握矛盾纠纷的动态变化，发现矛盾纠纷的苗头，努力把矛盾纠纷解决在萌芽状态。

（二）完善了大调解工作体系。结合综治中心建设，构建以司法所为枢纽的基层矛盾联调网络。促进人民调解与行政调解、仲裁调解、司法调解的衔接配合。加强人民调解社会化建设，完善政府购买服务机制，静安、虹口、长宁、杨浦等区加强调解组织和调解队伍建设，提高人民调解员破解难题的能力，提升化解矛盾的水平。实行治安案件委托人民调解，推进“警民联调”。大力推进轻伤害案件、民事纠纷委托调解，全市所有法院都设立诉调对接中心，大量矛盾纠纷在进入司法渠道之前通过人民调解的方式得到化解。发挥街道乡镇司法信访综合服务窗口功能，探索开展信访事项委托人民调解。2010 年以来全市各级人民调解机构共受理各类民间纠纷 21 万余件，调解成功率达 98.52%，其中群体性纠纷 1513 件，调解成功 1301 件。加强人民调解组织建设和队伍建设，目前，全市各人民调解组织共有专职人民调解员 8913 名。

（三）完善了专业领域的调解机制。召开了专业调解工作推进会，积极探索、稳步推进医患纠纷、劳动争议、物业纠纷、交通事故纠纷等专业调解。通过建立专业调委会，引导律师、会计师、医生等社会力量参与专业领域调解工作，逐步扩大社会热点纠纷专业化调解工作的覆盖面。为了应对世博园内客流较大，矛盾纠纷易发、化解渠道不畅等问题，浦东、黄浦、卢湾区还设立了世博园区人民调解工作室，专门化解参观者与园区管理单位之间的矛盾纠纷，受到了园区各单位和游客们的一致好评。

三、齐抓共管，群防群治——有效深化了基层平安创建

（一）深入推进平安建设实事项目。在广泛听取意见的基础上，确立了 8 项平安建设实事项目，市委、市政府办公厅下发意见，明确工作要求、责任单位。各成员单位充分发挥职能作用，密切配合，形成合力，扎实推进。民政、公安、城管部门发挥“三合一”联动救助机制，世博期间在重点区域实施 24 小时不间断救助，实行救助管理 54449 人次。通过整治，治安环境进一步优化，经营活动得到了有效规范，社区防范基础不断巩固，社会管理秩序明显好转。市公安局、民政局、经信委等职能部门围绕解决难点、热点问题，出台了相应规范性文件，建立长效管理机制，促进了政府公共政策和社会管理体系的完善，有效遏止了一些治安突出问题的回潮。

（二）深入开展平安系列创建活动。年初，分别命名表彰了 2009 年度上海市平安单位 9311 个、平安小区 4164 个、平安社区 150 个、平安城区 11 个；并在报刊、电视等新闻媒体广泛宣传。条线部门也积极开展“平安家庭”、“平安医院”、“平安工地”、“安全文明校园”等系列平安创建活动。坚持每月 10 日集中表彰见义勇为先进分子，今年共表彰 81 人。加强居民小区管理，着力规范物业管理企业、保安力量、技防从业单位的行为。加强对老式居民小区的封闭管理和楼宇对讲电控防盗门建设，提高了居民住宅小区安全防范能力。奉贤、闵行等区鼓励来沪人员参加群防群治，松江区大力推行小区快速报警、街面探头及红外报警构成的科技防范系统建设，徐汇区采取政府出资建造或租用形式，加强老式弄堂小区技防设施建设。

（三）深入动员广大群众参与安全防范。进一步发展完善社区保安队、党员治安巡逻队、市民巡访团等群防群治组织，开展治安联防，健全基层社会治安问题发现机制。招募了 85 万名平安志愿者，设置地区类、行业类、应急机动类等 3 大类 14 个志愿服务项目，完善组织指挥、项目运作、激励保障、业务培训等机制，统一了标志、标识。世博期间平均每天有近 25 万名平安志愿者开展看家护院、街面巡查、驻点守护等志愿服务，范围覆盖全市所有居村委以及 1 万多个公交车站、300 余个旅游景点和商业闹市、113 个进沪陆路无名道口、136 个水路支流河口。各专业条线的平安志愿者发挥专业所长，认真开展了矛盾化解、重点人员帮教、生产安全、食药品安全、质量安全等各项服务活动。发动机关党员干部、企事业单位和“两新”组织员工参与世博安保志愿服务。

四、以人为本，完善服务——有效加强了重点群体的帮助教育和服务管理

（一）深化预防和减少犯罪工作体系建设。坚持“政府主导推动、社团自主运作、社会多方参与”的思路，理顺了政府与社会组织的关系，明确了体系建设进一步发展的方向，落实了专业社工薪酬增长和职业晋阶制度。各社团服务项目包括推荐就业、帮助申请低保、办理劳动手册、参加技能培训等。各社团还不断完善品牌项目，如“女子戒毒沙龙”、“小秦工作室”、“彩虹中心”等，同时推出新的工作理念和方法，如心桥工程、过渡性安置、社工联校服务等。加强对社区服刑人员、刑释解教人员、吸毒人员、法轮功等邪教人员、重性精神病人等各类重点人员的服务和管理，进行风险评估，并按照不同类别和安保等级落实相对应的管控措施。

（二）深化青少年维权和法制教育。依托上海青少年公共服务平台、青年志愿者联络站等阵地，开展青少年法制道德教育，提高青少年的法律素质，聘请专家提供法律援助，维护青少年权益，促进全面发展。大力推进社工联校、未成年人社会观护等制度，逐步覆盖外来失足未成年人。加强校园及周边安全防范，维护治安秩序，对小学和幼儿园做到“一校一警”，对中学实行巡逻民警“必到点”签到，并在上学、放学时段驻守，同时安排综治社保队员、平安志愿者协助护校。

（三）深化实有人口的服务和管理。理顺实有人口管理的体制机制，进一步实施“一口为主管理”、健全“一支专管队伍”、建设“一个信息平台”，进一步实施“以房找人”和“以人找房”的“人房一致”双向互联服务管理，完善了“两个实有”全覆盖，基本摸清全市实有人口和实有房屋底数。公共服务体系逐步向来沪人员延伸覆盖，有效促使来沪人员不断融入城市，共享改革发展成果。

五、落实责任，健全制度——有效夯实了综治工作基础

（一）健全社会面防控组织体系和责任体系。组建了51个政府职能部门为成员单位的世博安保社会面防控工作部、10个专项工作联席会议办公室，组织协调全市群防群治、社区（街面）和单位内部治安防控以及维护社会稳定等各项工作。建立防控责任体系，从人口管理、社会稳定、打击整治、巡逻守护、单位内保、公共场所管理等方面，确定了10项重点任务，制定了21个专项工作方案，逐一明确牵头单位、组织实施单位和参与配合单位，明确目标要求和具体措施。全市层层发动，逐级签订《世博安保工作责任书》近25万份。

（二）健全综治工作的法制保障和工作制度。认真总结提炼社会治安综合治理的经验，调研修改《上海市社会治安综合治理条例》草案，由市人大内司委提案，并于11月11日经市人大第13届常委会第22次会议审议通过，进一步在法律层面明确了综治工作的组织机构、职责任务、目标措施、责任考核等。坚持社会治安责任签约制度，各级综治委都做到了与下一级单位签订《社会治安综合治理责任书》，明确各地区、各部门和各单位的主要领导是综治工作第一责任人。完善干部实绩档案制度，规范“一票否决权”的执行程序。把综治工作和平安建设纳入了对各级党委政府及主要领导的综合考核评价体系，作为其政绩考核的重要依据。对于发生的重大治安责任事故，组成督查组专项督查，对情节严重的实行“一票否决”。坚持社会治安季度、半年、全年的评估分析制度，编制数据报告、评估分析报告、安全感调查报告，督促各地区各部门查找工作薄弱环节，针对性采取工作措施。坚持市综治委联系点制度，各成员单位和综治委委员纷纷到所联系的街道乡镇开展调研、考察，根据部门特点指导基层开展平安建设。始终坚持五部委局定期通报情况制度，研究加强责任制督察的各项措施。

（三）健全基层综治工作平台和网络。从加强基层政权建设和社区管理入手，延伸触角，形成基层综治工作全覆盖。年初召开“加强基层维护稳定工作会议”，推动基层工作资源整合。强化基层、队伍建设，会同市委组织部进一步明确了街道乡镇综治委由党（工）委书记任主任，办事处主任（乡、镇长）任副主任；综治办由党（工）委副书记任主任，设一名专职副主任、四名兼职副主任的“一正五副”综治工作领导体制。全市各街道乡镇均建立了综治工作中心，各居村委也均建立综治工作站，初步整合了社会管理各部门的工作资源、形成工作合力。闵行、嘉定等区采取公安、城管等联勤联动机制，金山、奉贤、静安、黄浦等区探索在大型企业、商务楼宇、“两新”组织等建立综治组织，扩大了综治工作覆盖面。

六、营造氛围，扩大影响——有效开展了综治宣传教育和科学研究

（一）加强综治工作和“平安世博”宣传。通过中央、市、区等各级新闻传播媒体，广泛宣传“平安世博”和基层平安创建的重要意义，进一步鼓舞广大群众开展邻里守望、看家护院；大力宣传平安志愿者、群防群治队伍和人民群众的先进事迹和良好风采。市综治办开展“送家书、问平安”等活动，共递送“世博平安家书”700余万份。

（二）加强基层经验的总结和推广。通过简报、综治网站等载体以及召开现场会等形式，不断总结推广基层经验做法。举办了基层综治干部学习培训班，各区县、各委办系统综治办主任、200余名街道乡镇分管领导以及60名街道乡镇铁路护路办主任参加了培训，提高了思想认识，提升了业务能力，明确了工作任务。

（三）加强理论研究和实务调研。加强理论研究和工作调研，指导实践。出版理论研究专著《大调解——应对社会矛盾凸显的东方经验》。编发理论研究刊物《综治研究》12期。组织选送论文参加全国部分城市综治理论研讨会，获二等奖。在深入调研的基础上编撰了社会管理创新综合试点、“十二五”规划、平安建设等一系列调研文章，提出了下一步工作的建议。

上海世博会安全保卫社会面防控工作情况

一、扎实细致地筹备社会面防控工作

根据市委的指示精神和世博安保指挥部的统一部署，及早组建了51个政府职能部门为成员单位的社会面防控工作部，建立了10个专项联席会议办公室，并抽调骨干力量，成立工作专班，加强对全市社会面防控工作的统筹指挥、部署协调和督促检查，形成了领导有力、运转有序的社会面防控组织体系和工作平台。多次召开全市性大会进行动员部署，市委主要领导出席，全市所有街镇党委一把手参加，工作直接部署到基层一线。研究确定社会面防控工作10项重点任务，细化制定21个工作方案，梳理确定27项、133条需要街镇具体落实的任务，逐项明确责任单位和工作标准，组织签订《世博安保工作责任书》近25万份，并切实加强督导、督查。全市围绕“人、事、地、物、情”等基本工作要素，组织开展基础信息大排查活动，基本摸清了实有人口、中小旅馆、出租屋等留宿场所、各类重点人群、重要目标、重点单位（危险品生产、使用、运输企业）以及陆路无名道口、水路支流河口等底数。组织开展全市“迎世博、保平安”打击整治攻坚战，严厉打击整治各类突出问题，为世博会举办创造了良好的治安环境。招募组建85万人的平安志愿者队伍，设置3大类14个志愿服务项目，建立组织指挥、激励保障、业务培训等机制，并开展多次演练。出台8个涉及社会管理的市政府通告，为世博会期间社会面防控提供了阶段性法治依据。推动建立世博安保“环沪护城河”协作机制，确定协作事项，签订协作协议，完善工作联络、情况互通、治安联防等联动机制。

二、大力加强“重点人”的管控

依托“两个实有全覆盖”管理等手段，加强对各类重点人的管控，做到滚动排查、及时发现、及时纳管。各区县、街镇成立重点人员管控工作专班，由党委牵头、专业部门负责、群防群治力量配合，对全市重性精神病人、刑释解教人员等重点人员进行信息排摸和风险评估，按照不同类别、不同安保等级分别落实管控措施。

三、着力推动“重点事”的落实

世博会期间，加强各类矛盾纠纷的排查化解，确保“小事不出居村，大事不出街镇，矛盾不上交”，防止因矛盾激化导致个人极端暴力行为。加强全市旅馆业单位（留宿场所）的管控，落实入住人员信息采集“全覆盖”，根据不同场所落实行李安检、车辆安检并安装视频监控系统。组织民兵、社保队员、平安志愿者等群防群治力量，加强全市113个陆路无名道口和135个水路支流河口的日常管控，并按照“禁限结合、分类管控、分级实施，逐车核验，逢疑核查”的原则，对进沪车辆、人员进行从严检查。特别是在一、二级安保等级期间，在能通行机动车（船）的无名道口和设有水闸的支流河口，由民警、海事执法人员带领群防群治力量实行24小时驻点守控，加强治安临检，提高管控效果和威慑力。

四、全力强化“重点地”的防控

世博会期间，在加强市级重要目标人防、物防、技防的基础上，对金融、石油石化、电力、水务等重点单位和重要部位派驻武警警戒守护，每天另有近13000名安保人员参与重要目标守护。深入开展“平安世博”打击整治攻坚战行动，社会治安始终处于稳定可控状态。排查确定56处治安问题突出、治安秩序混乱的重点地区进行整治，在世博园区周边、重要目标周边以及景观道路、商业闹市、交通枢纽等重点区域（路段），日均出动5万多名民警、社保队员、平安志愿者等力量，运用武装巡逻、设卡盘查、驻点或泊车守望等巡防手段，加强街面盘查。充分发挥“三警”（巡警、特警、武警）联合巡逻效应，坚持人机联动，开展网上视频巡逻。充分发挥民政、公安、城管“三合一”联动救助机制，在重点区域实施24小时不间断救助。加强与有关省市民政部门的沟通协作，建立流浪乞讨人员接收（接回）机制，切实做到了随见随救。实行娱乐场所、沐浴场所从业人员实名登记、IC卡制度，对世博园区周边500米范围以内的娱乐休闲服务场所实行物品寄存实名登记和寄存物品开包检查制度。严格落实地下空间内部防范措施，对用作经营性仓库、机动车停车库的地下空间，实行车辆、物品安检制度；对不符合安全规定的地下空间生产经营场所，调整其业态、停业整顿或取消生产经营资质。

五、切实严密“重点物”的监管

世博会期间，围绕爆炸、剧毒、放射性等8类危险品生产、经营、运输、使用、储存、处置6个环节，逐一明确管控责任单位，落实限量生产、定量存储等管控措施。对烟花爆竹、易制爆化学品、剧毒化学品，实行实名登记购买和指定时间、线路、车辆、驾驶员运输、保安押运等管控措施，对烟花爆竹还实行中环线内禁售、中环线外定点销售等措施。落实进沪涉博超高压电网设施的巡护，在一级安保和国庆期间，按照“ 塔两人”要求，组织电力职工、平安志愿者、专职巡线守护队等力量，分段包干对超高压架空线、铁塔周边驻点守护和巡逻守护，并严禁超高压架空线下施工作业、变电站周围和架空线下建筑物内住人。加强社区楼宇水箱防护，严格实行水箱（池）双人双锁等管理措施，确保楼宇水箱（池）、溢流、排空管口的安全，在一、二级安保等级期间实行24小时看护。落实公共交通工具特别是旅游车、校车、大型卖场班车和社区班车等特定车辆安全防范措施，加强车辆和驾驶员的资质审核，规定车辆行驶路线、时间和班次，落实人防、物防、技防设施，强化监管部门、车辆使用单位和驾驶员三方职责，严格车辆登记报备、安检、运行监控等管理制度。按照“适度从严、方便群众、责任落实、管控有效”的原则，严格执行危险性刀具销售许可、购买实名登记、特定刀具禁售等管控措施。对“低慢小”目标相关单位或个人逐一上门宣传并签订责任书，对排查发现的具有一定承载能力的“低慢小”严格落实封存和看护措施，基本实现制空于地的管控目标。

六、着力深化群防群治的社会动员

世博会期间，全市日均组织近25万平安志愿者参与志愿服务，日均服务近80万小时，参与各种服务超过4000万人次。日均组织近15万社区群众在居民小区中开展治安巡逻，落实“可疑情况及时报、突发事件马上报、做的工作主动报”、“陌生人必问、可疑者必查、来访者必带”的“三报三必”工作要求，充分发挥看家护院的作用。设置街面巡逻路线近1万条，确定街面巡逻的线路和时间，日均组织2.5万平安志愿者上街巡逻。日均组织3万人次平安志愿者守护公交站点，保障出行平安。宝山、嘉定、青浦、金山、崇明等区县组织平安志愿者，协助民警加强陆路无名道口和水路支流河口的日常管控。特别是在三级安保等级期间，各区县日均安排近600名平安志愿者在各道口守护。全市还组织平安志愿者协助落实进沪涉博超高压电网设施的巡护和社区楼宇水箱防护等工作。市委专门发出号召，发动机关党员干部、组织大型国有企业职工参与地区社会面防控工作。市社会面防控工作各成员单位积极行动，全力落实专业条线的平安志愿服务工作，开展矛盾化解、重点人员帮教、生产安全、食药品安全、质量安全等各项平安志愿服务活动。

七、努力构筑“环沪护城河工程”

世博会期间，有关省区市大力加强重点人员管控工作，加强涉沪涉博矛盾纠纷排查调处，全力做好来沪重点人员分流、协调劝返、信息报送等工作。大力加强重性精神病人的属地监护管控，对一般性精神病患者全部由当地基层组织及患者家属进行监护。大力加强流浪乞讨人员救助管理工作，指派专人负责协助上海核实受助人员情况，因地制宜、合理稳控、防止外流乞讨。大力加强危险物品管控工作，严防危险物品流入非法渠道，严防非法危险物品流入上海。大力加强进沪无名通道的管控,江浙两省全面启动了进沪陆路、水路通道的安全检查,对入沪的人员、车辆、船只、货物进行前端安检。大力加强低空慢速小目标的排查管控,加强对供水、供电、供油、供气、通信等重要设施的守卫巡护措施,确保入沪管线的绝对安全,构筑起了上海世博会的外围安全屏障。

刑释解教人员安置帮教工作

一、积极采取有效措施,确保世博安保目标全面实现

(一)精心设计安保方案,周密部署安保工作。2010年初,围绕世博安保工作目标任务和主要措施,精心制定工作方案,通过层层动员和签订责任书等形式,周密部署世博安保各项工作,通过全程巡查,督促指导基层安帮部门有序开展安保工作,保证世博安保措施全面落实。

(二)深入开展滚动排查,采取措施解决问题。2月下发《关于做好刑释解教人员基本情况专项滚动排查工作的通知》,把滚动排查作为发现问题,解决矛盾,消除不安全因素的基础性工作,着重对"三无"人员、"三假"人员、人户分离、下落不明,以及刑释解教人员中存在的各类困难、矛盾与问题进行不间断地排查。市、区县、街镇三级安帮职能部门,通过排查,全面掌握刑释解教人员基本情况、存在的困难与问题,并采取针对性措施全力加以解决。

(三)重视矛盾化解工作,最大限度消除隐患。各级安帮部门依托党委政府,主动积极协调相关部门,及时采取措施帮助解决存在的各类问题。全市205名刑释解教人员因各种原因,导致居无定所,无法入户,无法就业,严重影响了正常生活,已经成为影响上海市社会稳定的不可忽视的因素。市委领导高度重视,各级安帮部门加强对此类人员帮教管控外,通过多种途径帮助解决入户、就业、廉租房、最低生活保障等问题,成功化解或有效缓解了矛盾与冲突,促进了稳定。

(四)完善工作机制,落实人户分离人员帮教管控。针对排查出的人户分离现象,落实人户分离人员帮教管控工作中户籍地、居住地双方的责任,规范信息资料传递程序,通过定期通报各区县开展人户分离人员情况核查反馈工作开展情况,促进人户分离人员帮教与日常管理工作职责的落实。

(五)加大下落不明人员查找力度,有效减少了脱管漏管现象。与市区两级安帮办加强与公安人口管理部门沟通协作,督促、指导基层安帮部门加大下落不明人员查找力度,通过拓展查找途径,改进查找方法,缩短专项滚动排查周期,提高了查找成效,全年共查找出1140名下落不明人员,并开展了信息核查工作,落实帮教管控措施。

(六)开展就业状况调查,促进刑释解教人员就业。对全市刑释解教人员就业状况进行全面调查,市安帮办还拟定了调查提纲,绘制了相关调查表格。通过召开中心城区、人口导入区、郊区建制镇司法所专职干部、社工、就业援助员座谈会,分析研究就业难的原因、破解就业难问题的对策,为领导决策提供第一手资料。

(七)推进来沪刑释解教人员帮教工作,努力拓展帮教工作路径。今年上海市将来沪刑释解教人员作为安帮工作的重要内容,通过每月排查,保证了上海市监所新释解留沪居住人员纳入帮教范围,又将所有来沪释解人员全部纳入帮教管控范围。同时,推广来沪释解人员帮教工作先进区县工作经验,对与家人同住和与他人共同租住的人员,发动其同住人为帮教志愿者,加强帮教管理,并积极挖掘社会资源,为生活特别困难的来沪释解人员提供生活支持和就业扶持,拓展了来沪释解人员帮教工作的路径。目前4699名在沪释放外省籍人员落实了帮教措施。

(八)加强巡查督导,提高检查督导工作针对性。一是加强了对各区县人户分离人员委托帮教工作开展情况的监督;二是指导区县正确处理网上比对与实际查找的关系,拓展下落不明人员查找的渠道。指导区县在网上比对的基础上，通过劳动就业、医疗保险、村居委、对象亲友、物业公司等多种途径查找，取得一定成效。三是统一完善刑释解教人员信息数据库。四是借助巡查，对各区县存在的薄弱环节，针对性地进行指导，帮助改进工作，提高安帮工作针对性、有效性。五是参与市社控部组织的两次暗访，有效促进了基层村居（委）开展重点人员的排模、管控工作。

二、全面、深入推进上海市安置帮教工作深入发展

上海市各级安帮工作部门认真学习贯彻中办发5号文件、市委办24号文件及9月全国安置帮教工作会议精神，采取有效措施确保安帮工作各项政策措施得以全面贯彻落实。根据上海市安帮工作的发展需要，将市财政局、市地税局、中国人民银行上海分行纳入安帮领导小组成员单位。

（一）积极完善衔接工作机制。制定并下发了《关于在部分地区与监所进一步探索衔接工作的通知》，选择衔接工作基础扎实、配合较为默契的地区与监所结对先行先试，深入探索衔接工作，努力实现“一入监所就衔接”，共同扎实推进“六必”工作。

（二）实现与中央安帮办信息联网。市安帮办下发了《关于建立服刑在教人员基本信息沟通机制的通知》，要求上海市监狱劳教系统、公安机关建立监所与区县安帮办和街镇司法所信息沟通机制。目前，基层司法所已能通过互联网获得本地区服刑在教人员信息，提高帮教覆盖率、衔接率。

（三）积极落实安帮工作经费。通过对上海市安帮工作经费构成进行梳理，规范了上海市安帮工作经费项目，并通过与财政局的沟通、协商，初步获得市财政部门认可。

（四）制订配套文件，提供制度性保障。由市安帮办牵头相关成员单位分别制定了会签了《关于进一步做好上海市服刑在教人员安置帮教衔接工作实施办法》、《关于进一步促进上海市刑释解教人员就业等社会保障工作的实施办法》以及《公安派出所刑释解教人员安置帮教工作规范》，进一步完善了安置帮教工作规范和保障措施。

（五）认真制定安置帮教工作“十二五规划”。9月全国安帮工作会议后，对安置帮教工作“十二五”规划进行再调研、再调整，对重点难点、体制机制等问题进行再梳理，使“十二五”规划充分体现全国会议所指明的方向，凸显上海城市特点和未来发展的需要，更具系统性、前瞻性、指导性。

12月27日，召开全市刑释解教人员安置帮教工作会议，交流总结上海市2005年以来上海市安置帮教工作及今年世博安保工作经验，进一步贯彻落实中央文件、市委文件和全国会议精神，对“十二五”期间上海市安置帮教工作进行再动员、再部署，对安置帮教工作中涌现的105个先进集体、124名先进个人进行表彰，有力地推动了上海市安帮工作在新的起点上再上一个新台阶。

学校及周边治安综合治理工作情况

一、加强检查，及时消除安全隐患

（一）加强校园安全风险排摸。全面开展校园安全检查。开展了由学校自查和区县抽查相结合的中小学、幼儿园安全大检查，共检查学校2735所，落实整改安全隐患1508处。对全市中小学幼儿园安全工作进行专项督导。市教委与公安部门联合开展高校世博安保工作检查，检查高校66所。认真推进高校“两个实有”管理，高校外来人员临时居住办证率达65%，高校保卫处对外来人员登记率达90%以上。开展以招收农民工子女为主的民办小学风险勘查和整改情况检查。加强校园内部不稳定因素排摸。建立高校维稳工作联络员制度。市教卫党委、市教委派出25名处级干部，分别对口联系1所高校，了解各高校维稳工作部署、责任分解和措施执行情况，并对学校进行指导。认真开展校车安全抽查。及时排查暑假期间正常开班的幼托机构安全隐患。对994所暑假期间正常开班的幼托园所进行一次全面的安全隐患排查和整改，并指导学校坚持做好幼儿入园、离园护导工作，认真执行校外人员信息登录和持证入校等各项安全管理制度，确保在园幼儿的人身安全。全面检查紧急报警按钮有效性。

（二）加强学校周边环境秩序监管。认真落实学校周边治安隐患每月排查。共排查、处置、化解了85所中小学、幼儿园及周边的突出治安隐患98处。加强学校周边出版物市场监管。对校园及周边出版物市场进行严密清查，重点查缴以未成年人为销售对象的有害印刷品和音像制品。强化对网络出版的监管。实现对违法内容及时发现、及时屏蔽、及时查处，共查办网上制售与传播有害信息案件58起，删除、屏蔽网络有害信息1.1万条，有效遏制互联网违法出版物传播蔓延势头。保持校园周边文化市场严格监管态势。重新评定网吧等级。加大暑期文化市场专项整治，暑假期间进一步落实“三级联动”日常监管巡查员制度，两级文化执法机构共检查场所16689家次，查处各类违法违规案件369起，查处网吧、娱乐场所接纳未成年案件20起。进一步落实违规进入网吧、娱乐场所未成年人信息抄告制度，共5批次26名进入网吧、娱乐场所的未成年学生及时落实帮教措施。

二、完善制度，加强长效管理

（一）制定出台校园保安管理规定。2010年，上海市政府办公厅转发了市教委、市公安局制定的《上海市中小学、幼儿园保安服务管理规定》。对本市中小学、幼儿园保安管理的六个主要方面作了明确要求：一是明确各中小学、幼儿园必须聘请有资质的保安员。二是明确保安员经费来源。公办中小学、幼儿园聘用保安员所需经费列入区县财政预算。民办中小学、幼儿园聘用保安员所需费用列入办学成本，由学校承担；聘用经费有困难的，可以向区县教育行政部门提出援助申请。三是明确保安员最低配备人数。各中小学、幼儿园按门岗数配备保安员。四是明确保安员的基本要求，必须持有公安机关颁发的保安员证。五是明确保安员防卫装备及配备责任主体，即聘用保安服务公司保安员的，安全防卫装备由保安服务公司配备；学校自行招用其他保安员的，安全防卫装备由学校配备。六是明确了保安员职责。

（二）修订安全文明校园评估指标。2010年10月，市“学校周边办”对2007年版《上海市安全文明校园评估指标》进行了修订，新修订的指标一是充分贯彻落实近两年来中央综治办、教育部、公安部等对安全文明校园创建工作的新要求和上海近年出台的中小学安全管理制度新规定；二是更注重操作性，将指标细化贴近学校创建工作实际；三是将制度实际执行情况和效果作为考量重点，引领学校创建工作深入开展。

（三）完善上学和放学时段学生安全护导机制。2010年5月5日起，教育和公安部门联合实施学校护导老师与公安巡逻工作对接机制，由巡警或社保队员落实“校园必到点”巡逻防控措施，保证每所小学和幼儿园在上学和放学时段“四支队伍”（即公安、社保队员、学校教师、保安）汇聚，共同做好护导工作。

（四）实施双月联合督导机制。市教委、市公安局每逢双月，组成联合督查组，对部分区县中小学、幼儿园安全防范工作情况进行联合督导，重点检查上学、放学时段学生安全护导机制落实、外来入校人员信息登录和持证挂牌制度实施、技防设施使用维护、保安员履职情况等。

（五）严格规范中小学幼儿园校车管理。按照世博特种车辆管理要求，市教委与各区县教育局签订校车安全责任书，新增了校车灭火器型号、数量配置及校车30秒逃生演练等要求，实施了校车登记备案告知承诺制度，加强了校车驾驶人管理。

（六）推进学校安全教育常态化发展。一是要求各中小学结合广播操集合路线，每周开展一次逃生演练。二是每年举行一次师生自护自救、识险避险的知识技能比赛。自2008年开始，在学校安全教育和防灾自护教育的基础上，市教委会同公安、消防、气象、红十字会、民防等部门每年在全市举行一次中小学师生自护自救技能现场展示活动，采取市教委直接抽选学校参加展示的办法，以检验各学校平时开展安全知识教育和逃生演练的实际效果；三是举行首届中小学生交通安全、气象灾害防范、火灾、治安防范等安全知识网上竞赛，共有19.6万学生参与，近6万名学生参赛；四是结合寒假、暑假中小学生易发生伤害事故的环节，会同“全球儿童安全网络”免费向小学和幼儿园发放假期安全手册28万册，传授安全常识；五是编制《上海市大学生安全教育优秀材料汇编》，出版《上海市大学生安全教育读本》，进一步规范大学生安全教育。

(七)完善中小学生事故信息公开制度。自2007年以来,市教委建立了学生伤害事故的定期公开制度。坚持每年上半年和下半年分别向社会公布中小学生年度安全事故发生情况和暑期安全事故情况,通过公布伤亡学生人数、分析事故特点、预防事故举措,以进一步动员社会各方力量,共同做好本市中小学生的安全保护工作。

(八)加强队伍建设。一是组建平安志愿者服务队,加强治安防范。各高校按在编在岗教职工5%的比例,并适当吸收优秀大学生,建立了约5000人的高教系统平安志愿者服务队,下设内部治安巡防、重点人员帮教等9个工作小组。各区县教育局指导辖区内各中小学、幼儿园组建教工志愿者服务队,加强中小学、幼儿园及周边治安防范。二是开展"我心目中最可爱的护校民警和交通协管员"推选活动。全市18个区县共有234所中小学和中等职业学校的3000多篇征文上网参加全市推选,活动专设网页点击人次超过24万。20名公安民警被推选为"最可爱的护校民警",40名交通协管员被推选为"最可爱的护校交通协管员",30篇征文分获小学组和中学(中职)组"优秀推荐事迹奖"。

铁路护路联防工作情况

一、有效形成齐抓共管护路工作的合力

1. 组织领导进一步完善。市铁路护路联防领导小组由副市长、市公安局主要领导任组长,市委政法委、市公安局、上海铁路局、市综治办的分管领导同志担任副组长。成员单位26个,包括市综治办、市公安、工商、民政、财政、物价、城管局、市建交委、团市委、市教委、警备区、铁路局、铁路公安局、处及沿线12个区。由于新建铁路的延伸,增加了2个街镇参与铁路护路联防工作,并及时建立健全了护路组织,为高铁建设的顺利进行,维护施工安全、化解矛盾纠纷等做了大量工作。沪宁城际、沪杭客专建设及试运行期间,没有发生沿线群众因拆迁、补偿等问题上路拦车断道的情况。

全市沿线现有12个区及其60个街镇参与护路联防工作,区和街镇的护路联防领导小组,由分管区长、主任(镇长)任组长,确保了护路组织健全,形成网络,有人议事,有人办事。

2. 办公室自身建设进一步加强。上海铁路公安处增配2名同志承担市护路联防领导小组办公室职责,使铁路公安机关的职能作用融入社会治安综合治理工作格局,加强了日常工作的力量。沿线12个区及其街镇综治办继续承担了同级护路办职责,由综治办副主任担任同级护路办主任,从组织体系上有效地将基层护路工作归并于所在地综治工作。

3. 工作责任进一步落实。沿线各党委政府按照"属地管理"原则,把护路工作列为党政要务,作为保障经济发展和构建和谐社会的具体措施。根据市综治委等五部委联合印发的《关于进一步实行社会治安综合治理工作领导责任制的意见》精神,制定了《上海市铁路护路联防工作目标责任书》,明确了沿线各区分管区长及其街镇的主任(镇长)和综治(护路)办主任。今年全市第七次护路工作会议上,市领导小组组长与沿线12个区的分管区长即区领导小组组长签订了2010年度护路工作目标责任书。

4. 工作措施进一步明确。6月13日,市护路领导小组出台《关于进一步加强上海市铁路护路联防工作的意见》,提出切实加强对铁路护路联防工作的组织领导,切实做到有领导专门分工负责,有专人专抓护路联防工作,有群防群治队伍开展护路联防工作;进一步落实铁路护路联防工作责任。把维护铁路治安的持续稳定与责任人的政治荣誉、经济利益挂钩,做到奖罚分明。铁路部门落实确保铁路运输安全的人防、物防、技防措施,落实内部相关单位护路责任。各铁路公安派出所认真履行日常管理铁路治安的工作职责;切实解决影响铁路安全各类治安问题。深入开展"两个排查"工作,切实解决影响铁路安全的各类治安问题,推进"平安铁路示范区、街镇"创建活动,不断提升本市铁路护路联防工作水平。要加强对新建、改建铁路地区矛盾纠纷和各类治安问题的预测分析,采取有效对策;形成铁路护路联防工作合力。结合上海铁路的实际,在加强宣传、群防群治、路地联手、相互配合、力量整合等方面加强探索和实践。

二、有效夯实护路联防工作的基层基础

1. 认真抓好"两个排查"。7月19日,结合境内铁路沿线的实际情况,在沿线各区组织开展自7月20日至10月31日的为期三个月的《排查调处涉路矛盾纠纷、排查整治突出铁路治安问题》的专项行动,摸清掌握和有效化解了一批涉及铁路安全运营的各类矛盾纠纷,共梳理排查出涉路矛盾纠纷12件,及时有效调处解决9件,避免了扰乱施工秩序、影响安全运营的情况,确保了辖区高速铁路建设和运营的安全。期间,对沿线治安基础情况开展了调查,将沿线对铁路治安有现实危害的人和事纳入视线,目前沿线80所中小学校,9名顽劣儿童,40名重点人员,150名精神病(呆傻)人,80家废旧金属收购站点,12个易燃易爆品仓库,纳入了护路工作掌控的范围。

2. 广泛开展护路宣传。坚持4月和9月两次集中开展"铁路安全宣传月"活动。全市各区各级护路办认真围绕平安世博,新线建设等重点工作,积极应对铁路快速发展,铁路运营里程不断增加,列车运行速度明显提高而引发的矛盾增多情况和带来的新挑战和考验。围绕新建铁路沿线广泛开展地毯式的宣传教育活动,各级护路组织制发18类15.5万件宣传品投入宣传工作,其中铁路公安部门组建的专职宣传小分队,在沿线各街镇的具体安排下,深入学校、居村委、企事业单位及外来人员聚集地不断扩大宣传教育的范围,共演出60余场次,沿线受教育人数达3万余人。各区也积极利用区电视台,播放游动字幕,营造氛围。

3. 深入一线开展调研。市领导小组及沿线各区、街镇的领导同志深入铁路沿线开展调查研究,实地查看了沪宁城际、京沪高铁及沿线的综合情况,掌握铁路及沿线地区治安动态,了解新建铁路的护路联防工作,解决突出问题。

4. 情况通报形成制度。市、区两级护路办与铁路公安机关坚持每月双向互通铁路治安情况,铁路公安处将派出所每月向护路组织通报情况定为制度,纳入工作考核,增强了护路工作的有效性和针对性。市、区、街镇三级护路组织按照要求向上级报告工作情况、重大事项和传报工作数据表格。

三、有效发挥专兼职护路队伍保障铁路安全的积极作用

各铁路公安派出所发挥铁路治安管理的主力军作用,加强日常面上的治安管理工作,及时有力的开展对突出铁路治安问题的整治,各区护路组织也协调相关职能部门有针对性地开展重点治理工作。清理沿线非法开垦种植、违章搭建等,据不完全统计,铲除非法开垦种植面积1万余平方米,拆除违章搭建面积1.5万余平方米。有效净化了铁路沿线的综合环境。由市护路办委托铁路保安公司招聘并会同沿线铁路公安派出所进行管理的330名专职护路保安员。统一岗位管理。实行四班运转,年内保安员防止路外伤亡事故6起,有79人次受到奖励,队伍杜绝了违法违纪问题和人身伤亡事故。

四、有效推进了护路重点工作的扎实展开

1. "平安铁路示范区、街(镇)"创建活动进一步深化。围绕"平安世博"、高铁建设等重大安全保卫工作,全市护路工作有效融入了上海社会治安综合治理和平安建设的总体规划,做到同部署、同检查、同考核、同奖惩。全年有97%的区街镇达到"平安铁路示范区、街镇"的标准。

2. 圆满完成了上海世博期间的安全保卫工作。全市各级护路组织主动积极协调铁路部门和铁路公安机关,以反恐怖防破坏为重点,加强世博安保。铁路公安机关在各客站全面设防,提高安检等级,严格旅客人身物品安全检查,并与站周和沿线地方公安机关联手行动,严密站车查缉,严打刑事犯罪,严整治安问题。

3. 突出问题整治取得阶段性成效。各级护路组织从本地区铁路治安状况的实际出发,重点实施客站突出治安问题、沿线综合环境治理、安全隐患排查等专项整治和沿线重点人员管控、复杂区段和重大工程场所安全保卫等专项工作。

五、有效管好用好护路工作经费

护路经费的管理使用,严格执行了《全国铁路护路经费管理办法》,落实了专款专用、70%以上用于护路一线,按批准预算支出、市护路办常务副主任"一支笔"审批等制度规定,上年审计未发生违纪问题。

人口管理工作情况

2010年，上海市人口办在市人口综合服务和管理领导小组的坚强领导下，在各成员单位的大力支持、配合下，组织各级人口办以世博安保为主线，以实现"平安世博"为目标，切实履行世博安保社会面防控工作部成员单位职责，充分发挥"党委领导、政府主导、公安指导、部门司职、社区实施"的人口综合服务和管理体制、机制优势，为世博期间社会安定和公共安全提供了有力的基础支撑。完成了各项工作任务，提升了市人口办的综合协调能力。

一、坚持多策并举，全力以赴确保实有人口基础信息质量

一是组织开展实有人口、实有房屋大查访工作。针对来沪人员大量进入上海，流动性大，基础信息变量趋大的态势，市人口办下发了《关于组织开展实有人口、实有房屋大查访工作的通知》，协调市农委、市建交委、市经信委、市住房保障房屋管理局，市工商局、市综治办，针对重点查访人群、重点查访房屋和重点查访区域，特别是世博园区周边地区，全面梳理日常管理边界不明晰，管理责任模糊，管理力量薄弱，人员流动量大，容易遗漏信息的部位和区域，认真做好"两个实有"全覆盖管理工作的"回头看"。二是组织开展"落脚点"夏季专项整治行动。印发了《关于组织开展"落脚点"夏季专项整治行动的通知》，会同市农委、市建交委、市经信委、市住房保障房屋管理局、市人力资源社会保障局、市工商局、市综治办，对用于出租的违章建筑、危棚简屋、田间窝棚、建筑工地工棚等非正规"落脚点"开展专项整治，切实解决非正规"落脚点"因管理职责不清、边界模糊、力量薄弱，造成人口基础信息登记不实的状况，消除了一批实有人口信息采集"盲点"。三是开展对部队营房出租房屋的集中排查。会同上海警备司令部形成"政府为主，军警合作"的机制，对部队营房出租房屋进行了集中排查，基本掌握了驻沪部队所属出租房屋底数、承租人和实际居住人员基础信息。四是组织开展"两个实有"全覆盖大检查。根据世博安保社会面防控工作再动员、再部署大会部署，在全市范围内组织开展"迎国庆、保世博""两个实有"全覆盖大检查。指定区(县)交叉检查，随机抽取若干街道、镇，直接入户调查，采取居住人员信息与实有人口信息管理系统人口、房屋信息比对的方式，检验全市实有人口基础信息质量状况。检查范围共涉及全市18个区(县)58个街道(镇)、63个公安派出所辖区。五是结合第六次全国人口普查工作，进一步核准实有人口数据。会同市"六普办"做好第六次全国人口普查户口整顿工作以及入户调查工作，有效地验证了实有人口数据的准确率。

面对实有人口增长、快速流动的现状，本市实有人口、实有房屋基础信息登记准确率逐步提高，为世博安全、社会面防控和公安现实斗争提供了鲜活、准确的人口基础信息。

二、坚持联建共享，不断加快实有人口信息平台建设

按照"倒排节点、并联推进"的要求，推进上海市实有人口信息管理系统(二期)建设，并于世博会正式运营前投入试运行。同步启动对各委、办、局和各区(县)的系统操作和应用培训，全力推动"二期"在政府层面上的应用，通过应用不断完善系统功能，切实发挥为实战服务功能。同时，在各成员单位的支持下，落实市政府办公厅转发《实有人口业务数据信息共享管理办法》中对实有人口业务数据信息共享工作中的信息采集、信息交换、信息存储、权限管理、保密规定、系统维护等环节的各项规定。政府各部门基于市政务网实有人口业务数据联建共享的大格局基本形成。

三、坚持规范管理，切实加强实有人口管理法规建设

切实抓好《上海市实有人口服务和管理若干规定(暂行)》的贯彻实施，会签了《关于贯彻落实〈上海市实有人口服务和管理若干规定(暂行)〉

的若干意见》,结合各部门自身职责,细化落实操作办法,明确处罚程序,落实法律责任,使相关制度得以真正落实。同时,提请市政府颁布实施了《关于加强房屋拆迁基地空置房屋、建筑工地临时宿舍和临时改建宿舍安全管理的通告》等世博临时性规章,严密实有人口管理工作政策、规范的力度,为世博安保期间实有人口管理工作措施落地见效提供了有力抓手。同时,相关成员单位以及区(县)人口办进一步加强了对《上海市实有人口服务和管理若干规定(暂行)》、《关于加强房屋拆迁基地空置房屋、建筑工地临时宿舍和临时改建宿舍安全管理的通告》等政府规章、世博临时性规章的宣传力度,通过发放告知书形式确保用工单位、中介机构和相关企事业单位充分知晓规章内容,在世博期间营造良好人口服务和管理工作的社会氛围和舆论环境。市工商局、市人力资源社会保障局、市住房保障房屋管理局、市建交委加强执法衔接,建立了违法违规行为抄告制度,督促用人单位、职业中介服务机构、市场和超市经营者、房地产经纪机构以及房屋出租人认真履行人员基础信息登记义务。今年以来,公安部门已查处违反居住登记行为案件 7805 起,其中单位 5150 起,个人 2655 起,完成了从"集中查处"向"常态管理"的转变。

四、坚持广泛动员,建立完善基础信息采集社会动员机制

根据"精干、效能"的原则,逐步配齐配强了社区综合协管队伍。以队伍运作组织化、日常管理规范化及岗位作业标准化建设为抓手,切实发挥社区综合协管队伍在人口信息采集上的作用。以居(村)委干部、楼(组)长、社工、平安志愿者、物业安保等力量为主的全市人口信息员网络实现了全覆盖,为世博安保工作提供了精准、鲜活的人口、房屋基础信息。世博期间,社区综合协管队员通过人、房基础信息采集工作,向各级公安机关提供各类违法犯罪线索,为公安机关侦破刑事案件和查处治安案件发挥了积极作用。举办了"和谐同乐安居上海"2010 年度上海市人口综合服务和管理集中宣传活动。各级人口办通过设置宣传板报,制作、并发放宣传资料 32.2 万份,形成了以点带面的宣传辐射效应。

五、坚持"双赢"目标,发挥本市人口综合服务和管理体制、机制优势

市政府先后 3 次召开市人口综合服务和管理领导小组会议,制定下发了《关于世博期间进一步加强人口综合服务和管理工作意见》,明确了世博会期间各级人口管理部门以及市人口综合服务和管理各成员单位的具体职责和任务,进一步细化了工作措施,规范了工作流程,确保责任到人,使各级党委、政府充分认识到实有人口管理是世博安保的一项重要基础性工作。各区(县)人口办积极争取区(县)党委、政府在人力、财力、物力上的支持,落实街(镇)属地化、社区化管理要求,把人口综合服务和管理工作作为社区建设和管理的重要内容。各街道(镇)人口办通过理顺管理体制、加强组织建设,强化工作职能,落实基础保障,成为世博期间确保人口综合服务和管理各项措施地区实施、落地见效的关键一环,推动形成了"纵向到底、横向到边"的人口综合服务和管理局面。

在认真做好世博安保各项任务的同时,坚持统筹兼顾,确保年度各项重点工作的有序、有力推进落实:一是组织开展了人口发展决策咨询工作。制定了人口发展决策咨询专家组工作制度,明确了人口发展决策咨询专家组的主要职责、工作方式、成果运用以及保密义务。建立了课题申报工作流程,结合专家组成员专业特点、调研能力和人员规模等因素,确定并基本完成了 2010 年度 7 个调研课题,将汇编成册,编印《2010 年度市人口办人口发展决策咨询报告》,充分发挥好市人口办在人口发展决策咨询方面的作用。二是扎实推动户籍人员居住地服务和管理试点工作。市人口办提请市政府办公厅转发了《关于开展本市户籍人员居住地服务和管理试点方案》,拟定了《上海市户籍人员居住登记办法(征求意见稿)》、《上海市户籍人员居住登记办理流程规范(征求意见稿)》,确保"世博后"本市人口综合服务和管理各项工作有新的开局。

上海市社会治安综合治理条例

(2010 年 11 月 11 日上海市第十三届人民代表大会
常务委员会第二十二次会议通过)

第一章　总　则

第一条　为了加强社会治安综合治理，维护治安秩序和社会稳定，促进社会主义和谐社会建设，根据《全国人民代表大会常务委员会关于加强社会治安综合治理的决定》和有关法律、行政法规的规定，结合本市实际，制定本条例。

第二条　本市行政区域内的国家机关、社会团体、企业事业单位等组织和公民开展或者参与社会治安综合治理工作，适用本条例。

第三条　社会治安综合治理是全社会的共同任务。

各级人民政府应当动员和组织各方面力量，运用政治的、法律的、行政的、经济的、文化的、教育的等多种手段，加强社会建设，创新社会管理，开展平安创建活动，预防和减少违法犯罪，预防和化解社会矛盾，保障社会和谐稳定。

第四条　社会治安综合治理坚持惩治与预防违法犯罪相结合和专门机关工作与群防群治相结合的方针，实行谁主管谁负责和属地管理的原则。

第五条　各级人民政府应当加强对社会治安综合治理工作的领导，建立健全社会治安综合治理工作机构，并将社会治安综合治理工作经费列入本级财政预算。

市和区、县人民政府应当将社会治安综合治理工作纳入本行政区域国民经济和社会发展规划以及年度工作计划。

社会治安综合治理委员会(以下简称综治委)具体负责组织实施本地区、本系统的社会治安综合治理工作。

第六条　社会治安综合治理实行目标管理责任制。

上级人民政府应当与下级人民政府签订社会治安综合治理目标责任书，市和区、县综治委应当与相关成员单位签订社会治安综合治理目标责任书，系统综治委应当与所属单位签订社会治安综合治理目标责任书。

国家机关、社会团体、企业事业单位等组织的法定代表人或者主要负责人，为本地区、本系统、本单位的社会治安综合治理责任人。

第二章　组织机构与职责

第七条　市和区、县综治委履行下列职责：

(一) 宣传、贯彻执行社会治安综合治理的方针、政策和有关的法律、法规；

(二) 编制本地区社会治安综合治理的规划草案；

(三) 制定并组织实施本地区社会治安综合治理的工作计划和方案；

(四) 组织、协调、指导、督查本地区的社会治安综合治理工作，落实目标管理责任制；

(五) 总结推广社会治安综合治理的经验和做法，根据有关规定表彰先进单位和个人；

(六) 办理社会治安综合治理的其他事项。

第八条　乡镇、街道综治委履行下列职责：

(一) 贯彻执行上级关于社会治安综合治理的工作部署，制定和实施本地区社会治安综合治理工作计划和方案；

(二) 建立健全本地区社会治安综合治理的工作体系，加强本地区群防群治组织的队伍建设，协调、指导各单位、居(村)民委员会的社会治安综合治理工作；

(三) 组织开展本地区突出矛盾纠纷和突出社会治安问题的排查，协调有关部门进行调处和

治理;

（四）组织落实本地区社区矫正、刑满释放、解除劳教、社区戒毒等人员的帮教、管理和服务工作;

（五）协助开展本地区国家安全、反邪教、反恐怖、社区安全的宣传教育和其他相关工作;

（六）协调有关部门和社会组织加强对本地区青少年的教育和服务,预防青少年违法犯罪;

（七）协助有关部门落实对实有人口和房屋信息采集、管理的各项措施;

（八）办理社会治安综合治理的其他事项。

第九条　本市宣传、教育和卫生、科技、建设交通、金融、经济和信息化、国有资产等系统设立的综治委应当根据市或者区、县综治委的要求,完善本系统社会治安综合治理的工作体系,做好社会治安综合治理工作,指导并督促所属单位参与所在地区社会治安综合治理。

第十条　市和区、县综治委可以根据需要在治安情况复杂或者跨行政区划的重要区域,建立特定区域综治委,组织、协调该地区的社会治安综合治理工作。

区、县设立特定区域综治委应当报市综治委备案。

第十一条　各综治委成员单位应当根据综治委的工作部署,制定工作计划并组织实施,建立健全各项工作制度,在各自职责范围内,依法履行社会治安综合治理的各项职责,落实内部安全防范和教育管理措施,参与所在地区社会治安综合治理工作。

各综治委成员单位应当相互配合,形成合力。

第十二条　综治委办公室负责社会治安综合治理的日常工作。

第三章　工作任务

第十三条　人民法院、人民检察院、公安机关、国家安全机关、司法行政机关以及其他履行执法职责的机关,应当依法充分发挥在社会治安综合治理中的职能作用,及时查办审理刑事、治安和其他案件,惩治违法犯罪,维护社会治安。

第十四条　各级综治委应当加强对本地区社会治安形势的分析和评估,建立对社会治安问题和影响社会治安的突出矛盾纠纷进行排查的制度,组织、协调排查工作,对发现的治安问题和突出矛盾纠纷督促有关地区、单位及其责任人予以治理和调处。

各级综治委可以通过组织市民开展社会治安巡访、建立治安信息员队伍、设立社会治安问题举报网站和电话等方式,发动群众参与对社会治安问题和矛盾纠纷的排查。

第十五条　乡镇、街道综治委应当动员组织本地区的单位和居民,在公安机关的指导下,维护地区社会治安秩序。

居(村)民委员会应当督促落实居(村)民住宅小区的安全防范措施,协助开展群众性安全防范工作。

物业服务企业应当协助公安机关维护其服务区域的治安秩序,并依照物业服务合同履行维护公共秩序的职责。

业主大会、业主委员会应当配合公安机关,与居委会相互协作,共同维护本居民区的社会治安。

第十六条　商业楼宇的业主、使用方、物业服务企业应当接受乡镇、街道综治委以及公安机关的指导,落实本楼宇社会治安综合治理的各项措施。

第十七条　国家机关、社会团体、企业事业单位,应当加强内部的治安防范,建立健全治安管理制度,落实安全责任,消除治安隐患。

第十八条　各级人民政府应当把社会治安技术防范体系建设纳入城乡建设规划,推广运用技术防范设施设备,完善社会治安技术防范网络。

公安机关、国家安全机关和政府有关部门应当加强配合,各负其责,根据国家有关规定严格执行技术防范建设项目的验收、维护标准,共同做好社会治安技术防范管理工作。

第十九条　公安机关以及房屋行政管理等部门和乡镇人民政府、街道办事处应当加强对实有人口和房屋的管理,落实和完善治安防范措施。

居(村)民委员会、业主委员会和物业服务企业应当协助做好实有人口和房屋的管理工作。

第二十条　公安机关、国家安全机关以及经济和信息化、文化广播影视、通信管理等部门应当依法加强对网络的监管,建立健全网络治安综合防控体系,预防和惩治涉及网络的违法犯罪行为。

网络接入单位、服务单位及上网服务场所应

当依法履行安全管理责任。

第二十一条　各级人民政府在作有关社会和经济发展的重大决策时，应当开展社会稳定风险分析与评估，完善听证制度，建立利益相关方参与的协商机制，预防和减少社会矛盾纠纷。

第二十二条　各级人民政府应当建立公共应急体系，完善公共突发事件预警机制，制定应急预案，依法、稳妥处置各类公共突发事件，维护社会稳定。

第二十三条　市和区、县综治委的成员单位应当定期向同级综治委报告有关社会治安综合治理工作信息；对可能影响社会治安的重大事项以及需要综治委协调解决的其他事项，应当及时报告。

第二十四条　人民法院、人民检察院对在办理案件中发现的社会治安隐患和问题，应当及时向有关部门或者单位提出司法建议、检察建议。有关部门或者单位应当认真研究办理，并反馈结果。

第二十五条　各级信访工作机构在受理来信来访中，发现可能影响社会治安的信访事项，应当及时向相关部门和单位反馈，并会同、督促相关部门和单位妥善处理，有效化解社会矛盾和纠纷。

第二十六条　各级综治委应当协调有关部门，建立以人民调解为基础，综合运用人民调解、行政调解、仲裁调解和司法调解化解矛盾纠纷的工作机制。

本市鼓励设立区域性和行业性人民调解组织，鼓励社会组织和公民参与人民调解工作，鼓励当事人通过调解方式解决各类矛盾纠纷。

第二十七条　公安机关、司法行政机关应当加强对管制、缓刑、假释、暂予监外执行以及剥夺政治权利并在社会上服刑人员的刑罚执行工作，健全制度、规范管理、严格执法，并指导居（村）民委员会以及专业社会组织协助开展社区矫正的相关工作。

第二十八条　乡镇、街道综治委及其相关成员单位应当组织居（村）民委员会、专业社会组织和志愿者队伍，开展对刑满释放、解除劳教、社区戒毒等人员的帮助教育、职业培训、就业指导等工作，预防和减少重新违法犯罪。

第二十九条　各级人民政府应当制定相应的政策和目标要求，营造有利于青少年健康成长的社会环境，维护青少年的合法权益。

各级综治委应当组织、协调有关部门加强对青少年的帮助、教育和服务，预防青少年违法犯罪。

各级综治委应当组织、协调有关部门加强学校及周边地区的社会治安综合治理工作，维护校园及周边的治安秩序。

教育等部门应当督促学校落实各项安全措施，加强校园安全防范，对学生开展法制和安全防范教育。

第三十条　各级人民政府应当将社会治安综合治理相关法律法规的宣传纳入法制宣传教育规划。

司法行政、文化广播影视、新闻出版等部门和新闻媒体，应当加强社会治安综合治理的法制宣传教育。

人民法院、人民检察院、公安机关和国家安全机关等部门，应当结合办理案件，向社会开展法律法规宣传。

各单位、各社会组织应当对本单位人员进行法制宣传教育，增强法治意识。

第四章　社会参与

第三十一条　社会组织、企业事业单位应当承担社会责任，参与所在地区社会治安综合治理。

各级人民政府应当鼓励、支持社会组织、企业事业单位以各种形式参与社会治安综合治理。

第三十二条　依法成立的参与禁毒、社区矫正、社会帮教等社会治安综合治理工作的社会组织应当建立健全专业社会工作者的聘用、管理、考核、激励机制。

各级人民政府可以通过购买服务等方式委托相关社会组织开展工作。

本市鼓励企业事业单位等以多种方式支持相关社会组织开展工作。

第三十三条　各类保安组织应当接受公安机关的指导和管理，完善岗位职责要求，加强技能培训，协助维护社会治安秩序。

保安人员应当遵守职业操守，熟悉业务技能，履行岗位职责。

第三十四条　鼓励公民积极参与社会治安综

合治理活动，加强自身和家庭的安全防范，保持和谐的家庭和邻里关系，共同维护社会治安秩序。

各级综治委应当加强对平安建设志愿者的指导和服务保障。平安建设志愿者应当履行志愿服务承诺，积极参与维护社会治安秩序的志愿服务活动。

第三十五条　对为了国家利益、公共利益或者他人的人身、财产安全，制止违法犯罪、协助有关机关惩治违法犯罪活动等见义勇为行为，应当按照市人民政府的有关规定予以奖励和保护。

第五章　考核与奖惩

第三十六条　各级综治委对社会治安综合治理目标责任制的落实情况进行考核、监督和检查，考核、检查结果纳入综治工作实绩档案，并报同级人民政府或者政府主管部门确认。

第三十七条　市和区、县综治委对社会治安综合治理和平安建设工作作出突出贡献的单位和个人，进行表彰和奖励。

第三十八条　对于不履行或者不正确履行社会治安综合治理职责的，以及存在社会治安重大隐患的地区、单位，由所在地综治委或者系统综治委发限期整改通知书，责令限期整改。

地区、单位收到限期整改通知书后，在规定期限内未整改的，由所在地综治委或者系统综治委给予通报批评。

第三十九条　地区、单位直接负责的主管人员和其他直接责任人员不履行或者不正确履行社会治安综合治理职责，造成本地区、本单位治安秩序混乱或者严重后果的，所在地综治委或者系统综治委应当建议行政监察机关或者相关主管部门依法给予纪律处分或者行政处罚；构成犯罪的，依法追究刑事责任。

第六章　附　则

第四十条　本条例自2011年3月1日起施行。1991年8月16日上海市第九届人大常委会第二十八次会议审议通过的《上海市人大常委会关于加强社会治安综合治理的决定》、1992年4月11日上海市第九届人民代表大会常务委员会第三十三次会议通过的《上海市社会治安防范责任条例》同时废止。

中共上海市委办公厅　上海市人民政府办公厅
转发《市综治委关于2010年上海平安建设实事项目安排的意见》的通知

（2010年2月18日）

各区、县党委和人民政府，市委、市人民政府各部、委、办、局，各市级机关，各人民团体：

《关于2010年上海平安建设实事项目安排的意见》已经市委、市人民政府领导同志同意，现转发给你们，请认真贯彻执行。

市综治委关于2010年上海平安建设实事项目安排的意见

为了深入推进上海平安建设，切实落实社会治安综合治理各项措施，进一步解决社会治安突出问题和社会管理问题，为上海世博会的成功、顺利举办营造良好社会环境，现就2010年上海平安建设实事项目安排提出如下意见。

一、严厉打击娱乐休闲场所黄、赌、毒违法犯罪

严厉打击娱乐休闲场所黄、赌、毒违法犯罪活动，加强对娱乐休闲场所以及各类经营此类项目会所的监管，取缔无证无照经营活动，落实辖区管理责任，加大保安派驻以及举报奖励力度，维护娱乐休闲场所良好的治安秩序。（责任单位：市公安局牵头，会门市商务委、市综治办、市工商局、市卫生局、市人力资源社会保障局、市文广影视局、市消防局、市文化市场行政执法总队和各区县、街道乡镇共同组织实施。）

二、严厉打击公共场所扒窃犯罪

严厉打击世博会园区以及周边地区、主要商业区、旅游景点、车站码头、公交地铁站区的扒窃犯罪活动，重点打击团伙、暴力性和涉外扒窃作案，坚持条块结合、以块为主，专群结合、以专带群的原则，加强多警种联动，建立长效管理机制，确保公共场所良好的治安秩序。（责任单位：市公安局牵头，会同市民族宗教委、市教委、市综治办、市政府外办、市妇联、市财政局、市人力资源和社会保障局、市民政局、市工商局、市卫生局、市司法局、市城管执法局、市高级法院、市检察院、市禁毒办以及各区县、街道乡镇共同组织实施。）

三、防范和打击利用通信手段实施诈骗犯罪

严厉打击利用通信手段实施诈骗违法犯罪活动，加强宣传教育，落实各类防范工作措施，形成打防结合的工作格局和长效工作机制。（责任单位：市公安局牵头，会同市工商局、市政府新闻办、市高级法院、市检察院、市通信管理局、中国电信上海分公司、中国移动上海分公司、中国联通上海分公司、中国人民银行上海总部、各商业银行上海分行、上海银监局、中国银联总公司和各区县、街道乡镇共同组织实施。）

四、防范和打击盗窃破坏电力设施违法犯罪

严厉打击盗窃破坏电力设施违法犯罪活动，严厉查处窃电以及传授窃电技术、传播窃电装置的违法行为，加大对电力设施保护的宣传力度，整治电力设施保护区内违法搭建，建立群防群治队伍，健全打击、防范、宣传、教育长效工作机制。（责任单位：市经济信息化委牵头，会同市建设交通委、市绿化市容局、市公安局、市安全监管局、市电力公司以及各区县、街道乡镇共同组织实施。）

五、排查整治社会治安重点地区

切实加强对治安混乱地区和突出治安问题的滚动排查，严厉打击、查处辖区内黑恶势力违法犯罪，重点整治城乡结合部地区、城中村等区域的社会治安、社会管理突出问题，按照属地管理的原则，严格落实街道乡镇综治办主任、派出所长排查整治工作的领导责任以及每季度动态报告制度，建立健全长效工作机制。（责任单位：市综治办牵头，会同各区县综治、公安等部门以及街道乡镇共同组织实施。）

六、整治高层建筑消防安全隐患

落实高层建筑消防安全隐患整改责任，强化高层建筑消防应急管理，建立高层建筑消防安全档案，组建超高层建筑企业专职消防队，加强消防安全宣传教育，提高高层建筑消防安全和救援水平。（责任单位：市消防局牵头，会同市建设交通委、市发展改革委、市教委、市政府法制办、市政府新闻办、市规划国土资源局、市住房保障房屋管理局、市安全监管局、市财政局、市文广影视局和各区县、街道乡镇共同组织实施。）

七、深入开展“平安医院”创建

严厉打击“医闹”、“医托”、“黑救护车”，严厉查处无证行医，优化本市医疗执业环境，加强政府职能部门之间协作，加强医院内部建设和管理，推动医疗纠纷人民调解工作，完善医患纠纷调解机制，维护良好的医疗秩序。（责任单位：市卫生局牵头，会同市发展改革委、市科委、市人口计生委、市政府新闻办、市政府法制办、市公安局、市司法局、市工商局、市人力资源社会保障局、市住房保障房屋管理局、市食品药品监管局、市监察局和相关区县、街道乡镇共同组织实施。）

八、继续加强流浪乞讨人员救助管理

认真贯彻国务院《城市生活无着落的流浪乞讨人员救助管理办法》，按照《上海世博会救助管理工作方案》和“积极救助、依法行政”的要求，通过加强领导，集中救助，社会发动，落实措施，努力实现世博园区无流浪乞讨人员，重点街区基本无流浪乞讨现象，街面流浪乞讨现象明显减少，因流浪乞讨扰乱社会秩序问题基本杜绝的目标。（责任单位：市民政局牵头，会同市教委、市民族宗教委、市政府新闻办、市综治办、市迎世博600天行动城市管理办公室、市公安局、市城管执法局、市财政局、市卫生局、上海铁路局和各区县、街道乡镇共同组织实施。）

上海市综治委、办机构情况和负责人名单

一、市综治委机构情况和负责人

市综治委内设流动人口治安管理工作领导小组、刑释解教人员安置帮教工作领导小组、预防青少年违法犯罪工作领导小组、学校及周边治安综合治理工作领导小组和铁路护路联防工作领导小组。下设综治办。

市综治委主任　吴志明　市委常委、市委政法委书记

市综治委副主任：杨　雄　市委常委、常务副市长

王培生　市人大常委会副主任

张学兵　副市长、市公安局局长

朱晓明　市政协副主席

应　勇　市高级人民法院院长

陈　旭　市人民检察院检察长

王　伟　市政府副秘书长

林化宾　市委政法委副书记

吴军营　市司法局局长

二、市综治办机构情况及负责人

市综治办下设基层指导处和综治督导处

市综治办主任：林化宾　市委政法委副书记

市综治办副主任：乐伟中

周伟航（兼职）

朱久伟（兼职）

蔡　忠（兼职）

上海市各区、县综治委、办主任名单

地　区	综治委主任	综治办主任	地　区	综治委主任	综治办主任
黄浦区	蔡志荣	周永淦	闵行区	张路加	王　辉
卢湾区	张　华	杨学鸿	宝山区	陆学明	尹有良
徐汇区	陈高宏	竺琪君	嘉定区	贝晓曦	沈绍裘
长宁区	刘玉鹏	陈卫东	浦东新区	张　俭	凌德铭
静安区	郑健麟	沈伟忠	金山区	王美新	杨华明
普陀区	顾顺祥	居长鸿	松江区	韩顺芳	杨宗贵
闸北区	陈永弟	张建国	青浦区	李　萍	陈卫国
虹口区	颜建平	范怀军	奉贤区	陆兴祥	侯国华
杨浦区	魏伟明	王海龙	崇明县	施建华	陈　冰

（撰稿人：宋能亮
审稿人：林化宾　季勤）

江　苏　省

2010年社会治安综合治理工作概况

2010年，全省各地各部门以建设更高水平平安江苏为目标，实施源头预防工程、社会管理工程和强基工程，进一步加强大调解机制、大防控体系和综治基层基础建设，提升了社会矛盾纠纷化解水平、社会管理水平和驾驭治安局势水平。全省公众安全感电话调查结果为90.43%，同比提高0.43个百分点。

一、树立第一责任理念，加强对综治和平安建设的组织领导

（一）摆上重要位置。省委、省政府出台了《关于深入推进社会矛盾化解、社会管理创新、公正廉洁执法的实施意见》。省委办公厅、省政府办公厅发出通知，对贯彻《实施意见》、深入推进“三项重点工作”提出了明确具体的要求。各地党委政府把综治和平安建设列入重要议事日程，主要领导亲自组织研究，协调解决工作中的重点难点问题。各地普遍建立了领导干部抓综治工作实绩档案，建立了班子成员与基层挂钩联系制度，进一步强化了平安建设责任落实。

（二）强化齐抓共管。省综治委修订印发了《江苏省社会治安综合治理委员会成员单位参与社会治安综合治理的职责任务》。4月，省综治委第一次全体会议总结交流了系列平安创建工作情况，对下一阶段推进系列平安创建活动进行了部署。对联系点共建单位进行了调整，负责挂钩联系的39个成员单位均深入联系点进行调研，帮助基层解决实际困难。

（三）严格考评奖惩。年初，原省委书记梁保华和各市委书记、省综治委成员单位主要负责人签订了综治责任书。7月和12月，省综治委组织力量，对全省各地综治工作进行了明查暗访。省综治五部门定期召开联席会议，对将检查发现的问题在全省实名通报，提出整改要求，并对整改落实情况进行了检查。全省共有114个地区、部门和单位被实施社会治安综合治理“一票否决”，80人受到领导责任查究。省综治委对5个市、29个县（市、区）、11个省综治委成员单位进行了表彰，有106个县（市、区）经考评验收达到“平安县（市、区）”创建标准，有4个县（市、区）未达到创建标准被摘牌，有2个县（市、区）因工作滑坡被警示。

二、加强源头预防，减少和化解社会矛盾纠纷

（一）全面推进社会稳定风险评估。4月初，省综治委和省维护稳定工作领导小组在淮安召开全省深入推进社会稳定风险评估工作会议，下发了《江苏省社会稳定风险评估办法（试行）》。各地加快建立健全“党委统一领导、政府组织实施、主管部门具体负责、综治维稳部门指导考核”的组织领导体制和工作运行机制，在容易引发社会矛盾的重点领域全面实施社会稳定风险评估。全省开展稳定风险评估1587件，有效防范和化解矛盾纠纷7300余件。

（二）深入开展矛盾纠纷排查化解。省综治办等部门下发了《关于开展化解社会矛盾纠纷专项攻坚活动的通知》。经省委常委会研究决定，9月份省综治委专门召开有15000人参加的全省集中开展社会矛盾纠纷大排查电视电话会议，部署各地、各部门深入开展社会矛盾纠纷大排查。全省共组织矛盾纠纷排查74.4万次，受理调处矛盾纠纷45.6万件，同比增长55.14%，调解成功率达96%；各级调处中心接待群众17.7万批次，防止矛盾激化1.2万起。

（三）着力提升大调解机制建设水平。省综治委把2010年确定为“大调解机制建设提升年”，制定了专门方案。各地大力推进调处中心规范化建设，加强人民调解、司法调解、行政调解的有机衔接配合，积极推动信息联通、工作联动、矛盾联调、优势互补，不断增强大调解的功能和实效。9月份，省综治办等部门召开全省人民调解工作会议暨诉调对接工作推进会议，进一步推动全省调解工作的改革创新发展。加快专职人民调解员建设步伐，共配备专职人民调解员13000余名、专业人民调解员1100余名。

三、推进社会管理创新工程，提高社会管理水平

（一）谋划部署社会管理创新工作。全国社会治安综合治理工作会议召开后，省委常委会专题研究贯彻落实工作，省综治委迅速召开会议进行了部署。确定14个县（市、区）为全省社会管理创新的综合试点区域，加强分类指导。南通市作为中央综治委确定的社会管理创新试点城市之一，市委、市政府召开专题会议进行部署，将综合试点任务分解落实到各有关单位和部门，细化项目推进的“时间表”和“路径图”，抓好工作落实。

（二）加强特殊人群帮教管控工作。各地对各类特殊人群全面开展排查，逐一落实帮教管控的责任和措施，动态掌握他们的思想状况、现实表现和活动动向，严防漏管失控。推进社区戒毒工作，开展康复治疗和心理疏导，促使吸毒人员早日戒除毒瘾、回归社会。落实对精神病人等特殊群体的服务管理和收治措施，在关心帮助他们的同时，切实防止其危害社会。

（三）探索社会组织管理途径。加强对境外非政府组织、省内民间组织、新兴社会组织和经济组织的管理，完善分类管理制度。开展社会团体规范化建设，引导境内社会组织加强自身建设，增强自律意识。加大对违法社会组织和非法组织的查处力度，引导社会组织在法制规范下健康发展。依托党组织和工会组织，发展综治工作力量，把思想道德建设、法制宣传教育、矛盾纠纷排查调处、治安防范等工作引入社会组织。

（四）加强网络监督管理工作。我省备案网站31万多个，网页11.2亿多个。各地坚持建设与管理并重，构建网内网外结合的防控体系，做到“网上能知、网下能控”。建立健全网上舆情监测研判机制、重大案件事件快速反应机制、网上舆论引导机制，提高对各类突发事件的网络舆论引导能力。

四、加强综治专门工作，维护安定有序的社会秩序

（一）改进流动人口服务管理工作。全省新建社区（村组）流动人口服务管理站点1500多个，94.8%的乡镇（街道）建立了流动人口管理办公室，共有流动人口专兼职协管员7.3万名，新建“三集中”居住区189.2万平方米，外来人员集中住宿、集中服务、集中管理率达63.1%。推进流动人口综合管理信息系统建设，努力实现流动人口信息跨地区、跨部门实时联网，实现数据共享、管理相融。全省共设立流动人口社会化采集点2.3万个。

（二）做好刑释解教人员帮教安置工作。不断完善刑释解教人员衔接管理各个环节，积极开展提前帮教，普遍开展分类帮教，突出开展主题帮教。加大过渡性安置基地建设力度，全省基地已达1161家，比上年增加113家。年内，全省共接收刑释解教人员28933人，安置28625人，安置率98.94%，帮教28930人，帮教率99.99%，重新违法犯罪360人，当年重新违法犯罪率仅为1.24%。

（三）深化预防青少年违法犯罪工作。在2009年底开展全省重点青少年群体排查摸底专项行动的基础上，启动了重点青少年群体分类引导帮扶试点工作。推进“未成年人零犯罪社区（村）”创建活动、青少年自护教育活动，努力预防和减少青少年违法犯罪。全省25周岁以下青少年犯罪24634人，占犯罪总人数的30.31%，同比下降2.72个百分点。

（四）加强学校及周边治安综合治理。省和各地普遍制定下发了《中小学幼儿园安全防范工作规范》、《加强学校幼儿园安全防范工作意见》及《校园安全防范问责办法》等一系列文件。全省5820余所中小学幼儿园编配保卫人员14470余人，新增保安9620余人。全省学校新增监控系统3260余套，各类探头23360余个。先后4次组织开展校园及周边集中整治行动，共出动人员150万余人次，及时处置可能影响校园安全稳定的事端苗头90余起，集中收缴校园管制刀具2180余把，清理整治违法违规网吧、游戏厅、录像厅1390余家。

（五）扎实开展铁路护路联防工作。先后召

开沪宁城际铁路护路联防工作会议、铁路护路联防工作领导小组会议、宁启铁路电气化改造施工期间护路联防工作会议、全省铁路护路联防工作会议,部署相关工作。各地认真落实铁路护路联防工作各项措施,全省没有发生爆炸、重大拆盗铁路器材、哄抢掀盗运输物资等危及运输安全的刑事案件,没有发生一次死亡3人以上的重大事故,没有发生因治安问题引发的铁路行车事故,沿线区域内没有被中央挂牌督办的突出治安问题和重点整治区段。

(六)深入推进社区矫正工作。通过推进县(市、区)教育矫正中心建设、规范教育矫正内容体系等方式,加强对社区服刑人员思想、道德和法制教育,加强心理矫正,增强其认罪悔罪意识,提高社会责任感,促使其顺利回归和融入社会。全省累计接收矫正对象19万余人,重新犯罪率仅为0.089%。

五、推进大防控体系建设,增强人民群众安全感

(一)加强社会治安防控工作。进一步建强县乡两级专职巡防队伍,全省每天常态巡逻力量保持在5.8万人以上,其中民警1.8万余人。以技防城建设为载体,以技防乡镇、技防单位、技防入户为基础,努力打造"防范技术融合应用、防控时空无缝衔接、防控目标全网追踪、防控区域城乡覆盖"的科技防范网络。全省73个市县110接警区全部建立了信息化、实战型的指挥中心,1323个乡镇(街道)公安派出所全部建立了规范化的治安监控中心;共安装各类治安监控摄像机103.4万台,联网报警用户达到121.9万户,安装技防产品的家庭达到230万户。

(二)深入开展社会治安重点地区排查整治。各地以城乡结合部、"城中村"、老小区为重点,全面排查社会治安重点地区,强力整治,落实长效措施。全省共排查出社会治安重点地区610个,其中591个整治到位,19个明显好转。共投入经费15亿元,对2900多个"城中村"、老小区进行了改造、整治。对56个软弱涣散的治安重点地区基层党政组织进行了整顿。南京"7.28"爆燃事故发生后,省委、省政府召开各市主要负责同志会议,部署开展排查信访热点难点问题、排查安全事故隐患、排查基层基础工作薄弱环节等"三项排查"工作。全省安全生产事故起数、死亡人数以及道路交通事故4项指标全部下降,亿元GDP死亡率、工矿商贸就业人员十万人生产事故死亡率和煤矿百万吨死亡率处于全国最低,机动车万车死亡率低于全国平均水平。

(三)依法打击各类刑事犯罪活动。年内,破获各类刑事案件17.2万起,抓获刑事作案成员15.2万名;现行命案破案率为97.85%,现行命案破案率连续7年位居全国第一;打掉黑社会组织23个,查处恶势力和一般涉恶团伙4187个,同比分别上升54%和35%。

(四)做好世博安保工作。各地积极参与"华东六省一市综治部门世博安保协作机制"建设,筑牢环沪安全屏障,为上海世博会顺利圆满举行创造了良好的外围治安环境。投入资金2亿多元,在苏州、南通高标准建立了16个水陆检查站,世博会期间共检查进沪车船1273万辆(艘)次、人员935万人次,查获各类违法犯罪嫌疑人员1865人。做好在江苏省举办的世博会主题论坛和"长三角城市友谊日"活动安保工作,确保了活动安全顺利。

六、推进强基工程,夯实综治和平安建设根基

(一)推进基层组织规范化。省综治委制定了全省乡镇(街道)政法综治中心和村级综治办规范化建设的两个意见,通过在办公条件、装备设备、人员配备、业务开展、环境标识等方面实行统一标准,实现工作的规范化和制度化。全省乡镇(街道)政法综治工作中心力量已全部整合到位,共有工作人员14681人,每个乡镇(街道)达11人以上,99.5%的政法综治工作中心实行相对集中或独立办公。全省21135个村(社区)全部建立了集治保、调解、社区警务、区域联防、重点人群教育管理等多项职能于一体的实战型村级综治办,每个村(社区)都有1名负责人主管综治工作,并配备2至4名专职联防人员和2名专兼职调解员。

(二)推进群防群治专业化。各地组建了26万名用于社会面巡逻防范的专职保安队伍,全省各类保安队员总数达60万余名。开展群众性义务巡防"红袖标工程"建设,社区村庄义务巡逻队伍已达80多万人,街头路面流动巡防队伍达8.5万人,场所部位治安守望队伍达16.4万人。

（三）推进基层创建长效化。各地各部门深入开展基层系列平安创建活动，拓展创建领域，完善创建机制，把所有机关、团体、企事业单位以及家庭纳入创建范围，实现基层系列平安创建的全覆盖、长效化。全省平安乡镇（街道）、平安村（社区）、平安小区、平安企业、平安学校、平安医院创建达标率分别为98.64%、94.89%、93.88%、94.8%、93.36%和92.76%。

深入推进社会治安重点地区排查整治
着力打造人民群众更加满意的平安高地

江苏省社会治安综合治理委员会办公室

江苏省认真贯彻落实中央综治委的部署要求，把社会治安重点地区排查整治工作作为深化综治和平安建设的重要措施，作为推进社会管理创新的重要突破口，以城乡结合部、"城中村"、老小区为重点，全面排查突出治安问题，深入开展严打整治行动，扎实推进治安防控体系建设，切实加强社会服务管理，建立健全长效工作机制，取得了阶段性成效。全省共排查出社会治安重点地区592个，其中591个全面整治到位，19个明显好转。

一、认清形势、提高认识，增强做好排查整治工作责任感

省委、省政府对社会治安重点地区排查整治工作历来高度重视，每年都将其作为综治和平安江苏建设的一项重点工作。2010年1月全国排查整治工作电视电话会议结束后，江苏省紧接着召开全省会议，省委常委、政法委书记、省综治委主任林祥国对排查整治工作作了部署安排。全省各地各有关部门迅速把思想和行动统一到中央的决策部署上来，充分认清当前形势，采取坚决有力措施，形成了"大排查、大整治"的强大声势。

一是充分认识排查整治是建设更高水平平安江苏的重要措施，强化组织领导。各级党政主要负责同志坚持把排查整治作为深化平安建设的重要抓手、维护社会稳定的基础工作，切实履行第一责任，亲自动员部署，亲自督促检查，亲自协调解决问题，为排查整治工作深入开展提供了有力保障。各级综治委成立了由主要领导负责的排查整治工作领导小组，领导小组办公室坚持实体化运作，从政法部门抽调业务骨干开展日常工作的同时，组织、民政、建设等成员单位相关处室负责同志分别参加综合协调、打击整治、社会管理三个工作组，建立了定期会商、情况通报等工作制度，进一步加强对各地的指导推动和部门的协调配合，真正形成了"党委政府统一领导、综治部门牵头组织、公安机关担当主力、有关单位配合协作"的工作格局。

二是充分认识治安问题的长期性、相对性和动态性，强化目标责任。平安是个"易碎品"，治安环境好的地区也会有相对薄弱的区域和相对突出的治安问题，即使是已经整治好的地方，如果长效管理措施跟不上，还会出现回潮和反弹。省综治委立足江苏治安实际，研究制定了全省排查整治工作方案，明确了六项工作目标和八个方面的具体措施，把工作责任逐一分解落实到各地各有关部门。通过强化排查整治目标管理责任制和领导责任制的落实，促使各地摒弃"辖区治安环境好，不存在治安重点地区和突出治安问题"、"排查整治影响本地形象，影响工作绩效"等错误观念，在排查整治工作中更加积极主动作为，切实解决社会治安方面相对薄弱的环节和问题，防止治安重点地区和突出治安问题潜滋暗长、此消彼长或回潮反弹。省综治委专门制定了重点地区排查整治考核办法，重点围绕"排查工作是否全面深入，重点地区是否全部见底，重点难点问题是否取得突破，长效机制建设是否形成良好局面"等方面,对各地进行全面检查验收。为进一步调动各地排查整治工作的积极性,省综治委明确规定,凡重点地区由各地主动排查出来并且整治到位的,在考核中不予扣分;凡排查整治工作不力,重点地区该排查却没有排查出来、该整治却没有整治好转的,坚决实行综治“一票否决”,并严肃追究有关人员责任。

三是充分认识排查整治对维护社会稳定的重要作用,强化推进措施。省重点地区整治办根据全省工作进展情况,于3月份、9月份召开全省排查整治工作情况汇报会和现场推进会,对进一步深化排查整治工作提出了明确要求。7月份,中央综治委检查组对江苏省进行暗访检查后,省重点地区整治办立即召开会议、下发通知,要求各地举一反三,认真梳理存在问题,切实落实检查组提出的工作意见。8月份,又组织对各地排查整治工作进行了一次明查暗访,对检查发现的问题及时进行督促整改。各地各有关部门也采取切实有效措施,加强对排查整治工作的督导检查力度,做到问题没有找准的不放过,原因没有查清的不放过,面貌没有改变的不放过。建立了省、市、县分级挂牌督办和警示制度,对省级挂牌的24个重点地区,要求各市每月上报整治进展情况,对进展缓慢的予以督办。各地也普遍建立了跟踪督办制度,有力地推动了工作开展。目前,省级挂牌的重点地区已经全部整改到位。

二、抓住重点、强化措施,提高排查整治工作的针对性和实效性

江苏省紧紧抓住排查、打击、整治等重点环节,按照“一个问题、一位领导、一套班子、一个方案、一抓到底”的要求,多管齐下,多措并举,全面滚动排查重点地区,精心组织严打整治行动,切实扭转少数地方治安混乱的局面,着力解决人民群众反映强烈的突出治安问题。

一是坚持滚动排查和定期排查相结合,不断深化排查工作。把排查作为整个工作的首要环节和重要基础,按照“属地管理”和“条块结合、以块为主”的原则,建立健全了动态排查工作机制,确保重点地区一个不漏、重点问题全部掌握。省综治委在深入调研分析的基础上,明确了“治安管理复杂的重点地区、容易为犯罪分子藏身落脚的重点部位,容易滋生‘黄赌毒’等丑恶现象的重点场所”等八个方面的排查重点,提出了“刑事发案高于所在市平均数的地区必排,城乡结合部或辖区内有‘城中村’的地区必排,群众反映强烈的地区必排”等“三个必排”的要求。全省共排查出社会治安重点地区592个,其中乡镇(街道)143个、村(社区)235个,车站、码头、市场等其他类型重点地区214个。对排查出的重点地区,按照“一地一档”的要求,逐个建立了排查整治工作档案,全程掌握每个重点地区的整治情况。各地还将排查社会治安重点地区与省委、省政府部署开展的三项排查工作(排查信访热点难点问题、排查安全事故隐患、排查基层基础工作薄弱环节)以及社会矛盾纠纷大排查活动有机结合起来,进一步摸清找准了影响安全稳定的突出问题、重大隐患和主要矛盾,研究提出了从根本上解决问题的针对性措施。

二是坚持集中打击和经常性打击相结合,不断深化打击工作。坚持严打方针不动摇,切实加大对重大现行犯罪、涉黑涉恶犯罪、毒品犯罪以及“两抢一盗”、电信诈骗等多发性侵财犯罪的打击力度,通过强有力的破案攻坚形成震慑效应。各级公安机关针对当前犯罪活动的规律特点,先后组织开展了社会治安“冬季行动”、反盗抢“一〇行动”和“2010严打整治行动”,不断加大破积案、打流窜、摧团伙、追逃犯、端窝点的工作力度。截至目前,全省各地在排查整治工作中共破获刑事案件4.1万起,抓获犯罪嫌疑人5万余人,打掉黑社会性质组织8个、恶势力团伙558个。

三是坚持面上整治和专项整治相结合,不断深化整治工作。把城乡结合部、“城中村”、老小区改造和整治放在更加突出位置,列为政府为民办实事工程,重点加大了“城中村”、老小区基础建设和治安整治力度,建立健全了社会管理、综合服务等工作平台,并逐步引进专业物管公司,为居民提供全方位服务。今年以来,全省共投入经费15亿元,对2900多个“城中村”、老小区进行了改造和整治,目前全省70%以上的“城中村”、老小区已完成改造、整治。以打击组织强迫容留卖淫、淫秽色情表演、聚众赌博、吸毒贩毒等“黄赌毒”治安问题为重点,坚持“零容忍”的政策,集中开展了娱乐服务场所清查整治,整肃经营秩序,净化治安环境。采取面上清查与定点清除、治安管理与阵地管控相结合的方式，扎实开展了小旅馆、小洗头房、小足疗店等“九小场所”专项管控会战，坚决打击和防范混迹其间的违法犯罪活动。进一步加强了网络环境专项治理，综合运用刑事司法、行政监管、宣传教育和网上封堵等手段，打击网络违法犯罪，净化虚拟社会环境。大力开展了交通、消防安全隐患专项整治，督促安全隐患整改到位、防范措施落实到位，坚决防止重大事故发生。全省共查处各类违法经营场所9000多个，整改各类安全隐患2万余处。

三、标本兼治、源头治理，消除滋生治安重点地区的土壤和条件

江苏省坚持把排查整治作为加强治安混乱地区社会治安综合治理的重要抓手，做到排查整治工作开展到哪里，矛盾纠纷排查化解、治安防控体系建设、社会管理服务、基层组织建设就跟进到哪里，全面落实各项长效管理措施，着力从源头上消除滋生治安重点地区的土壤和条件。

一是在社会矛盾排查化解上狠下功夫。始终把化解社会矛盾作为一项重要基础性工作，大力实施源头预防工程，扎实推进“大调解机制建设提升年”活动，不断提高对社会矛盾的防范预警能力和源头化解能力。特别是根据省委、省政府部署要求，以征地拆迁矛盾纠纷、涉企矛盾纠纷以及容易激化升级的个体性矛盾纠纷为重点，集中开展了社会矛盾纠纷大排查活动，及时发现并有效化解了一大批矛盾纠纷，进一步减少了社会对抗，消除了治安隐患。截止目前，全省共组织矛盾纠纷排查76万次，排出矛盾纠纷20万余件，调解成功19万余件，调解成功率达98.8%。

二是在治安防控体系建设上狠下功夫。按照“防范技术融合应用、防控时空无缝衔接、防控目标全网追踪、防控区域城乡覆盖”的要求，加快推进以公安110指挥中心为龙头、以治安监控系统为重点的技防城市建设，不断提高驾驭动态治安的能力。有针对性地加强了城乡结合部、“城中村”和治安复杂的村（居）、街巷以及高发案地区的治安防控工作，认真落实人防、物防、技防措施，努力实现对重点地区的有效覆盖和对社会治安的有效管控。各地在排查整治工作中，在主要道路增设治安卡口352个，在易发案区域和部位新增治安岗亭2000多个，新增治安监控系统7500多套，新增技防入户数35万户。全省73个市县110接警区全部建立了信息化、实战型的指挥中心，1334个乡镇（街道）公安派出所全部建立了规范化的监控报警中心，共安装各类治安监控摄像机90.7万台，安装技防产品的家庭达到230万户。坚决贯彻中央紧急部署，切实加强学校、幼儿园等易受侵害单位的安全防范工作，健全完善校园安全防范工作长效机制，筑牢了校园安全屏障。省委常委会专题研究校园安全防范工作，省委政法委、省综治委、省编办、省教育厅、省公安厅、省司法厅、省财政厅等7部门联合下发《关于进一步加强学校幼儿园安全防范工作的通知》，省公安厅、省教育厅制定出台了《江苏省中小学幼儿园治安保卫工作规定（试行）》，对全省中小学、幼儿园治安保卫工作进一步提出了规范性要求。

三是在加强社会服务管理上狠下功夫。把“以人为本、服务为先”贯穿于整个社会管理工作中，积极推动由防范、控制型管理向人性化、服务型管理的转变。针对流动人口日益增多的趋势，进一步加大流动人口集中居住区建设力度和“三集中”管理力度，做好流动人口劳动保障、子女教育和社会保险等工作，维护了流动人口合法权益。进一步加快社会管理综合信息化平台建设，对刑释解教人员、社区矫正对象、吸毒人员以及社会闲散青少年、精神病患者、情绪和行为偏激人员等特殊人群的信息化管理水平有了明显提高。

四是在加强基层组织建设上狠下功夫。各级综治委加强与党委组织部门、民政部门协调联系，把“治乱”与“治瘫”、“治软”有机结合起来，对56个软弱涣散的治安重点地区基层党政组织进行整顿，进一步增强了基层党组织的凝聚力、战斗力和影响力，促进了排查整治工作措施的全面落实。部署开展了乡镇（街道）综治办、政法综治工作中心以及村（社区）综治办规范化建设，进一步整合资源和力量，建立完善了滚动排查整治、部门联动联治的工作机制。扎实开展了群众性义务巡防“红袖标工程”建设，积极有序发展壮大治安志愿者、治安信息员、综治协管员等多种形式的群防群治队伍。全省共增加镇、村两级综治工作人员3500多人，增配专职保安1.2万余人、义务群防群治力量5.2万余人、流动人口协管员6800多人。

推进社会管理科学化提升

中共南通市委　南通市人民政府

社会管理状况实质上是执政能力和地方治理水平的综合反映。近年来，南通市在经济增速领先长三角、主要经济指标实现翻番以上增长的同时，把加强和创新社会管理作为推动科学发展、促进社会和谐、提高执政能力的重要内容，能动构建社会多元治理大格局，创造了政通人和、心齐气顺、风正劲足、和谐稳定的社会生态，先后荣膺全国文明城市、全国最安全城市、全国社会治安综合治理最高奖“长安杯”，并被列为全国社会管理创新综合试点市。

一、强化统筹管理

社会管理涉及各领域各方面，必须着眼全局，把经济、政治、文化、社会建设统筹起来，把理念更新、方法改进、机制创新结合起来，用系统的思维整体谋划、用整合的理念凝聚合力、用综合的手段解决问题，形成社会管理的整体联动效应。在党委层面，注重弹好“钢琴”，把创新社会管理摆到突出的位置，经常研究不同时期社会发展和管理的特点与规律，及时提出加强和创新社会管理的思路、目标和任务，并把它纳入党政综合绩效考评体系，像经济报表一样建立平安报表，同时把社会管理作为“十二五”规划的重要内容进行部署；在政府层面，注重转变职能，把主要精力放在完善政策法规、健全管理体系、加强综合治理、狠抓督促落实上，能动发挥社会管理的主导作用；在社会层面，注重整合资源，引导公众有序参与，全市建立各类社会自治组织6800多个，形成了多元治理的格局。

二、强化源头管理

抓源头治理是治本之举，是变被动处置为主动管理的关键环节。南通市坚持从构建社会主义核心价值体系抓起，构筑具有区域特色的精神家园，健全文明科学的社会规范，倡导讲诚信、守法纪、明责任、重包容的文明风尚，精神文明“南通现象”享誉全国；坚持从完善决策机制抓起，对于城建、拆迁、教育、环保、医疗等涉及民生的重大事项，严格执行社会风险评估前置程序；坚持从调节利益关系抓起，深化城乡户籍管理制度、城乡居民收入分配调节制度和教育、医疗、住房、社会保障制度等各项改革，促进基本公共服务均等化，社会保障水平居全省前列；坚持从维护社会公平正义抓起，法院、检察院和公安局执法工作均走在全国前列；坚持从建立长效管理机制抓起，从源头治理、动态协调、应急处置等方面，建立了一套可行的机制。

三、强化基层管理

社会管理的重点和难点在基层。针对社会事务的复杂性、公众需求的多样性，南通市进一步把党委、政府部门的社会管理职能整合起来，把社会团体、居委会、行业组织、志愿者团体等社会组织联合起来，在全国率先建立矛盾调处中心、社区专业社工服务中心等“七大中心”，形成由党政组织抓总、社会各方联动的综治队伍；以实施“强基工程”为抓手，把真正懂社会建设和管理的专门人才选配到基层，有计划地对基层干部进行专业培训，提高了基层干部处置社会管理问题的能力；完善社会政策和经济政策，建立基层公共服务领域财政投向逐年递增机制；实现社区和村级公共服务中心全覆盖，“一窗口受理、一条龙服务、一站式办结”制度更趋完善，有效把百姓困难解决在基层、怨气消除在基层。

四、强化动态管理

社会是动态的，必须用动态的办法抓动态管理，促动态平衡。南通市注重畅通诉求表达渠道，实施党务、政务、村务、厂务公开，创建方便公众诉求的快捷方式，在第一时间掌握社情民意、化解矛盾问题；首创社会矛盾纠纷大调解机制，依法、及时、合理、柔性地化解矛盾纠纷，7 年来共化解各类社会矛盾纠纷 23 万多件，被《求是》等中央媒体载文称之为化解矛盾纠纷的“东方经验”；推进应急管理建设，完善预防社会矛盾问题积累和激化的排查机制、社会敏感问题和突发事件监测预警机制、应急处置救援机制，形成“110、119、112”和政府应急管理中心“3 + 1”公共应急管理模式；以政府购买服务和社工专业运作为主要方式，全面强化困难救助、心理疏导、行为矫治和监督控制工作，刑释解教人员和社区矫正对象重新犯罪率控制在千分之一以内；加强流动人口管理，建立完善外来人员管理服务中心，全面实行“以房管人、以业管人、以证管人”；坚持虚拟社会现实管理，在全省率先实现行政权力信息全公开、行政权力实施全透明、行政监管全覆盖，公安指挥中心平台、警务综合信息系统、互联网虚拟社会管理系统、政府各部门信息系统联网共享。

五、强化人本管理

社会管理创新的最终目标，在于保障人民群众生活更加幸福安康。南通市始终坚持把以人为本贯穿于社会建设和管理的全过程，把工作着力点放在关注民生、惠及民利、维护民权、保障民安上，努力在管理中提高服务能力，在服务中提升管理水平。坚持从群众的角度想问题、作决策，善于运用群众路线的方式方法做群众工作，克服主要靠管、控、压、罚实施社会管理的传统方式。坚持管理为了群众、管理依靠群众，引导全民自觉参与社会管理与服务，在参与中凝聚民心民气民力，在参与中实现群防群治群管，构筑了社会管理牢靠的群众基础。

中共江苏省委　江苏省人民政府
关于深入推进社会矛盾化解、社会管理创新、
公正廉洁执法的实施意见

（2010 年 6 月 30 日）

为深入贯彻科学发展观，着力解决影响国家安全和社会稳定的源头性、根本性、基础性问题，不断提升政法工作整体水平，保障和促进经济社会又好又快发展，根据《中共中央办公厅、国务院办公厅转发〈中央政法委员会、中央维护稳定工作领导小组关于深入推进社会矛盾化解、社会管理创新、公正廉洁执法的意见〉的通知》（中办发［2009］46 号）精神，结合我省实际，提出以下实施意见。

一、明确目标任务，准确把握三项重点工作总体要求

1. 目标任务。深入推进社会矛盾化解工作，要以强化源头预防、提升调处质效为重点，着眼于形成依法有序表达诉求、及时有效解决问题的社会环境，努力实现“三升三降三确保”：即矛盾纠纷调解率、调处成功率、人民群众对调解工作满意率持续上升，民转刑案件发生率、越级上访率和群体性事件发生率不断下降，确保不发生有重大影响的恶性民转刑案件、有重大影响的群体性事件、有重大影响的进京非正常上访事件。深入推进社会管理创新，要围绕增强人民群众安全感，把各类社会人、社会组织纳入依法规范、有序管理之中，努力实现“四落实三下降一前列”：即特殊人群帮教管控措施、治安混乱地区整治措施、各类社会组织管理措施、网络虚拟社会管控措施得到全面落实；特殊群体犯罪（重新犯罪）率、重大刑事案件发案率以及重大公共安全事故持续下降；公众安全感位居全国前列。深入推进公正廉洁执法，要以提升执法公信力为着力点，努力实现“五提升一下降”：即政法机关和广大干警的执法理念、执

法能力、执法质量、执法形象以及人民群众对政法机关满意率全面提升,政法干警违法违纪案件明显下降。

2. 总体要求。深入推进三项重点工作,必须坚持以人为本,更加自觉地关注民生、维护民权、保障民安,把提升人民群众满意率作为工作标准,把促进社会和谐稳定作为根本目的;必须坚持统筹协调,按照社会治安综合治理思路,整合社会资源,协调各方力量,拓展工作渠道,综合运用打击、防范、教育、管理、调解等各种手段,齐抓共管,多策并举,形成整体工作合力;必须坚持预防为主,把预防放在更加突出的位置,在工作部署、政策制定、力量配置、实绩考核等方面全面体现预防为主的理念和要求,努力实现标本兼治、重在治本的工作要求;必须坚持依法治理,严格依照政策和法律化解社会矛盾、管理社会事务、规范执法行为,确保三项重点工作在法治的轨道上深入推进。

二、注重源头治理,努力从根本上预防和减少矛盾和问题的发生

3. 坚持科学决策、民主决策、依法决策。各级党委、政府要正确处理改革、发展、稳定的关系,制定出台事关民生民利的重大决策,要充分考虑改革力度、发展速度和人民群众的承受程度,健全完善党和政府主导的维护群众利益机制、社情民意调查机制和重大决策公示、听证制度,进一步畅通民意诉求表达渠道。对专业性、技术性较强的重大事项,要组织相关行业和法律专家进行论证评估,开展多种形式的决策咨询。

4. 全面推行社会稳定风险评估。建立健全党委统一领导、政府组织实施、主管部门具体负责、综治维稳部门指导考核的组织领导体制和运行机制,做到凡重大项目、重大事项、重要决策不符合国家法律法规的不出台,不符合政策规定的不出台,不符合多数群众利益或得不到多数群众理解支持的不出台,不符合决策程序、规则的不出台,未经社会稳定风险评估、制定维稳预案的不出台。2010 年,全省所有市、县(市、区)全面推进社会稳定风险评估工作,建立健全制度规范;2011 年,在容易引发社会矛盾的重点领域全面实施社会稳定风险评估,努力做到应评尽评;2012 年,形成较为完善的社会稳定风险评估工作长效机制。对应当进行社会稳定风险评估而没有组织评估,或不积极运用评估结论,失职渎职、弄虚作假,引发不稳定问题或重大群体性事件的,要按照谁主管谁负责、谁主办谁负责、谁审批谁负责的原则,严肃追究有关部门、单位领导和相关人员的责任。

5. 切实保障困难群体的基本生活。各级党委、政府要围绕群众普遍关切的民生利益诉求,建立健全公平合理的利益协调机制。加大国民收入分配调整力度,增加居民特别是低收入群体的收入。完善面向所有困难群体的就业援助和失业保险制度,使失业人员拥有基本生活保障。健全城乡社会救助体系,加大对困难群体的帮扶救助力度。高度重视解决刑释解教人员、社区矫正对象、闲散青少年、流动人口等特殊群体的民生问题,千方百计帮助他们解决就业创业、社会保障、子女入学等方面存在的实际困难。建立完善政府与特殊群体的沟通联系渠道,及时倾听其呼声,了解其诉求,帮扶其所需。

三、强化基层基础工作,夯实社会和谐稳定的根基

6. 大力推进信息化建设。按照"条块结合,以块为主"的原则,以各类调解组织为基础,建立县、乡、村三级矛盾纠纷信息网络。大力推进社会管理信息平台建设,重点做好流动人口等特殊群体信息社会化采集、运用工作,有效整合用工、计生、社保、房屋租赁等社会信息资源,力争通过几年努力,全省所有乡镇(街道)和有条件社区建成社会管理综合信息平台,逐步实现区域性互联互通。

7. 构建动态排查突出问题工作机制。以村(社区)和基层单位为单元,构建滚动排查突出问题长效工作机制。切实做好社会矛盾纠纷、治安重点地区以及违法犯罪高危人群的动态排查工作,对因失业、生活困难、家庭纠纷等引发的个体性矛盾,做到早发现、早控制、早化解。强化部门之间信息资源共享,最大限度地发现和掌握工作中存在的问题和薄弱环节。构建网上网下相结合的排查研判平台,强化对社会面的动态掌控,提高网上发现、侦查、控制、处置能力。

8. 着力提升矛盾纠纷调处能力。继续深化"大调解"机制建设,实现对所有领域矛盾纠纷调处工作全覆盖。进一步加强征地拆迁、医患纠纷、劳资纠纷、环境保护、食品安全等专业调处机制建设，不断增强调处工作的针对性和有效性。加强县、乡两级调处中心规范化、正规化建设，按照同级政府部门配备领导班子，配齐配强专职工作人员。县（市、区）调处中心全部建立专门调解小组或专业调解组织。在矛盾多发或集中部门、单位和场所设立专业调解委员会或调解工作室，有条件的要配备专职调解员。大力加强诉前调解和诉讼调解，进一步完善诉调、公调、检调、访调等对接机制，增强化解矛盾纠纷的整体合力。集中化解涉法涉诉案件，最大限度地减少存量、控制增量。各级政法机关要把调解工作贯穿执法办案的各个环节，努力实现案结事了。

9. 切实加强社区（村）建设。加强社区（村）组织建设和民主法治建设，选优配强社区（村）党组织负责人和社区（村）主任，增强社区（村）党组织的凝聚力和战斗力。切实加强社区（村）综治办、警务室、调解组织建设，配齐配强专职保安、流动人口协管员、专业社工等，不断提高社区（村）政法综治队伍素质和能力。积极整合基层综治力量，统筹开展治安巡防、矛盾化解、社区矫正、安置帮教、戒毒康复、流动人口服务管理等工作。创新社区警务模式，积极探索实行网格化管理模式，着力提高社区防范控制能力。完善区（县、市）、街道（乡镇）、社区（村）三级服务网络，积极构建便民利民社区服务体系，拓展社区管理领域，最大限度地满足社区（村）居民的需求。充分发挥行业协会和社会组织的积极作用，组织参与矛盾化解和社会管理。

10. 深入开展法制宣传教育。坚持把与人民群众生产生活联系最密切的法律法规作为法制宣传教育的重点，按照“需什么普什么、缺什么普什么”的原则开展普法活动。针对社会不同领域和领导干部、公务员、企业管理人员、青少年、农民工等重点普法对象，分层次有计划地开展普法宣传教育，引导群众自觉养成学法、守法、依法办事的良好习惯。创新法制宣传教育方式方法，运用群众最易于接受的方式方法开展宣传教育，努力收到入耳入脑入心的效果。

四、坚持公正廉洁执法，提升政法机关的执法公信力

11. 强化教育培训。深入开展中国特色社会主义理论体系和社会主义法治理念教育，广泛开展公正廉洁执法主题实践活动。建立和落实市、县两级政法部门领导班子以及基层科、所、队、庭、室负责人集中轮训制度。创新执法教育培训方法，大力开展岗位大练兵、技能大比武活动，着力增强教育培训实效。针对基层政法综治队伍的特点要求，加强专职保安、调解员和专业社工等人员的教育培训，分门别类制定全省统一的培训《大纲》和教材，明确培训内容和标准，确保培训时间、要求、效果三落实。

12. 强化执法规范。全面推行执法标准化管理，制定系统、简明、统一的执法标准，设定干警岗位责任标准、岗位业务标准和岗位技能标准，建立完善全覆盖、全流程、全方位的执法质量管理模式。制定执法流程控制标准，从立案受理、审查审理、案件终结、文书制作等各个环节实行全流程管理。对容易发生执法偏差、群众反映比较强烈的若干类案件，探索建立案例指导制度。进一步细化执法办案中的自由裁量基准，明确自由裁量权的行使原则、运用条件和处罚幅度。省有关部门统一制定专职保安、专业社工、流动人口协管员等管理队伍的准入条件和标准，统一招录程序和办法。建立完善清退不适合人员制度和办法。

13. 强化执法监督。大力推进“阳光执法”，全面推行警务、检务、审务、狱（所）务公开。探索建立重大复杂疑难案件公开听证、公开审查和责任倒查制度。健全人大法律监督、政协民主监督、新闻舆论监督以及人民监督员、人民陪审员监督机制。进一步加强检察机关对执法司法活动的法律监督机制建设。全面开展执法监督巡视工作，健全完善案件评查机制。省、市两级政法机关建立涉法涉诉联合接访中心，强化责任，整合力量，最大限度地化解和减少涉法涉诉信访案件。

14. 加强党风廉政建设。全面推进政法系统惩治和预防腐败体系建设，完善党委政法委与纪检、组织、人事等部门对政法干警管理监督工作协作配合机制，开展在党委政法委设立纪检机构试点工作，强化党对司法活动的监督力度。建立健全警务、检务、审务、狱（所）务督察机制，加强对关键岗位、重点环节违纪违法问题的专项督察，严肃查处违法违纪行为。建立政法干警热点岗位交流、违法违纪情况分析报告制度，及时解决苗头性、倾向性问题，确保公正廉洁执法。

五、解决突出问题，推动社会管理创新发展

15. 集中力量解决“城中村”等问题。各地要把解决“城中村”、城乡结合部、老小区等重点地区的治安突出问题纳入本地经济社会发展总体规划，逐一明确责任部门、建设标准和时序进度，加强跟踪督办，力争用两年左右时间把我省“城中村”等问题整治好。政法综治部门要会同组织、民政等部门，全面加强治安重点地区党政组织和居委会、治保会、调委会等群众自治组织建设。基层政法综治单位要充分发挥职能作用，严厉打击重大现行犯罪、涉黑涉恶犯罪和“两抢一盗”等多发性侵财犯罪，积极构建打防管控结合、人防物防技防结合的治安防控体系，健全落实社会管理各项制度和措施。

16. 加强流动人口服务管理。按照公平对待、服务至上、合理引导、完善管理的要求，加强对流动人口的管理和服务，依法保护流动人口合法权益。结合推进城镇化，加快户籍管理制度改革，放宽中小城市和城镇落户条件。积极实施居住证制度，逐步将流动人口居住管理、公共服务和社会保障纳入其中，实现流动人口服务管理“一证通”，着力解决流动人口就业、居住、就医、子女就学等问题。探索建立“以证管人、以房管人、以业管人”的流动人口服务管理新模式，规范出租屋市场管理，强化业主治安责任，切实提高流动人口服务管理水平。流动人口较多的县（市、区）要探索设立承担流动人口服务管理职能的工作部门。建立流动人口流入地和流出地警务协作机制，有效遏制流动人口违法犯罪的高发势头。

17. 加大重点人员动态管控帮教力度。综治部门要牵头组织公安、司法、民政等部门彻底摸清各类重点人员底数，逐人建档，将其全部纳入管理视线。政府及政法部门与基层组织之间要探索建立接纳帮教对象、制定帮教方案、开展教育转化、落实跟踪服务、组织定期回访等一系列衔接机制，严格落实各个管理环节中的责任。实行分类管控措施，对“三无人员”（无身份证、无稳定职业或生活来源、无固定住宿场所），要探索建立“两查一管”工作机制，依靠社区民警、流动人口协管员等，列入日常管控。对监外执行人员，要加强社区矫正工作，通过教育矫治、监督管理和帮扶解困，促进其更好地融入社会。对刑释解教人员，要建立监管场所与家庭、单位、社区帮教管理衔接机制。对无家可归、无业可就、无亲可投以及姓名、身份、住址不明的，监管场所、基层党政组织、政法单位要建立必送必接和有效安置机制。对涉毒人员，要强化登记管理，加强社区戒毒康复服务。对“法轮功”顽固分子，要大力实施“回归社会工程”，组织基层单位、社区和亲属等成立帮教小组，落实工作责任，加大攻坚力度，不断提高转化率和巩固率。对社会闲散人员，要紧紧依托社区和基层组织，及时掌握其家庭情况、思想状况和现实表现。对闲散青少年，未完成义务教育的要解决就学问题，对有违法犯罪行为和严重不良行为的，要安排在工读学校进行教育；对已完成义务教育、无职业的青少年，要建立联合帮教机制，重点解决其就业技能问题，有针对性地开展法制教育、心理疏导、矫治帮教等工作。对精神病患者，要早识别、早治疗、早控制；有危害社会行为的要依法采取强制措施，落实治疗、控制措施。对心理和行为偏执、对现实社会不满人员，要建立常态化管控机制，组织开展心理干预，疏导不良情绪、化解心理危机、培养健康心态。

18. 切实加强学校、幼儿园等易受侵害单位和群体的安全防范工作。对学校、幼儿园、医院、养老院、福利院等易受侵害的单位，要建立健全门卫、值班、巡逻、安检等各项管理制度，配备一定数量专职保安，落实技防措施，制定突发事件应急预案。相关行业主管部门要切实负起组织领导、督促检查责任，确保不发生安全事故和重大案件。对老人、妇女、儿童、残疾人等易受侵害群体，有关职能部门要会同街道社区、乡镇村组和单位、家庭以及工会、共青团、妇联等群团组织，加强安全防范宣传，增强自我保护意识，提高安全防范能力。

19. 加强网络虚拟社会管理。明确网络管理责任，落实电信运营企业、用户的法律责任，促进互联网业界加强行业自律。进一步完善网络管理政策，强化网络安全监管，依法建立与网络产业发展相适应的网监、网评队伍，加强网络阵地控制和技术防范，积极构建网上网下有机结合的防控体系。新闻宣传、政法、维稳等部门要建立健全宣传舆论工作联席会议制度、网上舆情监测研判机制、重大事件快速反应机制、网上舆论引导机制，不断提高对司法个案、突发事件的网上舆论引导和处置能力。

20. 严格规范“九小场所”管理。各地要认真贯彻实施《江苏省特种行业治安管理条例》，适时组织“九小场所”（小旅馆、小洗头房、小足疗店、小浴室、小网吧、小酒吧、小游戏机室、小废品收旧场所、小棋牌室）专项整治行动，彻底摸清底数，梳理突出问题，逐一明确牵头部门和工作责任，综合运用打防管建等手段，集中开展专项整治，防范和打击混迹其间的违法犯罪活动，并有针对性地落实长效管理机制。强化阵地控制，建立从业人员信息系统和治安管理信息系统，及时掌握内部信息。强化教育管理，制定各类从业人员上岗标准，严格规范管理，切实提高其法制意识和服务水平。

21. 加强社会组织管理服务。对境内社会组织，登记管理机关和业务主管单位要严格把好登记关和年检关，教育引导其在法律允许和行政批准的范围内活动。对境内敏感类社会组织，民政、业务主管单位和公安、国家安全等部门要健全完善内部会商、衔接机制，依法依规严格监督、严格管理。对境外非政府组织，特别是境外宗教类和基金类等背景复杂、政治意图明显的非政府组织，要本着积极稳妥、趋利避害、抓住重点、注意策略的原则，坚持利用、防范两手并举，既保护其正当交往与合作，又坚决抑制和防范其渗透破坏活动。

六、加强组织领导，确保三项重点工作取得明显成效

22. 精心组织指导。各级党委、政府要自觉把深入推进三项重点工作作为贯彻落实科学发展观、构建社会主义和谐社会的重要任务和为民办实事的重要内容，纳入本地经济社会发展规划，列入考核内容，切实把维护稳定的第一责任落到实处。各地各有关部门主要领导要切实负起责任，经常听取推进三项重点工作的情况汇报，研究解决工作中的重点难点问题。各地各有关部门要结合实际研究制定深入推进三项重点工作的意见和实施方案，明确要求，落实措施。各级党委政法委具体负责三项重点工作的组织协调、检查指导和考核验收等工作。

23. 明确工作责任。各地各有关部门要逐一明确三项重点工作的责任主体和协作配合部门，按照条块结合、条抓块包的原则，落实责任，合力推进。责任主体部门要切实加强组织协调，研究制定具体工作措施，明确阶段性目标、任务和要求，有计划有步骤地开展工作。协作配合部门要根据工作要求，明确职责任务和协作方式，将工作任务分解细化到具体责任人和责任单位，确保协作有序、配合有力，成效明显。

24. 加强督促检查。各地各部门要定期分析研究工作中遇到的问题和困难，开展有针对性的检查督促，保证各项工作顺利推进。要适时组织人大代表、政协委员视察和新闻媒体舆论监督，积极开展专项执法检查、监督等活动。要坚持分类指导原则，对不同地区不同类型的重点工作分层次提出推进要求。要及时发现、培育和推广典型经验，不断提高三项重点工作的整体水平。

25. 严格考核奖惩。各地各部门要把深入推进三项重点工作纳入目标管理体系，依托现有的考核、评比机制，客观评估三项重点工作实绩，做到与其他各项工作同部署、同落实、同考核。对工作成效显著的地区和部门，要给予表彰奖励；对工作不力、效果不好的，要给予通报批评、重点督导。建立健全群众评判机制，强化社会监督，推动三项重点工作不断适应发展新形势、满足人民新期待。

中共江苏省委政法委员会
江苏省社会治安综合治理委员会
关于印发《关于加强乡镇(街道)政法综治工作中心规范化建设的意见》的通知

(2010 年 10 月 15)

各市委政法委、综治委,省政法各部门、省综治委各成员单位:

为进一步提高全省乡镇(街道)政法综治工作中心工作效能,切实增强基层维护社会稳定的能力,根据中央和省委、省政府有关文件精神,省委政法委、省综治委研究制定了《关于加强乡镇(街道)政法综治工作中心规范化建设的意见》,现印发给你们,请结合实际认真贯彻落实。

关于加强乡镇(街道)政法综治工作中心规范化建设的意见

为进一步提高全省乡镇(街道)政法综治工作中心(以下简称"政法综治工作中心")工作效能,切实增强基层维护社会稳定的能力,根据中共中央办公厅、国务院办公厅转发《中央社会治安综合治理委员会关于进一步加强社会治安综合治理基层基础建设的若干意见》和省委办公厅、省政府办公厅转发《省社会治安综合治理委员会关于进一步加强社会治安综合治理基层基础建设的实施意见》精神,现就加强全省政法综治工作中心规范化建设,提出以下意见:

一、加强政法综治工作中心规范化建设的指导思想和目标要求

加强政法综治工作中心规范化建设的指导思想是:以邓小平理论和"三个代表"重要思想为指导,认真贯彻落实科学发展观,坚持围绕中心、服务大局、整合资源、优势互补、协调联动、运转高效、以人为本、便民利民,进一步规范政法综治工作中心的职能任务,完善政法综治工作中心工作机制,提高政法综治工作中心工作实效,更好地服务群众、密切党同人民群众联系,全面提高政法综治工作中心建设的规范化、科学化水平,努力把政法综治工作中心建设成为统筹推进基层社会治安综合治理的工作平台和维护基层社会稳定的前沿阵地,为"推动科学发展、建设美好江苏"创造更加和谐稳定的社会环境。

加强政法综治工作中心建设的目标是:通过三年的努力,在全省所有乡镇(街道)建立规范化的政法综治工作中心,实现多部门"一体化"运作、为群众提供"一站式"服务,矛盾纠纷联调、社会治安联防、突出问题联治、重点工作联动、基层平安联创、社会管理联抓、综治力量联合的目标。

二、规范政法综治工作中心组织形式

政法综治工作中心是在乡镇(街道)党(工)委、政府(办事处)和综治委领导下,由综治办牵头组织协调，整合有关部门在基层的力量，通过集中办公建立起来的协作配合、精干高效、便民利民的工作平台，其组成部门包括乡镇（街道）综治办、基层政法单位（公安派出所、司法所、人民法庭）、民政、社会保障、信访办、610办、流动人口管理办公室、社会矛盾纠纷调处中心以及其他综治委成员单位。政法综治工作中心组成部门机构性质、人员编制、管理体制、隶属关系不变。

政法综治工作中心主任由乡镇（街道）综治办主任担任，主持全面工作；副主任由综治办专职副主任担任并负责日常工作；主要组成部门负责人兼任副主任，其他组成部门负责人为中心成员，各组成部门和单位要明确专人参与政法综治工作中心工作。

政法综治工作中心的办公形式，采取主要组成部门集中办公或主要组成部门和单位派人集中办公两种模式。中心必须设立办事大厅（办公面积应当符合开展工作需要），各组成部门和单位根据工作需要在中心设立窗口，承担政法综治为民服务的工作事项。

三、进一步明确政法综治工作中心工作职能

政法综治工作中心应通过发挥平台作用和综治体制机制优势，组织协调、优化整合、督促指导辖区内党政机关、企事业单位、群团组织、学校及人民群众等资源和力量，落实社会治安综合治理、维护社会稳定工作任务，实现辖区社会和谐稳定。主要职能包括：

（一）贯彻执行上级有关社会治安综合治理、维护社会稳定的方针政策和部署要求，完成乡镇（街道）党（工）委、政府（办事处）和综治委交办的工作任务。

（二）收集掌握社情民意和社会治安稳定信息，分析研判社会治安和社会稳定形势，制定针对性工作措施，向乡镇（街道）党（工）委和政府（办事处）提出工作建议。

（三）组织开展矛盾纠纷排查调处工作，深入排查矛盾纠纷，推动矛盾纠纷“大调解”工作，统一受理、分流、交办、检查督办各类矛盾纠纷调解工作。

（四）组织排查整治社会治安重点地区和突出治安问题，组织开展辖区人防物防技防建设，提高社会治安防控水平。

（五）组织开展对流动人口、闲散青少年、刑释解教人员、社区矫正对象、法轮功人员、易肇事肇祸精神病人、吸毒人员等特殊人群的服务救助和教育管理工作，对高危人员落实管控措施。

（六）协助党委、政府和有关部门依法妥善处置各类群体性事件、重大刑事案件和治安灾害事故等突发事件。

（七）组织开展基层平安创建活动，组织开展群防群治，协同开展禁毒、国家安全人民防线、反邪教、消防、安全生产等工作。

（八）督促检查辖区内有关部门社会治安综合治理责任制落实情况和综治工作开展情况，统一管理政法综治工作中心工作人员，开展教育培训，进行绩效考核。

（九）组织开展政法、综治、法制等宣传教育活动，提供法律服务，营造良好舆论氛围。

（十）做好其他涉及社会稳定、社会治安和社会管理的重点工作。

四、进一步健全规范政法综治工作中心规章制度

政法综治工作中心应通过健全完善各项工作规章制度，明确各组成部门、各环节、各岗位的具体职责，强化管理，完善流程，夯实协调联动机制的运行基础。

（一）工作例会制度。定期召开工作例会，总结工作进展，分析研判形势，制定工作措施，协调解决重大矛盾纠纷、突出治安问题及工作中的各项紧急任务。

（二）首问责任制度。遇到矛盾纠纷、突发事件和群众来访时，政法综治工作中心在岗接洽人员即为首问责任人，应第一时间登记备案，及时分流交办，协调解决问题，重大情况及时报告中心主任。首问责任人对办理进展情况应全程跟踪督办，直至工作流程终结。

（三）情况报告制度。各组成部门应向政法综治工作中心定期报告重点工作进展情况，及时报告发现和掌握的各类不安全不稳定因素。政法综治工作中心应广泛收集社会治安和社会稳定情况信息，实行“零报告”制度，遇到突发、紧急事件随时报告。

（四）督查督办制度。对上级交办、领导批示的重要任务和各项阶段性重点工作的办理、推进过程开展督查督办，督促落实工作措施，检查工作实际效果。

（五）协作配合制度。政法综治工作中心应制定内部管理制度，对中心工作人员统一管理，定岗定责。建立受理登记、信息报告、督查督办和矛盾纠纷排查调处、社会治安重点地区排查整治、重点人员排查管控等工作台账，规范工作流程，增进各组成部门之间的协调配合。

（六）检查考核制度。政法综治工作中心定期对各组成部门及辖区内党政机关、企事业单位、社会团体、学校等社会治安综合治理责任制履行情况和综治工作进展情况进行检查，表彰先进，督促后进；统一制定考核标准，定期会同各组成部门对政法综治工作中心工作人员绩效进行考核评定，兑现奖惩。

五、进一步完善政法综治工作中心工作机制

推进政法综治工作中心规范化建设，应把重点放在完善工作机制、加强协作联动、发挥职能作用上，做到一个体系领导、一个平台统揽、一个机制运行、一个窗口服务，协调配合，高效便捷，规范有序。

（一）矛盾纠纷联调机制。政法综治工作中心组织各组成部门，采取日常排查、集中排查、重点排查和专项排查相结合方式，对矛盾纠纷和不安全、不稳定因素早发现、早控制、早解决，对排查出来的矛盾纠纷和群众来信来访统一受理、集中梳理、归口管理、依法处理、限期办理，落实登记、交办、承办、销案各个衔接环节。综合运用人民调解、行政调解、司法调解等多种调解力量和调解手段，化解矛盾纠纷。对重大疑难或涉及两个以上部门、单位的纠纷，由政法综治工作中心直接调处或组织有关部门、单位共同解决。

（二）社会治安联防机制。政法综治工作中心定期开展治安形势分析，及时发布治安预警，落实治安防控措施。整合群防群治队伍，建立健全以公安民警为主体、专职治安防范力量为骨干、专群结合的治安防范工作网络，组织开展多种形式的巡逻防范活动，推广经济适用的物防技防手段。指导督促辖区机关、团体、学校、企事业单位落实内部安全保卫制度，参与区域联防、协防工作。

（三）重点工作联动机制。政法综治工作中心根据阶段性重点工作和维护社会治安、社会稳定工作的需要，统一调配使用各组成部门工作力量，统筹安排各项工作任务。政法综治工作中心负责制定完善应急处置工作预案，组织协调有关部门，在乡镇（街道）党（工）委、政府（办事处）统一领导下，依法妥善处置突发性、群体性事件、治安灾害事故和重大刑事案件。

（四）突出问题联治机制。政法综治工作中心按照上级部署，动员和组织各部门、各单位及辖区群众积极参与严打整治行动。组织各组成部门对辖区社会治安重点地区和突出治安问题定期排摸、梳理，集中开展专项整治行动，多方参与，综合施策，严厉打击严重违法犯罪活动，推动解决社会管理滞后、公共服务缺失、基础工作薄弱等突出问题。

（五）平安建设联创机制。政法综治工作中心研究制定辖区平安创建总体目标，发挥各部门职能优势，组织发动广大群众，广泛开展平安单位、平安村（社区）、平安家庭、平安企业、平安校园、平安医院等各种形式的基层平安创建活动，积极开展各种宣传教育活动，丰富创建内涵，提高创建实效。

（六）社会管理联抓机制。以政法综治工作中心为平台，发挥部门、单位、社区和家庭作用，落实流动人口服务管理、刑释解教人员安置帮教、闲散青少年服务管理、易肇事肇祸精神病人救治管控、吸毒人员、“法轮功”分子帮教转化工作，对违法犯罪高危人员严密管控措施。

六、切实加强对政法综治工作中心建设的组织领导

各地要高度重视政法综治工作中心规范化建设，进一步增强大局意识、责任意识，将其纳入重要议事日程和有关考核内容，结合实际研究制定实施方案，加强组织领导，加大支持力度，统筹规划，整体推进。乡镇（街道）党委政府要注重发挥政法综治工作中心作用，着力增强政法综治工作中心权威，切实负起维护稳定第一责任。

各有关部门要积极支持政法综治工作中心规范化建设，建强本系统、本部门的基层组织和工作队伍，努力形成维护和谐稳定的整体合力。按照属地管理原则，赋予政法综治工作中心工作任务分流指派权、工作人员指挥调度权、工作进展检查督办权、工作责任倒查问责权、干部绩效考核奖惩建议权等管理权限，增强政法综治工作中心工作执行力。

各级综治委及综治办要加强对政法综治工作中心规范化建设的指导和协调，总结推广经验，研究解决问题。县（市、区）综治办要组织有关部门开展对政法综治工作中心规范化建设进展的检查考核，对政法综治工作中心作用发挥好、工作措施落实到位、工作成效显著的给予表彰奖励，对政法综治工作中心规范化建设滞后、工作不力导致辖区内发生重大案（事）件的，要追究相关领导责任。

政法综治工作中心规范化建设要因地制宜，从实际出发，坚决防止形式主义。要进一步强化保障措施，落实办公场所，配备必要装备，保障工作经费。政法综治工作中心要从组成部门抽调人员为群众提供集中服务，抽调人员应相对固定。加强对工作人员的教育培训，提高其整体素质和工作能力。通过推动政法综治工作中心规范化建设，做到政法综治工作中心人员、经费、办公场所、办公设施"四到位"，牌子、标识、制度、程序、台账"五统一"。政法综治工作中心要对各组成部门综治工作台账进行整合，全面反映辖区社会治安综合治理和平安建设工作情况。

江苏省社会治安综合治理委员会
江苏省维护稳定工作领导小组
关于印发《江苏省社会稳定风险评估办法（试行）》的通知

（2010年6月12日）

各市综治委、维护稳定工作领导小组，省综治委、省维护稳定工作领导小组各成员单位：

现将《江苏省社会稳定风险评估办法（试行）》印发给你们，请结合实际，认真贯彻落实。

江苏省社会稳定风险评估办法（试行）

第一条　为进一步规范社会稳定风险评估工作，努力从源头上预防化解社会矛盾，推动科学决策、民主决策、依法决策，维护人民群众利益，根据中共中央办公厅、国务院办公厅转发的《中央政法委员会、中央维护稳定工作领导小组关于深入推进社会矛盾化解、社会管理创新、公正廉洁执法的意见》，特制定本办法。

第二条　社会稳定风险评估是指在出台实施重大决策、重大项目、重大事项前，全面排查分析可能产生的社会矛盾，评估预测可能对社会稳定带来的负面影响，采取针对性措施化解矛盾、防范风险，从源头上预防不稳定事端的发生，切实维护人民群众的切身利益，维护社会和谐稳定，保障和促进符合科学发展观要求的重大决策、重大项目、重大事项顺利实施。

第三条　社会稳定风险评估实行"党委统一

领导、政府组织实施、主管部门具体负责、综治维稳部门指导考核”的组织领导体制和运行机制。

第四条 实施社会稳定风险评估，应当坚持以下原则：

（一）党委、政府主导原则。各级党委要把开展社会稳定风险评估工作作为执政为民的重要体现，作为维护社会稳定、促进社会和谐的重要举措，切实加强领导。要进行正确引导，坚持把工作的出发点放在维护群众切身利益、促进改革发展上，放在解决影响社会和谐稳定的源头性问题上。各级政府要加大社会稳定风险评估工作的实施力度，建立健全社会稳定风险评估工作制度和机制，解决工作中遇到的困难和问题，提供必要的工作保障。

（二）“谁主管谁负责”原则。重大决策、重大项目、重大事项的主管部门是社会稳定风险评估的责任主体，即由重大决策的决策部门、重大项目的审批部门、重大事项的决定部门，负责对重大决策、项目、事项组织开展社会稳定风险评估，并对评估结论负责。政府决定的重大决策、项目、事项，由政府直接组织实施社会稳定风险评估。

（三）客观公正原则。充分听取利益相关方的意见，进行科学的分析研判和预测论证，如实反映重大决策、重大项目、重大事项的社会稳定风险程度，统筹兼顾各方利益，实事求是、客观公正地作出评估意见。

第五条 社会稳定风险评估，主要在下列容易引发社会矛盾的重点领域实施：

（一）企业改制；

（二）征地拆迁；

（三）涉农利益；

（四）教育；

（五）医疗；

（六）环境保护；

（七）安全生产；

（八）食品药品安全；

（九）城乡建设；

（十）劳动保障；

（十一）社会管理。

第六条 社会稳定风险评估的主要内容是：

（一）合法性评估。主要评估重大决策、重大项目、重大事项是否符合法律法规的规定，是否符合党和国家的方针政策等。

（二）合理性评估。主要评估重大决策、重大项目、重大事项是否符合科学发展观的要求，是否保持了政策的连续性、稳定性和协调性，是否反映了绝大多数群众的意愿，是否兼顾到各方面群体的利益，是否平衡了群众的现实利益与长远利益，是否会引起相关地区、部门、行业及类似群体的攀比等。

（三）可行性评估。主要评估重大决策、重大项目、重大事项出台的时机是否成熟，与本地经济社会发展总体水平是否相适应，所需人力、财力、物力是否在可承受范围内等。

（四）安全性评估。主要评估重大决策、重大项目、重大事项出台实施后是否会引发重大社会矛盾等影响社会稳定的隐患，这些隐患能否得到有效消除。

第七条 社会稳定风险评估应当遵循下列程序：

（一）制定评估方案。评估前，由评估责任主体牵头，组织有关部门和单位，成立专门评估小组，根据评估的要求、原则和评估事项的特点，制定评估方案，明确评估具体内容、方法步骤和时限要求，保证工作有效开展。

（二）广泛听取意见。评估工作启动后，采取召开座谈会、重点走访、问卷调查、民意测评、公告公示等多种方法，广泛听取利益各方和广大群众的意见建议。对专业性较强的评估事项，按照有关法律法规的规定，组织相关群众和专家进行听证论证。

（三）分析研判预测风险。在收集掌握各方面情况的基础上，对评估事项可能引发的社会矛盾所涉及的人员、范围和剧烈程度进行稳定风险分析预测和等级评估。分析研判预测风险，应当邀请矛盾化解部门、风险处置部门、维稳部门参与，必要时可以吸收有关利益方参与。对特别重大或专业性强的评估事项，应当组织有关专家参与分析，提高分析预测的准确性、科学性。

（四）作出评估结论。对经社会稳定风险评估的重大决策、重大项目、重大事项，由评估小组形成评估报告，根据社会稳定风险大小和可控程度提出评估意见，责任主体部门或单位对评估报告进行审核，作出可以实施、暂缓实施或不予实施的评估结论，并抄送同级维稳领导小组办公室备案。

（五）制定风险化解方案。凡决定实施的重大决策、重大项目和重大事项，都要制定风险化解方案，落实工作责任和措施，对存在的矛盾隐患进行有效化解，同时，要针对实施过程中可能出现的风险，制定处置预案，做好应对准备。

（六）跟踪督查督办。对经社会稳定风险评估后付诸实施的重大决策、重大项目、重大事项，有关责任部门、单位要全程跟踪掌握稳定风险化解和维稳预案落实情况，对评估事项在实施过程中出现的新矛盾、新问题，主管责任部门要及时研究并完善维稳措施，确保将各类不稳定隐患消除在萌芽状态和初始阶段。

第八条　重大决策、重大项目、重大事项的主管部门可以委托符合条件的社会组织进行社会稳定风险预测评估和咨询服务。社会组织出具的评估意见作为作出评估结论的参考。

第九条　经社会稳定风险评估的重大决策、重大项目、重大事项，同时具备下列条件的，应当作出予以实施的评估结论：

（一）符合法律法规和政策的规定，符合经济和社会发展总体规划，符合国家利益、公共利益和人民群众的根本利益；

（二）经过公示和民意测评，绝大多数群众认同的；

（三）参与社会稳定风险评估的部门、单位和专业机构的意见一致或基本一致。

（四）排查发现的矛盾和不稳定隐患，能够得到有效化解或有效控制的。

第十条　经社会稳定风险评估的重大决策、重大项目、重大事项，具有下列情形之一的，应当作出暂缓实施的评估结论：

（一）应当公示的未予公示，或者公示的范围较小，社会稳定方面存在重大隐患的；

（二）经过民意测评，绝大多数群众暂时未认同的；

（三）参与社会稳定风险评估的部门、单位和专业机构对主要问题的处理意见存在重大分歧的；

（四）被媒体网络持续炒作形成热点，暂缓实施不会造成重大损失的；

（五）存在的重大矛盾和问题暂时难以化解消除，有待时机和条件成熟后实施的；

（六）其他应当暂缓实施的情形。

第十一条　经社会稳定风险评估的重大决策、重大项目、重大事项，具有下列情形之一的，应当作出不予实施的评估结论：

（一）违反法律法规、政策和经济社会发展总体规划的；

（二）侵犯群众利益，引起群众不满可能产生重大不稳定事端的；

（三）存在影响社会稳定的突出矛盾和问题，在较长时间内难以解决的；

（四）容易引发相关地区、部门和利益群体连锁反应、相互攀比，严重影响社会稳定的；

（五）其他应当不予实施的情形。

第十二条　各市、县（市、区）政府应当组织相关部门和乡镇（街道）每年年初对重大决策、重大项目、重大事项进行梳理，确定实施社会稳定风险评估的事项。市、县（市、区）相关部门和乡镇（街道）在评估事项确定后，分级向市、县（市、区）维护稳定工作领导小组办公室报备。年度新增的项目，随时报备。省有关部门实施社会稳定风险评估的重大决策、重大项目、重大事项，向省维护稳定工作领导小组办公室报备。

第十三条　社会稳定风险评估工作纳入社会治安综合治理和平安江苏建设考核范围。对社会稳定风险评估工作组织实施好的地方和部门，予以表彰奖励；对因没有实施社会稳定风险评估而存在重大涉稳隐患或引发重大群体性事件的，视情实施社会治安综合治理警示或“一票否决”。

第十四条　具有下列情形之一的，对负有责任的地区、部门、单位的领导及有关人员，按照有关规定查究责任：

（一）违反法律法规和政策规定出台实施重大决策、重大项目、重大事项，引发影响社会稳定事件的；

（二）重大决策、重大项目、重大事项出台实施前应当进行社会稳定风险评估而未评估，引发影响社会稳定事件的；

（三）开展社会稳定风险评估未充分听取群众意见，未严格审查、弄虚作假，引发影响社会稳定事件的；

(四)其他应当查究责任的情形。

第十五条 本办法所称的重大决策,是指涉及重点领域的重大政策、改革改制方案、社会管理措施以及建设规划的出台等社会决策。

第十六条 本办法所称的重大项目,是指重大基础设施项目、公益性项目、工业项目,房地产开发项目以及其他重大工程建设项目。

第十七条 本办法所称的重大事项,是指除上述重大决策、重大项目之外的重大事项,包括涉及面广、情况比较复杂的大型活动,上级确定的重大决策、项目在本地实施的方案等。

第十八条 各地和社会稳定风险评估重点领域涉及的部门可依照本办法,制定社会稳定风险评估实施细则。

第十九条 本办法由省维护稳定工作领导小组办公室会同省社会治安综合治理委员会办公室负责解释。

第二十条 本办法自印发之日起试行。

江苏省综治委、办机构情况和负责人名单

一、省综治委机构情况和负责人

省综治委内设流动人口治安管理工作领导小组、刑释解教人员安置帮教工作领导小组、预防青少年违法犯罪工作领导小组、学校及周边治安综合治理工作领导小组、铁路护路联防工作领导小组、社会矛盾纠纷调解工作指导办公室和社区矫正工作领导小组。下设综治办。

省综治委主　任:林祥国　省委常委、政法委书记

省综治委副主任:柏苏宁　省人大常委会副主任

李小敏　副省长

张九汉　省政协副主席

张新民　省委政法委副书记、省综治办主任

二、省综治办机构情况和负责人

省综治办下设综治协调处和综治指导处。

省综治办主任:张新民　省委政法委副书记

省综治办专职副主任:夏存喜

江苏省各市、县(市、区)综治委、办主任名单

地　区	综治委主任	综治办主任
南京市	刘志伟	徐福华
玄武区	易　兵	梁　静
白下区	陆平贵	黄劲松
秦淮区	王根宝	张国全
建邺区	洒荣涵	张圣勇
鼓楼区	姚　坚	赵　耀
下关区	王隆京	王祥保
浦口区	成玉祥	江志树
栖霞区	胡晓健	葛山来
雨花台区	吴勇强	娄华训
江宁区	孙桂明	吕克忠
六合区	彭家龙	刘再进
溧水县	邱　建	周　毅
高淳县	王正兴	邢平贵
徐州市	李开文	吕　伟
云龙区	朱明泉	毕华明
鼓楼区	孙宗响	魏守海
贾汪区	张元成	周保平
泉山区	曹周杰	蒋勇武
铜山区	苗加清	朱　刚

地　区	综治委主任	综治办主任	地　区	综治委主任	综治办主任
邳州市	胡汉军	吴剑峰	邗江区	徐圣龙	孔　干
新沂市	赵立群	史运涛	仪征市	王庆山	李忠雪
丰　县	罗德清	徐国斌	江都市	许　煜	李明和
沛　县	冯其谱	何剑锋	高邮市	沈兴华	王家斌
睢宁县	吴广跃	王　凯	宝应县	秦有芳	钱克华
连云港市	董恕娟	孙　灿	开发区	季允丰	李永昌
新浦区	王友君	陈新民	**泰州市**	高纪明	邹祥凤
连云区	江锦峰	刘从德	海陵区	崔国庆	吴国余
海州区	孙振东	王志宏	高港区	张兆洋	邱爱平
东海县	王新林	刘明亮	姜堰市	戚才俊	张　进
赣榆县	卢西村	王召涛	泰兴市	田之本	鲍曙境
灌云县	戴　涛	钱诗亚	靖江市	陈燕国	孙　群
灌南县	汪建新	李雪峰	兴化市	张育林	杨加安
宿迁市	侍　鹏	侍孝民	**南通市**	陈　斌	邵怀德
宿城区	周立保	吴光华	崇川区	俞汉林	赵富春
宿豫区	侯春静	管守南	港闸区	周明华	苏桃宝
泗阳县	王业珍	张　斌	通州区	曹国平	包良均
泗洪县	冯同军	王志才	海安县	焦广琪	黎晓明
沭阳县	黄苏林	王伟明	如皋市	胡拥军	周勇骑
淮安市	王友富	朱　锦	如东县	陈建华	章智勇
清河区	朱维佳	吕绍波	启东市	邵茂华	周　辉
清浦区	庄建禾	陈晓军	海门市	肖振时	陈德和
楚州区	孙一峰	秦耀明	开发区	丁秉华	丁秉华
淮阴区	朱从耀	刘　刚	**镇江市**	黄宝荣	陈林海
涟水县	杨亚专	姜汉松	丹徒区	张国金	魏志康
洪泽县	杨步新	夏文新	京口区	马国进	潘朝中
盱眙县	花纯艳	王树才	润州区	缪杏沛	陈维怡
金湖县	马发荣	许夏国	丹阳市	周爱仙	荆锁枚
盐城市	丁　宇	徐龙波	句容市	章壮钧	纪书生
亭湖区	宋　勇	卞了华	扬中市	沈大银	孙廷俊
盐都区	穆　芹	蒋映晖	新　区	陈发祥	王　文
响水县	邵礼青	崔　凯	**常州市**	孙国建	陈　村
滨海县	王晓明	茆训松	钟楼区	薛明方	庾爱民
阜宁县	顾亚军	蒋新林	天宁区	舒　文	陆　恺
射阳县	戴　道	徐　进	戚墅堰区	秦秀娟	史　一
建湖县	李容鉴	符庆如	新北区	陆　敏	徐兴洪
大丰市	张建洋	吴宏祖	武进区	臧建中	蒋建社
东台市	崔　康	吴念军	金坛市	陈春洪	印荣生
扬州市	陈卫庆	尤如贵	溧阳市	赵国兴	戴忠平
广陵区	刘新伟	戴向萍	**无锡市**	戴解平	魏持红
维扬区	张　建	赵清龙	崇安区	刘　玲	吕　恺

地　区	综治委主任	综治办主任	地　区	综治委主任	综治办主任
南长区	徐　越	王国梁	沧浪区	徐文祥	王建宪
北塘区	田　玲	汪雅芬	平江区	朱建春	胡福林
锡山区	朱爱勋	张骁杰	虎丘区	缪文学	范品才
惠山区	吴仲林	黄　明	吴中区	李　斌	沈文群
滨湖区	王刚庆	李　河	相城区	周天平	刘胜武
江阴市	须振宇	刘国兴	张家港市	李汉忠	周春峰
宜兴市	邵亚群	薛阿平	常熟市	顾国强	赵利群
新　区	张明烈	陈金康	太仓市	夏林祥	毛义明
苏州市	邱岭梅	蒋国忠	昆山市	沈黎明	蔡秋燕
金阊区	张　齐	叶映红	吴江市	沈荣泉	倪永根
			工业园区	黄继跃	刘　钢

（撰稿人：周和林
审稿人：张新民　季勤）

浙　江　省

2010 年社会治安综合治理工作概况

2010 年，全省各级各部门在中央、省委省政府坚强领导下，深入贯彻落实科学发展观，牢牢扭住基层基础建设这个根本，以坚持和发展“枫桥经验”为抓手，扎实抓好各项综治措施的落实，圆满完成了上级赋予的各项工作任务，为上海世博会成功举办，为建设“平安浙江”、“法治浙江”，促进经济社会又好又快发展做出了积极贡献。

一、着力完善综治领导责任制

各级党委、政府切实加强对社会治安综合治理工作的领导，及时分析社会治安形势，研究部署综治工作任务，切实解决重大问题。各地各有关部门按照“属地管理”和“谁主管谁负责”的原则，将综治工作任务纳入本地、本部门、本系统的年度工作，统一部署，狠抓落实。

严格落实责任。从省、市到村居、社区，从部门、单位到行业、系统，逐级签订综治责任书，形成层层互联、环环相扣的综治责任体系。完善平安市县和综治目标管理考核办法及实施细则，在严格检查考评的基础上，省里表彰了一批平安市、县（市、区）和综治工作优秀市。省市县三级健全综治、纪检、组织、人力社保、监察五部门联席会议制度，加大对领导干部履行综治职责情况的考察监督及责任追究力度，全省共对 91 个单位实行了综治“一票否决”，查究 71 名领导干部的责任。

抓好制度建设。各地按照中央、省综治委有关文件要求，健全完善综治委全体会议、成员单位工作报告、督查考评等制度，加强各级综治委专门工作领导小组及其办公室建设，省及一些市综治委建立了成员单位基层联系点制度，进一步发挥综治委成员单位作用，形成了齐抓共管的合力。

强化工作保障。各地加大对综治工作的投入，基层政法综治组织办公条件不断改善，视频监控系统建设、治安巡防、流动人口管理、社区矫正、安置帮教等工作经费得到落实。台州市投入 7 亿元全面推进社会治安动态视频监控系统建设，青田县投入 600 万元加强社会治安动态视频监控系统等项目建设，玉环县每年安排 300 万元专项资金用于村级综治工作站规范化建设。

二、积极构建上海世博会“护城河”工程

全省综治系统充分发挥综治职能优势，扎实有效做好“环沪护城河”工作，全力助推上海世博会安全顺利举行，圆满完成杭州和宁波世博主题论坛、绍兴“世界合唱节”等安保任务，较好地实现了省委、省政府提出的“浙江人去上海不惹事，上海到浙江来的中外宾客不出事，全省面上少出事，力争不出惊天动地的事”的目标要求。

加强统筹协调。各级党委、政府成立世博安保工作领导小组，加强统筹协调和组织指挥。先后召开 4 次“环沪护城河”安保工作会议等全省性会议，研究部署世博安保工作任务。全省各级把世博安保工作纳入平安建设和综治工作考核，分别签署综治目标管理、世博安保工作两个责任状，明确目标任务和工作责任，加大检查考核力度，促进了各项安保措施的落实。

严把入沪关口。利用长三角政法综治工作协作平台，加强浙沪世博安保协作配合，强化工作措施，严把入沪关口，努力做到“矛盾纠纷不入沪、治安隐患不入沪、危险对象不入沪”。在全省开通入沪班次的公路客运站点以及铁路车站、码头落实最严格的安检措施，对购买赴上海或途经上海车船票的人员实行实名售票或实名登记。严格邮路安检，落实寄递验收制度和收发货物人员实名登记制度，对寄往上海物品验收率达到 100%。严守水陆卡口，在嘉兴 8 个主要水陆卡点和舟山 12 个水陆客运码头、车站，严格落实防范查控责任。在 47 个入沪无名道口全部安装视频监控系统，嘉兴市招募世博平安志愿者20万名在入沪道口实行24小时值守。舟山市加强无名入沪水道的巡检工作，对靠近上海的无人岛屿进行全面核查，落实必要的管控措施。

确保活动安全。世博会期间，杭州、宁波和绍兴三市先后承办部分主题论坛和“世界合唱节”活动。为加强安保工作，三市积极打造视频监控、网络通信指挥、交通管理和信息研判四大平台，采取“定岗、定责、定人、定时”的方式落实责任，全力以赴做好安保工作。活动期间，杭州市每天组织1.7万名平安志愿者参与治安巡防工作，宁波市出动安保力量1.1万余人次、组织备勤力量5.2万余人次，绍兴市投入安保力量5.6万余人次，构建了严密的安保防控网络。省市两级及时启动等级响应，组织周边地区落实联防、联控措施，确保主题活动绝对安全。

三、组织开展“基层基础建设年”活动

省委召开全省电视电话会议进行专题动员部署，省委政法委、省综治委印发具体实施方案，在全省全面开展“基层基础建设年”活动，努力把基层组织做强、把基础工作做实，切实提高化解矛盾、维护稳定的能力。

抓好综治委（办）建设。全省乡镇（街道）综治委主任全部由党政主要领导担任，综治办主任由分管副书记或专职委员担任。有80%以上的乡镇、街道配备了综治办专职副主任。重点乡镇配备了3名以上，其他乡镇配备2名以上专职工作人员，并落实了相应待遇。台州、衢州、舟山等地按照中层正职以上职级配备乡镇（街道）综治办专职副主任，嘉兴、丽水等市以选派优秀政法干部的方式增设乡镇（街道）专抓综治工作的副书记、指导员，宁波平均每个乡镇（街道）配备6.8名综治工作人员。

推进综治工作中心规范化建设。在全省培育树立100个“示范综治工作中心”，着力在规范运作、提高效能、发挥作用上下功夫，使综治工作中心成为基层维护社会和谐稳定的高效联动平台。强化综治工作中心的辐射功能，加强村（社区、企业）综治工作室建设，全面推广宁波市“和谐促进工程”、舟山市“网格化管理、组团式服务”等做法，推动工作机制和网络向社会末端延伸。

强化群防群治队伍建设。突出抓好村（社区）治保会、调委会和治安巡防队、治安信息员、治安协管员等队伍建设。截至2010年底，全省共建有各种群防群治组织6.9万余个、73.6万余人。省综治办会同团省委等部门在全省推广建立治安防范、纠纷调解、禁毒防艾、法律服务、交通安全、消防宣传、安置帮教、社区矫正等平安志愿者队伍，并组织评选表彰平安志愿者先进典型，调动人民群众参与综治工作的积极性。

四、深入推进社会管理创新

加强统筹规划。省委召开全省社会治安综合治理工作会议，专题研究部署推进社会管理创新工作任务。省委、省政府办公厅下发《关于开展社会管理创新综合试点工作的意见》，明确了试点工作的目标任务和工作措施。各地把社会管理创新纳入全局工作之中，明确目标任务，科学制定方案，认真组织实施。

开展综合试点。省、市、县三级确定了一批社会管理创新综合试点单位，先行先试，探索经验。各综合试点市、县（市、区）成立了由党政主要领导任组长的综合试点工作领导小组，加强协调指导。全国、全省综合试点地区宁波市、诸暨市先后提出构建社会管理“8大体系”、“12个重点项目”和“6大体系”、“25个重点项目”，并逐一分解落实到相关单位，努力探索形成具有时代特征、地方特点的社会管理新路子。

着力攻坚克难。省里研究确定推进社会管理信息化建设、深化综治工作中心规范化建设、推行社会稳定风险评估机制、加强流动人口服务管理、创新“两新组织”管理服务模式、完善虚拟社会管理机制等14个重点项目，列入了“十二五”规划纲要。各地各有关部门从实际出发，确定一批重点项目，纳入经济社会发展总体规划，纳入本地本部门整体工作部署，着力破解影响社会和谐稳定的重点难点热点问题，不断提高化解矛盾、促进和谐、维护稳定的能力。

五、扎实做好矛盾纠纷排查化解工作

运用“枫桥经验”的基本精神，从建立完善工作机制入手，狠抓排查化解和源头防范，最大限度地预防和解决影响社会和谐稳定的各类突出矛盾纠纷。全省共排查发现各类矛盾纠纷28.13万件，调处27.88万件，调处成功27.11万件，调处率、调处成功率分别达到99.1%、97.25%。

完善源头预防和排查发现机制。注重畅通群众诉求表达渠道，规范利益协调、权益保障。出台《浙江省县级重大事项社会稳定风险评估办法（试行）》，全面推行重大决策、重大项目社会稳定风险评估工作，努力将矛盾化解在决策之前。制定《浙江省矛盾纠纷排查调处工作规程》，建立矛盾纠纷每月滚动排查、重点时段集中排查、突出问题专项排查机制，及时掌握动态变化，发现苗头问题，努力把矛盾纠纷化解在萌芽状态。

构建大调解工作体系。各地和有关部门积极探索推行诉调衔接、检调衔接、警调衔接等机制，充分发挥乡镇（街道）综治工作中心平台优势和窗口服务功能，努力构建人民调解、行政调解、司法调解和仲裁调解相衔接配合的“大调解”工作格局。丽水市出台《关于构建“大调解”体系，促进社会和谐稳定的意见》，宁波市出台《关于建立诉讼调解与人民调解对接机制的若干规定（试行）》，温州市出台《民商事纠纷委托行业协会调解的意见》，提高了大调解工作的规范化水平。

建立健全专业调解机制。大力推行行业性、区域性调解组织建设，积极探索推进医患纠纷、交通事故纠纷、劳动争议、环保纠纷、渔事纠纷、物业纠纷、物流纠纷等专业调解，组织引导社会力量参与调解工作，有效解决社会热点纠纷。全省已建立行业性人民调解组织462个。各级卫生行政部门和医疗结构认真贯彻《浙江省医疗纠纷预防与处理办法》，成立“医疗纠纷调解委员会”，建立和完善医疗纠纷处理第三方调解机制。宁波市成立了全国首家交通安全司法所，下设8个交通事故调委会，加强交通事故民事赔偿纠纷调处工作。

六、着力构筑社会治安防控体系

加大打击整治力度。按照中央综治委的部署，全面排查梳理治安重点地区（部位、行业、场所），对其中414个实行挂牌整治，营造了严打严治的浓厚氛围。组织开展3次全省集中行动，出台了危险物品、消防管理、禁娼禁赌、交通安全等22条常态严管措施，以“零容忍”姿态强力整治突出治安问题，保持了社会治安持续稳定的局面。全年全省刑事立案数和八类严重案件立案数同比分别下降1.2%和14.0%。

深入开展平安创建活动。坚持抓乡镇带村居、抓街道带社区、抓系统带单位，进一步拓展领域，扩大覆盖，推动在企业、市场、家庭、校园、医院、企业、交通、边界、工地、林区、景区、渔场、宗教场所等基层各领域、各单位扎实开展平安创建活动，充分调动社会各方面和各部门、各单位的积极性、创造性，有效解决本地区、本系统、本行业、本单位影响社会稳定的突出问题。

提高社会面治安防控能力。大力推进社会治安动态视频监控体系建设，全省已建视频监控探头74万余只，完成了省、市、县三级视频信息共享平台建设。积极调整完善公安勤务机制、群防群治工作机制，努力构建街面巡逻、社区群防、重点部位监控、卡点堵截和区域警务协作“五网合一”的全方位、立体化社会治安动态防控网络。杭州市推进“数字巡访”工作，整合群防群治队伍222支近10万人，形成了巡特警、派出所民警、巡防力量以及志愿者队伍等相互衔接、有机互动的巡防网络。

七、不断强化综治专项工作

加强流动人口服务管理。省、市两级政府成立流动人口服务管理综合协调机构，流动人口较多的57个县（市、区）建立了专门机构，乡镇（街道）依托综治工作中心设立服务管理机构，社区、村居、规模企业设立服务管理站（点），形成系统、完整的五级服务管理组织网络。出台了《浙江省流动人口居住登记条例》、《浙江省居住房屋出租登记管理办法》，为进一步做好流动人口服务管理工作提供法规和政策支持。建成全省统一的流动人口综合信息平台，实现流动人口基础信息的统一采集、统一录入和实时共享。大力推广“以证管人、以房管人、以业管人”经验，深化外警协管外口工作，提高了流动人口服务管理水平。

加强预防青少年违法犯罪工作。大力推进“为了明天工程”，加强12355青少年服务平台建设，深入开展“共青团与人大代表、政协委员面对面”活动，强化对重点青少年群体关爱帮助工作。全省低收入农户青少年结对帮扶率达72.3%、累计帮扶33.97万人次。开展“代理家长与万名留守儿童结对关爱行动”，全省已有代理家长4.5万余名，建立留守儿童俱乐部889个。修订了《浙江省未成年人保护条例》，经省人大常委会审议通过并正式实施。

加强刑释解教人员安置帮教和社区矫正工

作。加强刑释解教人员衔接、帮教、管理工作，全省已建过渡性安置基地1672个，帮教率、安置率分别达到98%和95%以上。推广分类分层帮教、组建志愿者队伍帮教、政府组团进监所帮教等做法，使帮教工作更具广泛性、针对性和实效性。规范接受、管理、变更、解除矫正等执法环节，建成并开通运行社区矫正管理系统和手机定位技术区域监管，促进了常态化、规范化管理。

加强校园及周边治安整治。省委、省政府办公厅下发《关于进一步加强学校安全防范工作的若干意见》，明确了校园安全防范的政策措施。各地切实加强校园安全保卫和防控体系建设，加大治安隐患排查整治力度，成功制止了10余起企图危害中小学生及幼儿的案（事）件。杭州市为1384家校园派驻保安2555名，建立了警校、村校联防机制，普遍落实了以公安、交警、城管等部门组成的校园周边巡逻值守制度。

加强铁路沿线和渔场治安综合治理。各级铁路护路组织以深化"平安铁路"创建活动为载体，扎实有效开展护路联防工作，杜绝了影响稳定的重大案（事）件，确保了铁路管内的安全稳定，保障了运输生产安全。省及沿海市、县、乡镇四级综治委均建立海事渔事纠纷调处指导小组，积极开展"平安海区"、"平安渔场"、"平安渔船"等创建活动，有效预防和减少了海上治安案件的发生。

中共浙江省委办公厅　浙江省人民政府办公厅
关于进一步加强学校安全防范工作的若干意见

（2010年6月8日）

为有效维护中小学校和幼儿园及其周边地区良好的治安秩序，切实保障师生生命财产安全，经省委、省政府同意，现就进一步加强我省学校安全防范工作提出如下意见。

一、充分认识做好学校安全防范工作的重要性和紧迫性

青少年学生和儿童是祖国的未来，校园安全直接关系到学生儿童的健康成长，关系到千家万户的幸福生活，关系到社会的和谐稳定。近段时间来，个别省发生了校园重大恶性安全事件，给部分师生的生命财产安全造成了严重损失。我省校园安全防范工作虽然总体良好，但不能因此而在思想上、工作上有丝毫松懈。全省各级党委、政府和有关部门要从保护师生安全、维护校园稳定和构建和谐社会的高度，充分认识维护校园安全的极端重要性和现实紧迫性，深刻吸取其他省发生的校园重大恶性安全事件教训，进一步增强政治意识、责任意识和忧患意识，把维护校园安全作为当前和今后一个时间的一项重大政治任务，举一反三，落实措施，进一步加强校园安全防范工作，严防类似案件在我省发生，切实维护师生人身安全和社会和谐稳定。

二、进一步落实各级各部门做好校园安全防范工作的责任

（一）各级党委、政府要切实承担起抓校园安全防范工作的第一责任。党政主要负责人要负总责、亲自抓，分管负责人要具体抓、深入抓，建立健全"党委政府领导、部门分工负责、学校社会联动"的校园安保工作机制。根据工作需要，进一步健全综治委学校及周边治安综合治理工作领导小组，完善工作机制，加强事前风险评估；对学校和广大师生反映强烈、安全隐患突出的重点区域和难点问题，要落实措施，坚决加以整治和解决。

（二）各级教育部门要切实履行校园内部安全稳定的管理职责，加强校园安全管理工作。加强对学校安全教育和管理工作的指导，全面掌握校园安全工作状况，指导学校制定应急预案和各项管理规章制度。建立健全校园安全责任制，把安全管理目标和责任落实到每一所学校、每一个工作环节、每一名工作人员，加快构建“纵向到底、横向到边”的校园安全管理体系，确保责任到位、措施到位、奖惩到位。建立健全学校保卫组织机构，落实保卫力量。按照国务院《企事业单位内部治安保卫条例》要求，对列入县级以上治安保卫重点单位的学校，必须设置学校内部治安保卫机构，配齐配强专职治安保卫人员；对其他未列入县级治安保卫重点单位的学校，应根据学校内部治安保卫工作需要，配备专职、兼职治安人员。

（三）各级公安部门要负责校园外部及周边的安全保卫工作，并对校园内部安全保卫工作进行指导。加强治安巡逻，落实巡逻工作责任制，严防敲诈、抢劫和伤害师生等暴力案件发生，特别是在上下学等重点时段，要加强维持校门口治安、交通秩序的力量。根据需要，可在校园周边治安复杂地区设立警务室或治安岗亭。依法从重从快打击侵害师生安全的违法犯罪活动，对发生的涉校违法犯罪案件，加大侦办力度，做到快侦快破，震慑犯罪。加强学生接送车的安全管理，交警部门要会同交通运输、安全监管等部门加强对学生接送车的安全检查、检测，坚决杜绝病车上路接送学生以及超速、超载、无牌无证等车辆非法接送学生的现象发生。加强学校消防安全管理，消防部门要加强对学校消防安全工作的检查，督促学校配备必要的消防器材设施设备，指导师生正确使用；组织指导学校开展消防安全知识教育和师生紧急疏散演练，使学生、教职员工熟练掌握防范火灾和基本常识和逃生技能。

（四）各级综治部门要定期组织开展校园及其周边环境综合治理，建立完善校园及其周边环境治理工作机制。协调公安、教育、卫生、工商、城建、文件、通信、新闻出版等部门，每学年组织开展不少于一次的校园及其周边环境专项整治，坚决取缔和清理在校园周边违法违规经营的网吧、电子游戏室、录像厅、歌舞厅以及非法经营餐饮、书刊、音像的摊点等，严厉打击校园周边“黄、赌、毒”等社会丑恶现象，净化校园周边环境。

（五）各级财政部门要加大校园安全防范经费投入，确保校园保卫人员、警用装备器械以及技防设施配备所需资金落实到位。各级各有关部门要加强协作，切实推进校园安全防范的人防、物防、技防设施建设。

（六）各级宣传部门要正确引导舆论，对突发性校园安全事件组织有关新闻媒体依法有序开展报道，报道要有利于事件的处置，防止渲染、炒作，防止产生诱发效应。要切实加强互联网监管，及时发现、封堵、删除有害信息。要充分报道各地推进平安校园建设方面的积极措施和先进典型，增强全社会对校园安全的信心和防范意识。

（七）各类学校（幼儿园）要切实加强学校内部安全管理。进一步明确学校安全工作校（园）长负责制，严格落实校（园）长的校园安全管理“第一责任人”的职责。建立健全门卫值班、实名登记、巡逻防护等各项校园安全管理制度，特别要严格门卫查验和内部巡查，在学生上下学等出入高峰时段，安排学校行政领导和教师在校门口值班，维护秩序，坚决防止社会无关人员及不法分子进入校园制造事端。进一步完善法制副校长和法制辅导员制度，全面落实安全防范知识进课堂工作，加强对师生员工的安全防范知识教育和安全技能培训，切实增强师生的安全防范意识和自我保护能力。定期组织开展校园安全隐患排查工作，建立安全隐患档案，落实整改措施，及时消除安全隐患。各类学校要制定完善校园疏散逃生、防范突发暴力性事件应急处置预案，做到每学期至少演练一次以上，确保一旦出现紧急突发情况能迅速有效处置。

三、大力加强学校人防、物防、技防建设

（一）加强人防建设，严防不法分子进入校园制造事端。各级公安、教育部门要加强校园保安队伍建设，强化对校园保安人员的教育和管理，选派政治可靠、品行端正、业务过硬的人员担任学校保安。每一所学校（幼儿园）都要根据校园规模，配足相应的保安人员。公安部门要根据校园保安的工作特点，定期对学校保安人员进行安全防范专业培训，不断提高校园安全防范能力。

（二）加强技防建设，提高校园安全保卫工作科技含量。严格按照浙江省《DB33/768—2009 安全技术防范系统建设技术规范》（学校部分）的标准要求，在学校外围道路交叉口、学校出入口及主要通道、学生宿舍（公寓）楼出入口及公共走廊、财务室、食堂膳食厅、体育场馆、体育场制高点、网络中心、配电房、重要办公室等重点部位，安装紧急报警(求助)装置、视频安防监控系统、CK报警系统以及红外线入侵报警系统等,监控中心要落实专人值守看护,并与当地公安机关110接处警平台联网。切实加强对学生上下学、寄宿制学校夜间等重点时段的安全监控和巡护,及时对存在隐患的校门、违墙、教室和宿舍门窗进行改造加固。落实人员、经费,及时对技防设施进行检查维护和更新,确保技防设施设备正常使用。

(三)加强物防建设,提高应对校园突发事件的能力。每一所学校(幼儿园)必须配备一些简易实用的橡胶警棍、钢盔、催泪喷射器、防刺服、防割手套、约束绳、防护纲叉等防护器械,并妥善保管和使用,提高保安人员的自防能力,确保遇到突发情况时能够及时处置。

四、努力形成学校安全防范工作合力

(一)建立校园及周边治安防控体系。公安、教育部门和学校要积极协作配合,依靠属地群防群治队伍,开展校地、园地联防,加强警校共建,建立健全定期会商制度和校园综治安全隐患举报制度,及时分析研判影响校园安全稳定的各类矛盾因素,形成源头预防治理有效、内部安全管理有力、外围治安防控严密的工作格局,不断提高维护校园安全的能力和水平,力争不发案、少发案,坚决杜绝重大涉校恶性案件的发生。

(二)加强社会矛盾排查和高危人员的管理控制。乡镇(街道)、社区(村组)要认真排摸涉校矛盾纠纷,特别是对居住在校园周边的对社会严重不满、有极端行为倾向、肇事肇祸精神病患者等高危人员,以及与学校、师生存在重大矛盾等可能影响学校安全的重点人和事,要认真排查,分析原因,有针对性地采取教育化解和管控措施。存在上述人和事的家庭,要积极配合,落实有关管控措施。学生家长要切实负起对子女的监护责任,特别是在学校节假日和学生课余时间要加强安全监管,预防绑架、溺水、交通等人身伤害事故的发生。社会各界要关心支持学校做好校园安全防范工作。

(三)强化校园安全稳定工作督导检查。各地要把维护校园安全稳定作为“平安建设”的重要工作内容,综治委学校及周边治安综合治理工作领导小组要定期加强督查指导,狠抓责任落实,对安全隐患多、治安状况差、群众反映强烈的地区和单位,要挂牌督办,限期整改,消除隐患。对尚未取得办学许可证的民办教育机构要进行清理规范,对存在安全隐患拒不整改的要坚决予以取缔。教育部门要认真制定学校安全工作考核目标,将其纳入教育督导评估体系,组织人员每学期对学校开展一次以上的安全检查,督促学校落实各项安全防范措施。

(四)严格落实责任追究制度。各级党委、政府及有关部门要按照“谁主管、谁负责”的原则,层层落实维护校园安全稳定责任制。对因工作不重视、措施不得力、保障不到位而导致校园重大恶性安全事故发生的,要严肃追究当地相关领导的责任,对于学校、幼儿园内部安全管理责任不落实、措施不到位的,要严肃追究校长、园长和当地教育主管部门的责任;对于校园周边治安秩序长期混乱、涉校暴力性事件频发的,要严肃追究当地有关部门领导和相关责任人的责任。

中共浙江省委办公厅　浙江省人民政府办公厅转发《省委政法委、省综治委、省委维护稳定工作领导小组关于开展社会管理创新综合试点工作的意见》的通知

（2010 年 9 月 21 日）

各市、县（市、区）党委和人民政府，省直属各单位：

《省委政法委、省综治委、省委维护稳定工作领导小组关于开展社会管理创新综合试点工作的意见》已经省委、省政府领导同意，现转发给你们，请结合实际认真贯彻执行。

省委政法委　省综治委　省委维护稳定工作领导小组关于开展社会管理创新综合试点工作的意见

为认真贯彻全国、全省政法综治工作会议精神，大力推进社会管理创新，切实维护社会和谐稳定，现就开展社会管理创新综合试点提出以下意见。

一、指导思想

以邓小平理论和"三个代表"重要思想为指导，深入贯彻落实科学发展观，以坚持和发展"枫桥经验"为抓手，以开展"基层基础建设年"活动为载体，按照综合性试点、项目化管理的要求，总结推广成功经验，探索完善体制机制，改进管理服务方式，固本强基、夯实基础，力争在推进基层组织建设、社会矛盾化解、社会治安防控、重点人群和"两新组织"以及虚拟社会管理等方面取得新突破，着力破解影响社会和谐稳定的重点难点问题，努力使试点单位率先形成与社会主义市场经济体制相适应的社会管理体系，为深化"平安浙江"建设、促进经济社会又好又快发展创造良好的社会环境。

二、试点单位和总体目标

根据中央和省委有关指示精神，确定宁波市和诸暨市作为省社会管理创新综合试点单位，各市也要选择一个县（市、区）进行综合试点，在 2010 年底前取得阶段性成果，2011 年上半年初步达到试点项目要求，力争在 2012 年底前在全省范围内形成较为完善配套的社会管理体系，实现"确保社会和谐稳定"和"激发社会创造活力"的目标。其他未开展试点的市、县（市、区）也要参照本意见，积极探索实践，努力做好社会管理创新工作。

三、主要内容和项目

着眼于巩固深化以往的好经验、好做法，探索新形势下的新经验、新做法，进一步夯实社会和谐稳定的思想基础、工作基础、法治基础、群众基础、社会基础，着重在以下八个方面取得新进展。

（一）健全完善基层维护社会和谐稳定的组织网络体系。坚持重心下移，工作前移，健全完善基层维护社会和谐稳定的组织网络体系，进一步壮大基层力量、整合基层资源、强化基础工作。

1. 加强基层组织建设。按照中央和省委、省政府的有关规定和要求，加强基层政权组织、基层群众自治组织、政法单位（派出所、法庭、检察室、司法所）和县乡两级综治委（办）的建设，配强领导，配齐人员，加强培训，落实相关保障和待遇。

2. 深化综治工作中心规范化建设。在乡镇（街道）党委、政府统一领导下，充分发挥综治委（办）统筹协调、牵头抓总作用，有效整合政法、综治、信访、有关行政职能部门及工会、妇联、共青团组织的资源和力量，建立完善协作配合、精干高效、便民利民的综治工作中心，充分发挥其在维护基层和谐稳定中的基础平台作用。在较大村、城市社区和规模企业，建立与乡镇（街道）综治工作中心衔接配合的综治工作室（站），完善治保、调解、治安安全防范、流动人口服务管理、归正人员帮教、社区矫正、禁毒等力量协作制度，落实相应工作人员。积极探索综治工作力量向末端延伸，完善扩大"网格化管理"等新载体，建立健全综治管理员、和谐促进员、楼道长等队伍，真正形成横向到边、纵向到底的综合治理网络。

3. 发展壮大群防群治队伍。按照社会化、市场化、职业化、规范化的要求，大力发展群防群治队伍，充分发挥各种社会资源参与服务管理的作用。着力抓好政府全额拨款的协警、综治协管员等专业队伍建设，充分发挥其作用。大力推广平安志愿者行动，加强组织、管理和引导，吸引更多的社会力量以相应的知识技能协助、参与社会管理工作。积极探索向社会购买服务的社会管理方式、方法，发挥保安公司、中介服务机构等企业、社会组织在社会管理中的作用。注重抓好保安员、治安巡防员、治安信息员等传统群防群治队伍建设，充分调动广大人民群众参与社会治安综合治理的主动性和积极性。

（二）构建多元化社会矛盾解决机制。全面实施《浙江省矛盾纠纷排查调处工作规程》，完善落实组织排查、分析研判、梳理分工、情况报告、调处化解、督查督办、结案归档等工作程序，建立健全定期排查、下访接访、领导包案等制度，及时了解掌握、有效调处化解各种矛盾纠纷。

1. 全面推进重大事项社会稳定风险评估机制。坚持党委、政府主导，明确责任，规范程序，对事关人民群众切身利益的重大决策、重大政策、重大改革事项、重大工程项目、重大活动，严格实行社会稳定风险评估，落实应对措施，努力把重大事项实施中可能引发的社会矛盾减少到最低限度。

2. 建立完善"大调解"工作体系。构建部门协作调解机制，推行政法、综治、维稳、信访部门综合协调，有关部门、单位各司其职，社会各界广泛参与的联合调解形式，努力形成调处化解矛盾纠纷的工作合力。建立健全人民调解、行政调解、司法调解、仲裁调解既各自发挥作用、又相互衔接配合的工作机制，不断完善"诉调对接"、"检调对接"、"公调对接"等制度机制，做好综合治理执行难工作，提高调处化解矛盾纠纷的整体效能。推广建立行业性、专业性调解组织，探索整合力量资源、吸收第三方参与调处、依靠行业自律等形式和方法，有效解决劳资纠纷、医患纠纷、环境污染、安全生产、食品药品安全、知识产权、交通事故、涉校纠纷等突出矛盾和纠纷。

3. 健全完善群体性事件预防处置机制。建立完善的群体性事件苗头隐患排查、研判、报送、预警制度，推行重大群体性事件隐患"专案经营"机制，完善重大突发事件应急处置预案和指挥机制，落实应急力量、装备器材等保障措施，提升对群体性事件和突发事件的预防处置水平。

（三）健全完善社会治安防控体系。进一步完善治安形势分析和预警、工作决策部署、刑事政策运用、政法部门配合制约、督查考评和激励、经费保障等"严打"经常性工作机制，落实人防物防技防各项措施，提高社会治安整体防控效能。

1. 建立和落实社会治安重点地区排查整治工作机制。针对城乡结合部、城中村、街巷和高发案地区，以及中小旅馆、出租房屋，交通运输、消防等重点地区、部位、场所、行业，深入细致地开展社会治安排查整治工作，真正把问题底数摸清、摸全、摸透，逐一登记造册。建立健全常态化管理制度，完善排查整治长效工作机制。明确责任单位、人员和时限，实施有效整改。坚持把排查整治与建设改造结合起来，把重点地区的整治建设纳入经济社会发展整体规划，使之成为经济发展、环境优美、安全和谐的新型社区。

2. 拓展视频监控系统应用领域和范围。按照省委、省政府的要求,完成治安动态视频监控系统建设三年规划。充分发挥技术手段在社会治安防控体系建设中的作用,并以此为引领,适时调整完善公安勤务机制、群防群治工作机制,进一步健全完善街面巡逻、社区群防、重点部位监控、卡点堵截和区域警务协作“五网合一”的全方位、立体化社会治安动态防控网络,减少防控盲区,提升防控的针对性和有效性。

(四)建立完善重点人群服务管理机制。按照以人为本、服务为先的要求,更新管理理念,改变管理方式,实现由防范、控制型管理向人性化、服务型管理的转变,全面提升重点人群服务管理水平。

1. 加强和改进流动人口服务管理。在省、市两级政府成立流动人口服务管理综合协调机构;流动人口较多的县(市、区)根据市级需要,结合政府机构改革,在机构限额内设立流动人口服务管理机构;流动人口较多的乡镇(街道)可依托社会治安综合治理工作中心,设立服务管理机构,并落实流动人口专管员队伍建设要求,确保这项工作有人抓有人管。贯彻实施《浙江省流动人口居住登记条例》和即将出台的《浙江省居住房屋出租登记管理办法》,完善落实“以证管人、以房管人、以业管人”的实有人口管理模式。高度重视农民工的服务管理,加强教育引导,研究制定相关政策措施,强化所在地的社会认同感,帮助外来务工人员融入当地城市生活。加强对境外人员的管理,探索建立以“来能发现、行知其踪、走明去向”为目标,覆盖境外人员入境、居留、出境全过程的动态管控体系。

2. 加强归正人员安置帮教和社区矫正工作。建立监管场所与家庭、单位、社区帮教管理的衔接机制,完善出监(所)前评估制度,建立无家可归、无业可就、无亲可投归正人员的必接必送和有效安置机制,推广建立过渡性安置基地。积极探索做好社区矫正工作,防止脱管、漏管。

3. 构建青少年违法犯罪预防和控制体系。重点对不在学、无职业青少年和流浪乞讨青少年、服刑在教人员未成年子女、农村留守儿童等青少年群体开展排查摸底,落实教育管理措施,最大限度地预防违法犯罪现象。

4. 严密高危人员管控。摸清精神疾患人员、吸毒人员等重点人群的底数,建立相应机构,有针对性地落实教育管理措施,加强服务救助。通过定期排摸、定期筛选、定期核查,实现对高危人员、一般对象的分类动态管理。

(五)探索“两新组织”管理服务模式。加强新形势下党和政府对“两新组织”管理服务体制机制、方法手段的研究,真正把社会管理和公共服务延伸到“两新组织”,促进“两新组织”健康发展。建立和完善“两新组织”参与基层综治委成员单位、联席会议等制度,增强社会组织责任感,形成齐抓共管的合力。

1. 扎实推进“综治进民企”工作。认真贯彻省委办公厅、省政府办公厅《转发省社会治安综合治理委员会〈关于大力推进企业治安综合治理工作的意见〉的通知》(浙委办[2006]67号),根据新经济组织特点,重点在建立组织网络、调解劳资纠纷、强化安全生产措施、维护职工合法权益、维持所在地治安秩序等方面下功夫、见成效。积极探索建立新经济组织间区域性综治组织网络,努力解决单一企业难以解决的一些突出矛盾和问题。

2. 落实对新社会组织的管理服务措施。进一步完善培育扶持政策,支持社会组织参与公共服务和社会管理,鼓励保安服务业和安保中介组织有序发展,支持旅馆业、娱乐业、典当行等组建行业协会组织,实现自我规范、自我管理、自我服务、自我完善。同时,依法加强对各类社会组织的监督和管理,最大限度地防范其消极影响。加强对境外在浙非政府组织的专项调查工作,切实掌握其背景及活动目的、渠道、方式、规律等情况。密切掌握、积极引导省内社会组织的涉外活动。

(六)探索建立虚拟社会管理机制。统筹网上网下两个阵地,把虚拟社会与现实社会作为一个整体来考虑,积极运用法律、行政、技术、经济等多种手段,加大依法管理力度,完善网络综合防控体系。

1. 加强网络阵地建设。积极推进互联网警务模式创新,加强网上基础信息排查、重点阵地控制、重点人员管控三大基础工作。加大技术防范力度,强化网络监测、预警、侦查、控制、处置工作,及时发现、封堵、删除网络有害信息，健全落地查人、依法处理机制。按照依法管理、主动管理、公开管理的原则，强化对网上有害信息、网上重点人员等基本要素的管理控制，逐步构建完善疏控并举、重点覆盖的虚拟社会动态管控网络。

2. 强化网络舆论引导。着力推动主流媒体向互联网延伸，积极拓展网络传播阵地，不断扩大主流媒体的辐射力和影响力。建立网络评论员队伍，形成网上主流舆论强势。深入开展网络道德建设，引导网民自律。发挥好互联网综合管理部门统筹管理、督促检查、协调指导的作用，健全网络协同监管、应急处置、外联合作等机制。进一步明确相关部门监管责任，强化网络运营商、服务商的社会责任、道德责任、法律责任。

（七）推进社会管理信息化建设。进一步适应社会信息化快速发展的新形势，加强信息化建设，尽快形成全面覆盖、动态跟踪、功能齐全的社会管理综合信息系统，为提升社会管理效能提供强有力的科技支撑。

1. 实现政法部门网络设施共建和信息资源共享。按照国家电子政务网络建设的总体要求，充分利用省电子政务传输骨干网和政法部门现有资源，按照信息安全和保密有关规定，统筹规划建设政法部门业务网络横向间互联互通设施，实现部门间信息资源共享，发挥政法部门信息化投资和信息资源的整体效应。积极协调政府行政管理部门的相关信息源，不断提高政法部门与行政管理部门的信息关联程度，实现信息资源效能最大化。试点单位要率先实现业务网络互联互通、共建共享。

2. 建立基层社会治安综合治理管理信息平台。探索建立具有基础信息、工作日志、事件处理、统计分析、检索查询、远程交流、考核评估等基本功能，能有效整合视频、文字、图像、数据信息的综合平台，为基层加强对人、地、物、事、组织等基础信息的采集、录入、整合、报送、分析统计提供实用的技术手段，逐步实现基础信息网上录入、办事服务网上管理、工作过程网上监督、责任目标网上考核，为综治工作中心有效运行提供信息支撑，不断提升基层综治工作的效能。

（八）提高社会管理法治化水平。把依法治国基本方略落实到社会管理的各领域、全过程，深化普法宣传教育，加强法律援助、法律服务和司法救助，推进依法治理工作，扎实推进“法治浙江”建设，把社会管理纳入法治轨道。

1. 强力推进执法规范化建设。完善执法质量考评标准体系，实行执法裁量标准化，执法程序流程化，努力实现执法监督全程化、执法方式人性化。健全完善业务建设和内部管理制度，制定完善执法规范，细化工作规范，明确岗位、行为、保障标准，强化执法教育培训，建立完善执法档案，加快执法信息化建设，推进“阳光执法”。

2. 健全完善涉法涉诉信访工作机制。建立政法委和政法各部门共享的涉法涉诉信息系统，完善涉法涉诉案件评查和责任追究制度，完善以无理访认定为主要方式的案件终结制度，进一步规范信访秩序。

四、工作要求

1. 加强组织领导。各地要把社会管理创新纳入全局工作之中，像抓经济建设一样抓社会建设、社会管理，高度重视综合试点工作，明确目标任务，科学制定方案，认真组织实施。建立党委和政府领导，综治部门牵头，有关部门具体负责的领导机制，成立专门工作班子，明确专人负责，确保落到实处。

2. 强化部门督导。各有关部门特别是综治委成员单位要搞好协调联系，加强调查研究，及时掌握情况，加强分类指导。省综治委委员要结合开展综治联系点工作，深入基层加强督促、检查和指导，及时总结成功的经验，帮助解决存在的问题。

3. 加大保障力度。各地要以抓项目建设的方法抓社会管理，以编制“十二五”规划为契机，将社会管理综合试点工作纳入经济社会发展总体规划，纳入本地的整体工作部署。要强化保障措施，加大人财物的投入，加强对欠发达地区、财政薄弱的乡镇（街道）的扶持，确保有人干事、有钱办事。

4. 注重典型示范。各地各部门要牢固树立正确的政绩观，大力发扬求真务实的作风，多做艰苦细致的工作，既注重典型的培育树立，又注重典型的宣传推广，充分发挥典型的示范带动作用。着眼于满足群众需要、提高工作实效，注重规范建设，把握核心内涵，防止和克服形式主义，确保社会管理创新综合试点工作能真正取得实效。

浙江省社会治安综合治理委员会关于印发《浙江省矛盾纠纷排查调处工作规程(试行)》的通知

(2010年2月26日)

各市、县(市、区)社会治安综合治理委员会并报党委、政府,省社会治安综合治理委员会各成员单位:

《浙江省矛盾纠纷排查调处工作规程(试行)》已经省社会治安综合治理委员会全体会议审议通过,现印发给你们,请结合实际,认真贯彻执行。

原《浙江省矛盾纠纷排查调处工作规程(试行)》(浙综委[2002]1号)同时废止。

附件:1. 矛盾纠纷排查调处情况报表(略)

2. 重大矛盾纠纷排查调处情况报告表(略)

浙江省矛盾纠纷排查调处工作规程(试行)

第一章　总　则

第一条　为了健全和完善矛盾纠纷排查调处工作机制,规范工作程序,提高工作实效,切实维护社会和谐稳定,根据中办、国办《关于把矛盾纠纷排查化解工作制度化的意见》(中办发[2009]3号)及我省贯彻实施意见、《浙江省社会治安综合治理条例》等规定,制定本规程。

第二条　开展矛盾纠纷排查调处工作,实行"属地管理"、"分级负责"和"谁主管、谁负责"的原则。

各市、县(市、区)、乡镇(街道)党委、政府分别负责组织排查调处本行政区域内影响社会稳定的矛盾纠纷;各职能部门、企事业单位、城乡社区(村民委员会、居民委员会)、社会组织负责本系统、本单位、本区域内矛盾纠纷的排查调处;跨地区或跨部门、跨行业的,由事发地党委、政府或有权处理问题的部门(单位)负责牵头,其他地方或部门(单位)应当予以配合,职责不明确的,牵头单位由上一级党委、政府或主管部门指定;涉及中央、省级单位,需要地方参与解决的,由当地党委、政府和有关部门配合解决。

第三条　各级社会治安综合治理委员会负责牵头本地矛盾纠纷排查调处工作,各级社会治安综合治理委员会办公室具体负责矛盾纠纷排查调处工作的组织、协调、检查、督导等工作。

第二章　组织排查

第四条　排查工作范围是各种可能影响社会和谐稳定的矛盾纠纷。重点是土地征用、城镇房屋拆迁、企事业改制、社会保障、涉法涉诉、金融、教育、环境污染、生产安全、食品安全、医患问题、重点工程建设等方面的矛盾纠纷,以及重大政策措施实施过程中出现的新情况、新问题。

第五条　各级党委、政府和各部门、各单位,应当开展经常性排查活动,随时了解、发现、掌握各种矛盾纠纷。重大活动、重要节庆日、社会政治敏感期及其他重点时期,应当针对本地区、本系统、本单位或特定领域影响社会稳定的突出矛盾和问题,组织开展集中排查活动。

市每季度,县(市、区)、乡镇(街道)每月排查一次矛盾纠纷;省社会治安综合治理委员会及其办公室根据情况,适时组织开展全省性的矛盾纠纷排查活动。

第六条 建立矛盾纠纷排查情况登记制度,各级、各部门和各单位对排查出来的矛盾纠纷要逐一填报统计报表,及时准确全面收集排查信息。对可能影响社会稳定的突出矛盾和问题,要逐件逐人按诱因、时间、地点、单位、涉及人数、重点人员、事态发展预测等要素逐项登记建立档案台账。

第七条 建立矛盾纠纷排查情况报告制度。市每季度,县(市、区)、乡镇(街道)每月,以文字和统计报表形式,将矛盾纠纷排查情况逐级报告上一级综治办;各部门、各单位定期向同级综治办和上级主管部门报告。经过排查没有发现问题的,要记录在案,并实行"零报告"。

第八条 对下列重大矛盾纠纷,要即时报告,并及时续报事件进展和处置情况:

1. 可能引发影响较大的集会、请愿、示威、静坐、游行、罢工、罢市、罢课、罢教、罢驶、抗税等事件,以及械斗、堵塞交通要道、打砸抢烧等较大规模群体性事件的;

2. 涉及人数较多、易引发群体性上访的;

3. 可能危害国家和公共安全的;

4. 其他应予及时报告的重大矛盾纠纷。

第三章 梳理分工

第九条 对本级排查出来的矛盾纠纷和下级上报需要协调调处的矛盾纠纷,必须及时进行分析研判和梳理分工,提出办理建议,提交党委、政府研究决策。

第十条 对梳理出来的可能影响社会稳定的重大矛盾纠纷,由党委、政府或综治委发文抄告地方或有关部门(单位)办理,实行定牵头(责任)单位、定人员、定时间、包调处的"三定一包"办法。

第十一条 对梳理出来的可能严重影响社会稳定的重大矛盾纠纷,报上一级综治办备案。

第四章 调处化解

第十二条 各责任部门(单位)、责任人必须按照分工,认真研究调处对策,周密制定方案,明确具体工作人员,责任落实到人。

第十三条 针对矛盾纠纷的不同情况,实行分级调处,综合运用多种手段和方法,有效调处化解矛盾纠纷。重大矛盾纠纷,实行领导包案调处;复杂疑难矛盾纠纷,实行专案调处;普遍性、倾向性矛盾纠纷,进行集中调处。调处前,开展深入细致的调查研究,了解实情;调处中,以疏导教育为主,做到合理、合法,公正、公平、公开;调处后,要防止出现反复,注意做好巩固工作。对调处难度大,必须通过司法途径解决的矛盾纠纷,应当引导当事人通过司法途径解决。

第十四条 完善人民调解、行政调解、司法调解、仲裁调解衔接配合的"大调解"工作体系,健全劳动争议、医患纠纷、食品安全、环境保护、交通事故纠纷、消费者权益纠纷等领域的专业性调解仲裁组织。

市、县两级社会治安综合治理委员会办公室,要会同司法和行政执法部门,加强对"大调解"工作的组织、协调和指导。

各乡镇(街道)应建立以综治工作中心为平台,吸收各职能部门组成的"大调解"工作体系,健全和落实矛盾纠纷联调制度,督导有关部门充分发挥职能作用,广泛运用调解的办法,妥善化解矛盾纠纷。

充分发挥村、社区、企业综治工作室,以及经济开发区、流动人口聚居区等区域性人民调解组织的作用,积极调处化解矛盾纠纷。

第十五条 各级党政部门是其主管领域、行业内矛盾纠纷调处工作的责任主体。具体职责是:

(一)因城镇房屋拆迁、建筑工程质量和工程款结算、物业管理等问题引发的矛盾纠纷,由建设部门牵头处理;

(二)因征地补偿和土地、矿产、山林、水利和县级以上界线权属争议等问题引发的矛盾纠纷,由国土资源、林业、水利、民政等部门依据各自职责范围牵头处理;

(三)因农村土地承包、农村集体"三资"管理和农民负担等问题引发的矛盾纠纷，由农业部门牵头处理；

（四）因违反劳动保障法律、法规，拖欠工资、欠缴社会保险费等侵犯劳动者合法权益，国有企业改制解除劳动合同经济补偿等问题引发的矛盾纠纷，由人力资源和社会保障、国资委等部门依据各自职责范围牵头处理；

（五）因传销、制假售假等问题引发的矛盾纠纷，由工商行政管理、质量技术监督等部门依据各自职责范围牵头处理；

（六）因集资、储蓄、证券、保险等问题引发的矛盾纠纷，由金融办、人行、银监、证监、保监、信用联社和财政等部门依据各自职责范围牵头处理；

（七）因基层组织和干部工作方法、工作作风等问题引发的矛盾纠纷，由纪检监察机关和组织部门依据各自职责范围牵头处理；涉嫌违反政策、违法乱纪问题，由纪检监察机关、检察等相关部门依法依纪处理；

（八）因行政执法活动引发的矛盾纠纷，由行政执法单位上级部门和政府法制部门依据各自职责范围牵头处理；

（九）因政法部门在执法、司法活动中引发的矛盾纠纷，由同级政法部门、上级政法部门或同级党委政法委牵头处理；

（十）因军转干部安置引发的矛盾纠纷，由组织、人力资源和社会保障部门牵头处理；

（十一）因复员退伍军人安置、自然灾害发生后灾民生活安排等问题引发的矛盾纠纷，由民政部门牵头处理；

（十二）因学校或教育系统相关因素引发的矛盾纠纷，由综治委学校及周边领导小组办公室、教育部门和学校主管部门依据各自职责范围牵头处理；

（十三）因民族、宗教问题引发的矛盾纠纷，由民族宗教部门牵头处理；

（十四）因环境污染、生态破坏引发的矛盾纠纷，由环保部门牵头处理；

（十五）因船舶出海生产和航行作业引发的矛盾纠纷，由综治委海事渔事纠纷调处指导小组办公室、边防、海洋与渔业、海事部门依据各自职责范围牵头处理；

（十六）因婚姻、家庭、邻里、赔偿等引发的民间纠纷，由司法行政部门牵头处理；

（十七）因医患问题引发的矛盾纠纷，由卫生部门牵头处理；

因其他问题引发的矛盾纠纷，根据部门职能分工，由相关主管部门处理；难以界定主管部门的，由党委、政府指定相关部门牵头处理。

第十六条　建立矛盾纠纷调处情况报告制度。市每季度，县（市、区）、乡镇（街道）每月，以文字和统计报表形式，将矛盾纠纷排查调处情况报告上一级综治办，各部门、各单位定期向同级综治办和上级主管部门报告。

第五章　督查督办

第十七条　建立对复杂矛盾纠纷调处的督查指导和挂牌督办制度。

督查指导由各级综治委（办）结合实际情况自行组织，原则上市级每半年开展一次，县级每季开展一次。必要时，可由党委、政府或综治委下发督办通知书，对重大矛盾纠纷进行挂牌督办，限期解决。

第十八条　督查中发现涉及职能部门调处工作不力等问题，应及时召开综治委有关成员单位联席会议，分析原因，研究对策，加大调处力度，落实调处措施。

第六章　报结归档

第十九条　对一般性的矛盾纠纷，各级要做好调处情况的统计工作。对党委、政府和综治委抄告交办的重大矛盾纠纷，要按照规定的时间和有关要求，由牵头（责任）单位负责，及时向党委、政府和综治委报告调处情况和结果。不能按时办结的，要说明原因。

第二丨条　市、县（市、区）和乡镇（街道）必须建立健全矛盾纠纷排查调处工作档案制度，及时将各类文件材料和有关数据报表进行分类整理，立卷归档。

第七章　考核奖惩

第二十一条　矛盾纠纷排查调处工作要纳入平安建设和社会治安综合治理考核。

第二十二条　对工作得力、成绩突出的单位和个人，提请党委、政府或综治委予以表彰。

第二十三条　对工作不力，造成重大社会影响的，严格实行责任倒查，对责任人实行责任追究，对责任单位实行一票否决。

第八章　附　则

第二十四条　本规程由省社会治安综合治理委员会办公室负责解释。

第二十五条　本规程自颁发之日起施行。

以组织建设为切入点 夯实综治基层基础

中共温州市委　温州市人民政府

一、抓好综治基层基础建设

为进一步加强乡镇（街道）综治委（办）建设，确保其更好地增强权威、发挥作用，2010 年初，市委下发了《关于进一步加强政法干部队伍建设的若干意见》、《关于坚持和发展“枫桥经验”，深化“综治基基础建设年”活动的意见》，市委组织部、市委政法委、市编办、市人事局联合下发了具体实施细则，明确了乡镇（街道）综治委主任和综治办主任、专职副主任配备要求，规定市级综合实力 30 强乡镇（街道）、县（市）政府驻地街道或城关镇、辖区年刑事发案 500 起以上总人口（含流动人口）6 万人以上、综治工作任务重的乡镇（街道），通过增配或挂职式，配备专门负责综治工作的副书记；从事综治工作满 5 周年、任现职满 3 年、近 3 年考核均为“称职”以上且至少 1 年为“优秀”等次、所在乡镇（街道）综治工作处于领先位置或有明显进步的综治办专职副主任，享受副科级待遇。目前，全市 292 个乡镇（街道）中综治办主任有 263 个由副书记担任，配备综治专职人员 1040 人，平均每个乡镇（街道）3.56 人。各地有效整合基层综治力量，因地制宜，分类打造了一批“示范综治工作中心”。在村居（社区）、企业，深入推广“综治八大员”制度，解决了综治力量薄弱的问题。目前，全市所有乡镇（街道）综治工作中心均达规范化要求，90% 的村居（社区）和职工人数在 200 人以上企业已全部建立规范化综治工作室。针对基层政法综治组织硬件建设落后的状况，专门制订“两所一庭一中心”基础设施建设规划，投资 1.5 亿元，其中市财政补助 2427 万元，全面新建、改建、扩建政法综治基层单位办公用房。在市委政法委、市综治委和市发改委牵头下，政法各部门认真组织实施，财政、国土、规划、建设等部门积极配合，乡镇（街道）综治工作中心已全部建成达标。

二、强化矛盾纠纷排查化解工作

认真贯彻《浙江省矛盾纠纷排查调处工作规程（试行）》，出台《温州市社会治安综合治理排查处置工作规程》，将综治排查范围扩大到矛盾纠纷、治安隐患、重点人员，并对“三大排查”流程进行制度化、规范化。健全县级以上每月一次、乡镇（街道）半月一次排查机制，落实矛盾纠纷排查情况月报告、零报告制度，对梳理出来的可能影响社会稳定的重大矛盾纠纷、治安隐患和重点人员，由党委、政府或综治委发文抄告地方或有关部门（单位）办理，实行“三定一包”，提高了矛盾纠纷调处率、治安隐患整治率和重点人员管控率，促进了基层和谐稳定。坚持和发展“枫桥经验”，积极推进大调解机制建设。乡镇（街道）综治工作中心对矛盾纠纷和群众信访，实行受理、分流、协调、督办、归档“五统一”；推广专职调解员制度、调解“以奖代补”激励保障模式；“三调联动”、诉调衔接工作全面推进。目前，全市 11 个法院全部建立诉调衔接窗口，已在 6 个县级法院、12 个人民法庭设立了调解工作室，聘任专职人民调解员 23 名长期驻点工作。探索推行“警调衔接”工作，在不同类型的派出所设立调解工作室。还建立了市医疗纠纷人民调解委员会、理赔处理中心，负责市内重大疑难医疗纠纷调解工作，在实践中收效良好。目前，全市共有人民调解组织7080个、人民调解员25284人。

三、推行综治"网格化管理"

积极开展"网格化管理"试点工作，整合基层各种社会管理和服务力量，将现代化信息技术运用到基层社会治安综合治理中去，大大提高了工作效能。工作中，突出以综治工作为主题、以掌握信息为重点、以化解矛盾为目的、以服务群众为宗旨，从抓源头、抓基础入手，对基层矛盾纠纷化解、治安隐患和安全隐患整治、重点人员管理等各项工作进行"定格、定人、定责、定流程"处理，取得了阶段性成效，并决定在全市推广。并着手建设全市综治工作网格化信息管理系统，逐步建立"三个排查"、流动人口、出租房屋、综治专项工作等数据库。综治信息平台实行信息共享，力求纵向覆盖到村，横向覆盖到部门，逐步形成责任明确、分工合理、运转有效，确保第一时间掌握信息、第一时间解决问题的工作机制。

深化基层和谐促进工程
推进基层社会管理创新

中共慈溪市委　慈溪市人民政府

慈溪市有民营企业6万多家，外来务工人员86万。这既为区域经济发展提供了有力支撑，也给我们社会管理带来极大的压力和挑战。近年来，我们按照省委建设"平安浙江"、构建和谐社会的决策部署，以全面深化"和谐促进工程"为载体，大力推进"网格化管理、互助式服务"，不断夯实社会治安综合治理的基层基础。全市刑事案件持续下降，未发生影响社会稳定的群体性事件，群众安全感不断上升。连续四年被省委省政府命名为"平安市"。

一、编织社会融合组织网络，着力夯实基层社会管理基础

坚持重心下移，把社会管理的着力点放在村(居)、社区、企业。创建了社会融合组织——村级和谐促进会，并以此作为基层社会管理的基础平台，为有效破解流动人口服务管理难题、共建和谐社会起到了积极作用。2008年以来，根据宁波市委、市政府提出的关于全面推进"和谐促进工程"建设的意见，创新确立了"全面覆盖、全员和谐"的基层社会管理新理念，按照"网络延伸、功能拓展、作用提升"的目标要求，扎实推进基层社会管理由松散型、粗放型向精细化、扁平化转变。一方面，在全市所有村、社区、建有暂口公寓的规模以上企业建立和谐促进会，划片设组，网络服务，真正把社会管理的网络拓展到基层最末端。另一方面，与综治基层基础规范化建设有机结合，实行村(社区、企业)综治工作室与和谐促进会功能的全面对接。目前，全市345个村(社区)和326家规模企业全部建立了和谐促进会。统一选聘组建了14820人的和谐促进员，并实行包干到户责任制，履行宣传员、联络员、信息员、调解员、陪访员和协管员"六大员"的职责，主动上门走访、主动问需于民、主动排忧解难，即时报送重大维稳信息，及时化解一般性社会矛盾纠纷，有效维护了基层和谐稳定。

二、以互助式服务为核心，着力凝聚基层社会管理合力

把构建和谐友爱型的邻里关系、承租关系、劳资关系和人际关系，作为推进"和谐促进工程"建设的目标，紧紧围绕民情、民意、民生、民安等问题，通过搭建"志愿者活动、村企共建、信息沟通、文体活动、政治工作"五大互助式服务平台，设置"需求服务站"、求助电话"小墙热线"等，以活动促交流、以服务促融合、以参与促管理，提高了基层自管理的能力和水平。针对企业劳动力缺口大的情况，全市345个和谐促进会通过外口专职人员积极为企业牵线搭桥，共招工3000多人。近年来，全市和谐促进会共开展各类培训2612次6万余人，组织各类文体活动6600场次，开展各类志愿者活动5300人次，为民服务10万余人次，为5万多名外来务工人员解决就业、子女求学等方面的困难，募集帮扶资金近千万元，帮扶困难人员25000多名。

三、以社会化协同为抓手，着力推进社会管理工作落实

在深入推进"和谐促进工程"建设中，进一步赋予社会融合组织"倾听群众诉求表达、收集涉稳预警信息、排查化解矛盾纠纷、开展群防群治工作、加强出租房屋管理、解决群众需求服务"等六大工作内容，实现了基层综治网络的延伸和力量的壮大。一是排查化解矛盾纠纷。利用和谐促进会网络，形成市、镇、村、片、组"五级联动，逐级化解"的工作体系，全市80%以上的矛盾纠纷全部解决在村一级，成功率达到98%以上。二是开展治安联防。全市已建立义务巡防队伍379支5833人，切实加强了农村社区治安防控。三是促进重点人群帮教。加强对特殊人群的服务管理，开展闲散青少年、归正矫正人员、吸毒人员、精神病人的排查、帮教、治疗、管控，年全市未成年人犯罪率同比下降了11.0%。四是协助社会监督管理。查处工资拖欠案件155件，帮助2067名劳动者追回拖欠工资614.8万元，全市345个村(社区)中344个命名为平安村(社区)，341家企业创建为和谐企业。

四、以制度化保障为关键，着力强化社会管理推动力度

为深入推进"基层和谐促进工程"建设，市委、市政府切实加强了政策扶植和保障。成立了由市委书记负责的基层和谐促进工程领导小组，建立了市村级和谐促进会建设工作指导委员会，加强组织领导和工作指导。各镇(街道)建立相应的组织体系，各村由党组织书记任会长，确保了党的领导和正确的政治方向；建立了专职副会长或副秘书长驻会制度，并纳入社区保安编制，确保了和谐促进会工作常态化；建立了基层和谐促进工程评价体系和以奖代补激励机制，每年进行考评，并根据考评结果，市镇两级配套600万元予以奖励和补助，激励基层不断提升社会管理积极性。

浙江省综治委、办机构情况和负责人名单

一、省综治委

主　任：夏宝龙(省委副书记)

副主任：王辉忠(省委常委、政法委书记、省公安厅厅长)

葛慧君(省委常委、副省长)

刘　奇(省人大常委会副主任)

齐　奇(省法院院长)

陈云龙(省检察院检察长)

宋光宝(省委政法委副书记)

委　员：王海超(省纪委副书记)

陶君毅(省委副秘书长、省信访局局长)

林云举(省委副秘书长)

冯波声(省政府副秘书长)

庄跃成(省委组织部副部长)

龚吟怡(省委宣传部副部长)

巫波伦(省委政法委副书记)

赵　越(省委610办公室副主任)

钱中贤(省人大内务司法委副主任委员)

汤新平(省政协社会法制委委员)

李锦平(省总工会副主席)

蔡永波(团省委副书记)

金　敏(省妇联副主席)

王幼璋(省法院副院长)

刘晓刚(省检察院副检察长)

许永土（省经贸委纪检组长）
徐洪军（省安全生产监督管理局副局长）
蒋胜祥（省教育厅副厅长）
邢越生（省民宗委副主任）
凌秋来（省公安厅副厅长）
青灿荣（省国家安全厅副厅长）
俞志壮（省民政厅副厅长）
季培军（省司法厅副厅长）
罗石林（省财政厅副厅长）
王冬梅（省人事厅副厅长）
朱绍平（省劳动保障厅副厅长）
王永民（省国土资源厅副厅长）
樊剑平（省建设厅副厅长）
王洪涛（省交通厅副厅长）
赵兴泉（省农业厅副厅长）
叶胜荣（省林业厅副厅长）
田宇原（省文化厅副厅长）
王国敬（省卫生厅副厅长）
胡玉璋（省人口计生委副主任）
铁国强（省广电局副局长）
黄建生（省统计局副局长）
马柏伟（省工商局副局长）
林东勇（省海洋与渔业局副局长）
李会光（省质量技术监督局副局长）
朱红炜（省旅游局副局长）
杨必明（省法制办副主任）
范春梅（省新闻出版局副局长）
钱大成（浙江日报报业集团副社长、纪委书记）
马利怡（杭州铁路办事处党工委副书记）
朱文剑（人行杭州中心支行党委委员、工会主任）
许德俊（省军区政治部副主任）
李建忠（省武警总队副总队长）
谢颂光（中国电信股份有限公司浙江分公司副总经理）
郑向平（杭州萧山国际机场有限公司副总经理）

二、省综治办

主　任：巫波伦　省委政法委副书记
副主任：王建新
　　　　朱益军
　　　　张卫星

三、省综治办内设机构

省综治办下设督导处和协调处

浙江省各市、县（市、区）综治委、办主任名单

地　区	综治委主任	综治办主任
杭州市	叶　明	孙　云
上城区	余　勇	尉杭新
下城区	韩建中	王正南
江干区	邱卫星	卢永良
西湖区	腾　勇	朱文德 郑仁榜
拱墅区	周志辉	张绪国
滨江区	阮文静	袁建保
萧山区	谭勤奋	华林桥
余杭区	戚建国	张金泉
桐庐县	徐小林	赵华丰
淳安县	刘小松	汪孝群
富阳市	汤金华	包荣祥
建德市	董　悦	娄樟锡
临安市	卞吉安	程炳贵
宁波市	唐一军	李跃明
海曙区	项　敏	计　锋
江东区	朱建明	陈建敏
江北区	徐文华	黄强明
镇海区	宋济青	胡立群
北仑区	华　伟	陈文汉
鄞州区	王国定	胡贤君
余姚市	李浙闽	钱志芳
慈溪市	李兴达	方国平
奉化市	卓厚佳	舒伟君
宁海县	金伟平	王元法

地　区	综治委主任	综治办主任
象山县	黄志明	范保华
温州市	朱贤良	张建树
鹿城区	王易进	陈翔俊
龙湾区	陈玲玲	包双二
瓯海区	吴宏儒	张　强
乐清市	黄　敏	许大凤
瑞安市	蒋珍明	戈世良
永嘉县	任玉明	叶建勇
洞头县	胡剑瑾	郑灵巧
文成县	吴开锋	林炳欧
平阳县	林亦俊	陈上勉
泰顺县	张洪国	吴正锋
苍南县	黄寿龙	缪心疆
嘉兴市	鲁　俊	曹雪根
南湖区	吴　健	罗卫勤
秀洲区	张少初	周洪良
嘉善县	何全根	袁正平
平湖市	胡水良	曹龙弟
海盐县	姚沈良	张马良
海宁市	孙　群	张林江
桐乡市	沈建坤	章征宇
湖州市	吴水霖	蒋赪兵
		陈晓杰
吴兴区	周建新	蒋国荣
南浔区	马志祥	吴建林
德清县	罗国建	杨顺安
长兴县	汪荣山	何天胜
安吉县	刘宏伟	黎家喜
绍兴市	谭志桂	马玉真
越城区	金泉海	鲁厚兴
绍兴县	阮建尧	金　强
诸暨市	阮建明	边黎明
上虞市	陈泉标	阮建明
嵊州市	马志龙	朱国清
新昌县	求子平	杨卓东
金华市	俞流传	宋　玫
婺城区	邢水成	姜雍禄
金东区	邱银泉	施文胜
兰溪市	朱建军	姚润生
		张国良
东阳市	卜亚男	马巧干

地　区	综治委主任	综治办主任
义乌市	斯建民	刘卫兵
永康市	徐华水	应　军
浦江县	金春波	郑家坤
武义县	王继刚	陈　萍
		杨　松
磐安县	陈国标	楼新平
衢州市	居亚平	周剑峰
柯城区	吕跃龙	朱志宏
衢江区	鲍秀英	陆晓明
龙游县	周中民	章宇夫
江山市	赖瑞洪	王慧达
常山县	林红汉	琚建平
开化县	毛建国	程土根
舟山市	钟　达	徐　烈
定海区	董凯友	曹志栋
普陀区	戴灵芝	俞继英
岱山县	俞福达	沈瑞堂
嵊泗县	李亚舫	郭松芳
台州市	肖培生	李　斌
椒江区	蒋冰风	郑君华
黄岩区	徐亦平	程　敏
路桥区	徐仁标	俞信波
临海市	赵益春	范建华
温岭市	徐友根	林清福
玉环县	吴坚斌	黄显锋
天台县	朱崇敏	王华周
仙居县	周　胜	李继奎
三门县	梅式苗	蒋明泽
丽水市	虞红鸣	徐永杰
莲都区	龚启贤	
云和县	陈立新	李克河
		邱伟生
龙泉市	季柏林	陈木养
青田县	叶水源	李永新
遂昌县	何卫宁	潘　珍
缙云县	王　峻	胡炳庚
庆元县	沈世山	沈光亮
	叶旭勇	练全裕
松阳县	周劲松	徐深源
		吴子仁
景宁县	严铁华	柳贤烈

（撰稿人：蒋淬杭
审稿人：巫波伦　田大忠）

安　徽　省

2010 年社会治安综合治理工作概况

2010 年，在省委、省政府的坚强领导下，全省政法综治战线以邓小平理论和“三个代表”重要思想为指导，以科学发展观为统领，全面贯彻落实党的十七大和十七届四中、五中全会以及全国、全省政法综治工作会议精神，紧紧围绕省第八次党代会提出的“把安徽建设成为全国最稳定的省份之一”的目标，深入推进社会矛盾化解、社会管理创新、基层基础建设，着力加强数字化防控体系建设、突出治安问题排查整治、重点人群和重点领域服务管理等工作，有力推进了全省综治工作上水平、上台阶。全省群体性事件同比下降 9.3%，八类严重暴力犯罪案件同比下降 12%，群众安全感进一步提高，没有发生在全国有较大影响的政治性事件、严重暴力恐怖事件、群死群伤等重大治安灾害事故以及个人极端暴力事件，全省社会大局持续稳定、治安秩序总体平稳。

一、构建大调解工作格局，深入推进社会矛盾化解

一是加强大调解组织体系建设。省综治委出台了《关于构建大调解工作体系的意见》。各地积极探索建立人民调解、行政调解、司法调解相结合、相衔接的大调解工作体系，探索建立公调对接、检调对接、诉调对接机制。各市都成立了市、县（市、区）、乡镇（街道）、村（居）四级调处组织，覆盖城乡基层、覆盖矛盾多发领域、覆盖复杂边际地区的大调解组织网络已初步形成。二是加强行业性专业性人民调解工作。省综治办、省司法厅出台了《关于进一步加强行业性专业性人民调解工作的意见》。加强行业性专业性人民调解工作。在交通事故、劳动争议、医患纠纷、物业管理、征地拆迁、环境污染、消费者权益保护、校园伤害等矛盾纠纷比较集中的行业和领域，成立行业性专业性人民调解组织（中心）。推动各地、各单位建立第三方参与机制，加强行业性专业性调解组织建设。省人社厅、省司法厅、省总工会、省企业家联合会共同出台了《关于加强劳动人事争议调解机制建设的意见》，建立了劳动人事争议调解的联动机制。铜陵、合肥、马鞍山、黄山等地成立行业性和区域性调解中心，有力促进了矛盾纠纷的化解。截至年底，全省已建立行业性专业性调解组织 611 个，选配专业调解员 3380 名。三是推进社会稳定风险评估机制建设。省委办公厅、省政府办公厅出台了《安徽省重大事项社会稳定风险评估办法（试行）》，对重大改革、重大决策、重点项目以及涉及群众切身利益的重要事项和影响社会稳定的重大问题，实行社会稳定风险评估，从源头上防止和减少因决策失误引发的矛盾纠纷。四是扎实开展矛盾纠纷排查化解攻坚活动。省综治委出台《关于深入开展矛盾纠纷排查化解攻坚活动的实施方案》，在全省部署开展矛盾纠纷大排查、大调处活动。全省共排查矛盾纠纷 32.9 万件，调处成功率达 96.4%。

二、精心谋划抓点带面，大力推进社会管理创新

一是领导高度重视，把社会建设和社会管理创新摆上重要位置。全国政法、综治工作会议后，省委多次听取汇报，并召开省委常委会议进行了专题研究，省委书记张宝顺、省长王三运对社会管理创新工作做出重要批示，省委办公厅、省政府办公厅转发了《省委政法委、省综治委、省维稳工作领导小组关于 2010 年度社会矛盾化解、社会管理创新、公正廉洁执法三项重点工作推进计划及分工方案》的通知（皖办发[2010]11 号），形成了整体推进的良好态势。二是深入调研，制定工作方案和项目规划。根据调研情况，初步确定了社会保障体系建设、社会稳定风险评估、构建“大调解”工作体系、基层政法综治维稳组织建设、社会治安辅助力量建设、数字化社会治安防控体系建设、群体性事件应急处置机制建设、社会治安重点地区排查整治、流动人口服务管理、刑释解教人员安置帮教衔接机制建设、监所教育改造质量评估体系建设、安康医院建设、虚拟社会管理等一批纳入“十二五”规划的社会管理创新项目。三是加强工作指导,开展社会管理创新综合试点。省委常委会议研究确定,把合肥市、铜陵市和霍山县作为全省开展社会管理创新综合试点。合肥市被确定为全国社会管理创新试点,市委、市政府高度重视,及时成立了由省委常委、市委书记孙金龙任第一组长的试点工作领导组。11 月 27 日,召开了合肥市全国社会管理创新综合试点城市动员大会。中央综治委副主任、中央政法委副秘书长、中央综治办主任陈冀平出席会议,并作重要讲话。合肥市、铜陵市和霍山县的综合试点工作都在有序推进。12 月 7 – 8 日,全国社会管理创新综合试点工作推进会在北京召开。合肥作为 35 个全国社会管理创新综合试点市、县(市、区)之一,市长、市综治委主任吴存荣同志代表合肥市委、市政府作了题为《实施风险评估制度 推进社会管理创新》的发言。

三、深入开展重点整治和专项行动,全力维护治安稳定

按照中央综治委的部署,省综治委组织成立了社会治安重点地区排查整治工作领导小组,抽调人员成立办公室和专项工作组,制定了排查整治工作方案,召开了全省社会治安重点地区排查整治工作电视电话会议和工作推进会,公布了举报电话。各地对容易发生治安问题的城乡结合部、“城中村”等 19 类重点地区、重点行业、重点场所、重点领域和重点人群,进行了全方位排查整治,全省各级综治委共对 251 个重点地区给予警示,对 169 个重点地区实行了挂牌整治,其中省综治委挂牌警示 17 个。6 月中下旬,组织了 4 个督查组分赴 17 个市及有关县(市、区)开展暗访督查。在各级各部门的共同努力下,我省社会治安重点地区排查整治工作取得了显著成效。截止 2010 年底,全省共发现社会治安重点地区 1221 个,已整治 1216 个。通过整治,大部分地区治安局面得到扭转,破获刑事案件 7925 件,抓获犯罪嫌疑人 7525 名,打掉黑恶势力 35 个。按照中央及省委的统一部署,全省治爆缉枪、“打黑除恶”、打击赌博违法犯罪、综合治理看守所安全管理、打击盗窃“三电”等各项专项斗争也取得了明显成效。

四、加强治安防范,推进社会治安防控体系建设

一是强化基础防范,全力保障上海世博会和广州亚运会安全稳定。3 月 20 日,省委、省政府召开了安徽省参与 2010 年上海世博会动员大会,成立了上海世博会安保工作协调领导小组及办公室。组织开展世博安保大检查,强化对涉沪设施的巡逻盘查,严密对繁华街区、集贸市场、车站码头、旅游景区等人员密集场所的巡逻防控。强化对枪支弹药、爆炸物品、剧毒化学品、放射性物品等危险品的管理。加强入沪交通管理,开展了“迎世博、创文明、保平安”交通秩序专项整治活动。加强入沪车辆专用通行证发放工作和入沪车、船、人、物的安全检查和信息登记,严防危险物品流入上海,危及世博会安全。世博会期间,全省共排查发现并妥善处置各类交通隐患 897 起。二是以信息系统建设为重点,大力推进数字化治安防控体系建设。省委办公厅、省政府办公厅转发了《省综治办、省公安厅关于进一步加强社会治安防控体系建设的意见》。健全完善社会治安视频监控系统。至年底,全省建成各类社会单位、居民小区监控点 50 万个,建成公共视频监控点 2.5 万个。在省、市交界处、城市出入口、交通要道设置治安(交通)卡点,安装集治安巡控、侦查破案、交通检查等功能于一体的视频监控设备。完成 260 个公路卡口监控系统的升级改造,并在城市出入口等重要部位续建了 100 个公路卡口监控系统。全省先已建设社会治安视频监控摄像机 45 万台。三是积极推动各地把技防建设纳入城乡规划和建设,纳入民生工程。在公共复杂场所、重点要害部位和易发案地方,建立治安动态视频监控系统。在农村地区推广普及各种形式的“小技防”措施。在全面推进技防设施建设的基础上,进一步规范、整合社会化技防力量,实现联动互补。全省各地开展了不同形式的技防进家庭活动,在 17 个县开展了农村技防建设试点工作,并取得了明显成效。

五、全面加强综治基层组织建设，不断提升基层综治工作水平

一是推进乡镇（街道）维稳综治办建设。进一步抓好省委办公厅、省政府办公厅《关于进一步加强社会治安综合治理基层基础建设的意见》（皖办发[2009]19号）的落实，加强综治基层基础建设的指导检查，着力推进乡镇（街道）维稳综治办建设。目前，全省有17个市编制部门全部下发了文件，落实乡镇（街道）维稳综治办的机构、编制等具体问题。马鞍山、宣城、铜陵、安庆等市还对乡镇（街道）维稳综治办专职副主任副科级待遇进行了明确。全省1527个乡镇（街道）全部建立了维稳综治办，其中大部分已实现机构入编并单独设置，落实了专职工作人员，全省乡镇（街道）维稳综治办专职工作人员达到4633名。二是推进乡镇（街道）维稳综治工作中心和村（社区）维稳综治工作站建设。推动加强对基层维稳综治工作力量的整合，以维稳综治工作中心为平台，整合各有关部门力量，采取统分结合的办法，以司法所为主，实行定期集中办公和日常轮流值班，并从制度落实、机制运行、工作效率等方面加强考核，切实提高中心的运行效能。目前全省乡镇（街道）维稳综治工作中心已实现了全覆盖，综治、治保、调解、警务、民兵“五位一体”的村（社区）维稳综治工作站基本实现全覆盖。三是推动基层加强群防群治队伍建设。推动城乡社区、村（居）结合实际建立义务治安巡逻队，加强对治安复杂地区和部位的夜间治安巡视。推广建立“一长二员”，即维稳综治小组长（楼栋长、中心户长）、维稳综治信息员、义务调解员。目前，全省已建立3.4万余人的治安志愿者队伍，治安志愿者积极参与综治宣传和治安防范，成为维护治安和社会稳定的重要力量。

六、狠抓综治工作责任落实，进一步完善奖惩激励机制

省综治委、省委组织部下发了《关于建立党政领导干部综治工作实绩档案的通知》，推动党政领导干部抓社会治安综合治理业绩的考核工作，切实将党政领导干部抓综治工作的能力和实绩与晋职晋级和奖惩直接挂钩。切实发挥综治五部门联席会议的作用，完善“一票否决权制”实施办法，加大对发生严重危害社会稳定重大问题的地方、单位实施领导责任查究和“一票否决”的力度，严格兑现奖惩。2010年，全省共对42个单位实施了一票否决。认真落实了综治委成员单位平安建设工作联系点制度。2010年，有30多个成员单位的主要领导、综治委委员亲自带队深入联系点调研工作，指导联系点开展平安建设工作，帮助基层解决平安建设存在的困难和问题。省综治委及时通报了省综治委成员单位及委员联系县（市、区）平安建设工作情况。各市也建立了综治委成员单位联系乡镇（街道）平安建设制度，促进了全省平安创建整体水平的提高。进一步完善综治考评体系，充分发挥考评的推动作用。省综治委对各市2009年度综治工作开展情况进行一次检查并排序，对省综治委成员单位进行一次考核。2010年，省综治委隆重表彰了7个综治工作先进市、17个优秀综治委成员单位、50个综治工作先进集体和60名综治工作先进个人。省委、省政府重新确认了47个、新命名了31个平安县（市、区）。完善了综治工作重点管理制度。指导督促2009年被实行综治工作重点管理的县（区）改进工作，限期改变面貌。省综治委对各市2009年度综治工作检查排序末位的县（市、区）进行统一考核，在此基础上，排出5个左右全省综治工作后进县（市、区），实行重点管理。目前，首批实行重点管理的5个县（区）整改工作已取得明显成效，均被解除重点管理，有的县（区）综治工作已经进入了所在市的先进行列。

七、加强综治委专门工作领导小组和办公室建设，进一步增强齐抓共管的合力

2010年，省综治委各专门工作领导小组及其办公室加强工作规范化建设，充分发挥职能作用，认真落实省综治委的工作部署，创新方式方法，召开了两次五个专门工作领导小组办公室主任联席会议，有效推动了各专门工作的顺利开展。（一）流动人口治安管理工作。坚持“公平对待、合理引导、完善管理、搞好服务”的方针，积极探索做好流动人口服务和管理工作机制。继续推广合肥、铜陵等市已成立了流动人口服务管理处的经验做法，要求各市建立流动人口服务管理组织机构，调剂编制，落实人员，确保对流动人口服务和管理力度。研究制定了安徽省“实有人口、实有房屋”信息集中采集工作方案。（二）刑释解教人员帮教安置工作。省委、省政府办公厅转发了《省综治委关于进一步加强刑满释放、解除劳教人员安置帮教工作的意见》。9月在全国刑释解教人员安置帮教(青岛会议)上,安徽省在大会上作了经验介绍。以全省司法所“双百日维稳攻坚行动”为抓手,实施刑释解教人员安置帮教工作攻坚,加强管控衔接和帮教安置,推进帮教安置基础建设,目前全省已建立职业培训基地113个、过渡性安置基地290个。(三)预防青少年违法犯罪工作。召开了全省预防青少年违法犯罪工作领导小组会议,确定了青少年法制教育宣传、重点青少年群体排查摸底专项行动、构建预防青少年违法犯罪工作机制保障等五项重点工作,召开了全省预防青少年违法犯罪试点推进会。(四)铁路护路联防工作。省综治委铁路护路办坚持以“保安全、保稳定、保畅通”为目标,紧紧围绕铁路春运和世博会、亚运会期间的铁路护路联防工作,积极参与实施“环沪护城河”工程,着重抓好线路治安责任制的落实,有效地维护了全省铁路治安持续稳定。(五)学校及周边治安综合治理工作。中央政法委、中央综治委《关于迅速加强学校、幼儿园及周边安全工作的紧急通知》和全国综治维稳工作电视电话会议后,省综治委及时下发了《关于加强学校及幼儿园安全工作的紧急通知》,要求全省综治、公安部门切实对中小学校、幼儿园周边治安秩序、文化环境、交通秩序等情况认真进行安全大排查。5月份,在全省各级各类学校开展为期一个月的“学校安全宣传教育月”活动。省委、省政府办公厅转发《关于进一步加强校园幼儿园安全保卫工作的通知》,强调加强校园安全的物防、人防、技防的三防建设;全面开展安全隐患排查和重点人群防控,要求确保校园安全万无一失。

八、积极开展以平安建设为主题的综治宣传工作,努力营造良好的舆论氛围

一是组织开展综治宣传月活动。省综治委紧紧围绕“深化平安建设,推进三项政法重点工作进基层”这一主题,精心组织宣传月活动。省委宣传部、省综治办组织《法制日报》驻皖记者站和《安徽日报》、《安徽法制报》、安徽人民广播电台、中安在线、《治安瞭望》等新闻媒体对8个具有不同特色、工作富有创新的市(县、区),进行集中采访报道。省内各大媒体在重要版面(时段)开辟了专栏,进行了重点系列报道,营造了浓厚的舆论宣传氛围。二是组织开展了2009年度综治优秀新闻作品评选活动。省综治办会同省新闻工作者协会联合开展了2009年度全省社会治安综合治理优秀新闻作品评选活动,共评出优秀新闻作品63件和编辑奖3个、组织奖6个。择优推荐13件综治新闻作品参加全国综治优秀新闻作品评选,省综治办获得全国综治优秀新闻组织奖,推荐的作品获得1个一等奖和2个三等奖。三是推进见义勇为立法和表彰工作。省综治委、省人大内司委、省见义勇为基金会会同有关部门启动了《安徽省见义勇为奖励和保护条例》立法工作。省见义勇为基金会组织召开了全省第七届见义勇为“安徽移动弘扬正气奖”表彰大会,表彰了全省35名见义勇为先进人物,进一步弘扬社会正气。四是加强综治干部培训,提高综治干部队伍的素质。省综治办举办了全省县(市、区)综治办主任培训班,并组织学员赴山东青岛学习考察社会管理创新工作。

安徽省社会治安综合治理委员会关于印发《关于构建大调解工作体系的意见》的通知

（2010年6月3日）

各市、县（市、区）社会治安综合治理委员会，省社会治安综合治理委员会成员单位：

现将《关于构建大调解工作体系的意见》印发给你们，请结合实际，认真贯彻落实。

关于构建大调解工作体系的意见

为贯彻落实省委办公厅、省政府办公厅《关于转发〈省委政法委、省综治委、省维稳工作领导小组关于2010年度社会矛盾化解、社会管理创新、公正廉洁执法三项重点工作推进计划及分工方案〉的通知》（皖办发［2010］11号）和中央综治办《关于印发〈关于切实做好矛盾纠纷大排查大调解工作的意见〉的通知》（综治办［2010］63号）精神，深入推进矛盾纠纷化解，构建人民调解、行政调解、司法调解既充分发挥作用又相互协调配合的大调解工作体系，切实把社会矛盾化解在基层、化解在萌芽状态，维护社会和谐稳定，现结合我省实际，就构建大调解工作体系提出以下意见。

一、构建大调解工作体系的基本原则和工作目标

1. 基本原则。坚持党政主导、部门协作配合，整合资源和力量，统筹解决大调解工作中的重大问题；坚持重在基层、依靠群众，按照“属地管理、分级负责”和“谁主管、谁负责”的原则，以县（市、区）、乡镇（街道）为重点，从人民群众最关注的问题入手，条块联动、协调配合，形成整体合力；坚持依法调解、自愿调解，把调解贯穿于解决民事纠纷、处理行政争议、劳动人事争议和司法诉讼的全过程，尊重当事人意愿，引导当事人互谅互让；坚持依法调解、公正高效，依照法律法规和相关政策进行调解，做到合法、合理、合情，严格调解制度，提高调解的权威性和公信力；坚持预防为主、源头治理，立足抓早、抓小、抓苗头，努力使纠纷早解决、矛盾不上交，切实把各类矛盾解决在基层、化解在萌芽状态。

2. 工作目标。建立覆盖乡镇（街道）、村（社区）和各级各部门、各行各业的调解组织网络，定期排查掌握群众身边的婚姻家庭、邻里等常见性、多发性矛盾纠纷，群众关心的热点、难点工作，涉及民生类、经济社会发展类、历史遗留类的矛盾纠纷，以及容易引发“民转刑”案件和重大群体性事件或集体上访的矛盾纠纷等，实现调解工作的全方位覆盖。大调解工作整体效能充分发挥，调解工作全面加强，人民调解、行政调解、司法调解、仲裁调解、企事业单位内部调解组织调解职责明晰，衔接有序，工作规范有效。调解成功率明显提高，做到“小纠纷不出村（社区）、大纠纷不出乡镇（街道）、重大矛盾纠纷不出县（市、区）”，“民转刑”案件、越级上访案件和涉法涉诉信访案件明显下降，防止重大群体性事件、恶性“民转刑”案件和集体赴省进京上访的发生，实现各类矛盾纠纷经过大调解得到有效化解，确保社会和谐稳定。

二、全面构建大调解工作体系

3. 建立县级以上领导组织。县级以上建立大调解工作领导小组，在党委、政府统一领导下，综治部门统筹协调，整合政法、综治、信访、维稳和有关行政职能部门及工会、共青团、妇联组织的调解资源和力量，建立大调解工作平台。公安、人社、交通、卫生等矛盾纠纷相对集中的行政执法部门和司法机关，要建立主要领导牵头的大调解工作领导组织，做好本单位、本系统大调解工作。健全各企事业单位调委会及专业性、行业性调解组织，建立各类新经济组织、新社会组织调解组织，形成严密的纵向到底、横向到边的大调解组织网络。市、县（市、区）可以在信访接待部门建立大调解工作中心，统一受理、梳理、分流各类矛盾纠纷，并督查督办调处和化解工作。

4. 建立乡村工作平台。在乡镇（街道）落实省委办公厅、省政府办公厅《关于转发省社会治安综合治理委员会关于进一步加强社会治安综合治理基层基础建设意见的通知》（皖办发［2009］19号）的要求，由党委、政府统一领导，整合资源，健全机制，构筑基层维稳综治工作平台。乡镇（街道）依托维稳综治工作平台（中心），开展大调解工作。村（社区）依托维稳综治工作站或人民调解组织，重点做好民间纠纷的调处工作。

5. 加强人民调解、行政调解、司法调解的衔接。在人民调解组织调处常见性、多发性传统民间纠纷的基础上，积极推动在司法、行政职能部门设立人民调解工作室。按照调解优先的原则，首选人民调解的方式方法，通过教育疏导，使群众在平等协商基础上自愿达成协议，解决矛盾纠纷。对属于行政管理职权的事项，人民调解组织要充分发挥工作优势，及时参与疏导化解，各相关行政部门积极主动介入调解工作，充分履行行政职能，做到优势互补、形成合力。对用人民调解方式未能解决的矛盾纠纷，要协调有关部门开展专业调解活动进行调解，或者引导依法通过行政复议、仲裁等方式妥善解决；对可能激化或造成严重后果的矛盾纠纷，应立即采取必要措施进行缓解或疏导，并及时向党委、政府和有关主管部门报告。

对当事人诉至人民法院的矛盾纠纷，引导当事人到驻人民法院（庭）的人民调解室调解，或由人民法院进行立案调解。当事人拒绝调解或调解不成的，再依法立案移送审理。人民法院要按照“调判结合、调解优先”原则，做好司法调解工作。人民法院应联合有关部门，制定诉前、诉中、诉后调解的工作程序，大力推进巡回调解、邀请调解、委托调解、联合调解等多种调解方式。对经人民调解、行政调解达成协议，自愿申请确认效力的，人民法院应依法及时审查，对符合法律规定的，依法予以确认和支持，探索完善调解协议的司法确认程序，实现各种调解效力的有效衔接。检察机关在依法履行法律监督职能的同时，建立依托大调解工作体系化解社会矛盾的工作机制。对轻微刑事案件，依照法律规定，探索建立运用和解方式解决问题的机制，明确开展调解或促进刑事和解的条件、范围和程序，努力形成犯罪嫌疑人、被告人与被害方之间宽容谅解的氛围，使被害方因犯罪所受到的伤害降至最低。

三、健全和完善大调解的运行机制

6. 实行联调联动。综治部门通过大调解组织，统筹协调，整合各种调解资源和力量，实现联调联动。各级大调解组织要公布受理电话，收集汇总各类信息，对矛盾纠纷统一受理、集中梳理、归口管理、依法处理、限期办结。实行首问负责制，对依法应由最初受理部门调处的，由该部门负责；对应由其他部门调处的，应当告知当事人，并负责联络有关部门受理；对法律关系复杂、涉及多个部门的，由最初受理的部门提请大调解组织协调解决；本级大调解组织无法协调的重大复杂矛盾纠纷，报上一级大调解组织指定有关地方党委、政府及部门协调解决。对有重大影响或涉及全局性、有组织化倾向的矛盾纠纷，实行党政领导和单位领导包案解决。要根据矛盾纠纷的不同情况，组织公（安）调对接、仲（裁）调对接、检调对接、诉调对接，以及与行业、系统的调解对接工作，联调联动，保证所有矛盾纠纷都有调解出路，各类调解方式都能充分发挥作用。

7. 坚持分级调解。根据矛盾纠纷的类型、性质、涉及范围和区域，确定由相关层级和部门来调解。村（社区）重点做好民间纠纷的调处工作；乡镇（街道）、单位（系统）主要调解较为疑难的或跨村（社区）的矛盾纠纷，确保矛盾纠纷不出乡镇

（街道）、单位（系统）；县（市、区）重点调解乡镇（街道）调解不了的疑难的社会矛盾，涉法涉诉矛盾纠纷、改革发展和社会管理中出现的影响较大矛盾纠纷，对涉及人员多、领域广、情况复杂的重大矛盾纠纷，协调有关部门相互配合，采取多种方法进行调解。辖区内中央、省垂直管理单位的矛盾纠纷调处工作，由其主管部门负责，所在地积极配合。省、市主要对跨区域和在省、市范围内有重大影响或涉及政策性的重大复杂矛盾纠纷，协调指导有关部门和地方党委政府进行调处。

8. 积极主动排查。大调解既要开门接待、积极受理，又要主动排查、积极预防。以机关、团体、企事业单位、村（社区）为主进行日常排查，以党政主管部门为主开展行业、系统的排查，排查重点是矛盾纠纷多发的领域、行业和群体。村（社区）每周排查一次，乡镇（街道）每半月排查一次，县（市、区）市每月排查一次，及时全面掌握辖区内的矛盾纠纷信息。重大节日、重要活动和敏感时期要集中排查，实行每日一报和“零报告”制度。要从源头上预防和减少矛盾纠纷，深入推进依法行政，坚持科学民主决策，健全行政监督制度，对涉及群众切身利益的政策措施、重大项目建设，在决策前要进行社会稳定风险评估，采取必要的听证公示，并把社会稳定风险评估纳入社会治安综合治理考评体系，对评估出可能引发重大矛盾纠纷或群体性事件的，在其矛盾纠纷未调处化解前要暂缓实施。

9. 做好督查督办。对分流到各职能部门、相关单位的矛盾纠纷，大调解组织要根据性质、涉及范围、人数、重大复杂程度确定调处期限，限期调结，落实登记、交办、承办、销案各个衔接环节，建立工作台账，实行全程督查督办。对已调结的重大矛盾纠纷进行回访，督促调解协议的履行，听取有关意见建议。对超过规定期限未调结的，有关单位要说明原因，确定下一步调解方案。各级大调解组织要定期进行工作情况通报，对无特殊原因久调未结的，督促调解单位或牵头单位限期调结。

四、强化大调解工作保障措施

10. 加强组织领导。各级党委、政府要从构建社会主义和谐社会、加强基层政权建设、夯实党的执政根基的高度，充分认识构建大调解工作体系的重要意义，切实把矛盾纠纷排查调处工作纳入党政“一把手”工程。要建立矛盾纠纷分析研判制度，党政主要领导对可能影响本地区社会稳定的重大矛盾和突出问题，要亲自过问，亲手包案，定期分析研究，及时解决。各级综治委及其办公室要充分发挥工作体制机制优势，积极争取党委政府的大力支持，推动落实“一岗双责”制度，把化解矛盾纠纷的责任分解落实到党政领导班子成员身上。

11. 加强队伍建设。建立起一支党政主导、扎根群众、覆盖基层和各行各业的专职调解员、特邀调解员、调解志愿者队伍。行政执法部门、司法机关工作人员既要做好执法人员，又要当好调解员。积极吸收符合条件的离退休法官、检察官、警官，以及律师、公证员等法律工作者参加调解组织，积极吸收乡村老党员、老干部、老模范、老教师、老军人等“五老”参加调解工作。加强调解人员的教育、培训和管理，组织以会代训、旁听审判、担任人民陪审员和“以案代训”、“观摩调解”等活动进行培训，开展调解技能竞赛活动，不断提高调解人员的政治素质、业务水平和调解技巧。

12. 开展宣传教育。深入开展社会主义法制宣传和法治理念教育，坚持集中宣传教育和“以案说法”相结合，增强人民群众遵纪守法和依法维权的意识，引导人民群众把调解作为解决矛盾纠纷首要选择。广大调解人员要牢固树立群众观念，加强学习，切实把搞好大调解工作作为新形势下践行党的群众路线的生动实践，不断提高做群众工作的水平和能力，特别是要带着感情去调解，打消隔阂、互让互谅、谅解和解，架起党群之间、干群之间、群众之间的连心桥梁，促进调解取得实效。

13. 落实经费保障。各地、各有关部门要切实落实大调解工作经费，落实大调解工作办公场所和设施。要把大调解与解决当事人实际困难结合起来，对于那些于情、于理、于法都应终结的矛盾纠纷，当事人确有实际困难的，应纳入社会救助和司法救助范围。

14. 实行考核奖惩。各地、各有关部门要按照一把手“负总责”和班子成员“一岗双责”的要求，把构建大调解工作体系、化解矛盾纠纷工作绩效纳入综治工作目标管理考核。对调解工作成绩突出的单位和人员进行表彰奖励；对组织领导不力、调解工作不落实，导致矛盾纠纷突出的，进行通报批评并限期整改；对因工作不力或隐瞒情况，酿成严重影响社会稳定的重大案件和群体性事件的，实行社会治安综合治理"一票否决"，并追究有关领导和责任人的责任。

安徽省社会治安综合治理委员会办公室 安徽省公安厅 关于印发《全省农村技防建设试点工作方案》的通知

（2010 年 10 月 25 日）

各市综治办、公安局：

现将《全省农村技防建设试点工作方案》印发给你们，请结合本地实际，认真贯彻落实。

各地推进农村技防建设试点工作中好的经验和做法以及存在的问题，请及时报告省综治办和省公安厅。

全省农村技防建设试点工作方案

2006 年以来，全省各级公安机关在党委政府重视和有关部门的支持下，大力开展社会治安视频监控与报警系统建设，初步构建了一张覆盖城市的报警与监控网络，在预防和打击犯罪、服务公安实战、维护社会稳定和服务群众工作中发挥了重要作用。为了深入开展"平安建设"，将科技创安的触角延伸到农村地区去，切实做好广大农村地区的治安防范工作，省综治办、省公安厅决定在肥东等 17 个县（名单附后）开展农村技防建设试点，时间为 2010 年至 2011 年底。为切实做好试点工作，特制定本方案。

一、基本原则

（一）因地制宜、分类推进。要坚持农村地区公安工作与群众路线、公安科技与群防群控工作的有效结合，根据当地经济社会发展现状，科学分类推进农村技防工作。

（二）服务实战、讲求实效。要充分围绕农村治安防范工作的实际需要开展规划和组织建设，加强调研，明确目标，规范建设，注重质量。

（三）以人为本、服务群众。要始终将群众利益放在首位，以满足群众的安全需求为出发点和落脚点，推广经济实用、操作简便、群众欢迎的模式和产品。

二、工作目标

全省 17 个农村技防建设试点县，要大力推进防盗报警、视频监控等安全技术防范设施建设，经过两年的努力，实现农村地区技术防范村级覆盖率达到 80% 以上的目标，初步形成党委政府统一领导，综治部门组织协调，以农村派出所和警务室为依托，多部门、多警种联动，群众积极广泛参与，市场化运作的农村技防工作新格局，推进形成以技防为支撑，人防、物防、技防相结合的农村治安防控新体系。

三、工作任务

(一)全面提高视频监控的覆盖面。各试点县要成为社会治安视频监控系统建设的示范和表率,进一步强化社会治安视频监控系统建设。其中覆盖城区各出入口、主要道路、重要路口等区域和党政领导机关等重点部位的一类点,覆盖城区一般道路、街区、繁华地段、公共场所、治安复杂部位等的二类点的建设要再上新台阶,力争实现100%覆盖。根据治安防范工作的要求,各县一、二类点的建设数量应不少于200个,社会力量布建的监控点应达到5000个以上。同时要积极推进视频监控向乡镇延伸,实现对标准镇主要出入口、重要部位的覆盖。

(二)大力开展农村技防建设。结合我省农村地区的特点和治安需求,各试点县要完成以下几个方面的建设任务:一是技术防范村级覆盖,就是行政村50%以上农户安装使用"气死贼"、"平安大喇叭"、"十户(多户)联防"、"平安E家"等技防设施,实现小范围组网或现场报警。二是农村地区基础设施和重要单位普及使用以报警为主、监控为辅的安全技术防范设施,电力、水力、通信、油气管线、重要物质储存库等基础设施的技防系统安装使用率达到90%,学校、诊所、金融营业机构等重点单位技防设施安装使用率达到100%。三是在城郊结合部、乡镇商业区、案件高发区等建设技防报警网络以及视频监控系统。

(三)不断深化农村技防应用。一是建立和完善农村技防设施和系统的建设、管理、运行、考核机制。二是将农村技防工作纳入当地社会治安综合治理考核,纳入公安工作综合考评。三是组织开展农村技术防范设施建设、应用的科普宣传和培训。四是对农村警务资源根据农村技防建设情况进行合理的调整配置。五是强化民警、农户等的技防应用意识,探索和提炼农村治安事件和各类案件处置中技术防范的应用途径和技战法。

四、时间进度

2010年10月至12月,各试点县制定实施方案;省综治办、省公安厅组织召开农村技防试点县工作会议,并在试点县开展示范建设。

2011年1月至9月,各试点县开展技防建设和应用。

2011年10月至12月,农村技防试点工作验收、总结、表彰。

五、措施要求

(一)提高认识。加强安全技术防范在维护农村稳定工作中的应用,是建设社会主义新农村、关注民生服务百姓和推进"三项重点工作"、"三项建设"的迫切需要,各级综治部门和公安机关要提高认识,深刻领会,认真履行职责,充分利用技术防范手段,利用报警与监控系统建设取得的经验来积极推进农村技防工作,尽最大努力保障农村地区的社会稳定。

(二)加强领导。为加强组织领导,成立省农村技防建设试点工作领导小组,省委政法委副书记、省综治办主任马大伟任组长,省公安厅副厅长王静、省综治办专职副主任张兵任副组长,省公安厅交警总队总队长赵强、治安总队总队长刘海石、科技处处长范厚本为成员,领导小组办公室设在省公安厅科技处,科技处副处长江燕任办公室主任。各试点县也要成立农村技防建设工作领导机构,把此项工作作为深化当地平安建设的基础性工程,扎实推进。要积极争取党委、政府的重视和支持,努力将农村技防工作从公安机关层面提升到当地经济社会发展全局的高度,纳入党委、政府的重要议事日程,形成综治部门协调、公安机关主导、各有关部门联动、群众积极参与的工作机制。

(三)保障经费。对于公共部位的报警与监控设施、公安报警与监控平台等建设,要争取将建设、维护或租赁经费纳入财政预算,扎实推进。对于重要基础设施的技防设施建设,要按照相关法规要求,督促相关责任单位落实建设和运行资金。对于农户家庭防盗报警等技防设施,要本着维护农民利益、减轻农民负担的原则,采取"财政补一点、社会捐一点、村委贴一点、农户出一点"等多种方式筹措资金。

(四)宣传发动。首先,要积极向党委、政府相关部门汇报农村技防的效果和成功案例,争取他们的重视和支持。其次,要在综治和公安机关内部开展宣传,促进各警种特别是基层所队和驻村民警的参与。再次,要向广大农民宣传,通过现场演示、科普培训、入户参观等形式,让他们充分了解技术防范的好处和作用,认识到农村技防工作利己、利家、利社会,进一步激发他们的热情,取得他们的理解、支持和参与,使技防建设真正变成广大农户的自觉行动。

（五）制定规范。要针对农村地区不同的地理状况、发展现状、治安形势等特点，在研究安全防范需要的基础上，确立符合当地农村治安需求的建设模式以及不同模式的适用区域和范围，制定真正满足当地农村实际需要、操作性强的农村技防工作规范和规划。在制定规范和规划的过程中，要特别注意做好入户技防产品的选型工作，在充分满足当地农民经济承受能力的前提下，选择经济、实用、质量好、操作简单的产品进行推广使用。

（六）有序推进。农村技防工作有着自身独有的特点，在我省目前也是刚刚起步，没有现成的经验可以借鉴，在试点过程中也必然会遇到一些新情况、新问题。对此，各地一方面要勇于探索，敢于创新，尽快形成一套适合当地农村地区实际的技防建设、应用的模式和机制；另一方面，要注意相关建设、应用情况和数据的收集、统计、上报，及时总结经验，发现问题，不断完善工作措施，确保此项工作的健康发展。

附件：全国农村技防建设试点县名单

附件：

全省农村技防建设试点县名单

肥东县、蒙城县、临泉县、太和县、灵璧县、砀山县、固镇县、五河县、凤台县、霍山县、和县、南陵县、铜陵县、宿松县、绩溪县、歙县、濉溪县

安徽省扎实推进刑释解教人员安置帮教工作

近年来，安徽省始终坚持把刑释解教人员安置帮教工作作为社会治安综合治理的一项重要内容，不断推进工作创新，携手助推“平安安徽”建设，全力维护社会和谐稳定。

一、领导高度重视，安置帮教工作摆上重要议事日程

（一）加大指导力度。2007 年，省委、省政府召开全省平安建设工作会议，将刑释解教人员安置帮教工作作为社会治安综合治理和平安建设的三大战役之一来部署。全省成立了省、市、县（市、区）、乡镇（街道）安置帮教工作组织、领导和协调机构。淮北市委要求制定具体政策措施，鼓励社会企业吸纳刑释解教人员就业。阜阳市各县、区党委、政府领导带队开展进监说法，通过建立监地共建机制，全面实行人员接领制度。

（二）强化政策措施。2008 年 6 月，省政府下发《关于进一步做好促进就业工作的通知》，将刑释解教人员纳入享受就业政策扶持范围。2010 年 8 月，省委、省政府两办转发《安徽省社会治安综合治理委员会关于进一步加强刑满释放解除劳教人员安置帮教工作的实施意见》，细化落实中办发[2010]5 号文件的具体措施。马鞍山、铜陵、宣城、蚌埠、祁门、太和等市县及时出台加强安置帮教工作的具体政策办法。

（三）纳入综治考核。从 2008 年开始，省综治委每年对全省 17 个市落实综治目标管理责任书情况进行考核；从 2009 年开始，每年对省综治委成员单位进行考核。各级综治委刑释解教人员安置帮教工作领导小组每年分别对各市、县（市、区）、乡镇（街道）及各相关部门安置帮教工作进

行考核，层层落实责任制，努力减少刑释解教人员的脱管漏管，着力提高安置帮教工作质量和水平。

二、协作配合紧密，实现安置帮教工作齐抓共管

（一）建立联动机制。各级安置帮教机构建立了成员单位及有关部门之间协商、通报、配合、考核制度。领导小组及办公室定期召开成员单位会议，分析工作形势，研究推进工作的措施。各级安帮办将重要工作安排及工作开展情况及时通报成员单位。近年来，结合推广"祁门经验"，省安置帮教工作领导小组组织两次大规模的刑释解教人员创业典型进监所现身说法和创业经验交流活动，成员单位积极派员参加。

（二）开展业务协作。省安置帮教工作领导小组与省法院和省司法厅、公安厅、民政厅先后出台有关安置帮教衔接工作的文件，建立完善了相关制度。2009 年 8 月，在省农委、省扶贫办等相关部门的支持下，省安置帮教工作领导小组制定《安徽省刑释解教人员职业培训与过渡性安置基地管理暂行规定》，成员单位积极落实有关扶持政策，为刑释解教人员就业创业搞好服务。共青团、妇联组织社会志愿者参与帮教工作，积极关注刑释解教人员家庭生活。

（三）落实经费保障。2004 至 2008 年，省财政支持 1800 万元、市县配套 7674 万元，支持司法所国债项目建设，改善了安置帮教工作硬件设施。全省司法行政机关投入 1.5 亿元建立司法行政专网，开发司法所综合管理系统、协同矫治系统、安置帮教工作管理系统，建立监所与安置帮教工作机构之间信息沟通机制。2008 年，省司法厅与财政厅联合出台《安徽省县级司法行政机关公用经费保障标准》，将安置帮教工作经费列入公用经费范围。

三、措施落实到位，全力预防违法犯罪、推进社会管理创新

（一）提高教育改造质量。在创新改造方式上，"入口"重思想法律教育，"过程"重文化技能教育，"出口"重回归适应教育，并以省直监狱劳教单位与各市司法局和警官学院"双向联系"为载体，开展经常性的"送法、送法律援助、送岗位进监所"等活动。在制定考评体系上，监狱系统将服刑人员思想教育、文化技术教育、个别教育、入出监所教育、监区文化教育、改造社会化等改造指标进行量化，劳教系统制定了劳教人员所内改好率、职业培训入学率、取得执业技能证书率、戒毒人员所内戒断率等考核指标。在强化激励措施上，逐步建立服刑在教人员文化职业教育奖励金、回归社会就业储蓄金、特困人员阳光救助金"三金"制度，加强与"希望工程"的联系，对服刑在教人员子女实施阳光救助，解除服刑在教人员的后顾之忧。

（二）完善衔接管理机制。一是以落实各项制度加强衔接。监所按规定寄发《刑释解教人员通知书》、《出监所鉴定表》等法律文书，司法所接到通知书后动员其家庭和相关单位接领；对无人接领的重度残疾、疾病人员，监所派人送回原籍，并加强与安置帮教机构的联系。二是以信息技术应用加强衔接。监所痛过司法行政专网与安置帮教管理系统发布《刑释解教人员通知书》，省司法厅与省公安厅分别通过司法行政安置帮教网、公安金盾网将刑释解教人员名单发给司法所、公安派出所，由司法所、公安派出所共同做好衔接。今年，全面应用中央安帮办刑释解教人员信息管理系统，实现全国范围内刑释解教人员数据交换。三是以开展核查摸排加强衔接。司法所、公安派出所、村（社居）基层帮教组织对信息不全、不真实人员，通过上门摸排、人口管理系统核查，在两所例会上相互比对，建立登记档案。在全省组织开展了刑释解教人员调查摸底专项活动和服刑在教人员基本信息核查工作。

（三）拓宽安置帮教渠道。一是大力推进基地建设和职业培训。将刑释解教人员技能培训纳入省人力资源和社会保障部门培训范围，全省建立刑释解教人员职业培训基地 113 个，通过扶持刑释解教人员自己创业、社会企业吸纳就业等方式建立过渡性安置基地 290 个，安置 941 名刑释解教重点人员。二是大力推进就业帮扶和服务。各地安置帮教机构与人力资源和社会保障、工商、共青团、妇联等部门配合，共同实施"就业援助百日帮扶活动"、"春风行动"，给刑释解教人员发放《就业失业登记证》，凭证在全省范围享受就业扶持政策，包括小额贷款、税费减免、就业援助、培训补贴等内容。三是推进专项活动和跟踪帮教。2009年,省司法厅部署开展为期10个月的全省司法所“进万村大服务”活动,期间走访安置帮教对象9.64万人次,落实责任田2.23万人,落实低保5037人,开展结对帮扶5.2万人次,组织技能培训2.46万人次。从2010年3月开始,省司法厅组织全省近5000名基层司法行政工作人员和2万名志愿者,开展了全省刑释解教人员安置帮教专项攻坚活动,接送重点帮教对象1276人次,开展走访服务2.95万人次,组织进监所帮教66场次,跟踪外出流动安置帮教对象7942人。

铜陵市探索风险评估与行业调解结合从源头化解社会矛盾纠纷

铜陵市积极探索将维稳风险评估和行业调解有机结合,推进各类社会矛盾纠纷的源头预防和及时化解,最大限度地把各种不和谐、不稳定因素消除在基层和萌芽状态,逐步形成了较为完善的维稳工作体系,为平安铜陵、幸福铜陵建设奠定了良好的社会基础。

一、强化风险评估,力求从源头防范社会矛盾纠纷

针对城市征地拆迁、工程建设、企业改制等事关民生的重点领域容易引发社会矛盾的特点,建立重大事项社会稳定风险评估机制,提前研判,做好预案,从源头防范各类社会矛盾纠纷。一是明确评估范围。下发《重大事项社会稳定风险评估实施办法》,规定与群众利益密切相关的重大决策、重要改革、重点项目等重大事项在出台或审批前,对可能影响社会稳定的各类因素开展科学、系统的预测、分析和评估。二是严格评估内容。评估内容既有合法合理性评估,又有可行可控制性评估,并制定风险应对策略和预案,从源头上预防和减少不稳定因素。三是规范评估程序。按照“谁主管谁负责”、“谁审批谁负责”的原则明确评估主体。在评估过程中,采取专家咨询、专题座谈、听证会等方式,充分听取意见,了解社情民意,掌握各方利益诉求,对可能出现的不稳定因素进行逐项研判,明确矛盾化解的责任,制定和落实应对措施,最后形成评估报告。

二、强化行业调解,推动社会矛盾纠纷疏导

一是完善工作体系。成立了市委、市政府“大调解”工作领导小组,维稳、公安、信访、司法、法院及相关部门主要负责人为成员,下设城市房屋拆迁、农村土地征用、企业改制、农民工工资、环境保护、医疗纠纷等12个行业性和区域性调解中心。同时,坚持每周一次的市领导开门接访制度,市委、市政府主要领导均按时接访,亲自协调解决重大群体性事件。建立了“四大”(大走访、大调研、大排查、大调处)工作机制,形成了多层次、全方位、广覆盖的维稳工作体系。二是明确职责分工。各调解中心承担职责范围内矛盾纠纷牵头化解和疏导工作,由各牵头单位负责落实日常办公场所、设施和工作人员,市司法局负责指导调解中心的制度建设和日常业务,每个调解中心派一名律师参加。三是健全调解制度。各调解中心结合各自行业和领域的特点,组织制定了各自矛盾化解的具体规章制度,形成了工作流程和工作规范,促使风险评估与大调解工作互为补充、有效衔接。市房屋拆迁调解中心聘请了32名熟悉拆迁法律政策、调解经验丰富的相关人员为调解员,并吸收了部分人大代表、政协委员和群众代表参加,汇聚了重点工程建设领域多股维稳资源和力量,形成了该领域不稳定因素分析、排查、化解的综合体。

三、强化责任融合,形成维稳工作强大合力

一是构筑责任体系。各调解中心的牵头部门有效发挥牵头抓总的作用,其他相关部门协同配合,在调解工作中发挥各自职能作用,从而在各个重点领域形成了相对独立的维稳工作责任体系。同时,跨行业矛盾和重大疑难矛盾由市大调解工作领导小组出面协调化解，使上下、条块、左右的责任融为一体。二是实行责任追究。将维稳风险评估和矛盾化解作为一个整体，纳入综治维稳工作目标责任制考核，记入领导干部综治维稳政绩档案。对评估、化解工作顾此失彼而酿成事端的，实施责任追究。

四、实施"两个同步"，确保维稳工作取得实效

一是项目实施与群众工作同步。在重大事项决策和实施过程中，有关调解中心组织专门队伍主动进社区、进家庭、进乡村、进企业，开展走访调研、排查调处活动，给群众送服务、送温暖、送法律、送平安。对一些重大事项实施过程中如何做好群众工作作出硬性规定，如企业改制项目中，必须对每个员工谈一次话、具体诉求必须清楚并建立档案；房屋拆迁项目评估中，必须把现行拆迁政策、公开信、征求意见表、项目条文、拆迁范围、拟补偿安置方案、安置房源和房型等宣传材料发放到每个拆迁户，一对一上门服务。政法、信访部门和律师配合做群众工作，从法律上严格把关，督促有关部门用足政策，引导群众理智依法表达诉求。二是发现矛盾与化解矛盾同步。调解中心既是情报信息中心和矛盾排查化解中心，还是应急指挥协调中心。各调解中心均制定了信息收集通报和联席会议制度，将重大事项酝酿、出台和实施进展情况及时通报给每个成员单位。对评估后实施的事项，调解中心坚持全程跟踪，发现矛盾和问题后第一时间、第一地点提供低成本、方便快捷的一站式化化解方案，快速反应能力和工作效率大大提高。

安徽省综治委、办机构情况和负责人名单

一、省综治委

主　任：徐立全（省委常委、政法委书记、省公安厅厅长）

副主任：张　俊（省人大常委会副主任）

唐承沛（省人民政府副省长）

周　溯（省高级人民法院院长）

崔　伟（省人民检察院检察长）

省综治委下设流动人口服务和管理工作领导小组、刑释解教人员安置帮教工作领导小组、预防青少年违法犯罪工作领导小组、学校及周边治安综合治理工作领导小组、铁路护路联防工作领导小组。

二、省综治办

综治办下设协调处、督导处。

主　　任：马大伟（省委政法委副书记）

专职副主任：张　兵（12 月 21 日前）

赵怀印（12 月 21 日后）

协调处处长：江　良

督导处处长：王文金

安徽省各市、县(市、区)综治委、办主任名单

地　区	综治委主任	综治办主任	地　区	综治委主任	综治办主任
合肥市	吴存荣	王文涛	利辛县	梁　栋	许　超
蜀山区	张思扬	毛炎冰	**蚌埠市**	巫希平	王　琦
庐阳区	吴　劲	李　丽	蚌山区	尚殿松	马　浩
瑶海区	常业军	孔　奇	龙子湖区	刘雪洁	张东劲
包河区	胡启生	范成志	禹会区	何光友	蒋国志
长丰县	汤传信	夏明柱	淮上区	宋长士	左　佑
肥东县	路　军	郑顺新	怀远县	郭长富	邵　剑
肥西县	李海鹰	王邦建	五河县	胡启望	马绍义
高新区	李　兵	王　浩	固镇县	张　涛	姚　飞
经济开发区	姚卫东	祖朝兴	经济开发区	乔桂元	王苏安
新站区	李武好	谢岳松	高新区	徐朝成	黄旭斌
宿州市	孟宪会	张　勇	**淮南市**	黄爱华	胡志刚
埇桥区	王宗杰	冯西廷	田家庵区	许承通	姚　永
砀山县	薛　峰	郝圣文	大通区	张祖保	方利民
萧　县	陈安源	蔡中爱	谢家集区	吴　宁	朱宗好
灵璧县	尤家荣	戴文龙	八公山区	姚　辉	王　涛
泗　县	胡兴无	方大庆	潘集区	蒋昌盛	程晋旭
淮北市	张　峰	李化廷	凤台县	姚多咏	郭　永
相山区	徐　涛	李清华	毛集实验区	孙仰法	王传坤
杜集区	胡百平	曹祥军	**滁州市**	黄秀生	吴守田
烈山区	陈　琳	顾　磊	琅琊区	何建初	朱良琪
濉溪县	朱德海	陈庭亚	南谯区	邓元松	卢俊林
阜阳市	李　平	马新华	明光市	汤道义	徐胜利
颍州区	顾恒中	丁建军	天长市	卢金堂	田　勇
颍东区	赫璞峰	宋庆民	来安县	李爱国	杨　勇
颍泉区	金　杰	马驰骋	全椒县	王万贵	张义纯
界首市	齐安民	龚　剑	定远县	李　骏	蒋华鼎
临泉县	梁永勤	张国柱	凤阳县	王从尚	翟玉田
太和县	王　毅	刘翔飞	**马鞍山市**	李　群	范代民
阜南县	董继安	张保田	花山区	周正忍	陈国双
颍上县	夏俊中	袁　斌	雨山区	郎　平	朱正银
亳州市	杨长俊	蔡怀华	金家庄区	王德金	许　泓
谯城区	高　川	曹　金	当涂县	骆俊卿	贾兆钢
涡阳县	解杰昂	徐　敬	马钢公司	苏鉴钢	郭书敏
蒙城县	刘　峰	邓五一	十七冶公司	康承业	王建龙

地　区	综治委主任	综治办主任
经济技术开发区	马少华	戴兆毅
慈湖经济开发区	王启荣	孙　铁
市教育系统	万亚平	陈海鸣
芜湖市	陈文明	方同聪
镜湖区	项丰年	孙　艳
弋江区	杨建伟	陶雪平
三山区	董张应	李天亮
鸠江区	王　芳	高俊扬
芜湖县	梁宝金	缪增华
繁昌县	殷　琼	陶德标
南陵县	刘胜宏	束　平
经济开发区	张春虎	邢可忠
铜陵市	古亚伟	张胜功
铜官山区	王刚根	缪卫星
狮子山区	蒋叶贵	赵　敏
郊　区	孙中辉	程志龙
铜陵县	陈昌虎	钟显中
安庆市	王章来	叶运根
大观区	许　鹏	王庆四
迎江区	徐万顺	彭爱军
宜秀区	昝建亮	郑长城
桐城市	王志义	方云胜
怀宁县	谢晓国	宁叙明
枞阳县	吴　峰	周久有
潜山县	徐雷生	肖国平
太湖县	应杰苗	金祥华
宿松县	吴捍东	朱伟荣
望江县	汪龙生	房振球
岳西县	江谦慎	程度和
经济开发区	王俊科	曹立权
黄山市	汪建设	戴贤坤
屯溪区	周永健	陈志静
黄山区	卢新龙	吴云松
徽州区	郑昌华	张少华
歙　县	王克飞	吴小明
休宁县	方俊涛	陈永年
黟　县	杨泽国	查培斌
祁门县	李　炜	汪自修
黄山风景区	许继伟	许成岭
经济开发区	吴旭东	石　林
六安市	田淮武	曾庆丽
金安区	刘太平	叶　进
裕安区	黄战野	张新明
寿　县	高孝忠	张斗凡
霍邱县	孙玉俊	任自明
舒城县	文见宝	华从池
金寨县	王际洲	陈　烨
霍山县	李玉武	王　磊
叶集实验区	傅　恬	鲁清泉
巢湖市	陈春宇	陈　飚
居巢区	罗兆好	许才辉
庐江县	陈　军	高申稳
无为县	吴文斌	徐　皞
含山县	方　琪	徐兴友
和　县	尹宗应	黄忠斌
宣城市	钱晓康	华祥林
宣州区	余宏汉	邱业凯
宁国县	李孝云	邵　琴
郎溪县	刘家和	孙德斌
广德县	蔡修定	陈晓明
泾　县	彭禧元	孙新富
旌德县	余苏谷	傅太平
绩溪县	张宣标	石文新
池州市	李迎春	汪啸平
贵池区	孔卫华	俞青平
东至县	赵可静	梁　凡
石台县	桂建明	何金强
青阳县	江晓利	林　深
九华山风景区	柯烈荣	何松林

（撰稿人：江　良　沈　磊
审稿人：马大伟　赵怀印　窦朝晖）

福 建 省

2010 年社会治安综合治理工作概况

2010 年,福建省各级各部门按照中央的部署,深入贯彻落实科学发展观,以提升人民群众幸福指数为导向,以深入推进矛盾纠纷化解、社会管理创新、公正廉洁执法三项重点工作为抓手,以深化"平安福建"建设为载体,以加强综治基层基础建设为支撑,为推动福建科学发展、跨越发展和加快海峡西岸经济区建设营造了和谐稳定的社会环境。据国家统计局福建调查总队调查显示,群众对社会治安满意率达到 94.90%,认为居住地安全比率达到 96.25%。

一、重在尽职尽责,有效落实维稳第一责任

省委、省政府高度重视综治维稳工作,要求各级党政主要负责同志把维护稳定摆到与经济建设同等重要位置,对抓稳定工作像抓项目建设一样高度重视。各级各部门认真履行第一责任,主动服务第一要务,全力维护社会和谐稳定。

一是紧抓责任龙头带动。省委书记、省长连续 12 年与设区市市委书记、市长签订综治领导责任书。省委常委会研究决定,省委常委各联系一个设区市,指导开展综治维稳工作。市县乡党政主要领导也层层签订综治领导责任书,建立常委(委员)抓综治维稳工作挂钩指导制度,健全党政主要领导、分管领导综治维稳实绩档案,规范干部评先评优、晋职晋级前书面征求综治机构意见的程序。福州、厦门、龙岩等地以乡镇(街道)110 接警数、群体性事件发生数及群众对社会治安满意率为依据,对乡镇(街道)党委、政府和派出所实行治安捆绑问责。漳州、莆田等地坚持季度综治考评,对考评排名末位的基层党委、政府实行综治警示。三明市将综治一票否决权行使主体从市综治委提升为市委常委会,增强一票否决权威性。龙岩市推行压发案保稳定促发展责任捆绑考核,对刑事发案数占全市 80% 以上的 22 个乡镇(街道)进行动态考评问责,严格兑现被一票否决的地方和单位主要领导在规定时间内不得提拔的问责要求。

二是紧扣平安载体深化。省委、省政府连续 6 年将深化"平安福建"建设纳入为民办实事项目,把平安创建作为评选各级精神文明和党建先进单位的前提条件,持续加大组织保障、宣传发动力度,平安创建的社会氛围更加浓厚,全省群众对平安建设知晓率达 75.44%。省人大常委会启动《福建省综治条例》修订程序,为深化平安建设提供政策法规支撑。各级各部门深化"平安先行县(市、区)"和"平安先行单位"创建活动,健全完善条抓块管的工作格局。莆田等地探索实行平安单位分类考评管理,对首次申报并达标的单位确定为三类平安单位,以此作为年度递进参评二类、一类平安单位"门槛",对一类、二类、三类平安单位给予不同额度奖金。省"两办"出台《关于深化"平安库区"工作的意见》,将平安库区创建活动纳入各级党委、政府全局工作统筹推进。省总工会牵头开展创建"和谐企业"活动并通过现场推进会,营造劳动关系、环境关系、社会关系和谐统一的企业环境。省妇联继续牵头开展"平安家庭"创建活动并在莆田市召开创建"平安家庭"现场推进会,持续加大流动人口聚集区、机关企事业单位、偏远农村的创建力度,扩大平安家庭覆盖面。省民政厅牵头推进全省平安边界创建工作;漳州市与广东潮州市签订"平安边界"协议,健全边界联防联调联控的长效机制。

三是紧贴重点任务运作。针对全年重大活动多、敏感节点多的严峻复杂形势,严格落实安保责任,广泛发动社会力量,有力维护了海峡论坛、世界投资论坛、全国特奥会、省运会等重大活动、重要节点社会安定稳定,圆满完成了上海世博会

"环沪护城河"、广东亚运会"环粤防护圈"安保联防协作任务。在实施上海世博会"环沪护城河"方面,省委、省政府多次召开会议进行部署,省综治委制定了安保协作实施意见,明确20多个职能部门职责,建立部门联席会商、情报信息互通、联合排查化解、联合督导检查机制,及时排查疏导并做好"支闽林工"及家属工作,分流接回涉沪信访人员、流浪乞讨人员。在开展广州亚运会"环粤防护圈"方面,省委、省政府召开广州亚运会和亚残运会环粤"防护圈"安保工作会议进行专题部署,成立亚运安保领导小组,制定亚运安保工作方案,加大5个环粤公安检查站建设力度,投入经费4000万元,配备武警、公安民警、学警431名,实行24小时勤务制度。广州亚运期间,全省没有发生涉粤重大矛盾纠纷,没有发生进粤入穗非正常访事件,没有发生影响亚运安全的重大案(事)件。

二、重在实干实效,有效维护社会大局稳定

3月,省综治委召开"排查整治突出问题、优化海西发展环境"电视电话会议,制定具体实施方案,成立专门领导小组和整治办公室,从省直政法部门抽调干部集中办公,承担日常工作。各级各部门紧扣重点环节,加大重点整治力度;着力解决影响社会和谐稳定的突出区域性治安稳定问题,确保了社会大局的总体稳定。

一是着力解决突出问题。省综治委紧紧抓住突出区域性治安稳定问题这一重点,改变过去省市综治领导责任书"同一样式、同一要求"的做法,逐一指出各设区市存在的突出区域治安稳定问题。改变过去以乡村街居为整治对象的做法,确定包括20个县(市、区)在内的64个省级重点跟踪督导点;并逐一指出其余64个县(市、区)存在的突出治安稳定问题,由设区市全部纳入重点整治范围。市、县两级也确定242个乡镇(街道)、村居(社区)作为挂牌整治点。省综治委组织由正厅级领导带队9个检查考评组,结合年终综治领导责任制检查,对64个省级跟踪督导点逐个考评验收。深刻汲取南平市"3.23"校园恶性案件的惨痛教训,省委、省政府先后召开全省学校及周边治安综合治理工作、综治维稳工作等电视电话会议,孙春兰书记、黄小晶省长多次作出重要批示。省"两办"下发《关于加强学校幼儿园安保工作长效机制建设的意见》,省综治办、教育厅、公安厅、司法厅、卫生厅等五部门联合开展学校幼儿园安全管理和治安防范百日行动。着力推进学校保安队伍建设,按每所学校不少于2名专职保安的标准限期配备到位,由财政统一保障,并按每人每月不低于当地最低工资标准2倍核定,办理社会保险和意外伤害保险;对39个基本财力缺口县中小学校和幼儿园,由省财政统一转移支付保障。省公安厅建立中小学校幼儿园保安员配备情况日通报制度,印发《福建省中小学幼儿园保安员管理工作暂行规定》。全省共配备保安员21927名、防卫器材35621件,设立治安岗亭7407个,向中小学、幼儿园选派法制副校长、法制辅导员21693人。

二是着力多元化解矛盾。省委办公厅、省政府办公厅制定下发《关于全面构建"大调解"工作体系有效预防化解社会矛盾纠纷的意见》,转发《省委政法委关于深入推进社会矛盾化解、社会管理创新、公正廉洁执法的实施意见》,为深入推进社会矛盾化解提供有力的政策支持。在全省推行调解、行政三级处理、法院二审终审、检察院法律监督、人大监督的"路线图"依法处理信访问题和社会矛盾纠纷,得到了周永康同志的充分肯定,全省群体性事件同比下降6.1%,赴省进京重复非正常访同比均大幅下降。12月,省综治委在三明市召开现场推进会,按照省政府办公厅《关于加快建立预防和处置医患纠纷"五位一体"长效机制建设的意见》要求,在县(市、区)全面建立医患纠纷人民调解委员会和保险理赔中心,在医院设立调解室,遵循医院内部调解、医患纠纷第三方调解、医疗责任保险、社会医疗救助与应急处置联动"路径图",依法有序解决医患纠纷。省综治办、省法院、省公安厅、省司法厅、福建保监局等部门下发《关于加强道路交通事故损害赔偿多元调解工作的实施意见》,在县(市、区)交警大队全面设立多元调处中心,通过人民调解、行政调解、司法调解、伤情鉴定、保险理赔"多位一体",解决道路交通纠纷。

三是着力打防管控联动。部署开展"2010年严打整治专项行动",开展社会高危人群排查管控和打击拐卖妇女儿童违法犯罪专项行动。加强娱乐场所管理,在歌舞娱乐场所安装远程视频监控系统，及时查处了一批“黄赌毒”案件及违法犯罪人员。召开全省反偷私渡专项行动电视电话会议，出台《福建省反偷私渡综合治理实施细则》，健全“党政领导抓、部门联动打、社会协同治”长效机制。继续把视频监控系统建设纳入为民办实事项目。在城市，针对居民小区侵财案件多发的特点，建立健全社区居委会、综治服务站、公安派出所、物业服务公司、业主委员会“五位一体”的治安协作机制，将小区治安防范责任纳入物业服务合同，综治部门每季度以物业小区发案数为依据，对物业公司、公安派出所、街道工作进行考评。在农村，针对留守老人和妇女儿童增多，自我防范较弱的情况，推广人防物防技防“三防一体”的“电话平安联防”，强化邻里互助意识，挤压犯罪分子活动空间。

三、重在先行先试，有效推动社会管理创新

按照全国政法综治工作会议的部署要求，深入推进社会管理创新，以先行先试为导向，以综合试点为抓手，积极探索新时期社会管理服务新模式，努力破解社会管理难题，不断提升社会管理服务水平。

一是积极推进综合试点工作。坚持试点先行，以点带面推动社会管理创新。一方面，认真抓好晋江市全国综合试点工作。深入晋江市开展专题调研活动，指导晋江市围绕重大事项社会稳定风险评估、党政主导“大调解”体系、流动人口服务管理等八项重点课题开展试点工作。晋江市立足实际，以城市建设为切入点，以保障民生为着力点，以“和谐拆迁”为突破点，在第一期启动的“梅岭组团”旧城改建中，坚持科学民主依法决策贯穿始终，社会稳定风险评估贯穿始终，以人为本、让利于民，在不到50天时间内，实现了4镇15村5000多户的“和谐拆迁”，得到了社会各界的广泛好评。另一方面，层层部署推动综合试点工作。省综治委下发《关于开展社会管理创新工作试点的通知》，确定了18个省级综合试点单位，要求勇于创新，把中央赋予我省先行先试的政策用足用好。市、县两级也分别确定150多个综合试点单位，以点带面推动社会管理创新。

二是积极破解社会管理难题。针对互联网舆情应对难的问题，完善互联网信息网络管理，依法稳妥处理了“福建三网民诽谤案”，妥善处置了民间涉日活动和民间“保钓”活动。针对肇事肇祸精神病人收治难的问题，省政府出台了加强肇事肇祸精神病人强制治疗管理的意见，对有肇事肇祸、轻微滋事、潜在暴力倾向等三类重性精神病人，按每人每年5000元标准设立医疗救助基金。针对群众反映强烈的网吧管理难问题，在宁德市开展试点工作，由综治部门向文化、工商、公安、电信等部门下达综治责任状，建立以12315投诉举报电话为主、流动受理和网络受理为辅的举报机制，在网吧安装二代身份证实名上网信息管理系统禁止未成年人上网，落实夜间12时后不再营业的要求，对违规经营的切断服务信号，促进网吧行业依法自律经营。

三是积极开展综治专项工作。深化流动人口服务管理工作，省发改委批准立项的流动人口信息服务管理平台已建成并投入使用，推进政务网、公安网、互联网三网一体的流动人口信息社会化采集平台建设，实现社区流动人口基础信息部门共享；建立流动人口服务管理站（所）1876个。晋江市成立全省首支外国友人志愿服务队，探索创新境外人员服务管理模式。省“两办”转发省综治委关于进一步加强刑释解教人员安置帮教工作的实施意见，建立健全服刑在教人员教育改造和刑释解教人员无缝衔接、服务管理、教育帮扶、组织保障五项机制，保持了安置率和帮教率高于全国平均水平、重新违法犯罪率低于全国平均水平“两高一低”的良好态势。积极推进社区矫正工作，已开展试点的35个县（市、区）累计接收社区服刑人员11987人，重新犯罪率0.09%。组织开展社会闲散青少年等重点群体排查摸底活动，针对46万多名的社会闲散青少年，采取成立青少年事务服务中心、组建维权服务团、心理咨询辅导团、就业创业导师团等多种措施，因地制宜落实帮教管理。省综治委在漳州平和县召开预防青少年违法犯罪工作现场会，总结部署推进工作。将未成年罪犯和未成年劳教（戒毒）人员教育统一纳入九年义务教育体系。4月，省综治办、公安厅、南昌铁路局在莆田市召开福厦铁路治安综合治理工作会议，全面开展“平安铁路示范路段”和“平安铁路示范县（市、区）”创建活动。

四、重在基层基础，有效发挥首道防线作用

9月，省综治委在漳州龙海市召开全省综治

基层基础建设暨维稳“三支队伍”建设现场推进会，全面部署加强以组织体系、运作平台、专群队伍为核心的基层基础建设。

一是完善基层组织保障体系。在组织机构上，市县乡三级综治委主任、第一副主任均由同级党委、政府主要领导担任，综治委专门工作领导小组负责人原则上由同级班子分管领导担任；市县两级综治办主任均由政法委书记或副书记担任，综治办副主任按同级党政副职配备；乡镇（街道）综治办主任由党委副书记担任，人武部长、派出所长、司法所长、法庭庭长兼任副主任，莆田、三明、福州、漳州、龙岩、宁德等地在维稳任务较重的乡镇按照副科级配备综治办常务副主任。普遍推行综治办主任任免需征求上一级综治机构意见的做法。在经费保障上，按照省“两办”通知要求，县级综治工作业务经费从“人均不低于 0.3 元”提高至“按实有人口年人均 1 元标准”安排，纳入财政预算。在队伍保障上，持续推进乡镇（街道）“两所一庭”建设，公安派出所、司法所、法庭人员配备得到加强。省综治办组织对全省乡镇（街道）综治办建设全面摸底普查，督促乡镇（街道）配齐配强综治专干。

二是完善基层综治运行机制。省综治委在总结前三年乡镇（街道）综治服务中心建设的基础上，制定《关于推进乡镇（街道）综治信访维稳中心规范化建设的意见》，围绕“三个方式、四个统一、五个规范”，全面启动新一轮乡镇（街道）综治信访维稳中心规范化建设。“三个方式”：即集中办公、派员进驻和协作联动方式。综治办、司法所、信访室作为中心基本单位集中办公，公安（边防）派出所、法庭等为紧密协作单位派员进驻中心；其他涉稳部门站（所）作为联动协作单位参与中心一体运作。“四个统一”：即一个窗口对外服务群众、一个平台受理反馈、一个流程调解到底、一个机制考核管理。“五个规范”：即规范组织架构、规范力量整合、规范运作模式、规范考核管理、规范组织网络，进一步加强资源融合、部门聚合、力量整合。各地在落实省里中心规范化建设要求的同时，立足实际，还探索创新了不少行之有效的方法。三明市大力推进综治信访维稳“1 + N”联动模式，在乡镇（街道）建立“六联”机制；在村（社区）开展综治责任、法制教育、治安防范、妇女维权、关爱帮扶、文明新风等“六进”活动，搭建互动双赢的运作平台；宁德市在综治信访维稳中心设立综治（政法）联合党支部，并以此为平台，组建“多位一体”群防群治队伍。

三是完善基层群防群治队伍。在现有村级综治协管员和平安中心户长队伍的基础上，着眼于提升基层预警预知预防能力，推进维稳信息员、维稳群众工作队、网络舆情引导员三支队伍建设。围绕“专群结合”，在乡镇（街道）全面组建维稳信息员队伍，公开的信息员由村治保会、调委会干部和综治协管员、平安中心户长兼任，由乡镇（街道）综治部门管理；秘密的信息员以治安积极分子为主体，由公安等机关物建管理，把综治维稳信息触角延伸至村居（社区）及外来人口聚集区、治安复杂场所，形成广覆盖的信息收集网络。围绕“群众工作”，在乡镇（街道）全面建立维稳群众工作队，队长由党政负责同志担任，成员以乡镇（街道）基层干部为主，一类乡镇（街道）队伍规模不少于 50 人，二类、三类乡镇（街道）规模不少于 40 人。这支队伍平时以做群众工作为主，一旦发生突发群体性事件苗头隐患，迅速赶赴现场，化解矛盾、疏导情绪、稳控局面。围绕“应对主动”，在县（市、区）发展网络舆情引导员队伍，由综治政法部门协同宣传部门，在宣传单位、新闻媒体、网络运营企业及社会关注度高的行业单位布建，并向社会群众特别是网民中延伸，适时适度引导网络平和理性反映诉求表达观点。

中共福建省委办公厅　省人民政府办公厅印发《关于发全面构建“大调解”工作体系有效预防化解社会矛盾纠纷的意见》的通知

（2010 年 11 月 24 日）

各市、县（区）党委和人民政府，平潭综合实验区党工委和管委会，省直各单位：

《关于全面构建“大调解”工作体系有效预防化解社会矛盾纠纷的意见》已经省委、省政府领导同意，现印发你们，请结合实际认真贯彻执行。

关于全面构建“大调解”工作体系有效预防化解社会矛盾纠纷的意见

为深入推进社会矛盾化解、社会管理创新，深化“平安福建”建设，有效预防和化解社会矛盾纠纷，最大限度地增加社会和谐因素，最大限度地减少社会不和谐因素，打造人民群众安居乐业的和谐区域，现就全面构建党政主导的“大调解”工作体系提出如下意见。

一、目标任务

（一）总体要求。围绕推进福建科学发展、跨越发展和加快海峡西岸经济区建设大局，建立健全由党委、政府统一领导，综治委综合协调，司法行政、政府主管部门、人民法院分别牵头，有关部门各司其职，社会群众广泛参与，以人民调解为基础、行政调解为疏导、司法调解为保障，人民调解、行政调解、司法调解既充分发挥作用，又紧密衔接配合的“大调解”工作体系，从源头上、根本上、基础上预防和化解社会矛盾纠纷，促进社会和谐稳定。

（二）基本原则。坚持党政主导、统筹协调的原则，充分发挥党的领导的政治优势，推动形成依法有序表达诉求、及时有效解决问题的社会环境；坚持综合治理、齐抓共管的原则，落实“属地管理、分级负责”和“谁主管谁负责”的要求，条块联动，部门协同，共同化解社会矛盾；坚持调解优先、依法自愿的原则，把调解作为化解矛盾的首要选择，尊重当事人意愿，引导当事人互谅互让、心平气和地解决矛盾纠纷；坚持定纷止争、案结事了的原则，遵循调解、行政三级办理、法院二审终审、检察院法律监督、人大监督的“路线图”依法处理信访事项，畅通人民调解、行政调解、司法调解与信访工作的对接通道，尽可能通过调解方式解决社会矛盾和信访问题。

（三）工作目标：党政主导的“大调解”组织网络覆盖各级、各部门、各行各业，实现调解工作县乡村组全覆盖，做到哪里有人群，哪里就有调解组织；哪里有纠纷，哪里就有调解工作。党政主导的矛盾纠纷源头预防机制更加健全，人民调解、行政调解、司法调解职责更加明晰，排查预警措施更加有力，多元化解成效更加明显，切实在第一时间、第一地点，低成本、高效率地化解社会矛盾纠纷，全面实现“小事不出村居（社区）、大事不出乡镇

(街道)、重大疑难纠纷不出县(市、区)”,人民调解成功率、民商事案件司法调解撤诉率和行政调解率稳步提高,集体越级上访、涉法涉诉信访、“民转刑”案件明显下降,有效防止重大群体性事件、集体进京赴省非正常访和个人极端恶性案件的发生。

二、工作措施

(一)突出党委政府的主导地位。“大调解”工作体系建设由各级党委、政府统一领导,安排部署应体现党政主导,组织领导应强化党政主导,工作保障应落实党政主导,检查考评应纳入党政主导。各级党委、政府要建立健全重大事项社会稳定风险评估机制,畅通民意诉求表达和维护群众权益机制以及社情民意调查机制,有效解决事关人民群众切身利益的重大民生问题,强化矛盾纠纷化解救助措施,加大困难群体生活救济保障力度,确保广大群众特别是困难群众的基本生活,从源头上预防和减少社会矛盾纠纷的发生。落实领导干部“一岗双责”要求,把化解社会矛盾纠纷的责任分解到各级领导班子成员,统筹协调各方力量,广泛发动群众;共同化解社会矛盾纠纷。坚持领导干部定期接访制度,采取联合接访、视频接访、带案下访等形式,着力解决人民群众关注的热点难点问题,防止个体矛盾演变成群体性事件,严防个人采取极端手段向社会宣泄不满,制造极端事件。对涉及全局性的重大矛盾纠纷和群体性事件,由党委、政府统筹组织有关部门共同化解。

(二)强化人民调解的基础作用。认真贯彻落实《中华人民共和国人民调解法》,完善人民调解制度,规范人民调解活动。司法行政部门负责指导本行政区域人民调解工作。人民法院对人民调解委员会调解民间纠纷进行业务指导。健全完善人民调解组织网络,在所有乡镇(街道)、村居(社区)以及村(居)民小组、城市物业小区建立人民调解组织,在企事业单位、流动人口聚集地、经济开发区、工业园区、集贸市场、边界地区发展行业性、区域性、专业性人民调解组织,并在矛盾纠纷较多的地方、行业、部门开展人民调解工作,形成“纵向到底、横向到边”的组织网络。健全扎根群众、覆盖基层和各行各业的专职调解员、兼职调解员、特邀调解员、调解志愿者和维稳群众工作队伍,深入群众、深入基层,通过对社会矛盾全面排查、掌握底数、准确分析、综合研判,把矛盾就地化解在基层一线、解决在萌芽状态,防止矛盾积累叠加,防止矛盾激化上交。

(三)发挥行政调解的职能职责。行政调解由各级人民政府负总责,主体为政府行政部门(包括具有行政管理职权的组织)。政府法制部门要根据有关法律政策,提出加强行政调解工作的指导性意见,规范行政调解程序,进一步加强行政复议工作。各级行政部门要认真落实行政主管责任,根据实际需要组建行业调解委员会和调解室,组成行政调解员队伍,积极运用调解的办法处理行政纠纷和与行政管理相关的民事纠纷。各级人民政府的行政首长是本行政区域行政调解主要负责人,政府分管领导是直接责任人,要定期召开由各相关行政部门参加的行政调解联席会议,研究开展行政调解工作所涉及的问题,及时排查、分析、研判、汇总、上报本级行政调解工作开展情况。加强对民商事纠纷、农村土地承包经营权纠纷、土地征用和拆迁纠纷、林权纠纷、劳动人事争议纠纷、消费者权益纠纷、医患纠纷、库区移民纠纷等的调解、和解、仲裁工作的指导,促进行政调解、行业调解深入开展。推动企业设立劳动争议调解委员会。

(四)提升司法调解的保障功能。司法调解由各级人民法院牵头。各级司法部门要按照合法、自愿原则,建立劝导调解机制,引导当事人尽可能选择调解方式解决纠纷,做好当事人息诉工作,不断提高调解撤诉率和结案率。人民法院要健全完善“全面、全程、全员”调解工作机制,组建调解工作室和涉诉信访接待中心,成立特邀调解员队伍,把调解工作从处理民事案件向处理行政案件、刑事自诉案件、刑事附带民事诉讼案件延伸,从案件处理向立案、执行、信访等各环节延伸,把调解工作贯穿诉讼活动的全过程。积极推进巡回调解、邀请调解、委托调解、协助调解,强化调解效果,最大限度提升调解撤诉率和结案率。大力支持人民调解、行政调解工作,加强法律业务指导,依法及时确认符合法律规定的人民调解、行政调解协议。对因民事纠纷引起的轻微刑事案件,公安机关、检察机关要依照法律规定,探索建立运用和解等方式解决问题的机制。

(五)完善多元调解衔接机制。各地各部门

要按照“属地管理、分级负责”和“谁主管谁负责”的原则，认真做好职责范围内的矛盾纠纷调处工作。对法律关系及问题单一、一个职能部门能够解决的，由该职能部门负责解决；对法律关系及问题复杂、涉及多个部门的，由首问部门邀请有关部门参与协调解决，协调不成的，提请同级“大调解”工作领导小组协调有关方面共同解决；对可能影响本地区社会稳定的重大矛盾和突出问题，或因重大事项、重大决策而引发的群体性事件隐患，由所在地党政主要领导牵头，统一协调有关部门共同化解。健全人民调解、行政调解、司法调解协调联动、信息沟通、效力衔接机制，规范调解程序，明确调解时限，调解不成的应在规定时间内进入法定程序。人民调解组织或行政机关对调解不成可能进入诉讼程序的纠纷，应当告知当事人司法救济渠道和途径，并积极配合人民法院开展调解工作。人民法院对未经人民调解、行政调解的纠纷，应积极引导当事人先进行人民调解、行政调解；对审理过程中仍有可能通过调解解决的，应优先采取调解方式解决；对调解不成的，应按法定程序依法作出审理和裁判。对交通事故纠纷，采取人民调解、行政调解、司法调解、伤情鉴定、保险理赔多位一体方式，共同解决问题。

三、组织保障

（一）加强组织领导。各级党委、政府要把构建“大调解”

工作体系作为服务和保障福建科学发展、跨越发展和加快海峡西岸经济区建设的基础工程，纳入经济社会发展规划整体推进。各级党委、政府要成立“大调解”工作领导小组，搭建紧密衔接配合的工作平台。各有关部门也要成立“大调解”工作领导小组，进一步加强行业部门的组织领导。要深入开展社会主义法制宣传教育，加大调解工作的宣传力度，引导人民群众自觉把调解作为解决矛盾纠纷和信访问题的首要选择，营造良好的社会氛围。要把法律宣传教育、思想道德教育和思想政治工作贯穿于调解工作始终，引导群众学法、知法、守法、用法，运用法律维护自身的合法权益。

（二）规范运行机制。“大调解”工作重在基层。在县（市、区）建立“大调解”工作体系运行平台，由党委副书记牵头，党政分管领导负责，有关部门一体联动处理信访和矛盾纠纷。乡镇（街道）依托综治信访维稳中心开展“大调解”工作，中心主任由党委副书记担任，规范整合基层综治、信访、维稳力量，增强“大调解”合力；村居（社区）依托综治信访维稳工作站开展“大调解”工作，主任由村居（社区）支部书记或主任担任，集中调解会、治保会、警务室及村级综治协管员等力量，就地排查化解矛盾纠纷；村（居）民小组以平安中心户长为骨干，收集掌握信息，就地化解矛盾。充分发挥基层维稳信息员、维稳群众工作队和网络舆情引导员三支队伍作用，使社情民意在一线掌控，群众工作在一线深入，网络舆情在一线引导，全面提升矛盾纠纷预情预警预防能力。要完善矛盾纠纷排查分析研判和综合调处机制，健全工作台账，规范运行程序，严格落实“零报告”制度。

（三）落实工作保障。各级党委、政府要把构建“大调解”工作体系列入“为民办实事”工作项目，将大调解工作经费纳入同级财政预算统筹安排。充实各级矛盾纠纷排查调处专门工作力量，落实办公场所和办公设施，建立调解工作信息化运行平台。建立健全调解工作激励机制，通过多种方式，因事（案）制宜落实调解员补助。采取政府购买服务的方式，选聘专职调解员。加大对调解员教育培训力度，进一步优化调解员的队伍结构，提升调解员运用法律、法规、政策的水平和做群众工作的技能。人民调解员的选聘、培训、奖惩由司法行政部门负责实施。统一备案管理。

（四）强化督促检查。各级党委、政府要把“大调解”工作体系列入党政目标管理，定期不定期进行专项督查，对因组织不得力、保障不落实，导致“大调解”工作无法正常开展的，要及时通报批评、督促整改。各级综治委（办）要把“大调解”工作体系建设纳入平安建设和综治责任书考核内容，加强日常督查和业务指导，采取专项调查研究、召开现场会、经验交流会等形式，及时掌握工作进展情况，查找存在问题和薄弱环节，总结推广经验，推动“大调解”工作体系建设的健康深入开展。司法行政、政府主管部门、人民法院要切实担负起人民调解、行政调解、司法调解的牵头作用，加强具体业务指导和检查，促进本系统、本单位主动融入“大调解”工作体系建设中，最大限度地形成化解矛盾纠纷的整体合力。

（五）严格考核问责。各地各部门要把构建“大调解”工作体系、有效预防化解矛盾纠纷作为综治维稳工作考核和干部绩效考评的重要内容，严格落实各级党政领导班子和行业部门主要领导、分管领导、班子其他成员的责任，将工作情况列入领导干部抓综治维稳工作实绩档案，作为干部评先评优、晋职晋级的重要依据。严格落实矛盾纠纷调解工作责任制，对调解工作成效明显的单位和人员，要及时进行表彰奖励；对责任不落实、措施不到位，致使发生重大群体性事件、集体进京非正常访、个人极端暴力犯罪案件的，要实行责任倒查，严肃追究相关领导和有关责任人员的责任。

福建省人民政府办公厅转发省综治办等部门关于加快建立预防和处置医患纠纷“五位一体”长效机制意见的通知

（2010 年 9 月 11 日）

各市、县（区）人民政府，平潭综合实验区管委会，省人民政府各部门、各直属机构，各大企业，各高等院校：

省综治办、省委宣传部、省卫生厅、省公安厅、省司法厅、省民政厅、福建保监局等有关部门制订的《关于加快建立预防和处置医患纠纷“五位一体”长效机制意见》已经省政府同意，现转发给你们，请认真贯彻执行。

省综治办　省委宣传部　省卫生厅　省公安厅　省司法厅　省民政厅　福建保监局　关于加快建立预防和处置医患纠纷“五位一体”长效机制的意见

近年来，医患纠纷不断增多，一些地方医患关系紧张的问题比较突出，少数医患纠纷引发的群体性事件，严重扰乱了医院的正常秩序，侵害了医务人员以及其他患者的合法权益，在一定程度上制约了医疗卫生事业的健康发展，影响了社会的和谐稳定。建立预防和处置医患纠纷“五位一体”长效机制，是预防和化解医患矛盾纠纷、维护社会和谐稳定的重要举措，是创建平安医院活动的重要内容，是深化医药卫生体制改革、促进卫生事业健康可持续发展的必然要求。为加快推进全省预防和处置医患纠纷“五位一体”长效机制建设，优化医疗执业环境，构建和谐医患关系，现提出如下意见：

一、总体要求

坚持以科学发展观为指导，以优化医疗执业环境、构建和谐医患关系为目标，进一步增强做好预防和化解医患矛盾纠纷工作的责任感和紧迫感，强化政府部门职责，加强协调联动配合，加快建立以“医院内部沟通调解、应急处置联动、医患纠纷第三方调解、医疗责任保险、医疗救助”为主要内容的预防和处置医患纠纷“五位一体”长效机制，努力构建创建“平安医院”工作新格局，为建设平安福建、服务海西发展作出新贡献。

二、主要任务

（一）建立医院内部沟通调解机制。医患沟通是医患之间相互理解、相互信任的前提。做好医院内部沟通调解工作，有利于把医患矛盾纠纷解决在初期，化解在萌芽状态。各级各类医疗机构和政府有关部门要按照“预防在先，发现在早，化解在小”的工作原则，加强医患沟通，加强警医协作，规范投诉管理，增进医患互信。一是要建立健全医患沟通制度，保证医患沟通有效。医疗机构和医务人员要注重对患者的人文关怀，健全医患沟通渠道，加强医务人员沟通技巧培训，加强医患之间的沟通，保障病人及其家属的知情同意选择权，提高患者对疾病诊疗全过程及其风险性的认识，减少医患之间由于信息不对称而产生的矛盾和纠纷；同时要增强医务人员的责任意识和法律意识，提高医疗服务质量，保证医疗安全，从源头上预防和减少医患纠纷。二是要加强医院及周边治安管理，保证医疗秩序平稳有序。医疗机构要针对医院人员密集、繁杂，容易受到社会不安定因素的影响这一现实问题，主动联系当地公安机关，加强警医协作；二级以上医疗机构要专设保卫机构，配足配强安保人员，并积极争取公安机关在医院或周边设立警务室，加强医院内部及周边安全防范工作的监督检查，协助调处医患矛盾纠纷，保障医患双方人身财产安全，对医院及周边发生的各类违法犯罪活动形成有效震慑。三是要设立医患纠纷调解工作室，保证患者投诉有门。各级卫生行政部门、医疗机构要按照卫生部下发的《医院投诉管理办法（试行）》，设立或指定专门的部门处理患者投诉，二级以上医疗机构要设立医患纠纷调解工作室，规范投诉管理，实行“首诉负责制”，努力将矛盾纠纷化解在萌芽状态。

（二）建立医患纠纷应急处置联动机制。这是保证医患纠纷突发事件发生时，卫生等政府相关部门能够及时响应，积极介入，协调联动，依法迅速妥善处置，有效控制事态发展的关键。建立应急处置联动机制，需要卫生、公安、综治、维稳、信访等部门和医疗机构密切协助配合。一是要明确应急组织机构及职责。各地可指定各级创建平安医院活动领导小组作为预防和处置医患纠纷的指挥机构，明确各成员单位工作职责，实行统一领导，分级负责，分级响应。二是要制定应急处置预案。根据医疗纠纷引发的突发事件的范围、性质、危害程度和所动用的资源，划分事件等级，明确信息报告程序和渠道，确定分级处置措施。同时要建立健全医患纠纷预警监测网络，加强部门协调配合，保持快捷顺畅的沟通联络，确保医患纠纷突发事件发生时，能够及时迅速启动预案，依法果断采取控制措施，防止事态扩大，防范“职业医闹”插手医患纠纷，维护正常的医疗秩序。三是要依法依规处置。各级政府部门要在医患纠纷应急组织机构的统一领导下，按照相关法律、法规和规章的规定，对医疗纠纷引发的突发性事件快速反应，公平、公正处理，及时制止各种过激、违法行为，及时控制事态，疏导教育、努力避免矛盾激化，坚决打击无理取闹、有组织、有预谋的“医闹”行为，保护医患双方的合法权益，积极引导当事人走依法维权或第三方调解的途径。

（三）建立医患纠纷第三方调解机制。通过引入人民调解这一传统的矛盾纠纷解决方式，建立独立于医方和患方的第三方调解机制，把医患纠纷由医院内引导到医院外处理，为医患双方搭建中立公正的沟通协商平台，使医患纠纷得以在平等协商、互谅互让、不伤感情的情况下达成调解协议，得到妥善解决。各地要认真贯彻落实省综治办、卫生厅、司法厅《关于在全省建立医患纠纷人民调解组织的通知》和省综治办、司法厅、卫生厅、财政厅《关于加快建立医患纠纷第三方调解机制的补充通知》要求，抓紧建立健全医患纠纷人民调解组织、配备人员队伍、落实场所和经费，保障医患纠纷人民调解工作的顺利开展。一是要建立医患纠纷人民调解组织。加强医患纠纷人民调解组织建设，是有效开展医患纠纷人民调解工作的基础和前提。各级司法行政机关要会同综治、卫生、财政等部门，按照“因地制宜，资源共享，提高效率”的原则，加强指导，推动建立医患纠纷人民调解组织。原则上每个设区市、县（市、区)均应设立医患纠纷人民调解工作机构。设区市医患纠纷人民调解机构负责本级以及辖区内省级医疗机构医患纠纷的调解;县(市、区)医患纠纷人民调解机构负责县级及以下医疗机构医患纠纷的调解,视情况也可承担本辖区内市级医疗机构医患纠纷的调解。2010年底前,全省县(市)建立第三方医患纠纷调解机构数达到95%。二是要组建配备好调解员队伍。医患纠纷调解既涉及医学专业知识,又涉及法学专业知识,对调解员的要求很高。各地可以通过调配和聘任相结合的方式,组建一支既懂医又懂法、专兼结合的医患纠纷人民调解员队伍。要注重吸纳具有较强专业知识和较高调解技能、热心调解事业的离退休医学专家、法官、检察官、警官以及律师、公证员、法律工作者和人民调解员。专职调解员应面向社会招聘熟悉卫生法律法规以及调解业务的人员。要加强培训,不断提高调解员的法律知识、医学知识、业务技能和调解工作水平。三是要建立健全医患纠纷人民调解工作保障机制。医患纠纷人民调解机构调解医患纠纷不收取任何费用,其办公场所、工作经费、人员补贴由当地财政按照省里文件规定予以解决落实,确保医患纠纷人民调解工作"有机构、有人员、有场所、有经费",保证其能够正常运作。

(四)建立医疗责任保险机制。医疗责任保险对于增强医疗机构和医务人员的医疗风险防范意识,提高化解医疗风险的能力,维护正常的医疗秩序,保障医患双方的合法权益具有重要的作用。各级卫生、保险监管部门要加强协调配合,积极引导医疗机构参加医疗责任保险,引导保险公司积极进行产品创新,充分发挥保险保障功能,有效化解医疗风险。一是要扩大医疗责任保险覆盖面,提高风险防范能力。医疗机构购买医疗责任保险,不但是对医疗机构利益的保护,也是对患者利益的负责,是一种履行社会责任的表现。各级卫生行政部门要组织公立医疗机构参加医疗责任保险,鼓励和支持其他各级各类医疗机构参加医疗责任保险。按照属地管理原则,以设区市为单位,由设区市卫生行政部门采取招标等方式,确定具有资质的保险公司作为医疗责任保险承保公司,由医院出资购买医疗责任保险。2010年底前,实现全省二级以上医疗机构医疗责任保险参保率达到90%。二是要促进医疗责任保险与医患纠纷人民调解工作有机结合。推行医疗责任保险,是保障医患纠纷第三方调解发挥最大功效,提高人民调解有效性的关键措施。建立医疗责任保险机制,可以将人民调解的赔付责任落到实处,提高人民调解的效率和成功率;人民调解机制的完善,可以为医疗责任保险依法、公平、合理赔付创造有利条件。保监部门要鼓励、支持和引导保险公司依托医患纠纷人民调解机制,做好医疗责任保险的理赔工作,形成医患纠纷人民调解和保险理赔相互结合、良性互动的良好局面。三是要规范保险条款和理赔程序,提高保险服务水平。医疗责任保险是医疗执业责任保险,应当体现卫生事业的公益性。卫生行政部门与医疗责任保险承保公司在协商制定保险条款费率时,应当坚持"公平公正、保本微利"的原则,合理设计条款,科学厘定费率。保险公司应在各设区市设立医疗责任保险理赔中心,各县(市、区)设立分中心,公布接报案电话,主动参与、及时介入医患纠纷调解,认真履行保险合同,保证在医患纠纷调解结果或法院判决生效后7个工作日内进行赔付,小额赔付执行简易程序,保证患方能够得到及时赔付。

(五)建立社会医疗救助机制。对特殊困难患者实施医疗救助,是奉行人道主义精神、给予社会人文关怀的具体体现,是预防和处置医患纠纷的一个辅助性手段。在预防和处置医患纠纷的实践中,对于经济特别困难的患者,在医疗纠纷处置赔付之后,可视情况实施医疗救助,既要保护医疗纠纷处置的公平性、公正性,又充分考虑患者的实际困难,给予适当的经济援助。建立医疗救助机制,要坚持政府主导,社会参与,积极探索在现有城乡医疗救助制度的基础上,进一步加强部门配合,统筹协调,整合资源,运用民政救济、红十字会、慈善机构及民间个人捐助等方式,做好社会医疗救助与相关基本医疗保障制度的衔接,更好地发挥各项制度的整体效能,共同营造一个和谐互助友爱的良好社会氛围。

三、保障措施

(一)提高思想认识,加强组织领导。建立预防和处置医患纠纷长效机制,关系卫生事业的健康发展,关系社会的和谐稳定。今年省政府把认真落实预防和处置医患纠纷"五位一体"长效机制作为预防和化解矛盾纠纷、维护社会和谐稳定的一项重要举措,列入各级政府依法行政工作内容,充分体现了省政府对建立预防和处置医患纠纷“五位一体”长效机制的充分肯定和高度重视。各级党委政府和有关部门要站在构建和谐社会的高度,从维护人民群众的根本利益出发,深刻认识建立预防和处置医患纠纷长效机制的重要意义,以构建和谐医患关系、优化医疗执业环境为目标,切实把“五位一体”机制建设摆上重要议事日程,加强领导,周密安排,积极探索新形势下医患关系综合治理模式,为医务人员提供良好的执业环境,为人民群众提供良好的就医环境,为全面深化医药卫生体制改革,构建社会主义和谐社会提供有力保障。

(二)明确部门分工,多方合力推进。建立预防和处置医患纠纷长效机制,需要各级党委政府高度重视,多方参与,密切配合,齐抓共管,共同推动。各有关部门要按照部门职责和分工,认真安排和做好有关工作。综治部门要把创建平安医院活动纳入综治工作考评检查范畴,加强对创建活动和预防处置医患纠纷长效机制建设的指导推进,督促检查各项机制建设进展和落实情况。卫生部门要切实发挥在创建平安医院活动中的主抓作用,认真履行卫生行业主管部门职责,强化医疗机构管理和医疗服务监管,保障医疗质量和医疗安全,从源头上预防和减少医患纠纷,要主动联系有关部门,积极协调推进各项机制建设。公安部门要进一步加强对医院及周边的治安管理,指导、支持医疗机构加强内部治安保卫工作,牵头建立医患纠纷引发群体性事件应急处置联动机制,切实维护正常医疗秩序。司法行政部门要切实加强对医患纠纷人民调解工作的指导,会同综治、卫生、财政等部门大力推进医患纠纷第三方调解机制建设,及时总结、交流、推广先进经验,让医患纠纷人民调解工作深入民心、健康发展。保监部门要会同卫生等相关部门积极推进医疗责任保险工作,指导和督促保险公司积极开展医疗责任保险业务。民政部门要进一步完善医疗救助制度,整合医疗救助资源,合理确定救助范围,科学制定医疗救助补助方案,规范流程,简化程序,保障救助对象能够得到及时有效的医疗救助。宣传部门要加强舆论引导,指导新闻媒体采取多种有效形式,深入宣传构建和谐医患关系的重大意义,引导患者尊重医务人员的劳动,理性对待医疗服务可能出现的风险,在发生医患纠纷时走依法维权或第三方调解的途径。各级各类医疗机构要进一步增强主体意识,强化治安保卫,提高防范能力,狠抓内部管理,提高服务质量,加强医患沟通,积极预防和化解矛盾纠纷,构建和谐医患关系。其他部门也要根据各自职责,积极支持配合,共同推进预防和处置医患纠纷“五位一体”长效机制建设。

中共福建省委办公厅　省人民政府办公厅印发《关于建立重大建设项目社会稳定风险评估机制的意见(试行)》的通知

(2010年10月26日)

各市、县(区)党委和人民政府,平潭综合实验区党工委和管委会,省直各单位:

《关于建立重大建设项目社会稳定风险评估机制的意见(试行)》已经省委、省政府同意,现印发你们,请贯彻执行。

关于建立重大建设项目社会稳定风险评估机制的意见(试行)

为贯彻落实科学发展观和省委八届九次全会精神,处理好改革、发展和稳定的关系,科学谋划和加快推进重大项目建设,推动福建科学发展、跨越发展,现就重大建设项目社会稳定风险评估机制提出如下意见:

一、充分认识实施重大建设项目社会稳定风险评估的重要意义

(一)开展风险评估有利于落实科学发展观促进跨越发展。重大建设项目不仅要进行经济社会效益评价,还要进行社会稳定风险评估,使重大建设项目在审批过程中既科学又民主,在项目推进过程中既合法又合理,是转变发展方式,促进经济社会全面、协调、可持续发展,实现又好又快发展的客观要求。

(二)开展风险评估有利于更好维护人民群众的根本利益。对涉及群众切身利益的重大建设项目建设,从合法合规、可行可控等方面开展风险评估,既看要不要干,又看能不能干,确保得到绝大多数群众拥护,是推进重大建设项目顺利实施的重要保证,也是维护广大人民群众根本利益的必然要求。

(三)开展风险评估有利于创造和谐稳定的社会环境。重大建设项目前期研究工作公开透明,充分听取群众意见,对可能出现的社会稳定风险,做好分析预测、开展事前评估、研究应对风险的预案和化解措施,充分发挥预警预防作用,是从源头上预防和控制风险,避免和减少社会矛盾,保证社会和谐稳定的重要举措。

二、开展重大建设项目社会稳定风险评估的基本原则

(一)公开透明、民主决策。加强重大建设项目前期调查研究,通过多种方式广泛征求社会各界特别是所涉及群体的意见,了解社情民意,拓宽公众参与渠道。对争议较大、专业性较强的评估事项,要组织开展问卷调查、群众听证、专家咨询以及媒体公示等,把公众参与、专家论证和政府决策相结合,提高决策的科学性,防止片面性。

(二)依法依规、规范有序。在重大建设项目推进过程中,既要确保项目建设符合相关法律、法规和政策要求,严格依法行政,又要尊重相关利益群体的合理诉求,充分考虑群众的合法权益,综合权衡、统筹考虑发展需要与社会承受能力的关系。

(三)以人为本、保障民生。坚持党的全心全意为人民服务的宗旨,把群众利益放在第一位,既维护群众的长远利益,又兼顾群众的眼前利益。对直接涉及群众切身利益的民生事项,要广泛深入地开展群众工作,取得群众的理解与支持,更好地把科学决策、项目建设、发展经济、保障和改善民生统一起来。

(四)关口前移、主动预防。坚持标本兼治、事前防范,变被动化解为主动预防,通过科学系统地预测、分析和评估可能影响社会稳定的各类风险,在重大建设项目实施前把风险降到最低程度或调整到可控范围,切实把社会稳定风险消除在萌芽阶段,源头治本。

(五)明确分工、权责一致。各级党委、政府负责本辖区重大建设项目社会稳定风险评估的组织领导工作。省、市、县(区)有关部门和项目建设单位按照“属地管理、分级负责”、“谁主管、谁负责”的原则,根据职能分工具体负责项目社会稳定风险评估的实施工作。

三、明确重大建设项目社会稳定风险评估的主要内容

(一)实施风险评估的范围。重大建设项目主要指拟列入省、市、县(区)重点建设的交通、能源、市政、房地产、农业、水利、工业、服务业、社会事业、资源环境等重大建设项目。

(二)明确风险评估的主要内容。重大建设

项目的合法性，是否符合法律法规、是否符合党和国家的方针政策；重大建设项目的合理性，是否符合科学发展观要求，是否符合大多数群众的根本利益，并得到大多数群众的理解和支持；重大建设项目的可行性，是否经过科学的可行性研究论证，是否充分考虑各种相关制约因素，配套措施是否完善，时机是否成熟，实施后是否会引发不稳定因素；重大建设项目的安全性，群众有无强烈的反映和要求，是否会引发较大的影响社会稳定的事件，对可能出现的影响社会稳定问题，有无相应的处置预案。

四、规范重大建设项目社会稳定风险评估的运作程序

（一）落实风险评估的责任主体。项目建设单位是社会稳定风险分析和评估的责任主体。项目建设单位在编制项目可行性研究报告或项目申请报告时，需同步开展社会稳定风险分析评估并形成专题报告或说明材料。在社会稳定风险分析和评估报告中，应对重大项目建设可能产生的社会稳定风险进行全面分析、系统论证，作出客观预测、综合评判，并制定相应的防范、化解风险的应对预案。项目建设单位在向相关行政主管部门报批的文件中要对社会稳定风险评估情况进行说明，并提交社会稳定风险分析评估报告或说明材料。

（二）实行风险评估分工负责分级管理。重大建设项目按照项目审批权限，由负责审批管理的县级以上地方人民政府的规划、国土、海洋、林业、环保、建设等行政主管部门，在履行项目选址、用地（用林、用海）预审、环境影响评价、拆迁许可等行政审批手续时，按各自职能对项目建设单位提出的社会稳定风险分析评估报告进行审核，在出具的相关批准文件中同时明确项目的风险评估审核意见，并对可能存在的风险提出处理意见。投资主管部门在项目审批或核准前，应综合审查项目报批的相关条件，以及前置文件中规划选址、用地（用林、用海）预审、环境影响评价等批准文件的社会稳定风险评估意见。根据需要，投资主管部门还可将项目的社会稳定风险问题与项目可行性研究报告或项目申请报告一并委托工程咨询机构进行综合评估。备案项目在投资主管部门备案后，由县级以上地方人民政府规划、国土、海洋、林业、环保、建设等行政主管部门在审批相关事项时，同步对项目建设单位提交的社会稳定风险评估报告进行审核。

（三）充分运用风险评估成果。重大建设项目社会稳定风险评估意见是项目审批的重要依据之一。评估认为对社会稳定风险较小、实施条件较成熟的，可以按程序审批；评估认为有可能引发社会不稳定风险的，应在研究落实风险控制预案和化解矛盾、问题的具体有效措施后，再行审批；评估认为存在很大社会稳定风险、实施条件尚不具备的，应暂缓审批，待进一步调整完善原有建设方案、矛盾化解、条件成熟后，再重新研究审批；评估认为存在重大社会稳定风险且风险无法化解的，不予审批。

五、加强重大建设项目社会稳定风险评估的责任落实

（一）落实风险评估的责任。各级党委、政府要树立发展是第一要务、稳定是第一责任的意识，对本地区的重大建设项目社会稳定风险评估工作负总责，切实加强社会稳定风险评估工作，及时研究解决风险评估工作中遇到的重大问题，同时加强宣传舆论导向，利用报刊、广播、电视、网络等媒体为群众释疑解惑，引导群众正确对待，理性行事。相关行政主管部门在重大建设项目评估审核过程中，对涉及群众切身利益的事项，要通过深入走访、宣传解释、问卷调查、听证咨询、社会公示等公众参与方式，广泛征求群众意见，做好群众工作，并督促重大建设项目责任主体落实应对风险的对策措施。政法、综治、信访等维稳部门要督促和指导，帮助协调解决问题，积极化解矛盾和纠纷，维护社会稳定。重大建设项目实施主体要履行社会稳定风险评估的首要责任，客观、真实地编制社会稳定风险评估报告，在重大建设项目实施过程中，切实落实好应对风险的对策措施，建立信息反馈机制，出现问题及时报告当地党委政府。

（二）强化部门协调配合。各级有关行政主管部门要统一思想认识，明确责任，按职能分工，密切协作，形成合力，认真抓好重大建设项目社会稳定风险评估工作的落实，制定具体操作办法，明确工作任务和要求，在评估审核过程中既要依法依规严格把关，又要改进工作方式做好服务，不得借机增设前置条件、增加审批环节。各级相关维稳部门要积极参与，建立预警机制，发挥职能作用，协同推进落实维稳措施。

（三）严格责任追究。要把重大建设项目社会稳定风险评估工作纳入社会治安综合治理体系，作为绩效考评的重要内容，加强效能督查，对有一定风险的项目，经过努力创造条件、积极采取措施后，风险可以化解，但由于怕承担风险而不主动作为、耽误上项目的，要给予行政问责。对重大建设项目存在社会稳定风险但未开展风险评估或未认真落实评估意见提出的应对措施，从而引发影响社会稳定事件的，要依法追究项目建设单位及其主要负责人和相关人员的责任。对应开展社会稳定风险评估审核而未认真审核把关，或评估认为不宜实施而违规审批，从而引发社会稳定事件的，要依法依规追究相关部门及其负责人和直接责任人的责任。在开展社会稳定风险评估工作中，各有关部门要不断总结经验，完善工作机制，树立先进典型，加强宣传推动，促进重大建设项目社会稳定风险评估工作的落实。

福建省社会治安综合治理委员会关于推进乡镇(街道)综治信访维稳中心规范化建设的实施意见

（2010 年 10 月 26 日）

各市、县(区)综治委，省综治委各成员单位：

为认真贯彻落实中共中央办公厅、国务院办公厅关于深入推进社会矛盾化解、社会管理创新、公正廉洁执法的部署和进一步加强社会治安综合治理基层基础建设的要求，有效发挥基层维护社会稳定第一道防线作用，着力解决影响社会和谐稳定的源头性、根本性、基础性问题，有效服务保障福建科学发展、跨越发展和加快海峡西岸经济区建设大局，现就推进乡镇(街道)综治信访维稳中心规范化建设提出如下意见：

一、目的意义

乡镇(街道)综治信访维稳中心是综治服务中心在新形势下内涵和外延的拓展，是乡镇(街道)党委、政府维护社会稳定、化解社会矛盾、创新社会管理、深化平安建设的工作平台，是各相关基层单位职能不变、体制不变、人员隶属关系不变前提下力量整合的有效形式。2007 年以来，我省各地各部门积极推进以乡镇(街道)综治服务中心为平台的基层综治组织网络和运行机制建设，基层基础工作得到了切实加强，为维护全省社会大局稳定发挥了重要作用。但是，要清醒地看到，我省综治维稳基层基础工作总体比较薄弱的状况还没有根本改变，特别是面对当前绝大多数矛盾纠纷发生在基层、绝大多数信访问题发端于基层、绝大多数治安隐患也沉淀在基层的现状，乡镇(街道)综治服务中心建设存在资源力量整合不够、组织协调能力不强、规范运作程度不高、队伍人员素质不齐等问题还比较突出，制约了综治维稳任务在基层的有效落实。因此，必须积极适应综治维稳形势的发展变化，在乡镇(街道)综治服务中心的基础上丰富内涵、拓展外延、规范运作、提升层次，深入推进乡镇(街道)综治信访维稳中心规范化建设，进一步加强资源整合、部门融合、力量聚合，更好地统筹基层各方力量、协调各种关系，实现基层综治维稳资源力量由分到合、组织网络由疏到密，筑牢维护社会稳定根基。

二、规范建设

（一）规范组织架构。乡镇(街道)党委、政府主要领导作为综治委主任、第一副主任，统筹组织、领导综治信访维稳中心建设。乡镇(街道)党委副书记兼任综治办主任和中心主任，主持中心的日常工作；分管信访的党委或政府领导、人武部长、派出所所长、司法所长、法庭庭长等兼任中心副主任，综治办专职副主任兼任中心常务副主任，负责具体事务的分流交办、督导检查。

（二）规范力量整合。采取集中办公、派员进驻、联动协作三种模式，形成一体运作的整体合力。乡镇（街道）综治办、司法所和信访室作为中心基本成员单位实行集中办公，公安（边防）派出所、人民法庭等作为紧密协作单位派员进驻办公；武装部、民政、劳动、国土、建设、文化、农业、林业、工商、安监、共青团、妇联等作为联动协作单位参与中心一体运作。各地还可根据实际情况，适当增加派员进驻单位，调整充实联动协作部门。

（三）规范运作模式。中心实行集中办公，有条件的乡镇（街道）可整合设立综治信访维稳中心大楼，条件尚不具备的地方应保证足够的办公场所，统一设置受理窗口、集中办公区、调解工作室、联席会议室、档案资料室等基本功能区。实行一个窗口服务群众、一个平台受理反馈、一个流程调解到底、一个机制考核管理，统一开展矛盾纠纷联调、社会治安联防、突发事件联勤、重点问题联治、特殊人群联管、平安建设联创。

（四）规范组织网络。依托乡镇（街道）综治信访维稳中心向上对接县一级工作运作平台，向下延伸至村居（社区）、村（居）民小组，形成三级联动的组织网络。在乡镇（街道），以综治信访维稳中心为平台，统一调配指挥乡镇（街道）综治信访维稳力量，统一指导管理维稳群众工作队、治安巡逻队、平安（综治）协会等群防群治组织与民间社团组织，统一管理考核村级综治协管员。在村居（社区）设立综治信访维稳工作站，站长由支部书记或主任担任，治保会、调委会、警务室、综治协管员等联合办公，组织指导治安联防队、维稳信息员开展工作。在村（居）民小组，充分发挥平安中心户长作为民间调解员、治安信息员、治安巡逻员、法制宣传员、社会管理员的职能作用，排查化解矛盾纠纷，组织开展群防群治。

（五）规范考核管理。在综治信访维稳中心设立联合党支部，建立工作例会、首问责任、分流交办、情况报告、督查督办、责任追究等工作制度，对不服从指挥调配和工作落实不到位的成员单位，中心可提请乡镇（街道）党委、政府予以通报批评、督促整改。建立工作绩效量化考核制度，通过月例会、季度通报、半年检查、年终考评，日常考评与年度考核相结合，评比结果与中心成员单位主要领导、分管领导和工作人员的经济奖励、评先评优、晋职晋级挂钩。

三、工作机制

乡镇（街道）综治信访维稳中心在党委、政府的统一领导下，通过健全完善矛盾纠纷联调、社会治安联防、突发事件联勤、重点问题联治、特殊人群联管、平安建设联创“六联”工作机制，组织、协调、指导、督促辖区内部门、单位和人民群众开展维护稳定、化解矛盾、社会管理、平安建设工作，进一步形成党政主导、综治牵头、部门协同、上下联动的基层组织网络和运行机制。

（一）矛盾纠纷联调机制。乡镇（街道）每半月、村居（社区）每周汇总分析研判，对排查发现的矛盾纠纷，逐件登记建档，逐件分流交办，逐件落实责任，逐件跟踪落实。对直接受理或由其他部门转入的矛盾纠纷和群众来信来访，实行统一受理、统一分流、统一督办、统一反馈，切实做到件件有人办、事事有着落。按照调解、行政三级办理、法院二审终审、检察院法律监督、人大监督的“路线图”依法处理信访事项，规范以群众来信来访登记卡和受理告知单、交办单、反馈单为主要内容的“一卡三单”信访工作流程，力争把初信初访问题消除在萌芽状态，有效防止集体越级非正常访。推进党政主导“大调解”工作体系，健全人民调解、行政调解、司法调解紧密衔接的多元化纠纷解决机制，最大限度地运用调解方式就地解决矛盾纠纷，努力做到小事不出村居（社区），大事不出乡镇（街道），矛盾不上交。

（二）社会治安联防机制。坚持每月综合分析社会治安形势，提出有针对性的工作预案，及时发布治安预警预报信息。加强维稳信息员队伍建设，及时掌握社情民意和治安动态，提升基层预警预知能力。改革城乡社区警务工作，推进警务进社区、进村居、进企业，加大警力下沉力度，落实社会面巡防控制措施。加大乡镇（街道）治安巡防队、村居（社区）联防队建设力度，将治安巡防队伍职能向抢险救灾、农村消防、道路交通、应急处置等领域延伸。充分发挥综治协管员、信访联络员、平安中心户长的职能作用，发展以退伍军人、民兵为骨干的农村保安员队伍，壮大基层群防群治力量。加快技防设施建设步伐，在加大政府投入的同时，采取市场化运作模式，推进技防乡镇

(街道)建设,提升社会治安防控的科技含量。指导和督促企事业单位和物业小区落实治安防控措施,参与区域联防协防。

(三)突发事件联勤机制。统一组织安排、调配使用综治信访维稳中心各成员单位及工作人员,落实值班备勤考核制度,健全突发性、群体性事件预警处置预案。健全突发事件预警研判机制,及时掌握可能引发群体性事件的苗头隐患,做到早发现、早报告、早处置。发生重大群体性事件苗头隐患或突发性事件,在乡镇(街道)党委、政府的统一领导下,组织维稳群众工作队第一时间赶赴现场,做群众疏导化解和稳控工作,并做好善后事宜,有效防止事态扩大、局面失控。

(四)突出问题联治机制。健全严打整治经常性工作机制,定期组织力量深入村居(社区)以及重点区域、重点部位、重点场所滚动摸排,对排查确定的突出治安问题和治安混乱地区,集中开展重点整治专项行动,切实解决影响群众安全感的突出治安稳定问题,净化社会治安环境。按照上级的统一部署,广泛发动各部门、各单位及广大人民群众积极参与"严打"整治、"打黑除恶"以及各项集中整治行动。建立健全校地联动的治安防控体系,指导学校内部保安队伍及周边群防群治组织有效开展工作,及时有效消除学校及周边安全稳定隐患。

(五)重点人群联管机制。推行流动人口"一站式"服务管理,落实"市民化待遇、亲情化服务、人性化管理"措施,促进流动人口融入当地社会。加强对重点人员和社会高危人群排查,对"法轮功"邪教人员、社区矫正人员、刑释解教人员、吸毒人员、肇事肇祸精神病人、扬言要报复社会人员等高危人群以及社区闲散青少年等特殊群体做到底数清、情况明,全面落实教育、管理、帮教、防范等措施,最大限度预防和减少违法犯罪,严防个人采取极端手段向社会宣泄不满,制造重大恶性案件。深入开展预防青少年违法犯罪活动,强化对农村留守儿童的教育、管理、服务等各项帮扶措施。

(六)平安建设联创机制。围绕深化"平安福建"建设的总体要求,动员和发动社会各方面力量,深入推进"平安乡镇(街道)"、"平安村居(社区)"创建活动,深化平安家庭、企业、学校、医院、单位、库区等创建载体活动,并向景区、市场、工地、交通、铁路、海域、军地共建等领域延伸,丰富平安创建内涵,提升平安创建水平,努力实现"四个位居前列、五个明显增强、六个有效防止"的目标。

四、组织保障

(一)切实加强领导。各级党委、政府要把乡镇(街道)综治信访维稳中心规范化建设作为推进社会矛盾化解、社会管理创新的基础性工作,列入当地"十二五"经济社会发展规划,纳入为民办实事项目,从政策导向、力量配备、经费保障、技术装备等方面予以倾斜。配齐配强乡镇(街道)综治信访维稳中心工作人员,维稳任务较重的重点乡镇(街道)中心常务副主任可适当高配。乡镇(街道)要加大综治信访维稳中心建设投入,优化改善中心办公场所,配备必要办公设施,并根据实际情况安排必要工作经费,保证工作有序运转。

(二)强化督促检查。各级综治委要加强对综治信访维稳中心建设的日常督查和业务指导,采取专题调研、分类指导、召开现场会等形式,及时掌握工作进展情况,总结推广成功经验,查找存在的薄弱环节,协调解决工作中遇到的实际困难和问题,推动综治信访维稳中心稳步健康发展,至2011年底,全省综治信访维稳中心规范化建设覆盖面达到100%。要把乡镇(街道)综治信访维稳中心建设纳入平安建设和综治责任书考核内容,对组织不得力、工作不到位的采取综治警示措施。

(三)重在一体运作。要把工作着力点放在体现整体合力、加强协作配合、完善工作机制、发挥职能作用、增强运作实效上,坚决防止和克服只整不合、机关化倾向等形式主义,增强中心的凝聚力和向心力。各级综治、公安、司法行政、法院、信访等部门要牢固树立整体"一盘棋"的意识,积极配合支持综治信访维稳中心建设,加强本系统、本部门业务指导,促进基层站所主动对接综治信访维稳中心,最大限度地发挥中心的整体效能,最大限度地形成整体合力。

(四)广泛宣传发动。要通过广播、电视、报纸、网络和其他贴近群众的方式,大力宣传综治信访维稳中心的工作与成效,使群众真正理解支持综治信访维稳中心建设,真正把综治信访维稳中心建成服务基层群众的文明窗口、化解矛盾纠纷的有效平台、维护社会和谐稳定的前沿阵地,筑牢综治信访维稳中心的社会基础和群众基础。

组建维稳三支队伍　提升预警预防能力

中共漳州市委　漳州市人民政府

近年来，漳州市坚持“从细胞工程抓起、积小安为大安”，深入开展系列平安创建活动，全力打造“平安漳州”，综治工作连续三年位居全省前列，社会持续安定稳定，保障了经济社会健康发展，全市固定资产投资、规模工业产值、财政总收入实现三年翻一番。特别在国际金融危机影响、发展最为困难的情况下，全市经济依然保持了平稳较快增长。针对在信息化的背景下，许多矛盾和问题很容易被扩散和放大，造成影响人们看法、影响社会稳定后果的情况，漳州市不断探索适应新形势、新情况的社会治安综合治理的工作机制，建立维稳信息员、网络舆情引导员、维稳应急服务队，有利于各级党委、政府及时了解社情民意，掌握社会动态，把握化解矛盾的主动权，有利于及时解疑释惑，澄清事实，引导舆情，把问题和矛盾解决在苗头状态，有利于在紧急情况下，坚持属地管理原则，由当地就近派出维稳应急服务队，处理社会纠纷和矛盾，把问题解决在基层。

一、建立信息员队伍，维稳信息在一线掌握

坚持情报主导维稳的工作思路，着眼于最大限度拓宽情报信息的来源渠道，多层面建立维稳信息员，将信息触角延伸到基层，建立预见早、反应快、渠道畅的信息收集机制。目前，全市共有3万多名维稳信息员，这支队伍起到了在第一时间提供信息的作用，为各级及时排查矛盾、调解纠纷、维护稳定赢得了时间，取得了成效。2010年来全市到省里上访的批次和人次同比分别下降了55.9%和34.2%，没有发生群体性事件。严格布建标准，根据辖区人口结构和治安特点，坚持数量与质量并重，重点在每一个自然村、重点企事业单位以及常住人口聚居地、外来人口集中点、治安防控敏感点布建信息员，由富有正义感、自愿参与维护社会稳定的人员组成，与治保会、调委会和综治协管员、平安中心户长等形成互补，做到公秘结合、专群结合，强化功能、发挥作用。做到信息早报告，对于可能出现越级集体上访甚至群体性事件的信息，信息员能及时报告的，给予奖励，力争做到在全市范围内，哪里有社会波动，哪里有工作问题，哪里有矛盾隐患，第一时间察知，消除在未发状态。海峡论坛举办前夕，接到信息员关于“参战退役老兵准备在海峡论坛期间到会场上访制造影响”的报告后，经过综合分析，及时发出预警，组织服务队面对面做好群众思想工作，有效化解了这起可能影响海峡论坛顺利举办的集体上访苗头。着力提高信息员素质，注重加强对信息员的业务培训，不断提高他们发现、获取信息的能力和水平；注重加强对信息员的保护，对其提供的各类信息严格保密；注重加强经费保障，建立信息员通讯装备和物质奖励等工作机制。

二、建立引导员队伍，网络舆情在一线引导

立足综合施策、力求有效引导，坚持建设和管理并重，着眼网上舆情引导、防范控制处置和网下落地查人相结合，在各地各敏感部门都设立了网络舆情引导员。对网络上出现的与事实有出入、导向不健康的帖子，引导员积极参与，上帖摆事实、讲道理、谈看法，起到引导舆情向正确健康方向发展的作用。同时也加快漳州新闻网、漳州广播网和县（市、区）网等新闻网站的建设和发展，推进各新闻网站引进先进的网络技术，改善网络视听节目质量，注重热点事件、突发事件的权威播报，使其成为传播的主要声音，引领网上舆论的主阵地。此外，宣传、文化、公安等部门加强协作配合，建立了工作联席会议制度，形成“分类巡查、相互通报、共同研判、协同处置”的联动机制，共同参与网络文化建设与管理，共同维护互联网安全秩序。

三、建立应急服务队，维稳资源在一线整合

乡镇是化解矛盾、应急处置的前沿，漳州市注重落实“干部要处在维稳第一线”的要求，整合乡镇干部资源，融合部门单位职能，组建了以做好群众工作为重点的维稳应急服务分队，队员由45周岁以下在职在编干部职工组成，分队长由乡（镇、场）党政主要领导担任，统一由县维稳领导小组调度指挥，形成联动机制，变政法部门单兵作战为整体维稳。目前，全市已组建维稳应急服务队146支4900多人，基本覆盖到各乡镇场、街道、工业区。应急服务分队的主要任务是预防处置突发性事件特别是群体性事件苗头问题。在实际工作中，始终将群众利益放在首位，注意灵活运用分化劝解、亲情劝导、利益引导等方式方法，以和风细雨方式把矛盾和问题化解在萌芽状态、解决在初始阶段，防止造成负面影响、侵犯群众利益。同时把辖区分成若干工作片区，一旦发生重大紧急事件或跨区域治安事件，由县里就近调用其他分队，联合开展处置，共同维护辖区安定稳定。

福建省综治委、办机构情况及负责人名单

一、省综治委领导

孙春兰　省委书记、省综治委主任
黄小晶　省委副书记、省长、省综治委第一副主任
陈文清　省委常委、纪委书记、省综治委副主任
徐　谦　省委常委、政法委书记、省综治委常务副主任
袁锦贵　省人大副主任、省综治委副主任
陈　芸　省政协副主席、省综治委副主任
马新岚　省高级人民法院院长、省综治委副主任
倪英达　省检察院检察长、省综治委副主任

二、省综治办领导

徐　谦　省委常委、政法委书记、省综治委常务副主任、省综治办主任
李晋闽　省委政法委副书记、省综治办常务副主任（正厅）
杨丽卿　省综治办副主任（正厅）
林凤祥　省综治办副主任（副厅）
下设综合协调处、基层督导处

福建省各市、县（市、区）综治委、办主任名单

地　区	综治委主任	综治办主任
福州市	袁荣祥	刘锡辉
鼓楼区	林　飞	宋依泉
台江区	马必钢	刘　宏
仓山区	林文芳	易荣和
晋安区	王明光	夏冬林
马尾区	郑有光	任积兴
福清市	陈大强	林建华
长乐市	吴贤德	王建兴
闽侯县	柯有民	林宝国
连江县	高　明	孙　旭
闽清县	池　宁	郑祥慈
罗源县	何代钦	董锦宝
永泰县	黄忠勇	郑承铨
厦门市	于伟国	林　志
思明区	郑云峰	陈和敏
湖里区	李栋梁	林荣福
集美区	黄锦坤	王在军
海沧区	钟兴国	刘怀书
同安区	高玉顺	朱祥甫
翔安区	吴南翔	方伟毅

地　区	综治委主任	综治办主任	地　区	综治委主任	综治办主任
漳州市	刘可清	杨建平	**莆田市**	杨根生	陈兆文
芗城区	黄春曙	陈孟春	仙游县	林建华	郑武进
龙文区	张琳光	吴聪文	荔城区	陈国林	江庆联
龙海市	许荣勇	杨志强	城厢区	郑春洪	林万春
漳浦县	陈汉夫	王建峰	涵江区	阮开森	梁庆龙
云霄县	黄舜斌	吴禧文	秀屿区	陈志强	宋金聪
东山县	王毅群	朱文明	北岸管委会	俞建忠	卓国忠
诏安县	于南生	曾建成	湄洲岛管委会	庄永辉	郭金木
平和县	林　忠	曾剑光	**南平市**	雷春美	林恒茂
南靖县	洪仕建	简色荣	延平区	张国旺	余金明
长泰县	张祯锦	蔡海忠	邵武市	梁伟新	邹建平
华安县	柯志宏	林志强	武夷山市	郭跃进	彭金文
泉州市	徐　钢	徐义平	建瓯市	卓立筑	黄长松
鲤城区	王瑞强	吴晓川	建阳市	葛晓华	胡宗礼
丰泽区	陈灿辉	林世川	顺昌县	柳贵清	陈联惠
洛江区	吕　竞	黄奕瑞	浦城县	黄建生	毛雪青
泉港区	游祖勇	庄向阳	光泽县	谭　论	吴惠平
石狮市	许维泽	侯建阳	松溪县	曹　聪	游晓辉
晋江市	尤猛军	叶苍榆	政和县	黄健平	郑奉智
南安市	骆国清	赖世有	**龙岩市**	张　健	卢　意
惠安县	林万明	施跃平	新罗区	张天洲	蔡庆新
安溪县	李建辉	杨瑞福	永定县	毛高良	王选海
永春县	王远东	潘朝东	上杭县	赖继秋	刘伟东
德化县	李辉跃	林新睿	武平县	陈盛仪	邓穗明
台商投资区	吴群德	林清泉	长汀县	邱　荣	张水木
泉州开发区	王岳平	肖志伟	连城县	林志坤	罗培辉
三明市	黄琪玉	程立双	漳平市	刘　远	杨建樟
梅列区	罗　雄	邓发禧	**宁德市**	陈荣凯	张　鼎
三元区	王　庆	林志豪	蕉城区	郑明生	孙细飞
永安市	江兴禄	林芬华	古田县	章瑞进	朱哲卿
大田县	赵荣生	林书设	屏南县	林共妙	陈永莉
尤溪县	吴建国	陈少琛	周宁县	李过渡	陈新明
沙　县	陈瑞喜	曾永生	寿宁县	李海波	夏立斌
将乐县	黄建平	黄兴泉	福安市	李转生	陈新春
泰宁县	曾祥辉	邓龙堂	柘荣县	许青云	林国雄
建宁县	盛福江	范毓刚	福鼎市	倪政云	张建忠
宁化县	陈忠杰	伍一卿	霞浦县	林建军	蔡建锋
清流县	纪熙全	郑　斌	东侨经济开发区	何如芳	李　钰
明溪县	冯新婷	吴福生			

（撰稿人：林光榕　钟河林
审稿人：李晋闽　李子顺）

江　西　省

2010年社会治安综合治理工作概况

2010年，全省各地、各部门认真贯彻落实中央综治委和省委、省政府的决策部署，以化解矛盾纠纷、创新社会管理、夯实基层基础为重点，全面加强社会治安综合治理，深入推进和谐平安建设，着力解决影响社会稳定的源头性、根本性、基础性问题，有效维护了全省社会大局持续稳定。

一、综治工作组织领导情况

（一）高位推动，解决实际问题。一是突出抓大事。2010年，省委常委会先后7次听取政法综治维稳工作情况汇报。省委书记苏荣同志多次强调，全省各级党政组织和领导干部任何时候、任何情况下，都要正确处理改革发展稳定的关系，坚决维护社会稳定不动摇。党委主要负责同志要切实履行对本区域社会稳定全面负责的责任，让政府主要负责同志有更多时间和精力抓发展。苏荣同志先后3次主持召开专题会议，分析稳定形势，研究工作对策，并亲自部署对全省社会稳定工作开展专题调研。省长吴新雄同志经常过问综治维稳工作，多次作出批示，提出相关要求。省委常委、政法委书记、省综治委主任舒晓琴同志对综治维稳工作精心组织实施，深入基层检查督促，在一线解决实际问题，推动工作落实。二是突出解难题。省委、省政府主要领导拍板出台政策措施，推动刑释解教人员安置帮教、肇事肇祸精神病人管控、监外执行人员社区矫正、流动人口服务管理等工作。对于化解矛盾纠纷，省委书记苏荣同志强调，“新官要理旧政”，领导干部要敢于面对现实，敢于触及矛盾，敢于解决棘手问题，并明确要求省委、省政府领导带头包案化解矛盾，省委常委包案解决不了的问题由他亲自解决，副省长解决不了的问题由省长解决，书记、省长解决不了的问题由班子集体研究解决。三是突出强保障。省财政安排的政法经费转移支付逐年大幅度增长，2007年为3.2亿元，2008年为6.2亿元，2009年为8.78亿元，2010年安排了9.7亿元。基层综治干部岗位津贴由每人每月60元提高到130元，所需经费由同级财政解决。

（二）齐抓共管，形成工作合力。一是主动抓。党政领导班子成员在部署业务工作的同时，主动对所分管部门、行业的综治维稳工作作出具体部署，并督促落实。二是经常抓。党政领导班子成员经常组织所分管部门、行业排查影响安全稳定的突出问题，并认真负责地解决。三是靠前抓。发生影响稳定的苗头性问题，党政领导班子成员不再是等待或推给分管综治维稳工作的领导去处理，而是自觉在第一时间赶赴现场先行处置，把问题解决在始发阶段。据不完全统计，各级党政领导班子成员主动解决分管范围内可能影响稳定的问题2967个，其中省政府领导协调解决有关行业涉及安全稳定的问题156个。

（三）强化责任，推动工作落实。一是完善常态考核。将综治责任人抓综治工作的能力和绩效纳入领导班子和领导干部政绩考核、国家公务员年度考核、综治目标管理考核之中。每年结合年度综治考评，各级综治责任人对当年履行保平安促和谐职责情况作述职报告。按照干部管理权限，各级综治委根据考核情况建立综治责任人绩效档案，作为领导干部提拔任用和实施奖惩的重要依据。二是实施“一票否决”。对综治工作不落实导致发生影响稳定问题的地方和单位，坚决实行社会治安综合治理一票否决、或黄牌警告、或限期整改，并实行责任倒查。三是严格奖惩兑现。对抓综治工作绩效突出的责任人予以嘉奖，并颁发一定数量奖金。对被限期整改、黄牌警告或一票否决的地区、部门、单位，在治安面貌改变之前，其综治责任人不予提拔重用，不予评先、评模，公务员考核不予评定为优秀等次，不予晋升工资级别，有效推动了各级领导干部保平安、促和谐责任的落实。

二、矛盾纠纷排查化解情况

（一）在源头预防上做深做实做细。一是着力改善和保障民生。省委、省政府大力实施“民生工程”，全省“民生工程”的投入由2009年188亿元增加到240亿元。各地从解决人民群众最关心、最直接、最现实的利益问题入手，重点围绕扩大就业、完善社会保障体系、提高社会救助水平等八个方面，办了65件实事。这些实事暖民心、得民心，对理顺群众情绪、减少社会矛盾起到了重要作用。二是实行社会稳定风险评估。建立了重大事项社会稳定风险评估机制，并以省委、省政府两办名义行文下发。各地对涉及民生问题的重大决策、涉及多数群众利益的改革改制、涉及群众切身利益的重大规划和项目建设等，严格按照程序进行社会稳定风险评估，并将此项工作纳入综治考评体系，对应进行评估而未实施评估或组织实施不力，导致引发影响社会稳定事件的，严格进行责任查究。三是加强新形势下的群众工作。省委开通了“民声通道”、省政府设立了“省长手机、政府信箱”，受理群众诉求，知民情、化民怨、解民难。省里建了“和谐大厦”，每天安排厅（局）长接访，群众来信量同比下降33%、来访量同比下降27.1%。为贯彻五中全会关于做好新形势下群众工作的要求，省委组织10万名干部下基层，开展“大走访、大排查、大调解”活动，访民情、排民忧、解民困、保民安、维民权，把影响稳定的因素化解在基层。在全省国有企业改制中，由于政策到位、安置到位、保障到位、程序到位，群众工作做得好，提前全面完成了改制任务，且未引发一起群体性事件。

（二）在排查预警上做深做实做细。省、市、县三级综治办设立排调室，增配了干部，配备了排调室主任；乡镇（街道）建立了矛盾纠纷排调中心，村级建立了矛盾纠纷排调室，村民小组配备了调解员；机关、团体和企事业单位建立了矛盾纠纷排调组织，全省范围内基本形成了纵向到底、横向到边的矛盾排调网络。实行地区排查、行业排查、单位排查多管齐下，2010年，全省共排查矛盾纠纷125333件。对获取的信息认真进行分析研判，准确判断性质，预测发展趋势，对可能引发影响稳定问题的矛盾纠纷，按轻重缓急实行三级预警，并依据预警等级和规定程序限期化解到位。各地预警的2100多件重大矛盾纠纷，都及时得到有效化解。

（三）在调处化解上做深做实做细。各级领导干部包案化解突出矛盾纠纷8600多件。其中，省委、省政府领导包案化解突出矛盾纠纷1203件。各级负有矛盾纠纷化解职能的行政部门，认真负责地抓好职能范围内的行政调解工作。通过行政调解，化解了21805件矛盾纠纷。多年来，赣粤、赣皖、赣闽、赣浙、赣鄂、赣湘边际地区平安无事，从未发生群众性械斗等影响稳定的事端。省内鄱阳湖周边12个县（区）从2002年起实行“五联”，大量矛盾纠纷化解在基层，连续9年实现湖区平安。在乡镇、村建立民情恳谈制度，畅通社情民意反映渠道，让人民群众“话有处说，理有处讲，矛盾有人解”，密切了党群干群关系。全省排查出的矛盾纠纷调处116909件，调处成功率达93.3%。

（四）在机制建设上做深做实做细。构建了大排查大调解工作体系，形成了排查化解矛盾纠纷的强大合力，化解了4.6万余件矛盾纠纷。针对医患纠纷、涉及铁路和高速公路纠纷、交通事故纠纷等突出矛盾纠纷，建立了行业纠纷化解机制，成效比较明显。2010年，各地通过加大抄告督办力度，化解了1980余件重大矛盾纠纷。省、市、县三级综治办每月召开矛盾纠纷排查化解工作交账会，分析研判矛盾纠纷的特点和发展趋势，对疑难矛盾纠纷和跨区域的矛盾纠纷进行集中“会诊”，研究解决办法，明确调处责任，限期化解。

三、社会管理创新进展情况

（一）刑释解教人员安置帮教衔接工作深入推进。围绕解决社会与监所无缝对接问题，采取了以下几项措施：一是监所在服刑在教人员期满前一个月，通知其原籍县（市、区）安帮办；安帮办接通知后，及时告知其户籍所在地乡镇（街道）司法所，由司法所通知其户籍所在地村（居）委会派员陪同其亲属将其接回，对无亲属的刑释解教人员由村（居）委会干部负责接回。二是村（居）委会从监所每接回1名刑释解教人员，按照市内每人300元、省内每人500元、省外每人1000元的标准给予工作经费补助。三是接回原籍的刑释解教人员在3天内由村(居)委会干部陪同其到当地公安派出所、司法所报到,采录相关信息,并落实安置帮教责任和工作措施。四是对接回的刑释解教人员,出监所6个月内,按照当地城乡最低生活保障标准发放生活补助费,由其本人到当地村(居)委会按月领取。6个月后,符合低保条件的,纳入城乡最低生活保障范围。五是接回刑释解教人员的工作补助经费及刑释解教人员回归社会6个月内的生活补助费,由省市两级财政按7:3的比例承担。六是对无家可归、无亲可投的刑释解教人员,以县(市、区)为单位,依托有条件的企业,建立过渡性安置帮教基地,解决其就业和生活安置问题,其劳动报酬由该企业按同工同酬的标准全额发放。该企业每安置一名此类刑释解教人员,由县级财政补助工作经费1万元。全省依托企业建立过渡性安置帮教基地172个,滚动安置了3906名"两无"刑释解教人员。七是回归社会的刑释解教人员纳入城市下岗失业人员再就业和农村劳动力转移培训范围,由县级统筹安排就业技能培训,并落实培训补贴。八是将符合低保、"五保"、失业保险、养老保险、医疗保险的刑释解教人员,全部纳入保障范围,实行应保尽保。

(二)肇事肇祸精神病人收治管控工作深入推进。重点解决"无人管、没钱管、不愿管"的问题,完善了四大工作机制:一是排查收治机制。市每季度、县(市、区)每两月、乡镇(街道)每月排查一次肇事肇祸精神病人,一经发现及时收治,真正做到早发现、早控制、早收治。二是分类管控机制。对已收治入院的,由精神病医院负责管控,其病情好转可出医院时,由公安机关派人接回就地管控,其中家庭有监控能力的,由家属或监护人监控,村、组、社区干部定期上门巡查;对家庭无监控能力的,由村、组、社区落实专人管控。对一般性精神病人,由家属或监护人就地监护,定期向村、组、社区汇报病情变化情况和活动范围。对流落社会且病情稳定的精神病人,由公安部门送民政部门流浪乞讨救助机构给予救助,视情送返原籍。对因监护人家庭贫困、无力抚养而拒不领回,以及无劳动能力、无生活来源、也无法查清原籍和监护人的肇事肇祸精神病人,由民政部门所属精神卫生机构接收和治疗。三是经费保障机制。肇事肇祸精神病人收治管控经费由省、市两级财政按6:4比例负担,两级财政负担的经费列入预算基数,并设立经费专账,实行专项管理,确保专款专用。省里还明确规定,肇事肇祸精神病人的医学鉴定费用、基本治疗费用由财政报销,公安机关每收送一名肇事肇祸精神病人补助200元专项工作经费;对无法查清原籍的肇事肇祸精神病人收治费用全部由财政负担;经治疗出院的贫困肇事肇祸精神病人,由财政负担后续基本治疗费用。近几年来,精神病人肇事肇祸问题逐年大幅度减少。四是部门联动机制。各级建立了肇事肇祸精神病人收治管控工作联席会议制度,定期交流通报情况,并完善了部门协作的工作流程。

(三)监外执行人员社区矫正工作深入推进。一是省、市、县三级增设专门机构,配备专门人员负责社区矫正工作;全省以政府购买公益性岗位方式,向社会公开招聘社区矫正工作人员,建立了司法所人员、社区民警、招聘的社区矫正工作者及社会志愿者共同组成的社区矫正队伍。二是省财政安排落实省级社区矫正工作经费200万元,市、县两级落实此项经费380余万元,保障了社区矫正工作顺利开展。三是监狱在监外执行人员出监前,根据其在押期间的表现、重新犯罪可能性等,实行风险评估,确定风险等级,提出矫正的建议。同时,对其进行矫正教育,签订《接受社区矫正保证书》。四是被列为严管型的监外执行人员出监时,由所在监狱民警将其押送到户籍所在地的县级司法局进行移交;被列为普管型的监外执行人员出监时,由其户籍所在地的乡镇司法所派人接回;被列为宽管型的监外执行人员地方接回后,督促其一周内到户籍所在地的乡镇司法所报到。全省10331名监外执行人员交由社区矫正以来,无重新犯罪。

(四)流动人口服务管理工作深入推进。省委、省政府办公厅批转了省综治委关于流动人口服务管理工作创新的实施意见,重点解决了以下几个问题:一是理顺领导体制。将流动人口服务管理工作领导小组组长由公安机关领导担任改为政府分管领导担任。流管办主任由治安总队领导担任改为综治办主任担任,并从公安、人力资源和社会保障、住房和城乡建设、工商、计生、民政、税务等相关部门抽调人员集中办公。二是建立协管队伍。按照城镇500:1、农村800:1的比例选配协管员,建立协管员队伍,协助做好流动人口服务管理工作。三是落实工作经费。按照“分级管理、分级分担”的原则,将流动人口服务管理工作经费纳入同级财政预算,全额拨付。四是创新服务管理方式。流动人口在社会保障、医疗卫生、计生服务、子女就学、住房政策、职业介绍等方面,享受当地居民同等待遇。实行以证管人、以房管人、以业管人新模式。

(五)重点青少年群体教育帮扶工作深入推进。开展了全省重点青少年群体排查摸底专项行动,建立了重点青少年群体预防工作管理台账,将重点青少年群体划分为四个等级,开展危险度评估工作,针对不同类别制定具体的帮教工作方案。充分发挥共青团组织、“关工委”、学校以及社会组织的作用,在全省城乡实施以免疫工程、净化工程、爱心工程、基地工程、细胞工程为主要内容的“为了明天工程”,有力促进了预防和减少青少年违法犯罪工作。各地坚持学校、家庭、社会三方联动,发挥“五长同治”(所长、村居长、组长、校长、家长)作用,开展问题青少年帮教工作,全省建立各类帮教组织12386个,帮教成员45410人,90%的违法青少年经帮教后未重新违法犯罪。

四、治安重点地区整治情况

(一)保持严打高压态势。根据不同时期的治安状况,先后组织开展了“打黑除恶”、打击“两抢一盗”、“打拐”、“迎世博、庆五一、保平安”、“打团伙、追逃犯、抓现行”、“破大案、打系列、追逃犯”及打击经济犯罪、破坏“三电”设施犯罪、毒品犯罪、赌博活动等一系列专项行动,有效遏制了刑事犯罪上升的势头。

(二)加大重点整治力度。全省排查出的2290处治安重点地区,由各级党政领导挂帅,抽调得力干部驻点督导,3720个治安突出问题得到解决,实现了由乱到治。各地先后组织开展的监所安全隐患整治、出租房屋治安整治、道路交通整治、消防安全整治、公共场所治安整治以及废旧金属收购站点整治等专项行动,成效比较明显。

(三)强化校园安全防范。省综治委制定了学校、幼儿园及周边地区社会治安综合治理工作规程,对学校、幼儿园及周边地区综治工作“抓什么、怎么抓、达到什么标准”等作出了明确规定。从5月上旬开始,在全省开展学校、幼儿园及周边地区安全隐患整治专项行动,有力震慑了犯罪,安定了人心。各级各类学校建立了保卫组织,设立了警务室或治安报警点,配备了专业保安人员和防范器具,落实了相应的技术防范措施。公安机关加强了学校及周边地区治安巡逻,实现学生上学、放学时段学校及周边“见警察”,学生途经主要路段“见警车”,校园门口“见警灯”。全省未发生侵害师生人身安全的恶性案(事)件。

五、治安防控体系建设情况

(一)加快建设全省联通视频监控“天网工程”。省综治委作出部署,按照“统一规划、统一标准、统一建设、统一管理、统一维护”的原则,建设覆盖全省城乡、科技含量较高、使用功能较全的社会治安视频监控“天网工程”。各地迅速组建由党政领导挂帅的工作班子,推进“天网工程”建设。全省“天网工程”一期工程顺利竣工,并在治安防控中发挥了重要作用。今年,将推动所有内部单位的视频监控接入“天网工程”,实现全省联网联通。

(二)适应治安防范需要壮大群防群治力量。全省专职治安巡防队员已扩充到3.2万人,保安队员4万余人,其他群防群治队员16.4万余人。按照“谁受益、谁出资”和“取之于民、用之于民”的原则,采取政府出资为主、受益单位和群众出资为辅的方式,多渠道解决群防群治经费。专职治安巡防队员的报酬,由当地财政全额拨付;治安信息员的奖励经费在公安业务费中解决;综治特派员的补贴在综治经费中开支。专业保安队伍实行有偿服务,谁受益,谁出资。同时,加强了群防群治队伍的教育、培训和管理,着力提高群防群治队伍的防范能力。

(三)全面规范贵重商品经营场所安全防范。严格落实店面安保一人一门、专人专柜负责、柜台随手上锁和物品夜间入库等制度,聘请保安负责经营场所的治安防范巡查工作,夜间均安排人员驻店值班。经营场所对外的门、户均安装坚固的金属防护门、防护栏等安全防范设施,经营场所设置符合安全防范标准的专用库房,并在库房内设置防盗保险柜。安装了入侵声光报警装置,展示柜台和收银台安装紧急报警按钮,并与县公安局指挥中心“110”报警台联网报警,营业厅、收银台、楼梯间及大门口等重要部位安装视频监控探头，实行24小时监控。

六、综治基层基础建设情况

（一）进一步加强基层综合治理组织建设。全省1452个乡镇（街道）全部设立治办，综治办主任由同级党（工）委副书记兼任，并配备专职副主任。各级内部单位全部设立综治办。乡镇（街道）综治办均配备3至5名综治干部，全省共配备5789综治专干；内部单位综治办配备了2至5名专、兼职综治干部。市、县（市、区）、乡镇（街道）综治工作经费均列入财政预算予以保障。在村（居）委增设综治工作室专职副主任，专门负责村（居）综治工作。

（二）进一步规范乡镇街道联创中心建设。由乡镇（街道）综治办牵头，协调整合法庭、公安、司法行政、人民武装、安全生产监管、民政、信访、工商、城管、国土资源等基层单位的力量，形成共建和谐平安的工作平台。按照矛盾纠纷联调、社会治安联防、安全隐患联治、社会管理联抓、和谐平安联创的要求，逐一建立了工作运行机制，确保联得起来。每年底，结合综治目标管理考评，由市综治委对联创中心进行考核，根据考核情况定级，并实行动态管理。一级中心由市综治委申报，省综治委考核验收和评定命名。

（三）进一步扩大综治目标管理覆盖范围。所有县实现县直单位和中央、省、市驻县单位综治目标管理全覆盖。省综治办、省人事厅、省财政厅共同研究制定了内部单位综治工作考核和奖惩办法，并分机关、学校、企业、金融单位四种类型。凡被评为年度综治工作先进单位的，对该单位全体人员奖励一个月工资。省综治办制定了内部单位综治工作规程，有力推动了全省各级内部单位综治工作开展。

江西省社会治安综合治理委员会关于印发《全省社会治安重点地区排查整治工作实施方案》的通知

（2010年1月29日）

各设区市社会治安综合治理委员会，省社会治安综合治理责任单位：

经省综治委领导同意，现将《全省社会治安重点地区排查整治实施方案》印发你们，请结合实际，认真贯彻执行。

全省社会治安重点地区排查整治工作实施方案

根据中央综治委统一部署，省综治委决定，在全省范围内组织开展社会治安重点地区排查整治工作。现制定如下实施方案。

一、指导思想

认真贯彻党的十七届四中全会、全国政法工作会议和省委十二届十一次全会精神，按照中办发[2009]46号和中央综治委[2010]5号文件要求,在各级党委、政府统一组织领导下,充分发挥党的政治优势,将改善重点地区社会治安状况作为大力推进基层基础建设的重要工作,作为改善民生、维护群众切身利益的重要内容,作为深入推进和谐平安建设的重要举措,坚持打防结合、预防为主,专群结合、依靠群众的方针,迅速组织开展社会治安重点地区排查整治工作,尽快实现由乱到治、由治到安。同时,跟上治本措施,完善长效工作机制,落实常态化管理制度,加强基层基础建设,从根本上解决突出治安问题,进一步增强人民群众的安全感,为实现江西进位赶超、跨越发展营造良好的社会环境。

二、基本原则

(一)坚持"条块联动"原则。按照"属地管理"和"谁主管、谁负责"的要求,排查整治工作以属地为主,部门配合,实行条块联动。明确划分条块责任,凡属地方解决的问题,由地方解决;凡属部门解决的问题,由部门解决。

(二)坚持"因地制宜"原则。从本地实际出发,针对性开展排查整治工作,哪里治安混乱就重点整治哪里,哪些治安问题突出就重点治理哪些治安问题,什么矛盾纠纷突出就重点化解什么矛盾纠纷。

(三)坚持"标本兼治"原则。着眼建设,因势利导,疏堵结合,以和谐平安创建为载体,进一步创新管理手段,夯实管理基础,提升服务水平,努力从源头上消除产生治安乱点和突出治安问题的土壤和条件。

(四)坚持"注重实效"原则。通过排查整治,及时发现和化解突出矛盾纠纷,找准和整治治安乱点和突出治安问题,采取切实有效的措施,把影响社会和谐稳定的问题解决在基层,解决在单位内部,解决在萌芽状态。

(五)坚持"责任查究"原则。对排查工作不深入不细致、整治措施不到位,导致引发重大群体性事件、重大恶性案件和治安灾害事故的地方、部门,按照社会治安综合治理领导责任制的有关规定,严肃查究地方、部门领导责任。

三、工作重点

(一)重点地区:城乡结合部,城中村,案件高发区,黑恶势力称霸的地方,农村宗族势力作祟的地方,城镇治安混乱的商业区,治安复杂的社区、村庄,城乡校园及其周边地区,工业园区及开发区,铁路和公路沿线,矿山、企业周边地区等治安不好的地区。

(二)重点行业:容易发生公共安全事故的交通运输和食品药品等行业,以及废品收购站点,二手手机市场,二手车市场,典当行等。

(三)重点场所:贵重物品经营场所,娱乐休闲场所,网吧,集贸市场,车站码头,旅游景点等公众场所,以及中小旅馆,出租房屋等。

(四)重点领域:容易滋生黑恶势力的批发市场、物流运输、建筑工程、矿产开发、捕捞和采砂水域等。

(五)重点人群:容易造成现实危害的刑释解教人员、监外执行人员、吸毒人员、肇事肇祸精神病人、携带艾滋病毒的违法犯罪人员等。

四、主要措施

(一)全面深入排查。由各级党委和政府统一领导,社会治安综合治理委员会牵头组织,有关部门、单位共同参与,经常性开展社会治安重点地区的大排查。通过组织公安、文化、工商、安监等相关部门,定期不定期地进行明察暗访,了解和掌握治安混乱地区和突出治安问题,查找社会治安综合治理工作的薄弱环节;通过组织召开政法部门、人大代表、政协委员和社会各界群众等参加的座谈会、情况通报会、征求意见会,广泛听取社会各方面意见和群众反映;通过发布公告、设置举报电话、信箱、建立奖励制度等,组织发动群众检举揭发违法犯罪行为,举报治安混乱地区和突出治安问题。按照乡镇(街道)不漏村(居)、村(居)不漏户、户不漏人的要求,逐村(居)逐户进行地毯式排查、滚动式排查,切实摸清本地区、本行业、本单位突出的矛盾纠纷,摸清治安混乱的区域、部位、场所,摸清有现实危害的重点人群,摸清可能引发人员伤亡和财产损失的安全隐患,摸清影响群众安全感的突出治安问题,摸清导致治安混乱的原因。

(二)狠抓集中整治。实行治安重点地区台账管理,将排查出的社会治安重点地区、部位和场所,根据问题的性质和管辖权限分类建立台账,明确责任单位、协作单位,明确整改时限,集中时间、集中力量,开展专项整治行动。坚持边排查、边整治和滚动排查、滚动整治。始终坚持严打方针不动摇，严厉打击境内外敌对势力和敌对分子的渗透破坏活动；严厉打击＊＊＊＊＊＊＊＊或利用宗教名义进行的非法活动；严厉打击严重影响群众安全感的杀人、爆炸等严重暴力犯罪和抢劫、抢夺、盗窃等多发性侵财犯罪；严厉打击黑恶势力犯罪，深挖保护伞；严厉打击社会舆论反映强烈的拐卖妇女儿童犯罪和黄赌毒等违法犯罪活动。对情况复杂，经反复整治，问题得不到解决、效果仍不明显的地方，要查明原因，并组织强有力的工作组驻点整治。特别是对长期未改变面貌的治安乱点和突出治安问题长期未解决的地方，由当地党政领导包点负责，问题不解决，人员不撤、工作不停，确保解决到位。对治安问题严重、群众反映强烈的地方，由上一级综治委实行挂牌整治。

（三）严密治安防控。按照“综治牵头组织、公安管理使用、电信建设维护、财政分级负担”的要求，加快推进视频监控“天网”工程建设，将防控触角向社区、单位内部、“城中村”、城乡结合部、行政区域交界处延伸，提高治安防范的科技含量。结合城乡实际，在城市居民家庭安装经济实用的技防设施，在农村村民家庭推广电话联防、防盗警铃等简易技防设施。强化社会面巡防管控，大力实施社区警务战略，逐步建立与新型社区管理体制相适应的警务工作机制，实现动态环境下对社会治安的有效控制。进一步规范专职治安巡防员、专业保安员、治安信息员、平安建设志愿者、综治特派员、看楼护院等队伍的管理、考核和培训工作，充分发挥群防群治队伍在维护社会治安中的作用。组织警力和群防群治队伍，围绕案件高发的重点部位、场所、路段和城乡结合部，开展街头路面巡查守控，提高打击现行犯罪能力。

（四）注重源头治理。把城乡结合部、城中村等重点地区集中整治纳入城乡一体化发展格局，纳入本地经济社会发展规划，加快改造建设步伐。把工作重点放在促进经济建设、完善基础设施建设、抓好环境整治、提供公共服务上，通过建立城乡社会管理和综合服务工作平台，加强医疗、卫生、计生、社保、教育、法律服务、社会治安、社会救助等各项公共服务，努力使这些地方成为经济发展、环境优美、安全和谐的新型社区。在进行改造、建设时，要注意畅通政府与群众的沟通渠道，充分听取群众的意见，积极回应群众诉求。

（五）建立长效机制。建立定期例会制度，加强情况会商、信息沟通，通报工作进展情况，研究解决突出问题和重大情况；建立信息共享机制，切实做到对治安重点地区和突出治安问题早发现、早控制、早解决；建立台账管理机制，对社会治安重点地区中的各类重点人员、各类安全隐患、各类矛盾纠纷等分级分类，逐一进行登记造册；建立进度报告机制，乡镇（街道）每半月、县（市、区）每月、设区市和省综治责任单位每季度逐级上报排查整治工作情况，推动整治工作有序开展；建立经费保障机制，确保整治工作顺利开展。

（六）夯实基层基础。在排查整治工作中，把治乱与“治瘫”、“治软”结合起来，建立健全基层党政组织、群众自治组织，加强村（居）委会、治保会、调委会等群众自治组织建设。对软弱涣散、不起作用的基层党政组织和领导班子，要查明原因，及时予以调整、充实、加强，特别是要选好配强基层带头人。要加强基层综治机构、公安派出所、人民法庭、司法所、社区警务室和国家安全人民防线建设，在人力、物力、财力上向基层倾斜，确保有人干事、有钱办事。巩固乡镇（街道）和谐平安联创中心，完善“五联”运行机制，统筹协调开展和谐平安创建。

五、组织领导

（一）统一思想认识。加强社会治安重点地区排查整治，是推进社会治安综合治理、深化平安建设的重要措施，是维护社会和谐稳定和广大人民群众根本利益的重要工作。各级党委、政府和有关部门要从保障国家长治久安、巩固党的执政地位的高度，从维护改革发展稳定大局、维护广大人民群众根本利益的高度，充分认识新形势下开展社会治安重点地区排查整治工作的重要性和紧迫性，增强政治意识、大局意识、责任意识和忧患意识，切实把思想认识统一到中央和省里的决策部署上来，立即行动起来，采取坚决有力措施，迅速开展排查整治，尽快扭转一些地区社会治安混乱的局面，切实解决广大人民群众最现实、最关心、最直接的利益问题。

（二）加大领导力度。省综治委成立由省委、省政府、省综治委领导负责、有关部门负责同志参与的社会治安重点地区排查整治工作领导小组，领导小组下设办公室（简称省重点地区整治办）。

办公室设在省综治办，负责全省社会治安重点地区排查整治工作的组织部署、统筹协调、督促指导和检查验收；各市、县（市、区）也要相应成立工作班子，负责领导和组织开展本地区社会治安重点地区排查整治工作。各级党政领导要亲自动员部署，深入一线督导，靠前指挥，解决工作中的困难和问题。各地、各部门要认真研究制定本地区、本部门排查整治工作方案，明确整治工作任务、目标责任、完成时限和工作要求。要把工作重点放在县及县以下基层单位，乡镇、街道综治委（办）要把开展社会治安重点地区排查整治作为重要任务，落实各项工作措施。

（三）广泛宣传发动。把宣传发动工作贯穿于排查整治工作的始终，重点宣传排查整治工作的重大意义和有关政策，宣传排查整治工作的重要战果和典型经验，倡导见义勇为，弘扬社会正气，增强群众参与排查整治工作的自觉性和积极性，动员群众检举、揭发和指证犯罪，打一场排查整治社会治安重点地区的人民战争，形成排查整治的强大声势。各级党委、政府要加强社会治安重点地区排查整治工作舆论宣传的领导和协调，正确把握宣传舆论导向，避免形成炒作热点和负面影响。

（四）部门协作配合。各有关部门要按照“谁主管谁负责”的原则，各司其职、各负其责，密切配合、通力协作，构建齐抓共管的工作格局，形成强大工作合力。纪检部门要严肃查处排查整治工作中发现的干部违法违纪行为，对被一票否决地方的领导干部，严格按照有关规定进行责任查究。组织部门要加强基层党组织建设，对排查出的软弱涣散、不能发挥应有作用的基层党组织，及时进行整顿。宣传部门要加强舆论宣传工作，大力宣传涌现出来的先进集体和先进个人，努力营造浓厚的社会氛围。公安机关要严厉打击各类刑事违法犯罪活动，切实加强治安管理，及时解决重点地区存在的突出治安问题。国家安全机关要进一步加强国家安全人民防线建设，严密防范、严厉打击影响国家安全的各类违法犯罪活动。民政部门要进一步加强社区、村民自治工作，加强对群众自治组织的管理监督，对排查出的“重点村”、“难点村”要集中组织整改，切实做好社区服务工作。司法部门要加司法所建设，积极参与社会治安重点地区排查活动，着力化解各类矛盾纠纷，进一步做好刑释解教人员安置帮教工作。住房和城乡建设部门要积极推动各地将社会治安重点地区建设改造、社会治安防控体系建设纳入城乡建设整体规划。文化部门要加强对社会治安重点地区特别是城乡结合部、城中村文化娱乐场所的监督管理。工商行政管理部门要加强市场秩序监管，大力整治无照经营等违法经营活动。安监部门要加大对存在公共生产安全隐患地区的排查整治。共青团要加强对不在学、无职业青少年、流浪儿童、服刑在教人员未成年子女等重点青少年群体的帮助、教育、服务和管理。各级综治办要加强组织协调和检查督导，广泛发动各成员单位和社会各方面力量参与排查整治工作。

（五）强化督导检查。省综治委将适时对各地排查整治工作进行督导。市、县两级综治委要组织督导组，分别派驻各县（市、区）和乡镇，包片指导，跟踪督查，定期进行调度，协调解决问题。对排查工作不深入、整治措施不得力、效果不明显、突出治安问题没有及时解决、治安混乱局面没有明显改观的地方、部门和单位，下发抄告督办单；对酿成重大群体性事件、重大刑事案件或重大治安灾害性事故的地方、部门和单位，实行一票否决，并查究领导责任；对弄虚作假、敷衍塞责的地方、部门和单位，给予黄牌警告，问题严重的实行一票否决。省综治办将制定社会治安重点地区排查整治工作考核验收标准，将排查整治工作纳入社会治安综合治理年度考核范围，凡验收不合格的，取消综治评先资格。

江西省社会治安综合治理委员会关于印发《学校、幼儿园及周边地区治安综合治理工作规程(试行)》的通知

(2010年6月4日)

各设区市社会治安综合治理委员会,省综治委学校及周边地区综治领导小组成员单位,省直有关部门:

为规范学校、幼儿园及周边地区治安综合治理工作,省综治办、省教育厅、省公安厅、省卫生厅、省食品药品监督管理局、省住房和城乡建设厅、省质量技术监督局、省文化厅、省新闻出版局、省工商行政管理局共同研究制定了《学校、幼儿园及周边地区治安综合治理工作规程(试行)》,经省综治委领导同意,现印发你们,请认真贯彻执行。执行中出现的新情况、新问题望及时报告省综治委。

江西省学校、幼儿园及周边地区治安综合治理工作规程(试行)

为规范学校、幼儿园及周边地区治安综合治理工作,维护学校、幼儿园及周边地区的安全稳定,优化教书育人环境,制定本规程。

一、总体要求

学校、幼儿园及周边地区治安综合治理工作必须遵循"属地管理、党政抓总","综治协调、部门联动","打防并举、预防为主","专群结合、依靠群众","标本兼治、重在治本"的原则,在各级党委、政府的统一领导下,充分发挥社会治安综合治理的优势,发挥职能部门齐抓共管的优势,发挥专门工作与群众路线相结合的优势,全面落实安全防范各项措施,确保实现治安安全、校舍安全、消防安全、交通安全、食品卫生安全、周边场所安全和网络信息安全的目标,让学生放心,让家长放心,让社会放心。

二、安全标准

(一)治安安全。坚决防止发生严重危害师生人身安全的恶性刑事案件;坚决防止发生师生群死群伤的安全事故;坚决防止发生在校学生违法犯罪;坚决防止矛盾纠纷激化引发影响安全稳定的事件。

(二)校舍安全。学校、幼儿园必须建在安全地带,避开容易山体滑坡、遭受洪涝灾害和雷击等不安全地带;校舍质量必须符合国家规定的标准;建立危房报告制度,经检测属于D级危房的校舍,必须限期予以拆除,严禁使用。

(三)消防安全。学校、幼儿园必须按照国家关于校舍安全工程消防技术要求规定的标准,落实消防安全措施,并经消防部门验收合格;实行消防安全责任制以及防火检查、巡查制度,保障消防通道、安全出口畅通;严格火源、电源管理,严禁违章使用电炉、"热得快"等电热器具。

(四)交通安全。进出学校、幼儿园的交通要道必须完善道路警示和提示标志、信号灯、人行横

道和车辆减速设施等；学生上学、放学高峰期，交警到达指定位置疏导交通；位于城区主干道上的学校、幼儿园应当列入城区建设、改造规划，逐步开辟地下人行通道或架设人行天桥；接送学生车辆必须定期进行安全检测，经交警部门发放准运证后方可营运，并按照《校车标识》（GB24315－2009）规定的标准，在车辆规定的位置设置校车标牌，无准运证和未设置新式校车标牌的车辆，不得接送学生。学校、幼儿园门口严禁“三无”机动车从事非法营运，严禁摆摊设点、占道经营。

（五）食品卫生安全。学校、幼儿园食堂必须持餐饮服务许可证经营，从业人员必须经体检合格才能上岗；学校、幼儿园食堂的餐厅、厨房布局、加工操作、清洗消毒、原料采购必须符合餐饮服务食品安全要求；学校、幼儿园食堂出售的食品、饭菜必须确保食品安全，所售饭菜必须留样48小时以上备检；学校、幼儿园内部及周边的食品超市、小卖部、餐饮摊点必须持证持照经营，不得出售“三无”食品，并定期接受有关部门的检查；学校、幼儿园要明确专人负责学校卫生工作，落实疫情报告、因病缺课、晨检、查验预防接种证等各项传染病防控措施，有效控制传染病疫情。

（六）周边场所安全。学校、幼儿园周边500米内不得生产、经营、储存、使用易燃易爆、剧毒、放射性、腐蚀性等危险物品；学校、幼儿园围墙、大门外200米内不得设立网吧、歌舞厅、电子游戏经营场所等休闲娱乐场所；学校、幼儿园周边的出版物经营场所、摊点不得出售非法出版物。

（七）网络信息安全。加强网络文化建设和管理，正确引导网上舆论。及时发现、封堵、删除危害学校安全稳定的信息。

三、防范要素

（一）人防要素

1. 健全学校、幼儿园内部保卫、综治组织，保卫、综治组织合署办公，具体承担学校、幼儿园的保卫、综治工作。

2. 城区学校、幼儿园和乡镇所在地中学、中心小学，凡有寄宿学生的按每300名学生配1名保安的比例、无寄宿学生的按每500名学生配1名保安的比例，配备经依法批准的保安培训单位培训合格的专业保安人员。不足300名学生的学校、幼儿园，根据安保工作需要配备2名以上专业保安。村级学校、幼儿园实行教师轮值负责内部安保工作制度。

3. 在1000名以上学生的学校设立警务室，由属地公安机关派社区民警进校，负责对学校及周边地区安全防范工作进行检查督促指导，社区民警每周进校工作的时间不少于两个半天；不足1000名学生的学校设立治安报警点，属地公安机关每周对学校及周边地区进行一次以上治安巡查。警务室、治安报警点安装直通公安机关110指挥中心的报警电话。

（二）物防要素

1. 学校、幼儿园建立坚固的围墙，围墙高度不低于2.2米，校园实行全封闭管理。

2. 学校、幼儿园出入口安装坚固、防撞、防撬安全门（栅栏门），高度应与围墙相匹配。

3. 靠近池塘的学校、幼儿园应修建护栏，易发生危险的地方应设置警示标志或者采取防护设施。

4. 学校、幼儿园保卫人员配备防割手套、钢叉、橡胶伸缩棍、头盔、盾牌等常用防卫器具。

（三）技防要素

1. 学校、幼儿园围墙安装红外线报警装置。

2. 学校、幼儿园大门口夜间亮警灯。

3. 学校、幼儿园警务室、门卫室等重要部位安装报警按钮，并与公安机关110指挥中心联网。

4. 学校、幼儿园大门口、教学区、宿舍区、财务室、电教室等重点部位安装视频监控系统，纳入当地“天网工程”规划优先建设开通，并接入公安机关监控平台，列为重点监控目标，进行实时监控。

5. 推广使用“学生平安通”，学生到校向家长报平安，学生放学时告知家长接应学生回家。

四、重点工作

（一）排查安全隐患。每月对学校、幼儿园及周边地区的安全隐患开展一次排查，重点排查有暴力倾向、报复社会倾向、扬言针对学校实施破坏的人员，以及肇事肇祸精神病人、有重新违法犯罪苗头的刑释解教人员、仇视社会的人员；排查学校周边的出租房屋、中小旅店及网吧、歌舞厅、电子游戏经营场所等休闲娱乐场所、基建工地特别是烂尾楼；排查容易引发溺水、交通事故、水灾火灾事故、建筑物倒塌、食物中毒、传染病疫情等安全事故的各类隐患;排查可能引发影响学校及周边地区安全稳定的矛盾纠纷。对排查出的问题,实行安全隐患台账管理,明确责任单位、责任人,限期解决,防患于未然。

(二)管控高危人员。对长期违法缠访闹访等有可能滋事的人员,逐一纳入视线严管严控;对扬言报复社会的高风险人员看死盯牢,该采取强制措施的依法采取强制措施;对刑释解教人员落实安置帮教措施,对其中有重新违法犯罪苗头的严加管控;对吸毒人员,采取多种措施帮助解除毒瘾,做好教育、管控和挽救工作;对无业人员、生活困难人员以及重点青少年等,在全面摸清底数的基础上做好教育、管控和救助工作;对生活压力大、有严重性格缺陷和心理障碍的人员,组织专业人员开展心理干预,帮助他们疏导理顺情绪、化解心理危机。

(三)化解矛盾纠纷。学校、幼儿园层面,重点排查教师与学校之间因职称问题、待遇问题、报销医疗费等问题产生的矛盾纠纷;家长与教师之间因教学质量、学生管理问题产生的矛盾纠纷;学生与教师之间因教师批评、体罚学生或学生不服从教师管理产生的矛盾纠纷;学生之间因生活、学习琐事产生的矛盾纠纷。校园周边层面,重点排查因学校重建或扩建征地拆迁、修建围墙造成周边群众过往不便、禁搭违章建筑、禁止校门口摆摊设点、学校向外承包食堂、建筑工程及出租店面等问题产生的校地矛盾纠纷。社会层面,重点排查企业改制、征地拆迁、上学就医、环境保护、城市管理等领域群体性矛盾纠纷;因失业生活困难、婚姻家庭邻里问题等引发的个体性矛盾纠纷。对排查出的矛盾纠纷,坚持抓早、抓小、抓苗头,努力把矛盾纠纷化解在萌芽状态,防止矛盾激化引发刑事案件、治安案件、群体性事件等影响学校、幼儿园及周边地区安全稳定的问题。

(四)整治突出问题。组织开展学校、幼儿园及周边地区治安乱点及突出治安问题的排查整治,严厉打击侵害师生人身财产安全的各类违法犯罪活动及学校、幼儿园周边地区称霸一方的黑恶势力;清理整顿学校、幼儿园及周边地区非法经营的电子游戏经营场所、歌舞厅、音像书刊点和各类流动摊点;清理整顿网吧,对存在消防安全隐患的网吧予以关闭,对接纳未成年人上网或超时经营的违规网吧停业整顿一个月;整顿学校、幼儿园及周边地区交通秩序,查处存在安全隐患的非法校车、无证无照揽客营运的机动车等违法违规行为,防范交通事故和人员伤亡。通过整治,促进学校、幼儿园及周边地区治安状况明显好转,教书育人环境明显改观,师生安全感明显增强。

(五)严密巡逻防控。属地公安机关组织派出所民警、交警、巡警、特警以及其他治安保卫力量,加强学校及周边地区的治安巡逻,在学生上学、放学等重点时段和校园周边治安复杂的重点部位,加大巡逻密度,派交警或协管员维护校园门口道路的交通秩序,实现学生上学、放学时段学校及周边“见警察”,学生途经主要路段“见警车”,校园门口“见警灯”。学校实行门卫轮值教师和保安人员巡逻制度,对校园进行巡逻。组织学生家长、广大党员干部、离退休人员、治安积极分子、平安建设志愿者等群防群治队伍,参与学校及周边义务巡逻防控。

(六)严格校内管理。学校、幼儿园不得聘用因故意犯罪而受到刑事处罚的人或有精神病史的人担任教职工,不得组织学生参加抢险等应当由专业人员或成人从事的活动,或参与制作烟花爆竹、有毒化学品等具有危险性的活动以及商业性活动,不得出租校园内场地停放校外机动车辆或利用学校用地建设对社会开放的停车场,不得将场地租给他人从事易燃、易爆、有毒、有害等危险品的生产、经营活动;组织学生参加大型集体活动,要事先制定安全方案和应急预案,并履行规定报批手续;建立危险化学品、放射物质的购买、保管、使用、登记、注销等制度和实验室安全管理制度,将危险化学品、放射物质存放在安全地点,并将安全管理制度和操作规程置于显著位置;严格按照有关规定组织实验课、体育课等有一定风险的教学活动,并采取必要的保护和帮助措施;学生在教学楼进行教学活动和晚自习时,应当合理安排学生疏散时间和楼道上下顺序,同时安排人员巡查,防止发生拥挤踩踏伤害事故。学校、幼儿园应当将安全教育纳入教学内容,开设安全教育课,确保课时、教材、人员“三落实”,增强师生的安全意识,提高自我防护能力。学校、幼儿园配齐配强法制副校长,定期对师生进行法制教育等。有条件的学校设立心理咨询室,对有特异体质、特定疾病或者异常心理状况的学生进行心理疏导教育。

五、长效机制

（一）台账管理机制。学校、幼儿园及周边地区对排查出来的各类安全隐患，由各级综治委学校及周边治安综治领导小组办公室按照问题性质，分为治安安全隐患、校舍安全隐患、消防安全隐患、交通安全隐患、食品卫生安全隐患、周边场所安全隐患、突出矛盾纠纷等类型，逐类逐件登记造册，建立台账，并报送当地综治办，责令限期整改，消除一处隐患，及时予以销账，未销账的跟踪督办，直至隐患消除。省综治委学校及周边综治工作领导小组办公室建立和完善全省统一的安全隐患台账管理体系。

（二）要情报告机制。一是每月报告突出矛盾纠纷排查调处情况；二是每月报告内部治安状况，包括发生的刑事案件、治安案件、安全事故，排查出来的安全隐患整治情况和成效；三是及时报告影响安全稳定的重大问题；四是对已发生的群体性事件、紧急治安事件、群死群伤重大事故，必须在一小时内报告教育行政主管部门和属地综治部门，并续报处置情况。

（三）抄告督办机制。教育行政主管部门对学校、幼儿园、属地综治部门对学校、幼儿园周边存在的安全隐患，及时发出抄告单，限期整改；对在规定期限内问题未解决的，发出督办单，督促加大力度解决；问题仍未解决的，发出黄牌警告书，并责成存在问题地方及学校、幼儿园的领导负责解决。

（四）部门协同机制。担负维护学校及周边安全稳定工作职能的部门，既要各司其职，各负其责，又要加强部门之间的协作配合，形成齐抓共管的合力。凡属一个部门职能范围内解决的问题，由该部门独自解决；凡属多个部门解决的问题，由综治委（办）协调解决。

（五）应急处置机制。在发生地震、洪水等自然灾害和重大治安、公共卫生、食品安全突发事件时，教育部门应当立即启动应急预案，及时转移、疏散学生，保障学校、幼儿园安全和师生人身安全。各级各类学校、幼儿园应制订突发事件应急处置预案，每学期演练一次。一旦发生突发事件，学校、幼儿园在第一时间与公安机关、卫生部门等有关部门联系，及时启动预案，果断稳妥处置。

六、部门职责

综治部门：(1)将学校、幼儿园及周边治安综合治理工作纳入本级社会治安综合治理工作考评体系；(2)协调有关职能部门及时解决学校、幼儿园及周边地区的突出治安问题，消除安全隐患；(3)加强对学校、幼儿园及周边治安综合治理的督导和检查，及时总结推广典型经验。

教育行政部门：(1)全面掌握学校、幼儿园安全工作状况，制定学校、幼儿园安全工作考核目标，加强对学校、幼儿园安全工作的检查指导，督促学校、幼儿园建立健全并落实安全管理制度，化解校内矛盾纠纷；(2)建立安全工作责任制和事故责任追究制，及时消除安全隐患，指导学校、幼儿园妥善处理学生伤害事故；(3)及时了解学校、幼儿园安全教育状况，组织学校、幼儿园有针对性地开展学生安全教育，不断提高教育实效；(4)制定学校、幼儿园安全应急预案，指导、监督下级教育行政部门和学校、幼儿园开展安全工作；(5)协调配合政府其他相关职能部门共同做好学校、幼儿园安全防范工作，协助当地人民政府组织对学校、幼儿园安全事故的救援和调查处理；(6)教育督导机构应当组织学校安全工作的专项督导。

公安部门：(1)了解掌握学校、幼儿园及周边地区治安状况，指导、监督学校、幼儿园做好内部保卫工作，及时依法查处扰乱学校、幼儿园秩序、侵害师生人身财产安全的案件；(2)指导和监督学校、幼儿园做好消防安全工作；(3)指导、督促学校、幼儿园制定突发事件应急方案，并定期演练；(4)把学校、幼儿园及周边地区作为重点治安巡逻区域，在治安情况复杂的学校、幼儿园及周边地区增设治安岗亭和报警点，及时发现和打击现行违法犯罪活动；(5)加强校园警务室建设，规范校园警务室工作，督促、指导社区驻校民警履行职责，开展工作。

卫生部门：(1)检查、指导学校、幼儿园卫生防疫和卫生保健工作，督促落实疾病预防控制措施；(2)监督、检查学校、幼儿园食堂、饮用水和游泳池的卫生状况；(3)向学校、幼儿园通报传染病疫情等情况。

食品药品监管部门：(1)加大餐饮服务食品安全有关法律法规、食品安全知识的宣传力度；(2)监督、检查学校、幼儿园食品安全状况。

建设部门:(1)将治安、消防、交通等基础设施建设列入学校、幼儿园及城市建设总体规划,将必要的治安防范设施纳入学校、幼儿园建筑设计标准并严格监督,将学校、幼儿园周边的市政建设、管理同学校、幼儿园安全管理结合起来;(2)加强对学校、幼儿园建筑、燃气设施设备安全状况的监管,发现安全事故隐患的,应当依法责令立即排除;(3)指导校舍安全检查鉴定工作;(4)加强对学校、幼儿园工程建设各环节的监督管理,发现校舍、楼梯护栏及其他教学、生活设施违反工程建设强制性标准的,应责令纠正;(5)依法督促学校、幼儿园定期检验、维修和更新相关设施设备;(6)加强对学校、幼儿园周边建设工程的执法检查,禁止任何单位或者个人违反有关法律、法规、规章、标准,在学校、幼儿园围墙或者建筑物边建设工程,在学校、幼儿园周边设立易燃易爆、剧毒、放射性、腐蚀性等危险物品的生产、经营、储存、使用场所或者设施以及其他可能影响学校、幼儿园安全的场所或者设施。

质量技术监督部门:加强学校、幼儿园特种设备的安全监察,对学校、幼儿园使用的特种设备进行注册登记、定期检验,作业人员必须持证上岗。

文化部门:(1)加强学校、幼儿园及周边地区文化、娱乐市场的监督管理,引导师生开展健康有益的文化活动;(2)取缔中小学校周围200以内的网吧、歌舞厅及电子游戏经营场所;(3)取缔各种涉及反动、淫秽、色情、暴力内容的文化经营活动。

新闻出版部门:(1)加强对学校、幼儿园周边地区印刷企业的清理整顿;(2)加强对学校、幼儿园及周边地区出版物经营场所及摊贩的监督管理;(3)深入开展"扫黄打非"行动,坚决取缔各类非法出版物。

工商行政管理部门:(1)加强对学校、幼儿园周边流通环节食品安全的监管及取缔无照经营;(2)配合有关部门对学校、幼儿园周边文化娱乐和服务业市场的监督管理;(3)配合公安部门维护市场治安秩序。

七、组织领导

(一)明确责任主体。开展学校、幼儿园及周边地区治安综合治理,关键在于落实属地、部门和学校三方领导的责任。学校内部的安全稳定工作由学校书记、校长和教育主管部门领导负责;周边安全稳定工作由属地党政领导和有关职能部门领导负责;民办学校的安全稳定工作由法定代表人负责。

(二)强化督查指导。各级综治委、各有关职能部门要加强对学校、幼儿园及周边地区治安综合治理工作的督查指导,适时派出督导组,深入基层,深入学校、幼儿园,明查暗访,及时发现和解决问题,及时总结经验、推广典型。对安全隐患多、治安状况差、群众反映强烈的地方和学校、幼儿园,要挂牌督办、挂账整治,限期解决问题,尽快改变面貌。

(三)保障必需经费。地方公办初中、小学、幼儿园安全防范工作所需经费由所在地政府解决,安保经费列入学校、幼儿园公用经费范畴。单位内部的学校安全防范所需经费由单位解决。公办高中以上学校及民办学校、幼儿园安全防范所需经费由学校自身解决。

(四)严格考核奖惩。各级综治委要将学校、幼儿园及周边地区治安综合治理工作纳入目标管理考评范畴,作为衡量当地年度综治工作成效的重要依据。每年初,各级教育行政主管部门与辖区内各类学校、幼儿园签订目标管理责任书;半年对目标管理执行情况进行检查;年终对目标管理执行情况进行考核评比,并兑现奖惩。

(五)实行责任查究。对学校、幼儿园及周边地区发生影响安全稳定问题的,严肃追究相关责任领导、责任单位和责任人员的责任。属于学校内部的问题,查究学校书记、校长和教育主管领导的责任;属于职能部门的问题,查究职能部门领导的责任;属于地方党委、政府的问题,查究地方党政领导的责任;民办学校、幼儿园内部发生影响稳定的问题,查究法定代表人的责任。对安全无保障的民办学校、幼儿园,必须责令停止招生直至关闭。

江西省社会治安综合治理委员会关于全省社会管理创新综合试点指导意见

(2010 年 12 月 31 日)

根据中央综治委和省委的部署,省综治委确定南昌市、九江市、鹰潭市和昌江区、安源区、分宜县、南康市、丰城市、万年县、吉安县、黎川县为全省社会管理创新综合试点市、县(市、区)。为推动试点工作开展,提出以下指导意见。

一、指导思想、基本原则和工作目标

(一)指导思想

以邓小平理论和"三个代表"重要思想为指导,深入贯彻落实科学发展观,紧紧围绕维护重要战略机遇期社会稳定的总目标,牢牢把握最大限度地激发社会创造活力、最大限度地增加和谐因素、最大限度地减少不和谐因素的总要求,创新社会服务管理理念、政策体系、体制机制和方法手段,提高加强社会建设、创新社会管理的能力,切实解决影响社会和谐稳定的源头性、根本性、基础性问题,为实现江西科学发展、进位赶超、绿色崛起营造和谐稳定的社会环境。

(二)基本原则

1. 党政主导,社会联动。发挥党委总揽全局、协调各方的领导核心作用,履行政府依法行政、管理社会事务的职能,协调整合各职能部门的力量,组织引导各类社会组织和人民群众积极参与社会建设和社会管理。

2. 统筹兼顾、以人为本。统筹推进经济建设与社会建设,改善和保障民生,着力解决事关人民群众切身利益的问题,努力实现经济发展与社会全面进步相统一、社会全面进步和人的全面发展相统一。

3. 解放思想,开拓创新。适应社会转型、体制转轨的新形势,勇于先行先试,创新管理理念,创新管理体制,创新管理方式,突出人性化管理、亲情化服务,实现由防范、控制型管理向人性化、服务型管理的转变。

4. 重心下移,固本强基。把社会管理工作的重点放在基层,大力加强基层组织建设,健全基层管理网络,完善基层管理机制,增强基层管理功能,强化各项基础工作,夯实第一道防线,打牢社会管理的根基。

5. 依法管理,规范建设。贯彻落实依法治国基本方略,树立依法管理理念,注重运用法律手段加强和改进社会管理,依法规范社会管理行为特别是执法司法行为,确保社会管理在法治的轨道上健康运行。

6. 重点突破,整体推进。既突出重点、攻克难点,有针对性地研究制定地方性政策法规,突破影响社会和谐稳定的体制性、机制性、保障性障碍,又注重整体推进、综合创新,全面落实各项服务管理措施。

(三)工作目标

针对社会建设和社会管理方面的突出问题、薄弱环节和工作盲区,围绕社会矛盾化解、各类人群服务管理、综治基层基础建设、治安防控体系完善、社会组织服务管理、新兴媒体管理等重点工作,探索完善相关政策体系,理顺工作体制,健全工作机制,强化工作措施,用一至两年时间,在全省率先建立与社会主义市场经济体制相适应的社会管理体系,形成"党委领导、政府负责、社会协同、公众参与"的社会管理格局。

二、主要内容

(一)创新社会管理模式

1. 强化政府社会管理和公共服务职能。深化行政管理体制改革,建立现代服务型政府。推进教育、劳动就业、医疗卫生、住房、社会保障等方面的改革,统筹城乡发展,推动城乡建设一体化、公共服务均等化。大力发展社会事业,优化公共资源配置,加快形成惠及全民的公共服务体系。

2. 建立网格化社会服务管理模式。把人、地、物、情、事、组织全部纳入网格进行管理,对人口、单位、重点部位设施、社会组织等做到底数清、情况明、服务到位、管理规范。科学划分管理单元网格,以网格为基础单位,科学整合配备社会管理力量,实现管理精细化。

3. 加快社会管理信息化建设。坚持政府主导、综治部门牵头、相关部门参与,以各级政府政务网为依托,建立全面覆盖、动态跟踪、联通共享、功能齐全的社会管理综合信息系统,构建社会管理信息化平台,提高新形势下社会管理的信息化水平。

(二)健全源头预防机制

1. 实行社会稳定风险评估。将社会稳定风险评估作为重大决策、项目、事项出台实施的前置程序和必备条件,运用听证、论证和公示等公众参与程序,广泛征求社会各方意见,认真评估重大决策、项目、事项实施的合法性、合理性、可行性、安全性。对经评估存在重大风险隐患的,不予批准实施。对已批准实施的,承办部门要密切跟踪运行情况,及时调控风险,化解矛盾。对应当进行社会稳定风险评估而未评估,或不积极运用评估结论,引发影响稳定问题的,按照"属地管理"、"谁主管、谁负责"、"谁主办、谁负责"、"谁审批、谁负责"的原则,严肃查究责任。

2. 推进普法及依法治理。深入开展普法宣传教育和社会主义法治理念教育,教育干部依法行政,监督执法人员依法办案,引导广大人民群众依法行使民主权利、依法表达合理诉求。加强法律援助、法律服务和司法救助工作。推进执法规范化建设,强化执法教育培训,完善执法质量考评标准体系,实行执法裁量标准化、执法程序流程化,建立完善执法档案。开展集中清理涉法涉诉信访积案活动,推行涉法涉诉案件评查、责任查究和案件终结制度,减少新的涉法涉诉信访案发生。

3. 开展社会心态评估疏导。大力加强社会心理服务工作,扩大心理服务工作覆盖面,有针对性解决各类人群的心理问题。探索建立社会心态监测网络,掌握社会心态变动趋势和规律,加强社会心态对社会稳定不良影响风险的评估,积极疏导、调节社会不良情绪,预防危害社会的事(案)件发生,防范和降低社会风险。

(三)推进社会矛盾化解

1. 完善工作机制。完善党政主导、综治协调、部门联动、社会参与的矛盾纠纷大排查大调解工作机制。完善"诉调对接"、"检调对接"、"公调对接"机制。完善人民调解、行政调解、司法调解联动机制。

2. 深化人民调解。加强人民调解组织网络建设,充实人民调解力量。完善人民调解制度,规范人民调解程序。加强人民调解队伍建设,提高人民调解水平。妥善解决工作经费和人民调解员的工资报酬,充分调动人民调解组织化解矛盾纠纷的积极性。

3. 强化行政调解。建立由各级政府负责、政府法制机构牵头、各职能部门为主体的行政调解工作体制。加强行政调解制度建设,进一步明确行政调解范围,规范行政调解程序。在所有行政职能部门建立矛盾纠纷排查调处组织,及时有效地化解行业性、专业性矛盾纠纷。

4. 提升司法调解。推动司法调解工作由诉中向诉前、判后、执行延伸,由一审向二审、再审延伸,由民商事案件的调解向行政案件协调、刑事自诉案件、刑事附带民事案件以及执行案件和解延伸,从案件审理过程向立案、执行、信访等环节延伸。建立立案劝导、诉讼费用减免等机制,引导当事人优先选择非诉方式化解矛盾纠纷。建立简便的司法确认程序,对经人民调解、行政调解或其他具有调解职能的组织调解达成的协议依法及时确认。

5. 推进仲裁调解。指导仲裁机构建立完善仲裁调解工作机制和制度,发展仲裁调解队伍,从仲裁人员责任、仲裁程序等环节落实调解工作。

6. 完善突发性事件预防处置机制。健全群体性事件苗头隐患排查、研判、报送、预警机制,完善应急处置预案,形成党委负总责、有关方面负责同志参加的指挥顺畅、反应灵敏、协调有序、运转高效的处置突发事件的联合指挥机制,落实应急力量、装备器材等保障措施,加强应急培训和综合演练,提升预防处置突发事件的水平。

(四)加强各类群体管理

1. 加强流动人口服务管理。建立人口流入地与流出地双向管理协作机制，推行“以证管人、以房管人、以业管人”的服务管理新模式。落实配套政策措施，切实解决流动人口子女入学、就业、医疗卫生、住房、社会保障等问题。完善流动人口公共服务体系，推进流动人口基本公共服务均等化。加快推进户籍管理制度改革，进一步放宽中小城市和建制镇落户限制，建立城乡统一的户口登记制度。加强流动人口管理信息化建设。加强流动党员管理服务工作。加强农村留守老人、妇女、儿童的服务管理。

2. 加强重点青少年群体教育帮扶。健全综治部门牵头，共青团组织为主，宣传、教育、法院、检察、公安、民政、司法行政、人力资源和社会保障、妇联等部门共同参与的重点青少年群体教育帮扶机制。加大对社会闲散青少年就学就业扶助的力度。完善对有不良行为青少年的教育管理和犯罪预防工作。对不适宜在普通学校学习的问题青少年，以设区市为单位建立专门学校进行教育。完善适合青少年身心特点的违法犯罪青少年案件专门办理、前科消灭制度。探索建立对有严重不良行为和违法犯罪行为在校青少年配备法制辅导员制度。开展对服刑在教人员未成年子女、农村留守儿童的关爱帮扶。加强对流浪乞讨少年儿童的救助管理，推进设区市流浪少年儿童保护中心建设。

3. 加强刑释解教人员安置帮教。完善党委政府领导，综治部门协调，司法行政部门为主，公安、民政、人力资源和社会保障、工商行政管理等部门各司其职、密切配合、齐抓共管的安置帮教工作格局。推进刑释解教人员安置帮教一体化，完善监管场所与家庭、单位、社区帮教管理的衔接机制，坚持出监（所）前评估制度，建立刑释解教人员的必接必送和有效安置机制。以县为单位，依托有条件的企业，建立刑释解教人员过渡性安置基地。完善部门联合服务管理和社会帮扶机制，解决刑释解教人员生活、就学、就业、创业等问题。

4. 加强监外服刑人员社会矫正。建立党委政府统一领导、司法行政部门牵头、相关部门协调配合、司法所具体实施、社会力量广泛参与的社区矫正工作机制。加强对社会服刑人员的教育矫正、监督管理和帮困扶助，避免脱管漏管，促使其顺利融入社会，防止重新犯罪。建立接收、管理、考核、奖惩、解除矫正等制度，规范工作流程。建立专群结合的社区矫正工作队伍，动员社会各方面的力量参与社区矫正工作。

5. 加强肇事肇祸精神病人收治管控。完善综治部门牵头，卫生部门为主，公安、民政等部门衔接配合的肇事肇祸精神病人收治管控机制。完善定期排查收治机制，对收治入院的由精神病医院负责管控，出院的由公安机关派人接回就地管控；对一般性精神病人由家属或监护人就地监护；对流落社会且病情稳定的精神病人，由公安部门送民政部门流浪乞讨救助机构给予救助；对因监护人家庭贫困、无力抚养而拒不领回，以及无劳动能力、无生活来源、无法查清原籍和监护人的肇事肇祸精神病人，由民政部门所属精神卫生机构接收和治疗。建立重性精神病人管理治疗信息库，对曾经肇事肇祸和有肇事肇祸倾向的精神病人全面采集信息。完善精神卫生防治体系，建设安康医院或指定专门医院，负责收治肇事肇祸精神病人。完善经费保障机制，加大对肇事肇祸精神病人收治管控工作的财政投入。对家庭无力承担医疗费用的肇事肇祸精神病人，由政府免费收治。

6. 加强吸毒人员戒毒康复。全面排查登记，完善自愿戒毒、社区戒毒、强制隔离戒毒和戒毒康复体系，加强强制隔离戒毒和戒毒康复场所建设，配备专业人员和专业设备，深化专业矫治康复，努力降低复吸率。

7. 加强“法轮功”等邪教组织、有害气功的防范控制。强化对重点人的监控，落实对异地流入人员的管控措施，开展“法轮功”人员的教育转化及对其他邪教、非法宗教组织、有害气功组织人员的教育引导工作。建立帮扶机制，巩固教育转化工作成果。

8. 加强境外来赣人员服务管理。制定加强境外来赣人员管理服务工作的法规和政策，整合涉外相关部门力量，形成权责明确、协调统一的管理服务联动机制。构建覆盖境外来赣人员入境、居住、就业、就学、出境全过程和信息共享的动态管控体系。及时清理遣返非法入境、非法居留、非法就业的境外来赣人员。及时掌握入境人员动态，落实登记制度，依法打击境外来赣人员违法犯罪。

9. 加强其他特殊人群的管理。密切关注危害国家安全重点人员动向，严防其实施危害国家安全的活动，尤其是暴力恐怖活动。加强对社会边缘人群等容易产生极端心理群体的筛查和疏导，帮助其解决实际生活困难，有效预防和减少极端事（案）件的发生。

（五）完善治安防控体系

1. 建立社会治安重点地区、治安突出问题排查整治长效机制。组织公安、文化、工商、安监等部门，深入城乡结合部、"城中村"、学校和幼儿园等重点地区，中小旅馆、出租房屋、歌舞娱乐、洗浴按摩、发廊、网吧、游戏厅等复杂场所，批发市场、物流运输、建筑工程、征地拆迁、矿产开发等重点领域，铁路、输油气管道、输电线路、水源地等重点管线和部位开展治安隐患排查，梳理治安突出问题，制定整治方案，适时开展整治，改变这些地方的治安面貌。

2. 统筹城乡"一体化"发展。将"城中村"、"校中村"、"厂中村"及城乡结合部改造建设纳入当地经济社会发展总体规划，加快改造建设步伐，力求把这些地方改造成经济快速发展，社会事业进步，治安秩序良好，生活环境优美，人际关系和谐的都市新村。

3. 严密治安防范控制。适应治安防范需要，扩充城乡专职治安巡防队伍。大力推进社会治安视频监控"天网"工程建设，提高治安防控科技含量。大力实施社区警务战略，逐步建立与新型社区管理体制相适应的警务工作体制，实现动态环境下对社会治安的有效控制。

4. 组织开展群防群治活动。探索实行新形势下组织发动群众参与社会管理的载体和方法，按照责权利一致的原则，规范各种形式的群防群治队伍，加强培训、管理和保障，充分发挥人民群众在情报信息、巡逻防范、人口管理、纠纷调处、法制宣传等方面的积极作用。

（六）夯实社会管理根基

1. 加强基层党政组织建设和村委会、居委会等群众自治组织建设。建立健全以党支部为核心，基层政府行政管理与基层群众自治相结合的基层社会管理格局。

2. 加强基层政法、综治组织建设。健全基层综治机构，配齐配强乡镇（街道）综治办副科级专职副主任和专职综治干部，落实综治工作经费和基层综治干部岗位津贴，增强基层综治机构权威性，确保其充分发挥组织协调作用。加强基层"两所一庭"建设，巩固政法综治维稳工作基层基础。

3. 拓展社区服务管理功能。推进基层社区网格化管理，落实"一格多员"责任。建立基层人财物保障机制和选人用人机制，保障基层社会管理队伍稳定。

4. 规范乡镇（街道）和谐平安联创中心建设。有效整合政法、综治、维稳、民政、信访、安全生产监管、城管、土管、工商及工会、妇联、共青团等资源和力量，完善运行机制，实现社会矛盾联调、社会治安联防、社会管理联抓、安全隐患联治、和谐平安联创。

5. 推进社区、村（居）综治工作平台建设。村（居）增配综治工作室专职主任，在党支部领导下负责综治工作。村（居）综治工作室主任享受村（居）干部同等待遇，落实好报酬。规范工作制度，完善基础设施，整合驻村（社区）警务室、治保会、调委会、治安巡防队等资源和力量，开展矛盾纠纷排查化解、治安防范、流动人口服务管理、刑释解教人员安置帮教、预防青少年违法犯罪、法制宣传教育、禁毒等工作。

6. 深入开展基层平安创建活动。扩大平安社区（村）、平安乡镇（街道）、平安单位、平安校园、平安医院、平安边界、平安家庭覆盖面，提升创建水平，形成基层平安建设长效机制，维护基层稳定。

7. 推进基层民主法制建设。通过召开村（居）民会议、村（居）民代表会议、评议会、听证会、协调会等形式，采取民主协商等方法解决社区（村）内部事务问题。

（七）强化社会组织管理

1. 创新社会组织管理机制。积极探索社会组织登记管理制度，完善统一登记、分类管理、行业指导、综合监管相结合的社会组织管理体制和运行机制。充分发挥工青妇等人民团体的作用，积极培育"枢纽型"社会组织，形成"枢纽型"社会组织工作体系，逐步实现政社分开、管办分离。完善社会组织党建工作领导体制，探索依托登记管理机关实行党建工作归口管理。逐步转移可由社会组织承担的社会管理服务职能，拓展政府和社会组织合作渠道，通过项目购买、项目补贴、项目奖励等方式，积极支持、推动社会组织参与社会管理。

2. 建立社会组织多元监管格局。完善以登记、审批、监督、管理、行业处罚为主要内容的执法管理体系，完善政府管理、社会监督、社会组织自律相结合的监督体系。建立民政、业务主管单位和公安、国家安全等部门对敏感类社会组织管理的内部会商机制。对政治意图明显，可能危及国家安全和社会稳定的政治类、宗教类社会组织加强管理，限制其发展或依法取缔。严格境外组织准入制度，健全监管机制，实行依法、有序、有效管理。对受西方敌对势力资助、操纵、支持，从事渗透破坏活动的各种所谓"维权"组织和境外在赣非政府组织，坚决依法查处。

3. 加强对新经济组织的服务管理。探索新形势下加强对非公有制企业、商业楼宇等新经济组织服务管理的体制机制和方法手段，落实新经济组织内部安全稳定法人责任制及其社会责任，实现社会管理和公共服务全覆盖。推动新经济组织建立党团组织和工会组织，加强对执行法律法规情况的检查，体现对劳动者的人文关怀。

（八）引导管理新兴媒体

1. 理顺互联网管理体制。建立互联网信息内容主管部门、互联网行业主管部门、打击网络违法犯罪主管部门的协同配合机制，提高网络管理能力。坚持建设与管理并重，加强对互联网运营单位、互联网上网服务场所的安全监管。

2. 加大依法管理力度。健全网上动态管理机制，建立虚拟人口、虚拟社区、网上重点人信息库，积极构建虚拟社会防控网络。建立网络警察队伍，加强对网络的日常巡查；加强网络阵地建设，提高网络监测、预警、侦查、控制、处置能力。健全网上舆论引导机制、网上舆情监测研判机制、重大案（事）件快速反应机制，依法打击网络违法犯罪活动，及时发现、封堵、删除网络有害信息，并实行落地查人。

3. 推动互联网行业自律。加强网站信息安全员队伍建设，建立网络信息安全员备案制度。加强对手机、微博客、论坛、社交网站等新兴媒体的管理，积极推进网吧上网、手机入网实名制登记管理工作。

三、基本要求

（一）摆上重要位置。试点市、县（市、区）党委、政府要把社会建设和社会管理摆到同经济发展同等重要的位置，根据工作中存在的薄弱环节，梳理出急需解决的问题，研究提出一批社会管理创新项目，纳入当地国民经济和社会发展"十二五"规划，把规划变为计划，把计划变为项目，实行立项管理，为推进社会管理创新提供坚实保障。

（二）加强组织领导。建立党委领导、政府负责、综治协调、部门联动的社会管理创新工作领导机构及其办事机构。党政主要负责同志要着眼全局，统筹谋划，用抓经济建设的劲头抓社会管理，解决工作中的困难和问题，切实承担第一责任。健全经费长效保障机制，逐年提高社会建设和社会管理支出在财政支出中所占比例。

（三）推进齐抓共管。试点市、县（市、区）综治委要按照目标任务，细化项目推进的"时间表"和"路径图"，组织协调各方面的力量，充分发挥各有关部门尤其是综治委成员单位的作用，督促各部门按照"谁主管、谁负责"的原则，自觉承担起在社会管理创新工作中的职责任务，形成推动社会管理工作创新的强大合力。

（四）建立工作队伍。按照"政府购买服务"方式，建立科学、规范、完善的现代社会工作者队伍。推进社会工作者人才信息库建设，全面掌握社会工作者专业特长、服务领域等信息，实施分层分类管理。加强志愿者队伍建设，完善志愿者管理办法，建立健全志愿服务项目体系，推进社会志愿服务长效机制建设。

（五）强化督促检查。加强对综合试点工作的分类指导，定期不定期对试点工作情况进行督导，尤其要查找突出问题，制定并落实整改措施。及时发现、总结、推广基层的好经验、好做法，培育树立先进典型，推动面上工作。加大考核评价力度，把试点工作成效作为领导班子、领导干部考核和综治工作考核的重要内容，确保目标任务落到实处。

江西省各市、县(市、区)综治委、办主任名单

地　区	综治委主任	综治办主任
南昌市	胡　焯	樊幽兰
南昌县	熊运浪	李林平
新建县	易小毛	黄　明
进贤县	钱和平	夏国群
安义县	熊荣根	周国庆
东湖区	黄　琰	谈　浔
西湖区	杜江涛	朱学兴
青云谱区	陈茂林	熊文彪
青山湖区	王继军	吴晓珍
湾里区	刘　珠	袁展炤
经开区	胡觉荣	涂爱文
高新区	李有才	熊水斌
红谷滩新区	罗小平	朱康健
桑海开发区	徐美宏	丁晓虎
九江市	叶国兵	周裔祥(至2010年5月)
浔阳区	曹应发	李　军
庐山区	黄先才	严子龙
瑞昌市	饶思汉	夏教育
九江县	孙朝辉	胡　伟
武宁县	罗文江	胡贤银
修水县	宋细妹(至2010年8月)	匡　钧
永修县	陈云滚	戴书富
德安县	骆效农	张成源
星子县	查代潘	查代杰
都昌县	王　纲	江晓波
湖口县	左　延	李选林
彭泽县	李小平	欧阳宇
九江开发区	卢友华	江　勇
共青城市	袁有福	汪永剑
庐山管理局	江任发	
景德镇市	王力农	王友寿
昌江区	王颖军	侯志军
珠山区	占子松	赵　军
浮梁县	金秋来	王德元
乐平市	史建华	章海英

地　区	综治委主任	综治办主任
萍乡市	彭艳萍	段太平
安源区	吴顺恩	雷忠斌
湘东区	杨劲松	谭洪龙
芦溪县	黄薄双	殷世和
上栗县	欧阳清新	刘佑伟
莲花县	刘绍华	王永志
萍乡经济开发区	黄永强	张合光
新余市	丛文景	罗新荣
渝水区	邹永清	毛志军
分宜县	张智萍	郭　文
高新技术产业开发区	彭小林	陈志坚(2010年1－8月) 李卫民(2010年9－12月)
仙女湖区	晏小明	敖宇平
孔目江生态经济区	钱传宇	肖庆华(2010年1－6月) 陈　璟(2010年7－12月)
鹰潭市	杜德春	舒平贵
贵溪市	王富生	李　宁(2010年1—3月) 黄如象(2010年3—12月)
余江县	杨小明	周雪波
月湖区	欧阳宝	苏军辉
龙虎山风景名胜区	黎　云	李移明
鹰潭经济技术开发区	赵军荣	彭拥军
赣州市	殷金水	陈　沐
章贡区	曾庆银	刘德胜
赣　县	曾跃纲	钟文法
上犹县	蓝　青	陈远流

地　区	综治委主任	综治办主任	地　区	综治委主任	综治办主任
崇义县	陈金发	刘乔夫	横峰县	侯小仙	章正福
南康市	严国雄	曾静萍	弋阳县	陈　康	陈铅南
大余县	赖　伟	梁长运	余干县	郑小明	盛建文
信丰县	李细妹	甘荣峰	鄱阳县	陈振华	徐红旗
龙南县	邱启发	唐爱群	万年县	张晓洪	张华清
全南县	黄立忠	林启华	德兴市	孟　平	杨惠民
定南县	颜叙平	廖祥华	婺源县	张新华	郑　杰
安远县	袁志勇	唐　涛	**吉安市**	兰付生	肖　林
寻乌县	郭贤富	梁　斌	吉州区	郭　捷	谢永坚
于都县	邹向胜	吴金海	青原区	彭金平	姚　亮
兴国县	成德龙	陈树斌	井冈山市	尹健明	李丛俊
瑞金市	高明旭	曾传祺	吉安县	张迪俊	张新根
会昌县	吴泽圣	郭凤金	新干县	候建国	邹宗生
石城县	詹少平	黄顺福	永丰县	刘晓聪	吴定高
宁都县	钟贤军	张玉生	峡江县	刘　琼	陈会生
宜春市	龚建华	余祺川	吉水县	朱谋俊	周小荣
袁州区	鲁旭东	李　波	泰和县	刘飞跃	刘迪勇
樟树市	陈国勤	杨小鹏	万安县	胡影秋	肖相信
丰城市	涂水泉	任勇平	遂川县	肖凌秋	袁　斌
靖安县	张龙飞	熊树胜	安福县	陈寿庆	刘木生
奉新县	张家良	许　平	永新县	曾志华	旷晓文
高安市	皮德艳	贾海刚	**抚州市**	黄牡香	万　锦
		（2010 年 1—9 月）	临川区	邹裕明	邹华胜
上高县	刘　平	罗庆荣	南城县	黄泽清	符智玲
宜丰县	邓　伟	罗耀文	黎川县	徐小明	李铭华
铜鼓县	漆海云	高纯平	南丰县	邓春水	周图强
万载县	孙国琴	刘继贤	崇仁县	邓乐泉	黄文良
上饶市	王国梁	詹裕民	乐安县	聂小乐	刘少营
信州区	徐中平	陈红艳	宜黄县	谢光明	付胜根
上饶县	周　林	李康平	金溪县	张一平	李新根
广丰县	刘敏建	刘旅炉	资溪县	张乐明	徐　杰
玉山县	张海风	陈少剑	东乡县	饶运龙	周志林
铅山县	张　华	黄　斌	广昌县	章军华	李国林

（撰稿人：朱同友　黄巧玲　衷国华　余立波
审稿人：张传发　陈显辉）

山　东　省

2010 年社会治安综合治理工作概况

2010 年，山东省各级综治部门按照经济发展到哪里、综治工作就服务保障到哪里，影响和谐稳定的什么问题突出、综治工作就重点解决什么问题，群众期待什么、综治工作就着力抓好什么的思路，坚持以加强基层基础建设为主线，以开展“四无”创建活动（无重大群体性事件、无重大涉法涉诉非正常访案件、无重大民转刑案件、无重大干警违法违纪案件）为载体，深入推进三项重点工作，大力加强平安山东建设，广泛开展社会治安综合治理“基层基础规范化建设年”活动，全省综治工作取得了新成效。

一、组织领导坚强有力

（一）领导重视。1 月 15 日，省委、省政府召开全省政法工作暨平安山东建设表彰视频会议，认真贯彻落实全国政法工作电视电话会议精神。省委常委、政法委书记、省综治委主任柏继民出席会议并讲话。7 月 12 日，省委召开常委会议，听取全国社会治安综合治理工作会议和做好新疆少数民族群众到内地务工经商服务管理工作会议情况汇报，研究了贯彻意见。7 月 15 日，省委、省政府在泰安市召开全省社会治安综合治理工作会议，传达贯彻全国社会治安综合治理工作会议精神，对深化社会管理创新，深入推进社会治安综合治理和平安山东建设作出全面部署。省委副书记、省政协主席刘伟，省委常委、政法委书记、省综治委主任柏继民出席会议并讲话。12 月 19 日，省委书记、省人大常委会主任姜异康在山东分会场出席全国政法工作电视电话会议。12 月 22 日，省委召开常委会，对贯彻落实全国政法工作电视电话会议精神进行了研究，省委书记、省人大常委会主任姜异康，省委副书记、省长姜大明讲了重要意见。12 月 28 日至 29 日，省委、省政府召开了全省政法工作会议，传达全国政法工作电视电话会议精神，总结工作，分析形势，部署任务。省委副书记、省政协主席刘伟，省委常委、政法委书记、省综治委主任柏继民出席会议并讲话。

（二）齐抓共管。年初，省委、省政府主要领导与各市党委、政府主要领导分别签订了 2010 年度综治暨平安山东建设承诺责任书，省综治委与各成员单位分别签订了 2010 年度社会治安综合治理工作责任书，进一步明确了各地和各成员单位的工作责任。围绕三项重点工作，大力开展“基层基础规范化建设年”活动和“环沪护城河工程”，省综治委先后 4 次召开全体会议，分析形势，部署任务。省综治委所属各专门工作领导小组分别召开会议，研究工作任务和措施，狠抓落实，齐抓共管的力度进一步加大。

（三）严格考核。11 月底，省综治委组成 9 个综合检查组，由厅级领导干部带队，对全省各级各部门社会治安综合治理暨平安山东建设工作进行综合检查考核。按照全省《综治暨平安建设工作检查考核实施细则》要求，逐项考评打分，将检查考核结果报告省委、省政府主要领导，通报省纪委（省监察厅）、省委组织部、省人力资源社会保障厅等部门，并向各市综治委反馈了检查考核结果，提出了具体的整改建议，极大地调动了基层工作的积极性。

（四）宣传推动。全省共在中央级新闻媒体刊登有关综治工作稿件 4500 余篇（次），在省部级新闻媒体刊登稿件 13000 余篇（次），举办各类大型宣传活动 400 余场（次）。

二、深入推进社会矛盾化解

（一）强化组织领导。6 月，省综治委制定下发了《关于健全完善矛盾纠纷大排查大调解工作机制的意见》和《关于开展“人民调解化解矛盾纠纷专项攻坚活动”的实施意见》，并将 2010 年确定为“保稳定促和谐惠民生矛盾纠纷排查化解年”，对深入排查化解矛盾纠纷、推进矛盾纠纷排查调处工作规范化建设等内容作出明确规定。

（二）强化网络建设。进一步健全完善了市、县、乡、村四级矛盾纠纷排查调处组织网络，全面落实首问责任制、分级负责制、联调联处制、定期回访制和督办督查制度。目前，全省各级调解组织达到10万个，调解员30多万人，矛盾纠纷排查调处信息员40余万人。

（三）强化源头预防。5月份，省委办公厅、省政府办公厅下发了《关于建立重大事项社会稳定风险评估机制的意见》。各级各有关部门按照部署要求，普遍建立起了重大事项社会稳定风险评估机制，最大限度地规避、预防、降低、控制和应对可能产生的社会稳定风险。截至2010年底，全省17个市全部制定下发了关于健全完善社会稳定风险评估机制的实施意见，140个县（市、区）中，70%以上出台了具体意见或办法。

（四）强化措施落实。各地各部门健全完善了医患纠纷、劳动争议、交通事故处理等行业性、专业性、社会性调解组织，全面推行多元化矛盾调处机制，并通过开展“帮千企走千村访万户”等活动和开通“民生热线”等措施，为人民群众解决了一大批实际问题。2010年，全省共排查调处矛盾纠纷39.7万件，调处化解38.1万件，调处成功率达到96%。

（五）强化典型带动。总结推广了威海市行业部门调解、济南和日照等地交通事故人民调解、济宁市医患纠纷第三方调解、泰安市设立市县两级医疗纠纷人民调解委员会、新泰市依托平安协会维护社会稳定、沂源县建立村级三层调解网络、济宁市任城区建立镇村两级综治档案等经验做法，对推动社会矛盾化解发挥了积极作用。

三、不断深化“严打”整治

（一）深入开展严打斗争。先后组织开展了打击农村地区黑恶势力犯罪、打击“黄赌毒”违法犯罪、打击“两抢一盗”犯罪大会战、治爆缉枪专项行动、“反拐”专项行动和“三电”设施保护、油气田及输油气管道生产治安秩序整治专项行动等一系列专项斗争。全年破获刑事案件17.6万起，抓获刑事犯罪嫌疑人10.8万人，有力地打击了各类违法犯罪，净化了社会治安环境。

（二）大力开展重点地区排查整治。1月26日，省综治委召开全省电视电话会议，对全省开展社会治安重点地区排查整治工作进行了全面动员部署。3月9日，省综治办下发了《关于迅速组织开展社会治安重点地区和突出问题集中排查工作的通知》，对排查整治工作提出具体要求。各级各有关部门结合实际，制定了排查整治工作方案，组织开展了重点地区地毯式滚动大排查活动。6月22日，省综治委召开全省电视电话会议，对排查整治工作进一步作出部署。省社会治安重点地区排查整治工作领导小组办公室派出8个暗查组，深入一线和重点地区开展明察暗访，对52处重点地区进行挂牌警示、挂牌督办，督促落实整改。2010年，全省共投入排查整治专项资金2.5亿元，发动干部群众220万人（次），组织集中排查活动1800余次，排查重点部位1.5万余处，对重点地区和突出问题进行了集中整治。

四、扎实推进治安防控体系建设

（一）大力加强治安防控体系建设。进一步完善了“交通要道有警务工作站把住线，城区街面有巡逻人员控住片，重点区域有治安岗亭看住块，重点部位有技防设施护住点”的治安防控体系。目前，全省专职巡逻力量达到12万人、群防群治巡逻力量达到42万人，共建社区和农村警务室9800个，配备社区和驻村民警2.2万余人，治安信息员30.5万名；安装监控探头95万个，党政机关、金融单位和供水、供电、供气等重点部位技防设施覆盖率达100%。

（二）进一步加强对社会面的治安管理。各级各部门积极组织警力和保安、治保、治安志愿者等群防群治力量，加大巡逻密度，强化社会面治安管控。进一步加大对旅馆、酒店等场所的管控力度，严格落实住宿登记、录入上传、可疑情况报告等制度，全省共纳入管理旅馆30364家，旅馆业信息系统覆盖率达到100%。通过旅馆业系统破获各类案件11078起，抓获各类犯罪嫌疑人5308名，其中网上逃犯1730名，协助查控重点人员9061名。加强对娱乐场所、建筑工地、集贸市场以及城乡结合部的经常性治安检查，有效净化了治安环境。

（三）积极创新社会管理。大力推行“以证管人、以房管人、以业管人”的管理服务模式，对各类重点人员分级管理，落实管控措施，确保不漏管、不失控，最大限度地预防和减少违法犯罪问题的发生。全省共核查登记常住人口9541.3万人、暂住人口689.5万人、境外人员3.6万人；排查列管各类重点人员6.1万人，落实管控力量9.9万人。加强对枪支弹药、爆炸、剧毒等危险物品的管理，严防重大安全事故的发生。

五、深入开展“基层基础规范化建设年”活动

4月份，省综治委制定并印发《全省社会治安综合治理“基层基础规范化建设年”活动方案》，要求2010年底，全省80%以上的乡镇（街道）、村居（社区）社会治安综合治理基层基础建设达到组织建设、工作制度、办事程序、队伍管理、办公设施、经费保障六个规范化标准。

（一）大力加强基层组织建设。全省村级“两委”成员中，党员达到85%以上，“双高双强”（政治素质高、群众威信高，带头致富能力强、带领群众共同致富能力强）型人才达到70%以上；全省所有乡镇（街道）综治办全部正式列编，主任由党（工）委副书记兼任，并配备一名专职副科级副主任和2—3名以上专职工作人员，村居一级普遍建立了综治办，做到了组织、人员、经费、责任四落实，基层政法组织力量得到进一步优化和加强。

（二）着力加强乡镇（街道）综治维稳工作中心建设。明确要求乡镇（街道）综治维稳工作中心建设要达到“九统一”、“五联动”。“九个统一”：统一使用“乡镇（街道）综治维稳工作中心”名称，统一配齐配强工作人员，统一提供办公地点，统一配齐办公设备，统一使用中央综治委制定的全国综治标识徽章，统一工作流程，统一规范工作台账，统一培训管理，统一量化绩效考核。“五个联动”：社会治安联合防控、矛盾纠纷联合调处、重点工作联勤联动、突出问题联合治理、基层平安联合创建。目前，全省98.7%的乡镇（街道）、88.3%的村居（社区）达到了规范化要求，98.1%的乡镇（街道）建立了综治维稳工作中心，配备专兼职工作人员1.5万余人。

六、强力推进上海世博会“环沪护城河工程”

成立了由省综治办牵头，610办公室、信访局、维稳办等单位参与的“环沪护城河工程”工作协调小组。3月5日，省综治委召开了“环沪护城河工程”工作协调会，研究制定《山东省综治委关于做好上海世博会“环沪护城河工程”工作的实施方案》和《山东省综治委有关成员部门“环沪护城河”工程工作职责分工》等方案（预案）70余个，确保各项任务措施落到实处。4月27日，省综治委召开有关部门“环沪护城河工程”工作协调会，对上海世博会安保工作作出进一步部署。上海世博会期间，组织开展反恐处突演练100余次，对排查出的61299名重点人员落实了管控措施。共检查重点单位60.48万个（次）、责令整改2.7万次；对化工企业、生产销售烟花爆竹企业等重点单位落实了管控措施。全省1765辆入沪重点营运车辆接入了省、部GPS联网联控监控平台。在18个环沪治安检查站，建立了视频图像监控、过往机动车监控、人员身份识别系统。上海世博会期间，累计出动警力36000余人次，盘查前往上海车辆6439辆、人员78230人。省公安边防总队在苏鲁交界海域设立海上防范控制区，参战舰艇累计出航427艘次，执勤3668小时，检查船只2676艘次，检查人员15243人次，排除化解险情11起。全省民航系统共检查旅客787万余人，检查行李1260万余件。

七、大力推动综治工作创新发展

根据省委办公厅、省政府办公厅《关于建立重大事项社会稳定风险评估机制的意见》要求，全省共对3412项重大项目和事项进行了风险评估，有效地防范了社会稳定风险。省综治办组织开展了社区矫正对象等特殊人群管理多项专题调研，省法院系统推行未成年人犯罪“前科消灭”、“前科封存”制度。省检察机关完善未成年人犯罪案件“侦、诉、防”一体化机制。省公安机关在多家网站和网上论坛设立了“报警岗亭”和“虚拟警察”，提高了网络监控能力。省司法行政机关抓好服刑在教人员教育改造与刑释解教人员安置帮教一体化的经验做法，被中央综治办、司法部总结推广。

八、专门工作领导小组工作情况

（一）流动人口服务管理工作

建立健全了公安、劳动和社会保障、人口与计划生育、工商、建设等部门协作机制，进一步推动了流动人口服务管理工作社会化。采取多种措施引导流动人口有序转移就业，为150个重点建设项目落实了就业扶持、社会保险等政策，带动了23.1万城乡劳动者就业。组织实施了新型农民科技培训、农村劳动力转移培训和新型农民创业培训“三大农民培训工程”，培训农民辅导员、示范农户等生产骨干21万人，农村专业技能人员15万人。推进“一站式”服务机制，在暂住登记、暂住证办理、就业信息、医疗保健、子女入学、投诉受理等方面为流动人口提供了更加方便快捷的服务。建立完善农民工工资支付保障、劳动保险、企业用工登记备案制度，全省95%以上的企业建立并落实了工资支付监控制度，履行安全报监手续的工程和建筑施工企业投保率在95%以上。着力解决农民工工资拖欠等问题，全省欠薪投诉案件同比下降68%；城镇就业的农民工劳动合同签订率达到78%以上。以信息化采集为突破口、以社会化管理为手段、以人性化服务为载体，强力推进流动人口出租房治安管理专项工作。全省共排查出租房屋、旅馆饭店、劳务市场等重点场所、部位8.6万处，登记流动人口689.5万人、新办暂住证91.3万个、签订治安责任书100余万份，通过专项行动，共发现各类违法犯罪线索1.4万条，破获刑事、治安案件1.9万起，抓获违法犯罪嫌疑人1.3万人。

（二）刑释解教人员安置帮教工作

9月，省委办公厅、省政府办公厅转发了《山东省社会治安综合治理委员会关于进一步加强刑满释放解除劳教人员安置帮教工作的实施意见》（鲁办发[2010]25号）。调整充实了省综治委刑释解教人员安置帮教工作领导小组，增加省教育厅、省地税局为成员单位，吸收省监狱管理局、省劳教局有关处室负责人为办公室成员。完善信息管理系统，录入服刑在教人员基本信息11万人次，为10万名安置帮教对象建立了电子信息资料库。建立了监所与社会安置帮教组织之间的信息沟通机制，全省刑释解教人员衔接率达到90%以上。积极推行“5+1+1”教育改造模式，有针对性地加强思想政治、道德法制、文化技术和出监所教育。服刑在教人员刑释解教时，法律常识和道德常识教育合格率均达到95%以上，文化教育脱盲比例达到90%以上，罪犯心理健康教育普及率达到100%。通过建立政策保障、就业推介、政府服务、基地安置、社会救助“五个平台”，引导、帮助刑释解教人员积极创业、自主择业、灵活就业。全省共建立过渡性安置基地330个，2010年安置“三无”人员750人，落实低保1329人，解决实际问题和提供临时性救济5000人次；为生活困难的刑释解教人员办理各类保险2708人，为从事个体经营人员减免各种税费84.3万元，提供贷款161万元。9月，在中央综治办、司法部召开的全国安置帮教工作会议上，山东省和青岛市作了典型发言。

（三）预防青少年违法犯罪工作

7月25日，省人大常委会审议通过了新修订的《山东省未成年人保护条例》，10月1日正式颁布实施。6月24日，省预防青少年违法犯罪工作领导小组办公室、省法院在青岛市召开未成年人轻罪犯罪记录消灭制度专家论证会，为进一步完善未成年人轻罪犯罪记录消灭制度提供理论基础和现实依据。出台了《关于加强社会闲散青少年管理服务的意见》。建立一大批青少年法制教育、警示教育基地，组织开展青少年法制教育宣传周活动，举办各类法制讲座培训10800余次，受教育学生60万人次。强化青少年自我保护教育，在中小学生寒、暑假期间，通过手机短信、网络小游戏等方式向省内60万小灵通用户、760万联通手机用户发送青少年自护提示短信累计3280万条。7月2日，团省委举行全省“青少年自护教育季”启动仪式，号召青少年学习自护知识、争做自我保护小模范，并组建了全省青少年自护辅导员队伍。抓好“12355青少年服务台”建设，2010年，全省“12355青少年服务台”共受理青少年咨询、投诉个案18986件，在帮助青少年各类咨询、解决实际问题等方面发挥了积极作用。深化青少年维权岗创建活动，制定出台了《山东省创建“青少年维权岗”活动指导意见》，2010年新命名省级青少年维权岗60个。协调公安、文化、工商等部门积极开展网吧集中整治、打击淫秽色情网站、收缴不健康图书行动，共检查互联网服务单位17712家，删除互联网和手机网站淫秽色情及低俗信息19多万条，取缔学校周边无证照经营者和非法游商地摊2100多个，净化了青少年成长环境，全省青少年犯罪人数同比下降18.58%，其中未成年人犯罪人数同比下降26.7%。

（四）铁路护路联防工作

全省各级护路联防组织发扬“一要实干、二要创新”的山东护路精神，深入开展平安铁路创建活动，杜绝了群体性冲击铁路拦车断道事件、影响恶劣的治安刑事案件发生，实现了危及行车安全案件明显减少，铁路交通伤亡事故明显减少的工作目标。积极围绕京沪高铁施工建设和枣庄至蚌埠先导段“联调联试”开展工作，确保了施工建设和联调联试的顺利进行。全面加强新建线路治安防范，在京沪高铁建设山东段沿线组织开展了为期半年的治安联合整治行动，共打掉专门盗窃京沪高铁施工器材犯罪团伙5个，抓获作案成员14人，破获案件27起。同时，在全省铁路沿线组织开展了4次集中行动和6次专项行动，铁路沿线治安案件同比下降22%，交通伤亡事故同比下降18.5%。深入开展矛盾纠纷排查化解，重点摸清新建改建铁路建设环评、征地拆迁、铁路交通伤亡等问题，超前防范，妥善处置了菏兖日线岚山区村民阻挠电气化铁路施工等涉路问题11起。扎实做好上海世博会、广州亚运会安保工作，在83个客运站配备了348台查危仪、金属探测门、防爆罐等设备，在66趟旅客列车配备了944个手持探测仪，599名安检人员和1900余名车站民警认真排查，共查获危险物品52264件，收缴管制刀具9734把，汽油168.3公斤、化工危险品2014公斤。深入开展平安铁路示范市县创建活动，总结推广了胶济客运专线与胶济货运线“一支队伍、两大职责、四线共护、突出客运”的“胶济护路模式”和“以落实护路联防责任承包制为核心，大宣传、大排查、大整治、大联防为一体”的“高铁护路模式”，形成了群策群力、合力护路的良好局面。

（五）学校及周边治安综合治理工作

5月3日，全国综治维稳工作电视电话会议结束后，山东省立即召开了全省综治维稳工作电视电话会议，省委副书记、省政协主席刘伟，省委常委、政法委书记、省综治委主任柏继民出席会议并讲话，对贯彻全国会议精神，全力做好校园安全稳定工作作出全面部署。5月6日，省综治委学校及周边治安综合治理工作领导小组下发《关于对学校幼儿园安全稳定工作进行拉网式排查整治的通知》，对全省校园及周边安全隐患开展拉网式排查整治。5月4日至9日，省综治办组织省委高校工委、省教育厅、省公安厅等部门，组成11个暗访组，对全省17个市部分（306所）学校、幼儿园的安全工作进行了暗访，对发现的问题限期整改。全省各地共检查学校周边重点场所、部位7万余处，查处取缔非法经营场所329家，收缴管制刀具651把。公安机关共出动警力14.2万余人次，建立校园警务室4200个、治安岗亭3700个，设立交通安全设施1.7万处，查处学校周边交通违法行为4738起。深入开展涉校园不稳定因素排查处置工作，排查管控重点人员20826名，查破涉校案件327起。6月4日，省综治办、省教育厅、省公安厅、省财政厅联合发出《关于加强学校幼儿园安全防范基础建设工作的通知》，全省各级政府、各级各类学校累计投入资金12.5亿元，派驻校园保安3.9万名，安装监控报警设施3万个，配发校园防护、防卫器械14.5万件。8月7日，省综治委召开“在全省进一步采取措施确保学校幼儿园安全紧急电视电话会议”，对进一步做好校园校安全工作作出部署。8月9日至15日，省综治委组织12个督导组，对17市40个县（市、区）267个学校、幼儿园、医院、养老院等易受侵害单位安全工作进行了督导检查。同时，组织17个暗访组，对672所学校、幼儿园等重点单位进行了暗访检查，有力地促进了校园安全保卫工作。

山东省委办公厅 省政府办公厅印发《关于在全省建立健全社会稳定风险评估机制的意见》的通知

（2010 年 5 月 14 日）

各市党委和人民政府，省军区，省委各部委，省政府各部门，各人民团体，各高等院校：

《关于在全省建立健全社会稳定风险评估机制的意见》已经省委、省政府同意，现印发给你们，请结合实际，认真贯彻执行。

关于在全省建立健全社会稳定风险评估机制的意见

为认真贯彻落实党的十七大和十七届四中全会精神，以科学发展观为指导，正确处理改革发展稳定的关系，从源头上预防和减少不稳定因素的发生，根据《中共中央办公厅、国务院办公厅转发〈中央政法委员会、中央维护稳定工作领导小组关于深入推进社会矛盾化解、社会管理创新、公正廉洁执法的意见〉的通知》（中办发［2009］46 号）关于开展社会稳定风险评估工作的有关要求，结合我省实际，现就在全省建立健全社会稳定风险评估机制提出如下意见。

一、充分认识建立健全社会稳定风险评估机制的重要意义

建立健全社会稳定风险评估机制，是党中央、国务院和省委、省政府根据形势的发展变化，从源头上预防和减少社会矛盾作出的一项重大决策，是深入贯彻落实科学发展观、构建社会主义和谐社会的必然要求，是统筹协调各方面利益关系、维护广大人民群众根本利益的重要举措。目前，我国既处于经济社会发展的重要战略机遇期，又处于社会矛盾凸显期，影响社会稳定的因素大量存在，特别是一些地方由决策失当引发的矛盾增多。建立健全社会稳定风险评估机制，有利于全省各级各部门牢固树立科学发展观和正确政绩观，正确处理改革发展稳定的关系，更加注重从人民群众的根本利益出发谋改革、促发展；有利于全省各级领导干部深入了解民情，充分反映民意，广泛集中民智，推进依法行政，促进决策的科学化、民主化、法制化；有利于推动维护社会稳定工作从注重事中控制、事后处置向注重事前预防、源头治理转变，促进关口前置、重心下移，更好地把握维稳工作主动权。全省各级各部门要从全局和战略的高度，充分认识建立健全社会稳定风险评估机制的重要意义，切实增强责任感和使命感，采取有力措施，深入推进社会稳定风险评估工作，努力维护全省大局稳定，为经济社会又好又快发展营造和谐稳定的社会环境。

二、社会稳定风险评估工作的指导思想和基本原则

（一）指导思想。坚持以邓小平理论和“三个代表”重要思想为指导，深入贯彻落实科学发展观，按照建设平安山东、构建和谐社会的总体要求，强化“发展是第一要务，稳定是第一责任”的理念，正确把握和妥善解决人民群众最关心、最直接、最现实的利益问题，注重从决策、政策、项目、改革等方面加强利益协调、诉求表达和权益保障机制建设，努力从源头上预防和减少不稳定因素的发生。

（二）基本原则。1. 坚持以人为本原则。把人民群众是否支持拥护作为出台各项政策和改革举措的基本标准，把人民群众是否满意作为检验各项工作成效的基本尺度，做到发展为了人民、发展依靠人民、发展成果由人民共享。2. 坚持科学发展原则。把实现经济又好又快发展、促进社会和谐稳定作为社会稳定风险评估工作的重要目标，统筹协调各方面利益关系，着力预防和解决改革发展过程中面临的突出矛盾，促进经济社会全面协调可持续发展。3. 坚持民主法治原则。把社会稳定风险评估与推动科学决策、依法治省有机结合起来，建立健全充分反映民意、集中民智的决策机制，逐步形成有效协调利益关系的制度体系，促进社会公平正义。

三、社会稳定风险评估的重点领域和主要内容

（一）重点领域。在企业改制、征地拆迁、涉农利益、教育医疗、环境保护、安全生产、食品药品安全等容易引发社会矛盾的重点领域，要建立社会稳定风险评估机制。各级党委、政府和有关部门在制定出台事关人民群众切身利益、影响面广、容易引发不稳定因素的重大决策、重要政策、重大改革举措和实施重点工程建设项目、举办大型活动等重大事项时，要先进行社会稳定风险评估。具体包括：关系广大人民群众切身利益的重大决策出台；涉及民生问题的重要政策措施的制定和修改；国有、集体企业及事业单位的改革改制；有可能在较大范围或较长时间内对人民群众生产生活造成重大影响的重点工程建设；涉及诸多利益群体或较大利益群体的行业政策调整；其他应当进行社会稳定风险评估的事项。

（二）主要内容：1. 合法性评估。主要评估事项是否符合党的路线方针政策和国家法律、法规；是否符合党中央、国务院和省委、省政府的规范性文件；政策调整、利益调节的法律、政策依据是否充分。2. 合理性评估。主要评估事项是否符合经济社会发展规律；是否符合科学发展观的要求；是否反映大多数群众意愿；是否统筹兼顾群众的现实利益和长远利益；是否兼顾各利益群体的不同诉求；是否遵循公开、公平、公正原则。3. 可行性评估。主要评估事项是否征求了广大群众意见，是否开展了前期宣传解释工作；是否符合本地经济社会发展总体水平；能否确保相关政策的连续性和严密性；出台时机是否成熟、适时；实施方案是否周密、完善，具有可操作性。4. 安全性评估。主要评估事项是否符合可持续发展的要求；是否存在引发群体性事件和其他影响社会稳定的隐患；是否有相应预警措施、应急处置预案和对策措施。

四、社会稳定风险评估的责任主体和基本程序

（一）责任主体。各级党委、政府负责组织领导本辖区内的社会稳定风险评估工作。各级党政部门负责组织本部门主管领域、行业的社会稳定风险评估工作；各机关、团体、企事业单位负责组织本单位和所涉及主要范围的社会稳定风险评估工作。有关决策的提出部门、政策的起草部门、改革的牵头部门、项目的报建部门是负责组织实施风险评估的责任主体；涉及多部门的重大事项，由党委、政府指定牵头评估责任部门。各级维护稳定工作领导小组办公室负责抓好社会稳定风险评估的组织协调和督导检查工作，督促落实防范和化解社会风险工作。

（二）基本程序。一是确定评估项目。需要进行社会稳定风险评估的事项由评估责任主体自行确定，也可由所在地党委、政府指定或由同级维护稳定工作领导小组办公室建议确定。二是制定评估方案。了解评估对象基本情况，把握评估重点，提出科学的评估步骤和方法。三是组织开展评估。在调查了解有关情况、广泛征求群众意见、对可能出现的不稳定因素进行深入分析研究的基础上，形成风险评估报告。四是报告的审批与备案。决策部门根据风险评估报告对有关事项作出实施、部分实施、暂缓实施或不实施的决定后，责任主体应及时将风险评估报告及相关材料报同级维护稳定工作领导小组办公室备案。五是落实维稳工作措施。根据风险评估情况，研究制定应急预案，有针对性地做好风险化解工作。

五、加强对社会稳定风险评估工作的组织领导

全省各级各部门要按照“属地管理、分级负

责”和“谁主管、谁负责”的原则,把建立健全社会稳定风险评估机制作为维护社会稳定的一项重要基础性工作,把开展社会稳定风险评估作为制定出台有关决策的重要环节,高度重视,加强领导,狠抓落实,确保对应进行风险评估的事项做到不事先进行评估的就不研究、不出台。各地各部门主要负责同志是本地本部门维护稳定的第一责任人,要切实加强对社会稳定风险评估工作的领导,及时研究解决建立健全社会稳定风险评估机制过程中出现的问题。分管负责同志要对涉及稳定的事项负直接领导责任,协调督促分管部门把社会稳定风险评估工作抓实抓好。要把建立健全社会稳定风险评估机制纳入领导干部工作目标管理责任制和维稳综治工作年度考核,加强指导和督促检查,推动社会稳定风险评估工作全面开展。对不重视社会稳定风险评估工作,有关事项应评估而不评估或在风险评估工作中搞形式主义造成评估失实,或因风险预防化解工作不落实、不到位而引发群体性事件,给社会稳定造成严重影响的,要严肃追究有关领导和责任人的责任。各级各有关部门要根据本意见,结合实际,研究制定建立健全社会稳定风险评估机制的具体意见和措施,细化有关制度规定和操作程序,确保社会稳定风险评估工作深入健康发展。

山东省委办公厅　省政府办公厅
转发《山东省社会治安综合治理委员会关于进一步加强刑满释放解除劳教人员安置帮教工作的实施意见》的通知

(2010 年 9 月 9 日)

各市党委和人民政府,省军区,省委各部委,省政府各部门,各人民团体,各高等院校:

《山东省社会治安综合治理委员会关于进一步加强刑满释放解除劳教人员安置帮教工作的实施意见》已经省委、省政府同意,现转发给你们。请结合实际抓好贯彻落实。

山东省社会治安综合治理委员会
关于进一步加强刑满释放解除劳教人员
安置帮教工作的实施意见

为贯彻落实《中共中央办公厅、国务院办公厅转发中央社会治安综合治理委员会关于进一步加强刑满释放解除劳教人员安置帮教工作的意见)的通知》(中办发[2010]5 号)精神,加强对刑满释放解除劳教人员(以下简称刑释解教人员)的安置和帮助教育,有效预防和减少重新违法犯罪,现结合我省实际,提出如下实施意见。

一、坚持"首要标准",提高改造质量,夯实安置帮教工作基础

(1)建立信息沟通机制。利用现有刑释解教人员信息管理系统(以下简称系统),建立监狱、劳教所、看守所(以下简称监所)与各级综治委刑释解教人员安置帮教工作领导小组办公室(以下简称安帮办)和基层帮教组织的信息沟通机制。监所在新接收服刑在教人员的1个月内,要将其基本信息录入系统。县级安帮办通过系统查看本辖区服刑在教人员基本信息,协调、督促司法所开展相关工作。司法所要随时登录系统,获取本辖区服刑在教人员基本信息,与公安派出所、村(居)、家庭进行核实(对于不属于本辖区的人员应注明原因和可能去向),并依托其所在村(居)和家庭,制定配合监管改造的帮教方案(包括责任单位、责任人、志愿者及联系方式、帮教措施等),于1个月内向监所反馈。监所根据反馈情况,及时修正有关档案信息。对于身份不明等服刑在教人员,监所要通过公安机关继续核查;公安机关应积极协助,并尽快反馈核查情况,逐步消除假姓名、假住址、假身份证(以下简称"三假")现象。

(2)深化基本素质教育。监所要坚持把刑释解教人员重新违法犯罪率作为衡量监管工作的首要标准,充分发挥教育改造职能,进一步加强对服刑在教人员的思想道德、法律、文化、心理健康等基本素质教育,全面提升教育改造质量,最大限度地预防和减少重新违法犯罪。服刑在教人员刑满释放、解除劳教时,法律常识、道德常识教育合格率要达到刑释解教人数的95%以上,脱盲比例要达到应脱盲人数的95%以上。

(3)开展职业技能培训。司法行政、人力资源和社会保障部门负责对服刑在教人员进行职业技能培训,并将其纳入全省劳动职业技能培训总体规划。司法行政部门负责编制长远规划和年度计划,人力资源和社会保障部门依托技工院校、职业培训机构负责提供培训教材和师资,共同按照国家职业技能标准和教学大纲要求,组织服刑在教人员参加职业技能培训。经职业技能鉴定合格的服刑在教人员,由人力资源和社会保障部门颁发相应资格证书。服刑在教人员的职业技能培训要与监所的日常教育培训相结合,与社会对技术人才、短缺工种的需求以及服刑在教人员的特长相结合,并与刑释解教后的技能培训、就业指导服务相衔接。服刑人员和劳动教养人员刑释解教时,获证率要分别达到应参训人数的90%和80%以上。

(4)加强心理矫治工作。监所要采取自身培养、社会招聘及与医疗、科研机构合作等多种方式,建立专业心理矫治、心理辅导、心理咨询队伍,聘用心理矫治专业人员及安置帮教志愿者、社会工作者,设立心理咨询(矫治)室。要有针对性地开展心理教育、心理治疗、心理危机干预工作,培养服刑在教人员的健康心理。2010年服刑在教人品心理健康教育的普及率要达到人员总数的50%,2011年达到75%,2012年达到100%,2013年起形成常态教育改造制度。

(5)拓展社会帮教渠道。监所每年要对服刑在教人员中存在的未成年子女失学、家庭婚姻关系出现危机、长期无人探视等情况进行至少2次排查,并及时通知其户籍地(户籍地与居住地不一致的,以经常居住地为准,下同)。县级安帮办要将上述情况进行登记,并协调民政、教育等部门及乡镇(街道)人民政府(办事处)妥善解决。监所、司法所、村(居)组织要积极创造条件,购置必要设备,利用网络视频、亲情电话等方式,为服刑在教人员亲人探视和其他社会力量开展帮教创造便利条件,增进其与家庭成员及社会的联系。民政部门所属的流浪未成年人救助机构,应为没有监护人或不能行使监护能力的服刑在教人员未成年人子女提供生活照料。工会、共青团、妇联等群团组织要发挥各自优势,积极参与社会帮教,对服刑在教人员未成年子女和困难家庭开展帮扶。

(6)抓好出监所教育。监狱、劳教所(有条件的看守所)要专门建立出监所教育监区(大队),保证服刑在教人员出监所教育时间分别不少于3个月和1个月(看守所留所服刑罪犯余刑不足的除外)。要组织服刑在教人员学习国家有关做好刑释解教人员衔接、就业、就学、帮扶、社会保障等方面工作的政策,告知地方刑释解教人员安置帮教组织(以下简称安置帮教组织)的联系方式。要把中央安帮办编写制作的专门教材、影视音像资料等作为出监所教育的必看必学内容,帮助服刑在教人员做好回归社会的思想和心理准备。要开展回归社会前的就业指导和心理辅导,积极创造条件组织监所内招聘会,吸引和鼓励更多企业进监所招聘人员。

(7)建立教育改造质量评估体系。监所要把提高教育改造质量作为中心任务,制定教育改造质量评估办法,建立评估组织和评估档案。在服刑在教人员刑释解教前1个月,对其在监所的表现,主要包括认罪认错、悔罪服法、遵守监规所纪、加减刑(教)期、掌握劳动技能情况和刑释解教后可能遇到的生活困难、家庭变化、社会交往以及回归社会危险性等情况,进行综合评估。根据评估结果,将其分为"重点帮教对象"或"一般帮教对象",并针对其具体情况,对基层安置帮教组织、有关职能部门的服务管理工作提出建议。重点帮教对象包括:经评估认为回归社会后有明显重新违法犯罪倾向的人员,刑释解教前仍没有核实清楚姓名、身份、住址的人员和刑释解教后无家可归、无业可就、无亲可投的人员(以下简称"三无"人员)等;其他人员为一般帮教对象。

(8)发挥社区矫正的积极作用。当地安置帮教组织、社区矫正组织和社会工作者要加强协作配合,为社区服刑人员和刑释解教人员提供专业服务;可将刑释解教人员的各项安置帮教政策提前用于社区服刑人员。社区服刑人员服刑期满后,当地司法所负责做好衔接工作,确定帮教责任人,落实后续帮教措施,确保其不脱管、不失控、不重新违法犯罪。

二、加强衔接工作,落实管理措施,提升刑释解教人员管理效能

(9)强化重点帮教对象的衔接工作。对于有明显重新违法犯罪倾向的人员,在刑释解教前1个月,监所要将其监所内表现、综合评估意见、帮教建议、回执单等相关材料分别送达服刑在教人员户籍地县级安帮办和公安机关。县级安帮办和公安机关必须立即将回执单反馈给原监所,并及时将有关情况分别通知当地司法所和公安派出所。公安派出所接到通知后,应逐一建档,制定管控方案。司法所要马上向乡镇(街道)人民政府(办事处)报告,动员其安置帮教责任单位、家庭成员和村(居)代表在此类人员刑释解教之日将其接回。此类人员被接回后,司法所安置帮教责任人要立刻通知其居住地公安派出所,居住地公安派出所负责管控责任的民警要立即与其见面,了解情况,落实日常管控措施。

对于"三无"人员,在刑释解教前1个月,监所要将其综合评估意见、回执单等相关材料送达其户籍所在地县级安帮办。县级安帮办在1个月内将有关情况反馈监所,并通知当地司法所。司法所要立即向乡镇(街道)人民政府(办事处)报告,由乡镇(街道)人民政府(办事处)派人将其接回,解决其住处和必要的生产、生活资料。司法所要与村(居)分工负责,落实日常帮教管理措施。

对于危害国家安全罪犯,在刑满释放前1个月,监管部门要将其改造等有关情况通报给原侦查机关和居住地县级公安机关。公安机关要为此类人员专门建档,列为重点监控人员,会同有关部门和单位分等级落实教育管控措施。原侦查机关要与有关部门共同做好教育管控工作。

(10)认真做好一般帮教对象的衔接工作。对于一般帮教对象,在刑释解教前1个月,监所要将其综合评估意见、回执单等相关材料送达其户籍所在地县级安帮办。县级安帮办于1个月内将有关情况反馈监所,同时通知当地司法所。司法所要动员其家庭成员、亲属或所在村(居)代表将其接回,并确定帮扶责任人,签订帮扶协议书,落实帮扶措施。

(11)实行双向管理制度。各地要建立流出地配合、流入地为主的双向管理制度。对到异地居住、务工的刑释解教人员,流出地司法所、公安派出所要及时通知流入地司法所、公安派出所将其纳入管控范围。公安派出所要结合暂住人口管理,注意从流动人口中排查甄别外来刑释解教人员,与本地司法所共同落实帮教管控措施,并及时通报其户籍地公安派出所、司法所。流动刑释解教人员的信息统计上报工作,由其户籍地司法所负责。

(12)建立信息资料库。各级安帮办要根据法院、检察院、公安机关以及监所、司法所提供的相关信息,依托公安信息网和刑释解教人员信息管理系统.建立本辖区刑释解教人员信息资料库,实时了解掌握和分析研究辖区刑释解教人员信息和安置帮教情况。根据安置帮教工作需要,县级以上安帮办要定期将辖区内刑释解教人员和服刑在教人员信息通报相关成员单位,为成员单位发挥职能作用提供帮助。

三、加大帮扶力度，提高服务水平，促进刑释解教人员顺利融入社会

（13）解决就学问题。刑释解教人员在就学方面不受歧视，享受社会同等待遇。符合接受义务教育条件的，县级安帮办要积极帮助联系，教育部门和相关学校应当予以安排，并做好其入学后的相关教育帮扶工作。对申请报考各类高等院校、高等职业院校、中等职业学校的刑释解教人员，具备报考资格的，应当准许报考；符合录取条件的，学校应当录取。

（14）解决就业和生活问题。刑释解教人员在就业和生活方面享受社会同等待遇，不得歧视。各级安帮办要主动与人力资源和社会保障、财政等部门协商，适当放宽并确定本地就业困难刑释解教人员的认定标准。各级人力资源和社会保障部门要把符合就业困难条件的刑释解教人员，纳入就业工作整体规划和就业援助范围，使其享受各项扶持政策。

刑释解教人员可以到户籍所在地公共就业服务机构办理失业登记，享受公共就业服务机构提供的免费职业指导和职业介绍等服务；服刑在教期间没有参加职业技能培训的，可按规定参加人力资源和社会保障部门组织的职业技能培训和职业技能鉴定。农村户籍刑释解教人员原有责任田（林）的，应予以落实，农业生产和农机供应等有关部门，应当在生产服务、技术指导、农资供应、农副产品收购等方面给予帮助和扶持；落实责任田（林）确有困难的，村民委员会应依据有关规定给予相应补偿。

对符合最低生活保障条件的刑释解教人员，民政部门应及时将其纳入最低生活保障范围，实现“应保尽保”。家庭有特殊困难、子女失学或陷入困境但达不到最低生活保障条件的，经本人申请，村（居）民委员会出具证明，报请乡镇（街道）人民政府（办事处）根据《民政部关于进一步建立健全临时救助制度的通知》（民发［2007］92 号）有关规定，给予临时救助。

对城镇籍“三无”人员，由户籍地人力资源和社会保障部门进行失业登记，按就业困难人员给予援助，符合条件的优先安置在公益岗位就业；丧失劳动能力的，报经当地民政部门审核同意后，安排在城市社会福利机构。对农村籍“三无”人员，由村民委员会落实责任田（林）或给予相应补偿；符合“五保”条件的，纳入“五保”范围。

（15）落实税费减免和金融支持政策。工商行政管理部门和税务部门要认真落实各项促进就业和再就业扶持政策，鼓励、扶持刑释解教人员自主创业、自谋职业，对纳入就业援助范围、申请从事个体经营或投资开办企业的，工商行政管理部门应及时核发营业执照，免收营业执照工本费；税务部门要及时为其办理税务登记，免收税务登记工本费，按规定落实国家有关税费减免政策。

企业招用持有《再就业优惠证》的就业困难刑释解教人员，并与其签订 1 年以上期限合同和缴纳社会保险费的，按规定享受税收优惠政策。司法行政部门与人力资源和社会保障部门共同开办或确认的刑释解教人员安置基地，按规定享受税收优惠政策。

从事个体经营、筹集资金确有困难的刑释解教人员，可申请办理下岗失业人员小额担保贷款，最高限额 5 万元（妇女可放宽到 8 万元），期限不超过 2 年，可展期 1 次。金融机构要按照国家有关政策为符合贷款条件的刑释解教人员提供信贷支持。

（16）落实社会保险政策。符合申领失业保险金条件的刑释解教人员按规定享受失业保险待遇。已参加职工基本养老保险，未达到法定退休年龄的，可按规定继续参保缴费；退休（退职）人员按服刑或劳教前的标准继续领取基本养老金。已参加农村社会养老保险的，按规定继续缴费或领取个人账户养老金或基础养老金。刑释解教人员按当地规定参加城镇职工基本医疗保险、城镇居民基本医疗保险或新型农村合作医疗。

（17）加强过渡性安置基地建设。各地要通过政府投入、争取社会支持等多种方式，大力加强过渡性安置基地建设。要充分调动民营企业的积极性，依托现有企业，最大限度地增加基地数量，提高安置能力。同时，根据国家统一规划，在有条件的大中城市试点，建立集食宿、教育、培训、救助为一体的刑释解教人员过渡性安置基地，专门用于安置刑释解教前没有查实身份的“三假”人员、“三无”人员和没有改造好、有可能危害国家安全的等重点帮教对象。

四、完善帮教机制，丰富帮教内容，巩固刑释解教人员帮教帮扶效果

(18)加强思想政治教育。各级安置帮教组织要依托基层党政组织和基层群众自治组织，通过个别谈话、开设法制课堂、宣传先进典型、参观爱国主义教育基地等多种形式，对辖区内刑释解教人员广泛开展思想政治、道德法制教育，促其增强法治观念和社会责任感。特别是在重要节假日、政治敏感期、国内外重大活动期间，要有针对性地加强法制教育和情绪疏导。

(19)建立跟踪帮教机制。司法所和公安派出所要建立联席会议制度，每月召开例会，互相沟通情况，对各自登记在册人员名单进行核对，发现漏登漏报的及时增补。要通过定期排查、个别走访等方式，随时掌握刑释解教人员动态，及时跟踪帮教。监所要主动与驻地安帮办联系，调查分析刑释解教人员重新违法犯罪的规律及原因，不断改进和完善教育改造和跟踪帮教措施。

(20)推进社会帮扶。各级安置帮教组织要整合社会资源参与帮扶教育，推进安置帮教工作社会化。要充分发挥工会、共青团、妇联、关心下一代工作委员会及个体劳动者协会、私营企业协会等群众组织和社会团体的优势，定期深入监所开展帮扶教育活动。要积极组建由工会会员、共青团员、大学生、“五老”(老干部、老党员、老专家、老教师、老模范)人员及社会各界人士参加、相对固定的社会志愿者队伍和专职社会工作者队伍，建立“一助一”或“多助一”帮教制度，与刑释解教人员结对子，开展有计划、有目标的帮教工作。对青少年和妇女帮教对象，要结合其自身特点，切实做好思想教育和权益维护工作。

五、加强组织领导，提高保障能力，确保安置帮教工作落到实处

(21)完善领导体系。各级党委、政府要高度重视安置帮教工作，切实把工作纳入社会治安综合治理领导责任制。县、乡两级党委、政府主要负责人要对安置帮教工作负总责，分管负责人是第一责任人。要建立健全各级安置帮教工作领导和办事机构，及时调整充实力量，健全工作制度，确保安置帮教工作有人抓、有人管。司法行政部门是各级党委、政府主抓安置帮教工作的职能部门。各级司法行政机关要建立健全安置帮教工作机构，司法所要设立安置帮教工作站，配齐配强专职工作人员，配备必要的办公设施和通讯交通工具。

(22)发挥综合治理体制机制优势。各级社会治安综合治理委员会要把安置帮教工作作为社会治安综合治理暨平安建设的重要基础性工作同安排、同部署、同检查，定期听取安置帮教工作领导小组或安帮办的工作汇报，及时协调解决安置帮教工作中遇到的困难和问题，指导各成员单位认真履行职责，督促安置帮教工作各项政策、措施的落实。各级安帮办要在同级党委、政府的统一领导和综治委的具体指导下，充分发挥职能作用，积极协调成员单位落实刑释解教人员衔接管控、安置帮教工作措施，定期组织成员单位述职，对安置帮教工作进行年度考评，推动安置帮教工作健康发展。

(23)落实经费保障。各级政府及其财政部门要按照中央有关规定，将安置帮教工作经费，包括各级安置帮教领导机构工作经费、司法所开展安置帮教工作经费、刑释解教人员职业技能培训和职业技能鉴定经费、安置帮教志愿者工作经费等，列入同级财政预算，切实予以保障。服刑在教人员职业技能培训经费列入罪犯改造经费、劳教人员管理经费相关支出项目开支范围，纳入监所预算，由原渠道解决。各级财政部门应根据财力状况和监所开展服刑在教人员职业技能培训工作实际需要，适当提高监所的经费保障水平。

(24)强化安置帮教基层基础工作。乡镇(街道)党政组织要承担起组织落实安置帮教工作的责任，主动为职能部门改善工作条件，配齐配强工作人员，确保有人干事，有能力干事。乡镇(街道)综治部门要协助党委、政府，通过综治工作中心平台和工作机制，加大对安置帮教工作的指导协调力度。村(居)党组织和村(居)民委员会要积极协助司法所、公安派出所和驻村(居)民警做好安置帮教工作，健全完善安置帮教工作责任制，协作配合做好管控、安置、帮教工作，安置帮教工作成效与村(居)负责人和民警工作实绩考核、晋级晋职和奖惩挂钩。

(25)严格考核奖惩。各级党委、政府要把安置帮教工作纳入社会治安综合治理考核范围。各级安帮办在年度考评中，要把刑释解教人员管控、安置、帮教情况及刑释解教人员重新违法犯罪率和工作经费保障等情况列为社会治安综合治理考评内容，考评结果要向上级党委、政府报告并通报相关部门。对工作成绩突出、考评结果优秀的安置帮教工作组织和个人，各级党委、政府要根据国家有关规定予以表彰奖励；对考评结果为不合格的单位，或因责任不落实、措施不到位，发生刑释解教人员重新犯罪特别是参与重大恶性刑事案件或群体性事件的地方，对帮教责任人，司法所、公安派出所帮教责任干警，村（居）组织负责人，乡镇（街道）党政负责人和有关部门负责人以及监管改造环节相关责任人，实行责任倒查，严肃追究有关领导和责任人的责任；符合社会治安综合治理一票否决制规定的，坚决实行一票否决。

（26）加强舆论宣传工作。各级安帮办要认真总结推广安置帮教工作的好经验好做法，培植和树立有特色、有说服力的典型，充分发挥典型示范和带动作用。要大力宣传刑释解教人员中遵纪守法、勤劳致富、服务社会的先进典型，消除社会偏见和歧视，多方面引导、动员社会各界和广大人民群众理解、支持和参与安置帮教工作，努力为刑释解教人员融入社会创造良好的社会环境。

山东省社会治安综合治理委员会关于健全完善矛盾纠纷大排查大调解工作机制的意见

（2010 年 6 月 29 日）

为健全完善矛盾纠纷排查调处工作机制，切实做好大排查大调解工作，有效预防和化解矛盾纠纷，维护社会和谐稳定，根据省委办公厅、省政府办公厅《关于转发〈省委政法委员会、省维护稳定工作领导小组关于贯彻中办发[2009]46 号文件精神深入推进“三项重点工作”的实施意见〉的通知》（鲁办发[2010]11 号）精神，制定本意见。

一、指导思想和目标要求

1. 以邓小平理论和“三个代表”重要思想为指导，深入贯彻落实科学发展观，以健全排查调解制度为保证，以创新排查调解手段为动力，以提高化解效能为目的，建立党委政府统一领导、综治部门组织协调、有关部门各司其职、社会各界广泛参与，人民调解、行政调解、司法调解有效衔接，工作运转高效的大排查大调解工作体系，把矛盾纠纷化解在基层，解决在萌芽状态，实现小事不出村（居、单位）、大事不出镇（街、行业）、矛盾不上交的目标，有效预防群体性事件、“民转刑”案件和集体到省进京上访事件发生，确保全省社会和谐稳定。

二、健全大排查大调解组织体系

2. 各市要健全党委政府统一领导、综治委组织协调的社会矛盾纠纷排查化解工作协调组织，健全人民调解指导委员会。市综治办负责做好本辖区矛盾纠纷排查调处的具体组织协调工作。法院、司法行政等部门要充分发挥职能作用，积极参与做好有关组织协调工作。

3. 县（市、区）要整合政法、综治、信访、有关行政职能部门及工会、共青团、妇联等组织的优势和力量，健全完善党委政府统一领导、综治部门统筹协调、多部门参与的矛盾纠纷大排查大调处工作平台。及时调整充实人民调解指导委员会。

4. 乡镇（街道）要依托综治工作中心做好矛盾纠纷排查调处工作。健全完善乡镇（街道）调解中心。

5. 村、居（社区）要进一步健全人民调解委员会。

6. 规模较大的厂矿、学校、医院等基层单位要建立健全符合企事业特点的人民调解组织，规模较小的要设人民调解员，确保矛盾纠纷有人管，调解工作有人做。

7. 各级行业管理部门要健全行业、部门调解组织，及时调处系统内发生的矛盾纠纷。

8. 矛盾纠纷易发多发的医疗、物业管理、集贸市场及劳动争议、消费者权益保护等领域，要建立健全专业调解组织，与有关人民调解组织、专家咨询委员会相互配合，共同做好矛盾纠纷调解工作。

9. 各级、各有关部门要从实际出发，不断壮大兼职调解员、特邀调解员、调解工作志愿者和信息员队伍，邀请律师、法律援助工作者、专家学者参与调解工作，提高矛盾纠纷预防化解的社会效能。

10、各级要健全完善培训制度，制定培训规划，丰富培训内容，改进培训方式，不断提高专、兼职调解人员的工作能力和水平。

三、完善大排查大调解工作制度

11. 定期排查制度。县（市、区）每月、乡镇（街道）每半个月组织开展一次集中排查。对重点地区、重要领域和重大活动、重要会议、重要节庆日、社会敏感期，要组织开展专项或重点排查。对排查出来的矛盾纠纷要登记造册，实行台账管理。

12. 分级负责制度。按照"属地管理"、"谁主管谁负责"和"分级负责、归口管理"的原则，逐级完善案件受理、交办、承办、销案等程序。是哪一级的问题哪一级解决，是哪个单位的矛盾哪个单位调处，一级对一级负责，逐级明确责任主体和办理时效，不得把矛盾推向上级、推向社会。

13. 联调联处制度。对涉及跨地域、跨行业、跨部门的复杂矛盾纠纷，由分管领导牵头，综治机构协调，及时召开联席会议，明确牵头部门和协办单位，共同解决疑难问题，防止推诿扯皮、久拖不决。

14. 督办督查制度。加强对省、市交办矛盾纠纷调处情况的跟踪检查，对措施不力、工作不落实的及时督办，严重的实行挂牌督办，限期化解，防止小矛盾拖成大矛盾，局部问题演变成全局性问题。

15. 回访制度。对已调处的矛盾纠纷，责任部门（单位）要主动回访双方当事人，听取意见建议，发现问题及时纠正，确保不发生新的问题。

16. 情况报告制度。村（居、社区）调委会、乡镇（街道）综治工作中心和县（市、区）综治办每月25日前分别向上一级综治办报告一次矛盾纠纷排查调处情况；市综治办每季度末月月底前向省综治办报告一次矛盾纠纷排查化解情况。对需要上级协调解决的重大矛盾纠纷要随时报告。发现重大矛盾纠纷隐患或可能引发严重影响当地稳定问题的矛盾纠纷，各市要在发现后的2小时之内一案一报，迟报、瞒报、漏报的要追究有关领导和责任人的责任。

四、加大矛盾纠纷源头预防力度

17. 完善社会稳定风险评估机制。各地各有关部门要建立健全重大决策、重大工程项目社会稳定风险评估制度，对可能引发的稳定风险进行分析、预测和评估，并广泛征求、听取群众意见，避免和减少因决策不当、政策出台时机不成熟、操作程序不规范等给社会稳定带来负面影响。

18. 高度关注民生。从人民群众普遍关注和热切期盼的事情做起，加快就业服务、社会保障、帮扶救助等体系建设，积极为群众办实事、做好事、解难事，切实解决人民群众最关心、最直接、最现实的利益问题，进一步赢得民心、安定民心。

19. 维护群众权益。坚持依法、科学、民主决策，正确处理改革、发展、稳定的关系，确保每出台一项政策都能给群众带来实实在在的好处。密切关注和有效解决土地征用、房屋拆迁、企业重组改制和破产等方面的热点问题，严防发生侵害群众利益的行为。深入推进公正廉洁执法，依法维护群众合法权益，彰显社会公平正义。落实"四民主"、"两公开"制度，保障广大群众的知情权、参与权、表达权、监督权。

20、加强教育引导。深入开展思想、道德和法制教育，引导广大干部群众正确处理个人利益与集体利益、局部利益与全局利益、眼前利益与长远利益的关系，提高人民群众维护改革发展稳定大局的自觉性。大力倡导和谐理念，正确引导社会舆论，及时疏导公众情绪。

21. 拓宽群众诉求渠道。深入开展领导干部大接访、政法干警大走访活动，进一步做好党政领导定期轮流接访、政法"五长"联合接访和党政机关干部下访等工作，倾听群众呼声，关注群众疾苦，及时解决人民群众反映的困难和问题。坚持群众来信“绿色邮政”、重要来信来访“绿色通道”、网上信访、热线电话和“市长信箱”、“县长信箱”等做法，快捷受理和及时回应、解决群众诉求。

五、进一步提高矛盾纠纷化解效能

22. 充分发挥人民调解的基础作用。人民调解由各级司法行政部门负责，主体是人民调解组织。人民调解组织要充分发挥贴近群众的优势，第一时间发现矛盾纠纷，第一时间调处化解，切实起到“第一道防线”的作用。人民调解组织对调解不了或调解不成功的矛盾纠纷，在及时报告当地党委政府的同时，主动告知当事人解决途径，主动与有关部门、人民法院（庭）联系，帮助当事人通过合法合理渠道解决问题；对矛盾纠纷有可能激化甚至有可能造成严重后果、影响社会稳定的，要采取必要措施进行缓解和疏导，并及时向有关方面反映。基层人民法院要加强对人民调解工作的指导。

23. 推进行政调解。行政调解由各级人民政府负责，政府法制部门牵头，主体为政府行政管理部门。政府行政部门要认真落实行政主管责任，充分发挥行政部门优势和调解组织的作用，依法处理行政纠纷和与行政管理相关的民事纠纷。对不适用行政调解和当事人不愿进行行政调解或未达成调解协议的矛盾纠纷，要引导当事人通过行政复议、仲裁或专业调解等方法解决；对行政复议和仲裁结果不服的，要引导当事人通过司法渠道解决。

24. 强化司法调解。司法调解由各级人民法院（庭）负责。人民法院（庭）设立人民调解工作室，收到矛盾纠纷当事人诉讼请求后，可优先引导其到人民调解工作室调解，或由法官出面调解；调解不成功或当事人不同意调解的，人民法院（庭）要依法及时立案，按照“调判结合、调解优先”原则，积极做好司法调解工作。加强一般民事案件、轻微刑事案件的调解工作，搞好诉前、诉中、诉后调解，推广巡回调解、邀请调解、委托调解、联合调解等做法。对经人民调解、行政调解达成调解协议，自愿申请确认效力的，人民法院应依法及时审查，对符合法律规定的，依法予以确认和支持。对轻微刑事案件，要依照法律规定，探索运用通过刑事和解方式解决双方矛盾。深入推进涉法涉诉信访工作，健全办案责任捆绑、司法救助、案件终结退出和信访联动等制度，提高涉法涉诉信访案件处理效能。

25. 拓展社会调解。社会调解的主体是各类社会调解组织。积极拓展各类社会调解组织参与矛盾纠纷排查化解的领域，充分发挥第三方参与调处的优势，体现调处化解的社会公信力。平安协会、行业协会等社团组织、社会中介组织要积极参与化解矛盾纠纷、处置突发性事件等工作，协助政府处理解决一些不便出面或办不了、办不好的问题。

26. 推动各类调解组织的工作衔接。各级要在党委政府统一领导下，由综治委（办）组织协调，建立人民调解、行政调解、司法调解、专业调解和社会调解相互衔接的工作机制，健全案件流转、调解意见会商、调解结果反馈等制度，完善简便、快捷、规范、高效运转的工作流程，实现各有关部门、单位的配合联动和各种调解方式的有效衔接。积极推广“一个大厅集中受理、一条龙归口办理、一体化协调处理、一揽子统筹解决”等基层化解社会矛盾的成功做法。

27. 建立健全矛盾纠纷信息共享平台。探索建立上下左右联通的矛盾纠纷电子信息网络系统，推动网上受理、查询和督办。在工作部署、信息预警、排查登记、调处流转等方面实现联网联动、信息共享。采取定期情况通报等方式，互通信息，交流情况。

六、切实加强组织领导

28. 严格落实领导责任制。各级各有关部门要把矛盾纠纷排查化解工作作为维护社会和谐稳定的重要任务，纳入“一把手”工程，主要领导负总责、亲自抓，认真研究解决工作中遇到的困难和问题。要实行“一岗双责”制度，落实党政领导班子成员包部门包地区、部门领导包所属单位和下级部门、单位领导包内部人员、基层干部包户包人责任制。对重大矛盾纠纷和可能引发群众性事件的重大问题，要实行一案一策，明确责任单位、责任领导、责任人和解决时限，确保问题及时解决。要把矛盾纠纷排查化解工作列入党政领导班子和领导干部任期目标和年度考核，作为党政领导干部选拔任用、晋职晋级的重要依据。各级综治委及其办公室要充分发挥牵头作用，认真做好矛盾纠纷排查调处工作的组织、协调、检查、督导、跟踪督办等工作。

29. 加大督导检查和考核奖惩力度。各级各有关部门尤其是领导干部，要经常深入基层、深入一线，开展调查研究，掌握基层情况，发现解决问题，总结推广典型，搞好分类指导。要加强检查考核，严格兑现奖惩，对工作措施到位、化解及时、成效显著的，予以表彰奖励；对工作措施不力、推诿扯皮、排查化解工作不到位的，给予警告、警示或通报批评，对因工作不落实或不负责任致使矛盾纠纷激化，发生严重影响社会稳定问题的，坚决实行一票否决，并进行责任倒查，严肃处理有关责任领导和责任人员。

30、落实经费保障。推动各地建立矛盾纠纷化解救助制度，采取政府、社会、民间救助等多种方式，落实困难群众救助措施，促进矛盾纠纷妥善化解。

实施教育改造安置帮教一体化工程
提高刑释解教人员安置帮教工作质量

中共青岛市委　青岛市人民政府

青岛市现有两所监狱、一个劳教所。两所监狱年均在押犯近8000人，劳教所年均在教700余人，每年刑满释放解除劳教人员近2000人。近年来，青岛市坚持把刑释解教人员安置帮教工作作为创新社会管理的基础性工作和加强社会治安综合治理的治本性措施来抓，针对刑释解教人员出狱后暴露出的适应社会难、就业安置难、服务管理难等问题，本着“教育、感化、挽救”的方针，以落实“首要标准”为目标，探索建立起“大墙内外资源共享，监所社会双向互动”的教育改造安置帮教一体化工作新机制。目前，全市已建立各类过渡性安置实体、基地160个，5年内刑满释放和3年内解除劳教人员9948名，安置率和帮教率均达97%以上，重新犯罪率从4.9%降为1.6%以下，初步实现了“出来有人接，接回有人管，就业有人扶，困难有人助”的目标。

一、内外联动抓教育改造，推进服刑劳教人员信息核查、亲情帮教和技能培训一体化

一是信息核查早共享。各监所在接收服刑劳教人员15日内，填写《基本情况登记表》，传送至服刑劳教人员户籍所在地；所在地有关部门调查核实后，填写《社会情况调查表》反馈给监所，有效防止因信息不畅带来的漏管失控问题。截至目前，已核查信息1.2万余人，青岛籍服刑劳教人员的信息核查率已达到93%以上，发现变更或不实信息182人。二是亲情帮教早对接。服刑劳教人员入监所三个月内，由监所与区（市）司法局、安置帮教组织和服刑劳教人员家属联合签署帮教协议书，定期排查长期无人会见、婚姻家庭变故等影响教育改造的突出人员和问题，监所与全市170个司法所全部开通了远程网络视频会见系统，建立了“一封家书”网络帮教机制。三是技能培训早跟进。将劳动技能培训工作前移，探索建立了“以生产技能培训为基础，以社会用工需求为导向，以社会资源入监所培训为主体，以回归社会后培训为辅助，自愿参加与强制学习相结合”的劳动技能培训模式。目前，监所与社会共开办机械、电子、养殖、种植等55个专业，619个培训班次，已有1.3万余人获得各类学历证书和职业资格认证。

二、双向延伸防漏管失控，推进刑释解教人员和社区矫正人员就业指导、接茬管理、跟踪考察一体化

一是双向咨询把好就业关。将社会力量引入监所，在监所内建立了职业介绍机构、就业指导中心和劳动就业市场，为服刑劳教人员提供社会用工信息咨询、就业政策咨询和创业项目评估，并定期在监所内开展职业技能比武，先后组织近300家企业举办用工招聘会，已有1032名服刑劳教人员在出监所前签订就业意向。二是双向衔接把好接茬关。对一年内即将刑满释放和解除劳教人员，监所与基层司法所借助一体化网络平台“点对点”及时对接，提前做好社会帮教准备和人员接收准备；对刑满释放和解除劳教人员，基层司法所提前动员家属来监所接回。在做好刑释解教人员顺利回归社会的同时，我们还更加注重把一体化的触角向社区矫正延伸，把社区矫正纳入一体化工程范畴，为社区矫正人员自然融入社会创造更好的条件。对解除矫正的社区服刑人员，通过签订帮教协议书实现“无缝隙”对接，及时纳入安置帮教工作范围。近年来，接收社区矫正对象11928名，已解除社区矫正7910人，重新犯罪率仅为0.04%。三是双向跟踪把好管理关。由司法局和监所共同开展刑释解教人员跟踪考察。对无家可归、无生活来源、婚姻家庭破裂等有重新违法犯罪隐患的刑释解教人员，采取司法和公安“双列管、两头包”的方式，做到一人一个帮教小组、一人一份管控对策、一人一套应急处置预案。2010年，青岛市又按照“一所一警”的标准，为170个镇街司法所选配监狱人民警察担任“社区矫正工作指导员”，进一步提高了对刑释解教人员和社区矫正对象的管理水平。

三、多方协作促回归社会，推进刑释解教人员思想帮教、就业安置、社会保障一体化

一是在思想帮教上体现政府关怀，大力推行“三必知”、“四必问”工作法，确保对刑满释放解除劳教人员的基本情况必知，思想状况必知，生活状态必知；就业去向必问，生活来源必问，老人孩子必问，婚姻家庭变故必问，实现了底数清、情况明，信息灵。二是在就业安置上拓宽工作渠道。重点抓好农村承包经营土地和城市过渡性安置基地的建设，并根据刑满释放解除劳教人员的年龄、住址、特长、入监所前情况等因素，在全市建立起务农、就学、就业、救助、帮扶等多渠道安置体系，基本实现了有业可就、有事可做。三是在社会保障上解决实际困难。司法、民政、人社、卫生、工商等部门主动对接，把符合低保条件的592名刑满释放解除劳教人员全部纳入最低生活保障范围，尤其对单身一人、身体有病、生活无着、老人孩子无人管的刑满释放解除劳教人员，千方百计解决他们的吃住、就医、养老等基本生活保障问题。

深化平安协会建设
构建社会化维稳新机制

新泰市社会治安综合治理委员会

近年来，新泰市以平安协会建设为突破口，着力构建以人民群众为主体的矛盾化解机制、平安共建机制和社会管理机制，深化社会管理创新，走出了一条社会化维稳新路子。

一、加强培育和规范，激发平安协会活力

新泰市平安协会最早是由新泰市汶南镇多名民营企业法人自发组建而来，他们坚持自愿筹集会费，在公安部门指导下组建巡逻队，负责辖区治安巡逻，当地社会治安秩序明显好转。市委有关部门及时总结这一做法，在深入调研论证的基础上，对平安协会的经费筹集、管理办法、人员配备等进行了明确和规范，平安协会逐渐成为在党委政府领导下，由社团登记管理部门审批，群众自愿参与的自治组织。协会按照章程开展工作，会员以当地德高望重的老党员、老干部、老模范为主体。截至目前，全市20个乡镇街道和电力、教育、卫生3个行业均建立了平安协会，772个村组建了分会，会员达到1.5万人，成为维护社会稳定的新生力量。

二、发挥协会独特作用，维护社会和谐稳定

平安协会在参与化解社会矛盾、处置突发事件、开展法制教育、参与社会管理工作中发挥了积极作用。一是建立多元化解矛盾纠纷新机制。市乡两级成立矛盾纠纷排查调处中心，把协会的民间调解融入社会矛盾大调处格局，吸收平安协会会长、副会长兼任调处中心专职副主任，与政法部门和有关单位联合，采取"一案一策、一站式双联动"的办法，化解重大疑难纠纷。从协会成立以来，参与处置涉法涉诉信访案件200余起，结服涉法涉诉信访积案60余件。二是形成处置突发性事件新模式。平安协会会员有着广泛的群众基础，有利于理顺情绪、化解民怨、解决问题。经过几年实践，逐步探索形成了党委政府坐镇指挥、平安协会打头阵、公安队伍压住阵、基层党群组织迅速跟进的"立体三角架构处突模式"。近两年，各级平安协会参与处置突发事件32起，均得到妥善化解。三是构筑社会治安防控新体系。平安协会积极筹集经费，参与治安防范，发动会员，带动群众，群防群治。市平安协会帮助镇村建立专职巡防、联户联防等5种形式的巡逻队伍；市平安协会会员单位供电公司投资，为农村安装3万盏"平安灯"，在全市农村安装电视监控探头1200个，实现了重点控制部位全覆盖，对当地治安情况实时监控。2010年，全市"两抢一盗"等侵财性案件、刑事案件发案同比分别下降36.5%和24.8%。

三、巩固协会建设成果，推进社会管理创新

新泰市平安协会坚持在破解难题中创新机制，在整合资源中共建共享，依托平安协会，积极探索社会管理机制创新，取得了明显成效。一是在社会管理中相信群众、依靠群众、为了群众，实现维稳工作"以民为本"的根本转变，形成人人共建平安、共享平安的新局面。二是坚持党委政府主导与社会力量协同相结合，建立政法综治维稳力量与社会力量协同联动的工作机制，构建社会大维稳工作新格局。三是统筹行政资源和社会资源，组织群众依法有序理性参与社会管理，推进社会管理创新，不断开创社会稳定和各项工作的新局面。

平安协会成立以来，化解了大量社会矛盾，实现了维稳形势的根本好转，为经济社会又好又快发展创造了良好环境。

山东省综治委、办机构情况和负责人名单

一、省综治委主任、副主任名单和内设机构情况

主　任：柏继民　省委常委、政法委书记

副主任：时立军　省人大常委会副主任

郭兆信　副省长

周玉华　省法院院长

国家森　省检察院检察长

栗　甲　省政协副主席

吴鹏飞　省长助理、省公安厅厅长

张洪运　省武警总队政治委员

省综治委内设流动人口治安管理工作领导小组、刑释解教人员安置帮教工作领导小组、预防青少年违法犯罪工作领导小组、铁路护路联防工作领导小组、学校及周边治安综合治理工作领导小组、企业治安工作领导小组、宣传工作领导小组、军地共建平安山东工作领导小组、维护妇女权益工作领导小组。另外，省综治委还设立了解决法院执行难问题联席会议、加强电力设施保护及反窃电工作联席会议、整顿和规范烟草市场秩序联席会议和打击拐卖儿童犯罪工作联席会议。

二、省综治办主任、副主任名单和内设机构情况

主　任：马明生（省委政法委副书记）

副主任：窦广平（至2010年9月）

梁战光（2010年9月任职）

副巡视员：乔华星

省综治办下设综合处、指导处

山东省各市、县(市、区)综治委、办主任名单

地　区	综治委主任	综治办主任	地　区	综治委主任	综治办主任
济南市	李家政	李国忠	临淄区	巩曰锋	徐春民
历下区	宋胜玉	胡延年	周村区	常跃之	烟承国
市中区	梁英为	姜化东	桓台县	刘春杰	李　君
槐荫区	郑金松	秦福贵	高青县	崔玉栋	王福军
天桥区	国承彦	张永强	沂源县	谭秀中	李传修
历城区	刘传勇	仇忠木	高新区	陈德诚	槐国庆
长清区	葛殿起	张　勇	**枣庄市**	秦元祥	李宗伟
章丘市	王道忠	赵海波	市中区	胡乐华	周厚义
平阴县	刘程华	焦学斌	薛城区	李宏岚	种法国
济阳县	赵东升	张立军	峄城区	王　齐	孙守强
商河县	邵登功	张传军	台儿庄区	孙法民	王朝玉
高新区	张金龙	张金龙	山亭区	柴正民	相修生
青岛市	李增勇	王延球	滕州市	刘新生	
市南区	韩连德	曹俊涛	**东营市**	张秀香	郭瑞祥
市北区	林先好	刘滨胜	东营区	燕乃敏	张向东
四方区	吕　波 (至2010年9月) 于　洋 (2010年12月任职)	崔金喜	河口区	杨同贤	宋学峰
			垦利县	李在忠	刘拥军
			利津县	秦安忠	薄华瑞
			广饶县	李廷华	付玉明
黄岛区	张建刚	倪建闽	**烟台市**	谭　伟	时　光
崂山区	邵显先	秦国欣	芝罘区	徐景华	闫青利
李沧区	张元升	于海光 (至2010年4月) 辛俊平 (2010年4月任职)	福山区	黄　涛	赵国栋
			牟平区	刘天海	初　敏
			莱山区	王天立	谭剑钊
			龙口市	栾民波	王成伟
城阳区	杨锡祥	朱光耀	莱阳市	王宜清	邢胜军
胶州市	高振华	孙志勇	莱州市	宋华君	桑京波
即墨市	辛启鑫	王世荣	蓬莱市	于明春	苗玉杰
平度市	杨钊贤	刘成爱	招远市	王光耀	杨一梅
胶南市	杨东亮	杨泽信	栖霞市	刘启明	刘金义
莱西市	赵希胜	邹廷清	海阳市	于文兴	姜　伟
淄博市	陈家金	邢书军	长岛县	王成强	宋永杰
淄川区	祁连山	张德栋	开发区	武维刚	马家兴
张店区	邵克武	张　兵	**潍坊市**	解维俊	杜士忠
博山区	王培勇	赵玉伟	潍城区	薛　林	孙海英

地　区	综治委主任	综治办主任
寒亭区	孙晓非	李治江
坊子区	张洪胜	张　龙
奎文区	周国升	王国明
青州市	杨学昌	徐文德
诸城市	王洪伟	孟庆春
寿光市	方新启	贾继福
安丘市	任海燕	郑淑涛
高密市	刘明伦	伍丽华
昌邑市	庞明庆	郑瑞贤
临朐县	冯　铸	陈安和
昌乐县	王　备	刘东兴
高新技术开发区	陈甲才	时　杰
滨海经济开发区	王深鹏	王春乔
市经济开发区	侯成武	李小军
峡山生态经济发展区	李曙光	田绍彦
济宁市	步士金	张怀亮
市中区	侯圣军	穆长岭
任城区	贾存琰	杨德荣
曲阜市	孔令玉	孔祥立
兖州市	王志泉	王冠军
邹城市	李景鹏	何景民
微山县	周光全	周建国
鱼台县	王福岱	梅传群
金乡县	胡桂生	孔令常
嘉祥县	李春田	李根合
汶上县	刘永献	何庆堂
泗水县	刘宜星	王庆利
梁山县	申万民	连桂军
高新区	董信江	孔祥安
北湖度假区	鲍业军	韩继忠
泰安市	杨忠海	高振军
泰山区	赵　斌	沈坤远
岱岳区	李效军	郝连亮
新泰市	刘　玉	郑浩文
肥城市	侯庆洋	王瑞亮
宁阳县	李为群	刘　宁
东平县	张成伟	徐庆勇
威海市	于永吉	李德平

地　区	综治委主任	综治办主任
环翠区	王　清	张升山
文登市	李文勋	王晓波
荣成市	战大海	宋学俊
乳山市	隋建波	王崇振
高技术产业开发区	雷志敏	王建军
经济技术开发区	宫惠平	梁　明
工业新区	张向阳	王建伟
日照市	黄金华	刘祥亮
东港区	申淑清	李先民
岚山区	费立志	刘克业
五莲县	马学生	薄怀国
莒　县	朱孝童	曹月波
经济开发区	李瑞文	伊　峰
莱芜市	王光华	杨文生
莱城区	李乾实	朱振泉
钢城区	张　勇	杨明星
临沂市	李洪海	张殿昌（至2010年1月） 吴建华（2010年1月任职）
兰山区	张佃虎	刘俊成（至2010年3月） 李建全（2010年3月任职）
罗庄区	王皓玉	赵汝江
河东区	陈　霖	王士欣（至2010年4月） 赵　健（2010年4月任职）
沂南县	赵晓晖	刘长杰（至2010年8月） 刘晓华（2010年8月任职）
郯城县	朱崇宝	赵鹤亭（至2010年11月） 姚如军（2010年11月任职）
沂水县	杨原田	王本昌（至2010年7月） 张永刚（2010年7月任职）

地　区	综治委主任	综治办主任
苍山县	薛　峰	宋加明
		（至2010年5月）
		高宏伟
		（2010年10月任职）
费　县	高振凯	李祥儒
平邑县	李献荣	陈庆存
莒南县	赵志德	王世龙
		（至2010年11月）
蒙阴县	高永胜	马学军
		（至2010年10月）
		胡家高
		（2010年10月任职）
临沭县	马祥营	张凤昌
		（至2010年5月）
		刘雪峰
		（2010年5月任职）
德州市	李传武	李洪江
德城区	樊廷雷	王京华
乐陵市	刘世昌	张　军
禹城市	何连生	崔凤新
		（2010年5月任职）
陵　县	朱洪瑞	刘　涛
	（至2010年3月）	
	李守学	
	（2010年4月任职）	
宁津县	刘延利	刘国瑞
庆云县	周同恩	
	（至2010年4月）	
	李　勇	刘德华
	（2010年5月任职）	
临邑县	王　胜	
齐河县	邵清泽	谢德生
平原县	周　亮	
	（至2010年3月）	
	潘风雷	朱殿魁
	（2010年4月任职）	
夏津县	王震秀	陈英江
	（至2010年6月）	（至2010年8月）
	孙传平	孙永国
	（2010年7月任职）	（2010年9月任职）

地　区	综治委主任	综治办主任
武城县	王英华	张德强
		（至2010年9月）
聊城市	汪文耀	唐　华
东昌府区	杨　杰	李曙光
临清市	汪保远	王海军
阳谷县	关　华	唐　涛
莘　县	宋景润	于蔚东
茌平县	任晓旺	郭金良
东阿县	张玉星	张温生
冠　县	韩金芳	申景军
高唐县	朱茂明	张　新
开发区	孙玉臣	龙清军
滨州市	步乃章	王明柱
	（至2010年8月）	
	胡炳山	
	（2010年8月任职）	
滨城区	李　勇	刁泽国
惠民县	张宝亮	凌建国
阳信县	吕德祥	赵林祥
无棣县	王振祥	王文东
沾化县	颜炳华	杨书博
博兴县	张光卫	崔建东
邹平县	赵怀臣	万里辉
菏泽市	岳　滨	刘爱菊
牡丹区	李书京	苏建华
曹　县	李贵福	安呈祥
单　县	张福龙	赵卫东
成武县	孙洪涛	张瑞月
巨野县	张红旗	姚振山
郓城县	王尊亮	郑如森
鄄城县	朱瑞军	周　峰
定陶县	乔方臣	赵学雷
东明县	张素华	苗万世
		（至2010年11月）
		张建国
		（2010年11月任职）
开发区	朱来启	

（撰稿人：王义军
审稿人：马明生　窦朝晖）

河　南　省

2010年社会治安综合治理工作概况

2010年，在中央综治委、中央综治办的有力指导和河南省委、省政府的正确领导下，全省各级各部门以科学发展观为统领，紧密结合实际，以平安建设为载体，以“三项重点工作”为主线，以社会管理创新为重点，以人民群众满意为标准，狠抓社会治安综合治理各项措施的落实，着力解决影响社会稳定的源头性、根本性、基础性问题，为中原经济区建设创造了和谐稳定的社会环境。

一、狠抓责任制落实，党委政府重视程度进一步提高

一是强化组织领导。省委、省政府主要领导带头履行综治工作和维护稳定的第一责任，省委书记卢展工多次听取政法综治和平安建设工作汇报，研究部署工作，作出重要批示，提出明确要求。2010年5月，省委重新调整了省平安建设工作领导小组负责同志，省委书记卢展工任组长，副组长在原有基础上新增加了8位省委、省政府领导，组织领导进一步加强。2010年7月13日，省委、省政府召开了历年来规格最高、规模最大的全省综治工作会议，各省辖市、县(市、区)的主要负责同志和省直各单位的负责人参加了会议。二是层层落实责任。在每年年初全省政法综治暨平安建设工作会议上，各省辖市和省直有关成员单位都向省委、省政府递交综治和平安建设目标责任书。各地、各单位根据目标任务和要求，细化量化，层层分解，逐级签订，明确由各级一把手负总责，形成层层有责任、一级抓一级的目标管理责任体系。三是切实用好实绩档案。省综治办和省委组织部在对各省辖市、省直成员单位党政主要领导和主管领导全部建立综治工作实绩档案的基础上，进一步强化实绩档案的运用，真正与干部考核任用和评先表彰挂钩，形成工作制度。组织部门在考察考核任用干部以及各部门在评先表彰中，均书面征求同级综治部门的意见。四是加大表彰奖励力度。2011年1月9日，省委常委会决定拿出4000余万元，以省委、省政府名义，对2006年以来连续三年以上获得全省平安建设工作先进的县(市、区)授予“中原平安杯”，各奖励50万元；对获得2010年度平安建设先进县(市、区)的，各奖励30万元；对获得2010年度显著进步、基层基础工作、农村平安建设先进单位的，各奖励20万元；对获得年度平安建设先进的省直成员单位，奖励单位干部职工一个月工资，进一步激发了全省各级各部门参与平安建设工作的积极性。

二、狠抓社会矛盾预防化解，工作机制进一步健全

认真落实重大决策、重大项目社会稳定风险评估和决策信息公开制度，市县两级开展重大事项社会稳定风险评估830余起，从源头上预防和减少了矛盾纠纷的发生。加强市县乡村四级矛盾纠纷排查调处工作网络建设，完善人民调解、行政调解、司法调解三位一体“大调解”工作体系。依托乡镇(街道)综治工作中心实行一个窗口对外、一条龙服务，集中受理和统一调处矛盾纠纷。组织开展“社会矛盾化解年”和“社会矛盾化解百日竞赛”活动，重大疑难问题由市级领导亲自包案，解决了一大批影响社会稳定的矛盾和问题。2010年，全省共排查各种矛盾纠纷19.3万余起，97.4%以上在基层得到及时妥善化解，大量群体性事件和集体上访苗头消除在萌芽状态，群体性事件同比下降62.5%，赴京个人访和集体访同比大幅度下降。

三、狠抓基层基础建设，整体水平进一步提升

省委、省政府高度重视基层基础建设，把农村平安建设纳入十项民生工程，进一步整合资源，做实做强乡镇(街道)综治工作中心，加强制度化、规范化建设，形成合力，发挥作用。对综治干部开展有针对性的教育培训，提高政治素质和实际工作能力。强化村级综治工作，推行村级“一站（综治工作站）两会（治保会、民调会）三员（治安员、调解员、信息员）”工作模式。加大投入力度，加强基层派出所、司法所、法庭、警务室建设，充实基层一线警力，基层综治工作能力不断提高。深化基层平安创建，以“无刑事治安案件、无违法犯罪、无非正常上访、无邪教活动、无吸毒人员”等为主要内容，广泛开展“平安之星”创建，进一步激发基层平安创建活力。

四、狠抓重点地区排查整治，突出治安问题进一步解决

省市县三级都成立了专门领导小组及其办公室，建立了滚动排查、滚动挂牌、滚动整治工作机制和工作台账、督导检查、考核验收等 11 项工作制度。2010 年，全省共排查出社会治安重点地区和突出问题 4525 个，已整治 4344 个，整治率为 96%。省综治委挂牌整治重点地区 57 个，并组织由厅级领导带队的考核验收组进行了检查验收，全部达标予以摘牌。对中央通报和省级挂牌整治地区，当地党委、政府向省综治委、省排查整治工作领导小组递交了保证书，问题涉及部门向省主管厅（局）递交了保证书。省领导小组先后 8 次召开会议研究部署、先后 6 次组织暗访督查。实行月通报制度，对 4 个整治不力的地方进行了责任查究。省委、省政府高度重视学校、幼儿园及周边安全稳定工作，切实加强组织领导，严格落实责任，扎实开展大检查活动，深入排查影响校园安全稳定的隐患和薄弱环节，多次组织督查组到各地检查督导。公安机关在校园周边增派警力，加大日常巡逻防控力度，全省大多数学校、幼儿园落实了专职保安、门卫和技防措施。目前，全省 48573 所学校、幼儿园技防报警设施安装率达到 87.1%，城区（镇）学校、幼儿园技防报警设施安装率达到 98.7%，配备政府出资的专职保安比率达到 83.1%，城区（镇）达到 97.1%，确保了校园及周边安全稳定。

五、狠抓严打整治斗争，长效机制进一步形成

始终保持了对各类刑事犯罪活动的高压态势，持续深入地开展打击“两抢一盗”犯罪、打黑除恶等专项行动，强力推进命案攻坚。2010 年 8 月 25 日，省综治委召开了全省深入推进严打整治斗争电视电话会议，集中 4 个月时间，在全省开展严厉打击“两抢一盗”、打黑除恶、命案攻坚、查处“黄赌毒”等违法犯罪、实有人口管理、治爆缉枪、网吧及互联网安全监管、学校及幼儿园安全保护、社会治安重点地区排查整治等 9 项专项行动。2010 年，全省共破获“两抢一盗”案件 77121 起，打掉盗抢团伙 3652 个；打掉跨省制贩毒重大团伙 3 个；捣毁制售假发票窝点 14 个，传销窝点 2 个，黄赌毒窝点 323 个。

六、狠抓防控体系建设，群众安全感进一步增强

加强人防、技防、物防建设，治安防控综合能力进一步提高。加强群防群治队伍建设，市县乡三级都建立了由政府出资的专职治安巡防队伍，乡镇（街道）巡防队员均达到 10 人以上，按照准军事化模式严格管理。开展“政法干警下基层”活动，抽调省市两级政法机关 10%——20% 的干警到政法部门基层庭所队工作，加强了基层力量。加强技防建设，在城市推广安装视频监控系统，党政机关、居民小区、主要街道、企事业单位、商场超市、集贸市场、公共复杂场所等视频监控设施安装率已达到 90% 以上；在农村推进“平安互助网”建设，普及“气死贼”、“电子狗”等小型实用技防设施。2010 年，全省各地投入技防建设资金 37.52 亿元，安装视频监控探头 61.6 万余个，农村技防入户率达到 91%。

七、狠抓社会管理创新，工作成效进一步显现

河南省高度重视社会管理创新工作，省委书记卢展工多次在全省重要会议上强调加强社会建设、创新社会管理的重大意义，并多次对加强社会管理到新工作作出重要批示和指示。省委、省政府成立了社会管理创新工作领导小组及办公室，建立了联席会议、定期通报、分析研判、信息共享等工作制度。多次召开会议，分析形势，研究问题，抓好落实。一是流动人口服务管理工作取得新突破。省委、省政府两办下发了《关于加强和创新流动人口服务管理工作的若干意见》，将流动人口服务管理工作纳入社会发展总体规划。全力推进以公安“大情报”系统为纽带，以常住人口信息系统为基础，以流动人口信息系统和旅馆业治安管理信息系统为重点，努力打造移动数字警务，实现采集、查控、应用、考评信息化，实有人口信息化管理网络的“全覆盖”。广泛开展信息采集，督促业主、房主和社会用工单位落实信息采集、录入的责任。进一步强化重点人员管控。2010年，全省通过人口信息系统共预警重点人员22861人次，从中新列管重点人员18723人。二是特殊人群帮教管理工作取得新成效。全省普遍建立了安置帮教工作责任制，实行"双包五落实"工作机制，针对不同对象实施三级帮教管控，帮助刑释解教人员平稳回归社会。2010年，全省安置刑释解教人员9000余人。三是信息网络建设管理工作取得新战果。深入开展集中整治网络赌博违法犯罪活动专项行动，联合开展网吧综合治理，推进网吧上网实名制。2010年，侦破网络赌博刑事案件15起，抓获犯罪嫌疑人70多人；清理网络赌博信息360多条，关闭赌博网站100多个。对173家违规网吧限期整改，处罚132家。四是社会组织管理服务工作取得新进展。会同有关部门研究制定了社会组织管理服务工作意见和措施；加强文化类新社会组织管理工作；强化异地驻豫商会、三资企业管理服务；创新和加强非公有制经济组织的管理与服务；加强境外非政府组织在豫活动的管理与服务等。五是积极推进社会管理创新试点工作。2010年7月，省委、省政府两办下发了《关于印发〈河南省社会建设创新社会管理工作任务分解实施方案〉的通知》，将周永康书记关于社会管理创新的重要讲话精神量化细化为具体工作目标，进一步明确了工作措施、工作要求、工作责任和责任单位。全省各级各部门结合工作实际，纷纷制定了加强社会管理创新工作实施方案，纳入本地、本部门年度工作规划，创新开展工作。同时，省综治委召开社会管理创新工作会议，将社会管理创新工作量化细化为具体项目，纳入省委、省政府正在编制的"十二五"规划，进一步加大项目推进力度。三门峡市、新郑市社会管理创新全国综合试点工作全面启动。

八、狠抓综治宣传活动，平安河南建设浓厚氛围进一步形成

密切与宣传部门和主要媒体的协作配合，完善集中宣传与经常性宣传相结合的工作机制，广泛动员人民群众参与平安建设，营造共建平安、共享平安的浓厚氛围。组织全省开展了综治和平安建设宣传月活动，组织协调各地和有关新闻媒体利用广播、电视、报刊等新闻媒体大力宣传平安河南建设，组织协调有关部门对省直新闻单位和各地报送的报刊、广播电视、摄影等190件参评作品认真进行评选，评出全省综治好新闻80件，推荐参评全国"综治好新闻"16件。同时，依托"河南平安网《平安河南》视频频道"开展"平安河南"先进典型宣传报道活动，对全省各地各部门在综治和平安建设工作方面作出突出成绩的先进集体和先进个人进行集中报道。为深入推进三项重点工作，各地各部门建立健全宣传机构、配齐配强宣传力量，积极配合新闻媒体做好宣传活动。据不完全统计，全省共出动宣传车辆22491台次，设置宣传点6911个，发放宣传材料1647.4万份，在中央级新闻媒体上刊播稿件160篇，在省级新闻媒体上刊播稿件1198篇。

中共河南省委关于调整省平安建设工作领导小组负责同志的通知

（2010年5月7日）

各省辖市党委和人民政府，省委各部委，省直机关各单位（党委），省管各企业和高等院校党委，各人民团体党组：

根据人事变动和工作需要，决定对省平安建设工作领导小组负责同志进行调整，现将调整后的负责同志名单通知如下：

组　长：卢展工　省委书记

副组长：郭庚茂　省委副书记、省政府省长

孔玉芳　省委常委、省委宣传部长
　　　　省政府副省长
叶冬松　省委常委、省委组织部部长
叶青纯　省委常委、省纪委书记
李新民　省委常委、省委政法委书记
张程锋　省人大常委会副主任
史济春　省政府副省长
秦玉海　省政府副省长
张大卫　省政府副省长
徐济超　省政府副省长
宋璇涛　省政府副省长
刘满仓　省政府副省长
张守喜　省军区副政委
张立勇　省高级人民法院院长
蔡　宁　省人民检察院检察长
陈进平　武警河南省总队总队长

中共河南省委办公厅　河南省人民政府办公厅关于印发《河南省平安建设工作领导责任制规定》的通知

（2010 年 4 月 16 日）

各省辖市党委和人民政府，省委各部委，省直机关各单位，省管各企业和高等院校，各人民团体：

《河南省平安建设工作领导责任制规定》已经省委、省政府领导同意，现印发给你们，请认真贯彻执行。

河南省平安建设工作领导责任制规定

第一章　总　则

第一条　根据《中共中央办公厅、国务院办公厅转发〈中央政法委员会、中央社会治安综合治理委员会关于深入开展平安建设的意见〉的通知》（中办发[2005]25 号）精神，为强化各级党委、政府和各职能部门领导班子、领导干部平安建设工作责任，深化平安河南建设，维护社会和谐稳定，结合我省实际，制定本规定。

第二条　平安建设工作坚持属地管理、分级负责和谁主管谁负责、谁经营谁负责的原则，坚持党委和政府统一领导，职能部门各司其职，健全责任考核奖惩机制，严格实行平安建设工作领导责任制，强化党政领导干部“一岗双责”。

第三条　各级党委、政府和各职能部门的领导班子、领导干部要严格落实平安建设工作领导责任制，认真负责地做好职责范围内的平安建设工作，切实承担起保一方平安、维护一方稳定的政治责任。

第四条　各级平安建设工作领导小组负责对平安建设工作领导责任制的实施，组织对执行情况进行监督检查，确保落到实处。

第二章　责任内容

第五条　各级党委、政府和各职能部门的领导班子对本地区、本部门的平安建设工作负全面领导责任，对维护社会稳定负政治责任。各级党委、政府和各职能部门领导班子的主要领导是本地区、本部门平安建设第一责任人,对本地区、本部门社会稳定工作负总责。分管领导是平安建设的直接责任人,对这项工作负直接责任。领导班子其他成员根据分工,对职责范围内的平安建设工作负责任。

第六条　党委、政府和职能部门的领导班子、领导干部对平安建设工作分别承担以下领导责任:

(一) 党委、政府和职能部门领导班子的责任。认真贯彻落实上级平安建设工作部署,组织动员部门和社会力量,深入开展平安建设;定期听取平安建设工作汇报,分析研判形势,研究谋划工作,解决重点难点问题,为推进工作提供支持和创造条件;落实稳定风险评估制度,坚持科学、民主、依法决策,确保决策不引发影响社会稳定问题;深入推进社会矛盾化解、社会管理创新、公正廉洁执法,确保工作体制机制实现新突破;着力改善民生,及时研究解决涉及群众切身利益的重大问题,确保党和国家各项惠民政策落实;落实领导干部接访、干部下访和领导干部包案解决重大信访案件等工作制度,妥善处理历史遗留问题,着力解决信访突出问题,将不稳定问题解决在基层和当地;将平安建设工作纳入本地区经济社会发展总体规划(部门总体工作规划)和政府(部门)年度工作目标管理,建立健全考核奖惩机制和经费保障机制;监督干部职权管辖范围内的党政领导班子和领导干部落实平安建设工作领导责任制,依照规定落实奖惩。

(二) 党政主要领导的责任。及时主持召开党政领导班子会议,传达贯彻上级平安建设工作部署,研究谋划工作举措,重要工作亲自部署、亲自督促落实;定期听取平安建设工作汇报,分析研判形势,解决影响制约工作的重点难点问题,对重大工作及时作出正确决策,为推进工作提供支持和创造条件;正确处理改革发展和稳定的关系,着力解决影响社会稳定的问题;抓好惠民政策的落实,关系民生的重要工作亲历亲为,重大疑难信访案件亲自过问,对影响社会稳定重大事件亲自指挥处理。

(三) 分管领导的责任。协助主要领导围绕党委、政府(部门党政领导班子)总体部署,组织推动平安建设工作;加强调查研究和形势研判,积极主动提出工作意见,统筹谋划平安建设工作,坚持深入基层督查指导,及时解决工作中的问题,推动工作的创新发展;抓好社会矛盾化解、社会管理创新、公正廉洁执法三项重点工作,组织督导有关部门妥善解决历史遗留问题和信访突出问题、治理治安突出问题,着力解决好影响社会和谐稳定的源头性、根本性、基础性问题,重大案件亲自包案跟踪督办;积极协助主要领导妥善处置各种影响社会稳定的重大问题。

(四) 领导班子其他成员的责任。按照党委、政府(部门党政领导班子)总体部署,围绕维护社会稳定大局,统筹谋划分管部门、行业的具体工作;坚持科学发展观,正确处理改革发展和稳定的关系,对分管部门、行业涉及群众切身利益和关系民生的重大项目进行稳定风险评估,做到科学、民主、依法决策,确保决策不违背民意、不制造矛盾、不引发影响社会稳定的问题;认真解决分管部门、行业中影响社会稳定的各类问题,依法依政策解决好历史遗留问题和信访上访问题,及时处置不稳定苗头和事态,重大案件亲自包案、亲自督办,确保不发生影响社会稳定的重大事件;抓好分管部门、行业社会管理创新工作,推进体制机制的创新与发展,组织整顿治理群众反映强烈的突出问题,深入开展平安创建活动。

第七条　各级党委、政府领导班子和领导干部,党政机关和司法检察机关、人民团体、企事业单位领导班子和领导干部,应当认真履行维护社会稳定第一责任,着力组织推动平安建设工作措施的全面落实,确保本地区、本部门、本单位、本系统平安建设工作取得明显实效。

第三章　责任考核

第八条　平安建设工作纳入各级党委、政府领导班子和领导干部工作目标管理和年度考核内容。

第九条　党委、政府及党政领导干部落实平安建设工作领导责任制的情况,分别列入党委、政府年度工作报告和党政领导干部年度述职报告的重要内容。

第十条　各级党委、政府领导班子年度平安建设工作领导责任制执行情况,应当于次年 1 月底前专题报告上一级党委、政府和平安建设工作领导小组。机关、团体、企事业单位党政领导班子年度平安建设工作领导责任制执行情况,应当于次年 1 月底前专题报告同级党委、政府和平安建设工作领导小组。

第十一条　各级平安建设工作领导小组负责领导、组织、实施平安建设工作领导责任制的考核。各级平安建设工作领导小组办公室负责具体组织实施，也可以结合工作目标考核、年度考核等工作一并进行。

第十二条　党委、政府和职能部门领导班子执行平安建设工作领导责任制的考核结果和评议意见，记入领导干部实绩档案，并作为领导干部政绩评定、奖励惩处、选拔任用的重要依据之一，与干部的晋职晋级和奖惩挂钩。

第十三条　凡干部本人或者直接负责的地区、单位受到社会治安综合治理一票否决或者被列为重点管理的，在否决决定有效期内和重点管理期间，不得提拔、晋职、晋级、奖励。

第四章　责任奖惩

第十四条　领导干部在岗位任职期间认真履行本规定第六条规定，组织领导本地区或者本部门平安建设工作，符合下列条件之一的，以通报表彰、物质奖励、记功、授予平安建设先进工作者荣誉称号等形式予以表彰奖励。

（一）工作成绩显著，受到中央社会治安综合治理委员会表彰的；

（二）工作成绩显著，受到省委、省政府表彰的；

（三）工作成绩显著，受到省平安建设工作领导小组或者省社会治安综合治理委员会表彰的；

（四）工作成绩显著，受到上级党委、政府表彰的；

（五）工作成绩显著，受到上级平安建设工作领导小组或者社会治安综合治理委员会表彰的。

第十五条　领导干部在岗位任职期间不认真履行本规定第六条规定失职失责，致使本地区或者本部门平安建设工作出现下列情形之一的，应当追究责任，并按照有关规定，给予组织处理或者党纪、政纪处分。

（一）贯彻执行党和国家的方针政策不力，对违反党和国家方针政策的行为查处不力，发生重大影响社会稳定案事件的；

（二）社会矛盾化解工作组织不力，信访渠道不畅通，未能依法依规处理信访问题，致使重复上访、越级上访、集体上访、赴京上访问题突出，或者因矛盾积累、激化发生重大影响群体性事件或者重大上访事项的；

（三）社会管理创新工作组织不力，社会治安问题和行业问题突出，发生重大影响刑事治安案事件，致使国家、集体财产和人民群众生命财产遭受重大损失的；

（四）对敌斗争和反恐怖工作组织不力，发生重大影响危害国家安全和政治稳定案事件的；

（五）其他因工作失职、渎职等情形，发生造成恶劣社会影响或者严重后果问题的。

第十六条　领导干部履行平安建设工作责任的奖惩，依照国家和省的有关规定程序执行。

第十七条　中央和国家驻豫单位领导干部违反本规定，应当追究责任的，由省平安建设工作领导小组或者省社会治安综合治理委员会，报请中央社会治安综合治理委员会、或者建议其上级主管部门进行责任追究。

第十八条　实施责任追究，应当坚持实事求是的原则，以事实为依据，分清集体责任与个人责任，主要领导责任和重要领导责任，恰当追究责任。

第十九条　省平安建设工作领导小组对严重失职、渎职的领导干部，可提出责任追究建议，交由纪检监察机关或者干部管理部门按照有关规定程序办理。

第二十条　凡地方和单位被社会治安综合治理一票否决的，其党政领导干部的责任追究依照《河南省社会治安综合治理一票否决权制实施办法》的有关规定执行。

第五章　附　则

第二十一条　本规定适用于各级党的机关、行政机关、审判机关、检察机关、人民团体和企业、事业单位。中央和国家驻豫单位参照本规定执行。

第二十二条　本规定由省平安建设工作领导小组办公室负责解释。

第二十三条　本规定自印发之日起施行。

中共河南省委办公厅　省政府办公厅关于印发《河南省加强社会建设、创新社会管理工作任务分解实施方案》的通知

（2010 年 7 月 9 日）

各省辖市党委和人民政府，省委各部委，省直机关各单位，省管各企业和高等院校，各人民团体：

经党中央批准，6 月 19 日，全国社会治安综合治理工作会议在成都召开。中共中央政治局常委、中央政法委书记、中央社会治安综合治理委员会主任周永康代表党中央就深入贯彻落实中央关于加强社会建设、创新社会管理的决策部署发表了重要讲话。为全面贯彻落实全国会议和周永康同志讲话精神，进一步加强我省社会建设、创新社会管理，省社会治安综合治理委员会根据周永康同志讲话，对提出的工作任务进行了分解，明确了具体的责任单位，并制订了《河南省加强社会建设、创新社会管理工作任务实施方案》，经省委、省政府同意，现印发给你们，请结合实际，认真贯彻执行。

加强社会建设、创新社会管理是维护社会和谐稳定的源头性、根本性、基础性工作。各地各部门要认真贯彻落实中央的决策部署，从全局和战略的高度，深刻认识加强社会建设、创新社会管理的重要性、紧迫性，深入贯彻落实科学发展观，紧紧围绕维护战略机遇期社会稳定的总目标，最大限度地激发社会创新活力、最大限度地增加和谐因素、最大限度地减少不和谐因素的总要求，按照职责分工，研究制定具体的贯彻实施意见，积极采取有效措施，认真抓好工作措施的落实，不断推动社会建设和社会管理取得长足进展。省深入推进社会矛盾化解工作办公室、省深入推进社会管理创新工作办公室、省深入推进公正廉洁执法工作办公室、省三项重点工作督导协调办公室要充分发挥职能作用，督促指导各责任单位按照责任分工抓好工作措施的落实。省委督查室、省政府督查处和省社会治安综合治理委员会办公室将对各地、各部门贯彻落实情况进行监督检查，并将加强社会建设、创新社会管理纳入平安建设和社会治安综合治理工作考核的重要内容，年度组织检查考核。

河南省加强社会建设、创新社会管理工作任务分解实施方案

为深入贯彻落实中央关于加强社会建设、创新社会管理的决策部署，推动社会建设和社会管理，维护战略机遇期社会稳定，促进社会主义和谐社会建设，结合我省实际，制定本方案。

一、把社会建设摆到与经济建设同等重要的位置

（一）工作任务

按照党的十七大要求，自觉把加强社会建设、创新社会管理作为贯彻落实科学发展观的重要内

容，作为执政为民的关键环节，作为构建社会主义和谐社会的战略举措，摆到更加突出的位置，以更大的决心、更实的举措、更多的投入，解决民生问题，加强社会管理。

（二）工作措施

1. 把保障和改善民生作为全部工作的出发点和落脚点，着力解决教育、就业、医疗卫生、社会保障等突出民生问题。（牵头单位：省发展改革委。责任单位：省委农村工作办公室、省教育厅、省公安厅、省财政厅、省人力资源社会保障厅、省国土资源厅、省住房城乡建设厅、省交通运输厅、省水利厅、省农业厅、省卫生厅，各省辖市党委和人民政府）

2. 统筹城乡协调发展，加快推进城乡一体化进程和社会主义新农村建设，努力把公共服务延伸到广大农村和农民身上，努力让广大群众共享改革发展成果。（牵头单位：省委农村工作办公室。责任单位：省发展改革委、省教育厅、省公安厅、省财政厅、省人力资源社会保障厅、省国土资源厅、省住房城乡建设厅、省水利厅、省农业厅、省卫生厅、省扶贫开发办公室，各省辖市党委和人民政府）

（三）工作目标

关系广大群众的教育、就业、医疗卫生、社会保障等突出民生问题得到有效解决，保障和改善民生工作取得明显实效，实现经济、政治、文化、社会协调发展。

二、把化解社会矛盾作为加强社会管理的重要基础性工作

（一）工作任务

进一步加深对我国国情社情的认识，加深对当前社会矛盾性质特点的认识，加深对自身职责任务的认识，坚持不懈地抓紧抓好社会矛盾化解工作，特别要把社会稳定风险评估机制建设推广好，把干部下基层摸排矛盾、就地化解矛盾组织好，把党委、政府主导的“大调解”工作体系完善好，把劳资纠纷、医患纠纷、环境污染、安全生产、食品药品安全、知识产权、交通事故等领域的行业性、专业性调解组织建立健全起来，努力在第一时间、第一地点低成本、高效率地化解矛盾纠纷，努力做到“小事不出村（社区），大事不出镇（街道），矛盾不上交”，不断巩固和发展社会和谐稳定的良好局面。

（二）工作措施

1. 建立地区、部门和行业社会稳定风险评估机制，加强改革改制、政策调节、重大工程等决策事项监督。（牵头单位：省委维稳办。责任单位：省直机关各单位，省管各企业和高等院校，各省辖市党委和人民政府）

2. 组织干部下基层开展矛盾纠纷“大排查”、“大调处”，及时妥善化解各类社会矛盾和纠纷。（牵头单位：省委维稳办。责任单位：省直机关各单位，各省辖市党委和人民政府）

3. 组织专项工作小组，研究解决国有企业改制、农村土地征用、城镇房屋拆迁、涉法涉诉、部分军队退役人员等方面的政策问题，按照政策妥善解决历史遗留问题和化解社会矛盾。（牵头单位：省委维稳办。责任单位：省编办、省信访局、省法院、省检察院、省发展改革委、省教育厅、省民委、省公安厅、省民政厅、省司法厅、省财政厅、省人力资源社会保障厅、省国土资源厅、省环境保护厅、省住房城乡建设厅、省交通运输厅、省水利厅、省农业厅、省林业厅、省卫生厅、省人口计生委、省工商局、省质量技术监督局、省新闻出版局、省旅游局、省粮食局、省安全生产监督管理局、省食品药品监督管理局、中国银监会河南监管局、省农村信用联社、省政府金融办、省农机局，各省辖市党委和人民政府）

4. 开展集中清理执行积案活动，集中解决久拖不决的积案。（牵头单位：省委政法委。责任单位：省法院、省检察院、省公安厅）

5. 构建人民调解、行政调解、司法调解相互衔接的“大调解”工作体系，及时有效化解矛盾纠纷。（牵头单位：省综治委办公室。责任单位：省法院、省司法厅、省政府法制办，各省辖市党委和人民政府）

6. 建立健全劳资纠纷、医患纠纷、环境污染、安全生产、食品药品安全、知识产权、交通事故等领域的行业性、专业性调解组织，依法按照政策调处化解矛盾纠纷。（牵头单位：省司法厅。责任单位：省公安厅、省财政厅、省人力资源社会保障厅、省环境保护厅、省交通运输厅、省卫生厅、省新闻出版局、省安全生产监督管理局、省食品药品监督管理局，各省辖市党委和人民政府）

7. 加强法律法规建设，为化解社会矛盾提供制度保障。（牵头单位：省政府法制办。责任单

位:省委维稳办、省信访局、省法院、省民委、省公安厅、省民政厅、省司法厅,各省辖市党委和人民政府)

(三)工作目标

省辖市、县(市、区)、乡镇(街道)建立社会稳定风险评估机制和人民调解、行政调解、司法调解相互衔接的"大调解"工作体系,从源头上预防和减少社会矛盾的发生,社会矛盾得到妥善调处和化解,信访突出问题得到有效解决,确保不发生在全省有重大影响的案事件。

三、把以人为本、服务为先贯穿于社会管理工作中

(一)工作任务

按照以人为本、服务为先的要求,全面梳理社会管理工作中存在的突出问题,更新管理理念,改变管理方式,实现由防范、控制型管理向人性化、服务型管理的转变,真正把管理就是服务的理念更好地体现到社会管理工作中,全面提升服务管理水平。特别是对由种种因素造成的困难人群,一定要坚决纠正歧视的态度和做法,真正把他们作为最需要关怀的人来对待,努力使他们感受到党和政府的温暖,感受到社会的温暖,更好地融入社会。特别要把城镇的公共服务延伸到流动人口身上,让他们切身感受到所在城镇就是自己的家,自己就是城镇的主人。要结合积极稳妥地推进城镇化建设,以促进农民工融入城镇为重点,加快推进户籍管理制度改革,放宽中小城市和城镇落户条件,并探索逐步放宽大城市落户条件,建立城乡统一的户口登记管理制度。

(二)工作措施

1. 建立以居住登记和居住证为核心的"一证通"制度,把子女入学、社会保险、考驾证、办理住房等公共服务融入到"一证通"中。(牵头单位:省发展改革委。责任单位:省教育厅、省公安厅、省财政厅、省人力资源社会保障厅、省住房城乡建设厅、省民政厅、省人口计生委、省工商局、省地税局,各省辖市党委和人民政府)

2. 建立刑释解教人员的必送必接和有效安置机制,帮助刑释解教人员解决就业和生活困难。(牵头单位:省司法厅。责任单位:省公安厅、省民政厅、省人力资源社会保障厅、省工商局、省地税局,各省辖市党委和人民政府)

3. 积极探索把少年犯、老年犯、过失犯等轻微违法犯罪人员放在社区,依靠基层组织和家庭进行教育改造试点工作。(牵头单位:省司法厅。责任单位:省法院、省检察院、省公安厅、省民政厅、团省委、省妇联,各省辖市党委和人民政府)

4. 加强少年儿童保护中心或者专门学校建设,做好送教的流浪青少年、轻微违法青少年教育和职业技术培训。(牵头单位:省教育厅。责任单位:省公安厅、省民政厅、省司法厅、省财政厅、省人力资源社会保障厅、团省委、省妇联,各省辖市党委和人民政府)

5. 对未成年的初犯、偶犯注销违法犯罪记录。(牵头单位:省法院。责任单位:省检察院、省公安厅,各省辖市党委和人民政府)

6. 加强安康医院建设,做好送院的容易肇事肇祸精神病人的治疗。(牵头单位:省卫生厅。责任单位:省公安厅、省民政厅、省财政厅,各省辖市党委和人民政府)

7. 加强流动人口服务管理工作,把城镇的公共服务延伸到流动人口身上。(牵头单位:省发展改革委。责任单位:省教育厅、省公安厅、省民政厅、省司法厅、省人力资源社会保障厅、省住房城乡建设厅、省卫生厅、省人口计生委、省工商局、省地税局,各省辖市党委和人民政府)

8. 结合积极稳妥地推进城镇化建设,以促进农民工融入城镇为重点,加快推进户籍管理制度改革,放宽中小城市和城镇落户条件,并探索逐步放宽大城市落户条件,建立城乡统一的户口登记管理制度。(牵头单位:省住房城乡建设厅。责任单位:省委农村工作办公室、省发展改革委、省公安厅、省民政厅、省人力资源社会保障厅、省农业厅、省政府法制办,各省辖市党委和人民政府)

(三)工作目标

人口管理工作实现由防范、控制型管理向人性化、服务型管理的转变,户籍管理制度改革取得突破性进展,逐步建立城乡统一的户口登记管理制度,公共服务水平全面提升。

四、把社会管理和公共服务延伸到新经济组织和新社会组织

(一)工作任务

继续深化对"两新组织"的认识,加强对"两新组织"管理服务规律特点的研究,探索新形势下党和政府对"两新组织"管理服务的体制机制、方法手段,把社会管理和公共服务延伸到"两新组织”,促进“两新组织”健康发展,发挥好“两新组织”在推动中国特色社会主义事业发展中的积极作用。

(二)工作措施

1. 在新经济组织中建立党团组织、工会组织,加强法制教育培训,加强对贯彻《劳动法》、《劳动合同法》等法律法规的检查,加强对劳动者的人文关怀。(牵头单位:省民政厅。责任单位:省委组织部、省司法厅、省人力资源社会保障厅、省商务厅、省工商局、省政府法制办、省总工会、团省委、省妇联,各省辖市党委和人民政府)

2. 坚决遏制新社会组织打着“维权”旗号,攻击党和政府,煽动策划“工运”等非法活动,对情节严重、影响恶劣的坚决予以取缔。(牵头单位:省民政厅。责任单位:省委维稳办、省公安厅、省国家安全厅、省总工会,各省辖市党委和人民政府)

3. 探索新形势下党和政府对“两新组织”管理服务的体制机制、方法手段,把社会管理和公共服务延伸到“两新组织”,促进“两新组织”健康发展。(牵头单位:省民政厅。责任单位:省综治委办公室、省委维稳办、省公安厅、省国家安全厅、省人力资源社会保障厅、省商务厅、省工商局、人行郑州中心支行、中国银监会河南监管局,各省辖市党委和人民政府)

(三)工作目标

建立完善新经济组织和新社会组织管理服务体制机制,社会管理和公共服务水平全面提升,确保不发生危害社会主义市场经济和国家安全的重大案事件。

五、把对虚拟社会与对现实社会的管理统筹起来抓

(一)工作任务

从巩固党的执政地位、维护国家安全、维护社会稳定的高度,统筹网上网下两个阵地,把虚拟社会与现实社会作为一个整体来考虑,加大依法管理力度,健全网络管理法律法规,提升网络攻防技术能力,完善网络综合防控体系,加强网络舆论引导,不断提高对虚拟社会的管理水平。

(二)工作措施

1. 建立网络信息管理工作机制,建立网络警察队伍,加强对网络的日常巡查。加强网络阵地建设,提高网络监测、预警、侦查、控制、处置能力。(牵头单位:省委宣传部。责任单位:省委维稳办、省公安厅、省国家安全厅、省通信管理局,各省辖市党委和人民政府)

2. 建立对网络有害信息的发现、封堵、删除机制,并及时落地查人。(牵头单位:省委宣传部。责任单位:省委维稳办、省公安厅、省国家安全厅、省通信管理局,各省辖市党委和人民政府)

3. 建立专兼职结合的网络评论员队伍,加强对网络舆论的引导。(牵头单位:省委宣传部。责任单位:省委维稳办、省信访局、省直各新闻单位,各省辖市党委和人民政府)

4. 加大依法管理力度,健全网络管理法律法规,提升网络攻防技术能力,完善网络综合防控体系,加强网络舆论引导,不断提高对虚拟社会的管理水平。(牵头单位:省委宣传部。责任单位:省委维稳办、省公安厅、省国家安全厅、省政府法制办、省通信管理局,各省辖市党委和人民政府)

(三)工作目标

建立省、市、县三级网络信息管理工作机制和网络综合防控体系,全面提升网络监测、预警、侦查、控制、处置效能,确保不发生因网络管理失控引发的危害国家安全和影响社会稳定的重大问题。

六、把基层基础建设作为整个社会管理的根基

(一)工作任务

牢固树立固本强基的思想,建立健全长效工作机制,把领导精力、注意力更多地放到基层,把人力、财力、物力更多地投到基层,努力在夯实基层组织、壮大基层力量、整合基层资源、强化基础工作等方面取得新的更大的进展,为社会管理创新奠定坚实基础。

(二)工作措施

1. 加强基层党政组织和群众自治组织建设,特别是加强社区组织建设,深入实施城乡社区警务战略,努力把社区建设成为社会管理服务新平台。(牵头单位:省民政厅。责任单位:省委组织部、省综治委办公室、省委维稳办、省公安厅、省司法厅、省总工会、团省委、省妇联,各省辖市党委和人民政府)

2. 加大对基层的投入,充实力量,增加经费,改善装备。(牵头单位:省发展改革委。责任单位:省委组织部、省综治委办公室、省委维稳办、省

信访局、省编办、省法院、省公安厅、省民政厅、省司法厅、省财政厅、省人力资源社会保障厅,各省辖市党委和人民政府)

3. 深入推进基层平安创建活动,加强群防群治队伍建设。(牵头单位:省平安建设办公室。责任单位:省综治委办公室,省直机关各单位,各省辖市党委和人民政府)

4. 整合综治办、信访办、维稳办、人民法庭、公安派出所、司法所等基层单位的力量,建立综治信访维稳中心。(牵头单位:省综治委办公室。责任单位:省委维稳办、省信访局、省法院、省公安厅、省民政厅、省司法厅,各省辖市党委和人民政府)

(三)工作目标

乡镇(街道)基层组织力量得到有效整合,基层基础建设经费保障到位,乡镇(街道)基层基础建设达到中办、国办转发的《关于进一步加强社会治安综合治理基层基础建设的若干意见》的要求。

七、把继承和创新群众工作作为加强社会管理的重要法宝

(一)工作任务

继承和发扬群众工作的优良传统,积极探索新形势下动员组织群众参与社会管理创新的新思路新办法,特别要深入基层、深入群众,了解社情民意,与工作生活遇到困难的家庭和人员结对子、交朋友,帮助解决实际问题,帮助理顺情绪、化解矛盾,真正扑下身子面对面地做好群众工作,以实际行动赢得群众的信任拥护,把社会管理创新建立在坚实的群众基础之上。

(二)工作措施

1. 建立社情民意调查、收集、分析机制,加强对群众心理的研究、群众情绪的疏导。(牵头单位:省委维稳办。责任单位:省委农村工作办公室、省综治委办公室、省信访局、省民委、省公安厅、省国家安全厅、省民政厅、省司法厅、省国资委、省总工会,各省辖市党委和人民政府)

2. 设立群众工作部、群众工作站、群众工作室,建立群众服务中心、信访接待中心、矛盾调解中心,开通畅通社情民意、解决群众诉求的“绿色通道”。(牵头单位:省信访局。责任单位:省编办、省法院、省检察院、省发展改革委、省教育厅、省民委、省公安厅、省民政厅、省司法厅、省财政厅、省人力资源社会保障厅、省国土资源厅、省环境保护厅、省住房城乡建设厅、省交通运输厅、省水利厅、省农业厅、省林业厅、省卫生厅、省人口计生委、省工商局、省质量技术监督局、省新闻出版局、省旅游局、省粮食局、省安全生产监督管理局、省食品药品监督管理局、中国银监会河南监管局、省农村信用联社、省政府金融办、省农机局,各省辖市党委和人民政府)

3. 开展机关干部下基层、“大接访”、“大走访”等活动,就地及时解决群众关心的实际问题和困难。(牵头单位:省信访局。责任单位:省直机关各单位,各省辖市党委和人民政府)

4. 积极探索新形势下动员组织群众参与社会管理创新的新思路新办法。(牵头单位:省综治委办公室。责任单位:省发展改革委、省教育厅、省工业信息化厅、省民委、省公安厅、省国家安全厅、省民政厅、省司法厅、省人力资源社会保障厅、省国土资源厅、省环境保护厅、省住房城乡建设厅、省交通运输厅、省文化厅、省卫生厅、省人口计生委、省政府外侨办、省工商局、省质量技术监督局、省广播电影电视局、省新闻出版局、省旅游局、省食品药品监督管理局,各省辖市党委和人民政府)

(三)工作目标

省辖市、县(市、区)建立社情民意调查、收集、分析机制,县(市、区)和乡镇(街道)建立群众服务中心、信访接待中心、矛盾调解中心,社会矛盾得到有效调处和化解,信访突出问题得到有效解决,努力实现矛盾不上交、信访不越级,将矛盾纠纷和信访问题解决在基层。

八、把信息化建设作为社会管理的有效手段

(一)工作任务

进一步适应社会信息化快速发展的新形势,尽快形成全面覆盖、动态跟踪、联通共享、功能齐全的社会管理综合信息系统,特别要把流动人口、境外来华人员、社会闲散青少年、精神疾患人员、吸毒人员、刑释解教人员、社区矫正对象纳入社会管理综合信息系统,强化实战应用、综合应用,进一步提升社会管理信息化水平、社会管理效能和服务质量。

(二)工作措施

1. 建立信息管理系统,构建社会管理信息化平台。(牵头单位:省综治委办公室。责任单位:

省委维稳办、省信访局、省教育厅、省民委、省公安厅、省国家安全厅、省民政厅、省司法厅、省人力资源社会保障厅、省国土资源厅、省环境保护厅、省住房城乡建设厅、省交通运输厅、省文化厅、省卫生厅、省人口计生委、省政府外侨办、省工商局、省质量技术监督局、省广播电影电视局、省新闻出版局、省旅游局、省食品药品监督管理局,各省辖市党委和人民政府)

2. 加强对人、地、物、事、组织等基础信息的采集,大力推广视频监控设施建设,努力实现实时更新、动态管理。(牵头单位:省综治委办公室。责任单位:省委维稳办、省信访局、省教育厅、省民委、省公安厅、省国家安全厅、省民政厅、省司法厅、省人力资源社会保障厅、省文化厅、省卫生厅、省人口计生委、省政府外侨办、省国资委、省工商局、省总工会、团省委,各省辖市党委和人民政府)

3. 有效整合各地区各部门的各类信息,努力实现互联互通、共建共享;加强对各类信息的综合、分析、研判,不断提升信息的即时实用性,强化信息服务实战功能。(牵头单位:省委维稳办。责任单位:省信访局、省民委、省公安厅、省国家安全厅,各省辖市党委和人民政府)

4. 推行网上受理、网上审批,努力为人民群众提供方便、快捷、优质、高效的服务。(责任单位:省发展改革委、省教育厅、省公安厅、省民政厅、省司法厅、省人力资源社会保障厅、省国土资源厅、省环保厅、省住房城乡建设厅、省交通运输厅、省文化厅、省卫生厅、省政府外侨办、省工商局、省质量技术监督局、省广播电影电视局、省新闻出版局、省旅游局、省食品药品监督管理局,各省辖市党委和人民政府)

5. 把流动人口、境外来华人员、社会闲散青少年、精神疾患人员、吸毒人员、刑释解教人员、社区矫正对象纳入社会管理综合信息系统,强化实战应用、综合应用,进一步提升社会管理信息化水平,进一步提升社会管理效能和服务质量。(牵头单位:省综治委办公室。责任单位:省教育厅、省民委、省公安厅、省国家安全厅、省民政厅、省司法厅、省人力资源社会保障厅、省住房城乡建设厅、省卫生厅、省政府外侨办、省工商局、省旅游局、团省委,各省辖市党委和人民政府)

(三)工作目标

省辖市、县(市、区)建立全面覆盖、动态跟踪、联通共享、功能齐全的社会管理综合信息系统,流动人口、境外来华人员、社会闲散青少年、精神疾患人员、吸毒人员、刑释解教人员、社区矫正对象纳入综合信息系统,实战应用、综合应用社会管理信息化水平得到提升,实现为人民群众提供方便、快捷、优质、高效的服务。

九、把依法治国基本方略落实到社会管理的各领域、全过程

(一)工作任务

全面落实依法治国基本方略,进一步加强对宪法法律的宣传教育,大力弘扬法治精神,更加注重运用法律手段加强和改进社会管理,加快建设社会主义法治国家。国家公务员特别是各级领导干部要带头学法守法,带头维护宪法法律的权威,始终坚持依法规范管理行为特别是执法司法行为。要紧紧围绕加强社会建设和社会管理创新亟需的基础性法律法规,深入开展调查研究,及时提出立法建议,积极推动有关法律法规的出台。要教育广大群众特别是年轻一代知法、懂法、守法,引导他们依法理性表达个人诉求、运用法律武器维护自身合法权益。对妨碍社会管理、危害社会和谐稳定的违法犯罪活动,一定要严格依法处理。

(二)工作措施

1. 全面落实依法治国基本方略,进一步加强对宪法法律的宣传教育。(牵头单位:省依法治省办公室。责任单位:省委宣传部、省司法厅、省新闻出版局、省广播电影电视局、省政府法制办,各省辖市党委和人民政府)

2. 紧紧围绕加强社会建设和社会管理创新亟需的基础性法律法规,深入开展调查研究,及时提出立法建议,积极推动有关法律法规的出台。(牵头单位:省政府法制办。责任单位:省发改委、省教育厅、省民委、省公安厅、省民政厅、省司法厅、省人力资源社会保障厅、省住房城乡建设厅、省交通运输厅、省文化厅、省卫生厅、省政府外侨办、省工商局、省质量技术监督局、省广播电影电视局、省新闻出版局、省旅游局、省食品药品监督管理局,各省辖市人民政府)

3. 坚持依法规范管理行为特别是执法司法行为。对妨碍社会管理、危害社会和谐稳定的违法犯罪活动,严格依法处理。(牵头单位:省检察院。责任单位:省法院、省教育厅、省民委、省公安厅、省民政厅、省司法厅、省人力资源社会保障厅、省住房城乡建设厅、省交通运输厅、省文化厅、省卫生厅、省政府外侨办、省工商局、省质量技术监督局、省广播电影电视局、省新闻出版局、省旅游局、省食品药品监督管理局,各省辖市人民政府)

(三)工作目标

健全完善社会建设和社会管理创新地方性法规,实现依法决策、依法保障人民群众合法权益、依法组织人民群众参与社会管理和执法司法行为的依法规范管理,确保不发生在全省有重大影响的执法、司法行为违法案事件。

十、坚持一把手负总责、亲自抓

(一)工作任务

加强社会建设、创新社会管理、维护社会稳定,是各级党委、政府的责任,第一责任首先是党政一把手的责任。党政主要负责同志一定要自觉把加强社会建设、创新社会管理摆上与经济建设同等重要的位置,用抓经济建设的劲头抓社会建设,经常听取社会建设和社会管理工作情况汇报,深入分析形势,认真研究规律特点,明确方向重点,协调解决遇到的困难和问题。同时,要把加强社会建设、创新社会管理作为社会治安综合治理目标管理和领导班子、领导干部任期考核的重要内容,细化考核项目、标准,加大督导检查力度,并把加强社会建设、创新社会管理的成效与业绩评定、职务晋升、奖励惩处挂钩,最大限度地激发广大干部加强社会建设、创新社会管理的积极性、主动性、创造性。

(二)工作措施

1. 加快构建党委领导、政府负责、社会协同、公众参与的社会建设和社会管理新格局,为加强社会建设、创新社会管理提供有力保障。(牵头单位:省综治委。责任单位:省直机关各单位,各省辖市党委和人民政府)

2. 把加强社会建设、创新社会管理作为社会治安综合治理目标管理和领导班子、领导干部任期考核的重要内容,细化考核项目、标准,加大督导检查力度,并把加强社会建设、创新社会管理的成效与业绩评定、职务晋升、奖励惩处挂钩。(牵头单位:省综治委。责任单位:省纪委、省委组织部、省平安建设办公室、省综治委办公室、省监察厅、省人力资源社会保障厅,各省辖市党委和人民政府)

(三)工作目标

省辖市、县(市、区)构建起党委领导、政府负责、社会协同、公众参与的社会建设和社会管理新格局。社会建设、创新社会管理列入社会治安综合治理目标管理和领导班子、领导干部任期考核,建立社会建设、创新社会管理成效与业绩评定、职务晋升、奖励惩处挂钩机制。

十一、把创新社会管理的思路变成规划和项目

(一)工作任务

抓住国家和地方制定"十二五"规划的契机,在深入研究论证的基础上,找准社会管理服务方面存在哪些薄弱环节,明确社会管理服务方面需要抓什么事情、上什么项目,将其纳入经济社会发展总体规划,纳入本地区本部门的整体部署。要重点围绕城市社区和农村基层基础建设、社会稳定风险评估机制建设、"大调解"工作体系建设、社会治安重点地区整治改造、流动人口服务管理、安康医院建设、"两新组织"管理服务、互联网建设管理等,确定一批项目,早立项、早建设、早见效。同时,要把这些规划和项目进一步分解细化,明确目标责任,严格考核奖惩,确保逐一落实到每一个单位、个人。

(二)工作措施

1. 将城市社区和农村基层基础建设、社会稳定风险评估机制建设、"大调解"工作体系建设、社会治安重点地区整治改造、流动人口服务管理、安康医院建设、"两新组织"管理服务、互联网建设管理等社会管理服务,纳入经济社会发展总体规划,纳入本地区本部门的整体部署。(牵头单位:省发展改革委。责任单位:省委农村工作办公室、省委宣传部、省综治委办公室、省委维稳办、省信访局、省教育厅、省民委、省公安厅、省民政厅、省司法厅、省人力资源社会保障厅、省住房城乡建设厅、省交通运输厅、省文化厅、省卫生厅、省工商局、省质量技术监督局、省广播电影电视局、省新闻出版局、省旅游局、省通信管理局,各省辖市党委和人民政府)

2. 将社会管理服务规划和项目分解细化,明确目标责任,严格考核奖惩,确保逐一落实到每一个单位、个人。(牵头单位:省发展改革委。责任单位:省纪委、省委组织部、省综治委办公室、省监察厅、省人力资源社会保障厅,各省辖市党委和人

民政府）

（三）工作目标

省辖市、县（市、区）社会建设、社会管理服务纳入经济社会发展总体规划，纳入本地区本部门的整体部署，确保社会建设、社会管理立项项目，按照经济社会发展总体规划组织实施。

十二、抓好社会管理创新的综合试点

（一）工作任务

选择确定不同类型、社会管理基础比较好的城市和农村，作为社会管理创新的综合试点市、县，努力使这些市、县率先形成与社会主义市场经济体制相适应的社会管理体系。

（二）工作措施

1. 选择确定不同类型、社会管理基础比较好的城市和农村，作为社会管理创新的综合试点县（市、区），努力使这些县（市、区）率先形成与社会主义市场经济体制相适应的社会管理体系。（牵头单位：省综治委办公室。责任单位：各省辖市党委和人民政府）

2. 及时总结和推广社会管理创新综合试点县（市、区）典型经验，推动社会建设和社会管理创新。（牵头单位：省综治委办公室。责任单位：省直机关各单位，各省辖市党委和人民政府）

（三）工作目标

省辖市、县（市、区）社会管理创新综合试点工作取得长足进展，创造出在全国有影响的河南特色社会建设和社会管理创新典型经验。

十三、加大对社会管理的投入

（一）工作任务

要把对社会管理的重视支持落实到实际行动上，切实加大人财物的投入，确保有人干事、有钱办事。一方面，要根据社会管理创新的实际需要，充实基层政法、综治、信访、民政、维稳等单位的力量，加大经费、装备保障力度，充分发挥好他们在社会管理创新中的骨干作用。另一方面，要按照社会化、职业化、规范化的要求，积极探索发展社会主义市场经济和全方位对外开放条件下动员组织社会各界和广大人民群众参与社会管理的新模式，真正形成社会管理人人参与、人人共享的良好局面。特别要加快组建专业社工队伍、志愿者队伍，健全社会管理服务网络，扩大社会管理服务的覆盖面，提升社会管理服务的社会化水平。要大力发展信息员、保安员、协管员、巡防队等多种形式的群防群治力量，把社会管理建立在广泛的群众基础之上。

（二）工作措施

1. 根据社会管理创新的实际需要，充实基层政法、综治、信访、民政、维稳等单位的力量，加大经费、装备保障力度。（牵头单位：省综治委。责任单位：省委组织部、省委政法委、省综治委办公室、省委维稳办、省编办、省信访局、省法院、省检察院、省公安厅、省民政厅、省司法厅、省财政厅、省人力资源社会保障厅，各省辖市党委和人民政府）

2. 加快组建专业社工队伍、志愿者队伍，健全社会管理服务网络，扩大社会管理服务的覆盖面，提升社会管理服务的社会化水平。（牵头单位：省综治委办公室。责任单位：省法院、省公安厅、省民政厅、省司法厅、省人力资源社会保障厅、省总工会、团省委、省妇联，各省辖市党委和人民政府）

3. 大力发展信息员、保安员、协管员、巡防队等多种形式的群防群治力量，把社会管理建立在广泛的群众基础之上。（牵头单位：省综治委办公室。责任单位：省委维稳办、省信访局、省民委、省公安厅、省国家安全厅、省民政厅、省司法厅，各省辖市党委和人民政府）

（三）工作目标

县（市、区）和乡镇（街道）基层政法、综治、信访、民政、维稳等单位和群众自治组织力量得到充实，经费、装备得到必要保障，社会管理服务的社会化水平全面提升。

十四、加强社会管理创新的长效机制建设

（一）工作任务

要善于发现、总结、提炼基层社会管理创新的好经验好做法，并上升为制度规范，形成长效机制。当前，要健全社会管理组织领导机制和地区、部门协作配合机制，特别是社会治安综合治理各成员单位既要履行好自身职责，又要加强协作配合，形成对社会管理齐抓共管的合力。要健全社会管理工作责任制和督促检查机制、考核奖惩机制，确保社会管理的各项部署和措施落到实处。

（二）工作措施

1. 发现、总结、提炼基层社会管理创新中的好经验好做法，及时上升为制度规范，形成长效机制。（牵头单位：省综治委办公室。责任单位：省

直机关各单位,各省辖市党委和人民政府)

2. 健全社会管理的组织领导机制和地区、部门协作配合机制,形成对社会管理齐抓共管的合力。(牵头单位:省综治委。责任单位:省委各部委,省直机关各单位,各人民团体,各省辖市党委和人民政府)

3. 健全社会管理工作责任制和督促检查机制、考核奖惩机制,确保社会管理的各项部署和措施落到实处。(牵头单位:省综治委。责任单位:省纪委、省委组织部、省平安建设办公室、省综治委办公室、省监察厅、省人力资源社会保障厅,各省辖市党委和人民政府)

(三)工作目标

省辖市、县(市、区)建立社会管理的组织领导机制和地区、部门协作配合机制,社会管理齐抓共管的合力形成,社会管理措施落实并取得明显实效。

十五、为创新社会管理营造良好的舆论环境

(一)工作任务

要充分认识媒体在社会管理创新中的积极作用,进一步转变思想观念,提高新形势下同媒体打交道的能力,善于通过媒体推动社会管理创新,加大政务公开力度,主动接受媒体监督,及时正确引导舆论,努力掌握话语权、主动权。对于媒体反映的问题,要高度重视,认真核查,依纪依法严肃处理,决不护短。同时,要坚持及时准确、公开透明、有序开放、有效管理、正确引导的原则,进一步完善敏感案件、突发事件新闻报道管理和应急工作机制,真正在敏感案件、突发事件的新闻报道上把好关、把好度,确保新闻报道有利于疏导群众情绪、消除不利影响,有利于维护法律尊严、维护党和政府的良好形象,努力实现舆论监督效果与法律效果、社会效果、政治效果的有机统一,为创新社会管理、维护社会稳定营造良好的舆论氛围。

(二)工作措施

1. 加大政务公开力度,主动接受媒体监督,及时正确引导舆论,努力掌握话语权、主动权。对于媒体反映的问题,认真进行核查,依纪依法严肃处理。(牵头单位:省委宣传部。责任单位:省直机关各单位,各省辖市党委和人民政府)

2. 坚持及时准确、公开透明、有序开放、有效管理、正确引导的原则,完善敏感案件、突发事件新闻报道管理和应急工作机制,把好敏感案件、突发事件新闻报道关和度,确保新闻报道有利于疏导群众情绪、消除不利影响,有利于维护法律尊严、维护党和政府的良好形象,努力实现舆论监督效果与法律效果、社会效果、政治效果的有机统一,维护社会稳定良好舆论氛围。(牵头单位:省委宣传部。责任单位:省委维稳办、省法院、省民委、省公安厅、省广播电影电视局、省通信管理局,省直各新闻单位,各省辖市党委和人民政府)

(三)工作目标

省辖市、县(市、区)实行政务公开制度,建立起敏感案件、突发事件新闻报道管理和应急工作机制,落实敏感案件、突发事件新闻报道把关制度,确保不发生因新闻报道引发的影响社会稳定案事件。

抢抓试点机遇　建设和谐新郑

中共新郑市委　新郑市人民政府

2010年河南省郑州市,新郑市紧紧抓住全国社会管理创新综合试点的有利时机,强化措施,扎实推进,取得了初步成效。

一、理清思路,确立社会管理新定位

首先,把社会管理创新放在"大局"中来比较,学习经验、树立标杆。根据社会管理创新工作的新形势、新要求,在清华大学、福建省委党校举办社会管理专题培训班,用最新的理论成果启迪思维;先后两次组织外出考察,通过学习密云、成都、双流、诸暨、余姚等地的先进经验,用创新的理念开阔视野，找准自身发展定位，明确努力方向和工作标杆。其次，把社会管理创新放在“全局”中来谋划，制定意见、创新思路。结合“十二五”规划的制定，提出了把新郑建设成为“郑州都市区新郑组团城市、中原经济区全面建设小康社会先行者、全国社会管理创新示范城市、华夏民族寻根拜祖圣地”的战略定位，在“十二五”发展的九大战略支撑体系中，把“构建覆盖城乡的社会管理创新体系”作为重中之重。特别是围绕谋划明年工作思路，从“十大工程促转型”到“十个所有惠民生”，再到“十项创新保稳定”，每一项都充分体现社会管理创新的内容和要求，真正做到与经济社会发展同步安排部署、同步考核落实。其三，把社会管理创新放在“战略”中来推进，项目带动、民生优先。在充分调研论证、广泛征集民意的基础上，研究制订了《关于加快推进全市社会管理创新工作的若干意见》、《新郑市社会管理创新工作实施方案》，把社会管理创新细化量化为20项重点推进的项目，明确项目内容、牵头领导、责任单位和完成时限，以项目建设促民生改善、管理创新，着力破解影响全市社会和谐稳定的源头性、根本性、基础性问题。

二、突出重点，实现社会管理新突破

坚持突出实践特色、发挥自身优势，“创新六大体系、实现六个突破”：创新广泛化的社会参与体系，实现社会服务管理模式新突破；创新立体化的社会防控体系，实现治安防控网络新突破；创新多元化的矛盾化解体系，实现社会矛盾化解新突破；创新社会化的民生保障体系，实现城乡统筹发展新突破；创新人性化的帮扶教育体系，实现社会群体服务管理新突破；创新规范化的公正执法体系，实现政法队伍建设新突破。一是适应新形势，创新管理模式。积极推进社会管理向基层延伸，整合各类资源，建立由市乡综治中心牵头，集治安管理、交通管理、事务管理、安全管理等于一体的社会化管理服务体系。在市区，积极推进社会管理重心下移，将市政设施维护、市容环卫、园林绿化、城管监察等职能逐步下放到街道办事处，强化街道、社区的管理服务职能。在社区，着力推行居委会与业主委员会和党的基层组织“2+1”管理运行模式，建立终端信息平台，探索“居民一卡通”制度，推进网格化管理，实现“琐事不出户、小事不出组、大事不出社区”的目标。在农村，充分发挥综治、民调协会的作用，建立“六护员”管理队伍，由市财政出资，为每个行政村配备4—6名护道路、护林木、护井渠、护村庄、护电力设施、护土地的“六护员”，通过保待遇落实、保作用发挥，改变农村社会事务“重建轻管”的现象。同时，继续坚持每月15日干部下访制度的基础上，积极推行人民调解、行政调解和司法调解“三调联动”，构建由政法委牵头协调、司法局具体实施、各部门整体联动、全社会共同参与的“大调解”工作机制，依法妥善调解治安事件、交通事故和民间纠纷，避免由个访演变为集访、治安案件演变为刑事案件。二是推广新技术，构筑防控网络。在加强人防、物防的同时，把技防作为重中之重，充分发挥110电子眼的作用，与城市管理有机结合起来，把公安110指挥中心拓展成立应急服务指挥中心，使出警110变成民生110、电子监控变为电子城管，建立统一规范运作的市乡村三级视频监控系统，构筑严密的治安防控网络。通过积极推进“平安互助网”、“平安E家”、“区域联网报警”等技防设施建设，建成多平台集成数字化社会服务管理系统，实现市区技防全覆盖、乡镇主要道路（重点部位）视频监控全覆盖、农户技防覆盖率98%以上。三是推行新举措，着力改善民生。围绕“十个所有惠民生”政策措施，通过坚持不懈的努力，实现“让所有井灌区农田基本实现旱涝保收、农民致富，所有孩子都能接受十二年的免费教育，所有有劳动能力的人员实现创业就业、社保统筹，所有村吃水安全、环境卫生，所有村通上柏油路和公交车，所有60岁以上老人享受免费乘车、老有所养，所有城乡居民住房宽敞、安居乐业，所有居民享受城乡新型医保、大病救助，所有弱势群体得到及时救济、应保尽保，所有社会公益事业都有专管队伍、社会和睦”。特别是从青少年入手，全面免除职业高中学生学杂费，对所有未能继续升学的初、高中毕业生由市财政买单进行免费职业技能培训、免费推荐就业；从今年开始，逐步免除全市普通高中学生学杂费，全面普及了高中段教育，有效地减少和预防青少年犯罪。从老年人入手，全面推行全市60岁以上老人免费乘坐城乡公交车，城乡居民新型养老保险新增参保8.5万人，五保老人集中供养率达95%以上。从弱势群体入手，发挥工青妇等群团组织优势，重点加强特殊人群的管理和服务，建立“一帮一”长效帮扶机制，设立“阳光童乐苑”、“爱心服务站”，使其真正成为留守流动儿童的快乐之家、空巢老人的温暖之家。

三、强化保障，完善社会管理新机制

首先是从领导上强化。成立社会管理创新工作领导小组，党政一把手负总责、亲自抓，做到与经济社会发展同步安排部署、同步考核落实。成立“一办五中心”（社会管理创新工作领导小组办公室、应急服务指挥中心、矛盾纠纷大调解中心、社会群体困难救助中心、预防青少年违法犯罪教育培训中心、老年人服务中心），在各乡镇、街道办事处成立由综治工作中心牵头，集治安、交通、安全等于一体的社会管理创新办公室，村（社区）成立综合管理服务站，形成“一体化”的工作新格局。其次是从投入上强化。加大对社会管理创新工作的投入，纳入市财政年度预算，按照年一般预算收入增长比例，逐年提高，确保资金用在关键处、用在需要时。三是从队伍上强化。在推行乡镇办综治工作中心主任兼任纪委书记、信访办主任解决副科级待遇的基础上，建立健全由3500多人组成的专职综治、信访稳定、公安防暴、治安巡防、交通协管、民事调解、“六护员”、技防监控、保安员和责任查究等十支队伍，构建群防群治力量与专业力量联勤联动的全方位整体防控网络。

河南省及各市、县（市、区）综治委、办主任名单

地　区	综治委主任	综治办主任
河南省	李新民	王建西
郑州市	高建慧	李华云
中原区	王正轩	魏东一
二七区	张全金	董力锋
管城区	王晓军	侯明清
金水区	翟　正	张素彩
上街区	翟国防	张保成
惠济区	杨　林	陈学民
新郑市	孙淑芳	秦彩霞
登封市	白宇宙	刘朝阳
新密市	连书平	刘宏波
巩义市	卢书选	李振江
荥阳市	车建伟	陈江山
中牟县	张永宪	刘海峰
开封市	黄道功	吕治民
鼓楼区	刘俊杰	赵杰辉
龙亭区	张国斌	宋付振
顺河区	周　丰	由长永
禹王台区	王新军	何　睿
金明区	张松文	张　豪
杞　县	郅晓峰	郭　平
通许县	王子全	郑永革
尉氏县	王国立	阎海楠
开封县	于吉良	尚文敬
兰考县	魏治功	张振方
洛阳市	郭丛斌	尤清立
西工区	张世敏	孙国宏
老城区	翟应征	吴新元
廛河区	马志强	海　波
涧西区	刘湖镜	李根庆
吉利区	于建庄	武京哲
洛龙区	张建森	郭钟常
偃师市	杨劭春	陈弘钉
孟津县	吉振华	贾建珏
新安县	张生伟	李要斌
栾川县	樊国玺	杨保献
嵩　县	马振宇	谢文生
汝阳县	侯俊义	孟宪培
宜阳县	王琰君	杨玉田
洛宁县	孙君奎	程新林
伊川县	郭宜品	张通民
平顶山市	李永胜	聂　涛
新华区	董汉生	孔祥建
卫东区	王　朴	苏胜利
湛河区	丁林平	关军昌
石龙区	李自军	曹大岭

地　区	综治委主任	综治办主任	地　区	综治委主任	综治办主任
舞钢市	李国顺	苗献学	原阳县	王拥军	张金星
汝州市	李自召	鲁哲锋	延津县	常冀剀	申建国
宝丰县	刘江峰	白太和	封丘县	韩光亮	赵秀鹏
叶　县	任世奇	杜进伟	长垣县	薄学勇	林振权
鲁山县	张晓飞	李耀兴	**濮阳市**	陈凤喜	谢传芳
郏　县	李捍卫	吴晓阁	华龙区	徐福成	陈海军
安阳市	朱　明	张　钧	濮阳县	杨理跃	刘亚涛
北关区	王兴舟	于自伟	清丰县	王思刚	田再普
文峰区	杨立新	苏良田	南乐县	孙文标	管瑞民
殷都区	韩俊波	王　玉	范　县	赵茂辰	王现民
龙安区	崔钢印	李宏伟	台前县	贾祖贫	王金春
林州市	刘纪献	郭江法	**许昌市**	蒋克勤	杨军立
安阳县	段国兴	牛用兵	魏都区	赵振宏	宋东伟
汤阴县	万小虎	毛玉文	禹州市	蔡全法	董吉亭
滑　县	刘　健	张国法	长葛市	王文杰	高红增
内黄县	郭用周	魏继飞	许昌县	王　堃	张建甫
焦作市	原振喜	杨吉喜	鄢陵县	张海涛	王保国
解放区	胡水星	任为民	襄城县	崔国欣	陈军胜
山阳区	师少辉	牛玉祥	**漯河市**	崔新芳	王新田
中站区	周常普	李拥军	源汇区	马超音	朱凤田
马村区	张廷娥	许正君	郾城区	陈　平	李顺宏
孟州市	郭鸿军	林金虎	召陵区	蒋自安	李来轩
沁阳市	许国顺	王　兆	舞阳县	王耀生	李志文
修武县	石书民	王国强	临颍县	吴心德	胡国涛
博爱县	安天乐	严二军	**三门峡市**	郭绍伟	张龙治
武陟县	马金洲	吴全新	湖滨区	刘敬哲	张永星
温　县	胡义胜	刘振宏	义马市	尚志军	李好国
鹤壁市	杨京伟	李传平	灵宝市	冯俊珍	张启升
淇滨区	张存福	何海林	渑池县	张邦年	王　良
山城区	杨明辉	冯金喜	陕　县	翟万寿	曹九让
鹤山区	黄朝锋	游国锋	卢氏县	马书军	郭慧君
浚　县	王金朝	温俊明	**南阳市**	常　康	刘　明
淇　县	王本祥	高清梅	卧龙区	欧阳增林	陈景侠
新乡市	弋振立	田忠东	宛城区	潘自东	李　松
卫滨区	周龙喜	高进发	方城县	杨新亚	杜学玺
红旗区	梁殿忠	郭潇漪	西峡县	吕秀武	李新芳
凤泉区	李泽宙	常保庆	南召县	张振玺	张　昭
牧野区	闫国玺	王振杰	内乡县	张亚明	张万东
卫辉市	李炳双	高慧生	桐柏县	孙　恒	李大庆
辉县市	崔学勇	赵永军	邓州市	杨振云	张建民
新乡县	赵茂林	杨建新	镇平县	张荣广	郭新贵
获嘉县	王永记	宋建军	唐河县	张国强	王照宏

地　区	综治委主任	综治办主任	地　区	综治委主任	综治办主任
新野县	郭富玉	张志平	**周口市**	毛超峰	杜建军
社旗县	司仁银	张效梅	川汇区	孙敬林	赵　辉
淅川县	姬丰臣	迟高平	扶沟县	田永红	王凤春
商丘市	王建民	杜志强	郸城县	刘占方	赵先防
梁园区	马国富	窦福义	西华县	赵新安	孙全明
睢阳区	杨继民	刘立民	太康县	王国玺	贾兆选
永城市	朱明伦	王玉光	鹿邑县	杨廷俊	李忠振
虞城县	张　新	朱宣聚	沈丘县	杨永志	董　磊
民权县	江文玉	李　震	项城市	王宇燕	王景堂
宁陵县	赵志强	杨克华	淮阳县	任连军	韦新灵
睢　县	李彩云	雍文周	商水县	刘　政	范　华
夏邑县	倪玉民	王晓颖	**驻马店市**	化有勋	宋志成
柘城县	张家明	王　威	驿城区	戚存杰	王宏革
信阳市	高俊峰	郑　怡	确山县	王明威	申　征
浉河区	董立武	王文业	泌阳县	谢凤鸣	郑　嘉
平桥区	周继昌	靳明亮	遂平县	赵文峰	王集学
息　县	吴　蕾	王海峰	西平县	张金全	刘欣然
淮滨县	李　强	潘俊龙	上蔡县	李海洲	陈照峰
潢川县	焦豫汝	吴腾飞	汝南县	吕　方	余国清
光山县	杨祖兴	周文兵	平舆县	刘汝生	朱心正
固始县	方　波	张德才	新蔡县	贾国印	杨　涛
商城县	胡培刚	彭三红	正阳县	赵兴华	朱建磊
罗山县	万汉华	虎大勇	**济源市**	李　刚	张永和
新　县	詹玉锋	刘义军			

（撰稿人：郭　勇
审稿人：孙建国　禹丽芸）

湖　北　省

2010年社会治安综合治理工作概况

2010年，在省委省政府的正确领导下，全省各地各部门认真贯彻落实全国全省政法工作会议、社会治安综合治理工作会议精神，以强化责任制、深化平安创建活动、加强综治基层基础建设、有效治理治安混乱地区和突出治安问题、推进齐抓共管为着力点，全面开展社会矛盾化解、社会管理创新，保持了全省社会和治安大局的持续稳定。2010年全省公众安全感测评比上年度上升了3.8个百分点。

一、创新完善综治领导责任制三大体系

（一）完善领导责任目标体系。坚持由省委书记、省长与17个市州、直管市、林区和158个省直单位的党政"一把手"签订《2010年度社会治安综合治理目标管理责任书》，把综治稳定第一责任落实到党政主要领导肩上。各地各单位层层贯彻省委省政府部署要求，在所辖县、乡、村和机关处室、所属单位及系统单位逐级签订综治责任书，逐级落实综治领导责任，省市县乡村五级和单位系统内部"条块结合"的领导责任目标体系更加健全完善。

（二）完善贯彻领导责任制的绩效考评体系。规范"互查互评制度"，健全考评实施细则等措施，以2010年度综治检查考评为平台，请各地对省直单位"一把手"、省直单位对各地党政主要领导落实领导责任制的情况进行互查和互评，并将考评结果纳入领导干部综治实绩档案管理。

（三）建立贯彻领导责任制的考评结果运用体系。2010年，省综治办在坚持按年度抓好各地和省直单位党政主要领导和分管领导综治实绩档案建立工作的基础上，会同省委组织部出台《关于考察和提拔任用干部征求社会治安综合治理部门意见的实施办法》（鄂组通［2010］101号），对考察和提拔干部时征求综治部门意见的工作程序、实绩档案的具体运用等作出规定。2010年全省共审核省级综合性评先表彰37个（单位777个，个人715人）；"一票否决"88个单位、黄牌警告55个单位，并取消了相关责任人晋职晋级和评先受奖资格。省综治委提请省委、省政府通报取消了石首市、巴东县的"平安县（市）"称号，并对相关领导进行了责任追究。

二、稳步推进社会管理创新

将社会管理创新作为深化综治工作的切入点，努力从源头上突破综合治理和平安建设的难点。

（一）精心组织开展创新综合试点工作。2010年，全国综治工作会议后，在宜昌筹备召开现场会，部署全省社会管理创新综合试点工作。报经省委批准，确定了宜昌等4个市，武汉市江汉区等10个县（市、区）为全省试点单位。督促指导各地认真贯彻省综治委"积极稳妥、科学规划、特色鲜明、成效显著"的试点要求，全面启动试点工作。先后4次筹备召开试点工作座谈会，总结交流试点工作经验，加强分类指导。组织部分试点单位的党委及政法综治部门负责同志，专程到中央综治办汇报开展试点工作情况，听取中央综治委办领导对我省试点工作的指示和意见，积极争取支持，全省社会管理创新综合试点工作整体稳步推进，初见成效。

（二）加强政策指导和立项工作，积极为社会管理创新提供保障。根据省委常委会决定事项代拟起草《省委、省政府关于加强社会建设、创新社会管理的意见》，随同省综治委领导赴各地开展专题调研，9次修改《意见》稿，目前《意见》稿已提交省委审议。积极做好创新项目纳入省"十二五"规划工作，提请省综治委确立易肇事肇祸精神病人收治场所建设、刑释解教人员培训就业基地建设、闲散青少年培训就业基地建设等8个项目报请省发改委审核立项。

三、扎实开展“两实”全覆盖

2010年初,在全省统一部署开展“实有人口、实有房屋”的全面调查、清理和整顿工作。7月份筹备召开全省电视电话会议,对进一步推进“两实”全覆盖进行了再动员再部署。督促各地按管理200－300套出租屋或300－500人的标准配备流动人口协管员,落实经费保障措施。目前全省共配备专职流动人口协管员6700名,建立暂住人口服务站3201个;“两实”登录工作已基本按期完成,建立了较为完整的数据库,掌握了底数,为加强社会管理、治安管理和人的管理特别是流动人口的服务管理打下了坚实的基础。

四、大力加强重点人群管控工作

2010年,省综治办指导各地严格按照省里要求,对涉稳、涉恐、涉毒、在逃、有犯罪前科、精神病人、“法轮功”重点人员等七类特殊人群实行“管理全覆盖、信息全收集、事态全掌控”,取得了明显成效。2010年全省共排查疑似精神病人10万余人,确定精神病人31940人(其中肇事肇祸精神病人5213人),集中收治2073人,共收戒吸毒成瘾人员1.8万余名。咸宁市集中收治易肇事肇祸精神病人的经验做法在各地推广。

中央政法委、中央综治委对我省社会管理创新工作给予充分肯定。周永康同志对我省开展“两实”全覆盖、吸毒人员和肇事肇祸精神病人集中收治、患传染病违法犯罪人员监所改造、刑释解教人员安置帮教、闲散青少年教育培训等六项工作作出重要批示:“这六项措施都很有针对性,望在实施中不断总结、充实。”

五、深化矛盾纠纷排查调处工作

(一)加强源头预防,把建立和实施社会稳定风险评估机制作为过去一年各地综治目标管理的重要内容,提出硬性要求,并将其列为年度考评重点确定6分权重,坚持结硬账。

(二)组织开展专项督办活动,督促各地认真落实《湖北省矛盾纠纷排查调处工作规则(暂行)》,规范经常性矛盾纠纷排查调处化解工作。

(三)组织各地综治部门开展大排查大调处专题调研活动,总结推出罗田县“法务前沿工程”、荆州市“警司联调”等一批“三调”对接典型经验,其中罗田的经验被中央媒体重点推介。四是积极探索重点领域“第三方”调解新途径。荆门等地成立了医患纠纷调解委员会,鄂州等地组建了由综治部门牵头的征地拆迁、环境污染、劳动争议“第三方”专职调解队伍。2010年全省共排查各类矛盾纠纷123713起,调处109558起,妥善处置各类群体性事件740起。

六、有效治理治安重点地区

2010年,全国重点地区排查整治工作电视电话会议召开后,及时向省委常委会汇报会议精神及贯彻建议。1月份和5月份先后两次召开全省排查整治工作电视电话会议部署排查整治工作。督促各地成立工作专班,对城乡结合部、出租屋、建筑工程等重点地区开展拉网式排查活动。指导各地对排查出的问题制定整改方案,落实整改措施;对整改达标的,认真剖析产生问题的深层次原因,研究完善治本之策,建立健全长效工作机制。2010年全省共排查治安重点地区3127个,整治2857个,对整治效果较差的578个重点地区(部位、场所)进行了警示通报和挂牌督办,其中省综治办警示通报40个。去年中央综治委暗访督查组两次到湖北检查,对我省重点整治工作给予好评。

七、平安建设提出了新目标、新要求

2010年,在坚持抓好全省89个“平安县(市、区)”动态管理的基础上,为巩固创建成果,提升平安建设的层次和水平,报经省委批准,提出在全省开展“优秀平安县(市、区)”、“平安市(州)”创建活动的新目标,提出加强和创新社会管理、进一步提升群众安全感和对社会治安满意度等创建工作新要求。鄂办发[2010]34号文件下发后,专门下发《通知》,对各地抓好文件精神的学习贯彻提出要求,重点指导各地结合实际制定创建规划和实施方案。目前各地“双争双创”活动已全面展开。

八、首次全面建立了公众安全感测评体系

2010年,省综治办会同省统计局第一次将103个县(市、区)纳入公众安全感测评范围,建立了随机抽样、电话入户调查、半年一测评、重点测评等较为完整的全省公众安全感测评体系。从2010年度测评情况看效果非常好,全面客观地反映了各地的工作成效,同时对群众反映的问题更加直观和真实,有利于增强工作的科学性、针对性和有效性,为今后考评衡量工作奠定了基础。

九、积极拓宽综治目标管理领域

2010年，在实现省直单位综治目标管理全覆盖的同时，将工作领域向金融和企事业单位延伸。提请省综治委与46家中央在鄂单位签订了《2010年度社会治安综合治理目标管理责任书》。先后召开重点金融单位、中央在鄂企业综治工作座谈会，广泛听取各单位对参与齐抓共管的意见建议，对执行《责任书》进行面对面指导。各地综治部门结合实际积极扩展目标管理覆盖面，全省“横到边、纵到底”的综治目标管理体系进一步健全完善。

十、省综治委委员抓联系点工作更加深入

2010年，省综治委员坚持把联系点作为履行职能、推进工作的试点和基地，57名委员深入到57个县（市、区）调研指导督办，办“点中点”，帮助联系点解决了大量的难点问题和实际困难。据不完全统计，去年省综治委成员单位共挤出办公经费320余万元支持联系点开展平安建设；提供电脑74台用于改善基层综治部门办公条件。委员联系的57个县（市、区）已有51个被命名为“平安县（市、区）”，占全省命名总数的57%。省政协办公厅、省纪委、省公安厅等24个部门的省综治委员在抓好联系点工作的同时，积极做好委员巡视工作，深入各地和省直单位开展巡视督办活动，共查找出7个方面21个具体问题，并提出了加强和改进工作的意见建议，有力地促进了综治措施在基层的落实。

十一、综治专项工作取得新进展

（一）大力推动校园安全稳定工作。根据省委、省政府和省综治委部署，在全省组织开展校园安全稳定“大排查、大整治”活动，对全省1.55万所中小学和幼儿园进行了全面排查整治，共处置涉校事件336起，破获涉校案件396起，配备保安力量5632名，及时消除了一大批校园安全隐患和内部管理漏洞。会同省教育厅召开全省校园安全稳定工作现场会，交流推广经验，大力推进校园安全稳定长效机制建设，全省校园的人防物防技防措施得到进一步强化，校园周边的治安环境进一步优化。2010年我省没有发生在全国有重大影响的涉校恶性案（事）件。

（二）创新发展社区矫正安置帮教工作。会同省司法厅提请省两办转发《省综治委〈关于贯彻落实中办发[2010]5号文件的意见〉》（鄂办发[2010]45号），进一步明确各地各部门在创新社区矫正安置帮教工作，落实监管、矫正、衔接、管控、安置、帮扶等措施的职责任务与要求。目前正会同省司法厅等部门起草《湖北省关于进一步加强刑释解教人员安置帮教工作实施细则》，以强化《意见》的执行力。

（三）会同团省委等部门积极推进预防青少年违法犯罪工作。在全省组织开展了为期3个月的重点青少年群体排查摸底活动，建立了较为完整的全省青少年群体管理数据库。

（四）按照省政府部署要求，在全省开展组织开展为期4个月的铁路沿线安全问题集中整治行动，排查突出问题1268个，并将其分解到市县乡三级进行挂牌督办。以确保高速铁路和客运专线的开通及安全运行为重点，创新护路的联勤模式，进一步完善了护路工作机制。2010年全省铁路交通事故和事故死亡人数较上年均下降10%以上，刑事案件增幅度低于全国平均数的80%以上，全省没有发生涉铁重大案（事）件，保持了境内铁路治安的持续稳定。

（五）妇女儿童维权暨平安家庭创建工作取得新进展。会同省妇联在襄樊市召开“全省妇女儿童维权工作现场推进会”，推介襄樊等地创新维权工作、深化平安家庭创建的新典型、新经验，全国妇联副主席甑砚、省委常委张昌尔出席会议并对此给予了高度评价；联合下发《关于乡镇（街道）、村（社区）妇女儿童维权服务站建设的通知》，指导各地加强维权站规范化建设。2010年全省乡村两级共建立维权站16490个，为1.3万余名妇女提供了法律咨询和援助。

十二、平安医院创建工作成效明显

（一）会同省卫生厅、省公安厅，对各地“平安医院”创建工作进行检查验收，重点检查督促各地贯彻“全省创建平安医院，推动医患纠纷人民调解工作现场会”部署，落实医疗纠纷第三方调解组织及运行机制建设、条块互动的创建机制建设等工作要求，并将验收结果纳入去年对各地综治考评的内容，与其奖惩挂钩。

（二）会同省司法厅代拟起草《湖北省关于加强行业性专业人民调解组织建设的意见》（鄂办发[2011]8号），对行业性人民调解的机构建设、工作原则、主要任务、组织领导等提出规范性要求。

（三）积极协调配合省卫生厅开展医疗责任保险工作，探索建立市场经济条件下医疗纠纷赔偿机制。2010年全省共成立医疗纠纷人民调解组织242个，调解医疗纠纷1278件，占全省医疗纠纷总数的33.6%，全省没有发生因医患纠纷引发的重大群体性事件。

中共湖北省政府办公厅关于加强实有人口和实有房屋管理推进社会管理创新的通知

（2010年3月16日）

各市、州、县人民政府，省政府各部门：

为贯彻落实《中共中央办公厅、国务院办公厅转发〈中央政法委员会、中央维护稳定工作领导小组关于深入推进社会矛盾化解、社会管理创新、公正廉洁执法的意见〉的通知》（中办发［2009］46号）精神，切实加强实有人口、实有房屋管理（以下简称“两实”管理），推进社会管理创新，不断提升政府的社会管理效能和服务水平，现将有关事项通知如下：

一、充分认识加强“两实”管理的重要意义

加强实有人口、实有房屋管理，是政府社会管理的基础性工作，是落实科学发展观，坚持以人为本，推进社会管理创新，着力解决影响社会和谐稳定的源头性、根本性、基础性问题，促进社会协调发展的重大举措。各地、各部门一定要从创新社会管理，维护社会稳定，构建和谐社会的高度，充分认识加强“两实”管理的重要意义，按照“政府领导、整体推进、资源整合、信息共享”的工作思路，采取有效措施，精心做好“两实”管理工作。

二、全面规范地址命名和房屋编号

各地要在4月底以前，组织相关部门完成本地街巷、道路名称和门（楼）牌编号的清理、规范工作。要对所有的房屋逐一规范编号、登记造册、安装统一标准的门牌、绘制房屋分布平面图。建立标准的地址信息数据库，确保地址的唯一性。民政部门负责街路巷、村湾组的命名；公安机关负责门（楼）牌的编号和制作；市政、城管等部门负责地名牌的安装、维护管理工作；城建规划和测绘部门要实地勘查、采集提供实地影像图，由公安机关标注相关信息。对城区建设步伐快、路街巷变化大、门楼牌编号复杂的地方，民政、公安等部门要积极沟通协调，确保工作进度，最迟5月底完成命名和编号工作。工作中，要注意尊重既有事实，防止大修大改，给群众生活带来较大影响。

三、认真做好人口信息入户调查采集

各地要结合全国第六次人口普查工作，按照先城市、后农村的工作步骤，以大中城市和县城为重点，以社区（村）为单位，组建信息采集专班，深入住宅楼、写字楼、商业（饮食）网点、娱乐休闲场所、厂矿工地、建筑工棚、出租房屋、宗教场所等部位和处所，对常住人口、暂住人口、寄住人口、未落户人员和在鄂境外人员开展拉网式清查登记，做到辖区不漏楼、楼栋不漏户、住户不漏人。要按照实有人口、实有房屋信息采集的规范与流程，全面采集实有人口、实有房屋基础信息，及时甄别、删除、变更错误信息，在11月底以前完成人口信息入户调查采集、核对录入工作，并确保信息完整、准确。

四、建立信息共享机制

各地、各部门要有效整合信息资源，建立信息共享机制。有关部门要按照业务需求，分类录入本部门的信息管理系统，依托电子政务网和部门间信息共享平台，建立以公安机关人口信息、实有房屋信息为基础，以相关部门的人口、房屋信息资源为补充，以实时动态的信息采集为基本保证的信息数据交换和资源共享应用机制，为实有人口、实有房屋管理和服务工作提供科学依据。

五、明确部门职责分工

加强"两实"管理是一项系统工程，各地政府要抓紧制定具体的工作方案，有关部门要按照职责分工，认真履职，密切配合，形成合力。公安机关要规范社会治安管理类信息采集标准，制作采集表格；完善人口管理信息系统，建设警用地理信息系统，为"两实"管理提供基础信息支撑；加强和改进治安、户政、出入境等公安行政管理和服务工作，依法严厉打击各类违法犯罪。民政部门要清理、规范和命名街路巷，会同公安机关清理、编制门（楼）牌并指导街道办事处、乡镇政府和社区（村）开展安装及维护工作，及时向有关部门提供死亡人口遗体火化资料，加强社会组织管理，改进城乡居民医疗救助和临时救济工作。人口计生部门要向有关部门提供计生人口信息资料，会同公安机关开展流动人口的入户调查，落实依法登记户口政策，查处违反计生政策行为，改进人口和计生管理工作。司法部门要向有关部门提供刑释解教和社区矫正人员信息资料，加强对刑释解教和社区矫正人员的帮教工作，积极为社会弱势群体提供司法救助和法律援助。统计部门要审核、规范信息采集表格，培训信息采集人员，指导信息采集工作。宣传部门要组织电视、广播、报纸等媒体，广泛宣传开展实有人口、实有房屋信息采集工作的重要意义、主要内容和工作要求，营造良好的舆论氛围。发展改革、经济和信息化、住房和城乡建设、人力资源和社会保障、教育、文化、卫生、交通、规划、工商、税务、测绘、民族宗教、电信、金融监管等部门，要根据实有人口、实有房屋信息采集的需要提供相关信息资源，积极参与，主动配合，形成部门联动、资源共享、整体推进的工作格局。

六、落实相关保障措施

（一）整合基层力量。街道办事处、乡镇政府、社区居民委员会、村民委员会是"两实"管理的实施主体。要全面整合社区（驻村）民警、居（村）委会干部、治保主任、流动人口协管员、人口普查员、计生专干等各类力量，开展实有人口、实有房屋的调查和信息的采集录入，并充分发挥社区巡逻队、企事业单位安保队、农村治安中心户、治调员、城区楼栋治安信息员、社区戒毒协管员等群防群治力量的作用，不断发展壮大志愿者队伍，形成专群结合、齐抓共管的工作机制。

（二）落实经费保障。开展"两实"管理和服务工作所需的经费，按照分级负担的原则，纳入同级财政预算。

（三）严格奖惩兑现。要按照"质量与数量并重，质量第一、速度服从质量"的要求和"谁采集、谁录入、谁负责"的原则，建立"两实"管理信息质量督办核查制度，严格奖惩兑现。对漏采漏录错录信息的，及时通报，限期改正；对编造虚假信息的，要严肃追究有关责任领导和责任人的责任；对成绩突出的单位和个人予以表彰奖励。要将"两实"管理工作纳入政府、相关职能部门年度目标管理、社会治安综合治理、平安创建工作考核的重要内容。

七、建立健全"两实"管理长效机制

（一）加强法规建设。省政府法制办要会同相关部门制定实有人口管理服务暂行规定和门（楼）牌编制管理办法，推进"两实"管理和服务的法制化进程。各地要结合本地实际，制定具体管理办法，促进规范化管理。

（二）加强常态管理。各级政府、各职能部门要加强"两实"管理信息采集录入的数据规范、业务规范、信息共享等方面的制度建设，完善工作机制，落实管理责任，促进和推动各项社会管理和服务工作。要建立完善信息管理系统，在公民就业、住宿、上网、通信、旅行、交易、消费等方面，依法实行实名登记制度，提高政府动态社会管理服务效能。

（三）加强队伍建设。要以社区（村）为单位，按照有关规定落实社区（驻村）民警和流动人口协管员；要会同计生、城管、工商、环卫、民政、社会保障等社会管理和服务力量，建立以社区（驻村）民警和各类专干力量为骨干，其他群防群治队伍参与的综合管理队伍，并保持队伍的相对稳定。

八、加强组织领导

为加强"两实"管理，推进社会管理创新工作的领导，省政府成立由常务副省长任组长、省直相关部门负责人为成员的"两实"管理领导小组（领导小组成员名单附后），办公室设在省公安厅，具体负责组织、协调、督导和检查。各市（州）、县（市、区）政府也要成立相应的领导小组和办事机构。各级政府主要负责同志要亲自过问，及时协调解决工作中遇到的具体问题。要适时组织督查组，对各地、各部门开展"两实"管理的情况进行检查。12月份，省领导小组将对各地、各部门的工作情况进行检查验收。

附件：省加强实有人口实有房屋管理推进社会管理创新工作领导小组成员名单

附件：

省加强实有人口实有房屋管理 推进社会管理创新工作领导小组成员名单

组　长：李宪生　常务副省长

副组长：吴永文　省委常委、省政法委书记、省公安厅厅长　赵　斌　副省长

成　员：梅祖恩　省政府副秘书长

王中桥　省委宣传部秘书长

周　锋　省发改委副主任

张嗣顺　省经信委纪检组长

严学军　省高校工委副书记

沙玉山　省民宗委副主任

赵　飞　省公安厅副厅长

余　琳　省民政厅副厅长

陈文贵　省司法厅副厅长

周顺明　省财政厅副厅长

蔡　伟　省人力资源和社会保障厅总会计师

詹世良　省住房和城乡建设厅副厅长

张月斌　省交通运输厅纪检组长

沈海宁　省文化厅副厅长

孙　兵　省卫生厅副厅长

董尚荣　省计生委副主任

黄仕明　省综治办副主任

肖绪湖　省地税局副局长

赵继华　省统计局副局长

李跃春　省工商局总经济师

杨良顺　省政府法制办副主任

姜殿惠　省测绘局副局长

熊觉非　省通信管理局副局长

贺　敏　人行武汉分行副行长

段银弟　湖北银监局副局长

黄有根　湖北证监局局长

焦清平　湖北保监局副局长

领导小组办公室设在省公安厅，具体负责领导小组日常工作。赵飞副厅长任办公室主任，省公安厅治安警察总队总队长唐国清任办公室副主任。

中共湖北省委办公厅　省政府办公厅
关于进一步加强中小学幼儿园安全管理与防范工作的通知

（2010年6月16日）

各市、州、县党委和人民政府，省军区党委，省委各部委，省级国家机关各委办厅局，各人民团体：

今年以来，全国接连发生伤害中小学学生、幼儿园儿童的恶性案件，后果严重，影响恶劣。胡锦

涛、温家宝、周永康等中央领导同志高度重视，多次作出重要批示。为贯彻落实中央领导同志批示和中央有关会议精神，结合我省实际，经省委、省政府领导同志同意，现就进一步加强全省中小学、幼儿园安全管理与防范工作通知如下：

一、高度重视和切实加强中小学、幼儿园安全管理和防范工作

中小学、幼儿园是教书育人的场所，是青少年学生、儿童集中学习和活动的地方。切实加强中小学、幼儿园安全管理和防范工作，创造安全的学习和生活环境，对于促进青少年学生、儿童健康成长和维护社会安全稳定具有重要的意义。各级党委、政府要充分认识加强中小学、幼儿园安全管理和防范工作的重要性，把这项工作纳入党委、政府重要议事日程，切实承担起领导责任。党政"一把手"要亲自研究督导校园安保工作，切实抓好中小学、幼儿园尤其是民办、农村、偏远地区中小学、幼儿园的安全管理和防范工作，坚决杜绝校园重大治安刑事案件发生。

二、深入推进法制安全教育，增强广大师生安全防范意识

深入贯彻落实《教育部、司法部、中央综治办、共青团中央关于加强青少年学生法制教育工作的若干意见》(教政法[2002]3 号)，在基础教育课程改革和制定初中、小学、幼儿园品德课程标准工作中，加大法制教育的内容，切实做到"计划、教材、课时、师资"四落实。要结合国家"六五"普法计划，采取多种形式开展法制宣传教育活动。要密切中小学、幼儿园和政法部门的联系，重视和加强法制副校长和法制辅导员工作，充分发挥青少年学生校外活动场所和各类法制教育基地的作用，努力形成家庭、学校、社会"三位一体"的教育管理机制，积极营造青少年学生法制教育的良好环境。扎实开展"安全教育日"活动，有针对性地加强学生防范事故和心理健康教育，切实增强师生的安全防范意识。

三、加强学校安全防范体系和长效工作机制建设，切实提高学校安全防范水平和能力

要加强中小学、幼儿园内部安全管理，落实校长、园长内部安全保卫工作第一责任。建立和完善安全责任制和安全管理工作制度，将每个岗位的安全责任逐条细化，分解落实到人、落实到每项工作和每个环节，将安全稳定工作纳入中小学、幼儿园目标管理范畴，制定目标管理细则，逐级签订安全责任书，建立覆盖所有工作环节的安全责任体系，努力构建党委、政府统一领导，综治、公安、教育等部门和中小学、幼儿园各负其责、齐抓共管的安全工作机制。

各级政府要加大经费投入，加强中小学、幼儿园安全基础设施建设。政府有关部门要筹集资金，保障中小学、幼儿园人防、物防、技防措施的落实，确保每所中小学、幼儿园有 2 名专职保安、有防护器材、有报警设备。规模超过 1000 人的中小学，每增加 500 名学生增配 1 名专职保安；寄宿制中小学每增加 200 名学生增配 1 名专职保安。城区中小学、幼儿园和农村学生达 1000 人以上规模的中小学，应安装视频监控、红外报警等技防设施，有条件的地区要实行公安联网监控。同时，要增配门卫警用设备，加强防护力量。中小学、幼儿园安全管理和防范工作经费按教育财政管理体制实行分级负担。各地要通过规范编制年度教育部门预算足额保障对学校安全防范工作的经费，专款专用。民办中小学、民办幼儿园安全工作专项经费由举办者负担。任何单位和个人不得挤占、挪用校园安全防范专项经费。建立健全突发性事件处置工作预警预案体系，加强应急演练，落实应急反应机制。

四、加强矛盾纠纷排查和调处，切实维护师生切身利益

要坚持源头治理，定期开展中小学、幼儿园及周边矛盾纠纷和安全隐患排查、化解、调处工作。排查工作要深入、全面，做到"横向到边，纵向到底"。要重点突出农村中小学、城乡结合部的中小学、民办学校、幼儿园的隐患排查，切实加强安全防范。要加强校园设施设备的清查及管理，严防因设施设备问题导致安全事故。要加强中小学、幼儿园的内部管理，全面排查各环节安全隐患。通过排查及时掌握可能危及学生人身安全的苗头性信息，认真归类梳理，建立工作台账，准确分析矛盾产生的根源，有针对性地开展工作，切实做到早发现、早处置、早化解，真正把安全隐患消除在萌芽状态，坚决防止小问题酿成大事端。

五、严厉打击侵害师生、儿童安全的违法犯罪活动

公安部门要按照"什么问题突出就解决什么问题"的原则，以严重危害师生安全的校园周边治安秩序整治为重点，加大校园周边的巡逻控制力度和密度，严厉打击针对师生的抢劫、绑架、暴力伤害、敲诈勒索等侵害人身财产安全的各类违法犯罪行为。公安部门要及时调整巡逻路线，向中小学、幼儿园周边倾斜，特别是在学生上学、放学等重要时段要做到“见警察、见警车、见警灯”。要形成警校联动机制，快速应急处理各类伤害学生、儿童的突发案件。各级综治部门要发动社会力量开展群防群治，组建民兵巡逻队或联防队，由治保主任带队，对辖区所有中小学、幼儿园开展巡逻。中小学、幼儿园要严格落实门卫制度，严把进校(园)关，实行门卫设点接谈制和进入校园人员无缝对接制。要杜绝校外闲杂人员进入校园，并建立外来人员进入校园登记制度。要组织教职员工参加校园保卫巡逻，充实力量落实日巡查制和门卫制。要对中小学、幼儿园非常态活动实行安全预案管理制度。

六、加强清理整顿，进一步规范各类办学行为

要成立政府牵头，综治、教育、民政、物价、工商、公安、卫生等部门参与的工作专班，开展对辖区内民办中小学、民办幼儿园、托儿所和针对中小学生举办的社会培训机构进行全面排查。对未取得办学(园)许可证的民办中小学、民办幼儿园、托儿所和社会培训机构要坚决关停，并妥善安置相关学生、幼儿。其中，具备办学(园、所)条件、尚未取得办学(园)许可证和未办理登记手续的，要按照申报程序限期补办；对有办学(园)许可证和民办非企业单位法人登记证，但存在明显安全隐患的民办中小学、民办幼儿园和社会培训机构，要限期整改。整改期间，严禁学生、幼儿入学(园、所)。经过整改仍不合格的，要坚决停办，依法吊销办学(园)许可证。民办中小学、民办幼儿园和社会培训机构应与批准办学的行政主管部门签订确保中小学生、幼儿园儿童人身安全的承诺书。

七、加大保障力度，切实加强安防队伍建设

各级教育部门要认真落实国家关于加强安全管理工作机构建设的要求，设立专门安全管理机构，配齐配强安保工作人员。各级组织人事、编制部门要积极配合教育部门建立健全安全工作机构和配齐负责安全保卫的专职干部。中小学、幼儿园要加强门卫保卫力量配置，对年龄偏大、责任心不强等不适应工作要求的门卫人员必须调换。公安部门要开展对保安、门卫人员专业知识培训，提高保安、门卫人员的防范工作能力和管理水平。教育行政部门要结合实际制定培训计划，将安全管理和防范工作纳入中小学校长、幼儿园园长培训内容，通过远程教育和集中培训等多种方式，分级分批对中小学校长、幼儿园园长进行系统的安全管理培训，全面提高安全意识和管理水平。

八、发挥综合治理优势，建立健全校园及周边治安环境整治长效机制

要认真贯彻落实《湖北省学校及周边治安综合治理暂行办法》(鄂办发[2003]21号)，统筹规划校园周边环境的建设，积极组织、协调和督促有关部门做好校园及周边环境管理工作，整合综治、公安、教育、司法、文化、建设、卫生、食品监管、新闻出版、工商、广电、通信管理等部门和共青团组织的力量、资源，形成工作合力，建立健全长效工作机制。要定期排查校园及周边地区的治安乱点和突出问题，确立每年整治工作重点，明确部门责任，制定整治方案，有针对性地开展专项或集中整治行动。

九、坚持信息报送制度，健全问责机制

各中小学、幼儿园要坚持领导带班值班制度，加强对值班信息、巡校信息的记录报送，发现隐患问题及时处置，必须上报的应迅速报告。实行县(市、区)党政分管领导和教育、公安部门及乡镇(街道)负责同志包校负责制，及时研究解决中小学、幼儿园安全管理与防范工作中存在的突出问题，认真抓好各项工作措施落实。对于工作不重视、组织不得力、保障不到位，导致发生中小学、幼儿园重大恶性案件和安全事故的，要追究相关领导的责任；对于中小学、幼儿园内部安全管理责任不落实、措施不到位的，要追究校长、园长和当地教育行政部门有关负责人的责任；对于校园周边治安秩序长期混乱、刑事治安案件频发的，要追究辖区民警、派出所所长和公安分局负责人的责任。

十、加强组织领导，狠抓工作落实

各级党委、政府要认真贯彻落实科学发展观，正确处理改革发展稳定的关系，把维护中小学、幼儿园安全作为一项重大政治任务，切实承担起第一责任。党政“一把手”要负总责、亲自抓，分管领导要具体抓、深入抓，定期排查、梳理分析本地影响校园安全与社会和谐稳定的突出问题，及时部署，协调解决。要夯实工作基础，狠抓工作落实，强化督导检查，严格责任追究，通过扎实有效的工作，为青少年学生、儿童健康成长创造良好的社会环境。

中共湖北省委办公厅　省政府办公厅关于开展“优秀平安县(市、区)”和“平安市(州)”创建活动的通知

(2010年9月13日)

各市、州、县党委和人民政府，省军区党委，省委各部委，省级国家机关各委办厅局，各人民团体：

自2004年省委、省政府部署开展以平安县(市、区)为主体的平安创建活动以来，各级各部门把平安建设作为一项民生工程，狠抓社会治安综合治理各项措施的落实，取得显著成效。为进一步巩固平安建设成果，提升平安建设的层次和水平，构建平安湖北，省委、省政府决定，从2010年开始，在继续开展平安县(市、区)创建活动的基础上，在全省开展“优秀平安县(市、区)”、“平安市(州)”创建活动。现将有关事项通知如下：

一、目标任务

不断深化平安建设，促进社会持续稳定、治安秩序持续好转、社会管理水平明显提升、人民群众安全感不断增强，为经济社会发展、人民群众安居乐业提供优良的社会治安环境。力争经过3至5年的努力，使全省大部分市(州)、县(市、区)成为“平安市(州)”、“优秀平安县(市、区)”。

二、命名条件

(一)“优秀平安县(市、区)”条件

1. 党委、政府高度重视，保障有力。党委、政府把社会治安综合治理工作和创建工作摆上重要议事日程，切实加强领导，定期研究部署工作，及时解决社会治安综合治理工作及创建工作中存在的突出问题；各级党政领导严格执行领导责任制，切实履行“第一责任”，坚决实行一票否决权制；建立完善长效工作机制，重视并加强综治委(办)建设，经费保障有力。

2. 社会建设和社会管理创新水平提升，长效工作机制建立健全。党委领导、政府负责、社会协同、公众参与的社会管理格局形成；社会服务管理项目纳入当地经济社会发展的总体规划，政法、综治、维稳工作经费按标准列入财政预算并逐年增加；人防、物防、技防“三位一体”的治安防控体系完善；实有人口、实有房屋管理的长效工作机制建立健全；对刑释解教人员、社会闲散青少年、精神病人、违法犯罪的艾滋病患者、吸毒人员、“法轮功”人员等高危人群、重点人员底数清、情况明，服务(救治)、管控落实。

3. 基层组织健全，履行职能充分。认真贯彻落实省委、省政府《关于进一步加强社会治安综合治理基层基础建设的意见》(鄂发[2009]12号)，领导专抓、机构专设、人员专配、经费专列，有效整合基层维护稳定力量；工作制度化规范化，县(市、区)综治办专兼职工作人员不少于5人，市(州)综治办专兼职工作人员不少于7人；部门充分发挥职能作用，齐抓共管。

4. 化解矛盾纠纷及时，社会持续稳定。矛盾纠纷排查化解制度化、规范化、常态化；党委、政府主导，多渠道、多种方式化解社会矛盾的大调解格局建立健全；社会稳定风险评估机制建立健全；不发生在全省全国有影响的重大群体性事(案)件；不发生进京非正常上访。

5. 治安秩序持续好转，社会治安大局平稳。刑事案件人均发案率低于全省平均水平，没有发生在全省造成重大影响的敌对势力分裂破坏活动和暴力恐怖事件，没有发生影响国家安全的事件，没有发生重特大刑事案件，没有发生达到国家规

定、造成重大影响的群死群伤重特大交通事故、火灾事故、生产安全事故，没有发生严重产品质量和食品安全事故，没有发生敏感时期、重大活动、重要目标和重要部位安全保卫工作的重大事故，没有发生严重的网络群体事件，没有发生造成严重影响的"法轮功"反动宣传煽动案件或其他严重影响社会治安的案件和问题，没有发生政法干警重大违法违纪事件。

6. 基层平安创建活动全面深入开展。广泛开展平安社区、平安村、平安单位、平安企业、平安校园、平安铁路、平安医院等基层平安创建活动，组织周密、措施具体、工作扎实有效。

7. 人民群众满意，积极参与平安创建。人民群众安全感达到90%，对平安创建的知晓率、参与率达到85%以上。

(二)"平安市(州)"条件

"平安市(州)"创建命名标准除包括以上"优秀平安县(市、区)"七个方面的条件外，还应具备以下两个条件：

1. 由省综治办、省统计局组织的年度公众安全感测评连续两年都达到90%以上；

2. 省委、省政府对执行社会治安综合治理目标管理责任书的检查考评成绩连续两年排位靠前。

三、命名程序

(一)"优秀平安县(市、区)"从已被命名平安县(市、区)中产生，每年考评命名一次，力争每年达标命名表彰15个左右。

(二)"平安市(州)"每两年考评命名一次，从连续两年在全省社会治安综合治理工作年终考评获得优胜等次的市(州)中，择优评定。直管市、神农架林区纳入"平安市(州)"考评命名序列。

(三)申报"优秀平安县(市、区)"由县(市、区)社会治安综合治理委员会向市(州)社会治安综合治理委员会申报，经审核后向省社会治安综合治理委员会推荐；申报"平安市(州)"由市(州)社会治安综合治理委员会向省社会治安综合治理委员会申报。省社会治安综合治理委员会负责考核验收，报省委、省政府审批。

(四)申报"优秀平安县(市、区)"、"平安市(州)"要严格条件，严格申报程序。

四、奖励

省委、省政府对"优秀平安县(市、区)"、"平安市(州)"给予适当物质奖励，对"优秀平安县(市、区)"、"平安市(州)"党政主要负责同志及分管负责同志给予表彰奖励。

五、要求

(一)各级党委、政府要高度重视"优秀平安县(市、区)"、"平安市(州)"创建工作，纳入重要议事日程，制定规划和实施方案。党委、政府加强领导，明确一名党政主要负责同志负总责，分管负责同志具体抓，给予必要的保障，确保创建工作顺利开展。

(二)各级社会治安综合治理委员会要把创建工作作为社会治安综合治理的重要载体和内容，认真组织实施，深入开展基层平安创建活动。要加大宣传力度，加强检查督办，不断总结推广典型经验，查找薄弱环节，推动创建工作深入开展。

(三)对"优秀平安县(市、区)"、"平安市(州)"实行动态管理。

湖北省襄阳市深入开展矛盾纠纷排查调处工作 筑牢维护社会平安稳定"第一道防线"

近年来，襄阳市紧紧围绕社会和谐稳定的目标，以平安建设为载体，以化解社会矛盾为主线，构建联动平台，健全工作制度，明确工作责任，规范运作程序，积极预防和主动化解矛盾纠纷，取得显著成效。

一、以基层综治维稳联动中心为平台，健全完善"大调解"工作体系

一是切实加强"大调解"工作组织领导。成

立市、县两级综治维稳信访联动及“大调解”工作协调领导小组，由党政主要负责同志任组长，党委分管副书记任第一副组长，党委、政府其他负责同志任副组长，有关部门主要负责同志为成员，并设立领导小组办公室，落实专门人员和办公场所，强力推动全市“大调解”工作体系建设。二是健全完善“大调解”工作组织网络。建立市、县两级调解指导中心，在司法局建立人民调解指导中心，在政府法制办建立行政调解指导中心，在法院建立司法调解指导中心，分别由部门主要领导牵头，整合力量，健全制度，落实办公场所和办公条件，开展三大调解指导工作。进一步整合资源，健全完善县、镇、村三级综治维稳联动中心（村工作室）。依托三大调解指导中心，组建人民陪审员库、调解员库、特邀调解员库、调解志愿者库，广泛吸纳人大代表、政协委员、基层人民调解员、律师、法律工作者和有关专家，形成专兼结合、覆盖广泛的调解员队伍，实行信息、资源共享。三是加快推进“三调”对接工作机制建设。市委、市政府出台了《关于加强社会矛盾纠纷“大调解”工作体系建设的实施意见》，指导全市的“大调解”及“三调”对接工作。同时，市中级人民法院、市司法局联合出台《关于加强人民调解与司法调解衔接配合的实施意见》，指导基层的司法调解和人民调解工作。市中级人民法院与市政府法制办联合出台《关于加强行政调解与司法调解衔接配合的实施意见》，指导基层的行政调解和司法调解工作。四是以点带面全面推进“大调解”工作。选择宜城市进行“大调解”工作体系建设的试点，在全市全面推进“大调解”工作体系建设工作。五是积极探索在相关领域建立调解组织，及时有效化解部门、行业矛盾纠纷。先在交通事故处理、医患纠纷处理领域建立调解组织，在市交警支队、市卫生局进行交通事故联合调解、医患纠纷联合调解的试点工作，探索建立部门、行业调解指导中心和调解委员会，积累经验，然后再向企业改制、征地拆迁、劳动争议、安全生产、环境保护等领域延伸。目前，市卫生局、市司法局已制定医患纠纷调解处理的有关办法，建立了市医疗纠纷人民调解委员会。

二、全面推行社会稳定风险评估，着力从源头上预防和减少矛盾

市委、市政府出台《襄阳市重大事项社会稳定风险评估实施意见》，要求各地各部门在作决策、上项目时，坚持科学、民主、依法决策，进行社会稳定风险评估，尤其是在企业改制、征地拆迁、教育医疗、环境保护、安全生产、食品药品安全等容易引发社会矛盾的领域，加大社会稳定风险评估力度，对社会稳定风险做到先期评估、先期预防，严格依法办事，防止在决策、审批等前端环节因工作不当产生社会矛盾。同时，相关领域制定出台社会稳定风险评估具体办法，由市经济和信息化委员会、市国土资源局、市农委、市民政局、市教育局、市卫生局、市环保局、市安监局、市食品药品监督管理局分别负责落实。各县（市、区）的社会稳定风险评估办法也出台，并进行了有效运用。

三、大力开展积案清理化解工作，努力实现案结事了

市、县两级政法委和政法部门均在当地信访局设立了接待窗口，并安排懂业务的人员到窗口接访，负责现场受理、分类处理涉法涉诉信访案件，要求每周必须到窗口接待一至两天，领导接访日必须到窗口接访。市、县两级政法委建立涉法涉诉案件专家组，从政法各部门精选若干名业务骨干或离退休老干部组成专家组，定期对复杂疑难的涉法涉诉信访案件和执行积案进行论证，提出指导性意见，确保依法、及时、有效化解涉法涉诉信访案件和执行积案。继续坚持政法部门领导班子成员包涉法涉诉信访案件制度，要求一个案件、一名领导、一个专班、一套方案，包案领导既包息诉罢访，又包困难帮扶和教育稳控，推动涉法涉诉信访问题的解决，真正做到案结事了、息诉罢访。

四、积极开展向敖大焕同志学习活动，争当人民满意调解员

一是开展敖大焕同志先进事迹巡回报告活动。把学习“全省十佳人民调解员”敖大焕同志先进事迹作为综治宣传月活动的重要内容，下发了《关于开展敖大焕同志先进事迹巡回报告活动的通知》，组织报告团先后赴襄州、保康、南漳、谷城、老河口、枣阳、宜城、襄城等地，举行现场巡讲13场，座谈交流会8场，各地党政主要领导亲自到会并发表重要讲话，近5万基层党员干部受到了教育，社会反映强烈。二是开展学习敖大焕，争当“十佳人民调解员”活动。5月，市司法局制定下发了《关于开展向敖大焕同志学习，争当“十佳人民调解员”活动的通知》，各地结合本地实际，充分利用电视、广播、报刊、网络等新闻媒体和标语、横幅、专栏、板报等,大力宣传人民调解工作中涌现出的先进典型和典型案例,增强了人民调解工作的社会影响力。"十佳"评选活动以来,市局共收到各类典型调解案例60余件,先进人民调解员事迹材料30余份,南漳、谷城等地还率先在本县范围内开展了"十佳人民调解员"评选活动。

五、强化组织领导和责任督办力度,确保矛盾纠纷排查调处工作任务落实

一是把矛盾纠纷排查化解工作纳入市委常委联系县(市、区)的重要工作内容进行督办。4月,市委下发文件,把综治维稳信访工作作为市委常委联系县(市、区)工作的重要内容,明确要求每位常委到联系县(市、区)调研时,必须就乡镇综治维稳联动中心建设和信访积案化解等工作进行检查督办,帮助基层研究解决实际困难和问题。二是把综治维稳信访工作纳入党政领导班子和领导干部实绩考核的重要内容,年度综合考核结果提交市委党政领导班子实绩考核办公室,并加大分值,作为党政领导干部任用的主要依据,严格落实社会治安综合治理一票否决权制。三是把综治维稳工作纳入党政领导干部问责制进行强化。市委、市政府制定了《关于实行党政领导干部问责的实施意见》,明确规定:对党政领导干部因工作失职,致使本地区、本部门、本系统或本单位发生特大事故、事件、案件或者在较短的时间内连续发生重大事故、事件和案件,造成重大损失或恶劣影响的,采取责令公开道歉、停职检查、引咎辞职、责令辞职和免职等措施实行问责追究。四是实现了基层平安创建工作的新突破。市综治委下发《关于开展创建全省、全市"优秀平安县(市、区)"活动的通知》,以创建"全省平安市"和"优秀平安县(市、区)"为目标,以基层平安创建为基础,全面开展地区、单位、行业、细胞等"四类"平安创建活动。为及时指导基层平安建设工作,年初,市委政法委、市综治办联合下发文件,建立"一村一警"基层平安指导员制度,以县(市、区)为单位,明确政法部门中层以上干部为基层平安指导员,每人联系一个村(社区),每月到所联系的村(社区)指导平安建设工作一次,一包三年。目前,全市基层平安指导员达到2672名,工作中涌现了一批先进典型,受到基层组织和群众的普遍欢迎。为加强"细胞"平安创建工作,年初,市综治委还下发文件,建立基层"平安之星"创建制度,在全市各村民小组、城镇楼院、企业班组、学校班级、居民家庭等细胞组织及干部群众中开展"平安之星"创建活动。平安家庭创建是"平安之星"创建的重点。今年市综治办、市妇联等单位联合开展了平安家庭创建竞赛活动,并于11月5日在樊城区召开了全市平安家庭创建推进会议,年底评选表彰全市30个"平安家庭创建先进集体"、30个"平安家庭创建示范社区(村)"和100名"平安示范家庭",并对"平安示范家庭"奖励现金500元。

湖北省综治委、办机构情况和负责人名单

一、省综治委负责人名单

杨　松　省委副书记、省综治委主任

吴永文　省委常委、省委政法委书记、省综治委副主任

蒋大国　(女)省人大常委会副主任、省综治委副主任

赵　斌　省政府副省长、省综治委副主任

李宗柏　省政协副主席、省综治委副主任

郑少三　省综治委副主任、省高级人民法院院长

敬大力　省综治委副主任、省人民检察院检察长

张正新　省综治委副主任、省委政法委常务副书记

鲁志宏　省综治委副主任、省委政法委副书记、省综治办主任

二、省综治办负责人名单

鲁志宏　省综治委副主任、省委政法委副书

记、省综治办主任

黄仕明　省综治办副主任、省维稳办副主任、省铁路护路领导小组办公室主任

三、机构设置

(一)省综治办内设综合协调处、基层指导处、信息督办处、流动人口服务与管理处

(二)根据省委、省政府办公厅和省编办文件,省铁路护路领导小组办公室牌子挂综合协调处

(三)省见义勇为基金会归口省综治办管理

湖北省各市(州)、县(市、区)综治委、办主任名单

地　区	综治委主任	综治办主任
武汉市	胡绪鹍	孙天文
江岸区	蔡　杰	薛永收
江汉区	李　强	刘汉华
硚口区	胡勤华	纪跃辉
汉阳区	涂山峰	段满群
武昌区	吴志振	王振华
青山区	黄家喜	夏新国
洪山区	刘　涛	刘光平(1月前) 彭代平(1月后)
东西湖区	张明权	陈社德
蔡甸区	谢宗孝	刘立龙
汉南区	曹裕江	蔡明山
江夏区	郭胜伟(8月前) 胡亚波(8月后)	柯尊金(1月前) 周恒(1月后)
黄陂区	胡洪春	熊国顺
新洲区	王世益	童维厚
武汉经济技术开发区	罗长刚	王润生(1月前) 鲁文安(1月后)
东湖新技术丌发区	李昌贤	王　平
东湖生态旅游风景区	李祖高(9月前) 金国发(9月后)	孔水生
武汉化学工业区	廖家本	田运海
黄石市	杨晓波	陈建潮
下陆区	刘修海	童芝文
黄石港区	郭永红	彭建佳(6月前) 汪赟(6月后)
西塞山区	胡　敏	何平(6月前) 戴军威(6月后)
铁山区	胡楚平	陈世春
大冶市	荣绪俭	杨裕军
阳新县	孔凡新	郑清文
黄石市经济开发区	王见祥	李子文
十堰市	靡克洪	温和灿(3月前) 张祖勇(3月后)
丹江口市	曾文华	朱安涛
郧县	周吉礼	李明国(10月前) 邓建军(10月后)
郧西县	李　越(9月前) 王定斌(9月后)	余吉学
竹山县	欧阳立	周光辉(5月前) 冯　波(5月后)
竹溪县	杨福卿	王光华
房　县	袁新云(10月前) 沈明云(10月后)	常和海
茅箭区	赵　哲	杜尚辉
张湾区	朱　芳	杨如亭
武当山旅游经济特区	李发平	王德华
十堰市经济开发区	黄　铭	杜登波
宜昌市	李亚隆	张树君
宜都市	庄光明	张国红
枝江市	孙咏平	杨　联
当阳市	郑廷贵	张安红(4月前) 曹中轩(4月后)
远安县	张世敏(10月后)	高正堂
兴山县	陈　华	乔克勤

地　区	综治委主任	综治办主任
秭归县	罗联峰	白俊芳
长阳县	吕学锋	李昌海
五峰县	赵吉雄	何剑锋
夷陵区	刘洪福	李文超
西陵区	王均成	刘　强
伍家岗区	张　鹏	徐昆平
点军区	陈宏彦	刘华英
猇亭区	许志华	冯万林
宜昌开发区	王松华	陈公才
葛洲坝集团公司	丁焰章	项　坤
三峡坝区	曹广晶	张　轩
襄樊市	李新华	徐德宪(11月前) 工全新(11月后)
枣阳市	汪厚安	刘学成
宜城市	周森锋	胡忠诗
老河口市	王世荣	辛天玺
南漳县	李焕珍	陶常兹(5月前) 许　刚(5月后)
保康县	叶　丛	卢文举
谷城县	艾文金	曹晓虹
襄阳区	王　军	曹绍林
襄城区	袁德芳	朱晓宁
樊城区	项晓峰(8月前) 胡　军(8月后)	黄乐清(4月前) 仇子琦(4月后)
高新技术产业开发区	陈万波	许元平
市鱼梁洲经济开发区	曾玉平	张玉志
鄂州市	陶　宏	范超余
鄂城区	万国光	徐新建
华容区	汪继明	万兴夭(4月前) 孙三木(4月后)
梁子湖区	闫英姿	刘水平
荆门市	张良成(8月前) 王启泉(8月后)	简　龙
京山县	胡小国	王才富
沙洋县	梁早阳	王天龙
钟祥市	马朝晖	乔文中
东宝区	林长洲	吴　平
掇刀区	王　俊	李　炜
屈家岭管理区	梁　实	付荷仙

地　区	综治委主任	综治办主任
沙洋监狱管理局	彭卫民	曾超林
孝感市		刘建明
孝南区	杨军安	杨　波
汉川市	刘有年	方寿生
应城市	朱高文	胡劲松
云梦县	周金安	程念军
安陆市	郝章新	章俊锋
大悟县	徐玉琼(7月前) 万忠鑫(7月后)	陈建华
孝昌县	刘建军	彭国元
荆州市	王祥喜	罗长喜
荆州区	吴祖云	刘清平
沙市区	皱太新	许华侨
江陵县	丁　辉	
松滋市	洪文革	杨　君
公安县	周昌俊	胡昌华
石首市	张善彩	高家顺
监利县	董新发	宋传富
洪湖市	蒋　鸿	周守才
荆州开发区	罗清洋	徐　源
黄冈市	刘雪荣	程贤炳
罗田县	肖燕梅	朱贤林
英山县	张树林	肖真强
浠水县	吴　烨	蔡　斌(10月前) 万学锋(10月后)
团风县	刘应文	舒乃明
红安县	余学武	程　翔
黄梅县	余建堂	柯国奎
蕲春县	徐和木	王国安
麻城市	杨　遥	丁卫民
黄州区	余友斌	黄永友
武穴市	吴美景	曾国凯
黄冈经济开发区	黄永文	占才寿
龙感湖管理区	陈新发	彭正凯
咸宁市	任振鹤	胡先甫
咸安区	谭海华	雷锡斌
嘉鱼县	夏福卿	张明松
赤壁市	熊征宇	张　斌
通城县	姜卫东	李　雄(1月前) 黎凌飞(1月后)

地　区	综治委主任	综治办主任	地　区	综治委主任	综治办主任
崇阳县	陈武斌	程正刚	鹤峰县	杨安文	陈大斌(3月前)
通山县	杜文清	王能兴			杨　华(3月后)
恩施州	杨天然	李明轩(5月前)	**随州市**	刘晓鸣	邓　凯
		涂元玲(5月后)	曾都区	刘宏业	靳文宝
恩施市	谭文骄	李茂君	广水市	吴超明	熊海东
利川市	李　义	张常武(1月前)	随　县	陈德贵	王培学(7月前)
		李天锡(1月后)			彭厚华(7月后)
巴东县	刘　冰	吴卫平	**仙桃市**	刘新池	付冷新(12月前)
建始县	庞红艳	刘红兵			贺国华(12月后)
宣恩县	曾德权	张文孟	**潜江市**	张桂华	樊友晶(4月前)
咸丰县	刘忠义	向咸平			李　立(4月后)
来凤县	胡　泽	张健全	天门市	张爱国	甘卯新
			神农架林区	谢登峰	张剑平

（撰稿人:黄仕明

审稿人:鲁志宏　陈显辉）

湖　南　省

2010年社会治安综合治理工作概况

2010年，在省委、省政府的正确领导下，湖南省各级党委、政府深入学习实践科学发展观，紧扣维护社会稳定、保障公平正义两大主题，以科学发展观为统领，以社会治安综合治理为抓手，以中央政法委“三项重点工作”为主线，切实强化各项工作措施，有力维护了全省社会和谐稳定，促进了全省经济平稳较快发展。民调显示，全省公众对社会治安和政法队伍的评价逐年上升，2010年比2009年提高了5.47分。

一、各级党委、政府高度重视综治工作，认真落实“第一责任”

（一）强化党政主要领导责任。省委书记周强，省委副书记、省长徐守盛高度重视综治工作，先后5次主持召开省委常委会、省政府常务会专题研究政法综治工作。2010年省委先后出台了《关于进一步加强中小学幼儿园及其周边治安工作的通知》、《关于加强和创新社会管理的暂行意见》等系列文件，对政法综治工作提出了更加明确的要求，给予了更有力的保障。省委常委、政法委书记、省综治委主任李江经常身处第一线化解重大群体性事件，对跨地区、跨部门、在全省有重大影响的疑难矛盾纠纷，亲自主持调解；为推进社会管理创新，带队深入县区、乡镇调研，分别召开市、县政法委书记、专家学者、省直相关部门负责人座谈会征求意见，并亲自主持起草文稿。在省委、省政府的强力带动下，各级党委、政府主要领导都把政法综治工作置于突出位置来抓，既从宏观上把握政法综治工作的发展方向，又从职级待遇、人员编制、装备改善、津补贴增加等微观层面解决实际问题。

（二）完善综治考评工作。湖南省不断加强和改进综治考评工作，充分运用综治考评机制，把评价一个地方治安状况和综治工作的话语权交给人民群众。省综治委委托省民调中心组织测评，民调分值在百分制考评中占30分。民调成绩是县市区评先进的“资格证”，民调排在全省80名之后的县市区不能评为先进；民调全年综合分值排全省最后一名的给予“黄牌警告”；年终公布综治考评结果时，同一类县市区的排序根据民调分值确定。由于民调结果客观、准确，各地充分利用民调结果，解决了群众反映突出的问题，有力促进了各级干部作风转变。为改变过去省直单位综治工作相对薄弱的状况，从2007年起，省综治委委托省直机关工委对省直和中央驻湘单位进行综治考评，对发案多、措施不落实、排名靠后的单位严格实施一票否决权制，2010年“一票否决”1个、“黄牌警告”1个省直厅级单位。通过完善综治考评，省直单位参与综治工作的积极性和自觉性被调动起来，确保了全省综治工作条块平衡和总体水平的提升。

（三）形成齐抓共管工作局面。省委、省政府注重抓各级各部门的责任，严格按照《湖南省执行社会治安综合治理一票否决权制实施办法》、《关于建立党政领导干部履行社会治安综合治理和维护社会稳定职责工作实绩档案的通知》等文件规定，形成齐抓共管的工作格局。年初，各市州党政“一把手”向省委、省政府递交综治责任状，省综治委成员单位负责人向李江书记递交责任状，全省层层签订责任状，层层落实综治工作责任。年中，全省综治工作会议对市州、县市区的社会治安状况和政法队伍形象面对面讲评。年底，省综治委组织对市州、省直和中央驻湘单位进行综治考评，并严格实行综治工作责任追究，对被“黄牌警告”或“一票否决”单位的党政主要领导进行诫勉谈话。通过强化各级各部门责任，全省普遍形成了党政一把手负总责、分管领导具体抓、专门班子集中抓、有关部门配合抓的综治工作局面。

二、构建大调解工作格局，推进社会矛盾化解

2010年湖南省在规范和加强乡镇（街道）综治维稳中心的同时，进一步完善大调解工作体系，充分发挥村（社区）综治工作站、乡镇（街道）综治维稳中心、县级矛盾纠纷调处中心三级平台的作用，将大量矛盾纠纷化解在基层，做到了“小事不出村（社区）、大事不出乡镇（街道）、矛盾不上交”。全年全省共排查较大矛盾纠纷37.4万余起，调处成功36.76万余起，调处成功率为98.3%。

（一）完善矛盾纠纷的源头排查机制。湖南省将社会矛盾化解的基点放在源头预防上，探索对重大决策出台、重大政策调整、重点项目建设进行稳定风险评估，防止因决策偏差引发不稳定问题。2010年在市县乡三级全面建立重大决策、重大工程项目社会稳定风险评估机制。14个市州和80%的县市区都建立了社会稳定风险评估机制，从源头上减少了社会矛盾。各地进一步完善“党委政府挂帅、政府部门主办、社会各界配合、人民群众参与”的矛盾排查机制，采取全面排查与专项排查、经常性排查与阶段性排查相结合的办法，及时发现、跟踪掌握各类矛盾纠纷。同时，将县市区委书记和政法各部门领导大接访活动常态化，注重在群众来信来访中发现社会矛盾和不稳定信息，使大量矛盾纠纷化解在萌芽状态。

（二）多渠道化解社会矛盾。注重发挥人民调解、行政调解、司法调解“三调联动”的综合优势，引导干部群众将调解作为解决矛盾纠纷的主要选择。2010年在进一步完善乡镇（街道）“综治维稳中心”、基层法庭和公安派出所人民调解室的基础上，重点抓好县级矛盾纠纷调处中心建设。已有80多个县市区建立了运行规范、效果明显的县级矛盾纠纷调处中心。县级矛盾纠纷调处中心还设立了流动调解庭，专门调解突发性、跨区域的重大矛盾纠纷，化解矛盾的效率明显提高，得到了广大人民群众的认可。各地充分发挥人民调解的基础性作用，进一步建立健全行业性、专业性调解组织，将“三调联动”工作向医院、市场、交通事故民事赔偿、环境污染、知识产权等矛盾纠纷高发的领域延伸，形成了省、市、县、乡、村“五级三调”的工作模式。2010年，省委政法委和省公、检、法、司联合下发了《关于适用刑事和解办理轻微刑事案件的若干意见》。省、市、县三级成立了涉法涉诉联合接访中心，认真解决信访群众诉求。省联合接访中心5月份成立至年底，已接待群众来访2730人次，交、转办案件166件，化解清结老访案件280件。

（三）积极稳妥处置群体性事件。湖南省先后制定了预防和处置群体性事件实施办法、群体性事件应急预案、处理涉访违法犯罪行为意见及相关证据规则，形成了比较完备的预防和处置群体性工作规范体系。加强了对各级党政领导和综治维稳部门负责人预防和处置群体性事件的培训。从2010年开始，在省市县三级党校开设了“预防和处置群体性事件”课程，作为领导干部学习培训的必修课。为防止信息不灵、判断不准，创建了处置群体性事件派驻观察员机制，由省维稳办、省公安厅派出现场联合观察组，到群体性事件现场进行观察，掌握真实情况，为领导决策提供科学依据。通过加强机制建设、维稳培训和现场处置，全年全省发生的群体性事件均得到妥善处置，没有引发惊动中央的较大事端。

三、深入推进社会管理创新，促进社会和谐

2010年初，省委、省政府就要求把社会管理创新作为党委、政府的全局性工作大力推进。7月8日、10月13日，省委常委会两次专题听取社会治安综合治理和创新社会管理工作汇报，并以省委、省政府的名义下发了《加强和创新社会管理的意见》。省综治委部署了社会管理创新试点工作，确定长沙市和韶山、资兴、凤凰、鼎城等4个县（市、区）作为社会管理创新的综合试点市、县。

（一）创新重点人群服务管理机制。一是加强流动人口服务与管理。湖南省有流动人口840余万，是人口流动大省。2010年进一步推进了流动人口服务管理工作社会化，在街道、乡镇和社区建立流动人口服务中心（站）2515个，覆盖率达98.5%。完善了“以证管人、以房管人、以业管人”的模式，全面推行《居住证》发放工作，逐步将流动人口的就业、医疗、子女入学等相关公共服务和权益保障等方面的惠民内容纳入居住证管理，使居住证成为权益型、服务型证件，实现流动人口服务管理“一证通”。各地还探索增强了社区社会管理功能，将社区范围内的单位、企业、小旅馆、小酒店、网吧、娱乐场所及流动人口、重点管理人口等纳入社区治安综合治理,取得了较好效果。各市州根据城市发展水平和实有人口数陆续组建了一支政府出资、公安管理的流动人口和出租房屋协管队伍。二是集中收治肇事肇祸精神病人、违法犯罪的艾滋病患者、涉毒重症人员等高危人群。在多次调研、反复协调的基础上,2010 年省委常委会研究决定,将零陵监狱改建为省公安安康医院,集中收治肇事肇祸精神病人,从根本上解决“武疯子”的现实危害。另外,还在监狱、劳教、公安部门分系统建立违法犯罪艾滋病人集中收治关押场所。在 20 多个在册吸毒人员较多的县市区建好强制隔离戒毒所,新建 2 所戒毒所分别收治涉毒重症强制戒毒人员和女性强制戒毒人员。三是加强刑释解教人员安置帮教工作。不断完善刑释解教人员衔接机制,落实刑释解教人员责任帮教和过渡性安置。全省逐步建立服刑在教人员基本信息协查反馈机制,加强对服刑在教人员的职业技能培训。把省星城监狱作为专门从事服刑人员出监前职业技能培训的监狱,已培训学员2.6万多人,其中近 90% 实现就业、创业,大大降低了重新犯罪率。周永康同志视察星城监狱后,称赞这是一项具有创新意义的社会建设。四是推进社区矫正工作。湖南省是全国第二批社区矫正工作试点省份之一,省公、检、法、司联合印发了《关于在全省试行社区矫正工作的方案》。全省 40 个区县开展了社区矫正工作,累计接收社区矫正对象 2724 人。五是继续做好闲散青少年、流浪未成年人、农村留守儿童、服刑在教人员未成年子女的教育、管理和服务工作。全省开展了对重点青少年群体的摸底、建档和帮教,建立健全了省、市、县(市、区)、乡镇(街道)、村(社区)五级预防工作网络。2010 年省综治办重点推介工读学校建设,在全省推广长沙市工读学校的办学经验。10 月,中央综治委对湖南省工读学校建设给予了充分肯定,周永康、王乐泉、刘延东等领导同志分别做了重要批示。

(二)创新“两新组织”常态监管机制。湖南省现有新社会组织 15324 个、新经济组织 35997 个,尤其是新社会组织发展迅速,以每年 10% 的速度增长。湖南坚持培育与监管并重的原则,既注重发挥其积极作用,引导为经济社会发展多做贡献,又注重依法规范其行为,防止从事渗透、破坏、情报等活动。落实了民政部门和业务主管部门共同负责的新社会组织双重管理制度,由民政部门统一登记、统一审批、统一年检。组织部门加强了“两新组织”的党建工作,全省规模以上非公有制企业党组织的覆盖率达 98.78%;符合建立党组织条件的新社会组织中,党组织覆盖率达 99%。省外事侨务办、国家安全厅、公安厅、宗教局、教育厅、民政厅等部门建立了联席会议制度,对在湘的 659 家境外非政府组织加强了日常管理。

(三)创新虚拟社会综合管控机制。湖南省把虚拟社会和现实社会作为一个整体来把握,对虚拟社会进行现实化管理。建立了网上动态管理机制,落实了把“网站”当“公共场所”管、把“论坛版主”当“业主”管、把“网民”当“暂住人口”管、把“互联网数据中心”当“网上出租屋”管的要求,加强互联网依法公开管理,整合网络信息资源,健全网上网下综合打防机制,建立了以网上重点人为目标的综合管控平台,提高了网上网下发现处置、侦察打击、防范控制能力,成功侦破了一批有影响的网络案件,严厉打击了网上诈骗、网上赌博、网络色情等网络违法犯罪活动。在全省政法系统建立了千人“网军”队伍,全省政法系统维稳网评员队伍达 2500 多名。

(四)创新社会治安打防管控长效机制。按照全面设防、一体运作、有效管控、精确打击的目标,建立健全了点线面结合、网上网下结合、人防物防技防结合、专群结合的打防管控一体化体系。探索创建了省市合一的扁平化指挥机制,搭建了情报研判与指挥调度一体化工作平台,市县公安机关通过情报信息系统、电子防控系统、街面网格巡逻系统,实现了指挥中心到派出所、街面巡逻车、执勤巡警的直接指挥。通过连续 3 年将城市治安电子监控系统建设纳入省政府为民办实事的重点项目,全省共投入 7.5 亿元安装了 2 万多个街面摄像头,覆盖全省所有县城及重点建制镇,2010 年又将城区中小学和幼儿园周边视频监控系统纳入其中,正在逐步形成一张严密的空中“天网”。

四、运用挂牌警示机制,推动重点治安问题的解决

2010 年初,按照中央综治委统一部署,全省开展了社会治安重点地区排查整治工作。各级党委、政府高度重视,党政主要领导亲自挂帅抓排查

整改，集中力量解决突出问题，社会治安状况明显好转。全省通过滚动式排查，累计排查出社会治安重点地区和部位1428个，警示重点地区和部位358个，挂牌整治335个，其中省级警示16个、挂牌21个。

（一）迅速部署开展排查整治工作。2月5日，召开了全省社会治安重点地区排查整治工作电视电话会议，各级各部门迅速行动，以城乡结合部、“城中村”为重点，按照“县不漏乡镇（街道）、乡镇（街道）不漏村（居）、村（居）不漏户”的要求，逐村（居）进行地毯式排查。省、市、县层层成立了高规格整治工作领导小组及其办公室，切实加强对排查整治工作的组织领导。各市州、县市区、各相关部门逐月上报所列出重点整治的地区、部位和突出问题，并相应列出处理这些问题地区、部位的对策及措施。省重点整治办充分发挥协调、指导作用，督促各级各部门协同配合抓好重点整治工作，确保了排查整治工作的有序开展。

（二）切实加强学校、幼儿园及周边安全保卫工作。针对全国连续发生涉校事故案件的情况，湖南省对学校及周边安全高度重视。5月3日，省委常委、政法委书记李江书记对加强全省学校、幼儿园安全工作进行专门部署。5月10日，周强同志主持省政府常务会议专题研究部署学校和幼儿园安全保卫工作，明确指出各级地方党政一把手为本地校园安全工作第一负责人。省综治办将学校、幼儿园安全工作纳入全省社会治安重点地区排查整治工作内容，研究具体措施。各市州、县市区层层召开党委常委会或市、县长办公会、综治委成员单位会议，采取有力措施，加大矛盾纠纷排查调处、重点人员稳控、校园内部安保、校园周边治安整治工作力度。全省中小学和幼儿园有条件的学校在教学期间一律实行封闭式管理，凭卡出入；各地加大学校上学、放学高峰期等重点时段的警力和治安巡防力度。全省共出动警力30.2万人次，出动警车12.2万台次，新建校园警务室1557个，派驻校园警察2898名，迅速调整、充实了一批学校保安，确保了全省学校及周边的安全稳定。

（三）对突出治安问题实行重点整治。各地对排查清理出来的重点地区、部位和突出治安问题分门别类建立台账。省综治办、省整治办根据治安问题的严重程度，实行逐层预警和挂牌整治。3月25日对摸排出的第一批16个重点县市区下发预警通知书。省综治办、省公安厅领导多次带队赴市、县督查，与市、县党政“一把手”交换意见，为重点整治升温、加压。16个被警示的县市区党委、政府思想高度统一，成立党政主要领导挂帅的专项整治领导小组，扎实开展重点整治，取得了明显成效，全省社会治安状况明显好转，中央综治动态17次转载湖南的经验做法。

（四）建立排查整治工作长效机制。一是建立联席会议制度。省整治办一个季度召开一次工作联席会议，对排查整治工作情况进行统筹调度。对在全省产生影响的重大案（事）件，涉及多个市州、多个行业部门的突出治安问题和重大矛盾纠纷，通过召集相关部门召开联席会议协调解决。二是制定考核验收办法。根据《全省社会治安重点地区排查整治工作方案》，制定了《全省社会治安重点地区排查整治工作考核验收办法》。明确了考核时间段、内容及标准，为推动社会治安重点地区排查整治工作深入开展，确保排查整治工作取得明显成效提供了有力支持。三是加强督导检查。7月中旬，由省综治办、省整治办派出工作组，采取先暗访后督查的方式，对全省14个市州重点地区排查整治工作以及被重点警示的16个县市区进行暗访督查。通过暗访督查掌握了各地整治工作进展情况，引起了各地党委政府的高度重视，纷纷召开专门会议研究部署下一步整治措施。

五、加强基层基础建设，提升综治工作整体水平

（一）加强综治基层基础规范化建设。2010年，湖南省按照中央有关要求，进一步规范乡镇（街道）“综治维稳中心”，全省2405个乡镇（街道）均建立了“综治维稳中心”，充分发挥了排查化解矛盾纠纷、处置突发事件、专项整治、开展治安巡防和法制宣传等职能作用，实现了矛盾纠纷联调、社会治安联防、重点工作联动、突出问题联治、平安建设联创。

（二）加强基层综治委、办建设。湖南省坚决落实中央有关文件精神，加强了各级综治委、办建设。全省14个市州、123个县市区综治办主任及副主任全部配齐配强。省、市、县三级综治办主任均由党委政法委副书记兼任，省综治办配备了2名副厅级副主任，设2个处室。全省2405个乡镇（街道）综治办主任均由党委副书记担任，全部配备1名以上专职副主任、配备2名以上综治干部。省、市、县三级综治机构健全,人员配齐配强,综治机构建设率达100%,人员配备率达到100%。

(三)各级综治委、办充分发挥了组织协调作用。各级综治委、办和综治委成员单位认真履行综治责任,积极发挥组织协调作用,抓好了纵向与横向、条条与块块,形成了工作合力。2010年省综治委指导各成员单位除抓好本系统的综治工作,还积极参加平安建设的联创工作。40多个成员单位各自联系一个县市区作为平安建设的联创点。省人大办公厅、省政府办公厅、省军区、省检察院、省公安厅、省民政厅、省交通厅、省国税局、团省委等综治委成员单位纷纷派出工作组到联点的县市区,督导综治工作措施落实,有的单位还为联点县市区提供相关支持、解决实际困难。通过联点创建制度,进一步推动了全省综治工作纵向与横向平衡发展。

中共湖南省委　湖南省人民政府
关于加强和创新社会管理的意见

(2010年11月30日)

社会管理是中国特色社会主义现代化建设的重要内容,是以维系社会秩序为核心,通过党委领导、政府负责、多方参与,规范社会行为、协调社会关系、促进社会认同、秉持社会公正、解决社会问题、化解社会矛盾、维护社会治安、应对社会风险,为经济社会发展创造既有秩序又有活力的基础运行条件和社会环境,促进社会和谐的活动。加强和创新社会管理,是围绕社会管理各个方面的内容,积极推动体制机制创新,逐步建立与社会主义市场经济体制相适应的社会管理体系。为切实加强和创新社会管理,根据中央有关精神,结合湖南省实际,制定如下意见。

一、加强和创新社会管理的重要意义、指导思想和原则

1. 加强和创新社会管理的重要意义。当前,我们仍处在人民内部矛盾凸显、刑事犯罪高发、对敌斗争复杂的时期,特别是随着社会主义市场经济的发展,城乡结构、就业结构、社会阶层结构和社会组织形态发生着深刻变化,人员流动性大大增强,越来越多的"单位人"变成"社会人",各种新经济组织、新社会组织不断增多,带来诸多矛盾和问题,加之互联网等新媒体的传播放大效应,使社会管理面临着前所未有的严峻挑战。只有着力解决影响社会和谐稳定的源头性、根本性、基础性问题,加强和创新社会管理,才能更加有效地推动科学发展、维护社会和谐稳定。全省各级各部门要从巩固党的执政地位,提高党的执政能力,增强社会凝聚力、向心力和创造力,维护社会和谐稳定的高度,充分认识加强和创新社会管理的重要性和紧迫性,认真研究新情况、新问题,着力构建"党委领导、政府负责、社会协同、公众参与"的社会管理新格局,为我省推进"四化两型"建设、实现富民强省创造良好的社会环境。

2. 加强和创新社会管理的指导思想和原则。加强和创新社会管理的指导思想是:高举中国特色社会主义伟大旗帜,以邓小平理论和"三个代表"重要思想为指导,深入贯彻落实科学发展观,顺应我国体制转轨和社会转型的需要,积极探索加强和创新社会管理的新模式、新途径、新方法,在管理理念上实现"五个转变",即从重经济建设、轻社会管理向更加重视经济社会全面协调发展转变,从重政府作用、轻多方参与向政府主导的社会共同治理转变,从重管制控制、轻协商协调服务向更加重视协商协调服务转变,从重事后处置、轻源头治理向更加重视源头治理转交,从重行政手段、轻法律道德等手段向多种手段综合运用转变,不断提升社会管理服务水平,努力实现社会和谐稳定。加强和创新社会管理应坚持的原则:一要坚持以人为本。把实现好、维护好、发展好最广大人民根本利益作为出发点和落脚点，寓管理于服务之中，实现人性化管理，着力解决民生问题，保障人民各项权益。二要坚持依法管理。弘扬法治精神，树立依法办事、守法为荣的风尚；坚持依法行政、公正司法，切实维护公平正义。三要坚持统筹兼顾。全面反映和有效协调各个阶层、各个方面、各个阶段的利益，充分调动各方面参与社会管理的积极性。四要坚持务实创新。在继承传统管理好的经验的基础上，改革和创新管理方式，鼓励基层探索创新，更加注重实效，构建社会管理新模式和新体系。

二、加强源头防范和治理，努力减少社会矛盾

3. 认真贯彻落实科学发展观，统筹协调各方利益。坚持科学发展、和谐发展，着力解决发展中存在的不平衡、不协调、不可持续问题，实现包容性增长。各级党委、政府要切实履行好保障和改善民生的职能，把促进基本公共服务均等化作为社会管理源头治理的重要基础，下大力气解决教育、住房、就业、安全生产、收入分配、医疗卫生、社会保障和救助等突出的民生问题，为全体社会成员创造更公平的发展环境、更多的发展机会，促进社会和谐。要加快经济发展方式转变，努力实现速度、结构、质量、效益相统一，实现经济发展方式与社会全面进步相统一。要统筹城乡协调发展，加快推进城乡一体化进程和社会主义新农村建设，让广大人民群众共享改革发展的成果。

4. 加强思想道德建设和法制宣传教育。建设社会主义核心价值体系，切实把社会主义核心价值融入国民教育和精神文明建设全过程，使之转化为全体社会成员的自觉追求。充分发挥道德力量在规范社会行为、维护社会秩序中的示范和引导作用，借鉴吸收人类优秀道德传统，大力弘扬时代新风，加强社会公德、职业道德、家庭美德、个人品德建设，使公民特别是青少年树立正确的世界观、人生观、价值观，增强社会责任感。深入开展法制宣传教育，培养公民法治理念，提高公民法律素养，大力弘扬法治精神。坚持以法律“六进”（进机关、进学校、进农村、进企业、进社区、进单位）为载体，突出抓好领导干部、公务员学法、用法、守法，不断增强依法执政、依法行政、依法管理的能力；坚持普治并举、以治为重的方针，大力推进区域、行业、基层依法治理，通过开展“依法办事示范窗口单位”、“民主法治示范村（社区）”等系列创建活动，提高全社会的法治化管理水平。

5. 全面推行重大事项社会稳定风险评估。各级党委、政府及各部门各单位在决定、实施事关人民群众切身利益的重大决策、重大政策、重大改革举措、重大工程项目、重大活动等事项前，要组织对影响社会稳定的因素进行分析评估。各级党委常委会、政府常务会和部门、单位党委（党组）要把社会稳定风险评估作为研究重大事项的必经程序，作出专门的评估结论；凡没有会前提出社会稳定风险评估报告的重大事项，一律不上会研究。社会稳定风险评估报告，可以由事项决策单位委托专门的咨询机构或社会稳定风险评估机构进行评估后提出；也可以由事项决策单位牵头组织评估，再听取维护稳定工作领导小组办公室（以下简称维稳办）、处理信访突出问题及群体性事件联席会议办公室（以下简称联席办）意见后提出；还可以由事项决策单位提请维稳办或联席办牵头进行评估后提出。无论何种方式，不能只由提议者自身评估，必须广泛听取涉事群众、基层干部、专家学者、党代表、人大代表、政协委员等各方面人员和维稳、信访等部门的意见，客观公正、实事求是地提出评估报告。要培育从事重大事项社会稳定风险评估的咨询机构或评估机构，推进由独立的社会中介机构进行评估的机制，增强评估的客观性和公正性。对应评估而不评估，或评估走过场，或不按评估决定执行，引发社会不稳定问题的，纪检监察机关、组织人事部门和维稳办、联席办要按照有关规定，严肃追究有关人员的责任。社会稳定风险评估要提高办事效率，防止因办事拖拉影响工作。

6. 坚持依法行政和公正廉洁执法。牢固树立以人为本、执政（执法）为民的理念。坚持依法行政，加大《全面推进依法行政实施纲要》、《湖南省行政程序规定》等的实施力度，完善行政执法体制和机制，健全行政执法程序，建立行政自由裁量基准制度，深化政务公开，强化行政行为监督和执法责任追究，推进政府行为法治化。坚持公正廉洁执法，提高执法公信力。进一步深化司法体制和工作机制改革，不断加强执法规范化建设，大力推进“阳光执法”，努力实现法律效果、社会效果和政治效果的有机统一。深入推进党风廉政建设和反腐败斗争，认真贯彻落实“标本兼治、综合治理、惩防并举、注重预防”的方针，严肃查处各类违法违纪案件，形成全社会参与反腐倡廉的强大合力，努力减少权力腐败，增强人民群众对党和政府的向心力。

7. 畅通民意和群众诉求表达渠道。坚持疏导为先，畅通人民群众的利益诉求正当表达渠道，提高公众参与决策的程度，完善民意调查方式，注重网络民意沟通，形成方式多样、规范有序、畅通高效的意见和诉求表达机制。完善各项信访工作制度，全面推行“信访绿色通道”，各级党政领导要直接听取群众诉求，带头接访、定期走访，亲自解决群众实际困难和问题。要教育和引导群众依法维护自身的合法权益，在行使自己权利的时候，不得损害国家的、社会的、集体的利益和其他公民的合法权利，维护社会正常秩序。要高度重视社会心理和谐，优化社会心态。以塑造健康向上、理性平和、自尊包容的社会心态为目标，积极做好社会心理调适工作，及时准确地发现、掌握和解决好群众心理问题，尤其要关注各种利益群体的心态变化，引导群众理性评价社会现象。建立健全心理健康服务体系和法律援助体系，对遭受挫折后无信心、无希望、无法纪意识、无精神信仰的“失意群体”，积极开展心理疏导与法律援助，帮助解决他们的生活困难和问题，避免发生伤害自身、报复社会的极端行为和群众性事件。

三、积极排查和化解社会矛盾，努力把问题解决在基层和萌芽状态

8. 加强社会矛盾纠纷排查。按照专门队伍和发动群众相结合的方针，建立健全矛盾纠纷信息搜集工作队伍，完善公安“大情报信息平台”，及时掌握社会各方面、各领域的动态。建立矛盾预警机制，坚持矛盾纠纷经常性排查、阶段性排查和专项排查有机结合，全方位、多层面、滚动式地深入开展调查摸排工作。乡镇（街道）每半月、县市区每月要组织一次排查，重要时段随时排查；有关部门也要建立矛盾纠纷排查工作机制，切实做好本部门本系统矛盾纠纷排查工作。要加大对重点领域、重点行业、重点群体、重点人员中隐患苗头的排查力度，对发现的问题及时预警报告，努力将其化解在基层和萌芽状态。

9. 健全完善矛盾纠纷“大调解”工作体系。综合运用法律、政策、经济、行政等多种手段和教育、协商、疏导等多种办法，把人民调解、行政调解、司法调解、群众团体调解、行业协会调解、中介组织调解有机结合起来，建立联调联动的“大调解”工作机制，统筹化解矛盾纠纷。不断巩固和发展由党委、政府领导的以人民调解为基础，人民调解、行政调解和司法调解相互衔接的“三调联动”工作机制，继续推行在公安派出所、交警队、法院（法庭）、检察院设立人民调解室等工作平台，积极推行诉讼前告知人民调解、诉讼中委托人民调解、诉讼后执行和解调解，加强人民调解与刑事和解的衔接；进一步发挥县级矛盾纠纷调处中心、乡镇（街道）综治维稳中心在调解矛盾纠纷中的作用，可采取流动调解庭的形式，对可能造成重大影响的矛盾纠纷主动上门、及时化解。充分发挥社会中介组织、行业管理组织、群众自治组织以及社会志愿者在化解社会矛盾中的优势和作用，建立完善安全生产、医患纠纷、学生意外伤亡、劳动争议、交通事故、征地拆迁、食品药品安全、环境污染等重点领域的行业性、专业性调处机构，努力在第一时间、第一地点低成本、高效率地化解矛盾纠纷。

10. 加强群体性事件处置工作。完善各级各部门预防和处置群体性事件的预案，做好有序有效应对各种突发事件的充分准备。坚持对党政领导和有关部门负责人进行预防和处置群体性事件的定期培训，省、市两级党校在主体班开设预防和处置群体性事件的课程，作为党政干部教育培训的必修课。省、市两级公安、武警、民兵应急分队每年至少举行一次现场处置群体性事件的联合演练，提高协同能力，磨合实战细节。各县市区建立健全维稳情报信息员队伍和维稳网络评论员队伍，不断提高事前预警和网络应对能力。进一步完善党政领导、有关方面负责人参加的群体性事件联合指挥处置机制，坚持党政领导干部第一时间到群体性事件一线做工作。处置群体性事件，要高举维护群众利益、维护法律尊严、维护社会稳定的旗帜，坚持慎用警力、慎用强制措施、慎用警械和武器，注重从根本上解决问题，尽快平息事态，防止事件反复，实现长治久安。

四、创新社会管理机制，妥善解决突出问题

11. 创新流动人口服务和管理机制。认真贯彻落实《湖南省流动人口服务和管理规定》（省政府令第238号），积极推行“以证管人、以房管人、以业管人”的流动人口服务管理新模式。实行流动人口居住证制度，使居住证成为进城务工经商的外来人员办理住房登记、子女入学、劳动就业、社会保障、医疗卫生、妇幼保健、计划生育以及各种证照等事务的权益型、服务型证件，实现流动人口服务管理"一证通"。社区要推行流动人口一站式服务，统一使用省流动人口服务管理综合信息系统，公安、人力资源和社会保障、计生、工商、税务、房产等部门共享信息资源。各地要根据城镇化发展水平和实有人口数配备流动人口和出租房屋协管员，并通过财政预算安排一定经费用于流动人口和出租房屋管理工作，适时全面准确地掌握城镇出租房的动态信息。强化用工单位的流动人口服务管理责任，机关、企事业单位、社会团体要各负其责，切实履行好对流动人口的服务管理职能。要做好省外特别是新疆、西藏自治区少数民族来湘务工经商、求学人员的服务管理工作。创新境外人员服务管理方式，形成党委、政府有关部门权责明确、协调统一的工作联动机制。

12. 创新特殊人群帮教管理和服务机制。建立健全省、市、县三级社区矫正工作体系，加强对监外服刑人员的教育矫正、监督管理，提供技能培训和就业指导。进一步加强刑释解教人员的安置帮教工作，开展服刑在教人员出监出所前的培训，强化社会适应性训练。扩大省星城监狱的出监培训规模，同时依托服刑人员劳动改造项目技术优势，有选择地办好几所监狱出监培训监区；劳教所要结合劳动教养工作开展出所技能培训。建立和完善刑释解教人员的衔接帮教机制，对有重新违法犯罪倾向和无家可归、无业可就、无亲可投的，姓名、身份、住址不明的人员，落实必送必接和有效安置机制。"十二五"期间，全省刑释解教人员平均安置帮教率达90%以上。加强对农村留守儿童、社会闲散青少年、流浪乞讨未成年人、服刑在教人员未成年子女等的教育、管理和服务工作，尽量解决其生活、就学、职业培训等问题。加大对有危害社会倾向和行为的精神病人和违法犯罪艾滋病人员、涉毒人员等高危人群的收治管控力度，防止漏管失控。创新监管场所服刑在教人员的医疗模式，在继续办好省监狱系统长康医院的同时，选择符合条件的医院的医务人员定期到监管场所门诊，选择符合条件的医院设立特别监护病区，解决重大疾病关押人员监外就医治疗问题。

13. 创新社会组织管理机制。加快政府职能转变，把一部分政府原有的按规定应该转移的职能交由社会组织承担，加快建设法治政府和服务型政府。积极稳妥地培育发各类自治组织、行业协会、志愿者团体和会计师事务、审计师事务、律师事务、评估、咨询、仲裁、鉴定、就业等中介机构组织。努力引导社会组织加强党建工作和参与社会管理、社会服务、社会公益事业。要积极推进公安机关与保安公司"管办分离"，单位、社区和商业性的文体节庆保安业务交由具备资质的保安公司承担，让警察腾出精力更好地完成本职警务工作。加强对社会组织的审批登记和日常监管工作，严密防范、依法查处境外非政府组织在湘的违法犯罪活动和省内少数社会组织存在的违法犯罪行为。

14. 创新虚拟社会综合管控机制。构建各管理部门和相关单位各负其责、密切配合的虚拟社会管理格局，即互联网信息内容管理由宣传部门负责、互联网行业管理由通信管理部门负责、互联网安全监督由公安部门负责，国家安全机关依法打击利用互联网从事危害国家安全的违法犯罪活动。由宣传部门牵头，健全网上舆情引导处置机制，按照及时准确、公开透明、正确引导、有效管理的要求，做好互联网的宣传报道和舆论引导工作，完善重大事件舆情预警和负面舆情防控机制，及时、真实报道重大案件、事件处理进展情况；整合有关部门力量，建立一支专兼结合、综合素质较高、覆盖各行各业的网评员队伍和舆论引导队伍，主动占领网络舆论的制高点。逐步在县市区充实公安网络监管专门力量。电信运营企业在升级、改造其网络和设备时，同步规划网络安全监察手段建设。

15. 创新社会治安联防联控机制。坚持"打防结合、以防为主"，加强社会治安防控体系建设。建立健全街面防控网、社区防控网、单位防控网、视频监控网、区域警务协作网、虚拟社会防控网等"六张网"。要加强城镇治安电子防控系统的建设、应用与维护，小区、机关、学校、医院、银行、商店、网吧、娱乐场所以及机场、车站、码头要负责自身的电子防控设施建设，并与公安机关联网；农村要推行简易技防入农户。同时，开通省、市、县与基层派出所监控系统四级视频联网，实现全省视频信息统一调度和共享。加强治安巡逻队、专业保安服务队等群防群治队伍建设；建立平安志愿者队伍,在长途客运车司机、出租车司机、公交车司机、环卫工人、邮递员、送水工、送奶工、酒店服务员、网吧管理员、保安人员、废旧物品收购人员等特种行业从业人员中物建治安信息员和平安志愿者;在城镇推行"楼栋长"制,在农村推行"中心户长"制,建立以户为基础,联防、联控、联调的治安防范工作机制。创新安全事故预防机制,加强安全生产监管,构筑社会消防安全"防火墙"。同时,不断提升新形势下打击违法犯罪的能力,健全重大案件的扁平化指挥模式、快速反应机制。增强网上侦查破案能力。深化社会治安重点地区排查整治,加强城乡结合部和"城中村"的基础建设、公共服务、社会管理,加大整治力度,从根本上解决一些地区治安混乱的问题。

五、加强组织领导,构建社会管理工作新格局

16. 坚持党委领导、政府负责。各级党委、政府要自觉把加强和创新社会管理摆上与经济建设同等重要的位置,切实加强组织领导。坚持"一把手"负总责、亲自抓,要把加强社会管理创新列入"十二五"经济和社会发展规划,力争在"十二五"期间解决一批影响社会和谐稳定的突出问题。各级党委、政府对社会管理工作要建立健全目标责任制和考核指标体系,将考核结果作为干部使用的重要依据。实行党政主要负责人向上级党委、政府进行综治维稳年度述职制度。综治维稳部门及政法机关要充分发挥组织协调作用,政府相关部门要充分发挥职能作用,推动社会管理创新工作深入开展。按照用群众工作统揽信访工作的要求,建立健全"党和政府主导的维护群众权益机制",完善县级和乡镇(街道)综治维稳中心及信访机构,进一步健全群众工作机制。村(社区)可以参照洞口县的做法,由县、乡两级国家机关工作人员成立群众工作组,每月定期到村(社区)工作,听取群众意见,帮助反映和解决问题。形成县、乡、村三级群众工作网络,使其成为受理群众诉求、解决群众困难、做好群众工作的综合平台。

17. 坚持社会协同、公众参与。各级党委、人大、政府、政协要广泛动员各部门及工会、共青团、妇联、基层自治组织、企事业单位、社会中介组织、社会工作者、人民群众等力量参与社会管理和服务,形成社会管理人人参与、人人共享的良好局面。要组建一支参与者众、服务面广的志愿者队伍或义工队伍,多渠道全方位地参与社会管理和公共服务,使其成为社会管理与服务的重要力量。

18. 充分发挥社区在社会管理工作中的作用。进一步加强基层党组织和居(村)委会自治组织建设,推进社区"四有一化"(有人管事、有钱办事、有处议事、有章理事,构建区域化党建格局),把社区(村)建成党和政府进行社会管理的基层支撑点和落脚点。制定好"十二五"社区(村)服务体系建设规划,加强社区服务中心和其他公益性服务设施建设,并注重向城市困难群众居住集中的社区倾斜。政府及各职能部门委托社区(村)办理的有关工作事项,要按照"权随责走、费随事转"原则,保证社区(村)必要的工作经费。通过财政适当补助、政府购买服务、辖区内机关和企事业单位资助以及社区(村)兴办的服务实体向居民提供保安、保洁、家政、房屋租赁中介等有偿服务的方式,多渠道筹措社区(村)工作经费。继续抓好社区(村)的办公服务用房建设,通过有效整合各部门社区工作平台(站、所、网点)和加大公共财政投入的带动,采取新建、改造、置换、划拨等措施解决。单位型社区可由单位提供办公用房;旧城改建和新建社区的办公用房,可通过纳入土地招拍挂事项,由开发商无偿建设提供。深入开展平安社区(村)创建,建立健全与社区(村)管理相适应的治安综治、诉求表达、利益协调、矛盾调处和公共安全事件应急管理等机制,促进城乡基层和谐稳定。

19. 强化对社会管理工作的保障。根据加强和创新社会管理的实际需要,加大社会管理工作的经费、设施、装备保障力度。全面提高社会管理信息化水平,推动部门间信息资源共享,构建全省统一、安全、可靠的电子政务网络。加强重点设施建设,每个市州和刑释解教人员较多的县(市)要建1个刑释解教人员过渡性安置基地;加快集中收治肇事肇祸精神病人的省安康医院建设;在监狱、劳教、公安分系统建立违法犯罪艾滋病人员等集中收治关押中心。3年内在每个市州新建或改建一所青少年工读学校。加强法院"两庭"、检察院"两房"、公安基层所队、基层司法所等办案办公用房建设。"十二五"期间,根据中央统一安排,新增一定数额的政法专项编制,用于充实社会管理工作力量。

湖南省制定《2010年度省直和中央驻湘单位社会治安综合治理考评办法》

湖南省从2007年开始，将省直和中央驻湘单位纳入社会治安综合治理考评，做到了纵向到底、横向到边，为此，专门成立了省直综治委，制定了考评办法，并在实践中不断完善。2009年，对全省267个省直和中央驻湘单位2009年度社会治安综合治理工作进行了考核评估，评选出了平安单位22个（连续三年先进单位），先进单位65个，合格单位181个，基本合格单位12个，对6个省直单位实行了“一票否决”（其中正厅级单位2个，副厅级单位2个），对3个省直单位实行了“黄牌警告”（其中正厅级单位2个），有力提升了全省社会治安综合治理和平安创建的整体水平。2010年，省综治委根据有关综治工作的文件、法规，对考评办法作了进一步修改完善。主要内容如下：

一、明确考评对象和内容

省直和中央驻湘单位综治考评的对象为副厅以上机关、事业单位和大型企业单位共281个。对未列入考评的有主管部门的省直和中央驻湘单位按照“谁主管、谁负责”的原则，由单位上级主管部门进行考评，其他未列入单位按照“属地管理”的原则，由所在市州、县市区综治委进行考评。考评按百分制计分制定《考评细则》，考评内容分各单位综治工作自评、省直考评单位考评、所在市州考评三大部分，分别占10分、60分、30分。考评将省直和中央驻湘单位社会治安综合治理工作分为先进、合格、基本合格、不合格四类，其中先进单位20%，合格单位70%，其余为基本合格和不合格单位。不合格单位为“黄牌警告”和“一票否决”单位。每组推荐的先进单位中，有二级机构的单位不得少于50%。考评办法规定，对单位发生较大以上群体性事件、党政领导班子成员发生严重违法犯罪案件等11种情形的，给予“黄牌警告”；对其他符合“一票否决”情形的，按照中央综治委或省委、省政府关于社会治安综合治理“一票否决”的规定实施。所辖二级单位中出现一个“黄牌警告”或“一票否决”的，或辖8个（含）以上二级单位的单位二级单位中出现两个“黄牌警告”或一个“一票否决”的，该单位当年不能评为先进。

二、加强考评工作组织领导

为加强对省直单位综治工作考评的组织领导，成立由省综治办、省直机关工委和省委办公厅、省委统战部、省委政法委、省委农村工作部、省政府办公厅、省发改委、省经济和信息化委员会、省教育厅、省科技厅、省住房和城乡建设厅、省商务厅、省国资委、人民银行长沙中心支行、湖南保监局、省国防科工局等小组牵头单位及省维稳办、省联席办、省公安厅、省国家安全厅、省驻京维稳劝返办、各市州综治委等考评单位组成的省直考评领导小组，下设办公室，由省直综治办负责考评的具体组织工作。考评领导小组组成单位根据考评细则的要求牵头组织各相关单位考评。各组成单位依据考评办法所赋予的任务，负责考评打分或提供基本情况；要求各单位认真、积极、严肃地对待考评，如实、及时地提供相关资料，对不负责任、不认真执行本办法规定，以及瞒报、迟报案（事）件的，实行责任查究。

三、规范考评工作程序

考评工作采取被考评单位自评、考评单位打分或提供情况、考评领导小组牵头单位分别考评打分、省直综治办和省综治办抽查考察等四种方式进行。平时考评与年终考评相结合，以平时考评为主。各考评单位建立工作台账，对领导班子成员严重违纪违法案件、群体性事件及非正常上访、危害国家安全案（事）件、“法轮功”及其他邪教案（事）件、刑事案件、治安案（事）件以及交通、火灾事故等情况登记造册，分别于5月上旬和11月上旬将半年和全年情况报省直考评办和省综治办。11月25日前，省直考评办综合各组考评意见，将考评结果通报各被考评单位，并至少安排三个以上工作日进行复核，再形成分类结果和奖惩意见提交省直考评小组、省直综治委审议后，报省综治办请交省“五部委厅”会议审议，省委、省政府决定。

四、严格考评奖惩

省直和中央驻湘单位社会治安综合治理考评结果报请省委办公厅、省政府办公厅发文通报，并提供给省纪委、省委组织部、省人力资源和社会保障厅作为有关评价依据，直接转换为绩效考核综合得分。省直和中央驻湘单位社会治安综合治理先进单位和平安单位，由省委、省政府表彰奖励，并分别授予奖牌、颁发奖金。连续三年考评进入先进类的为平安单位。对平安单位实行动态管理，连续三年考评未进先进或当年考评为基本合格或不合格的，取消其平安单位称号。对应“一票否决”和“黄牌警告”的，分别由省综治委下达社会治安综合治理“一票否决”和“黄牌警告”决定，责令限期整改。被“一票否决”的单位按照《湖南省执行社会治安综合治理一票否决权制实施办法》(湘办发[2007]11号)进行责任追究；被“黄牌警告”的单位，当年不得评为文明单位，原被评为文明单位的不能通过复查。

临湘市在农村建立无职党员“综治维稳责任区”

一、抓责任分解，变“无职”为“有职”

该市有无职党员1.47万名，分布在全市各个村组和社区，平均每个村组(社区)有45名无职党员，是维护基层和谐稳定不可忽视的力量。为有效发挥广大农村无职党员的作用，他们从引导党员联系群众户着手，给无职党员明确了岗位职责。

1. 划分维稳区域，选好人。按照“群众推荐与党员自愿报名相结合，支部推荐与乡镇党委考察相结合”的原则，在各村中挑选一批公道正派、懂法晓理、身体健康、热心综治工作的无职党员，担任责任区综治维稳责任人。并按照每名农村无职党员根据居住地、亲缘关系、行业特点，各联系10－15户群众的方法，组成一个综治维稳责任区。目前，全市共有278个村6358名无职党员参与创建活动，共划分了3207个责任区，联系群众达10余万户。

2. 明确岗位任务，守好岗。维稳责任人的主要日常工作就是利用地缘熟、群众信任的优势，随时排查矛盾纠纷，捕捉综治信息，每隔半个月将收集到的相关信息上报村党支部。特别是发现重特大不稳定因素时要立即上报，率先介入调处。乡镇党委建立责任区党员工作档案和“两册三薄”(即党员名册、联系农户名册、矛盾纠纷调处登记簿、要情报告登记簿、不稳定因素排查登记簿)，每季度召开一次工作讲评会，村党支部每月召开一次党员会议，做到情况清、底子明、落实好。

3. 强化工作责任，定好责。各责任区维稳责任人与联户群众签订出家庭治安责任书，由各村党支部在责任区设立公示牌，公开责任区党员和联系农户姓名、联系电话，使每个维稳责任人身上都有一根维稳责任线。各乡镇按照“三明确一承诺”，即明确党员维稳责任区创建的意义，明确具体工作责任，明确党员应尽的义务，承诺所联系群众不发生影响稳定的事件的要求，通过层层召开动员会、发放宣传资料等方式，对每个岗位的职责进行强化。

二、抓工作落实，变“无为”为“有为”

为了切实抓好农村维稳工作，该市要求各责任区责任人按创建要求，深入联户群众，用自己的实际行动做群众的贴心人，切实维护人民群众的权益。

1. 维民权，当好矛盾纠纷的调解员。责任区党员坚持每天至少到两至三户群众家中进行走访座谈，广泛宣传党的方针政策和法律法规知识，认真听取和反映党员群众意见和要求，做好各类矛盾纠纷排查调解工作，努力把矛盾纠纷化解在萌芽状态。此外，还挑选一批最具影响力的无职党员，成立村级维稳调解站，实行全天候轮流值班，专门对村内的矛盾纠纷进行排查化解，将可能引发矛盾的问题控制在最小范围内。

2. 保民安，当好综合治理的守护员。为防止入室盗窃、盗伐林木、盗窃农机具等违法犯罪行为发生，各村将党员组织起来成立了联防队，建立了商铺联防、护林防盗工作制度并长期坚持，治安防控水平大幅提升。对刑释解教人员、法轮功邪教分子由各责任区党员做好帮教工作，及时掌握动态，做到不松懈、不脱管，确保无新的违法犯罪活动出现。

3. 解民忧，当好经济发展的服务员。责任区党员带头参与新农村建设、产业结构调整、村集体土地承包租赁、留守儿童看护、村务管理、计划生育、公益事业等涉及群众切身利益的重大事务。各村还成立帮扶活动小组，大力推进“双联”活动，结合党员的人员情况和辖区困难家庭实际情况，组织党员以联系一个富裕户和一个贫困户的形式，在他们之间搭建桥梁，建起各种产业链，在信息、技术、资金等方面向贫困户提供指导和帮助，使贫困户尽快脱贫致富。

三、抓机制保障，变“无位”为“有味”

为使党员责任区创建活动长期推进，增强广大无职党员的创造力、凝聚力和战斗力，该市不断建立健全责任区党员的教育管理机制，着力巩固创建体系。

1. 建立组织领导机制，提高农村无职党员政治地位。该市成立了以市委书记任组长，分管党群的副书记任副组长，各乡镇党委书记为成员的“农村无职党员综治维稳责任区”领导小组，负责全市责任区创建工作的组织、协调。各乡镇也成立了相应的工作机构，制订了工作方案，安排了专门经费，明确了专人主抓，在农村真正形成了由下至上，一级对一级负责，层层抓落实、环环相结合的工作格局。并在省、市主流媒体上宣传责任区创建工作，营造良好的舆论氛围。使无职党员在社会生活中有了更具体的责任，管事有了名分，说话有了底气，做事有了信心。

2. 建立教育培训机制，提升农村无职党员综合素质。该市注重从强化思想教育入手，大力开展无职党员教育培训，着力提高党员素质。各乡镇成立了专门的学教小组，组织农村无职党员认真学习党的方针政策、法律法规，教育引导无职党员带头执行政策、带头遵纪守法。并充分利用农村党员现代远程教育、街镇党校和村党员活动室等平台，通过文字教材、音像资料、报纸杂志等资源，采取“流动授课”与“农家课堂”对接的方式，以“组织出菜单，党员来点菜”为运作模式，充分整合培训资源，搞好实用技术培训，不断提高他们接受新事物、应用新技术、带头致富的能力，使他们成为懂技术、会经营、善管理，能带领群众依靠技术致富的骨干队伍，把“弱势”转化为“优势”。

3. 建立考核激励机制，激活农村无职党员工作热情。统一出台了《党员综治维稳责任区工作考核细则》和《“十佳”党员综治维稳责任区考评办法》，各乡镇年终根据责任区党员履职情况及责任区内社会稳定状况，采取群众推荐、乡村考核的方式，对各党员综治责任区进行全面考核评比，并将考核结果纳入党员个人业绩档案。对工作积极、取得一定成绩的党员给予通报表彰和一定的物质奖励，对表现突出的年轻党员推荐为村级后备干部。市里在每年“七・一”期间开展争创“十佳”党员综治维稳责任区评比表彰活动，总结推介好的做法与经验，切实增强责任区党员的荣誉感和使命感，提高他们的工作积极性。

益阳市采取预警挂牌手段推进重点整治工作

一、直面问题，抓住整治重点

该市一改过去对社会治安问题怕暴露、怕上报、怕督查的心态，要求全市各级、各相关部门敢于正视问题，不怕"亮丑"，真正把问题找准、底子摘清，明确攻坚目标。一是深入排查摸"下情"。2010年2月5日全省社会治安重点地区排查整治工作电视电话会议召开后，在春节、全国"两会"和"五一"世博安保前夕，以城乡结合部、城中村、集贸市场、客运市场、休闲娱乐场所为重点，分别开展了一次"拉网式"排查。同时，从3月份开始，市综治办、市重点整治办每周收集一次摸排情况。全市共排查出重点地区16个、重点部位252处、重点问题17个。"5.3"全国、全省综治维稳工作电视电话会议召开后，综治、教育、公安等部门，联合对全市1492所公办学校、504所民办学校进行了全面排查，共发现25所学校存在110处安全隐患。同时，围绕铁路沿线，共排查出行人穿越线路、违章建筑、私设土道口等问题103处。二是明察暗访摸"实情"。市综治委领导挂帅，组织相关部门定期开展督导检查。2010年来，市委常委、政法委书记、市综治委副主任陈冬贵亲自带队，先后4次深入区县(市)进行明察暗访。在了解到"黄、赌、毒"问题有所反弹的情况后，又专门听取了相关情况汇报，着重就特殊病人贩卖毒品问题进行会商调度，着手建立"特殊涉毒病人违法犯罪收治中心"。5月4日，市委办、市政府办下发了《关于组织对学校幼儿园安全工作进行专项督查的通知》。5月5日至7日，由市委常委、政法委书记陈冬贵同志牵头，从相关部门抽调人员组成联合督查组开展专项督查。三是综合分析摸"民情"。坚持以民意作为工作导向，对杀人等严重暴力犯罪、黑恶势力犯罪、抢劫、抢夺、入室盗窃、吸贩毒等直接影响群众安全感的指标进行了比较，并在2010年"3.19"全市社会治安综合治理专题会上予以解读通报，特别以"吸贩毒现象"业务工作在全省排名第一、民调排名位列12为典型，深刻剖析，查找症结，切实整改。

二、创新手段，跟踪突破难点

突出社会治安问题是人民群众关心的热点，也是整治的难点。为确保整治成效，益阳市遵循社会管理创新的思路，以用好用活预警挂牌手段为突破口，责任下压、任务分解、跟踪问效、一治到底。一是预警挂牌。去年上半年，该市就开始运用预警挂牌手段，对吸贩毒、公共场所扒窃、"两抢一盗"、聚众赌博等问题突出的重点地区进行整治，社会治安秩序明显好转。2010年，该市结合各地上报、明察暗访和民调综合分析情况，下发了《关于对龙光桥镇等17个乡镇(街道)及特殊人群吸贩毒问题进行挂牌整治的决定》，将桃江、赫山区、资阳区、南县、大通湖、沅江等6个区县(市)列为重点整治地区，8个区县(市)的16个乡镇、街道列为重点地区(部位)，并全部上报省综治委，请上级领导机关给予监督指导。根据摸排的情况，还逐一给重点地区、重点部位存在哪些突出治安问题列出"清单"，从3月份开始，限期三个月内整改到位。二是动态管理。制定了《全市社会治安重点问题、重点地区评估考核标准》，包括列入挂牌、考核验收两个标准。列入预警挂牌的主要标准是：发生综治考评"黄牌警告"或"一票否决"情形之一、60%以上被暗访群众对社会治安整体评价不佳的列入重点整治名单。考核验收标准：软件方面包括有专门班子、有整改方案、有督查情况、有工作总结；硬件方面包括与整治前后三个月对比，60%以上被暗访群众反映社会治安秩序较整治前有明显好转，整体评价达到较好以上。严格对照标准，以三个月为期限开展评估考核，动态管理全市重点问题、重点地区整治工作。今年该市的重点整治地区、部位从去年的13个乡镇(街道)扩大到了16个，继续挂牌整治的有3个，新列入的13个，重点整治问题由去年的8个变为今年的5个，并将特殊涉毒病人整治继续列为全市的工作重点。三是攻坚克难。对挂牌整治的突出问题，市综治委组织各方力量，集中整治，限期到位。该市资江沿线砂石市场秩序比较混乱，群众意见较大，市委、市政府根据市综治委的评估建议，将其列入今年社会治安重点地区排查整治内容。市里成立了由市委书记、市综治委主任马勇亲任组长的资江砂石市场整治领导小组，并于4月25日召开了有市委、市人大、市政府、市政协四大家班子成员出席，市直单位一把手以及资江沿线区县(市)党委、政府、沿线乡镇(街道)党委书记、村支部书记参加的高规格会议。市长胡衡华主持。马勇书记作重要讲话。经过一个多月的集中整治，资江沿线60多条挖沙船全部停挖，业主全部签出了停挖协议书。各项整治工作稳步推进，获得了较好的社会反响。四是责任挂钩。对预警挂牌三个月验收不合格的，继续挂牌三个月，仍然整治不到位的给予“黄牌警告”或者“一票否决”。去年，市综治委对3个乡镇、1个市直单位予以了“黄牌警告”，并对去年重点问题、重点地区考核验收不达标，相关工作群众满意率较低的3个区县(市)等14个单位的主要负责人进行了集体诫勉谈话。2010年，该市进一步将重点地区、重点部位的责任单位明确为相对应的区县(市)主要领导及分管领导。

三、完善机制，常态治理热点

认真总结和反思近年来开展的系列重点整治行动，最大的经验就是要跟踪问效，整治一处，管好一片；最大的教训是缺乏机制，没有实现常态管理，跳不出“整治之后反弹再整治”的恶性循环。为此，主要抓了三个方面：一是调度会商机制。坚持分线分块调度与个别单位重点调度相结合，实行月会商、季点评、年总结，跟踪督导落实整治情况。市综治委分别对“黄赌毒”问题、特殊病人贩卖毒品、入室盗窃等重点问题以及相关重点地区进行了5次调度会商。4月份以来，市综治办、市重点整治办组织相关部门先后2次进行督查暗访，3次召开专题会议进行会商研究，督促对入室盗窃、吸贩毒等问题逐一整改落实。二是定期排查机制。按照“属地管理”和“重点问题重点排查”的原则，由各级党政部门组织，市、区县(市)、乡镇(街道)综治部门具体负责，分地区、分单位、分行业定期进行排查。各街道、系统每半月排查一次；区综治办每月排查一次，市综治办每季讲评一次，每半年小结一次，年终总结一次。三是责任追究机制。明确规定各地党政一把手为重点整治工作的第一责任人，负总责；分管政法工作的领导为直接责任人，负直接责任；综治委各成员单位则按照“谁主管、谁负责”的原则，负相应责任。规定期限内整改不到位，被“黄牌警告”或“一票否决”的，一律按相关规定追究责任人责任。

开拓创新抓调解　三调联动促和谐

中共资兴市委政法委

一、落实三项措施

(一)在网络建设上下功夫。以市乡综治办、乡镇(街道)司法所为主要依托，不断加强基层组织建设，形成了纵向到底、横向到边的调解组织网络。市、乡两级普遍建立了由党政领导挂帅，司法行政牵头，有关职能部门参与的调解工作领导小组和社会矛盾纠纷调处中心，并对所有村(社区)和企事业单位的人民调解委员会进行全面整顿，设立调解庭(室)，调整充实人民调解员队伍，指导调委会建立和完善了各项调解制度。在村组、社区居民小组普遍建立了调解小组，还在农村基层推行了“十户三员制”，即以十户为单位，设立人民调解员、纠纷信息员、法制宣传员。全市的大中型企业也基本建立了人民调解委员会，真正做到哪里有群众，哪里就有调解组织，哪里有纠纷，哪里就有调解员去做工作。目前，全市有社会矛盾纠纷调处中心38个，其中乡镇(街道办、开发区)29个，厂矿企业9个，专职人员46人，警司联调室4个,专职人员4人,法院调解室一个,专职人员2人,村(居)调解委员会297个,义务调解员2967人。

(二)在责任落实上下功夫。坚持化解社会矛盾"村(单位)为主"的原则,把人民调解工作的成效与人民调解员的工资、奖金挂钩,充分调动人民调解员的工作主动性和自觉性,真正做到小事不出组(单位),大事不出村(部门),重大纠纷不出乡镇(市)的工作目标,将社会矛盾控制在源头、化解在基层,并制定了人民调解员管理制度、奖罚制度、问责制度,实现以制度管人,管事。通过"大调解"工作,涉法上访总量和越级上访、重复上访大幅下降,80%以上的纠纷控制在村组、社区,化解在萌芽状态,有力地维护了基层社会稳定。

(三)在基本保障上下功夫。市乡两级财政和自治组织均依据本辖区社情预算了调解经费,用于人民调解的工作经费,以确保人民调解工作的健康、持续发展。市委、市政府在人力、物力、财力上给予了大力支持。市财政每年预算10万元三调联动专项办公经费,为三调联动工作顺利开展提供必要的条件和保障。

二、创新三种模式

(一)创新司法机关对"三调联动"的管理模式。一是建立纠纷分流处理机制。在法院立案大厅设立调解中心,选派具有较强调解能力的法官及经过一定程序聘请的调解员组成专门调解机构,负责庭前调解,对一些未经人民调解委员会调解的家事案件、小额的债务纠纷以及小额损害赔偿纠纷、邻里纠纷等一般民事案件和因民间纠纷引发的轻微刑事案件,积极引导当事人选择人民调解组织调解。二是建立诉讼内委托调解机制。案件进入诉讼程序后,对于有可能通过调解解决的,采取委托社会人士或者人民调解员参与调解,有效化解矛盾纠纷。三是建立纠纷就地化解机制。对于人民调解委员会调解未成的纠纷,当事人要求诉讼的案件,实行就地立案;对于审理涉及人民调解协议的案件、人民调解委员会调解未成功的案件以及审判站的案件实行先行调解制度。四是建立联系人制度。在全市各乡镇建立起了一个联系网络,由立案调解中心专门安排审判人员与各乡、镇、村主要干部保持联系。遇到属于该乡、镇、村的案件,及时与他们取得联系、进行沟通,通过他们了解事实真相,同时通过他们协助调解工作。五是建立培训制度。以抓好人民调解员的业务培训为重点,充分采取举办调解工作专项培训班、庭审观摩、法制宣传等多种行之有效的形式,有计划地对人民调解员进行培训。同时,每年精选一批典型案件,组织人民调解员旁听庭审,提升人民调解员的调解技巧,使人民调解员能针对纠纷产生的原因、纠纷的特点以及当事人对纠纷所持的态度等方面,因案而异地开展好人民调解工作,提高矛盾纠纷的调解率。要积极开展刑事和解制度化探索,逐步规范化,制度化。

(二)创新行政机关对"三调联动"的管理模式。一是超前化解可能引发矛盾纠纷的苗头性问题。各乡镇各部门坚持排查在前、疏导在前、稳控在前,对属于共性的或因政策不完善、执行不到位可能引发问题的苗头隐患,实行风险评估制度,及时优化政策,成批化解矛盾;许多地方优先安排财力、物力、人力,办了许多顺应民意、化解民忧、为民谋利的实事好事。二是领导包案化解疑难复杂矛盾纠纷。地方党委、政府"一把手"发挥示范带动作用,亲自抓重大矛盾纠纷的解决和化解,带头接访、下访,把涉及面广、时间跨度长、工作难度大的"疑难案"、"骨头案"作为硬指标、硬任务,逐一包案,挂牌督办,限时办结,切实做到了把矛盾纠纷化解到位,把群众反映的问题解决到位。三是边排查边化解解决矛盾纠纷。各地各部门普遍实行了横向到边、纵向到底的全方位排查,坚持因案施策,将矛盾纠纷化解在当地。

(三)创新基层自治组织对"三调联动"的管理模式。一是分级调处机制。进一步强化各级人民调解组织的职责,对于影响较小、涉及面不大的纠纷,由村(社区)调解组织及时进行现场调解;对于社会影响和涉及面较大的矛盾,由乡镇(街道办事处)社会矛盾人民调解中心分流相关部门调解或联合调解;对于影响大、涉及面广的矛盾纠纷,逐级上报以后,由市社会矛盾调解中心协调组织相关力量化解。二是"扫雷"排查机制。对出现苗头的矛盾问题,人民调解主动排查,及时介入,有效化解。在矛盾问题突发时,人民调解员说服教育,帮助群众正确分析问题,寻找合理合法的诉求,引导群众理性对待矛盾,依法解决问题。三是绩效考核激励机制。积极争取财政支持,按照"谁调解、奖励谁"的原则,对成功化解重大疑难纠纷的基层人民调解委员会和调解员,实行按绩奖励,充分调动调解员的工作积极性。四是队伍素质优化机制。选拔聘用一批具有政治法律素质高,工作责任心强,能够胜任重大矛盾纠纷调处工作的首席人民调解员,为传统的人民调解工作注入生机和活力。

三、实现三个对接

(一)落实人民调解与司法调解有效对接。市"三调联动"办与市人民法院联合下发《关于在市法院设立诉前调解室的通知》,完善了诉前调解机制,教育当事人发生纠纷后主动向当地人民调委会申请调解,当事人起诉的,法院会劝导其到所在地人民调委会申请调解,调解不成功的,再由人民法院依法立案审理,从而达到有效节约司法资源、减轻当 事人的诉讼成本的目的。近两年来,资兴市共有100多起纠纷通过诉前调解方式得到解决,市人民法院的民事案件较两年前大幅下降,减少收费10余万元,方便了当事人,减少了当事人的诉讼成本。

(二)落实人民调解与行政调解有效对接。各相关行政职能部门在市"三调联动"办的调派和指挥下,积极主动介入突发性涉众纠纷和重大疑难纠纷的调解工作,充分履行 行政职能。各级人民调解组织则主动介入行政纠纷的化解,利用人熟、地熟的优势,及时、有效地做好人民群众的思想工作,确保行政纠纷的及时化解和行政法规的有效实施。2009年4月,为确保我市医患纠纷依法依程序有效地化解,制定了《关于推行"三调联动"调解医患纠纷的实施办法》,成立了资兴市医患纠纷调解中心,还设立了医疗专家组和法律专家组,为调解工作出谋划策。通过这些措施有效地提高医患纠纷民事调解结案率,避免了案情缴化,为制止"医闹",杜绝民转刑案件的发生,有效控制涉法涉诉上访起到了立竿见影的作用。在医患纠纷调解中心已成功调处了15起医患纠纷,维护了医疗机构、医务人员和患者的合法权益,调解金额达70余万元。

(三)落实人民调解与办理治安案件和轻微刑事案件有效对接。2008年1月,全市在阳安路派出所、三都派出所、鲤鱼江派出所、东江派出所设立人民调解室,运用"三调联动"机制对不够治安处罚的治安纠纷或治安案件中的民事事项进行调解。为了进一步规范本市治安案件的调处工作,2009年7月,市"三调联动"办与市公安局又联合下发了关于《关于分流调处治安案件暂行规定》。人民检察院在批捕、起诉时,对于轻微刑事案件、青少年犯罪案件,对社会危害不大的,则组织刑事和解或委托人民调解组织开展人民调解。通过调解或和解结案的,可以作出不追究犯罪嫌疑人刑事责任的决定。人民法院在审理自诉案件时,对社会危害不大 的轻微刑事案件,委托驻法院人民调解工作室组织和解。和解成功的制作和解协议书,人民法院相应地作出不予追究刑事责任的决定;这样,既化解了社会矛盾纠纷,又提高了办事效力,方便了人民群众,有力推动我市平安和谐建设。

湖南省综治委、办负责人名单

一、省综治委负责人

主　任:李　江　省委常委、省委政法委书记
　　　　　　　　省公安厅厅长
副主任:谢　勇　省人大常委会副主任
　　　　刘力伟　省人民政府副省长
　　　　谭仲池　省政协副主席
　　　　康为民　省高级人民法院院长
　　　　龚佳禾　省人民检察院检察长

二、综治办负责人

主　任:林　勇　省委政法委副书记
副主任:陈　岭　省委政法委副厅级干部
副主任:罗永阳　省委政法委副巡视员

三、内设机构负责人

省委政法委综治工作一室

湖南省各市(州)、县(市、区)综治委、办主任名单

地　区	综治委主任	综治办主任	地　区	综治委主任	综治办主任
长沙市	张湘涛	彭志一	珠晖区	邓光忠	凌　浩
芙蓉区	宋晋武	刘赞乾	南岳区	胡显西	戴德云
天心区	邓鹏宇	李可佳	衡南县	吴旭东	罗友平
开福区	刘文立	朱旭东	衡山县	宋贫农	孙会文
岳麓区	赵福东	陈海东	祁东县	王志武	龙新林
雨花区	郑力虎	刘亚平	石鼓区	尹培国	尹为禹
长沙县	范遵新	黄卫新	蒸湘区	冯加业	汤九生
望城县	袁健康	易志旺	**邵阳市**	鞠晓阳	徐光旗
浏阳市	李家喜	陈典平	邵东县	周　平	朱学明
宁乡县	周意龙	蔡立军	新邵县	陈军渝	王理信
高开区	罗社辉	余　龙	隆回县	黄和健	罗孝光
经开区	陈新忠	邓国辉	武冈市	黄崇清	刘忠来
株洲市	毛爱良	罗高其	洞口县	孙立志	谭国成
天元区	陈远瑞	曾小平	绥宁县	杨章德	袁子玫
芦淞区	尹自力	张　涛	新宁县	谭小君	周　尧
荷塘区	易笑平	凌加强	城步县	李　华	熊少华
石峰区	屈邵阳	晏伯轩	邵阳县	钟经求	朱文左
株洲县	欧阳曦	张高峰	大祥区	姚　文	彭贤强
醴陵市	林伯芝	张国亮	双清区	肖怀贵	肖力丁
攸　县	尹偌昂	李益民	北塔区	朱社德	莫振宇
茶陵县	邓小艳	谭文平	**岳阳市**	黄兰香	刘孝纯
炎陵县	廖少军	刘友德	汨罗市	李冯波	周文华
湘潭市	廖国锋	刘新明	临湘市	毛知岳	何水兵
雨湖区	宋善武	王永龙	华容县	胡秋香	罗良才
岳塘区	傅博华	许志安	平江县	洪志凡	魏经国
湘乡市	周建辉	喻贵胜	岳阳县	汤小娥	颜学进
韶山市	陈震龙	彭学清	湘阴县	金利华	黄群安
湘潭县	谭　勇	翁建培	岳阳楼区	漆　胜	瞿法林
高新区	刘硕科	文复军	云溪区	许　雄	杨重燕
衡阳市	谢恒斌	周玉军	君山区	朱燕冀	邱良辉
衡阳县	刘　健	高孝益	屈原管理区	田明清	刘红旗
常宁市	邓秋云	唐旭胜	经开区	王雨田	方向明
衡东县	彭亚平	赵自文	南湖区	罗　纯	周湖新
耒阳市	熊国华	谷　峰	**常德市**	胡宗清	姚景平
雁峰区	屈国原	姚轲骅	武陵区	廖中义	陈裕坤

地　区	综治委主任	综治办主任
鼎城区	胡　文	丁敬宝
汉寿县	曾　勇	孙国武
桃源县	虞文焱	左立文
石门县	王忠银	刘朝晖
澧　县	丁大勋	邓恢谊
临澧县	李宏秋	祝明海
安乡县	黄兴茂	戴继先
津市市	熊　斌	罗业才
西湖区	彭春生	夏运会
西洞庭	杜　强	焦德福
德山管理区	陈达有	彭建初
柳叶湖	陈本详	胡晓明
益阳市	马　勇	蔡波才
赫山区	胡佐颂	樊冬湘
资阳区	詹望彪	李献丰
桃江县	陈震宇	温达华
安化县	李太原	夏高林
沅江市	蔡光辉	邬合琼
南　县	刘安乐	李国祥
高新区	谭喜华	熊志元
大通湖区	吕尔洲	陈明湘
张家界市	胡伯俊	陈克定
慈利县	谷剑英	向国耀
桑植县	全锦程	王作阳
永定区	戴明清	姚文德
武陵源区	向志刚	刘升旗
娄底市	易春阳	向健勇
娄星区	周世光	李忠勇
双峰县	朱希芳	彭丰高
新化县	刘岚平	邹　林
涟源市	陈晓林	吴应明
冷水江市	刘　杰	曾胜利
郴州市	王碧元	许秋生
北湖区	吴代友	曾晓勤
苏仙区	李明雄	胡贵成
桂阳县	邓芳斌	邓启洪
嘉禾县	李德笑	施　云
临武县	唐国国	唐冬旺
宜章县	廖朝明	黄继茂
安仁县	李旭春	刘爱国
汝城县	曹为民	彭志强
桂东县	黄柱中	陈祥发
资兴市	李　评	蒋晓明
永兴县	陈舒藻	李泽林
永州市	蒋善生	胡安平
冷水滩区	刘会勇	张贻南
零陵区	唐富荣	彭善国
东安县	刘红安	唐双跃
祁阳县	李天明	李文斌
双牌县	唐群英	胡凤开
道　县	赵文旺	李镇江
江华县	黄志坚	胡玉产
宁远县	谭立宏	毛　永
江永县	黄智亮	高云兴
蓝山县	陈海潮	彭忠奖
新田县	谢华民	杨石昆
怀化市	陈善美	田定国
通道县	张海浪	杨进朝
靖州县	胡宏林	林长万
会同县	杨廉喜	粟群勇
洪江区	蒋昌永	李　茜
洪江市	向述照	覃志顺
中方县	殷南蛟	罗明望
鹤城区	杜　杰	曾　友
芷江县	滕文亮	李建军
新晃县	姚连生	廖钟鹤
麻阳县	丁继元	唐国钧
辰溪县	谢景松	黄　斌
沅陵县	张世雄	李宗志
溆浦县	翟　波	谢　华
湘西自治州	周赛保	陈耀朗
吉首市	钟克文	师明社
保靖县	彭正刚	张应国
花垣县	李云信	石兰兰
泸溪县	杨官湖	李建阳
古丈县	张仕金	张仕金
永顺县	田廷棋	全心平
龙山县	吴国荣	欧昌华
凤凰县	滕朝辉	谭　俊

（撰稿人：颜复友
审稿人：林　勇　李　炜）

广 东 省

2010 年社会治安综合治理工作概况

2010 年,广东社会治安综合治理工作围绕推进"三项重点工作"和构建和谐广东、实现"平安亚运"目标,努力开创综治工作新局面,不断提升"平安广东"建设水平。

一、党委政府高度重视,组织保障推出新举措

一是思想认识进一步到位。省委将加强综治工作纳入贯彻落实科学发展观的重要内容,提出"强综治、创平安、促发展"工作理念。汪洋书记提出:从战略上要按照改革、发展、稳定的思路来谋划工作,从战术上要按照稳定、发展、改革的次序来推进工作。各级党委政府切实把综治工作摆到更加突出位置,全省上下形成"抓综治就是抓平安,抓综治就是抓发展"的共识。二是组织领导进一步到位。省委将建设三级综治平台、落实三项重点工作等纳入省领导抓落实的重点事项。在 2009 年基础上,省委、省政府先后就综治基层基础建设、提升综治工作水平实现"平安亚运"、推进社会管理创新、强化综治维稳责任制等下发七个专门文件,并多次召开全省性会议进行动员部署。汪洋书记、黄华华省长及政法委、综治委主要领导多次深入基层调研并提出明确要求,极大推动了综治工作开展。三是措施落实进一步到位。强化督导促落实,对综治基层基础建设进行为期两年的驻点包片督导,对推动基层综治工作起到了立竿见影的效果;强化暗访查落实,对重点整治、亚运安保等工作落实情况加强暗访,及时发现和解决存在问题;强化考核保落实,针对专项行动、重点整治、基层综治平台建设、社会管理重点项目、"平安亚运"等分别出台具体的考核验收办法,严格兑现奖惩,极大调动广大综治干部的积极性。四是工作保障进一步到位。各级党委政府除保障综治正常经费纳入财政预算连年增长外,进一步追加综治基层基础建设投入。省财政直接向欠发达地区 1100 多个镇街增拨综治专项经费共 6000 多万元,近来,各地为加强综治基层基础建设增加投入共 20 多亿元,为全省综治维稳工作打下坚实基础。

二、构建三级综治平台,基层基础建设实现新跨越

坚决贯彻落实中办发[2009]14 号文件精神,全面深入推进县、镇、村三级综治平台建设。截至 2010 年底,全省已全部建好 121 个县级综治信访维稳中心、1603 个镇级综治信访维稳中心,并建立了 31362 个村居综治工作站和 2375 个规模企业工作站。通过近两年的磨合运作,呈现出以下新特点:一是资源整合更加有效。以综治办为牵头、以司法行政、信访为基础,各职能部门各负其责、协调联动,建立"六联"工作机制,形成"一条龙"服务群众、"一竿子到底"解决问题的全新工作模式,构建起大综治大调解新格局。各地什么问题突出,其行政主管职能部门也进驻中心。如珠江三角洲地区的劳动保障所、流动人口服务管理办、应急办等,山区的林业、国土、水利所等;其他部门则采取联席会议方式实行联动。二是力量配备更加充实。全面落实镇街党(工)委书记任综治委主任、副书记任综治办主任,镇街综治办专职副主任高配为副科级(广州、深圳市为副处级),并增配工作人员。以前镇街综治办一般只有 1－2 人(珠三角地区多一些),整合资源建立综治信访维稳中心后一般镇街至少有 6－10 人集中办公,珠三角地区有十到几十人集中办公,很好地解决了基层综治工作有人办事、能办成事的问题。三是工作机制更加完善。按照"五个重在"(重在加强领导、重在整合资源、重在健全机制、重在提高素质、重在解决问题)的要求,建立完善扇形调解工作流程图、"四个一"(一个窗口服务群众、一个平台受理反馈、一个流程调解到底、一个机制考核落实)工作运行机制,使人民调解、行政调解、司法调解得到有效衔接。充分发挥"六联机制"作用,构建县、镇、村三级联动的工作网络,以县级中心为龙头,以镇街中心为支撑,以村居工作站为基础,努力做到"小事不出村、大事不出镇、难事县终结"。四是工作成效更加凸显。截至 2010 年 12 月,三级平台共受理矛盾纠纷 410700 余件,调解 385700 余件,调处成功率 94%。此外,三级综治平台在应急处置和专项工作等方面发挥了重要作用。如开展"平安亚运"四项排查、维护校园安全、化解劳动关系不和谐因素、化解涉法涉诉信访案件等,进一步促进基层社会和谐稳定,努力使三级综治平台真正成为"社会稳定平安阀,百姓心中新包公"。2010 年 5 月王乐泉同志在深圳主持召开全国省(区、市)综治办主任座谈会上对广东三级综治平台建设予以充分肯定。

三、改善民生源头治理,社会矛盾化解取得新成效

一是更加注重机制建设。近年来,广东省委、省政府先后出台了一系列有关矛盾纠纷排查调处的政策性文件,逐步实现矛盾纠纷化解的规范化、制度化。纵向形成省市县镇村五级矛盾纠纷排查调处网络和 3.8 万多个基层人民调解组织,横向以综治信访维稳中心为平台、各职能部门积极主动参与,形成人民调解、行政调解、司法调解紧密衔接的矛盾调处新机制。依托职能部门,在劳资纠纷、医患纠纷、环境污染、安全生产、食品药品安全、交通事故等领域建立专业性、行业性调解组织,提高调解专业化、法制化水平。目前全省在企事业单位建立了调委会 4479 个,区域性行业调委会 320 个。二是更加注重源头治理。省委、省政府积极推进重大事项社会稳定风险评估工作,逐步在重大政策出台、重大项目审批以及征地拆迁等重点领域建立风险评估机制。广州、深圳等地相继出台文件全面实施,取得良好成效。各级党委政府更加注重改善和保障民生,着力从源头预防和减少不和谐因素。如强化社会管理和公共服务管理职能,促进城乡公共服务均等化,实施扶贫开发"规划到户、责任到人",完善省级养老保险调剂办法,实现社会养老保险省级统筹和养老保险关系省内无障碍转移等,目前全省各类社保参保人数和社保基金总量居全国第一。三是更加注重维护群众权益。各级党政领导干部带头落实公开接访、定期下访、巡访、约访、包案等制度。各级政法机关和信访等有关职能部门全力化解涉法涉诉信访案件。2010 年中央政法委向广东交办涉法涉诉信访案件 101 宗,年底已结案息诉 99 宗。省综治委部署每个县级综治信访维稳中心从 9 月起到广州亚运会开幕前,集中力量解决 5 宗以上重大矛盾纠纷,全省共一次性解决了近 700 宗老百姓反映强烈、解决难度大的历史遗留问题。针对年初富士康个别员工跳楼等事件,省政府出台《关于加强人文关怀改善用工环境的指导意见》,大力推动工资集体协商,推行劳动争议调解仲裁建议书制度,实行问题企业约谈制度。综治维稳和公安部门制定《非公企业劳资矛盾苗头情况排查表》和《已发生劳资矛盾的企业清单》两张表,每天滚动排查,各地排查掌握困难企业 18000 多家,帮助企业解决实际问题 3600 多个。四是更加注重联动化解。省综治办与省法院出台了《关于开展诉讼调解与基层综治工作衔接的意见(试行)》,对民事纠纷案件可在法院委托的镇街综治信访维稳中心得到"一站式"解决,打造调解、送达、执行、判后维稳的诉调衔接模式。省法院与省司法厅联合下发了《关于进一步加强诉讼调解与人民调解衔接工作的指导意见》,进一步明确衔接工作要求。省司法厅与省人保厅联合下发《关于建立人民调解与劳动争议调解有机衔接机制的指导意见》,提高了劳动争议调解成功率。2010 年全省共处理劳动争议案件 20 余万宗,有近 80% 通过调解方式得以解决,累计化解企业劳动关系不和谐引发苗头 1 万多起。省司法厅、卫生厅联合下发《加强医疗纠纷人民调解工作的意见》,成立"省和谐医患纠纷人民调解委员会",加强医患纠纷调解。省法院、司法厅和公安厅联合下发《关于建立交通事故案件诉调衔接工作机制的意见》,等等。这些协调联动、相互衔接的调解方式,在实践中发挥了重要作用,取得了明显效果。

四、明确思路突出重点,社会管理创新实现新突破

一是建立社会管理创新领导和工作体系。省委、省政府着力建立党委政府统筹、政法综治协调、有关部门参与的社会管理创新领导体制,以三级综治信访维稳中心(站)为平台,全面推进社会管理创新工作落实。珠海市委拟设立"社会管理工作部",与市委政法委合署办公,相应理顺内设机构及增加人员编制,在各县区将政法、维稳、综治、信访等部门整合成为一个合署办公机构,形成大部制格局,增强综治维稳合力。二是启动社会管理创新综合试点。省委常委会议讨论确定社会管理创新综合试点单位和推进措施,省委办、省府办已批转了省公安厅《关于加快推进社会管理创新的意见》,并即将批转省综治委关于全面推进社会管理创新的指导意见。除深圳市作为全国试点外,省级层面把广州、珠海市作为地级以上市综合试点,另还确定了五个县(区)综合试点。三是推进一批社会管理重点项目。积极推动在大中城市建设一批未成年人特殊(工读)学校、安康医院、强制隔离戒毒所和戒毒康复场所、传染病罪犯监狱和刑释解教人员回归社会过渡性安置基地,将其纳入省"十二五"规划。全省公安机关以信息化为引领,扎实建设"一平台三系统"(公安指挥中心平台,警务综合信息系统、政府各部门联网信息系统、互联网虚拟社会管理系统)、"五个一网"(视频监管一网控、办案办公一网通、信息情报一网综、服务措施一网办、工作执法一网考),突出抓好"六项创新"(创新公安情报信息工作、互联网监管机制、打击犯罪举措、流动人口服务管理、创新队伍管理载体、和谐警民关系途径),取得了明显成效。2010 年 6 月在广东召开的全国公安机关社会管理创新工作座谈会予以总结推广。

五、以人为本服务为先,重点人群服务管理迈上新台阶

一是加强流动人口服务管理。省人大修订《广东省流动人口服务管理条例》,以居住证为手段的流动人口服务管理"一证通"制度 2010 年 1 月 1 日实施。到目前共发放居住证 2360 万张,约占全省流动人口 85%,年底前全省流动人口持证率将达 90% 以上。结合加强全省 1083.4 万间出租屋管理和"企业用人"管理,变传统的"以证管人"为"以证管人 + 以屋管人 + 以业管人"三位一体的管理模式。实行外来工积分入户制度,每年解决 60 万流动人口入户城市问题。二是加强刑释解教人员安置帮教工作。认真落实中办发[2010]5 号文件精神,细化具体实施意见,建立健全了刑释解教人员必送必接、两头衔接和有效安置帮教的协调联动工作机制。2009 年以来,共衔接有刑满释放和解除劳教人员《通知书》的本省籍解教人员 26478 人,帮教 25683 人、帮教率 97%;安置 22506 人,安置率 85%;重新犯罪 187 人、重犯率 0.11%,各项指标均优于中央下达的标准。三是加强在粤外国人管理。省委办公厅、省政府办公厅先后发出《关于加强在粤外国人服务管理的意见》、《关于加强在粤"三非"外国人管理工作的意见》,按照"堵疏结合"的思路,健全完善在粤外国人服务管理和"三非"外国人治理机制。全省建立 106 个街道和社区外国人工作站,全年共清理、遣返"三非"外国人 3169 人,初步实现了"底数清、情况明、发案少"的目标。四是加强镇街和村居(社区)对重点人群的基础服务管理。各地依托镇街和村居工作综治平台,落实对刑释解教、社区矫正、涉毒、涉邪、非正常上访、过激言行、"三非"外国人、服刑在教人员子女、肇事肇祸精神病人、闲散青少年、外来无业人员、独居老人等"十二类"特殊群体的排查登记,有关信息录入综治信访维稳信息管理系统。逐步建立"专业机构 + 社工 + 志愿者"工作模式,分别针对重点特殊人员开展"几对一"社区帮教,落实相关服务管控措施。

六、全力打造"平安亚运","平安广东"建设水平有新提升

按照永康同志提出的"一个确保四个防止"(确保各国运动员、教练员、技术官员和要人的人身安全,防止发生暴力恐怖事件、发生严重影响政治稳定的重大事件、发生重大人员伤亡的恶性事件和重大事故、发生大规模群体性事件)目标,以及"六个不发生"(不发生危害国家安全和社会稳定的重大政治事件、暴力恐怖事件、在"涉亚"场所聚集、滋事和大规模群体性事件、侵害"涉亚"人员人身、财产安全的重大案事件、群死群伤交通、火灾事故和拥挤踩踏等安全事故、影响政法机关形象的公共危机事件)的要求,全力以赴决战亚运安保。亚运会、亚残运会均取得圆满成功,亚奥理事会对亚运安保工作给予高度评价。一是构筑环粤环穗环场馆三大安保圈。充分借鉴北京奥运会和上海世博会成功经验,抓好亚运安保圈建设,筑牢环粤、环赛区市、环比赛场馆三道安保防线。中央综治办在广州两次召开环粤"护城河工程”会议，部署推进环粤安保圈建设。广东先后与湖南、江西、福建、广西、海南以及新疆等省区签订综治和警务协作机制，共筑环粤亚运安保圈。建成56个环粤公安检查站，76个环穗公安检查站，以及12个水路监控点、19个铁路治安检查站，在亚运安保工作中发挥了十分重要的作用。二是组织开展“平安亚运”十大行动。从9月中旬开始至亚残运会结束，在全省范围内组织开展“平安亚运十大行动”，全力抓好反恐实战演练、群体性事件苗头排查、重点人员排查管控、重大刑事犯罪打击、涉枪涉爆涉危物品整治、扫赌扫黄、“三非”外国人清理、交通安全整治、消防安全整治和网络安全运行保障等工作，全面净化社会治安环境，实现“以面保点”。三是加大排查整治力度。省综治委成立“创平安、迎亚运”社会治安排查整治领导小组及办公室，部署开展矛盾纠纷排查调处、突出问题排查整治、安全隐患排查整改、重点人员排查管控等“四项排查”和毒品、制贩假币、拐卖妇女儿童、网络赌博、电话诈骗等突出问题的综合整治。围绕重点人员、重点物品、重点事件、重点部位、重点案件逐一落实防范化解和管控措施。四是充分发挥五个专项工作领导小组和群防群治力量作用。围绕“平安亚运”，着重抓住流动人口的公共服务和权益保障、重点青少年群体排查和帮扶、整顿净化铁路沿线治安环境、创新刑释解教人员安置帮教、构建坚实的校园安全防控体系开展工作。以社区警务为依托，做到人防、技防、物防、安防、巡防相结合，阵地控制与动态巡逻相结合，构建以“社区防控网”、“路面巡逻防控网”、“企事业单位防控网”、“视频监控防控网”四位一体、四网联动的网络化整体防控布局。

中共广东省委办公厅　广东省人民政府办公厅转发《省社会治安综合治理委员会关于加强县级综治信访维稳中心规范化建设的意见》的通知

（2010年9月9日）

各地级以上市党委、人民政府，各县（市、区）党委、人民政府，省委各部委，省直各单位，省各人民团体，中直驻粤各单位：

《省社会治安综合治理委员会关于加强县级综治信访维稳中心规范化建设的意见》已经省委、省政府领导同志同意，现转发给你们，请结合实际认真贯彻执行。

省社会治安综合治理委员会关于加强县级综治信访维稳中心规范化建设的意见

为贯彻落实中央关于加强社会矛盾化解、社会管理创新和公正廉洁执法三项重点工作的要求，进一步加强我省县级综治信访维稳中心（以下简称“县级中心”）规范化建设，促进科学管理运作，提高办事效率和工作水平，现就有关问题提出如下意见。

一、明确目标任务

以科学发展观为指导，按照“资源整合最优化、运作流程规范化、解决问题高效化、三级联动信息化、考核奖惩制度化”的要求，明确县级中心职能，建立健全运作机制和管理制度，强化功能作用，构建矛盾综合调处、治安综合治理、社会综合管理的工作平台。2010 年 9 月底，全省基本完成县级中心建设，形成县、镇、村三级联动的工作网络，为力争做到“小事不出村、大事不出镇、难事县终结”提供有力保障。

二、明确职能定位

县级中心是县（市、区）党委、政府组织领导综治信访维稳工作的重要平台，对镇街综治信访维稳中心（以下简称“镇街中心”）进行工作指导、督查、考核，对县级中心各成员单位和工作人员进行任务分流指派、指挥调度、绩效检查考核、综治工作“一票否决”建议等。县级中心接受地级以上市综治委（办）、信访局（人民来访接待厅）的工作指导。

县级中心的职能：一是受理群众来信来访，对不该由县级中心组织调处的案件进行分流、督办；二是组织调处事权在县级部门的矛盾纠纷和信访案件，组织调处跨镇街、跨部门的重大矛盾纠纷和信访案件，组织调处县（市、区）党委、政府和上级部门批办、交办的重大矛盾纠纷和信访案件；三是在全县（市、区）范围内组织开展突出矛盾纠纷和信访问题的集中排查化解工作，牵头处置重大群体性事件和其他突发事件；四是协调推进社会管理创新工作，对影响社会稳定的源头性问题进行排查和综合治理；五是组织、协调、指导各级各有关部门开展“六联”工作，全面推进打防控一体化建设；六是指导、督查、考核镇街中心的工作。

三、完善工作机制

（一）组织领导。原则上由县（市、区）委副书记兼任县级中心主任；信访局长、政法委分管综治维稳工作的副书记兼任中心副主任；法院、检察院、公安局、司法局、珠三角地区人力资源社会保障局等部门各 1 名副职兼任中心领导成员。由信访局长（中心副主任）协助主任主持中心的日常工作。

（二）成员单位。包括纪委（监察局）、政法委（综治办、维稳办）、信访局、法院、检察院、公安局、司法局、民政局、人力资源社会保障局、国土资源局、国有资产监督管理局、环保局、农业局、林业局、水利局、工会、妇联等部门和单位。各地可结合实际，增加其他职能部门为中心成员单位。

（三）工作人员。信访局、综治办、维稳办的全体人员和司法局的部分人员为中心的基本工作人员；法院、检察院、公安局、司法局、珠三角地区人力资源社会保障局等部门分别派干部常驻中心。有条件的县（市、区），可通过政府购买社会服务的形式，聘用必要的辅助工作人员。

（四）设立功能组。将中心工作人员相应分为四个基本功能小组。一是信访受理组。负责信访受理、分流、督办和反馈；二是调解办案组。负责组织相关部门对重大疑难案件包案调处或联合调处；三是综治维稳组。负责组织推进社会管理、源头治理和“六联”工作，牵头处置群体性、突发性事件；四是协调指导组。负责情况综合、对下指导检查和中心内勤工作。各地可根据实际工作需要对功能组别作适当调整。各功能组之间要密切协调配合，确保各项工作有机衔接。

（五）规范工作流程。建立中心信访调解工作的基本流程：受理登记（包括前台直接受理、来信来电和网络受理）→甄别分流（属于镇街中心受理范围的，引导诉求人到镇街中心反映诉求，并同时通知镇街中心受理；属于县级职能部门受理范围的，给相关职能部门下达案件办理通知书并跟踪督办；属于县级中心受理范围的，组织现场办理）→现场办理（由县级中心领导组织集中办公部门或常驻单位协作办理，不成功时）→仲裁或诉讼调解（不成功时）→裁决或判决。案件办理结果均须答复当事人：由县级中心现场办理以及多个部门联合办理的案件，以县级中心名义答复当事人；分流给职能部门办理的案件，有关办理结果报县级中心审核后统一答复当事人。通过完善工作流程，使人民调解、行政调解、司法调解有机衔接，形成大调解工作格局。县级中心的排查整治、维稳处突、“六联”工作、督导考核等业务，也要建立相关工作流程或工作预案（方案）。

四、严格加强管理

（一）完善管理制度。统一制订联席会议、接访调处、办信办案、排查整治、维稳处突、领导包案、检查督办、法律服务、情况汇报、信息化管理等各项工作制度，制订和完善处置各类群体性事件和突发事件的工作预案，建立健全值班考勤、管理培训、绩效考核、责任查究等内部管理制度，形成县级中心建设的长效机制。

（二）设立台账簿册。县级中心要建立以下基本台账簿册：信访受理一览表；案件分流、交办、督办、结案、反馈等文书台账；立案调处案卷；中心大事记、中心人员工作日志；中心及其内设各功能组会议记录、纪要；镇街中心工作数据汇总会账；组织开展“六联”工作和其他专项工作的数据台账和工作档案；与全国信访信息系统和全省综治信访维稳信息系统相衔接的信息台账等。

（三）提供经费保障。市、县（市、区）两级财政要保证县级中心办公场所和配套设施建设按期顺利完成，为县级中心配备必要的交通工具，并把县级中心日常运作经费列入年度财政预算。

（四）加强考核奖惩。县级中心建设纳入省对市进行的三级平台（县级中心、镇街中心、村居工作站）考核内容，由省综治委会同省加强信访工作和维护社会稳定协调领导小组进行考核；县级中心工作绩效纳入省对市、市对县（市、区）综治工作考评重要内容，由省、市综治委进行考核。县级中心要制订对中心各成员单位、中心工作人员和镇街中心的考核奖惩办法，形成制度化、常态化的考核奖惩机制。

中共广东省委办公厅　广东省人民政府办公厅转发《省综治委、省纪委、省委组织部、省人力资源社会保障厅、省监察厅关于进一步健全社会治安综合治理和维护社会稳定领导责任制的意见》的通知

（2010年10月20日）

各地级以上市党委、人民政府，各县（市、区）党委、人民政府，省委各部委，省直各单位，省各人民团体，中直驻粤各单位：

《综治委、省纪委、省委组织部、省人力资源社会保障厅、省监察厅关于进一步健全社会治安综合治理和维护社会稳定领导责任制的意见》已经省委、省政府领导同志同意，现转发给你们，请认真贯彻执行。

省综治委、省纪委、省委组织部、省人力资源社会保障厅、省监察厅关于进一步健全社会治安综合治理和维护社会稳定领导责任制的意见

为进一步强化党政领导班子和领导干部履行维护稳定第一责任，全面推进社会治安综合治理，全力维护社会稳定，切实做到“强综治、创平安、促发展”，努力构建平安和谐广东，根据中共中

央、国务院关于加强社会治安综合治理、实行社会治安综合治理领导责任制等有关规定，现结合我省实际，就进一步健全社会治安综合治理和维护社会稳定领导责任制提出如下意见。

一、领导责任划分

（一）党政领导班子责任。各地区、各部门、各单位党政领导班子担负组织领导本地区、本部门、本单位社会治安综合治理和维护社会稳定工作的政治责任，对此项工作负总责、负全责。

1. 坚持从政治和战略的高度重视社会治安综合治理，把维护社会稳定摆上全局工作的重要位置，作为党政领导班子任期目标，切实加强组织领导。

2. 牢固树立科学发展观和正确政绩观，正确处理改革、发展、稳定的关系，把抓科学发展和保平安稳定统一起来，在作决策、上项目、搞建设、办事情等方面充分考虑维护人民群众的根本利益，统筹解决影响稳定的突出问题，在和谐稳定环境中发展各项事业。

3. 认真执行社会治安综合治理的方针政策和有关法律法规，按照上级社会治安综合治理委员会的工作部署，结合实际创造性地贯彻落实。

4. 健全社会治安综合治理和维护社会稳定组织网络，落实机构、编制、人员、经费，确保层层有人管事、有人干事、有钱办事。

5. 严格实行领导责任制和责任查究制，一级抓一级，一级对一级负责，督促党政领导干部认真担负起维护社会稳定的第一责任。

6. 全面推行社会治安综合治理目标管理，及时研究解决重大问题，组织推动工作落实，努力实现"发案少、秩序好、社会稳定、群众满意"的目标。

（二）党政"一把手"责任。各地区、各部门、各单位党政"一把手"是社会治安综合治理和维护社会稳定的第一责任人，对此项工作负首要领导责任。

1. 定期主持召开党政领导班子会议，听取社会治安综合治理和维护社会稳定工作情况汇报。

2. 根据一个时期的社会治安状况和维稳形势，及时对社会治安综合治理和维护社会稳定工作作出决策部署。

3. 对影响社会治安综合治理和维护社会稳定的重大问题，亲自研究解决。

4. 对社会治安综合治理和维护社会稳定重大工作亲自部署，并督促落实。

5. 一旦发生影响社会稳定的重大案件、事件、事故，立即介入组织指挥，必要时亲临现场指挥处置工作。

6. 支持社会治安综合治理机构对发生严重危害社会稳定重大问题的地区、部门、单位实施一票否决和责任查究。

（三）分管领导责任。班子成员中分管社会治安综合治理和维护社会稳定方面工作的领导是具体责任人，对此项工作负具体领导责任。

1. 当好党政领导班子组织领导社会治安综合治理和维护社会稳定工作的参谋，协助党政"一把手"作出正确决策。

2. 组织实施社会治安综合治理和维护社会稳定工作，加强检查督促和具体指导，推动各项措施落实。

3. 协调各方力量参与社会治安综合治理，形成维护社会和谐稳定工作合力。

4. 一旦发生影响稳定的重大案件、事件、事故，立即赶赴现场指挥处置工作。

5. 深入实际调查新情况，研究新问题，制定新对策，推进社会治安综合治理和维护社会稳定工作的创新与发展。

（四）其他领导责任。领导班子的其他成员，对所分管系统、行业影响社会治安综合治理和维护社会稳定的重要工作负直接领导责任。

1. 根据党政领导班子和社会治安综合治理委员会的总体部署，对所分管系统、行业的安全稳定工作作出具体部署，并督促落实。

2. 及时组织所分管部门、行业排查影响安全稳定的问题，并认真负责地解决。

3. 所分管领域一旦发生影响社会稳定的重大案件、事件、事故，要及时报告主要负责同志，并在第一时间赶赴现场先行处置。

二、能力绩效考核

（一）考核内容。重点考核各级党政领导班子，社会治安综合治理和维护社会稳定第一责任人、具体责任人以及直接责任人在社会治安综合治理和维护社会稳定工作中履行综治维稳责任能力及工作绩效。主要内容包括：将社会治安综合治理和维护社会稳定工作纳入本地区、本部门、本单位经济社会发展和平安建设总体规划及年度计划；层层签订责任书，并列入年度工作目标管理及述职报告重要内容；认真抓好所辖地区、所辖部门、所辖单位社会治安综合治理和维护社会稳定工作；积极解决影响社会治安综合治理和社会稳定的突出问题；及时排查化解各种社会矛盾和不安定因素，及时妥善处理突出信访问题和群体性事件，努力把矛盾纠纷解决在基层和萌芽状态；认真排查整治社会治安重点地区和突出治安问题，积极研究解决社会治安综合治理重点、难点问题；认真行使社会治安综合治理一票否决权。

（二）考核对象。以各地区、各部门、各单位社会治安综合治理和维护社会稳定第一责任人、具体责任人、直接责任人（以下统称责任人）为主要考核对象。

（三）考核主体。按照干部管理权限，由各级纪检监察机关组织部门、人力资源社会保障部门和社会治安综合治理委员会负责考核。对各地区、各部门、各单位开展社会治安综合治理、维护社会稳定工作的年度综合考核，由社会治安综合治理委员会牵头，纪检监察机关、组织部门、人力资源社会保障部门共同负责组织部门在考核领导班子和领导干部、纪检监察机关在考核领导班子和领导干部党风廉政建设情况时，都应把责任人履行综治维稳责任能力及工作绩效，列入专项考核的重要内容。

（四）考核方法。在年度社会治安综合治理目标管理考核时，下一级党委、政府须向上一级社会治安综合治理委员会作出履行职责情况报告。责任人须认真填写上报《社会治安综合治理和维护社会稳定责任人履行职责情况鉴定表》（见附件）。

三、考核结果应用

（一）同责任人政绩考核挂钩。组织部门将责任人履行综治维稳责任能力及工作绩效的考核情况，作为领导班子调整和干部任用、奖惩、培训的重要依据。因发生重大问题被上一级社会治安综合治理委员会实施一票否决的地区、部门、单位，在规定期限内，对其责任人一般不予晋级晋升。

（二）同责任人年度考核挂钩。凡被一票否决的地区、部门、单位的责任人，当年年度考核不得评定为优秀等次。

（三）同责任人奖惩挂钩。对社会治安综合治理和维护社会稳定工作绩效突出、年度综合考核被确定为优秀等级的地区、部门、单位，由上一级纪检监察机关、组织部门、人力资源社会保障部门和社会治安综合治理委员会对其责任人予以通报表扬；对被一票否决的地区、部门、单位，取消其责任人当年评先、评优资格；对因严重失职导致发生严重危害社会稳定和社会治安问题的地区、部门、单位，由纪检监察机关对其进行领导责任追究，视情节给予其相应的党纪政纪处分，触犯刑律的，移送司法机关依法处理。

四、加强相关制度建设

（一）完善五部委工作衔接制度。社会治安综合治理委员会拟对社会治安问题突出的地区、部门、单位实施黄牌警告和一票否决时，应书面征求同级纪检监察机关、组织部门、人力资源社会保障部门意见；组织部门、人力资源社会保障部门在办理责任人晋职晋级、评先评优手续时，应书面征求同级社会治安综合治理委员会意见；纪检监察机关对责任人实施责任查究、提出处理意见时，应书面征求同级组织部门、人力资源社会保障部门和社会治安综合治理委员会意见。

（二）完善五部委联席会议制度。纪检监察机关、组织部门、人力资源社会保障部门、社会治安综合治理委员会要定期召开联席会议，就社会治安综合治理和维护社会稳定责任人实绩考核、奖惩和社会治安综合治理有关重要事项进行研究，形成决议，共同检查督办，确保落实到位。

（三）建立责任人实绩档案制度。按照干部管理权限，由各级社会治安综合治理委员会会同组织部门建立社会治安综合治理和维护社会稳定责任人工作实绩档案，将责任人当年履行综治维稳责任及考核奖惩情况建档管理。

（四）建立责任人述职制度。各地区、各部门、各单位的责任人每年须将其履行综治维稳责任情况书面报告上一级社会治安综合治理委员会。上一级社会治安综合治理委员会可视情安排同级社会治安综合治理委员会委员和下一级社会治安综合治理委员会主任，在社会治安综合治理委员会全体委员会议上述职。

（五）建立社会治安综合治理委员会委员工作联系点制度。进一步强化责任人履行综治维稳责任意识，省、市、县（市、区）社会治安综合治理委员会委员均应分别挂钩联系一个县（市、区）、乡镇(街道)、村(社区),检查指导其开展综治维稳工作,联系点工作成效纳入责任单位及责任人考核内容。

(六)加强社会治安综合治理委员会及其办公室建设。各级社会治安综合治理委员会委员一般由成员单位主要负责同志担任(成员单位主要负责同志由党委、政府负责同志兼任的,则由常务副职担任),强化第一责任人意识。进一步加强各级综治办机构建设,完善内设机构,配强工作人员,确保日常工作落实到位。

积极创新　完善机制
不断改进出租屋管理服务工作

广州市社会治安综合治理委员会

一、理顺管理体制,建立管理机制

一是理顺管理体制。20 世纪 90 年代,广州市出租屋管理服务工作主要由公安部门负责,管理重点放在居住在出租屋内的流动人员上,管理成效不明显。2000 年,市委、市政府出台了《关于加强出租屋外来暂住人员管理工作的意见》,明确了各级政府作为出租屋和外来暂住人员管理的责任主体。2003 年,在深入总结分析的基础上,又出台了《关于加强广州市出租屋管理工作的意见》,明确了“深化改革、完善政策、突出重点、解决矛盾、统筹兼顾、协调发展”的工作思路,建立了“党委领导、政府牵头、各家参与、统一管理”的管理体制。二是建立管理机构。市和区(县级市)成立了出租屋管理领导小组,设立专门办公室。在市政府办公厅增设出租屋管理处,与市出租屋管理工作领导小组办公室合署办公,专门负责组织、协调、指导、检查和考核全市出租屋管理服务工作;在区、县级市政府办公室内增设出租屋管理科(办),把出租屋管理服务工作归口政府办公室。在街(镇)和社区(村)分别建立出租屋管理服务中心和出租屋管理服务站,受国土房管、公安、税务和计生等部门委托,作为直接管理服务出租屋和流动人员的窗口,集中办理辖区房屋租赁合同登记备案、暂住证登记、计生管理和税费征管相关工作。目前,全市每个街、镇都有出租屋管理服务中心,1259 个社区、村设有出租屋管理服务站,建立起两级政府、三级管理、四级网络的管理服务体系,保证了出租屋管理服务工作“上面有人抓、中间有人管、基层有人落实”。三是建立管理队伍。按照每 100 - 120 套出租屋配 1 名管理员的标准和“统一招聘、统一培训、统一服装、统一职责、统一持证上岗”的原则,组建了一支 5529 人的出租屋管理员队伍。出租屋管理员专门负责巡查登记,督促落实防火、治安、计划生育措施,掌握出租屋内违法犯罪情况并及时向有关部门报告,宣传政策法规,督促出租屋主按时缴交有关税费等工作。形成了出租屋管理服务机构组织协调、出租屋管理员检查掌握情况和各职能部门依法管理的工作模式。

二、健全规章制度,增强管理合力

近几年来,广州市不断完善出租屋管理服务措施,形成了具有鲜明地方特点的出租屋管理服务规章体系,先后颁布实施了《关于加强房屋租赁管理的通告》、《关于城中村消防安全整治的通知》、《广州市出租屋管理员管理办法》、《广州市出租屋档案管理办法》、《广州市出租屋整治专项工作方案》、《广州市房屋租赁管理规定》和《关于加强党员干部出租房屋监督管理的意见》等一系列规章制度。通过严格规定房屋出租条件和确立租赁关系后必须履行登记备案手续,明确出租屋管理机构、职能部门以及出租屋主、用工单位在出租屋管理服务工作中应履行的职责和应承担的责任义务等,使出租屋管理服务做到有法可依,有章可循。市出租屋管理领导小组 18 个成员单位按照“谁主管,谁负责”的原则,落实部门职责,把出租屋管理服务工作作为本部门工作的重要内容同计划、同部署、同检查和同考核。市维稳及综治委把出租屋管理服务工作作为社会治安综合治理的重要考核内容，落实"一票否决制"；市人口与计生局把出租屋流动人员计划生育管理服务工作纳入"一票否决"范围，推动了出租屋管理服务工作协同化，形成了齐抓共管的好局面。

三、搭建信息平台，提高管理效能

一是建立流动人员IC卡暂住证信息系统。2001年，市拨出3276万元专款，研制开发出流动人员信息网络系统和IC卡暂住证。信息网络系统的建设和IC卡暂住采取"三级建库、四级管理"的建设模式，即街、镇管理服务中心设立非本市户籍人员及出租屋登记办证信息采集局域网络管理子系统（包括指纹、人像信息）；区（县级市）公安（分）局设立信息监管及查询子系统；市公安局设立IC卡制证信息管理子系统和全市非本市户籍人员信息管理子系统。实现了从各街、镇出租屋管理服务中心到各区（县级市）公安（分）局，再到市公安局非本市户籍人员信息数据库的实时联网。IC卡暂住证解决了纸质暂住证防伪性能差、信息量少、传送困难、查询不便等问题。目前全市累计办理IC卡暂住证352万多个。二是建立出租屋调查摸底信息系统。为了对出租屋做到"底数清、情况明"，2004年专门开发出全市出租屋调查摸底信息系统，并开展了为期4个多月的出租屋调查摸底工作，投入人力20284人次，对出租房屋进行了"地毯式"摸查，全市共登记出租屋26.06万栋、86.05万套，基本摸清了全市出租屋数量。此后，针对出租屋动态性特点，在日常开展综合管理服务的同时，积极进行查漏补缺和信息变更工作，及时掌握房屋出租动态情况，出租屋的有关数据全部录入信息系统，按"农村出租屋一栋一档，城市出租屋一套一档"的原则，分类建立电子档案和纸质档案，为出租屋管理服务工作打下了坚实的基础。三是建立流动人员信息系统。2010年，按照"统一开发，统一标准，联合共建，数据共享"的要求，在整合IC卡暂住证信息系统和出租屋调查摸底信息系统的基础上，研究开发出内容丰富、兼容性和操作性强的流动人员信息系统。该系统涉及公安、消防、房管、税务、劳动、计生、工商、质监、卫生、教育、安全生产等多个部门，涵盖了出租屋和流动人员管理服务的各方面内容，可实现市、区、街、社区和职能部门的实时联网及管理信息资源共享，使职能部门能够依法依规对出租屋进行动态管理。该系统已在黄埔区试点成功，目前正在全市铺开建设，预计2011年可实现全市联网。

四、大力开展整治，减少安全隐患

严格出租条件，对不符合出租条件的出租屋进行整治，是加强出租屋管理，防范和减少出租屋发生各类问题的根本前提。2003年底，市委、市政府提出用3年时间完成出租屋整治的目标，即实现2004年有40%、2005年有80%、2006年力争100%出租屋符合出租条件。全市上下紧紧围绕这一目标，以整改消防和结构安全隐患、理顺产权关系为重点，积极开展对不符合出租条件出租屋的整治。凡不符合出租条件的出租屋，勒令限期整改；对拒不整改的，坚决予以处罚。番禺区成立出租屋整治联合行动组，对危房、自改房、窝房、板房、传销房进行重点清查和整治。黄埔区实行"双百分"的准入和淘汰制度，将不符合出租条件的出租屋在社区公示。萝岗区实行出租屋整治与经济社股份分红挂钩，对不符合出租条件出租屋不进行整治的出租屋主扣发年终分红。经2年整治，取得明显效果，到2005年底实现出租屋符合出租条件率为83.53%，出租屋发生火灾所造成的直接经济损失为3.7万元，比上年下降了61.9%。

五、强化治安管理，探索创新模式

近年来，广州市发生的刑事案件有85%是流动人员所为，而作案者中有80%是以出租屋为落脚点，80%以上的制假贩假活动、90%以上的无证照生产加工点在出租屋内。为此，广州市积极探索有效管理服务模式，改变过去出租屋分散管理、粗放管理的状况，加强对出租屋和流动人员的控制力，密切出租屋主与出租屋管理机构的沟通联系，明晰了出租屋主的管理责任，实现了"以屋管人、人屋通管"，有效地遏制了出租屋治安、刑事案件的发生。目前"旅业式"、"围院式"、"散居分片式"、"小区物业式"、"居民自治式"等多种管理服务模式在全市全面推广。

六、加强税费征管，增加财政收入

广州市从2001年起，改变传统的税费征管模式，委托街、镇出租屋管理服务中心代理征收出租屋和流动人员管理"两费一税"（即使用流动人员调配费、流动人员治安联防费、出租屋综合税），建立起广泛的协税护税网络,堵住了税费征管的漏洞。税费除上缴省和中央之外,全部用于出租屋和流动人员管理服务工作,严格执行收支两条线,按照市10%、区90%的比例分成,区分成部分的85%以上返拨给街、镇,调动了基层加强出租屋管理服务的积极性,确保了基层开展管理服务工作的经费。为了推动出租屋税务征管工作科学化、精细化,市开发出软件系统,将税源调查、登记、税款核定、征收、入库等全过程纳入信息化管理,较好地解决了长期以来出租房屋税源监控难、计税依据不易掌握、纳税人法律意识不强的问题,确保了税源信息不遗漏,税收进度有保障。5年来出租屋流动人员税费收入大幅度增长,仅2005年就收入5.13亿元,为2001年的28.5倍,为强化管理服务提供了强大的财力支撑。市委托街、镇代征出租屋综合税的做法和成效受到国家税务总局的通报表彰,并向全国推广。

七、加强宣传引导,营造社会氛围

为让市民群众积极配合、支持和参与,达到事半功倍的效果,抓住宣传发动这个中心环节,坚持一切从群众利益出发,做好深入细致的教育引导工作。去年以来,全市共发放《致全市出租屋主和租住人员的公开信》等宣传资料500多万份。特别是《广州市房屋租赁管理规定》出台后,全市举办了声势浩大的宣传活动,通过媒体进行详细解读,并由市、区、街三级同步举办以“共同遵守《规定》,共建美好家园”为主题的宣传咨询活动。此外,在广州电视台和广州电台播放公益广告,并多次专门举办以“管好出租屋,营造美好生活环境”为主题的“羊城论坛”活动;重视发挥党员干部在出租屋管理中的带头和示范作用,将其纳入先进性教育之中;市、区、街拨出专款在社区建立出租屋宣传栏。在宣传活动中,充分考虑出租屋管理服务工作的特殊性,增强宣传教育的针对性,加大对有关法律法规的宣传力度,提高群众参与管理的意识。通过开展形式多样的宣传活动,使广大群众对加强出租屋管理服务的政策措施有了更加深入的了解,使群众由消极、抵触、被动接受转变为理解、支持和主动配合,为出租屋管理服务和整治工作的顺利开展夯实了基础。

建好用好三级平台 深化社会管理创新

深圳市社会治安综合治理委员会办公室

2010年,深圳市委市政府按照省综治委部署,以推进“织网工程”为抓手,以推进区、街道、社区三级综治信访维稳中心(以下简称“中心”)建设为重点,集中力量在硬件设施、制度规范、工作流程、宣传培训等方面下功夫,着力解决综治维稳源头性、根本性、基础性问题,高标准打造基层党委政府维护社会稳定、推进平安建设、强化综合治理三位一体的工作平台。通过抓好“三级平台”建设,全市基层矛盾纠纷化解能力、综合整治和社会管理水平以及居民安全感明显提高,进京进省上访批数和人次明显下降,三级“中心”逐步成为社情民意汇集中心、矛盾纠纷调处中心、问题隐患治理中心、维稳处突指挥中心,“大综治”工作格局初显成效。

一、坚持标准,着力打造一流的工作平台

一是高标准建设硬件设施。全市57个街道“中心”全部设置“四区一室”,即接访受理区、指挥处置区、矛盾调解区、联席会议区、档案室。有的街道还在指挥处置区安装了视频监控系统,光明新区增设了“信访听证室”和“依法治访室”,部分街道“中心”与劳动仲裁庭、法庭实现了无缝衔接。8个区级“中心”依托信访大厅建设,全部设立了接访受理区(包括受理总台、咨询窗口和候访区等)、联合调处区(包括联合调解室等)、联合办公区(包括联席会议室等)、配套功能区(包括视频监控室、档案室、警务室等)。

二是高标准配置人员。全市57个街道全部落实党工委副书记兼任“中心”主任,并配备专职副主任专抓专管，有的街道还由一把手兼任“中心”主任，多数街道“中心”人员配备超过了省综治委提出的标准。区级“中心”全部由区领导担任主任，区信访局局长任专职副主任，综治、维稳、司法、公安、劳动主要领导兼任中心副主任，纪委监察、政法各部门、信访、民政等相关部门为成员单位，区信访局全体人员及区法院、司法局、公安分局、劳动局和驻信访大厅单位部分工作人员在“中心”集中办公。

二、规范运作，着力搭建完备的制度体系

一是统一规范三级“中心”运作模式。先后出台了《关于进一步加强社会治安综合治理基层基础的实施意见》、《深圳市加强街道综治信访维稳中心建设工作实施方案》、《深圳市街道综治信访维稳中心建设督导方案》、《深圳市街道综治信访维稳中心建设工作指引》、《深圳市街道综治信访维稳中心信息管理系统工作指引》、《深圳市街道综治信访维稳中心运作管理和绩效考核评估标准》、《深圳市区级综治信访维稳中心建设指导意见》等一系列文件，实现了“中心”运作规范化。

二是统一规范三级“中心”工作制度。制定了区级“中心”联席会议、接访调处、办信办案等制度，街道“中心”四个功能区需要公示上墙的相关工作制度等一系列制度，实现了“中心”工作制度化。出台了《深圳市街道综治信访维稳中心运作管理和绩效考核评估标准（试行）》，建立了街道“中心”工作质量评估体系，实现全过程控制，全流程监督，全方位评价，全员化考核，强化了对街道“中心”运作流程各阶段的监督管理。

三是积极开展示范点建设。7月，出台了《深圳市街道综治信访维稳中心示范点创建方案》，要求各区用半年时间，分三批创建街道“中心”示范点，并根据《深圳市街道综治信访维稳中心运作管理和绩效考核评估标准（试行）》，分期分批对示范点进行检查验收。9月下旬，首批34个示范点全部通过检查验收。其余23个“示范点”也在2011年1月中旬年度综治考核时通过检查验收。

三、优化流程，着力健全多方协作的联动机制

一是完善“五个一”运作模式。全市各街道按照扇形流程图的要求，实行“统一受理、归口办理、中心督办、限期反馈”的工作模式，及时调处化解纠纷，做到了“有办理、有跟踪、有反馈”，案结事了、签字画押率明显提高。龙岗区南湾街道建立“信访诉求代理制度”，让群众“进一个门，找一个人”，有效解决了信访诉求；光明新区建立网上综治信访维稳中心，实现了网络接访。

二是完善“六联”工作流程。我市统一制定了“社会治安联防联控、矛盾纠纷联合调解、重点工作联勤联动、突出问题联合治理、基层平安联合创建、重点人口联合管理”五个流程图，配合省综治委“扇形”工作流程图，切实整合综治、信访、司法行政、劳动、应急指挥、公安、交通、安监、武装、流动人口和出租屋管理等部门资源，大大提高了综治工作能力和效率。有的街道还将“六联”工作机制延伸到每个社区，整合社区治安力量，进一步提高了社区管控能力。

三是创新工作方法。街道“中心”通过强化对各相关职能部门的工作任务分流指派权、工作人员指挥调度权、工作进展检查督办权、干部绩效考核奖惩和“一票否决”建议权，确立了“中心”权威，提高了“中心”统筹力、协调力和处置力。宝安区新安街道首开“移动调解车”，往来穿梭辖区矛盾多发地带，变坐堂受理为主动出击，第一时间、第一现场化解矛盾纠纷；西乡街道开展市民“说事评理”活动，由老党员、老干部、人大代表等组成评理团，拓宽了“矛盾纠纷联合调解”渠道，做到“小事不出社区，大事不出街道”。龙岗区整合基层管理资源，形成了综合治理、综合管理、综合服务三位一体的“大综管”新格局，荣获“中国改革十大创新案例奖”。

四、多方拓展，着力推进“织网工程”

一是“向下延伸”。积极总结推广龙岗区“大综管”和南山区“一格三员”做法，大力推进社区综治责任网格管理模式，把街道管辖的社区细分网格，社区管理按网格包干，每个网格至少配备协管员、管理员和督导员，实行“多网合一，一网多格；一格多员，全员参与；一格多责，任务包干；同格同责，同奖同罚”。同时，积极推进企业和两新组织综治信访维稳中心（综治工作室）建设。2010年，宝安区在500人以上企业建立综治工作室666个，覆盖人口达110余万人。

二是“向上延伸”。把街道“中心”与市信访大厅、区“中心”及职能部门对接，初步形成集“接待受理、联合调处、协调指导、监督查处”职能为一体，依法“一条龙”处理解决综治信访维稳问题的综合型工作新平台。对于事权在市、区的矛盾纠纷信访事件，由街道"中心"上报区"中心"协调处理，重大隐患信息上报区流动人口出租屋综管办分流督办。

三是"向海空延伸"。龙岗区将海域划成22个管理网格，把渔船和海上作业人员、海上设施全部纳入网格管理，把街道办、渔政、港务、边防、海事、派出所、消防、社区、旅游服务公司等单位工作人员分入网格，实行"九员捆绑"，经常排查、梳理海上安全突出问题，及时研究解决办法和措施，建立海上安全信息网络平台，有效保障海上"大综管"的高效运行。深圳机场、火车西站也分别设立了综治信访维稳中心。

广东省综治委、办机构情况和负责人名单

主　任：梁伟发　省委常委、政法委书记
　　　　　　　　省公安厅厅长
副主任：郑维龙　省人大常委会副主任
　　　　李容根　副省长
　　　　梁国聚　省政协副主席
　　　　郑　鄂　省高级人民法院院长
　　　　郑　红　省人民检察院检察长
　　　　朱穗生　省委政法委秘书长
　　　　朱穗生　省委政法委秘书长
委　员：谭一鸣　省委副秘书长
　　　　曹晓东　省纪委常委
　　　　郑　红　省人大常委会副秘书长
　　　　董平波　省人大常委会委员
　　　　　　　　内司委副主任
　　　　颜学亮　省政府副秘书长
　　　　罗国华　省政协副秘书长
　　　　李凤英　省政协社会与法制委员会副主任
　　　　许光超　省委组织部副部长
　　　　阎静萍　省委宣传部副部长
　　　　蒋乐仪　省委统战部常务副部长
　　　　陈少波　省委政法委副秘书长
　　　　　　　　省综治办主任
　　　　郑　东　省公安厅副厅长
　　　　罗达明　省国家安全厅党委副书记
　　　　　　　　副厅长
　　　　梁　震　省司法厅副厅长
　　　　严杏来　广州军区政治部保卫部
　　　　　　　　副部长
　　　　马占胜　省军区政治部副主任
　　　　龚完程　省武警总队副总队长
　　　　林锡明　省总工会副主席
　　　　陈宇宏　团省委副书记
　　　　徐春莲　省妇联副主席
　　　　蔡　勇　省经贸委副主任
　　　　陈义平　省计生委副主任
　　　　郑建荣　省对外经济贸易合作厅副厅长
　　　　陈天翼　省建设厅副厅长
　　　　张元醒　省民政厅副厅长
　　　　曾志权　省财政厅党组副书记、副厅长
　　　　陈康团　省人事厅副厅长
　　　　张凤歧　省劳动和社会保障厅副厅长
　　　　徐　欣　省交通厅副厅长
　　　　吕德培　省信息产业厅副厅长
　　　　李　师　省国土资源厅执法监察总队长
　　　　杜佐祥　省文化厅副厅长
　　　　王玉学　省教育厅副巡视员
　　　　吴少林　省卫生厅副巡视员
　　　　揭　晔　省地方税务局副局长
　　　　管焱君　省广播电视局纪检组长
　　　　钟　明　省物价局副局长
　　　　郑勇明　省工商行政管理局党组成员
　　　　　　　　副局长
　　　　韩安贵　省新闻出版局副局长
　　　　林上福　省旅游局党组成员、副巡视员
　　　　李　坚　省外办副主任
　　　　黄学敏　省通信管理局副局长
　　　　匡建国　中国人民银行广州分行副行长
　　　　梁启通　民航中南管理局纪委书记
　　　　　　　　工会主席

张祥海　海关总署广东分署副主任
徐　凌　广州铁路集团公司党委副书记
　　　　政法委书记
吴　沙　广州市委副书记、政法委书记
综治办主任：陈少波　（兼）

广东省各市、县（市、区）综治委、办主任名单

地　区	综治委主任	综治办主任
广州市	朱小丹	钟健平
越秀区		高绍燊
荔湾区	刘　平	魏太贵
海珠区	邓伟强	朱继海
天河区	杨建城	张志坚
白云区	骆蔚峰	李胜国
黄埔区	陈小刚	邓浩柱
萝岗区	薛晓峰	田建军
番禺区	谭应华	陈景林
花都区	潘　潇	吴志坚
南沙区	陈明德	余国荣
从化市	欧阳知	刘润光
增城市	朱泽君	黎汉明
深圳市	王穗明	陈志新
福田区	刘庆生	王文福
罗湖区	刘学强	朱惠添
南山区	叶民辉	陈万德
盐田区	郭永航	黄伟光
宝安区	鲁　毅	窦文耀
龙岗区	蒋尊玉	陶新华
光明新区	田　夫	冯海华
坪山新区	杨绪松	邬健强
珠海市	钟世坚	陈锦粮
香洲区	张宜生	何玉景
金湾区	周海金	谭高明
斗门区		郑木水
万山海洋开发试验区	严锦谦	柯　敏
高栏港经济区	芦晓凤	范玉重
高新技术开发区	罗锡强	彭志斌
横琴新区	牛　敬	王　毅

地　区	综治委主任	综治办主任
汕头市	邓大荣	黄小扬
金平区	王小辉	肖汝恩
龙湖区	李耿坚	孙其胜
澄海区	黄腾远	林天来
濠江区	杜槐丹	林国章
潮阳区	翁甲洪	吕玉龙
潮南区	王槐峰	姚汉茂
南澳县	刘瑞华	黄仰军
佛山市	杨晓光	叶　良
禅城区	何家泰	杨文彪
南海区	赵崇剑	梁润辉
顺德区	梁毅民	何妙芬
高明区	黄　坚	张志强
三水区	邓国斌	王远鸿
韶关市	徐建华	杨泽福
浈江区	刘卫东	杨　玲
武江区	苏　力	邓桂生
曲江区	胡书臣	黄双明
南雄市	许志新	陈伦寿
乐昌市	李安平	王志明
始兴县	许　红	刘良稼
仁化县	张　平	袁清华
乳源县	梁　健	刘靖海
翁源县	朱余旺	李天生
新丰县	范秀燎	陈小可
河源市	陈建华	郑伟华
源城区	陈荣卓	张天华
东源县	成伟明	欧可俊
和平县	詹宇扬	陈汉杰
龙川县	段邦贤	李超云
紫金县	叶振云	刘少基
连平县	罗小聪	谢运福

地　区	综治委主任	综治办主任	地　区	综治委主任	综治办主任
梅州市	李　嘉	胡文悦	大岭山镇	梁荣业	陈锦波
梅江区	谢耀琪	刘运芳	大朗镇	尹景辉	祁沛全
梅　县	李远青	赖高峰	黄江镇	杨礼权	袁俊森
兴宁市	江理达	李燕超	樟木头镇	李满堂	赵智佳
大埔县	丘小宏	邬小康	凤岗镇	朱国和	张拔海
蕉岭县	周新章	邱健祥	塘厦镇	叶锦河	崔伟奇
平远县	肖文浩	沈登桂	谢岗镇	尹照容	罗树华
丰顺县	姚森隆	陈新云	清溪镇	陈浩林	殷子胜
五华县	黎健平	甘桂源	常平镇	陈桂明	周少华
惠州市	黄业斌	郑汉强	桥头镇	莫厚良	欧阳官友
惠城区	黄干强	刘夏元	横沥镇	谭全安	叶可阳
惠阳区	陈华贵	杨祝民	东坑镇	黄为国	梁轼文
惠东县	黄树正	罗国亮	企石镇	麦广钦	张仲林
博罗县	王　胜	谭宇杰	石排镇	翟崇碧	王旭深
龙门县	许志晖	潘松佳	茶山镇	卢少雄	陈永光
大亚湾区	许　光	杨建莉	松山湖镇	陈建枝	张广英
仲恺高新区	钟一尔	黄新平	**中山市**	陈根楷	李　君
汕尾市	卓志强		开发区	梁　欣	刘少强
城　区	林建隆	张水武	石岐区	徐新潮	程文库
海丰县	沈木荣	陈智景	东　区	郑汝安	梁钟华
陆丰市		林　煜	西　区	关瑞麟	郑凯宏
陆河县	余加瑞	彭俊能	南　区	袁永康	李启和
红海湾开发区	李汉流	刘世参	小榄镇	黄标泉	李家浩
华侨管理区	杨双标	周珠松	古镇镇	余锡盆	杨荣建
东莞市	刘志庚	杨天泰	横栏镇	陈伟伦	林启杰
莞城镇	王检养	郭志祥	东升镇	欧万洪	李　群
石龙镇	冼周恩	周年友	港口镇	吴翘楚	贾东风
虎门镇	吴湛辉	梁文荣	沙溪镇	胡永康	李金湖
东城镇	黄少文	袁国超	大涌镇	贺　晖	李定嘉
万江镇	陈志超	颜伟儿	黄圃镇	方维廷	李傅彰
南城镇	钱　超	苏　东	南头镇	陈仕标	何程枝
中堂镇	袁东平	黎玉岗	东凤镇	高瑞生	麦炎辉
望牛墩镇	胡浩举	梁寿如	阜沙镇	招　鸿	关绍华
麻涌镇	邓流文	袁政军	三角镇	侯奕斌	吴坤科
石碣镇	刘始团	黎灿辉	民众镇	梁振球	肖铁锋
高埗镇	李柏林	黄锦昌	南朗镇	周小川	陈伟明
洪梅镇	吴淑萍		五桂山街	梁国帜	区樟鹏
道滘镇	陈灼林	黄启光	三乡镇	李　韬	郑华标
厚街镇	黎惠勤	王敬才	坦洲镇	林春红	廖小康
沙田镇	陈志明	陈成枝	板芙镇	杜敏琪	陈志明
长安镇	欧林高	孙景森	神湾镇	李伟行	麦北胜
寮步镇	何绍田	谢杨锦	**江门市**	王南健	朱司亭

地　区	综治委主任	综治办主任
蓬江区	王积俊	邹晓军
江海区	梁许赞	邢玉生
新会区	吴振鹏	陈志明
台山市	谢伯欣	李湛祥
开平市	冯立坚	李快贤
鹤山市	郭　伟	吕渭旗
恩平市	李灼冰	苏锦达
阳江市	林少春	
阳春市	胡广海	
阳东县	莫定伟	冯仕强
阳西县	李孔流	余建新
江城区	黄劲东	欧天锐
湛江市	刘小华	易华亮
赤坎区	陈志雄	陈瑞群
霞山区	庄晓东	吴积好
麻章区	伍文兴	林开仁
坡头区	梁必志	陈土银
雷州市	许　顺	陈俊优
廉江市	何　鑫	李世春
吴川市	曹　兴	钟　劲
遂溪县	湛岳登	吴江平
徐闻县	钟　力	钟华山
开发区(东海岛)	陈　吴	谢忠武
茂名市	罗荫国	林振光
茂南区	何俊海	沈雁鹏
茂港区	钟火明	陈昌兴
信宜市	何振辉	冯　飞
高州市	李上林	杨　鸿
化州市	秦　刚	劳业锋
电白县	李日添	卢丰梨
肇庆市	覃卫东	黄　鸿
端州区	杨　永	何伟南
鼎湖区	罗世平	李　六
四会市	张耀东	张　仪
高要市	徐敏坚	甘瑞光
广宁县	刘庆良	梁肇庭

地　区	综治委主任	综治办主任
德庆县	吴宪平	何汉雄
封开县	范汝雄	陈富文
怀集县	冯敏强	卢全标
高新区	陈少强	徐权谦
清远市	何炳华	陈日思
清远经济开发区	温泽波	张杨彬
清城区	叶春保	邓锐添
清新县	欧国伟	李友荣
佛冈县	李玉楷	李功仕
英德市	巫永康	吴　江
阳山县	罗胜壮	黄日清
连州市	黄裕团	毛玉坤
连南瑶族自治县	郑远平	陈　斌
连山壮族瑶族自治县	胡春龙	朱前勇
潮州市	骆文智	陈志强
潮安县	张　帆	陈裕忠
饶平县	杨志明	陈作霖
枫溪区	张时义	蔡泰钦
湘桥区	曾令云	谢　然
揭阳市	陈弘平	王开腾
普宁市	杜小洋	蔡妙群
惠来县	林旭群	林铁伦
揭东县	陈延华	李　旭
揭西县	黄陇章	陈卓锐
榕城区	黄史昉	郑万欢
试验区	蔡耀庆	王定七
东山区	方振元	魏怀亮
云浮市	姚　康	刘　坚
云城区	肖向荣	苏志华
罗定市	陈　敏	彭天平
新兴县	吴伟鹏	伍新枝
郁南县	黄志豪	黄建材
云安县	金繁丰	伍石明

（撰稿人：常治科
审稿人：陈少波　毕德国）

广西壮族自治区

2010年社会治安综合治理工作概况

2010年,广西壮族自治区社会治安综合治理工作全面贯彻中央和自治区党委、政府决策部署,依法严厉打击各种严重刑事犯罪,排查整治治安混乱地区和突出治安问题,及时调处化解各种社会矛盾,全力维护社会和谐稳定,为全区经济社会又好又快发展创造良好的社会环境。

一、扎实推进三项重点工作,建立完善长效工作机制

一是领导重视,强化组织领导。自治区党委书记郭声琨、自治区主席马飚分别就深入推进三项重点工作做出重要批示,实地调查研究,听取专题汇报,帮助解决问题,推动工作开展。自治区成立三项重点工作领导小组,并以自治区党委、政府两办名义制定下发《关于深入推进社会矛盾化解、社会管理创新、公正廉洁执法的实施意见》。自治区政法各部门以及各市、县(市、区)都分别成立了三项重点工作领导小组,并制定了具体实施方案。二是抓试点、树典型,推动整体工作。凭祥市被确定为全国社会管理创新综合试点单位,自治区确定南宁市、柳州市和南宁市兴宁区等14个县(市、区)为全区社会管理创新综合试点单位。年内先后以现场会形式在柳州市、玉林市、南宁市召开全区综治工作会议、全区信访工作会议和全区刑释解教人员安置帮教工作会议,总结推广柳州市社会建设经验、玉林市人民群众来访接待中心建设经验和南宁市刑释解教人员安置帮教工作经验,指导推动全区三项重点工作全面开展。三是制定有关政策文件,建立完善相关管理制度。今年以来,自治区先后制定出台《关于建立健全重大社会决策重大工程项目社会稳定风险分析和评估机制的意见》、《关于加强和规范出租屋管理工作的通知》、《广西壮族自治区医疗纠纷人民调解工作暂行办法》、《关于做好我区学校安全协管员队伍建设的指导意见》、《广西壮族自治区学校、幼儿园及周边治安综合治理暂行办法》、《关于加强新时期刑释解教人员安置帮教的工作方案》、《广西壮族自治区肇事肇祸精神病人暂行管理规定》等一系列规范性文件,为进一步加强和规范有关社会管理提供政策保障。

二、狠抓“一个决定,四个配套文件”贯彻落实,进一步夯实综治基层基础建设

(一)社会治安综合治理领导责任制进一步落实。根据自治区综治五部委《关于进一步落实社会治安综合治理及维护社会稳定领导责任制的意见》的规定,全区各级全部建立党政领导干部社会治安综合治理工作实绩档案。进一步明确组织人事部门考察领导干部、办理干部晋职晋级、立功受奖时须书面征求综治部门意见。自治区综治委制定下发了《广西壮族自治区社会治安综合治理一票否决权制实施细则》和《广西壮族自治区社会治安综合治理一票否决警示制度》两个文件。2010年,全区共对6个地方和单位实行一票否决,追究8名领导和有关责任人的责任。针对靖西县和来宾市兴宾区发生影响社会稳定重大群体性事件的问题,自治区综治委专门召集五部委(厅)联席会议,听取靖西县和兴宾区党政主要领导汇报,责成两县区认真吸取教训,抓紧整改工作,严格追究责任。会后,自治区综治委形成会议纪要通报全区。靖西县根据自治区综治委的通报要求,对因工作不力造成发生影响社会稳定群体性事件的新甲乡实行一票否决,同时对渠洋镇和县工业园区管委会进行黄牌警告。靖西县和兴宾区还对负有领导责任的有关人员给予党纪政纪处分。

(二)乡镇(街道)综治信访维稳中心建设进一步规范和完善。自治区综治办、自治区党委维稳办、自治区联席办联合下发《关于建立乡镇(街道)综治信访维稳中心的实施意见》,对乡镇(街道)综治信访维稳中心的硬件软件建设及工作流程提出统一规范的要求。目前全区乡镇综治信访维稳中心建设得到进一步规范和完善,“六联”(社会治安联合防控、矛盾纠纷联合调解、重点工作联勤联动、突出问题联合治理、基层平安联合创建、流动人口联合服务管理)工作机制正在逐步形成。

(三)各级综治办建设进一步加强。自治区、市、县(市、区)综治办主任全部由同级党委政法委副书记兼任,并分别配备专职副主任,明确其职级分别为副厅长级、副处长级、副科长级。市、县(市、区)综治办全部从编制上落实专职干部。乡镇党委落实一名副书记(人大主席团主席)担任综治办主任,除分管人大工作之外,主抓政法综治和维稳工作。乡镇(街道)综治办还配备一名副科级专职副主任。

(四)综治工作保障水平进一步提高。2010年自治区级核拨综治工作经费1484万元,比上年增加984万元,全区达到人均接近0.3元。市、县(市、区)、乡镇(街道)的综治工作经费也在原来基础上有大幅增加。

(五)基层平安创建活动取得新进步。年内,被自治区综治委命名为自治区平安县(市、区)的有106个,占总数的95.5%,被各县(市、区)命名的平安乡镇(街道)1206个,占总数的98%,平安村(社区)15357个,占总数的98.4%,有13609个学校被命名为“平安学校”,占总数的96%。2010年8月,自治区表彰奖励了5个全区平安建设先进市、29个平安建设先进县(市、区)和25个自治区级综治工作先进成员单位,并给13个市兑现年度社会治安综合治理目标管理奖金。

三、严厉打击严重刑事犯罪,排查整治治安混乱地区和突出治安问题

(一)“严打”斗争成绩显著。公安机关积极开展“命案必破”、“打黑除恶”、“收枪治爆”、禁赌、禁毒和“扫黄打非”等专项斗争,严厉打击“两抢一盗”和拐卖妇女儿童等犯罪活动。年内全区破获刑事案件84155起,同比增长18%;查处治安案件524116起,同比增长62.8%。抓获各类违法犯罪人员72454人,同比增长6.2%,其中刑拘45559人,逮捕42837人,同比分别下降5.2%和增长2.9%。该区打黑除恶工作绩效考评三项主要数据和禁毒工作各项指标居全国前列。检察机关共批捕各类案件23882件35975人,同比分别下降0.05%和2.8%;起诉24201件37269人,同比分别上升9.5%和8.4%。积极开展化解信访积案专项活动,共接待处理群众来信来访12067件,排查出涉检信访积案87件,已结案息诉77件。审判机关充分发挥职能作用,全区各级法院共办结各类案件228720件,同比增长1.28%,全部完成集中清理积案任务。

(二)社会治安重点地区和突出治安问题排查整治效果明显。全区共排查出社会治安重点县(市、区)34个、重点乡镇162个、重点村(社区)376个、其他187个。全区共对96个重点地区和突出问题进行通报警示,对66个重点地区和突出问题进行挂牌整治。其中,自治区综治委通报警示10个;市级综治委通报警示37个,挂牌督办28个;县(市、区)级综治委通报警示49个,挂牌督办38个。被中央综治办和公安部挂牌督办的2个县和警示督办的5个县(市、区)相关突出治安问题全部整改合格。经过整治,全区759个社会治安重点地区中已有738个改变了面貌,好转率达97%。

四、及时排查化解各种社会矛盾,着力解决影响社会和谐稳定的源头性、根本性、基础性问题

(一)努力构建人民调解、行政调解、司法调解三位一体的“大调解”工作体系。全区人民法院深化“调解年”活动成果,探索建立运用和解方式解决轻微刑事案件的工作机制,推进“立案信访窗口”建设,开展“万名法官下访”活动和“法官进企业、进社区、进农村”活动。全区检察机关建立健全民事行政检察工作化解社会矛盾纠纷检调对接的工作机制,组织开展以“走进企业、走进农村、走进社区、走进基层,服务经济、服务社会、服务群众、服务基层”为主要内容的“四走进四服务”主题实践活动,把4月份定为“检察长集中服务月”,探索派驻乡镇检察室化解基层社会矛盾纠纷的新路子。全区公安机关规范派出所调解室建设,推行“三级限时调解”、“五级五长接访”和“公安信访超市”工作制度,从源头上预防和减少信访案件的发生。全区司法机关组织开展“人民调解加强年”活动,推进人民调解规范化、制度化建设。全区工会组织积极调处化解企业劳资矛盾纠纷。

（二）深入开展“大排查、大接访、大调解、大防控”活动。自治区党委办公厅、自治区人民政府办公厅下发《关于在全区进一步深入开展“大排查、大接访、大调解、大防控”活动的工作方案》，集中开展为期三个月的“大排查、大接访、大调解、打防控”活动。年底，自治区党委、政府又派出10名省部级领导干部带领督导工作组，深入全区14个市督促指导矛盾纠纷排查调处工作。年内全区共排查出各类矛盾纠纷131518件，调处128962件，调处率98%，调解成功率达93.6%以上。全区共发生群体性事件560起25651人次，同比分别上升5.9%和下降32.5%。通过调处化解各类矛盾纠纷，预防发生民转刑案件2816件10374人。

五、社会治安综合治理各项专门工作取得新成绩

（一）流动人口服务和管理工作进一步加强。自治区党委办公厅、自治区人民政府办公厅转发《自治区综治办、自治区建设厅、自治区财政厅、自治区公安厅、自治区人口计生委、自治区地税局、自治区工商局关于加强和规范出租房屋管理工作的通知》，制订具体的流动人口服务和管理办法，把流动人口服务和管理工作纳入法制化、正常化轨道。同时，在自治区综治办增设流动人口服务和管理处，各市、县（市、区）、乡镇（街道）也建立相应工作机构，配齐配强工作人员，组建相应的流动人口服务和管理网络。年内，通过对流动人口及出租屋管理，全区新登暂住人口443151人，注销暂住人口161740人，登记境外人员20243人。提供破案线索2081条，破获刑事案件1139起，查处治安案件7371起，抓获逃犯389人，发现“三非”人员6219人。

（二）预防青少年违法犯罪工作有效开展。一是落实各级预防青少年违法犯罪工作机构（简称“预防办”）人员和工作经费。自治区预防办增加工作人员4名，落实40万元工作经费。各市预防办配备1名专职工作人员，落实10万元工作经费，县（市、区）预防办配备1名专职工作人员，落实2万元工作经费。二是组织开展青少年群体调查摸底工作，摸清全区青少年群体情况，为有针对性地开展工作提供依据。三是继续抓好12355青少年服务平台建设，全区14个市全部开通了12355青少年维权热线，组建了51支青少年12355维权热线志愿者队伍，全区共发展律师、教育工作者、心理咨询师等12355热线志愿者415人。四是组建专兼职青少年工作队伍。探索青少年事务社会工作者试行工作。指导南宁市通过政府购买公共服务形式，公开招聘29名专职青少年社会工作者，深入街道、社区对重点青少年群体开展专业性、规范化的服务工作。积极发展青少年工作志愿者。目前全区共有青少年工作志愿队伍200多支30000多人。五是组建青少年教育基地，搭建青少年教育工作平台。全区各市、县（市、区、管理区）全部建立预防青少年违法犯罪教育基地。去年以来，全区各级共青团组织当地青少年到教育基地开展相关活动187场，接受教育人员15000多人。

（三）刑释解教人员安置帮教工作创新发展。自治区刑释解教人员安置帮教工作创新帮教方式，扎实开展帮教安置“结对子”工作，以“帮教社会化、管理信息化、安置多元化、程序规范化、工作职责化、考评绩效化”为目标，进一步构建和完善分工协作、齐抓共管的工作机制。年内，全区共接收刑释解教人员19054名，其中对18890名刑释解教人员进行了帮教，帮教率达到99.14%；共安置刑释解教人员18473人，就业安置率达到96.9%。重新犯罪118人，重新违法犯罪率为0.6%，远远低于国家3%以内的控制标准。

（四）铁路护路联防工作继续保持全国先进水平。自治区铁路护路联防工作，按照“提高起点、突出重点、主攻难点、体现特点、培育亮点”的总体思路抓好各项工作落实，以推进平安铁路示范市县创建活动为载体，通过采取层层签订责任书、排查调处各类涉路矛盾纠纷、建设有广西特色的铁路文化、严打整治铁路沿线突出治安问题等措施，全面落实各项铁路护路联防工作。目前，南宁铁路局命名的平安站区、平安货场、平安列车、平安道口、平安班组达标率分别达到95%、96.5%、93.8%、92.6%、97.8%，基层平安创建覆盖率达99%，全部超额完成铁道部下达的考核指标。

（五）学校及周边社会治安综合治理工作全面加强。针对今年上半年全国5个省（区）接连发生5起针对小学生、幼儿园儿童的恶性案件，自治区按照中央综治委统一部署，全面加强学校及周边治安综合治理工作。一是及时调整充实自治区综治委学校及周边治安综合治理工作领导小组。二是全面学校及周边安全保卫工作，用公益岗位为全区4万多所中校学校配备专职安全管理人员，在学校及周边公共复杂场所、重要部位安装电子视频监控探头14176套。三是组织开展学校、幼儿园及周边治安环境集中整治百日专项行动，排查危及师生安全的治安隐患，严厉打击侵害学生和幼儿园儿童的违法犯罪行为。四是建立学校及周边安全管理长效工作机制。相继出台《关于做好我区学校安全协管员队伍建设的指导意见》、《广西壮族自治区学校幼儿园及周边治安综合治理暂行办法》等政策文件。在自治区教育厅增设学校安全稳定工作处，核定编制5人。五是组织开展"平安校园"创建活动。通过在全区学校开展创建以无"法轮功"邪教、无传销组织、无毒无赌等为主要内容的"平安校园"活动，深化学校及周边治安综合治理工作，严厉打击和整顿各种侵害师生人身安全的违法犯罪活动和"黑网吧"、"黑校车"以及校园周边的违章建筑和无证饮食摊点，有效改善了校园及周边的治安秩序和卫生环境。

（六）广西见义勇为基金会工作取得长足进步。一是募集资金400多万元，使基金总量达到1100万。二是提高见义勇为奖励标准，将广西见义勇为英雄奖金从5万元提高到10万元，将自治区综治委表彰的见义勇为先进分子奖金从5000元提高到20000元，此外，慰问金、助学金、生活困难补贴等也相应提高。三是基金会办公室工作有声有色，成效明显。公益服务实现信息化，宣传工作亮点突出，组织见义勇为人员游世博活动深得好评，慰问抚恤工作及时开展等。

六、开展业务培训，提高工作水平

2010年，自治区重点开展社会管理创新研讨培训。12月27－28日举办全区社会管理创新专题研讨班，全区市、县（区）综治办主任和承担社会管理创新综合试点任务的14个县（区）政法委书记共187人参加培训，研讨班特邀中央综治办巡视员季勤同志给全体学员做社会管理创新报告，自治区副主席、综治委副主任梁胜利也给研讨班学员做了辅导讲话。全区各市、县（区）也分期分批对基层综治干部进行了培训。

七、综治工作创新发展

（一）长效机制建设结出新成果。自治区人大常委会颁布新修订的《广西壮族自治区社会治安综合治理条例》；自治区人民政府出台《广西壮族自治区学校幼儿园及周边治安综合治理暂行办法》；自治区党委办公厅、自治区人民政府办公厅转发《关于深入推进社会矛盾化解、社会管理创新、公正廉洁执法的实施意见》等5个规范性文件，自治区有关部门制定了涉及综治工作的规范性文件30多个。

（二）落实领导责任制推出新举措。一是认真落实社会稳定动态五项工作排名通报制度，有力促进各级党政领导切实履行维护稳定第一责任，确保综治维稳工作各项措施落到实处。每个季度都由自治区党委维稳办进行排名通报，并将通报结果纳入综治考评内容进行奖惩。二是2010年11月中旬，自治区党委、政府组织9个督查指导组，由自治区党委副书记陈际瓦等10名省级领导干部带队，在全区开展为期15天的创建社会和谐稳定模范区工作督察指导活动，效果显著，有力推进了三项重点工作和社会治安综合治理工作。三是2010年3月28日，自治区党委组织部、自治区党校举办全区厅级主要领导干部培训班，邀请了中央综治委副主任、中央政法委副秘书长、中央综治办主任陈冀平为全区厅级主要领导干部作社会治安综合治理专题报告。

（三）民族团结进步跃上新台阶。自治区党委、政府坚持把维护民族团结、促进和谐发展作为维护社会和谐稳定的战略性工作，始终不断巩固和发展社会主义新型民族关系，不断夯实民族团结进步的物质基础、制度基础和思想基础，广泛、深入、持久地开展民族团结进步创建活动，以民族团结进步促进社会和谐稳定，以社会和谐稳定推动民族团结进步事业，民族团结进步事业取得了显著成就，没有发生因民族问题引发影响社会和谐稳定的事件。2010年，自治区加快以保障和改善民生为重点的社会建设，投入1300亿元用于解决民生问题。

（四）"爱民固边"战略实施进入新阶段。全区各级党委、政府与边防武警部队坚持深入持久地实施"爱民固边"战略，创建了一批爱民固边模范村、民族团结示范村，连点成片，做到"一个边民就是一个哨兵，一个家庭就是一个哨所，一个村屯就是一支部队"，有效维护了边境地区稳定，巩固了基层政权。在实践中探索出了"警官任村官"（边防民警挂任村委主任助理）、"深入大走访”、“十户联防”、“路长制”等新经验。

（五）社会管理创新实现新突破。一是创新肇事肇祸精神病人管理工作。经自治区人民政府常务会议决定，自治区综治办、公安厅、民政厅、财政厅、卫生厅等五部门联合下发了《广西壮族自治区肇事肇祸精神病人管理暂行规定》，对有危害行为、依照有关规定经专门机关鉴定的精神病人，一律强制送医院进行治疗；对无人监管以及家庭困难无力支付治疗药费的精神病人，由当地政府给予补贴，确保精神病人发病有医治、发疯有控制。二是由广西倡议，联合贵州、湖南、广东、海南、云南建立六省区接边地区区域综治维稳合作机制的做法。

广西壮族自治区人民代表大会常务委员会公告

（2010 年 11 月 27 日）

《广西壮族自治区社会治安综合治理条例》已由广西壮族自治区第十一届人民代表大会常务委员会第十八次会议于 2010 年 11 月 27 日修订通过，现将修订后的《广西壮族自治区社会治安综合治理条例》公布，自 2011 年 1 月 1 日起施行。

广西壮族自治区社会治安综合治理条例

（1994 年 7 月 29 日广西壮族自治区第八届人民代表大会常务委员会第十次会议通过　2010 年 11 月 27 日广西壮族自治区第十一届人民代表大会常务委员会第十八次会议修订通过）

第一章　总　则

第一条　为了加强社会治安综合治理，维护社会治安秩序和社会稳定，促进社会和谐，根据《全国人民代表大会常务委员会关于加强社会治安综合治理的决定》和有关法律、行政法规，结合本自治区实际，制定本条例。

第二条　本自治区行政区域内的机关、团体、企业事业单位以及其他组织和公民，应当遵守本条例。

第三条　社会治安综合治理应当坚持打击与预防并举、预防为主，治标与治本兼顾、重在治本的方针；实行谁主管谁负责、属地管理，专门机关工作与群众路线相结合的原则。

第四条　社会治安综合治理应当动员和组织社会各方面力量，运用政治、法律、行政、经济、文化、宣传、教育等多种手段，预防和惩治违法犯罪，加强社会管理，推进平安建设，为经济社会发展创造良好的社会环境。

第五条　社会治安综合治理工作由各级人民政府统一组织实施。

县级以上人民政府应当把社会治安综合治理工作纳入国民经济和社会发展的总体规划和年度计划。

各级人民政府应当组织协调各部门、各单位做好社会治安综合治理工作，保证社会治安综合治理各项措施落实。

各级人民政府应当定期将本行政区域内的社会治安综合治理情况报告上一级人民政府；有关部门和单位应当将本部门、单位社会治安综合治理工作措施落实情况报告同级社会治安综合治理委员会（以下简称综治委）。

第二章　职责与任务

第六条　各级综治委的职责是协调、指导、检查和督促本行政区域内的社会治安综合治理工作，其办事机构负责本行政区域内的社会治安综合治理日常事务。

第七条　社会治安综合治理的任务是：

（一）依法打击各种危害社会的违法犯罪活动；

（二）采取各种措施，严密管理制度，加强治安防范工作，堵塞违法犯罪活动的漏洞；

（三）加强对全民特别是青少年的思想道德教育和法制教育，提高全民文化道德素质，增强全民法制观念；

（四）鼓励群众自觉维护社会治安秩序，同违法犯罪行为作斗争；

（五）建立健全矛盾纠纷排查调处工作机制和制度，积极调解纠纷，缓解社会矛盾，消除不安定因素；

（六）加强对违法犯罪人员的教育、挽救、改造工作，妥善安置刑满释放和解除劳教的人员，减少重新违法犯罪；

（七）开展平安创建活动，落实维护社会稳定的各项措施；

（八）社会治安综合治理的其他任务。

第八条　综治委成员单位应当根据社会治安综合治理的任务、要求和工作范围，各司其职、各负其责，并密切配合、互相协调。

第三章　治安防范与整治

第九条　各级人民政府应当建立社会治安防控体系，制定和落实社会治安防范的具体措施。

机关、团体、企业事业单位和其他组织应当各负其责，协调配合，共同承担社会治安防范的社会责任。

公民应当自觉遵纪守法，遵守社会公德，加强自身安全防范，协助配合有关部门开展社会治安综合治理工作。

第十条　各级人民政府应当加强对公民的法律知识普及教育，提高公民法律素质。机关、团体、企业事业单位和其他组织应当组织开展社会治安综合治理宣传教育活动。新闻出版、广播电视、报刊、互联网等媒体应当加强社会治安综合治理的宣传和舆论引导。

第十一条　各级人民政府和有关部门应当坚持依法决策、科学决策、民主决策，严格依法办事，防止因决策或者实施具体行政行为不当引发重大治安事件和群体性事件。

第十二条　各级人民政府应当对社会治安秩序混乱、治安问题突出的区域进行集中整治和专项治理，迅速恢复社会治安秩序，并落实社会治安的长效管理措施。

第十三条　各级人民政府和有关部门对可能出现的重大治安事件和群体性事件应当采取防范措施，根据事态发展情况及时启动相应的应急预案，及时处置，防止事态扩大、升级。

处置重大治安事件和群体性事件，应当先行疏导教育，必须采用强制措施的，应当依法进行。

第十四条　各级人民政府及其所属有关部门应当加强对出租房屋和流动人口的管理，建立健全流动人口服务和管理体系，引导人口有序流动，保护流动人口的人身和财产安全，预防和控制违法犯罪。

第十五条　各级人民政府及其所属有关部门应当依法加强安全生产监督管理，督促生产经营单位落实安全生产主体责任，及时排查治理生产安全事故隐患，预防和减少生产安全事故的发生。

第十六条　各级人民政府和有关部门应当加强铁路、公路、油气、电力、广播电视和通信等设施的防护联防工作，及时排查安全隐患，化解矛盾纠纷，打击盗窃运输物资、破坏损毁设施等违法犯罪行为。

第十七条　乡镇人民政府、街道办事处应当将社会治安综合治理各项措施落实到村屯、社区，建立健全村屯、社区治安群防群治组织，发挥治保委员会、人民调解委员会的作用，减少社会治安不稳定因素。

第十八条　各级人民政府和有关部门应当加

强公共场所应急预案的制定工作，切实做好对影剧院、体育场(馆)、车站、码头、机场、公园、广场、集市、商场和医院等公共场所的治安防范工作，督促检查公共场所的所有权人和经营者落实各项治安措施，维护公共场所治安秩序。公共场所的所有权人和经营者应当维护公共场所的治安秩序。

第十九条 公安等有关部门应当加强娱乐场所和特种行业的管理，依法打击卖淫嫖娼、赌博、贩毒、吸毒等违法犯罪行为，对治安问题突出的娱乐场所、特种行业及时依法整顿治理。

第二十条 各级人民政府和有关部门应当依法加强对互联网的监管，建立健全互联网治安综合防控体系，预防和打击网络违法犯罪行为。

互联网服务单位、互联网接入单位及互联网上网服务场所应当落实安全管理和安全技术防范措施，净化网络环境。

第二十一条 各级人民政府应当加强学校及周边治安综合治理，加强对青少年校外活动场所的管理。有关部门根据各自职责经常开展学校及周边治安环境的综合治理，保护师生人身财产安全，维护学校正常教学秩序。

各级人民政府及其所属有关部门应当完善学校突发事件应急管理机制，预防并妥善处置各种事端，并指导、督促学校建立健全安全保卫制度和工作机制。

学校应当配合有关部门维护学校及周边社会治安秩序，完善各种防范措施，加强师生安全教育和学校安全管理，提高预防灾害、应急避险和防范违法犯罪活动的能力。

第二十二条 边境、沿海各级人民政府及其所属有关部门应当加强边境、海上治安管理，打击各类违法犯罪行为，维护边境、海上治安稳定。

第二十三条 机关、团体、企业事业单位和其他组织应当建立健全内部管理制度，采取治安防范措施，预防违法犯罪案件和治安案件的发生。

第二十四条 工矿区、建设工地的经营单位和施工单位应当建立健全工矿区、建设工地治安防范措施，设置必要的治安防范设施，落实治安保卫人员，加强值班和治安巡逻，防止工矿区、建设工地违法犯罪行为的发生。

第二十五条 居民住宅小区管理机构应当建立健全治安管理制度，小区物业、保安等社会服务机构应当依法履行职责，协助有关部门做好住宅小区的治安防范工作。

第二十六条 各级人民政府和有关部门应当建立健全社会矛盾纠纷排查、调处、化解机制，采取心理疏导等有效措施把矛盾纠纷化解在基层，化解在初发阶段。

第二十七条 基层人民政府和基层人民法院应当指导帮助村民委员会、社区居民委员会建立健全人民调解委员会，及时调解民间纠纷。

第二十八条 各级行政机关在处理土地、山林、水利纠纷以及其他行政争议过程中应当加强调解、和解工作，把矛盾纠纷化解在行政程序中。

第二十九条 各级司法机关审理和执行民事案件、行政案件，应当坚持办案的法律效果和社会效果相统一，充分运用和解和协调等手段，依法化解矛盾纠纷，实现定纷止争，案结事了。

第三十条 公安、检察、审判等机关在依法履行职责办理案件过程中，对涉及社会稳定问题应当谨慎处理；对存在的治安隐患问题应当及时提出社会治安防范建议。被建议单位应当及时进行整改。

第三十一条 各有关部门、各类学校应当落实预防青少年违法犯罪的工作措施，加强对青少年的思想政治教育和法制、道德教育，消除社会丑恶现象对青少年的不良影响，预防和减少青少年违法犯罪。

第三十二条 机关、团体、企业事业单位和其他组织应当做好刑满释放、解除劳动教养人员的帮教工作，预防和减少重新违法犯罪。

村民委员会、居民委员会和有关单位应当协助公安等部门做好对被管制、缓刑、假释、监外执行、剥夺政治权利等人员的管理、教育和改造工作。

第三十三条 各级工会、共青团、妇联应当依法维护职工、青少年、妇女和儿童的合法权益，协助有关部门预防和制止损害职工、青少年、妇女和儿童合法权益的违法犯罪行为。

第三十四条 各级人民政府民政部门、公安机关应当按照国家有关法律、法规的规定，共同做好流浪乞讨人员、精神病人的救助工作，保护其合法权益。公安机关对流浪乞讨人员、精神病人的各种违法犯罪行为，应当依法查处；对组织、教唆、胁迫、控制未成年人、残疾人乞讨盈利或者进行违法犯罪活动的，应当加大查处力度。

鼓励和支持民间组织、慈善团体和公民参与救助工作，协助各级人民政府民政部门、公安机关做好流浪乞讨人员、精神病人的劝导和救助。

第四章　保障措施

第三十五条　社会治安综合治理实行目标管理责任制。目标管理责任制按照行政区域、部门、单位确定社会治安综合治理责任范围，签订年度社会治安综合治理目标管理责任书，实行年度检查考评。

第三十六条　各机关、团体、企业事业单位及其他组织的负责人在履行本职岗位职责的同时应当履行维护社会治安秩序的职责。

机关、团体、企业事业单位及其他组织的主要负责人为本单位社会治安综合治理第一责任人。

第三十七条　县级以上人民政府应当将社会治安综合治理工作经费列入本级财政预算，确保社会治安综合治理工作的必要经费开支。

第三十八条　县级以上综治委办事机构的工作人员配备应当与社会治安综合治理工作任务相适应。乡镇人民政府、街道办事处综治委办事机构应当配备专职或者兼职的工作人员。

机关、团体、企业事业单位和其他组织，村民委员会、社区居民委员会应当落实专人负责社会治安综合治理工作。

第三十九条　各级综治委应当加强对社会治安综合治理工作的监督检查，研究协调解决社会治安综合治理工作中的问题。对社会治安秩序混乱、社会治安问题突出或者存在重大治安隐患的区域、单位应当进行督办，并限期整治。

第五章　奖励与惩罚

第四十条　对在社会治安综合治理工作中做出显著成绩的单位或者个人，由各级人民政府或者综治委按照有关规定给予表彰、奖励。

公民为维护社会治安、同违法犯罪行为作斗争事迹突出的应当给予奖励，伤残或者牺牲的应当给予救助和抚恤。具体的奖励、救助和抚恤，依照国家和自治区的有关规定执行。

第四十一条　设区的市、县（市、区）、乡镇（街道），责任单位和各级综治委办事机构违反本条例规定，不履行或者怠于履行社会治安综合治理职责，致使发生严重危害国家安全事件、严重危害社会稳定事件、重特大刑事犯罪案件、严重影响经济秩序事件、特大安全生产事故、重大公共安全事件或者在社会治安综合治理工作目标考核中不达标的，当年不得授予综合性荣誉称号，其主要领导、主管领导和治安责任人不得评先受奖和晋职晋级。

第四十二条　违反本条例规定，不履行或者怠于履行社会治安综合治理职责，造成治安秩序混乱，影响社会稳定的，由有关机关责令限期改正，逾期未改正的，予以通报批评，对直接负责的主管人员和其他直接责任人员，可予以行政处分；构成犯罪的，依法追究刑事责任。

第六章　附　则

第四十三条　本条例自 2011 年 1 月 1 日起施行。

广西壮族自治区社会治安综合治理委员会关于印发《广西壮族自治区社会治安综合治理一票否决权制实施细则》的通知

（2010 年 11 月 3 日）

各市、县社会治安综合治理委员会，自治区社会治安综合治理委员会各成员单位：

《广西壮族自治区社会治安综合治理一票否决权制实施细则》已经 2010 年 11 月 3 日自治区社会治安综合治理委员会全体会议审议通过。现印发给你们，请认真贯彻执行。

广西壮族自治区社会治安综合治理一票否决权制实施细则

第一章 总 则

第一条 为了贯彻落实自治区党委办公厅、自治区人民政府办公厅转发的《自治区综治委、自治区纪委、自治区党委组织部、自治区人事厅、自治区监察厅关于进一步落实社会治安综合治理及维护社会稳定领导责任制的意见》，特制定本实施细则。

第二条 社会治安综合治理一票否决权制在党委、政府的领导下实施。一票否决权由县级及其以上各级社会治安综合治理委员会行使。乡镇、街道社会治安综合治理委员会和县级及其以上各级社会治安综合治理委员会办公室有一票否决的建议权。

第三条 实行一票否决权制要坚持属地管理和实事求是、全面衡量、公开进行的原则。

第四条 自治区、市社会治安综合治理委员会有权直接否决辖区内任何一级组织和单位，或建议下级社会治安综合治理委员会进行否决，并有权对下级社会治安综合治理委员会实行不当的一票否决进行纠正。

第五条 本自治区范围内实行社会治安综合治理一票否决权制，适用本实施细则。

第二章 否决条件

第六条 有下列情形之一的实行社会治安综合治理一票否决：

（一）发生在全国造成重大影响的敌对势力和敌对分子渗透破坏活动的；

（二）因民族问题引发影响社会稳定重大问题的；

（三）发生在全国造成恶劣影响的重大群体性事件、恶性刑事案件、暴力恐怖事件和涉黑涉恶团伙犯罪案件的；

（四）发生在全国造成恶劣影响的群死群伤重特大治安灾害和安全生产责任事故的；

（五）发生敏感时期、重大活动、重要目标和要害部位安全保卫工作重大事故，在全国造成重大影响的；

（六）发生在全国造成重大影响的冤假错案

和政法干警违法违纪案件的；

（七）经上级综治委考核连续两年不达标的；

（八）从第一次被社会治安综合治理一票否决警示之日起，两年内再次被社会治安综合治理一票否决警示的；

（九）自治区社会治安综合治理委员会认为其他需要给予一票否决的。

第七条　各市、县（市、区）社会治安综合治理委员会实行一票否决的条件，由各地参照本细则确定。

第三章　否决对象、内容

第八条　否决对象包括市、县（市、区）、乡镇（街道）、村（社区）和机关、团体、学校、企事业单位和其他单位、组织（含中央驻桂单位、自治区驻市以下单位）。

第九条　否决内容包括取消被否决单位综合性奖励及有关单项表彰奖励的评选资格，取消其主要领导、分管领导和有关责任人评先受奖、晋职晋级的资格。

第四章　否决程序

第十条　乡、镇、街道社会治安综合治理委员会向县级社会治安综合治理委员会提出否决建议。

县级以上社会治安综合治理委员会办公室对本辖区内各地各部门各单位应予一票否决的问题，负责调查核实，提出否决建议。

第十一条　县级以上社会治安综合治理委员会收到否决建议书后，应于15日内作出是否否决的决定，并制发决定书。

第十二条　否决决定书在7日内分别送达被否决单位，同时抄送被否决单位同级纪检、组织、人事、监察等部门及其上级主管部门，同时抄报上一级综治办。

第五章　复　议

第十三条　被一票否决的单位对否决决定不服的，可在接到否决决定书后15日内，向上一级社会治安综合治理委员会申请复议，并递交复议申请书一式二份。

对自治区社会治安综合治理委员会否决决定不服的，可在15日内向自治区社会治安综合治理委员会提请复议，由自治区社会治安综合治理委员会根据否决的内容提交自治区党委或自治区人民政府作出最终决定。

第十四条　上一级社会治安综合治理委员会应在接到复议申请书后，30日内审议并作出复议决定。

第十五条　对复议决定不服的，可在接到复议决定书后15日内，向作出复议决定的社会治安综合治理委员会申请再次复议，并提交再次复议申请书一式二份。由受理复议的机构根据否决的内容提交同级党委或政府作出最终决定。同级党委或政府应在接到再次复议申请后及时作出最终决定。

第十六条　接到否决决定书后15日内没有申请复议的，否决决定生效。

接到上级社会治安综合治理委员会复议决定书后15日内，没有申请复议的，复议决定生效。

第十七条　复议申请书和复议决定书等文书参照第十二条送达、抄送。

第十八条　复议期间受到评先晋级的，复议决定和最终决定作出后，确定被一票否决的，取消原评定的评先受奖或晋升资格。

第六章　处罚

第十九条　被一票否决的，从否决决定生效之日起一年内，取消单位综合性奖励及有关单项表彰奖励的评选资格，取消单位主要领导、分管领导和有关责任人评先受奖、晋职晋级的资格。连续两次受到一票否决的地区和单位，对其党政主要领导和分管领导降职使用或就地免职。

法律法规和规章另有规定的，从其规定。

第二十条　被一票否决的责任人涉嫌严重失职等违纪行为的，县级以上社会治安综合治理委员会应及时移送纪检、监察机关调查处理。纪检、监察机关应当按照干部管理权限和程序依法追究责任人的党纪、政纪责任；涉嫌犯罪的，移送司法机关依法处理。

第二十一条　组织、人事部门在考察考核、选拔任用领导干部时，要把干部本人抓社会治安综合治理及维护社会稳定工作的实绩作为一项必须考察的重要内容，征求同级社会治安综合治理机构的意见并建立完善相关制度；接到一票否决通知书后，要记入干部档案，按照干部管理权限审核取消其被一票否决期间评先受奖、提拔任用的资格。

第二十二条 对于应予一票否决，但未能及时否决而被提拔任用的，上级社会治安综合治理委员会要督促纠正。

第七章 附 则

第二十三条 各市、县(市、区)可依据本实施细则制订实施办法。

第二十四条 县级及其以上部门、单位社会治安综合治理领导机构，实行社会治安综合治理一票否决权制，参照本实施细则执行。

第二十五条 实行一票否决权制所用有关文书的式样，由自治区社会治安综合治理委员会办公室制发。

第二十六条 本实施细则由自治区社会治安综合治理委员会负责解释。

第二十七条 本实施细则自发布之日起实施。

广西壮族自治区社会治安综合治理委员会关于印发《广西壮族自治区社会治安综合治理一票否决警示制度》的通知

(2010 年 11 月 3 日)

各市、县社会治安综合治理委员会，自治区社会治安综合治理委员会各成员单位：

《广西壮族自治区社会治安综合治理一票否决警示制度》已经 2010 年 11 月 3 日自治区社会治安综合治理委员会全体会议审议通过。现印发给你们，请认真贯彻执行。

广西壮族自治区社会治安综合治理一票否决警示制度

第一条 为严格实行社会治安综合治理责任制，根据中共中央、国务院《关于进一步加强社会治安综合治理的意见》，中央社会治安综合治理委员会《关于实行社会治安综合治理一票否决权制的规定》，自治区党委办公厅、自治区人民政府办公厅转发的《自治区社会治安综合治理委员会、自治区纪委、自治区党委组织部、自治区监察厅、自治区人事厅关于进一步落实社会治安综合治理及维护社会稳定领导责任制的意见》等有关要求，制定本制度。

第二条 本制度适用于市、县(市、区)、乡镇(街道)、村(社区)和机关、团体、学校、企事业单位和其他单位、组织(含中央驻桂单位、自治区驻市以下单位)。

第三条 对于存在或发生比较严重的社会治安问题，或在上级综治部门组织的社会治安综合治理年度检查考核中成绩明显落后的地区或单位，依照本制度给予警示，以促使其整改转化。

第四条 凡具有下列情形之一的，应当予以警示：

（一）存在或发生比较严重的社会治安问题，尚不够一票否决的；

（二）在上级综治部门组织的社会治安综合治理年度检查考核中，连续两年名列末位的；

（三）弄虚作假或发生重大群体性事件、重大刑事案件、重大治安灾害事故和安全生产事故隐瞒不报的。

第五条　第四条所列的第（一）项的情形，主要包括下列情况：

（一）市、县（市、区）、乡镇（街道）

1. 发生重大刑事案件、治安灾害事故和重大群体性事件在当地造成重大影响的；

2. 对治安混乱地区或突出治安问题排查整治不及时，造成严重后果的；

3. 治安混乱地区或突出治安问题被上级有关部门挂牌督办整治的；

4. 市、县（市、区）、乡镇（街道）治安混乱地区或突出治安问题被中央、自治区、市级新闻媒体曝光并被查证属实的；

5. 自治区、市、县（市、区）社会治安综合治理委员会（以下简称“综治委”）认为应给予警示的。

（二）乡镇（街道）辖区单位

1. 因矛盾纠纷排查调处工作不到位，致使发生民事转重大刑事案件，或发生重大群体性事件的；

2. 单位内部发生盗抢案件，造成重大财物损失的；

3. 因管理工作不到位，致使居民住宅小区内发生致人死亡刑事案件的；

4. 自治区、市、县（市、区）综治委认为应给予警示的。

第六条　市、县（市、区）、乡镇（街道）被警示的，分别由其上一级综治委作出决定；单位被警示，由其所在县（市、区）综治委作出决定。作出决定的综治委应向被警示的地区或单位发出警示决定书，指出存在问题及整改意见，同时抄报上一级综治委备案。

第七条　被警示地区、单位应在接到警示决定书15日内，向作出警示决定的综治委报告整改计划，并于三个月内报告整改情况。

第八条　符合警示条件而不作出警示决定的，上级综治委应当责成有权作出警示决定的综治委尽快作出警示决定，也可以直接作出警示决定。

第九条　从第一次被社会治安综合治理一票否决警示之日起，两年内再次被社会治安综合治理一票否决警示的地区，上级综治委应当对其行使社会治安综合治理一票否决权。

从第一次被社会治安综合治理一票否决警示之日起，两年内再次被社会治安综合治理一票否决警示的单位，由所在地县级综治委对其行使一票否决权。

第十条　各市、县（市、区）可参照本制度制定具体实施办法。

第十一条　本制度由自治区综治委负责解释。

第十二条　本制度自发布之日起实施。

大力开展“农事村办、农情乡解”活动
积极探索社会矛盾化解新模式

中共百色市委　百色市人民政府

近年来，百色市把开展矛盾纠纷排查化解工作当作社会治安综合治理和维护社会稳定重点工作来抓，创造性开展“农事村办、农情乡解”活动，即：通过推行“五五联解”工作模式和五级联解服务网络，开辟“民意直通”绿色通道，为群众提供一条龙全程综合服务的基层社会矛盾化解新模

式,把大量矛盾纠纷和信访问题解决在基层,有效维护了社会的和谐稳定。

一、以乡村为基础,构建五级服务平台

依托现有"农事村办"的服务网络,构建以县(区)"农情乡解"服务中心为龙头,以乡(镇)服务中心、村服务站为基础,以屯级服务点和信息服务户为触角的五级信访联动服务网络体系。同时,进一步明确各级工作职责,村一级能办的由村农情接待室立即办结,不能办理的在5日或7日内将事项上报乡(镇)农情工作站、县(区)联解服务中心逐级办理。如田林县在建立县、乡镇"农情乡解"服务中心的同时,以村"农事村办"服务站作为办公地点,服务覆盖附近3—5个行政村。服务站成员由村干部、驻村指导员、乡(镇)包村干部等人员组成,具体负责所覆盖村综治维稳信访案件的排查、汇总、上报和群众纠纷的调处以及治安防控等工作。由于村级调解员都是村里有威望、责任强、群众信任的村干、组干或党员组成,一大批矛盾纠纷在村级得到及时就地解决。

二、以乡村两级为重点,建立四张工作网络

一是建立治安防控网。在屯一级设立治安防控员,在村服务站设立村治安联防队,在乡(镇)、县(区)服务中心设立治安防控组,分级负责治安防控工作。二是建立信访信息网。分别在县(区)、乡(镇)服务中心中设立信访信息组,村服务站设立村信访信息队,屯设立信访信息员,主要负责群众矛盾纠纷的排查和维稳信访信息的上报。三是建立纠纷调解网。在县(区)、乡(镇)服务中心设立"农情乡解"指导委员会,村服务站设立村联解委员会,屯设立联解员,主要负责调处村民与村民之间,村民与其它团体组织、人员之间的矛盾纠纷问题。四是建立为民服务网。在县(区)、乡(镇)服务中心设立志愿服务组,村服务站设立村志愿服务队,屯聘请志愿者。志愿者由乡(镇)村组干部、党员义工、"农事村办"代办员、骨干农民、青年志愿者组成,主要为孤弱老人、残疾人、留守儿童和生活困难群众提供法律、维权帮助,为辖区群众提供各种便民服务。田阳县在开展"农情乡解"工作中,结合实际需要,在琴华社区服务站组建了由村支书、委员和党员骨干组成的"党员义工"队伍,每个月走访所联系的屯组和群众户一至三次,做到随时掌握、上报农情民意及时提供服务。

三、以领导干部接访下访为切入点,扎实开展"四级联解"

按照"村级初办、乡级主办、县服务中心联办、县委书记阅办"的办理程序和要求,不断创新县、乡、村、屯四级联解方式。一是开展领导接访活动。市县(区)党委书记、县(区)长一般每月安排一天时间接待群众来访,县(区)党委和政府班子成员、市县两级的部门领导干部都要定期接待群众来访,乡镇(街道)领导干部随时接待群众来访。通过定期接访、现场接访、主动约访、带案下访、跟踪回访等形式,积极组织领导干部定期接待群众来访活动,确保群众反映的问题得到有效解决。二是定期组织开展干部下访活动。县(区)四家班子领导成员每月下到所联系的乡镇、村屯进行一次下访;县(区)机关单位领导干部和党员每月到联系点下访一次;乡镇领导干部随时下访,切实变坐等群众上访为领导主动下访,变"群众访领导"为"领导访群众",使群众的困难和需求及时得到解决。三是联合相关部门力量,加大对容易引发信访突出问题的重大矛盾纠纷的排查化解工作力度。把信访、维稳、综治、民政、司法和工会、共青团、妇联等工作资源有效整合起来,充分相信群众、依靠群众,综合运用人民调解、行政调解和司法调解的方式,及时协调不同群体间的利益关系,最大限度地减少不和谐因素、增加和谐因素。四是对涉及面广、时间跨度大、容易升级激化,带有普遍性的疑难复杂问题,实行领导包案、一包到底。

四、以规范运行为目标,建立完善四项工作制度

一是建立民主评议制度。对所有农情办理情况实行"一事一议一评",由群众对最后的处理结果,进行评议,并结合评议结果,将"农情乡解"工作绩效与各级各部门工作考核、年度目标责任考评、干部考核使用奖惩挂钩。二是建立经费保障机制。将"农情乡解"工作经费纳入各县(区)财政预算。田林县按照县、乡、村"农情乡解"服务机构每年不少于10万元、1万元、3000元的标准列入财政预算。三是建立办结反馈和回访督查制度。对"农情乡解"办结的事项通过印发通知、上墙公示并进行回访、督查等做法,保证件件有着落、事事有结果、件件有回音。四是建立问责制度。将"农情乡解"工作绩效纳入各级各部门实行社会治安综合治理一票否决警示制度，对因责任不落实，导致发生群体性事件或重大治安案件的县（区）、乡镇、部门，对相关信息员、工作人员以及相关领导进行“问责”，对主要责任部门单位实行“一票否决”。如田阳县建立完善了工作值班制、下访制、包案制、“问责”制、回访制等五项工作制度，以制度来促进工作落实。

五、以“五个结合”为突破口，确保“农情乡解”工作的实效性

一是结合深入学习实践科学发展观活动，组织广大党员干部尤其是党员领导干部通过“农情乡解”活动，以改善民生、保障稳定为切入点，切实解决影响农村科学发展的重点、难点问题，使深入学习实践科学发展观活动更具特色。二是结合“农事村办”活动，充分利用“农事村办”活动场所，实行一套人马两块牌子，灵活开展工作，努力建立一支上联县、乡（镇）党委政府，下联村民小组，直接面对群众、服务群众的多能型人才队伍。三是结合“城乡互动、先锋同行”活动，组织公、检、法、司及国土、林业、水利等部门与服务站所在村开展结对共建活动，指导和参与群众矛盾纠纷调处化解工作。四是结合“县委书记大接访”活动，不断完善各项工作措施，规范接访工作程序，在乡（镇）推行乡（镇）党委书记、乡（镇）长接访工作制度，使接访活动形成常规化。五是结合县、乡、村社会治安综合治理工作，信访、调解、公安、司法等部门及时对各乡（镇）、村的信访服务网络专职工作人员进行业务培训，提高他们接访工作的能力和水平，切实把各接访服务中心、服务站办成党委政府的“情报所”、“信息箱”、“调解室”。通过“农情乡解”活动，右江区今年以来共发生集体上访3件179人，同比下降25%；信访部门共受理群众来访44批294人（次），同比下降18.5%和7.8%。

六、以保障群众合法权益为落脚点，不断畅通民意诉求渠道

市、县（区）、乡（镇）、村全面开通维稳信访电话，并在各村、屯设立信访信息箱，有条件的乡（镇）、村还设立电子信箱，积极引导群众通过书信、电话、传真等书面形式表达诉求。印发“民情联系卡”，并通过市、县、乡、村、屯层层召开碰头见面会的方式，确保民情、民意、民智顺畅上达，及时掌握、上报治安和维稳信访信息，及时解决矛盾纠纷。此外，加大村务公开、党务公开。如右江区结合“农情乡解”工作的开展，推行以“阳光党务”为重点的党务公开工作，在公开内容上，对特别敏感的人事、财务等内容进行重点公开。切实保障群众对村级事务的知情权、参与权、选择权和监督权，从而实现村民自治，促进党群、干群关系的和谐相处。

以人为本　平安征地　和谐拆迁
维护社会大局稳定促进经济全面发展

中共北海市委　北海市人民政府

一、稳字当头，健全机制

一是统一认识，牢记一个“稳”字。在引进重大项目进驻北海，推进建设中，北海市党委、政府要求各级各部门深刻吸取2009年铁山港区10万吨级公用码头在施工建设中，因污染周边珠贝养殖海域，造成珠农阻挠施工、影响工程进展的教训，强调征地拆迁是硬任务，保持社会稳定更是硬责任，进一步提高各级各部门对稳定和发展辩证关系的认识，强化稳定压倒一切的思想，坚持把维护社会稳定贯穿于推动大项目落户建设的始终。

二是选任干部，突出一个“绩”字。明确把在项目建设一线、化解矛盾一线、维护稳定一线这“三个一线”作为干部实绩考核的重点内容，将承担35个重大项目、10项为民办实事工程以及维稳调处工作职责的63个责任单位和相关责任人确定为重点考核对象，并将全年经济社会发展任务全部量化、责任化，明确定人员、定职责、定时间、定进度的“四定”要求，确保事有专管之人、人有明确之责、时有限定之期、进有尺度可量，发挥实绩考核对“四保”任务的推动引领作用。铁山港区兴港镇、海城区涠洲镇、合浦县西场镇等乡镇党委书记因在推进大项目建设、维稳工作突出而被选拔任用。

三是健全机制，抓住一个“责”字。在为重大项目征地拆迁工作中，北海市坚持领导责任制为龙头，实行市、县(区)、镇(街道办)、村(社区)四级领导“项目包干责任制”，做到“五包干”：包宣传发动、包征地拆迁、包矛盾化解、包回建用地、包社会稳定，并将干部工作实绩与年终考评、选拔任用挂钩，纳入综治工作一票否决范围。

二、把握政策，深入宣传

一是树立“阳光征地拆迁”理念。有关部门向群众公开征地拆迁政策，坚持做到“三个不拆”，即用地手续不齐不拆迁、资金不到位不拆迁、安置方案不落实不拆迁。坚持“政策公开、程序公开、补偿标准公开”的原则，将拆迁工作全过程放在阳光下接受监督，让群众明明白白拆迁，平平安安搬迁，使征地拆迁过程“公开、公平、公正”。

二是形成强大工作合力。在征地拆迁工作中，坚持发动各级机关干部和社会各界人士积极做好有房屋及涉及拆迁的亲戚朋友和员工的思想工作，把社会各方面的力量都调动起来，把各种关系都利用起来，千方百计形成征地拆迁工作的强大合力。一方面，市、县区相关部门针对新形势、新阶段的征地拆迁工作任务，强化征地拆迁队伍全方位培训，开展“六学”活动：领导干部上课“带学”、镇办领导动员“促学”、专家宣讲“导学”、播放教育片“普学”、剖析案例“议学”、发资料短信“送学”等形式，组织广大党员干部认真学习有关政策法规和业务知识，做到“三清楚三禁止”：征地拆迁政策法规要清楚，征地拆迁业务知识要清楚，征地拆迁工作目标要清楚；禁止乱承诺、禁止讲错话、禁止违反群众工作纪律。另一方面，加大对妨碍征地进程的违章建筑的处置力度。中电北海产业园落户北海市海城区后，个别村民贪图私利，在被征地范围内违规突击“种”房，相关部门组织强制拆除违章建筑53宗180多间房屋。中电北海产业园实现了“当年开工、当年竣工、当年招商、当年建设、当年投产”，创造了广西电子信息产业发展历史上令人刮目相看的“北海速度”。

三是通过直观对比加强形势教育。北海市从宣传政策入手引导被征地拆迁群众树立全局意识、发展意识，消除群众顾虑，营造和谐征地拆迁氛围。一方面，积极组织重大项目建设区的干部群众到广东、钦州港等先行一步的开发区实地参观，让他们亲身感受重大项目建设给经济发展和人民生活带来的变化。另一方面，积极启发和引导群众把握时机，主动融入大开发大建设，率先发展交通运输、建材供应、餐饮服务等。

三、以人为本，关注民生

和谐征地，维护稳定，关键是要关注民生，以人为本，切实保障群众的根本利益。北海市铁山港区兴港镇是北海市工业项目落户最多的乡镇，31个重大项目需要征地2.4万多亩，涉及群众4万多人，在征地搬迁中，没有发生一起因征地搬迁引发的群体性事件。兴港镇党委、政府从人民群众最关心、最直接、最现实的利益问题入手，实施“三大工程”，顺民意、解民忧、增民利，让发展的成果惠及广大人民群众。

一是实施“社会保障工程”，提供“民生之依”。开展“送政策、送岗位、送培训、送服务”就业援助活动，引导失地失海农民转产转业，建立了征地搬迁群众培训就业基地，进一步扩大社会就业。全镇开发公益性岗位144个，新增城镇就业356人，农村劳动力转移就业821人。完善和健全养老、失业、医疗等社会保障机制，落实城镇居民最低生活保障，将符合低保条件的失地失海农民2200多人纳入低保范围，筹措资金为43名贫困残疾人提供康复服务。

二是实施“便民工程”，满足“民生之需”。推行。“为民办事全程代理制”，完善服务机制，延伸服务范围，拓展服务领域。建立了为民办事全程代理服务站1个、服务点13个，代理人队伍76人，共为农民代理办结事项达386项(次)。着力解决群众行路难、用电难、用水难等问题，修建村级道路16.5公里．维修加固海河堤380米，完成了7个自然村的农网改造。

三是实施“平安工程”，打造“民生之盾”。建立镇、村、组三级调解网络，完善快速反应机制，在重点村（社区）成立村级人民调解组织效能建设试点，由村干部分片包干调处矛盾纠纷。

四、畅通渠道，消除隐患

畅通民意诉求渠道，倾听群众呼声，接受群众申诉，及时解决和消除隐患，是文明征地、和谐拆迁、维护稳定的基础。北海市以开展"化解信访积案活动年"为契机，实行"五包"责任制：包案领导承办责任人包掌握情况、包解决问题、包教育转化、包稳定管理、包依法处理。各级领导带头开展"三访"活动："走访、接访、约访"。市委、市政府在今年3月2日组织开展了领导干部"公开大接访活动"四家班子领导共20名厅级领导，139名处级领导、300名科级领导和约619名干部参加接访，共接待群众来访618批，1176人次。在银滩改造项目征地拆迁工作中，北海市、银海区成立了多个专门工作组，采取上门宣传、主动约见等办法，把政策法规传达到广大被拆迁户之中，面对面沟通教育感化，最大程度地化解抵触情绪，使绝大多数被拆迁户的思想始终处于平稳状态。

广西壮族自治区各市、区（市、县）综治委、办主任名单

地　区	综治委主任	综治办主任
南宁市	朱育兆	谭尚武
武鸣县	黄隆鸣	何生龙
横　县	黄国健	黄宗旭
宾阳县	孙俊高	吴宝初
上林县	冯忠明	蔡修文
马山县	熊昌满	李向民
隆安县	胡世槐	马汝昌
兴宁区	高　虹	陈云舫
江南区	魏凤君	曾方云
	黄建宁	
青秀区	赵禹鹏	袁　海
	王永超	
西乡塘区	黄　宁	蓝日军
	廖伟福	
邕宁区	容康社蓝建东	乐巨温
良庆区	谷明佳	张忠信
柳州市	崔放明	欧顺红
城中区	胡寿良	罗　涛
鱼峰区	孔建斌	刘阳赞
柳北区	胡海兰	周其彦
柳南区	苏朝胜	吴少娟
鹿寨县	袁子强	覃　友
柳江县	覃文吹	韦显乐
柳城县	杨庆蔚	陶龙斌
融水县	潘爱国	韦盛锋
融安县	罗立明	龙先旭
三江县	何　葆	曾彦春
桂林市	蒙永福	刘祖军
象山区	秦　涛	李成东
秀峰区	谭　涛	彭新民
叠彩区	李双庆	文昌雄
七星区	聂　云	陈锦瑞
雁山区	杨　明	丁　丰
临桂县	雷志刚	粟振平
灵川县	骆文兵	罗程远
全州县	蒋平华	秦际伯
兴安县	冯　远	周剑冰
永福县	白先频	李小安
阳朔县	梁文干	唐燕德
灌阳县	黄永文	刘义军
龙胜县	石美新	苏良松
资源县	范远明	刘文华
平乐县	唐　文	韦　峰
荔浦县	林耀平	张卫民
恭城县	阳瑞华	许增魁
梧州市	竺坤松	曾一戈
万秀区	黎　贤	陈焕棣
蝶山区	林　康	李俊华

地　区	综治委主任	综治办主任
长洲区	张进生	梁富昌
苍梧县	周　峰	冯惠华
岑溪市	陈锦铿	邓灿强
藤　县	陈　钧（2010 年 1－3 月） 唐永清（2010 年 4 月至今）	钟　平（2010 年 1－8 月） 廖锐光（2010 年 9－12 月）
蒙山县	何　健	黄国邦
北海市	莫亦翔	王金吾
合浦县	谭忠德	庞学强
海城区	廖自强（2010 年 5 月调离） 陈以良（2010 年 5 月上任）	麦运庄
银海区	罗元富	陈英荣
铁山港区	覃　闯	朱易清
防城港市	倪耀中	李　真
防城区	黄　耿	马富强
港口区	刘盛礼	邓均益
东兴市	黄日忠	李世统
上思县	李健全	苏大煜
钦州市	寇兴广	叶爱深
灵山县	黄正荣	许恒东
浦北县	陈增平	黄明润
钦南区	温光焕	黄海新
钦北区	梁国喜	陆福谋
贵港市	李　鸣	黄富宁
桂平市	吴　飞	蒙天全
平南县	许华明	黄信全
港北区	黄星荣 罗尚民	曾腾生
港南区	罗振明	杨志舜
覃塘区	谢朝慰	黄开砾
玉林市	陈延国	陈家勋
玉州区	蔡　文	卢　辉
北流市	罗培球	欧　全
兴业县	朱向东	杨伟忠
容　县	李　文	梁高运
博白县	温达勤 黄少明	李庆良

地　区	综治委主任	综治办主任
陆川县	褟甲军	黄增元
福绵管理区	李海文	沙达才
百色市	韦瑞灵	张传福
右江区	封志武	何作华
田阳县	林世辉	黄　兴 梁飞龙
田东县	陶国铭	韦天团
平果县	韦伟平	黄先勇
德保县	陆泽山	李克省
靖西县	黄显帆	黄其臣
那坡县	黎仕兴	黄国锋
凌云县	陆政时	李显章
乐业县	周武红 蓝树东	罗应业
田林县	陆　伟	黄忠慧
隆林县	杨明治	潘荣村
西林县	农建华	颜建雄
贺州市	李国强	邓少龙
八步区	义崇东	周泰桥
平桂管理区	邹雄斌	贺建雄
钟山县	袁　安	胡德珉
富川县	岑可乾	毛　靖
昭平县	莫华钧	吴耀强
河池市	廖昌军	莫志明
金城江区	莫正波	覃浪先
宜州市	潘　平	覃寿川
罗城仫佬族自治县	刘韦才	谢代鹏
环江毛南族自治县	谭　勉	覃学敏
南丹县	蒙卫东	刘　冰
天峨县	韦　峰	黄少锋
东兰县	梁孟益	林国剑
巴马瑶族自治县	韦炳国	王有盛
凤山县	黄文建	黄英德
都安瑶族自治县	梁　宁	蒙永业
大化瑶族自治县	韦统朝	陆　峰
来宾市	吴俊明	毛正军

地　区	综治委主任	综治办主任
金秀瑶族自治县	赵东渐	韦荣泉
忻城县	罗显明	覃学钢
兴宾区	梁贻勇	韦明学 （2010.01－2010.06） 邱启立 （2010.06 至今）
象州县	陈海寿	梁　群
武宣县	韦远星	覃桂党
合山市	付乃团	贾海忠

地　区	综治委主任	综治办主任
崇左市	赵乐秦	阮高利
扶绥县	白松涛 吴　强	朱茂胜
江州区	蓝大煌	荷新锋
宁明县	蓝锋杰 刘　勇	胡文誉
凭祥市	谭丕创	韦家云
龙州县	梁旭辉	韦思昌
大新县	雷多荣	潘宜建
天等县	雷海良	黄柏林

（撰稿人：罗翼飞
审稿人：刘耀龙　禹丽芸）

海 南 省

2010 年社会治安综合治理工作概况

2010 年以来,海南省各级综治部门在省委、省政府的直接领导下,在中央综治委(办)的具体指导下,深入学习实践科学发展观,紧紧围绕贯彻落实社会矛盾化解,社会管理创新,公正廉洁执法,全力推进海南国际旅游岛建设,全省社会治安综合治理工作和平安建设深入发展,各级党委、政府的重视和支持不断增强,地位和作用不断提高,形成了工作合力,实现了互利双赢、整体联动,创造了一批具有海南特色的典型经验,有力地维护了重要节庆、敏感时期海南社会治安大局的稳定,为确保国际旅游岛建设和全省的长治久安打下了坚实的基础。

一、各级党委政府高度重视,通过实行领导责任查究,社会治安综合治理"一把手"工程得到了落实

(一)认真贯彻全国政法工作会议、省委政法委扩大会议精神,部署开展"2010 年社会治安环境整治年"活动,组织工作组,开展落实"三项重点工作"试点工作。3 月 25 日,在琼海召开全省综治办主任会议,结合海南国际旅游岛建设治安环境整治工作,对开展"社会治安环境整治年"活动进行再动员、再部署,明确提出了以领导责任制为龙头,以化解矛盾为主线,以重点地区排查整治为契机,以夯实基层基础建设为根本,以平安建设为载体,确保"三项重点工作"顺利推进,确保"治安环境整治年"各项措施落到实处。中央作出深入推进政法三项重点工作(社会矛盾化解、社会管理创新、公正廉洁执法)的决策部署后,肖若海、施文同志先后多次带队到东方市进行调研,并提出把东方市作为海南省深入推进政法三项重点工作和治安环境综合整治的试点市县。3 月初,省委政法委、省综治委在政法各部门抽调了 26 名干部组成工作组进驻东方市,开展"三项重点工作"试点工作,在东方市委、市政府的密切配合下,工作组以治安环境整治为突破口,以社会矛盾化解、社会管理创新、公正廉洁为主线,以基层基础建设为保障,历时半年的试点工作,使三项重点工作和治安环境整治得到有效推进。省委书记、省人大常委会主任卫留成,省委副书记、省长罗保铭等领导同志对试点工作表示赞同和支持。近期,经过统计部门民意调查显示,群众对全市社会治安状况的满意率达 90% 以上,实现了社会治安由乱到治的转变。

(二)深入贯彻中央深圳、成都会议和省委书记办公会议精神,以切实行动,推进社会管理创新。一是认真贯彻落实全国综治办主任会议暨社会治安综合治理会议精神,就海南省加强社会建设、创新社会管理提出了十二点工作建议。二是认真贯彻 5 届 33 次省委书记办公会议精神,结合全省政法综治工作的全局,汇总研究法院,检察院、公安、司法、安全、政法职业学院等部门的意见,科学规划并向省委省政府提出了政法综治"十二五"建设规划建议。三是召开全省综治工作系列会议,部署加强建设、创新社会管理工作。6 月 22 日、7 月 28 日、7 月 29 日先后召开了全省综治工作(龙华)现场会、全省综治工作(陵水)会议和全省铁路联防动员大会,这是围绕着贯彻落实中央有关会议和永康同志重要讲话精神,就加强社会建设和管理创新社会工作进行动员和部署,各市县、各有关部门深入贯彻上级有关会议和中央、省委领导指示精神就加强社会建设和社会管理创新工作进行了认真的探讨,特别是对当前综治工作存在的困难和问题进行分析,就下一步加强社会建设、创新社会管理工作提出不少意见和建议。四是开展社会管理创新试点工作,研究下发了《关于全省社会管理创新综合试点工作建议》。根据省委书记办公会议精神,省综治委确定海口市、三亚市、琼海市、昌江县、省农垦总局作为加强社会建设、创新社会管理工作试点市县和单位。同时,琼海市被列为全国社会管理创新试点工作县级市。海口市被确定为全国重点青少年群体教育帮助和预防犯罪工作试点城市。目前,四个市县和农垦总局都已制定相应社会管理创新试点工作方案,特别是琼海被列为全国创新试点之后,各项工作正在逐步实施落实。其他市县也正在研究探索与本地区特点相适应的管理创新工作思路。五是与省公安厅、省民政厅、省联合会等部门部署,将全省肇事肇祸精神病人列为重点管控工作。六是组织考察团赴广东深圳、广州两市考察学习社会管理创新模式,如何加强流动人口管理基层基础建设。积极做好特殊群体的服务、管理和教育工作,社会管理的薄弱环节得到了明显加强。推广海口市龙华区头铺村、滨濂村流动人口服务管理体制创新经验,在全省逐步建立"以证管人、以房管人、以业管人"以及统一登记、统一管理、电脑联网、信息共享的流动人口管理机制。积极探索矫正工作的新方式方法,跟踪总结海口市未成年人法制教育中心的经验,为预防青少年犯罪和劣迹未成年人的矫正工作创新了方法和途径。发挥综治工作优势,解决社会难点、热点问题,投入救助资金300多万元,对街面流浪乞讨人员、流浪精神病患者进行收容、救助、遣返、治疗,医疗救助2000多人。

二、建立和完善了基层预防、发现和化解矛盾纠纷的各项长效机制,维护全省和谐稳定

充分发挥综治工作在化解矛盾纠纷中的作用,推广建立乡镇(街道)矛盾纠纷调处中心,形成党委政府统一领导、综治牵头协调、职能部门配合、社会组织协同、公众参与,人民调解、行政调解、司法调解密切配合,协调运作、社会力量共同参与的工作平台,有效整合基层资源和各种工作力量。构建省、市县、乡镇(街道)、村(居)委会四级矛盾纠纷排查化解工作网络,实现基层矛盾纠纷排查调处工作"联排"、"联调"的"五个延伸"(向矛盾纠纷源头延伸,及时发现和掌握矛盾纠纷苗头隐患;向重点时段、重点群体延伸,逐步建立和规范矛盾纠纷防范稳控应对机制;向重点热点问题延伸,着力化解群体性纠纷;向整合和专业化方向延伸,着力化解基层突发和易激化的矛盾纠纷;向齐抓共管延伸,着力化解系统、部门内部矛盾纠纷)。建立矛盾纠纷多元化解决机制,着力构建政法、综治、维稳、信访部门综合协调,有关部门、单位各司其职,社会各界广泛参与,人民调解、行政调解、司法调解既充分发挥作用又相互协调配合的"大调解"工作体系,着力化解历史遗留问题、土地纠纷、涉法涉诉信访案件、特殊疑难个案、医疗纠纷以及东环西环铁路建设过程中出现的纠纷,做到诉求合理的解决问题到位、诉求不合理的思想教育到位、行为违法的依法处理到位、生活困难的帮扶救助到位。目前,全省共建立乡镇(街道)(含农垦)矛盾纠纷调处中心301个,村(居)委会矛盾纠纷调处工作站3061个,物建专(兼)职矛盾纠纷调解员、信息员12455人。依托综治维稳工作信息平台,将108个重点项目按矛盾纠纷的轻重缓急初步划分为稳定项目、基本稳定项目、不稳定项目,并把维护稳定的关口前移,减少了"项目一开工,群体性事件就发生"的现象。省综治办按照中办发[2009]46号文件精神,将社会稳定风险评估工作要纳入社会治安综合治理考评体系,对市、县的这项工作进行综治考评。对因没有实施社会稳定风险评估而引发重大群体性事件的,严格落实责任查究制。由于制度健全,工作措施落实到位,海南省以文昌市航天工业城、昌江县核电厂、农垦改制、洋浦保税港区、海口、三亚等市县经济开发项目等为重点的一批大项目顺利推进。特别是加强对旅游、涉军群体、生产安全、公共安全、医疗改革等领域的指导和督办,完善突发公共事件的预防和处置机制,及时有效消除了一批可能引发群体性事件的隐患,依法妥善处置了一批群体性事件,特别是垦区农场与退场队之间90%以上的各类矛盾纠纷得到了基本解决,洋浦区外项目建设征地任务有突破性的进展。通过组织开展市县(区)委书记大接访和政法系统领导干部联合大接访活动,有效解决了一批久拖不结、久执不结、久侦不破、久访不力的案件。三亚市、万宁市、文昌市、儋州市、东方市、陵水县、昌江县、洋浦经济开发区管理局紧紧抓住县(市、区)委书记大接访活动这一有利契机,通过组织一系列对口接访、领导干部下访、重点问题约访、登门回访和网上信访等活动,建立政法、综治、维稳、公安、国家安全和乡镇派出所、司法所、民政助理员等多渠道、多层次的矛盾排查和信息报送网络,健全重大情况上报制度和情报信息收集反馈制度,畅通了信息渠道。通过开展乡镇(街道、农场)党委负责人和各政法机关派出机构负责人接访和清理涉法涉诉信访积案、“百万案件评查”活动,进一步规范执法行为、加强队伍建设,努力从源头上预防信访案件的发生。

三、扎实开展社会治安重点地区的排查整治工作,认真抓好国际旅游岛治安环境综合整治和防控体系建设

根据中央综治委的部署,结合国际旅游岛建设治安环境综合整治工作,从2月份起在全省范围内开展了治安重点地区排查整治工作。一是成立了以肖若海同志为组长的省综治委重点地区排查整治工作领导小组。二是制定下发了《海南省社会治安重点地区排查整治工作方案》。三是集中时间、集中力量开展排查摸底工作,据统计,全省19个市县区共排查治安重点地区267个,目前,已完成整治地区254个,正在整治地区13个。截至9月底,定安、屯昌、白沙、保亭、陵水、洋浦6市县已完成整治工作,现进行排查整治回头看,其他13个市县也进入整治工作的最后阶段。四是对确定的重点地区开展了检查和督办工作。从4月13至5月19日省综治办组成若干检查督导组对全省19个市县开展排查整治工作进行了检查督导,下发了41份督办整改通知书,并逐一跟踪落实。五是对中央督办的案件认真抓了整改落实,先后对中央综治委暗访组确定的海口市、三亚市部分治安重点地区进行整改督导。省委办公厅、省政府办公厅印发了《关于进一步加大禁毒工作力度的意见》(琼办发[2009]66号)和《省委政法委省禁毒委2010—2012年全省禁毒专项斗争规划》(琼办发[2010]11号)。省委常委、政法委书记、禁毒委主任肖若海带队赴云南省学习考察禁毒工作,为我省开展为期三年禁毒专项斗争提供了宝贵的经验。省四届人大常委会第十四次会议全票通过了《海南经济特区禁毒条例》。省财政共下达建设资金7100万用于建设仁兴强制隔离戒毒所,500万元用于全省开展社区戒毒(康复)试点工作。目前,全省18个市县已确定74个街道、乡镇、农场开展社区戒毒(康复)工作,1339人执行社区戒毒、社区康复,试点工作取得初步成效。

年初,根据省委、省政府的部署,由省综治办牵头,公安、司法、文体、旅游、民政、教育、工商、交通、农垦等部门为成员单位,成立了海南国际旅游岛建设环境综合整治治安环境综合整治组,组长由林捷同志担任。省综治办制定了《海南省国际旅游岛建设治安环境综合整治实施细则》,强调开展国际旅游岛治安环境综合整治,创新社会管理手段。综治、旅游、工商、文体、交通、城管、教育等部门对旅游景区、景点存在的影响治安、公平交易、卫生等问题进行联合整治,对中小旅馆、出租屋、网吧、歌舞娱乐场所、废品收购站、典当、供水、供气等行业进行清理整顿。一是统一部署,召开了11次工作会议,通报情况,传递信息,分析形势,解决问题;二是分头行动,各成员单位各司其职,根据各自行业的工作特点,积极主动开展工作;三是加强督查督办力度,根据中央、省委领导的批示和各单位明查暗访掌握的情况,组织人员进行专项督查,针对各市县存在的问题,先后以省综治委、治安环境综合整治组的名义,下发了51份督办通知书,责成限期整改,起到了很好的效果。四是结合重点地区排查整治工作,重点抓好城中村、城乡结合部的治安环境整治、打黑除恶、打击“两抢一盗”、打击毒品犯罪、打击以色情敲诈游客、打击欺客宰客、旅游市场“四黑”问题等专项整治工作。

以提高人民群众和广大游客的安全感为目标,进一步健全以防为基础、以控为手段、以打为保障的打防控一体化海岛型立体化治安防控体系。通过人防抓落实、物防抓巩固、技防抓提高等工作,深化了源头防范,调动了社会各方面和广大群众的积极性,增强了预防、发现、控制和打击违法犯罪的能力。东方市、乐东县、保亭县探索从下岗职工和低保对象中选聘人员组建巡逻队伍,既解决了就业问题,又加强了社区和街面治安防控,大大提高了一线防范能力。沿海各市县通过打造“平安海域”,推广军警民联防,山区各市县在边际地区加强了地方与军队联手预防犯罪体系建设。琼海市、万宁市积极探索网格化防控机制和家庭治安承包责任机制,推行“责任范围网格化、落实行动图表化、督查督办公式化”制度,有效提升了防控能力。海口市、三亚市、东方市、昌江县、陵水县等市县多方筹资,加大科技投入,建设覆盖城市重要部位的报警和监控系统,全省科技监控网络逐步成形。

四、做好重点人群服务管理、铁路护路联防等专项工作

（一）强化刑释解教人员安置帮教工作。省综治委制定下发《省综治委关于进一步加强刑满释放解除劳教人员安置帮教工作的实施意见》（琼办发[2010]15号），明确各成员单位的职责任务，强调对安置帮教工作进行考核奖惩，将刑释解教人员重新违法犯罪率和工作经费保障等列为社会治安综合治理考评内容。4月11日，全省刑释解教人员安置帮教工作会议在海口召开，分析了当前形势，提出了2010年刑释解教人员安置帮教工作重点。省人力资源和社会保障厅与监狱、劳教部门密切配合，设立了海南省国家职业技能培训、鉴定工作，举办各类培训班28个，有907名服刑人员通过技能考核，领到了证书。大部分市县的安置帮教机构都能与当地扶贫办、农业局联合举办了热带水果种植、家禽饲养等培训班，免费培训了近千名刑释解教人员。全省共接收刑释解教人员2183人，通过各种渠道为1296名农村籍的刑释解教人员落实了责任田，自谋职业61人，社会救济14人，其他方式安置93人，安置率69%，帮教率100%，衔接率82.8%。

（二）认真做好流动人口服务管理基础工作。四川成都会议后，省综治委决定由各级综治委流动人口治安管理领导小组办公室牵头整合公安、司法、计生、住建、劳动监察、工商、税务等部门于今年第四季度至明年第一季度对全省流动人口、人户分离、出租屋等现状进行全面摸排，确保做到底数清、情况明。6月22日，全省综治工作海口现场会推广海口市龙华综治工作经验，强化流动人口的服务管理措施，实施流动人口管理的制度化、规范化。9月21日，林捷同志再次召集专题会议，与人大、财政、人保、税务、公安、司法、教育等部门负责同志，共同商议我省流动人口服务管理模式，并提出加快对流动人口服务管理立法的步伐、建立健全流动人口和出租屋管理机构，征收流动人口出租屋税费、推进流动有人口服务管理信息化和网络化建设、先行试点全面铺开等工作建议。为确保全省流动人口服务管理工作上升到新的水平，有关部门已商请省人大常委会，将《海南省流动人口服务管理条例》列入明年立法计划；建议由省政府法制办牵头，会同公安、住建、计生、税务、工商、规划等部门研究制定《海南省房屋租赁管理规定》；责成省公安厅商请有关部门制定《海南省户籍管理办法》。10月29日，省综治办、省流管办联合印发了《关于加强和规范基层流动人口服务管理工作的意见》，明确了基层流动人口服务管理的基本原则、目标、任务、工作模式。

（三）打好校园（幼儿园）安全保卫战。一是认真贯彻全国综治维稳电视电话会议精神，全面部署校园、幼儿园安全防范工作，确保不发生震惊全省乃至全国的涉校（幼儿园）案（事）件。5月3日，中央政法委、中央综治委联合召开全国电视电话会议后，省委省政府高度重视，对贯彻落实中央电视电话会议精神提出了明确的要求，省综治办召集有关部门召开专题会议，分析形势，部署工作；多次下发紧急通知，要求各市县各部门认真做好各个阶段的安全防范工作，并就“5·19”故意伤害案件对海南省科技职业学院进行了训诫。省综治办组织国际旅游岛治安环境综合整治组各成员单位，结合治安环境综合整治，重点地区排查整治和矛盾纠纷排查调处工作，对全省18个市县的校园安全保卫工作进行督查督办。6月13日，省综治委与省委教育工委联合召开“研究部署加强校园（幼儿园）安全防范工作暨校园法制教育”专题会议，肖若海、楼阳生两位省委常委出席了会议并作讲话。会议提出了《关于进一步加强学校（幼儿园）及周边安全防范工作的意见》，进一步明确了政法、综治、公安和教育等部门在维护校园安全工作中的责任。省委政法委和省综治委共同出台《关于进一步加强学校、幼儿园及周边安全防范工作的意见》，对加强校园及周边矛盾纠纷排查，加强校园及周边治安防控体系、加强校园内部安全管理、完善校园周边巡逻防控机制、加强硬件防范措施、强化校园保卫措施、强化法制副校长选聘工作、落实校园特别保护区、建立校园安全防范长效机制等方面作了明确的规定。省委教育工委、省教育厅出台了《海南省学校安全稳定责任制和责任追究暂行规定》。9月28日，省综治委、省委教育工委、省教育厅、省公安厅联合在海口市召开了全省学校及周边安全工作海口现场会，总结推广学校和周边治安综合治理，建立长效机制的工作经验，推动专项重点工作，推进平安校园创建。省综治委校园及周边治安综合治理工作领导小组成员单位的负责同志，各市县、洋浦分管教育的政府领导、公安局长、教育局长、综治办主任,各高校、中等职业学校和海口市中小学校校长、幼儿园园长共500人参加会议。

(四)加强预防青少年违法犯罪工作。一是由省综治办牵头,组织团省委、省司法厅、省人力资源和社会保障厅、省高级人民法院、省民政厅、省教育厅等多个部门开展对重点青少年群体的排查摸底专项行动。二是省综治委预防青少年违法犯罪工作领导小组举办了"国际旅游岛环境下的互联网与青少年健康成长为主题的2010年共青团与人大代表、政协委员面对面活动。三是省综治办与预防青少年违法犯罪领导小组共同制定《加强对闲散青少年帮助教育的工作方案》,要求对闲散青少年现状进行排查摸底,提出加强对闲散青少年帮助教育的各项工作措施,明确各成员单位在帮助教育闲散青少年工作中的职责任务。四是齐抓共管,形成合力。省综治办充分发挥牵头组织协调的作用,把预防青少年违法犯罪的工作当作社会管理创新的工作和重中之重。海口市未成年人法制教育中心在推动专门学校教育工作的深入开展进行了大胆实践,为全省预防青少年违法犯罪工作作出了榜样。洋浦经济开发区综治委为了加大预防青少年违法犯罪工作的力度,大力倡导志愿者积极参与法制宣传和青少年帮教工作。最近,我省首批综治志愿者在洋浦出征,这支来自全国11个省市的67人综治志愿者经过三个多月的培训,将在区综治委的统一组织下,针对青少年,通过采取走村入户、结对子、分点包片等方式,开展法制宣传、帮教等综合治理工作,最大可能地预防和减少区内青少年的违法犯罪行为。

(五)多措并举,加强涉路矛盾纠纷排查和沿线及周边整治。年初,针对海南东环铁路建设施工以来,沿线6市县(海口、文昌、琼海、万宁、陵水、三亚)因征地拆迁、安置补偿、改移道路、水土流失、环境污染等引发的矛盾纠纷日见增多的情况,省委常委、省综治委主任肖若海高度重视,亲自主抓涉路矛盾纠纷的调处工作,省综治办主任林捷同志深入基层调研,及时部署海南东环铁路护路联防和涉路矛盾纠纷大排查工作,为实现省委常委、政法委书记肖若海提出的确保安全生产100%,确保涉路矛盾纠纷化解100%的目标。各市县迅速行动,坚持排查工作与打击整治并重,沿线6市县对排查出来的134宗矛盾纠纷进行分解,明确责任分工,由东环铁路施工单位、市县政府部门、工程设计单位等按照各自的职责,抓好涉路矛盾纠纷的排查整改工作,省综治办对5宗突出的纠纷下达了整改通知书,限期整改。同时,加大对破坏铁路设施、设备和偷盗铁路物资犯罪实施有力打击,使涉路违法犯罪得到了遏制。

(六)认真开展看守所安全管理大检查活动。根据中央综治办等九部委《关于开展全国看守所安全大检查的通知》精神,从4月底至9月上旬,全省开展了历时5个多月的看守所安全大检查活动,取得了很好的效果。一是成立以林捷同志为组长的领导小组,制定了政策性强,操作性强、目标责任明确的工作方案。二是整个活动期间,领导小组办公室对各市县开展工作进行跟踪督导,并以简报和督办函的形式随时反映检查活动的进展情况。三是组成9个工作小组,分别由副厅级以上干部带队,分两次对全省23个看守所的安全大检查工作进行检查验收,并及时通报。除个别市县的看守所没有达到预防期目的外,大多数都能按要求、按标准进行了整改,并取得良好成绩。省综治办已向两个未达到目标的看守所发出了督办函,限期加以整改。

(七)开展亚运"环粤护城河"安保工作。一是认真贯彻中央综治办关于加强亚运"环粤护城河"工程安保会议(广州会议)精神,成立了以肖若海同志为组长的海南省亚运会"环粤护城河"工作领导小组,制定下发了《海南省亚运会"环粤护城河"工程安保工作方案》,提出了具体工作目标和任务,明确了各职能部门的工作任务。二是多次召开会议研究部署阶段性的工作任务。8月27日组织召开了"环粤护城河"安保工作专题会议,会议强调认识问题,强调了责任落实。建立有效机制、资源整合、安保队伍建设和安保工作的统一指挥并就亚运安保工作和7个安全检查站建设工作进行责任分工。9月20日,省综治委再次召开专题会议,会议传达了五省一区安保协作会精神,肖若海同志就进一步做好亚运安保工作提出了六点工作要求。9月28日,肖若海同志带队对广州亚运海南环粤7个安保检查工作站的情况进行督查,并提出增强责任感和使命感、落实好中央和省委的部署,加强沟通和协调、切实加强领导等四个方面的要求。

五、坚持不懈加强基层基础建设，抓基层、打基础，发现问题、解决问题的能力进一步增强

通过全省综治办主任（琼海）会议、全省社会治安综合治理工作海口龙华现场会，向全省推广了较为成熟的琼海、龙华工作模式。全国省（区、市）综治办主任（深圳）座谈会后，根据会议精神，先行一步，开展了乡镇（街道）综治中心规范化建设，发出了《关于进一步规范乡镇（街道）综治工作中心建设的通知》，省农垦总局也结合扁平化改革，优先在农场、工商企业、直属单位设立综治办，由党委副书记兼任综治办主任，设专职副主任，定编综治专干，核定建设预算。在作业区（分厂）、片区（原农场）设立综治工作站，定编综治专干，核定建设预算。目前全省共建立该类乡镇（街道）综治工作中心301个（含农垦），覆盖率达95.3%。

各市县加大了贯彻落实中央综治委与中央编办联合下发的《关于加强乡镇、街道社会治安综合治理基层组织建设的若干意见》的工作力度。通过整合资源，整合工作力量，在乡镇（街道）大力推进综治工作中心建设，促进综治工作中心与基层站（办、所、庭）、治保会、调委会以及群防群治队伍的工作对接，形成了有效的基层综治工作网络和群防群治工作机制。万宁市制定《万宁市镇、农场综治机构规范化建设标准》和《关于建立镇、农场社会治安综合治理工作中心的通知》，拓展基层综治网络，整合基层综治力量，进一步提高了基层综治工作的规范化、制度化水平。昌江县将新录用的大中专毕业生分到基层任“村官”，进一步加强基层综治力量。县综治委下发了《关于设立乡镇综治工作中心的意见》，在乡镇设立乡镇综治工作中心，在村（居）委会设立综治工作站，还在县乡镇设立社会矛盾纠纷调解委员会，构建人民法庭调解网络，设立乡镇检察室，实行警力下沉战略，配齐配强政法综治人员，确保基层综治平安建设工作有人抓、有人管。在乡镇设立综治工作中心，村委会设立综治工作站，聘请法律顾问，最大限度地发挥基层组织的作用，整合基层化解矛盾纠纷的力量，出台了《人民调解员调解案件补贴办法》，把调解矛盾纠纷工作实绩与报酬挂钩，充分调动了基层调解员的积极性，确保矛盾纠纷有人管、有人问、有处置、有结果，做到小事不出村，大事不出村镇（单位），矛盾不上交。

六、开展各种形式的专项斗争和严打整治，深入推进平安建设，有效维护人民群众生命财产安全，提升群众安全感

采取走访群众、明察暗访和问卷调查等方式，对突出治安问题、重点场所（部位），进行横到边、纵到底的拉网式排查和滚动式排查，主动向当地党政主要领导反馈意见，共同分析原因，制定整治方案，实施精确整治，先后参与了侦破处置积压命案、打黑除恶、缉枪治爆、打击“两抢一盗”、打击网络赌博诈骗、及侵财暴力犯罪、“铁路施工及运营安全”、“整治农村地区酗酒斗殴”、打击盗窃破坏“三电”设施、打击聚众赌博、“扫黄打非”等27项突出治安问题专项整治行动，对8个枪患和爆炸物品问题严重的市县、涉众型经济犯罪严重的3个市县和治安问题突出的东方市先后进行了省内挂牌重点整治。排查整治农村治安混乱地区，把反偷渡、整治非法卫星电视接收设施、消防、反恐、监所安全管理、查处取缔无照经营、禁毒、打击拐卖妇女儿童、打击淫秽色情网站等多项工作纳入社会治安综合治理总体规划和考核内容，加大打击整治力度。1－10月，全省破获各类刑事案件9483起，抓获犯罪嫌疑人7870人，共查处治安案件20970起，治安处罚15590人，罚款总额196.11万元，捣毁网络诈骗及赌博窝点240个，抓获网络诈骗、赌博等涉网违法犯罪嫌疑人286人，冻结涉赌资金2000余万元。

以创建平安旅游为载体，推进国际旅游岛建设，在开展治安环境综合整治的过程中，重点抓好海口、三亚、文昌、琼海、万宁、陵水等旅游资源集中市县平安旅游创建活动，省综治办与法制时报共同开展“百家平安酒店、平安景区”的评选推荐活动。重新规划省综治委成员单位平安创建工作联系点，并对各成员单位深入联系点开展平安创建工作情况进行督查督办。认真做好新形势下卫生系统平安创建工作。省综治办把卫生系统平安创建工作当作一项重要工作来抓。全省各级各地都把平安医院创建活动作为综治工作的重要内容，纳入当地社会治安综合治理工作；加强了医院安全综合管理，建立了医疗机构治安防控体系，健全了医警协作机制，严厉打击医闹、医托，维护医疗秩序正常有序；海口市、三亚市等地在医院设立了警务室或联系点，出台了《海南省医疗纠纷预防与处置暂时规定》，在全省公立医疗机构推行医疗责任保险制度。继续督促和推进三亚平安军港创建工作。三亚市、万宁市、琼海市、儋州市、东方市、临高县、乐东县、陵水县、昌江县和洋浦经济开发区等市县(区)启动平安渔船、平安景区建设活动,创造和积累了很多富有价值的经验。三亚市把净化旅游环境作为经常性工作来抓,同时把提高执法能力和执法水平与开展平安建设有机结合起来,规范执法行为,促进执法公正,及时处理各种涉及旅游纠纷,创建了一批平安景区。

七、各有关部门充分发挥职能作用,深入推进部门联动、齐抓共管措施的落实

面对新形势,在《关于进一步加强社会治安委员会成员单位联系平安建设工作的通知》(琼综治办[2009]54号)文件精神的指导下,各级综治办充分调动综治委成员单位的积极性,使之充分发挥职能作用,深入推进"平安海南"建设,进一步提升基层共建、联创工作水平,巩固齐抓共管的工作局面。公安机关先后开展了打黑除恶"利剑行动"、命案必破、侦破处置积压命案、"打拐"、社会治安综合整治行动、破案追逃竞赛等9个专项严打整治行动,重点打击了黑恶势力、贩毒等团伙犯罪。司法行政部门以化解矛盾纠纷为主线,充分发挥人民调解组织预防和化解矛盾纠纷及法制宣传教育功能,健全矛盾纠纷情报信息收集、报送、分析和排查调处以及信息反馈机制,开展人民调解主体实践活动,最大限度地减少不稳定因素。开展了法律进乡村等活动,促进广大群众学法、守法、用法,依法办事。人民法院进一步加大了解决执行难的工作力度,在审判工作中强化诉讼调节功能,坚持庭前、庭审和庭后调解相结合,对大量诉请法院审理的纠纷,依法进行调解或判决。人民检察院进一步深化核查纠正监外执行罪犯脱管漏管工作,开展驻乡镇检察室试点,在全省部署开展了矛盾纠纷排查、涉检信访集中化解专项治理,切实做好涉检上访案件的调处工作。党委组织部门以落实各级领导班子和领导干部抓平安建设责任制为重点,积极支持和配合有关省、市县出台规范性文件。工商部门认真组织开展校园周边流动摊贩专项整治,制定《海南省工商行政管理局关于校园周边流动食品、餐饮摊点长效监管的工作意见》,在学(院)校,各派驻两名以上工商行政人员进行监管,有效遏制了无证无照、证照不齐的违法经营行为,确保了校园周边的经营秩序和食品卫生安全。工业经济与信息产业部门根据"中办发14号文件"关于提高社会治安防范信息化水平的要求,组织有关专业部门专题调研,结合信息智能岛规划,协助各级综治部门切实把技术防范纳入城乡规划和建设。安全生产监督管理部门针对我省安全生产实际情况,制定了进一步完善落实责任制、深入开展安全隐患排查整治、加强安全生产法制建设、强化行业安全生产监管、严肃事故责任调查处理等7项综合治理工作措施。

八、完善社会治安综合治理的长效机制,通过督导、考核进一步落实责任

开展"回头看"活动,对全省19市县(区)开展社会治安重点地区排查整治和国际旅游岛建设治安环境综合整治、矛盾纠纷排查调处、2009年省综治检查验收反馈意见落实情况、学校和幼儿园及周边全安管理工作进行了检查督导,有效督促了综治工作具体措施的落实,相继解决了人均2元综治经费预算、乡镇(街道)综治工作中心建设、乡镇(街道)综治办人员编制、机构级别等长期困扰综治工作的困难和问题。全面贯彻落实琼办发23号和琼综治委57号两个文件,真正做到把党政领导干部抓社会治安综合治理工作的能力和实绩列为干部考核的重要内容,把考核结果作为向党委政府提出干部任免奖惩建议的重要依据,与晋职晋级和奖惩直接挂钩。进一步加大了一票否决权的行使力度,对连续出现严重问题的东方市,评定为考核不达标市县,并予以黄牌警告。

各市县狠抓社会治安综合治理领导责任制的落实,充分发挥其"龙头"作用,基本形成党政统一领导、综治机构组织牵头,各部门各方面各负其责、齐抓共管,广大人民群众积极参与的工作格局。三亚市、儋州市、五指山市、文昌市、琼中县等多数市县把党政领导干部抓社会治安综合治理工作的能力和实绩列为干部考核的重要内容,制定了程序化规定,把考核结果作为向党委政府提出干部任免奖惩建议的重要依据,与晋职晋级和奖惩直接挂钩。进一步加大了一票否决权的行使力度,为用好一票否决权,在总结工作实践的基础上,制定了实施领导责任查究的一系列规定。海口市、三亚市出台了进一步贯彻落实领导责任制、一票否决权制的规定及办法,分解量化综治和平安建设的任务,落实到单位、领导和责任人。东方市实行重大矛盾纠纷化解领导负责制，对重大矛盾纠纷、信访案件实行领导包案负责制。万宁市把综治、平安建设工作考核的结果与干部的考评奖惩相挂钩。临高县还特别成立了综治工作巡视督导组，定期巡视督导，有力地确保了综治工作各项措施在基层的全面落实。

大力推动建立党政主要领导及分管领导抓综治工作的实绩档案、建立综治工作联系点和联络员制度等等。大力倡导对党政领导实行"一岗双责"、"双挂账"等做法，使领导责任制不断得到完善。昌江县委、县政府在加强领导的同时，强化责任到位，把综治平安建设工作目标分解到基层单位，落实到领导，将县四套班子领导和全县100多个机关单位全部安排到8个乡镇和83个村(居)委会的联系点，在县委、县政府的大力支持下，县综治委不断规范综治成员单位的巡视制度，联系点制度和述职制度等，并赋予成员单位决策权、检查考评权、联系指导权，特别是每年两次由综治委委员带队，组织综治考评工作，对全县各乡镇、各单位进行检查验收，综合评分，提出排名意见，并将考评结果提交县综治委，有力督促综治各项措施在基层的落实。

中共海南省委办公厅　海南省人民政府办公厅关于印发《海南省社会治安综合治理委员会关于进一步加强刑满释放解除劳教人员安置帮教工作实施意见》的通知

(2010年2月20日)

各市、县、自治县党委和人民政府，省委各部门、省级国家机关各部门，各人民团体：

海南省社会治安综合治理委员会《关于进一步加强刑满释放解除劳教人员安置帮教工作的实施意见》已经省委、省政府同意，现印发给你们，请结合实际，认真遵照执行。

对刑满释放和解除劳教人员(以下简称刑释解教人员)进行安置帮教，创造条件让他们顺利回归社会，有效预防和减少重新违法犯罪，是维护社会稳定、构建社会主义和谐社会的一项重要而紧迫的任务。近年来，在省委、省政府的正确领导下，各地初步建立由社会治安综合治理委员会指导协调，以司法行政部门为主，相关成员单位密切配合、齐抓共管，社会力量积极参与的刑释解教人员安置帮教工作格局。为进一步抓好刑释解教人员安置帮教工作，根据《中央社会治安综合治理委员会关于进一步加强刑满释放解除劳教人员安置帮教工作的意见》(中办发[2010]5号)精神，结合我省实际情况，提出如下具体实施意见。

一、进一步提高服刑在教人员教育改造质量，为其顺利回归奠定基础

(一)建立服刑在教人员基本信息沟通机制。监狱、劳教所、看守所在接收服刑在教人员后的一个月内，要将《基本情况登记表》送达其户籍所在地或居住地县级刑释解教人员安置帮教工作领导小组办公室(以下简称安帮办)。被送达机关要与服刑在教人员户籍所在地或居住地乡镇(街道)、村(社区)及其家庭核实基本信息，做好在案登记，并依托村(社区)和家庭，制定配合监管改造的帮教方案，确定帮教责任单位、责任人和志愿者，于一个月内向所在监所反馈上述情况。对于身份不明等服刑在教人员，所在监所要通过公安机关继续核实其身份。

(二)加强对服刑在教人员的职业技能培训。司法行政、人力资源和社会保障部门负责对服刑在教人员进行职业技能培训，并将其纳入全国劳动职业技能培训总体规划。要充分利用社会教育资源，按照国家职业技能标准和教学大纲组织开展职业技能培训，经技能鉴定合格的服刑在教人员由人力资源和社会保障部门颁发相应的职业资格证书。服刑在教人员的职业技能培训要与监狱、劳教所的日常教育培训相结合，并与刑释解教后的技能培训、就业指导服务相衔接。

（三）加强心理矫治工作。监狱、劳教所、看守所要采取监所培养、社会招聘及与科研机构合作等多种方式，在监所组建专业心理矫治队伍，聘用心理矫治专业人员及社会工作者，对服刑在教人员进行心理健康教育、心理危机干预等心理矫治，促进服刑在教人员的教育改造。

（四）发挥社会、家庭帮教作用，促进教育改造工作。监狱、劳教所要定期排查存在未成年子女失学、家庭婚姻关系出现危机、长期无人探视等情况的服刑在教人员，通知服刑在教人员户籍所在地或居住地的县级安帮办，由县级安帮办协调民政、教育等部门及乡镇（街道）人民政府（办事处）解决服刑在教人员未成年子女就学问题，帮助稳定家庭婚姻关系，动员家庭成员探视。监所要利用亲情电话等方式，为亲人探视、志愿者实施帮教创造便利条件，增进服刑在教人员与家庭成员及社会的联系。动员社会力量，鼓励有条件的家庭同服刑在教人员的家庭进行结对帮扶。

（五）做好刑释解教前安置帮教政策的宣传教育。监狱、劳教所、看守所应当将国家有关刑释解教人员衔接、就业、就学、帮扶、社会保障等方面的政策措施纳入服刑在教人员的出监所教育内容。

（六）建立健全监所教育改造质量评估体系。监狱、劳教所、看守所要把提高教育改造质量作为中心任务，对每个服刑在教人员在监管改造过程各个环节的教育改造效果进行评估、建立档案。在服刑在教人员刑释解教前一个月，对其在监所的表现，主要包括认罪悔罪、服刑服法、遵守监规监纪及掌握劳动技能情况，刑释解教后可能遇到的生活困难、家庭变化、社会交往等问题及回归社会危险性进行综合评估。根据评估结果，将刑释解教人员分为重点帮教对象和一般帮教对象，并针对其具体情况，对相关机构的服务管理工作提出具体建议。重点帮教对象包括：经评估认为回归社会后有明显重新违法犯罪倾向的人员，刑释解教前仍没有核实清楚姓名、身份、住址的人员和刑释解教后无家可归、无业可就、无亲可投的人员（以下简称“三无人员”）等；其他人员为一般帮教对象。

（七）发挥社区矫正的积极作用。对社区服刑人员和安置帮教对象，当地社区矫正组织和安置帮教组织要配合社会工作者，提供专业服务，做好衔接工作，特别是在社区服刑人员服刑期满后落实后续帮教措施，确保其不失控、不重新违法犯罪。

二、切实加强服刑在教人员刑满释放和解除劳教时的衔接工作

（八）做好刑释解教人员特别是重点人员的衔接工作。在其刑释解教前在一个月，监狱、劳教所、看守所将综合评估意见、回执单等相关材料送达服刑在教人员户籍所在地或居住地的县级安帮办。县级安帮办在一个月内反馈回执单，同时通知当地司法所，负责联系落实服刑在教人员家庭成员按期到监所将其接回。当地安置帮教组织要确定帮扶责任人，并签订帮扶协议书，落实帮扶措施。

对于有明显重新违法犯罪倾向的人员，在刑释解教前一个月，监狱、劳教所、看守所将其综合评估意见、回执单等相关材料分别送达服刑在教人员户籍所在地或居住地的县级安帮办和公安机关。县级安帮办和公安机关必须立即将回执单反馈给监狱、劳教所、看守所，并及时将有关情况分别通知当地司法所和公安派出所。公安派出所接到通知后，应将此类人员列为重点人口，制定管控方案；司法所要动员其安置帮教责任单位、家庭成员在此类人员刑释解教之日将其接回。责任区民警和安置帮教责任人在此类人员被接回后要立即与其见面，了解情况，落实帮教措施。对于三无人员，司法行政机关和公安机关要采取有效措施，妥善解决有关问题，尽快落实衔接、帮教等措施。

对于危害国家安全的罪犯，在刑满释放前一个月，监管部门将其改造等有关情况通报原侦查机关。当地公安机关要为此类刑满释放人员专门建档，列为重点人员，会同有关部门和单位分等级落实教育管控措施。原侦查机关要与有关部门共同做好教育管控工作。

三、进一步落实安置帮教政策，为刑释解教人员顺利融入社会创造条件

（九）为刑释解教人员提供就业扶持。刑释解教人员可以到户籍所在地公共就业服务机构进行失业登记，凭登记证明享受公共就业服务和有关就业扶持政策。各地应适当放宽对刑释解教人员中就业困难人员的认定标准，符合条件的刑释解教人员进行失业登记后可以直接申请就业援助；经人力资源和社会保障部门认定后，享受就业困难人员的就业扶持政策。农村户籍的刑释解教人员原有责任田（林）的，有关部门应及时予以落实。对生活困难的刑释解教人员，民政部门应按规定给予最低生活保障或采取临时救助措施。

（十）鼓励刑释解教人员自主创业、自谋职业。工商行政管理、人力资源和社会保障部门在办理证照、人员培训等方面给予政策扶持，金融机构按照国家有关政策给予信贷支持，符合条件的享受国家统一的促进就业税收政策。录用符合用工条件刑释解教人员的企业按规定享受国家普惠政策。刑释解教人员从事个体经营（建筑业、娱乐业以及广告业、典当、桑拿、按摩、网吧、氧吧除外），自工商机关批准经营之日起一年内免收管理类、登记类和执照类的所有各项行政事业性收费，对家庭经济确有困难的（指低于最低生活保障线标准）免收三年市场管理费和个体工商户管理费。各级个体劳动者协会应将刑释解教人员作为帮扶对象，主动关心指导、帮助克服经营中遇到的困难。刑释解教人员如持有下岗失业人员《再就业优惠证》从事个体经营（建筑业、娱乐业以及广告业、典当、桑拿、按摩、网吧、氧吧除外）或进入符合《财政部、国家税务总局关于下岗失业人员再就业有关税收政策问题的通知》（财税[2002]208号）规定的企业工作，则可按政策规定享受个人所得税减免优惠或该企业可享受相关的企业所得税减免优惠。新办的劳动就业服务企业，当年招用待业人员（含刑释解教人员）达到企业从业人员总数60%以上的，经税务机关审核批准，可减半征收企业所得税二年。

（十一）鼓励刑释解教人员参加学习培训。对于符合就学、复学、升学条件的刑释解教人员，教育部门和学校应当批准其入校学习。特别是未成年人，教育部门和相关学校应当切实做好其就学的有关工作。对申请报考高等院校、中等专业学校、各类职业学校或者业余学校，符合报考条件的刑释解教人员，教育部门应当准许报考；符合规定录取报标准的，学校应当予以录取，不得歧视。

（十二）落实刑释解教人员社会保险政策。符合申领失业保险金条件的刑释解教人员按规定享受失业保险待遇；已经参加职工基本养老保险或新型农村社会养老保险的，按规定继续参保缴费或领取基本养老金。刑释解教人员按当地规定参加城镇基本医疗保险或新型农村合作医疗。

四、进一步加强对刑释解教人员的教育帮扶

（十三）加强对刑释解教人员的思想政治教育。各级刑释解教人员安置帮教组织要依托基层党政组织和基层群众自治组织，对辖区内刑释解教人员开展多种形式的思想政治、法制、道德和文化教育，增强其社会责任感，努力减少和消除其消极对抗情绪，激励引导其遵纪守法、自食其力，顺利融入社会。

（十四）建立跟踪帮教机制。司法所、公安派出所要及时沟通了解辖区内刑释解教人员特别是重点帮教对象的情况，一旦发现刑释解教人员有危害社会的苗头，应当互相通报情况，及时采取预防措施。对外出务工的刑释解教人员，户籍所在地和居住地安置帮教组织、司法所、公安派出所要建立沟通协作机制。共同将教育、帮扶、管理工作措施落到实处、责任到人。

（十五）推进社会帮扶。各级刑释解教人员安置帮教组织要整合社会资源参与安置帮教工作，推动安置帮教工作社会化。发挥工会、共青团、妇联、关心下一代工作委员会及个体劳动者协会和私营企业协会等群众组织和社会团体的帮教优势，动员“五老”（老干部、老战士、老专家、老教师、老模范）等人员组建相对固定的社会帮教志愿者队伍，有条件的地方建立专职社会工作者机构和队伍，推进安置帮教工作专业化。

五、加强组织领导，落实刑释解教人员安置帮教工作各项措施

（十六）加强对刑释解教人员安置帮教工作的领导。各级党委和政府要充分认识做好刑释解教人员安置帮教工作的重大意义，切实增强责任感和使命感，加强领导，完善机制，更新理念，创新方法，把刑释解教人员安置帮教工作作为落实社会治安综合治理领导责任制的一项重要内容抓紧抓好。县、乡两级党委、政府主要负责人要对做好刑释解教人员安置帮教工作负总责，分管领导是第一责任人。要建立健全辖区内安置帮教工作领导和办事机构。充实工作力量，完善工作制度，切实做到有人抓、有人管。

（十七）发挥社会治安综合治理的体制机制优势。各级社会治安综合治理委员会及其办公室[以下简称综治委（办）]要把刑释解教人员安置帮教工作作为社会治安综合治理和平安建设的重要基础性工作，切实抓紧抓好。各级安帮办要在同级党委、政府统一领导和综治委（办）具体指导下，组织落实刑释解教人员的衔接管控、安置帮教工作措施，积极协调相关成员单位认真履行职责，对安置帮教工作进行考核。司法行政部门要充分发挥职能作用，全力做好安置帮教各项工作。

（十八）保障刑释解教人员安置帮教工作经费。各级党委和政府要将刑释解教人员安置帮教工作经费，包括各级安置帮教工作领导机构工作经费、刑释解教人员职业技能培训和职业技能鉴定经费、安置帮教志愿者工作经费等，纳入同级财政预算，切实予以保障。

（十九）强化安置帮教基层基础工作。乡镇（街道）党政组织要承担起组织落实刑释解教人员安置帮教工作的责任。乡镇（街道）综治委（办）要协助党委、政府，通过综治工作中心平台和工作机制，加大对刑释解教人员安置帮教工作的指导协调力度。村（社区）党组织和司法所、公安派出所要建立刑释解教人员帮教责任制，把安置帮教工作成效与村（社区）责任人和民警工作实绩考核、晋级晋职和奖惩挂钩。

（二十）加强对刑释解教人员安置帮教工作的考核奖惩。在年度工作考评中，要把刑释解教人员管控、安置、帮教情况及刑释解教人员重新违法犯罪率和工作经费保障等情况列为社会治安综合治理考评内容，考评结果向上级党委、政府报告并通报相关部门。各级党委和政府对考评结果为优秀的刑释解教人员安置帮教工作个人和组织，要根据国家有关规定予以表彰奖励；对考评结果为不合格的单位，或因责任不落实、措施不到位，发生刑释解教人员重新违法犯罪甚至参与重大恶性刑事案件或群体性事件的地方，对帮教责任人，司法所、公安派出所帮教责任民警，村（社区）党组织负责人，乡镇（街道）党政领导以至监管教育改造环节相关负责人，实行责任倒查，严肃追究有关单位领导和责任人的责任，符合社会治安综合治理一票否决制规定的，坚决实行一票否决。

（二十一）加大舆论引导力度。认真总结推广各地区各部门在刑释解教人员安置帮教工作中形成的好经验好做法，充分发挥典型示范和带动作用。同时，运用新闻媒体树立和宣传刑释解教人员中遵纪守法、勤劳致富、服务社会的先进典型，消除社会偏见和歧视，从多方面引导、动员社会各界和广大人民群众理解、帮助刑释解教人员，共同参与安置帮教工作，努力为刑释解教人员融入社会创造良好的社会环境。

海南省社会治安综合治理委员会关于印发《海南国际旅游岛建设治安环境综合整治实施方案》的通知

（2010 年 1 月 21 日）

各市、县和洋浦经济开发区管理局综治委，省综治委各成员单位，各市县（区）国际旅游岛建设治安环境综合整治领导小组：

现将《海南国际旅游岛建设治安环境综合整治实施方案》印发给你们，请结合实际，制定本市、县、区和本部门国际旅游岛建设治安环境综合整治实施方案，并抓好贯彻落实。各单位的实施方案请于 2010 年 1 月 25 日前报省国际旅游岛建设治安环境综合整治领导小组办公室。

海南国际旅游岛建设治安环境综合整治实施方案

为扎实推进海南国际旅游岛建设，营造文明和谐优质的社会治安环境，打造具有国际竞争力的旅游胜地，增强人民群众和广大游客的安全感和对社会治安的满意率，根据“海南省 2010 社会治安环境整治年”的工作目标和要求，特制定本方案。

一、开展旅游治安环境专项整治活动，排查整治治安混乱地区和突出治安问题

（一）整治目标

通过开展旅游治安环境专项整治，建立治安环境整治工作长效机制，提高刑事案件破案率，增强对犯罪分子的打击力和威慑力，改变治安混乱地区的面貌，解决突出治安问题，进一步优化国际旅游岛的治安环境，使人民群众和广大游客的安全感和对社会治安的满意率达到 95% 以上。

（二）工作措施

1. 开展旅游行业“打黑除恶”专项斗争。由省公安厅牵头，省旅游发展委员会、省高级人民法院、省人民检察院、省司法厅、省综治办、省工商行政管理局等部门配合。

深入排查、重点摧毁欺行霸市、敲诈勒索、把持旅游市场、破坏旅游市场经济秩序的黑恶势力，严惩一批黑恶势力犯罪团伙，对保护伞一挖到底，铲除滋生黑恶势力的土壤，实现黑恶必除。遏制黑恶势力的滋生蔓延，严厉打击针对游客的严重暴力犯罪，实现暴力犯罪必打。现行命案破案率达到 90% 的基础上有所提升。

2. 开展打击“两抢一盗”等多发性侵财犯罪专项斗争。由省公安厅牵头，省旅游发展委员会、省综治办等部门配合。

在重点旅游市县和主要旅游景区内及周边，打击街头抢夺抢劫、入室抢劫、偷盗、诈骗、敲诈勒索等违法犯罪行为，切实增强群众的安全感。创新街面道路治安防范体系，逐步构建多层次的、专群结合的网络化或网格化的巡逻运行机制，在巡逻区内把犯罪减少到最低限度。公安机关要整合警力，多警联动，坚决做到把警力摆在街面上，提高街面见警率，加大抓现行破现案的力度。发动治保组织、保安队等群防群治组织，做好旅游城市的街道、企事业单位、城乡社区（村庄）的防控。

3. 开展禁毒专项斗争。由省公安厅牵头，省委宣传部、省综治办、省司法厅、省禁毒办、省旅游发展委员会、省文化广电出版体育厅、省卫生厅、省工商局、海口海关、省农垦总局、省总工会、团省委、省妇联等部门配合。

贯彻落实省委常委会议精神，按照《关于进一步加大禁毒工作力度的意见》要求，部署开展为期三年的全省禁毒专项斗争，确保全省吸毒人员的数量有所下降，破获毒品现行刑事案件总数、团伙案件总数、重特大案件总数、抓获毒品犯罪嫌疑人总数和缴获各类毒品总量有所增加，已发现和掌握的毒品犯罪团伙和犯罪网络基本摧毁，贩毒犯罪得到沉重打击，吸毒人员的收戒率明显上升。加强堵源截流，严密口岸检查，严防旅游人群带毒上岛；在吸毒人员千人以上且禁毒工作不得力的市县开展重点整治，初步扭转毒品问题严重的局面；以“打团伙、摧网络、破大案、抓毒枭、缴毒资”为目标，加大打击零星贩毒力度，对文化娱乐服务场所吸毒贩毒问题开展联合整治活动，坚持不懈地严厉打击毒品犯罪活动；加强强制隔离戒毒工作，不断提高收容量和戒断率；全面推进创建“无毒岛”、“无毒市县”活动，扎实开展“五无创建”（无毒社区、无毒村、无毒学校、无毒单位、无毒家庭）活动，逐年扩大覆盖面。

4. 开展“打黄扫非”和禁赌专项行动。由省文化广电出版体育厅牵头，省委宣传部、省综治办、省公安厅、省司法厅、省旅游发展委员会、省卫生厅、省工商局、海口海关、省农垦总局、省总工会、团省委、省妇联等部门配合。

严厉打击销售政治性、淫秽色情、封建迷信等非法出版物；加大对旅游线路、路边店、旅店、发廊、舞厅等重点场所、路段的清理清查和整顿力度，严格公共娱乐场所管理，以聚众赌博和组织、强迫、介绍、引诱、容留卖淫嫖娼等违法犯罪活动为重点，不断加大整治力度，清扫色情，打击敲诈勒索等社会丑恶现象。

5. 开展治安重点地区、突出治安问题专项整治行动。由省综治办牵头，省公安厅、省文化广电出版体育厅、省教育厅、省交通厅、省工商局、省旅游发展委员会、省公安边防总队、省公安消防总队、机场公安、港务公安、粤海铁路总公司等部门配合。

开展旅游景区内部和周边治安环境整治活动、城中村和城乡结合部集中整治活动、大中型企业和重点工程建设工地及周边整治活动、学校及周边治安整治活动、铁路沿线治安整治活动，由当地党委、政府牵头，组织有关单位和基层综治组织开展重点排查整治，对排查出的治安混乱地区和突出治安问题，登记造册，根据相关职能部门的职责任务，落实到分管领导、单位责任人身上，限期解决。加快治安混乱地区的经济发展、基础建设、环境整治和规划调整，完善公共服务，解决群众困难，把治安混乱地区变成经济发展、安全和谐的地区。

6. 开展旅游市场秩序专项整治行动。由省旅游发展委员会牵头，省公安厅、省工商局、省交通厅、省物价局等部门配合。

打击旅游市场“三黑”（“黑车”、“黑导”、“黑社”）、暴力抗法、妨害执行公务等违法犯罪行为。

7. 开展道路交通秩序专项整治行动。由省公安厅牵头，省交通厅、省司法厅、省综治办、省旅游发展委员会等部门配合。

整治大巴车、中巴车、出租车随地停放；整治高速超标开车，确保交通事故下降；开展农村摩托车无牌无证问题专项整治行动，确保我省农村摩托车登记率和驾驶证持证率显著提高，农村摩托车无牌无证交通违法行为明显下降，农村无牌无证摩托车引发的交通事故明显下降，利用无牌摩托车抢劫、抢夺的案件明显下降。加强道路交通安全管理，开展严厉整治酒后驾驶、超速超载、非法营运等交通违法行为的专项行动，全省交通事故起数、受伤人数、经济损失有所下降，确保旅游营运车辆安全、旅游线路畅通。

8. 开展酗酒斗殴专项整治行动。由省综治办牵头，省公安厅、省司法厅、省旅游发展委员会等部门配合。

针对酗酒打架斗殴引发致残致死案（事）件等以及酒后抢劫抢夺打砸案件，深入开展专项排查调处、专项治理、专项防范、专项督查、专项宣传等活动，立案查处并依法处置，切实加强法制宣传教育，着眼于在旅游高峰期和案件多发期提前采取措施进行教育和预防，维护旅游景区周边社会治安稳定。

二、广泛深入开展平安海南建设活动，着力解决影响社会治安环境的源头性、根本性和基础性问题

（一）工作目标

在全省开展新一轮平安创建活动，以2010年到2012年为一个周期，拓宽创建覆盖面，提高创建质量，平安景区创建覆盖面达98%以上，实现平安创建的目标和要求。

（二）工作措施

1. 创建平安旅游。由省旅游发展委员会牵头，省综治办、省委宣传部、省文明办、省公安厅、省农业厅、省司法厅、省财政厅、省住房和城乡建设厅、省文化广电出版体育厅、省民政厅、省工业和信息化厅、省总工会、团省委、省妇联等部门配合。

重点抓好海口、三亚、文昌、琼海、万宁、定安、陵水、保亭、五指山、昌江等旅游资源集中市县的平安旅游建设工作。重点市县（区）要按照先行一步的思路，全面动员，确保率先实现平安旅游创建目标，为全面推进平安海南建设提供经验，打下坚实基础。其他市县要确定本市县平安建设的试点单位，大力开展平安景点、平安乡镇、平安农场、平安村、平安校园、平安社区、平安家庭建设活动。健全人民调解、行政调解、司法调解三位一体的“大调解”工作体系，建设好劳动争议、医疗纠纷、食品安全、环境保护等领域的专业性调解仲裁组织。充分发挥旅游巡回法庭、驻乡镇人民检察室、司法所等基层政法部门的职能作用，协调和调动工会、共青团、妇联、统战和工商联等各方面力量，形成依靠基层党政组织、行业管理组织、群众自治组织，共同及时有效化解社会矛盾的机制。开展涉及旅游的矛盾纠纷排查化解活动，及早、主动、全面、彻底地排查，及时、妥善地处置矛盾纠纷，重点解决好因旅游行业经营管理引发的各类矛盾和涉外纠纷、涉外案件，努力做到不让小苗头酿成大问题、小纠纷酿成大矛盾，不让一般性矛盾酿成大规模群体性事件。健全公共危机应对处置机制，坚持以说服、教育、疏导、劝阻、感化为主和慎用警力、警械、强制措施的原则，依法坚决果断稳妥地处置各种因旅游矛盾引发的群体性事件。按照“人防抓落实、物防抓巩固、技防抓提高”的总要求，贯彻落实《海南省社会治安防控体系建设五年规划(2007年—2012年)》，强化人防、物防、技防等措施，建立健全以防为基础，以控为手段，以打为保障的打防控一体化海岛型立体化治安防控体系。

2. 创建国际旅游岛周边“海上平安”。由省海洋与渔业厅牵头，省综治办、省公安厅、海口海关、海南海事局、省安全生产监督管理局、省公安边防总队、港务公安等部门配合。

以沿海市县为重点，结合海南四面环海的特点，按照省委、省政府建设“海洋经济强省”的发展战略，开展“海上平安陆上抓，海陆并治创平安”活动，统筹兼顾打击、整治、管理、宣传、法制教育、化解海事渔事纠纷、防范控制、加强渔业安全生产等工作，积极构建平安海域。

3. 创建平安口岸、平安交通。由省交通厅牵头，省海防与口岸办、省综治办、省公安厅、海口出入境边防检查总站、省安全生产监督管理局、三亚边防检查站、机场公安、港务公安、粤海铁路总公司等部门配合。

以机场、港口出入岛口岸、铁路及沿线周边、高速公路及沿线周边为重点，开展以治安环境、旅游运输车辆运营为主要内容的平安创建活动。

三、深入推进社会管理创新，完善与国际旅游岛建设相配套的社会管理体系

(一)工作目标

把加强社会管理纳入经济社会发展规划，进一步更新社会管理观念，改进社会管理方式，完善社会管理手段，文明公正廉洁执法，深入实施城乡社区警务战略，充分运用现代信息技术，构建社会管理服务新平台，形成党委领导、政府负责、社会协同、公众参与、适应国际旅游岛建设需要的社会管理体系，不断提高社会管理的效率和水平，不断提高开放、透明、信息化条件下的执法公信力，以高效的管理服务和优良的执法公信力赢取广大游客和群众的满意。

(二)工作措施

1. 加强对流动人口的管理与服务。由省公安厅牵头，省综治办、省人口和计划生育委员会、省教育厅、省卫生厅、团省委等部门配合。

年底前，全省所有乡镇、街道都要建立流动人口服务管理工作中心，村、居委会都要建立流动人口服务管理工作站，依托物业在街道、社区对出租屋建立统一登记、统一管理、电脑联网、信息共享管理机制。加强对重点人口、重点物品、重点阵地的管理，坚决防止漏管失控。要进一步完善以人口管理为重点的实有人口管理机制，切实做到对有现实危害和暴力恐怖动向的高危人员、有前科劣迹和报复社会动向的刑释解教人员、容易肇事肇祸的精神病人等，逐一纳入视线，掌握动态，落实管控责任。要严密管控枪支弹药、危爆物品、管制刀具等重点物品和娱乐场所、交易市场、饭馆业等，管得了、控得住。着力解决流动人口就业、居住、就医、子女就学等困难，保护流动人口的合法权益，促进流动人口融入本地社会。三星级以上酒店全部安装旅馆业治安信息查控系统，对旅游人员入住实现登记信息化、安全管理规范化，真正做到底数清、情况明，管得了、控得住。以落实国务院《海南省外国免签证旅游团管理办法》为契机，建立开放的出入境管理服务平台，进一步简化出入境办事程序，提高办事效率，做到既方便外国人出入境和旅游观光，又维护我省出入境管理的正常秩序。

2. 进一步加强特殊人群帮教管理。由省综治办牵头，省司法厅、省民政厅、省教育厅、省委610办、团省委等部门配合。

以“帮教社会化，就业市场化，管理信息化，工作职责规范化”为标准，落实刑释解教人员衔接、安置和帮教措施，引导刑释解教人员融入社会，预防和减少重新违法犯罪。深入开展青少年违法犯罪社区预防计划，加大对进城务工人员未成年子女的教育监管力度，推进12355海南省青少年服务台、青少年信息管理系统和流浪儿童救助保护中心建设，建立综治社工队伍，对未成年人实施教育、挽救和帮助工作。对有危害社会倾向和行为的精神病人、违法犯罪的艾滋病患者、吸毒人员、“法轮功”人员等高危人群，加强治疗、教育、管理，严防漏管失控。

3. 进一步加强网络虚拟社会建设管理。由省综治办、省工业和信息化厅牵头，省公安厅、省文化广电出版体育厅、省工商局等部门配合。

坚持建设与管理并重,法律手段、行政手段、经济手段、技术手段并用,明确电信运营企业、用户的法律责任,最大限度地发挥网络宣传旅游的积极作用,最大限度地遏制涉及旅游事件的网上恶意炒作。加强网吧管理,开展"黑网吧"等突出问题的重点整治。公安机关要加快建设虚拟社会防控网,着力提高网上发现、侦察、控制、处置能力。

4. 进一步加强社会组织管理服务。由省民政厅牵头,省综治办、省委610办、省公安厅等部门配合。

对境内社会组织,建立自律机制,完善分类管理制度,加强日常监管,使其为国际旅游岛建设作贡献。对境外非政府组织,坚持利用、防范两手并举,严格准入制度,健全日常监管机制,做到依法、有序、有效管理,坚决抵制、防范敌对势力利用国际旅游岛时机,进行渗透破坏。

5. 进一步加强和改进涉及公共安全的消防安全管理和食品、药品、特种设备、放射性物品等特种危险物品的安全生产监管。由省安全生产监督管理局牵头,省公安厅、省食品药品监督管理局、省国土环境资源厅、省出入境检验检疫局、省公安边防总队、省公安消防总队等部门配合。

加强对重点单位、重要设施、公共场所的安全保卫,加强对枪支、弹药、剧毒等危险物品的监督管理,有效防范各类暴力恐怖活动。加大对违法违规行为的查处力度,预防火灾,杜绝重特大事故特别是群死群伤事故的发生。

四、严格落实责任查究,建立治安环境综合整治长效工作机制

由省综治办牵头,省纪委、省委组织部、省人力资源和社会保障厅、省监察厅等部门配合。

将国际旅游岛建设治安环境综合整治工作从2010年起纳入各级党委政府、部门单位的社会治安综合治理目标管理责任考核内容,同步检查验收。将国际旅游岛建设治安环境综合整治工作作为各级党政主要领导干部综治实绩考核档案的重要内容,并把抓此项工作的实绩纳入各级党政领导干部的政绩考核内容。严格执行《海南省社会治安综合治理领导责任查究暂行规定》(琼办发[2009]23号),进一步落实综合整治工作的领导责任制,按照社会治安综合治理领导责任查究制规定的警示、诫勉谈话、黄牌警告、一票否决等具体办法和程序,对责任人严格兑现奖惩措施。

中共海南省委政法委员会
海南省社会治安综合治理委员会
关于进一步加强学校(幼儿园)及周边
安全防范工作的意见

(2010年5月20日)

为了进一步加强学校及周边安全防范工作,严防校园及周边以师生为目标的袭击事件、报复行凶事件的发生,确保校园师生人身财产安全(降低伤害、行凶敲诈、盗窃、强奸、抢劫等刑事案件发案率),确保公共安全(防止火灾、中毒、交通等事故发生),现根据5月3日中央综治委、5月12日公安部和教育部召开的两次电视电话会议精神和省委的要求,结合我省学校、幼儿园及周边安全防范工作的实际,特提出如下工作意见:

一、认真排查,消除隐患

各级党委政法委、综治办和学校周边治安综合治理工作领导小组要牵头组织协调,推动各有关部门和基层单位紧密结合社会治安重点地区排查整治工作,集中开展校园及周边突出治安问题大排查活动，重点排查因教学改革、后勤服务、征地拆迁、工资待遇引发的矛盾纠纷，涉校、涉生暴力犯罪等严重影响学校师生安全的突出治安问题，校园周边的各类隐患，在开展排查工作的过程中，必须采取全方位、多层次、逐地逐校地进行拉网式排查，切实把学校、幼儿园、青少年校外活动场所及周边各种不安全、不稳定的隐患和问题排查清楚，对于排查发现的问题必须逐一登记建档，建立分类管理机制，分解任务，落实责任，逐一落实到有关部门，落实到有关基层单位和责任人。被省综治委挂牌整治的校园及周边治安重点地区，当地党委、政府负责同志作为责任人，要切实负起责任，积极推动解决问题。

各级综治办和学校及周边治安综合治理工作领导小组要通过深入排查社会矛盾，掌握不稳定因素，特别是有可能危及社会治安的问题，及时协调有关部门进一步核实，针对有困难的特殊群体人员做好扶贫济困、教育疏导和服务管理工作。对群众反映突出的问题，要依法按政策妥善处理，防止矛盾积累、激化。要严格排查管控高危人员，着重把长期违法缠访闹访人员、容易肇事肇祸的精神病人、情绪和行为偏执人员、对社会极端不满人员等逐一排查管控，做到底数清、情况明，防止漏管失控。

二、强化整治，严密防范

各级综治部门牵头负责，会同有关部门，加强学校及周边社会治安防控体系建设，强化人防、物防、技防措施，确保实施防控，全面覆盖、不留死角。

各级公安机关牵头负责，迅速组织开展专项打击行动，对涉及学校师生的伤害、抢劫、绑架等暴力犯罪，及时立案，严厉打击；对重特大案件，挂牌督办，重点攻坚。加强危爆物品、剧毒化学品和管制刀具管理，严防流入校园。

各级教育部门牵头负责，会同有关部门，加强校园内部安全管理，大中小学幼儿园都要成立校园安全防范工作领导小组，每月研究安全保障工作一次。实行学校校长、幼儿园园长内部安全保卫工作第一责任，并将具体责任落实到具体责任人。建立健全并落实安全、防范教育、管理和内部保卫工作制度。各级学校、幼儿园都要制定突发事件应急预案，会同公安机关及时处置各类突发事件。各级综治部门和学校及周边治安综合治理工作领导小组会同公安机关等有关部门，立即组织开展学校及周边安全大检查，及时消除不安全隐患，严格落实各项工作措施，坚决防止发生火灾、建筑物倒塌、拥挤踩踏、食物中毒等安全事故。各级教育部门要会同有关部门切实加强民办学校、幼儿园的安全管理，严格审批程序，明确监管责任，近期要开展一次对民办学校清查活动，对于不具备基本办学条件、存在安全隐患、未取得办学许可证的民办学校、幼儿园，该整改的整改，该关闭的关闭。要帮助民办学校、幼儿园完善并落实各项安全管理措施，及时消除各种安全隐患。

完善校园周边巡逻防控机制。小学和幼儿园在上学、放学时段，公安派出所要与辖区学校联动、联勤、联防、联管、联治，互通学校周边治安动态，准确掌握上学、放学等期间情况，由巡逻警力落实校园“必到点”巡逻防控措施。

公安机关要加大学校、幼儿园、青少年校外活动场所及周边巡逻防控力度，在治安情况复杂、问题较多的学校设立警务室或110报警台，及时发现处置各类治安案件。

建立学校教师执勤制度。每天由一名男性教师担任治安巡查员，佩戴袖章或醒目标志参与安全管理和现场执勤，并做好工作记录。执勤教师在上学、放学时段要跨前一步，会同携带防卫器械的校园保安员在校园门口及周边值守，并与现场守护的巡逻警力互通情况，注意发现可疑人员和情况。

增设安全防范必修教育。教育部门要指导学校每学期开展一次安全防范必修教育，由教育部门列入大中小学、幼儿教育计划，学校负责组织，校外治安辅导员（社区民警）负责具体实施。教育培训内容要突出简单、实用、易懂，注重教育培训效果。每次防范教育要有家长与学生共同参与。

强化校园保卫措施。健全保卫机构，确保每所小学至少配备2名、幼儿园至少1名、每所中学至少有5名、大专院校至少有10名以上专职保安，专职保安由教育部门统一向保安服务公司聘请，由学校管理使用，公安机关监管。专职保安配备防卫器械，严格执行访客登记和治安巡查制度，在上学、放学及课间休息时段加强学校出入口值守；在非上学、放学时段锁闭学校出入口大门，防止社会闲散人员混入学校。专职保安的培训由属地公安机关负责，每年利用寒暑假集中培训两次。

强化中小学校法制副校长选聘工作，在原有选聘工作基础上配齐配强普通中小学校（含民办学校）、中等职业学校（含技工学校）法制副校长。按照属地管理原则，各市县政法委、综治办组织政法部门根据任职条件，从法院、检察院、公安、司法等部门中推荐法制副校长人选，并与教育部门共同审核，法制副校长接受学校所在地乡镇（街道）综治办指导，在中小学校党组织和校长的领导下开展工作，每学年向当地综治办和派出单位述职。

强化校外治安辅导员制度。公安部门要组织校外治安辅导员认真学习，提高校园警务工作能力，深入学校开展安全检查，及时发现整改各类治安隐患。今年6月底前，治安辅导员要指导各中小学校全面完成开展防非法侵入、防劫持人质应急演练，增强师生自防自救能力。

加强硬件防范设施，加大推进科技防范工作。各级学校、幼儿园应牢固修筑围墙和大门栅栏，有条件的学校、幼儿园及周边应立即着手安装视频监控和110报警系统，并接入公安机关监控平台进行实时监控。经济困难地区也要结合本地实际，尽可能创造条件，制定规划，提升学校及周边新技防范水平。公安部门要对已经落实技防设施的校园进行普查，督促技防从业单位每月对学校技防设施进行两次维护保养，确保始终处于良好运行状态。对工作未落实的单位，公安机关要予以通报并进行处罚。

落实校园特别管护区规定。密切警校合作，构筑有效的校园治安防控体系。加强校园网管理，禁止将学校房产和设备出租用于互联网服务场所。坚决取缔黑网吧，加强对校园周边非法经营场所的整治和监管，严格落实中小学校周边200米不得设立互联网上网服务营业场所的规定，校园周边500米内不再批准增设新的互联网上网服务营业场所。工商卫生等部门应经常性地强力整顿校园周边非法经营摊点、流动摊点和出租房屋。

三、督导检查，抓好落实

各级综治办和学校及周边治安综合治理工作领导小组近期要立即组织力量进行督导检查，采取全面督查、随机抽查、明察暗访和重点检查等多种形式，掌握工作落实情况，协调解决问题。对重点地区、重点单位和突出问题要督查到底，层层挂牌督办、挂账整治，派出强有力的工作组进驻乱点、蹲点整治，做到局面不改则人员不撤、工作不停，坚决防止推诿扯皮、敷衍塞责。

综治部门、公安部门、教育部门要确定联合督导机制，共同落实专人专班，建立固定的校园治安防控督导检查工作制度，每两个月采取明察与暗访、抽样与全覆盖、定期与不定期相结合的方式开展集中检查。

省综治委学校及周边治安综合治理工作领导小组将组织督导检查组，深入各市县及有关单位进行督查，重点督查各地党委和政府是否重视，各有关部门工作是否有序开展并取得实效，学校及周边治安防控体系是否完善，学校幼儿园安全保卫人员是否到位、安全设施是否齐全、内部安全保卫制度是否落实等，督查结果将作为年度学校及周边治安综合治理工作考核、社会治安重点地区排查整治工作考核的重要依据。

四、完善机制，齐抓共管

加强学校、幼儿园及周边治安防范工作，维护学校、幼儿园及周边安全稳定，既是一项长期艰巨的政治任务，也是全社会的共同责任。这项工作必须立足当前、着眼长远，标本兼治、综合治理，才能取得实实在在的成效。

各级学校及周边治安综合治理工作领导小组和办公室要认真总结经验教训，进一步健全完善工作机制，细化目标管理责任制度，落实例会制度、情况通报制度，认真抓好组织、协调、督查和考核等工作，及时与各有关部门会商和处理涉及学校、幼儿园安全稳定的突出问题。

各市县党委宣传部门要进一步健全完善舆论引导工作机制，一旦发生学校及周边重大案（事）件，要适时准确发布消息，主动引导舆论，防止渲染炒作，防止产生负面影响和诱发效应；要注重发现总结各地经验，把一些有效措施及时固化为长效机制予以普及推广，推动各有关部门共同维护好学校及周边的治安秩序。

各级综治、教育、公安、司法、文化、工业信息化、住房城乡建设、新闻出版、工商行政管理和共青团等部门，要按照省综治委学校及周边治安综合治理工作领导小组各成员单位中的职责任务，把学校及周边治安综合治理工作，特别是当前开展的专项整治行动，纳入本系统、本单位工作中，充分发挥职能作用，加强协作配合，做到齐抓共管、步调一致、行动迅速、效果明显。今后各级综治委学校及周边治安综合治理工作领导小组每年至少召开两次会议，研究部署校园安全防范和“平安校园”创建工作。

建立健全奖惩机制。各市县、各有关部门要将加强学校、幼儿园周边安全防范工作纳入社会治安综合治理年终目标考评工作。根据考核结果，对学校、幼儿园及周边安全防范工作整体进展、成效、问题、部门责任落实情况及下一步工作重点等做出科学评估和通报，并作为考核党委、政府全面工作的一项重要依据。对于因学校、幼儿园安全防范不到位而发生重大事件(案件)，造成严重后果、影响重大的，追究相关领导责任。

海南省综治委、办机构情况和负责人名单

主　任：肖若海(省委常委、省委政法委书记)
副主任：毕志强(省人大常委会副主任)
符跃兰(省人民政府副省长)
董治良(省委政法委副书记、省高级人民法院院长)
马勇霞(省委政法委副书记、省人民检察院检察长)
张力夫(省政协副主席)
施　文(省委政法委副书记、秘书长)
林　捷(省综治办主任)
委　员：王盛雄(省委办公厅巡视员)
梁　粟(省委组织部副部长)
邢　炼(省委610办专职副主任)
张　萍(省委宣传部副部长)
麦　浪(省教育工委专职副书记)
种润之(省政府副秘书长)
毛志华(省政府副秘书长、省信访局局长)
汪济洲(省国家安全厅副厅长)
李言静(省司法厅厅长)
朱永盛(省民宗委副主任)
刘晓明(省公安厅副厅长)
任笑竹(省监察厅副厅长)
苗延红(省民政厅副厅长)
唐卓贤(省财政厅副厅长)
王定佳(省人力资源和社会保障厅副厅长)
吴开成(省国土环境资源厅副厅长)
陈孝京(省建设厅副厅长)
周文雄(省交通厅副厅长)
周燕华(省农业厅副厅长)
孙金文(省海洋渔业厅副厅长)
柳松华(省文化广电出版体育厅副厅长)
赵　强(省农垦总局副局长、公安局局长)
邓德海(省地方税务局副巡视员)
钟鸣明(省工商行政管理局副局长)
李天才(省水务局副局长)
韩　勇(省工业经济与信息产业局副局长)
陈永忠(省质量技术监督局副巡视员)
郭全茂(省食品药品监督管理局局长)
许亚川(省卫生厅副巡视员)
胡达吉(省人口和计划生育委员会副主任)
吴坤雄(省旅游局副局长)
陈纪生(省安全生产监督管理局副局长)
曾　平(省林业局副巡视员)
郭奕秋(省总工会副主席)
盖文启(团省委副书记)
李幼伍(省妇联副主席)
王　洪(海口海关副关长)
陈泰生(海南出入境检验检疫局副局长)
李生琼(海南省军区政治部副主任)
张建明(武警海南省总队副总队长)
省综治办主任：林　捷(正厅级别)
省综治办下设：协调处、督导处

海南省各市、县综治委、办主任名单

地　区	综治委主任	综治办主任	地　区	综治委主任	综治办主任
海口市	徐唐先	冯少雄	澄迈县	杨思涛	王世雄
三亚市	王泰令	吴清江	乐东县	林　山	林赐贤
文昌市	文　海	王　敏	临高县	陈创福	符家善
琼海市	陈列雄	李龙彪	昌江县	翁　平	林　文
儋州市	罗时祥	王美英	陵水县	王　雄	谭泽卡
万宁市	李秀领	林国雄	白沙县	严　正	刘　批
五指山市	黄　坚	周冯彬	保亭县	郑作生	王宏强
东方市	宋泽江	朱海峰	琼中县	傅信平	王礼忠
定安县	符立东	莫汉民	洋浦经济开发区	邱宏民	郭　庆
屯昌县	范高净	李卓勤		王应福	

（撰稿人：李方春
审稿人：林　捷　陈显辉）

重　庆　市

2010年社会治安综合治理工作概况

2010年，重庆社会治安综合治理工作围绕大局，不断适应重庆经济社会发展的新要求，积极回应人民群众的新期待，深入推进三项重点工作，切实加强民生工作和群众工作，着力解决制约综治工作的体制性、机制性、保障性问题，开创了综治工作的新局面。据重庆社情民意调查中心调查显示，2010年群众安全感达到95.89%，已连续7年保持在90%以上。

一、抓党政统筹，推动综合治理工作全面发展

市委、市政府将社会治安综合治理工作作为党政工程，与经济社会发展同步谋划和推进，多次召开市委常委会、市政府常务会，专题研究推进社会管理创新、建立新型警务勤务机制等重大问题并作出决策。各地各部门高度重视，将社会治安综合治理工作列入本地区、本部门的主要工作，一把手总负责、亲自抓，分管领导具体抓，根据情况，对工作机构进行了调整，充实了人员，层层签订了责任书，层层落实了责任。各地各部门做到了年初有计划，平时工作有结合、年终工作有总结，领导班子定期研究本地区位、本部门平安建设暨社会治安综合治理工作。以落实重庆"民生十条"为契机，加大社会治安综合治理工作经费投入，抓住制定"十二五"规划的契机，组织力量认真研究，找准社会管理服务方面存在的薄弱环节，把急需抓好的信息化建设、技术保障、基本建设等重点任务、重大事项纳入经济社会发展总体规划，纳入整体部署。加强综治委自身建设，调整充实了市综治委五个专门领导小组及办公室，召开了全市综治工作会议、综治委全委会及综治专项工作协调会10余次，开展了平安建设暨综治工作部门、区县检查考评工作，强化了综治工作的决策、部署和落实。加强宣传调研工作，组织开展了综治集中宣传月活动；在综治好新闻评选工作中，推荐的新闻作品1篇获二等奖、3篇获三等奖；推荐的关于加强新社会组织建设管理的思考调研文章在第20届全国社会治安综合治理理论研讨会上获得三等奖。

二、抓综合施策，整治社会治安重点地区和突出问题

扎实开展社会治安重点地区排查整治工作，以城乡结合部、"城中村"和治安复杂的村居、街巷以及高发案地区为重点，对社会治安重点地区和各类突出治安问题开展了拉网式滚动排查，通过排查，确定了709个挂牌整治的重点地区（其中市级挂牌102个、各地挂牌607个）。按照"一个乱点、一名领导、一个班子、一套方案、一抓到底"的方法，采取打击、整治和建设并举措施，对重点地区进行了集中整治，群众反映的突出社会治安问题得到有效改善。通过整治，102个市级挂牌重点地区（部位）刑事发案下降23.82%，重点地区群众满意度均达到90%以上。扎实开展校园及周边环境综治整治工作，出台了《关于强化中小学幼儿园安全的十二条规定》和《重庆市学校及周边环境综合整治十条规定》；在大排查大整治行动中，排查列管高危人员2277人，整改校园安全隐患3323起，清理校园周边出租屋7.9万户、暂住人口23万人；破获涉校涉生刑事案件924起、打击处理193人；查处涉校涉生治安案件437起432人，确保了校园安全。

三、抓整体规划，加强和创新社会管理

启动社会管理创新综合试点工作，以市委办公厅、市政府办公厅名义出台了2011—2013三年社会管理创新规划，提出2011年建机制、抓重点，2012年抓推进、出成效，2013年抓提高、创一流的工作思路，确定了10个重点创新领域和13个创新试点区县，大渡口区被确定为全国社会管理创新综合试点地区。推行交巡警合一改革,建成交巡警平台300个,投入警力近万名,实现了“打击犯罪更彻底、服务百姓更直接”目标。建立校园新型警务体制和勤务机制,在各区县成立校园安保支(大)队,在学校构筑起以校警为显著特点的新型安保体系。加强“平安细胞”工程,着力打造1000个基层示范点,以点带面,推动了基层平安创建工作深入发展。综合治理看守所安全管理工作成效初显,在中央综治办组织的多次专项检查中,看守所安全工作全国排名第三位。加强流动人口管理工作,健全了市、区县、镇街、村社四级流动人口服务管理工作体系,完善了“以证管人、以房管人、以业管人”的流动人口服务管理新模式;出台了《关于深化完善城乡统一的户口登记制度促进统筹城乡发展的意见》,对流动人口就业、法律援助、权益保障等10个方面给予了制度上的明确保障。

四、抓源头预防,排查化解社会矛盾纠纷

出台《关于构建多元化纠纷解决机制的意见》、《重大事项社会稳定风险评估办法(试行)》等文件,探索矛盾纠纷化解长效机制。继续深化干部大下访、大走访工作,开展了“大走访、化积案、解民难”集中攻坚行动,采取领导包案、带案下访、主动约访、上门走访等形式,深入排查和化解矛盾纠纷。2010年,全市30万余人次机关干部投身“大下访”工作,接访群众29.5万件次、110万人次,投入资金20.9亿元,解决处理各类问题11.1万件次。2009年以来,主城九区完成危旧房拆迁1200万平方米、涉及14.5万户,主城区拆迁安置类信访问题下降了90%以上,无一例规模性集访。依托基层党组织、行业管理组织、群众自治组织和工、青、妇等力量建立大调解工作体系,调解纠纷成功率达到98.6%。

五、抓基层基础,打造综治工作运行平台

在全市推行了乡镇(街道)综治办主任(党委委员)加任政法书记职务制度,统一按政法书记、党委委员兼综治办主任职务设置和同级党政副职条件配备,落实了专职专任、专人专抓政法维稳工作。结合村居“两委”换届,推动综治专干通过选举进入村居“两委”并落实待遇。举办全市村(社区)10000名综治专干大培训,通过培训,提高了基层综治干部履职能力。开展乡镇(街道)综治办和村(社区)综治工作站规范化建设工作,通过加强制度建设和设施建设,提高了工作平台承载能力。开展“百镇千村”平安建设示范工程,落实领导干部深入一线工作制度,帮助基层解决了一批群众反映强烈的问题。

六、专项工作情况

(一)流动人口治安管理工作情况

一是强化服务。继续在户政服务大厅设立二代证照相窗口,为31个远郊区县在主城区务工经商人员免费照相,继续为流动人口免费办理居住证,为群众节约了大量的往返时间和路费,极大地方便了人民群众。及时查处侵害农民工权益案(事)件,让办理了《流动人口居住证》的进城务工农民切实享受规定的各项权利。构建乡镇(街道)和社区流动人口服务管理平台,全面推行“一站式”服务。切实解决流动人口子女入学入托难题,主城各区均确定了6个中小学定点招收流动人口子女就近就地入学,流动人口小学、初中入学率基本达到流入地水平。对流动人口已婚育龄妇女开展计划生育、生殖健康免费服务,达到了目标要求,实施国家规定免费技术服务项目比例达80%以上。

二是强化管理。开发利用流动人口(含出租房屋)信息管理系统平台,加大投入升级换代,实现了流动人口和房屋出租人信息实时查询比对、网上自动迁移、网络自动发函、数据统计分析等功能。积极开展实有人口信息采集,加强了流动人口登记办证工作。启动“两区”警务体制勤务方式改革,通过招聘社区警务文员协助民警开展户籍管理、服务百姓、收集社情、社区巡逻、安全防范等工作,将警力向社区延伸,建立户籍、服务、社情、巡逻、防控、打击“六位一体”的新型社区防控模式,为流动人口出租房屋管理工作增添了新生力量。探索建立“以房管人、以证管人、以业管人”的新型服务管理模式,推行了居住证“一证通”制度。借鉴外地先进经验起草了《重庆市人户分离人口服务管理办法》,为流动人口管理提供了有力的法律支撑。

三是强化整治。开展“冬季行动”暨“三节两会”流动人口、重点人口专项清理整治行动,累计新登流动人口652173人,提供案件线索1379条,查处治安案件11110件,破获刑事案件601件,抓获违法犯罪嫌疑人3004人。开展情报信息“百日攻坚战”,围绕实有人口“底数清、情况明、管得住，服好务”的目标，强化实有人口基础信息的采集，全市流动人口新增登记2197719人，出租房屋新增登记403186户。开展“2010严打整治行动”流动人口出租房屋专项整治，对全市治安乱点、流动人口聚居区和出租房屋集中地全面开展清理整治，共新增登记流动人口2706559人，出租房屋509491户，发现违法犯罪线索1033条，查处治安案件8390件，捉获网上逃犯362人。

（二）学校及周边综合治理工作情况

一是强力部署推动校园安全工作。市委、市政府高度重视校园及周边环境的综合治理工作，薄熙来、黄奇帆、张轩等领导同志亲自研究、部署、检查校园安全工作。成立了以副市长刘学普为组长13个职能部门分管领导为成员的学校及周边治安综合治理工作领导小组，加强对全市校园综合治理工作的领导。建立完善了目标责任制度、责任督查制度、检查考评制度、安全评估排查制度、联席会议制度等五项制度，按照定人员、定责任、定期限的“三定”要求，开展专项整治，对责任不落实、工作不及时、措施不到位的单位，实行责任追究和一票否决。

二是探索建立校园安保新型体制机制。建立了校园安保支（大）队、校警、保卫干部、专职保安、护校队“五位一体”的学校安防体系，全市42个区县公安（分）局均成立了校园安全保卫支（大）队，全市11320所学校派驻校警5639人，聘请校园保安26582人，组建护校队员23599人，保卫干部7195人。新体制安保经费由政府全额出资，采取学校安全服务外包的形式，把校长（园长）从安保工作具体事务中解脱出来，实现在校园安全工作上由管理具体事务向统筹管理转变。

三是扎实开展校园安全专项整治行动。开展校园及周边治安秩序专项整治行动10余次，累计摸排学校1.9万余所，排查整改校园各类安全隐患2841起，对校园周边的网吧、电玩厅、音响店、报刊厅、出租屋等进行了全面清理整治。开展涉校涉生破案专项行动，破获涉校涉生刑事案件1408起、打击处理430人，查处涉校涉生治安案件588起558人，查处涉校涉生的涉黄涉赌治安案件43件。开展校车安全治理工作，对全市所有学校的校车进行安全检查和登记，共排查中小学校5000余所，校车3600辆，排查出不合格车辆51辆。

四是深入推进“平安校园”建设。市政府召开“平安校园”建设动员大会，启动了“平安校园”创建工作。围绕“周边秩序明显改善，安全隐患最大排除，伤亡事件显著减少，切实建立长效机制”的工作目标，相关部门各司其职，加强了协调配合。教育系统狠抓安全教育与应急演练，推进法制安全教育“三进”工程，增强了师生的安全法制意识；开展应急管理机制建设课题研究，开展各类应急演练20000余次，增强了师生应急避险能力。公安机关将中小学、幼儿园全部列为必巡区、必巡线、必巡点，司法行政机关开展了“法律进学校”主题活动，食品药品监管机关开展了学校食堂隐患排查集中整治，文化、工商、新闻出版等部门加强学校及周边文化和娱乐服务业的市场监管。按照市政府制定的“平安校园”建设实施方案和考核评价标准，经过专家严格考核验收，2010年，平安校园达标学校已达到70%。

（三）预防青少年违法犯罪工作情况

一是加强宣传教育，增强守法意识。抓住《重庆市未成年人保护条例》出台施行的时机，深入开展“两法一条例”宣传活动大力推进“青少年维权岗”创建活动，营造了未成年人保护的良好社会氛围。积极开展“法制进校园”活动，举办了“依法治校，创建和谐校园——博士生普法宣讲团进校园”、“模拟法庭进校园”等活动，提高了中小学生学法守法的实效。加强学生安全自护教育，开展“安全自护·健康成长”、“阳光护航·平安校园”等自护教育主题活动，提高了学生自我保护意识和能力。在综治宣传月、“12·4”法制宣传日等活动中，采取现身说法、法制咨询、法制文艺等形式，通过12355青少年法律服务专线，积极宣传有关青少年的法律法规，增强了青少年的法律意识。建立社区青少年学法阵地，投入资金3300万元，新建了一批街道（镇）社区服务中心和社区服务站，为青少年学法创造了便利条件。

二是加强社会管理，维护合法权利。积极探索留守儿童的教育管理，全面启动农村留守儿童教育实验项目，推行了留守儿童代理家长制、“4+1”教育模式、“爱心午餐”等特殊关爱政策。积极探索闲散青少年帮教工作，试点建立区域性社区预防犯罪信息管理系统，实施了“青少年违法犯罪社区预防计划”、“法制宣传进社区计划”，帮助解决了闲散青少年生活、学习、就业等方面的实际困难。积极探索流浪乞讨未成年人救助联动机制，开展多部门联合执法行动，集中整治流浪未成年人乞讨、卖花、发“卡片”等现象，成功救助流浪未成年人4500余人次。积极探索建立服刑在教人员未成年子女信息沟通机制和救助管理机制，解决了他们在学习、生活上的实际困难。积极探索有违法犯罪行为和严重不良行为青少年教育保护工作，建立了未成年人违法及轻罪记录封存、未成年人刑事审判心理辅导、微罪不诉未成年人回访帮教、刑释解教青少年结对帮教等司法制度。积极探索重点青少年服务管理措施，开展了排查摸底专项行动，建立了信息汇总机制、动态数据库和监测曲线，形成预防青少年违法犯罪长效监控体系。

三是加强环境整治，优化成长环境。扎实开展专项整治，营造良好未成年人成长环境。开展“净网”行动，整治网络淫秽色情信息，大力取缔黑网吧，严肃查处网吧违规接纳未成年人行为。开展“净刊”行动，强化依法出版经营活动，开展“唱、读、讲、传”系列活动，挤压非法出版物的生存空间。开展“净屏”行动，严格执行三级审片制度，坚决把不利少年儿童成长的节目、广告消除在节目出口关。开展“净边”行动，扎实开展校园及周边环境综合整治工作，维护了正常教学秩序和师生人身安全。

（四）铁路护路联防工作情况

一是着力完善护路联防组织机制。加强组织领导，将护路联防工作纳入市委市政府与各区县（自治县）签订的综治工作目标责任书，将平安铁路示范区县创建列入“平安重庆”建设的重要内容。加强路地协作配合，落实成员单位联席会议制度，形成了部门齐抓共管的工作格局。创建平安铁路示范区县，制定了“平安铁路示范区县”考核验收办法，评选出市级“平安铁路示范区县”8个，推出了大渡口、酉阳等一批护路工作先进典型。

二是着力推进压路伤保安全工作。多次召开路地、部门联席会议，专题研究和部署压路伤工作，及时采取了加强执勤巡逻，加强重点人员监管，加强铁路安全宣传，加强排查摸底等工作措施。以春运、世博、亚运为契机，开展了“保春运、压事故”专项行动、铁路沿线乱耕滥种专项治理、铁路路外安全隐患和夏季突出治安问题整治行动、铁路交通事故高发区段行人上道专项整治和以“宣传会战、基础会战、整治会战”为内容的万利线新线专项整治等大型路外整治行动，取得明显成效，铁路交通相撞事故较去年下降36%，伤亡人数比去年下降23%，辖区内无重特大行车事故发生，无危及铁路行车安全的事件发生。

三是着力排查化解涉路矛盾纠纷。按照“提前介入、主动对接、跟踪督促”的工作思路，对萌芽状态的矛盾纠纷和摸排掌握的治安问题，统一建立隐患问题库，实行排查更新和整改销号，落实动态管理，提高了矛盾纠纷防范处置效率。按照“主动服务、提前监督，消解矛盾、减少隐患”的工作思路，及时开展在建铁路矛盾纠纷排查化解工作，与各建设单位召开对接会议、现场会议20余次，建立起畅通的协作机制；协调地方政府、铁路工程部门修建网外人行便道11条35公里，解决了居民出行及护网封堵难的问题，确保了施工沿线治安秩序稳定可控。

四是着力夯实护路联防基层基础。壮大护路联防工作力量，护路联防队员增加到1124名，比去年增加33.3%，部分区县还组建了民兵护路队，人数达到251人。开展教育培训274次，培训队员1741人次。根据“市－区县（自治县）－村社－护路联防队”4级护路组织的实际情况，制定落实了基础台账管理、基层基础规范化建设、队伍规范化管理等制度。开通《重庆市铁路护路联防网》加强护路联防宣传，组织文艺小分队走村入户开展宣传活动55场次，开展校园铁路护路知识讲座64次，护路队员深入沿线发放宣传资料11万余份，受教育群众达24万余人，有效提升了广大群众尤其是铁路沿线群众的爱路护路意识。

（五）刑释解教人员安置帮教工作情况

2010年，全市刑释解教人员安置帮教工作帮教率达到99.1%，安置率达到93.2%，重新犯罪率为0.42%，重新劳教率为0.59%，重新犯罪率、重新劳教率连续13年低于管控目标，没有因责任不落实、措施不到位，而发生刑释解教人员重新违法犯罪甚至参与重大恶性刑事案件或群体性事件，促进了社会和谐稳定。

一是加强组织领导，建立部署落实新机制。市政府常务会议专题听取安置帮教工作情况，审议通过《关于进一步加强刑释解教人员安置帮教工作的实施意见》，推动了安置帮教工作深入发展。完善领导机制，市综治委将刑释解教人员安置帮教工作"协调小组"更改为"领导小组"，调整充实了领导小组成员，各区县在完成更名工作同时，健全了"1112"帮教安置工作网络体系。完善部门联动机制，进一步落实了部门联席会议制度。完善考核机制，各级各部门始终将安置帮教工作作与平安建设暨社会治安综合治理同部署、同落实、同检查，同考核。

二是加强衔接管理，建立无缝对接新体系。建立重点帮教对象"无缝对接"机制，杜绝了少数人员刑释解教后直接流入社会。建立刑释解教人员信息管理系统，启动了服刑在教人员基本信息核查工作，共录入服刑在教人员信息共计46811条，各级安置帮教组织核实41682条，核实率达89.04%。开展刑释解教人员调查摸底工作，将排查出有重新违法犯罪倾向的刑释解教人员，作为重点对象，实行动态管理，发现并及时解决存在的问题。

三是加强就业帮护，建立安置就业新渠道。监狱系统举办了即将刑释人员就业招聘会，全市14所监狱的千余名即将刑释人员参加招聘会，58家市内外企业进场招聘，提供900多个岗位，413人当场签订用工协议，一批企业还委托监狱培训3166名技术工人。各区县加大了扶持基地（实体）建设的力度，建立过渡性安置基地（实体）66个，安置刑释解教人员422人。各级民政部门为17000余名城镇籍刑释解教人员落实了低保，发放低保金3800余万元；为2703名刑释解教人员落实了医疗救助，发放救助金122.05万元；为2532名生活有困难、但不符合最低生活保障条件的刑释解教人员落实了临时性救助，发放临时性救助金125.05万元，基本做到了"应保尽保、应救尽救"。

四是加强教育管理，建立社会帮教新格局。监管场所建立了教育改造质量科学评估体系，通过综合评估，将刑释解教人员分为重点帮教对象和一般帮教对象，增强了服务管理教育的针对性。各区县建立了志愿者参与安置帮教工作的长效机制，动员社会力量以"一助一"、"多助一"等形式开展帮教工作，因地制宜地开展多种形式的教育活动。表彰了近年来在安置帮教工作中作出突出成绩的52个先进集体和100名先进个人，鼓励全社会参与安置帮教工作，营造了良好的社会氛围。

中共重庆市委办公厅
重庆市人民政府办公厅
转发《市综治委关于进一步加强社会治安重点地区排查整治工作的意见》的通知

（2010年3月2日）

各区县（自治县）党委和人民政府，市委各部委，市级国家机关各部门，各人民团体，大型企业和高等院校：

《市综治委关于进一步加强社会治安重点地区排查整治工作的意见》已经市委、市政府同意，现转发给你们，请认真贯彻落实。

市综治委关于进一步加强社会治安重点地区排查整治工作的意见

为贯彻落实中共中央办公厅、国务院办公厅转发《中央政法委员会、中央维护稳定工作领导小组关于深入推进社会矛盾化解、社会管理创新、公正廉洁执法的意见》(中办发[2009]46号)、中央综治委《关于进一步加强社会治安重点地区排查整治工作的若干意见》(综治委[2010]5号)和全国政法工作电视电话会议、全国社会治安重点地区排查整治工作电视电话会议精神,进一步加强我市社会治安重点地区排查整治工作,推进"平安重庆"建设,从根本上解决社会治安问题,特提出以下意见。

一、充分认识社会治安重点地区排查整治工作的重要性、紧迫性,切实将其作为"平安重庆"建设一场新的攻坚仗

当前,我国正处于经济转轨、社会转型的重要时期,面临着人民内部矛盾凸现、刑事犯罪高发、对敌斗争复杂的严峻现实,维护社会和谐稳定的任务艰巨繁重。开展社会治安重点地区排查整治工作,深入推进社会管理创新,逐步建立与社会主义市场经济体制相适应的社会管理体系,着力解决影响和谐稳定的源头性、根本性、基础性问题,关系改革发展稳定大局,关系巩固党的执政地位,关系国家长治久安和人民安居乐业。这既是一项维护社会和谐稳定、广大人民群众根本利益的重要工作,也是一项长期的艰巨任务。

近年来,在市委、市政府的坚强领导下,我市坚持"严打"方针不动摇,以"打黑除恶"专项斗争为龙头,持续开展一系列严打斗争和重点整治行动,集中整治了一大批治安乱点和突出治安问题,有力维护了社会治安大局稳定,群众安全感明显增强。但受各种因素影响,当前和今后一个时期,社会治安形势依然严峻。随着工业化、城镇化、市场化、信息化、国际化的深入推进,原有的社会管理体制机制和手段方法已经不能完全适应经济社会发展的客观要求;大城市、大农村并存的城乡二元结构矛盾突出,流动人口大量增加,社会治安、社会管理工作面临许多新情况、新问题、新挑战。一些城乡结合部、"城中村"成为社会管理的薄弱环节,成为各种不稳定、不安定因素的集中地和输出地。一些地方流动人口、重点人群、社会闲杂人员大量聚集,人口数量规模不断膨胀,基础设施不完善,公共服务不到位,生活环境脏乱差,管理难度明显加大;一些地方制假贩假大量存在,公共安全隐患突出,重大交通、火灾及其他安全事故随时可能危及人民群众生命财产安全;还有一些地方基层组织软弱,干群关系紧张,矛盾纠纷多发,非正常上访问题突出,极易引发重特大恶性群体性事件。这些问题如不及时予以解决,将严重影响社会秩序和安全稳定,严重影响广大人民群众安居乐业。

全市各级各部门要认清形势,提高认识,高度重视社会治安重点地区排查整治工作的重要性和紧迫性,增强政治意识、大局意识、责任意识和忧患意识,切实把思想和行动统一到中央精神上来,将排查整治作为全市重大民生工程、安全保障工程、"平安重庆"建设新的攻坚仗,采取强有力的措施,迅速改变重点整治地区治安混乱状况,为实现我市"314"总体部署、率先建成全面小康社会创造良好的社会治安环境。

二、全面开展大排查、大整治、大建设,标本兼治,综合治理,强力推进排查整治工作

按照中央部署,结合我市实际,社会治安重点地区排查整治工作重点针对城乡结合部、"城中村"和治安复杂的村居、街巷以及高发案地区。通过治安重点地区排查整治行动,实现四大目标:各类治安和安全隐患得到有效根治,人民群众安全感明显增强;基层政权组织和管理力量建设得以充实加强;常态化管理和长效工作机制得以建立健全;进一步形成党委领导、政府负责、社会协同、群众参与的社会治安重点地区排查整治工作新格局。为确保工作目标的完成，全市要抓好八项重点工作。

（一）深入开展大排查活动。此次排查工作的重点地区是城乡结合部、“城中村”，重点部位是中小旅馆、出租房屋，重点行业是交通运输、消防和食品药品，重点场所是歌舞娱乐、洗浴按摩和发廊，重点领域是批发市场、物流运输、建筑工程、征地拆迁、矿产开发，重点人群是刑释解教人员、社会矫正人员、吸毒人员以及案件多发高发地方。各级各部门要制定方案，落实责任单位和人员，以乡镇、街道为单位，深入社会最基层，开展大规模排查行动，并坚持滚动排查、滚动整治，边排查、边整治，彻底把治安混乱区域、部位、场所、人群摸透，把群众反映强烈的突出治安问题找准。排查的主要方式是采取牵头部门集中摸排和广泛征求群众意见相结合。部门集中排查工作，集中组织公安、文化、工商、安监、民政、司法行政等部门，根据集中排查情况和日常掌握情况确定重点地区。征求群众意见工作，通过召开人大代表、政协委员和群众参加的座谈会、情况通报会、征求意见会以及发布通告、设置举报电话信箱、设立网络举报等多种措施，广泛收集信息线索。在全面排查摸清底数的基础上，市、区县（自治县）、乡镇（街道）三级分别确定治安重点整治地区，逐一登记、造册备案，并及时向社会发布，主动接受群众监督，营造良好整治氛围。

（二）集中开展专项打击和整治行动。按照“属地为主、分级负责”和“谁主管谁负责”原则，对排查出的治安混乱地区和治安突出问题，认真进行梳理，查找分析原因，提出工作对策，逐一制定整治方案，逐一落实整治措施，逐一明确牵头单位、协作单位和责任人。采取“一个乱点、一名领导、一个班子、一套方案、一抓到底”和分级挂牌整治方法，多方联动，集中整治。针对一些普遍存在的突出治安问题，全市政法部门要精心组织、周密部署，集中开展几次针对性强、见效快的专项打击行动。公安机关要把深化“打黑除恶”专项斗争与开展重点地区排查整治工作有机结合起来，统筹兼顾，突出重点，整体推进。要坚持“严打”方针不动摇，严厉打击境内外敌对势力、民族分裂势力、暴力恐怖势力、宗教极端势力、“法轮功”等邪教组织的捣乱破坏活动，严厉打击黑恶势力犯罪、严重暴力犯罪、“两抢一盗”等多发性侵财犯罪以及黄赌毒等违法犯罪，加大破积案、打流窜、摧团伙、追逃犯、端窝点工作力度。各区县（自治县）要针对排查整治具体问题，组织开展好辖区内的专项打击和整治行动。全市要通过集中打击，侦破一大批案件，打掉一大批团伙，惩治一大批违法犯罪人员，形成对违法犯罪活动的强大震慑态势。

（三）着力构建社会治安防控体系。坚持“打防结合、预防为主，专群结合、依靠群众”的方针，逐步建立起以公安专业化打防力量为骨干，以群防群治力量为补充，以信息化手段为支撑，点线面结合、人防物防技防结合、打防管控结合、网上网下结合的社会治安动态防控网络。突出工作重点，深入推进“两驻一巡”和“白天控社区、夜间控街区”工作，推行交巡警一体化警务机制改革，强化武装巡逻守卡和便衣巡逻，提高群众“见警率”。大力发展保安员、治安巡逻队、治安信息员、综治协管员、平安建设志愿者等群防群治力量，广泛组织守楼护院、邻里守望、联户联防等多种形式群防群治。强力推进情报信息中心建设、视频监控系统建设和阳光警务查询监督系统建设，提高我市治安防控科技水平。

（四）重点推进城乡结合部和“城中村”建设改造。城乡结合部和“城中村”等地区、部位，往往是城市规划建设的难点，不同程度地存在着基础设施欠缺、公共服务设施不完善、安全隐患突出、生产生活环境恶劣等问题。各级各部门要按照市委、市政府要求，加强城市建设管理，着眼于推动这些地区长远发展，统筹考虑，整体规划。把集中整治城乡结合部、“城中村”等重点地区放到统筹城乡一体化发展大格局中，纳入本地经济社会发展总体规划和社会主义新农村建设规划，制定长、中、短期规划，加快建设改造步伐。把工作重点放在完善基础设施、抓好环境整治、提供公共服务、促进经济发展上，建成经济发展、环境优美、安全和谐的新型村（社区）。在拆迁改造中，注意畅通与群众的沟通渠道，充分听取群众意见建议，妥善回应群众诉求。坚决查处拆迁中违法违规行为，维护群众合法权益，减少矛盾纠纷的发生，解除群众后顾之忧。

（五）高度重视改善和保障民生。坚持以人为本，制定利民政策，落实利民措施，把解决和改善治安重点整治地区群众民生问题作为重要工作，特别是帮助在生产、生活方面有困难的村（居）民和流动人员。把该地区就业问题放在首位，出台更多就业政策，提供更多就业岗位，完善创业服务体系，支持自主创业和自谋职业，动态消除“零就业”家庭。妥善解决劳动争议，促进劳动关系和谐。全面落实各项社会保障制度，健全低收入群体临时救助体系。加强公共文化服务，丰富群众文化生活，培育文明健康的文化。让广大人民群众得到实惠，共享排查整治的成果，不断减少诱发违法犯罪和影响社会稳定的各种不利因素。

（六）切实加强以流动人口为重点的特殊人群的服务管理。加强流动人口服务管理工作，按照“公平对待、服务至上、合理引导、完善管理”的原则，大力推动流动人口服务管理体制创新，切实强化“以证管人、以房管人、以业管人”。大力推进信息化建设，积极引导出租和租住人员依法办理房屋租赁、税务登记和暂住手续，推进信息采集、录入和反馈管理工作信息化。加快户籍制度改革，打破城乡壁垒，全面落实流动人口就业、就医、子女就学等基本服务措施。对无业人员、生活困难人员以及闲散青少年，全面摸清底数，给予更多人文关怀，有针对性地做好教育、管理、服务、救助工作。对刑释解教人员，落实衔接好安置和帮教措施。对吸毒人员，认真做好教育、管控和挽救工作。对有现实危害和暴力恐怖倾向的高危人员、容易肇事肇祸的精神病人等，要逐一纳入视线，建立常态化的管控机制，严格落实责任，防止漏管失控。

（七）大力加强基层政权建设。党的基层组织是维护社会和谐稳定的重要基础。在排查整治工作中，充分发挥基层党政组织作用，把“治乱”与“治瘫”、“治软”有机结合起来，对软弱涣散、不起作用的党组织，采取切实措施进行整顿，特别是要选好配强这些地区乡村和街道社区领导班子，限期改变面貌。从薄弱环节入手，继续着力抓好在非公有制经济组织和社会组织中建立党组织工作，继续抓好在流动人口集中的地区建立党组织工作，实现党的工作和党的组织全覆盖。通过基层党组织建设，带动基层政权组织和治保会、调委会等群众自治组织建设，形成工作合力。按照全市要求，加强乡镇综治办、村（社）综治工作站、公安派出所、人民法庭、司法所、村（社）警务室和国家安全人民防线建设，落实人、财、物各项保障措施。进一步健全完善乡镇“六位一体”、村居“七位一体”工作机制，整合力量，形成基层安全稳定工作的整体合力。

（八）建立健全排查整治长效机制。各级各部门在排查整治行动中，要注意及时总结推广好经验、好做法，建立健全排查整治长效工作机制。特别是建立辖区党政机关和职能部门领导机制、违法犯罪线索群众举报机制、治安乱点和突出治安问题滚动排查机制、辖区治安信息共享机制、联合执法机制、排查整治经费保障机制和奖惩机制，推进排查整治工作制度化、规范化，实现排查整治工作经常化、常态化，破解社会治安重点地区、突出问题整治、反弹、再整治、再反弹的难题，不断巩固整治成果，防止出现新的反复。

三、加强组织领导，广泛发动群众，形成全社会“共治共建共享”大治理新格局

全市社会治安重点地区排查整治工作，大体分为三个阶段：2 至 3 月为大排查摸底阶段，4 至 9 月为大整治、大建设阶段，10 至 11 月为检查验收阶段。各级各部门要紧密结合工作实际，依靠强有力的组织保障、各部门的齐抓共管、相关责任的查究落实和人民群众的广泛参与，形成排查整治新格局。

（一）加强组织领导。社会治安重点地区排查整治工作是一项复杂的系统工程，既要“治标”，更要“治本”，重在建设改造、改善生活、保障民生、消除产生治安乱点的土壤和条件。各级党委、政府要高度重视，统筹全局，加强领导，精心组织，坚持排查整治与统筹城乡一体化发展相结合、与维护群众切身利益相结合、与创新社会管理相结合、与加强基层基础建设相结合、与落实责任相结合，抓好组织领导、工作部署、经费保障、督促落实。党政主要领导作为第一责任人，要亲自挂帅，抓好排查整治的全面工作。分管政法和社会治安综合治理工作的领导作为直接责任人，要牵头组织协调，明确分工，落实责任，切实解决工作中遇到的困难和问题。

（二）强化部门协作配合。各成员单位在党委、政府统一领导下，认真履职，协调配合，齐抓共建，共同推进排查整治工作。纪检监察部门要严肃查处排查整治工作中发现的干部违法违纪行为，对被“一票否决”地方的领导干部，严格责任查究。组织部门要加强对基层党组织的管理，对软弱涣散的党组织及时进行整顿，充分发挥在排查整治工作中的领导核心作用。宣传部门要加强舆论宣传工作，营造浓厚社会氛围。公安机关要发挥主力军作用，严厉打击各类刑事犯罪，切实加强治安管理，解决突出治安问题，建立治安防控体系。国家安全机关要加强国家安全人民防线建设，严密防范、严厉打击影响国家安全的各类违法犯罪活动。民政部门要加强社区、村民自治工作，加强对群众自治组织的管理监督，做好社会救助工作。司法行政部门要加强司法所建设，参与排查活动，化解矛盾纠纷，做好刑释解教人员安置帮教。城乡建设部门和规划、国土房管等部门要将治安重点地区建设改造、防控体系建设纳入城乡整体规划，完善水、电、气、通信、消防、道路交通等基础设施建设，增强社区服务功能。文化部门要加强文化娱乐场所监督管理。工商行政管理部门要加强市场秩序监管，整治无照经营等违法经营活动。安监和有关行业安全监管部门要加强各种安全隐患地区的排查整治。共青团要加强不在学、无职业青少年、流浪儿童、服刑在教人员未成年子女等重点青少年群体的帮助、教育、服务。党委政法委和综治办要做好组织、协调和检查督导工作。其他平安建设和社会治安综合治理成员单位，要积极参与，充分发挥各自职能作用。

（三）成立排查整治工作机构。市社会治安综合治理委员会成立市社会治安重点地区排查整治工作领导小组，成员包括市纪委（监察局）、市委组织部、市委宣传部、市委政法委、市城乡建委、市交委、市公安局、市国安局、市民政局、市司法局、市综治办、市国土房管局、市规划局、市文化广电局、市工商局、市安监局、团市委、市妇联等部门。领导小组负责全市治安重点地区排查整治工作的总体工作。领导小组下设办公室（简称市重点地区整治办），市综治委成员单位联络员担任办公室成员，由市综治办和市公安局共同承担办公室日常工作。办公室设打击整治、社会管理和综合协调三个小组，分别负责具体指导工作。全市各区县（自治县）、乡镇（街道）要成立相应治安重点地区排查整治工作领导小组、办公室及工作小组，明确工作职责任务，加强工作组织领导和具体实施。

（四）抓好督导检查和责任查究。市综治委要研究制定《排查整治工作考核验收办法》，建立健全排查整治工作情况月通报、季度分析总结、半年检查督促、年终集中考核验收制度，建立领导包片整治制度，建立工作组检查督导等制度。市和各区县（自治县）要组织强有力的督导组，加强检查督促。对经反复整治但效果仍不明显的，要迅速查明原因，组织工作组，进驻乱点，蹲点整治，做到现状不改、工作不停、人员不撤。对治安问题严重、群众反映强烈的地方，要实行市和区县（自治县）动态挂牌整治。对全市挂牌的重点地区，市整治办将组织力量，逐一检查、验收，验收合格者，予以“摘牌结案”，不合格者，将继续督促整改。对被中央综治委挂牌地区和被全市挂牌考核不合格地区，实施“一票否决”，当年度平安建设暨社会治安综合治理考核为不达标，并按照领导干部问责制有关规定，严肃追究责任。

（五）做好舆论宣传工作。高度重视排查整治的舆论宣传工作，特别是政法综治部门要与宣传部门通力合作，加强宣传工作的领导和具体实施。要利用电视、广播电台、报刊杂志、互联网、街面和村（社区）宣传栏等多种载体，以宣传片、专场文化演出等各种群众喜闻乐见的方式，广泛宣传排查整治工作，营造良好社会氛围。通过宣传活动，让广大群众了解排查整治的重大意义和有关政策，了解党和政府抓好排查整治的坚强决心，了解全市排查整治重要部署，了解排查整治斗争的重要战果和典型经验，增强群众参与排查整治的自觉性和积极性，全民参与，形成排查整治的强大合力。

重庆市社会治安综合治理委员会
关于创建1000个基层平安示范点的意见

（2010年9月7日）

为扎实推进“平安重庆”建设，根据中共重庆市委、重庆市人民政府《关于建设平安重庆的决定》（渝委发［2009］8号）、中共重庆市委办公厅、重庆市人民政府办公厅《关于切实加强社会治安综合治理基层基础建设的意见》（渝委办发［2009］32号）和《关于印发政法维稳重点工作意见的通知》（渝委办发［2010］15号）文件精神，全市将创建1000个基层平安建设示范点（简称“示范点创建工作”）。现提出以下实施意见。

一、总体要求

创建1000个基层平安建设示范点是推进“平安重庆”建设的一项重要举措。示范点创建工作坚持统一组织、整体规划、突出重点、因地制宜、分类指导、多元化创建的原则，坚持以创新为动力，以群众满意为标准，从解决影响社会和谐稳定的突出问题入手，打造一批各具特色、适应不同区域特点的平安建设示范点，推动基层基础工作取得新成效。

二、基本标准

示范点创建工作要实现发案少、秩序好、社会稳定、社会管理到位、群众满意以及出成果、出经验、能推广的目标。

（一）社会治安秩序良好。治安防控体系健全，实现全覆盖，提升动态环境下预防和控制犯罪的能力；无治安混乱地区（部位）、无重大刑事、治安案件；群众满意度达到90%以上。

（二）社会矛盾纠纷有效化解。矛盾纠纷排查化解工作体系和工作机制健全，矛盾纠纷排查率达到100%；能就地就近、及时有效化解矛盾纠纷，做到“小事不出村（社区）、大事不出乡镇（街道），矛盾不上交”；无“民转刑”案件，无重大群众集访，无群体性事件。

（三）生产生活安全保障有力。生产生活安全工作体系、工作网络健全；各种安全隐患得到及时排查和治理，重大安全隐患限期整改率达到100%；不发生重大安全责任事故。

（四）社会服务管理到位。加强流动人口、重点人群、社会组织、网吧等社会服务管理工作，做到底数清、情况明，服务管理到位，有效预防违法犯罪。

（五）基层基础牢固。基层党组织坚强有力，充分发挥推动发展、服务群众、凝聚人心、维护稳定的核心作用；基层政法、综治、维稳组织健全，做到有人干事、有条件干事、有能力干事，充分发挥维护社会治安和社会稳定的基础性作用；基层综治平台建设规范，能有效整合资源力量，形成整体联动、运转高效的工作机制；群众力量发动充分，群防群治网络健全，全面参与平安建设和社会管理。

三、组织实施

（一）加强组织领导。示范点创建工作由市、区县（自治县）综治办统一组织实施。各区县（自治县）综治办要结合“百镇千村平安建设示范工程”，做好统筹协调和组织实施工作。各地要制定实施方案，明确示范点创建的工作目标、任务、要求和标准，并按照“一人一点”的要求，落实抓点领导和责任，确保示范点创建目标任务和工作措施落到实处。

（二）选好建好示范点。一是科学确定示范点。选择示范点要坚持“多元化”和“一点一品”的原则，把人口较集中、人员流动大、经济相对发达、企业集中的乡镇（街道）、村（社区）作为示范区域的重点，把重要企业、学校、医院、市场、车站、码头等作为“平安细胞”建设示范重点。二是做好统筹规划。1000个基层平安示范点建设实行一次性规划，全面实施。每个区县确定的示范点数量原则上在25－30个（双桥区为10个）。示范点由区县（自治县）自行申报，市综治办择优选择确定。三是大胆创新，务见成效。示范点建设要立足于创新，大胆探索新形势下加强基层基础工作的新举措、新经验。四是大力宣传、总结推广。各地要采取研讨会、现场会、媒体宣传等方式进行推广，充分发挥示范点的辐射示范效应。

（三）强化督查考核。各区县（自治县）要制定示范点创建工作具体标准，切实加强对示范点创建工作的检查督促，建立定期检查、抽查、通报制度，年底对所有示范点组织验收；抓点领导要定期分析和研究解决示范点建设中的突出问题。市综治办适时将组织检查组，随机抽查部分示范点，加强工作指导；示范点建设的情况纳入区县和部门平安建设考核的重要内容，并与抓点领导干部的工作实绩挂钩，严格考核。

重庆市社会治安综合治理委员会关于印发《关于学校及周边环境综合整治的十条规定》的通知

（2010年7月20日）

各区县（自治县）及北部新区学校及周边社会治安综合治理领导小组，市综治委学校及周边社会治安综合治理领导小组各成员单位：

市综治委、市委宣传部、市教委、市公安局、市市政委、市工商局、市食品药品监督管理局、市文化执法总队研究制定了《关于学校及周边环境综合整治的十条规定》，现印发给你们，请认真贯彻落实。

关于学校及周边环境综合整治的十条规定

为切实维护全市学校师生安全，维护学校正常的教学秩序，根据有关法律和法规，特制定以下十条规定：

第一条　严禁非法携带枪支、弹药、管制刀具和其他危险物品进入校园；严禁在校园内酗酒、打架、斗殴以及从事其他影响学校正常秩序和师生安全的活动。严禁社会闲杂人员进入校园。

第二条　禁止在中小学校及幼儿园周边200米内开设网吧、彩票投注站、电子游戏室、歌舞厅等娱乐场所和600米内开设彩票专营场所。禁止利用学校内电子阅览室、租赁校内房屋从事和变相从事网吧经营性活动；禁止任何部门和个人在校园网络上私自设立BBS，个人主页和博客，不得将校园内网连接到外网；严禁在校园网上发布和传播政治类有害信息、低俗不良信息以及影响正常教学秩序、社会和谐稳定、青少年健康成长的信息。

第三条　严禁在学校及周边设置和变相设置赌博场所、从事赌博活动。

第四条　严禁任何单位和个人在学校进行宗教和迷信活动；禁止在校园及其周边销售内容反动、淫秽色情、封建迷信、凶杀暴力等非法出版物。

第五条　禁止任何单位和个人在校园内乱搭乱建；禁止任何单位或个人在学校围墙或房墙搭构建筑物；禁止在学校校门两侧50米范围内设置停车位和100米范围内设置经营性占道亭（棚、伞、摊）。

第六条　原则上不得将学校房产、学校内的教职员工私有住房和设施设备出租出借出售给校外人员，已出租出借的要严格落实出租房屋管理的各项规定；禁止在校园内从事传销等违法行为；整治和消除"校中村"等影响学校治安安全的问题。

第七条 禁止将校内场地租给他人从事易燃、易爆、有毒、有害等危险品的生产经营活动。

第八条 学校接送学生的车辆必须符合客运车辆安全标准；严禁学校使用或租用不符合安全标准和规定的拼装车、报废车和个人机动车等车辆接送学生。

第九条 严格消防管理制度，严格落实专人做好消防设施、器材的维护、维修及检测，确保疏散通道、安全出口、消防车道畅通。

第十条 严格食品流通执法检查，依法查处和取缔学校及周边无证无照从事食品生产经营的行为和销售过期、变质食品等行为。

重庆市整合基层力量　构建一体化大综治格局

2007年9月，重庆市出台《关于切实加强社会治安综合治理基层基础工作的意见》(渝委发[2007]59号)，在全国率先提出基层综治一体化工作思路和"六位一体"、"七位一体"综治平台建设模式。经过三年多的探索创新和总结完善，形成了"党委领导、政府负责、部门协同、社会广泛参与"的齐抓共管、合成治理、各计其功的一体化大综治工作格局。

一、实施"一把手"工程

市委明确规定各级党委、政府和各部门要把综治信访维稳工作作为"第一责任"，由"一把手"亲自负责。市政府每年与区县(自治县)、市综治成员单位"一把手"签订责任书，层层落实责任，每年对综治工作进行一次全面考核，把考核结果作为领导班子和领导干部考核的重要依据。推行"末位表态发言制度"，对连续两年排名末位的，追究区县主要领导责任。启动"百镇千村"示范工程，由市委、市政府分管领导带头，各级各部门领导分别联系各区县的一个乡镇指导综治工作，实现了全覆盖。建立评优评先重基层、选拔人才重基层、经费投入重基层，工作评价权给基层的"三重一给"机制，人、财、物向基层综治一线倾斜。

二、创建一体化运行模式

一是组织领导"一体化"。市综治委主任由市委常委、市委政法委书记担任；市综治办主任由市委政法委常务副书记担任，配备3名副主任，设置3个处室。各区县(自治县)综治委主任均由党政副职兼任，综治办主任按照同级党委部委办正职配备，同时任党委政法委副书记。乡镇(街道)综治委主任由党委(党工委)书记担任，配备1名党委委员、政法书记担任综治办主任。村(社区)建立综治工作站(中心)，党组织和村(居)委员会"两委"班子中明确1人负责社会治安综合治理工作，并配备1名综治专干。二是综治力量"一体化"。在乡镇(街道)建立以综治办为平台，整合综治、信访、公安、司法、安监、武装资源和力量实行"六位一体"。在村(社区)以党组织为平台，建立综治工作站，整合综治、信访、警务、调解、治保、安全监管、民兵资源和力量实行"七位一体"。三是运行机制"一体化"，形成了治安联合防范、矛盾纠纷联合调处、重点工作联勤联动、突出问题联合治理、基层平安联合创建、工作实绩联考"六联"工作机制。

三、建立大调解工作机制

市委出台《关于做好当前民生工作的决定》，切实保障和改善民生，从源头上预防和化解社会矛盾。市委、市政府出台《关于对重大决策事项推行信访稳定风险评估工作的意见》和《重庆市重大事项社会稳定风险评估办法(试行)》，把稳定风险评估纳入决策程序，重大决策做到"应评尽评"、"当否则否"，实现信访稳定工作"关口前移"。建立移民信访稳定联席会议机制，组织协调有关方面处理跨地区、跨部门、跨行业的移民信访突出问题及群体性事件，确保了三峡工程重庆库区社会稳定。市委、市政府出台《关于构建多元化纠纷解决机制的意见》，推动形成了以人民调解为基础、行政调处为主体、商事和劳动争议仲裁为补充、司法审判和信访工作为保障的调解工作大格局。市委在全市组织开展“大下访”、“大走访”活动，面对面地做好群众工作，解决了一大批信访积案和“骨头案”、“钉子案”。

四、完善打防管控工作网络

深入推进打黑除恶和治安整治行动，政法、纪检监察、经济等多条战线联合出击、整体联动，取得明显成效，形成了多部门协同作战、严格依法办案、依靠广大群众、打黑与反腐同步推进、涉黑资产有效处置等“重庆经验”。深入推进“两驻一巡”工作，在城镇每个社区、农村每5000人左右建一个警务室，实现一区一警或一区多警。全面推行交巡警合一新型警务模式，24小时在主要路段、重要场所、重点地区实施巡逻执勤，提高了群众见警率和与犯罪分子的碰撞率。强力推进中小学、幼儿园新型警务体制建设，在区县成立校园安保支(大)队，5588名校警、4.8万名安保力量构筑新型校园安保体系。积极探索群防群治队伍新形式，按照社会化、市场化、职业化、规范化的思路，全面加强治安协勤队、社会巡逻队、护村队、治安信息员、保安、治保调解队伍建设，在全市组建平安志愿者队伍，群众参与社会治安综合治理的积极性不断增强。

黔江区大力夯实综治基层基础

重庆市黔江区有效整合基层综治维稳和平安建设力量，创新推出“六项举措”，实现社会治安和社会稳定合成治理，有力维护了和谐稳定。

一、设立乡镇专职政法委书记

在调整充实综治委的基础上，在镇乡(街道)配设专职政法委书记，在同级党(工)委书记领导下，由政法委书记牵头抓总，统筹、协调、指挥镇乡(街道)综治、安监、信访、派出所、司法所、法庭以及人武、民政等部门力量，实行“一站式”办公、“一条龙”服务、“台账”式管理。

二、建立矛盾纠纷调处中心

建立“矛盾纠纷排查调处中心”，构建区、乡、村、院“四级”调处网络，健全完善联合议事、统一培训、定期通报、分析研判、联动调处、捆绑考核等工作机制，实行矛盾纠纷统一受理、统一分流、统一协调、统一督办、统一归档。

三、配备村(居)综治专干

在村(居)按三职干部标准和报酬待遇落实1名综治专干，专任综治工作站站长，在村(居)党支部统一领导下，统揽村(居)综治、安监、信访、警务、调解、治保、消防、防邪、民兵等9个方面力量，统筹协调村组干部、驻村民警、诉讼联络员、治安巡防队员、楼道长、联防大院院长等人员，牵头做好综治信访和安全稳定工作。

四、组建社区综治维稳协作会

在社区党支部的领导下，由综治工作站站长牵头，依托辖区机关、企事业单位、两新组织等社会力量，组织建立“综治维稳协作会”，选举协作会会长，定期召开协作会、工作例会、治安形势分析会，分析研究和解决辖区治安问题。

五、开展“五级五长”治安管控

以中心楼道为依托，把相邻的楼房(一般为10—30栋)规划一个“楼道院”，由居委会牵头组织选举“楼道长”，由“楼道长”组织“中心户长”开展联动防范、治安盘查及日常治安管理和服务，并制定“五勤”(勤访、勤问、勤联、勤查、勤报)工作联动卡，搭建居民“连心桥”。在日常工作中，严格实行“五管”治安责任制，即：以楼道长管理楼道巷、大院院长管理楼道长、居民小组组长管理院长、社区居委会管理组长、街道办事处管理居委会的治安责任管理形式，形成“五级五长”的治安管控模式。

六、推行“1+X”大院联防

按照邻里相望、联户联防、互防共保的要求，以一个中心院落为纽带(1),把相邻"看得见、叫得应、招得拢"的若干农户(X),组织成一个治安防控大院(简称"1+X"大院联防),实行"网格化"管理。并由"院民"选举院长,由院长组织村(居)民传牌值日、轮岗值守、巡逻守控以及其他平安创建工作,多方位、多层次推进农村基层治安"防守控管建"工作。

荣昌县创立多元化纠纷综合调处模式

重庆市荣昌县积极探索纠纷预防调处协调机制,建立完善了"党委领导、综治协调、法院主导"的多元化纠纷综合调处模式,闯出了一条矛盾纠纷化解的"'官'民共建"的新路径,在非诉解决与诉前解决之间创设了一道社会矛盾冲突的"减压阀"。

一、工作机构

1. 三级结构。单设纠纷综合调处机构,县级设综合调处室,为县事业单位(副局级),负责处理并指导县域内各类矛盾纠纷;镇(街)、村(社)设联调室,与县法院便民诉讼站(点)合署办公,由法官担任纠纷化解指导员。2. 外接三力。外接领导力,由县委、县政府多元化纠纷预防调处协调机制工作领导小组领导;外接协调力,综治办负责日常协调工作;外接强制力,归口法院业务指导和赋予司法强制力。3. 内合三力。人员采"专群结合",县综调室主要由法院干部(司法力量)、党政干部(行政力量)和人民调解员或人民陪审员(民间力量)三支队伍组成。镇(街)、村(社)联调室主要由司法助理员或综治干部、各村(社区)调委会成员等组成。

二、工作保障

1. 组织保障。成立综合调处工作领导小组,负责全县多元化纠纷解决机制工作的领导,下设办公室,由综治办承担办公室职责。2. 司法保障。法院内由党组统一协调,分管院长主抓,相应庭(局)负责赋予综调协议转换和强制力的取得与实现,由司法质量督导室予以专项督导。3. 经费保障。县综合调处室的经费由县财政拨付,镇(街)、村(社)联调室的经费由各镇(街)、单位财政(行政经费)解决。县财政对纠纷工作成效与经费保障进行挂钩结算。4. 考核保障。纠纷综合调处工作纳入年度考核,并作为每年法制建设和平安建设及社会治安综合治理目标进行考核。

三、运行机制

1. 受理。当事人向住所地综合调处机构申请调解矛盾纠纷,各机构应当登记受理并免费调处。2. 调处。包括纠纷诉讼调处和非诉调处以及诉讼机制与非诉机制相对接的综合调处。纠纷调处人员在当事人自愿前提下,依据国家法律、行政法规帮助当事人达成调解协议。3. 对接。对于非诉调处达成协议的,双方当事人要求赋予协议强制执行效力的,可以申请县人民法院立案审查制发调解书。4. 结案。案件调处结束后,调处机构应做好调处文书的归档保存、规范管理。

大渡口区解放思想大胆突破 高标准推进社会管理创新综合试点工作

2010年10月，中央综治委确定重庆市大渡口区为全国社会管理创新综合试点地区后，区委、区政府倍受鼓舞，决心花大力气、下大功夫推进社会管理创新工作。

一、树立“四大理念”，努力实现社会管理“四个率先”

社会管理创新应坚持的“四大理念”，即：党政统筹的理念；民生为先的理念；项目化管理的理念；齐抓共管的理念。力争通过实践探索，在全市实现“四个率先”的目标，即：率先制定科学化的社会管理规划；率先突破社会管理体制、机制障碍；率先构建新型社会管理格局；率先推广社会管理研究和实践成果。

二、推进“七个创新”，积极构建社会管理新格局

（一）民生工作创新。坚持走民生导向发展之路，紧紧围绕保障和改善民生问题，从根源上、基础上化解社会矛盾纠纷。每年将区财政一般预算收入的60%直接用于改善民生；三年内投入200亿元，制定并实施78项惠民政策，推出120个具体民生工程项目。“十二五”期间，将建保障性住房3.6万套280万平方米、公租房88万平方米，实现“居者有其屋”。通过全面推进就业服务、医疗保障、养老保险、社会救助等，构建全覆盖、可持续的社会保障体系，建设“幸福大渡口”。

（二）户籍改革创新。积极推进统筹城乡户籍制度改革，重点解决符合重庆市户籍制度改革政策的农民工、农村籍大中专学生进城落户，五年内将全部实现农民居民化；确保农民转户进城后的就业、住房、养老、医疗、低保、教育“六大保障”一步到位，让“农转城”人口立即穿上和城市人一样的“六件衣服”，缩小附着在户籍上的城乡差异。

（三）矛盾纠纷化解机制创新。着力从三个方面创新矛盾纠纷化解机制。一是开展干部“大下访”、“大走访”活动，解决信访积案和“骨头案”、“钉子案”。二是全面推行社会稳定风险评估机制，做到“应评尽评，当否必否”。三是完善多元化矛盾纠纷大调解体系。建成调解大网络，区里设立矛盾纠纷调解中心，在镇街设立联调工作站，在村、社区设立调解室，在企事业单位和重点行业建立专业性调解组织。

（四）治安防控体系创新。一是推进新型警务勤务机制改革，2011年将建成交巡警平台16个，推进社区警务战略，确保每个村、社区建立一个警务室，驻村、社区民警达到派出所总警力40%以上。二是发展多种形式的群防群治力量。全区组建各类群防群治队伍，设立综治信息员，组建综合应急救援支队和维稳专业队伍。三是推进视频监控建设，在重点地区、重点路段、重点部位、重点场所，新建、改造视频监控摄像头。

（五）特殊人群服务管理创新。制定《特殊人群服务管理办法》，为特殊人群提供生活救助、就业扶持、教育引导、依法维权等服务。为外来务工人员提供“蓝领公寓”集体居住，统一提供服务管理，义务教育学校无条件接收务工人员子女入学。完善“13589”社区矫正工作模式，在国有企业和新经济组织中建立一批安置帮教基地，落实帮教责任，完善安置补贴等机制。

（六）“两新”组织服务管理创新。一是积极探索“两新”组织登记管理制度改革，完善以登记、审批、监督、管理为主要内容的管理体系，落实“两新”组织内部安全稳定法人责任制，指导督促承担社会责任。二是完善政府管理、社会监督、“两新”组织自律相结合的监督体系。三是通过项目购买、项目补贴、项目奖励等方式，积极支持并推动“两新”组织参与社会管理。四是把党群和综治工作延伸至“两新”组织，依托登记管理机关实行党建工作归口分级管理。

（七）“一体化”大综治格局创新。一是在全区8个镇街党委设政法书记,兼任综治办主任,专职负责辖区政法、综治、防邪和信访维稳工作;在77个村、社区综治工作站配备一名综治专干,并将全部进入村、社区"两委"班子。二是加强村(社区)规范化建设,完善"六联"工作机制,巩固镇街"六位一体",村、社区"七位一体"大综治格局。三是综治办、综治工作站加强与民政、国土等部门联系,建立每月联席会议制度。

三、建立"三项机制",全力保障社会管理有序推进

(一)建立党政一把手负总责、亲自抓的常态化工作机制。成立区委、区政府统一领导,综治部门组织协调,政法各单位、组织、人事等有关部门为成员的社会管理创新工作领导小组,党政一把手对社会管理创新试点工作负总责。

(二)建立项目化管理常态化工作机制。将社会管理部分作为"十二五"规划重要内容。建立完善项目化管理工作制度,使项目化管理常态化,特别是对民生工程、基层基础建设、社会治安重点地区整治等重要任务的立项和推进。

(三)建立督查督办常态化工作机制。社会管理创新工作必须依靠完备的责任体系来保障实施。区委、区政府规定,每个项目的推进明确牵头单位、责任单位、协助单位,并细化到人;把社会管理工作作为平安重庆建设目标管理的重要内容;由区级领导和职能部门加强督查督办,形成常态化工作机制。

重庆市综治委、办机构情况和负责人名单

一、重庆市综治委

主　任:刘光磊　市委常委、政法委书记
副主任:余远牧　市人大常委会副主任
　　　　刘学普　市政府副市长
　　　　陈景秋　市政协副主席
　　　　陈焕奎　市委政法委常务副书记

二、重庆市综治办

主　任:陈焕奎　市委政法委常务副书记
副主任:吴钰鸿　市委政法委副书记
　　　　张翔龙　市委政法委副巡视员
　　　　张敬奇

综治办设综合协调处、基层指导处、流动人口管理协调处。

三、重庆市综治委流动人口治安管理工作领导小组

组　长:刘学普　市政府副市长、市综治委副主任
副组长:王爱祖　市政府副秘书长
　　　　吴钰鸿　市委政法委副书记、市综治办副主任
　　　　唐建华　市公安局副局长

领导小组办公室设在市公安局,组成人员如下:

主　任:郭金严　市公安局治安总队政委
副主任:李　昂　市综治办流动人口管理协调处副处长

四、学校及周边治安综合治理工作领导小组

组　长:刘学普　市政府副市长、市综治委副主任
副组长:王爱祖　市政府副秘书长
　　　　吴钰鸿　市委政法委副书记、市综治办副主任
　　　　赵为粮　市教委副主任
　　　　唐建华　市公安局副局长

领导小组办公室设在市教委,组成人员如下:

主　任:赵为粮　市教委副主任
副主任:张敬奇　市综治办副主任
　　　　郭金严　市公安局治安总队政委
　　　　蒋运春　市教委安稳办主任

五、预防青少年违法犯罪工作领导小组

组　长:余远牧　市人大常委会副主任、市综治委副主任
副组长:王志杰　团市委书记、党组书记

吴钰鸿　市委政法委副书记、市综治办副主任
李保海　市委宣传部副部长
张　荣　市委教育工委委员、副专职督学

领导小组办公室设在团市委,组成人员如下:

主　任:周　密　团市委副书记
副主任:张敬奇　市综治办副主任
郭金严　市公安局治安总队政委
潘光伟　团市委权益部部长
秦后彬　市委宣传部宣教处副处长
吴　薇　市教委基教处副处长

六、铁路护路联防工作领导小组

组　长:刘学普　市政府副市长、市综治委副主任
副组长:王爱祖　市政府副秘书长
陈焕奎　市委政法委常务副书记、市综治委副主任
吴钰鸿　市委政法委副书记、市综治办副主任
魏保江　成都铁路局副局长、重铁办事处主任

领导小组办公室设在市综治办,组成人员如下:

主　任:张敬奇　市综治办副主任
副主任:赵世平　成都铁路公安局重庆公安处处长
郭金严　市公安局治安总队政委
陈军武　市财政局综合处处长
何建平　市安监局安监二处处长
翁家玲　市综治办综合协调处副处长

七、刑释解教人员安置帮教工作领导小组

组　长:刘学普　市政府副市长、市综治委副主任
副组长:王爱祖　市政府副秘书长
林育均　市司法局局长
吴钰鸿　市委政法委副书记、市综治办副主任
唐建华　市公安局副局长

领导小组办公室设在市司法局,组成人员如下:

主　任:陈明辉　市司法局副局长
副主任:张敬奇　市综治办副主任
郭金严　市公安局治安总队政委
尹科夫　市司法局社区矫正工作管理处处长

重庆市各区、县综治委、办主任名单

地　区	综治委主任	综治办主任	地　区	综治委主任	综治办主任
万州区	邓绪学	王　平	万盛区	杨晓云	贺卫凯
黔江区	吴　忠	张亚洲	渝北区	袁勤华	包季伟
涪陵区	汤宗伟	陆国创	巴南区	胡能兵	刘纯健
	沈晓钟		长寿区	张明生	马万超
渝中区	赵宝权	张开红	江津区	李德良	邓　波
大渡口区	刘本荣	姚　伟	合川区	周立友	刘建华
江北区	何　贵	郭廷强	永川区	梅永康	蔡　勇
沙坪坝区	王余果	姚力莉	南川区	祖　峰	周孝全
九龙坡区	丁　洪	张　健	双桥区	蔡　聘	谢德林
南岸区	何文中	杜孝群	綦江县	母明江	李永树
北碚区	向红月	朱发春	潼南县	胡国强	敬　进

地　区	综治委主任	综治办主任	地　区	综治委主任	综治办主任
铜梁县	魏寿明	张仁文	开　县	张红心	任亚苏
大足县	陈中举	师宏文	云阳县	李洪义	赵明全
荣昌县	谢金峰	喻　鸿	奉节县	刘渝平	肖亚南
璧山县	张继红	何中毅		谢礼国	
梁平县	李金泉	欧诗云	巫山县	黄宗林	谭　祥
城口县	何国兵	袁开刚	巫溪县	陈　钢	刘小侠
丰都县	张　梅	朱应德	石柱县	李燕明	向天平
垫江县	杜海波	杨卫东	秀山县	代成瑶	张鲁秀
武隆县	余健华	孔正波	酉阳县	田景谷	袁福国
忠　县	叶世平	胡永轩	彭水县	梁清元	肖世成

（撰稿人：陈　君
审稿人：袁勤华　张恒斌）

四　川　省

2010年社会治安综合治理工作概况

2010年，在中央综治委和省委、省政府的正确领导下，四川各级综治部门认真贯彻落实全国全省政法、综治工作会议精神，紧紧围绕"三项重点工作"部署，牢牢抓住影响社会和谐稳定的源头性、根本性、基础性问题，进一步深化矛盾纠纷"大调解"工作体系，大力推进社会建设和社会管理创新，强力开展社会治安重点地区排查整治，着力夯实综治基层基础，全面落实社会治安综合治理各项措施，确保了全省社会稳定、治安大局平稳，据省统计局测评，全省公众安全感指数为94.01%，为四川省"两个加快"和人民群众安居乐业创造了良好的社会环境。

一、各级党政高度重视综治及平安建设，形成强有力组织保障

（一）强化组织领导。各级党委、政府坚持把社会治安综合治理工作和平安建设作为社会建设的重要内容，纳入经济社会发展总体规划，统筹部署、强力推进、狠抓落实。召开全省政法工作会议、加强社会建设创新社会管理工作电视电话会议、深入推进"三项重点工作"专题会议等，全面安排部署和推进综治和平安建设工作。省委书记刘奇葆，省长蒋巨峰多次专题听取综治及平安建设重点工作汇报。省委常委会、省政府常务会多次研究社会稳定和社会治安重大问题，并提出明确要求。各级党委、政府始终坚持把综治与平安建设作为"一把手"工程，主要领导亲自部署综治和平安建设工作，及时研究解决突出问题和实际困难，分管领导着力抓好各项措施的落实。

（二）落实目标管理和领导责任制。省委、省政府对21个市（州）党委、政府主要领导和分管领导以及48个省综治委成员单位主要领导和分管领导下达了综治目标责任书；各级各部门层层签订综治目标责任书，分解落实目标任务，形成了一级抓一级、层层抓落实的良好局面。省综治委对84位市（州）党政主要领导、分管领导和96位成员单位主要领导、分管领导建立了综治实绩档案，强化委员述职、联系点等制度，坚持把党政领导干部抓综治和平安建设的工作实绩与领导干部晋职晋级、评先受奖挂钩，增强了市（州）党政和成员单位抓好综治工作的责任意识。

（三）强化督导考核。2010年，省综治委组织开展了7次暗访督导，对上海世博会安全保卫、社会治安重点地区排查整治、学校幼儿园及周边治安综合整治等工作进行了全面督导检查，对存在的突出问题和薄弱环节，通报各地限期落实整改，有力地促进了综治各项措施在基层的落实。对各市（州）、省综治委成员单位和申报的省级平安建设先进县（市、区）进行了考核、表彰。

二、深化"大调解"工作体系，大量矛盾纠纷化解在基层

一是健全完善"大调解"组织网络。省委、省政府先后召开全省深化"大调解"工作暨维护社会稳定电视电话会议、德阳现场会、全省完善大调解体系健全工作运行机制现场会议，推动"大调解"工作不断深入。省大调解办组织协调省大调解牵头单位，加强检查督导力度，推动各地各有关部门健全完善大调解组织网络。截至2010年底，全省建立各类调解组织14.6万个，配备调解员56.3万人；各级人民调解、司法调解指导中心已全部建立，行政调解指导中心建成74%，各类行业性、专业性、区域性人民调解组织建立3375个，同比增加842个，增幅33.2%。

二是完善"大调解"工作运行机制。省政府以第246号令颁布《四川省社会稳定风险评估暂行办法》，成为全国第一个省级政府颁布实施的相关规章。出台关于进一步深化"大调解"工作推进社会矛盾化解的意见和深化“大调解”工作体系分工方案，细化任务分工，强化责任落实；推行分级分类排查调处矛盾纠纷层级管理，配套建立“大调解”工作责任机制和运行机制，完善了“大调解”工作考评机制。结合规范基层县（市、区）综治、维稳、大调解和创新社会管理工作，建立了覆盖全省的综治、大调解综合统计信息系统，实现了矛盾纠纷排查、研判、预警、防范和受理、分流、化解的“一体化”。

三是推动“大调解”工作重心下移。按照层级管理要求，依托“大调解”工作体系，分级分类排查调处矛盾纠纷；省大调解办多次组织安排人员赴藏区和地震、泥石流灾区进行调研督导，指导矛盾纠纷排查化解工作，努力把各类矛盾纠纷化解在基层，解决在萌芽状态，维护了我省藏区和灾区的社会稳定。

四是加强“大调解”宣传表彰工作。省委、省政府对200个先进集体、600名个人和“十大调解能手”进行了表彰；编辑出版了《四川大调解理论与实践》，生动记录了四川开展“大调解”工作的理论与实践历程。全国综治工作会议和全国政法工作会议，分别推广了四川“大调解”模式；中宣部组织人民日报、新华社、中央电视台等10家中央媒体集中采访报道了四川“大调解”工作。

三、大力推进社会建设和社会管理创新，驾驭社会治安的能力进一步增强

（一）全面部署推动。省委召开常委（扩大）会议，专题研究加强社会建设、创新社会管理工作。省委、省政府先后召开全省加强社会建设、创新社会管理电视电话会议、全省深入推进社会矛盾化解暨社会管理创新工作会议和全省深入推进三项重点工作专题会议，对加强社会建设、创新社会管理工作进行全面安排，推动各地、各部门将加强社会建设、创新社会管理纳入本地、本部门的整体部署。制定下发了《关于加强社会建设创新社会管理的意见》，出台涉及社会管理各方面的配套文件，指导全省工作开展。积极开展社会管理创新综合试点工作，制定下发《关于开展社会管理创新综合试点的实施意见》。会同省发改委研究制定《四川省社会管理创新发展规划及项目实施方案》，推动各地、各部门将涉及社会管理的重点项目纳入全省和各地“十二五”经济社会发展规划。各地结合实际，选择一些地区开展社会管理创新综合试点工作，形成多层次、多类型的综合试点工作格局。

（二）进一步加强重点群体教育管控。一是加强重点青少年群体教育帮助和管理工作。省委常委、省工会主席李登菊和省委常委、政法委书记、省综治委主任王怀臣两次主持召开全省重点青少年群体教育帮助工作联席会议，对加强全省重点青少年群体教育帮助工作进行安排部署和指导推进。省委办公厅、省政府办公厅印发了《关于加强重点青少年群体教育帮助和管理服务工作实施意见》，重点加强对社会闲散青少年、服刑在教人员未成年子女、农村留守学生、流浪乞讨青少年、有严重不良行为的青少年、艾滋病致孤儿童等6类青少年群体的教育、帮助和管理工作，并制定分工方案，建立完善了重点青少年群体教育帮助和管理联席会议制度。各地全面开展重点青少年群体排查摸底专项行动，建立健全工作档案，有针对性地落实教育、救助、保护和管理措施。二是进一步加强流动人口服务管理。创新流动人口服务管理的体制机制，积极推行“以证管人、以房管人、以业管人”的新模式，把流动人口服务管理工作纳入经济社会发展规划，健全完善省、市（州）、县（市、区）、乡镇（街道）、村（社区）五级流动人口服务管理工作网络。依托街道办事处、社区服务中心设立专门的流动人口服务管理窗口，在乡镇（街道）依托村（居）委会，为辖区流动人口提供登记办证、房屋租赁、就业、计生等一站式服务，在流动人口聚居区组建服务站，实现服务前移。成都等地建立了流动人口综合服务管理信息系统，创新了服务民生、行政管理、经济建设、社会治安四个服务管理综合应用体系，实现了对流动人口的动态科学管理。三是加强刑释解教人员安置帮教和社区矫正工作。省委办公厅、省政府办公厅下发《关于进一步加强刑满释放解除劳教人员安置帮教工作的意见》，进一步健全完善了刑释解教人员衔接、帮扶、教育等长效工作机制。各地切实加强刑释解教人员过渡性安置基地（企业）、社会帮教志愿者协会、就业技能培训基地建设，有效预防和减少了重新违法犯罪。

（三）大力开展学校、幼儿园及周边治安综合整治。省委、省政府高度重视学校、幼儿园安全防范工作，省委书记刘奇葆、省长蒋巨峰和省委常委、政法委书记王怀臣多次作出重要批示，并召开会议对相关工作进行安排部署。省综治办、教育厅、公安厅联合下发《关于进一步加强学校幼儿园安全防范工作 建立健全长效工作机制的实施意见》,组成21个工作组对全省各市(州)校园安全管理工作进行了暗访督导,并对建立健全长效工作机制提出明确要求各级综治、公安、教育部门牵头组织基层干部和群防群治队伍,全面梳理排查学校、幼儿园、福利院及其周边治安安全隐患,严格管控高危人员,强化学校、幼儿园周边的治安巡逻。加强学校、幼儿园内部安全防范,健全完善安全保卫规章制度,配齐配强法制副校长或法制辅导员,深入开展"警校共育",有效维护了学校及周边治安秩序稳定。

(四)深入推进社会治安防控体系建设。各地将社会治安防控体系建设纳入经济社会发展规划,着力构建起点线面结合,人防物防技防结合,打防控结合,网上网下结合的社会治安动态防控体系。不断深化"天网工程"建设,把防控触角向社区、单位内部、校园周边、城乡结合部、灾后重建集中区、新建交通枢纽、农村地区延伸。

(五)进一步加强铁路护路联防工作。各地坚持以创建"九无"平安铁路示范村(社区)、平安铁道线(车站)为抓手,认真落实护路联防责任制,强化突出治安问题和安全隐患专项整治,积极探索高速铁路、客运专线护路联防工作,加大对涉路矛盾纠纷排查调处力度,自2005年以来,四川省连续六年未发生冲击铁路、拦截列车的群体性事件。

四、深入开展重点地区排查整治,社会治安面貌进一步好转

(一)强力组织推进。全国社会治安重点地区排查整治工作电视电话会议结束后,省委常委、政法委书记、省综治委主任王怀臣庚即主持召开会议,全面部署全省重点地区排查整治工作。成立以省政府副省长、省综治委副主任张作哈为组长,有关成员单位负责人为成员的领导小组;省综治委制发《关于在全省开展社会治安重点地区排查整治工作的实施意见》,转发省公安厅《全省公安机关社会治安重点地区排查整治工作方案》,指导全省开展工作。省综治办制发《重点地区排查整治工作分工方案》和《四川省社会治安重点地区排查整治工作考核验收标准》,落实牵头单位和责任单位,进一步推动排查整治工作深入开展。全省21个市(州)成立相应领导机构,下发实施方案,迅速贯彻落实。

(二)实施挂牌督治。各地结合实际,组织动员基层政法综治力量和群防群治队伍,以乡镇、街道为单位,深入开展大排查活动。省综治办会同省公安厅,研究确定12个县(市、区)作为挂牌(警示)整治的地区。被挂牌(警示)的12个县(市、区)党委政府高度重视,切实加强组织领导,迅速成立党政一把手挂帅的整治工作领导班子,将排查整治工作上升为党政工程,县(市、区)委常委会坚持每月或每季度专题听取排查整治工作汇报,研究解决问题困难,强力推进排查整治工作。全省21个市(州)共对463处重点地区进行了市级挂牌整治,对523处重点地区进行了挂牌警示。

(三)开展综合施治。一是严厉打击各类违法犯罪行为。各地公安机关针对摸排出的突出治安问题,严厉打击杀人等八类严重暴力刑事犯罪和影响群众安全感的"两抢一盗"等多发性侵财犯罪。二是强力整治毒品问题。省委书记刘奇葆、省长蒋巨峰多次作出重要指示,要求坚决打赢禁毒防艾这场硬仗,并亲自深入重点地区视察调研禁毒工作。省委、省政府专题研究凉山彝族综合扶贫开发和禁毒工作。省委常委、政法书记、省综治委主任王怀臣多次主持研究禁毒严打整治和毒品问题综合治理的具体意见。召开全省"深入推进禁毒人民战争再掀严打整治新高潮"电视电话会议、全省禁毒工作会暨广元市创建"无毒害市"现场会,部署开展为期一年半的禁毒严打整治和毒品问题整治。省综治办对10个毒品问题严重的县(市、区)进行了挂牌督治。探索建立生理脱毒、劳动康复、回归社会"三位一体"的戒毒康复体系,将"康复中心"、"戒毒所"纳入全省"十二五"规划。三是深入开展藏区综合整治。刘奇葆书记和蒋巨峰省长多次对深化藏区综合整治作出重要批示,提出明确要求。2010年9月,在甘孜州召开稳定工作会议,作出进一步安排部署。省维稳办、省综治办联合组织工作组,对甘孜州18个县基层基础建设和综合整治工作开展督导检查。通过整治,基本实现了"治理一片、加强一片、稳定一片"的目标,为促进藏区长治久安积累了重要经验,胡锦涛、贾庆林、周永康等中央领导予以了充分肯定。

五、深入开展基层平安建设，综治基层基础进一步夯实

（一）加强综治基层基础建设。加强政法综治基层基础建设，大力充实政法综治力量。落实乡镇（街道）综治办机构，配齐综治领导干部和工作人员。充分整合基层政法维稳综治力量，完善乡镇（街道）综治维稳工作中心、村（社区）综治工作站运行机制和工作制度，健全协作联动工作机制，形成综合治理的大平台。积极发展壮大覆盖社会各个领域的群防群治队伍，中央领导批示要求总结推广四川政法队伍建设的经验。

（二）深入开展基层平安建设。全省紧紧围绕新一轮平安建设总体要求，以创建平安县（市、区）为重点，以“月月创平安”为抓手，深入开展平安乡镇（街道）、平安村（社区）、平安校园、平安营区、平安目标、平安家庭、平安医院、平安边界等形式多样的基层平安建设活动，推动综治各项措施的落实，平安四川的基础进一步夯实。2008 至 2010 年，全省 165 个县（市、区）达到了新一轮平安建设标准，达到 91.2%，全面完成了第二轮平安创建目标任务。

（三）加强综治宣传及见义勇为表彰奖励工作。省综治委与省委宣传部下发《关于在全省开展社会治安综合治理和平安建设宣传月活动的通知》，各地、各部门围绕矛盾纠纷“大调解”、社会管理创新、重点地区排查整治、基层平安建设等重点工作，广泛利用报纸、广播、电视和网络等媒体进行宣传，认真组织综治优秀新闻评选和开展见义勇为表彰奖励工作，营造了浓厚的综治和平安建设舆论氛围。

四川省人民政府办公厅
关于进一步推进行政调解工作的意见

（2010 年 4 月 30 日）

行政调解工作是省委、省政府构建“大调解”工作体系的重要组成部分。2009 年以来全省各级人民政府及其工作部门认真贯彻执行《四川省人民政府办公厅关于加强行政调解工作的意见》（川办发[2009]44 号），行政调解工作取得了初步成效，但在推进力度和基础工作落实方面离省委、省政府和广大人民群众的要求尚有差距。为进一步推进行政调解工作，现提出以下意见，请认真贯彻落实。

一、充分认识行政调解工作的重要性，切实增强工作的责任感和紧迫感

行政调解工作是新时期党和政府为人民服务、联系群众、维护群众切身利益的新纽带，是化解行政争议纠纷、维护社会和谐稳定的新机制，是创建法治政府的新措施，是今年省人民政府确定的依法行政的重点工作之一。

当前我省社会和谐稳定，人民安居乐业。但随着经济社会的快速发展，工业化、城市化进程的加快，改革的不断深入，行政争议纠纷日益显现，其复杂性、群体性、对抗性呈现新的特点，化解行政争议纠纷的任务日益繁重。进一步加强和推进行政调解工作，及时化解行政争议纠纷，是各级人民政府及其工作部门面临的新形势和新任务。要充分认识做好新形势下行政调解工作的重要性和紧迫性，切实把行政调解工作摆在更加重要和突出的位置，增强工作的责任感和紧迫感。要以邓小平理论和“三个代表”重要思想为指导，深入贯彻落实科学发展观，以预防和化解行政争议纠纷为主线，拓展行政调解领域，强化行政调解的化解、预防和教育功能。让广大干部熟练掌握行政调解的程序、范围、原则和规则，使行政调解工作有序运行；让群众熟悉行政调解并成为群众乐意选择的纠纷解决方式之一。

各级人民政府要加大宣传力度，在今年 7 月底之前统一组织有关单位以多种方式宣传行政调解工作，形成较大声势和良好氛围。

二、以化解行政争议纠纷为主线，充分发挥行政调解在构建社会主义和谐社会中的作用

化解行政争议纠纷应坚持预防和化解并用、排查和调处并行的方法。一是建立健全行政争议纠纷排查机制，实现排查工作常态化。坚持"抓早、抓小、抓苗头"原则，通过深入细致的排查工作，全面准确掌握本地区、本部门、本系统实际存在和可能发生的行政争议纠纷。二是及时妥善化解行政争议纠纷。对排查出来的行政争议纠纷，应认真制订调解方案，及时妥善化解，努力把争议纠纷消灭在萌芽状态，有效防止行政争议纠纷转化为群体性事件。三是对群众反映强烈的问题，尤其是涉及灾后恢复重建、土地征用、房屋拆迁、移民安置、资源开发、医疗事故、交通事故、企业改制、社会保障等民生问题应超前谋划、主动作为。四是对重大复杂的疑难争议纠纷要协调联动，共同化解。五是始终坚持公平、公正原则，准确把握行政调解的性质、任务、争议纠纷受理范围、调解原则、调解程序、工作纪律、当事人权利义务，遵循依法调解、平等自愿、尊重当事人诉讼权利原则，维护当事人合法权益。六是积极开展行政争议纠纷信息报告分析工作，充分发挥行政调解工作了解民意、反映群众诉求、服务领导决策的作用。

创新行政调解工作机制，建立行政机关内部"接待人员调解、责任部门调解、分管领导调解"的3级调解机制。把行政调解与创建法治政府相结合，与人民调解、司法调解相结合，充分发挥"大调解"体系的整体功能，形成化解行政争议纠纷的合力，共同解决涉及多个部门（系统）的行政争议纠纷和涉稳隐患，实现信息互通、资源共享，确保重大争议纠纷案件的稳妥化解。

三、大力推进行政调解队伍建设，全力落实保障条件

各级人民政府的行政首长是本行政区域行政调解工作的总负责人。各级人民政府的工作部门应建立行政调解员队伍，建立健全行政调解组织网络体系。各级人民政府和公安、工商行政、卫生、国土资源、城乡建设、环境保护、人力资源和社会保障等行政调解任务重的部门应有行政调解室、档案室和接待室。各级行政调解牵头单位要具备与开展工作相适应的人力、物力条件。

提高行政调解员职业化和专业化水平。加大对行政调解员的教育培训工作，按照"分级负责、条块结合，以块为主，重在实效"的原则，围绕行政调解员应当具有的基本知识、基本素质和基本能力有计划地开展培训，逐步使行政调解员达到"四懂"（懂方针政策、懂法律法规、懂业务知识、懂调解技巧）、"四会"（会预防、会调查、会调解、会制作调解文书），不断提高行政调解员对各类行政争议纠纷的化解能力、对重大行政争议纠纷的管控能力、对突发行政争议纠纷的应急能力，切实提高行政调解工作水平。

四、进一步加强行政调解工作制度建设，推动行政调解工作规范健康发展

省政府各部门、各直属机构应对本部门、本系统有关的行政调解法律、法规、规章和政策依据进行全面梳理，梳理工作在7月底前完成，梳理结果应向社会公示并抄送省法制办备案。

加强对民商事仲裁、劳动人事争议仲裁、农村土地承包经营权仲裁、林权仲裁、消费者权益保护、医疗事故处理等领域中的调解、和解工作的指导，有关部门应于年内完善具体配套制度。

积极推动行政调解工作规范化建设。各级行政调解主体要细化行政调解流程，规范案件登记、立案受理、调解程序、调解规则、文书格式、案卷归档等工作，公开行政调解员姓名、行政调解守则、行政调解范围和行政调解电话等事项。要建立健全岗位责任、重大争议纠纷讨论、争议纠纷排查、案件回访、档案管理、登记统计、信息报送等工作制度。切实维护行政调解的信誉，不断提高行政调解的质量和公信力。省法制办要深入调研，抓紧制定行政调解程序规定及其配套制度，确保行政调解工作有法可依、依法进行。

高度重视对行政调解工作的指导。行政调解工作既要充分保护群众的合法权益，又要坚持依法行政，维护国家利益、公共利益和社会秩序；既要能调尽调，又要坚持自愿；行政调解边际界线清楚的要大胆进行调解；行政调解边际界线不清楚或模糊的要大胆探索，及时沟通、汇报。各级行政调解牵头单位应对行政争议纠纷发生较多和影响面较大的领域加强调查研究，提出针对性的指导意见；对本行政区域的行政调解工作定期进行通报，促进各级人民政府及其工作部门的行政调解工作均衡开展；注意收集行政调解典型案例，不断总结、提高行政调解经验。各行政调解主体要积极开展行政调解理论研究，把握新形势下行政调解工作的规律和特点，形成有指导意义的研究成果，用科学理论指导行政调解，帮助行政调解员提高法律知识水平和调解争议纠纷的能力。

五、实行行政调解工作责任制，确保各项工作落到实处

各级人民政府及其工作部门要把行政调解工作纳入“一把手”工程，主要领导作为行政调解工作第一责任人要定期听取行政调解工作情况汇报，亲自研究部署重要事项，亲自协调解决困难问题，亲自调处重大疑难争议纠纷，发挥协调各方的领导作用。

要严格落实行政调解工作责任制。县级人民政府与乡（镇）人民政府、街道办事处和县级部门要签订行政调解责任书。行政调解责任书确定的各项义务是行政调解绩效考核的依据，也是实行问责的依据。对组织领导不力，调解工作不落实，导致矛盾纠纷突出的地区和部门要通报批评和限期整改；对发生严重影响社会稳定重大案件和事件的要实行责任倒查，严格追究领导和相关人员的责任。

中共四川省委办公厅　四川省人民政府办公厅关于加强闲散等重点青少年群体教育管理和服务工作的意见

（2010 年 8 月 27 日）

为维护青少年合法权益、促进青少年健康成长，经省委、省政府领导同意，现就加强闲散等重点青少年群体教育管理和服务工作提出如下意见。

一、总体要求

坚持以邓小平理论和“三个代表”重要思想为指导，深入贯彻落实科学发展观，认真贯彻党的十七大和省委九届七次全会精神，贯彻落实《未成年人保护法》、《预防未成年人犯罪法》，加强对闲散等重点青少年群体的教育、管理、服务、维权，进一步创新社会管理，促进社会建设，有效服务全省“两个加快”。

二、基本原则

坚持统一领导、协调一致原则，充分发挥党政主导作用，整合各方力量；坚持“属地管理、分级负责”和“谁主管、谁负责”原则，条块联动，各司其职，紧密配合，形成合力；坚持依法管理、强化服务原则，加强基层基础建设，强化社会建设和社会管理创新。

三、工作目标

形成党政主导、综治牵头、部门负责、社会参与、家庭关爱的闲散等重点青少年群体教育管理和服务工作格局，建立健全学校、家庭、社会“三位一体”的工作网络，实现对闲散等重点青少年群体教育、管理、服务、维权工作的全覆盖；建立对闲散等重点青少年群体信息采集、分析、评估和预警为一体的公共信息平台，健全动态信息管理数据库；对闲散等重点青少年群体的教育、管理、服务、维权工作水平显著提高，让其学有所教、业有所就、困有所帮，使其数量明显减少。

四、工作任务

（一）进一步加强闲散青少年教育管理工作。摸清闲散青少年分布区域，建立健全闲散青少年社区教育和保护机制。加强对闲散青少年的公益性技能培训、职业介绍工作，进一步拓展其就业渠道，改变其“失学、失业、失管”的闲散状态。加强沟通协调，积极构建学校、社区和教育、劳动培训等部门（单位）紧密衔接的闲散青少年信息共享平台，形成工作配合机制。

（二）进一步加强服刑在教人员未成年子女救助帮扶工作。掌握服刑在教人员未成年子女的生活状况、心理动向，广泛动员社会组织面向服刑在教未成年子女开展生活救助和心理干预，引导其克服自卑心理，树立积极向上的生活态度。大力推动服刑在教人员未成年子女接受义务教育等相关政策的贯彻落实。

（三）进一步加强农村留守学生关爱帮助工作。加大阵地建设力度，不断扩大留守学生之家的建设规模，力争做到对留守学生的全覆盖。大力加强农村寄宿制学校建设，加大对留守学生的关爱力度，通过开展学业辅导、亲情陪伴等志愿服务活动，弥补留守学生家庭教育和亲情关爱的缺失，帮助其健康成长。建立健全基层自护教育工作网络，加强对留守学生的自护教育，提高其安全防范意识和自护能力。

（四）进一步加强流浪未成年人救助保护工作。认真贯彻落实民政部等十九部门《关于加强流浪未成年人工作的意见》（民发［2006］11号），切实做好流浪未成年人救助保护工作。加大流浪未成年人救助保护体系规划项目和保护场所建设力度，着力解决其回归家庭、技能培训和就学就业等问题。加大对各地流浪未成年人救助保护中心项目建设督查和项目建设资金监管力度。

（五）进一步加强对有不良行为尤其是有严重不良行为青少年教育管理工作。深入研究青少年不良行为尤其是严重不良行为演化过程和控制方式，在关键阶段及早、有效介入。推进大中城市专门（工读）学校建设，把专门（工读）学校办成教育、矫治、挽救有严重不良行为青少年和开展预防青少年违法犯罪工作的重要阵地。充分发挥派出所、乡镇综治机构、各类青少年活动中心等基层单位的作用，注重亲情、友谊和信任等因素，有针对性地开展心理疏导、法律援助等预防工作，不断增强帮教实效。

（六）进一步加强受艾滋病影响儿童社会关爱和救助工作。有关部门要按照各自职责，切实摸清艾滋病致孤儿童、父母一方感染艾滋病或因艾滋病死亡的儿童、携带艾滋病毒或感染艾滋病的儿童等受艾滋病影响儿童的底数和生活、就学状况，加大社会关爱和医疗、救助力度，积极开展各类社会公益和慈善活动，动员全社会共同理解和关爱受艾滋病影响儿童。

五、工作要求

（一）强化组织领导。加强闲散等重点青少年群体教育管理和服务工作是贯彻落实科学发展观的重要要求，是创新社会管理、构建和谐社会的重要内容，各地、各有关部门要切实增强责任感和紧迫感，高度重视，加强领导，定期听取情况汇报，及时研究解决工作中的重大问题。要积极探索建立省、市（州）、县（市、区）三级由党委主导、有关部门参与的闲散等重点青少年群体教育管理和服务工作联席会议制度。

（二）落实工作保障。各地、各有关部门要精心筹划，制定科学可行、务实详尽、针对性强的工作方案，周密组织，认真实施。要按照“属地管理、分级负责，谁主管、谁负责”的原则，严格落实工作责任制，大力加强基层基础工作，不断强化服务阵地和工作队伍建设。要将闲散等重点青少年群体教育管理和服务工作纳入“十二五”规划，将有关经费纳入各级有关部门综合预算统筹安排，为工作开展提供保障。

（三）加强检查督导。各地、各有关部门要切实加强对闲散等重点青少年群体教育管理和服务工作的指导，深入基层，广泛动员，注意发现、总结和推广基层的有益经验和做法。要针对工作中发现的问题和薄弱环节，及时研究落实相关措施，努力解决实际困难。要加强督促检查，防止形式主义。

（四）严格考核问责。各地、各有关部门要把对闲散等重点青少年群体教育管理和服务工作作为综治、维稳工作考评的重要内容纳入目标管理，并将工作开展情况记入领导干部抓稳定、综治工作的政绩档案。对组织领导不得力、工作措施不落实的，要在一定范围内通报批评并限期整改；对因工作不到位引发闲散等重点青少年群体重大案件和事件的，要严肃追究有关领导和人员责任。

中共四川省委办公厅　四川省人民政府办公厅关于对完成2010年度全省维护社会稳定和社会治安综合治理工作目标优秀、先进单位进行表扬的通报

（2011年3月17日）

2010年，在党中央、国务院和省委、省政府的坚强领导下，各地、各部门深入贯彻落实科学发展观，紧紧围绕全省中心工作和政法“三项重点工作”，严格落实维稳综治工作责任制，全面推进社会稳定风险评估，深入开展藏区重点地区综合整治，全面深化矛盾纠纷“大调解”工作，着力推进社会管理创新，大力开展社会治安重点地区排查整治，深化安四川建设，有力维护了藏区、地震灾区和全省社会稳定与治安大局平稳，为世博会、西博会等重大活动的成功举办和推进全省“两个加快”创造了良好的社会环境。

为鼓励先进、推动工作，经省委维稳领导小组、省综治委综合考核，并报省委、省政府领导同意，决定对完成2010年度全省维护社会稳定和社会治安综合治理工作目标的优秀、先进单位予以通报表扬。

各地、各部门要以受到表扬的单位为榜样，认真贯彻落实党的十七届五中全会和省委九届八次全会精神，牢固树立“发展是政绩，稳定也是政绩”的正确政绩观，全面落实领导“一岗双责”和维稳第一责任，建立健全各项维稳机制，深入开展反分裂、反渗透、反颠覆斗争，夯实维稳工作基层基础，加强社情民意调查和网络舆情监控，积极预防和妥善处置群体性事件，进一步深化“大调解”工作，着力化解各类社会矛盾，大力创新社会管理，认真落实社会治安综合治理各项措施，为推进我省“十二五”科学发展创造更加和谐稳定的社会环境。

附件：完成2010年度全省社会治安综合治理工作目标优秀市（州）、先进省综治委成员单位和平安建设先进县（市、区）名单

附件：

完成2010年度全省社会治安综合治理工作目标优秀市（州）、先进省综治委成员单位和平安建设先进县（市、区）名单

一、优秀市（州）

成都市委、市政府　　自贡市委、市政府　　攀枝花市委、市政府　　泸州市委、市政府　　德阳市委、市政府　　绵阳市委、市政府

广元市委、市政府　　遂宁市委、市政府
内江市委、市政府　　乐山市委、市政府
南充市委、市政府　　宜宾市委、市政府
广安市委、市政府　　达州市委、市政府
巴中市委、市政府　　雅安市委、市政府
眉山市委、市政府　　资阳市委、市政府
阿坝州委、州政府　　甘孜州委、州政府
凉山州委、州政府

二、先进省综治委成员单位

省纪委(监察厅)　　省法院
省检察院　　省委办公厅
省人大常委会办公厅　　省政府办公厅
省政协办公厅　　省委组织部
省委宣传部　　省委统战部
省委政法委　　省直机关工委
省委防邪办　　省发展改革委
省经济和信息化委　　教育厅
公安厅　　安全厅
民政厅　　司法厅
财政厅　　人力资源社会保障厅
国土资源厅　　住房城乡建设厅
交通运输厅　　水利厅
农业厅　　林业厅
文化厅　　卫生厅
省人口计生委　　省国资委
省地税局　　省工商局
省质监局　　省广电局
省新闻出版局　　省安全监管局
省统计局　　省旅游局
省总工会　　团省委
省妇联　　成都海关
四川银监局　　四川保监局
省军区　　武警四川省总队

三、平安建设先进县(市、区)

成都市:金牛区、龙泉驿区、温江区、都江堰市、彭州市、邛崃市、郫县
自贡市:大安区、荣县
泸州市:叙永县、古蔺县
德阳市:绵竹市
绵阳市:梓潼县、平武县、北川县、盐亭县
广元市:朝天区、剑阁县、青川县
遂宁市:蓬溪县
内江市:东兴区、威远县
乐山市:五通桥区、沐川县、峨边县、马边县
南充市:高坪区、阆中市、西充县
宜宾市:筠连县、珙县、兴文县、屏山县
达州市:宣汉县、开江县
巴中市:南江县
雅安市:名山县、荥经县
眉山市:仁寿县、彭山县
阿坝州:汶川县、茂县、小金县、壤塘县、阿坝县、若尔盖县
甘孜州:泸定县、丹巴县、炉霍县、巴塘县
凉山州:木里县、德昌县、会东县、昭觉县、越西县、美姑县、雷波县

构建大调解工作体系　有效化解社会矛盾纠纷

中共广安市委　广安市人民政府

四川省广安市是邓小平同志的故乡,辖5个县(市、区),人口472万。近年来,全市按照中央和省委、省政府关于构建“大调解”工作体系、有效化解社会矛盾纠纷的部署要求,全面构建“党委、政府统一领导,政法综治机构综合协调,司法行政、法制部门和人民法院分别牵头,有关部门各司其职,社会广泛参与,人民调解、行政调解、司法调解既充分发挥作用,又相互协调配合”的“大调解”工作体系,着力解决影响社会和谐稳定的源头性、根本性、基础性问题,实现了无群体性事件发生、无进京赴省集访事件发生,保持了信访总量和“民转刑”案件持续明显下降的良好势头,有力

维护了社会和谐稳定。

一、形成党政主导、保障有力的调解工作大格局

把坚持党政主导作为构建“大调解”工作体系的关键举措，作为党政“一把手”工程，市委、市政府印发了专项工作意见，有力地促进了“大调解”工作在主干线上大马力推进，全市层层做到了调解工作“八有”：有领导、有机构、有人员、有场地、有经费、有制度、有考核、有奖惩。

（一）强化组织保障。市、县、乡三级都建立了“大调解”工作领导小组及办公室，各部门成立了由主要负责人任组长的领导小组，明确了办事机构和工作人员；全市181个乡镇（街道）党（工）委全部配备了分管政法维稳综治工作的专职副书记和“矛盾纠纷大调解协调中心”专职副主任，形成了党政主导、条块结合、齐抓共管的工作格局。

（二）强化工作保障。“大调解”工作涉及的组织机构、办公设施、工作人员和专项经费全部由党委、政府统筹安排，全力保障。制定了“大调解”工作经费保障和管理使用办法，落实了调解员报酬、个案补贴、奖励经费。今年全市各级财政共安排“大调解”工作经费870万元，兑现调解员个案补贴380余万元。

（三）强化管理保障。把“大调解”工作纳入党政目标管理，作为综治维稳工作考评和年度绩效考核的重要内容，纳入各级领导班子、主要领导和班子成员抓综治、维稳工作的政绩考核。健全“大调解”工作责任制，逗硬实施奖惩激励，对发生严重影响社会稳定的重大案件或事件的，严肃追究相关领导和人员的责任，并对责任单位实行“一票否决”。

二、构建纵向到底、横向到边的调解组织大网络

把健全组织网络作为构建“大调解”工作体系的重要基础和支撑，建立健全纵到底、横到边、全覆盖的调解组织网络，切实做到“哪里有人群，哪里就有调解组织”。

（一）分级设立专门机构。在市、县（市、区）、乡镇（街道）三级分别设立“矛盾纠纷大调解协调中心”，落实专职工作人员，具体负责排查受理矛盾纠纷、梳理研判分流化解、协调整合调解资源、综合组织难案调处、收集掌握工作信息、督促解决重大问题等工作。市、县两级“大调解”协调中心已按核定编制配备人员22名，每个乡镇（街道）“大调解”协调中心均配备了至少1名专职干事。

（二）全面建立调解组织。以“大调解协调中心”为枢纽，纵向延伸调解触角，在村（社区）、村（居）民小组建立调解组织，在自然村院落和城镇居民小区物建劝调员，形成了市、县、乡、村、组、劝调员六级调解体系；横向拓展调解领域，在市、县两级法院、司法局、法制办分别建立了司法调解、人民调解和行政调解三大调解指导中心，在各职能系统按单位设立了调解室和调解组织，在行业性专业性组织、“两新”组织、企事业单位、大型商场、学校、医院、车站码头等广泛建立各类调解组织，配备调解人员。全市共建立各类调解组织3912个。同时，积极发展民间调解组织，建立了7个专家调解室。

（三）大力充实调解队伍。建立“大调解”工作信息库，建起一支扎根群众、覆盖基层和各行各业的调解队伍。全市已建库管理调解专家120名、调解员18757名、调解信息员35600余名、劝调员54600余名。各级“大调解协调中心”每年都对调解人员进行培训，并在调解队伍中开展创先争优活动，评选表彰“调解之星”、“调解能手”，命名表彰“优秀调解室”，大力提升调解队伍的业务素质和工作积极性，涌现出了一批调解工作先进典型。

三、推进条块结合、有机衔接的调解功能大联动

把促进资源整合、整体联动作为构建“大调解”工作体系的主要方法和手段，建立健全各级、各类调解衔接机制，努力做到“哪里有矛盾、哪里就有调解工作”。

（一）实施层级管理，促进上下齐动。制定实施了《广安市社会矛盾化解层级管理办法》，各级“大调解协调中心”按标准对社会矛盾纠纷评估定级，并按级明确责任单位限时化解。建立滚动排查、综合研判、分级调解、分流调处、指派调解、联动调解、挂牌督办、领导包案、限时办结、督查督办、信息通联等“十一项工作制度”，促使上下整体联动，确保各类矛盾纠纷的调处在第一时间有效反应、冲突在第一现场得到控制、纠纷在第一阶段实现化解，做到“小纠纷不出村（社区）、大纠纷不出乡镇（街道）、疑难纠纷不出县（市、区），矛盾不上交”。

（二）推行分类调解，促进横向互动。将各种矛盾纠纷进行梳理归类，制定分类化解规程，建立分类调处机制。针对医患纠纷、交通事故、劳动关系、征地拆迁、城镇建设、婚姻家庭、未成年人权益等矛盾多发、高发领域的行业特点，市“大调解协调中心”牵头制定了全市分类调解工作意见，开展专项调解活动。目前，全市已建立了8种类型化调解模式。

（三）强化衔接配合，促进系统联动。市政府、市中级法院、市司法局联合制定了关于司法调解、人民调解、行政调解对接的制度和办法，全方位实现了“三大调解”在对接程序、效力确认、救济途径上的衔接互动。市、县两级检察机关建立健全“检调对接”工作机制，信访部门完善信访工作与“大调解”协调联动机制、信息沟通机制，仲裁机构加强与“大调解”工作的衔接联动，工会、共青团、妇联和消委会、贸促会等群团组织充分发挥独特优势，与调解组织积极衔接互动，共同化解矛盾，提高了化解成功率。同时，大力加强调解文化建设，全市建成调解文化大院3000余个，形成了全社会关心、支持、参与“大调解”工作的浓厚氛围。

实践表明，“大调解”工作“调解的是矛盾，调顺的是民心，调出的是和谐，调稳的是根基”，“大调解”已成为化解矛盾纠纷的“减压阀”、维护社会稳定的“安全闸”、促进经济发展的“助推机”、夯实基层基础的“加固器”、密切党群、干群关系的“连心桥”。

四川省综治委、办机构情况和负责人名单

主　任：王怀臣　省委常委、省委政法委书记

副主任：韩忠信　省人大常委会副主任
张作哈　省政府副省长
晏永和　省政协副主席
刘玉顺　省法院院长
邓　川　省检察院检察长
祝少东　省军区副政委

委　员：张为人　省委副秘书长
王　杨　省人大常委会副秘书长
王七章　省政府副秘书长
赵　勇　省政协副秘书长
彭德秋　省委组织部副部长
朱丹枫　省委宣传部副部长
刘建军　省委统战部副部长
王　萍　省委政法委副书记、省综治办主任
黄昌明　省委政法委副书记、省委维稳办主任
刘永剑　省直机关工委副书记
贾月成　省委防邪办主任
杨东民　省发展改革委副主任
杨自力　省经济和信息化委副主任
唐小我　省教育厅副厅长
曾省权　省公安厅厅长
孙继昌　省国家安全厅厅长
王　景　省监察厅副厅长
陈克福　省民政厅副厅长
刘作明　省司法厅厅长
帅　克　省财政厅副厅长
徐　毅　省人力资源和社会保障厅副厅长
毕　胜　省国土资源厅副厅长
谭新亚　省住房和城乡建设厅副厅长
杨占昌　省交通运输厅副厅长
胡　云　省水利厅副厅长
傅志康　省农业厅副厅长
刘书贵　省林业厅副厅长
窦维平　省文化厅副厅长
颜丙约　省卫生厅副厅长
何天谷　省人口计生委副主任
王凤朝　省国资委副主任
王琪敏　省地税局副局长
黄　俊　省工商局副局长
张光伟　省质监局副局长

何大新　省广电局局长
周国良　省新闻出版局局长
文卫平　省安全监管局副局长
陈　智　省统计局副局长
吴　勉　省旅游局副局长
罗茂乡　省总工会党组书记、副主席
刘会英　团省委副书记
施克玲　省妇联副主席
窦志民　成都海关副关长
阚　超　四川银监局副局长
唐亚山　四川保监局副局长
李安成　武警四川省总队副政委

省综治办主任：王萍（兼）

省综治办副主任：崔均、朱时顺

四川省各市（州）、县（市、区）综治委、办主任名单

地　区	综治委主任	综治办主任	地　区	综治委主任	综治办主任
成都市	李昆学	苑晓华	**攀枝花市**	单　荣	李昌华
高新区	张绍文	卢哲平	东　区	张华凯	陈悦东
锦江区	梁健民	张　力	西　区	邱小平	郭　驰
青羊区	吴　涛	孙　健	仁和区	陈建新	彭　涛
金牛区	吴石泉	巫　伟	米易县	张　伟	唐光荣
武侯区	王高德	温　静	盐边县	王万华	王　鑫
成华区	赵　华	代成亮	市钒钛园区	苏蜀林	杜毅华
龙泉驿区	谢瑞金	陈久云	**泸州市**	邹　蔚	郑　理
青白江区	白　翔	徐成国	江阳区	邹　勇	曾兴宇
新都区	曾刚强	张建蓉	龙马潭区	吴　伟	兰荣辉
温江区	马汉选	杨满荣	纳溪区	朱太成	张德生
彭州市	韩　铁	刘汉敏	泸　县	韩俊平	杨乾双
邛崃市	杨成伟	李华明	合江县	李　林	曾载驰
崇州市	郭建平	李惠君	叙永县	黄　承	伍　刚
金堂县	钟思勇	邱荣昌	古蔺县	孙克刚	罗　翔
双流县	严宗明	张义平	**德阳市**	张金明	蒲　为
都江堰市	徐富艺	苏　钢	旌阳区	苏　刚	王　强
郫　县	李本文	彭家辉	广汉市	唐前进	黄若松
大邑县	陈历章	孟　斌	什邡市	刘光乐	姜　智
浦江县	张晓华	曹志忠	绵竹市	任　钊	钱兴模
新津县	刘显勇	陈远志	中江县	吴晓东	邓忠富
自贡市	王建威	朱新华	罗江县	张胜虎	刘武贵
大安区	陈　巍	刘礼东	**绵阳市**	刘　东	文　勇
自流井区	张　序	汤　琪	涪城区	席世洪	宋大军
贡井区	鲜光鹏	蔡国银	游仙区	颜　超	杜　勇
沿滩区	叶茂恒	林强贵	江油市	李　平	丁大银
富顺区	杨家禄	林立卡	三台县	崔　斌	雷茂荣
荣　县	李　丹	杨常权	安　县	王　黎	苏仕全

地区	综治委主任	综治办主任	地区	综治委主任	综治办主任
梓潼县	刘文榜	梁勇成	马边县	陈强	陈华
盐亭县	李斌	余先君	**眉山市**	贺文	徐智勇
北川县	经大忠	唐文	东坡区	卢万东	杨国全
平武县	廖玉强	刘强	仁寿县	谢六一	邹毅
科学城	杨雪	熊建勇	彭山县	孙剑	张麟
高新区	黄琦	黄烈富	洪雅县	尹斗芳	杨林华
广元市	贯开柱	张喻	丹棱县	肖巍	黄斌
利州区	陈内诏	刘光明	青神县	朱莉	王飞
元坝区	罗仕发	唐红宝	南充市	蔡勇	杨明新
朝天区	张晓春	刘克德	顺庆区	刘斌	于晓阳
旺苍县	王志强	范明钢	高坪区	王志强	张容若
苍溪县	徐光凯	杨德清	嘉陵区	李达帆	罗小平
剑阁县	侯宏	昌学军	阆中市	文春涛	姜小芹
青川县	王开晋	赵继红	南部县	王熊骅	张斌
遂宁市	魏福友	李劲	西充县	李洪波	张玉明
船山区	郑朝忠	罗军	营山县	蒲亨坤	张映泉
射洪县	罗琼华	余斌	蓬安县	张邦刚	刘光伟
大英县	雷云	颜行碧	仪陇县	冷观军	黄奎
蓬溪县	唐建军	冯目准	**宜宾市**	杜紫平	刘凯
安居区	肖利国	谯如富	翠屏区	李戎	任永奎
内江市	王志平	何姚炜	宜宾县	颜永祥	汪休奎
市中区	林锋	熊泽谦	南溪县	李学焦	蒋玉友
东兴区	罗代金	李成良	江安县	余洪	王金明
资中县	蔡云哲	叶飞	长宁县	刘立云	竭旭东
隆昌县	陈代兵	梁绍金	高县	李志刚	彭万强
威远县	潘国华	邹红云	筠连县	叶光明	曹良伟
资阳市	唐永良	凌明军	珙县	田文平	余涛
雁江区	曹修光	张涛	兴文县	董茂成	李中琦
简阳市	钟世全	吴宇	屏山县	余湛	宿斌
安岳县	杜勇	秦加生	**广安市**	余仪	兰朝红
乐至县	曾祥	丁常权	广安区	魏全元	刘光程
乐山市	黄学文	张根尧	华蓥市	陈云栋	何承猛
市中区	徐一心	周帆	岳池县	谢清涛	唐建华
五通桥区	梁杰鸿	陈德祥	武胜县	毛加庆	余海舟
沙湾区	雷静	黄君祥	邻水县	李茂军	毛玲
金口河区	王兴华	张燕	达州市	胥健	方波
峨眉山市	王毕泉	李文香	通川区	杨敏	王善蓉
犍为县	周文华	罗由刚	达县	谢天际	蒲正泽
井研县	陈有波	巫惠平	大竹县	许国斌	蒲贤云
夹江县	罗渝	赵学富	渠县	邓瑜华	陈渠平
沐川县	廖克全	毛志勇	宣汉县	张宗昭	李汉渝
峨边县	王玻	杨劲松	开江县	柏相臣	丁宣林

地　区	综治委主任	综治办主任	地　区	综治委主任	综治办主任
万源市	吴会轩	钟代平	九龙县	王　琦	高学明
巴中市	周朝坤	肖　飞	炉霍县	钟　则	全　洪
巴州区	王品先	李治华	德格县	吴忠贵	呷玛青批
通江县	马　永	杨正跃	石渠县	范文化	兰长华
南江县	杨　波	冯小平	雅江县	董德洪	江水蓉
平昌县	向诚明	周　彬	巴塘县	扎　多	王　琦
雅安市	张燕飞	覃建生	乡城县	杨文武	多　登
雨城区	杨年毅	李晓凡	白玉县	张胜全	陈永胜
名山县	张忠春	李正军	甘孜县	仁　孜	郭洪涛
天全县	高　平	高井江	稻城县	訾正勇	蒋万成
芦山县	张　峰	罗增军	丹巴县	谭　伟	罗全生
宝兴县	张　晶	杨志全	道孚县	扎　巴	格绒亚批
荥经县	李　平	骆志强	新龙县	向国恩	胡　江
汉源县	杨勇晓	郝建全	色达县	李　强	小尼玛
石棉县	李剑飞	王欣荣	海螺沟景区管理局	李春红	李玉刚
阿坝州	白理成	郑理瑞			
马尔康县	崔乾志	郭　武	**凉山州**	罗凉清	米色尔海
金川县	王德海	毛光文	西昌市	余明良	温显林
小金县	泽仁达瓦	邓真华	德昌县	陈　家	唐光达
阿坝县	严　跃	陈旭春	会理县	李启元	李　华
若尔盖县	张　锐	周利天	会东县	刘光平	周晓阳
红原县	嘉央罗萨	刘木滚	冕宁县	拉一哈古	苏正武
壤塘县	陈继东	赵拥军	宁南县	刘　农	尹盘明
汶川县	泽小勇	杜朝刚	盐源县	张兴华	林茂秋
理　县	蔡清礼	王永寿	木里县	杨二车	普　祖
茂　县	杨文松	文　瀚	昭觉县	王　东	吉觉木且
松潘县	何　强	阿　江	美姑县	马海车都	梁勇康
九寨沟县	李为国	杨国树	雷波县	苦卫东	
黑水县	贺　松	陈永清	甘洛县	吴仲海	易　凡
甘孜州	李　康	董邓康	越西县	沙马伟古	李　创
康定县	多　军	董　锐	喜德县	宋国平	尼苦计基
泸定县	敬　阳	曹世军	普格县	海来日古	罗祖寿
德荣县	谷　峰	盛文轩	布拖县	比曲吾色	余友凉
理塘县	洛绒土高	周　冰	金阳县	陈德凯	潘明辉

（撰稿人：赵举游
审稿人：王　萍　陈显辉）

贵　州　省

2010年社会治安综合治理工作概况

2010年，贵州省社会治安综合治理工作坚持以科学发展观为指导，强化发展是硬道理、稳定是硬任务的战略思想，深入贯彻落实中央、中央综治委和省委、省政府关于加强政法综治维稳工作的一系列重大决策部署，坚持围绕中心、服务大局，以"平安贵州"建设为载体，以社会矛盾化解、社会管理创新、公正廉洁执法三项重点工作为抓手，着力解决影响社会和谐稳定的源头性、根本性、基础性问题，扎实推进"五项工程"建设（源头预防治理工程、社会管理创新工程、基层基础建设工程、"平安贵州"建设工程、政法队伍建设工程），全年没有发生有重大影响的治安、安全案（事）件和有重大影响的群体性事件、暴力恐怖事件，社会治安持续稳定，人民群众安全感进一步增强。据省统计局调查，2010年贵州省群众安全感满意率为86.98%，实现群众安全感满意率连续三年上升，为促进全省经济社会又好又快发展创造了和谐稳定的社会环境。

一、构建齐抓共管的综治工作格局

2010年省委常委会先后两次听取政法综治工作汇报，省委主要领导多次出席政法综治维稳工作会议，多次作出重要讲话、指示和批示。省委办公厅、省政府办公厅转发了7个有关政法综治维稳工作的重要文件，配备了省综治办专职副主任。省长赵克志同志到任后担任省综治委主任。省委、省人大、省政府、省政协分管联系领导及省综治委主任、副主任亲自调研谋划，抓督促检查，抓组织推动。黄康生、崔亚东同志分别带队深入到治安问题突出、被公安部和省挂牌整治的19个县（市、区）进行督导检查。省教育厅、省综治委学校及周边治安综合治理工作领导小组组织开展了省属高校安全文明校园创建活动的考核评比。各级党委、政府及有关部门主要负责同志强化"属地管理"意识，切实担负起第一责任人的责任，落实领导、部门和单位责任，层层签订责任书，各级综治办充分发挥组织协调作用，加强督促指导，落实了《贵州省社会治安综合治理领导干部实绩档案制度》，建立了各地和省综治成员单位领导干部综治工作实绩档案，省综治委对2009年度市（州、地）党委、政府主要领导综治工作实绩开展了评议审定，对2009年度群众安全感排名全省后3名的关岭县、盘县、威宁县实施了黄牌警告，对有关领导干部进行了责任查究。根据省统计局2010年度全省群众安全感调查结果，省综治委召集省纪委、省委组织部、省人力资源和社会保障厅、省监察厅联席会议研究决定，责令六盘水市综治委对2009、2010连续两年群众安全感排名全省后三位的盘县予以一票否决，责令贵阳市、毕节地区综治委分别对2010年群众安全感排名全省后3位的白云区、织金县予以黄牌警告，并对相关人员予以责任追究。

二、加强社会矛盾源头预防和排查调处

一是建立健全社会稳定风险评估机制。省委出台了《关于在全省建立重大决策重大工程社会稳定风险评估机制的意见》，目前，全省各市（州、地）、县已全部建立工作机制。二是全省初步建立起了三大调解有效衔接的"大调解"工作体系。省综治委组织省法院、省司法厅联合制定下发了《关于进一步加强人民调解与诉讼工作相衔接的意见》，要求坚持"调解优先"原则，将诉讼调解与人民调解有机衔接；省法制办也下文要求全省各级行政部门认真开展行政调解工作，并与人民调解、诉讼调解衔接联动，有效化解社会矛盾纠纷。三是着力化解涉法涉诉信访积案和执行积案。大力推广毕节地区"三级联动视频接访"工作机制，建立完善了领导干部接待日制度、信访责任"首问制”、重点案件“回访制”、执法责任“终身制”和非正常访责任倒查等制度，开展多种形式的接访下访活动，化解了一批涉法涉诉信访积案。

三、加强重点人群和重点领域的管理服务

一是提请省人大修订了《贵州省流动人口管理条例》，认真落实“以证管人、以房管人、以业管人”措施，强化对出租房屋、城中村等的清查整治，力争做到对流动人口底数清、情况明、服务到位、管理有效。二是省委办公厅、省政府办公厅下发《关于进一步加强刑满释放解除劳教人员安置帮教工作的实施意见》，用信息化手段解决接茬、帮教、管控工作中存在的问题，在全省探索建立了“贵州省刑释解教人员信息系统”。三是针对瓮安“6·28”事件中大量未成年人参与的问题，坚持教育、感化、挽救方针，坚持宽严相济刑事政策，在瓮安开展了违法青少年帮教挽救工作，试行未成年人违法及轻罪记录消除制度，取得良好法律效果、社会效果和政治效果，绝大多数帮教对象转化较好。瓮安县的群众安全感满意率从“6.28”事件前的2007年全省排名第78位，到2008年下半年开展一系列整治工作后即上升到全省排名第23位，到2009年全省排名第4位，2010年又上升到第3位，发生了从大乱到大治的转变。省委、省政府两办下发了《关于进一步加强预防未成年人违法犯罪工作的意见》和《关于加强违法青少年帮教工作的意见》，省人大修订的《贵州省未成年人保护条例》中明确规定“可以试行未成年人违法和轻罪记录消除制度”。省委政法委组织省法、检、公、司制定了《贵州省未成年人违法和轻罪记录消除暂行办法》。四是强化对虚拟社会的管控，建立了网络舆情导控工作机制。目前全省网吧已全部实行上网“一卡制”（凭二代身份证刷卡上网），启用身份证实名登记系统，严格执行零点断网规定，从源头上筑起“防火墙”，容留未成年人上网现象在地、州、市所在地得到根本杜绝。五是强力推动社会管理创新试点工作。贵阳市作为全国试点地区正在开展各项试点工作。省综治办出台了《贵州省创新社会管理工作方案》，选择22个试点县（市、区）先行先试。

四、加强社会治安打防管控一体化建设

一是持续开展以“打黑除恶”为龙头的严打整治斗争，严厉打击影响人民群众安全感的严重暴力犯罪和多发性侵财犯罪。二是强力推进全省社会治安重点地区排查整治工作。中央和省点名（挂牌）整治的县（市、区）和治安乱点的治安状况明显好转，目前全省已整治改好272个治安重点地区，整治改好率为79.07%。三是强力推进学校幼儿园及周边安全工作。省委、省政府批转了《关于进一步加强校园安全管理工作的意见》，建立了齐抓共管校园安全工作的新格局。各地正狠抓校园安全常态化管理机制建设，从根本上保证校园安全。四是强力推进以城市报警与监控系统建设（“天网工程”）为重点的社会治安防控体系建设。省政府制定了《贵州省公共安全视频信息系统管理办法》，省委办公厅、省政府办公厅转发了《关于进一步加强社会治安防控体系建设的意见》，省政府召开专题会议并由省政府办公厅转发了《关于加强城市报警与监控系统建设工作方案》，大力推进城市报警监控设施建设。五是专门队伍和群防群治队伍建设迈上新台阶。加强公安特（巡）警队和应急处置专门力量建设。省消防总队建立了省应急救援部队，在关岭特大泥石流抢险救灾等灾害救援工作中发挥了突出作用。不断巩固和壮大专职治安巡防队伍，目前全省共有政府出资招聘的专职治安巡防人员26766人。8月份，贵阳市新招聘1000名专职治安巡防人员，在主城区街面设置治安卡点300余个，全市110刑事警情量因此下降20%以上。务川县打造专业巡防队伍，县城区实现连续48个月“两抢”零发案。

五、加强基层平安创建和普法依法治理

一是大力开展“平安和谐三区”创建活动。省委办公厅下发了《关于创建平安和谐矿区库区工区的意见》，各地实现了公安警务、治安防范、纠纷调处、情报信息、人口管理、法律宣传、处置群体性事件等“七进三区”，促进了三区的和谐稳定。二是大力开展“平安县（市、区、特区）”、“平安乡镇”、“平安村寨”、“平安社区”、“平安单位”、“平安校园”等基层平安创建活动。据统计，2010年已有77个县（市、区、特区）被市（州、地）命名为平安县，覆盖率达87.50%；已有1447个乡镇被命名为平安乡镇，覆盖率达92.82%。三是推进军地联防共建平安工作的深入开展。2010年7月调整了省军地联防联治共建平安工作领导小组，研究落实了进一步加强和拓展全省军地联防共建的各项措施。四是狠抓法制宣传教育，努力营造学法、用法、守法的社会氛围。各地着力抓好“五五”普法规划深入实施和总结验收工作，进一步加大法制宣传力度，加大青少年和农村居民普法宣传力度，加大平安建设和综治宣传力度，加大“法律六进”活动力度，提高了全民法律素质。五是在全社会大力弘扬见义勇为精神。6月9日，全省召开了第二次见义勇为表彰大会，表彰了8名先进个人、1个先进集体和1个先进群体。

六、加强综治基层基础建设

一是加强基层综治组织和队伍建设。各地认真贯彻省综治委全会决议精神，全部恢复了前一轮机构改革中被撤销的乡镇综治办。目前，全省1559个乡镇（街道）都配备了综治办专职主任和2—3名专职干部，给予专门工作津贴；村、社区党组织和村、居委会均明确一名负责人主抓综治工作，有的地方增加一名支部副书记专抓综治工作；加大派出所、司法所、人民法庭、责任区刑警队的办公用房建设，进一步建立健全基层治保、调解组织，确保了基层综治工作有人抓、有人管。二是以深入开展“远学枫桥、近学余庆”活动为载体，大力加强乡镇综治工作中心建设。截至目前，全省1559个乡镇（街道）已全部建立综治工作中心，16668个村（社区）已建立综治工作站，覆盖率达92.49%。通过资源整合，综治工作中心已初步形成了矛盾纠纷联调、社会治安联防、群众来访联接、应急管理联动、突出问题联治、基层平安联创的“六联机制”，70%的矛盾纠纷通过中心得到化解，“小中心”发挥了“大作用”，成为新形势下基层党委政府加强社会管理、保平安促稳定的重要工作平台。

七、加强综治工作制度法规建设

一是对一些社会管理领域成熟的做法经验，积极通过地方性立法加以固定规范。先后提请省人大常委会、省政府修订或制定了“四条例一方案一办法”等地方性法规，分别是：《贵州省未成年人保护条例》、《贵州省消防条例》、《贵州省流动人口管理条例》、《贵州省禁毒条例》、《贵州省城市视频监控报警系统建设方案》、《贵州省公共安全视频信息系统管理办法》。二是对一些重点领域工作，省综治委专门召开全委会认真研究，出台了一些重要文件。如：《贵州省平安建设考核办法》、《贵州省创新社会管理工作方案》、《贵州省刑释解教人员信息系统运行管理暂行规定（试行）》、《贵州省社会治安重点地区排查整治工作考核验收办法》、《贵州省综合治理看守所安全管理工作的实施意见》等。三是为了推动涉法涉诉信访工作规范化发展，强化责任查究，省委政法委专门召开全委会，研究出台了《贵州省政法机关涉法涉诉信访工作责任查究暂行办法》和《中共贵州省委政法委员会涉法涉诉信访事项终结备案规定》。

八、加强社会管理创新工程建设

为深入贯彻落实党的十七届五中全会精神，省委、省政府将“社会管理创新和平安创建工程”作为全省“十大民生工程”之一，纳入了全省经济社会发展“十二五”规划，并确定由省委政法委和省综治办牵头，协调省直30余个部委厅局，制定实施方案，确保按计划推进，抓好落实。主要内容有：一是健全党委领导、政府负责、社会协同、公众参与的社会管理格局，加强社会管理、体制、能力建设。二是完善管理法规和政策，健全基层管理和服务体系。三是抓好综治工作中心（站）建设，创建一批和谐社区、和谐村镇示范点。四是畅通和规范群众诉求表达、利益协调、权益保障渠道，建立重大工程项目建设和重大政策制定的社会稳定风险评估机制，完善“大调解”工作格局和机制，正确处理人民内部矛盾，把各种不稳定因素化解在基层和萌芽状态。五是加大公共安全投入，加强安全生产，健全对事故灾难、公共卫生事件、食品安全事件、社会安全事件的预防预警和应急处置体系。六是做好流动人口管理服务，加强特殊人群帮教管理和服务工作，加大社会管理薄弱环节整治力度。七是完善社会治安防控体系，加强城乡社区警务、群防群治等基层基础设施建设，加强重点地区社会治安综合治理，增强公共安全和社会治安保障能力。八是加快“金盾工程”、城市报警监控工程建设，提高政法工作信息化、现代化水平。九是加强政法队伍建设，不断提高能力素质，严格公正廉洁执法，大力构建“平安贵州”、“和谐贵州”，创造公平正义的法治环境、优质高效的服务环境、和谐稳定的社会环境。

中共贵州省委办公厅　贵州人民政府办公厅转发《贵州省社会治安综合治理委员会关于进一步加强刑满释放解除劳教人员安置帮教工作的实施意见》的通知

（2010年5月24日）

为贯彻落实《中共中央办公厅、国务院办公厅转发〈中央社会治安综合治理委员会关于进一步加强刑满释放解除劳教人员安置帮教工作的意见〉的通知》（中办发［2010］5号）精神，推进社会管理创新，最大限度地预防和减少刑满释放解除劳教人员（以下简称刑释解教人员）重新违法犯罪，切实维护社会和谐稳定，结合我省实际，现提出如下实施意见。

一、提高认识，切实增强新形势下做好刑释解教人员安置帮教工作的责任感和紧迫感

进一步加强刑释解教人员的安置帮教工作，是深入推进社会矛盾化解、社会管理创新、公正廉洁执法的重要举措，是维护国家长治久安、巩固党的执政地位的一项重要而紧迫的任务。近年来，在省委、省政府的坚强领导下，社会各方面积极参与、齐抓共管，全省刑释解教人员安置帮教工作取得了明显成效。但是，由于目前我国正处在经济转轨、社会转型的关键时期，社会治安和社会稳定面临的形势较为严峻，社会管理还存在薄弱环节，贵州省刑释解教人员安置帮教工作面临着许多新情况新问题。一是刑释解教人员脱管、失控问题突出，监狱、劳教所、看守所、强制隔离戒毒所（以下统称监管场所）与安置帮教机构工作衔接不力，相当一部分刑释解教人员出监所后没有同家庭和基层组织衔接就直接流入社会，成为人口管理的盲区。二是刑释解教人员重新违法犯罪突出，有的刑释解教人员往往成为一些重大群体性事件、严重暴力犯罪案件、黑恶势力团伙的骨干。三是一些刑释解教人员缺乏一技之长，就业困难、家庭困难，导致生活没有着落，成为社会不安定因素。四是一些地方刑释解教人员安置帮教工作保障不力，安置帮教组织不健全、人员不到位、经费不落实，安置帮教工作基层基础薄弱，管理手段落后，措施不力。各级党委、政府和有关部门要从构建社会主义和谐社会的战略高度，充分认识新形势下加强刑释解教人员安置帮教工作的重要性和紧迫性，全面落实刑释解教人员出监（所）接茬无缝对接、安置帮教无一遗漏、异地流动有效管控，最大限度地预防和减少重新违法犯罪，为构建"和谐贵州"、实现全省经济社会发展历史性跨越创造和谐稳定的社会环境。

二、切实提高教育改造质量，为做好刑释解教人员安置帮教工作奠定基础

（一）建立服刑在教在戒人员基本信息沟通机制。监管场所在接收服刑在教在戒人员后的一个月内，要将服刑在教在戒人员姓名、性别、身份证号码、家庭住所、工作单位、罪名（案由）、刑期（教期、戒期）、家庭主要成员等基本信息填入《基本情况登记表》，并送达其户籍所在地或居住地县级刑释解教人员安置帮教工作领导小组办公室（以下简称安帮办）。县级安帮办要在一个月内与服刑在教在戒人员户籍所在地或居住地乡镇（街道）派出所核实基本信息，并依托村（社区）和家庭，制定配合监管改造的帮教方案，确定帮教责任单位、责任人和志愿者，并向监管场所反馈上述情况。对于身份不明等服刑在教在戒人员，监管场所要将其有关情况通报原办案公安机关，由原办案公安机关到监管场所进行询问，查找其本人或亲属真实信息，核实其身份。

（二）加强对服刑在教在戒人员的职业技能

培训。2010年上半年，由省司法厅牵头，会同省民政厅、省人力资源社会保障厅等部门制定全省服刑在教在戒人员职业技能培训实施办法，将服刑在教在戒人员职业技能培训与监管场所的日常教育培训相结合，并与刑释解教后的技能培训、就业指导服务相衔接。经技能鉴定合格的服刑在教在戒人员，由人力资源社会保障部门颁发相应的职业资格证书。

（三）加强心理矫治工作。2010年年底前，省司法厅、省公安厅要会同省教育厅、省人力资源社会保障厅、省卫生厅等部门制定全省监管场所心理矫治队伍建设方案，采取院校培训、监所培养、社会招聘及与科研机构合作等方式，组建专业心理矫治队伍，充分发挥监所心理矫治人才的作用，积极开展对服刑在教在戒人员心理健康教育、心理危机干预等心理矫治，促进服刑在教在戒人员的教育改造。

（四）发挥社会、家庭帮教作用。监管场所要定期排查存在未成年子女失学、家庭婚姻关系出现危机、长期无人探视、家中子女（老人）无人照看等情况的服刑在教在戒人员，通知服刑在教在戒人员户籍所在地或居住地的县级安帮办，由县级安帮办协调团委、妇联、关工委、未保委和民政、教育等部门及乡镇（街道）政府（办事处）解决服刑在教在戒人员未成年子女就学问题，帮助稳定家庭婚姻关系，动员家庭成员探视，尽可能帮助解决家庭实际困难。监管场所要创新探视方式，利用亲情电话、可视电话等，为亲属探视、志愿者实施帮教创造便利条件，增进服刑在教在戒人员与家庭成员及社会的联系。结合未成年人、女性的心理、生理特点，动员社会力量，积极开展对未成年人及女性服刑在教在戒人员的帮教工作。鼓励有条件的家庭同服刑在教在戒人员的家庭进行结对帮扶。

（五）做好刑释解教前安置帮教政策的宣传教育。2010年年底前，省司法厅、省公安厅要会同省教育厅、省人力资源社会保障厅、省地税局、省工商局等部门编印服刑在教在戒人员《出监（所）指南》。监管场所要按照司法部、公安部的有关规定，加强对服刑在教在戒人员的出监（所）教育，告知服刑在教在戒人员有关刑释解教人员衔接、就业、就学、帮扶、社会保障等方面的政策措施，以及与地方安置帮教组织的联系方式。

（六）建立健全监管场所教育改造质量评估体系。监管场所要认真落实"首要标准"，对每个服刑在教在戒人员在监管改造过程中各个环节的教育改造效果进行评估、建立档案。监狱在服刑人员刑释前三个月（减刑、假释和改判释放的在一周内）、看守所和劳教所在服刑在教在戒人员刑释解教前一个月，对其在监管场所的表现，主要包括认罪悔罪、服刑服法、遵守监规监纪、思想动态、经常反映申诉的问题、掌握劳动技能情况、刑释解教后可能遇到的生活困难、家庭变化、社会交往等问题及回归社会危险性进行客观综合评估。根据评估结果，将刑释解教人员分为重点帮教对象和一般帮教对象，并针对其具体情况，对相关机构的服务管理工作提出具体建议。重点帮教对象包括：经评估认为回归社会后有重新违法犯罪倾向的人员，刑释解教前仍没有核实清楚姓名、身份、住址的人员和刑释解教后无家可归、无业可就、无亲可投的人员（以下简称"三无人员"）等；其他人员为一般帮教对象。

（七）发挥社区矫正的积极作用。2010年年底前，省司法厅要会同有关部门制定全省社区矫正工作实施办法。各地社区矫正组织和安置帮教组织要配合社会工作者，做好社区矫正对象和安置帮教对象的衔接工作，提供专业服务，特别是在社区服刑人员服刑期满后落实后续帮教措施，确保其不失控、不重新违法犯罪。

三、建立健全衔接机制，实现刑释解教人员出监（所）接茬无缝对接

（一）建立全省刑释解教人员信息系统。建立省衔接安置帮教及信息化管理工作联席会议制度，统筹协调全省刑释解教人员衔接安置帮教及信息化管理工作。依托公安信息通信网安全边界接入平台，建立并运行"贵州省刑释解教人员信息系统"，将刑释解教人员出监（所）时的管理衔接和安置帮教工作纳入信息化管理，实现对刑释解教人员进行全面动态管理，确保对刑释解教人员底数清、去向明、不漏管、不失控。

（二）建立"三无人员"必接必送工作机制。对于"三无人员"，在刑释解教前一个月，监管场所将拟释放通知、综合评估意见、回执单等相关材料通过刑释解教人员信息专用网络传至其户籍所在地县级公安局。县级公安局签收后3日内将相关材料抄送县安帮办。县安帮办在15日内通过刑释解教人员信息专用网络将有关情况反馈监管场所，并及时将有关情况通知所在地乡镇（街道）综治工作中心。户籍所在地乡镇（街道）综治工作中心派人按时将其接回，进行安置，并帮助其实现就业。具有城镇户口丧失劳动能力的，经当地民政部门审核后安排在城市社会福利机构。具有农村户口且符合“五保”条件的纳入“五保”范围。对释放后不愿随接返人员返回的要当场对其基本情况进行登记，掌握其行踪。

（三）建立有重新违法犯罪倾向人员的衔接机制。对于有明显重新违法犯罪倾向的人员，在刑释解教前一个月，监管场所将拟释放通知、综合评估意见、回执单等相关材料通过刑释解教人员信息专用网络传至其户籍所在地或居住地的县级公安局。县级公安局签收后3日内将相关材料送县安帮办和户籍所在地或居住地公安派出所、司法所、综治工作中心。公安派出所接到通知后，应将此类人员列为重点人口，制定管控方案。乡镇（街道）综治工作中心要派人或动员其安置帮教责任单位、家庭成员和村（社区）代表在此类人员刑释解教之日将其接回。对释放后不愿随接返人员返回的要当场对其基本情况进行登记，掌握其行踪。司法所要根据拟释放人员的具体情况制定帮教方案，建立帮教档案。责任区民警和安置帮教责任人在此类人员被接回后要立即与其见面，了解情况，落实帮教措施。

（四）建立“三假”人员衔接工作机制。对“假姓名、假身份、假住址”的刑释解教人员，在刑释解教前一个月，监管场所将拟释放通知、综合评估意见、回执单等相关材料通过刑释解教人员信息专用网络传至原办案公安机关。公安机关签收后3日内将相关材料抄送县安帮办。由原办案公安机关、县安帮办和民政局协调负责派人将其接回。对释放后不愿随接返人员返回的要当场对其基本情况进行登记，掌握其行踪。公安机关要将此类人员列入重点人口，县级安帮办负责落实安置帮教措施。

（五）建立危害国家安全罪犯的衔接工作机制。对于危害国家安全罪犯，在刑释前一个月，监管场所将改造等有关情况通报原侦查机关。当地公安机关要为此类刑释人员专门建档，列为重点人员，会同有关部门和单位分等级落实教育管控措施。原侦查机关要与有关部门共同做好教育管控工作。

（六）建立一般帮教对象的衔接工作机制。对于一般帮教对象，在刑释解教前一个月，监管场所将拟释放通知、综合评估意见、回执单等相关材料通过刑释解教人员信息专用网络传送至其户籍所在地或居住地的县级公安局。县级公安局签收后立即将相关材料抄送县安帮办和户籍所在地或居住地的公安派出所、司法所、综治工作中心。乡镇（街道）综治工作中心根据拟释放人员的具体情况，确定派人或联系落实服刑在教在戒人员家庭成员及所在村（社区）代表按期到监管场所将其接回。对释放后不愿随接返人员返回的要当场对其基本情况进行登记，掌握其行踪；当地安置帮教组织要确定帮扶责任人，并签订帮扶协议书，落实帮扶措施。

（七）建立外省籍刑释解教人员的衔接工作机制。对外省籍服刑在教在戒人员，在刑释解教前一个月，监管场所将拟释放通知、综合评估意见、回执单等相关材料传送至其户籍所在地县级安帮办。同时，监管场所要将服刑在教在戒人员的综合评估意见报省安帮办，由省安帮办与户籍所在地省安帮办沟通联系，进一步落实衔接工作措施。

（八）建立贵州籍在外省服刑在教在戒人员的衔接工作机制。对贵州籍在外省服刑在教在戒人员，各级安帮办在接到其监管场所拟释放通知、综合评估意见、回执单等相关材料后，要向监管场所及时反馈信息，按重点帮教对象和一般帮教对象分类落实帮教措施，同时，要将有关信息逐级上报，由市（州、地）安帮办汇总后报省安帮办。

（九）建立刑释解教人员异地流动管控机制。对异地流动和人户分离的刑释解教人员要建立动态信息登记制度，实行流出地与流入地、户籍所在地与经常居住地双列管。外出务工的刑释解教人员，流出地司法所要将有关情况及时通报刑释解教人员务工地司法所，并书面委托务工地司法所、务工单位落实帮教措施，共同将教育、帮扶、管理工作措施落到实处、责任到人。

（十）逐步建立刑释解教人员过渡性安置基地。2010年，在贵阳市、遵义市、六盘水市等地进行试点，通过政府投入、社会支持等方式，建立集食宿、教育、培训、救助为一体的刑释解教人员过渡性安置基地，用于安置“三无”人员等重点帮教对象。此类人员刑释解教前一个月,由监管场所通知安置基地所在地的县级安帮办,按照自愿、就近的原则,将其安置到过渡性基地,并与监管场所交接相关材料。此类人员可以在当地公安机关办理暂住户口登记手续,司法所负责落实后续帮教措施。

四、着力提高对刑释解教人员的服务管理水平,最大限度地增加社会和谐因素

(一)切实解决刑释解教人员生活和就学问题。2010年年底前,省司法厅要牵头会同省人力资源社会保障厅、省教育厅等有关部门制定我省解决刑释解教人员生活和就学问题的具体实施办法。刑释解教人员可以到户籍所在地公共就业服务机构进行失业登记,凭登记证明享受公共就业服务和有关就业扶持政策。各地应适当放宽对刑释解教人员中就业困难人员的认定标准,符合条件的刑释解教人员进行失业登记后可以直接申请就业援助;经人力资源社会保障部门认定后,享受就业困难人员的就业扶持政策。农村户籍的刑释解教人员原有责任田(林)的,应予以落实。对生活困难的刑释解教人员,民政部门应按规定给予最低生活保障或采取临时救助措施。鼓励刑释解教人员自主创业、自谋职业,工商行政管理、人力资源社会保障部门在办理证照、人员培训等方面给予政策扶持,金融机构按照国家有关政策给予信贷支持,符合条件的享受国家统一的促进就业税收政策。录用符合用工条件刑释解教人员的企业,按规定享受国家普惠政策。对于符合就学条件的刑释解教人员,特别是未成年人,教育部门和相关学校应当切实做好其就学的有关工作。

(二)认真落实刑释解教人员社会保险政策。符合申领失业保险条件的刑释解教人员按规定享受失业保险待遇;已经参加职工基本养老保险或新型农村社会养老保险的,按规定继续参保缴费或享受相应待遇。刑释解教人员按当地规定参加城镇基本医疗保险或新型农村合作医疗。

五、进一步加强对刑释解教人员的教育帮扶,帮助刑释解教人员更好地融入社会

(一)加强对刑释解教人员的思想政治教育。各级刑释解教人员安置帮教组织要依托基层党政组织和基层群众自治组织,对辖区内刑释解教人员开展多种形式的思想政治、法制、道德和文化教育,增强其社会责任感,努力减少和消除其消极对抗情绪,激励引导其遵纪守法、自食其力,顺利融入社会。

(二)积极推进社会帮扶。各级刑释解教人员安置帮教组织要整合社会资源参与安置帮教工作,推动安置帮教工作社会化。充分发挥工会、共青团、妇联、关工委及个体劳动者协会和私营企业协会等群众组织和社会团体的帮教优势,动员“五老”(老干部、老战士、老专家、老教师、老模范)、志愿者等人员组建专职社会工作者机构和队伍,推进安置帮教工作专业化。积极推广瓮安县“6·28”帮教挽救工作经验。

(三)探索建立刑释解教人员安置帮教解除程序。司法所、公安派出所对辖区内的刑释解教人员、尤其是被列为重点管理、重点帮教的对象要做到情况清、底数明。要加强协作、配合、沟通,一旦发现辖区内的刑释解教人员有危害社会的苗头,应当相互通报情况,及时采取预防措施。对帮教转化效果明显、就业安置有着落、较好融入社会且已刑释解教满三年的安置帮教对象,经刑释解教人员户籍所在地或居住地司法所、公安派出所共同评估,适时解除安置帮教。

六、加强组织领导,确保刑释解教人员安置帮教工作各项措施落到实处

(一)切实加强领导。各级党委、政府要把刑释解教人员安置帮教工作作为基层平安建设和各级领导干部社会治安综合治理领导责任制的重要内容。县(市、区、特区)、乡镇(街道)党委、政府主要负责人要对做好刑释解教人员安置帮教工作负总责,分管领导是第一责任人。要加强领导,完善机制,更新观念,创新方法,确保刑释解教人员安置帮教工作各项措施落到实处。

(二)大力加强各级安帮办建设。各级安帮办,特别是县级安帮办在刑释解教人员衔接、帮教、安置、管理等方面具有重要的职能作用,要进一步完善成员单位联席会议制度和单位责任制,确保安置帮教工作有人抓、有人管。要加强各级安帮办和乡镇(街道)司法所建设,充实工作力量,充分发挥其在刑释解教人员安置帮教中的作用。

(三)切实加强经费保障。各级党委和政府要将刑释解教人员安置帮教工作经费,包括各级安置帮教工作领导机构工作经费、刑释解教人员职业技能培训和职业技能鉴定经费、安置帮教志愿者工作经费等，纳入同级财政预算，切实予以保障。

（四）建立健全齐抓共管工作机制。刑释解教人员安置帮教工作是社会治安综合治理工作的重要组成部分，要在社会治安综合治理委员会的领导下，动员社会各方面力量积极参与，齐抓共管。各级社会治安综合治理委员会及其办公室要把刑释解教人员安置帮教工作作为社会治安综合治理和平安建设的重要基础性工作，切实抓紧抓好。各级安帮办要在同级党委、政府统一领导和综治委（办）、司法行政部门的具体指导下，组织落实刑释解教人员的衔接管控、安置帮教工作措施，积极协调相关成员单位认真履行职责，对安置帮教工作进行考核。刑释解教人员安置帮教领导小组各成员单位要严格按照分工，认真履行职能，不断增强齐抓共管的合力。

（五）强化安置帮教基层基础工作。乡镇（街道）党政组织要承担起组织落实刑释解教人员安置帮教工作的责任。乡镇（街道）综治委（办）要协助党委、政府，通过综治工作中心平台和工作机制，加大对刑释解教人员安置帮教工作的指导协调力度。要建立和落实村（社区）党组织和综治工作站刑释解教人员帮教责任制，确保安置帮教工作落实到基层、落实到人。

（六）完善考核奖惩机制。各级综治办和安帮办要加强对刑释解教人员安置帮教工作的督导检查，把刑释解教人员衔接登记、管控、安置、帮教情况及刑释解教人员重新违法犯罪率和工作经费保障等情况列为社会治安综合治理考评内容，考评结果要向党委、政府报告并通报相关部门。各级政法机关特别是公安、司法行政机关要把刑释解教人员安置帮教工作与责任单位、责任民警的工作实绩考核、晋级晋职和奖惩挂钩。各级党委、政府对在刑释解教人员安置帮教工作中涌现的先进集体和个人，要按照有关规定进行表彰奖励。因责任不落实、措施不到位，发生刑释解教人员重新违法犯罪甚至造成重大恶性刑事案件或群体性事件的地方，符合《贵州省社会治安综合治理一票否决权制办法》（黔委[2009]23号）规定的，坚决实行一票否决，对帮教责任人、司法所、公安派出所帮教责任民警、村（社区）党组织负责人、乡镇（街道）党政领导以至监管教育改造环节相关负责人，实行责任倒查，严肃追究有关单位领导和责任人的责任。

（七）加大舆论引导力度。各级安帮办要认真总结推广各地、各部门在刑释解教人员安置帮教工作中形成的好经验好做法，充分发挥典型示范和带动作用。新闻媒体要大力宣传刑释解教人员中遵纪守法、勤劳致富、服务社会的先进典型，消除社会偏见和歧视，从多方面引导、动员社会各界和广大人民群众理解、帮助刑释解教人员，共同参与安置帮教工作，努力为刑释解教人员融入社会创造良好的社会环境。

中共贵州省委办公厅　贵州省人民政府办公厅 转发《省社会治安综合治理委员会关于加强违法青少年帮教工作的意见》的通知

（2010年7月28日）

各市（自治州）、县（市、区、特区）党和人民政府，各地区党委和行署，省委部委，省级国家机关各部门，省军区、省武警总队党委，各人民团体：

《省社会治安综合治理委员会关于加强违法青少年帮教工作的意见》已经省委、省政府领导同志同意，现转发给你们，请遵照执行。

省社会治安综合治理委员会
关于加强违法青少年帮教工作的意见

青少年是祖国未来的建设者,是中国特色社会主义事业的接班人。对违法青少年开展帮教工作,是根据青少年可塑性大的特点,遵循青少年成长规律,依靠社会各方面的力量,帮助违法青少年改过自新、健康成长的一种社会教育措施。为深入推进"社会矛盾化解、社会管理创新、公正廉洁执法"三项重点工作,特别是社会管理创新工作,加强对违法青少年的教育、感化和挽救,根据有关法律政策规定,总结瓮安县创新学校、社会、家庭"三位一体"帮教工作体系和机制,结合我省实际,现就加强违法青少年帮教工作提出如下意见。

一、充分认识新形势下加强违法青少年帮教工作的重大意义

当前,我国正处在经济转轨、社会转型的关键时期,社会矛盾凸显、刑事犯罪高发,青少年违法犯罪现象较为突出。对违法青少年开展帮教,让其认识错误、改过自新,顺利融入到学校、家庭、社会,回归到正确的人生轨道上来,是社会管理创新的重要举措,是预防和减少青少年重新违法犯罪的重要途径,事关违法青少年的前途和命运,事关社会和谐稳定,同时也是党和政府对失足青少年关爱的充分体现,是中国特色社会主义制度、司法制度、教育制度优越性的充分体现,是一项极重要的民心工程、德政工程、平安工程。各级党委、政府要充分认识加强违法青少年帮教工作的重大意义,切实增强新形势下做好违法青少年帮教工作的紧迫感和责任感。

二、开展违法青少年帮教工作的指导思想、对象范围、目标任务和基本原则

(一)指导思想。以邓小平理论和"三个代表"重要思想为指导,深入贯彻落实科学发展观,坚持教育、感化、挽救的工作方针,遵循青少年成长规律,充分整合学校、家庭、社会力量,全面加强对违法青少年的帮教工作,努力促使违法青少年改过自新,顺利融入到学校、家庭和社会,回归到正确的人生轨道上来,成为中国特色社会主义事业的建设者和接班人。

(二)对象和范围。违法青少年帮教工作的对象是指:不满25周岁,依据《中华人民共和国刑法》、《中华人民共和国治安管理处罚法》等有关法律规定,确有违法或轻微犯罪行为,但还不够刑事处罚、劳动教养等处理,可能继续进行违法犯罪活动,需要社会力量进行帮助教育的青少年。其范围包括:有轻微偷窃、抢夺行为的;纠集他人结伙滋事,扰乱社会治安的;携带管制刀具或参与赌博,屡教不改的;吸食、注射毒品的;多次传播淫秽的读物或者音像制品的;有其他违法或轻微犯罪行为的。对违法青少年是否需要和继续需要依靠社会力量进行帮教,由各级法院、检察院、公安机关根据执法办案过程中掌握违法青少年的有关情况确定。

(三)目标任务。一是促使违法青少年帮教工作的常态化、制度化、规范化。建立健全帮教工作机制,完善帮教工作网络,落实帮教工作责任,形成齐抓共管的工作局面。二是促使帮教违法青少年走向新生。每个帮教对象得到帮助、教育、扶持,回归到正确的人生轨道上来,做到"确定一个,帮教一个、转化一个、挽救一个"。三是促使帮教违法青少年的素质全面提高。帮教违法青少年自觉遵守国家法律、法规和道德规范,身心健康,品行良好,文化知识水平和职业技能提高,成长为有理想、有道德、有文化、有纪律,德、智、体、美全面发展的中国特色社会主义事业建设者和接班人,做到"帮教一个人,温暖一家人,影响一片人,造福一代人"。

(四)基本原则。一是坚持贯彻落实科学发展观,坚持以人为本、执法为民,以青少年的健康成长为工作重心,充分发挥中国特色社会主义制度、司法制度和教育制度的优越性,最大限度增加和谐因素、最大限度减少不和谐因素、最大限度减少社会对抗,使教育、感化、挽救工作沿着正确方向前进。二是坚持教育为主、惩罚为辅的基本原则,坚持正面教育,关心、关爱违法青少年,满腔热情地帮助解决其生活、学习和工作中遇到的困难和问题。三是坚持正确区分性质,严格把握政策界线。帮教工作是一种社会教育措施,是对违法青少年教育特别是思想道德教育的一个重要方面,不是行政处罚,更不是刑事处罚。帮教工作中严禁体罚、变相体罚、侮辱人格、限制人身自由。被帮教青少年的名单,不得在群众中公布,帮教材料不装入其人事档案。四是坚持遵循青少年的成长规律开展帮教工作,注重整合学校、家庭、社会的帮教资源和力量,充分调动社会各方面的积极性、主动性、创造性,全方位、多层次地形成帮教工作合力,区别不同对象,采取"一人一策"的措施科学施教,促进违法青少年的全面发展进步。五是坚持党委统一领导,部门齐抓共管,密切配合,全面落实帮教责任,为帮教挽救工作的顺利开展提供强有力的保证,切实做到政治效果、社会效果和法律效果的有机统一。

三、创新完善违法青少年帮教工作机制

(一)建立"情况清、底数明、全覆盖"的违法青少年帮教工作动态监测机制。各级法院、检察院、公安机关要及时将在执法办案过程中掌握的违法青少年信息通报同级刑释解教人员安置帮教工作领导小组办公室(以下简称"安帮办")。各级安帮办要综合分析违法青少年重新违法犯罪情况,对违法青少年的现实表现、帮教情况进行动态监测,及时通报相关部门或单位。

(二)建立"信息明晰、传递快捷、交换顺畅"的违法青少年帮教工作基本信息沟通机制。各级法院、检察、公安机关确定违法青少年需要依靠社会力量进行帮教的,要及时将帮教通知书送达同级安帮办。各级安帮办接到法院、检察院、公安机关的帮教通知书后起 10 日内通知帮教对象所在学校、社区(村居)或单位。各级安帮办按照违法犯罪类型、教育程度、家庭背景等要素,对需要依靠社会力量进行帮教的违法青少年建立个人档案,定期将帮教违法青少年基本信息通报有关单位和部门。

(三)建立"分类帮教、结对帮教、责任落实"的违法青少年帮教工作责任制度。按照属地管理原则,各级安帮办要与帮教对象所在学校、社区(村居)或单位及监护人签订帮教责任书,落实学校包学生、社区(村居)包社会青少年、单位包职工、家长包子女的包教责任制,因地制宜的落实帮教工作措施。对在校学习的帮教对象,由帮教对象所在学校明确 1 名教师负责进行帮教,学校是帮教责任单位,帮教教师是帮教责任人;对未就学的社会违法青少年,由违法青少年所在地社区(村居)或单位明确 1 名社区(村居)干部或单位负责人对违法青少年进行帮教,社区(村居)干部或单位负责人是帮教责任人。帮教对象要与帮教责任人签订保证书。帮教责任人要坚持"三见面"制度,即定期与帮教对象见面、与帮教对象家长(监护人)见面、与帮教对象所在学校或社区(村居)、单位负责人见面,与帮教对象交心谈心,全面掌握帮教对象的基本情况,按照"一人一策"的要求制订个性化帮教措施,有针对性地开展结对帮教,关爱帮教对象,切实帮助其解决思想、生活、学习等方面遇到的问题和困难。

(四)建立"定期联系、流动跟踪、注重实效"的违法青少年帮教工作跟踪帮教机制。帮教责任人要定期与帮教对象及其监护人、学校或社区(村居)帮教组织联系,掌握帮教对象行踪。帮教对象行踪发生变化的,帮教责任人要及时与违法青少年现时居住地的社区(村居)、学校或单位取得联系,掌握其动向,落实跟踪帮教措施,确保违法青少年不失控、不重新违法犯罪。要按照省委办公厅、省政府办公厅转发的《贵州省社会治安综合治理委员会关于进一步加强刑满释放解除劳教人员安置帮教工作的实施意见》(黔党办发[2010]10 号)的规定,对刑满释放解除劳教后有重新违法犯罪倾向的青少年建立"必接必送、安置帮教"的工作机制。

(五)建立对违法青少年"定期评估,适时解除"的帮教工作解除机制。帮教对象自签订帮教保证书之日起 1 至 3 年内,经过教育、感化、挽救后未重新违法犯罪、表现良好、无现实危害的,由帮教责任人会同相关基层组织提出评估意见报安帮办审查后解除帮教。

四、全面落实对违法青少年的帮教工作措施

(一)加强思想道德教育。针对青少年的身心特点,采取各种有效措施,深入开展对帮教对象的爱国主义教育、革命传统教育、社会主义核心价值观教育、中华传统美德教育，促使违法青少年陶冶情操，养成良好的行为习惯。

（二）加强法制教育。根据违法青少年的思想状况、生理、心理特点和接受能力，把帮教对象作为普法的重点，充分发挥法制辅导员和法制副校长（法制辅导员）的作用，保证帮教对象接受法制教育的时间、内容，通过以案说法、庭审旁听、模拟法庭、专题报告会、法制课等多种形式，用真实典型的案例进行教育，让帮教对象更加生动、直观、有效地接受法制教育，不断提高其法制意识和学法、懂法、守法的自觉性。

（三）加强心理矫治。中小学校要建立心理矫治室，配备专兼职心理矫治老师，特别要充分发挥班主任、辅导员的作用，定期开展对帮教对象的心理健康教育、心理危机干预等心理矫治工作。要采取多种方式组织社会心理矫治专业人员、志愿者为未就学的帮教对象提供心理咨询和疏导，帮助其养成健康心理，健全人格。

（四）加强家庭教育。学校、社区（村居）或单位要与帮教对象家长（监护人）建立联系制度，发挥好家庭教育的作用。团委、妇联和教育行政部门、社区要切实担负起组织、指导和推进帮教对象家庭教育的责任，通过举办帮教对象家长座谈会、培训会、法制教育会等形式开展家长教育，引导家长树立正确的教育理念和科学的教育方法，正确教育、引导、监督、保护违法青少年特别是违法未成年人子女，全面提供关心和爱护，创造适合违法青少年健康成长的和谐家庭氛围，形成社会教育、学校教育、家庭教育的合力。

（五）加强义务教育和职业技能培训。全面加强对违法青少年的九年制义务教育，教育行政部门要规范和完善违法青少年就学、学历衔接的政策措施，研究出台具体的政策措施解决教学、颁证等方面的困难，切实解决好违法青少年特别是违法未成年人的就学、升学等实际问题。针对违法青少年文化成绩普遍较差的实际，中小学校要组织优秀学生结对帮助违法青少年的文化学习，教师要对其文化学习予以特殊关怀。教育、人力资源和社会保障、民政等部门要积极开辟适合违法青少年求学、求知的有效渠道，鼓励引导他们通过自学考试、继续教育、职业技术等培养方式提高文化素质和就业能力。对经培训职业技能达到有关标准的，人力资源和社会保障部门要颁发相应的资格证书。

（六）加大帮扶力度。民政部门要及时将符合救助条件的违法青少年困难家庭纳入城乡低保范围；加大城乡医疗救助力度，在政策允许的范围内对违法青少年及其家庭给予适当照顾；建立健全临时救助制度，在违法青少年及其家庭遇到临时困难时给予及时帮助。共青团、妇联等群团组织要会同民政、文化、体育等部门，组织开展送文化、体育比赛、困难帮扶、志愿服务等公益活动，关心、解决违法青少年的实际困难，丰富他们的文化娱乐生活。

（七）认真落实“宽严相济”刑事政策。未成年人违法犯罪的，可依法作出不捕、不诉或依法判处缓刑、运用减刑或假释等办法，落实帮教措施，对其进行教育、感化、挽救，尽可能给其改过自新的机会。对经过帮教后现实表现好的，可以试行违法和轻罪记录消除制度，其违法及轻罪记录不入本人档案，使其在升学、入伍、就业等方面与其他未成年人享有同等权利。

五、加强组织领导，为做好违法青少年帮教工作提供坚强保证

（一）加强领导，为帮教工作提供有力保障。各级党委、政府要把对违法青少年的帮教工作作为重大政治任务，党政一把手是帮教工作的第一责任人，负总责，亲自抓，分管领导要具体抓落实。要定期听取帮教工作汇报，分析研究帮教工作面临的形势和任务，制定贯彻落实中央、省委关于加强青少年教育的大政方针的具体措施，对帮教工作作出全面部署。要加强对帮教工作的调查研究，及时解决帮教工作中的重大问题和实际困难。要建立和完善帮教工作经费保障制度，将帮教工作经费列入同级财政部门预算予以保障。要配备与帮教工作相适应的工作力量。要加强对帮教工作的监督，建立健全考核监督制度，加强督促检查，确保帮教工作不偏离正确的政治方向。参与帮教工作的人员必须思想进步、作风正派、热心青少年教育工作，并有一定的帮教工作能力。

（二）建立健全组织机构，明确工作职责。要建立由各级党委、政府统一组织领导、综治委牵头抓总、相关部门齐抓共管的工作机制。建立违法青少年帮教工作联席会议制度,各级综治办要定期组织同级法院、检察院、宣传、教育、公安、民政、司法行政、人力资源和社会保障、工商、文化和团委、妇联、预青办、关工委等部门要召开联席会议,通报情况,研究解决问题,制定帮教规划,加强督促检查。各级安帮办要落实各项帮教措施。教育部门要充分发挥学校教育主阵地作用,加强对在校学习的违法青少年的思想道德教育、法制教育、心理教育、文化教育,全面提高对违法青少年的教育挽救水平。法院、检察院、公安、司法行政等部门要充分发挥职能作用积极参加帮教工作,积极开展对违法青少年的法制宣传教育,保护其合法权益,矫治不良行为,开展帮教活动。人力资源和社会保障、民政、工商、宣传、文化和团委、妇联、预青办、关工委等部门要结合自身业务特点积极参加帮教工作,切实改善违法青少年的成长环境,帮助和解决违法青少年在生活、学习、就业等方面存在的问题和困难。

(三)加强督导检查。要将对违法青少年的帮教工作纳入社会治安综合治理工作同部署、同落实、同检查。各级综治办要定期组织人员深入学校、社区(村居)对违法青少年帮教工作落实情况开展督导检查。对责任不落实、措施不到位发生违法青少年重新违法犯罪造成重大恶性刑事案件或群体性事件的地方,依照《贵州省社会治安综合治理一票否决权制办法》(黔委[2009]23号)实施一票否决。

(四)加强舆论环境建设。各级安帮办要认真总结推广各地各部门在对违法青少年帮教工作中形成的好经验好做法,充分发挥典型示范和带动作用。宣传部门要组织新闻媒体大力宣传帮教工作的先进典型,消除社会偏见和歧视,引导、动员社会各界和广大人民群众关心、支持、参与对违法青少年的帮教工作,努力增强违法青少年的自尊心、自信心,为违法青少年顺利融入学校、家庭、社会创造良好的社会舆论环境。

中共贵州省委办公厅　贵州省人民政府办公厅转发《省社会治安综合治理委员会关于进一步加强社会治安防控体系建设的意见》的通知

(2010 年 11 月 8 日)

各市(自治州)、县(市、区、特区)党委和人民政府,各地区党委和行署,省委各部委,省级国家机关各部门,省军区、省武警总队党委,各人民团体:

《省社会治安综合治理委员会关于进一步加强社会治安防控体系建设的意见》已经省委、省政府领导同志同意,现转发给你们,请认真贯彻落实。

省社会治安综合治理委员会关于进一步加强社会治安防控体系建设的意见

为加强社会治安防范工作，自《中共贵州省委办公厅贵州省人民政府办公厅转发〈关于加强社会治安防控体系建设的意见〉的通知》（黔委厅字[2004]53号）印发以来，在省委、省人民政府的领导下，各地、各部门不断加大投入，初步建立起了人防、物防、技防相结合的社会治安防控体系，有效地防范和减少了违法犯罪的发生。但是，由于全省不稳定因素大量存在，一些地方刑事、治安案件高发，暴力犯罪、侵财犯罪、黑恶势力犯罪、团伙犯罪、涉毒违法犯罪仍然比较突出；一些地方见警率低，巡防守护、技防设施配置等不到位，社会治安防控网络和体系还不健全，人民群众缺乏安全感。为深入贯彻中央、省委关于健全社会治安防控体系的决策部署，加强社会治安综合治理，创新社会管理，提高社会治安防控水平，深入推进"平安贵州"、"和谐贵州"建设，现就进一步加强社会治安防控体系建设提出以下意见。

一、指导思想和总体目标

（一）指导思想：以邓小平理论和"三个代表"重要思想为指导，深入贯彻落实科学发展观，按照"打防结合、预防为主，专群结合、依靠群众"的方针，坚持党委、政府统一领导，综治委牵头、各部门齐抓共建、社会各界共同参与，坚持专门机关工作与群众路线相结合。以县（市、区、特区）为单位，以公安等政法机关为主体，以群防群治组织为依托，以维护社会和谐稳定、增强群众安全感为目标，进一步健全完善社会治安防控机制和保障机制，提高动态环境下预防和控制违法犯罪的能力，为实现全省经济社会又好又快、更好更快发展营造良好的社会治安环境。

（二）总体目标：大力推进人防、物防、技防相结合的社会治安防控体系规范化、社会化、产业化、专业化、网络化、信息化建设，构建网络布局科学合理、总体框架完整严密、管防控打一体化的社会治安防控网络和防控体系，确保刑事发案平稳，严重刑事案件稳中有降，可防性、多发性案件得到有效控制，突出治安问题得到有效解决，社会治安秩序良好，人民群众安全感进一步增强。

1. 人防力量建设：省会城市和其他市（州、地）党委、政府（行署）所在城区，每10万人口的巡逻防控力量应在200人以上；其他县（市、区、特区）党委、政府所在城镇每10万人口巡逻防控力量应在150人以上；农村根据实际情况配备一定数量的巡逻防控人员。

——加强市（州、地）公安局特警支队、县（市、区、特区）公安局巡逻特警大队建设，强化特巡警对社会面的巡逻防控。大力实施社区（片区）警务战略，科学划分警务区，实行一区一警或一区多警，推行民警驻区巡防制度，组织带领居民（村民）开展群防群治。

——加强专职治安巡防队伍建设。各县（市、区、特区）党委、政府所在城区街道、镇的专职治安巡防队人数应不少于全县人口总数的万分之二；所在城区有多个街道、镇的，其他街道、镇的专职治安巡防队人数应不少于该街道、镇辖区人口总数的千分之一；其他乡镇党委、政府所在地要结合实际组建一定数量的专职治安巡防队。

——大力发展保安服务业。全省保安员要在现有近4万人的基础上，力争每年有所增加，不断发展壮大。

2. 城市报警与视频监控系统建设：到2012年，各市（州、地）、县（市、区、特区）都要建立与110联动的城市报警与监控系统，建成覆盖全省所有重点区域、要害部位、复杂场所、治安卡口的联网视频摄像探头和报警点。

3. 物防设施建设：加强道路治安卡口建设，增加和配备巡逻车辆及警用装备，确保关键时刻能控住路、堵住卡、封住边、关住门。

二、主要措施

（一）健全完善城镇社会面治安防控体系。大力推行“网格化”布警巡逻模式，建立巡警牵头，交警、派出所民警、武警等有关警种参与，专职治安巡防队员为重要补充力量，各类群防群治组织协同配合的巡逻体制，采取片上防、路上巡、点上守、卡上查等措施开展社会面上治安防控，重点加强城镇繁华街区、公共复杂场所、城乡结合部、城中村等案件多发区域、多发时段的治安巡逻防控工作，切实增加街头路面巡防的有警密度和有警时间。加强以110指挥中心为“龙头”的快速反应机制建设，制定和完善各类分级处警预案，建立统一指挥、分级负责的防控工作指挥调度系统。市（州、地）、县（市、区、特区）综治部门和公安机关要制定相应的管理办法，科学、合理地设立和划分巡防责任区（段），使社会面治安防控责任明确，工作规范。

（二）健全完善社区治安防控体系。建立健全社区综治工作站，整合社区治安资源，加强社区警务力量，充分发挥社区民警骨干作用，依托社区党组织和居委会，组织协调治安联防队伍和群防群治组织，划区域、分时段地负责社区小街、小巷及居民区的治安巡逻防范，建立起以居民小区为点、道路为线、社区为面的社区防控体系。要采取由政府拨款和受益单位、个人共同出资等办法筹集资金，建立相对稳定的社区专职治安防范队伍，把建立专职防范队伍与加强社会保障、做好再就业工作结合起来。大力推广平安建设志愿者这一群防群治形式，组织发动社区平安志愿者参加治安防范，努力探索平安志愿者队伍长效工作机制。

进一步扩大居民住宅区实行物业企业服务的覆盖面，强化物业管理中的治安防范服务功能。新建的住宅小区、楼院必须与治安防范设施同设计、同施工、同验收，落实物业服务措施；机关、团体、企事业单位自建的住宅区、楼院和相对集中的居民住宅区、楼院，有关单位、部门和街道（乡镇）、社区要创造条件，落实物业管理服务措施。未实行或不能实行物业管理的居民住宅区、楼院，要组织居民共同出资聘请专人值班守护、居民轮流看护，或者安装单元防盗门、分户铁门铁窗、技防报警装置等措施。

（三）健全完善单位内部治安防控体系。各机关、团体、学校（幼儿园）及其他企事业单位要按照“谁主管谁负责”的原则和“抓系统、系统抓”的要求，切实加强安全保卫机制建设，健全内保组织，充实保卫力量，明确职责任务，健全工作制度，强化治安防范目标管理，做好治安防范工作。全面落实单位办公区、生产经营区、教学区、学生宿舍区和单位自建的职工住宅区（楼院）、生活区的治安防范和管理，按照有关防范标准在重点要害部位、场所安装安全技术防范设施和物防设施。加强对本部门、本系统的管理，指导、督促所属单位搞好治安防范。各级综治部门和公安机关要按照“属地管理”的原则，对辖区单位防范工作加强督促检查和指导。

（四）健全完善村寨治安防控体系。由乡镇（街道）综治办组织协调，驻村民警牵头负责，紧紧依靠村党组织和村委会，以村综治工作站为平台，因地制宜采取适合农村特点的人防、物防和技防措施，建立健全符合农村特点的社会治安防控体系。要建立以村组干部、退伍军人和民兵为骨干，其他村民参加的义务治安联防队，根据农业生产和农村治安特点，开展巡逻和道口值守。有条件的乡镇、村应给予联防队员适当补贴或组建村专职联防队。要组织发动群众以村民小组、自然村寨为单位或分片、划户，开展“联户联防”、“互助联防”，实行轮流巡逻、值班守护或邻里相互守望。要积极发展治安信息员、中心户长、治安协管员等群防群治队伍，充分尊重群众意愿，积极探索各种治安防范形式。

（五）健全完善矿区、库区、工区及周边治安防控体系。各矿区、库区、工区（以下称“三区”）所在地的县（市、区、特区）、乡镇（街道）要与有关企业和项目投资方、建设方共同建立治安联防机制，落实地方和各生产、施工企业的安全保卫责任，落实各项防控措施，组建治安巡防队伍，开展巡逻守护工作，健全完善“三区”及周边治安防范体系，共同维护“三区”及周边良好的治安秩序，推进平安和谐“三区”建设，确保西部大开发战略顺利实施。

（六）健全完善科技防范监控体系。大力实施“科技强警”战略，充分发挥技术防范在社会治安防控工作中的作用。把技术防范纳入城乡规划和建设，以城市报警与监控系统建设为切入点，制定城市技术防范发展规划，加快城市综合管理、交通和治安卡点图像监控等系统建设，大力推进城市报警与监控系统的资源整合，不断提高防控体系的科技含量，建成能覆盖全省社会面，自上而下“互联互通、资源共享”的城市报警与监控系统，努力实现“控得住、查得清、调得出、用得上”的应用目标。有条件的单位和小区要与综合报警网实现联网，增强整体防控效能。

三、工作要求

（一）加强领导，制定规划。各级党委、政府及其综治部门、公安机关要充分认识加强社会治安防控体系建设的重要性，切实承担起保一方平安的政治责任，进一步加强对社会治安防控体系建设工作的组织领导，将社会治安防控体系建设纳入当地经济社会发展总体规划和城镇建设规划，从本地、本部门实际出发，研究制定社会治安防控体系建设实施方案和工作规划，建立和完善社会治安防控体系建设的工作机制和保障机制。

（二）强化责任，落实奖惩。各地、各部门要进一步健全和完善社会治安综合治理领导责任制、目标管理责任制和一票否决权制，实施社会治安领导责任查究，将社会治安防控体系建设工作列入领导任期目标，作为考核和述职的重要内容；把社会治安防范任务、要求分解为具体的操作性强的目标责任，一级抓一级，层层抓落实，切实兑现奖惩，激励基层单位主动做好社会治安防范工作。

（三）加大投入，搞好保障。各级党委、政府要按照《中央办公厅、国务院办公厅转发〈中央综治委关于加强社会治安防范工作的意见〉通知》（中办发[2002]26号）关于“各级政府要把社会治安防范工作经费列入财政预算，纳入国民经济发展总体规划”的要求，从各地每年技防、物防设施建设和专职巡防队伍建设等防控工作需要出发，将社会治安防范工作经费列入财政部门预算。同时，各地要根据《中共贵州省委贵州省人民政府关于进一步加强社会治安综合治理的意见》（黔党发[2002]8号）精神，按照“谁受益、谁出资”和“取之于民、用之于民”的原则，由社区居委会、村委会等基层群众自治组织协调受益单位和个人自愿、适当出资，着力解决基层群众性自防自治队伍所需经费的不足，确保基层群防群治工作能够正常有效地开展。

（四）加强检查，狠抓落实。各级社会治安综合治理委员会要将社会治安防控体系建设工作列入综治工作检查考核内容，加强对防控体系建设工作的督促指导。各地、各部门要深入开展基层平安创建活动，推进治安防控体系建设。要深入开展调查研究，认真总结不同地区、不同层面，不同角度的社会治安防控体系建设的典型经验，实行分类指导，促进工作取得实质性效果，在全省范围内建立起严密、完善的社会治安防控体系，有效地预防、控制和减少违法犯罪，创造良好的、人民满意的社会治安秩序。

风险评估先行　防范化解联动
统筹推进发展与稳定工作

贵州省铜仁地委、行署

铜仁地区地处贵州东部，湘、黔、渝结合部，是“鸡鸣三省”的特殊地带，全国18个集中连片的贫困地区之一。近年来，铜仁地区抢抓国家实施西部大开发战略的机遇，大力推进以交通、水利为重点的基础设施建设，一批国家级重点项目相继开工，工业化和城镇化建设步伐明显加快。所有这些，在为铜仁跨越式发展打下坚实基础的同时，也使征地拆迁、移民安置、资源环保、社会保障等领域矛盾纠纷大量凸显，维护社会稳定面临巨大压力。

为从源头上减少不稳定因素，2008年11月，铜仁地区在贵州省较早出台了《关于开展社会稳定风险评估工作的意见》,但少数领导干部存在认识和理解上的偏差,片面地认为社会稳定风险评估就是否定政策、否定项目、制约发展,在具体执行中变形走样,要么不开展评估,要么评估走形式、走过场,以至于因决策不当、风险防范和化解不力引发了一些群体性事件。

深刻的教训让铜仁地区更加清醒地认识到:定政策、作决策、上项目,必须先行开展社会稳定风险评估,既要充分考虑决策和项目的经济效益,又要充分考虑社会效益特别是潜在的稳定风险;既不能因社会稳定风险的存在而简单地否定决策和项目,又不能因急于决策和立项而忽视社会稳定风险的评估和防范化解。从2009年初开始,铜仁地区把开展社会稳定风险评估作为统筹发展与稳定关系的重要结合点,作为超前防范风险的重要手段,引入到重大事项决策领域,在铜仁地区全面组织实施,并从执行机制和责任机制上确保真正落到实处。特别是在推进重点项目建设过程中,围绕"项目要推进、风险要防范、矛盾要化解、群众得实惠"的目标,探索建立了"风险评估先行、防范化解联动、建设与调解并进、发展与稳定统筹"的工作模式,切实做到了"四个坚持",即:坚持发展与稳定统筹,把开展社会稳定风险评估作为项目立项审批的前置条件和必经程序;坚持风险评估先行,把风险评估结果和防范化解方案纳入项目审查决策的重要内容;坚持防范化解联动,把风险防范化解措施纳入项目建设规划统筹考虑;坚持建设与调解并进,把矛盾纠纷排查调处工作贯穿工程建设始终。通过成功实践,较好地防范和化解了工程建设领域的不稳定风险,保障了群众的切身利益,破解了征地拆迁难题,实现了重点工程建设与社会稳定工作统筹推进。

加强"警民联调"机制建设　深入推进社会矛盾化解

中共遵义市委　遵义市人民政府

为深入推进社会矛盾化解,贵州省遵义市从加强人民调解与行政调解的衔接入手,在全市公安派出所建立驻所警民联调室,全面推进公安机关"110"接处警与人民调解委员会联合调解矛盾纠纷的"警民联调"机制建设。按照"处置要早、调解优先、调防结合、定纷止争"要求,通过半年的推进,实现了"四降一升"的预期目标:基层公安民警负担明显下降;群体性事件、越级上访数量明显下降;民转刑案件明显下降;同一矛盾纠纷重复报警率、复发率明显下降;矛盾纠纷的调处效率明显提升。

一、抓组织领导

2009年初,遵义市在汇川区上海路派出所开展"警民联调"的试点工作。2010年1月,在试点工作取得成功的基础上,在汇川区召开"警民联调"工作现场会,全面推进"警民联调"机制建设。市、县两级成立了以政法委、公安局、司法局、法院为主要成员单位的深入推进警民联调机制建设领导小组,明确职责,下设办公室在综治办,专门负责对各地推进"警民联调"机制建设的组织协调和督促指导。全市警民联调室全部设在公安派出所。明确联调室主任由各乡镇(街道)政法委书记或综治办专职副主任担任,副主任由派出所所长、司法所所长担任。司法行政机关负责警民联调室专职调解员的选聘、培训工作。按照市城区、县城所在地镇(街道)联调室4－6名专职调解员,治安复杂、流动人口较多的乡镇联调室3－4名专职调解员,一般乡镇联调室不少于2名专职调解员的要求进行配备。选聘2432名人民调解员,经过严格的岗前业务培训合格后,已全部到岗开展工作。

二、抓机制建设

（一）建立完善"警民联调"运行机制。全市规定公安"110"接处警单位在先期处置时，可对一般简易民事纠纷当场先行调解，并做好调解记录，需要制作调解协议书的，补制调解协议书；对现场难以调结的，处警民警在制作相关文书后，告知当事人该纠纷将移交联调室调解；对疑难复杂的，处警民警在控制事态、调查取证的基础上，填写《民事纠纷移送调解单》经派出所负责人审签后，连同纠纷当事人相关材料一并移交联调室；联调室对公安派出所移交的民事纠纷，可要求派出所或相关部门派员配合参与联合调解，调解结束后，联调室将调解结果及时反馈公安派出所。

（二）加强派出所与联调室的对接工作。首先是严格证据对接。派出所民警处警时必须及时提取证据资料，并形成询问笔录，填写《"110"处警先期处置现场目击证人登记表》。对有人身伤害、财物损毁的纠纷，拍摄现场照片，做好相关记录。处警结束后，即将相关资料形成电子台账，对接时与纸质台账同时移交；联调室受理公安机关移送的证据资料后，认真审阅，并在该矛盾纠纷调结后将所有证据资料进行归档。其次是严格程序对接。派出所民警接处警时，要根据公安机关规范化要求，制作接处警先期材料，对当场调结的矛盾纠纷，制作好《现场处结备案单》，对当场不能调结的，将当事人带到警民联调室调处；对属于移送范围内的，处警民警必须如实填写《矛盾纠纷移送调处单》，由所长和处警民警分别签字后，连同现场取证资料移送警民联调室；警民联调室接受移送后，视纠纷案情类别按调处程序进行处置。

（三）规范警民联调室的受理范围。在"110"接处警工作中，因民间纠纷引起的殴打他人等违反治安管理行为，情节较轻，可以通过调解方式化解的治安纠纷；公民之间、公民与单位之间，在生活、工作、生产经营等活动中产生的有调解可能的劳资纠纷、买卖纠纷等民间纠纷；因民间纠纷引起的轻伤害案件，可以通过调解方式处理的。同时，规定警民联调室原则上负责调处本辖区范围内发生的矛盾纠纷。对案情较为复杂、多次调解无效的矛盾纠纷、跨区域的矛盾纠纷以及需要协调上级相关职能部门进行调处的矛盾纠纷，由上一级人民调解组织直接调处或派人指导调处。

（四）强化考核评估和责任追究。建立深入推进"警民联调"机制建设考核标准（试行），明确"警民联调"工作任务、工作目标和责任查究。将各地开展"警民联调"工作情况纳入社会治安综合治理考核，市综治办负责对县（区、市）"警民联调"工作进行考核，县（区、市）综治办负责对乡（镇、街道）"警民联调"工作进行考核。市综治办在年终进行总结表彰，评选"五佳警民联调室"和"十佳调解员"；对工作推进滞后的，给予通报批评；对因调处不力致使矛盾纠纷激化造成严重后果的，实行一票否决。对公安民警在接处警及调处纠纷过程中，不依法履行职责，有警不接，有案不立，瞒案不报或者不依法取证，造成较坏社会影响的，由公安纪检督察部门依法追究相应责任；构成犯罪的，依法追究其刑事责任。对专职调解员在工作中，发生不依法调处、侵犯当事人合法权益的，按照相关规定追究责任；发现不属于调解范围、应由公检法等机关立案查处的案件，应及时移交有权机关处理。瞒案不报，滥用调解手段，构成犯罪的，依法追究其刑事责任。

三、抓工作创新

（一）拓展延伸联调信息触角。坚持"抓早、抓小、抓苗头"的工作思路，在依托110接报警及时发现、分流各类矛盾纠纷的同时，结合外来人口管理等日常基础工作，充分发挥群防群治组织贴近群众的优势，及时发现各类易引发"民转刑"案件、群体性事件、越级上访事件等各类矛盾纠纷信息，统一发布在公安局域网和政府网站设立的专栏内，由派出所会同联调室落实针对性调解措施。

（二）拓展延伸调解形式。在继续发挥矛盾纠纷传统调解形式的同时，本着方便群众、有利于矛盾纠纷化解的目的，在"警民联调"中积极拓展矛盾纠纷的调解形式，如预约调解、专家会诊调解、上门调解、听证调解等，并积极探索实践预约调解员、首席调解员等制度。

（三）拓展延伸联调机构。在建立完善乡镇（街道）警民联调室的基础上，逐步把联调机制向社区、村居、警务室、社工服务中心、外来人口服务中心、大型商贸市场等延伸，建立联调机构，最大限度地化解了矛盾纠纷。在警民联调取得成功的基础上，正把联调工作逐步延伸到法院、劳动仲裁等单位，加强诉调对接、劳调对接等机制建设，不断拓展矛盾纠纷调处的范围。

四、抓经费保障

按照《贵州省财政厅、司法厅关于转发〈财政部、司法部关于进一步加强人民调解经费保障的意见〉通知》精神，把专职"警民联调"调解员每人每月 800－1200 元的人员经费和 300－500 元的办公经费纳入市、县（区、市）、乡（镇、街道）三级财政预算，全市已建立的 756 个警民联调室都解决了独立的办公室和休息室，配备了电脑等必要的办公设备，悬挂了衔牌，开辟公示栏。经费保障力度的加大，调动了调解员的工作积极性，推动了警民联调工作的深入发展。

贵州省综治委、办机构情况和负责人名单

省综治委主任：赵克志　省委副书记、省长

省综治委副主任：黄康生　省委常委、副省长

崔亚东　省委常委、政法委书记、公安厅厅长

傅传耀　省人大常委会副主任

孙华璞　省高级人民法院院长

陈俊平　省人民检察院检察长

省综治办主任：杨　舟　省委政法委副书记

省综治办副主任：方　征

省委政法委副巡视员：饶昌贵

省综治办下设：综合处、基层处

贵州省各市、县（市、区）综治委、办主任名单

地　区	综治委主任	综治办主任
贵阳市	袁　周	刘　晟
云岩区	聂雪松	夏　俊
南明区	张　曦	卢云生
小河区	钟太涌	贺安康
花溪区	向虹翔	田景文
乌当区	赵继红	唐　力
清镇市	刘　军	王家友
修文县	蒋志伦	张科禄
开阳县	马　磊	卢仕怀
息烽县	张定超	杨朝国
白云区	黄昌祥	张　俊
金阳新区	张志祥	朱时衡
遵义市	王晓光	成克才
红花岗区	舒存水	吴　旭
汇川区	王晓东	张晓颖
遵义县	陈光强	宋明权
仁怀市	娄　冰	袁帝坤
习水县	曾　瑜	李永飞
桐梓县	王　忠	王先美
绥阳县	覃儒芳	赖福怀
正安县	宋　霖	张邦国
道真县	向承强	马远斌
湄潭县	肖发君	张晓静
务川县	周权茂	邹书鸿
余庆县	宋晓路	孙跃强
凤冈县	廖海泉	曾祥冕
赤水市	张集智	曹秀平
安顺市	罗　宁	武卫国
西秀区	张本强	魏　敏
平坝县	陶文彩	葛春涛

地　区	综治委主任	综治办主任
普定县	庞　琨	何应超
关岭县	杨开华	陈　兵
镇宁县	狄安臣	罗卫华
紫云县	郭昌华	谭承露
经济技术开发区	黄旭阳	李　斌
黄果树风景区	汪大兴	李胜维
六盘水市	何　刚	王树利
六枝特区	舒　勇	黄万林
钟山区	高玉林	杨友荃
盘　县	王　刚	杨连忠
水城县	付国祥	申沁恒
黔东南州	李飞跃	张爱国
凯里市	洪金洲	王雄忠
天柱县	杨光杰	杨绍基
黎平县	唐　浩	田景树
从江县	王之政	梁　兵
锦屏县	袁尚勇	杨晓波
榕江县	肖　克	吴兴力
黄平县	李文昌	何运生
施秉县	彭世平	万双福
镇远县	李吉科	曾志云
岑巩县	吴仕胜	张　敏
三穗县	付乐欣	吴祖辉
丹寨县	龙先金	王　立
麻江县	陈晓琼	吴道广
雷山县	王润华	向琪玲
剑河县	王勇志	陶通岳
台江县	杨昌彪	欧明光
凯里经济开发区	唐有祥	左茂银
黔南州	李月成	马建平
都匀市	胡晓剑	喻　民
福泉市	张仕雄	张黔华
罗甸县	彭贤伦	覃信前
荔波县	陈稠彪	董豫荔
惠水县	吴　丹	时敏勇
独山县	张惠明	杨建彪

地　区	综治委主任	综治办主任
贵定县	廖小明	罗恩勇
龙里县	罗　俊	林卫国
三都县	张加春	陆仁慧
瓮安县	谢晓东	王登华
长顺县	陈治松	陈大凯
平塘县	毛有智	徐光武
黔西南州	陈鸣明	肖　平
兴义市	张国华	幸芝珍
兴仁县	范　华	张兴华
贞丰县	余越前	余忠彬
安龙县	邓修宇	
册亨县	罗春红	周国发
望谟县	黄兴文	韦家成
普安县	李如晴	严勤学
晴隆县	姜仕坤	马越刚
铜仁地区	李再勇	杨青华
铜仁市	陈代文	杨德昌
玉屏侗族自治县	安孝荣	姚　文 江继武
石阡县	杨胜雄	李政春
印江土家族苗族自治县	杨维权	田儒飞
德江县	张珍强	王开贵
沿河土家族自治县	张翊皓	崔德新
万山特区	张吉刚	韩忠平
江口县	袁　刚	曾凡彪
思南县	胡洪成	廖洪亮
松桃县	叶德恩	周胜华
毕节地区	张吉勇	周光杰
毕节市	王　彬	沈成林
大方县	卢　林	胡光华
黔西县	蒋从跃	邓林春
金沙县	韩　平	杨昌友
织金县	高　青	杨　林
纳雍县	郭　华	卢启成
威宁县	陈　波	鄢占龙
赫章县	王洪全	黄　勇

（撰稿人：韩俊
审稿人：方征　李炜）

云 南 省

2010 年社会治安综合治理工作概况

2010 年，全省各级党委政府认真贯彻落实中央政法“三项重点工作”的部署要求，坚持把综治工作作为服务“两强一堡”建设、构建“平安和谐云南”、保障人民群众安居乐业的重要举措来抓，着力解决影响社会稳定和人民群众安全感的源头性、根本性、基础性问题，积极创新社会管理，不断提升化解社会矛盾和驾驭社会治安局势的能力水平，全面巩固和发展了全省社会和谐稳定。

一、党委、政府高度重视，综治工作再上新台阶

一是把综治工作置于全省工作大局的重要位置周密部署。省委、省政府把加强新时期综治工作作为管全局、利长远、得民心的基础工程，以前所未有的决心和力度来部署、推进和落实。省委将三项重点工作列入年度工作要点，先后召开 2 次全省综治工作会议专门进行部署。省委白恩培书记出席会议并讲话，要求各级党委更加自觉地把社会建设管理摆到与经济建设同等重要的位置，用抓经济建设的劲头抓好社会建设，用创新的思路、方法和手段解决社会治安突出问题，努力推动云南科学发展、和谐发展。全省综治维稳工作真正纳入到全省经济社会发展大局和各级党委政府的重要议事日程同部署、同落实。

二是把综治工作作为维护稳定的第一责任强力推动。不断健全落实综治维稳责任的评价考核机制、奖惩激励机制、责任追究机制和督导检查机制，层层签订了综治目标责任书，真正做到了用硬措施落实硬任务。坚持和完善党政领导干部综治维稳政绩考核制度，将综治工作纳入党政领导班子和领导干部政绩综合评价体系及省管干部年度考核体系，建立综治维稳政绩档案，明确对党政领导干部提拔晋级和行政奖励先征求综治维稳部门意见。坚持和完善政法综治维稳巡视督查制度，围绕重点专项工作 6 次组织了巡视督查。坚持和完善综治成员单位述职制度和联络员制度，各级各部门通过层层强化领导、层层分解任务、层层落实责任，形成了齐抓共管、综合治理的工作局面。

三是切实为综治工作提供有力保障。年初省委常委会研究决定，在强化乡镇党委“一把手”维稳第一责任人的同时，配备一名副书记或副乡（镇）长，专抓综治维稳工作；从今年起，将州（市）、县（市、区）人均综治工作经费标准在原有基础上提高一倍，进一步解决了基层工作条件、保障水平、人员力量等与形势任务不相适应的问题。

四是把社会管理创新纳入全省“十二五”规划。省委“十二五”规划建议对加强社会建设、创新社会管理提出了明确要求，把社会管理创新作为第 16 个重点专项规划之一，围绕化解社会矛盾，加强流动人口服务管理、特殊人群帮教管控、重点地区综合治理、信息网络建设管理、“两新组织”服务管理、基层基础建设和保障体系建设等八个方面来制定。

二、努力推进社会矛盾化解

（一）着力解决信访突出问题。一是调整完善相关政策，推动遗留性问题的解决。针对军转干部、水库移民、农垦改革等牵涉面广、反复上访等热点难点问题，省委、省政府先后出台了《关于进一步调整提高部分企业军转干部解困补助标准的通知》、《关于做好大中型水电工程建设征地补偿和移民安置的意见》等指导性文件，积极推动热点难点问题的化解。二是建立维护稳定救助机制，对群体性事件、信访案件、涉法涉诉信访案件和执行难案件中基本生活特殊困难人员进行救助，省级财政设立专项救助资金 1000 万元，全省财政投入和实施救助资金达 3106.72 万元，实施救助案件 8759 件，救助 11643 人。三是不断完善信访工作机制。继续深入开展领导干部大接访活动，畅通和拓展群众信访渠道，加大信访事项交办、督办力度，进一步发挥了信访联系群众和解决民生问题的桥梁纽带作用。

（二）着力加强矛盾纠纷预防处置机制建设。一是建立健全大排查大调处工作机制。围绕可能引发群体性事件、可能引起集体上访、可能出现极端行为的突出矛盾和问题，不间断地组织开展排查化解工作，促进了问题早发现、矛盾早化解、事情早解决。建立了云南省协调处理国家出资企业重大涉法矛盾纠纷联席会议制度，先后协调处理了16件重大涉法矛盾纠纷，及时协调处理国家出资企业各类重大涉法矛盾纠纷，有效维护了企业和社会稳定。二是建立重大社会安全事件应急处置机制。着力加强群体性事件应急处置指挥体系建设，进一步明确处置群体性事件的层级责任和原则方法，增强了基层组织尤其是责任单位解决群众利益诉求、做好群众工作的意识和能力，全省绝大部分群体性事件均得到及时妥善处置，最大程度地降低了群体性事件对社会稳定造成的冲击和影响。特别是针对因航班延误引发重大群体性事件和极端行为，制定出台了《云南省联合处置大面积航班延误引发问题机制（试行）》，建立了由11家单位参加的联合处置机制，有效维护了航空港正常运行秩序。

（三）着力推进社会矛盾纠纷“大调解”体系建设。积极推动、加快构建党政主导的“大调解”工作新格局、打造全面覆盖的“大调解”工作新平台、建立衔接联动的“大调解”工作新机制，取得了明显成效。在组织架构方面，州市、县、乡分级成立社会矛盾纠纷调解中心，负责矛盾纠纷的受理、分流、调解、督办、建档工作，对矛盾纠纷实行统一受理、集中梳理、归口管理、依法治理、限期办理。在网络建设方面，调解机构延伸到了医患纠纷、劳动人事争议、交通事故、征地拆迁、环境污染、安全生产、食品药品安全、消费者权益保护、房产交易、物业管理等矛盾相对集中、多发行业领域；在机制运行方面，全面推行人民调解进公安派出所、进基层法庭、进基层检察院“三进”措施，形成了人民调解、行政调解、司法调解既充分发挥作用、又相互协调配合的运行机制；在激励奖励方面，“以奖代补”、“以案定补”激励奖励办法得到全面执行，大大增强了基层调解工作的活力。各调解方式在化解社会矛盾纠纷中优势作用得到了充分体现。

三、积极推进社会管理创新

（一）积极开展社会管理创新试点。省综治维稳委制定下发《关于深入推进社会管理创新的实施意见》。目前，全省上下已经形成了党委政府统筹、政法综治部门协调、有关部门共同参与的社会管理组织领导体系和工作机制。7月，将沾益县、楚雄市、安宁市作为省级社会管理创新综合试点县市，由省委、省人大、省政府分管领导挂钩联系。三个试点县（市）均成立了党政主要领导挂帅的领导小组，抽调专门人员成立社会管理创新试点办公室，并从各自的实际出发，锁定了一批创新项目，明确了推进责任，落实了推进措施，逐步落实试点任务。各地按照省综治维稳委提出州（市）、县（市、区）、乡镇（街道）逐级至少有一个试点地区的要求，均确定了试点单位，细化了工作方案。目前，省、州（市）两级已在23个县（市、区）开展了社会管理创新综合试点。

（二）有效破解了社会管理难题。围绕社会管理领域中涉及社会和谐稳定的重点、难点问题，及时研究对策措施，有效破解管理难题。重点破解藏区维稳难题，全省在全国首家出台《迪庆藏族自治州藏传佛教寺院管理条例》；先后组织开展“千名干部进村入户促小康”和“千名干部送法进村入寺促和谐”活动，开展算账对比、扶贫帮困和矛盾排查化解工作；采取“一寺一策”的办法，建立健全防范寺庙僧尼群体性突发事件工作机制；充分调动各方面力量，努力获取内幕性、预警性、行动性情报信息，牢牢掌握维稳主动权。重点破解社区矫正难题。全省积极制定出台《社区矫正工作实施方案》、《社区矫正衔接工作若干规定》等文件，对社区服刑人员接收、管理、考核、奖惩、解除矫正等进行规范化管理。重点破解吸毒人员融入社会、戒断巩固难题。探索总结“生理脱毒、身心康复、融入社会”为一体的开远市“雨露社区”禁吸戒毒新模式。

（三）创新建立了社会管理多元机制。围绕社会管理中跨部门协作的热点、难点问题，不断推进社会管理创新。创新建立航班延误问题联合处置机制。在全国率先出台了《云南省联合处置大面积航班延误引发问题机制（试行）》，建立由省级有关部门和民航系统共11家单位参加的联合处置机制,成立指挥中心,明确适用范围、工作职责和工作程序,有效应对和处置因航班不正常而引发的治安问题,维护了航空港正常运行秩序。创新建立国家出资企业重大涉法矛盾纠纷调处机制。在全国率先建立了省协调处理国家出资企业重大涉法矛盾纠纷联席会议制度,先后协调处理了16件重大涉法矛盾纠纷;并对省级37家国家出资企业中层以上领导共200余人,进行了矛盾纠纷排查的专题培训。创新建立"两新组织"服务管理工作机制。在新经济组织和新社会组织中成立党组织、设立综治工作机构,落实企业治安法人责任制、开展政企共建等,推动了平安企业创建活动的开展。创新建立虚拟社会管理工作机制。积极构建党委统一领导、党政齐抓共管、部门各负其责的工作格局,强化了网上的舆情检测研判、应对处置措施和舆论引导能力。

四、推进社会治安重点地区排查整治工作

(一)集中整治挂牌督办的治安重点地区。中央综治委召开全国社会治安重点地区排查整治工作电视电话会议后,全省及时召开电视电话会议进行部署。通过广泛宣传动员,形成了"人人知晓,人人关心,人人参与"的浓厚氛围;通过全面摸排问题,达到了"乡不漏村、村不漏户、户不漏人"的排查效果;通过保持高压态势,在"打黑除恶"、"侦防命案"和打击"两抢一盗"上取得突破。针对中央综治办暗访组的反馈意见所涉县(市、区)和国家有关部门挂牌督办的治安重点地区,当地党政主要领导直接负责整治工作,采取坚决措施,有力落实整治,收到较好成效。

(二)全力加强学校及幼儿园安全保卫工作。中央综治委召开全国综治维稳工作电视电话会议后,省委、省政府及时召开电视电话会议,白恩培、孟苏铁、曹建方、崔毅等领导出席会议,白恩培同志作了重要讲话,对有效防止全省学校、幼儿园重大安全事故(案件)作出专门部署、提出明确要求。省综治维稳委、省综治办、省综治维稳委学校及周边治安综合治理领导小组及公安厅、教育厅等部门召开会议8次、发文12个进行部署,深入开展"三项排查"和安全大检查,全面整治校园及周边治安环境,落实学校安全防范措施。

(三)深入开展边境地区治安整治行动。针对边境地区走私枪支、贩卖毒品、拐卖妇女儿童等突出问题,省委部署从2010年8月起,在边境8个州(市)集中开展了边境地区社会治安综合整治行动。边境州市、县都成立由主要领导任组长的领导小组,制定整治方案,重点从强化侦查破案、边境管控、基层基础、机制建设方面开展整治行动;省综治维稳委组成8个专门督导组每月开展一次跟踪督导。

(四)继续深入推进新一轮禁毒人民战争。不断创新禁毒工作思路,加大禁毒工作力度,推动堵源截流、禁吸戒毒和境外禁种除源三大战场取得了新的明显成效,最大限度地降低了毒品的危害。2010年省财政安排禁毒经费3.23亿元,支持了我省新一轮禁毒人民战争的顺利开展。

五、推进综治基层基础建设

(一)加强基层综治人员力量。全省乡镇(街道)专抓综治维稳工作的党政副职和综治维稳办专职副主任基本配齐,共配备综治维稳办专干2950人,平均每乡镇(街道)2.2人。针对一些专项工作辅助力量不足的问题,许多地方采取面向社会招聘协管员、公益岗位等方式解决,进一步解决了基层综治工作有人管、有人抓、有人干事的问题。普遍建立了乡镇(街道)综治维稳中心。

(二)提升基层综治经费保障。目前,全省所有州(市)、县(市、区)均已将综治工作经费分别按人均不低于1元和2元的标准列入年度财政预算,比上年增加一倍。为切实解决基层综治维稳办业务用车紧张问题,2010年,省财政安排经费700万元,专项用于为州市、县两级综治维稳办配备业务用车。

(三)加强基层综治队伍培训。采取"走出去"和"请上来"的方式对新任县综治办主任,乡镇专抓副职、综治维稳中心专职人员,成员单位综治维稳联络员等进行培训;采取"分级训"和"系统训"的方式在省、州、县、乡四级和省综治维稳委成员单位系统内广泛开展了业务培训。2010年全省各级共有3万余人以不同形式参加了综治维稳培训。

(四)强化健全成员单位与基层联系制度。各成员单位对挂钩联系点的综治维稳工作进行督促检查,帮助基层解决实际困难,指导推动了工作。据不完全统计,2010年各成员单位直接支持挂钩点综治维稳经费近1000多万元,间接支持挂钩点项目建设经费3000余万元。各成员单位的主要领导和分管领导都积极深入基层联系点帮助指导工作,有的县委政府主要领导,主动到挂钩联系单位汇报，形成了上下互动的良好范围，有力促进了基层综治维稳工作的顺利开展。

（五）继续推进基层平安创建活动。深化争创"先进平安县（市、区）"活动，重点抓好行业、系统平安创建活动，深入推进平安边境、平安寺院、平安医院、平安校园、平安企业、平安家庭、平安出行、平安铁路示范县（市、区）、平安旅游和无邪教、无毒社区等系列创建活动。目前，全省先后验收表彰了平安乡镇958个、平安村（居）9377个、平安家庭5130061户、平安校园11201所、平安医院1040所、平安文化市场5461个、平安出行先进县（乡）30个、并在4条省际界线、213条县际界线开展了平安边界创建活动。通过开展行业性基层系列平安创建工作，进一步拓展了创建领域，丰富了创建内容，增强了创建实效。

六、不断加强综治各项专门工作

（一）不断加强流动人口服务管理工作。制定出台了《云南省流动人口服务管理暂行办法》，将《云南省流动人口服务管理条例》列入2011年立法计划。为加强服务管理，在社区设立流动人口和出租房服务管理站，协管员按流动人口500 ： 1的比例配备。积极探索"以证管人、以房管人、以业管人、以网管人"相结合的流动人口管理新模式，建立完善暂住人口信息系统、出租房屋信息系统、旅馆业信息系统，有效提升了流动人口管理水平和打击违法犯罪的能力。形成以昆明市"关坡管理模式"、曲靖市流动人口"四色标注"管理机制等为代表的一系列创新经验。

（二）不断加强刑释解教人员安置帮教工作。按照"出监（所）无缝对接、安置帮教无一遗漏、异地流动有效管控"的要求，健全五级安置帮教工作网络；对刑释解教人员做到必接必送，采取延伸帮教、分类帮教和跟踪帮教等措施，不断提高帮教质量；通过扶持个体经营、给予低保救济、落实责任田和宅基地等措施强化刑释解教人员就业和社会保障，不断拓宽安置帮教渠道。2010年全省刑释解教人员帮教率达97%以上、安置率达87%以上，重新犯罪率0.18%，低于全国平均水平。

（三）不断加强学校及周边治安综合治理工作。按照省综治维稳委的部署和"保安全、保师生、保国检"的总体要求，采取一系列强有力的措施，排查整治校园及周边治安问题，排查化解涉校矛盾纠纷，排查管控高危人员，检查整改安全隐患，全面加强了校园安全保卫工作和校园周边治安防控体系建设，巩固了全省教育系统安全稳定的局面。2010年10月，省综治办、省教育厅、省公安厅联合制订了《关于进一步加强学校幼儿园安全防范工作建立健全长效工作机制的实施意见》，进一步夯实平安校园创建的基础。

（四）不断加强铁路护路联防工作。创新建立铁路护路联防工作涉路矛盾纠纷联调机制。制定下发了铁路护路联防工作涉路矛盾纠纷排查调处、涉路重大安全隐患排查整治以案定补、创新实效以奖代补等办法，及时排查化解涉路矛盾纠纷。

（五）不断加强预防青少年违法犯罪工作。制定出台了《云南省预防未成年人犯罪条例》，继续开展重点青少年群体排查摸底工作，加强对农村留守儿童、流浪乞讨未成年人、服刑在教人员未成年子女、艾滋病致孤儿童和有违法犯罪行为及严重不良行为青少年等重点青少年群体的关爱、教育、帮助和管控工作，救助流浪乞讨未成年人133332人次。省财政每年安排300万元，重点用于边疆民族地区困难家庭辍学失学儿童、农村留守儿童困难家庭、城市下岗特困家庭和服刑人员家庭子女的救助；每年安排200万元专项经费，用于预防未成年人违法犯罪示范项目建设，目前示范项目对全省16个州市实现了全覆盖。

（六）不断加强见义勇为基金会工作。各级财政把见义勇为奖励资金列入年度财政预算，省政府今年又增拨了省级见义勇为专项资金200万元；首次对1988年以来中华见义勇为基金会及2002年以来云南省政府表彰奖励的我省见义勇为先进个人，进行了详细的摸底统计，并向受两级表彰的全省196名见义勇为先进个人发送了春节慰问金20.48万元。报请省政府表彰奖励了2010年度先进个人42名和先进集体2个。

中共云南省委办公厅　云南省人民政府办公厅关于印发《云南省重大事项社会稳定风险评估制度》和《云南省维护社会稳定预警工作制度》的通知

（2010 年 12 月 21 日）

各州、市、县党委和人民政府，省委和省级国家机关各部委办厅局，各人民团体，各大专院校：

《云南省重大事项社会稳定风险评估制度（试行）》和《云南省关于建立维护社会稳定预警工作机制的规定（试行）》（云办发[2008]11 号）试行两年来，对从源头上预防和减少社会稳定风险，促进全省经济社会平稳、健康发展发挥了重要作用。为适应新形势新要求，在认真总结经验、广泛听取意见的基础上，对其作了进一步的修订完善。经省委、省政府同意，现将修订完善后的《云南省重大事项社会稳定风险评估制度》和《云南省维护社会稳定预警工作制度》印发给你们，请认真贯彻执行。云办发[2008]11 号同时废止。

云南省重大事项社会稳定风险评估制度

第一章　总　　则

第一条　为深入贯彻落实科学发展观，牢固树立“发展是第一要务，稳定是第一责任”的理念，正确处理改革、发展、稳定的关系，正确把握和妥善解决人民群众最关心、最直接、最现实的利益问题，着力解决影响社会稳定的源头性、根本性、基础性问题，从源头上预防和减少社会稳定风险，促进科学发展、构建和谐云南，制定本制度。

第二条　重大事项是指省、州（市）、县（市、区）在经济社会发展中制定和实施具有全局性、长远性、根本性的，事关人民群众切身利益、影响面广、容易引发不稳定因素的重大决策、重要政策、重大改革举措和重点工程建设项目、大型活动等事项。

第三条　重大事项社会稳定风险评估是指在制定和实施重大事项前，对可能影响社会稳定的因素进行科学系统、客观公正的预测、分析和评估，确定风险等级，制定相应的风险应对策略和预案。

第四条　工作原则：

（一）坚持以人为本，执政为民。把人民群众是否拥护作为出台各项政策和改革举措的基本标准，把人民群众是否满意作为检验各项工作成效的基本尺度，做到发展为了人民、发展依靠人民、发展成果由人民共享。

（二）坚持科学发展，统筹兼顾。把实现经济又好又快发展、促进社会和谐稳定作为社会稳定风险评估工作的重要目标，统筹协调各方面利益关系，确保政策、决策的正确贯彻执行和项目建设、改革措施的顺利推进。

（三）坚持属地管理、分级负责，谁主管、谁负责，谁决策、谁负责。做到应评尽评、不评估不决策。

（四）坚持民主决策，依法行政。建立健全充分反映民意、集中民智的重大决策机制和科学、公平、公正、公开的决策程序，并将社会稳定风险评估工作纳入规范化、法制化的轨道，确保全面、客观、准确实施社会稳定风险评估。

第二章　范围和内容

第五条　评估范围：

（一）涉及较大范围的人民群众切身利益的农村土地、草场、山林、水利、矿产资源等开发、处置的决策。

（二）涉及较大范围的征地拆迁和移民安置问题的决策。

（三）涉及城市发展和管理方面的重大决策。

（四）涉及国有企业改革方面的重大决策。

（五）涉及建设项目的重大决策。

（六）涉及社会保障和社会事业方面的重大决策。

（七）涉及环境保护方面的重大决策。

（八）大型活动的举办。

（九）各级党委、政府或者维护稳定工作办公室认为应当进行社会稳定风险评估的事项。

（十）其他应当进行社会稳定风险评估的事项。

第六条　评估内容：

（一）合法性评估。评估重大事项是否符合党和国家的方针政策；是否符合省委、省政府的重大决策和部署；是否有充分的法律、政策依据；是否保持政策的连续性和统一性；是否经过报批和审查审批程序；群众合法利益是否得到保障等。

（二）合理性评估。评估重大事项是否做到改革力度、发展速度和社会可承受程度有机统一；是否符合本地区、本系统近期和长远发展规划；是否符合大多数人民群众的根本利益；是否兼顾人民群众现实利益和长远利益；是否兼顾到各利益群体的不同诉求；人民群众特殊困难是否得到解决。

（三）可行性评估。评估重大事项是否经过充分论证；是否征求广大人民群众特别是相关利益群体意见；是否开展宣传解释工作；是否有人力、物力、财力等方面的保障；出台时机是否成熟；实施方案是否周密、完善和具有可操作性。

（四）安全性评估。评估重大事项是否对人民群众生产生活造成影响；是否超出人民群众对影响的承受能力；是否会引发大规模集体上访和群体性事件及其他影响社会稳定的隐患；是否有相应的预测预警措施、应急处置预案等对策。

第三章　责任主体

第七条　各级党委、政府负责组织、领导本辖区的社会稳定风险评估工作。

第八条　社会稳定风险评估的责任主体：

（一）决策的提出部门。

（二）政策的起草部门。

（三）改革的牵头部门。

（四）工程建设项目的报建、审批部门。

（五）重大活动的主办部门。

（六）其他有关部门。

第九条　涉及多个部门的重大事项，由牵头部门负责对所开展的重大事项进行社会稳定风险评估；无牵头部门的重大事项，由党委、政府指定牵头评估责任部门。

第十条　各级维护稳定工作办公室负责指导、检查、监督本级社会稳定风险评估工作。

第十一条　上级主管部门负责指导、检查下级重大事项社会稳定风险评估工作。

第四章　工作程序

第十二条　评估责任主体成立专门的社会稳定风险评估小组，组织或邀请相关部门人员、专业技术人员、政府法制部门人员、人大代表、政协委员、群众代表和有关专家学者等，开展社会稳定风险评估工作。

第十三条　评估程序：

（一）制定评估方案。风险评估小组负责制定评估方案。方案的制定要准确把握评估重点、评估方式，并明确评估牵头和协助部门的责任。必须将评估方案书面函告同级维护稳定工作办公室。

（二）开展民意调查。风险评估小组按照评估方案，就拟实施的重大事项向社会或实施地区进行公告、公示，并采取走访群众、问卷调查、召开座谈会、听证会、设立征求意见箱、开通热线电话和电子信箱等方式，广泛征求意见。注重征求与拟实施重大事项有直接利益关系的群众和有关部门的意见。

（三）实施评估。风险评估小组对重大事项实施的前提、时机、社会影响及可能出现的不稳定因素、相应的配套措施等进行科学的预测分析和研究论证，对可能引发的社会稳定风险作出“大、中、小、无”四个等级的评估，对重大事项的实施作出不能实施、暂缓实施、慎重实施（或部分实施）、可以实施的评估结论。

（四）编制评估报告。风险评估小组负责编制重大事项社会稳定风险评估报告。评估报告内容包括决策事项、评估过程、评估结论、评估依据和其他需要说明的事项。评估报告由参加评估论证会议的成员签名后报同级党委、政府，并送同级维护稳定工作办公室备案。评估责任主体对评估报告的真实性、准确性负责。

（五）评估结论的运用。各地区、各部门要充分尊重和运用评估结论，科学决策，防止和减少社会稳定风险发生。

1. 风险大的（Ⅰ级），不能实施。党委、政府必须指导、监督责任主体及时制定化解稳定风险的措施和预案，切实化解稳定风险，稳定风险降到可实施时再实施。

2. 风险为中等的（Ⅱ级），暂缓实施。责任主体必须及时制定化解稳定风险的措施和预案，待化解稳定风险后再实施。

3. 风险小的（Ⅲ级），慎重实施或者部分实施。责任主体必须制定化解稳定风险的措施和预案，认真化解，妥善实施。

4. 无风险的，可以实施。责任主体必须制定防止产生新稳定风险的措施。

（六）落实维稳责任。责任主体应根据不同的稳定风险程度制定相应的防范、化解措施和应急预案，并全程跟踪做好后续化解稳定风险工作。发生影响社会稳定的重大事件，相关部门要立即启动应急预案，及时妥善处置。同时，应当及时向同级维护稳定工作办公室通报。

第十四条 风险评估应建立专项档案。档案内容包括：

（一）重大事项名称。

（二）风险评估责任主体名称。

（三）风险评估领导小组组成人员名单。

（四）风险评估方案。

（五）风险评估报告。

（六）化解稳定风险的工作预案。

（七）其他需要备案的内容。

第五章 责任追究

第十五条 各地区、各部门要将重大事项社会稳定风险评估工作列入领导干部工作目标管理责任制和综治维稳目标管理责任年度考核内容。

第十六条 应进行社会稳定风险评估而不组织评估，或虽组织评估但预防、化解和处置措施不落实、不到位，或在评估工作中有弄虚作假，不认真履职尽责、失职渎职等行为，引发不稳定问题或群体性事件的，对有关单位及其主要负责人和直接责任人进行问责，依法追究相关责任人的法律责任。

第十七条 同级维护稳定工作办公室依据有关问责制的规定提出问责建议。涉嫌犯罪的移交司法机关依法处理。

第六章 附 则

第十八条 各地区、各部门要根据本制度，结合实际，研究制定实施办法。

第十九条 本制度由省维护稳定工作办公室负责解释。

第二十条 本制度自2011年1月1日起执行。2008年7月29日印发的《云南省重大事项社会稳定风险评估制度（试行）》同时废止。

云南省维护社会稳定预警工作制度

第一章　总　　则

第一条　为积极预防、有效化解和妥善处置各类社会矛盾，对影响社会稳定的问题和隐患早发现、早控制、早决策、早化解，切实维护我省社会和谐稳定，结合云南实际，制定本规定。

第二条　维护社会稳定预警工作是指对可能发生或已经发生影响社会稳定的重大矛盾纠纷和不稳定因素及时发出警示的工作。预警工作主要内容包括情报信息的搜集、研判、报送、发布、反馈和督查。

第三条　维护社会稳定预警工作遵循统一领导、分级负责、齐抓共管、情报主导、以人为本、依法依规的原则。

第四条　各级党委、政府负责本辖区维护社会稳定预警工作、建立健全预警机制、完善工作措施。

第五条　各部门负责及时搜集研判本部门及系统内部影响社会稳定的信息和隐患、提出预警信息和工作对策。

第六条　各级维护稳定工作办公室负责本级维护社会稳定预警的日常工作，主要包括：

（一）对本级维护社会稳定预警工作机制的运行进行组织协调。

（二）组织对可能影响本地区社会稳定的情报信息进行分析研判。

（三）及时向同级党委、政府和上级维护稳定工作办公室报告重大预警信息和对策建议，对有关地区和部门发布预警。

（四）指导、检查、督促工作措施的落实。

第二章　情报信息的搜集、研判和报送

第七条　情报信息的搜集方式：

（一）公安、国家安全机关等部门及时获取可能影响社会稳定的深层次、内幕性、行动性情报信息。

（二）各相关部门按照“谁主管、谁负责”的原则，通过行业、系统内部的排查，获取影响社会稳定的苗头性、倾向性信息，准确掌握各种可能影响社会稳定的隐患。

第八条　情报信息搜集的重点内容：

（一）境内外敌对势力、“三股势力”、敌对分子针对我省的活动情况；“法轮功”等邪教组织活动情况；境外宗教渗透和境内非法宗教活动情况。

（二）民族、宗教因素可能引发影响社会政治稳定的情况。

（三）可能引发的暴乱、骚乱、非法集会、罢工、罢课、罢市、重大群体上访以及聚众围堵、冲击党政机关和堵塞公共交通枢纽、交通干线等较大规模的群体性事件情况。

（四）可能影响社会稳定的重点群体的活动情况。

（五）可能影响社会治安稳定的重大刑事案件、治安案件和重大治安灾害事故等动态情况。

（六）可能影响社会稳定的自然灾害、灾难事故、公共卫生事件等动态情况。

（七）其他可能影响社会稳定的敌（社）情动态。

第九条　各地区、各部门对搜集到的情报信息应当认真分析，鉴别内容的真实性和可靠性，对可能发生的问题、发展的态势和产生的后果等及时进行研判。

第十条　情报信息的报送：

（一）对可能影响本地区、本部门社会稳定的情报信息，各地区、各部门要在分析研判的基础上，及时向当地党委、政府、同级维护稳定工作办公室和上级主管部门报送；对可能影响全省社会稳定的重要信息，州（市）、县（市、区）和各有关部门必须在第一时间逐级上报省委、省政府，同时，抄报省维护稳定工作办公室；特别重要的信息，可以越级上报。

（二）重要情报信息在 8 小时内报送；重大事

(案)件信息在4小时内报送;紧急情报信息必须在第一时间上报,并及时报告后续工作情况。

(三)各地区、各部门在报送信息时要填写《云南省维护社会稳定预警信息报送表》(附1),并同时上报。

第三章　预警的发布、反馈和督查

第十一条　各级维护稳定办公室根据情报信息所反映的问题对社会稳定影响的程度,由高到低发布以下三个级别的预警:

(一)一级预警(Ⅰ):预计对社会稳定影响特别严重,情况特别紧急的。

(二)二级预警(Ⅱ):预计对社会稳定影响严重,情况紧急的。

(三)三级预警(Ⅲ):预计对社会稳定影响大,暂时保持相对稳定,但随时可能会激化升级的。

第十二条　对可能影响社会稳定的重大矛盾纠纷或不稳定因素,各级维护稳定工作办公室在综合研判的基础上,及时制作《云南省维护社会稳定预警通知书》(附2),经同级党委政法委领导审批后,及时向有关地区或部门发布预警。

第十三条　省维护稳定工作办公室根据掌握的情报信息,在分析研判的基础上,经省委政法委领导审批后,可以向全省范围内所涉及的任何一个地区、部门及时发布预警。

第十四条　各有关地区或部门接到《云南省维护社会稳定预警通知书》后,及时向同级党委、政府或部门领导汇报,根据职责任务,立即启动相关工作预案,切实抓好各项处理工作措施的落实,并按以下要求向发布预警的部门进行反馈:

(一)一级预警(Ⅰ):必须在24小时内报告工作进展及处置情况。

(二)二级预警(Ⅱ):必须在2日内报告工作进展及处置情况。

(三)三级预警(Ⅲ):必须在5日内报告工作进展及处置情况。

第十五条　对未按规定及时进行处理和反馈的,维护稳定工作办公室必须发出督办通知,督促尽快处理并及时反馈。

第十六条　维护稳定工作办公室在下达《维护社会稳定预警通知书》后,要指导各有关地区或部门切实做好疏导、稳控和化解工作,必要时组成工作组进行督查指导。

第十七条　各地区要建立维护社会稳定预警工作档案管理制度,逐件建档设卡,实行动态管理。维护稳定工作办公室要及时对信息的报送、采用、研判、预警等情况进行汇总统计,每半年进行通报。

第四章　考核奖励与责任追究

第十八条　各级综治维稳委要将维护社会稳定预警工作纳入综治维稳工作年度考核,对工作突出的单位和个人给予奖励。

第十九条　对以下情形,造成严重后果的,按照有关问责规定进行问责:

(一)对本地区、本部门存在的隐患不认真排查化解,不能掌握影响社会稳定预警性重要情报信息的。

(二)对直接管辖范围内影响社会稳定的重要预警性情报信息误报、迟报、漏报、瞒报的。

(三)接到预警的地区、部门,不及时妥善处理,导致事态扩大,或在处理过程中不作为、推诿扯皮、贻误时机,致使事件升级的。

第五章　附　　则

第二十条　本制度由省维护稳定工作办公室负责解释。

第二十一条　本制度自2011年1月1日起执行,2008年7月29日印发的《云南省关于建立维护社会稳定预警工作机制的规定(试行)》同时废止。

云南省社会治安综合治理工作办公室 中共云南省委组织部　云南省民政厅 云南省公安边防总队进一步推进民警兼任村官工作意见

（2010年7月24日）

各州（市）综治办、党委组织部、民政局，边防支队、边检站：

为深入贯彻落实十七届四中全会精神，全面深化爱民固边战略暨创建平安边境活动，进一步激发边境地区基层组织活力，切实巩固基层政权，构筑起坚强的边境维稳堡垒，现就在全省边境地区进一步推进民警兼任村官工作提如下意见。

一、强化对民警兼任村官工作的认识和领导

1. 民警兼任村官的意义。民警兼任村官是公安边防部队在探索新时期群众工作模式过程中，顺应人民群众需求和边境维稳形势推出的一项创新举措。五年来，民警村官在帮建基层组织、引导群众致富、掌握社情民意、化解矛盾纠纷、促进社会和谐、为党争取民心和巩固基层政权等工作中作出了突出贡献，得到了中央领导同志、地方党委政府和有关部门的肯定及边境地区各族群众的真心拥护。实践证明，推进民警兼任村官工作完全符合党的十七届四中全会精神，是基层组织创新的工作载体和着力点，是新形势下坚持党的群众路线和公安机关专群结合方针的有效途径。

2. 强化对民警兼任村官工作的组织领导。各级综治、组织、民政、公安边防部门要加强协调联动，联合建立起民警村官选拔、任用、培训、考评机制，组织部门主要负责民警村官的选拔任用和考评奖励工作；民政部门主要负责指导民警村官开展好帮建基层组织、推动基层民主法治建设工作；综治部门主要负责指导民警村官开展好综治维稳和平安创建工作；公安边防部门主要负责民警村官的推选等相关工作，并负责部门间的协调联系。四部门要针对实际，联合建立符合民警村官特点的培训机制，切实解决好民警村官任用程序和能力素质的问题，确保民警村官能够更加直接参与基层组织建设、更加直接参与村居发展、更加直接参与村风民风培育。

二、明确民警村官的基本职责

民警村官必须履行好驻村（含居委会）民警和村官的“双重职责”，基本职责主要有：

3. 帮建基层组织。发挥部队政治和党建工作的优势，帮助村“两委”完善各项党建、村务及民主集中制度，激活基层党组织活力；帮助制定村党组织议事规则，规范组织生活；协助做好村务公开、民主选举、民主监督、党员发展等工作；推动解决群众反映的问题，帮助村“两委”提高凝聚群众、带领群众发展生产和脱贫致富的能力。

4. 做实群众工作。实现走访群众常态化，始终保持与群众的密切联系，及时掌握辖区社情民意；主动帮助群众解难事、做好事，树立亲民、爱民的良好形象；宣传和发动群众参与管边、控边，共同维护边境安全稳定。

5. 加强边境管理。建立健全群防群治组织和工作制度，组织治保会、边境联防队、护村队等群防群治组织巡村护寨，预防和打击违法犯罪；依靠群众力量，加强情报信息收集，及时准确掌握敌社情；发挥靠前优势，组织群众预防和处置边境突发事件；加强边境治安管理，建立健全治安防控体系，提高打、防、控能力，增强群众安全感。

6. 宣传政策法规。及时宣传党的路线、方针、政策，尤其要加强中央和地方关于惠农、支农政策的宣传，切实让广大群众感受到党和政府的关怀，增强脱贫致富的信心；要大力宣传法律法规，尤其要加强边防管理法规的宣传，切实提高群众知法、守法、用法的意识，自觉运用法律维护自身合法权益并抵制各种边境违法犯罪。

三、明确民警村官的角色定位

民警村官除履行好基本职责，还要积极扮好“六大员”角色：

7. 群众呼声传递员。通过深入走访，全面接触人民群众，了解群众疾苦，倾听群众呼声，积极向党委、政府汇报群众反映的突出问题和困难，推动问题和困难的有效解决，架起党委、政府与群众沟通的桥梁。

8. 矛盾纠纷化解员。帮助村（居）委会建立健全矛盾纠纷预防和调处机制，对矛盾纠纷早发现、早报告、早控制、早处置。对一般民事纠纷，及时介入，就近调解处理。对重大矛盾纠纷，特别对宗族矛盾、群体性纠纷，及时控制事态，迅速报告，配合党委政府和相关部门做好工作，努力把不稳定因素化解在基层、消除在萌芽状态。

9. 平安建设督导员。整合、调度辖区治安资源，及时整治治安突出问题；加强防火、防盗、防骗、防事故等安防知识宣传，提高群众安全防范常识；检查督促责任区内重点行业、场所落实安全防范制度，帮助完善防范措施；加强对重点人员的管理，做好教育转化工作；取缔邪教组织，严厉打击黑恶势力。

10. 群众致富引导员。主动帮助收集经济发展、招商引资、市场行情等致富信息，为群众发展致富服务；积极帮助争取发展资金、引进发展项目，为群众致富注入动力；广泛开展农业科技知识宣传，引导群众树立科学生产意识，提高群众自主致富能力；积极为村（居）委会发展出谋划策，协助制定整体发展计划，带领群众脱贫致富。

11. 文明建设辅导员。协助村“两委”规范农村阅览室、活动室、娱乐室，协调开展文艺演出、科技学习、法制宣传，积极传播先进文化，倡导健康向上的娱乐活动，提高村民的思想、文化、道德、法制素质，培育科学、文明、和谐新风尚；大力整治村容村貌，改善环境卫生；在村民中大力提倡尊老爱幼、邻里和睦、团结互助等良好乡风民俗，构建和谐、文明新农村。

12. 帮扶群众勤务员。利用驻村和贴近群众的优势，主动为群众办证、法律和业务咨询提供便利，积极开展上门受理业务、送证上门等便民活动，尽最大努力方便群众；对责任区内困难儿童、孤寡老人、残疾人等弱势群体，要保持经常走访，分类建立档案，并主动汇报，争取全部纳入关爱救助体系。

四、完善民警村官的任用程序

13. 任职范围。边防民警仅限在建制村（居）党组织兼任副书记或村（居）委会主任助理，不得兼任村（居）委会委员、副主任；民警村官不占村干部职数，不拿地方报酬补贴，不参加村里经济利益分配；一名民警原则上只能兼任一个行政村村官，警力不足的，边防支队要及时调整充实，确保边防辖区每个行政村都有一名民警村官。

14. 基本条件。政治坚定，作风正派，积极上进，具有较强的责任感和组织纪律观念；熟悉政策法规，熟悉党务村务，熟悉民风民俗，懂群众语言；群众观念强，愿做、会做群众工作。

15. 任用程序。由边防派出所党支部依据选拔条件提出人选，征求村“两委”意见并报乡（镇）党委同意后，下发任职通知。人员变动的，由边防派出所重新提名报乡（镇）党委同意后，重新任命。

16. 任职年限。民警村官应当保持相对稳定，一经任命原则上应在任职村（居）委会连续工作不少于3年，内部轮岗原则上在本所进行，每年民警村官非工作性的变动，不得超过边防派出所实有民警的20%。

五、规范民警村官的工作制度

17. 驻村工作制度。民警村官每月驻村工作时间不得少于80小时，首次担任村官的民警必须先驻村开展工作一个月，之后按上述标准执行；边防派出所必须做好统筹安排，确保民警兼任村官工作与派出所日常工作能够协调进行。

18. 参会议事制度。按时参加村“两委”召开的会议，列席与综治工作有关的村委会议；因故不能到会的应事先请假。

19. 报告工作制度。民警村官每周向派出所报告一次工作，每月向村“两委”汇报一次分管工作开展情况，每年度向村“两委”作述职报告，遇有重大情况及时报告；若村“两委”安排工作与派出所安排工作相冲突或不宜以民警身份参加时，应报告所领导，由所领导与村主要领导协商解决；边防派出所每半年向所在乡（镇）党委汇报民警兼任村官工作情况，所领导每半年向村“两委”征求民警兼任村官工作的意见。同时，乡（镇）、村（居）委会对边防派出所、民警村官反映的情况要及时回复，村（居）委会在处理涉及民警村官分管范围问题或其它重大事项时，应告知民警村官或与民警村官共商处理。

20. 组织生活制度。民警村官应定期参加边防派出所和村党组织双重组织生活，村党组织与边防派出所党支部组织生活时间安排有冲突时，参加边防派出所党支部组织生活，并提前向村党组织说明情况。

21. 及时补缺制度。必须保持民警兼任村官工作的连续性，兼任村官的民警确因工作需要调动的，必须先入后出；民警村官因休假或外出参加培训、学习等超过半月以上的，由派出所安排一名民警临时接替工作，并向村（居）委会主要领导说明原因，确保工作衔接不脱节。

六、加大民警村官的培训力度

22. 任前必训。新任民警村官任前必须组织岗前培训，由部队和地方联合组织，采取举办专门培训班或依托地方党校的方式进行。

23. 任内轮训。各边境县（市）要将民警村官统一纳入乡（镇）党委及村干部培训计划，每年将民警村官轮训一遍。

24. 培训内容。主要包括党的"三农"方针政策、党务村务基本知识、相关法律法规、社会治安综合治理、民族宗教政策、民风民俗等。

25. 培训目标。通过培训，达到懂政策、懂法律、懂党务和村务，会做群众工作、会组织协调、会化解矛盾纠纷、会处置突发问题的目标。

七、加强民警村官的监督管理

26. 工作纪律。民警村官除要严格遵守好部队条令条例和各项禁令的同时，还要遵守以下纪律：不准越权越位，擅自处理问题，干扰"两委"工作；不准影响"两委"班子团结；不准在村里营利项目、养殖种植和其它经济活动中投资、入股、分红；不准插手村里土地等盈利性的承包分配；不准在村财务中报销个人的任何开支；不准接受群众钱物。

27. 日常管理。民警村官要加强自我约束和管理，在派出所工作期间，要严格遵守部队日常管理规定；驻村工作期间，遵守好村"两委"相关规定的同时，要严守部队禁令，切实维护好部队声誉和形象。

八、建立民警村官的考评机制

28. 考评方法。民警村官考评分警务工作和村务工作两部分，各占50%的分值，采取月量化考评与年终考核的方式进行。每月量化考评和警务工作年终考核由部队组织实施；村务工作年终考评由乡（镇）党委政府组织，与年度乡（镇）党委对村（居）委会班子建设考评验收同步进行。

29. 考评标准。警务工作部分依照部队基层干部量化考评实施细则进行，村务工作部分依照地方党委政府考评基层干部相关标准进行，主要考评协管工作落实情况和工作成效，并把群众见警率、情况熟悉率、重点人口和场所管控率、情报信息收集率、群众满意率等作为重要指标。

30. 奖惩制度。对月量化考评称职的民警村官，由部队每人每月发放200元工作补助；年终考核优秀的，部队在选拔基层领导时给予优先考虑，并与晋职挂钩。各级综治、组织、民政部门也要在本系统组织的评比表彰中分配适当名额对优秀民警村官进行表彰奖励。同时，对考评结果认定为不称职的，当年内取消评功评奖资格，并建议免去其所担任的村官职务；工作中出现重大失误、酿成重大事故的，按照相关规定给予处理。各级、各部门在推进民警兼任村官工作中组织不力的也要按照相关规定给予通报批评。

云南省社会治安综合治理工作办公室 云南省总工会　共青团云南省委　云南省妇女联合会 关于印发《关于进一步发挥工会、共青团、妇联在预防和化解社会矛盾中重要作用的意见》的通知

（2010 年 11 月 12 日）

各州市综治办、工会、共青团、妇联，省综治维稳委各成员单位：

现将《关于进一步发挥工会、共青团、妇联在预防和化解社会矛盾中重要作用的意见》印发给你们，请结合实际认真抓好贯彻落实。

关于进一步发挥工会、共青团、妇联在预防和化解社会矛盾中重要作用的意见

为深入贯彻落实全国综治工作会议、省委八届九次全会和全省综治工作电视电话会议精神，把全省综治工作会议提出的“支持各类社会组织承担社会事务，参与社会管理和公共服务，拓展群众参与社会管理的渠道”的要求落到实处，进一步发挥工会、共青团、妇联（以下简称工青妇）组织密切联系群众的重要作用和独特优势，深入推进社会矛盾化解和社会管理创新，团结带领全省广大职工、青年和妇女群众为社会和谐稳定贡献力量，现就进一步发挥工会、共青团、妇联在预防和化解社会矛盾中重要作用提出如下意见。

一、深刻认识工青妇组织参与预防和化解社会矛盾的重要意义、指导思想和总体要求

（一）充分认识工青妇组织参与预防和化解社会矛盾的重要性。工青妇组织是党领导下的工人阶级、先进青年、各族各界妇女的群众团体，是广大群众利益的代表者和维护者，是党联系群众的桥梁和纽带，是国家政权的重要社会支柱。当前，我省正处于改革发展的关键时期，特别是面对国家深入实施西部大开发战略、建设中国面向西南开放的桥头堡的难得历史机遇，如何正确应对和处理各种社会矛盾和问题，为全省经济社会发展营造一个长期和谐稳定的环境，是摆在我们面前的一项艰巨任务。工青妇组织拥有坚实的组织网络、完善的工作队伍和广泛的群众基础，充分调动广大职工、青年、妇女等群众在预防和化解社会矛盾中的积极性、主动性和创造性，对于进一步密切党同人民群众的血肉联系，统筹协调好各方面利益关系，及时预防和化解社会矛盾，具有十分重要的意义。全省各级、各部门要认清形势，切实提高对工青妇组织在促进社会和谐稳定中作用的认识，支持和推动工青妇组织在预防和化解社会矛盾进程中发挥应有的作用。

（二）正确把握工青妇组织参与预防和化解社会矛盾的指导思想。工青妇组织在预防和化解社会矛盾中，必须坚持以邓小平理论和“三个代表”重要思想为指导，全面贯彻落实科学发展观，紧紧围绕党委、政府中心工作，以建设平安云南、

法治云南、和谐云南为目标，以强化党同人民群众桥梁纽带作用为核心，以协调利益关系、化解社会矛盾、推进维权服务、促进社会安定为重点，以改革和完善工作机制为突破口，不断增强群团组织预防和化解社会矛盾的创造力、战斗力和影响力，努力开创工青妇组织预防和化解社会矛盾的新局面。

（三）全面领会工青妇组织参与预防和化解社会矛盾的总体要求。全省各级工青妇组织要立足建设平安和谐云南的全局，进一步提高促进改革发展稳定的能力和水平，提高协助管理社会事务的能力和水平，提高依法维护所代表群众合法权益的能力和水平，提高协调处理利益关系以及解决群众困难的能力和水平。充分发挥群众组织的特点和优势，引导广大职工、青年、妇女群众成为预防和化解社会矛盾的主力军生力军，成为平安和谐云南的推动者实践者，成为推行依法治国方略的倡导者传播者，成为维护群众利益的代表者实现者。

二、进一步发挥工青妇组织在预防和化解社会矛盾中的职能作用

（四）建立健全社会化维权机制。工青妇组织要真诚倾听群众呼声，真实反映群众诉求，坚持依法维权，按制度办事。要加大法律援助工作力度，建立各类维权"绿色通道"，为特困职工、贫困家庭、外来务工人员等弱势群体提供维权服务。积极协同相关部门推动解决土地征用、房屋拆迁、环境保护、安全生产、企业改组改制和破产、交通运输管理、复退转军人安置、重点工程移民、拖欠职工特别是农民工工资等方面侵害群众权益的问题，有效预防和化解各类矛盾。加快制定和实施涉及职工特别是农民工保障权益的劳动合同、社会保险、集体合同、工资支付、民主管理、劳动监察等地方性法规。全面推进工资集体协商，促进企业建立健全职工工资集体协商共决机制、正常增长机制和支付保障机制，提高职工劳动报酬，创建劳动关系和谐企业，加强安全生产管理，推动职工共享发展成果。积极维护青少年合法权益，推动解决未成年人犯罪、吸毒、沉迷网络等问题。积极推进妇女在政治、经济、文化、社会等方面平等权利的落实，消除性别歧视，推动解决拐卖妇女儿童、雇佣童工等问题，切实维护下岗失业妇女、农村失地妇女、农村留守儿童等弱势群体的合法权益。实施好反对拐卖、反对家庭暴力、中国温暖"12·1"关爱行动、维护妇女权益法律培训、禁毒防艾宣传教育等维权项目，为妇女儿童解决实际问题。各级公安机关"110"接处警指挥中心要将家庭暴力报警纳入接警工作范围，及时出警进行处置，依法对相关责任人进行处罚，派出所要对家庭暴力引发的相关矛盾纠纷及时进行调解和回访。依托综治维稳中心（站）在街道、村（社区）建立和推广一站式维权服务站（点），借助基层综治政法等多部门力量，为职工、青少年和妇女群众提供更便捷的维权服务。

（五）建立健全群众利益诉求表达机制。工青妇组织要按照为党和政府分忧、为人民群众解难的要求，积极拓宽渠道，搭建多种形式的沟通平台。建立社情民意调查分析、群众意见建议征集、群众诉求反馈等制度，注重发挥12351职工维权服务热线、12355青少年服务台、12338妇女维权公益热线，以及各级工青妇维权协调机构、法律援助中心和维权信访部门的作用，及时受理群众反映的各种意见，进一步拓宽社情民意表达渠道，引导他们以理性合法的方式表达利益诉求。加强与人大、政协的工作联系，通过人大议案、政协提案反映广大职工、青年和妇女群众的诉求，维护他们的合法权益。围绕党委、政府的工作重点，深入开展调查研究，认真梳理和反馈所联系群众的意见建议，及时向党委、政府提出问题准、观点对、对策实的报告或建议，为党委、政府实施风险评估、科学民主决策提供重要依据。切实做好工青妇组织的信访工作，进一步完善信访网络，不断健全和完善领导接待日、党政干部下访、网上信访、信访综合分析、重大信访事项报告、信访信息反馈和矛盾纠纷定期排查制度，及时排查反映工青妇信访工作中的热点、难点问题，力求及时解决问题，避免小矛盾演变成大问题。完善工青妇领域重大事项社会稳定风险评估机制，建立健全听证会、重大事项公示、民意调查等制度，在实施重大决策、上马重点项目、进行重大改革时严格按照程序开展社会稳定风险评估，确保社会稳定。

（六）建立健全矛盾调处机制。工青妇组织要在党委的领导下，主动与党政有关部门建立预警、应急反应和协调机制，对有可能引发群体性事件的重大问题，协助有关部门早摸底、早发现、早汇报、早干预，预防群体性事件发生。要进一步建立完善工青妇组织的矛盾纠纷排查化解工作网络,根据各自实际建立一批综治维稳信息员,认真组织排查本系统存在的不稳定因素,逐一登记,建立台账,做到底数清、情况明,工作任务层层分解,责任落实到人。工青妇组织要积极配合有关部门做好群体性事件的处置工作,一旦发生有较多职工、青少年和妇女参加的群体性事件,经负责处置工作的领导同意,由信访部门第一时间通知工青妇组织,工青妇组织要发挥密切联系群众的优势,迅速指派人员到达现场,耐心倾听群众诉求,协助做好上访群众的思想疏导、法制宣传、教育解释、秩序稳控和劝访安抚等工作,尽最大可能协助相关部门及时将上访群众中的职工、青少年和妇女劝回,避免矛盾激化升级。党政有关部门在处理疑难、复杂信访问题时,必要时可邀请工青妇组织参与处理。工青妇组织要积极参与"大调解"工作,在当地司法行政部门的指导下,加快工青妇人民调解委员会建设,出台工会、共青团、妇联参与大调解工作的实施细则,密切与司法行政、政府职能部门、法院的协作配合,坚持调解优先原则、运用多元手段解决各自职责范围内的劳动争议、婚姻家庭纠纷和青少年维权等方面的矛盾纠纷。

(七)建立健全帮扶济困机制。整合工青妇组织资源、政策和社会帮扶资源,不断拓展帮扶济困服务领域,扩大覆盖范围,建立部门协作、多方参与的帮扶救助体系,帮助解决困难群众和弱势群体在劳动就业、技能培训、生活保障、子女上学、劳动安全、司法援助等方面的实际问题。大力开展"送温暖"、"希望工程"、"妇女小额贷款"、"春蕾计划"等帮扶活动,积极推进人民团体扶贫济困工作的经常化、社会化和规范化。按照有关规定加强与国内外慈善组织的联系合作,推动慈善事业发展。

(八)建立健全参与社会公共事务管理机制。积极发挥工青妇等人民团体参政议政的作用,在知情环节、沟通环节、反馈环节上建立健全制度,努力成为党和政府管理社会事务、发展经济和文化事业的有力助手。依法参与民主监督,积极推进政务公开、厂务公开、村务公开和校务公开。坚持和完善以职工代表大会为基本形式的民主管理制度,推进企业民主管理。加大有关青少年、妇女儿童、残疾人法律法规的实施力度,不断改善他们的生存发展环境。通过协商、听证、监督等制度化活动,反映企业利益诉求,规范企业经济行为。

(九)建立健全教育引导机制。工青妇组织要针对各自所联系群众的思想实际,开展深入细致的思想引导工作,准确把握职工、青少年、妇女的思想脉搏,认真做好教育引导工作,特别是要做好社会热点、难点问题的释疑解惑工作,注意引导广大职工、青年和妇女牢固树立国家意识、法制意识、公民意识,自觉做到个人利益服从国家利益,局部利益服从整体利益,眼前利益服从长远利益,依法行使权利、履行义务。工会要教育引导职工理性合法的方式表达利益诉求,正确对待改革过程中利益关系的调整,妥善处理因劳动关系纠纷引发的各种矛盾,积极维护企业和社会的稳定。共青团要建立健全青少年舆情监测体系,加强和改进对青少年的思想政治教育,引导青少年不做有损社会稳定的事情。妇联要在妇女群众中多做说服教育、心理疏导、平等协商的工作,引导妇女群众以理性合法的形式表达利益诉求。

三、切实加强对工青妇组织参与预防和化解社会矛盾的组织领导

(十)要健全和完善领导体制。各地要加强对工青妇组织参与预防和化解社会矛盾的领导,在领导体制、组织建设、队伍建设、保障措施等方面给予重视和支持。全省各级工青妇组织要把积极参与预防和化解社会矛盾作为"一把手"工程,列入重要议程,把社会矛盾化解与工青妇的各项业务工作同部署、同检查、同考核,并及时解决遇到的困难和问题。工青妇组织的主要领导对本系统可能影响社会稳定的重大矛盾和突出问题,要亲自过问、亲自化解。要进一步加强工青妇组织信访机构建设,成立参与预防和化解社会矛盾的组织机构,落实专人负责规划、部署、指导、协调和考核,并至少明确 1 名联络员专门联系预防和化解社会矛盾工作。财政部门要做好经费保障工作,支持工青妇组织预防和化解社会矛盾工作的顺利开展。

(十一)要加强工作推动机制建设。各级工青妇组织要认真梳理总结近年来参与预防和化解社会矛盾的主要成果,认真查找分析工作中存在的差距和不足,认真研究工作方案,制定工作目标、任务和措施,创造性地开展工作,把预防和化解社会矛盾的各项措施落到实处。要尊重和保护基层的创造精神,及时总结基层在预防和化解社会矛盾工作中的好经验，有目的、有重点地培养一批先进典型，并利用召开现场会、观摩会等多种方法在面上推广，带动面上工作整体推进。

（十二）要加强教育培训。加强对工青妇组织中负责矛盾纠纷化解人员的教育培训，把工青妇组织中负责矛盾纠纷化解人员的教育培训纳入各地信访干部培训和综治维稳干部培训的计划。重点抓好基层工青妇干部的培训，强化化解矛盾纠纷的方法和技能训练，增强培训的实效性，使他们及时了解掌握预防和化解矛盾纠纷工作的新要求、新经验与新方法。

（十三）要切实加强宣传工作。全省各级综治办和工青妇组织要积极与有关新闻单位建立联系，切实加大对工青妇组织参与预防和化解社会矛盾的宣传力度，广泛动员人民群众支持、参与预防和化解社会矛盾。加强对工青妇组织报刊、网站的管理，坚持团结和谐、积极向上的宣传基调，牢牢把握和坚持正确的舆论导向，对涉及职工、妇女、青少年合法权益的维稳事件，要及时与相关部门沟通，向媒体提供正确信息，使正确的信息抢先占领各种媒体和传播渠道。要着力加强工青妇组织的信息报送工作，进一步疏通报送渠道，做好舆情、访情、民情的监测和分析，密切注意网上出现的工青妇维稳动态，牢牢掌握工作主动权。

（十四）要严格落实责任。要严格落实责任奖惩，对矛盾纠纷排查及时，调处得力的要予以表彰奖励；对领导不重视、排查不深入、调处不力，或对排查发现的重大矛盾纠纷和问题隐瞒不报，在源头上制造矛盾纠纷，推诿扯皮，导致发生严重危害社会治安和社会稳定重大矛盾纠纷的地方、单位，予以通报批评、警示、问责直至一票否决。

云南省综治维稳委、办机构情况和负责人名单

综治维稳委主任：

孟苏铁　省委常委、省委政法委书记、省公安厅厅长

综治维稳委副主任：

江巴吉才　省人大常委会副主任

曹建方　省人民政府副省长、省委政法委副书记

倪慧芳　省政协副主席

崔　毅　省军区副司令

郭永东　省纪委副书记、省监察厅长

马继延　省委政法委副书记

综治办主任：马继延

综治办专职副主任：胡吉安

综治办下设：协调处、基层指导处

云南省各州市、县（市、区）综治委、办主任名单

地　区	综治委主任	综治办主任	地　区	综治委主任	综治办主任
昆明市	杜　敏	刘文义	安宁市	张维勇	李茂文
五华区	苏天福	付　航	晋宁县	岳为民	段云富
盘龙区	周传彪	谢昭红	呈贡县	马宏途	刘本贵
官渡区	刘峻松	李吉明	宜良县	朱靖文	严坤崇
西山区	张志强	张绍辉	石林县	李兴国	李何红
东川区	陈海彦	张加强	嵩明县	张正平	张应坤

地　区	综治委主任	综治办主任
富民县	李辽军(至9月) 茹春荣	段华德
禄劝县	杨文志	黄正辉
寻甸县	朱家健	马良能
昭通市	张朝德	肖　波
昭阳区	朱　云	李　杰
鲁甸县	马武荣	锁才本
巧家县	李亚杰	刁维恩
镇雄县	戴　堃	
彝良县	彭泽高	王太乾
威信县	王国斌	熊有龙
大关县	陈文庄	杨志银
盐津县	陈　坤	祝　强
永善县	谭德勇	吴　波
绥江县	文南星	邓永才
水富县	王　罡	
曲靖市	赵立雄	罗世雄
富源县	张晓国(1—3月) 顾　琨(3—12月)	万将先
会泽县	吴崇富	杜玉敏
罗平县	高　阳(1—4月) 韩开柱(4—12月)	李保明
马龙县	张石飞(1—6月) 李　微(7—12月)	段培永
师宗县	王建忠	郑永武
陆良县	刘德文	戚国生
沾益县	聂祖良	王　旭
麒麟区	丁常云	李一德
宣威市	许玉才	张远惠
玉溪市	刘宁笙	李矿生
红塔区	王文平	李立超
江川县	张跃伟	赵　华
澄江县	陆永泽	朱存忠
通海县	钱润光	童永志
华宁县	张文信	张仁耀
易门县	许绍宏	邓延海
峨山县	夏黎明	解忠平
新平县	自正林	李　军
元江县	张　伟	周玉书
保山市	葛　平	马加能(1—6月) 李永伦(6—12月)

地　区	综治委主任	综治办主任
隆阳区	赵茂琦(1—6月) 杨赵心(6—12月)	王　强
腾冲县	黄佳斌	赵德荣(1—6月) 赵国朝(6—12月)
龙陵县	李维用	郭绍能(1—6月) 石正杰(6—12月)
施甸县	李成斌(1—6月) 李富强(6—12月)	何汝信
昌宁县	辉　波	张仲伟
楚雄州	邓先培(第一主任) 杨红卫(主任)	周红华
楚雄市	张之政(第一主任) 袁　鹏(主任)	张正明
双柏县	任学全(第一主任) 高　翔(主任)	尹久平
牟定县	姜　扬(第一主任) 彭宪琪(主任)	普向飞
南华县	陆积峰(第一主任) 冯　毅(主任)	周　昱
姚安县	李自云(第一主任) 李建波(主任)	杨春斌
大姚县	盛高举(第一主任) 张晓鸣(主任)	孙凤新
永仁县	赵克义(第一主任) 严云净(主任)	徐景荣
元谋县	袁丽娟(第一主任) 李洪亮(主任)	范国权
武定县	李　怡(第一主任) 黄云雁(主任)	严朝华(1—6月) 高惠琼(7—12月)
禄丰县	王玉玺(第一主任) 赵晓明(主任)	李志红
红河州	和　建	张恒昌
蒙自县	李国民	方剑伟(1—10月) 陆智晖(10—12月)
个旧市	王　伟	张正斌(1—11月) 苗茂霖(12月)
开远市	蒋文革	岑　伟(1—5月) 马　云(6—12月)

地　区	综治委主任	综治办主任
建水县	杨建伟	邹志军
石屏县	刘红云	佟忠亮
弥勒县	普　彬(1—7月) 刘　云(7—12月)	王孝云
泸西县	陈宏伟	陈勇军
红河县	李　灿	白继文
元阳县	徐世良	杨　彪
绿春县	车文华	石然思
屏边县	杨国昌	陶有和(1—6月) 李远福(6—12月)
金平县	沈建伟	毛文强
河口县	邓洪彬	黄素华
文山州	吴俊明	董松林(1—3月) 侯自明 (10月至今)
文山市	何跃祥	李国帅
砚山县	侯自明(1—10月)	郭家祥
西畴县	尚元超	李正谦
麻栗坡县	苟开波	陶有文
马关县	蒋生华	陈树坤
丘北县	罗涌铭	赵　斌
广南县	刘东云	喻　宏
富宁县	韦胜辉	杨　军
普洱市	许绍政	李佳维
思茅区	邱　明	石卫东
宁洱县	张　军	杨振宇
墨江县	黄显学	何红春
景谷县	何国新	邱继元
镇沅县	苏明星	马维勇
景东县	张世清	张　雄
澜沧县	祁　海	蒋余生
孟连县	郭崇伟	魏绍平
西盟县	唐　耀	魏永明
江城县	苏春和	赖培清
西双版纳州	刘功华	罗青华
景洪市	张　淳	朱　敏
勐海县	岳滇勇	马　伟
勐腊县	倪家凯	自占强
大理州	茶忠旺	李　勇
大理市	杨　晓	孙顺德
漾濞县	邵漾华	靳谊清

地　区	综治委主任	综治办主任
祥云县	姚曙光	杨建华
宾川县	张成良	李文忠
弥渡县	罗鸿文	刘　杰
南涧县	查政朝	李绍宗
巍山县	汤云海(1—6月) 王建涛(6—12月)	左增武
永平县	马伟军	茶名荣
云龙县	张国雄	杨怀东 (1月—6月) 李　菡(12月)
洱源县	李国侯	赵汝恭
剑川县	张开泰	杨顺荣
鹤庆县	王　耀	张炳江(1—9月) 张光辉(11—12月)
德宏州	郭志德	王　奇
芒　市	杨航深	刘云江
梁河县	李培忠(1—10月) 李学成(10—12月)	车同流
盈江县	罗祥荣	沙晓舟
陇川县	张开家	李腊布
瑞丽市	岩　补	杨兴才
丽江市	吉宏·龙佳	赵明华
古城区	和红卫	和春立
玉龙县	杨福红	黎建瑞
永胜县	周开举	卜永忠
华坪县	王国忠	宋登志
宁蒗县	杨永林	周永权
怒江州	鲁维星	伍华三
福贡县	丰志增	鸿翼升
兰坪县	李永平	李鹏飞
泸水县	李国宝	虎　皎
贡山县	李坤珍	张智全
迪庆州	李灿光	尼玛甲称
香格里拉县	彭跃文	赵国军
维西县	董品汉	和玉福
德钦县	张陆金	安　争
临沧市	郭金富	陈清林
镇康县	俸　明	鲁清良
永德县	雷　震	杨志军
耿马县	董庆军	陈秀芳
凤庆县	周　学	杨桂芳

地　区	综治委主任	综治办主任	地　区	综治委主任	综治办主任
云　县	董　琦	李绍踉	双江县	姚永卫(1—5月) 李玉学(6月至今)	李　伟
临翔区	李文勇	雷怀生			
沧源县	李繁荣	苏源宏			

（撰稿人：彭文海
审稿人：马继延　李子顺）

西藏自治区

2010 年社会治安综合治理工作概况

2010 年，西藏自治区社会治安综合治理工作在区党委、政府的坚强领导下，认真贯彻落实中央及区党委的决策部署，以学习贯彻党的十七届五中全会、中央第五次西藏工作座谈会和区党委七届七次全委会精神为主线，以深入开展反分裂斗争为龙头，以维护全区社会稳定为重点，以贯彻落实中央和自治区关于加强社会建设，创新社会管理的重要指示和决策部署为契机，进一步夯实基层基础工作，深化平安建设，深入开展矛盾纠纷排查调处和社会治安重点地区排查整治，大力推进社会治安防控体系建设，加大社会管理力度，深化严打整治斗争，不断健全社会治安综合治理工作机制，确保了重大节庆和敏感日期间的绝对安全和青藏铁路的安全运行，确保了全区政治局势和社会治安秩序的进一步稳定。

一、深入开展反分裂斗争，全力维护社会局势稳定

一年来，各级党委、政府坚决贯彻中央对达赖集团斗争的一贯方针，始终高举“五个维护”旗帜，切实做好长期作战的思想准备和工作准备，把维护稳定作为硬任务和第一责任，作为政法综治工作的重中之重，深入持久地开展反分裂斗争，立足长治久安、推进整体联防、深化主动治理，严密防范和严厉打击达赖集团渗透破坏活动，严密防范和严厉打击分裂国家与破坏民族团结的反动宣传煽动活动、聚集闹事活动、暴力恐怖活动。一是始终坚决贯彻落实区党委书记张庆黎同志“思想上一点都不能麻痹、工作上一点都不能放松、措施上一点都不能弱化”的要求，继续坚持“防范第一，处置高效，以不出问题为核心”的原则，认真落实各项维稳防控措施，确保了 3 月敏感期、上海世博会、自治区十运会、昌都解放 60 周年庆祝活动、广州亚运会等敏感节点的平稳度过和各项重要活动的顺利举行，实现了全年大事不出、中事不出、小事能快速有效应对的目标。二是进一步健全应急处突机制，夯实群防群治基础，构建社会治安防控体系，维护藏传佛教正常秩序，维护边境地区安全稳定。各边境地区和相关部门切实加强边境管控，强化军警民联防，有效防范了分裂分子利用边境潜入潜出。各级政法、综治部门密切配合统战、民宗部门扎实推进寺庙法制宣传教育工作，全面落实寺庙社会化管理措施，确保了寺庙安全稳定。三是各地切实加大对“3·14”刑释解教和非罪处理人员以及被清退出寺僧尼等重点人员的教育管控力度，坚持依法管理和服务关怀并重，切实将成功教育转化重点人员、有效减少对立面，作为衡量工作实效的重要标准，紧紧围绕“安置有方、帮教有效、管控得住”的工作目标，进一步健全教育管控机制，全面落实关怀帮助措施，全面推动了政法部门教育管控和属地党政组织联保帮教的有机结合。四是严厉打击各类分裂破坏活动，牢牢掌握对敌斗争的主动权。政法各部门充分发挥职能作用，严厉打击各类危害国家安全犯罪活动，成功侦破了一批影响较大的危害国家安全案件，有力打击了敌对势力和分裂分子的嚣张气焰，取得了较好的政治效果、法律效果和社会效果。五是加强社会主义法制建设，坚持法律面前人人平等，依法处置各类案件，严厉打击严重刑事犯罪活动，铲除黑恶势力，遏制宗族势力治安，全力确保了社会局势持续稳定。

二、进一步加强社会建设，努力创新社会管理

各地各部门深入贯彻落实中央和自治区关于加强社会建设、创新社会管理的决策部署，大力强化基层基础工作，全力化解社会矛盾，努力创新社会管理，特别是在流动人口服务和管理、寺庙管理、重点人员稳控等方面积极探索，大胆实践，努力创新，取得了一定成效，确保了全区社会局势的持续稳定。拉萨市积极探索流动人口“一站式”服务，城关区80%以上的村居建成了一站式服务大厅，流动人口工作台账类别清、登记全，为探索建立符合西藏实际和特点的流动人口服务和管理工作积累了大量宝贵经验。山南地区充分依靠和发动人民群众，积极探索建立平安志愿者队伍，组建了由2279名志愿者组成的24支平安志愿者队伍，开展重大节日和敏感日期间治安巡逻、矛盾纠纷排查化解、法制宣传、维持交通秩序等工作；积极探索乡村道路交通管理新思路，在全地区554个行政村各设立了1名专兼职交通安全员，并由县政府出资，通过以奖代薪的形式发放工资报酬，有效解决了农牧区道路交通安全管理人员不足的问题，有效遏制了农牧区道路交通事故频发的局面，有力维护了广大人民群众的生命财产安全。林芝地区以建立乡镇综治维稳工作中心为突破口，进一步整合了综治基层基础工作力量。目前，全地区54个乡镇均设立了综治维稳工作中心，321个行政村设立了综治维稳工作中心站；将重点人员稳控和教育转化工作经费纳入本级财政预算，建立经费保障机制，解决稳控和教育转化经费不足问题。

三、全民动员、齐抓共建，平安建设工作不断深化

各地市继续深入开展基层平安创建活动，大力推进平安社区、平安校园、平安单位、平安寺庙、平安家庭、平安铁道线等基层平安创建活动，平安建设覆盖面不断扩大，平安县、平安乡镇、平安村、平安单位、平安校园、平安寺庙、平安小区工作创建率达到85%以上。特别是各地市推荐的自治区级“平安县(市、区)”，高度重视平安建设工作，党政一把手亲自抓，分管领导具体抓、各单位、各部门分工负责，明确平安建设工作的指导思想、总体目标、创建标准、方法步骤、经费保障、工作措施，根据条块结合的原则，制定了县级干部包乡镇，乡镇(街道)干部包村(居)委会，综治成员单位包联系点制度，形成了一级抓一级，层层抓落实的目标责任体系。同时，各地市按照“纵向到底、横向到边”创建工作方法和纵横结合、分级创建、以点带面、全面推进的工作原则，狠抓载体建设。通过基层的平安创建，积小安为大安、变局部平安为全局平安，全力打造平安县建设。截至目前，全区共有全国平安县建设先进县3个，自治区级“平安县(市、区)”29个。

四、加大综治宣传工作力度，努力营造社会治安综合治理工作良好的舆论氛围

全区各级党委、政府及有关部门始终把宣传工作作为不断深化平安建设的重要推动力，切实加强对宣传工作的组织领导，制定完善宣传工作计划和宣传工作方案，不断改进宣传工作方式，充分发挥各新闻媒体的作用，广泛宣传平安建设先进典型，不断增强宣传工作实效。一是加大平安建设和普法、依法治理工作宣传力度。各级各部门充分利用“三月综治宣传月”、“六月平安建设宣传周”、“9·16”平安西藏宣传日和“12·4”法制宣传日，采取群众喜闻乐见的形式，大力开展平安建设宣传和“民主法治示范村”和“法律七进”等活动，努力营造了“深化平安建设、构建和谐社会”的良好舆论氛围和社会环境。二是大力表彰先进典型。2010年12月16日，自治区综治委铁路护路联防工作领导小组举行2010年度全区铁路护路联防工作总结表彰大会，对2010年全区铁路护路联防工作成绩突出的那曲地区和拉萨市进行了表彰，对自治区财政厅等13个单位授予了“2010年全区铁路护路联防工作先进集体”荣誉称号，李文汉等56名同志授予了“2010年全区铁路护路联防工作先进个人”荣誉称号；12月25日，自治区召开2010年全区社会治安综合治理工作表彰大会暨自治区级“平安县(市、区)”命名授牌仪式，对2010年综合治理和平安建设工作成绩突出的拉萨市、林芝地区、山南地区进行了表彰奖励，对曲水、萨迦、乃东、浪卡子、朗县、边坝、安多、嘉黎、双湖特别区、噶尔、措勤等11个县(区)授予了自治区级“平安县(市、区)”荣誉称号；积极推荐见义勇为先进模范人物，2010年，全区又有2名同志荣获中华见义勇为基金会颁发的“全国见义勇为好司机”荣誉称号，自治区精神文明办还对自治区综治办推荐的2名高中生的见义勇为事迹进行了广泛宣传和表彰奖励。通过表彰先进，树立典型，既弘扬了正气，又鼓舞了士气，进一步推动了社会治安综合治理和平安建设工作向纵深发展。

五、狠抓矛盾纠纷排查调处工作，处理复杂群体性事件的能力显著提高

各地市积极创新社会矛盾源头预防化解机制，坚持“预防为主、调解优先”原则，严格按照“五个提前”的要求，早排查、早掌握、早调处、早化解，对重大矛盾纠纷事先进行社会稳定风险评估，不断健全和完善矛盾纠纷排查调处长效机制，坚持抓早抓小抓苗头，最大限度地减少社会冲突、降低社会风险，努力从源头上预防和减少群体性事件和个人极端暴力事件，基本形成了人民调解、行政调解、司法调解“三位一体”的大调解工作格局，做到了“群众矛盾发生到哪里，干部就跟随到那里，哪里出现纠纷，调处工作就及时做到那里”，有效预防、减少了“民转刑”案件和群体性事件的发生，有力促进了社会和谐稳定。拉萨市针对拆迁、土地征用等问题引发的矛盾纠纷日益增多的实际，建立完善并充分运用社会稳定风险评估机制，在国家重点工程旁多水利枢纽工程建设和拉贡机场专用公路建设中，将可能引发的群体性事件及时化解在初始阶段，使发生在工程建设中的矛盾纠纷全部化解在基层。林芝地区严格按照“属地管理”原则，层层落实“分级管理，归口调处”工作制度，真正做到了小事不出村，大事不出乡，矛盾不上交。山南地区对矛盾纠纷采取“一站式”受理、“一条龙”调处以及人民调解案件“个案补贴”等措施，积极推广矛盾纠纷排查化解回访制度、矛盾纠纷排查化解调度会制度，有效预防了越级上访、民转刑案件和群体性事件的发生。那曲地区将虫草采集交易管理作为重要内容纳入年终综治考评，努力推动虫草采集管理从被动应付向主动治理的转变，实现了“安全有序、不发生群体性事件、稳定增加群众收入”的目标。昌都地区在昌都解放60周年大庆等重大节庆日和维稳敏感日来临之前，提前部署矛盾纠纷排查调处工作，提前深入到矛盾纠纷多发、高发地带开展排查化解工作，全力以赴将矛盾处理在当地，化解在萌芽状态。

六、加快社会治安防控体系建设，治安防范水平得到进一步提升

各地市坚持打防结合、预防为主，有规划、有重点地推进人防、物防、技防相结合的治安防控体系建设。人防上，注重抓基础，不断壮大群防群治队伍，抓好县城和乡镇专职综治队伍的巩固、补充和整顿、规范工作，提高整体素质。在农牧区，大力促进组建多种形式的治安联防队、护村队、民兵组织、边境联防队等群众性治安防范组织。在城镇，形成了以多警联动快速反应、社区警务、社会面巡逻控制、专职群防群治队伍、单位内保组织为主的防控体系。全区已建有群防群治队伍2万余人。技防上，进一步加大技防建设力度，切实加强社会治安科技防范工作，提升科技防范水平。自治区党委、政府高度重视技术防控建设工作，重点加快推进以“天网工程”为标志的物防、技防体系建设。自治区财政又投资建设全区政法应急指挥系统，有效整合社会资源，基本实现社会信息共同采集、政法信息共同享用、重大问题共同决策、重要问题应急联动。拉萨市建立了“三巡”模式，将110巡警与市区派出所进行合并，配合交警联动工作，提高了城市见警率和快速处置时效；在全市建立社区及驻寺、校园警务室44个，派驻140名民警参与社区工作，实现了社区警备街面化。林芝地区以公安民警为骨干、以社会治安防范站点为基础，以治安室、治安岗亭为依托，以专职、义务巡逻队为主体，进一步健全了多层次的治安联防工作网络。山南地区把社会治安技防工作纳入为民办实事的民心工程，先后投入大量经费，安装、更新了泽当镇区及各县“平安山南”监控系统。昌都地区初步建立了以街面防控网、社区防控网、单位内部防控网、视频监控网、区域警务协作网和虚拟社会防控网为基础的社会治安防控体系，实现了乡乡有治安防控站，村村有治安报警点。

七、加大社会治安重点地区排查整治工作力度，群众安全感持续增强

按照《中央综治委关于进一步加强社会治安重点地区排查整治工作的若干意见》和《西藏自治区社会治安重点地区排查整治工作方案》要求，各地市紧紧抓住影响社会稳定和人民群众反映强烈的突出问题，本着“什么犯罪突出，就打击什么犯罪，哪里治安混乱，就重点整治哪里”的原则，密切配合，形成合力，按照依法快侦、快破、快捕、快诉、快审、快结的工作要求，有重点、有步骤地开展了“打黑除恶”、整治输油管线治安秩序、打击盗窃破坏“三电”设施违法犯罪、排查整治治安重点地区和突出治安问题，有效打击了抢劫、盗窃、毒品等犯罪活动，有力地打击了犯罪分子的嚣张气焰。全区公安机关共立刑事案件3972起，破2833起，破案率71.32%，同比立案增加757起，上升23.55%。其中，立命案108起，破97起，命案侦破率89.8%；侦办涉黑案件2起，打掉黑恶势力团伙9个，抓获黑恶团伙成员137名。检察机关共批捕各类刑事案件878件1359人，同比分别下降2.6%和2.9%，提起公诉871件1329人，同比分别上升10.8%和13.0%。各级法院共审理各类刑事案件1115件，同比上升8.5%，判处犯罪分子1478人。通过高压管控和严厉打击，有力地促进了社会治安秩序的进一步好转，人民群众的安全感进一步增强。自治区统计局开展的群众安全感调查结果表明，人民群众的安全感意识继续增强，被调查者中97.52%的人认为社会治安环境安全，比上年上升了0.08个百分点，感觉"不安全"的比重占全部被调查者的0.71%，比上年下降了0.52个百分点，安全感状况满意率连续三年超过九成。

八、全面强化铁路护路联防工作，确保青藏铁路安全畅通和运营

各级党委、政府和各有关部门坚决贯彻落实中央和自治区关于加强铁路护路联防工作的决策部署，保障了青藏铁路的安全畅通。一是对护路联防工作的组织领导进一步加强。铁路沿线各级党委、政府始终把护路联防工作摆上重要议事日程，及时研究解决工作中存在的困难问题，护路联防工作的组织领导进一步加强，保障机制进一步完善，有力推进了各项护路工作的开展。二是护路联防工作能力进一步提高。铁路沿线各级各部门认真落实护路联防工作责任制，以"建机制、强基础、抓队伍、创平安"为着力点，不断健全完善目标责任体系，大力落实人防、物防、技防措施，深入开展了涉路矛盾纠纷排查调处和突出治安问题专项整治，护路联防工作水平得到进一步提升。三是护路联防基层基础建设进一步加强。铁路沿线各地（市）、各部门以加强护路联防队伍建设为重点，以推进营区规范化建设为依托，以强化管理为手段，使专职护路联防队伍建设得到有效加强，群防群治队伍不断发展壮大，护路联防工作机制进一步健全完善，后勤保障能力不断提高。四是"平安铁路示范市、县"创建活动稳步推进。铁路沿线各地（市）、各部门通过媒体宣传、群众宣传、舆论宣传等方式，大力开展爱路护路宣传教育，广泛动员干部群众积极参与护路联防工作，营造了浓厚的爱路护路工作氛围，确保了青藏铁路安全运营。

九、进一步落实领导责任制，基层综治保障力度明显加大

各级党委政府特别是党政主要领导，认真贯彻中央关于"发展是硬道理，是第一要务；稳定是硬任务，是第一责任"的要求，深刻认识维护西藏社会稳定对于确保国家安全的极端重要性，不断增强维护社会稳定工作的政治意识、大局意识、责任意识和忧患意识，自觉把社会治安综合治理和平安建设摆上重要议事日程，逐级签订综治目标管理责任书，强化工作指导、狠抓责任落实、加大保障力度、增设工作机构、扩充人员力量，为确保社会持续稳定提供了强大的组织保障和人力物力财力保障。为完成到2012年，西藏所有乡镇均配备有专职综治专干的工作目标，9月，区综治委共招收培训106名综治专干分配到各地市重点乡镇开展工作，各地市也从各自实际出发相应调整充实县、乡镇综治力量，配齐配强地、县两级综治办主任、副主任和重点乡镇（街道）综治专干，大力推进乡镇（街道）综治委、办和综治工作中心建设以及村居社区综治组织建设。在财力保障方面，各地市党委政府逐年提高综治工作专项经费预算标准，2010年，7地市综治工作各项经费预算投入1155.85万元，相比上年增加182万元，其中，综治经费486.6万元、平安建设经费465万元，流动人口经费141万元、群防群治工作经费62.7万元。通过加强组织领导，完善机制保障，做到了有组织管事、有人员干事、有经费办事、有章程理事，有力地促进了各级综治工作和平安建设工作的稳步推进。

十、充分发挥成员单位作用，努力打造社会治安综合治理工作齐抓共管的良好局面

全区各级各部门按照中央和区党委部署，紧紧围绕维护重要战略机遇期社会和谐稳定的总目标，紧密结合全区加强社会建设、创新社会管理、推进综治工作、维护社会稳定的实际，在"综"字上狠下功夫，群策群力、协同作战，形成了推动社会和谐发展、保障社会安定有序的合力。各级政法部门充分发挥各自在维护社会治安、加强社会管理、共同执法为民中的主力军作用，重点加大打击防范、守法宣传、执法监督、判决执行、国家安全等工作，在减少社会对抗、化解社会矛盾、促进社会和谐上发挥了积极作用，为全力维护国家安全和社会稳定做出了突出贡献。交通运输、住房和城乡建设、民政、文化、工商、妇联、工会、新闻出版等部门充分结合自身工作实际，积极参与和大力支持社会治安综合治理和平安建设工作。特别是各级纪检监察、组织（编制）、人力资源和社会保障、财政等部门在加强综治机构建设和人员配备及加大人财物的投入和保障力度等方面做了大量卓有成效的工作，为推动社会治安综合治理和平安建设工作做出了重要贡献。自治区综治委各专门工作领导小组及其办公室，充分发挥工作职能，以加强衔接，建档立制，落实工作措施为重点，完善工作机制，强化工作措施，确保了各项工作的顺利开展。

中共西藏自治区委员会
西藏自治区人民政府
关于表彰2010年度全区
社会治安综合治理工作先进地市的决定

（2010年12月19日）

2010年，是西藏发展进步史上极为重要的一年。党中央、国务院召开第五次西藏工作座谈会，对推进西藏跨越式发展和长治久安作出战略部署，开启了走有中国特色、西藏特点发展路子的新征程。一年来，在以胡锦涛同志为总书记的党中央坚强领导下，区党委、政府团结带领全区各级党政组织和各族干部群众，坚持以邓小平理论和“三个代表”重要思想为指导，深入贯彻落实科学发展观，全面贯彻落实党的十七大和十七届四中、五中全会及中央第五次西藏工作座谈会精神，按照区党委工作会议的部署要求，积极谋长久之策、行固本之举，以落实社会治安综合治理目标责任制和领导责任制为重点，以推进社会矛盾化解、创新社会管理为抓手，以提升各族群众安全感为出发点，深入开展反分裂斗争，严厉打击各类刑事犯罪，有效化解各类矛盾纠纷，不断健全社会治安防控体系，扎实推进平安西藏建设，确保了社会持续稳定，维护了国家安全，圆满完成了“十一五”经济社会发展目标任务，在推进西藏跨越式发展和长治久安，建设团结、民主、富裕、文明、和谐的社会主义新西藏的伟大征程上迈出了坚实步伐。

一年来，各地市严格按照区党委、政府的部署要求，认真履行社会治安综合治理目标管理责任，狠抓常态和非常态下维稳防控措施的落实，全面加强社会治安综合治理工作，圆满完成了《2010年社会治安综合治理目标管理责任书》所确定的各项工作任务。其中，拉萨市、林芝地区、山南地区社会治安综合治理工作成绩突出。拉萨市坚持把社会治安综合治理工作摆在突出位置，全面深化社会治安综合治理与平安建设，做到了组织领导到位、工作措施到位、经费保障到位、力量部署到位，全市社会局势持续稳定，人民群众安全感不断提升。林芝地区以建立乡镇综治维稳工作中心为突破口，不断健全完善综治基层组织，整合综治工作力量，扎实推进社会治安防控体系建设，筑牢了基层维稳防线，被区综治委推荐为全国社会管理创新示范地区。山南地区坚持实施“一把手工程”，严格落实领导责任查究制度，大力推进乡镇（街道）综治委、办和综治工作中心建设及村居社区综治组织建设，做到了有组织管事、有人员干事、有经费办事、有章程理事,保持了刑事犯罪总量较低、治安形势持续平稳的良好局面。三个地市综治工作的深入开展,为全区稳定作出了积极贡献。

为表彰先进,树立典型,进一步激励全区各级党政组织围绕中心、服务大局,不断深化社会治安综合治理工作,深入推进平安西藏建设,确保全区社会局势从持续稳定进入长治久安新阶段,区党委、政府决定,对2010年度社会治安综合治理工作成绩突出,考评结果名列前三名的拉萨市、林芝地区、山南地区予以表彰,分别奖励15万元、10万元和8万元。希望受到表彰的地市发扬成绩、再接再厉,进一步完善工作机制,创新工作内容,推进综治工作取得更大的成绩。

当前,我区正处在推进跨越式发展和长治久安、全面建设小康社会的关键时期。做好社会治安综合治理工作,任务艰巨,责任重大,使命光荣。区党委、政府号召,各级各部门要以受表彰的先进地市为榜样,紧紧围绕推进西藏跨越式发展和长治久安这个主题,进一步振奋精神、鼓足干劲,乘势而上、开拓进取,扎实工作、狠抓落实,认真研究新情况、积极探索新方法、切实采取新措施,不断提高社会治安综合治理整体水平,为做好"十二五"开局之年改革发展稳定各项工作,与全国一道实现全面建设小康社会的宏伟目标打下坚实基础,以优异的工作成绩向中国共产党成立90周年、西藏和平解放60周年献礼!

西藏自治区人民政府
关于命名曲水县等11个县(区)为
第二批自治区级"平安县(市、区)"的决定

(2010年12月19日)

各行署、拉萨市人民政府,自治区各委、办、厅、局:

自2008年命名第一批自治区级"平安县(市、区)"以来,全区各县(市、区)严格按照自治区党委、政府关于建设平安西藏的决策部署和要求,深入贯彻落实科学发展观,以创建平安县(市、区)为重点,全力开展平安西藏建设,"平安县(市、区)"创建活动取得了明显成效。曲水县等11个县(区)紧密结合本地实际,将"平安县(市、区)"创建活动与"平安乡(镇)"、"平安社区"、"平安校园"、"平安企业"、"平安寺庙"等创建活动紧密结合起来,坚持"打防结合、预防为主,专群结合、依靠群众"的方针,深入开展反分裂斗争,严密防范和严厉打击达赖集团的渗透破坏活动,未发生危害国家安全案件;不断完善社会治安综合治理机制,始终保持对严重刑事犯罪的高压态势,刑事案件、治安案件大幅下降,未发生任何影响社会稳定的群体性事件和危害国家安全案件;有效化解各类矛盾纠纷,把问题解决在属地范围,把矛盾化解在萌芽状态,做到了小事不出村、大事不出县、矛盾不上交,群众满意度不断提高;积极构建社会治安防控体系,在基层筑起了人民群众广泛参与的综治维稳第一道防线;狠抓基层综治组织建设,配齐配强基层综治专干,切实加强综治干部培训,抓基层、打基础,社会治安综合治理工作目标明确、重点突出、措施有效,确保了社会大局持续稳定。经自治区综治委考察测评,曲水县等11个县(区)达到了自治区级"平安县(市、区)"标准。

为表彰先进,树立典型,进一步激励各地(市)、各县(市、区)切实抓好平安创建工作,继续深化"平安西藏"建设,经自治区人民政府研究,决定命名曲水县、萨迦县、乃东县、浪卡子县、朗县、边坝县、安多县、嘉黎县、双湖特别区、噶尔县、措勤县为第二批自治区级"平安县(市、区)"。

希望被命名的各县（区）发扬成绩、再接再厉，不断探索工作新思路、努力开辟工作新途径、积极谋求工作新对策、切实打开工作新局面，更好地肩负起党和人民赋予的神圣使命，为县域经济更好更快发展提供保障，为各族群众幸福安康尽职尽责。

自治区人民政府号召，各地（市）行署（人民政府）、各县（市、区）要以自治区命名的“平安县（市、区）”为榜样，在自治区党委、政府的坚强领导下，深入贯彻落实党的十七届五中全会、中央第五次西藏工作座谈会和自治区党委七届七次全委会精神，进一步振奋精神、鼓足干劲，加强领导、狠抓落实，深入推进“平安县（市、区）”创建活动，全力做好维护社会稳定各项工作，为不断开创全区社会治安综合治理工作新局面、谱写西藏跨越式发展和长治久安新篇章做出新的更大贡献！

西藏自治区社会治安综合治理委员会关于印发《西藏自治区社会治安重点地区排查整治工作方案》的通知

（2010年5月20日）

各地（市）社会治安综合治理委员会，自治区社会治安综合治理委员会各成员单位：

现将《西藏自治区社会治安重点地区排查整治工作方案》印发给你们，请结合实际，认真贯彻落实。

西藏自治区社会治安重点地区排查整治工作方案

为深入贯彻落实中央第五次西藏工作座谈会和全国、全区政法工作电视电话会议精神，按照全国社会治安重点地区排查整治工作电视电话会议和中央社会治安综合治理委员会《关于进一步加强社会治安重点地区排查整治工作的若干意见》（综治委［2010］5号）的安排部署，以及全国综治维稳工作电视电话会议的总体要求，自治区综治委决定，利用半年左右的时间，在全区集中开展一次社会治安重点地区排查整治工作。特制定如下工作方案。

一、指导思想

以邓小平理论和“三个代表”重要思想为指导，深入贯彻落实科学发展观，全面贯彻中央第五次西藏工作座谈会、区党委工作会议精神，准确把握中央及自治区党委的工作部署和要求，紧紧围绕推进跨越式发展和长治久安这个主题，立足当前、着眼长远，标本兼治、综合治理，尽快扭转一些地方社会治安混乱的局面，着力解决影响我区社会治安和社会稳定的突出问题，着力解决广大人民群众最现实、最关心、最直接的利益问题，着力解决影响我区社会和谐稳定的源头性、根本性、基础性问题，确保我区社会治安秩序良好和社会局势持续稳定，为推进西藏跨越式发展和长治久安奠定坚实基础，为全面建设小康西藏，构建社会主义和谐社会创造良好的社会治安环境。

二、工作目标

这次社会治安重点地区排查整治工作，重点是排查整治城乡结合部、“城中村”、治安复杂的村（居）、街巷和高发案区域；社会治安秩序混乱，黄赌毒等社会丑恶现象屡禁不止的区域；学校及周边治安秩序混乱，侵害师生安全的各种违法犯罪隐患明显的区域；铁路沿线治安复杂，严重影响铁路安全运行的区域；较大道路交通事故、火灾事故和生产安全事故频发，公共安全隐患突出的区域；基层组织软弱涣散，基础工作薄弱，社会管理不力，公共服务缺失的区域；特别是对敌斗争复杂、黑恶势力、宗族势力抬头的区域；反动宣传、造谣传谣情况突出的区域；非法宗教活动突出，非正常上访和群体性事件多发的区域；非法出入境活动突出的区域等等。通过集中排查整治，有效消除各类治安和安全隐患，有效落实常态化管理制度，有效加强基层政权组织和管理力量建设，有效完善长效工作机制，有效筑牢维稳工作根基，确保排查整治取得明显成效，不断提高人民群众的安全感，为西藏经济社会跨越式发展创造秩序良好、安全和谐的社会环境。

三、组织领导

自治区成立全区社会治安重点地区排查整治工作领导小组。

组　长：李　昭（自治区副主席、区综治委副主任）

副组长：叶银川（区政府副秘书长、区信访局局长）

赤来罗布（区党委政法委副书记、区综治办主任、区护路办主任）

益西多杰（区公安厅党委副书记、副厅长）

成员单位：区纪委、区党委组织部、区党委宣传部、区党委统战部、区教育厅、区民宗委、区国家安全厅、区民政厅、区司法厅、区住房和城乡建设厅、区交通运输厅、区文化厅、区工商局、区安监局、团区委、区妇联、区新闻出版局、区通信管理局、青藏铁路公司拉萨办事处。

领导小组下设办公室，办公室设在自治区综治办，由区党委政法委副书记赤来罗布兼任办公室主任，区综治办协调处处长张华蓉、区公安厅治安总队总队长甘世光、区公安厅刑侦总队总队长平措任办公室副主任，具体工作人员从区综治办、区公安厅各抽调两名同志组成。办公室下设打击整治、社会管理、综合协调三个工作组。打击整治工作组的主要任务是确定一批全区社会治安重点地区，深入研究违法犯罪活动的规律特点，指导各地市有针对性地开展专项打击整治行动，依法严惩一批严重违法犯罪分子。社会管理工作组的主要任务是指导各地市健全、完善社会治安重点地区的社会治安防控体系，落实各项防范措施；加强重点人员的服务和管理，净化社会环境；加强基层组织建设，夯实工作基础；加强群防群治队伍建设，完善工作保障。综合协调工作组的主要任务是综合掌握排查整治工作进展情况，协调各部门、各方面力量共同参与；指导各地市、各部门对排查整治工作开展宣传，营造良好的舆论氛围；加强对排查整治工作的检查考核，督促各地落实责任，确保排查整治工作取得实效。

四、工作步骤

这次全区社会治安重点地区排查整治工作从5月中旬启动，11月中旬考核验收，初步安排6个月左右的时间。各地市要在认真动员部署的基础上，按照边排查、边整治和什么问题突出就重点整治什么问题的原则，认真组织实施以下七个阶段的工作。

（一）成立领导小组及办公室。为加强对社会治安重点地区排查整治工作的组织领导，要层层成立社会治安重点地区排查整治工作领导小组及办公室，制定细化工作方案，明确部门职责任务，确保排查整治工作有效开展。

（二）安排部署。组织召开社会治安重点地区排查整治工作专题会议，贯彻落实中央和区党委关于社会治安重点地区排查整治工作的一系列重要指示和批示精神，全面动员部署全区社会治安重点地区排查整治工作。

（三）排查摸底。由各级综治办牵头，组织相关职能部门开展拉网式排查。按照“县（市、区）不漏乡镇（街道）、乡镇（街道）不漏村（居）、村（居）不漏户、户不漏人”的要求，通过召开座谈会、设立举报电话和明察暗访等方式，进行地毯式排查，真正把影响社会治安和社会稳定的突出问题底数摸清、摸全、摸透。各地、县、乡要确定一批重点区域、重点部位、重点对象和重点问题，层层登记造册，层层上报备案，落实整治措施，实行动态管理。各级各部门要在6月底前结束排查摸底工作并层层上报排查摸底情况。

（四）综合整治。对排查出的重点区域、部位、场所和人员，要制定整治工作方案，坚持滚动排查、滚动整治，边排查、边整治。对排查出的情况和问题进行认真梳理分析，查找问题产生的原因，提出工作对策，确定责任单位或部门，明确协作单位或部门，集中时间、集中力量、逐一整治、限期解决。对严重影响社会治安和社会稳定的突出问题，要进行严厉打击，绝不手软，真正从源头上消除不安全、不稳定、不和谐因素。

（五）督导检查。由各级综治办牵头，组织相关职能部门对重点地区排查整治工作定期或不定期开展督导检查，确保取得实效。对情况复杂、经反复整治问题仍得不到解决、效果仍不明显的，由党委、政府主要领导和有关部门负责人亲自包点督办，同时派驻工作组驻点督导，做到局面不改、人员不撤、工作不停。对问题严重、群众反映突出的地方，进行挂牌督办，跟踪指导，直至摘牌。对治安长期混乱，排查工作不深入、不细致、不彻底，整治措施不力、效果不好，突出问题没有及时解决、治安混乱局面没有明显改观的地方，严格实行责任查究，对问题特别严重的坚决一票否决。

（六）考核验收。由自治区综治办牵头，组织相关职能部门深入七地市开展重点地区排查整治总结验收工作。自治区综治办将研究制定《全区社会治安重点地区排查整治工作考核验收办法》，对全部重点地区开展考核验收，并纳入社会治安综合治理年度考核。对考核不合格的，取消所在地市当年综治评优资格。

（七）建章立制。各地市、各部门要把社会治安重点地区排查整治工作作为一项长期的重点工作抓紧抓好抓实，健全工作机制、规范信息报送、加强督导检查、完善考核奖惩、落实责任查究，确保此项工作扎实有效开展。

五、整治措施和职责分工

对排查出的重点区域、重点部位、重点场所、重点人员和重点问题，要按照不同层次、不同类别制定整治工作方案，分别采取严厉打击、集中整治、督导督办、挂牌整治、派驻工作组、加强管理、强化建设、注重宣传等方式，进一步明确责任，落实措施，限期解决，确保排查整治工作取得实效。

（一）深入开展严打整治。对反分裂斗争尖锐复杂、黑恶势力、宗族势力横行乡里的重点县、乡、村，要结合当地党委、政府正在开展的主题教育活动，乘势而上，深入开展严打整治斗争，严厉打击境内外敌对势力、敌对分子的渗透破坏活动；严厉打击打砸公共设施、围堵党政机关、阻碍交通、扰乱社会秩序和破坏正常生产生活秩序的非法活动；严厉打击横行乡里、称霸一方、欺压百姓的黑恶势力和宗族势力干预司法、教育、行政等违法犯罪行为；严厉打击“法轮功”等邪教组织；严厉打击严重影响群众安全感的杀人、爆炸等严重暴力犯罪和抢劫、抢夺、盗窃等多发性侵财犯罪，确保人民生命财产安全，切实增强人民群众的安全感，净化社会治安环境，确保社会持续稳定。

牵头单位：区公安厅

责任单位：区党委组织部、区党委宣传部、区国家安全厅、区民政厅、区司法厅、区交通运输厅、区文化厅。

（二）深入开展反分裂斗争。要严厉打击各类危害国家安全的违法犯罪活动，进一步加强人民防线建设，动员和组织人民群众严密防范一切危害国家安全的违法犯罪和破坏活动。要加大边境管理和查控力度，深挖偷渡案件的内幕情报线索，严厉打击引渡蛇头的嚣张气焰。

牵头单位：区国家安全厅

责任单位：区党委宣传部、区教育厅、区公安厅、区司法厅、区文化厅、区新闻出版局

（三）加强网络监控和管理。要加强互联网、手机短信中有害信息的管理，严防反动宣传和造谣传谣，提高网上发现、侦察、控制、处置能力，把社会危害降到最低限度。

牵头单位：区公安厅

责任单位：区党委宣传部、区国家安全厅、区教育厅、区文化厅、区新闻出版局、区通信管理局

（四）加强寺庙管理。要按照分级负责的属地管理原则，加强寺管会班子建设，支持寺庙搞好民主管理，切实维护寺庙及各类宗教活动场所的正常秩序。

牵头单位：区党委统战部

责任单位：区党委宣传部、区民宗委、区公安厅、区国家安全厅、区司法厅、区民政厅、区文化厅

（五）健全完善社会治安防控体系。对排查

整治工作中暴露出来的防范工作不到位、防范措施不落实等突出问题，要严格按照“打防结合、预防为主，专群结合、依靠群众”的工作方针，扎实有效推进社会治安防控体系建设。大力推进科技防范工作，在大中城市、县城和有条件的乡镇（街道）以及重点单位、要害部位推广以电子视频监控、防盗报警为主的技术防范。在农村和农牧区推广使用经济适用、防范效果好的物防和技防设施，督促社会治安重点地区和单位落实人防、物防、技防措施。大力发展保安员、治安巡防队、治安信息员、综治协管员、平安建设志愿者等群防群治队伍，积极推进治安防范社会化、市场化、职业化。组织警力和群防群治队伍，围绕案件高发的重点部位、场所、路段和城乡结合部，开展街头路面巡查、盘查，提高打击现行犯罪能力，有效预防和减少各种违法犯罪。

牵头单位：区公安厅

责任单位：区纪委、区党委组织部、区党委宣传部、区党委统战部、区教育厅、区民宗委、区国家安全厅、区民政厅、区司法厅、区住房和城乡建设厅、区交通运输厅、区文化厅、区工商局、区安监局、团区委、区妇联、区新闻出版局

（六）加强社会服务和管理。坚持以人为本，重点加强和完善社会服务和管理，着力解决和改善民生问题，从源头上化解社会矛盾，从根本上减少诱发违法犯罪、影响社会稳定的因素。要加大流动人口服务和管理工作，积极探索适应新形势下的流动人口服务管理工作新模式，综合运用“以证管人、以房管人、以业管人”等多种手段，及时掌握流动人口底数，加强服务和管理，有效维护其合法权益，真正达到共建共享。加大对“问题”青少年、社会闲散人员、流浪未成年人、服刑人员未成年子女的教育、管理和服务、救助工作。要加大对“3·14”刑释解教和非罪处理人员的教育和管控工作，加大对刑释解教人员的帮教安置工作，落实衔接措施，加强社区矫正工作，健全社区服刑人员管理帮教机制，加强教育、管理和帮扶，加强对吸毒人员的戒毒、帮教，最大限度地预防和减少重新违法犯罪。加强“扫黄打非”工作，加大对文化娱乐场所的监督管理，有效杜绝黄赌毒等社会丑恶现象发生。加大对重点路线、重点路段的巡查力度，加大对高危行业和重点企业安全隐患排查整治，有效遏制重大道路交通事故、火灾事故和生产安全事故的发生。

牵头单位：区公安厅

责任单位：区党委宣传部、区教育厅、区民政厅、区司法厅、区交通运输厅、区文化厅、区工商局、区安监局、团区委、区妇联、区新闻出版局、青藏铁路公司拉萨办事处

（七）加强学校、幼儿园及周边地区排查整治。要深入贯彻落实全国综治维稳工作电视电话会议精神，组织开展对学校、幼儿园及周边地区治安秩序专项整治行动，及时发现问题、堵塞漏洞、改进工作。要落实校长、园长安全管理责任，建立健全门卫、值班、巡逻、安全检查等管理制度，加强校区警务建设，充实校园安全保卫力量，加强技防建设，防止不法分子进入校园制造事端，坚决防止发生侵害师生安全的重大恶性案件。

牵头单位：区教育厅

责任单位：区公安厅、区党委宣传部、区交通运输厅、区文化厅、区工商局、团区委

（八）加强铁路沿线排查整治。要按照“属地管理”和“谁主管、谁负责”的原则，深入开展铁路沿线排查整治工作，认真分析影响青藏铁路安全运营的各种因素，高度警惕和切实防范达赖集团针对青藏铁路的阴谋破坏活动，以“三防”工作为核心，进一步健全和完善重点看护制度、铁路护路承包责任制、协调联动机制、情报信息共享机制、反恐演练工作机制等各项制度和工作机制以及安全应急救援预案，重点加大铁路沿线矛盾纠纷排查调处，加大铁路沿线治安管理，加大重点地段整治工作力度，加大铁路护路联防工作宣传力度，广泛动员社会各界积极支持和共同参与护路联防工作，确保青藏铁路安全畅通。

牵头单位：区护路办

责任单位：区党委宣传部、区教育厅、区国家安全厅、区交通运输厅、区文化厅、区工商局、区安监局、青藏铁路公司拉萨办事处、拉萨市人民政府、那曲地区行署

（九）加强基层组织建设。要充分发挥基层党政组织的作用，把治乱与治“瘫”有机结合起来，建立健全基层党政组织、群众自治组织，加强基层综治机构、公安派出所、人民法庭、派驻检察室、司法所、校区和社区警务室建设，在人力、物

力、财力上向基层倾斜，确保有人干事、有钱办事、有能力办事，充分发挥基层组织在排查整治工作中的骨干作用。要加强机关、学校、企事业单位内保组织和保卫工作队伍建设，健全机构、落实专职保卫人员，配齐配强人员和装备，确保发挥作用。

牵头单位：区党委组织部

责任单位：区纪委、区党委宣传部、区教育厅、区司法厅、区住房和城乡建设厅、区交通运输厅、区文化厅

（十）强化舆论宣传引导。要加强舆论宣传工作的领导和协调，重点宣传排查整治工作的重大意义和政策措施，宣传排查整治斗争的重要成果和典型经验，宣传党和政府坚持不懈地搞好排查整治工作的坚强决心，倡导见义勇为，增加群众参与排查整治工作的自觉性和积极性，动员检举、揭发和指证犯罪，打一场全社会围剿犯罪分子、排查整治社会治安重点地区的人民战争，营造排查整治的浓厚氛围。

牵头单位：区党委宣传部

责任单位：区纪委、区党委组织部、区党委统战部、区教育厅、区民宗委、区国家安全厅、区民政厅、区司法厅、区住房和城乡建设厅、区交通运输厅、区文化厅、区工商局、区安监局、团区委、区妇联、区新闻出版局、青藏铁路公司拉萨办事处

六、工作要求

（一）高度重视，加强领导。各级党委、政府要高度重视排查整治工作，切实加强组织领导，党政主要领导作为第一责任人，要统筹抓好发展第一要务和稳定第一责任，抓好研究部署，督促落实，推动排查整治工作深入开展。要把排查整治工作与区党委、政府的中心工作有机结合起来，与维护社会稳定工作有机结合起来，与正在开展的主题教育和法制宣传教育活动有机结合起来，与加强基层党组织建设有机结合起来，作为保障和改善民生、推动社会管理创新、进一步加强社会治安综合治理基层基础建设的重要内容，采取有力措施，确保工作取得实效。

（二）齐抓共管，形成合力。要充分发挥社会治安综合治理的优势，积极协调各方面力量，有效整合社会资源，明确分工，落实责任，努力形成党委、政府统一领导，综治部门牵头协调，各相关部门整体联动，社会各界共同参与的工作格局。各部门要按照“谁主管谁负责”的原则，各司其职、各负其责，密切配合、通力协作，形成齐抓共管的工作合力，共同推动排查整治工作深入开展。各级政府和财政部门要建立健全排查整治工作经费保障机制，保证排查整治工作顺利开展。

（三）健全机制，持续开展。社会治安重点地区排查整治工作是一项长期的、系统的复杂工程，各级各部门要建立和完善长效工作机制，把集中整治和建设管理有机结合起来，重点建立健全滚动排查整治工作机制，多部门信息共享、联动执法、督导验收、公示监督工作机制，经费保障工作机制，流动人口服务和管理工作机制，社会治安防控体系工作机制，寺庙管理长效机制，重点人员教育管控工作机制，确保社会治安重点地区排查整治工作长期、有效、持续开展。

（四）层层督导，取得实效。各地市综治办要加大对社会治安重点地区排查整治工作的督导力度，层层建立督导工作机制，层层制定工作方案，层层落实工作措施，确保排查整治工作取得实效。各地市综治办要将各个阶段的排查整治和督导工作情况及时上报自治区综治办。

西藏自治区综治委、办机构情况和负责人名单

主　　任：张裔炯　区党委副书记兼政法委书记

第一副主任：洛桑江村　区党委常委、自治区常务副主席兼政法委副书记

副 主 任：张跃平　区人大常委会党组副书记、副主任

李　昭　自治区副主席兼政法委副书记、公安厅党委书记、厅长

罗布顿珠　区党委政法委委员、区高级人民法院党组书记、院长

张培中　区党委政法委委员、区人民检察院党组书记、检察长

夏爱和　西藏军区副司令员

委　　员：王万林　区党委副秘书长

叶银川　区政府副秘书长、区信访局局长

戴建国　区政府副秘书长兼政府法制办主任

洛桑群培　区政府办公厅党组成员、巡视员、厅机关党委书记

王　刚　区纪委办公厅主任

冉茂林　武警西藏总队党委常委、总队政法委书记、总队副政委

侯文超　空军拉萨指挥所党委书记、政委

武金辉　区党委组织部常务副部长

边巴扎西　区党委组织部副部长、区人力资源和社会保障厅党组书记、副厅长

韩向阳　区党委宣传部副部长

索　林　区党委宣传部副部长、外宣办主任

王文佩　区党委统战部常务副部长

赤来罗布　区党委政法委副秘书长

王雪鹏　区党委政法委副秘书长

宋康宁　区高级人民法院党组副书记、副院长

布尼玛　区人民检察院党组成员、副检察长

董春德　区总工会党组书记、常务副主席

程四曲　团区委党组书记、书记

参木群　区妇联党组副书记、主席

泽　西　区发改委党组书记

次成甲措　区国资委党委书记、副主任

宋和平　区教工委副书记、区教育厅厅长

丹增朗杰　区民宗委党组书记

杨光明　区公安厅党委副书记、常务副厅长

乐大克　区国家安全厅党委书记、厅长

荣　生　区司法厅党委副书记、厅长

谭云高　区民政厅党组书记

普　穷　区财政厅党组书记、副厅长

多　吉　区国土资源厅党组书记、副厅长

王亚蔺　区住房和城乡建设厅党组书记、副厅长

其美仁增　区交通运输厅党委书记、副厅长

朱春生　区农牧厅党组书记

刘建敏　区文化厅党组书记、副厅

	长
卢彦朝	区卫生厅党组书记
马国超	区审计厅党组书记
巨建华	区外事办党组副书记、主任
张崇银	区广电局局长
段襄征	区工商局党委书记、局长
俞允贵	区旅游局党组书记
雷桂龙	区林业局局长
旺堆次仁	区新闻出版局党组书记、局长
次仁罗布	区质监局党委书记、副局长
李　宏	区安监局党组书记、副局长
玉　拉	区人口计生委党组副书记、主任
旺　堆	人行拉萨中心支行党委书记、行长
王文喜	拉萨海关党组书记、关长
袁庆杰	区国税局党组书记、局长
刘柏呈	区统计局局长、国家统计局西藏调查总队总队长
青　其	区通信管理局党组书记、局长
李汉成	民航西藏区局党委书记、副局长
王建华	青藏铁路公司拉萨办事处主任、党工委书记
房灵敏	西藏大学党委书记、副校长
刘克俭	西藏电力有限公司董事长、党组书记

综治办主任：赤来罗布（兼）

综治办副主任：王建雷

综治办内设机构：

综合治理协调处

综合治理督导处

流动人口服务管理处

铁路护路办

西藏自治区各地市、县（市、区）综治委、办主任名单

地　区	综治委主任	综治办主任
拉萨市	刘　江	雅　林
城关区	谢廷锡	多布杰
堆龙德庆县	多　吉	阿努次仁
尼木县	袁新民	旦　增
曲水县	周广智	左永忠
林周县	次仁顿珠	南鲜路
达孜县	李中法	布　琼
墨竹工卡县	林　生	甲央群培
当雄县	尼　玛	孙　培
日喀则地区	于德斌	巴桑次仁
日喀则市	达　次	唐次仁
亚东县	王　平	赵建平
岗巴县	黄居壁	次　仁
聂拉木县	巴　桑	索　多
萨迦县	帕　珠	达娃罗布
谢通门县	普　顿	达　娃
定日县	赤烈坚赞	顿德军
昂仁县	旦增旺杰	次仁罗布
江孜县	达　珍	次　旺
定结县	桑珠次仁	何正晴
南木林县	巴桑多吉	次　仁
白朗县	贵　桑	巴桑普尺
萨嘎县	扎西次仁	贡布次仁
仲巴县	称　珠	多　吉

地　区	综治委主任	综治办主任	地　区	综治委主任	综治办主任
拉孜县	多　吉	西　洛	察雅县	靳世文	扎西泽仁
仁布县	达娃次仁	普琼次仁	江达县	佘兴宇	赵高林
康马县	松　泽	次旦扎西	类乌齐县	洛松益西	布次仁
吉隆县	扎　多	平措旺拉	边坝县	刘　刚	曾庆权
山南地区	边　巴	桑杰群培	洛隆县	姚甲河	肖　杰
错那县	罗布占堆	白玛次仁	左贡县	土登尼玛	杨鸿东
乃东县	丹　增	索朗欧珠	芒康县	敖刘全	
贡嘎县	洛桑扎西	扎西杰布	贡觉县	陈新华	张继红
扎囊县	格桑多布杰	达娃索朗	**那曲地区**	赵红阳	拉　加
桑日县	普布顿珠	陆华平	那曲县	扎　南	扎西才多
曲松县	拉宗卓玛	平措索朗	安多县	达尔地	杨红亮
琼结县	索朗曲巴	罗布次仁	申扎县	杨赤卫	几扬达娃
隆孜县	洛桑平措	刘然京	班嘎县	何　林	张希宪
加查县	贡觉多吉	张文学	聂荣县	德吉卓嘎	张进辉
措美县	次　旺	韩新峰	嘉黎县	布尼玛	童晓冬
浪卡子县	尼玛扎西	李万华	比如县	才仁朗公	才旺南加
洛扎县	央中卓嘎	王瑜瑾	双湖特别区	贡　嘎	王刚龙
林芝地区	多吉次仁	张一丁	索　县	其美次仁	达瓦次仁
林芝县	蔡家华	达　娃	巴青县	白卫东	王　东
波密县	格　桑	阿旺朗加	尼玛县	农　军	拉巴次仁
察隅县	洪　强	贡　布	**阿里地区**	达娃扎西	石昆山
米林县	达　瓦	郑　明	噶尔县	索朗次仁	吴三友
工布江达县	李　桑	扎　桑	革吉县	扎西措姆	扎布拉
朗　县	达　瓦	拉　姆	日土县	李　龙	刘立栋
墨脱县	欧珠多吉	白长云	措勤县	米玛多吉	扎西次旺
昌都地区	李玉泉	索朗泽培	改则县	平措罗布	嘎玛次珠
昌都县	刘金红	江　波	札达县	次仁杰阿	郭志良
丁青县	扎西多加	唐来先	普兰县	黑树林	次仁多吉
八宿县	刘　莎	达瓦次仁			

（撰稿人：谢压
审稿人：赤来罗布　王雪鹏　窦朝晖）

陕　西　省

2010年社会治安综合治理和平安建设工作概况

2010年,全省社会治安综合治理和平安建设工作,紧紧围绕推动科学发展、富裕三秦百姓、建设西部强省的大局,按照争创"西部一流、全国先进"政法工作的目标,全面落实社会治安综合治理各项措施,进一步加强综治基层基础建设,大力开展社会矛盾化解,狠抓社会管理创新,深化平安陕西建设,为全省经济社会全面发展创造了良好环境。据省统计局对全省公众安全感调查结果显示,2010年全省社会治安满意率达到91.44%,较上年度提升了0.83个百分点,连续8年平稳上升,创建"平安陕西"活动取得明显成效。

一、深入推进综合治理责任制落实,全省各级对综治和平安建设的重视程度空前提高

一是各级领导高度重视。从省委主要领导到乡村各级干部都对综治和平安建设高度重视,在工作部署上摆在突出位置,在人力财力物力投入上全力支持,在政策实施上重点倾斜。年初,省委书记赵乐际、原任省长袁纯清与各市(区)党政主要领导签订了综合治理目标责任书,各级各部门也层层签订责任书,进一步夯实了各级党政主要领导抓平安建设的责任。不断推动领导责任制、社会治安综合治理目标管理责任制、"一票否决权制"等责任制落实,坚持把领导干部抓平安建设工作实绩与晋职晋级、奖惩直接挂钩,把人民群众对社会治安满意率作为全省年度目标责任考核的硬指标纳入党政领导干部政绩考核体系,作为干部任用的重要依据。44个省综治委成员单位建立了平安建设工作联系点,相关负责同志亲赴联系点开展工作。继续开展了平安建设工作重点联系县(市、区)活动,由省综治委、省委政法委领导同志负责联系包抓的10个平安建设工作重点联系县(市、区),有9个县(区)社会治安满意率排名退出全省后10位。

二是制定重大工作措施。全国综治工作会议刚一结束,省委常委、省委政法委书记、省综治委主任宋洪武同志带领各市委政法委书记和省委政法委、省综治办负责同志,赴综治工作搞得比较好、公众安全感排名处于全国前列的河南、福建等五省进行学习考察。考察结束后,省委常委会专题听取了省委政法委、省综治委工作汇报,省委书记赵乐际、代省长赵正永对贯彻落实全国综治工作会议精神、进一步做好综治和平安建设工作提出了明确要求,并研究确定了涉及领导机制、人员配备、经费保障、考核奖惩、基层基础建设、执法巡视等方面的8条重大措施,对综治和平安建设给予了强力支持。为贯彻省委常委会及全省综治工作会议精神,省综治委及时召开五部委联席会议,议定了《关于进一步健全平安建设领导责任制的意见》、《关于调整省平安建设领导小组的通知》、《关于建立省委常委平安建设工作联系指导市制度的通知》、《陕西省平安建设工作十二五规划》、《陕西省平安建设领导小组成员单位(综治委成员单位)履行职责情况考评办法》等文件,还制定了《陕西省社会治安综合治理工作考评办法》、《陕西省平安建设先进县(市、区)和平安县(市、区)考评办法》和《进一步健全和规范综治维稳工作中心的意见》等一系列文件,有力地推动了综合治理各项措施的落实。

三是加大考核奖惩力度。省委常委会明确要求对年度公众安全感位于全省后10位的县(市、区)予以黄牌警告,实行重点管理,并由省级领导牵头,省综治委成员单位包抓,挂牌整治;连续两年位于全省后10位的,继续实行重点管理,并实施社会治安综合治理一票否决;连续三年位于后10位的,对党政主要领导和分管领导给予处分,建议所在市党委和组织部门对其党政主要领导和主管领导予以调整。围绕公众安全感这个核心指标,我们进一步强化调查结果的运用,采取了对4个社会治安满意率连续2年位于全省后10位的县(市)实行"黄牌警告"、让2009年度社会治安满意率排名后5位的县(市、区)党委主要负责同志在全省综治工作会议上作表态发言、对今年上半年社会治安满意率排名前10位和后10位的县(市、区)在省内主要媒体进行公开通报等一系列硬措施。全省各级抓社会治安、抓政法队伍建设、抓为民服务的干劲和动力被空前地激发出来,有力推动了综治和平安建设的深入开展。

二、深入推进社会矛盾纠纷排查化解,全省社会大局保持和谐稳定

一是加大源头预防治理。各地注重从源头上预防治理、从苗头中发现问题、从根本上化解矛盾、从舆情上有效引导,坚持"重疏导、轻防堵",使群众的意见和诉求得到有效释放,落实县(市、区)委书记"大接访"和政法部门领导干部接访下访制度,进一步完善和落实社会稳定风险评估机制,努力从源头上预防社会矛盾纠纷的发生。开展社会稳定风险评估工作以来,全省各级共对1079个重大社会决策和重大工程项目进行了社会稳定风险评估,其中否决14项,暂缓实施73项,预防和化解不稳定因素1232个。宜君、凤翔等县坚持每半月召开一次矛盾纠纷排查调处联席会议制度和实行每周驻村干部汇报一次排查化解工作情况制度,及时掌握倾向性问题,及时采取预防措施,基本实现了"家庭琐事不出户、邻里纠纷不出组、小事不出村、大事不出乡镇、矛盾不上交"。

二是深入开展矛盾纠纷排查化解。制定下发了《关于建立人民调解司法调解行政调解衔接联动机制的实施意见》,进一步健全完善大调解工作机制,基本形成了覆盖面广、无缝对接的调解工作网络。深入开展了社会矛盾纠纷"大排查、大调解"活动,在乡镇(街道)设立矛盾纠纷排查化解工作中心,在村(社区)设立工作站,使排查化解的关口前移,努力把矛盾纠纷化解在基层,消除在萌芽状态。积极探索建立行业性、专业性调解组织和机制,努力化解各行业领域的矛盾纠纷。深化"三无县"创建活动,加快"一站式"联合接待大厅建设,目前46个县(市、区)联合接待大厅建成并投入使用。全年,群体性事件、来省集体访、进京非正常访三项指标同比分别下降68.4%、1.8%、70.1%。全省共排查出各类矛盾纠纷52368起,成功调处51260起,调处成功率为97.4%。西安市碑林区太白社区创新成立的"闲事长"协会、延安市推行的"1+X"调解法等做法,在实际工作中成效明显。

三是严格落实各级领导责任。各级把化解社会矛盾纠纷、为群众解决实际问题作为服务于民、取信于民的重要途径,狠抓责任落实,促进基层矛盾纠纷排查化解工作的深入开展。各市(区)将"两个排查"工作纳入社会治安综合治理目标考核体系,坚持党政主要领导对重大矛盾纠纷实行领导包抓责任制,坚持"出了问题追究领导"和"责任倒查制度",对因矛盾纠纷排查调处工作不力而导致发生重大群体性事件、影响较大的恶性案件和群死群伤安全事故的地区,严肃追究相关领导责任,坚决实行"一票否决"。南郑"5.12"案发后,汉中市委、市政府严格追究因矛盾排查化解不到位的相关人员的责任,并做出了严肃处理。

三、深入推进基层基础建设,着力夯实社会稳定的根基

一是全面夯实基层基础根基。各市(区)认真贯彻落实中办发[2009]14号文件精神,按照全省综治工作会议及省委常委会要求,全面落实综治基层基础建设的三个模式:即机构设置上的2+1模式、平台建设上的8+X模式、人员配备上的1+X+X模式,在健全基层综治机构、配备专职综治人员、加大综治经费投入等方面下功夫、出实招,综治基层基础得到显著加强。各乡镇(街道)均落实配备了综治办专职主任1名,专职干部1至3名,确保了综合治理各项措施在基层有人抓、有人管。进一步整合基层工作力量,加大乡镇(街道)综治维稳工作中心规范化建设力度,充分发挥乡镇(街道)综治维稳工作中心的作用。省委常委会明确提出要根据全省财力状况,适当增加平安建设奖励经费。西安、榆林等市在省里规定的综治专项经费基础上,都不同程度上调配套比例,将所需经费列入各级财政预算,明确综治经费随着经济发展而逐年增加,提供了有力财政支持。狠抓基层综治队伍建设,对全省各县(市、区)综治办主任组织了培训,通过专家授课、参观学习、经验交流等方式,提高了基层综治干部的理论水平和能力素质。

二是加大督导检查工作力度。全年内，对各地综治基层基础建设情况进行了4次督查。年初，对陕北地区一些县区的综治基层基础情况进行了专题调研，掌握了基本情况和底数。5月份，省综治办、省委维稳办组成联合督查组，对各市(区)综治基层基础建设等工作进行了督导检查。6月份，以省委、省政府两办名义组成10个组分赴全省各地，采取明查暗访相结合的方式，对包括综治基层基础建设在内的整个基层工作进行了更加全面的督查。

三是不断提高基层技防水平。各级在构建完善全方位、多层次、人防物防技防相结合的社会治安防控体系上不断加大投入力度，驾驭社会治安局势的能力明显增强。召开了全省城市报警与监控系统建设经验交流暨农村技防工作会议，强力推进全省城市报警与监控系统以及农村技防系统建设。西安、延安、安康等市新安装了一批视频监控、联网报警、红外线报警等技术设施，将技防建设延伸到背街小巷、校园周边、娱乐场所等部位，努力实现技防无缝隙覆盖。全省共有专职治安巡逻队4824支，义务治安巡逻队3.8万支，治安中心户长32万人。全省共投入技防建设的经费近8亿元，视频监控覆盖了全省95%以上的县(市、区)，农村约121.3万户安装了警铃。

四、深入推进社会管理创新，全面提高社会管理水平

全国政法工作电视电话会议后，省委政法委、省综治委把深入推进三项重点工作特别是加强社会建设、创新社会管理作为推动综治和平安建设工作上台阶、上水平的一项重大措施，全力推进。制定了《关于深入推进社会矛盾化解、社会管理创新、公正廉洁执法的实施意见》、《深入推进三项重点工作任务分解表》和《2010年深入推进社会管理创新任务分工》，把社会管理创新工作分解为10类39项，并逐一落实了牵头单位、责任单位和完成时限。制定了《深入推进社会管理创新工作专项办公室工作制度》，明确了社会管理创新工作领导机构组成、职责任务和工作要求，制定了社会管理创新工作办公室工作例会制度、情况通报制度、检查督导制度等三项制度。先后召开社会管理创新工作动员会、座谈会、推进会等一系列会议。不断探索和总结典型经验，确定了12个社会管理创新的综合试点县区。加大对社会管理创新工作的宣传力度，在《陕西政法》开办专栏及时反映各地、各部门工作情况。

一是扎实做好安置帮教一体化。中办发[2010]5号文件下发后，结合全省实际，制定下发了《关于进一步加强刑满释放解除劳教人员安置帮教工作的实施意见》，建立了刑释解教人员必接必送和有效安置等机制，狠抓了两个文件精神的落实。在全省推广了西安市未央区实施的“在监有人教、出监有人接、回归有业就、社会有人帮”的“四有”帮教新模式，开展“两个延伸”活动，促进安置帮教一体化。召开全省社区矫正试行试点工作会议，成立了我省首家社区矫正工作机构“社区矫正郭杜工作站”。在全国率先推行“假释一体化”，实现安置帮教工作无缝衔接。目前全省建立各级安置帮教组织1893个，帮教率达90%以上，安置率86%，全省刑释解教人员重新犯罪率2.3%，低于全国平均值6个百分点。

二是全力提高流动人口服务管理水平。出台了《关于进一步深化户籍管理制度改革的实施意见》，取消农业户口、非农业户口性质划分，实行了《居住证》制度。从解决流动人口的脱管、漏管问题入手，初步建立了“以证管人、以房管人、以业管人”的流动人口服务管理新模式，建立统一的流动人口综合服务管理信息系统平台，在全省确定了11个流动暂住人口创新工作试点单位，配备专职流动人口协管员、选聘兼职信息员，加强人口信息采集，实行跟踪管理。全省街道、社区普遍建立了流动人口服务中心，为流动人口提供计划生育、劳动就业、技能培训等综合服务。

三是切实维护特殊人群的实际利益。坚持把以人为本、服务为先贯穿于社会管理工作中，实现由防范、控制型管理向人性化、服务型管理的转变，进一步加强了对特殊人群的帮教、服务和管理工作。依托乡镇(街道)综治维稳工作中心，建立了妇女儿童维权工作站，开通了12338妇女儿童维权热线，切实维护妇女儿童各项权益。积极开展优秀“青少年维权岗”创建活动，探索建立青少年事务社会工作试点，总结推广宝鸡市“青春驿站”工作经验，将重点青少年群体纳入社区管理范畴，广泛吸纳社区工作者等社会力量参与青少年帮扶教育工作，宝鸡市被确定为全国重点青少年群体教育帮助和预防犯罪工作试点城市。在全国预防未成年人犯罪会议上，介绍了陕西的经验。

对容易肇事肇祸精神病人等重点人群进行了排查摸底。开展“绿色上网”、打击“黑网吧”等活动，严查未成年人上网，给未成年人创造良好的社会环境。

四是全面规范社会组织管理秩序。针对近年社会组织蓬勃发展，但又存在大量登记备案不规范、管理秩序不正规等问题，对省内登记备案的12230个社会组织和127个在陕活动境外非政府组织总体情况进行了充分调研，掌握了基本情况。在“两新”组织中积极推进党团、工会组织建设，建立企业治安管理法人责任制，加强日常管理。对在全省活动的境外非政府组织加大了登记备案和依法管理。高度重视网络虚拟社会管理，积极探索建立虚拟社会预警机制，切实加强对网上舆情的引导，维护信息安全和网上秩序。推广建立“网络警务室”，着力构建网上网下两个阵地，努力实现对虚拟社会的现实化、实时化管理。

五、深入推进社会治安整治，全力提升人民群众安全感

一是深入开展社会治安重点地区排查整治。全国全省社会治安重点地区排查整治工作会议后，省综治委排查整治工作领导小组及时安排部署，全面推动排查整治工作深入开展。各地把排查的重点放在容易发生治安问题的“城中村”、治安复杂村（居）、城乡结合部以及娱乐场所、车站、集贸市场、流动人口聚集地等高发案重点地区，实行动态排查控制。经过充分摸底排查，对全省2009年度社会治安满意率后10位的县（市、区）及西安火车站等60个群众反映强烈的治安重点地区进行了挂牌督办，对排查出的治安重点地区和突出治安问题，进行了强力整治，取得了阶段性成效。

二是严厉打击各类违法犯罪和敌对势力渗透破坏活动。各级政法综治部门认真分析研究社会治安形势发展变化的特点和规律，以打击严重暴力犯罪和多发性侵财犯罪为重点，组织开展了打黑除恶、侦破命案、打击“两抢一盗”等专项斗争，及时破获了一批大案要案。深入开展了“扫黄打非”和禁毒、禁赌等斗争，加强对盗窃破坏“三电”设施和油气田及输油气管道等突出问题的重点整治。依法打击非法集资、传销等经济领域的违法犯罪活动。全力压减路外伤亡事故，狠抓铁路重点区段和站点的治安整治。进一步加强对道路交通安全、消防安全和食品、药品安全及安全生产监管工作，加强对易燃易爆、有毒有害和放射性物品及枪支弹药的管理，预防和减少了重大事故特别是群死群伤事故的发生。加强隐蔽战线对敌斗争和反恐斗争，加强国家安全人民防线建设，严密防范控制敌对势力渗透破坏和“法轮功”等邪教组织的非法活动，侦察打击和防范控制能力进一步提升。全年，人民群众对社会治安满意率同比提升0.83个百分点，全省社会治安大局持续平稳。

三是切实做好学校及幼儿园安全工作。全国全省综治维稳工作会议后，省综治委对全省综治系统及成员单位做好学校幼儿园安全工作立即做出部署。“5·12”案件发生后，省委主要领导对加强学校幼儿园安全工作作出重要批示，省委、省政府迅速抽调人力组成督查组，对全省各地学校幼儿园安全工作开展了一次为期2个月的大规模督查。召开了部分省综治委成员单位座谈会，进一步研究加强校园内保和民办学校、私立无证幼托机构的管理工作，提出了校园保安力量配备、技防设施建设等实施意见。新学年开学前又召开了全省学校幼儿园安全工作紧急视频会议和省综治委学校及周边治安综合治理工作领导小组会议，进行了再部署、再安排。各级公安、教育、文化、工商行政、卫生、城建等部门相互配合，加大学校幼儿园周边治安、食品安全、娱乐场所整治，为青少年儿童营造了一个安全和谐的就学环境。

六、深入推进基层平安创建活动，实现社会治安综合治理工作水平整体跃升

一是深入开展平安创建活动。各级坚持把创建平安陕西活动的重点放在基层，深入开展平安县（市、区）、平安乡镇（街道）、平安村（社区）及平安校园、平安家庭等系列平安创建活动，平安创建取得明显成效。今年，省委、省政府命名表彰了13个省级平安县（区），省综治委表彰了5个省级平安建设先进县（区）。省妇联和省综治办联合下发了《关于进一步深化“平安家庭”创建活动的意见》，积极开展“平安家庭”创建活动。省住房和城乡建设厅创建省级“平安工地”198个，国家和省级“文明平安示范小区”30个。省旅游局开展“平安景区”创建活动，32个A级以上景区被评为“陕西省平安景区”。省教育厅开展“平安校园”创建活动，建成省级高校平安校园28个，中小学幼儿园平安校园190所等。

二是强化平安建设工作合力。一年来，省综治办、省平安创建办十分注重把社会各方面的力量凝聚起来，形成抓综治和平安建设的强大合力。对44个省综治委成员单位综治和平安建设工作开展情况进行了检查，给成员单位领导干部建立了综合治理实绩档案。制定了《省综治委成员单位和委员联系点工作制度》、《省综治委委员巡视及联络员督查制度》和《省综治委联络员工作制度》，向各成员单位颁发了委员巡视证和联络员督查证，对成员单位和委员开展综治工作进行了规范。不断加强对省综治委各专门工作领导小组及办公室的指导协调，全省预防青少年违法犯罪、铁路护路联防、反窃电及保护电力设施、军地共建平安陕西等工作推进有力、成效明显。

三是召开全省平安建设工作大会。2010年12月23日，以省委、省政府办公厅的名义召开了全省平安建设工作大会。省委常委，省平安建设领导小组成员，省综治委主任、副主任、委员，省综治委各专门工作领导小组办公室主任，省综治委各成员单位联络员，省委政法委员会委员，各市委书记、市长和市综治委主任、政法委书记、综治办主任等300多人参加了会议。会议总结了过去五年"平安陕西"创建活动，部署了全省当前和今后一个时期的平安建设和社会治安综合治理工作。

四是加大平安建设宣传和表彰力度。年初，专门下发通知，对做好今年集中开展社会治安综合治理宣传月活动进行了安排部署，并积极运用广播电视、报纸杂志等大众媒体，开展了一系列宣传报道活动，树立了一批综治先进典型。表彰了10个社会治安综合治理工作先进单位和8个平安建设先进单位；6个市建立党政领导干部参与平安建设实绩档案工作被评为优秀；表彰了76篇社会治安综合治理优秀新闻作品和6个优秀组织奖；表彰了全省综治宣传先进单位68个、先进个人99名。各市(区)分别报送了10个综治工作先进典型，遴选后将在全省逐步予以推广。另外，按时保质保量撰写了近2万字的《中国社会治安综合治理年鉴·陕西文稿》，受到了中央综治办和中国长安出版社的一致好评。

中共陕西省委　陕西省人民政府关于调整省平安建设工作领导小组成员的通知

(2010年12月19日)

各市委、市政府，省委和省级国家机关各部门，各人民团体：

为进一步加强对平安建设工作的组织领导，省委、省政府决定，对省平安建设工作领导小组成员进行调整。现将调整后的领导小组组成人员通知如下：

组　　长：赵乐际　省委书记
第一副组长：赵正永　省委副书记、代省长
副 组 长：娄勤俭　省委常委、常务副省长
　　宋洪武　省委常委、政法委书记、省综治委主任
　　罗振江　省人大常委会副主任、省综治委副主任
　　李进权　省政协副主席、省综治委副主任
成　　员：朱仓民　省委副秘书长
　　桂维民　省人大常委会秘书长
　　秦　正　省政府秘书长
　　龚汉江　省纪委副书记、监察厅厅长
　　张迈曾　省委组织部副部长
　　晏　朝　省委宣传部副部长
　　赵苏智　省委统战部副部长

寇　防　省委政法委副书记、秘书长
吴新成　省委政法委副书记、省610办主任
邢解放　省委政法委副书记、省委维稳办主任
刘自成　省委政法委副书记、省综治办主任
宋龙凌　省法院副院长
王英杰　省检察院副检察长
杨希文　省委教工委副书记、省教育厅厅长
蒋　跃　省工信厅厅长
王　锐　省公安厅厅长
郭　明　省国家安全厅厅长
曹莉莉　省民政厅厅长
路志强　省司法厅厅长
刘小燕　省财政厅厅长
鬲向前　省委组织部副部长、省人社厅厅长
李子青　省住房和城乡建设厅厅长
冯西宁　省交通运输厅厅长
余华青　省文化厅厅长
刘少明　省卫生厅厅长
冯月菊　省人口计生委主任
白阿莹　省国资委主任
夺仲为　省工商局局长
仵西居　省质监局局长
任贤良　省委宣传部副部长、省广电局局长
薛保勤　省委宣传部副部长、省新闻出版局局长
姚　炬　省安监局局长
王莉霞　省统计局局长
董宪民　省旅游局局长
陈纯山　省信访局局长
高彩玲　省通信管理局局长
何嘉杰　省军区政治部副主任
李万春　武警陕西省总队副总队长
张仲茜　省总工会副主席
卫　华　团省委书记
刘丽鸽　省妇联主席
周凤琴　西安海关关长
汪亚平　西安铁路局局长
乔新山　民航西北管理局局长
吕春泉　省电力公司总经理
李建华　中国银监会陕西监管局局长
薛文石　中国证监会陕西监管局局长
智鹏飞　中国保监会陕西监管局局长

领导小组下设办公室，办公室主任由宋洪武同志兼任，办公室副主任由寇防、吴新成、邢解放、刘自成同志兼任。领导小组办事机构设在省综治办。

中共陕西省委办公厅　陕西省人民政府办公厅转发省综治委等《关于进一步健全平安建设领导责任制的意见》的通知

（2010年12月20日）

各市、县委，各市、县政府，省委和省级国家机关各部门，各人民团体：

省综治委、省纪委、省委组织部、省人力资源和社会保障厅、省监察厅《关于进一步健全平安建设领导责任制的意见》已经省委、省政府同意，现转发给你们，请结合实际，认真贯彻落实。

关于进一步健全平安建设领导责任制的意见

为进一步强化各级、各部门领导班子和领导干部保一方平安的政治意识、大局意识和责任意识,深入推进社会矛盾化解、社会管理创新、公正廉洁执法三项重点工作,全面落实社会治安综合治理各项措施,不断深化平安建设工作,切实维护社会和谐稳定,按照中央关于实行党政领导干部问责和实行社会治安综合治理领导责任制及省委、省政府有关规定和要求,就我省进一步健全平安建设领导责任制提出如下意见。

一、领导责任划分

(一)党政领导班子的责任。各级党政领导班子负责组织领导本地、本部门、本单位平安建设工作,对此负全责。

1. 全面贯彻落实科学发展观,高度重视平安建设工作,将其纳入全局工作总体规划,作为领导班子任期目标之一;

2. 认真贯彻执行社会治安综合治理的方针、政策和有关法律、法规,按照上级的安排部署,对本地、本部门、本单位一个时期的综合治理和平安建设工作作出具体安排,并组织实施;

3. 及时研究解决平安建设工作的重大问题,落实各级综合治理工作机构、编制、人员和经费,确保层层有人管事、有人干事、有钱办事;

4. 严格实行平安建设领导责任制,督促党政领导干部担负起保一方平安的政治责任;

5. 全面推行综合治理和平安建设目标管理责任制,层层签订目标管理责任书,把平安建设的目标和任务逐级落实到基层;

6. 督促、指导和支持社会治安综合治理领导机构和办事机构(社会治安综合治理委员会及其办公室)正确行使职权,充分发挥职能作用。

(二)党政主要领导的责任。各地、各部门、各单位党政一把手是平安建设的第一责任人,对这项工作负首要领导责任。

1. 定期主持召开党政领导班子会议,听取平安建设汇报,安排部署相关工作;

2. 定期分析研究社会治安形势,根据一个时期的社会治安状况,对平安建设工作作出正确决策;

3. 对涉及平安建设的重大问题、重大任务,亲自研究解决、亲自安排部署、亲自督促落实;

4. 支持配合社会治安综合治理委员会及其办公室,对发生严重危害社会稳定重大问题的地区、部门和单位实施黄牌警告、重点管理、一票否决。

(三)分管领导的责任。分管社会治安综合治理工作的领导是平安建设的直接责任人,对这项工作负直接领导责任。

1. 当好党政领导班子抓平安建设工作的参谋,协助党政一把手作出正确决策;

2. 组织实施平安建设工作,加强检查督促和具体指导,推动社会治安综合治理各项措施的落实;

3. 协调各方面力量参与平安建设,形成齐抓共管的整体合力;

4. 组织、指挥平安建设工作的重大活动,协调处理重大问题;

5. 深入实际,调查研究平安建设工作中的新情况、新问题,提出对策意见,推进平安建设工作创新发展。

(四)其他领导的责任。领导班子其他成员对其所分管的部门、行业机构和单位的平安建设工作负有领导责任。

1. 根据党政领导班子的总体部署,对所分管的部门、行业和单位的平安建设工作作出安排部署,并督促落实;

2. 及时组织所分管的部门、行业和单位,排查化解影响社会稳定的矛盾纠纷,协调解决影响社会稳定的突出问题;

3. 所分管的部门、行业和单位一旦发生影响社会稳定的重大事(案)件,及时报告主要领导,并在第一时间赶赴现场进行处置。

二、履行职责考核

各级平安建设第一责任人、直接责任人（以下统称责任人）履行责任情况及绩效，纳入领导班子和领导干部考核体系、社会治安综合治理目标管理体系和年度目标责任考核体系，进行综合考评。

（一）考核对象。各地、各部门和各单位的平安建设第一责任人和直接责任人。

（二）考核内容。党政领导班子及责任人在平安建设工作中履行职责的情况、能力和绩效。

（三）考核主体。按照干部人事管理权限和机构工作职能，由组织部门、人力资源和社会保障部门、纪检监察机关、社会治安综合治理领导机构负责考核。

（四）考核方法。

1. 各级组织部门在进行领导班子和领导干部综合考核及年度目标责任制考核、人力资源和社会保障部门在进行公务员年度考核、纪检监察机关在进行党风廉政建设责任制考核时，要将各级平安建设责任人履行职责情况及绩效列为考核的重要内容，一并进行考核；

2. 各级平安建设责任人每年要如实填写党政领导干部年度社会治安综合治理工作情况登记表，并提交履行平安建设职责情况述职报告，由其上一级组织部门和社会治安综合治理领导机构进行考核并记入领导干部社会治安综合治理工作实绩档案；

3. 将人民群众对当地社会治安的满意率作为考核各地平安建设工作绩效的核心指标，由省社会治安综合治理委员会办公室组织开展公众安全感调查，提供对各地平安建设责任人进行考评的依据；

4. 对公众安全感调查排名在全省处于落后位次或发生影响社会稳定重大问题的地方、部门和单位，由社会治安综合治理领导机构按有关规定予以黄牌警告、重点管理或实施一票否决。

5. 在开展平安建设、维护稳定重大工作任务过程中，由社会治安综合治理领导机构会同纪检监察机关、组织部门、人力资源和社会保障部门共同对责任人进行专项督查、跟踪问效。

三、考核结果运用

（一）同责任人晋职晋级挂钩。各级要将责任人抓综合治理和平安建设工作能力与实绩考核情况，作为任用干部的重要依据之一，与其晋职晋级挂钩。对平安建设工作被黄牌警告、重点管理、一票否决的地方、部门和单位，在工作面貌改变前，责任人不得晋级晋职或提拔使用。

（二）同责任人年度考核挂钩。凡被实施一票否决的地方、部门和单位的责任人，当年考核不得确定为称职以上等次；凡被实行重点管理、黄牌警告的地方、部门和单位的责任人，当年考核不得确定为优秀等次。

（三）同责任人奖惩挂钩。对抓平安建设工作绩效突出的责任人予以嘉奖，并颁发荣誉证书，记入领导干部社会治安综合治理工作实绩档案。对被评为全国、全省社会治安综合治理或平安建设工作先进集体的地方、单位和部门的责任人，或被评为全国、全省社会治安综合治理和平安建设工作先进个人的责任人，依据《公务员法》及有关规定予以奖励。对实行重点管理、黄牌警告或一票否决的地方、部门和单位的责任人，取消其当年评先资格；对严重失职导致当地治安秩序长期混乱、公众安全感调查排名连续落后或发生影响社会稳定重大问题的地方、部门和单位的责任人，根据其所承担责任，按照问责制的有关规定追究相应的责任。

四、协调联络机制

（一）建立“联席会议”制度。县（市、区）以上综治委要会同组织部门、人力资源和社会保障部门、纪检监察机关建立五部委联席会议制度，定期通报有关情况，特别是黄牌警告、重点管理或一票否决的执行情况和实绩考评情况等，对平安建设领导责任制的有关问题提出解决方案。

（二）完善考评协商制度。组织部门、人力资源和社会保障部门、纪检监察机关、社会治安综合治理领导机构等五部委联席会议组成部门要适时就平安建设责任人工作实绩考评的有关事宜进行会商，达成共识’形成决议，共同落实。

（三）健全检查督办制度。五部委联席会议对责任人作出奖惩决定后，组成部门要共同对决定执行情况进行检查监督，确保落实到位。

中共陕西省委办公厅关于建立省委常委平安建设工作联系指导市(区)制度的通知

(2010年12月20日)

各市委,省委各部门,省级国家机关各部门党组,各人民团体党组:

为进一步深化平安建设工作,维护全省社会大局稳定,经省委常委会研究,决定建立省委常委平安建设联系指导市(区)制度。现就有关事项通知如下:

一、指导思想

坚持以科学发展观为指导,进一步夯实平安建设领导责任制,有针对性地督导和推动各市(区)深入推进社会矛盾化解、社会管理创新、公正廉洁执法三项重点工作,全面落实平安建设各项措施,扎实解决影响全省社会和谐稳定的源头性、根本性、基础性问题,为建设西部强省创造和谐稳定的社会环境。

二、工作任务

(一)指导所联系市(区)深入推进社会矛盾化解、社会管理创新、公正廉洁执法三项重点工作,扎实开展平安建设工作,不断增强人民群众安全感。

(二)深入所联系市(区)开展调查研究,了解基层情况,及时总结和推广经验,发现典型,以点带面,推动平安建设工作。

(三)帮助所联系市(区)解决开展平安建设工作中遇到体制性、机制性和政策性困难和问题。

三、工作要求

(一)省委常委每年至少两次深入所联系市(区)开展专题调查研究,了解情况,指导工作。

(二)协调单位要充分发挥职能作用,搞好统筹协调,及时督促指导所联系市(区)落实省委常委的指导意见和工作要求。

(三)所联系市(区)党委、政府及综治委要主动将本地开展平安建设工作情况,及时向省委常委和协调单位报告。

(四)省平安办(省综治办)要及时了解和掌握省委常委联系指导平安建设工作情况,积极协调,确保联系指导工作有序进行。各联络员要及时将省委常委在联系指导市(区)开展工作的情况通报省平安办。

附件:省委常平安建设工作联系指导市(区)名单(略)

陕西省社会治安综合治理委员会关于印发《陕西省社会治安综合治理委员会委员巡视及联络员督查制度》的通知

（2010 年 1 月 21 日）

各市及杨凌示范区综治委，省综治委各成员单位：

《陕西省社会治安综合治理委员会委员巡视及联络员督查制度》，已经 2010 年 1 月 8 日省综治委第一次全体委员会议审议通过。现印发给你们，请结合实际，认真贯彻落实。

陕西省社会治安综合治理委员会委员巡视及联络员督查制度

为了充分发挥省综治委委员及联络员的作用，推进社会治安综合治理和平安建设工作深入开展，省综治委决定实行省综治委委员巡视制度和联络员督查制度。

一、对全省社会治安综合治理和平安建设工作进行巡视、督查，是省综治委委员及联络员的重要职责，也是推动综合治理和平安建设工作的一项重要措施。

二、省综治委委员根据工作需要.在全省范围内对各地、各部门（单位）综合治理、维护稳定、平安建设工作等相关情况进行巡视检查，针对存在的问题提出建议和意见，并报省综治委及其办公室。

三、省综治委联络员协助、配合综治委委员做好巡视工作，根据工作需要可单独在全省范围内对各地、各部门（单位）综合治理、维护稳定、平安建设工作等相关情况进行督促检查，针对发现的问题提出意见或建议，并报省综治办。

四、有关地方、部门（单位）要根据省综治委委员、联络员提出的意见建议及时制定工作措施，认真进行整改。整改情况报省综治委及其办公室，并向提出建议的省综治委委员、联络员反馈。

五、全省各地、各部门（单位）及各级综合治理组织，特别是各级政法部门要积极支持省综治委委员及联络员开展巡视和督查工作，并提供工作方便。

六、省综治委统一制发《省综治委委员巡视证》、《省综治委联络员督查证》，并实行登记备案管理；省综治委委员及联络员因工作变动，不再担负此项职责时，省综治办将收回证件。

七、省综治委将此项工作作为综合治理年度考核的重要依据。对不支持、不重视省综治委委员、联络员开展巡视和督查工作，对存在的问题不积极整改的地方、部门（单位），将予以通报批评或黄牌警告。

八、省综治办负责每年对省综治委委员巡视及联络员督查工作情况进行检查考核。

陕西省社会治安综合治理委员会关于印发《陕西省社会治安综合治理委员会联络员工作制度》的通知

（2010年1月21日）

各市及杨凌示范区综治委，省综治委各成员单位：

《陕西省社会治安综合治理委员会联络员工作制度》，已经2010年1月8日省综治委第一次全体委员会议审议通过。现印发给你们，请结合实际，认真贯彻落实。

陕西省社会治安综合治理委员会联络员工作制度

第一条　为了充分发挥省综治委各成员单位联络员的联络、沟通作用，促进综合治理和平安建设工作有效开展，按照省综治委《关于进一步加强省社会治安综合治理委员会工作的意见》的要求，建立省综治委联络员工作制度。

第二条　实行联络员工作制度，旨在调动联络员工作积极性，充分发挥省综治委各成员单位职能作用，推动各成员单位积极参与综合治理和平安建设，形成齐抓共管的良好局面，促进综合治理和平安建设各项措施在各部门各单位落实。

第三条　联络员要认真学习中共中央、国务院和省委、省政府关于进一步加强综合治理和平安建设的意见，全面准确地掌握综合治理和平安建设的任务、目标和要求，熟悉综合治理和平安建设的工作范围和重点内容。

第四条　联络员要认真履行职责，积极贯彻落实综合治理和平安建设各项措施，严格按照省综治委（办）的要求开展工作。

第五条　联络员的职责任务：

（一）协助本单位综合治理领导机构研究制定年度综合治理目标管理责任书及领导责任制，制定综合治理和平安建设工作计划，并具体组织实施检查、考评、奖惩等事宜。

（二）为本单位省综治委委员当好参谋助手，按照“谁主管、谁负责”的原则，促进本单位“管好自己的人，看好自己的门，办好自己的事”，加强单位内部安全防范工作，推动各项综合治理和平安建设工作措施在本单位贯彻落实。

（三）协助本单位省综治委委员抓好所联系县（市、区）的综合治理和平安建设工作，并在联系点确定1—2个乡镇（街道）探索本部门、本系统参与综合治理和平安建设工作的方法和途径，总结经验，推广典型，着力解决影响社会治安和社会稳定的难点、热点问题，促进综合治理和平安建设工作各项措施在基层的落实。及时向省综治委（办）反馈联系点综合治理和平安建设工作情况。

（四）定期对本单位执行综合治理目标管理责任书情况进行自查、督办，及时向省综治办报告自查工作情况和典型经验，年终提交本单位年度综治工作总结。

（五）充分利用本单位本部门参与综合治理和平安建设工作的优势条件，积极宣传综合治理和平安建设方针、政策，宣传本单位、本部门、本系统发挥职能作用，参与综合治理和平安建设工作的情况及成功经验。

（六）主动向省综治委（办）报送本单位、本系统参与综合治理和平安建设的工作信息。

（七）向省综治委（办）提出综合治理和平安建设工作建议，协助省综治委（办）做好各项工作。

（八）按时参加省综治委有关会议及综治委联络员会议。

第六条 联络员持《督查证》在全省范围内对社会治安、社会稳定、平安建设等相关情况进行督查，并提出建议。联络员因工作变动，不再担负此项职责时，省综治办将收回证件。

第七条 省综治委（办）定期或不定期对联络员进行不同形式的培训，不断提高综治工作水平。

第八条 省综治委（办）每年度对联络员履行职责任务情况进行全面考核，对工作成绩突出的，由省综治委予以表彰或建议所在单位专门表彰；对不认真履行职责的，由省综治办向联络员所在单位通报，并建议所在单位更换联络员。

第九条 市、县（区）综治委可参照本制度执行，各综治委成员单位可制定执行本制度的具体办法。

第十条 本制度由省社会治安综合治理委员会办公室负责解释。

陕西省社会治安综合治理委员会关于开展平安建设工作重点联系县（市、区）活动的通知

（2010年1月21日）

各市及杨凌示范区综治委，各县（市、区）综治委，省综合委各成员单位：

为了进一步深化“平安陕西”创建活动，不断增强人民群众安全感，为建设西部强省营造良好的社会治安环境，今年省综治委决定，继续在全省开展平安建设工作重点联系县（市、区）活动。根据2009年度全省公众安全感调查结果和省综治委2010年第一次全会决议，确定清涧县、丹凤县、潼关县、子洲县、吴堡县、华阴市、安康市汉滨区、周至县、户县和渭南市临渭区等10个县（市、区）为2010年平安建设工作重点联系县（市、区），分别由省综治委、省委政法委领导同志负责联系包抓，进行社会治安综合治理专项整治。现就相关事项通知如下：

一、明确目标任务

开展省综治委、省委政法委领导同志平安建设工作重点联系县（市、区）活动，是贯彻党的十七大、十七届四中全会、全国政法工作会议和省委十一届五次全会以及全省政法工作会议精神、深化“平安陕西”创建活动的有力措施，是领导干部深入基层、了解基层、联系群众的有效途径。省综治委和省委政法委领导同志要定期深入到所联系县（市、区），开展调查研究，检查指导工作，了解和掌握当地社会治安状况及平安建设工作开展情况，及时发现问题，找出症结，督促并帮助所联系县（市、区）提出整改意见和解决对策。重点联系县（市、区）所在市（区）综治委负责同志也要承担起自身领导责任，积极制定措施，主动跟进联系包抓工作。

各重点联系县（区）要正确面对问题，结合实际，对存在的薄弱环节，制定切实可行的整改方案，明确任务，夯实责任，努力实现“综治工作改变面貌，平安建设上新台阶，治安秩序明显好转，公众安全感明显增强”的目标。

二、加强检查考核

对重点联系县(市、区)的检查考核将纳入省综治委年底进行的综合治理和平安建设检查考核工作中同步进行。对按期实现整改目标的,不再列为重点联系县(市、区),对跨入先进行列的予以表彰奖励;对未达到整改目标的,继续列为重点联系县(市、区);对连续3年没有改变落后面貌、公众安全感调查排名仍处于全省后10位的县(市、区),依据《中央综治委关于实行社会治安综合治理一票否决权制的规定》,实施一票否决。

三、做好协调联络

省委政法委、省综治办给每位领导指派一名处级干部作为联络员。联络员负责做好与联系领导、联系县(市、区)及所在市的联络、协调,并跟随联系领导深入所联系县(市、区)开展调查研究,督促整改,及时向省综治办报告联系领导深入所联系县(市、区)开展工作情况。

省综治办要继续坚持定期报告和督查通报制度,每季度通报一次重点联系县(市、区)整改情况,适时组织力量进行督导检查,推动重点联系县(市、区)尽快改变面貌。

附件:省综治委、省委政法委领导同志平安建设工作重点联系县(市、区)名单(略)

陕西省及各市、县(市、区)综治委、办主任名单

地　区	综治委主任	综治办主任
陕西省	宋洪武	刘自成
西安市	王成文	刘铁泉
雁塔区	王军平	李　萍
莲湖区	和文全	姚金利
未央区	吴智民	郑成斌
碑林区	刘伯雅	冯　亮
新城区	徐新兆	赵利华
灞桥区	郧笑冬	赵　江
阎良区	张鹏飞	井　力
临潼区	李晓明	安　峥
周至县	杨向喜	李平会
户　县		万世勋
高陵县	范九利	宋耀文
长安区	徐树安	李新良
蓝田县	王　浩	周学城
咸阳市	郭中秋	白登友
秦都区	刘印生	李　坚
渭城区	刘　军	罗　民
兴平市	计德亮	梁长江
武功县	程光前	张龙昌
乾　县	黄启平	赵德旭
礼泉县	王强民	季吴若
泾阳县	梁晓琦	高广进
三原县	余天西	王怀先
永寿县	邢步宜	王新社
彬　县	吴　琳	席润民
长武县	冯长安	秦建平
旬邑县	董海峰	唐维宁
淳化县	郑富超	张宏轩
宝鸡市	乌永陶	刘拴怀
渭滨区	郝晋升	唐晓业
金台区	毕小平	李虎利
陈仓区	贺向东	白海明
岐山县	霍铁桥	史长林
扶风县	王　健	王乃怀
凤翔县	何宏年	李一平
眉　县	陈爱民	吕宗强
麟游县	田来锁	郑海林
千阳县	王雪峰	赵炳杰
陇　县	赵一键	马　斌
凤　县	张新科	卢伟森
太白县	许海峰	姜军林
渭南市	乔晓陆	林　跃
临渭区	张普选	李宝鹏
韩城市	张建华	王少敏
华阴市	程　军	杨　忠

地　区	综治委主任	综治办主任	地　区	综治委主任	综治办主任
华　县	吴培育	菊　峰	洛川县	任建新	雷柏民
潼关县	王青峰	王江涛	黄陵县	姜文华	牛文华
大荔县	李占春	王永刚	宜川县	（空缺）	赵晓林
澄城县	问康美	赵向东	黄龙县	雷　炜	（空缺）
合阳县	樊涓涓	杨智勇	**汉中市**	杨达才	付德华
蒲城县	杨公平	蒙志宏	汉台区	唐彦民	苗海田
富平县	朱福俊	刘卫东	南郑县	陈　鹏	孙久林
白水县	任恒志	段文龙	城固县	陈剑彬	屈荣建
铜川市	张应龙	张拴虎	勉　县	陈小康	王华荣
王益区	王春梅	王朝军	洋　县	杜加才	刘文学
宜君县	熊　晖	田　涛	略阳县	杨瑞良	张洪敬
耀州区	马秉寅	杜铁民	宁强县	马九明	冯素梅
印台区	延红岩	马彦彪	西乡县	李　腾	李　刚
新　区	何尚民	张军民	镇巴县	樊　强	唐仁富
榆林市	杨树业	白少峰	留坝县	曹俊强	张翔铭
榆阳区	李晓媛	高子义	佛坪县	吴崇林	雍立强
神木县	张宏智	（空缺）	**安康市**	陈　勇	王　超
府谷县	许世祥	（空缺）	汉滨区	吴家仲	万安家
定边县	杨树森	丁兆有	汉阴县	史正林	沈　涛
靖边县	刘　军	苏春生	石泉县	李　平	陈世学
横山县	苏志中	樊俊怀	宁陕县	雷子霖	柯增强
绥德县	万　勇	韩玉亮	平利县	汪贤存	王　强
子洲县	吴浪廷	薛占雄	岚皋县	唐天舜	储　刚
清涧县	任向军	王　龙	镇坪县	周　丰	陈　平
佳　县	冯继虎	高志峰	旬阳县	王武成	屈善耀
米脂县	张生贤	朱绪荣	白河县	阮家军	晏真安
吴堡县	薛利民	贾建永	**商洛市**	魏增军	张建军
延安市	曾　岚	呼延江	商州区	贾建刚	王建军
宝塔区	朱国龙	（空缺）	洛南县	刘文亮	陶绪明
吴起县	冯振东	尚恩江	丹凤县	李选良	叶丹喜
志丹县	李延安	张志清	商南县	雷　雨	谭简礼
安塞县	高树杰	郭宝军	山阳县	周青海	张生年
子长县	张国亮	高　峰	镇安县	柳宪军	袁业主
延川县	郝旭东	郭长春	柞水县	杨荣贤	徐家祥
延长县	白晓东	冯志辉	**杨凌示范区**	李宏文	丁孝民
甘泉县	雷　霄	张轶焱	杨陵区	万新智	万新智
富　县	拓改琴	贺延红			

（撰稿人：张茂青
审稿人：宋洪武　李子顺）

甘肃省

2010年社会治安综合治理工作概况

2010年，甘肃省社会治安综合治理工作紧紧围绕深入推进三项重点工作，着眼于解决影响社会治安和社会稳定的源头性、根本性、基础性问题，持续开展矛盾纠纷排查化解，深入推进社会治安重点整治，全面加强综治基层基础建设，不断深化平安建设和社会治安防控体系建设，积极推进社会管理创新，各方面工作都取得了新的进展。

一、更加重视社会治安综合治理工作，组织领导和部署推动力度进一步加大

省委常委会3次专题研究综治工作，省委、省政府5次召开专门会议部署有关社会治安综合治理方面的工作。在省委全委扩大会议、全省党政领导干部会议等重要会议上，省委、省政府主要领导都把关注解决民生问题、深入排查化解矛盾纠纷、加强社会治安综合治理、社会建设和社会管理作为重要的工作来强调和部署。省委书记陆浩、原省长徐守盛、代省长刘伟平同志都对贯彻全国政法工作会议和社会治安综合治理工作会议精神，深入推进三项重点工作提出明确要求。罗笑虎书记、张晓兰副省长全力以赴抓工作，亲自研究部署，多次深入基层检查督导，亲自出面协调解决重大问题，有力地推动了全省综治重点工作的落实。省人大、省政协分管领导都积极参与研究工作，主动加强对综治各专项工作的组织领导。省直各有关部门积极配合，各自发挥了重要的职能作用。如，省财政厅落实省委、省政府决定，将综治专项经费由过去的400万元增加到520万元，并在刑释解教人员安置帮教、流动人口服务管理、社区矫正、精神病人排查和看守所安全管理等专项工作中积极参与，解决了相应的工作经费。省人大常委会、省政府法制办积极支持省综治条例的修订，2010年11月26日省十一届人大常委会第18次会议已审议通过，这必将为推动甘肃省综治工作的深入发展起到重要作用。省综治办也切实加大了工作指导力度，采取各种有效措施，推动工作落实。以领导责任制和目标管理责任制推进社会管理创新，在综治责任书中明确各地和各部门在社会治安和社会管理中的试点任务，并加大考核权重，实施重点推进；坚持省、市、县各级社会治安形势分析研判制度，指导各地各部门有针对性地加强和改进治安防范工作；狠抓督促检查，7次派出工作组，对社会治安重点整治、综治基层基础建设、社会管理等各项工作进行暗访检查，及时发现问题，督促落实整改，共发出综治督查通知11份。与此同时，全省各级进一步健全完善综治领导责任制的相关制度，组织部门在提拔任用干部时注重征求综治办的意见，各级党政领导干部综治工作实绩档案全部建立，严格实行“一票否决权制”，对发生突出问题的地方及其责任人进行查究。2010年共否决科以上单位8个，科以下单位6个，黄牌警告61个，追究了81名责任人的责任，有力地推动了综治各项措施的全面落实。

二、大力落实中央和省委决策，在加强综治基层基础建设上取得了重要突破

一是持续不断地进行安排部署。全省政法工作会议把综治基层基础建设作为一项重点工作进行了总体部署。此后，分别在2010年4月召开的全省综治办主任会议、2010年6月召开的有各市州和部分县市区政法委书记、综治办主任参加的见义勇为基层基础建设现场会议、2010年8月召开的推进三项重点工作研讨会以及2010年11月初召开的各市州党委政法委书记座谈会上，都专题作了部署和强调，严格要求各地把这项工作作为2010年综治工作的重头任务来抓，不折不扣地把中央和省委的要求落实到位。各地都按照省上的要求予以高度重视，使中央和省委的部署得到了全面贯彻落实。

二是切实加大了抓落实的工作力度。罗笑虎

书记、张晓兰副省长多次到基层调研指导基层基础建设，并督促市、县两级主要领导同志对这项工作给予有力的领导和支持。按照罗笑虎书记的指示，省综治办分别在2010年4月中旬、2010年7月下旬对平凉、庆阳、兰州等市州进行了专项检查，2010年9月份又派出5个工作组，深入全省14个市州50个县市区（占全省县市区总数的58%）进行了一次大规模的暗访检查，对工作相对滞后的地方在全省进行了通报，通报直接发给党委、政府的主要领导，从而有力地促进了整改，较好地解决了工作进展不平衡的问题。

三是重点加强了乡镇（街道）综治办和综治维稳工作中心建设。经过2010年的努力，实现了乡镇（街道）综治委主任由乡镇（街道）党（工）委书记担任，综治办主任由党（工）委副书记担任，并配备1名专职副主任和配齐配强专职工作人员的要求。目前全省1350个乡镇（街道）共配备综治办专职干部3469名，配备兼职人员1908名，加上专职副主任，平均每个乡镇综治办工作人员达4.8名，其中专职干部3.44名。全省除人口特别少的乡镇外，绝大部分地方都以综治办为依托，建立了乡镇（街道）综治维稳工作中心，组织协调公安、人民法庭、司法行政、民政、社保、信访、土地、人武等单位共同参与，通过集中办公或建立协作联动机制等形式，搭建起了基层综治维稳工作平台，并建立完善了各项工作制度和机制，基本实现了社会治安联合防控、矛盾纠纷联合调处、重点工作联勤联动、突出问题联合治理、基层平安联合创建。一些市州还形成了自己独特的工作模式。兰州市以矛盾纠纷调解中心为基础，建立了乡镇（街道）综治维稳工作中心，由乡镇长、街道办主任担任综治维稳工作中心主任，综治办主任担任副主任，行使综治维稳工作的组织领导权、工作情况的检查督办权和综合治理的“一票否决”建议权，做到了统一名称、统一领导、统一制度、统一办公、统一台账、统一规程。定西市综治维稳工作中心实行“8+X”工作模式，以综治办、派出所、司法所、武装部、人民法庭、调委会、民政办、信访办等八个单位为主体，以土地、教育、卫生、计生、林业、劳务、共青团、妇联等办、所、站为联动协作单位，通过集中办公和联席会议相结合的办法开展工作，建立统一受理、统一分流、统一协调、统一督办、统一回复、统一回访、统一归档的“七统一”工作流程，发挥“矛盾纠纷调处中心、社情民意收集反馈中心、群防群治指挥中心、信访案件流转中心、重点人群服务管理中心、法治教育宣传中心”六大功能。天水市按照“六有、三统一、五联”（即：有不少于40平方米的固定办公用房、有必要的办公设施、有工作人员、有明确的职责分工和完善的工作制度、有必要的经费保障、有行之有效的考核奖惩规定；统一受理来访、统一分流矛盾、统一调配人员；社会治安防范联防、重大矛盾纠纷联调、中心日常工作联勤、突出治安问题联治、平安建设工作联创）的标准，完善“一站式”服务工作机制，推进了乡镇（街道）综治维稳工作中心规范化。

三、以“重大社会矛盾积案化解年”活动和建立社会稳定风险评估机制为重点，在深化矛盾纠纷排查和提高化解质量上取得了新成效

一是“重大社会矛盾积案化解年”活动消化了一批多年积累的“钉子案”、“骨头案”。根据甘肃省矛盾纠纷排查化解工作实际，省委、省政府部署开展了“重大社会矛盾积案化解年”活动，省委办公厅、省政府办公厅制定下发了实施方案，并专门成立了重大社会矛盾积案化解年活动工作推进组及其办公室，加强了对这项工作的统筹谋划和组织指导。2010年省里组织了2次巡回督办，召开了2次汇报会部署推动工作。市、县、乡各级党委、政府和有关部门对这项活动都高度重视，认真安排部署，成立领导机构具体负责组织实施，并抽调干部进行深入排查，逐案明确包抓的领导和部门单位，实行挂牌督办、限时销号的包案责任制，并分阶段检查推进。许多地方和部门的党政主要领导亲自协调解决影响稳定的重大问题。各地各部门普遍建立了重大矛盾纠纷积案化解通报督办制度，切实加强检查指导，定期通报工作进展，及时发现和解决问题，保证了工作的有效开展。2010年，全省共排查各类重大社会矛盾积案840件，化解798件，化解率为95%，其中省上挂牌督办的38件重大矛盾纠纷，已办结29件。

二是在全面深入排查化解一般性矛盾纠纷上取得了重大进展。在狠抓重大矛盾积案化解的同时，全省各地在综治基层基础建设得以有效加强的情况下，大力开展了各种矛盾纠纷的排查调处工作，把乡镇（街道）的干部全员排查调处与市、县两级和部门单位的阶段性集中排查、专项排查有机结合起来,大大增强了排查工作的覆盖面,提高了发现矛盾、解决问题的能力和水平。据统计,全省各级在集中排查、专项排查和巡回督导中,累计抽调工作队4100多个、抽调各级干部32700多名。共排查各类矛盾纠纷114040件,化解110069件,化解率达95.5%。省综治委、办除日常部署检查外,还着力从分析各地信访数量变化,以及"民转刑"案件特别是命案发案的情况来考量各地排查化解工作的成效。省综治办与省公安厅2010年就命案发案情况进行了2次分析通报,督促各地有针对性地改进工作。对因纠纷排查调处不及时导致重大伤害、杀人案件或引发群体性事件的,进行专项督办,责令相关地方进行责任查究。全省信访总量同比下降10.4%,其中赴省访同比下降14%,进京访同比下降16%。与此同时,全省命案发案同比下降8.4%,一些市州命案下降幅度达60%左右。

三是积极探索建立社会稳定风险评估机制。在近几年一些市、县和部门已经开展社会稳定风险评估机制建设的基础上,2010年省上确定兰州、庆阳两市和省发改委、省国资委、省交通厅、省住房和城乡建设厅、省银监局五个部门为全省建立完善社会稳定风险评估机制试点单位,组织开展了专题调研和座谈论证工作,在试点的基础上向全省推开,督促指导各地、各有关部门结合各自实际建立风险评估机制。7个市州已初步建立了社会稳定风险评估制度,并初步发挥了源头预防的作用。在总结经验的基础上,制定了《甘肃省建立健全社会稳定风险评估机制的意见》和《甘肃省社会稳定风险评估实施办法(试行)》,即将由省委、省政府审批后下发执行。

四是健全完善多种形式的矛盾纠纷调解机制。继续贯彻省综治委等几个部门《关于实行人民调解、行政调解、司法调解衔接联动机制的实施意见》,推动人民调解个案补贴制度的实行,使基层党委政府统一领导、多种调解力量、多种调解方式衔接联动的矛盾纠纷"大调解"工作体系日益完善,并实现了矛盾纠纷排查调处工作的经常化、制度化、规范化。推广定西市创造的人民调解协议诉前司法确认机制。强化人民调解与司法调解的有效衔接,提高人民调解的执行力,全省经过诉前司法确认的3644件调解协议,自动履行率达99%以上。在矛盾纠纷多发的领域,推动建立行业性、专业性调解组织。指导省司法厅、省卫生厅、省保监局联合下发《关于建立医疗纠纷人民调解工作制度的意见》,对医疗纠纷人民调解的工作原则、工作程序、工作要求进行了规范;指导省公安厅和省司法厅制定下发了《全省公安交通管理部门建立道路交通事故损害赔偿纠纷人民调解委员会的意见》,总结推广了道路交通事故巡回法庭的经验,建立和完善及时有效处理道路交通事故的工作机制。一些市县还按照工程走到哪里,调解组织就建到哪里的要求,建立了流动的调解组织、流动综治维稳中心。在乡镇(街道)一级以综治维稳工作中心为主体,实行对矛盾纠纷的统一受理、集中梳理、归口管理、限期办理,从发现受理到办结回访都形成了一套工作流程。各地在建立和完善"大调解"工作机制中,不断探索总结了许多典型经验,如张掖、酒泉等地的"民情报告"和"民情代理"制度以及"民主说事会"、"乡村和事佬"等经验,高台县南华镇等一些地方的"便民服务工作队",庆阳市的乡镇干部全员调解制度以及"平安夜话"等。

四、以解决影响人民群众安全感的突出问题为切入点,深入开展社会治安重点整治

一是及早动手,周密部署。2010年2月5日,省综治委召开全省社会治安重点地区排查整治工作电视电话会议,对这项工作作出全面部署,并下发了工作方案,成立了由罗笑虎同志任组长,张晓兰同志任副组长,省纪委、省委组织部、省委宣传部、省委政法委、省公安厅等16个单位分管领导为成员的排查整治工作领导小组及办公室。各市州都成立了社会治安重点地区排查整治领导小组及办公室,并抽调干部组成工作组,深入基层开展工作。各地对排查出的社会治安混乱的重点地区、部位、场所,都逐一制定了整治方案,明确了责任单位、责任领导、整改时限和工作目标,按照"一个乱点、一套方案、一个班子、一支整治队伍"的要求,组织相关部门综合施策、共同整治。在整治工作中,坚持"边排查、边整治、边巩固"的原则,注重把重点整治工作与开展"严打"斗争、排查调处矛盾纠纷、加强基层组织建设、加强流动人口管理、加强刑释解教人员安置帮教、青少年法制教育、治安防控体系建设等工作结合起来,相继开展了打击毒品、黑恶势力、"两抢一盗"和涉油涉气、传销、卖淫嫖娼、赌博等违法犯罪专项行动,开展了爆炸物品管理、废旧物品收购、流动人口和出租房屋、网吧等专项整治行动，进一步加强了社会面治安的巡逻管控，不断深化社会治安防控体系建设，破获了一批严重影响人民群众安全感的案件，有效遏制了黄赌毒等丑恶现象的滋生蔓延，扭转了一些地方社会治安不好的状况。2010 年，全省列入重点整治的县（区）9 个、乡镇（街道）425 个、村（社区）894 个、治安突出问题 813 个，参与重点整治的各级党政干部和政法干警达 20790 多名，已整治重点乡镇（街道）195 个、村（社区）422 个、突出问题 188 个，整治中破获刑事案件 3769 起、抓获犯罪嫌疑人 2928 名。整治期间，省领导小组先后组织了 2 次暗访检查，各地也采取各种有效方式督促基层落实重点整治措施，推动了这项工作的顺利开展。

二是突出重点，监督整治。省综治办、省公安厅对全省社会治安重点区域进行了全面分析排查，将兰州市城关区和七里河区、天水市武山县、白银市靖远县、酒泉市瓜州县、武威市古浪县、定西市通渭县、陇南市文县、临夏州广河县 9 个县区及其存在的问题，作为省综治委直接监督整治的重点，下发了《关于对部分县区突出治安问题进行监督整治的通知》，分别确定了联系包抓的责任人，强化督促指导。市、县两级也挂牌整治乡镇（街道）、村（居）及区域和突出治安问题 251 个，均由领导干部带队，派驻工作组进行整治，其中 163 个已取得了明显成效。

三是立足长远，完善机制。针对以往重点整治工作中容易出现“边整边乱”的现象，立足巩固整治成果，在整治中注重长效工作制度和机制建设，要求各地加强基层政权组织、群众自治组织和政法、综治、维稳组织建设及群防群治队伍建设；创新措施，加强流动人口、刑释解教人员等重点人口和公共复杂场所的管理，努力提升社会管理水平，着力实现长治久安。全省上下普遍健全落实了重点整治工作定期报告制度、挂牌监督整治制度、明察暗访制度和责任查究等项制度，实现了排查整治工作的制度化、规范化和常态化。同时，在打击毒品犯罪、黑恶势力犯罪、涉枪涉爆犯罪以及涉电涉油涉气犯罪方面探索建立起了一些行之有效的制度和办法，如在打黑除恶工作中，形成了信息通报、联络会商、政法各部门协调配合等制度和机制；在油气田及输油气管道保护方面，建立了定井线、定人员、定责任、定奖惩和县区包块、乡包片、村包段、人包线的“四定四包”管护责任制，形成了“打击与防范相结合，群防群治与专业管护相结合，以专业管护为主，政法公安机关联动，依法打击”的管护工作新机制。

五、以加强流动人口服务管理为重点，全面推进社会管理各项工作

（一）省委、省政府高度重视社会管理工作，摆上了全省综治维稳工作的重要位置。2010 年 6 月，省委常委会在听取全国综治工作会议精神及贯彻意见汇报后，陆浩同志明确提出要以项目建设推动社会建设和社会管理工作，要求省委政法委、省发改委、省综治委共同研究论证，围绕流动人口服务管理、基层基础建设、社会治安防控体系建设、社会治安重点地区整治改造等方面，提出具体规划和建设项目，报经省委、省政府批准后，纳入甘肃省十二五规划，确保社会管理创新重点工作落实。为切实加强对这项工作的领导，在全省深入推进三项重点工作领导小组成立了创新社会管理工作推进组，由省综治办负责日常工作。2010 年 8 月初，全省深入推进三项重点工作研讨班就如何创新社会管理进行了专题研讨，进一步深化了认识，明确了工作思路、办法和措施。2010 年 11 月初，罗笑虎同志在省、市主要领导研讨班暨省委十一届十次全委扩大会议上，就社会管理创新工作作了专题发言，提出了推进工作的要求。在 2011 年全国政法工作会议之后，刘伟平同志立即作出批示，要求召集有关方面负责同志商议省政府应贯彻落实的相关措施，并要求将政法事业专项列入“十二五”规划。罗笑虎书记、张晓兰副省长多次召集省发改委、省财政厅、省综治办等部门负责人，专题研究将政法事业若干项目纳入全省“十二五”规划相关事宜，初步将社会治安防控体系建设、综治基层基础建设、社会治安重点地区整治改造、重点人口管理、司法救助、政法部门信息化建设、互联网管理等作为社会管理建设项目，纳入全省“十二五”规划。

（二）全面部署、重点推动。一是确定了创新社会管理的试点地区。除推荐嘉峪关市为全国试点单位外，还确定了金昌市、兰州市安宁区、定西市陇西县、陇南市成县、平凉市泾川县、白银市平川区作为全省创新社会管理的试点地区，提出了工作要求，力求近两年在这些地区探索出有益经验，形成有效工作模式，指导和带动全省工作的深入开展。二是在流动人口服务管理、刑释解教人员安置帮教、预防青少年违法犯罪、学校及周边治安综合治理、重点人口管理等几个方面实施重点推进计划。分别确定了几个市州和县市区，由省上加强直接指导，并加大考核力度，力求取得对全省有指导性的工作经验。比如，在流动人口服务管理上，确定了10个市、8个县(市区)作为重点推进的地区，在刑释解教人员安置帮教工作上，确定了6个市、8个县(市区)作为重点推进的地区，并分别提出了具体的工作目标，该项工作在责任书中的分值占到了10%到15%，通过强化考核权重促使各地加大工作的力度。

(三)明确思路，着力在推动出台服务管理政策措施、创新制度机制、加强部门协调和整合基层力量上求实效。省综治委和相关工作领导小组组织有关部门反复调研论证，积极出台了一批有关社会服务管理的政策措施。如，以省委办公厅、省政府办公厅文件下发了《全省流动人口服务管理工作意见》，对流动人口服务管理工作进行长远安排。教育部门出台了解决流动人口子女随迁就学的具体办法。人力资源和社会保障部门就流动人口、刑释解教人员的劳动技能培训和就业服务分别出台了工作意见。农牧部门进一步完善劳动力转移培训阳光工程项目，培训输转流动人口2.28万人。人口和计划生育部门实施人口全员登记，在流动人口服务管理工作中发挥了重要作用；住房和城乡建设部门制定了全省建筑工地现场流动人员管理办法和出租房登记管理意见。省公安厅制定了流动人口摸底登记的意见，组织开展了全省流动暂住人口和出租房屋调查登记“百日会战”专项行动，取得了显著成效。全省共登记流动暂住人口202万多人，同比上升306%，登记房屋出租户15.5万户，同比上升61.4%，基本摸清了流动人口和出租房屋的底数。卫生部门出台了《甘肃省生活无着落的流浪乞讨人员及危重精神病患者救治工作办法》，联系公安、残联等部门组织开展了精神病患者的全面排查工作，共排查登记32585人，逐一进行了身份确定和风险评估，对126名有肇事肇祸倾向的精神病人进行救治，同时起草了关于精神病患者医疗救助和服务管理意见。民政部门先后出台了流浪乞讨人员救助意见以及有关新社会组织管理的意见，建立了38个救助管理站，年内救助7646人，其中未成年人940名。省委办公厅、省政府办公厅年初下发了《关于进一步加强刑释解教人员安置帮教工作的意见》，逐一明确了各级党委、政府和有关部门以及基层组织的工作职责，建立了部门协作配合的工作制度，省领导小组分解落实了各成员单位的年度工作任务，推动这项工作取得了新进展。全省共建立过渡性安置基地82个，其中2010年新建12个。组织开展了对社会闲散青少年的排查摸底活动，对其中有不良行为的6628人逐步落实了帮教管理措施。省综治委、省人口委、省公安厅在充分调研和总结基层经验的基础上，共同制定了《关于健全协作机制，整合基层力量，深化流动人口服务管理工作的意见》，切实加强了综治专门力量与基层计生力量的合作，完善了工作机制，壮大了流动人口服务管理工作力量，为进一步加强流动人口服务管理工作提供了重要的保障。如兰州市七里河区西湖街道等三个街道办事处探索的“三维数字社会管理模式”，运用信息化手段，整合基层各方力量，全面推进社会管理的做法成为全省推进这项工作的一个重要创新，2011年将在全省进行推广。

六、以全面提升驾驭社会治安的能力为目标，大力推进平安建设和社会治安防控体系建设

一是进一步发展壮大各种形式的群防群治队伍。特别注重专职群防群治队伍的建设、巩固和提高工作。要求各地按照省第三个治安防控体系建设三年规划提出的目标任务，通过各种方式充实壮大专职群防群治队伍，并加强培训指导，提高素质，落实待遇，保持队伍稳定，切实发挥应有作用。全省专职群防群治队伍已达2.76万人，义务联防队伍近21万人，在看楼护院、治安巡逻、预防违法犯罪、维护稳定等方面发挥了不可替代的作用。

二是大力推进技防建设。研究制定《全省城镇社会治安视频监控2011至2013年建设方案》，要求城区街道、广场、机关单位、居民楼院、重要保卫目标、重点工程设施建设都由政府主导，全面推广视频监控系统建设；农村和街道门店则以电子报警系统为主，落实技防措施。据统计，全省共安装各种视频监控探头71900多个，红外线等其他报警装置334638个。庆阳、武威等地已全面实现了乡镇以上城区和公共场所视频监控全覆盖。

三是加强了以城市为重点的社会面巡控。指

导兰州、白银、金昌等大中城市在城区加大了各种方式的街面巡控力度，有效地促进了全省社会面上治安秩序的持续平稳，增强了群众安全感。2010年7月，省综治办在对兰州市暗访时进行的民意调查显示，90%以上的受访者对全市的社会治安给予了积极评价。

与此同时，继续推动各种形式的基层平安创建活动，不断扩大覆盖面、提高创建质量。省重点抓了平安县(市区)的指导培育工作，2010年1月对第三批12个县市区进行了命名表彰，使全省的平安县(市区)达到了36个，占到县市区总数的42%。为了切实巩固创建成果、提高创建水平，省综治办对前两批命名的24个县(市区)组织进行了"回头看"活动，对检查中发现的问题在全省作了通报，并对3个问题相对比较突出的县市区给予了警示，对1个问题较多的区发出了督查通知。

七、以高度的政治责任感和切实有效的措施，确保了学校、幼儿园及周边的持续安全

(一)有针对性地开展了各种安全教育活动和维护稳定工作。省委、省政府主要领导、分管领导多次作出批示，要求认真排查校园不安全、不稳定因素，强化各项安保和维稳措施，确保校园安全稳定。罗笑虎书记、郝远副省长等领导同志带队到天水、兰州、庆阳、定西、临夏、白银、武威等市州检查中小学、幼儿园的安全稳定工作。各地各部门也立足防范，做了大量细致工作。教育部门在春、秋季开学初，专门印发了中小学幼儿园安全工作预警通知，指导各地采取有效措施，加强对各种自然灾害及突发事件的监控和防范工作，并以"加强疏散演练确保学生平安"为主题，大力开展"安全教育进课堂"活动，强化对学生的日常安全教育，加强对中小学校长、幼儿园园长和校内管理人员的安全培训，努力增强广大师生的安全意识和应急能力。各相关部门切实加大了对这项工作的督促指导，有效预防和减少了影响校园安全稳定的隐患和问题。2010年3月至10月，先后4次派出工作组赴甘南州指导藏区教育系统的安全稳定工作。2010年4月份，组织了由省教育厅、省发改委、省财政厅、省住房和城乡建设厅等13个厅局主管领导组成的工作组，分赴14个市州检查中小学校舍安全工程、校内安全保卫和学校周边稳定工作。2010年5月份，省上专门成立了5个督查组，分别由省委、省政府分管领导及综治、教育、公安部门领导带队，对各市州加强学校、幼儿园及周边的安全工作进行了专项督查。2010年10月份，两次组织召开高校维稳工作紧急会议，并组成多个工作组，深入到各高校和中专、中学督促检查会议精神贯彻落实情况，指导他们做细做实各项工作。

(二)强化工作责任，全面落实校园安全保卫各项措施。2010年5月3日全国综治维稳电视电话会议后，甘肃省当即组织召开了全省综治维稳工作会议，对维护各级各类学校及周边安全稳定工作进行了再安排再部署。各级党委、政府认真贯彻中央和省委部署要求，切实加强组织领导，进一步靠实工作责任，形成了"一把手负总责，分管领导具体抓，各有关部门通力合作，共同提高学校安全防护水平"的良好工作格局。2010年5月以来，省、市、县、乡各级共抽调政法、综治、教育、维稳等工作力量4000多人组成1000个督导检查组，深入17900多所学校、幼儿园全面开展拉网式调查排摸和督导检查，及时发现整改各种治安问题和隐患；特别注重强化了学校、幼儿园及周边安全工作部门联动机制和安全防范责任制，在向学校、幼儿园派驻民警、加强学生上下学时段巡逻警力的同时，切实加强学校安保队伍建设，向全省3789所中小学、幼儿园派驻保安员7808名；进一步整治校园周边治安环境，依法关闭校园周边违规经营的电子游戏厅、网吧、摊点450余家，查处各类侵害学生的案件86起，打击处理95人；严格门卫制度，落实各项物防技防措施，加强校园安全及法制教育工作，健全安全防范应急预案，确保了校园安全万无一失。

(三)健全长效机制，确保学校、幼儿园及周边持续安全稳定。指导各地各部门查漏补缺，建立健全各项工作制度和机制，有效地保障和实现了学校及周边治安秩序的持续稳定。一是信息通报制度。全省教育系统坚持每月、每季度对安全事故信息进行通报，认真查找分析安全事故隐患及原因，做到警钟长鸣。二是学校安全管理制度。进一步健全门卫、值班、巡逻等方面的校内安全保卫管理制度，完善教育安全事故应急预案，全面落实小学低年级学生上下学接送的交接制度，严格学生外出登记请销假制度。三是校园及周边治安联动联防机制。健全落实了学校与当地公安机关、家长和社区的安全联防制度，形成了校园及周边治安联防联护、联动联治的工作机制。四是安全督查考评制度。坚持学校自查与部门检查相结合,定期检查与随时抽查相结合,专项督查与全面督查相结合,形成事事讲安全、时时讲防护的学校安全工作局面。

八、切实加大宣传力度,为全面加强社会治安综合治理营造良好的舆论环境

一直把宣传作为社会治安综合治理工作的一项重要内容牢牢抓在手上,并不断丰富内涵、创新载体、扩大影响,努力营造全社会共建平安、共享平安的良好舆论氛围。为了加强对宣传工作的领导,明确了一名委领导专门负责,并成立了宣传领导小组。省委政法委、省综治办开通了甘肃平安网,成立了由省委政法委秘书长、省综治办主任牛纪南任主任,委机关相关处室负责人、法制日报社相关部门负责人为成员的编委会,大力加强政法综治宣传工作。依托甘肃平安网,相继开展了“政法综治及平安建设工作访谈”活动、“五五普法陇原行”系列宣传活动等,对全省政法综治系统开展的重大活动及典型经验进行了深度报道。2010年甘肃平安网共编发各类文图稿件及信息7673篇,网站累计点击率达451204人次,在全国已开通的22个地方频道中居前三名,部分重点稿件被《法制日报》等刊载,成为宣传甘肃政法综治工作及平安建设的重要阵地。针对中央综治委去年反馈意见中提出的甘肃省平安宣传知晓率低的问题,专门发出《关于集中开展平安建设宣传和加大城乡治安联防巡逻工作的通知》,要求采取有效形式开展经常性宣传活动,并与移动公司合作,以手机短信和手机报的方式,加大宣传力度,努力使平安建设深入基层、深入人心。

各地和综治委各成员单位以“综治宣传月”活动为重要契机,把综治宣传工作纳入全局工作规划、纳入领导工作日程、纳入目标管理考核,本着“三贴近”的宣传理念,综合运用多种宣传渠道和活动载体,努力提高广大群众对综治工作和平安建设的知晓率、参与率。综治宣传月活动期间,全省共组织发动40万余人(次),组织召开座谈会2300余场(次),市级以上领导现场(电视)发表讲话96场(次),设立大型宣传咨询点1100余处,出动宣传车1750台(次),编印宣传材料近1000万份,悬挂宣传横、条幅23000余幅,发送公益手机短信830万条(次),播发有线电视2000余场(次),组织文艺活动580余场(次),现场接受群众咨询190余万人(次),宣传教育群众达1700万人(次)。

甘肃省社会治安综合治理委员会 甘肃省人口和计划生育委员会 甘肃省公安厅 关于印发《关于健全协作机制　整合基层力量 深化流动人口服务管理工作的意见》的通知

(2010年7月22日)

各市州、兰州铁路局、甘肃矿区综治委、省综治委成员单位:

为了提高流动人口服务管理工作水平,加强我省社会建设和社会管理创新工作,省社会治安综合治理委员会、省人口和计划生育委员会、省公安厅在充分调研论证的基础上,研究制定了《关于健全协作机制,整合基层力量,深化流动人口服务管理工作的意见》,并经省委领导同志主持讨论通过。现印发你们,请逐级转发到各乡镇(街道)综治、人口、公安部门。各地接此通知后,务必要高度重视，专题研究贯彻落实的具体措施，并尽快按意见要求，抓紧组织实施，市、县两级要加大指导推动的工作力度，2010 年 9 月底前要全面完成乡镇（街道）流管力量的整合，并逐步建立起必要的工作制度，确保机构设置合理，制度机制规范完善，工作运转灵活高效。贯彻落实情况请及时报告省综治办。

关于健全协作机制　整合基层力量深化流动人口服务管理工作的意见

（2010 年 7 月 22 日）

为进一步贯彻落实《中共中央办公厅、国务院办公厅转发〈中央社会治安综合治理委员会关于进一步加强流动人口服务和管理工作的意见〉的通知》精神及《中共甘肃省委办公厅、甘肃省人民政府办公厅关于进一步加强流动人口服务管理工作的意见》，切实加强相关部门的协同配合，形成齐抓共管工作合力，省社会治安综合治理委员会、省公安厅、省人口和计划生育委员会（以下简称三部门）决定在全省综治、公安、人口部门建立健全工作协作机制，并整合基层工作力量，以有效促进流动人口服务管理工作各项措施在基层的落实。

一、充分认识加强三部门协作机制建设和整合基层力量的重要性

流动人口服务管理工作是社会建设和社会管理的重要内容，必须由党委、政府统一领导，相关部门共同参与，齐抓共管。做好流动暂住人口及出租房屋的日常摸排、登记、发证、核对、协查等基础信息工作，是做好流动人口服务管理工作的基础，是全面落实流动人口服务管理措施的重要前提。在负有流动人口服务管理职责的各有关部门中，综治委、办具有组织协调、牵头抓总、督查考核的工作优势；公安机关具有流动人口日常治安管理与服务的职能，行使相应的行政执法权；人口部门在流动人口全员登记、计生人口服务保障以及基层工作力量上有着明显的优势。因此，在综治、公安、人口部门之间建立健全协作机制，整合基层力量，优势互补，形成合力，对加强流动人口服务管理的日常工作具有重要意义，也非常必要。各级综治、公安、人口部门都要充分认识自身在流动人口服务管理工作中所负有的职责，按照齐抓共管、综合治理的要求，切实树立全局观念，增强协调配合意识，积极主动参与，着眼长效机制建设，建立紧密型工作协作关系，发挥各自优势，提高整体工作效能，推动全省流动人口服务管理工作不断取得新成效。

二、进一步加强各级流动人口服务管理工作机构建设

（一）进一步充实各级流动人口服务管理工作领导小组及其办公室力量。省、市、县三级人口部门主要领导同志参加同级流动人口服务管理工作领导小组，并担任副组长，分管领导同志为小组成员；人口部门负责流动人口日常业务工作的内设部门主要负责同志参加同级流动人口服务管理工作领导小组办公室，并担任副主任。

（二）整合力量，健全乡镇（街道）流动人口服务管理工作站。以乡镇（街道）人口办（站）为依托，组建乡镇（街道）流动人口服务管理工作站。工作站站长由乡镇（街道）党（工）委副书记兼任，副站长由乡镇（街道）综治办、人口办（站）主任（站长）和公安派出所所长兼任，工作人员由乡镇（街道）综治办、人口办（站）工作人员和公安派出所民警组成。在乡镇（街道）人口办（站）加挂“流动人口服务管理工作站”牌子，乡镇（街道）流动人口服务管理工作站同人口办（站）实行“两块牌子，一套人马，双重身份，双重任务，协同办公”的工作模式(警力充足的城镇派出所可实行“合署办公”),在流动人口服务管理工作上共同接受上一级综治、公安、人口部门的业务指导与检查监督,并对所辖社区(村)的流动人口服务管理工作进行业务指导与检查监督。

(三)建立健全社区(村)流动人口服务管理组织。在社区、村以人口部门的社区(村)流动人口管理工作机构、公安部门的社区警务室为依托,以公安民警、流动人口协管员、计生干部、计生宣传员、自管小组长和治安联防员等人员为主要力量,组建流动人口服务管理工作小组或分站,负责流动人口的信息采集、录入和更新工作。

三、建立健全三部门流动人口服务管理工作制度机制

(一)建立三部门流动人口服务管理工作联席会议制度。一般情况下省市两级每季度、县(市、区)每两月、乡镇(街道)每月分别召开一次工作联席会议,通报有关情况,研究解决问题,部署安排工作,落实工作措施。联席会议由同级流动人口服务管理领导小组组长或副组长(乡镇一级由站长、副站长)负责召集,根据需要可通知有关部门参加。各级联席会议应有明确议题、会议记录,并向上一级报告情况,作为年度工作考核的重要依据。

(二)加强流动人口信息日常采集和核查工作。由基层人口、公安两部门按照“统一行动,共同采集,各取所需,分别录入,相互比对”的原则,合理利用全员流动人口信息库和警务综合信息平台,做好流动人口信息采集、录入和更新工作。村、社区流动人口信息工作由社区(村)计生干部、公安派出所民警、计生宣传员和村民小组自管小组长入户采集;对于不让入户、不提供证件及相关信息的,由公安民警协助人口部门和村、社区干部入户采集。乡镇(街道)流动人口服务管理工作站一般每半月统一部署一次流动人口信息采集和核查变更工作。平时要依靠社区居委会、村社综治组织、流动人口服务管理分站,动员组织城乡治保组织、单位保卫组织、群众自治组织以及社区、物业公司、用人单位等群众性力量,随时提供流动人员变化情况,确保流动人口信息获取的及时性、准确性。

(三)建立健全流动人口信息定期比对核查制度。为实现流动人口信息的动态管理、资源共享和合理利用,省、市、县、乡四级人口、公安部门要定期共同进行流动人口信息比对核查工作。一般情况下,乡镇(街道)每半月、县(市、区)每月、市(州)每季度、省每半年比对核查一次。省、市、县三级统计部门要协同同级人口、公安部门进行流动人口信息比对核查工作。每次比对核查结束后,都要及时逐级分系统上报结果。

四、强化对流动人口服务管理工作的考核

把流动人口服务管理工作纳入社会治安综合治理目标责任制和党政领导抓综治工作绩效考核的重要内容,统一部署,统一推进,统一考核。把流动人口信息的定期采集、核查、上报情况作为年度考评的重要内容,对不按规定的时限和要求采集、核查、上报的地方,考核时要严格扣分。

流动人口服务管理工作考核按照平时考核和年度考核相结合的方式进行。各级综治、公安、人口等部门要经常深入基层,了解掌握各地各部门流动人口服务管理工作情况,做好平时考核工作。在年度社会治安综合治理考核中,公安、人口部门对各地流动人口服务管理工作分别独立打分,并将打分情况提交综治部门综合,形成对各地社会治安综合治理中流动人口服务管理工作的考核结果。

兰州市七里河区
建成"三维数字社区"集成管理系统

为破解社会管理工作中遇到的实际困难和问题,七里河区以西湖街道为试点,积极探索城市社会管理的有效机制,利用三年时间在全国率先建成了"三维数字社区"集成管理系统,大大增强了街道和社区综合服务能力,提高了基层社会管理水平。主要做法是:

一、以"数字社区"为依托,建立社会管理工作网络

在七里河区委、区政府统一领导下,以综治机构和各类综治队伍为主体,不断完善基层社会管理工作网络,解决"有人抓、有人管"的问题。全区所有街道调整充实了社会治安综合治理委员会,建立了政法综治中心、人民调解中心、司法所、禁毒办公室、投诉监督室、流动人口管理服务站等工作机构,在所有社区和辖区单位成立了综治工作站、人民调解室和流动人口管理服务站。全区有综治员 208 名,流动人口协管员 18 名,单位物业内部保安 1678 名,民情信息员 635 名,楼栋长 853 名,有各类调解组织 60 多个,人民调解员 352 名,还有一定数量的经警队员和治安志愿者,各类群防群治队伍总人数达到 3240 余人。依托这批队伍,构筑起一个遍布楼群院落、背街小巷、扎根基层的工作网络,在基础信息数据采集、动态更新、落实各项服务管理和治安防控措施方面,发挥了重要作用。

二、以"数字社区"为依托,建立人口信息系统网络

以西湖街道为例,"三维数字社区"系统建成了三维地理信息、实有人口基础信息管理平台,将西湖街道辖区 94 个科级以上企事业单位、892 家各类经济组织,1210 栋各类建筑物、9 条主次干道、56 条背街小巷、114 个小区院落,1.8 万户、71978 名居民家庭和区域地貌,立体、直观地搬上管理平台,形成一个完全真实的三维实景立体街区。一是常住人口信息系统。以街道辖区为单位,按照街道、派出所、社区安保、单位内部安保、物业小区安保、学校安保,窗口行业内保、重点行业安保的不同特点,对辖区常住人口的个人基本信息、户籍信息、分类信息、居住联系信息等近百项信息进行归纳整理,形成统一的人口信息字段,并提供快捷方便的自定义检索方式和检索要求,快速查询相应的人口信息,实现了各类数据的自动分类、自动统计、自动纠错功能。二是流动人口信息系统。按照流动人口"以证管人、以房管人、以业管人"和出租房屋管理、用工管理、分类管理、信息管理的要求,实行了三项管理机制,即对出租屋实行"星级管理",对流动人口实行分类管理,对房屋租赁实行双重管理,明确落实管理责任,形成了流动人口治安管理、计生管理、流动党员管理"三管合一"的模式。三是刑释解教人员信息系统。由街道对出狱出所人员及时进行摸底登记,建立信息库、社区矫正情况记录卡,一人一卡,定期回访。充分发挥社区资源优势,有效落实帮教、助困措施,符合条件的人员及时纳入低保范围。四是吸毒人员信息系统。"三维数字社区"系统全面采集辖区内吸毒人员信息,对社区康复人员、社区戒毒人员、强制隔离戒毒人员、参加药物维持人员,包括正在服刑或在看守所羁押的吸毒人员进行动态信息管控,系统可以自动采取"比对式"、"拉网式"、"跟踪式"、"信函式"等方法,对下落不明吸毒人员实施排摸比对,有效促进了禁吸戒毒工作。

三、以数字社区为依托,建立辖区视频监控网络

依托"三维数字社区"集成管理系统,西湖街道加强社会治安防控体系建设,投资 220 万元设立了视频监控机房,在无人看管地段小区安装"全球眼"和视频探头,对辖区重要地段实施 24

小时全面监控。一是建成了“三维数字社区”电子监控系统。在辖区重点地段、重点区域、辖区单位的关键部位安装电子监控设施,并与“三维数字社区”系统总控中心的街面视频监控系统连接,对治安状况、环境卫生、突发性事件等进行全天候监控,及时调度有关力量予以处置。二是建成了应急预警及处置系统。对辖区涉电、水、毒、爆、气、油、放射等重点涉危涉爆单位进行标识,对重要区域实施重点监控,一旦发生突发性事件,可自动测量距离事发地最近的医疗机构、学校、重点单位等,第一时间将相关信息传递给总控中心,为应急处置提供保障支持。三是建成了居民小区监控系统。将西湖街道61个由辖区单位、物业部门管辖的小区划分为全封闭式小区,安装视频监控探头,进行全方位视频监控,并请单位、物业小区专门聘请的保安负责看管护卫;将27个相对比较集中的半敞开式楼院划分为半封闭式小区,在楼院门口安装视频探头,并由社区组织综治员进行全天看护;将26个居住较分散、管理难度大的平房楼院划分为开放式小区,组织综治员进行定时巡逻,动员社区居民开展“邻里守望”,组织治安志愿者和楼栋长、责任区长实行自助看管,形成了纵向到底、横向到边的治安防控网络。

四、以数字社区为依托,建立社区综合服务网络

一是“民情通”无线政务系统。通过专业的pda手持终端设备和街道“三维数字社区”系统总控中心连接,将数字城管、治安防范、计生普查、社情民意采集、流动人口和出租房屋管理等功能有机结合起来,及时了解、受理反馈各类社情民意,处理突发事件、采集基础数据。二是“民情通”呼叫服务系统。系统建成了街道、社区、辖区单位、物业管理、社区服务中心、居民六级联网的“民情通”呼叫服务中心,突破了传统的大厅办理、电话热线咨询服务的局限性,通过呼叫服务系统的统一指挥调度,使涉及居民服务的有关事项得到及时高效办理,提高了基层应对复杂问题和突发事件的能力。三是居家养老“夕阳红”工程。系统针对辖区“三无”空巢老人的居家养老问题,充分利用人口基础信息平台的优势,实施居家养老“夕阳红”工程,组建助老服务队伍,使辖区278位空巢老人享受无偿、低偿集中就餐服务、配送餐服务、家政服务、医疗卫生、精神慰藉和文化娱乐服务,将空巢老人全部纳入系统管理,针对空巢老人的配送餐等服务三年来从未出现差错,极大提高了居家养老服务的针对性和管理水平。四是未成年人校外教育“四点半”工程。针对辖区双职工家庭小学生下午四点半放学后无人接、无人管、过马路不安全,甚至进网吧玩游戏等问题,依托“三维数字社区”,在全国率先启动实施未成年人校外教育“四点半”工程,“四点半”辅导站和校外辅导员、社区志愿者以及辖区“五老”志愿者、小学生信息,开设的主题实践活动全部纳入系统管理,建立了未成年人校外教育“四点半”工程基础信息库,更有针对性地开展未成年人校外教育,创新了未成年人校外教育的服务载体。五是党员爱心储蓄所。“三维数字社区”系统利用建立的党建创新管理模块,将西湖街道在辖区单位党组织和党员中开展的“一元钱爱心党费”活动纳入系统管理,搭建了体现党员先进性的平台,拓宽了党员教育管理的渠道。六是残疾人温馨之家。“三维数字社区”系统利用建成的民政双拥劳动保障模块,将辖区残疾人的家庭状况、个人残疾状况、经济收入、个人爱好、居住条件、分布状况、年龄性别结构等采用现代电子网络技术进行管理,针对残疾人的不同情况,开展就业援助、康复医疗、生活救助、文化娱乐服务,在辖区构筑起了扶残助残、和谐共建的温馨家园。七是再就业援助行动。“三维数字社区”系统利用建成的劳动保障模块,将辖区下岗失业人员、“4050”人员的基本情况纳入系统管理,针对下岗失业人员的不同情况,开展就业援助、职业技能培训、就业信息发布、创业资金贷款、组织劳务输出、参加人力资源招聘会等,并适时进行跟踪服务,提升了再就业和劳动保障的管理服务水平。八是先锋惠民志愿帮扶行动。“三维数字社区”系统建立了全辖区档案数据库、志愿者档案数据库,准确掌握详实的动态数据,根据关怀对象服务需求和志愿者的特长爱好、在辖区组织实施了百家单位共建先锋惠民行动,开展了政策宣讲、文化促进、健康关怀、扶贫助困、平安联动、就业援助等六大志愿服务活动,在全辖区及时调配党员志愿者、“五老”志愿者、青年志愿者和社区志愿者帮扶力量,适时有针对性地开展社会志愿者帮扶活动。

庆城县开展“平安夜话”活动
努力解决群众实际困难

庆城县驿马镇紧密结合基层平安创建工作，深入开展“平安夜话”活动，组织镇、村、组干部200余人，充分利用夜间茶余饭后的空闲时间，深入农户与群众“零距离”接触、面对面交流，及时将各项惠民政策、法律知识、实用农业科技传递给农民，上门听取群众信访问题，帮助解决实际困难，妥善化解农村矛盾纠纷，受到了广大群众的欢迎。

一、察民情，多说“平安夜话”

驿马镇党委、政府将开展“平安夜话”活动作为关注民生问题、密切干群关系、促进社会和谐稳定的重要举措，加强领导，精心组织，深入推进。成立了由镇党委书记任组长，政府镇长任副组长的调研工作组，深入基层、村组，紧紧围绕“群众想什么、要什么”、“干部说什么、做什么”，扎实开展民情调查摸底工作，在此基础上，研究制定了开展“平安夜话”的实施方案，明确了目标任务、工作措施和具体要求。同时，建立了“平安夜话”活动运作模式，即提前告知模式，将参与“平安夜话”的相关领导和干部提前告知村民群众，请村民携带具体问题和事项参与“平安夜话”活动；事先预约模式，将群众反映的问题搜集、整理，由镇村干部与村民群众代表事先预约，利用村组“平安夜话室”面对面的交流解决，或利用书记、镇长接待日进行解决。通过制定具体方案，规范运行模式，确保了“平安夜话”活动的顺利开展。

二、听民声，多解群众疾苦

在全镇14个村设立了“平安夜话室”，将每周二、四确定为“平安夜话”工作日，镇、村干部按照“村不漏户、户不漏人”的要求，串千家门，访千家情，解千家难，重点突出了“四访四问”：即访小康户、产业户，问致富经验；访老党员、老干部，问衣食冷暖；访返乡农民工、流动党员家属，问就业现状；访贫困户、五保户，问生活所需。对群众反映的问题能解决的立即解决，对一时解决不了的告之群众原因或解决问题的途径方法，需要几个部门解决的问题通过相关部门协调后告知群众，对超出法律法规和政策范围的诉求，通过耐心细致的说服、教育和疏导工作，确保群众满意。2010年，该镇干部累计开展“平安夜话”活动130多场（次），收集各类意见、建议70多条，帮助解决群众实际困难和问题210件，调解矛盾纠纷140起，密切了党群、干群关系，促进了农村和谐稳定。

三、顺民意，多办利民实事

驿马镇党委、政府将“平安夜话”活动作为基层平安创建的一项长期任务，健全制度，细化措施，推动“平安夜话”活动规范化、制度化，积极引导广大干部顺应民意，多办利民为民的实事。主要建立健全了“一簿两册三单”制度。一簿，即“平安夜话”工作登记簿，对每次“平安夜话”活动开展情况进行详细登记，建立台账。两册，即意见分类登记册、处理问题登记册，将群众反映的问题按性质分为基础建设、社会稳定、文化生活、社保医疗、项目创办、新农村建设、农村党建、民生工程等8大类，从而有针对性地解决处理。三单，即情况办理单，对群众反映的问题填写情况办理单，一般性问题能直接由镇村两级办理的则就地办理解决，相对复杂问题需要参与的领导干部提出办理意见，协调有关部门共同解决处理。难题请示单，对疑难复杂问题则及时上报县委、县政府，由上级部门协调共同解决。结果反馈单，对“平安夜话”活动中村民反映的问题，当时未能及时解决的，通过相关途径程序解决后，及时填写情况处理结果反馈单，告知村民，对反映的问题进行“销号”，确保事事有结果，件件有回音。

通过开展“平安夜话”活动，变“干部被动服务为主动服务”，变“群众上访为干部下访”，缩短了干群距离，改善了干群关系，形成干群共创平安、共享平安的良好局面，有力推动了农村经济发展，促进了社会和谐稳定。

甘肃省综治委、办机构情况和负责人名单

省社会治安综合治理委员会是协助省委、省政府领导全省社会治安综合治理工作的议事协调机构。省社会治安综合治理委员会办公室与省委政法委合署办公。综治办主任由省委政法委秘书长兼任。

省综治办内设综合治理基层建设指导处、综合治理协调处、省见义勇为基金会秘书处。

省社会治安综合治理委员会负责人名单：

主　任：罗笑虎　省委常委、政法委书记

副主任：孙效东　省人大常委会副主任

张晓兰　省政府副省长

侯生华　省政协副主席

梁明远　省高级人民法院院长

乔汉荣　省人民检察院检察长

委　员：侯效岐　省委政法委副书记

杨志宏　省纪委副书记

蒲志强　省监察厅副厅长

张广智　省委组织部常务副部长

王光庆　省委宣传部副巡视员

姬　平　省委防范和处理邪教问题领导小组办公室副主任

周盛志　省人大内司委副主任

唐晓明　省政府副秘书长

冉牛斌　省政协社法委副主任

惠怀荣　省军区政治部副主任

魏立堂　武警甘肃总队副总队长

南明法　省高级人民法院党组副书记、副院长

张兴中　省检察院常务副检察长

孙晓文　省发改委副主任

白继忠　省教育厅厅长、高校工委书记

柴生祥　省民委副主任

姚　远　省公安厅常务副厅长

刘吉银　省国家安全厅厅长

田宝忠　省民政厅厅长

王禄维　省司法厅厅长

陆代森　省财政厅副厅长

庞　波　省委组织部副部长、省人社厅厅长

白玉琢　省机构编制委员会副巡视员

张和平　省建设厅巡视员

杨咏中　省交通厅厅长

黄全成　省农牧厅党组成员、副厅长

张鹿鸣　省林业厅党组成员、森林公安局局长

王　旭　省商务厅副厅长

郁小龙　省文化副巡视员

刘维忠　省卫生厅厅长

苏　君　省人口委主任

吴万华　省政府国资委副主任

陈其寿　省工商局副局长

孙　伟　省广电局局长

张余胜　省新闻出版局局长

卓俊才　省宗教局副局长

石生泰　省体育局党组成员、副局长

王建中　省安全生产监管局局长

樊怀玉　省统计局局长

马　平　省质量技术监督局副局长

张富奎　省工信委副主任

张宝军　省外事办副主任

杨宇宏　省旅游局副局长

李慧泽　省总工会副主席

王永前　共青团甘肃省委书记

韩克茵　省妇联主席

盛占省　兰州海关关长

邢　涛　兰州铁路局常务副局长、政法委副书记

张　宏　银监会甘肃监管局副局长

张　瑞　保监会甘肃监管局局长

赵卫东　省通信管理局副局长

高俊有　省邮政管理局局长
孙加震　甘肃日报社副社长
杨如彪　甘肃机场集团副总裁

办公室主任：
牛纪南　省委政法委秘书长(兼)
办公室副主任：孙燕飞

甘肃省各市州、县(市、区)综治委、办主任名单

地　区	综治委主任	综治办主任	地　区	综治委主任	综治办主任
兰州市	李森洙	张禄永	永昌县	周英录	王彦龙
城关区	苏　勇	郭　斌	**武威市**	李韵东	赵国祥
七里河区	付晓利	秦献民	凉州区	李能文	陈学发
西固区	魏秀龙	姜和忠	民勤县	高加志	赵海峰
安宁区	宋锦荣	苗承礼	古浪县	杨含超	冯延生
红古区	冯月旺	祁建军	天祝县	苏金茂	王守宽
永登县	王玉保	杨东红	**白银市**	贾承世	曾　源
皋兰县	郝志龙	马立江	白银区	潘延恩	王继甫
榆中县	韩悌勇	宋克海	平川区	李伯亮	胡　柱
嘉峪关市	边玉广	武永鸣	靖远县	陶　军	魏兴科
雄关区	韩淑华	韩思理	会宁县	李继辉	苟宝章
长城区	贾兴智	常成武	景泰县	王晓春	张发祖
镜铁区	杨录祥	徐红岩	**定西市**	陈天雄	段虎祥
酒钢(集团)公司	梁传密	刘　冰	安定区	杨振军	张爱民
			通渭县	宋学谦	赵华杰
酒泉市	石建明	王保家	临洮县	牛兴国	李志君
肃州区	卢学国	张万忠	漳　县	李新定	申小兵
玉门市	王金生	陈天淮	岷　县	田向荣	周　宏
敦煌市	梁建明	展宏斌	渭源县	南锡诚	曹登铭
金塔县	郎吉忠	刘雪萍	陇西县	孟振华	吉　雄
瓜州县	李　丽	师　军	**天水市**	韩岱成	李景春
肃北县	图门吉尔格勒	宋志礼	秦州区	张明泰	王黎明
阿克塞县	哈里别克	闫长林	麦积区	何　东	赵　宏
张掖市	周双喜	周　勤	清水县	赵云清	毛爱民
甘州区	王海峰	纪向军	秦安县	车学军	杨全民
民乐县	蒋立波	易多宽	甘谷县	邵宏伟	王小平
临泽县	陈　晰	马维东	武山县	毛更生	张吉林
高台县	李盛新	桑国瑜	张川县	李维岳	马小平
山丹县	俞文海	姜有琛	**平凉市**	马晓峰	冯宁平
肃南县	安国锋	胡延文	崆峒区	李艳晓	王立群
金昌市	方银天	赵玉甫	泾川县	景忠科	刘兴国
金川区	徐　峰	王奎文	灵台县	刘志仓	贾文科

地　区	综治委主任	综治办主任	地　区	综治委主任	综治办主任
崇信县	贾仁全	刘小林	徽　县	郭建博	李学锋
华亭县	于灵才	李自长	**临夏州**	韩季安	李建录
庄浪县	路　韬	柳志福	临夏市	石国栋	黄　海
静宁县	崔鹏林	张永科	临夏县	王成林	韩效忠
庆阳市	张文礼	刘洪涛	康乐县	赵延林	马剑峰
西峰区	樊广森	高小荣	永靖县	曾祥林	李良云
庆城县	张晓峰	朱治军	广河县	马宗明	马光祖
环　县	王永涛	敬喜峰	和政县	汪建林	马廷玉
华池县	马宏伟	李武锐	东乡县	马学礼	汪海涛
合水县	余金太	董兴荣	积石山县	李万红	马进贵
正宁县	刘光润	曹惠民	**甘南州**	钟建龙	杨永福
宁　县	李广照	李岳海	合作市	柯有群	马海江
镇原县	慕　瑶	席　罡	临潭县	杨阿班	沙世宏
陇南市	刘应昌	王　惠	卓尼县	李学军	张晓明
武都区	张立新	刘俊赟	舟曲县	马诚明	虎建军
成　县	马占海	杨　青	迭部县	杨小强	伍十八
宕昌县	王小虎	王　沛	玛曲县	才项当智	杨俊安
康　县	赵亚军	高永明	碌曲县	加阳久美	朱　晗
文　县	刘永成	蔡文海	夏河县	马庆平	旦正加
西和县	年高龄	田　强	**兰州铁路局**	吴云天	金　懿
礼　县	王　辉	张学军	**甘肃矿区**	刘世鹏	许俊明
两当县	辛海生	武继承			

（撰稿人：雷虎林
审稿人：牛纪南　胡增印）

青 海 省

2010 年社会治安综合治理暨平安建设工作概况

2010 年,在中央综治委和省委、省政府的正确领导下,紧紧围绕"社会矛盾化解、社会管理创新、公正廉洁执法"三项重点工作,以深入开展基层平安创建活动为载体,以建立健全平安建设长效机制为核心,以加强基层基础工作为重点,以落实平安创建目标责任为保障,全力解决影响社会和谐稳定的源头性、根本性、基础性问题,确保了全省社会治安大局的持续和谐稳定。

一、狠抓"大调解"工作体系建设,全力化解各类社会矛盾纠纷

一是着眼于源头预防,按照省委、省政府提出的"先行试点、积累经验、全面推开"的工作思路,制定出台《青海省关于建立重大事项社会稳定风险评估机制的指导意见》,把事关人民群众切身利益,牵涉面广、影响深远、易引发不稳定问题的重大决策、重要部署、改革方案、重点项目纳入评估范围,明确责任主体,规范评估流程,推动了试点工作有序开展。二是着眼于体制创新,制定实施《青海省关于构建"大调解"工作体系有效化解社会矛盾促进社会和谐稳定的意见》。全面推进治安案件、交通运输、交通事故、医患纠纷、劳动争议、国土资源、物业管理等领域的行业性、专业性人民调解组织建设,发展壮大专业化、社会化人民调解员队伍,有效提高了运用多种手段综合化解社会矛盾纠纷的能力和水平。全年共排查出各类矛盾纠纷 33648 件,调处 32639 件,调解成功率达 97%,有效防止了一批"民转刑"案件和群体性上访事件的发生。三是着眼于推动落实,健全完善社会治安综合治理党外人士通报会制度、领导干部接访制度、信访问题首办责任制度和重大矛盾纠纷挂牌督办制度,充分引导和调动社会各方面力量参与矛盾纠纷排查化解工作,通过实行集中交办、领导包案、联合接访、责任督查、巡回督导,有效化解了一批农村土地征用、城镇房屋拆迁、企业破产改制、生态移民安置等重点领域的矛盾和问题。

二、狠抓社会管理创新工作,全面构建与经济社会发展相适应的社会管理体系

一是积极推进社区网格化管理。按照"深入抓点、集中促片、以点带面、推动全盘"的总体思路,选择西宁市、格尔木市两城区进行试点,将社区划分为若干个网格单元,形成覆盖城乡、条块结合的街道、社区、网格三级组织体系和工作网络,把社会管理服务职能覆盖到社区、延伸至网格,实现"上面千条线"与"下面一张网"的有机衔接,缩小行政范围和服务半径,做到了组织单元的最小化、服务管理的最优化。二是加强流动人口服务管理。探索建立"以证管人、以房管人、以业管人"的服务管理模式,制定出台《青海省流动人口服务管理暂行规定》,按照"谁用工谁负责、谁出租谁负责、谁留宿谁负责"的原则,落实房屋出租人、管理使用人、承租人的治安责任,完善出租房屋登记备案制度,加强流动人口暂住登记,有效提升了流动人口服务管理的整体水平。三是加强刑释解教人员管理。制定出台《青海省关于进一步加强刑满释放解除劳教人员安置帮教工作的意见》,落实刑释解教人员在接茬、安置、帮教、管控等各个环节工作措施,动员组织社会各方面力量参与刑释解教人员安置帮教工作,有效预防和减少了重新违法犯罪。截至目前,全省已建立各级安置帮教组织 4980 个,共对 4518 名刑释解教人员进行了跟踪帮教,帮教率达 96% 以上。四是加强青少年和特殊群的管理。建立以中小学校为平台,以法制教育和法律援助为内容,以"法制宣传教育基地"和"优秀青少年维权岗"为依托的法制教育工作网络,重点加强对在校青少年、社会闲散青少年、流浪未成年人、农村留守儿童的教育、管理和服务工作。严格落实对有现实危害和暴力倾向的高危人员、容易肇事肇祸的精神病人等重点人员的排查管控，全省共列管重点高危人员293人，逐人落实属地稳控措施，有效防止了漏管失控问题的发生。五是加强网络虚拟社会建设管理和社会组织管理。按照依法、有序、有效管理的要求，建立虚拟社会预警机制，加强对网上舆情的引导，及时封堵删除有害信息，有效防止了网上非法活动向现实社会危害演变。充分利用网络平台开辟“民声通道”，及时把握群众的呼声和需求，妥善化解了一批社会热点难点问题。

三、狠抓社会治安重点地区排查整治工作，确保全省社会治安大局持续稳定

一是扎实开展社会治安重点地区排查整治工作。部署开展以城乡结合部、“城中村”、移民村为重点的社会治安重点地区排查整治专项行动，集中整治了一批人民群众反映强烈的治安混乱地区和突出治安问题。全省共排查出治安重点地区537个，已整治重点地区442个，整治率达82.3%。排查整治工作中破获各类刑事案件、治安案件1526起，抓获各类犯罪嫌疑人1959名。二是扎实开展校园安全排查整治工作。按照“采取强措施、落实硬任务”的要求，制定出台《青海省关于进一步加强学校幼儿园及周边安全管理工作长效机制建设的意见》，落实学校领导安全责任，加强技防设施和群防群治力量建设，完善警校对接联动制度、内外巡逻制度和突发事件应急处置预案，确保了校园、幼儿园的安全稳定。全省各级共投入1400余万元，安装视频监控探头4387个，各类学校共聘请专兼职保安1346人，配备防护器具900余套(件)，有效维护了校园的安全稳定。三是扎实开展严打整治专项斗争。持续深入开展打黑除恶、打击制贩枪支犯罪、打击“两抢一盗”、禁毒人民战争等一系列专项行动，严厉打击各类刑事犯罪活动，有效遏制了刑事犯罪高发势头。按照“加强领导，综合治理，打防并举，堵源截流”的工作思路，切实落实打击、防范、扶贫和法制宣传教育等环节工作，取得了明显效果。据省统计局抽样调查结果显示：2010年全省群众对社会治安的安全感受程度达92.97%，较上年提高了2.38个百分点。

四、狠抓藏区社会稳定工作，推动维稳工作由应急状态向常态建设的转变

一是深入推进寺院社会管理。选择塔尔寺、隆务寺等8所具有代表性的寺院开展寺院民主管理规范化试点工作，通过开展寺院民主管理规范化试点工作，探索建立上下协调、权责清晰、层级分明、制度配套、监督有力、运转有效的民主管理体制，形成以块为主、职责明确、协同配合、齐抓共管的寺院社会管理体制，夯实了维护藏区稳定的工作基础。二是强化情报信息工作。制定出台《青海省社会稳定形势分析研判工作制度》，整合情报信息基础资源，拓宽情报信息来源渠道，建立完善常态时期及敏感时段稳定形势分析研判和情报信息会商研判机制，及时掌握各类预警性、行动性情报信息，推动维稳工作由被动防范向主动应对转变，牢牢把握了工作主动权。三是完善应急处置机制。贯彻落实《青海省维护藏区稳定预防和应急管理办法》，细化分解任务、落实责任部门、加强督促检查，建立了维护藏区稳定预防和应急管理长效机制。制定出台《青海省基层党组织应对突发事件管理办法》，规范基层党组织预防和处置突发事件工作，提升了基层应急处置工作能力。四是健全维稳长效机制。坚持以“无重大群体性事件、无重大非正常越级上访事件、无重大治安事故(件)”为目标，在全省部署开展“三无县”创建活动，通过实行责任督查、情况通报、考核奖惩等制度，有力地推动了维稳各项工作措施的落实。全年全省共发生“三类”重大事件77起(重大群体性事件25起，重大非正常上访事件39起，重大治安事件13起)，均在当地得到及时有效化解和处置。五是全力维护特殊敏感时期社会稳定。进一步细化工作方案、落实工作责任、加大工作力度、严格工作要求、强化工作措施，坚持一手抓正面引导、一手抓局面稳控，扎实做好防反弹、防蔓延、防叠加工作，及时妥善处置了因“双语”教育改革问题引发的不稳定事件，确保了敏感节点和特殊时期全省社会大局的持续稳定。

五、狠抓综合治理工作措施落实，全面深化“平安青海”建设

一是持续推进“平安青海”建设。在总结5年“平安青海”建设经验的基础上，省委、省政府召开全省社会治安综合治理暨“平安青海”建设总结表彰电视电话会议，表彰奖励了“平安青海”

建设中涌现出的先进地区、先进集体和个人，并对持续深入开展“平安青海”建设作出安排部署。制定出台《关于持续深入开展“平安青海”建设的意见》，提出了“六个健全、六个有效、六个增强”的目标要求，力求从更高起点、更高层次、更高水平上推进“平安青海”建设持续深入开展，不断提升全省平安创建整体水平。二是深入开展行业平安创建。制定实施《青海省关于深入推进行业平安创建活动的意见》，省综治委各成员单位按照职责分工，结合各自职能特点，深入开展了平安寺院、平安医院、平安市场、平安校园、平安景区、平安企业、平安家庭等各具特色的行业平安创建活动，在2011年适当时间召开全省行业平安创建推进会，全面推广典型经验和做法，不断促进行业平安创建工作。三是着力构建社会治安动态防控网络。依托平安建设不断创新治安防控工作的方式手段，大力推进治安防控工作的网络化、社会化和信息化，围绕重点部位加大技防投入，依靠基层组织动员群防群治力量，形成了以专门机关力量为骨干、以群防群治力量为依托、以社会面防范为基础、点线面结合的防控体系。四是切实加强青藏铁路护路联防工作。制定出台《青海省关于进一步推进铁路护路联防工作规范化建设的意见》，组织开展“抓教育、强素质、抓作风、强队伍”专项活动，推进铁路护路联防队伍规范化建设，提高了铁路护路联防工作整体水平，实现了“专群结合、路地共管、警民共建、确保畅通”的目标。健全完善铁路护路联防领导体制和工作机制，形成了党委政府统一领导、综治部门组织协调、相关部门协同配合、社会各方共同参与的“路地配合、警民联防、专群结合”的护路工作新机制。全省没有发生石击列车事件，各类涉路案(事)件12起，同比分别下降100%、25%和40%，确保了青藏铁路的安全畅通。

六、狠抓基层基础建设工作，不断夯实综治维稳工作根基

一是强力推进乡镇(街道)综治维稳工作中心和村(社区)综治维稳工作站建设。通过深入调研，精心培育，在西宁和格尔木市召开城区综治工作现场会，总结推广城区基层综治和平安创建先进经验，推动形成“矛盾联调、治安联防、工作联动、问题联治、平安联创”的工作新机制，有效发挥了综治维稳工作中心(站)在化解社会矛盾、联系服务群众、推动平安创建中的基础性作用。全省399个乡镇(街道)和4525个村(社区)按照统一改善硬件设施、统一整合工作力量、统一规范工作流程、统一建立工作台账、统一抓好绩效考核的要求，全部建立了综治工作中心(站)，综治维稳工作能力明显提升。二是着力加强基层政法综治组织建设。加强乡镇(街道)综治(委)办建设，配备了专抓综治维稳工作的副职；加强公安派出所、司法所、人民法庭和警务室等基层政法组织建设，着力解决人员不足、经费紧张、条件简陋、管理不严等问题。全省已建成社区警务室292个、农村牧区警务室237个、牧区流动警务室41个。三是着力加强信息报送交流工作。今年我们重点加强了综治动态信息工作，及时总结归纳各地各部门综治和平安建设工作经验和做法，全面准确地反映了全省综治工作，进一步提高综治信息的时效性、指导性。四是着力加强政法综治宣传舆论工作。充分发挥《青海政法》期刊和“青海平安网”网站在宣传舆论上的主渠道、主阵地作用，加强综治宣传阵地建设，健全完善综治宣传舆论工作联席会议和宣传工作机制，推进综治宣传工作制度化、规范化建设，提高了综治宣传工作水平，为推进全省综治工作营造了良好的舆论氛围。五是建立完善长效机制。认真落实综治委例会、综治委成员单位联系点以及述职、情况通报等制度，建立党政领导干部抓综治维稳工作实绩档案；改进和完善综治年度目标责任考核机制，修订完善社会治安综合治理目标责任书，形成“心往基层想、力往基层使、保障往基层倾”的工作导向，推动社会治安综合治理各项工作措施的落实。

七、狠抓玉树灾区社会稳定工作，确保抗震救灾和灾后重建工作顺利开展

“4·14”玉树地震发生后，全省各级政法综治部门在中央和省委、省政府的坚强领导下，坚持一手抓抗震救灾、一手抓维护稳定，做到了领导有力、快速反应、保障到位、责任明确，确保了抗震救灾和灾后重建工作有力有序有效开展。一是迅速组织开展抗震救灾工作。制定《关于切实做好玉树抗震救灾社会稳定工作的通知》、《关于充分发挥社会治安综合治理作用全力做好抗震救灾和恢复重建工作的通知》，对救援警力调配、道路交通疏导、社会面治安防控、情报信息分析研判、铁路护路联防、矛盾纠纷排查化解、社会治安群防群治等工作作出了具体部署，为抢险救灾、灾后重建创造稳定有序社会环境。二是全力确保灾后重建工作顺利进行。制定《关于切实做好玉树灾后恢复重建期间社会稳定工作的指导意见》，对做好矛盾化解、预防处置、社会管控、情报信息、舆论引导及基层基础建设等工作提出了明确要求，部署落实维稳工作措施，调整充实应急处置力量，保障了灾后重建工作的顺利进行。三是探索加强灾区社会管理工作。制定《关于加强玉树灾区基层综治维稳组织建设的指导意见》，积极探索具有民族地区特点的新型城镇管理模式，创新街道社区党政机构组织设置、职能定位和管理方式，将玉树地震灾区划分为10个片区，分别设立管委会、党工委，按每个社区500户标准，组建了39个社区和党支部，每个社区分别设立综合协调、党群宣传、规划建设、群众生活和综治维稳5个工作组和流动党员服务点，对社会管理事务和片区居民人口实行网格化管理，形成了分类管理、条块联动的工作格局，在构建网格化社会管理组织体系方面进行了有益的尝试和积极的探索。

中共青海省委　青海省人民政府
关于持续深入开展“平安青海”建设的意见

(2010年5月28日)

“平安青海”建设是维护社会和谐稳定的有效载体和重要抓手，是实现社会长治久安的有效途径和根本保证。2005年我省部署开展“平安青海”建设以来，经过各地、各部门的共同努力和广大人民群众的积极参与，全省社会治安状况持续好转、人民群众安全感不断增强、社会大局和谐稳定。为进一步巩固和发展“平安青海”建设成果，提升建设水平，形成长效工作机制，全面夯实社会长治久安的根基，现就持续深入开展“平安青海”建设提出如下意见。

一、深刻认识持续深入开展“平安青海”建设的重大意义，切实形成紧抓不放的思想共识

当前，我省经济社会快速发展、社会大局持续稳定、人民群众安全感明显提升，社会治安总的形势是好的。但也必须清醒地看到，我省正处于经济转轨、社会转型的特殊时期，人民内部矛盾凸显、刑事犯罪高发、对敌斗争复杂的状况短期内不会改变，社会大开放形势下的不安全因素、人员大流动情况下的不稳定因素、利益多元化状态下的不和谐因素、社会信息化条件下的不可控因素，都将给社会治安和社会稳定带来新的压力和挑战，社会治安综合治理工作面临着更加严峻复杂的形势，面临着更加艰巨繁重的任务。持续深入开展“平安青海”建设，对于营造有利于推动科学发展的法治环境和社会环境，打牢社会长治久安的坚实基础，推动实现全省经济社会跨越发展、绿色发展、和谐发展和统筹发展具有十分重要的意义。各级党委、政府要充分认识持续深入开展“平安青海”建设的重大意义，切实增强做好这项工作的责任感和紧迫感，着眼于解决当前和今后一个时期经济社会发展面临的深层次矛盾，着眼于解决影响社会和谐稳定的根本性问题，把持续深入开展“平安青海”建设作为一项全局性、战略性、长期性的重大任务来抓，从更高起点、更高层次、更高水平上推进“平安青海”建设持续深入开展，真正使“平安青海”建设成为促进经济社会又好又快发展的保障工程、维护人民群众根本利益的民生工程、建设富裕文明和谐新青海的基础工程，为推动实现“四个发展”、闯出一条欠发达地区实践科学发展观的成功之路创造平安和谐稳定的社会环境。

二、准确把握持续深入开展“平安青海”建设的总体要求，努力实现长治久安的工作目标

持续深入开展“平安青海”建设，必须坚持以邓小平理论和“三个代表”重要思想为指导，深入贯彻落实科学发展观，紧紧围绕建设富裕文明和谐新青海的总体目标,以深入开展基层平安创建活动为载体,以建立健全平安建设长效机制为核心,以加强基层基础工作为重点,以落实平安创建目标责任为保障,全力推进社会治安综合治理从传统的治安管理向社会管理转变,从重打击、重整治向重建设、重管理转变,从注重解决现实问题、当前问题、具体问题向解决源头性、根本性、基础性问题转变,通过狠抓排查调处基本环节,强化严打整治基本手段,完善治安防控网络,健全基层平安建设长效机制,开创城乡互动、整体推进的良好工作格局,真正把青海建设成为全国最和谐稳定的地区之一。

通过持续深入开展"平安青海"建设,努力实现"六个健全"、"六个有效"、"六个增强"的目标要求:一是矛盾排查调处体系更加健全,影响社会和谐稳定的突出问题得到有效解决,化解社会矛盾纠纷的能力明显增强。二是社会治安防控体系更加健全,刑事犯罪高发势头得到有效遏制,驾驭社会治安局势的能力明显增强。三是社会服务管理体系更加健全,社会管理领域的空档和盲区得到有效减少,服务管理社会的能力明显增强。四是齐抓共管工作体系更加健全,社会各方面积极因素得到有效调动,组织推动平安创建的能力明显增强。五是基层组织网络体系更加健全,基层基础工作水平得到有效提升,维护基层平安稳定的能力明显增强。六是目标管理体系更加健全,组织领导责任得到有效落实,服务和保障改革发展的能力明显增强。

三、紧紧围绕持续深入开展"平安青海"建设的工作任务,全面落实综合治理的各项措施

(一)更加注重源头治理,有效预防化解社会矛盾

深入贯彻落实《青海省社会矛盾纠纷排查化解工作办法(试行)》(青办发[2009]8号)和《省委政法委、省社会治安综合治理委员会、省维护稳定工作领导小组关于构建"大调解"工作体系有效化解社会矛盾促进社会和谐稳定的意见》(青办发[2010]13号)精神,立足于早发现、早控制、早解决,有效整合全社会资源和力量,建立党委政府统一领导、政法综治牵头协调、职能部门各负其责、社会各方广泛参与,人民调解、行政调解和司法调解紧密衔接的"大调解"工作格局,最大限度把矛盾纠纷解决在基层、解决在当地。

1. 切实加大源头治理力度。坚持科学决策、民主决策、依法决策,全面建立重大事项社会稳定风险评估机制,在制定出台涉及群众利益的重大决策、进行重大工程和项目建设时,广泛听取社会各界和人民群众的意见,充分考虑对群众利益和社会稳定可能带来的影响,切实做到情况不摸清不动议、配套措施不跟上不出台、准备工作不到位不执行,确保从源头上预防和减少社会矛盾纠纷的产生。

2. 切实加大排查调处力度。坚持地区排查、系统排查和单位内部排查相结合,重点排查因农村土地征用、城镇房屋拆迁、企业破产改制、生态移民安置引发的矛盾纠纷和容易引起群体性事件的不稳定因素。对排查出的矛盾纠纷,按照"分级负责、归口管理"的原则,坚持和完善情况通报、挂牌督办、领导包案等制度,依法及时合理地予以调处解决,真正做到"小事不出村、大事不出乡",防止矛盾积聚、风险叠加、局面失控。

3. 切实加大联调联动力度。进一步健全完善"大调解"组织网络,积极构建既各自发挥作用、又相互衔接配合的"大调解"工作体系,充分发挥人民调解的基础作用、行政调解的职能作用、司法调解的主导作用,形成有效预防和化解社会矛盾的整体合力,实现"大调解"工作的制度化、规范化,最大限度地把矛盾纠纷化解在基层,解决在初始阶段,消除在萌芽状态。

(二)更加注重打防结合,不断健全治安防控网络

切实加强社会治安防控体系建设,努力把防控的触角向社会管理的空档和盲区延伸,着力构建点线面结合、人防物防技防结合、打防管控结合、网上网下结合的动态防控网络,形成空中有监控、地面有巡逻、路上有巡护、社区有联防、邻里有守望的多层次立体化防控体系,对各类违法犯罪形成强大的威慑控制力。

1. 深入推进"严打"专项斗争。强化对敌斗争,切实加强隐蔽战线工作和人民防线建设,严密防范和坚决打击境内外敌对势力分裂破坏活动,严密防范和坚决打击危害国家安全和政治稳定的违法犯罪活动,确保社会政治稳定;强化"严打"斗争,突出打击重点,始终把打击的锋芒对准影响人民群众安全感的严重暴力犯罪、黑恶势力犯罪、严重经济犯罪、多发性侵财犯罪,继续深入开展打

击制贩枪支、打击“两抢一盗”、禁毒人民战争等系列专项行动,坚决遏制刑事犯罪高发势头,确保社会治安局势的持续平稳。

2. 大力开展专项整治行动。按照《省综治委关于深入开展社会治安重点地区排查整治工作实施方案》(青综治委[2010]3号)的要求,加大对治安混乱地区和治安突出问题的排查整治力度,健全完善定期排查制度,及时有效地排查整治治安混乱区域、部位和突出治安问题。特别要加强对城中村、城乡结合部等管理薄弱、服务缺失、隐患突出地区的排查整治,有针对性地组织开展重点整治活动,有效解决人民群众反映强烈的突出治安问题。不断深化道路交通安全、扫黄打非、“三电”设施及输油输气管线治安、铁路沿线治安等专项整治行动,增强人民群众安全感。要坚持务实、管用、长效的工作原则,加大学校、幼儿园及周边治安专项整治力度,防止发生校园暴力恐怖事件和重大刑事案件,为青少年、儿童健康安全成长创造良好环境。

3. 切实强化群防群治工作。积极引入市场化、社会化、规范化的组织管理和动员手段,进一步发展壮大群防群治队伍,充分发挥基层组织、社会团体和广大群众在治安防控中的重要作用。全面深化社区(农村)警务战略,切实加强社区(农村)民警和社区专职保安力量,逐步建立一支集治安巡逻、信息收集、服务群众于一体的群防群治力量,形成政府和职能部门提供保障、综治部门领导管理、专门机关指导监督的群防群治网络。

4. 不断推进技防设施建设。把依靠科技手段作为治安防控的重要支撑,全面加强技防设施建设,在中心城区、重点集镇、主要街道、交通干线、繁华地段、专业市场、公共复杂场所和易发案部位建立视频监控系统,不断扩大技防设施的覆盖面和利用率,提高动态环境下预防和打击违法犯罪的能力。

(三)更加注重标本兼治,深入推进社会管理创新

推进社会管理创新,必须与加强社会建设紧密结合、与完善社会服务紧密衔接,通过有效促进信息化管理、动态化管理和科学化管理,形成党委领导、政府负责、社会协同、公众参与的社会服务管理新格局,最大限度地减少管理盲区,切实提高服务管理社会的能力和水平。

1. 深入推进流动人口服务管理工作。坚持公平对待、服务至上、合理引导、完善管理的原则,着力落实流动人口落户、就业、居住、就医、子女入学等方面的服务管理措施,积极探索“以证管人、以房管人、以业管人”的服务管理模式,努力实现由防范型、单一型管理向服务型、综合型管理转变。

2. 深入推进宗教场所和宗教人员社会管理工作。紧紧抓住深化寺院法制宣传教育和社会管理这一关键,持续深入开展“平安寺院”建设,推动宗教场所和宗教人员管理长效机制建设,全面落实寺院社会管理各项职责,建立健全党委领导、政府负责、统战部门协调、宗教事务部门和有关部门依法管理的寺院管理工作体制,形成内外配合、务实高效、掌控有力的寺院管理工作格局,不断巩固寺院法制宣传教育和社会管理工作成果。

3. 深入推进刑释解教人员安置帮教工作。以提高监所教育改造质量为关键,切实做好预防管控、教育感化、安置帮教等各个环节的工作,实现从监所改造、培训到回归社会后的安置、管理的“无缝对接”,使刑释解教人员更好地融入社会。深入贯彻落实《关于全面试行社区矫正工作的实施意见》(青办发[2010]9号),进一步加强暂予监外执行人员的社区矫正工作,促使他们改过自新、回归社会,最大限度地预防和减少重新违法犯罪。

4. 深入推进预防青少年违法犯罪工作。组织实施“青少年违法犯罪社区预防计划”,广泛开展“未成年人零犯罪社区”创建活动,切实做好对青少年的法制教育、心理辅导、技能培训、就学就业等服务工作,提高对社区闲散青少年、服刑在教人员未成年子女、流浪儿童、农村留守儿童等青少年群体的教育、服务、救助和管理水平。

5. 深入推进网络虚拟社会建设管理工作。综合运用法律、行政、经济、技术等手段,加强对网络虚拟社会的建设和管理,最大限度地发挥网络积极作用,最大限度地遏制网络消极影响。进一步建立健全网上综合防控体系,把网上防范控制与网下落地查处结合起来,切实防止网络问题社会化、社会问题网络化,切实防止敌对势力和别有用心的人利用网络进行串联、煽动、渗透等违法犯罪活动,切实防止虚拟社会影响和危害现实社会。

6. 深入推进社会组织管理服务工作。积极探索对新经济组织、新社会组织实行分类管理的

有效办法，建立部门联动和日常监管机制，确保其依法有序开展活动。严格境外非政府组织准入制度，加强对境外非政府组织的管理，切实摸清其底数和背景，掌握其活动范围和方式，做到趋利避害、依法管理，坚决防止境内外敌对势力利用非政府组织进行渗透破坏活动。

7. 深入推进公共安全监督管理工作。加强对安全生产、道路交通、消防安全和食品药品的监督管理，加强对枪支弹药、民爆物品、剧毒危险品和放射性物品的管理，加强青藏铁路、油气管线、“三电”设施等要害部位的日常安全防范工作，落实单位责任制和行业监管责任制，消除公共安全隐患，切实预防和减少重特大事故特别是群死群伤事故的发生。

四、着力夯实持续深入开展“平安青海”建设的基层基础，真正筑牢维护稳定的第一防线

深入贯彻落实省委、省政府《关于进一步加强社会治安综合治理基层基础工作的意见》（青发[2009]5号）精神，立足于加强基层、建设基层、稳定基层，真正做到思想上重视、政策上支持、经费上保证、力量上倾斜，努力实现基层组织健全有力、基础工作明显加强、基础保障充足到位的建设目标，有效改变我省平安建设基层基础薄弱的状况，全面提升社会治安综合治理基层基础建设水平，筑牢维护社会和谐稳定的第一防线。

（一）加强基层政法组织建设。大力加强公安派出所、司法所、人民法庭等基层政法单位的建设以及综治维稳工作中心（站）、矛盾纠纷排查调处中心等基层综治组织的建设，通过健全机构、构建网络、明确职责、规范制度、强化保障，解决“有人干事、有钱办事、有机构管事、有制度理事”的问题。要进一步配齐配强基层政法综治干部，充实和加强基层工作力量，全面提高基层政法单位维护社会稳定、打击预防犯罪、公正廉洁执法的能力，全面提高基层综治组织化解矛盾纠纷、依法管理社会、做好群众工作的能力，充分发挥基层政法组织在平安建设中的主力军作用和基层综治组织在平安建设中的基础性作用。

（二）提高规范建设水平。按照《关于建立乡镇（街道）社会治安综合治理工作中心和村（社区）社会治安综合治理工作站的通知》（青办发[2009]27号）要求，坚持以深化乡镇（街道）综治维稳工作中心、村（社区）综治维稳工作站建设为龙头，扎实推进以机构设置、队伍管理、工作制度、办事程序、基础设施为主要内容的基层基础规范化建设，确保基层综治工作有章可循、照章办事，努力实现组织机构网络化、工作运行制度化的目标。进一步加强民营企业和新经济组织、新社会组织社会治安综合治理工作力量建设，不断扩大社会治安综合治理工作覆盖面。

（三）增强整体协作能力。强化基层党委政府的领导力、上级部门的指导力、综治委（办）的协调力、社会各界的协作力，更好地发挥基层组织在收集社情民意、化解矛盾纠纷、组织群防群治、应对突发事件、开展平安创建中的积极作用，形成依靠基层党政组织、行业管理组织、群众自治组织协调联动、共同化解矛盾、有效管理社会的工作机制，构建社会治安联防、矛盾纠纷联处、突出问题联治、流动人口联管、基层平安联创的工作格局。

（四）深化平安创建活动。深入贯彻落实《关于开展“三无县”创建活动的意见（试行）》（青办发[2010]16号）精神，坚持以“无重大群体性事件、无重大非正常越级上访事件、无重大治安事件”为目标，把深入开展“三无县（市、区）”创建活动作为深化基层平安建设的重要抓手，与“平安青海”建设同安排、同部署、同考核、同奖惩，确保“三无县”创建活动与基层平安创建工作有机衔接、协调推进，提高基层平安创建的整体水平，形成积小安为大安、以基层平安保全省平安的良好局面。

五、切实加强对“平安青海”建设的组织领导，积极构建齐抓共建的长效机制

平安建设是一项涉及社会治安、社会管理、社会服务、公共安全等各个领域的社会系统工程，是全党全社会的共同责任，必须在党委、政府的统一领导下，通过建立健全平安建设工作长效机制，推动“平安青海”建设持续深入开展。

（一）建立健全组织领导机制。各级党委、政府要牢固树立常抓不懈的思想，把持续深入开展“平安青海”建设纳入本地区经济社会发展总体规划，纳入“一把手”工程，切实加强对“平安青海”建设工作的组织领导，履行好平安建设的政治责任。要按照“属地管理”和“谁主管、谁负责”的原则，层层建立领导责任制、部门责任制和单位责任制，确保平安建设的各项任务真正落到实处。

（二）建立健全齐抓共管机制。各级综治委

成员单位要充分发挥职能作用，主动履行本部门参与综合治理和平安建设的职责任务，扎实推进本部门、本系统的平安创建活动，不断提高平安创建活动的质量和水平。各级政法部门要充分发挥在平安建设中的主力军作用，履行好服务经济社会发展、维护社会和谐稳定、预防打击违法犯罪、促进社会公平正义、保障人民安居乐业方面的重要职能。各级宣传部门和新闻媒体要强化舆论引导，加大宣传力度，努力营造平安建设人人参与、人人有责、人人共享的良好社会氛围。

（三）建立健全考核奖惩机制。对平安创建命名实行动态管理，注重运用考核、奖惩、警示、黄牌警告、一票否决等手段，严格责任查究，严格兑现奖惩，凡是命名后发生问题的，一律取消命名称号。对平安创建工作长期居于后位的地方、单位和行业，要进行通报批评；对发生严重危害社会治安秩序的群体性事件、重大非正常上访事件、重大治安案件或重大安全事故，造成严重损失或恶劣影响的，对直接负责的主管人员和其他负责人员要进行问责，并实行社会治安综合治理"一票否决"。

（四）建立健全督导检查机制。各级党委、政府要将平安建设工作列为党委、政府的督办事项，对平安建设开展情况及时进行督查督办，确保重点工作有效落实。各级人大、政协要适时组织人大代表和政协委员对平安建设工作情况进行巡视指导，推动本地区平安建设工作深入开展。各级综治、纪检、监察、组织、人力资源和社会保障等部门要充分发挥五部委联席会议的作用，加强对平安建设工作的督促检查，开展明察暗访，发现问题及时通报，限期进行整改，确保本地区平安建设工作全面协调发展。

（五）建立健全经费保障机制。各级政府要认真落实平安建设经费，保证平安建设活动顺利开展。各级财政部门要建立经费保障长效机制，将社会治安综合治理和平安建设经费纳入同级财政预算，并视经济发展情况逐步提高平安建设和综合治理经费保障标准。各地要从实际出发，积极探索，多渠道筹措群防群治工作经费，确保基层群众自治组织和群防群治队伍有一定的经费开展活动，确保"平安青海"建设活动健康、协调、有序、深入开展。

中共青海省委办公厅　青海省人民政府办公厅
关于构建"大调解"工作体系
有效化解社会矛盾　促进社会和谐稳定的意见

（2010年2月26日）

为深入贯彻落实中央和省委关于深入推进社会矛盾化解、社会管理创新、公正廉洁执法的决策部署，有效预防和化解社会矛盾纠纷，全力维护社会和谐稳定，现结合我省实际，提出如下意见。

一、突出重点、明确目标，准确把握构建"大调解"工作体系的指导思想、基本原则和主要任务

（一）指导思想。坚持以邓小平理论和"三个代表"重要思想为指导，深入贯彻落实科学发展观，紧紧围绕建设富裕文明和谐新青海的总体目标，以创新调解机制为动力，以健全调解制度为保证，以化解社会矛盾为主线，以解决人民群众最关心、最直接、最现实的利益问题为重点，建立党委政府统一领导，综治机构综合协调，司法行政、信访部门和人民法院分别牵头，有关部门各司其职，社会广泛参与，人民调解、行政调解、司法调解既充分发挥作用、又相互衔接配合的"大调解"工作体系，不断提高预防、调处和化解各类社会矛盾纠纷的能力，及时把社会矛盾纠纷化解在基层、化解在萌芽状态，全力促进社会和谐稳定。

（二）基本原则

1. 坚持统一领导、协调一致原则。充分发挥党委、政府总揽全局、协调各方的核心作用，协调整合各方面调解力量，统筹解决"大调解"工作中的重大问题。

2. 坚持"属地管理、分级负责"和"谁主管、谁负责"原则。坚持条块联动，各司其职，有机衔接，紧密配合，形成整体合力。

3. 坚持依法调解、公正高效原则。依照法律法规和相关政策进行调解，注重法、理、情的有机统一，严格调解制度，提高调解的权威性和公信力。

4. 坚持调解优先、尊重自愿原则。把调解贯穿于化解矛盾纠纷、处理行政争议和司法诉讼的全过程，尊重当事人意愿，引导当事人互谅互让，达成协议。

5. 坚持定纷止争、促进和谐原则。畅通"大调解"与司法判决、行政裁决、仲裁、信访工作对接渠道，综合运用各种手段有效化解矛盾纠纷，促进社会和谐稳定。

（三）主要任务。建立覆盖城乡每个社区、村（组）和各部门、各行业的调解组织网络，实现调解工作全面覆盖。确保"大调解"工作体系整体效能充分发挥，调解工作全面加强，人民调解、行政调解和司法调解职责明晰、工作规范高效。提高人民调解、行政调解和司法调解成功率，做到小纠纷不出村（社区、部门），大纠纷不出乡镇（街道、单位），疑难纠纷不出县（市、区、系统）。力争通过构建"大调解"工作体系，努力化解老矛盾，有效预防新矛盾，努力实现"民转刑"案件、民事诉讼案件、行政复议案件、信访案件和越级上访案件明显下降，重大群体性事件、重大越级上访事件明显减少，确保社会和谐稳定。

二、多措并举、齐抓共建，加快构建人民调解、行政调解、司法调解相互衔接配合的"大调解"工作体系

（一）充分发挥人民调解的基础作用。人民调解工作由各级司法行政部门牵头，主体为人民调解组织。人民调解组织要充分发挥维护稳定"第一道防线"的独特作用，围绕党委、政府关注的难点和人民群众关心的热点，及时化解和中和矛盾纠纷。人民调解员同时兼任综治维稳信息员和社情民意调查员，全面了解掌握辖区内的各类社会矛盾纠纷。人民调解组织对一时解决不了的，应及时报党委、政府和有关部门；对调解不成、可能进入诉讼程序的，应当告知当事人处理途径，并主动与有关部门、人民法院（庭）联系，配合，帮助其解决问题；对随时有可能激化或造成严重后果、影响社会稳定的，应立即采取必要措施进行化解或疏导，并及时向有关部门反映。

（二）切实发挥行政调解职能作用。行政调解由各级人民政府办公室负总责，信访部门和联席会议牵头，主体为政府行政部门（包括其他具体行政管理的组织）。政府办公室负责协调、交办、督办，政府行政部门要认真落实行政主管责任，充分运用调解的办法处理行政纠纷和与行政管理相关的民事纠纷，着力解决影响社会和谐稳定的突出矛盾纠纷。调解行政纠纷和相关民事纠纷，特别是有重大影响和涉及全局的矛盾纠纷，要组织相关职能部门和人民调解组织共同进行调解。对不愿进行行政调解或未达成协议的行政调解，要积极引导当事人运用行政复议、裁决等方式进行。对调解不成功或裁决结果不服的，应当告知当事人司法救济权利和渠道，并主动配合人民法院帮助其解决问题。

（三）有效发挥司法调解的主导作用。司法调解由各级人民法院负责。各级人民法院要坚持"能调则调、当判则判，调判结合、案结事了"的原则，进一步拓展调解工作范围，将调解工作从处理民事案件向处理行政案件、刑事自诉案件、刑事附带民事诉讼案件等延伸，从案件处理过程向立案、执行、信访等环节延伸。大力推进巡回调解、邀请调解、委托调解，强化调解效果，做大限度提高调解结案率。对未经人民调解、行政调解的纠纷，应积极引导其先进行人民调解、行政调解。要大力支持人民调解、行政调解的工作，加强对人民调解、行政调解的指导。对经人民调解、行政调解达成协议，自愿申请确认效力的，人民法院因依法及时审查，对符合法律规定的予以确认。

（四）健全完善"大调解"就衔接配合机制。各级社会治安综合治理委员及办公室要切实担负起组织协调和指导督促职责，明确衔接配合的主要内容、工作流程和运行方式，推动"大调解"工作体系规范高效运行。各地各部门及各调解组织要按照职责分工，认真做好矛盾纠纷排查化解工作。对法律关系单一、一个职能部门能够解决的矛盾纠纷，由该职能部门负责解决；对法律关系复杂、涉及多个部门或跨区域、跨部门、跨行业的复杂矛盾纠纷，由最初手里的部门邀请相关部门参与协调解决，协调不成的，提请同级“大调解工作中心”或“大调解工作领导小组”协调有关部门共同解决；对下级“大调解工作中心”或“大调解工作领导小组”协调有困难的重大矛盾纠纷，由上级“大调解工作领导小组”指导解决或督促有关地方党委、政府协调解决。要建立健全人民调解、行政调解和司法调解的调解协调联动机制、信息沟通机制和效力衔接机制，充分运用调解手段化解矛盾纠纷。要充分发挥各级联席会议和联席会议办公室的作用，切实加强组织、协调、督办工作，及时有效化解重大、疑难、复杂信访问题和矛盾纠纷。要建立健全决策咨询、公开听证、领导接访、联合接访制度，从源头上化解矛盾纠纷。要按照职责分工，积极引导和规范各种民间调解及其他调解，有效发挥其在化解矛盾纠纷中的积极作用。

三、强化保障、推动落实，确保“大调解”工作体系建设真正取得实效

各级党委、政府要正确处理改革发展稳定的关系，统筹抓好发展第一要务和稳定第一责任，把构建“大调解”工作体系纳入党委、政府全局工作，列入重要议事日程，定期听取“大调解”工作情况汇报，研究解决“大调解”工作中的重大问题和实际困难，全面加强对本地区、本部门（行业）“大调解”工作的组织领导。

（一）搭建工作平台。“大调解”工作的重点和关键在基层。州、县两级要成立由党委分管政法综治工作的领导任组长的“大调解工作领导小组”领导小组办公室设在同级综治办，工作人员从同级综治委成员单位中抽调。乡镇（街道）要成立“大调解工作中心”、村级要建立调解室，与乡镇（街道）综治维稳工作中心、村（社区）综治维稳工作站合署办公，“大调解工作中心”（调解室）主任由综治维稳工作中心（站）主任兼任。调解矛盾纠纷任务比较重的行政部门，要设立专门的调解室，配备专人做调解工作。要认真贯彻落实《青海省社会矛盾纠纷排查化解工作办法（试行）》，建立健全矛盾纠纷定期排查分析研判和综合协调化解机制，及时把矛盾纠纷化解在基层、化解在萌芽状态。要建立健全信息通报和工作交流制度；规范和加强基础工作，做到标识统一、制度健全、文书档案完备、工作台账细致，形成高效有序的运行机制。

（二）健全组织网络。要进一步建立健全纵向覆盖全省、州、县、乡、村五级，横向覆盖各领域、各行业及社会管理各个方面的调解组织网络。机关、学校、企事业单位、社会去服务点及区域性组织、行业性组织，特别是人员比较集中和人民群众生产生活联系密切的单位和机构，都要建立调解组织，做到“哪里有人群，哪里就有人民调解组织；哪里有矛盾纠纷，哪里就有人民调解工作”。要进一步加强调解队伍建设，建立一支党政主导、扎根群众、覆盖基层和各行各业的专职调解员、协助调解员、特邀调解员队伍的教育、培训、管理，不断提高调解人员的综合素质和业务能力。

（三）落实工作保障。各级党委、政府和有关部门要按照“属地管理、分级负责”和“谁主管、谁负责”的原则，将“大调解”工作经费、调解员工作补贴、司法救助资金纳入同级财政预算统筹安排，落实专门办公场所和设施，配齐配强调解人员和相关工作人员，建立“大调解”工作信息平台，为调解工作提供有力保障。要进一步建立健全“大调解”工作激励机制，通过多种方式，因事（案）制宜落实调解员补助，充分调动基层调解员队伍的积极性和主动性。

（四）加强考核问责。各地和各部门要将构建“大调解”工作体系、有效化解矛盾纠纷作为社会治安综合治理工作考评的重要内容，纳入目标责任管理体系。要严格落实各级党政领导班子、主要领导、分管领导和班子其他成员的责任，将有关工作情况列入党政领导干部抓综治维稳工作实绩档案。对调解工作突出单位和人员进行表彰奖励；对组织领导不力、调解工作不落实，导致矛盾纠纷突出的地区、部门，要在一定范围内进行通报批评并限期整改；对发生严重影响社会稳定重大案件和事件的，要实行责任倒查，严肃追究领导和相关人员的责任。

各地各部门要按照《意见》的要求，研究制定具体方案，切实细化工作部署和工作措施，并将贯彻落实情况及时报省委、省政府及省委政法委、省综治委、省维护稳定工作领导小组。

中共青海省委办公厅　青海省人民政府办公厅关于开展“三无县”创建活动的意见(试行)

(2010 年 3 月 3 日)

为深入推进社会矛盾化解、社会管理创新、公正廉洁执法三项重点工作,确保社会大局持续稳定,努力实现长治久安。省社会治安综合治理委员会、省维护稳定工作领导小组、省处理信访突出问题及群体性事件联席会议决定,在继续深入开展“平安县”创建工作的基础上,从 2010 年开始,在全省开展“无重大群体性事件、无重大非正常上访事件、无重大治安事件”县(市、区)创建活动(以下简称“三无县”创建活动)。现结合实际,提出如下意见。

一、指导思想

以邓小平理论和“三个代表”重要思想为指导,深入贯彻落实科学发展观,紧紧围绕科学发展、保护生态、改善民生的历史任务,紧紧抓住影响社会和谐稳定的源头性、根本性、基础性问题,充分发挥县(市、区)在维护基层社会稳定中的关键作用,坚决防止发生重大群体性事件,坚决防止发生重大群体性事件,坚决防止发生重大治安事件,着力推动维稳工作有应急状态向常态建设转变,找了推动“平安青海”建设持续深入开展,着力推动政法工作全面发展进步。

二、创建原则及目标

(一)创建原则

“三无县”创建活动与“平安县”创建同安排、同部署、同考核、同奖惩、必须坚持以下原则:

1. 统一领导,齐抓共管。在各县(市、区)党委、政府的统一领导下,组织协调综治、维稳、信访等各方面力量共同创建。

2. 属地管理,条块结合。按照行政区域划分,各县(市、区)党委、政府负责本辖区的创建活动。

3. 综合衡量,注重结果。以事件所造成的现实危害及社会影响为主要依据,综合评价事发原因、防范措施、应对处置等情况,对事件进行程度界定和责任认定。

4. 分类考核,区别对待。结合各州市地的不同情况和地区差别,对县(市、区)划分不同区域分别进行考核排名。

(二)创建目标

1. 无重大群体性事件:进一步加强矛盾纠纷排查化解工作,切实从源头上预防和减少矛盾纠纷,及时排查化解各类社会矛盾,努力化解和消除不和谐因素,防止严重危害社会稳定的重大群体性事件发生。

2. 无重大非正常上访事件:进一步加强群众信访工作,畅通群众利益诉求渠道,提高信访办理质量和效率,使群众的合理信访诉求得到解决,信访总量得到控制,重信重访逐步下降,防止赴省进京等重大非正常上访事件发生。

3. 无重大治安事件:进一步完善社会治安防控体系,有效整治突出治安问题和治安混乱地区,严厉打击严重违法犯罪,创新社会服务管理方式,防止危害社会安全和影响社会稳定的重大治安事件发生。

三、界定标准及责任认定

(一)重大群体性事件:是指大多由人民内部矛盾引起,聚众实施的违反国家法律法规,危害人民群众生命财产安全、扰乱社会秩序、危害国家安全和公共安全及其他造成重大社会影响的群体性行为。主要有以下表现形式:聚众冲击、围堵党政军机关及要害部门、重要场所等重要警卫目标;造成3人以上死亡,或致 10 人以上受伤,或造成较大财产损失的聚众械斗及打、砸、抢、烧事件;聚众非法集会、示威、请愿、罢工、罢课等行为;聚众阻断铁路、国道、高速公路、重要交通枢纽和城市交通或阻挠、妨碍国家重点建设工程施工;高校内出现串联聚集趋势，正常教育教学秩序受到严重影响，或未经批准走出校园进行大规模游行、集会、绝食、静坐。请愿等事件；涉及境内外宗教组织背景的非法宗教活动，或因民族宗教问题引发的严重影响民族团结的群体性事件；因土地、矿产、水资源、森林、草原等权属争议和环境污染、生态破坏引发的造成严重后果的群体性事件；网络热议、炒作等影响地区性稳定的"网上群体性事件"；其他视情况需要作为重大群体性事件对待的事件。

（二）重大非正常上访事件：是指上访人违反信访条例规定，不到指定场所，违反逐级上访程序，采取集体访、越级上访、闹访、缠访等法律犯规明确限制或禁止的方式表达诉求意愿，扰乱正常社会秩序和公共安全的行为。主要有以下表现形式：进京非正常上访；赴省到国家机关办公场所或公共场所聚集、静坐，围堵、冲击国家机关，拦截公务车辆，阻塞、阻断交通，自杀等方式扰乱公共秩序、妨害国家和公共安全；以解决诉求为由，阻扰干扰企事业单位生产、工作、教学科研等正常活动；上访时侮辱、殴打、威胁国家机关工作人员，或非法限制他人人身自由；正常信访接待完毕后，仍在上访接待场所滞留、纠缠滋事以及损坏公私财物；其他视情况需要作为重大非正常上访对待的事件。

（三）重大治安事件：是指因刑事、治安案件或交通、安全生产等事故，造成较大人员伤亡和社会影响，扰乱和破坏社会治安秩序的行为。主要有以下表象形式：一次造成15人以上受伤的治安案件，或一次造成3人以上死亡的恶性刑事案件；辖区内存在的被上级或异地公安机关发现并打掉的黑社会性质组织或恶势力团伙案件；辖区内隐藏的被上级或异地公安机关发现并打掉的制枪窝点案件；一次造成5人以上死亡，或8人以上受伤的交通、消防事故；一次造成10人以上死亡，或50人以上重伤，或5000万元以上直接经济损失的安全生产事故；在重大文化、商贸、节庆等活动中发生拥挤、踩踏等造成群死群伤的事故；其他视情况需要作为重大治安事件对待事件。

各州（市、地）维稳办、综治办、联席办及省公安厅、省信访局等部门要参照以上标准对发生的事件进行汇总界定，并按照"属地管理"和"谁主管、谁负责"的原则进行责任认定。对于跨行政区域的事件，由上一级维稳办综治办、联席办进行责任认定。对属于行业管理的事件，在查清事发原因、分清责任主次的前提下，分别进行属地管理和行业管理的责任认定。

四、创建措施

（一）深入排查化解矛盾纠纷，在解决疑难复杂问题上下功夫。各级党委政府要探索建立社会稳定风险评估制度，从源头上防止发生损害群众合法权益、影响社会稳定的行为。认真贯彻落实《青海省矛盾纠纷排查化解工作办法（试行）》，加快构建"大调解"工作体系，有效预防和化解社会矛盾纠纷，及时把社会矛盾纠纷化解在基层、化解在萌芽状态。对疑难复杂矛盾纠纷，要实施领导包案、挂牌督办、限期化解，确保矛盾不叠加、纠纷不激化。

（二）着力加强信访工作，在"事要解决"上下功夫。要认真贯彻落实国务院《信访条例》和省委、省政府关于信访工作的有关要求，畅通和拓宽信访渠道，加强法制宣传教育，依照法律和政策及时妥善处理群众反映的问题。高度重视初信初访，防止初访变重访、重访变积案。加强信访积案清理工组，着力解决土地征用、房屋拆迁、企业改制、草山地界、涉法涉诉、社会保障等方面的信访突出问题。密切掌握重点上访人员和群体的动向，有针对性地做好教育稳控工作，妥善处理缠访闹访、违法滋事行为，防治非正常赴省进京上访，防止上访极端事件的发生。

（三）构建治安防控体系，在有效防范治安事件上下功夫。要始终坚持"打防结合、预防为主、专群结合、依靠群众"的方针，着力构建以社会面防范为重点，点线面结合、人防物防技防结合、打防管控结合、网上网下结合的社会治安动态防控体系，进一步提高治安防控能力。深化严打整治斗争，严厉打击黑恶势力犯罪、严重暴力犯罪、多发性侵财犯罪、涉众型经济犯罪，继续开展打击制贩枪支、打击"两抢一盗"、禁毒人民战争等系列专项行动，深入开展社会治安重点地区排查整治活动，保持社会治安局持续稳定。

（四）推进社会服务与管理工作，在提升服务管理水平上下功夫。要深入推进社会管理创新，建立健全党委领导、政府负责、社会协同、公众参与的社会管理格局。加强流动人口服务管理工作，探索"以证管人、以房管人、以业管人"的服务管理新模式。加强对刑释解教人员、社会闲散青少年及有危害社会倾向和行为的吸毒人员、"法轮功"邪教人员等高危人群的帮教管理工作,积极预防和减少违法犯罪。加强公共安全管理,加大安全检查力度,排查安全隐患,严格监管制度,切实抓好道路交通、食品药品及安全生产管理工作,严防重点的公共安全事件的发生。加强网络虚拟社会的建设和管理,最大限度地发挥网络积极作用,最大限度地遏制网络消极影响。

五、创建机制

(一)通报制度。各县(市、区)发生的重大群体性事件、重大非正常上访事件、重大治安事件,要按照有关规定及时向上级和有关部门报告,严禁瞒报、漏报、迟报。每月底由各州(市、地)维稳办汇总上报所辖各县(市、区)当月情况,同时由省公安厅、省信访局等部门汇总省报全省各县(市、区)的相关情况,由省维稳办、省综治办、省联席办会商审核后,于次月初向全省通报。每季度对全省"三无县"创建活动情况进行综合分析通报。

(二)督办制度。结合月通报和季度分析通报,对发生重大群体性事件、重大非正常上访事件、重大治安事件的县(市、区),由州(市、地)维稳办、综治办、联席办联合下达《督办通知书》,进行督察督办。情况复杂的,由州(市、地)派出工作组实地指导督导,限期整改。对于跨越地区、涉及面广、影响社会稳定的重大事件,由省维稳办、综治办、联席办联合挂牌督办。

(三)考评制度。"三无县"创建活动实行动态考评,纳入社会治安综合治理工作年度目标考评,与平安县(市、区)创建考评工作相衔接。考评结果进行社会公示,作为"三无县"命名奖惩的重要依据(具体考评办法另行制定)。

(四)奖惩制度。内年度对达到创建标准的县(市、区)进行奖励,对连续三年达到创建标准的县(市、区)进行命名表彰。对年度未能达到创建标准的县(市、区)以及连续三年未能达到创建标准的县(市、区),根据《青海省社会治安综合治理一票否决权实施办法》、《青海省社会治安综合治理警示制度(试行)》和青办发[2009]8号文件的有关要求,给予通报批评、黄牌警告或"一票否决",对责任人进行查究,对属于行业管理的重大事件,同时追究主管部门和责任人的责任。

六、工作要求

(一)加强组织领导。"三无县"创建工作由州(市、地)党委政府统一领导,由州(市、地)维护稳定工作领导小组牵头,社会治安综合治理委员会、处理信访突出问题及群体性事件联席会议共同组织实施,维稳办、综治办、联席办具体协调开展。各县(市、区)党委政府是"三无县"创建活动的责任主体,要加强专题调研,制定具体实施方案,认真组织实施。各级综治委、维护稳定工作领导小组、联席会议要充分发挥组织协调作用,明确各部门各单位的责任。各级维稳办、综治办、联席办要加强联系协调、督促检查和考核验收等工作,有计划、有步骤地推进创建活动。

(二)明确工作职责。各有关部门和单位要围绕"三无县"创建目标要求,制定具体实施办法,充分发挥职能作用。综治成员单位要重点在构建社会治安防控体系、夯实综治维稳基层基础、创新社会服务管理等方面加大工作力度。维护稳定工作领导小组成员单位要重点在维护藏区稳定、加强情报信息工作、构建"大调解"工作体系、完善预防和化解社会矛盾纠纷长效机制方面加大力度。联席会成员单位要重点在畅通信访渠道、清理执行积案、解决信访突出问题等方面加大工作力度。

(三)严格落实责任。各县(市、区)党委政府主要领导是"三无县"创建活动的第一责任人,分管领导和有关部门要承担具体责任,按照"一岗双责"的要求,抓好分管领域的工作。各级党委和组织人事部门要按照省综治委、省委组织部《关于建立党政领导干部抓综治维稳工作实绩档案的通知》(青综治委[2009]15号)要求,把领导干部抓"三无县"创建活动的考核结果与干部考核直接挂钩,装入综治维稳实绩档案,作为衡量干部政绩、晋级晋职和奖惩的重要依据。

(四)加强舆论宣传。要坚持及时准确、公开透明、有序开放、有序管理、正确引导的方针,密切跟踪舆情变化,完善舆情分析研判制度、信息发布制度和快速反应机制,牢牢把握舆论工作的主导权、话语权。要把宣传发动工作贯穿于"三无县"创建活动的始终,加大宣传力度,营造良好氛围。各级新闻媒体要做好宣传报道工作,坚持正面宣传为主,及时总结推广"三无县"创建活动中的成功经验。

强化灾区社会管理　维护灾区和谐稳定

玉树藏族自治州社会治安综合治理委员会办公室

“4·14”强烈地震发生后，面对灾区严峻复杂的社会形势，玉树州全面加强基层基础工作，不断拓宽社会管理思路、创新社会管理理念，在结古镇进行试点，建立10个片区管理机构，采取科学实的用办法和措施，狠抓了灾区的社会管理工作，短时间内恢复了灾区正常的社会治安秩序，确保了灾区社会持续稳定，为全州灾后重建工作顺利展开创造了良好的社会治安环境。

一、因时制宜，科学调整灾区社会管理格局

鉴于结古地区灾后社会管理的复杂性、艰巨性和长期性，我们多次召开不同形式、层次的灾区社会管理座谈会，对应急阶段社会管理工作进行分析，对未来几年重建工作面临的形势和任务进行研判，并根据结古地区社会管理形势和特殊的重建工作要求，将结古镇按人口结构和分布比例划分为10个片区，分别成立片区管委会，负责辖区内的灾后重建、民政、人口和计划生育、流动人口管理、文化教育、医疗卫生、社会救济、残疾人事业、劳动和社会保障、环境保护、城市基础建设、消防安全等方面的社会管理工作。片区管委会按副县级建制配备，属县委、县政府派出机构，与结古镇党委政府并行在县委、县政府的直接领导下开展工作，实行行政不隶属，业务不分家的管理模式，并从州级各部门和各县抽调500余干部充实到其中(配备和抽调的人员在灾后重建过渡期间脱离原岗位，组织关系、行政关系转入片区党工委和管委会，对于强化社会管理发挥了关键性作用)。实践证明，这种网格式社会管理模式的优势在于：一是适当压缩板块，缩小工作半径，便于有效管理；二是合理确定工作范围，责任明确，便于高效运转；三是任务到人，便于责任落实和督促检查；四是结合片区特点，形成特色管理模式；五是赋予相应的行政职能，提高执行力；六是各片区管理委员会授权平衡，可以形成相互借鉴、创先争优的竞争局面，激发干部群众的积极性；七是进一步强化了激励机制和保障机制。通过网格式片区管理模式，实现了将灾后重建各项政策规划宣传到片区、将问题解决在片区、将矛盾化解在片区、将重建任务落实到片区的目标。

二、强化保障，切实加强综治维稳基层基础建设

面对抗震救灾紧张工作和三年重建的艰巨任务，牢固树立强基固本思想，坚持“重心下移、夯实基础、齐抓共管、发动群众、综合治理”的工作方针，不断推进灾区综治维稳基层基础建设，全面夯实了维护基层社会稳定的根基。一是加强警务建设，充实基层警务力量。根据结古镇新的片区管理格局，在原有3个派出所的基础上一次性增设了7个派出所(共10个)，根据10个派出所管辖划分情况，设立了20个社区警务室，调整充实了130名公安民警和200名协警员，与结古灾后重建时期39个社区管理小组和周边6个村的村级组织紧密衔接，有效推进灾区社会治安管理由应急向常态管理的转变。二是建立工作平台，有效开展综治维稳工作。根据新的片区管理模式，在10个片区、39个社区和6村，分别建立了“综治维稳工作中心(站)”，并从公益性岗位中为玉树县62个村及结古镇10个片区、39个社区“综治维稳工作站”配备了202名专职工作人员，给其余五县的各村解决了221名综治维稳专职工作人员，全面加强了我州基础综治维稳力量。各片区以“综治维稳工作中心(站)”为依托，充分发挥基层公安派出所(警务室)、司法所(司法助理员)和调委会、治保会、治安联防队等群防群治组织的职能作用，最大限度地把乡村和片区的治安、刑事发案率控制到最低限度，最大限度地把各类矛盾纠纷化解在初始阶段。与此同时，积极推进平安创建工作，不断拓宽创建载体，大力开展了以“四好”（干群团结好、治安秩序好、重建工作好、环境卫生好）、“四无”（无刑事案件、无重大群体性纠纷、无非正常上访事件、无火灾等重大治安灾害事故）为主要内容的“平安片区”和“平安灾民安置区”创建活动，进一步夯实了维护灾区社会稳定的基层基础。

三、整合力量，全面加强灾区社会治安管理

抗震救灾工作转入灾后重建阶段以后，及时将社会管理由应急转入常态，重新调整工作方案，重新调整警力部署，采取分组分片负责的方式开展治安防范工作，对首脑机关、救灾物资储备点、金融单位、油库、水厂和文物保护单位等17个重点部位进行昼夜守卫值勤，并在结古镇三个入口处设立卡点，有效维护灾区社会治安秩序，确保了社会面的和谐稳定。一是加强流动人口管理工作。针对灾区外来流动人口急剧增多的实际，我们以州县公安部门为主力，以片区管理机构为依托，以基层派出所和警务室为平台，对灾区外来流动人口进行了全面清查登记，掌握情况，摸清底数，为依法加强流动人口管理提供了保障。截至目前，全州共清查登记90759户，354664人（农业人口292781人）。其中玉树县作为今年流动人口管理试点县，共清查登记24821户，100108人，其中流动人口23483人。二是加强虚拟社会管理。针对境内外敌对势力和民族分裂势力利用互联网和手机短信进行渗透破坏的问题，我们加大了对互联网、国际长话及邮件、手机短信的监管力度，有效控制和封堵了不良信息的传播，消除各种谣言给我州灾后社会稳定工作带来的负面影响。三是加强寺院和两新组织管理。为加强对重点寺院、重点人员以及境外非政府组织、民间慈善机构和外来媒体记者的管理，严把审查管理关，始把他们终放在视线和可控范围之内，并密切注意和掌握他们的活动，严格规范和监督他们的行为，对目的不纯、行为不轨的非政府组织和来历不明的媒体记者逐一劝返离州，对个别出现违法行为的组织和人员依法进行了处理，有效防止了敌对势力的渗透破坏。

四、主动应对，深入开展矛盾纠纷化解工作

将调处化解各类社会矛盾纠纷和民事案件作为维护灾区社会和谐稳定重要抓手，作为推动抗震灾后重建工作有序开展的重要举措，认真分析形势，研究矛盾纠纷特点，积极主动应对，确保了各类社会矛盾纠纷的有效化解。随着震后灾民转移安置、救灾物资和灾民补助发放以及重建规划政策的制定落实过程中出现的纷繁复杂、此伏彼起、接连不断的矛盾纠纷和群体性上访问题，及时采取措施，积极做好化解工作，确保灾区社会秩序稳定。一是关口前移、主动出击，化解矛盾。为了及时有效化解灾区各种矛盾和群众上访突出问题，从根本上稳定人心，各级党委政府和各片管委会按照“关口前移、预防为主、主动出击、标本兼治”的总体思路，认真做好矛盾纠纷的调处化解工作，通过召开群众大会、座谈会、接待上访群众、开展调查走访等形式，耐心细致地进行宣传解释，介绍党和政府以及全国各族人民对灾区的关心支持和灾民安置、灾后重建等利好政策，消除群众的各种疑虑和模糊认识。二是履行职责、发挥职能，化解矛盾。地震的发生，造成了人员伤亡和财产损失，由此引发的民事赔偿纠纷、物权转移纠纷、遗产继承纠纷、债务纠纷、劳资纠纷等民事纠纷案件急剧增多。对此，全州各级政法部门充分发挥职能作用，创新工作理念、拓展工作思路，在特殊时期用特殊的工作方法和工作作风，不断加大执法办案力度，提高办案质量和效率，对各种民事纠纷和涉法涉诉案件做到随时受理，迅速办理，妥善处理，减少了矛盾纠纷堆积。三是健全机制、搭建平台，化解矛盾。针对灾区重建时期矛盾纠纷化解任务的艰巨性和长期性，州委政法委、州综治办、州维稳办及时拟定了《关于构建“大调解”工作体系有效化解社会矛盾的意见》，建立多层次、各方面参与的社会矛盾纠纷“大调解”工作机制，形成了有效的利益协调机制、诉求表达机制和权益保障机制，促进了矛盾排查化解工作的经常化、制度化、规范化。同时，针对结古地区灾后重建工作的特殊性、复杂性和“两政策一规划”的落地关键时刻，及时成立了“灾后重建矛盾纠纷大调解州县联合协调指挥中心”，分别从州县（玉树县）两级政法综治、法院、检察、司法、信访、国土、水电、建设、民政、监察、农牧、经贸、工商等相关职能部门抽调26名领导干部和业务骨干集中办公，对结古地区灾后重建时期的矛盾纠纷和信访问题进行统一受理、归口管理、分类调处和化解，收到了良好的社会效果。

大局着眼聚合力 细处入手抓落实 全力构建具有门源特色的平安建设格局

海北州门源县社会治安综合治理委员会办公室

门源回族自治县与青甘两省5个州、地、市的7个县为邻，是一个以回族为主体的21个民族聚居，多宗教、多教派、多边界、多元文化荟萃的地区。门源针对县情特点，把建设平安作为保障工程、民心工程、基础工程来抓，从大局着眼抓合力，从细处入手抓合力，扎实有效地推进了平安创建工作，2009年获得了"全国平安建设先进县"荣誉称号。

一、整合资源，齐抓共管筑平安

2005年平安建设活动开展之初，为确保创建工作不留死角，门源县在建立健全县、乡、村三级创建工作机构的同时，推行了县级领导包乡、政法部门包片、部门单位包村、政法干警驻村的责任机制，并根据部门行业特点和不同的工作范围，分别组建了"平安校园"、"平安寺院"、"平安边界"等11个专门创建工作领导小组，分门别类地制定出创建标准并付诸实施，形成了"条块结合、以块为主"的创建格局，保证了创建工作在全县不同层面、不同人群、不同行业中全方位深层次推进。2009年又在全县所有乡镇成立了由乡镇党委书记担任中心主任，乡镇长任常务副主任的综治维稳工作中心，将派出所、司法所、法庭、武装部、民政、民宗、教育、工商、国土、计生、团委、妇联等部门的创建力量进行统一整合，形成了"一个平台统一指挥、一个机构监督落实、一个窗口服务群众、一个流程受理反馈、一个机制保障运行"的"大创建"工作机制。严格落实党政领导"一岗双责"工作责任，制定出台了《门源县重大案件、群体性事件领导责任倒查制度》、《平安建设工作实绩与责任领导晋职晋级及奖惩挂钩的实施办法》，并对"一票否决权制"进行细化，建立"考核性否决"制度，将"一把手"主抓日常平安建设工作情况列入考核内容，对工作平庸、不求上进的单位同样实行"一票否决"。如，2009年底根据平安建设工作考评结果，对2个工作长期达不到要求的省州驻县单位实施"一票否决"，并将处理结果通报其上级主管部门，提出对其主要领导进行处理的建议，其上级主管部门对此高度重视，立即进行了相应的处理。这一做法对其他部门触动很大，收到了良好效果。2005年至今，全县共有11个单位被一票否决，5名部门"一把手"被撤换。

二、抓源治本，化解矛盾固平安

按照构建"大调解"工作体系的要求，2007年挂牌成立了县乡两级矛盾纠纷排查调处中心，统一对全县116个村(社区)、164个部门单位调解组织进行了全面整建，构建了"纵向到底、横向到边、全面覆盖"的矛盾纠纷排查调处网络。2010年初又建立了人民调解、司法调解、行政调解相互衔接配合的"三调联动"大调解工作机制，有效解决了以往三种调解手段单打独斗、孤军作战、力量分散的问题。建立了领导接访制、点名约访制、巡回下访制、反馈回访制和县委书记大接访等多元化的调处机制，有效扭转了矛盾纠纷排查调处工作"一阅二传三转"的被动局面。全县各类矛盾纠纷从2005年的942起下降到2009年的310起，下降率达67%，连续五年未发生一起影响社会稳定的重大矛盾纠纷、群体性事件和越级上访事件。尤其是2005年以前，门源县与甘肃省边界地区多次发生草场纠纷，甚至造成流血事件。对此，中央领导多次作出批示。为了彻底改变这种局面，门源县在"平安边界"创建过程中，采取"干部多握手、群众少动手"的做法，多次协调组织召开相邻地区县与县、乡与乡、村与村之间的边界维稳工作联席会议，签订友好共防协议，形成了"干部联谊、情报联通、纠纷联调、治安联防、经济联动"的长效工作机制，确保了边界地区的和谐稳定。

三、警力下沉，警民联手保平安

从2005年起，门源县针对农牧区综治组织工作不够规范，人员素质参差不齐的实际，进一步充实基层创建力量，从政法部门抽调了一批长期从事法律工作、群众工作经验丰富的政法干警，组成“三官两员”工作组（警官、法官、检察官、法制宣传员、司法助理员），派驻到全县116个村、社区，帮助基层开展平安建设工作，起到了“普法教育宣传员、矛盾纠纷调解员、社会治安信息员、治安管理安全员、为民办事服务员”的特殊作用，有效地推动了基层创建工作的规范有序深入开展。特别在矛盾纠纷调处上，由于“三官两员”熟悉调解程序、调解方式，能够恰当运用法律法规，公开公平公正、合情合理合法地调解各类纠纷，赢得了群众的充分信任，群众亲切地称“三官两员”是他们的“免费律师”。同时，“三官两员”参与现场调解，对提高基层人员的工作能力、工作水平起到了言传身教的效果。

四、创新载体，全民共建创平安

门源县坚持以“平安家庭”创建为载体，把提高群众对平安建设工作的知晓率和参与率作为切入点，大力推行以“五无五不”（无违法犯罪、无各类纠纷、无家庭矛盾、无赌毒枪爆、无安全隐患；不参与迷信、不损坏公物、不聚集闹事、不破坏生态、不违反公约）为主要内容的“平安家庭十星级竞赛”活动，以村为单位成立“十星”竞赛评比小组，每半年进行一次评比，对达不到十项内容的家庭摘除相应星项。组织下岗失业人员、离退休老干部、老党员等社会闲散力量，成立了“失业人员义务治安巡逻队”、“夕阳红纠纷调解队”、“基层党员维稳责任岗”、“十户联防”等各类群防群治队伍，为群众参与平安建设工作搭建了一个很好的平台。

五、依法管理，宗教和顺促平安

门源是一个回族自治县，信仰伊斯兰教的群众占到全县总人口的44.3%，依法登记的清真寺院达74座，能否做好伊斯兰教内部团结工作，直接影响全县的社会稳定大局，为此，门源县将“平安寺院”建设作为民族团结进步工作的重要抓手，全面开展了清真寺院社会化管理工作，制定出台了《门源县依法加强清真寺院社会管理工作实施意见》、《县级领导联系重点寺院和知名宗教人士制度》以及《门源县清真寺院团结开寺五条规定》等制度，把寺院危房改造等列入全县基础设施建设项目，解决了贫困教职人员的医疗保险、最低生活保障等问题，组织开展了“法制进寺院”活动，强化对教职人员和信教群众的民族宗教政策、法律法规的宣传教育。积极引导伊斯兰教群众同其他民族之间开展各类友好往来活动，营造了各民族之间和睦相处的浓厚氛围。如，门源仙米藏传佛教寺院与浩门镇南关清真大寺，分别是门源县最大的两座宗教寺院，在友好往来活动开展过程中，一方举行重大宗教活动时另一方都会派员前往祝贺，不同民族、不同宗教、不同服饰的两教群众，出现在同一宗教活动现场的现象已成为门源县一道特别的风景。

通过多年的努力门源县实现了“一个明显提高、两个大幅下降、四个杜绝发生”的工作目标（即社会治安防控能力明显提高，刑事、治安案件发案分别比2005年下降46.2%和62.8%，未发生过涉毒、涉枪、涉黑和群体性事件）。据省统计局2009年调查统计，群众对社会治安的满意度高达98%。

青海省综治委、办负责人名单

省综治委主任：

骆惠宁　省委副书记、省长

省综治委常务副主任：

李鹏新　省委常委、政法委书记

省综治委副主任：

刘　晓　省人大副主任

何　挺　省政府副省长

李忠保　省政协副主席

省综治办主任：

庞顺泽　省委政法委副书记

省综治办副主任：

谢少斌　省综治办专职副主任（副厅级）

青海省各市、县(市、区)综治委、办主任名单

地 区	综治委主任	综治办主任	地 区	综治委主任	综治办主任
西宁市	毛小兵	葛海滨	大柴旦行委	曹永寿	李瑞俊
大通县	张永海	戴德辉	冷湖行委	李春生	井红清
湟中县	陈洪林	张文豪	芒崖行委	陈大海	段贤毅
湟源县	蔡成勇	张 栋	**海北州**	尼玛卓玛	杨新民
城东区	韩生才	范铜斌	门源县	马应寿	李生彪
城西区	吴天晓	朱登权	祁连县	更 藏	李文辉
城中区	陈昌正	张海红	海晏县	多 杰	马艳萍
城北区	王剑锋	李兴荣	刚察县	公保扎西	史国林
海东地区	陈兴龙	李广林	**黄南州**	多杰才让	周云治
平安县	李立勤	彭发旺	同仁县	更 太	叶 洛
乐都县	左耀峰	田世斌	尖扎县	李 加	辛光坤
互助县	师存武	苏发昆	泽库县	桑德合	夏智加
民和县	沙德林	肖 勤	河南县	关却加	方万金
化隆县	冶成海	徐景辉	**果洛州**	万玛多杰	李道瑞
循化县	韩永东	赛吾杰	玛沁县	才让多杰	钟 斌
海南州	张文魁	沈虎生	班玛县	党 国	姬长河
共和县	华 旦	李秉福	甘德县	昂 秀	更 登
贵德县	杨海龙	魏成前	达日县	石占果	曹建刚
贵南县	扎 江	更 登	久治县	托 巴	王晓红
同德县	兰生峰	秦海成	玛多县	当 周	刘志波
兴海县	尹 明	扎西当周	**玉树州**	王玉虎	董建新
海西州	诺卫星	洪景学	玉树县	才仁公保	李春平
格尔木市	朱建平	郭 军	杂多县	达哇才仁	牟永明
德令哈市	梁彦国	马海民	称多县	更 太	朋措达瓦
乌兰县	哈斯巴图	李永斌	治多县	马生堂	马成红
都兰县	孟 海	鲍海霞	囊谦县	马 玉	党德和
天俊县	索南东智	陈 祎	曲麻莱县	尕 桑	更 恰

（撰稿人：聂 森
审稿人：庞顺泽 禹丽芸）

宁夏回族自治区

2010年社会治安综合治理工作概况

2010年，在宁夏回族自治区党委、政府的坚强领导下，全区各级党政组织和政法机关坚持以科学发展观为统领，以增强群众安全感为目标，以推进三项重点工作为主线，以新一轮“平安宁夏”建设为载体，大力推进社会治安重点地区排查整治，切实加强综治基层基础建设，积极创新社会服务管理措施，健全完善矛盾纠纷“大调解”工作体系，不断丰富综治宣传工作形式，全面落实社会治安综合治理各项措施，确保了上海“世博会”、宁夏“中阿经贸论坛”等重大活动和重要节庆日期间的安全稳定，为经济社会跨越发展营造了良好的社会治安环境。

一、切实加强组织领导，认真履行党委、政府维护社会稳定“第一责任”

（一）强化领导责任。自治区党委、政府始终高度重视社会治安综合治理工作，坚持站在大平安的高度，从解决好最现实、最具体的民生问题入手，以民生建设助推平安建设。自2007年以来，自治区每年实施10项民生计划，承诺为群众办30件实事，并将《民生计划报告》提交人民代表大会审议。通过大力实施义务教育均衡发展计划、全民创业计划、生态移民工程、饮水安全工程、危窑危房改造等，使大量民生问题和社会矛盾从根本上得以解决，夯实了维护稳定的社会根基。自治区党政领导高度重视社会治安综合治理工作，自治区党委原任书记陈建国、政府主席王正伟与5个地级市党政主要领导、自治区党政分管领导与39个综治委成员单位分别签订社会治安综合治理目标管理责任书，强化“一把手”履职尽责意识。中央部署开展社会治安重点地区排查整治工作后，陈建国同志批示要求，“认真贯彻中央精神，加强组织领导，制定工作方案，明确工作任务，落实工作措施，务必把排查整治工作抓实抓好。”王正伟主席作出批示，“自治区综治委要抓住重点，形成声势，对各类社会治安突出问题一个专项一个专项的整治，确保达到预期目的。”2010年8月，新任自治区党委书记张毅到宁夏履新伊始，即到自治区党委政法委、综治办视察调研，要求全区各级政法综治部门充分认识当前政法综治工作面临的复杂严峻形势，认真研究各种矛盾问题发生的特点、规律，切实担负起维护社会稳定的重要职责和历史使命，推动政法综治工作迈上新台阶。

（二）落实工作措施。成立由自治区党委副书记于革胜任组长的推进三项重点工作领导小组，制定《2010年深入推进社会矛盾化解、社会管理创新、公正廉洁执法工作分工方案》，确定8项长效机制建设任务和22项常态化工作，明确11个单位的职责任务、工作措施和完成时限。自治区党委常委、政法委书记、综治委主任苏德良多次主持会议研究部署综治工作，带队开展调查研究，亲自协调解决综治工作中存在的困难问题。建立完善党政领导干部抓综治工作实绩档案，加大对市、县（市、区）党政领导履行社会治安综合治理职责的考核力度。全区各级综治委对因领导不重视、治安防范责任不落实、工作措施不到位，导致发生严重治安问题的26个单位实行“一票否决”，下发督办通知书96份、整改建议书169份、黄牌警告26次，对40个单位及相关责任人进行责任查究。

（三）确保取得实效。在自治区党委、政府的坚强领导下，全区经济快速发展，社会持续稳定。2010年全区共立刑事案件39192起，其中，立八类主要刑事案件2366起，同比下降1.4%，没有发生在全国、全区造成重大影响的刑事（治安）案件和群体性事件。全区各级人民法院共受理各类案件88177件，同比下降10.3%，呈全类型、全领域、整体性下降趋势，从一个侧面印证了全区社会矛盾大量化解、社会治安状况平稳的良好态势。2010年全区公众安全感满意度为91.26分。经过认真考评，自治区综治委对7个先进地区和20个先进单位予以通报表彰，奖励工作补助经费75万元，命名灵武市、平罗县、彭阳县、隆德县和中卫市沙坡头区为2010年度平安县（市、区）。

二、深入推进社会矛盾化解，着力解决影响社会和谐稳定的突出问题

（一）切实加强矛盾纠纷源头预防。建立健全社会稳定风险评估机制，在企业改制、征地拆迁、涉农利益、环境保护、安全生产等容易引发矛盾纠纷的重点领域，将社会稳定风险评估作为政策出台、项目审批的前置条件，建立利益相关方共同参与的协商机制，完善公开听证、公示制度，防止因决策不当引发影响社会稳定的矛盾纠纷。大力推进政法干警执法档案建设，全面推行“阳光执法”，促进公平公正、廉洁文明执法。严格落实领导干部信访接待制度，积极推行涉法涉诉信访“双向承诺”制度，加大违法违纪责任查究力度，解决了一批长期积累的信访积案。全区以“法律六进”活动为载体，深入推进“法治县（市、区）”、“民主法制示范村（单位）”建设，健全完善学法用法制度，努力营造依法办事的良好氛围，着力从源头上预防和减少社会矛盾。

（二）严格落实排查化解工作制度。制定矛盾纠纷日常排查、限期调处和“月统计月通报年考核”等工作制度，完善联席会议、挂牌督办、领导包案等工作机制，把地区排查、系统排查、单位内部排查有机结合起来，对初始矛盾、信访苗头进行全面摸排梳理，建立台账，及时化解。对疑难矛盾纠纷和跨区域、跨行业重大矛盾纠纷、涉法涉诉信访案件以及可能引发群体性事件或“民转刑”案件的重大矛盾纠纷，实行挂牌督办和党政主要领导包案负责，明确责任主体，限期解决问题。针对个别地区宗教领域出现的矛盾纠纷苗头，自治区综治办及时向有关地方下发督办通知书，协调各方力量及时疏导化解，切实维护宗教领域和谐稳定。

（三）健全完善“大调解”工作体系。制定《关于进一步健全完善矛盾纠纷“大调解”工作体系的意见》，按照“属地管理”和“谁主管、谁负责”的原则，明确市、县（市、区）、乡（镇、街道）、村（社区）四级和法院、公安、司法、国土、卫生、工商、民政、建设等14个部门应当承担的职责任务，推动在企业改制、征地拆迁、劳动争议、教育医疗、环境保护、交通事故赔偿等6个矛盾纠纷相对多发领域建立专业人民调解组织，积极培育专业化、社会化调解机构，努力构建地方、部门各司其职，社会各界广泛参与，人民调解、行政调解、司法调解衔接联动的“大调解”工作体系。

（四）努力创新排查调处工作机制。建立“以案定补”激励机制，出台《宁夏回族自治区人民调解员“以案定补”管理办法》，对调解成功的矛盾纠纷每起给予人民调解员200至2000元不等的补贴，充分激发工作热情。建立宗教人士参与矛盾纠纷调解的工作机制，在少数民族聚居区，聘请懂政策、有威望的阿訇和寺管会主任等担任调解员，及时调处化解信教群众因家庭琐事、地界纠纷、邻里矛盾等引发的民事纠纷。推进矛盾纠纷三级联调工作机制建设，提高基层排查调处矛盾纠纷的能力。通过开展三级代言和街道、社区干部“三助”、“四帮”、“四进”、“六必访”活动，努力做到矛盾纠纷早发现、早调处、早解决。2010年，全区共排查出各类矛盾纠纷61343件，调处成功57410件，调处成功率93.6%，最大限度地减少了不和谐、不稳定因素。

三、扎实开展社会治安重点地区排查整治，着力提升人民群众安全感

（一）精心组织，全面发动。成立由自治区党委常委、政法委书记、综治委主任苏德良任组长的自治区社会治安重点地区排查整治工作领导小组，召开专题会议，传达学习中央有关部署要求，制定下发《全区社会治安重点地区排查整治工作方案》，明确指导思想、工作措施、阶段步骤，将各项任务分解到5个地级市、22个县（市、区）及组织、宣传、公安、司法、民政、交通、建设、教育、工商等17个部门，确保排查整治工作责任落到实处。在《宁夏日报》、《法治新报》等新闻媒体公布区、市、县三级举报电话27个，在5个地级市和部分重点县（市、区）组织召开人大代表、政协委员和社会各界群众代表参加的座谈会12场，广泛听取意见建议。积极宣传发动群众，共召开各类座谈会396场，发布公示（公告）11000余份，印发宣传资料13万份，为排查整治工作深入开展营造浓厚的舆论氛围。

（二）深入排查，找准问题。自治区排查整治工作领导小组办公室制定《暗访摸排自治区备案整治的社会治安重点地区工作方案》，按照"双向排查、对账挂号"的要求，采取异地交叉暗访、行业部门系统暗访、地级市重点暗访等形式，对社会治安重点地区和突出治安问题进行全面摸排。各县（市、区）按照"乡不漏村、村不漏户"的要求，逐村（社区）逐户进行地毯式排查，逐级上报情况。各成员单位按照职责分工，对本部门、本系统、分管领域内的突出治安问题深入细致摸排。经过分析梳理，分两批确定132个社会治安重点地区和部位，逐一分级建档挂账。其中，由自治区备案督办的30个，地级市挂牌督办的42个，县（市、区）挂牌整治的60个。

（三）重拳出击，集中整治。对重点地区和部位采取"一个问题、一项方案、一套班子、一抓到底"的办法，逐项进行整治。充分发挥公安机关主力军作用，组织开展"猎鹰2号"、"化雨行动"、"缉枪治爆"、"打两抢反盗窃"等一系列专项行动，严厉打击影响群众安全感的暴力犯罪和多发性侵财犯罪，成功破获一批大案要案。集中开展"清风"行动，严肃查处小旅馆、小发廊、歌舞娱乐场所"黄赌毒"违法犯罪活动，查处卖淫嫖娼案件135起、赌博案件89起，查封涉黄娱乐场所15家，处罚旅店66家，有效净化社会风气。制定《关于进一步加强校园及周边地区安全防范工作的具体实施意见》，综治、教育、公安、工商等部门对全区2881所中小学校、幼儿园及周边地区开展集中整治行动，提升安全防范等级，加大治安巡防频次，配备专职保安员，加强物防、技防设施建设，全面提升校园及周边地区安全防范工作水平。组织开展客运交通安全、公路危险路段、金融领域、劳动用工市场等一系列专项整治行动，使一批社会治安管理中的突出问题得以解决。在全区各乡镇开展行政村"两委"班子综合测评，对208个软弱涣散的基层党组织和"难点村"逐一进行调整、整顿。

（四）抓点带面，总结推广。自治区综治办下发《关于建立社会治安重点地区综合整治工作示范区的通知》，在5个地级市分别选择2个县（市、区）作为综合试点县（市、区），每个综合试点县（市、区）在本辖区各筛选确定1个治安秩序混乱、案件高发多发、安全隐患较多、基础工作薄弱、社会管理滞后的城乡结合部或"城中村"作为综合整治示范区，开展社会治安综合整治工作，通过综合整治示范区建设，发挥典型示范作用。

四、加强重点人群服务管理和专门工作各项措施，健全社会管理长效机制

（一）加强协调，密切配合，落实刑释解教人员安置帮教措施。自治区综治办、司法厅、公安厅组成联合调研组，对近5年来全区刑释解教人员的衔接、帮扶、安置、管理情况进行全面摸底，制定《关于进一步加强刑满释放解除劳教人员安置帮教工作的意见》，明确相关单位职责任务，加大教育帮扶力度，对刑释解教人员的必接必送、有效安置等作出明确规定。对一年内即将刑满释放解除劳教人员全部纳入当地劳动技能培训规划，举办不同层次、不同类型的技能培训班，先后为1347人颁发职业培训证书，在全区建立安置帮教工作站242个，依托企业建立安置基地76个。2010年，全区刑释解教人员衔接率99.1%，安置率91.6%，重新犯罪率控制在1%以下。

（二）突出重点，强化措施，做好预防青少年违法犯罪工作。修订《宁夏实施〈中华人民共和国未成年人保护法〉办法》，从家庭保护、学校保护、社会保护、司法保护、法律责任等方面防止义务教育阶段学生失学、辍学。开展重点青少年群体排查摸底专项工作，准确掌握重点青少年群体的底数和权益保护、犯罪预防工作状况，在银川市、石嘴山市确定12个试点社区，开展摸底建档、结对帮扶、技能培训、组织就业等活动，使试点社区的青少年"有人去管、有组织覆盖"。

（三）完善机制，以人为本，提高流动人口服务管理水平。推广"以证管人、以房管人、以业管人"的服务管理工作模式，实现就业管理、居住管理和出租屋管理的有机统一。在银川市和石嘴山市推行城乡一体化户籍改革，实施流动人口服务管理《居住证》制度，建立完善流动人口综合服务管理信息系统，着力解决流动人口就业、居住、就医、子女就学等问题。建立季节性外来务工人员管理服务中心，按照"一般人口常规管，重点人口重点管，高危人群跟踪管"的原则，实行分级管理。加强对本区外出务工人员的服务管理，开展集中教育培训，建立以"教育、维权、服务、管理"为主要内容的"外警协管外口"管理模式，加强对劳务输出人员的服务管理。

（四）抓好试点，健全网络，提高社区矫正工作实际效果。按照“先启动运行、重点突破，后逐步规范、全面推进”的工作原则，确定银川市兴庆区、金凤区、吴忠市利通区为首批试点地区，将社区矫正工作列入当地党委、政府的重要议事日程，纳入综治工作和平安建设考核范围。制定下发《关于实施社区矫正刑释解教人员创业就业工程的意见》，组织社区矫正对象参加创业就业技能培训，举办知识讲座、“家庭式”创业项目推介会等活动，筹措资金建立刑释解教、社区矫正人员创业就业基金。建立区、市、县（市、区）、乡（镇、街道）四级社区矫正试点工作体系，选派54名监狱劳教警察驻司法所开展社区矫正工作，累计接收社区服刑人员近千人，无一人重新犯罪。

（五）加强排查，及时救治，做好易肇事肇祸精神病人医治和管控。加强对心理疾病患者、易肇事肇祸精神病人等特定人员的救治管理工作，在银川市试点建立特定人员信息平台，积极解决特定人员在就业、生活、家庭等方面的实际困难，防止因漏管失控对社会造成危害。自治区先后两次开展精神性障碍患者专项排查行动，排查出5082名，对经专家诊断有易肇事肇祸倾向的3000余名精神病人逐一制定救治方案。银川市对易肇事肇祸精神病人采取政府买单的方式全面救治，并对无业、长期需要专人照料的困难精神残疾和智障人员家属每月发放700—1400元的居家托养补助金。

（六）健全制度，落实责任，深化铁路护路联防工作。自治区与地级市、地级市与所辖县（市、区）、县（市、区）与所辖乡（镇）、村层层签订铁路护路联防工作目标管理责任书。修订《全区各市、县（市、区）铁路护路联防经费及资产管理规定》、《市、县（市、区）铁路护路联防工作考核办法》，制定《全区专业护路队伍管理细则》、《太中银铁路宁夏境内专业护路队伍勤务工作暂行规定》等。在新建的太中银铁路沿线组建2个专业护路联防大队、20个联防队，配备220名护路队员。2010年，全区境内发生拆盗铁路设施设备、石击列车、摆放路障等危及行车安全案件12起，与前三年平均数相比下降7.7%；百公里铁路交通事故发生数为2.06。发生货盗案件2起、治安案件35起，与前三年平均数相比分别下降45.5%和37.2%，杜绝因治安问题引发铁路重大交通事故和群死群伤事故。

五、不断加强综治基层基础建设，进一步夯实维护社会稳定的根基

（一）强化基层综治组织建设。在《关于深入推进“平安宁夏”建设的意见》中明确提出“规范乡（镇、街道）综治委、办和村（居）治保会建设，综治委主任由党（工）委书记担任，综治办主任由党（工）委副书记担任，按照1—2人标准，配齐配强综治专干”。全区238个乡（镇、街道）全部建立健全综治委、办，共配备综治专干391人。2731个村（社区）建立集综治、警务、治保、调解、外来人员服务管理等五项职能于一体的综治室。由政府出资购买公益岗位，在川区80%的乡镇和山区重点集镇建立10人以上的专职治安联防队，加强对社会面的巡逻管控。有效整合4050人员、社区保安、治安志愿者、内部单位护厂护校队、离退休老党员义务看护队等群防群治力量，开展区域协防、棚户联防、邻里守望、“十户一长”等群防群治活动，提升基层综治工作水平。

（二）加强经费保障机制建设。结合宁夏经济社会发展实际，制定山区人均0.05元、川区人均0.20元的综治工作经费标准，并列入同级财政预算。在《关于深入推进“平安宁夏”建设的意见》中明确提出，“统筹县乡两级社会治安综合治理专项工作经费，确保列入县级财政预算。对村（社区）的社会治安综合治理工作经费给予适当补助”。目前，自治区本级和5个地级市、22个县（市、区）全部将综治工作经费按照人均不低于0.20元的标准列入同级财政预算，做到专款专用，一些经济发展水平相对较高的地方已经达到人均0.7元至2元。2010年，区市县三级共投入表彰奖励经费近700万元，其中自治区240万元。

（三）推进综治工作中心建设。自治区党委、政府将乡（镇、街道）综治工作中心建设列为年度重点工作之一，写入与五市党委、政府签订的综治目标管理责任书中。召开现场会议，推广灵武市宁东镇综治工作中心建设经验，完善综治工作中心“一个窗口服务群众，一个平台受理反馈，一个流程解决问题，一个机制考核落实”的运作模式，推动形成党委政府统一领导，综治工作中心统一运作，职能部门协调联动的工作体系。截至年底，全区238个乡（镇、街道）全部建立综治工作中心。

（四）推动基层综治工作创新。根据全区农村不同自然环境和经济发展特点，积极推行和谐警铃、红外线报警器、变压器防盗锁、摩托车链盘锁、“电子狗”、“气死贼”、蔬菜大棚防盗螺栓等多种小技防建设。建立“党员综治责任区”，挑选公道正派、懂法知理、身体健康、热心综治工作的党员，每人确定一个责任区，协助治保主任开展治安巡逻，帮助化解婚姻家庭邻里纠纷。建立“城市治安协作理事会”、“农村治安协会”、“蔬菜园区棚户联防协会”等群众自防自治组织，形成社会化治安防控工作新局面。推行财产保险与群防群治并行的综治工作新机制，形成防范工作有依托，保险企业有利润，群众财产有平安的多赢局面。

六、坚持完善齐抓共管工作机制，切实推动综合治理工作迈上新台阶

（一）健全工作制度。制定《自治区社会治安综合治理委员会工作制度》、《关于进一步发挥自治区综治委成员单位职能作用的意见》和《自治区纪检（监察）、组织、人力资源和社会保障、综治五部委社会治安综合治理工作联席会议制度》等规范性文件，对成员单位的工作任务、职能责任等进行规范。对成员单位的社会治安综合治理目标管理责任书进行修订，与39个成员单位分别签订。制定《关于确定自治区综治委成员单位2010—2013年度工作联系点的通知》，要求两个成员单位负责联系一个县（市、区），推动齐抓共管工作机制进一步完善。

（二）督促履行职责。有计划地安排综治委成员单位在相关会议上进行述职，在3月召开的社会治安重点地区排查整治工作领导小组会议上，自治区党委组织部、公安厅、司法厅、住房和城乡建设厅等6个成员单位进行述职，在5月召开的综治委全体会议上，自治区文化厅、工商局、教育厅、公安厅4个成员单位进行述职，在12月召开的全区深入推进三项重点工作督办会上，自治区公安厅、司法厅、人力资源和社会保障厅、住房和城乡建设厅进行述职，汇报工作情况。组织成员单位积极参与综治考核、开展专项整治、落实责任制和赴联系点开展工作。各成员单位把社会治安综合治理和平安建设工作纳入总体工作，建立党政一把手负总责、相关职能处室参与、全系统联动的工作格局。自治区人力资源和社会保障厅领导多次到联系点海原县调研指导综治工作，为海原县解决乡镇综治工作中心建设经费2万元。自治区住房和城乡建设厅会同文化厅指导联系点隆德县健全完善综治工作机制，赠送10台电脑。自治区交通运输厅和广电局各购5台电脑，为原州区综治办改善办公条件。

（三）形成工作合力。按照深入推进“平安宁夏”建设的总体要求，综治委成员单位结合各自职能，组织开展“平安家庭”、“平安医院”、“平安文化市场”、“平安旅游景区”、“平安宗教场所”、“平安设施园艺基地”等形式多样的创建活动。自治区公安、综治、安监等部门联合开展建筑消防设施专项治理，预防建筑火灾事故发生。自治区综治办、公安厅、高级人民法院、人民检察院、司法厅等9部门联合开展看守所安全管理大检查专项活动，排查看守所存在的安全隐患。自治区安监、公安、工商等9部门联合开展对小煤矿、小砖窑、小作坊、小冶炼厂等“六小”企业的专项整治行动，严厉打击坑骗农民工、使用童工、强迫劳动等违法行为。自治区宣传、综治、广电、公安、文化等部门，联合对全区经营性住宿、餐饮场所非法安装使用卫星电视广播地面接收设施进行专项清理整顿。

七、不断加大综治宣传工作力度，积极营造共创平安和谐的浓厚氛围

（一）加强组织保障。根据自治区党委决定，自治区综治办专职副主任利爱国被确定为自治区党委政法委、综治办的新闻发言人。各级综治办和自治区综治委五个专门工作领导小组办公室明确专人负责，建立宣传联络员、通讯员队伍，宣传工作经费均在综治专项经费中列支。自治区党委政法委、综治委设立“政法综治宣传工作优秀奖”，银川市委政法委（综治办）、石嘴山市大武口区委政法委（综治办）、法治新报社、法制日报社驻宁夏记者站4个单位被授予“政法综治宣传工作优秀奖”，各受奖1万元。

（二）突出宣传重点。在《法治新报》开设“西部大开发、平安宁夏行”专版，报道全区政法综治工作实绩，2010年刊发193版。在《宁夏日报》、《法治新报》等自治区主流媒体刊发政法综治工作专版1100余版，区内外各新闻媒体共刊发宣传宁夏政法综治工作稿件2.4万余件，宣传效果显著。开展以“普及安全常识、全民共创平安”为主题的政法综治宣传月活动，扩大宣传工作覆盖面。

共发放宣传资料80余万份，举办社会治安形势报告会57场，制作展板3780余块，橱窗354期，墙报1088期，悬挂横幅7000余条，张贴标语近万条，举办法制培训班66期、文艺演出220场，直接受教育群众达100多万人。

（三）健全长效机制。制定《关于进一步加强和改进政法综治宣传工作的意见》，建立宣传工作联席会、宣传通报会、新闻发布会等制度。定期召开自治区政法综治部门宣传舆论工作联席会议，加强与宣传部门、新闻媒体的沟通交流，研究解决政法综治宣传工作中出现的问题。

宁夏回族自治区党委办公厅　人民政府办公厅印发《关于进一步健全完善矛盾纠纷“大调解”工作体系的意见》的通知

（2010年12月3日）

各市、县（区）党委（工委）和人民政府，区直各部委办公厅局，各人民团体、直属事业单位，各大型企业：

《关于进一步健全完善矛盾纠纷“大调解”工作体系的意见》已经自治区党委、人民政府同意，现印发给你们，请结合实际，认真贯彻落实。

关于进一步健全完善矛盾纠纷“大调解”工作体系的意见

为认真贯彻落实《中共中央办公厅、国务院办公厅转发〈中央政法委员会、中央维护稳定工作领导小组关于深入推进社会矛盾化解、社会管理创新、公正廉洁执法的意见〉的通知》精神，结合我区实际，现就进一步健全完善矛盾纠纷“大调解”工作体系提出如下意见。

一、健全完善矛盾纠纷源头预防工作机制

（一）建立健全社会稳定风险评估机制。各级党委、政府对辖区社会稳定风险评估工作负总责。以企业改制、征地拆迁、涉农利益、教育医疗、环境保护、安全生产、食品药品安全等事关群众切身利益、容易引发社会矛盾的领域为重点，制定出台社会稳定风险评估办法。重大决策出台前或重大工程项目施行前，必须先行开展社会稳定风险评估，通过建立利益相关方共同参与的协商机制，完善论证、听证和公示（公告）等程序性规定，对可能出现的社会稳定风险进行科学分析和研究论证，提出防范化解措施，防止发生影响社会稳定的涉众性重大矛盾纠纷。

（二）大力推进公正廉洁执法。自治区政法各部门要分别在本系统建立健全执法监督制约机制，推进干警执法档案建设，落实办案责任制度。实行“阳光执法”，建立以立案公开、庭审公开、听证公开、文书公开、审务公开、执行公开为主要内容的执法公开工作机制。建立健全案件评查长效工作机制，大力开展案件评查活动，提升自我纠错能力。严格落实领导干部信访接待制度，积极探索推行涉法涉诉信访“双向承诺”制度。健全举

报网络，接受群众投诉，加大违法违纪责任查究力度。各级党委政法委要加强对执法规范化建设的组织领导，有效开展日常执法监督工作，推动公正廉洁执法。各级政府法制部门要加大对行政执法部门的监督指导，依法强化执法管理，细化执法规范化标准，对行政执法行为进行定期考核评估，有效预防和减少因执法不严格、不规范等引发的社会矛盾。

（三）深入开展法制宣传教育。各级司法行政部门要在"六五"普法阶段建立健全法制宣传教育长效工作机制，健全完善各级党政领导干部及国家机关工作人员学法用法制度，提升其依法决策、依法行政的能力。以"法律进农村（社区、机关、企业、学校、医院）"活动为载体，大力开展法治实践活动，深入推进"法治县（市、区）"、"民主法制示范村（单位）"建设，努力提升全民法律素养和法制意识，引导公民依法理性表达个人诉求。重点加强对青少年的法制宣传教育，提升青少年抵御违法犯罪的能力，在全社会形成知法、懂法、守法的良好氛围。

二、健全完善矛盾纠纷排查调处工作机制

（四）规范排查制度。各地、各部门（单位）要坚持"条块结合，以块为主"的原则，立足抓早、抓小，着眼防范、预警，严格落实矛盾纠纷日常排查、定期排查、专项排查和重点排查工作制度。县（市、区）社会治安综合治理委员会每月、乡（镇、街道）社会治安综合治理委员会每半月对辖区各类矛盾纠纷组织开展一次集中排查；村（社区）党组织、群众自治组织和机关、团体、企事业单位要健全完善走村入户、内部自查的经常性工作制度，坚持开展矛盾纠纷日常排查。各级行业主管部门要按照行政管理职责，对涉及行业职能工作的各类矛盾纠纷组织开展专项排查。各级社会治安综合治理委员会办公室要在临近重大活动、重要节庆日、社会敏感期，集中力量组织开展重点排查。

（五）强化调处措施。各地、各部门（单位）要坚持把调解作为解决矛盾纠纷的首选方法，综合运用法律、政策、经济、行政等手段和教育、协商、疏导等办法，健全完善全方位、多层次的矛盾纠纷化解机制，把调处工作做深、做细、做彻底。

1. 接访化解。开门接待群众来信来访，积极化解矛盾纠纷，做到事事有回音，件件有着落。

2. 包点化解。组织机关干部包村（组）、社区，与村（组）、社区干部实行责任捆绑，变上访为下访，做好化解工作。

3. 包案化解。对于可能引发群体性事件或"民转刑"案件的重大矛盾纠纷或涉法涉诉矛盾纠纷，上挂一级，实行党政主要领导包案负责，按照"一个问题，一名领导，一套班子，一个方案，一抓到底"的要求，限期解决。

4. 跟踪化解。对经调处达成协议的，要跟踪回访，防止反弹。

5. 引导诉讼。对于各类调解组织调解不成功的矛盾纠纷，应当尊重当事人的诉讼权利，积极引导群众依法按程序诉讼。对其中的困难群众，实施法律援助。

（六）健全工作档案。村、社区和机关、团体、企事业单位要分别建立矛盾纠纷排查调处工作档案，对排查出的各类矛盾纠纷认真登记备案，逐一记载责任单位、责任人、解决方案、措施、期限和调解过程、跟踪反馈情况。市、县、乡三级社会治安综合治理委员会办公室要建立辖区矛盾纠纷排查、汇总、分析、办理工作档案，及时向同级党委、政府和上级综治部门上报工作情况。在重大活动、重要节庆日、敏感时期，坚持实行"零报告"制度。

三、健全完善矛盾纠纷排查调处责任机制

（七）明确地区责任。地区排查调处工作由市、县（市、区）、乡（镇、街道）、党（工）委、政府（办事处）负责在本行政区域内组织开展。地级市负责健全完善本地区矛盾纠纷排查调处工作机制，组织开展日常督查、重点督办，严格进行考核奖惩和责任查究，调处化解因本级决策引发的矛盾纠纷。县（市、区）负责组织辖区各地、各部门（单位）定期开展排查调处工作，严格落实督查督办和责任查究工作制度，调处化解因本级决策引发的矛盾纠纷。乡（镇、街道）负责组织辖区各村（社区）、机关、团体、企事业单位定期开展排摸，了解社情民意和群众诉求，及时妥善化解各类矛盾纠纷。村（社区）负责组织村（居）委会干部、治保会、调委会工作人员和责任民警等定期排查、入户走访，发现初始矛盾，及时调处化解。

（八）落实行业责任。行业排查调处工作由行业主管部门负责在本级主管行业内组织开展。自治区、市、县（市、区）行业主管部门要按照各自行政职能，明确本部门在矛盾纠纷排查调处工作中的职责任务，牵头负责排查调处涉及本行业、本系统的各类矛盾纠纷，指导督促下级部门积极开展排查调处活动，深入推进人民调解、行政调解和司法调解衔接联动的“大调解”工作体系建设，努力形成工作合力，共同维护社会稳定。单位排查调处工作由机关、团体、企事业单位负责在本单位内部组织开展。

人民法院：按照“调判结合，调解优先”的原则，建立司法调解制度，明确司法调解工作责任，将调解机制引入立案、审理、执行、信访各个环节，充分运用巡回调解、邀请调解、委托调解等手段，坚决防止因调解工作不到位加剧引发矛盾纠纷。

检察机关：将调解工作向控告申诉案件延伸，探索建立轻微刑事案件和解机制，明确开展调解或促进刑事和解的条件、范围和程序。

公安机关：公安派出所和治安警、巡警、交警在开展治安管理、交通管理等行政执法活动中，对尚不构成治安案件的矛盾纠纷和轻微交通事故引发的矛盾纠纷及时调处、就地化解。积极推动在交警部门设立专门调解组织，就地受理、调处交通事故纠纷。

司法行政部门：推动人民调解委员会规范化建设和人民调解工作网络化、法制化建设，推动在企业改制、征地拆迁、劳动争议、教育、医疗等矛盾纠纷相对集中、多发领域建立专业人民调解组织，培育专业化、社会化调解机构。

政府法制部门：建立完善仲裁调解工作机制，明确仲裁调解工作范围、程序和责任，发展仲裁调解队伍，梳理规范行政调解法律法规文件，为行政调解提供统一的规范依据。

人力资源和社会保障部门：建立健全处置突发性、集体性劳动人事争议案件应急调解机制，在企事业单位和其主管部门建立劳动人事争议调解组织，做好劳动人事纠纷仲裁工作。

卫生部门：建立健全规范医疗纠纷专业调解委员会，完善医疗纠纷解决机制，鼓励医患双方协商解决纠纷。

国土资源部门：完善土地纠纷解决办法，选拔培训乡村土地纠纷调解员，及时做好农村土地承包、流转等纠纷仲裁与诉讼的衔接工作。

工商行政管理部门：妥善处理因工商管理行政行为引发的行政复议案件和行政赔偿纠纷。建立健全消费者权益保护机制，健全完善消费者咨询和申诉、投诉的受理、查办、反馈制度。

民政部门：加强社区管理和专职社会工作者队伍建设，建立延伸到社区、村组和各级民政部门的调解组织网络。主动参与调解土地、山林、草场等纠纷，推动边界纠纷调解。

建设部门：制定完善建设领域行政复议调解的程序性规定，依法调处因农民工权益保护或住房拆迁、土地征用、建筑施工引发的矛盾纠纷。

工会组织：依法参加劳动争议协商、调解、仲裁工作，明确工会参与处理劳动争议的范围、原则和程序规范，切实维护劳动者合法权益，协调劳动关系。

共青团和妇联组织：通过帮助申请和提供法律援助，主动参与有关劳资纠纷、权益保护争议的调解、仲裁工作，建立调解涉及妇女、未成年人合法权益和婚姻家庭方面矛盾纠纷的规范。

（九）强化责任落实。各地、各部门（单位）要严格按照矛盾纠纷排查调处责任范围，及时妥善解决问题，并跟踪负责到底。对于跨地区、跨行业、跨单位的矛盾纠纷，由综治部门提请同级党委、政府，报请上一级党委、政府或主管部门组织调处。对因责任不落实、排查不认真、调处不及时，或对排查发现的重大矛盾纠纷和问题隐瞒不报、推诿扯皮，导致发生重大“民转刑”案件、个人极端行为危害社会案（事）件和重大群体性事件的，要严格依照有关规定，实行通报批评、黄牌警告或社会治安综合治理一票否决，并按照干部管理权限，提请实行领导干部问责。

四、健全完善矛盾纠纷排查化解领导机制

（十）加强组织领导。各级党委、政府要把健全完善矛盾纠纷“大调解”工作体系作为维护社会和谐稳定的重要举措，加强组织领导，抓好统筹协调。各级党政领导要认真履行维护稳定第一责任，落实“一岗双责”制度，形成党政主要领导负总责，分管社会治安综合治理工作的领导负专责，其他领导切实负起所分管领域矛盾纠纷排查调处职责的工作格局。

（十一）搭建工作平台。各市、县（市、区）党委、政府要按照“整合力量是关键、规范运行是基础、确保实效是目的”的整体工作思路，结合本地实际，加快推进乡（镇、街道）综治工作中心建设，整合综治、信访、公安、司法、法庭等基层维稳力量，实现矛盾纠纷统一受理、集中梳理、归口管理、限期办理，落实登记、交办、承办、销号各个环节，搭建基层化解矛盾纠纷、维护和谐稳定的工作平台。

（十二）加大保障力度。各级党委、政府和各有关部门要进一步加大力量投入，强化教育、培训、管理措施，不断提升调解人员综合素质和业务水平，建立起一支党政主导、扎根群众、覆盖基层和重点领域的调解队伍。要把矛盾纠纷排查调处工作经费列入财政预算，落实调解工作专门办公场所和设施，推广建立人民调解“以案定补”、“以奖代补”激励机制，充分调动基层调解队伍的积极性。

（十三）严格考核奖惩。各级社会治安综合治理委员会要健全完善矛盾纠纷排查调处检查考核和奖惩激励机制，将其纳入社会治安综合治理和平安建设考核评价体系，严格落实对各项目标任务的监督、考核、奖惩制度。

宁夏回族自治区党委办公厅　人民政府办公厅印发《关于进一步加强校园及周边地区安全防范工作的具体实施意见》的通知

（2010 年 7 月 14 日）

各市、县（区）党委（工委）和人民政府，区直各部委办公厅局，各人民团体、直属事业单位，各大型企业：

《关于进一步加强校园及周边地区安全防范工作的具体实施意见》已经自治区党委、人民政府同意，现印发给你们，请认真贯彻落实。

关于进一步加强校园及周边地区安全防范工作的具体实施意见

为深入贯彻落实中央领导同志重要指示和全国综治维稳工作电视电话会议精神，结合我区实际，就进一步加强校园及周边地区安全防范工作，提出如下实施意见。

一、进一步增强做好校园及周边地区安全防范工作的责任感和紧迫感

校园安全关系学生、儿童健康成长，关系千万家庭幸福，关系社会和谐稳定。维护校园及周边地区安全稳定是全社会的共同责任。各级党委、政府和相关部门以及学校、幼儿园要充分认识加强校园及周边地区安全防范工作的极端重要性和现实紧迫性，进一步增强政治意识和责任意识，切实肩负起维护校园及周边地区安全的政治责任，各负其责，狠抓落实，全力维护校园及周边地区安全稳定，坚决防止各类恶性案件和重大安全事故发生。

二、指导思想和目标任务

指导思想是：以邓小平理论和“三个代表”重要思想为指导，深入贯彻落实科学发展观，紧紧围绕构建社会主义和谐社会的新要求，按照预防为主、单位负责、突出重点、保障安全的工作方针，坚持党委政府统一领导、相关部门齐抓共管、群众广泛参与，推进学校、幼儿园及周边地区治安防控体系建设，为教育事业科学发展和广大师生、儿童创造安全、和谐、稳定的社会治安环境。

目标任务是：用一年左右的时间，基本建成适应学校、幼儿园安全防范工作需要的组织网络、制度体系、工作机制和保障机制，不断深化法制化、规范化、信息化、社会化建设，全面改善人防、物防、技防设施和条件，进一步建立健全内部安全管理制度，初步建立起一支专业素质较高、数量能够基本满足需要的安全保卫队伍，全面提升学校、幼儿园及周边安全防范工作水平。2010 年底完成全区所有城市学校、幼儿园专职保安人员配备和技防设施建设工作。2011 年上半年完成全区所有农村学校安保人员配备和技防设施建设工作。

三、强化人防、物防、技防措施，全面提升学校和幼儿园安全防范能力

坚持谁主管谁负责和属地管理的原则，分类管理、强化监管。对公立中小学、幼儿园和经批准登记注册的民办中小学、幼儿园，教育行政部门要统一管理，明确安全管理责任。对经批准登记注册的各类职业技能培训民办学校，人力资源社会保障部门要督促落实安全管理责任。对未经批准登记注册的民办中小学、幼儿园，凡由乡镇（街道）以出租等形式提供土地、校舍支持的，由属地乡镇（街道）负责，加强对此类校园周边安全防范工作，督促学校、幼儿园落实安全责任和防范措施；凡利用私人出租房屋开办幼儿园的，其所在地街道办事处和相关部门要依照出租房屋管理规定加强监管。

自治区教育行政部门和地级市教育行政部门要有专人负责学校安全管理工作。各级各类学校和幼儿园要建立健全安全保卫工作机构，实行校（园）长安全管理责任制，明确校（园）长是第一责任人，确定　名副校（园）长具体负责安全保卫工作，配备安全保卫人员和必要的防护装备，组建以教职工为主体的校园护卫队等群防力量，开展校园内部和校门口的巡逻保卫工作。中心学校以上的学校（含中心学校，下同）要设立保卫处（科），如学校内设机构限额已满，可对现有内设机构进行调整，聘请专职保安员；中心学校以下的学校要安排专人负责安全保卫工作，由所在地村委会和学校组建校园护卫队；每个幼儿园至少聘请 1 名以上专职保安员，聘请专职保安员所需经费，由当地财政在预算中统筹考虑。选拔专职保安员，除符合《保安服务管理条例》规定的条件外，年龄不得超过 50 周岁，身体健康、品行良好、遵纪守法，优先考虑符合条件的优秀的复员退伍军人。专职保安员由当地公安机关或公安机关指定的保安服务公司负责培训，统一着装、统一标识、统一配备，持证上岗，落实保安人员基本防护装备。专职保安员在有寄宿生的学校采取驻勤的方式、无寄宿生的学校采取派遣的方式维护校园秩序。校园护卫队应挑选年富力强、经过培训的教师、治安积极分子、平安建设志愿者等承担具体工作。

中心学校以上的学校和幼儿园要在校门口、教学楼、图书馆、实验室、师生宿舍等重要场所安装视频监控和周界报警系统等技防设施，中心学校以下的学校要安装一键式报警器，各类技防设施与公安机关指挥中心实现有效联网，确保实时防控、全面覆盖、不留死角。初小和教学点要与村委会联合建立有效的报警机制，确保一旦出现紧急情况能够迅速作出反应。学校和幼儿园要在教学楼、学生宿舍、餐厅等重点部位按规定配置消防设施、器材，设置消防疏散标志和应急照明设施。要做好物防器材的日常保养和维护，保证其正常使用。

各级各类中小学校和幼儿园要严格门卫、值班、巡逻等安全管理制度，落实各项安全防范措施。进一步完善校外人员入校的登记或验证制度，上课时间实行校园封闭式管理。完善低年级学生、幼儿上下学时接送的交接制度。加强校园治安巡逻，落实学校领导带班、教师值班制度，发现问题及时处置和上报。教育行政部门要加强民办学校、幼儿园的安全管理，督促各民办学校和幼儿园参照公办学校标准配备保安和器械，安装监控设备和报警装置，落实各项安全管理措施，达不到标准和要求的，年检不予审核或责令关闭。

各级各类学校要把公共安全教育课程落到实处，结合防灾减灾教育，开展突发事件应急演练，落实选派民警担任中小学法制副校长或法制辅导员制度，加强对学生和教职员工的安全教育及培训，提高师生自救互救、自防自卫的能力，特别是在遇到不法侵害时防身逃生的能力。中小学校和幼儿园要充分发挥青少年学生校外活动场所和各类法制教育基地的作用，努力形成家庭、学校、社会“三位一体”的教育管理机制。要加强对学生的心理安全和心理健康引导教育，建立必要的心理健康干预机制，帮助学生解决思想问题、心理问题。

四、明确职责，落实责任，进一步完善综合防控体系和长效工作机制

各级党委、政府要切实承担起维护校园及周边安全的第一责任，充分发挥综治平台的优势和作用，推进各相关部门按照中央综治委印发的《各有关部门在学校及周边治安综合治理工作中的职责任务》(综治委[2002]17号)和《中小学幼儿园安全管理办法》精神，切实履行各自辖区内的校园及周边安全管理职责，一级抓一级，层层抓落实，健全落实维护校园安全稳定责任机制，加强校园及周边地区安全综合防控体系建设，确保各项任务落到实处。

各级政府要不断加大对学校、幼儿园安全保卫队伍和物防、技防设施的投入，将学校安全管理工作经费纳入本级财政预算，并建立稳定的投入保障机制，保证学校、幼儿园安全防范措施的顺利实施。

各级综治办要加强组织协调，建立健全相关制度，指导、协调各相关部门充分发挥职能作用，推动工作落实。要把校园及周边地区安全工作纳入当地社会治安综合治理工作考核的重要内容，对工作不力，导致发生重大恶性案件和安全事故的，坚决实行“一票否决”，并进行责任倒查。各级学校及周边治安综合治理工作领导小组每季度要召开一次联席会议，通报情况，交流工作，分析研判校园及周边治安形势，针对存在的问题和薄弱环节制定整改措施。对工作中遇到的重大问题，研究提出工作意见、建议，及时报告当地党委、政府。

各级教育行政主管部门要加强对学校、幼儿园安全保卫工作的指导检查，排查整治校内存在的各类安全隐患。制定学校安全工作考核目标，将其纳入教育督导评估体系，强化监督检查。大力推进平安和谐校园创建活动，加强警校共建工作。各级学校及周边治安综合治理工作领导小组办公室要认真履行职责，狠抓工作落实，推动有关部门共同维护好学校、幼儿园及周边的治安秩序。

各级公安机关要将学校、幼儿园纳入治安保卫重点单位，加强对其安全保卫工作的指导，完善安全管理制度，督促落实防范措施，整改安全隐患。要建立学校、幼儿园及周边治安隐患排查整治常态机制，重点加强对农村、城乡结合部的学校、幼儿园和民办学校、幼儿园、托幼机构以及各类课外班的排查。要加大学校、幼儿园、青少年校外活动场所及周边巡逻防控力度，突出学生上学、放学和幼儿到园、离园等重点时段以及校园周边治安复杂的重点部位，增加巡逻力量，加大巡逻力度，部署警力维护治安和交通秩序。要发挥图像监控系统作用，加强实时监控，密切街面巡控民警和校园安保员的实时联动和联勤，完善工作对接机制，建立动态科学的勤务制度，织密防控网络，营造校园周边安全祥和的氛围。要严厉打击校园及周边地区发生的各类违法犯罪行为，重点打击针对中小学生的抢劫、勒索、绑架等犯罪活动，坚决查禁校园及周边地区存在的“黄、赌、毒”等丑恶现象，加强危爆物品、剧毒化学品和管制刀具管理，严防流入校园。

公安派出所要落实属地责任，在辖区内城市学校、幼儿园依托门卫室设置校园周边警务室或治安岗亭，并与公安机关内部的治安、交管、消防等建立协作联动机制，每月选派民警或法制副校长、法制辅导员到校园周边警务室或治安岗亭开展工作至少两次以上。要加强与学校、幼儿园的沟通联系，与乡镇(街道)、学校和幼儿园三方负责人每周召开一次碰头会，及时通报情况，整合辅警力量、群防群治队伍和校园治安保卫人员，有针对性地开展校园周边巡逻守护、交通秩序维护、安全检查、信息收集、治安问题处置等工作。

各乡镇(街道)、村(社区)和各级群团组织要发动社会力量开展群防群治，组织广大党员干部、共青团员、民兵、离退休人员、治安积极分子、平安建设志愿者等，积极参与辖区涉校矛盾纠纷排查调处和校园及周边地区安全防范工作。通过走访群众、召开联席会议等形式，及时了解校园及周边治安状况，对辖区校园周边存在的精神病人、有暴力倾向和经常缠访、闹访人员等特殊人群、高危人员进行梳理排查，并及时将安全隐患信息告知学校，及早做好应对防控措施，形成源头预防治理有效、内部安全管理有力、外围治安防控严密的工作格局。

司法行政部门要指导学校开展校内法制宣传教育工作，加强对法制副校长的培训，推动依法治校工作，参与妥善调解校园及周边地区存在的矛盾纠纷，维护校园及周边地区的正常秩序。

文化部门要会同有关部门把好网吧设置审批关，协同有关部门依法取缔中小学校园周围200

米以内的网吧，依法查处接纳未成年人上网、超时经营等违规经营网吧，加强学校及周边地区的文化娱乐场所的监督管理。

建设部门要将学校的治安、消防、交通等基础设施建设列入城市规划，将必要的治安防范设施建设纳入学校建筑设计标准并严格监督，将校园周边的市政设施建设、管理同校园治安管理结合起来，加强对校园校舍建设质量的监督和管理，确保建设质量。会同公安机关依法在毗邻交通要道的学校门前道路设置规范的交通警示标志，施划人行横道，根据需要设置交通信号灯、减速带、过街天桥等设施。协同城管等部门依法拆除校园及周边的违章建筑，严格管理校园周边的流动摊贩。

交通部门负责在毗邻国省干线公路的学校周边路段，设置明显标志、标线及必要的交通安全防护设施，完善公路服务设施。会同公安机关依法整治运送师生的揽客营运活动和超载行为。对于地处偏远地方的学校和幼儿园，可采取开通客运专线等方式接送学生上下学。

通信管理部门要加强对互联网接入服务提供者的管理，严格网吧接入手续，对相关部门在校园周边查处的违规经营网吧，及时通知电信运营企业中止或终止其接入服务。

工商行政管理部门要加强对校园周边服务业市场的监督管理，坚决取缔无照经营，配合有关部门开展“扫黄打非”工作，协同有关部门依法取缔校园周围200米以内的网吧。

卫生部门要加强对学校及周边餐饮、食品、饮水等卫生状况的监督检查，严格审批学校及周边各种饮食服务摊点的卫生许可证，加强对学校卫生防疫工作的指导，协助学校及时做好食物中毒等安全事故的救治工作。

新闻出版部门要加强对学校及周边地区印刷复制企业的管理，严厉打击非法印制活动，加强对出版物市场的监管，深入开展“扫黄打非”工作，坚决查缴非法出版物，净化校园及周边出版物市场。

五、强化督导检查，进一步完善监督工作机制

各级党委、政府和相关部门要组织力量，采取全面督查、随机抽查、明察暗访和重点检查等方式，加强对校园及周边地区安全防范工作的督导检查，及时掌握工作落实情况，协调解决问题，总结推广经验，推动校园及周边地区安全防范工作的深入开展和长效机制的建立。要把各级领导干部抓校园及周边地区安全防范工作的实绩，列为干部考核的重要内容。要建立举报奖励机制，设立举报电话，对群众举报的校园及周边地区安全工作开展不力的线索查证属实的，给予奖励，鼓励群众对校园及周边地区安全工作进行监督。

2010年度全区综治创新工作典型做法

一、银川市综治委建立特定人群综合信息管理系统

银川市综治委组织开展特定人群排摸、采集、录入、服务、管理专项工作，制定下发《关于在全市开展特定人群排查摸底工作方案》，成立领导小组，下拨70.5万元专项工作经费，充分依托基层综治组织，调动公安、民政、人保、计生等部门力量，将排摸、采集、录入纳入常规工作，确保排查摸底工作全覆盖。在全市建立特定人群服务与管理数据库和应用管理平台，登记录入流动人口、社会闲散青少年、刑释解教人员、社区矫正对象、易肇事肇祸精神病人、三无人员等重点人群和出租房屋的基本状况和动态变化。

二、银川市金凤区综治委建立社区矫正“6+1”工作机制

银川市金凤区综治委在所辖的2个镇、5个街道办事处建立了司法所、法庭、派出所、村（社区）、服刑人员家属、矫正志愿者六方联动的“6+1”监管帮教小组，专设了社区矫正教育培训中心、心理矫治中心、职业介绍及就业培训中心，形成了监管执法、教育矫治、心理矫治、业务培训四位一体的基地化、集约化、信息化教育矫正模式。

“6+1”监管帮教小组工作人员每月上门走访、了解关心矫正对象的生活，组织矫正对象每月参加一次集中学习活动和公益劳动，帮助其解决心理、就业等方面的实际困难和问题，矫正对象每月到司法所报告学习、生活、工作方面的情况，奏出了交友、谈心、帮扶、矫正“四步曲”。在全区建立了首家“社区矫正信息管理系统平台”，为86名重点矫正对象配发了定位手机，帮助90名矫正对象实现了再就业，为4人办理了最低生活保障。实行“6+1”工作机制以来，102名社区矫正人员没有发生一起脱管、漏管和重新违法犯罪问题。

三、灵武市人民检察院建立涉检信访点名接访制度

灵武市人民检察院在控申接待室公布院领导和主要业务部门负责人姓名、照片、职务、分管工作情况，来访群众可根据反映问题的类别，自主选择接访人员，由控申部门接待人员负责联系被点名接待的领导进行接访。来访群众没有点名选择接访人员时，由控申接待人员根据来访群众反映问题的内容，与相关业务部门负责人联系，共同接访。对群众反映的问题，属于本级检察机关管辖的，接访领导在规定时限内，安排调查处理，及时予以答复。对不属于本级检察机关管辖的，认真做好解释说明工作。

四、石嘴山市大武口区综治委建立社情民意“3446”工作机制

“3446”工作机制，即开展针对弱势群体的助学、助贫、助残等“三助”活动，对辖区内有贫困、失学、残疾人员等的困难家庭进行排摸、建档、帮扶；选聘懂政策法律，在群众中有威望的老党员、老干部、老教师为政策宣传员、关爱帮教员、治安协管员、楼栋关照员等“四员”，协助社区组织开展治安防范、化解矛盾纠纷；组织社区工作者开展“进百家门、访百家情、解百家愁、暖百家心”等“四百”活动，及时了解辖区社情民意；对特困户、老党员、下岗失业人员、发生矛盾家庭、新婚夫妇、新入住居民开展“六必访”活动，及时了解情况，帮助解决困难，化解矛盾纠纷，夯实基层维稳基础。

五、吴忠市利通区综治委建立政府主导宗教人士参与的矛盾纠纷化解机制

吴忠市利通区综治委建立了由乡镇综治办主任组织，派出所所长、宗教人士为成员的穆斯林矛盾纠纷调处中心，带动辖区33个清真寺成立了由派出所民警牵头，清真寺阿訇、寺管会成员参与的“矛盾纠纷调处小组”。严格落实台账登记制度和矛盾纠纷化解“回访”制度，严格执行双方当事人和调解人员签名制，防止当事人不履行约定导致已调解完毕的矛盾纠纷出现反复。共建立宗教场所矛盾纠纷调解小组351个，调处矛盾纠纷316件，调处成功率98.5%。

六、吴忠市红寺堡区人民法院建立案件执行快速反应机制

吴忠市红寺堡区人民法院建立执行快速反应机制，有效解决被执行人难找、可供执行财产难寻等问题。该院印发举报联系卡，将执行庭工作人员姓名、联系电话制成卡片，发给聘请的执行联络员和申请执行人，方便了他们及时向执行人员举报执行线索。实行24小时接警、出警制度。所有执行工作人员在接到执行联络员、申请执行人的举报电话后，报部门领导和院主管领导批准，及时出警，开展执行工作。扩大执行联络员聘请范围。在全区聘请了执行联络员73名，扩大了信息网络。实行执行快速反应机制以来，该院2010年实现执行零积案。

七、青铜峡市综治委建立“社会人”动态服务管理机制

青铜峡市综治委积极探索建立“社会人”服务与管理机制，依托公安信息平台，对下岗职工、失地农民、进城务工人员、退役军人、闲散青少年、自谋职业者等“社会人”基本信息进行采集，实行了分级管理。建立了采集标准、规范管理、定期考核、责任追究等工作制度。社区民警通过“社会人”服务与管理信息系统，熟悉和掌握辖区人口的基本情况，对常住、暂住人口和出租房屋进行动态管理，及时掌握重点人员动向，最大限度地堵塞管理漏洞。与此同时，建立流动人口服务站，解决流动人口生活、就业等方面的困难。

八、中卫市综治委建立乡（镇、街道）“月月创平安”制度

中卫市综治委探索在沙坡头区乡（镇、街道）开展“月月创平安”活动，成立了考核小组及办公室，制定了《“月月创平安”考核细则》，以综治、安保、民调、安置帮教等为主要内容，以每月综治例会为平台，由综治办牵头，派出所、司法所、信访办共同参与，对辖区单位的平安创建工作逐项进行考核，考核结果在镇、街道、村电子公示栏公示。对有一项不达标的，下达整改通知书；对连续两个月不达标的，进行通报和警告；对连续三个月不达标的，建议一票否决。通过开展"月月创平安"活动，共排查化解矛盾纠纷220件，调处成功219件，成功率99%。对21个村、社区、单位下发了整改通知书，对8个村、单位进行了通报和警告。

九、隆德县综治委建立党员综治责任区工作制度

隆德县综治委因地制宜，制定出台了《关于在全县农村（社区）建立党员综治责任区的意见》，在全县推行建立农村（社区）党员综治责任区。县综治办挑选公道正派、懂法知理、身体健康、热心综治工作的党员，每人确定一个责任区，向广大群众宣传党的路线方针政策、法律法规，协助治保主任、"十户联防"户长开展治安巡逻防范、矛盾纠纷调解，帮助责任区内群众解决困难和问题。从县政法机关选择130名中层领导干部和业务骨干，担任全县127个行政村、3个社区的综治工作特派员，制作了《综治特派员工作手册》，做到零距离服务群众，近距离打击犯罪。

宁夏回族自治区综治委、办机构情况和负责人名单

主　任：苏德良　自治区党委常委、政法委书记、公安厅厅长

副主任：张小素　自治区人大常委会副主任
李　锐　自治区副主席
马三刚　自治区高级人民法院院长
王雁飞　自治区人民检察院检察长

委　员：冀晓军　自治区党委政法委副书记、秘书长
赵正川　自治区纪委副书记
沈　凡　自治区党委组织部副部长
张克洪　自治区党委宣传部副部长
杨锦明　自治区党委统战部副部长
韩胜利　自治区党委政法委副秘书长、宁夏法学会常务副会长
乔恩成　自治区防邪办主任
赵　诚　自治区政府副秘书长、信访局局长
马文庆　自治区高级人民法院副院长
汪　敬　自治区人民检察院副检察长
程学礼　宁夏军区政治部副主任
王俊峰　武警宁夏总队副总队长
赵紫霞　自治区教育厅副厅长
王　俭　自治区民委（宗教局）主任（局长）
李振国　自治区公安厅副厅长
王闻戈　自治区国家安全厅副厅长
赵俊新　自治区民政厅副厅长
王正升　自治区司法厅厅长
张苏安　自治区财政厅副厅长
周万生　自治区人力资源和社会保障厅副厅长
张吉胜　自治区建设厅副厅长
卢清华　自治区交通厅副巡视员
陶雨芳　自治区文化厅副厅长
叶　旭　自治区卫生厅副厅长
孙建军　自治区人口和计生委副主任
李文波　自治区国资委党委副书记、纪委书记
王　峰　自治区工商局副局长
胡鑫德　自治区质量技术监督局副局长
王政敏　自治区广播电影电视局副局长
海　军　自治区新闻出版局副局长
杨文栋　自治区安全生产监督管理局副局长
海生莲　自治区旅游局副局长
闫　华　自治区总工会副主席
佘瑞东　自治区团委副书记
李金英　自治区妇联主席
张良柱　银川海关关长
高　伟　宁夏通信管理局副局长

李晋海　中国人民银行银川中心支行纪委书记

李翰辉　宁夏保监局局长

自治区社会治安综合治理委员会办公室设在自治区党委政法委，内设综治督导室、综治协调室。冀晓军同志兼任办公室主任，利爱国同志任专职副主任。

宁夏回族自治区各市、县(市、区)综治委、办主任名单

地　区	综治委主任	综治办主任	地　区	综治委主任	综治办主任
银川市	贾奋强	郝战江	青铜峡市	郭　军	常柏林
兴庆区	周志林	耿红宁	盐池县	张吉贺	马俊义
金凤区	郎志刚	许　杰	同心县	贺占忠	白少清
西夏区	陈　梓	郭晓鹏	红寺堡区	惠兴文	马　贵
永宁县	刘文戈	赵文生	**固原市**	陈凤龙	张文远
贺兰县	李海录	曾永清	原州区	刘世生	陈学伟
灵武市	郑学文	韩育才	彭阳县	王兆林	虎秉强
石嘴山市	陈栋桥	刘建文	西吉县	陈　刚	杨生宝
大武口区	马勇宁	张金彪	泾源县	杨佐义	李春生
惠农区	张怀新	寇志山	隆德县	樊建华	张全胜
平罗县	张　侠	许东铭	**中卫市**	刘　云	田仲锋
吴忠市	徐　耀	周东波	中宁县	张　力	马学忠
利通区		贺永彪	海原县	马新民	马风槐

（撰稿人：马旭阳

审稿人：冀晓军　田大忠）

新疆维吾尔自治区

2010 年社会治安综合治理工作概况

2010 年，新疆维吾尔自治区各级综治部门在各级党委政府的领导下，认真贯彻落实中央新疆工作座谈会、全国政法工作会议、全国社会治安综合治理工作会议以及自治区党委七届九次全委（扩大）会议精神，紧紧抓住影响社会治安稳定的源头性、基础性、根本性问题，以不断提高群众安全感、满意度为目标，以基层基础工作为重点，以矛盾纠纷排查化解、重点人群排查稳控和重点地区排查整治为抓手，创新社会管理模式，深入推进平安建设，不断加大治安防控体系建设力度，广泛调动社会各方面的积极性，经过各级党政和各族干部群众的共同努力，确保了特别是全年的社会稳定，全区各类刑事、治安案件特别是八类严重刑事案件、群体性事件明显下降，群众安全感、群众对政法综治工作满意度大幅提升，为自治区跨越式发展和长治久安战略的顺利实施做出了应有的贡献。

一、深入推进反恐严打斗争，健全维稳长效机制，确保了“防反弹、保稳定”目标的实现

一是妥善做好涉“7·5”事件相关工作，“7·5”事件负面影响逐步消除。按照中央和自治区党委决策部署，自治区政法委、综治办制定了《关于确保“7·5”事件周年社会稳定工作意见》，各级党委、政府各综治部门、维稳力量结合实际，制定具体工作措施和方案，稳步推进各项维稳工作，确保了一系列敏感节点和全年平稳度过。

二是健全完善突发事件处置机制，推进维稳工作常态化。自治区及各地各部门认真总结处置突发事件、落实社会面防控、加强情报信息、做好群众工作等方面的经验做法，探索建立维护稳定的长效机制，着力推进维稳工作常态化。各地各部门不断完善处置突发事件预案，积极开展各类实战演练，切实提高了处突能力。自治区成立了各相关部门参加的网上舆情研判小组，坚持每日分析研判舆情和做好处置工作。

三是严厉打击各类严重刑事犯罪活动，牢牢掌握斗争主动权。不断深化反恐严打斗争，成功侦办了一批严重暴力恐怖案件。打击黑恶势力和严重刑事犯罪取得明显成效，全区公安机关共破获各类刑事案件 41636 起，其中八类主要刑事案件 5008 起，打掉黑恶势力团伙 9 个、抓获犯罪嫌疑人 94 人；深入开展禁毒严打整治和堵源截流攻坚战，破获毒品案件 1474 起，打击“金新月”毒品渗透和新型毒品犯罪成效显著，有力维护了社会治安秩序。

二、基础工作进一步夯实，基层综治力量得到加强

一是乡镇（街道）综治机构和工作队伍建设明显加强。各地各部门认真贯彻落实新党办发［2010］9 号文件精神，全面夯实综治维稳基层基础工作。阿勒泰、博州等地乡镇（街道）综治办配备至少 2 名专职干部，人口较多、敌社情复杂的乡镇（街道）综治办配备 1 名专职副主任和 3 名以上专职干部；阿勒泰地区将地、县两级政法、综治业务经费按人均 2 万—2.5 万元标准，乡镇（街道）、社区分别按每年 5 万元、3 万元标准纳入地、县财政预算。博州已全面解决了综治干部警衔待遇问题。

二是乡镇（街道）综治维稳中心建设进展迅速。据不完全统计，全区 14 个地（州、市）按要求建成乡镇（街道）综治维稳中心 600 多个，占全区乡镇（街道）总数的 67%，一部分条件较好的乡镇（街道）还实现了集中办公。特别是克拉玛依、昌吉、阿勒泰、博州等地乡镇（街道）不仅全部建立了综治维稳工作中心，而且 80% 以上实现了集中办公。

三是社会治安防控体系建设力度不断加大。各地高度重视视频监控系统建设，大力推进治安防控体系建设。克拉玛依市创新社会管理，建立了现代化的数字化城市和电子视频监控系统；昌吉州全年投入2000余万元用于技防建设，州、县级重点单位技防安装率分别达到96%、90%；阿克苏地区技防建设重点已转向农村和学校，有76个乡镇完成了政府所在地的视频监控，所有乡镇中学和中心小学全部完成了技防建设；伊犁、巴州、乌鲁木齐等地重点单位、要害部位初步实现了电子监控覆盖；喀什市投入2000万元建立专业巡防队伍，社会防控能力大大增强。2010年，全区刑事案件同比下降2.1%，其中八类案件、“两抢一盗”案件同比分别下降24.5%和3.75%，治安案件同比下降9.5%，治安防控体系发挥了重要作用。

三、社会矛盾纠纷排查化解工作明显进步，社会稳定的基础更加牢固

一是社会稳定风险评估工作全面推开。自治区下发《重大事项社会稳定风险评估工作意见（试行）》和召开社会稳定风险评估工作会议之后，克拉玛依、伊犁、博州、阿勒泰、吐鲁番、哈密等大部分地州迅速行动，普遍结合本地实际，制定下发文件，明确了开展重大事项稳定风险评估的范围、内容、程序和责任主体，并把开展重大事项稳定风险评估纳入综合治理工作考核内容之中。克拉玛依市先后对房屋拆迁、民汉合校和中巴车退市等几起重大事项进行了稳定风险评估，制定并落实了维稳措施，从源头上预防和减少了不稳定因素。喀什市在老城改造中积极开展稳定风险评估工作，全年没有发生一起越级上访或群体性事件，基本实现了零上访、零冲突、零事故的“三零”目标。

二是矛盾纠纷大排查工作扎实开展。各地各部门以乡镇（街道）综治维稳中心为依托，整合力量，建立健全矛盾纠纷预警、排查、包案、调处、督办等工作机制，认真开展社会矛盾纠纷大排查行动，积极主动介入社会难点、热点纠纷和群体性纠纷的调解，95%以上矛盾纠纷在乡、村一级都能够得到有效化解。克州等地在县市一级建立了社会矛盾纠纷四级排查工作机制。昌吉州坚持开展大接访活动，309名县市领导共接待来访群众444批1542人次，大批案件得到了及时化解。今年以来，全区矛盾纠纷，化解成功率达93.5%。

三是“三调联动”工作机制初步形成。阿克苏、阿勒泰、巴州等地相继出台“三调联动”工作意见，进一步完善了司法调解、行政调解和人民调解相结合的“三调联动”机制，构建起社会矛盾纠纷“大调解”工作体系。博州大力推广“公议庭”、“一案一补”等经验，不断拓展调解领域，提高了调解效率。阿克苏地区部分县市积极探索人民调解进法院等做法，并坚持把调解贯穿到侦查取证、检察立案、法院审理和执行各个环节，案件调撤率达到了50%－80%，有效防止了“民转刑”案件和群体性事件发生。2010年全区群体性事件同比下降了65%。

四是涉法涉诉信访和积案清理工作取得进展。各地政法部门开展“涉法涉诉重访积案和执行积案攻坚活动”，加大涉法涉诉信访案件的交办和督办力度，力求在最短时间内实现积案“案结事了、清仓见底”。阿勒泰地区对每起涉法涉诉信访案件签订“积案息诉化解领导责任书”，地区领导还亲自上门做上访人思想工作；巴州逐案研拟息诉罢访工作方案和措施办法，提高了工作的针对性；昌吉州采取十天一通报制度，加大督导检查力度，率先实现了中央交办案件息诉率100%的目标。

四、社会管理创新起步较好，实有人口服务管理工作成效显著

自治区加强社会建设、创新社会管理工作会议结束后，各地迅速向党委、政府专题汇报会议精神，研究部署落实的意见、措施。绝大部分地州都召开了加强社会建设、创新社会管理工作会议，制定了实施意见，并按照自治区统一部署开展了主题宣传活动。伊犁州由州领导牵头成立了10个工作组，分别督导州直10个县市的社会管理创新工作；阿勒泰地区已确定2011年为“社会管理年”；喀什、克拉玛依等地确定了社会管理创新综合试点县市；昌吉州召开了社会管理创新工作现场观摩会；哈密、喀什、克拉玛依等地已将加强社会建设、创新社会管理工作纳入本地“十二五”规划中，掀起了推进社会管理创新工作的高潮。

一是流动人口服务管理工作有实质性进展。各地不断完善流动人口服务管理机构，工作人员逐步到位。乌鲁木齐、昌吉、塔城、阿克苏、伊犁、阿勒泰、克拉玛依、哈密、喀什9个地州已经设立正式机构，配备了专职干部。同时，各地认真开展流动人口清查登记和服务管理工作，做到日清、周结、月报，底数清、情况明。克拉玛依在社区设立“流动人口之家”，实行“三个帮助”和“两个服务”；博州、巴州、塔城、哈密加强城乡结合部流动人口的清查登记成效显著；昌吉、吐鲁番、克州等地建立了规范有序、服务与管理相结合的劳动力市场；乌鲁木齐市天山区清理整顿出租房屋取得明显成效；喀什地区积极推行“一图”、“一表”、“一书”、“一知”、“两牌”、“五卡”工作机制，建立了严格的检查考核制度。经多方努力，《自治区流动人口服务管理办法》即将颁布，流动人口综合信息管理系统也正在建设之中。

二是刑释解教人员安置帮教工作进一步强化。全区共成立刑释解教人员安置帮教工作领导机构330个，各乡镇（街道）基本设立了工作站，配备工作人员1166名。哈密等地完善工作衔接管理程序，坚持分类做好“一般帮教对象”和“重点帮教对象”的衔接工作，确保放出去有人接、接回来有人管，同时落实安置政策，加强日常管理，帮助刑释解教人员更好地融入社会。伊犁、阿克苏、喀什、和田、边防总队认真落实危安重点人员滚动排查、分类管控措施，完善通报、协查、考察、倒查等制度，并提供技能、资金、技术、信息扶持，提高了教育转化率。社区矫正工作稳步推进，已在全区27个县市的60个乡镇（街道）开展了试点。

三是内地务工经商人员服务管理和内地新疆籍流浪未成年人救助保护工作进一步加强。根据中央和自治区关于做好少数民族群众到内地务工经商服务管理工作的意见精神，各地特别是和田、喀什等重点地区在外出务工群体中建立党团、工会组织，依法保护他们的合法权益，并定期组织开通亲情电话进行视频交流，稳定外出务工人员及家属的情绪。同时，积极协助内地做好涉疆案（事）件处置工作，防止事态扩大被炒作利用。克州派出带队干部和经纪人，对零散外出务工经商人员实行外出登记和返回报告制度，逐人建立信息和联系卡，对有组织外出务工经商人员全程服务管理，强化了效果。与此同时，加大了新疆籍流浪未成人救助保护力度，据初步统计，全年打掉拐卖妇女儿童犯罪团伙9个，从内地解救被拐卖妇女儿童466名。

五、社会治安重点地区和突出治安问题排查整治工作进展顺利，治安形势进一步好转

根据中央综治办的统一安排部署，各级综治委及时组织召开会议，周密筹划社会治安重点地区和突出治安问题排查整治工作，各级党委、政府普遍成立领导小组，制定工作方案，召开动员大会，精心安排部署，把排查整治工作列入重要议事日程。阿克苏、博州、阿勒泰等地动手早，行动快，在第一时间召开了动员会议，有针对性地部署安排。伊犁、巴州、克州、克拉玛依等地政法委书记亲自带队、深入基层，对突出问题进行实地调研和督导检查。自治区人力资源和社会保障厅、民政厅、住房和城乡建设厅、工商局等单位高度重视排查整治工作，主要领导多次过问，自治区组织部、高级法院、检察院、司法厅、民政厅、安监局等单位领导还亲自带队前往挂牌重点地区督导整改，帮助解决实际困难，自治区公安厅、交通厅、文化厅、国土资源厅、工商局、新闻出版局、人民银行等单位在深入排查本系统、本单位影响社会治安突出问题的基础上，结合开展业务工作，制定有针对性的工作方案。据统计，全区共确定整治重点地区1260个，各级挂牌督办391个，其中自治区级14个、地级100个、县级277个，通过整治，目前共有1100个重点地区基本整治完毕，占总数的87.3%。

六、平安建设深入推进，为长治久安奠定了坚实基础

一是探索创新的力度进一步加大。各地在平安建设工作中，不断总结经验，创造了很多行之有效、群众满意的工作方法和工作机制。伊犁州推出“巷道长”工作机制，巴州实行“红袖标”工程，塔城开展“五无”村队（社区）单位创建活动，和田推行《村规民约》工程，博州推行“三个一元钱”经费筹措模式等，有力地推动了平安建设不断向纵深发展。

二是“细胞工程”进一步强化。各级妇联紧抓平安家庭“细胞工程”不放松，借开展“三·八”维权周活动之机，强化各族妇女在平安家庭创建活动中的地位和作用，通过发放《平安家庭倡议书》、宣传《妇女权益保障法》、《新疆维吾尔自治区预防和制止家庭暴力规定》等宣传册，采取举办知识竞赛、趣味联欢会、知识讲座等形式，开展《自治区民族团结教育条例》、“法治六进”等宣传教育活动,推进平安家庭创建工作。阿克苏、阿勒泰、喀什、克拉玛依等地在积极开展“平安医院”、“平安文化市场”、“平安边界”创建的同时,把平安创建的触角延伸到了科室、班级、餐厅、超市、宾馆、企业、单位和两新组织等各行各业和各个层次。

三是创建效果进一步显现。全区已有92%的乡镇(街道)、94.6%的村(社区)、95%的学校、96%的宗教活动场所、97%的家庭平安创建达标;57个县(市、区)先后被命名为自治区平安县(市、区),已超过自治区县(市、区)总数的60%,还有一批县(市、区)已经通过了地州初审,正待自治区验收命名。特别是2009年被自治区平安建设领导小组通报批评的乌恰、岳普湖、玛纳斯三个县,认真反思不足、制定有效措施,经过不懈努力,一举扭转了平安创建工作落后局面,社会调查总满意度排名大幅提升。

七、发挥齐抓共管优势,综合治理专项工作取得新成效

一是学校周边治安环境有效改善。各级政法、综治、教育、工商、卫生等相关部门积极协作配合,在全区开展“校园、幼儿园安全及周边治安秩序专项整治”活动。各地及时成立地、县两级专项整治领导小组,制定实施方案,由党政主要领导亲自负责,分管综治、教育领导一级抓一级,从建立健全校园安全管理的长效工作机制和校园内部安全防范机制入手,严格落实领导带班、24小时值班制度,加强内部巡逻和安全检查;加大治安防控巡逻巡查力度,严打涉校、涉园违法犯罪;加强人防、技防和物防建设,校园安全防范能力全面提升。

二是预防青少年违法犯罪工作扎实推进。以宣传、实施新修订的《未成年人保护法》为重点,认真开展《未成年人保护法》和《预防未成年人犯罪法》学习宣传和“青年五四奖章”评选及“感恩、融情、塑形”等专项教育活动,深化青少年维权工作,完善12355青少年法律和心理服务平台,进一步打牢了青少年正确思想根基。目前,全区各地、县普遍成立预防青少年违法犯罪工作领导小组和青少年维权中心,开通青少年维权热线,全区近6000所中小学校全部配备了法制副校长,预防青少年违法犯罪工作网络体系更加完善。

三是电力设施保护、油气田专项整治初见成效。自治区综治委电力设施保护工作领导小组及办公室认真组织开展严厉打击盗窃破坏“三电”设施违法犯罪专项治理,强化了对案件多发线路、地段、时段的巡逻防控工作,全区破坏“三电”刑事案件同比下降44%,有效遏制了该类案件频发的态势。自治区保护油气田专门工作小组及办公室以解决涉油突出问题为切入点,以建立完善长效机制为着力点,集中开展贯彻实施《中华人民共和国石油天然气管道保护法》宣传活动,深入开展油气田专项整治工作,层层抓落实,取得明显成效。

四是铁路运输保持了安全畅通。铁路沿线各地广泛开展平安铁路示范县(市)创建活动,推进基层铁路护路工作,各基层护路办层层签订护路工作责任书,认真组织开展“创平安铁路,保运输畅通”爱路护路宣传专项教育活动,结合综合治理宣传月活动,深入沿线各村组、学校、企业大力宣传爱路护路安全常识。铁路沿线各地(州、市)、县(市、区)集中清理整治铁路沿线废旧金属收购站点,加强无人道口的看护防范,进一步净化了铁路沿线治安环境,确保了区内铁路安全畅通。

八、牢牢把握舆论导向,政法综治宣传工作能力和水平进一步提高

一是由被动应对向主动宣传转变,外宣意识不断增强。自治区政法委、综治办制定下发《自治区政法综治宣传工作考核办法》后,各地不断加强宣传队伍建设,加大经费保障力度,全区14个地(州、市)及各县(市、区)均建立了信息员队伍。特别是各地(州、市)政法委书记纷纷撰写学习贯彻自治区综治条例和建立维稳风险评估机制的相关文章,为各级政法综治干部带了好头。自治区高级法院还制定了《关于进一步加强和改进司法宣传工作的意见》、《全区人民法院司法宣传工作细则》等文件,院领导多次接受中央及自治区主流媒体的专访,推进司法宣传工作,为成员单位作了表率。

二是加大了教育培训力度,政法综治宣传队伍素质进一步提高。2010年,自治区政法委、综治办举办了“全区政法综治系统宣传骨干暨网评员培训班”和“全区政法、综治、宣传系统领导干部舆论引导(视频)培训班”,并组织各地、各部门领导观看专题片,全面提高全区政法综治系统应对突发事件和驾驭复杂局面的能力和水平。除参加自治区组织的培训外，阿勒泰、博州、克拉玛依、伊犁州、巴州、阿克苏、乌鲁木齐等地也组织开展了相关培训，不断提高干部的整体素质。

三是政法综治重要活动及日常宣传工作取得明显成效。各地综治办以《自治区综治条例》颁布实施为契机，认真组织开展第二十个综治、平安建设宣传月活动，将70000本汉、维文《条例》单行本分发到了全区村组（社区），通过组织媒体刊发领导署名文章、答记者问，组织开展有奖征文、知识竞赛等各种形式的宣传活动，在全区掀起了学习贯彻《条例》的新高潮。综治优秀新闻作品评选活动收效明显，全区共选送11件作品参加全国社会治安综合治理优秀新闻作品和中国新闻奖评选，其中2件作品获二等奖、2件作品获三等奖，获奖等级和获奖作品数量位居各省（区、市）、各部门前列，奖项涵盖了报刊、电视、广播、摄影四大类，创历史最好成绩。

四是充分运用新疆法制报、新疆平安网等平台，进一步拓展了政法综治和维稳工作宣传覆盖面。各地充分调动信息员（通讯员）的宣传工作积极性，自开网以来，新疆平安网的发稿量达到近十万条。同时所发稿件未出现大的政治导向问题，为宣传政法综治工作做出了应有的贡献。

中共新疆维吾尔自治区党委办公厅
自治区人民政府办公厅
转发《自治区社会治安综合治理委员会关于
进一步加强社会治安综合治理基层基础
建设的实施意见》的通知

（2010年5月21日）

伊犁哈萨克自治州党委、政府，各地、州、市党委、政府（行署），自治区党委各部、委，自治区各委、办、厅、局、人民团体、大专院校，自治区大中型企业、中央驻疆单位，生产建设兵团：

《自治区社会治安综合治理委员会关于进一步加强社会治安综合治理基层基础建设的实施意见》已经自治区党委、自治区人民政府同意，现转发给你们，请认真贯彻执行。

自治区社会治安综合治理委员会关于
进一步加强社会治安综合治理基层基础
建设的实施意见

社会治安综合治理工作是中国特色社会主义事业的重要组成部分，是维护社会稳定、解决我国现阶段社会治安问题的根本出路，是推动经济社会又好又快发展的重要保证。为进一步推进社会治安综合治理工作,2009年3月,中共中央办公厅、国务院办公厅转发了《中央社会治安综合治理委员会关于进一步加强社会治安综合治理基层基础建设的若干意见》(中办发[2009]14号)(以下简称《若干意见》),对新形势下进一步加强社会治安综合治理基层基础工作提出了明确要求。

当前和今后一个时期,我区仍处于人民内部矛盾凸显期、刑事犯罪高发期、对敌斗争复杂期。特别是乌鲁木齐"7·5"打砸抢烧严重暴力犯罪事件的发生,充分暴露了我区社会治安综合治理基层基础工作还存在一些薄弱环节,表明我区社会治安和政治稳定面临的形势依然严峻复杂。实践证明,社会治安综合治理的重点在基层,薄弱环节也在基层,加强社会治安综合治理基层基础建设刻不容缓。为认真贯彻落实《若干意见》精神和《新疆维吾尔自治区社会治安综合治理条例》(以下简称《条例》)要求,切实加强我区社会治安综合治理基层基础建设,进一步增强基层实力,激发基层活力,提高基层战斗力,夯实维护社会稳定和构建平安新疆的根基,特提出以下实施意见。

一、进一步加强社会治安综合治理基层组织建设

(1)充实综合治理基层组织力量。各地要严格按照中央社会治安综合治理委员会、中央机构编制委员会办公室《关于印发〈关于加强乡镇、街道社会治安综合治理基层组织建设的若干意见〉的通知》(综治委[2003]20号)规定和《条例》第八条要求,进一步充实加强乡镇、街道综治委、办建设。为增强乡镇、街道综治委在维护稳定、维护社会治安工作中的组织协调力度,委员会主任应由乡镇、街道党(工)委、政府(办事处)的主要领导担任,办公室主任应由党(工)委副书记担任。公安派出所所长、司法所所长、人民武装部部长等可兼任办公室副主任。办公室至少要配强1名专职干部,人口较多、敌社情复杂的乡镇、街道综治办公室应配备1名专职副主任和2—3名以上专职干部。合理调整充实乡镇、街道综治委成员单位,吸纳辖区内重要单位、驻军部队等参加综合治理工作,扩大社会治安综合治理工作覆盖面。要按照精简机关、充实基层的总体要求和有关规定,大力加强派出所、司法所和人民法庭建设,尤其要加强社区和农村警务室建设,力争2011年底实现"一区一警"或"一区多警"的目标。实行社区和驻村民警在社区和农村基层组织中兼职制度,明确职责,保证民警有足够的时间做好社会治安基础工作。要切实加强治保会、调委会等社会治安综合治理基层组织建设,着力提高村(社区)维护社会稳定的能力。各村(社区)要明确1名负责人主抓社会治安综合治理工作,要在村(社区)推广建立综治工作小组,整合驻村(社区)警务室、治保会、调委会、治安联防队等资源和力量,扎实有效地开展各项社会治安综合治理工作。

(2)建立乡镇、街道综治维稳工作联席会议制度。要有效整合基层综治维稳力量,提高工作效率,按照"分工协作、优势互补、服务大局、便民高效"的总体思路,由综治委牵头,整合公安、司法行政、信访、法庭、武装部、民政、民族宗教、教育、工商、城管、安全生产等机构力量,合理调配资源,建立乡镇、街道综治维稳工作联席会议制度,将综治、维稳、信访、矛盾纠纷排查调处、流动人口服务和管理、刑释解教安置帮教等工作统筹安排。完善协作联动工作机制,落实工作例会、首问责任、情况报告、分流督办、检查考核等工作制度,形成矛盾纠纷联调、社会治安联防、重点工作联动、突出问题联治、基层平安联创的工作格局。

(3)健全非公有制经济和社会组织综合治理工作机构。按照属地管理和谁主管谁负责、谁经营谁负责的原则,切实加强非公有制经济和社会组织社会治安综合治理工作机构和力量建设。到2012年,100人以上的非公有制经济和社会组织均应建立综合治理工作机构,并落实相关工作人员;规模较小的非公有制经济和社会组织要设立专门的综合治理联络员,确保此项工作有人抓、有人管。

二、进一步发展壮大群防群治队伍

(4)积极发展多种形式的群防群治队伍。各地要根据维护社会稳定的实际需要,按照实有人口1000:1(每个乡镇、街道最少不得少于10人)的标准,配备由政府出资的乡镇、街道综合治理专职联防队伍,并积极争取和最大限度地利用公益性岗位壮大群防群治力量。要因地制宜地发展治安信息员、治安楼栋长、治安中心户长、家庭治安联系人等多种形式的群防群治队伍,切实增强全社会的预防和控制能力。在农牧区大力推广治安中心户制,每个村(居)民小组根据需要选聘若干治安中心户长,协助村治保会、调委会做好治安巡逻、信息收集、矛盾纠纷化解等综合治理基础工作。企业事业单位要认真贯彻国务院《企业事业单位内部治安保卫条例》和相关要求,按照“看好自己的门,管好自己的人,办好自己的事”的基本要求,根据单位性质、人员数量、治安状况等因素,设置专门的安全保卫机构或专、兼职人员,切实搞好单位内部的各项安全防范工作。保安、物业等社会服务机构要按照《条例》规定,自觉承担起维护社会治安的职责。

(5)大力推动和组建平安建设志愿者队伍。各地要在总结平安奥运经验的基础上,大力推广平安志愿者这一群防群治新形式,明确志愿者的权利和义务,加强指导,完善机制,强化管理,严格培训,确保管理有序、行为规范、运转顺畅、保障有力,使平安建设志愿者队伍成为维护社会治安和政治稳定的重要力量,并努力探索建立平安建设志愿者队伍长效工作机制。

(6)切实加强对见义勇为者的奖励和保护。自治区和各地(州、市)要进一步健全见义勇为先进分子奖励机构,按照《条例》的要求,完善以政府拨款为主、社会募集为辅的基金筹集机制,努力拓宽资金募集渠道,加强基金的管理和使用,加大奖励抚恤力度。大力宣传见义勇为先进典型,大力表彰见义勇为先进分子。建立和完善在群防群治活动中负伤、牺牲人员的救助和抚恤机制,鼓励广大人民群众积极见义勇为。

三、进一步提升城乡技防建设水平

(7)把技防建设纳入城乡建设的总体规划。各地、各部门要认真贯彻落实《新疆维吾尔自治区报警与监控系统建设管理办法》和《新疆维吾尔自治区报警与监控系统建设三年规划》,大力加强城乡技防建设。在城镇,按照统一规划、统一标准、统一规格、统一建设的原则,依托公安机关报警与视频监控系统,增布社会面电子监控设施,加强对社会面的动态监控。在农村,要在案件多发地区、边远地区、城乡结合部等建立治安岗亭、治安卡点和流动岗哨,同时大力推广红外线等投入少、施工方便、见效快的技防设施,不断提升对农村社会治安的动态控制能力。

(8)认真落实机关、企事业单位和住宅小区技防措施。机关、企事业单位要严格按照有关要求,切实加强内部安全防范工作,在财务、仓库、易燃易爆等重点要害部位,全面安装视频监控固定报警装置。要多渠道筹措资金,提高城市住宅小区技术防范含量。对新建住宅小区(写字楼),要落实开发商(建设单位)技防设施建设责任,确保技防设施建设与主体工程同规划、同设计、同施工、同验收、同使用。对老居民住宅小区,要分期分批进行技防设施改建,通过把技防设施补建、改建、维修经费纳入房屋大修基金支出的办法,全面推动技防设施的完善。基层综治组织要加强指导,逐步将科技防范措施延伸至农村地区的民营企业和种养殖专业户。

(9)全面提升城乡家庭住宅技防水平。要动员和组织城乡居民开展“技防进万家”活动,积极引导城乡居民家庭安装与公安机关联网的智能报警系统或简易技防设施,逐步提高城乡居民家庭技防设施普及率。

四、进一步创新综合治理基础工作机制

(10)进一步建立健全舆情信息收集研判机制。各地要根据本地实际,建立覆盖广泛、能够长期发挥作用的信息员队伍。重点在人口密集、弱势群体集中、治安状况复杂、民族宗教敏感地区构建多层次、全方位的舆情信息网络,全面收集敌情、社情、民情等各种前瞻性、预警性信息。要建立健全舆情信息报送研判机制,充分发挥舆情信息的预警、线索、综合反映社会动态和治安形势的功能。

(11)进一步建立健全矛盾纠纷排查调处工作机制。一要抓源头。探索建立社会稳定风险评估机制,凡涉及群众切实利益的事项,必须经过认真论证、公开听证,确保科学决策,从源头上预防和减少社会矛盾的发生。二要清积案。既要对已形成的积案多措并举,在疏通“出口”上狠下功夫,尽快化解;又要注意化解尚未形成上访的矛盾问题,避免形成新的积案。三要建机制。充分发挥排查化解矛盾纠纷职能作用,着力构建人民调解、行政调解、司法调解紧密衔接和多种方法、多种力量联调联动的大调解工作格局,牢固树立调解也是执法办案的观念,从政策机制上把调解优先原则贯彻于执法办案中,努力实现案结事了。四要强基层。农村紧紧围绕水源、土地、草场、征地拆迁等纠纷;城镇紧紧围绕企业改制、城区改造、低保救助、历史遗留问题等矛盾,深入排查,认真研判,积极化解、加强防范。乡镇、街道每半个月要召开一次分析研判会,明确问题、明确人员、明确措施、明确责任、明确解决限期，需要挂牌督办的，明确包案领导。对重大情况、重大问题要随时研判，及时处置。完善矛盾纠纷调处"一案一补"等调解补贴激励机制，真正做到"小事不出村，大事不出乡，矛盾不上交"。

(12)进一步建立健全重点混乱地区、突出治安问题和重点安全隐患排查整治工作机制。按照自治区党委关于社会治安重点地区排查整治与维护稳定重点地区集中整治有机结合的总体要求，各地、各部门要结合实际，对重点地区、重点部位、重点行业、重点场所、重点领域、重点人群以及案件多发高发的地方，开展经常性的摸排调查，对各类影响社会治安、政治稳定的矛盾纠纷和安全隐患做到底数清、情况明并及时有效整治。要及时总结经验，完善措施，健全机制，加强源头治理，努力推进排查整治和集中整治制度化、规范化、常态化，不断巩固成果，防止反复。要把改善民生、保障民生作为排查整治和集中整治的落脚点，使广大群众共享整治成果。

(13)进一步建立健全重点人群服务和管理工作机制。各地、各部门要按照自治区《流动人口服务和管理办法》和《刑释解教人员安置帮教意见》，结合实际，认真抓好重点人群管理的基础性工作，切实掌握重点人群基本情况，不断提高重点人群管理水平。在为流动人口提供服务的同时，着力抓好以出租房屋为基础的流动人口管理，落实房屋出租人、承租人的治安责任，重点加强对流动人口中高危人群的管理控制；按照"帮教社会化，就业市场化，管理信息化，职责规范化"的要求，认真做好刑释解教人员的安置帮教工作，最大限度地降低重新违法犯罪率。有针对性地强化对社区矫正人员、吸毒人员、"法轮功"、艾滋病患者、精神病人等特殊群体和重点人员的帮教管控措施。同时，要切实关心未成年人的成长，提高对社区闲散青少年、服刑在教人员未成年子女、流浪儿童、农村留守儿童等青少年群体的教育、服务、救助和管理水平。

(14)进一步建立健全基层单位平安创建工作机制。要继续深入开展平安企业、平安学校、平安医院、平安市场、平安宗教场所、平安小区等系列基层平安创建活动，建立基层平安创建考核、奖惩机制，推动社会治安综合治理各项措施在基层的落实。各地要紧密联系实际，加强分类指导，积极开拓创新，大力开展创建活动。从2010年开始，自治区将组织开展平安创建"百千万"工程，争取用两年时间，创建首批100个"平安示范乡镇、街道"、1000个"平安示范村(社区)"和10000个"平安示范楼院"，充分发挥典型的示范辐射和带动作用，不断激发基层平安创建的积极性，营造人人共创平安、人人共享平安的浓厚氛围和工作局面。

(15)进一步落实"四知四清四掌握"工作机制。各地要按照自治区党委的统一要求，从解决群众困难、维护群众利益出发，以化解矛盾纠纷、确保社会稳定为目的，结合本地实际，制定具体的工作措施，全面建立"四知四清四掌握"工作机制，切实落实各项要求，及时发现和掌握影响社会治安和政治稳定的各种矛盾和隐患，努力把矛盾解决在基层和内部，把隐患消除在萌芽状态。

五、进一步加强对社会治安综合治理基层基础工作的组织领导

(16)加强组织领导。各级党委、政府要把社会治安综合治理工作纳入国民经济和社会发展规划，进一步加强组织领导，把社会治安综合治理基层基础建设与基层党组织和基层政权建设结合起来，努力在理顺体制、完善机制、壮大力量、加强保障等方面实现新突破。各地、各部门、各单位主要领导，要切实担负起第一责任，亲自研究部署社会治安综合治理基层基础建设中的重要事项，亲自协调解决存在的困难和问题，亲自督查重点工作措施的落实。

(17)强化综治宣传。要加强对社会治安综合治理宣传工作的组织领导和队伍建设，密切与宣传部门和主要新闻媒体的协作配合，大力宣传推广综治工作的先进典型，广泛动员人民群众参与平安建设，营造共建平安、共享平安的浓厚氛围。充分发挥"新疆平安网"、"新疆法制报"的主阵地作用，积极推动综治宣传工作再上新台阶。在具体工作中，既要注重以"综合治理宣传月"为形式的集中宣传，又要注重日常宣传；既要重视对《条例》等法律、法规和政策的宣传，又要重视对基层工作经验的宣传；既要继续发挥广播电视等传统媒体的作用，又要高度重视网络及各种移动存储介质的传播效果。要采取有奖征文、知识竞赛、板报墙报、文艺演出、领导访谈、专题辅导、媒体专栏等多种形式，大张旗鼓地开展综合治理和平安建设宣传教育活动，使社会治安综合治理工作家喻户晓，人人皆知。

(18)落实奖惩责任。各地、各部门要严格按照中央社会治安综合治理委员会、中央纪委、中央组织部、人事部、监察部《关于实行社会治安综合治理领导责任制的若干规定》(综治委[1993]16号)、中央社会治安综合治理委员会、中央组织部《关于党委组织部门在参与社会治安综合治理工作中进一步发挥好职能作用的意见》(中组发[2003]25号)、自治区《条例》和有关文件要求，认真落实社会治安综合治理领导责任制。各级社会治安综合治理部门要密切配合纪检部门和党委组织部门，建立社会治安综合治理工作实绩档案，将各级党政领导抓社会治安综合治理工作情况纳入政绩考核范围，并作为奖惩和使用干部的重要依据。进一步用足用好警示、诫勉谈话、黄牌警告、一票否决等综治措施，严格责任追究，严格兑现奖惩措施。根据《条例》规定，对"不适用一票否决的单位和个人，由县级以上社会治安综合治理委员会协调、督促有关部门依法予以处罚。"在社会治安综合治理工作上真正实现"人、事、能"相一致、"责、权、利"相统一。

(19)加大保障力度。按照《条例》第三十八条关于将综合治理经费列入财政预算的要求，地(州、市)、县(市、区)、乡镇、街道应分别按照辖区实有人口每人每年不少于0.5元、1元和2元的标准将综合治理工作经费列入同级财政预算，并随着经济的发展和财力的增加逐步有所增加。综合治理工作经费主要用于检查督导、考核评比、推广典型、表彰奖励、人员培训、宣传教育等。切实加大群防群治经费保障力度，农村乡镇由政府出资的专职联防队员按照当地农牧民人均收入水平由地(州、市)、县(市、区)财政发放补贴，其中，南疆三地(州)全部县(市)和全区其他贫困县的补贴由自治区财政承担。城市街道专职联防队伍的经费保障主要通过公益岗位予以解决。

(20)关心爱护队伍。要按照建一流队伍的要求，切实加强对乡镇、街道政法、综治干部、基层治保调解人员、保安协警人员、治安信息员、治安志愿者的培训，不断提高基层综治维稳力量的政治业务素质。要大力加强基层综治委、办基本建设，力争3年内基本改变乡镇、街道综治部门无办公场所、无通讯工具、无交通工具、无办公电脑的"四无"状况。要根据自治区《关于各级党委政法委员会干部实行公安工资待遇的通知》(新工改办字[1997]02号)精神，落实乡镇、街道综治专干享受公安警衔津贴待遇。村(社区)负责综合治理工作的专职人员由县(市、区)财政给予适当补贴，从而调动其做好基层综合治理工作的主动性、积极性和创造性。对连续在乡镇、街道工作10年以上，表现优秀、符合职务晋升条件的政法、综治干部，可分别定以副主任科员、主任科员职级，以鼓励优秀的政法、综治干部扎根基层。

各级综治委要加强对社会治安综合治理基层基础建设的协调指导、督促检查，及时发现解决问题，及时总结推广经验，形成抓基层、打基础的良好局面，不断推进社会治安综合治理工作取得新实效，实现新突破。

中共新疆维吾尔自治区委办公厅　自治区人民政府办公厅关于印发《自治区重大事项社会稳定风险评估工作意见》(试行)的通知

(2010年7月29日)

伊犁哈萨克自治州党委、政府，各地、州、市党委、政府(行署)，自治区党委各部、委，自治区各委、办、厅、局、人民团体、大专院校，自治区大中型企业、中央驻疆单位，生产建设兵团：

《自治区重大事项社会稳定风险评估工作意见》(试行)已经自治区党委、自治区人民政府领导同意,现印发给你们,请结合实际,认真贯彻执行。

自治区重大事项社会稳定风险评估工作意见(试行)

为深入贯彻落实科学发展观,正确处理改革发展稳定的关系,强化"发展是第一要务、稳定是第一责任"理念,切实从源头上预防和减少影响社会稳定的矛盾和隐患,切实增强决策的科学性,切实维护我区社会大局稳定,按照《中共中央办公厅、国务院办公厅转发〈中央政法委员会、中央维护稳定工作领导小组关于深入推进社会矛盾化解、社会管理创新、公正廉洁执法的意见〉的通知》(中办发[2009]46号)、中央新疆工作座谈会精神和自治区党委有关要求,结合我区实际,提出以下意见。

一、重大事项社会稳定风险评估工作的指导思想和重大意义

(一)重大事项社会稳定风险评估的指导思想是:以邓小平理论和"三个代表"重要思想为指导,深入贯彻落实科学发展观,按照中央关于深入推进社会矛盾化解工作的要求,紧紧围绕解决影响新疆社会和谐稳定的源头性问题,建立"党委统一领导、政府组织实施、主管部门具体负责,维稳部门指导检查"的组织领导体制和运行机制,将社会稳定风险评估作为出台重大事项的前置程序和必备条件,从源头上预防社会矛盾纠纷的发生,最大限度地增加和谐因素,最大限度地减少不和谐因素,为新疆实现跨越式发展和长治久安创造和谐稳定的社会环境。

(二)重大事项社会稳定风险评估制度,是防范社会风险的一项重要制度性措施。重大事项社会稳定风险评估制度,是指对重大事项在制定、出台及实施后可能发生危害社会稳定的诸因素进行分析,评定可能发生危害的风险等级,对不同风险进行有效应对,搞好危机预防,制定应对计划,采取切实可行措施防范、降低、消除社会稳定风险,将重大事项社会稳定风险评估制度纳入维护社会稳定、实施源头治理的系统工程,是有效预防和减少社会不稳定隐患,实现标本兼治的重要保障。

二、重大事项社会稳定风险评估工作的基本原则

(三)各负其责。各级党委、政府负责本行政辖区重大事项社会稳定风险评估工作的领导、组织工作,各地、各部门、各单位按照"谁主管、谁负责"、"谁审批,谁负责"、"谁经营、谁负责"和归口管理的要求,统筹落实好本地区、本系统、本单位的重大事项社会稳定风险评估工作。

(四)依法评估。评估工作要严格依照法律法规和政策,制定全面、科学、规范的评估标准,定量与定性分析相结合,统筹考虑发展需要与承受能力的关系,因地制宜,切实增强评估的科学性、可行性、权威性。

(五)民主决策。加强决策前的调查研究工作,逐步完善专家咨询论证制度,通过多种方式广泛征求群众意见,特别是所涉及群体的意见,进一步拓宽公众参与决策的渠道。对争议较大、专业性较强、影响面较广的评估事项,要组织相关部门和人员进行听证、论证,做到公众参与、专家论证和政府决策相结合,使决策能够体现和反映人民群众的要求,不断提高决策规范化和程序化水平。

(六)科学统筹。为了保证评估结论的科学性,风险评估责任主体要组成强有力的重大事项社会稳定风险评估领导小组进行广泛调研,统筹兼顾各相关部门的意见建议,充分征求相关领域的专家学者和涉及利益群众的意见,最后形成综合评估意见。

(七)以人为本。评估工作要坚持党的全心全意为人民服务的宗旨,把群众利益放在第一位,既要维护群众的长远利益,又要兼顾群众的眼前利益。对直接涉及群众切身利益的民生事项,更要慎之又慎。把人民群众是否支持拥护作为衡量各项政策和举措出台与否的基本标准,把人民群众是否满意作为检验各项工作成效的基本尺度，做到发展为了人民、发展依靠人民、发展成果由人民共享。

三、重大事项社会稳定风险评估工作的范围和主要内容

（八）重大事项社会稳定风险评估的范围：

1. 关系到较大范围人民群众切身利益的社会管理、社会保障等重大决策；

2. 涉及人民群众普遍关心的有关民生问题的政策制定或修改；

3. 关系到产权转让、资产处置、员工安置等重大利益格局调整的企事业单位改革或改制；

4. 有可能在较大范围或较长时间内对人民群众生产、生活造成重大影响的项目建设；

5. 涉及诸多利益群体或较大群体利益的行业政策调整；

6. 涉及生产安全、市场安全、金融安全、食品安全、药品安全、交通安全等一些重大措施的制定、调整；

7. 其他应当进行社会稳定风险评估的事项。

（九）重大事项社会稳定风险评估的内容：

1. 评估合法性。重大事项的制定和出台是否符合党和国家的方针政策，是否与现行政策、法律、法规相抵触，是否有充分的政策、法律依据；重大事项所涉及政策调整的对象和范围是否界定准确，调整的依据是否合法；是否坚持严格的审查审批和报批程序。

2. 评估合理性。重大事项是否符合经济社会发展规律，是否坚持了以人为本的科学发展观，是否符合大多数群众的根本利益；是否超越当地财力和绝大多数群众的承受能力，是否把改革的力度、发展的速度和社会可承受程度有机地统一了起来；是否得到大多数群众的理解和支持，是否兼顾了人民群众的现实利益和长远利益。

3. 评估可行性。是否经过严谨科学的可行性研究论证，是否充分考虑到时间、空间、人力、物力、财力等制约因素；方案是否具体、详实，配套措施是否完善；重大事项出台的时机是否成熟；重大事项出台后是否会造成其他地方、其他行业、其他群众的攀比。

4. 评估安全性。是否符合可持续发展的要求，对生态环境有何重大影响；当地群众对该项目建设有无强烈的反映和要求；可能产生环境污染、生态环境破坏的项目，是否有科学的治理和环保配套措施，是否具有相关权威部门的环保鉴定或审批手续；重大事项的制定和出台是否会影响生产、市场、金融、食品、交通等领域安全，是否会引发较大的影响社会治安和社会稳定的事件，实施过程中可能出现哪些较大的社会治安问题；是否会给周边的社会治安带来重大的冲击；重大事项实施前，治安突出问题和混乱地区是否得到有效整治；对可能出现的影响社会治安和社会稳定的问题，是否有相应的应急处置预案等。

5. 重大事项实施过程中可能出现的其他影响社会稳定的重大问题。

四、重大事项社会稳定风险评估工作的责任主体和程序

（十）确定责任主体。重大事项社会稳定风险评估责任主体是指，有关决策的提出部门、政策的起草部门、项目的报建部门（单位）、改革的牵头部门以及重大事项、重大项目的最终决策、审批部门等。涉及多部门、职能交叉难以界定责任主体的，由本级党委、政府指定责任主体。

（十一）严格工作程序。责任主体在重大事项出台实施之前，应认真组织开展社会稳定风险评估，并落实有关维稳措施。

1. 确定评估项目。凡涉及有可能影响社会稳定的重大事项，评估责任主体认为存在较大社会稳定风险的重大事项，应该将其确定为需要评估事项。责任主体在确定评估项目的同时，报同级维稳办备案。评估事项也可由各级党委、政府指定或由维稳办建议确定。

2. 制定评估方案。广泛征求基层和相关方面的意见建议，了解掌握评估对象的基本情况，准确把握评估重点，合理制定评估方案，明确评估牵头和协助部门责任、评估人员责任等，适时组织评估。

3. 认真分析预测。围绕评估事项的合法性、合理性、可行性、安全性及其他相关问题，通过走访群众、问卷调查、召开座谈会、听证会、专家论证或咨询等方式广泛、科学论证；特别是要深入实地，征求直接利益群体的意见和建议，要对可能出现的不稳定因素逐项进行分析，评估预测风险发生的概率，矛盾冲突涉及的人员数量、范围和激烈程度，以及可能带来的负面影响等。对重大复杂疑难事项，要征求上级主管部门的意见和建议。

4. 形成评估报告。要对评估事项实施的前提、时机及后续社会影响、配套设施等进行科学分析和研究论证,作出总体评估结论,形成评估报告。评估报告应对稳定风险提出风险很大、有风险、风险较小或无风险的确定性评价,对评估事项作出实施、部分实施、暂缓实施、不实施的意见。

5. 确定实施意见。责任部门应根据评估报告提出的意见,确定重大事项是否实施,并将决定情况报告同级党委、政府。同时,将有关评估报告及相关材料报同级维稳办备案。

6. 落实风险应对措施。重大事项出台实施后,责任部门要根据分析评估情况,制定和落实化解不稳定因素、维护社会稳定的具体风险应对措施。对可能出现的不稳定隐患要制定应对预案,有针对性地做好群众工作,严防影响社会稳定重大事件的发生。在重大事项实施过程中出现新的重大不稳定情况,责任部门要及时研究,按照预案及时妥善处置,也可对重大事项作出适当调整。

五、重大事项社会稳定风险评估工作的组织领导和责任追究

(十二)加强组织领导。各级党委、政府要高度重视重大事项社会稳定风险评估工作,把它作为维护稳定的重要基础性工作来抓,做决策、出政策、搞改革、上项目,都要把重大事项社会稳定风险评估结论作为重要依据。各地、各部门主要负责同志是本地、本部门维护稳定的第一责任人,要切实加强对社会稳定风险评估工作的领导,及时研究解决工作中遇到的重大问题。各级领导干部对分管工作中涉及稳定的事项负直接领导责任,要结合分管工作,协调和督促分管部门(单位)切实抓好重大事项社会稳定风险评估工作。各级维稳办负责本地社会稳定风险评估工作的协调、指导、督导、检查工作;加强培训学习,提高各部门、各单位风险评估的意识和能力;加强事后监督,会同纪检、监察、组织等部门做好责任追究工作。

(十三)加强协作配合。各地、各有关部门要统一思想,提高认识,树立一盘棋思想,加强统筹兼顾,正确处理好责任部门和相关部门的关系,密切协作配合,共同做好重大事项社会稳定风险评估工作。工作中可邀请相关专家和群众代表参加,努力提高评估工作的民主性和准确性。积极预防和妥善处置群体性事件,一旦发生不稳定问题和群体性事件,各有关部门要各司其职,相互配合,形成合力,果断迅速处置。

(十四)严肃责任追究。要加强目标管理,把社会稳定风险评估工作纳入领导干部目标管理责任制和维稳综治工作年度考核体系,严格督查督办。对应评估而未评估,或在评估工作中搞形式主义、弄虚作假,造成评估失实,或防范化解工作不落实、不到位,以致引发规模性集体上访或群体性事件,给社会稳定造成严重影响的,要严格按照有关规定,对有关单位及其主要责任人和直接责任人进行责任追究。对事先经过风险评估,并落实了风险应对措施,但仍引发规模性集体上访或群体性事件,给社会稳定造成严重影响的,可以酌情减轻责任。构成违纪的,依照有关规定给予纪律处分。涉嫌违法犯罪的,移交司法机关,依法追究法律责任。

各地、各部门、各单位要根据本意见,结合实际,年内制定重大事项社会稳定风险评估机制的具体意见和措施,细化有关制度规定和操作程序,确保社会稳定风险评估工作深入健康发展。

以街道社区为抓手　促进社会管理创新

——克拉玛依市创新社会管理工作经验

克拉玛依市下辖四个行政区,总人口45万余人。近几年,克拉玛依市以落实社会治安综合治理领导责任制为龙头,以创建平安克拉玛依为载体,以街道、社区管理为抓手,深入推进社会治安综合治理工作,在社会管理特别是矛盾纠纷化解、流动人口服务管理、社区服务管理和信息化建设方面创新管理方式方法，社会治安防控体系作用明显增强，预防公共安全事件基础设施和处置能力明显增强，人民群众对社会治安的满意率明显提高。

一、抓矛盾纠纷化解，落实“标本兼治、预防为主”的工作方针

探索建立重大事项社会稳定风险评估工作机制，制定《克拉玛依市重大事项社会稳定风险评估工作实施意见（试行）》；注重发挥街道综治委成员单位的职能作用，大力推进人民调解、行政调解、司法调解相互衔接的“大调解”工作格局；开展民间纠纷先行调解试点，建立司法、法院及相关部门相互衔接的制度，推行诉前联合调解，法院以“人民调解劝导书”的形式，劝导当事人到调解委员会处理纠纷，避免了由诉讼带来的矛盾激化；各社区也结合自身实际，建立社区民情工作站，并创新形式，以“民情日记”、“楼寓自治”、“心理健康咨询”、“矛盾纠纷分析例会”等多种形式开展矛盾纠纷调解工作，以“温馨谈话室”、“预约谈话卡”、“李惠英工作室”、“同心楼苑理事会”为代表的富有特色的调解机制在社会管理中也发挥着积极作用。2010 年调解各类矛盾纠纷 1602 起，化解成功率 96.7%，化解成功率同比上升 1.4%。

二、以服务促管理，切实加强流动人口权益保障

目前，克拉玛依市有流动人口 8 万多人，约占全市总人口的五分之一。克拉玛依市牢固树立流动人口就是克拉玛依“新市民”的理念，突出社会管理创新，以街道社区为抓手，在流动人口相对集中的聚居区建立流动人口服务管理办公室，以人为本，推行亲情服务模式，开展了大量卓有成效的工作，营造了理解、尊重、关爱“新市民”的良好社会氛围。在市、区两级安排部署下，街道每年都集中开展清理整顿劳动力市场秩序、拖欠工程款及外来务工人员工资问题等专项治理工作，有效地保障了外来务工人员的合法权益；积极落实流动人口适龄子女入学接受义务教育和修建廉租房等多种措施，切实解决了流动人口的实际困难；在社区设立流动人口计划生育服务窗口，提供避孕节育、优生优育、妇幼保健、性安全、性健康等咨询服务；与此同时，依托各街道社区、单位举办法律知识讲座、“模拟法庭”等形式多样的法制教育活动和在流动人口聚居地悬挂“打架成本公示牌”、“违反房屋出租管理成本公示牌”等形式进行法律知识宣传，有力地提高了流动人口的法律意识。2010 年克拉玛依市流动人口犯罪人数 470 人，占全年犯罪总人数的 55.9%，与 2009 年同期相比犯罪人数减少了 45 人，占犯罪总人数的比例下降了 5.2%，取得了明显效果。

三、提升社区服务水平，夯实社会管理基层基础

在全部 12 个街道（乡镇）成立综治工作中心的基础上，延伸工作触角，以社区为单元，成立综治工作小组，设立社区民情工作站，强化社区组织在维护稳定、社区管理方面的主体作用。同时创新工作载体，建立完善了“八支队伍”建设（专职综治维稳队伍、社区民警队伍、治安协警队伍、社区治安防控义工队伍、社区单元长楼栋长队伍、社区治安信息员队伍、社区物业保安队伍、平安建设“流动岗”队伍），大力推进“五百”（串百家门、知百家情、管百家事、解百家难、暖百家心）活动深入开展，进一步拓展了社区服务功能。积极开展邻里守望、楼寓自治等新举措，向每户居民发放“邻里守望卡”，营造了“你不在家我帮你守，我不在家你帮我望”的新型邻里关系；在流动人口集中的社区成立流动人口管理协会和“流动人口管理服务站”等自治组织，实现了流动人口自我管理的模式；在社区创造性地开办并推广“六点钟学校”，为外来务工人员子女放学后免费提供学习娱乐场所，切实解决了外来务工人员由于工作时间长，无暇照顾子女的实际困难；全面推广“红细胞”工程，发挥楼栋、单元内党员的模范带头作用，把社区服务延伸到了每个楼栋，延伸到了每个单元；实施社区居家养老试点工程，真正做到了使社区居民老有所依，老有所养，老有所乐。与此同时，大力开展“一社区一特色，一社区一品牌”活动，各社区都结合本区域的实际情况，充分利用本社区的优势资源，努力使其在社区管理中发挥出最大的作用，进一步夯实了社会管理的基层基础建设。

四、实施数字化城管，全面推进城市信息化建设

应用数字城管系统，实施网格化管理，以一万平方米为单位，遵循不跨街道、社区边界、管理性质相近的原则，将城市面积划分为最小的基本管理单元。对网格单元内的城市常用公共设施作为部件进行数量普查和位置测量，制定唯一编码。

对城市管理的监督职能和指挥职能进行分离，由专业管理部门负责部(事)件问题的处置解决。建立了综合评价体系，对问题处置的效果进行分类统计和综合评价，以利于进一步改进措施，提高案件处置效率。数字化城市管理新模式还将"12319"城管服务热线和"96555"政府效能监督投诉热线进行了有效整合，为百姓参与城市管理、及时向政府反映各种诉求提供了信息交换平台，在城市市容事件、城市部件管理方面发挥了重要作用。与此同时，为了切实提高接处警效率，在"110、119、122"三个报警台合一设置的基础上，把120报警接入110，形成了"四台合一"的接受报警和紧急求助的工作模式，实现了各警种互动、集中统一指挥和人、财、物的效益最大化。

面对经济社会形势的深刻变化，克拉玛依市将紧紧依靠党委、政府的统一领导和有关部门、社会组织以及公众力量的共同参与，抓住社会管理中的薄弱环节，着眼于保障民生、改善民生问题，紧紧抓住影响社会稳定的主要因素，突出重点、整合资源、统筹谋划、循序渐进，围绕社会管理的工作目标，切实把中央、自治区关于加强社会建设、创新社会管理的工作部署落到实处，为打造"世界石油城"创造良好的社会环境。

加强管理勤预防　创新方法求实效

——墨玉县外出务工人员服务管理工作经验

墨玉县位于新疆维吾尔自治区西南部，总面积为25788.86平方公里，人口约48万，主要由维吾尔、汉、回、哈萨克等民族构成。近年来，墨玉县把转移农村富余劳动力作为实现农村经济结构战略性调整的重要举措之一，结合全县人多地少实际，及时出台外出务工的各项优惠政策，不断引导和鼓励农村富余劳动力走出土地、走出家门，向二、三产业转移。经过长期不懈的努力，开拓了一条以劳务输出为主的农牧民增收新模式，全县每年外出务工人员多达12万余人，其中赴内地务工以民族特色餐饮和干鲜果品销售为创收来源的农牧民约3万人，在疆内以短期打工、劳务收入为主的约9万人，外出务工收入已经成为增加农牧民收入，提升农牧民生活品质的主渠道，已为当地农牧民广为接受。为做好外出务工人员的服务与管理，更好的促进外出务工人员合法经营，墨玉县进行了多年的探索和实践，初步形成了一套服务管理赴内地经商、务工人员的工作机制。

一是领导负责，成立专门工作机构。随着外出务工、经商人数的急剧增加，为切实做好外出务工人员的服务管理工作，引导各族群众在流入地合法经营、积极创业，专门成立了以县委副书记、政法委书记任组长，政府常务副县长、公安局长、统战部长、分管农业的副县长为副组长，政法委(综治办)、公安局、司法局、统战部(民宗委)、劳动和社会保障局、乡镇企业局、农业局等相关单位为成员单位的外出务工人员管理工作领导小组，领导小组办公室设在县维稳办，负责日常工作。办公室实行专人负责制，平时由办公室与人数较多、居住相对集中人党政部门进行联系，及时通报掌握务工人员的思想动态和生活状况，确保一旦发生纠纷，能及时得到通报，及时派出工作组迅速处置纠纷。

二是明确职责，各部门齐抓共管。为及时掌握外出务工人员思想动态，领导小组办公室在相对集中聚集的居住点有偿聘请联络员，定期与联络员联系，掌握居住点务工人员的基本状况。各成员单位认真履行职能作用，积极配合流入地流动人员服务管理部门的工作，积极争取流入地行政执法部门关心支持墨玉籍务工人员正常的经营活动，及时协调化解各种纠纷。近年来，已经形成政法委(综治办)积极与内地政法(综治)部门联系，协调处理解决涉墨务工人员纠纷事件的工作机制；公安部门协助流入地侦办、查获有关涉墨务工人员的刑事、民事案件；劳动和社会保障、司法行政部门定期举办汉语、培训班，对外出赴内地经商、务工人员进行免费培训；统战部（民宗委）积极和内地民宗部门联系，积极引导信教群众自觉遵守流入地教务服务与管理，合法经营，及时协调解决涉教有关问题；乡镇企业局、农业局对外出务工人员，摸清底数，建档立卡。

三是强化服务，完善工作机制。县、乡两级政府每年都要拿出专门资金，组织相关部门远赴内地各省、区、市，与内地政法、维稳、公安、劳动保障、城管、统战民宗等部门建立联系制度，形成流入、流出地定期互通务工人员经商、务工、生活、生存状况，及时通报流入人口违法违规情况的管理与服务机制。2010年，县政法、统战、公安等部门，先后三次专门组织人员到外出务工人员较多的省区进行走访，了解外出务工人员的思想和生活状况，进行法制宣传，增强两地的交流与合作，积极争取流入地有关部门的支持和帮助，适时开展务工人员再教育，既能使务工人员感受到政府对他们的关怀，也能帮助流入地协调解决一些问题。同时，县、乡两级利用肉孜节、库尔班节等外出务工人员集中返乡节点，对外出经商、务工人员进行返乡回访，了解他们外出经商、务工、收入、生活状况，需要解决的问题，适时开展遵纪守法教育，调和解决矛盾。2010年12月21日，墨玉县派出工作组赴武汉市举办法制教育培训班，对在汉经商、务工人员进行治安处罚、劳动保障、民族宗教政策等法律、法规教育培训，促进在汉经商、务工人员诚信经商、文明务工。

四是创新形式，引入协会管理机制。结合工作实际，创新了运用“协会”或“工会”的外出经商、务工人员管理新模式。通过在外出务工人员比较集中的地方，由流出地和流入地党委政府共同在流入地成立外出务工人员管理机构，组建管理网络。按照管理区域划分若干工作责任区，指定负责人，制定工作目标等有关制度和《外出务工人员日常守则》，实行规范化、制度化管理。在外出务工人员的管理上，结合实际及外出务工人员特点，通过不断的探索和实践，建立了外出人员农民工协会管理模式，通过建立务工人员协会，把外出务工较集中的村划分一个片区，成立外出务工人员协会，协会会长由村支部书记担任，副会长由大户担任，具体负责该片区外出务工人员的生活、劳动、就医等，同时负责外出务工人员与流入地公安、工商、劳动、房管、计生、卫生等相关部门的配合与协作。协会的成立为外出务工人员建立了一个平台，使他们可以安心务工，形成了有什么困难和问题及时找协会协调解决的共识，既及时了解了各外出务工人员的思想、生活状况，又便于流出地及时了解掌握外出务工人员情况，加强了服务管理的针对性，有效地保护了外出经商、务工人员的权益。

五是跟踪服务，建立工作台账。按照流动人口服务与管理要求，为每一个外出务工人员建立了台账，什么时间外出，什么时间回乡等进行全面摸底登记，特别是对外出务工大户，建立人员动态信息数据库，一村（社区）一台账。坚持对拟外出务工人员进行外出前的法律法规、劳动技能、就业和汉语等知识的适应性培训，教育其合法经营，文明务工，并利用外出务工人员返乡和大户返乡给外出务工人员兑现工资时机，组织政法委、公安局、检察院、法院、司法局等单位进行爱国主义教育、民族团结教育、意识形态反分裂斗争和《治安管理处罚法》教育，免费赠送包括：注意事项、衣食住行、法律常识、依法经营、权益保障、困难救助等内容的《墨玉县外出务工人员服务指南》，签定外出务工维护稳定责任书等形式，教育引导外出经商务工人员遵守当地风俗习惯，方便外出务工群众。

六是建站设点，服务管理关口前移。为了使赴内地务工人员服务管理工作向纵深发展，根据全县务工人员分布的实际情况，分别在浙江宁波、湖北武汉、湖南郴州、乌鲁木齐天山区和阿拉尔市建立5个墨玉县外出经商务工人员服务、管理工作站。直接就地与所在地进行沟通和联系，争取优惠政策，着重处理涉及违法犯罪案（事）件，联系劳务输出业务，大力开展就业和法制培训，协助流入地政府管理外出务工人员，促进守法经营等，建立所在地墨玉籍务工人员分布及工作情况的台账，跟踪服务与管理。工作站站长由领导小组成员单位派遣一名领导干部担任，有条件的挂靠当地相关部门副职开展工作，每3个月进行一次人员轮换，所需经费由县财政统一支付。

新疆维吾尔自治区及各市、县（市、区）综治委、办主任名单

地 区	综治委主任	综治办主任
自治区	符 强	刘克勤
乌鲁木齐市	焦亦民	孙志义
沙 区	程建军	翟 铭
新市区	康建军	张天虎
乌鲁木齐县	马宏伟	李 军
天山区	姜 毅	马彦昭
水磨沟区	陈 刚	张文玉
头屯河区	张自敏	董至善
开发区	魏 毅	王岗然
高新区	邱树华	李秀峰
达坂城区	赵树海	凌长青
米东区	张承义	熊辉刚
克拉玛依市	徐卫喜	宋友立
克拉玛依区	张国栋	吕卫国
独山子区	董 明	樊拥军
白碱滩区	王 荣	孔志俊
乌尔禾区	魏天峰	张晓天
吐鲁番地区	郑 强	姜培林
吐鲁番市	丁有明	崔业龙
鄯善县	何 强	张志伟
托克逊县	白秉书	再比布·库尔班
哈密地区	张 军	俞占海
哈密市	张 磊	张赛宏
巴里坤县	马政斌	李国强
伊吾县	王友明	邢明强
昌吉回族自治州	李建国	王立新
玛纳斯县	王 燕	廖风会
呼图壁县	吴新民	黎 刚
昌吉市	李玉金	韩胜利
阜康市	郝拥军	涂贵匀
准东	杜 炜	张雁忠
吉木萨尔县	何 文	蔺世民
奇台县	孟凡刚	李志超

地 区	综治委主任	综治办主任
木垒县	赵多江	黄玉琴
博尔塔拉蒙古自治州	杨育清	朱同增
博乐市	毕晓鹿	崔 博
精河县	陈 洪	张建新
温泉县	王 忠	张 鹏
阿拉山口	叶旭初	周 斌
巴音郭楞蒙古自治州	贾春林	陈金明
焉耆县	徐河明	张 恒
若羌县	王 浩	艾买尔·木沙
且末县	韩盛昌	左风刚
博湖县	杨伟辉	彭敬银
尉犁县	丁 峰	王 平
轮台县	张正荣	完志强
和静县	汪江华	赵树群
和硕县	魏 斌	王军生
库尔勒市	尹建江	张玉忠
阿克苏地区	闫国灿	包利群
库车县	张新建	徐久林
沙雅县	夏宏伟	李 忠
拜城县	兰 疆	袁瑞强
新和县	黄新敏	毛 宏
阿克苏市	徐 谨	迪力木拉提·买买提
阿瓦提县	王凯旋	陈 辉
温宿县	柯 旭	吴学文
乌什县	陆 斌	窦 伟
柯坪县	张晓东	戴 群
克孜勒苏柯尔克孜自治州	孙建峰	宋成刚
阿克陶县	金平钰	阿布拉江·艾力木（柯尔克孜）

地　区	综治委主任	综治办主任
阿图什市	唐志荣	杨　明
阿合奇县	崔劲松	苏云·朱马洪（柯尔克孜）
乌恰县	谷文胜	黄　岩
喀什地区	张　健	李新杰
喀什市	郜瑞清	郭丽华
疏勒县	张卫华	艾克拜尔·艾克热木
疏附县	王世信	杨维军
英吉沙县	黄利东	白树林
莎车县	李东明	元宝军
泽普县	肖鹏飞	陈　斌
叶城县	张宏强	崔泽长
麦盖提县	董　建	赵奇飞
巴楚县	张洪文	魏建谊
岳普湖县	佘瑞元	李　斌
伽师县	刘新平	王进国
塔什库尔干县	王福友	王昔威
和田地区	车玉平	文思峰
策勒县	木合塔尔·买提努尔	张树敏
和田县	刘文河	杜新生
墨玉县	张廷强	贾天成
民丰县	许　凯	姜安新
皮山县	李润山	卢开伦
于田县	买吐地·买买提明	杨宇林
和田市	刘　鹏	陈宝利
洛浦县	张文江	郭　宝
伊犁哈萨克自治州	张　云	张广智
伊宁市	赛福鼎·依明热木孜	郭玉臣
奎屯市	吕　钢	田小平
霍城县	孔令胜	朱向阳
尼勒克县	张耀华	徐海燕
巩留县	杨新平	张熙平
新源县	薛维长	曹鲁明
昭苏县	谭培斌	崔卫国
察布查尔县	张继耀	库尔班江
伊宁县	哈力艾力	王新社
特克斯县	周立新	王照辉
塔城地区	杨志明	李万忠
塔城市	王启明	杨柱文
额敏县	晁　勇	张兆聪
沙湾县	党　耀	高　磊
乌苏市	杨将华	孙廷青
托里县	宿召兵	李增银
和丰县	李魁剑	韩慧贤
裕民县	魏东亮	张鹏宇
阿勒泰地区	杨振海	周利敏
阿勒泰市	陈科萍	罗　青
富蕴县	张志国	孙春光
喀纳斯景区	刘忠坤	李　伟
哈巴河县	任广鹏	李　军
清河县	张劲松	窦　平
布尔津县	杨志义	常　江
吉木乃县	刘新利	王成军
福海县	焦晓凡	程炳祥

（撰稿人：陈朝中
审稿人：刘克勤　张恒斌）

新疆生产建设兵团

2010年社会治安综合治理工作概况

一、2010年兵团综治工作基本情况

2010年，在兵团党委的正确领导下，兵团各级党政、各单位、各部门坚持以邓小平理论和“三个代表”重要思想为指导，深入贯彻落实科学发展观，紧紧围绕贯彻中央新疆工作座谈会、全国政法工作会议、全国社会治安综合治理工作会议精神，以深化平安建设为载体，以深入推进“三项重点工作”为重点，认真落实社会治安综合治理各项措施，实现了兵团辖区社会治安大局持续稳定。据统计部门抽样调查显示，2010年职工群众对平安建设的知晓率达91.02%，参与率达82.62%，职工群众的安全感达98.71%。

一是坚持“严打”方针，有力维护了国家安全和兵团稳定。2010年，兵团各级政法、综治组织坚持“主动进攻、露头就打、先发制敌”的工作方针，继续保持对“三股势力”的严打高压态势，认真组织开展各项专项打击行动，严格社会面治安防控，有力地维护了国家安全和社会稳定，确保了重要节点和重大活动期间的安全稳定。

二是深入推进社会矛盾化解工作。紧紧围绕实现兵团党委提出的“小事不出连，大事不出团，矛盾不上交”的工作目标，认真贯彻中央“三项重点工作”的决策部署，积极推动构建人民调解、行政调解、司法调解协调配备、整体联动的“大调解”工作格局，积极推进重大事项社会稳定风险评估机制建设，不断完善矛盾纠纷排查调解工作制度，形成长效工作机制，及时有效化解了一批社会矛盾。2010年，兵团各级共组织排查出各类矛盾纠纷46639起，成功调处45125起，调成率96.75%。其中，综治系统排查20059起，成功调处19476起，调成率97.06%。

三是深入推进社会管理创新。按照中央部署和兵团党委指示，全面开展了社会管理创新工作，确定了一批社会管理创新试点单位，工作全面启动。持续深入开展社会治安重点地区排查整治工作，整治了一批职工群众反映突出的重点地区和治安问题。强化了对社会特殊重点人群的服务管理工作，流动人口服务管理、刑释解教安置帮教、预防青少年违法犯罪、治安重点人员、国保重点人员管控工作得到加强。社会治安防控体系进一步完善，治安视频监控网络建设有序推进，红外线报警、断电报警等经济适用的“小技防”措施进一步推广，治安防控的信息化水平提升。截至目前，兵团各级累计投资用于农牧团场治安视频监控系统建设的资金已达11490万元。全兵团已经有142个团场完成治安视频监控系统建设，有99%的团场通过治安视频监控系统，实现了对所属党政机关、重点集镇、治安卡口、公共复杂场所和易发案区域的动态治安监控。

四是综治基层基础建设进一步加强，强化了各级党委对综治工作的领导，各农牧团场综治办的地位进一步明确，一批企、事业单位成立或加强了综治机构，推动了综治工作在各类企业、事业单位的深入开展。综治工作中心和综治工作站全面推广，中心运作机制进一步完善，整合了基层维稳资源和力量，形成了工作合力。全兵团综治工作中心的团场覆盖面达到了100%，其中有独立办公场所且运作机制规范、发挥效果明显的达90%以上；有80%以上的农业连队（社区）均建立了综治工作站（点），且正式挂牌运行。群防群治队伍建设加强，治安员、联防队、专职保安等队伍管理更加规范，“三老”看家护院队、治安志愿者队伍进一步发展壮大，“十户联防”、“十户联保”等群防群治模式得到推广。目前，全兵团有“三老”看家护院队3602支22621人，有治安志愿者、基层社工等21546人。

五是综合治理领导责任制较好落实，成员单位齐抓共管工作局面形成。兵团各级均坚持以责任书的形式强化各级党政主要领导抓综合治理和稳定工作的责任意识，并将党政主要领导抓综治、抓稳定的情况作为干部考察的重要内容，将履行综治、维稳职责情况作为干部评先、奖惩、晋职晋级的重要依据。各级综治委成员单位从自身职能定位出发，找准切入点和突破口，积极参与社会治安综合治理和维护稳定工作，形成了各部门齐抓共管的工作合力。目前，兵团综治委成员单位共建立基层综治工作联系点26个，师一级综治委成员单位共建立基层综治工作联系点322个，团一级综治委成员单位建立基层综治工作联系点2539个。

六是强化综治宣传工作，第一轮平安建设顺利收官。兵团各级综治委、办及有关成员单位，充分利用电视台、广播电台、报纸、网络等媒体，通过开辟专栏、专版、举办有征文、法制访谈、开展综治宣传月活动等形式，广泛深入宣传社会治安综合治理和平安建设，宣传了一批综合治理和平安建设先进事迹，推出了一批成功经验，收到了较好社会反响，营造了浓厚的舆论氛围。继续深入开展多种形式的平安建设活动，加强督促检查和指导协调，一批达到平安建设标准的单位相继被验收命名，较好完成了第一轮平安建设的预期目标。

二、严格社会面管控，落实重点目标安全保卫措施

一是落实从严从紧的治安管控措施，特殊重要敏感时期，在师、团辖区出入口全面恢复治安卡点，设卡盘查，对进出辖区的车辆和人员进行严查，不漏一车一人，严防违法犯罪分子和危险、危暴物品流入流出。共审查盘查各类人员36.4万余人，车辆10.3万余台（次）。二是全面落实军、警、兵、民“四位一体”边境治安巡防工作，严防敌对分子潜入潜出，严防偷运武器和反动宣传品入境。三是加强社会面治安巡逻。坚持公安、武装、民兵等各种维稳力量和治安员、治安联防队、“三老”看家护院队等群防群治队伍相结合，加强辖区农贸市场、长途汽车站、巴扎、重点治安路段、治安复杂场所等的治安巡逻。对党政机关、油气站、变电站、水库闸口、武器库、学校、幼儿园、医院、农资库房等重点要害部门加强保卫力量，实行专人值守。自5月底开始，对兵团驻乌鲁木齐单位实行每日巡查制度，并将巡查情况予以通报。共巡查驻乌单位124个400余次，发现隐患256处，当场纠正118处，督促整改隐患112处。

三、开展“大排查、大清查”活动

充分发挥综合治理体制机制优势，组织力量在重点地区、区域，通过“过筛子”的形式，对辖区实有人口、出租屋、重点物品等进行全面摸排并梳理、分类；对重点群体、重点人员、重点领域，按照“连不漏户，户不漏人”的要求，逐一落实管控力量和措施，确保不漏管、不脱管、不失控。农一、三、四、十四师共摸排辖区流动人员9.6万人次，对可能危害社会的人员落实了管控措施。农一、三、四、十三、十四师组织对辖区复杂人员租房聚集等重点场所进行排查，部署专门力量落实管控措施。环乌鲁木齐市的农六、八、建工师、十二师组织对辖区旅馆、出租屋、建筑工地以及公共娱乐场所等流动人口集中场所进行全面清查，共巡查重点、要害部位8.4万处（次），清查特种行业、出租房屋10.7万处（间）。深入开展集中整治爆炸物品、枪支弹药、管制刀具、射钉枪弹专项行动，采取购买实名、限量、登记、管理专人的防范措施，收缴化、爆、毒等危险物品800余件，确保了“不流失”、“不炸响”。

四、推进重大事项社会稳定风险评估机制建设

为深入推进社会矛盾化解，从源头上预防和减少不稳定因素，有效防止社会矛盾纠纷和群体性事件的发生，研究制定了《关于建立重点事项社会稳定风险评估机制的指导意见》，要求对企业改制、机构改革、土地承包、产品管理、征地拆迁、环境保护、养老保险、民族宗教、兵地关系等重大事项，均应组织进行合法性、可行性、安全性等方面的综合评估，确保对实施重大事项可能出现的社会稳定风险做到先期评估、先期预防、先期化解，推动各级党政、各单位、各部门科学民主依法决策，依照法律和政策解决好涉及职工群众切身利益的问题，防止因决策不当引发矛盾纠纷和较大规模的群体性案事件，切实维护社会稳定。

五、加强综治组织机构和工作网络建设

兵、师两级均成立了矛盾纠纷“大调解”工作领导小组，在兵团综治办设立“大调解”工作领导小组办公室，负责“大调解”工作的组织、协调、检查、指导等工作。在兵团司法局、兵团办公厅法制办、兵团法院分别设立专业调解组，负责人民调解、行政调解、司法调解措施的组织实施，100%的农牧团场均建立"矛盾纠纷'大调解'协调中心"（以下简称"协调中心"），90%的农业连队（社区）建立矛盾纠纷调解室，依托团场综治工作中心和连队（社区）综治工作站（室）开展矛盾纠纷排查调处工作，进一步健全了纵向覆盖兵团、师（市）、农牧团场、连队（社区），横向覆盖各领域、各行业及社会管理各方面的调解组织网络。同时，大力加强"大调解"队伍建设，逐步建立一支党政主导、扎根群众、覆盖基层和各行各业的由专职调解员、协助调解员、特邀调解员、调解志愿者和调解联络员共同组成的"大调解"队伍。实现哪里有人群，哪里就有调解组织，哪里有矛盾纠纷，哪里就有化解工作。

六、完善工作制度，形成矛盾纠纷排查化解长效机制

一是坚持定期排查化解和集中排查化解相结合。充分发挥基层"一办两所一庭"（即综治办、派出所、司法所、法庭）贴近基层、贴近群众的优势和基层治保会、调委会的作用，定期组织开展本辖区矛盾纠纷排查化解工作。在上海"世博会"、广州"亚运会"、重大节假日等特殊敏感期，加大工作力度，实行每日排查每日分析梳理报告制度，动态掌握社情民意。在"三秋"期间，针对农产品管理和价格等环节容易发生矛盾的实际，组织政法干警、综治干部等力量深入职工群众宣传国家法律法规和兵团党委政策，及时消除因农产品价格等引发的不稳定因素。少数民族群众相对集中的农一、三、十四等师（市），在特殊时期还组织开展涉少数民族群众矛盾纠纷排查化解专项行动，对涉及少数民族群众特别是涉及宗教事务的矛盾纠纷，及时进行深入细致地摸排，认真负责地解决。二是实行会商制度和领导包案制度。师一级依托"大调解"工作体系，团一级依托团场综治工作中心，由综治、公安、法院、劳动、信访等部门定期召开联席会议，通报矛盾纠纷排查化解工作情况，研究解决复杂疑难矛盾纠纷。对跨地区、跨部门、跨行业的矛盾纠纷，通过召开联席会议，按照"属地管理"和"谁主管，谁负责"的原则，确定牵头工作部门，落实责任主体，明确处理期限。对于排查出来的重大、复杂、疑难矛盾纠纷、涉法涉诉重点案件和到兵团访、进京访等重点信访案件，坚持实行领导包案、挂账督办。同时，兵团各师和团场均实行党政主要领导定期接访制度，进一步畅通了职工群众利益诉求渠道。兵、师两级成立涉法涉诉信访服务中心，由政法各部门派人联合接访，并定期组织开展涉法涉诉信访排查活动，使一批矛盾纠纷得到及时有效化解。三是建立矛盾纠纷调解激励机制，把调解工作贯穿于执法办案全过程。法院系统、公安系统、司法行政系统等均制定出台指导性意见，法院系统还实行调解奖励制度，推进"大调解"工作体系建设，把调解工作贯彻于执法办案全过程。2010 年，兵团各级矛盾纠纷调成率 96.75%。

七、深入推进社会管理创新试点

全国社会治安综合治理工作会议结束后，兵团党委高度重视，明确要求把全国会议精神贯彻落实好，把社会管理创新工作抓出成效。兵团党委常委、副政委王继亮多次就开展社会管理创新试点工作作出重要指示，并亲自主持召开综治委全委会议，安排部署社会管理创新试点工作。各师（市）先后确定了 28 个团级单位作为试点单位，各农牧团场也相继确定了一批基层试点单位，积极开展工作。农一、三、八、十三师等单位采取召开试点工作会议等形式，及时总结本地在社会管理工作中的先进经验，查找管理薄弱环节，研讨对策措施，因地制宜开展试点工作。农四、六师等单位在深入调研的基础上，制定了加强社会建设、创新社会管理的实施意见或方案，提出了具体措施和要求。农六师共青团农场被确定为全国试点单位后，师、团党委高度重视，成立了由党政主要领导亲自挂帅的社会管理创新工作领导小组，出台了《共青团农场社会管理创新综合试点实施方案》，明确了社会管理创新的指导思想、目标任务和实施步骤，明确了责任部门、单位。兵团党委政法委、综治委适时召开了推进三项重点工作研讨会，集思广益，破解社会管理中的难题；积极主动与发改部门沟通，提出了政法系统综合信息平台、治安视频监控网络、流动人口信息化管理等一批社会管理项目，积极争取纳入"十二五"规划立项建设。同时，加强对各师试点工作的指导，帮助解决在社会管理创新中遇到的困难和问题，推动了试点工作有序进行。

八、抓好社会治安重点地区排查整治

认真贯彻"1·26"全国社会治安重点地区排

查整治电视电话会议精神，持续深入开展社会治安重点地区排查整治工作，整治了一批职工群众反映突出的重点地区和治安问题。兵、师、团各级均成立由党政主要领导任组长，综治部门牵头，公安、纪律、组织、宣传（文化、广电、新闻出版）、610办、教育、信息办、民政、司法行政、安监、旅游、工会妇联、共青团等单位组成的社会治安重点地区排查整治工作领导小组，均出台了排查整治工作方案，明确了排查整治的主要任务、实施步骤、工作措施、职责分工。各师市、农牧团场按照中央和兵团的统一部署，从辖区实际情况出发，分阶段、有重点地组织开展排查整治活动。农一、三、十四师等单位将本辖区敌社情相对复杂的基层单位作为排查整治的重点，组织工作深入摸排，一些单位还根据需要派工作组蹲点整治。农八、六、十二、建工师将本辖区流动人口较多、发案率较高的基层单位列为整治对象，深入查找治安管理漏洞，分析原因，研究整治方案，责成被整治单位落实出租层及流动人口排查登记制度和治安管控责任，限期改变面貌。农二、五、七、九、十师等单位将本辖区重要交通路段、人群集中的场所、学校周边地区等列为整治对象，抓住职工群众反映突出的治安、安全问题，分析原因，研究对策，落实整治措施。排查整治活动中，坚持多管齐下，治乱、治软、治瘫一起抓，集中力量整顿软弱涣散的基层组织，加强基层党政组织和治安力量建设。农一师在排查整治活动中对沙井子地区的基层组织进行调整，在加强基层党组织建设的同时，加强了基层综治办、派出所、治安员、“三老”看家护院队等维稳力量建设。农十三师在重点整治单位增设五个片区警务室，增设专职治安员。农十四师排查中对较弱涣散的基层党组织、群众自治组织进行整顿，并把低保人员纳入到治安员、警卫选拔范围。兵、师、团各级加大检查、督导工作力度，采取明查暗访、发函督办、挂牌整治等形式，推动了排查整治工作的深入开展。

九、强化社会特殊重点人群的服务管理

兵团各级在推进社会建设、创新社会管理中，重点围绕社会重点人群的服务、帮教、管理做了大量工作，收到了实效。积极推行“以房管人、以证管人、以业管人”流动人口服务管理模式，建立了流动人口、出租屋清理排查长效机制，动态掌握出租屋和流动人口变动情况。各级各单位通过签订责任书强化房屋出租人、用工单位和基层连队（社区）治安责任。为总结经验推动工作，兵团综治委流动人口治安管理领导小组先后组织3个工作组分赴4个师7个垦区30个基层单位开展流动人口服务管理工作专题调研，在此基础上出台了《关于进一步加强和改进兵团流动人口服务管理工作实施方案》，并于7月起在农三师51团等单位开展户口整顿和创新流动人口服务管理试点工作。卫生、教育、计生、工会等部门积极完善服务管理措施，切实解决了外来流动人员、暂住人口就医、子女入学、入托等问题。积极推动兵团两办厅下发了《兵团综治委关于加强刑释解教人员安置帮教工作的意见》，建立完善刑释解教人员安置帮教工作善衔接机制，落实安置政策，推进刑释解教人员危险评估分类帮教工作，对1332名刑释解教人员进行了危险评估，并按评估结果分类采取了帮教措施。加强社区矫正工作，社区矫正试点范围扩大到112个团场（街道），摸排登记矫正对象473人，纳入社区矫正人353人，占矫正对象总人数的74.6%。对“法轮功”痴迷分子、有危害社会倾向人员、易肇事肇祸的精神病患者和流动人口中的“三无人员”等特殊人群，一个不漏地纳入重点管控视线，实行“三定”，即定稳定单位、定稳控措施、定责任人员，确保不外出、不做案、不滋生事端。建工师等单位还拿出专项资金，将排查出的易肇事肇祸的精神病患者送往指定医院统一医治。农十四师皮山农场、农一师一团、四团等单位还建立了情报信息奖励制度，对积极提供“三股势力”渗透破坏和非法宗教活动线索的群众给予奖励。

十、深化平安建设

兵团各师（市）、各单位、有关部门继续深入开展多种形式的平安建设活动。各师（市）对暂未达到平安建设标准的团场和单位，派工作组深基层帮助查找原因，加强协调指导，推动落实综合治理和平安建设各项工作措施，尽早实现平安创建目标。对已经命名的“平安团场”、“平安单位”、“平安连队”、“平安社区”等，实行动态管理，按年度或半年进行复核验收，发生影响社会稳定问题的予以摘牌，符合命名条件的再组织进行验收。兵团各部门继续深化了部门行业创建活动，教育系统深入推进了“平安校园”、“平安幼儿园”创建活动，卫生系统深入推进了“平安医院”、“平安卫生室”、“平安门诊”创建活动,民宗系统深入推进了“平安清真寺”创建活动,工会妇联深入推进了“平安家庭”创建活动,等等。为全面总结和进一步推动平安创建活动,于6月兵团召开了平安建设现场推进会,对2006年以来的平安建设活动进行了认真总结,交流了一批平安建设经验,并对达到平安创建标准的9个师(市)进行了命名和授牌。截至目前,全兵团已有64.29%的师(市)、98.65%的团场、95.36%的企事业单位、95.99%的连队、96.34%的社区、95.59%的家庭达到平安创建标准,并通过验收命名,完成了第一轮平安建设的预期目标。

十一、加强流动人口服务管理工作

兵团辖区破获流动人口犯罪案件占已破获刑事案件的21.05%,同比上升0.98%;抓获流动人口作案成员占抓获刑事案件作案成员总数的38.00%,同比下降0.12%。各级综治组织按照“党委领导、综治牵头、部门配合、齐抓共管”的原则,充分发挥网络健全、齐抓共管和群防群治的优势,组织调动一切积极因素,整合一切有利资源,全力以赴投入安保工作。从4月到9月组织开展了以反恐维稳为主要内容的大排查、大清查和大盘查专项行动,共核查人户分离人员32648人,摸排流动人口181558人,重点场所、部位摸排15243处,与单位签订责任书4937份,清理出租房屋19570处。共投入巡逻力量和警力40147人次,警车20446台次,盘查可疑人员11848人,盘查可疑车辆9736辆,期间共抓获网上在逃人员227名。农三、六、七、八、十二师在部分路口增设临时治安检查站,加强了疆内城市的外围防控措施,没有让一名重点人员和一件危险物品经辖区流入城市;农四、五、九、十师在边境团场加大巡查力度,在重要道路口增设了检查站,有效确保了边境地区的社会治安稳定。据统计,自6月9日至8月31日期间,各师共设临时治安检查站330个,派出检查组90个,出动警力2380人次,出动警车1100台次,核查旅客证件信息17万人次,抓获了200余名刑侦犯罪嫌疑人。

十二、加强刑释解教人员安置帮教工作

2010年,全兵团刑释解教人员重新犯罪率0.07%。一是摸底排查工作成效显著。春节、两会期间等敏感期,兵、师、团(街道)、连(社区)各级加强领导,精心组织,都成立了摸底排查工作领导小组,共有各级各类安帮(社区矫正)专职工作人员1100多人,3900多个基层安帮组织走家串户开展摸底排查工作。同时还组织各级负责安置帮教(社区矫正)工作的专职干警进行培训、三级安置帮教信息管理软件应用前期准备工作扎实有效、统一了安置帮教工作台账。二是全面贯彻落实全国青岛会议精神。结合兵团辖区实施,由兵团安帮办起草了《兵团社会治安综合治理委员会关于进一步加强刑满释放解除劳教人员安置帮教工作的实施意见》,从指导思想、工作范围和重点、工作目标、工作任务、方法步骤、工作要求等六个方面提出了相应要求。三是刑释解教人员危险评估分类帮教工作机制得到依法规范推进。通过两年来的不断实践,各基层专门负责此项工作的工作人员已全面掌握了对刑释解教人员危险评估分类帮教工作的操作规程,覆盖面已达100%。通过对已衔接释解人员危险评估后确定:一级61.74%,二级24.13%,三级8.1%,四级1.1%,各师对评估后的分类帮教工作十分重视,有针对性地把教育、帮扶、管控的重点放在了有中度和严重重新违法犯罪危险倾向的三、四级人员上。

十三、深化预防青少年违法犯罪工作

2010年,兵团辖区青少年犯罪占全部罪犯总数的27.10%。同比上升0.83%。一是将保护流浪未成年人工作纳入兵团社会治安综合治理工作的考核内容。兵团民政部门在兵团4个城市11个街道全面推行了社区青少年信息管理系统,全面开展闲散青少年普查工作,普遍建立了社区闲散青少年管理档案,在175个农牧团场普遍建立了闲散青少年档案管理制度;依托兵团流浪人员救助保护站,进一步做好保护和关爱流浪未成年人工作。确立石河子市为重点青少年群体教育帮助和预防犯罪工作试点城市,其试点项目选定为“有不良行为或严重不良行为青少年群体”的教育帮助和预防犯罪工作试点。二是积极开展“面对面”活动。兵团通过开展人大代表、政协委员与青少年“面对面”、座谈会、民意调查等方式,了解青少年的实际需求。三是针对重点群体的法制宣传教育。各级综治、检察、司法、劳动和社会保障、团委等部门初步建立了救助、教育、服务和管理重点未成年人群体的工作机制,继续做好青少年罪犯、劳教人员在刑释解教时的衔接工作,通过校园帮教、监所帮教、所外帮教等多种形式,重点加强了对有劣迹的青少年的帮教制度，帮助他们恢复学业、重新走上正确的人生道路。各级预防工作领导小组成员单位结合自身实际，坚持以服务进城务工青年、外来务工青年和回团场创业青年健康成长、建功成才为工作目标，积极推进“进城务工青年发展计划”，在加强技能培训、维护合法权益、帮助回团场发展创业等方面均开展了富有成效的活动，切实解决了进城务工青年及其子女的实际困难。依托石河子大学、塔里木大学等高校，积极建设和运用“绿色”网络平台，在加强互联网上的青年“虚拟社会”有效管理和服务等方面作出了初步的探索与尝试。四是广泛开展未成年人法制建设。为充分保护未成年人的权益，自治区人大启动了保护未成年人的立法工作，兵团各级团组织积极配合自治区人大和兵团法制办，配合共同完成立法工作。依托各类青少年法制教育阵地，采取举办展览、法律知识竞赛、开展模拟法庭等青少年喜闻乐见的形式，深入宣传贯彻《未成年人保护法》、《预防未成年人犯罪法》。兵团教育、司法等部门把法制教育、纪律教育和预防犯罪教育纳入中小学教育的教学大纲，做到了法制教育计划、教材、师资和课时“四落实”，中小学校全部配备了法制副校长或辅导员，每年定期为中小学生开设法制教育和传统教育课6－8次，一些单位达到10次以上。在各族青少年中深入进行党的民族理论、民族政策和民族区域自治制度的宣传教育，使各族团员青年进一步增强明辨是非的能力，坚定自觉地反对分裂动乱，维护团结稳定。五是积极开展青少年假期自护教育。通过印发暑期安全小提示、开设安全知识讲座等各种途径，在青少年中扎实开展假期安全自护教育活动。发挥关工委讲师团的优势和作用，组织开展“青春自护”讲课进社区活动。以增强青少年自我防护意识和能力为重点，广泛开展了青春自护行动、地震逃生演练、消防安全知识教育现场操作等活动，并结合兵团实际坚持将青春自护行动与少年军（警）校活动紧密结合起来，使青少年从“被动教育”转为“主动防护”，从“要我安全”转为“我要安全”，增强了青少年的自我保护意识。六是净化社会文化环境。按照中央的要求和兵团党委的工作部署，结合实际情况，兵团净化社会文化环境工作重点转好整治互联网低俗之风、网吧专项治理、净化荧屏声频、整治出版物市场和校园周边环境这四个方面。七是深化“青少年维权岗”创建活动。各师均结合本师实际，制定了创建“青少年维权岗”的管理办法或意见。对未成年人违法犯罪案件本着维权至上和挽救至上的原则，明确跟踪帮教措施、实行“点对点”等向未成年被告人阐明案件审理流程和各项诉讼法律权利，让他们充分了解各项诉讼法律权利，以增强其维权意识，最大限度地保证未成年人各项合法权益得到有力保护。农八师创建单位与学校“挂钩”工作，形成了家庭、学校、社区、政法单位“四位一体”工作体系；在两级法院成立了“少年法庭”，两级检察院严把批捕关，对犯罪情节轻微的未成年人，向其监护人下发“训戒令”；通过建立问题青少年帮教预警通知书、社区预防和劳动帮教计划等，最大限度帮助和挽救失足青少年。

十四、推进铁路护路联防工作

兵团及有护路任务的师、团坚持把维护铁路治安作为兵团各级党委、综治委、军事部门保一方平安的重要内容，纳入各级党委、综治委的工作目标，坚持铁路护路联防、创建平安铁路工作与社会治安综合治理、平安建设各项工作同部署、同检查、同考核、同总结。加大宣传发动力度，积极营造浓厚的爱路护路、创建平安铁路氛围，增强了铁路沿线团场、连队干部职工群众和学生的爱路护路、创建平安铁路意识。积极开展辖区铁路沿线重点单位、地段排查整治，大大改善了铁路沿线的周边治安环境。加强督促指导，做到“三个凡是”，即：凡是检查综治、平安建设工作，也必须检查护路联防、创建平安铁路工作；凡是政法委、综治办的同志到有护路联防、创建平安铁路任务的师、团，必须过问护路联防、创建平安铁路工作；凡是基层反映上来的有关铁路护路联防、创建平安铁路方面的问题和困难，必须及时认真研究解决。近两年，兵团党委专门增加了护路专武干部员额，专职负责护路工作，有力加强了对护路工作的领导，实现了“大事不出，小事也不出”的目标。

十五、加强学校及周边治安综合治理工作

2010年，兵团教育局被教育部、公安部评为全国消防安全教育示范学校创建活动先进单位，3所学校被评为全国消防安全教育示范学校；10所学校被教育部评为第三届和谐校园先进学校；兵团教育局命名57所学校为兵团级“和谐校园”。一是切实加强学校安全知识教育，不断提高师生的安全防范意识与能力。兵团中小学校大都将《中小学生命与安全教育》列入课程、教学计划，并落实了课时、教学内容和师资。各中小学还通过举办安全知识专题讲座、开展安全知识竞赛和征文活动以及通过校刊、校报、校园广播等多种媒体广泛深入宣传安全形势和安全知识。二是加强领导和制度建设，学校安全工作的责任进一步落实。兵、师教育行政部门和中小学校均成立了以主要领导挂帅的学校安全工作领导小组，并明确了各自的安全工作责任。各中小学校按照兵、师两级教育行政部门的要求，进一步建立健全了学校安全管理制度，制定了安全工作预案。针对学生社会实践活动增多的实际情况，狠抓了大型活动和校外活动的安全管理制度和应急预案的建设工作，学校安全工作做到了检查经常化，管理制度化。各中小学校均实行安全工作领导责任制和责任追究制，按照“谁主管，谁负责”的原则，学校与学校各工作部门、工作部门和责任人签订了安全工作责任书，将安全工作纳入对教职工年度考核的范围，实行一票否决。学校还与家长签订责任书，将安全管理工作延伸到校园以外，取得了较好的效果。三是认真组织安全检查，及时消除安全隐患。根据国家有关部门和兵团的统一安排，多次组织了对学校选址安全性的排查监测工作、对校舍、厕所和校园围墙险情、对学校校舍安全隐患的排查，配合有关部门全面评估了学校周边地区公共安全环境评估，组织广大学生集中开展了安全教育和自救逃生安全应急演练，并对学校交通安全以及预防地震、防火、溺水、防止踩踏事故、公共卫生预防等应急预案做出相应的调整和完善。四是加强学校安全指导，提高了学校安全管理的针对性。雨季来临时，要求学校重点做好严防校舍坍塌事故。天气转暖时，要求学校加强对学生的防溺水教育。临近假期时，要求加强对校外安全工作的指导，并与学生家长做好校内外安全管理的衔接工作。新学期开学前，要求学校集中开展一次学校安全的全面检查，排查安全隐患并及时整改，确保了学校安全。五是开展了校园安全防范专项检查整治工作。针对内地发生多起针对中小学幼儿园的伤害事件，照各级的要求，加强校园安全防范各项工作，切实维护校园安全。各级教育行政部门和学校协调相关部门对中小学幼儿园安全工作及校园周边环境进行了专项检查整治。从5月3日起，兵团辖区各学校上、下学期间均部署2名民警携带装备，负责校园秩序安全。学校上课期间，1名民警携带装备，带领学校保安、团场联防、民兵等社会力量在岗执勤。六是进一步加强安全管理，严防安全事故发生。兵团教育局下发了《关于全面加强学校安全管理严防安全事故发生的紧急通知》，要求各师、各学校进行有针对性的学生安全专题教育，组织学生开展实践演练、对学校安全制度、应急预案制订情况及安全责任落实情况进行全面对照检查，把各项安全防范措施落实到位。

创新综治队伍管理　筑牢维稳固边根基

兵团社会治安综合治理委员会

近年来，兵团以“两个决定”为导向，围绕兵团的特点，不断创新社会治安综合治理基层基础工作。各级党委坚持把综治队伍建设作为综合治理工作的一项重要内容来抓，形成了建好一套班子，带好一支队伍，培训一批骨干，建设一个窗口的工作机制，探索出了一条综治基层基础建设的新途径，为兵团处置突发事件，发挥“三大作用”奠定了基础。

一、整合政法综治力量，构建维稳大防控格局

兵团肩负着屯垦戍边的历史重任，在基层综治人员编制不够，专职群防群治人员缺乏的情况下，将团场综治、公安、司法、武装、法庭、监狱、群防组织、民兵护路等部门联合起来，对现有的联防队、协警员、治安员、专职警卫等队伍进行整合，建立一支集治安巡逻、消防处置、紧急救护、维稳处突、民兵应急、调解纠纷等综合队伍，实行条块结合，以块为主的管理模式，并成立党委政法委，明确了职责，建立了制度。要求团场内部条条管理的政法部门必须自觉服从团场维稳工作大局，贯彻团党委维稳工作总体部署，接受团党委政法委的领导、管理、协调和监督，纳入团党委政法委考核范围。大防控的格局把基层政法、综治部门工作与基层单位社会治安紧密结合起来，实行社会治安挂钩责任制，挂钩效果纳入政法部门考核结果，综合防控的效果大大提高。

二、整合治安防范力量，构建多功能维稳网络

一是整合治安队伍。团场将现有治安员、专职警卫、协警员、民兵防爆队伍、铁路护路民兵等队伍，整合组建团场内部保安组织，负责团场内部的治安巡逻，大型群众性活动和重要目标的安全保卫，承担团场内部义务消防、紧急救助、铁路护路、抢险救灾、维稳应急等任务，这支多功能队伍精减了人员，降低了成本，提高了效率，充分体现了兵团特色，已初见成效，得到团场党委和广大职工群众的充分肯定。

二是健全保安组织。师（市）成立内部保安支队，支队领导由师市综治办、公安局领导兼任；垦区公安机关成立保安工作管理办公室；团场组建保安大队，并按照区域或职能下设若干个中队。

三是整顿现有力量。先后清退解聘不合格治安人员1836人，新聘用580人，新聘人员主要是复员军人、大中专毕业生。通过整顿，人数虽然较原来减少，但人员素质有较大的提高，其中复员军人占36.2%，大中专以上文化占20.1%，平均年龄较以前降低4.3岁。

四是加大规范管理。团场保安人员由团统一聘用，分别由连队治安员、协警员、专职警卫、民兵防爆队员等组成，根据不同任务和不同岗位享受不同的年薪。实行一岗双责，“两结合”、“两挂钩”的动态管理，即：月考核和年考核相结合；团考核与连队考核相结合。考核结果与年薪挂钩，考核优秀的享受副连级年薪待遇，考核合格的享受连队业务干部待遇；考核结果与聘用期挂钩，考核不合格人员，解聘调整到其他工作岗位。团场保安大队内部先后制定了聘用、训练、执勤、考核、奖惩、年薪、保障、例会及体能达标等一系列制度。

五是加大培训力度。采取“六训”的办法，即：岗位培训、例会月训、法律轮训、素质补训、离岗专训和调解矛盾纠纷能力培训。在保安队伍内部开展基本知识、基本技能强化提高活动，实行保安员培训持证上岗制度。先后投入170万元举办18期保安员培训班，已对1768名基层保安员进行全员培训，颁发全国统一印制的保安员上岗证。并将优秀的保安员作为团场基层后备干部的储备，有重点地进行培养和选拔。近年来，已有2090名基层保安员被选拔到连队领导岗位，有863人作为基层后备干部培养。

六是发挥保安作用。各保安服务公司，按照公司运作方式，明确了经营范围、任务职责，制定了有偿服务标准，责任赔偿范围，服务单位的保障以及保安人员的培训、聘用、训练、考核、社会保障等制度。目前，已有269个企事业单位向保安服务公司提出510名保安人员需求。保安大（中）队每周二进行队列，防卫技能和军事训练。保安人员每人一本上岗应知手册，熟记保安目标情况、社区、单位住户人员情况，车辆情况，安全设施运行状况。与服务单位签订保安服务协议，规定双方的权利和义务，明确了服务与服务的内部利益关系，服务单位按月支付保安服务费用，保安大队因保安工作失职，发生盗窃、火灾等案件，给住户和单位内部造成损失的，由保安大队负责按服务协议给予赔偿，然后内部再依据保安员的责任情况进行追偿。近年来，保安组织积极参与平安社区建设，严格管理、严格要求，加强社区治安保卫，为居民提供安全服务和应急救援帮助，优质的保安服务，赢得了社区业主委员会和受益单位信任，保安服务事业日益扩大，实现了社会效果和经济效益的双赢。

三、严格规范管理制度，打造多功能治安队伍

一是严把关口。转变治安员由过去连管连用，为现在的团管团用。招录治安人员采取连队党支部推荐和面向社会公开报名，团综治办、组织、纪检、政工部门审查，组织笔试和面试，报党委讨论研究决定聘用的办法。

二是畅通出口。依据治安员解聘制度和考核结果，对年终考核考评不称职，有违纪行为的，党支部和群众反映强烈的治安人员给予及时清理解聘，解聘后安排连队承包土地。三年来，先后有296名治安人员被清理解聘。

三是规范考核。主要考核：治安员组织开展

治安防范的能力；组织开展法律宣传教育的能力；排查和消除连队治安隐患的能力；"四知四清四掌握"的能力；矛盾纠纷调处的能力。考核实行"两结合"、"两挂钩"，即：月考核和年考核相结合，团考核与连队考核相结合，考核结果与年薪挂钩，考核结果与聘用期挂钩。这项制度，大大激励了治安员的责任心和进取心，很多复员军人、大学生都想进入治安员队伍，在这支队伍中进行锻炼，通过几年的努力，治安员的政治理论、生产技能、组织协调能力，调解矛盾纠纷的能力都有了很大的提高。

四是加强管理。先后制定了治安人员工作守则、每月例会、学习训练、奖惩兑现、目标考核、责任追究、岗位交流、体能达标、例会等一系列管理制度，使每个治安人员都知道该干什么、怎么干、标准是什么。在每月治安员例会上，要求治安员汇报本单位治安状况；分析安全隐患、提出整改意见和建议；公布治安员月考核情况；部署下个月治安工作重点，提出工作要求。例会期间治安员统一着装，集中进行队列和体能训练。例会不仅成为增强基本知识、提高基本技能的有效载体，也成为治安员比、学、赶、帮、超的一个平台。

积极开展重点地区排查整治
营造和谐稳定社会环境

农一师阿拉尔市社会治安综合治理委员会

一、以排查整治为主线，调整少数民族单位布局

针对敌社情复杂、群众基础薄弱、经济发展缓慢的重点地区，师市党委下决心进行集中整治，师市机关7个部门28人组成工作组进驻上述单位，从管理体制、组织建设、社会治安、经济发展等方面进行全面整顿。一方面调整少数民族聚居的集体所有制单位布局，实行撤场、并队、建连。另一方面出台9项重大改革措施、投入2820万元推动少数民族单位经济发展、民生保障和社会稳定。大跨度、大范围的改革和整合，带来了大发展和大变化。2010年少数民族连队人均收入比上年提高40%，超过了周边县乡农民的人均收入。

二、以排查整治为契机，强化少数民族单位政权建设

从巩固党的执政基础出发，加强19个新建少数民族连队党支部建设，选派经验丰富的汉族干部担任少数民族连队、社区和学校党支部书记，选聘38名经验丰富、政治立场坚定的少数民族干部担任连长或副连长，享受团场同级别干部待遇，改变了过去由农民担任生产队干部、经济收入没有保障的状况。在比较集中的少数民族单位分区设立4个公安派出所和5个警务室。选聘19名少数民族专职治安员和16名协警，享受团场聘用干部和正式职工年薪待遇。在连队设立了综治工作站、治保会、调委会、工会等基层组织。同时，在少数民族连队新建了办公、文化场所，添置了新设备。撤场建连后，新成立的少数民族连队基层政权得到有效巩固，实现了政治有核心，文化有阵地，维稳有队伍。

三、以排查整治为突破，夯实少数民族单位维稳基础

（一）加强宗教事务和宗教场所管理。清理整顿宗教人士队伍，实行宗教人士由团场、师民宗部门双重管理，撤换政治上不可靠、活动不规范的宗教人士。加强宗教管理干部和宗教人士培训，提高其政治素质和法制意识。依法加强宗教场所和宗教活动管理，实行清真寺"三管、两制度、一负责"制，严禁跨区域从事宗教活动，实行辖区信教群众挂牌入寺制度。统一购买、发放清真寺教材，严防不健康和反动书刊进入宗教场所。

（二）加强重点区域专项整治。2010年9月，在沙井子社区开展了一系列集中整治专项行动，清理、列管了一批重点人员，打击处理了一批违法犯罪分子，清理拆除了一批违章建筑，规范了实有人口管理，完善了十户联防工作机制。组建社区管委会，加大了出租房屋治安管理，完善片区维稳联席会议制度。

（三）加强少数民族单位综治力量建设。在4个少数民族集中的团场各增加1名综治办工作人员。对新选聘的少数民族治安员和协警进行集中培训。将驻少数民族单位的公安派出所纳入团场整体管理，实行条块双向考核，并将考核结果与待遇挂钩。在19个少数民族单位选派316名“十户联保长”，按考核结果每人每月享受180元至250元补贴。

（四）加大少数民族单位技防建设投入。2010年，师团两级共为少数民族单位的技防监控建设投入240万元，提高了少数民族单位治安动态管控水平。

四、以排查整治为动力，创新少数民族单位社会管理模式

由于历史原因，少数民族单位均为集体所有制形式。在整治中，积极探索少数民族单位集体所有制条件下的连队化管理模式，在体制上由团管连，经济纳入团场结构调整、农业现代化改造规划，产品经营由团场按市场价订单收购，连队干部有任免的也有聘用的，均按标准享受团场干部待遇。同时也有农民身份享受补贴的社区工作人员、十户联保长和调解员。治安员和联保长既是安全员、宣传员，又是人口协管员、调解员和信息员。新的社会管理模式带来了新的变化，经济社会与团场同步发展，社会稳定的基础不断巩固，党支部核心作用进一步加强，较快适应了团场连队化管理模式。

创新工作思路　强化社会管理
确保农四师社会治安大局持续平稳

农四师社会治安综合治理委员会

一、创新社会治安信息化管理模式

在推进社会管理创新中，农四师牢固树立“以信息化建设为引导，以科技为支撑，以基层工作为基础”的工作思路，在全师提出了建立“社会治安信息化管理平台”两年达到100%的工作目标，构筑从团部延伸到连队、社区、职工家庭的全方位、宽领域、多层次的社会治安防控网络体系。社会治安信息化管理平台利用电脑技术，侧重于各类情报信息的采集整理，按照“四知、四清、四掌握”的要求，将单位、小区、街道、职工家庭的基本情况、治安隐患情况、治安风险评级、防范措施情况以及治安管理情况有机结合起来，反映在信息平台上。各基层单位综治工作服务站通过网络平台，及时发现工作中亟待解决的问题，及时调整工作方向，从而最大限度地发挥团场综治工作中心的协调、指导和联动作用，使综治工作流程更加顺畅，方式更加便捷，工作更加高效。目前，农四师80%的基层单位建立了社会治安信息化管理平台。

二、创新基层组织建设管理模式

推进社会建设和社会管理创新，最根本在于抓好基层、打好基础。为此，农四师按照“强基层，重长效、保稳定”的工作思路，在部分团场试行将基层连队组织模式向社区居委会组织模式转变，将职工管理模式向社会人管理模式转变。由单位治安员任社区居委会主任，并在支部担任副书记职务、兼治保会和调委会主任，负责该社区的综治、调解、安全等社会性工作，并享受副连级待遇。根据社区情况，由社区居民选举产生片区长，下设“十户长”，其待遇与工作开展情况、年底考评结果直接挂钩。此模式规范了工作范围，明确了管理对象，细化和分解了工作，提高了综治工作在基层党务、政务决策中的比重，改善了基层综治工作条件，形成了长效机制。

三、创新基层社会管理模式

在创新社会管理中，农四师积极推行基层领导干部分片包户制度，制定出台了《基层干部撰写综治民情日志实施办法》，要求每位干部包十户，每年每户至少要走访四次以上，了解包户家庭的基本情况，宣传平安建设，发现和减少治安隐患等，走访之后由户主签名认定，年终综治考核将《民情日志》作为重要内容。通过推行领导干部分片包户工作制度，有效地提高了基层连队平安建设的工作效率。同时，开展此项工作使基层领导既掌握了职工家庭的情况，解决了问题，又密切了干群关系，营造了连队和谐平安氛围。

2010年，农四师在社会管理创新实践中达成了这样一个共识：作为政法综治部门，既是“三项重点”工作的组织推动者，也是参与者。因此，只有一心想着基层，一心想着群众，扑下身子沉下去，做到横向联动、纵向推进，才能形成上有导向、下有目标、造福职工群众的工作格局。

以人为本抓服务　强化管理促平安

农七师125团社会治安综合治理委员会

农七师125团不断完善劳务工管理长效机制，“以人为本抓服务，强化管理促平安”。具体做法是：

一、政治上平等

一是把劳务式管理工作列入党委重要议事日程，做到同研究、同安排、同检查、同总结。二是团专门成立了主要领导任组长，分管领导任副组长，团综治办、司法所、社会保障科等部门任成员的领导小组。分管领导组织相关部门对劳务工管理每年专题研究3次，定计划、定措施、定管理方案，完善了劳务工阶段目标量化考核办法，形成了劳务工管理工作主要领导亲自抓，分管领导具体抓，成员部门配合抓的良好工作格局。三是维护劳务工的合法权益，以劳动合同的方式对劳务工的劳动关系进行确认，约定了劳动关系、劳动报酬、劳动权利和义务、工伤赔偿等内容，使双向管理更加具体和规范化。四是确保劳务工人身安全不受侵害，对于侵害劳务工人身安全的人和事，团党委高度重视，严肃查处。近年来先后有3位基层领导因劳务工管理不善被团党委解聘或降职处理。五是积极培养劳务工骨干分子入党提干。近2年，团先后培养了150名劳务工加入了共青团组织，46人加入了党组织，6500人加入了工会组织，8名劳务工进入干部队伍。

二、工作上帮助

一是采取集中上大课，现场示范学习的形式，先后学习了团场发展史、农业技术、法律知识、安全操作等基础知识，冬闲时他们与职工一起进行军事体能训练。二是专门组织科技示范户，开展“一帮一、结对子、联系户”等系列帮扶活动，通过集中培训与岗位带班、技术培训与现场指导、团内培训与团外参观学习，有效提高了劳务工的综合素质。2010年，科技示范户帮扶种植番茄劳务工60户，基层领导结对帮扶植棉劳务工120户，党员跟踪联系服务劳务工356户，组织456个劳务工到友邻师、团参观学习，当年有30户劳务工被团场评为科技示范户，120人被评为先进生产者。三是责任到人，团场根据实际制定了《劳务工管理办法》，明确规定：招用劳务工，连长、书记为第一责任人，一名副职领导具体负责，落实劳务工管理的各项措施。四是用人单位招用劳务工后在7天内签订劳务用工合同。各单位建立劳务工管理委员会，成员从劳务工中选举产生，实行民主自治管理。2010年三秋季节成立了季节性劳务工管委会23个，工会组织23个，会员达到6500人，为维护自身合法权益发挥了重要作用。

三、生活上关心

一是先后投资1700万元，给20个农业单位修建劳务工住房4.8万平方米，修建厕所21个、澡堂

8个。投资600万元给劳务工购置了衣食住行用品。二是加强对劳务工的安全保护，及时为劳务工办理人身意外伤害保险和医疗保险，确保劳务工的利益不受侵害。三是对承包户自接的劳务工，实行“谁接人、谁负责，谁受益、谁管理”的原则，自我管理，遇事由管理委员会与连领导协商处理。四是重视劳务工的来信来访工作，认真听取他们的意见和愿望，提供力所能及的帮助，及时化解社会矛盾，使劳务工苦有处诉，疑有处答，困难有人帮。2010年，先后接待劳务工来访37件，97%的来访问题得到解决。五是开展了捐助劳务工“五个一”活动：捐助一件学习用品、一件生活用品、一件生产工具、一本科技书籍、一件衣服。在各节假日期间，团领导都携带慰问品看望劳务工，与他们共度节假日。

四、分配上合理

一是规范了用工合同，用人单位必须与劳务工负责人签订劳务协议，明确要求双方要诚实守信，严格履行协议，劳务工的服务单位要严格按协议兑现，做到账目准确，兑现公开透明。劳务工与在职职工同工同酬，按劳分配。2010年劳务工年终分配总计达3200万元。二是制定奖励办法，大力开展劳动竞赛活动，鼓励劳务工勤奋劳动，多劳多得。据统计，2008年以来奖励劳务工飞机票、火车票折合人民币450万元，工会奖励拾花能手60万元。三是制定优惠政策，鼓励劳务工长期固定承包土地。劳务工在连队承包土地2年以上可与团场签订长期劳动合同，还可落户团场。

五、管理上规范

一是强化“四证一保”，所有来团的劳务工都必须持身份证、暂住证、劳务许可证、生育证和由担保书。二是强化纪律约束，来团劳务工到单位后，首先必须熟悉连规民约和劳动纪律，服从安排。三是协调统一，劳务工在进入单位以后，即参照团场职工的要求，必须遵守劳动时间和统一调配，服从管理，按照团制定的《劳务工管理办法》《流动人口管理办法》，签订《流动人口遵纪守法责任书》。四是结合计生普查工作，主动服务，分类管理，免费为已婚育龄妇女提供避孕节育服务。五是团党委要求各用工单位配合派出所对辖区居住的劳务工及时进行登记造册，全面了解劳务工的情况。六是强化出租屋管理，制定了《房屋租赁协议》和《流动人口信息卡》，以房管人，专人负责，全面登记，为构建平安团场打下了坚实的基础。

完善机制　创新方法
抓好刑释解教人员安置帮教工作

农八师石河子市社会治安综合治理委员会

一、党政重视，机构健全，职责明确

目前，师市各单位建立安置帮教工作领导小组38个，配备专（兼）职工作人员187名，基层单位建立帮教小组1169个，形成了师市、团场（乡、街道）、连队（社区）三级安置帮教组织网络。司法行政机关充分发挥主力军作用，积极协助、指导基层帮教组织落实责任，强化管理；师市综治委加强组织协调，将刑释解教人员安置帮教工作纳入社会治安综合治理领导责任制，考评结果与单位奖惩挂钩；党委政法委连续三年将安置帮教工作纳入政法领导班子年度政绩考核内容，从而确保了安置帮教工作职责明确，有人管、有人干，带动了整体水平的提高。

二、内外结合、良性互动，措施落实

监狱、劳教所把监所教育改造与社会帮教相结合，建立了监所和社会帮教资源共享、双向互动、齐抓共管的帮教机制，为服刑在教人员顺利回归社会、适应社会做好准备。一是积极引入社会帮教资源，采取聘请法律专家上法制课、社会帮教座谈会、规劝会、亲情会、现身说教会等形式，加速服刑在教人员的改造步伐。二是监所部门以"三课教育为基础、法律教育为核心、职业技能教育为突破口",加大对服刑在教人员的法制、道德、文化和实用技术教育培训力度。2010 年,各项培训均在 1000 课时以上,420 余名学员获得了不同级别的职业资格证书。三是组织单位领导、近亲属及社会各界有关人员到监所看望服刑在教人员,遇有自然灾害或犯人、劳教人员家庭发生变故,及时组织干警到他们家中走访,帮助解决实际困难和问题。四是与社会安置帮教部门建立了联系机制,从制度上保证出监所人员有人接、有人管。在刑释解教人员回归社会后,综治、公安、司法行政和单位(街道)各司其职,及时签订帮教责任书,落实安置、帮教和管理措施,确保安置帮教工作无缝衔接、管理到位。

三、以人为本,多方联动,创新方法

一是对刑释解教人员一视同仁,做到"三不、四个一样",即:"不嫌弃、不歧视、不纠缠旧罪过;政治上一样对待、经济上一样支持、工作上一样信任、生活上一样关心"。切实在重人文关怀、重心理疏导、重正面教育上下功夫,充分体现党委、政府对他们的关心,努力实现工作方式由防范、控制型管理向人性化、服务型管理转变。二是本着"就地消化,妥善安置,给以出路,保障生活"的原则,努力拓展刑释解教人员的就业渠道。主要途径是,积极动员、协调刑释解教人员原工作单位接纳安置;对本人有自谋职业愿望和一技之长的,鼓励、帮助他们发展个体经营;依靠政府"零就业"政策,积极争取、安置刑释解教人员到公益性岗位就业;对确无就业能力的老弱病残人员,落实低保待遇。近五年来,通过政策优惠、各部门支持、多渠道努力,师市共建档列帮刑释解教人员 760 人,安置率达到 89.08%。三是按照"管理全覆盖、信息全收集、动态全掌控"的要求,切实抓好对刑释解教人员"法治教育、交流谈心、定期考察、分类建档"四项制度的落实。基层帮教组织对刑释解教人员底数清、情况明,开展一帮一结对子,坚持每月谈话一次,每季度探望一次,每半年召开一次座谈会,有针对性地做好思想转化及稳控工作,实现动态化、常态化、规范化管理。四是实行安置帮教风险评估报告。各级帮教组织对安置帮教对象的情况进行全面摸查,在综合评估的基础上,确定动态风险等级。如:对就业能力差且重新犯罪危险系数高的对象,依靠帮教小组、综治、派出所等单位部门加强监控和预防。2010 年,八师实有帮教对象 341 人,组织三次排查评估,逐一建档列帮和分类帮教,重新犯罪 2 人,重新犯罪率 1.17%。基本实现了对刑释解教人员"管得到、管得住、服务好"的要求,最大限度地预防和减少了重新违法犯罪。

八师石河子市刑释解教人员安置帮教工作实践表明:只有依靠党委、政府的高度重视,引导和督促相关职能部门齐抓共管,动员社会各界力量的关心和支持,才能使刑释解教人员这一特殊群体得到社会的广泛的关注和帮助,才能使他们更好、更快地融入社会,成为构建和谐社会的一员。

夯实基础　构筑社会管理新格局

农九师 168 团社会治安综合治理委员会

农九师 168 团以改革创新为动力,以解决基层突出问题为突破口,以创新体制机制为保障,积极推进社会管理创新工作,收到了实效。

一、整合资源,形成各方力量参与社会管理工作格局

168 团在基层单位成立"综治工作站"的基础上,于 2009 年成立了团综治工作中心,实现了综治工作中心与基层综治工作站(室)的功能对接。综治工作中心采取"统一集中办公"、"联席会议"等模式,以团综治办为主体,整合团信访、司法、派出所等职能部门力量,做到一个门进出、一条龙服务、一次性办结。连队(社区)综治工作站、企业综治工作室注重引导、吸纳辖区机关、单位、职工群众、社区民警等参与矛盾纠纷排查化解工作，组织辖区内机关团体、企事业单位、市场、居民楼院成立调解组织，在经营管理部门、生产车间、班组建立调解队伍，发展基层信息员、调解员队伍150余支900余人。

二、构建联调机制，破解社会管理难题

团综治工作中心整合多个部门力量，构建社会矛盾联调机制。一是实行联席会议制度，综治工作中心主任每月召集会议，通报形势，分析动态，把排查汇总的矛盾纠纷进行分类，将重大矛盾及时向相关领导、有关部门和单位发出通报；二是实行缺席责任追究制度。规定参与联调的部门领导，必须在接到通知后及时赶到团调解中心。对无故缺席的人员予以问责。三是实行“三单”督办制度。对较长时间无法化解的疑难矛盾纠纷，由综治工作中心下发“绿色督办单”，落实责任部门，负责牵头协调，限期化解；对于已初步达成协议，但还无法解决到位的复杂矛盾，下发“黄色督办单”，责成责任部门在规定时间内调处化解；如在“黄色督办单”期限内仍没有化解的，下发“红色督办单”责令限时调处。凡被黄色、红色督办一次的，在全团年终精神文明考评中予以扣分。因失职渎职致使矛盾激化酿成影响社会稳定重大问题的，对相关单位实行“一票否决”并按规定追究责任人责任。2010年，团综治工作中心共接待来访群众292人，为群众提供法律咨询600人次，化解各类矛盾290件。一个上下贯通、左右衔接、职责分明、灵活高效的“大调解”工作体系基本形成。

三、夯实基础，壮大力量，提升基层社会管理的水平

为进一步加强社会治安综合治理基层基础建设，168团成立由10名专职治安员、210名兼职治安员组成的“多警联勤”治安巡防、消防队伍。下设6个中队，中队长由警务区警长担任，副队长由团治安巡防、消防大队专职治安员担任。大队在综治工作中心领导下，明确职责、健全制度。派出所对治安员进行业务指导，加强防范业务和技能训练。完善各项管理制度、规范工作行为，提高工作质量和工作效率。解决专职治安员医疗、伤残、养老等社会保障问题，保持队伍的稳定。全年协助派出所出警62次，参与应急救援11次，参与调解124起。

四、把社会服务管理工作融入到社区工作之中

一是通过社区社会化管理，建立健全了调解组织、综治工作站和法律援助运作机制。每年春季和秋季，社区治调、计生等领导小组成员深入各施工工地和民工住处，检查核实人员信息，登记造册，签订责任书，做好人口流出地与流入地的衔接配合工作，推进“以房管人、以业控人”的工作模式。二是以社区服务为重点，做好未成年人的教育、管理工作。坚持利用寒暑期组织社区中小学生开展丰富多彩的社会活动，陶冶孩子们的情操，教育他们从小懂得幸福生活来之不易，知恩、感恩。三是加大矛盾纠纷排查调处工作力度，以最真的心、最深的情、最大的力解民之忧、排民之难。四是把离退休党员、群众组织起来，成立“五老”护院队和冬季义务巡逻队，为群众服务，促进平安和谐社区创建工作。

兵团及各师团综治委、办主任名单

单　位	综治委主任	综治办主任
兵团	王继亮	李进广
一师	吴慧泉	初钊仁
	邹跃斌	
1团	袁玉玲	刘世斌
	马承刚	
2团	蔡新国	陶中华
	孙猛军	
3团	王洪运	董文新
	姜国正	

单 位	综治委主任	综治办主任
4 团	康小平	罗新平
	张 塔	
5 团	王建明	刘金明
	李秋生	
6 团	王庆安	吴治国
	王永东	
7 团	王玉春	郑西疆
	侯春生	
8 团	吴国丰	教 平
	魏新元	
10 团	朱 维	董华平
	赵卫东	
11 团	樊 凉	朱文杰
	艾先林	
12 团	史海英	赵意强
	文 刚	
13 团	任光洪	张建伟
	杜文全	
14 团	徐 明	张金平
	李世胜	
16 团	张建华	刘 罡
	孙玉良	
22 团	程 伟	戴灯银
	郭 良	
24 团	范筱芹	唐玉林
	魏鸿彬	
25 团	尤益民	马殷刚
	陈 芳	
27 团	梅述江	刘 勇
	隋建鹏	
29 团	陈新奉	肖英瑞
	梁 永	
30 团	韩 珉	许建松
	王春瑞	
31 团	张永平	李振翔
	阮伯平	
33 团	曹护林	姜志强
	刘期国	
34 团	杨从伟	赵秀龙
	薛 利	
36 团	丰正林	郑晓兰
	场志成	

单 位	综治委主任	综治办主任
38 团	熊学海	
	丁利文	
223 团	艾力·卡德尔	李恩云
	游 明	
三师	杨福林	王仁武
	宋光杰	
41 团	周建坤	何远军
	杨明超	
42 团	任润林	王汝新
	曹开军	
44 团	潘玉斌	庞 林
二师	刁新民	任德军
	黄金忠	
21 团	张新生	于国民
	丁新民	
46 团	冶爱玲	雷学斌
	刘 航	
48 团	胡 斌	蒋新平
	王木森	
49 团	陈贺强	陈春江
	王建虎	
50 团	杨建新	马国江
	宋向东	
51 团	艾斯盖·卡德尔	王 才
	鲁维龙	
53 团	侯林山	
	葛统一	
伽师总场	阿不都里	库尔班·热西提
	木·阿不都热依木	
	付习文	
东风农场	李 明	
	胡武军	
红旗农场	聂伟如	
叶城牧场	王学义	
托云牧场	王 剑	
四师	张 勇	尹振南
	李立平	
61 团	温明海	杨 新
	杨成义	
62 团	程 锋	水西红
	魏新平	

单　位	综治委主任	综治办主任
63 团	吴国光	李生红
	黄新江	
64 团	阿不都热依木	丛培发
	郑胜学	
45 团	邹玉民	王学俊
	冉春旺	
69 团	陈　强	徐科荣
	段宝新	
70 团	傅启军	陈　勇
	林文华	
71 团	谢跃红	李　强
	丁高峰	
72 团	戴远见	王永海
	高文生	
73 团	李新如	李满志
	冷畅勤	
74 团	尹　文	刘仁国
	陈　辉	
75 团	邓新文	薛　文
	刘建强	
76 团	周新华	周江生
	钱存斌	
77 团	程相中	于安国
	陈历湘	
78 团	魏裴民	薛春疆
	罗忠海	
79 团	李　斌	韩振翔
	齐福聚	
五师	刘　新	杨建民
	李应良	
81 团	张恪军	田治军
	张华东	
83 团	吴建国	薛红林
	刘自发	
	蒙立明	
66 团	邓义华	邢新江
	范亚军	
67 团	努尔赛提	张黎明
	石书江	
68 团	戴永林	余三江
	张世礼	

单　位	综治委主任	综治办主任
89 团	韩洪海	左昌明
	王　盛	
90 团	曹建国	姜卫东
	李富强	
91 团	刘　祁	芮海峰
	刘建平	
六师	焦明启	佘保军
	马新平	
101 团	宋光华	齐炳耀
	曲建法	
102 团	高华生	严生品
	刘金栋	
103 团	王明生	张献忠
	董现荣	
105 团	魏风云	刘国庆
	甘应枝	
106 团	边丽娟	宫　平
	李继军	
芳草湖农场	李光明	陶玉军
	李金平	
新湖农场	甘润明	梁　斌
	王永信	
军户农场	陈治权	闫友辉
	李　鹏	
共青团农场	张　静	袁家东
84 团	杨建国	杨太原
	宋守林	
86 团	李杏军	秦　强
	王如钦	
87 团	张成鑫	何永贵
	孙美珍	
88 团	周志江	褚烈云
	曹立军	
七师	曹天星	史国栋
	刘德锋	
123 团	苏利明	单永智
	王宗洪	
124 团	王登科	夏海毅
	刘　孟	
125 团	钟芳杰	陈富强
	田永浩	

单　位	综治委主任	综治办主任
126 团	田中华	张黎明
	王　洋	
127 团	徐灿湘	郭　峰
	武廷军	
128 团	易传江	李国旗
	李新平	
129 团	何新平	薛立秋
	田　文	
130 团	李儒平	陈帮学
	程文瑞	
131 团	包建刚	李建军
	李庆龙	
137 团	孙洪波	吴丽霞
	王国恩	
八师	宋志国	吴　敏
	王平海	
121 团	李　琦	李建峰
	胡晓江	
六运湖农场	梁国民	马金忠
	杨阜正	
土墩子农场	王建溶	左思远
	王晓明	
红旗农场	王　伟	姜有常
	王永福	
奇台农场	杨忠军	白学军
	郭怀安	
北塔山农场	杨玉贵	毛　台
	巴合提拜	
143 团	王彩龙	吴　刚
	严桂华	
144 团	史四喜	孙红磊
	任　晖	
石河子总场	王新明	王新柱
	刘新建	
147 团	谷金花	王志林
	冯绍斌	
148 团	王东升	朱书峰
	樊新文	
149 团	向炬光	王雨焕
	张启全	
150 团	朱　耘	吴永辉
	王建彬	

单　位	综治委主任	综治办主任
152 团	李　鹏	赵瑞荣
	王东旭	
九师	丁颂国	李　明
	周新军	
161 团	陈毅民	汪继光
	魏建山	
163 团	张　荣	
	张建雄	
	牛国民	
133 团	王惠林	曹雪源
	杨新建	
134 团	王　武	张　剑
	黄宗胜	
136 团	董志华	陈克生
	王红军	
141 团	张新城	赵新林
	邢明亮	
142 团	何富强	张志泉
	陈　旺	
十师	张成隆	黄新安
	姚新民	
181 团	陈光荣	罗阳新
182 团	姜文斌	周立军
	刘　林	
183 团	杨小屯	李虎乾
	晏忠诚	
184 团	潘海元	张国爱
	石　勇	
185 团	王建军	王志业
	赵传光	
186 团	杨发勇	姜学庆
	周风山	
187 团	宋道辉	赵建东
	李建军	
188 团	刘永智	周有新
	李新建	
建工师	张　勇	
	刘玉成	
北新路桥建设股份有限公司	王志民	陆建忠
	朱建国	

单　位	综治委主任	综治办主任
164 团	朱体森 李新民	庞立统
165 团	孙尔祥 马道忠	张新立
166 团	宋文广 马新疆	王　军
167 团	刘希尧 翟钢成	李大军
168 团	何忠明 种广虎	成立兵
170 团	亚　特 李保山	郭跃新
团结农场	张冬梅 朱海安	谌　勇
昆仑建设公司	毛　辉 李艳玲	曹　鹰
十二师	刘珍祥 赵轶平	闫　剑
104 团	李新军 徐志刚	冯建江
三坪农场	王全德 秦筱枫	
五一农场	李华斌 付国清	李新林
头屯河农场	鲜学琪 于永飞	田国军
西山农场	柴宪瑞 张礼余	罗会文
221 团	薛　东 景占斌	刘　健
十三师	徐志新 黄志刚	姜瑞良
兵团建工集团	王宝龙 史全喜	杨振林
兵团建工集团四建	袁新河 丁振江	宋德联

单　位	综治委主任	综治办主任
兵团建工集团五建	李　禾 谢长林	开新平
兵团建工集团六建	王　星 李克勤	孙宝林
兵团路桥公司	李忠民 曹建辉	徐正兴
兵团建工集团八建	夏建国 汤宝东	余明理
昆仑监理公司	李常春	万锦林
黄田农场	朱广超 张世全	董玉山
火箭农场	阿瓦汗·热杰甫 杨秀理	任振泽
柳树泉农场	依明·依布拉音 曹　萍	毕名强
红山农场	吴江京 王忠明	刘　泽
淖毛湖农场	吴思顺 龚安家	李　斌
十四师	何　玮 李广中	
47 团	董　强 金文杰	杨　军
皮山农场	艾　白 胡新云	司马义
一牧场	陈万平 赵旭东	张永进
红星一场	李丽峰 卢根昌	吴江勇
红星二场	李进明 贾瑞强	张　维
红星四场	董俊海	王建江
224 团	蒙忠战 黄　然	鲁成帆
兵直 222 团	高智明 王　军	陈川江

（撰稿人：丁筱玲
审稿人：李进广　张恒斌）